PRACTICAL PANDECT OF LAW-BASED
CYBERSPACE GOVERNANCE

网络法治实用全书

网络安全与数字经济
关联法规及权威案例指引

王竹 ◎ 主编

中国法制出版社
CHINA LEGAL PUBLISHING HOUSE

主编

王　竹

副主编

郑伟强　李　成　陈艺颖

主编简介

王竹，四川大学法学院二级教授、博士生导师，入选国家级青年人才。四川智慧社会智能治理重点实验室主任，四川大学市场经济法治研究所所长，四川大学数据安全防护与智能治理教育部重点实验室副主任，四川大学国家智能社会治理实验特色基地（教育）副主任。兼任最高人民法院网络安全和信息化专家咨询委员会委员、国家政法智能化技术创新中心专家委员会委员、"十四五"国家重点研发计划"社会治理与智慧社会科技支撑"重点专项总体专家组成员，中国人民大学民商事法律科学研究中心法治大数据研究所所长。中国计算机学会高级会员、计算法学分会常务委员，中国人工智能学会人工智能逻辑专业委员会委员。

中国人民大学管理学学士、民商法学硕士和博士，耶鲁大学、康奈尔大学、牛津大学和我国台湾地区东吴大学访问学者。主持国家重点研发计划项目1项、国家社科基金项目4项（含重大项目1项）、教育部基地重大项目1项、司法部项目2项。在《法学研究》、TEL和IEEE汇刊系列等杂志发表论文170余篇，多篇被《新华文摘》、人大复印报刊资料转载。参与制定行业标准3项，获得授权发明专利9项。《侵权公平责任论》入选"国家哲学社会科学成果文库"，独著 On the Constitutionality of Compiling a Civil Code of China、《侵权责任分担论》等6部，主编《民法典·侵权责任编（编纂建议稿）：附立法理由书》等4部。荣获教育部人文社科二等奖等省部级奖励7项。

本书编委会

龚　健　谷松原　郭玉新　何冠霖　何　艳　贾瑞琪
雷雄升　李　晴　李　侠　李　鑫　刘　尉　刘效禹
刘忠炫　罗素芬　潘　玲　唐仪萱　汪　梦　王轶晗
魏　莉　吴　涛　杨怡帆

本书编写组成员

曹耀中　冯　珂　何晨玮　何芙蓉　贺子峻　黄凌汐
黄薪颖　赖民朗　李海洲　李欣然　梁浩明　廖怡成
刘天华　刘　煜　罗艺佳　吕纯顺　潘奕杉　青婉欣
仇陈之　桑颜琳　史　典　史嘉琦　帅仁策　隋　昕
孙珂娜　孙灵睿　孙莞棚　唐先勇　王安娜　王彦朝
阳天一　易礼昊　袁畅羽　曾诗淇　张亦衡　张贻可
张玉双　张子璇　赵书立　郑　聪　郑兴华　周子圆

全面整合　务求实用

——《网络法治实用全书》编写说明

一、编写本书的缘起与背景

编写本书的初衷，是源于开展网络法治教学研究的工作需要。2021年四川大学法学院和网络空间安全学院开始联合招收"网络空间安全与法学双学士学位"本科生，我受邀参与讲授"网络安全管理与法律法规"，负责该门课程网络法治部分的讲授。当时我在备课过程中就发现，市面上缺少对网络法治领域法律法规进行系统整理的图书。2022年底在组织团队申报首批四川省哲学社会科学重点实验室过程中，我进一步发现开展相关研究对系统整理网络法治领域法律法规和权威案例的必要性。四川智能社会治理重点实验室在获批之后，我就将编写一本网络法治领域的关联法规和权威案例全书列入实验室智慧法治研究所2023年重点任务之一，并启动编写工作。2023年初，我在撰写研究阐释党的二十大精神国家社会科学基金重大项目"健全网络智能综合治理体系研究"申请书过程中，将本书列为了子课题二"安全与发展并重的网络法治体系完善模式研究"的中期成果。

二、本书的主副标题与编写定位

2023年3月16日，国务院新闻办公室发布《新时代的中国网络法治建设》白皮书，全面介绍中国网络法治建设情况，分享中国网络法治建设的经验做法。本书编写团队特别邀请了四川省委网信办工作人员参与讨论，根据工作需求提出了"实用"的要求，这就是本书面向全国网信工作实务的明确定位。编写团队将我国现行法律体系中涉及网络、互联网、信息、数据、数字、虚拟、计算机、智能、智慧和电信等方面的法律法规和权威案例进行了全面收集整理，谓之"全书"。综合上述考虑，本书主标题确定为"网络法治实用全书"。

在具体内容安排上，经过对我国网络法治体系的观察，我们提出了以"网络安全"与"数字经济"两大中心主题整理关联法规的思路。"网络安全"主题以《网络安全法》《反电信网络诈骗法》《数据安全法》《个人信息保护法》和《未成年人保护法》2020年修订新增的第五章"网络保护"为主干，"数字经济"主题以《电子商务法》为主干，再分别辅之以《刑法》和《民法典》的相关条文节选，形成全书的"篇"级主干法条设置。编写团队以上述主干法条为基础，将网络安全与数字经济领域的507部法律法规分类纳入到每个对应条文中，形成关联法规体系。

在此基础上，再将收集到的最高人民法院、最高人民检察院发布的网络安全与数字经济领域指导性案例、公报案例和典型案例等权威案例466个，分类纳入到最为相关的条文中。这种以主干法条为对象，将关联法规和权威案例分类纳入的过程，就是"指引"，因此本书的副标题确定为"网络安全与数字经济关联法规及权威案例指引"。再加上主标题"网络法治实用全书"，体现出本书面向网信工作实务和教学科研需求的网络法治全面整合定位。

三、关联法规简称确定与权威案例排列顺序

由于部分关联法规的名称较长，为简化表述，编写团队在借鉴法学界通行简称的法律法规和司法解释的规则基础上，对每个法律法规确定了一个简称，并编写了《法律法规名称全称及简称对照表》作为附表，方便读者查阅，同时也提供了更好的使用体验。在同一主干条文中的关联法规，也按照这一对照表顺序排列。

就不同类型权威案例的排序问题，为方便读者检索，本书采用如下处理方案：

第一，对于指导性案例，先列出最高人民法院的指导性案例，再列出最高人民检察院的指导性案例。同一机关发布的指导性案例按照序号升序排列。

第二，《最高人民法院公报》刊登案例，按照发布日期由旧到新排列。《最高人民检察院公报》发布的公报案例没有包含裁判要旨部分，本书未收录。

第三，对于最高人民法院和最高人民检察院发布的典型案例，不区分发布机关和联合发布机关，统一按照发布日期由旧到新排列。

四、同一案例并作为不同类型权威案例发布的特别处理

在权威案例的整理过程中，编写团队针对如下两种类型，做了相应的处理：

第一，部分案例被最高人民法院既作为公报案例发布，也作为典型案例发布。如《上海法某信息技术有限公司诉北京奇某科技有限公司名誉权纠纷案》，被纳入《最高人民法院发布10起中国互联网司法典型案例》（2019年12月4日），后又在《最高人民法院公报》2020年第10期作为公报案例发布。考虑到两次权威案例发布的要旨内容不同，同时收录。

第二，部分最高人民法院的典型案例被纳入不同批次分别发布。如《庞某鹏诉中国东某航空股份有限公司、北京趣某信息技术有限公司隐私权纠纷案》，同时作为《最高人民法院发布10起中国互联网司法典型案例》（2019年12月4日）之八和《最高人民法院发布第一批10起涉互联网典型案例》（2018年8月16日）之五发布。考虑到这类案件两次作为典型案例发布的典型意义提炼角度不同，同时收录。

为保证本书关联法规与权威案例选择的准确性与实用性，编写团队以四川大学数据安全防护与智能治理教育部重点实验室和四川大学国家智能社会治理实验特色基地（教育）团队为主，特别邀请四川省委网信办的工作人员和网络法治领域的律师参与编写。本书编写工程浩大，错漏在所难免，还请各位读者见谅。欢迎读者来信指正，请将修改意见和建议发送到 laiwlab@ scu. edu. cn，以利本书未来逐步修订完善。四川智能

社会治理重点实验室智慧法治研究所主办的"智慧法治 LAIW"微信公众号将每月发布对本书内容的持续更新，也欢迎大家关注。

本书系研究阐释党的二十大精神国家社会科学基金重大项目"健全网络智能综合治理体系研究"（项目号 23ZDA085）的中期成果之一，感谢全国哲学社会科学工作办公室对本项研究的大力支持！

本书主编：王竹　教授

癸卯年·中秋　于　万象城

"智慧法治 LAIW"微信公众号

目　　录

第一篇　网信工作网络安全规范与案例

本篇以《网络安全法》全文为主干。

第 一 条　【立法目的】 ………………………………… 3

第 二 条　【适用范围】 ………………………………… 11

第 三 条　【网络安全工作基本原则】 ………………… 18

第 四 条　【网络安全战略制定完善】 ………………… 20

第 五 条　【网络安全保护主要任务】 ………………… 20

第 六 条　【网络安全环境社会共建】 ………………… 22

第 七 条　【网络空间治理国际合作】 ………………… 25

第 八 条　【网络安全监督管理体制】 ………………… 26

第 九 条　【网络运营者的基本义务】 ………………… 41

第 十 条　【网络安全维护总体要求】 ………………… 67

第十一条　【网络安全行业自律】 ……………………… 68

第十二条　【网络安全网民守法】 ……………………… 71

第十三条　【未成年人网络保护】 ……………………… 95

第十四条　【网络安全社会监督】 ……………………… 98

第十五条　【网络安全标准制定】 ……………………… 101

第十六条　【网络安全产业发展】 ……………………… 102

第 十 七 条 【网络安全社会服务】 ………………………………… 103

第 十 八 条 【网络数据保护和利用】 …………………………… 104

第 十 九 条 【网络安全宣传教育】 …………………………… 112

第 二 十 条 【网络安全人才培养】 …………………………… 113

第二十一条 【网络运营者网络安全保护义务】 …………………… 115

第二十二条 【网络产品、服务安全运行要求】 …………………… 125

第二十三条 【关键设备和专用产品安全要求】 …………………… 127

第二十四条 【网络运营者用户身份管理要求】 …………………… 128

第二十五条 【网络运营者网络应急处置义务】 …………………… 134

第二十六条 【网络安全社会化服务活动要求】 …………………… 134

第二十七条 【危害网络安全行为的禁止规定】 …………………… 138

第二十八条 【网络运营者技术支持协助义务】 …………………… 144

第二十九条 【网络安全风险的社会合作应对】 …………………… 145

第 三 十 条 【相关部门执法信息用途的限制】 …………………… 145

第三十一条 【关键信息基础设施安全保护体系】 ………………… 146

第三十二条 【关键信息基础设施安全保护职责分工】 …………… 148

第三十三条 【关键信息基础设施建设的安全保护要求】 ………… 151

第三十四条 【关键信息基础设施运营者安全保护义务】 ………… 152

第三十五条 【关键信息基础设施采购的国家安全审查】 ………… 155

第三十六条 【关键信息基础设施采购的安全保密要求】 ………… 158

第三十七条 【关键信息基础设施数据存储和对外提供】 ………… 159

第三十八条 【关键信息基础设施的安全检测评估】 ……………… 165

第三十九条 【关键信息基础设施保护的统筹协作机制】 ………… 167

第 四 十 条 【网络运营者用户信息保护制度】 …………………… 169

第四十一条 【网络运营者个人信息处理规则】 …………………… 170

第四十二条 【网络运营者个人信息保护义务】 …………………… 178

第四十三条 【不当处理个人信息的权益救济】 ……………………… 182

第四十四条 【禁止非法获取和提供个人信息】 …………………… 183

第四十五条 网络安全监管部门的保密义务】 …………………… 185

第四十六条 【禁止利用网络从事违法活动】 …………………… 188

第四十七条 【网络运营者违法信息处置义务】 …………………… 191

第四十八条 【电子信息和应用软件信息管理义务】 ……………… 199

第四十九条 【网络信息安全投诉举报及执法配合义务】 ………… 199

第 五 十 条 网络安全监管部门违法信息处置职责】 …………… 205

第五十一条 国家网络安全监测预警和信息通报制度】 …………… 208

第五十二条 关键信息基础设施监测预警和信息通报制度】 ……… 211

第五十三条 国家网络安全风险评估和应急工作机制】 …………… 212

第五十四条 【网络安全事件风险增大应对措施】 ………………… 219

第五十五条 【网络安全事件应急处置措施】 …………………… 219

第五十六条 【网络安全监督管理中的约谈机制】 ………………… 222

第五十七条 【突发事件和生产安全事故的处置】 ………………… 223

第五十八条 网络通信临时限制措施】 …………………………… 223

第五十九条 【违反网络安全保护义务的法律责任】 ……………… 224

第 六 十 条 【违反网络产品和服务安全运行规定的法律责任】 ……… 228

第六十一条 【违反用户身份管理义务的法律责任】 ……………… 229

第六十二条 【违法开展网络安全服务的法律责任】 ……………… 231

第六十三条 【实施危害网络安全行为的法律责任】 ……………… 233

第六十四条 【侵害公民个人信息权益的法律责任】 ……………… 242

第六十五条 【违反国家安全审查规定的法律责任】 ……………… 247

第六十六条 【违法存储和对外提供数据的法律责任】 …………… 248

第六十七条 【利用网络从事违法活动的法律责任】 ……………… 248

第六十八条 【违反信息安全管理义务的法律责任】 ……………… 251

第六十九条　　【网络运营者妨碍执法活动的法律责任】 ……………………… 258

第 七 十 条　　【利用网络发布传输违法信息的法律责任】 …………………… 259

第七十一条　　【违反网络安全管理规定的信用惩戒】 …………………………… 265

第七十二条　　【政务网络运营者网络安全保护法律责任】 …………………… 267

第七十三条　　【网络安全监管部门渎职的法律责任】 …………………………… 267

第七十四条　　【民事、行政和刑事责任衔接性规定】 …………………………… 272

第七十五条　　【境外危害关键信息基础设施的责任追究】 …………………… 275

第七十六条　　【本法有关概念的解释】 …………………………………………… 276

第七十七条　　【涉密网络的安全保护】 …………………………………………… 284

第七十八条　　【军事网络的安全保护】 …………………………………………… 284

第七十九条　　【施行日期】 ………………………………………………………… 284

第二篇　　网信工作刑事规范与案例

本篇以《刑法》（节选）为主干。

第一百一十一条　　　　【为境外窃取、刺探、收买、非法提供国家

秘密、情报罪】 …………………………… 287

第一百二十条之三　　　【宣扬恐怖主义、极端主义、煽动实施恐怖

活动罪】 …………………………………… 299

第二百一十七条　　　　【侵犯著作权罪】 ………………………………… 308

第二百一十九条　　　　【侵犯商业秘密罪】 ……………………………… 316

第二百一十九条之一　　【为境外窃取、刺探、收买、非法提供商业

秘密罪】 …………………………………… 329

第二百二十二条　　　　【虚假广告罪】 …………………………………… 335

第二百四十六条　　　　【侮辱罪；诽谤罪】 ……………………………… 341

第二百五十二条　　　　【侵犯通信自由罪】 ……………………………… 351

第二百五十三条之一 【侵犯公民个人信息罪】 …………………… 353

第二百六十四条 【盗窃罪】 …………………………………… 400

第二百六十六条 【诈骗罪】 …………………………………… 402

第二百七十四条 【敲诈勒索罪】 …………………………… 420

第二百八十五条 【非法侵入计算机信息系统罪；非法获取计
算机信息系统数据、非法控制计算机信息
系统罪；提供侵入、非法控制计算机信息
系统程序、工具罪】 …………………… 424

第二百八十六条 【破坏计算机信息系统罪】 …………… 431

第二百八十六条之一 【拒不履行信息网络安全管理义务罪】 ……… 440

第二百八十七条之一 【非法利用信息网络罪】 …………………… 457

第二百八十七条之二 【帮助信息网络犯罪活动罪】 …………… 476

第二百八十八条 【扰乱无线电通讯管理秩序罪】 ………… 487

第二百九十一条之一 【投放虚假危险物质罪；编造、故意传播虚
假恐怖信息罪；编造、故意传播虚假信息
罪】 ……………………………………… 491

第二百九十九条之一 【侵害英雄烈士名誉、荣誉罪】 ………… 497

第三百零三条 【赌博罪；开设赌场罪；组织参与国
（境）外赌博罪】 …………………… 502

第三百零八条之一 【泄露不应公开的案件信息罪；故意泄露国
家秘密罪；过失泄露国家秘密罪；披露、
报道不应公开的案件信息罪】 ………… 512

第三百六十三条 【制作、复制、出版、贩卖、传播淫秽物品
牟利罪】 …………………………… 514

第三百九十八条 【故意泄露国家秘密罪；过失泄露国家秘密
罪】 ……………………………………… 526

第三篇　网信工作反诈骗规范与案例

本篇以《反电信网络诈骗法》为主干。

第　一　条　【立法目的】……………………………………………… 535

第　二　条　【基本含义】……………………………………………… 537

第　三　条　【适用范围】……………………………………………… 540

第　四　条　【基本原则】……………………………………………… 543

第　五　条　【保密义务】……………………………………………… 544

第　六　条　【反电信网络诈骗工作机制】…………………………… 547

第　七　条　【部门协同配合】………………………………………… 549

第　八　条　【宣传教育】……………………………………………… 550

第　九　条　【真实身份信息登记制度】……………………………… 559

第　十　条　【办理电话卡数量限制】………………………………… 562

第十一条　【电话卡实名核验】……………………………………… 566

第十二条　【物联网卡用户风险评估】……………………………… 568

第十三条　【主叫号码传送和电信线路出租】……………………… 568

第十四条　【禁止非法制造、销售、提供或者使用非法设备、软
　　　　　　件】……………………………………………………… 570

第十五条　【银行业金融机构、非银行支付机构的风险管理措施】…… 584

第十六条　【银行账户、支付账户数量限制】……………………… 591

第十七条　【企业账户异常情形的风险防控机制】………………… 604

第十八条　【对支付工具、支付服务加强异常监测】……………… 605

第十九条　【保证交易信息真实、完整】…………………………… 608

第二十条　【电信网络诈骗涉案资金即时措施】…………………… 610

第二十一条　【电信、互联网用户依法提供真实身份信息】……… 614

第二十二条　【涉诈异常账号的处置措施】……………………………… 617

第二十三条　【互联网应用程序的设立】………………………………… 618

第二十四条　【域名注册、解析信息、网址链接转换】………………… 620

第二十五条　【禁止为他人实施电信网络诈骗提供支持或者帮助】…… 621

第二十六条　【互联网服务提供者协助调查证据义务】………………… 628

第二十七条　【公安机关打击治理电信网络诈骗工作机制】…………… 631

第二十八条　【对落实本法规定的监督检查】…………………………… 637

第二十九条　【个人信息被用于电信网络诈骗的防范机制】…………… 638

第 三 十 条　【反电信网络诈骗宣传】…………………………………… 646

第三十一条　【禁止非法买卖、出租、出借电话卡等】………………… 649

第三十二条　【电信网络诈骗技术反制措施的研究开发】……………… 651

第三十三条　【网络身份认证公共服务建设】…………………………… 654

第三十四条　【组织建立预警劝阻系统】………………………………… 655

第三十五条　【特定地区的风险防范措施】……………………………… 657

第三十六条　【重大涉诈嫌疑人员的出境限制】………………………… 658

第三十七条　【跨境电信网络诈骗犯罪打击治理】……………………… 659

第三十八条　【组织、策划、实施、参与电信网络诈骗活动或者为
　　　　　　　电信网络诈骗活动提供帮助的法律责任】…………… 664

第三十九条　【电信业务经营者的法律责任】…………………………… 671

第 四 十 条　【银行业金融机构、非银行支付机构的法律责任】…… 674

第四十一条　【电信业务经营者、互联网服务提供者的法律责任】…… 676

第四十二条　【非法制造、销售、提供或者使用专门或者主要用于
　　　　　　　电信网络诈骗的设备、软件的法律责任】…………… 683

第四十三条　【未履行合理注意义务的法律责任】……………………… 687

第四十四条　【非法买卖、出租、出借电话卡等的法律责任】………… 687

第四十五条　【反电信网络诈骗工作部门的法律责任】………………… 689

第四十六条　【民事侵权责任】 ………………………………… 690

第四十七条　【公益诉讼】 …………………………………………… 693

第四十八条　【行政复议或行政诉讼】 ………………………… 698

第四十九条　【适用规定】 …………………………………………… 700

第五十条　　【施行日期】 …………………………………………… 700

第四篇　网信工作数据安全规范与案例

本篇以《数据安全法》为主干。

第 一 条　【立法目的】 …………………………………………… 703

第 二 条　【适用范围】 …………………………………………… 709

第 三 条　【数据、数据处理和数据安全的定义】 ………… 714

第 四 条　【基本原则】 …………………………………………… 724

第 五 条　【国家数据安全工作协调机制】 ………………… 727

第 六 条　【各地区、各部门维护数据安全的职责】 …… 729

第 七 条　【权益保护与促进原则】 ………………………… 740

第 八 条　【数据处理者的基本义务】 ……………………… 745

第 九 条　【数据安全保护的社会共治】 …………………… 751

第 十 条　【行业组织的数据安全保护义务】 …………… 756

第 十一 条　【促进数据跨境流动】 ………………………… 760

第 十二 条　【投诉举报机制】 ……………………………… 763

第 十三 条　【国家统筹发展和安全】 ……………………… 767

第 十四 条　【国家实施大数据战略】 ……………………… 770

第 十五 条　【鼓励智能化公共服务】 ……………………… 772

第 十六 条　【数据开发利用和数据安全技术研究】 …… 780

第 十七 条　【数据标准体系建设】 ………………………… 782

第 十 八 条　【数据安全检测认证与安全保障】…………………… 786

第 十 九 条　【数据交易管理制度】………………………………… 791

第 二 十 条　【数据人才培养】……………………………………… 792

第二十一条　【数据分类分级保护制度】…………………………… 797

第二十二条　【建立国家数据安全风险机制】……………………… 807

第二十三条　【建立国家数据安全应急处置机制】………………… 815

第二十四条　【建立国家数据安全审查制度】……………………… 821

第二十五条　【建立数据出口管制制度】…………………………… 824

第二十六条　【数据领域对等原则】………………………………… 826

第二十七条　【数据安全保护义务履行方式】……………………… 828

第二十八条　【数据活动公益义务】………………………………… 836

第二十九条　【风险监测及处置义务】……………………………… 837

第 三 十 条　【重要数据处理者的风险评估义务】………………… 842

第三十一条　【重要数据出境安全管理规则】……………………… 845

第三十二条　【数据处理活动应当具有合法性、正当性、必要性】……… 849

第三十三条　【数据中介服务机构的义务】………………………… 857

第三十四条　【依法取得行政许可的义务】………………………… 858

第三十五条　【国家机关依法调取数据的义务】…………………… 859

第三十六条　【外国司法或执法机构关于提供数据请求的处理】……… 863

第三十七条　【政务数据运用的要求和目标】……………………… 866

第三十八条　【国家机关收集、使用数据的基本原则】…………… 868

第三十九条　【数据安全管理制度】………………………………… 874

第 四 十 条　【委托他人处理数据】………………………………… 876

第四十一条　【政务数据公开原则】………………………………… 878

第四十二条　【政务数据开放利用】………………………………… 885

第四十三条　【法律、法规授权的组织】…………………………… 887

第四十四条 【主管部门对数据安全风险的监管】 ············· 889

第四十五条 【不履行数据安全保护义务的法律责任】 ········· 891

第四十六条 【违反数据出境管理规定的法律责任】 ··········· 902

第四十七条 【从事数据交易中介服务的机构未履行说明审核义务

　　　　　　的法律责任】 ····························· 903

第四十八条 【拒不配合数据调取的法律责任】 ··············· 905

第四十九条 【国家机关不履行数据安全保护义务的法律责任】 ··· 908

第 五 十 条 【国家工作人员渎职的法律责任】 ··············· 910

第五十一条 【非法数据处理活动的法律责任】 ··············· 913

第五十二条 【其他法律责任】 ····························· 917

第五十三条 【法律适用】 ································· 921

第五十四条 【军事数据安全的保护】 ······················· 923

第五十五条 【施行日期】 ································· 924

第五篇　网信工作个人信息保护规范与案例

本篇以《个人信息保护法》为主干。

第 一 条 【立法目的】 ································· 927

第 二 条 【个人信息受法律保护】 ······················· 932

第 三 条 【适用范围】 ································· 941

第 四 条 【个人信息的概念】 ····························· 945

第 五 条 【合法、正当、必要和诚信原则】 ················· 951

第 六 条 【比例原则】 ································· 956

第 七 条 【公开透明原则】 ····························· 959

第 八 条 【质量保证原则】 ····························· 960

第 九 条 【责任原则】 ································· 962

第　十　条　【禁止非法的个人信息处理活动】 …………………… 963

第十一条　【建立健全个人信息保护制度】 …………………… 973

第十二条　【个人信息保护的国际交流与合作】 …………… 979

第十三条　【个人信息处理的合法性基础】 …………………… 980

第十四条　【同意的要件与方式】 …………………… 994

第十五条　【同意的撤回】 …………………………… 998

第十六条　【不得因撤回同意而拒绝提供产品或服务】 ……… 999

第十七条　【告知的内容与方式】 …………………… 1005

第十八条　【告知的豁免与延迟】 …………………… 1011

第十九条　【个人信息的保存期限】 …………………… 1013

第二十条　【共同处理个人信息】 …………………… 1017

第二十一条　【委托处理个人信息】 …………………… 1020

第二十二条　【因合并、分立等原因转移个人信息】 ………… 1023

第二十三条　【向其他个人信息处理者提供个人信息】 ……… 1025

第二十四条　【利用个人信息进行自动化决策】 …………… 1029

第二十五条　【未经单独同意不得公开个人信息】 ……… 1032

第二十六条　【公共场所收集个人信息】 …………… 1037

第二十七条　【处理已公开的个人信息】 …………… 1040

第二十八条　【敏感个人信息的定义与处理原则】 ……… 1042

第二十九条　【处理敏感个人信息应取得单独同意或书面同意】 ……… 1053

第三十条　【敏感个人信息的特别告知义务】 …………… 1055

第三十一条　【未成年人个人信息的处理规则】 …………… 1059

第三十二条　【敏感个人信息的行政许可或其他限制】 ……… 1062

第三十三条　【国家机关处理个人信息的法律适用】 ………… 1063

第三十四条　【国家机关依法处理个人信息】 …………… 1064

第三十五条　【国家机关的告知义务】 …………… 1069

第三十六条 【国家机关的境内存储和安全评估义务】 …………………… 1069

第三十七条 【具有管理公共事务职能组织处理个人信息的参照适
用】 …………………………………………………………… 1071

第三十八条 【个人信息跨境转移的条件】 ……………………………… 1072

第三十九条 【个人信息跨境转移的告知同意】 ………………………… 1076

第 四 十 条 【关键信息基础设施运营者等的境内存储和境外提供
安全评估义务】 ……………………………………………… 1077

第四十一条 【国际司法协助与行政执法协助中个人信息的提供】 …… 1084

第四十二条 【黑名单制度】 ……………………………………………… 1085

第四十三条 【对等原则】 ………………………………………………… 1086

第四十四条 【知情权与决定权】 ………………………………………… 1087

第四十五条 【查阅权、复制权与可携带权】 …………………………… 1088

第四十六条 【更正权与补充权】 ………………………………………… 1088

第四十七条 【删除权】 …………………………………………………… 1091

第四十八条 【要求解释与说明权】 ……………………………………… 1096

第四十九条 【死者个人信息保护】 ……………………………………… 1096

第 五 十 条 【个人信息处理者保障权利行使的义务】 ………………… 1097

第五十一条 【个人信息安全管理要求】 ………………………………… 1099

第五十二条 【个人信息保护负责人制度】 ……………………………… 1121

第五十三条 【境外个人信息处理者的义务】 …………………………… 1123

第五十四条 【定期合规审计义务】 ……………………………………… 1123

第五十五条 【个人信息保护影响评估义务】 …………………………… 1124

第五十六条 【个人信息保护影响评估的内容】 ………………………… 1125

第五十七条 【个人信息泄露时的补救措施与通知义务】 ……………… 1126

第五十八条 【特殊类型个人信息处理者的义务】 ……………………… 1131

第五十九条 【委托个人信息处理中的受托人义务】 …………………… 1132

第六十条　　【个人信息保护监管的职能划分】　······　1134

第六十一条　【履行个人信息保护职责部门的基本职责】　······　1140

第六十二条　【国家网信部门统筹协调的个人信息保护工作】　······　1147

第六十三条　【履行个人信息保护职责部门的执法措施】　······　1149

第六十四条　【行政约谈与合规审计】　······　1158

第六十五条　【投诉与举报机制】　······　1160

第六十六条　【违法处理个人信息的行政责任】　······　1164

第六十七条　【信用档案制度】　······　1176

第六十八条　【国家机关不履行个人信息保护义务的责任】　······　1178

第六十九条　【侵害个人信息的民事责任】　······　1185

第 七 十 条　【侵害个人信息的公益诉讼】　······　1190

第七十一条　【治安管理处罚与刑事责任】　······　1193

第七十二条　【适用除外】　······　1210

第七十三条　【相关用语的含义】　······　1211

第七十四条　【施行日期】　······　1220

第六篇　网信工作未成年人保护规范与案例

本篇以《未成年人保护法》（节选）为主干。

第 十 七 条　【监护人禁止实施的行为】　······　1223

第四十八条　【国家鼓励有利于未成年人健康成长的文艺作品】　······　1226

第 五 十 条　【禁止危害未成年人身心健康的内容】　······　1227

第五十一条　【以显著方式提示影响未成年人身心健康的内容】　······　1233

第五十二条　【禁止儿童色情作品】　······　1234

第六十三条　【对未成年人隐私权的特殊保护】　······　1237

第六十四条　【网络素养宣传教育】　······　1239

第 六 十 五 条　【鼓励支持健康网络内容】 ·················· 1241

第 六 十 六 条　【加强监督检查和执法】 ·················· 1244

第 六 十 七 条　【可能影响未成年人身心健康的网络信息】 ·················· 1252

第 六 十 八 条　【沉迷网络预防干预机制】 ·················· 1256

第 六 十 九 条　【网络保护软件】 ·················· 1261

第 七 十 条　【学校对未成年学生沉迷网络的干预】 ·················· 1263

第 七 十 一 条　【监护人的网络保护义务】 ·················· 1264

第 七 十 二 条　【个人信息处理规则】 ·················· 1266

第 七 十 三 条　【私密信息提示和保护】 ·················· 1270

第 七 十 四 条　【预防网络沉迷的一般性规定】 ·················· 1272

第 七 十 五 条　【网络游戏服务提供者的义务】 ·················· 1274

第 七 十 六 条　【网络直播服务提供者的义务】 ·················· 1276

第 七 十 七 条　【禁止网络欺凌】 ·················· 1279

第 七 十 八 条　【投诉与举报渠道】 ·················· 1280

第 七 十 九 条　【投诉、举报权】 ·················· 1282

第 八 十 条　【网络服务提供者的安全管理义务】 ·················· 1283

第一百二十七条　【违反未成年人网络保护规定的法律责任】 ············ 1287

第七篇　网信工作民事规范与案例

本篇以《民法典》（节选）为主干。

第一百一十一条　【个人信息权】 ·················· 1291

第一百二十三条　【知识产权及其客体】 ·················· 1307

第一百二十七条　【对数据和网络虚拟财产的保护】 ·················· 1364

第一百三十七条　【有特定相对人的意思表示的生效时间】 ·················· 1368

第一百八十五条　【英雄烈士人格利益的保护】 ·················· 1370

第二百五十四条　【国防资产的国家所有权；基础设施的国家
　　　　　　　　　所有权】 ················· 1381

第四百六十九条　【合同订立形式；合同的书面形式】 ········· 1383

第四百九十一条　【确认书与合同成立时间；网络提交订单与
　　　　　　　　　合同成立时间】 ············· 1387

第四百九十二条　【合同成立的地点】 ··············· 1388

第五百零一条　　【合同缔结人的保密义务】 ··········· 1389

第五百一十二条　【电子合同交付时间的认定规则】 ········ 1392

第九百九十五条　【侵害人格权的民事责任】 ··········· 1395

第九百九十九条　【新闻报道、舆论监督等行为的合理使用与
　　　　　　　　　不合理使用的民事责任】 ········· 1405

第　一　千　条　【侵害人格权民事责任的相当性与替代性公
　　　　　　　　　布执行方式】 ··············· 1407

第一千零一十九条　【肖像权的保护；未经肖像权人同意不得使
　　　　　　　　　用或者公开肖像】 ············· 1410

第一千零二十五条　【新闻报道、舆论监督影响他人名誉不承担
　　　　　　　　　民事责任及其例外】 ··········· 1413

第一千零二十八条　【媒体报道内容失实侵害名誉权】 ····· 1416

第一千零三十条　　【信用权准用个人信息保护的规定】 ······ 1417

第一千零三十二条　【隐私权；隐私】 ··············· 1431

第一千零三十三条　【侵害隐私权的方式】 ············· 1450

第一千零三十四条　【个人信息；个人信息中的私密信息】 ··· 1454

第一千零三十五条　【个人信息处理的原则和条件】 ······ 1459

第一千零三十六条　【处理个人信息不承担责任的特定情形】 ········ 1465

第一千零三十七条　【个人信息决定权】 ············· 1466

第一千零三十八条　【个人信息安全】 ·············· 1468

第一千零三十九条 【国家机关、法定机构及其工作人员对隐私和个人信息的保密义务】 …………………… 1472

第一千一百九十四条 【网络用户、网络服务提供者的侵权责任】 … 1481

第一千一百九十五条 【"通知与取下"制度：被侵权人对网络服务提供者的必要措施请求权；网络服务提供者未采取必要措施的侵权责任；错误通知造成损害的侵权责任】 …………………… 1490

第一千一百九十六条 【"反通知"制度：网络用户提交不存在侵权行为的声明；网络服务提供者终止已采取措施的条件】 …………………… 1495

第一千一百九十七条 【网络服务提供者与网络用户的连带责任】 …… 1499

第一千二百二十六条 【违反患者隐私权和个人信息保密义务的医疗机构责任】 …………………… 1508

第八篇　网信工作电子商务规范与案例

本篇以《电子商务法》为主干。

第 一 条 【立法目的】 ………………………………………… 1511

第 二 条 【适用范围】 ………………………………………… 1515

第 三 条 【电子商务创新发展】 …………………………… 1524

第 四 条 【平等对待原则】 ………………………………… 1530

第 五 条 【电子商务经营者的基本义务】 ……………… 1534

第 六 条 【电子商务监管体制】 …………………………… 1550

第 七 条 【电子商务协同管理】 …………………………… 1562

第 八 条 【电子商务行业自律】 …………………………… 1568

第 九 条 【电子商务经营主体】 …………………………… 1574

第　十　条　【电子商务经营者的登记义务】 ⋯⋯⋯⋯⋯⋯⋯⋯⋯⋯ 1577

第　十一条　【电子商务经营者的纳税义务】 ⋯⋯⋯⋯⋯⋯⋯⋯⋯⋯ 1583

第　十二条　【电子商务经营者的行政许可】 ⋯⋯⋯⋯⋯⋯⋯⋯⋯⋯ 1585

第　十三条　【电子商务经营者提供合法标的义务】 ⋯⋯⋯⋯⋯⋯⋯⋯ 1595

第　十四条　【电子发票】 ⋯⋯⋯⋯⋯⋯⋯⋯⋯⋯⋯⋯⋯⋯⋯⋯⋯⋯ 1611

第　十五条　【电子商务经营者的信息公示义务】 ⋯⋯⋯⋯⋯⋯⋯⋯⋯ 1613

第　十六条　【电子商务经营者业务终止的公示义务】 ⋯⋯⋯⋯⋯⋯⋯ 1621

第　十七条　【电子商务经营者的信息披露义务】 ⋯⋯⋯⋯⋯⋯⋯⋯⋯ 1624

第　十八条　【电子商务经营者提供搜索结果与广告时的义务】 ⋯⋯⋯ 1635

第　十九条　【电子商务经营者搭售商品或服务时的义务】 ⋯⋯⋯⋯⋯ 1643

第　二十条　【交付义务与风险承担规则】 ⋯⋯⋯⋯⋯⋯⋯⋯⋯⋯⋯ 1645

第二十一条　【电子商务经营者的押金退还义务】 ⋯⋯⋯⋯⋯⋯⋯⋯⋯ 1649

第二十二条　【电子商务经营者不得滥用市场支配地位】 ⋯⋯⋯⋯⋯⋯ 1653

第二十三条　【电子商务经营者的个人信息保护义务】 ⋯⋯⋯⋯⋯⋯⋯ 1660

第二十四条　【用户信息处置义务】 ⋯⋯⋯⋯⋯⋯⋯⋯⋯⋯⋯⋯⋯⋯ 1692

第二十五条　【电子商务经营者的信息提供义务】 ⋯⋯⋯⋯⋯⋯⋯⋯⋯ 1702

第二十六条　【跨境电子商务的法律适用】 ⋯⋯⋯⋯⋯⋯⋯⋯⋯⋯⋯ 1716

第二十七条　【平台经营者的形式审查义务】 ⋯⋯⋯⋯⋯⋯⋯⋯⋯⋯ 1724

第二十八条　【平台经营者的报送义务】 ⋯⋯⋯⋯⋯⋯⋯⋯⋯⋯⋯⋯ 1730

第二十九条　【平台经营者对违法经营的处置和报告义务】 ⋯⋯⋯⋯⋯ 1732

第　三十条　【平台经营者的安全保障义务】 ⋯⋯⋯⋯⋯⋯⋯⋯⋯⋯ 1736

第三十一条　【平台经营者的信息保存义务】 ⋯⋯⋯⋯⋯⋯⋯⋯⋯⋯ 1752

第三十二条　【平台经营者制定服务协议和交易规则的要求】 ⋯⋯⋯⋯ 1760

第三十三条　【平台经营者公示服务协议和交易规则的义务】 ⋯⋯⋯⋯ 1773

第三十四条　【平台经营者修改服务协议和交易规则的要求】 ⋯⋯⋯⋯ 1778

第三十五条　【平台经营者禁止滥用优势地位】 ⋯⋯⋯⋯⋯⋯⋯⋯⋯ 1781

第三十六条 【平台经营者对平台内经营者违规处罚的公示】 ············ 1787

第三十七条 【平台经营者自营业务区分】 ·················· 1788

第三十八条 【平台经营者的民事责任】 ·················· 1789

第三十九条 【平台经营者建立信用评价制度的义务】 ··········· 1795

第四十条 【平台经营者的广告标注义务】 ················ 1796

第四十一条 【平台经营者的知识产权保护义务】 ·········· 1799

第四十二条 【通知删除规则】 ····················· 1801

第四十三条 【反通知规则】 ······················ 1806

第四十四条 【处理结果公示】 ····················· 1808

第四十五条 【平台经营者知识产权侵权责任】 ··········· 1809

第四十六条 【平台经营者提供的其他服务及合规经营】 ········ 1812

第四十七条 【电子商务合同的法律适用】 ··············· 1815

第四十八条 【自动信息系统的法律效力与行为能力推定】 ··· 1821

第四十九条 【电子商务合同成立】 ·················· 1824

第五十条 【电子商务合同订立规范】 ··············· 1831

第五十一条 【电子商务合同标的的交付时间】 ··········· 1833

第五十二条 【快递物流服务提供者的义务】 ············· 1834

第五十三条 【电子支付服务提供者的义务】 ············· 1848

第五十四条 【电子支付安全管理要求】 ··············· 1862

第五十五条 【错误支付的法律责任】 ················ 1870

第五十六条 【向用户提供支付确认信息的义务】 ·········· 1873

第五十七条 【用户注意义务及未授权支付法律责任】 ······· 1873

第五十八条 【商品、服务质量担保机制、消费者权益保证金和先行

　　　　　赔偿责任】 ························ 1876

第五十九条 【电子商务经营者的投诉举报机制】 ·········· 1879

第六十条 【电子商务争议解决方式】 ··············· 1885

第六十一条　【平台经营者协助维权的义务】　…………………… 1888

第六十二条　【电子商务经营者提供原始合同和交易记录的义务】　…… 1892

第六十三条　【争议在线解决机制】　…………………………… 1894

第六十四条　【电子商务发展规划和产业政策】　………………… 1895

第六十五条　【电子商务绿色发展】　…………………………… 1896

第六十六条　【电子商务标准体系建设】　……………………… 1897

第六十七条　【电子商务与各产业融合发展】　………………… 1901

第六十八条　【农村电子商务与精准扶贫】　…………………… 1904

第六十九条　【电子商务数据交流共享】　……………………… 1906

第 七 十 条　【电子商务信用评价】　…………………………… 1910

第七十一条　【电子商务的跨境发展】　………………………… 1913

第七十二条　【电子商务的跨境服务和监管】　………………… 1917

第七十三条　【电子商务国际合作】　…………………………… 1923

第七十四条　【电子商务经营者的民事责任】　………………… 1925

第七十五条　【电子商务经营者违法违规的法律责任衔接】　…… 1931

第七十六条　【电子商务经营者违反信息公示以及用户信息管理义

　　　　　　务的行政处罚】　………………………………… 1945

第七十七条　【电子商务经营者违法推销与搭售的法律责任】　… 1958

第七十八条　【电子商务经营者违反押金退还义务的法律责任】　……… 1959

第七十九条　【电子商务经营者违反个人信息保护义务的法律责任】　… 1959

第 八 十 条　【平台经营者违反协助监管和信息保存义务的行政责

　　　　　　任】　…………………………………………… 1963

第八十一条　【平台经营者违反公示义务、自营业务标注、信用评

　　　　　　价管理、广告标注义务的行政责任】　…………… 1965

第八十二条　【平台经营者侵害平台内经营者合法权益的行政责任】　… 1967

第八十三条 【平台经营者违反采取合理措施、主体审核义务、安全
　　　　　　　保障义务的行政责任】 ·············· 1968

第八十四条 【平台经营者侵害知识产权的行政责任】 ·········· 1968

第八十五条 【法律责任的衔接】 ················ 1969

第八十六条 【违法行为的信用档案记录与公示】 ········· 1989

第八十七条 【电子商务监管人员的法律责任】 ········· 1992

第八十八条 【其他法律责任】 ················ 2000

第八十九条 【施行日期】 ················· 2017

网络安全法与数据信息法关联法规简全称对照排序表 ··············· 2018
总结《民法典》编纂经验 推动《网络信息法典》编纂
　　——《网络法治全书》代后记 ················ 2081

第一篇 网信工作网络安全规范与案例

编者按：第一篇《网信工作网络安全规范与案例》以《网络安全法》为主干，将网络安全与数字经济领域的相关法律法规分类纳入到每个对应条文中，形成关联法规体系。在此基础上，再将收集到的最高人民法院、最高人民检察院发布的网络安全与数字经济领域指导性案例、公报案例和典型案例等权威案例分类纳入到最为相关的条文中。

《网络安全法》

第一章　总　　则

第一条　【立法目的】

为了保障网络安全，维护网络空间主权和国家安全、社会公共利益，保护公民、法人和其他组织的合法权益，促进经济社会信息化健康发展，制定本法。

关联法规

◎ **法律**

《电子商务法》

第一条　为了保障电子商务各方主体的合法权益，规范电子商务行为，维护市场秩序，促进电子商务持续健康发展，制定本法。

《数据安全法》

第一条　为了规范数据处理活动，保障数据安全，促进数据开发利用，保护个人、组织的合法权益，维护国家主权、安全和发展利益，制定本法。

《个人信息保护法》

第一条　为了保护个人信息权益，规范个人信息处理活动，促进个人信息

合理利用，根据宪法，制定本法。

《反电信网络诈骗法》

第一条　为了预防、遏制和惩治电信网络诈骗活动，加强反电信网络诈骗工作，保护公民和组织的合法权益，维护社会稳定和国家安全，根据宪法，制定本法。

《保守国家秘密法》

第一条　为了保守国家秘密，维护国家安全和利益，保障改革开放和社会主义建设事业的顺利进行，制定本法。

《国家安全法》

第一条　为了维护国家安全，保卫人民民主专政的政权和中国特色社会主义制度，保护人民的根本利益，保障改革开放和社会主义现代化建设的顺利进行，实现中华民族伟大复兴，根据宪法，制定本法。

《反恐怖主义法》

第一条　为了防范和惩治恐怖活动，加强反恐怖主义工作，维护国家安全、公共安全和人民生命财产安全，根据宪法，制定本法。

《密码法》

第一条　为了规范密码应用和管理，促进密码事业发展，保障网络与信息安全，维护国家安全和社会公共利益，保护公民、法人和其他组织的合法权益，制定本法。

◎ **党内法规**

《党委（党组）网络安全工作责任制实施办法》

第一条　为了进一步加强网络安全工作，明确和落实党委（党组）领导班子、领导干部网络安全责任，根据《中国共产党问责条例》、《中央网络安全和信息化委员会工作规则》等有关规定，制定本办法。

◎ **行政法规**

《计算机信息网络国际联网管理暂行规定》

第一条　为了加强对计算机信息网络国际联网的管理，保障国际计算机信息交流的健康发展，制定本规定。

《计算机信息系统安全保护条例》

第一条　为了保护计算机信息系统的安全，促进计算机的应用和发展，保障社会主义现代化建设的顺利进行，制定本条例。

《计算机信息网络国际联网安全保护管理办法》

第一条　为了加强对计算机信息网络国际联网的安全保护，维护公共秩序，和社会稳定，根据《中华人民共和国计算机信息系统安全保护条例》、《中华人民共和国计算机信息网络国际联网管理暂行规定》和其他法律、行政法规的规定，制定本办法。

《互联网信息服务管理办法》

第一条　为了规范互联网信息服务活动，促进互联网信息服务健康有序发展，制定本办法。

《电信条例》

第一条　为了规范电信市场秩序，维护电信用户和电信业务经营者的合法权益，保障电信网络和信息的安全，促进电信业的健康发展，制定本条例。

《互联网上网服务营业场所管理条例》

第一条　为了加强对互联网上网服务营业场所的管理，规范经营者的经营行为，维护公众和经营者的合法权益，保障互联网上网服务经营活动健康发展，促进社会主义精神文明建设，制定本条例。

《商用密码管理条例》

第一条　为了规范商用密码应用和管理，鼓励和促进商用密码产业发展，保障网络与信息安全，维护国家安全和社会公共利益，保护公民、法人和其他组织的合法权益，根据《中华人民共和国密码法》等法律，制定本条例。

◎ **部门规章**

《互联网安全保护技术措施规定》

第一条 为加强和规范互联网安全技术防范工作，保障互联网网络安全和信息安全，促进互联网健康、有序发展，维护国家安全、社会秩序和公共利益，根据《计算机信息网络国际联网安全保护管理办法》，制定本规定。

《通信网络安全防护管理办法》

第一条 为了加强对通信网络安全的管理，提高通信网络安全防护能力，保障通信网络安全畅通，根据《中华人民共和国电信条例》，制定本办法。

《电信和互联网用户个人信息保护规定》

第一条 为了保护电信和互联网用户的合法权益，维护网络信息安全，根据《全国人民代表大会常务委员会关于加强网络信息保护的决定》、《中华人民共和国电信条例》和《互联网信息服务管理办法》等法律、行政法规，制定本规定。

《互联网新闻信息服务管理规定》

第一条 为加强互联网信息内容管理，促进互联网新闻信息服务健康有序发展，根据《中华人民共和国网络安全法》《互联网信息服务管理办法》《国务院关于授权国家互联网信息办公室负责互联网信息内容管理工作的通知》，制定本规定。

《互联网文化管理暂行规定》

第一条 为了加强对互联网文化的管理，保障互联网文化单位的合法权益，促进我国互联网文化健康、有序地发展，根据《中华人民共和国网络安全法》、《全国人民代表大会常务委员会关于维护互联网安全的决定》和《互联网信息服务管理办法》等国家法律法规有关规定，制定本规定。

《公安机关互联网安全监督检查规定》

第一条 为规范公安机关互联网安全监督检查工作，预防网络违法犯罪，维护网络安全，保护公民、法人和其他组织合法权益，根据《中华人民共和国人民警察法》、《中华人民共和国网络安全法》等有关法律、行政法规，制定本规定。

《区块链信息服务管理规定》

第一条 为了规范区块链信息服务活动，维护国家安全和社会公共利益，保护公民、法人和其他组织的合法权益，促进区块链技术及相关服务的健康发展，根据《中华人民共和国网络安全法》、《互联网信息服务管理办法》和《国务院关于授权国家互联网信息办公室负责互联网信息内容管理工作的通知》，制定本规定。

《儿童个人信息网络保护规定》

第一条 为了保护儿童个人信息安全，促进儿童健康成长，根据《中华人民共和国网络安全法》《中华人民共和国未成年人保护法》等法律法规，制定本规定。

《网络信息内容生态治理规定》

第一条　为了营造良好网络生态，保障公民、法人和其他组织的合法权益，维护国家安全和公共利益，根据《中华人民共和国国家安全法》《中华人民共和国网络安全法》《互联网信息服务管理办法》等法律、行政法规，制定本规定。

《网络招聘服务管理规定》

第一条　为了规范网络招聘服务，促进网络招聘服务业态健康有序发展，促进就业和人力资源流动配置，根据《中华人民共和国就业促进法》《中华人民共和国网络安全法》《中华人民共和国电子商务法》《人力资源市场暂行条例》《互联网信息服务管理办法》等法律、行政法规，制定本规定。

《汽车数据安全管理若干规定（试行）》

第一条　为了规范汽车数据处理活动，保护个人、组织的合法权益，维护国家安全和社会公共利益，促进汽车数据合理开发利用，根据《中华人民共和国网络安全法》《中华人民共和国数据安全法》等法律、行政法规，制定本规定。

《网络安全审查办法》

第一条　为了确保关键信息基础设施供应链安全，保障网络安全和数据安全，维护国家安全，根据《中华人民共和国国家安全法》、《中华人民共和国网络安全法》、《中华人民共和国数据安全法》、《关键信息基础设施安全保护条例》，制定本办法。

《互联网信息服务算法推荐管理规定》

第一条　为了规范互联网信息服务算法推荐活动，弘扬社会主义核心价值观，维护国家安全和社会公共利益，保护公民、法人和其他组织的合法权益，促进互联网信息服务健康有序发展，根据《中华人民共和国网络安全法》、《中华人民共和国数据安全法》、《中华人民共和国个人信息保护法》、《互联网信息服务管理办法》等法律、行政法规，制定本规定。

《互联网用户账号信息管理规定》

第一条　为了加强对互联网用户账号信息的管理，弘扬社会主义核心价值观，维护国家安全和社会公共利益，保护公民、法人和其他组织的合法权益，根据《中华人民共和国网络安全法》、《中华人民共和国个人信息保护法》、《互联网信息服务管理办法》等法律、行政法规，制定本规定。

《互联网信息服务深度合成管理规定》

第一条　为了加强互联网信息服务深度合成管理，弘扬社会主义核心价值观，维护国家安全和社会公共利益，保护公民、法人和其他组织的合法权益，根据《中华人民共和国网络安全法》、《中华人民共和国数据安全法》、《中华人民共和国个人信息保护法》、《互联网信息服务管理办法》等法律、行政法规，制定本规定。

《数据出境安全评估办法》

第一条　为了规范数据出境活动，保护个人信息权益，维护国家安全和社会公共利益，促进数据跨境安全、自由流动，根据《中华人民共和国网络安全法》、《中华人民共和国数据安全法》、《中华人民共和国个人信息保护法》等法律法规，制定本办法。

《个人信息出境标准合同办法》

第一条　为了保护个人信息权益，规范个人信息出境活动，根据《中华人民共和国个人信息保护法》等法律法规，制定本办法。

《网信部门行政执法程序规定》

第一条　为了规范和保障网信部门依法履行职责，保护公民、法人和其他组织的合法权益，维护国家安全和公共利益，根据《中华人民共和国行政处罚法》、《中华人民共和国行政强制法》、《中华人民共和国网络安全法》、《中华人民共和国数据安全法》、《中华人民共和国个人信息保护法》等法律、行政法规，制定本规定。

《公路水路关键信息基础设施安全保护管理办法》

第一条　为了保障公路水路关键信息基础设施安全，维护网络安全，根据《中华人民共和国网络安全法》《关键信息基础设施安全保护条例》等法律、行政法规，制定本办法。

《生成式人工智能服务管理暂行办法》

第一条　为了促进生成式人工智能健康发展和规范应用，维护国家安全和社会公共利益，保护公民、法人和其他组织的合法权益，根据《中华人民共和国网络安全法》、《中华人民共和国数据安全法》、《中华人民共和国个人信息保护法》、《中华人民共和国科学技术进步法》等法律、行政法规，制定本办法。

◎ 部门规范性文件

《信息安全等级保护管理办法》

第一条　为规范信息安全等级保护管理，提高信息安全保障能力和水平，维护国家安全、社会稳定和公共利益，保障和促进信息化建设，根据《中华人民共和国计算机信息系统安全保护条例》等有关法律法规，制定本办法。

《即时通信工具公众信息服务发展管理暂行规定》

第一条　为进一步推动即时通信工具公众信息服务健康有序发展，保护公民、法人和其他组织的合法权益，维护国家安全和公共利益，根据《全国人民代表大会常务委员会关于维护互联网安全的决定》、《全国人民代表大会常务委员会关于加强网络信息保护的决定》、《最高人民法院、最高人民检察院关于办理利用信息网络实施诽谤等刑事案件适用法律若干问题的解释》、《互联网信息服务管理办法》、《互联网新闻信息服务管理规定》等法律法规，制定本规定。

《互联网直播服务管理规定》

第一条 为加强对互联网直播服务的管理，保护公民、法人和其他组织的合法权益，维护国家安全和公共利益，根据《全国人民代表大会常务委员会关于加强网络信息保护的决定》《国务院关于授权国家互联网信息办公室负责互联网信息内容管理工作的通知》《互联网信息服务管理办法》和《互联网新闻信息服务管理规定》，制定本规定。

《互联网信息搜索服务管理规定》

第一条 为规范互联网信息搜索服务，促进互联网信息搜索行业健康有序发展，保护公民、法人和其他组织的合法权益，维护国家安全和公共利益，根据《全国人民代表大会常务委员会关于加强网络信息保护的决定》和《国务院关于授权国家互联网信息办公室负责互联网信息内容管理工作的通知》，制

定本规定。

《互联网新闻信息服务新技术新应用安全评估管理规定》

第一条 为规范开展互联网新闻信息服务新技术新应用安全评估工作，维护国家安全和公共利益，保护公民、法人和其他组织的合法权益，根据《中华人民共和国网络安全法》《互联网新闻信息服务管理规定》，制定本规定。

《公共互联网网络安全威胁监测与处置办法》

第一条 为加强和规范公共互联网网络安全威胁监测与处置工作，消除安全隐患，制止攻击行为，避免危害发生，降低安全风险，维护网络秩序和公共利益，保护公民、法人和其他组织的合法权益，根据《中华人民共和国网络安全法》《全国人民代表大会常务委员会关于加强网络信息保护的决定》《中华人民共和国电信条例》等有关法律法规和工业和信息化部职责，制定本办法。

《具有舆论属性或社会动员能力的互联网信息服务安全评估规定》

第一条 为加强对具有舆论属性或社会动员能力的互联网信息服务和相关新技术新应用的安全管理，规范互联网信息服务活动，维护国家安全、社会秩序和公共利益，根据《中华人民共和国网络安全法》《互联网信息服务管理办法》《计算机信息网络国际联网安全保

护管理办法》，制订本规定。

《互联网群组信息服务管理规定》

第一条　为规范互联网群组信息服务，维护国家安全和公共利益，保护公民、法人和其他组织的合法权益，根据《中华人民共和国网络安全法》《国务院关于授权国家互联网信息办公室负责互联网信息内容管理工作的通知》，制定本规定。

《互联网论坛社区服务管理规定》

第一条　为规范互联网论坛社区服务，促进互联网论坛社区行业健康有序发展，保护公民、法人和其他组织的合法权益，维护国家安全和公共利益，根据《中华人民共和国网络安全法》《国务院关于授权国家互联网信息办公室负责互联网信息内容管理工作的通知》，制定本规定。

《互联网新闻信息服务单位内容管理从业人员管理办法》

第一条　为加强对互联网新闻信息服务单位内容管理从业人员（以下简称"从业人员"）的管理，维护从业人员和社会公众的合法权益，促进互联网新闻信息服务健康有序发展，根据《中华人民共和国网络安全法》《互联网新闻信息服务管理规定》，制定本办法。

《微博客信息服务管理规定》

第一条　为促进微博客信息服务健康有序发展，保护公民、法人和其他组织的合法权益，维护国家安全和公共利益，根据《中华人民共和国网络安全法》《国务院关于授权国家互联网信息办公室负责互联网信息内容管理工作的通知》，制定本规定。

《网络音视频信息服务管理规定》

第一条　为促进网络音视频信息服务健康有序发展，保护公民、法人和其他组织的合法权益，维护国家安全和公共利益，根据《中华人民共和国网络安全法》《互联网信息服务管理办法》《互联网新闻信息服务管理规定》《互联网文化管理暂行规定》《互联网视听节目服务管理规定》，制定本规定。

《监管数据安全管理办法（试行）》

第一条　为规范银保监会监管数据安全管理工作，提高监管数据安全保护能力，防范监管数据安全风险，依据《中华人民共和国网络安全法》《中华人民共和国银行业监督管理法》《中华人民共和国保险法》《工作秘密管理暂行办法》等法律法规及有关规定，制定本办法。

《贯彻落实网络安全等级保护制度和关键信息基础设施安全保护制度的指导意见》

一、指导思想、基本原则和工作目标

（一）指导思想

以习近平新时代中国特色社会主义思想为指导，按照党中央、国务院决策部署，以总体国家安全观为统领，认真贯彻实施网络强国战略，全面加强网络安全工作统筹规划，以贯彻落实网络安全等级保护制度和关键信息基础设施安全保护制度为基础，以保护关键信息基础设施、重要网络和数据安全为重点，全面加强网络安全防范管理、监测预警、应急处置、侦查打击、情报信息等各项工作，及时监测、处置网络安全风险、威胁和网络安全突发事件，保护关键信息基础设施、重要网络和数据免受攻击、侵入、干扰和破坏，依法惩治网络违法犯罪活动，切实提高网络安全保护能力，积极构建国家网络安全综合防控体系，切实维护国家网络空间主权、国家安全和社会公共利益，保护人民群众的合法权益，保障和促进经济社会信息化健康发展。

《网络产品安全漏洞管理规定》

第一条　为了规范网络产品安全漏洞发现、报告、修补和发布等行为，防范网络安全风险，根据《中华人民共和国网络安全法》，制定本规定。

《互联网用户公众账号信息服务管理规定》

第一条　为了规范互联网用户公众账号信息服务，维护国家安全和公共利益，保护公民、法人和其他组织的合法权益，根据《中华人民共和国网络安全法》《互联网信息服务管理办法》《网

络信息内容生态治理规定》等法律法规和国家有关规定，制定本规定。

《移动互联网应用程序信息服务管理规定》

第一条　为了规范移动互联网应用程序（以下简称应用程序）信息服务，保护公民、法人和其他组织的合法权益，维护国家安全和公共利益，根据《中华人民共和国网络安全法》、《中华人民共和国数据安全法》、《中华人民共和国个人信息保护法》、《中华人民共和国未成年人保护法》、《互联网信息服务管理办法》、《互联网新闻信息服务管理规定》、《网络信息内容生态治理规定》等法律、行政法规和国家有关规定，制定本规定。

《互联网跟帖评论服务管理规定》

第一条　为了规范互联网跟帖评论服务，维护国家安全和公共利益，保护公民、法人和其他组织的合法权益，根据《中华人民共和国网络安全法》《网络信息内容生态治理规定》《互联网用户账号信息管理规定》等法律法规和国家有关规定，制定本规定。

《互联网弹窗信息推送服务管理规定》

第一条　为了规范互联网弹窗信息推送服务，维护国家安全和公共利益，保护公民、法人和其他组织的合法权益，促进行业健康有序发展，根据《中华人民共和国网络安全法》、《中华人

民共和国未成年人保护法》、《中华人民共和国广告法》、《互联网信息服务管理办法》、《互联网新闻信息服务管理规定》、《网络信息内容生态治理规定》等法律法规，制定本规定。

《网站平台受理处置涉企网络侵权信息举报工作规范》

第一条 为规范境内网站平台受理处置涉企网络侵权信息举报工作，更好维护企业和企业家网络合法权益，根据《民法典》《网络安全法》《网络信息内容生态治理规定》《互联网用户账号信息管理规定》等法律法规和国家有关规定，结合举报工作实际，制定本规范。

第二条 【适用范围】
在中华人民共和国境内建设、运营、维护和使用网络，以及网络安全的监督管理，适用本法。

关联法规

◎ **法律**

《电子商务法》

第二条 中华人民共和国境内的电子商务活动，适用本法。

本法所称电子商务，是指通过互联网等信息网络销售商品或者提供服务的经营活动。

法律、行政法规对销售商品或者提供服务有规定的，适用其规定。金融类产品和服务，利用信息网络提供新闻信息、音视频节目、出版以及文化产品等内容方面的服务，不适用本法。

《数据安全法》

第二条 在中华人民共和国境内开展数据处理活动及其安全监管，适用本法。

在中华人民共和国境外开展数据处理活动，损害中华人民共和国国家安全、公共利益或者公民、组织合法权益的，依法追究法律责任。

《个人信息保护法》

第三条 在中华人民共和国境内处理自然人个人信息的活动，适用本法。

在中华人民共和国境外处理中华人民共和国境内自然人个人信息的活动，有下列情形之一的，也适用本法：

（一）以向境内自然人提供产品或者服务为目的；

（二）分析、评估境内自然人的行为；

（三）法律、行政法规规定的其他情形。

《反电信网络诈骗法》

第三条 打击治理在中华人民共和国境内实施的电信网络诈骗活动或者中华人民共和国公民在境外实施的电信网

络诈骗活动，适用本法。

境外的组织、个人针对中华人民共和国境内实施电信网络诈骗活动的，或者为他人针对境内实施电信网络诈骗活动提供产品、服务等帮助的，依照本法有关规定处理和追究责任。

◎ **行政法规**

《计算机信息网络国际联网管理暂行规定》

第二条 中华人民共和国境内的计算机信息网络进行国际联网，应当依照本规定办理。

《计算机信息系统安全保护条例》

第五条 中华人民共和国境内的计算机信息系统的安全保护，适用本条例。

未联网的微型计算机的安全保护办法，另行制定。

《计算机信息网络国际联网安全保护管理办法》

第二条 中华人民共和国境内的计算机信息网络国际联网安全保护管理，适用本办法。

《互联网信息服务管理办法》

第二条 在中华人民共和国境内从事互联网信息服务活动，必须遵守本办法。

本办法所称互联网信息服务，是指通过互联网向上网用户提供信息的服务活动。

第三条 互联网信息服务分为经营性和非经营性两类。

经营性互联网信息服务，是指通过互联网向上网用户有偿提供信息或者网页制作等服务活动。

非经营性互联网信息服务，是指通过互联网向上网用户无偿提供具有公开性、共享性信息的服务活动。

《电信条例》

第二条 在中华人民共和国境内从事电信活动或者与电信有关的活动，必须遵守本条例。

本条例所称电信，是指利用有线、无线的电磁系统或者光电系统，传送、发射或者接收语音、文字、数据、图像以及其他任何形式信息的活动。

《商用密码管理条例》

第二条 在中华人民共和国境内的商用密码科研、生产、销售、服务、检测、认证、进出口、应用等活动及监督管理，适用本条例。

本条例所称商用密码，是指采用特定变换的方法对不属于国家秘密的信息等进行加密保护、安全认证的技术、产品和服务。

◎ **司法解释**

《关于审理利用信息网络侵害人身权益民事纠纷案件适用法律若干问题的规定》

第一条 本规定所称的利用信息网络侵害人身权益民事纠纷案件，是指利用信息网络侵害他人姓名权、名称权、名誉权、荣誉权、肖像权、隐私权等人身权益引起的纠纷案件。

《关于审理使用人脸识别技术处理个人信息相关民事案件适用法律若干问题的规定》

第一条 因信息处理者违反法律、行政法规的规定或者双方的约定使用人脸识别技术处理人脸信息、处理基于人脸识别技术生成的人脸信息所引起的民事案件，适用本规定。

人脸信息的处理包括人脸信息的收集、存储、使用、加工、传输、提供、公开等。

本规定所称人脸信息属于民法典第一千零三十四条规定的"生物识别信息"。

◎ 部门规章

《通信网络安全防护管理办法》

第二条 中华人民共和国境内的电信业务经营者和互联网域名服务提供者（以下统称"通信网络运行单位"）管理和运行的公用通信网和互联网（以下统称"通信网络"）的网络安全防护工作，适用本办法。

本办法所称互联网域名服务，是指设置域名数据库或者域名解析服务器，为域名持有者提供域名注册或者权威解析服务的行为。

本办法所称网络安全防护工作，是指为防止通信网络阻塞、中断、瘫痪或

者被非法控制，以及为防止通信网络中传输、存储、处理的数据信息丢失、泄露或者被篡改而开展的工作。

《电信和互联网用户个人信息保护规定》

第二条 在中华人民共和国境内提供电信服务和互联网信息服务过程中收集、使用用户个人信息的活动，适用本规定。

《互联网新闻信息服务管理规定》

第二条 在中华人民共和国境内提供互联网新闻信息服务，适用本规定。

本规定所称新闻信息，包括有关政治、经济、军事、外交等社会公共事务的报道、评论，以及有关社会突发事件的报道、评论。

《互联网文化管理暂行规定》

第四条 本规定所称互联网文化单位，是指经文化行政部门和电信管理机构批准或者备案，从事互联网文化活动的互联网信息服务提供者。

在中华人民共和国境内从事互联网文化活动，适用本规定。

《公安机关互联网安全监督检查规定》

第二条 本规定适用于公安机关依法对互联网服务提供者和联网使用单位履行法律、行政法规规定的网络安全义务情况进行的安全监督检查。

《区块链信息服务管理规定》

第二条 在中华人民共和国境内从事区块链信息服务，应当遵守本规定。

法律、行政法规另有规定的，遵照其规定。

本规定所称区块链信息服务，是指基于区块链技术或者系统，通过互联网站、应用程序等形式，向社会公众提供信息服务。

本规定所称区块链信息服务提供者，是指向社会公众提供区块链信息服务的主体或者节点，以及为区块链信息服务的主体提供技术支持的机构或者组织；本规定所称区块链信息服务使用者，是指使用区块链信息服务的组织或者个人。

《儿童个人信息网络保护规定》

第三条　在中华人民共和国境内通过网络从事收集、存储、使用、转移、披露儿童个人信息等活动，适用本规定。

《网络信息内容生态治理规定》

第二条　中华人民共和国境内的网络信息内容生态治理活动，适用本规定。

本规定所称网络信息内容生态治理，是指政府、企业、社会、网民等主体，以培育和践行社会主义核心价值观为根本，以网络信息内容为主要治理对象，以建立健全网络综合治理体系、营造清朗的网络空间、建设良好的网络生态为目标，开展的弘扬正能量、处置违法和不良信息等相关活动。

《汽车数据安全管理若干规定（试行）》

第二条　在中华人民共和国境内开展汽车数据处理活动及其安全监管，应当遵守相关法律、行政法规和本规定的要求。

《互联网信息服务算法推荐管理规定》

第二条　在中华人民共和国境内应用算法推荐技术提供互联网信息服务（以下简称算法推荐服务），适用本规定。法律、行政法规另有规定的，依照其规定。

前款所称应用算法推荐技术，是指利用生成合成类、个性化推送类、排序精选类、检索过滤类、调度决策类等算法技术向用户提供信息。

《互联网用户账号信息管理规定》

第二条　互联网用户在中华人民共和国境内的互联网信息服务提供者注册、使用互联网用户账号信息及其管理工作，适用本规定。法律、行政法规另有规定的，依照其规定。

《互联网信息服务深度合成管理规定》

第二条　在中华人民共和国境内应用深度合成技术提供互联网信息服务（以下简称深度合成服务），适用本规定。法律、行政法规另有规定的，依照其规定。

《数据出境安全评估办法》

第二条　数据处理者向境外提供在中华人民共和国境内运营中收集和产生

的重要数据和个人信息的安全评估，适用本办法。法律、行政法规另有规定的，依照其规定。

《个人信息出境标准合同办法》

第二条　个人信息处理者通过与境外接收方订立个人信息出境标准合同（以下简称标准合同）的方式向中华人民共和国境外提供个人信息，适用本办法。

《网信部门行政执法程序规定》

第二条　网信部门实施行政处罚等行政执法，适用本规定。

本规定所称网信部门，是指国家互联网信息办公室和地方互联网信息办公室。

《公路水路关键信息基础设施安全保护管理办法》

第二条　公路水路关键信息基础设施的安全保护和监督管理工作，适用本办法。

前款所称公路水路关键信息基础设施是指在公路水路领域，一旦遭到破坏、丧失功能或者数据泄露，可能严重危害国家安全、国计民生和公共利益的重要网络设施、信息系统等。

《生成式人工智能服务管理暂行办法》

第二条　利用生成式人工智能技术向中华人民共和国境内公众提供生成文本、图片、音频、视频等内容的服务（以下称生成式人工智能服务），适用本办法。

国家对利用生成式人工智能服务从事新闻出版、影视制作、文艺创作等活动另有规定的，从其规定。

行业组织、企业、教育和科研机构、公共文化机构、有关专业机构等研发、应用生成式人工智能技术，未向境内公众提供生成式人工智能服务的，不适用本办法的规定。

◎ 部门规范性文件

《即时通信工具公众信息服务发展管理暂行规定》

第二条　在中华人民共和国境内从事即时通信工具公众信息服务，适用本规定。

本规定所称即时通信工具，是指基于互联网面向终端使用者提供即时信息交流服务的应用。本规定所称公众信息服务，是指通过即时通信工具的公众账号及其他形式向公众发布信息的活动。

《互联网直播服务管理规定》

第二条　在中华人民共和国境内提供、使用互联网直播服务，应当遵守本规定。

本规定所称互联网直播，是指基于互联网，以视频、音频、图文等形式向公众持续发布实时信息的活动；本规定所称互联网直播服务提供者，是指提供互联网直播平台服务的主体；本规定所称互联网直播服务使用者，包括互联网直播发布者和用户。

《互联网信息搜索服务管理规定》

第二条　在中华人民共和国境内从事互联网信息搜索服务，适用本规定。

本规定所称互联网信息搜索服务，是指运用计算机技术从互联网上搜集、处理各类信息供用户检索的服务。

《互联网新闻信息服务新技术新应用安全评估管理规定》

第二条　国家和省、自治区、直辖市互联网信息办公室组织开展互联网新闻信息服务新技术新应用安全评估，适用本规定。

本规定所称互联网新闻信息服务新技术新应用（以下简称"新技术新应用"），是指用于提供互联网新闻信息服务的创新性应用（包括功能及应用形式）及相关支撑技术。

本规定所称互联网新闻信息服务新技术新应用安全评估（以下简称"新技术新应用安全评估"），是指根据新技术新应用的新闻舆论属性、社会动员能力及由此产生的信息内容安全风险确定评估等级，审查评价其信息安全管理制度和技术保障措施的活动。

《互联网群组信息服务管理规定》

第二条　在中华人民共和国境内提供、使用互联网群组信息服务，应当遵守本规定。

本规定所称互联网群组，是指互联网用户通过互联网站、移动互联网应用程序等建立的，用于群体在线交流信息的网络空间。本规定所称互联网群组信息服务提供者，是指提供互联网群组信息服务的平台。本规定所称互联网群组信息服务使用者，包括群组建立者、管理者和成员。

《互联网论坛社区服务管理规定》

第二条　在中华人民共和国境内从事互联网论坛社区服务，适用本规定。

本规定所称互联网论坛社区服务，是指在互联网上以论坛、贴吧、社区等形式，为用户提供互动式信息发布社区平台的服务。

《微博客信息服务管理规定》

第二条　在中华人民共和国境内从事微博客信息服务，应当遵守本规定。

本规定所称微博客，是指基于使用者关注机制，主要以简短文字、图片、视频等形式实现信息传播、获取的社交网络服务。

微博客服务提供者是指提供微博客平台服务的主体。微博客服务使用者是指使用微博客平台从事信息发布、互动交流等的行为主体。

微博客信息服务是指提供微博客平台服务及使用微博客平台从事信息发布、传播等行为。

《网络音视频信息服务管理规定》

第二条　在中华人民共和国境内从事网络音视频信息服务，应当遵守本规定。

本规定所称网络音视频信息服务，是指通过互联网站、应用程序等网络平台，向社会公众提供音视频信息制作、发布、传播的服务。

网络音视频信息服务提供者，是指向社会公众提供网络音视频信息服务的组织或者个人。网络音视频信息服务使用者，是指使用网络音视频信息服务的组织或者个人。

《监管数据安全管理办法（试行）》

第四条　银保监会及受托机构开展监管数据活动，适用本办法。

本办法所称受托机构是指受银保监会委托或委派，为银保监会提供监管数据采集、处理或存储服务的企事业单位。

《网络产品安全漏洞管理规定》

第二条　中华人民共和国境内的网络产品（含硬件、软件）提供者和网络运营者，以及从事网络产品安全漏洞发现、收集、发布等活动的组织或者个人，应当遵守本规定。

《互联网用户公众账号信息服务管理规定》

第二条　在中华人民共和国境内提供、从事互联网用户公众账号信息服务，应当遵守本规定。

《移动互联网应用程序信息服务管理规定》

第二条　在中华人民共和国境内提供应用程序信息服务，以及从事互联网应用商店等应用程序分发服务，应当遵守本规定。

本规定所称应用程序信息服务，是指通过应用程序向用户提供文字、图片、语音、视频等信息制作、复制、发布、传播等服务的活动，包括即时通讯、新闻资讯、知识问答、论坛社区、网络直播、电子商务、网络音视频、生活服务等类型。

本规定所称应用程序分发服务，是指通过互联网提供应用程序发布、下载、动态加载等服务的活动，包括应用商店、快应用中心、互联网小程序平台、浏览器插件平台等类型。

《互联网跟帖评论服务管理规定》

第二条　在中华人民共和国境内提供、使用跟帖评论服务，应当遵守本规定。

本规定所称跟帖评论服务，是指互联网站、应用程序以及其他具有舆论属性或社会动员能力的网站平台，以评论、回复、留言、弹幕、点赞等方式，为用户提供发表文字、符号、表情、图片、音视频等信息的服务。

《互联网弹窗信息推送服务管理规定》

第二条　在中华人民共和国境内提

供互联网弹窗信息推送服务，适用本规定。

本规定所称互联网弹窗信息推送服务，是指通过操作系统、应用软件、网站等，以弹出消息窗口形式向互联网用户提供的信息推送服务。

本规定所称互联网弹窗信息推送服务提供者，是指提供互联网弹窗信息推送服务的组织或者个人。

《网站平台受理处置涉企网络侵权信息举报工作规范》

第二条 境内网站平台受理处置涉企网络侵权信息举报，适用本规范。

第三条 【网络安全工作基本原则】

国家坚持网络安全与信息化发展并重，遵循积极利用、科学发展、依法管理、确保安全的方针，推进网络基础设施建设和互联互通，鼓励网络技术创新和应用，支持培养网络安全人才，建立健全网络安全保障体系，提高网络安全保护能力。

关联法规

◎ 法律

《数据安全法》

第四条 维护数据安全，应当坚持总体国家安全观，建立健全数据安全治理体系，提高数据安全保障能力。

《国家安全法》

第三条 国家安全工作应当坚持总体国家安全观，以人民安全为宗旨，以政治安全为根本，以经济安全为基础，以军事、文化、社会安全为保障，以促进国际安全为依托，维护各领域国家安全，构建国家安全体系，走中国特色国家安全道路。

第二十五条 国家建设网络与信息安全保障体系，提升网络与信息安全保护能力，加强网络和信息技术的创新研究和开发应用，实现网络和信息核心技术、关键基础设施和重要领域信息系统及数据的安全可控；加强网络管理，防范、制止和依法惩治网络攻击、网络入侵、网络窃密、散布违法有害信息等网络违法犯罪行为，维护国家网络空间主权、安全和发展利益。

◎ 行政法规

《计算机信息网络国际联网管理暂行规定》

第四条 国家对国际联网实行统筹规划、统一标准、分级管理、促进发展的原则。

《电信条例》

第四条　电信监督管理遵循政企分开、破除垄断、鼓励竞争、促进发展和公开、公平、公正的原则。

电信业务经营者应当依法经营，遵守商业道德，接受依法实施的监督检查。

◎ **部门规章**

《通信网络安全防护管理办法》

第三条　通信网络安全防护工作坚持积极防御、综合防范、分级保护的原则。

《公安机关互联网安全监督检查规定》

第四条　公安机关开展互联网安全监督检查，应当遵循依法科学管理、保障和促进发展的方针，严格遵守法定权限和程序，不断改进执法方式，全面落实执法责任。

《互联网信息服务算法推荐管理规定》

第四条　提供算法推荐服务，应当遵守法律法规，尊重社会公德和伦理，遵守商业道德和职业道德，遵循公正公平、公开透明、科学合理和诚实信用的原则。

《网信部门行政执法程序规定》

第三条　网信部门实施行政执法，应当坚持处罚与教育相结合，做到事实清楚、证据确凿、依据准确、程序合法。

《生成式人工智能服务管理暂行办法》

第三条　国家坚持发展和安全并重、促进创新和依法治理相结合的原则，采取有效措施鼓励生成式人工智能创新发展，对生成式人工智能服务实行包容审慎和分类分级监管。

◎ **部门规范性文件**

《贯彻落实网络安全等级保护制度和关键信息基础设施安全保护制度的指导意见》

一、指导思想、基本原则和工作目标

......

（二）基本原则

——坚持分等级保护、突出重点。根据网络（包含网络设施、信息系统、数据资源等）在国家安全、经济建设、社会生活中的重要程度，以及其遭到破坏后的危害程度等因素，科学确定网络的安全保护等级，实施分等级保护、分等级监管，重点保障关键信息基础设施和第三级（含第三级、下同）以上网络的安全。

——坚持积极防御、综合防护。按照法律法规和有关国家标准规范，充分利用人工智能、大数据分析等技术，积极落实网络安全管理和技术防范措施，强化网络安全监测、态势感知、通报预警和应急处置等重点工作，综合采取网络安全保护、保卫、保障措施，防范和遏制重大网络安全风险、事件发生，保护云计算、物联网、新型互联网、大数据、智能制造等新技术应用和新业态安全。

——坚持依法保护、形成合力。依据《网络安全法》等法律法规规定，公安机关依法履行网络安全保卫和监督管理职责，网络安全行业主管部门（含监管部门，下同）依法履行网络安全主管、监管责任，强化和落实网络运营者主体防护责任，充分发挥和调动社会各方力量，协调配合、群策群力，形成网络安全保护工作合力。

......

第四条　【网络安全战略制定完善】

国家制定并不断完善网络安全战略，明确保障网络安全的基本要求和主要目标，提出重点领域的网络安全政策、工作任务和措施。

关联法规

◎ **法律**

《数据安全法》

第五条　中央国家安全领导机构负责国家数据安全工作的决策和议事协调，研究制定、指导实施国家数据安全

战略和有关重大方针政策，统筹协调国家数据安全的重大事项和重要工作，建立国家数据安全工作协调机制。

《国家安全法》

第六条　国家制定并不断完善国家安全战略，全面评估国际、国内安全形势，明确国家安全战略的指导方针、中长期目标、重点领域的国家安全政策、工作任务和措施。

第五条　【网络安全保护主要任务】

国家采取措施，监测、防御、处置来源于中华人民共和国境内外的网络安全风险和威胁，保护关键信息基础设施免受攻击、侵入、干扰和破坏，依法惩治网络违法犯罪活动，维护网络空间安全和秩序。

关联法规

◎ **法律**

《国家安全法》

第二十五条　国家建设网络与信息安全保障体系，提升网络与信息安全保护能力，加强网络和信息技术的创新研究和开发应用，实现网络和信息核心技术、关键基础设施和重要领域信息系统

及数据的安全可控；加强网络管理，防范、制止和依法惩治网络攻击、网络入侵、网络窃密、散布违法有害信息等网络违法犯罪行为，维护国家网络空间主权、安全和发展利益。

◎ **行政法规**

《计算机信息系统安全保护条例》

第三条 计算机信息系统的安全保护，应当保障计算机及其相关的和配套的设备、设施（含网络）的安全，运行环境的安全，保障信息的安全，保障计算机功能的正常发挥，以维护计算机信息系统的安全运行。

第四条 计算机信息系统的安全保护工作，重点维护国家事务、经济建设、国防建设、尖端科学技术等重要领域的计算机信息系统的安全。

◎ **部门规范性文件**

《公共互联网网络安全威胁监测与处置办法》

第四条 网络安全威胁监测与处置工作坚持及时发现、科学认定、有效处置的原则。

第五条 相关专业机构、基础电信企业、网络安全企业、互联网企业、域名注册管理和服务机构等应当加强网络安全威胁监测与处置工作，明确责任部门、责任人和联系人，加强相关技术手段建设，不断提高网络安全威胁监测与处置的及时性、准确性和有效性。

第六条 相关专业机构、基础电信企业、网络安全企业、互联网企业、域名注册管理和服务机构等监测发现网络安全威胁后，属于本单位自身问题的，应当立即进行处置，涉及其他主体的，应当及时将有关信息按照规定的内容要素和格式提交至工业和信息化部和相关省、自治区、直辖市通信管理局。

工业和信息化部建立网络安全威胁信息共享平台，统一汇集、存储、分析、通报、发布网络安全威胁信息；制定相关接口规范，与相关单位网络安全监测平台实现对接。国家计算机网络应急技术处理协调中心负责平台建设和运行维护工作。

第七条 电信主管部门委托国家计算机网络应急技术处理协调中心、中国信息通信研究院等专业机构对相关单位提交的网络安全威胁信息进行认定，并提出处置建议。认定工作应当坚持科学严谨、公平公正、及时高效的原则。电信主管部门对参与认定工作的专业机构和人员加强管理与培训。

第八条 电信主管部门对专业机构的认定和处置意见进行审查后，可以对网络安全威胁采取以下一项或多项处置措施：

（一）通知基础电信企业、互联网企业、域名注册管理和服务机构等，由其对恶意 IP 地址（或宽带接入账号）、恶意域名、恶意 URL、恶意电子邮件账号或恶意手机号码等，采取停止服务或屏蔽等措施。

（二）通知网络服务提供者，由其清除本单位网络、系统或网站中存在的可能传播扩散的恶意程序。

（三）通知存在漏洞、后门或已经被非法入侵、控制、篡改的网络服务和产品的提供者，由其采取整改措施，消除安全隐患；对涉及党政机关和关键信息基础设施的，同时通报其上级主管单位和网信部门。

（四）其他可以消除、制止或控制网络安全威胁的技术措施。

电信主管部门的处置通知应当通过书面或可验证来源的电子方式等形式送达相关单位，紧急情况下，可先电话通知，后补书面通知。

第九条　基础电信企业、互联网企业、域名注册管理和服务机构等应当为电信主管部门依法查询 IP 地址归属、域名注册等信息提供技术支持和协助，并按照电信主管部门的通知和时限要求采取相应处置措施，反馈处置结果。负责网络安全威胁认定的专业机构应当对相关处置情况进行验证。

第十条　相关组织或个人对按照本办法第八条第（一）款采取的处置措施不服的，有权在 10 个工作日内向做出处置决定的电信主管部门进行申诉。相关电

信主管部门接到申诉后应当及时组织核查，并在 30 个工作日内予以答复。

第十一条　鼓励相关单位以行业自律或技术合作、技术服务等形式开展网络安全威胁监测与处置工作，并对处置行为负责，监测与处置结果应当及时报送电信主管部门。

第十三条　造成或可能造成严重社会危害或影响的公共互联网网络安全突发事件的监测与处置工作，按照国家和电信主管部门有关应急预案执行。

> **第六条　【网络安全环境社会共建】**
>
> 国家倡导诚实守信、健康文明的网络行为，推动传播社会主义核心价值观，采取措施提高全社会的网络安全意识和水平，形成全社会共同参与促进网络安全的良好环境。

关联法规

◎ **法律**

《数据安全法》

第九条　国家支持开展数据安全知识宣传普及，提高全社会的数据安全保护意识和水平，推动有关部门、行业组织、科研机构、企业、个人等共同参与

数据安全保护工作，形成全社会共同维护数据安全和促进发展的良好环境。

《个人信息保护法》

第十一条　国家建立健全个人信息保护制度，预防和惩治侵害个人信息权益的行为，加强个人信息保护宣传教育，推动形成政府、企业、相关社会组织、公众共同参与个人信息保护的良好环境。

《关于维护互联网安全的决定》

七、各级人民政府及有关部门要采取积极措施，在促进互联网的应用和网络技术的普及过程中，重视和支持对网络安全技术的研究和开发，增强网络的安全防护能力。有关主管部门要加强对互联网的运行安全和信息安全的宣传教育，依法实施有效的监督管理，防范和制止利用互联网进行的各种违法活动，为互联网的健康发展创造良好的社会环境。从事互联网业务的单位要依法开展活动，发现互联网上出现违法犯罪行为和有害信息时，要采取措施，停止传输有害信息，并及时向有关机关报告。任何单位和个人在利用互联网时，都要遵纪守法，抵制各种违法犯罪行为和有害信息。人民法院、人民检察院、公安机关、国家安全机关要各司其职，密切配合，依法严厉打击利用互联网实施的各种犯罪活动。要动员全社会的力量，依靠全社会的共同努力，保障互联网的运行安全与信息安全，促进社会主义精神文明和物质文明建设。

◎ 部门规章

《互联网新闻信息服务管理规定》

第三条　提供互联网新闻信息服务，应当遵守宪法、法律和行政法规，坚持为人民服务、为社会主义服务的方向，坚持正确舆论导向，发挥舆论监督作用，促进形成积极健康、向上向善的网络文化，维护国家利益和公共利益。

《互联网直播服务管理规定》

第三条　提供互联网直播服务，应当遵守法律法规，坚持正确导向，大力弘扬社会主义核心价值观，培育积极健康、向上向善的网络文化，维护良好网络生态，维护国家利益和公共利益，为广大网民特别是青少年成长营造风清气正的网络空间。

《互联网群组信息服务管理规定》

第四条　互联网群组信息服务提供者和使用者，应当坚持正确导向，弘扬社会主义核心价值观，培育积极健康的网络文化，维护良好网络生态。

《网络信息内容生态治理规定》

第五条　鼓励网络信息内容生产者制作、复制、发布含有下列内容的信息：

（一）宣传习近平新时代中国特色社会主义思想，全面准确生动解读中国特色社会主义道路、理论、制度、文化的；

（二）宣传党的理论路线方针政策和中央重大决策部署的；

（三）展示经济社会发展亮点，反映人民群众伟大奋斗和火热生活的；

（四）弘扬社会主义核心价值观，宣传优秀道德文化和时代精神，充分展现中华民族昂扬向上精神风貌的；

（五）有效回应社会关切，解疑释惑，析事明理，有助于引导群众形成共识的；

（六）有助于提高中华文化国际影响力，向世界展现真实立体全面的中国的；

（七）其他讲品味讲格调讲责任、讴歌真善美、促进团结稳定等的内容。

第八条　网络信息内容服务平台应当履行信息内容管理主体责任，加强本平台网络信息内容生态治理，培育积极健康、向上向善的网络文化。

◎ **部门规范性文件**

《网络音视频信息服务管理规定》

第四条　网络音视频信息服务提供者和使用者应当遵守宪法、法律和行政法规，坚持正确政治方向、舆论导向和价值取向，弘扬社会主义核心价值观，促进形成积极健康、向上向善的网络文化。

《监管数据安全管理办法（试行）》

第六条　银保监会建立健全监管数据安全协同管理体系，推动银保监会有关业务部门、各级派出机构、受托机构等共同参与监管数据安全保护工作，加强培训教育，形成共同维护监管数据安全的良好环境。

《互联网用户公众账号信息服务管理规定》

第四条　公众账号信息服务平台和公众账号生产运营者应当遵守法律法规，遵循公序良俗，履行社会责任，坚持正确舆论导向、价值取向，弘扬社会主义核心价值观，生产发布向上向善的优质信息内容，发展积极健康的网络文化，维护清朗网络空间。

鼓励各级党政机关、企事业单位和人民团体注册运营公众账号，生产发布高质量政务信息或者公共服务信息，满足公众信息需求，推动经济社会发展。

鼓励公众账号信息服务平台积极为党政机关、企事业单位和人民团体提升政务信息发布、公共服务和社会治理水平，提供充分必要的技术支持和安全保障。

《移动互联网应用程序信息服务管理规定》

第四条　应用程序提供者和应用程序分发平台应当遵守宪法、法律和行政法规，弘扬社会主义核心价值观，坚持正确政治方向、舆论导向和价值取向，遵循公序良俗，履行社会责任，维护清朗网络空间。

应用程序提供者和应用程序分发平台不得利用应用程序从事危害国家安全、扰乱社会秩序、侵犯他人合法权益等法律法规禁止的活动。

《互联网弹窗信息推送服务管理规定》

第三条 提供互联网弹窗信息推送服务，应当遵守宪法、法律和行政法规，弘扬社会主义核心价值观，坚持正确政治方向、舆论导向和价值取向，维护清朗网络空间。

权威案例

◎ **典型案例**

常某韬诉许某、第三人马某刚网络服务合同纠纷案【互联网十大典型案例之四（2021 年 5 月 31 日）】

典型意义： 本案是全国首例涉及"暗刷流量"交易的案件。网络产品的真实流量能够反映网络产品的受欢迎度及质量优劣程度，流量成为网络用户选择网络产品的重要因素。本案从产业层面上揭示了互联网经济的流量属性和"暗刷流量"的危害性，并在判决中明确，以"暗刷流量"交易为目的订立的合同，违背公序良俗、损害社会公共利益，应属无效；双方当事人不得基于"暗刷流量"合同获利；法院对交易双方在合同履行过程中的获利，应予收缴。该判决对"暗刷流量"的否定评价，对于构建网络诚信秩序、净化网络道德环境、提高网络治理能力具有重要意义。

第七条 【网络空间治理国际合作】

国家积极开展网络空间治理、网络技术研发和标准制定、打击网络违法犯罪等方面的国际交流与合作，推动构建和平、安全、开放、合作的网络空间，建立多边、民主、透明的网络治理体系。

关联法规

◎ **法律**

《数据安全法》

第十一条 国家积极开展数据安全治理、数据开发利用等领域的国际交流与合作，参与数据安全相关国际规则和标准的制定，促进数据跨境安全、自由流动。

《个人信息保护法》

第十二条 国家积极参与个人信息保护国际规则的制定，促进个人信息保护方面的国际交流与合作，推动与其他国家、地区、国际组织之间的个人信息保护规则、标准等互认。

《反电信网络诈骗法》

第三十七条 国务院公安部门等会

同外交部门加强国际执法司法合作，与有关国家、地区、国际组织建立有效合作机制，通过开展国际警务合作等方式，提升在信息交流、调查取证、侦查抓捕、追赃挽损等方面的合作水平，有效打击遏制跨境电信网络诈骗活动。

《国家安全法》

第十条　维护国家安全，应当坚持互信、互利、平等、协作，积极同外国政府和国际组织开展安全交流合作，履行国际安全义务，促进共同安全，维护世界和平。

第八条　【网络安全监督管理体制】

国家网信部门负责统筹协调网络安全工作和相关监督管理工作。国务院电信主管部门、公安部门和其他有关机关依照本法和有关法律、行政法规的规定，在各自职责范围内负责网络安全保护和监督管理工作。

县级以上地方人民政府有关部门的网络安全保护和监督管理职责，按照国家有关规定确定。

关联法规

◎ **法律**

《数据安全法》

第六条　各地区、各部门对本地区、本部门工作中收集和产生的数据及数据安全负责。

工业、电信、交通、金融、自然资源、卫生健康、教育、科技等主管部门承担本行业、本领域数据安全监管职责。

公安机关、国家安全机关等依照本法和有关法律、行政法规的规定，在各自职责范围内承担数据安全监管职责。

国家网信部门依照本法和有关法律、行政法规的规定，负责统筹协调网络数据安全和相关监管工作。

《个人信息保护法》

第六十条　国家网信部门负责统筹协调个人信息保护工作和相关监督管理工作。国务院有关部门依照本法和有关法律、行政法规的规定，在各自职责范围内负责个人信息保护和监督管理工作。

县级以上地方人民政府有关部门的个人信息保护和监督管理职责，按照国家有关规定确定。

前两款规定的部门统称为履行个人信息保护职责的部门。

第六十一条　履行个人信息保护职

责的部门履行下列个人信息保护职责：

（一）开展个人信息保护宣传教育，指导、监督个人信息处理者开展个人信息保护工作；

（二）接受、处理与个人信息保护有关的投诉、举报；

（三）组织对应用程序等个人信息保护情况进行测评，并公布测评结果；

（四）调查、处理违法个人信息处理活动；

（五）法律、行政法规规定的其他职责。

第六十二条　国家网信部门统筹协调有关部门依据本法推进下列个人信息保护工作：

（一）制定个人信息保护具体规则、标准；

（二）针对小型个人信息处理者、处理敏感个人信息以及人脸识别、人工智能等新技术、新应用，制定专门的个人信息保护规则、标准；

（三）支持研究开发和推广应用安全、方便的电子身份认证技术，推进网络身份认证公共服务建设；

（四）推进个人信息保护社会化服务体系建设，支持有关机构开展个人信息保护评估、认证服务；

（五）完善个人信息保护投诉、举报工作机制。

第六十三条　履行个人信息保护职责的部门履行个人信息保护职责，可以采取下列措施：

（一）询问有关当事人，调查与个人信息处理活动有关的情况；

（二）查阅、复制当事人与个人信息处理活动有关的合同、记录、账簿以及其他有关资料；

（三）实施现场检查，对涉嫌违法的个人信息处理活动进行调查；

（四）检查与个人信息处理活动有关的设备、物品；对有证据证明是用于违法个人信息处理活动的设备、物品，向本部门主要负责人书面报告并经批准，可以查封或者扣押。

履行个人信息保护职责的部门依法履行职责，当事人应当予以协助、配合，不得拒绝、阻挠。

《反电信网络诈骗法》

第六条　国务院建立反电信网络诈骗工作机制，统筹协调打击治理工作。

地方各级人民政府组织领导本行政区域内反电信网络诈骗工作，确定反电信网络诈骗目标任务和工作机制，开展综合治理。

公安机关牵头负责反电信网络诈骗工作，金融、电信、网信、市场监管等有关部门依照职责履行监管主体责任，负责本行业领域反电信网络诈骗工作。

人民法院、人民检察院发挥审判、检察职能作用，依法防范、惩治电信网络诈骗活动。

电信业务经营者、银行业金融机构、非银行支付机构、互联网服务提供者承担风险防控责任，建立反电信网络诈骗内部控制机制和安全责任制度，加强新业务涉诈风险安全评估。

《保守国家秘密法》

第五条 国家保密行政管理部门主管全国的保密工作。县级以上地方各级保密行政管理部门主管本行政区域的保密工作。

◎ **党内法规**

《党委（党组）网络安全工作责任制实施办法》

第二条 网络安全工作事关国家安全、政权安全和经济社会发展。按照谁主管谁负责、属地管理的原则，各级党委（党组）对本地区本部门网络安全工作负主体责任，领导班子主要负责人是第一责任人，主管网络安全的领导班子成员是直接责任人。

第三条 各级党委（党组）主要承担的网络安全责任是：

（一）认真贯彻落实党中央和习近平总书记关于网络安全工作的重要指示精神和决策部署，贯彻落实网络安全法律法规，明确本地区本部门网络安全的主要目标、基本要求、工作任务、保护措施；

（二）建立和落实网络安全责任制，把网络安全工作纳入重要议事日程，明确工作机构，加大人力、财力、物力的支持和保障力度；

（三）统一组织领导本地区本部门网络安全保护和重大事件处置工作，研究解决重要问题；

（四）采取有效措施，为公安机关、国家安全机关依法维护国家安全、侦查犯罪以及防范、调查恐怖活动提供支持和保障；

（五）组织开展经常性网络安全宣传教育，采取多种方式培养网络安全人才，支持网络安全技术产业发展。

第四条 行业主管监管部门对本行业本领域的网络安全负指导监管责任。没有主管监管部门的，由所在地区负指导监管责任。

主管监管部门应当依法开展网络安全检查、处置网络安全事件，并及时将情况通报网络和信息系统所在地区网络安全和信息化领导机构。各地区开展网络安全检查、处置网络安全事件时，涉及重要行业的，应当会同相关主管监管部门进行。

第五条 各级网络安全和信息化领导机构应当加强和规范本地区本部门网络安全信息汇集、分析和研判工作，要求有关单位和机构及时报告网络安全信息，组织指导网络安全通报机构开展网络安全信息通报，统筹协调开展网络安全检查。

第六条　各地区各部门网络安全和信息化领导机构应当向中央网络安全和信息化委员会及时报告网络安全重大事项，包括出台涉及网络安全的重要政策和制度措施等。

各地区各部门网络安全和信息化领导机构每年向中央网络安全和信息化委员会报告网络安全工作情况。

第七条　中央网络安全和信息化委员会办公室会同有关部门按照国家有关规定对网络安全先进集体予以表彰，对网络安全先进工作者予以表彰奖励。

◎ **行政法规**

《计算机信息网络国际联网管理暂行规定》

第五条　国务院信息化工作领导小组（以下简称领导小组），负责协调、解决有关国际联网工作中的重大问题。

领导小组办公室按照本规定制定具体管理办法，明确国际出入口信道提供单位、互联单位、接入单位和用户的权利、义务和责任，并负责对国际联网工作的检查监督。

《计算机信息系统安全保护条例》

第六条　公安部主管全国计算机信息系统安全保护工作。

国家安全部、国家保密局和国务院其他有关部门，在国务院规定的职责范围内做好计算机信息系统安全保护的有关

工作。

第十五条　对计算机病毒和危害社会公共安全的其他有害数据的防治研究工作，由公安部归口管理。

第十七条　公安机关对计算机信息系统安全保护工作行使下列监督职权：

（一）监督、检查、指导计算机信息系统安全保护工作；

（二）查处危害计算机信息系统安全的违法犯罪案件；

（三）履行计算机信息系统安全保护工作的其他监督职责。

第十八条　公安机关发现影响计算机信息系统安全的隐患时，应当及时通知使用单位采取安全保护措施。

《计算机信息网络国际联网安全保护管理办法》

第三条　公安部计算机管理监察机构负责计算机信息网络国际联网的安全保护管理工作。

公安机关计算机管理监察机构应当保护计算机信息网络国际联网的公共安全，维护从事国际联网业务的单位和个人的合法权益和公众利益。

第八条　从事国际联网业务的单位和个人应当接受公安机关的安全监督、检查和指导，如实向公安机关提供有关安全保护的信息、资料及数据文件，协助公安机关查处通过国际联网的计算机信息网络的违法犯罪行为。

第九条 国际出入口信道提供单位、互联单位的主管部门或者主管单位，应当依照法律和国家有关规定负责国际出入口信道、所属互联网络的安全保护管理工作。

第十二条 互联单位、接入单位、使用计算机信息网络国际联网的法人和其他组织（包括跨省、自治区、直辖市联网的单位和所属的分支机构），应当自网络正式联通之日起 30 日内，到所在地的省、自治区、直辖市人民政府公安机关指定的受理机关办理备案手续。

前款所列单位应当负责将接入本网络的接入单位和用户情况报当地公安机关备案，并及时报告本网络中接入单位和用户的变更情况。

第十四条 涉及国家事务、经济建设、国防建设、尖端科学技术等重要领域的单位办理备案手续时，应当出具其行政主管部门的审批证明。

前款所列单位的计算机信息网络与国际联网，应当采取相应的安全保护措施。

第十五条 省、自治区、直辖市公安厅（局），地（市）、县（市）公安局，应当有相应机构负责国际联网的安全保护管理工作。

第十六条 公安机关计算机管理监察机构应当掌握互联单位、接入单位和用户的备案情况，建立备案档案，进行备案统计，并按照国家有关规定逐级上报。

第十七条 公安机关计算机管理监察机构应当督促互联单位、接入单位及有关用户建立健全安全保护管理制度。监督、检查网络安全保护管理以及技术措施的落实情况。

公安机关计算机管理监察机构在组织安全检查时，有关单位应当派人参加。公安机关计算机管理监察机构对安全检查发现的问题，应当提出改进意见，作出详细记录，存档备查。

第十八条 公安机关计算机管理监察机构发现含有本办法第五条所列内容的地址、目录或者服务器时，应当通知有关单位关闭或者删除。

第十九条 公安机关计算机管理监察机构应当负责追踪和查处通过计算机信息网络的违法行为和针对计算机信息网络的犯罪案件，对违反本办法第四条、第七条规定的违法犯罪行为，应当按照国家有关规定移送有关部门或者司法机关处理。

《互联网信息服务管理办法》

第十八条 国务院信息产业主管部门和省、自治区、直辖市电信管理机构，依法对互联网信息服务实施监督管理。

新闻、出版、教育、卫生、药品监督管理、工商行政管理和公安、国家安全等有关主管部门，在各自职责范围内依法对互联网信息内容实施监督管理。

第二十四条　互联网信息服务提供者在其业务活动中，违反其他法律、法规的，由新闻、出版、教育、卫生、药品监督管理和工商行政管理等有关主管部门依照有关法律、法规的规定处罚。

《国务院关于授权国家互联网信息办公室负责互联网信息内容管理工作的通知》

……

为促进互联网信息服务健康有序发展，保护公民、法人和其他组织的合法权益，维护国家安全和公共利益，授权重新组建的国家互联网信息办公室负责全国互联网信息内容管理工作，并负责监督管理执法。

……

《电信条例》

第三条　国务院信息产业主管部门依照本条例的规定对全国电信业实施监督管理。

省、自治区、直辖市电信管理机构在国务院信息产业主管部门的领导下，依照本条例的规定对本行政区域内的电信业实施监督管理。

《互联网上网服务营业场所管理条例》

第四条　县级以上人民政府文化行政部门负责互联网上网服务营业场所经营单位的设立审批，并负责对依法设立的互联网上网服务营业场所经营单位经营活动的监督管理；公安机关负责对互联网上网服务营业场所经营单位的信息网络安全、治安及消防安全的监督管理；工商行政管理部门负责对互联网上网服务营业场所经营单位登记注册和营业执照的管理，并依法查处无照经营活动；电信管理等其他有关部门在各自职责范围内，依照本条例和有关法律、行政法规的规定，对互联网上网服务营业场所经营单位分别实施有关监督管理。

《商用密码管理条例》

第三条　坚持中国共产党对商用密码工作的领导，贯彻落实总体国家安全观。国家密码管理部门负责管理全国的商用密码工作。县级以上地方各级密码管理部门负责管理本行政区域的商用密码工作。

网信、商务、海关、市场监督管理等有关部门在各自职责范围内负责商用密码有关管理工作。

第四十三条　密码管理部门依法组织对商用密码活动进行监督检查，对国家机关和涉及商用密码工作的单位的商用密码相关工作进行指导和监督。

第四十四条　密码管理部门和有关部门建立商用密码监督管理协作机制，加强商用密码监督、检查、指导等工作的协调配合。

第四十五条　密码管理部门和有关

部门依法开展商用密码监督检查，可以行使下列职权：

（一）进入商用密码活动场所实施现场检查；

（二）向当事人的法定代表人、主要负责人和其他有关人员调查、了解有关情况；

（三）查阅、复制有关合同、票据、账簿以及其他有关资料。

◎ **部门规章**

《互联网安全保护技术措施规定》

第五条　公安机关公共信息网络安全监察部门负责对互联网安全保护技术措施的落实情况依法实施监督管理。

第十六条　公安机关应当依法对辖区内互联网服务提供者和联网使用单位安全保护技术措施的落实情况进行指导、监督和检查。

公安机关在依法监督检查时，互联网服务提供者、联网使用单位应当派人参加。公安机关对监督检查发现的问题，应当提出改进意见，通知互联网服务提供者、联网使用单位及时整改。

公安机关在监督检查时，监督检查人员不得少于二人，并应当出示执法身份证件。

《通信网络安全防护管理办法》

第四条　中华人民共和国工业和信息化部（以下简称工业和信息化部）负责全国通信网络安全防护工作的统一指导、协调和检查，组织建立健全通信网络安全防护体系，制定通信行业相关标准。

各省、自治区、直辖市通信管理局（以下简称通信管理局）依据本办法的规定，对本行政区域内的通信网络安全防护工作进行指导、协调和检查。

工业和信息化部与通信管理局统称"电信管理机构"。

《电信和互联网用户个人信息保护规定》

第三条　工业和信息化部和各省、自治区、直辖市通信管理局（以下统称电信管理机构）依法对电信和互联网用户个人信息保护工作实施监督管理。

《互联网新闻信息服务管理规定》

第四条　国家互联网信息办公室负责全国互联网新闻信息服务的监督管理执法工作。地方互联网信息办公室依据职责负责本行政区域内互联网新闻信息服务的监督管理执法工作。

《互联网文化管理暂行规定》

第六条　文化部负责制定互联网文化发展与管理的方针、政策和规划，监督管理全国互联网文化活动。

省、自治区、直辖市人民政府文化行政部门对申请从事经营性互联网文化活动的单位进行审批，对从事非经营性互联网文化活动的单位进行备案。

县级以上人民政府文化行政部门负责本行政区域内互联网文化活动的监督

管理工作。县级以上人民政府文化行政部门或者文化市场综合执法机构对从事互联网文化活动违反国家有关法规的行为实施处罚。

《公安机关互联网安全监督检查规定》

第三条 互联网安全监督检查工作由县级以上地方人民政府公安机关网络安全保卫部门组织实施。

上级公安机关应当对下级公安机关开展互联网安全监督检查工作情况进行指导和监督。

第六条 公安机关对互联网安全监督检查工作中发现的可能危害国家安全、公共安全、社会秩序的网络安全风险，应当及时通报有关主管部门和单位。

第七条 公安机关应当建立并落实互联网安全监督检查工作制度，自觉接受检查对象和人民群众的监督。

第八条 互联网安全监督检查由互联网服务提供者的网络服务运营机构和联网使用单位的网络管理机构所在地公安机关实施。互联网服务提供者为个人的，可以由其经常居住地公安机关实施。

第九条 公安机关应当根据网络安全防范需要和网络安全风险隐患的具体情况，对下列互联网服务提供者和联网使用单位开展监督检查：

（一）提供互联网接入、互联网数据中心、内容分发、域名服务的；

（二）提供互联网信息服务的；

（三）提供公共上网服务的；

（四）提供其他互联网服务的；

对开展前款规定的服务未满一年的，两年内曾发生过网络安全事件、违法犯罪案件的，或者因未履行法定网络安全义务被公安机关予以行政处罚的，应当开展重点监督检查。

第十条 公安机关应当根据互联网服务提供者和联网使用单位履行法定网络安全义务的实际情况，依照国家有关规定和标准，对下列内容进行监督检查：

（一）是否办理联网单位备案手续，并报送接入单位和用户基本信息及其变更情况；

（二）是否制定并落实网络安全管理制度和操作规程，确定网络安全负责人；

（三）是否依法采取记录并留存用户注册信息和上网日志信息的技术措施；

（四）是否采取防范计算机病毒和网络攻击、网络侵入等技术措施；

（五）是否在公共信息服务中对法律、行政法规禁止发布或者传输的信息依法采取相关防范措施；

（六）是否按照法律规定的要求为公安机关依法维护国家安全、防范调查恐怖活动、侦查犯罪提供技术支持和协助；

（七）是否履行法律、行政法规规定的网络安全等级保护等义务。

第十一条 除本规定第十条所列内容外，公安机关还应当根据提供互联网服务的类型，对下列内容进行监督检查：

（一）对提供互联网接入服务的，监督检查是否记录并留存网络地址及分配使用情况；

（二）对提供互联网数据中心服务的，监督检查是否记录所提供的主机托管、主机租用和虚拟空间租用的用户信息；

（三）对提供互联网域名服务的，监督检查是否记录网络域名申请、变动信息，是否对违法域名依法采取处置措施；

（四）对提供互联网信息服务的，监督检查是否依法采取用户发布信息管理措施，是否对已发布或者传输的法律、行政法规禁止发布或者传输的信息依法采取处置措施，并保存相关记录；

（五）对提供互联网内容分发服务的，监督检查是否记录内容分发网络与内容源网络链接对应情况；

（六）对提供互联网公共上网服务的，监督检查是否采取符合国家标准的网络与信息安全保护技术措施。

第十二条 在国家重大网络安全保卫任务期间，对与国家重大网络安全保卫任务相关的互联网服务提供者和联网使用单位，公安机关可以对下列内容开展专项安全监督检查：

（一）是否制定重大网络安全保卫任务所要求的工作方案、明确网络安全责任分工并确定网络安全管理人员；

（二）是否组织开展网络安全风险评估，并采取相应风险管控措施堵塞网络安全漏洞隐患；

（三）是否制定网络安全应急处置预案并组织开展应急演练，应急处置相关设施是否完备有效；

（四）是否依法采取重大网络安全保卫任务所需要的其他网络安全防范措施；

（五）是否按照要求向公安机关报告网络安全防范措施及落实情况。

对防范恐怖袭击的重点目标的互联网安全监督检查，按照前款规定的内容执行。

第十三条 公安机关开展互联网安全监督检查，可以采取现场监督检查或者远程检测的方式进行。

第十四条 公安机关开展互联网安全现场监督检查时，人民警察不得少于二人，并应当出示人民警察证和县级以上地方人民政府公安机关出具的监督检查通知书。

第十五条 公安机关开展互联网安全现场监督检查可以根据需要采取以下措施：

（一）进入营业场所、机房、工作场所；

（二）要求监督检查对象的负责人或者网络安全管理人员对监督检查事项作出说明；

（三）查阅、复制与互联网安全监督检查事项相关的信息；

（四）查看网络与信息安全保护技术措施运行情况。

第十六条 公安机关对互联网服务提供者和联网使用单位是否存在网络安全漏洞，可以开展远程检测。

公安机关开展远程检测，应当事先告知监督检查对象检查时间、检查范围等事项或者公开相关检查事项，不得干扰、破坏监督检查对象网络的正常运行。

第十七条 公安机关开展现场监督检查或者远程检测，可以委托具有相应技术能力的网络安全服务机构提供技术支持。

网络安全服务机构及其工作人员对工作中知悉的个人信息、隐私、商业秘密和国家秘密，应当严格保密，不得泄露、出售或者非法向他人提供。公安机关应当严格监督网络安全服务机构落实网络安全管理与保密责任。

第十八条 公安机关开展现场监督检查，应当制作监督检查记录，并由开展监督检查的人民警察和监督检查对象的负责人或者网络安全管理人员签名。监督检查对象负责人或者网络安全管理人员对监督检查记录有异议的，应当允许其作出说明；拒绝签名的，人民警察应当在监督检查记录中注明。

公安机关开展远程检测，应当制作监督检查记录，并由二名以上开展监督检查的人民警察在监督检查记录上签名。

委托网络安全服务机构提供技术支持的，技术支持人员应当一并在监督检查记录上签名。

第十九条 公安机关在互联网安全监督检查中，发现互联网服务提供者和联网使用单位存在网络安全风险隐患，应当督促指导其采取措施消除风险隐患，并在监督检查记录上注明；发现有违法行为，但情节轻微或者未造成后果的，应当责令其限期整改。

监督检查对象在整改期限届满前认为已经整改完毕的，可以向公安机关书面提出提前复查申请。

公安机关应当自整改期限届满或者收到监督检查对象提前复查申请之日起三个工作日内，对整改情况进行复查，并在复查结束后三个工作日内反馈复查结果。

第二十条　监督检查过程中收集的资料、制作的各类文书等材料，应当按照规定立卷存档。

《区块链信息服务管理规定》

第三条　国家互联网信息办公室依据职责负责全国区块链信息服务的监督管理执法工作。省、自治区、直辖市互联网信息办公室依据职责负责本行政区域内区块链信息服务的监督管理执法工作。

《网络信息内容生态治理规定》

第三条　国家网信部门负责统筹协调全国网络信息内容生态治理和相关监督管理工作，各有关主管部门依据各自职责做好网络信息内容生态治理工作。

地方网信部门负责统筹协调本行政区域内网络信息内容生态治理和相关监督管理工作，地方各有关主管部门依据各自职责做好本行政区域内网络信息内容生态治理工作。

《网络招聘服务管理规定》

第三条　国务院人力资源社会保障行政部门负责全国网络招聘服务的综合管理。

县级以上地方人民政府人力资源社会保障行政部门负责本行政区域网络招聘服务的管理工作。

县级以上人民政府有关部门在各自职责范围内依法对网络招聘服务实施管理。

《网络安全审查办法》

第四条　在中央网络安全和信息化委员会领导下，国家互联网信息办公室会同中华人民共和国国家发展和改革委员会、中华人民共和国工业和信息化部、中华人民共和国公安部、中华人民共和国国家安全部、中华人民共和国财政部、中华人民共和国商务部、中国人民银行、国家市场监督管理总局、国家广播电视总局、中国证券监督管理委员会、国家保密局、国家密码管理局建立国家网络安全审查工作机制。

网络安全审查办公室设在国家互联网信息办公室，负责制定网络安全审查相关制度规范，组织网络安全审查。

《互联网信息服务算法推荐管理规定》

第三条　国家网信部门负责统筹协调全国算法推荐服务治理和相关监督管理工作。国务院电信、公安、市场监管等有关部门依据各自职责负责算法推荐服务监督管理工作。

地方网信部门负责统筹协调本行政区域内的算法推荐服务治理和相关监督管理工作。地方电信、公安、市场监管等有关部门依据各自职责负责本行政区域内的算法推荐服务监督管理工作。

《互联网用户账号信息管理规定》

第三条　国家网信部门负责全国互联网用户账号信息的监督管理工作。

地方网信部门依据职责负责本行政

区域内的互联网用户账号信息的监督管理工作。

《互联网信息服务深度合成管理规定》

第三条　国家网信部门负责统筹协调全国深度合成服务的治理和相关监督管理工作。国务院电信主管部门、公安部门依据各自职责负责深度合成服务的监督管理工作。

地方网信部门负责统筹协调本行政区域内的深度合成服务的治理和相关监督管理工作。地方电信主管部门、公安部门依据各自职责负责本行政区域内的深度合成服务的监督管理工作。

《网信部门行政执法程序规定》

第四条　国家网信部门依法建立本系统的行政执法监督制度。

上级网信部门对下级网信部门实施的行政执法进行监督。

《公路水路关键信息基础设施安全保护管理办法》第三条　交通运输部负责全国公路水路关键信息基础设施安全保护和监督管理。对在全国范围运营以及其他经交通运输部评估明确由部管理的公路水路关键信息基础设施（以下统称部级设施），由交通运输部具体实施安全保护和监督管理工作。

省级人民政府交通运输主管部门按照职责对本行政区域内运营的公路水路关键信息基础设施（以下统称省级设施）具体实施安全保护和监督管理。

交通运输部和省级人民政府交通运输主管部门以下统称交通运输主管部门。

《生成式人工智能服务管理暂行办法》

第十六条　网信、发展改革、教育、科技、工业和信息化、公安、广播电视、新闻出版等部门，依据各自职责依法加强对生成式人工智能服务的管理。

国家有关主管部门针对生成式人工智能技术特点及其在有关行业和领域的服务应用，完善与创新发展相适应的科学监管方式，制定相应的分类分级监管规则或者指引。

◎ **部门规范性文件**

《信息安全等级保护管理办法》

第三条　公安机关负责信息安全等级保护工作的监督、检查、指导。国家保密工作部门负责等级保护工作中有关保密工作的监督、检查、指导。国家密码管理部门负责等级保护工作中有关密码工作的监督、检查、指导。涉及其他职能部门管辖范围的事项，由有关职能部门依照国家法律法规的规定进行 管理。国务院信息化工作办公室及地方信息化领导小组办事机构负责等级保护工作的部门间协调。

第四条　信息系统主管部门应当依照本办法及相关标准规范，督促、检查、指导本行业、本部门或者本地区信息系统运营、使用单位的信息安全等级保护工作。

《即时通信工具公众信息服务发展管理暂行规定》

第三条 国家互联网信息办公室负责统筹协调指导即时通信工具公众信息服务发展管理工作，省级互联网信息内容主管部门负责本行政区域的相关工作。

互联网行业组织应当积极发挥作用，加强行业自律，推动行业信用评价体系建设，促进行业健康有序发展。

《互联网直播服务管理规定》

第四条 国家互联网信息办公室负责全国互联网直播服务信息内容的监督管理执法工作。地方互联网信息办公室依据职责负责本行政区域内的互联网直播服务信息内容的监督管理执法工作。国务院相关管理部门依据职责对互联网直播服务实施相应监督管理。

各级互联网信息办公室应当建立日常监督检查和定期检查相结合的监督管理制度，指导督促互联网直播服务提供者依据法律法规和服务协议规范互联网直播服务行为。

《互联网信息搜索服务管理规定》

第三条 国家互联网信息办公室负责全国互联网信息搜索服务的监督管理执法工作。地方互联网信息办公室依据职责负责本行政区域内互联网信息搜索服务的监督管理执法工作。

《互联网新闻信息服务新技术新应用安全评估管理规定》

第四条 国家互联网信息办公室负责全国新技术新应用安全评估工作。省、自治区、直辖市互联网信息办公室依据职责负责本行政区域内新技术新应用安全评估工作。

国家和省、自治区、直辖市互联网信息办公室可以委托第三方机构承担新技术新应用安全评估的具体实施工作。

《公共互联网网络安全威胁监测与处置办法》

第三条 工业和信息化部负责组织开展全国公共互联网网络安全威胁监测与处置工作。各省、自治区、直辖市通信管理局负责组织开展本行政区域内公共互联网网络安全威胁监测与处置工作。工业和信息化部和各省、自治区、直辖市通信管理局以下统称为电信主管部门。

《互联网群组信息服务管理规定》

第三条 国家互联网信息办公室负责全国互联网群组信息服务的监督管理执法工作。地方互联网信息办公室依据职责负责本行政区域内的互联网群组信息服务的监督管理执法工作。

《互联网论坛社区服务管理规定》

第三条 国家互联网信息办公室负责全国互联网论坛社区服务的监督管理执法工作。地方互联网信息办公室依据职责负责本行政区域内互联网论坛社区服务的监督管理执法工作。

《互联网新闻信息服务单位内容管理从业人员管理办法》

第四条　国家互联网信息办公室负责全国互联网新闻信息服务单位从业人员教育培训工作的规划指导和从业情况的监督检查。

地方互联网信息办公室依据职责负责本地区互联网新闻信息服务单位从业人员教育培训工作的规划指导和从业情况的监督检查。

《微博客信息服务管理规定》

第三条　国家互联网信息办公室负责全国微博客信息服务的监督管理执法工作。地方互联网信息办公室依据职责负责本行政区域内的微博客信息服务的监督管理执法工作。

《网络音视频信息服务管理规定》

第三条　各级网信、文化和旅游、广播电视等部门依据各自职责开展网络音视频信息服务的监督管理工作。

第十七条　各级网信、文化和旅游、广播电视等部门应当建立日常监督检查和定期检查相结合的监督管理制度，指导督促网络音视频信息服务提供者依据法律法规和服务协议规范网络音视频信息服务行为。

网络音视频信息服务提供者应当遵守相关法律法规规定，依法留存网络日志，配合网信、文化和旅游、广播电视

等部门开展监督管理执法工作，并提供必要的技术、数据支持和协助。

《监管数据安全管理办法（试行）》

第七条　监管数据安全管理实行归口管理，建立统筹协调、分工负责的管理机制。

银保监会统计信息部门是归口管理部门，负责统筹监管数据安全管理工作。银保监会各业务部门负责本部门监管数据安全管理工作。

第八条　归口管理部门具体职责包括：

（一）制定监管数据安全工作规则和管理流程；

（二）制定监管数据安全技术防护措施；

（三）组织实施监管数据安全评估和监督检查。

第九条　各业务部门具体职责包括：

（一）规范本部门监管数据安全使用，明确具体工作要求，落实相关责任；

（二）组织开展本部门监管数据安全管理工作；

（三）协助归口管理部门实施监管数据安全监督检查。

第二十八条　各业务部门及受托机构应按照监管数据安全工作规则定期开展自查，发现监管数据安全缺陷、漏洞

等风险时，应立即采取补救措施。

第二十九条　归口管理部门应定期对各业务部门及受托机构开展监管数据安全管理评估检查工作。

各业务部门及受托机构对于评估和检查中发现的问题应制定整改措施，及时整改，并向归口管理部门报送整改报告。

《贯彻落实网络安全等级保护制度和关键信息基础设施安全保护制度的指导意见》

五、加强网络安全工作各项保障

（一）加强组织领导。各单位、各部门要高度重视网络安全等级保护和关键信息基础设施安全保护工作，将其列入重要议事日程，加强统筹领导和规划设计，认真研究解决网络安全机构设置、人员配备、经费投入、安全保护措施建设等重大问题。行业主管部门和网络运营者要明确本单位主要负责人是网络安全的第一责任人，并确定一名领导班子成员分管网络安全工作，成立网络安全专门机构，明确任务分工，一级抓一级，层层抓落实。

（二）加强经费政策保障。各单位、各部门要通过现有经费渠道，保障关键信息基础设施、第三级以上网络等开展等级测评、风险评估、密码应用安全性检测、演练竞赛、安全建设整改、安全保护平台建设、密码保障系统建设、运行维护、监督检查、教育培训等经费投入。关键信息基础设施运营者应保障足额的网络安全投入，作出网络安全和信息化有关决策时应有网络安全管理机构人员参与。有关部门要扶持重点网络安全技术产业和项目，支持网络安全技术研究开发和创新应用，推动网络安全产业健康发展。公安机关要会同相关部门组织实施"一带一路"网络安全战略，支持网络安全企业"走出去"，与有关国家共享中国网络安全保护经验。

（三）加强考核评价。各单位、各部门要进一步健全完善网络安全考核评价制度，明确考核指标，组织开展考核。公安机关将网络安全工作纳入社会治安综合治理考核评价体系，每年组织对各地区网络安全工作进行考核评价，每年评选网络安全等级保护、关键信息基础设施安全保护工作先进单位，并将结果报告党委政府，通报网信部门。

……

《网络产品安全漏洞管理规定》

第三条　国家互联网信息办公室负责统筹协调网络产品安全漏洞管理工作。工业和信息化部负责网络产品安全漏洞综合管理，承担电信和互联网行业网络产品安全漏洞监督管理。公安部负责网络产品安全漏洞监督管理，依法打击利用网络产品安全漏洞实施的违法犯罪活动。

有关主管部门加强跨部门协同配合，实现网络产品安全漏洞信息实时共享，对重大网络产品安全漏洞风险开展联合评估和处置。

《互联网用户公众账号信息服务管理规定》

第三条　国家网信部门负责全国互联网用户公众账号信息服务的监督管理执法工作。地方网信部门依据职责负责本行政区域内互联网用户公众账号信息服务的监督管理执法工作。

第二十一条　各级网信部门会同有关主管部门建立健全协作监管等工作机制，监督指导公众账号信息服务平台和生产运营者依法依规从事相关信息服务活动。

公众账号信息服务平台和生产运营者应当配合有关主管部门依法实施监督检查，并提供必要的技术支持和协助。

公众账号信息服务平台和生产运营者违反本规定的，由网信部门和有关主管部门在职责范围内依照相关法律法规处理。

《移动互联网应用程序信息服务管理规定》

第三条　国家网信部门负责全国应用程序信息内容的监督管理工作。地方网信部门依据职责负责本行政区域内应用程序信息内容的监督管理工作。

《互联网跟帖评论服务管理规定》

第三条　国家网信部门负责全国跟帖评论服务的监督管理执法工作。地方网信部门依据职责负责本行政区域内跟帖评论服务的监督管理执法工作。

第十四条　各级网信部门应当建立健全日常检查和定期检查相结合的监督管理制度，依法对互联网跟帖评论服务实施监督检查。

《互联网弹窗信息推送服务管理规定》

第八条　网信部门会同电信主管部门、市场监管部门等有关部门建立健全协作监管等工作机制，监督指导互联网弹窗信息推送服务提供者依法依规提供服务。

第九条　【网络运营者的基本义务】

网络运营者开展经营和服务活动，必须遵守法律、行政法规，尊重社会公德，遵守商业道德，诚实信用，履行网络安全保护义务，接受政府和社会的监督，承担社会责任。

关联法规

◎ 法律

《数据安全法》

第八条　开展数据处理活动，应当

遵守法律、法规，尊重社会公德和伦理，遵守商业道德和职业道德，诚实守信，履行数据安全保护义务，承担社会责任，不得危害国家安全、公共利益，不得损害个人、组织的合法权益。

第二十八条 开展数据处理活动以及研究开发数据新技术，应当有利于促进经济社会发展，增进人民福祉，符合社会公德和伦理。

第三十四条 法律、行政法规规定提供数据处理相关服务应当取得行政许可的，服务提供者应当依法取得许可。

◎ 行政法规

《计算机信息网络国际联网管理暂行规定》

第六条 计算机信息网络直接进行国际联网，必须使用邮电部国家公用电信网提供的国际出入口信道。

任何单位和个人不得自行建立或者使用其他信道进行国际联网。

第八条 接入网络必须通过互联网络进行国际联网。

接入单位拟从事国际联网经营活动的，应当向有权受理从事国际联网经营活动申请的互联单位主管部门或者主管单位申请领取国际联网经营许可证；未取得国际联网经营许可证的，不得从事国际联网经营业务。

接入单位拟从事非经营活动的，应当报经有权受理从事非经营活动申请的互联单位主管部门或者主管单位审批；未经批准的，不得接入互联网络进行国际联网。

申请领取国际联网经营许可证或者办理审批手续时，应当提供其计算机信息网络的性质、应用范围和主机地址等资料。

国际联网经营许可证的格式，由领导小组统一制定。

第九条 从事国际联网经营活动的和从事非经营活动的接入单位都必须具备下列条件：

（一）是依法设立的企业法人或者事业法人；

（二）具有相应的计算机信息网络、装备以及相应的技术人员和管理人员；

（三）具有健全的安全保密管理制度和技术保护措施；

（四）符合法律和国务院规定的其他条件。

接入单位从事国际联网经营活动的，除必须具备本条前款规定条件外，还应当具备为用户提供长期服务的能力。

从事国际联网经营活动的接入单位的情况发生变化，不再符合本条第一款、第二款规定条件的，其国际联网经营许可证由发证机构予以吊销；从事非经营活动的接入单位的情况发生变化，不再符合本条第一款规定条件的，其国际联网资格由审批机构予以取消。

第十条　个人、法人和其他组织（以下统称用户）使用的计算机或者计算机信息网络，需要进行国际联网的，必须通过接入网络进行国际联网。

前款规定的计算机或者计算机信息网络，需要接入接入网络的，应当征得接入单位的同意，并办理登记手续。

第十一条　国际出入口信道提供单位、互联单位和接入单位，应当建立相应的网络管理中心，依照法律和国家有关规定加强对本单位及其用户的管理，做好网络信息安全管理工作，确保为用户提供良好、安全的服务。

第十二条　互联单位与接入单位，应当负责本单位及其用户有关国际联网的技术培训和管理教育工作。

《计算机信息网络国际联网安全保护管理办法》

第十一条　用户在接入单位办理入网手续时，应当填写用户备案表。备案表由公安部监制。

第十二条　互联单位、接入单位、使用计算机信息网络国际联网的法人和其他组织（包括跨省、自治区、直辖市联网的单位和所属的分支机构），应当自网络正式联通之日起30日内，到所在地的省、自治区、直辖市人民政府公安机关指定的受理机关办理备案手续。

前款所列单位应当负责将接入本网络的接入单位和用户情况报当地公安机关备案，并及时报告本网络中接入单位和用户的变更情况。

第十四条　涉及国家事务、经济建设、国防建设、尖端科学技术等重要领域的单位办理备案手续时，应当出具其行政主管部门的审批证明。

前款所列单位的计算机信息网络与国际联网，应当采取相应的安全保护措施。

《互联网信息服务管理办法》

第四条　国家对经营性互联网信息服务实行许可制度；对非经营性互联网信息服务实行备案制度。

未取得许可或者未履行备案手续的，不得从事互联网信息服务。

第五条　从事新闻、出版、教育、医疗保健、药品和医疗器械等互联网信息服务，依照法律、行政法规以及国家有关规定须经有关主管部门审核同意的，在申请经营许可或者履行备案手续前，应当依法经有关主管部门审核同意。

第六条　从事经营性互联网信息服务，除应当符合《中华人民共和国电信条例》规定的要求外，还应当具备下列条件：

（一）有业务发展计划及相关技术方案；

（二）有健全的网络与信息安全保障措施，包括网站安全保障措施、信息安全保密管理制度、用户信息安全管理制度；

（三）服务项目属于本办法第五条规定范围的，已取得有关主管部门同意的文件。

第七条 从事经营性互联网信息服务，应当向省、自治区、直辖市电信管理机构或者国务院信息产业主管部门申请办理互联网信息服务增值电信业务经营许可证（以下简称经营许可证）。

省、自治区、直辖市电信管理机构或者国务院信息产业主管部门应当自收到申请之日起 60 日内审查完毕，作出批准或者不予批准的决定。予以批准的，颁发经营许可证；不予批准的，应当书面通知申请人并说明理由。

申请人取得经营许可证后，应当持经营许可证向企业登记机关办理登记手续。

第八条 从事非经营性互联网信息服务，应当向省、自治区、直辖市电信管理机构或者国务院信息产业主管部门办理备案手续。办理备案时，应当提交下列材料：

（一）主办单位和网站负责人的基本情况；

（二）网站网址和服务项目；

（三）服务项目属于本办法第五条规定范围的，已取得有关主管部门的同意文件。

省、自治区、直辖市电信管理机构对备案材料齐全的，应当予以备案并编号。

第九条 从事互联网信息服务，拟开办电子公告服务的，应当在申请经营性互联网信息服务许可或者办理非经营性互联网信息服务备案时，按照国家有关规定提出专项申请或者专项备案。

第十条 省、自治区、直辖市电信管理机构和国务院信息产业主管部门应当公布取得经营许可证或者已履行备案手续的互联网信息服务提供者名单。

第十一条 互联网信息服务提供者应当按照经许可或者备案的项目提供服务，不得超出经许可或者备案的项目提供服务。

非经营性互联网信息服务提供者不得从事有偿服务。

互联网信息服务提供者变更服务项目、网站网址等事项的，应当提前 30 日向原审核、发证或者备案机关办理变更手续。

第十二条 互联网信息服务提供者应当在其网站主页的显著位置标明其经营许可证编号或者备案编号。

第十三条 互联网信息服务提供者应当向上网用户提供良好的服务，并保证所提供的信息内容合法。

第十四条　从事新闻、出版以及电子公告等服务项目的互联网信息服务提供者，应当记录提供的信息内容及其发布时间、互联网地址或者域名；互联网接入服务提供者应当记录上网用户的上网时间、用户账号、互联网地址或者域名、主叫电话号码等信息。

互联网信息服务提供者和互联网接入服务提供者的记录备份应当保存60日，并在国家有关机关依法查询时，予以提供。

第十七条　经营性互联网信息服务提供者申请在境内境外上市或者同外商合资、合作，应当事先经国务院信息产业主管部门审查同意；其中，外商投资的比例应当符合有关法律、行政法规的规定。

第二十六条　在本办法公布前从事互联网信息服务的，应当自本办法公布之日起60日内依照本办法的有关规定补办有关手续。

《电信条例》

第五条　电信业务经营者应当为电信用户提供迅速、准确、安全、方便和价格合理的电信服务。

第七条　国家对电信业务经营按照电信业务分类，实行许可制度。

经营电信业务，必须依照本条例的规定取得国务院信息产业主管部门或者省、自治区、直辖市电信管理机构颁发的电信业务经营许可证。

未取得电信业务经营许可证，任何组织或者个人不得从事电信业务经营活动。

第九条　经营基础电信业务，须经国务院信息产业主管部门审查批准，取得《基础电信业务经营许可证》。

经营增值电信业务，业务覆盖范围在两个以上省、自治区、直辖市的，须经国务院信息产业主管部门审查批准，取得《跨地区增值电信业务经营许可证》；业务覆盖范围在一个省、自治区、直辖市行政区域内的，须经省、自治区、直辖市电信管理机构审查批准，取得《增值电信业务经营许可证》。

运用新技术试办《电信业务分类目录》未列出的新型电信业务的，应当向省、自治区、直辖市电信管理机构备案。

第十条　经营基础电信业务，应当具备下列条件：

（一）经营者为依法设立的专门从事基础电信业务的公司，且公司中国有股权或者股份不少于51%；

（二）有可行性研究报告和组网技术方案；

（三）有与从事经营活动相适应的资金和专业人员；

（四）有从事经营活动的场地及相应的资源；

（五）有为用户提供长期服务的信誉或者能力；

（六）国家规定的其他条件。

第十一条 申请经营基础电信业务，应当向国务院信息产业主管部门提出申请，并提交本条例第十条规定的相关文件。国务院信息产业主管部门应当自受理申请之日起180日内审查完毕，作出批准或者不予批准的决定。予以批准的，颁发《基础电信业务经营许可证》；不予批准的，应当书面通知申请人并说明理由。

第十二条 国务院信息产业主管部门审查经营基础电信业务的申请时，应当考虑国家安全、电信网络安全、电信资源可持续利用、环境保护和电信市场的竞争状况等因素。

颁发《基础电信业务经营许可证》，应当按照国家有关规定采用招标方式。

第十三条 经营增值电信业务，应当具备下列条件：

（一）经营者为依法设立的公司；

（二）有与开展经营活动相适应的资金和专业人员；

（三）有为用户提供长期服务的信誉或者能力；

（四）国家规定的其他条件。

第十四条 申请经营增值电信业务，应当根据本条例第九条第二款的规定，向国务院信息产业主管部门或者省、自治区、直辖市电信管理机构提出申请，并提交本条例第十三条规定的相关文件。申请经营的增值电信业务，按照国家有关规定须经有关主管部门审批的，还应当提交有关主管部门审核同意的文件。国务院信息产业主管部门或者省、自治区、直辖市电信管理机构应当自收到申请之日起60日内审查完毕，作出批准或者不予批准的决定。予以批准的，颁发《跨地区增值电信业务经营许可证》或者《增值电信业务经营许可证》；不予批准的，应当书面通知申请人并说明理由。

第十五条 电信业务经营者在经营过程中，变更经营主体、业务范围或者停止经营的，应当提前90日向原颁发许可证的机关提出申请，并办理相应手续；停止经营的，还应当按照国家有关规定做好善后工作。

第十六条 专用电信网运营单位在所在地区经营电信业务的，应当依照本条例规定的条件和程序提出申请，经批准，取得电信业务经营许可证。

《互联网上网服务营业场所管理条例》

第十六条 互联网上网服务营业场所经营单位应当通过依法取得经营许可证的互联网接入服务提供者接入互联网，不得采取其他方式接入互联网。

互联网上网服务营业场所经营单位

提供上网消费者使用的计算机必须通过局域网的方式接入互联网，不得直接接入互联网。

第十七条　互联网上网服务营业场所经营单位不得经营非网络游戏。

第十八条　互联网上网服务营业场所经营单位和上网消费者不得利用网络游戏或者其他方式进行赌博或者变相赌博活动。

第十九条　互联网上网服务营业场所经营单位应当实施经营管理技术措施，建立场内巡查制度，发现上网消费者有本条例第十四条、第十五条、第十八条所列行为或者有其他违法行为的，应当立即予以制止并向文化行政部门、公安机关举报。

第二十条　互联网上网服务营业场所经营单位应当在营业场所的显著位置悬挂《网络文化经营许可证》和营业执照。

第二十一条　互联网上网服务营业场所经营单位不得接纳未成年人进入营业场所。

互联网上网服务营业场所经营单位应当在营业场所入口处的显著位置悬挂未成年人禁入标志。

第二十二条　互联网上网服务营业场所每日营业时间限于 8 时至 24 时。

第二十三条　互联网上网服务营业场所经营单位应当对上网消费者的身份证等有效证件进行核对、登记，并记录有关上网信息。登记内容和记录备份保存时间不得少于 60 日，并在文化行政部门、公安机关依法查询时予以提供。登记内容和记录备份在保存期内不得修改或者删除。

第二十四条　互联网上网服务营业场所经营单位应当依法履行信息网络安全、治安和消防安全职责，并遵守下列规定：

（一）禁止明火照明和吸烟并悬挂禁止吸烟标志；

（二）禁止带入和存放易燃、易爆物品；

（三）不得安装固定的封闭门窗栅栏；

（四）营业期间禁止封堵或者锁闭门窗、安全疏散通道和安全出口；

（五）不得擅自停止实施安全技术措施。

《电信条例》

第十七条　电信网之间应当按照技术可行、经济合理、公平公正、相互配合的原则，实现互联互通。

主导的电信业务经营者不得拒绝其他电信业务经营者和专用网运营单位提出的互联互通要求。

前款所称主导的电信业务经营者，是指控制必要的基础电信设施并且在电信业务市场中占有较大份额，能够对其他电信业务经营者进入电信业务市场构成实质性影响的经营者。

主导的电信业务经营者由国务院信息产业主管部门确定。

第十八条 主导的电信业务经营者应当按照非歧视和透明化的原则，制定包括网间互联的程序、时限、非捆绑网络元素目录等内容的互联规程。互联规程应当报国务院信息产业主管部门审查同意。该互联规程对主导的电信业务经营者的互联互通活动具有约束力。

第十九条 公用电信网之间、公用电信网与专用电信网之间的网间互联，由网间互联双方按照国务院信息产业主管部门的网间互联管理规定进行互联协商，并订立网间互联协议。

第二十条 网间互联双方经协商未能达成网间互联协议的，自一方提出互联要求之日起 60 日内，任何一方均可以按照网间互联覆盖范围向国务院信息产业主管部门或者省、自治区、直辖市电信管理机构申请协调；收到申请的机关应当依照本条例第十七条第一款规定的原则进行协调，促使网间互联双方达成协议；自网间互联一方或者双方申请协调之日起 45 日内经协调仍不能达成协议的，由协调机关随机邀请电信技术专家和其他有关方面专家进行公开论证并提出网间互联方案。协调机关应当根据专家论证结论和提出的网间互联方案作出决定，强制实现互联互通。

第二十一条 网间互联双方必须在协议约定或者决定规定的时限内实现互联互通。遵守网间互联协议和国务院信息产业主管部门的相关规定，保障网间通信畅通，任何一方不得擅自中断互联互通。网间互联遇有通信技术障碍的，双方应当立即采取有效措施予以消除。网间互联双方在互联互通中发生争议的，依照本条例第二十条规定的程序和办法处理。

网间互联的通信质量应当符合国家有关标准。主导的电信业务经营者向其他电信业务经营者提供网间互联，服务质量不得低于本网内的同类业务及向其子公司或者分支机构提供的同类业务质量。

第二十二条 网间互联的费用结算与分摊应当执行国家有关规定，不得在规定标准之外加收费用。

网间互联的技术标准、费用结算办法和具体管理规定，由国务院信息产业主管部门制定。

第二十三条 电信资费实行市场调节价。电信业务经营者应当统筹考虑生产经营成本、电信市场供求状况等因素，合理确定电信业务资费标准。

第二十四条 国家依法加强对电信业务经营者资费行为的监管，建立健全监管规则，维护消费者合法权益。

第二十五条　电信业务经营者应当根据国务院信息产业主管部门和省、自治区、直辖市电信管理机构的要求，提供准确、完备的业务成本数据及其他有关资料。

第二十六条　国家对电信资源统一规划、集中管理、合理分配，实行有偿使用制度。

前款所称电信资源，是指无线电频率、卫星轨道位置、电信网码号等用于实现电信功能且有限的资源。

第二十七条　电信业务经营者占有、使用电信资源，应当缴纳电信资源费。具体收费办法由国务院信息产业主管部门会同国务院财政部门、价格主管部门制定，报国务院批准后公布施行。

第二十八条　电信资源的分配，应当考虑电信资源规划、用途和预期服务能力。

分配电信资源，可以采取指配的方式，也可以采用拍卖的方式。

取得电信资源使用权的，应当在规定的时限内启用所分配的资源，并达到规定的最低使用规模。未经国务院信息产业主管部门或者省、自治区、直辖市电信管理机构批准，不得擅自使用、转让、出租电信资源或者改变电信资源的用途。

第二十九条　电信资源使用者依法取得电信网码号资源后，主导的电信业务经营者和其他有关单位有义务采取必要的技术措施，配合电信资源使用者实现其电信网码号资源的功能。

法律、行政法规对电信资源管理另有特别规定的，从其规定。

第三十条　电信业务经营者应当按照国家规定的电信服务标准向电信用户提供服务。电信业务经营者提供服务的种类、范围、资费标准和时限，应当向社会公布，并报省、自治区、直辖市电信管理机构备案。

电信用户有权自主选择使用依法开办的各类电信业务。

第三十一条　电信用户申请安装、移装电信终端设备的，电信业务经营者应当在其公布的时限内保证装机开通；由于电信业务经营者的原因逾期未能装机开通的，应当每日按照收取的安装费、移装费或者其他费用数额1%的比例，向电信用户支付违约金。

第三十二条　电信用户申告电信服务障碍的，电信业务经营者应当自接到申告之日起，城镇48小时、农村72小时内修复或者调通；不能按期修复或者调通的，应当及时通知电信用户，并免收障碍期间的月租费用。但是，属于电信终端设备的原因造成电信服务障碍的除外。

第三十三条　电信业务经营者应当为电信用户交费和查询提供方便。电信用户要求提供国内长途通信、国际通信、移动通信和信息服务等收费清单的，电信业务经营者应当免费提供。

电信用户出现异常的巨额电信费用时，电信业务经营者一经发现，应当尽可能迅速告知电信用户，并采取相应的措施。

前款所称巨额电信费用，是指突然出现超过电信用户此前3个月平均电信费用5倍以上的费用。

第三十四条　电信用户应当按照约定的时间和方式及时、足额地向电信业务经营者交纳电信费用；电信用户逾期不交纳电信费用的，电信业务经营者有权要求补交电信费用，并可以按照所欠费用每日加收3‰的违约金。

对超过收费约定期限30日仍不交纳电信费用的电信用户，电信业务经营者可以暂停向其提供电信服务。电信用户在电信业务经营者暂停服务60日内仍未补交电信费用和违约金的，电信业务经营者可以终止提供服务，并可以依法追缴欠费和违约金。

经营移动电信业务的经营者可以与电信用户约定交纳电信费用的期限、方式，不受前款规定期限的限制。

电信业务经营者应当在迟延交纳电信费用的电信用户补足电信费用、违约金后的48小时内，恢复暂停的电信服务。

第三十五条　电信业务经营者因工程施工、网络建设等原因，影响或者可能影响正常电信服务的，必须按照规定的时限及时告知用户，并向省、自治区、直辖市电信管理机构报告。

因前款原因中断电信服务的，电信业务经营者应当相应减免用户在电信服务中断期间的相关费用。

出现本条第一款规定的情形，电信业务经营者未及时告知用户的，应当赔偿由此给用户造成的损失。

第三十六条　经营本地电话业务和移动电话业务的电信业务经营者，应当免费向用户提供火警、匪警、医疗急救、交通事故报警等公益性电信服务并保障通信线路畅通。

第三十七条　电信业务经营者应当及时为需要通过中继线接入其电信网的集团用户，提供平等、合理的接入服务。

未经批准，电信业务经营者不得擅自中断接入服务。

第三十八条　电信业务经营者应当建立健全内部服务质量管理制度，并可以制定并公布施行高于国家规定的电信服务标准的企业标准。

电信业务经营者应当采取各种形式广泛听取电信用户意见，接受社会监督，不断提高电信服务质量。

第三十九条　电信业务经营者提供

的电信服务达不到国家规定的电信服务标准或者其公布的企业标准的，或者电信用户对交纳电信费用持有异议的，电信用户有权要求电信业务经营者予以解决；电信业务经营者拒不解决或者电信用户对解决结果不满意的，电信用户有权向国务院信息产业主管部门或者省、自治区、直辖市电信管理机构或者其他有关部门申诉。收到申诉的机关必须对申诉及时处理，并自收到申诉之日起30日内向申诉者作出答复。

电信用户对交纳本地电话费用有异议的，电信业务经营者还应当应电信用户的要求免费提供本地电话收费依据，并有义务采取必要措施协助电信用户查找原因。

第四十条　电信业务经营者在电信服务中，不得有下列行为：

（一）以任何方式限定电信用户使用其指定的业务；

（二）限定电信用户购买其指定的电信终端设备或者拒绝电信用户使用自备的已经取得入网许可的电信终端设备；

（三）无正当理由拒绝、拖延或者中止对电信用户的电信服务；

（四）对电信用户不履行公开作出的承诺或者作容易引起误解的虚假宣传；

（五）以不正当手段刁难电信用户

或者对投诉的电信用户打击报复。

第四十一条　电信业务经营者在电信业务经营活动中，不得有下列行为：

（一）以任何方式限制电信用户选择其他电信业务经营者依法开办的电信服务；

（二）对其经营的不同业务进行不合理的交叉补贴；

（三）以排挤竞争对手为目的，低于成本提供电信业务或者服务，进行不正当竞争。

第四十二条　国务院信息产业主管部门或者省、自治区、直辖市电信管理机构应当依据职权对电信业务经营者的电信服务质量和经营活动进行监督检查，并向社会公布监督抽查结果。

第四十三条　电信业务经营者必须按照国家有关规定履行相应的电信普遍服务义务。

国务院信息产业主管部门可以采取指定的或者招标的方式确定电信业务经营者具体承担电信普遍服务的义务。

电信普遍服务成本补偿管理办法，由国务院信息产业主管部门会同国务院财政部门、价格主管部门制定，报国务院批准后公布施行。

◎ **部门规章**

《通信网络安全防护管理办法》

第五条　通信网络运行单位应当按照电信管理机构的规定和通信行业标准

开展通信网络安全防护工作，对本单位通信网络安全负责。

《互联网新闻信息服务管理规定》

第五条 通过互联网站、应用程序、论坛、博客、微博客、公众账号、即时通信工具、网络直播等形式向社会公众提供互联网新闻信息服务，应当取得互联网新闻信息服务许可，禁止未经许可或超越许可范围开展互联网新闻信息服务活动。

前款所称互联网新闻信息服务，包括互联网新闻信息采编发布服务、转载服务、传播平台服务。

第六条 申请互联网新闻信息服务许可，应当具备下列条件：

（一）在中华人民共和国境内依法设立的法人；

（二）主要负责人、总编辑是中国公民；

（三）有与服务相适应的专职新闻编辑人员、内容审核人员和技术保障人员；

（四）有健全的互联网新闻信息服务管理制度；

（五）有健全的信息安全管理制度和安全可控的技术保障措施；

（六）有与服务相适应的场所、设施和资金。

申请互联网新闻信息采编发布服务许可的，应当是新闻单位（含其控股的单位）或新闻宣传部门主管的单位。

符合条件的互联网新闻信息服务提供者实行特殊管理股制度，具体实施办法由国家互联网信息办公室另行制定。

提供互联网新闻信息服务，还应当依法向电信主管部门办理互联网信息服务许可或备案手续。

第八条 互联网新闻信息服务提供者的采编业务和经营业务应当分开，非公有资本不得介入互联网新闻信息采编业务。

第九条 申请互联网新闻信息服务许可，申请主体为中央新闻单位（含其控股的单位）或中央新闻宣传部门主管的单位的，由国家互联网信息办公室受理和决定；申请主体为地方新闻单位（含其控股的单位）或地方新闻宣传部门主管的单位的，由省、自治区、直辖市互联网信息办公室受理和决定；申请主体为其他单位的，经所在地省、自治区、直辖市互联网信息办公室受理和初审后，由国家互联网信息办公室决定。

国家或省、自治区、直辖市互联网信息办公室决定批准的，核发《互联网新闻信息服务许可证》。《互联网新闻信息服务许可证》有效期为三年。有效期届满，需继续从事互联网新闻信息服务活动的，应当于有效期届满三十日前申请续办。

省、自治区、直辖市互联网信息办

公室应当定期向国家互联网信息办公室报告许可受理和决定情况。

第十条　申请互联网新闻信息服务许可，应当提交下列材料：

（一）主要负责人、总编辑为中国公民的证明；

（二）专职新闻编辑人员、内容审核人员和技术保障人员的资质情况；

（三）互联网新闻信息服务管理制度；

（四）信息安全管理制度和技术保障措施；

（五）互联网新闻信息服务安全评估报告；

（六）法人资格、场所、资金和股权结构等证明；

（七）法律法规规定的其他材料。

第十一条　互联网新闻信息服务提供者应当设立总编辑，总编辑对互联网新闻信息内容负总责。总编辑人选应当具有相关从业经验，符合相关条件，并报国家或省、自治区、直辖市互联网信息办公室备案。

互联网新闻信息服务相关从业人员应当依法取得相应资质，接受专业培训、考核。互联网新闻信息服务相关从业人员从事新闻采编活动，应当具备新闻采编人员职业资格，持有国家新闻出版广电总局统一颁发的新闻记者证。

第十五条　互联网新闻信息服务提供者转载新闻信息，应当转载中央新闻单位或省、自治区、直辖市直属新闻单位等国家规定范围内的单位发布的新闻信息，注明新闻信息来源、原作者、原标题、编辑真实姓名等，不得歪曲、篡改标题原意和新闻信息内容，并保证新闻信息来源可追溯。

互联网新闻信息服务提供者转载新闻信息，应当遵守著作权相关法律法规的规定，保护著作权人的合法权益。

《互联网文化管理暂行规定》

第七条　申请从事经营性互联网文化活动，应当符合《互联网信息服务管理办法》的有关规定，并具备以下条件：

（一）有单位的名称、住所、组织机构和章程；

（二）有确定的互联网文化活动范围；

（三）有适应互联网文化活动需要的专业人员、设备、工作场所以及相应的经营管理技术措施；

（四）有确定的域名；

（五）符合法律、行政法规和国家有关规定的条件。

第八条　申请从事经营性互联网文化活动，应当向所在地省、自治区、直辖市人民政府文化行政部门提出申请，由省、自治区、直辖市人民政府文化行政部门审核批准。

第九条 申请从事经营性互联网文化活动，应当提交下列文件：

（一）申请表；

（二）营业执照和章程；

（三）法定代表人或者主要负责人的身份证明文件；

（四）业务范围说明；

（五）专业人员、工作场所以及相应经营管理技术措施的说明材料；

（六）域名登记证明；

（七）依法需要提交的其他文件。

对申请从事经营性互联网文化活动的，省、自治区、直辖市人民政府文化行政部门应当自受理申请之日起20日内做出批准或者不批准的决定。批准的，核发《网络文化经营许可证》，并向社会公告；不批准的，应当书面通知申请人并说明理由。

《网络文化经营许可证》有效期为3年。有效期届满，需继续从事经营的，应当于有效期届满30日前申请续办。

第十条 非经营性互联网文化单位，应当自设立之日起60日内向所在地省、自治区、直辖市人民政府文化行政部门备案，并提交下列文件：

（一）备案表；

（二）章程；

（三）法定代表人或者主要负责人的身份证明文件；

（四）域名登记证明；

（五）依法需要提交的其他文件。

第十一条 申请从事经营性互联网文化活动经批准后，应当持《网络文化经营许可证》，按照《互联网信息服务管理办法》的有关规定，到所在地电信管理机构或者国务院信息产业主管部门办理相关手续。

第十二条 互联网文化单位应当在其网站主页的显著位置标明文化行政部门颁发的《网络文化经营许可证》编号或者备案编号，标明国务院信息产业主管部门或者省、自治区、直辖市电信管理机构颁发的经营许可证编号或者备案编号。

第十三条 经营性互联网文化单位变更单位名称、域名、法定代表人或者主要负责人、注册地址、经营地址、股权结构以及许可经营范围的，应当自变更之日起20日内到所在地省、自治区、直辖市人民政府文化行政部门办理变更或者备案手续。

非经营性互联网文化单位变更名称、地址、域名、法定代表人或者主要负责人、业务范围的，应当自变更之日起60日内到所在地省、自治区、直辖市人民政府文化行政部门办理备案手续。

第十四条 经营性互联网文化单位终止互联网文化活动的，应当自终止之日起30日内到所在地省、自治区、直辖市人民政府文化行政部门办理注销手续。

经营性互联网文化单位自取得《网络文化经营许可证》并依法办理企业登记之日起满180日未开展互联网文化活动的，由原审核的省、自治区、直辖市人民政府文化行政部门注销《网络文化经营许可证》，同时通知相关省、自治区、直辖市电信管理机构。

非经营性互联网文化单位停止互联网文化活动的，由原备案的省、自治区、直辖市人民政府文化行政部门注销备案，同时通知相关省、自治区、直辖市电信管理机构。

第十五条　经营进口互联网文化产品的活动应当由取得文化行政部门核发的《网络文化经营许可证》的经营性互联网文化单位实施，进口互联网文化产品应当报文化部进行内容审查。

文化部应当自受理内容审查申请之日起20日内（不包括专家评审所需时间）做出批准或者不批准的决定。批准的，发给批准文件；不批准的，应当说明理由。

经批准的进口互联网文化产品应当在其显著位置标明文化部的批准文号，不得擅自变更产品名称或者增删产品内容。自批准之日起一年内未在国内经营的，进口单位应当报文化部备案并说明

原因；决定终止进口的，文化部撤销其批准文号。

经营性互联网文化单位经营的国产互联网文化产品应当自正式经营起30日内报省级以上文化行政部门备案，并在其显著位置标明文化部备案编号，具体办法另行规定。

《区块链信息服务管理规定》

第十条　区块链信息服务提供者和使用者不得利用区块链信息服务从事危害国家安全、扰乱社会秩序、侵犯他人合法权益等法律、行政法规禁止的活动，不得利用区块链信息服务制作、复制、发布、传播法律、行政法规禁止的信息内容。

第十一条　区块链信息服务提供者应当在提供服务之日起十个工作日内通过国家互联网信息办公室区块链信息服务备案管理系统填报服务提供者的名称、服务类别、服务形式、应用领域、服务器地址等信息，履行备案手续。

区块链信息服务提供者变更服务项目、平台网址等事项的，应当在变更之日起五个工作日内办理变更手续。

区块链信息服务提供者终止服务的，应当在终止服务三十个工作日前办理注销手续，并作出妥善安排。

第十三条　完成备案的区块链信息服务提供者应当在其对外提供服务的互联网站、应用程序等的显著位置标明其

备案编号。

《汽车数据安全管理若干规定（试行）》

第十三条 汽车数据处理者开展重要数据处理活动，应当在每年十二月十五日前向省、自治区、直辖市网信部门和有关部门报送以下年度汽车数据安全管理情况：

（一）汽车数据安全管理负责人、用户权益事务联系人的姓名和联系方式；

（二）处理汽车数据的种类、规模、目的和必要性；

（三）汽车数据的安全防护和管理措施，包括保存地点、期限等；

（四）向境内第三方提供汽车数据情况；

（五）汽车数据安全事件和处置情况；

（六）汽车数据相关的用户投诉和处理情况；

（七）国家网信部门会同国务院工业和信息化、公安、交通运输等有关部门明确的其他汽车数据安全管理情况。

《互联网信息服务算法推荐管理规定》

第六条 算法推荐服务提供者应当坚持主流价值导向，优化算法推荐服务机制，积极传播正能量，促进算法应用向上向善。

算法推荐服务提供者不得利用算法推荐服务从事危害国家安全和社会公共利益、扰乱经济秩序和社会秩序、侵犯他人合法权益等法律、行政法规禁止的活动，不得利用算法推荐服务传播法律、行政法规禁止的信息，应当采取措施防范和抵制传播不良信息。

第七条 算法推荐服务提供者应当落实算法安全主体责任，建立健全算法机制机理审核、科技伦理审查、用户注册、信息发布审核、数据安全和个人信息保护、反电信网络诈骗、安全评估监测、安全事件应急处置等管理制度和技术措施，制定并公开算法推荐服务相关规则，配备与算法推荐服务规模相适应的专业人员和技术支撑。

第八条 算法推荐服务提供者应当定期审核、评估、验证算法机制机理、模型、数据和应用结果等，不得设置诱导用户沉迷、过度消费等违反法律法规或者违背伦理道德的算法模型。

第十三条 算法推荐服务提供者提供互联网新闻信息服务的，应当依法取得互联网新闻信息服务许可，规范开展互联网新闻信息采编发布服务、转载服务和传播平台服务，不得生成合成虚假新闻信息，不得传播非国家规定范围内的单位发布的新闻信息。

第十四条 算法推荐服务提供者不得利用算法虚假注册账号、非法交易账号、操纵用户账号或者虚假点赞、评论、转发，不得利用算法屏蔽信息、过度推荐、操纵榜单或者检索结果排序、控制热搜或者精选等干预信息呈现，实施影响网络舆论或者规避监督管理行为。

第十五条 算法推荐服务提供者不得利用算法对其他互联网信息服务提供者进行不合理限制，或者妨碍、破坏其合法提供的互联网信息服务正常运行，实施垄断和不正当竞争行为。

第十六条 算法推荐服务提供者应当以显著方式告知用户其提供算法推荐服务的情况，并以适当方式公示算法推荐服务的基本原理、目的意图和主要运行机制等。

第十七条 算法推荐服务提供者应当向用户提供不针对其个人特征的选项，或者向用户提供便捷的关闭算法推荐服务的选项。用户选择关闭算法推荐服务的，算法推荐服务提供者应当立即停止提供相关服务。

算法推荐服务提供者应当向用户提供选择或者删除用于算法推荐服务的针对其个人特征的用户标签的功能。

算法推荐服务提供者应用算法对用户权益造成重大影响的，应当依法予以说明并承担相应责任。

第十九条 算法推荐服务提供者向老年人提供服务的，应当保障老年人依法享有的权益，充分考虑老年人出行、就医、消费、办事等需求，按照国家有

关规定提供智能化适老服务，依法开展涉电信网络诈骗信息的监测、识别和处置，便利老年人安全使用算法推荐服务。

第二十条 算法推荐服务提供者向劳动者提供工作调度服务的，应当保护劳动者取得劳动报酬、休息休假等合法权益，建立完善平台订单分配、报酬构成及支付、工作时间、奖惩等相关算法。

第二十一条 算法推荐服务提供者向消费者销售商品或者提供服务的，应当保护消费者公平交易的权利，不得根据消费者的偏好、交易习惯等特征，利用算法在交易价格等交易条件上实施不合理的差别待遇等违法行为。

第二十四条 具有舆论属性或者社会动员能力的算法推荐服务提供者应当在提供服务之日起十个工作日内通过互联网信息服务算法备案系统填报服务提供者的名称、服务形式、应用领域、算法类型、算法自评估报告、拟公示内容等信息，履行备案手续。

算法推荐服务提供者的备案信息发生变更的，应当在变更之日起十个工作日内办理变更手续。

算法推荐服务提供者终止服务的，应当在终止服务之日起二十个工作日内办理注销备案手续，并作出妥善安排。

第二十五条 国家和省、自治区、

直辖市网信部门收到备案人提交的备案材料后，材料齐全的，应当在三十个工作日内予以备案，发放备案编号并进行公示；材料不齐全的，不予备案，并应当在三十个工作日内通知备案人并说明理由。

第二十六条 完成备案的算法推荐服务提供者应当在其对外提供服务的网站、应用程序等的显著位置标明其备案编号并提供公示信息链接。

《互联网信息服务深度合成管理规定》

第四条 提供深度合成服务，应当遵守法律法规，尊重社会公德和伦理道德，坚持正确政治方向、舆论导向、价值取向，促进深度合成服务向上向善。

第十九条 具有舆论属性或者社会动员能力的深度合成服务提供者，应当按照《互联网信息服务算法推荐管理规定》履行备案和变更、注销备案手续。

深度合成服务技术支持者应当参照前款规定履行备案和变更、注销备案手续。

完成备案的深度合成服务提供者和技术支持者应当在其对外提供服务的网站、应用程序等的显著位置标明其备案编号并提供公示信息链接。

《生成式人工智能服务管理暂行办法》

第七条 生成式人工智能服务提供者（以下称提供者）应当依法开展预训练、优化训练等训练数据处理活动，遵守以下规定：

（一）使用具有合法来源的数据和基础模型；

（二）涉及知识产权的，不得侵害他人依法享有的知识产权；

（三）涉及个人信息的，应当取得个人同意或者符合法律、行政法规规定的其他情形；

（四）采取有效措施提高训练数据质量，增强训练数据的真实性、准确性、客观性、多样性；

（五）《中华人民共和国网络安全法》、《中华人民共和国数据安全法》、《中华人民共和国个人信息保护法》等法律、行政法规的其他有关规定和有关主管部门的相关监管要求。

第八条 在生成式人工智能技术研发过程中进行数据标注的，提供者应当制定符合本办法要求的清晰、具体、可操作的标注规则；开展数据标注质量评估，抽样核验标注内容的准确性；对标注人员进行必要培训，提升尊法守法意识，监督指导标注人员规范开展标注工作。

第十二条 提供者应当按照《互联网信息服务深度合成管理规定》对图片、视频等生成内容进行标识。

第十三条 提供者应当在其服务过程中，提供安全、稳定、持续的服务，保障用户正常使用。

◎ 部门规范性文件

《即时通信工具公众信息服务发展管理暂行规定》

第四条　即时通信工具服务提供者应当取得法律法规规定的相关资质。即时通信工具服务提供者从事公众信息服务活动，应当取得互联网新闻信息服务资质。

《互联网直播服务管理规定》

第五条　互联网直播服务提供者提供互联网新闻信息服务的，应当依法取得互联网新闻信息服务资质，并在许可范围内开展互联网新闻信息服务。

开展互联网新闻信息服务的互联网直播发布者，应当依法取得互联网新闻信息服务资质并在许可范围内提供服务。

第六条　通过网络表演、网络视听节目等提供互联网直播服务的，还应当依法取得法律法规规定的相关资质。

《互联网信息搜索服务管理规定》

第五条　互联网信息搜索服务提供者应当取得法律法规规定的相关资质。

第七条　互联网信息搜索服务提供者不得以链接、摘要、快照、联想词、相关搜索、相关推荐等形式提供含有法律法规禁止的信息内容。

第九条　互联网信息搜索服务提供者及其从业人员，不得通过断开相关链接或者提供含有虚假信息的搜索结果等手段，牟取不正当利益。

第十条　互联网信息搜索服务提供者应当提供客观、公正、权威的搜索结果，不得损害国家利益、公共利益，以及公民、法人和其他组织的合法权益。

第十一条　互联网信息搜索服务提供者提供付费搜索信息服务，应当依法查验客户有关资质，明确付费搜索信息页面比例上限，醒目区分自然搜索结果与付费搜索信息，对付费搜索信息逐条加注显著标识。

互联网信息搜索服务提供者提供商业广告信息服务，应当遵守相关法律法规。

《互联网新闻信息服务新技术新应用安全评估管理规定》

第六条　互联网新闻信息服务提供者应当建立健全新技术新应用安全评估管理制度和保障制度，按照本规定要求自行组织开展安全评估，为国家和省、自治区、直辖市互联网信息办公室组织开展安全评估提供必要的配合，并及时完成整改。

第七条　有下列情形之一的，互联网新闻信息服务提供者应当自行组织开展新技术新应用安全评估，编制书面安全评估报告，并对评估结果负责：

（一）应用新技术、调整增设具有新闻舆论属性或社会动员能力的应用功能的；

（二）新技术、新应用功能在用户

规模、功能属性、技术实现方式、基础资源配置等方面的改变导致新闻舆论属性或社会动员能力发生重大变化的。

国家互联网信息办公室适时发布新技术新应用安全评估目录，供互联网新闻信息服务提供者自行组织开展安全评估参考。

第八条　互联网新闻信息服务提供者按照本规定第七条自行组织开展新技术新应用安全评估，发现存在安全风险的，应当及时整改，直至消除相关安全风险。

按照本规定第七条规定自行组织开展安全评估的，应当在应用新技术、调整增设应用功能前完成评估。

第九条　互联网新闻信息服务提供者按照本规定第八条自行组织开展新技术新应用安全评估后，应当自安全评估完成之日起 10 个工作日内报请国家或者省、自治区、直辖市互联网信息办公室组织开展安全评估。

第十条　报请国家或者省、自治区、直辖市互联网信息办公室组织开展新技术新应用安全评估，报请主体为中央新闻单位或者中央新闻宣传部门主管的单位的，由国家互联网信息办公室组织开展安全评估；报请主体为地方新闻单位或者地方新闻宣传部门主管的单位的，由省、自治区、直辖市互联网信息办公室组织开展安全评估；报请主体为

其他单位的，经所在地省、自治区、直辖市互联网信息办公室组织开展安全评估后，将评估材料及意见报国家互联网信息办公室审核后形成安全评估报告。

第十一条　互联网新闻信息服务提供者报请国家或者省、自治区、直辖市互联网信息办公室组织开展新技术新应用安全评估，应当提供下列材料，并对提供材料的真实性负责：

（一）服务方案（包括服务项目、服务方式、业务形式、服务范围等）；

（二）产品（服务）的主要功能和主要业务流程，系统组成（主要软硬件系统的种类、品牌、版本、部署位置等概要介绍）；

（三）产品（服务）配套的信息安全管理制度和技术保障措施；

（四）自行组织开展并完成的安全评估报告；

（五）其他开展安全评估所需的必要材料。

第十二条　国家和省、自治区、直辖市互联网信息办公室应当自材料齐备之日起 45 个工作日内组织完成新技术新应用安全评估。

国家和省、自治区、直辖市互联网信息办公室可以采取书面确认、实地核查、网络监测等方式对报请材料进行进一步核实，服务提供者应予配合。

国家和省、自治区、直辖市互联网

信息办公室组织完成安全评估后，应自行或委托第三方机构编制形成安全评估报告。

第十三条 新技术新应用安全评估报告载明的意见认为新技术新应用存在信息安全风险隐患，未能配套必要的安全保障措施手段的，互联网新闻信息服务提供者应当及时进行整改，直至符合法律法规规章等相关规定和国家强制性标准相关要求。在整改完成前，拟调整增设的新技术新应用不得用于提供互联网新闻信息服务。

服务提供者拒绝整改，或整改后未达法律法规规章等相关规定和国家强制性标准相关要求，而导致不再符合许可条件的，由国家和省、自治区、直辖市互联网信息办公室依据《互联网新闻信息服务管理规定》第二十三条的规定，责令服务提供者限期改正；逾期仍不符合许可条件的，暂停新闻信息更新；《互联网新闻信息服务许可证》有效期届满仍不符合许可条件的，不予换发许可证。

《互联网论坛社区服务管理规定》

第九条 互联网论坛社区服务提供者及其从业人员，不得通过发布、转载、删除信息或者干预呈现结果等手段，谋取不正当利益。

第十条 互联网论坛社区服务提供者开展经营和服务活动，必须遵守法律法规，尊重社会公德，遵守商业道德，诚实信用，承担社会责任。

《互联网新闻信息服务单位内容管理从业人员管理办法》

第五条 从业人员应当遵守宪法、法律和行政法规，坚持正确政治方向和舆论导向，贯彻执行党和国家有关新闻舆论工作的方针政策，维护国家利益和公共利益，严格遵守互联网内容管理的法律法规和国家有关规定，促进形成积极健康、向上向善的网络文化，推动构建风清气正的网络空间。

第六条 从业人员应当坚持马克思主义新闻观，坚持社会主义核心价值观，坚持以人民为中心的工作导向，树立群众观点，坚决抵制不良风气和低俗内容。

第七条 从业人员应当恪守新闻职业道德，坚持新闻真实性原则，认真核实新闻信息来源，按规定转载国家规定范围内的单位发布的新闻信息，杜绝编发虚假互联网新闻信息，确保互联网新闻信息真实、准确、全面、客观。

第八条 从业人员不得从事有偿新闻活动。不得利用互联网新闻信息采编发布、转载和审核等工作便利从事广告、发行、赞助、中介等经营活动，谋取不正当利益。不得利用网络舆论监督等工作便利进行敲诈勒索、打击报复等活动。

《微博客信息服务管理规定》

第四条 微博客服务提供者应当依

法取得法律法规规定的相关资质。

向社会公众提供互联网新闻信息服务的，应当依法取得互联网新闻信息服务许可，并在许可范围内开展服务，禁止未经许可或超越许可范围开展互联网新闻信息服务活动。

第五条 微博客服务提供者应当发挥促进经济发展、服务社会大众的积极作用，弘扬社会主义核心价值观，传播先进文化，坚持正确舆论导向，倡导依法上网、文明上网、安全上网。

《网络音视频信息服务管理规定》

第六条 网络音视频信息服务提供者应当依法取得法律、行政法规规定的相关资质。

《互联网用户公众账号信息服务管理规定》

第五条 公众账号信息服务平台提供互联网用户公众账号信息服务，应当取得国家法律、行政法规规定的相关资质。

公众账号信息服务平台和公众账号生产运营者向社会公众提供互联网新闻信息服务，应当取得互联网新闻信息服务许可。

第十四条 公众账号信息服务平台与生产运营者开展内容供给与账号推广合作，应当规范管理电商销售、广告发布、知识付费、用户打赏等经营行为，不得发布虚假广告、进行夸大宣传、实施商业欺诈及商业诋毁等，防止违法违规运营。

公众账号信息服务平台应当加强对原创信息内容的著作权保护，防范盗版侵权行为。

平台不得利用优势地位干扰生产运营者合法合规运营、侵犯用户合法权益。

第十五条 公众账号生产运营者应当按照平台分类管理规则，在注册公众账号时如实填写用户主体性质、注册地、运营地、内容生产类别、联系方式等基本信息，组织机构用户还应当注明主要经营或者业务范围。

公众账号生产运营者应当遵守平台内容生产和账号运营管理规则、平台公约和服务协议，按照公众账号登记的内容生产类别，从事相关行业领域的信息内容生产发布。

第十六条 公众账号生产运营者应当履行信息内容生产和公众账号运营管理主体责任，依法依规从事信息内容生产和公众账号运营活动。

公众账号生产运营者应当建立健全选题策划、编辑制作、发布推广、互动评论等全过程信息内容安全审核机制，加强信息内容导向性、真实性、合法性审核，维护网络传播良好秩序。

公众账号生产运营者应当建立健全公众账号注册使用、运营推广等全过程安全管理机制，依法、文明、规范运营公众账号，以优质信息内容吸引公众关注订阅和互动分享，维护公众账号良好社会形象。

公众账号生产运营者与第三方机构开展公众账号运营、内容供给等合作，应与第三方机构签订书面协议，明确第三方机构信息安全管理义务并督促履行。

第十七条　公众账号生产运营者转载信息内容的，应当遵守著作权保护相关法律法规，依法标注著作权人和可追溯信息来源，尊重和保护著作权人的合法权益。

公众账号生产运营者应当对公众账号留言、跟帖、评论等互动环节进行管理。平台可以根据公众账号的主体性质、信用等级等，合理设置管理权限，提供相关技术支持。

《移动互联网应用程序信息服务管理规定》

第七条　应用程序提供者通过应用程序提供互联网新闻信息服务的，应当取得互联网新闻信息服务许可，禁止未经许可或者超越许可范围开展互联网新闻信息服务活动。

应用程序提供者提供其他互联网信息服务，依法须经有关主管部门审核同意或者取得相关许可的，经有关主管部门审核同意或者取得相关许可后方可提供服务。

第九条　应用程序提供者不得通过虚假宣传、捆绑下载等行为，通过机器或者人工刷榜、刷量、控评等方式，或者利用违法和不良信息诱导用户下载。

第十七条　应用程序分发平台应当在上线运营三十日内向所在地省、自治区、直辖市网信部门备案。办理备案时，应当提交以下材料：

（一）平台运营主体基本情况；

（二）平台名称、域名、接入服务、服务资质、上架应用程序类别等信息；

（三）平台取得的经营性互联网信息服务许可或者非经营性互联网信息服务备案等材料；

（四）本规定第五条要求建立健全的相关制度文件；

（五）平台管理规则、服务协议等。

省、自治区、直辖市网信部门收到备案材料后，材料齐全的应当予以备案。

国家网信部门及时公布已经履行备案手续的应用程序分发平台名单。

第十八条　应用程序分发平台应当建立分类管理制度，对上架的应用程序实施分类管理，并按类别向其所在地省、自治区、直辖市网信部门备案应用程序。

《互联网跟帖评论服务管理规定》

第九条　跟帖评论服务使用者应当

遵守法律法规，遵循公序良俗，弘扬社会主义核心价值观，不得发布法律法规和国家有关规定禁止的信息内容。

《互联网弹窗信息推送服务管理规定》

第五条 提供互联网弹窗信息推送服务的，应当遵守下列要求：

（一）不得推送《网络信息内容生态治理规定》规定的违法和不良信息，特别是恶意炒作娱乐八卦、绯闻隐私、奢靡炫富、审丑扮丑等违背公序良俗内容，不得以恶意翻炒为目的，关联某一话题集中推送相关旧闻；

（二）未取得互联网新闻信息服务许可的，不得弹窗推送新闻信息，弹窗推送信息涉及其他互联网信息服务，依法应当经有关主管部门审核同意或者取得相关许可的，应当经有关主管部门审核同意或者取得相关许可；

（三）弹窗推送新闻信息的，应当严格依据国家互联网信息办公室发布的《互联网新闻信息稿源单位名单》，不得超范围转载，不得歪曲、篡改标题原意和新闻信息内容，保证新闻信息来源可追溯；

（四）提升弹窗推送信息多样性，科学设定新闻信息和垂直领域内容占比，体现积极健康向上的主流价值观，不得集中推送、炒作社会热点敏感事件、恶性案件、灾难事故等，引发社会恐慌；

（五）健全弹窗信息推送内容管理规范，完善信息筛选、编辑、推送等工作流程，配备与服务规模相适应的审核力量，加强弹窗信息内容审核；

（六）保障用户权益，以服务协议等明确告知用户弹窗信息推送服务的具体形式、内容频次、取消渠道等，充分考虑用户体验，科学规划推送频次，不得对普通用户和会员用户进行不合理地差别推送，不得以任何形式干扰或者影响用户关闭弹窗，弹窗信息应当显著标明弹窗信息推送服务提供者身份；

（七）不得设置诱导用户沉迷、过度消费等违反法律法规或者违背伦理道德的算法模型；不得利用算法实施恶意屏蔽信息、过度推荐等行为；不得利用算法针对未成年人用户进行画像，向其推送可能影响其身心健康的信息；

（八）弹窗推送广告信息的，应当具有可识别性，显著标明"广告"和关闭标志，确保弹窗广告一键关闭；

（九）不得以弹窗信息推送方式呈现恶意引流跳转的第三方链接、二维码等信息，不得通过弹窗信息推送服务诱导用户点击，实施流量造假、流量劫持。

权威案例

◎ 公报案例

郑某新诉中国电某股份有限公司连云港分公司电信服务合同纠纷案【《最高人民法院公报》2017 年第 5 期】

裁判摘要：根据《消费者权益保护法》的有关规定，市场交易行为应当遵循公平交易原则，反对强买强卖行为。消费者有权知悉所购买商品和接受服务的真实情况。手机电信服务提供者为达到电信增值业务推广目的，事先确定免费体验期，用户可在该期间内免费体验增值服务。免费期过后，电信服务提供者对该增值业务进行收费时，应当得到用户明确的使用承诺，否则，电信服务提供者的强行扣费行为侵犯了消费者对所接受服务的知情权，违背市场公平交易原则。

◎ 典型案例

腾某科技（深圳）有限公司与上海虹某网络科技有限公司、上海我某网络发展有限公司侵害计算机软件著作权及不正当竞争纠纷上诉案【最高人民法院公布 2012 年中国法院知识产权司法保护 10 大创新性案件之三（2013 年 4 月 22 日）】

创新意义：随着信息技术的发展，对于如本案中 QQ 软件那样主要通过网络方式传播的软件，侵害软件修改权的司法认定不应仅局限于传统上对计算机程序或有关文档的比对，还应考虑到软件与互联网等网络环境的互动关系以及信息技术的发展导致计算机软件侵权纠纷呈现的新趋势。在法律适用上，本案未将《计算机软件保护条例》第八条中关于"修改权"的定义仅理解为对源程序或目标程序静态的修改，而是综合考虑了修改的具体行为、手段与修改后的技术效果、功能等因素，将本案中的行为纳入软件著作权人修改权的调整范围。

酒泉九某泉食品有限责任公司与酒泉市瀚某瑞达商贸有限责任公司商业诋毁纠纷案【互联网十大典型案例之六（2021 年 5 月 31 日）】

典型意义：商誉是经营者在市场经营活动中对其产品或服务的市场推广、技术研发以及广告宣传等领域经过长期努力建立起来的企业形象和市场评价，是企业赖以生存的无形资产。随着移动互联网和电子商务的迅猛发展，微信朋友圈逐渐改变了社交平台和交易方式，但其并非法外之地。通过微信朋友圈等互联网平台捏造、散布虚假的、易于引起公众误解的信息，损害竞争对手商业信誉和商品声誉，足以使相关公众产生误导性的恶劣影响，构成商业诋毁类不正当竞争行为。法院判令瀚某瑞达公司在原微信朋友圈刊登声明消除影响，丰富了消除影响责任适用的具体方式。

深圳市腾某计算机系统有限公司、腾某科技（深圳）有限公司诉数某（重庆）网络科技有限公司、谭某不正当竞争纠纷案

【互联网十大典型案例之九（2021 年 5 月 31 日）】

典型意义：近年来，网络违法犯罪行为逐渐演化出内容秩序威胁型、数据流量威胁型、技术威胁型和暗网等常见的黑灰产业。这些行为不仅增加了网络安全防护运营成本，扰乱市场竞争秩序，还严重侵害公民的合法权益。本案分析了互联网经营者有偿提供虚假刷量服务的行为特征，明确了其违反诚实信用原则和商业道德规范，损害合法经营者、用户和消费者的权益，扰乱正常竞争秩序，其行为具有不正当性，应纳入反不正当竞争法予以规制。本案是对反不正当竞争法第十二条规定的"其他"不正当竞争行为的重要补充，为审理涉及互联网黑灰产业的类似案件提供了裁判指引。

本案入选"2020 年中国法院 50 件典型知识产权案例"。

腾某科技（深圳）有限公司、深圳市腾某计算机系统有限公司诉深圳微某码软件开发有限公司、商圈（深圳）联合发展有限公司等不正当竞争纠纷案【互联网十大典型案例之十（2021 年 5 月 31 日）】

典型意义：反不正当竞争法第十二条中"其他"不正当竞争行为的认定，是审判中的热点和难点。本案被诉行为系利用网络和技术手段，使安装运行"数某精灵"软件的微信用户，可通过"植入"功能频繁、大量地向不特定用户发送或交互信息，而其他微信用户对于受到的影响，无法自动屏蔽或难以避免。上述网络干扰行为不仅损害了其他经营者的竞争利益，并且对网络秩序和公众的生活秩序造成影响，损害广大消费者的利益，属于反不正当竞争法第十二条规定的"其他妨碍、破坏其他经营者合法提供的网络产品或者服务正常运行的行为"。本案对互联网专条"兜底条款"的适用进行了积极的探索，体现了人民法院净化市场竞争环境、保护消费者合法权益的坚定决心。

"不粘锅"商业诋毁纠纷案【人民法院反不正当竞争典型案例之二（2022 年 11 月 17 日）】

典型意义：本案是规制经营者实施商业诋毁行为的典型案例。涉案商业诋毁行为的传播渠道既包括传统媒体，也包括微博、直播等网络途径。本案从裁判内容到判决执行乃至采取司法处置等各环节，充分体现了人民法院依法严厉制裁商业诋毁行为、维护公平竞争市场秩序的司法导向。

体育赛事转播应获得合法授权——某数码公司与某科技公司等不正当竞争纠纷行为保全案【涉体育纠纷民事典型案例（2023 年 6 月 21 日）】

典型意义：本案是保护第 24 届冬奥会相关知识产权的典型案例。《中华人民共和国体育法》第五十二条第二款规定，未经体育赛事活动组织者等相关权利人许可，不得以营利为目的采集或者传播体育赛事活动现场图片、音视频等信息。冬奥会赛程仅有 19 天，相关赛事节目具有极强的时效性，若不及时采取行为保全措施将会使得许可的申请人的合法权益受到难以弥补的损害。审理法院在受理申请后 24 小时内即作出诉前行为保全裁定，责令被申请人立即停止相关侵权行为。为保障执行效果，审理法院在全面衡量损益大小、充分论证可行性后，裁定如被申请人不停止侵权行为，将通知相关网络服务提供者在冬奥会期间停止为案涉 APP 提供网络服务，提高了对冬奥会相关知识产权保护的及时性和有效性。人民法院结合案件情况，及时采取行为保全措施，维护权利人的合法权益，规范体育赛事转播市场化运营行为，彰显了人民法院加大知识产权司法保护力度的鲜明态度，有助于促进体育产业的健康发展。

第十条　【网络安全维护总体要求】

建设、运营网络或者通过网络提供服务，应当依照法律、行政法规的规定和国家标准的强制性要求，采取技术措施和其他必要措施，保障网络安全、稳定运行，有效应对网络安全事件，防范网络违法犯罪活动，维护网络数据的完整性、保密性和可用性。

关联法规

◎ 法律

《未成年人保护法》

第六十九条　学校、社区、图书馆、文化馆、青少年宫等场所为未成年人提供的互联网上网服务设施，应当安装未成年人网络保护软件或者采取其他安全保护技术措施。

智能终端产品的制造者、销售者应当在产品上安装未成年人网络保护软件，或者以显著方式告知用户未成年人网络保护软件的安装渠道和方法。

《国家安全法》

第九条　维护国家安全，应当坚持预防为主、标本兼治，专门工作与群众路线相结合，充分发挥专门机关和其他有关机关维护国家安全的职能作用，广泛动员公民和组织，防范、制止和依法惩治危害国家安全的行为。

◎ 部门规章

《互联网安全保护技术措施规定》

第二条　本规定所称互联网安全保护技术措施，是指保障互联网网络安全和信息安全、防范违法犯罪的技术设施和技术方法。

第三条　互联网服务提供者、联网使用单位负责落实互联网安全保护技术措施，并保障互联网安全保护技术措施功能的正常发挥。

第十二条　互联网服务提供者依照本规定采取的互联网安全保护技术措施应当具有符合公共安全行业技术标准的联网接口。

◎ **部门规范性文件**

《互联网新闻信息服务新技术新应用安全评估管理规定》

第三条　互联网新闻信息服务提供者调整增设新技术新应用，应当建立健全信息安全管理制度和安全可控的技术保障措施，不得发布、传播法律法规禁止的信息内容。

《贯彻落实网络安全等级保护制度和关键信息基础设施安全保护制度的指导意见》

一、指导思想、基本原则和工作目标

……

（三）工作目标

——网络安全等级保护制度深入贯彻实施。网络安全等级保护定级备案、等级测评、安全建设和检查等基础工作深入推进。网络安全保护"实战化、体系化、常态化"和"动态防御、主动防御、纵深防御、精准防护、整体防控、联防联控"的"三化六防"措施得到有效落实，网络安全保护良好生态基本建立，国家网络安全综合防护能力和水平显著提升。

——关键信息基础设施安全保护制度建立实施。关键信息基础设施底数清晰，安全保护机构健全、职责明确、保障有力。在贯彻落实网络安全等级保护制度的基础上，关键信息基础设施涉及的关键岗位人员管理、供应链安全、数据安全、应急处置等重点安全保护措施得到有效落实，关键信息基础设施安全防护能力明显增强。

——网络安全监测预警和应急处置能力显著提升。跨行业、跨部门、跨地区的立体化网络安全监测体系和网络安全保护平台基本建成，网络安全态势感知、通报预警和事件发现处置能力明显提高。网络安全预案科学齐备，应急处置机制完善，应急演练常态化开展，网络安全重大事件得到有效防范、遏制和处置。

——网络安全综合防控体系基本形成。网络安全保护工作机制健全完善，党委统筹领导、各部门分工负责、社会力量多方参与的网络安全工作格局进一步完善。网络安全责任制得到有效落实，网络安全管理防范、监督指导和侦查打击等能力显著提升，"打防管控"一体化的网络安全综合防控体系基本形成。

第十一条　**【网络安全行业自律】**

网络相关行业组织按照章程，

加强行业自律，制定网络安全行为规范，指导会员加强网络安全保护，提高网络安全保护水平，促进行业健康发展。

关联法规

◎ 法律

《数据安全法》

第十条　相关行业组织按照章程，依法制定数据安全行为规范和团体标准，加强行业自律，指导会员加强数据安全保护，提高数据安全保护水平，促进行业健康发展。

《密码法》

第三十条　商用密码领域的行业协会等组织依照法律、行政法规及其章程的规定，为商用密码从业单位提供信息、技术、培训等服务，引导和督促商用密码从业单位依法开展商用密码活动，加强行业自律，推动行业诚信建设，促进行业健康发展。

◎ 行政法规

《商用密码管理条例》

第六条　商用密码领域的学会、行业协会等社会组织依照法律、行政法规及其章程的规定，开展学术交流、政策研究、公共服务等活动，加强学术和行业自律，推动诚信建设，促进行业健康发展。

密码管理部门应当加强对商用密码领域社会组织的指导和支持。

◎ 部门规章

《电信和互联网用户个人信息保护规定》

第七条　国家鼓励电信和互联网行业开展用户个人信息保护自律工作。

第二十一条　鼓励电信和互联网行业协会依法制定有关用户个人信息保护的自律性管理制度，引导会员加强自律管理，提高用户个人信息保护水平。

《区块链信息服务管理规定》

第四条　鼓励区块链行业组织加强行业自律，建立健全行业自律制度和行业准则，指导区块链信息服务提供者建立健全服务规范，推动行业信用评价体系建设，督促区块链信息服务提供者依法提供服务、接受社会监督，提高区块链信息服务从业人员的职业素养，促进行业健康有序发展。

《儿童个人信息网络保护规定》

第六条　鼓励互联网行业组织指导推动网络运营者制定儿童个人信息保护的行业规范、行为准则等，加强行业自律，履行社会责任。

《网络信息内容生态治理规定》

第二十六条　鼓励行业组织发挥服务指导和桥梁纽带作用，引导会员单位增强社会责任感，唱响主旋律，弘扬正能量，反对违法信息，防范和抵制不良信息。

第二十七条 鼓励行业组织建立完善行业自律机制，制定网络信息内容生态治理行业规范和自律公约，建立内容审核标准细则，指导会员单位建立健全服务规范、依法提供网络信息内容服务、接受社会监督。

第二十八条 鼓励行业组织开展网络信息内容生态治理教育培训和宣传引导工作，提升会员单位、从业人员治理能力，增强全社会共同参与网络信息内容生态治理意识。

第二十九条 鼓励行业组织推动行业信用评价体系建设，依据章程建立行业评议等评价奖惩机制，加大对会员单位的激励和惩戒力度，强化会员单位的守信意识。

《互联网信息服务算法推荐管理规定》

第五条 鼓励相关行业组织加强行业自律，建立健全行业标准、行业准则和自律管理制度，督促指导算法推荐服务提供者制定完善服务规范、依法提供服务并接受社会监督。

《互联网用户账号信息管理规定》

第五条 鼓励相关行业组织加强行业自律，建立健全行业标准、行业准则和自律管理制度，督促指导互联网信息服务提供者制定完善服务规范、加强互联网用户账号信息安全管理、依法提供服务并接受社会监督。

《互联网信息服务深度合成管理规定》

第五条 鼓励相关行业组织加强行业自律，建立健全行业标准、行业准则和自律管理制度，督促指导深度合成服务提供者和技术支持者制定完善业务规范、依法开展业务和接受社会监督。

◎ **部门规范性文件**

《互联网直播服务管理规定》

第十八条 鼓励支持相关行业组织制定行业公约，加强行业自律，建立健全行业信用评价体系和服务评议制度，促进行业规范发展。

《互联网信息搜索服务管理规定》

第四条 互联网信息搜索服务行业组织应当建立健全行业自律制度和行业准则，指导互联网信息搜索服务提供者建立健全服务规范，督促互联网信息搜索服务提供者依法提供服务、接受社会监督，提高互联网信息搜索服务从业人员的职业素养。

《互联网新闻信息服务新技术新应用安全评估管理规定》

第五条 鼓励支持新技术新应用安全评估相关行业组织和专业机构加强自律，建立健全安全评估服务质量评议和信用、能力公示制度，促进行业规范发展。

《互联网论坛社区服务管理规定》

第四条 鼓励互联网论坛社区服务

行业组织建立健全行业自律制度和行业准则，指导互联网论坛社区服务提供者建立健全服务规范，督促互联网论坛社区服务提供者依法提供服务、接受社会监督，提高互联网论坛社区服务从业人员的职业素养。

《微博客信息服务管理规定》

第十五条　国家鼓励和指导互联网行业组织建立健全微博客行业自律制度和行业准则，推动微博客行业信用等级评价和信用体系建设，督促微博客服务提供者依法提供服务、接受社会监督。

《网络音视频信息服务管理规定》

第五条　国家鼓励和指导互联网行业组织加强行业自律，建立健全网络音视频信息服务行业标准和行业准则，推动网络音视频信息服务行业信用体系建设，督促网络音视频信息服务提供者依法提供服务、接受社会监督，提高网络音视频信息服务从业人员职业素养，促进行业健康有序发展。

《互联网弹窗信息推送服务管理规定》

第七条　鼓励和指导互联网行业组织建立健全互联网弹窗信息推送服务行业准则，引导行业健康有序发展。

《移动互联网应用程序信息服务管理规定》

第二十三条　鼓励互联网行业组织建立健全行业自律机制，制定完善行业规范和自律公约，指导会员单位建立健

全服务规范，依法依规提供信息服务，维护市场公平，促进行业健康发展。

> **权威案例**

◎ **典型案例**

北京铁路运输检察院督促整治直播和短视频平台食品交易违法违规行为行政公益诉讼案【"3·15"食品药品安全消费者权益保护检察公益诉讼典型案例之一（2021年3月15日）】

典型意义： 近年来，"网红代言""直播带货"等网络销售新业态发展迅猛，由此带来的侵害消费者合法权益、损害社会公共利益的问题也时有发生。检察机关通过发挥公益诉讼检察职能作用，积极回应社会关切。在新业态行业迅速发展、法律规定相对滞后的情况下，检察机关协同市场监督管理部门，引导平台加强自治，签署自律公约，督促企业履行社会责任，构建新业态行业自律机制，护航民营经济规范健康发展，有效规范网络直播和短视频营销食品行为，切实保护了消费者合法权益。

第十二条　【网络安全网民守法】

国家保护公民、法人和其他组织依法使用网络的权利，促进网络接入普及，提升网络服务水平，为社会提供安全、便利的网

络服务，保障网络信息依法有序自由流动。

任何个人和组织使用网络应当遵守宪法法律，遵守公共秩序，尊重社会公德，不得危害网络安全，不得利用网络从事危害国家安全、荣誉和利益，煽动颠覆国家政权、推翻社会主义制度，煽动分裂国家、破坏国家统一，宣扬恐怖主义、极端主义，宣扬民族仇恨、民族歧视，传播暴力、淫秽色情信息，编造、传播虚假信息扰乱经济秩序和社会秩序，以及侵害他人名誉、隐私、知识产权和其他合法权益等活动。

关联法规

◎ **法律**

《关于维护互联网安全的决定》

二、为了维护国家安全和社会稳定，对有下列行为之一，构成犯罪的，依照刑法有关规定追究刑事责任：

（一）利用互联网造谣、诽谤或者发表、传播其他有害信息，煽动颠覆国家政权、推翻社会主义制度，或者煽动分裂国家、破坏国家统一；

（二）通过互联网窃取、泄露国家秘密、情报或者军事秘密；

（三）利用互联网煽动民族仇恨、民族歧视，破坏民族团结；

（四）利用互联网组织邪教组织、联络邪教组织成员，破坏国家法律、行政法规实施。

三、为了维护社会主义市场经济秩序和社会管理秩序，对有下列行为之一，构成犯罪的，依照刑法有关规定追究刑事责任：

（一）利用互联网销售伪劣产品或者对商品、服务作虚假宣传；

（二）利用互联网损坏他人商业信誉和商品声誉；

（三）利用互联网侵犯他人知识产权；

（四）利用互联网编造并传播影响证券、期货交易或者其他扰乱金融秩序的虚假信息；

（五）在互联网上建立淫秽网站、网页，提供淫秽站点链接服务，或者传播淫秽书刊、影片、音像、图片。

四、为了保护个人、法人和其他组织的人身、财产等合法权利，对有下列行为之一，构成犯罪的，依照刑法有关规定追究刑事责任：

（一）利用互联网侮辱他人或者捏造事实诽谤他人；

（二）非法截获、篡改、删除他人电子邮件或者其他数据资料，侵犯公民通信自由和通信秘密；

（三）利用互联网进行盗窃、诈骗、敲诈勒索。

五、利用互联网实施本决定第一条、第二条、第三条、第四条所列行为以外的其他行为，构成犯罪的，依照刑法有关规定追究刑事责任。

《国家安全法》

第七十七条　公民和组织应当履行下列维护国家安全的义务：

（一）遵守宪法、法律法规关于国家安全的有关规定；

（二）及时报告危害国家安全活动的线索；

（三）如实提供所知悉的涉及危害国家安全活动的证据；

（四）为国家安全工作提供便利条件或者其他协助；

（五）向国家安全机关、公安机关和有关军事机关提供必要的支持和协助；

（六）保守所知悉的国家秘密；

（七）法律、行政法规规定的其他义务。

任何个人和组织不得有危害国家安全的行为，不得向危害国家安全的个人或者组织提供任何资助或者协助。

《反恐怖主义法》

第二条　国家反对一切形式的恐怖主义，依法取缔恐怖活动组织，对任何

组织、策划、准备实施、实施恐怖活动，宣扬恐怖主义，煽动实施恐怖活动，组织、领导、参加恐怖活动组织，为恐怖活动提供帮助的，依法追究法律责任。

国家不向任何恐怖活动组织和人员作出妥协，不向任何恐怖活动人员提供庇护或者给予难民地位。

第三条　本法所称恐怖主义，是指通过暴力、破坏、恐吓等手段，制造社会恐慌、危害公共安全、侵犯人身财产，或者胁迫国家机关、国际组织，以实现其政治、意识形态等目的的主张和行为。

本法所称恐怖活动，是指恐怖主义性质的下列行为：

（一）组织、策划、准备实施、实施造成或者意图造成人员伤亡、重大财产损失、公共设施损坏、社会秩序混乱等严重社会危害的活动的；

（二）宣扬恐怖主义，煽动实施恐怖活动，或者非法持有宣扬恐怖主义的物品，强制他人在公共场所穿戴宣扬恐怖主义的服饰、标志的；

（三）组织、领导、参加恐怖活动组织的；

（四）为恐怖活动组织、恐怖活动人员、实施恐怖活动或者恐怖活动培训提供信息、资金、物资、劳务、技术、场所等支持、协助、便利的；

（五）其他恐怖活动。

本法所称恐怖活动组织，是指三人以上为实施恐怖活动而组成的犯罪组织。

本法所称恐怖活动人员，是指实施恐怖活动的人和恐怖活动组织的成员。

本法所称恐怖事件，是指正在发生或者已经发生的造成或者可能造成重大社会危害的恐怖活动。

◎ **行政法规**

《计算机信息网络国际联网管理暂行规定》

第十三条 从事国际联网业务的单位和个人，应当遵守国家有关法律、行政法规，严格执行安全保密制度，不得利用国际联网从事危害国家安全、泄露国家秘密等违法犯罪活动，不得制作、查阅、复制和传播妨碍社会治安的信息和淫秽色情等信息。

《计算机信息网络国际联网安全保护管理办法》

第四条 任何单位和个人不得利用国际联网危害国家安全、泄露国家秘密，不得侵犯国家的、社会的、集体的利益和公民的合法权益，不得从事违法犯罪活动。

第五条 任何单位和个人不得利用国际联网制作、复制、查阅和传播下列信息：

（一）煽动抗拒、破坏宪法和法律、行政法规实施的；

（二）煽动颠覆国家政权，推翻社会主义制度的；

（三）煽动分裂国家、破坏国家统一的；

（四）煽动民族仇恨、民族歧视，破坏民族团结的；

（五）捏造或者歪曲事实，散布谣言，扰乱社会秩序的；

（六）宣扬封建迷信、淫秽色情、赌博、暴力、凶杀、恐怖，教唆犯罪的；

（七）公然侮辱他人或者捏造事实诽谤他人的；

（八）损害国家机关信誉的；

（九）其他违反宪法和法律、行政法规的。

第七条 用户的通信自由和通信秘密受法律保护。任何单位和个人不得违反法律规定，利用国际联网侵犯用户的通信自由和通信秘密。

《互联网信息服务管理办法》

第十五条 互联网信息服务提供者不得制作、复制、发布、传播含有下列内容的信息：

（一）反对宪法所确定的基本原则的；

（二）危害国家安全，泄露国家秘密，颠覆国家政权，破坏国家统一的；

（三）损害国家荣誉和利益的；

（四）煽动民族仇恨、民族歧视，破坏民族团结的；

（五）破坏国家宗教政策，宣扬邪教和封建迷信的；

（六）散布谣言，扰乱社会秩序，破坏社会稳定的；

（七）散布淫秽、色情、赌博、暴力、凶杀、恐怖或者教唆犯罪的；

（八）侮辱或者诽谤他人，侵害他人合法权益的；

（九）含有法律、行政法规禁止的其他内容。

《电信条例》

第六条 电信网络和信息的安全受法律保护。任何组织或者个人不得利用电信网络从事危害国家安全、社会公共利益或者他人合法权益的活动。

第五十六条 任何组织或者个人不得利用电信网络制作、复制、发布、传播含有下列内容的信息：

（一）反对宪法所确定的基本原则的；

（二）危害国家安全，泄露国家秘密，颠覆国家政权，破坏国家统一的；

（三）损害国家荣誉和利益的；

（四）煽动民族仇恨、民族歧视，破坏民族团结的；

（五）破坏国家宗教政策，宣扬邪教和封建迷信的；

（六）散布谣言，扰乱社会秩序，

破坏社会稳定的；

（七）散布淫秽、色情、赌博、暴力、凶杀、恐怖或者教唆犯罪的；

（八）侮辱或者诽谤他人，侵害他人合法权益的；

（九）含有法律、行政法规禁止的其他内容的。

第五十七条 任何组织或者个人不得有下列危害电信网络安全和信息安全的行为：

（一）对电信网的功能或者存储、处理、传输的数据和应用程序进行删除或者修改；

（二）利用电信网从事窃取或者破坏他人信息、损害他人合法权益的活动；

（三）故意制作、复制、传播计算机病毒或者以其他方式攻击他人电信网络等电信设施；

（四）危害电信网络安全和信息安全的其他行为。

第五十八条 任何组织或者个人不得有下列扰乱电信市场秩序的行为：

（一）采取租用电信国际专线、私设转接设备或者其他方法，擅自经营国际或者香港特别行政区、澳门特别行政区和台湾地区电信业务；

（二）盗接他人电信线路，复制他人电信码号，使用明知是盗接、复制的电信设施或者码号；

（三）伪造、变造电话卡及其他各种电信服务有价凭证；

（四）以虚假、冒用的身份证件办理入网手续并使用移动电话。

第六十二条 使用电信网络传输信息的内容及其后果由电信用户负责。

电信用户使用电信网络传输的信息属于国家秘密信息的，必须依照保守国家秘密法的规定采取保密措施。

《互联网上网服务营业场所管理条例》

第三条 互联网上网服务营业场所经营单位应当遵守有关法律、法规的规定，加强行业自律，自觉接受政府有关部门依法实施的监督管理，为上网消费者提供良好的服务。

互联网上网服务营业场所的上网消费者，应当遵守有关法律、法规的规定，遵守社会公德，开展文明、健康的上网活动。

第十四条 互联网上网服务营业场所经营单位和上网消费者不得利用互联网上网服务营业场所制作、下载、复制、查阅、发布、传播或者以其他方式使用含有下列内容的信息：

（一）反对宪法确定的基本原则的；

（二）危害国家统一、主权和领土完整的；

（三）泄露国家秘密，危害国家安全或者损害国家荣誉和利益的；

（四）煽动民族仇恨、民族歧视，

破坏民族团结，或者侵害民族风俗、习惯的；

（五）破坏国家宗教政策，宣扬邪教、迷信的；

（六）散布谣言，扰乱社会秩序，破坏社会稳定的；

（七）宣传淫秽、赌博、暴力或者教唆犯罪的；

（八）侮辱或者诽谤他人，侵害他人合法权益的；

（九）危害社会公德或者民族优秀文化传统的；

（十）含有法律、行政法规禁止的其他内容的。

◎ **司法解释**

《关于审理侵害信息网络传播权民事纠纷案件适用法律若干问题的规定》

第三条 网络用户、网络服务提供者未经许可，通过信息网络提供权利人享有信息网络传播权的作品、表演、录音录像制品，除法律、行政法规另有规定外，人民法院应当认定其构成侵害信息网络传播权行为。

通过上传到网络服务器、设置共享文件或者利用文件分享软件等方式，将作品、表演、录音录像制品置于信息网络中，使公众能够在个人选定的时间和地点以下载、浏览或者其他方式获得的，人民法院应当认定其实施了前款规定的提供行为。

◎ 部门规章

《互联网文化管理暂行规定》

第五条　从事互联网文化活动应当遵守宪法和有关法律、法规，坚持为人民服务、为社会主义服务的方向，弘扬民族优秀文化，传播有益于提高公众文化素质、推动经济发展、促进社会进步的思想道德、科学技术和文化知识，丰富人民的精神生活。

第十六条　互联网文化单位不得提供载有以下内容的文化产品：

（一）反对宪法确定的基本原则的；

（二）危害国家统一、主权和领土完整的；

（三）泄露国家秘密、危害国家安全或者损害国家荣誉和利益的；

（四）煽动民族仇恨、民族歧视，破坏民族团结，或者侵害民族风俗、习惯的；

（五）宣扬邪教、迷信的；

（六）散布谣言，扰乱社会秩序，破坏社会稳定的；

（七）宣扬淫秽、赌博、暴力或者教唆犯罪的；

（八）侮辱或者诽谤他人，侵害他人合法权益的；

（九）危害社会公德或者民族优秀文化传统的；

（十）有法律、行政法规和国家规定禁止的其他内容的。

《儿童个人信息网络保护规定》

第四条　任何组织和个人不得制作、发布、传播侵害儿童个人信息安全的信息。

《网络信息内容生态治理规定》

第四条　网络信息内容生产者应当遵守法律法规，遵循公序良俗，不得损害国家利益、公共利益和他人合法权益。

第六条　网络信息内容生产者不得制作、复制、发布含有下列内容的违法信息：

（一）反对宪法所确定的基本原则的；

（二）危害国家安全，泄露国家秘密，颠覆国家政权，破坏国家统一的；

（三）损害国家荣誉和利益的；

（四）歪曲、丑化、亵渎、否定英雄烈士事迹和精神，以侮辱、诽谤或者其他方式侵害英雄烈士的姓名、肖像、名誉、荣誉的；

（五）宣扬恐怖主义、极端主义或者煽动实施恐怖活动、极端主义活动的；

（六）煽动民族仇恨、民族歧视，破坏民族团结的；

（七）破坏国家宗教政策，宣扬邪教和封建迷信的；

（八）散布谣言，扰乱经济秩序和社会秩序的；

（九）散布淫秽、色情、赌博、暴力、凶杀、恐怖或者教唆犯罪的；

（十）侮辱或者诽谤他人，侵害他人名誉、隐私和其他合法权益的；

（十一）法律、行政法规禁止的其他内容。

第七条 网络信息内容生产者应当采取措施，防范和抵制制作、复制、发布含有下列内容的不良信息：

（一）使用夸张标题，内容与标题严重不符的；

（二）炒作绯闻、丑闻、劣迹等的；

（三）不当评述自然灾害、重大事故等灾难的；

（四）带有性暗示、性挑逗等易使人产生性联想的；

（五）展现血腥、惊悚、残忍等致人身心不适的；

（六）煽动人群歧视、地域歧视等的；

（七）宣扬低俗、庸俗、媚俗内容的；

（八）可能引发未成年人模仿不安全行为和违反社会公德行为、诱导未成年人不良嗜好等的；

（九）其他对网络生态造成不良影响的内容。

第十八条 网络信息内容服务使用者应当文明健康使用网络，按照法律法规的要求和用户协议约定，切实履行相

应义务，在以发帖、回复、留言、弹幕等形式参与网络活动时，文明互动，理性表达，不得发布本规定第六条规定的信息，防范和抵制本规定第七条规定的信息。

第十九条 网络群组、论坛社区版块建立者和管理者应当履行群组、版块管理责任，依据法律法规、用户协议和平台公约等，规范群组、版块内信息发布等行为。

第二十条 鼓励网络信息内容服务使用者积极参与网络信息内容生态治理，通过投诉、举报等方式对网上违法和不良信息进行监督，共同维护良好网络生态。

第二十一条 网络信息内容服务使用者和网络信息内容生产者、网络信息内容服务平台不得利用网络和相关信息技术实施侮辱、诽谤、威胁、散布谣言以及侵犯他人隐私等违法行为，损害他人合法权益。

第二十二条 网络信息内容服务使用者和网络信息内容生产者、网络信息内容服务平台不得通过发布、删除信息以及其他干预信息呈现的手段侵害他人合法权益或者谋取非法利益。

第二十三条 网络信息内容服务使用者和网络信息内容生产者、网络信息内容服务平台不得利用深度学习、虚拟现实等新技术新应用从事法律、行政法

规禁止的活动。

第二十四条 网络信息内容服务使用者和网络信息内容生产者、网络信息内容服务平台不得通过人工方式或者技术手段实施流量造假、流量劫持以及虚假注册账号、非法交易账号、操纵用户账号等行为，破坏网络生态秩序。

第二十五条 网络信息内容服务使用者和网络信息内容生产者、网络信息内容服务平台不得利用党旗、党徽、国旗、国徽、国歌等代表党和国家形象的标识及内容，或者借国家重大活动、重大纪念日和国家机关及其工作人员名义等，违法违规开展网络商业营销活动。

《互联网用户账号信息管理规定》

第四条 互联网用户注册、使用和互联网信息服务提供者管理互联网用户账号信息，应当遵守法律法规，遵循公序良俗，诚实信用，不得损害国家安全、社会公共利益或者他人合法权益。

第八条 互联网用户注册、使用账号信息，不得有下列情形：

（一）违反《网络信息内容生态治理规定》第六条、第七条规定；

（二）假冒、仿冒、捏造政党、党政军机关、企事业单位、人民团体和社会组织的名称、标识等；

（三）假冒、仿冒、捏造国家（地区）、国际组织的名称、标识等；

（四）假冒、仿冒、捏造新闻网站、报刊社、广播电视机构、通讯社等新闻媒体的名称、标识等，或者擅自使用"新闻"、"报道"等具有新闻属性的名称、标识等；

（五）假冒、仿冒、恶意关联国家行政区域、机构所在地、标志性建筑物等重要空间的地理名称、标识等；

（六）以损害公共利益或者谋取不正当利益等为目的，故意夹带二维码、网址、邮箱、联系方式等，或者使用同音、谐音、相近的文字、数字、符号和字母等；

（七）含有名不副实、夸大其词等可能使公众受骗或者产生误解的内容；

（八）含有法律、行政法规和国家有关规定禁止的其他内容。

第十条 互联网信息服务提供者应当对互联网用户在注册时提交的和使用中拟变更的账号信息进行核验，发现违反本规定第七条、第八条规定的，应当不予注册或者变更账号信息。

对账号信息中含有"中国"、"中华"、"中央"、"全国"、"国家"等内容，或者含有党旗、党徽、国旗、国歌、国徽等党和国家象征和标志的，应当依照法律、行政法规和国家有关规定从严核验。

互联网信息服务提供者应当采取必要措施，防止被依法依约关闭的账号重新注册；对注册与其关联度高的账号信息，应当对相关信息从严核验。

《互联网信息服务深度合成管理规定》

第六条　任何组织和个人不得利用深度合成服务制作、复制、发布、传播法律、行政法规禁止的信息，不得利用深度合成服务从事危害国家安全和利益、损害国家形象、侵害社会公共利益、扰乱经济和社会秩序、侵犯他人合法权益等法律、行政法规禁止的活动。

深度合成服务提供者和使用者不得利用深度合成服务制作、复制、发布、传播虚假新闻信息。转载基于深度合成服务制作发布的新闻信息的，应当依法转载互联网新闻信息稿源单位发布的新闻信息。

《生成式人工智能服务管理暂行办法》

第四条　提供和使用生成式人工智能服务，应当遵守法律、行政法规，尊重社会公德和伦理道德，遵守以下规定：

（一）坚持社会主义核心价值观，不得生成煽动颠覆国家政权、推翻社会主义制度，危害国家安全和利益、损害国家形象，煽动分裂国家、破坏国家统一和社会稳定，宣扬恐怖主义、极端主义，宣扬民族仇恨、民族歧视，暴力、淫秽色情，以及虚假有害信息等法律、行政法规禁止的内容；

（二）在算法设计、训练数据选择、模型生成和优化、提供服务等过程中，采取有效措施防止产生民族、信仰、国别、地域、性别、年龄、职业、健康等歧视；

（三）尊重知识产权、商业道德，保守商业秘密，不得利用算法、数据、平台等优势，实施垄断和不正当竞争行为；

（四）尊重他人合法权益，不得危害他人身心健康，不得侵害他人肖像权、名誉权、荣誉权、隐私权和个人信息权益；

（五）基于服务类型特点，采取有效措施，提升生成式人工智能服务的透明度，提高生成内容的准确性和可靠性。

第三条　国家坚持发展和安全并重、促进创新和依法治理相结合的原则，采取有效措施鼓励生成式人工智能创新发展，对生成式人工智能服务实行包容审慎和分类分级监管。

◎ **部门规范性文件**

《互联网直播服务管理规定》

第九条　互联网直播服务提供者以及互联网直播服务使用者不得利用互联网直播服务从事危害国家安全、破坏社会稳定、扰乱社会秩序、侵犯他人合法权益、传播淫秽色情等法律法规禁止的活动，不得利用互联网直播服务制作、复制、发布、传播法律法规禁止的信息内容。

第十条　互联网直播发布者发布新

闻信息，应当真实准确、客观公正。转载新闻信息应当完整准确，不得歪曲新闻信息内容，并在显著位置注明来源，保证新闻信息来源可追溯。

《互联网群组信息服务管理规定》

第十条　互联网群组信息服务提供者和使用者不得利用互联网群组传播法律法规和国家有关规定禁止的信息内容。

《互联网论坛社区服务管理规定》

第六条　互联网论坛社区服务提供者不得利用互联网论坛社区服务发布、传播法律法规和国家有关规定禁止的信息。

互联网论坛社区服务提供者应当与用户签订协议，明确用户不得利用互联网论坛社区服务发布、传播法律法规和国家有关规定禁止的信息，情节严重的，服务提供者将封禁或者关闭有关账号、版块；明确论坛社区版块发起者、管理者应当履行与其权利相适应的义务，对违反法律规定和协议约定、履行责任义务不到位的，服务提供者应当依法依约限制或取消其管理权限，直至封禁或者关闭有关账号、版块。

《网络音视频信息服务管理规定》

第九条　任何组织和个人不得利用网络音视频信息服务以及相关信息技术从事危害国家安全、破坏社会稳定、扰乱社会秩序、侵犯他人合法权益等法律

法规禁止的活动，不得制作、发布、传播煽动颠覆国家政权、危害政治安全和社会稳定、网络谣言、淫秽色情，以及侵害他人名誉权、肖像权、隐私权、知识产权和其他合法权益等法律法规禁止的信息内容。

第十一条　网络音视频信息服务提供者和网络音视频信息服务使用者利用基于深度学习、虚拟现实等的新技术新应用制作、发布、传播非真实音视频信息的，应当以显著方式予以标识。

网络音视频信息服务提供者和网络音视频信息服务使用者不得利用基于深度学习、虚拟现实等的新技术新应用制作、发布、传播虚假新闻信息。转载音视频新闻信息的，应当依法转载国家规定范围内的单位发布的音视频新闻信息。

《互联网用户公众账号信息服务管理规定》

第十八条　公众账号生产运营者不得有下列违法违规行为：

（一）不以真实身份信息注册，或者注册与自身真实身份信息不相符的公众账号名称、头像、简介等；

（二）恶意假冒、仿冒或者盗用组织机构及他人公众账号生产发布信息内容；

（三）未经许可或者超越许可范围提供互联网新闻信息采编发布等服务；

（四）操纵利用多个平台账号，批量发布雷同低质信息内容，生成虚假流量数据，制造虚假舆论热点；

（五）利用突发事件煽动极端情绪，或者实施网络暴力损害他人和组织机构名誉，干扰组织机构正常运营，影响社会和谐稳定；

（六）编造虚假信息，伪造原创属性，标注不实信息来源，歪曲事实真相，误导社会公众；

（七）以有偿发布、删除信息等手段，实施非法网络监督、营销诈骗、敲诈勒索，谋取非法利益；

（八）违规批量注册、囤积或者非法交易买卖公众账号；

（九）制作、复制、发布违法信息，或者未采取措施防范和抵制制作、复制、发布不良信息；

（十）法律、行政法规禁止的其他行为。

《互联网跟帖评论服务管理规定》

第十二条　跟帖评论服务提供者、跟帖评论服务使用者和公众账号生产运营者不得通过发布、删除、推荐跟帖评论信息以及利用软件、雇佣商业机构及人员散布信息等其他干预跟帖评论信息呈现的手段，侵害他人合法权益或公共利益，谋取非法利益，恶意干扰跟帖评论秩序，误导公众舆论。

权威案例

◎ **公报案例**

蒋某新诉飞某浦公司计算机网络域名纠纷案【《最高人民法院公报》2004年第9期】

裁判摘要：根据最高人民法院《关于审理涉及计算机网络域名民事纠纷案件适用法律若干问题的解释》第五条的规定，注册、使用的域名与他人的注册商标相同或近似，且无正当的注册、使用理由，并足以造成相关公众误认的，应认定为恶意注册、使用域名。

江苏省苏州市某区人民检察院诉成都共某网络科技有限公司、孙某忠、张某平、洪某、梁某勇侵犯著作权纠纷案【《最高人民法院公报》2010年第9期】

裁判摘要：一、根据《中华人民共和国刑法》第二百一十七条的规定，行为人以营利为目的，未经著作权人许可复制发行其文字作品、音乐、电影、电视、录像作品、计算机软件及其他作品，违法所得数额较大或者有其他严重情节的，构成侵犯著作权罪。判断行为人的行为是否构成侵犯著作权罪，应当从行为人是否以营利为目的、复制行为是否未经著作权人许可、是否实施了发行行为等方面加以分析。二、行为人未经著作权人许可复制其计算机软件，通过修改相应程序捆绑其他软件后在互联网上发布供他人下载，并因此获取广告费等收益的，属于刑法第二百一十七条规定的"以营利为目的"的"复制发行"行为。

◎ **典型案例**

衢州万某网络技术有限公司与周某民等侵害商业秘密纠纷上诉案【最高人民法院公布 2012 年中国法院知识产权司法保护 10 大创新性案件之九（2013 年 4 月 22 日）】

　　创新意义： 本案是一起涉及网站用户注册信息数据库的商业秘密纠纷案件。本案的创新点主要在于如何认定网站用户的注册信息数据库是否构成反不正当竞争法意义上的商业秘密。对此，法院认为，网站用户注册信息数据库是相关网站的核心资产，假如网站用户注册信息数据库符合"秘密性、实用性、保密性"等要件，就可作为商业秘密依法予以保护。本案的处理对于如何确认网站用户注册信息数据库的归属及其商业秘密性质具有一定的借鉴意义，同时提示网站经营者对网络用户注册信息数据库应采取必要的保密措施，以维护企业竞争力，避免法律风险。

网络游戏私服侵犯著作权罪案【2012 年中国法院知识产权司法保护 10 大案件之十（2013 年 4 月 22 日）】

　　典型意义： 私自架设、租用网络游戏服务器从事"私服"活动是目前利用互联网实施侵犯著作权犯罪的主要手段之一。本案通过司法裁判准确界定了此类犯罪的性质，同时结合能够证实汇款方汇款性质的系列证据，对被告人非法经营数额作出准确认定，有效维护了网络游戏作品权利人的著作权，规范了互联网游戏经营行为，有力打击了犯罪。

伍某兵等侵犯著作权、侵犯商业秘密案【高检院发布 2012 年度打击侵犯知识产权犯罪十大典型案例之九（2013 年 9 月 11 日）】

　　评析意见： 本案是北京市"扫黄打非专项行动"确定的重点案件，曾受到各方高度关注。案件办理过程中，检察机关不拘泥于公安机关认定的事实，认真核查证据、深挖犯罪，积极引导公安机关调查取证，最终追加认定了伍某兵侵犯商业秘密和袁某力、熊某成私自架设服务器运营游戏的犯罪事实，使犯罪分子得以绳之以法。案件的办理彰显了检察机关打击侵犯知识产权犯罪、保护自主创新的决心和能力。被害单位属于高新技术企业，在游戏软件行业中占有重要地位。检察机关延伸检察职能，结合办案分析发现企业在管理中的漏洞，及时提出检察建议，以法律监督促进社会管理，取得了良好的法律效果和社会效果。

瑞某公司、韩某等 8 人侵犯著作权案【2013 年中国检察机关保护知识产权十大典型案例之二（2014 年 4 月 22 日）】

　　典型意义： 检察机关没有就案办案，而是延伸办案效果，不仅积极开展法庭教育促使侵权人真诚悔罪，而且尽力修补社会关系，彻底化解当事人间的矛盾。8 名被告人当庭向被害单位鞠躬致歉，被告单位在庭审后通过官网发布道歉声明，并赔偿被害单位人民币 3600 万元，取得被害单位谅解。案件宣判后，被害单位专程至检察机关对中国司法机关打击侵权盗版的力度和细致入微的工作作风表示赞赏和感谢。

某视国际网络有限公司与上海全土某文化传播有限公司侵害作品信息网络传播权纠纷案【最高人民法院 2014 年 6 月 23 日公布五起典型案例之三（2014 年 6 月 24 日）】

典型意义：该案是典型的互联网中侵犯作品信息网络传播权纠纷的案件。涉案作品体现了较高程度的独创性，享有较高的社会知名度。作为专业视频分享网站的土某网是影响力较大的专业网络服务提供者，其在涉案作品热播期就擅自传播涉案作品，且侵权行为持续的时间较长，给权利人造成了较大的经济损失。在确定法定赔偿金额的时候，法院充分考虑了涉案作品的类型、社会知名度、侵权行为的性质以及侵权网站的经营规模、经营模式、影响力等因素，判决了共计 248000 元的赔偿金额，不仅有利于弥补权利人的经济损失，并促使各互联网视频提供者的自律和行业管理，也顺应了依法加强互联网知识产权保护的趋势，对日益多发的互联网视频侵权的案件有警示作用。

徐某雯与宋某德、刘某达侵害名誉权民事纠纷【最高人民法院公布 8 起利用信息网络侵害人身权益典型案例之一（2014 年 10 月 9 日）】

典型意义：本案是一起利用博客侵害他人名誉权的案件。正如一、二审判决所言，在公开博客这样的自媒体中表达，与通过广播、电视、报刊等方式表达一样，都应当遵守国家的法律法规，不得侵犯他人的合法权益。博客开设者应当对博客内容承担法律责任。本案两被告利用互联网和其他媒体侵犯谢某名誉，法院根据其行为的主观过错、侵权手段的恶劣程度、侵权结果等因素，判处较高数额的精神损害抚慰金，体现了侵权责任法的理念和精神。

北京金某安全软件有限公司与周某祎侵犯名誉权纠纷案【最高人民法院公布 8 起利用信息网络侵害人身权益典型案例之三（2014 年 10 月 9 日）】

典型意义：本案是利用微博侵害企业名誉权的案件。首先，一、二审法院根据微博这一"自媒体"的特征，认为把握微博言论是否侵权的尺度要适度宽松，体现了与互联网技术发展相结合的审判思路，值得赞同。其次，一、二审法院都认为，微博言论是否侵权应当结合博主的身份、言论的内容及主观目的等因素综合认定。公众人物应当承担更多的注意义务，这一判断与侵权法的基本理念相契合。本案在利用网络侵害经营主体商业信誉、商品或服务的社会评价的现象逐步增加的背景下，更具启示意义。

徐某敖与北京新某互联信息服务有限公司侵犯名誉权纠纷案【最高人民法院公布 8

起利用信息网络侵害人身权益典型案例之八（2014年10月9日）】

典型意义： 自媒体的发展及成熟是互联网时代的一大特征，但是这并不意味着专业媒体与自媒体之间就应当同等对待。本案的判决说明，在认定互联网时代最普遍的转载行为的法律责任时，应当区分专业媒体和非专业媒体，专业媒体的注意义务应当高于一般自媒体。所以，转载他人信息未更正仍需承担侵权责任。

信息网络传播权诉前禁令纠纷案【2014年中国法院10大知识产权案件之六（2015年4月20日）】

典型意义： 近年来网络产业与音乐产业结合形成新生网络文化传播媒介，可以使音乐作品被无限传递、下载，不受限制地被反复欣赏，在方便社会公众欣赏音乐的同时，盗版网络音乐也对著作权人造成了难以弥补的损害。本案中，法院及时发布诉前禁令，并对违反禁令的行为予以处罚，为打击网络音乐盗版、规范网络音乐市场、整治网络环境提供了一种可行的保护模式，充分体现了知识产权司法保护的主导作用。

周某全等7人经营思某网侵犯著作权罪案【2014年中国法院10大知识产权案件之十（2015年4月20日）】

典型意义： 思某网号称"中国最大的数字高清门户网站"、国内最"顶尖"的蓝光高清网站。思某网管理层汇聚了多名IT精英，在案被告人均为大学文化程度。该网站刊载高清资讯和高清电影，表面上看是一个介绍蓝光技术的普通网站，但其链接到的"HDstar论坛"却存有大量蓝光高清格式的盗版电影和电视剧资源可供付费下载，网络上的很多盗版高清影片片源均来自思某网。通过这种方式，思某网积累了大量的注册用户，成为国内最"著名"的盗版高清电影网站。该案判决对于打击互联网环境下著作权犯罪、保护知识产权具有重要作用。

汪某等8人侵犯著作权案【2015年度检察机关保护知识产权十大典型案例之三（2016年5月5日）】

评析意见： 该案涉及计算机软件，专业性、技术性很强，电子证据繁多复杂，查证取证难度较大。同时，8名犯罪分子均具有较高的学历、较好的计算机专业背景，其通过在侵权软件中夹杂一些重新开发的程序来掩盖侵权事实，作案手段极其隐蔽。检察机关为准确认定案件事实，指导鉴定机构搭建比对环境，改变以往仅进行简单比对、计算相同文件占全部文件比例的传统做法，通过确认软件的核心程序，从实质相似的角度认定了犯罪事实。在辩护人申请专家证人出庭的情况下，检察机关庭前精心准备，申请证人、鉴定人出庭作证，庭审中通过控辩双方交叉询问，有效解决了影响定罪的核心技术问题，有力驳斥了被告人在技术方面的抗辩，取得良好的庭审效果，为类似案件的审理提供了新思路。针对知识产权犯罪轻刑、缓刑适用率高的情况，检察机关通过强有力的指控，被告人汪某被判处有期徒刑三年，彰显了刑法对严重侵犯知识产权犯罪的惩治及对知识产权的保护力度。

"易某网"侵犯著作权罪案【2017年中国法院10大知识产权案件之十（2018年4月19日）】

典型意义：转码技术是随着移动阅读逐渐普及产生的一项技术，本案是移动阅读网站不当使用转码技术构成侵犯著作权罪的案件。判决对"转码"技术实施的特点以及必要限度进行了详细阐释，从信息网络传播行为的本质出发，厘清了"转码"行为罪与非罪的界限。本案较好地展现了在技术飞速发展的时代背景下，知识产权司法保护在坚持技术中立的同时，如何结合技术事实认真厘清有关技术是否超越法律范围、侵犯他人合法权利的标准。对于以技术为挡箭牌，侵权情节严重，符合知识产权犯罪构成要件的行为，应依法给予刑事处罚。本案的裁判结果充分体现了人民法院处理科技进步带来的新型犯罪行为的司法智慧和司法能力，彰显了依法打击侵犯知识产权犯罪行为的力度和决心。

北京海淀区宗某、陈某杰、王某侵犯著作权案【2017年度全国检察机关保护知识产权十大典型案例之二（2018年4月25日）】

典型意义：本案系国内首例利用电商、社交、云存储多平台侵犯著作权的刑事案件，三名被告人借助互联网技术，通过云存储平台存储侵权资源，利用通讯协议端口搭建社交平台与侵权资源的联系，后在电子商务平台向互联网用户销售获得侵权作品的"通行证"激活码，实施的是一种利用多平台领域相互关联作用的侵权行为，作案手段隐蔽、涉及面广、社会影响大，给著作权人造成严重损失。在案件受理之初，海淀区人民检察院即利用专业化办案优势，组织骨干办案力量，向前延伸引导侦查，传导庭审证明标准，促使提高侦查质量；向后提高出庭指控犯罪的能力，通过庭审中高质量的控辩对抗，确保法庭公正裁判。

第一，充分发挥审前主导作用，打牢指控基础。一是提前介入引导侦查，传导庭审证明标准。在本案提请逮捕之前，海淀区人民检察院便应公安机关的请求，指派具有此类案件办理经验的检察官及时介入侦查，向侦查机关建议侦查方向，锁定关键证据，强化规范取证意识，初步保障了案件质量。二是引导相关人员科学规范举证。检察官多次在该院接待被害公司法务，引导其提供配套侵权证明文件，出具被侵权作品的总数和被侵权作品的明细。本案涉及海量电子证据，电子证据具有易被修改或灭失的特点，取证难度大、取证规范化要求高。为此，检察官多次邀请公安机关网安、法制、派出所来该院进行沟通，要求侦查机关通过远程勘验、委托公证等多重手段固定和提取关键证据，保证案件事实认定的准确性和在案证据的完备性及规范性。三是坚持退回补充侦查和自行补充侦查双管齐下，更多掌握工作主动权。

第二，强化指控和证明犯罪主体作用，确保指控精准。一是庭审中积极应对，确保精准指控。在庭审中，检察官通过合理有序的举证示证，向法庭完整展示被告人未经著作权人许可，使用多平台的交互功能，通过信息网络向公众传播文字作品和营利的过程。检察官并就"作品数量的认定""涉案淘宝店铺销售金额"等核心问题作出有针对性的答辩，通过控辩对抗确保指控的准确性。二是教育被告人当庭悔罪，确保庭审效果。在发表公诉意见阶段对被告人进行适时有力的法庭教育，说明其犯罪行为的社会危害性和刑事违法性，多名被告人当庭悔罪，表示服从判决，取得了良好的政治效果、法律效果和社会效果。

四川成都市林某勇、马某、张某侵犯著作权案【2017 年度全国检察机关保护知识产权十大典型案例之六（2018 年 4 月 25 日）】

典型意义：该案为公安部、国家版权局挂牌督办案件。本案中，涉案网站侵权时间跨度十年，非法发布日本原著文学 3000 余部，具有调查取证时间跨度大、取证难度大、媒体与社会各界关注度高等特点。成都市双流区人民检察院受理该案后，积极引导公安机关侦查取证，调取了日本株式会社 KADOKAWA 授权书声明及日本国立国会图书馆资料等书证，夯实了林某勇等三人侵犯著作权的犯罪事实，并准确区分了三被告人在共同犯罪中的作用，确定其依托网站收取广告费用的非法经营数额，做到了精准指控，效果良好。本案的查处，体现了网络背景下刑法对社会生活调整的维度和方法，对规制网络服务行为、深入理解网络环境下"复制发行"的含义、准确把握网络侵犯著作权、尤其是涉外侵权的取证具有重要的借鉴意义和研究价值。

谢某诉深圳市懒某在线科技有限公司、杭州创某科技有限公司等侵害作品信息网络传播权纠纷案【最高人民法院发布第一批涉互联网典型案例之六（2018 年 8 月 16 日）】

典型意义："听书""有声读物"是近年新兴的一种文化消费方式，产业价值巨大。但制作、在线提供有声读物在著作权法上如何定性，经营者应当取得著作权人怎样授权，未经许可制作有声读物所侵害的是作者的复制权还是改编权等等问题，法律条文上无直接规定，理论界和实务界也有不同认识。这种局面可能使得业界法律界限不清，无所适从，不利于行业合法有序的经营发展。

本案争议焦点有三：其一，作品均以形成外在的独创性表达为其前提要件，对作品的改编应以改变作品之表达，且该改变具有独创性为前提。对于文字作品而言，文字表述是其作品的表达所在，改编文字作品应以文字内容发生改变为前提。将文字作品制成有声读物需要经过三个步骤：朗读、录音、后期制作。三个步骤均只改变了作品的形式或载体，无一改变了文字作品的表达或内容，因而不涉及对文字作品的改编，有声读物只是以录音制品存在的复制件。其二，根据著作权法保护著作权人权益的本意，凡未经著作权人明确授予的权利仍应保留在著作权人手中。授权作为一种合同行为，以双方当事人达成合意为前提。一项行为是否在著作权人授权范围之内，需要探明著作权人授权时的真实意思表示。本案中结合合同上下文及签约时的时间环境，不应认定在线提供有声读物属谢某授权范围之内。其三，上游"授权方"缺乏有效权利而向下授权他人实施受专有权利控制的行为，自身对此存在过错且行为实际发生的，所有上游授权方均构成侵权，与直接侵权人承担连带责任。

在当前立法和司法有关有声读物具体规则存在空白，而行业发展又亟须明确规则的背景下，本案裁判为行业主体提供了清晰的指引，对于充分发挥司法助推文化产业健康发展具有积极作用。

河北省保定市人民检察院诉霍某侵害凉山烈士名誉权、荣誉权民事公益诉讼案【检察公益诉讼全面实施两周年典型案例之十四（2019 年 10 月 10 日）】

典型意义：英雄烈士的形象是民族精神的体现，是引领社会风尚的标杆。英雄烈士的姓名、肖像、名誉和荣誉等不仅是个人权益的重要内容，更是社会正义的重要组成内容，蕴含了社会主义核心价值观和民族的共同情感。

互联网不是法外之地。《中华人民共和国英雄烈士保护法》第二十二条规定，任何组织和个人不得在公共场所、互联网或者利用广播电视、电影、出版物等，以侮辱、诽谤或者其他方式侵害英雄烈士的姓名、肖像、名誉、荣誉。利用互联网公然发布侮辱性言论，诋毁烈士形象，影响恶劣，严重损害了社会公共利益。

对通过互联网损害英雄烈士名誉权、荣誉权的行为提起检察公益诉讼，本案只是其中的一个典型代表。江苏、浙江、福建、云南、陕西、海南等地检察机关也先后提起多起民事公益诉讼。运用检察公益诉讼手段依法捍卫英雄烈士的名誉，彰显了人民检察机关的鲜明司法价值导向，对于加强英雄烈士的保护，传承和弘扬英雄烈士精神，维护社会公众对英雄烈士的情感，匡正社会公序良俗，弘扬社会主义核心价值观，具有重要意义。

杭州华某一媒文化传媒有限公司与深圳市道某科技发展有限公司侵害作品信息网络传播权纠纷案【最高人民法院发布 10 起中国互联网司法典型案例之四（2019 年 12 月 4 日）】

典型意义：互联网时代下，电子证据大量涌现，以区块链为代表的新兴信息技术，为电子证据的取证存证带来了全新的变革，同时也亟待明确电子证据效力认定规则。本案系全国首次对区块链电子存证的法律效力进行认定的案件，为该种新型电子证据的认定提供了审查思路，明确认定区块链存证的相关规则，有助于推动区块链技术与司法深度融合，对完善信息化时代下的网络诉讼规则具有重要意义。

手机游戏"换皮"侵害著作权纠纷案【2019 年中国法院 10 大知识产权案件之七（2020 年 4 月 7 日）】

典型意义："互联网+"产业方兴未艾，新技术和新业态的发展不断对知识产权审判工作提出新的挑战。本案是网络游戏产业领域知识产权保护的典型案例。二审法院在本案中明确，网络游戏"换皮"抄袭可能构成侵害著作权的行为，并在此基础上全额支持了权利人 3000 万元的诉讼请求，体现了严格保护知识产权的裁判理念。本案裁判是"互联网+"环境下司法裁判积极回应技术发展与产业需求的例证，在充分考虑网络游戏作品的知识产权价值、侵权手段的多样性与隐蔽性等因素的前提下，以有利于促进创新、有利于公平竞争、有利于消费者长远利益为指引，对网络游戏知识产权保护问题进行了有益探索，对保护新兴产业发展壮大、推动产业健康发展均具有重要意义。

上海陈某等侵犯著作权案【2019 年度检察机关保护知识产权典型案例之十二（2020 年 4 月 25 日）】

评析意见：本案系最高人民检察院、公安部和中宣部联合挂牌督办案件。该案由境内外人员相互勾结，租用大容量服务器，形成线下制作源头、线上传播网络的完整盗版产业链，是一起组织分工严密、作案手法隐蔽、危害性质严重的新型网络侵犯著作权案。本案涉侵权影视作品多达 2 万余部，著作权人遍布世界各地，且涉及《流浪地球》《廉政风云》等春节档热映电影，严重损害我国影视业知识产权保护，造成恶劣社会影响。为精准高效打击网络侵犯著作权犯罪，检察机关一是充分运用"捕诉一体"办案机制，加快办案节奏，实现快审快诉，一个月内完成审查起诉并获判，及时回应了社会关切。二是创造性地将抽样取证手段运用到网络环境中。引导公安机关根据案情依法抽样取证，最终抽样鉴定 460 部作品，均为侵权作品，破解了本案涉案作品数量多、类型多、权利人多的难题。三是申请鉴定人出庭助力指控犯罪。鉴定人凭借专业知识，运用多媒体手段直观展示犯罪手段，增强了指控力度，庭审取得良好效果。四是通过检察建议推动网络环境治理。上海市人民检察院第三分院及时走访市文化执法总队，针对影视盗版网站频现，就运用人工智能、大数据及区块链技术进一步加大国内版权监管执法力度，采取更有效技术措施屏蔽及关闭盗版影视网站，以及共同应对日益严重的跨境版权侵权，完善快速反应机制等提出检察建议。

安徽许某、王某侵犯著作权案【2019 年度检察机关保护知识产权典型案例之十三（2020 年 4 月 25 日）】

评析意见：本案是一起利用互联网实施的重大侵犯著作权案，作案时间长达四年，侵权作品 500 余万份，吸收会员 30 余万人，网络点击量近 18 亿次，犯罪情节十分严重。检察机关在依法打击犯罪的同时，积极推动追赃挽损，并借力新闻媒体适度开展保护知识产权宣传，增强社会保护知识产权意识。

（一）坚持问题导向，全面收集固定证据。针对被告人以及辩护人提出的涉案网站复制的文字作品中并非全部是侵犯著作权作品，侵权作品有重复计算，点击量、会员人数均是网站自行修改，不能反映真实数字等问题，检察官多次与侦查人员会商研究，通过采取客观无区别的抽样方式对文字作品进行鉴定，证实抽样作品全部为侵权作品，并由此确定侵权作品数量；网站点击量、会员人数均是客观真实的反映，无法以人为方式从后台改动。最终检察机关认定的案件事实被一审、二审法院全部采纳。

（二）严格细致审查，增强抗辩针对性。本案系利用互联网实施的侵权行为，专业性、技术性、隐蔽性较强。被告人、辩护人提出被害网站并非著作权人、所使用的爬虫软件等均是公开获得、该案应该适用避风港原则等多项辩解。检察官在审查起诉期间深入研究了相关专业知识，明确被告人的行为不构成技术上的免责条款，开庭时一一作出有力反驳，精准指控犯罪。

（三）推动追赃挽损，全力挽回经济损失。审查起诉中，检察官及时要求侦查人员冻结许某账户上的违法所得数百万元，防止资产转移，并认真做好释法说理工作，积极督促被告人对被害人进行赔偿。在检察官多次劝导下，被告人家属向被害单位赔偿，取得了被害人谅解。

（四）适度宣传报道，营造保护知识产权浓厚氛围。本案的成功办理受到社会好评，引发广泛关注。中宣部、全国"扫黄打非"办公室组织多家媒体到高新区人民检察院采访，中央广播电视总台央视社会与法频道《一线》栏目作了专题报道，展示了检察机关保护知识产权工作，保护了人民大众投身创作的积极性，营造了全社会良好舆论氛围。

四川邱某侵犯著作权案【2019 年度检察机关保护知识产权典型案例之十五（2020 年 4 月 25 日）】

评析意见：本案属于涉计算机软件著作权、跨省域、涉案金额特别巨大的侵犯知识产权刑事案件，本案的办理既保障了被告人的合法权益，又帮助被害企业挽回了经济损失，体现了检察机关对侵犯知识产权刑事案件的重拳打击态势，强化了检察机关对企业科技创新成果的司法保护力度，对该企业乃至全国游戏产业健康发展都起到了示范作用。

（一）找准定位，发挥知识产权司法保护作用。成都是全国首个国家网络游戏动漫产业发展基地、全国第二个国家动漫游戏产业振兴基地，是全国游戏产业的核心聚集地之一。可以说，知识产权保护状况是这个基地生命力、竞争力的重要指标。成都市人民检察院将该案交办至高新区人民检察院后，形成上下联动机制，多次组织讨论，以"精细化"促"规范化"，以"精办"案件提升知识产权保护新高度，切实为该动漫基地发挥知识产权司法保护作用。

（二）破解困局，积极探索"换皮游戏"侵权问题。本案是对游戏源代码"换皮"形成新游戏的侵犯计算机软件著作权案件。检察机关有意识建立以源代码相似鉴定为核心的证据链，证实该游戏实质上并无邱某的智力成果，而是原始游戏的智力再现。当前，游戏"换皮"侵权多发，严重制约了行业创新和可持续发展，该案的成功办理，无疑起到了强烈的震慑作用，充分展现了司法机关破解"换皮游戏"侵权困局的有益探索。

（三）客观公正，准确适用法律保障被告人权利。该案涉及人员众多、案情复杂，检察机关发现案件不仅非法经营数额特别巨大，资金转出数额也特别巨大，针对是以"违法所得数额"还是以"非法经营数额"适用刑罚的问题，认真研究并准确认定，最终得到法院判决认可。

（四）督促和解，有效弥补被害单位所受损失。知识产权侵权案件中，被害单位维权成本高，获得赔偿难。检察机关主动作为，积极督促邱某对被侵权企业履行赔偿责任，切实保障了被侵权企业权益。

微信群发表不当言论名誉侵权案——某公司、黄某诉邵某名誉权纠纷案【人民法院大力弘扬社会主义核心价值观十大典型民事案例之五（2020 年 5 月 13 日）】

典型意义： 在"互联网＋"时代，微信虽为网络虚拟空间，但已成为与人们生活密不可分的交往工具。微信群、朋友圈不是法外之地，公民在微信群和朋友圈等网络空间同样需要遵守国家的法律法规，不能为所欲为、不加节制。在微信群、朋友圈中损毁他人名誉，构成网络名誉侵权，应承担相应的法律责任。本案对于规范公民网络空间行为、树立文明交往风尚、构建良好网络社会秩序具有积极意义。

陈力等侵犯著作权罪案【互联网十大典型案例之一（2021 年 5 月 31 日）】

典型意义： 本案是境内外人员分工合作，以境外服务器为工具，专门针对热门影视作品，通过互联网实施跨境侵犯著作权罪的典型案例。人民法院在判决中对"信息网络传播行为"、海量侵权案件中"未经著作权人许可"做出了准确认定，对八名被告人均判处实刑并处追缴违法所得，特别是处以财产刑，彰显了我国严厉制裁涉网侵犯知识产权犯罪、严格保护知识产权的坚定决心。

辽宁省鞍山市赵某某编造、故意传播虚假信息案【全国检察机关依法惩治妨害传染病防治，编造、故意传播虚假信息犯罪典型案例之五（2021年8月8日）】

法律要旨： 在疫情防控期间，编造虚假的疫情信息，在信息网络或者其他媒体上传播，或者明知是虚假疫情信息，故意在信息网络上或者其他媒体上传播，严重扰乱社会秩序的，依照刑法第二百九十一条之一第二款的规定，以编造、故意传播虚假信息罪定罪处罚。编造虚假信息，或者明知是编造的虚假信息，在信息网络上散布，或者组织、指使人员在信息网络上散布，起哄闹事，造成公共秩序严重混乱的，依照刑法第二百九十三条第一款第四项的规定，以寻衅滋事罪定罪处罚。

湖南省常德市检察院诉唐某成侵害刘磊烈士名誉民事公益诉讼案【检察公益诉讼起诉典型案例之十一（2021年9月15日）】

典型意义： 该案是英烈权益保护民事公益诉讼起诉案件。该诉讼案件的审理是一次"以案释法"的法治公开课，更是一次崇尚英雄、捍卫英雄、学习英雄、关爱英雄的思想教育洗涤，网络不是法外之地，任何人不得通过各种方式歪曲、诋毁、丑化、否定英雄事迹和精神。英雄烈士的姓名、肖像、名誉和荣誉等权益是社会正义的重要组成内容，承载着社会主义核心价值观和民族情感，具有社会公共利益属性。对于侵害英雄烈士名誉的行为，在没有近亲属或者近亲属不提起诉讼时，检察机关依法提起民事公益诉讼，捍卫英烈权益，履行公共利益代表的神圣使命和职责。

大某视界文化传媒有限公司、张某等四人侵犯著作权案【检察机关知识产权综合性司法保护典型案例之一（2022年3月1日）】

典型意义： （一）依法打击网络侵犯著作权犯罪，平等保护境内外著作权人的合法权利。随着信息网络技术的快速发展，作品的传播更加便捷迅速，一些不法分子借助互联网实施侵犯著作权违法犯罪行为，不仅破坏社会主义市场经济秩序，也给权利人的合法权益造成损害，应当依法惩治。按照《伯尔尼公约》和我国著作权法的规定，涉案外国影视作品受我国法律保护。本案中检察机关秉持平等保护理念，加强对境内外权利人著作权的刑事司法保护，切实维护创作者、传播者、使用者的合法权利。

（二）完善知识产权"行刑衔接"机制，形成保护知识产权合力。为畅通衔接渠道，解决信息不畅、"以罚代刑"等问题，南山区检察院会同相关部门，建立健全知识产权案件"行刑衔接"工作机制。对于涉嫌犯罪的疑难复杂知识产权案件，有关部门商请检察机关提前介入的，南山区检察院主动作为，依法提出法律适用意见，强化引导取证。在案件受理后，及时向行政执法机关通报案件处理进展情况，对案件办理中发现的共性问题进行梳理反馈，形成全方位保护知识产权合力。

（三）积极推动行业治理，促使企业合规经营。南山区检察院积极发挥职能，促使涉案企业剥离违法业务，进行全面合规整改。大某视界公司完善了法律风险防控机制，将 App 中侵权内容全部删除，并发布公告通报侵权情况，对充值用户进行退费，组织专门团队开展版权购买谈判。检察机关落实"谁执法谁普法"的普法责任制，会同深圳市版权协会，结合案例有针对性开展知识产权刑事合规宣讲，引导更多企业合法合规经营。

利用竞争对手名称设置搜索关键词进行商业推广构成侵害名称权——网络竞价排名侵害名称权案【民法典颁布后人格权司法保护典型民事案例之三（2022 年 4 月 11 日）】

典型意义：名称权是企业从事商事活动的重要标识性权利，已逐渐成为企业的核心资产。本案立足于数字经济发展新赛道，通过揭示竞价排名广告的商业逻辑，明确他人合法注册的企业名称受到保护，任何人不得通过"蹭热点""傍名牌"等方式侵害他人企业名称权。同时，本案还对网络服务提供者的审查义务进行了厘定，敦促其利用技术优势实质性审查"竞价排名"关键词的权属情况等，对制约商标侵权、不正当竞争行为，规范行业竞争秩序，构筑健康的品牌经济具有积极作用。

某网络科技公司侵害英雄烈士姓名民事公益诉讼案【涉英烈权益保护十大典型案例之六（2022 年 12 月 8 日）】

典型意义：本案是《中华人民共和国民法典》实施后首例保护英烈姓名的民事公益诉讼案件。依据其中第 185 条、第 1000 条规定，侵害英雄烈士等的姓名、肖像、名誉、荣誉，损害社会公共利益的，应当承担消除影响、恢复名誉、赔礼道歉等民事责任，且应当与行为的具体方式和造成的影响范围相当。雷锋同志的姓名不仅作为一种重要的人格利益受法律保护，还涉及社会公共利益。本案裁判明确，将雷锋同志的姓名用于商业广告和营利宣传的行为，侵害英雄烈士人格利益；同时，将商业运作模式假"雷锋精神"之名推广，既曲解雷锋精神，与社会公众的一般认知相背离，也损害承载于其上的人民群众的特定感情，损害社会公共利益。本案通过司法手段，为网络空间注入缅怀英烈、敬仰英烈的法治正能量。

赵某侵害英雄烈士名誉民事公益诉讼案【涉英烈权益保护十大典型案例之八（2022 年 12 月 8 日）】

典型意义：缉毒英雄英勇无畏、无私奉献的精神不容亵渎。本案侵权人通过互联网媒体，诋毁、侮辱、诽谤英雄人物，丑化英雄人物形象，贬损英雄人物名誉，削弱英烈精神价值，损害社会公共利益。本案通过民事公益诉讼加大对英雄烈士名誉的保护力度，充分体现人民法院弘扬英烈精神、保护英烈权益的坚定立场，有助于引导社会公众自觉维护和弘扬英烈精神，推动全社会形成学习英烈革命气节、崇尚英烈、捍卫英烈的良好社会风尚。

洪某诉刘某、某报社名誉权纠纷案【涉英烈权益保护十大典型案例之九（2022年12月8日）】

典型意义："狼牙山五壮士"的英雄事迹和大无畏牺牲精神，已经成为中华民族精神的重要内容，成为社会主流价值观念和社会公共利益的一部分。在此情况下，洪某发表两篇文章，用细节贬低、损毁英烈形象，否定"狼牙山五壮士"基本事实和英雄形象，明显侵犯社会公共利益，对社会公共利益的挑战，必然招致回应、批评。本案依法捍卫了社会公众对歪曲英雄烈士事迹行为进行批评的权利，充分彰显人民法院保护英烈权益的鲜明态度。

商家因"差评"擅自公布消费者个人信息构成侵权——张某等人诉某商家网络侵权责任纠纷案【网络消费典型案例之二（2023年3月15日）】

典型意义：评价机制在网络消费领域中的作用日益明显，消费者提出批评意见的权利应予保护。经营者对其因提供商品或服务而获取的消费者个人信息负有保护义务，经营者公开回应消费者"差评"时，应注意不得侵犯消费者隐私权和个人信息权益。本案裁判厘清了经营者澄清消费者"差评"时的行为边界，维护了消费者合法权益，为网络消费信用评价机制

的有序运行提供了司法保障。

深圳花某绽放网络科技股份有限公司与浙江盘某数智科技股份有限公司、浙江盘某信息技术股份有限公司侵害技术秘密纠纷案【最高人民法院知识产权法庭典型案例（2022）之十六（2023年3月30日）】

典型意义：本案明确涉及非法披露行为的技术秘密侵权案件中，应当以被披露技术秘密的商业价值为基础，综合考虑案件具体情况，确定损害赔偿数额。技术秘密商业价值的认定存在多种路径，本案在认可鉴定评估是可选方式的同时，进一步明确了难以采信有关鉴定意见时，酌定技术秘密商业价值的综合考量因素。

侵害赛事组委会特殊标志专有权应承担赔偿责任——亚运会组委会与某置业公司、某科技公司侵害特殊标志专有权及不正当竞争纠纷案【涉体育纠纷民事典型案例之六（2023年6月21日）】

典型意义：特殊标志是指经国务院批准举办的全国性和国际性的文化、体育、科学研究及其他社会公益活动所使用的，由文字、图形组成的名称及缩写、会徽、吉祥物等标志。《中华人民共和国体育法》第五十二条第一款规定，在中国境内举办的体育赛事，其名称、徽记、旗帜及吉祥物等标志按照国家有关规定予以保护。擅自将特殊标志设置为互联网广告的搜索关键词的行为构成侵权，侵权人应当承担相应责任。本案在侵权人存在明显过错的基础上，全额支持权利人赛事组委会

的赔偿主张，体现了人民法院加强知识产权保护、加大损害赔偿力度的司法导向，有利于营造公平竞争的市场环境，形成竞争有序的市场体系。

第十三条　【未成年人网络保护】

国家支持研究开发有利于未成年人健康成长的网络产品和服务，依法惩治利用网络从事危害未成年人身心健康的活动，为未成年人提供安全、健康的网络环境。

关联法规

◎ **法律**

《未成年人保护法》

第四十八条　国家鼓励创作、出版、制作和传播有利于未成年人健康成长的图书、报刊、电影、广播电视节目、舞台艺术作品、音像制品、电子出版物和网络信息等。

第五十条　禁止制作、复制、出版、发布、传播含有宣扬淫秽、色情、暴力、邪教、迷信、赌博、引诱自杀、恐怖主义、分裂主义、极端主义等危害未成年人身心健康内容的图书、报刊、电影、广播电视节目、舞台艺术作品、音像制品、电子出版物和网络信息等。

第五十一条　任何组织或者个人出版、发布、传播的图书、报刊、电影、广播电视节目、舞台艺术作品、音像制品、电子出版物或者网络信息，包含可能影响未成年人身心健康内容的，应当以显著方式作出提示。

第五十二条　禁止制作、复制、发布、传播或者持有有关未成年人的淫秽色情物品和网络信息。

第六十五条　国家鼓励和支持有利于未成年人健康成长的网络内容的创作与传播，鼓励和支持专门以未成年人为服务对象、适合未成年人身心健康特点的网络技术、产品、服务的研发、生产和使用。

第六十六条　网信部门及其他有关部门应当加强对未成年人网络保护工作的监督检查，依法惩处利用网络从事危害未成年人身心健康的活动，为未成年人提供安全、健康的网络环境。

第六十七条　网信部门会同公安、文化和旅游、新闻出版、电影、广播电视等部门根据保护不同年龄阶段未成年人的需要，确定可能影响未成年人身心健康网络信息的种类、范围和判断标准。

第六十八条　新闻出版、教育、卫生健康、文化和旅游、网信等部门应当定期开展预防未成年人沉迷网络的宣传教育，监督网络产品和服务提供者履行预防未成年人沉迷网络的义务，指导家庭、学校、社会组织互相配合，采取科学、合理的方式对未成年人沉迷网络进行预防和干预。

任何组织或者个人不得以侵害未成年人身心健康的方式对未成年人沉迷网络进行干预。

第七十条　学校应当合理使用网络开展教学活动。未经学校允许，未成年学生不得将手机等智能终端产品带入课堂，带入学校的应当统一管理。

学校发现未成年学生沉迷网络的，应当及时告知其父母或者其他监护人，共同对未成年学生进行教育和引导，帮助其恢复正常的学习生活。

第七十一条　未成年人的父母或者其他监护人应当提高网络素养，规范自身使用网络的行为，加强对未成年人使用网络行为的引导和监督。

未成年人的父母或者其他监护人应当通过在智能终端产品上安装未成年人网络保护软件、选择适合未成年人的服务模式和管理功能等方式，避免未成年人接触危害或者可能影响其身心健康的网络信息，合理安排未成年人使用网络的时间，有效预防未成年人沉迷网络。

第七十三条　网络服务提供者发现未成年人通过网络发布私密信息的，应当及时提示，并采取必要的保护措施。

第七十四条　网络产品和服务提供者不得向未成年人提供诱导其沉迷的产品和服务。

网络游戏、网络直播、网络音视频、网络社交等网络服务提供者应当针对未成年人使用其服务设置相应的时间管理、权限管理、消费管理等功能。

以未成年人为服务对象的在线教育网络产品和服务，不得插入网络游戏链接，不得推送广告等与教学无关的信息。

第七十五条　网络游戏经依法审批后方可运营。

国家建立统一的未成年人网络游戏电子身份认证系统。网络游戏服务提供者应当要求未成年人以真实身份信息注册并登录网络游戏。

网络游戏服务提供者应当按照国家有关规定和标准，对游戏产品进行分类，作出适龄提示，并采取技术措施，不得让未成年人接触不适宜的游戏或者游戏功能。

网络游戏服务提供者不得在每日二十二时至次日八时向未成年人提供网络游戏服务。

第七十六条　网络直播服务提供者不得为未满十六周岁的未成年人提供网络直播发布者账号注册服务；为年满十六周岁的未成年人提供网络直播发布者账号注册服务时，应当对其身份信息进行认证，并征得其父母或者其他监护人同意。

◎ **部门规章**

《网络信息内容生态治理规定》

第十三条　鼓励网络信息内容服务

平台开发适合未成年人使用的模式，提供适合未成年人使用的网络产品和服务，便利未成年人获取有益身心健康的信息。

《互联网信息服务算法推荐管理规定》

第十八条　算法推荐服务提供者向未成年人提供服务的，应当依法履行未成年人网络保护义务，并通过开发适合未成年人使用的模式、提供适合未成年人特点的服务等方式，便利未成年人获取有益身心健康的信息。

算法推荐服务提供者不得向未成年人推送可能引发未成年人模仿不安全行为和违反社会公德行为、诱导未成年人不良嗜好等可能影响未成年人身心健康的信息，不得利用算法推荐服务诱导未成年人沉迷网络。

《移动互联网应用程序信息服务管理规定》

第十三条　应用程序提供者应当坚持最有利于未成年人的原则，关注未成年人健康成长，履行未成年人网络保护各项义务，依法严格落实未成年人用户账号真实身份信息注册和登录要求，不得以任何形式向未成年人用户提供诱导其沉迷的相关产品和服务，不得制作、复制、发布、传播含有危害未成年人身心健康内容的信息。

《生成式人工智能服务管理暂行办法》

第十条　提供者应当明确并公开其服务的适用人群、场合、用途，指导使用者科学理性认识和依法使用生成式人工智能技术，采取有效措施防范未成年人用户过度依赖或者沉迷生成式人工智能服务。

◎ **司法解释**

《关于办理强奸、猥亵未成年人刑事案件适用法律若干问题的解释》

第九条　胁迫、诱骗未成年人通过网络视频聊天或者发送视频、照片等方式，暴露身体隐私部位或者实施淫秽行为，符合刑法第二百三十七条规定的，以强制猥亵罪或者猥亵儿童罪定罪处罚。

胁迫、诱骗未成年人通过网络直播方式实施前款行为，同时符合刑法第二百三十七条、第三百六十五条的规定，构成强制猥亵罪、猥亵儿童罪、组织淫秽表演罪的，依照处罚较重的规定定罪处罚。

> **权威案例**

◎ **典型案例**

依法提出抗诉　准确认定网络猥亵儿童犯罪

【2017年检察机关加强未成年人司法保护十大典型案例之三（2018年5月29日）】

典型意义：随着互联网的发展，利用网络实施猥亵等新型违法犯罪行为增多，司法实践中对此类行为是否构成犯罪认识不一，此案的焦点在于通过网络而非直接接触的行为是否构成猥亵犯罪。办案检察机关准确把握利用网络实施猥亵行为的本质特征，并通过抗诉得到法院认可，既有助于统一对类似新型犯罪案件适用法律的认识，为司法办案实践提供有益借鉴，又确保了对各种侵害未成年人犯罪行为的打击力度。

实施精准帮教 天才少年由"黑客"变"白客"——未成年犯罪嫌疑人小刘帮教案【未成年人检察社会支持体系建设工作典型案（事）例之三（2019 年 4 月 11 日）】

典型意义： 涉罪未成年人可塑性很大，容易改造，但如果处理不当，将来又可能变本加厉危害社会。本案中，检察机关联合团组织、司法社工、心理疏导专业人员等多方社会力量，量身制定帮教方案，精准实施帮教，确保其认识到自身错误，转而利用专业特长服务社会，最大限度地挽救失足未成年人，为国家保住了一个有用之才，取得了良好的效果。

教师依规及时报告 公检合力严惩性侵犯罪【侵害未成年人案件强制报告典型案例之三（2020 年 5 月 29 日）】

典型意义： 本案是一起持续时间长、受害人数多且主要针对未成年在校学生的重大恶性性侵案件。检察机关通过多部门协同建立侵害未成年人权益案件强制报告制度，推动负有未成年人保护职责的教育等部门积极履行强制报告职责，依法行使立案监督职权，与公安机关合力打击，深挖犯罪线索，有效严惩了性侵多名未成年人的恶劣犯罪。

向未成年人提供内容不健康网络服务的合同无效——唐某诉某网络科技有限公司网络服务合同纠纷案【第三批人民法院大力弘扬社会主义核心价值观典型民事案例

之七（2023 年 3 月 1 日）】

典型意义： 强化对未成年人的保护，让未成年人健康成长，是社会共同追求的价值与目标。本案以网络文化产品内容不健康、违背公序良俗为由，认定网络服务合同无效，一方面强调网络服务提供者应当秉持诚信的核心价值观，依法完善服务内容，另一方面发挥司法引领作用，引导网络服务提供者、未成年人及其家长、社会各界共同遵循文明、友善、法治的社会主义核心价值观，将"爱幼"落实到具体生活中来，共同参与网络信息内容生态治理，为未成年人健康成长营造文明、健康、清朗的网络空间。

第十四条　【网络安全社会监督】

任何个人和组织有权对危害网络安全的行为向网信、电信、公安等部门举报。收到举报的部门应当及时依法作出处理；不属于本部门职责的，应当及时移送有权处理的部门。

有关部门应当对举报人的相关信息予以保密，保护举报人的合法权益。

关联法规

◎ 法律

《数据安全法》

第十二条　任何个人、组织都有权对违反本法规定的行为向有关主管部门投诉、举报。收到投诉、举报的部门应当及时依法处理。

有关主管部门应当对投诉、举报人的相关信息予以保密，保护投诉、举报人的合法权益。

《个人信息保护法》

第六十五条　任何组织、个人有权对违法个人信息处理活动向履行个人信息保护职责的部门进行投诉、举报。收到投诉、举报的部门应当依法及时处理，并将处理结果告知投诉、举报人。

履行个人信息保护职责的部门应当公布接受投诉、举报的联系方式。

《关于加强网络信息保护的决定》

九、任何组织和个人对窃取或者以其他非法方式获取、出售或者非法向他人提供公民个人电子信息的违法犯罪行为以及其他网络信息违法犯罪行为，有权向有关主管部门举报、控告；接到举报、控告的部门应当依法及时处理。被侵权人可以依法提起诉讼。

第十六条　任何公民和组织发现间谍行为，应当及时向国家安全机关举报；向公安机关等其他国家机关、组织举报的，相关国家机关、组织应当立即移送国家安全机关处理。

国家安全机关应当将受理举报的电话、信箱、网络平台等向社会公开，依法及时处理举报信息，并为举报人保密。

◎ 行政法规

《商用密码管理条例》

第四十九条　任何单位或者个人有权向密码管理部门和有关部门举报违反本条例的行为。密码管理部门和有关部门接到举报，应当及时核实、处理，并为举报人保密。

◎ 部门规章

《互联网新闻信息服务管理规定》

第二十条　任何组织和个人发现互联网新闻信息服务提供者有违反本规定行为的，可以向国家和地方互联网信息办公室举报。

国家和地方互联网信息办公室应当向社会公开举报受理方式，收到举报后，应当依法予以处置。互联网新闻信息服务提供者应当予以配合。

《儿童个人信息网络保护规定》

第二十四条　任何组织和个人发现有违反本规定行为的，可以向网信部门和其他有关部门举报。

网信部门和其他有关部门收到相关举报的，应当依据职责及时进行处理。

《互联网信息服务算法推荐管理规定》

第三十条　任何组织和个人发现违

反本规定行为的，可以向网信部门和有关部门投诉、举报。收到投诉、举报的部门应当及时依法处理。

《数据出境安全评估办法》

　　第十六条　任何组织和个人发现数据处理者违反本办法向境外提供数据的，可以向省级以上网信部门举报。

《个人信息出境标准合同办法》

　　第十条　任何组织和个人发现个人信息处理者违反本办法向境外提供个人信息的，可以向省级以上网信部门举报。

《生成式人工智能服务管理暂行办法》

　　第十八条　使用者发现生成式人工智能服务不符合法律、行政法规和本办法规定的，有权向有关主管部门投诉、举报。

第二章　网络安全支持与促进

第十五条　【网络安全标准制定】

国家建立和完善网络安全标准体系。国务院标准化行政主管部门和国务院其他有关部门根据各自的职责，组织制定并适时修订有关网络安全管理以及网络产品、服务和运行安全的国家标准、行业标准。

国家支持企业、研究机构、高等学校、网络相关行业组织参与网络安全国家标准、行业标准的制定。

关联法规

◎ **法律**

《数据安全法》

第十七条　国家推进数据开发利用技术和数据安全标准体系建设。国务院标准化行政主管部门和国务院有关部门根据各自的职责，组织制定并适时修订有关数据开发利用技术、产品和数据安全相关标准。国家支持企业、社会团体

和教育、科研机构等参与标准制定。

◎ **行政法规**

《商用密码管理条例》

第十条　国务院标准化行政主管部门和国家密码管理部门依据各自职责，组织制定商用密码国家标准、行业标准，对商用密码团体标准的制定进行规范、引导和监督。国家密码管理部门依据职责，建立商用密码标准实施信息反馈和评估机制，对商用密码标准实施进行监督检查。

国家推动参与商用密码国际标准化活动，参与制定商用密码国际标准，推进商用密码中国标准与国外标准之间的转化运用，鼓励企业、社会团体和教育、科研机构等参与商用密码国际标准化活动。

其他领域的标准涉及商用密码的，应当与商用密码国家标准、行业标准保持协调。

第十一条　从事商用密码活动，应当符合有关法律、行政法规、商用密码强制性国家标准，以及自我声明公开标准的技术要求。

国家鼓励在商用密码活动中采用商用密码推荐性国家标准、行业标准，提升商用密码的防护能力，维护用户的合

法权益。

◎ **部门规章**

《互联网安全保护技术措施规定》

第六条 互联网安全保护技术措施应当符合国家标准。没有国家标准的，应当符合公共安全行业技术标准。

◎ **部门规范性文件**

《信息安全等级保护管理办法》

第二条 国家通过制定统一的信息安全等级保护管理规范和技术标准，组织公民、法人和其他组织对信息系统分等级实行安全保护，对等级保护工作的实施进行监督、管理。

第十六条 【网络安全产业发展】

国务院和省、自治区、直辖市人民政府应当统筹规划，加大投入，扶持重点网络安全技术产业和项目，支持网络安全技术的研究开发和应用，推广安全可信的网络产品和服务，保护网络技术知识产权，支持企业、研究机构和高等学校等参与国家网络安全技术创新项目。

关联法规

◎ **法律**

《数据安全法》

第十三条 国家统筹发展和安全，坚持以数据开发利用和产业发展促进数据安全，以数据安全保障数据开发利用和产业发展。

第十四条 国家实施大数据战略，推进数据基础设施建设，鼓励和支持数据在各行业、各领域的创新应用。

省级以上人民政府应当将数字经济发展纳入本级国民经济和社会发展规划，并根据需要制定数字经济发展规划。

第十六条 国家支持数据开发利用和数据安全技术研究，鼓励数据开发利用和数据安全等领域的技术推广和商业创新，培育、发展数据开发利用和数据安全产品、产业体系。

《国家安全法》

第七十一条 国家加大对国家安全各项建设的投入，保障国家安全工作所需经费和装备。

第七十三条 鼓励国家安全领域科技创新，发挥科技在维护国家安全中的作用。

◎ **行政法规**

《商用密码管理条例》

第七条 国家建立健全商用密码科学技术创新促进机制，支持商用密码科学技术自主创新，对作出突出贡献的组织和个人按照国家有关规定予以表彰和奖励。

国家依法保护商用密码领域的知识产权。从事商用密码活动，应当增强知识产权意识，提高运用、保护和管理知识产权的能力。

国家鼓励在外商投资过程中基于自愿原则和商业规则开展商用密码技术合作。行政机关及其工作人员不得利用行政手段强制转让商用密码技术。

第八条　国家鼓励和支持商用密码科学技术成果转化和产业化应用，建立和完善商用密码科学技术成果信息汇交、发布和应用情况反馈机制。

第三十六条　国家支持网络产品和服务使用商用密码提升安全性，支持并规范商用密码在信息领域新技术、新业态、新模式中的应用。

◎ **部门规章**

《生成式人工智能服务管理暂行办法》

第五条　鼓励生成式人工智能技术在各行业、各领域的创新应用，生成积极健康、向上向善的优质内容，探索优化应用场景，构建应用生态体系。

支持行业组织、企业、教育和科研机构、公共文化机构、有关专业机构等在生成式人工智能技术创新、数据资源建设、转化应用、风险防范等方面开展协作。

◎ **部门规范性文件**

《贯彻落实网络安全等级保护制度和关键信息基础设施安全保护制度的指导意见》

五、加强网络安全工作各项保障

……

（四）加强技术攻关。各单位、各部门要充分调动网络安全企业、科研机构、专家等社会力量积极参与网络安全核心技术攻关，加强网络安全协同协作、互动互补、共治共享和群防群治。公安机关要会同有关部门加强网络安全等级保护和关键信息基础设施安全保护标准制定工作，出台标准应用指南，加强标准宣贯和应用实施，建设试点示范基地，促进我国网络安全产业和企业的健康发展。

……

第十七条　【网络安全社会服务】

国家推进网络安全社会化服务体系建设，鼓励有关企业、机构开展网络安全认证、检测和风险评估等安全服务。

关联法规

◎ **行政法规**

《商用密码管理条例》

第十二条　国家推进商用密码检测

认证体系建设，鼓励在商用密码活动中自愿接受商用密码检测认证。

第十八条　【网络数据保护和利用】

国家鼓励开发网络数据安全保护和利用技术，促进公共数据资源开放，推动技术创新和经济社会发展。

国家支持创新网络安全管理方式，运用网络新技术，提升网络安全保护水平。

关联法规

◎ **法律**

《数据安全法》

第十六条　国家支持数据开发利用和数据安全技术研究，鼓励数据开发利用和数据安全等领域的技术推广和商业创新，培育、发展数据开发利用和数据安全产品、产业体系。

◎ **部门规章**

《互联网新闻信息服务管理规定》

第十二条　互联网新闻信息服务提供者应当健全信息发布审核、公共信息巡查、应急处置等信息安全管理制度，具有安全可控的技术保障措施。

第十四条　互联网新闻信息服务提供者提供互联网新闻信息传播平台服务，应当与在其平台上注册的用户签订协议，明确双方权利义务。

对用户开设公众账号的，互联网新闻信息服务提供者应当审核其账号信息、服务资质、服务范围等信息，并向所在地省、自治区、直辖市互联网信息办公室分类备案。

《区块链信息服务管理规定》

第七条　区块链信息服务提供者应当制定并公开管理规则和平台公约，与区块链信息服务使用者签订服务协议，明确双方权利义务，要求其承诺遵守法律规定和平台公约。

《网络信息内容生态治理规定》

第九条　网络信息内容服务平台应当建立网络信息内容生态治理机制，制定本平台网络信息内容生态治理细则，健全用户注册、账号管理、信息发布审核、跟帖评论审核、版面页面生态管理、实时巡查、应急处置和网络谣言、黑色产业链信息处置等制度。

网络信息内容服务平台应当设立网络信息内容生态治理负责人，配备与业务范围和服务规模相适应的专业人员，加强培训考核，提升从业人员素质。

第十一条　鼓励网络信息内容服务平台坚持主流价值导向，优化信息推荐机制，加强版面页面生态管理，在下列重点环节（包括服务类型、位置版块等）积极呈现本规定第五条规定的信息：

（一）互联网新闻信息服务首页首屏、弹窗和重要新闻信息内容页面等；

（二）互联网用户公众账号信息服务精选、热搜等；

（三）博客、微博客信息服务热门推荐、榜单类、弹窗及基于地理位置的信息服务版块等；

（四）互联网信息搜索服务热搜词、热搜图及默认搜索等；

（五）互联网论坛社区服务首页首屏、榜单类、弹窗等；

（六）互联网音视频服务首页首屏、发现、精选、榜单类、弹窗等；

（七）互联网网址导航服务、浏览器服务、输入法服务首页首屏、榜单类、皮肤、联想词、弹窗等；

（八）数字阅读、网络游戏、网络动漫服务首页首屏、精选、榜单类、弹窗等；

（九）生活服务、知识服务平台首页首屏、热门推荐、弹窗等；

（十）电子商务平台首页首屏、推荐区等；

（十一）移动应用商店、移动智能终端预置应用软件和内置信息内容服务首页、推荐区等；

（十二）专门以未成年人为服务对象的网络信息内容专栏、专区和产品等；

（十三）其他处于产品或者服务醒目位置、易引起网络信息内容服务使用者关注的重点环节。

网络信息内容服务平台不得在以上重点环节呈现本规定第七条规定的信息。

第十二条　网络信息内容服务平台采用个性化算法推荐技术推送信息的，应当设置符合本规定第十条、第十一条规定要求的推荐模型，建立健全人工干预和用户自主选择机制。

第十四条　网络信息内容服务平台应当加强对本平台设置的广告位和在本平台展示的广告内容的审核巡查，对发布违法广告的，应当依法予以处理。

第十五条　网络信息内容服务平台应当制定并公开管理规则和平台公约，完善用户协议，明确用户相关权利义务，并依法依约履行相应管理职责。

网络信息内容服务平台应当建立用户账号信用管理制度，根据用户账号的信用情况提供相应服务。

第十七条　网络信息内容服务平台应当编制网络信息内容生态治理工作年度报告，年度报告应当包括网络信息内容生态治理工作情况、网络信息内容生态治理负责人履职情况、社会评价情况等内容。

《汽车数据安全管理若干规定（试行）》

第十六条　国家加强智能（网联）汽车网络平台建设，开展智能（网联）汽车入网运行和安全保障服务等，协同汽车数据处理者加强智能（网联）汽车网络和汽车数据安全防护。

《互联网信息服务算法推荐管理规定》

第十条　算法推荐服务提供者应当加强用户模型和用户标签管理，完善记入用户模型的兴趣点规则和用户标签管理规则，不得将违法和不良信息关键词记入用户兴趣点或者作为用户标签并据以推送信息。

第十一条　算法推荐服务提供者应当加强算法推荐服务版面页面生态管理，建立完善人工干预和用户自主选择机制，在首页首屏、热搜、精选、榜单类、弹窗等重点环节积极呈现符合主流价值导向的信息。

第十二条　鼓励算法推荐服务提供者综合运用内容去重、打散干预等策略，并优化检索、排序、选择、推送、展示等规则的透明度和可解释性，避免对用户产生不良影响，预防和减少争议纠纷。

《互联网用户账号信息管理规定》

第六条　互联网信息服务提供者应当依照法律、行政法规和国家有关规定，制定和公开互联网用户账号管理规则、平台公约，与互联网用户签订服务协议，明确账号信息注册、使用和管理相关权利义务。

第十四条　互联网信息服务提供者应当履行互联网用户账号信息管理主体责任，配备与服务规模相适应的专业人员和技术能力，建立健全并严格落实真实身份信息认证、账号信息核验、信息内容安全、生态治理、应急处置、个人信息保护等管理制度。

第十五条　互联网信息服务提供者应当建立账号信息动态核验制度，适时核验存量账号信息，发现不符合本规定要求的，应当暂停提供服务并通知用户限期改正；拒不改正的，应当终止提供服务。

第十七条　互联网信息服务提供者发现互联网用户注册、使用账号信息违反法律、行政法规和本规定的，应当依法依约采取警示提醒、限期改正、限制账号功能、暂停使用、关闭账号、禁止重新注册等处置措施，保存有关记录，并及时向网信等有关主管部门报告。

第十八条　互联网信息服务提供者应当建立健全互联网用户账号信用管理体系，将账号信息相关信用评价作为账号信用管理的重要参考指标，并据以提供相应服务。

《互联网信息服务深度合成管理规定》

第七条　深度合成服务提供者应当落实信息安全主体责任，建立健全用户注册、算法机制机理审核、科技伦理审查、信息发布审核、数据安全、个人信息保护、反电信网络诈骗、应急处置等管理制度，具有安全可控的技术保障措施。

第八条　深度合成服务提供者应当制定和公开管理规则、平台公约，完善服务协议，依法依约履行管理责任，以显著方式提示深度合成服务技术支持者和使用者承担信息安全义务。

第十条　深度合成服务提供者应当加强深度合成内容管理，采取技术或者人工方式对深度合成服务使用者的输入数据和合成结果进行审核。

深度合成服务提供者应当建立健全用于识别违法和不良信息的特征库，完善入库标准、规则和程序，记录并留存相关网络日志。

深度合成服务提供者发现违法和不良信息的，应当依法采取处置措施，保存有关记录，及时向网信部门和有关主管部门报告；对相关深度合成服务使用者依法依约采取警示、限制功能、暂停服务、关闭账号等处置措施。

第十三条　互联网应用商店等应用程序分发平台应当落实上架审核、日常管理、应急处置等安全管理责任，核验深度合成类应用程序的安全评估、备案等情况；对违反国家有关规定的，应当及时采取不予上架、警示、暂停服务或者下架等处置措施。

《生成式人工智能服务管理暂行办法》

第六条　鼓励生成式人工智能算法、框架、芯片及配套软件平台等基础技术的自主创新，平等互利开展国际交流与合作，参与生成式人工智能相关国际规则制定。

推动生成式人工智能基础设施和公

共训练数据资源平台建设。促进算力资源协同共享，提升算力资源利用效能。推动公共数据分类分级有序开放，扩展高质量的公共训练数据资源。鼓励采用安全可信的芯片、软件、工具、算力和数据资源。

◎ **部门规范性文件**

《即时通信工具公众信息服务发展管理暂行规定》

第七条　即时通信工具服务使用者为从事公众信息服务活动开设公众账号，应当经即时通信工具服务提供者审核，由即时通信工具服务提供者向互联网信息内容主管部门分类备案。

新闻单位、新闻网站开设的公众账号可以发布、转载时政类新闻，取得互联网新闻信息服务资质的非新闻单位开设的公众账号可以转载时政类新闻。其他公众账号未经批准不得发布、转载时政类新闻。

即时通信工具服务提供者应当对可以发布或转载时政类新闻的公众账号加注标识。

鼓励各级党政机关、企事业单位和各人民团体开设公众账号，服务经济社会发展，满足公众需求。

《互联网直播服务管理规定》

第七条　互联网直播服务提供者应当落实主体责任，配备与服务规模相适应的专业人员，健全信息审核、信息安全管理、值班巡查、应急处置、技术保障等制度。提供互联网新闻信息直播服务的，应当设立总编辑。

互联网直播服务提供者应当建立直播内容审核平台，根据互联网直播的内容类别、用户规模等实施分级分类管理，对图文、视频、音频等直播内容加注或播报平台标识信息，对互联网新闻信息直播及其互动内容实施先审后发管理。

第八条 互联网直播服务提供者应当具备与其服务相适应的技术条件，应当具备即时阻断互联网直播的技术能力，技术方案应符合国家相关标准。

第十一条 互联网直播服务提供者应当加强对评论、弹幕等直播互动环节的实时管理，配备相应管理人员。

互联网直播发布者在进行直播时，应当提供符合法律法规要求的直播内容，自觉维护直播活动秩序。

用户在参与直播互动时，应当遵守法律法规，文明互动，理性表达。

第十六条 互联网直播服务提供者应当记录互联网直播服务使用者发布内容和日志信息，保存六十日。

互联网直播服务提供者应当配合有关部门依法进行的监督检查，并提供必要的文件、资料和数据。

《互联网群组信息服务管理规定》

第五条 互联网群组信息服务提供者应当落实信息内容安全管理主体责任，配备与服务规模相适应的专业人员和技术能力，建立健全用户注册、信息审核、应急处置、安全防护等管理制度。

互联网群组信息服务提供者应当制定并公开管理规则和平台公约，与使用者签订服务协议，明确双方权利义务。

第七条 互联网群组信息服务提供者应当根据互联网群组的性质类别、成员规模、活跃程度等实行分级分类管理，制定具体管理制度并向国家或省、自治区、直辖市互联网信息办公室备案，依法规范群组信息传播秩序。

互联网群组信息服务提供者应当建立互联网群组信息服务使用者信用等级管理体系，根据信用等级提供相应服务。

第八条 互联网群组信息服务提供者应当根据自身服务规模和管理能力，合理设定群组成员人数和个人建立群数、参加群数上限。

互联网群组信息服务提供者应设置和显示唯一群组识别编码，对成员达到一定规模的群组要设置群信息页面，注明群组名称、人数、类别等基本信息。

互联网群组信息服务提供者应根据群组规模类别，分级审核群组建立者真实身份、信用等级等建群资质，完善建群、入群等审核验证功能，并标注群组建立者、管理者及成员群内身份信息。

第九条 互联网群组建立者、管理者应当履行群组管理责任，依据法律法规、用户协议和平台公约，规范群组网络行为和信息发布，构建文明有序的网络群体空间。

互联网群组成员在参与群组信息交流时，应当遵守法律法规、文明互动、理性表达。

互联网群组信息服务提供者应为群组建立者、管理者进行群组管理提供必要功能权限。

第十一条 互联网群组信息服务提供者应当对违反法律法规和国家有关规定的互联网群组，依法依约采取警示整改、暂停发布、关闭群组等处置措施，保存有关记录，并向有关主管部门报告。

互联网群组信息服务提供者应当对违反法律法规和国家有关规定的群组建立者、管理者等使用者，依法依约采取降低信用等级、暂停管理权限、取消建群资格等管理措施，保存有关记录，并向有关主管部门报告。

互联网群组信息服务提供者应当建立黑名单管理制度，对违法违约情节严重的群组及建立者、管理者和成员纳入黑名单，限制群组服务功能，保存有关记录，并向有关主管部门报告。

《互联网论坛社区服务管理规定》

第五条 互联网论坛社区服务提供者应当落实主体责任，建立健全信息审核、公共信息实时巡查、应急处置及个人信息保护等信息安全管理制度，具有

安全可控的防范措施，配备与服务规模相适应的专业人员，为有关部门依法履行职责提供必要的技术支持。

《微博客信息服务管理规定》

第六条 微博客服务提供者应当落实信息内容安全管理主体责任，建立健全用户注册、信息发布审核、跟帖评论管理、应急处置、从业人员教育培训等制度及总编辑制度，具有安全可控的技术保障和防范措施，配备与服务规模相适应的管理人员。

微博客服务提供者应当制定平台服务规则，与微博客服务使用者签订服务协议，明确双方权利、义务，要求微博客服务使用者遵守相关法律法规。

第九条 微博客服务提供者应当按照分级分类管理原则，根据微博客服务使用者主体类型、发布内容、关注者数量、信用等级等制定具体管理制度，提供相应服务，并向国家或省、自治区、直辖市互联网信息办公室备案。

第十一条 微博客服务提供者应当建立健全辟谣机制，发现微博客服务使用者发布、传播谣言或不实信息，应当主动采取辟谣措施。

《网络音视频信息服务管理规定》

第十三条 网络音视频信息服务提供者应当建立健全辟谣机制，发现网络音视频信息服务使用者利用基于深度学习、虚拟现实等的虚假图像、音视频生成技术

制作、发布、传播谣言的，应当及时采取相应的辟谣措施，并将相关信息报网信、文化和旅游、广播电视等部门备案。

《互联网用户公众账号信息服务管理规定》

第十二条 公众账号信息服务平台应当建立公众账号监测评估机制，防范账号订阅数、用户关注度、内容点击率、转发评论量等数据造假行为。

公众账号信息服务平台应当规范公众账号推荐订阅关注机制，健全技术手段，及时发现、处置公众账号订阅关注数量的异常变动情况。未经互联网用户知情同意，不得以任何方式强制或者变相强制订阅关注其他用户公众账号。

第十三条 公众账号信息服务平台应当建立生产运营者信用等级管理体系，根据信用等级提供相应服务。

公众账号信息服务平台应当建立健全网络谣言等虚假信息预警、发现、溯源、甄别、辟谣、消除等处置机制，对制作发布虚假信息的公众账号生产运营者降低信用等级或者列入黑名单。

《移动互联网应用程序信息服务管理规定》

第五条 应用程序提供者和应用程序分发平台应当履行信息内容管理主体责任，积极配合国家实施网络可信身份战略，建立健全信息内容安全管理、信息内容生态治理、数据安全和个人信息

保护、未成年人保护等管理制度，确保网络安全，维护良好网络生态。

第八条 应用程序提供者应当对信息内容呈现结果负责，不得生产传播违法信息，自觉防范和抵制不良信息。

应用程序提供者应当建立健全信息内容审核管理机制，建立完善用户注册、账号管理、信息审核、日常巡查、应急处置等管理措施，配备与服务规模相适应的专业人员和技术能力。

第十一条 应用程序提供者开展应用程序数据处理活动，应当履行数据安全保护义务，建立健全全流程数据安全管理制度，采取保障数据安全技术措施和其他安全措施，加强风险监测，不得危害国家安全、公共利益，不得损害他人合法权益。

第二十条 应用程序分发平台应当建立健全管理机制和技术手段，建立完善上架审核、日常管理、应急处置等管理措施。

应用程序分发平台应当对申请上架和更新的应用程序进行审核，发现应用程序名称、图标、简介存在违法和不良信息，与注册主体真实身份信息不相符，业务类型存在违法违规等情况的，不得为其提供服务。

应用程序提供的信息服务属于本规定第七条规定范围的，应用程序分发平台应当对相关许可等情况进行核验；属

于本规定第十四条规定范围的，应用程序分发平台应当对安全评估情况进行核验。

应用程序分发平台应当加强对在架应用程序的日常管理，对含有违法和不良信息，下载量、评价指标等数据造假，存在数据安全风险隐患，违法违规收集使用个人信息，损害他人合法权益等的，不得为其提供服务。

《互联网跟帖评论服务管理规定》

第四条　跟帖评论服务提供者应当严格落实跟帖评论服务管理主体责任，依法履行以下义务：

（一）按照"后台实名、前台自愿"原则，对注册用户进行基于移动电话号码、身份证件号码或者统一社会信用代码等方式的真实身份信息认证，不得向未认证真实身份信息或者冒用组织机构、他人身份信息的用户提供跟帖评论服务。

（二）建立健全用户个人信息保护制度，处理用户个人信息应当遵循合法、正当、必要和诚信原则，公开个人信息处理规则，告知个人信息的处理目的、处理方式、处理的个人信息种类、保存期限等事项，并依法取得个人的同意。法律、行政法规另有规定的除外。

（三）对新闻信息提供跟帖评论服务的，应当建立先审后发制度。

（四）提供弹幕方式跟帖评论服务的，应当在同一平台和页面同时提供与之对应的静态版信息内容。

（五）建立健全跟帖评论审核管理、实时巡查、应急处置、举报受理等信息安全管理制度，及时发现处置违法和不良信息，并向网信部门报告。

（六）创新跟帖评论管理方式，研发使用跟帖评论信息安全管理技术，提升违法和不良信息处置能力；及时发现跟帖评论服务存在的安全缺陷、漏洞等风险，采取补救措施，并向网信部门报告。

（七）配备与服务规模相适应的审核编辑队伍，加强跟帖评论审核培训，提高审核编辑人员专业素养。

（八）配合网信部门依法开展监督检查工作，提供必要的技术、数据支持和协助。

第六条　跟帖评论服务提供者应当与注册用户签订服务协议，明确跟帖评论的服务与管理细则以及双方跟帖评论发布权限、管理责任等权利义务，履行互联网相关法律法规告知义务，开展文明上网教育。对公众账号生产运营者，在服务协议中应当明确其跟帖评论管理权限及相应责任，督促其切实履行管理义务。

第八条　跟帖评论服务提供者应当建立用户分级管理制度，对用户的跟帖评论行为开展信用评估，根据信用等级确定服务范围及功能，对严重失信的用户应列入黑名单，停止对列入黑名单的用户提供服务，并禁止其通过重新注册账号等方式使用跟帖评论服务。

第十一条 公众账号生产运营者可按照用户服务协议向跟帖评论服务提供者申请举报、隐藏或者删除违法和不良评论信息、自主关闭账号跟帖评论区等管理权限。跟帖评论服务提供者应当对公众账号生产运营者的跟帖评论管理情况进行信用评估后，根据公众账号的主体性质、信用评估等级等，合理设置管理权限，提供相关技术支持。

《互联网弹窗信息推送服务管理规定》

第四条 互联网弹窗信息推送服务提供者应当落实信息内容管理主体责任，建立健全信息内容审核、生态治理、数据安全和个人信息保护、未成年人保护等管理制度。

第十九条 【网络安全宣传教育】

各级人民政府及其有关部门应当组织开展经常性的网络安全宣传教育，并指导、督促有关单位做好网络安全宣传教育工作。

大众传播媒介应当有针对性地面向社会进行网络安全宣传教育。

关联法规

◎ 法律

《数据安全法》

第九条 国家支持开展数据安全知识宣传普及，提高全社会的数据安全保护意识和水平，推动有关部门、行业组织、科研机构、企业、个人等共同参与数据安全保护工作，形成全社会共同维护数据安全和促进发展的良好环境。

《个人信息保护法》

第十一条 国家建立健全个人信息保护制度，预防和惩治侵害个人信息权益的行为，加强个人信息保护宣传教育，推动形成政府、企业、相关社会组织、公众共同参与个人信息保护的良好环境。

《反电信网络诈骗法》

第八条 各级人民政府和有关部门应当加强反电信网络诈骗宣传，普及相关法律和知识，提高公众对各类电信网络诈骗方式的防骗意识和识骗能力。

教育行政、市场监管、民政等有关部门和村民委员会、居民委员会，应当结合电信网络诈骗受害群体的分布等特征，加强对老年人、青少年等群体的宣传教育，增强反电信网络诈骗宣传教育的针对性、精准性，开展反电信网络诈骗宣传教育进学校、进企业、进社区、进农村、进家庭等活动。

各单位应当加强内部防范电信网络

诈骗工作，对工作人员开展防范电信网络诈骗教育；个人应当加强电信网络诈骗防范意识。单位、个人应当协助、配合有关部门依照本法规定开展反电信网络诈骗工作。

第三十条　电信业务经营者、银行业金融机构、非银行支付机构、互联网服务提供者应当对从业人员和用户开展反电信网络诈骗宣传，在有关业务活动中对防范电信网络诈骗作出提示，对本领域新出现的电信网络诈骗手段及时向用户作出提醒，对非法买卖、出租、出借本人有关卡、账户、账号等被用于电信网络诈骗的法律责任作出警示。

新闻、广播、电视、文化、互联网信息服务等单位，应当面向社会有针对性地开展反电信网络诈骗宣传教育。

任何单位和个人有权举报电信网络诈骗活动，有关部门应当依法及时处理，对提供有效信息的举报人依照规定给予奖励和保护。

《国家安全法》

第七十六条　国家加强国家安全新闻宣传和舆论引导，通过多种形式开展国家安全宣传教育活动，将国家安全教育纳入国民教育体系和公务员教育培训体系，增强全民国家安全意识。

《反恐怖主义法》

第十七条　各级人民政府和有关部门应当组织开展反恐怖主义宣传教育，提高公民的反恐怖主义意识。

教育、人力资源行政主管部门和学校、有关职业培训机构应当将恐怖活动预防、应急知识纳入教育、教学、培训的内容。

新闻、广播、电视、文化、宗教、互联网等有关单位，应当有针对性地面向社会进行反恐怖主义宣传教育。

村民委员会、居民委员会应当协助人民政府以及有关部门，加强反恐怖主义宣传教育。

◎ **行政法规**

《商用密码管理条例》

第五条　各级人民政府及其有关部门应当采取多种形式加强商用密码宣传教育，增强公民、法人和其他组织的密码安全意识。

第二十条　【网络安全人才培养】

国家支持企业和高等学校、职业学校等教育培训机构开展网络安全相关教育与培训，采取多种方式培养网络安全人才，促进网络安全人才交流。

关联法规

◎ **法律**

《数据安全法》

　　第二十条　国家支持教育、科研机构和企业等开展数据开发利用技术和数据安全相关教育和培训，采取多种方式培养数据开发利用技术和数据安全专业人才，促进人才交流。

《国家安全法》

　　第七十四条　国家采取必要措施，招录、培养和管理国家安全工作专门人才和特殊人才。

　　根据维护国家安全工作的需要，国家依法保护有关机关专门从事国家安全工作人员的身份和合法权益，加大人身保护和安置保障力度。

◎ **行政法规**

《商用密码管理条例》

　　第四条　国家加强商用密码人才培养，建立健全商用密码人才发展体制机制和人才评价制度，鼓励和支持密码相关学科和专业建设，规范商用密码社会化培训，促进商用密码人才交流。

◎ **部门规范性文件**

《贯彻落实网络安全等级保护制度和关键信息基础设施安全保护制度的指导意见》

　　五、加强网络安全工作各项保障

　　……

　　（五）加强人才培养。各单位、各部门要加强网络安全等级保护和关键信息基础设施安全保护业务交流，通过组织开展比武竞赛等形式，发现选拔高精尖技术人才，建设人才库，建立健全人才发现、培养、选拔和使用机制，为做好网络安全工作提供人才保障。

第三章　网络运行安全

第一节　一般规定

第二十一条　【网络运营者网络安全保护义务】

国家实行网络安全等级保护制度。网络运营者应当按照网络安全等级保护制度的要求，履行下列安全保护义务，保障网络免受干扰、破坏或者未经授权的访问，防止网络数据泄露或者被窃取、篡改：

（一）制定内部安全管理制度和操作规程，确定网络安全负责人，落实网络安全保护责任；

（二）采取防范计算机病毒和网络攻击、网络侵入等危害网络安全行为的技术措施；

（三）采取监测、记录网络运行状态、网络安全事件的技术措施，并按照规定留存相关的网络日志不少于六个月；

（四）采取数据分类、重要数据备份和加密等措施；

（五）法律、行政法规规定的其他义务。

关联法规

◎ **法律**

《数据安全法》

第二十一条　国家建立数据分类分级保护制度，根据数据在经济社会发展中的重要程度，以及一旦遭到篡改、破坏、泄露或者非法获取、非法利用，对国家安全、公共利益或者个人、组织合法权益造成的危害程度，对数据实行分类分级保护。国家数据安全工作协调机制统筹协调有关部门制定重要数据目录，加强对重要数据的保护。

关系国家安全、国民经济命脉、重要民生、重大公共利益等数据属于国家核心数据，实行更加严格的管理制度。

各地区、各部门应当按照数据分类分级保护制度，确定本地区、本部门以及相关行业、领域的重要数据具体目录，对列入目录的数据进行重点保护。

第二十七条　开展数据处理活动应

当依照法律、法规的规定，建立健全全流程数据安全管理制度，组织开展数据安全教育培训，采取相应的技术措施和其他必要措施，保障数据安全。利用互联网等信息网络开展数据处理活动，应当在网络安全等级保护制度的基础上，履行上述数据安全保护义务。

重要数据的处理者应当明确数据安全负责人和管理机构，落实数据安全保护责任。

◎ **行政法规**

《计算机信息系统安全保护条例》

第九条 计算机信息系统实行安全等级保护。安全等级的划分标准和安全等级保护的具体办法，由公安部会同有关部门制定。

《计算机信息网络国际联网安全保护管理办法》

第十条 互联单位、接入单位及使用计算机信息网络国际联网的法人和其他组织应当履行下列安全保护职责：

（一）负责本网络的安全保护管理工作，建立健全安全保护管理制度；

（二）落实安全保护技术措施，保障本网络的运行安全和信息安全；

（三）负责对本网络用户的安全教育和培训；

（四）对委托发布信息的单位和个人进行登记，并对所提供的信息内容按照本办法第五条进行审核；

（五）建立计算机信息网络电子公告系统的用户登记和信息管理制度；

（六）发现有本办法第四条、第五条、第六条、第七条所列情形之一的，应当保留有关原始记录，并在 24 小时内向当地公安机关报告；

（七）按照国家有关规定，删除本网络中含有本办法第五条内容的地址、目录或者关闭服务器。

《电信条例》

第五十九条 电信业务经营者应当按照国家有关电信安全的规定，建立健全内部安全保障制度，实行安全保障责任制。

◎ **部门规章**

《互联网安全保护技术措施规定》

第四条 互联网服务提供者、联网使用单位应当建立相应的管理制度。未经用户同意不得公开、泄露用户注册信息，但法律、法规另有规定的除外。

互联网服务提供者、联网使用单位应当依法使用互联网安全保护技术措施，不得利用互联网安全保护技术措施侵犯用户的通信自由和通信秘密。

第七条 互联网服务提供者和联网使用单位应当落实以下互联网安全保护技术措施：

（一）防范计算机病毒、网络入侵和攻击破坏等危害网络安全事项或者行为的技术措施；

（二）重要数据库和系统主要设备的冗灾备份措施；

（三）记录并留存用户登录和退出时间、主叫号码、账号、互联网地址或域名、系统维护日志的技术措施；

（四）法律、法规和规章规定应当落实的其他安全保护技术措施。

第八条　提供互联网接入服务的单位除落实本规定第七条规定的互联网安全保护技术措施外，还应当落实具有以下功能的安全保护技术措施：

（一）记录并留存用户注册信息；

（二）使用内部网络地址与互联网网络地址转换方式为用户提供接入服务的，能够记录并留存用户使用的互联网网络地址和内部网络地址对应关系；

（三）记录、跟踪网络运行状态，监测、记录网络安全事件等安全审计功能。

第九条　提供互联网信息服务的单位除落实本规定第七条规定的互联网安全保护技术措施外，还应当落实具有以下功能的安全保护技术措施：

（一）在公共信息服务中发现、停止传输违法信息，并保留相关记录；

（二）提供新闻、出版以及电子公告等服务的，能够记录并留存发布的信息内容及发布时间；

（三）开办门户网站、新闻网站、电子商务网站的，能够防范网站、网页被篡改，被篡改后能够自动恢复；

（四）开办电子公告服务的，具有用户注册信息和发布信息审计功能；

（五）开办电子邮件和网上短信息服务的，能够防范、清除以群发方式发送伪造、隐匿信息发送者真实标记的电子邮件或者短信息。

第十条　提供互联网数据中心服务的单位和联网使用单位除落实本规定第七条规定的互联网安全保护技术措施外，还应当落实具有以下功能的安全保护技术措施：

（一）记录并留存用户注册信息；

（二）在公共信息服务中发现、停止传输违法信息，并保留相关记录；

（三）联网使用单位使用内部网络地址与互联网网络地址转换方式向用户提供接入服务的，能够记录并留存用户使用的互联网网络地址和内部网络地址对应关系。

第十一条　提供互联网上网服务的单位，除落实本规定第七条规定的互联网安全保护技术措施外，还应当安装并运行互联网公共上网服务场所安全管理系统。

第十三条　互联网服务提供者和联网使用单位依照本规定落实的记录留存技术措施，应当具有至少保存六十天记录备份的功能。

第十四条　互联网服务提供者和联

网使用单位不得实施下列破坏互联网安全保护技术措施的行为：

（一）擅自停止或者部分停止安全保护技术设施、技术手段运行；

（二）故意破坏安全保护技术设施；

（三）擅自删除、篡改安全保护技术设施、技术手段运行程序和记录；

（四）擅自改变安全保护技术措施的用途和范围；

（五）其他故意破坏安全保护技术措施或者妨碍其功能正常发挥的行为。

《通信网络安全防护管理办法》

第七条　通信网络运行单位应当对本单位已正式投入运行的通信网络进行单元划分，并按照各通信网络单元遭到破坏后可能对国家安全、经济运行、社会秩序、公众利益的危害程度，由低到高分别划分为一级、二级、三级、四级、五级。

电信管理机构应当组织专家对通信网络单元的分级情况进行评审。

通信网络运行单位应当根据实际情况适时调整通信网络单元的划分和级别，并按照前款规定进行评审。

第八条　通信网络运行单位应当在通信网络定级评审通过后三十日内，将通信网络单元的划分和定级情况按照以下规定向电信管理机构备案：

（一）基础电信业务经营者集团公司向工业和信息化部申请办理其直接管理的通信网络单元的备案；基础电信业务经营者各省（自治区、直辖市）子公司、分公司向当地通信管理局申请办理其负责管理的通信网络单元的备案；

（二）增值电信业务经营者向作出电信业务经营许可决定的电信管理机构备案；

（三）互联网域名服务提供者向工业和信息化部备案。

第九条　通信网络运行单位办理通信网络单元备案，应当提交以下信息：

（一）通信网络单元的名称、级别和主要功能；

（二）通信网络单元责任单位的名称和联系方式；

（三）通信网络单元主要负责人的姓名和联系方式；

（四）通信网络单元的拓扑架构、网络边界、主要软硬件及型号和关键设施位置；

（五）电信管理机构要求提交的涉及通信网络安全的其他信息。

前款规定的备案信息发生变化的，通信网络运行单位应当自信息变化之日起三十日内向电信管理机构变更备案。

通信网络运行单位报备的信息应当真实、完整。

第十条　电信管理机构应当对备案信息的真实性、完整性进行核查，发现备案信息不真实、不完整的，通知备案单位予以补正。

第十一条　通信网络运行单位应当落实与通信网络单元级别相适应的安全防护措施，并按照以下规定进行符合性评测：

（一）三级及三级以上通信网络单元应当每年进行一次符合性评测；

（二）二级通信网络单元应当每两年进行一次符合性评测。

通信网络单元的划分和级别调整的，应当自调整完成之日起九十日内重新进行符合性评测。

通信网络运行单位应当在评测结束后三十日内，将通信网络单元的符合性评测结果、整改情况或者整改计划报送通信网络单元的备案机构。

《互联网文化管理暂行规定》

第十八条　互联网文化单位应当建立自审制度，明确专门部门，配备专业人员负责互联网文化产品内容和活动的自查与管理，保障互联网文化产品内容和活动的合法性。

第二十条　互联网文化单位应当记录备份所提供的文化产品内容及其时间、互联网地址或者域名；记录备份应当保存 60 日，并在国家有关部门依法查询时予以提供。

《区块链信息服务管理规定》

第五条　区块链信息服务提供者应当落实信息内容安全管理责任，建立健全用户注册、信息审核、应急处置、安全防护等管理制度。

第六条　区块链信息服务提供者应当具备与其服务相适应的技术条件，对于法律、行政法规禁止的信息内容，应当具备对其发布、记录、存储、传播的即时和应急处置能力，技术方案应当符合国家相关标准规范。

第十七条　区块链信息服务提供者应当记录区块链信息服务使用者发布内容和日志等信息，记录备份应当保存不少于六个月，并在相关执法部门依法查询时予以提供。

《网络招聘服务管理规定》

第二十条　从事网络招聘服务的人力资源服务机构应当按照国家网络安全法律、行政法规和网络安全等级保护制度要求，加强网络安全管理，履行网络安全保护义务，采取技术措施或者其他必要措施，确保招聘服务网络、信息系统和用户信息安全。

《汽车数据安全管理若干规定（试行）》

第五条　利用互联网等信息网络开展汽车数据处理活动，应当落实网络安全等级保护等制度，加强汽车数据保护，依法履行数据安全义务。

◎ **部门规范性文件**

《信息安全等级保护管理办法》

第五条　信息系统的运营、使用单位应当依照本办法及其相关标准规范，履行信息安全等级保护的义务和责任。

第六条 国家信息安全等级保护坚持自主定级、自主保护的原则。信息系统的安全保护等级应当根据信息系统在国家安全、经济建设、社会生活中的重要程度，信息系统遭到破坏后对国家安全、社会秩序、公共利益以及公民、法人和其他组织的合法权益的危害程度等因素确定。

第七条 信息系统的安全保护等级分为以下五级：

第一级，信息系统受到破坏后，会对公民、法人和其他组织的合法权益造成损害，但不损害国家安全、社会秩序和公共利益。

第二级，信息系统受到破坏后，会对公民、法人和其他组织的合法权益产生严重损害，或者对社会秩序和公共利益造成损害，但不损害国家安全。

第三级，信息系统受到破坏后，会对社会秩序和公共利益造成严重损害，或者对国家安全造成损害。

第四级，信息系统受到破坏后，会对社会秩序和公共利益造成特别严重损害，或者对国家安全造成严重损害。

第五级，信息系统受到破坏后，会对国家安全造成特别严重损害。

第八条 信息系统运营、使用单位依据本办法和相关技术标准对信息系统进行保护，国家有关信息安全监管部门对其信息安全等级保护工作进行监督管理。

第一级信息系统运营、使用单位应当依据国家有关管理规范和技术标准进行保护。

第二级信息系统运营、使用单位应当依据国家有关管理规范和技术标准进行保护。国家信息安全监管部门对该级信息系统信息安全等级保护工作进行指导。

第三级信息系统运营、使用单位应当依据国家有关管理规范和技术标准进行保护。国家信息安全监管部门对该级信息系统信息安全等级保护工作进行监督、检查。

第四级信息系统运营、使用单位应当依据国家有关管理规范、技术标准和业务专门需求进行保护。国家信息安全监管部门对该级信息系统信息安全等级保护工作进行强制监督、检查。

第五级信息系统运营、使用单位应当依据国家管理规范、技术标准和业务特殊安全需求进行保护。国家指定专门部门对该级信息系统信息安全等级保护工作进行专门监督、检查。

《即时通信工具公众信息服务发展管理暂行规定》

第五条 即时通信工具服务提供者应当落实安全管理责任，建立健全各项制度，配备与服务规模相适应的专业人员，保护用户信息及公民个人隐私，自觉接受社会监督，及时处理公众举报的违法和不良信息。

《网络音视频信息服务管理规定》

第七条　网络音视频信息服务提供者应当落实信息内容安全管理主体责任，配备与服务规模相适应的专业人员，建立健全用户注册、信息发布审核、信息安全管理、应急处置、从业人员教育培训、未成年人保护、知识产权保护等制度，具有与新技术新应用发展相适应的安全可控的技术保障和防范措施，有效应对网络安全事件，防范网络违法犯罪活动，维护网络数据的完整性、安全性和可用性。

第十六条　为网络音视频信息服务提供技术支持的主体应当遵守相关法律法规规定和国家标准规范，采取技术措施和其他必要措施，保障网络安全、稳定运行。

《监管数据安全管理办法（试行）》

第十条　监管数据的采集应按照安全、准确、完整和依法合规的原则进行，避免重复、过度采集。

第十一条　监管数据应通过监管工作网或金融专网进行传输。因客观条件限制需要通过物理介质、互联网或其它网络传输的，应经归口管理部门评估同意。

第十二条　监管数据应存储在银保监会机房，并具有完备的备份措施。确有必要存储在受托机构机房的，应经归口管理部门评估同意。

第十三条　监管数据存储期限、存储介质管理应按照国家和银保监会有关规定执行。

第十四条　监管数据的加工处理应在监管工作权限或受托范围内进行。未经归口管理部门同意，任何单位和个人不得将代码、接口、算法模型和开发工具等接入监管信息系统。

第十五条　监管数据采集、传输、存储、加工处理、转移交换、销毁，以及用于系统开发测试等活动，应根据监管数据类型和管理要求采取分级分类安全技术防护措施。

第十六条　监管数据仅限于银保监会履行监管工作职责使用。纪检监察、司法、审计等党政机关为履行工作职责需要使用监管数据时，按照有关规定办理。

第十七条　监管数据的使用行为应通过管理和技术手段确保可追溯。监管数据用于信息系统开发测试以及对外展示时，应经过脱敏处理。

第十八条　使用未公开披露的监管数据，原则上应在不可连接互联网的台式机或笔记本等银保监会工作机中进行。因客观条件限制需采取虚拟专用网络等方式使用监管数据时，应经归口管理部门评估同意。

第十九条 因工作需要下载的监管数据，仅可存储于银保监会的工作机中。承载监管数据的使用介质应妥善保管，防止数据泄露。

第二十条 在使用监管数据过程中产生的加工数据、汇总结果等信息应视同监管数据进行安全管理。

第二十一条 监管数据对外披露应由指定业务部门按照有关规定和流程实施。

第二十二条 各业务部门因工作需要向非党政机关单位、个人提供监管数据时，应充分评估数据安全风险，经本部门主要负责人同意后实施，必要时与对方签订备忘录和保密协议并报归口管理部门备案。

与境外监管机构或国际组织共享监管数据时，应由国际事务部门依照银保监会签署的监管合作谅解备忘录、合作协议等约定或其他有关工作安排进行管理。

法律法规另有规定的，从其规定。

第二十三条 各业务部门因工作需要和系统下线停用监管数据时，应及时对其采取封存或销毁措施。

第二十四条 各业务部门监管数据采集涉及受托机构提供服务时，应事先与归口管理部门沟通并会签同意。受托机构的技术服务方案，应通过归口管理部门的安全评估。技术服务方案发生变更的，应事先报归口管理部门进行安全评估。

安全评估不通过的，不得开展委托服务或建立委派关系。

第二十五条 为银保监会提供监管数据服务的受托机构，应满足以下基本条件：

（一）具备从事监管数据工作所需系统的自主研发及运维能力；

（二）具备相关信息安全管理资质认证；

（三）拥有自主产权或已签订长期租赁合同的机房；

（四）网络和信息系统具备有效的安全保护和稳定运行措施，三年内未发生网络安全重大事件；

（五）具备有效的监管数据安全管理措施，能够保障银保监会各部门对监管数据的访问和控制；

（六）具有监管数据备份体系、应急组织体系和业务连续性计划。

第二十六条 银保监会通过与受托机构签订协议，确立监管数据委托服务关系。协议应明确服务项目、期限、安全管理责任和终止事由等内容。

银保监会通过委派方式确立监管数据服务关系的，应下达委派任务书。

第二十七条 因有关政策调整导致原委托或委派事项无需继续履行，或发现受托机构监管数据服务出现重大安全问题的，银保监会有权终止委托或委派关系。

委托或委派关系终止时，受托机构应及时、完整地移交监管数据，并销毁因委托或委派事项而获取的监管数据，不得保留相关数据备份等内容。

《贯彻落实网络安全等级保护制度和关键信息基础设施安全保护制度的指导意见》

二、深入贯彻实施国家网络安全等级保护制度

按照国家网络安全等级保护制度要求，各单位、各部门在公安机关指导监督下，认真组织、深入开展网络安全等级保护工作，建立良好的网络安全保护生态，切实履行主体责任，全面提升网络安全保护能力。

（一）深化网络定级备案工作。网络运营者应全面梳理本单位各类网络，特别是云计算、物联网、新型互联网、大数据、智能制造等新技术应用的基本情况，并根据网络的功能、服务范围、服务对象和处理数据等情况，科学确定网络的安全保护等级，对第二级以上网络依法向公安机关备案，并向行业主管部门报备。对新建网络，应在规划设计阶段确定安全保护等级。公安机关对网络运营者提交的备案材料和网络的安全保护等级进行审核，对定级结果合理、备案材料符合要求的，及时出具网络安全等级保护备案证明。行业主管部门可以依据《网络安全等级保护定级指南》国家标准，结合行业特点制定行业网络安全等级保护定级指导意见。

（二）定期开展网络安全等级测评。网络运营者应依据有关标准规范，对已定级备案网络的安全性进行检测评估，查找可能存在的网络安全问题和隐患。第三级以上网络运营者应委托符合国家有关规定的等级测评机构，每年开展一次网络安全等级测评，并及时将等级测评报告提交受理备案的公安机关和行业主管部门。新建第三级以上网络应在通过等级测评后投入运行。网络运营者在开展测评服务过程中要与测评机构签署安全保密协议，并对测评过程进行监督管理。公安机关要加强对本地等级测评机构的监督管理，建立测评人员背景审查和人员审核制度，确保等级测评过程客观、公正、安全。

（三）科学开展安全建设整改。网络运营者应在网络建设和运营过程中，同步规划、同步建设、同步使用有关网络安全保护措施。应依据《网络安全等级保护基本要求》《网络安全等级保护安全设计技术要求》等国家标准，在现有安全保护措施的基础上，全面梳理分析安全保护需求，并结合等级测评过程中发现的问题隐患，按照"一个中心

（安全管理中心）、三重防护（安全通信网络、安全区域边界、安全计算环境）"的要求，认真开展网络安全建设和整改加固，全面落实安全保护技术措施。网络运营者可将网络迁移上云，或将网络安全服务外包，充分利用云服务商和网络安全服务商提升网络安全保护能力和水平。应全面加强网络安全管理，建立完善人员管理、教育培训、系统安全建设和运维等管理制度，加强机房、设备和介质安全管理，强化重要数据和个人信息保护，制定操作规范和工作流程，加强日常监督和考核，确保各项管理措施有效落实。

（四）强化安全责任落实。行业主管部门、网络运营者应依据《网络安全法》等法律法规和有关政策要求，按照"谁主管谁负责、谁运营谁负责"的原则，厘清网络安全保护边界，明确安全保护工作责任，建立网络安全等级保护工作责任制，落实责任追究制度，作到"守土有责、守土尽责"。网络运营者要定期组织专门力量开展网络安全自查和检测评估，行业主管部门要组织风险评估，及时发现网络安全隐患和薄弱环节并予以整改，不断提高网络安全保护能力和水平。

（五）加强供应链安全管理。网络运营者应加强网络关键人员的安全管理，第三级以上网络运营者应对为其提供设计、建设、运维、技术服务的机构和人员加强管理，评估服务过程中可能存在的安全风险，并采取相应的管控措施。网络运营者应加强网络运维管理，因业务需要确需通过互联网远程运维的，应进行评估论证，并采取相应的管控措施。网络运营者应采购、使用符合国家法律法规和有关标准规范要求的网络产品及服务，第三级以上网络运营者应积极应用安全可信的网络产品及服务。

（六）落实密码安全防护要求。网络运营者应贯彻落实《密码法》等有关法律法规规定和密码应用相关标准规范。第三级以上网络应正确、有效采用密码技术进行保护，并使用符合相关要求的密码产品和服务。第三级以上网络运营者应在网络规划、建设和运行阶段，按照密码应用安全性评估管理办法和相关标准，在网络安全等级测评中同步开展密码应用安全性评估。

权威案例

◎ **典型案例**

上海市宝山区人民检察院诉某科技有限公司、韩某某等人侵犯公民个人信息刑事附带民事公益诉讼案【检察机关个人信息保护公益诉讼典型案例之九（2021 年 4 月 22 日）】

典型意义： 对刑事附带民事公益诉讼

被告的确定不能囿于刑事被告人范围，应结合个案情况具体明确侵权人。通过追究网络运营者的民事侵权责任，警示网络运营主体落实网络安全保护责任，加强内部安全管理、规范操作规程。对涉案的网站服务器，QQ 中保存的公民个人信息通过传统扣押方式不能消除危险的，检察机关可以提出关闭网站、注销侵权使用的 QQ 号码并永久删除保存在 QQ 内的公民个人信息数据等诉请，彻底消除危险。针对网络侵害的跨地域性等特点，检察机关协同相关行政机关治理侵害个人信息行为，有利于互联网领域损害公益问题的系统治理、综合治理、源头治理，彰显了公益诉讼的独特价值。

第二十二条　【网络产品、服务安全运行要求】

网络产品、服务应当符合相关国家标准的强制性要求。网络产品、服务的提供者不得设置恶意程序；发现其网络产品、服务存在安全缺陷、漏洞等风险时，应当立即采取补救措施，按照规定及时告知用户并向有关主管部门报告。

网络产品、服务的提供者应当为其产品、服务持续提供安全维护；在规定或者当事人约定的期限内，不得终止提供安全维护。

网络产品、服务具有收集用户信息功能的，其提供者应当向用户明示并取得同意；涉及用户个人信息的，还应当遵守本法和有关法律、行政法规关于个人信息保护的规定。

关联法规

◎ **行政法规**

《计算机信息系统安全保护条例》

第十六条　国家对计算机信息系统安全专用产品的销售实行许可证制度。具体办法由公安部会同有关部门制定。

◎ **部门规范性文件**

《网络产品安全漏洞管理规定》

第四条　任何组织或者个人不得利用网络产品安全漏洞从事危害网络安全的活动，不得非法收集、出售、发布网络产品安全漏洞信息；明知他人利用网络产品安全漏洞从事危害网络安全的活动的，不得为其提供技术支持、广告推广、支付结算等帮助。

第五条　网络产品提供者、网络运营者和网络产品安全漏洞收集平台应当建立健全网络产品安全漏洞信息接收渠道并保持畅通，留存网络产品安全漏洞信息接收日志不少于6个月。

第六条 鼓励相关组织和个人向网络产品提供者通报其产品存在的安全漏洞。

第七条 网络产品提供者应当履行下列网络产品安全漏洞管理义务，确保其产品安全漏洞得到及时修补和合理发布，并指导支持产品用户采取防范措施：

（一）发现或者获知所提供网络产品存在安全漏洞后，应当立即采取措施并组织对安全漏洞进行验证，评估安全漏洞的危害程度和影响范围；对属于其上游产品或者组件存在的安全漏洞，应当立即通知相关产品提供者。

（二）应当在2日内向工业和信息化部网络安全威胁和漏洞信息共享平台报送相关漏洞信息。报送内容应当包括存在网络产品安全漏洞的产品名称、型号、版本以及漏洞的技术特点、危害和影响范围等。

（三）应当及时组织对网络产品安全漏洞进行修补，对于需要产品用户（含下游厂商）采取软件、固件升级等措施的，应当及时将网络产品安全漏洞风险及修补方式告知可能受影响的产品用户，并提供必要的技术支持。

工业和信息化部网络安全威胁和漏洞信息共享平台同步向国家网络与信息安全信息通报中心、国家计算机网络应急技术处理协调中心通报相关漏洞信息。

鼓励网络产品提供者建立所提供网络产品安全漏洞奖励机制，对发现并通报所提供网络产品安全漏洞的组织或者个人给予奖励。

第八条 网络运营者发现或者获知其网络、信息系统及其设备存在安全漏洞后，应当立即采取措施，及时对安全漏洞进行验证并完成修补。

第九条 从事网络产品安全漏洞发现、收集的组织或者个人通过网络平台、媒体、会议、竞赛等方式向社会发布网络产品安全漏洞信息的，应当遵循必要、真实、客观以及有利于防范网络安全风险的原则，并遵守以下规定：

（一）不得在网络产品提供者提供网络产品安全漏洞修补措施之前发布漏洞信息；认为有必要提前发布的，应当与相关网络产品提供者共同评估协商，并向工业和信息化部、公安部报告，由工业和信息化部、公安部组织评估后进行发布。

（二）不得发布网络运营者在用的网络、信息系统及其设备存在安全漏洞的细节情况。

（三）不得刻意夸大网络产品安全漏洞的危害和风险，不得利用网络产品安全漏洞信息实施恶意炒作或者进行诈骗、敲诈勒索等违法犯罪活动。

（四）不得发布或者提供专门用于利用网络产品安全漏洞从事危害网络安全活动的程序和工具。

（五）在发布网络产品安全漏洞时，应当同步发布修补或者防范措施。

（六）在国家举办重大活动期间，未经公安部同意，不得擅自发布网络产品安全漏洞信息。

（七）不得将未公开的网络产品安全漏洞信息向网络产品提供者之外的境外组织或者个人提供。

（八）法律法规的其他相关规定。

第十条　任何组织或者个人设立的网络产品安全漏洞收集平台，应当向工业和信息化部备案。工业和信息化部及时向公安部、国家互联网信息办公室通报相关漏洞收集平台，并对通过备案的漏洞收集平台予以公布。

鼓励发现网络产品安全漏洞的组织或者个人向工业和信息化部网络安全威胁和漏洞信息共享平台、国家网络与信息安全信息通报中心漏洞平台、国家计算机网络应急技术处理协调中心漏洞平台、中国信息安全测评中心漏洞库报送网络产品安全漏洞信息。

第十一条　从事网络产品安全漏洞发现、收集的组织应当加强内部管理，采取措施防范网络产品安全漏洞信息泄露和违规发布。

《移动互联网应用程序信息服务管理规定》

第十条　应用程序应当符合相关国家标准的强制性要求。应用程序提供者发现应用程序存在安全缺陷、漏洞等风险时，应当立即采取补救措施，按照规定及时告知用户并向有关主管部门报告。

第二十三条　【关键设备和专用产品安全要求】

网络关键设备和网络安全专用产品应当按照相关国家标准的强制性要求，由具备资格的机构安全认证合格或者安全检测符合要求后，方可销售或者提供。国家网信部门会同国务院有关部门制定、公布网络关键设备和网络安全专用产品目录，并推动安全认证和安全检测结果互认，避免重复认证、检测。

关联法规

◎ **法律**

《密码法》

第二十六条　涉及国家安全、国计民生、社会公共利益的商用密码产品，应当依法列入网络关键设备和网络安全专用产品目录，由具备资格的机构检测认证合格后，方可销售或者提供。商用密码产品检测认证适用《中华人民共和国网络安全法》的有关规定，避免重复检测认证。

商用密码服务使用网络关键设备和网络安全专用产品的，应当经商用密码认证机构对该商用密码服务认证合格。

◎ **行政法规**

《商用密码管理条例》

第四十一条 网络运营者应当按照国家网络安全等级保护制度要求，使用商用密码保护网络安全。国家密码管理部门根据网络的安全保护等级，确定商用密码的使用、管理和应用安全性评估要求，制定网络安全等级保护密码标准规范。

第四十二条 商用密码应用安全性评估、关键信息基础设施安全检测评估、网络安全等级测评应当加强衔接，避免重复评估、测评。

第二十四条 【网络运营者用户身份管理要求】

网络运营者为用户办理网络接入、域名注册服务，办理固定电话、移动电话等入网手续，或者为用户提供信息发布、即时通讯等服务，在与用户签订协议或者确认提供服务时，应当要求用户提供真实身份信息。用户不提供真实身份信息的，网络运营者不得为其提供相关服务。

国家实施网络可信身份战略，支持研究开发安全、方便的电子身份认证技术，推动不同电子身份认证之间的互认。

关联法规

◎ **法律**

《反电信网络诈骗法》

第九条 电信业务经营者应当依法全面落实电话用户真实身份信息登记制度。

基础电信企业和移动通信转售企业应当承担对代理商落实电话用户实名制管理责任，在协议中明确代理商实名制登记的责任和有关违约处置措施。

第二十一条 电信业务经营者、互联网服务提供者为用户提供下列服务，在与用户签订协议或者确认提供服务时，应当依法要求用户提供真实身份信息，用户不提供真实身份信息的，不得提供服务：

（一）提供互联网接入服务；

（二）提供网络代理等网络地址转

换服务；

（三）提供互联网域名注册、服务器托管、空间租用、云服务、内容分发服务；

（四）提供信息、软件发布服务，或者提供即时通讯、网络交易、网络游戏、网络直播发布、广告推广服务。

《关于加强网络信息保护的决定》

六、网络服务提供者为用户办理网站接入服务，办理固定电话、移动电话等入网手续，或者为用户提供信息发布服务，应当在与用户签订协议或者确认提供服务时，要求用户提供真实身份信息。

《反恐怖主义法》

第二十一条　电信、互联网、金融、住宿、长途客运、机动车租赁等业务经营者、服务提供者，应当对客户身份进行查验。对身份不明或者拒绝身份查验的，不得提供服务。

◎ **行政法规**

《计算机信息网络国际联网安全保护管理办法》

第十三条　使用公用账号的注册者应当加强对公用账号的管理，建立账号使用登记制度。用户账号不得转借、转让。

◎ **部门规章**

《互联网新闻信息服务管理规定》

第十三条　互联网新闻信息服务提供者为用户提供互联网新闻信息传播平台服务，应当按照《中华人民共和国网络安全法》的规定，要求用户提供真实身份信息。用户不提供真实身份信息的，互联网新闻信息服务提供者不得为其提供相关服务。

互联网新闻信息服务提供者对用户身份信息和日志信息负有保密的义务，不得泄露、篡改、毁损，不得出售或非法向他人提供。

互联网新闻信息服务提供者及其从业人员不得通过采编、发布、转载、删除新闻信息，干预新闻信息呈现或搜索结果等手段谋取不正当利益。

《区块链信息服务管理规定》

第八条　区块链信息服务提供者应当按照《中华人民共和国网络安全法》的规定，对区块链信息服务使用者进行基于组织机构代码、身份证件号码或者移动电话号码等方式的真实身份信息认证。用户不进行真实身份信息认证的，区块链信息服务提供者不得为其提供相关服务。

《互联网用户账号信息管理规定》

第七条　互联网个人用户注册、使用账号信息，含有职业信息的，应当与个人真实职业信息相一致。

互联网机构用户注册、使用账号信息，应当与机构名称、标识等相一致，与机构性质、经营范围和所属行业类型等相符合。

第九条 互联网信息服务提供者为互联网用户提供信息发布、即时通讯等服务的，应当对申请注册相关账号信息的用户进行基于移动电话号码、身份证件号码或者统一社会信用代码等方式的真实身份信息认证。用户不提供真实身份信息，或者冒用组织机构、他人身份信息进行虚假注册的，不得为其提供相关服务。

第十一条 对于互联网用户申请注册提供互联网新闻信息服务、网络出版服务等依法需要取得行政许可的互联网信息服务的账号，或者申请注册从事经济、教育、医疗卫生、司法等领域信息内容生产的账号，互联网信息服务提供者应当要求其提供服务资质、职业资格、专业背景等相关材料，予以核验并在账号信息中加注专门标识。

第十二条 互联网信息服务提供者应当在互联网用户账号信息页面展示合理范围内的互联网用户账号的互联网协议（IP）地址归属地信息，便于公众为公共利益实施监督。

第十三条 互联网信息服务提供者应当在互联网用户公众账号信息页面，展示公众账号的运营主体、注册运营地址、内容生产类别、统一社会信用代码、有效联系方式、互联网协议（IP）地址归属地等信息。

《互联网信息服务深度合成管理规定》

第九条 深度合成服务提供者应当基于移动电话号码、身份证件号码、统一社会信用代码或者国家网络身份认证公共服务等方式，依法对深度合成服务使用者进行真实身份信息认证，不得向未进行真实身份信息认证的深度合成服务使用者提供信息发布服务。

◎ **部门规范性文件**

《即时通信工具公众信息服务发展管理暂行规定》

第六条 即时通信工具服务提供者应当按照"后台实名、前台自愿"的原则，要求即时通信工具服务使用者通过真实身份信息认证后注册账号。

即时通信工具服务使用者注册账号时，应当与即时通信工具服务提供者签订协议，承诺遵守法律法规、社会主义制度、国家利益、公民合法权益、公共秩序、社会道德风尚和信息真实性等"七条底线"。

《互联网直播服务管理规定》

第十二条 互联网直播服务提供者应当按照"后台实名、前台自愿"的原则，对互联网直播用户进行基于移动电话号码等方式的真实身份信息认证，对互联网直播发布者进行基于身份证件、营业执照、组织机构代码证等的认证登记。互联网直播服务提供者应当对互联网直播发布者的真实身份信息进行审核，向所在地省、自治区、直辖市互联网信息办公室分类备案，并在相关执法部门依法查询时予以提供。

互联网直播服务提供者应当保护互联网直播服务使用者身份信息和隐私，不得泄露、篡改、毁损，不得出售或者非法向他人提供。

第十三条　互联网直播服务提供者应当与互联网直播服务使用者签订服务协议，明确双方权利义务，要求其承诺遵守法律法规和平台公约。

互联网直播服务协议和平台公约的必备条款由互联网直播服务提供者所在地省、自治区、直辖市互联网信息办公室指导制定。

第十四条　互联网直播服务提供者应当对违反法律法规和服务协议的互联网直播服务使用者，视情采取警示、暂停发布、关闭账号等处置措施，及时消除违法违规直播信息内容，保存记录并向有关主管部门报告。

《互联网群组信息服务管理规定》

第六条　互联网群组信息服务提供者应当按照"后台实名、前台自愿"的原则，对互联网群组信息服务使用者进行真实身份信息认证，用户不提供真实身份信息的，不得为其提供信息发布服务。

互联网群组信息服务提供者应当采取必要措施保护使用者个人信息安全，不得泄露、篡改、毁损，不得非法出售或者非法向他人提供。

《互联网论坛社区服务管理规定》

第八条　互联网论坛社区服务提供者应当按照"后台实名、前台自愿"的原则，要求用户通过真实身份信息认证后注册账号，并对版块发起者和管理者实施真实身份信息备案、定期核验等。用户不提供真实身份信息的，互联网论坛社区服务提供者不得为其提供信息发布服务。

互联网论坛社区服务提供者应当加强对注册用户虚拟身份信息、版块名称简介等的审核管理，不得出现法律法规和国家有关规定禁止的内容。

互联网论坛社区服务提供者应当保护用户身份信息，不得泄露、篡改、毁损，不得非法出售或者非法向他人提供。

《微博客信息服务管理规定》

第七条　微博客服务提供者应当按照"后台实名、前台自愿"的原则，对微博客服务使用者进行基于组织机构代码、身份证件号码、移动电话号码等方式的真实身份信息认证、定期核验。微博客服务使用者不提供真实身份信息的，微博客服务提供者不得为其提供信息发布服务。

微博客服务提供者应当保障微博客服务使用者的信息安全，不得泄露、篡改、毁损，不得出售或者非法向他人提供。

第八条 微博客服务使用者申请前台实名认证账号的，应当提供与认证信息相符的有效证明材料。

境内具有组织机构特征的微博客服务使用者申请前台实名认证账号的，应当提供组织机构代码证、营业执照等有效证明材料。

境外组织和机构申请前台实名认证账号的，应当提供驻华机构出具的有效证明材料。

第十条 微博客服务提供者应当对申请前台实名认证账号的微博客服务使用者进行认证信息审核，并按照注册地向国家或省、自治区、直辖市互联网信息办公室分类备案。微博客服务使用者提供的证明材料与认证信息不相符的，微博客服务提供者不得为其提供前台实名认证服务。

各级党政机关、企事业单位、人民团体和新闻媒体等组织机构对所开设的前台实名认证账号发布的信息内容及其跟帖评论负有管理责任。微博客服务提供者应当提供管理权限等必要支持。

《网络音视频信息服务管理规定》

第八条 网络音视频信息服务提供者应当依照《中华人民共和国网络安全法》的规定，对用户进行基于组织机构代码、身份证件号码、移动电话号码等方式的真实身份信息认证。用户不提供真实身份信息的，网络音视频信息服务提供者不得为其提供信息发布服务。

《互联网用户公众账号信息服务管理规定》

第八条 公众账号信息服务平台应当采取复合验证等措施，对申请注册公众账号的互联网用户进行基于移动电话号码、居民身份证号码或者统一社会信用代码等方式的真实身份信息认证，提高认证准确率。用户不提供真实身份信息的，或者冒用组织机构、他人真实身份信息进行虚假注册的，不得为其提供相关服务。

公众账号信息服务平台应当对互联网用户注册的公众账号名称、头像和简介等进行合法合规性核验，发现账号名称、头像和简介与注册主体真实身份信息不相符的，特别是擅自使用或者关联党政机关、企事业单位等组织机构或者社会知名人士名义的，应当暂停提供服务并通知用户限期改正，拒不改正的，应当终止提供服务；发现相关注册信息含有违法和不良信息的，应当依法及时处置。

公众账号信息服务平台应当禁止被依法依约关闭的公众账号以相同账号名称重新注册；对注册与其关联度高的账号名称，还应当对账号主体真实身份信息、服务资质等进行必要核验。

第九条　公众账号信息服务平台对申请注册从事经济、教育、医疗卫生、司法等领域信息内容生产的公众账号，应当要求用户在注册时提供其专业背景，以及依照法律、行政法规获得的职业资格或者服务资质等相关材料，并进行必要核验。

公众账号信息服务平台应当对核验通过后的公众账号加注专门标识，并根据用户的不同主体性质，公示内容生产类别、运营主体名称、注册运营地址、统一社会信用代码、联系方式等注册信息，方便社会监督查询。

公众账号信息服务平台应当建立动态核验巡查制度，适时核验生产运营者注册信息的真实性、有效性。

第十条　公众账号信息服务平台应当对同一主体在本平台注册公众账号的数量合理设定上限。对申请注册多个公众账号的用户，还应当对其主体性质、服务资质、业务范围、信用评价等进行必要核验。

公众账号信息服务平台对互联网用户注册后超过六个月不登录、不使用的公众账号，可以根据服务协议暂停或者终止提供服务。

公众账号信息服务平台应当健全技术手段，防范和处置互联网用户超限量注册、恶意注册、虚假注册等违规注册行为。

第十一条　公众账号信息服务平台应当依法依约禁止公众账号生产运营者违规转让公众账号。

公众账号生产运营者向其他用户转让公众账号使用权的，应当向平台提出申请。平台应当依据前款规定对受让方用户进行认证核验，并公示主体变更信息。平台发现生产运营者未经审核擅自转让公众账号的，应当及时暂停或者终止提供服务。

公众账号生产运营者自行停止账号运营，可以向平台申请暂停或者终止使用。平台应当按照服务协议暂停或者终止提供服务。

《移动互联网应用程序信息服务管理规定》

第六条　应用程序提供者为用户提供信息发布、即时通讯等服务的，应当对申请注册的用户进行基于移动电话号码、身份证件号码或者统一社会信用代码等方式的真实身份信息认证。用户不提供真实身份信息，或者冒用组织机构、他人身份信息进行虚假注册的，不得为其提供相关服务。

第十九条　应用程序分发平台应当采取复合验证等措施，对申请上架的应用程序提供者进行基于移动电话号码、身份证件号码或者统一社会信用代码等多种方式相结合的真实身份信息认证。根据应用程序提供者的不同主体性质，公示提供者名称、统一社会信用代码等信息，方便社会监督查询。

第二十五条 【网络运营者网络应急处置义务】

网络运营者应当制定网络安全事件应急预案，及时处置系统漏洞、计算机病毒、网络攻击、网络侵入等安全风险；在发生危害网络安全的事件时，立即启动应急预案，采取相应的补救措施，并按照规定向有关主管部门报告。

关联法规

◎ **法律**

《电子商务法》

第三十条 电子商务平台经营者应当采取技术措施和其他必要措施保证其网络安全、稳定运行，防范网络违法犯罪活动，有效应对网络安全事件，保障电子商务交易安全。

电子商务平台经营者应当制定网络安全事件应急预案，发生网络安全事件时，应当立即启动应急预案，采取相应的补救措施，并向有关主管部门报告。

《数据安全法》

第二十九条 开展数据处理活动应当加强风险监测，发现数据安全缺陷、漏洞等风险时，应当立即采取补救措施；发生数据安全事件时，应当立即采取处置措施，按照规定及时告知用户并向有关主管部门报告。

◎ **行政法规**

《计算机信息系统安全保护条例》

第十四条 对计算机信息系统中发生的案件，有关使用单位应当在 24 小时内向当地县级以上人民政府公安机关报告。

第二十六条 【网络安全社会化服务活动要求】

开展网络安全认证、检测、风险评估等活动，向社会发布系统漏洞、计算机病毒、网络攻击、网络侵入等网络安全信息，应当遵守国家有关规定。

关联法规

◎ **行政法规**

《商用密码管理条例》

第十三条 从事商用密码产品检测、网络与信息系统商用密码应用安全性评估等商用密码检测活动，向社会出具具有证明作用的数据、结果的机构，应当经国家密码管理部门认定，依法取得商用密码检测机构资质。

第十四条 取得商用密码检测机构资质，应当符合下列条件：

（一）具有法人资格；

（二）具有与从事商用密码检测活动相适应的资金、场所、设备设施、专业人员和专业能力；

（三）具有保证商用密码检测活动有效运行的管理体系。

第十五条 申请商用密码检测机构资质，应当向国家密码管理部门提出书面申请，并提交符合本条例第十四条规定条件的材料。

国家密码管理部门应当自受理申请之日起20个工作日内，对申请进行审查，并依法作出是否准予认定的决定。

需要对申请人进行技术评审的，技术评审所需时间不计算在本条规定的期限内。国家密码管理部门应当将所需时间书面告知申请人。

第十六条 商用密码检测机构应当按照法律、行政法规和商用密码检测技术规范、规则，在批准范围内独立、公正、科学、诚信地开展商用密码检测，对出具的检测数据、结果负责，并定期向国家密码管理部门报送检测实施情况。

商用密码检测技术规范、规则由国家密码管理部门制定并公布。

第十七条 国务院市场监督管理部门会同国家密码管理部门建立国家统一推行的商用密码认证制度，实行商用密码产品、服务、管理体系认证，制定并公布认证目录和技术规范、规则。

第十八条 从事商用密码认证活动的机构，应当依法取得商用密码认证机构资质。

申请商用密码认证机构资质，应当向国务院市场监督管理部门提出书面申请。申请人除应当符合法律、行政法规和国家有关规定要求的认证机构基本条件外，还应当具有与从事商用密码认证活动相适应的检测、检查等技术能力。

国务院市场监督管理部门在审查商用密码认证机构资质申请时，应当征求国家密码管理部门的意见。

第十九条 商用密码认证机构应当按照法律、行政法规和商用密码认证技术规范、规则，在批准范围内独立、公正、科学、诚信地开展商用密码认证，对出具的认证结论负责。

商用密码认证机构应当对其认证的商用密码产品、服务、管理体系实施有效的跟踪调查，以保证通过认证的商用密码产品、服务、管理体系持续符合认证要求。

第二十条 涉及国家安全、国计民生、社会公共利益的商用密码产品，应当依法列入网络关键设备和网络安全专用产品目录，由具备资格的商用密码检测、认证机构检测认证合格后，方可销售或者提供。

第二十一条 商用密码服务使用网络关键设备和网络安全专用产品的，应当经商用密码认证机构对该商用密码服务认证合格。

第二十二条 采用商用密码技术提供电子认证服务，应当具有与使用密码相适应的场所、设备设施、专业人员、专业能力和管理体系，依法取得国家密码管理部门同意使用密码的证明文件。

第二十三条 电子认证服务机构应当按照法律、行政法规和电子认证服务密码使用技术规范、规则，使用密码提供电子认证服务，保证其电子认证服务密码使用持续符合要求。

电子认证服务密码使用技术规范、规则由国家密码管理部门制定并公布。

第二十四条 采用商用密码技术从事电子政务电子认证服务的机构，应当经国家密码管理部门认定，依法取得电子政务电子认证服务机构资质。

第二十五条 取得电子政务电子认证服务机构资质，应当符合下列条件：

（一）具有企业法人或者事业单位法人资格；

（二）具有与从事电子政务电子认证服务活动及其使用密码相适应的资金、场所、设备设施和专业人员；

（三）具有为政务活动提供长期电子政务电子认证服务的能力；

（四）具有保证电子政务电子认证服务活动及其使用密码安全运行的管理体系。

第二十六条 申请电子政务电子认证服务机构资质，应当向国家密码管理部门提出书面申请，并提交符合本条例第二十五条规定条件的材料。

国家密码管理部门应当自受理申请之日起20个工作日内，对申请进行审查，并依法作出是否准予认定的决定。

需要对申请人进行技术评审的，技术评审所需时间不计算在本条规定的期限内。国家密码管理部门应当将所需时间书面告知申请人。

第二十七条 外商投资电子政务电子认证服务，影响或者可能影响国家安全的，应当依法进行外商投资安全审查。

第二十八条 电子政务电子认证服务机构应当按照法律、行政法规和电子政务电子认证服务技术规范、规则，在批准范围内提供电子政务电子认证服务，并定期向主要办事机构所在地省、自治区、直辖市密码管理部门报送服务实施情况。

电子政务电子认证服务技术规范、规则由国家密码管理部门制定并公布。

第二十九条 国家建立统一的电子认证信任机制。国家密码管理部门负责电子认证信任源的规划和管理，会同有关部门推动电子认证服务互信互认。

第三十条　密码管理部门会同有关部门负责政务活动中使用电子签名、数据电文的管理。

政务活动中电子签名、电子印章、电子证照等涉及的电子认证服务，应当由依法设立的电子政务电子认证服务机构提供。

◎ **部门规章**

《儿童个人信息网络保护规定》

第十七条　网络运营者向第三方转移儿童个人信息的，应当自行或者委托第三方机构进行安全评估。

◎ **部门规范性文件**

《网络产品安全漏洞管理规定》

第九条　从事网络产品安全漏洞发现、收集的组织或者个人通过网络平台、媒体、会议、竞赛等方式向社会发布网络产品安全漏洞信息的，应当遵循必要、真实、客观以及有利于防范网络安全风险的原则，并遵守以下规定：

（一）不得在网络产品提供者提供网络产品安全漏洞修补措施之前发布漏洞信息；认为有必要提前发布的，应当与相关网络产品提供者共同评估协商，并向工业和信息化部、公安部报告，由工业和信息化部、公安部组织评估后进行发布。

（二）不得发布网络运营者在用的网络、信息系统及其设备存在安全漏洞的细节情况。

（三）不得刻意夸大网络产品安全漏洞的危害和风险，不得利用网络产品安全漏洞信息实施恶意炒作或者进行诈骗、敲诈勒索等违法犯罪活动。

（四）不得发布或者提供专门用于利用网络产品安全漏洞从事危害网络安全活动的程序和工具。

（五）在发布网络产品安全漏洞时，应当同步发布修补或者防范措施。

（六）在国家举办重大活动期间，未经公安部同意，不得擅自发布网络产品安全漏洞信息。

（七）不得将未公开的网络产品安全漏洞信息向网络产品提供者之外的境外组织或者个人提供。

（八）法律法规的其他相关规定。

第十条　任何组织或者个人设立的网络产品安全漏洞收集平台，应当向工业和信息化部备案。工业和信息化部及时向公安部、国家互联网信息办公室通报相关漏洞收集平台，并对通过备案的漏洞收集平台予以公布。

鼓励发现网络产品安全漏洞的组织或者个人向工业和信息化部网络安全威胁和漏洞信息共享平台、国家网络与信息安全信息通报中心漏洞平台、国家计算机网络应急技术处理协调中心漏洞平台、中国信息安全测评中心漏洞库报送网络产品安全漏洞信息。

第十一条　从事网络产品安全漏洞

发现、收集的组织应当加强内部管理，采取措施防范网络产品安全漏洞信息泄露和违规发布。

第二十七条　【危害网络安全行为的禁止规定】

任何个人和组织不得从事非法侵入他人网络、干扰他人网络正常功能、窃取网络数据等危害网络安全的活动；不得提供专门用于从事侵入网络、干扰网络正常功能及防护措施、窃取网络数据等危害网络安全活动的程序、工具；明知他人从事危害网络安全的活动的，不得为其提供技术支持、广告推广、支付结算等帮助。

关联法规

◎ 法律

《数据安全法》

第三十二条　任何组织、个人收集数据，应当采取合法、正当的方式，不得窃取或者以其他非法方式获取数据。

法律、行政法规对收集、使用数据的目的、范围有规定的，应当在法律、行政法规规定的目的和范围内收集、使用数据。

《反电信网络诈骗法》

第二十五条　任何单位和个人不得为他人实施电信网络诈骗活动提供下列支持或者帮助：

（一）出售、提供个人信息；

（二）帮助他人通过虚拟货币交易等方式洗钱；

（三）其他为电信网络诈骗活动提供支持或者帮助的行为。

电信业务经营者、互联网服务提供者应当依照国家有关规定，履行合理注意义务，对利用下列业务从事涉诈支持、帮助活动进行监测识别和处置：

（一）提供互联网接入、服务器托管、网络存储、通讯传输、线路出租、域名解析等网络资源服务；

（二）提供信息发布或者搜索、广告推广、引流推广等网络推广服务；

（三）提供应用程序、网站等网络技术、产品的制作、维护服务；

（四）提供支付结算服务。

《关于维护互联网安全的决定》

一、为了保障互联网的运行安全，对有下列行为之一，构成犯罪的，依照刑法有关规定追究刑事责任：

（一）侵入国家事务、国防建设、尖端科学技术领域的计算机信息系统；

（二）故意制作、传播计算机病毒等破坏性程序，攻击计算机系统及通信网络，致使计算机系统及通信网络遭受损害；

（三）违反国家规定，擅自中断计算机网络或者通信服务，造成计算机网络或者通信系统不能正常运行。

《密码法》

第十二条　任何组织或者个人不得窃取他人加密保护的信息或者非法侵入他人的密码保障系统。

任何组织或者个人不得利用密码从事危害国家安全、社会公共利益、他人合法权益等违法犯罪活动。

《反间谍法》

第四条　本法所称间谍行为，是指下列行为：

（一）间谍组织及其代理人实施或者指使、资助他人实施，或者境内外机构、组织、个人与其相勾结实施的危害中华人民共和国国家安全的活动；

（二）参加间谍组织或者接受间谍组织及其代理人的任务，或者投靠间谍组织及其代理人；

（三）间谍组织及其代理人以外的其他境外机构、组织、个人实施或者指使、资助他人实施，或者境内机构、组织、个人与其相勾结实施的窃取、刺探、收买、非法提供国家秘密、情报以及其他关系国家安全和利益的文件、数据、资料、物品，或者策动、引诱、胁迫、收买国家工作人员叛变的活动；

（四）间谍组织及其代理人实施或者指使、资助他人实施，或者境内外机构、组织、个人与其相勾结实施针对国家机关、涉密单位或者关键信息基础设施等的网络攻击、侵入、干扰、控制、破坏等活动；

（五）为敌人指示攻击目标；

（六）进行其他间谍活动。

间谍组织及其代理人在中华人民共和国领域内，或者利用中华人民共和国的公民、组织或者其他条件，从事针对第三国的间谍活动，危害中华人民共和国国家安全的，适用本法。

◎ 行政法规

《计算机信息系统安全保护条例》

第七条　任何组织或者个人，不得利用计算机信息系统从事危害国家利益、集体利益和公民合法利益的活动，不得危害计算机信息系统的安全。

《计算机信息网络国际联网安全保护管理办法》

第六条　任何单位和个人不得从事下列危害计算机信息网络安全的活动：

（一）未经允许，进入计算机信息网络或者使用计算机信息网络资源的；

（二）未经允许，对计算机信息网络功能进行删除、修改或者增加的；

（三）未经允许，对计算机信息网络中存储、处理或者传输的数据和应用程序进行删除、修改或者增加的；

（四）故意制作、传播计算机病毒等破坏性程序的；

（五）其他危害计算机信息网络安全的。

《电信条例》

第五十七条　任何组织或者个人不得有下列危害电信网络安全和信息安全的行为：

（一）对电信网的功能或者存储、处理、传输的数据和应用程序进行删除或者修改；

（二）利用电信网从事窃取或者破坏他人信息、损害他人合法权益的活动；

（三）故意制作、复制、传播计算机病毒或者以其他方式攻击他人电信网络等电信设施；

（四）危害电信网络安全和信息安全的其他行为。

《互联网上网服务营业场所管理条例》

第十五条　互联网上网服务营业场所经营单位和上网消费者不得进行下列危害信息网络安全的活动：

（一）故意制作或者传播计算机病毒以及其他破坏性程序的；

（二）非法侵入计算机信息系统或者破坏计算机信息系统功能、数据和应用程序的；

（三）进行法律、行政法规禁止的其他活动的。

《商用密码管理条例》

第三十五条　国家鼓励公民、法人和其他组织依法使用商用密码保护网络与信息安全，鼓励使用经检测认证合格的商用密码。

任何组织或者个人不得窃取他人加密保护的信息或者非法侵入他人的商用密码保障系统，不得利用商用密码从事危害国家安全、社会公共利益、他人合法权益等违法犯罪活动。

◎ 部门规章

《公路水路关键信息基础设施安全保护管理办法》

第五条　任何个人和组织不得实施非法侵入、干扰、破坏公路水路关键信息基础设施的活动，不得危害公路水路关键信息基础设施安全。

权威案例

◎ 指导性案例

付某豪、黄某超破坏计算机信息系统案
【最高法指导案例第 102 号】

裁判要点： 1. 通过修改路由器、浏览器设置、锁定主页或者弹出新窗口等技术手段，强制网络用户访问指定网站的"DNS 劫持"行为，属于破坏计算机信息系统，后果严重的，构成破坏计算机信息系统罪。

2. 对于"DNS 劫持"，应当根据造成不能正常运行的计算机信息系统数量、相关计算机信息系统不能正常运行的时间，以及所造成的损失或者影响等，认定其是"后果严重"还是"后果特别严重"。

徐某破坏计算机信息系统案【最高法指导案例第 103 号】

裁判要点：企业的机械远程监控系统属于计算机信息系统。违反国家规定，对企业的机械远程监控系统功能进行破坏，造成计算机信息系统不能正常运行，后果严重的，构成破坏计算机信息系统罪。

李某、何某民、张某勃等人破坏计算机信息系统案【最高法指导案例第 104 号】

裁判要点：环境质量监测系统属于计算机信息系统。用棉纱等物品堵塞环境质量监测采样设备，干扰采样，致使监测数据严重失真的，构成破坏计算机信息系统罪。

张某杰等非法控制计算机信息系统案【最高法指导案例第 145 号】

裁判要点：1. 通过植入木马程序的方式，非法获取网站服务器的控制权限，进而通过修改、增加计算机信息系统数据，向相关计算机信息系统上传网页链接代码的，应当认定为刑法第二百八十五条第二款"采用其他技术手段"非法控制计算机信息系统的行为。

2. 通过修改、增加计算机信息系统数据，对该计算机信息系统实施非法控制，但未造成系统功能实质性破坏或者不能正常运行的，不应当认定为破坏计算机信息系统罪，符合刑法第二百八十五条第二款规定的，应当认定为非法控制计算机信息系统罪。

李某龙破坏计算机信息系统案【最高检指导案例第 33 号】

要旨：以修改域名解析服务器指向的方式劫持域名，造成计算机信息系统不能正常运行，是破坏计算机信息系统的行为。

◎ **公报案例**

江苏省无锡市滨湖区人民检察院诉马某松等破坏计算机信息系统案【《最高人民法院公报》2009 年第 2 期】

裁判摘要：根据《中华人民共和国刑法》第二百八十六条的规定，违反国家规定，对计算机信息系统功能进行删除、修改、增加、干扰或对计算机信息系统中存储、处理或者传输的数据和应用程序进行删除、修改、增加的操作或者故意制作、传播计算机病毒等破坏性程序，造成计算机信息系统不能正常运行，后果严重的，构成破坏计算机信息系统罪。

行为人违反国家规定，采用干扰的技术手段攻击劫持互联网运营商的公共域名服务器，在域名服务器中添加指令，在大量个人计算机信息系统中植入木马病毒，造成计算机信息系统不能正常运行，后果严重的，应以破坏计算机信息系统罪定罪处罚。

◎ **典型案例**

涂某通、万某玲帮助信息网络犯罪活动案

【在校学生涉"两卡"犯罪典型案例之一（2021 年 6 月 23 日）】

典型意义： 从近年来的办案情况看，手机卡、银行卡（以下简称"两卡"）已经成为电信网络诈骗犯罪分子实施诈骗、转移赃款的重要工具。为依法严厉打击非法出租、出售"两卡"违法犯罪活动，2020 年 10 月起，最高人民法院、最高人民检察院、公安部、工业和信息化部、中国人民银行等五部门联合部署开展"断卡"行动，以斩断电信网络诈骗违法犯罪的信息流和资金链。

工作中发现，部分在校学生由于社会阅历不足、法治观念淡薄，已成为非法买卖"两卡"的重要群体之一。在利益诱惑面前，有的学生迷失方向，一步步陷入违法犯罪泥潭，从办卡、卖卡发展到组织收卡、贩卡，成为潜伏在校园中的"卡商"。本案被告人即是这样的"卡商"，他们不仅出售自己的银行卡，还在学校里招揽同学出售银行卡。这些银行卡经过层层周转，落入到诈骗人员等犯罪分子手中，用于流转非法资金，危害不容小觑。对于从"工具人"转变为"卡商"的在校学生，应当综合其犯罪事实、情节和认罪态度，依法追究刑事责任。

对于办案中发现的在校学生涉电信网络诈骗以及"两卡"犯罪风险点，检察机关和教育部门要加强以案释法，深入校园开展形式多样的法治宣传教育活动。特别是对于案件相对多发的学校，要共同研究加强教育管理的意见，提升在校学生的风险意识和防范能力，避免成为犯罪"工具人"。办案地和学校所在地检察机关要加强沟通衔接，及时通报情况，积极提供协助，共同推动做好社会治理工作。

周某平、施某青帮助信息网络犯罪活动案

【检察机关打击治理电信网络诈骗及关联犯罪典型案例之十（2022 年 4 月 21 日）】

典型意义：（一）非法买卖宽带账号并提供隐藏 IP 地址等技术服务，属于为网络犯罪提供技术支持或帮助，应当依法从严惩治。宽带账号直接关联到用户网络个人信息，关系到互联网日常管理维护，宽带账号实名制是互联网管理的一项基本要求。电信网络从业人员利用职务便利，冒用校园用户信息开通宽带账户倒卖，为犯罪分子隐藏真实身份提供技术支持帮助，侵犯用户的合法权益、影响网络正常管理，也给司法办案制造了障碍。对于上述行为，情节严重的，构成帮助信息网络犯罪活动罪，应当依法追诉；对于行业内部人员利用工作便利实施上述行为的，依法从严惩治。

（二）规范通信运营服务，严格行业内部人员管理，加强源头治理，防范网络风险。加强通信行业监管是打击治理电信网络诈骗的重要内容。网络黑灰产业不断升级发展，给电信行业监管带来不少新问题。对此，检察机关要结合办案所反映出的风险问题，会同行业主管部门督促业内企业严格落实用户实名制，规范用户账号管理；建立健全用户信息收集、使用、保密管理机制，及时堵塞风险漏洞，对于频繁应用于诈骗等违法犯罪活动的高风险业务及时清理规范。要督促有关企业加强对内部人员管理，加大违法违规案例曝光，强化警示教育，严格责任追究，构筑企业内部安全"防火墙"。

（三）加强校园及周边综合治理，深化法治宣传教育，共同牢筑网络安全的校园防线。当前，校园及周边电信网络诈骗及其关联案件时有发生，一些在校学生不仅容易成为诈骗的对象，也容易为了眼前小利沦为诈骗犯罪的"工具人"。要深化检校协作，结合发案情况，深入开展校园及周边安全风险排查整治，深入开展"反诈进校园"活动，规范校园内电信、金融网点的设立、运营，重视加强就业兼职等重点领域的法治教育。

南通某某网络科技有限公司、万某某等人破坏计算机信息系统案【检察机关依法惩治破坏市场竞争秩序犯罪典型案例之四（2022年8月4日）】

典型意义：（一）准确认定采取流量攻击妨碍、破坏竞争对手网络服务的行为性质，依法打击不正当竞争行为。根据《中华人民共和国反不正当竞争法》第十二条第二款第四项的规定，妨碍、破坏其他经营者合法提供的网络产品或者服务正

常运行的，属不正当竞争行为。实践中，利用流量等技术手段攻击竞争对手网站是同行恶意竞争的常见手段。办案中，检察机关注重审查攻击手段造成计算机信息系统不能提供网络服务以及因此造成的经济损失情况。对行为人出于恶意竞争、打击报复等目的，以流量攻击的方式，致使他人合法提供的网络服务不能正常运行，造成经济损失，同时构成破坏计算机信息系统罪、破坏生产经营罪的，应从一重罪处断。

（二）发挥案例法治教育作用，营造公平竞争市场环境。为推动企业建立良性竞争机制，检察机关结合办案中发现的涉案企业存在的法律风险意识不足、管理制度不健全等问题：一方面，严格落实普法责任制，开展"送法进企业"，邀请涉案企业代表参加法治讲座、公开听证、旁听庭审等，帮助企业明确市场竞争主体权利义务、争议解决途径；另一方面，结合办案，通过实地走访等，针对公司经营中的困难和问题提出针对性建议，帮助企业建立健全公平竞争规章制度，引导企业依法经营。

浙江杭州某公司、陈某某等人帮助信息网络犯罪活动案【涉案企业合规典型案例（第四批）之五（2023年1月16日）】

典型意义：1. 强化能动履职，深入推进企业整改。检察机关从个案出发，考虑涉案企业系辖区重点培育企业，公司规模较大，员工达千余人，所涉犯罪涉及公

司部分业务，罪名反映问题较新等诸多因素，从维护社会稳定、促进企业经营发展、保障劳动力就业等公共利益角度综合考虑决定对涉案企业开展合规整改。检察机关将企业合规与认罪认罚从宽制度、不起诉制度融合推进，督促企业重新审视经营流程和机制漏洞，引导企业从源头上完善内部管理体系。

2. 选好第三方组织，确保监督评估效果。第三方组织承担对涉案企业的调查、监督、评估、考核等职责，其专业人员库能否用好，直接关系第三方监督评估的实际效果。该涉案企业存在互联网企业营运模式的专业化特征，且本案又涉互联网广告运营这一特殊领域，检察机关基于涉案合规业务的特性，组建由浙江大学网络安全学术专家、行政主管机关领导、广告业内专家、法律实务专家等组成的第三方监督评估组织。在行政主管的政策引导和业务专家的技术支撑下，合规指导精准有力。

3. 针对犯罪成因的专项合规计划辅之以技术监管，形成行业合规示范效应。该案中，针对广告主身份认证这一关键问题，检察机关和第三方监督评估组要求涉案企业克服困难坚决整改到位，在管好自己的同时也要管理好合作伙伴。通过"制度构建+技术升级"，涉案企业初步建立了刑事合规管理体系，一方面，通过对合作伙伴的管理，在一定程度上净化了行业风气；另一方面，也通过技

术提升，在违法广告的巡查、筛选方面提出了六项专利权申请，将作弊监测系统、防篡改系统、自动审核系统、异常排查系统等技术手段应用于涉互联网广告行业相关企业，以点带面，有效推动行业良性发展。

4. 强化诉源治理，助力数字经济发展。办案检察机关通过联合相关部门搭建平台、整合数据、对有刑事风险的科创企业进行事先预警评估，督促开展合规整改，探索建立适度容错机制，有效激发了市场主体活力。同时，通过制发数据合规指引，引导企业自主构建数据合规管理、运行、保障和处置体系，强化企业数据安全保障意识和犯罪预防意识，实现"惩""防""治"工作的一体化开展，较好地推动了末端处理与前端治理的有机融合，有力促进了区域数字经济健康发展，彰显了检察担当。

第二十八条　【网络运营者技术支持协助义务】

网络运营者应当为公安机关、国家安全机关依法维护国家安全和侦查犯罪的活动提供技术支持和协助。

关联法规

◎ 法律

《数据安全法》

第三十五条　公安机关、国家安全机关因依法维护国家安全或者侦查犯罪的需要调取数据，应当按照国家有关规定，经过严格的批准手续，依法进行，有关组织、个人应当予以配合。

《反电信网络诈骗法》

第二十六条　公安机关办理电信网络诈骗案件依法调取证据的，互联网服务提供者应当及时提供技术支持和协助。

互联网服务提供者依照本法规定对有关涉诈信息、活动进行监测时，发现涉诈违法犯罪线索、风险信息的，应当依照国家有关规定，根据涉诈风险类型、程度情况移送公安、金融、电信、网信等部门。有关部门应当建立完善反馈机制，将相关情况及时告知移送单位。

《反恐怖主义法》

第十八条　电信业务经营者、互联网服务提供者应当为公安机关、国家安全机关依法进行防范、调查恐怖活动提供技术接口和解密等技术支持和协助。

◎ 部门规章

《区块链信息服务管理规定》

第十八条　区块链信息服务提供者应当配合网信部门依法实施的监督检查，并提供必要的技术支持和协助。

区块链信息服务提供者应当接受社会监督，设置便捷的投诉举报入口，及时处理公众投诉举报。

第二十九条　**【网络安全风险的社会合作应对】**

国家支持网络运营者之间在网络安全信息收集、分析、通报和应急处置等方面进行合作，提高网络运营者的安全保障能力。

有关行业组织建立健全本行业的网络安全保护规范和协作机制，加强对网络安全风险的分析评估，定期向会员进行风险警示，支持、协助会员应对网络安全风险。

第三十条　**【相关部门执法信息用途的限制】**

网信部门和有关部门在履行网络安全保护职责中获取的信息，只能用于维护网络安全的需要，不得用于其他用途。

关联法规

◎ 行政法规

《商用密码管理条例》

第四十七条　商用密码检测、认证机构和电子政务电子认证服务机构及其工作人员，应当对其在商用密码活动中所知悉的国家秘密和商业秘密承担保密义务。

密码管理部门和有关部门及其工作人员不得要求商用密码科研、生产、销售、服务、进出口等单位和商用密码检测、认证机构向其披露源代码等密码相关专有信息，并对其在履行职责中知悉的商业秘密和个人隐私严格保密，不得泄露或者非法向他人提供。

◎ 部门规章

《公安机关互联网安全监督检查规定》

第五条　公安机关及其工作人员对履行互联网安全监督检查职责中知悉的个人信息、隐私、商业秘密和国家秘密，应当严格保密，不得泄露、出售或者非法向他人提供。

公安机关及其工作人员在履行互联网安全监督检查职责中获取的信息，只能用于维护网络安全的需要，不得用于其他用途。

第二节　关键信息基础设施的运行安全

第三十一条　【关键信息基础设施安全保护体系】

国家对公共通信和信息服务、能源、交通、水利、金融、公共服务、电子政务等重要行业和领域，以及其他一旦遭到破坏、丧失功能或者数据泄露，可能严重危害国家安全、国计民生、公共利益的关键信息基础设施，在网络安全等级保护制度的基础上，实行重点保护。关键信息基础设施的具体范围和安全保护办法由国务院制定。

国家鼓励关键信息基础设施以外的网络运营者自愿参与关键信息基础设施保护体系。

关联法规

◎ 行政法规

《关键信息基础设施安全保护条例》

第一条　为了保障关键信息基础设施安全，维护网络安全，根据《中华人民共和国网络安全法》，制定本条例。

第二条　本条例所称关键信息基础设施，是指公共通信和信息服务、能源、交通、水利、金融、公共服务、电子政务、国防科技工业等重要行业和领域的，以及其他一旦遭到破坏、丧失功能或者数据泄露，可能严重危害国家安全、国计民生、公共利益的重要网络设施、信息系统等。

第四条　关键信息基础设施安全保护坚持综合协调、分工负责、依法保护，强化和落实关键信息基础设施运营者（以下简称运营者）主体责任，充分发挥政府及社会各方面的作用，共同保护关键信息基础设施安全。

第五条　国家对关键信息基础设施实行重点保护，采取措施，监测、防御、处置来源于中华人民共和国境内外的网络安全风险和威胁，保护关键信息基础设施免受攻击、侵入、干扰和破坏，依法惩治危害关键信息基础设施安全的违法犯罪活动。

任何个人和组织不得实施非法侵入、干扰、破坏关键信息基础设施的活动，不得危害关键信息基础设施安全。

第七条　对在关键信息基础设施安全保护工作中取得显著成绩或者作出突出贡献的单位和个人，按照国家有关规定给予表彰。

第八条　本条例第二条涉及的重要行业和领域的主管部门、监督管理部门是负责关键信息基础设施安全保护工作的部门（以下简称保护工作部门）。

第九条　保护工作部门结合本行业、本领域实际，制定关键信息基础设施认定规则，并报国务院公安部门备案。

制定认定规则应当主要考虑下列因素：

（一）网络设施、信息系统等对于本行业、本领域关键核心业务的重要程度；

（二）网络设施、信息系统等一旦遭到破坏、丧失功能或者数据泄露可能带来的危害程度；

（三）对其他行业和领域的关联性影响。

第十条　保护工作部门根据认定规则负责组织认定本行业、本领域的关键信息基础设施，及时将认定结果通知运营者，并通报国务院公安部门。

第十一条　关键信息基础设施发生较大变化，可能影响其认定结果的，运营者应当及时将相关情况报告保护工作部门。保护工作部门自收到报告之日起3个月内完成重新认定，将认定结果通知运营者，并通报国务院公安部门。

第三十一条　未经国家网信部门、国务院公安部门批准或者保护工作部门、运营者授权，任何个人和组织不得对关键信息基础设施实施漏洞探测、渗透性测试等可能影响或者危害关键信息基础设施安全的活动。对基础电信网络实施漏洞探测、渗透性测试等活动，应当事先向国务院电信主管部门报告。

第三十二条　国家采取措施，优先保障能源、电信等关键信息基础设施安全运行。

能源、电信行业应当采取措施，为其他行业和领域的关键信息基础设施安全运行提供重点保障。

第三十四条　国家制定和完善关键信息基础设施安全标准，指导、规范关键信息基础设施安全保护工作。

第三十五条　国家采取措施，鼓励网络安全专门人才从事关键信息基础设施安全保护工作；将运营者安全管理人员、安全技术人员培训纳入国家继续教育体系。

第三十六条　国家支持关键信息基础设施安全防护技术创新和产业发展，组织力量实施关键信息基础设施安全技术攻关。

第三十七条　国家加强网络安全服务机构建设和管理，制定管理要求并加强监督指导，不断提升服务机构能力水平，充分发挥其在关键信息基础设施安全保护中的作用。

第三十八条　国家加强网络安全军民融合，军地协同保护关键信息基础设施安全。

> **第三十二条　【关键信息基础设施安全保护职责分工】**
>
> 按照国务院规定的职责分工，负责关键信息基础设施安全保护工作的部门分别编制并组织实施本行业、本领域的关键信息基础设施安全规划，指导和监督关键信息基础设施运行安全保护工作。

关联法规

◎ **行政法规**

《关键信息基础设施安全保护条例》

第三条　在国家网信部门统筹协调下，国务院公安部门负责指导监督关键信息基础设施安全保护工作。国务院电信主管部门和其他有关部门依照本条例和有关法律、行政法规的规定，在各自职责范围内负责关键信息基础设施安全保护和监督管理工作。

省级人民政府有关部门依据各自职责对关键信息基础设施实施安全保护和监督管理。

第三十三条　公安机关、国家安全机关依据各自职责依法加强关键信息基础设施安全保卫，防范打击针对和利用关键信息基础设施实施的违法犯罪活动。

◎ **部门规章**

《公路水路关键信息基础设施安全保护管理办法》

第六条　交通运输部负责制定和修改公路水路关键信息基础设施认定规则，并报国务院公安部门备案。

制定和修改认定规则应当主要考虑下列因素：

（一）网络设施、信息系统等对于公路水路关键核心业务的重要程度；

（二）网络设施、信息系统等是否存储处理国家核心数据，以及网络设施、信息系统等一旦遭到破坏、丧失功能或者数据泄露可能带来的危害程度；

（三）对其他行业和领域的关联性影响。

第七条　交通运输部根据认定规则负责组织认定公路水路关键信息基础设施，形成公路水路关键信息基础设施清单，及时将认定结果通知运营者，并通报国务院公安部门。

第八条　公路水路关键信息基础设施发生改建、扩建、运营者变更等较大变化，可能影响其认定结果的，运营者应当及时将相关情况报告交通运输部。交通运输部自收到报告之日起3个月内完成重新认定，更新公路水路关键信息基础设施清单，并通报国务院公安部门。

第九条　省级人民政府交通运输主管部门应当按照交通运输部的相关要求，负责组织筛选识别省级行政区域内运营的公路水路关键信息基础设施待认定对象，并研究提出初步认定意见报交通运输部。

交通运输部应当将认定结果通知省级人民政府交通运输主管部门。

第二十四条　交通运输部应当制定公路水路关键信息基础设施安全规划，明确保护目标、基本要求、工作任务、具体措施。

交通运输主管部门、运营者应当严格落实公路水路关键信息基础设施安全规划。

◎ **部门规范性文件**

《贯彻落实网络安全等级保护制度和关键信息基础设施安全保护制度的指导意见》

三、建立并实施关键信息基础设施安全保护制度

公安机关指导监督关键信息基础设施安全保护工作。各单位、各部门应加强关键信息基础设施安全的法律体系、政策体系、标准体系、保护体系、保卫体系和保障体系建设，建立并实施关键信息基础设施安全保护制度，在落实网络安全等级保护制度基础上，突出保护重点，强化保护措施，切实维护关键信息基础设施安全。

（一）组织认定关键信息基础设施。根据党中央和公安部有关规定，公共通信和信息服务、能源、交通、水利、金融、公共服务、电子政务、国防科技工业等重要行业和领域的主管、监管部门（以下统称保护工作部门）应制定本行业、本领域关键信息基础设施认定规则并报公安部备案。保护工作部门根据认定规则负责组织认定本行业、本领域关键信息基础设施，及时将认定结果通知相关设施运营者并报公安部。应将符合认定条件的基础网络、大型专网、核心业务系统、云平台、大数据平台、物联网、工业控制系统、智能制造系统、新型互联网、新兴通讯设施等重点保护对象纳入关键信息基础设施。关键信息基础设施清单实行动态调整机制，有关网络设施、信息系统发生较大变化，可能影响其认定结果的，运营者应及时将相关情况报告保护工作部门，保护工作部门应组织重新认定，将认定结果通知运营者，并报公安部。

（二）明确关键信息基础设施安全保护工作职能分工。公安部负责关键信息基础设施安全保护工作的顶层设计和规划部署，会同相关部门健全完善关键信息基础设施安全保护制度体系。保护工作部门负责对本行业、本领域关键信息基础设施安全保护工作的组织领导，根据国家网络安全法律法规和有关标准规范要求，制定并实施本行业、本领域关键信息基础设施安全总体规划和安全

防护策略，落实本行业、本领域网络安全指导监督责任。关键信息基础设施运营者负责设置专门安全管理机构，组织开展关键信息基础设施安全保护工作，主要负责人对本单位关键信息基础设施安全保护负总责。

（三）落实关键信息基础设施重点防护措施。关键信息基础设施运营者应依据网络安全等级保护标准开展安全建设并进行等级测评，发现问题和风险隐患要及时整改；依据关键信息基础设施安全保护标准，加强安全保护和保障，并进行安全检测评估。要梳理网络资产，建立资产档案，强化核心岗位人员管理、整体防护、监测预警、应急处置、数据保护等重点保护措施，合理分区分域，收敛互联网暴露面，加强网络攻击威胁管控，强化纵深防御，积极利用新技术开展网络安全保护，构建以密码技术、可信计算、人工智能、大数据分析等为核心的网络安全保护体系，不断提升关键信息基础设施内生安全、主动免疫和主动防御能力。有条件的运营者应组建自己的安全服务机构，承担关键信息基础设施安全保护任务，也可通过迁移上云或购买安全服务等方式，提高网络安全专业化、集约化保障能力。

（四）加强重要数据和个人信息保护。运营者应建立并落实重要数据和个人信息安全保护制度，对关键信息基础

设施中的重要网络和数据库进行容灾备份，采取身份鉴别、访问控制、密码保护、安全审计、安全隔离、可信验证等关键技术措施，切实保护重要数据全生命周期安全。运营者在境内运营中收集和产生的个人信息和重要数据应当在境内存储，因业务需要，确需向境外提供的，应当遵守有关规定并进行安全评估。

（五）强化核心岗位人员和产品服务的安全管理。要对专门安全管理机构的负责人和关键岗位人员进行安全背景审查，加强管理。要对关键信息基础设施设计、建设、运行、维护等服务实施安全管理，采购安全可信的网络产品和服务，确保供应链安全。当采购产品和服务可能影响国家安全的，应按照国家有关规定通过安全审查。公安机关加强对关键信息基础设施安全服务机构的安全管理，为运营者开展安全保护工作提供支持。

第三十三条　【关键信息基础设施建设的安全保护要求】

建设关键信息基础设施应当确保其具有支持业务稳定、持续运行的性能，并保证安全技术措施同步规划、同步建设、同步使用。

关联法规

◎ **法律**

《社会保险法》

第七十五条　全国社会保险信息系统按照国家统一规划，由县级以上人民政府按照分级负责的原则共同建设。

◎ **行政法规**

《电信条例》

第六十条　电信业务经营者在电信网络的设计、建设和运行中，应当做到与国家安全和电信网络安全的需求同步规划，同步建设，同步运行。

《关键信息基础设施安全保护条例》

第十二条　安全保护措施应当与关键信息基础设施同步规划、同步建设、同步使用。

◎ **部门规章**

《通信网络安全防护管理办法》

第六条　通信网络运行单位新建、改建、扩建通信网络工程项目，应当同步建设通信网络安全保障设施，并与主体工程同时进行验收和投入运行。

通信网络安全保障设施的新建、改建、扩建费用，应当纳入本单位建设项目概算。

《公路水路关键信息基础设施安全保护管理办法》

第十条　新建、改建、扩建或者升级改造公路水路关键信息基础设施的，安全保护措施应当与公路水路关键信息基础设施同步规划、同步建设、同步使用。

运营者应当按照国家有关规定对安全保护措施予以验证。

第三十四条 【关键信息基础设施运营者安全保护义务】

除本法第二十一条的规定外，关键信息基础设施的运营者还应当履行下列安全保护义务：

（一）设置专门安全管理机构和安全管理负责人，并对该负责人和关键岗位的人员进行安全背景审查；

（二）定期对从业人员进行网络安全教育、技术培训和技能考核；

（三）对重要系统和数据库进行容灾备份；

（四）制定网络安全事件应急预案，并定期进行演练；

（五）法律、行政法规规定的其他义务。

关联法规

◎ 行政法规

《关键信息基础设施安全保护条例》

第六条 运营者依照本条例和有关法律、行政法规的规定以及国家标准的强制性要求，在网络安全等级保护的基础上，采取技术保护措施和其他必要措施，应对网络安全事件，防范网络攻击和违法犯罪活动，保障关键信息基础设施安全稳定运行，维护数据的完整性、保密性和可用性。

第十三条 运营者应当建立健全网络安全保护制度和责任制，保障人力、财力、物力投入。运营者的主要负责人对关键信息基础设施安全保护负总责，领导关键信息基础设施安全保护和重大网络安全事件处置工作，组织研究解决重大网络安全问题。

第十四条 运营者应当设置专门安全管理机构，并对专门安全管理机构负责人和关键岗位人员进行安全背景审查。审查时，公安机关、国家安全机关应当予以协助。

第十五条 专门安全管理机构具体负责本单位的关键信息基础设施安全保护工作，履行下列职责：

（一）建立健全网络安全管理、评价考核制度，拟订关键信息基础设施安全保护计划；

（二）组织推动网络安全防护能力建设，开展网络安全监测、检测和风险评估；

（三）按照国家及行业网络安全事件应急预案，制定本单位应急预案，定期开展应急演练，处置网络安全事件；

（四）认定网络安全关键岗位，组织开展网络安全工作考核，提出奖励和惩处建议；

（五）组织网络安全教育、培训；

（六）履行个人信息和数据安全保护责任，建立健全个人信息和数据安全保护制度；

（七）对关键信息基础设施设计、建设、运行、维护等服务实施安全管理；

（八）按照规定报告网络安全事件和重要事项。

第十六条　运营者应当保障专门安全管理机构的运行经费、配备相应的人员，开展与网络安全和信息化有关的决策应当有专门安全管理机构人员参与。

第十八条　关键信息基础设施发生重大网络安全事件或者发现重大网络安全威胁时，运营者应当按照有关规定向保护工作部门、公安机关报告。

发生关键信息基础设施整体中断运行或者主要功能故障、国家基础信息以及其他重要数据泄露、较大规模个人信息泄露、造成较大经济损失、违法信息较大范围传播等特别重大网络安全事件或者发现特别重大网络安全威胁时，保护工作部门应当在收到报告后，及时向国家网信部门、国务院公安部门报告。

第二十一条　运营者发生合并、分立、解散等情况，应当及时报告保护工作部门，并按照保护工作部门的要求对关键信息基础设施进行处置，确保安全。

◎ 部门规章

《通信网络安全防护管理办法》

第十三条　通信网络运行单位应当对通信网络单元的重要线路、设备、系统和数据等进行备份。

第十四条　通信网络运行单位应当组织演练，检验通信网络安全防护措施的有效性。

通信网络运行单位应当参加电信管理机构组织开展的演练。

《公路水路关键信息基础设施安全保护管理办法》

第四条　公路水路关键信息基础设施安全保护坚持强化和落实公路水路关键信息基础设施运营者（以下简称运营者）主体责任，加强和规范交通运输主管部门监督管理，充分发挥社会各方面的作用，共同保护公路水路关键信息基础设施安全。

第十一条　运营者应当建立健全网

络安全保护制度和责任制，保障人力、财力、物力投入。运营者的主要负责人对公路水路关键信息基础设施安全保护负总责，领导关键信息基础设施安全保护和重大网络安全事件处置工作，组织研究解决重大网络安全问题。

运营者应当明确管理本单位公路水路关键信息基础设施安全保护工作的具体负责人。

第十二条　运营者应当设置专门安全管理机构，明确负责人和关键岗位人员并进行安全背景审查和安全技能培训，符合要求的人员方能上岗。鼓励网络安全专门人才从事公路水路关键信息基础设施安全保护工作。

运营者应当保障专门安全管理机构的人员配备，开展与网络安全和信息化有关的决策应当有专门安全管理机构人员参与。

专门安全管理机构的负责人和关键岗位人员的身份、安全背景等发生变化或者必要时，运营者应当重新进行安全背景审查。

第十三条　运营者应当保障专门安全管理机构的运行经费，并依法依规严格规范经费使用和管理，防止资金挤占挪用。

重要网络设施和安全设备达到使用期限的，运营者应当优先保障设施设备更新经费。

第十六条　公路水路关键信息基础设施的网络安全保护等级应当不低于第三级。

运营者应当在网络安全等级保护的基础上，对公路水路关键信息基础设施实行重点保护，采取技术保护措施和其他必要措施，应对网络安全事件，防范网络攻击和违法犯罪活动，保障公路水路关键信息基础设施安全稳定运行，维护数据的完整性、保密性和可用性。

第二十条　运营者应当制定网络安全教育培训制度，定期开展网络安全教育培训和技能考核。教育培训的具体内容和学时应当遵守国家有关规定。

第二十一条　运营者应当建设本单位网络安全监测系统，对公路水路关键信息基础设施开展全天候监测和值班值守。

运营者应当加强本单位网络安全信息通报预警力量建设，依托国家网络与信息安全信息通报机制，及时收集、汇总、分析各方网络安全信息，组织开展网络安全威胁分析和态势研判，及时通报预警和处置。

第二十二条　运营者应当按照国家有关要求制定网络安全事件应急预案，建立网络安全事件应急处置机制，加强应急力量建设和应急资源储备，每年至少开展一次应急演练，并针对应急演练发现的突出问题和漏洞隐患，及时整改加固，完善保护措施。

第二十三条　部级设施发生重大网络安全事件或者发现重大网络安全威胁时，运营者应当直接向交通运输部、公安机关报告，并立即启动本单位网络安全事件应急预案。

省级设施发生重大网络安全事件或者发现重大网络安全威胁时，运营者应当立即向省级人民政府交通运输主管部门、公安机关报告，并启动本单位网络安全事件应急预案。省级人民政府交通运输主管部门应当将相关情况及时报告交通运输部。

公路水路关键信息基础设施发生特别重大安全事件或者发现特别重大网络安全威胁时，交通运输部应当在收到报告后，及时向国家网信部门、国务院公安部门报告。

第三十五条　【关键信息基础设施采购的国家安全审查】

关键信息基础设施的运营者采购网络产品和服务，可能影响国家安全的，应当通过国家网信部门会同国务院有关部门组织的国家安全审查。

关联法规

◎ 法律

《数据安全法》

第二十四条　国家建立数据安全审查制度，对影响或者可能影响国家安全的数据处理活动进行国家安全审查。

依法作出的安全审查决定为最终决定。

《国家安全法》

第五十九条　国家建立国家安全审查和监管的制度和机制，对影响或者可能影响国家安全的外商投资、特定物项和关键技术、网络信息技术产品和服务、涉及国家安全事项的建设项目，以及其他重大事项和活动，进行国家安全审查，有效预防和化解国家安全风险。

《密码法》

第二十七条　法律、行政法规和国家有关规定要求使用商用密码进行保护的关键信息基础设施，其运营者应当使用商用密码进行保护，自行或者委托商用密码检测机构开展商用密码应用安全性评估。商用密码应用安全性评估应当与关键信息基础设施安全检测评估、网络安全等级测评制度相衔接，避免重复评估、测评。

关键信息基础设施的运营者采购涉及商用密码的网络产品和服务，可能影响国家安全的，应当按照《中华人民共和国网络安全法》的规定，通过国家网信部门会同国家密码管理部门等有关部门组织的国家安全审查。

◎ **行政法规**

《关键信息基础设施安全保护条例》

第十九条　运营者应当优先采购安全可信的网络产品和服务；采购网络产品和服务可能影响国家安全的，应当按照国家网络安全规定通过安全审查。

《商用密码管理条例》

第三十九条　法律、行政法规和国家有关规定要求使用商用密码进行保护的关键信息基础设施，使用的商用密码产品、服务应当经检测认证合格，使用的密码算法、密码协议、密钥管理机制等商用密码技术应当通过国家密码管理部门审查鉴定。

第四十条　关键信息基础设施的运营者采购涉及商用密码的网络产品和服务，可能影响国家安全的，应当依法通过国家网信部门会同国家密码管理部门等有关部门组织的国家安全审查。

◎ **部门规章**

《网络安全审查办法》

第二条　关键信息基础设施运营者采购网络产品和服务，网络平台运营者开展数据处理活动，影响或者可能影响国家安全的，应当按照本办法进行网络安全审查。

前款规定的关键信息基础设施运营者、网络平台运营者统称为当事人。

第三条　网络安全审查坚持防范网络安全风险与促进先进技术应用相结合、过程公正透明与知识产权保护相结合、事前审查与持续监管相结合、企业承诺与社会监督相结合，从产品和服务以及数据处理活动安全性、可能带来的国家安全风险等方面进行审查。

第五条　关键信息基础设施运营者采购网络产品和服务的，应当预判该产品和服务投入使用后可能带来的国家安全风险。影响或者可能影响国家安全的，应当向网络安全审查办公室申报网络安全审查。

关键信息基础设施安全保护工作部门可以制定本行业、本领域预判指南。

第六条　对于申报网络安全审查的采购活动，关键信息基础设施运营者应当通过采购文件、协议等要求产品和服务提供者配合网络安全审查，包括承诺不利用提供产品和服务的便利条件非法获取用户数据、非法控制和操纵用户设备，无正当理由不中断产品供应或者必要的技术支持服务等。

第七条　掌握超过100万用户个人信息的网络平台运营者赴国外上市，必须向网络安全审查办公室申报网络安全审查。

第八条　当事人申报网络安全审查，应当提交以下材料：

（一）申报书；

（二）关于影响或者可能影响国家安全的分析报告；

（三）采购文件、协议、拟签订的合同或者拟提交的首次公开募股（IPO）等上市申请文件；

（四）网络安全审查工作需要的其他材料。

第九条　网络安全审查办公室应当自收到符合本办法第八条规定的审查申报材料起10个工作日内，确定是否需要审查并书面通知当事人。

第十条　网络安全审查重点评估相关对象或者情形的以下国家安全风险因素：

（一）产品和服务使用后带来的关键信息基础设施被非法控制、遭受干扰或者破坏的风险；

（二）产品和服务供应中断对关键信息基础设施业务连续性的危害；

（三）产品和服务的安全性、开放性、透明性、来源的多样性，供应渠道的可靠性以及因为政治、外交、贸易等因素导致供应中断的风险；

（四）产品和服务提供者遵守中国法律、行政法规、部门规章情况；

（五）核心数据、重要数据或者大量个人信息被窃取、泄露、毁损以及非法利用、非法出境的风险；

（六）上市存在关键信息基础设施、核心数据、重要数据或者大量个人信息被外国政府影响、控制、恶意利用的风险，以及网络信息安全风险；

（七）其他可能危害关键信息基础设施安全、网络安全和数据安全的因素。

第十一条　网络安全审查办公室认为需要开展网络安全审查的，应当自向当事人发出书面通知之日起30个工作日内完成初步审查，包括形成审查结论建议和将审查结论建议发送网络安全审查工作机制成员单位、相关部门征求意见；情况复杂的，可以延长15个工作日。

第十二条　网络安全审查工作机制成员单位和相关部门应当自收到审查结论建议之日起15个工作日内书面回复意见。

网络安全审查工作机制成员单位、相关部门意见一致的，网络安全审查办公室以书面形式将审查结论通知当事人；意见不一致的，按照特别审查程序处理，并通知当事人。

第十三条　按照特别审查程序处理的，网络安全审查办公室应当听取相关单位和部门意见，进行深入分析评估，再次形成审查结论建议，并征求网络安全审查工作机制成员单位和相关部门意见，按程序报中央网络安全和信息化委员会批准后，形成审查结论并书面通知当事人。

第十四条　特别审查程序一般应当在90个工作日内完成，情况复杂的可以延长。

第十五条　网络安全审查办公室要求提供补充材料的，当事人、产品和服务提供者应当予以配合。提交补充材料的时间不计入审查时间。

第十六条　网络安全审查工作机制成员单位认为影响或者可能影响国家安全的网络产品和服务以及数据处理活动，由网络安全审查办公室按程序报中央网络安全和信息化委员会批准后，依照本办法的规定进行审查。

为了防范风险，当事人应当在审查期间按照网络安全审查要求采取预防和消减风险的措施。

第十七条　参与网络安全审查的相关机构和人员应当严格保护知识产权，对在审查工作中知悉的商业秘密、个人信息、当事人、产品和服务提供者提交的未公开材料，以及其他未公开信息承担保密义务；未经信息提供方同意，不得向无关方披露或者用于审查以外的目的。

第十八条　当事人或者网络产品和服务提供者认为审查人员有失客观公正，或者未能对审查工作中知悉的信息承担保密义务的，可以向网络安全审查办公室或者有关部门举报。

第十九条　当事人应当督促产品和服务提供者履行网络安全审查中作出的承诺。

网络安全审查办公室通过接受举报

等形式加强事前事中事后监督。

第二十条　当事人违反本办法规定的，依照《中华人民共和国网络安全法》、《中华人民共和国数据安全法》的规定处理。

第二十二条　涉及国家秘密信息的，依照国家有关保密规定执行。

国家对数据安全审查、外商投资安全审查另有规定的，应当同时符合其规定。

《公路水路关键信息基础设施安全保护管理办法》

第十四条　运营者应当加强公路水路关键信息基础设施供应链安全管理，应当采购依法通过检测认证的网络关键设备和网络安全专用产品，优先采购安全可信的网络产品和服务；采购网络产品和服务可能影响国家安全的，应当按照国家网络安全规定通过安全审查。

鼓励运营者从已通过云计算服务安全评估的云计算服务平台中采购云计算服务。

第三十六条　【关键信息基础设施采购的安全保密要求】

关键信息基础设施的运营者采购网络产品和服务，应当按照规定与提供者签订安全保密协议，明确安全和保密义务与责任。

关联法规

◎ 行政法规

《关键信息基础设施安全保护条例》

第二十条　运营者采购网络产品和服务，应当按照国家有关规定与网络产品和服务提供者签订安全保密协议，明确提供者的技术支持和安全保密义务与责任，并对义务与责任履行情况进行监督。

◎ 部门规章

《公路水路关键信息基础设施安全保护管理办法》

第十九条　运营者应当加强保密管理，按照国家有关规定与网络产品和服务提供者等必要人员签订安全保密协议，明确提供者等必要人员的技术支持和安全保密义务与责任，并对义务与责任履行情况进行监督。

第三十七条　【关键信息基础设施数据存储和对外提供】

关键信息基础设施的运营者在中华人民共和国境内运营中收集和产生的个人信息和重要数据应当在境内存储。因业务需要，确需向境外提供的，应当按照国家网信部门会同国务院有关部门制定的办法进行安全评估；法律、行政法规另有规定的，依照其规定。

关联法规

◎ 法律

《数据安全法》

第三十一条　关键信息基础设施的运营者在中华人民共和国境内运营中收集和产生的重要数据的出境安全管理，适用《中华人民共和国网络安全法》的规定；其他数据处理者在中华人民共和国境内运营中收集和产生的重要数据的出境安全管理办法，由国家网信部门会同国务院有关部门制定。

《个人信息保护法》

第三十八条　个人信息处理者因业务等需要，确需向中华人民共和国境外提供个人信息的，应当具备下列条件之一：

（一）依照本法第四十条的规定通过国家网信部门组织的安全评估；

（二）按照国家网信部门的规定经专业机构进行个人信息保护认证；

（三）按照国家网信部门制定的标准合同与境外接收方订立合同，约定双方的权利和义务；

（四）法律、行政法规或者国家网信部门规定的其他条件。

中华人民共和国缔结或者参加的国际条约、协定对向中华人民共和国境外提供个人信息的条件等有规定的，可以按照其规定执行。

个人信息处理者应当采取必要措施，保障境外接收方处理个人信息的活动达到本法规定的个人信息保护标准。

第三十九条 个人信息处理者向中华人民共和国境外提供个人信息的，应当向个人告知境外接收方的名称或者姓名、联系方式、处理目的、处理方式、个人信息的种类以及个人向境外接收方行使本法规定权利的方式和程序等事项，并取得个人的单独同意。

第四十条 关键信息基础设施运营者和处理个人信息达到国家网信部门规定数量的个人信息处理者，应当将在中华人民共和国境内收集和产生的个人信息存储在境内。确需向境外提供的，应当通过国家网信部门组织的安全评估；法律、行政法规和国家网信部门规定可以不进行安全评估的，从其规定。

第四十一条 中华人民共和国主管机关根据有关法律和中华人民共和国缔结或者参加的国际条约、协定，或者按照平等互惠原则，处理外国司法或者执法机构关于提供存储于境内个人信息的请求。非经中华人民共和国主管机关批准，个人信息处理者不得向外国司法或者执法机构提供存储于中华人民共和国境内的个人信息。

◎ **部门规章**

《网络招聘服务管理规定》

第二十二条 从事网络招聘服务的

人力资源服务机构因业务需要，确需向境外提供在中华人民共和国境内运营中收集和产生的个人信息和重要数据的，应当遵守国家有关法律、行政法规规定。

《汽车数据安全管理若干规定（试行）》

第十一条 重要数据应当依法在境内存储，因业务需要确需向境外提供的，应当通过国家网信部门会同国务院有关部门组织的安全评估。未列入重要数据的涉及个人信息数据的出境安全管理，适用法律、行政法规的有关规定。

我国缔结或者参加的国际条约、协定有不同规定的，适用该国际条约、协定，但我国声明保留的条款除外。

第十二条 汽车数据处理者向境外提供重要数据，不得超出出境安全评估时明确的目的、范围、方式和数据种类、规模等。

国家网信部门会同国务院有关部门以抽查等方式核验前款规定事项，汽车数据处理者应当予以配合，并以可读等便利方式予以展示。

第十四条 向境外提供重要数据的汽车数据处理者应当在本规定第十三条要求的基础上，补充报告以下情况：

（一）接收者的基本情况；

（二）出境汽车数据的种类、规模、目的和必要性；

（三）汽车数据在境外的保存地

点、期限、范围和方式;

(四)涉及向境外提供汽车数据的用户投诉和处理情况;

(五)国家网信部门会同国务院工业和信息化、公安、交通运输等有关部门明确的向境外提供汽车数据需要报告的其他情况。

《数据出境安全评估办法》

第三条　数据出境安全评估坚持事前评估和持续监督相结合、风险自评估与安全评估相结合,防范数据出境安全风险,保障数据依法有序自由流动。

第四条　数据处理者向境外提供数据,有下列情形之一的,应当通过所在地省级网信部门向国家网信部门申报数据出境安全评估:

(一)数据处理者向境外提供重要数据;

(二)关键信息基础设施运营者和处理100万人以上个人信息的数据处理者向境外提供个人信息;

(三)自上年1月1日起累计向境外提供10万人个人信息或者1万人敏感个人信息的数据处理者向境外提供个人信息;

(四)国家网信部门规定的其他需要申报数据出境安全评估的情形。

第五条　数据处理者在申报数据出境安全评估前,应当开展数据出境风险自评估,重点评估以下事项:

(一)数据出境和境外接收方处理数据的目的、范围、方式等的合法性、正当性、必要性;

(二)出境数据的规模、范围、种类、敏感程度,数据出境可能对国家安全、公共利益、个人或者组织合法权益带来的风险;

(三)境外接收方承诺承担的责任义务,以及履行责任义务的管理和技术措施、能力等能否保障出境数据的安全;

(四)数据出境中和出境后遭到篡改、破坏、泄露、丢失、转移或者被非法获取、非法利用等的风险,个人信息权益维护的渠道是否通畅等;

(五)与境外接收方拟订立的数据出境相关合同或者其他具有法律效力的文件等(以下统称法律文件)是否充分约定了数据安全保护责任义务;

(六)其他可能影响数据出境安全的事项。

第六条　申报数据出境安全评估,应当提交以下材料:

(一)申报书;

(二)数据出境风险自评估报告;

(三)数据处理者与境外接收方拟订立的法律文件;

(四)安全评估工作需要的其他材料。

第七条　省级网信部门应当自收到

申报材料之日起5个工作日内完成完备性查验。申报材料齐全的，将申报材料报送国家网信部门；申报材料不齐全的，应当退回数据处理者并一次性告知需要补充的材料。

国家网信部门应当自收到申报材料之日起7个工作日内，确定是否受理并书面通知数据处理者。

第八条 数据出境安全评估重点评估数据出境活动可能对国家安全、公共利益、个人或者组织合法权益带来的风险，主要包括以下事项：

（一）数据出境的目的、范围、方式等的合法性、正当性、必要性；

（二）境外接收方所在国家或者地区的数据安全保护政策法规和网络安全环境对出境数据安全的影响；境外接收方的数据保护水平是否达到中华人民共和国法律、行政法规的规定和强制性国家标准的要求；

（三）出境数据的规模、范围、种类、敏感程度，出境中和出境后遭到篡改、破坏、泄露、丢失、转移或者被非法获取、非法利用等的风险；

（四）数据安全和个人信息权益是否能够得到充分有效保障；

（五）数据处理者与境外接收方拟订立的法律文件中是否充分约定了数据安全保护责任义务；

（六）遵守中国法律、行政法规、部门规章情况；

（七）国家网信部门认为需要评估的其他事项。

第九条 数据处理者应当在与境外接收方订立的法律文件中明确约定数据安全保护责任义务，至少包括以下内容：

（一）数据出境的目的、方式和数据范围，境外接收方处理数据的用途、方式等；

（二）数据在境外保存地点、期限，以及达到保存期限、完成约定目的或者法律文件终止后出境数据的处理措施；

（三）对于境外接收方将出境数据再转移给其他组织、个人的约束性要求；

（四）境外接收方在实际控制权或者经营范围发生实质性变化，或者所在国家、地区数据安全保护政策法规和网络安全环境发生变化以及发生其他不可抗力情形导致难以保障数据安全时，应当采取的安全措施；

（五）违反法律文件约定的数据安全保护义务的补救措施、违约责任和争议解决方式；

（六）出境数据遭到篡改、破坏、泄露、丢失、转移或者被非法获取、非法利用等风险时，妥善开展应急处置的要求和保障个人维护其个人信息权益的途径和方式。

第十条　国家网信部门受理申报后，根据申报情况组织国务院有关部门、省级网信部门、专门机构等进行安全评估。

第十一条　安全评估过程中，发现数据处理者提交的申报材料不符合要求的，国家网信部门可以要求其补充或者更正。数据处理者无正当理由不补充或者更正的，国家网信部门可以终止安全评估。

数据处理者对所提交材料的真实性负责，故意提交虚假材料的，按照评估不通过处理，并依法追究相应法律责任。

第十二条　国家网信部门应当自向数据处理者发出书面受理通知书之日起45个工作日内完成数据出境安全评估；情况复杂或者需要补充、更正材料的，可以适当延长并告知数据处理者预计延长的时间。

评估结果应当书面通知数据处理者。

第十三条　数据处理者对评估结果有异议的，可以在收到评估结果15个工作日内向国家网信部门申请复评，复评结果为最终结论。

第十四条　通过数据出境安全评估的结果有效期为2年，自评估结果出具之日起计算。在有效期内出现以下情形

之一的，数据处理者应当重新申报评估：

（一）向境外提供数据的目的、方式、范围、种类和境外接收方处理数据的用途、方式发生变化影响出境数据安全的，或者延长个人信息和重要数据境外保存期限的；

（二）境外接收方所在国家或者地区数据安全保护政策法规和网络安全环境发生变化以及发生其他不可抗力情形、数据处理者或者境外接收方实际控制权发生变化、数据处理者与境外接收方法律文件变更等影响出境数据安全的；

（三）出现影响出境数据安全的其他情形。

有效期届满，需要继续开展数据出境活动的，数据处理者应当在有效期届满60个工作日前重新申报评估。

第十七条　国家网信部门发现已经通过评估的数据出境活动在实际处理过程中不再符合数据出境安全管理要求的，应当书面通知数据处理者终止数据出境活动。数据处理者需要继续开展数据出境活动的，应当按照要求整改，整改完成后重新申报评估。

《个人信息出境标准合同办法》

第三条　通过订立标准合同的方式开展个人信息出境活动，应当坚持自主缔约与备案管理相结合、保护权益与防范风险相结合，保障个人信息跨境安

全、自由流动。

第四条 个人信息处理者通过订立标准合同的方式向境外提供个人信息的，应当同时符合下列情形：

（一）非关键信息基础设施运营者；

（二）处理个人信息不满 100 万人的；

（三）自上年 1 月 1 日起累计向境外提供个人信息不满 10 万人的；

（四）自上年 1 月 1 日起累计向境外提供敏感个人信息不满 1 万人的。

法律、行政法规或者国家网信部门另有规定的，从其规定。

个人信息处理者不得采取数量拆分等手段，将依法应当通过出境安全评估的个人信息通过订立标准合同的方式向境外提供。

第五条 个人信息处理者向境外提供个人信息前，应当开展个人信息保护影响评估，重点评估以下内容：

（一）个人信息处理者和境外接收方处理个人信息的目的、范围、方式等的合法性、正当性、必要性；

（二）出境个人信息的规模、范围、种类、敏感程度，个人信息出境可能对个人信息权益带来的风险；

（三）境外接收方承诺承担的义务，以及履行义务的管理和技术措施、能力等能否保障出境个人信息的安全；

（四）个人信息出境后遭到篡改、破坏、泄露、丢失、非法利用等的风险，个人信息权益维护的渠道是否通畅等；

（五）境外接收方所在国家或者地区的个人信息保护政策和法规对标准合同履行的影响；

（六）其他可能影响个人信息出境安全的事项。

第六条 标准合同应当严格按照本办法附件订立。国家网信部门可以根据实际情况对附件进行调整。

个人信息处理者可以与境外接收方约定其他条款，但不得与标准合同相冲突。

标准合同生效后方可开展个人信息出境活动。

第七条 个人信息处理者应当在标准合同生效之日起 10 个工作日内向所在地省级网信部门备案。备案应当提交以下材料：

（一）标准合同；

（二）个人信息保护影响评估报告。

个人信息处理者应当对所备案材料的真实性负责。

第八条 在标准合同有效期内出现下列情形之一的，个人信息处理者应当重新开展个人信息保护影响评估，补充或者重新订立标准合同，并履行相应备案手续：

（一）向境外提供个人信息的目

的、范围、种类、敏感程度、方式、保存地点或者境外接收方处理个人信息的用途、方式发生变化，或者延长个人信息境外保存期限的；

（二）境外接收方所在国家或者地区的个人信息保护政策和法规发生变化等可能影响个人信息权益的；

（三）可能影响个人信息权益的其他情形。

《公路水路关键信息基础设施安全保护管理办法》

第十五条　运营者应当加强公路水路关键信息基础设施个人信息和数据安全保护，将在我国境内运营中收集和产生的个人信息和重要数据存储在境内。因业务需要，确需向境外提供数据的，应当按照国家相关规定进行安全评估；法律、行政法规另有规定的，依照其规定执行。

第三十八条　【关键信息基础设施的安全检测评估】

关键信息基础设施的运营者应当自行或者委托网络安全服务机构对其网络的安全性和可能存在的风险每年至少进行一次检测评估，并将检测评估情况和改进措施报送相关负责关键信息基础设施安全保护工作的部门。

关联法规

◎ 法律

《密码法》

第二十七条　法律、行政法规和国家有关规定要求使用商用密码进行保护的关键信息基础设施，其运营者应当使用商用密码进行保护，自行或者委托商用密码检测机构开展商用密码应用安全性评估。商用密码应用安全性评估应当与关键信息基础设施安全检测评估、网络安全等级测评制度相衔接，避免重复评估、测评。

关键信息基础设施的运营者采购涉及商用密码的网络产品和服务，可能影响国家安全的，应当按照《中华人民共和国网络安全法》的规定，通过国家网信部门会同国家密码管理部门等有关部门组织的国家安全审查。

◎ 行政法规

《关键信息基础设施安全保护条例》

第十七条　运营者应当自行或者委托网络安全服务机构对关键信息基础设施每年至少进行一次网络安全检测和风险评估，对发现的安全问题及时整改，并按照保护工作部门要求报送情况。

《商用密码管理条例》

第三十八条　法律、行政法规和国家有关规定要求使用商用密码进行保护的关键信息基础设施，其运营者应当使用商用密码进行保护，制定商用密码应用方案，配备必要的资金和专业人员，同步规划、同步建设、同步运行商用密码保障系统，自行或者委托商用密码检测机构开展商用密码应用安全性评估。

前款所列关键信息基础设施通过商用密码应用安全性评估方可投入运行，运行后每年至少进行一次评估，评估情况按照国家有关规定报送国家密码管理部门或者关键信息基础设施所在地省、自治区、直辖市密码管理部门备案。

◎ 部门规章

《通信网络安全防护管理办法》

第十二条 通信网络运行单位应当按照以下规定组织对通信网络单元进行安全风险评估，及时消除重大网络安全隐患：

（一）三级及三级以上通信网络单元应当每年进行一次安全风险评估；

（二）二级通信网络单元应当每两年进行一次安全风险评估。

国家重大活动举办前，通信网络单元应当按照电信管理机构的要求进行安全风险评估。

通信网络运行单位应当在安全风险评估结束后三十日内，将安全风险评估结果、隐患处理情况或者处理计划报送通信网络单元的备案机构。

第十五条 通信网络运行单位应当建设和运行通信网络安全监测系统，

对本单位通信网络的安全状况进行监测。

第十六条 通信网络运行单位可以委托专业机构开展通信网络安全评测、评估、监测等工作。

工业和信息化部应当根据通信网络安全防护工作的需要，加强对前款规定的受托机构的安全评测、评估、监测能力指导。

《公路水路关键信息基础设施安全保护管理办法》

第十七条 运营者应当自行或者委托网络安全服务机构对公路水路关键信息基础设施每年至少进行一次网络安全检测和风险评估，对发现的安全问题及时整改。部级设施的运营者应当直接向交通运输部报送相关情况；省级设施的运营者应当将相关情况报经省级人民政府交通运输主管部门审核后报送交通运输部。

第十八条 法律、行政法规和国家有关规定要求使用商用密码进行保护的公路水路关键信息基础设施，其运营者应当使用商用密码进行保护，自行或者委托商用密码检测机构每年至少开展一次商用密码应用安全性评估。

商用密码应用安全性评估应当与公路水路关键信息基础设施安全检测评估、网络安全等级测评制度相衔接，避免重复评估、测评。

第三十九条　【关键信息基础设施保护的统筹协作机制】

国家网信部门应当统筹协调有关部门对关键信息基础设施的安全保护采取下列措施：

（一）对关键信息基础设施的安全风险进行抽查检测，提出改进措施，必要时可以委托网络安全服务机构对网络存在的安全风险进行检测评估；

（二）定期组织关键信息基础设施的运营者进行网络安全应急演练，提高应对网络安全事件的水平和协同配合能力；

（三）促进有关部门、关键信息基础设施的运营者以及有关研究机构、网络安全服务机构等之间的网络安全信息共享；

（四）对网络安全事件的应急处置与网络功能的恢复等，提供技术支持和协助。

关联法规

◎ **行政法规**
《关键信息基础设施安全保护条例》

第二十二条　保护工作部门应当制定本行业、本领域关键信息基础设施安全规划，明确保护目标、基本要求、工作任务、具体措施。

第二十三条　国家网信部门统筹协调有关部门建立网络安全信息共享机制，及时汇总、研判、共享、发布网络安全威胁、漏洞、事件等信息，促进有关部门、保护工作部门、运营者以及网络安全服务机构等之间的网络安全信息共享。

第二十六条　保护工作部门应当定期组织开展本行业、本领域关键信息基础设施网络安全检查检测，指导监督运营者及时整改安全隐患、完善安全措施。

第二十七条　国家网信部门统筹协调国务院公安部门、保护工作部门对关键信息基础设施进行网络安全检查检测，提出改进措施。

有关部门在开展关键信息基础设施网络安全检查时，应当加强协同配合、信息沟通，避免不必要的检查和交叉重复检查。检查工作不得收取费用，不得要求被检查单位购买指定品牌或者指定生产、销售单位的产品和服务。

第二十八条　运营者对保护工作部门开展的关键信息基础设施网络安全检查检测工作，以及公安、国家安全、保密行政管理、密码管理等有关部门依法开展的关键信息基础设施网络安全检查工作应当予以配合。

第二十九条　在关键信息基础设施安全保护工作中，国家网信部门和国务院电信主管部门、国务院公安部门等应当根据保护工作部门的需要，及时提供技术支持和协助。

◎ **部门规章**

《通信网络安全防护管理办法》

第十七条 电信管理机构应当对通信网络运行单位开展通信网络安全防护工作的情况进行检查。

电信管理机构可以采取以下检查措施：

（一）查阅通信网络运行单位的符合性评测报告和风险评估报告；

（二）查阅通信网络运行单位有关网络安全防护的文档和工作记录；

（三）向通信网络运行单位工作人员询问了解有关情况；

（四）查验通信网络运行单位的有关设施；

（五）对通信网络进行技术性分析和测试；

（六）法律、行政法规规定的其他检查措施。

第十八条 电信管理机构可以委托专业机构开展通信网络安全检查活动。

第二十条 电信管理机构对通信网络安全防护工作进行检查，不得影响通信网络的正常运行，不得收取任何费用，不得要求接受检查的单位购买指定品牌或指定单位的安全软件、设备或者其他产品。

《公路水路关键信息基础设施安全保护管理办法》

第二十六条 交通运输部应当按照国家网络安全事件应急预案的要求，建立健全公路水路网络安全事件应急预案，定期组织应急演练；指导运营者做好网络安全事件应对处置，并根据需要组织提供技术支持与协助。

省级人民政府交通运输主管部门应当依据前款规定组织做好本行政区域内公路水路网络安全事件应急预案、应急演练相关工作，并将应急预案、应急演练情况及时报告交通运输部。省级人民政府交通运输主管部门应当指导省级设施运营者做好网络安全事件应对处置，并根据需要组织提供技术支持与协助。

第二十七条 交通运输主管部门应当定期组织开展公路水路关键信息基础设施网络安全检查检测，指导监督运营者建立问题台账，制定整改方案，及时整改安全隐患、完善安全措施。省级人民政府交通运输主管部门应当将检查检测情况及时报告交通运输部。

公路水路关键信息基础设施网络安全检查检测应当在国家网信部门的统筹协调下开展，避免不必要的检查和交叉重复检查。检查工作不得收取费用，不得要求被检查单位购买指定品牌或者指定生产、销售单位的产品和服务。

第四章　网络信息安全

第四十条　【网络运营者用户信息保护制度】

网络运营者应当对其收集的用户信息严格保密，并建立健全用户信息保护制度。

关联法规

◎ **法律**

《个人信息保护法》

第十一条　国家建立健全个人信息保护制度，预防和惩治侵害个人信息权益的行为，加强个人信息保护宣传教育，推动形成政府、企业、相关社会组织、公众共同参与个人信息保护的良好环境。

《关于加强网络信息保护的决定》

三、网络服务提供者和其他企业事业单位及其工作人员对在业务活动中收集的公民个人电子信息必须严格保密，不得泄露、篡改、毁损，不得出售或者非法向他人提供。

◎ **部门规章**

《电信和互联网用户个人信息保护规定》

第十条　电信业务经营者、互联网信息服务提供者及其工作人员对在提供服务过程中收集、使用的用户个人信息应当严格保密，不得泄露、篡改或者毁损，不得出售或者非法向他人提供。

第十五条　电信业务经营者、互联网信息服务提供者应当对其工作人员进行用户个人信息保护相关知识、技能和安全责任培训。

第十六条　电信业务经营者、互联网信息服务提供者应当对用户个人信息保护情况每年至少进行一次自查，记录自查情况，及时消除自查中发现的安全隐患。

《网络招聘服务管理规定》

第二十一条　人力资源服务机构从事网络招聘服务时收集、使用其用户个人信息，应当遵守法律、行政法规有关个人信息保护的规定。

人力资源服务机构应当建立健全网络招聘服务用户信息保护制度，不得泄露、篡改、毁损或者非法出售、非法向他人提供其收集的个人公民身份号码、年龄、性别、住址、联系方式和用人单位经营状况等信息。

人力资源服务机构应当对网络招聘服务用户信息保护情况每年至少进行一次自查，记录自查情况，及时消除自查中发现的安全隐患。

《互联网信息服务算法推荐管理规定》

第二十九条 参与算法推荐服务安全评估和监督检查的相关机构和人员对在履行职责中知悉的个人隐私、个人信息和商业秘密应当依法予以保密，不得泄露或者非法向他人提供。

《数据出境安全评估办法》

第十五条 参与安全评估工作的相关机构和人员对在履行职责中知悉的国家秘密、个人隐私、个人信息、商业秘密、保密商务信息等数据应当依法予以保密，不得泄露或者非法向他人提供、非法使用。

第四十一条 【网络运营者个人信息处理规则】

网络运营者收集、使用个人信息，应当遵循合法、正当、必要的原则，公开收集、使用规则，明示收集、使用信息的目的、方式和范围，并经被收集者同意。

网络运营者不得收集与其提供的服务无关的个人信息，不得违反法律、行政法规的规定和双方的约定收集、使用个人信息，并应当依照法律、行政法规的规定和与用户的约定，处理其保存的个人信息。

关联法规

◎ 法律

《民法典》

第一千零三十五条 处理个人信息的，应当遵循合法、正当、必要原则，不得过度处理，并符合下列条件：

（一）征得该自然人或者其监护人同意，但是法律、行政法规另有规定的除外；

（二）公开处理信息的规则；

（三）明示处理信息的目的、方式和范围；

（四）不违反法律、行政法规的规定和双方的约定。

个人信息的处理包括个人信息的收集、存储、使用、加工、传输、提供、公开等。

第一千零三十六条 处理个人信息，有下列情形之一的，行为人不承担民事责任：

（一）在该自然人或者其监护人同意的范围内合理实施的行为；

（二）合理处理该自然人自行公开的或者其他已经合法公开的信息，但是该自然人明确拒绝或者处理该信息侵害其重大利益的除外；

（三）为维护公共利益或者该自然人合法权益，合理实施的其他行为。

《数据安全法》

第三十二条　任何组织、个人收集数据，应当采取合法、正当的方式，不得窃取或者以其他非法方式获取数据。

法律、行政法规对收集、使用数据的目的、范围有规定的，应当在法律、行政法规规定的目的和范围内收集、使用数据。

《个人信息保护法》

第五条　处理个人信息应当遵循合法、正当、必要和诚信原则，不得通过误导、欺诈、胁迫等方式处理个人信息。

第六条　处理个人信息应当具有明确、合理的目的，并应当与处理目的直接相关，采取对个人权益影响最小的方式。

收集个人信息，应当限于实现处理目的的最小范围，不得过度收集个人信息。

第七条　处理个人信息应当遵循公开、透明原则，公开个人信息处理规则，明示处理的目的、方式和范围。

第十三条　符合下列情形之一的，个人信息处理者方可处理个人信息：

（一）取得个人的同意；

（二）为订立、履行个人作为一方当事人的合同所必需，或者按照依法制定的劳动规章制度和依法签订的集体合同实施人力资源管理所必需；

（三）为履行法定职责或者法定义务所必需；

（四）为应对突发公共卫生事件，或者紧急情况下为保护自然人的生命健康和财产安全所必需；

（五）为公共利益实施新闻报道、舆论监督等行为，在合理的范围内处理个人信息；

（六）依照本法规定在合理的范围内处理个人自行公开或者其他已经合法公开的个人信息；

（七）法律、行政法规规定的其他情形。

依照本法其他有关规定，处理个人信息应当取得个人同意，但是有前款第二项至第七项规定情形的，不需取得个人同意。

第十四条　基于个人同意处理个人信息的，该同意应当由个人在充分知情的前提下自愿、明确作出。法律、行政法规规定处理个人信息应当取得个人单独同意或者书面同意的，从其规定。

个人信息的处理目的、处理方式和处理的个人信息种类发生变更的，应当重新取得个人同意。

第十五条 基于个人同意处理个人信息的，个人有权撤回其同意。个人信息处理者应当提供便捷的撤回同意的方式。

个人撤回同意，不影响撤回前基于个人同意已进行的个人信息处理活动的效力。

第十六条 个人信息处理者不得以个人不同意处理其个人信息或者撤回同意为由，拒绝提供产品或者服务；处理个人信息属于提供产品或者服务所必需的除外。

第十七条 个人信息处理者在处理个人信息前，应当以显著方式、清晰易懂的语言真实、准确、完整地向个人告知下列事项：

（一）个人信息处理者的名称或者姓名和联系方式；

（二）个人信息的处理目的、处理方式，处理的个人信息种类、保存期限；

（三）个人行使本法规定权利的方式和程序；

（四）法律、行政法规规定应当告知的其他事项。

前款规定事项发生变更的，应当将变更部分告知个人。

个人信息处理者通过制定个人信息处理规则的方式告知第一款规定事项的，处理规则应当公开，并且便于查阅和保存。

第十八条 个人信息处理者处理个人信息，有法律、行政法规规定应当保密或者不需要告知的情形的，可以不向个人告知前条第一款规定的事项。

紧急情况下为保护自然人的生命健康和财产安全无法及时向个人告知的，个人信息处理者应当在紧急情况消除后及时告知。

第十九条 除法律、行政法规另有规定外，个人信息的保存期限应当为实现处理目的所必要的最短时间。

第二十条 两个以上的个人信息处理者共同决定个人信息的处理目的和处理方式的，应当约定各自的权利和义务。但是，该约定不影响个人向其中任何一个个人信息处理者要求行使本法规定的权利。

个人信息处理者共同处理个人信息，侵害个人信息权益造成损害的，应当依法承担连带责任。

第二十一条 个人信息处理者委托处理个人信息的，应当与受托人约定委托处理的目的、期限、处理方式、个人信息的种类、保护措施以及双方的权利和义务等，并对受托人的个人信息处理活动进行监督。

受托人应当按照约定处理个人信息，不得超出约定的处理目的、处理方式等处理个人信息；委托合同不生效、无效、被撤销或者终止的，受托人应当将个人信息返还个人信息处理者或者予以删除，不得保留。

未经个人信息处理者同意，受托人不得转委托他人处理个人信息。

第二十二条　个人信息处理者因合并、分立、解散、被宣告破产等原因需要转移个人信息的，应当向个人告知接收方的名称或者姓名和联系方式。接收方应当继续履行个人信息处理者的义务。接收方变更原先的处理目的、处理方式的，应当依照本法规定重新取得个人同意。

第二十三条　个人信息处理者向其他个人信息处理者提供其处理的个人信息的，应当向个人告知接收方的名称或者姓名、联系方式、处理目的、处理方式和个人信息的种类，并取得个人的单独同意。接收方应当在上述处理目的、处理方式和个人信息的种类等范围内处理个人信息。接收方变更原先的处理目的、处理方式的，应当依照本法规定重新取得个人同意。

第二十四条　个人信息处理者利用个人信息进行自动化决策，应当保证决策的透明度和结果公平、公正，不得对个人在交易价格等交易条件上实行不合理的差别待遇。

通过自动化决策方式向个人进行信息推送、商业营销，应当同时提供不针对其个人特征的选项，或者向个人提供便捷的拒绝方式。

通过自动化决策方式作出对个人权益有重大影响的决定，个人有权要求个人信息处理者予以说明，并有权拒绝个人信息处理者仅通过自动化决策的方式作出决定。

第二十五条　个人信息处理者不得公开其处理的个人信息，取得个人单独同意的除外。

第二十六条　在公共场所安装图像采集、个人身份识别设备，应当为维护公共安全所必需，遵守国家有关规定，并设置显著的提示标识。所收集的个人图像、身份识别信息只能用于维护公共安全的目的，不得用于其他目的；取得个人单独同意的除外。

第二十七条　个人信息处理者可以在合理的范围内处理个人自行公开或者其他已经合法公开的个人信息；个人明确拒绝的除外。个人信息处理者处理已公开的个人信息，对个人权益有重大影响的，应当依照本法规定取得个人同意。

第二十八条　敏感个人信息是一旦泄露或者非法使用，容易导致自然人的人格尊严受到侵害或者人身、财产安全受到危害的个人信息，包括生物识别、宗教信仰、特定身份、医疗健康、金融账户、行踪轨迹等信息，以及不满十四周岁未成年人的个人信息。

只有在具有特定的目的和充分的必要性，并采取严格保护措施的情形下，个人信息处理者方可处理敏感个人信息。

第二十九条 处理敏感个人信息应当取得个人的单独同意；法律、行政法规规定处理敏感个人信息应当取得书面同意的，从其规定。

第三十条 个人信息处理者处理敏感个人信息的，除本法第十七条第一款规定的事项外，还应当向个人告知处理敏感个人信息的必要性以及对个人权益的影响；依照本法规定可以不向个人告知的除外。

第三十一条 个人信息处理者处理不满十四周岁未成年人个人信息的，应当取得未成年人的父母或者其他监护人的同意。

个人信息处理者处理不满十四周岁未成年人个人信息的，应当制定专门的个人信息处理规则。

第三十二条 法律、行政法规对处理敏感个人信息规定应当取得相关行政许可或者作出其他限制的，从其规定。

《未成年人保护法》

第七十二条 信息处理者通过网络处理未成年人个人信息的，应当遵循合法、正当和必要的原则。处理不满十四周岁未成年人个人信息的，应当征得未成年人的父母或者其他监护人同意，但法律、行政法规另有规定的除外。

未成年人、父母或者其他监护人要求信息处理者更正、删除未成年人个人信息的，信息处理者应当及时采取措施予以更正、删除，但法律、行政法规另有规定的除外。

《关于加强网络信息保护的决定》

二、网络服务提供者和其他企业事业单位在业务活动中收集、使用公民个人电子信息，应当遵循合法、正当、必要的原则，明示收集、使用信息的目的、方式和范围，并经被收集者同意，不得违反法律、法规的规定和双方的约定收集、使用信息。

网络服务提供者和其他企业事业单位收集、使用公民个人电子信息，应当公开其收集、使用规则。

◎ **司法解释**

《关于审理使用人脸识别技术处理个人信息相关民事案件适用法律若干问题的规定》

第二条 信息处理者处理人脸信息有下列情形之一的，人民法院应当认定属于侵害自然人人格权益的行为：

（一）在宾馆、商场、银行、车站、机场、体育场馆、娱乐场所等经营场所、公共场所违反法律、行政法规的规定使用人脸识别技术进行人脸验证、辨识或者分析；

（二）未公开处理人脸信息的规则或者未明示处理的目的、方式、范围；

（三）基于个人同意处理人脸信息的，未征得自然人或者其监护人的单独同意，或者未按照法律、行政法规的规定征得自然人或者其监护人的书面同意；

（四）违反信息处理者明示或者双方约定的处理人脸信息的目的、方式、范围等；

（五）未采取应有的技术措施或者其他必要措施确保其收集、存储的人脸信息安全，致使人脸信息泄露、篡改、丢失；

（六）违反法律、行政法规的规定或者双方的约定，向他人提供人脸信息；

（七）违背公序良俗处理人脸信息；

（八）违反合法、正当、必要原则处理人脸信息的其他情形。

第五条　有下列情形之一，信息处理者主张其不承担民事责任的，人民法院依法予以支持：

（一）为应对突发公共卫生事件，或者紧急情况下为保护自然人的生命健康和财产安全所必需而处理人脸信息的；

（二）为维护公共安全，依据国家有关规定在公共场所使用人脸识别技术的；

（三）为公共利益实施新闻报道、舆论监督等行为在合理的范围内处理人脸信息的；

（四）在自然人或者其监护人同意的范围内合理处理人脸信息的；

（五）符合法律、行政法规规定的其他情形。

◎ **部门规章**

《电信和互联网用户个人信息保护规定》

第五条　电信业务经营者、互联网信息服务提供者在提供服务的过程中收集、使用用户个人信息，应当遵循合法、正当、必要的原则。

第八条　电信业务经营者、互联网信息服务提供者应当制定用户个人信息收集、使用规则，并在其经营或者服务场所、网站等予以公布。

第九条　未经用户同意，电信业务经营者、互联网信息服务提供者不得收集、使用用户个人信息。

电信业务经营者、互联网信息服务提供者收集、使用用户个人信息的，应当明确告知用户收集、使用信息的目的、方式和范围，查询、更正信息的渠道以及拒绝提供信息的后果等事项。

电信业务经营者、互联网信息服务提供者不得收集其提供服务所必需以外的用户个人信息或者将信息用于提供服务之外的目的，不得以欺骗、误导或者强迫等方式或者违反法律、行政法规以及双方的约定收集、使用信息。

电信业务经营者、互联网信息服务提供者在用户终止使用电信服务或者互联网信息服务后，应当停止对用户个人信息的收集和使用，并为用户提供注销号码或者账号的服务。

法律、行政法规对本条第一款至第四款规定的情形另有规定的，从其规定。

第十一条 电信业务经营者、互联网信息服务提供者委托他人代理市场销售和技术服务等直接面向用户的服务性工作，涉及收集、使用用户个人信息的，应当对代理人的用户个人信息保护工作进行监督和管理，不得委托不符合本规定有关用户个人信息保护要求的代理人代办相关服务。

《儿童个人信息网络保护规定》

第七条 网络运营者收集、存储、使用、转移、披露儿童个人信息的，应当遵循正当必要、知情同意、目的明确、安全保障、依法利用的原则。

第八条 网络运营者应当设置专门的儿童个人信息保护规则和用户协议，并指定专人负责儿童个人信息保护。

第九条 网络运营者收集、使用、转移、披露儿童个人信息的，应当以显著、清晰的方式告知儿童监护人，并应当征得儿童监护人的同意。

第十条 网络运营者征得同意时，应当同时提供拒绝选项，并明确告知以下事项：

（一）收集、存储、使用、转移、披露儿童个人信息的目的、方式和范围；

（二）儿童个人信息存储的地点、期限和到期后的处理方式；

（三）儿童个人信息的安全保障措施；

（四）拒绝的后果；

（五）投诉、举报的渠道和方式；

（六）更正、删除儿童个人信息的途径和方法；

（七）其他应当告知的事项。

前款规定的告知事项发生实质性变化的，应当再次征得儿童监护人的同意。

第十一条 网络运营者不得收集与其提供的服务无关的儿童个人信息，不得违反法律、行政法规的规定和双方的约定收集儿童个人信息。

第十二条 网络运营者存储儿童个人信息，不得超过实现其收集、使用目的所必需的期限。

第十三条 网络运营者应当采取加密等措施存储儿童个人信息，确保信息安全。

第十四条 网络运营者使用儿童个人信息，不得违反法律、行政法规的规定和双方约定的目的、范围。因业务需要，确需超出约定的目的、范围使用的，应当再次征得儿童监护人的同意。

第十五条 网络运营者对其工作人员应当以最小授权为原则，严格设定信息访问权限，控制儿童个人信息知悉范围。工作人员访问儿童个人信息的，应当经过儿童个人信息保护负责人或者其授权的管理人员审批，记录访问情况，并采取技术措施，避免违法复制、下载儿童个人信息。

第十六条 网络运营者委托第三方处理儿童个人信息的，应当对受委托方及委托行为等进行安全评估，签署委托协议，明确双方责任、处理事项、处理期限、处理性质和目的等，委托行为不得超出授权范围。

前款规定的受委托方，应当履行以下义务：

（一）按照法律、行政法规的规定和网络运营者的要求处理儿童个人信息；

（二）协助网络运营者回应儿童监护人提出的申请；

（三）采取措施保障信息安全，并在发生儿童个人信息泄露安全事件时，及时向网络运营者反馈；

（四）委托关系解除时及时删除儿童个人信息；

（五）不得转委托；

（六）其他依法应当履行的儿童个人信息保护义务。

第二十三条 网络运营者停止运营产品或者服务的，应当立即停止收集儿童个人信息的活动，删除其持有的儿童个人信息，并将停止运营的通知及时告知儿童监护人。

《移动互联网应用程序信息服务管理规定》

第十二条 应用程序提供者处理个人信息应当遵循合法、正当、必要和诚信原则，具有明确、合理的目的并公开处理规则，遵守必要个人信息范围的有关规定，规范个人信息处理活动，采取必要措施保障个人信息安全，不得以任何理由强制要求用户同意个人信息处理行为，不得因用户不同意提供非必要个人信息，而拒绝用户使用其基本功能服务。

《生成式人工智能服务管理暂行办法》

第十一条 提供者对使用者的输入信息和使用记录应当依法履行保护义务，不得收集非必要个人信息，不得非法留存能够识别使用者身份的输入信息和使用记录，不得非法向他人提供使用者的输入信息和使用记录。

提供者应当依法及时受理和处理个人关于查阅、复制、更正、补充、删除其个人信息等的请求。

第四十二条　**【网络运营者个人信息保护义务】**

网络运营者不得泄露、篡改、毁损其收集的个人信息；未经被收集者同意，不得向他人提供个人信息。但是，经过处理无法识别特定个人且不能复原的除外。

网络运营者应当采取技术措施和其他必要措施，确保其收集的个人信息安全，防止信息泄露、毁损、丢失。在发生或者可能发生个人信息泄露、毁损、丢失的情况时，应当立即采取补救措施，按照规定及时告知用户并向有关主管部门报告。

关联法规

◎ 法律

《民法典》

第一千零三十八条　信息处理者不得泄露或者篡改其收集、存储的个人信息；未经自然人同意，不得向他人非法提供其个人信息，但是经过加工无法识别特定个人且不能复原的除外。

信息处理者应当采取技术措施和其他必要措施，确保其收集、存储的个人

信息安全，防止信息泄露、篡改、丢失；发生或者可能发生个人信息泄露、篡改、丢失的，应当及时采取补救措施，按照规定告知自然人并向有关主管部门报告。

《个人信息保护法》

第八条　处理个人信息应当保证个人信息的质量，避免因个人信息不准确、不完整对个人权益造成不利影响。

第九条　个人信息处理者应当对其个人信息处理活动负责，并采取必要措施保障所处理的个人信息的安全。

第五十一条　个人信息处理者应当根据个人信息的处理目的、处理方式、个人信息的种类以及对个人权益的影响、可能存在的安全风险等，采取下列措施确保个人信息处理活动符合法律、行政法规的规定，并防止未经授权的访问以及个人信息泄露、篡改、丢失：

（一）制定内部管理制度和操作规程；

（二）对个人信息实行分类管理；

（三）采取相应的加密、去标识化等安全技术措施；

（四）合理确定个人信息处理的操作权限，并定期对从业人员进行安全教育和培训；

（五）制定并组织实施个人信息安全事件应急预案；

（六）法律、行政法规规定的其他

措施。

第五十二条　处理个人信息达到国家网信部门规定数量的个人信息处理者应当指定个人信息保护负责人，负责对个人信息处理活动以及采取的保护措施等进行监督。

个人信息处理者应当公开个人信息保护负责人的联系方式，并将个人信息保护负责人的姓名、联系方式等报送履行个人信息保护职责的部门。

第五十三条　本法第三条第二款规定的中华人民共和国境外的个人信息处理者，应当在中华人民共和国境内设立专门机构或者指定代表，负责处理个人信息保护相关事务，并将有关机构的名称或者代表的姓名、联系方式等报送履行个人信息保护职责的部门。

第五十四条　个人信息处理者应当定期对其处理个人信息遵守法律、行政法规的情况进行合规审计。

第五十五条　有下列情形之一的，个人信息处理者应当事前进行个人信息保护影响评估，并对处理情况进行记录：

（一）处理敏感个人信息；

（二）利用个人信息进行自动化决策；

（三）委托处理个人信息、向其他个人信息处理者提供个人信息、公开个人信息；

（四）向境外提供个人信息；

（五）其他对个人权益有重大影响的个人信息处理活动。

第五十六条　个人信息保护影响评估应当包括下列内容：

（一）个人信息的处理目的、处理方式等是否合法、正当、必要；

（二）对个人权益的影响及安全风险；

（三）所采取的保护措施是否合法、有效并与风险程度相适应。

个人信息保护影响评估报告和处理情况记录应当至少保存三年。

第五十七条　发生或者可能发生个人信息泄露、篡改、丢失的，个人信息处理者应当立即采取补救措施，并通知履行个人信息保护职责的部门和个人。通知应当包括下列事项：

（一）发生或者可能发生个人信息泄露、篡改、丢失的信息种类、原因和可能造成的危害；

（二）个人信息处理者采取的补救措施和个人可以采取的减轻危害的措施；

（三）个人信息处理者的联系方式。

个人信息处理者采取措施能够有效避免信息泄露、篡改、丢失造成危害的，个人信息处理者可以不通知个人；履行个人信息保护职责的部门认为可能造成危害的，有权要求个人信息处理者通知个人。

第五十八条 提供重要互联网平台服务、用户数量巨大、业务类型复杂的个人信息处理者，应当履行下列义务：

（一）按照国家规定建立健全个人信息保护合规制度体系，成立主要由外部成员组成的独立机构对个人信息保护情况进行监督；

（二）遵循公开、公平、公正的原则，制定平台规则，明确平台内产品或者服务提供者处理个人信息的规范和保护个人信息的义务；

（三）对严重违反法律、行政法规处理个人信息的平台内的产品或者服务提供者，停止提供服务；

（四）定期发布个人信息保护社会责任报告，接受社会监督。

第五十九条 接受委托处理个人信息的受托人，应当依照本法和有关法律、行政法规的规定，采取必要措施保障所处理的个人信息的安全，并协助个人信息处理者履行本法规定的义务。

《反电信网络诈骗法》

第二十九条 个人信息处理者应当依照《中华人民共和国个人信息保护法》等法律规定，规范个人信息处理，加强个人信息保护，建立个人信息被用于电信网络诈骗的防范机制。

履行个人信息保护职责的部门、单位对可能被电信网络诈骗利用的物流信息、交易信息、贷款信息、医疗信息、婚介信息等实施重点保护。公安机关办理电信网络诈骗案件，应当同时查证犯罪所利用的个人信息来源，依法追究相关人员和单位责任。

《关于加强网络信息保护的决定》

四、网络服务提供者和其他企业事业单位应当采取技术措施和其他必要措施，确保信息安全，防止在业务活动中收集的公民个人电子信息泄露、毁损、丢失。在发生或者可能发生信息泄露、毁损、丢失的情况时，应当立即采取补救措施。

◎ **部门规章**

《互联网安全保护技术措施规定》

第四条 互联网服务提供者、联网使用单位应当建立相应的管理制度。未经用户同意不得公开、泄露用户注册信息，但法律、法规另有规定的除外。

互联网服务提供者、联网使用单位应当依法使用互联网安全保护技术措施，不得利用互联网安全保护技术措施侵犯用户的通信自由和通信秘密。

《电信和互联网用户个人信息保护规定》

第六条 电信业务经营者、互联网信息服务提供者对其在提供服务过程中收集、使用的用户个人信息的安全负责。

第十三条 电信业务经营者、互联网信息服务提供者应当采取以下措施防止用户个人信息泄露、毁损、篡改或者丢失：

（一）确定各部门、岗位和分支机构的用户个人信息安全管理责任；

（二）建立用户个人信息收集、使用及其相关活动的工作流程和安全管理制度；

（三）对工作人员及代理人实行权限管理，对批量导出、复制、销毁信息实行审查，并采取防泄密措施；

（四）妥善保管记录用户个人信息的纸介质、光介质、电磁介质等载体，并采取相应的安全储存措施；

（五）对储存用户个人信息的信息系统实行接入审查，并采取防入侵、防病毒等措施；

（六）记录对用户个人信息进行操作的人员、时间、地点、事项等信息；

（七）按照电信管理机构的规定开展通信网络安全防护工作；

（八）电信管理机构规定的其他必要措施。

第十四条 电信业务经营者、互联网信息服务提供者保管的用户个人信息发生或者可能发生泄露、毁损、丢失的，应当立即采取补救措施；造成或者可能造成严重后果的，应当立即向准予其许可或者备案的电信管理机构报告，配合相关部门进行的调查处理。

电信管理机构应当对报告或者发现

的可能违反本规定的行为的影响进行评估；影响特别重大的，相关省、自治区、直辖市通信管理局应当向工业和信息化部报告。电信管理机构在依据本规定作出处理决定前，可以要求电信业务经营者和互联网信息服务提供者暂停有关行为，电信业务经营者和互联网信息服务提供者应当执行。

《儿童个人信息网络保护规定》

第十八条 网络运营者不得披露儿童个人信息，但法律、行政法规规定应当披露或者根据与儿童监护人的约定可以披露的除外。

第二十一条 网络运营者发现儿童个人信息发生或者可能发生泄露、毁损、丢失的，应当立即启动应急预案，采取补救措施；造成或者可能造成严重后果的，应当立即向有关主管部门报告，并将事件相关情况以邮件、信函、电话、推送通知等方式告知受影响的儿童及其监护人，难以逐一告知的，应当采取合理、有效的方式发布相关警示信息。

《互联网用户账号信息管理规定》

第十六条 互联网信息服务提供者应当依法保护和处理互联网用户账号信息中的个人信息，并采取措施防止未经授权的访问以及个人信息泄露、篡改、丢失。

《生成式人工智能服务管理暂行办法》

第九条 提供者应当依法承担网络

信息内容生产者责任，履行网络信息安全义务。涉及个人信息的，依法承担个人信息处理者责任，履行个人信息保护义务。

提供者应当与注册其服务的生成式人工智能服务使用者（以下称使用者）签订服务协议，明确双方权利义务。

第四十三条　【不当处理个人信息的权益救济】

个人发现网络运营者违反法律、行政法规的规定或者双方的约定收集、使用其个人信息的，有权要求网络运营者删除其个人信息；发现网络运营者收集、存储的其个人信息有错误的，有权要求网络运营者予以更正。网络运营者应当采取措施予以删除或者更正。

关联法规

◎ **法律**

《民法典》

第一千零三十七条　自然人可以依法向信息处理者查阅或者复制其个人信息；发现信息有错误的，有权提出异议并请求及时采取更正等必要措施。

自然人发现信息处理者违反法律、行政法规的规定或者双方的约定处理其个人信息的，有权请求信息处理者及时删除。

《个人信息保护法》

第四十四条　个人对其个人信息的处理享有知情权、决定权，有权限制或者拒绝他人对其个人信息进行处理；法律、行政法规另有规定的除外。

第四十五条　个人有权向个人信息处理者查阅、复制其个人信息；有本法第十八条第一款、第三十五条规定情形的除外。

个人请求查阅、复制其个人信息的，个人信息处理者应当及时提供。

个人请求将个人信息转移至其指定的个人信息处理者，符合国家网信部门规定条件的，个人信息处理者应当提供转移的途径。

第四十六条　个人发现其个人信息不准确或者不完整的，有权请求个人信息处理者更正、补充。

个人请求更正、补充其个人信息的，个人信息处理者应当对其个人信息予以核实，并及时更正、补充。

第四十七条　有下列情形之一的，个人信息处理者应当主动删除个人信息；个人信息处理者未删除的，个人有权请求删除：

（一）处理目的已实现、无法实现或者为实现处理目的不再必要；

（二）个人信息处理者停止提供产品或者服务，或者保存期限已届满；

（三）个人撤回同意；

（四）个人信息处理者违反法律、行政法规或者违反约定处理个人信息；

（五）法律、行政法规规定的其他情形。

法律、行政法规规定的保存期限未届满，或者删除个人信息从技术上难以实现的，个人信息处理者应当停止除存储和采取必要的安全保护措施之外的处理。

第四十八条　个人有权要求个人信息处理者对其个人信息处理规则进行解释说明。

第四十九条　自然人死亡的，其近亲属为了自身的合法、正当利益，可以对死者的相关个人信息行使本章规定的查阅、复制、更正、删除等权利；死者生前另有安排的除外。

第五十条　个人信息处理者应当建立便捷的个人行使权利的申请受理和处理机制。拒绝个人行使权利的请求的，应当说明理由。

个人信息处理者拒绝个人行使权利的请求的，个人可以依法向人民法院提起诉讼。

◎ **部门规章**

《儿童个人信息网络保护规定》

第十九条　儿童或者其监护人发现网络运营者收集、存储、使用、披露的儿童个人信息有错误的，有权要求网络运营者予以更正。网络运营者应当及时采取措施予以更正。

第二十条　儿童或者其监护人要求网络运营者删除其收集、存储、使用、披露的儿童个人信息的，网络运营者应当及时采取措施予以删除，包括但不限于以下情形：

（一）网络运营者违反法律、行政法规的规定或者双方的约定收集、存储、使用、转移、披露儿童个人信息的；

（二）超出目的范围或者必要期限收集、存储、使用、转移、披露儿童个人信息的；

（三）儿童监护人撤回同意的；

（四）儿童或者其监护人通过注销等方式终止使用产品或者服务的。

第四十四条　【禁止非法获取和提供个人信息】

任何个人和组织不得窃取或者以其他非法方式获取个人信息，不得非法出售或者非法向他人提供个人信息。

关联法规

◎ **法律**

《个人信息保护法》

第十条 任何组织、个人不得非法收集、使用、加工、传输他人个人信息，不得非法买卖、提供或者公开他人个人信息；不得从事危害国家安全、公共利益的个人信息处理活动。

《关于加强网络信息保护的决定》

一、国家保护能够识别公民个人身份和涉及公民个人隐私的电子信息。

任何组织和个人不得窃取或者以其他非法方式获取公民个人电子信息，不得出售或者非法向他人提供公民个人电子信息。

权威案例

◎ **典型案例**

鲁某等侵犯公民个人信息案【侵犯公民个人信息犯罪典型案例之五（2017年5月16日）**】**

典型意义： 检察机关注重发挥法律监督职能，加强刑事立案监督，确保案件监督效果。一是提前介入，适时引导侦查。鉴于本案案情复杂，检察机关提前介入，对已经形成的犯罪嫌疑人供述和证人证言进行审阅，同时查看了侦查机关扣押的犯罪嫌疑人电脑中所存储的公民个人信息，就取证方向和证据的收集、固定向侦查机

关提出了固定公民个人信息数据、资金往来账单、"快递提取"软件，制作电子物证检查笔录等建议，提高了案件的办案质量和诉讼效率。二是有效沟通，统一司法认识。针对公民个人信息和定罪量刑标准的把握，检察机关与公安、法院及时沟通，统一了司法思想和司法尺度。三是深挖线索，加强立案监督。检察机关审查案件后发现涉案的新泰市某快递公司负责人将K8软件和工号出卖给鲁某，用于查看和复制该快递公司的订单信息。王某向鲁某购买公民个人信息约8万余条，交易金额达6万余元，王某将购买的公民个人信息用于电话促销保健品。该快递公司和王某均涉嫌侵犯公民个人信息罪。检察机关启动了立案监督程序，新泰市公安局对该快递公司和王某以涉嫌侵犯公民个人信息罪立案侦查。

陈某辉等7人诈骗、侵犯公民个人信息案【电信网络诈骗犯罪典型案例之一（2019年11月19日）**】**

典型意义： 电信网络诈骗类案件近年高发、多发，严重侵害人民群众的财产安全和合法权益，破坏社会诚信，影响社会的和谐稳定。山东高考考生徐某玉因家中筹措的9000余元学费被诈骗，悲愤之下引发猝死，舆论反应强烈，对电信网络诈骗犯罪案件的打击问题再次引发了社会的广泛关注。为加大打击惩处力度，2016年12月，"两高一部"共同制定出台了《关于办理电信网络诈骗等刑事案件适用

法律若干问题的意见》，明确对诈骗造成被害人自杀、死亡或者精神失常等严重后果的，冒充司法机关等国家机关工作人员实施诈骗的，组织、指挥电信网络诈骗犯罪团伙的，诈骗在校学生财物的，要酌情从重处罚。本案是适用《意见》审理的第一例大要案，在罪责刑相适应原则的前提下，对被告人陈某辉顶格判处，充分体现了对电信网络诈骗犯罪分子依法从严惩处的精神。

江苏王某涛、董某婷侵犯公民个人信息案

【检察机关落实"七号检察建议"典型案例之四（2022年11月23日）】

　　典型意义：检察机关办理涉及侵犯公民个人信息等寄递安全犯罪案件过程中，应当及时发现民事、行政公益诉讼线索，从刑事、民事和行政责任方面依法全面履行法律监督职责，切实维护国家和社会公共利益。加强与邮政管理等部门的协调配合，注重挖掘深层次问题，延伸检察职能，开展诉源治理，充分利用检察建议等手段，督促企业合规经营，健全完善寄递安全管理制度机制，织密寄递安全防护网。

谢某、李某甲等人侵犯公民个人信息案

【检察机关依法惩治侵犯公民个人信息犯罪典型案例之三（2022年12月2日）】

　　典型意义：（一）从严惩处，全面打击上下游犯罪。侵犯公民个人信息犯罪往往呈现链条化、产业化特征，严重影响人民群众安全感，对"上游窃取信息—中

间购买加工—下游运营获利"的链条式犯罪，通过加强检警协作，深挖上下游犯罪，从窃取源头到出售末端，全面排查、精准打击，彻底斩断犯罪链条。

　　（二）区分情形、区别对待，落实宽严相济刑事政策。对犯罪嫌疑人众多的侵犯公民个人信息犯罪，要结合犯罪嫌疑人在共同犯罪中的地位、作用、主观恶性、犯罪情节等，依法区分主从犯，分类处理。对主犯、"职业惯犯"以及利用未成年人实施犯罪的，要依法从严处理，当捕则捕，当诉则诉，并建议从严判处实刑。对认罪认罚、积极退赃退赔，初犯、偶犯，作用较小、获利较少的从犯，要依法从宽处理，采取非羁押措施，依法不起诉或者建议判处缓刑。

　　（三）延伸职能，注重诉源治理。检察机关在办案中，要注意分析案件反映出的问题，加强与相关职能部门沟通，通过检察建议等方式提示风险、督促改进，及时堵塞社会治理漏洞，促进形成保护公民个人信息的合力。

第四十五条　【网络安全监管部门的保密义务】

　　依法负有网络安全监督管理职责的部门及其工作人员，必须对在履行职责中知悉的个人信息、隐私和商业秘密严格保密，不得泄露、出售或者非法向他人提供。

关联法规

◎ 法律

《民法典》

第一千零三十九条 国家机关、承担行政职能的法定机构及其工作人员对于履行职责过程中知悉的自然人的隐私和个人信息，应当予以保密，不得泄露或者向他人非法提供。

《数据安全法》

第三十八条 国家机关为履行法定职责的需要收集、使用数据，应当在其履行法定职责的范围内依照法律、行政法规规定的条件和程序进行；对在履行职责中知悉的个人隐私、个人信息、商业秘密、保密商务信息等数据应当依法予以保密，不得泄露或者非法向他人提供。

《反电信网络诈骗法》

第五条 反电信网络诈骗工作应当依法进行，维护公民和组织的合法权益。

有关部门和单位、个人应当对在反电信网络诈骗工作过程中知悉的国家秘密、商业秘密和个人隐私、个人信息予以保密。

《社会保险法》

第八十一条 社会保险行政部门和其他有关行政部门、社会保险经办机构、社会保险费征收机构及其工作人员，应当依法为用人单位和个人的信息保密，不得以任何形式泄露。

《密码法》

第三十一条 密码管理部门和有关部门建立日常监管和随机抽查相结合的商用密码事中事后监管制度，建立统一的商用密码监督管理信息平台，推进事中事后监管与社会信用体系相衔接，强化商用密码从业单位自律和社会监督。

密码管理部门和有关部门及其工作人员不得要求商用密码从业单位和商用密码检测、认证机构向其披露源代码等密码相关专有信息，并对其在履行职责中知悉的商业秘密和个人隐私严格保密，不得泄露或者非法向他人提供。

◎ 行政法规

《关键信息基础设施安全保护条例》

第三十条 网信部门、公安机关、保护工作部门等有关部门，网络安全服务机构及其工作人员对于在关键信息基础设施安全保护工作中获取的信息，只能用于维护网络安全，并严格按照有关法律、行政法规的要求确保信息安全，不得泄露、出售或者非法向他人提供。

《国务院关于在线政务服务的若干规定》

第十四条 政务服务机构及其工作人员泄露、出售或者非法向他人提供履行职责过程中知悉的个人信息、隐私和商业秘密，或者不依法履行职责，玩忽职守、滥用职权、徇私舞弊的，依法追究法律责任。

◎ **部门规章**

《通信网络安全防护管理办法》

第二十一条　电信管理机构及其委托的专业机构的工作人员对于检查工作中获悉的国家秘密、商业秘密和个人隐私，有保密的义务。

《公安机关互联网安全监督检查规定》

第五条　公安机关及其工作人员对履行互联网安全监督检查职责中知悉的个人信息、隐私、商业秘密和国家秘密，应当严格保密，不得泄露、出售或者非法向他人提供。

公安机关及其工作人员在履行互联网安全监督检查职责中获取的信息，只能用于维护网络安全的需要，不得用于其他用途。

《个人信息出境标准合同办法》

第九条　网信部门及其工作人员对在履行职责中知悉的个人隐私、个人信息、商业秘密、保密商务信息等应当依法予以保密，不得泄露或者非法向他人提供、非法使用。

《网信部门行政执法程序规定》

第六条　网信部门及其执法人员对在执法过程中知悉的国家秘密、商业秘密或者个人隐私，应当依法予以保密。

《生成式人工智能服务管理暂行办法》

第十九条　有关主管部门依据职责

对生成式人工智能服务开展监督检查，提供者应当依法予以配合，按要求对训练数据来源、规模、类型、标注规则、算法机制机理等予以说明，并提供必要的技术、数据等支持和协助。

参与生成式人工智能服务安全评估和监督检查的相关机构和人员对在履行职责中知悉的国家秘密、商业秘密、个人隐私和个人信息应当依法予以保密，不得泄露或者非法向他人提供。

◎ **部门规范性文件**

《互联网新闻信息服务新技术新应用安全评估管理规定》

第十四条　组织开展新技术新应用安全评估的相关单位和人员应当对在履行职责中知悉的国家秘密、商业秘密和个人信息严格保密，不得泄露、出售或者非法向他人提供。

《监管数据安全管理办法（试行）》

第五条　开展监管数据活动，必须遵守相关法律和行政法规。任何单位和个人对在监管数据活动中知悉的国家秘密、工作秘密、商业秘密和个人信息，应当依照相关规定予以保密。

《具有舆论属性或社会动员能力的互联网信息服务安全评估规定》

第十五条　网信部门、公安机关及其工作人员对在履行职责中知悉的国家秘密、商业秘密和个人信息应当严格保密，不得泄露、出售或者非法向他人提供。

第四十六条 【禁止利用网络从事违法活动】

任何个人和组织应当对其使用网络的行为负责，不得设立用于实施诈骗，传授犯罪方法，制作或者销售违禁物品、管制物品等违法犯罪活动的网站、通讯群组，不得利用网络发布涉及实施诈骗，制作或者销售违禁物品、管制物品以及其他违法犯罪活动的信息。

权威案例

◎ **典型案例**

陈某等 9 人诈骗案【电信网络诈骗犯罪典型案例之五（2019 年 11 月 19 日）】

典型意义：当前，一些诈骗分子利用广大群众特别是一些患有特殊疾病或者中老年群众关注自身身体健康的心理，专门针对这些群体，推销所谓的"药品"或者是不具有药品功效的保健品、食品，骗取巨额款项，社会影响极为恶劣。本案以被告人陈某为首的诈骗集团成立公司为掩护，专门以各种男女生理疾病人群为目标，通过在网络、微信等载体发布虚假广告，假扮名医利用电话或微信"问诊"，采用扩大病情、发送"成功案例"等手段实施诈骗，受害人遍布全国多地，涉案金额高达 1000 余万元，系特大电信诈骗案件，与本案关联的其他 7 起窝案、串案经依法审理，85 名涉案被告人均以诈骗罪定罪处罚。

江苏省南通市张某诈骗案【全国检察机关依法办理妨害新冠肺炎疫情防控犯罪典型案例（第二批）之三（2020 年 2 月 19 日）】

法律要旨：在疫情防控期间，假借研制、生产或者销售用于疫情防控的物品的名义骗取公私财物，或者捏造事实骗取公众捐赠款物数额较大的，依照刑法第二百六十六条的规定，以诈骗罪定罪处罚。

马某某诈骗案【人民法院依法惩处妨害疫情防控犯罪典型案例（第二批）之七（2020 年 4 月 2 日）】

裁判要旨：妨害疫情防控刑事案件中，口罩诈骗案件占比达 40%左右，其中以电信网络诈骗案件为主。本案被告人利用疫情期间人们急需口罩的心理，通过电信网络实施诈骗犯罪，短短几天时间即从多名被害人处骗取 93 万元，达到诈骗罪数额特别巨大的标准，应当判处十年以上有期徒刑。人民法院综合考虑其无法退赔，但具有自首等情节，依法作出判决。

祝某走私、运输毒品案【最高人民法院发布 2020 年十大毒品（涉毒）犯罪典型案例之四（2020 年 6 月 23 日）】

典型意义：毒品犯罪分子为逃避处罚，以高额回报为诱饵，通过网络招募无案底的年轻人从境外将毒品运回内地，此类案件近年来时有发生，已成为我国毒品犯罪的一个新动向。本案就是一起典型的无案底年轻人通过手机网络接受他人雇用走私、运输毒品的案例。被告人祝某为获取高额报酬，在网络上接受他人雇用走私、运输毒品，犯下严重罪行。祝某归案后辩解其不知晓携带的拉杆箱内藏有毒品，与在案证据证实的情况不符。人民法院根据祝某犯罪的事实、性质和具体情节，依法对其判处无期徒刑，体现了对毒品犯罪的严惩。

卞某晨等贩卖毒品、非法利用信息网络案【最高人民法院发布 2020 年十大毒品（涉毒）犯罪典型案例之五（2020 年 6 月 23 日）】

典型意义：随着信息化时代的到来，各类网络平台、自媒体等发展迅速，在社会生活中扮演十分重要的角色。同时，一些违法犯罪分子利用网络平台便于隐匿身份、信息传播迅速、不受地域限制等特点，创建或经营管理非法论坛、直播平台等，实施涉毒品违法犯罪活动。本案就是一起被告人种植、贩卖大麻并利用非法论坛发布相关违法犯罪信息的案例。被告人卞某晨指使其父卞某磊种植大麻，二人配合进行贩卖，卞某晨还长期管理传播种植大麻方法、贩卖成品大麻的非法论坛，同时犯两罪。人民法院依法对二被告人判处了相应刑罚。

杨某瑞等 11 人诈骗案【充分发挥检察职能 推进网络空间治理典型案例之二（2021 年 1 月 25 日）】

典型意义：（一）依法严惩以直播打赏为名实施的诈骗行为。对于犯罪分子虚构网络身份、冒充主播，使用话术建立虚假恋爱关系，采用线上线下相结合方式，使被害人陷入错误认识而骗取财物的，依法应认定为诈骗犯罪。这类诈骗犯罪不仅侵害人民群众财产安全，也严重危害网络直播行业生态，必须依法精准打击。

（二）理性参与网络直播，切实维护自身利益。网络直播在为用户提供更具参与性和人际互动性的良好体验的同时，也容易助长违法犯罪和社会不良风气。对于广大用户而言，关键是要以健康心态参与网络直播互动，切不可抱着"猎奇""猎艳"等不良心态，落入违法犯罪分子精心编织的"陷阱"。

（三）加强平台监管治理，维护直播行业良好秩序。网络平台要切实担起主体责任，加大对直播行为的常态化排查和技术管控，强化各平台之间的信息共享，对列入"黑名单"主播施以严格联动管理，彻底封住其违规复活之路，净化网络直播空间生态。

张某勇、张某明等 25 人开设赌场案【充分发挥检察职能 推进网络空间治理典型案例之八（2021 年 1 月 25 日）】

典型意义：（一）准确认定网络赌博本质，依法严惩新型网络开设赌场犯罪。近年来，网络赌博犯罪日益多发隐蔽，手段花样翻新。犯罪分子通过搭建网络赌博平台，打着网上购物、网络游戏等"幌子"，接受投注，吸引社会公众参与赌博。此类犯罪模式新颖，隐蔽性更强，赌客参与便利，危害性更大。要透过犯罪行为表象，通过对其运营模式、盈利手段、资金流向等的分析，认定赌博、开设赌场犯罪本质，依法从严惩处；敦促涉案人员主动退赃，不让犯罪分子从犯罪活动中获利，有力遏制网络赌博犯罪活动。

（二）树立正确的价值观财富观，远离网络赌博。赌博是社会毒瘤。广大民众要坚持勤劳致富、依法致富的理念，切勿心存幻想参与赌博。在面对层出不穷的网络赌博形式和营销手段时，要擦亮双眼，分清正规的购物、游戏平台与以购物、游戏为名的赌博网站，正常娱乐活动和聚众赌博的界限。一旦误入歧途，轻则遭受财产损失，重则倾家荡产，甚至可能构成犯罪。

（三）加强对网站软件的监管。相关部门要加强对购物网站、游戏平台等各类App软件、小程序的日常监管，网络平台要加强技术管控，准确识别新型违法犯罪形式，及时处理举报线索，防止互联网为犯罪分子所利用，侵害社会公众利益，败坏社会风气。

"e租宝"集资诈骗、非法吸收公众存款案【人民法院依法惩治金融犯罪典型案例之一（2022年9月22日）】

典型意义：本案是利用互联网金融模式实施非法集资犯罪的典型案例。被告单位安徽钰某控股集团、钰某国际控股集团有限公司打着"金融创新"的旗号，依托互联网金融平台，以互联网金融创新、虚拟货币投资、网络借贷等为幌子，以高额利息为诱饵，虚构融资租赁项目，持续采用借旧还新、自我担保等方式进行非法集资活动，是一个彻头彻尾的"庞氏骗局"。本案涉案数额特别巨大，涉及众多集资参与人，造成集资参与人巨额经济损失，严重损害投资者合法权益，严重危害国家金融安全，犯罪情节、后果特别严重，应依法严惩。法院以集资诈骗罪判处被告人丁某1、丁某2无期徒刑，并判处被告单位安徽钰某控股集团、钰某国际控股集团有限公司巨额罚金，充分体现了从严惩处的精神。

赵某等人寻衅滋事案【检察机关依法惩治涉网络黑恶犯罪典型案例之四（2022年12月30日）】

典型意义：信息化时代人们的正常生活难以离开网络，信息网络的快速便捷性导致滋扰、纠缠、辱骂、威胁行为成本低，利用信息网络实施"软暴力"催收具有传播快、强度大、危害严重等特点。行为人可以不分时段、不分对象不间断实施滋扰、威胁等行为，制造、编造的欠款人负面信息、泄露的个人隐私在网络空间传播迅速，范围广泛，对当事人人格尊严、生活秩序造成严重损害。检察机关应当深刻认识非法催收行为的趋势变化，高度重视该类行为的危害性，切实加强与公安机关等部门的协作配合，及时收集处置群众反映的问题线索，打早打小，除恶务尽。

同时，惩治"软暴力"催收并不是保护、放纵"老赖"，目的是规范催收方式，打击"软暴力"催收这一越界手段行为，维护正常的纠纷解决秩序和网贷市场秩序。对于确实有合法债务纠纷，要区分"软暴力"催收的具体情节、后果的严重程度，视情分别采用行政手段或刑事手段予以打击治理。要重点打击违法违规获得、利用公民个人信息，尤其是针对债务人之外的其他人员的滋扰、威胁、恐吓行为。

第四十七条　【网络运营者违法信息处置义务】

网络运营者应当加强对其用户发布的信息的管理，发现法律、行政法规禁止发布或者传输的信息的，应当立即停止传输该信息，采取消除等处置措施，防止信息扩散，保存有关记录，并向有关主管部门报告。

关联法规

◎ **法律**
《民法典》

第一千一百九十五条　网络用户利用网络服务实施侵权行为的，权利人有权通知网络服务提供者采取删除、屏蔽、断开链接等必要措施。通知应当包括构成侵权的初步证据及权利人的真实身份信息。

网络服务提供者接到通知后，应当及时将该通知转送相关网络用户，并根据构成侵权的初步证据和服务类型采取必要措施；未及时采取必要措施的，对损害的扩大部分与该网络用户承担连带责任。

权利人因错误通知造成网络用户或者网络服务提供者损害的，应当承担侵权责任。法律另有规定的，依照其规定。

第一千一百九十六条　网络用户接到转送的通知后，可以向网络服务提供者提交不存在侵权行为的声明。声明应当包括不存在侵权行为的初步证据及网络用户的真实身份信息。

网络服务提供者接到声明后，应当将该声明转送发出通知的权利人，并告知其可以向有关部门投诉或者向人民法院提起诉讼。网络服务提供者在转送声明到达权利人后的合理期限内，未收到权利人已经投诉或者提起诉讼通知的，应当及时终止所采取的措施。

《未成年人保护法》

第七十七条 任何组织或者个人不得通过网络以文字、图片、音视频等形式，对未成年人实施侮辱、诽谤、威胁或者恶意损害形象等网络欺凌行为。

遭受网络欺凌的未成年人及其父母或者其他监护人有权通知网络服务提供者采取删除、屏蔽、断开链接等措施。网络服务提供者接到通知后，应当及时采取必要的措施制止网络欺凌行为，防止信息扩散。

第八十条 网络服务提供者发现用户发布、传播可能影响未成年人身心健康的信息且未作显著提示的，应当作出提示或者通知用户予以提示；未作出提示的，不得传输相关信息。

网络服务提供者发现用户发布、传播含有危害未成年人身心健康内容的信息的，应当立即停止传输相关信息，采取删除、屏蔽、断开链接等处置措施，保存有关记录，并向网信、公安等部门报告。

网络服务提供者发现用户利用其网络服务对未成年人实施违法犯罪行为的，应当立即停止向该用户提供网络服务，保存有关记录，并向公安机关报告。

《保守国家秘密法》

第二十八条 互联网及其他公共信息网络运营商、服务商应当配合公安机关、国家安全机关、检察机关对泄密案件进行调查；发现利用互联网及其他公共信息网络发布的信息涉及泄露国家秘密的，应当立即停止传输，保存有关记录，向公安机关、国家安全机关或者保密行政管理部门报告；应当根据公安机关、国家安全机关或者保密行政管理部门的要求，删除涉及泄露国家秘密的信息。

《关于加强网络信息保护的决定》

五、网络服务提供者应当加强对其用户发布的信息的管理，发现法律、法规禁止发布或者传输的信息的，应当立即停止传输该信息，采取消除等处置措施，保存有关记录，并向有关主管部门报告。

八、公民发现泄露个人身份、散布个人隐私等侵害其合法权益的网络信息，或者受到商业性电子信息侵扰的，有权要求网络服务提供者删除有关信息或者采取其他必要措施予以制止。

《反恐怖主义法》

第十九条 电信业务经营者、互联网服务提供者应当依照法律、行政法规规定，落实网络安全、信息内容监督制度和安全技术防范措施，防止含有恐怖主义、极端主义内容的信息传播；发现含有恐怖主义、极端主义内容的信息的，应当立即停止传输，保存相关记录，删除相关信息，并向公安机关或者有关部门报告。

网信、电信、公安、国家安全等主管部门对含有恐怖主义、极端主义内容的信息，应当按照职责分工，及时责令有关单位停止传输、删除相关信息，或者关闭相关网站、关停相关服务。有关单位应当立即执行，并保存相关记录，协助进行调查。对互联网上跨境传输的含有恐怖主义、极端主义内容的信息，电信主管部门应当采取技术措施，阻断传播。

◎ **行政法规**

《互联网信息服务管理办法》

第十六条　互联网信息服务提供者发现其网站传输的信息明显属于本办法第十五条所列内容之一的，应当立即停止传输，保存有关记录，并向国家有关机关报告。

《电信条例》

第六十一条　在公共信息服务中，电信业务经营者发现电信网络中传输的信息明显属于本条例第五十六条所列内容的，应当立即停止传输，保存有关记录，并向国家有关机关报告。

◎ **部门规章**

《互联网新闻信息服务管理规定》

第十六条　互联网新闻信息服务提供者和用户不得制作、复制、发布、传播法律、行政法规禁止的信息内容。

互联网新闻信息服务提供者提供服务过程中发现含有违反本规定第三条或前款规定内容的，应当依法立即停止传输该信息、采取消除等处置措施，保存有关记录，并向有关主管部门报告。

《互联网文化管理暂行规定》

第十九条　互联网文化单位发现所提供的互联网文化产品含有本规定第十六条所列内容之一的，应当立即停止提供，保存有关记录，向所在地省、自治区、直辖市人民政府文化行政部门报告并抄报文化部。

《区块链信息服务管理规定》

第七条　区块链信息服务提供者应当制定并公开管理规则和平台公约，与区块链信息服务使用者签订服务协议，明确双方权利义务，要求其承诺遵守法律规定和平台公约。

第十六条　区块链信息服务提供者应当对违反法律、行政法规规定和服务协议的区块链信息服务使用者，依法依约采取警示、限制功能、关闭账号等处置措施，对违法信息内容及时采取相应的处理措施，防止信息扩散，保存有关记录，并向有关主管部门报告。

《网络信息内容生态治理规定》

第十条　网络信息内容服务平台不得传播本规定第六条规定的信息，应当防范和抵制传播本规定第七条规定的信息。

网络信息内容服务平台应当加强信息内容的管理，发现本规定第六条、第七条规定的信息的，应当依法立即采取处置措施，保存有关记录，并向有关主管部门报告。

第十一条　鼓励网络信息内容服务平台坚持主流价值导向，优化信息推荐机制，加强版面页面生态管理，在下列重点环节（包括服务类型、位置版块等）积极呈现本规定第五条规定的信息：

（一）互联网新闻信息服务首页首屏、弹窗和重要新闻信息内容页面等；

（二）互联网用户公众账号信息服务精选、热搜等；

（三）博客、微博客信息服务热门推荐、榜单类、弹窗及基于地理位置的信息服务版块等；

（四）互联网信息搜索服务热搜词、热搜图及默认搜索等；

（五）互联网论坛社区服务首页首屏、榜单类、弹窗等；

（六）互联网音视频服务首页首屏、发现、精选、榜单类、弹窗等；

（七）互联网网址导航服务、浏览器服务、输入法服务首页首屏、榜单类、皮肤、联想词、弹窗等；

（八）数字阅读、网络游戏、网络动漫服务首页首屏、精选、榜单类、弹窗等；

（九）生活服务、知识服务平台首页首屏、热门推荐、弹窗等；

（十）电子商务平台首页首屏、推荐区等；

（十一）移动应用商店、移动智能终端预置应用软件和内置信息内容服务首屏、推荐区等；

（十二）专门以未成年人为服务对象的网络信息内容专栏、专区和产品等；

（十三）其他处于产品或者服务醒目位置、易引起网络信息内容服务使用者关注的重点环节。

网络信息内容服务平台不得在以上重点环节呈现本规定第七条规定的信息。

《互联网信息服务算法推荐管理规定》

第九条　算法推荐服务提供者应当加强信息安全管理，建立健全用于识别违法和不良信息的特征库，完善入库标准、规则和程序。发现未作显著标识的算法生成合成信息的，应当作出显著标识后，方可继续传输。

发现违法信息的，应当立即停止传输，采取消除等处置措施，防止信息扩散，保存有关记录，并向网信部门和有关部门报告。发现不良信息的，应当按照网络信息内容生态治理有关规定予以处置。

《互联网用户账号信息管理规定》

第六条　互联网信息服务提供者应

当依照法律、行政法规和国家有关规定，制定和公开互联网用户账号管理规则、平台公约，与互联网用户签订服务协议，明确账号信息注册、使用和管理相关权利义务。

第十五条　互联网信息服务提供者应当建立账号信息动态核验制度，适时核验存量账号信息，发现不符合本规定要求的，应当暂停提供服务并通知用户限期改正；拒不改正的，应当终止提供服务。

第十七条　互联网信息服务提供者发现互联网用户注册、使用账号信息违反法律、行政法规和本规定的，应当依法依约采取警示提醒、限期改正、限制账号功能、暂停使用、关闭账号、禁止重新注册等处置措施，保存有关记录，并及时向网信等有关主管部门报告。

《互联网信息服务深度合成管理规定》

第八条　深度合成服务提供者应当制定和公开管理规则、平台公约，完善服务协议，依法依约履行管理责任，以显著方式提示深度合成服务技术支持者和使用者承担信息安全义务。

第十条　深度合成服务提供者应当加强深度合成内容管理，采取技术或者人工方式对深度合成服务使用者的输入数据和合成结果进行审核。

深度合成服务提供者应当建立健全用于识别违法和不良信息的特征库，完善入库标准、规则和程序，记录并留存相关网络日志。

深度合成服务提供者发现违法和不良信息的，应当依法采取处置措施，保存有关记录，及时向网信部门和有关主管部门报告；对相关深度合成服务使用者依法依约采取警示、限制功能、暂停服务、关闭账号等处置措施。

第十一条　深度合成服务提供者应当建立健全辟谣机制，发现利用深度合成服务制作、复制、发布、传播虚假信息的，应当及时采取辟谣措施，保存有关记录，并向网信部门和有关主管部门报告。

第十三条　互联网应用商店等应用程序分发平台应当落实上架审核、日常管理、应急处置等安全管理责任，核验深度合成类应用程序的安全评估、备案等情况；对违反国家有关规定的，应当及时采取不予上架、警示、暂停服务或者下架等处置措施。

《生成式人工智能服务管理暂行办法》

第十四条　提供者发现违法内容的，应当及时采取停止生成、停止传输、消除等处置措施，采取模型优化训练等措施进行整改，并向有关主管部门报告。

提供者发现使用者利用生成式人工智能服务从事违法活动的，应当依法依约采取警示、限制功能、暂停或者终止向其提供服务等处置措施，保存有关记录，并向有关主管部门报告。

◎ 部门规范性文件

《即时通信工具公众信息服务发展管理暂行规定》

第七条 即时通信工具服务使用者为从事公众信息服务活动开设公众账号，应当经即时通信工具服务提供者审核，由即时通信工具服务提供者向互联网信息内容主管部门分类备案。

新闻单位、新闻网站开设的公众账号可以发布、转载时政类新闻，取得互联网新闻信息服务资质的非新闻单位开设的公众账号可以转载时政类新闻。其他公众账号未经批准不得发布、转载时政类新闻。

即时通信工具服务提供者应当对可以发布或转载时政类新闻的公众账号加注标识。

鼓励各级党政机关、企事业单位和各人民团体开设公众账号，服务经济社会发展，满足公众需求。

第八条 即时通信工具服务使用者从事公众信息服务活动，应当遵守相关法律法规。

对违反协议约定的即时通信工具服务使用者，即时通信工具服务提供者应当视情节采取警示、限制发布、暂停更新直至关闭账号等措施，并保存有关记录，履行向有关主管部门报告义务。

《互联网信息搜索服务管理规定》

第八条 互联网信息搜索服务提供者提供服务过程中发现搜索结果明显含有法律法规禁止内容的信息、网站及应用，应当停止提供相关搜索结果，保存有关记录，并及时向国家或者地方互联网信息办公室报告。

《互联网群组信息服务管理规定》

第九条 互联网群组建立者、管理者应当履行群组管理责任，依据法律法规、用户协议和平台公约，规范群组网络行为和信息发布，构建文明有序的网络群体空间。

互联网群组成员在参与群组信息交流时，应当遵守法律法规，文明互动、理性表达。

互联网群组信息服务提供者应为群组建立者、管理者进行群组管理提供必要功能权限。

第十一条 互联网群组信息服务提供者应当对违反法律法规和国家有关规定的互联网群组，依法依约采取警示整改、暂停发布、关闭群组等处置措施，保存有关记录，并向有关主管部门报告。

互联网群组信息服务提供者应当对违反法律法规和国家有关规定的群组建立者、管理者等使用者，依法依约采取降低信用等级、暂停管理权限、取消建群资格等管理措施，保存有关记录，并向有关主管部门报告。

互联网群组信息服务提供者应当建立黑名单管理制度，对违法违约情节严重的群组及建立者、管理者和成员纳入黑名单，限制群组服务功能，保存有关记录，并向有关主管部门报告。

《互联网论坛社区服务管理规定》

第七条　互联网论坛社区服务提供者应当加强对其用户发布信息的管理，发现含有法律法规和国家有关规定禁止的信息的，应当立即停止传输该信息，采取消除等处置措施，保存有关记录，并及时向国家或者地方互联网信息办公室报告。

《微博客信息服务管理规定》

第十一条　微博客服务提供者应当建立健全辟谣机制，发现微博客服务使用者发布、传播谣言或不实信息，应当主动采取辟谣措施。

第十二条　微博客服务提供者和微博客服务使用者不得利用微博客发布、传播法律法规禁止的信息内容。

微博客服务提供者发现微博客服务使用者发布、传播法律法规禁止的信息内容的，应当依法立即停止传输该信息、采取消除等处置措施，保存有关记录，并向有关主管部门报告。

《网络音视频信息服务管理规定》

第十二条　网络音视频信息服务提供者应当加强对网络音视频信息服务使用者发布的音视频信息的管理，部署应用违法违规音视频以及非真实音视频鉴别技术，发现音视频信息服务使用者制作、发布、传播法律法规禁止的信息内容的，应当依法依约停止传输该信息，采取消除等处置措施，防止信息扩散，保存有关记录，并向网信、文化和旅游、广播电视等部门报告。

网络音视频信息服务提供者发现不符合本规定第十一条第一款要求的信息内容的，应当立即停止传输该信息，以显著方式标识后方可继续传输该信息。

第十三条　网络音视频信息服务提供者应当建立健全辟谣机制，发现网络音视频信息服务使用者利用基于深度学习、虚拟现实等的虚假图像、音视频生成技术制作、发布、传播谣言的，应当及时采取相应的辟谣措施，并将相关信息报网信、文化和旅游、广播电视等部门备案。

第十四条　网络音视频信息服务提供者应当在与网络音视频信息服务使用者签订的服务协议中，明确双方权利、义务，要求网络音视频信息服务使用者遵守本规定及相关法律法规。对违反本规定、相关法律法规及服务协议的网络音视频信息服务使用者依法依约采取警示整改、限制功能、暂停更新、关闭账号等处置措施，保存有关记录，并向网信、文化和旅游、广播电视等部门报告。

《互联网用户公众账号信息服务管理规定》

第十九条　公众账号信息服务平台应当加强对本平台公众账号信息服务活动的监督管理，及时发现和处置违法违规信息或者行为。

公众账号信息服务平台应当对违反本规定及相关法律法规的公众账号，依法依约采取警示提醒、限制账号功能、暂停信息更新、停止广告发布、关闭注销账号、列入黑名单、禁止重新注册等处置措施，保存有关记录，并及时向网信等有关主管部门报告。

《移动互联网应用程序信息服务管理规定》

第十六条　应用程序提供者应当依据法律法规和国家有关规定，制定并公开管理规则，与注册用户签订服务协议，明确双方相关权利义务。

对违反本规定及相关法律法规及服务协议的注册用户，应用程序提供者应当依法依约采取警示、限制功能、关闭账号等处置措施，保存记录并向有关主管部门报告。

第二十一条　应用程序分发平台应当依据法律法规和国家有关规定，制定并公开管理规则，与应用程序提供者签订服务协议，明确双方相关权利义务。

对违反本规定及相关法律法规及服务协议的应用程序，应用程序分发平台应当依法依约采取警示、暂停服务、下架等处置措施，保存记录并向有关主管部门报告。

《互联网跟帖评论服务管理规定》

第七条　跟帖评论服务提供者应当按照用户服务协议对跟帖评论服务使用者和公众账号生产运营者进行规范管理。对发布违法和不良信息内容的跟帖评论服务使用者，应当依法依约采取警示提醒、拒绝发布、删除信息、限制账号功能、暂停账号更新、关闭账号、禁止重新注册等处置措施，并保存相关记录；对未尽到管理义务导致跟帖评论环节出现违法和不良信息内容的公众账号生产运营者，应当根据具体情形，依法依约采取警示提醒、删除信息、暂停跟帖评论区功能直至永久关闭跟帖评论区、限制账号功能、暂停账号更新、关闭账号、禁止重新注册等处置措施，保存相关记录，并及时向网信部门报告。

第十条　公众账号生产运营者应当对账号跟帖评论信息内容加强审核管理，及时发现跟帖评论环节违法和不良信息内容，采取举报、处置等必要措施。

《网站平台受理处置涉企网络侵权信息举报工作规范》

第十九条　网站平台应当综合考虑涉企网络侵权信息的严重程度、发布频次、舆论影响以及社会危害程度等因素，按照宽严相济、统一标准的原则，分级分类、规范准确处置涉企网络侵权信息举报。

第二十条　针对事实清楚、举证充分的涉企网络侵权信息举报，网站平台应当采取删除或同等效果的处置措施。

第四十八条　【电子信息和应用软件信息管理义务】

任何个人和组织发送的电子信息、提供的应用软件，不得设置恶意程序，不得含有法律、行政法规禁止发布或者传输的信息。

电子信息发送服务提供者和应用软件下载服务提供者，应当履行安全管理义务，知道其用户有前款规定行为的，应当停止提供服务，采取消除等处置措施，保存有关记录，并向有关主管部门报告。

关联法规

◎ **法律**

《关于加强网络信息保护的决定》

七、任何组织和个人未经电子信息接收者同意或者请求，或者电子信息接收者明确表示拒绝的，不得向其固定电话、移动电话或者个人电子邮箱发送商业性电子信息。

权威案例

◎ **公报案例**

无锡市掌某无线网络技术有限公司诉无锡嘉某置业有限公司网络服务合同纠纷案
【《最高人民法院公报》2015 年第 3 期】

裁判摘要： 双方当事人明知所发送的电子信息为商业广告性质，却无视手机用户群体是否同意接收商业广告信息的主观意愿，强行向不特定公众发送商业广告短信息，侵害不特定公众的利益，所发送的短信息应认定为垃圾短信，其签订的相关合同无效，所涉价款属于非法所得，人民法院应予收缴。

第四十九条　【网络信息安全投诉举报及执法配合义务】

网络运营者应当建立网络信息安全投诉、举报制度，公布投诉、举报方式等信息，及时受理并处理有关网络信息安全的投诉和举报。

网络运营者对网信部门和有关部门依法实施的监督检查，应当予以配合。

关联法规

◎ **法律**

《未成年人保护法》

　　第七十八条　网络产品和服务提供者应当建立便捷、合理、有效的投诉和举报渠道，公开投诉、举报方式等信息，及时受理并处理涉及未成年人的投诉、举报。

　　第七十九条　任何组织或者个人发现网络产品、服务含有危害未成年人身心健康的信息，有权向网络产品和服务提供者或者网信、公安等部门投诉、举报。

◎ **行政法规**

《关键信息基础设施安全保护条例》

　　第二十八条　运营者对保护工作部门开展的关键信息基础设施网络安全检查检测工作，以及公安、国家安全、保密行政管理、密码管理等有关部门依法开展的关键信息基础设施网络安全检查工作应当予以配合。

《商用密码管理条例》

　　第四十八条　密码管理部门和有关部门依法开展商用密码监督管理，相关单位和人员应当予以配合，任何单位和个人不得非法干预和阻挠。

◎ **部门规章**

《通信网络安全防护管理办法》

　　第十九条　通信网络运行单位应当配合电信管理机构及其委托的专业机构开展检查活动，对于检查中发现的重大网络安全隐患，应当及时整改。

《电信和互联网用户个人信息保护规定》

　　第十二条　电信业务经营者、互联网信息服务提供者应当建立用户投诉处理机制，公布有效的联系方式，接受与用户个人信息保护有关的投诉，并自接到投诉之日起十五日内答复投诉人。

　　第十七条　电信管理机构应当对电信业务经营者、互联网信息服务提供者保护用户个人信息的情况实施监督检查。

　　电信管理机构实施监督检查时，可以要求电信业务经营者、互联网信息服务提供者提供相关材料，进入其生产经营场所调查情况，电信业务经营者、互联网信息服务提供者应当予以配合。

　　电信管理机构实施监督检查，应当记录监督检查的情况，不得妨碍电信业务经营者、互联网信息服务提供者正常的经营或者服务活动，不得收取任何费用。

　　第十九条　电信管理机构实施电信业务经营许可及经营许可证年检时，应当对用户个人信息保护情况进行审查。

《互联网新闻信息服务管理规定》

　　第十八条　互联网新闻信息服务提供者应当在明显位置明示互联网新闻信息服务许可证编号。

互联网新闻信息服务提供者应当自觉接受社会监督，建立社会投诉举报渠道，设置便捷的投诉举报入口，及时处理公众投诉举报。

第十九条　国家和地方互联网信息办公室应当建立日常检查和定期检查相结合的监督管理制度，依法对互联网新闻信息服务活动实施监督检查，有关单位、个人应当予以配合。

国家和地方互联网信息办公室应当健全执法人员资格管理制度。执法人员开展执法活动，应当依法出示执法证件。

《儿童个人信息网络保护规定》

第二十二条　网络运营者应当对网信部门和其他有关部门依法开展的监督检查予以配合。

《网络信息内容生态治理规定》

第十六条　网络信息内容服务平台应当在显著位置设置便捷的投诉举报入口，公布投诉举报方式，及时受理处置公众投诉举报并反馈处理结果。

《网络招聘服务管理规定》

第二十三条　从事网络招聘服务的人力资源服务机构应当建立网络招聘服务有关投诉、举报制度，健全便捷有效的投诉、举报机制，公开有效的联系方式，及时受理并处理有关投诉、举报。

《汽车数据安全管理若干规定（试行）》

第十七条　汽车数据处理者开展汽车数据处理活动，应当建立投诉举报渠道，设置便捷的投诉举报入口，及时处理用户投诉举报。

开展汽车数据处理活动造成用户合法权益或者公共利益受到损害的，汽车数据处理者应当依法承担相应责任。

《互联网信息服务算法推荐管理规定》

第二十二条　算法推荐服务提供者应当设置便捷有效的用户申诉和公众投诉、举报入口，明确处理流程和反馈时限，及时受理、处理并反馈处理结果。

《互联网用户账号信息管理规定》

第十九条　互联网信息服务提供者应当在显著位置设置便捷的投诉举报入口，公布投诉举报方式，健全受理、甄别、处置、反馈等机制，明确处理流程和反馈时限，及时处理用户和公众投诉举报。

《互联网信息服务深度合成管理规定》

第十二条　深度合成服务提供者应当设置便捷的用户申诉和公众投诉、举报入口，公布处理流程和反馈时限，及时受理、处理和反馈处理结果。

第二十一条　网信部门和电信主管部门、公安部门依据职责对深度合成服务开展监督检查。深度合成服务提供者和技术支持者应当依法予以配合，并提供必要的技术、数据等支持和协助。

网信部门和有关主管部门发现深度合成服务存在较大信息安全风险的，可以按照职责依法要求深度合成服务提供者和技术支持者采取暂停信息更新、用户账号注册或者其他相关服务等措施。深度合成服务提供者和技术支持者应当按照要求采取措施，进行整改，消除隐患。

《公路水路关键信息基础设施安全保护管理办法》

第二十八条 运营者对交通运输主管部门开展的网络安全检查检测工作，以及公安、国家安全、保密行政管理、密码管理等有关部门依法开展的公路水路关键信息基础设施网络安全检查工作应当予以配合，并如实提供网络安全管理制度、重要资产清单、网络日志等必要的资料。

《生成式人工智能服务管理暂行办法》

第十五条 提供者应当建立健全投诉、举报机制，设置便捷的投诉、举报入口，公布处理流程和反馈时限，及时受理、处理公众投诉举报并反馈处理结果。

◎ **部门规范性文件**

《互联网直播服务管理规定》

第十九条 互联网直播服务提供者应当自觉接受社会监督，健全社会投诉举报渠道，设置便捷的投诉举报入口，及时处理公众投诉举报。

《互联网信息搜索服务管理规定》

第十二条 互联网信息搜索服务提供者应当建立健全公众投诉、举报和用户权益保护制度，在显著位置公布投诉、举报方式，主动接受公众监督，及时处理公众投诉、举报，依法承担对用户权益造成损害的赔偿责任。

《互联网群组信息服务管理规定》

第十二条 互联网群组信息服务提供者和使用者应当接受社会公众和行业组织的监督，建立健全投诉举报渠道，设置便捷举报入口，及时处理投诉举报。国家和地方互联网信息办公室依据职责，对举报受理落实情况进行监督检查。

鼓励互联网行业组织指导推动互联网群组信息服务提供者制定行业公约，加强行业自律，履行社会责任。

第十三条 互联网群组信息服务提供者应当配合有关主管部门依法进行的监督检查，并提供必要的技术支持和协助。

互联网群组信息服务提供者应当按规定留存网络日志不少于六个月。

《互联网论坛社区服务管理规定》

第十一条 互联网论坛社区服务提供者应当建立健全公众投诉、举报制度，在显著位置公布投诉、举报方式，主动接受公众监督，及时处理公众投诉、举报。国家和地方互联网信息办公室依据职责，对举报受理落实情况进行监督检查。

《微博客信息服务管理规定》

第十四条　微博客服务提供者应当自觉接受社会监督，设置便捷的投诉举报入口，及时处理公众投诉举报。

第十六条　微博客服务提供者应当遵守国家相关法律法规规定，配合有关部门开展监督管理执法工作，并提供必要的技术支持和协助。

微博客服务提供者应当记录微博客服务使用者日志信息，保存时间不少于六个月。

《网络音视频信息服务管理规定》

第十五条　网络音视频信息服务提供者应当自觉接受社会监督，设置便捷的投诉举报入口，公布投诉、举报方式等信息，及时受理并处理公众投诉举报。

《互联网用户公众账号信息服务管理规定》

第二十条　公众账号信息服务平台和生产运营者应当自觉接受社会监督。

公众账号信息服务平台应当在显著位置设置便捷的投诉举报入口和申诉渠道，公布投诉举报和申诉方式，健全受理、甄别、处置、反馈等机制，明确处理流程和反馈时限，及时处理公众投诉举报和生产运营者申诉。

鼓励互联网行业组织开展公众评议，推动公众账号信息服务平台和生产运营者

严格自律，建立多方参与的权威调解机制，公平合理解决行业纠纷，依法维护用户合法权益。

《移动互联网应用程序信息服务管理规定》

第二十二条　应用程序提供者和应用程序分发平台应当自觉接受社会监督，设置醒目、便捷的投诉举报入口，公布投诉举报方式，健全受理、处置、反馈等机制，及时处理公众投诉举报。

第二十四条　网信部门会同有关主管部门建立健全工作机制，监督指导应用程序提供者和应用程序分发平台依法依规从事信息服务活动。

应用程序提供者和应用程序分发平台应当对网信部门和有关主管部门依法实施的监督检查予以配合，并提供必要的支持和协助。

《互联网跟帖评论服务管理规定》

第十三条　跟帖评论服务提供者应当建立健全跟帖评论违法和不良信息公众投诉举报和跟帖评论服务使用者申诉制度，设置便捷投诉举报和申诉入口，及时受理和处置跟帖评论相关投诉举报和申诉。

跟帖评论服务使用者对被处置的跟帖评论信息存在异议的，有权向跟帖评论服务提供者提出申诉，跟帖评论服务提供者应当按照用户服务协议进行核查处理。

任何组织和个人发现违反本规定行

为的，可以向网信部门投诉举报。网信部门收到投诉举报后，应当及时依法处理。

《互联网弹窗信息推送服务管理规定》

第六条　互联网弹窗信息推送服务提供者应当自觉接受社会监督，设置便捷投诉举报入口，及时处理关于弹窗信息推送服务的公众投诉举报。

《网站平台受理处置涉企网络侵权信息举报工作规范》

第二条　境内网站平台受理处置涉企网络侵权信息举报，适用本规范。

第三条　网站平台应当按照依法依约、分级分类、限时办结的原则，快速准确受理处置涉企网络侵权信息举报。

第十九条　网站平台应当综合考虑涉企网络侵权信息的严重程度、发布频次、舆论影响以及社会危害程度等因素，按照宽严相济、统一标准的原则，分级分类、规范准确处置涉企网络侵权信息举报。

第二十条　针对事实清楚、举证充分的涉企网络侵权信息举报，网站平台应当采取删除或同等效果的处置措施。

第二十四条　被举报主体对处置措施提出异议的，网站平台应当要求被举报主体提供不侵权的相关证明，并依据双方举证综合判断、视情处置。

第二十五条　网站平台受理涉股东、高管、子公司、业务合作伙伴等企业利益相关方的网络侵权信息举报，研判认为有必要采取相应处置措施的，应当报请省级网信部门审核。对重大事项，报中央网信办相关司局审核。

第二十六条　网站平台及相关从业人员不得滥用举报处置权利，严禁实施有偿删帖、人情删帖等违法违规行为，严禁利用举报处置权利谋取不正当利益。

第二十七条　网站平台应当建立健全规章制度，严格工作流程，规范层级把关，强化内部监督，确保依法依规受理处置涉企网络侵权信息举报。

第二十八条　网站平台应当建立工作台账，如实记录涉企网络侵权信息举报受理处置全过程，留存全量数据不少于六个月，并在网信部门依法查询时，予以提供。相关账号处置情况，定期报送中央网信办相关司局。

> **权威案例**

◎ 典型案例

闫某与北京新某互联信息服务有限公司、北京百某网讯科技有限公司侵犯名誉权、隐私权纠纷案【最高人民法院公布 8 起利用信息网络侵害人身权益典型案例之七（2014 年 10 月 9 日）】

典型意义： 网络侵权案件的一大特点就是网络的匿名性，如何确定侵权人的个人身份，常常成为阻碍原告维护自身权利的障碍。但是，另一方面，互联网公司又负有法定的对网络用户的保密义务，如何处理两者之间的关系？通过诉讼的方式，由人民法院对原告请求网络服务提供者提供网络用户个人信息的要求进行审查后并作出判断，能够较好地实现两者的平衡。

> **第五十条　【网络安全监管部门违法信息处置职责】**
>
> 国家网信部门和有关部门依法履行网络信息安全监督管理职责，发现法律、行政法规禁止发布或者传输的信息的，应当要求网络运营者停止传输，采取消除等处置措施，保存有关记录；对来源于中华人民共和国境外的上述信息，应当通知有关机构采取技术措施和其他必要措施阻断传播。

关联法规

◎ **法律**

《关于加强网络信息保护的决定》

十、有关主管部门应当在各自职权范围内依法履行职责，采取技术措施和其他必要措施，防范、制止和查处窃取或者以其他非法方式获取、出售或者非法向他人提供公民个人电子信息的违法犯罪行为以及其他网络信息违法犯罪行为。有关主管部门依法履行职责时，网络服务提供者应当予以配合，提供技术支持。

国家机关及其工作人员对在履行职责中知悉的公民个人电子信息应当予以保密，不得泄露、篡改、毁损，不得出售或者非法向他人提供。

《反恐怖主义法》

第十九条　电信业务经营者、互联网服务提供者应当依照法律、行政法规规定，落实网络安全、信息内容监督制度和安全技术防范措施，防止含有恐怖主义、极端主义内容的信息传播；发现含有恐怖主义、极端主义内容的信息的，应当立即停止传输，保存相关记录，删除相关信息，并向公安机关或者有关部门报告。

网信、电信、公安、国家安全等主管部门对含有恐怖主义、极端主义内容的信息，应当按照职责分工，及时责令有关单位停止传输、删除相关信息，或者关闭相关网站、关停相关服务。有关单位应当立即执行，并保存相关记录，协助进行调查。对互联网上跨境传输的含有恐怖主义、极端主义内容的信息，电信主管部门应当采取技术措施，阻断传播。

《反有组织犯罪法》

第十六条　电信业务经营者、互联网服务提供者应当依法履行网络信息安全管理义务，采取安全技术防范措施，防止含有宣扬、诱导有组织犯罪内容的信息传播；发现含有宣扬、诱导有组织犯罪内容的信息的，应当立即停止传输，采取消除等处置措施，保存相关记录，并向公安机关或者有关部门报告，依法为公安机关侦查有组织犯罪提供技术支持和协助。

网信、电信、公安等主管部门对含有宣扬、诱导有组织犯罪内容的信息，应当按照职责分工，及时责令有关单位停止传输、采取消除等处置措施，或者下架相关应用、关闭相关网站、关停相关服务。有关单位应当立即执行，并保存相关记录，协助调查。对互联网上来源于境外的上述信息，电信主管部门应当采取技术措施，及时阻断传播。

《反间谍法》

第三十六条 国家安全机关发现涉及间谍行为的网络信息内容或者网络攻击等风险，应当依照《中华人民共和国网络安全法》规定的职责分工，及时通报有关部门，由其依法处置或者责令电信业务经营者、互联网服务提供者及时采取修复漏洞、加固网络防护、停止传输、消除程序和内容、暂停相关服务、下架相关应用、关闭相关网站等措施，保存相关记录。情况紧急，不立即采取措施将对国家安全造成严重危害的，由国家安全机关责令有关单位修复漏洞、

停止相关传输、暂停相关服务，并通报有关部门。

经采取相关措施，上述信息内容或者风险已经消除的，国家安全机关和有关部门应当及时作出恢复相关传输和服务的决定。

◎ 部门规章

《网络信息内容生态治理规定》

第三十条 各级网信部门会同有关主管部门，建立健全信息共享、会商通报、联合执法、案件督办、信息公开等工作机制，协同开展网络信息内容生态治理工作。

第三十一条 各级网信部门对网络信息内容服务平台履行信息内容管理主体责任情况开展监督检查，对存在问题的平台开展专项督查。

网络信息内容服务平台对网信部门和有关主管部门依法实施的监督检查，应当予以配合。

第三十二条 各级网信部门建立网络信息内容服务平台违法违规行为台账管理制度，并依法依规进行相应处理。

第三十三条 各级网信部门建立政府、企业、社会、网民等主体共同参与的监督评价机制，定期对本行政区域内网络信息内容服务平台生态治理情况进行评估。

《互联网信息服务算法推荐管理规定》

第二十三条 网信部门会同电信、

公安、市场监管等有关部门建立算法分级分类安全管理制度，根据算法推荐服务的舆论属性或者社会动员能力、内容类别、用户规模、算法推荐技术处理的数据重要程度、对用户行为的干预程度等对算法推荐服务提供者实施分级分类管理。

《互联网用户账号信息管理规定》

第二十条　网信部门会同有关主管部门，建立健全信息共享、会商通报、联合执法、案件督办等工作机制，协同开展互联网用户账号信息监督管理工作。

第二十一条　网信部门依法对互联网信息服务提供者管理互联网用户注册、使用账号信息情况实施监督检查。互联网信息服务提供者应当予以配合，并提供必要的技术、数据等支持和协助。

发现互联网信息服务提供者存在较大网络信息安全风险的，省级以上网信部门可以要求其采取暂停信息更新、用户账号注册或者其他相关服务等措施。互联网信息服务提供者应当按照要求采取措施，进行整改，消除隐患。

《生成式人工智能服务管理暂行办法》

第二十条　对来源于中华人民共和国境外向境内提供生成式人工智能服务不符合法律、行政法规和本办法规定的，国家网信部门应当通知有关机构采取技术措施和其他必要措施予以处置。

◎ **部门规范性文件**

《网站平台受理处置涉企网络侵权信息举报工作规范》

第二十九条　各级网信举报部门应当建立健全日常检查和专项检查相结合的工作制度，依法依规对属地网站平台涉企网络侵权信息举报受理处置工作实施监督管理。

第五章　监测预警与应急处置

第五十一条　【国家网络安全监测预警和信息通报制度】

国家建立网络安全监测预警和信息通报制度。国家网信部门应当统筹协调有关部门加强网络安全信息收集、分析和通报工作，按照规定统一发布网络安全监测预警信息。

关联法规

◎ 法律

《数据安全法》

第二十二条　国家建立集中统一、高效权威的数据安全风险评估、报告、信息共享、监测预警机制。国家数据安全工作协调机制统筹协调有关部门加强数据安全风险信息的获取、分析、研判、预警工作。

《反电信网络诈骗法》

第三十二条　国家支持电信业务经营者、银行业金融机构、非银行支付机构、互联网服务提供者研究开发有关电信网络诈骗反制技术，用于监测识别、动态封堵和处置涉诈异常信息、活动。

国务院公安部门、金融管理部门、电信主管部门和国家网信部门等应当统筹负责本行业领域反制技术措施建设，推进涉电信网络诈骗样本信息数据共享，加强涉诈用户信息交叉核验，建立有关涉诈异常信息、活动的监测识别、动态封堵和处置机制。

依据本法第十一条、第十二条、第十八条、第二十二条和前款规定，对涉诈异常情形采取限制、暂停服务等处置措施的，应当告知处置原因、救济渠道及需要提交的资料等事项，被处置对象可以向作出决定或者采取措施的部门、单位提出申诉。作出决定的部门、单位应当建立完善申诉渠道，及时受理申诉并核查，核查通过的，应当即时解除有关措施。

第三十四条　公安机关应当会同金融、电信、网信部门组织银行业金融机构、非银行支付机构、电信业务经营者、互联网服务提供者等建立预警劝阻系统，对预警发现的潜在被害人，根据情况及时采取相应劝阻措施。对电信网络诈骗案件应当加强追赃挽损，完善涉案资金处置制度，及时返还被害人的合法财产。对遭受重大生活困难的被害人，符合国家有关救助条件的，有关方面依照规定给予救助。

《国家安全法》

第五十一条　国家健全统一归口、反应灵敏、准确高效、运转顺畅的情报信息收集、研判和使用制度，建立情报信息工作协调机制，实现情报信息的及时收集、准确研判、有效使用和共享。

第五十二条　国家安全机关、公安机关、有关军事机关根据职责分工，依法搜集涉及国家安全的情报信息。

国家机关各部门在履行职责过程中，对于获取的涉及国家安全的有关信息应当及时上报。

第五十三条　开展情报信息工作，应当充分运用现代科学技术手段，加强对情报信息的鉴别、筛选、综合和研判分析。

第五十四条　情报信息的报送应当及时、准确、客观，不得迟报、漏报、瞒报和谎报。

第五十七条　国家健全国家安全风险监测预警制度，根据国家安全风险程度，及时发布相应风险预警。

◎ 行政法规

《商用密码管理条例》

第三十七条　国家建立商用密码应用促进协调机制，加强对商用密码应用的统筹指导。国家机关和涉及商用密码工作的单位在其职责范围内负责本机关、本单位或者本系统的商用密码应用和安全保障工作。

密码管理部门会同有关部门加强商用密码应用信息收集、风险评估、信息通报和重大事项会商，并加强与网络安全监测预警和信息通报的衔接。

◎ 部门规范性文件

《国家网络安全事件应急预案》

3 监测与预警

3.1 预警分级

网络安全事件预警等级分为四级：由高到低依次用红色、橙色、黄色和蓝色表示，分别对应发生或可能发生特别重大、重大、较大和一般网络安全事件。

3.2 预警监测

各单位按照"谁主管谁负责、谁运行谁负责"的要求，组织对本单位建设运行的网络和信息系统开展网络安全监测工作。重点行业主管或监管部门组织指导做好本行业网络安全监测工作。各省（区、市）网信部门结合本地区实际，统筹组织开展对本地区网络和信息系统的安全监测工作。各省（区、市）、各部门将重要监测信息报应急办，应急办组织开展跨省（区、市）、跨部门的网络安全信息共享。

3.3 预警研判和发布

各省（区、市）、各部门组织对监测信息进行研判，认为需要立即采取防范措施的，应当及时通知有关部门和单位，对可能发生重大及以上网络安全事件的信息及时向应急办报告。各省（区、市）、各部门可根据监测研判情况，发布本地区、本行业的橙色及以下预警。

应急办组织研判，确定和发布红色预警和涉及多省（区、市）、多部门、多行业的预警。

预警信息包括事件的类别、预警级别、起始时间、可能影响范围、警示事项、应采取的措施和时限要求、发布机关等。

3.4 预警响应

3.4.1 红色预警响应

（1）应急办组织预警响应工作，联系专家和有关机构，组织对事态发展情况进行跟踪研判，研究制定防范措施和应急工作方案，协调组织资源调度和部门联动的各项准备工作。

（2）有关省（区、市）、部门网络安全事件应急指挥机构实行 24 小时值班，相关人员保持通信联络畅通。加强网络安全事件监测和事态发展信息搜集工作，组织指导应急支撑队伍、相关运行单位开展应急处置或准备、风险评估和控制工作，重要情况报应急办。

（3）国家网络安全应急技术支撑队伍进入待命状态，针对预警信息研究制定应对方案，检查应急车辆、设备、软件工具等，确保处于良好状态。

3.4.2 橙色预警响应

（1）有关省（区、市）、部门网络安全事件应急指挥机构启动相应应急预案，组织开展预警响应工作，做好风险评估、应急准备和风险控制工作。

（2）有关省（区、市）、部门及时将事态发展情况报应急办。应急办密切关注事态发展，有关重大事项及时通报相关省（区、市）和部门。

（3）国家网络安全应急技术支撑队伍保持联络畅通，检查应急车辆、设备、软件工具等，确保处于良好状态。

3.4.3 黄色、蓝色预警响应

有关地区、部门网络安全事件应急指挥机构启动相应应急预案，指导组织开展预警响应。

3.5 预警解除

预警发布部门或地区根据实际情况，确定是否解除预警，及时发布预警解除信息。

《监管数据安全管理办法（试行）》

第三十一条　归口管理部门应建立监管数据安全事件通报工作机制，及时通报监管数据安全事件。

《贯彻落实网络安全等级保护制度和关键信息基础设施安全保护制度的指导意见》

四、加强网络安全保护工作协作配合

行业主管部门、网络运营者与公安

机关要密切协同，大力开展安全监测、通报预警、应急处置、威胁情报等工作，落实常态化措施，提升应对、处置网络安全突发事件和重大风险防控能力。

（一）加强网络安全立体化监测体系建设。各单位、各部门要全面加强网络安全监测，对关键信息基础设施、重要网络等开展实时监测，发现网络攻击和安全威胁，立即报告公安机关和有关部门并采取有效措施处置。要加强网络新技术研究和应用，研究绘制网络空间地理信息图谱（网络地图），实现挂图作战。行业主管部门、网络运营要建设本行业、本单位的网络安全保护业务平台，建设平台智慧大脑，依托平台和大数据开展实时监测、通报预警、应急处置、安全防护、指挥调度等工作，并与公安机关有关安全保卫平台对接，形成条块结合、纵横联通、协同联动的综合防控大格局。重点行业、网络运营者和公安机关要建设网络安全监控指挥中心，落实7×24小时值班值守制度，建立常态化、实战化的网络安全工作机制。

（二）加强网络安全信息共享和通报预警。行业主管部门、网络运营者要依托国家网络与信息安全信息通报机制，加强本行业、本领域网络安全信息通报预警力量建设，及时收集、汇总、分析各方网络安全信息，加强威胁情报

工作，组织开展网络安全威胁分析和态势研判，及时通报预警和处置。第三级以上网络运营者和关键信息基础设施运营者要开展网络安全监测预警和信息通报工作，及时接收、处置来自国家、行业和地方网络安全预警通报信息，按规定向行业主管部门、备案公安机关报送网络安全监测预警信息和网络安全事件。公安机关要加强网络与信息安全信息通报预警机制建设和力量建设，不断提高网络安全通报预警能力。

……

《具有舆论属性或社会动员能力的互联网信息服务安全评估规定》

第十二条　网信部门和公安机关应当建立监测管理制度，加强网络安全风险管理，督促互联网信息服务提供者依法履行网络安全义务。

发现具有舆论属性或社会动员能力的互联网信息服务提供者未按本规定开展安全评估的，网信部门和公安机关应当通知其按本规定开展安全评估。

第五十二条　【关键信息基础设施监测预警和信息通报制度】

负责关键信息基础设施安全保护工作的部门，应当建立健全

本行业、本领域的网络安全监测预警和信息通报制度，并按照规定报送网络安全监测预警信息。

关联法规

◎ 行政法规

《关键信息基础设施安全保护条例》

第二十四条 保护工作部门应当建立健全本行业、本领域的关键信息基础设施网络安全监测预警制度，及时掌握本行业、本领域关键信息基础设施运行状况、安全态势，预警通报网络安全威胁和隐患，指导做好安全防范工作。

◎ 部门规章

《公路水路关键信息基础设施安全保护管理办法》

第二十五条 交通运输部应当建立公路水路关键信息基础设施网络安全监测预警制度，充分利用网络安全信息共享机制，及时掌握公路水路关键信息基础设施运行状况、安全态势，预警通报网络安全威胁和隐患，指导做好安全防范工作。

省级人民政府交通运输主管部门应当及时掌握省级设施的运行状况、安全态势，并组织做好预警通报和安全防范工作。

第五十三条 【国家网络安全风险评估和应急工作机制】

国家网信部门协调有关部门建立健全网络安全风险评估和应急工作机制，制定网络安全事件应急预案，并定期组织演练。

负责关键信息基础设施安全保护工作的部门应当制定本行业、本领域的网络安全事件应急预案，并定期组织演练。

网络安全事件应急预案应当按照事件发生后的危害程度、影响范围等因素对网络安全事件进行分级，并规定相应的应急处置措施。

关联法规

◎ 法律

《国家安全法》

第五十五条 国家制定完善应对各领域国家安全风险预案。

第五十六条 国家建立国家安全风险评估机制，定期开展各领域国家安全风险调查评估。

有关部门应当定期向中央国家安全领导机构提交国家安全风险评估报告。

第六十三条 发生危及国家安全的重大事件，中央有关部门和有关地方根据中央国家安全领导机构的统一部署，依法启动应急预案，采取管控处置措施。

◎ **行政法规**

《关键信息基础设施安全保护条例》

第二十五条 保护工作部门应当按照国家网络安全事件应急预案的要求，建立健全本行业、本领域的网络安全事件应急预案，定期组织应急演练；指导运营者做好网络安全事件应对处置，并根据需要组织提供技术支持与协助。

◎ **部门规章**

《互联网新闻信息服务管理规定》

第七条 任何组织不得设立中外合资经营、中外合作经营和外资经营的互联网新闻信息服务单位。

互联网新闻信息服务单位与境内外中外合资经营、中外合作经营和外资经营的企业进行涉及互联网新闻信息服务业务的合作，应当报经国家互联网信息办公室进行安全评估。

第十七条 互联网新闻信息服务提供者变更主要负责人、总编辑、主管单位、股权结构等影响许可条件的重大事项，应当向原许可机关办理变更手续。

互联网新闻信息服务提供者应用新技术、调整增设具有新闻舆论属性或社会动员能力的应用功能，应当报国家或省、自治区、直辖市互联网信息办公室进行互联网新闻信息服务安全评估。

《区块链信息服务管理规定》

第九条 区块链信息服务提供者开发上线新产品、新应用、新功能的，应当按照有关规定报国家和省、自治区、直辖市互联网信息办公室进行安全评估。

《汽车数据安全管理若干规定（试行）》

第十五条 国家网信部门和国务院发展改革、工业和信息化、公安、交通运输等有关部门依据职责，根据处理数据情况对汽车数据处理者进行数据安全评估，汽车数据处理者应当予以配合。

参与安全评估的机构和人员不得披露评估中获悉的汽车数据处理者商业秘密、未公开信息，不得将评估中获悉的信息用于评估以外目的。

《互联网信息服务算法推荐管理规定》

第二十七条 具有舆论属性或者社会动员能力的算法推荐服务提供者应当按照国家有关规定开展安全评估。

第二十八条 网信部门会同电信、公安、市场监管等有关部门对算法推荐服务依法开展安全评估和监督检查工作，对发现的问题及时提出整改意见并限期整改。

算法推荐服务提供者应当依法留存网络日志，配合网信部门和电信、公安、市场监管等有关部门开展安全评估和监督检查工作，并提供必要的技术、数据等支持和协助。

《互联网信息服务深度合成管理规定》

第二十条 深度合成服务提供者开发上线具有舆论属性或者社会动员能力的新产品、新应用、新功能的，应当按照国家有关规定开展安全评估。

《生成式人工智能服务管理暂行办法》

第十七条 提供具有舆论属性或者社会动员能力的生成式人工智能服务的，应当按照国家有关规定开展安全评估，并按照《互联网信息服务算法推荐管理规定》履行算法备案和变更、注销备案手续。

◎ **部门规范性文件**

《国家网络安全事件应急预案》

1 总则

1.1 编制目的

建立健全国家网络安全事件应急工作机制，提高应对网络安全事件能力，预防和减少网络安全事件造成的损失和危害，保护公众利益，维护国家安全、公共安全和社会秩序。

1.2 编制依据

《中华人民共和国突发事件应对法》、《中华人民共和国网络安全法》、《国家突发公共事件总体应急预案》、《突发事件应急预案管理办法》和《信息安全技术 信息安全事件分类分级指南》（GB/Z 20986—2007）等相关规定。

1.3 适用范围

本预案所指网络安全事件是指由于人为原因、软硬件缺陷或故障、自然灾害等，对网络和信息系统或者其中的数据造成危害，对社会造成负面影响的事件，可分为有害程序事件、网络攻击事件、信息破坏事件、信息内容安全事件、设备设施故障、灾害性事件和其他事件。

本预案适用于网络安全事件的应对工作。其中，有关信息内容安全事件的应对，另行制定专项预案。

1.4 事件分级

网络安全事件分为四级：特别重大网络安全事件、重大网络安全事件、较大网络安全事件、一般网络安全事件。

（1）符合下列情形之一的，为特别重大网络安全事件：

①重要网络和信息系统遭受特别严重的系统损失，造成系统大面积瘫痪，丧失业务处理能力。

②国家秘密信息、重要敏感信息和关键数据丢失或被窃取、篡改、假冒，对国家安全和社会稳定构成特别严重威胁。

③其他对国家安全、社会秩序、经济建设和公众利益构成特别严重威胁、造成特别严重影响的网络安全事件。

（2）符合下列情形之一且未达到特别重大网络安全事件的，为重大网络安全事件：

①重要网络和信息系统遭受严重的

系统损失，造成系统长时间中断或局部瘫痪，业务处理能力受到极大影响。

②国家秘密信息、重要敏感信息和关键数据丢失或被窃取、篡改、假冒，对国家安全和社会稳定构成严重威胁。

③其他对国家安全、社会秩序、经济建设和公众利益构成严重威胁、造成严重影响的网络安全事件。

（3）符合下列情形之一且未达到重大网络安全事件的，为较大网络安全事件：

①重要网络和信息系统遭受较大的系统损失，造成系统中断，明显影响系统效率，业务处理能力受到影响。

②国家秘密信息、重要敏感信息和关键数据丢失或被窃取、篡改、假冒，对国家安全和社会稳定构成较严重威胁。

③其他对国家安全、社会秩序、经济建设和公众利益构成较严重威胁、造成较严重影响的网络安全事件。

（4）除上述情形外，对国家安全、社会秩序、经济建设和公众利益构成一定威胁、造成一定影响的网络安全事件，为一般网络安全事件。

1.5　工作原则

坚持统一领导、分级负责；坚持统一指挥、密切协同、快速反应、科学处置；坚持预防为主，预防与应急相结合；坚持谁主管谁负责、谁运行谁负责，充分发挥各方面力量共同做好网络安全事件的预防和处置工作。

2　组织机构与职责

2.1　领导机构与职责

在中央网络安全和信息化领导小组（以下简称"领导小组"）的领导下，中央网络安全和信息化领导小组办公室（以下简称"中央网信办"）统筹协调组织国家网络安全事件应对工作，建立健全跨部门联动处置机制，工业和信息化部、公安部、国家保密局等相关部门按照职责分工负责相关网络安全事件应对工作。必要时成立国家网络安全事件应急指挥部（以下简称"指挥部"），负责特别重大网络安全事件处置的组织指挥和协调。

2.2　办事机构与职责

国家网络安全应急办公室（以下简称"应急办"）设在中央网信办，具体工作由中央网信办网络安全协调局承担。应急办负责网络安全应急跨部门、跨地区协调工作和指挥部的事务性工作，组织指导国家网络安全应急技术支撑队伍做好应急处置的技术支撑工作。有关部门派负责相关工作的司局级同志为联络员，联络应急办工作。

2.3　各部门职责

中央和国家机关各部门按照职责和权限，负责本部门、本行业网络和信息系统网络安全事件的预防、监测、报告和应急处置工作。

2.4 各省（区、市）职责

各省（区、市）网信部门在本地区党委网络安全和信息化领导小组统一领导下，统筹协调组织本地区网络和信息系统网络安全事件的预防、监测、报告和应急处置工作。

6 预防工作

6.1 日常管理

各地区、各部门按职责做好网络安全事件日常预防工作，制定完善相关应急预案，做好网络安全检查、隐患排查、风险评估和容灾备份，健全网络安全信息通报机制，及时采取有效措施，减少和避免网络安全事件的发生及危害，提高应对网络安全事件的能力。

6.2 演练

中央网信办协调有关部门定期组织演练，检验和完善预案，提高实战能力。

各省（区、市）、各部门每年至少组织一次预案演练，并将演练情况报中央网信办。

6.3 宣传

各地区、各部门应充分利用各种传播媒介及其他有效的宣传形式，加强突发网络安全事件预防和处置的有关法律、法规和政策的宣传，开展网络安全基本知识和技能的宣传活动。

6.4 培训

各地区、各部门要将网络安全事件的应急知识列为领导干部和有关人员的培训内容，加强网络安全特别是网络安全应急预案的培训，提高防范意识及技能。

6.5 重要活动期间的预防措施

在国家重要活动、会议期间，各省（区、市）、各部门要加强网络安全事件的防范和应急响应，确保网络安全。应急办统筹协调网络安全保障工作，根据需要要求有关省（区、市）、部门启动红色预警响应。有关省（区、市）、部门加强网络安全监测和分析研判，及时预警可能造成重大影响的风险和隐患，重点部门、重点岗位保持24小时值班，及时发现和处置网络安全事件隐患。

7 保障措施

7.1 机构和人员

各地区、各部门、各单位要落实网络安全应急工作责任制，把责任落实到具体部门、具体岗位和个人，并建立健全应急工作机制。

7.2 技术支撑队伍

加强网络安全应急技术支撑队伍建设，做好网络安全事件的监测预警、预防防护、应急处置、应急技术支援工作。支持网络安全企业提升应急处置能力，提供应急技术支援。中央网信办制定评估认定标准，组织评估和认定国家网络安全应急技术支撑队伍。各省（区、市）、各部门应配备必要的网络安全专业技术人才，并加强与国家网络安全相关技术单位的沟通、协调，建立必要的网络安全信息共享机制。

7.3 专家队伍

建立国家网络安全应急专家组，为网络安全事件的预防和处置提供技术咨询和决策建议。各地区、各部门加强各自的专家队伍建设，充分发挥专家在应急处置工作中的作用。

7.4 社会资源

从教育科研机构、企事业单位、协会中选拔网络安全人才，汇集技术与数据资源，建立网络安全事件应急服务体系，提高应对特别重大、重大网络安全事件的能力。

7.5 基础平台

各地区、各部门加强网络安全应急基础平台和管理平台建设，做到早发现、早预警、早响应，提高应急处置能力。

7.6 技术研发和产业促进

有关部门加强网络安全防范技术研究，不断改进技术装备，为应急响应工作提供技术支撑。加强政策引导，重点支持网络安全监测预警、预防防护、处置救援、应急服务等方向，提升网络安全应急产业整体水平与核心竞争力，增强防范和

处置网络安全事件的产业支撑能力。

7.7 国际合作

有关部门建立国际合作渠道，签订合作协定，必要时通过国际合作共同应对突发网络安全事件。

7.8 物资保障

加强对网络安全应急装备、工具的储备，及时调整、升级软件硬件工具，不断增强应急技术支撑能力。

7.9 经费保障

财政部门为网络安全事件应急处置提供必要的资金保障。有关部门利用现有政策和资金渠道，支持网络安全应急技术支撑队伍建设、专家队伍建设、基础平台建设、技术研发、预案演练、物资保障等工作开展。各地区、各部门为网络安全应急工作提供必要的经费保障。

7.10 责任与奖惩

网络安全事件应急处置工作实行责任追究制。

中央网信办及有关地区和部门对网络安全事件应急管理工作中作出突出贡献的先进集体和个人给予表彰和奖励。

中央网信办及有关地区和部门对不按照规定制定预案和组织开展演练，迟报、谎报、瞒报和漏报网络安全事件重要情况或者应急管理工作中有其他失职、渎职行为的，依照相关规定对有关责任人给予处分；构成犯罪的，依法追

究刑事责任。

8 附则

8.1 预案管理

本预案原则上每年评估一次，根据实际情况适时修订。修订工作由中央网信办负责。

各省（区、市）、各部门、各单位要根据本预案制定或修订本地区、本部门、本行业、本单位网络安全事件应急预案。

8.2 预案解释

本预案由中央网信办负责解释。

8.3 预案实施时间

本预案自印发之日起实施。

《互联网新闻信息服务新技术新应用安全评估管理规定》

第十五条　国家和省、自治区、直辖市互联网信息办公室应当建立主动监测管理制度，对新技术新应用加强监测巡查，强化信息安全风险管理，督导企业主体责任落实。

《具有舆论属性或社会动员能力的互联网信息服务安全评估规定》

第十三条　网信部门和公安机关发现具有舆论属性或社会动员能力的互联网信息服务提供者拒不按照本规定开展安全评估的，应当通过全国互联网安全管理服务平台向公众提示该互联网信息服务存在安全风险，并依照各自职责对该互联网信息服务实施监督检查，发现存在违法行为的，应

当依法处理。

第十四条　网信部门统筹协调具有舆论属性或社会动员能力的互联网信息服务安全评估工作，公安机关的安全评估工作情况定期通报网信部门。

《微博客信息服务管理规定》

第十三条　微博客服务提供者应用新技术、调整增设具有新闻舆论属性或社会动员能力的应用功能，应当报国家或省、自治区、直辖市互联网信息办公室进行安全评估。

《网络音视频信息服务管理规定》

第十条　网络音视频信息服务提供者基于深度学习、虚拟现实等新技术新应用上线具有媒体属性或者社会动员功能的音视频信息服务，或者调整增设相关功能的，应当按照国家有关规定开展安全评估。

《移动互联网应用程序信息服务管理规定》

第十四条　应用程序提供者上线具有舆论属性或者社会动员能力的新技术、新应用、新功能，应当按照国家有关规定进行安全评估。

《互联网跟帖评论服务管理规定》

第五条　具有舆论属性或社会动员能力的跟帖评论服务提供者上线跟帖评论相关新产品、新应用、新功能的，应当按照国家有关规定开展安全评估。

第五十四条　【网络安全事件风险增大应对措施】

网络安全事件发生的风险增大时，省级以上人民政府有关部门应当按照规定的权限和程序，并根据网络安全风险的特点和可能造成的危害，采取下列措施：

（一）要求有关部门、机构和人员及时收集、报告有关信息，加强对网络安全风险的监测；

（二）组织有关部门、机构和专业人员，对网络安全风险信息进行分析评估，预测事件发生的可能性、影响范围和危害程度；

（三）向社会发布网络安全风险预警，发布避免、减轻危害的措施。

第五十五条　【网络安全事件应急处置措施】

发生网络安全事件，应当立即启动网络安全事件应急预案，对网络安全事件进行调查和评估，要求网络运营者采取技术措施和其他必要措施，消除安全隐患，防止危害扩大，并及时向社会发布与公众有关的警示信息。

关联法规

◎ **法律**

《数据安全法》

第二十三条　国家建立数据安全应急处置机制。发生数据安全事件，有关主管部门应当依法启动应急预案，采取相应的应急处置措施，防止危害扩大，消除安全隐患，并及时向社会发布与公众有关的警示信息。

《国家安全法》

第六十七条　国家健全国家安全危机的信息报告和发布机制。

国家安全危机事件发生后，履行国家安全危机管控职责的有关机关，应当按照规定准确、及时报告，并依法将有关国家安全危机事件发生、发展、管控处置及善后情况统一向社会发布。

◎ **部门规范性文件**

《国家网络安全事件应急预案》

4 应急处置

4.1 事件报告

网络安全事件发生后，事发单位应立即启动应急预案，实施处置并及时报送信息。各有关地区、部门立即组织先期处置，控制事态，消除隐患，同时组织研判，注意保存证据，做好信息通报工作。对于初判为特别重大、重大网络安全事件的，立即报告应急办。

4.2 应急响应

网络安全事件应急响应分为四级，分别对应特别重大、重大、较大和一般网络安全事件。I 级为最高响应级别。

4.2.1 I 级响应

属特别重大网络安全事件的，及时启动 I 级响应，成立指挥部，履行应急处置工作的统一领导、指挥、协调职责。应急办 24 小时值班。

有关省（区、市）、部门应急指挥机构进入应急状态，在指挥部的统一领导、指挥、协调下，负责本省（区、市）、本部门应急处置工作或支援保障工作，24 小时值班，并派员参加应急办工作。

有关省（区、市）、部门跟踪事态发展，检查影响范围，及时将事态发展变化情况、处置进展情况报应急办。指挥部对应对工作进行决策部署，有关省（区、市）和部门负责组织实施。

4.2.2 II 级响应

网络安全事件的 II 级响应，由有关省（区、市）和部门根据事件的性质和情况确定。

（1）事件发生省（区、市）或部门的应急指挥机构进入应急状态，按照相关应急预案做好应急处置工作。

（2）事件发生省（区、市）或部门及时将事态发展变化情况报应急办。应急办将有关重大事项及时通报相关地

区和部门。

（3）处置中需要其他有关省（区、市）、部门和国家网络安全应急技术支撑队伍配合和支持的，商应急办予以协调。相关省（区、市）、部门和国家网络安全应急技术支撑队伍根据各自职责，积极配合、提供支持。

（4）有关省（区、市）和部门根据应急办的通报，结合各自实际有针对性地加强防范，防止造成更大范围影响和损失。

4.2.3 III 级、IV 级响应

事件发生地区和部门按相关预案进行应急响应。

4.3 应急结束

4.3.1 I 级响应结束

应急办提出建议，报指挥部批准后，及时通报有关省（区、市）和部门。

4.3.2 II 级响应结束

由事件发生省（区、市）或部门决定，报应急办，应急办通报相关省（区、市）和部门。

5 调查与评估

特别重大网络安全事件由应急办组织有关部门和省（区、市）进行调查处理和总结评估，并按程序上报。重大及以下网络安全事件由事件发生地区或部门自行组织调查处理和总结评估，其中重大网络安全事件相关总结调查报告报应急办。总结调查报告应对事件的起

因、性质、影响、责任等进行分析评估，提出处理意见和改进措施。

事件的调查处理和总结评估工作原则上在应急响应结束后 30 天内完成。

《监管数据安全管理办法（试行）》

第三十条　各业务部门及受托机构发生以下监管数据重大安全风险事项时，应立即采取应急处置措施，及时消除安全隐患，防止危害扩大，并于 48 小时内向归口管理部门报告。

（一）监管数据发生泄露或非法使用；

（二）监管数据发生损毁或丢失；

（三）承载监管数据的信息系统或网络发生系统性故障造成服务中断 4 小时以上；

（四）承载监管数据的信息系统或网络遭受非法入侵、发生有害信息或计算机病毒的大规模传播等破坏；

（五）监管数据安全事件引发舆情；

（六）《网络安全重大事件判定指南》列明的其他影响监管数据安全的网络安全重大事件。

辖区发生以上监管数据重大安全风险事项时，各银保监局应立即采取补救措施，并于 48 小时内向银保监会归口管理部门报告。

《贯彻落实网络安全等级保护制度和关键信息基础设施安全保护制度的指导意见》

四、加强网络安全保护工作协作

配合

行业主管部门、网络运营者与公安机关要密切协同，大力开展安全监测、通报预警、应急处置、威胁情报等工作，落实常态化措施，提升应对、处置网络安全突发事件和重大风险防控能力。

……

（三）加强网络安全应急处置机制建设。行业主管部门、网络运营者要按照国家有关要求制定网络安全应急预案，加强网络安全应急力量建设和应急资源储备，与公安机关密切配合，建立网络安全事件报告制度和应急处置机制。关键信息基础设施运营者和第三级以上网络运营者应定期开展应急演练，有效处置网络安全事件，并针对应急演练中发现的突出问题和漏洞隐患，及时整改加固，完善保护措施。行业主管部门、网络运营者应配合公安机关每年组织开展的网络安全监督检查、比武演习等工作，不断提升安全保护能力和对抗能力。

（四）加强网络安全事件处置和案件侦办。关键信息基础设施、第三级以上网络发生重大网络安全威胁和事件时，行业主管部门、网络运营者和公安机关应联合开展处置。电信业务经营者、网络服务提供者应提供支持及协助。网络运营者应配合公安机关打击网络违法犯罪行为；发现违法犯罪线索、重大网络安全威胁和事件时，应及时报告公安机关和有关部门并提供必要协助。

（五）加强网络安全问题隐患整改督办。公安机关建立挂牌督办制度，针对网络运营者网络安全工作不力、重大安全问题隐患久拖不改，或存在较大网络安全风险、发生重大网络安全案事件的，按照规定的权限和程序，会同行业主管部门对相关负责人进行约谈，挂牌督办，并加大监督检查和行政执法力度，依法依规进行行政处罚。网络运营者应按照有关要求采取措施，及时进行整改，消除重大风险隐患。发生重大网络安全案事件的，行业主管部门应组织全行业开展整改整顿。

第五十六条　【网络安全监督管理中的约谈机制】

省级以上人民政府有关部门在履行网络安全监督管理职责中，发现网络存在较大安全风险或者发生安全事件的，可以按照规定的权限和程序对该网络的运营者的法定代表人或者主要负责人进行约谈。网络运营者应当按照要求采取措施，进行整改，消除隐患。

关联法规

◎ **法律**

《数据安全法》

第四十四条　有关主管部门在履行数据安全监管职责中，发现数据处理活动存在较大安全风险的，可以按照规定的权限和程序对有关组织、个人进行约谈，并要求有关组织、个人采取措施进行整改，消除隐患。

《个人信息保护法》

第六十四条　履行个人信息保护职责的部门在履行职责中，发现个人信息处理活动存在较大风险或者发生个人信息安全事件的，可以按照规定的权限和程序对该个人信息处理者的法定代表人或者主要负责人进行约谈，或者要求个人信息处理者委托专业机构对其个人信息处理活动进行合规审计。个人信息处理者应当按照要求采取措施，进行整改，消除隐患。

履行个人信息保护职责的部门在履行职责中，发现违法处理个人信息涉嫌犯罪的，应当及时移送公安机关依法处理。

◎ **部门规章**

《儿童个人信息网络保护规定》

第二十五条　网络运营者落实儿童个人信息安全管理责任不到位，存在较大安全风险或者发生安全事件的，由网信部门依据职责进行约谈，网络运营者应当及时采取措施进行整改，消除隐患。

《个人信息出境标准合同办法》

第十一条　省级以上网信部门发现个人信息出境活动存在较大风险或者发生个人信息安全事件的，可以依法对个人信息处理者进行约谈。个人信息处理者应当按照要求整改，消除隐患。

《网信部门行政执法程序规定》

第三十八条　网信部门对当事人作出行政处罚决定前，可以根据有关规定对其实施约谈，谈话结束后制作执法约谈笔录。

《公路水路关键信息基础设施安全保护管理办法》

第二十九条　交通运输主管部门按照国家有关规定，对网络安全工作不力、重大安全问题隐患久拖不改，或者存在重大网络安全风险、发生重大网络安全事件的运营者，约谈单位负责人，并加大网络安全监督检查力度。

◎ 部门规范性文件

《公共互联网网络安全威胁监测与处置办法》

第十二条　基础电信企业、互联网企业、域名注册管理和服务机构等未按照电信主管部门通知要求采取网络安全威胁处置措施的，由电信主管部门依据《中华人民共和国网络安全法》第五十六条、第五十九条、第六十条、第六十八条等规定进行约谈或给予警告、罚款等行政处罚。

第五十七条　【突发事件和生产安全事故的处置】

因网络安全事件，发生突发事件或者生产安全事故的，应当依照《中华人民共和国突发事件应对法》、《中华人民共和国安全生产法》等有关法律、行政法规的规定处置。

第五十八条　【网络通信临时限制措施】

因维护国家安全和社会公共秩序，处置重大突发社会安全事件的需要，经国务院决定或者批准，可以在特定区域对网络通信采取限制等临时措施。

关联法规

◎ 行政法规

《电信条例》

第六十三条　在发生重大自然灾害等紧急情况下，经国务院批准，国务院信息产业主管部门可以调用各种电信设施，确保重要通信畅通。

第六章　法律责任

第五十九条　【违反网络安全保护义务的法律责任】

网络运营者不履行本法第二十一条、第二十五条规定的网络安全保护义务的，由有关主管部门责令改正，给予警告；拒不改正或者导致危害网络安全等后果的，处一万元以上十万元以下罚款，对直接负责的主管人员处五千元以上五万元以下罚款。

关键信息基础设施的运营者不履行本法第三十三条、第三十四条、第三十六条、第三十八条规定的网络安全保护义务的，由有关主管部门责令改正，给予警告；拒不改正或者导致危害网络安全等后果的，处十万元以上一百万元以下罚款，对直接负责的主管人员处一万元以上十万元以下罚款。

关联法规

◎ **法律**

《刑法》

第二百八十六条之一　网络服务提供者不履行法律、行政法规规定的信息网络安全管理义务，经监管部门责令采取改正措施而拒不改正，有下列情形之一的，处三年以下有期徒刑、拘役或者管制，并处或者单处罚金：

（一）致使违法信息大量传播的；

（二）致使用户信息泄露，造成严重后果的；

（三）致使刑事案件证据灭失，情节严重的；

（四）有其他严重情节的。

单位犯前款罪的，对单位判处罚金，并对其直接负责的主管人员和其他直接责任人员，依照前款的规定处罚。

有前两款行为，同时构成其他犯罪的，依照处罚较重的规定定罪处罚。

《电子商务法》

第七十九条　电子商务经营者违反法律、行政法规有关个人信息保护的规定，或者不履行本法第三十条和有关法律、行政法规规定的网络安全保障义务的，依照《中华人民共和国网络安全法》等法律、行政法规的规定处罚。

《数据安全法》

第四十五条　开展数据处理活动的组织、个人不履行本法第二十七条、第二十九条、第三十条规定的数据安全保护义务的，由有关主管部门责令改正，给予警告，可以并处五万元以上五十万元以下罚款，对直接负责的主管人员和其他直接责任人员可以处一万元以上十万元以下罚款；拒不改正或者造成大量数据泄露等严重后果的，处五十万元以上二百万元以下罚款，并可以责令暂停相关业务、停业整顿、吊销相关业务许可证或者吊销营业执照，对直接负责的主管人员和其他直接责任人员处五万元以上二十万元以下罚款。

违反国家核心数据管理制度，危害国家主权、安全和发展利益的，由有关主管部门处二百万元以上一千万元以下罚款，并根据情况责令暂停相关业务、停业整顿、吊销相关业务许可证或者吊销营业执照；构成犯罪的，依法追究刑事责任。

◎ 行政法规

《计算机信息系统安全保护条例》

第二十条 违反本条例的规定，有下列行为之一的，由公安机关处以警告或者停机整顿：

（一）违反计算机信息系统安全等级保护制度，危害计算机信息系统安全的；

（二）违反计算机信息系统国际联网备案制度的；

（三）不按照规定时间报告计算机信息系统中发生的案件的；

（四）接到公安机关要求改进安全状况的通知后，在限期内拒不改进的；

（五）有危害计算机信息系统安全的其他行为的。

《计算机信息网络国际联网安全保护管理办法》

第二十一条 有下列行为之一的，由公安机关责令限期改正，给予警告，有违法所得的，没收违法所得；在规定的限期内未改正的，对单位的主管负责人员和其他直接责任人员可以并处5000元以下的罚款，对单位可以并处1.5万元以下的罚款；情节严重的，并可以给予6个月以内的停止联网、停机整顿的处罚，必要时可以建议原发证、审批机构吊销经营许可证或者取消联网资格。

（一）未建立安全保护管理制度的；

（二）未采取安全技术保护措施的；

（三）未对网络用户进行安全教育和培训的；

（四）未提供安全保护管理所需信息、资料及数据文件，或者所提供内容不真实的；

（五）对委托其发布的信息内容未进行审核或者对委托单位和个人未进行登记的；

（六）未建立电子公告系统的用户登记和信息管理制度的；

（七）未按照国家有关规定，删除

网络地址、目录或者关闭服务器的；

（八）未建立公用账号使用登记制度的；

（九）转借、转让用户账号的。

《关键信息基础设施安全保护条例》

第三十九条 运营者有下列情形之一的，由有关主管部门依据职责责令改正，给予警告；拒不改正或者导致危害网络安全等后果的，处 10 万元以上 100 万元以下罚款，对直接负责的主管人员处 1 万元以上 10 万元以下罚款：

（一）在关键信息基础设施发生较大变化，可能影响其认定结果时未及时将相关情况报告保护工作部门的；

（二）安全保护措施未与关键信息基础设施同步规划、同步建设、同步使用的；

（三）未建立健全网络安全保护制度和责任制的；

（四）未设置专门安全管理机构的；

（五）未对专门安全管理机构负责人和关键岗位人员进行安全背景审查的；

（六）开展与网络安全和信息化有关的决策没有专门安全管理机构人员参与的；

（七）专门安全管理机构未履行本条例第十五条规定的职责的；

（八）未对关键信息基础设施每年至少进行一次网络安全检测和风险评估，未对发现的安全问题及时整改，或者未按照保护工作部门要求报送情况的；

（九）采购网络产品和服务，未按照国家有关规定与网络产品和服务提供者签订安全保密协议的；

（十）发生合并、分立、解散等情况，未及时报告保护工作部门，或者未按照保护工作部门的要求对关键信息基础设施进行处置的。

第四十条 运营者在关键信息基础设施发生重大网络安全事件或者发现重大网络安全威胁时，未按照有关规定向保护工作部门、公安机关报告的，由保护工作部门、公安机关依据职责责令改正，给予警告；拒不改正或者导致危害网络安全等后果的，处 10 万元以上 100 万元以下罚款，对直接负责的主管人员处 1 万元以上 10 万元以下罚款。

第四十八条 电子政务关键信息基础设施的运营者不履行本条例规定的网络安全保护义务的，依照《中华人民共和国网络安全法》有关规定予以处理。

《商用密码管理条例》

第六十条 关键信息基础设施的运营者违反本条例第三十八条、第三十九条规定，未按照要求使用商用密码，或者未按照要求开展商用密码应用安全性评估的，由密码管理部门责令改正，给予警告；拒不改正或者有其他严重情节的，处 10 万元以上 100 万元以下罚款，对直接负责的主管人员处 1 万元以上 10 万元以下罚款。

第六十二条　网络运营者违反本条例第四十一条规定，未按照国家网络安全等级保护制度要求使用商用密码保护网络安全的，由密码管理部门责令改正，给予警告；拒不改正或者导致危害网络安全等后果的，处 1 万元以上 10 万元以下罚款，对直接负责的主管人员处 5000 元以上 5 万元以下罚款。

◎ **部门规章**

《互联网安全保护技术措施规定》

第十五条　违反本规定第七条至第十四条规定的，由公安机关依照《计算机信息网络国际联网安全保护管理办法》第二十一条的规定予以处罚。

《通信网络安全防护管理办法》

第二十二条　违反本办法第六条第一款、第七条第一款和第三款、第八条、第九条、第十一条、第十二条、第十三条、第十四条、第十五条、第十九条规定的，由电信管理机构依据职权责令改正；拒不改正的，给予警告，并处五千元以上三万元以下的罚款。

《互联网文化管理暂行规定》

第二十九条　经营性互联网文化单位违反本规定第十八条的，由县级以上人民政府文化行政部门或者文化市场综合执法机构责令改正，并可根据情节轻

重处 20000 元以下罚款。

第三十一条　违反本规定第二十条的，由省、自治区、直辖市电信管理机构责令改正；情节严重的，由省、自治区、直辖市电信管理机构责令停业整顿或者责令暂时关闭网站。

《公安机关互联网安全监督检查规定》

第二十一条　公安机关在互联网安全监督检查中，发现互联网服务提供者和联网使用单位有下列违法行为的，依法予以行政处罚：

（一）未制定并落实网络安全管理制度和操作规程，未确定网络安全负责人的，依照《中华人民共和国网络安全法》第五十九条第一款的规定予以处罚；

（二）未采取防范计算机病毒和网络攻击、网络侵入等危害网络安全行为的技术措施的，依照《中华人民共和国网络安全法》第五十九条第一款的规定予以处罚；

（三）未采取记录并留存用户注册信息和上网日志信息措施的，依照《中华人民共和国网络安全法》第五十九条第一款的规定予以处罚；

（四）在提供互联网信息发布、即时通讯等服务中，未要求用户提供真实身份信息，或者对不提供真实身份信息的用户提供相关服务的，依照《中华人民共和国网络安全法》第六十一条的规

定予以处罚；

（五）在公共信息服务中对法律、行政法规禁止发布或者传输的信息未依法或者不按照公安机关的要求采取停止传输、消除等处置措施、保存有关记录的，依照《中华人民共和国网络安全法》第六十八条或者第六十九条第一项的规定予以处罚；

（六）拒不为公安机关依法维护国家安全和侦查犯罪的活动提供技术支持和协助的，依照《中华人民共和国网络安全法》第六十九条第三项的规定予以处罚。

有前款第四至六项行为违反《中华人民共和国反恐怖主义法》规定的，依照《中华人民共和国反恐怖主义法》第八十四条或者第八十六条第一款的规定予以处罚。

《区块链信息服务管理规定》

第十九条 区块链信息服务提供者违反本规定第五条、第六条、第七条、第九条、第十一条第二款、第十三条、第十五条、第十七条、第十八条规定的，由国家和省、自治区、直辖市互联网信息办公室依据职责给予警告，责令限期改正，改正前应当暂停相关业务；拒不改正或者情节严重的，并处五千元以上三万元以下罚款；构成犯罪的，依法追究刑事责任。

《网络产品安全漏洞管理规定》

第十三条 网络运营者未按本规定采取网络产品安全漏洞修补或者防范措施的，由有关主管部门依法处理；构成《中华人民共和国网络安全法》第五十九条规定情形的，依照该规定予以处罚。

第六十条　【违反网络产品和服务安全运行规定的法律责任】

违反本法第二十二条第一款、第二款和第四十八条第一款规定，有下列行为之一的，由有关主管部门责令改正，给予警告；拒不改正或者导致危害网络安全等后果的，处五万元以上五十万元以下罚款，对直接负责的主管人员处一万元以上十万元以下罚款：

（一）设置恶意程序的；

（二）对其产品、服务存在的安全缺陷、漏洞等风险未立即采取补救措施，或者未按照规定及时告知用户并向有关主管部门报告的；

（三）擅自终止为其产品、服务提供安全维护的。

◎ 部门规章

《公安机关互联网安全监督检查规定》

第二十三条　公安机关在互联网安全监督检查中，发现互联网服务提供者和联网使用单位在提供的互联网服务中设置恶意程序的，依照《中华人民共和国网络安全法》第六十条第一项的规定予以处罚。

《网络产品安全漏洞管理规定》

第十二条　网络产品提供者未按本规定采取网络产品安全漏洞补救或者报告措施的，由工业和信息化部、公安部依据各自职责依法处理；构成《中华人民共和国网络安全法》第六十条规定情形的，依照该规定予以处罚。

第六十一条　【违反用户身份管理义务的法律责任】

网络运营者违反本法第二十四条第一款规定，未要求用户提供真实身份信息，或者对不提供真实身份信息的用户提供相关服务的，由有关主管部门责令改正；拒不改正或者情节严重的，处五万元以上五十万元以下罚款，并可以由有关主管部门责令

暂停相关业务、停业整顿、关闭网站、吊销相关业务许可证或者吊销营业执照，对直接负责的主管人员和其他直接责任人员处一万元以上十万元以下罚款。

◎ 法律

《反电信网络诈骗法》

第三十九条　电信业务经营者违反本法规定，有下列情形之一的，由有关主管部门责令改正，情节较轻的，给予警告、通报批评，或者处五万元以上五十万元以下罚款；情节严重的，处五十万元以上五百万元以下罚款，并可以由有关主管部门责令暂停相关业务、停业整顿、吊销相关业务许可证或者吊销营业执照，对其直接负责的主管人员和其他直接责任人员，处一万元以上二十万元以下罚款：

（一）未落实国家有关规定确定的反电信网络诈骗内部控制机制的；

（二）未履行电话卡、物联网卡实名制登记职责的；

（三）未履行对电话卡、物联网卡的监测识别、监测预警和相关处置职责的；

（四）未对物联网卡用户进行风险

评估，或者未限定物联网卡的开通功能、使用场景和适用设备的；

（五）未采取措施对改号电话、虚假主叫或者具有相应功能的非法设备进行监测处置的。

第四十一条 电信业务经营者、互联网服务提供者违反本法规定，有下列情形之一的，由有关主管部门责令改正，情节较轻的，给予警告、通报批评，或者处五万元以上五十万元以下罚款；情节严重的，处五十万元以上五百万元以下罚款，并可以由有关主管部门责令暂停相关业务、停业整顿、关闭网站或者应用程序、吊销相关业务许可证或者吊销营业执照，对其直接负责的主管人员和其他直接责任人员，处一万元以上二十万元以下罚款：

（一）未落实国家有关规定确定的反电信网络诈骗内部控制机制的；

（二）未履行网络服务实名制职责，或者未对涉案、涉诈电话卡关联注册互联网账号进行核验的；

（三）未按照国家有关规定，核验域名注册、解析信息和互联网协议地址的真实性、准确性，规范域名跳转，或者记录并留存所提供相应服务的日志信息的；

（四）未登记核验移动互联网应用程序开发运营者的真实身份信息或者未核验应用程序的功能、用途，为其提供

应用程序封装、分发服务的；

（五）未履行对涉诈互联网账号和应用程序，以及其他电信网络诈骗信息、活动的监测识别和处置义务的；

（六）拒不依法为查处电信网络诈骗犯罪提供技术支持和协助，或者未按规定移送有关违法犯罪线索、风险信息的。

《反恐怖主义法》

第八十六条 电信、互联网、金融业务经营者、服务提供者未按规定对客户身份进行查验，或者对身份不明、拒绝身份查验的客户提供服务的，主管部门应当责令改正；拒不改正的，处二十万元以上五十万元以下罚款，并对其直接负责的主管人员和其他直接责任人员处十万元以下罚款；情节严重的，处五十万元以上罚款，并对其直接负责的主管人员和其他直接责任人员，处十万元以上五十万元以下罚款。

住宿、长途客运、机动车租赁等业务经营者、服务提供者有前款规定情形的，由主管部门处十万元以上五十万元以下罚款，并对其直接负责的主管人员和其他直接责任人员处十万元以下罚款。

◎ 部门规章

《互联网新闻信息服务管理规定》

第二十六条 互联网新闻信息服务提供者违反本规定第十三条第一款、第十六条第二款规定的，由国家和地方互

联网信息办公室根据《中华人民共和国网络安全法》的规定予以处理。

《区块链信息服务管理规定》

第二十条　区块链信息服务提供者违反本规定第八条、第十六条规定的，由国家和省、自治区、直辖市互联网信息办公室依据职责，按照《中华人民共和国网络安全法》的规定予以处理。

第六十二条　【违法开展网络安全服务的法律责任】

违反本法第二十六条规定，开展网络安全认证、检测、风险评估等活动，或者向社会发布系统漏洞、计算机病毒、网络攻击、网络侵入等网络安全信息的，由有关主管部门责令改正，给予警告；拒不改正或者情节严重的，处一万元以上十万元以下罚款，并可以由有关主管部门责令暂停相关业务、停业整顿、关闭网站、吊销相关业务许可证或者吊销营业执照，对直接负责的主管人员和其他直接责任人员处五千元以上五万元以下罚款。

关联法规

◎ **行政法规**

《商用密码管理条例》

第五十条　违反本条例规定，未经认定向社会开展商用密码检测活动，或者未经认定从事电子政务电子认证服务的，由密码管理部门责令改正或者停止违法行为，给予警告，没收违法产品和违法所得；违法所得30万元以上的，可以并处违法所得1倍以上3倍以下罚款；没有违法所得或者违法所得不足30万元的，可以并处10万元以上30万元以下罚款。

违反本条例规定，未经批准从事商用密码认证活动的，由市场监督管理部门会同密码管理部门依照前款规定予以处罚。

第五十一条　商用密码检测机构开展商用密码检测，有下列情形之一的，由密码管理部门责令改正或者停止违法行为，给予警告，没收违法所得；违法所得30万元以上的，可以并处违法所得1倍以上3倍以下罚款；没有违法所得或者违法所得不足30万元的，可以并处10万元以上30万元以下罚款；情节严重的，依法吊销商用密码检测机构资质：

（一）超出批准范围；

（二）存在影响检测独立、公正、诚信的行为；

（三）出具的检测数据、结果虚假或者失实；

（四）拒不报送或者不如实报送实施情况；

（五）未履行保密义务；

（六）其他违反法律、行政法规和商用密码检测技术规范、规则开展商用密码检测的情形。

第五十二条　商用密码认证机构开展商用密码认证，有下列情形之一的，由市场监督管理部门会同密码管理部门责令改正或者停止违法行为，给予警告，没收违法所得；违法所得 30 万元以上的，可以并处违法所得 1 倍以上 3 倍以下罚款；没有违法所得或者违法所得不足 30 万元的，可以并处 10 万元以上 30 万元以下罚款；情节严重的，依法吊销商用密码认证机构资质：

（一）超出批准范围；

（二）存在影响认证独立、公正、诚信的行为；

（三）出具的认证结论虚假或者失实；

（四）未对其认证的商用密码产品、服务、管理体系实施有效的跟踪调查；

（五）未履行保密义务；

（六）其他违反法律、行政法规和商用密码认证技术规范、规则开展商用密码认证的情形。

第五十三条　违反本条例第二十条、第二十一条规定，销售或者提供未经检测认证或者检测认证不合格的商用密码产品，或者提供未经认证或者认证不合格的商用密码服务的，由市场监督管理部门会同密码管理部门责令改正或者停止违法行为，给予警告，没收违法产品和违法所得；违法所得 10 万元以上的，可以并处违法所得 1 倍以上 3 倍以下罚款；没有违法所得或者违法所得不足 10 万元的，可以并处 3 万元以上 10 万元以下罚款。

第五十四条　电子认证服务机构违反法律、行政法规和电子认证服务密码使用技术规范、规则使用密码的，由密码管理部门责令改正或者停止违法行为，给予警告，没收违法所得；违法所得 30 万元以上的，可以并处违法所得 1 倍以上 3 倍以下罚款；没有违法所得或者违法所得不足 30 万元的，可以并处 10 万元以上 30 万元以下罚款；情节严重的，依法吊销电子认证服务使用密码的证明文件。

第五十五条　电子政务电子认证服务机构开展电子政务电子认证服务，有下列情形之一的，由密码管理部门责令改正或者停止违法行为，给予警告，没收违法所得；违法所得 30 万元以上的，可以并处违法所得 1 倍以上 3 倍以下罚款；没有违法所得或者违法所得不足 30 万元的，可以并处 10 万元以上 30 万元以下罚款；情节严重的，责令停业整顿，直至吊销电子政务电子认证服务机构资质：

（一）超出批准范围；

（二）拒不报送或者不如实报送实施情况；

（三）未履行保密义务；

（四）其他违反法律、行政法规和电子政务电子认证服务技术规范、规则提供电子政务电子认证服务的情形。

第五十六条　电子签名人或者电子签名依赖方依据电子政务电子认证服务机构提供的电子签名认证服务在政务活动中遭受损失，电子政务电子认证服务机构不能证明自己无过错的，承担赔偿责任。

第五十七条　政务活动中电子签名、电子印章、电子证照等涉及的电子认证服务，违反本条例第三十条规定，未由依法设立的电子政务电子认证服务机构提供的，由密码管理部门责令改正，给予警告；拒不改正或者有其他严重情节的，由密码管理部门建议有关国家机关、单位对直接负责的主管人员和其他直接责任人员依法给予处分或者处理。有关国家机关、单位应当将处分或者处理情况书面告知密码管理部门。

◎ **部门规范性文件**

《网络产品安全漏洞管理规定》

第十四条　违反本规定收集、发布

网络产品安全漏洞信息的，由工业和信息化部、公安部依据各自职责依法处理；构成《中华人民共和国网络安全法》第六十二条规定情形的，依照该规定予以处罚。

第六十三条　【实施危害网络安全行为的法律责任】

违反本法第二十七条规定，从事危害网络安全的活动，或者提供专门用于从事危害网络安全活动的程序、工具，或者为他人从事危害网络安全的活动提供技术支持、广告推广、支付结算等帮助，尚不构成犯罪的，由公安机关没收违法所得，处五日以下拘留，可以并处五万元以上五十万元以下罚款；情节较重的，处五日以上十五日以下拘留，可以并处十万元以上一百万元以下罚款。

单位有前款行为的，由公安机关没收违法所得，处十万元以上一百万元以下罚款，并对直接负责的主管人员和其他直接责任人员依照前款规定处罚。

> 违反本法第二十七条规定，受到治安管理处罚的人员，五年内不得从事网络安全管理和网络运营关键岗位的工作；受到刑事处罚的人员，终身不得从事网络安全管理和网络运营关键岗位的工作。

关联法规

◎ 法律

《刑法》

第二百八十五条 违反国家规定，侵入国家事务、国防建设、尖端科学技术领域的计算机信息系统的，处三年以下有期徒刑或者拘役。

违反国家规定，侵入前款规定以外的计算机信息系统或者采用其他技术手段，获取该计算机信息系统中存储、处理或者传输的数据，或者对该计算机信息系统实施非法控制，情节严重的，处三年以下有期徒刑或者拘役，并处或者单处罚金；情节特别严重的，处三年以上七年以下有期徒刑，并处罚金。

提供专门用于侵入、非法控制计算机信息系统的程序、工具，或者明知他人实施侵入、非法控制计算机信息系统的违法犯罪行为而为其提供程序、工具，情节严重的，依照前款的规定处罚。

单位犯前三款罪的，对单位判处罚金，并对其直接负责的主管人员和其他直接责任人员，依照各该款的规定处罚。

第二百八十六条 违反国家规定，对计算机信息系统功能进行删除、修改、增加、干扰，造成计算机信息系统不能正常运行，后果严重的，处五年以下有期徒刑或者拘役；后果特别严重的，处五年以上有期徒刑。

违反国家规定，对计算机信息系统中存储、处理或者传输的数据和应用程序进行删除、修改、增加的操作，后果严重的，依照前款的规定处罚。

故意制作、传播计算机病毒等破坏性程序，影响计算机系统正常运行，后果严重的，依照第一款的规定处罚。

单位犯前三款罪的，对单位判处罚金，并对其直接负责的主管人员和其他直接责任人员，依照第一款的规定处罚。

第二百八十七条 之二 明知他人利用信息网络实施犯罪，为其犯罪提供互联网接入、服务器托管、网络存储、通讯传输等技术支持，或者提供广告推广、支付结算等帮助，情节严重的，处三年以下有期徒刑或者拘役，并处或者单处罚金。

单位犯前款罪的，对单位判处罚金，并对其直接负责的主管人员和其他直接责任人员，依照第一款的规定处罚。

有前两款行为，同时构成其他犯罪的，依照处罚较重的规定定罪处罚。

《数据安全法》

第五十一条　窃取或者以其他非法方式获取数据，开展数据处理活动排除、限制竞争，或者损害个人、组织合法权益的，依照有关法律、行政法规的规定处罚。

《反电信网络诈骗法》

第四十二条　违反本法第十四条、第二十五条第一款规定的，没收违法所得，由公安机关或者有关主管部门处违法所得一倍以上十倍以下罚款，没有违法所得或者违法所得不足五万元的，处五十万元以下罚款；情节严重的，由公安机关并处十五日以下拘留。

《治安管理处罚法》

第二十九条　有下列行为之一的，处五日以下拘留；情节较重的，处五日以上十日以下拘留：

（一）违反国家规定，侵入计算机信息系统，造成危害的；

（二）违反国家规定，对计算机信息系统功能进行删除、修改、增加、干扰，造成计算机信息系统不能正常运行的；

（三）违反国家规定，对计算机信息系统中存储、处理、传输的数据和应用程序进行删除、修改、增加的；

（四）故意制作、传播计算机病毒等破坏性程序，影响计算机信息系统正常运行的。

《密码法》

第三十二条　违反本法第十二条规定，窃取他人加密保护的信息，非法侵入他人的密码保障系统，或者利用密码从事危害国家安全、社会公共利益、他人合法权益等违法活动的，由有关部门依照《中华人民共和国网络安全法》和其他有关法律、行政法规的规定追究法律责任。

◎ 行政法规

《计算机信息系统安全保护条例》

第二十三条　故意输入计算机病毒以及其他有害数据危害计算机信息系统安全的，或者未经许可出售计算机信息系统安全专用产品的，由公安机关处以警告或者对个人处以 5000 元以下的罚款、对单位处以 1.5 万元以下的罚款；有违法所得的，除予以没收外，可以处以违法所得 1 至 3 倍的罚款。

《计算机信息网络国际联网安全保护管理办法》

第二十条　违反法律、行政法规，有本办法第五条、第六条所列行为之一的，由公安机关给予警告，有违法所得的，没收违法所得，对个人可以并处 5000 元以下的罚款，对单位可以并处

1.5 万元以下的罚款；情节严重的，并可以给予 6 个月以内停止联网、停机整顿的处罚，必要时可以建议原发证、审批机构吊销经营许可证或者取消联网资格；构成违反治安管理行为的，依照治安管理处罚法的规定处罚；构成犯罪的，依法追究刑事责任。

第二十二条 违反本办法第四条、第七条规定的，依照有关法律、法规予以处罚。

第二十三条 违反本办法第十一条、第十二条规定，不履行备案职责的，由公安机关给予警告或者停机整顿不超过 6 个月的处罚。

《电信条例》

第六十六条 违反本条例第五十六条、第五十七条的规定，构成犯罪的，依法追究刑事责任；尚不构成犯罪的，由公安机关、国家安全机关依照有关法律、行政法规的规定予以处罚。

《关键信息基础设施安全保护条例》

第四十三条 实施非法侵入、干扰、破坏关键信息基础设施，危害其安全的活动尚不构成犯罪的，依照《中华人民共和国网络安全法》有关规定，由公安机关没收违法所得，处 5 日以下拘留，可以并处 5 万元以上 50 万元以下罚款；情节较重的，处 5 日以上 15 日以下拘留，可以并处 10 万元以上 100 万元以下罚款。

单位有前款行为的，由公安机关没收违法所得，处 10 万元以上 100 万元以下罚款，并对直接负责的主管人员和其他直接责任人员依照前款规定处罚。

违反本条例第五条第二款和第三十一条规定，受到治安管理处罚的人员，5 年内不得从事网络安全管理和网络运营关键岗位的工作；受到刑事处罚的人员，终身不得从事网络安全管理和网络运营关键岗位的工作。

《商用密码管理条例》

第五十九条 窃取他人加密保护的信息，非法侵入他人的商用密码保障系统，或者利用商用密码从事危害国家安全、社会公共利益、他人合法权益等违法活动的，由有关部门依照《中华人民共和国网络安全法》和其他有关法律、行政法规的规定追究法律责任。

◎ **司法解释**

《关于办理危害计算机信息系统安全刑事案件应用法律若干问题的解释》

第一条 非法获取计算机信息系统数据或者非法控制计算机信息系统，具有下列情形之一的，应当认定为刑法第二百八十五条第二款规定的"情节严重"：

（一）获取支付结算、证券交易、期货交易等网络金融服务的身份认证信息十组以上的；

（二）获取第（一）项以外的身份

认证信息五百组以上的；

（三）非法控制计算机信息系统二十台以上的；

（四）违法所得五千元以上或者造成经济损失一万元以上的；

（五）其他情节严重的情形。

实施前款规定行为，具有下列情形之一的，应当认定为刑法第二百八十五条第二款规定的"情节特别严重"：

（一）数量或者数额达到前款第（一）项至第（四）项规定标准五倍以上的；

（二）其他情节特别严重的情形。

明知是他人非法控制的计算机信息系统，而对该计算机信息系统的控制权加以利用的，依照前两款的规定定罪处罚。

第二条　具有下列情形之一的程序、工具，应当认定为刑法第二百八十五条第三款规定的"专门用于侵入、非法控制计算机信息系统的程序、工具"：

（一）具有避开或者突破计算机信息系统安全保护措施，未经授权或者超越授权获取计算机信息系统数据的功能的；

（二）具有避开或者突破计算机信息系统安全保护措施，未经授权或者超越授权对计算机信息系统实施控制的功能的；

（三）其他专门设计用于侵入、非法控制计算机信息系统、非法获取计算机信息系统数据的程序、工具。

第三条　提供侵入、非法控制计算机信息系统的程序、工具，具有下列情形之一的，应当认定为刑法第二百八十五条第三款规定的"情节严重"：

（一）提供能够用于非法获取支付结算、证券交易、期货交易等网络金融服务身份认证信息的专门性程序、工具五人次以上的；

（二）提供第（一）项以外的专门用于侵入、非法控制计算机信息系统的程序、工具二十人次以上的；

（三）明知他人实施非法获取支付结算、证券交易、期货交易等网络金融服务身份认证信息的违法犯罪行为而为其提供程序、工具五人次以上的；

（四）明知他人实施第（三）项以外的侵入、非法控制计算机信息系统的违法犯罪行为而为其提供程序、工具二十人次以上的；

（五）违法所得五千元以上或者造成经济损失一万元以上的；

（六）其他情节严重的情形。

实施前款规定行为，具有下列情形之一的，应当认定为提供侵入、非法控制计算机信息系统的程序、工具"情节特别严重"：

（一）数量或者数额达到前款第（一）项至第（五）项规定标准五倍以

上的；

（二）其他情节特别严重的情形。

第四条 破坏计算机信息系统功能、数据或者应用程序，具有下列情形之一的，应当认定为刑法第二百八十六条第一款和第二款规定的"后果严重"：

（一）造成十台以上计算机信息系统的主要软件或者硬件不能正常运行的；

（二）对二十台以上计算机信息系统中存储、处理或者传输的数据进行删除、修改、增加操作的；

（三）违法所得五千元以上或者造成经济损失一万元以上的；

（四）造成为一百台以上计算机信息系统提供域名解析、身份认证、计费等基础服务或者为一万以上用户提供服务的计算机信息系统不能正常运行累计一小时以上的；

（五）造成其他严重后果的。

实施前款规定行为，具有下列情形之一的，应当认定为破坏计算机信息系统"后果特别严重"：

（一）数量或者数额达到前款第（一）项至第（三）项规定标准五倍以上的；

（二）造成为五百台以上计算机信息系统提供域名解析、身份认证、计费等基础服务或者为五万以上用户提供服务的计算机信息系统不能正常运行累计

一小时以上的；

（三）破坏国家机关或者金融、电信、交通、教育、医疗、能源等领域提供公共服务的计算机信息系统的功能、数据或者应用程序，致使生产、生活受到严重影响或者造成恶劣社会影响的；

（四）造成其他特别严重后果的。

第五条 具有下列情形之一的程序，应当认定为刑法第二百八十六条第三款规定的"计算机病毒等破坏性程序"：

（一）能够通过网络、存储介质、文件等媒介，将自身的部分、全部或者变种进行复制、传播，并破坏计算机系统功能、数据或者应用程序的；

（二）能够在预先设定条件下自动触发，并破坏计算机系统功能、数据或者应用程序的；

（三）其他专门设计用于破坏计算机系统功能、数据或者应用程序的程序。

第六条 故意制作、传播计算机病毒等破坏性程序，影响计算机系统正常运行，具有下列情形之一的，应当认定为刑法第二百八十六条第三款规定的"后果严重"：

（一）制作、提供、传输第五条第（一）项规定的程序，导致该程序通过网络、存储介质、文件等媒介传播的；

（二）造成二十台以上计算机系统

被植入第五条第（二）、（三）项规定的程序的；

（三）提供计算机病毒等破坏性程序十人次以上的；

（四）违法所得五千元以上或者造成经济损失一万元以上的；

（五）造成其他严重后果的。

实施前款规定行为，具有下列情形之一的，应当认定为破坏计算机信息系统"后果特别严重"：

（一）制作、提供、传输第五条第（一）项规定的程序，导致该程序通过网络、存储介质、文件等媒介传播，致使生产、生活受到严重影响或者造成恶劣社会影响的；

（二）数量或者数额达到前款第（二）项至第（四）项规定标准五倍以上的；

（三）造成其他特别严重后果的。

第七条　明知是非法获取计算机信息系统数据犯罪所获取的数据、非法控制计算机信息系统犯罪所获取的计算机信息系统控制权，而予以转移、收购、代为销售或者以其他方法掩饰、隐瞒，违法所得五千元以上的，应当依照刑法第三百一十二条第一款的规定，以掩饰、隐瞒犯罪所得罪定罪处罚。

实施前款规定行为，违法所得五万元以上的，应当认定为刑法第三百一十二条第一款规定的"情节严重"。

单位实施第一款规定行为的，定罪量刑标准依照第一款、第二款的规定执行。

第八条　以单位名义或者单位形式实施危害计算机信息系统安全犯罪，达到本解释规定的定罪量刑标准的，应当依照刑法第二百八十五条、第二百八十六条的规定追究直接负责的主管人员和其他直接责任人员的刑事责任。

第九条　明知他人实施刑法第二百八十五条、第二百八十六条规定的行为，具有下列情形之一的，应当认定为共同犯罪，依照刑法第二百八十五条、第二百八十六条的规定处罚：

（一）为其提供用于破坏计算机信息系统功能、数据或者应用程序的程序、工具，违法所得五千元以上或者提供十人次以上的；

（二）为其提供互联网接入、服务器托管、网络存储空间、通讯传输通道、费用结算、交易服务、广告服务、技术培训、技术支持等帮助，违法所得五千元以上的；

（三）通过委托推广软件、投放广告等方式向其提供资金五千元以上的。

实施前款规定行为，数量或者数额达到前款规定标准五倍以上的，应当认定为刑法第二百八十五条、第二百八十六条规定的"情节特别严重"或者"后果特别严重"。

第十条 对于是否属于刑法第二百八十五条、第二百八十六条规定的"国家事务、国防建设、尖端科学技术领域的计算机信息系统"、"专门用于侵入、非法控制计算机信息系统的程序、工具"、"计算机病毒等破坏性程序"难以确定的，应当委托省级以上负责计算机信息系统安全保护管理工作的部门检验。司法机关根据检验结论，并结合案件具体情况认定。

《关于办理电信网络诈骗等刑事案件适用法律若干问题的意见》

四、准确认定共同犯罪与主观故意

......

（三）明知他人实施电信网络诈骗犯罪，具有下列情形之一的，以共同犯罪论处，但法律和司法解释另有规定的除外：

1. 提供信用卡、资金支付结算账户、手机卡、通讯工具的；

2. 非法获取、出售、提供公民个人信息的；

3. 制作、销售、提供"木马"程序和"钓鱼软件"等恶意程序的；

4. 提供"伪基站"设备或相关服务的；

5. 提供互联网接入、服务器托管、网络存储、通讯传输等技术支持，或者提供支付结算等帮助的；

6. 在提供改号软件、通话线路等技术服务时，发现主叫号码被修改为国内党政机关、司法机关、公共服务部门号码，或者境外用户改为境内号码，仍提供服务的；

7. 提供资金、场所、交通、生活保障等帮助的；

8. 帮助转移诈骗犯罪所得及其产生的收益，套现、取现的。

上述规定的"明知他人实施电信网络诈骗犯罪"，应当结合被告人的认知能力，既往经历，行为次数和手段，与他人关系，获利情况，是否曾因电信网络诈骗受过处罚，是否故意规避调查等主客观因素进行综合分析认定。

......

《关于办理非法利用信息网络、帮助信息网络犯罪活动等刑事案件适用法律若干问题的解释》

第十二条 明知他人利用信息网络实施犯罪，为其犯罪提供帮助，具有下列情形之一的，应当认定为刑法第二百八十七条之二第一款规定的"情节严重"：

（一）为三个以上对象提供帮助的；

（二）支付结算金额二十万元以上的；

（三）以投放广告等方式提供资金五万元以上的；

（四）违法所得一万元以上的；

（五）二年内曾因非法利用信息网

络、帮助信息网络犯罪活动、危害计算机信息系统安全受过行政处罚，又帮助信息网络犯罪活动的；

（六）被帮助对象实施的犯罪造成严重后果的；

（七）其他情节严重的情形。

实施前款规定的行为，确因客观条件限制无法查证被帮助对象是否达到犯罪的程度，但相关数额总计达到前款第二项至第四项规定标准五倍以上，或者造成特别严重后果的，应当以帮助信息网络犯罪活动罪追究行为人的刑事责任。

《关于办理电信网络诈骗等刑事案件适用法律若干问题的意见（二）》

七、为他人利用信息网络实施犯罪而实施下列行为，可以认定为刑法第二百八十七条之二规定的"帮助"行为：

（一）收购、出售、出租信用卡、银行账户、非银行支付账户、具有支付结算功能的互联网账号密码、网络支付接口、网上银行数字证书的；

（二）收购、出售、出租他人手机卡、流量卡、物联网卡的。

八、认定刑法第二百八十七条之二规定的行为人明知他人利用信息网络实施犯罪，应当根据行为人收购、出售、出租前述第七条规定的信用卡、银行账户、非银行支付账户、具有支付结算功能的互联网账号密码、网络支付接口、

网上银行数字证书，或者他人手机卡、流量卡、物联网卡等的次数、张数、个数，并结合行为人的认知能力、既往经历、交易对象、与实施信息网络犯罪的行为人的关系、提供技术支持或者帮助的时间和方式、获利情况以及行为人的供述等主客观因素，予以综合认定。

收购、出售、出租单位银行结算账户、非银行支付机构单位支付账户，或者电信、银行、网络支付等行业从业人员利用履行职责或提供服务便利，非法开办并出售、出租他人手机卡、信用卡、银行账户、非银行支付账户等的，可以认定为《最高人民法院、最高人民检察院关于办理非法利用信息网络、帮助信息网络犯罪活动等刑事案件适用法律若干问题的解释》第十一条第（七）项规定的"其他足以认定行为人明知的情形"。但有相反证据的除外。

九、明知他人利用信息网络实施犯罪，为其犯罪提供下列帮助之一的，可以认定为《最高人民法院、最高人民检察院关于办理非法利用信息网络、帮助信息网络犯罪活动等刑事案件适用法律若干问题的解释》第十二条第一款第（七）项规定的"其他情节严重的情形"：

（一）收购、出售、出租信用卡、银行账户、非银行支付账户、具有支付结算功能的互联网账号密码、网络支付

接口、网上银行数字证书5张（个）以上的；

（二）收购、出售、出租他人手机卡、流量卡、物联网卡20张以上的。

十、电商平台预付卡、虚拟货币、手机充值卡、游戏点卡、游戏装备等经销商，在公安机关调查案件过程中，被明确告知其交易对象涉嫌电信网络诈骗犯罪，仍与其继续交易，符合刑法第二百八十七条之二规定的，以帮助信息网络犯罪活动罪追究刑事责任。同时构成其他犯罪的，依照处罚较重的规定定罪处罚。

◎ **部门规章**
《公安机关互联网安全监督检查规定》

第二十五条　受公安机关委托提供技术支持的网络安全服务机构及其工作人员，从事非法侵入监督检查对象网络、干扰监督检查对象网络正常功能、窃取网络数据等危害网络安全的活动的，依照《中华人民共和国网络安全法》第六十三条的规定予以处罚；窃取或者以其他非法方式获取、非法出售或者非法向他人提供在工作中获悉的个人信息的，依照《中华人民共和国网络安全法》第六十四条第二款的规定予以处罚，构成犯罪的，依法追究刑事责任。

前款规定的机构及人员侵犯监督检查对象的商业秘密，构成犯罪的，依法追究刑事责任。

◎ **部门规范性文件**
《网络产品安全漏洞管理规定》

第十五条　利用网络产品安全漏洞从事危害网络安全活动，或者为他人利用网络产品安全漏洞从事危害网络安全的活动提供技术支持的，由公安机关依法处理；构成《中华人民共和国网络安全法》第六十三条规定情形的，依照该规定予以处罚；构成犯罪的，依法追究刑事责任。

第六十四条　【侵害公民个人信息权益的法律责任】

网络运营者、网络产品或者服务的提供者违反本法第二十二条第三款、第四十一条至第四十三条规定，侵害个人信息依法得到保护的权利的，由有关主管部门责令改正，可以根据情节单处或者并处警告、没收违法所得、处违法所得一倍以上十倍以下罚款，没有违法所得的，处一百万元以下罚款，对直接负责的主管人员和其他直接责任人员处一万元以上十万元以下罚款；情节严重的，并可以责令暂停相关业务、停业整顿、关闭网站、吊销相关业务许可证或者吊销营业执照。

　　违反本法第四十四条规定，窃取或者以其他非法方式获取、非法出售或者非法向他人提供个人信息，尚不构成犯罪的，由公安机关没收违法所得，并处违法所得一倍以上十倍以下罚款，没有违法所得的，处一百万元以下罚款。

关联法规

◎ 法律

《刑法》

　　第二百五十三条之一　违反国家有关规定，向他人出售或者提供公民个人信息，情节严重的，处三年以下有期徒刑或者拘役，并处或者单处罚金；情节特别严重的，处三年以上七年以下有期徒刑，并处罚金。

　　违反国家有关规定，将在履行职责或者提供服务过程中获得的公民个人信息，出售或者提供给他人的，依照前款的规定从重处罚。

　　窃取或者以其他方法非法获取公民个人信息的，依照第一款的规定处罚。

　　单位犯前三款罪的，对单位判处罚金，并对其直接负责的主管人员和其他直接责任人员，依照各该款的规定处罚。

《个人信息保护法》

　　第六十六条　违反本法规定处理个人信息，或者处理个人信息未履行本法规定的个人信息保护义务的，由履行个人信息保护职责的部门责令改正，给予警告，没收违法所得，对违法处理个人信息的应用程序，责令暂停或者终止提供服务；拒不改正的，并处一百万元以下罚款；对直接负责的主管人员和其他直接责任人员处一万元以上十万元以下罚款。

　　有前款规定的违法行为，情节严重的，由省级以上履行个人信息保护职责的部门责令改正，没收违法所得，并处五千万元以下或者上一年度营业额百分之五以下罚款，并可以责令暂停相关业务或者停业整顿、通报有关主管部门吊销相关业务许可或者吊销营业执照；对直接负责的主管人员和其他直接责任人员处十万元以上一百万元以下罚款，并可以决定禁止其在一定期限内担任相关企业的董事、监事、高级管理人员和个人信息保护负责人。

◎ 司法解释

《关于办理电信网络诈骗等刑事案件适用法律若干问题的意见》

　　三、全面惩处关联犯罪

　　……

　　（二）违反国家有关规定，向他人出售或者提供公民个人信息，窃取或者以其他方法非法获取公民个人信息，符合刑法第二百五十三条之一规定的，以侵犯公民个人信息罪追究刑事责任。

使用非法获取的公民个人信息，实施电信网络诈骗犯罪行为，构成数罪的，应当依法予以并罚。

……

《关于办理侵犯公民个人信息刑事案件适用法律若干问题的解释》

第二条 违反法律、行政法规、部门规章有关公民个人信息保护的规定的，应当认定为刑法第二百五十三条之一规定的"违反国家有关规定"。

第三条 向特定人提供公民个人信息，以及通过信息网络或者其他途径发布公民个人信息的，应当认定为刑法第二百五十三条之一规定的"提供公民个人信息"。

未经被收集者同意，将合法收集的公民个人信息向他人提供的，属于刑法第二百五十三条之一规定的"提供公民个人信息"，但是经过处理无法识别特定个人且不能复原的除外。

第四条 违反国家有关规定，通过购买、收受、交换等方式获取公民个人信息，或者在履行职责、提供服务过程中收集公民个人信息的，属于刑法第二百五十三条之一第三款规定的"以其他方法非法获取公民个人信息"。

第五条 非法获取、出售或者提供公民个人信息，具有下列情形之一的，应当认定为刑法第二百五十三条之一规定的"情节严重"：

（一）出售或者提供行踪轨迹信息，被他人用于犯罪的；

（二）知道或者应当知道他人利用公民个人信息实施犯罪，向其出售或者提供的；

（三）非法获取、出售或者提供行踪轨迹信息、通信内容、征信信息、财产信息五十条以上的；

（四）非法获取、出售或者提供住宿信息、通信记录、健康生理信息、交易信息等其他可能影响人身、财产安全的公民个人信息五百条以上的；

（五）非法获取、出售或者提供第三项、第四项规定以外的公民个人信息五千条以上的；

（六）数量未达到第三项至第五项规定标准，但是按相应比例合计达到有关数量标准的；

（七）违法所得五千元以上的；

（八）将在履行职责或者提供服务过程中获得的公民个人信息出售或者提供给他人，数量或者数额达到第三项至第七项规定标准一半以上的；

（九）曾因侵犯公民个人信息受过刑事处罚或者二年内受过行政处罚，又非法获取、出售或者提供公民个人信息的；

（十）其他情节严重的情形。

实施前款规定的行为，具有下列情形之一的，应当认定为刑法第二百五十三条之一第一款规定的"情节特别严重"：

（一）造成被害人死亡、重伤、精神失常或者被绑架等严重后果的；

（二）造成重大经济损失或者恶劣社会影响的；

（三）数量或者数额达到前款第三项至第八项规定标准十倍以上的；

（四）其他情节特别严重的情形。

第六条 为合法经营活动而非法购买、收受本解释第五条第一款第三项、第四项规定以外的公民个人信息，具有下列情形之一的，应当认定为刑法第二百五十三条之一规定的"情节严重"：

（一）利用非法购买、收受的公民个人信息获利五万元以上的；

（二）曾因侵犯公民个人信息受过刑事处罚或者二年内受过行政处罚，又非法购买、收受公民个人信息的；

（三）其他情节严重的情形。

实施前款规定的行为，将购买、收受的公民个人信息非法出售或者提供的，定罪量刑标准适用本解释第五条的规定。

第七条 单位犯刑法第二百五十三条之一规定之罪的，依照本解释规定的相应自然人犯罪的定罪量刑标准，对直接负责的主管人员和其他直接责任人员定罪处罚，并对单位判处罚金。

第八条 设立用于实施非法获取、出售或者提供公民个人信息违法犯罪活动的网站、通讯群组，情节严重的，应当依照刑法第二百八十七条之一的规定，以非法利用信息网络罪定罪处罚；同时构成侵犯公民个人信息罪的，依照侵犯公民个人信息罪定罪处罚。

第九条 网络服务提供者拒不履行法律、行政法规规定的信息网络安全管理义务，经监管部门责令采取改正措施而拒不改正，致使用户的公民个人信息泄露，造成严重后果的，应当依照刑法第二百八十六条之一的规定，以拒不履行信息网络安全管理义务罪定罪处罚。

第十条 实施侵犯公民个人信息犯罪，不属于"情节特别严重"，行为人系初犯，全部退赃，并确有悔罪表现的，可以认定为情节轻微，不起诉或者免予刑事处罚；确有必要判处刑罚的，应当从宽处罚。

第十一条 非法获取公民个人信息后又出售或者提供的，公民个人信息的条数不重复计算。

向不同单位或者个人分别出售、提供同一公民个人信息的，公民个人信息的条数累计计算。

对批量公民个人信息的条数，根据查获的数量直接认定，但是有证据证明信息不真实或者重复的除外。

第十二条 对于侵犯公民个人信息犯罪，应当综合考虑犯罪的危害程度、犯罪的违法所得数额以及被告人的前科情况、认罪悔罪态度等，依法判处罚金。罚金数额一般在违法所得的一倍以上五倍以下。

《关于办理电信网络诈骗等刑事案件适用法律若干问题的意见（二）》

五、非法获取、出售、提供具有信息发布、即时通讯、支付结算等功能的互联网账号密码、个人生物识别信息，符合刑法第二百五十三条之一规定的，以侵犯公民个人信息罪追究刑事责任。

对批量前述互联网账号密码、个人生物识别信息的条数，根据查获的数量直接认定，但有证据证明信息不真实或者重复的除外。

《关于审理使用人脸识别技术处理个人信息相关民事案件适用法律若干问题的规定》

第七条　多个信息处理者处理人脸信息侵害自然人人格权益，该自然人主张多个信息处理者按照过错程度和造成损害结果的大小承担侵权责任的，人民法院依法予以支持；符合民法典第一千一百六十八条、第一千一百六十九条第一款、第一千一百七十条、第一千一百七十一条等规定的相应情形，该自然人主张多个信息处理者承担连带责任的，人民法院依法予以支持。

信息处理者利用网络服务处理人脸信息侵害自然人人格权益的，适用民法典第一千一百九十五条、第一千一百九十六条、第一千一百九十七条等规定。

◎ **部门规章**

《电信和互联网用户个人信息保护规定》

第二十二条　电信业务经营者、互联网信息服务提供者违反本规定第八条、第十二条规定的，由电信管理机构依据职权责令限期改正，予以警告，可以并处一万元以下的罚款。

第二十三条　电信业务经营者、互联网信息服务提供者违反本规定第九条至第十一条、第十三条至第十六条、第十七条第二款规定的，由电信管理机构依据职权责令限期改正，予以警告，可以并处一万元以上三万元以下的罚款，向社会公告；构成犯罪的，依法追究刑事责任。

《公安机关互联网安全监督检查规定》

第二十二条　公安机关在互联网安全监督检查中，发现互联网服务提供者和联网使用单位，窃取或者以其他非法方式获取、非法出售或者非法向他人提供个人信息，尚不构成犯罪的，依照《中华人民共和国网络安全法》第六十四条第二款的规定予以处罚。

第二十五条　受公安机关委托提供技术支持的网络安全服务机构及其工作人员，从事非法侵入监督检查对象网络、干扰监督检查对象网络正常功能、窃取网络数据等危害网络安全的活动的，依照《中华人民共和国网络安全法》第六十三条的规定予以处罚；窃取或者以其他非法方式获取、非法出售或者非法向他人提供在工作中获悉的个人信息的,依照《中华人民共和国网络安全法》第六十四条第二款的规定予以处罚,构成犯罪的,依法追究刑事责任。

前款规定的机构及人员侵犯监督检查对象的商业秘密,构成犯罪的,依法追究刑事责任。

《网络招聘服务管理规定》

第三十六条 违反本规定第二十一条、第二十二条规定,未依法进行信息收集、使用、存储、发布的,由有关主管部门依照《中华人民共和国网络安全法》等法律、行政法规的规定予以处罚。

第六十五条 【违反国家安全审查规定的法律责任】

关键信息基础设施的运营者违反本法第三十五条规定,使用未经安全审查或者安全审查未通过的网络产品或者服务的,由有关主管部门责令停止使用,处采购金额一倍以上十倍以下罚款;对直接负责的主管人员和其他直接责任人员处一万元以上十万元以下罚款。

关联法规

◎ 法律

《密码法》

第三十七条 关键信息基础设施的运营者违反本法第二十七条第一款规定,未按照要求使用商用密码,或者未按照要求开展商用密码应用安全性评估的,由密码管理部门责令改正,给予警告;拒不改正或者导致危害网络安全等后果的,处十万元以上一百万元以下罚款,对直接负责的主管人员处一万元以上十万元以下罚款。

关键信息基础设施的运营者违反本法第二十七条第二款规定,使用未经安全审查或者安全审查未通过的产品或者服务的,由有关主管部门责令停止使用,处采购金额一倍以上十倍以下罚款;对直接负责的主管人员和其他直接责任人员处一万元以上十万元以下罚款。

◎ 行政法规

《关键信息基础设施安全保护条例》

第四十一条 运营者采购可能影响国家安全的网络产品和服务,未按照国家网络安全规定进行安全审查的,由国家网信部门等有关主管部门依据职责责令改正,处采购金额 1 倍以上 10 倍以下罚款,对直接负责的主管人员和其他直接责任人员处 1 万元以上 10 万元以下罚款。

《商用密码管理条例》

第六十一条　关键信息基础设施的运营者违反本条例第四十条规定，使用未经安全审查或者安全审查未通过的涉及商用密码的网络产品或者服务的，由有关主管部门责令停止使用，处采购金额1倍以上10倍以下罚款；对直接负责的主管人员和其他直接责任人员处1万元以上10万元以下罚款。

第六十六条　【违法存储和对外提供数据的法律责任】

关键信息基础设施的运营者违反本法第三十七条规定，在境外存储网络数据，或者向境外提供网络数据的，由有关主管部门责令改正，给予警告，没收违法所得，处五万元以上五十万元以下罚款，并可以责令暂停相关业务、停业整顿、关闭网站、吊销相关业务许可证或者吊销营业执照；对直接负责的主管人员和其他直接责任人员处一万元以上十万元以下罚款。

关联法规

◎ 法律

《数据安全法》

第四十六条　违反本法第三十一条规定，向境外提供重要数据的，由有关主管部门责令改正，给予警告，可以并处十万元以上一百万元以下罚款，对直接负责的主管人员和其他直接责任人员可以处一万元以上十万元以下罚款；情节严重的，处一百万元以上一千万元以下罚款，并可以责令暂停相关业务、停业整顿、吊销相关业务许可证或者吊销营业执照，对直接负责的主管人员和其他直接责任人员处十万元以上一百万元以下罚款。

第六十七条　【利用网络从事违法活动的法律责任】

违反本法第四十六条规定，设立用于实施违法犯罪活动的网站、通讯群组，或者利用网络发布涉及实施违法犯罪活动的信息，尚不构成犯罪的，由公安机关处五日以下拘留，可以并处一万元以上十万元以下罚款；情节较重的，处五日以上十五日以下拘留，可以并处五万元以上五十万元以下罚款。关闭用于实施违法犯罪活动的网站、通讯群组。

单位有前款行为的，由公安机关处十万元以上五十万元以下罚款，并对直接负责的主管人员和其他直接责任人员依照前款规定处罚。

关联法规

◎ **法律**

《刑法》

第二百八十七条之一　利用信息网络实施下列行为之一，情节严重的，处三年以下有期徒刑或者拘役，并处或者单处罚金：

（一）设立用于实施诈骗、传授犯罪方法、制作或者销售违禁物品、管制物品等违法犯罪活动的网站、通讯群组的；

（二）发布有关制作或者销售毒品、枪支、淫秽物品等违禁物品、管制物品或者其他违法犯罪信息的；

（三）为实施诈骗等违法犯罪活动发布信息的。

单位犯前款罪的，对单位判处罚金，并对其直接负责的主管人员和其他直接责任人员，依照第一款的规定处罚。

有前两款行为，同时构成其他犯罪的，依照处罚较重的规定定罪处罚。

《反电信网络诈骗法》

第三十八条　组织、策划、实施、参与电信网络诈骗活动或者为电信网络诈骗活动提供帮助，构成犯罪的，依法追究刑事责任。

前款行为尚不构成犯罪的，由公安机关处十日以上十五日以下拘留；没收违法所得，处违法所得一倍以上十倍以下罚款，没有违法所得或者违法所得不足一万元的，处十万元以下罚款。

◎ **司法解释**

《关于办理电信网络诈骗等刑事案件适用法律若干问题的意见》

三、全面惩处关联犯罪

……

（七）实施刑法第二百八十七条之一、第二百八十七条之二规定之行为，构成非法利用信息网络罪、帮助信息网络犯罪活动罪，同时构成诈骗罪的，依照处罚较重的规定定罪处罚。

（八）金融机构、网络服务提供者、电信业务经营者等在经营活动中，违反国家有关规定，被电信网络诈骗犯罪分子利用，使他人遭受财产损失的，依法承担相应责任。构成犯罪的，依法追究刑事责任。

《关于办理非法利用信息网络、帮助信息网络犯罪活动等刑事案件适用法律若干问题的解释》

第八条　以实施违法犯罪活动为目

的而设立或者设立后主要用于实施违法犯罪活动的网站、通讯群组，应当认定为刑法第二百八十七条之一第一款第一项规定的"用于实施诈骗、传授犯罪方法、制作或者销售违禁物品、管制物品等违法犯罪活动的网站、通讯群组"。

第九条　利用信息网络提供信息的链接、截屏、二维码、访问账号密码及其他指引访问服务的，应当认定为刑法第二百八十七条之一第一款第二项、第三项规定的"发布信息"。

第十条　非法利用信息网络，具有下列情形之一的，应当认定为刑法第二百八十七条之一第一款规定的"情节严重"：

（一）假冒国家机关、金融机构名义，设立用于实施违法犯罪活动的网站的；

（二）设立用于实施违法犯罪活动的网站，数量达到三个以上或者注册账号数累计达到二千以上的；

（三）设立用于实施违法犯罪活动的通讯群组，数量达到五个以上或者群组成员账号数累计达到一千以上的；

（四）发布有关违法犯罪的信息或者为实施违法犯罪活动发布信息，具有下列情形之一的：

1. 在网站上发布有关信息一百条以上的；

2. 向二千个以上用户账号发送有关信息的；

3. 向群组成员数累计达到三千以上的通讯群组发送有关信息的；

4. 利用关注人员账号数累计达到三万以上的社交网络传播有关信息的；

（一）违法所得一万元以上的；

（二）二年内曾因非法利用信息网络、帮助信息网络犯罪活动、危害计算机信息系统安全受过行政处罚，又非法利用信息网络的；

（三）其他情节严重的情形。

第十一条　为他人实施犯罪提供技术支持或者帮助，具有下列情形之一的，可以认定行为人明知他人利用信息网络实施犯罪，但是有相反证据的除外：

（一）经监管部门告知后仍然实施有关行为的；

（二）接到举报后不履行法定管理职责的；

（三）交易价格或者方式明显异常的；

（四）提供专门用于违法犯罪的程序、工具或者其他技术支持、帮助的；

（五）频繁采用隐蔽上网、加密通信、销毁数据等措施或者使用虚假身份，逃避监管或者规避调查的；

（六）为他人逃避监管或者规避调查提供技术支持、帮助的；

（七）其他足以认定行为人明知的情形。

第六十八条　【违反信息安全管理义务的法律责任】

网络运营者违反本法第四十七条规定，对法律、行政法规禁止发布或者传输的信息未停止传输、采取消除等处置措施、保存有关记录的，由有关主管部门责令改正，给予警告，没收违法所得；拒不改正或者情节严重的，处十万元以上五十万元以下罚款，并可以责令暂停相关业务、停业整顿、关闭网站、吊销相关业务许可证或者吊销营业执照，对直接负责的主管人员和其他直接责任人员处一万元以上十万元以下罚款。

电子信息发送服务提供者、应用软件下载服务提供者，不履行本法第四十八条第二款规定的安全管理义务的，依照前款规定处罚。

关联法规

◎ 法律

《民法典》

第一千一百九十七条　网络服务提供者知道或者应当知道网络用户利用其网络服务侵害他人民事权益，未采取必要措施的，与该网络用户承担连带责任。

《刑法》

第二百八十六条之一　网络服务提供者不履行法律、行政法规规定的信息网络安全管理义务，经监管部门责令采取改正措施而拒不改正，有下列情形之一的，处三年以下有期徒刑、拘役或者管制，并处或者单处罚金：

（一）致使违法信息大量传播的；

（二）致使用户信息泄露，造成严重后果的；

（三）致使刑事案件证据灭失，情节严重的；

（四）有其他严重情节的。

单位犯前款罪的，对单位判处罚金，并对其直接负责的主管人员和其他直接责任人员，依照前款的规定处罚。

《反恐怖主义法》

第八十四条　电信业务经营者、互联网服务提供者有下列情形之一的，由主管部门处二十万元以上五十万元以下罚款，并对其直接负责的主管人员和其他直接责任人员处十万元以下罚款；情节严重的，处五十万元以上罚款，并对其直接负责的主管人员和其他直接责任人员，处十万元以上五十万元以下罚款，可以由公安机关对其直接负责的主管人员和其他直接责任人员，处五日以上十五日以下拘留：

（一）未依照规定为公安机关、国家安全机关依法进行防范、调查恐怖活动提供技术接口和解密等技术支持和协助的；

（二）未按照主管部门的要求，停止传输、删除含有恐怖主义、极端主义内容的信息，保存相关记录，关闭相关网站或者关停相关服务的；

（三）未落实网络安全、信息内容监督制度和安全技术防范措施，造成含有恐怖主义、极端主义内容的信息传播，情节严重的。

《关于加强网络信息保护的决定》

十一、对有违反本决定行为的，依法给予警告、罚款、没收违法所得、吊销许可证或者取消备案、关闭网站、禁止有关责任人员从事网络服务业务等处罚，记入社会信用档案并予以公布；构成违反治安管理行为的，依法给予治安管理处罚。构成犯罪的，依法追究刑事责任。侵害他人民事权益的，依法承担民事责任。

《反有组织犯罪法》

第七十二条　电信业务经营者、互联网服务提供者有下列情形之一的，由有关主管部门责令改正；拒不改正或者情节严重的，由有关主管部门依照《中华人民共和国网络安全法》的有关规定给予处罚：

（一）拒不为侦查有组织犯罪提供技术支持和协助的；

（二）不按照主管部门的要求对含有宣扬、诱导有组织犯罪内容的信息停止传输、采取消除等处置措施、保存相关记录的。

◎ **行政法规**

《互联网信息服务管理办法》

第二十三条　违反本办法第十六条规定的义务的，由省、自治区、直辖市电信管理机构责令改正；情节严重的，对经营性互联网信息服务提供者，并由发证机关吊销经营许可证，对非经营性互联网信息服务提供者，并由备案机关责令关闭网站。

◎ **司法解释**

《关于办理电信网络诈骗等刑事案件适用法律若干问题的意见》

三、全面惩处关联犯罪

……

（六）网络服务提供者不履行法律、行政法规规定的信息网络安全管理义务，经监管部门责令采取改正措施而拒不改正，致使诈骗信息大量传播，或者用户信息泄露造成严重后果的，依照刑法第二百八十六条之一的规定，以拒不履行信息网络安全管理义务罪追究刑事责任。同时构成诈骗罪的，依照处罚较重的规定定罪处罚。

……

《关于办理非法利用信息网络、帮助信息网络犯罪活动等刑事案件适用法律若干问题的解释》

第二条　刑法第二百八十六条之一第一款规定的"监管部门责令采取改正措施"，是指网信、电信、公安等依照法律、行政法规的规定承担信息网络安全监管职责的部门，以责令整改通知书或者其他文书形式，责令网络服务提供者采取改正措施。

认定"经监管部门责令采取改正措施而拒不改正"，应当综合考虑监管部门责令改正是否具有法律、行政法规依据，改正措施及期限要求是否明确、合理，网络服务提供者是否具有按照要求采取改正措施的能力等因素进行判断。

第三条　拒不履行信息网络安全管理义务，具有下列情形之一的，应当认定为刑法第二百八十六条之一第一款第一项规定的"致使违法信息大量传播"：

（一）致使传播违法视频文件二百个以上的；

（二）致使传播违法视频文件以外的其他违法信息二千个以上的；

（三）致使传播违法信息，数量虽未达到第一项、第二项规定标准，但是按相应比例折算合计达到有关数量标准的；

（四）致使向二千个以上用户账号传播违法信息的；

（五）致使利用群组成员账号数累计三千以上的通讯群组或者关注人员账号数累计三万以上的社交网络传播违法信息的；

（六）致使违法信息实际被点击数达到五万以上的；

（七）其他致使违法信息大量传播的情形。

第四条　拒不履行信息网络安全管理义务，致使用户信息泄露，具有下列情形之一的，应当认定为刑法第二百八十六条之一第一款第二项规定的"造成严重后果"：

（一）致使泄露行踪轨迹信息、通信内容、征信信息、财产信息五百条以上的；

（二）致使泄露住宿信息、通信记录、健康生理信息、交易信息等其他可能影响人身、财产安全的用户信息五千条以上的；

（三）致使泄露第一项、第二项规定以外的用户信息五万条以上的；

（四）数量虽未达到第一项至第三项规定标准，但是按相应比例折算合计达到有关数量标准的；

（五）造成他人死亡、重伤、精神失常或者被绑架等严重后果的；

（六）造成重大经济损失的；

（七）严重扰乱社会秩序的；

（八）造成其他严重后果的。

第五条 拒不履行信息网络安全管理义务，致使影响定罪量刑的刑事案件证据灭失，具有下列情形之一的，应当认定为刑法第二百八十六条之一第一款第三项规定的"情节严重"：

（一）造成危害国家安全犯罪、恐怖活动犯罪、黑社会性质组织犯罪、贪污贿赂犯罪案件的证据灭失的；

（二）造成可能判处五年有期徒刑以上刑罚犯罪案件的证据灭失的；

（三）多次造成刑事案件证据灭失的；

（四）致使刑事诉讼程序受到严重影响的；

（五）其他情节严重的情形。

第六条 拒不履行信息网络安全管理义务，具有下列情形之一的，应当认定为刑法第二百八十六条之一第一款第四项规定的"有其他严重情节"：

（一）对绝大多数用户日志未留存或者未落实真实身份信息认证义务的；

（二）二年内经多次责令改正拒不改正的；

（三）致使信息网络服务被主要用于违法犯罪的；

（四）致使信息网络服务、网络设施被用于实施网络攻击，严重影响生产、生活的；

（五）致使信息网络服务被用于实施危害国家安全犯罪、恐怖活动犯罪、

黑社会性质组织犯罪、贪污贿赂犯罪或者其他重大犯罪的；

（六）致使国家机关或者通信、能源、交通、水利、金融、教育、医疗等领域提供公共服务的信息网络受到破坏，严重影响生产、生活的；

（七）其他严重违反信息网络安全管理义务的情形。

《关于审理利用信息网络侵害人身权益民事纠纷案件适用法律若干问题的规定》

第二条 原告依据民法典第一千一百九十五条、第一千一百九十七条的规定起诉网络用户或者网络服务提供者的，人民法院应予受理。

原告仅起诉网络用户，网络用户请求追加涉嫌侵权的网络服务提供者为共同被告或者第三人的，人民法院应予准许。

原告仅起诉网络服务提供者，网络服务提供者请求追加可以确定的网络用户为共同被告或者第三人的，人民法院应予准许。

第三条 原告起诉网络服务提供者，网络服务提供者以涉嫌侵权的信息系网络用户发布为由抗辩的，人民法院可以根据原告的请求及案件的具体情况，责令网络服务提供者向人民法院提供能够确定涉嫌侵权的网络用户的姓名（名称）、联系方式、网络地址等信息。

网络服务提供者无正当理由拒不提供的，人民法院可以依据民事诉讼法第一百一十四条的规定对网络服务提供者采取处罚等措施。

原告根据网络服务提供者提供的信息请求追加网络用户为被告的，人民法院应予准许。

第四条　人民法院适用民法典第一千一百九十五条第二款的规定，认定网络服务提供者采取的删除、屏蔽、断开链接等必要措施是否及时，应当根据网络服务的类型和性质、有效通知的形式和准确程度、网络信息侵害权益的类型和程度等因素综合判断。

第五条　其发布的信息被采取删除、屏蔽、断开链接等措施的网络用户，主张网络服务提供者承担违约责任或者侵权责任，网络服务提供者以收到民法典第一千一百九十五条第一款规定的有效通知为由抗辩的，人民法院应予支持。

第六条　人民法院依据民法典第一千一百九十七条认定网络服务提供者是否"知道或者应当知道"，应当综合考虑下列因素：

（一）网络服务提供者是否以人工或者自动方式对侵权网络信息以推荐、排名、选择、编辑、整理、修改等方式作出处理；

（二）网络服务提供者应当具备的管理信息的能力，以及所提供服务的性质、方式及其引发侵权的可能性大小；

（三）该网络信息侵害人身权益的类型及明显程度；

（四）该网络信息的社会影响程度或者一定时间内的浏览量；

（五）网络服务提供者采取预防侵权措施的技术可能性及其是否采取了相应的合理措施；

（六）网络服务提供者是否针对同一网络用户的重复侵权行为或者同一侵权信息采取了相应的合理措施；

（七）与本案相关的其他因素。

《关于审理侵害信息网络传播权民事纠纷案件适用法律若干问题的规定》

第七条　网络服务提供者在提供网络服务时教唆或者帮助网络用户实施侵害信息网络传播权行为的，人民法院应当判令其承担侵权责任。

网络服务提供者以言语、推介技术支持、奖励积分等方式诱导、鼓励网络用户实施侵害信息网络传播权行为的，人民法院应当认定其构成教唆侵权行为。

网络服务提供者明知或者应知网络用户利用网络服务侵害信息网络传播权，未采取删除、屏蔽、断开链接等必要措施，或者提供技术支持等帮助行为的，人民法院应当认定其构成帮助侵权行为。

第八条　人民法院应当根据网络服务提供者的过错，确定其是否承担教唆、帮助侵权责任。网络服务提供者的过错包括对于网络用户侵害信息网络传播权行为的明知或者应知。

网络服务提供者未对网络用户侵害信息网络传播权的行为主动进行审查的，人民法院不应据此认定其具有过错。

网络服务提供者能够证明已采取合理、有效的技术措施，仍难以发现网络用户侵害信息网络传播权行为的，人民法院应当认定其不具有过错。

第九条　人民法院应当根据网络用户侵害信息网络传播权的具体事实是否明显，综合考虑以下因素，认定网络服务提供者是否构成应知：

（一）基于网络服务提供者提供服务的性质、方式及其引发侵权的可能性大小，应当具备的管理信息的能力；

（二）传播的作品、表演、录音录像制品的类型、知名度及侵权信息的明显程度；

（三）网络服务提供者是否主动对作品、表演、录音录像制品进行了选择、编辑、修改、推荐等；

（四）网络服务提供者是否积极采取了预防侵权的合理措施；

（五）网络服务提供者是否设置便捷程序接收侵权通知并及时对侵权通知作出合理的反应；

（六）网络服务提供者是否针对同一网络用户的重复侵权行为采取了相应的合理措施；

（七）其他相关因素。

第十条　网络服务提供者在提供网络服务时，对热播影视作品等以设置榜单、目录、索引、描述性段落、内容简介等方式进行推荐，且公众可以在其网页上直接以下载、浏览或者其他方式获得的，人民法院可以认定其应知网络用户侵害信息网络传播权。

第十一条　网络服务提供者从网络用户提供的作品、表演、录音录像制品中直接获得经济利益的，人民法院应当认定其对该网络用户侵害信息网络传播权的行为负有较高的注意义务。

网络服务提供者针对特定作品、表演、录音录像制品投放广告获取收益，或者获取与其传播的作品、表演、录音录像制品存在其他特定联系的经济利益，应当认定为前款规定的直接获得经济利益。网络服务提供者因提供网络服务而收取一般性广告费、服务费等，不属于本款规定的情形。

第十二条　有下列情形之一的，人民法院可以根据案件具体情况，认定提供信息存储空间服务的网络服务提供者应知网络用户侵害信息网络传播权：

（一）将热播影视作品等置于首页或者其他主要页面等能够为网络服务提供者明显感知的位置的；

（二）对热播影视作品等的主题、内容主动进行选择、编辑、整理、推荐，或为其设立专门的排行榜的；

（三）其他可以明显感知相关作品、表演、录音录像制品为未经许可提供，仍未采取合理措施的情形。

第十三条　网络服务提供者接到权利人以书信、传真、电子邮件等方式提交的通知及构成侵权的初步证据，未及时根据初步证据和服务类型采取必要措施的，人民法院应当认定其明知相关侵害信息网络传播权行为。

第十四条　人民法院认定网络服务提供者转送通知、采取必要措施是否及时，应当根据权利人提交通知的形式，通知的准确程度，采取措施的难易程度，网络服务的性质，所涉作品、表演、录音录像制品的类型、知名度、数量等因素综合判断。

◎ 部门规章

《互联网新闻信息服务管理规定》

第二十六条　互联网新闻信息服务提供者违反本规定第十三条第一款、第十六条第二款规定的，由国家和地方互联网信息办公室根据《中华人民共和国网络安全法》的规定予以处理。

《互联网文化管理暂行规定》

第三十条　经营性互联网文化单位违反本规定第十九条的，由县级以上人民政府文化行政部门或者文化市场综合执法机构予以警告，责令限期改正，并处10000元以下罚款。

《网络信息内容生态治理规定》

第三十五条　网络信息内容服务平台违反本规定第十条、第三十一条第二款规定的，由网信等有关主管部门依据职责，按照《中华人民共和国网络安全法》《互联网信息服务管理办法》等法律、行政法规的规定予以处理。

第三十六条　网络信息内容服务平台违反本规定第十一条第二款规定的，由设区的市级以上网信部门依据职责进行约谈，给予警告，责令限期改正；拒不改正或者情节严重的，责令暂停信息更新，按照有关法律、行政法规的规定予以处理。

《互联网信息服务算法推荐管理规定》

第三十一条　算法推荐服务提供者违反本规定第七条、第八条、第九条第一款、第十条、第十四条、第十六条、第十七条、第二十二条、第二十四条、第二十六条规定，法律、行政法规有规定的，依照其规定；法律、行政法规没有规定的，由网信部门和电信、公安、市场监管等有关部门依据职责给予警告、通报批评，责令限期改正；拒不改正或者情节严重的，责令暂停信息更新，并处一万元以上十万元以下罚款。构成违反治安管理行为的，依法给予治安管理处罚；构成犯罪的，依法追究刑事责任。

第三十二条 算法推荐服务提供者违反本规定第六条、第九条第二款、第十一条、第十三条、第十五条、第十八条、第十九条、第二十条、第二十一条、第二十七条、第二十八条第二款规定的，由网信部门和电信、公安、市场监管等有关部门依据职责，按照有关法律、行政法规和部门规章的规定予以处理。

◎ **部门规范性文件**

《即时通信工具公众信息服务发展管理暂行规定》

第九条 对违反本规定的行为，由有关部门依照相关法律法规处理。

第六十九条 【网络运营者妨碍执法活动的法律责任】

网络运营者违反本法规定，有下列行为之一的，由有关主管部门责令改正；拒不改正或者情节严重的，处五万元以上五十万元以下罚款，对直接负责的主管人员和其他直接责任人员，处一万元以上十万元以下罚款：

（一）不按照有关部门的要求对法律、行政法规禁止发布或

者传输的信息，采取停止传输、消除等处置措施的；

（二）拒绝、阻碍有关部门依法实施的监督检查的；

（三）拒不向公安机关、国家安全机关提供技术支持和协助的。

关联法规

◎ **法律**

《数据安全法》

第四十八条 违反本法第三十五条规定，拒不配合数据调取的，由有关主管部门责令改正，给予警告，并处五万元以上五十万元以下罚款，对直接负责的主管人员和其他直接责任人员处一万元以上十万元以下罚款。

违反本法第三十六条规定，未经主管机关批准向外国司法或者执法机构提供数据的，由有关主管部门给予警告，可以并处十万元以上一百万元以下罚款，对直接负责的主管人员和其他直接责任人员可以处一万元以上十万元以下罚款；造成严重后果的，处一百万元以上五百万元以下罚款，并可以责令暂停相关业务、停业整顿、吊销相关业务许可证或者吊销营业执照，对直接负责的主管人员和其他直接责任人员处五万元

以上五十万元以下罚款。

◎ **行政法规**

《关键信息基础设施安全保护条例》

第四十二条　运营者对保护工作部门开展的关键信息基础设施网络安全检查检测工作，以及公安、国家安全、保密行政管理、密码管理等有关部门依法开展的关键信息基础设施网络安全检查工作不予配合的，由有关主管部门责令改正；拒不改正的，处 5 万元以上 50 万元以下罚款，对直接负责的主管人员和其他直接责任人员处 1 万元以上 10 万元以下罚款；情节严重的，依法追究相应法律责任。

《商用密码管理条例》

第六十三条　无正当理由拒不接受、不配合或者干预、阻挠密码管理部门、有关部门的商用密码监督管理的，由密码管理部门、有关部门责令改正，给予警告；拒不改正或者有其他严重情节的，处 5 万元以上 50 万元以下罚款，对直接负责的主管人员和其他直接责任人员处 1 万元以上 10 万元以下罚款；情节特别严重的，责令停业整顿，直至吊销商用密码许可证件。

◎ **部门规章**

《公安机关互联网安全监督检查规定》

第二十四条　互联网服务提供者和联网使用单位拒绝、阻碍公安机关实施互联网安全监督检查的，依照《中华人民共和国网络安全法》第六十九条第二项的规定予以处罚；拒不配合反恐怖主义工作的，依照《中华人民共和国反恐怖主义法》第九十一条或者第九十二条的规定予以处罚。

第七十条　【利用网络发布传输违法信息的法律责任】

发布或者传输本法第十二条第二款和其他法律、行政法规禁止发布或者传输的信息的，依照有关法律、行政法规的规定处罚。

关联法规

◎ **法律**

《刑法》

第一百二十条之三　以制作、散发宣扬恐怖主义、极端主义的图书、音频视频资料或者其他物品，或者通过讲授、发布信息等方式宣扬恐怖主义、极端主义的，或者煽动实施恐怖活动的，处五年以下有期徒刑、拘役、管制或者剥夺政治权利，并处罚金；情节严重的，处五年以上有期徒刑，并处罚金或者没收财产。

第二百四十六条　以暴力或者其他方法公然侮辱他人或者捏造事实诽谤他

人，情节严重的，处三年以下有期徒刑、拘役、管制或者剥夺政治权利。

前款罪，告诉的才处理，但是严重危害社会秩序和国家利益的除外。

通过信息网络实施第一款规定的行为，被害人向人民法院告诉，但提供证据确有困难的，人民法院可以要求公安机关提供协助。

第二百九十一条之一 投放虚假的爆炸性、毒害性、放射性、传染病病原体等物质，或者编造爆炸威胁、生化威胁、放射威胁等恐怖信息，或者明知是编造的恐怖信息而故意传播，严重扰乱社会秩序的，处五年以下有期徒刑、拘役或者管制；造成严重后果的，处五年以上有期徒刑。

编造虚假的险情、疫情、灾情、警情，在信息网络或者其他媒体上传播，或者明知是上述虚假信息，故意在信息网络或者其他媒体上传播，严重扰乱社会秩序的，处三年以下有期徒刑、拘役或者管制；造成严重后果的，处三年以上七年以下有期徒刑。

《保守国家秘密法》

第五十条 互联网及其他公共信息网络运营商、服务商违反本法第二十八条规定的，由公安机关或者国家安全机关、信息产业主管部门按照各自职责分工依法予以处罚。

《治安管理处罚法》

第二十五条 有下列行为之一的，处五日以上十日以下拘留，可以并处五百元以下罚款；情节较轻的，处五日以下拘留或者五百元以下罚款：

（一）散布谣言，谎报险情、疫情、警情或者以其他方法故意扰乱公共秩序的；

（二）投放虚假的爆炸性、毒害性、放射性、腐蚀性物质或者传染病病原体等危险物质扰乱公共秩序的；

（三）扬言实施放火、爆炸、投放危险物质扰乱公共秩序的。

第四十二条 有下列行为之一的，处五日以下拘留或者五百元以下罚款；情节较重的，处五日以上十日以下拘留，可以并处五百元以下罚款：

（一）写恐吓信或者以其他方法威胁他人人身安全的；

（二）公然侮辱他人或者捏造事实诽谤他人的；

（三）捏造事实诬告陷害他人，企图使他人受到刑事追究或者受到治安管理处罚的；

（四）对证人及其近亲属进行威胁、侮辱、殴打或者打击报复的；

（五）多次发送淫秽、侮辱、恐吓或者其他信息，干扰他人正常生活的；

（六）偷窥、偷拍、窃听、散布他人隐私的。

第四十七条　煽动民族仇恨、民族歧视，或者在出版物、计算机信息网络中刊载民族歧视、侮辱内容的，处十日以上十五日以下拘留，可以并处一千元以下罚款。

第六十八条　制作、运输、复制、出售、出租淫秽的书刊、图片、影片、音像制品等淫秽物品或者利用计算机信息网络、电话以及其他通讯工具传播淫秽信息的，处十日以上十五日以下拘留，可以并处三千元以下罚款；情节较轻的，处五日以下拘留或者五百元以下罚款。

◎ 行政法规

《互联网信息服务管理办法》

第二十条　制作、复制、发布、传播本办法第十五条所列内容之一的信息，构成犯罪的，依法追究刑事责任；尚不构成犯罪的，由公安机关、国家安全机关依照《中华人民共和国治安管理处罚法》、《计算机信息网络国际联网安全保护管理办法》等有关法律、行政法规的规定予以处罚；对经营性互联网信息服务提供者，并由发证机关责令停业整顿直至吊销经营许可证，通知企业登记机关；对非经营性互联网信息服务提供者，并由备案机关责令暂时关闭网站直至关闭网站。

《互联网上网服务营业场所管理条例》

第三十条　互联网上网服务营业场所经营单位违反本条例的规定，利用营业场所制作、下载、复制、查阅、发布、传播或者以其他方式使用含有本条例第十四条规定禁止含有的内容的信息，触犯刑律的，依法追究刑事责任；尚不够刑事处罚的，由公安机关给予警告，没收违法所得；违法经营额 1 万元以上的，并处违法经营额 2 倍以上 5 倍以下的罚款；违法经营额不足 1 万元的，并处 1 万元以上 2 万元以下的罚款；情节严重的，责令停业整顿，直至由文化行政部门吊销《网络文化经营许可证》。

上网消费者有前款违法行为，触犯刑律的，依法追究刑事责任；尚不够刑事处罚的，由公安机关依照治安管理处罚法的规定给予处罚。

◎ 司法解释

《关于办理利用信息网络实施诽谤等刑事案件适用法律若干问题的解释》

第一条　具有下列情形之一的，应当认定为刑法第二百四十六条第一款规定的"捏造事实诽谤他人"：

（一）捏造损害他人名誉的事实，在信息网络上散布，或者组织、指使人员在信息网络上散布的；

（二）将信息网络上涉及他人的原始信息内容篡改为损害他人名誉的事实，在信息网络上散布，或者组织、指使人员在信息网络上散布的；

明知是捏造的损害他人名誉的事实，在信息网络上散布，情节恶劣的，以"捏造事实诽谤他人"论。

第二条 利用信息网络诽谤他人，具有下列情形之一的，应当认定为刑法第二百四十六条第一款规定的"情节严重"：

（一）同一诽谤信息实际被点击、浏览次数达到五千次以上，或者被转发次数达到五百次以上的；

（二）造成被害人或者其近亲属精神失常、自残、自杀等严重后果的；

（三）二年内曾因诽谤受过行政处罚，又诽谤他人的；

（四）其他情节严重的情形。

第三条 利用信息网络诽谤他人，具有下列情形之一的，应当认定为刑法第二百四十六条第二款规定的"严重危害社会秩序和国家利益"：

（一）引发群体性事件的；

（二）引发公共秩序混乱的；

（三）引发民族、宗教冲突的；

（四）诽谤多人，造成恶劣社会影响的；

（五）损害国家形象，严重危害国家利益的；

（六）造成恶劣国际影响的；

（七）其他严重危害社会秩序和国家利益的情形。

第四条 一年内多次实施利用信息

网络诽谤他人行为未经处理，诽谤信息实际被点击、浏览、转发次数累计计算构成犯罪的，应当依法定罪处罚。

第五条 利用信息网络辱骂、恐吓他人，情节恶劣，破坏社会秩序的，依照刑法第二百九十三条第一款第（二）项的规定，以寻衅滋事罪定罪处罚。

编造虚假信息，或者明知是编造的虚假信息，在信息网络上散布，或者组织、指使人员在信息网络上散布，起哄闹事，造成公共秩序严重混乱的，依照刑法第二百九十三条第一款第（四）项的规定，以寻衅滋事罪定罪处罚。

第六条 以在信息网络上发布、删除等方式处理网络信息为由，威胁、要挟他人，索取公私财物，数额较大，或者多次实施上述行为的，依照刑法第二百七十四条的规定，以敲诈勒索罪定罪处罚。

第七条 违反国家规定，以营利为目的，通过信息网络有偿提供删除信息服务，或者明知是虚假信息，通过信息网络有偿提供发布信息等服务，扰乱市场秩序，具有下列情形之一的，属于非法经营行为"情节严重"，依照刑法第二百二十五条第（四）项的规定，以非法经营罪定罪处罚：

（一）个人非法经营数额在五万元以上，或者违法所得数额在二万元以上的；

（二）单位非法经营数额在十五万元以上，或者违法所得数额在五万元以上的。

实施前款规定的行为，数额达到前款规定的数额五倍以上的，应当认定为刑法第二百二十五条规定的"情节特别严重"。

第八条　明知他人利用信息网络实施诽谤、寻衅滋事、敲诈勒索、非法经营等犯罪，为其提供资金、场所、技术支持等帮助的，以共同犯罪论处。

第九条　利用信息网络实施诽谤、寻衅滋事、敲诈勒索、非法经营犯罪，同时又构成刑法第二百二十一条规定的损害商业信誉、商品声誉罪，第二百七十八条规定的煽动暴力抗拒法律实施罪，第二百九十一条之一规定的编造、故意传播虚假恐怖信息罪等犯罪的，依照处罚较重的规定定罪处罚。

《关于审理利用信息网络侵害人身权益民事纠纷案件适用法律若干问题的规定》

第七条　人民法院认定网络用户或者网络服务提供者转载网络信息行为的过错及其程度，应当综合以下因素：

（一）转载主体所承担的与其性质、影响范围相适应的注意义务；

（二）所转载信息侵害他人人身权益的明显程度；

（三）对所转载信息是否作出实质性修改，是否添加或者修改文章标题，导致其与内容严重不符以及误导公众的可能性。

第八条　网络用户或者网络服务提供者采取诽谤、诋毁等手段，损害公众对经营主体的信赖，降低其产品或者服务的社会评价，经营主体请求网络用户或者网络服务提供者承担侵权责任的，人民法院应依法予以支持。

第九条　网络用户或者网络服务提供者，根据国家机关依职权制作的文书和公开实施的职权行为等信息来源所发布的信息，有下列情形之一，侵害他人人身权益，被侵权人请求侵权人承担侵权责任的，人民法院应予支持：

（一）网络用户或者网络服务提供者发布的信息与前述信息来源内容不符；

（二）网络用户或者网络服务提供者以添加侮辱性内容、诽谤性信息、不当标题或者通过增删信息、调整结构、改变顺序等方式致人误解；

（三）前述信息来源已被公开更正，但网络用户拒绝更正或者网络服务提供者不予更正；

（四）前述信息来源已被公开更正，网络用户或者网络服务提供者仍然发布更正之前的信息。

第十条　被侵权人与构成侵权的网络用户或者网络服务提供者达成一方支

付报酬，另一方提供删除、屏蔽、断开链接等服务的协议，人民法院应认定为无效。

擅自篡改、删除、屏蔽特定网络信息或者以断开链接的方式阻止他人获取网络信息，发布该信息的网络用户或者网络服务提供者请求侵权人承担侵权责任的，人民法院应予支持。接受他人委托实施该行为的，委托人与受托人承担连带责任。

第十一条 网络用户或者网络服务提供者侵害他人人身权益，造成财产损失或者严重精神损害，被侵权人依据民法典第一千一百八十二条和第一千一百八十三条的规定，请求其承担赔偿责任的，人民法院应予支持。

第十二条 被侵权人为制止侵权行为所支付的合理开支，可以认定为民法典第一千一百八十二条规定的财产损失。合理开支包括被侵权人或者委托代理人对侵权行为进行调查、取证的合理费用。人民法院根据当事人的请求和具体案情，可以将符合国家有关部门规定的律师费用计算在赔偿范围内。

被侵权人因人身权益受侵害造成的财产损失以及侵权人因此获得的利益难以确定的，人民法院可以根据具体案情在50万元以下的范围内确定赔偿数额。

第十三条 本规定施行后人民法院正在审理的一审、二审案件适用本规定。

本规定施行前已经终审，本规定施行后当事人申请再审或者按照审判监督程序决定再审的案件，不适用本规定。

◎ 部门规章
《互联网新闻信息服务管理规定》

第二十五条 互联网新闻信息服务提供者违反本规定第三条、第十六条第一款、第十九条第一款、第二十条第二款规定的，由国家和地方互联网信息办公室依据职责给予警告，责令限期改正；情节严重或拒不改正的，暂停新闻信息更新，处二万元以上三万元以下罚款；构成犯罪的，依法追究刑事责任。

《互联网文化管理暂行规定》

第二十八条 经营性互联网文化单位提供含有本规定第十六条禁止内容的互联网文化产品，或者提供未经文化部批准进口的互联网文化产品的，由县级以上人民政府文化行政部门或者文化市场综合执法机构责令停止提供，没收违法所得，并处10000元以上30000元以下罚款；情节严重的，责令停业整顿直至吊销《网络文化经营许可证》；构成犯罪的，依法追究刑事责任。

非经营性互联网文化单位，提供含有本规定第十六条禁止内容的互联网文化产品，或者提供未经文化部批准进口的互联网文化产品的，由县级以上人民政府文化行政部门或者文化市场综合执法机构责令停止提供，处 1000 元以下罚款；构成犯罪的，依法追究刑事责任。

《区块链信息服务管理规定》

第二十一条　区块链信息服务提供者违反本规定第十条的规定，制作、复制、发布、传播法律、行政法规禁止的信息内容的，由国家和省、自治区、直辖市互联网信息办公室依据职责给予警告，责令限期改正，改正前应当暂停相关业务；拒不改正或者情节严重的，并处二万元以上三万元以下罚款；构成犯罪的，依法追究刑事责任。

区块链信息服务使用者违反本规定第十条的规定，制作、复制、发布、传播法律、行政法规禁止的信息内容的，由国家和省、自治区、直辖市互联网信息办公室依照有关法律、行政法规的规定予以处理。

《网络信息内容生态治理规定》

第三十四条　网络信息内容生产者违反本规定第六条规定的，网络信息内容服务平台应当依法依约采取警示整改、限制功能、暂停更新、关闭账号等处置措施，及时消除违法信息内容，保存记录并向有关主管部门报告。

◎ 部门规范性文件

《互联网直播服务管理规定》

第十七条　互联网直播服务提供者和互联网直播发布者未经许可或者超出许可范围提供互联网新闻信息服务的，由国家和省、自治区、直辖市互联网信息办公室依据《互联网新闻信息服务管理规定》予以处罚。

对于违反本规定的其他违法行为，由国家和地方互联网信息办公室依据职责，依法予以处罚；构成犯罪的，依法追究刑事责任。通过网络表演、网络视听节目等提供网络直播服务，违反有关法律法规的，由相关部门依法予以处罚。

> **第七十一条　【违反网络安全管理规定的信用惩戒】**
>
> 有本法规定的违法行为的，依照有关法律、行政法规的规定记入信用档案，并予以公示。

关联法规

◎ 法律

《个人信息保护法》

第六十七条　有本法规定的违法行为的，依照有关法律、行政法规的规定记入信用档案，并予以公示。

《反电信网络诈骗法》

第三十一条　任何单位和个人不得非法买卖、出租、出借电话卡、物联网卡、电信线路、短信端口、银行账户、支付账户、互联网账号等，不得提供实名核验帮助；不得假冒他人身份或者虚构代理关系开立上述卡、账户、账号等。

对经设区的市级以上公安机关认定的实施前款行为的单位、个人和相关组织者，以及因从事电信网络诈骗活动或者关联犯罪受过刑事处罚的人员，可以按照国家有关规定记入信用记录，采取限制其有关卡、账户、账号等功能和停止非柜面业务、暂停新业务、限制入网等措施。对上述认定和措施有异议的，可以提出申诉，有关部门应当建立健全申诉渠道、信用修复和救济制度。具体办法由国务院公安部门会同有关主管部门规定。

◎ **行政法规**

《互联网上网服务营业场所管理条例》

第二十八条 文化行政部门应当建立互联网上网服务营业场所经营单位的经营活动信用监管制度，建立健全信用约束机制，并及时公布行政处罚信息。

《商用密码管理条例》

第四十六条 密码管理部门和有关部门推进商用密码监督管理与社会信用体系相衔接，依法建立推行商用密码经营主体信用记录、信用分级分类监管、失信惩戒以及信用修复等机制。

◎ **部门规章**

《电信和互联网用户个人信息保护规定》

第二十条 电信管理机构应当将电信业务经营者、互联网信息服务提供者

违反本规定的行为记入其社会信用档案并予以公布。

《互联网新闻信息服务管理规定》

第二十一条 国家和地方互联网信息办公室应当建立互联网新闻信息服务网络信用档案，建立失信黑名单制度和约谈制度。

国家互联网信息办公室会同国务院电信、公安、新闻出版广电等部门建立信息共享机制，加强工作沟通和协作配合，依法开展联合执法等专项监督检查活动。

《互联网文化管理暂行规定》

第二十一条 未经批准，擅自从事经营性互联网文化活动的，由县级以上人民政府文化行政部门或者文化市场综合执法机构责令停止经营性互联网文化活动，予以警告，并处 30000 元以下罚款；拒不停止经营活动的，依法列入文化市场黑名单，予以信用惩戒。

《儿童个人信息网络保护规定》

第二十七条 违反本规定被追究法律责任的，依照有关法律、行政法规的规定记入信用档案，并予以公示。

《网络信息内容生态治理规定》

第三十九条 网信部门根据法律、行政法规和国家有关规定，会同有关主管部门建立健全网络信息内容服务严重失信联合惩戒机制，对严重违反本规定的网络信息内容服务平台、网络信息内容生产者和网络信息内容使用者依法依

规实施限制从事网络信息服务、网上行为限制、行业禁入等惩戒措施。

《网络招聘服务管理规定》

第二十八条　人力资源社会保障行政部门应当加强网络招聘服务诚信体系建设，健全信用分级分类管理制度，完善守信激励和失信惩戒机制。对性质恶劣、情节严重、社会危害较大的网络招聘服务违法失信行为，按照国家有关规定实施联合惩戒。

◎ **部门规范性文件**

《互联网直播服务管理规定》

第十五条　互联网直播服务提供者应当建立互联网直播发布者信用等级管理体系，提供与信用等级挂钩的管理和服务。

互联网直播服务提供者应当建立黑名单管理制度，对纳入黑名单的互联网直播服务使用者禁止重新注册账号，并及时向所在地省、自治区、直辖市互联网信息办公室报告。

省、自治区、直辖市互联网信息办公室应当建立黑名单通报制度，并向国家互联网信息办公室报告。

第七十二条　【政务网络运营者网络安全保护法律责任】

国家机关政务网络的运营者

不履行本法规定的网络安全保护义务的，由其上级机关或者有关机关责令改正；对直接负责的主管人员和其他直接责任人员依法给予处分。

关联法规

◎ **法律**

《数据安全法》

第四十九条　国家机关不履行本法规定的数据安全保护义务的，对直接负责的主管人员和其他直接责任人员依法给予处分。

第七十三条　【网络安全监管部门渎职的法律责任】

网信部门和有关部门违反本法第三十条规定，将在履行网络安全保护职责中获取的信息用于其他用途的，对直接负责的主管人员和其他直接责任人员依法给予处分。

网信部门和有关部门的工作人员玩忽职守、滥用职权、徇私舞弊，尚不构成犯罪的，依法给予处分。

关联法规

◎ 法律

《数据安全法》

第五十条 履行数据安全监管职责的国家工作人员玩忽职守、滥用职权、徇私舞弊的，依法给予处分。

《个人信息保护法》

第六十八条 国家机关不履行本法规定的个人信息保护义务的，由其上级机关或者履行个人信息保护职责的部门责令改正；对直接负责的主管人员和其他直接责任人员依法给予处分。

履行个人信息保护职责的部门的工作人员玩忽职守、滥用职权、徇私舞弊，尚不构成犯罪的，依法给予处分。

《反电信网络诈骗法》

第四十五条 反电信网络诈骗工作有关部门、单位的工作人员滥用职权、玩忽职守、徇私舞弊，或者有其他违反本法规定行为，构成犯罪的，依法追究刑事责任。

《保守国家秘密法》

第五十一条 保密行政管理部门的工作人员在履行保密管理职责中滥用职权、玩忽职守、徇私舞弊的，依法给予处分；构成犯罪的，依法追究刑事责任。

《国家安全法》

第十三条 国家机关工作人员在国家安全工作和涉及国家安全活动中，滥用职权、玩忽职守、徇私舞弊的，依法追究法律责任。

任何个人和组织违反本法和有关法律，不履行维护国家安全义务或者从事危害国家安全活动的，依法追究法律责任。

《密码法》

第四十条 密码管理部门和有关部门、单位的工作人员在密码工作中滥用职权、玩忽职守、徇私舞弊，或者泄露、非法向他人提供在履行职责中知悉的商业秘密和个人隐私的，依法给予处分。

◎ 党内法规

《党委（党组）网络安全工作责任制实施办法》

第八条 各级党委（党组）违反或者未能正确履行本办法所列职责，按照有关规定追究其相关责任。

有下列情形之一的，各级党委（党组）应当逐级倒查，追究当事人、网络安全负责人直至主要负责人责任。协调监管不力的，还应当追究综合协调或监管部门负责人责任。

（一）党政机关门户网站、重点新闻网站、大型网络平台被攻击篡改，导致反动言论或者谣言等违法有害信息大面积扩散，且没有及时报告和组织处置的；

（二）地市级以上党政机关门户网

站或者重点新闻网站受到攻击后没有及时组织处置，且瘫痪6小时以上的；

（三）发生国家秘密泄露、大面积个人信息泄露或者大量地理、人口、资源等国家基础数据泄露的；

（四）关键信息基础设施遭受网络攻击，没有及时处置导致大面积影响人民群众工作、生活，或者造成重大经济损失，或者造成严重不良社会影响的；

（五）封锁、瞒报网络安全事件情况，拒不配合有关部门依法开展调查、处置工作，或者对有关部门通报的问题和风险隐患不及时整改并造成严重后果的；

（六）阻碍公安机关、国家安全机关依法维护国家安全、侦查犯罪以及防范、调查恐怖活动，或者拒不提供支持和保障的；

（七）发生其他严重危害网络安全行为的。

第九条　实施责任追究应当实事求是，分清集体责任和个人责任。追究集体责任时，领导班子主要负责人和主管网络安全的领导班子成员承担主要领导责任，参与相关工作决策的领导班子其他成员承担重要领导责任。

对领导班子、领导干部进行问责，应当由有管理权限的党组织依据有关规定实施。各级网络安全和信息化领导机构办公室可以向实施问责的党委（党组）、纪委（纪检组）提出问责建议。

第十条　各级党委（党组）应当建立网络安全责任制检查考核制度，完善健全考核机制，明确考核内容、方法、程序，考核结果送干部主管部门，作为对领导班子和有关领导干部综合考核评价的重要内容。

◎ **行政法规**

《计算机信息系统安全保护条例》

第二十七条　执行本条例的国家公务员利用职权，索取、收受贿赂或者有其他违法、失职行为，构成犯罪的，依法追究刑事责任；尚不构成犯罪的，给予行政处分。

《互联网信息服务管理办法》

第二十五条　电信管理机构和其他有关主管部门及其工作人员，玩忽职守、滥用职权、徇私舞弊，疏于对互联网信息服务的监督管理，造成严重后果，构成犯罪的，依法追究刑事责任；尚不构成犯罪的，对直接负责的主管人员和其他直接责任人员依法给予降级、撤职直至开除的行政处分。

《电信条例》

第七十八条　国务院信息产业主管部门或者省、自治区、直辖市电信管理机构工作人员玩忽职守、滥用职权、徇私舞弊，构成犯罪的，依法追究刑事责任；尚不构成犯罪的，依法给予行政处分。

《关键信息基础设施安全保护条例》

第四十四条 网信部门、公安机关、保护工作部门和其他有关部门及其工作人员未履行关键信息基础设施安全保护和监督管理职责或者玩忽职守、滥用职权、徇私舞弊的，依法对直接负责的主管人员和其他直接责任人员给予处分。

第四十五条 公安机关、保护工作部门和其他有关部门在开展关键信息基础设施网络安全检查工作中收取费用，或者要求被检查单位购买指定品牌或者指定生产、销售单位的产品和服务的，由其上级机关责令改正，退还收取的费用；情节严重的，依法对直接负责的主管人员和其他直接责任人员给予处分。

第四十六条 网信部门、公安机关、保护工作部门等有关部门、网络安全服务机构及其工作人员将在关键信息基础设施安全保护工作中获取的信息用于其他用途，或者泄露、出售、非法向他人提供的，依法对直接负责的主管人员和其他直接责任人员给予处分。

第四十七条 关键信息基础设施发生重大和特别重大网络安全事件，经调查确定为责任事故的，除应当查明运营者责任并依法予以追究外，还应查明相关网络安全服务机构及有关部门的责任，对有失职、渎职及其他违法行为的，依法追究责任。

《互联网上网服务营业场所管理条例》

第二十五条 文化行政部门、公安机关、工商行政管理部门或者其他有关部门及其工作人员，利用职务上的便利收受他人财物或者其他好处，违法批准不符合法定设立条件的互联网上网服务营业场所经营单位，或者不依法履行监督职责，或者发现违法行为不予依法查处，触犯刑律的，对直接负责的主管人员和其他直接责任人员依照刑法关于受贿罪、滥用职权罪、玩忽职守罪或者其他罪的规定，依法追究刑事责任；尚不够刑事处罚的，依法给予降级、撤职或者开除的行政处分。

第二十六条 文化行政部门、公安机关、工商行政管理部门或者其他有关部门的工作人员，从事或者变相从事互联网上网服务经营活动的，参与或者变相参与互联网上网服务营业场所经营单位的经营活动的，依法给予降级、撤职或者开除的行政处分。

文化行政部门、公安机关、工商行政管理部门或者其他有关部门有前款所列行为的，对直接负责的主管人员和其他直接责任人员依照前款规定依法给予行政处分。

《商用密码管理条例》

第六十四条 国家机关有本条例第六十条、第六十一条、第六十二条、第六十三条所列违法情形的，由密码管理部门、有关部门责令改正，给予警告；拒不改正或者有其他严重情节的，由密码管理部门、有关部门建议有关国家机关对直接负责的主管人员和其他直接责任人员依法给予处分或者处理。有关国家机关应当将处分或者处理情况书面告知密码管理部门、有关部门。

第六十五条 密码管理部门和有关部门的工作人员在商用密码工作中滥用职权、玩忽职守、徇私舞弊，或者泄露、非法向他人提供在履行职责中知悉的商业秘密、个人隐私、举报人信息的，依法给予处分。

◎ 部门规章

《互联网安全保护技术措施规定》

第十七条 公安机关及其工作人员违反本规定，有滥用职权，徇私舞弊行为的，对直接负责的主管人员和其他直接责任人员依法给予行政处分；构成犯罪的，依法追究刑事责任。

《通信网络安全防护管理办法》

第二十三条 电信管理机构的工作人员违反本办法第二十条、第二十一条规定的，依法给予行政处分；构成犯罪的，依法追究刑事责任。

《电信和互联网用户个人信息保护规定》

第二十四条 电信管理机构工作人员在对用户个人信息保护工作实施监督管理的过程中玩忽职守、滥用职权、徇私舞弊的，依法给予处理；构成犯罪

的，依法追究刑事责任。

《公安机关互联网安全监督检查规定》

第二十六条 公安机关及其工作人员在互联网安全监督检查工作中，玩忽职守、滥用职权、徇私舞弊的，对直接负责的主管人员和其他直接责任人员依法予以处分；构成犯罪的，依法追究刑事责任。

《网络招聘服务管理规定》

第三十九条 人力资源社会保障行政部门及其工作人员玩忽职守、滥用职权、徇私舞弊的，对直接负责的领导人员和其他直接责任人员依法给予处分。

《公路水路关键信息基础设施安全保护管理办法》

第三十二条 交通运输主管部门及其工作人员存在以下情形之一的，按照《关键信息基础设施安全保护条例》等法律、行政法规的规定予以处分：

（一）未履行公路水路关键信息基础设施安全保护和监督管理职责或者玩忽职守、滥用职权、徇私舞弊的；

（二）在开展公路水路关键信息基础设施网络安全检查工作中收取费用，或者要求被检查单位购买指定品牌或者指定生产、销售单位的产品和服务的；

（三）将在公路水路关键信息基础设施安全保护工作中获取的信息用于其他用途，或者泄露、出售、非法向他人提供的。

第三十条　交通运输主管部门、网络安全服务机构及其工作人员对于在公路水路关键信息基础设施安全保护过程中获取的信息，只能用于维护网络安全，并严格按照有关法律、行政法规的要求确保信息安全，不得泄露、出售或者非法向他人提供。

◎ **部门规范性文件**

《信息安全等级保护管理办法》

第四十一条　信息安全监管部门及其工作人员在履行监督管理职责中，玩忽职守、滥用职权、徇私舞弊的，依法给予行政处分；构成犯罪的，依法追究刑事责任。

第七十四条　【民事、行政和刑事责任衔接性规定】

违反本法规定，给他人造成损害的，依法承担民事责任。

违反本法规定，构成违反治安管理行为的，依法给予治安管理处罚；构成犯罪的，依法追究刑事责任。

关联法规

◎ **法律**

《民法典》

第一千一百九十四条　网络用户、网络服务提供者利用网络侵害他人民事权益的，应当承担侵权责任。法律另有规定的，依照其规定。

《数据安全法》

第五十二条　违反本法规定，给他人造成损害的，依法承担民事责任。

违反本法规定，构成违反治安管理行为的，依法给予治安管理处罚；构成犯罪的，依法追究刑事责任。

《个人信息保护法》

第六十九条　处理个人信息侵害个人信息权益造成损害，个人信息处理者不能证明自己没有过错的，应当承担损害赔偿等侵权责任。

前款规定的损害赔偿责任按照个人因此受到的损失或者个人信息处理者因此获得的利益确定；个人因此受到的损失和个人信息处理者因此获得的利益难以确定的，根据实际情况确定赔偿数额。

第七十条　个人信息处理者违反本法规定处理个人信息，侵害众多个人的权益的，人民检察院、法律规定的消费者组织和由国家网信部门确定的组织可以依法向人民法院提起诉讼。

第七十一条　违反本法规定，构成违反治安管理行为的，依法给予治安管理处罚；构成犯罪的，依法追究刑事责任。

《反电信网络诈骗法》

第四十六条　组织、策划、实施、

参与电信网络诈骗活动或者为电信网络诈骗活动提供相关帮助的违法犯罪人员，除依法承担刑事责任、行政责任以外，造成他人损害的，依照《中华人民共和国民法典》等法律的规定承担民事责任。

电信业务经营者、银行业金融机构、非银行支付机构、互联网服务提供者等违反本法规定，造成他人损害的，依照《中华人民共和国民法典》等法律的规定承担民事责任。

《关于维护互联网安全的决定》

六、利用互联网实施违法行为，违反社会治安管理，尚不构成犯罪的，由公安机关依照《治安管理处罚法》予以处罚；违反其他法律、行政法规，尚不构成犯罪的，由有关行政管理部门依法给予行政处罚；对直接负责的主管人员和其他直接责任人员，依法给予行政处分或者纪律处分。

利用互联网侵犯他人合法权益，构成民事侵权的，依法承担民事责任。

《密码法》

第四十一条　违反本法规定，构成犯罪的，依法追究刑事责任；给他人造成损害的，依法承担民事责任。

◎ 行政法规

《计算机信息网络国际联网管理暂行规定》

第十五条　违反本规定，同时触犯其他有关法律、行政法规的，依照有关法律、行政法规的规定予以处罚；构成犯罪的，依法追究刑事责任。

《计算机信息系统安全保护条例》

第二十四条　违反本条例的规定，构成违反治安管理行为的，依照《中华人民共和国治安管理处罚法》的有关规定处罚；构成犯罪的，依法追究刑事责任。

第二十五条　任何组织或者个人违反本条例的规定，给国家、集体或者他人财产造成损失的，应当依法承担民事责任。

《关键信息基础设施安全保护条例》

第四十九条　违反本条例规定，给他人造成损害的，依法承担民事责任。

违反本条例规定，构成违反治安管理行为的，依法给予治安管理处罚；构成犯罪的，依法追究刑事责任。

《互联网上网服务营业场所管理条例》

第三十五条　违反国家有关信息网络安全、治安管理、消防管理、工商行政管理、电信管理等规定，触犯刑律的，依法追究刑事责任；尚不够刑事处罚的，由公安机关、工商行政管理部门、电信管理机构依法给予处罚；情节严重的，由原发证机关吊销许可证件。

《商用密码管理条例》

第六十六条　违反本条例规定，构成犯罪的，依法追究刑事责任；给他人造成损害的，依法承担民事责任。

◎ **部门规章**

《互联网文化管理暂行规定》

第十七条 互联网文化单位提供的文化产品，使公民、法人或者其他组织的合法利益受到侵害的，互联网文化单位应当依法承担民事责任。

《公安机关互联网安全监督检查规定》

第二十七条 互联网服务提供者和联网使用单位违反本规定，构成违反治安管理行为的，依法予以治安管理处罚；构成犯罪的，依法追究刑事责任。

《儿童个人信息网络保护规定》

第二十六条 违反本规定的，由网信部门和其他有关部门依据职责，根据《中华人民共和国网络安全法》《互联网信息服务管理办法》等相关法律法规规定处理；构成犯罪的，依法追究刑事责任。

《网络信息内容生态治理规定》

第四十条 违反本规定，给他人造成损害的，依法承担民事责任；构成犯罪的，依法追究刑事责任；尚不构成犯罪的，由有关主管部门依照有关法律、行政法规的规定予以处罚。

《网络招聘服务管理规定》

第四十条 违反本规定，给他人造成损害的，依法承担民事责任。违反其他法律、行政法规的，由有关主管部门依法给予处罚。

违反本规定，构成违反治安管理行为的，依法给予治安管理处罚；构成犯罪的，依法追究刑事责任。

《互联网用户账号信息管理规定》

第二十二条 互联网信息服务提供者违反本规定的，依照有关法律、行政法规的规定处罚。法律、行政法规没有规定的，由省级以上网信部门依据职责给予警告、通报批评，责令限期改正，并可以处一万元以上十万元以下罚款。构成违反治安管理行为的，移交公安机关处理；构成犯罪的，移交司法机关处理。

《互联网信息服务深度合成管理规定》

第二十二条 深度合成服务提供者和技术支持者违反本规定的，依照有关法律、行政法规的规定处罚；造成严重后果的，依法从重处罚。

构成违反治安管理行为的，由公安机关依法给予治安管理处罚；构成犯罪的，依法追究刑事责任。

《数据出境安全评估办法》

第十八条 违反本办法规定的，依据《中华人民共和国网络安全法》、《中华人民共和国数据安全法》、《中华人民共和国个人信息保护法》等法律法规处理；构成犯罪的，依法追究刑事责任。

《个人信息出境标准合同办法》

第十二条 违反本办法规定的，依据《中华人民共和国个人信息保护法》

等法律法规处理；构成犯罪的，依法追究刑事责任。

第七十五条　【境外危害关键信息基础设施的责任追究】

境外的机构、组织、个人从事攻击、侵入、干扰、破坏等危害中华人民共和国的关键信息基础设施的活动，造成严重后果的，依法追究法律责任；国务院公安部门和有关部门并可以决定对该机构、组织、个人采取冻结财产或者其他必要的制裁措施。

关联法规

◎ 行政法规

《关键信息基础设施安全保护条例》

第五条　国家对关键信息基础设施实行重点保护，采取措施，监测、防御、处置来源于中华人民共和国境内外的网络安全风险和威胁，保护关键信息基础设施免受攻击、侵入、干扰和破坏，依法惩治危害关键信息基础设施安全的违法犯罪活动。

任何个人和组织不得实施非法侵入、干扰、破坏关键信息基础设施的活动，不得危害关键信息基础设施安全。

第七章 附 则

第七十六条 【本法有关概念的解释】

本法下列用语的含义：

（一）网络，是指由计算机或者其他信息终端及相关设备组成的按照一定的规则和程序对信息进行收集、存储、传输、交换、处理的系统。

（二）网络安全，是指通过采取必要措施，防范对网络的攻击、侵入、干扰、破坏和非法使用以及意外事故，使网络处于稳定可靠运行的状态，以及保障网络数据的完整性、保密性、可用性的能力。

（三）网络运营者，是指网络的所有者、管理者和网络服务提供者。

（四）网络数据，是指通过网络收集、存储、传输、处理和产生的各种电子数据。

（五）个人信息，是指以电子或者其他方式记录的能够单独或者与其他信息结合识别自然人个人身份的各种信息，包括但不限于自然人的姓名、出生日期、身份证件号码、个人生物识别信息、住址、电话号码等。

关联法规

◎ **法律**

《民法典》

第一千零三十四条 自然人的个人信息受法律保护。

个人信息是以电子或者其他方式记录的能够单独或者与其他信息结合识别特定自然人的各种信息，包括自然人的姓名、出生日期、身份证件号码、生物识别信息、住址、电话号码、电子邮箱、健康信息、行踪信息等。

个人信息中的私密信息，适用有关隐私权的规定；没有规定的，适用有关个人信息保护的规定。

《数据安全法》

第三条 本法所称数据，是指任何以电子或者其他方式对信息的记录。

数据处理，包括数据的收集、存

储、使用、加工、传输、提供、公开等。

数据安全，是指通过采取必要措施，确保数据处于有效保护和合法利用的状态，以及具备保障持续安全状态的能力。

《个人信息保护法》

第四条 个人信息是以电子或者其他方式记录的与已识别或者可识别的自然人有关的各种信息，不包括匿名化处理后的信息。

个人信息的处理包括个人信息的收集、存储、使用、加工、传输、提供、公开、删除等。

第七十三条 本法下列用语的含义：

（一）个人信息处理者，是指在个人信息处理活动中自主决定处理目的、处理方式的组织、个人。

（二）自动化决策，是指通过计算机程序自动分析、评估个人的行为习惯、兴趣爱好或者经济、健康、信用状况等，并进行决策的活动。

（三）去标识化，是指个人信息经过处理，使其在不借助额外信息的情况下无法识别特定自然人的过程。

（四）匿名化，是指个人信息经过处理无法识别特定自然人且不能复原的过程。

《国家安全法》

第二条 国家安全是指国家政权、主权、统一和领土完整、人民福祉、经济社会可持续发展和国家其他重大利益相对处于没有危险和不受内外威胁的状态，以及保障持续安全状态的能力。

◎ **行政法规**

《计算机信息网络国际联网管理暂行规定》

第三条 本规定下列用语的含义是：

（一）计算机信息网络国际联网（以下简称国际联网），是指中华人民共和国境内的计算机信息网络为实现信息的国际交流，同外国的计算机信息网络相联接。

（二）互联网络，是指直接进行国际联网的计算机信息网络；互联单位，是指负责互联网络运行的单位。

（三）接入网络，是指通过接入互联网络进行国际联网的计算机信息网络；接入单位，是指负责接入网络运行的单位。

《计算机信息系统安全保护条例》

第二条 本条例所称的计算机信息系统，是指由计算机及其相关的和配套的设备、设施（含网络）构成的，按照一定的应用目标和规则对信息进行采集、加工、存储、传输、检索等处理的人机系统。

第二十八条　本条例下列用语的含义：

计算机病毒，是指编制或者在计算机程序中插入的破坏计算机功能或者毁坏数据，影响计算机使用，并能自我复制的一组计算机指令或者程序代码。

计算机信息系统安全专用产品，是指用于保护计算机信息系统安全的专用硬件和软件产品。

◎ **司法解释**

《关于办理危害计算机信息系统安全刑事案件应用法律若干问题的解释》

第十一条　本解释所称"计算机信息系统"和"计算机系统"，是指具备自动处理数据功能的系统，包括计算机、网络设备、通信设备、自动化控制设备等。

本解释所称"身份认证信息"，是指用于确认用户在计算机信息系统上操作权限的数据，包括账号、口令、密码、数字证书等。

本解释所称"经济损失"，包括危害计算机信息系统犯罪行为给用户直接造成的经济损失，以及用户为恢复数据、功能而支出的必要费用。

《关于办理利用信息网络实施诽谤等刑事案件适用法律若干问题的解释》

第十条　本解释所称信息网络，包括以计算机、电视机、固定电话机、移动电话机等电子设备为终端的计算机互联网、广播电视网、固定通信网、移动通信网等信息网络，以及向公众开放的局域网络。

《关于办理侵犯公民个人信息刑事案件适用法律若干问题的解释》

第一条　刑法第二百五十三条之一规定的"公民个人信息"，是指以电子或者其他方式记录的能够单独或者与其他信息结合识别特定自然人身份或者反映特定自然人活动情况的各种信息，包括姓名、身份证件号码、通信通讯联系方式、住址、账号密码、财产状况、行踪轨迹等。

《关于办理非法利用信息网络、帮助信息网络犯罪活动等刑事案件适用法律若干问题的解释》

第一条　提供下列服务的单位和个人，应当认定为刑法第二百八十六条之一第一款规定的"网络服务提供者"：

（一）网络接入、域名注册解析等信息网络接入、计算、存储、传输服务；

（二）信息发布、搜索引擎、即时通讯、网络支付、网络预约、网络购物、网络游戏、网络直播、网站建设、安全防护、广告推广、应用商店等信息网络应用服务；

（三）利用信息网络提供的电子政务、通信、能源、交通、水利、金融、教育、医疗等公共服务。

《关于审理侵害信息网络传播权民事纠纷案件适用法律若干问题的规定》

第二条　本规定所称信息网络，包括以计算机、电视机、固定电话机、移动电话机等电子设备为终端的计算机互联网、广播电视网、固定通信网、移动通信网等信息网络，以及向公众开放的局域网络。

◎ 部门规章

《互联网安全保护技术措施规定》

第十八条　本规定所称互联网服务提供者，是指向用户提供互联网接入服务、互联网数据中心服务、互联网信息服务和互联网上网服务的单位。

本规定所称联网使用单位，是指为本单位应用需要连接并使用互联网的单位。

本规定所称提供互联网数据中心服务的单位，是指提供主机托管、租赁和虚拟空间租用等服务的单位。

《电信和互联网用户个人信息保护规定》

第四条　本规定所称用户个人信息，是指电信业务经营者和互联网信息服务提供者在提供服务的过程中收集的用户姓名、出生日期、身份证件号码、住址、电话号码、账号和密码等能够单独或者与其他信息结合识别用户的信息以及用户使用服务的时间、地点等信息。

《互联网文化管理暂行规定》

第二条　本规定所称互联网文化产品是指通过互联网生产、传播和流通的文化产品，主要包括：

（一）专门为互联网而生产的网络音乐娱乐、网络游戏、网络演出剧（节）目、网络表演、网络艺术品、网络动漫等互联网文化产品；

（二）将音乐娱乐、游戏、演出剧（节）目、表演、艺术品、动漫等文化产品以一定的技术手段制作、复制到互联网上传播的互联网文化产品。

第三条　本规定所称互联网文化活动是指提供互联网文化产品及其服务的活动，主要包括：

（一）互联网文化产品的制作、复制、进口、发行、播放等活动；

（二）将文化产品登载在互联网上，或者通过互联网、移动通信网等信息网络发送到计算机、固定电话机、移动电话机、电视机、游戏机等用户端以及网吧等互联网上网服务营业场所，供用户浏览、欣赏、使用或者下载的在线传播行为；

（三）互联网文化产品的展览、比赛等活动。

互联网文化活动分为经营性和非经营性两类。经营性互联网文化活动是指以营利为目的，通过向上网用户收费或者以电子商务、广告、赞助等方式获取利益，提供互联网文化产品及其服务的活动。非经营性互联网文化活动是指不以营利为目的向上网用户提供互联网文化产品及其服务的活动。

《儿童个人信息网络保护规定》

第二条　本规定所称儿童，是指不满十四周岁的未成年人。

《网络信息内容生态治理规定》

第四十一条　本规定所称网络信息内容生产者，是指制作、复制、发布网络信息内容的组织或者个人。

本规定所称网络信息内容服务平台，是指提供网络信息内容传播服务的网络信息服务提供者。

本规定所称网络信息内容服务使用者，是指使用网络信息内容服务的组织或者个人。

《网络招聘服务管理规定》

第二条　本规定所称网络招聘服务，是指人力资源服务机构在中华人民共和国境内通过互联网等信息网络，以网络招聘服务平台、平台内经营、自建网站或者其他网络服务方式，为劳动者求职和用人单位招用人员提供的求职、招聘服务。

人力资源服务机构包括公共人力资源服务机构和经营性人力资源服务机构。

《汽车数据安全管理若干规定（试行）》

第三条　本规定所称汽车数据，包括汽车设计、生产、销售、使用、运维等过程中的涉及个人信息数据和重要数据。

汽车数据处理，包括汽车数据的收集、存储、使用、加工、传输、提供、公开等。

汽车数据处理者，是指开展汽车数据处理活动的组织，包括汽车制造商、零部件和软件供应商、经销商、维修机构以及出行服务企业等。

个人信息，是指以电子或者其他方式记录的与已识别或者可识别的车主、驾驶人、乘车人、车外人员等有关的各种信息，不包括匿名化处理后的信息。

敏感个人信息，是指一旦泄露或者非法使用，可能导致车主、驾驶人、乘车人、车外人员等受到歧视或者人身、财产安全受到严重危害的个人信息，包括车辆行踪轨迹、音频、视频、图像和生物识别特征等信息。

重要数据是指一旦遭到篡改、破坏、泄露或者非法获取、非法利用，可能危害国家安全、公共利益或者个人、组织合法权益的数据，包括：

（一）军事管理区、国防科工单位以及县级以上党政机关等重要敏感区域的地理信息、人员流量、车辆流量等数据；

（二）车辆流量、物流等反映经济运行情况的数据；

（三）汽车充电网的运行数据；

（四）包含人脸信息、车牌信息等的车外视频、图像数据；

（五）涉及个人信息主体超过 10 万人的个人信息；

（六）国家网信部门和国务院发展改革、工业和信息化、公安、交通运输等有关部门确定的其他可能危害国家安全、公共利益或者个人、组织合法权益的数据。

《网络安全审查办法》

第二十一条　本办法所称网络产品和服务主要指核心网络设备、重要通信产品、高性能计算机和服务器、大容量存储设备、大型数据库和应用软件、网络安全设备、云计算服务，以及其他对关键信息基础设施安全、网络安全和数据安全有重要影响的网络产品和服务。

《互联网用户账号信息管理规定》

第二十三条　本规定下列用语的含义是：

（一）互联网用户账号信息，是指互联网用户在互联网信息服务中注册、使用的名称、头像、封面、简介、签名、认证信息等用于标识用户账号的信息。

（二）互联网信息服务提供者，是指向用户提供互联网信息发布和应用平台服务，包括但不限于互联网新闻信息服务、网络出版服务、搜索引擎、即时通讯、交互式信息服务、网络直播、应用软件下载等互联网服务的主体。

《互联网信息服务深度合成管理规定》

第二十三条　本规定中下列用语的含义：

深度合成技术，是指利用深度学习、虚拟现实等生成合成类算法制作文本、图像、音频、视频、虚拟场景等网络信息的技术，包括但不限于：

（一）篇章生成、文本风格转换、问答对话等生成或者编辑文本内容的技术；

（二）文本转语音、语音转换、语音属性编辑等生成或者编辑语音内容的技术；

（三）音乐生成、场景声编辑等生成或者编辑非语音内容的技术；

（四）人脸生成、人脸替换、人物属性编辑、人脸操控、姿态操控等生成或者编辑图像、视频内容中生物特征的技术；

（五）图像生成、图像增强、图像修复等生成或者编辑图像、视频内容中非生物特征的技术；

（六）三维重建、数字仿真等生成或者编辑数字人物、虚拟场景的技术。

深度合成服务提供者，是指提供深度合成服务的组织、个人。

深度合成服务技术支持者，是指为深度合成服务提供技术支持的组织、个人。

深度合成服务使用者，是指使用深度合成服务制作、复制、发布、传播信息的组织、个人。

训练数据，是指被用于训练机器学习模型的标注或者基准数据集。

沉浸式拟真场景，是指应用深度合成技术生成或者编辑的、可供参与者体验或者互动的、具有高度真实感的虚拟场景。

《数据出境安全评估办法》

第十九条 本办法所称重要数据，是指一旦遭到篡改、破坏、泄露或者非法获取、非法利用等，可能危害国家安全、经济运行、社会稳定、公共健康和安全等的数据。

《生成式人工智能服务管理暂行办法》

第二十二条 本办法下列用语的含义是：

（一）生成式人工智能技术，是指具有文本、图片、音频、视频等内容生成能力的模型及相关技术。

（二）生成式人工智能服务提供者，是指利用生成式人工智能技术提供生成式人工智能服务（包括通过提供可编程接口等方式提供生成式人工智能服务）的组织、个人。

（三）生成式人工智能服务使用者，是指使用生成式人工智能服务生成内容的组织、个人。

◎ **部门规范性文件**

《公共互联网网络安全威胁监测与处置办法》

第二条 本办法所称公共互联网网络安全威胁是指公共互联网上存在或传播的、可能或已经对公众造成危害的网络资源、恶意程序、安全隐患或安全事件，包括：

（一）被用于实施网络攻击的恶意IP地址、恶意域名、恶意URL、恶意电子信息，包括木马和僵尸网络控制端，钓鱼网站，钓鱼电子邮件、短信/彩信、即时通信等；

（二）被用于实施网络攻击的恶意程序，包括木马、病毒、僵尸程序、移动恶意程序等；

（三）网络服务和产品中存在的安全隐患，包括硬件漏洞、代码漏洞、业务逻辑漏洞、弱口令、后门等；

（四）网络服务和产品已被非法入侵、非法控制的网络安全事件，包括主机受控、数据泄露、网页篡改等；

（五）其他威胁网络安全或存在安全隐患的情形。

《具有舆论属性或社会动员能力的互联网信息服务安全评估规定》

第二条 本规定所称具有舆论属性或社会动员能力的互联网信息服务，包括下列情形：

（一）开办论坛、博客、微博客、

聊天室、通讯群组、公众账号、短视频、网络直播、信息分享、小程序等信息服务或者附设相应功能;

（二）开办提供公众舆论表达渠道或者具有发动社会公众从事特定活动能力的其他互联网信息服务。

《互联网新闻信息服务单位内容管理从业人员管理办法》

第二条 本办法所称从业人员，是指互联网新闻信息服务单位中专门从事互联网新闻信息采编发布、转载和审核等内容管理工作的人员。

第三条 本办法所称互联网新闻信息服务单位，是指依法取得互联网新闻信息服务许可，通过互联网站、应用程序、论坛、博客、微博客、公众账号、即时通信工具、网络直播等形式向社会公众提供互联网新闻信息服务的单位。

《监管数据安全管理办法（试行）》

第二条 本办法所称监管数据是指银保监会在履行监管职责过程中，依法定期采集，经监管信息系统记录、生成和存储的，或经银保监会各业务部门认定的数字、指标、报表、文字等各类信息。

本办法所称监管信息系统是指以满足监管需求为目的开发建设的，具有数据采集、处理、存储等功能的信息系统。

第三条 本办法所称监管数据安全是指监管数据在采集、处理、存储、使用等活动（以下简称监管数据活动）中，处于可用、完整和可审计状态，未发生泄露、篡改、损毁、丢失或非法使用等情况。

《互联网用户公众账号信息服务管理规定》

第二十二条 本规定所称互联网用户公众账号，是指互联网用户在互联网站、应用程序等网络平台注册运营，面向社会公众生产发布文字、图片、音视频等信息内容的网络账号。

本规定所称公众账号信息服务平台，是指为互联网用户提供公众账号注册运营、信息内容发布与技术保障服务的网络信息服务提供者。

本规定所称公众账号生产运营者，是指注册运营公众账号从事内容生产发布的自然人、法人或者非法人组织。

《移动互联网应用程序信息服务管理规定》

第二十六条 本规定所称移动互联网应用程序，是指运行在移动智能终端上向用户提供信息服务的应用软件。

本规定所称移动互联网应用程序提供者，是指提供信息服务的移动互联网应用程序所有者或者运营者。

本规定所称移动互联网应用程序分发平台，是指提供移动互联网应用程序发布、下载、动态加载等分发服务的互联网信息服务提供者。

第七十七条　【涉密网络的安全保护】

存储、处理涉及国家秘密信息的网络的运行安全保护，除应当遵守本法外，还应当遵守保密法律、行政法规的规定。

关联法规

◎ **法律**

《数据安全法》

第五十三条　开展涉及国家秘密的数据处理活动，适用《中华人民共和国保守国家秘密法》等法律、行政法规的规定。

在统计、档案工作中开展数据处理活动，开展涉及个人信息的数据处理活动，还应当遵守有关法律、行政法规的规定。

第七十八条　【军事网络的安全保护】

军事网络的安全保护，由中央军事委员会另行规定。

关联法规

◎ **法律**

《数据安全法》

第五十四条　军事数据安全保护的办法，由中央军事委员会依据本法另行制定。

《保守国家秘密法》

第五十二条　中央军事委员会根据本法制定中国人民解放军保密条例。

《密码法》

第四十三条　中国人民解放军和中国人民武装警察部队的密码工作管理办法，由中央军事委员会根据本法制定。

◎ **行政法规**

《计算机信息系统安全保护条例》

第二十九条　军队的计算机信息系统安全保护工作，按照军队的有关法规执行。

第七十九条　【施行日期】

本法自 2017 年 6 月 1 日起施行。

第二篇 网信工作刑事规范与案例

编者按：第二篇《网信工作刑事规范与案例》以《刑法》相关条文节选为主干，将网络安全与数字经济领域的相关法律法规分类纳入到每个对应条文中，形成关联法规体系。在此基础上，再将收集到的最高人民法院、最高人民检察院发布的网络安全与数字经济领域指导性案例、公报案例和典型案例等权威案例分类纳入到最为相关的条文中。

《刑法》（节选）

第二编　分　则

第一章　危害国家安全罪

> ### 第一百一十一条　【为境外窃取、刺探、收买、非法提供国家秘密、情报罪】
>
> 为境外的机构、组织、人员窃取、刺探、收买、非法提供国家秘密或者情报的，处五年以上十年以下有期徒刑；情节特别严重的，处十年以上有期徒刑或者无期徒刑；情节较轻的，处五年以下有期徒刑、拘役、管制或者剥夺政治权利。

关联法规

◎ 法律

《网络安全法》

第三十七条　关键信息基础设施的运营者在中华人民共和国境内运营中收集和产生的个人信息和重要数据应当在境内存储。因业务需要，确需向境外提供的，应当按照国家网信部门会同国务院有关部门制定的办法进行安全评估；法律、行政法规另有规定的，依照其规定。

第七十七条　存储、处理涉及国家秘密信息的网络的运行安全保护，除应当遵守本法外，还应当遵守保密法律、行政法规的规定。

《反电信网络诈骗法》

第五条　反电信网络诈骗工作应当依法进行，维护公民和组织的合法权益。

有关部门和单位、个人应当对在反电信网络诈骗工作过程中知悉的国家秘密、商业秘密和个人隐私、个人信息予以保密。

《数据安全法》

第二十五条　国家对与维护国家安全和利益、履行国际义务相关的属于管制物项的数据依法实施出口管制。

第三十六条　中华人民共和国主管机关根据有关法律和中华人民共和国缔结或者参加的国际条约、协定，或者按照平等互惠原则，处理外国司法或者执法机构关于提供数据的请求。非经中华人民共和国主管机关批准，境内的组织、个人不得向外国司法或者执法机构提供存储于中华人民共和国境内的数据。

第四十五条第二款 违反国家核心数据管理制度，危害国家主权、安全和发展利益的，由有关主管部门处二百万元以上一千万元以下罚款，并根据情况责令暂停相关业务、停业整顿、吊销相关业务许可证或者吊销营业执照；构成犯罪的，依法追究刑事责任。

《关于维护互联网安全的决定》

二、为了维护国家安全和社会稳定，对有下列行为之一，构成犯罪的，依照刑法有关规定追究刑事责任：

（一）利用互联网造谣、诽谤或者发表、传播其他有害信息，煽动颠覆国家政权、推翻社会主义制度，或者煽动分裂国家、破坏国家统一；

（二）通过互联网窃取、泄露国家秘密、情报或者军事秘密；

（三）利用互联网煽动民族仇恨、民族歧视，破坏民族团结；

（四）利用互联网组织邪教组织、联络邪教组织成员，破坏国家法律、行政法规实施。

《国家安全法》

第十五条 国家坚持中国共产党的领导，维护中国特色社会主义制度，发展社会主义民主政治，健全社会主义法治，强化权力运行制约和监督机制，保障人民当家作主的各项权利。

国家防范、制止和依法惩治任何叛国、分裂国家、煽动叛乱、颠覆或者煽动颠覆人民民主专政政权的行为；防范、制止和依法惩治窃取、泄露国家秘密等危害国家安全的行为；防范、制止和依法惩治境外势力的渗透、破坏、颠覆、分裂活动。

第七十七条 公民和组织应当履行下列维护国家安全的义务：

（一）遵守宪法、法律法规关于国家安全的有关规定；

（二）及时报告危害国家安全活动的线索；

（三）如实提供所知悉的涉及危害国家安全活动的证据；

（四）为国家安全工作提供便利条件或者其他协助；

（五）向国家安全机关、公安机关和有关军事机关提供必要的支持和协助；

（六）保守所知悉的国家秘密；

（七）法律、行政法规规定的其他义务。

任何个人和组织不得有危害国家安全的行为，不得向危害国家安全的个人或者组织提供任何资助或者协助。

《国家情报法》

第十九条 国家情报工作机构及其

工作人员应当严格依法办事，不得超越职权、滥用职权，不得侵犯公民和组织的合法权益，不得利用职务便利为自己或者他人谋取私利，不得泄露国家秘密、商业秘密和个人信息。

第二十九条　泄露与国家情报工作有关的国家秘密的，由国家情报工作机构建议相关单位给予处分或者由国家安全机关、公安机关处警告或者十五日以下拘留；构成犯罪的，依法追究刑事责任。

第三十一条　国家情报工作机构及其工作人员有超越职权、滥用职权，侵犯公民和组织的合法权益，利用职务便利为自己或者他人谋取私利，泄露国家秘密、商业秘密和个人信息等违法违纪行为的，依法给予处分；构成犯罪的，依法追究刑事责任。

《反恐怖主义法》

第四十八条　反恐怖主义工作领导机构、有关部门和单位、个人应当对履行反恐怖主义工作职责、义务过程中知悉的国家秘密、商业秘密和个人隐私予以保密。

违反规定泄露国家秘密、商业秘密和个人隐私的，依法追究法律责任。

第九十四条　反恐怖主义工作领导机构、有关部门的工作人员在反恐怖主义工作中滥用职权、玩忽职守、徇私舞弊，或者有违反规定泄露国家秘密、商业秘密和个人隐私等行为，构成犯罪的，依法追究刑事责任；尚不构成犯罪的，依法给予处分。

反恐怖主义工作领导机构、有关部门及其工作人员在反恐怖主义工作中滥用职权、玩忽职守、徇私舞弊或者有其他违法违纪行为的，任何单位和个人有权向有关部门检举、控告。有关部门接到检举、控告后，应当及时处理并回复检举、控告人。

《密码法》

第二十五条　国家推进商用密码检测认证体系建设，制定商用密码检测认证技术规范、规则，鼓励商用密码从业单位自愿接受商用密码检测认证，提升市场竞争力。

商用密码检测、认证机构应当依法取得相关资质，并依照法律、行政法规的规定和商用密码检测认证技术规范、规则开展商用密码检测认证。

商用密码检测、认证机构应当对其在商用密码检测认证中所知悉的国家秘密和商业秘密承担保密义务。

《反间谍法》

第四条　本法所称间谍行为，是指下列行为：

（一）间谍组织及其代理人实施或者指使、资助他人实施，或者境内外机构、组织、个人与其相勾结实施的危害中华人民共和国国家安全的活动；

（二）参加间谍组织或者接受间谍

组织及其代理人的任务，或者投靠间谍组织及其代理人；

（三）间谍组织及其代理人以外的其他境外机构、组织、个人实施或者指使、资助他人实施，或者境内机构、组织、个人与其相勾结实施的窃取、刺探、收买、非法提供国家秘密、情报以及其他关系国家安全和利益的文件、数据、资料、物品，或者策动、引诱、胁迫、收买国家工作人员叛变的活动；

（四）间谍组织及其代理人实施或者指使、资助他人实施，或者境内外机构、组织、个人与其相勾结实施针对国家机关、涉密单位或者关键信息基础设施等的网络攻击、侵入、干扰、控制、破坏等活动；

（五）为敌人指示攻击目标；

（六）进行其他间谍活动。

间谍组织及其代理人在中华人民共和国领域内，或者利用中华人民共和国的公民、组织或者其他条件，从事针对第三国的间谍活动，危害中华人民共和国国家安全的，适用本法。

第八条 任何公民和组织都应当依法支持、协助反间谍工作，保守所知悉的国家秘密和反间谍工作秘密。

第十条 境外机构、组织、个人实施或者指使、资助他人实施的，或者境内机构、组织、个人与境外机构、组织、个人相勾结实施的危害中华人民共

和国国家安全的间谍行为，都必须受到法律追究。

第十四条 任何个人和组织都不得非法获取、持有属于国家秘密的文件、数据、资料、物品。

第五十三条 实施间谍行为，构成犯罪的，依法追究刑事责任。

第五十五条 实施间谍行为，有自首或者立功表现的，可以从轻、减轻或者免除处罚；有重大立功表现的，给予奖励。

在境外受胁迫或者受诱骗参加间谍组织、敌对组织，从事危害中华人民共和国国家安全的活动，及时向中华人民共和国驻外机构如实说明情况，或者入境后直接或者通过所在单位及时向国家安全机关如实说明情况，并有悔改表现的，可以不予追究。

◎ **行政法规**

《计算机信息网络国际联网管理暂行规定》

第十三条 从事国际联网业务的单位和个人，应当遵守国家有关法律、行政法规，严格执行安全保密制度，不得利用国际联网从事危害国家安全、泄露国家秘密等违法犯罪活动，不得制作、查阅、复制和传播妨碍社会治安的信息和淫秽色情等信息。

《互联网信息服务管理办法》

第十五条 互联网信息服务提供者

不得制作、复制、发布、传播含有下列内容的信息：

（一）反对宪法所确定的基本原则的；

（二）危害国家安全，泄露国家秘密，颠覆国家政权，破坏国家统一的；

（三）损害国家荣誉和利益的；

（四）煽动民族仇恨、民族歧视，破坏民族团结的；

（五）破坏国家宗教政策，宣扬邪教和封建迷信的；

（六）散布谣言，扰乱社会秩序，破坏社会稳定的；

（七）散布淫秽、色情、赌博、暴力、凶杀、恐怖或者教唆犯罪的；

（八）侮辱或者诽谤他人，侵害他人合法权益的；

（九）含有法律、行政法规禁止的其他内容的。

《计算机信息网络国际联网安全保护管理办法》

第四条 任何单位和个人不得利用国际联网危害国家安全、泄露国家秘密，不得侵犯国家的、社会的、集体的利益和公民的合法权益，不得从事违法犯罪活动。

《征信业管理条例》

第三条 从事征信业务及相关活动，应当遵守法律法规，诚实守信，不得危害国家秘密，不得侵犯商业秘密和

个人隐私。

第三十五条 国务院征信业监督管理部门及其派出机构的工作人员对在工作中知悉的国家秘密和信息主体的信息，应当依法保密。

第四十三条 国务院征信业监督管理部门及其派出机构的工作人员滥用职权、玩忽职守、徇私舞弊，不依法履行监督管理职责，或者泄露国家秘密、信息主体信息的，依法给予处分。给信息主体造成损失的，依法承担民事责任；构成犯罪的，依法追究刑事责任。

《电信条例》

第五十六条 任何组织或者个人不得利用电信网络制作、复制、发布、传播含有下列内容的信息：

（一）反对宪法所确定的基本原则的；

（二）危害国家安全，泄露国家秘密，颠覆国家政权，破坏国家统一的；

（三）损害国家荣誉和利益的；

（四）煽动民族仇恨、民族歧视，破坏民族团结的；

（五）破坏国家宗教政策，宣扬邪教和封建迷信的；

（六）散布谣言，扰乱社会秩序，破坏社会稳定的；

（七）散布淫秽、色情、赌博、暴力、凶杀、恐怖或者教唆犯罪的；

（八）侮辱或者诽谤他人，侵害他

人合法权益的；

（九）含有法律、行政法规禁止的其他内容的。

第六十二条 使用电信网络传输信息的内容及其后果由电信用户负责。

电信用户使用电信网络传输的信息属于国家秘密信息的，必须依照保守国家秘密法的规定采取保密措施。

《关键信息基础设施安全保护条例》

第五十条 存储、处理涉及国家秘密信息的关键信息基础设施的安全保护，还应当遵守保密法律、行政法规的规定。

关键信息基础设施中的密码使用和管理，还应当遵守相关法律、行政法规的规定。

《互联网上网服务营业场所管理条例》

第十四条 互联网上网服务营业场所经营单位和上网消费者不得利用互联网上网服务营业场所制作、下载、复制、查阅、发布、传播或者以其他方式使用含有下列内容的信息：

（一）反对宪法确定的基本原则的；

（二）危害国家统一、主权和领土完整的；

（三）泄露国家秘密，危害国家安全或者损害国家荣誉和利益的；

（四）煽动民族仇恨、民族歧视，破坏民族团结，或者侵害民族风俗、习惯的；

（五）破坏国家宗教政策，宣扬邪教、迷信的；

（六）散布谣言，扰乱社会秩序，破坏社会稳定的；

（七）宣传淫秽、赌博、暴力或者教唆犯罪的；

（八）侮辱或者诽谤他人，侵害他人合法权益的；

（九）危害社会公德或者民族优秀文化传统的；

（十）含有法律、行政法规禁止的其他内容的。

◎ **司法解释**

《关于审理为境外窃取、刺探、收买、非法提供国家秘密、情报案件具体应用法律的解释》

第一条 刑法第一百一十一条规定的"国家秘密"，是指《中华人民共和国保守国家秘密法》第二条、第八条以及《中华人民共和国保守国家秘密法实施办法》第四条确定的事项。

刑法第一百一十一条规定的"情报"，是指关系国家安全和利益、尚未公开或者依照有关规定不应公开的事项。

对为境外机构、组织、人员窃取、刺探、收买、非法提供国家秘密之外的情报的行为，以为境外窃取、刺探、收买、非法提供情报罪定罪处罚。

第二条 为境外窃取、刺探、收买、非法提供国家秘密或者情报，具有下列情形之一的，属于"情节特别严重"，处十年以上有期徒刑、无期徒刑，可以并处没收财产：

（一）为境外窃取、刺探、收买、非法提供绝密级国家秘密的；

（二）为境外窃取、刺探、收买、非法提供三项以上机密级国家秘密的；

（三）为境外窃取、刺探、收买、非法提供国家秘密或者情报，对国家安全和利益造成其他特别严重损害的。

实施前款行为，对国家和人民危害特别严重、情节特别恶劣的，可以判处死刑，并处没收财产。

第三条　为境外窃取、刺探、收买、非法提供国家秘密或者情报，具有下列情形之一的，处五年以上十年以下有期徒刑，可以并处没收财产：

（一）为境外窃取、刺探、收买、非法提供机密级国家秘密的；

（二）为境外窃取、刺探、收买、非法提供三项以上秘密级国家秘密的；

（三）为境外窃取、刺探、收买、非法提供国家秘密或者情报，对国家安全和利益造成其他严重损害的。

第四条　为境外窃取、刺探、收买、非法提供秘密级国家秘密或者情报，属于"情节较轻"，处五年以下有期徒刑、拘役、管制或者剥夺政治权利，可以并处没收财产。

第五条　行为人知道或者应当知道没有标明密级的事项关系国家安全和利益，而为境外窃取、刺探、收买、非法提供的，依照刑法第一百一十一条的规定以为境外窃取、刺探、收买、非法提供国家秘密罪定罪处罚。

第六条　通过互联网将国家秘密或者情报非法发送给境外的机构、组织、个人的，依照刑法第一百一十一条的规定定罪处罚；将国家秘密通过互联网予以发布，情节严重的，依照刑法第三百九十八条规定定罪处罚。

第七条　审理为境外窃取、刺探、收买、非法提供国家秘密案件，需要对有关事项是否属于国家秘密以及属于何种密级进行鉴定的，由国家保密工作部门或者省、自治区、直辖市保密工作部门鉴定。

《关于办理刑事案件收集提取和审查判断电子数据的规定》

第四条　电子数据涉及国家秘密、商业秘密、个人隐私的，应当保密。

《关于规范和加强人工智能司法应用的意见》

三、基本原则

3. 安全合法原则。坚持总体国家安全观，禁止使用不符合法律法规的人工智能技术和产品，司法人工智能产品和服务必须依法研发、部署和运行，不得损害国家安全，不得侵犯合法权益，确保国家秘密、网络安全、数据安全和个人信息不受侵害，保护个人隐私，促进人机和谐友好，努力提供安全、合法、高效的智能化司法服务。

……

◎ **部门规章**

《中国公用计算机互联网国际联网管理办法》

第十条 任何组织或个人，不得利用计算机国际联网从事危害国家安全、泄露国家秘密等犯罪活动；不得利用计算机国际联网查阅、复制、制造和传播危害国家安全、妨碍社会治安和淫秽色情的信息；发现上述违法犯罪行为和有害信息，应及时向有关主管机关报告。

《计算机信息系统保密管理暂行规定》

第二十九条 违反本规定泄露国家秘密，依据《中华人民共和国保守国家秘密法》及其实施办法进行处理，并追究单位领导的责任。

《通信网络安全防护管理办法》

第二十一条 电信管理机构及其委托的专业机构的工作人员对于检查工作中获悉的国家秘密、商业秘密和个人隐私，有保密的义务。

《互联网视听节目服务管理规定》

第十六条 互联网视听节目服务单位提供的、网络运营单位接入的视听节目应当符合法律、行政法规、部门规章的规定。已播出的视听节目应至少完整保留60日。视听节目不得含有以下内容：

（一）反对宪法确定的基本原则的；

（二）危害国家统一、主权和领土完整的；

（三）泄露国家秘密、危害国家安全或者损害国家荣誉和利益的；

（四）煽动民族仇恨、民族歧视，破坏民族团结，或者侵害民族风俗、习惯的；

（五）宣扬邪教、迷信的；

（六）扰乱社会秩序，破坏社会稳定的；

（七）诱导未成年人违法犯罪和渲染暴力、色情、赌博、恐怖活动的；

（八）侮辱或者诽谤他人，侵害公民个人隐私等他人合法权益的；

（九）危害社会公德，损害民族优秀文化传统的；

（十）有关法律、行政法规和国家规定禁止的其他内容。

《网络出版服务管理规定》

第二十四条 网络出版物不得含有以下内容：

（一）反对宪法确定的基本原则的；

（二）危害国家统一、主权和领土完整的；

（三）泄露国家秘密、危害国家安全或者损害国家荣誉和利益的；

（四）煽动民族仇恨、民族歧视，破坏民族团结，或者侵害民族风俗、习惯的；

（五）宣扬邪教、迷信的；

（六）散布谣言，扰乱社会秩序，破坏社会稳定的；

（七）宣扬淫秽、色情、赌博、暴力或者教唆犯罪的；

（八）侮辱或者诽谤他人，侵害他人合法权益的；

（九）危害社会公德或者民族优秀文化传统的；

（十）有法律、行政法规和国家规定禁止的其他内容的。

《互联网域名管理办法》

第二十八条　任何组织或者个人注册、使用的域名中，不得含有下列内容：

（一）反对宪法所确定的基本原则的；

（二）危害国家安全，泄露国家秘密，颠覆国家政权，破坏国家统一的；

（三）损害国家荣誉和利益的；

（四）煽动民族仇恨、民族歧视，破坏民族团结的；

（五）破坏国家宗教政策，宣扬邪教和封建迷信的；

（六）散布谣言，扰乱社会秩序，破坏社会稳定的；

（七）散布淫秽、色情、赌博、暴力、凶杀、恐怖或者教唆犯罪的；

（八）侮辱或者诽谤他人，侵害他人合法权益的；

（九）含有法律、行政法规禁止的

其他内容的。

域名注册管理机构、域名注册服务机构不得为含有前款所列内容的域名提供服务。

《互联网文化管理暂行规定》

第十六条　互联网文化单位不得提供载有以下内容的文化产品：

（一）反对宪法确定的基本原则的；

（二）危害国家统一、主权和领土完整的；

（三）泄露国家秘密、危害国家安全或者损害国家荣誉和利益的；

（四）煽动民族仇恨、民族歧视，破坏民族团结，或者侵害民族风俗、习惯的；

（五）宣扬邪教、迷信的；

（六）散布谣言，扰乱社会秩序，破坏社会稳定的；

（七）宣扬淫秽、赌博、暴力或者教唆犯罪的；

（八）侮辱或者诽谤他人，侵害他人合法权益的；

（九）危害社会公德或者民族优秀文化传统的；

（十）有法律、行政法规和国家规定禁止的其他内容的。

《公安机关互联网安全监督检查规定》

第五条　公安机关及其工作人员对履行互联网安全监督检查职责中知悉的个人信息、隐私、商业秘密和国家秘密，应当严格保密，不得泄露、出售或者非法向他人提供。

公安机关及其工作人员在履行互联网安全监督检查职责中获取的信息，只能用于维护网络安全的需要，不得用于其他用途。

第十七条　公安机关开展现场监督检查或者远程检测，可以委托具有相应技术能力的网络安全服务机构提供技术支持。

网络安全服务机构及其工作人员对工作中知悉的个人信息、隐私、商业秘密和国家秘密，应当严格保密，不得泄露、出售或者非法向他人提供。公安机关应当严格监督网络安全服务机构落实网络安全管理与保密责任。

《网络安全审查办法》

第二十二条　涉及国家秘密信息的，依照国家有关保密规定执行。

国家对数据安全审查、外商投资安全审查另有规定的，应当同时符合其规定。

《数据出境安全评估办法》

第十五条　参与安全评估工作的相关机构和人员对在履行职责中知悉的国家秘密、个人隐私、个人信息、商业秘密、保密商务信息等数据应当依法予以保密，不得泄露或者非法向他人提供、非法使用。

《网络预约出租汽车经营服务管理暂行办法》

第二十六条　网约车平台公司应当通过其服务平台以显著方式将驾驶员、约车人和乘客等个人信息的采集和使用的目的、方式和范围进行告知。未经信息主体明示同意，网约车平台公司不得使用前述个人信息用于开展其他业务。

网约车平台公司采集驾驶员、约车人和乘客的个人信息，不得超越提供网约车业务所必需的范围。

除配合国家机关依法行使监督检查权或者刑事侦查权外，网约车平台公司不得向任何第三方提供驾驶员、约车人和乘客的姓名、联系方式、家庭住址、银行账户或者支付账户、地理位置、出行线路等个人信息，不得泄露地理坐标、地理标志物等涉及国家安全的敏感信息。发生信息泄露后，网约车平台公司应当及时向相关主管部门报告，并采取及时有效的补救措施

第二十七条　网约车平台公司应当遵守国家网络和信息安全有关规定，所采集的个人信息和生成的业务数据，应当在中国内地存储和使用，保存期限不少于2年，除法律法规另有规定外，上述信息和数据不得外流。

网约车平台公司不得利用其服务平台发布法律法规禁止传播的信息，不得为企业、个人及其他团体、组织发布有

害信息提供便利，并采取有效措施过滤阻断有害信息传播。发现他人利用其网络服务平台传播有害信息的，应当立即停止传输，保存有关记录，并向国家有关机关报告。

网约车平台公司应当依照法律规定，为公安机关依法开展国家安全工作，防范、调查违法犯罪活动提供必要的技术支持与协助。

◎ 部门规范性文件

《关于互联网站从事登载新闻业务管理暂行规定》

第十三条 互联网站登载的新闻不得含有下列内容：

（一）违反宪法所确定的基本原则；

（二）危害国家安全，泄露国家秘密，煽动颠覆国家政权，破坏国家统一；

（三）损害国家的荣誉和利益；

（四）煽动民族仇恨、民族歧视，破坏民族团结；

（五）破坏国家宗教政策，宣扬邪教，宣扬封建迷信；

（六）散布谣言，编造和传播假新闻，扰乱社会秩序，破坏社会稳定；

（七）散布淫秽、色情、赌博、暴力、恐怖或者教唆犯罪；

（八）侮辱或者诽谤他人，侵害他人合法权益；

（九）法律、法规禁止的其他内容。

《信息安全等级保护管理办法》

第二十三条 从事信息系统安全等级测评的机构，应当履行下列义务：

（一）遵守国家有关法律法规和技术标准，提供安全、客观、公正的检测评估服务，保证测评的质量和效果；

（二）保守在测评活动中知悉的国家秘密、商业秘密和个人隐私，防范测评风险；

（三）对测评人员进行安全保密教育，与其签订安全保密责任书，规定应当履行的安全保密义务和承担的法律责任，并负责检查落实。

《互联网用户账号名称管理规定》

第六条 任何机构或个人注册和使用的互联网用户账号名称，不得有下列情形：

（一）违反宪法或法律法规规定的；

（二）危害国家安全，泄露国家秘密，颠覆国家政权，破坏国家统一的；

（三）损害国家荣誉和利益的，损害公共利益的；

（四）煽动民族仇恨、民族歧视，破坏民族团结的；

（五）破坏国家宗教政策，宣扬邪教和封建迷信的；

（六）散布谣言，扰乱社会秩序，破坏社会稳定的；

（七）散布淫秽、色情、赌博、暴力、凶杀、恐怖或者教唆犯罪的；

（八）侮辱或者诽谤他人，侵害他人合法权益的；

（九）含有法律、行政法规禁止的其他内容的。

《互联网新闻信息服务新技术新应用安全评估管理规定》

第十四条　组织开展新技术新应用安全评估的相关单位和人员应当对在履行职责中知悉的国家秘密、商业秘密和个人信息严格保密，不得泄露、出售或者非法向他人提供。

《国家健康医疗大数据标准、安全和服务管理办法（试行）》

第三十五条　责任单位向社会公开健康医疗大数据时，应当遵循国家有关规定，不得泄露国家秘密、商业秘密和个人隐私，不得侵害国家利益、社会公共利益和公民、法人及其他组织的合法权益。

《具有舆论属性或社会动员能力的互联网信息服务安全评估规定》

第十五条　网信部门、公安机关及其工作人员对在履行职责中知悉的国家秘密、商业秘密和个人信息应当严格保密，不得泄露、出售或者非法向他人提供。

《公安机关办理刑事案件电子数据取证规则》

第四条　公安机关电子数据取证涉及国家秘密、警务工作秘密、商业秘密、个人隐私的，应当保密；对于获取的材料与案件无关的，应当及时退还或者销毁。

《中国教育和科研计算机网暂行管理办法》

第二十条　中国教育和科研计算机网的所有工作人员和用户必须对所提供的信息负责。不得利用计算机联网从事危害国家安全、泄露国家秘密等犯罪活动，不得制作、查阅、复制和传播有碍社会治安和有伤风化的信息。

第二章　危害公共安全罪

第一百二十条之三　【宣扬恐怖主义、极端主义、煽动实施恐怖活动罪】

以制作、散发宣扬恐怖主义、极端主义的图书、音频视频资料或者其他物品，或者通过讲授、发布信息等方式宣扬恐怖主义、极端主义的，或者煽动实施恐怖活动的，处五年以下有期徒刑、拘役、管制或者剥夺政治权利，并处罚金；情节严重的，处五年以上有期徒刑，并处罚金或者没收财产。

关联法规

◎ **法律**

《网络安全法》

第十二条　国家保护公民、法人和其他组织依法使用网络的权利，促进网络接入普及，提升网络服务水平，为社会提供安全、便利的网络服务，保障网络信息依法有序自由流动。

任何个人和组织使用网络应当遵守宪法法律，遵守公共秩序，尊重社会公德，不得危害网络安全，不得利用网络从事危害国家安全、荣誉和利益，煽动颠覆国家政权、推翻社会主义制度，煽动分裂国家、破坏国家统一，宣扬恐怖主义、极端主义，宣扬民族仇恨、民族歧视，传播暴力、淫秽色情信息，编造、传播虚假信息扰乱经济秩序和社会秩序，以及侵害他人名誉、隐私、知识产权和其他合法权益等活动。

《未成年人保护法》

第五十条　禁止制作、复制、出版、发布、传播含有宣扬淫秽、色情、暴力、邪教、迷信、赌博、引诱自杀、恐怖主义、分裂主义、极端主义等危害未成年人身心健康内容的图书、报刊、电影、广播电视节目、舞台艺术作品、音像制品、电子出版物和网络信息等。

《国家安全法》

第二十七条　国家依法保护公民宗教信仰自由和正常宗教活动，坚持宗教独立自主自办的原则，防范、制止和依法惩治利用宗教名义进行危害国家安全的违法犯罪活动，反对境外势力干涉境内宗教事务，维护正常宗教活动秩序。

国家依法取缔邪教组织，防范、制止和依法惩治邪教违法犯罪活动。

第二十八条 国家反对一切形式的恐怖主义和极端主义，加强防范和处置恐怖主义的能力建设，依法开展情报、调查、防范、处置以及资金监管等工作，依法取缔恐怖活动组织和严厉惩治暴力恐怖活动。

《反恐怖主义法》

第二条 国家反对一切形式的恐怖主义，依法取缔恐怖活动组织，对任何组织、策划、准备实施、实施恐怖活动，宣扬恐怖主义，煽动实施恐怖活动，组织、领导、参加恐怖活动组织，为恐怖活动提供帮助的，依法追究法律责任。

国家不向任何恐怖活动组织和人员作出妥协，不向任何恐怖活动人员提供庇护或者给予难民地位。

第三条 本法所称恐怖主义，是指通过暴力、破坏、恐吓等手段，制造社会恐慌、危害公共安全、侵犯人身财产，或者胁迫国家机关、国际组织，以实现其政治、意识形态等目的的主张和行为。

本法所称恐怖活动，是指恐怖主义性质的下列行为：

（一）组织、策划、准备实施、实施造成或者意图造成人员伤亡、重大财产损失、公共设施损坏、社会秩序混乱等严重社会危害的活动的；

（二）宣扬恐怖主义，煽动实施恐怖活动，或者非法持有宣扬恐怖主义的物品，强制他人在公共场所穿戴宣扬恐怖主义的服饰、标志的；

（三）组织、领导、参加恐怖活动组织的；

（四）为恐怖活动组织、恐怖活动人员、实施恐怖活动或者恐怖活动培训提供信息、资金、物资、劳务、技术、场所等支持、协助、便利的；

（五）其他恐怖活动。

本法所称恐怖活动组织，是指三人以上为实施恐怖活动而组成的犯罪组织。

本法所称恐怖活动人员，是指实施恐怖活动的人和恐怖活动组织的成员。

本法所称恐怖事件，是指正在发生或者已经发生的造成或者可能造成重大社会危害的恐怖活动。

第二十八条 公安机关和有关部门对宣扬极端主义，利用极端主义危害公共安全、扰乱公共秩序、侵犯人身财产、妨害社会管理的，应当及时予以制止，依法追究法律责任。

公安机关发现极端主义活动的，应当责令立即停止，将有关人员强行带离现场并登记身份信息，对有关物品、资料予以收缴，对非法活动场所予以查封。

任何单位和个人发现宣扬极端主义的物品、资料、信息的，应当立即向公安机关报告。

第六十三条　恐怖事件发生、发展和应对处置信息，由恐怖事件发生地的省级反恐怖主义工作领导机构统一发布；跨省、自治区、直辖市发生的恐怖事件，由指定的省级反恐怖主义工作领导机构统一发布。

任何单位和个人不得编造、传播虚假恐怖事件信息；不得报道、传播可能引起模仿的恐怖活动的实施细节；不得发布恐怖事件中残忍、不人道的场景；在恐怖事件的应对处置过程中，除新闻媒体经负责发布信息的反恐怖主义工作领导机构批准外，不得报道、传播现场应对处置的工作人员、人质身份信息和应对处置行动情况。

第七十九条　组织、策划、准备实施、实施恐怖活动，宣扬恐怖主义，煽动实施恐怖活动，非法持有宣扬恐怖主义的物品，强制他人在公共场所穿戴宣扬恐怖主义的服饰、标志，组织、领导、参加恐怖活动组织，为恐怖活动组织、恐怖活动人员、实施恐怖活动或者恐怖活动培训提供帮助的，依法追究刑事责任。

◎ **党内法规**

《关于规范党员干部网络行为的意见》

三、党员干部不得参加以下网络活动：组织、参加反对党的理论和路线方针政策的网络论坛、群组、直播等活动；通过网络组党结社，参与和动员不法串联、联署、集会等网上非法组织、非法活动；参与网上宗教活动、邪教活动，纵容和支持宗教极端势力、民族分裂势力、暴力恐怖势力极其活动；利用网络泄露党和国家秘密；浏览、访问非法和反动网站等。

《关于促进移动互联网健康有序发展的意见》

四、防范移动互联网安全风险

……

16. 打击网络违法犯罪。坚决打击利用移动互联网鼓吹推翻国家政权、煽动宗教极端主义、宣扬民族分裂思想、教唆暴力恐怖等违法犯罪活动。严厉查处造谣诽谤、电信网络诈骗、攻击窃密、盗版侵权、非法售卖个人信息等违法犯罪行为。全面清理赌博、传销、非法集资、淫秽色情、涉枪涉爆等违法违规信息。

……

◎ **行政法规**

《电信条例》

第五十六条　任何组织或者个人不得利用电信网络制作、复制、发布、传播含有下列内容的信息：

（一）反对宪法所确定的基本原则的；

（二）危害国家安全，泄露国家秘密，颠覆国家政权，破坏国家统一的；

（三）损害国家荣誉和利益的；

（四）煽动民族仇恨、民族歧视，破坏民族团结的；

（五）破坏国家宗教政策，宣扬邪教和封建迷信的；

（六）散布谣言，扰乱社会秩序，破坏社会稳定的；

（七）散布淫秽、色情、赌博、暴力、凶杀、恐怖或者教唆犯罪的；

（八）侮辱或者诽谤他人，侵害他人合法权益的；

（九）含有法律、行政法规禁止的其他内容的。

◎ 司法解释

《关于办理恐怖活动和极端主义犯罪案件适用法律若干问题的意见》

一、准确认定犯罪

......

（四）实施下列行为之一，宣扬恐怖主义、极端主义或者煽动实施恐怖活动的，依照刑法第一百二十条之三的规定，以宣扬恐怖主义、极端主义、煽动实施恐怖活动罪定罪处罚：

1. 编写、出版、印刷、复制、发行、散发、播放载有宣扬恐怖主义、极端主义内容的图书、报刊、文稿、图片或者音频视频资料的；

2. 设计、生产、制作、销售、租赁、运输、托运、寄递、散发、展示带有宣扬恐怖主义、极端主义内容的标识、标志、服饰、旗帜、徽章、器物、纪念品等物品的；

3. 利用网站、网页、论坛、博客、微博客、网盘、即时通信、通讯群组、聊天室等网络平台、网络应用服务等登载、张贴、复制、发送、播放、演示载有恐怖主义、极端主义内容的图书、报刊、文稿、图片或者音频视频资料的；

4. 网站、网页、论坛、博客、微博客、网盘、即时通信、通讯群组、聊天室等网络平台、网络应用服务的建立、开办、经营、管理者，明知他人利用网络平台、网络应用服务散布、宣扬恐怖主义、极端主义内容，经相关行政主管部门处罚后仍允许或者放任他人发布的；

5. 利用教经、讲经、解经、学经、婚礼、葬礼、纪念、聚会和文体活动等宣扬恐怖主义、极端主义、煽动实施恐怖活动的；

6. 其他宣扬恐怖主义、极端主义、煽动实施恐怖活动的行为。

......

（八）犯刑法第一百二十条规定的犯罪，同时构成刑法第一百二十条之一至之六规定的犯罪的，依照处罚较重的规定定罪处罚。

犯刑法第一百二十条之一至之六规定的犯罪，同时构成其他犯罪的，依照处罚较重的规定定罪处罚。

......

◎ 部门规章

《中国公用计算机互联网国际联网管理办法》

第十条　任何组织或个人，不得利用计算机国际联网从事危害国家安全、泄露国家秘密等犯罪活动；不得利用计算机国际联网查阅、复制、制造和传播危害国家安全、妨碍社会治安和淫秽色情的信息；发现上述违法犯罪行为和有害信息，应及时向有关主管机关报告。

《通信短信息服务管理规定》

第十六条　短信息服务提供者、短信息内容提供者不得制作、复制、发布和传播含有《中华人民共和国电信条例》等法律法规规定的禁止性内容的短信息。

《互联网视听节目服务管理规定》

第十六条　互联网视听节目服务单位提供的、网络运营单位接入的视听节目应当符合法律、行政法规、部门规章的规定。已播出的视听节目应至少完整保留 60 日。视听节目不得含有以下内容：

（一）反对宪法确定的基本原则的；

（二）危害国家统一、主权和领土完整的；

（三）泄露国家秘密、危害国家安全或者损害国家荣誉和利益的；

（四）煽动民族仇恨、民族歧视，破坏民族团结，或者侵害民族风俗、习惯的；

（五）宣扬邪教、迷信的；

（六）扰乱社会秩序，破坏社会稳定的；

（七）诱导未成年人违法犯罪和渲染暴力、色情、赌博、恐怖活动的；

（八）侮辱或者诽谤他人，侵害公民个人隐私等他人合法权益的；

（九）危害社会公德，损害民族优秀文化传统的；

（十）有关法律、行政法规和国家规定禁止的其他内容。

《网络出版服务管理规定》

第二十四条　网络出版物不得含有以下内容：

（一）反对宪法确定的基本原则的；

（二）危害国家统一、主权和领土完整的；

（三）泄露国家秘密、危害国家安全或者损害国家荣誉和利益的；

（四）煽动民族仇恨、民族歧视，破坏民族团结，或者侵害民族风俗、习惯的；

（五）宣扬邪教、迷信的；

（六）散布谣言，扰乱社会秩序，破坏社会稳定的；

（七）宣扬淫秽、色情、赌博、暴力或者教唆犯罪的；

（八）侮辱或者诽谤他人，侵害他

人合法权益的；

（九）危害社会公德或者民族优秀文化传统的；

（十）有法律、行政法规和国家规定禁止的其他内容的。

第五十二条 出版、传播含有本规定第二十四条、第二十五条禁止内容的网络出版物的，根据《出版管理条例》第六十二条、《互联网信息服务管理办法》第二十条的规定，由出版行政主管部门责令删除相关内容并限期改正，没收违法所得，违法经营额 1 万元以上的，并处违法经营额 5 倍以上 10 倍以下罚款；违法经营额不足 1 万元的，可以处 5 万元以下罚款；情节严重的，责令限期停业整顿或者由国家新闻出版广电总局吊销《网络出版服务许可证》，由电信主管部门依据出版行政主管部门的通知吊销其电信业务经营许可或者责令关闭网站；构成犯罪的，依法追究刑事责任。

《互联网域名管理办法》

第二十八条 任何组织或者个人注册、使用的域名中，不得含有下列内容：

（一）反对宪法所确定的基本原则的；

（二）危害国家安全，泄露国家秘密，颠覆国家政权，破坏国家统一的；

（三）损害国家荣誉和利益的；

（四）煽动民族仇恨、民族歧视，破坏民族团结的；

（五）破坏国家宗教政策，宣扬邪教和封建迷信的；

（六）散布谣言，扰乱社会秩序，破坏社会稳定的；

（七）散布淫秽、色情、赌博、暴力、凶杀、恐怖或者教唆犯罪的；

（八）侮辱或者诽谤他人，侵害他人合法权益的；

（九）含有法律、行政法规禁止的其他内容的。

域名注册管理机构、域名注册服务机构不得为含有前款所列内容的域名提供服务。

第五十四条 任何组织或者个人违反本办法第二十八条第一款规定注册、使用域名，构成犯罪的，依法追究刑事责任；尚不构成犯罪的，由有关部门依法予以处罚。

《互联网文化管理暂行规定》

第十六条 互联网文化单位不得提供载有以下内容的文化产品：

（一）反对宪法确定的基本原则的；

（二）危害国家统一、主权和领土完整的；

（三）泄露国家秘密、危害国家安全或者损害国家荣誉和利益的；

（四）煽动民族仇恨、民族歧视，破坏民族团结，或者侵害民族风俗、习惯的；

（五）宣扬邪教、迷信的；

（六）散布谣言，扰乱社会秩序，破坏社会稳定的；

（七）宣扬淫秽、赌博、暴力或者教唆犯罪的；

（八）侮辱或者诽谤他人，侵害他人合法权益的；

（九）危害社会公德或者民族优秀文化传统的；

（十）有法律、行政法规和国家规定禁止的其他内容的。

第二十八条　经营性互联网文化单位提供含有本规定第十六条禁止内容的互联网文化产品，或者提供未经文化部批准进口的互联网文化产品的，由县级以上人民政府文化行政部门或者文化市场综合执法机构责令停止提供，没收违法所得，并处 10000 元以上 30000 元以下罚款；情节严重的，责令停业整顿直至吊销《网络文化经营许可证》；构成犯罪的，依法追究刑事责任。

非经营性互联网文化单位，提供含有本规定第十六条禁止内容的互联网文化产品，或者提供未经文化部批准进口的互联网文化产品的，由县级以上人民政府文化行政部门或者文化市场综合执法机构责令停止提供，处 1000 元以下罚款；构成犯罪的，依法追究刑事责任。

《网络信息内容生态治理规定》

第六条　网络信息内容生产者不得制作、复制、发布含有下列内容的违法信息：

（一）反对宪法所确定的基本原则的；

（二）危害国家安全，泄露国家秘密，颠覆国家政权，破坏国家统一的；

（三）损害国家荣誉和利益的；

（四）歪曲、丑化、亵渎、否定英雄烈士事迹和精神，以侮辱、诽谤或者其他方式侵害英雄烈士的姓名、肖像、名誉、荣誉的；

（五）宣扬恐怖主义、极端主义或者煽动实施恐怖活动、极端主义活动的；

（六）煽动民族仇恨、民族歧视，破坏民族团结的；

（七）破坏国家宗教政策，宣扬邪教和封建迷信的；

（八）散布谣言，扰乱经济秩序和社会秩序的；

（九）散布淫秽、色情、赌博、暴力、凶杀、恐怖或者教唆犯罪的；

（十）侮辱或者诽谤他人，侵害他人名誉、隐私和其他合法权益的；

（十一）法律、行政法规禁止的其他内容。

《互联网宗教信息服务管理办法》

第四条　互联网宗教信息服务管理

坚持保护合法、制止非法、遏制极端、抵御渗透、打击犯罪的原则。

第十四条 互联网宗教信息不得含有下列内容：

（一）利用宗教煽动颠覆国家政权、反对中国共产党的领导、破坏社会主义制度、国家统一、民族团结和社会稳定，宣扬极端主义、恐怖主义、民族分裂主义和宗教狂热的；

（二）利用宗教妨碍国家司法、教育、婚姻、社会管理等制度实施的；

（三）利用宗教宣扬邪教和封建迷信，或者利用宗教损害公民身体健康，欺骗、胁迫取得财物的；

（四）违背我国宗教独立自主自办原则的；

（五）破坏不同宗教之间、同一宗教内部以及信教公民与不信教公民之间和睦相处的；

（六）歧视、侮辱信教公民或者不信教公民，损害信教公民或者不信教公民合法权益的；

（七）从事违法宗教活动或者为违法宗教活动提供便利的；

（八）诱导未成年人信教，或者组织、强迫未成年人参加宗教活动的；

（九）以宗教名义进行商业宣传、经销、发送宗教用品、宗教内部资料性出版物和非法出版物的；

（十）假冒宗教教职人员开展活动的；

（十一）有关法律、行政法规和国家规定禁止的其他内容的。

第二十九条 违反本办法第十条、第十一条、第十四条、第十五条、第十六条、第十七条、第十八条、第十九条规定的，由宗教事务部门责令限期改正；拒不改正的，会同网信部门、电信主管部门、公安机关、国家安全机关等依照有关法律、行政法规的规定给予处罚。

◎ **部门规范性文件**

《关于互联网站从事登载新闻业务管理暂行规定》

第十三条 互联网站登载的新闻不得含有下列内容：

（一）违反宪法所确定的基本原则的；

（二）危害国家安全，泄露国家秘密，煽动颠覆国家政权，破坏国家统一；

（三）损害国家的荣誉和利益的；

（四）煽动民族仇恨、民族歧视，破坏民族团结的；

（五）破坏国家宗教政策，宣扬邪教，宣扬封建迷信的；

（六）散布谣言，编造和传播假新闻，扰乱社会秩序，破坏社会稳定的；

（七）散布淫秽、色情、赌博、暴力、恐怖或者教唆犯罪的；

（八）侮辱或者诽谤他人，侵害他人合法权益的；

（九）法律、法规禁止的其他内容。

第十六条　互联网站登载的新闻含有本规定第十三条所列内容之一，构成犯罪的，依法追究刑事责任；尚不构成犯罪的，由公安机关或者国家安全机关依照有关法律、行政法规的规定给予行政处罚。

《网络表演经营活动管理办法》

第六条　网络表演不得含有以下内容：

（一）含有《互联网文化管理暂行规定》第十六条规定的禁止内容的；

（二）表演方式恐怖、残忍、暴力、低俗，摧残表演者身心健康的；

（三）利用人体缺陷或者以展示人体变异等方式招徕用户的；

（四）以偷拍偷录等方式，侵害他人合法权益的；

（五）以虐待动物等方式进行表演的；

（六）使用未取得文化行政部门内容审查批准文号或备案编号的网络游戏产品，进行网络游戏技法展示或解说的。

《国家网络空间安全战略》

四、战略任务

……

（五）打击网络恐怖和违法犯罪

加强网络反恐、反间谍、反窃密能力建设，严厉打击网络恐怖和网络间谍活动。

坚持综合治理、源头控制、依法防范，严厉打击网络诈骗、网络盗窃、贩枪贩毒、侵害公民个人信息、传播淫秽色情、黑客攻击、侵犯知识产权等违法犯罪行为。

第三章　破坏社会主义市场经济秩序罪

第七节　侵犯知识产权罪

第二百一十七条　【侵犯著作权罪】

以营利为目的，有下列侵犯著作权或者与著作权有关的权利的情形之一，违法所得数额较大或者有其他严重情节的，处三年以下有期徒刑，并处或者单处罚金；违法所得数额巨大或者有其他特别严重情节的，处三年以上十年以下有期徒刑，并处罚金：

（一）未经著作权人许可，复制发行、通过信息网络向公众传播其文字作品、音乐、美术、视听作品、计算机软件及法律、行政法规规定的其他作品的；

（二）出版他人享有专有出版权的图书的；

（三）未经录音录像制作者许可，复制发行、通过信息网络向公众传播其制作的录音录像的；

（四）未经表演者许可，复制发行录有其表演的录音录像制品，或者通过信息网络向公众传播其表演的；

（五）制作、出售假冒他人署名的美术作品的；

（六）未经著作权人或者与著作权有关的权利人许可，故意避开或者破坏权利人为其作品、录音录像制品等采取的保护著作权或者与著作权有关的权利的技术措施的。

关联法规

◎ **法律**

《民法典》

第八百七十六条　集成电路布图设计专有权、植物新品种权、计算机软件著作权等其他知识产权的转让和许可，参照适用本节的有关规定。

《电子商务法》

第八十五条　电子商务经营者违反本法规定，销售的商品或者提供的服务不符合保障人身、财产安全的要求，实施虚假或者引人误解的商业宣传等不正当竞争行为，滥用市场支配地位，或者实施侵犯知识产权、侵害消费者权益等行为的，依照有关法律的规定处罚。

《关于维护互联网安全的决定》

三、为了维护社会主义市场经济秩序和社会管理秩序，对有下列行为之一，构成犯罪的，依照刑法有关规定追究刑事责任：

（一）利用互联网销售伪劣产品或者对商品、服务作虚假宣传；

（二）利用互联网损坏他人商业信誉和商品声誉；

（三）利用互联网侵犯他人知识产权；

（四）利用互联网编造并传播影响证券、期货交易或者其他扰乱金融秩序的虚假信息；

（五）在互联网上建立淫秽网站、网页，提供淫秽站点链接服务，或者传播淫秽书刊、影片、音像、图片。

《著作权法》

第二条　中国公民、法人或者非法人组织的作品，不论是否发表，依照本法享有著作权。

外国人、无国籍人的作品根据其作者所属国或者经常居住地国同中国签订的协议或者共同参加的国际条约享有的著作权，受本法保护。

外国人、无国籍人的作品首次在中国境内出版的，依照本法享有著作权。

未与中国签订协议或者共同参加国际条约的国家的作者以及无国籍人的作品首次在中国参加的国际条约的成员国出版的，或者在成员国和非成员国同时出版的，受本法保护。

第三条　本法所称的作品，是指文学、艺术和科学领域内具有独创性并能以一定形式表现的智力成果，包括：

（一）文字作品；

（二）口述作品；

（三）音乐、戏剧、曲艺、舞蹈、杂技艺术作品；

（四）美术、建筑作品；

（五）摄影作品；

（六）视听作品；

（七）工程设计图、产品设计图、地图、示意图等图形作品和模型作品；

（八）计算机软件；

（九）符合作品特征的其他智力成果。

第五十三条　有下列侵权行为的，应当根据情况，承担本法第五十二条规定的民事责任；侵权行为同时损害公共利益的，由主管著作权的部门责令停止侵权行为，予以警告，没收违法所得，没收、无害化销毁处理侵权复制品以及主要用于制作侵权复制品的材料、工具、设备等，违法经营额五万元以上的，可以并处违法经营额一倍以上五倍以下的罚款；没有违法经营额、违法经营额难以计算或者不足五万元的，可以并处二十五万元以下的罚款；构成犯罪的，依法追究刑事责任：

（一）未经著作权人许可，复制、发行、表演、放映、广播、汇编、通过信息网络向公众传播其作品的，本法另有规定的除外；

（二）出版他人享有专有出版权的图书的；

（三）未经表演者许可，复制、发行录有其表演的录音录像制品，或者通过信息网络向公众传播其表演的，本法另有规定的除外；

（四）未经录音录像制作者许可，复制、发行、通过信息网络向公众传播其制作的录音录像制品的，本法另有规定的除外；

（五）未经许可，播放、复制或者通过信息网络向公众传播广播、电视的，本法另有规定的除外；

（六）未经著作权人或者与著作权有关的权利人许可，故意避开或者破坏技术措施的，故意制造、进口或者向他人提供主要用于避开、破坏技术措施的装置或者部件的，或者故意为他人避开或者破坏技术措施提供技术服务的，法律、行政法规另有规定的除外；

（七）未经著作权人或者与著作权有关的权利人许可，故意删除或者改变

作品、版式设计、表演、录音录像制品或者广播、电视上的权利管理信息的，知道或者应当知道作品、版式设计、表演、录音录像制品或者广播、电视上的权利管理信息未经许可被删除或者改变，仍然向公众提供的，法律、行政法规另有规定的除外；

（八）制作、出售假冒他人署名的作品的。

第五十九条　复制品的出版者、制作者不能证明其出版、制作有合法授权的，复制品的发行者或者视听作品、计算机软件、录音录像制品的复制品的出租者不能证明其发行、出租的复制品有合法来源的，应当承担法律责任。

在诉讼程序中，被诉侵权人主张其不承担侵权责任的，应当提供证据证明已经取得权利人的许可，或者具有本法规定的不经权利人许可而可以使用的情形。

◎ **党内法规**

《关于促进移动互联网健康有序发展的意见》

二、推动移动互联网创新发展

……

8. 加强知识产权运用和保护。开展移动互联网领域专利导航工作，制定专利布局方向建议清单，鼓励企业面向战略前沿、交叉融合领域开展知识产权战略布局，充实核心技术专利储备。推进知识产权运营交易和服务平台建设，

加快推进专利信息资源开放共享，鼓励大型移动互联网企业共同组建专利池，建立资源共享和利益分配机制。建立知识产权风险管理体系，加强知识产权预警和跨境纠纷法律援助。加大对移动互联网技术、商业模式等创新成果的知识产权保护，研究完善法律法规，规范网络服务秩序，提高侵权代价和违法成本，有效威慑侵权行为。

◎ **行政法规**

《信息网络传播权保护条例》

第十八条　违反本条例规定，有下列侵权行为之一的，根据情况承担停止侵害、消除影响、赔礼道歉、赔偿损失等民事责任；同时损害公共利益的，可以由著作权行政管理部门责令停止侵权行为，没收违法所得，非法经营额5万元以上的，可处非法经营额1倍以上5倍以下的罚款；没有非法经营额或者非法经营额5万元以下的，根据情节轻重，可处25万元以下的罚款；情节严重的，著作权行政管理部门可以没收主要用于提供网络服务的计算机等设备；构成犯罪的，依法追究刑事责任：

（一）通过信息网络擅自向公众提供他人的作品、表演、录音录像制品的；

（二）故意避开或者破坏技术措施的；

（三）故意删除或者改变通过信息网络向公众提供的作品、表演、录音录像制品的权利管理电子信息，或者通过信息网络向公众提供明知或者应知未经权利人许可而被删除或者改变权利管理电子信息的作品、表演、录音录像制品的；

（四）为扶助贫困通过信息网络向农村地区提供作品、表演、录音录像制品超过规定范围，或者未按照公告的标准支付报酬，或者在权利人不同意提供其作品、表演、录音录像制品后未立即删除的；

（五）通过信息网络提供他人的作品、表演、录音录像制品，未指明作品、表演、录音录像制品的名称或者作者、表演者、录音录像制作者的姓名（名称），或者未支付报酬，或者未依照本条例规定采取技术措施防止服务对象以外的其他人获得他人的作品、表演、录音录像制品，或者未防止服务对象的复制行为对权利人利益造成实质性损害的。

第十九条　违反本条例规定，有下列行为之一的，由著作权行政管理部门予以警告，没收违法所得，没收主要用于避开、破坏技术措施的装置或者部件；情节严重的，可以没收主要用于提供网络服务的计算机等设备；非法经营额5万元以上的，可处非法经营额1倍以上5倍以下的罚款；没有非法经营额或者非法经营额 5 万元以下的，根据情节轻重，可处 25 万元以下的罚款；构成犯罪的，依法追究刑事责任：

（一）故意制造、进口或者向他人提供主要用于避开、破坏技术措施的装置或者部件，或者故意为他人避开或者破坏技术措施提供技术服务的；

（二）通过信息网络提供他人的作品、表演、录音录像制品，获得经济利益的；

（三）为扶助贫困通过信息网络向农村地区提供作品、表演、录音录像制品，未在提供前公告作品、表演、录音录像制品的名称和作者、表演者、录音录像制作者的姓名（名称）以及报酬标准的。

《计算机软件保护条例》

第五条 中国公民、法人或者其他组织对其所开发的软件，不论是否发表，依照本条例享有著作权。

外国人、无国籍人的软件首先在中国境内发行的，依照本条例享有著作权。

外国人、无国籍人的软件，依照其开发者所属国或者经常居住地国同中国签订的协议或者依照中国参加的国际条约享有的著作权，受本条例保护。

第二十四条 除《中华人民共和国著作权法》、本条例或者其他法律、行政法规另有规定外，未经软件著作权人许可，有下列侵权行为的，应当根据情况，承担停止侵害、消除影响、赔礼道歉、赔偿损失等民事责任；同时损害社会公共利益的，由著作权行政管理部门责令停止侵权行为，没收违法所得，没收、销毁侵权复制品，可以并处罚款；情节严重的，著作权行政管理部门并可以没收主要用于制作侵权复制品的材料、工具、设备等；触犯刑律的，依照刑法关于侵犯著作权罪、销售侵权复制品罪的规定，依法追究刑事责任：

（一）复制或者部分复制著作权人的软件的；

（二）向公众发行、出租、通过信息网络传播著作权人的软件的；

（三）故意避开或者破坏著作权人为保护其软件著作权而采取的技术措施的；

（四）故意删除或者改变软件权利管理电子信息的；

（五）转让或者许可他人行使著作权人的软件著作权的。

有前款第一项或者第二项行为的，可以并处每件 100 元或者货值金额 1 倍以上 5 倍以下的罚款；有前款第三项、第四项或者第五项行为的，可以并处 20 万元以下的罚款。

◎ 司法解释

《关于办理侵犯知识产权刑事案件具体应用法律的解释（二）》

第一条 以营利为目的，未经著作

权人许可，复制发行其文字作品、音乐、电影、电视、录像作品、计算机软件及其他作品，复制品数量合计在五百张（份）以上的，属于刑法第二百一十七条规定的"有其他严重情节"；复制品数量在二千五百张（份）以上的，属于刑法第二百一十七条规定的"有其他特别严重情节"。

《关于办理侵犯知识产权刑事案件适用法律的意见》

十、关于侵犯著作权犯罪案件"以营利为目的"的认定问题

除销售外，具有下列情形之一的，可以认定为"以营利为目的"：

（一）以在他人作品中刊登收费广告、捆绑第三方作品等方式直接或者间接收取费用的；

（二）通过信息网络传播他人作品，或者利用他人上传的侵权作品，在网站或者网页上提供刊登收费广告服务，直接或者间接收取费用的；

（三）以会员制方式通过信息网络传播他人作品，收取会员注册费或者其他费用的；

（四）其他利用他人作品牟利的情形。

十二、关于刑法第二百一十七条规定的"发行"的认定及相关问题

"发行"，包括总发行、批发、零售、通过信息网络传播以及出租、展销

等活动。

非法出版、复制、发行他人作品，侵犯著作权构成犯罪的，按照侵犯著作权罪定罪处罚，不认定为非法经营罪等其他犯罪。

十三、关于通过信息网络传播侵权作品行为的定罪处罚标准问题

以营利为目的，未经著作权人许可，通过信息网络向公众传播他人文字作品、音乐、电影、电视、美术、摄影、录像作品、录音录像制品、计算机软件及其他作品，具有下列情形之一的，属于刑法第二百一十七条规定的"其他严重情节"：

（一）非法经营数额在五万元以上的；

（二）传播他人作品的数量合计在五百件（部）以上的；

（三）传播他人作品的实际被点击数达到五万次以上的；

（四）以会员制方式传播他人作品，注册会员达到一千人以上的；

（五）数额或者数量虽未达到第（一）项至第（四）项规定标准，但分别达到其中两项以上标准一半以上的；

（六）其他严重情节的情形。

实施前款规定的行为，数额或者数量达到前款第（一）项至第（五）项规定标准五倍以上的，属于刑法第二百一十七条规定的"其他特别严重

情节"。

十五、关于为他人实施侵犯知识产权犯罪提供原材料、机械设备等行为的定性问题

明知他人实施侵犯知识产权犯罪，而为其提供生产、制造侵权产品的主要原材料、辅助材料、半成品、包装材料、机械设备、标签标识、生产技术、配方等帮助，或者提供互联网接入、服务器托管、网络存储空间、通讯传输通道、代收费、费用结算等服务的，以侵犯知识产权犯罪的共犯论处。

《关于办理侵犯著作权刑事案件中涉及录音录像制品有关问题的批复》

......

以营利为目的，未经录音录像制作者许可，复制发行其制作的录音录像制品的行为，复制品的数量标准分别适用《最高人民法院、最高人民检察院关于办理侵犯知识产权刑事案件具体应用法律若干问题的解释》第五条第一款第（二）项、第二款第（二）项的规定。

未经录音录像制作者许可，通过信息网络传播其制作的录音录像制品的行为，应当视为刑法第二百一十七条第（三）项规定的"复制发行"。

......

◎ 部门规章

《互联网著作权行政保护办法》

第十六条 著作权行政管理部门在查处侵犯互联网信息服务活动中的信息网络传播权案件过程中，发现互联网信息服务提供者的行为涉嫌构成犯罪的，应当依照国务院《行政执法机关移送涉嫌犯罪案件的规定》将案件移送司法部门，依法追究刑事责任。

《网络出版服务管理规定》

第三十二条 网络出版服务单位在网络上提供境外出版物，应当取得著作权合法授权。其中，出版境外著作权人授权的网络游戏，须按本规定第二十七条办理审批手续。

◎ 部门规范性文件

《关于公安机关管辖的刑事案件立案追诉标准的规定（一）》

第二十六条 以营利为目的，未经著作权人许可，复制发行其文字作品、音乐、电影、电视、录像作品、计算机软件及其他作品，或者出版他人享有专有出版权的图书，或者未经录音录像制作者许可，复制发行其制作的录音录像，或者制作、出售假冒他人署名的美术作品，涉嫌下列情形之一的，应予立案追诉：

（一）违法所得数额三万元以上的；

（二）非法经营数额五万元以上的；

（三）未经著作权人许可，复制发行其文字作品、音乐、电影、电视、录像作品、计算机软件及其他作品，复制品数量合计五百张（份）以上的；

（四）未经录音录像制作者许可，

复制发行其制作的录音录像制品，复制品数量合计五百张（份）以上的；

（五）其他情节严重的情形。

以刊登收费广告等方式直接或者间接收取费用的情形，属于本条规定的"以营利为目的"。

本条规定的"未经著作权人许可"，是指没有得到著作权人授权或者伪造、涂改著作权人授权许可文件或者超出授权许可范围的情形。

本条规定的"复制发行"，包括复制、发行或者既复制又发行的行为。

通过信息网络向公众传播他人文字作品、音乐、电影、电视、录像作品、计算机软件及其他作品，或者通过信息网络传播他人制作的录音录像制品的行为，应当视为本条规定的"复制发行"。

侵权产品的持有人通过广告、征订等方式推销侵权产品的，属于本条规定的"发行"。

本条规定的"非法经营数额"，是指行为人在实施侵犯知识产权行为过程中，制造、储存、运输、销售侵权产品的价值。已销售的侵权产品的价值，按照实际销售的价格计算。制造、储存、运输和未销售的侵权产品的价值，按照标价或者已经查清的侵权产品的实际销售平均价格计算。侵权产品没有标价或者无法查清其实际销售价格的，按照被侵权产品的市场中间价格计算。

《第三方电子商务交易平台服务规范》

6.8 知识产权保护

平台经营者应当建立适当的工作机制，依法保护知识产权。对于权利人附有证据并通知具体地址的侵权页面、文件或链接，平台经营者应通知被投诉人，同时采取必要措施保护权利人合法权益。法律法规另有规定的除外。

平台经营者应通过合同或其他方式要求站内经营者遵守《商标法》、《反不正当竞争法》、《企业名称登记管理规定》等法律、法规、规章的规定，不得侵犯他人的注册商标专用权、企业名称权等权利。

【 **权威案例** 】

◎ **典型案例**

国某集成电路设计有限公司、许某、陶某侵犯著作权案【检察机关保护知识产权服务保障创新驱动发展典型案例之三（2022年4月20日）**】**

典型意义：（一）加强芯片知识产权司法保护，激发创新创造活力。科技自立自强是国家发展的战略支撑。检察机关应当强化人工智能、量子信息、集成电路等高新技术产业领域知识产权司法保护，依法严厉打击侵犯关键核心技术的知识产权犯罪行为，维护企业合法权益，提升企业技术创新动力。本案被告公司和被告人通过复制他人芯片中的计算机软件，大量生产、销售侵权芯片，给权利人造成重大经济损失。公安机关在立案之初以侵犯商标权案件侦查报捕，检察机关严格审查认定不构成侵犯商标权犯罪的同时，根据案件情况，建议公安机关调整侦查方向，最终全案认定构成侵犯著作权罪。

（二）准确认定计算机软件实质性相似，精准适用法律。该案中，被告人生产的侵权芯片并未直接复制权利人芯片内置固件程序软件源代码，而是通过提取芯片ROM层的二进制代码，继而实施侵权犯罪行为。检察机关经认真研究并咨询专家意见，不仅要求公安机关通过抽样方式对国某公司的GC9034芯片中的固化二进制代码进行比对，得到鉴定意见支持，同时要求公安机关补充用于生产侵权产品的"模板"唯一不变的相关证据，并到晶圆生产厂家调取制造CH340芯片和侵权芯片的"模版"即GDS文件，比对其固化二进制代码，相似度均为100%。综合审查鉴定意见、证人证言、被告人供述、权利人陈述等全案证据，依法认定侵犯计算机软件著作权犯罪行为。

（三）兼顾办案需求与企业诉求，全方位护航企业经营发展。芯片知识产权是高新技术型企业创新发展的立身之本，具有重大商业价值。检察机关在办理该类案件时，如果接触到芯片源代码等企业核心技术信息，可以根据取证对象的特性及时调整固证和审查思路，全方位

保护企业知识产权，实现最佳办案效果。本案中，检察机关充分考虑权利人保护知识产权和经营成果的现实需求，会同相关部门，兼顾办案法定要求与企业实际诉求，创新涉芯片源代码的电子数据取证、审查、封存、质证方法，在避免涉案技术可能遭受"二次侵害"的同时，确保案件证据具备合法性、真实性和关联性，推动案件顺利办理，为检察办案提供有益借鉴。

第二百一十九条 【侵犯商业秘密罪】

有下列侵犯商业秘密行为之一，情节严重的，处三年以下有期徒刑，并处或者单处罚金；情节特别严重的，处三年以上十年以下有期徒刑，并处罚金：

（一）以盗窃、贿赂、欺诈、胁迫、电子侵入或者其他不正当手段获取权利人的商业秘密的；

（二）披露、使用或者允许他人使用以前项手段获取的权利人的商业秘密的；

（三）违反保密义务或者违反权利人有关保守商业秘密的要求，披露、使用或者允许他人使用其所掌握的商业秘密的。

明知前款所列行为，获取、披露、使用或者允许他人使用该商业秘密的，以侵犯商业秘密论。

本条所称权利人，是指商业秘密的所有人和经商业秘密所有人许可的商业秘密使用人。

关联法规

◎ 法律

《民法典》

第一百二十三条　民事主体依法享有知识产权。

知识产权是权利人依法就下列客体享有的专有的权利：

（一）作品；

（二）发明、实用新型、外观设计；

（三）商标；

（四）地理标志；

（五）商业秘密；

（六）集成电路布图设计；

（七）植物新品种；

（八）法律规定的其他客体。

第五百零一条　当事人在订立合同过程中知悉的商业秘密或者其他应当保密的信息，无论合同是否成立，不得泄露或者不正当地使用；泄露、不正当地使用该商业秘密或者信息，造成对方损失的，应当承担赔偿责任。

《网络安全法》

第四十五条　依法负有网络安全监督管理职责的部门及其工作人员，必须对在履行职责中知悉的个人信息、隐私和商业秘密严格保密，不得泄露、出售或者非法向他人提供。

《反电信网络诈骗法》

第五条　反电信网络诈骗工作应当依法进行，维护公民和组织的合法权益。

有关部门和单位、个人应当对在反电信网络诈骗工作过程中知悉的国家秘密、商业秘密和个人隐私、个人信息予以保密。

《数据安全法》

第三十八条　国家机关为履行法定职责的需要收集、使用数据，应当在其履行法定职责的范围内依照法律、行政法规规定的条件和程序进行；对在履行职责中知悉的个人隐私、个人信息、商业秘密、保密商务信息等数据应当依法予以保密，不得泄露或者非法向他人提供。

《电子商务法》

第二十五条　有关主管部门依照法律、行政法规的规定要求电子商务经营者提供有关电子商务数据信息的，电子商务经营者应当提供。有关主管部门应当采取必要措施保护电子商务经营者提供的数据信息的安全，并对其中的个人信息、隐私和商业秘密严格保密，不得泄露、出售或者非法向他人提供。

第八十七条　依法负有电子商务监督

管理职责的部门的工作人员，玩忽职守、滥用职权、徇私舞弊，或者泄露、出售或者非法向他人提供在履行职责中所知悉的个人信息、隐私和商业秘密的，依法追究法律责任。

《国家情报法》

第十九条 国家情报工作机构及其工作人员应当严格依法办事，不得超越职权、滥用职权，不得侵犯公民和组织的合法权益，不得利用职务便利为自己或者他人谋取私利，不得泄露国家秘密、商业秘密和个人信息。

第三十一条 国家情报工作机构及其工作人员有超越职权、滥用职权，侵犯公民和组织的合法权益，利用职务便利为自己或者他人谋取私利，泄露国家秘密、商业秘密和个人信息等违法违纪行为的，依法给予处分；构成犯罪的，依法追究刑事责任。

《反恐怖主义法》

第四十八条 反恐怖主义工作领导机构、有关部门和单位、个人应当对履行反恐怖主义工作职责、义务过程中知悉的国家秘密、商业秘密和个人隐私予以保密。

违反规定泄露国家秘密、商业秘密和个人隐私的，依法追究法律责任。

第九十四条 反恐怖主义工作领导机构、有关部门的工作人员在反恐怖主义工作中滥用职权、玩忽职守、徇私舞弊，或者有违反规定泄露国家秘密、商业秘密和个人隐私等行为，构成犯罪的，依法追究

刑事责任；尚不构成犯罪的，依法给予处分。

反恐怖主义工作领导机构、有关部门及其工作人员在反恐怖主义工作中滥用职权、玩忽职守、徇私舞弊或者有其他违法违纪行为的，任何单位和个人有权向有关部门检举、控告。有关部门接到检举、控告后，应当及时处理并回复检举、控告人。

《反不正当竞争法》

第九条 经营者不得实施下列侵犯商业秘密的行为：

（一）以盗窃、贿赂、欺诈、胁迫、电子侵入或者其他不正当手段获取权利人的商业秘密；

（二）披露、使用或者允许他人使用以前项手段获取的权利人的商业秘密；

（三）违反保密义务或者违反权利人有关保守商业秘密的要求，披露、使用或者允许他人使用其所掌握的商业秘密；

（四）教唆、引诱、帮助他人违反保密义务或者违反权利人有关保守商业秘密的要求，获取、披露、使用或者允许他人使用权利人的商业秘密。

经营者以外的其他自然人、法人和非法人组织实施前款所列违法行为的，视为侵犯商业秘密。

第三人明知或者应知商业秘密权利人的员工、前员工或者其他单位、个人实施本条第一款所列违法行为，仍获取、披露、使用或者允许他人使用该商业秘密

的，视为侵犯商业秘密。

本法所称的商业秘密，是指不为公众所知悉、具有商业价值并经权利人采取相应保密措施的技术信息、经营信息等商业信息。

《密码法》

第二十五条　国家推进商用密码检测认证体系建设，制定商用密码检测认证技术规范、规则，鼓励商用密码从业单位自愿接受商用密码检测认证，提升市场竞争力。

商用密码检测、认证机构应当依法取得相关资质，并依照法律、行政法规的规定和商用密码检测认证技术规范、规则开展商用密码检测认证。

商用密码检测、认证机构应当对其在商用密码检测认证中所知悉的国家秘密和商业秘密承担保密义务。

第三十一条　密码管理部门和有关部门建立日常监管和随机抽查相结合的商用密码事中事后监管制度，建立统一的商用密码监督管理信息平台，推进事中事后监管与社会信用体系相衔接，强化商用密码从业单位自律和社会监督。

密码管理部门和有关部门及其工作人员不得要求商用密码从业单位和商用密码检测、认证机构向其披露源代码等密码相关专有信息，并对其在履行职责中知悉的商业秘密和个人隐私严格保密，不得泄露或者非法向他人提供。

《反间谍法》

第十一条　国家安全机关及其工作人员在工作中，应当严格依法办事，不得超越职权、滥用职权，不得侵犯个人和组织的合法权益。

国家安全机关及其工作人员依法履行反间谍工作职责获取的个人和组织的信息，只能用于反间谍工作。对属于国家秘密、工作秘密、商业秘密和个人隐私、个人信息的，应当保密。

第六十九条　国家安全机关工作人员滥用职权、玩忽职守、徇私舞弊，或者有非法拘禁、刑讯逼供、暴力取证、违反规定泄露国家秘密、工作秘密、商业秘密和个人隐私、个人信息等行为，依法予以处分，构成犯罪的，依法追究刑事责任。

◎ 行政法规

《征信业管理条例》

第三条　从事征信业务及相关活动，应当遵守法律法规，诚实守信，不得危害国家秘密，不得侵犯商业秘密和个人隐私。

《商用密码管理条例》

第四十七条　商用密码检测、认证机构和电子政务电子认证服务机构及其工作人员，应当对其在商用密码活动中所知悉的国家秘密和商业秘密承担保密义务。

密码管理部门和有关部门及其工作人员不得要求商用密码科研、生产、销售、服务、进出口等单位和商用密码检测、认证机构向其披露源代码等密码相关专有信息，并对其在履行职责中知悉的商业秘密和个人隐私严格保密，不得泄露或者非法向他人提供。

第五十九条 窃取他人加密保护的信息，非法侵入他人的商用密码保障系统，或者利用商用密码从事危害国家安全、社会公共利益、他人合法权益等违法活动的，由有关部门依照《中华人民共和国网络安全法》和其他有关法律、行政法规的规定追究法律责任。

◎ **司法解释**

《关于人民法院在互联网公布裁判文书的规定》

第十条 人民法院在互联网公布裁判文书时，应当删除下列信息：

（一）自然人的家庭住址、通讯方式、身份证号码、银行账号、健康状况、车牌号码、动产或不动产权属证书编号等个人信息；

（二）法人以及其他组织的银行账号、车牌号码、动产或不动产权属证书编号等信息；

（三）涉及商业秘密的信息；

（四）家事、人格权益等纠纷中涉及个人隐私的信息；

（五）涉及技术侦查措施的信息；

（六）人民法院认为不宜公开的其他信息。

按照本条第一款删除信息影响对裁判文书正确理解的，用符号"×"作部分替代。

《关于办理刑事案件收集提取和审查判断电子数据若干问题的规定》

第四条 电子数据涉及国家秘密、商业秘密、个人隐私的，应当保密。

《关于审理侵犯商业秘密民事案件适用法律若干问题的规定》

第二十一条 对于涉及当事人或者案外人的商业秘密的证据、材料，当事人或者案外人书面申请人民法院采取保密措施的，人民法院应当在保全、证据交换、质证、委托鉴定、询问、庭审等诉讼活动中采取必要的保密措施。

违反前款所称的保密措施的要求，擅自披露商业秘密或者在诉讼活动之外使用或者允许他人使用在诉讼中接触、获取的商业秘密的，应当依法承担民事责任。构成民事诉讼法第一百一十一条规定情形的，人民法院可以依法采取强制措施。构成犯罪的，依法追究刑事责任。

《关于办理侵犯知识产权刑事案件具体应用法律的解释（三）》

第三条 采取非法复制、未经授权或者超越授权使用计算机信息系统等方式窃取商业秘密的，应当认定为刑法第二百一十九条第一款第一项规定的"盗窃"。

第四条 实施刑法第二百一十九条规定的行为，具有下列情形之一的，应当认定为"给商业秘密的权利人造成重大损失"：

（一）给商业秘密的权利人造成损失数额或者因侵犯商业秘密违法所得数额在

三十万元以上的；

（二）直接导致商业秘密的权利人因重大经营困难而破产、倒闭的；

（三）造成商业秘密的权利人其他重大损失的。

给商业秘密的权利人造成损失数额或者因侵犯商业秘密违法所得数额在二百五十万元以上的，应当认定为刑法第二百一十九条规定的"造成特别严重后果"。

第五条　实施刑法第二百一十九条规定的行为造成的损失数额或者违法所得数额，可以按照下列方式认定：

（一）以不正当手段获取权利人的商业秘密，尚未披露、使用或者允许他人使用的，损失数额可以根据该项商业秘密的合理许可使用费确定；

（二）以不正当手段获取权利人的商业秘密后，披露、使用或者允许他人使用的，损失数额可以根据权利人因被侵权造成销售利润的损失确定，但该损失数额低于商业秘密合理许可使用费的，根据合理许可使用费确定；

（三）违反约定、权利人有关保守商业秘密的要求，披露、使用或者允许他人使用其所掌握的商业秘密的，损失数额可以根据权利人因被侵权造成销售利润的损失确定；

（四）明知商业秘密是不正当手段获取或者是违反约定、权利人有关保守商业秘密的要求披露、使用、允许使用，仍获取、使用或者披露的，损失数额可以根据

权利人因被侵权造成销售利润的损失确定；

（五）因侵犯商业秘密行为导致商业秘密已为公众所知悉或者灭失的，损失数额可以根据该项商业秘密的商业价值确定。商业秘密的商业价值，可以根据该项商业秘密的研究开发成本、实施该项商业秘密的收益综合确定；

（六）因披露或者允许他人使用商业秘密而获得的财物或者其他财产性利益，应当认定为违法所得。

前款第二项、第三项、第四项规定的权利人因被侵权造成销售利润的损失，可以根据权利人因被侵权造成销售量减少的总数乘以权利人每件产品的合理利润确定；销售量减少的总数无法确定的，可以根据侵权产品销售量乘以权利人每件产品的合理利润确定；权利人因被侵权造成销售量减少的总数和每件产品的合理利润均无法确定的，可以根据侵权产品销售量乘以每件侵权产品的合理利润确定。商业秘密系用于服务等其他经营活动的，损失数额可以根据权利人因被侵权而减少的合理利润确定。

商业秘密的权利人为减轻对商业运营、商业计划的损失或者重新恢复计算机信息系统安全、其他系统安全而支出的补救费用，应当计入给商业秘密的权利人造成的损失。

◎ **部门规章**

《电信服务质量监督管理暂行办法》

第二十五条　电信管理机构工作人员对调查所得资料中涉及当事人隐私、商业秘密等事项有保密义务。

《公用电信网间互联管理规定》

第九条　主导的电信业务经营者有义务向非主导的电信业务经营者提供与互联有关的网络功能（含网络组织、信令方式、计费方式、同步方式等）、设备配置（光端机、交换机等）的信息，以及与互联有关的管道（孔）、杆路、线缆引入口及槽道、光缆（纤）、带宽、电路等通信设施的使用信息。非主导的电信业务经营者有义务向主导的电信业务经营者提供与互联有关的网络功能、设备配置的计划和规划信息。

双方应当对对方提供的信息保密，并不得利用该信息从事与互联无关的活动。

《电信用户申诉处理办法》

第二十三条　调查应当由两名工作人员共同进行，调查时应当出示有效证件和有关证明，并应当制作调查笔录。调查人员对涉及当事人隐私、商业秘密等事项负有保密义务。

《公安机关互联网安全监督检查规定》

第五条　公安机关及其工作人员对履行互联网安全监督检查职责中知悉的个人信息、隐私、商业秘密和国家秘密，应当严格保密，不得泄露、出售或者非法向他人提供。

公安机关及其工作人员在履行互联网安全监督检查职责中获取的信息，只能用于维护网络安全的需要，不得用于其他用途。

第十七条　公安机关开展现场监督检查或者远程检测，可以委托具有相应技术能力的网络安全服务机构提供技术支持。

网络安全服务机构及其工作人员对工作中知悉的个人信息、隐私、商业秘密和国家秘密，应当严格保密，不得泄露、出售或者非法向他人提供。公安机关应当严格监督网络安全服务机构落实网络安全管理与保密责任。

第二十五条　受公安机关委托提供技术支持的网络安全服务机构及其工作人员，从事非法侵入监督检查对象网络、干扰监督检查对象网络正常功能、窃取网络数据等危害网络安全的活动的，依照《中华人民共和国网络安全法》第六十三条的规定予以处罚；窃取或者以其他非法方式获取、非法出售或者非法向他人提供在工作中获悉的个人信息的，依照《中华人民共和国网络安全法》第六十四条第二款的规定予以处罚，构成犯罪的，依法追究刑事责任。

前款规定的机构及人员侵犯监督检查对象的商业秘密，构成犯罪的，依法追究刑事责任。

《网络交易监督管理办法》

第三十六条　市场监督管理部门应当采取必要措施保护网络交易经营者提供的数据信息的安全，并对其中的个人信息、隐私和商业秘密严格保密。

第五十四条　市场监督管理部门的工作人员，玩忽职守、滥用职权、徇私舞弊，或者泄露、出售或者非法向他人提供在履行职责中所知悉的个人信息、隐私和商业秘密的，依法追究法律责任。

《汽车数据安全管理若干规定（试行）》

第十五条　国家网信部门和国务院发展改革、工业和信息化、公安、交通运输等有关部门依据职责，根据处理数据情况对汽车数据处理者进行数据安全评估，汽车数据处理者应当予以配合。

参与安全评估的机构和人员不得披露评估中获悉的汽车数据处理者商业秘密、未公开信息，不得将评估中获悉的信息用于评估以外目的。

《网络安全审查办法》

第十七条　参与网络安全审查的相关机构和人员应当严格保护知识产权，对在审查工作中知悉的商业秘密、个人信息，当事人、产品和服务提供者提交的未公开材料，以及其他未公开信息承担保密义务；未经信息提供方同意，不得向无关方披露或者用于审查以外的目的。

《互联网信息服务算法推荐管理规定》

第二十九条　参与算法推荐服务安全评估和监督检查的相关机构和人员对在履行职责中知悉的个人隐私、个人信息和商业秘密应当依法予以保密，不得泄露或者非法向他人提供。

《数据出境安全评估办法》

第十五条　参与安全评估工作的相关机构和人员对在履行职责中知悉的国家秘密、个人隐私、个人信息、商业秘密、保密商务信息等数据应当依法予以保密，不得泄露或者非法向他人提供、非法使用。

《药品网络销售监督管理办法》

第三十一条　药品监督管理部门应当对药品网络销售企业或者第三方平台提供的个人信息和商业秘密严格保密，不得泄露、出售或者非法向他人提供。

◎ **部门规范性文件**

《信息安全等级保护管理办法》

第二十三条　从事信息系统安全等级测评的机构，应当履行下列义务：

（一）遵守国家有关法律法规和技术标准，提供安全、客观、公正的检测评估服务，保证测评的质量和效果；

（二）保守在测评活动中知悉的国家秘密、商业秘密和个人隐私，防范测评风险；

（三）对测评人员进行安全保密教育，与其签订安全保密责任书，规定应当履行的安全保密义务和承担的法律责任，并负责检查落实。

《互联网新闻信息服务新技术新应用安全评估管理规定》

第十四条　组织开展新技术新应用安全评估的相关单位和人员应当对在履行职责中知悉的国家秘密、商业秘密和个人信息严格保密，不得泄露、出售或者非法向他人提供。

《网络安全等级保护测评机构管理办法》

第十八条　测评机构应采取管理和技术措施保护测评活动中相关数据和信息的安全，不得泄露在测评服务中知悉的商业秘密、重要敏感信息和个人信息；未经等保办同意，不得擅自发布、披露在测评服务中收集掌握的网络信息、系统漏洞、恶意代码、网络攻击等信息。

《国家健康医疗大数据标准、安全和服务管理办法（试行）》

第三十五条　责任单位向社会公开健康医疗大数据时，应当遵循国家有关规定，不得泄露国家秘密、商业秘密和个人隐私，不得侵害国家利益、社会公共利益和公民、法人及其他组织的合法权益。

《具有舆论属性或社会动员能力的互联网信息服务安全评估规定》

第十五条　网信部门、公安机关及其工作人员对在履行职责中知悉的国家秘密、商业秘密和个人信息应当严格保密，不得泄露、出售或者非法向他人提供。

《公安机关办理刑事案件电子数据取证规则》

第四条　公安机关电子数据取证涉及国家秘密、警务工作秘密、商业秘密、个人隐私的，应当保密；对于获取的材料与案件无关的，应当及时退还或者销毁。

◆ **权威案例**

◎ **指导性案例**

金某盈侵犯商业秘密案【最高检指导案例102号】

裁判要点：办理侵犯商业秘密犯罪案件，被告人作无罪辩解的，既要注意审查商业秘密的成立及侵犯商业秘密的证据，又要依法排除被告人取得商业秘密的合法来源，形成指控犯罪的证据链。对鉴定意见的审查，必要时可聘请或指派有专门知识的人辅助办案。

◎ **典型案例**

李某涛等3人侵犯商业秘密案【2013年中国检察机关保护知识产权十大典型案例之四（2014年4月22日）】

评析意见：被害单位齐某安替公司是国内知名药企齐某制药厂的子公司，是中国最大的头孢菌素原料药专业生产企业。本案案情复杂、专业性强、时间跨度长、取证难度大。检察机关为查清案件事实，不仅认真核查证据，还详列补查提纲，引导公安机关收集、调取、固定证据，为案件的成功办理奠定了坚实基础。检察机关对案件性质的准确认定，使公安机关及时调整侦查取证方向，保证了打击犯罪的质效。本案具有较强的示范性。

房某磊、珠海矽某电子科技有限公司侵犯商业秘密案【2015年度检察机关保护知识产权十大典型案例之一（2016年5月5日）】

评析意见：本案是侵犯上市公司技术秘密的典型案件，具有较大的社会影响。广东省珠海市检察院高新区知识产权检察室充分利用专业办案机制优势，针对此案技术专业性强、取证难度大、审查认定难的特点，主动提前介入引导侦查，就案件的检材提取、办案程序的完善、涉案技术的鉴定、产品利润的审计、损失的计算认定等问题提出了有针对性的意见，督促公安机关依法开展侦查，为案件的成功办理奠定了扎实基础。检察机关办案人员两次前往广州听取鉴定专家对涉案技术的讲解与分析，保障精准有力指控犯罪。案件审理过程中，加强与审判机关的沟通交流，提出的关于涉案商业秘密的损失计算方法，获得了两级法院的支持和采纳，为今后办理此类案件提供了借鉴和示范。案件办理后，检察机关主动回访被害单位，及时反馈办案中发现的知识产权风险漏洞问题，帮助企业建立健全相关制度，受到了企业和当地党委政府的高度好评。本案历时两年半，一审五次开庭、二审三次开庭，审计鉴定达七次，侦查、审计、鉴定和专家辅助人员均先后到庭作证说明情况。案件的办理不易，彰显了我国检察机关在保护知识产权、保障服务创新驱动发展、营造法治化、市场化营商环境方面的决心和水平。

张某、泽某侵犯商业秘密案【检察机关加强产权司法保护典型案例之六（2017年1月9日）】

典型意义：商业秘密是我国知识产权侵权的重灾区之一。本案的成功办理，体现了检察机关办理复杂侵犯商业秘密案件、加强知识产权司法保护的专业能力。上海市徐汇区检察院注重加强对知识产权犯罪的预防宣传，结合本案，针对徐汇区内企业，尤其是高新技术行业的现实需求，有的放矢地开展法制宣讲，组织企业座谈，制作知识产权案件白皮书，帮助企业查找管理疏漏，提供解决方案，促使企业进一步提高了自身风险防范意识和知识产权维权意识。

汪某平侵犯商业秘密宣告无罪案【2016年中国法院10大知识产权案件之十（2017年4月24日）】

典型意义：本案较好体现了知识产权刑事案件定罪量刑证据应当确实充分，且案件事实已经排除合理怀疑的刑事证据裁判理念。二审法院依法坚持对鉴定报告内容进行实质性审查，纠正了仅对鉴定报告进行形式审查的认识误区。通过对财务鉴定报告的基础财务数据的审查，发现本案损失数额计算所依据的产品市场价格评估存在重大疑点。通过对司法技术鉴定所依据的技术资料的审查，发现第二次鉴定所依据的技术资料存在较大疑点。并在此基础上作出被告人无罪的判决。本案充分体现了在知识产权审判"三合一"改革试点工作推动下，审判、检察机关对知识产权刑事司法保护观念以及刑事证据裁判意识进一步统一。本案二审中，审判机关与检察机关依法履行职责，检察机关提出无罪建议，二审法院作出无罪判决，取得了较好的审理效果。本案的裁判结果充分体现出审理法院在依法打击各类侵犯知识产权犯罪行为的同时，在知识产权刑事案件审判中，坚持刑法谦抑性原则和刑事证据裁判标准的刑事司法理念。

福建宁德市张某堂、钟某富侵犯商业秘密案【2017年度全国检察机关保护知识产权十大典型案例之九（2018年4月25日）】

典型意义： 本案中，蕉城区人民检察院将检察工作与经济发展新常态相适应，敢于办案与善于办案相结合，实现了法律效果、政治效果和社会效果相统一。案件初期，该院提前介入，实时跟踪监督案件后续侦破进展情况。通过多次与办案民警沟通探讨，引导公安机关及时收集、固定对案件构罪起关键作用的证据材料，如被告人邮箱内相应信息与宁德时某新能源公司拥有的不为公众所知悉的锂电池相关信息是否具有同一性等。案件进入检察院环节后，指定办理知识产权案件经验丰富的检察官负责审查批捕、起诉工作，通过全面审查证据和集体讨论的方式，从案件证据认定、法律适用等方面进行深入研讨、层层剖析，把好案件事实关、证据关、程序关和法律适用关。最终依法认定张某堂、钟某富的行为构成侵犯商业秘密罪。此外，蕉城区人民检察院结合办案认真开展调研，针对新能源公司在员工法制教育、保密意识等方面存在的一些薄弱环节和问题，及时向该公司发出检察建议书，取得了良好的成效。

湖南彭某成等三人侵犯商业秘密案【最高检发布2018年度检察机关保护知识产权典型案例之十三（2019年4月25日）】

评析意见： 三某集团作为国内机械装备制造行业的龙头民营企业，其产品享誉世界，一些核心技术处于全球领先地位，这都得益于企业的不断创新和对知识产权的保护。该案系其单位员工离职后对其商业秘密的侵犯，不仅损害了三某集团的市场占有量，更是对企业创新动力的严重挫伤。而技术类商业秘密案件由于存在先进技术的复杂性、审查认定时分歧大等情况，使得权利人在维权时常常遭遇困难。检察机关采取专业化案件专业化办理的方式，及时全面引导侦查，筑牢案件证据基础；以化解矛盾、修复社会关系为目的，提升办案效果。

（一）构建"大控方"工作格局，多举措完善证据体系。一是以审判为中心，倡导"大控方"的构建。长沙市检察院知识产权检察局从本案立案开始即指派检察官提前介入，围绕鉴定意见的审查、证据链条的完善、辩护理由的反驳等，多方位向侦查机关提出侦查取证要求，确保了案件的顺利办结。二是向专业领域汲取力量，提升出庭效果。为确保案件质量，检察官从介入案件开始，就广泛查阅与涉案相关技术信息文献资料，实地查看权利人生产涉案产品的过程和实物，向权利人单位的有关技术人员了解被侵权产品的研发过程及相关技术信息，并向同行业相关技术人员了解其行业内该技术信息的整体状况。针对侵权人就有关商业秘密认定关键点和同一性鉴定提出的异议，检察官向鉴定人员一一请教。正是对涉案技术秘密的深入了解，才使得检察官能够对侵权人的辩解作出准确预判和从容应对。三是以自行补充侦查为抓手，主动弥补指控证据薄弱环节。检察官在详细制定退回补充侦查提纲的同时，进行"亲历性"审查，围绕犯罪构成要件，主动听取涉案人员的意见，自行补充与商业秘密认定及合法来源等方面相关的关键证据，为指控提供有力支撑。

（二）正视损失认定分歧，择优适用计算方法。"侵权损失数额"既是侵犯商业秘密罪的构成要件，直接关系到量刑幅度，又是司法认定的难点。检察官结合本案侵权人的侵权手段、同一性鉴定意见、侵权人的销售人员系来自于权利人的销售团队等案件事实和证据材料，客观公正地选取从权利人损失的角度予以计算，该计算方式得到法院采纳，为同类案件的办理提供了可资借鉴经验。

（三）创新出庭方法，注重审判质效。一是一审围绕举证、质证做文章，确保庭审效果。虽三被告人对基本犯罪事实予以供述，但对于有关情节细节、各自所起作用，以及行为性质，彭某成始终存在

辩解，其辩护人也为其进行无罪辩护。检察官抓住争议焦点，制作详细的预案，并进行视频示证，不但提高了庭审效率，也让合议庭更好地了解案件症结。同时，检察官申请鉴定人员出庭，对被告人及辩护人针对技术信息及相关鉴定意见提出的异议作出专业的答辩和解释，为审判人员提供判断依据。最终，起诉书指控的事实被法院全部采信。二是积极面对二审新情况，注重社会关系修复。一审宣判后，三被告人以量刑过重为由上诉。二审开庭前，适逢刑事诉讼法修订，新增了认罪认罚制度，上诉人提交了认罪认罚申请。关于是否允许上诉人在二审中提出认罪认罚在司法实践中存在争议。检察官认为当事人对于检察机关起诉书指控的基本事实以及一审法院认定的事实并无异议，只是在有关自首及量刑问题上存在异议，二审期间上诉人提交认罪认罚申请既是其权利，也是其悔罪表现。检察官及时将三名上诉人的悔罪表现向权利人单位予以通报，三名上诉人当庭向权利人单位赔礼道歉，权利人单位对二审判决结果亦无异议。案件的办理，取得了政治效果、法律效果和社会效果的有机统一。

北京田某某侵犯商业秘密案【2019 年度检察机关保护知识产权典型案例之十六（2020 年 4 月 25 日）】

评析意见：本案的权利人北京精某公司是北京市百强民营企业、国家火炬计划重点高新技术企业、中国机械工业百强企

业，也是国内数控雕刻机床制造行业的龙头企业。本案中，权利人由于原内部员工侵犯商业秘密，导致遭受重大经济损失。门头沟区人民检察院立足检察职能，为高新技术企业排忧解难，对数据时代侵入计算机信息系统窃取技术信息的法律适用、权利人损失的认定等司法难题提出解决方案。同时，通过制发检察建议、开展"定制式"普法课等延伸检察职能，实现社会综合治理。

（一）发挥审前主导责任，平等保护民营企业的合法权益。一是积极引导侦查，促使案件侦查程序顺利推进。门头沟区人民检察院在案件侦查初期即应公安机关邀请介入侦查，先后列明40余条引导侦查意见，经过深挖细查，使全案得以突破。二是自行侦查，严密证据体系。检察官多次赴案发企业进行现场调查核实，查证窃取数据库文件路径，了解系统漏洞所在，为有力指控犯罪提供保障。三是准确认定权利人经济损失，合理确定损失计算方法。结合本案证据情况，在无法查明被侵权产品利润率，也无法确定侵权人利润时，检察官按照中国机床工具工业协会根据105家行业企业报的网络统计数据出具的行业平均利润率，对侵权产品的销售金额进行计算，最终认定权利人的经济损失数额，该损失计算方法得到判决认可。四是证据运用求极致，各方均感受到公平正义。检察官以扎实的证据为基础，对被告人积极开展教育感化工作，促使其认罪认罚，被告人

田某某当庭表示将认真接受改造，争取早日回归社会，用自己的技术为社会创造价值。北京精某公司对门头沟区人民检察院平等保护民营企业的做法表示认可。

（二）邀请专业人员辅助办案，解决专业难题。一方面启动北京市专业同步辅助审查办案机制。由于案件涉及大量电子数据且对定案具有关键作用，在引导侦查初期，检察官就邀请北京市人民检察院技术人员为电子数据的提取、保存等提供专业意见。另一方面借助外脑补强相关行业知识。针对机床设备的相关技术信息等专业知识，引导公安机关向该行业领域内的专家证人调取证言，邀请专家证人对案件专业知识进行详细解读，确保全面查明案情并在庭审中有力指控犯罪。

（三）厘清数据"身份"，准确适用法律。数据时代，大量的技术信息都是以数据的形式存在，本案在罪名上涉及侵犯商业秘密罪和非法获取计算机信息系统数据罪的分歧。针对该问题，检察机关组织召开专家论证会并达成共识，要从存储在计算机信息系统的数据性质、行为人主观故意内容、客观行为等方面综合判断所侵犯的法益。由于本案除了侵犯商业秘密外，并没有将数据用作其他用途，相关数据也不具有其他特殊性质，故不能认定为非法获取计算机信息系统数据罪。最终该定性意见被法院采纳。

（四）延伸检察职能，推进社会综合

治理。门头沟区人民检察院针对北京精某公司在保密等方面存在的问题制发检察建议，帮助其查疏堵漏。该企业收到建议后认真整改并回复，强化了对企业核心数据的保护工作。根据权利人需求，检察院还开展"定制式"普法课，全面提升企业和员工的风险防范意识。

北京华某信息技术有限公司、李某等侵犯商业秘密案【2020年度检察机关保护知识产权典型案例之一（2021年4月25日）】

典型意义：（一）发挥审前主导作用，夯实案件证据基础。办案检察机关依托"捕诉一体"制度优势，充分发挥审前主导作用，针对电子数据，向公安机关列明重点提取对象及注意事项，并申请有专门知识的人同步辅助审查海量证据、挖掘重要监督线索；针对讯问及取证难点，制定详细讯问、补侦提纲及取证方案，并视情况调整补充；就涉案软件商业秘密非公知性、同一性，以及目标代码与源代码的对应关系等关键问题，多次询问知识产权鉴定机构，确保收集证据全面、合法，为指控犯罪奠定坚实基础。

（二）依法追诉漏罪、漏犯，确保案件质量。侦查阶段，公安机关仅对李某明提请逮捕、移送起诉，检察机关开展自行补充侦查，询问重要证人、向版权登记机构核实情况，核实销售侵权软件合同的签订主体、销售款项用途，核实该公司还有其他合法生产经营活动等情况，依法追加单位犯罪；通过引导公安机关调取销售合同，依法追加两起犯罪事实；通过深度挖掘电子证据，依法追捕、追诉李某、李某波，充分发挥了法律监督职能。

（三）强化源头治理理念，护航企业创新发展。检察机关在打击犯罪的同时力求源头治理，结合本案情况深入剖析案发背景及行为成因，挖掘公司在软件产品研发、市场推广销售领域的薄弱环节和管理漏洞，及时制发检察建议，帮助企业完善规章制度。该公司收到检察建议后随即开展了系列整改工作，强化了内部法律教育，切实提高了自身知识产权保护水平。

> **第二百一十九条之一　【为境外窃取、刺探、收买、非法提供商业秘密罪】**
>
> 为境外的机构、组织、人员窃取、刺探、收买、非法提供商业秘密的，处五年以下有期徒刑，并处或者单处罚金；情节严重的，处五年以上有期徒刑，并处罚金。

关联法规

◎ **法律**

《反电信网络诈骗法》

第五条　反电信网络诈骗工作应当依法进行，维护公民和组织的合法权益。

有关部门和单位、个人应当对在反电信网络诈骗工作过程中知悉的国家秘密、商业秘密和个人隐私、个人信息予以保密。

《数据安全法》

第二十五条 国家对与维护国家安全和利益、履行国际义务相关的属于管制物项的数据依法实施出口管制。

第三十六条 中华人民共和国主管机关根据有关法律和中华人民共和国缔结或者参加的国际条约、协定，或者按照平等互惠原则，处理外国司法或者执法机构关于提供数据的请求。非经中华人民共和国主管机关批准，境内的组织、个人不得向外国司法或者执法机构提供存储于中华人民共和国境内的数据。

第三十八条 国家机关为履行法定职责的需要收集、使用数据，应当在其履行法定职责的范围内依照法律、行政法规规定的条件和程序进行；对在履行职责中知悉的个人隐私、个人信息、商业秘密、保密商务信息等数据应当依法予以保密，不得泄露或者非法向他人提供。

第四十五条第二款 违反国家核心数据管理制度，危害国家主权、安全和发展利益的，由有关主管部门处二百万元以上一千万元以下罚款，并根据情况责令暂停相关业务、停业整顿、吊销相关业务许可证或者吊销营业执照；构成犯罪的，依法追究刑事责任。

《密码法》

第二十一条 国家鼓励商用密码技术的研究开发、学术交流、成果转化和推广应用，健全统一、开放、竞争、有序的商用密码市场体系，鼓励和促进商用密码产业发展。

各级人民政府及其有关部门应当遵循非歧视原则，依法平等对待包括外商投资企业在内的商用密码科研、生产、销售、服务、进出口等单位（以下统称商用密码从业单位）。国家鼓励在外商投资过程中基于自愿原则和商业规则开展商用密码技术合作。行政机关及其工作人员不得利用行政手段强制转让商用密码技术。

商用密码的科研、生产、销售、服务和进出口，不得损害国家安全、社会公共利益或者他人合法权益。

第二十五条 国家推进商用密码检测认证体系建设，制定商用密码检测认证技术规范、规则，鼓励商用密码从业单位自愿接受商用密码检测认证，提升市场竞争力。

商用密码检测、认证机构应当依法取得相关资质，并依照法律、行政法规的规定和商用密码检测认证技术规范、规则开展商用密码检测认证。

第三十一条 密码管理部门和有关

部门建立日常监管和随机抽查相结合的商用密码事中事后监管制度，建立统一的商用密码监督管理信息平台，推进事中事后监管与社会信用体系相衔接，强化商用密码从业单位自律和社会监督。

密码管理部门和有关部门及其工作人员不得要求商用密码从业单位和商用密码检测、认证机构向其披露源代码等密码相关专有信息，并对其在履行职责中知悉的商业秘密和个人隐私严格保密，不得泄露或者非法向他人提供。

◎ **行政法规**

《计算机信息网络国际联网管理暂行规定》

第六条　计算机信息网络直接进行国际联网，必须使用邮电部国家公用电信网提供的国际出入口信道。

任何单位和个人不得自行建立或者使用其他信道进行国际联网。

◎ **部门规章**

《中国公用计算机互联网国际联网管理办法》

第十条　任何组织或个人，不得利用计算机国际联网从事危害国家安全、泄露国家秘密等犯罪活动；不得利用计算机国际联网查阅、复制、制造和传播危害国家安全、妨碍社会治安和淫秽色情的信息；发现上述违法犯罪行为和有害信息，应及时向有关主管机关报告。

《通信网络安全防护管理办法》

第二十一条　电信管理机构及其委托的专业机构的工作人员对于检查工作中获悉的国家秘密、商业秘密和个人隐私，有保密的义务。

《互联网视听节目服务管理规定》

第十六条　互联网视听节目服务单位提供的、网络运营单位接入的视听节目应当符合法律、行政法规、部门规章的规定。已播出的视听节目应至少完整保留60日。视听节目不得含有以下内容：

（一）反对宪法确定的基本原则的；

（二）危害国家统一、主权和领土完整的；

（三）泄露国家秘密、危害国家安全或者损害国家荣誉和利益的；

（四）煽动民族仇恨、民族歧视，破坏民族团结，或者侵害民族风俗、习惯的；

（五）宣扬邪教、迷信的；

（六）扰乱社会秩序，破坏社会稳定的；

（七）诱导未成年人违法犯罪和渲染暴力、色情、赌博、恐怖活动的；

（八）侮辱或者诽谤他人，侵害公民个人隐私等他人合法权益的；

（九）危害社会公德，损害民族优秀文化传统的；

（十）有关法律、行政法规和国家

规定禁止的其他内容。

《互联网域名管理办法》

第二十八条 任何组织或者个人注册、使用的域名中，不得含有下列内容：

（一）反对宪法所确定的基本原则的；

（二）危害国家安全，泄露国家秘密，颠覆国家政权，破坏国家统一的；

（三）损害国家荣誉和利益的；

（四）煽动民族仇恨、民族歧视，破坏民族团结的；

（五）破坏国家宗教政策，宣扬邪教和封建迷信的；

（六）散布谣言，扰乱社会秩序，破坏社会稳定的；

（七）散布淫秽、色情、赌博、暴力、凶杀、恐怖或者教唆犯罪的；

（八）侮辱或者诽谤他人，侵害他人合法权益的；

（九）含有法律、行政法规禁止的其他内容的。

域名注册管理机构、域名注册服务机构不得为含有前款所列内容的域名提供服务。

第五十四条 任何组织或者个人违反本办法第二十八条第一款规定注册、使用域名，构成犯罪的，依法追究刑事责任；尚不构成犯罪的，由有关部门依法予以处罚。

《互联网文化管理暂行规定》

第十六条 互联网文化单位不得提供载有以下内容的文化产品：

（一）反对宪法确定的基本原则的；

（二）危害国家统一、主权和领土完整的；

（三）泄露国家秘密、危害国家安全或者损害国家荣誉和利益的；

（四）煽动民族仇恨、民族歧视，破坏民族团结，或者侵害民族风俗、习惯的；

（五）宣扬邪教、迷信的；

（六）散布谣言，扰乱社会秩序，破坏社会稳定的；

（七）宣扬淫秽、赌博、暴力或者教唆犯罪的；

（八）侮辱或者诽谤他人，侵害他人合法权益的；

（九）危害社会公德或者民族优秀文化传统的；

（十）有法律、行政法规和国家规定禁止的其他内容的。

第二十八条 经营性互联网文化单位提供含有本规定第十六条禁止内容的互联网文化产品，或者提供未经文化部批准进口的互联网文化产品的，由县级以上人民政府文化行政部门或者文化市场综合执法机构责令停止提供，没收违法所得，并处 10000 元以上 30000 元以下罚款；情节严重的，责令停业整顿直至吊销《网络文化经营许可证》；构成犯罪的，依法追究刑事责任。

非经营性互联网文化单位，提供含有本规定第十六条禁止内容的互联网文化产品，或者提供未经文化部批准进口的互联网文化产品的，由县级以上人民政府文化行政部门或者文化市场综合执法机构责令停止提供，处 1000 元以下罚款；构成犯罪的，依法追究刑事责任。

《网络招聘服务管理规定》

第二十二条　从事网络招聘服务的人力资源服务机构因业务需要，确需向境外提供在中华人民共和国境内运营中收集和产生的个人信息和重要数据的，应当遵守国家有关法律、行政法规规定。

第三十六条　违反本规定第二十一条、第二十二条规定，未依法进行信息收集、使用、存储、发布的，由有关主管部门依照《中华人民共和国网络安全法》等法律、行政法规的规定予以处罚。

《汽车数据安全管理若干规定（试行）》

第十二条　汽车数据处理者向境外提供重要数据，不得超出出境安全评估时明确的目的、范围、方式和数据种类、规模等。

国家网信部门会同国务院有关部门以抽查等方式核验前款规定事项，汽车数据处理者应当予以配合，并以可读等便利方式予以展示。

《数据出境安全评估办法》

第十五条　参与安全评估工作的相关机构和人员对在履行职责中知悉的国家秘密、个人隐私、个人信息、商业秘密、保密商务信息等数据应当依法予以保密，不得泄露或者非法向他人提供、非法使用。

《药品网络销售监督管理办法》

第五条　从事药品网络销售、提供药品网络交易平台服务，应当采取有效措施保证交易全过程信息真实、准确、完整和可追溯，并遵守国家个人信息保护的有关规定。

第三十一条　药品监督管理部门应当对药品网络销售企业或者第三方平台提供的个人信息和商业秘密严格保密，不得泄露、出售或者非法向他人提供。

◎ 部门规范性文件

《关于互联网站从事登载新闻业务管理暂行规定》

第十三条　互联网站登载的新闻不得含有下列内容：

（一）违反宪法所确定的基本原则；

（二）危害国家安全，泄露国家秘密，煽动颠覆国家政权，破坏国家统一；

（三）损害国家的荣誉和利益；

（四）煽动民族仇恨、民族歧视，破坏民族团结；

（五）破坏国家宗教政策，宣扬邪教，宣扬封建迷信；

（六）散布谣言，编造和传播假新闻，扰乱社会秩序，破坏社会稳定；

（七）散布淫秽、色情、赌博、暴力、恐怖或者教唆犯罪；

（八）侮辱或者诽谤他人，侵害他人合法权益；

（九）法律、法规禁止的其他内容。

第十六条 互联网站登载的新闻含有本规定第十三条所列内容之一，构成犯罪的，依法追究刑事责任；尚不构成犯罪的，由公安机关或者国家安全机关依照有关法律、行政法规的规定给予行政处罚。

《互联网用户账号名称管理规定》

第六条 任何机构或个人注册和使用的互联网用户账号名称，不得有下列情形：

（一）违反宪法或法律法规规定的；

（二）危害国家安全，泄露国家秘密，颠覆国家政权，破坏国家统一的；

（三）损害国家荣誉和利益的，损害公共利益的；

（四）煽动民族仇恨、民族歧视，破坏民族团结的；

（五）破坏国家宗教政策，宣扬邪教和封建迷信的；

（六）散布谣言，扰乱社会秩序，破坏社会稳定的；

（七）散布淫秽、色情、赌博、暴力、凶杀、恐怖或者教唆犯罪的；

（八）侮辱或者诽谤他人，侵害他人合法权益的；

（九）含有法律、行政法规禁止的其他内容的。

《网络表演经营活动管理办法》

第六条 网络表演不得含有以下内容：

（一）含有《互联网文化管理暂行规定》第十六条规定的禁止内容的；

（二）表演方式恐怖、残忍、暴力、低俗，摧残表演者身心健康的；

（三）利用人体缺陷或者以展示人体变异等方式招徕用户的；

（四）以偷拍偷录等方式，侵害他人合法权益的；

（五）以虐待动物等方式进行表演的；

（六）使用未取得文化行政部门内容审查批准文号或备案编号的网络游戏产品，进行网络游戏技法展示或解说的。

《互联网新闻信息服务新技术新应用安全评估管理规定》

第十四条 组织开展新技术新应用安全评估的相关单位和人员应当对在履行职责中知悉的国家秘密、商业秘密和个人信息严格保密，不得泄露、出售或者非法向他人提供。

《国家健康医疗大数据标准、安全和服务管理办法（试行）》

第三十条 责任单位应当具备符合国家有关规定要求的数据存储、容灾备份和安全管理条件，加强对健康医疗大数据的存储管理。健康医疗大数据应当存储在境内安全可信的服务器上，因业务需要确需向境外提供的，应当按照相关法律法规及有关要求进行安全评估审核。

第三十五条 责任单位向社会公开健康医疗大数据时，应当遵循国家有关规定，不得泄露国家秘密、商业秘密和个人隐私，不得侵害国家利益、社会公共利益和公民、法人及其他组织的合法权益。

《公安机关办理刑事案件电子数据取证规则》

第四条 公安机关电子数据取证涉及国家秘密、警务工作秘密、商业秘密、个人隐私的，应当保密；对于获取的材料与案件无关的，应当及时退还或者销毁。

《互联网个人信息安全保护指南》

6.2 保存

个人信息的保存行为应满足以下要求：

a) 在境内运营中收集和产生的个人信息应在境内存储，如需出境应遵循国家相关规定；

b) 收集到的个人信息应采取相应的安全加密存储等安全措施进行处理；

c) 应对保存的个人信息根据收集、使用目的、被收集人授权设置相应的保存时限；

d) 应对保存的个人信息在超出设置的时限后予以删除；

e) 保存信息的主要设备，应对个人信息数据提供备份和恢复功能，确保数据备份的频率和时间间隔，并使用不少于以下一种备份手段：

1) 具有本地数据备份功能；

2) 将备份介质进行场外存放；

3) 具有异地数据备份功能。

《中国教育和科研计算机网暂行管理办法》

第二十条 中国教育和科研计算机网的所有工作人员和用户必须对所提供的信息负责。不得利用计算机联网从事危害国家安全、泄露国家秘密等犯罪活动，不得制作、查阅、复制和传播有碍社会治安和有伤风化的信息。

第八节 扰乱市场秩序罪

> **第二百二十二条 【虚假广告罪】**
>
> 广告主、广告经营者、广告发布者违反国家规定，利用广告对商品或者服务作虚假宣传，情

节严重的，处二年以下有期徒刑或者拘役，并处或者单处罚金。

关联法规

◎ 法律

《电子商务法》

第十七条　电子商务经营者应当全面、真实、准确、及时地披露商品或者服务信息，保障消费者的知情权和选择权。电子商务经营者不得以虚构交易、编造用户评价等方式进行虚假或者引人误解的商业宣传，欺骗、误导消费者。

第四十条　电子商务平台经营者应当根据商品或者服务的价格、销量、信用等以多种方式向消费者显示商品或者服务的搜索结果；对于竞价排名的商品或者服务，应当显著标明"广告"。

第八十五条　电子商务经营者违反本法规定，销售的商品或者提供的服务不符合保障人身、财产安全的要求，实施虚假或者引人误解的商业宣传等不正当竞争行为，滥用市场支配地位，或者实施侵犯知识产权、侵害消费者权益行为的，依照有关法律的规定处罚。

《关于维护互联网安全的决定》

三、为了维护社会主义市场经济秩序和社会管理秩序，对有下列行为之一，构成犯罪的，依照刑法有关规定追究刑事责任：

（一）利用互联网销售伪劣产品或者对商品、服务作虚假宣传；

（二）利用互联网损坏他人商业信誉和商品声誉；

（三）利用互联网侵犯他人知识产权；

（四）利用互联网编造并传播影响证券、期货交易或者其他扰乱金融秩序的虚假信息；

（五）在互联网上建立淫秽网站、网页，提供淫秽站点链接服务，或者传播淫秽书刊、影片、音像、图片。

《消费者权益保护法》

第二十条　经营者向消费者提供有关商品或者服务的质量、性能、用途、有效期限等信息，应当真实、全面，不得作虚假或者引人误解的宣传。

经营者对消费者就其提供的商品或者服务的质量和使用方法等问题提出的询问，应当作出真实、明确的答复。

经营者提供商品或者服务应当明码标价。

第二十八条　采用网络、电视、电话、邮购等方式提供商品或者服务的经营者，以及提供证券、保险、银行等金融服务的经营者，应当向消费者提供经营地址、联系方式、商品或者服务的数量和质量、价款或者费用、履行期限和方式、安全注意事项和风险警示、售后服务、民事责任等信息。

《广告法》

第二条　在中华人民共和国境内，商品经营者或者服务提供者通过一定媒介和形式直接或者间接地介绍自己所推销的商品或者服务的商业广告活动，适用本法。

本法所称广告主，是指为推销商品或者服务，自行或者委托他人设计、制作、发布广告的自然人、法人或者其他组织。

本法所称广告经营者，是指接受委托提供广告设计、制作、代理服务的自然人、法人或者其他组织。

本法所称广告发布者，是指为广告主或者广告主委托的广告经营者发布广告的自然人、法人或者其他组织。

本法所称广告代言人，是指广告主以外的，在广告中以自己的名义或者形象对商品、服务作推荐、证明的自然人、法人或者其他组织。

◎ 司法解释

《关于办理妨害预防、控制突发传染病疫情等灾害的刑事案件具体应用法律的解释》

第五条　广告主、广告经营者、广告发布者违反国家规定，假借预防、控制突发传染病疫情等灾害的名义，利用广告对所推销的商品或者服务作虚假宣传，致使多人上当受骗，违法所得数额较大或者有其他严重情节的，依照刑法第二百二

十二条的规定，以虚假广告罪定罪处罚。

《关于办理危害药品安全刑事案件适用法律的解释》

第十二条　广告主、广告经营者、广告发布者违反国家规定，利用广告对药品作虚假宣传，情节严重的，依照刑法第二百二十二条的规定，以虚假广告罪定罪处罚。

《关于审理非法集资刑事案件具体应用法律的解释》

第十二条　广告经营者、广告发布者违反国家规定，利用广告为非法集资活动相关的商品或者服务作虚假宣传，具有下列情形之一的，依照刑法第二百二十二条的规定，以虚假广告罪定罪处罚：（一）违法所得数额在 10 万元以上的；（二）造成严重危害后果或者恶劣社会影响的；（三）二年内利用广告作虚假宣传，受过行政处罚 2 次以上的；（四）其他情节严重的情形。明知他人从事欺诈发行证券，非法吸收公众存款，擅自发行股票、公司、企业债券，集资诈骗或者组织、领导传销活动等集资犯罪活动，为其提供广告等宣传的，以相关犯罪的共犯论处。

◎ 部门规章

《互联网保险业务监管办法》

第十五条　本办法所称互联网保险营销宣传，是指保险机构通过网站、网页、互联网应用程序等互联网媒介，以文

字、图片、音频、视频或其他形式，就保险产品或保险服务进行商业宣传推广的活动。保险机构开展互联网保险营销宣传活动应符合《中华人民共和国广告法》、金融营销宣传以及银保监会相关规定。

保险机构应加强互联网保险营销宣传管理：

（一）保险机构应建立从业人员互联网保险营销宣传的资质、培训、内容审核和行为管理制度。

（二）保险机构应从严、精细管控所属从业人员互联网保险营销宣传活动，提高从业人员的诚信和专业水平。保险机构应对从业人员发布的互联网保险营销宣传内容进行监测检查，发现问题及时处置。

（三）保险机构从业人员应在保险机构授权范围内开展互联网保险营销宣传。从业人员发布的互联网保险营销宣传内容，应由所属保险机构统一制作，并在显著位置标明所属保险机构全称及个人姓名、执业证编号等信息。

（四）开展互联网保险营销宣传活动应遵循清晰准确、通俗易懂、符合社会公序良俗的原则，不得进行不实陈述或误导性描述，不得片面比较保险产品价格和简单排名，不得与其他非保险产品和服务混淆，不得片面或夸大宣传，不得违规承诺收益或承诺承担损失。

（五）互联网保险营销宣传内容应与保险合同条款保持一致，不得误导性解读监管政策，不得使用或变相使用监管机构及其工作人员的名义或形象进行商业宣传。

（六）互联网保险营销宣传页面应明确标识产品为保险产品，标明保险产品全称、承保保险公司全称以及提供销售或经纪服务的保险中介机构全称；应用准确的语言描述产品的主要功能和特点，突出说明容易引发歧义或消费者容易忽视的内容。

（七）保险机构及其从业人员应慎重向消费者发送互联网保险产品信息。消费者明确表示拒绝接收的，不得向其发送互联网保险产品信息。

（八）保险机构应对本机构及所属从业人员互联网保险营销宣传承担合规管理的主体责任。

《网络交易监督管理办法》

第十四条 网络交易经营者不得违反《中华人民共和国反不正当竞争法》等规定，实施扰乱市场竞争秩序，损害其他经营者或者消费者合法权益的不正当竞争行为。

网络交易经营者不得以下列方式，作虚假或者引人误解的商业宣传，欺骗、误导消费者：

（一）虚构交易、编造用户评价；

（二）采用误导性展示等方式，将好评前置、差评后置，或者不显著区分不同商品或者服务的评价等；

（三）采用谎称现货、虚构预订、虚假抢购等方式进行虚假营销；

（四）虚构点击量、关注度等流量数据，以及虚构点赞、打赏等交易互动数据。

网络交易经营者不得实施混淆行为，引人误认为是他人商品、服务或者与他人存在特定联系。

网络交易经营者不得编造、传播虚假信息或者误导性信息，损害竞争对手的商业信誉、商品声誉。

《互联网广告管理办法》

第三条　互联网广告应当真实、合法，坚持正确导向，以健康的表现形式表达广告内容，符合社会主义精神文明建设和弘扬中华优秀传统文化的要求。

利用互联网从事广告活动，应当遵守法律、法规，诚实信用，公平竞争。

国家鼓励、支持开展互联网公益广告宣传活动，传播社会主义核心价值观和中华优秀传统文化，倡导文明风尚。

第七条　发布医疗、药品、医疗器械、农药、兽药、保健食品、特殊医学用途配方食品广告等法律、行政法规规定应当进行审查的广告，应当在发布前由广告审查机关对广告内容进行审查；未经审查，不得发布。

对须经审查的互联网广告，应当严格按照审查通过的内容发布，不得剪辑、拼接、修改。已经审查通过的广告内容需要改动的，应当重新申请广告审查。

第八条　禁止以介绍健康、养生知识等形式，变相发布医疗、药品、医疗器械、保健食品、特殊医学用途配方食品广告。

介绍健康、养生知识的，不得在同一页面或者同时出现相关医疗、药品、医疗器械、保健食品、特殊医学用途配方食品的商品经营者或者服务提供者地址、联系方式、购物链接等内容。

第十三条　广告主应当对互联网广告内容的真实性负责。

广告主发布互联网广告的，主体资格、行政许可、引证内容等应当符合法律法规的要求，相关证明文件应当真实、合法、有效。

◎ 部门规范性文件

《第三方电子商务交易平台服务规范》

6.4　对交易信息的管理

平台经营者应对其平台上的交易信息进行合理谨慎的管理：

（1）在平台上从事经营活动的，应当公布所经营产品的名称、生产者等信息；涉及第三方许可的，还应公布许可证书、认证证书等信息。

（2）网页上显示的商品信息必须真实。对实物（有形）商品，应当从多角度多方位予以展现，不可对商品的颜色、大小、比例等做歪曲或错误的显示；对于存在瑕疵的商品应当给予充分的说明并通过图片显示。发现站内经营者发布违反法律、法规广告的，应及时采取措施制止，必要时可以停止对其提供网上交易平台服务。

（3）投诉人提供的证据能够证明站内经营者有侵权行为或发布违法信息的，平台经营者应对有关责任人予以警告，停止侵权行为，删除有害信息，并可依照投诉人的请求提供被投诉人注册的身份信息及联系方式。

（4）平台经营者应承担合理谨慎信息审查义务，对明显的侵权或违法信息，依法及时予以删除，并对站内经营者予以警告。

8.3 广告发布

平台经营者对平台内被投诉的广告信息，应当依据广告法律规定进行删除或转交广告行政主管机构处理。

第三方交易平台应约束站内经营者不得发布虚假的广告信息，不得发送垃圾邮件。

对于国家明令禁止交易的商品或服务，提供搜索服务的第三方交易平台在搜索结果展示页面应对其名称予以屏蔽或限制访问。

《移动互联网应用程序信息服务管理规定》

第九条 应用程序提供者不得通过虚假宣传、捆绑下载等行为，通过机器或者人工刷榜、刷量、控评等方式，或

者利用违法和不良信息诱导用户下载。

> **权威案例**

◎ 典型案例

沈阳"老妈乐"集资诈骗案【人民法院依法惩治金融犯罪典型案例之四（2022年9月22日）】

典型意义： 本案系以"养老投资"为名实施养老诈骗犯罪的典型案例。近年来，随着老年人口数量不断增长，养老服务需求不断增加，一些不法分子以提供养老服务、投资养老项目、销售养老产品等名义，利用老年人网络知识不足、辨识能力不强等特点，采用投资理财高额回报手段设置陷阱、诱导投资，虚假宣传，实施养老诈骗犯罪，骗取老年人钱财。被告人金某福创建老妈乐某，以会员投资返利为名，在全国20多个省市区设立1000多个门店，以欺诈方法针对老年人进行非法集资，集资参与人达170万余人，造成经济损失约20亿元，严重损害老年人合法权益，社会危害巨大。法院依法以集资诈骗罪分别对三名被告人判处十年以上有期徒刑、无期徒刑，充分表明了人民法院依法从严惩处养老诈骗犯罪、坚决维护老年人"养老钱"的鲜明态度和坚定决心。同时，提醒人民群众尤其是老年群体要谨慎投资，提高识骗防骗能力，避免陷入犯罪分子设置的圈套。

第四章　侵犯公民人身权利、民主权利罪

第二百四十六条　【侮辱罪；诽谤罪】

以暴力或者其他方法公然侮辱他人或者捏造事实诽谤他人，情节严重的，处三年以下有期徒刑、拘役、管制或者剥夺政治权利。

前款罪，告诉的才处理，但是严重危害社会秩序和国家利益的除外。

通过信息网络实施第一款规定的行为，被害人向人民法院告诉，但提供证据确有困难的，人民法院可以要求公安机关提供协助。

关联法规

◎ **法律**

《民法典》

第一千零二十四条　民事主体享有名誉权。任何组织或者个人不得以侮辱、诽谤等方式侵害他人的名誉权。

名誉是对民事主体的品德、声望、才能、信用等的社会评价。

《网络安全法》

第十二条　国家保护公民、法人和其他组织依法使用网络的权利，促进网络接入普及，提升网络服务水平，为社会提供安全、便利的网络服务，保障网络信息依法有序自由流动。

任何个人和组织使用网络应当遵守宪法法律，遵守公共秩序，尊重社会公德，不得危害网络安全，不得利用网络从事危害国家安全、荣誉和利益，煽动颠覆国家政权、推翻社会主义制度，煽动分裂国家、破坏国家统一，宣扬恐怖主义、极端主义，宣扬民族仇恨、民族歧视，传播暴力、淫秽色情信息，编造、传播虚假信息扰乱经济秩序和社会秩序，以及侵害他人名誉、隐私、知识产权和其他合法权益等活动。

《未成年人保护法》

第七十七条　任何组织或者个人不得通过网络以文字、图片、音视频等形式，对未成年人实施侮辱、诽谤、威胁或者恶意损害形象等网络欺凌行为。

遭受网络欺凌的未成年人及其父母或者其他监护人有权通知网络服务提供者采

取删除、屏蔽、断开链接等措施。网络服务提供者接到通知后，应当及时采取必要的措施制止网络欺凌行为，防止信息扩散。

《关于维护互联网安全的决定》

四、为了保护个人、法人和其他组织的人身、财产等合法权利，对有下列行为之一，构成犯罪的，依照刑法有关规定追究刑事责任：

（一）利用互联网侮辱他人或者捏造事实诽谤他人；

（二）非法截获、篡改、删除他人电子邮件或者其他数据资料，侵犯公民通信自由和通信秘密；

（三）利用互联网进行盗窃、诈骗、敲诈勒索。

◎ **党内法规**

《关于促进移动互联网健康有序发展的意见》

四、防范移动互联网安全风险

……

16. 打击网络违法犯罪。坚决打击利用移动互联网鼓吹推翻国家政权、煽动宗教极端主义、宣扬民族分裂思想、教唆暴力恐怖等违法犯罪活动。严厉查处造谣诽谤、电信网络诈骗、攻击窃密、盗版侵权、非法售卖个人信息等违法犯罪行为。全面清理赌博、传销、非法集资、淫秽色情、涉枪涉爆等违法违规信息。

……

《关于切实加强网络暴力治理的通知》

网络暴力针对个人集中发布侮辱谩骂、造谣诽谤、侵犯隐私等违法信息及其他不友善信息，侵害他人合法权益，扰乱正常网络秩序。为切实加大网暴治理力度，进一步压实网站平台主体责任，健全完善长效工作机制，有效保障广大网民合法权益，维护文明健康的网络环境，现通知如下。

……

四、依法从严处置处罚

1. 分类处置网暴相关账号。一是加强账号发文前警示提醒，对发布不友善信息的账号，提示理性发言。二是对参与网暴的账号进行警示教育，并视情采取禁言、暂停私信功能等措施。三是对首发、多发、煽动发布网暴信息的账号，依法依规采取关闭账号等措施，情节特别严重的，全网禁止注册新账号。四是涉及违法犯罪的，移交相关部门依法追究法律责任。网站平台要强化曝光力度，及时对外公布热点网暴事件处置情况。

……

◎ **行政法规**

《互联网信息服务管理办法》

第十五条　互联网信息服务提供者不得制作、复制、发布、传播含有下列内容的信息：

（一）反对宪法所确定的基本原则的；

（二）危害国家安全，泄露国家秘

密、颠覆国家政权，破坏国家统一的；

（三）损害国家荣誉和利益的；

（四）煽动民族仇恨、民族歧视，破坏民族团结的；

（五）破坏国家宗教政策，宣扬邪教和封建迷信的；

（六）散布谣言，扰乱社会秩序，破坏社会稳定的；

（七）散布淫秽、色情、赌博、暴力、凶杀、恐怖或者教唆犯罪的；

（八）侮辱或者诽谤他人，侵害他人合法权益的；

（九）含有法律、行政法规禁止的其他内容的。

《计算机信息网络国际联网安全保护管理办法》

第四条 任何单位和个人不得利用国际联网危害国家安全、泄露国家秘密，不得侵犯国家的、社会的、集体的利益和公民的合法权益，不得从事违法犯罪活动。

第五条 任何单位和个人不得利用国际联网制作、复制、查阅和传播下列信息：

（一）煽动抗拒、破坏宪法和法律、行政法规实施的；

（二）煽动颠覆国家政权，推翻社会主义制度的；

（三）煽动分裂国家、破坏国家统一的；

（四）煽动民族仇恨、民族歧视，破坏民族团结的；

（五）捏造或者歪曲事实，散布谣言，扰乱社会秩序的；

（六）宣扬封建迷信、淫秽、色情、赌博、暴力、凶杀、恐怖，教唆犯罪的；

（七）公然侮辱他人或者捏造事实诽谤他人的；

（八）损害国家机关信誉的；

（九）其他违反宪法和法律、行政法规的。

第二十条 违反法律、行政法规，有本办法第五条、第六条所列行为之一的，由公安机关给予警告，有违法所得的，没收违法所得，对个人可以并处5000元以下的罚款，对单位可以并处1.5万元以下的罚款；情节严重的，并可以给予6个月以内停止联网、停机整顿的处罚，必要时可以建议原发证、审批机构吊销经营许可证或者取消联网资格；构成违反治安管理行为的，依照治安管理处罚法的规定处罚；构成犯罪的，依法追究刑事责任。

《电信条例》

第五十六条 任何组织或者个人不得利用电信网络制作、复制、发布、传播含有下列内容的信息：

（一）反对宪法所确定的基本原则的；

（二）危害国家安全，泄露国家秘密，颠覆国家政权，破坏国家统一的；

（三）损害国家荣誉和利益的；

（四）煽动民族仇恨、民族歧视，破坏民族团结的；

（五）破坏国家宗教政策，宣扬邪教和封建迷信的；

（六）散布谣言，扰乱社会秩序，破坏社会稳定的；

（七）散布淫秽、色情、赌博、暴力、凶杀、恐怖或者教唆犯罪的；

（八）侮辱或者诽谤他人，侵害他人合法权益的；

（九）含有法律、行政法规禁止的其他内容的。

《互联网上网服务营业场所管理条例》

第十四条　互联网上网服务营业场所经营单位和上网消费者不得利用互联网上网服务营业场所制作、下载、复制、查阅、发布、传播或者以其他方式使用含有下列内容的信息：

（一）反对宪法确定的基本原则的；

（二）危害国家统一、主权和领土完整的；

（三）泄露国家秘密，危害国家安全或者损害国家荣誉和利益的；

（四）煽动民族仇恨、民族歧视，破坏民族团结，或者侵害民族风俗、习惯的；

（五）破坏国家宗教政策，宣扬邪教、迷信的；

（六）散布谣言，扰乱社会秩序，破坏社会稳定的；

（七）宣传淫秽、赌博、暴力或者教唆犯罪的；

（八）侮辱或者诽谤他人，侵害他人

合法权益的；

（九）危害社会公德或者民族优秀文化传统的；

（十）含有法律、行政法规禁止的其他内容的。

◎ 司法解释

《关于办理利用信息网络实施诽谤等刑事案件适用法律若干问题的解释》

第一条　具有下列情形之一的，应当认定为刑法第二百四十六条第一款规定的"捏造事实诽谤他人"：

（一）捏造损害他人名誉的事实，在信息网络上散布，或者组织、指使人员在信息网络上散布的；

（二）将信息网络上涉及他人的原始信息内容篡改为损害他人名誉的事实，在信息网络上散布，或者组织、指使人员在信息网络上散布的；

明知是捏造的损害他人名誉的事实，在信息网络上散布，情节恶劣的，以"捏造事实诽谤他人"论。

第二条　利用信息网络诽谤他人，具有下列情形之一的，应当认定为刑法第二百四十六条第一款规定的"情节严重"：

（一）同一诽谤信息实际被点击、浏览次数达到五千次以上，或者被转发次数达到五百次以上的；

（二）造成被害人或者其近亲属精神失常、自残、自杀等严重后果的；

（三）二年内曾因诽谤受过行政处罚，又诽谤他人的；

（四）其他情节严重的情形。

第三条　利用信息网络诽谤他人，具有下列情形之一的，应当认定为刑法第二百四十六条第二款规定的"严重危害社会秩序和国家利益"：

（一）引发群体性事件的；

（二）引发公共秩序混乱的；

（三）引发民族、宗教冲突的；

（四）诽谤多人，造成恶劣社会影响的；

（五）损害国家形象，严重危害国家利益的；

（六）造成恶劣国际影响的；

（七）其他严重危害社会秩序和国家利益的情形。

第四条　一年内多次实施利用信息网络诽谤他人行为未经处理，诽谤信息实际被点击、浏览、转发次数累计计算构成犯罪的，应当依法定罪处罚。

第八条　明知他人利用信息网络实施诽谤、寻衅滋事、敲诈勒索、非法经营等犯罪，为其提供资金、场所、技术支持等帮助的，以共同犯罪论处。

第九条　利用信息网络实施诽谤、寻衅滋事、敲诈勒索、非法经营犯罪，同时又构成刑法第二百二十一条规定的损害商业信誉、商品声誉罪，第二百七十八条规定的煽动暴力抗拒法律实施罪，第二百九十一条之一规定的编造、故意传播虚假恐怖信息罪等犯罪的，依照处罚较重的规定定罪处罚。

第十条　本解释所称信息网络，包括以计算机、电视机、固定电话机、移动电话机等电子设备为终端的计算机互联网、广播电视网、固定通信网、移动通信网等信息网络，以及向公众开放的局域网络。

◎ **部门规章**

《通信短信息服务管理规定》

第十六条　短信息服务提供者、短信息内容提供者不得制作、复制、发布和传播含有《中华人民共和国电信条例》等法律法规规定的禁止性内容的短信息。

《互联网视听节目服务管理规定》

第十六条　互联网视听节目服务单位提供的、网络运营单位接入的视听节目应当符合法律、行政法规、部门规章的规定。已播出的视听节目应至少完整保留60日。视听节目不得含有以下内容：

（一）反对宪法确定的基本原则的；

（二）危害国家统一、主权和领土完整的；

（三）泄露国家秘密、危害国家安全或者损害国家荣誉和利益的；

（四）煽动民族仇恨、民族歧视，破坏民族团结，或者侵害民族风俗、习惯的；

（五）宣扬邪教、迷信的；

（六）扰乱社会秩序，破坏社会稳定的；

（七）诱导未成年人违法犯罪和渲染暴力、色情、赌博、恐怖活动的；

（八）侮辱或者诽谤他人，侵害公民

个人隐私等他人合法权益的；

（九）危害社会公德，损害民族优秀文化传统的；

（十）有关法律、行政法规和国家规定禁止的其他内容。

《网络出版服务管理规定》

第二十四条 网络出版物不得含有以下内容：

（一）反对宪法确定的基本原则的；

（二）危害国家统一、主权和领土完整的；

（三）泄露国家秘密、危害国家安全或者损害国家荣誉和利益的；

（四）煽动民族仇恨、民族歧视，破坏民族团结，或者侵害民族风俗、习惯的；

（五）宣扬邪教、迷信的；

（六）散布谣言，扰乱社会秩序，破坏社会稳定的；

（七）宣扬淫秽、色情、赌博、暴力或者教唆犯罪的；

（八）侮辱或者诽谤他人，侵害他人合法权益的；

（九）危害社会公德或者民族优秀文化传统的；

（十）有法律、行政法规和国家规定禁止的其他内容的。

第五十二条 出版、传播含有本规定第二十四条、第二十五条禁止内容的网络出版物的，根据《出版管理条例》第六十二条、《互联网信息服务管理办法》第

二十条的规定，由出版行政主管部门责令删除相关内容并限期改正，没收违法所得，违法经营额1万元以上的，并处违法经营额5倍以上10倍以下罚款；违法经营额不足1万元的，可以处5万元以下罚款；情节严重的，责令限期停业整顿或者由国家新闻出版广电总局吊销《网络出版服务许可证》，由电信主管部门依据出版行政主管部门的通知吊销其电信业务经营许可或者责令关闭网站；构成犯罪的，依法追究刑事责任。

为从事本条第一款行为的网络出版服务单位提供人工干预搜索排名、广告、推广等相关服务的，由出版行政主管部门责令其停止提供相关服务。

《互联网新闻信息服务管理规定》

第十六条 互联网新闻信息服务提供者和用户不得制作、复制、发布、传播法律、行政法规禁止的信息内容。

互联网新闻信息服务提供者提供服务过程中发现含有违反本规定第三条或前款规定内容的，应当依法立即停止传输该信息、采取消除等处置措施，保存有关记录，并向有关主管部门报告。

《互联网域名管理办法》

第二十八条 任何组织或者个人注册、使用的域名中，不得含有下列内容：

（一）反对宪法所确定的基本原则的；

（二）危害国家安全，泄露国家秘密，颠覆国家政权，破坏国家统一的；

（三）损害国家荣誉和利益的；

（四）煽动民族仇恨、民族歧视，破坏民族团结的；

（五）破坏国家宗教政策，宣扬邪教和封建迷信的；

（六）散布谣言，扰乱社会秩序，破坏社会稳定的；

（七）散布淫秽、色情、赌博、暴力、凶杀、恐怖或者教唆犯罪的；

（八）侮辱或者诽谤他人，侵害他人合法权益的；

（九）含有法律、行政法规禁止的其他内容的。

域名注册管理机构、域名注册服务机构不得为含有前款所列内容的域名提供服务。

第五十四条　任何组织或者个人违反本办法第二十八条第一款规定注册、使用域名，构成犯罪的，依法追究刑事责任；尚不构成犯罪的，由有关部门依法予以处罚。

《互联网文化管理暂行规定》

第十六条　互联网文化单位不得提供载有以下内容的文化产品：

（一）反对宪法确定的基本原则的；

（二）危害国家统一、主权和领土完整的；

（三）泄露国家秘密、危害国家安全或者损害国家荣誉和利益的；

（四）煽动民族仇恨、民族歧视，破坏民族团结，或者侵害民族风俗、习惯的；

（五）宣扬邪教、迷信的；

（六）散布谣言，扰乱社会秩序，破坏社会稳定的；

（七）宣扬淫秽、赌博、暴力或者教唆犯罪的；

（八）侮辱或者诽谤他人，侵害他人合法权益的；

（九）危害社会公德或者民族优秀文化传统的；

（十）有法律、行政法规和国家规定禁止的其他内容的。

第二十八条　经营性互联网文化单位提供含有本规定第十六条禁止内容的互联网文化产品，或者提供未经文化部批准进口的互联网文化产品的，由县级以上人民政府文化行政部门或者文化市场综合执法机构责令停止提供，没收违法所得，并处10000元以上30000元以下罚款；情节严重的，责令停业整顿直至吊销《网络文化经营许可证》；构成犯罪的，依法追究刑事责任。

非经营性互联网文化单位，提供含有本规定第十六条禁止内容的互联网文化产品，或者提供未经文化部批准进口的互联网文化产品的，由县级以上人民政府文化行政部门或者文化市场综合执法机构责令停止提供，处1000元以下罚款；构成犯罪的，依法追究刑事责任。

《网络信息内容生态治理规定》

第六条　网络信息内容生产者不得制作、复制、发布含有下列内容的违法信息：

（一）反对宪法所确定的基本原则的；

（二）危害国家安全，泄露国家秘密，颠覆国家政权，破坏国家统一的；

（三）损害国家荣誉和利益的；

（四）歪曲、丑化、亵渎、否定英雄烈士事迹和精神，以侮辱、诽谤或者其他方式侵害英雄烈士的姓名、肖像、名誉、荣誉的；

（五）宣扬恐怖主义、极端主义或者煽动实施恐怖活动、极端主义活动的；

（六）煽动民族仇恨、民族歧视，破坏民族团结的；

（七）破坏国家宗教政策，宣扬邪教和封建迷信的；

（八）散布谣言，扰乱经济秩序和社会秩序的；

（九）散布淫秽、色情、赌博、暴力、凶杀、恐怖或者教唆犯罪的；

（十）侮辱或者诽谤他人，侵害他人名誉、隐私和其他合法权益的；

（十一）法律、行政法规禁止的其他内容。

《互联网信息服务深度合成管理规定》

第六条 任何组织和个人不得利用深度合成服务制作、复制、发布、传播法律、行政法规禁止的信息，不得利用深度合成服务从事危害国家安全和利益、损害国家形象、侵害社会公共利益、扰乱经济和社会秩序、侵犯他人合法权益等法律、

行政法规禁止的活动。

深度合成服务提供者和使用者不得利用深度合成服务制作、复制、发布、传播虚假新闻信息。转载基于深度合成服务制作发布的新闻信息的，应当依法转载互联网新闻信息稿源单位发布的新闻信息。

◎ **部门规范性文件**

《互联网站从事登载新闻业务管理暂行规定》

第十三条 互联网站登载的新闻不得含有下列内容：

（一）违反宪法所确定的基本原则；

（二）危害国家安全，泄露国家秘密，煽动颠覆国家政权，破坏国家统一；

（三）损害国家的荣誉和利益；

（四）煽动民族仇恨、民族歧视，破坏民族团结；

（五）破坏国家宗教政策，宣扬邪教，宣扬封建迷信；

（六）散布谣言，编造和传播假新闻，扰乱社会秩序，破坏社会稳定；

（七）散布淫秽、色情、赌博、暴力、恐怖或者教唆犯罪；

（八）侮辱或者诽谤他人，侵害他人合法权益；

（九）法律、法规禁止的其他内容。

第十六条 互联网站登载的新闻含有本规定第十三条所列内容之一，构成犯罪的，依法追究刑事责任；尚不构成犯罪的，由公安机关或者国家安全机关依照有关法律、行政法规的规定给予行政处罚。

《关于严格依法办理侮辱诽谤案件的通知》

二、准确把握侮辱、诽谤公诉案件的管辖范围及基本要件。根据《刑法》第二百四十六条的规定，侮辱、诽谤案件一般属于自诉案件，应当由公民个人自行向人民法院提起诉讼，只有在侮辱、诽谤行为"严重危害社会秩序和国家利益"时，公安机关才能按照公诉程序立案侦查。公安机关在依照公诉程序办理侮辱、诽谤刑事案件时，必须准确把握犯罪构成要件。对于不具备"严重危害社会秩序和国家利益"这一基本要件的，公安机关不得作为公诉案件管辖。对于具有下列情形之一的侮辱、诽谤行为，应当认定为"严重危害社会秩序和国家利益"，以侮辱罪、诽谤罪立案侦查，作为公诉案件办理：（一）因侮辱、诽谤行为导致群体性事件，严重影响社会秩序的；（二）因侮辱、诽谤外交使节、来访的外国国家元首、政府首脑等人员，造成恶劣国际影响的；（三）因侮辱、诽谤行为给国家利益造成严重危害的其他情形。公安机关在接到公民对侮辱、诽谤行为的报案、控告或者举报后，首先要认真审查，判明是否属于公安机关管辖。对于符合上述情形，但通过公诉可能对国家利益和国家形象造成更大损害的，可以通过其他方式予以处理。对于经过审查认为不属于上述情形但涉嫌犯罪的侮辱、诽谤案件，公安机关应当问明情况，制作笔录，并将案件材料移交有管辖权的人民法院，同时向当事人说明此类案件依照法律规定属于自诉案件，不属公安机关管辖，告知其到人民法院自行提起诉讼。公安机关在立案前的审查过程中，不得对有关人员和财产采取强制性措施。对于不构成犯罪但违反《治安管理处罚法》的，要通过治安调解，最大限度地化解矛盾和纠纷；对于调解不成的，应依法给予治安管理处罚。公安机关在办理侮辱、诽谤案件时，要深入细致，辨法析理，努力争取让违法犯罪行为人和被侵害人心悦诚服地接受处理结果，化消极因素为积极因素，取得法律效果和社会效果的统一。

三、切实加强对办理侮辱、诽谤案件的执法监督。对于侮辱、诽谤案件，公安机关经过审查，认为具有严重危害社会秩序和国家利益的情形，需要追究刑事责任的，应当报经上一级公安机关同意后立案侦查；立案后需要采取强制措施的，应当在采取强制措施前报经上一级公安机关同意。对于可能引起较大社会影响的侮辱、诽谤治安案件，在作出行政拘留处罚决定前，应当报经上一级公安机关同意。对于不按照规定报告上级公安机关，或者不服从上级公安机关命令，违反规定对应当自诉的和不构成犯罪的侮辱、诽谤案件立案侦查的，要严肃追究有关责任人员和主管人员的相应责任。

四、高度重视办理侮辱、诽谤案件的舆论引导。公安机关办理侮辱、诽谤案件，在准确把握法律界限，严格依法办案的同时，要保持高度的政治敏感性。对可能引起社会炒作的，要提前做好应对准备。舆论引导要注意把握好时机，信息发布要做到准确、权威，避免引发不安定因素，影响案件正确处理。

《互联网用户账号名称管理规定》

第六条 任何机构或个人注册和使用的互联网用户账号名称，不得有下列情形：

（一）违反宪法或法律法规规定的；

（二）危害国家安全，泄露国家秘密，颠覆国家政权，破坏国家统一的；

（三）损害国家荣誉和利益的，损害公共利益的；

（四）煽动民族仇恨、民族歧视，破坏民族团结的；

（五）破坏国家宗教政策，宣扬邪教和封建迷信的；

（六）散布谣言，扰乱社会秩序，破坏社会稳定的；

（七）散布淫秽、色情、赌博、暴力、凶杀、恐怖或者教唆犯罪的；

（八）侮辱或者诽谤他人，侵害他人合法权益的；

（九）含有法律、行政法规禁止的其他内容的。

《网络表演经营活动管理办法》

第六条 网络表演不得含有以下内容：

（一）含有《互联网文化管理暂行规定》第十六条规定的禁止内容的；

（二）表演方式恐怖、残忍、暴力、

低俗，摧残表演者身心健康的；

（三）利用人体缺陷或者以展示人体变异等方式招徕用户的；

（四）以偷拍偷录等方式，侵害他人合法权益的；

（五）以虐待动物等方式进行表演的；

（六）使用未取得文化行政部门内容审查批准文号或备案编号的网络游戏产品，进行网络游戏技法展示或解说的。

《互联网用户公众账号信息服务管理规定》

第十八条 公众账号生产运营者不得有下列违法违规行为：

（一）不以真实身份信息注册，或者注册与自身真实身份信息不相符的公众账号名称、头像、简介等；

（二）恶意假冒、仿冒或者盗用组织机构及他人公众账号生产发布信息内容；

（三）未经许可或者超越许可范围提供互联网新闻信息采编发布等服务；

（四）操纵利用多个平台账号，批量发布雷同低质信息内容，生成虚假流量数据，制造虚假舆论热点；

（五）利用突发事件煽动极端情绪，或者实施网络暴力损害他人和组织机构名誉，干扰组织机构正常运营，影响社会和谐稳定；

（六）编造虚假信息，伪造原创属性，标注不实信息来源，歪曲事实真相，误导社会公众；

（七）以有偿发布、删除信息等手段，实施非法网络监督、营销诈骗、敲诈勒索，谋取非法利益；

（八）违规批量注册、囤积或者非法交易买卖公众账号；

（九）制作、复制、发布违法信息，或者未采取措施防范和抵制制作、复制、发布不良信息；

（十）法律、行政法规禁止的其他行为。

《网站平台受理处置涉企网络侵权信息举报工作规范》

第四条　网站平台应当重点受理处置以下涉企网络侵权信息举报：

（一）混淆企业主体身份的仿冒性信息；

（二）影响公众公正评判的误导性信息；

（三）不符合企业客观实际的谣言性信息；

（四）贬损丑化企业或企业家的侮辱性信息；

（五）侵害企业家个人隐私的泄密性信息；

（六）其他恶意干扰企业正常经营发展的信息。

第十二条　网站平台应当及时处理以下侮辱性信息：

（一）攻击谩骂企业或企业家的；

（二）涂抹恶搞企业家肖像照片的；

（三）与色情低俗话题恶意关联的；

（四）其他违反公序良俗丑化企业或企业家的信息。

◖ **权威案例** ◗

◎ **指导性案例**

郎某、何某诽谤案【最高检指导案例137号】

裁判要点：利用信息网络诽谤他人，破坏公众安全感，严重扰乱网络社会秩序，符合刑法第二百四十六条第二款"严重危害社会秩序"的，检察机关应当依法履行追诉职责，作为公诉案件办理。对公安机关未立案侦查，被害人已提出自诉的，检察机关应当处理好由自诉向公诉程序的转换。

岳某侮辱案【最高检指导案例第138号】

要旨：利用信息网络散布被害人的裸体视频、照片及带有侮辱性的文字，公然侮辱他人，贬损他人人格、破坏他人名誉，导致出现被害人自杀等后果，严重危害社会秩序的，应当按照公诉程序，以侮辱罪依法追究刑事责任。

第二百五十二条　【侵犯通信自由罪】

隐匿、毁弃或者非法开拆他人信件，侵犯公民通信自由权利，情节严重的，处一年以下有期徒刑或者拘役。

关联法规

◎ **法律**

《网络安全法》

第三十一条 国家对公共通信和信息服务、能源、交通、水利、金融、公共服务、电子政务等重要行业和领域，以及其他一旦遭到破坏、丧失功能或者数据泄露，可能严重危害国家安全、国计民生、公共利益的关键信息基础设施，在网络安全等级保护制度的基础上，实行重点保护。关键信息基础设施的具体范围和安全保护办法由国务院制定。

国家鼓励关键信息基础设施以外的网络运营者自愿参与关键信息基础设施保护体系。

《未成年人保护法》

第六十三条 任何组织或者个人不得隐匿、毁弃、非法删除未成年人的信件、日记、电子邮件或者其他网络通讯内容。

除下列情形外，任何组织或者个人不得开拆、查阅未成年人的信件、日记、电子邮件或者其他网络通讯内容：

（一）无民事行为能力未成年人的父母或者其他监护人代未成年人开拆、查阅；

（二）因国家安全或者追查刑事犯罪依法进行检查；

（三）紧急情况下为了保护未成年人本人的人身安全。

《关于维护互联网安全的决定》

四、为了保护个人、法人和其他组织的人身、财产等合法权利，对有下列行为之一，构成犯罪的，依照刑法有关规定追究刑事责任：

（一）利用互联网侮辱他人或者捏造事实诽谤他人；

（二）非法截获、篡改、删除他人电子邮件或者其他数据资料，侵犯公民通信自由和通信秘密；

（三）利用互联网进行盗窃、诈骗、敲诈勒索。

◎ **行政法规**

《计算机信息网络国际联网安全保护管理办法》

第七条 用户的通信自由和通信秘密受法律保护。任何单位和个人不得违反法律规定，利用国际联网侵犯用户的通信自由和通信秘密。

◎ **部门规章**

《互联网安全保护技术措施规定》

第四条 互联网服务提供者、联网使用单位应当建立相应的管理制度。未经用户同意不得公开、泄露用户注册信息，但法律、法规另有规定的除外。

互联网服务提供者、联网使用单位应当依法使用互联网安全保护技术措施，不得利用互联网安全保护技术措施侵犯用户的通信自由和通信秘密。

《互联网电子邮件服务管理办法》

第三条　公民使用互联网电子邮件服务的通信秘密受法律保护。除因国家安全或者追查刑事犯罪的需要，由公安机关或者检察机关依照法律规定的程序对通信内容进行检查外，任何组织或者个人不得以任何理由侵犯公民的通信秘密。

◎ **部门规范性文件**

《关于加强移动智能终端进网管理的通知》

四、生产企业不得在移动智能终端中预置具有以下性质的应用软件：

（一）未向用户明示并经用户同意，擅自收集、修改用户个人信息的；

（二）未向用户明示并经用户同意，擅自调用终端通信功能，造成流量消耗、费用损失、信息泄露等不良后果的；

（三）影响移动智能终端正常功能或通信网络安全运行的；

（四）含有《中华人民共和国电信条例》禁止发布、传播的信息内容的；

（五）其他侵害用户个人信息安全和合法权益以及危害网络与信息安全的。

第二百五十三条之一　【侵犯公民个人信息罪】

违反国家有关规定，向他人出售或者提供公民个人信息，情节严重的，处三年以下有期徒刑或者拘役，并处或者单处罚金；情节特别严重的，处三年以上七年以下有期徒刑，并处罚金。

违反国家有关规定，将在履行职责或者提供服务过程中获得的公民个人信息，出售或者提供给他人的，依照前款的规定从重处罚。

窃取或者以其他方法非法获取公民个人信息的，依照第一款的规定处罚。

单位犯前三款罪的，对单位判处罚金，并对其直接负责的主管人员和其他直接责任人员，依照各该款的规定处罚。

关联法规

◎ **法律**

《民法典》

第一百一十一条　自然人的个人信息受法律保护。任何组织或者个人需要获取他人个人信息的，应当依法取得并确保信息安全，不得非法收集、使用、加工、传输他人个人信息，不得非法买卖、提供或者公开他人个人信息。

第九百九十九条 为公共利益实施新闻报道、舆论监督等行为的，可以合理使用民事主体的姓名、名称、肖像、个人信息等；使用不合理侵害民事主体人格权的，应当依法承担民事责任。

第一千零三十条 民事主体与征信机构等信用信息处理者之间的关系，适用本编有关个人信息保护的规定和其他法律、行政法规的有关规定。

第一千零三十四条 自然人的个人信息受法律保护。

个人信息是以电子或者其他方式记录的能够单独或者与其他信息结合识别特定自然人的各种信息，包括自然人的姓名、出生日期、身份证件号码、生物识别信息、住址、电话号码、电子邮箱、健康信息、行踪信息等。

个人信息中的私密信息，适用有关隐私权的规定；没有规定的，适用有关个人信息保护的规定。

第一千零三十五条 处理个人信息的，应当遵循合法、正当、必要原则，不得过度处理，并符合下列条件：

（一）征得该自然人或者其监护人同意，但是法律、行政法规另有规定的除外；

（二）公开处理信息的规则；

（三）明示处理信息的目的、方式和范围；

（四）不违反法律、行政法规的规定和双方的约定。

个人信息的处理包括个人信息的收集、存储、使用、加工、传输、提供、公开等。

第一千零三十六条 处理个人信息，有下列情形之一的，行为人不承担民事责任：

（一）在该自然人或者其监护人同意的范围内合理实施的行为；

（二）合理处理该自然人自行公开的或者其他已经合法公开的信息，但是该自然人明确拒绝或者处理该信息侵害其重大利益的除外；

（三）为维护公共利益或者该自然人合法权益，合理实施的其他行为。

第一千零三十七条 自然人可以依法向信息处理者查阅或者复制其个人信息；发现信息有错误的，有权提出异议并请求及时采取更正等必要措施。

自然人发现信息处理者违反法律、行政法规的规定或者双方的约定处理其个人信息的，有权请求信息处理者及时删除。

第一千零三十八条 信息处理者不得泄露或者篡改其收集、存储的个人信息；未经自然人同意，不得向他人非法提供其个人信息，但是经过加工无法识别特定个人且不能复原的除外。

信息处理者应当采取技术措施和其他必要措施，确保其收集、存储的个人信息安全，防止信息泄露、篡改、丢失；发生或者可能发生个人信息泄露、篡改、丢失的，应当及时采取补救措施，按照规定告知自然人并向有关主管部门报告。

第一千零三十九条　国家机关、承担行政职能的法定机构及其工作人员对于履行职责过程中知悉的自然人的隐私和个人信息，应当予以保密，不得泄露或者向他人非法提供。

《网络安全法》

第二十二条　网络产品、服务应当符合相关国家标准的强制性要求。网络产品、服务的提供者不得设置恶意程序；发现其网络产品、服务存在安全缺陷、漏洞等风险时，应当立即采取补救措施，按照规定及时告知用户并向有关主管部门报告。

网络产品、服务的提供者应当为其产品、服务持续提供安全维护；在规定或者当事人约定的期限内，不得终止提供安全维护。

网络产品、服务具有收集用户信息功能的，其提供者应当向用户明示并取得同意；涉及用户个人信息的，还应当遵守本法和有关法律、行政法规关于个人信息保护的规定。

第三十七条　关键信息基础设施的运营者在中华人民共和国境内运营中收集和产生的个人信息和重要数据应当在境内存储。因业务需要，确需向境外提供的，应当按照国家网信部门会同国务院有关部门制定的办法进行安全评估；法律、行政法规另有规定的，依照其规定。

第四十一条　网络运营者收集、使用个人信息，应当遵循合法、正当、必要的原则，公开收集、使用规则，明示收集、使用信息的目的、方式和范围，并经被收集者同意。

网络运营者不得收集与其提供的服务无关的个人信息，不得违反法律、行政法规的规定和双方的约定收集、使用个人信息，并应当依照法律、行政法规的规定和与用户的约定，处理其保存的个人信息。

第四十二条　网络运营者不得泄露、篡改、毁损其收集的个人信息；未经被收集者同意，不得向他人提供个人信息。但是，经过处理无法识别特定个人且不能复原的除外。

网络运营者应当采取技术措施和其他必要措施，确保其收集的个人信息安全，防止信息泄露、毁损、丢失。在发生或者可能发生个人信息泄露、毁损、丢失的情况时，应当立即采取补救措施，按照规定及时告知用户并向有关主管部门报告。

第四十四条 任何个人和组织不得窃取或者以其他非法方式获取个人信息，不得非法出售或者非法向他人提供个人信息。

第四十五条 依法负有网络安全监督管理职责的部门及其工作人员，必须对在履行职责中知悉的个人信息、隐私和商业秘密严格保密，不得泄露、出售或者非法向他人提供。

第六十四条 网络运营者、网络产品或者服务的提供者违反本法第二十二条第三款、第四十一条至第四十三条规定，侵害个人信息依法得到保护的权利的，由有关主管部门责令改正，可以根据情节单处或者并处警告、没收违法所得、处违法所得一倍以上十倍以下罚款，没有违法所得的，处一百万元以下罚款，对直接负责的主管人员和其他直接责任人员处一万元以上十万元以下罚款；情节严重的，并可以责令暂停相关业务、停业整顿、关闭网站、吊销相关业务许可证或者吊销营业执照。

违反本法第四十四条规定，窃取或者以其他非法方式获取、非法出售或者非法向他人提供个人信息，尚不构成犯罪的，由公安机关没收违法所得，并处违法所得一倍以上十倍以下罚款，没有违法所得的，处一百万元以下罚款。

第七十六条 本法下列用语的含义：

（一）网络，是指由计算机或者其他信息终端及相关设备组成的按照一定的规则和程序对信息进行收集、存储、传输、交换、处理的系统。

（二）网络安全，是指通过采取必要措施，防范对网络的攻击、侵入、干扰、破坏和非法使用以及意外事故，使网络处于稳定可靠运行的状态，以及保障网络数据的完整性、保密性、可用性的能力。

（三）网络运营者，是指网络的所有者、管理者和网络服务提供者。

（四）网络数据，是指通过网络收集、存储、传输、处理和产生的各种电子数据。

（五）个人信息，是指以电子或者其他方式记录的能够单独或者与其他信息结合识别自然人个人身份的各种信息，包括但不限于自然人的姓名、出生日期、身份证件号码、个人生物识别信息、住址、电话号码等。

《反电信网络诈骗法》

第五条 反电信网络诈骗工作应当依法进行，维护公民和组织的合法权益。

有关部门和单位、个人应当对在反电信网络诈骗工作过程中知悉的国家秘密、商业秘密和个人隐私、个人信息予以保密。

第十六条 开立银行账户、支付账

户不得超出国家有关规定限制的数量。

对经识别存在异常开户情形的，银行业金融机构、非银行支付机构有权加强核查或者拒绝开户。

中国人民银行、国务院银行业监督管理机构组织有关清算机构建立跨机构开户数量核验机制和风险信息共享机制，并为客户提供查询名下银行账户、支付账户的便捷渠道。银行业金融机构、非银行支付机构应当按照国家有关规定提供开户情况和有关风险信息。相关信息不得用于反电信网络诈骗以外的其他用途。

第十八条　银行业金融机构、非银行支付机构应当对银行账户、支付账户及支付结算服务加强监测，建立完善符合电信网络诈骗活动特征的异常账户和可疑交易监测机制。

中国人民银行统筹建立跨银行业金融机构、非银行支付机构的反洗钱统一监测系统，会同国务院公安部门完善与电信网络诈骗犯罪资金流转特点相适应的反洗钱可疑交易报告制度。

对监测识别的异常账户和可疑交易，银行业金融机构、非银行支付机构应当根据风险情况，采取核实交易情况、重新核验身份、延迟支付结算、限制或者中止有关业务等必要的防范措施。

银行业金融机构、非银行支付机构

依照第一款规定开展异常账户和可疑交易监测时，可以收集异常客户互联网协议地址、网卡地址、支付受理终端信息等必要的交易信息、设备位置信息。上述信息未经客户授权，不得用于反电信网络诈骗以外的其他用途。

第二十五条　任何单位和个人不得为他人实施电信网络诈骗活动提供下列支持或者帮助：

（一）出售、提供个人信息；

（二）帮助他人通过虚拟货币交易等方式洗钱；

（三）其他为电信网络诈骗活动提供支持或者帮助的行为。

电信业务经营者、互联网服务提供者应当依照国家有关规定，履行合理注意义务，对利用下列业务从事涉诈支持、帮助活动进行监测识别和处置：

（一）提供互联网接入、服务器托管、网络存储、通讯传输、线路出租、域名解析等网络资源服务；

（二）提供信息发布或者搜索、广告推广、引流推广等网络推广服务；

（三）提供应用程序、网站等网络技术、产品的制作、维护服务；

（四）提供支付结算服务。

第二十九条　个人信息处理者应当依照《中华人民共和国个人信息保护法》等法律规定，规范个人信息处理，加强个人信息保护，建立个人信息被用于电信网络诈骗的防范机制。

履行个人信息保护职责的部门、单位对可能被电信网络诈骗利用的物流信息、交易信息、贷款信息、医疗信息、婚介信息等实施重点保护。公安机关办理电信网络诈骗案件，应当同时查证犯罪所利用的个人信息来源，依法追究相关人员和单位责任。

《数据安全法》

第三十二条 任何组织、个人收集数据，应当采取合法、正当的方式，不得窃取或者以其他非法方式获取数据。

法律、行政法规对收集、使用数据的目的、范围有规定的，应当在法律、行政法规规定的目的和范围内收集、使用数据。

第三十八条 国家机关为履行法定职责的需要收集、使用数据，应当在其履行法定职责的范围内依照法律、行政法规规定的条件和程序进行；对在履行职责中知悉的个人隐私、个人信息、商业秘密、保密商务信息等数据应当依法予以保密，不得泄露或者非法向他人提供。

第五十一条 窃取或者以其他非法方式获取数据，开展数据处理活动排除、限制竞争，或者损害个人、组织合法权益的，依照有关法律、行政法规的规定处罚。

《个人信息保护法》

第五条 处理个人信息应当遵循合法、正当、必要和诚信原则，不得通过误导、欺诈、胁迫等方式处理个人信息。

第十条 任何组织、个人不得非法收集、使用、加工、传输他人个人信息，不得非法买卖、提供或者公开他人个人信息；不得从事危害国家安全、公共利益的个人信息处理活动。

第二十五条 个人信息处理者不得公开其处理的个人信息，取得个人单独同意的除外。

第六十四条 履行个人信息保护职责的部门在履行职责中，发现个人信息处理活动存在较大风险或者发生个人信息安全事件的，可以按照规定的权限和程序对该个人信息处理者的法定代表人或者主要负责人进行约谈，或者要求个人信息处理者委托专业机构对其个人信息处理活动进行合规审计。个人信息处理者应当按照要求采取措施，进行整改，消除隐患。

履行个人信息保护职责的部门在履行职责中，发现违法处理个人信息涉嫌犯罪的，应当及时移送公安机关依法处理。

第七十条 个人信息处理者违反本法规定处理个人信息，侵害众多个人的权益的，人民检察院、法律规定的消费者组织和由国家网信部门确定的组织可以依法向人民法院提起诉讼。

第七十一条　违反本法规定，构成违反治安管理行为的，依法给予治安管理处罚；构成犯罪的，依法追究刑事责任。

《未成年人保护法》

第七十二条　信息处理者通过网络处理未成年人个人信息的，应当遵循合法、正当和必要的原则。处理不满十四周岁未成年人个人信息的，应当征得未成年人的父母或者其他监护人同意，但法律、行政法规另有规定的除外。

未成年人、父母或者其他监护人要求信息处理者更正、删除未成年人个人信息的，信息处理者应当及时采取措施予以更正、删除，但法律、行政法规另有规定的除外。

《电子商务法》

第二十三条　电子商务经营者收集、使用其用户的个人信息，应当遵守法律、行政法规有关个人信息保护的规定。

第二十四条　电子商务经营者应当明示用户信息查询、更正、删除以及用户注销的方式、程序，不得对用户信息查询、更正、删除以及用户注销设置不合理条件。

电子商务经营者收到用户信息查询或者更正、删除的申请的，应当在核实身份后及时提供查询或者更正、删除用户信息。用户注销的，电子商务经营者应当立即删除该用户的信息；依照法律、行政法规的规定或者双方约定保存的，依照其规定。

第二十五条　有关主管部门依照法律、行政法规的规定要求电子商务经营者提供有关电子商务数据信息的，电子商务经营者应当提供。有关主管部门应当采取必要措施保护电子商务经营者提供的数据信息的安全，并对其中的个人信息、隐私和商业秘密严格保密，不得泄露、出售或者非法向他人提供。

第三十二条　电子商务平台经营者应当遵循公开、公平、公正的原则，制定平台服务协议和交易规则，明确进入和退出平台、商品和服务质量保障、消费者权益保护、个人信息保护等方面的权利和义务。

第八十七条　依法负有电子商务监督管理职责的部门的工作人员，玩忽职守、滥用职权、徇私舞弊，或者泄露、出售或者非法向他人提供在履行职责中所知悉的个人信息、隐私和商业秘密的，依法追究法律责任。

《居民身份证法》

第六条　居民身份证式样由国务院公安部门制定。居民身份证由公安机关统一制作、发放。

居民身份证具备视读与机读两种功能，视读、机读的内容限于本法第三条第一款规定的项目。

公安机关及其人民警察对因制作、发放、查验、扣押居民身份证而知悉的公民的个人信息，应当予以保密。

第十三条　公民从事有关活动，需要证明身份的，有权使用居民身份证证明身份，有关单位及其工作人员不得拒绝。

有关单位及其工作人员对履行职责或者提供服务过程中获得的居民身份证记载的公民个人信息，应当予以保密。

第十九条　国家机关或者金融、电信、交通、教育、医疗等单位的工作人员泄露在履行职责或者提供服务过程中获得的居民身份证记载的公民个人信息，构成犯罪的，依法追究刑事责任；尚不构成犯罪的，由公安机关处十日以上十五日以下拘留，并处五千元罚款，有违法所得的，没收违法所得。

单位有前款行为，构成犯罪的，依法追究刑事责任；尚不构成犯罪的，由公安机关对其直接负责的主管人员和其他直接责任人员，处十日以上十五日以下拘留，并处十万元以上五十万元以下罚款，有违法所得的，没收违法所得。

有前两款行为，对他人造成损害的，依法承担民事责任。

第二十条　人民警察有下列行为之一的，根据情节轻重，依法给予行政处分；构成犯罪的，依法追究刑事责任：

（一）利用制作、发放、查验居民身份证的便利，收受他人财物或者谋取其他利益的；

（二）非法变更公民身份号码，或者在居民身份证上登载本法第三条第一款规定项目以外的信息或者故意登载虚假信息的；

（三）无正当理由不在法定期限内发放居民身份证的；

（四）违反规定查验、扣押居民身份证，侵害公民合法权益的；

（五）泄露因制作、发放、查验、扣押居民身份证而知悉的公民个人信息，侵害公民合法权益的。

《关于加强网络信息保护的决定》

一、国家保护能够识别公民个人身份和涉及公民个人隐私的电子信息。

任何组织和个人不得窃取或者以其他非法方式获取公民个人电子信息，不得出售或者非法向他人提供公民个人电子信息。

二、网络服务提供者和其他企业事业单位在业务活动中收集、使用公民个人电子信息，应当遵循合法、正当、必要的原则，明示收集、使用信息的目的、方式和范围，并经被收集者同意，不得违反法律、法规的规定和双方的约定收集、使用信息。

网络服务提供者和其他企业事业单位收集、使用公民个人电子信息，应当公开其收集、使用规则。

三、网络服务提供者和其他企业事业单位及其工作人员对在业务活动中收集的公民个人电子信息必须严格保密，不得泄露、篡改、毁损，不得出售或者非法向他人提供。

四、网络服务提供者和其他企业事业单位应当采取技术措施和其他必要措施，确保信息安全，防止在业务活动中收集的公民个人电子信息泄露、毁损、丢失。在发生或者可能发生信息泄露、毁损、丢失的情况时，应当立即采取补救措施。

五、网络服务提供者应当加强对其用户发布的信息的管理，发现法律、法规禁止发布或者传输的信息的，应当立即停止传输该信息，采取消除等处置措施，保存有关记录，并向有关主管部门报告。

八、公民发现泄露个人身份、散布个人隐私等侵害其合法权益的网络信息，或者受到商业性电子信息侵扰的，有权要求网络服务提供者删除有关信息或者采取其他必要措施予以制止。

九、任何组织和个人对窃取或者以其他非法方式获取、出售或者非法向他人提供公民个人电子信息的违法犯罪行为以及其他网络信息违法犯罪行为，有权向有关主管部门举报、控告；接到举报、控告的部门应当依法及时处理。被侵权人可以依法提起诉讼。

十、有关主管部门应当在各自职权范围内依法履行职责，采取技术措施和其他必要措施，防范、制止和查处窃取或者以其他非法方式获取、出售或者非法向他人提供公民个人电子信息的违法犯罪行为以及其他网络信息违法犯罪行为。有关主管部门依法履行职责时，网络服务提供者应当予以配合，提供技术支持。

国家机关及其工作人员对在履行职责中知悉的公民个人电子信息应当予以保密，不得泄露、篡改、毁损，不得出售或者非法向他人提供。

十一、对有违反本决定行为的，依法给予警告、罚款、没收违法所得、吊销许可证或者取消备案、关闭网站、禁止有关责任人员从事网络服务业务等处罚，记入社会信用档案并予以公布；构成违反治安管理行为的，依法给予治安管理处罚。构成犯罪的，依法追究刑事责任。侵害他人民事权益的，依法承担民事责任。

《消费者权益保护法》

第二十九条　经营者收集、使用消费者个人信息，应当遵循合法、正当、必要的原则，明示收集、使用信息的目的、方式和范围，并经消费者同意。经营者收集、使用消费者个人信息，应当公开其收集、使用规则，不得违反法律、法规的规定和双方的约定收集、使用信息。

经营者及其工作人员对收集的消费者个人信息必须严格保密，不得泄露、出售或者非法向他人提供。经营者应当采取技术措施和其他必要措施，确保信息安全，防止消费者个人信息泄露、丢失。在发生或者可能发生信息泄露、丢失的情况时，应当立即采取补救措施。

经营者未经消费者同意或者请求，或者消费者明确表示拒绝的，不得向其发送商业性信息。

《国家情报法》

第十九条 国家情报工作机构及其工作人员应当严格依法办事，不得超越职权、滥用职权，不得侵犯公民和组织的合法权益，不得利用职务便利为自己或者他人谋取私利，不得泄露国家秘密、商业秘密和个人信息。

第三十一条 国家情报工作机构及其工作人员有超越职权、滥用职权，侵犯公民和组织的合法权益，利用职务便利为自己或者他人谋取私利，泄露国家秘密、商业秘密和个人信息等违法违纪行为的，依法给予处分；构成犯罪的，依法追究刑事责任。

《密码法》

第十二条 任何组织或者个人不得窃取他人加密保护的信息或者非法侵入他人的密码保障系统。

任何组织或者个人不得利用密码从事危害国家安全、社会公共利益、他人合法权益等违法犯罪活动。

第三十二条 违反本法第十二条规定，窃取他人加密保护的信息，非法侵入他人的密码保障系统，或者利用密码从事危害国家安全、社会公共利益、他人合法权益等违法活动的，由有关部门依照《中华人民共和国网络安全法》和其他有关法律、行政法规的规定追究法律责任。

《反间谍法》

第十一条 国家安全机关及其工作人员在工作中，应当严格依法办事，不得超越职权、滥用职权，不得侵犯个人和组织的合法权益。

国家安全机关及其工作人员依法履行反间谍工作职责获取的个人和组织的信息，只能用于反间谍工作。对属于国家秘密、工作秘密、商业秘密和个人隐私、个人信息的，应当保密。

第六十九条 国家安全机关工作人员滥用职权、玩忽职守、徇私舞弊，或者有非法拘禁、刑讯逼供、暴力取证、违反规定泄露国家秘密、工作秘密、商业秘密和个人隐私、个人信息等行为，依法予以处分，构成犯罪的，依法追究刑事责任。

◎ 党内法规

《关于促进移动互联网健康有序发展的意见》

四、防范移动互联网安全风险

……

16. 打击网络违法犯罪。坚决打击利用移动互联网鼓吹推翻国家政权、煽动宗教极端主义、宣扬民族分裂思想、教唆暴力恐怖等违法犯罪活动。严厉查处造谣诽谤、电信网络诈骗、攻击窃密、盗版侵权、非法售卖个人信息等违法犯罪行为。全面清理赌博、传销、非法集资、淫秽色情、涉枪涉爆等违法违规信息。

……

《关于构建数据基础制度更好发挥数据要素作用的意见》

二、建立保障权益、合规使用的数据产权制度

……

（六）建立健全个人信息数据确权授权机制。对承载个人信息的数据，推动数据处理者按照个人授权范围依法依规采集、持有、托管和使用数据，规范对个人信息的处理活动，不得采取"一揽子授权"、强制同意等方式过度收集个人信息，促进个人信息合理利用。探索由受托者代表个人利益，监督市场主体对个人信息数据进行采集、加工、使用的机制。对涉及国家安全的特殊个人信息数据，可依法依规授权有关单位使用。加大个人信息保护力度，推动重点行业建立完善长效保护机制，强化企业主体责任，规范企业采集使用个人信息行为。创新技术手段，推动个人信息匿名化处理，保障使用个人信息数据时的信息安全和个人隐私。

……

◎ **行政法规**

《征信业管理条例》

第十三条　采集个人信息应当经信息主体本人同意，未经本人同意不得采集。但是，依照法律、行政法规规定公开的信息除外。

企业的董事、监事、高级管理人员与其履行职务相关的信息，不作为个人信息。

第十四条　禁止征信机构采集个人的宗教信仰、基因、指纹、血型、疾病和病史信息以及法律、行政法规规定禁止采集的其他个人信息。

征信机构不得采集个人的收入、存款、有价证券、商业保险、不动产的信息和纳税数额信息。但是，征信机构明确告知信息主体提供该信息可能产生的不利后果，并取得其书面同意的除外。

第十五条　信息提供者向征信机构提供个人不良信息，应当事先告知信息主体本人。但是，依照法律、行政法规规定公开的不良信息除外。

第十八条　向征信机构查询个人信息的，应当取得信息主体本人的书面同意并约定用途。但是，法律规定可以不经同意查询的除外。

征信机构不得违反前款规定提供个

人信息。

第二十条 信息使用者应当按照与个人信息主体约定的用途使用个人信息，不得用作约定以外的用途，不得未经个人信息主体同意向第三方提供。

第二十二条 征信机构应当按照国务院征信业监督管理部门的规定，建立健全和严格执行保障信息安全的规章制度，并采取有效技术措施保障信息安全。

经营个人征信业务的征信机构应当对其工作人员查询个人信息的权限和程序作出明确规定，对工作人员查询个人信息的情况进行登记，如实记载查询工作人员的姓名、查询的时间、内容及用途。工作人员不得违反规定的权限和程序查询信息，不得泄露工作中获取的信息。

第二十六条 信息主体认为征信机构或者信息提供者、信息使用者侵害其合法权益的，可以向所在地的国务院征信业监督管理部门派出机构投诉。

受理投诉的机构应当及时进行核查和处理，自受理之日起30日内书面答复投诉人。

信息主体认为征信机构或者信息提供者、信息使用者侵害其合法权益的，可以直接向人民法院起诉。

第二十八条 金融信用信息基础数据库接收从事信贷业务的机构按照规定提供的信贷信息。

金融信用信息基础数据库为信息主体和取得信息主体本人书面同意的信息使用者提供查询服务。国家机关可以依法查询金融信用信息基础数据库的信息。

第二十九条 从事信贷业务的机构应当按照规定向金融信用信息基础数据库提供信贷信息。

从事信贷业务的机构向金融信用信息基础数据库或者其他主体提供信贷信息，应当事先取得信息主体的书面同意，并适用本条例关于信息提供者的规定。

第三十五条 国务院征信业监督管理部门及其派出机构的工作人员对在工作中知悉的国家秘密和信息主体的信息，应当依法保密。

第三十八条 征信机构、金融信用信息基础数据库运行机构违反本条例规定，有下列行为之一的，由国务院征信业监督管理部门或者其派出机构责令限期改正，对单位处5万元以上50万元以下的罚款；对直接负责的主管人员和其他直接责任人员处1万元以上10万元以下的罚款；有违法所得的，没收违法所得。给信息主体造成损失的，依法承担民事责任；构成犯罪的，依法追究刑事责任：

（一）窃取或者以其他方式非法获

取信息；

（二）采集禁止采集的个人信息或者未经同意采集个人信息；

（三）违法提供或者出售信息；

（四）因过失泄露信息；

（五）逾期不删除个人不良信息；

（六）未按照规定对异议信息进行核查和处理；

（七）拒绝、阻碍国务院征信业监督管理部门或者其派出机构检查、调查或者不如实提供有关文件、资料；

（八）违反征信业务规则，侵害信息主体合法权益的其他行为。

经营个人征信业务的征信机构有前款所列行为之一，情节严重或者造成严重后果的，由国务院征信业监督管理部门吊销其个人征信业务经营许可证。

第四十条　向金融信用信息基础数据库提供或者查询信息的机构违反本条例规定，有下列行为之一的，由国务院征信业监督管理部门或者其派出机构责令限期改正，对单位处 5 万元以上 50 万元以下的罚款；对直接负责的主管人员和其他直接责任人员处 1 万元以上 10 万元以下的罚款；有违法所得的，没收违法所得。给信息主体造成损失的，依法承担民事责任；构成犯罪的，依法追究刑事责任：

（一）违法提供或者出售信息；

（二）因过失泄露信息；

（三）未经同意查询个人信息或者企业的信贷信息；

（四）未按照规定处理异议或者对确有错误、遗漏的信息不予更正；

（五）拒绝、阻碍国务院征信业监督管理部门或者其派出机构检查、调查或者不如实提供有关文件、资料。

第四十二条　信息使用者违反本条例规定，未按照与个人信息主体约定的用途使用个人信息或者未经个人信息主体同意向第三方提供个人信息，情节严重或者造成严重后果的，由国务院征信业监督管理部门或者其派出机构对单位处 2 万元以上 20 万元以下的罚款；对个人处 1 万元以上 5 万元以下的罚款；有违法所得的，没收违法所得。给信息主体造成损失的，依法承担民事责任；构成犯罪的，依法追究刑事责任。

《信息网络传播权保护条例》

第十三条　著作权行政管理部门为了查处侵犯信息网络传播权的行为，可以要求网络服务提供者提供涉嫌侵权的服务对象的姓名（名称）、联系方式、网络地址等资料。

《电信条例》

第五十七条　任何组织或者个人不得有下列危害电信网络安全和信息安全的行为：

（一）对电信网的功能或者存储、

处理、传输的数据和应用程序进行删除或者修改；

（二）利用电信网从事窃取或者破坏他人信息、损害他人合法权益的活动；

（三）故意制作、复制、传播计算机病毒或者以其他方式攻击他人电信网络等电信设施；

（四）危害电信网络安全和信息安全的其他行为。

《关键信息基础设施安全保护条例》

第三十条 网信部门、公安机关、保护工作部门等有关部门、网络安全服务机构及其工作人员对于在关键信息基础设施安全保护工作中获取的信息，只能用于维护网络安全，并严格按照有关法律、行政法规的要求确保信息安全，不得泄露、出售或者非法向他人提供。

第四十六条 网信部门、公安机关、保护工作部门等有关部门、网络安全服务机构及其工作人员将在关键信息基础设施安全保护工作中获取的信息用于其他用途，或者泄露、出售、非法向他人提供的，依法对直接负责的主管人员和其他直接责任人员给予处分。

《商用密码管理条例》

第四十七条 商用密码检测、认证机构和电子政务电子认证服务机构及其工作人员，应当对其在商用密码活动中所知悉的国家秘密和商业秘密承担保密义务。

密码管理部门和有关部门及其工作人员不得要求商用密码科研、生产、销售、服务、进出口等单位和商用密码检测、认证机构向其披露源代码等密码相关专有信息，并对其在履行职责中知悉的商业秘密和个人隐私严格保密，不得泄露或者非法向他人提供。

《国务院关于在线政务服务的若干规定》

第十四条 政务服务机构及其工作人员泄露、出售或者非法向他人提供履行职责过程中知悉的个人信息、隐私和商业秘密，或者不依法履行职责，玩忽职守、滥用职权、徇私舞弊的，依法追究法律责任。

◎ **司法解释**

《关于依法惩处侵害公民个人信息犯罪活动的通知》

二、正确适用法律，实现法律效果与社会效果的有机统一。侵害公民个人信息犯罪是新型犯罪，各级公安机关、人民检察院、人民法院要从切实保护公民个人信息安全和维护社会和谐稳定的高度，借鉴以往的成功判例，综合考虑出售、非法提供或非法获取个人信息的次数、数量、手段和牟利数额、造成的损害后果等因素，依法加大打击力度，确保取得良好的法律效果和社会效果。出售、非法提供公民个人信息罪的犯罪主体，除国家机关或金融、电信、交通、医疗单位的工作人员之外，还包括在履行职责或者提供服务过程中获得公民个人信息的商业、房地产业等服务业中其他企事业单位的工作人员。公民个人信息包括公民的姓名、年龄、有效证件号码、婚姻状况、工作单位、学历、履历、家庭住址、电话号码等能够识别公民个人身份或者涉及公民个人隐私的信息、数据资料。对于在履行职责或者提供服务过程中，将获得的公民个人信息出售或者非法提供给他人，被他人用以实施犯罪，造成受害人人身伤害或者死亡，或者造成重大经济损失、恶劣社会影响的，或者出售、非法提供公民个人信息数量较大，或者违法所得数额较大的，均应当依法以非法出售、非法提供公民个人信息罪追究刑事责任。对于窃取或者以购买等方法非法获取公民个人信息数量较大，或者违法所得数额较大，或者造成其他严重后果的，应当依法以非法获取公民个人信息罪追究刑事责任。对使用非法获取的个人信息，实施其他犯罪行为，构成数罪的，应当依法予以并罚。单位实施侵害公民个人信息罪的，应当追究直接负责的主管人员和其他直接责任人员的刑事责任。要依法加大对财产刑的适用力度，剥夺犯罪分子非法获利和再次犯罪的资本。

三、加强协作配合，确保执法司法及时高效。侵害公民个人信息犯罪网络覆盖面大，关系错综复杂。犯罪行为发生地、犯罪结果发生地、犯罪分子所在地等往往不在一地。同时，由于犯罪行为大多依托互联网、移动电子设备，通过即时通讯工具、电子邮件等多种方式实施，调查取证难度很大，各级公安机关、人民检察院、人民法院要在分工负责、依法高效履行职责的基础上，进一步加强沟通协调，通力配合，密切协作，保证立案、侦查、批捕、审查起诉、审判等各个环节顺利进行。对查获的及时立案侦查，及时移送审查起诉。对于几个公安机关都有权管辖的案件，由最初受理的公安机关管辖。必要时，可以由主要犯罪地的公安机关管辖。对管辖不明确或者有争议的刑事案件，可以由公安机关协商。协商不成的，由共同上级公安机关指定管辖。对于指定管辖的案件，需要逮捕犯罪嫌疑人的，由被指定管辖的公安机关提请同级人民检察院审查批准；需要提起公诉的，由该公安机关移送同级人民检察院审查决定；认为应当由上级人民检察院或者同级其他人民检察院起诉的，应当将案件移交有管辖权的人民检察院；人民检察院认为需要依照刑事诉讼法的规定指定审判管辖的，应当协商同级人民法院办理指定管辖有关事宜。在办理侵害公民个人信息犯罪案件的过程中，对于疑难、复杂案件，人民检察院可以适时派员会同公安机关共同就证据收集等方面进行研究和沟通协调。人民检察院对于公安机关提请批准逮捕、移送审查起诉的相关案件，符合批捕、起诉条件的，要依法尽快予以批捕、起诉；对于确需补充侦查的，要制作具体、详细的补充侦查提纲。人民法院要加强审判力量，准确定性，依法快审快结。

四、推进综合治理，建立防范、打击长效工作机制。预防和打击侵害公民个人信息犯罪是一项艰巨任务，必须标本兼治，积极探索和构建防范、打击的长效工作机制。各地公安机关、人民检察院、人民法院在依法惩处此类犯罪的同时，要积极参与综合治理，注意发现保护公民个人信息工作中的疏漏和隐患，及时通报相关部门，提醒和督促有关部门和单位加强监管、完善制度。要充分利用报纸、广播、电视、网络等多种媒体平台，大力宣传党和国家打击此类犯罪的决心和力度，宣传相关的政策和法律法规，提醒和教育广大群众运用法律保障和维护自身合法权益，提高自我防范的意识和能力。

《关于办理刑事案件收集提取和审查判断电子数据若干问题的规定》

第四条 电子数据涉及国家秘密、商业秘密、个人隐私的，应当保密。

《关于办理电信网络诈骗等刑事案件适用法律若干问题的意见》

三、全面惩处关联犯罪

......

（二）违反国家有关规定，向他人出售或者提供公民个人信息，窃取或者以其他方法非法获取公民个人信息，符合刑法第二百五十三条之一规定的，以侵犯公民个人信息罪追究刑事责任。

使用非法获取的公民个人信息，实施电信网络诈骗犯罪行为，构成数罪的，应当依法予以并罚。

......

《关于办理侵犯公民个人信息刑事案件适用法律若干问题的解释》

第一条 刑法第二百五十三条之一规定的"公民个人信息"，是指以电子或者其他方式记录的能够单独或者与其他信息结合识别特定自然人身份或者反映特定自然人活动情况的各种信息，包括姓名、身份证件号码、通信通讯联系方式、住址、账号密码、财产状况、行踪轨迹等。

第二条 违反法律、行政法规、部门规章有关公民个人信息保护的规定的，应当认定为刑法第二百五十三条之一规定的"违反国家有关规定"。

第三条 向特定人提供公民个人信息，以及通过信息网络或者其他途径发布公民个人信息的，应当认定为刑法第二百五十三条之一规定的"提供公民个人信息"。

未经被收集者同意，将合法收集的公民个人信息向他人提供的，属于刑法第二百五十三条之一规定的"提供公民个人信息"，但是经过处理无法识别特定个人且不能复原的除外。

第四条　违反国家有关规定，通过购买、收受、交换等方式获取公民个人信息，或者在履行职责、提供服务过程中收集公民个人信息的，属于刑法第二百五十三条之一第三款规定的"以其他方法非法获取公民个人信息"。

第五条　非法获取、出售或者提供公民个人信息，具有下列情形之一的，应当认定为刑法第二百五十三条之一规定的"情节严重"：

（一）出售或者提供行踪轨迹信息，被他人用于犯罪的；

（二）知道或者应当知道他人利用公民个人信息实施犯罪，向其出售或者提供的；

（三）非法获取、出售或者提供行踪轨迹信息、通信内容、征信信息、财产信息五十条以上的；

（四）非法获取、出售或者提供住宿信息、通信记录、健康生理信息、交易信息等其他可能影响人身、财产安全的公民个人信息五百条以上的；

（五）非法获取、出售或者提供第三项、第四项规定以外的公民个人信息五千条以上的；

（六）数量未达到第三项至第五项规定标准，但是按相应比例合计达到有关数量标准的；

（七）违法所得五千元以上的；

（八）将在履行职责或者提供服务过程中获得的公民个人信息出售或者提供给他人，数量或者数额达到第三项至第七项规定标准一半以上的；

（九）曾因侵犯公民个人信息受过刑事处罚或者二年内受过行政处罚，又非法获取、出售或者提供公民个人信息的；

（十）其他情节严重的情形。

实施前款规定的行为，具有下列情形之一的，应当认定为刑法第二百五十三条之一第一款规定的"情节特别严重"：

（一）造成被害人死亡、重伤、精神失常或者被绑架等严重后果的；

（二）造成重大经济损失或者恶劣社会影响的；

（三）数量或者数额达到前款第三项至第八项规定标准十倍以上的；

（四）其他情节特别严重的情形。

第六条　为合法经营活动而非法购买、收受本解释第五条第一款第三项、第四项规定以外的公民个人信息，具有下列情形之一的，应当认定为刑法第二百五十三条之一规定的"情节严重"：

（一）利用非法购买、收受的公民

个人信息获利五万元以上的；

（二）曾因侵犯公民个人信息受过刑事处罚或者二年内受过行政处罚，又非法购买、收受公民个人信息的；

（三）其他情节严重的情形。

实施前款规定的行为，将购买、收受的公民个人信息非法出售或者提供的，定罪量刑标准适用本解释第五条的规定。

第七条　单位犯刑法第二百五十三条之一规定之罪的，依照本解释规定的相应自然人犯罪的定罪量刑标准，对直接负责的主管人员和其他直接责任人员定罪处罚，并对单位判处罚金。

第八条　设立用于实施非法获取、出售或者提供公民个人信息违法犯罪活动的网站、通讯群组，情节严重的，应当依照刑法第二百八十七条之一的规定，以非法利用信息网络罪定罪处罚；同时构成侵犯公民个人信息罪的，依照侵犯公民个人信息罪定罪处罚。

第十条　实施侵犯公民个人信息犯罪，不属于"情节特别严重"，行为人系初犯，全部退赃，并确有悔罪表现的，可以认定为情节轻微，不起诉或者免予刑事处罚；确有必要判处刑罚的，应当从宽处罚。

第十一条　非法获取公民个人信息后又出售或者提供的，公民个人信息的条数不重复计算。

向不同单位或者个人分别出售、提供同一公民个人信息的，公民个人信息的条数累计计算。

对批量公民个人信息的条数，根据查获的数量直接认定，但是有证据证明信息不真实或者重复的除外。

第十二条　对于侵犯公民个人信息犯罪，应当综合考虑犯罪的危害程度、犯罪的违法所得数额以及被告人的前科情况、认罪悔罪态度等，依法判处罚金。罚金数额一般在违法所得的一倍以上五倍以下。

《检察机关办理侵犯公民个人信息案件指引》

一、需要特别注意的问题

在侵犯公民个人信息案件审查逮捕、审查起诉中，要根据相关法律、司法解释等规定，结合在案证据，重点注意以下问题：

（一）对"公民个人信息"的审查认定

根据《解释》的规定，公民个人信息是指以电子或者其他方式记录的能够单独或者与其他信息结合识别特定自然人身份或者反映特定自然人活动情况的各种信息，包括姓名、身份证件号码、通信通讯联系方式、住址、账号密码、财产状况、行踪轨迹等。经过处理无法识别特定自然人且不能复原的信息，虽然也可能反映自然人活动情况，但与特定自然人无直接关联，不属于公民个人信息的范畴。

对于企业工商登记等信息中所包含的手机、电话号码等信息，应当明确该号码的用途。对由公司购买、使用的手机、电话号码等信息，不属于个人信息的范畴，从而严格区分"手机、电话号码等由公司购买，归公司使用"与"公司经办人在工商登记等活动中登记个人电话、手机号码"两种不同情形。

（二）对"违反国家有关规定"的审查认定

《中华人民共和国刑法修正案（九）》将原第二百五十三条之一的"违反国家规定"修改为"违反国家有关规定"，后者的范围明显更广。根据刑法第九十六条的规定，"国家规定"仅限于全国人大及其常委会制定的法律和决定，国务院制定的行政法规、规定的行政措施、发布的决定和命令。而"国家有关规定"还包括部门规章，这些规定散见于金融、电信、交通、教育、医疗、统计、邮政等领域的法律、行政法规或部门规章中。

（三）对"非法获取"的审查认定

在窃取或者以其他方法非法获取公民个人信息的行为中，需要着重把握"其他方法"的范围问题。"其他方法"，是指"窃取"以外，与窃取行为具有同等危害性的方法，其中，购买是最常见的非法获取手段。侵犯公民个人信息犯罪作为电信网络诈骗的上游犯罪，诈骗分子往往先通过网络向他人购买公民个人信息，然后自己直接用于诈骗或转发给其他同伙用于诈骗，诈骗分子购买公民个人信息的行为属于非法获取行为，其同伙接收公民个人信息的行为明显也属于非法获取行为。同时，一些房产中介、物业管理公司、保险公司、担保公司的业务员往往与同行通过QQ、微信群互相交换各自掌握的客户信息，这种交换行为也属于非法获取行为。此外，行为人在履行职责、提供服务过程中，违反国家有关规定，未经他人同意收集公民个人信息，或者收集与提供的服务无关的公民个人信息的，也属于非法获取公民个人信息的行为。

（四）对"情节严重"和"情节特别严重"的审查认定

1. 关于"情节严重"的具体认定标准，根据《解释》第五条第一款的规定，主要涉及五个方面：

（1）信息类型和数量。①行踪轨迹信息、通信内容、征信信息、财产信息，此类信息与公民人身、财产安全直接相关，数量标准为五十条以上，且仅限于上述四类信息，不允许扩大范围。对于财产信息，既包括银行、第三方支付平台、证券期货等金融服务账户的身份认证信息（一组确认用户操作权限的数据，包括账号、口令、密码、数字证书等），也包括存款、房产、车辆等财产状况信息。②住宿信息、通信记录、健康生理信息、交易信息等可能影响公民人身、财产安全的信息，数量标准为五百条以上，此类信息也与人身、财产安全直接相关，但重要程度要弱于行踪轨迹信息、通信内容、征信信息、财产信息。对"其他可能影响人身、财产安全的公民个人信息"的把握，应当确保所适用的公民个人信息涉及人身、财产安全，且与"住宿信息、通信记录、健康生理信息、交易信息"在重要程度上具有相当性。③除上述两类信息以外的其他公民个人信息，数量标准为五千条以上。

（2）违法所得数额。对于违法所得，可直接以犯罪嫌疑人出售公民个人信息的收入予以认定，不必扣减其购买信息的犯罪成本。同时，在审查认定违法所得数额过程中，应当以查获的银行交易记录、第三方支付平台交易记录、聊天记录、犯罪嫌疑人供述、证人证言综合予以认定，对于犯罪嫌疑人无法说明合法来源的用于专门实施侵犯公民个人信息犯罪的银行账户或第三方支付平台账户内资金收入，可综合全案证据认定为违法所得。

（3）信息用途。公民个人信息被他人用于违法犯罪活动的，不要求他人的行为必须构成犯罪，只要行为人明知他人非法获取公民个人信息用于违法犯罪活动即可。

（4）主体身份。如果行为人系将在履行职责或者提供服务过程中获得的公民个人信息出售或者提供给他人的，涉案信息数量、违法所得数额只要达到一般主体的一半，即可认为"情节严重"。

（5）主观恶性。曾因侵犯公民个人信息受过刑事处罚或者二年内受过行政处罚，又非法获取、出售或者提供公民个人信息的，即可认为"情节严重"。

2. 关于"情节特别严重"的认定标准，根据《解释》，主要分为两类：一是信息数量、违法所得数额标准。二是信息用途引发的严重后果，其中造成人身伤亡、经济损失、恶劣社会影响等后果，需要审查认定侵犯公民个人信息的行为与严重后果间存在因果关系。

对于涉案公民个人信息数量的认定，根据《解释》第十一条，非法获取公民个人信息后又出售或者提供的，公民个人信息的条数不重复计算；向不同单位或者个人分别出售、提供同一公民个人信息的，公民个人信息的条数累计计算；对批量出售、提供公民个人信息的条数，根据查获的数量直接认定，但是有证据证明信息不真实或者重复的除外。在实践中，如犯罪嫌疑人多次获取同一条公民个人信息，一般认定为一条，不重复累计；但获取的该公民个人信息内容发生了变化的除外。

对于涉案公民个人信息的数量、社会危害性等因素的审查，应当结合刑法第二百五十三条和《解释》的规定进行综合审查。涉案公民个人信息数量极少，但造成被害人死亡等严重后果的，应审查犯罪嫌疑人行为与该后果之间的因果关系，符合条件的，可以认定为实施《解释》第五条第一款第十项"其他情节严重的情形"的行为，造成被害人死亡等严重后果，从而认定为"情节特别严重"。如涉案公民个人信息数量较多，但犯罪嫌疑人仅仅获取而未向他人出售或提供，则可以在认定相关犯罪事实的基础上，审查该行为是否符合《解释》第五条第一款第三、四、五、六、九项及第二款第三项的情形，符合条件的，可以分别认定为"情节严重""情节特别严重"。

此外，针对为合法经营活动而购买、收受公民个人信息的行为，在适用《解释》第六条的定罪量刑标准时须满足三个条件：一是为了合法经营活动，对此可以综合全案证据认定，但主要应当由犯罪嫌疑人一方提供相关证据；二是限于普通公民个人信息，即不包括可能影响人身、财产安全的敏感信息；三是信息没有再流出扩散，即行为方式限于购买、收受。如果将购买、收受的公民个人信息非法出售或

者提供的，定罪量刑标准应当适用《解释》第五条的规定。

（五）对关联犯罪的审查认定

对于侵犯公民个人信息犯罪与电信网络诈骗犯罪相交织的案件，应严格按照《最高人民法院、最高人民检察院、公安部关于办理电信网络诈骗等刑事案件适用法律若干问题的意见》（法发〔2016〕32号）的规定进行审查认定，即通过认真审查非法获取、出售、提供公民个人信息的犯罪嫌疑人对电信网络诈骗犯罪的参与程度，结合能够证实其认知能力的学历文化、聊天记录、通话频率、获取固定报酬还是参与电信网络诈骗犯罪分成等证据，分析判断其是否属于诈骗共同犯罪、是否应该数罪并罚。

根据《解释》第八条的规定，设立用于实施出售、提供或者非法获取公民个人信息违法犯罪活动的网站、通讯群组，情节严重的，应当依照刑法第二百八十七条之一的规定，以非法利用信息网络罪定罪；同时构成侵犯公民个人信息罪的，应当认定为侵犯公民个人信息罪。

对于违反国家有关规定，采用技术手段非法侵入合法存储公民个人信息的单位数据库窃取公民个人信息的行为，也符合刑法第二百八十五条第二款非法获取计算机信息系统数据罪的客观特

征，同时触犯侵犯公民个人信息罪和非法获取计算机信息系统数据罪的，应择一重罪论处。

此外，针对公安民警在履行职责过程中，违反国家有关规定，查询、提供公民个人信息的情形，应当认定为"违反国家有关规定，将在履行职责或者提供服务过程中以其他方法非法获取或提供公民个人信息"。但同时，应当审查犯罪嫌疑人除该行为之外有无其他行为侵害其他法益，从而对可能存在的其他犯罪予以准确认定。

《办理跨境赌博犯罪案件若干问题的意见》

四、关于跨境赌博关联犯罪的认定

......

（五）为赌博犯罪提供资金、信用卡、资金结算等服务，构成赌博犯罪共犯，同时构成非法经营罪、妨害信用卡管理罪、窃取、收买、非法提供信用卡信息罪、掩饰、隐瞒犯罪所得、犯罪收益罪等罪的，依照处罚较重的规定定罪处罚。

为网络赌博犯罪提供互联网接入、服务器托管、网络存储、通讯传输等技术支持，或者提供广告推广、支付结算等帮助，构成赌博犯罪共犯，同时构成非法利用信息网络罪、帮助信息网络犯罪活动罪等罪的，依照处罚较重的规定定罪处罚。

为实施赌博犯罪，非法获取公民个人信息，或者向实施赌博犯罪者出售、提供公民个人信息，构成赌博犯罪共犯，同时构成侵犯公民个人信息罪的，依照处罚较重的规定定罪处罚。

《关于办理电信网络诈骗等刑事案件适用法律的意见（二）》

五、非法获取、出售、提供具有信息发布、即时通讯、支付结算等功能的互联网账号密码、个人生物识别信息，符合刑法第二百五十三条之一规定的，以侵犯公民个人信息罪追究刑事责任。

对批量前述互联网账号密码、个人生物识别信息的条数，根据查获的数量直接认定，但有证据证明信息不真实或者重复的除外。

◎ **部门规章**

《互联网 IP 地址备案管理办法》

第十六条 信息产业部和省通信管理局及其工作人员对 IP 地址分配机构报备的 IP 地址信息，有保密的义务。

信息产业部和省通信管理局及其工作人员不得向他人提供 IP 地址分配机构报备的 IP 地址信息，但法律、行政法规另有规定的除外。

《个人信用信息基础数据库管理暂行办法》

第五条 中国人民银行、商业银行及其工作人员应当为在工作中知悉的个人信用信息保密。

第七条 商业银行不得向未经信贷

征信主管部门批准建立或变相建立的个人信用数据库提供个人信用信息。

第八条　征信服务中心应当建立完善的规章制度和采取先进的技术手段确保个人信用信息安全。

第三十一条　商业银行应当建立保证个人信用信息安全的管理制度，确保只有得到内部授权的人员才能接触个人信用报告，不得将个人信用报告用于本办法第十二条规定以外的其它用途。

第三十二条　征信服务中心应当制定信用信息采集、整理、保存、查询、异议处理、用户管理、安全管理等方面的管理制度和操作规程，明确岗位职责，完善内控制度，保障个人信用数据库的正常运行和个人信用信息的安全。

第三十三条　征信服务中心及其工作人员不得违反法律、法规及本办法的规定，篡改、毁损、泄露或非法使用个人信用信息，不得与自然人、法人、其它组织恶意串通，提供虚假信用报告。

第三十九条　商业银行有下列情形之一的，由中国人民银行责令改正，并处一万元以上三万元以下罚款；涉嫌犯罪的，依法移交司法机关处理：

（一）违反本办法规定，未准确、完整、及时报送个人信用信息的；

（二）违反本办法第七条规定的；

（三）越权查询个人信用数据库的；

（四）将查询结果用于本办法规定

之外的其他目的的；

（五）违反异议处理规定的；

（六）违反本办法安全管理要求的。

第四十条　商业银行有本办法第三十八条至第三十九条规定情形的，中国人民银行可以建议商业银行对直接负责的董事、高级管理人员和其他直接责任人员给予纪律处分；涉嫌犯罪的，依法移交司法机关处理。

第四十一条　征信服务中心工作人员有下列情形之一的，由中国人民银行依法给予行政处分；涉嫌犯罪的，依法移交司法机关处理：

（一）违反本办法规定，篡改、毁损、泄露或非法使用个人信用信息的；

（二）与自然人、法人、其它组织恶意串通，提供虚假信用报告的。

第四十二条　中国人民银行其他工作人员有违反本办法规定的行为，造成个人信用信息被泄露的，依法给予行政处分；涉嫌犯罪的，依法移交司法机关处理。

《互联网安全保护技术措施规定》

第四条　互联网服务提供者、联网使用单位应当建立相应的管理制度。未经用户同意不得公开、泄露用户注册信息，但法律、法规另有规定的除外。

互联网服务提供者、联网使用单位应当依法使用互联网安全保护技术措施，不得利用互联网安全保护技术措施侵犯用户的通信自由和通信秘密。

《互联网电子邮件服务管理办法》

第九条 互联网电子邮件服务提供者对用户的个人注册信息和互联网电子邮件地址，负有保密的义务。

互联网电子邮件服务提供者及其工作人员不得非法使用用户的个人注册信息资料和互联网电子邮件地址；未经用户同意，不得泄露用户的个人注册信息和互联网电子邮件地址，但法律、行政法规另有规定的除外。

第十一条 任何组织或者个人不得制作、复制、发布、传播包含《中华人民共和国电信条例》第五十七条规定内容的互联网电子邮件。

任何组织或者个人不得利用互联网电子邮件从事《中华人民共和国电信条例》第五十八条禁止的危害网络安全和信息安全的活动。

《通信网络安全防护管理办法》

第二十一条 电信管理机构及其委托的专业机构的工作人员对于检查工作中获悉的国家秘密、商业秘密和个人隐私，有保密的义务。

《规范互联网信息服务市场秩序若干规定》

第十一条 未经用户同意，互联网信息服务提供者不得收集与用户相关、能够单独或者与其他信息结合识别用户

的信息（以下简称"用户个人信息"），不得将用户个人信息提供给他人，但是法律、行政法规另有规定的除外。

互联网信息服务提供者经用户同意收集用户个人信息的，应当明确告知用户收集和处理用户个人信息的方式、内容和用途，不得收集其提供服务所必需以外的信息，不得将用户个人信息用于其提供服务之外的目的。

第十二条 互联网信息服务提供者应当妥善保管用户个人信息；保管的用户个人信息泄露或者可能泄露时，应当立即采取补救措施；造成或者可能造成严重后果的，应当立即向准予其互联网信息服务许可或者备案的电信管理机构报告，并配合相关部门进行的调查处理。

《电话用户真实身份信息登记规定》

第五条 电信业务经营者应当依法登记和保护电话用户办理入网手续时提供的真实身份信息。

第十二条 电信业务经营者应当建立健全用户真实身份信息保密管理制度。

电信业务经营者及其工作人员对在提供服务过程中登记的用户真实身份信息应当严格保密，不得泄露、篡改或者毁损，不得出售或者非法向他人提供，不得用于提供服务之外的目的。

第十三条　电话用户真实身份信息发生或者可能发生泄露、毁损、丢失的，电信业务经营者应当立即采取补救措施；造成或者可能造成严重后果的，应当立即向相关电信管理机构报告，配合相关部门进行的调查处理。

电信管理机构应当对报告或者发现的可能违反电话用户真实身份信息保护规定的行为的影响进行评估；影响特别重大的，相关省、自治区、直辖市通信管理局应当向工业和信息化部报告。电信管理机构在依据本规定作出处理决定前，可以要求电信业务经营者暂停有关行为，电信业务经营者应当执行。

第十六条　电信管理机构应当对电信业务经营者的电话用户真实身份信息登记和保护情况实施监督检查。电信管理机构实施监督检查时，可以要求电信业务经营者提供相关材料，进入其生产经营场所调查情况，电信业务经营者应当予以配合。

电信管理机构实施监督检查，应当记录监督检查的情况，不得妨碍电信业务经营者正常的经营或者服务活动，不得收取任何费用。

电信管理机构及其工作人员对在实施监督检查过程中知悉的电话用户真实身份信息应当予以保密，不得泄露、篡改或者毁损，不得出售或者非法向他人提供。

第十七条　电信业务经营者违反本规定第六条、第九条至第十五条的规定，或者不配合电信管理机构依照本规定开展的监督检查的，由电信管理机构依据职权责令限期改正，予以警告，可以并处一万元以上三万元以下罚款，向社会公告。其中，《中华人民共和国电信条例》规定法律责任的，依照其规定处理；构成犯罪的，依法追究刑事责任。

《电信和互联网用户个人信息保护规定》

第四条　本规定所称用户个人信息，是指电信业务经营者和互联网信息服务提供者在提供服务的过程中收集的用户姓名、出生日期、身份证件号码、住址、电话号码、账号和密码等能够单独或者与其他信息结合识别用户的信息以及用户使用服务的时间、地点等信息。

第五条　电信业务经营者、互联网信息服务提供者在提供服务的过程中收集、使用用户个人信息，应当遵循合法、正当、必要的原则。

第六条　电信业务经营者、互联网信息服务提供者对其在提供服务过程中收集、使用的用户个人信息的安全负责。

第九条　未经用户同意，电信业务经营者、互联网信息服务提供者不得收集、使用用户个人信息。

电信业务经营者、互联网信息服务提供者收集、使用用户个人信息的，应当明确告知用户收集、使用信息的目的、方式和范围，查询、更正信息的渠道以及拒绝提供信息的后果等事项。

电信业务经营者、互联网信息服务提供者不得收集其提供服务所必需以外的用户个人信息或者将信息用于提供服务之外的目的，不得以欺骗、误导或者强迫等方式或者违反法律、行政法规以及双方的约定收集、使用信息。

电信业务经营者、互联网信息服务提供者在用户终止使用电信服务或者互联网信息服务后，应当停止对用户个人信息的收集和使用，并为用户提供注销号码或者账号的服务。

法律、行政法规对本条第一款至第四款规定的情形另有规定的，从其规定。

第十条 电信业务经营者、互联网信息服务提供者及其工作人员对在提供服务过程中收集、使用的用户个人信息应当严格保密，不得泄露、篡改或者毁损，不得出售或者非法向他人提供。

第十一条 电信业务经营者、互联网信息服务提供者委托他人代理市场销售和技术服务等直接面向用户的服务性工作，涉及收集、使用用户个人信息的，应当对代理人的用户个人信息保护工作进行监督和管理，不得委托不符合

本规定有关用户个人信息保护要求的代理人代办相关服务。

第十三条 电信业务经营者、互联网信息服务提供者应当采取以下措施防止用户个人信息泄露、毁损、篡改或者丢失：

（一）确定各部门、岗位和分支机构的用户个人信息安全管理责任；

（二）建立用户个人信息收集、使用及其相关活动的工作流程和安全管理制度；

（三）对工作人员及代理人实行权限管理，对批量导出、复制、销毁信息实行审查，并采取防泄密措施；

（四）妥善保管记录用户个人信息的纸介质、光介质、电磁介质等载体，并采取相应的安全储存措施；

（五）对储存用户个人信息的信息系统实行接入审查，并采取防入侵、防病毒等措施；

（六）记录对用户个人信息进行操作的人员、时间、地点、事项等信息；

（七）按照电信管理机构的规定开展通信网络安全防护工作；

（八）电信管理机构规定的其他必要措施。

第十四条 电信业务经营者、互联网信息服务提供者保管的用户个人信息发生或者可能发生泄露、毁损、丢失的，应当立即采取补救措施；造成或者

可能造成严重后果的，应当立即向准予其许可或者备案的电信管理机构报告，配合相关部门进行的调查处理。

电信管理机构应当对报告或者发现的可能违反本规定的行为的影响进行评估；影响特别重大的，相关省、自治区、直辖市通信管理局应当向工业和信息化部报告。电信管理机构在依据本规定作出处理决定前，可以要求电信业务经营者和互联网信息服务提供者暂停有关行为，电信业务经营者和互联网信息服务提供者应当执行。

第十八条　电信管理机构及其工作人员对在履行职责中知悉的用户个人信息应当予以保密，不得泄露、篡改或者毁损，不得出售或者非法向他人提供。

第二十三条　电信业务经营者、互联网信息服务提供者违反本规定第九条至第十一条、第十三条至第十六条、第十七条第二款规定的，由电信管理机构依据职权责令限期改正，予以警告，可以并处一万元以上三万元以下的罚款，向社会公告；构成犯罪的，依法追究刑事责任。

《电信服务质量监督管理暂行办法》

第二十五条　电信管理机构工作人员对调查所得资料中涉及当事人隐私、商业秘密等事项有保密义务

《电子认证服务管理办法》

第二十条　电子认证服务机构应当遵守国家的保密规定，建立完善的保密制度。

电子认证服务机构对电子签名人和电子签名依赖方的资料，负有保密的义务。

《通信短信息服务管理规定》

第十四条　短信息服务提供者在业务活动中收集、使用用户个人信息，应当严格遵守有关法律法规的规定。

《互联网视听节目服务管理规定》

第十六条　互联网视听节目服务单位提供的、网络运营单位接入的视听节目应当符合法律、行政法规、部门规章的规定。已播出的视听节目应至少完整保留60日。视听节目不得含有以下内容：

（一）反对宪法确定的基本原则的；

（二）危害国家统一、主权和领土完整的；

（三）泄露国家秘密、危害国家安全或者损害国家荣誉和利益的；

（四）煽动民族仇恨、民族歧视，破坏民族团结，或者侵害民族风俗、习惯的；

（五）宣扬邪教、迷信的；

（六）扰乱社会秩序，破坏社会稳定的；

（七）诱导未成年人违法犯罪和渲染暴力、色情、赌博、恐怖活动的；

（八）侮辱或者诽谤他人，侵害公

民个人隐私等他人合法权益的；

（九）危害社会公德，损害民族优秀文化传统的；

（十）有关法律、行政法规和国家规定禁止的其他内容。

《电信用户申诉处理办法》

第二十三条 调查应当由两名工作人员共同进行，调查时应当出示有效证件和有关证明，并应当制作调查笔录。调查人员对涉及当事人隐私、商业秘密等事项负有保密义务。

《互联网新闻信息服务管理规定》

第十三条 互联网新闻信息服务提供者为用户提供互联网新闻信息传播平台服务，应当按照《中华人民共和国网络安全法》的规定，要求用户提供真实身份信息。用户不提供真实身份信息的，互联网新闻信息服务提供者不得为其提供相关服务。

互联网新闻信息服务提供者对用户身份信息和日志信息负有保密的义务，不得泄露、篡改、毁损，不得出售或非法向他人提供。

互联网新闻信息服务提供者及其从业人员不得通过采编、发布、转载、删除新闻信息，干预新闻信息呈现或搜索结果等手段谋取不正当利益。

第十六条 互联网新闻信息服务提供者和用户不得制作、复制、发布、传播法律、行政法规禁止的信息内容。

互联网新闻信息服务提供者提供服务过程中发现含有违反本规定第三条或前款规定内容的，应当依法立即停止传输该信息、采取消除等处置措施，保存有关记录，并向有关主管部门报告。

《互联网域名管理办法》

第三十二条 域名注册管理机构、域名注册服务机构应当依法存储、保护用户个人信息。未经用户同意不得将用户个人信息提供给他人，但法律、行政法规另有规定的除外。

第四十八条 电信管理机构开展监督检查，不得妨碍域名根服务器运行机构、域名注册管理机构和域名注册服务机构正常的经营和服务活动，不得收取任何费用，不得泄露所知悉的域名注册信息。

《公安机关互联网安全监督检查规定》

第十七条 公安机关开展现场监督检查或者远程检测，可以委托具有相应技术能力的网络安全服务机构提供技术支持。

网络安全服务机构及其工作人员对工作中知悉的个人信息、隐私、商业秘密和国家秘密，应当严格保密，不得泄露、出售或者非法向他人提供。公安机关应当严格监督网络安全服务机构落实网络安全管理与保密责任。

第二十五条 受公安机关委托提供技术支持的网络安全服务机构及其工作

人员，从事非法侵入监督检查对象网络、干扰监督检查对象网络正常功能、窃取网络数据等危害网络安全的活动的，依照《中华人民共和国网络安全法》第六十三条的规定予以处罚；窃取或者以其他非法方式获取、非法出售或者非法向他人提供在工作中获悉的个人信息的，依照《中华人民共和国网络安全法》第六十四条第二款的规定予以处罚，构成犯罪的，依法追究刑事责任。

前款规定的机构及人员侵犯监督检查对象的商业秘密，构成犯罪的，依法追究刑事责任。

《智能快件箱寄递服务管理办法》

第十三条　智能快件箱运营企业应当依法保护用户的信息安全，防止信息泄露、毁损、丢失。除法律另有规定外，未经用户同意，不得向任何组织或者个人提供用户使用智能快件箱寄递服务的信息。

《儿童个人信息网络保护规定》

第四条　任何组织和个人不得制作、发布、传播侵害儿童个人信息安全的信息。

第七条　网络运营者收集、存储、使用、转移、披露儿童个人信息的，应当遵循正当必要、知情同意、目的明确、安全保障、依法利用的原则。

第十一条　网络运营者不得收集与其提供的服务无关的儿童个人信息，不

得违反法律、行政法规的规定和双方的约定收集儿童个人信息。

第十二条　网络运营者存储儿童个人信息，不得超过实现其收集、使用目的所必需的期限。

第十三条　网络运营者应当采取加密等措施存储儿童个人信息，确保信息安全。

第十四条　网络运营者使用儿童个人信息，不得违反法律、行政法规的规定和双方约定的目的、范围。因业务需要，确需超出约定的目的、范围使用的，应当再次征得儿童监护人的同意。

第十五条　网络运营者对其工作人员应当以最小授权为原则，严格设定信息访问权限，控制儿童个人信息知悉范围。工作人员访问儿童个人信息的，应当经过儿童个人信息保护负责人或者其授权的管理人员审批，记录访问情况，并采取技术措施，避免违法复制、下载儿童个人信息。

第十六条　网络运营者委托第三方处理儿童个人信息的，应当对受委托方及委托行为等进行安全评估，签署委托协议，明确双方责任、处理事项、处理期限、处理性质和目的等，委托行为不得超出授权范围。

前款规定的受委托方，应当履行以下义务：

（一）按照法律、行政法规的规定

和网络运营者的要求处理儿童个人信息；

（二）协助网络运营者回应儿童监护人提出的申请；

（三）采取措施保障信息安全，并在发生儿童个人信息泄露安全事件时，及时向网络运营者反馈；

（四）委托关系解除时及时删除儿童个人信息；

（五）不得转委托；

（六）其他依法应当履行的儿童个人信息保护义务。

第十八条　网络运营者不得披露儿童个人信息，但法律、行政法规规定应当披露或者根据与儿童监护人的约定可以披露的除外。

第二十条　儿童或者其监护人要求网络运营者删除其收集、存储、使用、披露的儿童个人信息的，网络运营者应当及时采取措施予以删除，包括但不限于以下情形：

（一）网络运营者违反法律、行政法规的规定或者双方的约定收集、存储、使用、转移、披露儿童个人信息的；

（二）超出目的范围或者必要期限收集、存储、使用、转移、披露儿童个人信息的；

（三）儿童监护人撤回同意的；

（四）儿童或者其监护人通过注销

等方式终止使用产品或者服务的。

第二十三条　网络运营者停止运营产品或者服务的，应当立即停止收集儿童个人信息的活动，删除其持有的儿童个人信息，并将停止运营的通知及时告知儿童监护人。

《在线旅游经营服务管理暂行规定》

第十四条　在线旅游经营者应当保护旅游者个人信息等数据安全，在收集旅游者信息时事先明示收集旅游者个人信息的目的、方式和范围，并经旅游者同意。

在线旅游经营者在签订包价旅游合同或者出境旅游产品代订合同时，应当提示旅游者提供紧急联系人信息。

第二十三条　各级文化和旅游主管部门应当建立日常检查、定期检查以及与相关部门联合检查的监督管理制度，依法对在线旅游经营服务实施监督检查，查处违法违规行为。

在监督检查过程中，县级以上文化和旅游主管部门要求在线旅游经营者提供相关数据信息的，在线旅游经营者应当予以配合。县级以上文化和旅游主管部门应当采取必要措施保护数据信息的安全。

《互联网保险业务监管办法》

第十八条　保险机构核保使用的数据信息应做到来源及使用方式合法。保险机构应丰富数据信息来源，深化技术应用，加强保险细分领域风险因素分析，不断完善核保模型，提高识别筛查能力，加强承保风险控制。

第三十八条　保险机构应承担客户信息保护的主体责任，收集、处理及使用个人信息应遵循合法、正当、必要的原则，保证信息收集、处理及使用的安全性和合法性：

（一）建立客户信息保护制度，明确数据安全责任人，构建覆盖全生命周期的客户信息保护体系，防范信息泄露。

（二）督促提供技术支持、客户服务等服务的合作机构建立有效的客户信息保护制度，在合作协议中明确约定客户信息保护责任，保障客户信息安全，明确约定合作机构不得限制保险机构获取客户投保信息，不得限制保险机构获取能够验证客户真实身份的相关信息。

（三）保险机构收集、处理及使用个人信息，应征得客户同意，获得客户授权。未经客户同意或授权，保险机构不得将客户信息用于所提供保险服务之外的用途，法律法规另有规定的除外。

《网络招聘服务管理规定》

第二十一条　人力资源服务机构从事网络招聘服务时收集、使用其用户个人信息，应当遵守法律、行政法规有关个人信息保护的规定。

人力资源服务机构应当建立健全网络招聘服务用户信息保护制度，不得泄露、篡改、毁损或者非法出售、非法向他人提供其收集的个人公民身份号码、年龄、性别、住址、联系方式和用人单位经营状况等信息。

人力资源服务机构应当对网络招聘服务用户信息保护情况每年至少进行一次自查，记录自查情况，及时消除自查中发现的安全隐患。

第二十二条　从事网络招聘服务的人力资源服务机构因业务需要，确需向境外提供在中华人民共和国境内运营中收集和产生的个人信息和重要数据的，应当遵守国家有关法律、行政法规规定。

《网络交易监督管理办法》

第十三条　网络交易经营者收集、使用消费者个人信息，应当遵循合法、正当、必要的原则，明示收集、使用信息的目的、方式和范围，并经消费者同意。网络交易经营者收集、使用消费者个人信息，应当公开其收集、使用规则，不得违反法律、法规的规定和双方的约定收集、使用信息。

网络交易经营者不得采用一次概括授权、默认授权、与其他授权捆绑、停止安装使用等方式，强迫或者变相强迫消费者同意收集、使用与经营活动无直接关系的信息。收集、使用个人生物特征、医疗健康、金融账户、个人行踪等敏感信息的，应当逐项取得消费者同意。

网络交易经营者及其工作人员应当对收集的个人信息严格保密，除依法配合监管执法活动外，未经被收集者授权同意，不得向包括关联方在内的任何第三方提供。

第三十六条　市场监督管理部门应当采取必要措施保护网络交易经营者提供的数据信息的安全，并对其中的个人信息、隐私和商业秘密严格保密。

第四十一条　网络交易经营者违反本办法第十一条、第十三条、第十六条、第十八条，法律、行政法规有规定的，依照其规定；法律、行政法规没有规定的，由市场监督管理部门依职责责令限期改正，可以处五千元以上三万元以下罚款。

《汽车数据安全管理若干规定（试行）》

第八条　汽车数据处理者处理个人信息应当取得个人同意或者符合法律、行政法规规定的其他情形。

因保证行车安全需要，无法征得个人同意采集到车外个人信息且向车外提供的，应当进行匿名化处理，包括删除含有能够识别自然人的画面，或者对画面中的人脸信息等进行局部轮廓化处理等。

第九条　汽车数据处理者处理敏感个人信息，应当符合以下要求或者符合

法律、行政法规和强制性国家标准等其他要求：

（一）具有直接服务于个人的目的，包括增强行车安全、智能驾驶、导航等；

（二）通过用户手册、车载显示面板、语音以及汽车使用相关应用程序等显著方式告知必要性以及对个人的影响；

（三）应当取得个人单独同意，个人可以自主设定同意期限；

（四）在保证行车安全的前提下，以适当方式提示收集状态，为个人终止收集提供便利；

（五）个人要求删除的，汽车数据处理者应当在十个工作日内删除。

汽车数据处理者具有增强行车安全的目的和充分的必要性，方可收集指纹、声纹、人脸、心律等生物识别特征信息。

《网络安全审查办法》

第十七条　参与网络安全审查的相关机构和人员应当严格保护知识产权，对在审查工作中知悉的商业秘密、个人信息，当事人、产品和服务提供者提交的未公开材料，以及其他未公开信息承担保密义务；未经信息提供方同意，不得向无关方披露或者用于审查以外的目的。

《互联网用户账号信息管理规定》

第十六条　互联网信息服务提供者

应当依法保护和处理互联网用户账号信息中的个人信息，并采取措施防止未经授权的访问以及个人信息泄露、篡改、丢失。

《数据出境安全评估办法》

第十五条 参与安全评估工作的相关机构和人员对在履行职责中知悉的国家秘密、个人隐私、个人信息、商业秘密、保密商务信息等数据应当依法予以保密，不得泄露或者非法向他人提供、非法使用。

《药品网络销售监督管理办法》

第五条 从事药品网络销售、提供药品网络交易平台服务，应当采取有效措施保证交易全过程信息真实、准确、完整和可追溯，并遵守国家个人信息保护的有关规定。

第三十一条 药品监督管理部门应当对药品网络销售企业或者第三方平台提供的个人信息和商业秘密严格保密，不得泄露、出售或者非法向他人提供。

《互联网信息服务深度合成管理规定》

第六条 任何组织和个人不得利用深度合成服务制作、复制、发布、传播法律、行政法规禁止的信息，不得利用深度合成服务从事危害国家安全和利益、损害国家形象、侵害社会公共利益、扰乱经济和社会秩序、侵犯他人合法权益等法律、行政法规禁止的活动。

深度合成服务提供者和使用者不得利用深度合成服务制作、复制、发布、传播虚假新闻信息。转载基于深度合成服务制作发布的新闻信息的，应当依法转载互联网新闻信息稿源单位发布的新闻信息。

第十四条 深度合成服务提供者和技术支持者应当加强训练数据管理，采取必要措施保障训练数据安全；训练数据包含个人信息的，应当遵守个人信息保护的有关规定。

深度合成服务提供者和技术支持者提供人脸、人声等生物识别信息编辑功能的，应当提示深度合成服务使用者依法告知被编辑的个人，并取得其单独同意。

第二十九条 参与算法推荐服务安全评估和监督检查的相关机构和人员对在履行职责中知悉的个人隐私、个人信息和商业秘密应当依法予以保密，不得泄露或者非法向他人提供。

《网络预约出租汽车经营服务管理暂行办法》

第二十六条 网约车平台公司应当通过其服务平台以显著方式将驾驶员、约车人和乘客等个人信息的采集和使用的目的、方式和范围进行告知。未经信息主体明示同意，网约车平台公司不得使用前述个人信息用于开展其他业务。

网约车平台公司采集驾驶员、约车人和乘客的个人信息，不得超越提供网约车业务所必需的范围。

除配合国家机关依法行使监督检查权或者刑事侦查权外，网约车平台公司不得向任何第三方提供驾驶员、约车人和乘客的姓名、联系方式、家庭住址、银行账户或者支付账户、地理位置、出行线路等个人信息，不得泄露地理坐标、地理标志物等涉及国家安全的敏感信息。发生信息泄露后，网约车平台公司应当及时向相关主管部门报告，并采取及时有效的补救措施。

第二十七条 网约车平台公司应当遵守国家网络和信息安全有关规定，所采集的个人信息和生成的业务数据，应当在中国内地存储和使用，保存期限不少于2年，除法律法规另有规定外，上述信息和数据不得外流。

网约车平台公司不得利用其服务平台发布法律法规禁止传播的信息，不得为企业、个人及其他团体、组织发布有害信息提供便利，并采取有效措施过滤阻断有害信息传播。发现他人利用其网络服务平台传播有害信息的，应当立即停止传输，保存有关记录，并向国家有关机关报告。

网约车平台公司应当依照法律规定，为公安机关依法开展国家安全工作，防范、调查违法犯罪活动提供必要的技术支持与协助。

第三十条 通信主管部门和公安、网信部门应当按照各自职责，对网约车平台公司非法收集、存储、处理和利用有关个人信息、违反互联网信息服务有关规定、危害网络和信息安全、应用网约车服务平台发布有害信息或者为企业、个人及其他团体组织发布有害信息提供便利的行为，依法进行查处，并配合出租汽车行政主管部门对认定存在违法违规行为的网约车平台公司进行依法处置。

公安机关、网信部门应当按照各自职责监督检查网络安全管理制度和安全保护技术措施的落实情况，防范、查处有关违法犯罪活动。

第三十七条 网约车平台公司违反本规定第十、十八、二十六、二十七条有关规定的，由网信部门、公安机关和通信主管部门按各自职责依照相关法律法规规定给予处罚；给信息主体造成损失的，依法承担民事责任；涉嫌犯罪的，依法追究刑事责任。

网约车平台公司及网约车驾驶员违法使用或者泄露约车人、乘客个人信息的，由公安、网信等部门依照各自职责处以2000元以上10000元以下罚款；给信息主体造成损失的，依法承担民事责任；涉嫌犯罪的，依法追究刑事责任。

网约车平台公司拒不履行或者拒不按要求为公安机关依法开展国家安全工作，防范、调查违法犯罪活动提供技术支持与协助的，由公安机关依法予以处罚；构成犯罪的，依法追究刑事责任。

◎ **部门规范性文件**

《信息安全等级保护管理办法》

第二十三条　从事信息系统安全等级测评的机构，应当履行下列义务：

（一）遵守国家有关法律法规和技术标准，提供安全、客观、公正的检测评估服务，保证测评的质量和效果；

（二）保守在测评活动中知悉的国家秘密、商业秘密和个人隐私，防范测评风险；

（三）对测评人员进行安全保密教育，与其签订安全保密责任书，规定应当履行的安全保密义务和承担的法律责任，并负责检查落实。

《互联网销售彩票管理暂行办法》

第十九条　彩票发行机构、经授权的彩票销售机构、合作单位或者互联网代销者应当妥善保管彩票购买者投注账户信息，并对彩票购买者个人信息进行保密。

《即时通信工具公众信息服务发展管理暂行规定》

第五条　即时通信工具服务提供者应当落实安全管理责任，建立健全各项制度，配备与服务规模相适应的专业人员，保护用户信息及公民个人隐私，自觉接受社会监督，及时处理公众举报的违法和不良信息。

《第三方电子商务交易平台服务规范》

7. **平台经营者对消费者的合理保护**

未经用户同意，平台经营者不得向任何第三方披露或转让用户名单、交易记录等数据，但法律法规另有规定的除外。

平台经营者应督促站内交易经营者出具购货凭证、服务单据及相关凭证。

消费者在网络交易平台购买商品或者接受服务，发生消费纠纷或者其合法权益受到损害的，平台经营者应当向消费者提供站内经营者的真实的网站登记信息，积极协助消费者维护自身合法权益。

《互联网直播服务管理规定》

第十二条　互联网直播服务提供者应当按照"后台实名、前台自愿"的原则，对互联网直播用户进行基于移动电话号码等方式的真实身份信息认证，对互联网直播发布者进行基于身份证件、营业执照、组织机构代码证等的认证登记。互联网直播服务提供者应当对互联网直播发布者的真实身份信息进行审核，向所在地省、自治区、直辖市互联网信息办公室分类备案，并在相关执法部门依法查询时予以提供。

互联网直播服务提供者应当保护互联网直播服务使用者身份信息和隐私，不得泄露、篡改、毁损，不得出售或者非法向他人提供。

《网络表演经营活动管理办法》

第十二条　网络表演经营单位应当完善用户注册系统，保存用户注册信息，积极采取措施保护用户信息安全。要依照法律法规规定或者服务协议，加强对用户行为的监督和约束，发现用户发布违法信息的，应当立即停止为其提供服务，保存有关记录并向有关部门报告。

《国家网络空间安全战略》

四、战略目标

……

（五）打击网络恐怖和违法犯罪

加强网络反恐、反间谍、反窃密能力建设，严厉打击网络恐怖和网络间谍活动。

坚持综合治理、源头控制、依法防范，严厉打击网络诈骗、网络盗窃、贩枪贩毒、侵害公民个人信息、传播淫秽色情、黑客攻击、侵犯知识产权等违法犯罪行为。

……

《互联网群组信息服务管理规定》

第六条　互联网群组信息服务提供者应当按照"后台实名、前台自愿"的原则，对互联网群组信息服务使用者进行真实身份信息认证，用户不提供真实身份信息的，不得为其提供信息发布服务。

互联网群组信息服务提供者应当采取必要措施保护使用者个人信息安全，不得泄露、篡改、毁损，不得非法出售或者非法向他人提供。

《互联网新闻信息服务新技术新应用安全评估管理规定》

第十四条　组织开展新技术新应用安全评估的相关单位和人员应当对在履行职责中知悉的国家秘密、商业秘密和个人信息严格保密，不得泄露、出售或者非法向他人提供。

《微博客信息服务管理规定》

第七条　微博客服务提供者应当按照"后台实名、前台自愿"的原则，对微博客服务使用者进行基于组织机构代码、身份证件号码、移动电话号码等方式的真实身份信息认证、定期核验。微博客服务使用者不提供真实身份信息的，微博客服务提供者不得为其提供信息发布服务。

微博客服务提供者应当保障微博客服务使用者的信息安全，不得泄露、篡改、毁损，不得出售或者非法向他人提供。

《网络安全等级保护测评机构管理办法》

第十八条　测评机构应采取管理和技术措施保护测评活动中相关数据和信息的安全，不得泄露在测评服务中知悉的商业秘密、重要敏感信息和个人信息；未经等保办同意，不得擅自发布、披露在测评服务中收集掌握的网络信息、系统漏洞、恶意代码、网络攻击等信息。

《国家健康医疗大数据标准、安全和服务管理办法（试行）》

第二十一条 责任单位应当依法依规使用健康医疗大数据有关信息，提供安全的信息查询和复制渠道，确保公民隐私保护和数据安全。

第二十二条 责任单位应当按照《中华人民共和国网络安全法》的要求，严格规范不同等级用户的数据接入和使用权限，并确保数据在授权范围内使用。任何单位和个人不得擅自利用和发布未经授权或超出授权范围的健康医疗大数据，不得使用非法手段获取数据。

第二十七条 责任单位实施健康医疗大数据管理和服务，应当按照法律法规和相关文件规定，遵循医学伦理原则，保护个人隐私。

第三十五条 责任单位向社会公开健康医疗大数据时，应当遵循国家有关规定，不得泄露国家秘密、商业秘密和个人隐私，不得侵害国家利益、社会公共利益和公民、法人及其他组织的合法权益。

《具有舆论属性或社会动员能力的互联网信息服务安全评估规定》

第十五条 网信部门、公安机关及其工作人员对在履行职责中知悉的国家秘密、商业秘密和个人信息应当严格保

密，不得泄露、出售或者非法向他人提供。

《互联网个人信息安全保护指南》

6 业务流程

6.1 收集

个人信息的收集行为应满足以下要求：

a) 个人信息收集前，应当遵循合法、正当、必要的原则向被收集的个人信息主体公开收集、使用规则，明示收集、使用信息的目的、方式和范围等信息；

b) 个人信息收集应获得个人信息主体的同意和授权，不应收集与其提供的服务无关的个人信息，不应通过捆绑产品或服务各项业务功能等方式强迫收集个人信息；

c) 个人信息收集应执行收集前签署的约定和协议，不应超范围收集；

d) 不应大规模收集或处理我国公民的种族、民族、政治观点、宗教信仰等敏感数据；

e) 个人生物识别信息应仅收集和使用摘要信息，避免收集其原始信息；

f) 应确保收集个人信息过程的安全性：

1) 收集个人信息之前，应有对被收集人进行身份认证的机制，该身份认证机制应具有相应安全性；

2) 收集个人信息时，信息在传输

过程中应进行加密等保护处理；

3）收集个人信息的系统应落实网络安全等级保护要求；

4）收集个人信息时应有对收集内容进行安全检测和过滤的机制，防止非法内容提交。

6.2 保存

个人信息的保存行为应满足以下要求：

a）在境内运营中收集和产生的个人信息应在境内存储，如需出境应遵循国家相关规定；

b）收集到的个人信息应采取相应的安全加密存储等安全措施进行处理；

c）应对保存的个人信息根据收集、使用目的、被收集人授权设置相应的保存时限；

d）应对保存的个人信息在超出设置的时限后予以删除；

e）保存信息的主要设备，应对个人信息数据提供备份和恢复功能，确保数据备份的频率和时间间隔，并使用不少于以下一种备份手段：

1）具有本地数据备份功能；

2）将备份介质进行场外存放；

3）具有异地数据备份功能。

6.3 应用

个人信息的应用应满足以下要求：

a）对个人信息的应用，应符合与个人信息主体签署的相关协议和规定，不应超范围应用个人信息；

注：经过处理无法识别特定个人且不能复原的个人信息数据，可以超出与信息主体签署的相关使用协议和约定，但应提供适当的保护措施进行保护。

b）个人信息主体应拥有控制本人信息的权限，包括：

1）允许对本人信息的访问；

2）允许通过适当方法对本人信息的修改或删除，包括纠正不准确和不完整的数据，并保证修改后的本人信息具备真实性和有效性；

c）完全依靠自动化处理的用户画像技术应用于精准营销、搜索结果排序、个性化推送新闻、定向投放广告等增值应用，可事先不经用户明确授权，但应确保用户有反对或者拒绝的权利；如应用于征信服务、行政司法决策等可能对用户带来法律后果的增值应用，或跨网络运营者使用，应经用户明确授权方可使用其数据；

d）应对个人信息的接触者设置相应的访问控制措施，包括：

1）对被授权访问个人信息数据的工作人员按照最小授权的原则，只能访问最少够用的信息，只具有完成职责所需的最少的数据操作权限；

2）对个人信息的重要操作设置内部审批流程，如批量修改、拷贝、下载等；

3）对特定人员超限制处理个人信息时配置相应的责任人或负责机构进行审批，并对这种行为进行记录。

e）应对必须要通过界面（如显示屏幕、纸面）展示的个人信息进行去标识化的处理。

6.4　删除

a）个人信息在超过保存时限之后应进行删除，经过处理无法识别特定个人且不能复原的除外；

b）个人信息持有者如有违反法律、行政法规的规定或者双方的约定收集、使用其个人信息时，个人信息主体要求删除其个人信息的，应采取措施予以删除；

c）个人信息相关存储设备，将存储的个人信息数据进行删除之后应采取措施防止通过技术手段恢复；

d）对存储过个人信息的设备在进行新信息的存储时，应将之前的内容全部进行删除；

e）废弃存储设备，应在进行删除后再进行处理。

6.5　第三方委托处理

a）在对个人信息委托处理时，不应超出该信息主体授权同意的范围；

b）在对个人信息的相关处理进行委托时，应对委托行为进行个人信息安全影响评估；

c）对个人信息进行委托处理时，应签订相关协议要求受托方符合本文件；

d）应向受托方进行对个人信息数据的使用和访问的授权；

e）受托方对个人信息的相关数据进行处理完成之后，应对存储的个人信息数据的内容进行删除。

6.6　共享和转让

个人信息原则上不得共享、转让。如存在个人信息共享和转让行为时，应满足以下要求：

a）共享和转让行为应经过合法性、必要性评估；

b）在对个人信息进行共享和转让时应进行个人信息安全影响评估，应对受让方的数据安全能力进行评估确保受让方具备足够的数据安全能力，并按照评估结果采取有效的保护个人信息主体的措施；

c）在共享、转让前应向个人信息主体告知转让该信息的目的、规模、公开范围数据接收方的类型等信息；

d）在共享、转让前应得到个人信息主体的授权同意，与国家安全、国防安全、公共安全、公共卫生、重大公共利益或与犯罪侦查、起诉、审判和判决执行等直接相关的情形除外；

e）应记录共享、转让信息内容，将共享、转让情况中包括共享、转让的日期、数据量、目的和数据接收方的基本情况在内的信息进行登记；

f）在共享、转让后应了解接收方对个人信息的保存、使用情况和个人信息主体的权利，例如访问、更正、删除、注销等；

g）当个人信息持有者发生收购、兼并、重组、破产等变更时，个人信息持有者应向个人信息主体告知有关情况，并继续履行原个人信息持有者的责任和义务，如变更个人信息使用目的时，应重新取得个人信息主体的明示同意。

6.7 公开披露

个人信息原则上不得公开披露。如经法律授权或具备合理事由确需公开披露时，应充分重视风险，遵守以下要求：

a）事先开展个人信息安全影响评估，并依评估结果采取有效的保护个人信息主体的措施；

b）向个人信息主体告知公开披露个人信息的目的、类型，并事先征得个人信息主体明示同意，与国家安全、国防安全、公共安全、公共卫生、重大公共利益或与犯罪侦查、起诉、审判和判决执行等直接相关的情形除外；

c）公开披露个人敏感信息前，除6.7 b）中告知的内容外，还应向个人信息主体告知涉及的个人敏感信息的内容；

d）准确记录和保存个人信息的公开披露的情况，包括公开披露的日期、规模、目的、公开范围等；

e）承担因公开披露个人信息对个人信息主体合法权益造成损害的相应责任；

f）不得公开披露个人生物识别信息和基因、疾病等个人生理信息；

g）不得公开披露我国公民的种族、民族、政治观点、宗教信仰等敏感数据分析结果。

《公安机关办理刑事案件电子数据取证规则》

第四条 公安机关电子数据取证涉及国家秘密、警务工作秘密、商业秘密、个人隐私的，应当保密；对于获取的材料与案件无关的，应当及时退还或者销毁。

第五十二条 电子数据侦查实验应当符合以下要求：

（一）应当采取技术措施保护原始存储介质数据的完整性；

（二）有条件的，电子数据侦查实验应当进行二次以上；

（三）侦查实验使用的电子设备、网络环境等应当与发案现场一致或者基本一致；必要时，可以采用相关技术方法对相关环境进行模拟或者进行对照实验；

（四）禁止可能泄露公民信息或者

影响非实验环境计算机信息系统正常运行的行为。

《个人金融信息保护技术规范》

7.1　安全准则

7.1.1　收集

个人金融信息收集的方式包括但不限于通过柜面、信息系统、金融自助设备、受理终端、客户端应用软件等渠道获取。金融业机构应遵循合法、正当、必要的原则，向个人金融信息主体明示收集与使用个人金融信息的目的、方式、范围和规则等，获得个人金融信息主体的授权同意，并满足以下要求：

a）收集个人金融信息的基本规则如下：

·不应欺诈、诱骗，或以默认授权、功能捆绑等方式误导强迫个人金融信息主体提供个人金融信息；

·不应隐瞒金融产品或服务所具有的收集个人金融信息的功能；

·不应通过非法渠道间接获取个人金融信息；

·不应收集法律法规与行业主管部门有关规定明令禁止收集的个人金融信息。

b）收集个人金融信息应遵循最小化要求，收集个人金融信息的目的应与实现和优化金融产品或服务、防范金融产品或服务的风险有直接关联。直接关联是指无该个人金融信息参与无法实现前述目的。

c）收集个人金融信息时授权同意的具体要求如下：

·收集个人金融信息前，应向个人金融信息主体明确告知金融产品或服务需收集的个人金融信息类别，以及收集、使用个人金融信息的规则（如：收集和使用个人金融信息的目的、收集方式、自身的数据安全能力、对外共享、转让、公开披露的规则、投诉与申诉的渠道及响应时限等），并获得个人金融信息主体的明示同意。

·间接获取个人金融信息时，应要求个人金融信息提供方说明个人金融信息来源，并对其个人金融信息来源的合法性进行确认；应了解个人金融信息提供方已获得的授权内容，包括使用目的，个人金融信息主体是否授权同意转让、共享、公开披露等情况；因业务需要金融业机构确需超出原授权范围处理个人金融的，应在使用个人金融信息前，征得个人金融信息主体的明示同意。

d）以下情形收集使用个人金融信息无需征得个人金融信息主体的授权同意：

·与履行国家法律法规及行业主管部门有关规定的义务相关的；

·与国家安全、国防安全直接相关的；

·与公共安全、公共卫生、重大公共利益直接相关的；

·与犯罪侦查、起诉、审判和判决执行等直接相关的；

·出于维护个人金融信息主体或其他主体的生命、财产等重大合法权益但又很难得到本人同意的；

·个人金融信息主体自行向社会公众公开的；

·根据个人金融信息主体要求签订和履行合同所必需的；

·从合法公开披露的信息中收集个人金融信息的，如合法的新闻报道、政府信息公开等渠道；

·用于维护所提供的金融产品或服务的安全稳定运行所必需的，例如识别、处置金融产品或服务中的欺诈或被盗用等。

7.1.2　存储

个人金融信息的存储时限应满足国家法律法规与行业主管部门有关规定要求，并符合个人金融信息主体授权使用的目的所必需的最短时间要求。超过该期限后，应对收集的个人金融信息进行删除或匿名化处理。

7.1.3　使用

个人金融信息在信息展示、共享与转让、公开披露、委托处理、加工处理、汇聚融合等方面，应遵循6.1.4.1-6.1.4.6的要求，并满足以下要求：

a）除法律法规与行业主管部门另有规定或开展金融业务所必需的数据共享与转让（如转接清算等）外，金融业机构原则上不应共享、转让其收集的个人金融信息，确需共享、转让的，应充分重视信息安全风险，具体要求如下：

·应向个人金融信息主体告知共享、转让个人金融信息的目的、数据接收方的类型，并事先征得个人金融信息主体明示同意，共享、转让经去标识化处理（不应仅使用加密技术）的个人金融信息，且确保数据接收方无法重新识别个人金融信息主体的除外。

·应帮助个人金融信息主体了解数据接收方对个人金融信息的存储、使用等情况，包括个人金融信息主体的权利，例如访问、更正、删除、注销账户等；在法律法规规定、行业主管部门有关规定及个人金融信息主体约定的范围内，个人金融信息主体行使其个人金融信息控制权利，金融业机构应配合响应其请求。

·C3类别信息以及C2类别信息中的用户鉴别辅助信息不应共享、转让。

·转接清算、登记结算等情况，应依据国家有关法律法规与行业主管部门有关规定与技术标准执行。

·当因收购、兼并、重组、破产等情况，对个人金融信息主体提供金融产品或服务的金融业机构主体变更而发生个人金融信息共享、转让时，具体要求如下：

——金融业机构将其提供的金融产品或服务移交至其他金融业机构的情况，应使用逐一传达（或公告）的方式通知个人金融信息主体。

——承接其金融产品或服务的金融业机构，应对其承接运营的金融产品或服务继续履行个人金融信息保护责任；如变更其在收购、兼并重组过程中获取的个人金融信息使用目的，应重新获得个人金融信息主体明示同意（或授权）。

b）金融业机构原则上不应公开披露其收集的个人金融信息，经法律授权或具备合理理由确需公开披露个人金融信息的，具体要求如下：

·应向个人金融信息主体告知公开披露个人金融信息的目的、类别，并事先征得个人金融信息主体的同意，并向其告知涉及的信息内容；

·承担因公开披露个人金融信息对个人金融信息主体合法权益造成损害的相应责任；

·C3 类别信息，以及 C2 类别信息中的用户鉴别辅助信息不应公开披露。

c）因金融产品或服务的需要，将收集的个人金融信息委托给第三方机构（包含外包服务机构与外部合作机构）处理的，具体要求如下：

·依据 6.1.4.4 开展委托处理工作。

·应对第三方机构等受委托者提出如下要求：

——应严格按照金融业机构的要求处理个人金融信息，如因特殊原因受委托者未能按照要求处理个人金融信息，应及时告知金融业机构，并配合金融业机构进行信息安全评估，并采取补救措施以保护个人金融信息的安全，必要时应终止其对个人金融信息的处理；

——未经书面授权，受委托者不应将其处理的个人金融信息再次委托给其他机构进行处理；

——应协助响应个人金融信息主体的请求；

——如受委托者在处理个人金融信息过程中无法提供足够的信息安全保护水平或发生安全事件，应及时告知金融业机构，配合进行信息安全评估与安全事件调查，并采取补救措施以保护个人金融信息的安全，必要时应终止其对个人金融信息的处理；

——在委托关系解除时（或外包服务终止后），受委托者应按照金融业机构的要求销毁其处理的个人金融信息，并依据双方协商的期限承担后续的个人金融信息保密责任；

——应准确记录和保存委托处理个人金融信息的情况。

d）在中华人民共和国境内提供金融产品或服务过程中收集和产生的个人

金融信息，应在境内存储、处理和分析。因业务需要，确需向境外机构（含总公司、母公司或分公司、子公司及其他为完成该业务所必需的关联机构）提供个人金融信息的，具体要求如下：

·应符合国家法律法规及行业主管部门有关规定；

·应获得个人金融信息主体明示同意；

·应依据国家、行业有关部门制定的办法与标准开展个人金融信息出境安全评估，确保境外机构数据安全保护能力达到国家、行业有关部门与金融业机构的安全要求；

·应与境外机构通过签订协议、现场核查等方式，明确并监督境外机构有效履行个人金融信息保密、数据删除、案件协查等职责义务。

e) 以下情形中，金融业机构共享、转让、公开披露个人金融信息无需征得个人金融信息主体的授权同意：

·与履行法律法规及行业主管部门规定的义务相关的；

·与国家安全、国防安全直接相关的；

·与公共安全、公共卫生、重大公共利益直接相关的；

·与犯罪侦查、起诉、审判和判决执行等直接相关的；

·出于维护个人金融信息主体或其

他主体的生命、财产等重大合法权益但又很难得到本人同意的；

·个人金融信息主体自行向社会公众公开的；

·从合法公开披露的信息中收集个人金融信息的，如合法的新闻报道、政府信息公开等渠道。

《贯彻落实网络安全等级保护制度和关键信息基础设施安全保护制度的指导意见》

三、建立并实施关键信息基础设施安全保护制度

……

（四）加强重要数据和个人信息保护。运营者应建立并落实重要数据和个人信息安全保护制度，对关键信息基础设施中的重要网络和数据库进行容灾备份，采取身份鉴别、访问控制、密码保护、安全审计、安全隔离、可信验证等关键技术措施，切实保护重要数据全生命周期安全。运营者在境内运营中收集和产生的个人信息和重要数据应当在境内存储，因业务需要，确需向境外提供的，应当遵守有关规定并进行安全评估。

……

《网络预约出租汽车监管信息交互平台运行管理办法》

第二十条　各级交通运输主管部门应按照国家相关法律法规要求，加强网

约车监管信息交互平台网络安全、数据安全和个人信息保护管理，实施网络安全等级保护，加强数据传输追踪，定期开展安全排查，对于发现的安全风险和漏洞，要及时整改，建立健全全流程数据安全管理制度，采取必要措施防止数据遭到篡改、破坏、泄漏或者非法获取、非法利用，不得将数据用于商业性经营活动。

《关于加快场景创新以人工智能高水平应用促进经济高质量发展的指导意见》

五、加强人工智能场景创新要素供给

……

16. 集聚人工智能场景数据资源。

推动城市和行业的人工智能"数据底座"建设和开放，采用区块链、隐私计算等新技术，在确保数据安全的前提下，为人工智能典型应用场景提供数据开放服务。加强"数据底座"的安全保护，对个人信息、商业秘密、行业重要数据等依法予以保护。

……

《移动互联网应用程序信息服务管理规定》

第十二条　应用程序提供者处理个人信息应当遵循合法、正当、必要和诚信原则，具有明确、合理的目的并公开处理规则，遵守必要个人信息范围的有关规定，规范个人信息处理活动，采取

必要措施保障个人信息安全，不得以任何理由强制要求用户同意个人信息处理行为，不得因用户不同意提供非必要个人信息，而拒绝用户使用其基本功能服务。

《寄递服务用户个人信息安全管理规定》

第七条　寄递企业收集寄递服务用户个人信息应仅限于完成寄递服务全流程操作目的的最小范围，不得过度收集用户个人信息。

寄递企业应当与其从业人员签订寄递服务用户个人信息保密协议，明确保密义务。

第二十一条　邮政管理部门及其工作人员应当对在履行职责过程中知悉的寄递服务用户个人信息保密。在监督管理工作中滥用职权、玩忽职守、徇私舞弊，构成犯罪的，依法追究刑事责任；尚不构成犯罪的，依法给予处分。

《网站平台受理处置涉企网络侵权信息举报工作规范》

第十四条　网站平台应当及时处理以下泄密性信息：

（一）违规披露企业家身份证、护照、社保卡、户籍档案等个人身份信息的；

（二）违规披露企业家家庭住址、电话号码、电子邮箱等个人联系信息的；

（三）其他法律法规禁止披露的隐

私信息。

权威案例

◎ **指导性案例**

李某祥侵犯公民个人信息刑事附带民事公益诉讼案【最高法指导案例第 192 号】

裁判要点：使用人脸识别技术处理的人脸信息以及基于人脸识别技术生成的人脸信息均具有高度的可识别性，能够单独或者与其他信息结合识别特定自然人身份或者反映特定自然人活动情况，属于刑法规定的公民个人信息。行为人未经公民本人同意，未具备获得法律、相关部门授权等个人信息保护法规定的处理个人信息的合法事由，利用软件程序等方式窃取或者以其他方法非法获取上述信息，情节严重的，应依照《最高人民法院、最高人民检察院关于办理侵犯公民个人信息刑事案件适用法律若干问题的解释》第五条第一款第四项等规定定罪处罚。

闻某等侵犯公民个人信息案【最高法指导案例第 193 号】

裁判要点：居民身份证信息包含自然人姓名、人脸识别信息、身份号码、户籍地址等多种个人信息，属于《最高人民法院、最高人民检察院关于办理侵犯公民个人信息刑事案件适用法律若干问题的解释》第五条第一款第四项规定的"其他可能影响人身、财产安全的公民个人信息"。非法获取、出售或者提供居民身份证信息，情节严重的，依照刑法第二百五十三条之一第一款规定，构成侵犯公民个人信息罪。

◎ **典型案例**

章某某等诈骗、侵犯公民个人信息案【侵犯公民个人信息犯罪典型案例之三（2017 年 5 月 16 日）】

典型意义：随着现代通讯技术和互联网技术的快速发展，公民个人信息极易泄露。公民个人信息通过信息网络传播、交易，往往被不法分子大量窃取、利用，催生电信网络诈骗等关联犯罪，严重威胁公民人身安全、财产安全和社会管理秩序。打击利用互联网出售、提供、非法获取公民个人信息等侵犯公民个人信息犯罪，切断其与电信网络诈骗等犯罪的犯罪链条，从源头上预防和减少犯罪发生，具有重要意义。本案中章某某等人通过百度及 QQ 向他人购买学生个人信息，拨打学生家长电话，先后冒充学校及教育局工作人员，以领取学生助学补助金为幌子，骗取钱财，不仅侵犯了学生及学生家长的个人信息和财产安全，还破坏了学校的正常教学秩序和教育系统声誉，社会危害极大。本案的查处震慑了利用互联网侵犯公民个人信息犯罪，也有力地打击了电信网络诈骗犯罪，取得了良好的法律效果和社会效果。

籍某某、李某某侵犯公民个人信息案【侵犯公民个人信息犯罪典型案例之六（2017

年 5 月 16 日）】

　　典型意义：检察机关认为被告人籍某某利用公安民警的特殊身份，在掌握全国人口信息的平台上任意查询，并非法出售 3670 余条，比一般人员非法收集信息具有更大的社会危害性，应当认定其属于刑法第 253 条之一第一款规定的情节严重的情形，依法予以惩处。本案的处理有力地打击了将在履行职责过程中获得的公民个人信息出售、提供给他人的犯罪行为。

S 保险公司业务总监徐某乙、"保险黑产"犯罪团伙徐某甲、朱某某等 7 人职务侵占、侵犯公民个人信息案【检察机关依法办理民营企业职务侵占犯罪典型案例之一（2022 年 4 月 19 日）】

　　典型意义：保险公司员工内外勾结形成黑色产业链，以"挂单"形式骗取公司钱款，构成职务侵占罪。对于多区域多层级团伙犯罪案件，检察机关要综合运用立案监督、追捕追诉等方式，深挖彻查漏犯漏罪。对于在刑事案件中侵犯众多公民个人信息的违法行为人依法提起刑事附带民事公益诉讼。对于在办案中发现的社会治理问题，可以通过企业合规、检察建议、普法宣传等方式，有效推动行业治理，优化法治营商环境。

第五章　侵犯财产罪

第二百六十四条　【盗窃罪】

盗窃公私财物，数额较大的，或者多次盗窃、入户盗窃、携带凶器盗窃、扒窃的，处三年以下有期徒刑、拘役或者管制，并处或者单处罚金；数额巨大或者有其他严重情节的，处三年以上十年以下有期徒刑，并处罚金；数额特别巨大或者有其他特别严重情节的，处十年以上有期徒刑或者无期徒刑，并处罚金或者没收财产。

关联法规

◎ **法律**

《关于维护互联网安全的决定》

四、为了保护个人、法人和其他组织的人身、财产等合法权利，对有下列行为之一，构成犯罪的，依照刑法有关规定追究刑事责任：

（一）利用互联网侮辱他人或者捏造事实诽谤他人；

（二）非法截获、篡改、删除他人电子邮件或者其他数据资料，侵犯公民通信自由和通信秘密；

（三）利用互联网进行盗窃、诈骗、敲诈勒索。

◎ **党内法规**

《关于促进移动互联网健康有序发展的意见》

四、防范移动互联网安全风险

......

16. 打击网络违法犯罪。坚决打击利用移动互联网鼓吹推翻国家政权、煽动宗教极端主义、宣扬民族分裂思想、教唆暴力恐怖等违法犯罪活动。严厉查处造谣诽谤、电信网络诈骗、攻击窃密、盗版侵权、非法售卖个人信息等违法犯罪行为。全面清理赌博、传销、非法集资、淫秽色情、涉枪涉爆等违法违规信息。

......

◎ **司法解释**

《关于审理破坏公用电信设施刑事案件具体应用法律的解释》

第三条　故意破坏正在使用的公用电信设施尚未危害公共安全，或者故意毁坏尚未投入使用的公用电信设施，造成财物损失，构成犯罪的，依照刑法第二百七十五条规定，以故意毁坏财物罪定罪处罚。

盗窃公用电信设施价值数额不大，但是构成危害公共安全犯罪的，依照刑法第一百二十四条的规定定罪处罚；盗窃公用电信设施同时构成盗窃罪和破坏公用电信设施罪的，依照处罚较重的规定定罪处罚。

《关于审理扰乱电信市场管理秩序案件具体应用法律的解释》

第七条　将电信卡非法充值后使用，造成电信资费损失数额较大的，依照刑法第二百六十四条的规定，以盗窃罪定罪处罚。

第八条　盗用他人公共信息网络上网账号、密码上网，造成他人电信资费损失数额较大的，依照刑法第二百六十四条的规定，以盗窃罪定罪处罚。

《关于审理危害军事通信刑事案件具体应用法律的解释》

第六条　破坏、过失损坏军事通信，并造成公用电信设施损毁，危害公共安全，同时构成刑法第一百二十四条和第三百六十九条规定的犯罪的，依照处罚较重的规定定罪处罚。

盗窃军事通信线路、设备，不构成盗窃罪，但破坏军事通信的，依照刑法第三百六十九条第一款的规定定罪处罚；同时构成刑法第一百二十四条、第二百六十四条和第三百六十九条第一款规定的犯罪的，依照处罚较重的规定定罪处罚。

违反国家规定，侵入国防建设、尖端科学技术领域的军事通信计算机信息系统，尚未对军事通信造成破坏的，依照刑法第二百八十五条的规定定罪处罚；对军事通信造成破坏，同时构成刑法第二百八十五条、第二百八十六条、第三百六十九条第一款规定的犯罪的，依照处罚较重的规定定罪处罚。

违反国家规定，擅自设置、使用无线电台、站，或者擅自占用频率，经责令停止使用后拒不停止使用，干扰无线电通讯正常进行，构成犯罪的，依照刑法第二百八十八条的规定定罪处罚；造成军事通信中断或者严重障碍，同时构成刑法第二百八十八条、第三百六十九条第一款规定的犯罪的，依照处罚较重的规定定罪处罚。

《关于办理盗窃刑事案件适用法律的解释》

第四条　……

（四）明知是盗接他人通信线路、复制他人电信码号的电信设备、设施而使用的，按照合法用户为其支付的费用认定盗窃数额；无法直接确认的，以合法用户的电信设备、设施被盗接、复制后的月缴费额减去被盗接、复制前的6个月的月均电话费推算盗窃数额；合法用户使用电信设备、设施不足6个月的，按照实际使用的月均电话费推算盗窃数额；

（五）盗接他人通信线路、复制他人电信码号出售的，按照销赃数额认定盗窃数额。

……

◎ 公报案例

南京市玄武区人民检察院诉余某等四人盗窃案【《最高人民法院公报》2005 年第 8 期】

裁判摘要：根据刑法第二百六十四条的规定，被告人利用编写、传播病毒程序在网上截取他人的银行账号、密码，窃取或实际控制他人网上银行账户内存款的行为，构成盗窃罪。

上海市黄浦区人民检察院诉孟某、何某康网络盗窃案【《最高人民法院公报》2006 年第 11 期】

裁判摘要：一、依照法定程序收集的电子文件如果与案件关联，并在与其他证据印证后能够客观地反映案件真实情况，依法可成为刑事诉讼中的证据。

二、行为人通过网络实施的虚拟行为如果对现实生活中刑法所保护的客体造成危害构成犯罪的，应当受刑罚惩罚。

三、秘密窃取网络环境中的虚拟财产构成盗窃罪的，应当按该虚拟财产在现实生活中对应的实际财产遭受损失的数额确定盗窃数额。虚拟财产在现实生活中对应的财产数额，可以通过该虚拟财产在现实生活中的实际交易价格来确定。

四、盗窃罪的犯罪对象是种类繁多的公私财物，盗窃公私财物的种类不同，认定盗窃既遂、未遂的方法就会不同。审判实践中，不存在唯一的具体案件盗窃未遂认定标准，应当根据刑法第二十三条规定的"着手实行犯罪""犯罪未得逞""犯罪未得逞是由于犯罪分子意志以外的原因"等三个条件，结合盗窃财物种类等具体情况，认定盗窃犯罪行为是否未遂。行为人在网络中盗窃他人的虚拟财产，只要盗窃行为已实现了非法占有该虚拟财产在现实生活中所对应的被害人财产，理当认定犯罪既遂。至于行为人是否对赃物作出最终处理，以及被害人事后是否追回该虚拟财产，均与行为人已完成的犯罪形态无关。

第二百六十六条　【诈骗罪】

诈骗公私财物，数额较大的，处三年以下有期徒刑、拘役或者管制，并处或者单处罚金；数额巨大或者有其他严重情节的，处三年以上十年以下有期徒刑，并处罚金；数额特别巨大或者有其他特别严重情节的，处十年以上有期徒刑或者无期徒刑，并处罚金或者没收财产。本法另有规定的，依照规定。

关联法规

◎ 法律

《网络安全法》

第四十六条　任何个人和组织应当对其使用网络的行为负责，不得设立用于实施诈骗，传授犯罪方法，制作或者销售违禁物品、管制物品等违法犯罪活动的网站、通讯群组，不得利用网络发布涉及实施诈骗，制作或者销售违禁物品、管制物品以及其他违法犯罪活动的信息。

《反电信网络诈骗法》

第二条　本法所称电信网络诈骗，是指以非法占有为目的，利用电信网络技术手段，通过远程、非接触等方式，诈骗公私财物的行为。

第三条　打击治理在中华人民共和国境内实施的电信网络诈骗活动或者中华人民共和国公民在境外实施的电信网络诈骗活动，适用本法。

境外的组织、个人针对中华人民共和国境内实施电信网络诈骗活动的，或者为他人针对境内实施电信网络诈骗活动提供产品、服务等帮助的，依照本法有关规定处理和追究责任。

第二十七条　公安机关应当建立完善打击治理电信网络诈骗工作机制，加强专门队伍和专业技术建设，各警种、各地公安机关应当密切配合，依法有效惩处电信网络诈骗活动。

公安机关接到电信网络诈骗活动的报案或者发现电信网络诈骗活动，应当依照《中华人民共和国刑事诉讼法》的规定立案侦查。

第三十一条　任何单位和个人不得非法买卖、出租、出借电话卡、物联网卡、电信线路、短信端口、银行账户、支付账户、互联网账号等，不得提供实名核验帮助；不得假冒他人身份或者虚构代理关系开立上述卡、账户、账号等。

对经设区的市级以上公安机关认定的实施前款行为的单位、个人和相关组织者，以及因从事电信网络诈骗活动或者关联犯罪受过刑事处罚的人员，可以按照国家有关规定记入信用记录，采取限制其有关卡、账户、账号等功能和停止非柜面业务、暂停新业务、限制入网等措施。对上述认定和措施有异议的，可以提出申诉，有关部门应当建立健全申诉渠道、信用修复和救济制度。具体办法由国务院公安部门会同有关主管部门规定。

第三十六条　对前往电信网络诈骗活动严重地区的人员，出境活动存在重大涉电信网络诈骗活动嫌疑的，移民管理机构可以决定不准其出境。

因从事电信网络诈骗活动受过刑事处罚的人员，设区的市级以上公安机关可以根据犯罪情况和预防再犯罪的需要，决定自处罚完毕之日起六个月至三年以内不准其出境，并通知移民管理机构执行。

第三十八条 组织、策划、实施、参与电信网络诈骗活动或者为电信网络诈骗活动提供帮助，构成犯罪的，依法追究刑事责任。

前款行为尚不构成犯罪的，由公安机关处十日以上十五日以下拘留；没收违法所得，处违法所得一倍以上十倍以下罚款，没有违法所得或者违法所得不足一万元的，处十万元以下罚款。

第四十七条 人民检察院在履行反电信网络诈骗职责中，对于侵害国家利益和社会公共利益的行为，可以依法向人民法院提起公益诉讼。

《关于维护互联网安全的决定》

四、为了保护个人、法人和其他组织的人身、财产等合法权利，对有下列行为之一，构成犯罪的，依照刑法有关规定追究刑事责任：

（一）利用互联网侮辱他人或者捏造事实诽谤他人；

（二）非法截获、篡改、删除他人电子邮件或者其他数据资料，侵犯公民通信自由和通信秘密；

（三）利用互联网进行盗窃、诈骗、敲诈勒索。

《国家情报法》

第三十条 冒充国家情报工作机构工作人员或者其他相关人员实施招摇撞骗、诈骗、敲诈勒索等行为的，依照《中华人民共和国治安管理处罚法》的规定处罚；构成犯罪的，依法追究刑事责任。

◎ **党内法规**

《关于促进移动互联网健康有序发展的意见》

四、防范移动互联网安全风险

……

16. 打击网络违法犯罪。坚决打击利用移动互联网鼓吹推翻国家政权、煽动宗教极端主义、宣扬民族分裂思想、教唆暴力恐怖等违法犯罪活动。严厉查处造谣诽谤、电信网络诈骗、攻击窃密、盗版侵权、非法售卖个人信息等违法犯罪行为。全面清理赌博、传销、非法集资、淫秽色情、涉枪涉爆等违法违规信息。

……

《关于加强打击治理电信网络诈骗违法犯罪工作的意见》

……

《意见》要求，要依法严厉打击电信网络诈骗违法犯罪。坚持依法从严惩处，形成打击合力，提升打击效能；坚持全链条纵深打击，依法打击电信网络诈骗以及上下游关联违法犯罪；健全涉诈资金查处机制，最大限度追赃挽损；进一步强化法律支撑，为实现全链条打击、一体化治理提供法治保障；加强国际执法司法合作，积极推动涉诈在逃人员通缉、引渡、遣返工作。

《意见》要求，要构建严密防范体系。强化技术反制，建立对涉诈网站、APP及诈骗电话、诈骗短消息处置机制；强化预警劝阻，不断提升预警信息监测发现能力，及时发现潜在受害群众，采取劝阻措施；强化宣传教育，建立全方位、广覆盖的反诈宣传教育体系，开展防范电信网络诈骗违法犯罪知识进社区、进农村、进家庭、进学校、进企业活动，形成全社会反诈的浓厚氛围。

《意见》要求，要加强行业监管源头治理。建立健全行业安全评估和准入制度；加强金融行业监管，及时发现、管控新型洗钱通道；加强电信行业监管，严格落实电话用户实名制；加强互联网行业监管；完善责任追究制度，建立健全行业主管部门、企业、用户三级责任制；建立健全信用惩戒制度，将电信网络诈骗及关联违法犯罪人员纳入严重失信主体名单。《意见》还要求，要强化属地管控综合治理，加强犯罪源头地综合整治。

《意见》强调，各级党委和政府要加强对打击治理电信网络诈骗违法犯罪工作的组织领导，统筹力量资源，建立职责清晰、协同联动、衔接紧密、运转

高效的打击治理体系。金融、电信、互联网等行业主管部门要全面落实行业监管主体责任，各地要强化落实属地责任，全面提升打击治理电信网络诈骗违法犯罪的能力水平。

◎ **司法解释**

《关于审理扰乱电信市场管理秩序案件具体应用法律的解释》

第九条　以虚假、冒用的身份证件办理入网手续并使用移动电话，造成电信资费损失数额较大的，依照刑法第二百六十六条的规定，以诈骗罪定罪处罚。

《关于办理诈骗刑事案件具体应用法律的解释》

第二条　诈骗公私财物达到本解释第一条规定的数额标准，具有下列情形之一的，可以依照刑法第二百六十六条的规定酌情从严惩处：

（一）通过发送短信、拨打电话或者利用互联网、广播电视、报刊杂志等发布虚假信息，对不特定多数人实施诈骗的；

（二）诈骗救灾、抢险、防汛、优抚、扶贫、移民、救济、医疗款物的；

（三）以赈灾募捐名义实施诈骗的；

（四）诈骗残疾人、老年人或者丧失劳动能力人的财物的；

（五）造成被害人自杀、精神失常或者其他严重后果的。

诈骗数额接近本解释第一条规定的"数额巨大"、"数额特别巨大"的标准，并具有前款规定的情形之一或者属于诈骗集团首要分子的，应当分别认定为刑法第二百六十六条规定的"其他严重情节"、"其他特别严重情节"。

第五条　诈骗未遂，以数额巨大的财物为诈骗目标的，或者具有其他严重情节的，应当定罪处罚。

利用发送短信、拨打电话、互联网等电信技术手段对不特定多数人实施诈骗，诈骗数额难以查证，但具有下列情形之一的，应当认定为刑法第二百六十六条规定的"其他严重情节"，以诈骗罪（未遂）定罪处罚：

（一）发送诈骗信息五千条以上的；

（二）拨打诈骗电话五百人次以上的；

（三）诈骗手段恶劣、危害严重的。

实施前款规定行为，数量达到前款第（一）、（二）项规定标准十倍以上的，或者诈骗手段特别恶劣、危害特别严重的，应当认定为刑法第二百六十六条规定的"其他特别严重情节"，以诈骗罪（未遂）定罪处罚。

第六条　诈骗既有既遂，又有未遂，分别达到不同量刑幅度的，依照处罚较重的规定处罚；达到同一量刑幅度的，以诈骗罪既遂处罚。

第七条　明知他人实施诈骗犯罪，为其提供信用卡、手机卡、通讯工具、通讯传输通道、网络技术支持、费用结算等帮助的，以共同犯罪论处。

《关于办理电信网络诈骗等刑事案件适用法律的意见》

二、依法严惩电信网络诈骗犯罪

（一）根据《最高人民法院、最高人民检察院关于办理诈骗刑事案件具体应用法律若干问题的解释》第一条的规定，利用电信网络技术手段实施诈骗，诈骗公私财物价值三千元以上、三万元以上、五十万元以上的，应当分别认定为刑法第二百六十六条规定的"数额较大""数额巨大""数额特别巨大"。

二年内多次实施电信网络诈骗未经处理，诈骗数额累计计算构成犯罪的，应当依法定罪处罚。

（二）实施电信网络诈骗犯罪，达到相应数额标准，具有下列情形之一的，酌情从重处罚：

1. 造成被害人或其近亲属自杀、死亡或者精神失常等严重后果的；

2. 冒充司法机关等国家机关工作人员实施诈骗的；

3. 组织、指挥电信网络诈骗犯罪团伙的；

4. 在境外实施电信网络诈骗的；

5. 曾因电信网络诈骗犯罪受过刑事处罚或者二年内曾因电信网络诈骗受过行政处罚的；

6. 诈骗残疾人、老年人、未成年人、在校学生、丧失劳动能力人的财物，或者诈骗重病患者及其亲属财物的；

7. 诈骗救灾、抢险、防汛、优抚、扶贫、移民、救济、医疗等款物的；

8. 以赈灾、募捐等社会公益、慈善名义实施诈骗的；

9. 利用电话追呼系统等技术手段严重干扰公安机关等部门工作的；

10. 利用"钓鱼网站"链接、"木马"程序链接、网络渗透等隐蔽技术手段实施诈骗的。

（三）实施电信网络诈骗犯罪，诈骗数额接近"数额巨大""数额特别巨大"的标准，具有前述第（二）条规定的情形之一的，应当分别认定为刑法第二百六十六条规定的"其他严重情节""其他特别严重情节"。

上述规定的"接近"，一般应掌握在相应数额标准的百分之八十以上。

（四）实施电信网络诈骗犯罪，犯罪嫌疑人、被告人实际骗得财物的，以诈骗罪（既遂）定罪处罚。诈骗数额难以查证，但具有下列情形之一的，应当认定为刑法第二百六十六条规定的"其他严重情节"，以诈骗罪（未遂）定罪处罚：

1. 发送诈骗信息五千条以上的，或者拨打诈骗电话五百人次以上的；

2. 在互联网上发布诈骗信息，页面浏览量累计五千次以上的。

具有上述情形，数量达到相应标准十倍以上的，应当认定为刑法第二百六十六条规定的"其他特别严重情节"，以诈骗罪（未遂）定罪处罚。

上述"拨打诈骗电话"，包括拨出诈骗电话和接听被害人回拨电话。反复拨打、接听同一电话号码，以及反复向同一被害人发送诈骗信息的，拨打、接听电话次数、发送信息条数累计计算。

因犯罪嫌疑人、被告人故意隐匿、毁灭证据等原因，致拨打电话次数、发送信息条数的证据难以收集的，可以根据经查证属实的日拨打人次数、日发送信息条数，结合犯罪嫌疑人、被告人实施犯罪的时间、犯罪嫌疑人、被告人的供述等相关证据，综合予以认定。

（五）电信网络诈骗既有既遂，又有未遂，分别达到不同量刑幅度的，依照处罚较重的规定处罚；达到同一量刑幅度的，以诈骗罪既遂处罚。

（六）对实施电信网络诈骗犯罪的被告人裁量刑罚，在确定量刑起点、基准刑时，一般应就高选择。确定宣告刑时，应当综合全案事实情节，准确把握从重、从轻量刑情节的调节幅度，保证罪责刑相适应。

（七）对实施电信网络诈骗犯罪的被告人，应当严格控制适用缓刑的范围，严格掌握适用缓刑的条件。

（八）对实施电信网络诈骗犯罪的被告人，应当更加注重依法适用财产刑，加大经济上的惩罚力度，最大限度剥夺被告人再犯的能力。

三、全面惩处关联犯罪

（一）在实施电信网络诈骗活动中，非法使用"伪基站""黑广播"，干扰无线电通讯秩序，符合刑法第二百八十八条规定的，以扰乱无线电通讯管理秩序罪追究刑事责任。同时构成诈骗罪的，依照处罚较重的规定定罪处罚。

（二）违反国家有关规定，向他人出售或者提供公民个人信息，窃取或者以其他方法非法获取公民个人信息，符合刑法第二百五十三条之一规定的，以侵犯公民个人信息罪追究刑事责任。

使用非法获取的公民个人信息，实施电信网络诈骗犯罪行为，构成数罪的，应当依法予以并罚。

（三）冒充国家机关工作人员实施电信网络诈骗犯罪，同时构成诈骗罪和招摇撞骗罪的，依照处罚较重的规定定罪处罚。

（四）非法持有他人信用卡，没有证据证明从事电信网络诈骗犯罪活动，符合刑法第一百七十七条之一第一款第（二）项规定的，以妨害信用卡管理罪追究刑事责任。

（五）明知是电信网络诈骗犯罪所得及其产生的收益，以下列方式之一予以转账、套现、取现的，依照刑法第三百一十二条第一款的规定，以掩饰、隐瞒犯罪所得、犯罪所得收益罪追究刑事责任。但有证据证明确实不知道的除外：

1. 通过使用销售点终端机具（POS机）刷卡套现等非法途径，协助转换或者转移财物的；

2. 帮助他人将巨额现金散存于多个银行账户，或在不同银行账户之间频繁划转的；

3. 多次使用或者使用多个非本人身份证明开设的信用卡、资金支付结算账户或者多次采用遮蔽摄像头、伪装等异常手段，帮助他人转账、套现、取现的；

4. 为他人提供非本人身份证明开设的信用卡、资金支付结算账户后，又帮助他人转账、套现、取现的；

5. 以明显异于市场的价格，通过手机充值、交易游戏点卡等方式套现的。

实施上述行为，事前通谋的，以共同犯罪论处。

实施上述行为，电信网络诈骗犯罪嫌疑人尚未到案或案件尚未依法裁判，但现有证据足以证明该犯罪行为确实存在的，不影响掩饰、隐瞒犯罪所得、犯罪所得收益罪的认定。

实施上述行为，同时构成其他犯罪

的，依照处罚较重的规定定罪处罚。法律和司法解释另有规定的除外。

（六）网络服务提供者不履行法律、行政法规规定的信息网络安全管理义务，经监管部门责令采取改正措施而拒不改正，致使诈骗信息大量传播，或者用户信息泄露造成严重后果的，依照刑法第二百八十六条之一的规定，以拒不履行信息网络安全管理义务罪追究刑事责任。同时构成诈骗罪的，依照处罚较重的规定定罪处罚。

（七）实施刑法第二百八十七条之一、第二百八十七条之二规定之行为，构成非法利用信息网络罪、帮助信息网络犯罪活动罪，同时构成诈骗罪的，依照处罚较重的规定定罪处罚。

（八）金融机构、网络服务提供者、电信业务经营者等在经营活动中，违反国家有关规定，被电信网络诈骗犯罪分子利用，使他人遭受财产损失的，依法承担相应责任。构成犯罪的，依法追究刑事责任。

四、准确认定共同犯罪与主观故意

（一）三人以上为实施电信网络诈骗犯罪而组成的较为固定的犯罪组织，应依法认定为诈骗犯罪集团。对组织、领导犯罪集团的首要分子，按照集团所犯的全部罪行处罚。对犯罪集团中组织、指挥、策划者和骨干分子依法从严惩处。

对犯罪集团中起次要、辅助作用的从犯，特别是在规定期限内投案自首、积极协助抓获主犯、积极协助追赃的，依法从轻或减轻处罚。

对犯罪集团首要分子以外的主犯，应当按照其所参与的或者组织、指挥的全部犯罪处罚。全部犯罪包括能够查明具体诈骗数额的事实和能够查明发送诈骗信息条数、拨打诈骗电话人次数、诈骗信息网页浏览次数的事实。

（二）多人共同实施电信网络诈骗，犯罪嫌疑人、被告人应对其参与期间该诈骗团伙实施的全部诈骗行为承担责任。在其所参与的犯罪环节中起主要作用的，可以认定为主犯；起次要作用的，可以认定为从犯。

上述规定的"参与期间"，从犯罪嫌疑人、被告人着手实施诈骗行为开始起算。

（三）明知他人实施电信网络诈骗犯罪，具有下列情形之一的，以共同犯罪论处，但法律和司法解释另有规定的除外：

1. 提供信用卡、资金支付结算账户、手机卡、通讯工具的；

2. 非法获取、出售、提供公民个人信息的；

3. 制作、销售、提供"木马"程序和"钓鱼软件"等恶意程序的；

4. 提供"伪基站"设备或相关服务的；

5. 提供互联网接入、服务器托管、网络存储、通讯传输等技术支持，或者提供支付结算等帮助的；

6. 在提供改号软件、通话线路等技术服务时，发现主叫号码被修改为国内党政机关、司法机关、公共服务部门号码，或者境外用户改为境内号码，仍提供服务的；

7. 提供资金、场所、交通、生活保障等帮助的；

8. 帮助转移诈骗犯罪所得及其产生的收益，套现、取现的。

上述规定的"明知他人实施电信网络诈骗犯罪"，应当结合被告人的认知能力，既往经历，行为次数和手段，与他人关系，获利情况，是否曾因电信网络诈骗受过处罚，是否故意规避调查等主客观因素进行综合分析认定。

（四）负责招募他人实施电信网络诈骗犯罪活动，或者制作、提供诈骗方案、术语清单、语音包、信息等的，以诈骗共同犯罪论处。

（五）部分犯罪嫌疑人在逃，但不影响对已到案共同犯罪嫌疑人、被告人的犯罪事实认定的，可以依法先行追究已到案共同犯罪嫌疑人、被告人的刑事责任。

五、依法确定案件管辖

（一）电信网络诈骗犯罪案件一般由犯罪地公安机关立案侦查，如果由犯罪嫌疑人居住地公安机关立案侦查更为适宜的，可以由犯罪嫌疑人居住地公安机关立案侦查。犯罪地包括犯罪行为发生地和犯罪结果发生地。

"犯罪行为发生地"包括用于电信网络诈骗犯罪的网站服务器所在地，网站建立者、管理者所在地，被侵害的计算机信息系统或其管理者所在地，犯罪嫌疑人、被害人使用的计算机信息系统所在地，诈骗电话、短信息、电子邮件等的拨打地、发送地、到达地、接受地，以及诈骗行为持续发生的实施地、预备地、开始地、途经地、结束地。

"犯罪结果发生地"包括被害人被骗时所在地，以及诈骗所得财物的实际取得地、藏匿地、转移地、使用地、销售地等。

（二）电信网络诈骗最初发现地公安机关侦办的案件，诈骗数额当时未达到"数额较大"标准，但后续累计达到"数额较大"标准，可由最初发现地公安机关立案侦查。

（三）具有下列情形之一的，有关公安机关可以在其职责范围内并案侦查：

1. 一人犯数罪的；

2. 共同犯罪的；

3. 共同犯罪的犯罪嫌疑人还实施其他犯罪的；

4. 多个犯罪嫌疑人实施的犯罪存

在直接关联，并案处理有利于查明案件事实的。

（四）对因网络交易、技术支持、资金支付结算等关系形成多层级链条、跨区域的电信网络诈骗等犯罪案件，可由共同上级公安机关按照有利于查清犯罪事实、有利于诉讼的原则，指定有关公安机关立案侦查。

（五）多个公安机关都有权立案侦查的电信网络诈骗等犯罪案件，由最初受理的公安机关或者主要犯罪地公安机关立案侦查。有争议的，按照有利于查清犯罪事实、有利于诉讼的原则，协商解决。经协商无法达成一致的，由共同上级公安机关指定有关公安机关立案侦查。

（六）在境外实施的电信网络诈骗等犯罪案件，可由公安部按照有利于查清犯罪事实、有利于诉讼的原则，指定有关公安机关立案侦查。

（七）公安机关立案、并案侦查，或因有争议，由共同上级公安机关指定立案侦查的案件，需要提请批准逮捕、移送审查起诉、提起公诉的，由该公安机关所在地的人民检察院、人民法院受理。

对重大疑难复杂案件和境外案件，公安机关应在指定立案侦查前，向同级人民检察院、人民法院通报。

（八）已确定管辖的电信诈骗共同犯罪案件，在逃的犯罪嫌疑人归案后，一般由原管辖的公安机关、人民检察院、人民法院管辖。

六、证据的收集和审查判断

（一）办理电信网络诈骗案件，确因被害人人数众多等客观条件的限制，无法逐一收集被害人陈述的，可以结合已收集的被害人陈述，以及经查证属实的银行账户交易记录、第三方支付结算账户交易记录、通话记录、电子数据等证据，综合认定被害人人数及诈骗资金数额等犯罪事实。

（二）公安机关采取技术侦查措施收集的案件证明材料，作为证据使用的，应当随案移送批准采取技术侦查措施的法律文书和所收集的证据材料，并对其来源等作出书面说明。

（三）依照国际条约、刑事司法协助、互助协议或平等互助原则，请求证据材料所在地司法机关收集，或通过国际警务合作机制、国际刑警组织启动合作取证程序收集的境外证据材料，经查证属实，可以作为定案的依据。公安机关应对其来源、提取人、提取时间或者提供人、提供时间以及保管移交的过程等作出说明。

对其他来自境外的证据材料，应当对其来源、提供人、提供时间以及提取人、提取时间进行审查。能够证明案件事实且符合刑事诉讼法规定的，可以作为证据使用。

七、涉案财物的处理

（一）公安机关侦办电信网络诈骗案件，应当随案移送涉案赃款赃物，并附清单。人民检察院提起公诉时，应一并移交受理案件的人民法院，同时就涉案赃款赃物的处理提出意见。

（二）涉案银行账户或者涉案第三方支付账户内的款项，对权属明确的被害人的合法财产，应当及时返还。确因客观原因无法查实全部被害人，但有证据证明该账户系用于电信网络诈骗犯罪，且被告人无法说明款项合法来源的，根据刑法第六十四条的规定，应认定为违法所得，予以追缴。

（三）被告人已将诈骗财物用于清偿债务或者转让给他人，具有下列情形之一的，应当依法追缴：

1. 对方明知是诈骗财物而收取的；

2. 对方无偿取得诈骗财物的；

3. 对方以明显低于市场的价格取得诈骗财物的；

4. 对方取得诈骗财物系源于非法债务或者违法犯罪活动的。

他人善意取得诈骗财物的，不予追缴。

《检察机关办理侵犯公民个人信息案件指引》

二、需要特别注意的问题

……

（三）对"非法获取"的审查认定

在窃取或者以其他方法非法获取公民个人信息的行为中，需要着重把握"其他方法"的范围问题。"其他方法"，是指"窃取"以外，与窃取行为具有同等危害性的方法，其中，购买是最常见的非法获取手段。侵犯公民个人信息犯罪作为电信网络诈骗的上游犯罪，诈骗分子往往先通过网络向他人购买公民个人信息，然后自己直接用于诈骗或转发给其他同伙用于诈骗，诈骗分子购买公民个人信息的行为属于非法获取行为，其同伙接收公民个人信息的行为明显也属于非法获取行为。同时，一些房产中介、物业管理公司、保险公司、担保公司的业务员往往与同行通过QQ、微信群互相交换各自掌握的客户信息，这种交换行为也属于非法获取行为。此外，行为人在履行职责、提供服务过程中，违反国家有关规定，未经他人同意收集公民个人信息，或者收集与提供的服务无关的公民个人信息的，也属于非法获取公民个人信息的行为。

……

（五）对关联犯罪的审查认定

对于侵犯公民个人信息犯罪与电信网络诈骗犯罪相交织的案件，应严格按照《最高人民法院、最高人民检察院、公安部关于办理电信网络诈骗等刑事案件适用法律若干问题的意见》（法发

〔2016〕32 号）的规定进行审查认定，即通过认真审查非法获取、出售、提供公民个人信息的犯罪嫌疑人对电信网络诈骗犯罪的参与程度，结合能够证实其认知能力的学历文化、聊天记录、通话频率、获取固定报酬还是参与电信网络诈骗犯罪分成等证据，分析判断其是否属于诈骗共同犯罪、是否应该数罪并罚。

……

《检察机关办理电信网络诈骗案件指引》

二、需要特别注意的问题

在电信网络诈骗案件审查逮捕、审查起诉中，要根据相关法律、司法解释等规定，结合在案证据，重点注意以下问题：

（一）电信网络诈骗犯罪的界定

1. 此罪彼罪

在一些案件中，尤其是利用网络钓鱼、木马链接实施犯罪的案件中，既存在虚构事实、隐瞒真相的诈骗行为，又可能存在秘密窃取的行为，关键要审查犯罪嫌疑人取得财物是否基于被害人对财物的主动处分意识。如果行为人通过秘密窃取的行为获取他人财物，则应认定构成盗窃罪；如果窃取或者骗取的是他人信用卡资料，并通过互联网、通讯终端等使用的，根据《最高人民法院、最高人民检察院关于办理妨害信用卡管理刑事案件具体应用法律若干问题的解释》（法释〔2009〕19 号），则可能构

成信用卡诈骗罪；如果通过电信网络技术向不特定多数人发送诈骗信息后又转入接触式诈骗，或者为实现诈骗目的，线上线下并行同时进行接触式和非接触式诈骗，应当按照诈骗取财行为的本质定性，虽然使用电信网络技术但被害人基于接触被骗的，应当认定普通诈骗；如果出现电信网络诈骗和合同诈骗、保险诈骗等特殊诈骗罪名的竞合，应依据刑法有关规定定罪量刑。

2. 追诉标准低于普通诈骗犯罪且无地域差别

追诉标准直接决定了法律适用问题甚至罪与非罪的认定。《意见》规定，利用电信网络技术手段实施诈骗，诈骗公私财物价值三千元以上的，认定为刑法第二百六十六条规定的"数额较大"。而《解释》规定，诈骗公私财物价值三千元至一万元以上的，认定为刑法第二百六十六条规定的"数额较大"。因此，电信网络诈骗的追诉标准要低于普通诈骗的追诉标准，且全国统一无地域差别，即犯罪数额达到三千元以上、三万元以上、五十万元以上的，应当分别认定为刑法第二百六十六条规定的"数额较大""数额巨大""数额特别巨大"。

……

《办理跨境赌博犯罪案件若干问题的意见》

四、关于跨境赌博关联犯罪的认定

（一）使用专门工具、设备或者其他手段诱使他人参赌，人为控制赌局输赢，构成犯罪的，依照刑法关于诈骗犯罪的规定定罪处罚。

网上开设赌场，人为控制赌局输赢，或者无法实现提现，构成犯罪的，依照刑法关于诈骗犯罪的规定定罪处罚。部分参赌者赢利、提现不影响诈骗犯罪的认定。

《关于办理电信网络诈骗等刑事案件适用法律的意见（二）》

一、电信网络诈骗犯罪地，除《最高人民法院、最高人民检察院、公安部关于办理电信网络诈骗等刑事案件适用法律若干问题的意见》规定的犯罪行为发生地和结果发生地外，还包括：

（一）用于犯罪活动的手机卡、流量卡、物联网卡的开立地、销售地、转移地、藏匿地；

（二）用于犯罪活动的信用卡的开立地、销售地、转移地、藏匿地、使用地以及资金交易对手资金交付和汇出地；

（三）用于犯罪活动的银行账户、非银行支付账户的开立地、销售地、使用地以及资金交易对手资金交付和汇出地；

（四）用于犯罪活动的即时通讯信息、广告推广信息的发送地、接受地、到达地；

（五）用于犯罪活动的"猫池"（Modem Pool）、GOIP 设备、多卡宝等硬件设备的销售地、入网地、藏匿地；

（六）用于犯罪活动的互联网账号的销售地、登录地。

二、为电信网络诈骗犯罪提供作案工具、技术支持等帮助以及掩饰、隐瞒犯罪所得及其产生的收益，由此形成多层级犯罪链条的，或者利用同一网站、通讯群组、资金账户、作案窝点实施电信网络诈骗犯罪的，应当认定为多个犯罪嫌疑人、被告人实施的犯罪存在关联，人民法院、人民检察院、公安机关可以在其职责范围内并案处理。

三、有证据证实行为人参加境外诈骗犯罪集团或犯罪团伙，在境外针对境内居民实施电信网络诈骗犯罪行为，诈骗数额难以查证，但一年内出境赴境外诈骗犯罪窝点累计时间 30 日以上或多次出境赴境外诈骗犯罪窝点的，应当认定为刑法第二百六十六条规定的"其他严重情节"，以诈骗罪依法追究刑事责任。有证据证明其出境从事正当活动的除外。

十三、办案地公安机关可以通过公安机关信息化系统调取异地公安机关依法制作、收集的刑事案件受案登记表、立案决定书、被害人陈述等证据材料。调取时不得少于两名侦查人员，并应记载调取的时间、使用的信息化系统名称等相关信息，调取人签名并加盖办案地公安机关印章。经审核证明真实的，可以作为证据使用。

十四、通过国（区）际警务合作收集或者境外警方移交的境外证据材料，确因客观条件限制，境外警方未提供相关证据的发现、收集、保管、移交情况等材料的，公安机关应当对上述证据材料的来源、移交过程以及种类、数量、特征等作出书面说明，由两名以上侦查人员签名并加盖公安机关印章。经审核能够证明案件事实的，可以作为证据使用。

十五、对境外司法机关抓获并羁押的电信网络诈骗犯罪嫌疑人，在境内接受审判的，境外的羁押期限可以折抵刑期。

十六、办理电信网络诈骗犯罪案件，应当充分贯彻宽严相济刑事政策。在侦查、审查起诉、审判过程中，应当全面收集证据、准确甄别犯罪嫌疑人、被告人在共同犯罪中的层级地位及作用大小，结合其认罪态度和悔罪表现，区别对待，宽严并用，科学量刑，确保罚当其罪。

对于电信网络诈骗犯罪集团、犯罪团伙的组织者、策划者、指挥者和骨干分子，以及利用未成年人、在校学生、老年人、残疾人实施电信网络诈骗的，依法从严惩处。

对于电信网络诈骗犯罪集团、犯罪团伙中的从犯，特别是其中参与时间相对较短、诈骗数额相对较低或者从事辅助性工作并领取少量报酬，以及初犯、偶犯、未成年人、在校学生等，应当综合考虑其在共同犯罪中的地位作用、社会危害程度、主观恶性、人身危险性、认罪悔罪表现等情节，可以依法从轻、减轻处罚。犯罪情节轻微的，可以依法不起诉或者免予刑事处罚；情节显著轻微危害不大的，不以犯罪论处。

十七、查扣的涉案账户内资金，应当优先返还被害人，如不足以全额返还的，应当按照比例返还。

《关于"断卡"行动中有关法律适用问题的会议纪要》

六、关于《关于办理电信网络诈骗等刑事案件适用法律若干问题的意见（二）》第三条的理解适用。为严厉打击跨境电信网络诈骗团伙犯罪，该条规定，有证据证实行为人参加境外诈骗犯罪集团或犯罪团伙，在境外针对境内居民实施电信网络诈骗犯罪行为，诈骗数额难以查证，但一年内出境赴境外诈骗犯罪窝点累计时间30日以上或多次出境赴境外诈骗犯罪窝点的，以诈骗罪依法追究刑事责任。在司法适用时，要注意把握以下三个要件：（1）有证据证明行为人参加了境外电信网络诈骗犯罪集团或犯罪团伙，且在境外针对境内居民实施了具体的诈骗犯罪行为；（2）行为人一年内出境赴境外诈骗犯罪窝点累计30日以上，应当从行为人实际加入境外诈骗犯罪窝点的日期开始计算时间；（3）诈骗数额难以查证，是指基于客观困难，确实无法查清行为人实施诈骗的具体数额。在办案中，应当首先全力查证具体诈骗数额；在诈骗数额难以查清的情况下，根据《最高人民法院、最高人民检察院关于办理诈骗刑事案件具体应用法律若干问题的解释》和《最高人民法院、最高人民检察院、公安部关于办理电信网络诈骗等刑事案件适用法律若干问题的意见》的规定，还应当查证发送诈骗信息条数和拨打诈骗电话次数，如二者均无法查明，才适用该条规定。

九、关于重大电信网络诈骗及其关联犯罪案件的管辖。对于涉案人数超过80人，以及在境外实施的电信网络诈骗及其关联犯罪案件，公安部根据工作需要指定异地管辖的，指定管辖前应当商最高人民检察院和最高人民法院。

各级人民法院、人民检察院、公安机关要充分认识到当前持续深入推进"断卡"行动的重要意义，始终坚持依法从严惩处和全面惩处的方针，坚决严惩跨境电信网络诈骗犯罪集团和人员、贩卖"两卡"团伙头目和骨干、职业"卡商"、行业"内鬼"等。同时，还

应当注重宽以济严，对于初犯、偶犯、未成年人、在校学生，特别是其中被胁迫或蒙骗出售本人名下"两卡"、违法所得、涉案数额较少且认罪认罚的，以教育、挽救为主，落实"少捕慎诉慎押"的刑事司法政策，可以依法从宽处理，确保社会效果良好。

各省级人民法院、人民检察院、公安机关要尽快传达并转发本会议纪要，不断提高办案能力，依法准确办理涉"两卡"犯罪案件，确保"断卡"行动深入健康开展。在司法实践中如遇有重大疑难问题，应及时对口上报。

《关于敦促电信网络诈骗犯罪集团头目和骨干自首的通告》

一、实施电信网络诈骗犯罪活动的组织者、策划者、指挥者、骨干分子及其他人员，必须立即停止一切违法犯罪活动。自本通告发布之日起至2022年9月30日前，主动投案自首、如实供述违法犯罪事实的，可以依法从轻或者减轻处罚。犯罪嫌疑人委托他人代为投案或者先以信函、电话、电子邮件等方式投案，本人随后到案的；经亲友规劝、陪同投案的；或者亲友主动报案后将犯罪嫌疑人送去投案的，均视为自动投案。

二、人民法院、人民检察院、公安机关将以"零容忍"态度依法严厉打击电信网络诈骗违法犯罪活动，犯罪嫌疑

人要认清形势、珍惜机会，尽快投案自首，争取从宽处理。在上述规定期限内拒不投案自首，继续实施电信网络诈骗违法犯罪活动的，将依法从严惩处；对于其中的电信网络诈骗犯罪集团、犯罪团伙的组织者、策划者、指挥者和骨干分子，将依法从重惩处。

三、犯罪嫌疑人到案后有检举、揭发他人违法犯罪行为，指证犯罪集团头目和骨干，经查证属实的；提供重要线索，从而得以侦破其他案件的；或者有积极协助司法机关抓捕其他犯罪嫌疑人等立功表现的，可以依法从轻或者减轻处罚。有重大立功表现的，可以依法减轻或者免除处罚。

◎ **部门规范性文件**

《互联网用户公众账号信息服务管理规定》

第十八条 公众账号生产运营者不得有下列违法违规行为：

（一）不以真实身份信息注册，或者注册与自身真实身份信息不相符的公众账号名称、头像、简介等；

（二）恶意假冒、仿冒或者盗用组织机构及他人公众账号生产发布信息内容；

（三）未经许可或者超越许可范围提供互联网新闻信息采编发布等服务；

（四）操纵利用多个平台账号，批量发布雷同低质信息内容，生成虚假流量数据，制造虚假舆论热点；

（五）利用突发事件煽动极端情绪，或者实施网络暴力损害他人和组织机构名誉，干扰组织机构正常运营，影响社会和谐稳定；

（六）编造虚假信息，伪造原创属性，标注不实信息来源，歪曲事实真相，误导社会公众；

（七）以有偿发布、删除信息等手段，实施非法网络监督、营销诈骗、敲诈勒索，谋取非法利益；

（八）违规批量注册、囤积或者非法交易买卖公众账号；

（九）制作、复制、发布违法信息，或者未采取措施防范和抵制制作、复制、发布不良信息；

（十）法律、行政法规禁止的其他行为。

《网络产品安全漏洞管理规定》

第九条 从事网络产品安全漏洞发现、收集的组织或者个人通过网络平台、媒体、会议、竞赛等方式向社会发布网络产品安全漏洞信息的，应当遵循必要、真实、客观以及有利于防范网络安全风险的原则，并遵守以下规定：

（一）不得在网络产品提供者提供网络产品安全漏洞修补措施之前发布漏洞信息；认为有必要提前发布的，应当与相关网络产品提供者共同评估协商，并向工业和信息化部、公安部报告，由工业和信息化部、公安部组织评估后进行发布。

（二）不得发布网络运营者在用的网络、信息系统及其设备存在安全漏洞的细节情况。

（三）不得刻意夸大网络产品安全漏洞的危害和风险，不得利用网络产品安全漏洞信息实施恶意炒作或者进行诈骗、敲诈勒索等违法犯罪活动。

（四）不得发布或者提供专门用于利用网络产品安全漏洞从事危害网络安全活动的程序和工具。

（五）在发布网络产品安全漏洞时，应当同步发布修补或者防范措施。

（六）在国家举办重大活动期间，未经公安部同意，不得擅自发布网络产品安全漏洞信息。

（七）不得将未公开的网络产品安全漏洞信息向网络产品提供者之外的境外组织或者个人提供。

（八）法律法规的其他相关规定。

权威案例

◎ 指导性案例

董某等四人诈骗案【最高检指导案例第38号】

要旨：以非法占有为目的，采用自我交易方式，虚构提供服务事实，骗取互联网公司垫付费用及订单补贴，数额较大的行为，应认定为诈骗罪。

◎ 公报案例

上海市长宁区人民检察院诉顾立、顾全飞诈骗案【《最高人民法院公报》2023年第7期】**要旨：**在计算机信息系统具有处分财产功能且正常运行的情况下，行为人通过非法手段满足计算机信息系统控制者的预设条件，如实施添加、删除数据等破坏计算机信息系统的行为，使控制者陷入错误认识并授予行为人通过计算机信息系统获取财物权限的，该行为构成诈骗罪。

◎ 典型案例

蔡某集资诈骗案【检察机关依法查处金融犯罪典型案例之五（2015年9月23日）】

典型意义：目前，P2P、众筹等互联网金融形态发展迅猛，但其健康发展离不开完善的诚信机制与监管规则。在这二者均尚未完备的背景下，一些犯罪分子借用互联网金融的概念，以高额利息为诱饵诱骗投资者。以P2P网贷平台为例，各地屡屡出现兑付危机、倒闭、卷款跑路等乱象。本案被告人就是利用网贷平台信息不对称的特点，发布虚假信息，骗取投资者资金。本案提示了P2P网络借贷平台的业务经营"红线"，提示投资者要有风险意识，做好合理的资产配置规划，不要把P2P当成唯一的理财手段，更不要轻信平台许诺的高收益，以免误入歧途，造成损失。

林某、胡某浪诈骗案【最高人民法院发布六起惩治电信诈骗犯罪典型案例之四（2016年9月30日）】

典型意义：近两年来，利用伪基站实施申信诈骗的手段翻新、案件频发，最高人民法院、最高人民检察院专门出台了相关司法解释，加大对此类违法犯罪行为的打击力度，明确规定：对电信诈骗数额难以查证，但发送诈骗信息5000条以上，拨打诈骗电话500人次以上的，或者诈骗手段恶劣、危害严重的，即可以诈骗罪（未遂）追究刑事责任。本案被告人林某、胡某浪通过"伪基站"，向不特定多数人发送冒充银行或移动运营商客服电话的虚假短信三万余条，诱骗手机用户点击短信中的钓鱼网站、填写相关银行账户信息以达到骗取手机用户钱款的目的。虽因意志以外的原因，被告人的犯罪目的未能最终得逞，但其犯罪行为仍具有严重的社会危害，公民个人若未及时查觉，其财产便会处于一种极不安全的状况。

杨某鸿、黄某河、吴某云诈骗，杨某鸿、黄某河侵犯公民个人信息案【最高人民法院发布六起惩治电信诈骗犯罪典型案例之六（2016年9月30日）】

典型意义：近年来，信息技术的广泛应用让我们的生产生活变得更高效便捷，但也给犯罪分子利用信息技术实施犯罪提供了便利条件。本案中，被告人杨某鸿、黄某河通过互联网非法购买公民个人信息数万条，雇佣他人共同冒充政府工作人员拨打诈骗电话，通过提供被害人准确的身份信息，骗取被害人的信任，以达到实施诈骗犯罪的目的。公民个人信息权利保护

已成为信息化社会中公民权利保护的一个重点。要从源头整治电信网络诈骗犯罪，信息安全保护是关键。除了公民要提高信息保护意识以外，各有关单位等也需加强信息管理与信息安全保护工作，不给犯罪分子以可乘之机。

上海"阜兴"集资诈骗案【人民法院依法惩治金融犯罪典型案例之三（2022年9月22日）】

典型意义：本案是持牌私募机构以发行私募基金为名实施非法集资犯罪的典型案件。这些私募基金虽然名义上合规，但在"募、投、管、退"各环节实际上均不符合私募基金的管理规定和运行规律。例如，私募基金的销售过程实际上存在变相公开宣传、承诺固定收益、变相提供担保、向不合格投资者销售、未履行风险告知义务等情形；在投资和管理环节，实质上存在自融、"资金池"运作、挪用私募基金财产、未按约定用途投资、投资项目虚假、管理人未履行管理义务以及披露虚假信息等情形；在基金退出环节上，普遍存在"发新还旧"、刚性兑付现象，还本付息并非依靠投资收益。这类私募基金型非法集资犯罪，在行为的"非法性、公开性、利诱性、社会性"认定过程中，与普通非法集资犯罪的认定有所不同，需要司法机关认真研判、甄别。同时，监管机构应当加强投资者教育和私募机构管理，投资者应当提高风险防范意识，掌握必要金融投资知识，

积极维护自身合法权益。

汪某、唐某等人集资诈骗、非法吸收公众存款案【检察机关惩治养老诈骗违法犯罪典型案例（第二批）之一（2022 年 11 月 9 日）】

　　典型意义：随着老百姓生活日益富足，部分不法分子利用老年人经济宽裕投资需求旺盛，但对互联网金融等新生事物认识不足、缺乏投资专业知识等情况，以"区块链""元宇宙"等新科技概念为噱头或者假借"一带一路""乡村振兴"等重大国家政策蹭热点、搞虚假营销，并再以"投资获取高息""赠送养老服务"等为诱饵吸引老年人等社会公众"投资"，实际上所吸收资金用途与其宣称科技项目、国家政策毫无关系，目的是骗取老年人的养老钱。老年人在将养老钱用于投资理财时，要树立理性投资观念，既要了解所投资的项目，又要了解关于投资理财的相关规定，不要盲目跟风不了解或一知半解的新事物，不要投资于未经批准的非法金融活动。特别是在接触吸收新事物、新知识时，要注意了解社会上伴随出现的新型养老诈骗手法，增强防范意识，守好自己的钱袋子。

第二百七十四条　【敲诈勒索罪】

　　敲诈勒索公私财物，数额较大或者多次敲诈勒索的，处三年以下有期徒刑、拘役或者管制，并处或者单处罚金；数额巨大或者有其他严重情节的，处三年以上十年以下有期徒刑，并处罚金；数额特别巨大或者有其他特别严重情节的，处十年以上有期徒刑，并处罚金。

关联法规

◎ **法律**

《关于维护互联网安全的决定》

　　四、为了保护个人、法人和其他组织的人身、财产等合法权利，对有下列行为之一，构成犯罪的，依照刑法有关规定追究刑事责任：

　　（一）利用互联网侮辱他人或者捏造事实诽谤他人；

　　（二）非法截获、篡改、删除他人电子邮件或者其他数据资料，侵犯公民通信自由和通信秘密；

　　（三）利用互联网进行盗窃、诈骗、敲诈勒索。

《国家情报法》

　　第三十条　冒充国家情报工作机构工作人员或者其他相关人员实施招摇撞骗、诈骗、敲诈勒索等行为的，依照《中华人民共和国治安管理处罚法》的规定处罚；构成犯罪的，依法追究刑事责任。

◎ 司法解释

《关于办理敲诈勒索刑事案件适用法律若干问题的解释》

第七条　明知他人实施敲诈勒索犯罪，为其提供信用卡、手机卡、通讯工具、通讯传输通道、网络技术支持等帮助的，以共同犯罪论处。

《关于办理利用信息网络实施诽谤等刑事案件适用法律若干问题的解释》

第六条　以在信息网络上发布、删除等方式处理网络信息为由，威胁、要挟他人，索取公私财物，数额较大，或者多次实施上述行为的，依照刑法第二百七十四条的规定，以敲诈勒索罪定罪处罚。

第八条　明知他人利用信息网络实施诽谤、寻衅滋事、敲诈勒索、非法经营等犯罪，为其提供资金、场所、技术支持等帮助的，以共同犯罪论处。

《关于办理利用信息网络实施黑恶势力犯罪刑事案件若干问题的意见》

二、依法严惩利用信息网络实施的黑恶势力犯罪

……

6. 利用信息网络威胁、要挟他人，索取公私财物，数额较大，或者多次实施上述行为的，依照刑法第二百七十四条的规定，以敲诈勒索罪定罪处罚。

……

8. 侦办利用信息网络实施的强迫交易、敲诈勒索等非法敛财类案件，确因被害人人数众多等客观条件的限制，无法逐一收集被害人陈述的，可以结合已收集的被害人陈述，以及经查证属实的银行账户交易记录、第三方支付结算账户交易记录、通话记录、电子数据等证据，综合认定被害人人数以及涉案资金数额等。

《关于办理实施"软暴力"的刑事案件的意见》

一、"软暴力"是指行为人为谋取不法利益或形成非法影响，对他人或者在有关场所进行滋扰、纠缠、哄闹、聚众造势等，足以使他人产生恐惧、恐慌进而形成心理强制，或者足以影响、限制人身自由、危及人身财产安全，影响正常生活、工作、生产、经营的违法犯罪手段。

二、"软暴力"违法犯罪手段通常的表现形式有：

（一）侵犯人身权利、民主权利、财产权利的手段，包括但不限于跟踪贴靠、扬言传播疾病、揭发隐私、恶意举报、诬告陷害、破坏、霸占财物等；

（二）扰乱正常生活、工作、生产、经营秩序的手段，包括但不限于非法侵入他人住宅、破坏生活设施、设置生活障碍、贴报喷字、拉挂横幅、燃放鞭炮、播放哀乐、摆放花圈、泼洒污物、断水断电、堵门阻工，以及通过驱赶从业人员、派驻人员据守等方式直接或间接地控制厂房、办公区、经营场所等；

（三）扰乱社会秩序的手段，包括但不限于摆场架势示威、聚众哄闹滋扰、拦路闹事等；

（四）其他符合本意见第一条规定的"软暴力"手段。

通过信息网络或者通讯工具实施，符合本意见第一条规定的违法犯罪手段，应当认定为"软暴力"。

八、以非法占有为目的，采用"软暴力"手段强行索取公私财物，同时符合《刑法》第二百七十四条规定的其他犯罪构成要件的，应当以敲诈勒索罪定罪处罚。

《关于办理敲诈勒索刑事案件适用法律若干问题的解释》第三条中"二年内敲诈勒索三次以上"，包括已受行政处罚的行为。

九、采用"软暴力"手段，同时构成两种以上犯罪的，依法按照处罚较重的犯罪定罪处罚，法律另有规定的除外。

十一、雇佣、指使他人采用"软暴力"手段强迫交易、敲诈勒索，构成强迫交易罪、敲诈勒索罪的，对雇佣者、指使者，一般应当以共同犯罪中的主犯论处。

为强索不受法律保护的债务或者因其他非法目的，雇佣、指使他人采用"软暴力"手段非法剥夺他人人身自由构成非法拘禁罪，或者非法侵入他人住宅、寻衅滋事，构成非法侵入住宅罪、寻衅滋事罪的，对雇佣者、指使者，一般应当以共同犯罪中的主犯论处；因本人及近亲属合法债务、婚恋、家庭、邻里纠纷等民间矛盾而雇佣、指使，没有造成严重后果的，一般不作为犯罪处理，但经有关部门批评制止或者处理处罚后仍继续实施的除外。

权威案例

◎ 典型案例

温某龙等 23 人敲诈勒索案【充分发挥检察职能 推进网络空间治理典型案例之九（2021 年 1 月 25 日）】

典型意义：（一）依法严厉打击网络"套路贷"犯罪，维护社会秩序。"套路贷"犯罪利用被害人急需用钱的心理和防范意识薄弱的特点，诱骗或迫使被害人签订协议，通过制造银行流水、销毁还款证据、单方肆意认定违约、恶意垒高借款金额等方式，形成虚假债权债务。一旦逾期未还款则采用暴力、胁迫或者其他软暴力手段催收。利用网络实施上述行为，相较于传统"套路贷"隐蔽性更强，受害面更广，且更易于复制传播。特别是利用网络实施辱骂、威胁、恐吓等软暴力行为，传播范围更广，影响更大，给被害人带来的精神压力也会更强。这类行为在扫黑除恶专项斗争中一直是打击重点，必须依法严惩，遏制其滋生蔓延。

（二）精准发力"破网打伞"，铲除网络"套路贷"生存土壤。检察机关在办理网络"套路贷"案件时，通过排查言词证据、聊天记录、资金流水等方式，深挖涉嫌包庇、纵容黑恶团伙、收受贿赂、渎职侵权等违法违纪线索，及时移送纪检监察机关，依法严惩充当黑恶势力"保护伞"的职务犯罪，净化基层环境，

（三）准确识别正当民间借贷和非法"套路贷"，维护自身合法权益。社会公众在办理网络贷款融资业务时，不应仅仅关注贷款的便利性，更应关注贷款的合法性、安全性，拒绝高利贷，抵制预先收集通讯录信息、索要个人不雅照等非法放贷行为。发现被"套路"后，应及时报警，注意收集借款合同、银行交易记录、聊天记录、催收录音等证据，积极协助司法机关侦破案件。

洪某都等人敲诈勒索案【检察机关依法惩治涉网络黑恶犯罪典型案例之二（2022年12月30日）】

典型意义：随着黑恶犯罪不断向互联网延伸，犯罪链条不断拉长，各类网络上下游犯罪等新型犯罪日益增多。利用信息网络实施"裸聊"的行为极具有诱惑性、隐蔽性，"裸聊"行为双方甚至可能涉嫌传播淫秽物品、淫秽表演等违法犯罪。不法分子抓住被害人因为裸聊被敲诈而羞于报警的心态，牟取不法经济利益，不仅侵犯他人财产，同时也对被害人的心理造成

严重侵害，且在全国范围针对不特定人实施，影响范围广，因此依法严厉打击惩治利用信息网络实施"裸聊"敲诈犯罪刻不容缓。在办理利用信息网络实施"裸聊"敲诈案件中，应当准确理解信息网络空间与现实社会的交织关系，在是否应当认定为涉黑恶犯罪组织的问题上，除了要查清组织特征结构、经济特征外，尤其要严格把握组织行为特征。

袁某厚等人敲诈勒索、强迫交易、寻衅滋事案【检察机关依法惩治涉网络黑恶犯罪典型案例之三（2022年12月30日）】

典型意义：国家依法保护传统和新媒体的新闻监督权和社会公众的公民监督权，维护正常的舆论监督、社会监督秩序。依法惩治不具有新闻采编资质或打着"舆论监督"旗号，利用信息网络平台，通过有偿新闻、有偿删帖、以曝光负面信息相威胁索要财物等方式实施的敲诈勒索、强迫交易等犯罪行为。对于有组织实施此类犯罪行为，严重破坏经济社会生活秩序，符合黑恶势力特征的，依法予以严惩，维护清朗网络空间环境。

第六章　妨害社会管理秩序罪

第一节　扰乱公共秩序罪

第二百八十五条　【非法侵入计算机信息系统罪；非法获取计算机信息系统数据、非法控制计算机信息系统罪；提供侵入、非法控制计算机信息系统程序、工具罪】

违反国家规定，侵入国家事务、国防建设、尖端科学技术领域的计算机信息系统的，处三年以下有期徒刑或者拘役。

违反国家规定，侵入前款规定以外的计算机信息系统或者采用其他技术手段，获取该计算机信息系统中存储、处理或者传输的数据，或者对该计算机信息系统实施非法控制，情节严重的，处三年以下有期徒刑或者拘役，并处或者单处罚金；情节特别严重的，处三年以上七年以下有期徒刑，并处罚金。

提供专门用于侵入、非法控制计算机信息系统的程序、工具，或者明知他人实施侵入、非法控制计算机信息系统的违法犯罪行为而为其提供程序、工具，情节严重的，依照前款的规定处罚。

单位犯前三款罪的，对单位判处罚金，并对其直接负责的主管人员和其他直接责任人员，依照各该款的规定处罚。

> **关联法规**

◎ **法律**

《网络安全法》

第二十七条　任何个人和组织不得从事非法侵入他人网络、干扰他人网络正常功能、窃取网络数据等危害网络安全的活动；不得提供专门用于从事侵入网络、干扰网络正常功能及防护措施、窃取网络数据等危害网络安全活动的程序、工具；明知他人从事危害网络安全的活动的，不得为其提供技术支持、广告推广、支付结算等帮助。

第六十三条　违反本法第二十七条规定，从事危害网络安全的活动，或者提供专门用于从事危害网络安全活动的程序、工具，或者为他人从事危害网络安全的活动提供技术支持、广告推广、支付结算等帮助，尚不构成犯罪的，由公安机关没收违法所得，处五日以下拘留，可以并处五万元以上五十万元以下罚款；情节较重的，处五日以上十五日以下拘留，可以并处十万元以上一百万元以下罚款。

单位有前款行为的，由公安机关没收违法所得，处十万元以上一百万元以下罚款，并对直接负责的主管人员和其他直接责任人员依照前款规定处罚。

违反本法第二十七条规定，受到治安管理处罚的人员，五年内不得从事网络安全管理和网络运营关键岗位的工作；受到刑事处罚的人员，终身不得从事网络安全管理和网络运营关键岗位的工作。

第七十五条　境外的机构、组织、个人从事攻击、侵入、干扰、破坏等危害中华人民共和国的关键信息基础设施的活动，造成严重后果的，依法追究法律责任；国务院公安部门和有关部门并可以决定对该机构、组织、个人采取冻结财产或者其他必要的制裁措施。

第七十六条　本法下列用语的含义：

（一）网络，是指由计算机或者其他信息终端及相关设备组成的按照一定的规则和程序对信息进行收集、存储、传输、交换、处理的系统。

（二）网络安全，是指通过采取必要措施，防范对网络的攻击、侵入、干扰、破坏和非法使用以及意外事故，使网络处于稳定可靠运行的状态，以及保障网络数据的完整性、保密性、可用性的能力。

（三）网络运营者，是指网络的所有者、管理者和网络服务提供者。

（四）网络数据，是指通过网络收集、存储、传输、处理和产生的各种电子数据。

（五）个人信息，是指以电子或者其他方式记录的能够单独或者与其他信息结合识别自然人个人身份的各种信息，包括但不限于自然人的姓名、出生日期、身份证件号码、个人生物识别信息、住址、电话号码等。

《反电信网络诈骗法》

第十四条　任何单位和个人不得非法制造、买卖、提供或者使用下列设备、软件：

（一）电话卡批量插入设备；

（二）具有改变主叫号码、虚拟拨号、互联网电话违规接入公用电信网络等功能的设备、软件；

（三）批量账号、网络地址自动切换系统，批量接收提供短信验证、语音验证的平台；

（四）其他用于实施电信网络诈骗等违法犯罪的设备、软件。

电信业务经营者、互联网服务提供者应当采取技术措施，及时识别、阻断前款规定的非法设备、软件接入网络，并向公安机关和相关行业主管部门报告。

《关于维护互联网安全的决定》

一、为了保障互联网的运行安全，对有下列行为之一，构成犯罪的，依照刑法有关规定追究刑事责任：

（一）侵入国家事务、国防建设、尖端科学技术领域的计算机信息系统；

（二）故意制作、传播计算机病毒等破坏性程序，攻击计算机系统及通信网络，致使计算机系统及通信网络遭受损害；

（三）违反国家规定，擅自中断计算机网络或者通信服务，造成计算机网络或者通信系统不能正常运行。

《密码法》

第十二条 任何组织或者个人不得窃取他人加密保护的信息或者非法侵入他人的密码保障系统。

任何组织或者个人不得利用密码从事危害国家安全、社会公共利益、他人合法权益等违法犯罪活动。

第三十二条 违反本法第十二条规定，窃取他人加密保护的信息，非法侵入他人的密码保障系统，或者利用密码从事危害国家安全、社会公共利益、他人合法权益等违法活动的，由有关部门依照《中华人民共和国网络安全法》和其他有关法律、行政法规的规定追究法律责任。

◎ 行政法规
《计算机信息系统安全保护条例》

第二条 本条例所称的计算机信息系统，是指由计算机及其相关的和配套的设备、设施（含网络）构成的，按照一定的应用目标和规则对信息进行采集、加工、存储、传输、检索等处理的人机系统。

第七条 任何组织或者个人，不得利用计算机信息系统从事危害国家利益、集体利益和公民合法利益的活动，不得危害计算机信息系统的安全。

《计算机信息网络国际联网安全保护管理办法》

第六条 任何单位和个人不得从事下列危害计算机信息网络安全的活动：

（一）未经允许，进入计算机信息网络或者使用计算机信息网络资源的；

（二）未经允许，对计算机信息网络功能进行删除、修改或者增加的；

（三）未经允许，对计算机信息网络中存储、处理或者传输的数据和应用程序进行删除、修改或者增加的；

（四）故意制作、传播计算机病毒等破坏性程序的；

（五）其他危害计算机信息网络安全的。

第二十条 违反法律、行政法规，有本办法第五条、第六条所列行为之一的，由公安机关给予警告，有违法所得的，没收违法所得，对个人可以并处 5000 元以下的罚款，对单位可以并处 1.5 万元以下的罚款；情节严重的，并可以给予 6 个月以内停止联网、停机整顿的处罚，必要时可以建议原发证、审批机构吊销经营许可证或者取消联网资格；构成违反治安管理行为的，依照治安管理处罚法的规定处罚；构成犯罪的，依法追究刑事责任。

《关键信息基础设施安全保护条例》

第五条 国家对关键信息基础设施实行重点保护，采取措施，监测、防御、处置来源于中华人民共和国境内外的网络安全风险和威胁，保护关键信息基础设施免受攻击、侵入、干扰和破坏，依法惩治危害关键信息基础设施安全的违法犯罪活动。

任何个人和组织不得实施非法侵入、干扰、破坏关键信息基础设施的活动，不得危害关键信息基础设施安全。

第四十三条 实施非法侵入、干扰、破坏关键信息基础设施，危害其安全的活动尚不构成犯罪的，依照《中华人民共和国网络安全法》有关规定，由公安机关没收违法所得，处 5 日以下拘留，可以并处 5 万元以上 50 万元以下罚款；情节较重的，处 5 日以上 15 日以下拘留，可以并处 10 万元以上 100 万元以下罚款。

单位有前款行为的，由公安机关没收违法所得，处 10 万元以上 100 万元以下罚款，并对直接负责的主管人员和其他直接责任人员依照前款规定处罚。

违反本条例第五条第二款和第三十一

条规定，受到治安管理处罚的人员，5 年内不得从事网络安全管理和网络运营关键岗位的工作；受到刑事处罚的人员，终身不得从事网络安全管理和网络运营关键岗位的工作。

《互联网上网服务营业场所管理条例》

第十五条 互联网上网服务营业场所经营单位和上网消费者不得进行下列危害信息网络安全的活动：

（一）故意制作或者传播计算机病毒以及其他破坏性程序的；

（二）非法侵入计算机信息系统或者破坏计算机信息系统功能、数据和应用程序的；

（三）进行法律、行政法规禁止的其他活动的。

◎ **司法解释**

《关于审理危害军事通信刑事案件具体应用法律若干问题的解释》

第六条 破坏、过失损坏军事通信，并造成公用电信设施损毁，危害公共安全，同时构成刑法第一百二十四条和第三百六十九条规定的犯罪的，依照处罚较重的规定定罪处罚。

盗窃军事通信线路、设备，不构成盗窃罪，但破坏军事通信的，依照刑法第三百六十九条第一款的规定定罪处罚；同时构成刑法第一百二十四条、第二百六十四条和第三百六十九条第一款规定的犯罪的，依照处罚较重的规定定罪处罚。

违反国家规定，侵入国防建设、尖端

科学技术领域的军事通信计算机信息系统，尚未对军事通信造成破坏的，依照刑法第二百八十五条的规定定罪处罚；对军事通信造成破坏，同时构成刑法第二百八十五条、第二百八十六条、第三百六十九条第一款规定的犯罪的，依照处罚较重的规定定罪处罚。

违反国家规定，擅自设置、使用无线电台、站，或者擅自占用频率，经责令停止使用后拒不停止使用，干扰无线电通讯正常进行，构成犯罪的，依照刑法第二百八十八条的规定定罪处罚；造成军事通信中断或者严重障碍，同时构成刑法第二百八十八条、第三百六十九条第一款规定的犯罪的，依照处罚较重的规定定罪处罚。

《关于办理危害计算机信息系统安全刑事案件应用法律若干问题的解释》

第一条 非法获取计算机信息系统数据或者非法控制计算机信息系统，具有下列情形之一的，应当认定为刑法第二百八十五条第二款规定的"情节严重"：

（一）获取支付结算、证券交易、期货交易等网络金融服务的身份认证信息十组以上的；

（二）获取第（一）项以外的身份认证信息五百组以上的；

（三）非法控制计算机信息系统二十台以上的；

（四）违法所得五千元以上或者造成经济损失一万元以上的；

（五）其他情节严重的情形。

实施前款规定行为，具有下列情形之一的，应当认定为刑法第二百八十五条第二款规定的"情节特别严重"：

（一）数量或者数额达到前款第（一）项至第（四）项规定标准五倍以上的；

（二）其他情节特别严重的情形。

明知是他人非法控制的计算机信息系统，而对该计算机信息系统的控制权加以利用的，依照前两款的规定定罪处罚。

第二条 具有下列情形之一的程序、工具，应当认定为刑法第二百八十五条第三款规定的"专门用于侵入、非法控制计算机信息系统的程序、工具"：

（一）具有避开或者突破计算机信息系统安全保护措施，未经授权或者超越授权获取计算机信息系统数据的功能的；

（二）具有避开或者突破计算机信息系统安全保护措施，未经授权或者超越授权对计算机信息系统实施控制的功能的；

（三）其他专门设计用于侵入、非法控制计算机信息系统、非法获取计算机信息系统数据的程序、工具。

第三条 提供侵入、非法控制计算机信息系统的程序、工具，具有下列情形之一的，应当认定为刑法第二百八十五条第三款规定的"情节严重"：

（一）提供能够用于非法获取支付结算、证券交易、期货交易等网络金融服务身份认证信息的专门性程序、工具五人次以上的；

（二）提供第（一）项以外的专门用于侵入、非法控制计算机信息系统的程序、工具二十人次以上的；

（三）明知他人实施非法获取支付结算、证券交易、期货交易等网络金融服务身份认证信息的违法犯罪行为而为其提供程序、工具五人次以上的；

（四）明知他人实施第（三）项以外的侵入、非法控制计算机信息系统的违法犯罪行为而为其提供程序、工具二十人次以上的；

（五）违法所得五千元以上或者造成经济损失一万元以上的；

（六）其他情节严重的情形。

实施前款规定行为，具有下列情形之一的，应当认定为提供侵入、非法控制计算机信息系统的程序、工具"情节特别严重"：

（一）数量或者数额达到前款第（一）项至第（五）项规定标准五倍以上的；

（二）其他情节特别严重的情形。

第八条　以单位名义或者单位形式实施危害计算机信息系统安全犯罪，达到本解释规定的定罪量刑标准的，应当依照刑法第二百八十五条、第二百八十六条的规定追究直接负责的主管人员和其他直接责任人员的刑事责任。

第九条　明知他人实施刑法第二百八十五条、第二百八十六条规定的行为，具有下列情形之一的，应当认定为共同犯罪，依照刑法第二百八十五条、第二百八十六条的规定处罚：

（一）为其提供用于破坏计算机信息系统功能、数据或者应用程序的程序、工具，违法所得五千元以上或者提供十人次以上的；

（二）为其提供互联网接入、服务器托管、网络存储空间、通讯传输通道、费用结算、交易服务、广告服务、技术培训、技术支持等帮助，违法所得五千元以上的；

（三）通过委托推广软件、投放广告等方式向其提供资金五千元以上的。

实施前款规定行为，数量或者数额达到前款规定标准五倍以上的，应当认定为刑法第二百八十五条、第二百八十六条规定的"情节特别严重"或者"后果特别严重"。

第十条　对于是否属于刑法第二百八十五条、第二百八十六条规定的"国家事务、国防建设、尖端科学技术领域的计算机信息系统"、"专门用于侵入、非法控制计算机信息系统的程序、工具"、"计算机病毒等破坏性程序"难以确定的，应当委托省级以上负责计算机信息系统安全保护管理工作的部门检验。司法机关根据检验结论，并结合案件具体情况认定。

第十一条　本解释所称"计算机信息系统"和"计算机系统"，是指具备自动处理数据功能的系统，包括计算机、网络设备、通信设备、自动化控制设备等。

本解释所称"身份认证信息"，是指用于确认用户在计算机信息系统上操作权限的数据，包括账号、口令、密码、数字证书等。

本解释所称"经济损失"，包括危害计算机信息系统犯罪行为给用户直接造成的经济损失，以及用户为恢复数据、功能而支出的必要费用。

◎ 部门规章

《中国公用计算机互联网国际联网管理办法》

第十一条 任何组织或个人，不得利用计算机国际联网从事危害他人信息系统和网络安全、侵犯他人合法权益的活动。

《互联网电子邮件服务管理办法》

第十二条 任何组织或者个人不得有下列行为：

（一）未经授权利用他人的计算机系统发送互联网电子邮件；

（二）将采用在线自动收集、字母或者数字任意组合等手段获得的他人的互联网电子邮件地址用于出售、共享、交换或者向通过上述方式获得的电子邮件地址发送互联网电子邮件。

《互联网域名管理办法》

第八条 任何组织和个人不得妨碍互联网域名系统的安全和稳定运行。

◎ 部门规范性文件

《互联网用户公众账号信息服务管理规定》

第十八条 公众账号生产运营者不得有下列违法违规行为：

（一）不以真实身份信息注册，或者注册与自身真实身份信息不相符的公众账号名称、头像、简介等；

（二）恶意假冒、仿冒或者盗用组织机构及他人公众账号生产发布信息内容；

（三）未经许可或者超越许可范围提供互联网新闻信息采编发布等服务；

（四）操纵利用多个平台账号，批量发布雷同低质信息内容，生成虚假流量数据，制造虚假舆论热点；

（五）利用突发事件煽动极端情绪，或者实施网络暴力损害他人和组织机构名誉，干扰组织机构正常运营，影响社会和谐稳定；

（六）编造虚假信息，伪造原创属性，标注不实信息来源，歪曲事实真相，误导社会公众；

（七）以有偿发布、删除信息等手段，实施非法网络监督、营销诈骗、敲诈勒索，谋取非法利益；

（八）违规批量注册、囤积或者非法交易买卖公众账号；

（九）制作、复制、发布违法信息，或者未采取措施防范和抵制制作、复制、发布不良信息；

（十）法律、行政法规禁止的其他行为。

《网络产品安全漏洞管理规定》

第四条 任何组织或者个人不得利用网络产品安全漏洞从事危害网络安全的活

动，不得非法收集、出售、发布网络产品安全漏洞信息；明知他人利用网络产品安全漏洞从事危害网络安全的活动的，不得为其提供技术支持、广告推广、支付结算等帮助。

第十五条 利用网络产品安全漏洞从事危害网络安全活动，或者为他人利用网络产品安全漏洞从事危害网络安全的活动提供技术支持的，由公安机关依法处理；构成《中华人民共和国网络安全法》第六十三条规定情形的，依照该规定予以处罚；构成犯罪的，依法追究刑事责任。

《中国教育和科研计算机网暂行管理办法》

第二十一条 在中国教育和科研计算机网上不允许进行任何干扰网络用户、破坏网络服务和破坏网络设备的活动，这些活动包括（但并不局限于）在网络上发布不真实的信息、散布计算机病毒、使用网络进入未经授权使用的计算机、不以真实身份使用网络资源等。

权威案例

◎ **指导性案例**

叶某星、张某秋提供侵入计算机信息系统程序、谭某妹非法获取计算机信息系统数据案【最高检指导案例第68号】

要旨： 对有证据证明用途单一，只能用于侵入计算机信息系统的程序，司法机关可依法认定为"专门用于侵入计算机信息系统的程序"；难以确定的，应当委托

专门部门或司法鉴定机构作出检验或鉴定。

第二百八十六条 【破坏计算机信息系统罪】

违反国家规定，对计算机信息系统功能进行删除、修改、增加、干扰，造成计算机信息系统不能正常运行，后果严重的，处五年以下有期徒刑或者拘役；后果特别严重的，处五年以上有期徒刑。

违反国家规定，对计算机信息系统中存储、处理或者传输的数据和应用程序进行删除、修改、增加的操作，后果严重的，依照前款的规定处罚。

故意制作、传播计算机病毒等破坏性程序，影响计算机系统正常运行，后果严重的，依照第一款的规定处罚。

单位犯前三款罪的，对单位判处罚金，并对其直接负责的主管人员和其他直接责任人员，依照第一款的规定处罚。

关联法规

◎ 法律

《网络安全法》

第七十五条　境外的机构、组织、个人从事攻击、侵入、干扰、破坏等危害中华人民共和国的关键信息基础设施的活动，造成严重后果的，依法追究法律责任；国务院公安部门和有关部门并可以决定对该机构、组织、个人采取冻结财产或者其他必要的制裁措施。

《关于维护互联网安全的决定》

一、为了保障互联网的运行安全，对有下列行为之一，构成犯罪的，依照刑法有关规定追究刑事责任：

（一）侵入国家事务、国防建设、尖端科学技术领域的计算机信息系统；

（二）故意制作、传播计算机病毒等破坏性程序，攻击计算机系统及通信网络，致使计算机系统及通信网络遭受损害；

（三）违反国家规定，擅自中断计算机网络或者通信服务，造成计算机网络或者通信系统不能正常运行。

五、利用互联网实施本决定第一条、第二条、第三条、第四条所列行为以外的其他行为，构成犯罪的，依照刑法有关规定追究刑事责任。

◎ 行政法规

《计算机信息系统安全保护条例》

第二条　本条例所称的计算机信息系统，是指由计算机及其相关的和配套的设备、设施（含网络）构成的，按照一定的应用目标和规则对信息进行采集、加工、存储、传输、检索等处理的人机系统。

第七条　任何组织或者个人，不得利用计算机信息系统从事危害国家利益、集体利益和公民合法利益的活动，不得危害计算机信息系统的安全。

第二十三条　故意输入计算机病毒以及其他有害数据危害计算机信息系统安全的，或者未经许可出售计算机信息系统安全专用产品的，由公安机关处以警告或者对个人处以 5000 元以下的罚款、对单位处以 1.5 万元以下的罚款；有违法所得的，除予以没收外，可以处以违法所得 1 至 3 倍的罚款。

第二十四条　违反本条例的规定，构成违反治安管理行为的，依照《中华人民共和国治安管理处罚法》的有关规定处罚；构成犯罪的，依法追究刑事责任。

《计算机信息网络国际联网安全保护管理办法》

第六条　任何单位和个人不得从事下列危害计算机信息网络安全的活动：

（一）未经允许，进入计算机信息网络或者使用计算机信息网络资源的；

（二）未经允许，对计算机信息网络功能进行删除、修改或者增加的；

（三）未经允许，对计算机信息网络中存储、处理或者传输的数据和应用程序进行删除、修改或者增加的；

（四）故意制作、传播计算机病毒等破坏性程序的；

（五）其他危害计算机信息网络安全的。

第二十条　违反法律、行政法规，有本办法第五条、第六条所列行为之一的，由公安机关给予警告，有违法所得的，没收违法所得，对个人可以并处 5000 元以下的罚款，对单位可以并处 1.5 万元以下的罚款；情节严重的，并可以给予 6 个月以内停止联网、停机整顿的处罚，必要时可以建议原发证、审批机构吊销经营许可证或者取消联网资格；构成违反治安管理行为的，依照治安管理处罚法的规定处罚；构成犯罪的，依法追究刑事责任。

《信息网络传播权保护条例》

第十八条　违反本条例规定，有下列侵权行为之一的，根据情况承担停止侵害、消除影响、赔礼道歉、赔偿损失等民事责任；同时损害公共利益的，可以由著作权行政管理部门责令停止侵权行为，没收违法所得，非法经营额 5 万元以上的，可处非法经营额 1 倍以上 5 倍以下的罚款；没有非法经营额或者非法经营额 5 万元以下的，根据情节轻重，可处 25 万元以下的罚款；情节严重的，著作权行政管理部门可以没收主要用于提供网络服务的计算机等设备；构成犯罪的，依法追究刑事责任：

（一）通过信息网络擅自向公众提供他人的作品、表演、录音录像制品的；

（二）故意避开或者破坏技术措施的；

（三）故意删除或者改变通过信息网络向公众提供的作品、表演、录音录像制品的权利管理电子信息，或者通过信息网络向公众提供明知或者应知未经权利人许可而被删除或者改变权利管理电子信息的作品、表演、录音录像制品的；

（四）为扶助贫困通过信息网络向农村地区提供作品、表演、录音录像制品超过规定范围，或者未按照公告的标准支付报酬，或者在权利人不同意提供其作品、表演、录音录像制品后未立即删除的；

（五）通过信息网络提供他人的作品、表演、录音录像制品，未指明作品、表演、录音录像制品的名称或者作者、表演者、录音录像制作者的姓名（名称），或者未支付报酬，或者未依照本条例规定采取技术措施防止服务对象以外的其他人获得他人的作品、表演、录音录像制品，或者未防止服务对象的复制行为对权利人利益造成实质性损害的。

第十九条 违反本条例规定，有下列行为之一的，由著作权行政管理部门予以警告，没收违法所得，没收主要用于避开、破坏技术措施的装置或者部件；情节严重的，可以没收主要用于提供网络服务的计算机等设备；非法经营额5万元以上的，可处非法经营额1倍以上5倍以下的罚款；没有非法经营额或者非法经营额5万元以下的，根据情节轻重，可处25万元以下的罚款；构成犯罪的，依法追究刑事责任：

（一）故意制造、进口或者向他人提供主要用于避开、破坏技术措施的装置或者部件，或者故意为他人避开或者破坏技术措施提供技术服务的；

（二）通过信息网络提供他人的作品、表演、录音录像制品，获得经济利益的；

（三）为扶助贫困通过信息网络向农村地区提供作品、表演、录音录像制品，未在提供前公告作品、表演、录音录像制品的名称和作者、表演者、录音录像制作者的姓名（名称）以及报酬标准的。

《电信条例》

第五十七条 任何组织或者个人不得有下列危害电信网络安全和信息安全的行为：

（一）对电信网的功能或者存储、处理、传输的数据和应用程序进行删除或者修改；

（二）利用电信网从事窃取或者破坏他人信息、损害他人合法权益的活动；

（三）故意制作、复制、传播计算机病毒或者以其他方式攻击他人电信网络等电信设施；

（四）危害电信网络安全和信息安全的其他行为。

《关键信息基础设施安全保护条例》

第五条 国家对关键信息基础设施实行重点保护，采取措施，监测、防御、处置来源于中华人民共和国境内外的网络安全风险和威胁，保护关键信息基础设施免受攻击、侵入、干扰和破坏，依法惩治危害关键信息基础设施安全的违法犯罪活动。

任何个人和组织不得实施非法侵入、干扰、破坏关键信息基础设施的活动，不得危害关键信息基础设施安全。

第三十一条 未经国家网信部门、国务院公安部门批准或者保护工作部门、运营者授权，任何个人和组织不得对关键信息基础设施实施漏洞探测、渗透性测试等可能影响或者危害关键信息基础设施安全的活动。对基础电信网络实施漏洞探测、渗透性测试等活动，应当事先向国务院电信主管部门报告。

第三十三条 公安机关、国家安全

机关依据各自职责依法加强关键信息基础设施安全保卫，防范打击针对和利用关键信息基础设施实施的违法犯罪活动。

第四十三条　实施非法侵入、干扰、破坏关键信息基础设施，危害其安全的活动尚不构成犯罪的，依照《中华人民共和国网络安全法》有关规定，由公安机关没收违法所得，处 5 日以下拘留，可以并处 5 万元以上 50 万元以下罚款；情节较重的，处 5 日以上 15 日以下拘留，可以并处 10 万元以上 100 万元以下罚款。

单位有前款行为的，由公安机关没收违法所得，处 10 万元以上 100 万元以下罚款，并对直接负责的主管人员和其他直接责任人员依照前款规定处罚。

违反本条例第五条第二款和第三十一条规定，受到治安管理处罚的人员，5 年内不得从事网络安全管理和网络运营关键岗位的工作；受到刑事处罚的人员，终身不得从事网络安全管理和网络运营关键岗位的工作。

《互联网上网服务营业场所管理条例》

第十五条　互联网上网服务营业场所经营单位和上网消费者不得进行下列危害信息网络安全的活动：

（一）故意制作或者传播计算机病毒以及其他破坏性程序的；

（二）非法侵入计算机信息系统或者破坏计算机信息系统功能、数据和应用程序的；

（三）进行法律、行政法规禁止的其他活动的。

◎ 司法解释

《关于审理危害军事通信刑事案件具体应用法律的解释》

第六条　破坏、过失损坏军事通信，并造成公用电信设施损毁，危害公共安全，同时构成刑法第一百二十四条和第三百六十九条规定的犯罪的，依照处罚较重的规定定罪处罚。

盗窃军事通信线路、设备，不构成盗窃罪，但破坏军事通信的，依照刑法第三百六十九条第一款的规定定罪处罚；同时构成刑法第一百二十四条、第二百六十四条和第三百六十九条第一款规定的犯罪的，依照处罚较重的规定定罪处罚。

违反国家规定，侵入国防建设、尖端科学技术领域的军事通信计算机信息系统，尚未对军事通信造成破坏的，依照刑法第二百八十五条的规定定罪处罚；对军事通信造成破坏，同时构成刑法第二百八十五条、第二百八十六条、第三百六十九条第一款规定的犯罪的，依照处罚较重的规定定罪处罚。

违反国家规定，擅自设置、使用无线电台、站，或者擅自占用频率，经责令停止使用后拒不停止使用，干扰无线电通讯正常进行，构成犯罪的，依照刑法第二百八十八条的规定定罪处罚；造成军事通信中断或者严重障碍，同时构成刑法第二百八十八条、第三百六十九条第一款规定的犯罪的，依照处罚较重的规定定罪处罚。

《关于办理危害计算机信息系统安全刑事案件应用法律若干问题的解释》

第四条 破坏计算机信息系统功能、数据或者应用程序，具有下列情形之一的，应当认定为刑法第二百八十六条第一款和第二款规定的"后果严重"：

（一）造成十台以上计算机信息系统的主要软件或者硬件不能正常运行的；

（二）对二十台以上计算机信息系统中存储、处理或者传输的数据进行删除、修改、增加操作的；

（三）违法所得五千元以上或者造成经济损失一万元以上的；

（四）造成为一百台以上计算机信息系统提供域名解析、身份认证、计费等基础服务或者为一万以上用户提供服务的计算机信息系统不能正常运行累计一小时以上的；

（五）造成其他严重后果。

实施前款规定行为，具有下列情形之一的，应当认定为破坏计算机信息系统"后果特别严重"：

（一）数量或者数额达到前款第

（一）项至第（三）项规定标准五倍以上的；

（二）造成为五百台以上计算机信息系统提供域名解析、身份认证、计费等基础服务或者为五万以上用户提供服务的计算机信息系统不能正常运行累计一小时以上的；

（三）破坏国家机关或者金融、电信、交通、教育、医疗、能源等领域提供公共服务的计算机信息系统的功能、数据或者应用程序，致使生产、生活受到严重影响或者造成恶劣社会影响的；

（四）造成其他特别严重后果的。

第五条 具有下列情形之一的程序，应当认定为刑法第二百八十六条第三款规定的"计算机病毒等破坏性程序"：

（一）能够通过网络、存储介质、文件等媒介，将自身的部分、全部或者变种进行复制、传播，并破坏计算机系统功能、数据或者应用程序的；

（二）能够在预先设定条件下自动触发，并破坏计算机系统功能、数据或者应用程序的；

（三）其他专门设计用于破坏计算机系统功能、数据或者应用程序的程序。

第六条 故意制作、传播计算机病毒等破坏性程序，影响计算机系统正常运行，具有下列情形之一的，应当认定为刑法第二百八十六条第三款规定的"后果严重"：

（一）制作、提供、传输第五条第（一）项规定的程序，导致该程序通过网络、存储介质、文件等媒介传播的；

（二）造成二十台以上计算机系统被植入第五条第（二）、（三）项规定的程序的；

（三）提供计算机病毒等破坏性程序十人次以上的；

（四）违法所得五千元以上或者造成经济损失一万元以上的；

（五）造成其他严重后果的。

实施前款规定行为，具有下列情形之一的，应当认定为破坏计算机信息系统"后果特别严重"：

（一）制作、提供、传输第五条第（一）项规定的程序，导致该程序通过网络、存储介质、文件等媒介传播，致使生产、生活受到严重影响或者造成恶劣社会影响的；

（二）数量或者数额达到前款第（二）项至第（四）项规定标准五倍以上的；

（三）造成其他特别严重后果的。

第八条　以单位名义或者单位形式实施危害计算机信息系统安全犯罪，达到本解释规定的定罪量刑标准的，应当依照刑法第二百八十五条、第二百八十六条的规定追究直接负责的主管人员和

其他直接责任人员的刑事责任。

第九条　明知他人实施刑法第二百八十五条、第二百八十六条规定的行为，具有下列情形之一的，应当认定为共同犯罪，依照刑法第二百八十五条、第二百八十六条的规定处罚：

（一）为其提供用于破坏计算机信息系统功能、数据或者应用程序的程序、工具，违法所得五千元以上或者提供十人次以上的；

（二）为其提供互联网接入、服务器托管、网络存储空间、通讯传输通道、费用结算、交易服务、广告服务、技术培训、技术支持等帮助，违法所得五千元以上的；

（三）通过委托推广软件、投放广告等方式向其提供资金五千元以上的。

实施前款规定行为，数量或者数额达到前款规定标准五倍以上的，应当认定为刑法第二百八十五条、第二百八十六条规定的"情节特别严重"或者"后果特别严重"。

第十条　对于是否属于刑法第二百八十五条、第二百八十六条规定的"国家事务、国防建设、尖端科学技术领域的计算机信息系统"、"专门用于侵入、非法控制计算机信息系统的程序、工具"、"计算机病毒等破坏性程序"难以确定的，应当委托省级以上负责计算机信息系统安全保护管理工作的部门检

验。司法机关根据检验结论, 并结合案件具体情况认定。

第十一条 本解释所称"计算机信息系统"和"计算机系统", 是指具备自动处理数据功能的系统, 包括计算机、网络设备、通信设备、自动化控制设备等。

本解释所称"身份认证信息", 是指用于确认用户在计算机信息系统上操作权限的数据, 包括账号、口令、密码、数字证书等。

本解释所称"经济损失", 包括危害计算机信息系统犯罪行为给用户直接造成的经济损失, 以及用户为恢复数据、功能而支出的必要费用。

《关于办理环境污染刑事案件适用法律若干问题的解释》

第十条 违反国家规定, 针对环境质量监测系统实施下列行为, 或者强令、指使、授意他人实施下列行为的, 应当依照刑法第二百八十六条的规定, 以破坏计算机信息系统罪论处:

(一) 修改参数或者监测数据的;

(二) 干扰采样, 致使监测数据严重失真的;

(三) 其他破坏环境质量监测系统的行为。

重点排污单位篡改、伪造自动监测数据或者干扰自动监测设施, 排放化学需氧量、氨氮、二氧化硫、氮氧化物等污染物, 同时构成污染环境罪和破坏计算机信息系统罪的, 依照处罚较重的规定定罪处罚。

从事环境监测设施维护、运营的人员实施或者参与实施篡改、伪造自动监测数据、干扰自动监测设施、破坏环境质量监测系统等行为的, 应当从重处罚。

◎ 部门规章
《中国公用计算机互联网国际联网管理办法》

第十一条 任何组织或个人, 不得利用计算机国际联网从事危害他人信息系统和网络安全、侵犯他人合法权益的活动。

《互联网安全保护技术措施规定》

第三条 互联网服务提供者、联网使用单位负责落实互联网安全保护技术措施, 并保障互联网安全保护技术措施功能的正常发挥。

第十四条 互联网服务提供者和联网使用单位不得实施下列破坏互联网安全保护技术措施的行为:

(一) 擅自停止或者部分停止安全保护技术设施、技术手段运行;

(二) 故意破坏安全保护技术设施;

(三) 擅自删除、篡改安全保护技术设施、技术手段运行程序和记录;

(四) 擅自改变安全保护技术措施的用途和范围;

（五）其他故意破坏安全保护技术措施或者妨碍其功能正常发挥的行为。

《互联网域名管理办法》

第八条　任何组织和个人不得妨碍互联网域名系统的安全和稳定运行。

◎ 部门规范性文件

《公安机关办理刑事案件电子数据取证规则》

第五十二条　电子数据侦查实验应当符合以下要求：

（一）应当采取技术措施保护原始存储介质数据的完整性；

（二）有条件的，电子数据侦查实验应当进行二次以上；

（三）侦查实验使用的电子设备、网络环境等应当与发案现场一致或者基本一致；必要时，可以采用相关技术方法对相关环境进行模拟或者进行对照实验；

（四）禁止可能泄露公民信息或者影响非实验环境计算机信息系统正常运行的行为。

《网络产品安全漏洞管理规定》

第四条　任何组织或者个人不得利用网络产品安全漏洞从事危害网络安全的活动，不得非法收集、出售、发布网络产品安全漏洞信息；明知他人利用网络产品安全漏洞从事危害网络安全的活动的，不得为其提供技术支持、广告推广、支付结算等帮助。

第十五条　利用网络产品安全漏洞从事危害网络安全活动，或者为他人利用网络产品安全漏洞从事危害网络安全的活动提供技术支持的，由公安机关依法处理；构成《中华人民共和国网络安全法》第六十三条规定情形的，依照该规定予以处罚；构成犯罪的，依法追究刑事责任。

《中国教育和科研计算机网暂行管理办法》

第二十一条　在中国教育和科研计算机网上不允许进行任何干扰网络用户、破坏网络服务和破坏网络设备的活动，这些活动包括（但并不局限于）在网络上发布不真实的信息、散布计算机病毒、使用网络进入未经授权使用的计算机、不以真实身份使用网络资源等。

权威案例

◎ 指导性案例

李某杰等破坏计算机信息系统案【最高检指导案例第 34 号】

要旨：冒用购物网站买家身份进入网站内部评价系统删改购物评价，属于对计算机信息系统内存储数据进行修改操作，应当认定为破坏计算机信息系统的行为。

曾某亮、王某生破坏计算机信息系统案【最高检指导案例第 35 号】

要旨：智能手机终端，应当认定为刑法保护的计算机信息系统。锁定智能手机导致不能使用的行为，可认定为破坏计算机信息系统。

姚某杰等 11 人破坏计算机信息系统案【最高检指导案例第 69 号】

要旨：为有效打击网络攻击犯罪，检察机关应加强与公安机关的配合，及时介入侦查引导取证，结合案件特点提出明确具体的补充侦查意见。对被害互联网企业提供的证据和技术支持意见，应当结合其他证据进行审查认定，客观全面准确认定破坏计算机信息系统罪的危害后果。

> ### 第二百八十六条之一　【拒不履行信息网络安全管理义务罪】
>
> 网络服务提供者不履行法律、行政法规规定的信息网络安全管理义务，经监管部门责令采取改正措施而拒不改正，有下列情形之一的，处三年以下有期徒刑、拘役或者管制，并处或者单处罚金：
>
> （一）致使违法信息大量传播的；
>
> （二）致使用户信息泄露，造成严重后果的；
>
> （三）致使刑事案件证据灭失，情节严重的；
>
> （四）有其他严重情节的。

> 单位犯前款罪的，对单位判处罚金，并对其直接负责的主管人员和其他直接责任人员，依照前款的规定处罚。
>
> 有前两款行为，同时构成其他犯罪的，依照处罚较重的规定定罪处罚。

关联法规

◎ **法律**

《网络安全法》

第十条　建设、运营网络或者通过网络提供服务，应当依照法律、行政法规的规定和国家标准的强制性要求，采取技术措施和其他必要措施，保障网络安全、稳定运行，有效应对网络安全事件，防范网络违法犯罪活动，维护网络数据的完整性、保密性和可用性。

第二十一条　国家实行网络安全等级保护制度。网络运营者应当按照网络安全等级保护制度的要求，履行下列安全保护义务，保障网络免受干扰、破坏或者未经授权的访问，防止网络数据泄露或者被窃取、篡改：

（一）制定内部安全管理制度和操作规程，确定网络安全负责人，落实网络安全保护责任；

（二）采取防范计算机病毒和网络

攻击、网络侵入等危害网络安全行为的技术措施；

（三）采取监测、记录网络运行状态、网络安全事件的技术措施，并按照规定留存相关的网络日志不少于六个月；

（四）采取数据分类、重要数据备份和加密等措施；

（五）法律、行政法规规定的其他义务。

第二十五条　网络运营者应当制定网络安全事件应急预案，及时处置系统漏洞、计算机病毒、网络攻击、网络侵入等安全风险；在发生危害网络安全的事件时，立即启动应急预案，采取相应的补救措施，并按照规定向有关主管部门报告。

第三十四条　除本法第二十一条的规定外，关键信息基础设施的运营者还应当履行下列安全保护义务：

（一）设置专门安全管理机构和安全管理负责人，并对该负责人和关键岗位的人员进行安全背景审查；

（二）定期对从业人员进行网络安全教育、技术培训和技能考核；

（三）对重要系统和数据库进行容灾备份；

（四）制定网络安全事件应急预案，并定期进行演练；

（五）法律、行政法规规定的其他

义务。

第四十八条　任何个人和组织发送的电子信息、提供的应用软件，不得设置恶意程序，不得含有法律、行政法规禁止发布或者传输的信息。

电子信息发送服务提供者和应用软件下载服务提供者，应当履行安全管理义务，知道其用户有前款规定行为的，应当停止提供服务，采取消除等处置措施，保存有关记录，并向有关主管部门报告。

第四十九条　网络运营者应当建立网络信息安全投诉、举报制度，公布投诉、举报方式等信息，及时受理并处理有关网络信息安全的投诉和举报。

网络运营者对网信部门和有关部门依法实施的监督检查，应当予以配合。

《电子商务法》

第三十条　电子商务平台经营者应当采取技术措施和其他必要措施保证其网络安全、稳定运行，防范网络违法犯罪活动，有效应对网络安全事件，保障电子商务交易安全。

电子商务平台经营者应当制定网络安全事件应急预案，发生网络安全事件时，应当立即启动应急预案，采取相应的补救措施，并向有关主管部门报告。

《关于维护互联网安全的决定》

七、各级人民政府及有关部门要采取积极措施，在促进互联网的应用和网络技术的普及过程中，重视和支持对网络安全技术的研究和开发，增强网络的安全防护能力。有关主管部门要加强对互联网的运行安全和信息安全的宣传教育，依法实施有效的监督管理，防范和制止利用互联网进行的各种违法活动，为互联网的健康发展创造良好的社会环境。从事互联网业务的单位要依法开展活动，发现互联网上出现违法犯罪行为和有害信息时，要采取措施，停止传输有害信息，并及时向有关机关报告。任何单位和个人在利用互联网时，都要遵纪守法，抵制各种违法犯罪行为和有害信息。人民法院、人民检察院、公安机关、国家安全机关要各司其职，密切配合，依法严厉打击利用互联网实施的各种犯罪活动。要动员全社会的力量，依靠全社会的共同努力，保障互联网的运行安全与信息安全，促进社会主义精神文明和物质文明建设。

◎ **行政法规**

《计算机信息系统安全保护条例》

第十三条 计算机信息系统的使用单位应当建立健全安全管理制度，负责本单位计算机信息系统的安全保护工作。

《计算机信息网络国际联网安全保护管理办法》

第十条 互联单位、接入单位及使用计算机信息网络国际联网的法人和其他组织应当履行下列安全保护职责：

（一）负责本网络的安全保护管理工作，建立健全安全保护管理制度；

（二）落实安全保护技术措施，保障本网络的运行安全和信息安全；

（三）负责对本网络用户的安全教育和培训；

（四）对委托发布信息的单位和个人进行登记，并对所提供的信息内容按照本办法第五条进行审核；

（五）建立计算机信息网络电子公告系统的用户登记和信息管理制度；

（六）发现有本办法第四条、第五条、第六条、第七条所列情形之一的，应当保留有关原始记录，并在 24 小时内向当地公安机关报告；

（七）按照国家有关规定，删除本网络中含有本办法第五条内容的地址、目录或者关闭服务器。

《电信条例》

第五十九条 电信业务经营者应当按照国家有关电信安全的规定，建立健全内部安全保障制度，实行安全保障责任制。

《商用密码管理条例》

第三十八条 法律、行政法规和国家有关规定要求使用商用密码进行保护的关键信息基础设施，其运营者应当使用商用密码进行保护，制定商用密码应用方案，配备必要的资金和专业人员，同步规划、同步建设、同步运行商用密码保障系统，自行或者委托商用密码检测机构开展商用密码应用安全性评估。

前款所列关键信息基础设施通过商用密码应用安全性评估方可投入运行，运行后每年至少进行一次评估，评估情况按照国家有关规定报送国家密码管理部门或者关键信息基础设施所在地省、自治区、直辖市密码管理部门备案。

第四十一条　网络运营者应当按照国家网络安全等级保护制度要求，使用商用密码保护网络安全。国家密码管理部门根据网络的安全保护等级，确定商用密码的使用、管理和应用安全性评估要求，制定网络安全等级保护密码标准规范。

◎ **司法解释**

《关于办理电信网络诈骗等刑事案件适用法律若干问题的意见》

三、全面惩处关联犯罪

......

（六）网络服务提供者不履行法律、行政法规规定的信息网络安全管理义务，经监管部门责令采取改正措施而拒不改正，致使诈骗信息大量传播，或者用户信息泄露造成严重后果的，依照刑法第二百八十六条之一的规定，以拒不履行信息网络安全管理义务罪追究刑事责任。同时构成诈骗罪的，依照处罚较重的规定定罪处罚。

......

《关于办理侵犯公民个人信息刑事案件适用法律的解释》

第九条　网络服务提供者拒不履行法律、行政法规规定的信息网络安全管理义务，经监管部门责令采取改正措施而拒不改正，致使用户的公民个人信息泄露，造成严重后果的，应当依照刑法第二百八十六条之一的规定，以拒不履行信息网络安全管理义务罪定罪处罚。

《关于人民法院网络司法拍卖若干问题的规定》

第八条　实施网络司法拍卖的，下列事项应当由网络服务提供者承担：

（一）提供符合法律、行政法规和司法解释规定的网络司法拍卖平台，并保障安全正常运行；

（二）提供安全便捷配套的电子支付对接系统；

（三）全面、及时展示人民法院及其委托的社会机构或者组织提供的拍卖信息；

（四）保证拍卖全程的信息数据真实、准确、完整和安全；

（五）其他应当由网络服务提供者承担的工作。

网络服务提供者不得在拍卖程序中设置阻碍适格竞买人报名、参拍、竞价以及监视竞买人信息等后台操控功能。

网络服务提供者提供的服务无正当

理由不得中断。

《关于办理非法利用信息网络、帮助信息网络犯罪活动等刑事案件适用法律若干问题的解释》

第一条 提供下列服务的单位和个人，应当认定为刑法第二百八十六条之一第一款规定的"网络服务提供者"：

（一）网络接入、域名注册解析等信息网络接入、计算、存储、传输服务；

（二）信息发布、搜索引擎、即时通讯、网络支付、网络预约、网络购物、网络游戏、网络直播、网站建设、安全防护、广告推广、应用商店等信息网络应用服务；

（三）利用信息网络提供的电子政务、通信、能源、交通、水利、金融、教育、医疗等公共服务。

第二条 刑法第二百八十六条之一第一款规定的"监管部门责令采取改正措施"，是指网信、电信、公安等依照法律、行政法规的规定承担信息网络安全监管职责的部门，以责令整改通知书或者其他文书形式，责令网络服务提供者采取改正措施。

认定"经监管部门责令采取改正措施而拒不改正"，应当综合考虑监管部门责令改正是否具有法律、行政法规依据，改正措施及期限要求是否明确、合理，网络服务提供者是否具有按照要求采取改正措施的能力等因素进行判断。

第三条 拒不履行信息网络安全管理义务，具有下列情形之一的，应当认定为刑法第二百八十六条之一第一款第一项规定的"致使违法信息大量传播"：

（一）致使传播违法视频文件二百个以上的；

（二）致使传播违法视频文件以外的其他违法信息二千个以上的；

（三）致使传播违法信息，数量虽未达到第一项、第二项规定标准，但是按相应比例折算合计达到有关数量标准的；

（四）致使向二千个以上用户账号传播违法信息的；

（五）致使利用群组成员账号数累计三千以上的通讯群组或者关注人员账号数累计三万以上的社交网络传播违法信息的；

（六）致使违法信息实际被点击数达到五万以上的；

（七）其他致使违法信息大量传播的情形。

第四条 拒不履行信息网络安全管理义务，致使用户信息泄露，具有下列情形之一的，应当认定为刑法第二百八十六条之一第一款第二项规定的"造成严重后果"：

（一）致使泄露行踪轨迹信息、通信内容、征信信息、财产信息五百条以

上的；

（二）致使泄露住宿信息、通信记录、健康生理信息、交易信息等其他可能影响人身、财产安全的用户信息五千条以上的；

（三）致使泄露第一项、第二项规定以外的用户信息五万条以上的；

（四）数量虽未达到第一项至第三项规定标准，但是按相应比例折算合计达到有关数量标准的；

（五）造成他人死亡、重伤、精神失常或者被绑架等严重后果的；

（六）造成重大经济损失的；

（七）严重扰乱社会秩序的；

（八）造成其他严重后果的。

第五条　拒不履行信息网络安全管理义务，致使影响定罪量刑的刑事案件证据灭失，具有下列情形之一的，应当认定为刑法第二百八十六条之一第一款第三项规定的"情节严重"：

（一）造成危害国家安全犯罪、恐怖活动犯罪、黑社会性质组织犯罪、贪污贿赂犯罪案件的证据灭失的；

（二）造成可能判处五年有期徒刑以上刑罚犯罪案件的证据灭失的；

（三）多次造成刑事案件证据灭失的；

（四）致使刑事诉讼程序受到严重影响的；

（五）其他情节严重的情形。

第六条　拒不履行信息网络安全管理义务，具有下列情形之一的，应当认定为刑法第二百八十六条之一第一款第四项规定的"有其他严重情节"：

（一）对绝大多数用户日志未留存或者未落实真实身份信息认证义务的；

（二）二年内经多次责令改正拒不改正的；

（三）致使信息网络服务被主要用于违法犯罪的；

（四）致使信息网络服务、网络设施被用于实施网络攻击，严重影响生产、生活的；

（五）致使信息网络服务被用于实施危害国家安全犯罪、恐怖活动犯罪、黑社会性质组织犯罪、贪污贿赂犯罪或者其他重大犯罪的；

（六）致使国家机关或者通信、能源、交通、水利、金融、教育、医疗等领域提供公共服务的信息网络受到破坏，严重影响生产、生活的；

（七）其他严重违反信息网络安全管理义务的情形。

第十四条　单位实施本解释规定的犯罪的，依照本解释规定的相应自然人犯罪的定罪量刑标准，对直接负责的主管人员和其他直接责任人员定罪处罚，并对单位判处罚金。

第十五条　综合考虑社会危害程度、认罪悔罪态度等情节，认为犯罪情节轻微的，可以不起诉或者免予刑事处罚；情节显著轻微危害不大的，不以犯罪论处。

第十六条 多次拒不履行信息网络安全管理义务、非法利用信息网络、帮助信息网络犯罪活动构成犯罪，依法应当追诉的，或者二年内多次实施前述行为未经处理的，数量或者数额累计计算。

第十七条 对于实施本解释规定的犯罪被判处刑罚的，可以根据犯罪情况和预防再犯罪的需要，依法宣告职业禁止；被判处管制、宣告缓刑的，可以根据犯罪情况，依法宣告禁止令。

第十八条 对于实施本解释规定的犯罪的，应当综合考虑犯罪的危害程度、违法所得数额以及被告人的前科情况、认罪悔罪态度等，依法判处罚金。

《关于依法惩治妨害新型冠状病毒感染肺炎疫情防控违法犯罪的意见》

二、准确适用法律，依法严惩妨害疫情防控的各类违法犯罪

……

（六）网络服务提供者不履行法律、行政法规规定的信息网络安全管理义务，经监管部门责令采取改正措施而拒不改正，致使虚假疫情信息或者其他违法信息大量传播的，依照刑法第二百八十六条之一的规定，以拒不履行信息网络安全管理义务罪定罪处罚。

……

（十）依法严惩妨害疫情防控的违法行为。实施上述（一）至（九）规定的行为，不构成犯罪的，由公安机关根据治安管理处罚法有关虚构事实扰乱公共秩序、扰乱单位秩序、公共场所秩序、寻衅滋事，拒不执行紧急状态下的决定、命令，阻碍执行职务，冲闯警戒带、警戒区，殴打他人，故意伤害，侮辱他人，诈骗，在铁路沿线非法挖掘坑穴、采石取沙，盗窃、损毁路面公共设施，损毁铁路设施设备，故意损毁财物，哄抢公私财物等规定，予以治安管理处罚，或者由有关部门予以其他行政处罚。

对于在疫情防控期间实施有关违法犯罪的，要作为从重情节予以考量，依法体现从严的政策要求，有力惩治震慑违法犯罪，维护法律权威，维护社会秩序，维护人民群众生命安全和身体健康。

《人民检察院办理网络犯罪案件规定》

第十九条 认定犯罪嫌疑人的主观方面，应当结合犯罪嫌疑人的认知能力、专业水平、既往经历、人员关系、行为次数、获利情况等综合认定，注重审查以下内容：

（一）反映犯罪嫌疑人主观故意的聊天记录、发布内容、浏览记录等；

（二）犯罪嫌疑人行为是否明显违背系统提示要求、正常操作流程；

（三）犯罪嫌疑人制作、使用或者向他人提供的软件程序是否主要用于违法犯罪活动；

（四）犯罪嫌疑人支付结算的对象、频次、数额等是否明显违反正常交易习惯；

（五）犯罪嫌疑人是否频繁采用隐蔽上网、加密通信、销毁数据等措施或者使用虚假身份；

（六）其他能够反映犯罪嫌疑人主观方面的内容。

第二十条　认定犯罪行为的情节和后果，应当结合网络空间、网络行为的特性，从违法所得、经济损失、信息系统的破坏、网络秩序的危害程度以及对被害人的侵害程度等综合判断，注重审查以下内容：

（一）聊天记录、交易记录、音视频文件、数据库信息等能够反映犯罪嫌疑人违法所得、获取和传播数据及文件的性质、数量的内容；

（二）账号数量、信息被点击次数、浏览次数、被转发次数等能够反映犯罪行为对网络空间秩序产生影响的内容；

（三）受影响的计算机信息系统数量、服务器日志信息等能够反映犯罪行为对信息网络运行造成影响程度的内容；

（四）被害人数量、财产损失数额、名誉侵害的影响范围等能够反映犯罪行为对被害人的人身、财产等造成侵害的内容；

（五）其他能够反映犯罪行为情节、后果的内容。

◎ **部门规章**

《非经营性互联网信息服务备案管理办法》

第十六条　非经营性互联网信息服务提供者应当保证所提供的信息内容合法。

本办法所称非经营性互联网信息服务提供者提供的信息内容，是指互联网信息服务提供者的网站的互联网域名或 IP 地址下所包括的信息内容。

第十九条　互联网接入服务提供者应当记录其接入的非经营性互联网信息服务提供者的备案信息。

互联网接入服务提供者应当依照国家有关规定做好用户信息动态管理、记录留存、有害信息报告等网络信息安全管理工作，根据信息产业部和省通信管理局的要求对所接入用户进行监督。

《互联网安全保护技术措施规定》

第三条　互联网服务提供者、联网使用单位负责落实互联网安全保护技术措施，并保障互联网安全保护技术措施功能的正常发挥。

第十四条　互联网服务提供者和联网使用单位不得实施下列破坏互联网安全保护技术措施的行为：

（一）擅自停止或者部分停止安全保护技术设施、技术手段运行；

（二）故意破坏安全保护技术设施；

（三）擅自删除、篡改安全保护技术设施、技术手段运行程序和记录；

（四）擅自改变安全保护技术措施的用途和范围；

（五）其他故意破坏安全保护技术措施或者妨碍其功能正常发挥的行为。

《互联网域名管理办法》

第四十五条　域名根服务器运行机构、域名注册管理机构、域名注册服务机构应当按照电信管理机构的要求，定期报送业务开展情况、安全运行情况、网络与信息安全责任落实情况、投诉和争议处理情况等信息。

《医疗器械网络销售监督管理办法》

第五条　从事医疗器械网络销售的企业、医疗器械网络交易服务第三方平台提供者应当采取技术措施，保障医疗器械网络销售数据和资料的真实、完整、可追溯。

《在线旅游经营服务管理暂行规定》

第八条　在线旅游经营者发现法律、行政法规禁止发布或者传输的信息，应当立即停止传输该信息，采取消除等处置措施防止信息扩散，保存有关记录并向主管部门报告。

平台经营者应当对上传至平台的文字、图片、音视频等信息内容加强审核，确保平台信息内容安全。

第二十条　社交网络平台、移动应用商店等信息网络提供者知道或者应当知道他人利用其服务从事违法违规在线旅游经营服务，或者侵害旅游者合法权益的，应当采取删除、屏蔽、断开链接等必要措施。

《网络招聘服务管理规定》

第二十条　从事网络招聘服务的人力资源服务机构应当按照国家网络安全法律、行政法规和网络安全等级保护制度要求，加强网络安全管理，履行网络安全保护义务，采取技术措施或者其他必要措施，确保招聘服务网络、信息系统和用户信息安全。

《网络交易监督管理办法》

第五十三条　对市场监督管理部门依法开展的监管执法活动，拒绝依照本办法规定提供有关材料、信息，或者提供虚假材料、信息，或者隐匿、销毁、转移证据，或者有其他拒绝、阻碍监管执法行为，法律、行政法规、其他市场监督管理部门规章有规定的，依照其规定；法律、行政法规、其他市场监督管理部门规章没有规定的，由市场监督管理部门责令改正，可以处五千元以上三万元以下罚款。

《互联网宗教信息服务管理办法》

第二十二条　从事互联网宗教信息服务，发现违反本办法规定的信息的，应当立即停止传输该信息，采取消除等处置措施，防止信息扩散，保存有关记录，并向有关主管部门报告。

《药品网络销售监督管理办法》

第五条　从事药品网络销售、提供药品网络交易平台服务，应当采取有效措施保证交易全过程信息真实、准确、完整和可追溯，并遵守国家个人信息保护的有关规定。

第十九条　第三方平台应当在其网站首页或者从事药品经营活动的主页面显著位置，持续公示营业执照、相关行政许可和备案、联系方式、投诉举报方式等信息或者上述信息的链接标识。

《网络预约出租汽车经营服务管理暂行办法》

第二十七条　网约车平台公司应当遵守国家网络和信息安全有关规定，所采集的个人信息和生成的业务数据，应当在中国内地存储和使用，保存期限不少于2年，除法律法规另有规定外，上述信息和数据不得外流。

网约车平台公司不得利用其服务平台发布法律法规禁止传播的信息，不得为企业、个人及其他团体、组织发布有害信息提供便利，并采取有效措施过滤阻断有害信息传播。发现他人利用其网络服务平台传播有害信息的，应当立即停止传输，保存有关记录，并向国家有关机关报告。

网约车平台公司应当依照法律规定，为公安机关依法开展国家安全工作，防范、调查违法犯罪活动提供必要的技术支持与协助。

第三十七条　网约车平台公司违反本规定第十、十八、二十六、二十七条有关规定的，由网信部门、公安机关和通信主管部门按各自职责依照相关法律法规规定给予处罚；给信息主体造成损失的，依法承担民事责任；涉嫌犯罪的，依法追究刑事责任。

网约车平台公司及网约车驾驶员违法使用或者泄露约车人、乘客个人信息的，由公安、网信等部门依照各自职责处以2000元以上10000元以下罚款；给信息主体造成损失的，依法承担民事责任；涉嫌犯罪的，依法追究刑事责任。

网约车平台公司拒不履行或者拒不按要求为公安机关依法开展国家安全工作，防范、调查违法犯罪活动提供技术支持与协助的，由公安机关依法予以处罚；构成犯罪的，依法追究刑事责任。

◎ **部门规范性文件**

《互联网销售彩票管理暂行办法》

第三十条　彩票发行机构应当建立互联网销售彩票管理系统。管理系统应当包括销售监控系统、后台管理系统和前端服务平台，具有投注账户的开设和管理、投注受理和确认、资金划转结算、奖金支付管理、统计报表、投注服务指南、信息查询、销售实时监控等功能。

第三十一条 互联网销售彩票管理系统应当具备完善的数据备份、数据恢复、防病毒、防入侵等安全措施，确保系统安全可靠运行。

《即时通信工具公众信息服务发展管理暂行规定》

第五条 即时通信工具服务提供者应当落实安全管理责任，建立健全各项制度，配备与服务规模相适应的专业人员，保护用户信息及公民个人隐私，自觉接受社会监督，及时处理公众举报的违法和不良信息。

《互联网用户账号名称管理规定》

第四条 互联网信息服务提供者应当落实安全管理责任，完善用户服务协议，明示互联网信息服务使用者在账号名称、头像和简介等注册信息中不得出现违法和不良信息，配备与服务规模相适应的专业人员，对互联网用户提交的账号名称、头像和简介等注册信息进行审核，对含有违法和不良信息的，不予注册；保护用户信息及公民个人隐私，自觉接受社会监督，及时处理公众举报的账号名称、头像和简介等注册信息中的违法和不良信息。

《互联网危险物品信息发布管理规定》

第十二条 网络服务提供者应当加强对接入网站及用户发布信息的管理，定期对发布信息进行巡查，对法律、法规和本规定禁止发布或者传输的危险物品信息，应当立即停止传输，采取消除等处置措施，保存有关记录，并向公安机关等主管部门报告。

《互联网信息搜索服务管理规定》

第六条 互联网信息搜索服务提供者应当落实主体责任，建立健全信息审核、公共信息实时巡查、应急处置及个人信息保护等信息安全管理制度，具有安全可控的防范措施，为有关部门依法履行职责提供必要的技术支持。

第八条 互联网信息搜索服务提供者提供服务过程中发现搜索结果明显含有法律法规禁止内容的信息、网站及应用，应当停止提供相关搜索结果，保存有关记录，并及时向国家或者地方互联网信息办公室报告。

《第三方电子商务交易平台服务规范》

5.4 交易平台设施及运行环境维护

平台经营者应当保障交易平台内各类软硬件设施的正常运行，维护消防、卫生和安保等设施处于正常状态。

平台经营者应按照国家信息安全等级保护制度的有关规定和要求建设、运行、维护网上交易平台系统和辅助服务系统，落实互联网安全保护技术措施，依法实时监控交易系统运行状况，维护平台交易系统正常运行，及时处理网络安全事故。

日交易额 1 亿元人民币以上（含 1 亿元）的第三方电子商务交易平台应当设置异地灾难备份系统，建立灾难恢复体系和应急预案。

6.4 对交易信息的管理

平台经营者应对其平台上的交易信息进行合理谨慎的管理：

（1）在平台上从事经营活动的，应当公布所经营产品的名称、生产者等信息；涉及第三方许可的，还应公布许可证书、认证证书等信息。

（2）网页上显示的商品信息必须真实。对实物（有形）商品，应当从多角度多方位予以展现，不可对商品的颜色、大小、比例等做歪曲或错误的显示；对于存在瑕疵的商品应当给予充分的说明并通过图片显示。发现站内经营者发布违反法律、法规广告的，应及时采取措施制止，必要时可以停止对其提供网上交易平台服务。

（3）投诉人提供的证据能够证明站内经营者有侵权行为或发布违法信息的，平台经营者应对有关责任人予以警告，停止侵权行为，删除有害信息，并可依照投诉人的请求提供被投诉人注册的身份信息及联系方式。

（4）平台经营者应承担合理谨慎信息审查义务，对明显的侵权或违法信息，依法及时予以删除，并对站内经营者予以警告。

《互联网直播服务管理规定》

第七条　互联网直播服务提供者应当落实主体责任，配备与服务规模相适应的专业人员，健全信息审核、信息安全管理、值班巡查、应急处置、技术保障等制度。提供互联网新闻信息直播服务的，应当设立总编辑。

互联网直播服务提供者应当建立直播内容审核平台，根据互联网直播的内容类别、用户规模等实施分级分类管理，对图文、视频、音频等直播内容加注或播报平台标识信息，对互联网新闻信息直播及其互动内容实施先审后发管理。

《网络表演经营活动管理办法》

第五条　网络表演经营单位对本单位开展的网络表演经营活动承担主体责任，应当按照《互联网文化管理暂行规定》和《网络文化经营单位内容自审管理办法》的有关要求，建立健全内容审核管理制度，配备满足自审需要并取得相应资质的审核人员，建立适应内容管理需要的技术监管措施。

不具备内容自审及实时监管能力的网络表演经营单位，不得开通表演频道。未采取监管措施或未通过内容自审的网络表演产品，不得向公众提供。

《互联网论坛社区服务管理规定》

第五条　互联网论坛社区服务提供者应当落实主体责任，建立健全信息审核、公共信息实时巡查、应急处置及个人信息保护等信息安全管理制度，具有安全可控的防范措施，配备与服务规模相适应的专业人员，为有关部门依法履行职责提供必要的技术支持。

第六条　互联网论坛社区服务提供者不得利用互联网论坛社区服务发布、传播法律法规和国家有关规定禁止的信息。

互联网论坛社区服务提供者应当与用户签订协议，明确用户不得利用互联网论坛社区服务发布、传播法律法规和国家有关规定禁止的信息，情节严重的，服务提供者将封禁或者关闭有关账号、版块；明确论坛社区版块发起者、管理者应当履行与其权利相适应的义务，对违反法律规定和协议约定、履行责任义务不到位的，服务提供者应当依法依约限制或取消其管理权限，直至封禁或者关闭有关账号、版块。

第七条　互联网论坛社区服务提供者应当加强对其用户发布信息的管理，发现含有法律法规和国家有关规定禁止的信息的，应当立即停止传输该信息，采取消除等处置措施，保存有关记录，并及时向国家或者地方互联网信息办公室报告。

第八条　互联网论坛社区服务提供者应当按照"后台实名、前台自愿"的原则，要求用户通过真实身份信息认证后注册账号，并对版块发起者和管理者实施真实身份信息备案、定期核验等。用户不提供真实身份信息的，互联网论坛社区服务提供者不得为其提供信息发布服务。

互联网论坛社区服务提供者应当加强对注册用户虚拟身份信息、版块名称简介等的审核管理，不得出现法律法规和国家有关规定禁止的内容。

互联网论坛社区服务提供者应当保护用户身份信息，不得泄露、篡改、毁损，不得非法出售或者非法向他人提供。

《互联网群组信息服务管理规定》

第五条　互联网群组信息服务提供者应当落实信息内容安全管理主体责任，配备与服务规模相适应的专业人员和技术能力，建立健全用户注册、信息审核、应急处置、安全防护等管理制度。

互联网群组信息服务提供者应当制定并公开管理规则和平台公约，与使用者签订服务协议，明确双方权利义务。

第六条　互联网群组信息服务提供者应当按照"后台实名、前台自愿"的原则，对互联网群组信息服务使用者进行真实身份信息认证，用户不提供真实身份信息的，不得为其提供信息发布服务。

互联网群组信息服务提供者应当采取必要措施保护使用者个人信息安全，不得泄露、篡改、毁损，不得非法出售或者非法向他人提供。

《互联网新闻信息服务新技术新应用安全评估管理规定》

第三条　互联网新闻信息服务提供者调整增设新技术新应用，应当建立健全信息安全管理制度和安全可控的技术保障措施，不得发布、传播法律法规禁止的信息内容。

第六条　互联网新闻信息服务提供者应当建立健全新技术新应用安全评估管理制度和保障制度，按照本规定要求自行组织开展安全评估，为国家和省、自治区、直辖市互联网信息办公室组织开展安全评估提供必要的配合，并及时完成整改。

第七条　有下列情形之一的，互联网新闻信息服务提供者应当自行组织开展新技术新应用安全评估，编制书面安全评估报告，并对评估结果负责：

（一）应用新技术、调整增设具有新闻舆论属性或社会动员能力的应用功能的；

（二）新技术、新应用功能在用户规模、功能属性、技术实现方式、基础资源配置等方面的改变导致新闻舆论属性或社会动员能力发生重大变化的。

国家互联网信息办公室适时发布新技术新应用安全评估目录，供互联网新闻信息服务提供者自行组织开展安全评估参考。

第八条　互联网新闻信息服务提供者按照本规定第七条自行组织开展新技术新应用安全评估，发现存在安全风险的，应当及时整改，直至消除相关安全风险。

按照本规定第七条规定自行组织开展安全评估的，应当在应用新技术、调整增设应用功能前完成评估。

第十三条　新技术新应用安全评估报告载明的意见认为新技术新应用存在信息安全风险隐患，未能配套必要的安全保障措施手段的，互联网新闻信息服务提供者应当及时进行整改，直至符合法律法规规章等相关规定和国家强制性标准相关要求。在整改完成前，拟调整增设的新技术新应用不得用于提供互联网新闻信息服务。

服务提供者拒绝整改，或整改后未达法律法规规章等相关规定和国家强制性标准相关要求，而导致不再符合许可条件的，由国家和省、自治区、直辖市互联网信息办公室依据《互联网新闻信息服务管理规定》第二十三条的规定，责令服务提供者限期改正；逾期仍不符合许可条件的，暂停新闻信息更新；《互联网新闻信息服务许可证》有效期届满仍不符合许可条件的，不予换发许可证。

《微博客信息服务管理规定》

第六条 微博客服务提供者应当落实信息内容安全管理主体责任，建立健全用户注册、信息发布审核、跟帖评论管理、应急处置、从业人员教育培训等制度及总编辑制度，具有安全可控的技术保障和防范措施，配备与服务规模相适应的管理人员。

微博客服务提供者应当制定平台服务规则，与微博客服务使用者签订服务协议，明确双方权利、义务，要求微博客服务使用者遵守相关法律法规。

《具有舆论属性或社会动员能力的互联网信息服务安全评估规定》

第十二条 网信部门和公安机关应当建立监测管理制度，加强网络安全风险管理，督促互联网信息服务提供者依法履行网络安全义务。

发现具有舆论属性或社会动员能力的互联网信息服务提供者未按本规定开展安全评估的，网信部门和公安机关应当通知其按本规定开展安全评估。

第十三条 网信部门和公安机关发现具有舆论属性或社会动员能力的互联网信息服务提供者拒不按照本规定开展安全评估的，应当通过全国互联网安全管理服务平台向公众提示该互联网信息服务存在安全风险，并依照各自职责对

该互联网信息服务实施监督检查，发现存在违法行为的，应当依法处理。

《贯彻落实网络安全等级保护制度和关键信息基础设施安全保护制度的指导意见》

二、深入贯彻实施国家网络安全等级保护制度

......

（三）科学开展安全建设整改。网络运营者应在网络建设和运营过程中，同步规划、同步建设、同步使用有关网络安全保护措施。应依据《网络安全等级保护基本要求》《网络安全等级保护安全设计技术要求》等国家标准，在现有安全保护措施的基础上，全面梳理分析安全保护需求，并结合等级测评过程中发现的问题隐患，按照"一个中心（安全管理中心）、三重防护（安全通信网络、安全区域边界、安全计算环境）"的要求，认真开展网络安全建设和整改加固，全面落实安全保护技术措施。网络运营者可将网络迁移上云，或将网络安全服务外包，充分利用云服务商和网络安全服务商提升网络安全保护能力和水平。应全面加强网络安全管理，建立完善人员管理、教育培训、系统安全建设和运维等管理制度，加强机房、设备和介质安全管理，强化重要数据和个人信息保护，制定操作规范和工作流程，加强日常监督和考核，确保各项管理措施有效落实。

（四）强化安全责任落实。行业主管部门、网络运营者应依据《网络安全法》等法律法规和有关政策要求，按照"谁主管谁负责、谁运营谁负责"的原则，厘清网络安全保护边界，明确安全保护工作责任，建立网络安全等级保护工作责任制，落实责任追究制度，作到"守土有责、守土尽责"。网络运营者要定期组织专门力量开展网络安全自查和检测评估，行业主管部门要组织风险评估，及时发现网络安全隐患和薄弱环节并予以整改，不断提高网络安全保护能力和水平。

……

《互联网用户公众账号信息服务管理规定》

第六条　公众账号信息服务平台应当履行信息内容和公众账号管理主体责任，配备与业务规模相适应的管理人员和技术能力，设置内容安全负责人岗位，建立健全并严格落实账号注册、信息内容安全、生态治理、应急处置、网络安全、数据安全、个人信息保护、知识产权保护、信用评价等管理制度。

公众账号信息服务平台应当依据法律法规和国家有关规定，制定并公开信息内容生产、公众账号运营等管理规则、平台公约，与公众账号生产运营者签订服务协议，明确双方内容发布权限、账号管理责任等权利义务。

第十九条　公众账号信息服务平台应当加强对本平台公众账号信息服务活动的监督管理，及时发现和处置违法违规信息或者行为。

公众账号信息服务平台应当对违反本规定及相关法律法规的公众账号，依法依约采取警示提醒、限制账号功能、暂停信息更新、停止广告发布、关闭注销账号、列入黑名单、禁止重新注册等处置措施，保存有关记录，并及时向网信等有关主管部门报告。

《关于进一步压实网站平台信息内容管理主体责任的意见》

三、重点任务

（一）把握主体责任内涵。网站平台要以弘扬社会主义核心价值观为己任，培育积极健康、向上向善的网络文化，确保网上主旋律高昂、正能量充沛；对信息内容呈现结果负责，严防违法信息生产传播，自觉防范和抵制传播不良信息，确保信息内容安全。建设良好网络秩序，全链条覆盖、全口径管理，规范用户网上行为，遏制各类网络乱象，维护清朗网络空间。健全管理制度机制，准确界定行为边界，切实规范工作流程，强化内部管理约束，做到有规可依、有规必依，保障日常运营规范健康。加强未成年人网络保护，注重保障用户权益，切实维护社会公共利益。

《移动互联网应用程序信息服务管理规定》

第五条 应用程序提供者和应用程序分发平台应当履行信息内容管理主体责任，积极配合国家实施网络可信身份战略，建立健全信息内容安全管理、信息内容生态治理、数据安全和个人信息保护、未成年人保护等管理制度，确保网络安全，维护良好网络生态。

《互联网跟帖评论服务管理规定》

第四条 跟帖评论服务提供者应当严格落实跟帖评论服务管理主体责任，依法履行以下义务：

（一）按照"后台实名、前台自愿"原则，对注册用户进行基于移动电话号码、身份证件号码或者统一社会信用代码等方式的真实身份信息认证，不得向未认证真实身份信息或者冒用组织机构、他人身份信息的用户提供跟帖评论服务。

（二）建立健全用户个人信息保护制度，处理用户个人信息应当遵循合法、正当、必要和诚信原则，公开个人信息处理规则，告知个人信息的处理目的、处理方式、处理的个人信息种类、保存期限等事项，并依法取得个人的同意。法律、行政法规另有规定的除外。

（三）对新闻信息提供跟帖评论服务的，应当建立先审后发制度。

（四）提供弹幕方式跟帖评论服务的，应当在同一平台和页面同时提供与之对应的静态版信息内容。

（五）建立健全跟帖评论审核管理、实时巡查、应急处置、举报受理等信息安全管理制度，及时发现处置违法和不良信息，并向网信部门报告。

（六）创新跟帖评论管理方式，研发使用跟帖评论信息安全管理技术，提升违法和不良信息处置能力；及时发现跟帖评论服务存在的安全缺陷、漏洞等风险，采取补救措施，并向网信部门报告。

（七）配备与服务规模相适应的审核编辑队伍，加强跟帖评论审核培训，提高审核编辑人员专业素养。

（八）配合网信部门依法开展监督检查工作，提供必要的技术、数据支持和协助。

第五条 具有舆论属性或社会动员能力的跟帖评论服务提供者上线跟帖评论相关新产品、新应用、新功能的，应当按照国家有关规定开展安全评估。

第七条 跟帖评论服务提供者应当按照用户服务协议对跟帖评论服务使用者和公众账号生产运营者进行规范管理。对发布违法和不良信息内容的跟帖评论服务使用者，应当依法依约采取警示提醒、拒绝发布、删除信息、限制账号功能、暂停账号更新、关闭账号、禁止重新注册等处置措施，并保存相关记录；对未尽到管理义务导致跟帖评论环节出现违法和不良信息内容的公众账号生产运营者，应当根据具体情形，依法依约采取警示提醒、删除信息、暂停跟帖评论区功能直至永久关闭跟帖评论区、限制账号功能、暂停账号更新、关闭账号、禁止重新注册等处置措施，保存相关记录，并及时向网信部门报告。

第八条 跟帖评论服务提供者应当建立用户分级管理制度，对用户的跟帖评论行为开展信用评估，根据信用等级确定服务范围及功能，对严重失信的用户应列入黑名单，停止对列入黑名单的用户提供服务，并禁止其通过重新注册账号等方式使用跟帖评论服务。

第十二条 跟帖评论服务提供者、跟帖评论服务使用者和公众账号生产运营者不得通过发布、删除、推荐跟帖评论信息以及利用软件、雇佣商业机构及人员散布信息等其他干预跟帖评论信息呈现的手段，侵害他人合法权益或公共利益，谋取非法利益，恶意干扰跟帖评论秩序，误导公众舆论。

第十三条 跟帖评论服务提供者应当建立健全跟帖评论违法和不良信息公众投诉举报和跟帖评论服务使用者申诉制度，设置便捷投诉举报和申诉入口，及时受理和处置跟帖评论相关投诉举报和申诉。

跟帖评论服务使用者对被处置的跟帖评论信息存在异议的，有权向跟帖评论服务提供者提出申诉，跟帖评论服务提供者应当按照用户服务协议进行核查处理。

任何组织和个人发现违反本规定行为的，可以向网信部门投诉举报。网信部门收到投诉举报后，应当及时依法处理。

第二百八十七条之一 【非法利用信息网络罪】

利用信息网络实施下列行为之一，情节严重的，处三年以下有期徒刑或者拘役，并处或者单处罚金：

（一）设立用于实施诈骗、传授犯罪方法、制作或者销售违禁物品、管制物品等违法犯罪活动的网站、通讯群组的；

（二）发布有关制作或者销售毒品、枪支、淫秽物品等违禁物品、管制物品或者其他违法犯罪信息的；

（三）为实施诈骗等违法犯罪活动发布信息的。

单位犯前款罪的，对单位判处罚金，并对其直接负责的主管人员和其他直接责任人员，依照第一款的规定处罚。

有前两款行为，同时构成其他犯罪的，依照处罚较重的规定定罪处罚。

关联法规

◎ 法律

《网络安全法》

第十二条 国家保护公民、法人和其他组织依法使用网络的权利，促进网络接入普及，提升网络服务水平，为社会提供安全、便利的网络服务，保障网络信息依法有序自由流动。

任何个人和组织使用网络应当遵守宪法法律，遵守公共秩序，尊重社会公德，不得危害网络安全，不得利用网络从事危害国家安全、荣誉和利益，煽动颠覆国家政权、推翻社会主义制度，煽动分裂国家、破坏国家统一，宣扬恐怖主义、极端主义，宣扬民族仇恨、民族歧视，传播暴力、淫秽色情信息，编造、传播虚假信息扰乱经济秩序和社会秩序，以及侵害他人名誉、隐私、知识产权和其他合法权益等活动。

第四十六条 任何个人和组织应当对其使用网络的行为负责，不得设立用于实施诈骗，传授犯罪方法，制作或者销售违禁物品、管制物品等违法犯罪活动的网站、通讯群组，不得利用网络发布涉及实施诈骗，制作或者销售违禁物品、管制物品以及其他违法犯罪活动的信息。

《反电信网络诈骗法》

第十四条 任何单位和个人不得非法制造、买卖、提供或者使用下列设备、软件：

（一）电话卡批量插入设备；

（二）具有改变主叫号码、虚拟拨号、互联网电话违规接入公用电信网络等功能的设备、软件；

（三）批量账号、网络地址自动切换系统，批量接收提供短信验证、语音验证的平台；

（四）其他用于实施电信网络诈骗等违法犯罪的设备、软件。

电信业务经营者、互联网服务提供者应当采取技术措施，及时识别、阻断前款规定的非法设备、软件接入网络，并向公安机关和相关行业主管部门报告。

第二十五条 任何单位和个人不得为他人实施电信网络诈骗活动提供下列支持或者帮助：

（一）出售、提供个人信息；

（二）帮助他人通过虚拟货币交易等方式洗钱；

（三）其他为电信网络诈骗活动提供支持或者帮助的行为。

电信业务经营者、互联网服务提供

者应当依照国家有关规定，履行合理注意义务，对利用下列业务从事涉诈支持、帮助活动进行监测识别和处置：

（一）提供互联网接入、服务器托管、网络存储、通讯传输、线路出租、域名解析等网络资源服务；

（二）提供信息发布或者搜索、广告推广、引流推广等网络推广服务；

（三）提供应用程序、网站等网络技术、产品的制作、维护服务；

（四）提供支付结算服务。

《数据安全法》

第八条　开展数据处理活动，应当遵守法律、法规，尊重社会公德和伦理，遵守商业道德和职业道德，诚实守信，履行数据安全保护义务，承担社会责任，不得危害国家安全、公共利益，不得损害个人、组织的合法权益。

《未成年人保护法》

第五十条　禁止制作、复制、出版、发布、传播含有宣扬淫秽、色情、暴力、邪教、迷信、赌博、引诱自杀、恐怖主义、分裂主义、极端主义等危害未成年人身心健康内容的图书、报刊、电影、广播电视节目、舞台艺术作品、音像制品、电子出版物和网络信息等。

第五十二条　禁止制作、复制、发布、传播或者持有有关未成年人的淫秽色情物品和网络信息。

《电子商务法》

第十三条　电子商务经营者销售的商品或者提供的服务应当符合保障人身、财产安全的要求和环境保护要求，不得销售或者提供法律、行政法规禁止交易的商品或者服务。

第七十五条　电子商务经营者违反本法第十二条、第十三条规定，未取得相关行政许可从事经营活动，或者销售、提供法律、行政法规禁止交易的商品、服务，或者不履行本法第二十五条规定的信息提供义务，电子商务平台经营者违反本法第四十六条规定，采取集中交易方式进行交易，或者进行标准化合约交易的，依照有关法律、行政法规的规定处罚。

◎　**行政法规**

《计算机信息系统安全保护条例》

第二条　本条例所称的计算机信息系统，是指由计算机及其相关的和配套的设备、设施（含网络）构成的，按照一定的应用目标和规则对信息进行采集、加工、存储、传输、检索等处理的人机系统。

第七条　任何组织或者个人，不得利用计算机信息系统从事危害国家利益、集体利益和公民合法利益的活动，不得危害计算机信息系统的安全。

《互联网信息服务管理办法》

第十五条　互联网信息服务提供者

不得制作、复制、发布、传播含有下列内容的信息：

（一）反对宪法所确定的基本原则的；

（二）危害国家安全，泄露国家秘密，颠覆国家政权，破坏国家统一的；

（三）损害国家荣誉和利益的；

（四）煽动民族仇恨、民族歧视，破坏民族团结的；

（五）破坏国家宗教政策，宣扬邪教和封建迷信的；

（六）散布谣言，扰乱社会秩序，破坏社会稳定的；

（七）散布淫秽、色情、赌博、暴力、凶杀、恐怖或者教唆犯罪的；

（八）侮辱或者诽谤他人，侵害他人合法权益的；

（九）含有法律、行政法规禁止的其他内容的。

第二十条 制作、复制、发布、传播本办法第十五条所列内容之一的信息，构成犯罪的，依法追究刑事责任；尚不构成犯罪的，由公安机关、国家安全机关依照《中华人民共和国治安管理处罚法》、《计算机信息网络国际联网安全保护管理办法》等有关法律、行政法规的规定予以处罚；对经营性互联网信息服务提供者，并由发证机关责令停业整顿直至吊销经营许可证，通知企业登记机关；对非经营性互联网信息服务提供者，并由备案机关责令暂时关闭网站直至关闭网站。

《计算机信息网络国际联网安全保护管理办法》

第四条 任何单位和个人不得利用国际联网危害国家安全、泄露国家秘密，不得侵犯国家的、社会的、集体的利益和公民的合法权益，不得从事违法犯罪活动。

第五条 任何单位和个人不得利用国际联网制作、复制、查阅和传播下列信息：

（一）煽动抗拒、破坏宪法和法律、行政法规实施的；

（二）煽动颠覆国家政权，推翻社会主义制度的；

（三）煽动分裂国家、破坏国家统一的；

（四）煽动民族仇恨、民族歧视，破坏民族团结的；

（五）捏造或者歪曲事实，散布谣言，扰乱社会秩序的；

（六）宣扬封建迷信、淫秽、色情、赌博、暴力、凶杀、恐怖，教唆犯罪的；

（七）公然侮辱他人或者捏造事实诽谤他人的；

（八）损害国家机关信誉的；

（九）其他违反宪法和法律、行政法规的。

第二十条 违反法律、行政法规，有本办法第五条、第六条所列行为之一的，由公安机关给予警告，有违法所得的，没收违法所得，对个人可以并处5000元以下的罚款，对单位可以并处1.5万元以下的罚款；情节严重的，并可以给予6个月以内停止联网、停机整顿的处罚，必要时可以建议原发证、审批机构吊销经营许可证或者取消联网资格；构成违反治安管理行为的，依照治安管理处罚法的规定处罚；构成犯罪的，依法追究刑事责任。

《电信条例》

第六条 电信网络和信息的安全受法律保护。任何组织或者个人不得利用电信网络从事危害国家安全、社会公共利益或者他人合法权益的活动。

第五十六条 任何组织或者个人不得利用电信网络制作、复制、发布、传播含有下列内容的信息：

（一）反对宪法所确定的基本原则的；

（二）危害国家安全，泄露国家秘密，颠覆国家政权，破坏国家统一的；

（三）损害国家荣誉和利益的；

（四）煽动民族仇恨、民族歧视，破坏民族团结的；

（五）破坏国家宗教政策，宣扬邪教和封建迷信的；

（六）散布谣言，扰乱社会秩序，破坏社会稳定的；

（七）散布淫秽、色情、赌博、暴力、凶杀、恐怖或者教唆犯罪的；

（八）侮辱或者诽谤他人，侵害他人合法权益的；

（九）含有法律、行政法规禁止的其他内容的。

《互联网上网服务营业场所管理条例》

第十四条 互联网上网服务营业场所经营单位和上网消费者不得利用互联网上网服务营业场所制作、下载、复制、查阅、发布、传播或者以其他方式使用含有下列内容的信息：

（一）反对宪法确定的基本原则的；

（二）危害国家统一、主权和领土完整的；

（三）泄露国家秘密，危害国家安全或者损害国家荣誉和利益的；

（四）煽动民族仇恨、民族歧视，破坏民族团结，或者侵害民族风俗、习惯的；

（五）破坏国家宗教政策，宣扬邪教、迷信的；

（六）散布谣言，扰乱社会秩序，破坏社会稳定的；

（七）宣传淫秽、赌博、暴力或者教唆犯罪的；

（八）侮辱或者诽谤他人，侵害他人合法权益的；

（九）危害社会公德或者民族优秀

文化传统的；

（十）含有法律、行政法规禁止的其他内容的。

第三十条 互联网上网服务营业场所经营单位违反本条例的规定，利用营业场所制作、下载、复制、查阅、发布、传播或者以其他方式使用含有本条例第十四条规定禁止含有的内容的信息，触犯刑律的，依法追究刑事责任；尚不够刑事处罚的，由公安机关给予警告，没收违法所得；违法经营额1万元以上的，并处违法经营额2倍以上5倍以下的罚款；违法经营额不足1万元的，并处1万元以上2万元以下的罚款；情节严重的，责令停业整顿，直至由文化行政部门吊销《网络文化经营许可证》。

上网消费者有前款违法行为，触犯刑律的，依法追究刑事责任；尚不够刑事处罚的，由公安机关依照治安管理处罚法的规定给予处罚。

◎ **司法解释**
《关于审理毒品犯罪案件适用法律若干问题的解释》

第十四条 利用信息网络，设立用于实施传授制造毒品、非法生产制毒物品的方法，贩卖毒品，非法买卖制毒物品或者组织他人吸食、注射毒品等违法犯罪活动的网站、通讯群组，或者发布实施前述违法犯罪活动的信息，情节严重的，应当

依照刑法第二百八十七条之一的规定，以非法利用信息网络罪定罪处罚。

实施刑法第二百八十七条之一、第二百八十七条之二规定的行为，同时构成贩卖毒品罪、非法买卖制毒物品罪、传授犯罪方法罪等犯罪的，依照处罚较重的规定定罪处罚。

《关于办理电信网络诈骗等刑事案件适用法律若干问题的意见》

三、全面惩处关联犯罪

……

（七）实施刑法第二百八十七条之一、第二百八十七条之二规定之行为，构成非法利用信息网络罪、帮助信息网络犯罪活动罪，同时构成诈骗罪的，依照处罚较重的规定定罪处罚。

……

《关于办理侵犯公民个人信息刑事案件适用法律的解释》

第八条 设立用于实施非法获取、出售或者提供公民个人信息违法犯罪活动的网站、通讯群组，情节严重的，应当依照刑法第二百八十七条之一的规定，以非法利用信息网络罪定罪处罚；同时构成侵犯公民个人信息罪的，依照侵犯公民个人信息罪定罪处罚。

《关于办理组织、强迫、引诱、容留、介绍卖淫刑事案件适用法律的解释》

第八条 引诱、容留、介绍他人卖淫，具有下列情形之一的，应当依照刑

法第三百五十九条第一款的规定定罪处罚:

(一)引诱他人卖淫的;

(二)容留、介绍二人以上卖淫的;

(三)容留、介绍未成年人、孕妇、智障人员、患有严重性病的人卖淫的;

(四)一年内曾因引诱、容留、介绍卖淫行为被行政处罚,又实施容留、介绍卖淫行为的;

(五)非法获利人民币一万元以上的。

利用信息网络发布招嫖违法信息,情节严重的,依照刑法第二百八十七条之一的规定,以非法利用信息网络罪定罪处罚。同时构成介绍卖淫罪的,依照处罚较重的规定定罪处罚。

引诱、容留、介绍他人卖淫是否以营利为目的,不影响犯罪的成立。

引诱不满十四周岁的幼女卖淫的,依照刑法第三百五十九条第二款的规定,以引诱幼女卖淫罪定罪处罚。

被引诱卖淫的人员中既有不满十四周岁的幼女,又有其他人员的,分别以引诱幼女卖淫罪和引诱卖淫罪定罪,实行并罚。

《关于办理组织考试作弊等刑事案件适用法律的解释》

第十条 在法律规定的国家考试以外的其他考试中,组织作弊,为他人组织作弊提供作弊器材或者其他帮助,或者非法出售、提供试题、答案,符合非法获取国家秘密罪、非法生产、销售窃听、窃照专用器材罪、非法使用窃听、窃照专用器材罪、非法利用信息网络罪、扰乱无线电通讯管理秩序罪等犯罪构成要件的,依法追究刑事责任。

第十一条 设立用于实施考试作弊的网站、通讯群组或者发布有关考试作弊的信息,情节严重的,应当依照刑法第二百八十七条之一的规定,以非法利用信息网络罪定罪处罚;同时构成组织考试作弊罪、非法出售、提供试题、答案罪、非法获取国家秘密罪等其他犯罪的,依照处罚较重的规定定罪处罚。

第十二条 对于实施本解释规定的犯罪被判处刑罚的,可以根据犯罪情况和预防再犯罪的需要,依法宣告职业禁止;被判处管制、宣告缓刑的,可以根据犯罪情况,依法宣告禁止令。

第十三条 对于实施本解释规定的行为构成犯罪的,应当综合考虑犯罪的危害程度、违法所得数额以及被告人的前科情况、认罪悔罪态度等,依法判处罚金。

《关于办理非法利用信息网络、帮助信息网络犯罪活动等刑事案件适用法律若干问题的解释》

第七条 刑法第二百八十七条之一规定的"违法犯罪",包括犯罪行为和属于刑法分则规定的行为类型但尚未构成犯罪的违法行为。

第八条 以实施违法犯罪活动为目的而设立或者设立后主要用于实施违法犯罪活动的网站、通讯群组，应当认定为刑法第二百八十七条之一第一款第一项规定的"用于实施诈骗、传授犯罪方法、制作或者销售违禁物品、管制物品等违法犯罪活动的网站、通讯群组"。

第九条 利用信息网络提供信息的链接、截屏、二维码、访问账号密码及其他指引访问服务的，应当认定为刑法第二百八十七条之一第一款第二项、第三项规定的"发布信息"。

第十条 非法利用信息网络，具有下列情形之一的，应当认定为刑法第二百八十七条之一第一款规定的"情节严重"：

（一）假冒国家机关、金融机构名义，设立用于实施违法犯罪活动的网站的；

（二）设立用于实施违法犯罪活动的网站，数量达到三个以上或者注册账号数累计达到二千以上的；

（三）设立用于实施违法犯罪活动的通讯群组，数量达到五个以上或者群组成员账号数累计达到一千以上的；

（四）发布有关违法犯罪的信息或者为实施违法犯罪活动发布信息，具有下列情形之一的：

1. 在网站上发布有关信息一百条以上的；

2. 向二千个以上用户账号发送有关信息的；

3. 向群组成员数累计达到三千以上的通讯群组发送有关信息的；

4. 利用关注人员账号数累计达到三万以上的社交网络传播有关信息的；

（五）违法所得一万元以上的；

（六）二年内曾因非法利用信息网络、帮助信息网络犯罪活动、危害计算机信息系统安全受过行政处罚，又非法利用信息网络的；

（七）其他情节严重的情形。

第十四条 单位实施本解释规定的犯罪的，依照本解释规定的相应自然人犯罪的定罪量刑标准，对直接负责的主管人员和其他直接责任人员定罪处罚，并对单位判处罚金。

第十五条 综合考虑社会危害程度、认罪悔罪态度等情节，认为犯罪情节轻微的，可以不起诉或者免予刑事处罚；情节显著轻微危害不大的，不以犯罪论处。

第十六条 多次拒不履行信息网络安全管理义务、非法利用信息网络、帮助信息网络犯罪活动构成犯罪，依法应当追诉的，或者二年内多次实施前述行为未经处理的，数量或者数额累计计算。

第十七条　对于实施本解释规定的犯罪被判处刑罚的，可以根据犯罪情况和预防再犯罪的需要，依法宣告职业禁止；被判处管制、宣告缓刑的，可以根据犯罪情况，依法宣告禁止令。

第十八条　对于实施本解释规定的犯罪的，应当综合考虑犯罪的危害程度、违法所得数额以及被告人的前科情况、认罪悔罪态度等，依法判处罚金。

《办理跨境赌博犯罪案件若干问题的意见》

四、关于跨境赌博关联犯罪的认定

……

（五）为赌博犯罪提供资金、信用卡、资金结算等服务，构成赌博犯罪共犯，同时构成非法经营罪、妨害信用卡管理罪、窃取、收买、非法提供信用卡信息罪、掩饰、隐瞒犯罪所得、犯罪收益罪等罪的，依照处罚较重的规定定罪处罚。

为网络赌博犯罪提供互联网接入、服务器托管、网络存储、通讯传输等技术支持，或者提供广告推广、支付结算等帮助，构成赌博犯罪共犯，同时构成非法利用信息网络罪、帮助信息网络犯罪活动罪等罪的，依照处罚较重的规定定罪处罚。

为实施赌博犯罪，非法获取公民个人信息，或者向实施赌博犯罪者出售、提供公民个人信息，构成赌博犯罪共犯，同时构成侵犯公民个人信息罪的，依照处罚较重的规定定罪处罚。

◎ 部门规章

《中国公用计算机互联网国际联网管理办法》

第十条　任何组织或个人，不得利用计算机国际联网从事危害国家安全、泄露国家秘密等犯罪活动；不得利用计算机国际联网查阅、复制、制造和传播危害国家安全、妨碍社会治安和淫秽色情的信息；发现上述违法犯罪行为和有害信息，应及时向有关主管机关报告。

第十一条　任何组织或个人，不得利用计算机国际联网从事危害他人信息系统和网络安全、侵犯他人合法权益的活动。

《通信短信息服务管理规定》

第十六条　短信息服务提供者、短信息内容提供者不得制作、复制、发布和传播含有《中华人民共和国电信条例》等法律法规规定的禁止性内容的短信息。

《互联网视听节目服务管理规定》

第十六条　互联网视听节目服务单位提供的、网络运营单位接入的视听节目应当符合法律、行政法规、部门规章的规定。已播出的视听节目应至少完整保留 60 日。视听节目不得含有以下内容：

（一）反对宪法确定的基本原则的；

（二）危害国家统一、主权和领土完整的；

（三）泄露国家秘密、危害国家安全或者损害国家荣誉和利益的；

（四）煽动民族仇恨、民族歧视，破坏民族团结，或者侵害民族风俗、习惯的；

（五）宣扬邪教、迷信的；

（六）扰乱社会秩序，破坏社会稳定的；

（七）诱导未成年人违法犯罪和渲染暴力、色情、赌博、恐怖活动的；

（八）侮辱或者诽谤他人，侵害公民个人隐私等他人合法权益的；

（九）危害社会公德，损害民族优秀文化传统的；

（十）有关法律、行政法规和国家规定禁止的其他内容。

《网络出版服务管理规定》

第二十四条 网络出版物不得含有以下内容：

（一）反对宪法确定的基本原则的；

（二）危害国家统一、主权和领土完整的；

（三）泄露国家秘密、危害国家安全或者损害国家荣誉和利益的；

（四）煽动民族仇恨、民族歧视，破坏民族团结，或者侵害民族风俗、习惯的；

（五）宣扬邪教、迷信的；

（六）散布谣言，扰乱社会秩序，破坏社会稳定的；

（七）宣扬淫秽、色情、赌博、暴力或者教唆犯罪的；

（八）侮辱或者诽谤他人，侵害他人合法权益的；

（九）危害社会公德或者民族优秀文化传统的；

（十）有法律、行政法规和国家规定禁止的其他内容。

第二十五条 为保护未成年人合法权益，网络出版物不得含有诱发未成年人模仿违反社会公德和违法犯罪行为的内容，不得含有恐怖、残酷等妨害未成年人身心健康的内容，不得含有披露未成年人个人隐私的内容。

第五十二条 出版、传播含有本规定第二十四条、第二十五条禁止内容的网络出版物的，根据《出版管理条例》第六十二条、《互联网信息服务管理办法》第二十条的规定，由出版行政主管部门责令删除相关内容并限期改正，没收违法所得，违法经营额 1 万元以上的，并处违法经营额 5 倍以上 10 倍以下罚款；违法经营额不足 1 万元的，可以处 5 万元以下罚款；情节严重的，责令限期停业整顿或者由国家新闻出版广电总局吊销《网络出版服务许可证》，由电信主管部门依据出版行政主管部门的通知吊销其电信业务经营许可或者责令关闭网站；构成犯罪的，依法追究刑事责任。

为从事本条第一款行为的网络出版服务单位提供人工干预搜索排名、广告、推广等相关服务的，由出版行政主管部门责令其停止提供相关服务。

《互联网新闻信息服务管理规定》

第十六条　互联网新闻信息服务提供者和用户不得制作、复制、发布、传播法律、行政法规禁止的信息内容。

互联网新闻信息服务提供者提供服务过程中发现含有违反本规定第三条或前款规定内容的，应当依法立即停止传输该信息、采取消除等处置措施，保存有关记录，并向有关主管部门报告。

《互联网域名管理办法》

第二十八条　任何组织或者个人注册、使用的域名中，不得含有下列内容：

（一）反对宪法所确定的基本原则的；

（二）危害国家安全，泄露国家秘密，颠覆国家政权，破坏国家统一的；

（三）损害国家荣誉和利益的；

（四）煽动民族仇恨、民族歧视，破坏民族团结的；

（五）破坏国家宗教政策，宣扬邪教和封建迷信的；

（六）散布谣言，扰乱社会秩序，破坏社会稳定的；

（七）散布淫秽、色情、赌博、暴力、凶杀、恐怖或者教唆犯罪的；

（八）侮辱或者诽谤他人，侵害他人合法权益的；

（九）含有法律、行政法规禁止的其他内容的。

域名注册管理机构、域名注册服务机构不得为含有前款所列内容的域名提供服务。

第五十四条　任何组织或者个人违反本办法第二十八条第一款规定注册、使用域名，构成犯罪的，依法追究刑事责任；尚不构成犯罪的，由有关部门依法予以处罚。

《互联网药品信息服务管理办法》

第九条　提供互联网药品信息服务网站所登载的药品信息必须科学、准确，必须符合国家的法律、法规和国家有关药品、医疗器械管理的相关规定。

提供互联网药品信息服务的网站不得发布麻醉药品、精神药品、医疗用毒性药品、放射性药品、戒毒药品和医疗机构制剂的产品信息。

第二十四条　互联网药品信息服务提供者违反本办法，有下列情形之一的，由国家食品药品监督管理总局或者省、自治区、直辖市食品药品监督管理部门给予警告，责令限期改正；情节严重的，对提供非经营性互联网药品信息服务的网站处以1000元以下罚款，对提供经营性互联网药品信息服务的网站处以1万元以上3万元以下罚款；构成犯罪的，移送司法部门追究刑事责任：

（一）已经获得《互联网药品信息服务资格证书》，但提供的药品信息直接撮合药品网上交易的；

（二）已经获得《互联网药品信息服务资格证书》，但超出审核同意的范围提供互联网药品信息服务的；

（三）提供不真实互联网药品信息服务并造成不良社会影响的；

（四）擅自变更互联网药品信息服务项目的。

《互联网文化管理暂行规定》

第十六条 互联网文化单位不得提供载有以下内容的文化产品：

（一）反对宪法确定的基本原则的；

（二）危害国家统一、主权和领土完整的；

（三）泄露国家秘密、危害国家安全或者损害国家荣誉和利益的；

（四）煽动民族仇恨、民族歧视，破坏民族团结，或者侵害民族风俗、习惯的；

（五）宣扬邪教、迷信的；

（六）散布谣言，扰乱社会秩序，破坏社会稳定的；

（七）宣扬淫秽、赌博、暴力或者教唆犯罪的；

（八）侮辱或者诽谤他人，侵害他人合法权益的；

（九）危害社会公德或者民族优秀文化传统的；

（十）有法律、行政法规和国家规定禁止的其他内容的。

第二十八条 经营性互联网文化单位提供含有本规定第十六条禁止内容的互联网文化产品，或者提供未经文化部批准进口的互联网文化产品的，由县级以上人民政府文化行政部门或者文化市场综合执法机构责令停止提供，没收违法所得，并处10000元以上30000元以下罚款；情节严重的，责令停业整顿直至吊销《网络文化经营许可证》；构成犯罪的，依法追究刑事责任。

非经营性互联网文化单位，提供含有本规定第十六条禁止内容的互联网文化产品，或者提供未经文化部批准进口的互联网文化产品的，由县级以上人民政府文化行政部门或者文化市场综合执法机构责令停止提供，处1000元以下罚款；构成犯罪的，依法追究刑事责任。

《区块链信息服务管理规定》

第十条 区块链信息服务提供者和使用者不得利用区块链信息服务从事危害国家安全、扰乱社会秩序、侵犯他人合法权益等法律、行政法规禁止的活动，不得利用区块链信息服务制作、复制、发布、传播法律、行政法规禁止的信息内容。

第二十一条　区块链信息服务提供者违反本规定第十条的规定，制作、复制、发布、传播法律、行政法规禁止的信息内容的，由国家和省、自治区、直辖市互联网信息办公室依据职责给予警告，责令限期改正，改正前应当暂停相关业务；拒不改正或者情节严重的，并处二万元以上三万元以下罚款；构成犯罪的，依法追究刑事责任。

区块链信息服务使用者违反本规定第十条的规定，制作、复制、发布、传播法律、行政法规禁止的信息内容的，由国家和省、自治区、直辖市互联网信息办公室依照有关法律、行政法规的规定予以处理。

《网络交易监督管理办法》

第十一条　网络交易经营者销售的商品或者提供的服务应当符合保障人身、财产安全的要求和环境保护要求，不得销售或者提供法律、行政法规禁止交易，损害国家利益和社会公共利益，违背公序良俗的商品或者服务。

《药品网络销售监督管理办法》

第八条　药品网络销售企业应当按照经过批准的经营方式和经营范围经营。药品网络销售企业为药品上市许可持有人的，仅能销售其取得药品注册证书的药品。未取得药品零售资质的，不得向个人销售药品。

疫苗、血液制品、麻醉药品、精神药品、医疗用毒性药品、放射性药品、药品类易制毒化学品等国家实行特殊管理的药品不得在网络上销售，具体目录由国家药品监督管理局组织制定。

药品网络零售企业不得违反规定以买药品赠药品、买商品赠药品等方式向个人赠送处方药、甲类非处方药。

第三十三条　违反本办法第八条第二款的规定，通过网络销售国家实行特殊管理的药品，法律、行政法规已有规定的，依照法律、行政法规的规定处罚。法律、行政法规未作规定的，责令限期改正，处 5 万元以上 10 万元以下罚款；造成危害后果的，处 10 万元以上 20 万元以下罚款。

《互联网信息服务深度合成管理规定》

第六条　任何组织和个人不得利用深度合成服务制作、复制、发布、传播法律、行政法规禁止的信息，不得利用深度合成服务从事危害国家安全和利益、损害国家形象、侵害社会公共利益、扰乱经济和社会秩序、侵犯他人合法权益等法律、行政法规禁止的活动。

深度合成服务提供者和使用者不得利用深度合成服务制作、复制、发布、传播虚假新闻信息。转载基于深度合成服务制作发布的新闻信息的，应当依法转载互联网新闻信息稿源单位发布的新闻信息。

《网络预约出租汽车经营服务管理暂行办法》

第二十七条 网约车平台公司应当遵守国家网络和信息安全有关规定，所采集的个人信息和生成的业务数据，应当在中国内地存储和使用，保存期限不少于2年，除法律法规另有规定外，上述信息和数据不得外流。

网约车平台公司不得利用其服务平台发布法律法规禁止传播的信息，不得为企业、个人及其他团体、组织发布有害信息提供便利，并采取有效措施过滤阻断有害信息传播。发现他人利用其网络服务平台传播有害信息的，应当立即停止传输，保存有关记录，并向国家有关机关报告。

网约车平台公司应当依照法律规定，为公安机关依法开展国家安全工作，防范、调查违法犯罪活动提供必要的技术支持与协助。

第三十七条 网约车平台公司违反本规定第十、十八、二十六、二十七条有关规定的，由网信部门、公安机关和通信主管部门按各自职责依照相关法律法规规定给予处罚；给信息主体造成损失的，依法承担民事责任；涉嫌犯罪的，依法追究刑事责任。

网约车平台公司及网约车驾驶员违法使用或者泄露约车人、乘客个人信息的，由公安、网信等部门依照各自职责处以2000元以上10000元以下罚款；给信息主体造成损失的，依法承担民事责任；涉嫌犯罪的，依法追究刑事责任。

网约车平台公司拒不履行或者拒不按要求为公安机关依法开展国家安全工作，防范、调查违法犯罪活动提供技术支持与协助的，由公安机关依法予以处罚；构成犯罪的，依法追究刑事责任。

《互联网广告管理办法》

第六条 法律、行政法规规定禁止生产、销售的产品或者提供的服务，以及禁止发布广告的商品或者服务，任何单位或者个人不得利用互联网设计、制作、代理、发布广告。

禁止利用互联网发布烟草（含电子烟）广告。

禁止利用互联网发布处方药广告，法律、行政法规另有规定的，依照其规定。

◎ 部门规范性文件

《关于互联网站从事登载新闻业务管理暂行规定》

第十三条 互联网站登载的新闻不得含有下列内容：

（一）违反宪法所确定的基本原则；

（二）危害国家安全，泄露国家秘密，煽动颠覆国家政权，破坏国家统一；

（三）损害国家的荣誉和利益；

（四）煽动民族仇恨、民族歧视，破坏民族团结；

（五）破坏国家宗教政策，宣扬邪教，宣扬封建迷信；

（六）散布谣言，编造和传播假新闻，扰乱社会秩序，破坏社会稳定；

（七）散布淫秽、色情、赌博、暴力、恐怖或者教唆犯罪；

（八）侮辱或者诽谤他人，侵害他人合法权益；

（九）法律、法规禁止的其他内容。

第十六条　互联网站登载的新闻含有本规定第十三条所列内容之一，构成犯罪的，依法追究刑事责任；尚不构成犯罪的，由公安机关或者国家安全机关依照有关法律、行政法规的规定给予行政处罚。

《互联网用户账号名称管理规定》

第六条　任何机构或个人注册和使用的互联网用户账号名称，不得有下列情形：

（一）违反宪法或法律法规规定的；

（二）危害国家安全，泄露国家秘密，颠覆国家政权，破坏国家统一的；

（三）损害国家荣誉和利益的，损害公共利益的；

（四）煽动民族仇恨、民族歧视，破坏民族团结的；

（五）破坏国家宗教政策，宣扬邪教和封建迷信的；

（六）散布谣言，扰乱社会秩序，破坏社会稳定的；

（七）散布淫秽、色情、赌博、暴力、凶杀、恐怖或者教唆犯罪的；

（八）侮辱或者诽谤他人，侵害他人合法权益的；

（九）含有法律、行政法规禁止的其他内容的。

《互联网危险物品信息发布管理规定》

第六条　危险物品从业单位依法取得互联网信息服务增值电信业务经营许可或者办理非经营性互联网信息服务备案手续后，可以在本单位网站发布危险物品信息。

禁止个人在互联网上发布危险物品信息。

第十条　禁止危险物品从业单位在本单位网站以外的互联网应用服务中发布危险物品信息及建立相关链接。

危险物品从业单位发布的危险物品信息不得包含诱导非法购销危险物品行为的内容。

第十一条　禁止任何单位和个人在互联网上发布危险物品制造方法的信息。

第十四条　违反规定制作、复制、发布、传播含有危险物品内容的信息，或者故意为制作、复制、发布、传播违法违规危险物品信息提供服务的，依法给予停止联网、停机整顿、吊销许可证或者取消备案、暂时关闭网站直至关闭网站等处罚；构成违反治安管理行为的，依法给予治安管理处罚；构成犯罪的，依法追究刑事责任。

《第三方电子商务交易平台服务规范》

6.2　进场经营合同的规范指导

平台经营者在与站内经营者订立进场经营合同时，应当依法约定双方规范经营的有关权利义务、违约责任以及纠纷解决方式。该合同应当包含下列必备条款：

（1）平台经营者与站内经营者在网络商品交易及有关服务行为中不得损害国家利益和公众利益，不得损害消费者的合法权益。

（2）站内经营者必须遵守诚实守信的基本原则，严格自律，维护国家利益，承担社会责任，公平、公正、健康有序地开展网上交易，不得利用网上交易从事违法犯罪活动。

（3）站内经营者应当注意监督用户发布的信息，依法删除违反国家规定的信息，防范和减少垃圾邮件。

（4）站内经营者应当建立市场交易纠纷调解处理的有关制度，并在提供服务网店的显著位置公布纠纷处理机构及联系方式。

《互联网直播服务管理规定》

第九条　互联网直播服务提供者以及互联网直播服务使用者不得利用互联网直播服务从事危害国家安全、破坏社会稳

定、扰乱社会秩序、侵犯他人合法权益、传播淫秽色情等法律法规禁止的活动，不得利用互联网直播服务制作、复制、发布、传播法律法规禁止的信息内容。

《网络表演经营活动管理办法》

第六条　网络表演不得含有以下内容：

（一）含有《互联网文化管理暂行规定》第十六条规定的禁止内容的；

（二）表演方式恐怖、残忍、暴力、低俗，摧残表演者身心健康的；

（三）利用人体缺陷或者以展示人体变异等方式招徕用户的；

（四）以偷拍偷录等方式，侵害他人合法权益的；

（五）以虐待动物等方式进行表演的；

（六）使用未取得文化行政部门内容审查批准文号或备案编号的网络游戏产品，进行网络游戏技法展示或解说的。

《国家网络空间安全战略》

四、战略任务

……

（五）打击网络恐怖和违法犯罪

加强网络反恐、反间谍、反窃密能力建设，严厉打击网络恐怖和网络间谍活动。

坚持综合治理、源头控制、依法防范，严厉打击网络诈骗、网络盗窃、贩

枪贩毒、侵害公民个人信息、传播淫秽色情、黑客攻击、侵犯知识产权等违法犯罪行为。

……

《互联网弹窗信息推送服务管理规定》

第五条　提供互联网弹窗信息推送服务的，应当遵守下列要求：

（一）不得推送《网络信息内容生态治理规定》规定的违法和不良信息，特别是恶意炒作娱乐八卦、绯闻隐私、奢靡炫富、审丑扮丑等违背公序良俗内容，不得以恶意翻炒为目的，关联某一话题集中推送相关旧闻；

（二）未取得互联网新闻信息服务许可的，不得弹窗推送新闻信息，弹窗推送信息涉及其他互联网信息服务，依法应当经有关主管部门审核同意或者取得相关许可的，应当经有关主管部门审核同意或者取得相关许可；

（三）弹窗推送新闻信息的，应当严格依据国家互联网信息办公室发布的《互联网新闻信息稿源单位名单》，不得超范围转载，不得歪曲、篡改标题原意和新闻信息内容，保证新闻信息来源可追溯；

（四）提升弹窗推送信息多样性，科学设定新闻信息和垂直领域内容占比，体现积极健康向上的主流价值观，不得集中推送、炒作社会热点敏感事件、恶性案件、灾难事故等，引发社会恐慌；

（五）健全弹窗信息推送内容管理规范，完善信息筛选、编辑、推送等工作流程，配备与服务规模相适应的审核力量，加强弹窗信息内容审核；

（六）保障用户权益，以服务协议等明确告知用户弹窗信息推送服务的具体形式、内容频次、取消渠道等，充分考虑用户体验，科学规划推送频次，不得对普通用户和会员用户进行不合理地差别推送，不得以任何形式干扰或者影响用户关闭弹窗，弹窗信息应当显著标明弹窗信息推送服务提供者身份；

（七）不得设置诱导用户沉迷、过度消费等违反法律法规或者违背伦理道德的算法模型；不得利用算法实施恶意屏蔽信息、过度推荐等行为；不得利用算法针对未成年人用户进行画像，向其推送可能影响其身心健康的信息；

（八）弹窗推送广告信息的，应当具有可识别性，显著标明"广告"和关闭标志，确保弹窗广告一键关闭；

（九）不得以弹窗信息推送方式呈现恶意引流跳转的第三方链接、二维码等信息，不得通过弹窗信息推送服务诱导用户点击，实施流量造假、流量劫持。

《互联网新闻信息服务单位约谈工作规定》

第四条　互联网新闻信息服务单位

有下列情形之一的，国家互联网信息办公室、地方互联网信息办公室可对其主要负责人、总编辑等进行约谈：

（一）未及时处理公民、法人和其他组织关于互联网新闻信息服务的投诉、举报情节严重的；

（二）通过采编、发布、转载、删除新闻信息等谋取不正当利益的；

（三）违反互联网用户账号名称注册、使用、管理相关规定情节严重的；

（四）未及时处置违法信息情节严重的；

（五）未及时落实监管措施情节严重的；

（六）内容管理和网络安全制度不健全、不落实的；

（七）网站日常考核中问题突出的；

（八）年检中问题突出的；

（九）其他违反相关法律法规规定需要约谈的情形。

权威案例

◎ 指导性案例

郭某记、徐某伦等人伪造货币案【最高检指导案例第 176 号】

要旨： 行为人为直接实施伪造货币人员提供专门用于伪造货币的技术或者物资的，应当认定其具有伪造货币的共同犯罪故意。通过网络积极宣传、主动为直接实施伪造货币人员提供伪造货币的关键技术、物资，或者明知他人有伪造货币意图，仍积极提供专门从事伪造货币相关技术、物资等，应当认定其在共同伪造货币犯罪中起主要作用，系主犯，对其实际参与的伪造货币犯罪总额负责。对于通过网络联络、分工负责、共同实施伪造货币犯罪案件，检察机关应当注重对伪造货币犯罪全链条依法追诉。

◎ 典型案例

梁某元非法利用信息网络、非法持有毒品、汪某贩卖毒品案【最高人民法院 2019 年十大毒品（涉毒）犯罪典型案例之五（2019 年 6 月 25 日）】

典型意义： 信息网络技术促进了经济发展，便利了社会生活，但网络自身的快速、大量传播等特点也容易被一些不法分子利用，使网络平台成为实施违法犯罪活动的场所和工具。近年来利用信息网络组织吸毒、交易毒品的案件时有发生，危害很大。为有效打击此类犯罪行为，2015 年 11 月 1 日施行的刑法修正案（九）增设了非法利用信息网络罪，2016 年 4 月 11 日实施的《最高人民法院关于审理毒品犯罪案件适用法律若干问题的解释》第十四条也规定，利用信息网络设立用于组织他人吸食、注射毒品等违法犯罪活动的网站、通讯群组，情节严重的，以非法利用信息网络罪定罪处罚。本案被告人梁某元重新架设并管理维护视频网络平台，发展平台会员人数众多（加入会员需视频吸毒验证），以虚拟房间形式组织大量吸毒人员一起视频吸毒，并间接促成线下毒品交易，已有部分会员因贩卖毒品罪被判刑，其犯罪行为属于非法利用信息网络"情节严重"。被告人汪某通过非法网络平台结识吸毒人员后进行线下毒品交易，贩卖毒品数量较大。人民法院依法对二被告人判处了刑罚。

谭某羽、张某等非法利用信息网络案【最高人民法院发布 10 起中国互联网司法典型案例之十（2019 年 12 月 4 日）】

典型意义：近年来，网络犯罪呈现出主体多元化、手段隐蔽性高、分工链条精细、作案地域分散等特点，尤其是网络诈骗犯罪经常上下游之间通过网络联络实施犯罪。本案明确行为人明知上家的"刷单广告"是从事诈骗的行为，仍以非法获利为目的，为其犯罪提供广告推广帮助，情节严重的，构成非法利用信息网络罪。本案判决细化了新类型网络犯罪的认定标准，有力打击了非法利用网络信息的犯罪活动。

"园丁丁"制贩大麻论坛系列案——利用互联网论坛实施毒品犯罪案【强化法律监督 推进毒品犯罪检察治理典型案例之一（2020 年 6 月 26 日）】

典型意义：近年来，大麻滥用和涉网络毒品犯罪均呈现上升趋势，犯罪手段多样、隐蔽性强，查证难度大。本案中，检察机关积极引导侦查取证，拓展办案思路，精准指控，不仅严厉打击利用网络实施的贩卖毒品犯罪，还严厉打击利用互联

网发布涉毒信息的犯罪行为，实现全链条打击，使犯罪分子受到依法惩处。同时，检察机关还延伸司法办案效果，积极参与网络生态治理，推进源头防控和治理。

孙某贩卖毒品、强奸、传授犯罪方法，巫某文贩卖毒品、对非国家工作人员行贿案【惩治麻醉药品、精神药品失管涉毒犯罪典型案例之一（2023 年 6 月 19 日）】

典型意义：检察机关办理涉麻醉药品、精神药品犯罪案件，要坚持依法提前介入，引导侦查机关依法全面收集、固定证据，特别是督促侦查机关按照法定程序及时完整提取电子数据，完善证据体系。应当强化电子数据审查，结合其他在案证据，证明被告人贩卖麻醉药品、精神药品的主观明知和客观行为，依法准确认定毒品犯罪性质。对于明知购买国家规定管制的麻醉药品、精神药品并非用于医疗等目的，而向用于非法用途的人员进行贩卖的，依法应当认定为贩卖毒品罪。检察机关要充分发挥法律监督职能，着重审查是否存在上下游犯罪及共同犯罪、能否独立评价，深挖相关犯罪线索，及时追诉漏罪漏犯，依法加强对毒品犯罪的全链条打击。

张某川走私、运输毒品案——犯罪集团首要分子组织、指挥数十人走私、运输毒品，罪行极其严重【依法严惩毒品犯罪和涉毒次生犯罪典型案例之一（2023 年 6 月 26 日）】

典型意义：走私毒品属于源头性毒品

犯罪，人民法院在审理此类案件时始终严格贯彻从严惩处的政策要求，并将走私毒品犯罪集团中的首要分子、骨干成员作为严惩重点，对于其中符合判处死刑条件的，坚决依法判处。本案是一起典型的犯罪集团将大量毒品走私入境的跨国毒品犯罪案件。该案参与人员众多，涉案毒品数量巨大，仅查获在案的甲基苯丙胺片剂就达数万克、甲基苯丙胺和海洛因均达数千克。以被告人张某川为首要分子的毒品犯罪集团盘踞在境外，以高额回报为诱饵，通过网络招募人员，组织、指挥数十人将大量、多种毒品走私入境后运往全国多个省份。虽然张某川具有坦白、一般立功情节，但根据其犯罪性质、具体情节、危害后果、毒品数量及主观恶性、人身危险性，结合立功的类型、价值大小等因素综合考量，其功不足以抵罪，故依法不予从宽。人民法院对张某川判处死刑，体现了对走私毒品犯罪集团首要分子的严厉惩治，充分发挥了刑罚的威慑作用。同时，提醒社会公众特别是年轻人群体，不要为挣"快钱""大钱"铤而走险，应通过正规招聘渠道求职，自觉增强防范意识。

第二百八十七条之二【帮助信息网络犯罪活动罪】

明知他人利用信息网络实施犯罪，为其犯罪提供互联网接入、服务器托管、网络存储、通讯传输等技术支持，或者提供广告推广、支付结算等帮助，情节严重的，处三年以下有期徒刑或者拘役，并处或者单处罚金。

单位犯前款罪的，对单位判处罚金，并对其直接负责的主管人员和其他直接责任人员，依照第一款的规定处罚。

有前两款行为，同时构成其他犯罪的，依照处罚较重的规定定罪处罚。

关联法规

◎ **法律**

《网络安全法》

第二十七条　任何个人和组织不得从事非法侵入他人网络、干扰他人网络正常功能、窃取网络数据等危害网络安全的活动；不得提供专门用于从事侵入网络、干扰网络正常功能及防护措施、窃取网络数据等危害网络安全活动的程序、工具；明知他人从事危害网络安全的活动的，不得为其提供技术支持、广告推广、支付结算等帮助。

《反电信网络诈骗法》

第十四条　任何单位和个人不得非法制造、买卖、提供或者使用下列设备、软件：

（一）电话卡批量插入设备；

（二）具有改变主叫号码、虚拟拨号、互联网电话违规接入公用电信网络等功能的设备、软件；

（三）批量账号、网络地址自动切换系统，批量接收提供短信验证、语音验证的平台；

（四）其他用于实施电信网络诈骗等违法犯罪的设备、软件。

电信业务经营者、互联网服务提供者应当采取技术措施，及时识别、阻断前款规定的非法设备、软件接入网络，并向公安机关和相关行业主管部门报告。

第二十五条　任何单位和个人不得为他人实施电信网络诈骗活动提供下列支持或者帮助：

（一）出售、提供个人信息；

（二）帮助他人通过虚拟货币交易等方式洗钱；

（三）其他为电信网络诈骗活动提供支持或者帮助的行为。

电信业务经营者、互联网服务提供者应当依照国家有关规定，履行合理注意义务，对利用下列业务从事涉诈支持、帮助活动进行监测识别和处置：

（一）提供互联网接入、服务器托管、网络存储、通讯传输、线路出租、域名解析等网络资源服务；

（二）提供信息发布或者搜索、广告推广、引流推广等网络推广服务；

（三）提供应用程序、网站等网络技术、产品的制作、维护服务；

（四）提供支付结算服务。

第三十一条　任何单位和个人不得非法买卖、出租、出借电话卡、物联网卡、电信线路、短信端口、银行账户、支付账户、互联网账号等，不得提供实名核验帮助；不得假冒他人身份或者虚构代理关系开立上述卡、账户、账号等。

对经设区的市级以上公安机关认定的实施前款行为的单位、个人和相关组织者，以及因从事电信网络诈骗活动或者关联犯罪受过刑事处罚的人员，可以按照国家有关规定记入信用记录，采取限制其有关卡、账户、账号等功能和停止非柜面业务、暂停新业务、限制入网等措施。对上述认定和措施有异议的，可以提出申诉，有关部门应当建立健全申诉渠道、信用修复和救济制度。具体办法由国务院公安部门会同有关主管部门规定。

◎ **司法解释**

《关于办理电信网络诈骗等刑事案件适用法律若干问题的意见》

三、全面惩处关联犯罪

……

（七）实施刑法第二百八十七条之一、第二百八十七条之二规定之行为，构成非法利用信息网络罪、帮助信息网络犯罪活动罪，同时构成诈骗罪的，依照处罚较重的规定定罪处罚。

……

《关于办理扰乱无线电通讯管理秩序等刑事案件适用法律的解释》

第六条　擅自设置、使用无线电台（站），或者擅自使用无线电频率，同时构成其他犯罪的，按照处罚较重的规定定罪处罚。

明知他人实施诈骗等犯罪，使用"黑广播""伪基站"等无线电设备为其发送信息或者提供其他帮助，同时构成其他犯罪的，按照处罚较重的规定定罪处罚。

《关于审理毒品犯罪案件适用法律的解释》

第十四条　利用信息网络，设立用于实施传授制造毒品、非法生产制毒物品的方法，贩卖毒品，非法买卖制毒物品或者组织他人吸食、注射毒品等违法犯罪活动的网站、通讯群组，或者发布实施前述违法犯罪活动的信息，情节严重的，应当依照刑法第二百八十七条之一的规定，以非法利用信息网络罪定罪处罚。

实施刑法第二百八十七条之一、第二百八十七条之二规定的行为，同时构成贩卖毒品罪、非法买卖制毒物品罪、传授犯罪方法罪等犯罪的，依照处罚较重的规定定罪处罚。

《关于办理非法利用信息网络、帮助信息网络犯罪活动等刑事案件适用法律若干问题的解释》

第十一条　为他人实施犯罪提供技术支持或者帮助，具有下列情形之一的，可以认定行为人明知他人利用信息网络实施犯罪，但是有相反证据的除外：

（一）经监管部门告知后仍然实施有关行为的；

（二）接到举报后不履行法定管理职责的；

（三）交易价格或者方式明显异常的；

（四）提供专门用于违法犯罪的程序、工具或者其他技术支持、帮助的；

（五）频繁采用隐蔽上网、加密通信、销毁数据等措施或者使用虚假身份，逃避监管或者规避调查的；

（六）为他人逃避监管或者规避调查提供技术支持、帮助的；

（七）其他足以认定行为人明知的情形。

第十二条　明知他人利用信息网络实施犯罪，为其犯罪提供帮助，具有下列情形之一的，应当认定为刑法第二百八十七条之二第一款规定的"情节严重"：

（一）为三个以上对象提供帮助的；

（二）支付结算金额二十万元以上的；

（三）以投放广告等方式提供资金五万元以上的；

（四）违法所得一万元以上的；

（五）二年内曾因非法利用信息网络、帮助信息网络犯罪活动、危害计算机信息系统安全受过行政处罚，又帮助信息网络犯罪活动的；

（六）被帮助对象实施的犯罪造成严重后果的；

（七）其他情节严重的情形。

实施前款规定的行为，确因客观条件限制无法查证被帮助对象是否达到犯罪的程度，但相关数额总计达到前款第二项至第四项规定标准五倍以上，或者造成特别严重后果的，应当以帮助信息网络犯罪活动罪追究行为人的刑事责任。

第十三条　被帮助对象实施的犯罪行为可以确认，但尚未到案、尚未依法裁判或者因未达到刑事责任年龄等原因依法未予追究刑事责任的，不影响帮助信息网络犯罪活动罪的认定。

第十四条　单位实施本解释规定的犯罪的，依照本解释规定的相应自然人犯罪的定罪量刑标准，对直接负责的主管人员和其他直接责任人员定罪处罚，并对单位判处罚金。

第十五条　综合考虑社会危害程度、认罪悔罪态度等情节，认为犯罪情节轻微的，可以不起诉或者免予刑事处罚；情节显著轻微危害不大的，不以犯罪论处。

第十六条　多次拒不履行信息网络安全管理义务、非法利用信息网络、帮助信息网络犯罪活动构成犯罪，依法应当追诉的，或者二年内多次实施前述行为未经处理的，数量或者数额累计计算。

第十七条　对于实施本解释规定的犯罪被判处刑罚的，可以根据犯罪情况和预防再犯罪的需要，依法宣告职业禁止；被判处管制、宣告缓刑的，可以根据犯罪情况，依法宣告禁止令。

第十八条　对于实施本解释规定的犯罪的，应当综合考虑犯罪的危害程度、违法所得数额以及被告人的前科情况、认罪悔罪态度等，依法判处罚金。

《办理跨境赌博犯罪案件若干问题的意见》

四、关于跨境赌博关联犯罪的认定

……

（五）为赌博犯罪提供资金、信用卡、资金结算等服务，构成赌博犯罪共犯，同时构成非法经营罪、妨害信用卡管理罪、窃取、收买、非法提供信用卡信息罪、掩饰、隐瞒犯罪所得、犯罪收益罪等罪的，依照处罚较重的规定定罪处罚。

为网络赌博犯罪提供互联网接入、服务器托管、网络存储、通讯传输等技术支持，或者提供广告推广、支付结算等帮助，构成赌博罪共犯，同时构成非法利用信息网络罪、帮助信息网络犯罪活动罪等罪的，依照处罚较重的规定定罪处罚。

为实施赌博犯罪，非法获取公民个人信息，或者向实施赌博犯罪者出售、提供公民个人信息，构成赌博罪共犯，同时构成侵犯公民个人信息罪的，依照处罚较重的规定定罪处罚。

《关于办理电信网络诈骗等刑事案件适用法律的意见（二）》

七、为他人利用信息网络实施犯罪而实施下列行为，可以认定为刑法第二百八十七条之二规定的"帮助"行为：

（一）收购、出售、出租信用卡、银行账户、非银行支付账户、具有支付结算功能的互联网账号密码、网络支付接口、网上银行数字证书的；

（二）收购、出售、出租他人手机卡、流量卡、物联网卡的。

八、认定刑法第二百八十七条之二规定的行为人明知他人利用信息网络实施犯罪，应当根据行为人收购、出售、出租前述第七条规定的信用卡、银行账户、非银行支付账户、具有支付结算功能的互联网账号密码、网络支付接口、网上银行数字证书，或者他人手机卡、流量卡、物联网卡等的次数、张数、个数，并结合行为人的认知能力、既往经历、交易对象、与实施信息网络犯罪的行为人的关系、提供技术支持或者帮助的时间和方式、获利情况以及行为人的供述等主客观因素，予以综合认定。

收购、出售、出租单位银行结算账户、非银行支付机构单位支付账户，或者电信、银行、网络支付等行业从业人员利用履行职责或提供服务便利，非法开办并出售、出租他人手机卡、信用卡、银行账户、非银行支付账户等的，可以认定为《最高人民法院、最高人民检察院关于办理非法利用信息网络、帮助信息网络犯罪活动等刑事案件适用法律若干问题的解释》第十一条第（七）项规定的"其他足以认定行为人明知的情形"。但有相反证据的除外。

九、明知他人利用信息网络实施犯罪，为其犯罪提供下列帮助之一的，可以认定为《最高人民法院、最高人民检察院关于办理非法利用信息网络、帮助信息网络犯罪活动等刑事案件适用法律若干问题的解释》第十二条第一款第（七）项规定的"其他情节严重的情形"：

（一）收购、出售、出租信用卡、银行账户、非银行支付账户、具有支付结算功能的互联网账号密码、网络支付接口、网上银行数字证书5张（个）以

上的；

（二）收购、出售、出租他人手机卡、流量卡、物联网卡20张以上的。

十、电商平台预付卡、虚拟货币、手机充值卡、游戏点卡、游戏装备等经销商，在公安机关调查案件过程中，被明确告知其交易对象涉嫌电信网络诈骗犯罪，仍与其继续交易，符合刑法第二百八十七条之二规定的，以帮助信息网络犯罪活动罪追究刑事责任。同时构成其他犯罪的，依照处罚较重的规定定罪处罚。

《关于"断卡"行动中有关法律适用问题的会议纪要》

一、关于帮助信息网络犯罪活动罪中"明知他人利用信息网络实施犯罪"的理解适用。认定行为人是否"明知"他人利用信息网络实施犯罪，应当坚持主客观相一致原则，即要结合行为人的认知能力、既往经历、交易对象、与信息网络犯罪行为人的关系、提供技术支持或者帮助的时间和方式、获利情况、出租、出售"两卡"的次数、张数、个数，以及行为人的供述等主客观因素，同时注重听取行为人的辩解并根据其辩解合理与否，予以综合认定。司法办案中既要防止片面倚重行为人的供述认定明知；也要避免简单客观归罪，仅以行为人有出售"两卡"行为就直接认定明知。特别是对于交易双方存在亲友关系等信赖基础、一方确系偶尔向另一方出租、出售"两卡"的，要根据在案事实证据，审慎认定"明知"。

在办案过程中，可着重审查行为人是否具有以下特征及表现，综合全案证据，对其构成"明知"与否作出判断：（1）跨省或多人结伙批量办理、收购、贩卖"两卡"的；（2）出租、出售"两卡"后，收到公安机关、银行业金融机构、非银行支付机构、电信服务提供者等相关单位部门的口头或书面通知，告知其所出租、出售的"两卡"涉嫌诈骗、洗钱等违法犯罪，行为人未采取补救措施，反而继续出租、出售的；（3）出租、出售的"两卡"因涉嫌诈骗、洗钱等违法犯罪被冻结，又帮助解冻，或者注销旧卡、办理新卡，继续出租、出售的；（4）出租、出售的具有支付结算功能的网络账号因涉嫌诈骗、洗钱等违法犯罪被查封，又帮助解封，继续提供给他人使用的；（5）频繁使用隐蔽上网、加密通信、销毁数据等措施或者使用虚假身份，逃避监管或者规避调查的；（6）事先串通设计应对调查的话术口径的；（7）曾因非法交易"两卡"受过处罚或者信用惩戒、训诫谈话，又收购、出售、出租"两卡"的等。

二、关于《最高人民法院、最高人民检察院关于办理非法利用信息网络、帮助信息网络犯罪活动等刑事案件适用法律若干问题的解释》（以下简称"《解释》"）第十二条第一款第（一）项的理解适用。该项所规定的"为三个以上对象提供帮助"，应理解为分别为三个以上行为人或团伙组织提供帮助，且被帮助的行为人或团伙组织实施的行为均达到犯罪程度。为同一对象提供三次以上帮助的，不宜理解为"为三个以上对象提供帮助"。

三、关于《解释》第十二条第一款第（四）项的理解适用。该项所规定"违法所得一万元"中的"违法所得"，应理解为行为人为他人实施信息网络犯罪提供帮助，由此所获得的所有违法款项或非法收入。行为人收卡等"成本"费用无须专门扣除。

四、关于《关于深入推进"断卡"行动有关问题的会议纪要》（以下简称"《2020年会议纪要》"）中列举的符合《解释》第十二条规定的"情节严重"情形的理解适用。《2020年会议纪要》第五条规定，出租、出售的信用卡被用于实施电信网络诈骗，达到犯罪程度，该信用卡内流水金额超过三十万元的，按照符合《解释》第十二条规定的"情节严重"处理。在适用时应把握单向流入涉案信用卡中的资金超过三十万元，且其中至少三千元经查证系涉诈骗资金。行为人能够说明资金合法来源和性质的，应当予以扣除。以上述情形认

定行为"情节严重"的，要注重审查行为人的主观明知程度、出租、出售信用卡的张数、次数、非法获利的数额以及造成的其他严重后果，综合考虑与《解释》第十二条第一款其他项适用的相当性。

行为人出租、出售的信用卡被用于接收电信网络诈骗资金，但行为人未实施代为转账、套现、取现等行为，或者未实施为配合他人转账、套现、取现而提供刷脸等验证服务的，不宜认定为《解释》第十二条第一款第（二）项规定的"支付结算"行为。

五、关于正确区分帮助信息网络犯罪活动罪、掩饰、隐瞒犯罪所得、犯罪所得收益罪与诈骗罪的界限。在办理涉"两卡"犯罪案件中，存在准确界定前述三个罪名之间界限的问题。应当根据行为人的主观明知内容和实施的具体犯罪行为，确定其行为性质。以信用卡为例：（1）明知他人实施电信网络诈骗犯罪，参加诈骗团伙或者与诈骗团伙之间形成较为稳定的配合关系，长期为他人提供信用卡或者转账取现的，可以诈骗罪论处。（2）行为人向他人出租、出售信用卡后，在明知是犯罪所得及其收益的情况下，又代为转账、套现、取现等，或者为配合他人转账、套现、取现而提供刷脸等验证服务的，可以掩饰、隐瞒犯罪所得、犯罪所得收益罪论处。

（3）明知他人利用信息网络实施犯罪，仅向他人出租、出售信用卡，未实施其他行为，达到情节严重标准的，可以帮助信息网络犯罪活动罪论处。

在司法实践中，应当具体案情具体分析，结合主客观证据，重视行为人的辩解理由，确保准确定性。

八、关于收购、出售、出租信用卡"四件套"行为的处理。行为人收购、出售、出租信用卡"四件套"（一般包括信用卡，身份信息，U盾，网银），数量较大的，可能同时构成帮助信息网络犯罪活动罪、妨害信用卡管理罪等。"断卡"行动中破获的此类案件，行为人收购、出售、出租的信用卡"四件套"，主要流向电信网络诈骗犯罪团伙或人员手中，用于非法接收、转移诈骗资金，一般以帮助信息网络犯罪活动罪论处。对于涉案信用卡"四件套"数量巨大，同时符合妨害信用卡管理罪构成要件的，择一重罪论处。

九、关于重大电信网络诈骗及其关联犯罪案件的管辖。对于涉案人数超过80人，以及在境外实施的电信网络诈骗及其关联犯罪案件，公安部根据工作需要指定异地管辖的，指定管辖前应当商最高人民检察院和最高人民法院。

各级人民法院、人民检察院、公安机关要充分认识到当前持续深入推进"断卡"行动的重要意义，始终坚持依

法从严惩处和全面惩处的方针，坚决严惩跨境电信网络诈骗犯罪集团和人员、贩卖"两卡"团伙头目和骨干、职业"卡商"、行业"内鬼"等。同时，还应当注重宽以济严，对于初犯、偶犯、未成年人、在校学生，特别是其中被胁迫或蒙骗出售本人名下"两卡"，违法所得、涉案数额较少且认罪认罚的，以教育、挽救为主，落实"少捕慎诉慎押"的刑事司法政策，可以依法从宽处理，确保社会效果良好。

各省级人民法院、人民检察院、公安机关要尽快传达并转发本会议纪要，不断提高办案能力，依法准确办理涉"两卡"犯罪案件，确保"断卡"行动深入健康开展。在司法实践中如遇有重大疑难问题，应及时对口上报。

◎ 部门规章

《非经营性互联网信息服务备案管理办法》

第十条　因特网接入服务业务经营者、因特网数据中心业务经营者以及以其他方式为网站提供接入服务的电信业务经营者和公益性互联网络单位（以下统称"互联网接入服务提供者"）不得在已知或应知拟从事非经营性互联网信息服务的组织或者个人的备案信息不真实的情况下，为其代为履行备案、备案变更、备案注销等手续。

《网络预约出租汽车经营服务管理暂行办法》

第二十七条　网约车平台公司应当遵守国家网络和信息安全有关规定，所采集的个人信息和生成的业务数据，应当在中国内地存储和使用，保存期限不少于2年，除法律法规另有规定外，上述信息和数据不得外流。

网约车平台公司不得利用其服务平台发布法律法规禁止传播的信息，不得为企业、个人及其他团体、组织发布有害信息提供便利，并采取有效措施过滤阻断有害信息传播。发现他人利用其网络服务平台传播有害信息的，应当立即停止传输，保存有关记录，并向国家有关机关报告。

网约车平台公司应当依照法律规定，为公安机关依法开展国家安全工作，防范、调查违法犯罪活动提供必要的技术支持与协助。

第三十条　通信主管部门和公安、网信部门应当按照各自职责，对网约车平台公司非法收集、存储、处理和利用有关个人信息、违反互联网信息服务有关规定、危害网络和信息安全、应用网约车服务平台发布有害信息或者为企业、个人及其他团体组织发布有害信息提供便利的行为，依法进行查处，并配合出租汽车行政主管部门对认定存在违法违规行为的网约车平台公司进行依法处置。

公安机关、网信部门应当按照各自职责监督检查网络安全管理制度和安全保护技术措施的落实情况，防范、查处有关违法犯罪活动。

第三十七条　网约车平台公司违反本规定第十、十八、二十六、二十七条有关规定的，由网信部门、公安机关和通信主管部门按各自职责依照相关法律法规规定给予处罚；给信息主体造成损失的，依法承担民事责任；涉嫌犯罪的，依法追究刑事责任。

网约车平台公司及网约车驾驶员违法使用或者泄露约车人、乘客个人信息的，由公安、网信等部门依照各自职责处以2000元以上10000元以下罚款；给信息主体造成损失的，依法承担民事责任；涉嫌犯罪的，依法追究刑事责任。

网约车平台公司拒不履行或者拒不按要求为公安机关依法开展国家安全工作，防范、调查违法犯罪活动提供技术支持与协助的，由公安机关依法予以处罚；构成犯罪的，依法追究刑事责任。

◎ **部门规范性文件**

《互联网危险物品信息发布管理规定》

第七条　接入服务提供者应当与危险物品从业单位签订协议或者确认提供服务，不得为未取得增值电信业务许可或者未办理非经营性互联网信息服务备案手续的危险物品从业单位提供接入服务。

接入服务提供者不得为危险物品从业单位以外的任何单位或者个人提供危险物品信息发布网站接入服务。

第十四条 违反规定制作、复制、发布、传播含有危险物品内容的信息，或者故意为制作、复制、发布、传播违法违规危险物品信息提供服务的，依法给予停止联网、停机整顿、吊销许可证或者取消备案、暂时关闭网站直至关闭网站等处罚；构成违反治安管理行为的，依法给予治安管理处罚；构成犯罪的，依法追究刑事责任。

《网络产品安全漏洞管理规定》

第四条 任何组织或者个人不得利用网络产品安全漏洞从事危害网络安全的活动，不得非法收集、出售、发布网络产品安全漏洞信息；明知他人利用网络产品安全漏洞从事危害网络安全的活动的，不得为其提供技术支持、广告推广、支付结算等帮助。

第十五条 利用网络产品安全漏洞从事危害网络安全活动，或者为他人利用网络产品安全漏洞从事危害网络安全的活动提供技术支持的，由公安机关依法处理；构成《中华人民共和国网络安全法》第六十三条规定情形的，依照该规定予以处罚；构成犯罪的，依法追究刑事责任。

权威案例

◎ 典型案例

周某奇、尤某杰帮助信息网络犯罪活动案

【充分发挥检察职能 推进网络空间治理典型案例之四（2021年1月25日）】

典型意义：（一）涉"两卡"违法犯罪问题突出，社会危害严重。当前，非法出售、出租电话卡、银行卡（简称"两卡"）问题较为突出。不少犯罪分子将收购的"两卡"作为犯罪工具，用于骗取被害人资金或转移赃款，掩盖犯罪事实，逃避司法机关追查。这种行为严重危害社会安全稳定，严重侵蚀社会诚信根基，必须从源头管控，从严打击防范，多管齐下，坚决遏制"两卡"泛滥，防止电信网络诈骗犯罪滋生蔓延。

（二）积极开展"断卡"行动，全力斩断电信网络诈骗犯罪链条。为遏制涉"两卡"类犯罪，2020年10月起，最高人民法院、最高人民检察院、公安部、工业和信息化部、中国人民银行等部门联合部署开展"断卡"行动，依法从严打击非法出售、出租"两卡"违法犯罪活动，重点打击专门从事非法收购、贩卖"两卡"活动的犯罪团伙，以及与之内外勾结的电信、银行等行业从业人员。检察机关要加强协作配合，会同相关部门，依法查办涉"两卡"违法犯罪团伙，联合整治涉"两卡"犯罪猖獗的重点地区，推动惩戒涉"两卡"违法犯罪失信人员，全力斩断"两卡"开办贩卖的黑灰产业链，坚决铲除电信网络诈骗犯罪滋生的土壤。

（三）提升法治意识，防止被犯罪分子所利用。根据相关法律法规，手机卡、银行卡仅限于本人使用，不得非法出租、出售。一旦出租、出售，轻则泄露个人信息，受到限制办卡等信用惩戒或行政处罚，重则可能涉嫌犯罪。社会公众要提高防范意识，切莫贪图小利，成为犯罪的"帮凶"。一旦发现涉"两卡"犯罪线索，应当立即向公安机关举报。若已实施非法出租、出售、购买"两卡"的违法犯罪活动，必须立即停止，主动投案自首。各电信运营商、银行应当加强营业网点管理，加强内部人员教育和监督，严格防范内外勾结、规避管控的行为发生，防止非法"两卡"流入社会。

郭某凯、刘某学、耿某雲帮助信息网络犯罪活动案【在校学生涉"两卡"犯罪典型案例之二（2021年6月23日）】

典型意义：当前，手机卡是犯罪分子实施电信网络诈骗犯罪的重要工具。随着网络实名制要求的落实，办理银行卡、注册网络账号等基本都需要绑定实名制手机卡。司法实践中，犯罪分子为逃避打击，往往非法收购他人手机卡来实施电信网络诈骗，绕过实名制监管要求，成为网络黑灰产业链条上的重要一环。对于明知他人利用信息网络实施犯罪，仍然收购、贩卖他人手机卡的"卡头""卡商"，构成犯罪的，要依法追究刑事责任。对于仅出售自己手机卡的，一般不作为犯罪处理，但需要同步进行信用惩戒，强化教育管理。

在深入推进"断卡"行动过程中，检察机关要会同相关部门综合运用好行政和刑事措施，加强行刑衔接，多管齐下，实现罚当其罪，发挥综合效应。对于涉案情节较轻不追究刑事责任的，检察机关要督促相关行政执法部门依法及时给予惩戒。既让违法者承担应有的法律责任，受到警示教育；也向社会传递依法从严惩治涉"两卡"违法犯罪、坚决遏制电信网络诈骗犯罪高发多发势头的立场，推动社会共治。

教育部门和大中专、高职院校，要加强对在校学生的关心、关怀、关爱。对于休学和因各种原因未在校学生，密切与家长、学生、实习单位的沟通，详细了解休学原因、生活近况、工作实习情况等，共同加强对学生的日常教育管理。

许某帮助信息网络犯罪活动不起诉案【在校学生涉"两卡"犯罪典型案例之四（2021年6月23日）】

典型意义：实践中，在校学生容易被贩卡团伙拉拢、利诱，成为犯罪"工具人"。这之中，有的由于不正确的消费观、价值观，为了金钱利益，非法开办、出售"两卡"；有的在寻找实习机会、社会兼职过程中，由于法治观念淡薄，被犯罪团伙所利用，步入犯罪陷阱；有的交友不慎、识人不明，在所谓"朋友""老乡"的引诱、教唆下出租、出售"两卡"。

办理涉"两卡"案件，对涉案学生要以教育、挽救、惩戒、警示为主，努力实现办案"三个效果"的有机统一。检察机关要加强与教育部门、相关学校的沟通联系，充分了解其学习情况、在校表现，是否具有帮教条件，综合评判起诉必要性。对于犯罪情节轻微，认罪态度较好的，检察机关可以依法作出不起诉决定，并会同教育部门和相关学校加强教育管理，帮助学生迷途知返、走上正途。

要坚持预防为先的理念，注重源头治理、综合治理，坚持齐抓共管、群防群治。检察机关和教育部门、相关学校要共同深入推动反电信网络诈骗和防范"两卡"违法犯罪校园宣传活动，发挥案例的教育警示作用，防止在校学生成为犯罪"工具人"。

> **第二百八十八条　【扰乱无线电通讯管理秩序罪】**
>
> 违反国家规定，擅自设置、使用无线电台（站），或者擅自使用无线电频率，干扰无线电通讯秩序，情节严重的，处三年以下有期徒刑、拘役或者管制，并处或者单处罚金；情节特别严重的，处三年以上七年以下有期徒刑，并处罚金。

> 单位犯前款罪的，对单位判处罚金，并对其直接负责的主管人员和其他直接责任人员，依照前款的规定处罚。

关联法规

◎ 法律

《反电信网络诈骗法》

第十四条　任何单位和个人不得非法制造、买卖、提供或者使用下列设备、软件：

（一）电话卡批量插入设备；

（二）具有改变主叫号码、虚拟拨号、互联网电话违规接入公用电信网络等功能的设备、软件；

（三）批量账号、网络地址自动切换系统，批量接收提供短信验证、语音验证的平台；

（四）其他用于实施电信网络诈骗等违法犯罪的设备、软件。

电信业务经营者、互联网服务提供者应当采取技术措施，及时识别、阻断前款规定的非法设备、软件接入网络，并向公安机关和相关行业主管部门报告。

◎ 司法解释

《关于审理扰乱电信市场管理秩序案件具体应用法律的解释》

第五条　违反国家规定，擅自设

置、使用无线电台（站），或者擅自占用频率，非法经营国际电信业务或者涉港澳台电信业务进行营利活动，同时构成非法经营罪和刑法第二百八十八条规定的扰乱无线电通讯管理秩序罪的，依照处罚较重的规定定罪处罚。

《关于审理危害军事通信刑事案件具体应用法律的解释》

第六条 破坏、过失损坏军事通信，并造成公用电信设施损毁，危害公共安全，同时构成刑法第一百二十四条和第三百六十九条规定的犯罪的，依照处罚较重的规定定罪处罚。

盗窃军事通信线路、设备，不构成盗窃罪，但破坏军事通信的，依照刑法第三百六十九条第一款的规定定罪处罚；同时构成刑法第一百二十四条、第二百六十四条和第三百六十九条第一款规定的犯罪的，依照处罚较重的规定定罪处罚。

违反国家规定，侵入国防建设、尖端科学技术领域的军事通信计算机信息系统，尚未对军事通信造成破坏的，依照刑法第二百八十五条的规定定罪处罚；对军事通信造成破坏，同时构成刑法第二百八十五条、第二百八十六条、第三百六十九条第一款规定的犯罪的，依照处罚较重的规定定罪处罚。

违反国家规定，擅自设置、使用无线电台、站，或者擅自占用频率，经责令停止使用后拒不停止使用，干扰无线

电通讯正常进行，构成犯罪的，依照刑法第二百八十八条的规定定罪处罚；造成军事通信中断或者严重障碍，同时构成刑法第二百八十八条、第三百六十九条第一款规定的犯罪的，依照处罚较重的规定定罪处罚。

《关于依法办理非法生产销售使用"伪基站"设备案件的意见》

一、准确认定行为性质

……

（二）非法使用"伪基站"设备干扰公用电信网络信号，危害公共安全的，依照《刑法》第一百二十四条第一款的规定，以破坏公用电信设施罪追究刑事责任；同时构成虚假广告罪、非法获取公民个人信息罪、破坏计算机信息系统罪、扰乱无线电通讯管理秩序罪的，依照处罚较重的规定追究刑事责任。

除法律、司法解释另有规定外，利用"伪基站"设备实施诈骗等其他犯罪行为，同时构成破坏公用电信设施罪的，依照处罚较重的规定追究刑事责任。

（三）明知他人实施非法生产、销售"伪基站"设备，或者非法使用"伪基站"设备干扰公用电信网络信号等犯罪，为其提供资金、场所、技术、设备等帮助的，以共同犯罪论处。

……

《关于办理电信网络诈骗等刑事案件适用法律若干问题的意见》

三、全面惩处关联犯罪

（一）在实施电信网络诈骗活动中，非法使用"伪基站""黑广播"，干扰无线电通讯秩序，符合刑法第二百八十八条规定的，以扰乱无线电通讯管理秩序罪追究刑事责任。同时构成诈骗罪的，依照处罚较重的规定定罪处罚。

……

《关于办理扰乱无线电通讯管理秩序等刑事案件适用法律若干问题的解释》

第一条　具有下列情形之一的，应当认定为刑法第二百八十八条第一款规定的"擅自设置、使用无线电台（站），或者擅自使用无线电频率，干扰无线电通讯秩序"：

（一）未经批准设置无线电广播电台（以下简称"黑广播"），非法使用广播电视专用频段的频率的；

（二）未经批准设置通信基站（以下简称"伪基站"），强行向不特定用户发送信息，非法使用公众移动通信频率的；

（三）未经批准使用卫星无线电频率的；

（四）非法设置、使用无线电干扰器的；

（五）其他擅自设置、使用无线电台（站），或者擅自使用无线电频率，

干扰无线电通讯秩序的情形。

第二条　违反国家规定，擅自设置、使用无线电台（站），或者擅自使用无线电频率，干扰无线电通讯秩序，具有下列情形之一的，应当认定为刑法第二百八十八条第一款规定的"情节严重"：

（一）影响航天器、航空器、铁路机车、船舶专用无线电导航、遇险救助和安全通信等涉及公共安全的无线电频率正常使用的；

（二）自然灾害、事故灾难、公共卫生事件、社会安全事件等突发事件期间，在事件发生地使用"黑广播""伪基站"的；

（三）举办国家或者省级重大活动期间，在活动场所及周边使用"黑广播""伪基站"的；

（四）同时使用三个以上"黑广播""伪基站"的；

（五）"黑广播"的实测发射功率五百瓦以上，或者覆盖范围十公里以上的；

（六）使用"伪基站"发送诈骗、赌博、招嫖、木马病毒、钓鱼网站链接等违法犯罪信息，数量在五千条以上，或者销毁发送数量等记录的；

（七）雇佣、指使未成年人、残疾人等特定人员使用"伪基站"的；

（八）违法所得三万元以上的；

（九）曾因扰乱无线电通讯管理秩序受过刑事处罚，或者二年内曾因扰乱无线电通讯管理秩序受过行政处罚，又实施刑法第二百八十八条规定的行为的；

（十）其他情节严重的情形。

第三条　违反国家规定，擅自设置、使用无线电台（站），或者擅自使用无线电频率，干扰无线电通讯秩序，具有下列情形之一的，应当认定为刑法第二百八十八条第一款规定的"情节特别严重"：

（一）影响航天器、航空器、铁路机车、船舶专用无线电导航、遇险救助和安全通信等涉及公共安全的无线电频率正常使用，危及公共安全的；

（二）造成公共秩序混乱等严重后果的；

（三）自然灾害、事故灾难、公共卫生事件和社会安全事件等突发事件期间，在事件发生地使用"黑广播""伪基站"，造成严重影响的；

（四）对国家或者省级重大活动造成严重影响的；

（五）同时使用十个以上"黑广播""伪基站"的；

（六）"黑广播"的实测发射功率三千瓦以上，或者覆盖范围二十公里以上的；

（七）违法所得十五万元以上的；

（八）其他情节特别严重的情形。

第五条　单位犯本解释规定之罪的，对单位判处罚金，并对直接负责的主管人员和其他直接责任人员，依照本解释规定的自然人犯罪的定罪量刑标准定罪处罚。

第六条　擅自设置、使用无线电台（站），或者擅自使用无线电频率，同时构成其他犯罪的，按照处罚较重的规定定罪处罚。

明知他人实施诈骗等犯罪，使用"黑广播""伪基站"等无线电设备为其发送信息或者提供其他帮助，同时构成其他犯罪的，按照处罚较重的规定定罪处罚。

第八条　为合法经营活动，使用"黑广播""伪基站"或者实施其他扰乱无线电通讯管理秩序的行为，构成扰乱无线电通讯管理秩序罪，但不属于"情节特别严重"，行为人系初犯，并确有悔罪表现的，可以认定为情节轻微，不起诉或者免予刑事处罚；确有必要判处刑罚的，应当从宽处罚。

第九条　对案件所涉的有关专门性问题难以确定的，依据司法鉴定机构出具的鉴定意见，或者下列机构出具的报告，结合其他证据作出认定：

（一）省级以上无线电管理机构、省级无线电管理机构依法设立的派出机构、地市级以上广播电视主管部门就是否系"伪基站""黑广播"出具的报告；

（二）省级以上广播电视主管部门及其指定的检测机构就"黑广播"功率、覆盖范围出具的报告；

（三）省级以上航空、铁路、船舶等主管部门就是否干扰导航、通信等出具的报告。

对移动终端用户受影响的情况，可以依据相关通信运营商出具的证明，结合被告人供述、终端用户证言等证据作出认定。

《关于办理组织考试作弊等刑事案件适用法律的解释》

第十条　在法律规定的国家考试以外的其他考试中，组织作弊，为他人组织作弊提供作弊器材或者其他帮助，或者非法出售、提供试题、答案，符合非法获取国家秘密罪、非法生产、销售窃听、窃照专用器材罪、非法使用窃听、窃照专用器材罪、非法利用信息网络罪、扰乱无线电通讯管理秩序罪等犯罪构成要件的，依法追究刑事责任。

第十二条　对于实施本解释规定的犯罪被判处刑罚的，可以根据犯罪情况和预防再犯罪的需要，依法宣告职业禁止；被判处管制、宣告缓刑的，可以根据犯罪情况，依法宣告禁止令。

第十三条　对于实施本解释规定的行为构成犯罪的，应当综合考虑犯罪的危害程度、违法所得数额以及被告人的前科情况、认罪悔罪态度等，依法判处罚金。

◎ 部门规范性文件

《关于加强移动智能终端进网管理的通知》

四、生产企业不得在移动智能终端中预置具有以下性质的应用软件：

（一）未向用户明示并经用户同意，擅自收集、修改用户个人信息的；

（二）未向用户明示并经用户同意，擅自调用终端通信功能，造成流量消耗、费用损失、信息泄露等不良后果的；

（三）影响移动智能终端正常功能或通信网络安全运行的；

（四）含有《中华人民共和国电信条例》禁止发布、传播的信息内容的；

（五）其他侵害用户个人信息安全和合法权益以及危害网络与信息安全的。

第二百九十一条之一　【投放虚假危险物质罪；编造、故意传播虚假恐怖信息罪；编造、故意传播虚假信息罪】

投放虚假的爆炸性、毒害性、放射性、传染病病原体等物质, 或者编造爆炸威胁、生化威胁、放射威胁等恐怖信息, 或者明知是编造的恐怖信息而故意传播, 严重扰乱社会秩序的, 处五年以下有期徒刑、拘役或者管制; 造成严重后果的, 处五年以上有期徒刑。

编造虚假的险情、疫情、灾情、警情, 在信息网络或者其他媒体上传播, 或者明知是上述虚假信息, 故意在信息网络或者其他媒体上传播, 严重扰乱社会秩序的, 处三年以下有期徒刑、拘役或者管制; 造成严重后果的, 处三年以上七年以下有期徒刑。

关联法规

◎ 法律

《网络安全法》

第十二条 国家保护公民、法人和其他组织依法使用网络的权利, 促进网络接入普及, 提升网络服务水平, 为社会提供安全、便利的网络服务, 保障网络信息依法有序自由流动。

任何个人和组织使用网络应当遵守宪法法律, 遵守公共秩序, 尊重社会公德, 不得危害网络安全, 不得利用网络从事危害国家安全、荣誉和利益, 煽动颠覆国家政权、推翻社会主义制度, 煽动分裂国家、破坏国家统一, 宣扬恐怖主义、极端主义, 宣扬民族仇恨、民族歧视, 传播暴力、淫秽色情信息, 编造、传播虚假信息扰乱经济秩序和社会秩序, 以及侵害他人名誉、隐私、知识产权和其他合法权益等活动。

第二十六条 开展网络安全认证、检测、风险评估等活动, 向社会发布系统漏洞、计算机病毒、网络攻击、网络侵入等网络安全信息, 应当遵守国家有关规定。

第七十条 发布或者传输本法第十二条第二款和其他法律、行政法规禁止发布或者传输的信息的, 依照有关法律、行政法规的规定处罚。

◎ 行政法规

《互联网信息服务管理办法》

第十五条 互联网信息服务提供者不得制作、复制、发布、传播含有下列内容的信息:

(一) 反对宪法所确定的基本原则的;

(二) 危害国家安全, 泄露国家秘密, 颠覆国家政权, 破坏国家统一的;

(三) 损害国家荣誉和利益的;

(四) 煽动民族仇恨、民族歧视, 破坏民族团结的;

(五) 破坏国家宗教政策, 宣扬邪教和封建迷信的;

（六）散布谣言，扰乱社会秩序，破坏社会稳定的；

（七）散布淫秽、色情、赌博、暴力、凶杀、恐怖或者教唆犯罪的；

（八）侮辱或者诽谤他人，侵害他人合法权益的；

（九）含有法律、行政法规禁止的其他内容的。

《电信条例》

第五十六条 任何组织或者个人不得利用电信网络制作、复制、发布、传播含有下列内容的信息：

（一）反对宪法所确定的基本原则的；

（二）危害国家安全，泄露国家秘密，颠覆国家政权，破坏国家统一的；

（三）损害国家荣誉和利益的；

（四）煽动民族仇恨、民族歧视，破坏民族团结的；

（五）破坏国家宗教政策，宣扬邪教和封建迷信的；

（六）散布谣言，扰乱社会秩序，破坏社会稳定的；

（七）散布淫秽、色情、赌博、暴力、凶杀、恐怖或者教唆犯罪的；

（八）侮辱或者诽谤他人，侵害他人合法权益的；

（九）含有法律、行政法规禁止的其他内容的。

◎ 司法解释

《关于办理妨害预防、控制突发传染病疫情等灾害的刑事案件具体应用法律的解释》

第十条第一款 编造与突发传染病疫情等灾害有关的恐怖信息，或者明知是编造的此类恐怖信息而故意传播，严重扰乱社会秩序的，依照刑法第二百九十一条之一的规定，以编造、故意传播虚假恐怖信息罪定罪处罚。

第十七条 人民法院、人民检察院办理有关妨害预防、控制突发传染病疫情等灾害的刑事案件，对于有自首、立功等悔罪表现的，依法从轻、减轻、免除处罚或者依法作出不起诉决定。

第十八条 本解释所称"突发传染病疫情等灾害"，是指突然发生，造成或者可能造成社会公众健康严重损害的重大传染病疫情、群体性不明原因疾病以及其他严重影响公众健康的灾害。

《关于审理编造、故意传播虚假恐怖信息刑事案件适用法律的解释》

第一条 编造恐怖信息，传播或者放任传播，严重扰乱社会秩序的，依照刑法第二百九十一条之一的规定，应认定为编造虚假恐怖信息罪。

明知是他人编造的恐怖信息而故意传播，严重扰乱社会秩序的，依照刑法第二百九十一条之一的规定，应认定为故意传播虚假恐怖信息罪。

《关于办理利用信息网络实施诽谤等刑事案件适用法律的解释》

第九条 利用信息网络实施诽谤、寻衅滋事、敲诈勒索、非法经营犯罪，同时又构成刑法第二百二十一条规定的损害商业信誉、商品声誉罪，第二百七十八条规定的煽动暴力抗拒法律实施罪，第二百九十一条之一规定的编造、故意传播虚假恐怖信息罪等犯罪的，依照处罚较重的规定定罪处罚。

《关于依法惩治妨害新型冠状病毒感染肺炎疫情防控违法犯罪的意见》

二、准确适用法律，依法严惩妨害疫情防控的各类违法犯罪

......

（六）......

编造虚假的疫情信息，在信息网络或者其他媒体上传播，或者明知是虚假疫情信息，故意在信息网络或者其他媒体上传播，严重扰乱社会秩序的，依照刑法第二百九十一条之一第二款的规定，以编造、故意传播虚假恐怖信息罪定罪处罚。

......

（十）依法严惩妨害疫情防控的违法行为。实施上述（一）至（九）规定的行为，不构成犯罪的，由公安机关根据治安管理处罚法有关虚构事实扰乱公共秩序，扰乱单位秩序、公共场所秩序、寻衅滋事，拒不执行紧急状态下的

决定、命令，阻碍执行职务，冲闯警戒带、警戒区，殴打他人，故意伤害，侮辱他人，诈骗，在铁路沿线非法挖掘坑穴、采石取沙，盗窃、损毁路面公共设施，损毁铁路设施设备，故意损毁财物，哄抢公私财物等规定，予以治安管理处罚，或者由有关部门予以其他行政处罚。

对于在疫情防控期间实施有关违法犯罪的，要作为从重情节予以考量，依法体现从严的政策要求，有力惩治震慑违法犯罪，维护法律权威，维护社会秩序，维护人民群众生命安全和身体健康。

◎ 部门规章

《通信短信息服务管理规定》

第十六条 短信息服务提供者、短信息内容提供者不得制作、复制、发布和传播含有《中华人民共和国电信条例》等法律法规规定的禁止性内容的短信息。

《互联网新闻信息服务管理规定》

第十六条 互联网新闻信息服务提供者和用户不得制作、复制、发布、传播法律、行政法规禁止的信息内容。

互联网新闻信息服务提供者提供服务过程中发现含有违反本规定第三条或前款规定内容的，应当依法立即停止传输该信息、采取消除等处置措施，保存有关记录，并向有关主管部门报告。

《网络信息内容生态治理规定》

第六条　网络信息内容生产者不得制作、复制、发布含有下列内容的违法信息：

（一）反对宪法所确定的基本原则的；

（二）危害国家安全，泄露国家秘密，颠覆国家政权，破坏国家统一的；

（三）损害国家荣誉和利益的；

（四）歪曲、丑化、亵渎、否定英雄烈士事迹和精神，以侮辱、诽谤或者其他方式侵害英雄烈士的姓名、肖像、名誉、荣誉的；

（五）宣扬恐怖主义、极端主义或者煽动实施恐怖活动、极端主义活动的；

（六）煽动民族仇恨、民族歧视，破坏民族团结的；

（七）破坏国家宗教政策，宣扬邪教和封建迷信的；

（八）散布谣言，扰乱经济秩序和社会秩序的；

（九）散布淫秽、色情、赌博、暴力、凶杀、恐怖或者教唆犯罪的；

（十）侮辱或者诽谤他人，侵害他人名誉、隐私和其他合法权益的；

（十一）法律、行政法规禁止的其他内容。

第十条　网络信息内容服务平台不得传播本规定第六条规定的信息，应当防范和抵制传播本规定第七条规定的信息。

网络信息内容服务平台应当加强信息内容的管理，发现本规定第六条、第七条规定的信息的，应当依法立即采取处置措施，保存有关记录，并向有关主管部门报告。

《互联网信息服务算法推荐管理规定》

第十三条　算法推荐服务提供者提供互联网新闻信息服务的，应当依法取得互联网新闻信息服务许可，规范开展互联网新闻信息采编发布服务、转载服务和传播平台服务，不得生成合成虚假新闻信息，不得传播非国家规定范围内的单位发布的新闻信息。

《互联网信息服务深度合成管理规定》

第六条　任何组织和个人不得利用深度合成服务制作、复制、发布、传播法律、行政法规禁止的信息，不得利用深度合成服务从事危害国家安全和利益、损害国家形象、侵害社会公共利益、扰乱经济和社会秩序、侵犯他人合法权益等法律、行政法规禁止的活动。

深度合成服务提供者和使用者不得利用深度合成服务制作、复制、发布、传播虚假新闻信息。转载基于深度合成服务制作发布的新闻信息的，应当依法转载互联网新闻信息稿源单位发布的新闻信息。

◎ 部门规范性文件

《互联网用户公众账号信息服务管理规定》

第十八条　公众账号生产运营者不得有下列违法违规行为：

（一）不以真实身份信息注册，或者注册与自身真实身份信息不相符的公众账号名称、头像、简介等；

（二）恶意假冒、仿冒或者盗用组织机构及他人公众账号生产发布信息内容；

（三）未经许可或者超越许可范围提供互联网新闻信息采编发布等服务；

（四）操纵利用多个平台账号，批量发布雷同低质信息内容，生成虚假流量数据，制造虚假舆论热点；

（五）利用突发事件煽动极端情绪，或者实施网络暴力损害他人和组织机构名誉，干扰组织机构正常运营，影响社会和谐稳定；

（六）编造虚假信息，伪造原创属性，标注不实信息来源，歪曲事实真相，误导社会公众；

（七）以有偿发布、删除信息等手段，实施非法网络监督、营销诈骗、敲诈勒索，谋取非法利益；

（八）违规批量注册、囤积或者非法交易买卖公众账号；

（九）制作、复制、发布违法信息，或者未采取措施防范和抵制制作、复制、发布不良信息；

（十）法律、行政法规禁止的其他行为。

《中国教育和科研计算机网暂行管理办法》

第二十一条　在中国教育和科研计算机网上不允许进行任何干扰网络用户、破坏网络服务和破坏网络设备的活动，这些活动包括（但并不局限于）在网络上发布不真实的信息、散布计算机病毒、使用网络进入未经授权使用的计算机、不以真实身份使用网络资源等。

（ 权威案例 ）

◎ 指导性案例

李某强编造、故意传播虚假恐怖信息案【最高检指导案例第9号】

要旨：编造、故意传播虚假恐怖信息罪是选择性罪名。编造恐怖信息以后向特定对象散布，严重扰乱社会秩序的，构成编造虚假恐怖信息罪。编造恐怖信息以后向不特定对象散布，严重扰乱社会秩序的，构成编造、故意传播虚假恐怖信息罪。

对于实施数个编造、故意传播虚假恐怖信息行为的，不实行数罪并罚，但应当将其作为量刑情节予以考虑。

卫某臣编造虚假恐怖信息案【最高检指导案例第10号】

要旨：关于编造虚假恐怖信息造成

"严重扰乱社会秩序"的认定，应当结合行为对正常的工作、生产、生活、经营、教学、科研等秩序的影响程度、对公众造成的恐慌程度以及处置情况等因素进行综合分析判断。对于编造、故意传播虚假恐怖信息威胁民航安全，引起公众恐慌，或者致使航班无法正常起降的，应当认定为"严重扰乱社会秩序"。

袁某彦编造虚假恐怖信息案【最高检指导案例第 11 号】

要旨：对于编造虚假恐怖信息造成有关部门实施人员疏散，引起公众极度恐慌的，或者致使相关单位无法正常营业，造成重大经济损失的，应当认定为"造成严重后果"。

以编造虚假恐怖信息的方式，实施敲诈勒索等其他犯罪的，应当根据案件事实和证据情况，择一重罪处断。

◎ 典型案例

张某编造虚假恐怖信息案【最高人民法院发布 98 例未成年人审判工作典型案例之九（2014 年 11 月 24 日）】

案例评析：少年法庭的法官在案件开庭审理中，对被告人进行了法庭教育。从被告人的家庭情况、法律意识、心智成长等方面，对被告人谆谆教导，引导张某充分认识到自己的错误，悔罪态度非常诚恳。少年法庭在审理案件的过程中，不仅判处未成年人需要承担的刑事责任，还充分利用法庭教育化解了未成年人的心结。

辽宁省鞍山市赵某某涉嫌编造、故意传播

虚假信息案【全国检察机关依法办理妨害新冠肺炎疫情防控犯罪典型案例（第二批）之四（2020 年 2 月 19 日）】

法律要旨：在疫情防控期间，编造虚假的疫情信息，在信息网络或者其他媒体上传播，或者明知是虚假疫情信息，故意在信息网络上或者其他媒体上传播，严重扰乱社会秩序的，依照刑法第二百九十一条之一第二款的规定，以编造、故意传播虚假信息罪定罪处罚。

第二百九十九条之一　【侵害英雄烈士名誉、荣誉罪】

侮辱、诽谤或者以其他方式侵害英雄烈士的名誉、荣誉，损害社会公共利益，情节严重的，处三年以下有期徒刑、拘役、管制或者剥夺政治权利。

关联法规

◎ 法律

《民法典》

第一百八十五条　侵害英雄烈士等的姓名、肖像、名誉、荣誉，损害社会公共利益的，应当承担民事责任。

《网络安全法》

第十二条　国家保护公民、法人和其他组织依法使用网络的权利，促进网络接入普及，提升网络服务水平，为社

会提供安全、便利的网络服务，保障网络信息依法有序自由流动。

任何个人和组织使用网络应当遵守宪法法律，遵守公共秩序，尊重社会公德，不得危害网络安全，不得利用网络从事危害国家安全、荣誉和利益，煽动颠覆国家政权、推翻社会主义制度，煽动分裂国家、破坏国家统一，宣扬恐怖主义、极端主义，宣扬民族仇恨、民族歧视，传播暴力、淫秽色情信息，编造、传播虚假信息扰乱经济秩序和社会秩序，以及侵害他人名誉、隐私、知识产权和其他合法权益等活动。

第七十条　发布或者传输本法第十二条第二款和其他法律、行政法规禁止发布或者传输的信息的，依照有关法律、行政法规的规定处罚。

《英雄烈士保护法》

第二十二条　禁止歪曲、丑化、亵渎、否定英雄烈士事迹和精神。

英雄烈士的姓名、肖像、名誉、荣誉受法律保护。任何组织和个人不得在公共场所、互联网或者利用广播电视、电影、出版物等，以侮辱、诽谤或者其他方式侵害英雄烈士的姓名、肖像、名誉、荣誉。任何组织和个人不得将英雄烈士的姓名、肖像用于或者变相用于商标、商业广告，损害英雄烈士的名誉、荣誉。

公安、文化、新闻出版、广播电视、电影、网信、市场监督管理、负责

英雄烈士保护工作的部门发现前款规定行为的，应当依法及时处理。

◎ **党内法规**

《关于规范党员干部网络行为的意见》

二、党员干部不准参与以下网络传播行为：发表违背党的基本路线，否定四项基本原则，歪曲党的政策，或者其他有严重政治问题的文章、演说、宣言、声明等；妄议中央大政方针，破坏党的集中统一；丑化党和国家形象，诋毁、污蔑党和国家领导人，歪曲党史、国史、军史，抹黑革命先烈和英雄模范；制造、传播各类谣言特别是政治类谣言，散布所谓"内部"消息和小道消息；出版、购买、传播非法出版物；宣扬封建迷信、淫秽色情；制作、传播其他有严重问题的文章、言论、音视频等信息内容。

◎ **司法解释**

《关于依法惩治侵害英雄烈士名誉、荣誉违法犯罪的意见》

一、关于英雄烈士的概念和范围

根据英雄烈士保护法第二条的规定，刑法第二百九十九条之一规定的"英雄烈士"，主要是指近代以来，为了争取民族独立和人民解放，实现国家富强和人民幸福，促进世界和平和人类进步而毕生奋斗、英勇献身的英雄烈士。

司法适用中，对英雄烈士的认定，应当重点注意把握以下几点：

（一）英雄烈士的时代范围主要为"近代以来"，重点是中国共产党、人民军队和中华人民共和国历史上的英雄烈士。英雄烈士既包括个人，也包括群体；既包括有名英雄烈士，也包括无名英雄烈士。

（二）对经依法评定为烈士的，应当认定为刑法第二百九十九条之一规定的"英雄烈士"；已牺牲、去世，尚未评定为烈士，但其事迹和精神为我国社会普遍公认的英雄模范人物或者群体，可以认定为"英雄烈士"。

（三）英雄烈士是指已经牺牲、去世的英雄烈士。对侮辱、诽谤或者以其他方式侵害健在的英雄模范人物或者群体名誉、荣誉，构成犯罪的，适用刑法有关侮辱、诽谤罪等规定追究刑事责任，符合适用公诉程序条件的，由公安机关依法立案侦查，人民检察院依法提起公诉。但是，被侵害英雄烈士群体中既有已经牺牲的烈士，也有健在的英雄模范人物的，可以统一适用侵害英雄烈士名誉、荣誉罪。

二、关于侵害英雄烈士名誉、荣誉罪入罪标准

根据刑法第二百九十九条之一的规定，侮辱、诽谤或者以其他方式侵害英雄烈士的名誉、荣誉，损害社会公共利益，情节严重的，构成侵害英雄烈士名誉、荣誉罪。

司法实践中，对侵害英雄烈士名誉、荣誉的行为是否达到"情节严重"，应当结合行为方式、涉及英雄烈士的人数，相关信息的数量、传播方式、传播范围、传播持续时间，相关信息实际被点击、浏览、转发次数，引发的社会影响、危害后果以及行为人前科情况等综合判断。根据案件具体情况，必要时，可以参照适用《最高人民法院、最高人民检察院关于办理利用信息网络实施诽谤等刑事案件适用法律若干问题的解释》（法释〔2013〕21号）的规定。

侵害英雄烈士名誉、荣誉，达到入罪标准，但行为人认罪悔罪，综合考虑案件具体情节，认为犯罪情节轻微的，可以不起诉或者免予刑事处罚；情节显著轻微危害不大的，不以犯罪论处；构成违反治安管理行为的，由公安机关依法给予治安管理处罚。

三、关于办案工作要求

（一）坚决依法惩治。英雄烈士的事迹和精神是中华民族共同的历史记忆和宝贵的精神财富，英雄不容亵渎、先烈不容诋毁、历史不容歪曲。各级公安机关、人民检察院、人民法院要切实增强责任感和使命感，依法惩治侵害英雄烈士名誉、荣誉的违法犯罪活动，坚决维护中国特色社会主义制度，坚决维护社会公共利益。

（二）坚持宽严相济。对侵害英雄

烈士名誉、荣誉的，要区分案件具体情况，落实宽严相济刑事政策，突出惩治重点，重在教育挽救，避免打击扩大化、简单化，确保实现政治效果、法律效果和社会效果的有机统一。对利用抹黑英雄烈士恶意攻击我国基本社会制度、损害社会公共利益，特别是与境外势力勾连实施恶意攻击，以及长期、多次实施侵害行为的，要依法予以严惩。对没有主观恶意，仅因模糊认识、好奇等原因而发帖、评论的，或者行为人系在校学生、未成年人的，要以教育转化为主，切实做到教育大多数、打击极少数。

（三）严格规范办案。公安机关要落实严格规范公正文明执法要求，依法全面、及时收集、固定证据，严格履行法定程序，依法保障嫌疑人合法权益。人民检察院对公安机关提请批准逮捕、移送审查起诉的案件，符合批捕、起诉条件的，依法予以批捕、起诉。对重大、疑难案件，公安机关可以商请人民检察院派员通过审查证据材料等方式，就案件定性、证据收集、法律适用等提出意见建议。人民法院要加强审判力量，制定庭审预案，依法审理。公安机关、人民检察院、人民法院要与退役军人事务部门和军队有关部门建立健全工作联系机制，妥善解决英雄烈士甄别、认定过程中的问题。

◎ 部门规章

《互联网新闻信息服务管理规定》

第十六条　互联网新闻信息服务提供者和用户不得制作、复制、发布、传播法律、行政法规禁止的信息内容。

互联网新闻信息服务提供者提供服务过程中发现含有违反本规定第三条或前款规定内容的，应当依法立即停止传输该信息、采取消除等处置措施，保存有关记录，并向有关主管部门报告。

《网络信息内容生态治理规定》

第六条　网络信息内容生产者不得制作、复制、发布含有下列内容的违法信息：

（一）反对宪法所确定的基本原则的；

（二）危害国家安全，泄露国家秘密，颠覆国家政权，破坏国家统一的；

（三）损害国家荣誉和利益的；

（四）歪曲、丑化、亵渎、否定英雄烈士事迹和精神，以侮辱、诽谤或者其他方式侵害英雄烈士的姓名、肖像、名誉、荣誉的；

（五）宣扬恐怖主义、极端主义或者煽动实施恐怖活动、极端主义活动的；

（六）煽动民族仇恨、民族歧视，破坏民族团结的；

（七）破坏国家宗教政策，宣扬邪教和封建迷信的；

（八）散布谣言，扰乱经济秩序和社会秩序的；

（九）散布淫秽、色情、赌博、暴力、凶杀、恐怖或者教唆犯罪的；

（十）侮辱或者诽谤他人，侵害他人名誉、隐私和其他合法权益的；

（十一）法律、行政法规禁止的其他内容。

权威案例

◎ 指导性案例

仇某侵害英雄烈士名誉、荣誉案【最高检指导案例第136号】

要旨：侵害英雄烈士名誉、荣誉罪中的"英雄烈士"，是指已经牺牲、逝世的英雄烈士。在同一案件中，行为人所侵害的群体中既有烈士，又有健在的英雄模范人物时，应当整体评价为侵害英雄烈士名誉、荣誉的行为，不宜区别适用侵害英雄烈士名誉、荣誉罪和侮辱罪、诽谤罪。《刑法修正案（十一）》实施后，以侮辱、诽谤或者其他方式侵害英雄烈士名誉、荣誉的行为，情节严重的，构成侵害英雄烈士名誉、荣誉罪。行为人利用信息网络侵害英雄烈士名誉、荣誉，引起广泛传播，造成恶劣社会影响的，应当认定为"情节严重"。英雄烈士没有近亲属或者近亲属不提起民事诉讼的，检察机关在提起公诉时，可以一并提起附带民事公益诉讼。

◎ 典型案例

罗某侵害英雄烈士名誉、荣誉暨附带民事公益诉讼案【涉英烈权益保护十大典型案例之一（2022年12月8日）】

典型意义：英雄烈士既包括个人，也包括群体，既包括有名英雄烈士，也包括无名英雄烈士。中国人民志愿军的英雄事迹是中华民族共同的历史记忆和宝贵的精神财富，伟大的抗美援朝精神跨越时空、历久弥新，是社会主义核心价值观的重要体现，全体中华儿女要永续传承、世代发扬，绝不容许亵渎、诋毁。电影《长津湖》旨在缅怀中国人民志愿军"冰雕连"英烈，罗某却在观看电影后，在网络平台发帖公然歪曲历史，侮辱、抹黑英烈，伤害公众情感，严重破坏社会公共秩序。本案通过司法手段严惩侵害抗美援朝英烈群体名誉、荣誉行为，维护社会公共利益，护航传承和弘扬爱国主义精神，推动培育和践行社会主义核心价值观。

仇某侵害英雄烈士名誉、荣誉暨附带民事公益诉讼案【涉英烈权益保护十大典型案例之三（2022年12月8日）】

典型意义："辣笔小球"案是《中华人民共和国刑法修正案（十一）》增设"侵害英雄烈士名誉、荣誉罪"后的全国首案。本案依法认定仇某的行为构成侵害英雄烈士名誉、荣誉罪，通过科处刑罚，保护英烈权益，弘扬英烈精神，回应社会关切，发挥司法裁判教育、警示作用，具有首案引领意义。有助于推动社会公众形成维护英雄烈士名誉、荣誉，严惩亵渎、诋毁英烈言行的广泛共识，大力弘扬社会主义核心价值观，彰显司法保护英烈权益、弘扬英烈精神的坚定立场。

江某某侵害英雄烈士名誉、荣誉案【全国检察机关依法惩治危害国防利益、侵犯军人军属合法权益犯罪典型案例（2023 年 7 月 28 日）】典型意义：一是依法惩治侵害英雄烈士名誉、荣誉违法犯罪行为，坚决维护英烈荣光。英雄烈士是中华民族的脊梁，英雄烈士的事迹是中华民族的共同历史记忆，是社会主义核心价值观的重要体现，是社会公共利益的重要组成部分。英雄烈士的名誉、荣誉不容任何亵渎和诋毁。《刑法修正案（十一）》增设侵害英雄烈士名誉、荣誉罪，对侮辱、诽谤或者以其他方式侵害英雄烈士名誉、荣誉，情节严重的行为作出专门规定。本案中，江某某在微博上发表侮辱英烈董存瑞的言论，歪曲英烈事迹，严重伤害民族情感，经网络发酵社会传播范围广泛，影响极其恶劣。江某某行为已经构成侵害英雄烈士名誉、荣誉罪，应当依法予以严惩。

第三百零三条　【赌博罪；开设赌场罪；组织参与国（境）外赌博罪】

以营利为目的，聚众赌博或者以赌博为业的，处三年以下有期徒刑、拘役或者管制，并处罚金。

开设赌场的，处五年以下有期徒刑、拘役或者管制，并处罚金；情节严重的，处五年以上十年以下有期徒刑，并处罚金。

组织中华人民共和国公民参与国（境）外赌博，数额巨大或者有其他严重情节的，依照前款的规定处罚。

关联法规

◎ **法律**

《未成年人保护法》

第五十条　禁止制作、复制、出版、发布、传播含有宣扬淫秽、色情、暴力、邪教、迷信、赌博、引诱自杀、恐怖主义、分裂主义、极端主义等危害未成年人身心健康内容的图书、报刊、电影、广播电视节目、舞台艺术作品、音像制品、电子出版物和网络信息等。

◎ **党内法规**

《关于促进移动互联网健康有序发展的意见》

四、防范移动互联网安全风险

……

16. 打击网络违法犯罪。坚决打击利用移动互联网鼓吹推翻国家政权、煽动宗教极端主义、宣扬民族分裂思想、教唆暴力恐怖等违法犯罪活动。严厉查处造谣诽谤、电信网络诈骗、攻击窃密、盗版侵权、非法售卖个人信息等违法犯罪行为。全面清理赌博、传销、非法集资、淫秽色情、涉枪涉爆等违法违规信息。

……

◎ **行政法规**

《互联网信息服务管理办法》

第十五条　互联网信息服务提供者不得制作、复制、发布、传播含有下列内容的信息：

（一）反对宪法所确定的基本原则的；

（二）危害国家安全，泄露国家秘密，颠覆国家政权，破坏国家统一的；

（三）损害国家荣誉和利益的；

（四）煽动民族仇恨、民族歧视，破坏民族团结的；

（五）破坏国家宗教政策，宣扬邪教和封建迷信的；

（六）散布谣言，扰乱社会秩序，破坏社会稳定的；

（七）散布淫秽、色情、赌博、暴力、凶杀、恐怖或者教唆犯罪的；

（八）侮辱或者诽谤他人，侵害他人合法权益的；

（九）含有法律、行政法规禁止的其他内容的。

《计算机信息网络国际联网安全保护管理办法》

第五条　任何单位和个人不得利用国际联网制作、复制、查阅和传播下列信息：

（一）煽动抗拒、破坏宪法和法律、行政法规实施的；

（二）煽动颠覆国家政权，推翻社会主义制度的；

（三）煽动分裂国家、破坏国家统一的；

（四）煽动民族仇恨、民族歧视，破坏民族团结的；

（五）捏造或者歪曲事实，散布谣言，扰乱社会秩序的；

（六）宣扬封建迷信、淫秽、色情、赌博、暴力、凶杀、恐怖、教唆犯罪的；

（七）公然侮辱他人或者捏造事实诽谤他人的；

（八）损害国家机关信誉的；

（九）其他违反宪法和法律、行政法规的。

《电信条例》

第五十六条　任何组织或者个人不得利用电信网络制作、复制、发布、传播含有下列内容的信息：

（一）反对宪法所确定的基本原则的；

（二）危害国家安全，泄露国家秘密，颠覆国家政权，破坏国家统一的；

（三）损害国家荣誉和利益的；

（四）煽动民族仇恨、民族歧视，

破坏民族团结的；

（五）破坏国家宗教政策，宣扬邪教和封建迷信的；

（六）散布谣言，扰乱社会秩序，破坏社会稳定的；

（七）散布淫秽、色情、赌博、暴力、凶杀、恐怖或者教唆犯罪的；

（八）侮辱或者诽谤他人，侵害他人合法权益的；

（九）含有法律、行政法规禁止的其他内容的。

《互联网上网服务营业场所管理条例》

第十四条 互联网上网服务营业场所经营单位和上网消费者不得利用互联网上网服务营业场所制作、下载、复制、查阅、发布、传播或者以其他方式使用含有下列内容的信息：

（一）反对宪法确定的基本原则的；

（二）危害国家统一、主权和领土完整的；

（三）泄露国家秘密，危害国家安全或者损害国家荣誉和利益的；

（四）煽动民族仇恨、民族歧视，破坏民族团结，或者侵害民族风俗、习惯的；

（五）破坏国家宗教政策，宣扬邪教、迷信的；

（六）散布谣言，扰乱社会秩序，破坏社会稳定的；

（七）宣传淫秽、赌博、暴力或者

教唆犯罪的；

（八）侮辱或者诽谤他人，侵害他人合法权益的；

（九）危害社会公德或者民族优秀文化传统的；

（十）含有法律、行政法规禁止的其他内容的。

第十八条 互联网上网服务营业场所经营单位和上网消费者不得利用网络游戏或者其他方式进行赌博或者变相赌博活动。

◎ 司法解释

《关于办理赌博刑事案件具体应用法律的解释》

第二条 以营利为目的，在计算机网络上建立赌博网站，或者为赌博网站担任代理，接受投注的，属于刑法第三百零三条规定的"开设赌场"。

第四条 明知他人实施赌博犯罪活动，而为其提供资金、计算机网络、通讯、费用结算等直接帮助的，以赌博罪的共犯论处。

第八条 赌博犯罪中用作赌注的款物、换取筹码的款物和通过赌博赢取的款物属于赌资。通过计算机网络实施赌博犯罪的，赌资数额可以按照在计算机网络上投注或者赢取的点数乘以每一点实际代表的金额认定。

赌资应当依法予以追缴；赌博用具、赌博违法所得以及赌博犯罪分子所有的专门用于赌博的资金、交通工具、通讯工具等，应当依法予以没收。

《关于公安机关管辖的刑事案件立案追诉标准的规定（一）》

第四十三条　［赌博案（刑法第三百零三条第一款）］以营利为目的，聚众赌博，涉嫌下列情形之一的，应予立案追诉：

（一）组织三人以上赌博，抽头渔利数额累计五千元以上的；

（二）组织三人以上赌博，赌资数额累计五万元以上；

（三）组织三人以上赌博，参赌人数累计二十人以上的；

（四）组织中华人民共和国公民十人以上赴境外赌博，从中收取回扣、介绍费的；

（五）其他聚众赌博应予追究刑事责任的情形。

以营利为目的，以赌博为业的，应予立案追诉。

赌博犯罪中用作赌注的款物、换取筹码的款物和通过赌博赢取的款物属于赌资。通过计算机网络实施赌博犯罪的，赌资数额可以按照在计算机网络上投注或者赢取的点数乘以每一点实际代表的金额认定。

第四十四条　［开设赌场案（刑法第三百零三条第二款）］开设赌场的，应予立案追诉。

在计算机网络上建立赌博网站，或者为赌博网站担任代理，接受投注的，属于本条规定的"开设赌场"。

《关于办理网络赌博犯罪案件适用法律的意见》

一、关于网上开设赌场犯罪的定罪量刑标准

利用互联网、移动通讯终端等传输赌博视频、数据，组织赌博活动，具有下列情形之一的，属于刑法第三百零三条第二款规定的"开设赌场"行为：

（一）建立赌博网站并接受投注的；

（二）建立赌博网站并提供给他人组织赌博的；

（三）为赌博网站担任代理并接受投注的；

（四）参与赌博网站利润分成的。

实施前款规定的行为，具有下列情形之一的，应当认定为刑法第三百零三条第二款规定的"情节严重"：

（一）抽头渔利数额累计达到3万元以上的；

（二）赌资数额累计达到30万元以上的；

（三）参赌人数累计达到120人以上的；

（四）建立赌博网站后通过提供给他人组织赌博，违法所得数额在3万元以上的；

（五）参与赌博网站利润分成，违

法所得数额在 3 万元以上的；

（六）为赌博网站招募下级代理，由下级代理接受投注的；

（七）招揽未成年人参与网络赌博的；

（八）其他情节严重的情形。

二、关于网上开设赌场共同犯罪的认定和处罚

明知是赌博网站，而为其提供下列服务或者帮助的，属于开设赌场罪的共同犯罪，依照刑法第三百零三条第二款的规定处罚：

（一）为赌博网站提供互联网接入、服务器托管、网络存储空间、通讯传输通道、投放广告、发展会员、软件开发、技术支持等服务，收取服务费数额在 2 万元以上的；

（二）为赌博网站提供资金支付结算服务，收取服务费数额在 1 万元以上或者帮助收取赌资 20 万元以上的；

（三）为 10 个以上赌博网站投放与网址、赔率等信息有关的广告或者为赌博网站投放广告累计 100 条以上的。

实施前款规定的行为，数量或者数额达到前款规定标准 5 倍以上的，应当认定为刑法第三百零三条第二款规定的"情节严重"。

实施本条第一款规定的行为，具有下列情形之一的，应当认定行为人"明知"，但是有证据证明确实不知道的除外：

（一）收到行政主管机关书面等方式的告知后，仍然实施上述行为的；

（二）为赌博网站提供互联网接入、服务器托管、网络存储空间、通讯传输通道、投放广告、软件开发、技术支持、资金支付结算等服务，收取服务费明显异常的；

（三）在执法人员调查时，通过销毁、修改数据、账本等方式故意规避调查或者向犯罪嫌疑人通风报信的；

（四）其他有证据证明行为人明知的。

如果有开设赌场的犯罪嫌疑人尚未到案，但是不影响对已到案共同犯罪嫌疑人、被告人的犯罪事实认定的，可以依法对已到案者定罪处罚。

三、关于网络赌博犯罪的参赌人数、赌资数额和网站代理的认定

赌博网站的会员账号数可以认定为参赌人数，如果查实一个账号多人使用或者多个账号一人使用的，应当按照实际使用的人数计算参赌人数。

赌资数额可以按照在网络上投注或者赢取的点数乘以每一点实际代表的金额认定。

对于将资金直接或间接兑换为虚拟货币、游戏道具等虚拟物品，并用其作为筹码投注的，赌资数额按照购买该虚拟物品所需资金数额或者实际支付资金数额认定。

对于开设赌场犯罪中用于接收、流转赌资的银行账户内的资金，犯罪嫌疑人、被告人不能说明合法来源的，可以认定为赌资。向该银行账户转入、转出资金的银行账户数量可以认定为参赌人数。如果查实一个账户多人使用或多个账户一人使用的，应当按照实际使用的人数计算参赌人数。

有证据证明犯罪嫌疑人在赌博网站上的账号设置有下级账号的，应当认定其为赌博网站的代理。

四、关于网络赌博犯罪案件的管辖

网络赌博犯罪案件的地域管辖，应当坚持以犯罪地管辖为主、被告人居住地管辖为辅的原则。

"犯罪地"包括赌博网站服务器所在地、网络接入地，赌博网站建立者、管理者所在地，以及赌博网站代理人、参赌人实施网络赌博行为地等。

公安机关对侦办跨区域网络赌博犯罪案件的管辖权有争议的，应本着有利于查清犯罪事实、有利于诉讼的原则，认真协商解决。经协商无法达成一致的，报共同的上级公安机关指定管辖。对即将侦查终结的跨省（自治区、直辖市）重大网络赌博案件，必要时可由公安部商最高人民法院和最高人民检察院指定管辖。

为保证及时结案，避免超期羁押，人民检察院对于公安机关提请审查逮捕、移送审查起诉的案件，人民法院对于已进入审判程序的案件，犯罪嫌疑人、被告人及其辩护人提出管辖异议或者办案单位发现没有管辖权的，受案人民检察院、人民法院经审查可以依法报请上级人民检察院、人民法院指定管辖，不再自行移送有管辖权的人民检察院、人民法院。

五、关于电子证据的收集与保全

侦查机关对于能够证明赌博犯罪案件真实情况的网站页面、上网记录、电子邮件、电子合同、电子交易记录、电子账册等电子数据，应当作为刑事证据予以提取、复制、固定。

侦查人员应当对提取、复制、固定电子数据的过程制作相关文字说明，记录案由、对象、内容以及提取、复制、固定的时间、地点、方法，电子数据的规格、类别、文件格式等，并由提取、复制、固定电子数据的制作人、电子数据的持有人签名或者盖章，附所提取、复制、固定的电子数据一并随案移送。

对于电子数据存储在境外的计算机上的，或者侦查机关从赌博网站提取电子数据时犯罪嫌疑人未到案的，或者电子数据的持有人无法签字或者拒绝签字的，应当由能够证明提取、复制、固定过程的见证人签名或者盖章，记明有关情况。必要时，可对提取、复制、固定有关电子数据的过程拍照或者录像。

《办理跨境赌博犯罪案件若干问题的意见》

二、关于跨境赌博犯罪的认定

……

（二）以营利为目的，利用信息网络、通讯终端等传输赌博视频、数据，组织中华人民共和国公民跨境赌博活动，有下列情形之一的，属于刑法第三百零三条第二款规定的"开设赌场"：

1. 建立赌博网站、应用程序并接受投注的；

2. 建立赌博网站、应用程序并提供给他人组织赌博的；

3. 购买或者租用赌博网站、应用程序，组织他人赌博的；

4. 参与赌博网站、应用程序利润分成的；

5. 担任赌博网站、应用程序代理并接受投注的；

6. 其他利用信息网络、通讯终端等传输赌博视频、数据，组织跨境赌博活动的。

……

三、关于跨境赌博共同犯罪的认定

……

（三）明知是赌博网站、应用程序，有下列情形之一的，以开设赌场罪的共犯论处：

1. 为赌博网站、应用程序提供软件开发、技术支持、互联网接入、服务器托管、网络存储空间、通讯传输通道、广告投放、会员发展、资金支付结算等服务的；

2. 为赌博网站、应用程序担任代理并发展玩家、会员、下线的。

为同一赌博网站、应用程序担任代理，既无上下级关系，又无犯意联络的，不构成共同犯罪。

（四）对受雇佣为赌场从事接送参赌人员、望风看场、发牌坐庄、兑换筹码、发送宣传广告等活动的人员及赌博网站、应用程序中与组织赌博活动无直接关联的一般工作人员，除参与赌场、赌博网站、应用程序利润分成或者领取高额固定工资的外，可以不追究刑事责任，由公安机关依法给予治安管理处罚。

◎ **部门规章**

《互联网视听节目服务管理规定》

第十六条 互联网视听节目服务单位提供的、网络运营单位接入的视听节目应当符合法律、行政法规、部门规章的规定。已播出的视听节目应至少完整保留60日。视听节目不得含有以下内容：

（一）反对宪法确定的基本原则的；

（二）危害国家统一、主权和领土完整的；

（三）泄露国家秘密、危害国家安全或者损害国家荣誉和利益的；

（四）煽动民族仇恨、民族歧视，

破坏民族团结，或者侵害民族风俗、习惯的；

（五）宣扬邪教、迷信的；

（六）扰乱社会秩序，破坏社会稳定的；

（七）诱导未成年人违法犯罪和渲染暴力、色情、赌博、恐怖活动的；

（八）侮辱或者诽谤他人，侵害公民个人隐私等他人合法权益的；

（九）危害社会公德，损害民族优秀文化传统的；

（十）有关法律、行政法规和国家规定禁止的其他内容。

《网络出版服务管理规定》

第二十四条　网络出版物不得含有以下内容：

（一）反对宪法确定的基本原则的；

（二）危害国家统一、主权和领土完整的；

（三）泄露国家秘密、危害国家安全或者损害国家荣誉和利益的；

（四）煽动民族仇恨、民族歧视，破坏民族团结，或者侵害民族风俗、习惯的；

（五）宣扬邪教、迷信的；

（六）散布谣言，扰乱社会秩序，破坏社会稳定的；

（七）宣扬淫秽、色情、赌博、暴力或者教唆犯罪的；

（八）侮辱或者诽谤他人，侵害他人合法权益的；

（九）危害社会公德或者民族优秀文化传统的；

（十）有法律、行政法规和国家规定禁止的其他内容。

《互联网域名管理办法》

第二十八条　任何组织或者个人注册、使用的域名中，不得含有下列内容：

（一）反对宪法所确定的基本原则的；

（二）危害国家安全，泄露国家秘密，颠覆国家政权，破坏国家统一的；

（三）损害国家荣誉和利益的；

（四）煽动民族仇恨、民族歧视，破坏民族团结的；

（五）破坏国家宗教政策，宣扬邪教和封建迷信的；

（六）散布谣言，扰乱社会秩序，破坏社会稳定的；

（七）散布淫秽、色情、赌博、暴力、凶杀、恐怖或者教唆犯罪的；

（八）侮辱或者诽谤他人，侵害他人合法权益的；

（九）含有法律、行政法规禁止的其他内容的。

域名注册管理机构、域名注册服务机构不得为含有前款所列内容的域名提供服务。

《互联网文化管理暂行规定》

第十六条　互联网文化单位不得提

供载有以下内容的文化产品：

（一）反对宪法确定的基本原则的；

（二）危害国家统一、主权和领土完整的；

（三）泄露国家秘密、危害国家安全或者损害国家荣誉和利益的；

（四）煽动民族仇恨、民族歧视，破坏民族团结，或者侵害民族风俗、习惯的；

（五）宣扬邪教、迷信的；

（六）散布谣言，扰乱社会秩序，破坏社会稳定的；

（七）宣扬淫秽、赌博、暴力或者教唆犯罪的；

（八）侮辱或者诽谤他人，侵害他人合法权益的；

（九）危害社会公德或者民族优秀文化传统的；

（十）有法律、行政法规和国家规定禁止的其他内容的。

【权威案例】

◎ 典型案例

刘某某、曾某某等 11 人开设赌场案【检察机关依法惩治开设赌场犯罪典型案例之一（2021 年 11 月 29 日）】

典型意义： 1. 该案社会危害性大。网络赌博这种新型开设赌场犯罪，严重危害了人民群众财产安全和合法权益，损害了社会诚信和社会秩序，导致受害者深陷泥潭。本案涉及地域广、人员多，涉案金额大，侦查机关调查取证的 16 名参赌人员，总计输了 500 多万元，无一人获利。其中有的参赌人员短短半个月内就输了 110 多万元，倾家荡产，导致生产经营项目资金链断裂；有的参赌人员经微信好友推荐参与赌博后，从小赌到大赌，整天沉迷于网络赌博，玩物丧志；有的参赌人员是父子，输了数十万元，因债务导致父子反目成仇。

2. 检察机关在办案中坚持贯彻宽严相济刑事政策。为依法严惩该犯罪，检察机关在依法提出的量刑建议中，综合考虑该案社会危害性，对于所有的被告人建议不适用缓刑，并根据各被告人在犯罪中的地位作用以及查明的非法获利数额，建议对各被告人并处相应的罚金刑，以剥夺其再犯的能力。同时，对于认罪悔罪，成功规劝同案人投案的被告人，依法认定为立功，建议对其减轻处罚。法院采纳了检察机关的相关意见。

吴某等 63 人开设赌场系列案【检察机关依法惩治开设赌场犯罪典型案例之二（2021 年 11 月 29 日）】

典型意义： 1. 一些民营企业主成为境外赌博犯罪集团重点"围猎"的目标。在该案中，犯罪分子以较有经济实力的民营企业主为重点目标群体，利用与"商务公司"合作组织出国或者与旅行社合作吸引高尔夫球客户的名义，组织我国境内民营企业主出国入住赌场所在的酒店，参与赌博，有的参赌人员还被一步步引诱发展为代理，继续组织其他人员出国赌博，实施开设赌场犯罪。该案中的被告人文某某、王某等人原是民营企业主，先是成为赌博会员，后注册成为代理以求快速"翻盘"，最终深陷泥潭，走上犯罪的道路，而自己经营的企业也因群龙无首，面临破产。

2. 部分赴境外务工人员法律意识淡薄，为赚取"快钱"走上犯罪的道路。因疫情原因，境外实施开设赌场犯罪的团伙为继续牟取非法利益，多开始向网络赌场转型。该系列案中的邓某某等人原是赌场的厨房员工，后兼职"洗码"，从中赚取"快钱"，并注册成为该赌场网站股东代理，招揽中国公民参与网络赌博。牟某某为该赌场人事部主管，明知该犯罪团伙大肆组织我国公民出境赌博并招揽我国境内公民参与网上赌博，仍负责招聘、培训"荷官"（在赌场内负责发牌等事项的人），成为开设赌场犯罪的帮助者。该二人原本都是普通的出国务工人员，但因法律意识淡薄，一直误以为自己在国外从事的是合法工作，最终成为了犯罪集团的成员，走上了犯罪的道路。

宋某某等 11 人开设赌场案【检察机关依法惩治开设赌场犯罪典型案例之三（2021年 11 月 29 日）】

典型意义：借助互联网的便利性，新型赌博犯罪中，赌资收付、变现作为开设赌场犯罪牟取暴利的重要组成部分，已成为一个独立实施的环节。该案中，宋某某等人并没有直接实施开设赌场的行为，但

其与组织实施网络赌博的人员事前共谋，代为收付结算赌资并变现，与直接实施开设赌场犯罪的熊某某构成共同犯罪，应当按照开设赌场罪对其进行评价。同时，在新型开设赌场犯罪中，因为犯罪分工更加细化，犯罪链条长，参与人员多，也易衍生、伴生多种犯罪，该案中，涉案人员在实施开设赌场犯罪过程中，该团伙部分成员还实施了非法拘禁、偷越国境等其他犯罪，社会危害性大。

唐某某等 9 人开设赌场案【检察机关依法惩治开设赌场犯罪典型案例之四（2021年 11 月 29 日）】

典型意义：近年来，网络赌博犯罪多发、手段花样翻新，犯罪分子通过搭建网络赌博平台，打着网络游戏、虚拟币等"幌子"接受投注，吸引群众参与赌博。该案中，被告人利用网络棋牌游戏应用，通过线下兑换虚拟币，实施开设赌场犯罪，对于该种行为，要透过现象看实质，从游戏过程中是否有资金、实物兑换，是否有抽头渔利行为等来准确认定是娱乐还是赌博。对于以游戏为名，通过缴纳报名费或者现金换取筹码参加游戏的形式，赢取筹码后能够兑换现金、有价证券或者其他财物的，其实质是赌博违法犯罪，也必将被法律所严惩。

陈某某等 14 人开设赌场案【检察机关依法惩治开设赌场犯罪典型案例之五（2021年 11 月 29 日）】

典型意义：近年来，跨境赌博犯罪活

动向互联网迁移，其中赌资数额的认定，常常需要通过电子证据证实，认定困难。而准确认定该事实，既有利于依法打击赌博犯罪，斩断犯罪分子通过违法犯罪获利的利益链，也有助于摧毁该类犯罪的经济基础，最大限度剥夺犯罪分子再犯能力。该案中检察机关充分发挥检察职能，通过自行补充侦查，准确认定开设赌场犯罪赌资数额，依法严厉打击此类犯罪，同时积极贯彻少捕慎押的刑事司法政策，实现办案"三个效果"统一。

张某等 16 人开设赌场案【检察机关贯彻少捕慎诉慎押刑事司法政策典型案例（第一批）之五（2021 年 11 月 29 日）】

典型意义：（一）检警协同推进，深入贯彻少捕慎诉慎押刑事司法政策。跨境网络赌博等新型网络犯罪存在犯罪嫌疑人多、上下线关系复杂、取证难度大的特点。公安、检察机关应密切检警协作，协同研判侦查方向，确定取证重点，夯实证据基础。通过加强与公安机关沟通交流，促进形成政策共识，以宽严相济为指导，共同落实少捕慎诉慎押刑事司法政策。要围绕网络赌博犯罪的内容、方式、参与人员情况等，结合犯罪事实、嫌疑人地位作用及认罪悔罪表现，用足用好认罪认罚从宽制度，分层、分策科学处置。对赌博网站的搭建和组织管理者，要依法严惩。对具有初犯、偶犯、自首等情节的一般参加人员和在校学生等，应以教育挽救警示为主。办案中，既要体现对共同犯罪中危害

严重、社会危险性大、作用突出的主犯从严逮捕、起诉、惩治的政策取向，也要体现对罪行较轻的从犯予以从宽取保候审、从宽追究刑事责任的态度。

（二）依托电子监管平台，推进扩大适用非羁押强制措施。网络犯罪涉及环节多、人员分散，绝大多数需要跨省办案，为非羁押强制措施适用带来很大困难。随着现代科技手段应用，以往只有"关起来"才能"管得住"的犯罪嫌疑人，通过运用非羁押电子监管措施，进行全方位、全时段、无死角监管，既保障了刑事诉讼顺利进行，维护了犯罪嫌疑人的诉讼权利，促进了社会和谐稳定，又拓宽了取保候审的便利性，为异地取保候审提供了科技保障，大大节约了司法资源。在本案诉讼期间，又先后有 11 名同案犯因受政策感召回国投案自首，进一步扩大了办理案件的积极效果。

第二节　妨害司法罪

第三百零八条之一　【泄露不应公开的案件信息罪；故意泄露国家秘密罪；过失泄露国家秘密罪；披露、报道不应公开的案件信息罪】

司法工作人员、辩护人、诉讼代理人或者其他诉讼参与人，泄露依法不公开审理的案件中不

应当公开的信息，造成信息公开传播或者其他严重后果的，处三年以下有期徒刑、拘役或者管制，并处或者单处罚金。

有前款行为，泄露国家秘密的，依照本法第三百九十八条的规定定罪处罚。

公开披露、报道第一款规定的案件信息，情节严重的，依照第一款的规定处罚。

单位犯前款罪的，对单位判处罚金，并对其直接负责的主管人员和其他直接责任人员，依照第一款的规定处罚。

关联法规

◎ 法律

《反电信网络诈骗法》

第五条　反电信网络诈骗工作应当依法进行，维护公民和组织的合法权益。

有关部门和单位、个人应当对在反电信网络诈骗工作过程中知悉的国家秘密、商业秘密和个人隐私、个人信息予以保密。

◎ 司法解释

《关于人民法院在互联网公布裁判文书的规定》

第四条　人民法院作出的裁判文书有

下列情形之一的，不在互联网公布：

（一）涉及国家秘密的；

（二）未成年人犯罪的；

（三）以调解方式结案或者确认人民调解协议效力的，但为保护国家利益、社会公共利益、他人合法权益确有必要公开的除外；

（四）离婚诉讼或者涉及未成年子女抚养、监护的；

（五）人民法院认为不宜在互联网公布的其他情形。

第六条　不在互联网公布的裁判文书，应当公布案号、审理法院、裁判日期及不公开理由，但公布上述信息可能泄露国家秘密的除外。

《关于人民法院通过互联网公开审判流程信息的规定》

第十二条　涉及国家秘密，以及法律、司法解释规定应当保密或者限制获取的审判流程信息，不得通过互联网向当事人及其法定代理人、诉讼代理人、辩护人公开。

◎ 部门规章

《互联网新闻信息服务管理规定》

第三条　提供互联网新闻信息服务，应当遵守宪法、法律和行政法规，坚持为人民服务、为社会主义服务的方向，坚持正确舆论导向，发挥舆论监督作用，促进形成积极健康、向上向善的网络文化，维护国家利益和公共利益。

第十六条　互联网新闻信息服务提供

者和用户不得制作、复制、发布、传播法律、行政法规禁止的信息内容。

互联网新闻信息服务提供者提供服务过程中发现含有违反本规定第三条或前款规定内容的，应当依法立即停止传输该信息、采取消除等处置措施，保存有关记录，并向有关主管部门报告。

《公安机关互联网安全监督检查规定》

第十七条 公安机关开展现场监督检查或者远程检测，可以委托具有相应技术能力的网络安全服务机构提供技术支持。

网络安全服务机构及其工作人员对工作中知悉的个人信息、隐私、商业秘密和国家秘密，应当严格保密，不得泄露、出售或者非法向他人提供。公安机关应当严格监督网络安全服务机构落实网络安全管理与保密责任。

◎ **部门规范性文件**

《具有舆论属性或社会动员能力的互联网信息服务安全评估规定》

第十五条 网信部门、公安机关及其工作人员对在履行职责中知悉的国家秘密、商业秘密和个人信息应当严格保密，不得泄露、出售或者非法向他人提供。

第九节 制作、贩卖、传播淫秽物品罪

> **第三百六十三条** 【制作、复制、出版、贩卖、传播淫秽物品牟利罪】
>
> 以牟利为目的，制作、复制、出版、贩卖、传播淫秽物品的，处三年以下有期徒刑、拘役或者管制，并处罚金；情节严重的，处三年以上十年以下有期徒刑，并处罚金；情节特别严重的，处十年以上有期徒刑或者无期徒刑，并处罚金或者没收财产。

关联法规

◎ **法律**

《网络安全法》

第十二条 国家保护公民、法人和其他组织依法使用网络的权利，促进网络接入普及，提升网络服务水平，为社会提供安全、便利的网络服务，保障网络信息依法有序自由流动。

任何个人和组织使用网络应当遵守宪法法律，遵守公共秩序，尊重社会公德，不得危害网络安全，不得利用网络从事危害国家安全、荣誉和利益，煽动颠覆国家政权、推翻社会主义制度，煽动分裂国家、破坏国家统一，宣扬恐怖主义、极端主义，宣扬民族仇恨、民族歧视，传播暴力、淫秽色情信息，编造、传播虚假信息扰乱经济秩序和社会秩序，以及侵害他人名誉、隐私、知识产权和其他合法权益等活动。

《未成年人保护法》

第五十条　禁止制作、复制、出版、发布、传播含有宣扬淫秽、色情、暴力、邪教、迷信、赌博、引诱自杀、恐怖主义、分裂主义、极端主义等危害未成年人身心健康内容的图书、报刊、电影、广播电视节目、舞台艺术作品、音像制品、电子出版物和网络信息等。

第五十二条　禁止制作、复制、发布、传播或者持有有关未成年人的淫秽色情物品和网络信息。

《关于维护互联网安全的决定》

三、为了维护社会主义市场经济秩序和社会管理秩序，对有下列行为之一，构成犯罪的，依照刑法有关规定追究刑事责任：

（一）利用互联网销售伪劣产品或者对商品、服务作虚假宣传；

（二）利用互联网损坏他人商业信誉和商品声誉；

（三）利用互联网侵犯他人知识产权；

（四）利用互联网编造并传播影响证券、期货交易或者其他扰乱金融秩序的虚假信息；

（五）在互联网上建立淫秽网站、网页，提供淫秽站点链接服务，或者传播淫秽书刊、影片、音像、图片。

◎ **党内法规**

《关于促进移动互联网健康有序发展的意见》

四、防范移动互联网安全风险

......

16.打击网络违法犯罪。坚决打击利用移动互联网鼓吹推翻国家政权、煽动宗教极端主义、宣扬民族分裂思想、教唆暴力恐怖等违法犯罪活动。严厉查处造谣诽谤、电信网络诈骗、攻击窃密、盗版侵权、非法售卖个人信息等违法犯罪行为。全面清理赌博、传销、非法集资、淫秽色情、涉枪涉爆等违法违规信息。

......

《关于规范党员干部网络行为的意见》

三、党员干部不得参加以下网络活动：组织、参加反对党的理论和路线方针政策的网络论坛、群组、直播等活动；通过网络组党结社，参与和动员不法串联、联署、集会等网上非法组织、非法活动；参与网上宗教活动、邪教活动，纵容和支持宗教极端势力、民族分裂势力、暴力恐怖势力极其活动；利用网络泄露党和国家秘密；浏览、访问非法和反动网站等。

◎ **行政法规**

《计算机信息网络国际联网管理暂行规定》

第十三条　从事国际联网业务的单位和个人，应当遵守国家有关法律、行政法规，严格执行安全保密制度，不得利用国际联网从事危害国家安全、泄露国家秘密等违法犯罪活动，不得制作、查阅、复制和传播妨碍社会治安的信息和淫秽色情等信息。

《互联网信息服务管理办法》

第十五条 互联网信息服务提供者不得制作、复制、发布、传播含有下列内容的信息：

（一）反对宪法所确定的基本原则的；

（二）危害国家安全，泄露国家秘密，颠覆国家政权，破坏国家统一的；

（三）损害国家荣誉和利益的；

（四）煽动民族仇恨、民族歧视，破坏民族团结的；

（五）破坏国家宗教政策，宣扬邪教和封建迷信的；

（六）散布谣言，扰乱社会秩序，破坏社会稳定的；

（七）散布淫秽、色情、赌博、暴力、凶杀、恐怖或者教唆犯罪的；

（八）侮辱或者诽谤他人，侵害他人合法权益的；

（九）含有法律、行政法规禁止的其他内容的。

《计算机信息网络国际联网安全保护管理办法》

第五条 任何单位和个人不得利用国际联网制作、复制、查阅和传播下列信息：

（一）煽动抗拒、破坏宪法和法律、行政法规实施的；

（二）煽动颠覆国家政权，推翻社会主义制度的；

（三）煽动分裂国家、破坏国家统一的；

（四）煽动民族仇恨、民族歧视，破坏民族团结的；

（五）捏造或者歪曲事实，散布谣言，扰乱社会秩序的；

（六）宣扬封建迷信、淫秽、色情、赌博、暴力、凶杀、恐怖，教唆犯罪的；

（七）公然侮辱他人或者捏造事实诽谤他人的；

（八）损害国家机关信誉的；

（九）其他违反宪法和法律、行政法规的。

《电信条例》

第五十六条 任何组织或者个人不得利用电信网络制作、复制、发布、传播含有下列内容的信息：

（一）反对宪法所确定的基本原则的；

（二）危害国家安全，泄露国家秘密，颠覆国家政权，破坏国家统一的；

（三）损害国家荣誉和利益的；

（四）煽动民族仇恨、民族歧视，破坏民族团结的；

（五）破坏国家宗教政策，宣扬邪教和封建迷信的；

（六）散布谣言，扰乱社会秩序，破

坏社会稳定的;

（七）散布淫秽、色情、赌博、暴力、凶杀、恐怖或者教唆犯罪的;

（八）侮辱或者诽谤他人，侵害他人合法权益的;

（九）含有法律、行政法规禁止的其他内容的。

《互联网上网服务营业场所管理条例》

第十四条 互联网上网服务营业场所经营单位和上网消费者不得利用互联网上网服务营业场所制作、下载、复制、查阅、发布、传播或者以其他方式使用含有下列内容的信息:

（一）反对宪法确定的基本原则的;

（二）危害国家统一、主权和领土完整的;

（三）泄露国家秘密，危害国家安全或者损害国家荣誉和利益的;

（四）煽动民族仇恨、民族歧视，破坏民族团结，或者侵害民族风俗、习惯的;

（五）破坏国家宗教政策，宣扬邪教、迷信的;

（六）散布谣言，扰乱社会秩序，破坏社会稳定的;

（七）宣传淫秽、赌博、暴力或者教唆犯罪的;

（八）侮辱或者诽谤他人，侵害他人合法权益的;

（九）危害社会公德或者民族优秀文化传统的;

（十）含有法律、行政法规禁止的其他内容的。

◎ **司法解释**

《关于办理利用互联网、移动通讯终端、声讯台制作、复制、出版、贩卖、传播淫秽电子信息刑事案件具体应用法律的解释（一）》

第一条 以牟利为目的，利用互联网、移动通讯终端制作、复制、出版、贩卖、传播淫秽电子信息，具有下列情形之一的，依照刑法第三百六十三条第一款的规定，以制作、复制、出版、贩卖、传播淫秽物品牟利罪定罪处罚:

（一）制作、复制、出版、贩卖、传播淫秽电影、表演、动画等视频文件二十个以上的;

（二）制作、复制、出版、贩卖、传播淫秽音频文件一百个以上的;

（三）制作、复制、出版、贩卖、传播淫秽电子刊物、图片、文章、短信息等二百件以上的;

（四）制作、复制、出版、贩卖、传播的淫秽电子信息，实际被点击数达到一万次以上的;

（五）以会员制方式出版、贩卖、传播淫秽电子信息，注册会员达二百人以上的;

（六）利用淫秽电子信息收取广告费、会员注册费或者其他费用，违法所得一万元以上的;

（七）数量或者数额虽未达到第

（一）项至第（六）项规定标准，但分别达到其中两项以上标准一半以上的；

（八）造成严重后果的。

利用聊天室、论坛、即时通信软件、电子邮件等方式，实施第一款规定行为的，依照刑法第三百六十三条第一款的规定，以制作、复制、出版、贩卖、传播淫秽物品牟利罪定罪处罚。

第二条 实施第一条规定的行为，数量或者数额达到第一条第一款第（一）项至第（六）项规定标准五倍以上的，应当认定为刑法第三百六十三条第一款规定的"情节严重"；达到规定标准二十五倍以上的，应当认定为"情节特别严重"。

第四条 明知是淫秽电子信息而在自己所有、管理或者使用的网站或者网页上提供直接链接的，其数量标准根据所链接的淫秽电子信息的种类计算。

第五条 以牟利为目的，通过声讯台传播淫秽语音信息，具有下列情形之一的，依照刑法第三百六十三条第一款的规定，对直接负责的主管人员和其他直接责任人员以传播淫秽物品牟利罪定罪处罚：

（一）向一百人次以上传播的；

（二）违法所得一万元以上的；

（三）造成严重后果的。

实施前款规定行为，数量或者数额达到前款第（一）项至第（二）项规定标准五倍以上的，应当认定为刑法第三百六十三条第一款规定的"情节严重"；达到

规定标准二十五倍以上的，应当认定为"情节特别严重"。

第六条 实施本解释前五条规定的犯罪，具有下列情形之一的，依照刑法第三百六十三条第一款、第三百六十四条第一款的规定从重处罚：

（一）制作、复制、出版、贩卖、传播具体描绘不满十八周岁未成年人性行为的淫秽电子信息的；

（二）明知是具体描绘不满十八周岁的未成年人性行为的淫秽电子信息而在自己所有、管理或者使用的网站或者网页上提供直接链接的；

（三）向不满十八周岁的未成年人贩卖、传播淫秽电子信息和语音信息的；

（四）通过使用破坏性程序、恶意代码修改用户计算机设置等方法，强制用户访问、下载淫秽电子信息的。

第七条 明知他人实施制作、复制、出版、贩卖、传播淫秽电子信息犯罪，为其提供互联网接入、服务器托管、网络存储空间、通讯传输通道、费用结算等帮助的，对直接负责的主管人员和其他直接责任人员，以共同犯罪论处。

《关于公安机关管辖的刑事案件立案追诉标准的规定（一）》

第八十二条 ［制作、复制、出版、贩卖、传播淫秽物品牟利案（刑法第三百六十三条第一款、第二款）］以牟利为目的，制作、复制、出版、贩卖、传播淫秽物品，涉嫌下列情形之一的，应予立案

追诉：

（一）制作、复制、出版淫秽影碟、软件、录像带五十至一百张（盒）以上，淫秽音碟、录音带一百至二百张（盒）以上，淫秽扑克、书刊、画册一百至二百副（册）以上，淫秽照片、画片五百至一千张以上的；

（二）贩卖淫秽影碟、软件、录像带一百至二百张（盒）以上，淫秽音碟、录音带二百至四百张（盒）以上，淫秽扑克、书刊、画册二百至四百副（册）以上，淫秽照片、画片一千至二千张以上的；

（三）向他人传播淫秽物品达二百至五百人次以上，或者组织播放淫秽影、像达十至二十场次以上的；

（四）制作、复制、出版、贩卖、传播淫秽物品，获利五千至一万元以上的。

以牟利为目的，利用互联网、移动通讯终端制作、复制、出版、贩卖、传播淫秽电子信息，涉嫌下列情形之一的，应予立案追诉：

（一）制作、复制、出版、贩卖、传播淫秽电影、表演、动画等视频文件二十个以上的；

（二）制作、复制、出版、贩卖、传播淫秽音频文件一百个以上的；

（三）制作、复制、出版、贩卖、传播淫秽电子刊物、图片、文章、短信息等二百件以上的；

（四）制作、复制、出版、贩卖、

播的淫秽电子信息，实际被点击数达到一万次以上的；

（五）以会员制方式出版、贩卖、传播淫秽电子信息，注册会员达二百人以上的；

（六）利用淫秽电子信息收取广告费、会员注册费或者其他费用，违法所得一万元以上的；

（七）数量或者数额虽未达到本款第（一）项至第（六）项规定标准，但分别达到其中两项以上标准的百分之五十以上的；

（八）造成严重后果的。

利用聊天室、论坛、即时通信软件、电子邮件等方式，实施本条第二款规定行为的，应予立案追诉。

以牟利为目的，通过声讯台传播淫秽语音信息，涉嫌下列情形之一的，应予立案追诉：

（一）向一百人次以上传播的；

（二）违法所得一万元以上的；

（三）造成严重后果的。

明知他人用于出版淫秽书刊而提供书号、刊号的，应予立案追诉。

《关于办理利用互联网、移动通讯终端、声讯台制作、复制、出版、贩卖、传播淫秽电子信息刑事案件具体应用法律的解释（二）》

第一条　以牟利为目的，利用互联网、移动通讯终端制作、复制、出版、贩卖、传播淫秽电子信息的，依照《最高人民法院、最高人民检察院关于办理利用互联网、移动通讯终端、声讯台制作、复制、出版、贩卖、传播淫秽电子信息刑事案件具体应用法律若干问题的解释》第一条、第二条的规定定罪处罚。

以牟利为目的，利用互联网、移动通讯终端制作、复制、出版、贩卖、传播内容含有不满十四周岁未成年人的淫秽电子信息，具有下列情形之一的，依照刑法第三百六十三条第一款的规定，以制作、复制、出版、贩卖、传播淫秽物品牟利罪定罪处罚：

（一）制作、复制、出版、贩卖、传播淫秽电影、表演、动画等视频文件十个以上的；

（二）制作、复制、出版、贩卖、传播淫秽音频文件五十个以上的；

（三）制作、复制、出版、贩卖、传播淫秽电子刊物、图片、文章等一百件以上的；

（四）制作、复制、出版、贩卖、传播的淫秽电子信息，实际被点击数达到五千次以上的；

（五）以会员制方式出版、贩卖、传播淫秽电子信息，注册会员达一百人以上的；

（六）利用淫秽电子信息收取广告费、会员注册费或者其他费用，违法所得五千元以上的；

（七）数量或者数额虽未达到第（一）项至第（六）项规定标准，但分别达到其中两项以上标准一半以上的；

（八）造成严重后果的。

实施第二款规定的行为，数量或者数额达到第二款第（一）项至第（七）项规定标准五倍以上的，应当认定为刑法第三百六十三条第一款规定的"情节严重"；达到规定标准二十五倍以上的，应当认定为"情节特别严重"。

第四条　以牟利为目的，网站建立者、直接负责的管理者明知他人制作、复制、出版、贩卖、传播的是淫秽电子信息，允许或者放任他人在自己所有、管理的网站或者网页上发布，具有下列情形之一的，依照刑法第三百六十三条第一款的规定，以传播淫秽物品牟利罪定罪处罚：

（一）数量或者数额达到第一条第二款第（一）项至第（六）项规定标准五倍以上的；

（二）数量或者数额分别达到第一条第二款第（一）项至第（六）项两项以上标准二倍以上的；

（三）造成严重后果的。

实施前款规定的行为，数量或者数额达到第一条第二款第（一）项至第（七）项规定标准二十五倍以上的，应当认定为刑法第三百六十三条第一款规定的"情节严重"；达到规定标准一百倍以上的，应当认定为"情节特别严重"。

第六条　电信业务经营者、互联网信息服务提供者明知是淫秽网站，为其提供互联网接入、服务器托管、网络存储空间、通讯传输通道、代收费等服务，并收取服务费，具有下列情形之一的，对直接负责的主管人员和其他直接责任人员，依照刑法第三百六十三条第一款的规定，以传播淫秽物品牟利罪定罪处罚：

（一）为五个以上淫秽网站提供上述服务的；

（二）为淫秽网站提供互联网接入、服务器托管、网络存储空间、通讯传输通道等服务，收取服务费数额在二万元以上的；

（三）为淫秽网站提供代收费服务，收取服务费数额在五万元以上的；

（四）造成严重后果的。

实施前款规定的行为，数量或者数额达到前款第（一）项至第（三）项规定标准五倍以上的，应当认定为刑法第三百六十三条第一款规定的"情节严重"；达到规定标准二十五倍以上的，应当认定为"情节特别严重"。

第七条　明知是淫秽网站，以牟利为目的，通过投放广告等方式向其直接或者间接提供资金，或者提供费用结算服务，具有下列情形之一的，对直接负责的主管人员和其他直接责任人员，依照刑法第三百六十三条第一款的规定，以制作、复制、出版、贩卖、传播淫秽物品牟利罪的共同犯罪处罚：

（一）向十个以上淫秽网站投放广告或者以其他方式提供资金的；

（二）向淫秽网站投放广告二十条以

上的；

（三）向十个以上淫秽网站提供费用结算服务的；

（四）以投放广告或者其他方式向淫秽网站提供资金数额在五万元以上的；

（五）为淫秽网站提供费用结算服务，收取服务费数额在二万元以上的；

（六）造成严重后果的。

实施前款规定的行为，数量或者数额达到前款第（一）项至第（五）项规定标准五倍以上的，应当认定为刑法第三百六十三条第一款规定的"情节严重"；达到规定标准二十五倍以上的，应当认定为"情节特别严重"。

第八条　实施第四条至第七条规定的行为，具有下列情形之一的，应当认定行为人"明知"，但是有证据证明确实不知道的除外：

（一）行政主管机关书面告知后仍然实施上述行为的；

（二）接到举报后不履行法定管理职责的；

（三）为淫秽网站提供互联网接入、服务器托管、网络存储空间、通讯传输通道、代收费、费用结算等服务，收取服务费明显高于市场价格的；

（四）向淫秽网站投放广告，广告点击率明显异常的；

（五）其他能够认定行为人明知的情形。

第九条　一年内多次实施制作、复

制、出版、贩卖、传播淫秽电子信息行为
未经处理，数量或者数额累计计算构成犯
罪的，应当依法定罪处罚。

第十条　单位实施制作、复制、出
版、贩卖、传播淫秽电子信息犯罪的，
依照《中华人民共和国刑法》、《最高人
民法院、最高人民检察院关于办理利用
互联网、移动通讯终端、声讯台制作、
复制、出版、贩卖、传播淫秽电子信息
刑事案件具体应用法律若干问题的解释》
和本解释规定的相应个人犯罪的定罪量
刑标准，对直接负责的主管人员和其他
直接责任人员定罪处罚，并对单位判处
罚金。

第十一条　对于以牟利为目的，实施
制作、复制、出版、贩卖、传播淫秽电子
信息犯罪的，人民法院应当综合考虑犯罪
的违法所得、社会危害性等情节，依法判
处罚金或者没收财产。罚金数额一般在违
法所得的一倍以上五倍以下。

第十二条　《最高人民法院、最高人
民检察院关于办理利用互联网、移动通讯
终端、声讯台制作、复制、出版、贩卖、
传播淫秽电子信息刑事案件具体应用法律
若干问题的解释》和本解释所称网站，是
指可以通过互联网域名、IP 地址等方式
访问的内容提供站点。

以制作、复制、出版、贩卖、传播淫
秽电子信息为目的建立或者建立后主要从
事制作、复制、出版、贩卖、传播淫秽电
子信息活动的网站，为淫秽网站。

**《关于利用网络云盘制作、复制、贩卖、
传播淫秽电子信息牟利行为定罪量刑问题
的批复》**

一、对于以牟利为目的，利用网络云
盘制作、复制、贩卖、传播淫秽电子信息
的行为，是否应当追究刑事责任，适用刑
法和《最高人民法院、最高人民检察院关
于办理利用互联网、移动通讯终端、声讯
台制作、复制、出版、贩卖、传播淫秽电
子信息刑事案件具体应用法律若干问题的
解释》（法释〔2004〕11 号）、《最高人
民法院、最高人民检察院关于办理利用互
联网、移动通讯终端、声讯台制作、复
制、出版、贩卖、传播淫秽电子信息刑事
案件具体应用法律若干问题的解释
（二）》（法释〔2010〕3 号）的有关
规定。

二、对于以牟利为目的，利用网络云
盘制作、复制、贩卖、传播淫秽电子信息
的行为，在追究刑事责任时，鉴于网络云
盘的特点，不应单纯考虑制作、复制、贩
卖、传播淫秽电子信息的数量，还应充分
考虑传播范围、违法所得、行为人一贯表
现以及淫秽电子信息、传播对象是否涉及
未成年人等情节，综合评估社会危害性，
恰当裁量刑罚，确保罪责刑相适应。

◎ **部门规章**

**《中国公用计算机互联网国际联网管理办
法》**

第十条　任何组织或个人，不得利用
计算机国际联网从事危害国家安全、泄露

国家秘密等犯罪活动；不得利用计算机国际联网查阅、复制、制造和传播危害国家安全、妨碍社会治安和淫秽色情的信息；发现上述违法犯罪行为和有害信息，应及时向有关主管机关报告。

《互联网视听节目服务管理规定》

第十六条　互联网视听节目服务单位提供的、网络运营单位接入的视听节目应当符合法律、行政法规、部门规章的规定。已播出的视听节目应至少完整保留60日。视听节目不得含有以下内容：

（一）反对宪法确定的基本原则的；

（二）危害国家统一、主权和领土完整的；

（三）泄露国家秘密、危害国家安全或者损害国家荣誉和利益的；

（四）煽动民族仇恨、民族歧视，破坏民族团结，或者侵害民族风俗、习惯的；

（五）宣扬邪教、迷信的；

（六）扰乱社会秩序，破坏社会稳定的；

（七）诱导未成年人违法犯罪和渲染暴力、色情、赌博、恐怖活动的；

（八）侮辱或者诽谤他人，侵害公民个人隐私等他人合法权益的；

（九）危害社会公德，损害民族优秀文化传统的；

（十）有关法律、行政法规和国家规定禁止的其他内容。

《互联网域名管理办法》

第二十八条　任何组织或者个人注册、使用的域名中，不得含有下列内容：

（一）反对宪法所确定的基本原则的；

（二）危害国家安全，泄露国家秘密，颠覆国家政权，破坏国家统一的；

（三）损害国家荣誉和利益的；

（四）煽动民族仇恨、民族歧视，破坏民族团结的；

（五）破坏国家宗教政策，宣扬邪教和封建迷信的；

（六）散布谣言，扰乱社会秩序，破坏社会稳定的；

（七）散布淫秽、色情、赌博、暴力、凶杀、恐怖或者教唆犯罪的；

（八）侮辱或者诽谤他人，侵害他人合法权益的；

（九）含有法律、行政法规禁止的其他内容的。

域名注册管理机构、域名注册服务机构不得为含有前款所列内容的域名提供服务。

《互联网文化管理暂行规定》

第十六条　互联网文化单位不得提供载有以下内容的文化产品：

（一）反对宪法确定的基本原则的；

（二）危害国家统一、主权和领土完整的；

（三）泄露国家秘密、危害国家安全或者损害国家荣誉和利益的；

（四）煽动民族仇恨、民族歧视，破坏民族团结，或者侵害民族风俗、习惯的；

（五）宣扬邪教、迷信的；

（六）散布谣言，扰乱社会秩序，破坏社会稳定的；

（七）宣扬淫秽、赌博、暴力或者教唆犯罪的；

（八）侮辱或者诽谤他人，侵害他人合法权益的；

（九）危害社会公德或者民族优秀文化传统的；

（十）有法律、行政法规和国家规定禁止的其他内容的。

◎ **部门规范性文件**

《互联网直播服务管理规定》

第九条　互联网直播服务提供者以及互联网直播服务使用者不得利用互联网直播服务从事危害国家安全、破坏社会稳定、扰乱社会秩序、侵犯他人合法权益、传播淫秽色情等法律法规禁止的活动，不得利用互联网直播服务制作、复制、发布、传播法律法规禁止的信息内容。

《国家网络空间安全战略》

四、战略任务

……

（四）加强网络文化建设

……

加强网络伦理、网络文明建设，发挥道德教化引导作用，用人类文明优秀成果滋养网络空间、修复网络生态。建设文明诚信的网络环境，倡导文明办网、文明上网，形成安全、文明、有序的信息传播秩序。坚决打击谣言、淫秽、暴力、迷信、邪教等违法有害信息在网络空间传播蔓延。提高青少年网络文明素养，加强对未成年人上网保护，通过政府、社会组织、社区、学校、家庭等方面的共同努力，为青少年健康成长创造良好的网络环境。

……

《关于进一步压实网站平台信息内容管理主体责任的意见》

三、重点任务

（一）把握主体责任内涵。网站平台要以弘扬社会主义核心价值观为己任，培育积极健康、向上向善的网络文化，确保网上主旋律高昂、正能量充沛；对信息内容呈现结果负责，严防违法信息生产传播，自觉防范和抵制传播不良信息，确保信息内容安全。建设良好网络秩序，全链条覆盖、全口径管理，规范用户网上行为，遏制各类网络乱象，维护清朗网络空间。健全管理制度机制，准确界定行为边界，切实规范工作流程，强化内部管理约束，做到有规可依、有规必依，保障日常运营规范健康。加强未成年人网络保护，注重保障用户权益，切实维护社会公共利益。

……

（六）规范信息内容传播。强化新闻信息稿源管理，严格落实互联网新闻信息服务相关法律法规，禁止未经许可的主体提供相关服务，转载新闻信息时，不得歪曲、篡改标题原意和新闻信息内容，保证新闻来源可追溯。优化信息推荐机制，优先推送优质信息内容，坚决防范和抵制不良信息，严禁传播违法信息，切实维护版面页面良好生态。规范话题设置，严防蹭热点、伪原创、低俗媚俗、造谣传谣、负面信息集纳等恶意传播行为。健全舆情预警机制，重点关注敏感热点舆情，及时发现不良倾向，进行科学有效引导，防止误导社会公众。建立信息传播人工干预制度规范，严格操作标准，规范操作流程，全过程留痕备查，及时主动向监管部门报告重大事项。

……

权威案例

◎ 指导性案例

钱某制作、贩卖、传播淫秽物品牟利案

【最高检指导案例第 139 号】

　　要旨：自然人在私密空间的日常生活属于民法典保护的隐私。行为人以牟利为目的，偷拍他人性行为并制作成视频文件，以贩卖、传播方式予以公开，不仅侵犯他人隐私，而且该偷拍视频公开后具有描绘性行为、宣扬色情的客观属性，符合刑法关于"淫秽物品"的规定，构成犯罪的，应当以制作、贩卖、传播淫秽物品牟利罪追究刑事责任。以牟利为目的提供互联网链接，使他人可以通过偷拍设备实时观看或者下载视频文件的，属于该罪的"贩卖、传播"行为。检察机关办理涉及偷拍他人隐私的刑事案件时，应当根据犯罪的主客观方面依法适用不同罪名追究刑事责任。

第九章 渎 职 罪

第三百九十八条 【故意泄露国家秘密罪；过失泄露国家秘密罪】

国家机关工作人员违反保守国家秘密法的规定，故意或者过失泄露国家秘密，情节严重的，处三年以下有期徒刑或者拘役；情节特别严重的，处三年以上七年以下有期徒刑。

非国家机关工作人员犯前款罪的，依照前款的规定酌情处罚。

关联法规

◎ 法律

《网络安全法》

第七十七条 存储、处理涉及国家秘密信息的网络的运行安全保护，除应当遵守本法外，还应当遵守保密法律、行政法规的规定。

《反电信网络诈骗法》

第五条 反电信网络诈骗工作应当依法进行，维护公民和组织的合法权益。

有关部门和单位、个人应当对在反电信网络诈骗工作过程中知悉的国家秘密、商业秘密和个人隐私、个人信息予以保密。

《个人信息保护法》

第四十二条 境外的组织、个人从事侵害中华人民共和国公民的个人信息权益，或者危害中华人民共和国国家安全、公共利益的个人信息处理活动的，国家网信部门可以将其列入限制或者禁止个人信息提供清单，予以公告，并采取限制或者禁止向其提供个人信息等措施。

《关于维护互联网安全的决定》

二、为了维护国家安全和社会稳定，对有下列行为之一，构成犯罪的，依照刑法有关规定追究刑事责任：

（一）利用互联网造谣、诽谤或者发表、传播其他有害信息，煽动颠覆国家政权、推翻社会主义制度，或者煽动分裂国家、破坏国家统一；

（二）通过互联网窃取、泄露国家秘密、情报或者军事秘密；

（三）利用互联网煽动民族仇恨、民族歧视，破坏民族团结；

（四）利用互联网组织邪教组织、联络邪教组织成员，破坏国家法律、行政法规实施。

《保守国家秘密法》

第三条　国家秘密受法律保护。

一切国家机关、武装力量、政党、社会团体、企业事业单位和公民都有保守国家秘密的义务。

任何危害国家秘密安全的行为，都必须受到法律追究。

第四十八条　违反本法规定，有下列行为之一的，依法给予处分；构成犯罪的，依法追究刑事责任：

（一）非法获取、持有国家秘密载体的；

（二）买卖、转送或者私自销毁国家秘密载体的；

（三）通过普通邮政、快递等无保密措施的渠道传递国家秘密载体的；

（四）邮寄、托运国家秘密载体出境，或者未经有关主管部门批准，携带、传递国家秘密载体出境的；

（五）非法复制、记录、存储国家秘密的；

（六）在私人交往和通信中涉及国家秘密的；

（七）在互联网及其他公共信息网络或者未采取保密措施的有线和无线通信中传递国家秘密的；

（八）将涉密计算机、涉密存储设备接入互联网及其他公共信息网络的；

（九）在未采取防护措施的情况下，在涉密信息系统与互联网及其他公共信息网络之间进行信息交换的；

（十）使用非涉密计算机、非涉密存储设备存储、处理国家秘密信息的；

（十一）擅自卸载、修改涉密信息系统的安全技术程序、管理程序的；

（十二）将未经安全技术处理的退出使用的涉密计算机、涉密存储设备赠送、出售、丢弃或者改作其他用途的。

有前款行为尚不构成犯罪，且不适用处分的人员，由保密行政管理部门督促其所在机关、单位予以处理。

第四十九条　机关、单位违反本法规定，发生重大泄密案件的，由有关机关、单位依法对直接负责的主管人员和其他直接责任人员给予处分；不适用处分的人员，由保密行政管理部门督促其主管部门予以处理。

机关、单位违反本法规定，对应当定密的事项不定密，或者对不应当定密的事项定密，造成严重后果的，由有关机关、单位依法对直接负责的主管人员和其他直接责任人员给予处分。

《国家安全法》

第十五条　国家坚持中国共产党的领导，维护中国特色社会主义制度，发展社会主义民主政治，健全社会主义法治，强化权力运行制约和监督机制，保障人民当家作主的各项权利。

国家防范、制止和依法惩治任何叛

国、分裂国家、煽动叛乱、颠覆或者煽动颠覆人民民主专政政权的行为；防范、制止和依法惩治窃取、泄露国家秘密等危害国家安全的行为；防范、制止和依法惩治境外势力的渗透、破坏、颠覆、分裂活动。

第七十七条 公民和组织应当履行下列维护国家安全的义务：

（一）遵守宪法、法律法规关于国家安全的有关规定；

（二）及时报告危害国家安全活动的线索；

（三）如实提供所知悉的涉及危害国家安全活动的证据；

（四）为国家安全工作提供便利条件或者其他协助；

（五）向国家安全机关、公安机关和有关军事机关提供必要的支持和协助；

（六）保守所知悉的国家秘密；

（七）法律、行政法规规定的其他义务。

任何个人和组织不得有危害国家安全的行为，不得向危害国家安全的个人或者组织提供任何资助或者协助。

《国家情报法》

第七条 任何组织和公民都应当依法支持、协助和配合国家情报工作，保守所知悉的国家情报工作秘密。

国家对支持、协助和配合国家情报工作的个人和组织给予保护。

第十九条 国家情报工作机构及其工作人员应当严格依法办事，不得超越职权、滥用职权，不得侵犯公民和组织的合法权益，不得利用职务便利为自己或者他人谋取私利，不得泄露国家秘密、商业秘密和个人信息。

第二十九条 泄露与国家情报工作有关的国家秘密的，由国家情报工作机构建议相关单位给予处分或者由国家安全机关、公安机关处警告或者十五日以下拘留；构成犯罪的，依法追究刑事责任。

第三十一条 国家情报工作机构及其工作人员有超越职权、滥用职权，侵犯公民和组织的合法权益，利用职务便利为自己或者他人谋取私利，泄露国家秘密、商业秘密和个人信息等违法违纪行为的，依法给予处分；构成犯罪的，依法追究刑事责任。

《密码法》

第七条 核心密码、普通密码用于保护国家秘密信息，核心密码保护信息的最高密级为绝密级，普通密码保护信息的最高密级为机密级。

核心密码、普通密码属于国家秘密。密码管理部门依照本法和有关法律、行政法规、国家有关规定对核心密码、普通密码实行严格统一管理。

第十四条 在有线、无线通信中传递的国家秘密信息，以及存储、处理国家秘密信息的信息系统，应当依照法律、行政法规和国家有关规定使用核心密码、普通密码进行加密保护、安全认证。

第三十一条　密码管理部门和有关部门建立日常监管和随机抽查相结合的商用密码事中事后监管制度，建立统一的商用密码监督管理信息平台，推进事中事后监管与社会信用体系相衔接，强化商用密码从业单位自律和社会监督。

密码管理部门和有关部门及其工作人员不得要求商用密码从业单位和商用密码检测、认证机构向其披露源代码等密码相关专有信息，并对其在履行职责中知悉的商业秘密和个人隐私严格保密，不得泄露或者非法向他人提供。

《反间谍法》

第六十条　违反本法规定，有下列行为之一，构成犯罪的，依法追究刑事责任；尚不构成犯罪的，由国家安全机关予以警告或者处十日以下行政拘留，可以并处三万元以下罚款：

（一）泄露有关反间谍工作的国家秘密；

（二）明知他人有间谍犯罪行为，在国家安全机关向其调查有关情况、收集有关证据时，拒绝提供；

（三）故意阻碍国家安全机关依法执行任务；

（四）隐藏、转移、变卖、损毁国家安全机关依法查封、扣押、冻结的财物；

（五）明知是间谍行为的涉案财物而窝藏、转移、收购、代为销售或者以其他方法掩饰、隐瞒；

（六）对依法支持、协助国家安全机关工作的个人和组织进行打击报复。

第六十九条　国家安全机关工作人员滥用职权、玩忽职守、徇私舞弊，或者有非法拘禁、刑讯逼供、暴力取证、违反规定泄露国家秘密、工作秘密、商业秘密和个人隐私、个人信息等行为，依法予以处分，构成犯罪的，依法追究刑事责任。

◎ 党内法规

《关于规范党员干部网络行为的意见》

三、党员干部不得参加以下网络活动：组织、参加反对党的理论和路线方针政策的网络论坛、群组、直播等活动；通过网络组党结社，参与和动员不法串联、联署、集会等网上非法组织、非法活动；参与网上宗教活动、邪教活动，纵容和支持宗教极端势力、民族分裂势力、暴力恐怖势力极其活动；利用网络泄露党和国家秘密；浏览、访问非法和反动网站等。

◎ 行政法规

《电信条例》

第六十二条　使用电信网络传输信息的内容及其后果由电信用户负责。

电信用户使用电信网络传输的信息属于国家秘密信息的，必须依照保守国家秘密法的规定采取保密措施。

《商用密码管理条例》

第四十七条　商用密码检测、认证机构和电子政务电子认证服务机构及其工作人员，应当对其在商用密码活动中所知悉的国家秘密和商业秘密承担保密义务。

密码管理部门和有关部门及其工作人员不得要求商用密码科研、生产、销售、服务、进出口等单位和商用密码检测、认证机构向其披露源代码等密码相关专有信息，并对其在履行职责中知悉的商业秘密和个人隐私严格保密，不得泄露或者非法向他人提供。

◎ **司法解释**

《关于审理为境外窃取、刺探、收买、非法提供国家秘密、情报案件具体应用法律的解释》

第六条　通过互联网将国家秘密或者情报非法发送给境外的机构、组织、个人的，依照刑法第一百一十一条的规定定罪处罚；将国家秘密通过互联网予以发布，情节严重的，依照刑法第三百九十八条的规定定罪处罚。

◎ **部门规章**

《公安机关互联网安全监督检查规定》

第五条　公安机关及其工作人员对履行互联网安全监督检查职责中知悉的个人信息、隐私、商业秘密和国家秘密，应当严格保密，不得泄露、出售或者非法向他人提供。

公安机关及其工作人员在履行互联网安全监督检查职责中获取的信息，只能用于维护网络安全的需要，不得用于其他用途。

第十七条　公安机关开展现场监督检查或者远程检测，可以委托具有相应技术能力的网络安全服务机构提供技术支持。

网络安全服务机构及其工作人员对工作中知悉的个人信息、隐私、商业秘密和国家秘密，应当严格保密，不得泄露、出售或者非法向他人提供。公安机关应当严格监督网络安全服务机构落实网络安全管理与保密责任。

《网络安全审查办法》

第十八条　当事人或者网络产品和服务提供者认为审查人员有失客观公正，或者未能对审查工作中知悉的信息承担保密义务的，可以向网络安全审查办公室或者有关部门举报。

第二十二条　涉及国家秘密信息的，依照国家有关保密规定执行。

国家对数据安全审查、外商投资安全审查另有规定的，应当同时符合其规定。

◎ **部门规范性文件**

《信息安全等级保护管理办法》

第二十三条　从事信息系统安全等级测评的机构，应当履行下列义务：

（一）遵守国家有关法律法规和技术标准，提供安全、客观、公正的检测评估服务，保证测评的质量和效果；

（二）保守在测评活动中知悉的国家秘密、商业秘密和个人隐私，防范测评风险；

（三）对测评人员进行安全保密教育，与其签订安全保密责任书，规定应当履行的安全保密义务和承担的法律责任，并负责检查落实。

第二十四条 涉密信息系统应当依据国家信息安全等级保护的基本要求，按照国家保密工作部门有关涉密信息系统分级保护的管理规定和技术标准，结合系统实际情况进行保护。

非涉密信息系统不得处理国家秘密信息。

第三十二条 涉密信息系统建设使用单位应当依据国家保密标准 BMB20-2007《涉及国家秘密的信息系统分级保护管理规范》，加强涉密信息系统运行中的保密管理，定期进行风险评估，消除泄密隐患和漏洞。

第四十条 第三级以上信息系统运营、使用单位违反本办法规定，有下列行为之一的，由公安机关、国家保密工作部门和国家密码工作管理部门按照职责分工责令其限期改正；逾期不改正的，给予警告，并向其上级主管部门通报情况，建议对其直接负责的主管人员和其他直接责任人员予以处理，并及时反馈处理结果：

（一）未按本办法规定备案、审批的；

（二）未按本办法规定落实安全管理制度、措施的；

（三）未按本办法规定开展系统安全状况检查的；

（四）未按本办法规定开展系统安全技术测评的；

（五）接到整改通知后，拒不整改的；

（六）未按本办法规定选择使用信息安全产品和测评机构的；

（七）未按本办法规定如实提供有关文件和证明材料的；

（八）违反保密管理规定的；

（九）违反密码管理规定的；

（十）违反本办法其他规定的。

违反前款规定，造成严重损害的，由相关部门依照有关法律、法规予以处理。

《国家健康医疗大数据标准、安全和服务管理办法（试行）》

第三十五条 责任单位向社会公开健康医疗大数据时，应当遵循国家有关规定，不得泄露国家秘密、商业秘密和个人隐私，不得侵害国家利益、社会公共利益和公民、法人及其他组织的合法权益。

《中国教育和科研计算机网暂行管理办法》

第二十条 中国教育和科研计算机

网的所有工作人员和用户必须对所提供的信息负责。不得利用计算机联网从事危害国家安全、泄露国家秘密等犯罪活动，不得制作、查阅、复制和传播有碍社会治安和有伤风化的信息。

第三篇　网信工作反诈骗规范与案例

编者按：第三篇《网信工作反诈骗规范与案例》以《反电信网络诈骗法》为主干，将网络安全与数字经济领域的相关法律法规分类纳入到每个对应条文中，形成关联法规体系。在此基础上，再将收集到的最高人民法院、最高人民检察院发布的网络安全与数字经济领域指导性案例、公报案例和典型案例等权威案例分类纳入到最为相关的条文中。

《反电信网络诈骗法》

第一章　总　　则

第一条　【立法目的】

为了预防、遏制和惩治电信网络诈骗活动，加强反电信网络诈骗工作，保护公民和组织的合法权益，维护社会稳定和国家安全，根据宪法，制定本法。

关联法规

◎ **法律**

《网络安全法》

第一条　为了保障网络安全，维护网络空间主权和国家安全、社会公共利益，保护公民、法人和其他组织的合法权益，促进经济社会信息化健康发展，制定本法。

《电子商务法》

第一条　为了保障电子商务各方主体的合法权益，规范电子商务行为，维护市场秩序，促进电子商务持续健康发展，制定本法。

《数据安全法》

第一条　为了规范数据处理活动，保障数据安全，促进数据开发利用，保护个人、组织的合法权益，维护国家主权、安全和发展利益，制定本法。

《个人信息保护法》

第一条　为了保护个人信息权益，规范个人信息处理活动，促进个人信息合理利用，根据宪法，制定本法。

《国家安全法》

第一条　为了维护国家安全，保卫人民民主专政的政权和中国特色社会主义制度，保护人民的根本利益，保障改革开放和社会主义现代化建设的顺利进行，实现中华民族伟大复兴，根据宪法，制定本法。

《密码法》

第一条　为了规范密码应用和管理，促进密码事业发展，保障网络与信息安全，维护国家安全和社会公共利益，保护公民、法人和其他组织的合法权益，制定本法。

◎ **党内法规**

《关于加强打击治理电信网络诈骗违法犯罪工作的意见》

……

《意见》强调，要坚持以习近平新时代中国特色社会主义思想为指导，深入贯彻党的十九大和十九届历次全会精神，坚持以人民为中心，统筹发展和安全，强化系统观念、法治思维，坚持严厉打击、依法办案，实现法律效果与社会效果有机统一，坚持打防结合、防范为先，强化预警劝阻，加强宣传教育，坚持科技支撑、强化反制，运用科技信息化手段提升技术反制能力，坚持源头治理、综合治理，加强行业监管，强化属地管控，坚持广泛动员、群防群治，发动群众力量，汇聚群众智慧，坚决遏制电信网络诈骗违法犯罪多发高发态势，提升社会治理水平，使人民获得感、幸福感、安全感更加充实、更有保障、更可持续，为建设更高水平的平安中国、法治中国作出贡献。

《意见》要求，要依法严厉打击电信网络诈骗违法犯罪。坚持依法从严惩处，形成打击合力，提升打击效能；坚持全链条纵深打击，依法打击电信网络诈骗以及上下游关联违法犯罪；健全涉诈资金查处机制，最大限度追赃挽损；进一步强化法律支撑，为实现全链条打击、一体化治理提供法治保障；加强国际执法司法合作，积极推动涉诈在逃人员通缉、引渡、遣返工作。

《意见》要求，要构建严密防范体系。强化技术反制，建立对涉诈网站、App及诈骗电话、诈骗短消息处置机制；强化预警劝阻，不断提升预警信息监测发现能力，及时发现潜在受害群众，采取劝阻措施；强化宣传教育，建立全方位、广覆盖的反诈宣传教育体系，开展防范电信网络诈骗违法犯罪知识进社区、进农村、进家庭、进学校、进企业活动，形成全社会反诈的浓厚氛围。

《意见》要求，要加强行业监管源头治理。建立健全行业安全评估和准入制度；加强金融行业监管，及时发现、管控新型洗钱通道；加强电信行业监管，严格落实电话用户实名制；加强互联网行业监管；完善责任追究制度，建立健全行业主管部门、企业、用户三级责任制；建立健全信用惩戒制度，将电信网络诈骗及关联违法犯罪人员纳入严重失信主体名单。《意见》还要求，要强化属地管控综合治理，加强犯罪源头地综合整治。

《意见》强调，各级党委和政府要加强对打击治理电信网络诈骗违法犯罪工作的组织领导，统筹力量资源，建立职责清晰、协同联动、衔接紧密、运转高效的打击治理体系。金融、电信、互联网等行业主管部门要全面落实行业监管主体责任，各地要强化落实属地责任，全面提升打击治理电信网络诈骗违法犯罪的能力水平。

◎ 行政法规

《互联网信息服务管理办法》

第一条　为了规范互联网信息服务活动，促进互联网信息服务健康有序发展，制定本办法。

《电信条例》

第一条　为了规范电信市场秩序，维护电信用户和电信业务经营者的合法权益，保障电信网络和信息的安全，促进电信业的健康发展，制定本条例。

◎ 司法解释

《关于充分发挥审判职能作用切实维护公共安全的若干意见》

……

5. 强化涉众型犯罪案件的审判工作。针对社会公众实施的非法吸收公众存款、集资诈骗、电信诈骗、操纵证券、期货市场及组织、领导传销等涉众型犯罪，影响面广、危害性大、关注度高，要精心组织好相关案件的审判工作。要加大对此类犯罪的惩治力度，对犯罪数额特别巨大、犯罪情节特别恶劣、危害后果特别严重的，依法判处重刑。要高度重视犯罪分子的违法所得追缴和涉案财物的依法处置工作，最大限度维护人民群众的合法权益，稳定社会秩序。要强化司法公开力度，及时披露有关信息，回应社会关切。

《关于办理电信网络诈骗等刑事案件适用法律的意见》

一、总体要求

近年来，利用通讯工具、互联网等技术手段实施的电信网络诈骗犯罪活动持续高发，侵犯公民个人信息，扰乱无线电通讯管理秩序，掩饰、隐瞒犯罪所得、犯罪所得收益等上下游关联犯罪不断蔓延。此类犯罪严重侵害人民群众财产安全和其他合法权益，严重干扰电信网络秩序，严重破坏社会诚信，严重影响人民群众安全感和社会和谐稳定，社会危害性大，人民群众反映强烈。

人民法院、人民检察院、公安机关要针对电信网络诈骗等犯罪的特点，坚持全链条全方位打击，坚持依法从严从快惩处，坚持最大力度最大限度追赃挽损，进一步健全工作机制，加强协作配合，坚决有效遏制电信网络诈骗等犯罪活动，努力实现法律效果和社会效果的高度统一。

> ### 第二条　【基本含义】
>
> 本法所称电信网络诈骗，是指以非法占有为目的，利用电信网络技术手段，通过远程、非接触等方式，诈骗公私财物的行为。

关联法规

◎ **法律**

《网络安全法》

第七十六条 本法下列用语的含义：

（一）网络，是指由计算机或者其他信息终端及相关设备组成的按照一定的规则和程序对信息进行收集、存储、传输、交换、处理的系统。

（二）网络安全，是指通过采取必要措施，防范对网络的攻击、侵入、干扰、破坏和非法使用以及意外事故，使网络处于稳定可靠运行的状态，以及保障网络数据的完整性、保密性、可用性的能力。

（三）网络运营者，是指网络的所有者、管理者和网络服务提供者。

（四）网络数据，是指通过网络收集、存储、传输、处理和产生的各种电子数据。

（五）个人信息，是指以电子或者其他方式记录的能够单独或者与其他信息结合识别自然人个人身份的各种信息，包括但不限于自然人的姓名、出生日期、身份证件号码、个人生物识别信息、住址、电话号码等。

◎ **司法解释**

《关于办理电信网络诈骗等刑事案件适用法律的意见》

二、依法严惩电信网络诈骗犯罪

（一）根据《最高人民法院、最高人民检察院关于办理诈骗刑事案件具体应用法律若干问题的解释》第一条的规定，利用电信网络技术手段实施诈骗，诈骗公私财物价值三千元以上、三万元以上、五十万元以上的，应当分别认定为刑法第二百六十六条规定的"数额较大""数额巨大""数额特别巨大"。

二年内多次实施电信网络诈骗未经处理，诈骗数额累计计算构成犯罪的，应当依法定罪处罚。

（二）实施电信网络诈骗犯罪，达到相应数额标准，具有下列情形之一的，酌情从重处罚：

1. 造成被害人或其近亲属自杀、死亡或者精神失常等严重后果的；

2. 冒充司法机关等国家机关工作人员实施诈骗的；

3. 组织、指挥电信网络诈骗犯罪团伙的；

4. 在境外实施电信网络诈骗的；

5. 曾因电信网络诈骗犯罪受过刑事处罚或者二年内曾因电信网络诈骗受过行政处罚的；

6. 诈骗残疾人、老年人、未成年人、在校学生、丧失劳动能力的人的财物，或者诈骗重病患者及其亲属财物的；

7. 诈骗救灾、抢险、防汛、优抚、扶贫、移民、救济、医疗等款物的；

8. 以赈灾、募捐等社会公益、慈善名义实施诈骗的；

9. 利用电话追呼系统等技术手段严重干扰公安机关等部门工作的；

10. 利用"钓鱼网站"链接、"木马"程序链接、网络渗透等隐蔽技术手段实施诈骗的。

（三）实施电信网络诈骗犯罪，诈骗数额接近"数额巨大""数额特别巨大"的标准，具有前述第（二）条规定的情形之一的，应当分别认定为刑法第二百六十六条规定的"其他严重情节""其他特别严重情节"。

上述规定的"接近"，一般应掌握在相应数额标准的百分之八十以上。

（四）实施电信网络诈骗犯罪，犯罪嫌疑人、被告人实际骗得财物的，以诈骗罪（既遂）定罪处罚。诈骗数额难以查证，但具有下列情形之一的，应当认定为刑法第二百六十六条规定的"其他严重情节"，以诈骗罪（未遂）定罪处罚：

1. 发送诈骗信息五千条以上的，或者拨打诈骗电话五百人次以上的；

2. 在互联网上发布诈骗信息，页面浏览量累计五千次以上的。

具有上述情形，数量达到相应标准十倍以上的，应当认定为刑法第二百六十六条规定的"其他特别严重情节"，以诈骗罪（未遂）定罪处罚。

上述"拨打诈骗电话"，包括拨出诈骗电话和接听被害人回拨电话。反复拨打、接听同一电话号码，以及反复向同一被害人发送诈骗信息的，拨打、接听电话次数、发送信息条数累计计算。

因犯罪嫌疑人、被告人故意隐匿、毁灭证据等原因，致拨打电话次数、发送信息条数的证据难以收集的，可以根据经查证属实的日拨打人次数、日发送信息条数，结合犯罪嫌疑人、被告人实施犯罪的时间、犯罪嫌疑人、被告人的供述等相关证据，综合予以认定。

（五）电信网络诈骗既有既遂，又有未遂，分别达到不同量刑幅度的，依照处罚较重的规定处罚；达到同一量刑幅度的，以诈骗罪既遂处罚。

（六）对实施电信网络诈骗犯罪的被告人裁量刑罚，在确定量刑起点、基准刑时，一般应就高选择。确定宣告刑时，应当综合全案事实情节，准确把握从重、从轻量刑情节的调节幅度，保证罪责刑相适应。

（七）对实施电信网络诈骗犯罪的被告人，应当严格控制适用缓刑的范围，严格掌握适用缓刑的条件。

（八）对实施电信网络诈骗犯罪的

被告人，应当更加注重依法适用财产刑，加大经济上的惩罚力度，最大限度剥夺被告人再犯的能力。

《关于适用犯罪嫌疑人、被告人逃匿、死亡案件违法所得没收程序若干问题的规定》

第一条　下列犯罪案件，应当认定为刑事诉讼法第二百八十条第一款规定的"犯罪案件"：

（一）贪污、挪用公款、巨额财产来源不明、隐瞒境外存款、私分国有资产、私分罚没财物犯罪案件；

（二）受贿、单位受贿、利用影响力受贿、行贿、对有影响力的人行贿、对单位行贿、介绍贿赂、单位行贿犯罪案件；

（三）组织、领导、参加恐怖组织，帮助恐怖活动，准备实施恐怖活动，宣扬恐怖主义、极端主义、煽动实施恐怖活动，利用极端主义破坏法律实施，强制穿戴宣扬恐怖主义、极端主义服饰、标志，非法持有宣扬恐怖主义、极端主义物品犯罪案件；

（四）危害国家安全、走私、洗钱、金融诈骗、黑社会性质的组织、毒品犯罪案件。

电信诈骗、网络诈骗犯罪案件，依照前款规定的犯罪案件处理。

《关于适用〈中华人民共和国刑事诉讼法〉的解释》

第六百零九条　刑事诉讼法第二百

九十八条规定的"贪污贿赂犯罪、恐怖活动犯罪等"犯罪案件，是指下列案件：

（一）贪污贿赂、失职渎职等职务犯罪案件；

（二）刑法分则第二章规定的相关恐怖活动犯罪案件，以及恐怖活动组织、恐怖活动人员实施的杀人、爆炸、绑架等犯罪案件；

（三）危害国家安全、走私、洗钱、金融诈骗、黑社会性质组织、毒品犯罪案件；

（四）电信诈骗、网络诈骗犯罪案件。

第三条　【适用范围】

打击治理在中华人民共和国境内实施的电信网络诈骗活动或者中华人民共和国公民在境外实施的电信网络诈骗活动，适用本法。

境外的组织、个人针对中华人民共和国境内实施电信网络诈骗活动的，或者为他人针对境内实施电信网络诈骗活动提供产品、服务等帮助的，依照本法有关规定处理和追究责任。

关联法规

◎ **法律**

《民法典》

第十二条　中华人民共和国领域内的民事活动，适用中华人民共和国法律。法律另有规定的，依照其规定。

《刑法》

第六条　凡在中华人民共和国领域内犯罪的，除法律有特别规定的以外，都适用本法。

凡在中华人民共和国船舶或者航空器内犯罪的，也适用本法。

犯罪的行为或者结果有一项发生在中华人民共和国领域内的，就认为是在中华人民共和国领域内犯罪。

第七条　中华人民共和国公民在中华人民共和国领域外犯本法规定之罪的，适用本法，但是按本法规定的最高刑为三年以下有期徒刑的，可以不予追究。

中华人民共和国国家工作人员和军人在中华人民共和国领域外犯本法规定之罪的，适用本法。

第八条　外国人在中华人民共和国领域外对中华人民共和国国家或者公民犯罪，而按本法规定的最低刑为三年以上有期徒刑的，可以适用本法，但是按照犯罪地的法律不受处罚的除外。

第九条　对于中华人民共和国缔结或者参加的国际条约所规定的罪行，中华人民共和国在所承担条约义务的范围内行使刑事管辖权的，适用本法。

第十条　凡在中华人民共和国领域外犯罪，依照本法应当负刑事责任的，虽然经过外国审判，仍然可以依照本法追究，但是在外国已经受过刑罚处罚的，可以免除或者减轻处罚。

第十一条　享有外交特权和豁免权的外国人的刑事责任，通过外交途径解决。

第十二条　中华人民共和国成立以后本法施行以前的行为，如果当时的法律不认为是犯罪的，适用当时的法律；如果当时的法律认为是犯罪的，依照本法总则第四章第八节的规定应当追诉的，按照当时的法律追究刑事责任，但是如果本法不认为是犯罪或者处刑较轻的，适用本法。

本法施行以前，依照当时的法律已经作出的生效判决，继续有效。

《网络安全法》

第二条　在中华人民共和国境内建设、运营、维护和使用网络，以及网络安全的监督管理，适用本法。

◎ **司法解释**

《关于办理电信网络诈骗等刑事案件适用法律的意见》

五、依法确定案件管辖

（一）电信网络诈骗犯罪案件一般

由犯罪地公安机关立案侦查，如果由犯罪嫌疑人居住地公安机关立案侦查更为适宜的，可以由犯罪嫌疑人居住地公安机关立案侦查。犯罪地包括犯罪行为发生地和犯罪结果发生地。

"犯罪行为发生地"包括用于电信网络诈骗犯罪的网站服务器所在地，网站建立者、管理者所在地，被侵害的计算机信息系统或其管理者所在地，犯罪嫌疑人、被害人使用的计算机信息系统所在地，诈骗电话、短信息、电子邮件等的拨打地、发送地、到达地、接受地，以及诈骗行为持续发生的实施地、预备地、开始地、途经地、结束地。

"犯罪结果发生地"包括被害人被骗时所在地，以及诈骗所得财物的实际取得地、藏匿地、转移地、使用地、销售地等。

（二）电信网络诈骗最初发现地公安机关侦办的案件，诈骗数额当时未达到"数额较大"标准，但后续累计达到"数额较大"标准，可由最初发现地公安机关立案侦查。

（三）具有下列情形之一的，有关公安机关可以在其职责范围内并案侦查：

1. 一人犯数罪的；

2. 共同犯罪的；

3. 共同犯罪的犯罪嫌疑人还实施其他犯罪的；

4. 多个犯罪嫌疑人实施的犯罪存在直接关联，并案处理有利于查明案件事实的。

（四）对因网络交易、技术支持、资金支付结算等关系形成多层级链条、跨区域的电信网络诈骗等犯罪案件，可由共同上级公安机关按照有利于查清犯罪事实、有利于诉讼的原则，指定有关公安机关立案侦查。

（五）多个公安机关都有权立案侦查的电信网络诈骗等犯罪案件，由最初受理的公安机关或者主要犯罪地公安机关立案侦查。有争议的，按照有利于查清犯罪事实、有利于诉讼的原则，协商解决。经协商无法达成一致的，由共同上级公安机关指定有关公安机关立案侦查。

（六）在境外实施的电信网络诈骗等犯罪案件，可由公安部按照有利于查清犯罪事实、有利于诉讼的原则，指定有关公安机关立案侦查。

（七）公安机关立案、并案侦查，或因有争议，由共同上级公安机关指定立案侦查的案件，需要提请批准逮捕、移送审查起诉、提起公诉的，由该公安机关所在地的人民检察院、人民法院受理。

对重大疑难复杂案件和境外案件，公安机关应在指定立案侦查前，向同级人民检察院、人民法院通报。

（八）已确定管辖的电信诈骗共同犯罪案件，在逃的犯罪嫌疑人归案后，一般由原管辖的公安机关、人民检察院、人民法院管辖。

第四条　【基本原则】

反电信网络诈骗工作坚持以人民为中心，统筹发展和安全；坚持系统观念、法治思维，注重源头治理、综合治理；坚持齐抓共管、群防群治，全面落实打防管控各项措施，加强社会宣传教育防范；坚持精准防治，保障正常生产经营活动和群众生活便利。

关联法规

◎ 法律

《民法典》

第二条　民法调整平等主体的自然人、法人和非法人组织之间的人身关系和财产关系。

第三条　民事主体的人身权利、财产权利以及其他合法权益受法律保护，任何组织或者个人不得侵犯。

第四条　民事主体在民事活动中的法律地位一律平等。

第五条　民事主体从事民事活动，应当遵循自愿原则，按照自己的意思设立、变更、终止民事法律关系。

第六条　民事主体从事民事活动，应当遵循公平原则，合理确定各方的权利和义务。

第七条　民事主体从事民事活动，应当遵循诚信原则，秉持诚实，恪守承诺。

第八条　民事主体从事民事活动，不得违反法律，不得违背公序良俗。

第九条　民事主体从事民事活动，应当有利于节约资源、保护生态环境。

《网络安全法》

第三条　国家坚持网络安全与信息化发展并重，遵循积极利用、科学发展、依法管理、确保安全的方针，推进网络基础设施建设和互联互通，鼓励网络技术创新和应用，支持培养网络安全人才，建立健全网络安全保障体系，提高网络安全保护能力。

第四条　国家制定并不断完善网络安全战略，明确保障网络安全的基本要求和主要目标，提出重点领域的网络安全政策、工作任务和措施。

第五条　国家采取措施，监测、防御、处置来源于中华人民共和国境内外的网络安全风险和威胁，保护关键信息基础设施免受攻击、侵入、干扰和破坏，依法惩治网络违法犯罪活动，维护网络空间安全和秩序。

第六条　国家倡导诚实守信、健康文明的网络行为，推动传播社会主义核心价值观，采取措施提高全社会的网络安全意识和水平，形成全社会共同参与促进网络安全的良好环境。

◎ **部门规范性文件**

《关于进一步扩大和升级信息消费持续释放内需潜力的指导意见》

四、优化信息消费发展环境

（十七）加强和改进监管。坚持包容审慎监管，加强分类指导，深入推进"放管服"改革，继续推进信息消费领域"证照分离"试点，进一步简化优化业务办理流程，推行清单管理制度，放宽新业态新模式市场准入。强化事中事后监管，积极应用大数据、云计算等新技术创新行业服务和管理方式，在信息消费领域推行"双随机、一公开"监管，完善守信联合激励和失信联合惩戒制度。严厉打击电信网络诈骗、制售假冒伪劣商品等违法违规行为，整顿和规范信息消费环境。深化电信体制改革，鼓励民间资本通过多种形式参与信息通信业投融资。做好自由贸易试验区电信领域开放试点，加大基础电信领域竞争性业务开放力度，适时在全国其他地区复制推广。

......

《关于切实解决老年人运用智能技术困难实施方案》

三、保障措施

......

（四）保障信息安全。规范智能化产品和服务中的个人信息收集、使用等活动，综合运用多种安全防护手段和风险控制措施，加强技术监测和监督检查，及时曝光并处置违法违规获取个人信息等行为。实施常态化综合监管，加强与媒体等社会力量合作，充分依托各类举报投诉热线，严厉打击电信网络诈骗等违法行为，切实保障老年人安全使用智能化产品、享受智能化服务。（中央网信办、工业和信息化部、公安部等相关部门按职责分工负责）

第五条　【保密义务】

反电信网络诈骗工作应当依法进行，维护公民和组织的合法权益。

有关部门和单位、个人应当对在反电信网络诈骗工作过程中知悉的国家秘密、商业秘密和个人隐私、个人信息予以保密。

关联法规

◎ **法律**

《民法典》

第一百一十一条　自然人的个人信息受法律保护。任何组织或者个人需要获取他人个人信息的，应当依法取得并确保信息安全，不得非法收集、使用、加工、传输他人个人信息，不得非法买卖、提供或者公开他人个人信息。

《个人信息保护法》

第五条　处理个人信息应当遵循合法、正当、必要和诚信原则，不得通过误导、欺诈、胁迫等方式处理个人信息。

《刑事诉讼法》

第五十四条　人民法院、人民检察院和公安机关有权向有关单位和个人收集、调取证据。有关单位和个人应当如实提供证据。

行政机关在行政执法和查办案件过程中收集的物证、书证、视听资料、电子数据等证据材料，在刑事诉讼中可以作为证据使用。

对涉及国家秘密、商业秘密、个人隐私的证据，应当保密。

凡是伪造证据、隐匿证据或者毁灭证据的，无论属于何方，必须受法律追究。

◎ 行政法规

《政府信息公开条例》

第十五条　涉及商业秘密、个人隐私等公开会对第三方合法权益造成损害的政府信息，行政机关不得公开。但是，第三方同意公开或者行政机关认为不公开会对公共利益造成重大影响的，予以公开。

《优化营商环境条例》

第三十条　国家加强社会信用体系建设，持续推进政务诚信、商务诚信、社会诚信和司法公信建设，提高全社会诚信意识和信用水平，维护信用信息安全，严格保护商业秘密和个人隐私。

《关键信息基础设施安全保护条例》

第十五条　专门安全管理机构具体负责本单位的关键信息基础设施安全保护工作，履行下列职责：

（一）建立健全网络安全管理、评价考核制度，拟订关键信息基础设施安全保护计划；

（二）组织推动网络安全防护能力建设，开展网络安全监测、检测和风险评估；

（三）按照国家及行业网络安全事件应急预案，制定本单位应急预案，定期开展应急演练，处置网络安全事件；

（四）认定网络安全关键岗位，组织开展网络安全工作考核，提出奖励和惩处建议；

（五）组织网络安全教育、培训；

（六）履行个人信息和数据安全保护责任，建立健全个人信息和数据安全保护制度；

（七）对关键信息基础设施设计、建设、运行、维护等服务实施安全管理；

（八）按照规定报告网络安全事件

和重要事项。

第十八条 关键信息基础设施发生重大网络安全事件或者发现重大网络安全威胁时，运营者应当按照有关规定向保护工作部门、公安机关报告。

发生关键信息基础设施整体中断运行或者主要功能故障、国家基础信息以及其他重要数据泄露、较大规模个人信息泄露、造成较大经济损失、违法信息较大范围传播等特别重大网络安全事件或者发现特别重大网络安全威胁时，保护工作部门应当在收到报告后，及时向国家网信部门、国务院公安部门报告。

◎ **部门规章**

《电信和互联网用户个人信息保护规定》

第四条 本规定所称用户个人信息，是指电信业务经营者和互联网信息服务提供者在提供服务的过程中收集的用户姓名、出生日期、身份证件号码、住址、电话号码、账号和密码等能够单独或者与其他信息结合识别用户的信息以及用户使用服务的时间、地点等信息。

第九条 未经用户同意，电信业务经营者、互联网信息服务提供者不得收集、使用用户个人信息。

电信业务经营者、互联网信息服务提供者收集、使用用户个人信息的，应当明确告知用户收集、使用信息的目的、方式和范围，查询、更正信息

的渠道以及拒绝提供信息的后果等事项。

电信业务经营者、互联网信息服务提供者不得收集其提供服务所必需以外的用户个人信息或者将信息用于提供服务之外的目的，不得以欺骗、误导或者强迫等方式或者违反法律、行政法规以及双方的约定收集、使用信息。

电信业务经营者、互联网信息服务提供者在用户终止使用电信服务或者互联网信息服务后，应当停止对用户个人信息的收集和使用，并为用户提供注销号码或者账号的服务。

法律、行政法规对本条第一款至第四款规定的情形另有规定的，从其规定。

第十二条 第十条 电信业务经营者、互联网信息服务提供者及其工作人员对在提供服务过程中收集、使用的用户个人信息应当严格保密，不得泄露、篡改或者毁损，不得出售或者非法向他人提供。

《数据出境安全评估办法》

第十五条 参与安全评估工作的相关机构和人员对在履行职责中知悉的国家秘密、个人隐私、个人信息、商业秘密、保密商务信息等数据应当依法予以保密，不得泄露或者非法向他人提供、非法使用。

第六条【反电信网络诈骗工作机制】

国务院建立反电信网络诈骗工作机制，统筹协调打击治理工作。

地方各级人民政府组织领导本行政区域内反电信网络诈骗工作，确定反电信网络诈骗目标任务和工作机制，开展综合治理。

公安机关牵头负责反电信网络诈骗工作，金融、电信、网信、市场监管等有关部门依照职责履行监管主体责任，负责本行业领域反电信网络诈骗工作。

人民法院、人民检察院发挥审判、检察职能作用，依法防范、惩治电信网络诈骗活动。

电信业务经营者、银行业金融机构、非银行支付机构、互联网服务提供者承担风险防控责任，建立反电信网络诈骗内部控制机制和安全责任制度，加强新业务涉诈风险安全评估。

关联法规

◎ 法律

《网络安全法》

第七条　国家积极开展网络空间治理、网络技术研发和标准制定、打击网络违法犯罪等方面的国际交流与合作，推动构建和平、安全、开放、合作的网络空间，建立多边、民主、透明的网络治理体系。

第八条　国家网信部门负责统筹协调网络安全工作和相关监督管理工作。国务院电信主管部门、公安部门和其他有关机关依照本法和有关法律、行政法规的规定，在各自职责范围内负责网络安全保护和监督管理工作。

县级以上地方人民政府有关部门的网络安全保护和监督管理职责，按照国家有关规定确定。

第九条　网络运营者开展经营和服务活动，必须遵守法律、行政法规，尊重社会公德，遵守商业道德，诚实信用，履行网络安全保护义务，接受政府和社会的监督，承担社会责任。

第十条　建设、运营网络或者通过网络提供服务，应当依照法律、行政法规的规定和国家标准的强制性要求，采取技术措施和其他必要措施，保障网络安全、稳定运行，有效应对网络安全事件，防范网络违法犯罪活动，维护网络数据的完整性、保密性和可用性。

第十一条　网络相关行业组织按照章程，加强行业自律，制定网络安全行为规范，指导会员加强网络安全保护，提高网络安全保护水平，促进行业健康发展。

《数据安全法》

第六条 各地区、各部门对本地区、本部门工作中收集和产生的数据及数据安全负责。

工业、电信、交通、金融、自然资源、卫生健康、教育、科技等主管部门承担本行业、本领域数据安全监管职责。

公安机关、国家安全机关等依照本法和有关法律、行政法规的规定，在各自职责范围内承担数据安全监管职责。

国家网信部门依照本法和有关法律、行政法规的规定，负责统筹协调网络数据安全和相关监管工作。

《反洗钱法》

第八条 国务院反洗钱行政主管部门组织、协调全国的反洗钱工作，负责反洗钱的资金监测，制定或者会同国务院有关金融监督管理机构制定金融机构反洗钱规章，监督、检查金融机构履行反洗钱义务的情况，在职责范围内调查可疑交易活动，履行法律和国务院规定的有关反洗钱的其他职责。

国务院反洗钱行政主管部门的派出机构在国务院反洗钱行政主管部门的授权范围内，对金融机构履行反洗钱义务的情况进行监督、检查。

第九条 国务院有关金融监督管理机构参与制定所监督管理的金融机构反洗钱规章，对所监督管理的金融机构提出按照规定建立健全反洗钱内部控制制度的要求，履行法律和国务院规定的有关反洗钱的其他职责。

第十条 国务院反洗钱行政主管部门设立反洗钱信息中心，负责大额交易和可疑交易报告的接收、分析，并按照规定向国务院反洗钱行政主管部门报告分析结果，履行国务院反洗钱行政主管部门规定的其他职责。

第十一条 国务院反洗钱行政主管部门为履行反洗钱资金监测职责，可以从国务院有关部门、机构获取所必需的信息，国务院有关部门、机构应当提供。

国务院反洗钱行政主管部门应当向国务院有关部门、机构定期通报反洗钱工作情况。

第十二条 海关发现个人出入境携带的现金、无记名有价证券超过规定金额的，应当及时向反洗钱行政主管部门通报。

前款应当通报的金额标准由国务院反洗钱行政主管部门会同海关总署规定。

第十三条 反洗钱行政主管部门和其他依法负有反洗钱监督管理职责的部门、机构发现涉嫌洗钱犯罪的交易活动，应当及时向侦查机关报告。

第十四条 国务院有关金融监督管理机构审批新设金融机构或者金融机构

增设分支机构时，应当审查新机构反洗钱内部控制制度的方案；对于不符合本法规定的设立申请，不予批准。

《反有组织犯罪法》

　　第十六条　电信业务经营者、互联网服务提供者应当依法履行网络信息安全管理义务，采取安全技术防范措施，防止含有宣扬、诱导有组织犯罪内容的信息传播；发现含有宣扬、诱导有组织犯罪内容的信息的，应当立即停止传输，采取消除等处置措施，保存相关记录，并向公安机关或者有关部门报告，依法为公安机关侦查有组织犯罪提供技术支持和协助。

　　网信、电信、公安等主管部门对含有宣扬、诱导有组织犯罪内容的信息，应当按照职责分工，及时责令有关单位停止传输、采取消除等处置措施，或者下架相关应用、关闭相关网站、关停相关服务。有关单位应当立即执行，并保存相关记录，协助调查。对互联网上来源于境外的上述信息，电信主管部门应当采取技术措施，及时阻断传播。

第七条　【部门协同配合】

　　有关部门、单位在反电信网络诈骗工作中应当密切协作，实现跨行业、跨地域协同配合、快速联动，加强专业队伍建设，有效打击治理电信网络诈骗活动。

关联法规

◎ 司法解释

《关于办理电信网络诈骗等刑事案件适用法律的意见》

　　一、总体要求

　　近年来，利用通讯工具、互联网等技术手段实施的电信网络诈骗犯罪活动持续高发，侵犯公民个人信息，扰乱无线电通讯管理秩序，掩饰、隐瞒犯罪所得、犯罪所得收益等上下游关联犯罪不断蔓延。此类犯罪严重侵害人民群众财产安全和其他合法权益，严重干扰电信网络秩序，严重破坏社会诚信，严重影响人民群众安全感和社会和谐稳定，社会危害性大，人民群众反映强烈。

　　人民法院、人民检察院、公安机关要针对电信网络诈骗等犯罪的特点，坚持全链条全方位打击，坚持依法从严从快惩处，坚持最大力度最大限度追赃挽损，进一步健全工作机制，加强协作配合，坚决有效遏制电信网络诈骗等犯罪活动，努力实现法律效果和社会效果的高度统一。

《关于办理电信网络诈骗等刑事案件适用法律的意见（二）》

十六、办理电信网络诈骗犯罪案件，应当充分贯彻宽严相济刑事政策。在侦查、审查起诉、审判过程中，应当全面收集证据、准确甄别犯罪嫌疑人、被告人在共同犯罪中的层级地位及作用大小，结合其认罪态度和悔罪表现，区别对待，宽严并用，科学量刑，确保罚当其罪。

对于电信网络诈骗犯罪集团、犯罪团伙的组织者、策划者、指挥者和骨干分子，以及利用未成年人、在校学生、老年人、残疾人实施电信网络诈骗的，依法从严惩处。

对于电信网络诈骗犯罪集团、犯罪团伙中的从犯，特别是其中参与时间相对较短、诈骗数额相对较低或者从事辅助性工作并领取少量报酬，以及初犯、偶犯、未成年人、在校学生等，应当综合考虑其在共同犯罪中的地位作用、社会危害程度、主观恶性、人身危险性、认罪悔罪表现等情节，可以依法从轻、减轻处罚。犯罪情节轻微的，可以依法不起诉或者免予刑事处罚；情节显著轻微危害不大的，不以犯罪论处。

第八条　【宣传教育】

各级人民政府和有关部门应当加强反电信网络诈骗宣传，普及相关法律和知识，提高公众对各类电信网络诈骗方式的防骗意识和识骗能力。

教育行政、市场监管、民政等有关部门和村民委员会、居民委员会，应当结合电信网络诈骗受害群体的分布等特征，加强对老年人、青少年等群体的宣传教育，增强反电信网络诈骗宣传教育的针对性、精准性，开展反电信网络诈骗宣传教育进学校、进企业、进社区、进农村、进家庭等活动。

各单位应当加强内部防范电信网络诈骗工作，对工作人员开展防范电信网络诈骗教育；个人应当加强电信网络诈骗防范意识。单位、个人应当协助、配合有关部门依照本法规定开展反电信网络诈骗工作。

关联法规

◎ **法律**

《网络安全法》

第十五条　国家建立和完善网络安全标准体系。国务院标准化行政主管部门和国务院其他有关部门根据各自的职责，组织制定并适时修订有关网络安全管理以及网络产品、服务和运行安全的国家标准、行业标准。

国家支持企业、研究机构、高等学校、网络相关行业组织参与网络安全国家标准、行业标准的制定。

第十六条　国务院和省、自治区、直辖市人民政府应当统筹规划，加大投入，扶持重点网络安全技术产业和项目，支持网络安全技术的研究开发和应用，推广安全可信的网络产品和服务，保护网络技术知识产权，支持企业、研究机构和高等学校等参与国家网络安全技术创新项目。

第十七条　国家推进网络安全社会化服务体系建设，鼓励有关企业、机构开展网络安全认证、检测和风险评估等安全服务。

第十八条　国家鼓励开发网络数据安全保护和利用技术，促进公共数据资源开放，推动技术创新和经济社会发展。

国家支持创新网络安全管理方式，运用网络新技术，提升网络安全保护水平。

第十九条　各级人民政府及其有关部门应当组织开展经常性的网络安全宣传教育，并指导、督促有关单位做好网络安全宣传教育工作。

大众传播媒介应当有针对性地面向社会进行网络安全宣传教育。

第二十条　国家支持企业和高等学校、职业学校等教育培训机构开展网络安全相关教育与培训，采取多种方式培养网络安全人才，促进网络安全人才交流。

《关于维护互联网安全的决定》

七、各级人民政府及有关部门要采取积极措施，在促进互联网的应用和网络技术的普及过程中，重视和支持对网络安全技术的研究和开发，增强网络的安全防护能力。有关主管部门要加强对互联网的运行安全和信息安全的宣传教育，依法实施有效的监督管理，防范和制止利用互联网进行的各种违法活动，为互联网的健康发展创造良好的社会环境。从事互联网业务的单位要依法开展活动，发现互联网上出现违法犯罪行为和有害信息时，要采取措施，停止传输有害信息，并及时向有关机关报告。任何单位和个人在利用互联网时，都要遵纪守法，抵制各种违法犯罪行为和有害信息。人民法院、人民检察院、公安机关、国家安全机关要各司其职，密切配合，依法严厉打击利用互联网实施的各种犯罪活动。要动员全社会的力量，依靠全社会的共同努力，保障互联网的运行安全与信息安全，促进社会主义精神文明和物质文明建设。

> **权威案例**

◎ **典型案例**

被告人黄某诈骗案【最高人民法院公布七起通过网络实施的侵犯妇女未成年人等犯罪典型案例之二（2014 年 10 月 21 日）】

典型意义：本案是一起利用婚恋网站交友实施诈骗犯罪的案件。随着都市工作、生活节奏的加快，专业婚恋网站成为适婚男女，特别是都市白领结识异性的新平台。但由于注册门槛低、信息审核难等原因，部分婚恋网站信息虚假，容易被不法分子用于实施违法犯罪行为。一些不法分子在婚恋网站注册账号，利用虚假身份进行交友，骗取对方信任后，借机实施盗窃、诈骗、敲诈勒索甚至强奸、绑架等暴力犯罪。本案被告人在婚恋网站注册账号，以虚假身份"美籍华人"作为幌子和诱饵，博取对方好感和信任后，以投资理财为名，诈骗巨额钱财。本案被告人虽然最终受到法律严厉制裁，部分赃款亦已追回，但被害人遭受的情感创伤以及巨额财产损失很难弥挽回。此案警示公众，尽量选择正规婚恋交友网站，审慎核实对方身份及其他信息，在未确定对方信息前不轻易付出钱财和投入感情。

许某某诈骗案【最高人民法院发布 98 例未成年人审判工作典型案例之二十九（2014 年 11 月 24 日）】

案例评析：本案是一起成年人与未成年人共同犯罪的网络诈骗犯罪案件，这也是未成年人犯罪的一种常见形式。在崇尚享乐、寻求高消费等不良思想的影响下，部分未成年学生产生厌学情绪，梦想一夜暴富。在生存能力较弱的情况下，容易铤而走险。而且未成年人易冲动、控制能力差，情绪的波动性大，好感情用事，具有极大的冲动性，社会青年会利用未成年人这些弱点纠集他们参与犯罪。本案的许某某就是因为迷恋网吧，追求享乐，继而走上诈骗犯罪的道路。

张某信用卡诈骗案【"用公开促公正 建设核心价值"主题教育活动诈骗犯罪典型案例之七（2015 年 12 月 4 日）】

典型意义：张某信用卡诈骗案是一起将盗取的信用卡信息进行复制，再利用复制的伪卡盗取现金的信用卡诈骗案，是近年来信用卡诈骗案中出现的新型作案手段。该案例明确了盗窃信用卡信息又复制伪卡，使用伪卡盗取现金的行为，应按照信用卡诈骗罪定罪处罚。近年来，随着信息技术的快速发展和广泛应用，一方面给人们提供了高效便捷的生产生活方式，另一方面也给一些犯罪分子利用信息技术实施犯罪提供了便利条件。该案例既彰显了人民法院依法严惩利用信息技术实施犯罪的决心，同时也提醒人们要提高公民个人信息保护意识，维护好个人信息安全，不给犯罪分子以可乘之机。

江西省南昌市周某强等人虚构推荐优质股

票诈骗案【电信网络诈骗犯罪典型案例之一（2016年3月4日）】

典型意义：本案是以虚构推荐所谓的"优质股票"为手段实施诈骗的典型案件。随着经济的快速发展，参与炒股的人群急速增多。有不法分子即抓住部分股民急于通过炒股"致富"的心理，通过"推荐优质股票"实施诈骗行为。被告人周某强组织诈骗犯罪团伙，先通过向股民群发股票上涨的虚假短信，后通过电话与股民联系，谎称公司掌握股票交易的"内幕信息"，可由专业技术人员帮助分析股票行情、操纵股票交易，保证所推荐的股票上涨，保证客户获益等，骗取客户交纳"会员费""提成费"。一旦有受损失的客户投诉、质疑，还有专人负责安抚情绪，避免客户报案。以周某强为主的诈骗团伙分工明确，被害人数众多，诈骗数额特别巨大。希望广大股民在炒股过程中，不要轻信所谓的"内幕消息"，不要盲目依赖所谓的"股票咨询服务"等，应当充分认识股票投资客观上所具有的风险性，谨慎作出投资理财的决定。

河北省兴隆县谢某丰、谢某骋等人推销假冒保健产品诈骗案【电信网络诈骗犯罪典型案例之二（2016年3月4日）】

典型意义：本案是以推销假冒保健品为手段实施诈骗的典型案件。目前，我国老年人数量不断攀升。随着生活水平的提高，老年人日益注重养生和保健，社会上针对老年人推销保健品的情况较为常见。

被告人谢某丰、谢某骋雇佣多人，冒充老年协会、保健品公司工作人员等身份，以促销、中奖为诱饵，打电话向老年人推销假冒保健品，诈骗巨额钱财，且被骗老年人数众多，分布范围广，社会影响极为恶劣。希望广大老年朋友提高警惕，不要轻信通过电话推销保健品的人员，应通过正规渠道购买适合自己身体状况的保健品。

湖南省双峰县秦某粮等人发送考试改分等虚假信息诈骗案【电信网络诈骗犯罪典型案例之六（2016年3月4日）】

典型意义：本案是发送"考试改分""代考"虚假信息实施诈骗的典型案件。目前，各类从业资格和职业职称考试种类繁多，此类考试结果如何，直接关系到考生的就业、升职等个人利益。一些不法分子即利用个别考生或其家属的投机心态进行诈骗。本案中，被告人发送可以帮助"考后改分""代考"等虚假信息，以"定金"等方式先诱骗被害人汇款至指定的银行账户，而后又假冒教育部门工作人员等身份，以"保证金"等名义继续骗取被害人的财物，社会影响极为恶劣。希望广大考生及亲属以平常心面对社会竞争，不要心存侥幸，轻信此类虚假消息，应本着诚实付出的态度参加各类考试，共同促使社会进一步形成诚实守信、公平竞争的良好氛围。

李某权等69人诈骗案【电信网络诈骗犯罪典型案例之四（2019年11月19日）】

典型意义：本案以被告人李某权为首

的 69 人犯罪集团利用传销模式发展诈骗成员，计酬返利，不断发展壮大，集团内部层级严密，分工明确，组织特征鲜明。该诈骗集团的犯罪手段新颖，利用社会闲散青年创业找工作的想法，以偏远经济欠发达地区作为犯罪场所，在全国范围内不断诱骗他人加入诈骗集团，利用手机,微信、QQ 等互联网软件，冒充单身女性，以索要交通费、疾病救治费等为名通过网络诈骗不特定被害人钱财，遍及全国 31 个省市自治区，造成了恶劣的社会影响。人民法院在审理过程中，对案件的事实、证据、适用法律、定罪、量刑等方面进行全面审查，最终对各被告人判处相应的刑罚，有力打击了猖獗的电信网络诈骗犯罪，维护了社会秩序，挽回了人民群众财产损失。

黄某良等 9 人诈骗案【电信网络诈骗犯罪典型案例之六（2019 年 11 月 19 日）】

典型意义："民族资产解冻"类诈骗犯罪早已有之，随着打击力度的加大，此类犯罪的发案率已经大幅下降甚至在一些地方已经销声匿迹，但近年来随着信息技术的发展，此类犯罪又借助现代通信和金融工具进行传播，逐渐演变成集返利、传销、诈骗为一体的混合型犯罪，极具诱惑性和欺骗性。犯罪分子往往抓住被害人以小博大、以小钱换大钱的心理，唆使被害人加入由被告人虚构的所谓"民族大业""民族资产解冻"项目或"精准扶贫"等其他假借国家大政方针和社会热点的虚假项目，允诺被害人可以小投入获得大回报，积极组织和发展会员，以办证费、手续费、保证金等名目骗取他人财物。此类诈骗犯罪迷惑性强、传播速度快，往往在短时间内就能造成众多人员受骗，且涉案金额巨大，严重侵害人民群众财产安全，严重损害政府公信力，严重危害社会安定。被告人黄某良等人作为幕后的策划者、组织者和操纵者，指挥、指使童某侠、韩某军以代理人身份骗取他人巨额财物并从中获取了巨额钱财，系民族资产解冻类犯罪链条的最顶端，也是打击的重点，人民法院对黄某良等人依法判处重刑，可谓罚当其罪。

童某侠等 7 人诈骗案【电信网络诈骗犯罪典型案例之七（2019 年 11 月 19 日）】

典型意义：本案系被告人黄某良等人诈骗案的关联案件，被告人童某侠系受民族资产解冻类犯罪代理人，即受幕后组织操纵者黄某良等人的指使，负责推广虚假项目，发展、管理会员，收取钱财的管理人员。各级代理人对幕后组织操纵者言听计从，建微信群、拉人头，大肆发展下线，收取各种名目的费用，沦为诈骗犯罪分子的工具。部分代理人甚至在识破幕后操纵者的骗局后，自行巧立名目，捏造各种虚假项目继续实施诈骗。代理人的存在，对于"民族资产解冻"类诈骗犯罪能够在短时间内迅速层层发展下线，呈裂变式传播，不断扩大涉案被害人规模起到巨大作用，危害后果十分严重，是司法机关依法从严打击的对象。

朱某等人诈骗案【电信网络诈骗犯罪典型案例之八（2019年11月19日）**】**

典型意义：电信网络诈骗案件的犯罪手法隐蔽性强，花样翻新快。本案中，被告人先成立网上交易平台，利用业务员及代理商吸收客户，以提供虚假内幕交易信息为由，骗取客户进入平台交易，当客户高价买入相关农产品后，再指令操盘手运作人为造成跌势，迫使客户低价卖出，以牟取大额客损。此种新型网络诈骗犯罪手段更加隐蔽，迷惑性大，容易使人上当受骗。虽然被告人是借助电子商务平台进行交易，但其行为本质仍在于虚构事实、隐瞒真相，以达到非法占有他人财物的目的，其行为完全符合诈骗罪特征，本案定罪准确。

杨某巍诈骗案【电信网络诈骗犯罪典型案例之十（2019年11月9日）**】**

典型意义：近年来，微信招嫖类诈骗案件在多地发生。作为一种新型的诈骗案件，因案件受害人系招嫖被骗，发案后心存顾虑，多选择"吃哑巴亏"而不予报案，导致侦破和打击难度加大。此类案件虽然案值不大，但严重败坏了社会风气，对当地治安形势造成恶劣影响。本案的审理体现了人民法院对此类新型诈骗犯罪行为从严打击的决心和力度。

江苏省南京市李某某涉嫌诈骗案【全国检察机关依法办理妨害新冠肺炎疫情防控犯罪典型案例（第五批）之五（2020年3月12日）**】**

法律要旨：诈骗罪是指以非法占有为目的，用虚构事实或者隐瞒真相的方法，骗取数额较大的公私财物的行为。根据《中华人民共和国刑法》第二百六十六条的规定，诈骗公私财物，数额较大的，处三年以下有期徒刑、拘役或者管制，并处或者单处罚金；数额巨大或者有其他严重情节的，处三年以上十年以下有期徒刑，并处罚金；数额特别巨大或者有其他特别严重情节的，处十年以上有期徒刑或者无期徒刑，并处罚金或者没收财产。根据"两高两部"《关于依法惩治妨害新型冠状病毒感染肺炎疫情防控违法犯罪的意见》的规定，在疫情防控期间，假借研制、生产或者销售用于疫情防控的物品的名义骗取公私财物，或者捏造事实骗取公众捐赠款物，数额较大的，依照刑法第二百六十六条的规定，以诈骗罪定罪处罚。同时，根据2011年"两高"《关于办理诈骗刑事案件具体应用法律若干问题的解释》（法释〔2011〕7号）第二条规定，诈骗救灾、抢险、防汛、优抚、扶贫、移民、救济、医疗款物的，可以依照刑法第二百六十六条的规定酌情从严惩处。对于利用电信网络实施的诈骗犯罪，2016年最高人民法院、最高人民检察院、公安部《关于办理电信网络诈骗等刑事案件适用法律若干问题的意见》（法发〔2016〕32号）专门规定："实施电信网络诈骗犯罪，达到相应数额标准，具有下列情形之一的，酌情从重处罚：……6. 诈骗残疾人、老年人、未成年人、在校学生、丧失劳动能力人的财物，或者诈骗重病患者及其亲属财物的；7. 诈骗救灾、抢险、防汛、优抚、扶贫、移民、救济、医疗款物的"。

李某宁等 5 人诈骗案【充分发挥检察职能推进网络空间治理典型案例之三（2021年 1 月 25 日）】

典型意义： 电信网络诈骗手段层出不穷，要惩防并举、预防为先。当前，电信网络诈骗犯罪高发多发，犯罪手段不断更新迭代，老年人、在校学生、未婚青年等容易成为诈骗对象。犯罪分子多利用人性弱点实施诈骗，在依法严厉打击的同时，更需要广大民众提高防范意识，增强辨别能力，不让犯罪分子"花式"骗局迷惑了双眼。具体到本案，老年群体应当特别提防网上购物、电视购物、电话推销、直播带货等销售环节存在的陷阱，切忌迷信保健品功效，正确看待各种促销优惠。家庭成员要在精神上关心关怀老人，常回家看看，多与老人交流，多用典型案事例引导，发现老人上当受骗应及时劝解、制止和报警。加强源头管控，强化平台治理责任，防止公民信息泄露。目前，犯罪分子通过各种非法渠道获取公民个人信息、消费记录等资料，实施精准诈骗，话术更加周延，迷惑性也更大。本案中，犯罪分子专门从网上购买老年客户资料，有针对性地推销保健品，提高了诈骗的成功率。网络平台和网站经营者要真正落实治理责任，严密制度设计，堵塞系统漏洞，内防泄露，外防窃取，切实维护公民个人信息安全。

郭某、张某诈骗不起诉案【在校学生涉"两卡"犯罪典型案例之五（2021 年 6 月23 日）】

典型意义： 检察机关在审查逮捕时，要贯彻"少捕慎押"理念，全面准确把握逮捕条件。对于学校和居住地不在本地的学生，要加强与所在学校联系，综合评估其犯罪行为、社会危害、一贯表现、认罪态度等因素，充分考虑所在学校、社区管理教育能力，从能够保障诉讼办案、有利于学生完成学业的角度出发，对于采取取保候审足以防止发生社会危险性的，可以依法不批准逮捕。犯罪嫌疑人被取保候审后，检察机关要会同公安机关，保持与涉案学生所在学校、居住社区和家长的联系，跟踪了解学生日常表现。相关学校和学生家长要共同承担起监督管理职责，加强教育挽救，促使涉案学生真诚悔过，督促其遵守取保候审规定，确保诉讼活动的顺利进行。教育部门和相关学校要加强对学生兼职就业的教育引导，规范学校内的兼职就业活动，及时提示风险，帮助学生提高辨别违法犯罪的能力，防止在兼职就业过程中落入违法犯罪"陷阱"

未成年被告人贾某某诈骗案【未成年人权益司法保护典型案例之二（2022 年 3 月 1 日）】

典型意义： 本案是一起对犯罪的未

成年人坚持"教育、感化、挽救"方针和"教育为主，惩罚为辅"原则，帮助其重回人生正轨的典型案例。在审理过程中，人民法院采用了圆桌审判、社会调查、法庭教育、"政法一条龙"和"社会一条龙"等多项未成年人审判特色工作机制，平等保护非本地籍未成年被告人的合法权益，充分发挥法律的警醒、教育和亲情的感化作用，将审判变成失足少年的人生转折点。案件审结后，法官持续跟踪帮教，被告人贾某某深刻认识到自身的错误，积极反省，在法官的积极协调下，目前贾某某已回到高中学习，正在备战高考。

刘某峰等37人诈骗案【检察机关打击治理电信网络诈骗及关联犯罪典型案例（2022年4月21日）】

　　典型意义：以游戏充值方式骗取行为人资金，在"游戏托"诈骗中较为常见，要准确认定其诈骗本质，依法从严惩治。"游戏托"诈骗是新近出现的一种诈骗方式。犯罪分子在网络游戏中扮演异性角色，以"奔现交友"（系网络用语，指由线上虚拟转为线下真实交友恋爱）等话术骗取被害人信任，以游戏充值等方式诱骗被害人支付明显超出正常范围的游戏费用，具有较强的隐蔽性和欺骗性。检察机关要透过犯罪行为表象，通过对交友话术欺骗性、充值数额异常性、获利手段非法性等因素进行综合分析，认定其诈骗犯罪本质，依法予以严厉打击。强化安全防范意识，提高游戏玩家自我防范能力。网络游戏用户规模大、人数多，犯罪分子在网络游戏中使用虚假身份，运用诈骗"话术"，极易使游戏玩家受骗。对于广大游戏玩家而言，应当提高安全防范意识，对于游戏中发布的信息仔细甄别，对于陌生玩家的主动"搭讪"保持必要的警惕，以健康心态参与网络游戏，理性有节制进行游戏充值，防止落入犯罪分子编织的"陷阱"。推动合规建设，促进网络游戏行业规范健康发展。结合司法办案，检察机关协同有关部门要进一步规范网络游戏行业，严格落实备案制度，完善游戏推广机制，加强对游戏过程中违法犯罪信息的监控查处，推动网络游戏企业加强合规建设，督促企业依法依规经营。

被告人吴某等五人诈骗案【人民法院依法惩治电信网络诈骗犯罪及其关联犯罪典型案例之四（2022年9月6日）】

　　典型意义：本案被告人吴某等人利用未成年人涉世未深、社会经验欠缺、容易轻信对方、易受威胁等特点实施诈骗，严重侵害未成年人合法权益，犯罪情节恶劣。"两高一部"《关于办理电信网络诈骗等刑事案件适用法律若干问题的意见》规定，诈骗残疾人、老年人、未成年人、在校学生、丧失劳动能力人的财物，或者诈骗重病患者及其亲属财物的，酌情从重处罚。人民法院对吴某依法从重处罚，充分体现了人民法院坚决保护未成年人合法权益，严厉惩处针对未成年人犯罪的鲜明立场。

被告人黄某等三人诈骗案【人民法院依法惩治电信网络诈骗犯罪及其关联犯罪典型案例之五（2022年9月6日）】

典型意义：当前，电信网络诈骗的手法持续演变升级，犯罪分子紧跟社会热点，随时变化诈骗手法和"话术"，令人防不胜防。本案被告人将传统的结婚交友类"杀猪盘"诈骗，与当下流行的网络购物、物流递送、直播打赏等相结合，多环节包装实施连环诈骗，迷惑性很强。希望广大网友提高警惕，不要轻信网络社交软件结识的陌生人，保护好个人信息，保持清醒，明辨是非，谨防上当受骗。

刘某平等人非法吸收公众存款案【检察机关惩治养老诈骗违法犯罪典型案例（第二批）（2022年11月9日）】

典型意义：当前，我国社会老龄化和互联网产业的高速发展，金融市场的不断创新，"银发族"与"互联网""金融圈"的交集不断扩大。不法分子利用老年人网络风险意识不高、互联网运用不熟练等特点，专门针对老年人的兴趣爱好设计兼具交友、投资等功能的应用软件从事非法集资、诈骗等犯罪活动。这类犯罪以老年人的兴趣爱好为引子，以高额回报为诱饵，再通过身边人身边事打消老年人警惕心理，极易使老年人陷入骗局。老年人要牢记，任何未经金融管理部门批准，以高额回报为幌子吸收资金的行为，都是非法金融活动。检察机关在办理此类新型非法集资案件时，应当能动履职，延伸开展治理工作，从个案中研判类案风险，通过公益诉讼、线索移转等方式，积极协同有关监管部门开展相关行业领域溯源治理，实现"惩治一案、治理一片"的效果。对于手段翻新的养老诈骗案件，还可以通过视频短片等形式进行以案释法，及时向社会公众揭示新型犯罪手段，开展警示教育，提高防范意识。

第二章　电信治理

第九条　【真实身份信息登记制度】

电信业务经营者应当依法全面落实电话用户真实身份信息登记制度。

基础电信企业和移动通信转售企业应当承担对代理商落实电话用户实名制管理责任，在协议中明确代理商实名制登记的责任和有关违约处置措施。

关联法规

◎ 法律

《网络安全法》

第二十四条　网络运营者为用户办理网络接入、域名注册服务，办理固定电话、移动电话等入网手续，或者为用户提供信息发布、即时通讯等服务，在与用户签订协议或者确认提供服务时，应当要求用户提供真实身份信息。用户不提供真实身份信息的，网络运营者不得为其提供相关服务。

国家实施网络可信身份战略，支持研究开发安全、方便的电子身份认证技术，推动不同电子身份认证之间的互认。

◎ 部门规章

《电话用户真实身份信息登记规定》

第一条　为了规范电话用户真实身份信息登记活动，保障电话用户和电信业务经营者的合法权益，维护网络信息安全，促进电信业的健康发展，根据《全国人民代表大会常务委员会关于加强网络信息保护的决定》和《中华人民共和国电信条例》，制定本规定。

第二条　中华人民共和国境内的电话用户真实身份信息登记活动，适用本规定。

第三条　本规定所称电话用户真实身份信息登记，是指电信业务经营者为用户办理固定电话、移动电话（含无线上网卡，下同）等入网手续，在与用户签订协议或者确认提供服务时，如实登记用户提供的真实身份信息的活动。

本规定所称入网，是指用户办理固定电话装机、移机、过户，移动电话开户、过户等。

第四条　工业和信息化部和各省、自治区、直辖市通信管理局（以下统称电信管理机构）依法对电话用户真实身份信息登记工作实施监督管理。

第五条 电信业务经营者应当依法登记和保护电话用户办理入网手续时提供的真实身份信息。

第六条 电信业务经营者为用户办理入网手续时，应当要求用户出示有效证件、提供真实身份信息，用户应当予以配合。

用户委托他人办理入网手续的，电信业务经营者应当要求受托人出示用户和受托人的有效证件，并提供用户和受托人的真实身份信息。

第七条 个人办理电话用户真实身份信息登记的，可以出示下列有效证件之一：

（一）居民身份证、临时居民身份证或者户口簿；

（二）中国人民解放军军人身份证件、中国人民武装警察身份证件；

（三）港澳居民来往内地通行证、台湾居民来往大陆通行证或者其他有效旅行证件；

（四）外国公民护照；

（五）法律、行政法规和国家规定的其他有效身份证件。

第八条 单位办理电话用户真实身份信息登记的，可以出示下列有效证件之一：

（一）组织机构代码证；

（二）营业执照；

（三）事业单位法人证书或者社会团体法人登记证书；

（四）法律、行政法规和国家规定的其他有效证件或者证明文件。

单位办理登记的，除出示以上证件之一外，还应当出示经办人的有效证件和单位的授权书。

第九条 电信业务经营者应当对用户出示的证件进行查验，并如实登记证件类别以及证件上所记载的姓名（名称）、号码、住址信息；对于用户委托他人办理入网手续的，应当同时查验受托人的证件并登记受托人的上述信息。

为了方便用户提供身份信息、办理入网手续，保护用户的合法权益，电信业务经营者复印用户身份证件的，应当在复印件上注明电信业务经营者名称、复印目的和日期。

第十条 用户拒绝出示有效证件，拒绝提供其证件上所记载的身份信息，冒用他人的证件，或者使用伪造、变造的证件的，电信业务经营者不得为其办理入网手续。

第十一条 电信业务经营者在向电话用户提供服务期间及终止向其提供服务后两年内，应当留存用户办理入网手续时提供的身份信息和相关材料。

第十二条 电信业务经营者应当建立健全用户真实身份信息保密管理制度。

电信业务经营者及其工作人员对在提供服务过程中登记的用户真实身份信息应当严格保密，不得泄露、篡改或者毁损，不得出售或者非法向他人提供，不得用于提供服务之外的目的。

第十三条　电话用户真实身份信息发生或者可能发生泄露、毁损、丢失的，电信业务经营者应当立即采取补救措施；造成或者可能造成严重后果的，应当立即向相关电信管理机构报告，配合相关部门进行的调查处理。

电信管理机构应当对报告或者发现的可能违反电话用户真实身份信息保护规定的行为的影响进行评估；影响特别重大的，相关省、自治区、直辖市通信管理局应当向工业和信息化部报告。电信管理机构在依据本规定作出处理决定前，可以要求电信业务经营者暂停有关行为，电信业务经营者应当执行。

第十四条　电信业务经营者委托他人代理电话入网手续、登记电话用户真实身份信息的，应当对代理人的用户真实身份信息登记和保护工作进行监督和管理，不得委托不符合本规定有关用户真实身份信息登记和保护要求的代理人代办相关手续。

第十五条　电信业务经营者应当对其电话用户真实身份信息登记和保护情况每年至少进行一次自查，并对其工作人员进行电话用户真实身份信息登记和保护相关知识、技能和安全责任培训。

第十六条　电信管理机构应当对电信业务经营者的电话用户真实身份信息登记和保护情况实施监督检查。电信管理机构

实施监督检查时，可以要求电信业务经营者提供相关材料，进入其生产经营场所调查情况，电信业务经营者应当予以配合。

电信管理机构实施监督检查，应当记录监督检查的情况，不得妨碍电信业务经营者正常的经营或者服务活动，不得收取任何费用。

电信管理机构及其工作人员对在实施监督检查过程中知悉的电话用户真实身份信息应当予以保密，不得泄露、篡改或者毁损，不得出售或者非法向他人提供。

第十七条　电信业务经营者违反本规定第六条、第九条至第十五条的规定，或者不配合电信管理机构依照本规定开展的监督检查的，由电信管理机构依据职权责令限期改正，予以警告，可以并处一万元以上三万元以下罚款，向社会公告。其中，《中华人民共和国电信条例》规定法律责任的，依照其规定处理；构成犯罪的，依法追究刑事责任。

第十八条　用户以冒用、伪造、变造的证件办理入网手续的，电信业务经营者不得为其提供服务，并由相关部门依照《中华人民共和国居民身份证法》、《中华人民共和国治安管理处罚法》、《现役军人和人民武装警察居民身份证申领发放办法》等规定处理。

第十九条　电信管理机构工作人员在对电话用户真实身份信息登记工作实施监督管理的过程中玩忽职守、滥用职权、徇私舞弊的，依法给予处理；构成犯罪的，

依法追究刑事责任。

第二十条 电信业务经营者应当通过电话、短信息、书面函件或者公告等形式告知用户并采取便利措施，为本规定施行前尚未提供真实身份信息或者所提供身份信息不全的电话用户补办登记手续。

电信业务经营者为电话用户补办登记手续，不得擅自加重用户责任。

电信业务经营者应当在向尚未提供真实身份信息的用户确认提供服务时，要求用户提供真实身份信息。

第二十一条 本规定自 2013 年 9 月 1 日起施行。

第十条 【办理电话卡数量限制】

办理电话卡不得超出国家有关规定限制的数量。

对经识别存在异常办卡情形的，电信业务经营者有权加强核查或者拒绝办卡。具体识别办法由国务院电信主管部门制定。

国务院电信主管部门组织建立电话用户开卡数量核验机制和风险信息共享机制，并为用户查询名下电话卡信息提供便捷渠道。

关联法规

◎ 法律

《广告法》

第四十五条 公共场所的管理者或者电信业务经营者、互联网信息服务提供者对其明知或者应知的利用其场所或者信息传输、发布平台发送、发布违法广告的，应当予以制止。

第六十三条 违反本法第四十五条规定，公共场所的管理者和电信业务经营者、互联网信息服务提供者，明知或者应知广告活动违法不予制止的，由市场监督管理部门没收违法所得，违法所得五万元以上的，并处违法所得一倍以上三倍以下的罚款，违法所得不足五万元的，并处一万元以上五万元以下的罚款；情节严重的，由有关部门依法停止相关业务。

《反有组织犯罪法》

第十六条 电信业务经营者、互联网服务提供者应当依法履行网络信息安全管理义务，采取安全技术防范措施，防止含有宣扬、诱导有组织犯罪内容的信息传播；发现含有宣扬、诱导有组织犯罪内容的信息的，应当立即停止传输，采取消除等处置措施，保存相关记录，并向公安机关或者有关部门报告，依法为公安机关侦查有组织犯罪提供技术支持和协助。

网信、电信、公安等主管部门对含有宣扬、诱导有组织犯罪内容的信息，应当按照职责分工，及时责令有关单位停止传输、采取消除等处置措施，或者下架相关应用、关闭相关网站、关停相关服务。有关单位应当立即执行，并保存相关记录，协助调查。对互联网上来源于境外的上述信息，电信主管部门应当采取技术措施，及时阻断传播。

第七十二条　电信业务经营者、互联网服务提供者有下列情形之一的，由有关主管部门责令改正；拒不改正或者情节严重的，由有关主管部门依照《中华人民共和国网络安全法》的有关规定给予处罚：

（一）拒不为侦查有组织犯罪提供技术支持和协助的；

（二）不按照主管部门的要求对含有宣扬、诱导有组织犯罪内容的信息停止传输、采取消除等处置措施、保存相关记录的。

◎ **行政法规**

《电信条例》

第一条　为了规范电信市场秩序，维护电信用户和电信业务经营者的合法权益，保障电信网络和信息的安全，促进电信业的健康发展，制定本条例。

第四条　电信监督管理遵循政企分开、破除垄断、鼓励竞争、促进发展和公开、公平、公正的原则。

电信业务经营者应当依法经营，遵守商业道德，接受依法实施的监督检查。

第五条　电信业务经营者应当为电信用户提供迅速、准确、安全、方便和价格合理的电信服务。

第十五条　电信业务经营者在经营过程中，变更经营主体、业务范围或者停止经营的，应当提前90日向原颁发许可证的机关提出申请，并办理相应手续；停止经营的，还应当按照国家有关规定做好善后工作。

第十八条　主导的电信业务经营者应当按照非歧视和透明化的原则，制定包括网间互联的程序、时限、非捆绑网络元素目录等内容的互联规程。互联规程应当报国务院信息产业主管部门审查同意。该互联规程对主导的电信业务经营者的互联互通活动具有约束力。

第二十四条　国家依法加强对电信业务经营者资费行为的监管，建立健全监管规则，维护消费者合法权益。

第二十五条　电信业务经营者应当根据国务院信息产业主管部门和省、自治区、直辖市电信管理机构的要求，提供准确、完备的业务成本数据及其他有关资料。

第二十七条　电信业务经营者占有、使用电信资源，应当缴纳电信资源费。具体收费办法由国务院信息产业主管部门会同国务院财政部门、价格主管部门制定，报国务院批准后公布施行。

第二十九条 电信资源使用者依法取得电信网码号资源后，主导的电信业务经营者和其他有关单位有义务采取必要的技术措施，配合电信资源使用者实现其电信网码号资源的功能。

法律、行政法规对电信资源管理另有特别规定的，从其规定。

第三十条 电信业务经营者应当按照国家规定的电信服务标准向电信用户提供服务。电信业务经营者提供服务的种类、范围、资费标准和时限，应当向社会公布，并报省、自治区、直辖市电信管理机构备案。

电信用户有权自主选择使用依法开办的各类电信业务。

第三十一条 电信用户申请安装、移装电信终端设备的，电信业务经营者应当在其公布的时限内保证装机开通；由于电信业务经营者的原因逾期未能装机开通的，应当每日按照收取的安装费、移装费或者其他费用数额1%的比例，向电信用户支付违约金。

第三十二条 电信用户申告电信服务障碍的，电信业务经营者应当自接到申告之日起，城镇48小时、农村72小时内修复或者调通；不能按期修复或者调通的，应当及时通知电信用户，并免收障碍期间的月租费用。但是，属于电信终端设备的原因造成电信服务障碍的除外。

第三十三条 电信业务经营者应当为电信用户交费和查询提供方便。电信用户要求提供国内长途通信、国际通信、移动通信和信息服务等收费清单的，电信业务经营者应当免费提供。

电信用户出现异常的巨额电信费用时，电信业务经营者一经发现，应当尽可能迅速告知电信用户，并采取相应的措施。

前款所称巨额电信费用，是指突然出现超过电信用户此前3个月平均电信费用5倍以上的费用。

第三十四条 电信用户应当按照约定的时间和方式及时、足额地向电信业务经营者交纳电信费用；电信用户逾期不交纳电信费用的，电信业务经营者有权要求补交电信费用，并可以按照所欠费用每日加收3‰的违约金。

对超过收费约定期限30日仍不交纳电信费用的电信用户，电信业务经营者可以暂停向其提供电信服务。电信用户在电信业务经营者暂停服务60日内仍未补交电信费用和违约金的，电信业务经营者可以终止提供服务，并可以依法追缴欠费和违约金。

经营移动电信业务的经营者可以与电信用户约定交纳电信费用的期限、方式，不受前款规定期限的限制。

电信业务经营者应当在迟延交纳电信费用的电信用户补足电信费用、违约金后的 48 小时内，恢复暂停的电信服务。

第三十五条　电信业务经营者因工程施工、网络建设等原因，影响或者可能影响正常电信服务的，必须按照规定的时限及时告知用户，并向省、自治区、直辖市电信管理机构报告。

因前款原因中断电信服务的，电信业务经营者应当相应减免用户在电信服务中断期间的相关费用。

出现本条第一款规定的情形，电信业务经营者未及时告知用户的，应当赔偿由此给用户造成的损失。

第三十六条　经营本地电话业务和移动电话业务的电信业务经营者，应当免费向用户提供火警、匪警、医疗急救、交通事故报警等公益性电信服务并保障通信线路畅通。

第三十七条　电信业务经营者应当及时为需要通过中继线接入其电信网的集团用户，提供平等、合理的接入服务。

未经批准，电信业务经营者不得擅自中断接入服务。

第三十八条　电信业务经营者应当建立健全内部服务质量管理制度，并可以制定并公布施行高于国家规定的电信服务标准的企业标准。

电信业务经营者应当采取各种形式广泛听取电信用户意见，接受社会监督，不断提高电信服务质量。

第三十九条　电信业务经营者提供的电信服务达不到国家规定的电信服务标准或者其公布的企业标准的，或者电信用户对交纳电信费用持有异议的，电信用户有权要求电信业务经营者予以解决；电信业务经营者拒不解决或者电信用户对解决结果不满意的，电信用户有权向国务院信息产业主管部门或者省、自治区、直辖市电信管理机构或者其他有关部门申诉。收到申诉的机关必须对申诉及时处理，并自收到申诉之日起 30 日内向申诉者作出答复。

电信用户对交纳本地电话费用有异议的，电信业务经营者还应当应电信用户的要求免费提供本地电话收费依据，并有义务采取必要措施协助电信用户查找原因。

第四十条　电信业务经营者在电信服务中，不得有下列行为：

（一）以任何方式限定电信用户使用其指定的业务；

（二）限定电信用户购买其指定的电信终端设备或者拒绝电信用户使用自备的已经取得入网许可的电信终端设备；

（三）无正当理由拒绝、拖延或者中止对电信用户的电信服务；

（四）对电信用户不履行公开作出的承诺或者作容易引起误解的虚假宣传；

（五）以不正当手段刁难电信用户或者对投诉的电信用户打击报复。

第四十一条 电信业务经营者在电信业务经营活动中，不得有下列行为：

（一）以任何方式限制电信用户选择其他电信业务经营者依法开办的电信服务；

（二）对其经营的不同业务进行不合理的交叉补贴；

（三）以排挤竞争对手为目的，低于成本提供电信业务或者服务，进行不正当竞争。

第四十二条 国务院信息产业主管部门或者省、自治区、直辖市电信管理机构应当依据职权对电信业务经营者的电信服务质量和经营活动进行监督检查，并向社会公布监督抽查结果。

第四十三条 电信业务经营者必须按照国家有关规定履行相应的电信普遍服务义务。

国务院信息产业主管部门可以采取指定的或者招标的方式确定电信业务经营者具体承担电信普遍服务的义务。

电信普遍服务成本补偿管理办法，由国务院信息产业主管部门会同国务院财政部门、价格主管部门制定，报国务院批准后公布施行。

◎ **部门规章**
《电信服务规范》

第十五条 电信业务经营者提供电信卡类业务时，应当向用户提供相应的服务保证，不得发行超出服务能力的电信卡。

电信业务经营者应当采取适当的方式明确电信业务经营者与持卡用户双方的权利、义务和违约责任，告知用户使用方法、资费标准、计费方式、有效期限以及其他应当告知用户的事项。

电信业务经营者不得做出对持卡用户不公平、不合理的规定，不得单方面免除或者限制电信业务经营者的责任，损害用户的合法权益。

第十一条 【电话卡实名核验】

电信业务经营者对监测识别的涉诈异常电话卡用户应当重新进行实名核验，根据风险等级采取有区别的、相应的核验措施。对未按规定核验或者核验未通过的，电信业务经营者可以限制、暂停有关电话卡功能。

关联法规

◎ **部门规章**

《电话用户真实身份信息登记规定》

第十三条 电话用户真实身份信息发生或者可能发生泄露、毁损、丢失的，电信业务经营者应当立即采取补救措施；造成或者可能造成严重后果的，应当立即向相关电信管理机构报告，配合相关部门进行的调查处理。

电信管理机构应当对报告或者发现的可能违反电话用户真实身份信息保护规定的行为的影响进行评估；影响特别重大的，相关省、自治区、直辖市通信管理局应当向工业和信息化部报告。电信管理机构在依据本规定作出处理决定前，可以要求电信业务经营者暂停有关行为，电信业务经营者应当执行。

《电信业务经营许可管理办法》

第二十四条 提供接入服务的增值电信业务经营者应当遵守下列规定：

（一）应当租用取得相应经营许可证的基础电信业务经营者提供的电信服务或者电信资源从事业务经营活动，不得向其他从事接入服务的增值电信业务经营者转租所获得的电信服务或者电信资源；

（二）为用户办理接入服务手续时，应当要求用户提供真实身份信息并予以查验；

（三）不得为未依法取得经营许可证或者履行非经营性互联网信息服务备案手续的单位或者个人提供接入或者代收费等服务；

（四）按照电信管理机构的规定，建立相应的业务管理系统，并按要求实现同电信管理机构相应系统对接，定期报送有关业务管理信息；

（五）对所接入网站传播违法信息的行为进行监督，发现传播明显属于《中华人民共和国电信条例》第五十六条规定的信息的，应当立即停止接入和代收费等服务，保存有关记录，并向国家有关机关报告；

（六）按照电信管理机构的要求终止或者暂停对违法网站的接入服务。

《互联网用户账号信息管理规定》

第二十一条 网信部门依法对互联网信息服务提供者管理互联网用户注册、使用账号信息情况实施监督检查。互联网信息服务提供者应当予以配合，并提供必要的技术、数据等支持和协助。

发现互联网信息服务提供者存在较大网络信息安全风险的，省级以上网信部门可以要求其采取暂停信息更新、用户账号注册或者其他相关服务等措施。互联网信息服务提供者应当按照要求采取措施，进行整改，消除隐患。

第十二条 【物联网卡用户风险评估】

电信业务经营者建立物联网卡用户风险评估制度，评估未通过的，不得向其销售物联网卡；严格登记物联网卡用户身份信息；采取有效技术措施限定物联网卡开通功能、使用场景和适用设备。

单位用户从电信业务经营者购买物联网卡再将载有物联网卡的设备销售给其他用户的，应当核验和登记用户身份信息，并将销量、存量及用户实名信息传送给号码归属的电信业务经营者。

电信业务经营者对物联网卡的使用建立监测预警机制。对存在异常使用情形的，应当采取暂停服务、重新核验身份和使用场景或者其他合同约定的处置措施。

关联法规

◎ **部门规章**
《电信业务经营许可管理办法》

第二十六条 电信业务经营者应当按照国家和电信管理机构的规定，明确相应的网络与信息安全管理机构和专职网络与信息安全管理人员，建立网络与信息安全保障、网络安全防护、违法信息监测处置、新业务安全评估、网络安全监测预警、突发事件应急处置、用户信息安全保护等制度，并具备相应的技术保障措施。

第十三条 【主叫号码传送和电信线路出租】

电信业务经营者应当规范真实主叫号码传送和电信线路出租，对改号电话进行封堵拦截和溯源核查。

电信业务经营者应当严格规范国际通信业务出入口局主叫号码传送，真实、准确向用户提示来电号码所属国家或者地区，对网内和网间虚假主叫、不规范主叫进行识别、拦截。

关联法规

◎ **行政法规**
《电信条例》

第二十一条 网间互联双方必须在协议约定或者决定规定的时限内实现互联互通。遵守网间互联协议和国务院信息产业主管部门的相关规定，保障网间通信畅通，任何一方不得擅自中断互联互通。网间互联遇有通信技术障碍的，双方应当立即采取有效措施予以消除。网间互联双方在互联互通中发生争议的，依照本条例第二十条规定的程序和办法处理。

网间互联的通信质量应当符合国家有关标准。主导的电信业务经营者向其他电信业务经营者提供网间互联，服务质量不得低于本网内的同类业务及向其子公司或者分支机构提供的同类业务质量。

◎ **司法解释**

《关于防范和打击电信网络诈骗犯罪的通告》

四、电信企业立即开展一证多卡用户的清理，对同一用户在同一家基础电信企业或同一移动转售企业办理有效使用的电话卡达到5张的，该企业不得为其开办新的电话卡。电信企业和互联网企业要采取措施阻断改号软件网上发布、搜索、传播、销售渠道，严禁违法网络改号电话的运行、经营。电信企业要严格规范国际通信业务出入口局主叫号码传送，全面实施语音专线规范清理和主叫鉴权，加大网内和网间虚假主叫发现与拦截力度，立即清理规范一号通、商务总机、400等电话业务，对违规经营的网络电话业务一律依法予以取缔，对违规经营的各级代理商责令限期整改，逾期不改的一律由相关部门吊销执照，并严肃追究民事、行政责任。移动转售企业要依法开展业务，对整治不力、屡次违规的移动转售企业，将依法坚决查处，直至取消相应资质。

《关于办理电信网络诈骗等刑事案件适用法律的意见》

四、准确认定共同犯罪与主观故意

（一）三人以上为实施电信网络诈骗犯罪而组成的较为固定的犯罪组织，应依法认定为诈骗犯罪集团。对组织、领导犯罪集团的首要分子，按照集团所犯的全部罪行处罚。对犯罪集团中组织、指挥、策划者和骨干分子依法从严惩处。

对犯罪集团中起次要、辅助作用的从犯，特别是在规定期限内投案自首、积极协助抓获主犯、积极协助追赃的，依法从轻或减轻处罚。

对犯罪集团首要分子以外的主犯，应当按照其所参与的或者组织、指挥的全部犯罪处罚。全部犯罪包括能够查明具体诈骗数额的事实和能够查明发送诈骗信息条数、拨打诈骗电话人次数、诈骗信息网页浏览次数的事实。

（二）多人共同实施电信网络诈骗，犯罪嫌疑人、被告人应对其参与期间该诈骗团伙实施的全部诈骗行为承担责任。在其所参与的犯罪环节中起主要作用的，可以认定为主犯；起次要作用的，可以认定为从犯。

上述规定的"参与期间"，从犯罪嫌疑人、被告人着手实施诈骗行为开始起算。

（三）明知他人实施电信网络诈骗犯罪，具有下列情形之一的，以共同犯罪论处，但法律和司法解释另有规定的除外：

1. 提供信用卡、资金支付结算账户、手机卡、通讯工具的；

2. 非法获取、出售、提供公民个人信息的；

3. 制作、销售、提供"木马"程序和"钓鱼软件"等恶意程序的；

4. 提供"伪基站"设备或相关服务的；

5. 提供互联网接入、服务器托管、网络存储、通讯传输等技术支持，或者提供支付结算等帮助的；

6. 在提供改号软件、通话线路等技术服务时，发现主叫号码被修改为国内党政机关、司法机关、公共服务部门号码，或者境外用户改为境内号码，仍提供服务的；

7. 提供资金、场所、交通、生活保障等帮助的；

8. 帮助转移诈骗犯罪所得及其产生的收益，套现、取现的。

上述规定的"明知他人实施电信网络诈骗犯罪"，应当结合被告人的认知能力，既往经历，行为次数和手段，与他人关系，获利情况，是否曾因电信网络诈骗受过处罚，是否故意规避调查等主客观因素进行综合分析认定。

（四）负责招募他人实施电信网络诈骗犯罪活动，或者制作、提供诈骗方案、术语清单、语音包、信息等的，以诈骗共同犯罪论处。

（五）部分犯罪嫌疑人在逃，但不影响对已到案共同犯罪嫌疑人、被告人的犯罪事实认定的，可以依法先行追究已到案共同犯罪嫌疑人、被告人的刑事责任。

第十四条　【禁止非法制造、销售、提供或者使用非法设备、软件】

任何单位和个人不得非法制造、买卖、提供或者使用下列设备、软件：

（一）电话卡批量插入设备；

（二）具有改变主叫号码、虚拟拨号、互联网电话违规接入公用电信网络等功能的设备、软件；

（三）批量账号、网络地址自动切换系统，批量接收提供短信验证、语音验证的平台；

（四）其他用于实施电信网络诈骗等违法犯罪的设备、软件。

> 电信业务经营者、互联网服务提供者应当采取技术措施，及时识别、阻断前款规定的非法设备、软件接入网络，并向公安机关和相关行业主管部门报告。

关联法规

◎ 部门规章

《通信短信息服务管理规定》

第一章　总　　则

第一条　为了规范通信短信息（以下简称短信息）服务行为，维护用户的合法权益，促进短信息服务市场的健康发展，根据《全国人民代表大会常务委员会关于加强网络信息保护的决定》、《中华人民共和国电信条例》等法律、行政法规，制定本规定。

第二条　在中华人民共和国境内提供、使用短信息服务，适用本规定。

第三条　工业和信息化部负责对全国的短信息服务实施监督管理。

省、自治区、直辖市通信管理局负责对本行政区域内的短信息服务实施监督管理。

工业和信息化部和省、自治区、直辖市通信管理局统称电信管理机构。

第四条　提供、使用短信息服务的，应当遵守法律、行政法规和电信管理机构的相关规定，不得利用短信息服务从事违法活动。

第五条　鼓励有关行业协会依法制定短信息服务的自律性管理制度，引导会员加强自律管理。

第二章　短信息服务规范

第六条　经营短信息服务的，应当依法取得电信业务经营许可。

基础电信业务经营者不得为未取得电信业务经营许可的单位或者个人提供用于经营短信息服务的网络或者业务接入服务。

第七条　基础电信业务经营者应当准确记录接入其网络的短信息服务提供者的名称、接入代码和接入地点等信息。

第八条　短信息服务提供者应当制定短信息服务规则，并将与用户相关的内容通过服务合同或者入网协议等方式告知用户，不得利用格式条款侵犯用户合法权益。

第九条　短信息服务需向用户收费的，短信息服务提供者应当保证计费符合相关法律规定和电信标准，并事先明确告知用户服务内容、资费标准、收费方式和退订方式等。

第十条　短信息服务提供者发送短信息，应当将发送端电话号码或者代码一并发送，不得发送缺少发送端电话号码或者代码的短信息，不得发送含有虚假、冒用的发送端电话号码或者代码的短信息。

第十一条　短信息服务提供者应当在其服务系统中记录短信息发送和接收时间、发送端和接收端电话号码或者代码、用户订阅和退订情况等信息，端口类短信息还应当保存短信息内容。

前款规定的记录应当保存至少 5 个月，其中用户订阅和退订情况应当保存至短信息服务提供者与用户服务关系终止后 5 个月。

第十二条　短信息服务提供者提供端口类短信息服务，应当要求短信息内容提供者提供真实身份信息，并进行查验和登记。

第十三条　短信息服务提供者提供端口类短信息服务，应当按照电信管理机构批准的码号结构、位长、用途和使用范围使用端口号。未经电信管理机构批准，不得转让或者出租端口号。

第十四条　短信息服务提供者在业务活动中收集、使用用户个人信息，应当严格遵守有关法律法规的规定。

第十五条　短信息服务提供者应当建立和执行网络与信息安全管理制度，采取安全防范措施，加强公共信息巡查。

第十六条　短信息服务提供者、短信息内容提供者不得制作、复制、发布和传播含有《中华人民共和国电信条例》等法律法规规定的禁止性内容的短信息。

第十七条　发送公益性短信息的，由省级以上人民政府有关部门提前 10 个工作日向电信管理机构提供短信息发送时间、发送内容、发送范围、发送机构等信息，电信管理机构协调短信息服务提供者发送；不属于公益性短信息的，及时告知有关部门并说明理由。

涉及自然灾害、事故灾难、公共卫生事件和社会安全事件预警和处置等应急公益性短信息，情况紧急需要先行发送的，短信息服务提供者应当按照有关应急预案和机制及时免费发送，有关部门事后应当向电信管理机构提供有关信息。

第三章　商业性短信息管理

第十八条　短信息服务提供者、短信息内容提供者未经用户同意或者请求，不得向其发送商业性短信息。用户同意后又明确表示拒绝接收商业性短信息的，应当停止向其发送。

短信息服务提供者、短信息内容提供者请求用户同意接收商业性短信息的，应当说明拟发送商业性短信息的类型、频次和期限等信息。用户未回复的，视为不同意接收。用户明确拒绝或者未回复的，不得再次向其发送内容相同或者相似的短信息。

基础电信业务经营者对通过其电信网发送端口类商业性短信息的，应当保证有关用户已经同意或者请求接收有关短信息。

第十九条　短信息服务提供者、短信息内容提供者用于发送业务管理和服务类短信息的端口，不得用于发送商业性短信息。

第二十条　短信息服务提供者、短信息内容提供者向用户发送商业性短信息，应当提供便捷和有效的拒绝接收方式并随短信息告知用户，不得以任何形式对用户拒绝接收短信息设置障碍。

第二十一条　短信息服务提供者、短信息内容提供者向用户发送商业性短信息，应当在短信息中明确注明短信息内容提供者的名称。

第二十二条　短信息服务提供者应当建立短信息管理制度和预警监测机制，通过规范管理、技术手段和合同约定等措施，防范未经用户同意或者请求发送的商业性短信息。

第二十三条　基础电信业务经营者发现短信息服务提供者、短信息内容提供者违反本规定第十八条发送商业性短信息的，应当采取必要的措施暂停或者停止为其提供相关的电信资源，并保存有关记录。

第二十四条　鼓励用户自主选择使用短信息安全应用软件等适当的安全防护手段，提高自我防护能力。

第四章　用户投诉和举报

第二十五条　短信息服务提供者应当建立投诉处理机制，公布有效、便捷的联系方式，接受与短信息服务有关的投诉。

第二十六条　工业和信息化部委托12321网络不良与垃圾信息举报受理中心（以下简称举报中心）受理短信息服务举报。

第二十七条　用户认为其受到商业性短信息侵扰或者收到含有法律法规规定的禁止性内容的短信息的，可以向短信息服务提供者投诉或者向举报中心举报。

举报中心受理用户举报后，应当在5个工作日内转送短信息服务提供者处理。发现存在违法行为的，应当及时报告国家有关部门处理。

短信息服务提供者收到用户投诉或者举报中心转办的举报，经核实后应当及时采取有效手段，并在15个工作日内向投诉方或举报中心反馈处理结果。

第二十八条　短信息服务提供者发现被投诉或者举报的短信息明显含有本规定第十六条规定的内容的，应当立即停止发送，保存有关记录，并及时向国家有关机关报告；涉及本单位的，应当立即开展调查，采取有效的防范或者处理措施，并及时将调查结果报告电信管理机构。

第二十九条　用户与短信息服务提供者发生短信息服务争议的，可以依法向电信管理机构委托的电信用户申诉受理机构申诉。

第五章　监督管理

第三十条　电信管理机构对短信息服务活动实施监督检查时，短信息服务提供者、短信息内容提供者应当予以配合并按照要求提供相关材料。

电信管理机构实施监督检查，应当记录监督检查的情况，不得妨碍短信息服务提供者、短信息内容提供者正常的经营或者服务活动，不得收取任何费用。

第三十一条　电信管理机构实施电信业务经营许可年检时，应当对短信息服务提供者执行本规定的情况进行审查。

第三十二条　电信管理机构应当将短信息服务提供者违反本规定的行为记入信用档案并予以公布。必要时，电信管理机构可以对短信息服务提供者的负责人进行监管谈话。

第六章　法律责任

第三十三条　违反本规定第六条第一款、第十三条规定的，由电信管理机构依据《中华人民共和国电信条例》第六十九条规定处罚。

第三十四条　基础电信业务经营者、短信息服务提供者违反本规定第七条至第十二条、第十五条、第十八条至第二十一条、第二十七条第三款规定的，由电信管理机构依据职权责令限期改正，予以警告，可以并处一万元以上三万元以下罚款，向社会公告。

短信息内容提供者违反本规定第十八条至第二十一条规定的，由有关部门按照国家有关法律、行政法规予以处罚。

第三十五条　违反本规定第十六条规定的，依据《中华人民共和国电信条例》第六十六条规定处罚。

第三十六条　电信管理机构、举报中心工作人员在短信息服务监督管理工作中滥用职权、玩忽职守、徇私舞弊的，依法给予处理；构成犯罪的，依法追究刑事责任。

第七章　附　则

第三十七条　本规定下列用语的含义是：

（一）短信息服务，是指利用电信网向移动电话、固定电话等通信终端用户，提供有限长度的文字、数据、声音、图像等信息的电信业务。

（二）短信息服务提供者，是指提供短信息发送、存储、转发和接收等基础网络服务，以及利用基础网络设施和服务为其他组织和个人发送短信息提供平台的电信业务经营者（包含但不限于基础电信业务、增值电信业务中的信息服务业务和移动通信转售业务经营者）。

（三）短信息内容提供者，是指将其短信息通过短信息服务提供者发送的组织或者个人。

（四）端口类短信息，是指短信息服务提供者利用自有端口或者行业类应用端口发送的短信息。

（五）商业性短信息，是指用于介绍、推销商品、服务或者商业投资机会的短信息。

（六）公益性短信息，是指各级人民政府相关部门等单位向用户发送的，旨在服务社会公共利益，倡导社会公序良俗、预防或处置突发事件、提醒群众防灾避灾等非盈利性质的短信息。

第三十八条　利用互联网向固定电话、移动电话等通信终端用户提供文字、数据、声音、图像等具有短信息特征的信息递送类服务，参照本规定执行。依法需经有关主管部门审核同意的，应当经有关部门审核同意。

第三十九条　本规定自 2015 年 6 月 30 日起施行。

◎ **部门规范性文件**

《关于进一步防范和打击通讯信息诈骗工作的实施意见》

为坚决贯彻党中央、国务院近期系列决策部署，细化落实工业和信息化部等六部门《关于防范和打击电信网络诈骗犯罪的通告》要求，有效防范和打击通讯信息诈骗，切实保障正常通信秩序，保护用户合法权益，维护社会和谐稳定，提出以下实施意见。

一、从严从快全面落实电话用户实名制

（一）加快完成未实名电话存量用户身份信息补登记。各基础电信企业要加快推进未实名老用户补登记，在 2016 年底前实名率达到 100%。各移动转售企业要对 170、171 号段全部用户进行回访和身份信息确认，对未登记或登记信息错误的用户进行补登记，2016 年底前实名率达到 100%。在规定时间内未完成补登记的，一律予以停机。

（二）从严做好新入网电话用户实名登记。各基础电信企业和移动转售企业要采取有效的管理和技术措施，确保电话用户登记信息真实、准确、可溯源。为新用户办理入网手续时，要严格落实用户身份证件核查责任，采取二代身份证识别设备、联网核验等措施验证用户身份信息，并现场拍摄和留存办理用户照片。通过网络渠道发展新用户时，要采取在线视频实人认证等技术方式核验用户身份信息。

（三）严格限制一证多卡。2016 年底前，各基础电信企业和移动转售企业应全面完成一证多卡用户摸排清理，对在本企业全国范围内已经办理 5 张（含）以上移动电话卡的存量用户，要对用户身份信息逐一重新核实。同一用户在同一基础电信企业或同一移动转售企业全国范围内办理使用的移动电话卡达到5张的，按照六部委《关于防范和打击电信网络诈骗犯罪的通告》第四条相关要求处理。

（四）强化行业卡实名登记管理。一是各基础电信企业和移动转售企业要对已经在网使用的行业卡实名登记情况进行重新核实，对未登记或登记信息错误的用户进行补登记，2016年底前实名率达到100%。二是对新办理使用行业卡的，要从严审核行业用户单位资质、所需行业卡功能、数量及业务量，按照"功能最小化"原则，屏蔽语音、短信功能，并充分利用技术手段对行业卡使用范围（包括可访问IP地址、端口、通话及短信号码等）、使用场景（如设备IMEI与号卡IMSI一一对应）等进行严格限制和绑定。三是原则上新增的行业卡必须使用13位专用号段，并通过专用网络承载相关业务，特殊情况下需使用11位号段且开通无限制的语音功能的，必须按照公众移动电话用户进行实名登记。四是按照"谁发卡、谁负责"原则，各基础电信企业和移动转售企业要加强对行业卡使用情况的监测和管控，严禁二次销售和违规使用行业卡。对未采取有效监测和管控措施，致使行业卡被倒卖或被用于非行业用户

的，从严追究相关企业和负责人的责任。

（五）严格落实代理渠道电话实名制管理要求。各基础电信企业和移动转售企业要进一步强化代理渠道准入，强化代理商资质审核，严格禁止代理渠道擅自委托下级代理。建立委托代理渠道电话入网和实名登记违规责任追究制度，各基础电信企业集团公司要签订电话实名制责任承诺书，各企业建立内部问责机制，对出现不登记、虚假登记、批量开卡、"养卡"等违规行为的代理渠道，一经发现立即取消其代理资格，纳入委托代理渠道黑名单，并从严追究相关基础电信企业省级公司相关部门和负责人责任。各通信管理局要在2016年11月底前组织电信企业完善委托代理渠道黑名单制度，对纳入黑名单的渠道和个人，各电信企业不得委托其办理电话入网和实名登记手续。

二、大力整顿和规范重点电信业务

（六）全面开展存量用户自查清理。2016年11月底前，各基础电信企业要全面完成语音专线和"400"、"一号通"、"商务总机"等存量重点电信业务排查清理。对未进行主体信息登记、虚假登记、登记信息不完整、未登记使用用途或者实际用途与登记用途不符合、资质不符或者存在其他不符合业务运营和使用规范、使用异常的，要督促

用户限期整改，问题严重、拒不整改或未按要求整改的，一律依法予以取缔。2016 年 11 月底前，各基础电信企业要将上述重点电信业务自查清理情况书面报部及所在地通信管理局。

（七）从严加强新用户入网审核和管理。一是严格申请主体资格。语音专线和"400"、"一号通"、"商务总机"等重点电信业务的申办主体必须为单位用户，严禁发展个人用户。二是严格办理渠道。用户必须在基础电信企业自有实体渠道申请办理上述重点电信业务，并由基础电信企业负管理责任，严禁代理渠道或网络渠道代为办理。三是严格资质核验。申请用户应当提供单位有效证照（企业用户应当提供营业执照，政府部门、事业单位、社会团体用户应当提供组织机构代码证）、法定代表人的有效身份证件、申请单位办理人的有效身份证件，属申请资源经营电信业务的，要同时提供相应的电信业务许可证。基础电信企业要严格核验、登记与留存上述证照信息以及业务使用用途。四是严格申请数量。同一用户在同一基础电信企业全国范围内申请"400"、"一号通"、"商务总机"等重点业务号码，每类原则上不得超过 5 个。五是严格台账管理。各基础电信企业集团公司和各省级公司要在 2016 年底前分别建立上述重点电信业务统一台账，并动态

更新管理，确保监管部门可随时依法查询用户的登记情况、使用状态和业务变更记录。

（八）从严加强业务外呼管理。一是严格外呼审批。用户申请"400"、"商务总机"外呼以及自带 95、96 等字头短号码通过租用语音专线开展外呼的，必须由基础电信企业省级及以上公司从严审批并负管理责任，业务合同中必须明示允许的外呼号码或号段以及外呼用途、时段、频次等。新增"一号通"一律禁止外呼。二是建立外呼白名单制度。各基础电信企业允许外呼的上述重点电信业务号码必须为本网实际开通的、属本企业分配的号码或号段，并统一纳入白名单管理，对白名单以外的外呼号码一律进行拦截。通过本网中继外呼时，严禁使用它网的固定、移动用户号码或"400"等业务号码。

（九）强化业务合同责任约束。各基础电信企业要进一步强化上述重点电信业务合同约束，细化责任条款，明确规定发现冒用或伪造身份证照、违法使用、违规外呼、呼叫频次异常、超约定用途使用、转租转售、被公安机关通报以及用户就上述问题投诉较多等情况的，核实确认后，一律终止业务接入。2016 年底前，各基础电信企业要与存量用户全部补签订相关责任条款。

（十）建立健全业务使用动态复核

机制。2016年底前，各基础电信企业要采取必要的管理与技术措施，建立随机拨测、现场随机巡检、用户资质年度复核等制度，加强对重点电信业务使用的动态管理。发现违规使用的，依据相关管理规范和业务协议从严从重处置，并通报通信管理部门依法依规处理，涉嫌违法犯罪的通报公安机关。

三、坚决整治网络改号问题

（十一）严格规范号码传送和使用管理。一是严格防范国际改号呼叫。各基础电信企业要对从境外诈骗电话来话高发区输入的国际来话进行重点管理甄别，对"+86"等不规范国际来话，以及公安机关核实通报的伪造国内公检法和党政部门便民电话的虚假主叫号码，在国际通信业务出入口局一律进行拦截。对携带"通用号码"的来话，在国际通信业务出入口局和国内网间互联互通关口局将其"通用号码"信息一律予以删除。二是严格规范主叫号码传送。落实号码传送行业规定和有关行业标准。禁止违规传送主叫号码为空号或设置主叫号码禁显的呼叫。各基础电信企业在网间关口局对不符合号码管理、网间互联规定和标准的违规呼叫、违规号码一律进行拦截。从严管理语音专线呼叫转移业务功能，确需开通的，应当由基础电信企业集团公司统一审核并建立台账；各基础电信企业要在2016年11

月底前全面完成已经开通的语音专线呼叫转移功能排查清理。三是严格号码使用管理。号码使用者应当严格遵循号码管理的各项规定，按照通信管理部门批准的地域、用途、位长格式规范使用号码，禁止转让。四是提升网络改号电话发现处置能力。各基础电信企业要会同国家计算机网络与信息安全管理中心等单位，开展网络改号电话检测技术研究，进一步提升对网络改号电话的监测、发现、拦截、处置能力。

（十二）全面落实语音专线主叫鉴权机制。2016年底前，各基础电信企业语音专线主叫鉴权比例按规范达到100%，对未按规范进行主叫鉴权的呼叫一律拦截。同时，建立主叫呼叫过程的鉴权日志留存和稽核等机制，发现传送非业务合同约定的主叫号码的语音专线一律关停，对存在私自转接国际来话、为非法VoIP和改号电话提供语音落地、转租转售等严重问题的专线用户，应全面终止与其合作，并报通信管理部门依法依规处理。

（十三）建立网络改号呼叫源头倒查和打击机制。严禁违法网络改号电话的运行、经营。对用户举报以及公安机关通报的网络改号电话等，通信管理部门组织基础电信企业联动倒查其话务落地源头，对为改号呼叫落地提供电信线路等资源的单位或个人，立即清理停止相关电信线路接入；涉及电信企业的，依法予以处理，并严肃追究相关部门和人员的管理责任；涉嫌违法犯罪的通报公安机关。各基础电信企业要建立健全内部快速倒查机制，设立专人负责工作对接，并按照通信管理部门规定时限要求留存信令数据。基础电信企业因规定的信令留存时限不满足等自身原因致使倒查工作无法开展的，作为改号电话呼叫来源责任方。

（十四）坚决清理网上改号软件。2016年11月底前，相关互联网企业要通过关键词屏蔽、软件下架、信息删除和账户封停等方式，对网站页面、搜索引擎、手机应用软件商城、电商平台、社交平台上的改号软件信息进行深入清理，切断下载、搜索、传播、兜售改号软件的渠道。

四、不断提升技术防范和打击能力

（十五）抓紧完成企业侧技术手段建设。各基础电信企业要按照部《关于进一步做好防范打击通讯信息诈骗相关工作的通知》（工信部网安函〔2015〕601号）以及《基础电信企业防范打击通讯信息诈骗不良呼叫号码处置技术能力要求》（工信厅网安〔2016〕143号）相关要求，在2016年底前全面建成防范打击通讯信息诈骗业务管理系统和用户终端侧安全提示服务两类技术手段，2017年3月底前全面建成网内和网间不

良呼叫号码监测处置系统，综合运用多种技术手段持续提升企业侧技术防范打击能力。

（十六）进一步打击"伪基站"、"黑广播"。各地无线电管理机构要充分发挥技术优势，进一步提升对"伪基站"、"黑广播"的监测定位、逼近查找等技术支持能力，完善与公安、广电、民航、工商等相关部门的重大案件情况通报机制，积极配合做好"伪基站"、"黑广播"查处打击工作。

五、加强行业用户个人信息保护

（十七）严格保护行业用户个人信息。电信和互联网企业要严格落实《全国人民代表大会常务委员会关于加强网络信息保护的决定》、《电信和互联网用户个人信息保护规定》（工业和信息化部令第24号）等规定，严格用户个人信息使用内部管理，采取必要的网络安全技术保障措施。2016年11月底前，各基础电信企业、移动转售企业和互联网企业要全面完成用户个人信息保护自查，重点检查营业厅、代理点等环节用户个人信息保护管理和涉及用户个人信息系统的安全防护，加强内部安全审计，严肃处理非法出售、泄露用户个人信息的问题。部将结合2016年网络安全防护检查工作，对基础电信企业、重点移动转售企业和互联网企业开展抽查，对于明知存在严重安全隐患仍不采

取措施的，严肃查处并公开曝光。

（十八）强化手机应用软件监督管理。加大技术检测力度，按照"发现、取证、处置、曝光"工作机制，对手机应用软件收集、使用用户个人信息情况进行技术检测，对发现的违规应用软件统一下架和公开曝光，并依法查处违规企业。

六、强化社会监督与宣传教育

（十九）强化监督举报受理与处置。一是各基础电信企业和移动转售企业要进一步完善用户举报渠道和方式，建立健全举报奖励制度，设立专区及时受理与处置涉嫌通讯信息诈骗用户举报。中国互联网协会要充分发挥12321举报平台作用，建立电话、短信、网站、手机App等多渠道举报机制。二是对公安机关通报的以及12321举报中心受理的用户投诉举报情况，各基础电信企业和移动转售企业要逐一认真核查，并对存在的问题进行及时整改和严肃追责。

（二十）加强宣传提升用户防范能力。一是各基础电信企业和移动转售企业要充分运用传统媒体、新媒体以及短彩信等渠道，及时向用户宣传提醒通讯信息诈骗类型和危害。二是各基础电信企业和互联网企业应向国内手机用户免费提供涉嫌通讯信息诈骗来电号码标注提醒和风险防控警示。部支持中国信息通信研究院等第三方单位，整合各类监测举报资源和手机用户标记资源，实现行业内资源共享。

七、强化行业监管与责任追究

（二十一）强化属地通信管理部门行业监管责任。一是各通信管理局要及时对辖区基础电信企业防范打击通讯信息诈骗工作责任落实情况开展监督检查，并将检查结果纳入基础电信企业省级公司信息安全责任考核，从严扣分，同时依法依规实施行政处罚、公开曝光。二是各通信管理局要善用外部监督，根据用户举报和公安机关通报情况，对连续三个月被举报率排名全国前5位，或者被公安机关点名通报的基础电信企业省级公司，视情节严重程度采取约谈、责令整改、通报、公开曝光等措施。三是各通信管理局应按照《关于加强依法治理电信市场的若干规定》（信部政〔2003〕453号）相关规定，及时反映通报基础电信企业省级公司防范打击通讯信息诈骗工作责任落实情况，作为相关基础电信企业集团公司对省级公司领导班子成员开展考核、干部调整时的重要依据。

（二十二）建立健全基础电信企业责任追究机制。一是各基础电信企业集团公司要健全内部责任追究制度，实行防范打击通讯信息诈骗工作责任一票否决制，并在2016年12月底前，将本公司防范打击通讯信息诈骗工作责任追究制度报部审核后，向社会公布。二是基础电信企业要强化制度执行，层层签署责任书，对于未有效建立和实施业务规范、技术防范、监督检查、考核追责、教育培训等防范打击工作管理制度闭环体系，以及责任落实不到位特别是导致大案要案发生的，根据公安机关的案件通报和监管部门的责任认定意见，基础电信企业集团公司要严肃处理涉事分支机构，追究其主要领导和相关责任人员的责任，并对省级公司及集团公司相关部门领导及相关责任人采取通报、约谈、降级直至责令免职等追究措施。有关追责情况及时报部和相关通信管理局。三是各基础电信企业集团公司对下属机构的违规行为，在公司内部管理考核中从严扣分。

（二十三）健全移动转售业务监管和违规退出机制。将170、171号段实名制等管理要求落实情况、公安机关通报的重大涉案情况、用户投诉举报问题突出情况等，作为移动转售企业申请扩大经营范围、增加码号资源、发放正式经营许可的一票否决项，对问题较为严重、整改不力的，一律暂停新增码号资源、扩大试点范围等相关申请受理，对问题情节严重、屡教屡犯的，依法取消其相关资质。

（二十四）加大对增值电信业务经营者和代理商违法违规行为的惩处力

度。一是对查实的违法违规电信业务经营者，由通信管理部门通报工商部门，依法纳入企业信用信息基础数据库，并适时向社会公布。二是对查实的违法增值电信企业，依法责令相关业务停业整顿直至吊销相关电信业务许可证，并按照《电信业务经营许可管理办法》等相关规定，3年内不予审批新的电信业务经营许可。三是对查实的存在严重违规行为的代理商，相关电信企业要一律取消其代理资质。四是加大曝光力度，对违规经营行为定期或不定期向社会曝光。

（二十五）建立通信行业防范打击通讯信息诈骗"黑名单"共享机制。部委托中国信息通信研究院牵头建立通信行业防范打击通讯信息诈骗"黑名单"全国共享库。对在防范和打击通讯信息诈骗工作中被相关部门认定违规的企业和个人，纳入黑名单，对其营业执照、法人信息、违规行为等进行详细分类记录，在全行业实现信息共享。各基础电信企业对黑名单用户在申请成为业务代理以及申请使用语音专线、"400"、"商务总机"等重点电信业务时一律拒绝受理。

八、切实强化防范治理的工作保障

（二十六）进一步加强组织保障。各基础电信企业、移动转售企业和相关互联网企业要进一步健全内部网络信息安全组织体系，明确本企业防范打击通讯信息诈骗责任部门，明确其工作组织实施和内部监督考核问责职责。其中，各基础电信企业在集团公司层面要进一步健全专职网络信息安全部门，切实加强组织领导，充实工作力量，加强本企业防范打击通讯信息诈骗工作的组织保障。国家计算机网络与信息安全管理中心、中国信息通信研究院等单位要建立健全管理支撑组织体系，明确相应管理支撑部门，配齐配足人员力量，进一步强化防范打击通讯信息诈骗技术保障和法律政策研究能力，全力支撑做好防范治理相关工作。

（二十七）进一步健全安全制度体系。各基础电信企业、移动转售企业和相关互联网企业应建立防范打击通讯信息诈骗安全管理制度，建立相关业务规范、考核奖惩、教育培训、安全事件报告等制度，制定重大突发事件应急处置预案，加强与通信管理部门工作配合和信息共享。

（二十八）进一步加强通讯信息诈骗风险评估防范。各基础电信企业、移动转售企业和相关互联网企业要针对"一卡双号"、"融合通信"、"短信营业厅"等可能引发通讯信息诈骗风险的存量业务，重新组织开展全流程、全环节的安全评估，积极消除安全隐患；对拟新上线的业务，要把通讯信息诈骗风险作为安全评估重点内容，对存在通讯信息诈骗高安全风险的业务一律禁止上线。

（二十九）进一步加强信息通报工作。自本意见发布之日起，各单位应当全面对照工作任务分工表（见附件），将本单位防范打击通讯信息诈骗工作进展、经验做法、存在问题和相关建议情况，于每月1日和15日报部防范打击通讯信息诈骗工作领导小组办公室（网络安全管理局），重大情况及时报告。

各地区、各单位要以对党对人民高度负责的精神，切实增强使命感、责任感和紧迫感，把防范和打击通讯信息诈骗工作作为当前一项重大政治任务和重要民生工程，进一步加强组织领导，细化工作措施，坚决压实责任，加大工作力度，尽快取得实质性成效，实现根本性好转，使人民群众有获得感，推动通信行业健康可持续发展。

权威案例

◎ 典型案例

唐某琪、方某帮助信息网络犯罪活动案

【最高人民检察院发布10件打击治理电信网络诈骗及关联犯罪典型案例之九（2022年4月21日）】

典型意义：（一）GOIP设备被诈骗犯罪分子使用助推电信网络诈骗犯罪，要坚持打源头斩链条，防止该类网络黑灰产滋生发展。当前，GOIP 设备在电信网络诈骗犯罪中被广泛使用，尤其是一些诈骗团伙在境外远程控制在境内安置的设备，加大反制拦截和信号溯源的难度，给案件侦办带来诸多难题。检察机关要聚焦违法使用 GOIP 设备所形成的黑灰产业链，既要从严惩治不法生产商、销售商，又要注重惩治专门负责设备安装、调试、维修以及提供专门场所放置设备的不法人员，还要加大对为设备运转提供大量电话卡的职业"卡商"的打击力度，全链条阻断诈骗分子作案工具来源。

（二）坚持主客观相统一，准确认定帮助信息网络犯罪活动罪中的"明知"要件。行为人主观上明知他人利用信息网络实施犯罪是认定帮助信息网络犯罪活动罪的前提条件。对于这一明知条件的认定，要坚持主客观相统一原则予以综合认定。对于曾因实施有关技术支持或帮助行为，被监管部门告诫、处罚的，仍然实施有关行为的，如没有其他相反证据，可依法认定其明知。对于行业内人员出售、提供相关设备工具被用于网络犯罪的，要结合其从业经历、对设备工具性能了解程度、交易对象等因素，可依法认定其明知，但有相反证据的除外。

第三章　金融治理

第十五条　【银行业金融机构、非银行支付机构的风险管理措施】

银行业金融机构、非银行支付机构为客户开立银行账户、支付账户及提供支付结算服务，和与客户业务关系存续期间，应当建立客户尽职调查制度，依法识别受益所有人，采取相应风险管理措施，防范银行账户、支付账户等被用于电信网络诈骗活动。

关联法规

◎ **法律**

《刑法》

第一百七十七条之一　有下列情形之一，妨害信用卡管理的，处三年以下有期徒刑或者拘役，并处或者单处一万元以上十万元以下罚金；数量巨大或者有其他严重情节的，处三年以上十年以下有期徒刑，并处二万元以上二十万元以下罚金：

（一）明知是伪造的信用卡而持有、运输的，或者明知是伪造的空白信用卡而持有、运输，数量较大的；

（二）非法持有他人信用卡，数量较大的；

（三）使用虚假的身份证明骗领信用卡的；

（四）出售、购买、为他人提供伪造的信用卡或者以虚假的身份证明骗领的信用卡的。

窃取、收买或者非法提供他人信用卡信息资料的，依照前款规定处罚。

银行或者其他金融机构的工作人员利用职务上的便利，犯第二款罪的，从重处罚。

◎ **部门规章**

《金融机构客户尽职调查和客户身份资料及交易记录保存管理办法》

第二十二条　金融机构开展客户尽职调查时，对于客户为法人或者非法人组织的，应当识别并核实客户身份，了解客户业务性质、所有权和控制权结构，识别并采取合理措施核实客户的受益所有人，即通过以下方式最终拥有或者实际控制法人或者非法人组织的一个或者多个自然人：

（一）直接或者间接拥有法人或者非法人组织25%（含）以上股权或合伙权益的自然人；

（二）单独或者联合对法人或者非法人组织进行实际控制的自然人，包括但不限于通过协议约定、亲属关系等方式实施控制，如决定董事或者高级管理人员的任免，决定重大经营、管理决策的制定或者执行，决定财务收支，长期实际支配使用重要资产或主要资金等；

（三）直接或者间接享有法人或者非法人组织 25%（含）以上收益权的自然人。

金融机构应当综合使用上述三种方式识别并核实客户的受益所有人，当使用上述方式均无法识别受益所有人时，识别法人或者非法人组织的高级管理人员。

第二十五条 金融机构应当在建立业务关系或者办理一次性交易时，核实客户及其受益所有人身份。在有效管理洗钱和恐怖融资风险的情况下，对于难以中断的正常交易，金融机构可以在建立业务关系后尽快完成客户及其受益所有人身份核实工作。金融机构在未完成客户及其受益所有人身份核实工作前为客户办理业务的，应当采取适当的风险管理措施。

第三十五条 金融机构应当采取合理措施确定客户及其受益所有人是否为外国政要、国际组织高级管理人员、外国政要或者国际组织高级管理人员的特定关系人。如客户或者其受益所有人为上述人员，金融机构应当采取风险管理措施了解客户及其受益所有人资金或者财产的来源和用途，与客户建立、维持业务关系还应当获得高级管理层批准，并对客户及业务关系采取强化的持续监测措施。

如人寿保险保单受益人或者其受益所有人为外国政要、国际组织高级管理人员、外国政要或者国际组织高级管理人员的特定关系人，保险公司应当在赔偿或者给付保险金时获得高级管理层批准，并对投保人及业务关系采取强化尽职调查措施。

第四十一条 金融机构应当建立健全工作机制，及时获取涉嫌恐怖活动的组织和人员名单以及中国人民银行要求关注的其他涉嫌洗钱及相关犯罪人员名单。有合理理由怀疑客户或其交易对手，以及客户或其交易对手的资金或者其他资产与名单相关的，应当采取相应的尽职调查和风险管理措施。法律、行政法规、规章另有规定的，从其规定。

第四十二条 金融机构应当建立健全工作机制，及时获取国际反洗钱组织和我国有关部门发布的高风险国家或地区以及强化监控国家或地区名单。对于来自高风险国家或地区的客户或交易，金融机构应当结合业务关系和交易的风险状况采取强化尽职调查措施和必要的风险管理措施。对于来自强化监控国家或地区的客户，金融机构在开展客户尽职调查及划分客户风险等级时，应当关注客户所在国家或地区的风险状况。

金融机构通过境外第三方开展客户尽职调查的，应当充分考虑第三方所在国家或地区的风险状况，不得通过来自高风险国家或地区的第三方开展客户尽职调查。

◎ **部门规范性文件**

《关于银行业打击治理电信网络新型违法犯罪有关工作事项的通知》

国务院打击治理电信网络新型违法犯罪工作部际联席会议办公室决定，2015年11月至2016年4月在全国范围内开展打击治理电信网络新型违法犯罪专项行动。现将《公安部关于印发〈打击治理电信网络新型违法犯罪专项行动工作方案〉的通知》（公刑〔2015〕3410号）印发给你们，请结合以下工作要求抓好贯彻落实。

一、统一思想，高度重视，增强打击治理电信网络新型违法犯罪专项行动的责任感

各银监局和银行业金融机构要深刻认识当前电信网络新型违法犯罪形势的严峻性、复杂性，进一步增强责任感、紧迫感，积极回应人民群众迫切期待。坚持标本兼治、综合治理、落实责任，整合各方面资源，统筹各方面力量，全面落实打击治理、源头监管、宣传防范等各项工作措施，坚决遏制电信网络新型违法犯罪发展蔓延势头，切实维护人民群众合法权益，切实维护社会和谐稳定。

二、积极协助，全力配合，确保做好涉案账户查控工作

各银监局和银行业金融机构要严格执行《银行业金融机构协助人民检察院公安机关国家安全机关查询冻结工作规定》（银监发〔2014〕53号）。根据《打击治理电信网络新型违法犯罪专项行动工作方案》部署，积极配合公安机关做好涉案账户的及时查询、紧急止付、快速冻结等查控工作。同时，各银监局和银行业金融机构要根据银监会和公安部相关工作部署，大力推进涉案账户资金网络查控平台建设应用，切实提高涉案资金查控的合法性、及时性、准确性。

三、认真核实，限制开卡数量，严格执行实名制管理规定

各银行业金融机构要严格执行《个人存款账户实名制规定》（国务院令第285号），充分利用身份证联网核查等技术手段，认真审核办理人身份证件，坚决杜绝违规代开卡、乱开卡、批量开卡等问题。同一客户在同一商业银行开立借记卡原则上不得超过4张；如该客户之前已持有同一商业银行全国范围内4张（含）以上借记卡的，商业银行不得为其开立或激活新的借记卡，社会保障卡、医疗保险卡、军人保障卡、已销户的借记卡除外。同一代理人在同一商业银行代理开卡原则上不得超过3张。确有正当理由，需要超出上述开卡数量限制的，由商业银行核实后酌情办理。对已办理4张以上借记卡的客户，银行业金融机构要主动与开卡客户进行联系，开展核查工作，发现非本人意愿办理的，应当中止服务。

对于公安机关或司法机关正式提供的文件显示客户（持卡人、申请人、代理人等）曾参与出租、出借、出售本人或他人借记卡账户以及相关各类验证工具的，同一商业银行在全国范围内对该客户（持卡人、申请人、代理人）等开立的借记卡账户数量不得超过 2 个。如该客户（持卡人、申请人、代理人等）之前已持有同一商业银行全国范围内 2 个（含）以上借记卡账户的，商业银行不得为其开立或激活新的借记卡账户。限制时间自收到公安机关或司法机关正式文件之日起至少 5 年。社会保障卡、医疗保险卡、军人保障卡、已销户的借记卡账户除外。

对于代理开立的借记卡，需被代理人持本人有效身份证件在柜面办理卡片启用后方可正常使用，在启用前应只支持存款转入等贷方交易，不支持取款、转出、消费、理财投资等借方交易。对于存款人因病残、出国等特殊原因无法由本人办理启用业务的，银行核实情况后应开设绿色通道，做到特事特办。其中，16 岁以下中国公民由监护人代理开立的借记卡，不受上述限制。

对于新开银行卡客户，原则上应预留本人实名登记的手机号码；确无手机号码的，可以不予预留。对于新开办网银、手机银行、电话银行等业务的客户，应当要求预留本人实名登记的手机号码。若客户预留非本人实名登记的手机号码，一经发现，银行业金融机构有权停用该银行卡，待客户更新本人实名登记的手机号码再恢复使用。16 岁以下中国公民由监护人代

理开立的银行账户，可留存监护人或存款人本人经实名认证的手机号码。

对于个人客户主动向银行业金融机构提出申请，要求对其名下非本人意愿办理的本地和异地银行卡进行处置的，银行业金融机构在核实后，应中止银行卡服务。

四、强化内控，完善流程，提升银行卡安全管理水平

各银行业金融机构要全面梳理完善业务流程，提升内控水平，切实加强银行卡安全管理，不断强化行业自律，严格落实社会责任。同时，应尽快建立涉嫌电信网络诈骗账户黑名单制度，依法限制涉嫌电信网络诈骗银行卡的境内、境外使用功能。

五、密切联系，协调配合，形成打击治理电信网络新型违法犯罪的强大合力

各银监局、银行业金融机构应参照《关于进一步做好涉恐案件资金查控工作的通知》（公刑〔2015〕846 号）要求，建立健全与公安机关的资金查控联系人机制。在专项行动和资金查控工作中，各方确定的联系人应切实负起责任，直接对接、直接联络、快速反应，共同做好涉案资金的查询、冻结工作。对于重大、复杂案件，各银监局应配合公安机关进行重点协调和部署，做好有关银行业金融机构的督促和指导工作，努力形成打击治理电信网络新型违法犯罪的强大合力。

六、大力宣传，打防结合，着力提升广大群众防范电信网络诈骗的意识和能力

各银监局、银行业金融机构要精心组织开展宣传教育活动，采取群众喜闻乐见的方式，推动电信网络新型违法犯罪防范工作宣传教育活动进社区、进学校、进家庭。各银行业金融机构应综合运用柜台、ATM等终端，积极借助手机短信、互联网等载体，通过悬挂警示标语、张贴防范提示、发放宣传资料等方式，深入开展经常性防范宣传教育活动，及时揭露不法分子犯罪手法和伎俩，切实提高广大群众防范意识和能力。特别是在客户办理业务过程中，要主动提示核查本人名下全部银行账户信息，发现异常，及时处置。

七、落实责任，严肃查处，建立健全考核奖惩和责任追究制度

各银监局、银行业金融机构要按照电信网络新型违法犯罪打击治理职责分工，严格落实工作责任，建立健全考核奖惩和责任追究制度。对于工作成绩突出的，要予以表彰奖励；对于重视不够、措施不力的，要予以通报批评。对于在协助查控工作中通风报信、拖延推诿、协助隐匿转移财产的，以及涉及违规办卡的银行业金融机构和从业人员，要对责任机构和责任人予以严厉处罚。构成犯罪的，依法移交司法机关追究刑事责任。

本通知执行中遇有问题，请及时与银监会法规部联系。银监会将适时对银行业金融机构打击治理电信网络新型违法犯罪工作情况进行监督检查。

……

《关于加强反洗钱客户身份识别有关工作的通知》

……

一、加强对非自然人客户的身份识别

义务机构应当按照《金融机构客户身份识别和客户身份资料及交易记录保存管理办法》（中国人民银行 中国银行业监督管理委员会中国证券监督管理委员会中国保险监督管理委员会令［2007］第2号发布）的规定，有效开展非自然人客户的身份识别，提高受益所有人信息透明度，加强风险评估和分类管理，防范复杂股权或者控制权结构导致的洗钱和恐怖融资风险。

（一）义务机构应当加强对非自然人客户的身份识别，在建立或者维持业务关系时，采取合理措施了解非自然人客户的业务性质与股权或者控制权结构，了解相关的受益所有人信息。

（二）义务机构应当根据实际情况以及从可靠途径、以可靠方式获取的相关信息或者数据，识别非自然人客户的受益所有人，并在业务关系存续期间，持续关注受益所有人信息变更情况。

（三）对非自然人客户受益所有人的追溯，义务机构应当逐层深入并最终明确为掌握控制权或者获取收益的自然人，判定标准如下：

1. 公司的受益所有人应当按照以下标准依次判定：直接或者间接拥有超过25%公司股权或者表决权的自然人；通过人事、财务等其他方式对公司进行控制的自然人；公司的高级管理人员。

2. 合伙企业的受益所有人是指拥有超过25%合伙权益的自然人。

3. 信托的受益所有人是指信托的委托人、受托人、受益人以及其他对信托实施最终有效控制的自然人。

4. 基金的受益所有人是指拥有超过25%权益份额或者其他对基金进行控制的自然人。

对风险较高的非自然人客户，义务机构应当采取更严格的标准判定其受益所有人。

（四）义务机构应当核实受益所有人信息，并可以通过询问非自然人客户、要求非自然人客户提供证明材料、查询公开信息、委托有关机构调查等方式进行。

（五）义务机构应当登记客户受益所有人的姓名、地址、身份证或者身份证明文件的种类、号码和有效期限。

（六）义务机构在充分评估下述非自然人客户风险状况基础上，可以将其法定代表人或者实际控制人视同为受益所有人：

1. 个体工商户、个人独资企业、不具备法人资格的专业服务机构。

2. 经营农林渔牧产业的非公司制农民专业合作组织。

对于受政府控制的企事业单位，参照上述标准执行。

（七）义务机构可以不识别下述非自然人客户的受益所有人：

1. 各级党的机关、国家权力机关、行政机关、司法机关、军事机关、人民政协机关和人民解放军、武警部队、参照公务员法管理的事业单位。

2. 政府间国际组织、外国政府驻华使领馆及办事处等机构与组织。

（八）义务机构应当在识别受益所有人的过程中，了解、收集并妥善保存以下信息和资料：

1. 非自然人客户股权或者控制权的相关信息，主要包括：注册证书、存续证明文件、合伙协议、信托协议、备忘录、公司章程以及其他可以验证客户身份的文件。

2. 非自然人客户股东或者董事会成员登记信息，主要包括：董事会、高级管理层和股东名单、各股东持股数量以及持股类型（包含相关的投票权类型）等。

（9）银行业金融机构应当将登记保存的受益所有人信息报送中国人民银行征信中心运营管理的相关信息数据库。义务机构可以按照相关规定查询非自然人客户的受益所有人信息。受益所有人信息登记、查询、使用及保密办法，由中国人民银行另行制定。

二、加强对特定自然人客户的身份识别

义务机构在与客户建立或者维持业务关系时，对下列特定自然人客户，应当按照《金融机构客户身份识别和客户身份资料及交易记录保存管理办法》的规定，有效开展身份识别。

（一）对于外国政要，义务机构除采取正常的客户身份识别措施外，还应当采取以下强化的身份识别措施：

1. 建立适当的风险管理系统，确定客户是否为外国政要。

2. 建立（或者维持现有）业务关系前，获得高级管理层的批准或者授权。

3. 进一步深入了解客户财产和资金来源。

4. 在业务关系持续期间提高交易监测的频率和强度。

（二）对于国际组织的高级管理人员，义务机构为其提供服务或者办理业务出现较高风险时，应当采取本条第一项第2目至第4目所列强化的客户身份识别措施。

（三）上述特定自然人客户身份识别的要求，同样适用于其特定关系人。

（四）如果非自然人客户的受益所有人为上述特定自然人客户，义务机构应当对该非自然人客户采取相应的强化身份识别措施。

三、加强特定业务关系中客户的身份识别措施

义务机构应当根据产品、业务的风险评估结果，结合业务关系特点开展客户身份识别，将客户身份识别工作作为有效防范洗钱和恐怖融资风险的基础。

（一）对于寿险和具有投资功能的财产险业务，义务机构应当充分考虑保单受益人的风险状况，决定是否对受益人开展强化的身份识别措施。受益人为非自然人客户，义务机构认为其股权或者控制权较复杂且有较高风险的，应当在偿付相关资金前，采取合理措施了解保单受益人的股权和控制权结构，并按照风险为本原则，强化对受益人的客户身份识别。

如保单受益人或者其受益所有人为第二条所列的特定自然人，且义务机构认定其属于高风险等级的，义务机构应当在偿付相关资金前获得高级管理层批准，并对整个保险业务关系进行强化审查，如果义务机构无法完成上述措施，则应当在合理怀疑基础上提交可疑交易报告。

（二）义务机构采取有效措施仍无法进行客户身份识别的，或者经过评估超过本机构风险管理能力的，不得与客户建立业务关系或者进行交易；已建立业务关系的，应当中止交易并考虑提交可疑交易报告，必要时可终止业务关系。

义务机构怀疑交易与洗钱或者恐怖融资有关，但重新或者持续识别客户身份将无法避免泄密时，可疑终止身份识别措施，并提交可疑交易报告。

（三）对来自金融行动特别工作组（FATF）、亚太反洗钱组织（APG）、欧亚反洗钱和反恐怖融资组织（EAG）等国际反洗钱组织指定高风险国家或者地区的客户，义务机构应当根据其风险状况，采取相应的强化身份识别措施。

（四）义务机构委托境外第三方机构

开展客户身份识别的，应当充分评估该机构所在国家或者地区的风险状况，并将其作为对客户身份识别、风险评估和分类管理的基础。

当义务机构与委托的境外第三方机构属于同一金融集团，且集团层面采取的客户身份识别等反洗钱内部控制措施能有效降低境外国家或者地区的风险水平，则义务机构可以不将境外的风险状况纳入对客户身份识别、风险评估和分类管理的范畴。

（五）出于反洗钱和反恐怖融资需要，集团（公司）应当建立内部信息共享制度和程序，明确信息安全和保密要求。集团（公司）合规、审计和反洗钱部门可以依法要求分支机构和附属机构提供客户、账户、交易信息及其他相关信息。

（六）银行业金融机构应当遵守《金融机构客户身份识别和客户身份资料及交易记录保存管理办法》等规章制度，同时参照金融行动特别工作组、沃尔夫斯堡集团关于代理行业务的相关要求，严格履行带来行业务的身份识别义务。

四、其他事项

（一）义务机构应当进一步完善客户身份识别的内部控制制度和操作规范，并按照《金融机构客户身份识别和客户身份资料及交易记录保存管理办法》的规定保存上述身份识别工作记录和获取的身份资料，切实履行个人金融信息保护义务。

（二）义务机构应当向客户充分说明本机构需履行的身份识别义务，不得明示、暗示或者帮助客户隐匿身份信息。

（三）义务机构应当按照本通知要求，对新建立业务关系客户有效开展客户身份识别。同时，有序对存量客户组织排查，于2018年6月30日前完成存量客户的身份识别工作。

（四）本通知所称外国政要、国际组织的高级管理人员，参照《打击洗钱、恐怖融资与扩散融资的国际标准：FATF建议》及有关国际标准确定。

本通知自发布之日起实施。有关法律、行政法规、规章另有规定的从其规定。

……

第十六条　【银行账户、支付账户数量限制】

开立银行账户、支付账户不得超出国家有关规定限制的数量。

对经识别存在异常开户情形的，银行业金融机构、非银行支付机构有权加强核查或者拒绝开户。

中国人民银行、国务院银行业监督管理机构组织有关清算机构建立跨机构开户数量核验机制和风险信息共享机制，并为客户提供查询名下银行账户、支付账户的便捷渠道。银行业金融机构、非银行支付机构应当按照国家有关规定提供开户情况和有关风险信息。相关信息不得用于反电信网络诈骗以外的其他用途。

关联法规

◎ 部门规章

《中国人民银行金融消费者权益保护实施办法》

第一章　总　　则

第一条　为了保护金融消费者合法权益，规范金融机构提供金融产品和服务的行为，维护公平、公正的市场环境，促进金融市场健康稳定运行，根据《中华人民共和国中国人民银行法》、《中华人民共和国商业银行法》、《中华人民共和国消费者权益保护法》和《国务院办公厅关于加强金融消费者权益保护工作的指导意见》（国办发〔2015〕81号）等，制定本办法。

第二条　在中华人民共和国境内依法设立的为金融消费者提供金融产品或者服务的银行业金融机构（以下简称银行），开展与下列业务相关的金融消费者权益保护工作，适用本办法：

（一）与利率管理相关的。

（二）与人民币管理相关的。

（三）与外汇管理相关的。

（四）与黄金市场管理相关的。

（五）与国库管理相关的。

（六）与支付、清算管理相关的。

（七）与反洗钱管理相关的。

（八）与征信管理相关的。

（九）与上述第一项至第八项业务相关的金融营销宣传和消费者金融信息保护。

（十）其他法律、行政法规规定的中国人民银行职责范围内的金融消费者权益保护工作。

在中华人民共和国境内依法设立的非银行支付机构（以下简称支付机构）提供支付服务的，适用本办法。

本办法所称金融消费者是指购买、使用银行、支付机构提供的金融产品或者服务的自然人。

第三条　银行、支付机构向金融消费者提供金融产品或者服务，应当遵循自愿、平等、公平、诚实信用的原则，切实承担金融消费者合法权益保护的主体责任，履行金融消费者权益保护的法定义务。

第四条　金融消费者应当文明、理性进行金融消费，提高自我保护意识，诚实守信，依法维护自身的合法权益。

第五条　中国人民银行及其分支机构坚持公平、公正原则，依法开展职责范围内的金融消费者权益保护工作，依法保护金融消费者合法权益。

中国人民银行及其分支机构会同有关部门推动建立和完善金融机构自治、行业自律、金融监管和社会监督相结合的金融消费者权益保护共同治理体系。

第六条　鼓励金融消费者和银行、支付机构充分运用调解、仲裁等方式解决金融消费纠纷。

第二章　金融机构行为规范

第七条　银行、支付机构应当将金融消费者权益保护纳入公司治理、企业文化建设和经营发展战略，制定本机构金融消费者权益保护工作的总体规划和具体工作措施。建立金融消费者权益保护专职部门或者指定牵头部门，明确部门及人员职责，确保部门有足够的人力、物力能够独立开展工作，并定期向高级管理层、董（理）事会汇报工作开展情况。

第八条　银行、支付机构应当落实法律法规和相关监管规定关于金融消费者权益保护的相关要求，建立健全金融消费者权益保护的各项内控制度：

（一）金融消费者权益保护工作考核评价制度。

（二）金融消费者风险等级评估制度。

（三）消费者金融信息保护制度。

（四）金融产品和服务信息披露、查询制度。

（五）金融营销宣传管理制度。

（六）金融知识普及和金融消费者教育制度。

（七）金融消费者投诉处理制度。

（八）金融消费者权益保护工作内部监督和责任追究制度。

（九）金融消费者权益保护重大事件应急制度。

（十）中国人民银行明确规定应当建立的其他金融消费者权益保护工作制度。

第九条　银行、支付机构应当建立健全涉及金融消费者权益保护工作的全流程管控机制，确保在金融产品或者服务的设计开发、营销推介及售后管理等各个业务环节有效落实金融消费者权益保护工作的相关规定和要求。全流程管控机制包括但不限于下列内容：

（一）事前审查机制。银行、支付机构应当实行金融消费者权益保护事前审查，及时发现并更正金融产品或者服务中可能损害金融消费者合法权益的问题，有效督办落实金融消费者权益保护审查意见。

（二）事中管控机制。银行、支付机构应当履行金融产品或者服务营销宣传中须遵循的基本程序和标准，加强对营销宣传行为的监测与管控。

（三）事后监督机制。银行、支付

机构应当做好金融产品和服务的售后管理，及时调整存在问题或者隐患的金融产品和服务规则。

第十条 银行、支付机构应当开展金融消费者权益保护工作人员培训，增强工作人员的金融消费者权益保护意识和能力。

银行、支付机构应当每年至少开展一次金融消费者权益保护专题培训，培训对象应当全面覆盖中高级管理人员、基层业务人员及新入职人员。对金融消费者投诉多发、风险较高的业务岗位，应当适当提高培训的频次。

第十一条 银行、支付机构开展考核评价时，应当将金融消费者权益保护工作作为重要内容，并合理分配相关指标的占比和权重，综合考虑业务合规性、客户满意度、投诉处理及时率与合格率等，不得简单以投诉数量作为考核指标。

第十二条 银行、支付机构应当根据金融产品或者服务的特性评估其对金融消费者的适合度，合理划分金融产品和服务风险等级以及金融消费者风险承受等级，将合适的金融产品或者服务提供给适当的金融消费者。

第十三条 银行、支付机构应当依法保障金融消费者在购买、使用金融产品和服务时的财产安全，不得挪用、非法占用金融消费者资金及其他金融资产。

第十四条 银行、支付机构应当尊重社会公德，尊重金融消费者的人格尊严和民族风俗习惯，不得因金融消费者性别、年龄、种族、民族或者国籍等不同实行歧视性差别对待，不得使用歧视性或者违背公序良俗的表述。

第十五条 银行、支付机构应当尊重金融消费者购买金融产品或者服务的真实意愿，不得擅自代理金融消费者办理业务，不得擅自修改金融消费者的业务指令，不得强制搭售其他产品或者服务。

第十六条 银行、支付机构应当依据金融产品或者服务的特性，及时、真实、准确、全面地向金融消费者披露下列重要内容：

（一）金融消费者对该金融产品或者服务的权利和义务，订立、变更、中止和解除合同的方式及限制。

（二）银行、支付机构对该金融产品或者服务的权利、义务及法律责任。

（三）贷款产品的年化利率。

（四）金融消费者应当负担的费用及违约金，包括金额的确定方式，交易时间和交易方式。

（五）因金融产品或者服务产生纠纷的处理及投诉途径。

（六）银行、支付机构对该金融产品或者服务所执行的强制性标准、推荐性标准、团体标准或者企业标准的编号和名称。

（七）在金融产品说明书或者服务协议中，实际承担合同义务的经营主体完整的中文名称。

（八）其他可能影响金融消费者决策的信息。

第十七条　银行、支付机构对金融产品和服务进行信息披露时，应当使用有利于金融消费者接收、理解的方式。对利率、费用、收益以及风险等与金融消费者切身利益相关的重要信息，应当根据金融产品或者服务的复杂程度及风险等级，对其中关键的专业术语进行解释说明，并以适当方式供金融消费者确认其已接收完整信息。

第十八条　银行、支付机构向金融消费者说明重要内容和披露风险时，应当依照法律法规和监管规定留存相关资料，自业务关系终止之日起留存时间不得少于 3 年。法律、行政法规另有规定的，从其规定。

留存的资料包括但不限于：

（一）金融消费者确认的金融产品说明书或者服务协议。

（二）金融消费者确认的风险提示书。

（三）记录向金融消费者说明重要内容的录音、录像资料或者系统日志等相关数据电文资料。

第十九条　银行、支付机构不得利用技术手段、优势地位，强制或者变相强制金融消费者接受金融产品或者服务，或者排除、限制金融消费者接受同业机构提供的金融产品或者服务。

第二十条　银行、支付机构在提供金融产品或者服务的过程中，不得通过附加限制性条件的方式要求金融消费者购买、使用协议中未作明确要求的产品或者服务。

第二十一条　银行、支付机构向金融消费者提供金融产品或者服务时使用格式条款的，应当以足以引起金融消费者注意的字体、字号、颜色、符号、标识等显著方式，提请金融消费者注意金融产品或者服务的数量、利率、费用、履行期限和方式、注意事项、风险提示、纠纷解决等与金融消费者有重大利害关系的内容，并按照金融消费者的要求予以说明。格式条款采用电子形式的，应当可被识别且易于获取。

银行、支付机构不得以通知、声明、告示等格式条款的方式作出含有下列内容的规定：

（一）减轻或者免除银行、支付机构造成金融消费者财产损失的赔偿责任。

（二）规定金融消费者承担超过法定限额的违约金或者损害赔偿金。

（三）排除或者限制金融消费者依

法对其金融信息进行查询、删除、修改的权利。

（四）排除或者限制金融消费者选择同业机构提供的金融产品或者服务的权利。

（五）其他对金融消费者不公平、不合理的规定。

银行、支付机构应当对存在侵害金融消费者合法权益问题或者隐患的格式条款和服务协议文本及时进行修订或者清理。

第二十二条 银行、支付机构应当对营销宣传内容的真实性负责。银行、支付机构实际承担的义务不得低于在营销宣传活动中通过广告、资料或者说明等形式对金融消费者所承诺的标准。

前款"广告、资料或者说明"是指以营销为目的，利用各种传播媒体、宣传工具或者方式，就银行、支付机构的金融产品或者服务进行直接或者间接的宣传、推广等。

第二十三条 银行、支付机构在进行营销宣传活动时，不得有下列行为：

（一）虚假、欺诈、隐瞒或者引人误解的宣传。

（二）引用不真实、不准确的数据和资料或者隐瞒限制条件等，对过往业绩或者产品收益进行夸大表述。

（三）利用金融管理部门对金融产品或者服务的审核或者备案程序，误导

金融消费者认为金融管理部门已对该金融产品或者服务提供保证。

（四）明示或者暗示保本、无风险或者保收益等，对非保本投资型金融产品的未来效果、收益或者相关情况作出保证性承诺。

（五）其他违反金融消费者权益保护相关法律法规和监管规定的行为。

第二十四条 银行、支付机构应当切实承担金融知识普及和金融消费者教育的主体责任，提高金融消费者对金融产品和服务的认知能力，提升金融消费者金融素养和诚实守信意识。

银行、支付机构应当制定年度金融知识普及与金融消费者教育工作计划，结合自身特点开展日常性金融知识普及与金融消费者教育活动，积极参与中国人民银行及其分支机构组织的金融知识普及活动。银行、支付机构不得以营销金融产品或者服务替代金融知识普及与金融消费者教育。

第二十五条 银行、支付机构应当重视金融消费者需求的多元性与差异性，积极支持普惠金融重点目标群体获得必要、及时的基本金融产品和服务。

第二十六条 出现侵害金融消费者合法权益重大事件的，银行、支付机构应当根据重大事项报告的相关规定及时向中国人民银行或其分支机构报告。

第二十七条 银行、支付机构应当

配合中国人民银行及其分支机构开展金融消费者权益保护领域的相关工作，按照规定报送相关资料。

第三章 消费者金融信息保护

第二十八条 本办法所称消费者金融信息，是指银行、支付机构通过开展业务或者其他合法渠道处理的消费者信息，包括个人身份信息、财产信息、账户信息、信用信息、金融交易信息及其他与特定消费者购买、使用金融产品或者服务相关的信息。

消费者金融信息的处理包括消费者金融信息的收集、存储、使用、加工、传输、提供、公开等。

第二十九条 银行、支付机构处理消费者金融信息，应当遵循合法、正当、必要原则，经金融消费者或者其监护人明示同意，但是法律、行政法规另有规定的除外。银行、支付机构不得收集与业务无关的消费者金融信息，不得采取不正当方式收集消费者金融信息，不得变相强制收集消费者金融信息。银行、支付机构不得以金融消费者不同意处理其金融信息为由拒绝提供金融产品或者服务，但处理其金融信息属于提供金融产品或者服务所必需的除外。

金融消费者不能或者拒绝提供必要信息，致使银行、支付机构无法履行反洗钱义务的，银行、支付机构可以根据《中华人民共和国反洗钱法》的相关规定对其金融活动采取限制性措施；确有必要时，银行、支付机构可以依法拒绝提供金融产品或者服务。

第三十条 银行、支付机构收集消费者金融信息用于营销、用户体验改进或者市场调查的，应当以适当方式供金融消费者自主选择是否同意银行、支付机构将其金融信息用于上述目的；金融消费者不同意的，银行、支付机构不得因此拒绝提供金融产品或者服务。银行、支付机构向金融消费者发送金融营销信息的，应当向其提供拒绝继续接收金融营销信息的方式。

第三十一条 银行、支付机构应当履行《中华人民共和国消费者权益保护法》第二十九条规定的明示义务，公开收集、使用消费者金融信息的规则，明示收集、使用消费者金融信息的目的、方式和范围，并留存有关证明资料。

银行、支付机构通过格式条款取得消费者金融信息收集、使用同意的，应当在格式条款中明确收集消费者金融信息的目的、方式、内容和使用范围，并在协议中以显著方式尽可能通俗易懂地向金融消费者提示该同意的可能后果。

第三十二条 银行、支付机构应当按照法律法规的规定和双方约定的用途使用消费者金融信息，不得超出范围使用。

第三十三条 银行、支付机构应当

建立以分级授权为核心的消费者金融信息使用管理制度，根据消费者金融信息的重要性、敏感度及业务开展需要，在不影响本机构履行反洗钱等法定义务的前提下，合理确定本机构工作人员调取信息的范围、权限，严格落实信息使用授权审批程序。

第三十四条　银行、支付机构应当按照国家档案管理和电子数据管理等规定，采取技术措施和其他必要措施，妥善保管和存储所收集的消费者金融信息，防止信息遗失、毁损、泄露或者被篡改。

银行、支付机构及其工作人员应当对消费者金融信息严格保密，不得泄露或者非法向他人提供。在确认信息发生泄露、毁损、丢失时，银行、支付机构应当立即采取补救措施；信息泄露、毁损、丢失可能危及金融消费者人身、财产安全的，应当立即向银行、支付机构住所地的中国人民银行分支机构报告并告知金融消费者；信息泄露、毁损、丢失可能对金融消费者产生其他不利影响的，应当及时告知金融消费者，并在72小时以内报告银行、支付机构住所地的中国人民银行分支机构。中国人民银行分支机构接到报告后，视情况按照本办法第五十五条规定处理。

第四章　金融消费争议解决

第三十五条　金融消费者与银行、支付机构发生金融消费争议的，鼓励金融消费者先向银行、支付机构投诉，鼓励当事人平等协商，自行和解。

金融消费者应当依法通过正当途径客观、理性反映诉求，不扰乱正常的金融秩序和社会公共秩序。

本办法所称金融消费争议，是指金融消费者与银行、支付机构因购买、使用金融产品或者服务所产生的民事争议。

第三十六条　银行、支付机构应当切实履行金融消费投诉处理的主体责任，银行、支付机构的法人机构应当按年度向社会发布金融消费者投诉数据和相关分析报告。

第三十七条　银行、支付机构应当通过金融消费者方便获取的渠道公示本机构的投诉受理方式，包括但不限于营业场所、官方网站首页、移动应用程序的醒目位置及客服电话主要菜单语音提示等。

第三十八条　银行、支付机构应当按照中国人民银行要求，加强对金融消费者投诉处理信息系统的建设与管理，对投诉进行正确分类并按时报送相关信息，不得迟报、漏报、谎报、错报或者瞒报投诉数据。

第三十九条　银行、支付机构收到金融消费者投诉后，依照相关法律法规和合同约定进行处理，并告知投诉人处理情况，但因投诉人原因导致无法告知的除外。

第四十条 中国人民银行分支机构设立投诉转办服务渠道。金融消费者对银行、支付机构作出的投诉处理不接受的，可以通过银行、支付机构住所地、合同签订地或者经营行为发生地中国人民银行分支机构进行投诉。

通过电子商务、网络交易购买、使用金融产品或者服务的，金融消费者通过银行、支付机构住所地的中国人民银行分支机构进行投诉。

第四十一条 金融消费者通过中国人民银行分支机构进行投诉，应当提供以下信息：姓名，有效身份证件信息，联系方式，明确的投诉对象及其住所地，具体的投诉请求、事实和理由。

金融消费者可以本人提出投诉，也可以委托他人代为提出投诉。以来信来访方式进行委托投诉的，应当向中国人民银行分支机构提交前款规定的投诉材料、授权委托书原件、委托人和受托人的身份证明。授权委托书应当载明受托人、委托事项、权限和期限，并由委托人本人签名。

第四十二条 中国人民银行分支机构对下列投诉不予接收：

（一）投诉人投诉的机构、产品或者服务不属于中国人民银行监管范围的。

（二）投诉人未提供真实身份，或者没有明确的被投诉人、没有具体的投诉请求和事实依据的。

（三）投诉人并非金融消费者本人，也未经金融消费者本人委托的。

（四）人民法院、仲裁机构、其他金融管理部门、行政部门或者依法设立的调解组织已经受理、接收或者处理的。

（五）双方达成和解协议并已经执行，没有新情况、新理由的。

（六）被投诉机构已提供公平合理的解决方案，投诉人就同一事项再次向中国人民银行分支机构投诉的。

（七）其他不符合法律、行政法规、规章有关规定的。

第四十三条 中国人民银行分支机构收到金融消费者投诉的，应当自收到投诉之日起 7 个工作日内作出下列处理：

（一）对投诉人和被投诉机构信息、投诉请求、事实和理由等进行登记。

（二）作出是否接收投诉的决定。决定不予接收的，应当告知投诉人。

（三）决定接收投诉的，应当将投诉转交被投诉机构处理或者转交金融消费纠纷调解组织提供调解服务。

需要投诉人对投诉内容进行补正的，处理时限于补正完成之日起计算。

银行、支付机构应当自收到中国人

民银行分支机构转交的投诉之日起15日内答复投诉人。情况复杂的，经本机构投诉处理工作负责人批准，可以延长处理期限，并告知投诉人延长处理期限的理由，但最长处理期限不得超过60日。

第四十四条 银行、支付机构收到中国人民银行分支机构转交的投诉，应当按要求向中国人民银行分支机构反馈投诉处理情况。

反馈的内容包括投诉基本情况、争议焦点、调查结果及证据、处理依据、与金融消费者的沟通情况、延期处理情况及投诉人满意度等。

银行、支付机构应当妥善保存投诉资料，投诉资料留存时间自投诉办结之日起不得少于3年。法律、行政法规另有规定的，从其规定。

第四十五条 银行、支付机构、金融消费者可以向调解组织申请调解、中立评估。调解组织受理调解、中立评估申请后，可在合理、必要范围内请求当事人协助或者提供相关文件、资料。

本办法所称中立评估，是指调解组织聘请独立专家就争议解决提出参考性建议的行为。

第四十六条 金融消费纠纷调解组织应当依照法律、行政法规、规章及其章程的规定，组织开展金融消费纠纷调解、中立评估等工作，对银行、支付机构和金融消费者进行金融知识普及和教育宣传引导。

第五章　监督与管理机制

第四十七条 中国人民银行综合研究金融消费者保护重大问题，负责拟定发展规划和业务标准，建立健全金融消费者保护基本制度。

第四十八条 中国人民银行及其分支机构与其他金融管理部门、地方政府有关部门建立健全金融消费者权益保护工作协调机制，加强跨市场跨业态跨区域金融消费者权益保护的监管，强化信息共享和部门间沟通协作。

第四十九条 中国人民银行及其分支机构统筹开展金融消费者教育，引导、督促银行、支付机构开展金融知识普及宣传活动，协调推进金融知识纳入国民教育体系，组织开展消费者金融素养调查。

第五十条 中国人民银行及其分支机构会同有关部门构建监管执法合作机制，探索合作开展金融消费者权益保护监督检查、评估等具体工作。

第五十一条 中国人民银行及其分支机构牵头构建非诉第三方解决机制，鼓励、支持金融消费者权益保护社会组织依法履行职责，推动构建公正、高效、便捷的多元化金融消费纠纷解决体系。

第五十二条 中国人民银行及其分

支机构协调推进相关普惠金融工作，建立健全普惠金融工作机制，指导、督促银行、支付机构落实普惠金融发展战略，组织开展职责范围内的普惠金融具体工作。

第五十三条　中国人民银行及其分支机构对金融消费者投诉信息进行汇总和分析，根据汇总和分析结果适时优化金融消费者权益保护监督管理方式、金融机构行为规范等。

第五十四条　中国人民银行及其分支机构可以采取下列措施，依法在职责范围内开展对银行、支付机构金融消费者权益保护工作的监督检查：

（一）进入被监管机构进行检查。

（二）询问被监管机构的工作人员，要求其对有关检查事项作出说明。

（三）查阅、复制被监管机构与检查事项有关的文件、资料，对可能被转移、隐匿或者毁损的文件、资料予以登记保存。

（四）检查被监管机构的计算机网络与信息系统。

进行现场检查时，检查人员不得少于二人，并应当出示合法证件和检查通知书。

银行、支付机构应当积极配合中国人民银行及其分支机构的现场检查和非现场检查，如实提供有关资料，不得拒绝、阻挠、逃避检查，不得谎报、隐匿、销毁相关证据材料。

第五十五条　银行、支付机构有侵害金融消费者合法权益行为的，中国人民银行及其分支机构可以对其采取下列措施：

（一）要求提交书面说明或者承诺。

（二）约见谈话。

（三）责令限期整改。

（四）视情将相关信息向其上级机构、行业监管部门反馈，在行业范围内发布，或者向社会公布。

（五）建议银行、支付机构对直接负责的董事、高级管理人员和其他直接责任人员给予处分。

（六）依法查处或者建议其他行政管理部门依法查处。

（七）中国人民银行职责范围内依法可以采取的其他措施。

第五十六条　中国人民银行及其分支机构组织开展银行、支付机构履行金融消费者权益保护义务情况的评估工作。

评估工作以银行、支付机构自评估为基础。银行、支付机构应当按年度进行自评估，并于次年1月31日前向中国人民银行或其分支机构报送自评估报告。

中国人民银行及其分支机构根据日常监督管理、投诉管理以及银行、支付机构自评估等情况进行非现场评估，必要时可以进行现场评估。

第五十七条　中国人民银行及其分支机构可以根据具体情况开展金融消费者权益保护环境评估工作。

第五十八条　中国人民银行及其分支机构建立金融消费者权益保护案例库制度，按照预防为先、教育为主的原则向银行、支付机构和金融消费者进行风险提示。

第五十九条　中国人民银行及其分支机构对于涉及金融消费者权益保护的重大突发事件，应当按照有关规定做好相关应急处置工作。

第六章　法律责任

第六十条　银行、支付机构有下列情形之一，侵害消费者金融信息依法得到保护的权利的，中国人民银行或其分支机构应当在职责范围内依照《中华人民共和国消费者权益保护法》第五十六条的规定予以处罚：

（一）未经金融消费者明示同意，收集、使用其金融信息的。

（二）收集与业务无关的消费者金融信息，或者采取不正当方式收集消费者金融信息的。

（三）未公开收集、使用消费者金融信息的规则，未明示收集、使用消费者金融信息的目的、方式和范围的。

（四）超出法律法规规定和双方约定的用途使用消费者金融信息的。

（五）未建立以分级授权为核心的消费者金融信息使用管理制度，或者未严格落实信息使用授权审批程序的。

（六）未采取技术措施和其他必要措施，导致消费者金融信息遗失、毁损、泄露或者被篡改，或者非法向他人提供的。

第六十一条　银行、支付机构有下列情形之一，对金融产品或者服务作出虚假或者引人误解的宣传的，中国人民银行或其分支机构应当在职责范围内依照《中华人民共和国消费者权益保护法》第五十六条的规定予以处罚：

（一）实际承担的义务低于在营销宣传活动中通过广告、资料或者说明等形式对金融消费者所承诺的标准的。

（二）引用不真实、不准确的数据和资料或者隐瞒限制条件等，对过往业绩或者产品收益进行夸大表述的。

（三）利用金融管理部门对金融产品或者服务的审核或者备案程序，误导金融消费者认为金融管理部门已对该金融产品或者服务提供保证的。

（四）明示或者暗示保本、无风险或者保收益等，对非保本投资型金融产品的未来效果、收益或者相关情况作出保证性承诺的。

第六十二条　银行、支付机构违反本办法规定，有下列情形之一，有关法律、行政法规有处罚规定的，依照其规定给予处罚；有关法律、行政法规未作处罚规定的，中国人民银行或其分支机构应当根据情形单处或者并处警告、处以五千元以上三万元以下罚款：

（一）未建立金融消费者权益保护专职部门或者指定牵头部门，或者金融消费者权益保护部门没有足够的人力、物力独立开展工作的。

（二）擅自代理金融消费者办理业务，擅自修改金融消费者的业务指令，或者强制搭售其他产品或者服务的。

（三）未按要求向金融消费者披露与金融产品和服务有关的重要内容的。

（四）利用技术手段、优势地位，强制或者变相强制金融消费者接受金融产品或者服务，或者排除、限制金融消费者接受同业机构提供的金融产品或者服务的。

（五）通过附加限制性条件的方式要求金融消费者购买、使用协议中未作明确要求的产品或者服务的。

（六）未按要求使用格式条款的。

（七）出现侵害金融消费者合法权益重大事件未及时向中国人民银行或其分支机构报告的。

（八）不配合中国人民银行及其分支机构开展金融消费者权益保护领域相关工作，或者未按照规定报送相关资料的。

（九）未按要求对金融消费者投诉进行正确分类，或者迟报、漏报、谎报、错报、瞒报投诉数据的。

（十）收到中国人民银行分支机构转交的投诉后，未在规定期限内答复投诉人，或者未按要求向中国人民银行分支机构反馈投诉处理情况的。

（十一）拒绝、阻挠、逃避检查，或者谎报、隐匿、销毁相关证据材料的。

第六十三条　对银行、支付机构侵害金融消费者权益重大案件负有直接责任的董事、高级管理人员和其他直接责任人员，有关法律、行政法规有处罚规定的，依照其规定给予处罚；有关法律、行政法规未作处罚规定的，中国人民银行或其分支机构应当根据情形单处或者并处警告、处以五千元以上三万元以下罚款。

第六十四条　中国人民银行及其分支机构的工作人员在开展金融消费者权益保护工作过程中有下列情形之一的，依法给予处分；涉嫌构成犯罪的，移送司法机关依法追究刑事责任：

（一）违反规定对银行、支付机构进行检查的。

（二）泄露知悉的国家秘密或者商业秘密的。

（三）滥用职权、玩忽职守的其他行为。

第七章 附 则

第六十五条 商业银行理财子公司、金融资产管理公司、信托公司、汽车金融公司、消费金融公司以及征信机构、个人本外币兑换特许业务经营机构参照适用本办法。法律、行政法规另有规定的，从其规定。

第六十六条 本办法中除"工作日"以外的"日"为自然日。

第六十七条 本办法由中国人民银行负责解释。

第六十八条 本办法自 2020 年 11 月 1 日起施行。《中国人民银行金融消费权益保护工作管理办法（试行）》（银办发〔2013〕107 号文印发）与《中国人民银行金融消费者权益保护实施办法》（银发〔2016〕314 号文印发）同时废止。

第十七条 【企业账户异常情形的风险防控机制】

银行业金融机构、非银行支付机构应当建立开立企业账户异常情形的风险防控机制。金融、电信、市场监管、税务等有关部门建立开立企业账户相关信息共享查询系统，提供联网核查服务。

市场主体登记机关应当依法对企业实名登记履行身份信息核验职责；依照规定对登记事项进行监督检查，对可能存在虚假登记、涉诈异常的企业重点监督检查，依法撤销登记的，依照前款的规定及时共享信息；为银行业金融机构、非银行支付机构进行客户尽职调查和依法识别受益所有人提供便利。

关联法规

◎ 行政法规

《优化营商环境条例》

第二十六条 国家鼓励和支持金融机构加大对民营企业、中小企业的支持力度，降低民营企业、中小企业综合融资成本。

金融监督管理部门应当完善对商业银行等金融机构的监管考核和激励机制，鼓励、引导其增加对民营企业、中小企业的信贷投放，并合理增加中长期贷款和信用贷款支持，提高贷款审批效率。

商业银行等金融机构在授信中不得设置不合理条件，不得对民营企业、中小企业设置歧视性要求。商业银行等金融机构应当按照国家有关规定规范收费行为，不得违规向服务对象收取不合理费用。商业银行应当向社会公开开设企业账户的服务标准、资费标准和办理时限。

◎ **部门规范性文件**

《关于取消企业银行账户许可的通知》

附件1：**《企业银行结算账户管理办法》**

第十二条　企业存在异常开户情形的，银行应当按照反洗钱等规定采取延长开户审查期限、强化客户尽职调查等措施，必要时应当拒绝开户。

《关于进一步加强支付结算管理防范电信网络新型违法犯罪有关事项的通知》

二、加强账户实名制管理

（三）加强单位支付账户开户审核。支付机构为单位开立支付账户应当严格审核单位开户证明文件的真实性、完整性和合规性，开户申请人与开户证明文件所属人的一致性，并向单位法定代表人或负责人核实开户意愿，留存相关工作记录。支付机构可采取面对面、视频等方式向单位法定代表人或负责人核实开户意愿，具体方式由支付机构根据客户风险评级情况确定。

单位存在异常开户情形的，支付机构应当按照反洗钱等规定采取延长开户审核期限、强化客户尽职调查等措施，必要时应当拒绝开户。

第十八条　【对支付工具、支付服务加强异常监测】

银行业金融机构、非银行支付机构应当对银行账户、支付账户及支付结算服务加强监测，建立完善符合电信网络诈骗活动特征的异常账户和可疑交易监测机制。

中国人民银行统筹建立跨银行业金融机构、非银行支付机构的反洗钱统一监测系统，会同国务院公安部门完善与电信网络诈骗犯罪资金流转特点相适应的反洗钱可疑交易报告制度。

对监测识别的异常账户和可疑交易，银行业金融机构、非银行支付机构应当根据风险情况，采取核实交易情况、重新核验身份、延迟支付结算、限制或者中止有关业务等必要的防范措施。

银行业金融机构、非银行支付机构依照第一款规定开展异常账户和可疑交易监测时，可以收集异常客户互联网协议地址、网卡地址、支付受理终端信息等必要的交易信息、设备位置信息。上述信息未经客户授权，不得用于反电信网络诈骗以外的其他用途。

关联法规

◎ **法律**

《刑法》

第一百九十一条 为掩饰、隐瞒毒品犯罪、黑社会性质的组织犯罪、恐怖活动犯罪、走私犯罪、贪污贿赂犯罪、破坏金融管理秩序犯罪、金融诈骗犯罪的所得及其产生的收益的来源和性质，有下列行为之一的，没收实施以上犯罪的所得及其产生的收益，处五年以下有期徒刑或者拘役，并处或者单处罚金；情节严重的，处五年以上十年以下有期徒刑，并处罚金：

（一）提供资金帐户的；

（二）将财产转换为现金、金融票据、有价证券的；

（三）通过转帐或者其他支付结算方式转移资金的；

（四）跨境转移资产的；

（五）以其他方法掩饰、隐瞒犯罪所得及其收益的来源和性质的。

单位犯前款罪的，对单位判处罚金，并对其直接负责的主管人员和其他直接责任人员，依照前款的规定处罚。

《反洗钱法》

第六条 履行反洗钱义务的机构及其工作人员依法提交大额交易和可疑交易报告，受法律保护。

第八条 国务院反洗钱行政主管部门组织、协调全国的反洗钱工作，负责反洗钱的资金监测，制定或者会同国务院有关金融监督管理机构制定金融机构反洗钱规章，监督、检查金融机构履行反洗钱义务的情况，在职责范围内调查可疑交易活动，履行法律和国务院规定的有关反洗钱的其他职责。

国务院反洗钱行政主管部门的派出机构在国务院反洗钱行政主管部门的授权范围内，对金融机构履行反洗钱义务的情况进行监督、检查。

第十条 国务院反洗钱行政主管部门设立反洗钱信息中心，负责大额交易和可疑交易报告的接收、分析，并按照规定向国务院反洗钱行政主管部门报告分析结果，履行国务院反洗钱行政主管部门规定的其他职责。

第二十条 金融机构应当按照规定执行大额交易和可疑交易报告制度。

金融机构办理的单笔交易或者在规定期限内的累计交易超过规定金额或者发现可疑交易的，应当及时向反洗钱信息中心报告。

第二十一条 金融机构建立客户身份识别制度、客户身份资料和交易记录保存制度的具体办法，由国务院反洗钱行政主管部门会同国务院有关金融监督管理机构制定。金融机构大额交易和可疑交易报告的具体办法，由国务院反洗钱行政主管部门制定。

第二十三条　国务院反洗钱行政主管部门或者其省一级派出机构发现可疑交易活动，需要调查核实的，可以向金融机构进行调查，金融机构应当予以配合，如实提供有关文件和资料。

调查可疑交易活动时，调查人员不得少于二人，并出示合法证件和国务院反洗钱行政主管部门或者其省一级派出机构出具的调查通知书。调查人员少于二人或者未出示合法证件和调查通知书的，金融机构有权拒绝调查。

第二十四条　调查可疑交易活动，可以询问金融机构有关人员，要求其说明情况。

询问应当制作询问笔录。询问笔录应当交被询问人核对。记载有遗漏或者差错的，被询问人可以要求补充或者更正。被询问人确认笔录无误后，应当签名或者盖章；调查人员也应当在笔录上签名。

第三十二条　金融机构有下列行为之一的，由国务院反洗钱行政主管部门或者其授权的设区的市一级以上派出机构责令限期改正；情节严重的，处二十万元以上五十万元以下罚款，并对直接负责的董事、高级管理人员和其他直接责任人员，处一万元以上五万元以下罚款：

（一）未按照规定履行客户身份识别义务的；

（二）未按照规定保存客户身份资料和交易记录的；

（三）未按照规定报送大额交易报告或者可疑交易报告的；

（四）与身份不明的客户进行交易或者为客户开立匿名账户、假名账户的；

（五）违反保密规定，泄露有关信息的；

（六）拒绝、阻碍反洗钱检查、调查的；

（七）拒绝提供调查材料或者故意提供虚假材料的。

金融机构有前款行为，致使洗钱后果发生的，处五十万元以上五百万元以下罚款，并对直接负责的董事、高级管理人员和其他直接责任人员处五万元以上五十万元以下罚款；情节特别严重的，反洗钱行政主管部门可以建议有关金融监督管理机构责令停业整顿或者吊销其经营许可证。

对有前两款规定情形的金融机构直接负责的董事、高级管理人员和其他直接责任人员，反洗钱行政主管部门可以建议有关金融监督管理机构依法责令金融机构给予纪律处分，或者建议依法取消其任职资格、禁止其从事有关金融行业工作。

《反有组织犯罪法》

第十七条　国务院反洗钱行政主管

部门、国务院其他有关部门、机构应当督促金融机构和特定非金融机构履行反洗钱义务。发现与有组织犯罪有关的可疑交易活动的，有关主管部门可以依法进行调查，经调查不能排除洗钱嫌疑的，应当及时向公安机关报案。

第四十二条　公安机关可以向反洗钱行政主管部门查询与有组织犯罪相关的信息数据，提请协查与有组织犯罪相关的可疑交易活动，反洗钱行政主管部门应当予以配合并及时回复。

◎ **行政法规**

《防范和处置非法集资条例》

第十三条　金融机构、非银行支付机构应当履行下列防范非法集资的义务：

（一）建立健全内部管理制度，禁止分支机构和员工参与非法集资，防止他人利用其经营场所、销售渠道从事非法集资；

（二）加强对社会公众防范非法集资的宣传教育，在经营场所醒目位置设置警示标识；

（三）依法严格执行大额交易和可疑交易报告制度，对涉嫌非法集资资金异常流动的相关账户进行分析识别，并将有关情况及时报告所在地国务院金融管理部门分支机构、派出机构和处置非法集资牵头部门。

◎ **部门规范性**

《关于进一步做好受益所有人身份识别工作有关问题的通知》

七、义务机构应当制定切实可行的工作方案，排查、清理异常账户、休眠账户、非实名账户等，按时完成存量客户的受益所有人身份识别工作。存量客户是指 2017 年 10 月 20 日之前建立业务关系，且截至 2018 年 6 月 30 日业务关系仍然正常存续的非自然人客户。受益所有人信息登记查询办法由中国人民银行另行制定。

权威案例

◎ **典型案例**

广东揭阳蔡某涉嫌诈骗案——依法严惩诈骗犯罪【全国检察机关依法办理妨害新冠肺炎疫情防控犯罪典型案例（第一批）之八（2020 年 2 月 11 日）】

法律要旨： 在疫情防控期间，假借研制、生产或者销售用于疫情防控的物品的名义骗取公私财物，或者捏造事实骗取公众捐赠款物数额较大的，依照刑法第二百六十六条的规定，以诈骗罪定罪处罚。

第十九条　【保证交易信息真实、完整】

银行业金融机构、非银行支付机构应当按照国家有关规定，完整、准确传输直接提供商品或者服务的商户名称、收付款客户名称及账号等交易信息，保证交易信息的真实、完整和支付全流程中的一致性。

关联法规

◎ 法律

《民法典》

第七条　民事主体从事民事活动，应当遵循诚信原则，秉持诚实，恪守承诺。

《电子商务法》

第三十一条　电子商务平台经营者应当记录、保存平台上发布的商品和服务信息、交易信息，并确保信息的完整性、保密性、可用性。商品和服务信息、交易信息保存时间自交易完成之日起不少于三年；法律、行政法规另有规定的，依照其规定。

第八十条　电子商务平台经营者有下列行为之一的，由有关主管部门责令限期改正；逾期不改正的，处二万元以上十万元以下的罚款；情节严重的，责令停业整顿，并处十万元以上五十万元以下的罚款：

（一）不履行本法第二十七条规定的核验、登记义务的；

（二）不按照本法第二十八条规定向市场监督管理部门、税务部门报送有关信息的；

（三）不按照本法第二十九条规定对违法情形采取必要的处置措施，或者未向有关主管部门报告的；

（四）不履行本法第三十一条规定的商品和服务信息、交易信息保存义务的。

法律、行政法规对前款规定的违法行为的处罚另有规定的，依照其规定。

◎ 行政法规

《食品安全法实施条例》

第三十二条　网络食品交易第三方平台提供者应当妥善保存入网食品经营者的登记信息和交易信息。县级以上人民政府食品安全监督管理部门开展食品安全监督检查、食品安全案件调查处理、食品安全事故处置确需了解有关信息的，经其负责人批准，可以要求网络食品交易第三方平台提供者提供，网络食品交易第三方平台提供者应当按照要求提供。县级以上人民政府食品安全监督管理部门及其工作人员对网络食品交易第三方平台提供者提供的信息依法负有保密义务。

◎ 部门规范性文件

《非银行支付机构网络支付业务管理办法》

第二十七条　支付机构应当采取有

效措施，确保客户在执行支付指令前可对收付款客户名称和账号、交易金额等交易信息进行确认，并在支付指令完成后及时将结果通知客户。

因交易超时、无响应或者系统故障导致支付指令无法正常处理的，支付机构应当及时提示客户；因客户原因造成支付指令未执行、未适当执行、延迟执行的，支付机构应当主动通知客户更改或者协助客户采取补救措施。

第三十五条 评定为"A"类且Ⅱ类、Ⅲ类支付账户实名比例超过95%的支付机构，对于已经实名确认、达到实名制管理要求的支付账户，在办理第十二条第一款所述转账业务时，相关银行账户与支付账户可以不属于同一客户。但支付机构应在交易中向银行准确、完整发送交易渠道、交易终端或接口类型、交易类型、收付款客户名称和账号等交易信息。

第三十七条 评定为"A"类的支付机构按照第十条规定办理相关业务时，可以与银行根据业务需要，通过协议自主约定由支付机构代替进行交易验证的情形，但支付机构应在交易中向银行完整、准确发送交易渠道、交易终端或接口类型、交易类型、商户名称、商户编码、商户类别码、收付款客户名称和账号等交易信息；银行应核实支付机构验证手段或渠道的安全性，且对客户

资金安全的管理责任不因支付机构代替验证而转移。

> **第二十条** 【电信网络诈骗涉案资金即时措施】
>
> 国务院公安部门会同有关部门建立完善电信网络诈骗涉案资金即时查询、紧急止付、快速冻结、及时解冻和资金返还制度，明确有关条件、程序和救济措施。
>
> 公安机关依法决定采取上述措施的，银行业金融机构、非银行支付机构应当予以配合。

关联法规

◎ 部门规章

《关于建立电信网络新型违法犯罪涉案账户紧急止付和快速冻结机制的通知》

一、开通管理平台紧急止付、快速冻结功能

自2016年6月1日起，各银行业金融机构（以下简称银行）、公安机关通过接口方式与电信网络新型违法犯罪交易风险事件管理平台（以下简称管理平台）连接，实现对涉案账户的紧急止付、快速冻结、信息共享和快速查询功能。获得网络支付业务许可的非银行支

付机构（以下简称支付机构）应于2016年12月31日前，通过接口方式与管理平台连接，实现上述功能。

二、规范紧急止付、快速冻结业务流程

公安机关、银行、支付机构依托管理平台收发电子报文，对涉案账户采取紧急止付、快速冻结措施。

（一）止付流程。

1. 被害人申请紧急止付。被害人被骗后，可拨打报警电话（110），直接向公安机关报案；也可向开户行所在地同一法人银行的任一网点举报。涉案账户为支付账户的向公安机关报案。

被害人向银行举报的，应出示本人有效身份证件，填写《紧急止付申请表》（见附件），详细说明资金汇出账户、收款人开户行名称、收款人账户（以下简称止付账户）、汇出金额、汇出时间、汇出渠道、疑似诈骗电话或短信内容等，承诺承担相关的法律责任并签名确认。同时，银行应当告知被害人拨打当地110报警电话。公安机关110报警服务台应立即指定辖区内的公安机关受理并告知被害人。被害人将110指定的受案公安机关名称告知银行。银行应当立即将《紧急止付申请表》以及被害人身份证件扫描件，通过管理平台发送至受案公安机关。

2. 紧急止付。公安机关应将加盖电子签章的紧急止付指令，以报文形式通过管理平台发送至止付账户开户行总行或支付机构，止付账户开户行总行或支付机构通过本单位业务系统，对相关账户的户名、账号、汇款金额和交易时间进行核对。核对一致的，立即进行止付操作，止付期限为自止付时点起48小时；核对不一致的，不得进行止付操作。止付银行或支付机构完成相关操作后，立即通过管理平台发送"紧急止付结果反馈报文"。公安机关可根据办案需要对同一账户再次止付，但止付次数以两次为限。

3. 冻结账户。公安机关应当在止付期限内，对被害人报案事项的真实性进行审查。报案事项属实的，经公安机关负责人批准，予以立案，并通过管理平台向止付账户开户行总行或支付机构发送"协助冻结财产通知报文"。银行或支付机构收到"协助冻结财产通知报文"后，对相应账户进行冻结。在止付期限内，未收到公安机关"协助冻结财产通知报文"的，止付期满后账户自动解除止付。

4. 同一法人银行特殊情形处理。如被害人开户行和止付账户开户行属于同一法人银行的，在情况紧急时，止付账户开户行可先行采取紧急止付，同时告知被害人立即报案，公安机关应在24小时内将紧急止付指令通过管理平台补

送到止付银行。

（二）延伸止付。

如被害人被骗资金已被转出，止付账户开户行总行或支付机构应当将资金划转信息通过管理平台反馈公安机关，由公安机关决定是否延伸止付。若公安机关选择延伸止付，应通过管理平台将"延伸紧急止付报文"发送到相关银行或支付机构采取延伸止付。止付时间从止付操作起计算，止付期限为48小时。

延伸止付账户开户行或支付机构应根据"延伸紧急止付报文"，对涉案账户立即采取延伸止付，并将"延伸紧急止付结果反馈报文"通过管理平台反馈至发起延伸止付的公安机关。

如资金被多次转移的，应当进行多次延伸止付。多次延伸止付流程同上。

（三）明确责任。

客户恶意举报或因客户恶意举报采取的紧急止付措施对开户银行、开户支付机构、止付银行、止付支付机构以及止付账户户主等相关当事人造成损失和涉及法律责任的，应依法追究报案人责任。

三、限制涉案及可疑账户业务

银行、支付机构应对涉案账户或可疑账户采取业务限制措施。

（一）信息报送。

公安机关将涉案账户信息通过"涉案账户信息统计报文"发送到管理平台；银行、支付机构、公安机关将可疑账户信息通过"可疑账户信息统计报文"发送到管理平台。

（二）限制银行账户业务。

对于纳入"涉案账户信息"的账户（卡），开户银行应中止其业务，及时封停涉案账户（卡）在境内和境外的转账、取现等功能；银行不得向纳入"涉案账户信息"账户（卡）办理转账汇款、存现业务。对于纳入"涉案账户信息"的支付账户，支付机构应中止其转账支付业务。对于纳入"可疑账户信息"的账户，开户银行应取消其网上银行、手机银行、境内和境外自动柜员机（ATM）取现功能；汇入银行或支付机构客户账户（卡）纳入"可疑账户信息"的，汇出银行或支付机构应向汇款人提示"收款账户可疑，谨防诈骗"。

（三）加强对涉案账户的监测。

对于纳入"涉案账户信息"和"可疑账户信息"的客户，银行、支付机构应对其采取重新识别客户身份的措施，加强对其交易活动的监测；对于认定存在诈骗洗钱行为的客户信息应及时报送中国反洗钱监测分析中心。

四、相关要求

（一）人民银行、公安机关、电信主管部门、工商行政管理部门和银行、支付机构应加强沟通、密切配合，积极推进信息共享，建立高效运转的紧急止付和快速冻结工作机制，推动紧急止付和快速冻结顺利实施，最大限度挽回社会公众的财产损失。

（二）银行、支付机构和公安机关应根据本通知要求细化并制定本单位紧急止付和快速冻结操作规范，规范电信网络新型违法犯罪报案流程，核实报案人的身份信息，明确相关法律责任；完成系统改造，按期接入管理平台，及时上报和同步更新涉案账户信息库，实现对涉案账户的紧急止付、快速冻结。同时，银行、支付机构应对账户的网上交易记录 IP 地址进行集中管理，便于公安机关查询取证。

（三）公安机关应当积极受理电信网络新型违法犯罪报案，核实情况属实后应当立即予以立案，及时向银行、支付机构发送冻结指令并出具冻结法律文书。银行、支付机构应畅通本单位内部紧急止付和快速冻结通道，认真核实涉案账户流转情况，对涉案账户实现业务控制。

（四）各银行、支付机构、公安机关、电信主管部门应加强电信网络新型违法犯罪的宣传教育，及时通报电信网络新型违法犯罪案例，总结作案手段和特点，交流防堵经验做法，展示宣传资料，提高一线人员的防范和识别能力，加强社会公众风险防范意识，有效劝阻、提示社会公众谨防诈骗。

请人民银行上海总部，各分行、营业管理部、省会（首府）城市中心支行，深圳市中心支行会同各省、自治区、直辖市及计划单列市通信管理局、公安厅（局）、工商行政管理局（市场监督管理部门）；新疆生产建设兵团公安局及时将本通知转发至辖区内相关机构。

第四章 互联网治理

第二十一条 【电信、互联网用户依法提供真实身份信息】

电信业务经营者、互联网服务提供者为用户提供下列服务，在与用户签订协议或者确认提供服务时，应当依法要求用户提供真实身份信息，用户不提供真实身份信息的，不得提供服务：

（一）提供互联网接入服务；

（二）提供网络代理等网络地址转换服务；

（三）提供互联网域名注册、服务器托管、空间租用、云服务、内容分发服务；

（四）提供信息、软件发布服务，或者提供即时通讯、网络交易、网络游戏、网络直播发布、广告推广服务。

关联法规

◎ **法律**

《民法典》

第七条 民事主体从事民事活动，应当遵循诚信原则，秉持诚实，恪守承诺。

《网络安全法》

第二十四条 网络运营者为用户办理网络接入、域名注册服务，办理固定电话、移动电话等入网手续，或者为用户提供信息发布、即时通讯等服务，在与用户签订协议或者确认提供服务时，应当要求用户提供真实身份信息。用户不提供真实身份信息的，网络运营者不得为其提供相关服务。

国家实施网络可信身份战略，支持研究开发安全、方便的电子身份认证技术，推动不同电子身份认证之间的互认。

第六十一条 网络运营者违反本法第二十四条第一款规定，未要求用户提供真实身份信息，或者对不提供真实身份信息的用户提供相关服务的，由有关主管部门责令改正；拒不改正或者情节严重的，处五万元以上五十万元以下罚款，并可以由有关主管部门责令暂停相关业务、停业整顿、关闭网站、吊销相关业务许可证或者吊销营业执照，对直接负责的主管人员和其他直接责任人员处一万元以上十万元以下罚款。

◎ **部门规章**

《电话用户真实身份信息登记规定》

第二十条　电信业务经营者应当通过电话、短信息、书面函件或者公告等形式告知用户并采取便利措施，为本规定施行前尚未提供真实身份信息或者所提供身份信息不全的电话用户补办登记手续。

电信业务经营者为电话用户补办登记手续，不得擅自加重用户责任。

电信业务经营者应当在向尚未提供真实身份信息的用户确认提供服务时，要求用户提供真实身份信息。

《互联网新闻信息服务管理规定》

第十三条　互联网新闻信息服务提供者为用户提供互联网新闻信息传播平台服务，应当按照《中华人民共和国网络安全法》的规定，要求用户提供真实身份信息。用户不提供真实身份信息的，互联网新闻信息服务提供者不得为其提供相关服务。

互联网新闻信息服务提供者对用户身份信息和日志信息负有保密的义务，不得泄露、篡改、毁损，不得出售或非法向他人提供。

互联网新闻信息服务提供者及其从业人员不得通过采编、发布、转载、删除新闻信息，干预新闻信息呈现或搜索结果等手段谋取不正当利益。

《电信业务经营许可管理办法》

第二十四条　提供接入服务的增值电信业务经营者应当遵守下列规定：

（一）应当租用取得相应经营许可证的基础电信业务经营者提供的电信服务或者电信资源从事业务经营活动，不得向其他从事接入服务的增值电信业务经营者转租所获得的电信服务或者电信资源；

（二）为用户办理接入服务手续时，应当要求用户提供真实身份信息并予以查验；

（三）不得为未依法取得经营许可证或者履行非经营性互联网信息服务备案手续的单位或者个人提供接入或者代收费等服务；

（四）按照电信管理机构的规定，建立相应的业务管理系统，并按要求实现同电信管理机构相应系统对接，定期报送有关业务管理信息；

（五）对所接入网站传播违法信息的行为进行监督，发现传播明显属于《中华人民共和国电信条例》第五十六条规定的信息的，应当立即停止接入和代收费等服务，保存有关记录，并向国家有关机关报告；

（六）按照电信管理机构的要求终止或者暂停对违法网站的接入服务。

《公安机关互联网安全监督检查规定》

第二十一条　公安机关在互联网安全监督检查中，发现互联网服务提供者和联网使用单位有下列违法行为的，依法予以行政处罚：

（一）未制定并落实网络安全管理制度和操作规程，未确定网络安全负责人的，依照《中华人民共和国网络安全法》第五十九条第一款的规定予以处罚；

（二）未采取防范计算机病毒和网络攻击、网络侵入等危害网络安全行为的技术措施的，依照《中华人民共和国网络安全法》第五十九条第一款的规定予以处罚；

（三）未采取记录并留存用户注册信息和上网日志信息措施的，依照《中华人民共和国网络安全法》第五十九条第一款的规定予以处罚；

（四）在提供互联网信息发布、即时通讯等服务中，未要求用户提供真实身份信息，或者对不提供真实身份信息的用户提供相关服务的，依照《中华人民共和国网络安全法》第六十一条的规定予以处罚；

（五）在公共信息服务中对法律、行政法规禁止发布或者传输的信息未依法或不按照公安机关的要求采取停止传输、消除等处置措施、保存有关记录的，依照《中华人民共和国网络安全法》第六十八条或者第六十九条第一项的规定予以处罚；

（六）拒不为公安机关依法维护国家安全和侦查犯罪的活动提供技术支持和协助的，依照《中华人民共和国网络

安全法》第六十九条第三项的规定予以处罚。

有前款第四至六项行为违反《中华人民共和国反恐怖主义法》规定的，依照《中华人民共和国反恐怖主义法》第八十四条或者第八十六条第一款的规定予以处罚。

《互联网用户账号信息管理规定》

第九条 互联网信息服务提供者为互联网用户提供信息发布、即时通讯等服务的，应当对申请注册相关账号信息的用户进行基于移动电话号码、身份证件号码或者统一社会信用代码等方式的真实身份信息认证。用户不提供真实身份信息，或者冒用组织机构、他人身份信息进行虚假注册的，不得为其提供相关服务。

◎ **部门规范性文件**

《移动互联网应用程序信息服务管理规定》

第六条 应用程序提供者为用户提供信息发布、即时通讯等服务的，应当对申请注册的用户进行基于移动电话号码、身份证件号码或者统一社会信用代码等方式的真实身份信息认证。用户不提供真实身份信息，或者冒用组织机构、他人身份信息进行虚假注册的，不得为其提供相关服务。

第二十二条 【涉诈异常账号的处置措施】

互联网服务提供者对监测识别的涉诈异常账号应当重新核验，根据国家有关规定采取限制功能、暂停服务等处置措施。

互联网服务提供者应当根据公安机关、电信主管部门要求，对涉案电话卡、涉诈异常电话卡所关联注册的有关互联网账号进行核验，根据风险情况，采取限期改正、限制功能、暂停使用、关闭账号、禁止重新注册等处置措施。

关联法规

◎ 司法解释

《关于办理电信网络诈骗等刑事案件适用法律的意见（二）》

一、电信网络诈骗犯罪地，除《最高人民法院、最高人民检察院、公安部关于办理电信网络诈骗等刑事案件适用法律若干问题的意见》规定的犯罪行为发生地和结果发生地外，还包括：

（一）用于犯罪活动的手机卡、流量卡、物联网卡的开立地、销售地、转移地、藏匿地；

（二）用于犯罪活动的信用卡的开立地、销售地、转移地、藏匿地、使用地以及资金交易对手资金交付和汇出地；

（三）用于犯罪活动的银行账户、非银行支付账户的开立地、销售地、使用地以及资金交易对手资金交付和汇出地；

（四）用于犯罪活动的即时通讯信息、广告推广信息的发送地、接受地、到达地；

（五）用于犯罪活动的"猫池"（Modem Pool）、GOIP 设备、多卡宝等硬件设备的销售地、入网地、藏匿地；

（六）用于犯罪活动的互联网账号的销售地、登录地。

五、非法获取、出售、提供具有信息发布、即时通讯、支付结算等功能的互联网账号密码、个人生物识别信息，符合刑法第二百五十三条之一规定的，以侵犯公民个人信息罪追究刑事责任。

对批量前述互联网账号密码、个人生物识别信息的条数，根据查获的数量直接认定，但有证据证明信息不真实或者重复的除外。

七、为他人利用信息网络实施犯罪而实施下列行为，可以认定为刑法第二百八十七条之二规定的"帮助"行为：

（一）收购、出售、出租信用卡、银行账户、非银行支付账户、具有支付结算功能的互联网账号密码、网络支付接口、网上银行数字证书的；

（二）收购、出售、出租他人手机卡、流量卡、物联网卡的。

八、认定刑法第二百八十七条之二规定的行为人明知他人利用信息网络实施犯罪，应当根据行为人收购、出售、出租前述第七条规定的信用卡、银行账户、非银行支付账户、具有支付结算功能的互联网账号密码、网络支付接口、网上银行数字证书，或者他人手机卡、流量卡、物联网卡等的次数、张数、个数，并结合行为人的认知能力、既往经历、交易对象、与实施信息网络犯罪的行为人的关系、提供技术支持或者帮助的时间和方式、获利情况以及行为人的供述等主客观因素，予以综合认定。

收购、出售、出租单位银行结算账户、非银行支付机构单位支付账户，或者电信、银行、网络支付等行业从业人员利用履行职责或提供服务便利，非法开办并出售、出租他人手机卡、信用卡、银行账户、非银行支付账户等的，可以认定为《最高人民法院、最高人民检察院关于办理非法利用信息网络、帮助信息网络犯罪活动等刑事案件适用法律若干问题的解释》第十一条第（七）项规定的"其他足以认定行为人明知的情形"。但有相反证据的除外。

九、明知他人利用信息网络实施犯罪，为其犯罪提供下列帮助之一的，可以

认定为《最高人民法院、最高人民检察院关于办理非法利用信息网络、帮助信息网络犯罪活动等刑事案件适用法律若干问题的解释》第十二条第一款第（七）项规定的"其他情节严重的情形"：

（一）收购、出售、出租信用卡、银行账户、非银行支付账户、具有支付结算功能的互联网账号密码、网络支付接口、网上银行数字证书5张（个）以上的；

（二）收购、出售、出租他人手机卡、流量卡、物联网卡20张以上的。

第二十三条 【互联网应用程序的设立】

设立移动互联网应用程序应当按照国家有关规定向电信主管部门办理许可或者备案手续。

为应用程序提供封装、分发服务的，应当登记并核验应用程序开发运营者的真实身份信息，核验应用程序的功能、用途。

公安、电信、网信等部门和电信业务经营者、互联网服务提供者应当加强对分发平台以外途径下载传播的涉诈应用程序重点监测、及时处置。

关联法规

◎ 法律

《网络安全法》

第八条　国家网信部门负责统筹协调网络安全工作和相关监督管理工作。国务院电信主管部门、公安部门和其他有关机关依照本法和有关法律、行政法规的规定，在各自职责范围内负责网络安全保护和监督管理工作。

县级以上地方人民政府有关部门的网络安全保护和监督管理职责，按照国家有关规定确定。

◎ 行政法规

《关键信息基础设施安全保护条例》

第三条　在国家网信部门统筹协调下，国务院公安部门负责指导监督关键信息基础设施安全保护工作。国务院电信主管部门和其他有关部门依照本条例和有关法律、行政法规的规定，在各自职责范围内负责关键信息基础设施安全保护和监督管理工作。

省级人民政府有关部门依据各自职责对关键信息基础设施实施安全保护和监督管理。

第二十九条　在关键信息基础设施安全保护工作中，国家网信部门和国务院电信主管部门、国务院公安部门等应当根据保护工作部门的需要，及时提供技术支持和协助。

第三十一条　未经国家网信部门、国务院公安部门批准或者保护工作部门、运营者授权，任何个人和组织不得对关键信息基础设施实施漏洞探测、渗透性测试等可能影响或者危害关键信息基础设施安全的活动。对基础电信网络实施漏洞探测、渗透性测试等活动，应当事先向国务院电信主管部门报告。

《防范和处置非法集资条例》

第十条　处置非法集资牵头部门会同互联网信息内容管理部门、电信主管部门加强对涉嫌非法集资的互联网信息和网站、移动应用程序等互联网应用的监测。经处置非法集资牵头部门组织认定为用于非法集资的，互联网信息内容管理部门、电信主管部门应当及时依法作出处理。

互联网信息服务提供者应当加强对用户发布信息的管理，不得制作、复制、发布、传播涉嫌非法集资的信息。发现涉嫌非法集资的信息，应当保存有关记录，并向处置非法集资牵头部门报告。

第二十七条　为非法集资设立的企业、个体工商户和农民专业合作社，由市场监督管理部门吊销营业执照。为非法集资设立的网站、开发的移动应用程序等互联网应用，由电信主管部门依法予以关闭。

第二十四条　【域名注册、解析信息、网址链接转换】

提供域名解析、域名跳转、网址链接转换服务的，应当按照国家有关规定，核验域名注册、解析信息和互联网协议地址的真实性、准确性，规范域名跳转，记录并留存所提供相应服务的日志信息，支持实现对解析、跳转、转换记录的溯源。

关联法规

◎ **法律**

《网络安全法》

第二十四条　网络运营者为用户办理网络接入、域名注册服务，办理固定电话、移动电话等入网手续，或者为用户提供信息发布、即时通讯等服务，在与用户签订协议或者确认提供服务时，应当要求用户提供真实身份信息。用户不提供真实身份信息的，网络运营者不得为其提供相关服务。

国家实施网络可信身份战略，支持研究开发安全、方便的电子身份认证技术，推动不同电子身份认证之间的互认。

◎ **部门规章**

《互联网域名管理办法》

第十二条　申请设立域名注册服务机构的，应当具备以下条件：

（一）在境内设置域名注册服务系统、注册数据库和相应的域名解析系统；

（二）是依法设立的法人，该法人及其主要出资者、主要经营管理人员具有良好的信用记录；

（三）具有与从事域名注册服务相适应的场地、资金和专业人员以及符合电信管理机构要求的信息管理系统；

（四）具有进行真实身份信息核验和用户个人信息保护的能力、提供长期服务的能力及健全的服务退出机制；

（五）具有健全的域名注册服务管理制度和对域名注册代理机构的监督机制；

（六）具有健全的网络与信息安全保障措施，包括管理人员、网络与信息安全管理制度、应急处置预案和相关技术、管理措施等；

（七）法律、行政法规规定的其他条件。

第三十六条　提供域名解析服务，应当遵守有关法律、法规、标准，具备相应的技术、服务和网络与信息安全保障能力，落实网络与信息安全保障措施，依法记录并留存域名解析日志、维护日志和变更记录，保障解析服务质量和解析系统安全。涉及经营电信业务的，应当依法取得电信业务经营许可。

第三十七条 提供域名解析服务,不得擅自篡改解析信息。

任何组织或者个人不得恶意将域名解析指向他人的 IP 地址。

第三十八条 提供域名解析服务,不得为含有本办法第二十八条第一款所列内容的域名提供域名跳转。

第五十一条 违反本办法规定,提供域名解析服务,有下列行为之一的,由电信管理机构责令限期改正,可以视情节轻重处一万元以上三万元以下罚款,向社会公告:

(一)擅自篡改域名解析信息或者恶意将域名解析指向他人 IP 地址的;

(二)为含有本办法第二十八条第一款所列内容的域名提供域名跳转的;

(三)未落实网络与信息安全保障措施的;

(四)未依法记录并留存域名解析日志、维护日志和变更记录的;

(五)未按照要求对存在违法行为的域名进行处置的。

权威案例

◎ **典型案例**

海南省儋州市羊某记开设虚假机票网站诈骗案【电信网络诈骗犯罪典型案例之七(2016 年 3 月 4 日)】

典型意义: 本案是通过开设虚假机票网站进行诈骗的典型案件。目前选择航空方式出行的人越来越多,通过网络或电话订购机票也已成为常态。本案中,被告人通过开设虚假的机票网站,当被害人订购机票时,以"机器故障"等为由,诱骗被害人将钱款转账至被告人控制的银行账户,从而骗得钱财。希望群众在准备出行时,应向各大航空公司的正规官方网站或客服热线订票或进行退票、改签等操作,切不可贸然选择陌生网站并听从陌生电话的指挥进行转账汇款。

> **第二十五条 【禁止为他人实施电信网络诈骗提供支持或者帮助】**
>
> 任何单位和个人不得为他人实施电信网络诈骗活动提供下列支持或者帮助:
>
> (一)出售、提供个人信息;
>
> (二)帮助他人通过虚拟货币交易等方式洗钱;
>
> (三)其他为电信网络诈骗活动提供支持或者帮助的行为。
>
> 电信业务经营者、互联网服务提供者应当依照国家有关规定,履行合理注意义务,对利用下列业务从事涉诈支持、帮助活动进行监测识别和处置:
>
> (一)提供互联网接入、服

务器托管、网络存储、通讯传输、线路出租、域名解析等网络资源服务；

（二）提供信息发布或者搜索、广告推广、引流推广等网络推广服务；

（三）提供应用程序、网站等网络技术、产品的制作、维护服务；

（四）提供支付结算服务。

关联法规

◎ 法律

《刑法》

第二十五条 共同犯罪是指二人以上共同故意犯罪。

二人以上共同过失犯罪，不以共同犯罪论处；应当负刑事责任的，按照他们所犯的罪分别处罚。

第二十六条 组织、领导犯罪集团进行犯罪活动的或者在共同犯罪中起主要作用的，是主犯。

三人以上为共同实施犯罪而组成的较为固定的犯罪组织，是犯罪集团。

对组织、领导犯罪集团的首要分子，按照集团所犯的全部罪行处罚。

对于第三款规定以外的主犯，应当按照其所参与的或者组织、指挥的全部

犯罪处罚。

第二十七条 在共同犯罪中起次要或者辅助作用的，是从犯。

对于从犯，应当从轻、减轻处罚或者免除处罚。

第二十八条 对于被胁迫参加犯罪的，应当按照他的犯罪情节减轻处罚或者免除处罚。

第二十九条 教唆他人犯罪的，应当按照他在共同犯罪中所起的作用处罚。教唆不满十八周岁的人犯罪的，应当从重处罚。

如果被教唆的人没有犯被教唆的罪，对于教唆犯，可以从轻或者减轻处罚。

第二百八十七条之二 明知他人利用信息网络实施犯罪，为其犯罪提供互联网接入、服务器托管、网络存储、通讯传输等技术支持，或者提供广告推广、支付结算等帮助，情节严重的，处三年以下有期徒刑或者拘役，并处或者单处罚金。

单位犯前款罪的，对单位判处罚金，并对其直接负责的主管人员和其他直接责任人员，依照第一款的规定处罚。

有前两款行为，同时构成其他犯罪的，依照处罚较重的规定定罪处罚。

◎ 行政法规

《互联网信息服务管理办法》

第十四条 从事新闻、出版以及电

子公告等服务项目的互联网信息服务提供者，应当记录提供的信息内容及其发布时间、互联网地址或者域名；互联网接入服务提供者应当记录上网用户的上网时间、用户账号、互联网地址或者域名、主叫电话号码等信息。

互联网信息服务提供者和互联网接入服务提供者的记录备份应当保存60日，并在国家有关机关依法查询时，予以提供。

《互联网上网服务营业场所管理条例》

第十六条　互联网上网服务营业场所经营单位应当通过依法取得经营许可证的互联网接入服务提供者接入互联网，不得采取其他方式接入互联网。

互联网上网服务营业场所经营单位提供上网消费者使用的计算机必须通过局域网的方式接入互联网，不得直接接入互联网。

◎ **司法解释**

《关于办理电信网络诈骗等刑事案件适用法律的意见》

三、全面惩处关联犯罪

（一）在实施电信网络诈骗活动中，非法使用"伪基站""黑广播"，干扰无线电通讯秩序，符合刑法第二百八十八条规定的，以扰乱无线电通讯管理秩序罪追究刑事责任。同时构成诈骗罪的，依照处罚较重的规定定罪处罚。

（二）违反国家有关规定，向他人出售或者提供公民个人信息，窃取或者以其他方法非法获取公民个人信息，符合刑法第二百五十三条之一规定的，以侵犯公民个人信息罪追究刑事责任。

使用非法获取的公民个人信息，实施电信网络诈骗犯罪行为，构成数罪的，应当依法予以并罚。

（三）冒充国家机关工作人员实施电信网络诈骗犯罪，同时构成诈骗罪和招摇撞骗罪的，依照处罚较重的规定定罪处罚。

（四）非法持有他人信用卡，没有证据证明从事电信网络诈骗犯罪活动，符合刑法第一百七十七条之一第一款第（二）项规定的，以妨害信用卡管理罪追究刑事责任。

（五）明知是电信网络诈骗犯罪所得及其产生的收益，以下列方式之一予以转账、套现、取现的，依照刑法第三百一十二条第一款的规定，以掩饰、隐瞒犯罪所得、犯罪所得收益罪追究刑事责任。但有证据证明确实不知道的除外：

1. 通过使用销售点终端机具（POS机）刷卡套现等非法途径，协助转换或者转移财物的；

2. 帮助他人将巨额现金散存于多个银行账户，或在不同银行账户之间频繁划转的；

3. 多次使用或者使用多个非本人

身份证明开设的信用卡、资金支付结算账户或者多次采用遮蔽摄像头、伪装等异常手段，帮助他人转账、套现、取现的；

4. 为他人提供非本人身份证明开设的信用卡、资金支付结算账户后，又帮助他人转账、套现、取现的；

5. 以明显异于市场的价格，通过手机充值、交易游戏点卡等方式套现的。

实施上述行为，事前通谋的，以共同犯罪论处。

实施上述行为，电信网络诈骗犯罪嫌疑人尚未到案或案件尚未依法裁判，但现有证据足以证明该犯罪行为确实存在的，不影响掩饰、隐瞒犯罪所得、犯罪所得收益罪的认定。

实施上述行为，同时构成其他犯罪的，依照处罚较重的规定定罪处罚。法律和司法解释另有规定的除外。

（六）网络服务提供者不履行法律、行政法规规定的信息网络安全管理义务，经监管部门责令采取改正措施而拒不改正，致使诈骗信息大量传播，或者用户信息泄露造成严重后果的，依照刑法第二百八十六条之一的规定，以拒不履行信息网络安全管理义务罪追究刑事责任。同时构成诈骗罪的，依照处罚较重的规定定罪处罚。

（七）实施刑法第二百八十七条之一、第二百八十七条之二规定之行为，构成非法利用信息网络罪、帮助信息网络犯罪活动罪，同时构成诈骗罪的，依照处罚较重的规定定罪处罚。

（八）金融机构、网络服务提供者、电信业务经营者等在经营活动中，违反国家有关规定，被电信网络诈骗犯罪分子利用，使他人遭受财产损失的，依法承担相应责任。构成犯罪的，依法追究刑事责任。

四、准确认定共同犯罪与主观故意

（一）三人以上为实施电信网络诈骗犯罪而组成的较为固定的犯罪组织，应依法认定为诈骗犯罪集团。对组织、领导犯罪集团的首要分子，按照集团所犯的全部罪行处罚。对犯罪集团中组织、指挥、策划者和骨干分子依法从严惩处。

对犯罪集团中起次要、辅助作用的从犯，特别是在规定期限内投案自首、积极协助抓获主犯、积极协助追赃的，依法从轻或减轻处罚。

对犯罪集团首要分子以外的主犯，应当按照其所参与的或者组织、指挥的全部犯罪处罚。全部犯罪包括能够查明具体诈骗数额的事实和能够查明发送诈骗信息条数、拨打诈骗电话人次数、诈骗信息网页浏览次数的事实。

（二）多人共同实施电信网络诈骗，犯罪嫌疑人、被告人应对其参与期间该诈骗团伙实施的全部诈骗行为承担责任。在其所参与的犯罪环节中起主要作用的，可以认定为主犯；起次要作用的，可以认定为从犯。

上述规定的"参与期间"，从犯罪嫌疑人、被告人着手实施诈骗行为开始起算。

（三）明知他人实施电信网络诈骗犯罪，具有下列情形之一的，以共同犯罪论处，但法律和司法解释另有规定的除外：

1. 提供信用卡、资金支付结算账户、手机卡、通讯工具的；

2. 非法获取、出售、提供公民个人信息的；

3. 制作、销售、提供"木马"程序和"钓鱼软件"等恶意程序的；

4. 提供"伪基站"设备或相关服务的；

5. 提供互联网接入、服务器托管、网络存储、通讯传输等技术支持，或者提供支付结算等帮助的；

6. 在提供改号软件、通话线路等技术服务时，发现主叫号码被修改为国内党政机关、司法机关、公共服务部门号码，或者境外用户改为境内号码，仍提供服务的；

7. 提供资金、场所、交通、生活保障等帮助的；

8. 帮助转移诈骗犯罪所得及其产生的收益，套现、取现的。

上述规定的"明知他人实施电信网络诈骗犯罪"，应当结合被告人的认知能力、既往经历、行为次数和手段，与他人关系、获利情况，是否曾因电信网络诈骗受过处罚，是否故意规避调查等主客观因素进行综合分析认定。

（四）负责招募他人实施电信网络诈骗犯罪活动，或者制作、提供诈骗方案、术语清单、语音包、信息等的，以诈骗共同犯罪论处。

（五）部分犯罪嫌疑人在逃，但不影响对已到案共同犯罪嫌疑人、被告人的犯罪事实认定的，可以依法先行追究已到案共同犯罪嫌疑人、被告人的刑事责任。

权威案例

◎ 典型案例

福建省厦门市上官某贵等人帮助诈骗团伙转取赃款诈骗案【最高人民法院发布 9 起电信网络诈骗犯罪典型案例之五（2016年3月4日）】

典型意义：本案是帮助诈骗团伙转取赃款犯罪的典型案件。随着电信网络诈骗犯罪的蔓延，社会上出现了专门为诈骗团伙转取赃款而牟取非法利益的"职业取款人"。这类犯罪分子通过频繁更换银行卡、身份证和手机号码，辗转各地为诈骗犯罪团伙转取款，作案手段极为隐蔽，严重干扰、阻碍了司法机关打击电信网络诈骗犯罪活动。本案中，被告人上官某贵在与诈骗团伙共谋后，使用700余张银行卡，纠集、雇佣人员，专门为诈骗团伙转取赃款，其取款的行为直接关系到诈骗目的能否实现，已构成诈骗罪的共犯。本案的公布，在于说明为诈骗团伙转取赃款，依法属于共同诈骗犯罪，同样要受到法律的惩处。

陈某湖、陈某华、陈某华诈骗案【最高人民法院发布六起惩治电信诈骗犯罪典型案例之三（2016年9月30日）】

典型意义：近年来，随着网络电信诈骗日益猖獗，此类犯罪行为形成的产业链也呈现出专业化、跨区域性、集团化之趋势，涵盖了购买设备、拨打电话、群发短信、假冒身份虚构事实、骗取钱款、转账取款等行为过程。为了逃避侦查，电信诈骗罪中的取款、转移赃款等行为往往由犯罪行为实施地以外的多个地方的专门取款人完成。本案中的三名被告人，虽未参与前一阶段对被害人的具体诈骗行为，但其明知所取款项是诈骗犯罪所得，而与前阶段诈骗犯罪人员相互配合，辗转各地为诈骗犯罪团伙转取款，其行为是整个骗局得逞、诈骗分子获得钱款的重要环节，应以诈骗犯罪共犯定罪量刑。

邵某雄诈骗案【电信网络诈骗犯罪典型案例之九（2019年11月19日）】

典型意义：围绕电信网络诈骗犯罪，诱发、滋生了大量上下游关联违法犯罪，这些关联犯罪为诈骗犯罪提供各种"服务"和"支持"，形成以诈骗为中心的系列"黑灰色"犯罪产业链，如出售、提供公民个人信息、帮助转移赃款等活动。"两高一部"《关于办理电信网络诈骗等刑事案件适用法律若干问题的意见》对于全面惩处关联犯罪作出了明确规定。本案中，被告人邵某雄明知赃款是诈骗犯罪所得，仍为诈骗分子转移犯罪赃款提供帮助和支持，对其以诈骗罪的共犯判处，体现了司法机关对电信网络诈骗关联犯罪从严惩处的态度。

张某等3人诈骗案，戴某等3人掩饰、隐瞒犯罪所得案【检察机关打击治理电信网络诈骗及关联犯罪典型案例之三（2020年4月21日）】

典型意义：依法从严打击以"饭圈"消费为名针对未成年人实施的诈骗犯罪。当下，在"饭圈"经济的助推下，集资为明星投票打榜、购买明星代言产品成为热潮，不少未成年人沉溺于此。一些犯罪分子盯住未成年人社会经验少、防范意识差、盲目追星等弱点，以助明星消费为幌子实施的诈骗犯罪时有发生，不仅给家庭造成经济损失，也使未成年人产生心理阴影。检察机关要加强对未成年人合法权益的特殊保护，依法从严惩治此类犯罪行为。坚持惩防结合，结合司法办案，引导未成年人自觉抵制不良"饭圈"文化影响，理性对待明星打赏活动，切实增强网络防范意识，防止被诱导参加所谓的应援集资，落入诈骗陷阱。对于利用个人银行卡和收款码，帮助电信网络诈骗犯罪分子转移赃款的行为，加强全链条打击，可以掩饰、隐瞒犯罪所得罪论处。利用自己或他人的银行卡、收款码为诈骗犯罪分子收取、转移赃款，已经成为电信网络诈骗犯罪链条上的固定环节，应当予以严厉打击。对于这类犯罪行为，检察人员既要认定其利用银行卡和二维码实施收取、转账赃款的客观行为，又要根据被告人实施转账行为的次数、持续时间、资金流入的频率、数额、对帮助对象的了解程度、银行卡和二维码被封控提示等主客观因素综合认定其主观明知，对于构成掩饰、隐瞒犯罪所得罪的，依法可以该罪论处。

罗某杰诈骗案【检察机关打击治理电信网络诈骗及关联犯罪典型案例之六（2022年4月21日）】

　　典型意义：利用虚拟货币非法跨境转移资金，严重危害经济秩序和社会稳定，应当依法从严惩治。虚拟货币因具有支付工具属性、匿名性、难追查等特征，往往被电信网络诈骗犯罪团伙利用，成为非法跨境转移资金的工具，严重危害正常金融秩序，影响案件侦办和追赃挽损工作开展。检察机关要依法加大对利用虚拟货币非法跨境转移资金行为的打击力度，同步惩治为资金转移提供平台支持和交易帮助的不法虚拟币商，及时阻断诈骗集团的资金跨境转移通道。专门为诈骗犯罪分子

提供资金转移通道，形成较为稳定协作关系的，应以诈骗罪共犯认定。跨境电信网络诈骗犯罪案件多是内外勾结配合实施，有的诈骗犯罪分子在境外未归案，司法机关难以获取相关证据，加大了对在案犯罪嫌疑人行为的认定难度。检察机关在办理此类案件时，要坚持主客观相统一原则，全面收集行为人与境外犯罪分子联络、帮助转移资金数额、次数、频率等方面的证据，对于行为人长期帮助诈骗团伙转账、套现、取现，或者提供专门资金转移通道，形成较为稳定协作关系的，在综合全案证据基础上，应认定其与境外诈骗分子具有通谋，以诈骗罪共犯认定，实现罪责刑相适应。

被告人薛某帮助信息网络犯罪活动案【人民法院依法惩治电信网络诈骗犯罪及其关联犯罪典型案例之十（2022年9月6日）】

　　典型意义：由于电信网络诈骗犯罪的分工日益精细化，催生了大量为不法分子实施诈骗提供帮助并从中获利的黑灰产业，此类黑灰产业又反向作用，成为电信网络诈骗犯罪多发高发的重要推手。打击电信网络诈骗犯罪，必须依法惩处其上下游关联犯罪，斩断电信网络诈骗犯罪的帮助链条，铲除其赖以滋生的土壤，实现打击治理同步推进。"两高一部"《关于办理电信网络诈骗等刑事案件适用法律若干问题的意见》和《关于办理电信网络诈骗等刑事案件适用法律若干问题的意见（二）》对于惩处电信网络诈骗犯罪的关

联犯罪作出了明确规定。本案中，被告人薛某为电信网络诈骗犯罪提供技术支持，对其以帮助信息网络犯罪活动罪定罪处罚，体现了人民法院全面惩处电信网络诈骗关联犯罪的立场。

第二十六条 【互联网服务提供者协助调查证据义务】

公安机关办理电信网络诈骗案件依法调取证据的，互联网服务提供者应当及时提供技术支持和协助。

互联网服务提供者依照本法规定对有关涉诈信息、活动进行监测时，发现涉诈违法犯罪线索、风险信息的，应当依照国家有关规定，根据涉诈风险类型、程度情况移送公安、金融、电信、网信等部门。有关部门应当建立完善反馈机制，将相关情况及时告知移送单位。

关联法规

◎ **法律**

《刑法》

第二百八十六条之一 网络服务提供者不履行法律、行政法规规定的信息网络安全管理义务，经监管部门责令采取改正措施而拒不改正，有下列情形之一的，处三年以下有期徒刑、拘役或者管制，并处或者单处罚金：

（一）致使违法信息大量传播的；

（二）致使用户信息泄露，造成严重后果的；

（三）致使刑事案件证据灭失，情节严重的；

（四）有其他严重情节的。

单位犯前款罪的，对单位判处罚金，并对其直接负责的主管人员和其他直接责任人员，依照前款的规定处罚。

有前两款行为，同时构成其他犯罪的，依照处罚较重的规定定罪处罚。

《刑事诉讼法》

第五十四条 人民法院、人民检察院和公安机关有权向有关单位和个人收集、调取证据。有关单位和个人应当如实提供证据。

行政机关在行政执法和查办案件过程中收集的物证、书证、视听资料、电子数据等证据材料，在刑事诉讼中可以作为证据使用。

对涉及国家秘密、商业秘密、个人隐私的证据，应当保密。

凡是伪造证据、隐匿证据或者毁灭证据的，无论属于何方，必须受法律追究。

◎ **司法解释**

《关于办理电信网络诈骗等刑事案件适用法律的意见》

五、依法确定案件管辖

（一）电信网络诈骗犯罪案件一般由犯罪地公安机关立案侦查，如果由犯罪嫌疑人居住地公安机关立案侦查更为适宜的，可以由犯罪嫌疑人居住地公安机关立案侦查。犯罪地包括犯罪行为发生地和犯罪结果发生地。

"犯罪行为发生地"包括用于电信网络诈骗犯罪的网站服务器所在地，网站建立者、管理者所在地，被侵害的计算机信息系统或其管理者所在地，犯罪嫌疑人、被害人使用的计算机信息系统所在地，诈骗电话、短信息、电子邮件等的拨打地、发送地、到达地、接受地，以及诈骗行为持续发生的实施地、预备地、开始地、途经地、结束地。

"犯罪结果发生地"包括被害人被骗时所在地，以及诈骗所得财物的实际取得地、藏匿地、转移地、使用地、销售地等。

（二）电信网络诈骗最初发现地公安机关侦办的案件，诈骗数额当时未达到"数额较大"标准，但后续累计达到"数额较大"标准，可由最初发现地公安机关立案侦查。

（三）具有下列情形之一的，有关公安机关可以在其职责范围内并案侦查：

1. 一人犯数罪的；

2. 共同犯罪的；

3. 共同犯罪的犯罪嫌疑人还实施其他犯罪的；

4. 多个犯罪嫌疑人实施的犯罪存在直接关联，并案处理有利于查明案件事实的。

（四）对因网络交易、技术支持、资金支付结算等关系形成多层级链条、跨区域的电信网络诈骗等犯罪案件，可由共同上级公安机关按照有利于查清犯罪事实、有利于诉讼的原则，指定有关公安机关立案侦查。

（五）多个公安机关都有权立案侦查的电信网络诈骗等犯罪案件，由最初受理的公安机关或者主要犯罪地公安机关立案侦查。有争议的，按照有利于查清犯罪事实、有利于诉讼的原则，协商解决。经协商无法达成一致的，由共同上级公安机关指定有关公安机关立案侦查。

（六）在境外实施的电信网络诈骗等犯罪案件，可由公安部按照有利于查清犯罪事实、有利于诉讼的原则，指定有关公安机关立案侦查。

（七）公安机关立案、并案侦查，或因有争议，由共同上级公安机关指定立案侦查的案件，需要提请批准逮捕、移送审查起诉、提起公诉的，由该公安机关所在地的人民检察院、人民法院受理。

对重大疑难复杂案件和境外案件，公安机关应在指定立案侦查前，向同级人民检察院、人民法院通报。

（八）已确定管辖的电信诈骗共同犯罪案件，在逃的犯罪嫌疑人归案后，一般由原管辖的公安机关、人民检察院、人民法院管辖。

六、证据的收集和审查判断

（一）办理电信网络诈骗案件，确因被害人人数众多等客观条件的限制，无法逐一收集被害人陈述的，可以结合已收集的被害人陈述，以及经查证属实的银行账户交易记录、第三方支付结算账户交易记录、通话记录、电子数据等证据，综合认定被害人数及诈骗资金数额等犯罪事实。

（二）公安机关采取技术侦查措施收集的案件证明材料，作为证据使用的，应当随案移送批准采取技术侦查措施的法律文书和所收集的证据材料，并对其来源等作出书面说明。

（三）依照国际条约、刑事司法协助、互助协议或平等互助原则，请求证据材料所在地司法机关收集，或通过国际警务合作机制、国际刑警组织启动合作取证程序收集的境外证据材料，经查证属实，可以作为定案的依据。公安机关应对其来源、提取人、提取时间或者提供人、提供时间以及保管移交的过程等作出说明。

对其他来自境外的证据材料，应当对其来源、提供人、提供时间以及提取人、提取时间进行审查。能够证明案件事实且符合刑事诉讼法规定的，可以作为证据使用。

七、涉案财物的处理

（一）公安机关侦办电信网络诈骗案件，应当随案移送涉案赃款赃物，并附清单。人民检察院提起公诉时，应一并移交受理案件的人民法院，同时就涉案赃款赃物的处理提出意见。

（二）涉案银行账户或者涉案第三方支付账户内的款项，对权属明确的被害人的合法财产，应当及时返还。确因客观原因无法查实全部被害人，但有证据证明该账户系用于电信网络诈骗犯罪，且被告人无法说明款项合法来源的，根据刑法第六十四条的规定，应认定为违法所得，予以追缴。

（三）被告人已将诈骗财物用于清偿债务或者转让给他人，具有下列情形之一的，应当依法追缴：

1. 对方明知是诈骗财物而收取的；

2. 对方无偿取得诈骗财物的；

3. 对方以明显低于市场的价格取得诈骗财物的；

4. 对方取得诈骗财物系源于非法债务或者违法犯罪活动的。

他人善意取得诈骗财物的，不予追缴。

第五章　综合措施

第二十七条　【公安机关打击治理电信网络诈骗工作机制】

公安机关应当建立完善打击治理电信网络诈骗工作机制，加强专门队伍和专业技术建设，各警种、各地公安机关应当密切配合，依法有效惩处电信网络诈骗活动。

公安机关接到电信网络诈骗活动的报案或者发现电信网络诈骗活动，应当依照《中华人民共和国刑事诉讼法》的规定立案侦查。

> **关联法规**

◎ 司法解释

《关于办理电信网络诈骗等刑事案件适用法律的意见》

五、依法确定案件管辖

（一）电信网络诈骗犯罪案件一般由犯罪地公安机关立案侦查，如果由犯罪嫌疑人居住地公安机关立案侦查更为适宜的，可以由犯罪嫌疑人居住地公安机关立案侦查。犯罪地包括犯罪行为发生地和犯罪结果发生地。

"犯罪行为发生地"包括用于电信网络诈骗犯罪的网站服务器所在地，网站建立者、管理者所在地，被侵害的计算机信息系统或其管理者所在地，犯罪嫌疑人、被害人使用的计算机信息系统所在地，诈骗电话、短信息、电子邮件等的拨打地、发送地、到达地、接受地，以及诈骗行为持续发生的实施地、预备地、开始地、途经地、结束地。

"犯罪结果发生地"包括被害人被骗时所在地，以及诈骗所得财物的实际取得地、藏匿地、转移地、使用地、销售地等。

（二）电信网络诈骗最初发现地公安机关侦办的案件，诈骗数额当时未达到"数额较大"标准，但后续累计达到"数额较大"标准，可由最初发现地公安机关立案侦查。

（三）具有下列情形之一的，有关公安机关可以在其职责范围内并案侦查：

1. 一人犯数罪的；

2. 共同犯罪的；

3. 共同犯罪的犯罪嫌疑人还实施其他犯罪的；

4. 多个犯罪嫌疑人实施的犯罪存在直接关联，并案处理有利于查明案件事实的。

（四）对因网络交易、技术支持、资金支付结算等关系形成多层级链条、跨区域的电信网络诈骗等犯罪案件，可由共同上级公安机关按照有利于查清犯罪事实、有利于诉讼的原则，指定有关公安机关立案侦查。

（五）多个公安机关都有权立案侦查的电信网络诈骗等犯罪案件，由最初受理的公安机关或者主要犯罪地公安机关立案侦查。有争议的，按照有利于查清犯罪事实、有利于诉讼的原则，协商解决。经协商无法达成一致的，由共同上级公安机关指定有关公安机关立案侦查。

（六）在境外实施的电信网络诈骗等犯罪案件，可由公安部按照有利于查清犯罪事实、有利于诉讼的原则，指定有关公安机关立案侦查。

（七）公安机关立案、并案侦查，或因有争议，由共同上级公安机关指定立案侦查的案件，需要提请批准逮捕、移送审查起诉、提起公诉的，由该公安机关所在地的人民检察院、人民法院受理。

对重大疑难复杂案件和境外案件，公安机关应在指定立案侦查前，向同级人民检察院、人民法院通报。

（八）已确定管辖的电信诈骗共同犯罪案件，在逃的犯罪嫌疑人归案后，一般由原管辖的公安机关、人民检察院、人民法院管辖。

六、证据的收集和审查判断

（一）办理电信网络诈骗案件，确因被害人人数众多等客观条件的限制，无法逐一收集被害人陈述的，可以结合已收集的被害人陈述，以及经查证属实的银行账户交易记录、第三方支付结算账户交易记录、通话记录、电子数据等证据，综合认定被害人人数及诈骗资金数额等犯罪事实。

（二）公安机关采取技术侦查措施收集的案件证明材料，作为证据使用的，应当随案移送批准采取技术侦查措施的法律文书和所收集的证据材料，并对其来源等作出书面说明。

（三）依照国际条约、刑事司法协助、互助协议或平等互助原则，请求证据材料所在地司法机关收集，或通过国际警务合作机制、国际刑警组织启动合作取证程序收集的境外证据材料，经查证属实，可以作为定案的依据。公安机关应对其来源、提取人、提取时间或者提供人、提供时间以及保管移交的过程等作出说明。

对其他来自境外的证据材料，应当

对其来源、提供人、提供时间以及提取人、提取时间进行审查。能够证明案件事实且符合刑事诉讼法规定的，可以作为证据使用。

《关于办理电信网络诈骗等刑事案件适用法律的意见（二）》

一、电信网络诈骗犯罪地，除《最高人民法院、最高人民检察院、公安部关于办理电信网络诈骗等刑事案件适用法律若干问题的意见》规定的犯罪行为发生地和结果发生地外，还包括：

（一）用于犯罪活动的手机卡、流量卡、物联网卡的开立地、销售地、转移地、藏匿地；

（二）用于犯罪活动的信用卡的开立地、销售地、转移地、藏匿地、使用地以及资金交易对手资金交付和汇出地；

（三）用于犯罪活动的银行账户、非银行支付账户的开立地、销售地、使用地以及资金交易对手资金交付和汇出地；

（四）用于犯罪活动的即时通讯信息、广告推广信息的发送地、接受地、到达地；

（五）用于犯罪活动的"猫池"（Modem Pool）、GOIP 设备、多卡宝等硬件设备的销售地、入网地、藏匿地；

（六）用于犯罪活动的互联网账号的销售地、登录地。

十三、办案地公安机关可以通过公安机关信息化系统调取异地公安机关依法制作、收集的刑事案件受案登记表、立案决定书、被害人陈述等证据材料。调取时不得少于两名侦查人员，并应记载调取的时间、使用的信息化系统名称等相关信息，调取人签名并加盖办案地公安机关印章。经审核证明真实的，可以作为证据使用。

《关于办理信息网络犯罪案件适用刑事诉讼程序的意见》

二、关于信息网络犯罪案件的管辖

2. 信息网络犯罪案件由犯罪地公安机关立案侦查。必要时，可以由犯罪嫌疑人居住地公安机关立案侦查。

信息网络犯罪案件的犯罪地包括用于实施犯罪行为的网络服务使用的服务器所在地，网络服务提供者所在地，被侵害的信息网络系统及其管理者所在地，犯罪过程中犯罪嫌疑人、被害人或者其他涉案人员使用的信息网络系统所在地，被害人被侵害时所在地以及被害人财产遭受损失地等。

涉及多个环节的信息网络犯罪案件，犯罪嫌疑人为信息网络犯罪提供帮助的，其犯罪地、居住地或者被帮助对象的犯罪地公安机关可以立案侦查。

3. 有多个犯罪地的信息网络犯罪案件，由最初受理的公安机关或者主要犯罪地公安机关立案侦查。有争议的，按照有利于查清犯罪事实、有利于诉讼的原则，协商解决；经协商无法达成一致的，由共同上级公安机关指定有关公安机关立案侦查。需要提请批准逮捕、移送审查起诉、提起公诉的，由立案侦查的公安机关所在地的人民检察院、人民法院受理。

4. 具有下列情形之一的，公安机关、人民检察院、人民法院可以在其职责范围内并案处理：

（1）一人犯数罪的；

（2）共同犯罪的；

（3）共同犯罪的犯罪嫌疑人、被告人还实施其他犯罪的；

（4）多个犯罪嫌疑人、被告人实施的犯罪行为存在关联，并案处理有利于查明全部案件事实的。

对为信息网络犯罪提供程序开发、互联网接入、服务器托管、网络存储、通讯传输等技术支持，或者广告推广、支付结算等帮助，涉嫌犯罪的，可以依照第一款的规定并案侦查。

有关公安机关依照前两款规定并案侦查的案件，需要提请批准逮捕、移送审查起诉、提起公诉的，由该公安机关所在地的人民检察院、人民法院受理。

5. 并案侦查的共同犯罪或者关联犯罪案件，犯罪嫌疑人人数众多、案情复杂的，公安机关可以分案移送审查起诉。分案移送审查起诉的，应当对并案侦查的依据、分案移送审查起诉的理由作出说明。

对于前款规定的案件，人民检察院可以分案提起公诉，人民法院可以分案审理。

分案处理应当以有利于保障诉讼质量和效率为前提，并不得影响当事人质证权等诉讼权利的行使。

6. 依照前条规定分案处理，公安机关、人民检察院、人民法院在分案前有管辖权的，分案后对相关案件的管辖权不受影响。根据具体情况，分案处理的相关案件可以由不同审级的人民法院分别审理。

7. 对于共同犯罪或者已并案侦查的关联犯罪案件，部分犯罪嫌疑人未到案，但不影响对已到案共同犯罪或者关联犯罪的犯罪嫌疑人、被告人的犯罪事实认定的，可以先行追究已到案犯罪嫌疑人、被告人的刑事责任。之前未到案的犯罪嫌疑人、被告人归案后，可以由原办案机关所在地公安机关、人民检察院、人民法院管辖其所涉及的案件。

8. 对于具有特殊情况，跨省（自治区、直辖市）指定异地公安机关侦查更有利于查清犯罪事实、保证案件公正处理的重大信息网络犯罪案件，以及在境外实施的信息网络犯罪案件，公安部可以商最高人民检察院和最高人民法院指定侦查管辖。

9. 人民检察院对于审查起诉的案件，按照刑事诉讼法的管辖规定，认为应当由上级人民检察院或者同级其他人民检察院起诉的，应当将案件移送有管辖权的人民检察院，并通知移送起诉的公安机关。人民检察院认为需要依照刑事诉讼法的规定指定审判管辖的，应当协商同级人民法院办理指定管辖有关事宜。

10. 犯罪嫌疑人被多个公安机关立案侦查的，有关公安机关一般应当协商并案处理，并依法移送案件。协商不成的，可以报请共同上级公安机关指定管辖。

人民检察院对于审查起诉的案件，发现犯罪嫌疑人还有犯罪被异地公安机关立案侦查的，应当通知移送审查起诉的公安机关。

人民法院对于提起公诉的案件，发现被告人还有其他犯罪被审查起诉、立案侦查的，可以协商人民检察院、公安机关并案处理，但可能造成审判过分迟延的除外。决定对有关犯罪并案处理，符合《中华人民共和国刑事诉讼法》第二百零四条规定的，人民检察院可以建议人民法院延期审理。

三、关于信息网络犯罪案件的调查核实

11. 公安机关对接受的案件或者发现的犯罪线索，在审查中发现案件事实或者线索不明，需要经过调查才能够确认是否达到刑事立案标准的，经公安机关办案部门负责人批准，可以进行调查核实；经过调查核实达到刑事立案标准的，应当及时立案。

12. 调查核实过程中，可以采取询问、查询、勘验、检查、鉴定、调取证据材料等不限制被调查对象人身、财产权利的措施，不得对被调查对象采取强制措施，不得查封、扣押、冻结被调查对象的财产，不得采取技术侦查措施。

13. 公安机关在调查核实过程中依法收集的电子数据等材料，可以根据有关规定作为证据使用。

调查核实过程中收集的材料作为证据使用的，应当随案移送，并附批准调查核实的相关材料。

调查核实过程中收集的证据材料经查证属实，且收集程序符合有关要求的，可以作为定案依据。

四、关于信息网络犯罪案件的取证

14. 公安机关向网络服务提供者调取电子数据的，应当制作调取证据通知书，注明需要调取的电子数据的相关信息。调取证据通知书及相关法律文书可以采用数据电文形式。跨地域调取电子数据的，可以通过公安机关信息化系统传输相关数据电文。

网络服务提供者向公安机关提供电子数据的，可以采用数据电文形式。采

用数据电文形式提供电子数据的，应当保证电子数据的完整性，并制作电子证明文件，载明调证法律文书编号、单位电子公章、完整性校验值等保护电子数据完整性方法的说明等信息。

数据电文形式的法律文书和电子证明文件，应当使用电子签名、数字水印等方式保证完整性。

15. 询（讯）问异地证人、被害人以及与案件有关联的犯罪嫌疑人的，可以由办案地公安机关通过远程网络视频等方式进行并制作笔录。

远程询（讯）问的，应当由协作地公安机关事先核实被询（讯）问人的身份。办案地公安机关应当将询（讯）问笔录传输至协作地公安机关。询（讯）问笔录经被询（讯）问人确认并逐页签名、捺指印后，由协作地公安机关协作人员签名或者盖章，并将原件提供给办案地公安机关。询（讯）问人员收到笔录后，应当在首页右上方写明"于某年某月某日收到"，并签名或者盖章。

远程询（讯）问的，应当对询（讯）问过程同步录音录像，并随案移送。

异地证人、被害人以及与案件有关联的犯罪嫌疑人亲笔书写证词、供词的，参照执行本条第二款规定。

16. 人民检察院依法自行侦查、补充侦查，或者人民法院调查核实相关证据的，适用本意见第14条、第15条的有关规定。

17. 对于依照本意见第14条的规定调取的电子数据，人民检察院、人民法院可以通过核验电子签名、数字水印、电子数据完整性校验值及调证法律文书编号是否与证明文件相一致等方式，对电子数据进行审查判断。

对调取的电子数据有疑问的，由公安机关、提供电子数据的网络服务提供者作出说明，或者由原调取机关补充收集相关证据。

五、关于信息网络犯罪案件的其他问题

18. 采取技术侦查措施收集的材料作为证据使用的，应当随案移送，并附采取技术侦查措施的法律文书、证据材料清单和有关说明材料。

移送采取技术侦查措施收集的视听资料、电子数据的，应当由两名以上侦查人员制作复制件，并附制作说明，写明原始证据材料、原始存储介质的存放地点等信息，由制作人签名，并加盖单位印章。

19. 采取技术侦查措施收集的证据材料，应当经过当庭出示、辨认、质证等法庭调查程序查证。

当庭调查技术侦查证据材料可能危及有关人员的人身安全，或者可能产生其他严重后果的，法庭应当采取不暴露有关人员身份和技术侦查措施使用的技术设备、技术方法等保护措施。必要时，审判人员可以在庭外对证据进行核实。

20. 办理信息网络犯罪案件，对于数量特别众多且具有同类性质、特征或者功能的物证、书证、证人证言、被害人陈述、视听资料、电子数据等证据材料，确因客观条件限制无法逐一收集的，应当按照一定比例或者数量选取证据，并对选取情况作出说明和论证。

人民检察院、人民法院应当重点审查取证方法、过程是否科学。经审查认为取证不科学的，应当由原取证机关作出补充说明或者重新取证。

人民检察院、人民法院应当结合其他证据材料，以及犯罪嫌疑人、被告人及其辩护人所提辩解、辩护意见，审查认定取得的证据。经审查，对相关事实不能排除合理怀疑的，应当作出有利于犯罪嫌疑人、被告人的认定。

21. 对于涉案人数特别众多的信息网络犯罪案件，确因客观条件限制无法收集证据逐一证明、逐人核实涉案账户的资金来源，但根据银行账户、非银行支付账户等交易记录和其他证据材料，足以认定有关账户主要用于接收、流转涉案资金的，可以按照该账户接收的资金数额认定犯罪数额，但犯罪嫌疑人、

被告人能够作出合理说明的除外。案外人提出异议的，应当依法审查。

22. 办理信息网络犯罪案件，应当依法及时查封、扣押、冻结涉案财物，督促涉案人员退赃退赔，及时追赃挽损。

公安机关应当全面收集证明涉案财物性质、权属情况、依法应予追缴、没收或者责令退赔的证据材料，在移送审查起诉时随案移送并作出说明。其中，涉案财物需要返还被害人的，应当尽可能查明被害人损失情况。人民检察院应当对涉案财物的证据材料进行审查，在提起公诉时提出处理意见。人民法院应当依法作出判决，对涉案财物作出处理。

对应当返还被害人的合法财产，权属明确的，应当依法及时返还；权属不明的，应当在人民法院判决、裁定生效后，按比例返还被害人，但已获退赔的部分应予扣除。

……

第二十八条　【对落实本法规定的监督检查】

金融、电信、网信部门依照职责对银行业金融机构、非银行支付机构、电信业务经营者、互联网服务提供者落实本法规定情

况进行监督检查。有关监督检查活动应当依法规范开展。

第二十九条　【个人信息被用于电信网络诈骗的防范机制】

个人信息处理者应当依照《中华人民共和国个人信息保护法》等法律规定，规范个人信息处理，加强个人信息保护，建立个人信息被用于电信网络诈骗的防范机制。

履行个人信息保护职责的部门、单位对可能被电信网络诈骗利用的物流信息、交易信息、贷款信息、医疗信息、婚介信息等实施重点保护。公安机关办理电信网络诈骗案件，应当同时查证犯罪所利用的个人信息来源，依法追究相关人员和单位责任。

关联法规

◎ **法律**

《民法典》

第一百一十一条　自然人的个人信息受法律保护。任何组织或者个人需要获取他人个人信息的，应当依法取得并确保信息安全，不得非法收集、使用、加工、传输他人个人信息，不得非法买卖、提供或者公开他人个人信息。

第九百九十九条　为公共利益实施新闻报道、舆论监督等行为的，可以合理使用民事主体的姓名、名称、肖像、个人信息等；使用不合理侵害民事主体人格权的，应当依法承担民事责任。

第一千零三十条　民事主体与征信机构等信用信息处理者之间的关系，适用本编有关个人信息保护的规定和其他法律、行政法规的有关规定。

第一千零三十四条　自然人的个人信息受法律保护。

个人信息是以电子或者其他方式记录的能够单独或者与其他信息结合识别特定自然人的各种信息，包括自然人的姓名、出生日期、身份证件号码、生物识别信息、住址、电话号码、电子邮箱、健康信息、行踪信息等。

个人信息中的私密信息，适用有关隐私权的规定；没有规定的，适用有关个人信息保护的规定。

第一千零三十五条　处理个人信息的，应当遵循合法、正当、必要原则，不得过度处理，并符合下列条件：

（一）征得该自然人或者其监护人同意，但是法律、行政法规另有规定的除外；

（二）公开处理信息的规则；

（三）明示处理信息的目的、方式和范围；

（四）不违反法律、行政法规的规定和双方的约定。

个人信息的处理包括个人信息的收集、存储、使用、加工、传输、提供、公开等。

第一千零三十六条　处理个人信息，有下列情形之一的，行为人不承担民事责任：

（一）在该自然人或者其监护人同意的范围内合理实施的行为；

（二）合理处理该自然人自行公开的或者其他已经合法公开的信息，但是该自然人明确拒绝或者处理该信息侵害其重大利益的除外；

（三）为维护公共利益或者该自然人合法权益，合理实施的其他行为。

第一千零三十七条　自然人可以依法向信息处理者查阅或者复制其个人信息；发现信息有错误的，有权提出异议并请求及时采取更正等必要措施。

自然人发现信息处理者违反法律、行政法规的规定或者双方的约定处理其个人信息的，有权请求信息处理者及时删除。

第一千零三十八条　信息处理者不得泄露或者篡改其收集、存储的个人信息；未经自然人同意，不得向他人非法提供其个人信息，但是经过加工无法识别特定个人且不能复原的除外。

信息处理者应当采取技术措施和其他必要措施，确保其收集、存储的个人信息安全，防止信息泄露、篡改、丢失；发生或者可能发生个人信息泄露、篡改、丢失的，应当及时采取补救措施，按照规定告知自然人并向有关主管部门报告。

第一千零三十九条　国家机关、承担行政职能的法定机构及其工作人员对于履行职责过程中知悉的自然人的隐私和个人信息，应当予以保密，不得泄露或者向他人非法提供。

《刑法》

第二百五十三条之一　违反国家有关规定，向他人出售或者提供公民个人信息，情节严重的，处三年以下有期徒刑或者拘役，并处或者单处罚金；情节特别严重的，处三年以上七年以下有期徒刑，并处罚金。

违反国家有关规定，将在履行职责或者提供服务过程中获得的公民个人信息，出售或者提供给他人的，依照前款的规定从重处罚。

窃取或者以其他方法非法获取公民个人信息的，依照第一款的规定处罚。

单位犯前三款罪的，对单位判处罚金，并对其直接负责的主管人员和其他直接责任人员，依照各该款的规定处罚。

《网络安全法》

第二十二条　网络产品、服务应当

符合相关国家标准的强制性要求。网络产品、服务的提供者不得设置恶意程序；发现其网络产品、服务存在安全缺陷、漏洞等风险时，应当立即采取补救措施，按照规定及时告知用户并向有关主管部门报告。

网络产品、服务的提供者应当为其产品、服务持续提供安全维护；在规定或者当事人约定的期限内，不得终止提供安全维护。

网络产品、服务具有收集用户信息功能的，其提供者应当向用户明示并取得同意；涉及用户个人信息的，还应当遵守本法和有关法律、行政法规关于个人信息保护的规定。

第三十条 网信部门和有关部门在履行网络安全保护职责中获取的信息，只能用于维护网络安全的需要，不得用于其他用途。

第四十条 网络运营者应当对其收集的用户信息严格保密，并建立健全用户信息保护制度。

第四十一条 网络运营者收集、使用个人信息，应当遵循合法、正当、必要的原则，公开收集、使用规则，明示收集、使用信息的目的、方式和范围，并经被收集者同意。

网络运营者不得收集与其提供的服务无关的个人信息，不得违反法律、行政法规的规定和双方的约定收集、使用

个人信息，并应当依照法律、行政法规的规定和与用户的约定，处理其保存的个人信息。

第四十二条 网络运营者不得泄露、篡改、毁损其收集的个人信息；未经被收集者同意，不得向他人提供个人信息。但是，经过处理无法识别特定个人且不能复原的除外。

网络运营者应当采取技术措施和其他必要措施，确保其收集的个人信息安全，防止信息泄露、毁损、丢失。在发生或者可能发生个人信息泄露、毁损、丢失的情况时，应当立即采取补救措施，按照规定及时告知用户并向有关主管部门报告。

第四十三条 个人发现网络运营者违反法律、行政法规的规定或者双方的约定收集、使用其个人信息的，有权要求网络运营者删除其个人信息；发现网络运营者收集、存储的其个人信息有错误的，有权要求网络运营者予以更正。网络运营者应当采取措施予以删除或者更正。

第四十四条 任何个人和组织不得窃取或者以其他非法方式获取个人信息，不得非法出售或者非法向他人提供个人信息。

第四十五条 依法负有网络安全监督管理职责的部门及其工作人员，必须对在履行职责中知悉的个人信息、隐私和商业秘密严格保密，不得泄露、出售

或者非法向他人提供。

《电子商务法》

第二十三条　电子商务经营者收集、使用其用户的个人信息，应当遵守法律、行政法规有关个人信息保护的规定。

第三十二条　电子商务平台经营者应当遵循公开、公平、公正的原则，制定平台服务协议和交易规则，明确进入和退出平台、商品和服务质量保障、消费者权益保护、个人信息保护等方面的权利和义务。

第七十九条　电子商务经营者违反法律、行政法规有关个人信息保护的规定，或者不履行本法第三十条和有关法律、行政法规规定的网络安全保障义务的，依照《中华人民共和国网络安全法》等法律、行政法规的规定处罚。

《个人信息保护法》

第七条　处理个人信息应当遵循公开、透明原则，公开个人信息处理规则，明示处理的目的、方式和范围。

第九条　个人信息处理者应当对其个人信息处理活动负责，并采取必要措施保障所处理的个人信息的安全。

第十条　任何组织、个人不得非法收集、使用、加工、传输他人个人信息，不得非法买卖、提供或者公开他人个人信息；不得从事危害国家安全、公共利益的个人信息处理活动。

第十三条　符合下列情形之一的，个人信息处理者方可处理个人信息：

（一）取得个人的同意；

（二）为订立、履行个人作为一方当事人的合同所必需，或者按照依法制定的劳动规章制度和依法签订的集体合同实施人力资源管理所必需；

（三）为履行法定职责或者法定义务所必需；

（四）为应对突发公共卫生事件，或者紧急情况下为保护自然人的生命健康和财产安全所必需；

（五）为公共利益实施新闻报道、舆论监督等行为，在合理的范围内处理个人信息；

（六）依照本法规定在合理的范围内处理个人自行公开或者其他已经合法公开的个人信息；

（七）法律、行政法规规定的其他情形。

依照本法其他有关规定，处理个人信息应当取得个人同意，但是有前款第二项至第七项规定情形的，不需取得个人同意。

第十五条　基于个人同意处理个人信息的，个人有权撤回其同意。个人信息处理者应当提供便捷的撤回同意的方式。

个人撤回同意，不影响撤回前基于个人同意已进行的个人信息处理活动的效力。

第十七条 个人信息处理者在处理个人信息前，应当以显著方式、清晰易懂的语言真实、准确、完整地向个人告知下列事项：

（一）个人信息处理者的名称或者姓名和联系方式；

（二）个人信息的处理目的、处理方式，处理的个人信息种类、保存期限；

（三）个人行使本法规定权利的方式和程序；

（四）法律、行政法规规定应当告知的其他事项。

前款规定事项发生变更的，应当将变更部分告知个人。

个人信息处理者通过制定个人信息处理规则的方式告知第一款规定事项的，处理规则应当公开，并且便于查阅和保存。

第二十四条 个人信息处理者利用个人信息进行自动化决策，应当保证决策的透明度和结果公平、公正，不得对个人在交易价格等交易条件上实行不合理的差别待遇。

通过自动化决策方式向个人进行信息推送、商业营销，应当同时提供不针对其个人特征的选项，或者向个人提供便捷的拒绝方式。

通过自动化决策方式作出对个人权益有重大影响的决定，个人有权要求个人信息处理者予以说明，并有权拒绝个人信息处理者仅通过自动化决策的方式作出决定。

第二十五条 个人信息处理者不得公开其处理的个人信息，取得个人单独同意的除外。

第五十二条 处理个人信息达到国家网信部门规定数量的个人信息处理者应当指定个人信息保护负责人，负责对个人信息处理活动以及采取的保护措施等进行监督。

个人信息处理者应当公开个人信息保护负责人的联系方式，并将个人信息保护负责人的姓名、联系方式等报送履行个人信息保护职责的部门。

第五十三条 本法第三条第二款规定的中华人民共和国境外的个人信息处理者，应当在中华人民共和国境内设立专门机构或者指定代表，负责处理个人信息保护相关事务，并将有关机构的名称或者代表的姓名、联系方式等报送履行个人信息保护职责的部门。

第五十七条 发生或者可能发生个人信息泄露、篡改、丢失的，个人信息处理者应当立即采取补救措施，并通知履行个人信息保护职责的部门和个人。通知应当包括下列事项：

（一）发生或者可能发生个人信息泄露、篡改、丢失的信息种类、原因和可能造成的危害；

（二）个人信息处理者采取的补救措施和个人可以采取的减轻危害的措施；

（三）个人信息处理者的联系方式。

个人信息处理者采取措施能够有效避免信息泄露、篡改、丢失造成危害的，个人信息处理者可以不通知个人；履行个人信息保护职责的部门认为可能造成危害的，有权要求个人信息处理者通知个人。

第六十条　国家网信部门负责统筹协调个人信息保护工作和相关监督管理工作。国务院有关部门依照本法和有关法律、行政法规的规定，在各自职责范围内负责个人信息保护和监督管理工作。

县级以上地方人民政府有关部门的个人信息保护和监督管理职责，按照国家有关规定确定。

前两款规定的部门统称为履行个人信息保护职责的部门。

第六十一条　履行个人信息保护职责的部门履行下列个人信息保护职责：

（一）开展个人信息保护宣传教育，指导、监督个人信息处理者开展个人信息保护工作；

（二）接受、处理与个人信息保护有关的投诉、举报；

（三）组织对应用程序等个人信息

保护情况进行测评，并公布测评结果；

（四）调查、处理违法个人信息处理活动；

（五）法律、行政法规规定的其他职责。

第六十三条　履行个人信息保护职责的部门履行个人信息保护职责，可以采取下列措施：

（一）询问有关当事人，调查与个人信息处理活动有关的情况；

（二）查阅、复制当事人与个人信息处理活动有关的合同、记录、账簿以及其他有关资料；

（三）实施现场检查，对涉嫌违法的个人信息处理活动进行调查；

（四）检查与个人信息处理活动有关的设备、物品；对有证据证明是用于违法个人信息处理活动的设备、物品，向本部门主要负责人书面报告并经批准，可以查封或者扣押。

履行个人信息保护职责的部门依法履行职责，当事人应当予以协助、配合，不得拒绝、阻挠。

第六十四条　履行个人信息保护职责的部门在履行职责中，发现个人信息处理活动存在较大风险或者发生个人信息安全事件的，可以按照规定的权限和程序对该个人信息处理者的法定代表人或者主要负责人进行约谈，或者要求个人信息处理者委托专业机构对其个人信息处理活动进行合规审计。个人信息处理者应当按照要求采取措施，进行整改，消除隐患。

履行个人信息保护职责的部门在履行职责中，发现违法处理个人信息涉嫌犯罪的，应当及时移送公安机关依法处理。

◎ **部门规章**

《电信和互联网用户个人信息保护规定》

第三条 工业和信息化部和各省、自治区、直辖市通信管理局（以下统称电信管理机构）依法对电信和互联网用户个人信息保护工作实施监督管理。

第七条 国家鼓励电信和互联网行业开展用户个人信息保护自律工作。

第十一条 电信业务经营者、互联网信息服务提供者委托他人代理市场销售和技术服务等直接面向用户的服务性工作，涉及收集、使用用户个人信息的，应当对代理人的用户个人信息保护工作进行监督和管理，不得委托不符合本规定有关用户个人信息保护要求的代理人代办相关服务。

第十二条 电信业务经营者、互联网信息服务提供者应当建立用户投诉处理机制，公布有效的联系方式，接受与用户个人信息保护有关的投诉，并自接到投诉之日起十五日内答复投诉人。

第十五条 电信业务经营者、互联

网信息服务提供者应当对其工作人员进行用户个人信息保护相关知识、技能和安全责任培训。

第十六条 电信业务经营者、互联网信息服务提供者应当对用户个人信息保护情况每年至少进行一次自查，记录自查情况，及时消除自查中发现的安全隐患。

第十九条 电信管理机构实施电信业务经营许可及经营许可证年检时，应当对用户个人信息保护情况进行审查。

第二十一条 鼓励电信和互联网行业协会依法制定有关用户个人信息保护的自律性管理制度，引导会员加强自律管理，提高用户个人信息保护水平。

第二十四条 电信管理机构工作人员在对用户个人信息保护工作实施监督管理的过程中玩忽职守、滥用职权、徇私舞弊的，依法给予处理；构成犯罪的，依法追究刑事责任。

权威案例

◎ **典型案例**

陈某慧等 7 人诈骗案【电信网络诈骗犯罪典型案例之三（2019 年 11 月 19 日）】

典型意义： 本案作为高考学生被骗后猝死、自杀等重大案件之一，经媒体报道后，舆论高度关注，法院审理过程中适用"两高一部"《关于办理电信网络诈骗等刑事案件适用法律若干问题的意见》规定，以陈某慧组织、指挥电信诈骗团伙，有利用"钓鱼网站"链接、冒充司法机关工作人员、诈骗未成年人、在校学生、造成一名被害人自杀等多个从重处罚情节，在陈某慧实施诈骗既有既遂又有未遂，且达到同一量刑幅度的情况下，以诈骗罪既遂处罚，充分体现了对此类犯罪从严惩处的精神。

曾某清诈骗案【人民法院依法惩处医保骗保犯罪典型案例之一（2021 年 10 月 28 日）】

典型意义：近年来，犯罪分子以住院补贴、低价医疗等名义，大肆收集参保人医保信息，伪造虚假就医、住院病历材料，骗取医疗保障基金的案件持续高发，严重损害了医疗保障制度健康持续发展。2014 年 4 月 24 日第十二届全国人民代表大会常务委员会第八次会议通过了《关于〈中华人民共和国刑法〉第二百六十六条的解释》，明确了以伪造证明材料骗取医疗保险金的，属于刑法第二百六十六条规定的诈骗公私财物的行为。《最高人民法院、最高人民检察院关于办理诈骗刑事案件具体应用法律若干问题的解释》规定，诈骗医疗款物的酌情从严惩处。本案中，被告人曾某清伙同他人组成职业骗保团伙，有组织骗取医疗保障基金，曾某清系组织者，在共同犯罪中起主要作用，应依法从严惩处。本案的判处，既体现了对医保骗保犯罪组织者、职业骗保人依法严惩的精神，也有力维护了医疗保障制度健康持续发展。

徐某等 6 人侵犯公民个人信息案【检察机关打击治理电信网络诈骗及关联犯罪典型案例之七（2022 年 4 月 21 日）】

典型意义：公民个人信息成为电信网络诈骗犯罪的基础工具，对于侵犯公民个人信息的行为，坚持源头治理全链条打击。当前，非法泄露公民个人信息已成为大多数电信网络诈骗犯罪的源头行为。有的犯罪分子把非法获取的公民个人信息用于注册手机卡、银行卡作为实施诈骗的基础工具；有的利用这些信息对被害人进行"画像"实施精准诈骗。检察机关要把惩治侵犯公民个人信息作为打击治理的重点任务，既要通过查办电信网络诈骗犯罪，追溯前端公民个人信息泄露的渠道和人员；又要通过查办侵犯公民个人信息犯罪，深挖关联的诈骗等犯罪线索，实现全链条打击。特别是对于行业"内鬼"泄露公民个人信息的，要坚持依法从严追诉，从重提出量刑建议，加大罚金刑力度，提高犯罪成本。发挥刑事检察和公益诉讼检察双向合力，加强对公民个人信息的全面司法保护。加强公民个人信息司法保护，是检察机关的重要职责。个人信息保护法明确授权检察机关可以提起这一领域的公益诉讼。检察机关刑事检察和公益诉讼检察部门要加强协作配合，强化信息互通、资源共享、线索移送、人员协作和办案联动，形成办案双向合力，切实加强对公民个人信息的全面司法保护。

夏某等人诈骗、侵犯公民个人信息案【检察机关打击整治养老诈骗犯罪典型案例之五（2022年6月8日）】

典型意义：全面从严惩治涉养老电信网络诈骗及相关犯罪，促进全链条治理。涉老年人等弱势群体的电信网络诈骗犯罪较为高发，该类案件往往时间跨度较长，被害人分布全国各地。检察机关要通过介入侦查，引导公安机关全面查清犯罪事实。对于冒充国家工作人员实施诈骗犯罪的，应当依照处罚较重的罪名追究刑事责任。在养老诈骗犯罪中，提供老年人个人信息成为"精准"诈骗的帮凶，在依法追究诈骗人员刑事责任的同时，要注意查处侵犯公民个人信息、帮助信息网络犯罪活动等关联犯罪，坚决斩断针对老年人电信网络诈骗的黑色产业链条。对于在诈骗过程中侵犯公民个人信息构成犯罪的，应当一并追究刑事责任。针对老年人的身心特点做实做细释法说理工作，更好体现司法人文关怀。养老诈骗犯罪不仅侵害老年人的财产安全，而且还会给老年人的身心健康带来负面影响。检察机关在办好案件的同时，要主动听取老年人的合理合法诉求，有针对性地开展释法说理、心理安抚等工作，对因诈骗陷入生活困境的老年人主动开展司法救助工作，最大限度维护老年人的生活安宁。

被告人邓某辉等六人诈骗、侵犯公民个人信息案【人民法院依法惩治电信网络诈骗犯罪及其关联犯罪典型案例之七（2022年9月6日）】

典型意义：本案被告人借助非法获取的公民个人信息，拨打诈骗电话，通过准确说出被害人个人信息的骗术，骗得被害人信任，实施精准诈骗。侵犯公民个人信息系电信网络诈骗的上游关联犯罪，二者合流后，使得电信网络诈骗犯罪更易得逞，社会危害性更重。"两高一部"《关于办理电信网络诈骗等刑事案件适用法律若干问题的意见》规定，使用非法获取的公民个人信息，实施电信网络诈骗犯罪，构成数罪的，应依法数罪并罚。法院对被告人邓某辉以诈骗罪和侵犯公民个人信息罪予以并罚，是从严惩处、全面惩处电信网络诈骗犯罪及其关联犯罪的具体体现。

> **第三十条　【反电信网络诈骗宣传】**
>
> 电信业务经营者、银行业金融机构、非银行支付机构、互联网服务提供者应当对从业人员和用户开展反电信网络诈骗宣传，在有关业务活动中对防范电信网络诈骗作出提示，对本领域新出现的电信网络诈骗手段及时向用户作出提醒，对非法买卖、出租、出借本人有关卡、账户、账

号等被用于电信网络诈骗的法律责任作出警示。

新闻、广播、电视、文化、互联网信息服务等单位，应当面向社会有针对性地开展反电信网络诈骗宣传教育。

任何单位和个人有权举报电信网络诈骗活动，有关部门应当依法及时处理，对提供有效信息的举报人依照规定给予奖励和保护。

关联法规

◎ 法律

《反有组织犯罪法》

第十六条　电信业务经营者、互联网服务提供者应当依法履行网络信息安全管理义务，采取安全技术防范措施，防止含有宣扬、诱导有组织犯罪内容的信息传播；发现含有宣扬、诱导有组织犯罪内容的信息的，应当立即停止传输，采取消除等处置措施，保存相关记录，并向公安机关或者有关部门报告，依法为公安机关侦查有组织犯罪提供技术支持和协助。

网信、电信、公安等主管部门对含有宣扬、诱导有组织犯罪内容的信息，应当按照职责分工，及时责令有关单位停止传输、采取消除等处置措施，或者下架相关应用、关闭相关网站、关停相关服务。有关单位应当立即执行，并保存相关记录，协助调查。对互联网上来源于境外的上述信息，电信主管部门应当采取技术措施，及时阻断传播。

第七十二条　电信业务经营者、互联网服务提供者有下列情形之一的，由有关主管部门责令改正；拒不改正或者情节严重的，由有关主管部门依照《中华人民共和国网络安全法》的有关规定给予处罚：

（一）拒不为侦查有组织犯罪提供技术支持和协助的；

（二）不按照主管部门的要求对含有宣扬、诱导有组织犯罪内容的信息停止传输、采取消除等处置措施、保存相关记录的。

◎ 部门规章

《公安机关互联网安全监督检查规定》

第二条　本规定适用于公安机关依法对互联网服务提供者和联网使用单位履行法律、行政法规规定的网络安全义务情况进行的安全监督检查。

第八条　互联网安全监督检查由互联网服务提供者的网络服务运营机构和联网使用单位的网络管理机构所在地公安机关实施。互联网服务提供者为个人的，可以由其经常居住地公安机关实施。

第九条 公安机关应当根据网络安全防范需要和网络安全风险隐患的具体情况，对下列互联网服务提供者和联网使用单位开展监督检查：

（一）提供互联网接入、互联网数据中心、内容分发、域名服务的；

（二）提供互联网信息服务的；

（三）提供公共上网服务的；

（四）提供其他互联网服务的；

对开展前款规定的服务未满一年的，两年内曾发生过网络安全事件、违法犯罪案件的，或者因未履行法定网络安全义务被公安机关予以行政处罚的，应当开展重点监督检查。

第十条 公安机关应当根据互联网服务提供者和联网使用单位履行法定网络安全义务的实际情况，依照国家有关规定和标准，对下列内容进行监督检查：

（一）是否办理联网单位备案手续，并报送接入单位和用户基本信息及其变更情况；

（二）是否制定并落实网络安全管理制度和操作规程，确定网络安全负责人；

（三）是否依法采取记录并留存用户注册信息和上网日志信息的技术措施；

（四）是否采取防范计算机病毒和网络攻击、网络侵入等技术措施；

（五）是否在公共信息服务中对法律、行政法规禁止发布或者传输的信息依法采取相关防范措施；

（六）是否按照法律规定的要求为公安机关依法维护国家安全、防范调查恐怖活动、侦查犯罪提供技术支持和协助；

（七）是否履行法律、行政法规规定的网络安全等级保护等义务。

第十六条 公安机关对互联网服务提供者和联网使用单位是否存在网络安全漏洞，可以开展远程检测。

公安机关开展远程检测，应当事先告知监督检查对象检查时间、检查范围等事项或者公开相关检查事项，不得干扰、破坏监督检查对象网络的正常运行。

第十九条 公安机关在互联网安全监督检查中，发现互联网服务提供者和联网使用单位存在网络安全风险隐患，应当督促指导其采取措施消除风险隐患，并在监督检查记录上注明；发现有违法行为，但情节轻微或者未造成后果的，应当责令其限期整改。

监督检查对象在整改期限届满前认为已经整改完毕的，可以向公安机关书面提出提前复查申请。

公安机关应当自整改期限届满或者收到监督检查对象提前复查申请之日起三个工作日内，对整改情况进行复查，并在复查结束后三个工作日内反馈复查结果。

第三十一条　【禁止非法买卖、出租、出借电话卡等】

任何单位和个人不得非法买卖、出租、出借电话卡、物联网卡、电信线路、短信端口、银行账户、支付账户、互联网账号等，不得提供实名核验帮助；不得假冒他人身份或者虚构代理关系开立上述卡、账户、账号等。

对经设区的市级以上公安机关认定的实施前款行为的单位、个人和相关组织者，以及因从事电信网络诈骗活动或者关联犯罪受过刑事处罚的人员，可以按照国家有关规定记入信用记录，采取限制其有关卡、账户、账号等功能和停止非柜面业务、暂停新业务、限制入网等措施。对上述认定和措施有异议的，可以提出申诉，有关部门应当建立健全申诉渠道、信用修复和救济制度。具体办法由国务院公安部门会同有关主管部门规定。

关联法规

◎ **司法解释**

《关于办理电信网络诈骗等刑事案件适用法律的意见（二）》

六、在网上注册办理手机卡、信用卡、银行账户、非银行支付账户时，为通过网上认证，使用他人身份证件信息并替换他人身份证件相片，属于伪造身份证件行为，符合刑法第二百八十条第三款规定的，以伪造身份证件罪追究刑事责任。

使用伪造、变造的身份证件或者盗用他人身份证件办理手机卡、信用卡、银行账户、非银行支付账户，符合刑法第二百八十条之一第一款规定的，以使用虚假身份证件、盗用身份证件罪追究刑事责任。

实施上述两款行为，同时构成其他犯罪的，依照处罚较重的规定定罪处罚。法律和司法解释另有规定的除外。

七、为他人利用信息网络实施犯罪而实施下列行为，可以认定为刑法第二百八十七条之二规定的"帮助"行为：

（一）收购、出售、出租信用卡、银行账户、非银行支付账户、具有支付结算功能的互联网账号密码、网络支付接口、网上银行数字证书的；

（二）收购、出售、出租他人手机卡、流量卡、物联网卡的。

八、认定刑法第二百八十七条之二规定的行为人明知他人利用信息网络实施犯罪，应当根据行为人收购、出售、出租前述第七条规定的信用卡、银行账户、非银行支付账户、具有支付结算功能的互联网账号密码、网络支付接口、网上银行数字证书，或者他人手机卡、流量卡、物联网卡等的次数、张数、个数，并结合行为人的认知能力、既往经历、交易对象、与实施信息网络犯罪的行为人的关系、提供技术支持或者帮助的时间和方式、获利情况以及行为人的供述等主客观因素，予以综合认定。

收购、出售、出租单位银行结算账户、非银行支付机构单位支付账户，或者电信、银行、网络支付等行业从业人员利用履行职责或提供服务便利，非法开办并出售、出租他人手机卡、信用卡、银行账户、非银行支付账户等的，可以认定为《最高人民法院、最高人民检察院关于办理非法利用信息网络、帮助信息网络犯罪活动等刑事案件适用法律若干问题的解释》第十一条第（七）项规定的"其他足以认定行为人明知的情形"。但有相反证据的除外。

九、明知他人利用信息网络实施犯罪，为其犯罪提供下列帮助之一的，可以认定为《最高人民法院、最高人民检察院关于办理非法利用信息网络、帮助信息网络犯罪活动等刑事案件适用法律若干问题

的解释》第十二条第一款第（七）项规定的"其他情节严重的情形"：

（一）收购、出售、出租信用卡、银行账户、非银行支付账户、具有支付结算功能的互联网账号密码、网络支付接口、网上银行数字证书 5 张（个）以上的；

（二）收购、出售、出租他人手机卡、流量卡、物联网卡 20 张以上的。

《关于办理信息网络犯罪案件适用刑事诉讼程序的意见》

21. 对于涉案人数特别众多的信息网络犯罪案件，确因客观条件限制无法收集证据逐一证明、逐人核实涉案账户的资金来源，但根据银行账户、非银行支付账户等交易记录和其他证据材料，足以认定有关账户主要用于接收、流转涉案资金的，可以按照该账户接收的资金数额认定犯罪数额，但犯罪嫌疑人、被告人能够作出合理说明的除外。案外人提出异议的，应当依法审查。

> **权威案例**

◎ 典型案例

被告人隆某帮助信息网络犯罪活动案【人民法院依法惩治电信网络诈骗犯罪及其关联犯罪典型案例之九（2022 年 9 月 6 日）】

典型意义：非法交易银行卡、手机卡即"两卡"现象泛滥，大量"两卡"被用于犯罪，是电信网络诈骗犯罪持续高发多

发的重要推手之一。加强对电信网络诈骗犯罪的源头治理，必须依法打击涉"两卡"犯罪。"两高一部"《关于办理电信网络诈骗等刑事案件适用法律若干问题的意见（二）》规定，为他人利用信息网络实施犯罪而收购、出售、出租信用卡（银行账户、非银行支付账户、具有支付结算功能的互联网账号密码、网络支付接口、网上银行数字证书）5张（个）以上，或者手机卡（流量卡、物联网卡）20张以上的，以帮助信息网络犯罪活动罪追究刑事责任。本案准确适用这一规定，对被告人隆某依法定罪处罚。本案警示大家，千万不要因贪图蝇头小利而触犯法律底线，以免给自己和家人造成无可挽回的后果。

第三十二条 【电信网络诈骗技术反制措施的研究开发】

国家支持电信业务经营者、银行业金融机构、非银行支付机构、互联网服务提供者研究开发有关电信网络诈骗反制技术，用于监测识别、动态封堵和处置涉诈异常信息、活动。

国务院公安部门、金融管理部门、电信主管部门和国家网信部门等应当统筹负责本行业领域反制技术措施建设，推进涉电信网络诈骗样本信息数据共享，加强涉诈用户信息交叉核验，建立有关涉诈异常信息、活动的监测识别、动态封堵和处置机制。

依据本法第十一条、第十二条、第十八条、第二十二条和前款规定，对涉诈异常情形采取限制、暂停服务等处置措施的，应当告知处置原因、救济渠道及需要提交的资料等事项，被处置对象可以向作出决定或者采取措施的部门、单位提出申诉。作出决定的部门、单位应当建立完善申诉渠道，及时受理申诉并核查，核查通过的，应当即时解除有关措施。

关联法规

◎ **法律**
《反洗钱法》

第八条 国务院反洗钱行政主管部门组织、协调全国的反洗钱工作，负责反洗钱的资金监测，制定或者会同国务院有关金融监督管理机构制定金融机构反洗钱规章，监督、检查金融机构履行反洗钱义务的情况，在职责范围内调查可疑交易活动，履行法律和国务院规定的有关反洗钱的其他职责。

国务院反洗钱行政主管部门的派出机构在国务院反洗钱行政主管部门的授权范围内，对金融机构履行反洗钱义务的情况进行监督、检查。

第十条 国务院反洗钱行政主管部门设立反洗钱信息中心，负责大额交易和可疑交易报告的接收、分析，并按照规定向国务院反洗钱行政主管部门报告分析结果，履行国务院反洗钱行政主管部门规定的其他职责。

第十一条 国务院反洗钱行政主管部门为履行反洗钱资金监测职责，可以从国务院有关部门、机构获取所必需的信息，国务院有关部门、机构应当提供。

国务院反洗钱行政主管部门应当向国务院有关部门、机构定期通报反洗钱工作情况。

第十五条 金融机构应当依照本法规定建立健全反洗钱内部控制制度，金融机构的负责人应当对反洗钱内部控制制度的有效实施负责。

金融机构应当设立反洗钱专门机构或者指定内设机构负责反洗钱工作。

第十六条 金融机构应当按照规定建立客户身份识别制度。

金融机构在与客户建立业务关系或者为客户提供规定金额以上的现金汇款、现钞兑换、票据兑付等一次性金融服务时，应当要求客户出示真实有效的身份证件或者其他身份证明文件，进行核对并登记。

客户由他人代理办理业务的，金融机构应当同时对代理人和被代理人的身份证件或者其他身份证明文件进行核对并登记。

与客户建立人身保险、信托等业务关系，合同的受益人不是客户本人的，金融机构还应当对受益人的身份证件或者其他身份证明文件进行核对并登记。

金融机构不得为身份不明的客户提供服务或者与其进行交易，不得为客户开立匿名账户或者假名账户。

金融机构对先前获得的客户身份资料的真实性、有效性或者完整性有疑问的，应当重新识别客户身份。

任何单位和个人在与金融机构建立业务关系或者要求金融机构为其提供一次性金融服务时，都应当提供真实有效的身份证件或者其他身份证明文件

第二十条 金融机构应当按照规定执行大额交易和可疑交易报告制度。

金融机构办理的单笔交易或者在规定期限内的累计交易超过规定金额或者发现可疑交易的，应当及时向反洗钱信息中心报告。

权威案例

◎ 典型案例

江苏省南京市陈某某涉嫌诈骗案【全国检察机关依法办理妨害新冠肺炎疫情防控犯罪典型案例（第五批）之二（2020年3月12日）】

法律要旨： 诈骗罪是指以非法占有为目的，用虚构事实或者隐瞒真相的方法，骗取数额较大的公私财物的行为。根据《中华人民共和国刑法》第二百六十六条的规定，诈骗公私财物，数额较大的，处三年以下有期徒刑、拘役或者管制，并处或者单处罚金；数额巨大或者有其他严重情节的，处三年以上十年以下有期徒刑，并处罚金；数额特别巨大或者有其他特别严重情节的，处十年以上有期徒刑或者无期徒刑，并处罚金或者没收财产。根据"两高两部"《关于依法惩治妨害新型冠状病毒感染肺炎疫情防控违法犯罪的意见》的规定，在疫情防控期间，假借研制、生产或者销售用于疫情防控的物品的名义骗取公私财物，或者捏造事实骗取公众捐赠款物，数额较大的，依照刑法第二百六十六条的规定，以诈骗罪定罪处罚。同时，根据2011年"两高"《关于办理诈骗刑事案件具体应用法律若干问题的解释》（法释〔2011〕7号）第二条规定，诈骗救灾、抢险、防汛、优抚、扶贫、移民、救济、医疗款物的，可以依照刑法第二百六十六条的规定酌情从严惩处。对于利用电信网络实施的诈骗犯罪，2016年最高人民法院、最高人民检察院、公安部《关于办理电信网络诈骗等刑事案件适用法律若干问题的意见》（法发〔2016〕32号）专门规定："实施电信网络诈骗犯罪，达到相应数额标准，具有下列情形之一的，酌情从重处罚：……6. 诈骗残疾人、老年人、未成年人、在校学生、丧失劳动能力人的财物，或者诈骗重病患者及其亲属财物的；7. 诈骗救灾、抢险、防汛、优抚、扶贫、移民、救济、医疗款物的"。

洪某源、张某发、彭某明等61人利用期货交易平台诈骗案【检察机关依法追诉诈骗犯罪典型案例之六（2021年10月26日）】

典型意义： 加强电子证据收集、固定和审查。针对电子数据证据易篡改、易灭失的特点，引导公安机关第一时间对手机、电脑等原始存储介质规范扣押和封存，完整提取和固定后台数据。对平台电子数据委托专业鉴定机构提取、恢复，并全程同步录音录像，必要时通过邀请期货行业专业人员介入等方式，提高电子数据审查的专业性。把握犯罪特点确保精准打击。对期货投资交易平台类案要从平台真伪、被害人亏损原因、犯罪嫌疑人盈利来源厘清诈骗与非法经营等犯罪的界限，抓住涉案平台的虚假性、被告人虚构事实与被害人"入金"的因果关系、资金走向及盈利来源等关键点，依法准确定性。深挖犯罪与追赃挽损并重。针对网络诈骗案件涉案人数多、犯罪事实多的特点，检察机关全面梳理平台电子数据，厘清各平台、各层级、各角色人员的犯罪事实，及时发现纠正漏罪漏犯，从犯罪嫌疑人分赃、取现的资金账户入手，倒查资金流向，及时冻结关联账户，加强追赃工作，尽可能挽回被害人经济损失。

王某、朱某等人诈骗案【检察机关依法惩治医疗美容领域违法犯罪典型案例之二（2023 年 4 月 6 日）】

典型意义：明确取证的重点和方法，准确定性。在办理"民刑交织"、社会关注度高的疑难复杂案件时，检察机关要积极履行诉前主导责任，加强与公安机关的协作配合，明确取证、补证重点，及时完善证据体系，以达到准确指控犯罪的目的和要求。本案中，检察机关通过引导侦查取证，证实朱某等人主观上并非想向"客户"全额返款，而是在骗得"客户"支付的整形费用后采取对"客户"肆意认定违约、故意设置违约陷阱等方式拒不返款，从而达到非法占有"客户"钱财的目的，其行为符合诈骗犯罪的行为模式，即"实施欺骗行为——使有处分权的人陷入错误认识并基于错误认识处分财产——导致经济损失"，均应以诈骗罪定罪处罚。依法从严惩处医疗美容领域犯罪活动，维护崇法守信的市场法治环境。目前"颜值经济"已成为消费新热点，医疗美容行业的经营者应当严守行业底线、法律红线，诚实守信、合法经营，从而赢得消费者认可，获取正当的经济利益。本案被告人朱某等人策划、组织实施"免费整形"诈骗活动，被骗人数众多，涉案金额特别巨大，严重损害了被害人的合法权益，造成了恶劣的社会影响。对朱某等人依法判处有期徒刑并处罚金，追缴违法所得，加大被告人违法犯罪成本，有力震慑医疗美容行业违法犯罪活动，保护了消费者合法权益，维护公平竞争的市场秩序。

第三十三条　【网络身份认证公共服务建设】

国家推进网络身份认证公共服务建设，支持个人、企业自愿使用，电信业务经营者、银行业金融机构、非银行支付机构、互联网服务提供者对存在涉诈异常的电话卡、银行账户、支付账户、互联网账号，可以通过国家网络身份认证公共服务对用户身份重新进行核验。

关联法规

◎ 法律

《个人信息保护法》

第六十二条　国家网信部门统筹协调有关部门依据本法推进下列个人信息保护工作：

（一）制定个人信息保护具体规则、标准；

（二）针对小型个人信息处理者、处理敏感个人信息以及人脸识别、人工智能等新技术、新应用，制定专门的个人信息保护规则、标准；

（三）支持研究开发和推广应用安全、方便的电子身份认证技术，推进网络身份认证公共服务建设；

（四）推进个人信息保护社会化服务体系建设，支持有关机构开展个人信息保护评估、认证服务；

（五）完善个人信息保护投诉、举报工作机制。

◎ 部门规范性文件

《关于加快推进电子证照扩大应用领域和全国互通互认的意见》

四、全面提升电子证照应用支撑能力

……

（十四）加强电子证照应用安全管理和监管。加强电子证照签发、归集、存储、使用等各环节安全管理，严格落实网络安全等级保护制度等要求，强化密码应用安全性评估，探索运用区块链、新兴密码技术、隐私计算等手段提升电子证照安全防护、追踪溯源和精准授权等能力。按照信息采集最小化原则归集数据，对共享的电子证照进行分类分级管理，避免信息泄露。加快推进国家网络身份认证公共服务基础设施建设和应用，加强对电子证照持证主体、用证人员的身份认证、授权管理和个人信息保护。强化企业和群众身份认证支撑，增强电子证照签发和使用等环节的统一身份认证能力。建立健全严格的责任追究制度，依法严厉打击电子证照制作生成过程中的造假行为，杜绝未经授权擅自调用、留存电子证照信息，切实保障电子证照及相关信息合法合规使用，保护持证主体的商业秘密和个人信息。（工业和信息化部、公安部、市场监管总局、国家密码局等相关部门及各地区按职责分工负责）

第三十四条　【组织建立预警劝阻系统】

公安机关应当会同金融、电信、网信部门组织银行业金融机构、非银行支付机构、电信业务经营者、互联网服务提供者等建立预警劝阻系统，对预警发现的潜在被害人，根据情况及时采取相应劝阻措施。对电信网络诈骗案件应当加强追赃挽损，完善涉案资金处置制度，及时返还被害人的合法财产。对遭受重大生活困难的被害人，符合国家有关救助条件的，有关方面依照规定给予救助。

关联法规

◎ **法律**

《网络安全法》

第五十一条 国家建立网络安全监测预警和信息通报制度。国家网信部门应当统筹协调有关部门加强网络安全信息收集、分析和通报工作，按照规定统一发布网络安全监测预警信息。

第五十二条 负责关键信息基础设施安全保护工作的部门，应当建立健全本行业、本领域的网络安全监测预警和信息通报制度，并按照规定报送网络安全监测预警信息。

第五十三条 国家网信部门协调有关部门建立健全网络安全风险评估和应急工作机制，制定网络安全事件应急预案，并定期组织演练。

负责关键信息基础设施安全保护工作的部门应当制定本行业、本领域的网

络安全事件应急预案，并定期组织演练。

网络安全事件应急预案应当按照事件发生后的危害程度、影响范围等因素对网络安全事件进行分级，并规定相应的应急处置措施。

第五十四条 网络安全事件发生的风险增大时，省级以上人民政府有关部门应当按照规定的权限和程序，并根据网络安全风险的特点和可能造成的危害，采取下列措施：

（一）要求有关部门、机构和人员及时收集、报告有关信息，加强对网络安全风险的监测；

（二）组织有关部门、机构和专业人员，对网络安全风险信息进行分析评估，预测事件发生的可能性、影响范围和危害程度；

（三）向社会发布网络安全风险预警，发布避免、减轻危害的措施。

第五十五条 发生网络安全事件，应当立即启动网络安全事件应急预案，对网络安全事件进行调查和评估，要求网络运营者采取技术措施和其他必要措施，消除安全隐患，防止危害扩大，并及时向社会发布与公众有关的警示信息。

第五十六条 省级以上人民政府有关部门在履行网络安全监督管理职责中，发现网络存在较大安全风险或者发

生安全事件的，可以按照规定的权限和程序对该网络的运营者的法定代表人或者主要负责人进行约谈。网络运营者应当按照要求采取措施，进行整改，消除隐患。

第五十七条　因网络安全事件，发生突发事件或者生产安全事故的，应当依照《中华人民共和国突发事件应对法》、《中华人民共和国安全生产法》等有关法律、行政法规的规定处置。

第五十八条　因维护国家安全和社会公共秩序，处置重大突发社会安全事件的需要，经国务院决定或者批准，可以在特定区域对网络通信采取限制等临时措施。

◎ **部门规范性文件**

《关于印发电信网络新型违法犯罪案件冻结资金返还若干规定实施细则的通知》

第二十二条　办理冻结资金返还时，由两名以上冻结公安机关办案人员持本人有效人民警察证、《电信网络新型违法犯罪冻结资金返还决定书》原件和《电信网络新型违法犯罪冻结资金协助返还通知书》原件前往冻结银行办理返还工作，商业银行对相关手续材料内容进行形式审查，并可留存《电信网络新型违法犯罪冻结资金返还决定书》复印件。冻结公安机关在办理冻结资金返还时，应同时告知所在地省级反诈骗中心。

第二十五条　冻结银行受理资金返还时，可以向冻结公安机关所在地的省级反诈骗中心（附件4）电话核实办案民警身份，并按照第二十二条、第二十三条规定，审核冻结公安机关提供的材料。身份有疑问或材料不齐全的，冻结银行有权拒绝办理资金返还工作。

第三十五条　【特定地区的风险防范措施】

经国务院反电信网络诈骗工作机制决定或者批准，公安、金融、电信等部门对电信网络诈骗活动严重的特定地区，可以依照国家有关规定采取必要的临时风险防范措施。

关联法规

◎ **行政法规**

《征信业管理条例》

第十条　设立经营企业征信业务的征信机构，应当符合《中华人民共和国公司法》规定的设立条件，并自公司登记机关准予登记之日起30日内向所在地的国务院征信业监督管理部门派出机构办理备案，并提供下列材料：

（一）营业执照；

（二）股权结构、组织机构说明；

（三）业务范围、业务规则、业务系统的基本情况；

（四）信息安全和风险防范措施。

备案事项发生变更的，应当自变更之日起 30 日内向原备案机构办理变更备案。

◎ 部门规章

《互联网信息服务算法推荐管理规定》

第七条 算法推荐服务提供者应当落实算法安全主体责任，建立健全算法机制机理审核、科技伦理审查、用户注册、信息发布审核、数据安全和个人信息保护、反电信网络诈骗、安全评估监测、安全事件应急处置等管理制度和技术措施，制定并公开算法推荐服务相关规则，配备与算法推荐服务规模相适应的专业人员和技术支撑。

第三十六条　【重大涉诈嫌疑人员的出境限制】

对前往电信网络诈骗活动严重地区的人员，出境活动存在重大涉电信网络诈骗活动嫌疑的，移民管理机构可以决定不准其出境。

因从事电信网络诈骗活动受过刑事处罚的人员，设区的市级

以上公安机关可以根据犯罪情况和预防再犯罪的需要，决定自处罚完毕之日起六个月至三年以内不准其出境，并通知移民管理机构执行。

关联法规

◎ 法律

《个人信息保护法》

第三十八条 个人信息处理者因业务等需要，确需向中华人民共和国境外提供个人信息的，应当具备下列条件之一：

（一）依照本法第四十条的规定通过国家网信部门组织的安全评估；

（二）按照国家网信部门的规定经专业机构进行个人信息保护认证；

（三）按照国家网信部门制定的标准合同与境外接收方订立合同，约定双方的权利和义务；

（四）法律、行政法规或者国家网信部门规定的其他条件。

中华人民共和国缔结或者参加的国际条约、协定对向中华人民共和国境外提供个人信息的条件等有规定的，可以按照其规定执行。

个人信息处理者应当采取必要措施，保障境外接收方处理个人信息的活

动达到本法规定的个人信息保护标准。

第三十九条　个人信息处理者向中华人民共和国境外提供个人信息的，应当向个人告知境外接收方的名称或者姓名、联系方式、处理目的、处理方式、个人信息的种类以及个人向境外接收方行使本法规定权利的方式和程序等事项，并取得个人的单独同意。

第四十条　关键信息基础设施运营者和处理个人信息达到国家网信部门规定数量的个人信息处理者，应当将在中华人民共和国境内收集和产生的个人信息存储在境内。确需向境外提供的，应当通过国家网信部门组织的安全评估；法律、行政法规和国家网信部门规定可以不进行安全评估的，从其规定。

第四十一条　中华人民共和国主管机关根据有关法律和中华人民共和国缔结或者参加的国际条约、协定，或者按照平等互惠原则，处理外国司法或者执法机构关于提供存储于境内个人信息的请求。非经中华人民共和国主管机关批准，个人信息处理者不得向外国司法或者执法机构提供存储于中华人民共和国境内的个人信息。

第四十二条　境外的组织、个人从事侵害中华人民共和国公民的个人信息权益，或者危害中华人民共和国国家安全、公共利益的个人信息处理活动的，国家网信部门可以将其列入限制或者禁止个人信息提供清单，予以公告，并采取限制或者禁止向其提供个人信息等措施。

第四十三条　任何国家或者地区在个人信息保护方面对中华人民共和国采取歧视性的禁止、限制或者其他类似措施的，中华人民共和国可以根据实际情况对该国家或者地区对等采取措施。

第三十七条　【跨境电信网络诈骗犯罪打击治理】

国务院公安部门等会同外交部门加强国际执法司法合作，与有关国家、地区、国际组织建立有效合作机制，通过开展国际警务合作等方式，提升在信息交流、调查取证、侦查抓捕、追赃挽损等方面的合作水平，有效打击遏制跨境电信网络诈骗活动。

关联法规

◎ **司法解释**

《关于办理电信网络诈骗等刑事案件适用法律若干问题的意见（二）》

十四、通过国（区）际警务合作收集或者境外警方移交的境外证据材料，确因客观条件限制，境外警方未提供相关证据的发现、收集、保管、移交情况等材料的，公安机关应当对上述证据材料的来源、移交过程以及种类、数量、特征等作出书面说明，由两名以上侦查人员签名并加盖公安机关印章。经审核能够证明案件事实的，可以作为证据使用。

十五、对境外司法机关抓获并羁押的电信网络诈骗犯罪嫌疑人，在境内接受审判的，境外的羁押期限可以折抵刑期。

权威案例

◎ **指导性案例**

张某闵等52人电信网络诈骗案【最高检指导案例第67号】

要旨：跨境电信网络诈骗犯罪往往涉及大量的境外证据和庞杂的电子数据。对境外获取的证据应着重审查合法性，对电子数据应着重审查客观性。主要成员固定，其他人员有一定流动性的电信网络诈骗犯罪组织，可认定为犯罪集团。

◎ **典型案例**

福建省晋江市吴某龙等人发送医保卡出现异常虚假语音信息诈骗案【电信网络诈骗犯罪典型案例之三（2016年3月4日）】

典型意义：本案是以发送医保卡出现异常的虚假语音信息实施诈骗的典型案件。随着我国医疗保险制度的逐步完善，参保人员已逐步实现全覆盖，医保卡已成为人们经常使用的卡种，与百姓生活息息相关。被告人吴某龙等人在境外设立窝点，设置三线人员分别冒充医保中心工作人员、公安人员、检察院工作人员，先发送"医保卡出现异常，有疑问则回拨电话"的虚假语音信息，后通过三线人员的连环诈骗，套取被害人的个人信息，诱骗被害人将存款转至"指定账户"，从而骗得钱款。提醒广大医疗参保人员不要轻信医保卡出现异常的电话语音信息，更不要轻易在电话中将重要个人信息告知陌生人。

福建省平和县曾某权等人以我国台湾居民为犯罪对象诈骗案【电信网络诈骗犯罪典型案例之四（2016年3月4日）】

典型意义：本案是以我国台湾居民为诈骗对象的典型案件。本案中，曾某权等大陆被告人与台湾被告人相勾结，针对台湾居民进行诈骗，由台湾被告人提供台湾居民个人信息资料和网络技术支持，并且提供信用卡用于转账、支取诈骗所得款项。大陆被告人设置窝点，通过拨打电话实施具体诈骗行为。本案的发布，表明无论犯罪分子来自何地，针对何人，只要触犯我国法律，必将受到法律的惩处。

戴某波等32人诈骗案【最高人民法院发布六起惩治电信诈骗犯罪典型案例之一（2016年9月30日）】

典型意义：电信诈骗犯罪多为团伙作案，根据统计，北京法院有50%以上的电信诈骗案件出现三人及三人以上的诈骗团伙。本案系近年来北京法院受理的个案中被告人人数最多的跨国电信诈骗犯罪，诈骗团伙通过在互联网上发布"招聘信息"招揽人手并将其安置于境外，冒充公检法单位工作人员，通过向境内拨打电话的方式，形成严密的话术体系，从而获得被害人信任，诱使被害人向其汇款，达到诈骗钱款的目的。近年来，电信诈骗借助互联网技术的发展，愈发呈现出跨地域、团伙作案、难辨认、受害范围广等特点，给人民财产造成了巨大损失，社会危害性极大。海淀法院通过本案的审理给所有参与诈骗的犯罪分子以法律制裁，有效打击了电信诈骗犯罪，为办理跨国类电信诈骗案件积累了宝贵的经验。

吉某燕等14人诈骗案【最高人民法院发布六起惩治电信诈骗犯罪典型案例之二（2016年9月30日）】

典型意义：在电信诈骗案件中，诈骗金额、被害人人数、诈骗次数、诈骗手段、情节、危害后果等因素都会影响被告人的量刑。本案中，14名被告人在境外集中居住于别墅内，共同参与电信诈骗活动，且分工明确，有一定的组织性，已形成固定的犯罪团伙。每名被告人参与的诈骗金额均在百万元以上，且案发后赃款并未追回，给48名被害人造成了巨大的经济损失，故东城法院最终对14名被告人全部判处了有期徒刑五年以上的重刑，两名主犯被判处十二年有期徒刑，对于电信诈骗犯罪案件形成了极大的震慑。

邓某桂、龙某燕、刘某艳、刘某英诈骗案

【最高人民法院发布六起惩治电信诈骗犯罪典型案例之五（2016年9月30日）】

典型意义：本案是我国台湾地区人员在境外组织实施的以发送医保卡出现异常的虚假语音信息进行诈骗的典型案件。被告人邓某桂等人受纠集参加他人组织的诈骗团伙，发送医保卡异常的虚假语音信息，而后分别冒充医保中心工作人员、公安人员、检察院工作人员进行连环诈骗，套取被害人的个人信息，并诱使被害人将存款转至"指定银行账户"，从而骗取钱款，社会危害性大。在此提醒广大参保人员不要轻信医保卡出现异常的电话语音信息，更不要轻易将银行账号、密码等个人重要信息告知陌生人，以免上当受骗。

施某凌等18人妨害信用卡管理案【检察机关打击治理电信网络诈骗及关联犯罪典型案例之八（2022年4月21日）】

典型意义：严厉打击境内运输银行卡犯罪行为，全力阻断境外电信网络诈骗犯罪物料运转通道。当前，境外电信网络诈骗犯罪分子为了转移诈骗资金，需要获取大量的国内公民银行卡，银行卡的转移出境成为整个犯罪链条中的关键环节。实践中，犯罪分子往往将物流寄递作为运输的重要渠道，通过陆路、水路、航空多种方式流水作业，将银行卡运送到境外。为此，检察机关要深入推进"断卡"行动，加强物流大数据研判分析，掌握银行卡在境内运转轨迹，依法严厉打击买卖、运输银行卡的犯罪行为，尤其是要切断境内外转运的关键节点，阻断银行卡跨境运转通道。推动社会综合治理，促进物流寄递业规范经营。物流寄递具有触角长、交付快、覆盖面广等特点，因而在运输银行卡过程中容易被犯罪分子利用。对此，检察机关要结合办案，主动加强沟通，推动物流寄递业加强行业监管，压实企业主体责任，严把寄递企业"源头关"、寄递物品"实名关"、寄递过程"安检关"。对于发现的涉大量银行卡的包裹，相关企业要加强重点检查，及时向寄递人核实了解情况，必要时向公安机关反映，防止银行卡非法转移。结合典型案例，督促物流企业加强培训宣传，通过以案释法，提高从业人员的法治意识和安全防范能力，防止成为电信网络诈骗犯罪的"帮凶"。

魏某双等 60 人诈骗案【检察机关打击治理电信网络诈骗及关联犯罪典型案例之一（2022 年 4 月 21 日）】

典型意义： 依法从严追捕追诉，全面追查犯罪资金，严厉打击跨境电信网络诈骗犯罪集团。当前，跨境电信网络诈骗集团案件高发，犯罪分子往往多国流窜作案，多地协同实施，手段不断翻新，严重危害人民群众财产安全和社会安定。对此，检察机关要加强与公安机关协作，深挖细查案件线索，对于集团内犯罪分子，公安机关应当提请逮捕而未提请的、应当移送起诉而未移送的，依法及时追捕、追诉。注重加强追赃挽损，主动引导公安机关全面追查、准确认定、依法扣押犯罪资

金，不给犯罪分子在经济上以可乘之机，切实维护受骗群众的财产利益。加强以案释法，会同相关部门开展金融知识普及，引导社会公众提升投资风险防范意识。当前，投资类诈骗已经成为诈骗的重要类型。特别是犯罪集团以投资新业态、新领域为幌子，通过搭建虚假的交易平台实施诈骗，隐蔽性强、受害人众多、涉案金额往往特别巨大。为此，检察机关要会同相关部门加强以案释法，揭示投资型诈骗的行为本质和危害实质，加强对金融创新产品、新业态领域知识的普及介绍，提示引导社会公众提高风险防范意识，充分了解投资项目，合理预期未来收益，选择正规途径理性投资，自觉抵制虚拟货币交易等非法金融活动，切实维护自身合法权益。

被告人易某锋、连某仁等三十八人诈骗、组织他人偷越国境、偷越国境、帮助信息网络犯罪活动、掩饰、隐瞒犯罪所得案【人民法院依法惩治电信网络诈骗犯罪及其关联犯罪典型案例之一（2022 年 9 月 6 日）】

典型意义： 以被告人易某锋、连某仁为首的电信网络诈骗犯罪集团，利用公司化运作模式实施诈骗，集团内部层级严密，分工明确，组织特征鲜明。该诈骗集团将作案窝点设在境外，从国内招募人员并组织偷越国境，对我境内居民大肆实施诈骗，被骗人数众多，涉案金额特别巨大。跨境电信网络诈骗犯罪集团社会危害性极大，系打击重点，对集团首要分子和骨干成员必须依法从严惩处。人民法院对

该诈骗集团首要分子易某锋、连某仁分别判处无期徒刑和有期徒刑十六年，对其余骨干成员均判处十年以上有期徒刑，充分体现了依法从严惩处的方针，最大限度彰显了刑罚的功效。

被告人罗某、郑某星等二十一人诈骗案【人民法院依法惩治电信网络诈骗犯罪及其关联犯罪典型案例之二（2022 年 9 月 6 日）】

典型意义： 电信网络诈骗一般是长期设置窝点作案，有明确的组织、指挥者，骨干成员固定，结构严密，层级分明，各个环节分工明确，各司其职，衔接有序，多已形成犯罪集团，其中起组织、指挥作用的，依法认定为犯罪集团首要分子，其中起主要作用的骨干成员，包括各个环节的负责人，一般认定为主犯，按照其所参与或者组织、指挥的全部犯罪处罚。本案中，黄某某犯罪集团各部门之间分工明确，相互协作，共同完成电信网络诈骗犯罪，其中后台服务部门和地下钱庄均系犯罪链条上不可或缺的一环。人民法院对负责后台服务的负责人罗某、骨干成员王某菲、地下钱庄人员郑某星依法认定为主犯，均判处十年以上有期徒刑，体现了对电信网络犯罪集团首要分子和骨干成员依法严惩的方针。

被告人施某善等十二人诈骗案【人民法院依法惩治电信网络诈骗犯罪及其关联犯罪典型案例之三（2022 年 9 月 6 日）】

典型意义： 本案被告人施某善、刘某组织人员前往境外实施电信网络诈骗犯罪，骗取境内被害群众钱款 800 余万元。人民法院准确认定案件事实，彻查涉案赃款流向，与公安、检察机关协调配合，及时查扣、冻结涉案赃款 463 万余元，并灵活运用刑罚调整功能，鼓励被告人退赃退赔。在审判阶段，被告人施某善、刘某等人的亲属代为退赔部分赃款，人民法院按照比例发还各被害人，不足部分责令本案主犯继续退赔，本案从犯在各自分得赃款范围内承担连带退赔责任。全案共计挽回财产损失 539 余万元，追赃挽损率较高。人民法院在依法审判案件的同时，坚持司法为民和全力追赃挽损，鼓励被告人积极退赃退赔，及时返还被害人，最大限度挽回被害群众的经济损失，取得了良好的法律效果和社会效果。

第六章 法律责任

第三十八条 **【组织、策划、实施、参与电信网络诈骗活动或者为电信网络诈骗活动提供帮助的法律责任】**

组织、策划、实施、参与电信网络诈骗活动或者为电信网络诈骗活动提供帮助，构成犯罪的，依法追究刑事责任。

前款行为尚不构成犯罪的，由公安机关处十日以上十五日以下拘留；没收违法所得，处违法所得一倍以上十倍以下罚款，没有违法所得或者违法所得不足一万元的，处十万元以下罚款。

关联法规

◎ **法律**

《刑法》

第二百八十七条之二 明知他人利用信息网络实施犯罪，为其犯罪提供互联网接入、服务器托管、网络存储、通讯传输等技术支持，或者提供广告推广、支付结算等帮助，情节严重的，处三年以下有期

徒刑或者拘役，并处或者单处罚金。

单位犯前款罪的，对单位判处罚金，并对其直接负责的主管人员和其他直接责任人员，依照第一款的规定处罚。

有前两款行为，同时构成其他犯罪的，依照处罚较重的规定定罪处罚。

《网络安全法》

第四十六条 任何个人和组织应当对其使用网络的行为负责，不得设立用于实施诈骗，传授犯罪方法，制作或者销售违禁物品、管制物品等违法犯罪活动的网站、通讯群组，不得利用网络发布涉及实施诈骗，制作或者销售违禁物品、管制物品以及其他违法犯罪活动的信息。

第四十七条 网络运营者应当加强对其用户发布的信息的管理，发现法律、行政法规禁止发布或者传输的信息的，应当立即停止传输该信息，采取消除等处置措施，防止信息扩散，保存有关记录，并向有关主管部门报告。

第四十八条 任何个人和组织发送的电子信息、提供的应用软件，不得设置恶意程序，不得含有法律、行政法规禁止发布或者传输的信息。

电子信息发送服务提供者和应用软件

下载服务提供者，应当履行安全管理义务，知道其用户有前款规定行为的，应当停止提供服务，采取消除等处置措施，保存有关记录，并向有关主管部门报告。

　　第四十九条　网络运营者应当建立网络信息安全投诉、举报制度，公布投诉、举报方式等信息，及时受理并处理有关网络信息安全的投诉和举报。

　　网络运营者对网信部门和有关部门依法实施的监督检查，应当予以配合。

　　第五十条　国家网信部门和有关部门依法履行网络信息安全监督管理职责，发现法律、行政法规禁止发布或者传输的信息的，应当要求网络运营者停止传输，采取消除等处置措施，保存有关记录；对来源于中华人民共和国境外的上述信息，应当通知有关机构采取技术措施和其他必要措施阻断传播。

《电子商务法》

　　第八十五条　电子商务经营者违反本法规定，销售的商品或者提供的服务不符合保障人身、财产安全的要求，实施虚假或者引人误解的商业宣传等不正当竞争行为，滥用市场支配地位，或者实施侵犯知识产权、侵害消费者权益等行为的，依照有关法律的规定处罚。

《关于维护互联网安全的决定》

　　四、为了保护个人、法人和其他组织的人身、财产等合法权利，对有下列行为之一，构成犯罪的，依照刑法有关规定追究刑事责任：

　　（一）利用互联网侮辱他人或者捏造事实诽谤他人；

　　（二）非法截获、篡改、删除他人电子邮件或者其他数据资料，侵犯公民通信自由和通信秘密；

　　（三）利用互联网进行盗窃、诈骗、敲诈勒索。

《居民身份证法》

　　第十七条　有下列行为之一的，由公安机关处二百元以上一千元以下罚款，或者处十日以下拘留，有违法所得的，没收违法所得：

　　（一）冒用他人居民身份证或者使用骗领的居民身份证的；

　　（二）购买、出售、使用伪造、变造的居民身份证的。

　　伪造、变造的居民身份证和骗领的居民身份证，由公安机关予以收缴。

《电子签名法》

　　第三十二条　伪造、冒用、盗用他人的电子签名，构成犯罪的，依法追究刑事责任；给他人造成损失的，依法承担民事责任。

◎ 司法解释

《关于办理电信网络诈骗等刑事案件适用法律若干问题的意见》

　　二、依法严惩电信网络诈骗犯罪

　　（一）根据《最高人民法院、最高人民检察院关于办理诈骗刑事案件具体应用法律若干问题的解释》第一条的规定，利用电信网络技术手段实施诈骗，诈骗公私财物价值三千元以上、三万元以上、五十万元以上的，应当分别认定为刑法第二百六十六条规定的"数额较大""数额巨大""数额特别巨大"。

二年内多次实施电信网络诈骗未经处理，诈骗数额累计计算构成犯罪的，应当依法定罪处罚。

（二）实施电信网络诈骗犯罪，达到相应数额标准，具有下列情形之一的，酌情从重处罚：

1. 造成被害人或其近亲属自杀、死亡或者精神失常等严重后果的；

2. 冒充司法机关等国家机关工作人员实施诈骗的；

3. 组织、指挥电信网络诈骗犯罪团伙的；

4. 在境外实施电信网络诈骗的；

5. 曾因电信网络诈骗犯罪受过刑事处罚或者二年内曾因电信网络诈骗受过行政处罚的；

6. 诈骗残疾人、老年人、未成年人、在校学生、丧失劳动能力人的财物，或者诈骗重病患者及其亲属财物的；

7. 诈骗救灾、抢险、防汛、优抚、扶贫、移民、救济、医疗等款物的；

8. 以赈灾、募捐等社会公益、慈善名义实施诈骗的；

9. 利用电话追呼系统等技术手段严重干扰公安机关等部门工作的；

10. 利用"钓鱼网站"链接、"木马"程序链接、网络渗透等隐蔽技术手段实施诈骗的。

（三）实施电信网络诈骗犯罪，诈骗数额接近"数额巨大""数额特别巨大"的标准，具有前述第（二）条规定的情形之一的，应当分别认定为刑法第二百六十六条规定的"其他严重情节""其他特别严重情节"。

上述规定的"接近"，一般应掌握在相应数额标准的百分之八十以上。

（四）实施电信网络诈骗犯罪，犯罪嫌疑人、被告人实际骗得财物的，以诈骗罪（既遂）定罪处罚。诈骗数额难以查证，但具有下列情形之一的，应当认定为刑法第二百六十六条规定的"其他严重情节"，以诈骗罪（未遂）定罪处罚：

1. 发送诈骗信息五千条以上的，或者拨打诈骗电话五百人次以上的；

2. 在互联网上发布诈骗信息，页面浏览量累计五千次以上的。

具有上述情形，数量达到相应标准十倍以上的，应当认定为刑法第二百六十六条规定的"其他特别严重情节"，以诈骗罪（未遂）定罪处罚。

上述"拨打诈骗电话"，包括拨出诈骗电话和接听被害人回拨电话。反复拨打、接听同一电话号码，以及反复向同一被害人发送诈骗信息的，拨打、接听电话次数、发送信息条数累计计算。

因犯罪嫌疑人、被告人故意隐匿、毁灭证据等原因，致拨打电话次数、发送信息条数的证据难以收集的，可以根据经查证属实的日拨打人次数、日发送信息条数，结合犯罪嫌疑人、被告人实施犯罪的时间、犯罪嫌疑人、被告人的供述等相关证据，综合予以认定。

（五）电信网络诈骗既有既遂，又有未遂，分别达到不同量刑幅度的，依照处罚较重的规定处罚；达到同一量刑幅度的，以诈骗罪既遂处罚。

（六）对实施电信网络诈骗犯罪的被告人裁量刑罚，在确定量刑起点、基准刑时，一般应就高选择。确定宣告刑时，应当综合全案事实情节，准确把握从重、从轻量刑情节的调节幅度，保证罪责刑相适应。

（七）对实施电信网络诈骗犯罪的被告人，应当严格控制适用缓刑的范围，严格掌握适用缓刑的条件。

（八）对实施电信网络诈骗犯罪的被告人，应当更加注重依法适用财产刑，加大经济上的惩罚力度，最大限度剥夺被告人再犯的能力。

三、全面惩处关联犯罪

（一）在实施电信网络诈骗活动中，非法使用"伪基站""黑广播"，干扰无线电通讯秩序，符合刑法第二百八十八条规定的，以扰乱无线电通讯管理秩序罪追究刑事责任。同时构成诈骗罪的，依照处罚较重的规定定罪处罚。

（二）违反国家有关规定，向他人出售或者提供公民个人信息，窃取或者以其他方法非法获取公民个人信息，符合刑法第二百五十三条之一规定的，以侵犯公民个人信息罪追究刑事责任。

使用非法获取的公民个人信息，实施电信网络诈骗犯罪行为，构成数罪的，应当依法予以并罚。

（三）冒充国家机关工作人员实施电信网络诈骗犯罪，同时构成诈骗罪和招摇撞骗罪的，依照处罚较重的规定定罪处罚。

（四）非法持有他人信用卡，没有证据证明从事电信网络诈骗犯罪活动，符合刑法第一百七十七条之一第一款第（二）项规定的，以妨害信用卡管理罪追究刑事责任。

（五）明知是电信网络诈骗犯罪所得及其产生的收益，以下列方式之一予以转账、套现、取现的，依照刑法第三百一十二条第一款的规定，以掩饰、隐瞒犯罪所得、犯罪所得收益罪追究刑事责任。但有证据证明确实不知道的除外：

1. 通过使用销售点终端机具（POS机）刷卡套现等非法途径，协助转换或者转移财物的；

2. 帮助他人将巨额现金散存于多个银行账户，或在不同银行账户之间频繁划转的；

3. 多次使用或者使用多个非本人身份证明开设的信用卡、资金支付结算账户或者多次采用遮蔽摄像头、伪装等异常手段，帮助他人转账、套现、取现的；

4. 为他人提供非本人身份证明开设

的信用卡、资金支付结算账户后，又帮助他人转账、套现、取现的；

5. 以明显异于市场的价格，通过手机充值、交易游戏点卡等方式套现的。

实施上述行为，事前通谋的，以共同犯罪论处。

实施上述行为，电信网络诈骗犯罪嫌疑人尚未到案或案件尚未依法裁判，但现有证据足以证明该犯罪行为确实存在的，不影响掩饰、隐瞒犯罪所得、犯罪所得收益罪的认定。

实施上述行为，同时构成其他犯罪的，依照处罚较重的规定定罪处罚。法律和司法解释另有规定的除外。

（六）网络服务提供者不履行法律、行政法规规定的信息网络安全管理义务，经监管部门责令采取改正措施而拒不改正，致使诈骗信息大量传播，或者用户信息泄露造成严重后果的，依照刑法第二百八十六条之一的规定，以拒不履行信息网络安全管理义务罪追究刑事责任。同时构成诈骗罪的，依照处罚较重的规定定罪处罚。

（七）实施刑法第二百八十七条之一、第二百八十七条之二规定之行为，构成非法利用信息网络罪、帮助信息网络犯罪活动罪，同时构成诈骗罪的，依照处罚较重的规定定罪处罚。

（八）金融机构、网络服务提供者、电信业务经营者等在经营活动中，违反国家有关规定，被电信网络诈骗犯罪分子利用，使他人遭受财产损失的，依法承担相应责任。构成犯罪的，依法追究刑事责任。

《关于办理信息网络犯罪案件适用刑事诉讼程序若干问题的意见》

一、关于信息网络犯罪案件的范围

1. 本意见所称信息网络犯罪案件包括：

（1）危害计算机信息系统安全犯罪案件；

（2）拒不履行信息网络安全管理义务、非法利用信息网络、帮助信息网络犯罪活动的犯罪案件；

（3）主要行为通过信息网络实施的诈骗、赌博、侵犯公民个人信息等其他犯罪案件。

《关于办理电信网络诈骗等刑事案件适用法律若干问题的意见（二）》

一、电信网络诈骗犯罪地，除《最高人民法院、最高人民检察院、公安部关于办理电信网络诈骗等刑事案件适用法律若干问题的意见》规定的犯罪行为发生地和结果发生地外，还包括：

（一）用于犯罪活动的手机卡、流量卡、物联网卡的开立地、销售地、转移地、藏匿地；

（二）用于犯罪活动的信用卡的开立地、销售地、转移地、藏匿地、使用地以及资金交易对手资金交付和汇出地；

（三）用于犯罪活动的银行账户、非银行支付账户的开立地、销售地、使用地以及资金交易对手资金交付和汇出地；

（四）用于犯罪活动的即时通讯信息、广告推广信息的发送地、接受地、到达地；

（五）用于犯罪活动的"猫池"（Modem Pool）、GOIP设备、多卡宝等硬件设备的销售地、入网地、藏匿地；

（六）用于犯罪活动的互联网账号的销售地、登录地。

二、为电信网络诈骗犯罪提供作案工具、技术支持等帮助以及掩饰、隐瞒犯罪所得及其产生的收益，由此形成多层级犯罪链条的，或者利用同一网站、通讯群组、资金账户、作案窝点实施电信网络诈骗犯罪的，应当认定为多个犯罪嫌疑人、被告人实施的犯罪存在关联，人民法院、人民检察院、公安机关可以在其职责范围内并案处理。

三、有证据证实行为人参加境外诈骗犯罪集团或犯罪团伙，在境外针对境内居民实施电信网络诈骗犯罪行为，诈骗数额难以查证，但一年内出境赴境外诈骗犯罪窝点累计时间30日以上或多次出境赴境外诈骗犯罪窝点的，应当认定为刑法第二百六十六条规定的"其他严重情节"，以诈骗罪依法追究刑事责任。有证据证明其出境从事正当活动的除外。

四、无正当理由而持有他人的单位结算卡的，属于刑法第一百七十七条之一第一款第（二）项规定的"非法持有他人信用卡"。

五、非法获取、出售、提供具有信息发布、即时通讯、支付结算等功能的互联网账号密码、个人生物识别信息，符合刑法第二百五十三条之一规定的，以侵犯公民个人信息罪追究刑事责任。

对批量前述互联网账号密码、个人生物识别信息的条数，根据查获的数量直接认定，但有证据证明信息不真实或者重复的除外。

六、在网上注册办理手机卡、信用卡、银行账户、非银行支付账户时，为通过网上认证，使用他人身份证件信息并替换他人身份证件相片，属于伪造身份证件行为，符合刑法第二百八十条第三款规定的，以伪造身份证件罪追究刑事责任。

使用伪造、变造的身份证件或者盗用他人身份证件办理手机卡、信用卡、银行账户、非银行支付账户，符合刑法第二百八十条之一第一款规定的，以使用虚假身份证件、盗用身份证件罪追究刑事责任。

实施上述两款行为，同时构成其他犯罪的，依照处罚较重的规定定罪处罚。法律和司法解释另有规定的除外。

七、为他人利用信息网络实施犯罪而实施下列行为，可以认定为刑法第二百八十七条之二规定的"帮助"行为：

（一）收购、出售、出租信用卡、银行账户、非银行支付账户、具有支付结算功能的互联网账号密码、网络支付接口、网上银行数字证书的；

（二）收购、出售、出租他人手机

卡、流量卡、物联网卡的。

八、认定刑法第二百八十七条之二规定的行为人明知他人利用信息网络实施犯罪，应当根据行为人收购、出售、出租前述第七条规定的信用卡、银行账户、非银行支付账户、具有支付结算功能的互联网账号密码、网络支付接口、网上银行数字证书，或者他人手机卡、流量卡、物联网卡等的次数、张数、个数，并结合行为人的认知能力、既往经历、交易对象、与实施信息网络犯罪的行为人的关系、提供技术支持或者帮助的时间和方式、获利情况以及行为人的供述等主客观因素，予以综合认定。

收购、出售、出租单位银行结算账户、非银行支付机构单位支付账户，或者电信、银行、网络支付等行业从业人员利用履行职责或提供服务便利，非法开办出售、出租他人手机卡、信用卡、银行卡、非银行支付账户等的，可以认定为《最高人民法院、最高人民检察院关于办理非法利用信息网络、帮助信息网络犯罪活动等刑事案件适用法律若干问题的解释》第十一条第（七）项规定的"其他足以认定行为人明知的情形"。但有相反证据的除外。

九、明知他人利用信息网络实施犯罪，为其犯罪提供下列帮助之一的，可以认定为《最高人民法院、最高人民检察院关于办理非法利用信息网络、帮助信息网络犯罪活动等刑事案件适用法律若干问题

的解释》第十二条第一款第（七）项规定的"其他情节严重的情形"：

（一）收购、出售、出租信用卡、银行账户、非银行支付账户、具有支付结算功能的互联网账号密码、网络支付接口、网上银行数字证书5张（个）以上的；

（二）收购、出售、出租他人手机卡、流量卡、物联网卡20张以上的。

十、电商平台预付卡、虚拟货币、手机充值卡、游戏点卡、游戏装备等经销商，在公安机关调查案件过程中，被明确告知其交易对象涉嫌电信网络诈骗犯罪，仍与其继续交易，符合刑法第二百八十七条之二规定的，以帮助信息网络犯罪活动罪追究刑事责任。同时构成其他犯罪的，依照处罚较重的规定定罪处罚。

十一、明知是电信网络诈骗犯罪所得及其产生的收益，以下列方式之一予以转账、套现、取现，符合刑法第三百一十二条第一款规定的，以掩饰、隐瞒犯罪所得、犯罪所得收益罪追究刑事责任。但有证据证明确实不知道的除外。

（一）多次使用或者使用多个非本人身份证明开设的收款码、网络支付接口等，帮助他人转账、套现、取现的；

（二）以明显异于市场的价格，通过电商平台预付卡、虚拟货币、手机充值卡、游戏点卡、游戏装备等转换财物、套现的；

（三）协助转换或者转移财物，收取明显高于市场的"手续费"的。

实施上述行为，事前通谋的，以共同犯罪论处；同时构成其他犯罪的，依照处罚较重的规定定罪处罚。法律和司法解释另有规定的除外。

十二、为他人实施电信网络诈骗犯罪提供技术支持、广告推广、支付结算等帮助，或者窝藏、转移、收购、代为销售及以其他方法掩饰、隐瞒电信网络诈骗犯罪所得及其产生的收益，诈骗犯罪行为可以确认，但实施诈骗的行为人尚未到案，可以依法先行追究已到案的上述犯罪嫌疑人、被告人的刑事责任。

权威案例

◎ **典型案例**

被告人赵某云等九人诈骗案【人民法院依法惩治电信网络诈骗犯罪及其关联犯罪典型案例之六（2022年9月6日）】

　　典型意义：电信网络诈骗犯罪的涉案人员在共同犯罪中的地位作用、行为的危害程度、主观恶性和人身危险性等方面有一定区别。人民法院对电信网络诈骗犯罪在坚持依法从严惩处的同时，也注重宽以济严，确保效果良好。本案被告人赵某云系从严惩处的对象，对诈骗团伙所犯全部罪行承担刑事责任。被告人丁某某刚刚进入社会，系初犯，参与犯罪时间较短，且在作案过程中主动向被害人坦承犯罪并示警，避免被害人损失进一步扩大，后主动脱离犯罪团伙，到案后真诚认罪悔罪，对于此类人员应坚持教育、感化、挽救方针，落实宽严相济刑事政策，用好认罪认罚从宽制度，彰显司法温度，进而增加社会和谐因素。

第三十九条　【电信业务经营者的法律责任】

　　电信业务经营者违反本法规定，有下列情形之一的，由有关主管部门责令改正，情节较轻的，给予警告、通报批评，或者处五万元以上五十万元以下罚款；情节严重的，处五十万元以上五百万元以下罚款，并可以由有关主管部门责令暂停相关业务、停业整顿、吊销相关业务许可证或者吊销营业执照，对其直接负责的主管人员和其他直接责任人员，处一万元以上二十万元以下罚款：

　　（一）未落实国家有关规定确定的反电信网络诈骗内部控制机制的；

　　（二）未履行电话卡、物联网卡实名制登记职责的；

　　（三）未履行对电话卡、物联网卡的监测识别、监测预警和相关处置职责的；

（四）未对物联网卡用户进行风险评估，或者未限定物联网卡的开通功能、使用场景和适用设备的；

（五）未采取措施对改号电话、虚假主叫或者具有相应功能的非法设备进行监测处置的。

关联法规

◎ 法律

《反有组织犯罪法》

第十六条　电信业务经营者、互联网服务提供者应当依法履行网络信息安全管理义务，采取安全技术防范措施，防止含有宣扬、诱导有组织犯罪内容的信息传播；发现含有宣扬、诱导有组织犯罪内容的信息的，应当立即停止传输，采取消除等处置措施，保存相关记录，并向公安机关或者有关部门报告，依法为公安机关侦查有组织犯罪提供技术支持和协助。

网信、电信、公安等主管部门对含有宣扬、诱导有组织犯罪内容的信息，应当按照职责分工，及时责令有关单位停止传输、采取消除等处置措施，或者下架相关应用、关闭相关网站、关停相关服务。有关单位应当立即执行，并保存相关记录，协助调查。对互联网上来

源于境外的上述信息，电信主管部门应当采取技术措施，及时阻断传播。

第七十二条　电信业务经营者、互联网服务提供者有下列情形之一的，由有关主管部门责令改正；拒不改正或者情节严重的，由有关主管部门依照《中华人民共和国网络安全法》的有关规定给予处罚：

（一）拒不为侦查有组织犯罪提供技术支持和协助的；

（二）不按照主管部门的要求对含有宣扬、诱导有组织犯罪内容的信息停止传输、采取消除等处置措施、保存相关记录的。

《广告法》

第四十五条　公共场所的管理者或者电信业务经营者、互联网信息服务提供者对其明知或者应知的利用其场所或者信息传输、发布平台发送、发布违法广告的，应当予以制止。

第六十三条　违反本法第四十五条规定，公共场所的管理者和电信业务经营者、互联网信息服务提供者，明知或者应知广告活动违法不予制止的，由市场监督管理部门没收违法所得，违法所得五万元以上的，并处违法所得一倍以上三倍以下的罚款，违法所得不足五万元的，并处一万元以上五万元以下的罚款；情节严重的，由有关部门依法停止相关业务。

◎ 行政法规

《电信条例》

第五十六条　任何组织或者个人不得利用电信网络制作、复制、发布、传播含有下列内容的信息：

（一）反对宪法所确定的基本原则的；

（二）危害国家安全，泄露国家秘密，颠覆国家政权，破坏国家统一的；

（三）损害国家荣誉和利益的；

（四）煽动民族仇恨、民族歧视，破坏民族团结的；

（五）破坏国家宗教政策，宣扬邪教和封建迷信的；

（六）散布谣言，扰乱社会秩序，破坏社会稳定的；

（七）散布淫秽、色情、赌博、暴力、凶杀、恐怖或者教唆犯罪的；

（八）侮辱或者诽谤他人，侵害他人合法权益的；

（九）含有法律、行政法规禁止的其他内容的。

第五十八条　任何组织或者个人不得有下列扰乱电信市场秩序的行为：

（一）采取租用电信国际专线、私设转接设备或者其他方法，擅自经营国际或者香港特别行政区、澳门特别行政区和台湾地区电信业务；

（二）盗接他人电信线路，复制他人电信码号，使用明知是盗接、复制的电信设施或者码号；

（三）伪造、变造电话卡及其他各种电信服务有价凭证；

（四）以虚假、冒用的身份证件办理入网手续并使用移动电话。

第六十六条　违反本条例第五十六条、第五十七条的规定，构成犯罪的，依法追究刑事责任；尚不构成犯罪的，由公安机关、国家安全机关照有关法律、行政法规的规定予以处罚。

第六十七条　有本条例第五十八条第（二）、（三）、（四）项所列行为之一，扰乱电信市场秩序，构成犯罪的，依法追究刑事责任；尚不构成犯罪的，由国务院信息产业主管部门或者省、自治区、直辖市电信管理机构依据职权责令改正，没收违法所得，处违法所得3倍以上5倍以下罚款；没有违法所得或者违法所得不足1万元的，处1万元以上10万元以下罚款。

第六十八条　违反本条例的规定，伪造、冒用、转让电信业务经营许可证、电信设备进网许可证或者编造在电信设备上标注的进网许可证编号的，由国务院信息产业主管部门或者省、自治区、直辖市电信管理机构依据职权没收违法所得，处违法所得3倍以上5倍以下罚款；没有违法所得或者违法所得不足1万元的，处1万元以上10万元以下罚款。

第六十九条　违反本条例规定，有

下列行为之一的，由国务院信息产业主管部门或者省、自治区、直辖市电信管理机构依据职权责令改正，没收违法所得，处违法所得 3 倍以上 5 倍以下罚款；没有违法所得或者违法所得不足 5 万元的，处 10 万元以上 100 万元以下罚款；情节严重的，责令停业整顿：

（一）违反本条例第七条第三款的规定或者有本条例第五十八条第（一）项所列行为，擅自经营电信业务的，或者超范围经营电信业务的；

（二）未通过国务院信息产业主管部门批准，设立国际通信出入口进行国际通信的；

（三）擅自使用、转让、出租电信资源或者改变电信资源用途的；

（四）擅自中断网间互联互通或者接入服务的；

（五）拒不履行普遍服务义务的。

第七十条 违反本条例的规定，有下列行为之一的，由国务院信息产业主管部门或者省、自治区、直辖市电信管理机构依据职权责令改正，没收违法所得，处违法所得 1 倍以上 3 倍以下罚款；没有违法所得或者违法所得不足 1 万元的，处 1 万元以上 10 万元以下罚款；情节严重的，责令停业整顿：

（一）在电信网间互联中违反规定加收费用的；

（二）遇有网间通信技术障碍，不

采取有效措施予以消除的；

（三）擅自向他人提供电信用户使用电信网络所传输信息的内容的；

（四）拒不按照规定缴纳电信资源使用费的。

第四十条 【银行业金融机构、非银行支付机构的法律责任】

银行业金融机构、非银行支付机构违反本法规定，有下列情形之一的，由有关主管部门责令改正，情节较轻的，给予警告、通报批评，或者处五万元以上五十万元以下罚款；情节严重的，处五十万元以上五百万元以下罚款，并可以由有关主管部门责令停止新增业务、缩减业务类型或者业务范围、暂停相关业务、停业整顿、吊销相关业务许可证或者吊销营业执照，对其直接负责的主管人员和其他直接责任人员，处一万元以上二十万元以下罚款：

（一）未落实国家有关规定确定的反电信网络诈骗内部控制机制的；

（二）未履行尽职调查义务和有关风险管理措施的；

（三）未履行对异常账户、可疑交易的风险监测和相关处置义务的；

（四）未按照规定完整、准确传输有关交易信息的。

关联法规

◎ 法律

《银行业监督管理法》

第二十一条　银行业金融机构的审慎经营规则，由法律、行政法规规定，也可以由国务院银行业监督管理机构依照法律、行政法规制定。

前款规定的审慎经营规则，包括风险管理、内部控制、资本充足率、资产质量、损失准备金、风险集中、关联交易、资产流动性等内容。

银行业金融机构应当严格遵守审慎经营规则。

◎ 行政法规

《防范和处置非法集资条例》

第十二条　处置非法集资牵头部门与所在地国务院金融管理部门分支机构、派出机构应当建立非法集资可疑资金监测机制。国务院金融管理部门及其分支机构、派出机构应当按照职责分工督促、指导金融机构、非银行支付机构加强对资金异常流动情况及其他涉嫌非法集资可疑资金的监测工作。

第十三条　金融机构、非银行支付机构应当履行下列防范非法集资的义务：

（一）建立健全内部管理制度，禁止分支机构和员工参与非法集资，防止他人利用其经营场所、销售渠道从事非法集资；

（二）加强对社会公众防范非法集资的宣传教育，在经营场所醒目位置设置警示标识；

（三）依法严格执行大额交易和可疑交易报告制度，对涉嫌非法集资资金异常流动的相关账户进行分析识别，并将有关情况及时报告所在地国务院金融管理部门分支机构、派出机构和处置非法集资牵头部门。

第三十五条　金融机构、非银行支付机构未履行防范非法集资义务的，由国务院金融管理部门或者其分支机构、派出机构按照职责分工责令改正，给予警告，没收违法所得；造成严重后果的，处100万元以上500万元以下的罚款，对直接负责的主管人员和其他直接责任人员给予警告，处10万元以上50万元以下的罚款。

第四十一条　【电信业务经营者、互联网服务提供者的法律责任】

电信业务经营者、互联网服务提供者违反本法规定，有下列情形之一的，由有关主管部门责令改正，情节较轻的，给予警告、通报批评，或者处五万元以上五十万元以下罚款；情节严重的，处五十万元以上五百万元以下罚款，并可以由有关主管部门责令暂停相关业务、停业整顿、关闭网站或者应用程序、吊销相关业务许可证或者吊销营业执照，对其直接负责的主管人员和其他直接责任人员，处一万元以上二十万元以下罚款：

（一）未落实国家有关规定确定的反电信网络诈骗内部控制机制的；

（二）未履行网络服务实名制职责，或者未对涉案、涉诈电话卡关联注册互联网账号进行核验的；

（三）未按照国家有关规定，核验域名注册、解析信息和互联网协议地址的真实性、准确性，规范域名跳转，或者记录并留存所提供相应服务的日志信息的；

（四）未登记核验移动互联网应用程序开发运营者的真实身份信息或者未核验应用程序的功能、用途，为其提供应用程序封装、分发服务的；

（五）未履行对涉诈互联网账号和应用程序，以及其他电信网络诈骗信息、活动的监测识别和处置义务的；

（六）拒不依法为查处电信网络诈骗犯罪提供技术支持和协助，或者未按规定移送有关违法犯罪线索、风险信息的。

关联法规

◎ 法律

《民法典》

第一千一百九十四条　网络用户、网络服务提供者利用网络侵害他人民事权益的，应当承担侵权责任。法律另有规定的，依照其规定。

第一千一百九十五条　网络用户利用网络服务实施侵权行为的，权利人有权通知网络服务提供者采取删除、屏蔽、断开链接等必要措施。通知应当包括构成侵权的初步证据及权利人的真实身份信息。

网络服务提供者接到通知后，应当

及时将该通知转送相关网络用户，并根据构成侵权的初步证据和服务类型采取必要措施；未及时采取必要措施的，对损害的扩大部分与该网络用户承担连带责任。

权利人因错误通知造成网络用户或者网络服务提供者损害的，应当承担侵权责任。法律另有规定的，依照其规定。

第一千一百九十六条　网络用户接到转送的通知后，可以向网络服务提供者提交不存在侵权行为的声明。声明应当包括不存在侵权行为的初步证据及网络用户的真实身份信息。

网络服务提供者接到声明后，应当将该声明转送发出通知的权利人，并告知其可以向有关部门投诉或者向人民法院提起诉讼。网络服务提供者在转送声明到达权利人后的合理期限内，未收到权利人已经投诉或者提起诉讼通知的，应当及时终止所采取的措施。

第一千一百九十七条　网络服务提供者知道或者应当知道网络用户利用其网络服务侵害他人民事权益，未采取必要措施的，与该网络用户承担连带责任。

《刑法》

第二百八十六条之一　网络服务提供者不履行法律、行政法规规定的信息网络安全管理义务，经监管部门责令采

取改正措施而拒不改正，有下列情形之一的，处三年以下有期徒刑、拘役或者管制，并处或者单处罚金：

（一）致使违法信息大量传播的；

（二）致使用户信息泄露，造成严重后果的；

（三）致使刑事案件证据灭失，情节严重的；

（四）有其他严重情节的。

单位犯前款罪的，对单位判处罚金，并对其直接负责的主管人员和其他直接责任人员，依照前款的规定处罚。

有前两款行为，同时构成其他犯罪的，依照处罚较重的规定定罪处罚。

《网络安全法》

第二十一条　国家实行网络安全等级保护制度。网络运营者应当按照网络安全等级保护制度的要求，履行下列安全保护义务，保障网络免受干扰、破坏或者未经授权的访问，防止网络数据泄露或者被窃取、篡改：

（一）制定内部安全管理制度和操作规程，确定网络安全负责人，落实网络安全保护责任；

（二）采取防范计算机病毒和网络攻击、网络侵入等危害网络安全行为的技术措施；

（三）采取监测、记录网络运行状态、网络安全事件的技术措施，并按照规定留存相关的网络日志不少于六

个月；

（四）采取数据分类、重要数据备份和加密等措施；

（五）法律、行政法规规定的其他义务。

第二十二条　网络产品、服务应当符合相关国家标准的强制性要求。网络产品、服务的提供者不得设置恶意程序；发现其网络产品、服务存在安全缺陷、漏洞等风险时，应当立即采取补救措施，按照规定及时告知用户并向有关主管部门报告。

网络产品、服务的提供者应当为其产品、服务持续提供安全维护；在规定或者当事人约定的期限内，不得终止提供安全维护。

网络产品、服务具有收集用户信息功能的，其提供者应当向用户明示并取得同意；涉及用户个人信息的，还应当遵守本法和有关法律、行政法规关于个人信息保护的规定。

第二十四条　网络运营者为用户办理网络接入、域名注册服务，办理固定电话、移动电话等入网手续，或者为用户提供信息发布、即时通讯等服务，在与用户签订协议或者确认提供服务时，应当要求用户提供真实身份信息。用户不提供真实身份信息的，网络运营者不得为其提供相关服务。

国家实施网络可信身份战略，支持研究开发安全、方便的电子身份认证技术，推动不同电子身份认证之间的互认。

第二十六条　开展网络安全认证、检测、风险评估等活动，向社会发布系统漏洞、计算机病毒、网络攻击、网络侵入等网络安全信息，应当遵守国家有关规定。

第二十七条　任何个人和组织不得从事非法侵入他人网络、干扰他人网络正常功能、窃取网络数据等危害网络安全的活动；不得提供专门用于从事侵入网络、干扰网络正常功能及防护措施、窃取网络数据等危害网络安全活动的程序、工具；明知他人从事危害网络安全的活动的，不得为其提供技术支持、广告推广、支付结算等帮助。

第四十八条　任何个人和组织发送的电子信息、提供的应用软件，不得设置恶意程序，不得含有法律、行政法规禁止发布或者传输的信息。

电子信息发送服务提供者和应用软件下载服务提供者，应当履行安全管理义务，知道其用户有前款规定行为的，应当停止提供服务，采取消除等处置措施，保存有关记录，并向有关主管部门报告。

第五十九条　网络运营者不履行本法第二十一条、第二十五条规定的网络安全保护义务的，由有关主管部门责令改正，给予警告；拒不改正或者导致危害网络安全等后果的，处一万元以上十万元以下罚款，对直接负责的主管人员处五千元以上五万元以下罚款。

关键信息基础设施的运营者不履行本法第三十三条、第三十四条、第三十六条、第三十八条规定的网络安全保护义务的，由有关主管部门责令改正，给予警告；拒不改正或者导致危害网络安全等后果的，处十万元以上一百万元以下罚款，对直接负责的主管人员处一万元以上十万元以下罚款。

第六十一条　网络运营者违反本法第二十四条第一款规定，未要求用户提供真实身份信息，或者对不提供真实身份信息的用户提供相关服务的，由有关主管部门责令改正；拒不改正或者情节严重的，处五万元以上五十万元以下罚款，并可以由有关主管部门责令暂停相关业务、停业整顿、关闭网站、吊销相关业务许可证或者吊销营业执照，对直接负责的主管人员和其他直接责任人员处一万元以上十万元以下罚款。

第六十二条　违反本法第二十六条规定，开展网络安全认证、检测、风险评估等活动，或者向社会发布系统漏洞、计算机病毒、网络攻击、网络侵入等网络安全信息的，由有关主管部门责令改正，给予警告；拒不改正或者情节严重的，处一万元以上十万元以下罚

款，并可以由有关主管部门责令暂停相关业务、停业整顿、关闭网站、吊销相关业务许可证或者吊销营业执照，对直接负责的主管人员和其他直接责任人员处五千元以上五万元以下罚款。

第六十三条　违反本法第二十七条规定，从事危害网络安全的活动，或者提供专门用于从事危害网络安全活动的程序、工具，或者为他人从事危害网络安全的活动提供技术支持、广告推广、支付结算等帮助，尚不构成犯罪的，由公安机关没收违法所得，处五日以下拘留，可以并处五万元以上五十万元以下罚款；情节较重的，处五日以上十五日以下拘留，可以并处十万元以上一百万元以下罚款。

《反有组织犯罪法》

第十六条　电信业务经营者、互联网服务提供者应当依法履行网络信息安全管理义务，采取安全技术防范措施，防止含有宣扬、诱导有组织犯罪内容的信息传播；发现含有宣扬、诱导有组织犯罪内容的信息的，应当立即停止传输，采取消除等处置措施，保存相关记录，并向公安机关或者有关部门报告，依法为公安机关侦查有组织犯罪提供技术支持和协助。

网信、电信、公安等主管部门对含有宣扬、诱导有组织犯罪内容的信息，应当按照职责分工，及时责令有关单位

停止传输、采取消除等处置措施，或者下架相关应用、关闭相关网站、关停相关服务。有关单位应当立即执行，并保存相关记录，协助调查。对互联网上来源于境外的上述信息，电信主管部门应当采取技术措施，及时阻断传播。

第七十二条 电信业务经营者、互联网服务提供者有下列情形之一的，由有关主管部门责令改正；拒不改正或者情节严重的，由有关主管部门依照《中华人民共和国网络安全法》的有关规定给予处罚：

（一）拒不为侦查有组织犯罪提供技术支持和协助的；

（二）不按照主管部门的要求对含有宣扬、诱导有组织犯罪内容的信息停止传输、采取消除等处置措施、保存相关记录的。

◎ **部门规章**

《公安机关互联网安全监督检查规定》

第二十一条 公安机关在互联网安全监督检查中，发现互联网服务提供者和联网使用单位有下列违法行为的，依法予以行政处罚：

（一）未制定并落实网络安全管理制度和操作规程，未确定网络安全负责人的，依照《中华人民共和国网络安全法》第五十九条第一款的规定予以处罚；

（二）未采取防范计算机病毒和网络攻击、网络侵入等危害网络安全行为的技术措施的，依照《中华人民共和国网络安全法》第五十九条第一款的规定予以处罚；

（三）未采取记录并留存用户注册信息和上网日志信息措施的，依照《中华人民共和国网络安全法》第五十九条第一款的规定予以处罚；

（四）在提供互联网信息发布、即时通讯等服务中，未要求用户提供真实身份信息，或者对不提供真实身份信息的用户提供相关服务的，依照《中华人民共和国网络安全法》第六十一条的规定予以处罚；

（五）在公共信息服务中对法律、行政法规禁止发布或者传输的信息未依法或者不按照公安机关的要求采取停止传输、消除等处置措施、保存有关记录的，依照《中华人民共和国网络安全法》第六十八条或者第六十九条第一项的规定予以处罚；

（六）拒不为公安机关依法维护国家安全和侦查犯罪的活动提供技术支持和协助的，依照《中华人民共和国网络安全法》第六十九条第三项的规定予以处罚。

有前款第四至六项行为违反《中华人民共和国反恐怖主义法》规定的，依照《中华人民共和国反恐怖主义法》第八十四条或者第八十六条第一款的规定予以处罚。

第二十二条　公安机关在互联网安全监督检查中，发现互联网服务提供者和联网使用单位，窃取或者以其他非法方式获取、非法出售或者非法向他人提供个人信息，尚不构成犯罪的，依照《中华人民共和国网络安全法》第六十四条第二款的规定予以处罚。

第二十三条　公安机关在互联网安全监督检查中，发现互联网服务提供者和联网使用单位在提供的互联网服务中设置恶意程序的，依照《中华人民共和国网络安全法》第六十条第一项的规定予以处罚。

第二十四条　互联网服务提供者和联网使用单位拒绝、阻碍公安机关实施互联网安全监督检查的，依照《中华人民共和国网络安全法》第六十九条第二项的规定予以处罚；拒不配合反恐怖主义工作的，依照《中华人民共和国反恐怖主义法》第九十一条或者第九十二条的规定予以处罚。

第二十七条　互联网服务提供者和联网使用单位违反本规定，构成违反治安管理行为的，依法予以治安管理处罚；构成犯罪的，依法追究刑事责任。

▷ 权威案例

◎ 典型案例

海南省儋州市陈某发布电视节目中奖虚假信息诈骗案【电信网络诈骗犯罪典型案例之八（2016 年 3 月 4 日）】

典型意义：本案是发布电视节目中奖虚假信息进行诈骗的典型案件。观看电视节目是老百姓喜闻乐见的休闲娱乐方式，近几年来，"中国好声音""星光大道"等电视综艺节目的收视率甚高，利用此类电视节目进行诈骗，潜在的被害人范围较为广泛，社会影响较为恶劣。本案中，被告人不仅在百度吧等网站发布电视栏目中奖的虚假信息，同时还发布"配套"的虚假咨询问题在网上予以回复，以此打消被害人的怀疑和顾虑。而后在被害人拨打领奖电话时，以"手续费"或者"风险基金"等名义，诱骗被害人将钱款汇入指定账户。此类作案手段具有很强的蒙蔽性。希望广大群众在看到电视节目中奖之类的信息后要提高警惕，向电视台或是电视栏目组官方网站、客服电话进行核实。此外，有关网站也应切实履行监管义务，对发布信息的真实性加强审核，防止犯罪分子利用网络平台进行诈骗。

广西壮族自治区宾阳县罗某成、罗某胜假冒 QQ 好友诈骗案【电信网络诈骗犯罪典型案例之九（2016 年 3 月 4 日）】

典型意义：本案是假冒 QQ 好友身份

进行诈骗的典型案件。目前QQ、微信等网络聊天软件已经替代传统方式成为社会主流沟通方式之一。这种以网络账号代表身份、"见字不见人"的聊天方式，容易被犯罪分子利用进行诈骗。本案中，被告人通过QQ号码冒充被害人亲属，以"亲友出车祸急需借钱救治"等容易使被害人心急冲动而不进行理性分析判断的借口，诱骗被害人汇款至其指定账户。希望广大QQ用户、微信用户注意对本人网络聊天工具用户信息的保护，以防被盗，一旦被盗要及时向软件运营方报案。同时，在收到亲友网上发送的要求转账之类的信息时，应认真进行核实，切不可贸然汇款。此外，网络聊天工具的运营方也应加强监管和技术革新，切实保护用户的个人信息安全。

陈某、宋某琦等5人诈骗案【充分发挥检察职能推进网络空间治理典型案例之一（2021年1月25日）】

典型意义：（一）"杀猪盘"式诈骗多发高发，社会危害大，应当依法严惩。以网络婚恋交友为诱饵实施的虚假投资诈骗，俗称"杀猪盘"，已经成为电信网络诈骗犯罪的主要方式之一。犯罪分子为实现诈骗目的，招募人员在婚恋网站或使用即时通讯工具搭识被害人，通过将自己包装成成功男士或美貌女性，使用专门话术，骗取被害人感情信任、建立虚假恋爱关系，诱导、怂恿其到虚假交易平台大量投资，从而骗取钱财。当被害人察觉被骗

或者已无钱可供诈骗后，犯罪分子即将被害人"拉黑"或关闭平台账号。与传统诈骗犯罪不同，"杀猪盘"式诈骗以感情为诱饵，迷惑性强，持续时间长，严重侵害被害人的财产安全，欺骗被害人感情，甚至可能造成被害人自杀等严重后果，应当依法严厉打击，斩断犯罪链条，全面查处犯罪黑灰产，形成有力震慑。

（二）切实提高防范意识，谨慎交友投资。单身男女在网络征婚交友中，要提高警觉性和防范意识，不要被网络爱情冲昏头脑，不轻信陌生人，不轻信花言巧语，认真核实对方真实身份。当对方提出带领自己投资时，要尤其慎重，投资前充分了解平台资质、投资方式、投资对象、获利模式以及国家的相关法律政策，防止误入骗局。一旦发现被骗，要第一时间向公安机关报案，有利于对犯罪行为的及时惩处。

（三）加强婚恋交友网站监管，防止成为犯罪"温床"。婚恋网站、交友平台要严格按照国家法律法规和行业规则，切实履行平台责任，加强注册人员管理和风险提示。对于会员的举报，及时受理核实，积极向有关部门提供相关证据材料。

邱某儒等31人诈骗案【检察机关打击治理电信网络诈骗及关联犯罪典型案例之二（2022年4月21日）】

典型意义：以频繁交易方式骗取高额手续费行为迷惑性强，要全面把握交易平台运行模式，准确认定这类行为诈骗本

质。在投资型网络诈骗中，犯罪分子往往以"空手套白狼""以小套大"等方式实施诈骗。但在本案中，犯罪分子利用骗术诱导投资者频繁交易，通过赚取高额手续费方式达到骗取钱款目的。与传统诈骗方式相比，这种"温水煮青蛙"式的诈骗欺骗性、迷惑性更强、危害群体范围也更大。检察机关在审查案件时，要围绕"平台操控方式、平台盈利来源、被害人资金流向"等关键事实，准确认定平台运作的虚假性和投资钱款的非法占有性，全面认定整个平台和参与成员的犯罪事实，依法予以追诉。法院判决确有错误的，依法提起抗诉，做到不枉不纵、罚当其罪。

（二）准确区分诈骗集团中的犯罪分子的分工作用，依法全面惩治各个层级的诈骗犯罪分子。电信网络诈骗集团往往层级多、架构复杂、人员多，对于参与其中的犯罪分子的分工作用往往难以直接区分。对此，检察机关要围绕平台整体运作模式和不同层级犯罪分子之间的行为关联，准确区分集团内部犯罪分子的分工作用。既要严厉打击在平台上组织开展诈骗活动的指挥者，又要依法惩治在平台上具体实施诈骗行为的操作者，还要深挖诈骗平台背后的实质控制者，实现对诈骗犯罪集团的全面打击。

（三）强化追赃挽损，维护人民群众合法权益。投资类诈骗案件往往具有涉案人数多、犯罪事实多、涉案账户多等特点，在办理这类案件时，检察机关要把追赃挽损工作贯穿办案全过程，会同公安机关及时提取、梳理投资平台的后台电子数据。从平台资金账户、犯罪分子个人账户入手，倒查资金流向，及时冻结相关的出入金账户；通过资金流向发现处置线索，及时扣押涉案相关财物，阻断诈骗资金的转移和处置，最大限度挽回被害人的财产损失。

第四十二条　【非法制造、销售、提供或者使用专门或者主要用于电信网络诈骗的设备、软件的法律责任】　违反本法第十四条、第二十五条第一款规定的，没收违法所得，由公安机关或者有关主管部门处违法所得一倍以上十倍以下罚款，没有违法所得或者违法所得不足五万元的，处五十万元以下罚款；情节严重的，由公安机关并处十五日以下拘留。

关联法规

◎ **法律**

《刑法》

第二百八十五条　违反国家规定，侵入国家事务、国防建设、尖端科学技术领域的计算机信息系统的，处三年以下有期徒刑或者拘役。

违反国家规定，侵入前款规定以外的计算机信息系统或者采用其他技术手段，获取该计算机信息系统中存储、处理或者传输的数据，或者对该计算机信息系统实施非法控制，情节严重的，处三年以下有期徒刑或者拘役，并处或者单处罚金；情节特别严重的，处三年以上七年以下有期徒刑，并处罚金。

提供专门用于侵入、非法控制计算机信息系统的程序、工具，或者明知他人实施侵入、非法控制计算机信息系统的违法犯罪行为而为其提供程序、工具，情节严重的，依照前款的规定处罚。

单位犯前三款罪的，对单位判处罚金，并对其直接负责的主管人员和其他直接责任人员，依照各该款的规定处罚。

第二百八十七条之二 明知他人利用信息网络实施犯罪，为其犯罪提供互联网接入、服务器托管、网络存储、通讯传输等技术支持，或者提供广告推广、支付结算等帮助，情节严重的，处三年以下有期徒刑或者拘役，并处或者单处罚金。

单位犯前款罪的，对单位判处罚金，并对其直接负责的主管人员和其他直接责任人员，依照第一款的规定处罚。

有前两款行为，同时构成其他犯罪的，依照处罚较重的规定定罪处罚。

◎ **司法解释**

《关于办理电信网络诈骗等刑事案件适用法律若干问题的意见》

四、准确认定共同犯罪与主观故意

（一）三人以上为实施电信网络诈骗犯罪而组成的较为固定的犯罪组织，应依法认定为诈骗犯罪集团。对组织、领导犯罪集团的首要分子，按照集团所犯的全部罪行处罚。对犯罪集团中组织、指挥、策划者和骨干分子依法从严惩处。

对犯罪集团中起次要、辅助作用的从犯，特别是在规定期限内投案自首、积极协助抓获主犯、积极协助追赃的，依法从轻或减轻处罚。

对犯罪集团首要分子以外的主犯，应当按照其所参与的或者组织、指挥的全部犯罪处罚。全部犯罪包括能够查明具体诈骗数额的事实和能够查明发送诈骗信息条数、拨打诈骗电话人次数、诈骗信息网页浏览次数的事实。

（二）多人共同实施电信网络诈骗，犯罪嫌疑人、被告人应对其参与期间该诈骗团伙实施的全部诈骗行为承担责任。在其所参与的犯罪环节中起主要作用的，可以认定为主犯；起次要作用的，可以认定为从犯。

上述规定的"参与期间"，从犯罪嫌疑人、被告人着手实施诈骗行为开始起算。

（三）明知他人实施电信网络诈骗犯罪，具有下列情形之一的，以共同犯罪论处，但法律和司法解释另有规定的除外：

1. 提供信用卡、资金支付结算账户、手机卡、通讯工具的；

2. 非法获取、出售、提供公民个人信息的；

3. 制作、销售、提供"木马"程序和"钓鱼软件"等恶意程序的；

4. 提供"伪基站"设备或相关服务的；

5. 提供互联网接入、服务器托管、网络存储、通讯传输等技术支持，或者提供支付结算等帮助的；

6. 在提供改号软件、通话线路等技术服务时，发现主叫号码被修改为国内党政机关、司法机关、公共服务部门号码，或者境外用户改为境内号码，仍提供服务的；

7. 提供资金、场所、交通、生活保障等帮助的；

8. 帮助转移诈骗犯罪所得及其产生的收益，套现、取现的。

上述规定的"明知他人实施电信网络诈骗犯罪"，应当结合被告人的认知能力，既往经历，行为次数和手段，与他人关系，获利情况，是否曾因电信网络诈骗受过处罚，是否故意规避调查等

主客观因素进行综合分析认定。

（四）负责招募他人实施电信网络诈骗犯罪活动，或者制作、提供诈骗方案、术语清单、语音包、信息等的，以诈骗共同犯罪论处。

（五）部分犯罪嫌疑人在逃，但不影响对已到案共同犯罪嫌疑人、被告人的犯罪事实认定的，可以依法先行追究已到案共同犯罪嫌疑人、被告人的刑事责任。

《关于办理电信网络诈骗等刑事案件适用法律若干问题的意见（二）》

二、为电信网络诈骗犯罪提供作案工具、技术支持等帮助以及掩饰、隐瞒犯罪所得及其产生的收益，由此形成多层级犯罪链条的，或者利用同一网站、通讯群组、资金账户、作案窝点实施电信网络诈骗犯罪的，应当认定为多个犯罪嫌疑人、被告人实施的犯罪存在关联，人民法院、人民检察院、公安机关可以在其职责范围内并案处理。

七、为他人利用信息网络实施犯罪而实施下列行为，可以认定为刑法第二百八十七条之二规定的"帮助"行为：

（一）收购、出售、出租信用卡、银行账户、非银行支付账户、具有支付结算功能的互联网账号密码、网络支付接口、网上银行数字证书的；

（二）收购、出售、出租他人手机卡、流量卡、物联网卡的。

九、明知他人利用信息网络实施犯罪，为其犯罪提供下列帮助之一的，可以认定为《最高人民法院、最高人民检察院关于办理非法利用信息网络、帮助信息网络犯罪活动等刑事案件适用法律若干问题的解释》第十二条第一款第（七）项规定的"其他情节严重的情形"：

（一）收购、出售、出租信用卡、银行账户、非银行支付账户、具有支付结算功能的互联网账号密码、网络支付接口、网上银行数字证书5张（个）以上的；

（二）收购、出售、出租他人手机卡、流量卡、物联网卡20张以上的。

十一、明知是电信网络诈骗犯罪所得及其产生的收益，以下列方式之一予以转账、套现、取现，符合刑法第三百一十二条第一款规定的，以掩饰、隐瞒犯罪所得、犯罪所得收益罪追究刑事责任。但有证据证明确实不知道的除外。

（一）多次使用或者使用多个非本人身份证明开设的收款码、网络支付接口等，帮助他人转账、套现、取现的；

（二）以明显异于市场的价格，通过电商平台预付卡、虚拟货币、手机充值卡、游戏点卡、游戏装备等转换财物、套现的；

（三）协助转换或者转移财物，收取明显高于市场的"手续费"的。

实施上述行为，事前通谋的，以共同犯罪论处；同时构成其他犯罪的，依照处罚较重的规定定罪处罚。法律和司法解释另有规定的除外。

十二、为他人实施电信网络诈骗犯罪提供技术支持、广告推广、支付结算等帮助，或者窝藏、转移、收购、代为销售及以其他方法掩饰、隐瞒电信网络诈骗犯罪所得及其产生的收益，诈骗犯罪行为可以确认，但实施诈骗的行为人尚未到案，可以依法先行追究已到案的上述犯罪嫌疑人、被告人的刑事责任。

《关于办理信息网络犯罪案件适用刑事诉讼程序若干问题的意见》

二、关于信息网络犯罪案件的管辖

……

4. 具有下列情形之一的，公安机关、人民检察院、人民法院可以在其职责范围内并案处理：

（1）一人犯数罪的；

（2）共同犯罪的；

（3）共同犯罪的犯罪嫌疑人、被告人还实施其他犯罪的；

（4）多个犯罪嫌疑人、被告人实施的犯罪行为存在关联，并案处理有利于查明全部案件事实的。

对为信息网络犯罪提供程序开发、互联网接入、服务器托管、网络存储、通讯传输等技术支持，或者广告推广、支付结算等帮助，涉嫌犯罪的，可以依照第一款的规定并案侦查。

有关公安机关依照前两款规定并案侦查的案件，需要提请批准逮捕、移送审查起诉、提起公诉的，由该公安机关所在地的人民检察院、人民法院受理。

5. 并案侦查的共同犯罪或者关联犯罪案件，犯罪嫌疑人人数众多、案情复杂的，公安机关可以分案移送审查起诉。分案移送审查起诉的，应当对并案侦查的依据、分案移送审查起诉的理由作出说明。

对于前款规定的案件，人民检察院可以分案提起公诉，人民法院可以分案审理。

分案处理应当以有利于保障诉讼质量和效率为前提，并不得影响当事人质证权等诉讼权利的行使。

6. 依照前条规定分案处理，公安机关、人民检察院、人民法院在分案前有管辖权的，分案后对相关案件的管辖权不受影响。根据具体情况，分案处理的相关案件可以由不同审级的人民法院分别审理。

7. 对于共同犯罪或者已并案侦查的关联犯罪案件，部分犯罪嫌疑人未到案，但不影响对已到案共同犯罪或者关联犯罪的犯罪嫌疑人、被告人的犯罪事实认定的，可以先行追究已到案犯罪嫌疑人、被告人的刑事责任。

······

第四十三条　【未履行合理注意义务的法律责任】

违反本法第二十五条第二款规定，由有关主管部门责令改正，情节较轻的，给予警告、通报批评，或者处五万元以上五十万元以下罚款；情节严重的，处五十万元以上五百万元以下罚款，并可以由有关主管部门责令暂停相关业务、停业整顿、关闭网站或者应用程序，对其直接负责的主管人员和其他直接责任人员，处一万元以上二十万元以下罚款。

第四十四条　【非法买卖、出租、出借电话卡等的法律责任】

违反本法第三十一条第一款规定的，没收违法所得，由公安机关处违法所得一倍以上十倍以下罚款，没有违法所得或者违法所得不足二万元的，处二十万元以下罚款；情节严重的，并处十五日以下拘留。

（关联法规）

◎ **司法解释**

《关于办理电信网络诈骗等刑事案件适用法律若干问题的意见》

七、涉案财物的处理

（一）公安机关侦办电信网络诈骗案件，应当随案移送涉案赃款赃物，并附清单。人民检察院提起公诉时，应一并移交受理案件的人民法院，同时就涉案赃款赃物的处理提出意见。

（二）涉案银行账户或者涉案第三方支付账户内的款项，对权属明确的被害人的合法财产，应当及时返还。确因客观原因无法查实全部被害人，但有证据证明该账户系用于电信网络诈骗犯罪，且被告人无法说明款项合法来源的，根据刑法第六十四条的规定，应认定为违法所得，予以追缴。

（三）被告人已将诈骗财物用于清偿债务或者转让给他人，具有下列情形之一的，应当依法追缴：

1. 对方明知是诈骗财物而收取的；

2. 对方无偿取得诈骗财物的；

3. 对方以明显低于市场的价格取得诈骗财物的；

4. 对方取得诈骗财物系源于非法债务或者违法犯罪活动的。

他人善意取得诈骗财物的，不予追缴。

《关于办理电信网络诈骗等刑事案件适用法律若干问题的意见（二）》

十七、查扣的涉案账户内资金，应当优先返还被害人，如不足以全额返还的，应当按照比例返还。

《关于办理信息网络犯罪案件适用刑事诉讼程序若干问题的意见》

五、关于信息网络犯罪案件的其他问题

……

22. 办理信息网络犯罪案件，应当依法及时查封、扣押、冻结涉案财物，督促涉案人员退赃退赔，及时追赃挽损。

公安机关应当全面收集证明涉案财物性质、权属情况、依法应予追缴、没收或者责令退赔的证据材料，在移送审查起诉时随案移送并作出说明。其中，涉案财物需要返还被害人的，应当尽可能查明被害人损失情况。人民检察院应当对涉案财物的证据材料进行审查，在提起公诉时提出处理意见。人民法院应当依法作出判决，对涉案财物作出处理。

对应当返还被害人的合法财产，权属明确的，应当依法及时返还；权属不明的，应当在人民法院判决、裁定生效后，按比例返还被害人，但已获退赔的部分应予扣除。

……

> **第四十五条　【反电信网络诈骗工作部门的法律责任】**
>
> 反电信网络诈骗工作有关部门、单位的工作人员滥用职权、玩忽职守、徇私舞弊，或者有其他违反本法规定行为，构成犯罪的，依法追究刑事责任。

关联法规

◎ **法律**

《刑法》

第三百九十七条　国家机关工作人员滥用职权或者玩忽职守，致使公共财产、国家和人民利益遭受重大损失的，处三年以下有期徒刑或者拘役；情节特别严重的，处三年以上七年以下有期徒刑。本法另有规定的，依照规定。

国家机关工作人员徇私舞弊，犯前款罪的，处五年以下有期徒刑或者拘役；情节特别严重的，处五年以上十年以下有期徒刑。本法另有规定的，依照规定。

第四百零一条　司法工作人员徇私舞弊，对不符合减刑、假释、暂予监外执行条件的罪犯，予以减刑、假释或者暂予监外执行的，处三年以下有期徒刑或者拘役；情节严重的，处三年以上七年以下有期徒刑。

第四百零二条　行政执法人员徇私舞弊，对依法应当移交司法机关追究刑事责任的不移交，情节严重的，处三年以下有期徒刑或者拘役；造成严重后果的，处三年以上七年以下有期徒刑。

《网络安全法》

第三十条　网信部门和有关部门在履行网络安全保护职责中获取的信息，只能用于维护网络安全的需要，不得用于其他用途。

第七十三条　网信部门和有关部门违反本法第三十条规定，将在履行网络安全保护职责中获取的信息用于其他用途的，对直接负责的主管人员和其他直接责任人员依法给予处分。

网信部门和有关部门的工作人员玩忽职守、滥用职权、徇私舞弊，尚不构成犯罪的，依法给予处分。

《数据安全法》

第三十八条　国家机关为履行法定职责的需要收集、使用数据，应当在其履行法定职责的范围内依照法律、行政法规规定的条件和程序进行；对在履行职责中知悉的个人隐私、个人信息、商业秘密、保密商务信息等数据应当依法予以保密，不得泄露或者非法向他人提供。

第五十条　履行数据安全监管职责的国家工作人员玩忽职守、滥用职权、徇私舞弊的，依法给予处分。

《个人信息保护法》

第六十八条 国家机关不履行本法规定的个人信息保护义务的，由其上级机关或者履行个人信息保护职责的部门责令改正；对直接负责的主管人员和其他直接责任人员依法给予处分。

履行个人信息保护职责的部门的工作人员玩忽职守、滥用职权、徇私舞弊，尚不构成犯罪的，依法给予处分。

第四十六条 【民事侵权责任】

组织、策划、实施、参与电信网络诈骗活动或者为电信网络诈骗活动提供相关帮助的违法犯罪人员，除依法承担刑事责任、行政责任以外，造成他人损害的，依照《中华人民共和国民法典》等法律的规定承担民事责任。

电信业务经营者、银行业金融机构、非银行支付机构、互联网服务提供者等违反本法规定，造成他人损害的，依照《中华人民共和国民法典》等法律的规定承担民事责任。

关联法规

◎ 法律

《民法典》

第一百七十六条 民事主体依照法律规定或者按照当事人约定，履行民事义务，承担民事责任。

第一百七十七条 二人以上依法承担按份责任，能够确定责任大小的，各自承担相应的责任；难以确定责任大小的，平均承担责任。

第一百七十八条 二人以上依法承担连带责任的，权利人有权请求部分或者全部连带责任人承担责任。

连带责任人的责任份额根据各自责任大小确定；难以确定责任大小的，平均承担责任。实际承担责任超过自己责任份额的连带责任人，有权向其他连带责任人追偿。

连带责任，由法律规定或者当事人约定。

第一百七十九条 承担民事责任的方式主要有：

（一）停止侵害；

（二）排除妨碍；

（三）消除危险；

（四）返还财产；

（五）恢复原状；

（六）修理、重作、更换；

（七）继续履行；

（八）赔偿损失；

（九）支付违约金；

（十）消除影响、恢复名誉；

（十一）赔礼道歉。

法律规定惩罚性赔偿的，依照其规定。

本条规定的承担民事责任的方式，可以单独适用，也可以合并适用。

第一千一百九十四条　网络用户、网络服务提供者利用网络侵害他人民事权益的，应当承担侵权责任。法律另有规定的，依照其规定。

第一千一百九十五条　网络用户利用网络服务实施侵权行为的，权利人有权通知网络服务提供者采取删除、屏蔽、断开链接等必要措施。通知应当包括构成侵权的初步证据及权利人的真实身份信息。

网络服务提供者接到通知后，应当及时将该通知转送相关网络用户，并根据构成侵权的初步证据和服务类型采取必要措施；未及时采取必要措施的，对损害的扩大部分与该网络用户承担连带责任。

权利人因错误通知造成网络用户或者网络服务提供者损害的，应当承担侵权责任。法律另有规定的，依照其规定。

第一千一百九十六条　网络用户接到转送的通知后，可以向网络服务提供者提交不存在侵权行为的声明。声明应当包括不存在侵权行为的初步证据及网络用户的真实身份信息。

网络服务提供者接到声明后，应当将该声明转送发出通知的权利人，并告知其可以向有关部门投诉或者向人民法院提起诉讼。网络服务提供者在转送声明到达权利人后的合理期限内，未收到权利人已经投诉或者提起诉讼通知的，应当及时终止所采取的措施。

第一千一百九十七条　网络服务提供者知道或者应当知道网络用户利用其网络服务侵害他人民事权益，未采取必要措施的，与该网络用户承担连带责任。

◎ 司法解释

《关于办理电信网络诈骗等刑事案件适用法律若干问题的意见》

三、全面惩处关联犯罪

……

（八）金融机构、网络服务提供者、电信业务经营者等在经营活动中，违反国家有关规定，被电信网络诈骗犯罪分子利用，使他人遭受财产损失的，依法承担相应责任。构成犯罪的，依法追究刑事责任。

《关于审理利用信息网络侵害人身权益民事纠纷案件适用法律的规定》

第二条　原告依据民法典第一千一百九十五条、第一千一百九十七条的规定起诉网络用户或者网络服务提供者的，人民法院应予受理。

原告仅起诉网络用户，网络用户请求

追加涉嫌侵权的网络服务提供者为共同被告或者第三人的，人民法院应予准许。

原告仅起诉网络服务提供者，网络服务提供者请求追加可以确定的网络用户为共同被告或者第三人的，人民法院应予准许。

权威案例

◎ 典型案例

吕某某等人诈骗案【检察机关依法惩治制售假冒伪劣商品犯罪典型案例之九（2022年3月14日）】

典型意义：（一）厘清案情，准确定性，精准区分诈骗犯罪与民事欺诈。老年人购买保健品被骗事件屡见不鲜，有观点认为此类事件属于低价购进高价卖出的正常市场交易行为，虽然存在以次充好的情况，但老年人也是自愿购买，没有强迫交易，不够成犯罪，仅涉嫌民事欺诈。本案中，被告人通过假冒身份进行诊疗、夸大病情使老年人陷入错误认识、夸大保健品疗效承诺可以根治等欺诈行为，迷惑老年人"自愿购买"，具有非法占有故意，符合诈骗罪构成要件，应当依法追究刑事责任。

（二）准确区分共同犯罪中被告人的作用，坚持"轻轻重重"的分层处理原则。对共同犯罪案件，检察机关依法审查证据，准确认定事实，区分共同犯罪中各被告人的地位、作用。本案中检察机关根据各行为人参与犯罪时间的长短、职责分工、非法获利、职业经历等情况，综合判断行为人责任轻重，分类处理涉案人员。根据《最高人民法院 最高人民检察院 公安部关于办理电信网络诈骗等刑事案件适用法律若干问题的意见》，针对老年人实施诈骗犯罪属从重处理情节的规定，对该犯罪集团的首要分子、骨干成员提出十至十三年的量刑建议，对于部分参与时间短、认罪态度好、情节较轻的一般参与人员，提出判处缓刑的量刑建议。法院经审理采纳了检察机关的量刑建议。

（三）维护老年人合法利益，开展法治宣传，延伸办案效果。本案犯罪分子通过对老人嘘寒问暖等方式获取信任，同时，利用快递货到付款的形式，骗取不会网上转账的老年人的钱财，环环相扣，精准施骗。很多被害老年人把诈骗分子当作亲人，被骗而不自知，部分被害人仅一个月就花费十万余元数次从诈骗分子手中购买价值仅几百元的保健品。本案检察机关在审查过程中，及时向物流公司及相关部门发出检察建议书，建议加强对类似公司所寄快递的审核力度。同时，综合运用报刊、公众号等媒体，及时向社会发布、曝光该案，提高群众识骗防骗意识，规劝老年人尽量前往正规医院看病就诊，积极维护老年消费者合法权益。

吴某强、吴某祥等60人诈骗案【检察机关打击治理电信网络诈骗及关联犯罪典型案例之五（2022年4月21日）】

典型意义：（一）准确认定网络销售

型诈骗中行为人对所出售商品"虚构事实"的行为，依法区分罪与非罪、此罪与彼罪的界限。在网络销售型诈骗中，被告人为了达到骗取钱款的目的，需要对其出售的商品进行虚假宣传，这其中存在着与民事欺诈、虚假广告罪之间的界分问题。在办理这类案件时，检察人员要从商品价格、功能、后续行为等角度综合考虑。对于被告人出售商品价格与成本价差距过于悬殊、对所销售商品功效以及对购买者产生影响"漠不关心"、采用固定销售"话术""剧本"套路被害人反复购买、被害人购买商品所希望达到目的根本无法实现的，结合被告人供述，可认定其具有非法占有目的，依法以诈骗罪论处。行为人为了拓宽销路、提高销量，对所出售的商品作夸大、虚假宣传的，可按民事欺诈处理；情节严重的，符合虚假广告罪构成要件的，依法可以虚假广告罪论处。行为人明知他人从事诈骗活动，仍为其提供广告等宣传的，可以诈骗罪共犯论处。

（二）对于涉案人数较多的电信网络诈骗案件，区分对象分层处理。电信网络诈骗案件层级多、人员多，对此检察机关要区分人员地位作用、分层分类处理，不宜一刀切。对于参与时间较短、情节较轻、获利不多的较低层次人员，贯彻"少捕慎诉慎押"的刑事司法政策，依法从宽处理。对于犯罪集团中的组织者、骨干分子和幕后"金主"，依法从严惩处。对于与诈骗分子同谋，为诈骗犯罪提供虚假证明、技术支持等帮助，依法以诈骗罪共犯论处，做到罚当其罪。

> **第四十七条　【公益诉讼】**
> 人民检察院在履行反电信网络诈骗职责中，对于侵害国家利益和社会公共利益的行为，可以依法向人民法院提起公益诉讼。

关联法规

◎ **法律**

《民事诉讼法》

　　第五十八条　对污染环境、侵害众多消费者合法权益等损害社会公共利益的行为，法律规定的机关和有关组织可以向人民法院提起诉讼。

　　人民检察院在履行职责中发现破坏生态环境和资源保护、食品药品安全领域侵害众多消费者合法权益等损害社会公共利益的行为，在没有前款规定的机关和组织或者前款规定的机关和组织不提起诉讼的情况下，可以向人民法院提起诉讼。前款规定的机关或者组织提起诉讼的，人民检察院可以支持起诉。

◎ **行政法规**

《互联网信息服务管理办法》

　　第二十条　制作、复制、发布、传播本办法第十五条所列内容之一的信息，构成犯罪的，依法追究刑事责任；尚不构成犯罪的，由公安机关、国家安全机关依照《中华人民共和国治安管理处罚法》、《计算机信息网络国际联网安全保护管理办法》等有关法律、行政法规的规定予以处罚；对经营性互联网信息服务提供者，并由发证机关责令停业整顿直至吊销经营许可证，通知企业登记机关；对非经营性互联网信息服务提供者，并由备案机关责令暂时关闭网站直至关闭网站。

第二十五条　电信管理机构和其他有关主管部门及其工作人员，玩忽职守、滥用职权、徇私舞弊，疏于对互联网信息服务的监督管理，造成严重后果，构成犯罪的，依法追究刑事责任；尚不构成犯罪的，对直接负责的主管人员和其他直接责任人员依法给予降级、撤职直至开除的行政处分。

《电信条例》

第五十六条　任何组织或者个人不得利用电信网络制作、复制、发布、传播含有下列内容的信息：

（一）反对宪法所确定的基本原则的；

（二）危害国家安全，泄露国家秘密，颠覆国家政权，破坏国家统一的；

（三）损害国家荣誉和利益的；

（四）煽动民族仇恨、民族歧视，破坏民族团结的；

（五）破坏国家宗教政策，宣扬邪教和封建迷信的；

（六）散布谣言，扰乱社会秩序，破坏社会稳定的；

（七）散布淫秽、色情、赌博、暴力、凶杀、恐怖或者教唆犯罪的；

（八）侮辱或者诽谤他人，侵害他人合法权益的；

（九）含有法律、行政法规禁止的其他内容的。

第五十七条　任何组织或者个人不得有下列危害电信网络安全和信息安全的行为：

（一）对电信网的功能或者存储、处理、传输的数据和应用程序进行删除或者修改；

（二）利用电信网从事窃取或者破坏他人信息、损害他人合法权益的活动；

（三）故意制作、复制、传播计算机病毒或者以其他方式攻击他人电信网络等电信设施；

（四）危害电信网络安全和信息安全的其他行为。

第六十六条　违反本条例第五十六条、第五十七条的规定，构成犯罪的，依法追究刑事责任；尚不构成犯罪的，由公安机关、国家安全机关依照有关法律、行政法规的规定予以处罚。

◎ 司法解释

《关于办理电信网络诈骗等刑事案件适用法律若干问题的意见》

二、依法严惩电信网络诈骗犯罪

（一）根据《最高人民法院、最高人民检察院关于办理诈骗刑事案件具体应用法律若干问题的解释》第一条的规定，利用电信网络技术手段实施诈骗，诈骗公私财物价值三千元以上、三万元以上、五十万元以上的，应当分别认定为刑法第二百六十六条规定的"数额较大""数额巨大""数额特别巨大"。

二年内多次实施电信网络诈骗未经处理，诈骗数额累计计算构成犯罪的，应当依法定罪处罚。

（二）实施电信网络诈骗犯罪，达到相应数额标准，具有下列情形之一的，酌情从重处罚：

1. 造成被害人或其近亲属自杀、死亡或者精神失常等严重后果的；

2. 冒充司法机关等国家机关工作人员实施诈骗的；

3. 组织、指挥电信网络诈骗犯罪团伙的；

4. 在境外实施电信网络诈骗的；

5. 曾因电信网络诈骗犯罪受过刑事处罚或者二年内曾因电信网络诈骗受过行政处罚的；

6. 诈骗残疾人、老年人、未成年人、在校学生、丧失劳动能力人的财物，或者诈骗重病患者及其亲属财物的；

7. 诈骗救灾、抢险、防汛、优抚、扶贫、移民、救济、医疗等款物的；

8. 以赈灾、募捐等社会公益、慈善名义实施诈骗的；

9. 利用电话追呼系统等技术手段严重干扰公安机关等部门工作的；

10. 利用"钓鱼网站"链接、"木马"程序链接、网络渗透等隐蔽技术手段实施诈骗的。

（三）实施电信网络诈骗犯罪，诈骗数额接近"数额巨大""数额特别巨大"的标准，具有前述第（二）条规定的情形之一的，应当分别认定为刑法第二百六十六条规定的"其他严重情节""其他特别严重情节"。

上述规定的"接近"，一般应掌握在相应数额标准的百分之八十以上。

（四）实施电信网络诈骗犯罪，犯罪嫌疑人、被告人实际骗得财物的，以诈骗罪（既遂）定罪处罚。诈骗数额难以查证，但具有下列情形之一的，应当认定为刑法第二百六十六条规定的"其他严重情节"，以诈骗罪（未遂）定罪处罚：

1. 发送诈骗信息五千条以上的，或者拨打诈骗电话五百人次以上的；

2. 在互联网上发布诈骗信息，页面浏览量累计五千次以上的。

具有上述情形，数量达到相应标准十倍以上的，应当认定为刑法第二百六十六条规定的"其他特别严重情节"，以诈骗罪（未遂）定罪处罚。

上述"拨打诈骗电话"，包括拨出

诈骗电话和接听被害人回拨电话。反复拨打、接听同一电话号码，以及反复向同一被害人发送诈骗信息的，拨打、接听电话次数、发送信息条数累计计算。

因犯罪嫌疑人、被告人故意隐匿、毁灭证据等原因，致拨打电话次数、发送信息条数的证据难以收集的，可以根据经查证属实的日拨打人次数、日发送信息条数，结合犯罪嫌疑人、被告人实施犯罪的时间、犯罪嫌疑人、被告人的供述等相关证据，综合予以认定。

（五）电信网络诈骗既有既遂，又有未遂，分别达到不同量刑幅度的，依照处罚较重的规定处罚；达到同一量刑幅度的，以诈骗罪既遂处罚。

（六）对实施电信网络诈骗犯罪的被告人裁量刑罚，在确定量刑起点、基准刑时，一般应就高选择。确定宣告刑时，应当综合全案事实情节，准确把握从重、从轻量刑情节的调节幅度，保证罪责刑相适应。

（七）对实施电信网络诈骗犯罪的被告人，应当严格控制适用缓刑的范围，严格掌握适用缓刑的条件。

（八）对实施电信网络诈骗犯罪的被告人，应当更加注重依法适用财产刑，加大经济上的惩罚力度，最大限度剥夺被告人再犯的能力。

《人民检察院公益诉讼办案规则》

第四十六条 人民检察院对于符合起诉条件的公益诉讼案件，应当依法向人民法院提起诉讼。

人民检察院提起公益诉讼，应当向人民法院提交公益诉讼起诉书和相关证据材料。起诉书的主要内容包括：

（一）公益诉讼起诉人；

（二）被告的基本信息；

（三）诉讼请求及所依据的事实和理由。

公益诉讼起诉书应当自送达人民法院之日起五日内报上一级人民检察院备案。

第四十七条 人民检察院办理行政公益诉讼案件，审查起诉期限为一个月，自检察建议整改期满之日起计算。

人民检察院办理民事公益诉讼案件，审查起诉期限为三个月，自公告期满之日起计算。

移送其他人民检察院起诉的，受移送的人民检察院审查起诉期限自收到案件之日起计算。

重大、疑难、复杂案件需要延长审查起诉期限的，行政公益诉讼案件经检察长批准后可以延长一个月，还需要延长的，报上一级人民检察院批准，上一级人民检察院认为已经符合起诉条件的，可以依照本规则第十七条规定指定本辖区内其他人民检察院提起诉讼。民事公益诉讼案件经检察长批准后可以延长一个月，还需要延长的，报上一级人民检察院批准。

第四十八条　人民检察院办理公益诉讼案件，委托鉴定、评估、审计、检验、检测、翻译期间不计入审查起诉期限。

第九十六条　有下列情形之一，社会公共利益仍然处于受损害状态的，人民检察院应当提起民事公益诉讼：

（一）生态环境损害赔偿权利人未启动生态环境损害赔偿程序，或者经过磋商未达成一致，赔偿权利人又不提起诉讼的；

（二）没有适格主体，或者公告期满后适格主体不提起诉讼的；

（三）英雄烈士等没有近亲属，或者近亲属不提起诉讼的。

第九十七条　人民检察院在刑事案件提起公诉时，对破坏生态环境和资源保护，食品药品安全领域侵害众多消费者合法权益，侵犯未成年人合法权益，侵害英雄烈士等的姓名、肖像、名誉、荣誉等损害社会公共利益的违法行为，可以向人民法院提起刑事附带民事公益诉讼。

第九十八条　人民检察院可以向人民法院提出要求被告停止侵害、排除妨碍、消除危险、恢复原状、赔偿损失等诉讼请求。

针对不同领域案件，还可以提出以下诉讼请求：

（一）破坏生态环境和资源保护领域案件，可以提出要求被告以补植复绿、增殖放流、土地复垦等方式修复生态环境的诉讼请求，或者支付生态环境修复费用，赔偿生态环境受到损害至修复完成期间服务功能丧失造成的损失、生态环境功能永久性损害造成的损失等诉讼请求，被告违反法律规定故意污染环境、破坏生态造成严重后果的，可以提出惩罚性赔偿等诉讼请求；

（二）食品药品安全领域案件，可以提出要求被告召回并依法处置相关食品药品以及承担相关费用和惩罚性赔偿等诉讼请求；

（三）英雄烈士等的姓名、肖像、名誉、荣誉保护案件，可以提出要求被告消除影响、恢复名誉、赔礼道歉等诉讼请求。

人民检察院为诉讼支出的鉴定评估、专家咨询等费用，可以在起诉时一并提出由被告承担的诉讼请求。

第九十九条　民事公益诉讼案件可以依法在人民法院主持下进行调解。调解协议不得减免诉讼请求载明的民事责任，不得损害社会公共利益。

诉讼请求全部实现的，人民检察院可以撤回起诉。人民检察院决定撤回起诉的，应当经检察长决定后制作《撤回起诉决定书》，并在三日内提交人民法院。

第一百条　下列案件，人民检察院可以支持起诉：

（一）生态环境损害赔偿权利人提起的生态环境损害赔偿诉讼案件；

（二）适格主体提起的民事公益诉讼案件；

（三）英雄烈士等的近亲属提起的维护英雄烈士等的姓名、肖像、名誉、荣誉的民事诉讼案件；

（四）军人和因公牺牲军人、病故军人遗属提起的侵害军人荣誉、名誉和其他相关合法权益的民事诉讼案件；

（五）其他依法可以支持起诉的公益诉讼案件。

第一百零一条　人民检察院可以采取提供法律咨询、向人民法院提交支持起诉意见书、协助调查取证、出席法庭等方式支持起诉。

第一百零二条　人民检察院在向人民法院提交支持起诉意见书后，发现有以下不适合支持起诉情形的，可以撤回支持起诉：

（一）原告无正当理由变更、撤回部分诉讼请求，致使社会公共利益不能得到有效保护的；

（二）原告撤回起诉或者与被告达成和解协议，致使社会公共利益不能得到有效保护的；

（三）原告请求被告承担的律师费以及为诉讼支出的其他费用过高，对社会公共利益保护产生明显不利影响的；

（四）其他不适合支持起诉的情形。

人民检察院撤回支持起诉的，应当制作《撤回支持起诉决定书》，在三日内提交人民法院，并发送原告。

第一百零三条　人民检察院撤回支持起诉后，认为适格主体提出的诉讼请求不足以保护社会公共利益，符合立案条件的，可以另行立案。

第四十八条　【行政复议或行政诉讼】

有关单位和个人对依照本法作出的行政处罚和行政强制措施决定不服的，可以依法申请行政复议或者提起行政诉讼。

关联法规

◎ **法律**

《行政诉讼法》

第二条　公民、法人或者其他组织认为行政机关和行政机关工作人员的行政行为侵犯其合法权益，有权依照本法向人民法院提起诉讼。

前款所称行政行为，包括法律、法规、规章授权的组织作出的行政行为。

《行政复议法》

第二条　公民、法人或者其他组织认为行政机关的行政行为侵犯其合法权益，向行政复议机关提出行政复议申请，行政复议机关办理行政复议案件，适用本法。

前款所称行政行为，包括法律、法规、规章授权的组织的行政行为。

《行政处罚法》

第七条　公民、法人或者其他组织对行政机关所给予的行政处罚，享有陈述权、申辩权；对行政处罚不服的，有权依法申请行政复议或者提起行政诉讼。

公民、法人或者其他组织因行政机关违法给予行政处罚受到损害的，有权依法提出赔偿要求。

第七章 附 则

第四十九条 【适用规定】

反电信网络诈骗工作涉及的有关管理和责任制度，本法没有规定的，适用《中华人民共和国网络安全法》、《中华人民共和国个人信息保护法》、《中华人民共和国反洗钱法》等相关法律规定。

第五十条 【施行日期】

本法自 2022 年 12 月 1 日起施行。

第四篇　网信工作数据安全规范与案例

编者按：第四篇《网信工作数据安全规范与案例》以《数据安全法》为主干，将网络安全与数字经济领域的相关法律法规分类纳入到每个对应条文中，形成关联法规体系。在此基础上，再将收集到的最高人民法院、最高人民检察院发布的网络安全与数字经济领域指导性案例、公报案例和典型案例等权威案例分类纳入到最为相关的条文中。

《数据安全法》

第一章　总　则

第一条　【立法目的】

为了规范数据处理活动，保障数据安全，促进数据开发利用，保护个人、组织的合法权益，维护国家主权、安全和发展利益，制定本法。

关联法规

◎ 法律

《网络安全法》

第一条　为了保障网络安全，维护网络空间主权和国家安全、社会公共利益，保护公民、法人和其他组织的合法权益，促进经济社会信息化健康发展，制定本法。

《反电信网络诈骗法》

第一条　为了预防、遏制和惩治电信网络诈骗活动，加强反电信网络诈骗工作，保护公民和组织的合法权益，维护社会稳定和国家安全，根据宪法，制定本法。

《个人信息保护法》

第一条　为了保护个人信息权益，规范个人信息处理活动，促进个人信息

合理利用，根据宪法，制定本法。

《电子商务法》

第一条　为了保障电子商务各方主体的合法权益，规范电子商务行为，维护市场秩序，促进电子商务持续健康发展，制定本法。

《保守国家秘密法》

第一条　为了保守国家秘密，维护国家安全和利益，保障改革开放和社会主义建设事业的顺利进行，制定本法。

《国家安全法》

第二条　国家安全是指国家政权、主权、统一和领土完整、人民福祉、经济社会可持续发展和国家其他重大利益相对处于没有危险和不受内外威胁的状态，以及保障持续安全状态的能力。

第二十五条　国家建设网络与信息安全保障体系，提升网络与信息安全保护能力，加强网络和信息技术的创新研究和开发应用，实现网络和信息核心技术、关键基础设施和重要领域信息系统及数据的安全可控；加强网络管理，防范、制止和依法惩治网络攻击、网络入

侵、网络窃密、散布违法有害信息等网络违法犯罪行为，维护国家网络空间主权、安全和发展利益。

《反恐怖主义法》

第一条 为了防范和惩治恐怖活动，加强反恐怖主义工作，维护国家安全、公共安全和人民生命财产安全，根据宪法，制定本法。

《电子签名法》

第一条 为了规范电子签名行为，确立电子签名的法律效力，维护有关各方的合法权益，制定本法。

《密码法》

第一条 为了规范密码应用和管理，促进密码事业发展，保障网络与信息安全，维护国家安全和社会公共利益，保护公民、法人和其他组织的合法权益，制定本法。

◎ 党内法规

《党委（党组）网络安全工作责任制实施办法》

第一条 为了进一步加强网络安全工作，明确和落实党委（党组）领导班子、领导干部网络安全责任，根据《中国共产党问责条例》、《中央网络安全和信息化委员会工作规则》等有关规定，制定本办法。

◎ 行政法规

《计算机信息网络国际联网管理暂行规定》

第一条 为了加强对计算机信息网络国际联网的管理，保障国际计算机信息交流的健康发展，制定本规定。

《计算机信息系统安全保护条例》

第一条 为了保护计算机信息系统的安全，促进计算机的应用和发展，保障社会主义现代化建设的顺利进行，制定本条例。

《互联网信息服务管理办法》

第一条 为了规范互联网信息服务活动，促进互联网信息服务健康有序发展，制定本办法。

《计算机信息网络国际联网安全保护管理办法》

第一条 为了加强对计算机信息网络国际联网的安全保护，维护公共秩序和社会稳定，根据《中华人民共和国计算机信息系统安全保护条例》、《中华人民共和国计算机信息网络国际联网管理暂行规定》和其他法律、行政法规的规定，制定本办法。

◎ 部门规章

《个人信用信息基础数据库管理暂行办法》

第一条 为维护金融稳定，防范和降低商业银行的信用风险，促进个人信贷业务的发展，保障个人信用信息的安全和合法使用，根据《中华人民共和国中国人民银行法》等有关法律规定，制定本办法。

《规范互联网信息服务市场秩序若干规定》

第一条　为了规范互联网信息服务市场秩序，保护互联网信息服务提供者和用户的合法权益，促进互联网行业的健康发展，根据《中华人民共和国电信条例》、《互联网信息服务管理办法》等法律、行政法规的规定，制定本规定。

《区块链信息服务管理规定》

第一条　为了规范区块链信息服务活动，维护国家安全和社会公共利益，保护公民、法人和其他组织的合法权益，促进区块链技术及相关服务的健康发展，根据《中华人民共和国网络安全法》、《互联网信息服务管理办法》和《国务院关于授权国家互联网信息办公室负责互联网信息内容管理工作的通知》，制定本规定。

《儿童个人信息网络保护规定》

第一条　为了保护儿童个人信息安全，促进儿童健康成长，根据《中华人民共和国网络安全法》《中华人民共和国未成年人保护法》等法律法规，制定本规定。

《网络信息内容生态治理规定》

第一条　为了营造良好网络生态，保障公民、法人和其他组织的合法权益，维护国家安全和公共利益，根据《中华人民共和国国家安全法》《中华人民共和国

网络安全法》《互联网信息服务管理办法》等法律、行政法规，制定本规定。

《网络交易监督管理办法》

第一条　为了规范网络交易活动，维护网络交易秩序，保障网络交易各方主体合法权益，促进数字经济持续健康发展，根据有关法律、行政法规，制定本办法。

《汽车数据安全管理若干规定（试行）》

第一条　为了规范汽车数据处理活动，保护个人、组织的合法权益，维护国家安全和社会公共利益，促进汽车数据合理开发利用，根据《中华人民共和国网络安全法》、《中华人民共和国数据安全法》等法律、行政法规，制定本规定。

《网络安全审查办法》

第一条　为了确保关键信息基础设施供应链安全，保障网络安全和数据安全，维护国家安全，根据《中华人民共和国国家安全法》、《中华人民共和国网络安全法》、《中华人民共和国数据安全法》、《关键信息基础设施安全保护条例》，制定本办法。

《互联网信息服务算法推荐管理规定》

第一条　为了规范互联网信息服务算法推荐活动，弘扬社会主义核心价值观，维护国家安全和社会公共利益，保护公民、法人和其他组织的合法权益，促进互联网信息服务健康有序发展，根

据《中华人民共和国网络安全法》、《中华人民共和国数据安全法》、《中华人民共和国个人信息保护法》、《互联网信息服务管理办法》等法律、行政法规，制定本规定。

《互联网用户账号信息管理规定》

第一条 为了加强对互联网用户账号信息的管理，弘扬社会主义核心价值观，维护国家安全和社会公共利益，保护公民、法人和其他组织的合法权益，根据《中华人民共和国网络安全法》、《中华人民共和国个人信息保护法》、《互联网信息服务管理办法》等法律、行政法规，制定本规定。

《数据出境安全评估办法》

第一条 为了规范数据出境活动，保护个人信息权益，维护国家安全和社会公共利益，促进数据跨境安全、自由流动，根据《中华人民共和国网络安全法》、《中华人民共和国数据安全法》、《中华人民共和国个人信息保护法》等法律法规，制定本办法。

《互联网信息服务深度合成管理规定》

第一条 为了加强互联网信息服务深度合成管理，弘扬社会主义核心价值观，维护国家安全和社会公共利益，保护公民、法人和其他组织的合法权益，根据《中华人民共和国网络安全法》、《中华人民共和国数据安全法》、《中华人民共和国个人信息保护法》、《互联网信息服务管理办法》等法律、行政法规，制定本规定。

《个人信息出境标准合同办法》

第一条 为了保护个人信息权益，规范个人信息出境活动，根据《中华人民共和国个人信息保护法》等法律法规，制定本办法。

《网信部门行政执法程序规定》

第一条 为了规范和保障网信部门依法履行职责，保护公民、法人和其他组织的合法权益，维护国家安全和公共利益，根据《中华人民共和国行政处罚法》、《中华人民共和国行政强制法》、《中华人民共和国网络安全法》、《中华人民共和国数据安全法》、《中华人民共和国个人信息保护法》等法律、行政法规，制定本规定。

《生成式人工智能服务管理暂行办法》

第一条 为了促进生成式人工智能健康发展和规范应用，维护国家安全和社会公共利益，保护公民、法人和其他组织的合法权益，根据《中华人民共和国网络安全法》、《中华人民共和国数据安全法》、《中华人民共和国个人信息保护法》、《中华人民共和国科学技术进步法》等法律、行政法规，制定本办法。

◎ 部门规范性文件

《信息安全等级保护管理办法》

第一条 为规范信息安全等级保

护管理，提高信息安全保障能力和水平，维护国家安全、社会稳定和公共利益，保障和促进信息化建设，根据《中华人民共和国计算机信息系统安全保护条例》等有关法律法规，制定本办法。

《互联网群组信息服务管理规定》

第一条 为规范互联网群组信息服务，维护国家安全和公共利益，保护公民、法人和其他组织的合法权益，根据《中华人民共和国网络安全法》《国务院关于授权国家互联网信息办公室负责互联网信息内容管理工作的通知》，制定本规定。

《贯彻落实网络安全等级保护制度和关键信息基础设施安全保护制度的指导意见》

……

一、指导思想、基本原则和工作目标

（一）指导思想

以习近平新时代中国特色社会主义思想为指导，按照党中央、国务院决策部署，以总体国家安全观为统领，认真贯彻实施网络强国战略，全面加强网络安全工作统筹规划，以贯彻落实网络安全等级保护制度和关键信息基础设施安全保护制度为基础，以保护关键信息基础设施、重要网络和数据安全为重点，全面加强网络安全防范管理、监测预警、应急处置、侦查打击、情报信息等各项工作，及时监测、处置网络安全风险、威胁和网络安全突发事件，保护关键信息基础设施、重要网络和数据免受攻击、侵入、干扰和破坏，依法惩治网络违法犯罪活动，切实提高网络安全保护能力，积极构建国家网络安全综合防控体系，切实维护国家网络空间主权、国家安全和社会公共利益，保护人民群众的合法权益，保障和促进经济社会信息化健康发展。

……

《教育部机关及直属事业单位教育数据管理办法》

第一条 为加强教育部机关及直属事业单位教育数据管理工作，推进各类教育数据的规范管理、互联互通和共享公开，确保数据安全，更好地服务教育改革发展，依据《中华人民共和国统计法》《中华人民共和国网络安全法》《中华人民共和国政府信息公开条例》《国务院关于印发政务信息资源共享管理暂行办法的通知》等相关法律法规及国家政策，特制定本办法。

《银行业金融机构数据治理指引》

第一条 为指导银行业金融机构加强数据治理，提高数据质量，发挥数据价值，提升经营管理能力，根据《中华人民共和国银行业监督管理法》等法律法规，制定本指引。

《国家健康医疗大数据标准、安全和服

务管理办法（试行）》

第一条 为加强健康医疗大数据服务管理，促进"互联网+医疗健康"发展，充分发挥健康医疗大数据作为国家重要基础性战略资源的作用，根据《中华人民共和国网络安全法》等法律法规和《国务院促进大数据发展行动纲要》《国务院办公厅关于促进和规范健康医疗大数据应用发展的指导意见》《国务院办公厅关于促进"互联网+医疗健康"发展的意见》等文件精神，就健康医疗大数据标准、安全和服务管理，制定本办法。

《工业数据分类分级指南（试行）》

第一条 为贯彻《促进大数据发展行动纲要》《大数据产业发展规划（2016-2020年）》有关要求，更好推动《数据管理能力成熟度评估模型》（GB/T 36073-2018）贯标和《工业控制系统信息安全防护指南》落实，指导企业提升工业数据管理能力，促进工业数据的使用、流动与共享，释放数据潜在价值，赋能制造业高质量发展，制定本指南。

《监管数据安全管理办法（试行）》

第一条 为规范银保监会监管数据安全管理工作，提高监管数据安全保护能力，防范监管数据安全风险，依据《中华人民共和国网络安全法》《中华人民共和国银行业监督管理法》《中华人民共和国保险法》《工作秘密管理暂

行办法》等法律法规及有关规定，制定本办法。

《文化和旅游部政务数据资源管理办法（试行）》

第一条 为进一步加强和规范文化和旅游部政务数据资源管理，保障政务数据资源安全，提高政务数据资源共享应用水平，根据《政务信息资源共享管理暂行办法》《促进大数据发展行动纲要》《政务信息系统整合共享实施方案》，制定本办法。

《互联网用户公众账号信息服务管理规定》

第一条 为了规范互联网用户公众账号信息服务，维护国家安全和公共利益，保护公民、法人和其他组织的合法权益，根据《中华人民共和国网络安全法》《互联网信息服务管理办法》《网络信息内容生态治理规定》等法律法规和国家有关规定，制定本规定。

《交通运输政务数据共享管理办法》

第一条 为规范交通运输政务数据共享，推动交通运输数字政府建设，加快建设交通强国，依据国务院关于政务数据共享管理要求，制定本办法。

《移动互联网应用程序信息服务管理规定》

第一条 为了规范移动互联网应用程序（以下简称应用程序）信息服务，保护公民、法人和其他组织的合法权益，维护国家安全和公共利益，根据《中华人民共和国网络安全法》、《中华

人民共和国数据安全法》、《中华人民共和国个人信息保护法》、《中华人民共和国未成年人保护法》、《互联网信息服务管理办法》、《互联网新闻信息服务管理规定》、《网络信息内容生态治理规定》等法律、行政法规和国家有关规定，制定本规定。

《互联网跟帖评论服务管理规定》

第一条　为了规范互联网跟帖评论服务，维护国家安全和公共利益，保护公民、法人和其他组织的合法权益，根据《中华人民共和国网络安全法》《网络信息内容生态治理规定》《互联网用户账号信息管理规定》等法律法规和国家有关规定，制定本规定。

《工业和信息化领域数据安全管理办法（试行）》

第一条　为了规范工业和信息化领域数据处理活动，加强数据安全管理，保障数据安全，促进数据开发利用，保护个人、组织的合法权益，维护国家安全和发展利益，根据《中华人民共和国数据安全法》《中华人民共和国网络安全法》《中华人民共和国个人信息保护法》《中华人民共和国国家安全法》《中华人民共和国民法典》等法律法规，制定本办法。

第二条　【适用范围】
在中华人民共和国境内开展数据处理活动及其安全监管，适用本法。
在中华人民共和国境外开展数据处理活动，损害中华人民共和国国家安全、公共利益或者公民、组织合法权益的，依法追究法律责任。

关联法规

◎ 法律

《网络安全法》

第二条　在中华人民共和国境内建设、运营、维护和使用网络，以及网络安全的监督管理，适用本法。

第五条　国家采取措施，监测、防御、处置来源于中华人民共和国境内外的网络安全风险和威胁，保护关键信息基础设施免受攻击、侵入、干扰和破坏，依法惩治网络违法犯罪活动，维护网络空间安全和秩序。

《反电信网络诈骗法》

第三条　打击治理在中华人民共和国境内实施的电信网络诈骗活动或者中华人民共和国公民在境外实施的电信网络诈骗活动，适用本法。
境外的组织、个人针对中华人民共

和国境内实施电信网络诈骗活动的，或者为他人针对境内实施电信网络诈骗活动提供产品、服务等帮助的，依照本法有关规定处理和追究责任。

《个人信息保护法》

第三条 在中华人民共和国境内处理自然人个人信息的活动，适用本法。

在中华人民共和国境外处理中华人民共和国境内自然人个人信息的活动，有下列情形之一的，也适用本法：

（一）以向境内自然人提供产品或者服务为目的；

（二）分析、评估境内自然人的行为；

（三）法律、行政法规规定的其他情形。

《电子商务法》

第二条 中华人民共和国境内的电子商务活动，适用本法。

本法所称电子商务，是指通过互联网等信息网络销售商品或者提供服务的经营活动。

法律、行政法规对销售商品或者提供服务有规定的，适用其规定。金融类产品和服务，利用信息网络提供新闻信息、音视频节目、出版以及文化产品等内容方面的服务，不适用本法。

◎ 行政法规

《互联网信息服务管理办法》

第二条 在中华人民共和国境内从事互联网信息服务活动，必须遵守本办法。

本办法所称互联网信息服务，是指通过互联网向上网用户提供信息的服务活动。

第三条 互联网信息服务分为经营性和非经营性两类。

经营性互联网信息服务，是指通过互联网向上网用户有偿提供信息或者网页制作等服务活动。

非经营性互联网信息服务，是指通过互联网向上网用户无偿提供具有公开性、共享性信息的服务活动。

《电信条例》

第二条 在中华人民共和国境内从事电信活动或者与电信有关的活动，必须遵守本条例。

本条例所称电信，是指利用有线、无线的电磁系统或者光电系统，传送、发射或者接收语音、文字、数据、图像以及其他任何形式信息的活动。

◎ 司法解释

《关于审理使用人脸识别技术处理个人信息相关民事案件适用法律若干问题的规定》

第一条 因信息处理者违反法律、行政法规的规定或者双方的约定使用人脸识别技术处理人脸信息、处理基于人脸识别技术生成的人脸信息所引起的民事案件，适用本规定。

人脸信息的处理包括人脸信息的收集、存储、使用、加工、传输、提供、公开等。

本规定所称人脸信息属于民法典第一千零三十四条规定的"生物识别信息"。

◎ 部门规章

《规范互联网信息服务市场秩序若干规定》

第二条　在中华人民共和国境内从事互联网信息服务及与互联网信息服务有关的活动，应当遵守本规定。

《电信和互联网用户个人信息保护规定》

第二条　在中华人民共和国境内提供电信服务和互联网信息服务过程中收集、使用用户个人信息的活动，适用本规定。

《区块链信息服务管理规定》

第二条　在中华人民共和国境内从事区块链信息服务，应当遵守本规定。法律、行政法规另有规定的，遵照其规定。

本规定所称区块链信息服务，是指基于区块链技术或者系统，通过互联网站、应用程序等形式，向社会公众提供信息服务。

本规定所称区块链信息服务提供者，是指向社会公众提供区块链信息服务的主体或者节点，以及为区块链信息服务的主体提供技术支持的机构或者组织；本规定所称区块链信息服务使用者，是指使用区块链信息服务的组织或者个人。

《儿童个人信息网络保护规定》

第三条　在中华人民共和国境内通过网络从事收集、存储、使用、转移、披露儿童个人信息等活动，适用本规定。

《汽车数据安全管理若干规定（试行）》

第二条　在中华人民共和国境内开展汽车数据处理活动及其安全监管，应当遵守相关法律、行政法规和本规定的要求。

《网络安全审查办法》

第二十一条　本办法所称网络产品和服务主要指核心网络设备、重要通信产品、高性能计算机和服务器、大容量存储设备、大型数据库和应用软件、网络安全设备、云计算服务，以及其他对关键信息基础设施安全、网络安全和数据安全有重要影响的网络产品和服务。

《互联网信息服务算法推荐管理规定》

第二条　在中华人民共和国境内应用算法推荐技术提供互联网信息服务

（以下简称算法推荐服务），适用本规定。法律、行政法规另有规定的，依照其规定。

《数据出境安全评估办法》

第二条 数据处理者向境外提供在中华人民共和国境内运营中收集和产生的重要数据和个人信息的安全评估，适用本办法。法律、行政法规另有规定的，依照其规定。

第五条 数据处理者在申报数据出境安全评估前，应当开展数据出境风险自评估，重点评估以下事项：

（一）数据出境和境外接收方处理数据的目的、范围、方式等的合法性、正当性、必要性；

（二）出境数据的规模、范围、种类、敏感程度，数据出境可能对国家安全、公共利益、个人或者组织合法权益带来的风险；

（三）境外接收方承诺承担的责任义务，以及履行责任义务的管理和技术措施、能力等能否保障出境数据的安全；

（四）数据出境中和出境后遭到篡改、破坏、泄露、丢失、转移或者被非法获取、非法利用等的风险，个人信息权益维护的渠道是否通畅等；

（五）与境外接收方拟订立的数据出境相关合同或者其他具有法律效力的文件等（以下统称法律文件）是否充

分约定了数据安全保护责任义务；

（六）其他可能影响数据出境安全的事项。

第八条 数据出境安全评估重点评估数据出境活动可能对国家安全、公共利益、个人或者组织合法权益带来的风险，主要包括以下事项：

（一）数据出境的目的、范围、方式等的合法性、正当性、必要性；

（二）境外接收方所在国家或者地区的数据安全保护政策法规和网络安全环境对出境数据安全的影响；境外接收方的数据保护水平是否达到中华人民共和国法律、行政法规的规定和强制性国家标准的要求；

（三）出境数据的规模、范围、种类、敏感程度，出境中和出境后遭到篡改、破坏、泄露、丢失、转移或者被非法获取、非法利用等的风险；

（四）数据安全和个人信息权益是否能够得到充分有效保障；

（五）数据处理者与境外接收方拟订立的法律文件中是否充分约定了数据安全保护责任义务；

（六）遵守中国法律、行政法规、部门规章情况；

（七）国家网信部门认为需要评估的其他事项。

《互联网信息服务深度合成管理规定》

第二条 在中华人民共和国境内应

用深度合成技术提供互联网信息服务（以下简称深度合成服务），适用本规定。法律、行政法规另有规定的，依照其规定。

《个人信息出境标准合同办法》

第二条　个人信息处理者通过与境外接收方订立个人信息出境标准合同（以下简称标准合同）的方式向中华人民共和国境外提供个人信息，适用本办法。

《网信部门行政执法程序规定》

第二条　网信部门实施行政处罚等行政执法，适用本规定。

本规定所称网信部门，是指国家互联网信息办公室和地方互联网信息办公室。

《生成式人工智能服务管理暂行办法》

第二条　利用生成式人工智能技术向中华人民共和国境内公众提供生成文本、图片、音频、视频等内容的服务（以下称生成式人工智能服务），适用本办法。

国家对利用生成式人工智能服务从事新闻出版、影视制作、文艺创作等活动另有规定的，从其规定。

行业组织、企业、教育和科研机构、公共文化机构、有关专业机构等研发、应用生成式人工智能技术，未向境内公众提供生成式人工智能服务的，不适用本办法的规定。

◎ 部门规范性文件

《互联网信息搜索服务管理规定》

第二条　在中华人民共和国境内从事互联网信息搜索服务，适用本规定。

本规定所称互联网信息搜索服务，是指运用计算机技术从互联网上搜集、处理各类信息供用户检索的服务。

《互联网论坛社区服务管理规定》

第二条　在中华人民共和国境内从事互联网论坛社区服务，适用本规定。

本规定所称互联网论坛社区服务，是指在互联网上以论坛、贴吧、社区等形式，为用户提供互动式信息发布社区平台的服务。

《互联网群组信息服务管理规定》

第二条　在中华人民共和国境内提供、使用互联网群组信息服务，应当遵守本规定。

本规定所称互联网群组，是指互联网用户通过互联网站、移动互联网应用程序等建立的，用于群体在线交流信息的网络空间。本规定所称互联网群组信息服务提供者，是指提供互联网群组信息服务的平台。本规定所称互联网群组信息服务使用者，包括群组建立者、管理者和成员。

《教育部机关及直属事业单位教育数据管理办法》

第三条　本办法适用于教育数据的采集、储存、共享、公开和安全管理等环节。

《互联网个人信息安全保护指南》

1 范围

本文件制定了个人信息安全保护的管理机制、安全技术措施和业务流程。

适用于个人信息持有者在个人信息生命周期处理过程中开展安全保护工作参考使用。本文件适用于通过互联网提供服务的企业，也适用于使用专网或非联网环境控制和处理个人信息的组织或个人。

《监管数据安全管理办法（试行）》

第四条 银保监会及受托机构开展监管数据活动，适用本办法。

本办法所称受托机构是指受银保监会委托或委派，为银保监会提供监管数据采集、处理或存储服务的企事业单位。

《文化和旅游部政务数据资源管理办法（试行）》

第二条 本办法用于规范文化和旅游政务部门开展的数据资源规划、采集、汇聚、共享、应用、安全及其有关管理活动。涉及国家秘密的政务数据资源管理，按照有关法律法规规定执行。

《交通运输政务数据共享管理办法》

第三条 本办法用于规范交通运输部及部际、部省相关政务部门因履行职责需要提供和使用政务数据的行为。

《移动互联网应用程序信息服务管理规定》

第二条 在中华人民共和国境内提供应用程序信息服务，以及从事互联网应用商店等应用程序分发服务，应当遵守本规定。

本规定所称应用程序信息服务，是指通过应用程序向用户提供文字、图片、语音、视频等信息制作、复制、发布、传播等服务的活动，包括即时通讯、新闻资讯、知识问答、论坛社区、网络直播、电子商务、网络音视频、生活服务等类型。

本规定所称应用程序分发服务，是指通过互联网提供应用程序发布、下载、动态加载等服务的活动，包括应用商店、快应用中心、互联网小程序平台、浏览器插件平台等类型。

《工业和信息化领域数据安全管理办法（试行）》

第二条 在中华人民共和国境内开展的工业和信息化领域数据处理活动及其安全监管，应当遵守相关法律、行政法规和本办法的要求。

第三条 【数据、数据处理和数据安全的定义】

本法所称数据，是指任何以电子或者其他方式对信息的记录。

> 数据处理，包括数据的收集、存储、使用、加工、传输、提供、公开等。
>
> 数据安全，是指通过采取必要措施，确保数据处于有效保护和合法利用的状态，以及具备保障持续安全状态的能力。

关联法规

◎ 法律

《民法典》

第一百二十七条　法律对数据、网络虚拟财产的保护有规定的，依照其规定。

第一千零三十四条　自然人的个人信息受法律保护。个人信息是以电子或者其他方式记录的能够单独或者与其他信息结合识别特定自然人的各种信息，包括自然人的姓名、出生日期、身份证件号码、生物识别信息、住址、电话号码、电子邮箱、健康信息、行踪信息等。

个人信息中的私密信息，适用有关隐私权的规定；没有规定的，适用有关个人信息保护的规定。

第一千零三十五条　处理个人信息的，应当遵循合法、正当、必要原则，不得过度处理，并符合下列条件：

（一）征得该自然人或者其监护人同意，但是法律、行政法规另有规定的除外；

（二）公开处理信息的规则；

（三）明示处理信息的目的、方式和范围；

（四）不违反法律、行政法规的规定和双方的约定。

个人信息的处理包括个人信息的收集、存储、使用、加工、传输、提供、公开等。

《网络安全法》

第七十六条　本法下列用语的含义：

（一）网络，是指由计算机或者其他信息终端及相关设备组成的按照一定的规则和程序对信息进行收集、存储、传输、交换、处理的系统。

（二）网络安全，是指通过采取必要措施，防范对网络的攻击、侵入、干扰、破坏和非法使用以及意外事故，使网络处于稳定可靠运行的状态，以及保障网络数据的完整性、保密性、可用性的能力。

（三）网络运营者，是指网络的所有者、管理者和网络服务提供者。

（四）网络数据，是指通过网络收集、存储、传输、处理和产生的各种电子数据。

（五）个人信息，是指以电子或者

其他方式记录的能够单独或者与其他信息结合识别自然人个人身份的各种信息，包括但不限于自然人的姓名、出生日期、身份证件号码、个人生物识别信息、住址、电话号码等。

《个人信息保护法》

第四条 个人信息是以电子或者其他方式记录的与已识别或者可识别的自然人有关的各种信息，不包括匿名化处理后的信息。

个人信息的处理包括个人信息的收集、存储、使用、加工、传输、提供、公开、删除等。

《电子商务法》

第二十五条 有关主管部门依照法律、行政法规的规定要求电子商务经营者提供有关电子商务数据信息的，电子商务经营者应当提供。有关主管部门应当采取必要措施保护电子商务经营者提供的数据信息的安全，并对其中的个人信息、隐私和商业秘密严格保密，不得泄露、出售或者非法向他人提供。

《国家安全法》

第二十五条 国家建设网络与信息安全保障体系，提升网络与信息安全保护能力，加强网络和信息技术的创新研究和开发应用，实现网络和信息核心技术、关键基础设施和重要领域信息系统及数据的安全可控；加强网络管理，防范、制止和依法惩治网络攻击、网络入侵、网络窃密、散布违法有害信息等网络违法犯罪行为，维护国家网络空间主权、安全和发展利益。

《电子签名法》

第二条 本法所称电子签名，是指数据电文中以电子形式所含、所附用于识别签名人身份并表明签名人认可其中内容的数据。

本法所称数据电文，是指以电子、光学、磁或者类似手段生成、发送、接收或者储存的信息。

◎ 行政法规

《计算机信息系统安全保护条例》

第二条 本条例所称的计算机信息系统，是指由计算机及其相关的和配套的设备、设施（含网络）构成的，按照一定的应用目标和规则对信息进行采集、加工、存储、传输、检索等处理的人机系统。

《在线政务服务规定》

第十五条 本规定下列用语的含义：

（一）电子签名，是指数据电文中以电子形式所含、所附用于识别签名人身份并表明签名人认可其中内容的数据。

（二）电子印章，是指基于可信密码技术生成身份标识，以电子数据图形表现的印章。

（三）电子证照，是指由计算机等

电子设备形成、传输和存储的证件、执照等电子文件。

（四）电子档案，是指具有凭证、查考和保存价值并归档保存的电子文件。

◎ **司法解释**

《关于办理危害计算机信息系统安全刑事案件应用法律若干问题的解释》

第十一条　本解释所称"计算机信息系统"和"计算机系统"，是指具备自动处理数据功能的系统，包括计算机、网络设备、通信设备、自动化控制设备等。

本解释所称"身份认证信息"，是指用于确认用户在计算机信息系统上操作权限的数据，包括账号、口令、密码、数字证书等。

本解释所称"经济损失"，包括危害计算机信息系统犯罪行为给用户直接造成的经济损失，以及用户为恢复数据、功能而支出的必要费用。

《关于办理刑事案件收集提取和审查判断电子数据若干问题的规定》

第一条　电子数据是案件发生过程中形成的，以数字化形式存储、处理、传输的，能够证明案件事实的数据。

电子数据包括但不限于下列信息、电子文件：

（一）网页、博客、微博客、朋友圈、贴吧、网盘等网络平台发布的信息；

（二）手机短信、电子邮件、即时通信、通讯群组等网络应用服务的通信信息；

（三）用户注册信息、身份认证信息、电子交易记录、通信记录、登录日志等信息；

（四）文档、图片、音视频、数字证书、计算机程序等电子文件。

以数字化形式记载的证人证言、被害人陈述以及犯罪嫌疑人、被告人供述和辩解等证据，不属于电子数据。确有必要的，对相关证据的收集、提取、移送、审查，可以参照适用本规定。

第二十九条　本规定中下列用语的含义：

（一）存储介质，是指具备数据信息存储功能的电子设备、硬盘、光盘、优盘、记忆棒、存储卡、存储芯片等载体。

（二）完整性校验值，是指为防止电子数据被篡改或者破坏，使用散列算法等特定算法对电子数据进行计算，得出的用于校验数据完整性的数据值。

（三）网络远程勘验，是指通过网络对远程计算机信息系统实施勘验，发现、提取与犯罪有关的电子数据，记录计算机信息系统状态，判断案件性质，分析犯罪过程，确定侦查方向和范围，为侦查破案、刑事诉讼提供线索和证据的侦查活动。

（四）数字签名，是指利用特定算法对电子数据进行计算，得出的用于验证电子数据来源和完整性的数据值。

（五）数字证书，是指包含数字签名并对电子数据来源、完整性进行认证的电子文件。

（六）访问操作日志，是指为审查电子数据是否被增加、删除或者修改，由计算机信息系统自动生成的对电子数据访问、操作情况的详细记录。

《关于办理侵犯公民个人信息刑事案件适用法律若干问题的解释》

第一条 刑法第二百五十三条之一规定的"公民个人信息"，是指以电子或者其他方式记录的能够单独或者与其他信息结合识别特定自然人身份或者反映特定自然人活动情况的各种信息，包括姓名、身份证件号码、通信通讯联系方式、住址、账号密码、财产状况、行踪轨迹等。

《关于办理非法利用信息网络、帮助信息网络犯罪活动等刑事案件适用法律若干问题的解释》

第一条 提供下列服务的单位和个人，应当认定为刑法第二百八十六条之一第一款规定的"网络服务提供者"：

（一）网络接入、域名注册解析等信息网络接入、计算、存储、传输

服务；

（二）信息发布、搜索引擎、即时通讯、网络支付、网络预约、网络购物、网络游戏、网络直播、网站建设、安全防护、广告推广、应用商店等信息网络应用服务；

（三）利用信息网络提供的电子政务、通信、能源、交通、水利、金融、教育、医疗等公共服务。

《关于审理侵害信息网络传播权民事纠纷案件适用法律若干问题的规定》

第二条 本规定所称信息网络，包括以计算机、电视机、固定电话机、移动电话机等电子设备为终端的计算机互联网、广播电视网、固定通信网、移动通信网等信息网络，以及向公众开放的局域网。

《人民检察院办理网络犯罪案件规定》

第二十七条 电子数据是以数字化形式存储、处理、传输的，能够证明案件事实的数据，主要包括以下形式：

（一）网页、社交平台、论坛等网络平台发布的信息；

（二）手机短信、电子邮件、即时通信、通讯群组等网络通讯信息；

（三）用户注册信息、身份认证信息、数字签名、生物识别信息等用户身份信息；

（四）电子交易记录、通信记录、浏览记录、操作记录、程序安装、运

行、删除记录等用户行为信息;

(五)恶意程序、工具软件、网站源代码、运行脚本等行为工具信息;

(六)系统日志、应用程序日志、安全日志、数据库日志等系统运行信息;

(七)文档、图片、音频、视频、数字证书、数据库文件等电子文件及其创建时间、访问时间、修改时间、大小等文件附属信息。

《关于审理使用人脸识别技术处理个人信息相关民事案件适用法律若干问题的规定》

第一条 因信息处理者违反法律、行政法规的规定或者双方的约定使用人脸识别技术处理人脸信息、处理基于人脸识别技术生成的人脸信息所引起的民事案件,适用本规定。

人脸信息的处理包括人脸信息的收集、存储、使用、加工、传输、提供、公开等。

本规定所称人脸信息属于民法典第一千零三十四条规定的"生物识别信息"。

◎ 部门规章
《个人信用信息基础数据库管理暂行办法》

第四条 本办法所称个人信用信息包括个人基本信息、个人信贷交易信息以及反映个人信用状况的其他信息。

前款所称个人基本信息是指自然人身份识别信息、职业和居住地址等信息;个人信贷交易信息是指商业银行提供的自然人在个人贷款、贷记卡、准贷记卡、担保等信用活动中形成的交易记录;反映个人信用状况的其他信息是指除信贷交易信息之外的反映个人信用状况的相关信息。

《中国人民银行金融消费者权益保护实施办法》

第二十八条 本办法所称消费者金融信息,是指银行、支付机构通过开展业务或者其他合法渠道处理的消费者信息,包括个人身份信息、财产信息、账户信息、信用信息、金融交易信息及其他与特定消费者购买、使用金融产品或者服务相关的信息。

消费者金融信息的处理包括消费者金融信息的收集、存储、使用、加工、传输、提供、公开等。

《汽车数据安全管理若干规定(试行)》

第三条 本规定所称汽车数据,包括汽车设计、生产、销售、使用、运维等过程中的涉及个人信息数据和重要数据。

汽车数据处理,包括汽车数据的收集、存储、使用、加工、传输、提供、公开等。

汽车数据处理者,是指开展汽车数据处理活动的组织,包括汽车制造商、零部件和软件供应商、经销商、维修机构以及出行服务企业等。

个人信息，是指以电子或者其他方式记录的与已识别或者可识别的车主、驾驶人、乘车人、车外人员等有关的各种信息，不包括匿名化处理后的信息。

敏感个人信息，是指一旦泄露或者非法使用，可能导致车主、驾驶人、乘车人、车外人员等受到歧视或者人身、财产安全受到严重危害的个人信息，包括车辆行踪轨迹、音频、视频、图像和生物识别特征等信息。

重要数据是指一旦遭到篡改、破坏、泄露或者非法获取、非法利用，可能危害国家安全、公共利益或者个人、组织合法权益的数据，包括：

（一）军事管理区、国防科工单位以及县级以上党政机关等重要敏感区域的地理信息、人员流量、车辆流量等数据；

（二）车辆流量、物流等反映经济运行情况的数据；

（三）汽车充电网的运行数据；

（四）包含人脸信息、车牌信息等的车外视频、图像数据；

（五）涉及个人信息主体超过 10 万人的个人信息；

（六）国家网信部门和国务院发展改革、工业和信息化、公安、交通运输等有关部门确定的其他可能危害国家安全、公

共利益或者个人、组织合法权益的数据。

第九条 汽车数据处理者处理敏感个人信息，应当符合以下要求或者符合法律、行政法规和强制性国家标准等其他要求：

（一）具有直接服务于个人的目的，包括增强行车安全、智能驾驶、导航等；

（二）通过用户手册、车载显示面板、语音以及汽车使用相关应用程序等显著方式告知必要性以及对个人的影响；

（三）应当取得个人单独同意，个人可以自主设定同意期限；

（四）在保证行车安全的前提下，以适当方式提示收集状态，为个人终止收集提供便利；

（五）个人要求删除的，汽车数据处理者应当在十个工作日内删除。

汽车数据处理者具有增强行车安全的目的和充分的必要性，方可收集指纹、声纹、人脸、心律等生物识别特征信息。

《互联网用户账号信息管理规定》

第二十三条 本规定下列用语的含义是：

（一）互联网用户账号信息，是指互联网用户在互联网信息服务中注册、使用的名称、头像、封面、简介、签名、认证信息等用于标识用户账号的信息。

（二）互联网信息服务提供者，是指向用户提供互联网信息发布和应用平台服务，包括但不限于互联网新闻信息服务、网络出版服务、搜索引擎、即时通讯、交互式信息服务、网络直播、应用软件下载等互联网服务的主体。

《数据出境安全评估办法》

第十九条　本办法所称重要数据，是指一旦遭到篡改、破坏、泄露或者非法获取、非法利用等，可能危害国家安全、经济运行、社会稳定、公共健康和安全等的数据。

《生成式人工智能服务管理暂行办法》

第二十二条　本办法下列用语的含义是：

（一）生成式人工智能技术，是指具有文本、图片、音频、视频等内容生成能力的模型及相关技术。

（二）生成式人工智能服务提供者，是指利用生成式人工智能技术提供生成式人工智能服务（包括通过提供可编程接口等方式提供生成式人工智能服务）的组织、个人。

（三）生成式人工智能服务使用者，是指使用生成式人工智能服务生成内容的组织、个人。

◎ **部门规范性文件**

《教育部机关及直属事业单位教育数据管理办法》

第二条　本办法所称教育数据，是指教育部机关及经法律法规授权具有行政职能的直属事业单位在履行职责过程中获取的各类数字化的数据资源，包括法定统计数据和行政记录数据。

法定统计数据是指按照《中华人民共和国统计法》的有关规定，通过国家统计局审批备案的统计调查制度采集的数据。法定统计数据为标准时点或时段的静态数据或累计数据。

行政记录数据是指行政业务管理信息系统在履行行政管理职责过程中形成的数据资源。行政记录数据主要为动态数据。

《国家健康医疗大数据标准、安全和服务管理办法（试行）》

第四条　本办法所称健康医疗大数据，是指在人们疾病防治、健康管理等过程中产生的与健康医疗相关的数据。

《海关大数据使用管理办法》

第二条　本办法所述海关大数据是指纳入海关大数据池统一管理的数据。

海关建立统一管理的大数据池。海关在履行职责过程中制作或获取的，以一定形式记录、保存的文件、资料、图表和数据等各类信息资源应纳入大数据池管理，包括但不限于：海关内部系统的数据、各系统的运维数据；海关购买的数据；外部委向海关提供的数据；海关通过国际合作获取的数据、互联网获取的数据。

《工业数据分类分级指南（试行）》

第二条　本指南所指工业数据是工业领域产品和服务全生命周期产生和应用的数据，包括但不限于工业企业在研发设计、生产制造、经营管理、运维服务等环节中生成和使用的数据，以及工业互联网平台企业（以下简称平台企业）在设备接入、平台运行、工业 App 应用等过程中生成和使用的数据。

第六条　工业企业工业数据分类维度包括但不限于研发数据域（研发设计数据、开发测试数据等）、生产数据域（控制信息、工况状态、工艺参数、系统日志等）、运维数据域（物流数据、产品售后服务数据等）、管理数据域（系统设备资产信息、客户与产品信息、产品供应链数据、业务统计数据等）、外部数据域（与其他主体共享的数据等）。

《监管数据安全管理办法（试行）》

第二条　本办法所称监管数据是指银保监会在履行监管职责过程中，依法定期采集，经监管信息系统记录、生成和存储的，或经银保监会各业务部门认定的数字、指标、报表、文字等各类信息。

本办法所称监管信息系统是指以满足监管需求为目的开发建设的，具有数据采集、处理、存储等功能的信息系统。

第三条　本办法所称监管数据安全是指监管数据在采集、处理、存储、使用等活动（以下简称监管数据活动）中，处于可用、完整和可审计状态，未发生泄露、篡改、损毁、丢失或非法使用等情况。

《文化和旅游部政务数据资源管理办法（试行）》

第四条　本办法所称文化和旅游部政务数据资源（以下简称"数据资源"），是指政务部门在履行职责过程中产生或获取的，以一定形式记录、保存的文字、数字、图表、图像、音频、视频、电子证照、电子档案等各类结构化和非结构化数据资源，包括直接或通过第三方依法采集的、依法授权管理的、政府购买服务的和因履行职责需要依托政务信息系统形成的数据资源等。

第五条　本办法所称使用部门，是指因履行职责需要使用数据资源的部门。本办法所称提供部门，是指数据资源的产生和提供部门。

《交通运输政务数据共享管理办法》

第二条　本办法所称交通运输政务部门（以下简称政务部门），是指交通运输主管部门及法律、法规授权行使交通运输行政管理职能的事业单位和社会组织。

本办法所称交通运输政务数据，是指政务部门在履行职责过程中直接或通过第三方依法采集、产生、获取的，以电子形式记录、保存的各类非涉密数据、文件、资料和图表等。

本办法所称提供部门，是指产生和提供政务数据的政务部门。本办法所称使用部门，是指因履行职责需要使用政务数据的政务部门。

《网络产品安全漏洞管理规定》

第七条 网络产品提供者应当履行下列网络产品安全漏洞管理义务，确保其产品安全漏洞得到及时修补和合理发布，并指导支持产品用户采取防范措施：

（一）发现或者获知所提供网络产品存在安全漏洞后，应当立即采取措施并组织对安全漏洞进行验证，评估安全漏洞的危害程度和影响范围；对属于其上游产品或者组件存在的安全漏洞，应当立即通知相关产品提供者。

（二）应当在2日内向工业和信息化部网络安全威胁和漏洞信息共享平台报送相关漏洞信息。报送内容应当包括存在网络产品安全漏洞的产品名称、型号、版本以及漏洞的技术特点、危害和影响范围等。

（三）应当及时组织对网络产品安全漏洞进行修补，对于需要产品用户（含下游厂商）采取软件、固件升级等措施的，应当及时将网络产品安全漏洞风险及修补方式告知可能受影响的产品用户，并提供必要的技术支持。

工业和信息化部网络安全威胁和漏洞信息共享平台同步向国家网络与信息安全信息通报中心、国家计算机网络应急技术处理协调中心通报相关漏洞信息。

鼓励网络产品提供者建立所提供网络产品安全漏洞奖励机制，对发现并通报所提供网络产品安全漏洞的组织或者个人给予奖励。

《关于加强车联网网络安全和数据安全工作的通知》

......

一、网络安全和数据安全基本要求

......

（二）全面加强安全保护。各相关企业要采取管理和技术措施，按照车联网网络安全和数据安全相关标准要求，加强汽车、网络、平台、数据等安全保护，监测、防范、及时处置网络安全风险和威胁，确保数据处于有效保护和合法利用状态，保障车联网安全稳定运行。

《工业和信息化领域数据安全管理办法（试行）》

第三条 工业和信息化领域数据包括工业数据、电信数据和无线电数据等。工业数据是指工业各行业各领域在研发设计、生产制造、经营管理、运行维护、平台运营等过程中产生和收集的数据。

电信数据是指在电信业务经营活动

中产生和收集的数据。

无线电数据是指在开展无线电业务活动中产生和收集的无线电频率、台（站）等电波参数数据。

工业和信息化领域数据处理者是指数据处理活动中自主决定处理目的、处理方式的工业企业、软件和信息技术服务企业、取得电信业务经营许可证的电信业务经营者和无线电频率、台（站）使用单位等工业和信息化领域各类主体。工业和信息化领域数据处理者按照所属行业领域可分为工业数据处理者、电信数据处理者、无线电数据处理者等。数据处理活动包括但不限于数据收集、存储、使用、加工、传输、提供、公开等活动。

第四条　【基本原则】

维护数据安全，应当坚持总体国家安全观，建立健全数据安全治理体系，提高数据安全保障能力。

关联法规

◎ **法律**

《网络安全法》

第三条　国家坚持网络安全与信息化发展并重，遵循积极利用、科学发展、依法管理、确保安全的方针，推进网络基础设施建设和互联互通，鼓励网络技术创新和应用，支持培养网络安全人才，建立健全网络安全保障体系，提高网络安全保护能力。

《国家安全法》

第三条　国家安全工作应当坚持总体国家安全观，以人民安全为宗旨，以政治安全为根本，以经济安全为基础，以军事、文化、社会安全为保障，以促进国际安全为依托，维护各领域国家安全，构建国家安全体系，走中国特色国家安全道路。

第二十五条　国家建设网络与信息安全保障体系，提升网络与信息安全保护能力，加强网络和信息技术的创新研究和开发应用，实现网络和信息核心技术、关键基础设施和重要领域信息系统及数据的安全可控；加强网络管理，防范、制止和依法惩治网络攻击、网络入侵、网络窃密、散布违法有害信息等网络违法犯罪行为，维护国家网络空间主权、安全和发展利益。

《密码法》

第三条　密码工作坚持总体国家安全观，遵循统一领导、分级负责，创新发展、服务大局，依法管理、保障安全的原则。

◎ **党内法规**

《关于构建数据基础制度更好发挥数据要素作用的意见》

一、总体要求

……

（二）工作原则

……

——完善治理体系，保障安全发展。统筹发展和安全，贯彻总体国家安全观，强化数据安全保障体系建设，把安全贯穿数据供给、流通、使用全过程，划定监管底线和红线。加强数据分类分级管理，把该管的管住、该放的放开，积极有效防范和化解各种数据风险，形成政府监管与市场自律、法治与行业自治协同、国内与国际统筹的数据要素治理结构。

……

◎ **司法解释**

《关于加强区块链司法应用的意见》

一、总体要求

……

（三）基本原则

坚持依法统筹、注重协同联动。依法依规加强区块链基础设施统筹规划，面向经济社会发展和审判执行工作需要，开展区块链司法领域应用顶层设计，加强与各行各业跨链协同应用模式研究，促进多方数据共享和协同应用。

坚持开放共享、注重标准先行。建设与社会各行各业互通共享的区块链联盟，形成共性基础技术支持能力，建立统一、开放的区块链司法领域应用技术标准体系，为跨部门节点接入、跨行业数据共同维护和利用提供规范化服务。

坚持应用牵引、注重创新发展。以司法为民、公正司法和服务社会治理为牵引，充分发挥区块链在优化业务流程、提升协同效率、建设可信体系等方面的作用，持续推进区块链在司法领域深度应用，不断提高跨领域自动执行能力。

坚持安全可靠、注重有序推进。以安全可信为前提，着力提升上链数据和智能合约的准确可控水平，确保数据安全，保护个人信息，推动形成区块链在司法领域稳中求进、有序发展、安全可靠的应用生态。

《关于规范和加强人工智能司法应用的意见》

三、基本原则

3. 安全合法原则。坚持总体国家安全观，禁止使用不符合法律法规的人工智能技术和产品，司法人工智能产品和服务必须依法研发、部署和运行，不得损害国家安全，不得侵犯合法权益，确保国家秘密、网络安全、数据安全和个人信息不受侵害，保护个人隐私，促进人机和谐友好，努力提供安全、合法、高效的智能化司法服务。

......

◎ **部门规范性文件**

《教育部机关及直属事业单位教育数据管理办法》

第四条 教育数据管理的基本原则是：

（一）统筹管理，各负其责。教育数据的采集、储存、共享、公开和安全管理等工作要在教育部统筹管理、统一标准的基础上，由教育部机关及直属事业单位分头实施、各负其责。

（二）推进共享，有序公开。教育数据以共享为原则，不共享为例外。公开教育数据要依照相关法律法规，在满足社会公众知情权的前提下，有序开放公共教育数据资源。

（三）规范程序，保障安全。明确教育数据各环节的管理程序，做到教育数据管理全过程有规可依。依托国家信息安全保障体系，完善教育数据共享与公开安全机制，保护个人隐私信息，保障教育数据资源安全。

《国家健康医疗大数据标准、安全和服务管理办法（试行）》

第三十一条 责任单位选择健康医疗大数据服务提供商时，应当确保其符合国家和行业规定及要求，具备履行相关法规制度、落实相关标准、确保数据安全的能力，建立数据安全管理、个人隐私保护、应急响应管理等方面管理制度。

《海关大数据使用管理办法》

第三条 海关大数据使用遵循"统筹管理、按需使用、分类分级、保障安全"的原则。

《文化和旅游部政务数据资源管理办法（试行）》

第九条 数据资源管理工作遵循统筹规划、共享开放、依法管理、安全可控、深化应用、创新发展等基本原则。

《关于促进数据安全产业发展的指导意见》

一、总体要求

（一）指导思想。以习近平新时代中国特色社会主义思想为指导，全面贯彻落实党的二十大精神，立足新发展阶段，完整、准确、全面贯彻新发展理念，构建新发展格局，坚定不移贯彻总体国家安全观，统筹发展和安全，把握数字化发展机遇，以全面提升数据安全产业供给能力为主线，以创新为动力、需求为导向、人才为根本，加强核心技术攻关，加快补齐短板，促进各领域深度应用，发展数据安全服务，构建繁荣产业生态，推动数据安全产业高质量发展，全面加强数据安全产业体系和能力，夯实数据安全治理基础，促进以数据为关键要素的数字经济健康快速发展。

……

《关于规范货币经纪公司数据服务有关事项的通知》

（一）货币经纪公司进行数据处理、向市场提供数据服务，应当遵守法律法规和商业道德，尊重社会公德和伦理，履行数据安全保护义务，不得危害国家安全、金融安全和公共利益，不得损害金融机构的合法权益。

第五条　【国家数据安全工作协调机制】

中央国家安全领导机构负责国家数据安全工作的决策和议事协调，研究制定、指导实施国家数据安全战略和有关重大方针政策，统筹协调国家数据安全的重大事项和重要工作，建立国家数据安全工作协调机制。

关联法规

◎ **法律**

《网络安全法》

第四条　国家制定并不断完善网络安全战略，明确保障网络安全的基本要求和主要目标，提出重点领域的网络安全政策、工作任务和措施。

第八条　国家网信部门负责统筹协调网络安全工作和相关监督管理工作。国务院电信主管部门、公安部门和其他有关机关依照本法和有关法律、行政法规的规定，在各自职责范围内负责网络安全保护和监督管理工作。

县级以上地方人民政府有关部门的网络安全保护和监督管理职责，按照国家有关规定确定。

《国家安全法》

第二条　国家安全是指国家政权、主权、统一和领土完整、人民福祉、经济社会可持续发展和国家其他重大利益相对处于没有危险和不受内外威胁的状态，以及保障持续安全状态的能力。

第五条　中央国家安全领导机构负责国家安全工作的决策和议事协调，研究制定、指导实施国家安全战略和有关重大方针政策，统筹协调国家安全重大事项和重要工作，推动国家安全法治建设。

《国家情报法》

第三条　国家建立健全集中统一、分工协作、科学高效的国家情报体制。

中央国家安全领导机构对国家情报工作实行统一领导，制定国家情报工作方针政策，规划国家情报工作整体发展，建立健全国家情报工作协调机制，统筹协调各领域国家情报工作，研究决定国家情报工作中的重大事项。

中央军事委员会统一领导和组织军

队情报工作。

《密码法》

　　第四条　坚持中国共产党对密码工作的领导。中央密码工作领导机构对全国密码工作实行统一领导，制定国家密码工作重大方针政策，统筹协调国家密码重大事项和重要工作，推进国家密码法治建设。

《生物安全法》

　　第十条　中央国家安全领导机构负责国家生物安全工作的决策和议事协调，研究制定、指导实施国家生物安全战略和有关重大方针政策，统筹协调国家生物安全的重大事项和重要工作，建立国家生物安全工作协调机制。

　　省、自治区、直辖市建立生物安全工作协调机制，组织协调、督促推进本行政区域内生物安全相关工作。

◎ **党内法规**

《关于构建数据基础制度更好发挥数据要素作用的意见》

　　六、保障措施

　　……

　　（十七）切实加强组织领导。加强党对构建数据基础制度工作的全面领导，在党中央集中统一领导下，充分发挥数字经济发展部际联席会议作用，加强整体工作统筹，促进跨地区跨部门跨层级协同联动，强化督促指导。各地区各部门要高度重视数据基础制度建设，

统一思想认识，加大改革力度，结合各自实际，制定工作举措，细化任务分工，抓好推进落实。

　　……

◎ **部门规范性文件**

《关于统筹推进民政信息化建设的指导意见》

　　五、优化信息化发展环境

　　（十三）加强信息化建设统一领导。在部党组的领导下，加强部网络安全和信息化领导小组对信息化工作的统一领导，统筹协调重大问题，实现人员、经费、资源统筹和归口管理。各级民政部门建立健全项目统筹、业务衔接、资源共享、运行保障的一体化工作机制，明确目标、责任和实施机构，避免职责交叉，确保信息化工作落到实处。信息化单位做好统筹设计和实施，建好系统，做好服务。业务单位主动参与，提好需求、用好数据、抓好应用。

　　……

《文化和旅游部政务数据资源管理办法（试行）》

　　第六条　文化和旅游部网络安全和信息化领导小组（以下简称"部网信领导小组"）负责统筹协调、监督指导政务部门数据资源管理工作。文化和旅游部网络安全和信息化领导小组办公室（以下简称"部网信办"）承担政务数据资源管理相关具体工作。

《工业和信息化领域数据安全管理办法（试行）》

第三十三条　工业和信息化部在国家数据安全工作协调机制指导下，开展工业和信息化领域数据安全审查相关工作。

第六条　【各地区、各部门维护数据安全的职责】

各地区、各部门对本地区、本部门工作中收集和产生的数据及数据安全负责。

工业、电信、交通、金融、自然资源、卫生健康、教育、科技等主管部门承担本行业、本领域数据安全监管职责。

公安机关、国家安全机关等依照本法和有关法律、行政法规的规定，在各自职责范围内承担数据安全监管职责。

国家网信部门依照本法和有关法律、行政法规的规定，负责统筹协调网络数据安全和相关监管工作。

关联法规

◎ 法律

《宪法》

第三十条　中华人民共和国的行政区域划分如下：

（一）全国分为省、自治区、直辖市；

（二）省、自治区分为自治州、县、自治县、市；

（三）县、自治县分为乡、民族乡、镇。

直辖市和较大的市分为区、县。自治州分为县、自治县、市。

自治区、自治州、自治县都是民族自治地方。

《网络安全法》

第八条　国家网信部门负责统筹协调网络安全工作和相关监督管理工作。国务院电信主管部门、公安部门和其他有关机关依照本法和有关法律、行政法规及文件的规定，在各自职责范围内负责网络安全保护和监督管理工作。

县级以上地方人民政府有关部门的网络安全保护和监督管理职责，按照国家有关规定确定。

第十条　建设、运营网络或者通过网络提供服务，应当依照法律、行政法规的规定和国家标准的强制性要求，采取技术措施和其他必要措施，保障网络安全、稳定运行，有效应对网络安全事件，防范网络违法犯罪活动，维护网络数据的完整性、保密性和可用性。

第十一条 网络相关行业组织按照章程，加强行业自律，制定网络安全行为规范，指导会员加强网络安全保护，提高网络安全保护水平，促进行业健康发展。

《反电信网络诈骗法》

第六条 国务院建立反电信网络诈骗工作机制，统筹协调打击治理工作。

地方各级人民政府组织领导本行政区域内反电信网络诈骗工作，确定反电信网络诈骗目标任务和工作机制，开展综合治理。

公安机关牵头负责反电信网络诈骗工作，金融、电信、网信、市场监管等有关部门依照职责履行监管主体责任，负责本行业领域反电信网络诈骗工作。

人民法院、人民检察院发挥审判、检察职能作用，依法防范、惩治电信网络诈骗活动。

电信业务经营者、银行业金融机构、非银行支付机构、互联网服务提供者承担风险防控责任，建立反电信网络诈骗内部控制机制和安全责任制度，加强新业务涉诈风险安全评估。

《个人信息保护法》

第六十条 国家网信部门负责统筹协调个人信息保护工作和相关监督管理

工作。国务院有关部门依照本法和有关法律、行政法规的规定，在各自职责范围内负责个人信息保护和监督管理工作。

县级以上地方人民政府有关部门的个人信息保护和监督管理职责，按照国家有关规定确定。

前两款规定的部门统称为履行个人信息保护职责的部门。

第六十一条 履行个人信息保护职责的部门履行下列个人信息保护职责：

（一）开展个人信息保护宣传教育，指导、监督个人信息处理者开展个人信息保护工作；

（二）接受、处理与个人信息保护有关的投诉、举报；

（三）组织对应用程序等个人信息保护情况进行测评，并公布测评结果；

（四）调查、处理违法个人信息处理活动；

（五）法律、行政法规规定的其他职责。

第六十二条 国家网信部门统筹协调有关部门依据本法推进下列个人信息保护工作：

（一）制定个人信息保护具体规则、标准；

（二）针对小型个人信息处理者、处理敏感个人信息以及人脸识别、人工智能等新技术、新应用，制定专门的个人信息保护规则、标准；

（三）支持研究开发和推广应用安全、方便的电子身份认证技术，推进网络身份认证公共服务建设；

（四）推进个人信息保护社会化服务体系建设，支持有关机构开展个人信息保护评估、认证服务；

（五）完善个人信息保护投诉、举报工作机制。

第六十三条　履行个人信息保护职责的部门履行个人信息保护职责，可以采取下列措施：

（一）询问有关当事人，调查与个人信息处理活动有关的情况；

（二）查阅、复制当事人与个人信息处理活动有关的合同、记录、账簿以及其他有关资料；

（三）实施现场检查，对涉嫌违法的个人信息处理活动进行调查；

（四）检查与个人信息处理活动有关的设备、物品；对有证据证明是用于违法个人信息处理活动的设备、物品，向本部门主要负责人书面报告并经批准，可以查封或者扣押。

履行个人信息保护职责的部门依法履行职责，当事人应当予以协助、配合，不得拒绝、阻挠。

《国家安全法》

第二条　国家安全是指国家政权、主权、统一和领土完整、人民福祉、经

济社会可持续发展和国家其他重大利益相对处于没有危险和不受内外威胁的状态，以及保障持续安全状态的能力。

第四十二条　国家安全机关、公安机关依法搜集涉及国家安全的情报信息，在国家安全工作中依法行使侦查、拘留、预审和执行逮捕以及法律规定的其他职权。

有关军事机关在国家安全工作中依法行使相关职权。

第四十七条　各部门、各地区应当采取有效措施，贯彻实施国家安全战略。

第四十八条　国家根据维护国家安全工作需要，建立跨部门会商工作机制，就维护国家安全工作的重大事项进行会商研判，提出意见和建议。

第五十二条　国家安全机关、公安机关、有关军事机关根据职责分工，依法搜集涉及国家安全的情报信息。

国家机关各部门在履行职责过程中，对于获取的涉及国家安全的有关信息应当及时上报。

《反恐怖主义法》

第十九条　电信业务经营者、互联网服务提供者应当依照法律、行政法规规定，落实网络安全、信息内容监督制度和安全技术防范措施，防止含有恐怖主义、极端主义内容的信息传播；发现含有恐怖主义、极端主义内容的信息

的，应当立即停止传输，保存相关记录，删除相关信息，并向公安机关或者有关部门报告。

网信、电信、公安、国家安全等主管部门对含有恐怖主义、极端主义内容的信息，应当按照职责分工，及时责令有关单位停止传输、删除相关信息，或者关闭相关网站、关停相关服务。有关单位应当立即执行，并保存相关记录，协助进行调查。对互联网上跨境传输的含有恐怖主义、极端主义内容的信息，电信主管部门应当采取技术措施，阻断传播。

《地方各级人民代表大会和地方各级人民政府组织法》

第三十七条 乡、民族乡、镇的每届人民代表大会第一次会议通过的代表资格审查委员会，行使职权至本届人民代表大会任期届满为止。

第三十八条 地方各级人民代表大会代表任期，从每届本级人民代表大会举行第一次会议开始，到下届本级人民代表大会举行第一次会议为止。

◎ **党内法规**

《关于构建数据基础制度更好发挥数据要素作用的意见》

六、保障措施

......

（十七）切实加强组织领导。加强党对构建数据基础制度工作的全面领

导，在党中央集中统一领导下，充分发挥数字经济发展部际联席会议作用，加强整体工作统筹，促进跨地区跨部门跨层级协同联动，强化督促指导。各地区各部门要高度重视数据基础制度建设，统一思想认识，加大改革力度，结合各自实际，制定工作举措，细化任务分工，抓好推进落实。

......

◎ **行政法规**

《计算机信息网络国际联网管理暂行规定》

第五条 国务院信息化工作领导小组（以下简称领导小组），负责协调、解决有关国际联网工作中的重大问题。

领导小组办公室按照本规定制定具体管理办法，明确国际出入口信道提供单位、互联单位、接入单位和用户的权利、义务和责任，并负责对国际联网工作的检查监督。

《计算机信息系统安全保护条例》

第六条 公安部主管全国计算机信息系统安全保护工作。

国家安全部、国家保密局和国务院其他有关部门，在国务院规定的职责范围内做好计算机信息系统安全保护的有关工作。

第十五条 对计算机病毒和危害社会公共安全的其他有害数据的防治研究

工作，由公安部归口管理。

第十七条　公安机关对计算机信息系统安全保护工作行使下列监督职权：

（一）监督、检查、指导计算机信息系统安全保护工作；

（二）查处危害计算机信息系统安全的违法犯罪案件；

（三）履行计算机信息系统安全保护工作的其他监督职责。

第十八条　公安机关发现影响计算机信息系统安全的隐患时，应当及时通知使用单位采取安全保护措施。

《互联网信息服务管理办法》

第十八条　国务院信息产业主管部门和省、自治区、直辖市电信管理机构，依法对互联网信息服务实施监督管理。

新闻、出版、教育、卫生、药品监督管理、工商行政管理和公安、国家安全等有关主管部门，在各自职责范围内依法对互联网信息内容实施监督管理。

第二十四条　互联网信息服务提供者在其业务活动中，违反其他法律、法规的，由新闻、出版、教育、卫生、药品监督管理和工商行政管理等有关主管部门依照有关法律、法规的规定处罚。

《计算机信息网络国际联网安全保护管理办法》

第三条　公安部计算机管理监察机构负责计算机信息网络国际联网的安全

保护管理工作。

公安机关计算机管理监察机构应当保护计算机信息网络国际联网的公共安全，维护从事国际联网业务的单位和个人的合法权益和公众利益。

第八条　从事国际联网业务的单位和个人应当接受公安机关的安全监督、检查和指导，如实向公安机关提供有关安全保护的信息、资料及数据文件，协助公安机关查处通过国际联网的计算机信息网络的违法犯罪行为。

第九条　国际出入口信道提供单位、互联单位的主管部门或者主管单位，应当依照法律和国家有关规定负责国际出入口信道、所属互联网络的安全保护管理工作。

第十四条　涉及国家事务、经济建设、国防建设、尖端科学技术等重要领域的单位办理备案手续时，应当出具其行政主管部门的审批证明。

前款所列单位的计算机信息网络与国际联网，应当采取相应的安全保护措施。

第十五条　省、自治区、直辖市公安厅（局），地（市）、县（市）公安局，应当有相应机构负责国际联网的安全保护管理工作。

第十六条　公安机关计算机管理监察机构应当掌握互联单位、接入单位和用户的备案情况，建立备案档案，进行备案统计，并按照国家有关规定逐级上报。

第十七条 公安机关计算机管理监察机构应当督促互联单位、接入单位及有关用户建立健全安全保护管理制度。监督、检查网络安全保护管理以及技术措施的落实情况。

公安机关计算机管理监察机构在组织安全检查时，有关单位应当派人参加。公安机关计算机管理监察机构对安全检查发现的问题，应当提出改进意见，作出详细记录，存档备查。

第十八条 公安机关计算机管理监察机构发现含有本办法第五条所列内容的地址、目录或者服务器时，应当通知有关单位关闭或者删除。

第十九条 公安机关计算机管理监察机构应当负责追踪和查处通过计算机信息网络的违法行为和针对计算机信息网络的犯罪案件，对违反本办法第四条、第七条规定的违法犯罪行为，应当按照国家有关规定移送有关部门或者司法机关处理。

《电信条例》

第三条 国务院信息产业主管部门依照本条例的规定对全国电信业实施监督管理。

省、自治区、直辖市电信管理机构在国务院信息产业主管部门的领导下，依照本条例的规定对本行政区域内的电信业实施监督管理。

《关键信息基础设施安全保护条例》

第三条 在国家网信部门统筹协调下，国务院公安部门负责指导监督关键信息基础设施安全保护工作。国务院电信主管部门和其他有关部门依照本条例和有关法律、行政法规及文件的规定，在各自职责范围内负责关键信息基础设施安全保护和监督管理工作。

◎ **部门规章**

《个人信用信息基础数据库管理暂行办法》

第二条 中国人民银行负责组织商业银行建立个人信用信息基础数据库（以下简称个人信用数据库），并负责设立征信服务中心，承担个人信用数据库的日常运行和管理。

第十八条 国务院信息产业主管部门和省、自治区、直辖市电信管理机构，依法对互联网信息服务实施监督管理。

新闻、出版、教育、卫生、药品监督管理、工商行政管理和公安、国家安全等有关主管部门，在各自职责范围内依法对互联网信息内容实施监督管理。

《公安机关互联网安全监督检查规定》

第十条 公安机关应当根据互联网服务提供者和联网使用单位履行法定网络安全义务的实际情况，依照国家有关规定和标准，对下列内容进行监督检查：

（一）是否办理联网单位备案手续，并报送接入单位和用户基本信息及其变更情况；

（二）是否制定并落实网络安全管理制度和操作规程，确定网络安全负责人；

（三）是否依法采取记录并留存用户注册信息和上网日志信息的技术措施；

（四）是否采取防范计算机病毒和网络攻击、网络侵入等技术措施；

（五）是否在公共信息服务中对法律、行政法规禁止发布或者传输的信息依法采取相关防范措施；

（六）是否按照法律规定的要求为公安机关依法维护国家安全、防范调查恐怖活动、侦查犯罪提供技术支持和协助；

（七）是否履行法律、行政法规规定的网络安全等级保护等义务。

《小微型客车租赁经营服务管理办法》

第十条　小微型客车租赁经营者和接受委托提供小微型客车租赁交易撮合、信息发布等服务的电子商务平台经营者，应当遵守国家网络安全、个人信息保护、数据安全、电子商务等方面的法律法规，依法收集相关信息和数据，严格保护个人信息和重要数据，维护网络数据安全，支持配合有关部门开展相关监管工作。

第二十五条　小微型客车租赁经营者违反本办法，有下列行为之一的，由小微型客车租赁行政主管部门责令改正，并处3000元以上1万元以下罚款：

（一）未按照规定办理备案或者变更备案的；

（二）提供的租赁小微型客车不符合《中华人民共和国道路交通安全法》规定的上路行驶条件的；

（三）未建立小微型客车租赁经营管理档案或者未按照规定报送相关数据信息的；

（四）未在经营场所或者服务平台以显著方式明示服务项目、租赁流程、租赁车辆类型、收费标准、押金收取与退还、客服与监督电话等事项的。

小微型客车租赁经营者未取得道路运输经营许可或者出租汽车经营许可，随车提供驾驶劳务的，按照《中华人民共和国道路运输条例》《巡游出租汽车经营服务管理规定》《网络预约出租汽车经营服务管理暂行办法》中关于从事非法营运的规定进行处罚。

第二十六条　小微型客车租赁经营者和受委托的电子商务平台经营者，违反国家反恐怖、道路运输经营、网络安全、个人信息保护、数据安全、电子商务等方面的法律法规，按照相关规定进行处罚。

《互联网信息服务深度合成管理规定》

第三条 国家网信部门负责统筹协调全国深度合成服务的治理和相关监督管理工作。国务院电信主管部门、公安部门依据各自职责负责深度合成服务的监督管理工作。

地方网信部门负责统筹协调本行政区域内的深度合成服务的治理和相关监督管理工作。地方电信主管部门、公安部门依据各自职责负责本行政区域内的深度合成服务的监督管理工作。

《生成式人工智能服务管理暂行办法》

第十六条 网信、发展改革、教育、科技、工业和信息化、公安、广播电视、新闻出版等部门，依据各自职责依法加强对生成式人工智能服务的管理。

国家有关主管部门针对生成式人工智能技术特点及其在有关行业和领域的服务应用，完善与创新发展相适应的科学监管方式，制定相应的分类分级监管规则或者指引。

◎ **部门规范性文件**

《公共互联网网络安全威胁监测与处置办法》

第三条 工业和信息化部负责组织开展全国公共互联网网络安全威胁监测与处置工作。各省、自治区、直辖市通信管理局负责组织开展本行政区域内公共互联网网络安全威胁监测与处置工作。工业和信息化部和各省、自治区、直辖市通信管理局以下统称为电信主管部门。

《关于统筹推进民政信息化建设的指导意见》

五、优化信息化发展环境

……

（十三）加强信息化建设统一领导。在部党组的领导下，加强部网络安全和信息化领导小组对信息化工作的统一领导，统筹协调重大问题，实现人员、经费、资源统筹和归口管理。各级民政部门建立健全项目统筹、业务衔接、资源共享、运行保障的一体化工作机制，明确目标、责任和实施机构，避免职责交叉，确保信息化工作落到实处。信息化单位做好统筹设计和实施，建好系统，做好服务。业务单位主动参与，提好需求、用好数据、抓好应用。

……

《教育部机关及直属事业单位教育数据管理办法》

第五条 教育统计调查项目和行政业务管理信息系统的负责单位为相关数据管理的第一责任主体，应根据本办法制定本部门教育数据管理的实施细则。

第十四条 教育部机关及直属事业单位应当根据本部门采集的教育数据，对本部门分管业务的发展状况进行数据分析，提供必要的数据监测信息、咨询意见和决策建议。

第三十六条　教育部教育管理信息中心作为技术支撑部门，负责共享平台与国家数据共享交换平台的联通工作和教育部教育数据公开平台的管理维护工作。

第三十八条　教育部网络安全和信息化领导小组办公室负责制定教育数据网络安全管理制度，指导督促教育数据采集、存储、共享、使用全过程的网络安全保障工作，组织开展教育数据安全风险评估和安全管理审查。

《国家健康医疗大数据标准、安全和服务管理办法（试行）》

第五条　本办法适用于县级以上卫生健康行政部门（含中医药主管部门，下同）、各级各类医疗卫生机构、相关单位及个人所涉及的健康医疗大数据的管理。

第六条　国家卫生健康委员会（含国家中医药管理局，下同）会同相关部门负责统筹规划、指导、评估、监督全国健康医疗大数据的标准管理、安全管理和服务管理工作。县级以上卫生健康行政部门会同相关部门负责本行政区域内健康医疗大数据管理工作，是本行政区域内健康医疗大数据安全和应用管理的监管单位。

各级各类医疗卫生机构和相关企事业单位是健康医疗大数据安全和应用管理的责任单位。

第八条　国家卫生健康委员会负责统筹规划、组织制定全国健康医疗大数据标准，监督指导评估标准的应用工作，在已有的基础性通用性大数据标准基础上组织制定健康医疗大数据标准体系规划，负责制定、组织实施年度健康医疗大数据标准工作计划。省级卫生健康行政部门（含省级中医药主管部门）负责监督指导评估本地区健康医疗大数据标准的应用工作，依据国家健康医疗大数据标准体系规划，结合本地实际，负责指导和监督健康医疗大数据标准体系在本省域内落地执行。

《关于加强应急基础信息管理的通知》

一、夯实工作基础

（一）构建一体化全覆盖的全国应急管理大数据应用平台。应急管理部根据全国应急管理一盘棋一张网的要求，按照国家政务服务平台"互联网＋监管"系统建设方案，规划和建设全国应急管理大数据应用平台，依托国家数据共享交换平台体系，充分利用大数据、云计算、物联网等技术，实现重大风险和隐患在线监测、超前预警预报和灾害事故高效处置。各地区、各有关部门、各行业企业要在加强自身信息化建设、健全完善相关系统的基础上，将本地区、本部门掌握的安全生产、自然灾害防治领域的风险和隐患信息以及灾害事故信息逐步接入，形成纵向贯通、横向集成、安全可靠、覆盖安全生产和自然灾害防治全部行业领域的全国应急管理大数据应用平台。各地区、各有关部门根据自身职责权限使用全国应急管理大数据应用平台，协同做好灾害事故的防范处置工作，全面提升应急管理能力水平。

六、组织与保障

（十四）加强组织领导。应急基础信息管理工作由应急管理部负责牵头实施，国务院安委会、国家减灾委相关成员单位在职责范围内负责具体工作。应急管理部抓好应急基础信息管理工作的统筹协调、整体推进和督促落实，各地区、各有关部门、各行业企业各负其责、各司其职，做好资金保障、任务落实等方面的协同配合。要把建立健全应急基础信息管理体系放在重要位置，切实加强组织领导，明确工作责任，制定实施方案，防止出现监测空白和信息孤岛，确保应急基础信息管理工作有序开展。

……

《加强工业互联网安全工作的指导意见》
二、主要任务

（一）推动工业互联网安全责任落实

……

2. 政府履行监督管理责任。工业和信息化部组织开展工业互联网安全

相关政策制定、标准研制等综合性工作，并对装备制造、电子信息及通信等主管行业领域的工业互联网安全开展行业指导管理。地方工业和信息化主管部门指导本行政区域内应用工业互联网的工业企业的安全工作，同步推进安全产业发展，并联合应急管理部门推进工业互联网在安全生产监管中的作用；地方通信管理局监管本行政区域内标识解析系统、公共工业互联网平台等的安全工作，并在公共互联网上对联网设备、系统等进行安全监测。生态环境、卫生健康、能源、国防科技工业等部门根据各自职责，开展本行业领域工业互联网推广应用的安全指导、监管工作。

……

三、保障措施

（一）加强组织领导，健全工作机制。在工业互联网专项工作组的统一指导下，加强统筹协调，强化部门协同、部省合作，构建各负其责、紧密配合、运转高效的工作机制。各地工业和信息化、教育、人力资源社会保障、生态环境、卫生健康、应急管理、国有资产监管、市场监管、能源、国防科技工业等主管部门及地方通信管理局要加强配合，形成合力。

……

《关于工业大数据发展的指导意见》

八、加强组织保障

（十九）健全工作推进机制。省级工业和信息化主管部门（大数据产业主管部门）要建立工业大数据推进工作机制，统筹推进地方工业大数据发展。鼓励各地因地制宜加强政策创新，开展重大问题研究，实施政策评估咨询，助力工业大数据创新应用。

……

《监管数据安全管理办法（试行）》

第六条　银保监会建立健全监管数据安全协同管理体系，推动银保监会有关业务部门、各级派出机构、受托机构等共同参与监管数据安全保护工作，加强培训教育，形成共同维护监管数据安全的良好环境。

第七条　监管数据安全管理实行归口管理，建立统筹协调、分工负责的管理机制。

银保监会统计信息部门是归口管理部门，负责统筹监管数据安全管理工作。银保监会各业务部门负责本部门监管数据安全管理工作。

第八条　归口管理部门具体职责包括：

（一）制定监管数据安全工作规则和管理流程；

（二）制定监管数据安全技术防护措施；

（三）组织实施监管数据安全评估和监督检查。

第九条　各业务部门具体职责包括：

（一）规范本部门监管数据安全使用，明确具体工作要求，落实相关责任；

（二）组织开展本部门监管数据安全管理工作；

（三）协助归口管理部门实施监管数据安全监督检查。

《文化和旅游部政务数据资源管理办法（试行）》

第七条　政务部门按照各自法定职责做好本部门数据资源的采集、编目、汇聚、共享、应用和安全等有关工作。

第八条　文化和旅游部信息中心（以下简称"部信息中心"）负责牵头建立物理分散、逻辑集中、资源共享、互联互通、安全可靠的文化和旅游数据资源体系，组织实施数据资源汇聚整合、共享交换和开发应用等工作。

第十四条　部网信办统筹协调数据资源标准化建设，指导建立数据资源采集、挖掘分析、开放利用的标准规范。

《关于加快构建全国一体化大数据中心协同创新体系的指导意见》

九、保障措施

（一）完善工作机制。各地区、各

部门要提高认识，加强跨地区、跨部门、跨层级协同联动。依托促进大数据发展部际联席会议制度，发展改革委、工业和信息化部、中央网信办会同有关部门建立一体化大数据中心协同创新体系工作机制，充分发挥专家决策咨询的作用。各地区要建立工作协调机制，统筹相关力量，积极推动大数据中心体系建设。（各地区、各部门负责）

（二）抓好任务落实。各地区、各部门要结合实际，坚持小切口大带动，在大数据机制管理、产业布局、技术创新、安全评估、标准制定、应用协同等方面积极探索，积累和推广先进经验。鼓励各地区创新相关配套政策，制定符合自身特点的一体化大数据中心建设规划和协同创新实施方案，并加快推进落实。（各地区、各部门负责）

《移动互联网应用程序信息服务管理规定》

第三条　国家网信部门负责全国应用程序信息内容的监督管理工作。地方网信部门依据职责负责本行政区域内应用程序信息内容的监督管理工作。

《工业和信息化领域数据安全管理办法（试行）》

第四条　在国家数据安全工作协调机制统筹协调下，工业和信息化部负责督促指导各省、自治区、直辖市及计划单列市、新疆生产建设兵团工业和信息

化主管部门，各省、自治区、直辖市通信管理局和无线电管理机构（以下统称地方行业监管部门）开展数据安全监管，对工业和信息化领域的数据处理活动和安全保护进行监督管理。

地方行业监管部门分别负责对本地区工业、电信、无线电数据处理者的数据处理活动和安全保护进行监督管理。

工业和信息化部及地方行业监管部门统称为行业监管部门。

行业监管部门按照有关法律、行政法规，依法配合有关部门开展的数据安全监管相关工作。

第七条　【权益保护与促进原则】

国家保护个人、组织与数据有关的权益，鼓励数据依法合理有效利用，保障数据依法有序自由流动，促进以数据为关键要素的数字经济发展。

关联法规

◎ **法律**

《民法典》

第一百二十七条　法律对数据、网络虚拟财产的保护有规定的，依照其规定。

《网络安全法》

第十二条　国家保护公民、法人和其他组织依法使用网络的权利，促进网络接入普及，提升网络服务水平，为社会提供安全、便利的网络服务，保障网络信息依法有序自由流动。

任何个人和组织使用网络应当遵守宪法法律，遵守公共秩序，尊重社会公德，不得危害网络安全，不得利用网络从事危害国家安全、荣誉和利益，煽动颠覆国家政权、推翻社会主义制度，煽动分裂国家、破坏国家统一，宣扬恐怖主义、极端主义，宣扬民族仇恨、民族歧视，传播暴力、淫秽色情信息，编造、传播虚假信息扰乱经济秩序和社会秩序，以及侵害他人名誉、隐私、知识产权和其他合法权益等活动。

《反电信网络诈骗法》

第三十二条　国家支持电信业务经营者、银行业金融机构、非银行支付机构、互联网服务提供者研究开发有关电信网络诈骗反制技术，用于监测识别、动态封堵和处置涉诈异常信息、活动。

国务院公安部门、金融管理部门、电信主管部门和国家网信部门等应当统筹负责本行业领域反制技术措施建设，推进涉电信网络诈骗样本信息数据共享，加强涉诈用户信息交叉核验，建立有关涉诈异常信息、活动的监测识别、动态封堵和处置机制。

依据本法第十一条、第十二条、第十八条、第二十二条和前款规定，对涉诈异常情形采取限制、暂停服务等处置措施的，应当告知处置原因、救济渠道及需要提交的资料等事项，被处置对象可以向作出决定或者采取措施的部门、单位提出申诉。作出决定的部门、单位应当建立完善申诉渠道，及时受理申诉并核查，核查通过的，应当即时解除有关措施。

《电子商务法》

第六十九条　国家维护电子商务交易安全，保护电子商务用户信息，鼓励电子商务数据开发应用，保障电子商务数据依法有序自由流动。

国家采取措施推动建立公共数据共享机制，促进电子商务经营者依法利用公共数据。

《海南自由贸易港法》

第四十二条　海南自由贸易港依法建立安全有序自由便利的数据流动管理制度，依法保护个人、组织与数据有关的权益，有序扩大通信资源和业务开放，扩大数据领域开放，促进以数据为关键要素的数字经济发展。

国家支持海南自由贸易港探索实施区域性国际数据跨境流动制度安排。

◎ **行政法规**

《国务院关于在线政务服务的若干规定》

第二条　国家加快建设全国一体化

在线政务服务平台（以下简称一体化在线平台），推进各地区、各部门政务服务平台规范化、标准化、集约化建设和互联互通，推动实现政务服务事项全国标准统一、全流程网上办理，促进政务服务跨地区、跨部门、跨层级数据共享和业务协同，并依托一体化在线平台推进政务服务线上线下深度融合。

一体化在线平台由国家政务服务平台、国务院有关部门政务服务平台和各地区政务服务平台组成。

◎ **党内法规**

《关于构建数据基础制度更好发挥数据要素作用的意见》

一、总体要求

（一）指导思想。以习近平新时代中国特色社会主义思想为指导，深入贯彻党的二十大精神，完整、准确、全面贯彻新发展理念，加快构建新发展格局，坚持改革创新、系统谋划，以维护国家数据安全、保护个人信息和商业秘密为前提，以促进数据合规高效流通使用、赋能实体经济为主线，以数据产权、流通交易、收益分配、安全治理为重点，深入参与国际高标准数字规则制定，构建适应数据特征、符合数字经济发展规律、保障国家数据安全、彰显创新引领的数据基础制度，充分实现数据要素价值、促进全体人民共享数字经济发展红利，为深化创新驱动、推动高质量发展、推进国家治理体系和治理能力现代化提供有力支撑。

......

◎ **部门规章**

《网络招聘服务管理规定》

第二十四条　以网络招聘服务平台方式从事网络招聘服务的人力资源服务机构应当遵循公开、公平、公正的原则，制定平台服务协议和服务规则，明确进入和退出平台、服务质量保障、求职者权益保护、个人信息保护等方面的权利和义务。

鼓励从事网络招聘服务的人力资源服务机构运用大数据、区块链等技术措施，保证其网络招聘服务平台的网络安全、稳定运行，防范网络违法犯罪活动，保障网络招聘服务安全，促进人力资源合理流动和优化配置。

《汽车数据安全管理若干规定（试行）》

第三条　本规定所称汽车数据，包括汽车设计、生产、销售、使用、运维等过程中的涉及个人信息数据和重要数据。

汽车数据处理，包括汽车数据的收集、存储、使用、加工、传输、提供、公开等。

汽车数据处理者，是指开展汽车数据处理活动的组织，包括汽车制造商、零部件和软件供应商、经销商、维修机构以及出行服务企业等。

个人信息，是指以电子或者其他方式记录的与已识别或者可识别的车主、驾驶人、乘车人、车外人员等有关的各种信息，不包括匿名化处理后的信息。

敏感个人信息，是指一旦泄露或者非法使用，可能导致车主、驾驶人、乘车人、车外人员等受到歧视或者人身、财产安全受到严重危害的个人信息，包括车辆行踪轨迹、音频、视频、图像和生物识别特征等信息。

重要数据是指一旦遭到篡改、破坏、泄露或者非法获取、非法利用，可能危害国家安全、公共利益或者个人、组织合法权益的数据，包括：

（一）军事管理区、国防科工单位以及县级以上党政机关等重要敏感区域的地理信息、人员流量、车辆流量等数据；

（二）车辆流量、物流等反映经济运行情况的数据；

（三）汽车充电网的运行数据；

（四）包含人脸信息、车牌信息等的车外视频、图像数据；

（五）涉及个人信息主体超过10万人的个人信息；

（六）国家网信部门和国务院发展改革、工业和信息化、公安、交通运输等有关部门确定的其他可能危害国家安全、公共利益或者个人、组织合法权益的数据。

第六条 国家鼓励汽车数据依法合理有效利用，倡导汽车数据处理者在开展汽车数据处理活动中坚持：

（一）车内处理原则，除非确有必要不向车外提供；

（二）默认不收集原则，除非驾驶人自主设定，每次驾驶时默认设定为不收集状态；

（三）精度范围适用原则，根据所提供功能服务对数据精度的要求确定摄像头、雷达等的覆盖范围、分辨率；

（四）脱敏处理原则，尽可能进行匿名化、去标识化等处理。

第九条 汽车数据处理者处理敏感个人信息，应当符合以下要求或者符合法律、行政法规和强制性国家标准等其他要求：

（一）具有直接服务于个人的目的，包括增强行车安全、智能驾驶、导航等；

（二）通过用户手册、车载显示面板、语音以及汽车使用相关应用程序等显著方式告知必要性以及对个人的影响；

（三）应当取得个人单独同意，个人可以自主设定同意期限；

（四）在保证行车安全的前提下，以适当方式提示收集状态，为个人终止收集提供便利；

（五）个人要求删除的，汽车数据

处理者应当在十个工作日内删除。

汽车数据处理者具有增强行车安全的目的和充分的必要性，方可收集指纹、声纹、人脸、心律等生物识别特征信息。

《数据出境安全评估办法》

第一条 为了规范数据出境活动，保护个人信息权益，维护国家安全和社会公共利益，促进数据跨境安全、自由流动，根据《中华人民共和国网络安全法》、《中华人民共和国数据安全法》、《中华人民共和国个人信息保护法》等法律法规，制定本办法。

第三条 数据出境安全评估坚持事前评估和持续监督相结合、风险自评估与安全评估相结合，防范数据出境安全风险，保障数据依法有序自由流动。

◎ 部门规范性文件

《国家健康医疗大数据标准、安全和服务管理办法（试行）》

第二条 我国公民在中华人民共和国境内所产生的健康和医疗数据，国家在保障公民知情权、使用权和个人隐私的基础上，根据国家战略安全和人民群众生命安全需要，加以规范管理和开发利用。

第三十六条 责任单位应当加强健康医疗大数据的使用和服务，创造条件规范使用健康医疗大数据，推动部分健康医疗大数据在线查询。

《教育部机关及直属事业单位教育数据管理办法》

第三十四条 教育部设立教育数据资源公开平台，面向社会公众提供教育数据服务。公开平台应按照国家互联网及网络安全等相关法律法规及政策建设和管理。部机关及直属事业单位可通过公开平台面向社会公开教育数据资源。

《工业数据分类分级指南（试行）》

第十五条 鼓励企业在做好数据管理的前提下适当共享一、二级数据，充分释放工业数据的潜在价值。二级数据只对确需获取该级数据的授权机构及相关人员开放。三级数据原则上不共享，确需共享的应严格控制知悉范围。

《关于加强车联网网络安全和数据安全工作的通知》

一、网络安全和数据安全基本要求

......

（二）全面加强安全保护。各相关企业要采取管理和技术措施，按照车联网网络安全和数据安全相关标准要求，加强汽车、网络、平台、数据等安全保护，监测、防范、及时处置网络安全风险和威胁，确保数据处于有效保护和合法利用状态，保障车联网安全稳定运行。

第八条　【数据处理者的基本义务】

开展数据处理活动，应当遵守法律、法规，尊重社会公德和伦理，遵守商业道德和职业道德，诚实守信，履行数据安全保护义务，承担社会责任，不得危害国家安全、公共利益，不得损害个人、组织的合法权益。

关联法规

◎ 法律

《民法典》

第七条　民事主体从事民事活动，应当遵循诚信原则，秉持诚实，恪守承诺。

第八条　民事主体从事民事活动，不得违反法律，不得违背公序良俗。

《网络安全法》

第九条　网络运营者开展经营和服务活动，必须遵守法律、行政法规，尊重社会公德，遵守商业道德，诚实信用，履行网络安全保护义务，接受政府和社会的监督，承担社会责任。

第十二条　国家保护公民、法人和其他组织依法使用网络的权利，促进网络接入普及，提升网络服务水平，为社会提供安全、便利的网络服务，保障网络信息依法有序自由流动。

任何个人和组织使用网络应当遵守宪法法律，遵守公共秩序，尊重社会公德，不得危害网络安全，不得利用网络从事危害国家安全、荣誉和利益，煽动颠覆国家政权、推翻社会主义制度，煽动分裂国家、破坏国家统一，宣扬恐怖主义、极端主义，宣扬民族仇恨、民族歧视，传播暴力、淫秽色情信息，编造、传播虚假信息扰乱经济秩序和社会秩序，以及侵害他人名誉、隐私、知识产权和其他合法权益等活动。

《个人信息保护法》

第五条　处理个人信息应当遵循合法、正当、必要和诚信原则，不得通过误导、欺诈、胁迫等方式处理个人信息。

《电子商务法》

第五条　电子商务经营者从事经营活动，应当遵循自愿、平等、公平、诚信的原则，遵守法律和商业道德，公平参与市场竞争，履行消费者权益保护、环境保护、知识产权保护、网络安全与个人信息保护等方面的义务，承担产品和服务质量责任，接受政府和社会的监督。

《促进科技成果转化法》

第三条　科技成果转化活动应当有利于加快实施创新驱动发展战略，促进科技与经济的结合，有利于提高经济效益、社会效益和保护环境、合理利用资源，有利于促进经济建设、社会发展和维护国家安全。

科技成果转化活动应当尊重市场规律，发挥企业的主体作用，遵循自愿、互利、公平、诚实信用的原则，依照法律法规规定和合同约定，享有权益，承担风险。科技成果转化活动中的知识产权受法律保护。

科技成果转化活动应当遵守法律法规，维护国家利益，不得损害社会公共利益和他人合法权益。

《社会保险法》

第八十一条　社会保险行政部门和其他有关行政部门、社会保险经办机构、社会保险费征收机构及其工作人员，应当依法为用人单位和个人的信息保密，不得以任何形式泄露。

◎ 行政法规

《计算机信息系统安全保护条例》

第七条　任何组织或者个人，不得利用计算机信息系统从事危害国家利益、集体利益和公民合法利益的活动，不得危害计算机信息系统的安全。

《计算机信息网络国际联网安全保护管理办法》

第四条　任何单位和个人不得利用国际联网危害国家安全、泄露国家秘密，不得侵犯国家的、社会的、集体的利益和公民的合法权益，不得从事违法犯罪活动。

《电信条例》

第六条　电信网络和信息的安全受法律保护。任何组织或者个人不得利用电信网络从事危害国家安全、社会公共利益或者他人合法权益的活动。

《优化营商环境条例》

第九条　市场主体应当遵守法律法规，恪守社会公德和商业道德，诚实守信、公平竞争，履行安全、质量、劳动者权益保护、消费者权益保护等方面的法定义务，在国际经贸活动中遵循国际通行规则。

◎ 部门规章

《区块链信息服务管理规定》

第十条　区块链信息服务提供者和使用者不得利用区块链信息服务从事危害国家安全、扰乱社会秩序、侵犯他人合法权益等法律、行政法规禁止的活动，不得利用区块链信息服务制作、复制、发布、传播法律、行政法规禁止的信息内容。

《网络交易监督管理办法》

第三条　网络交易经营者从事经营活动，应当遵循自愿、平等、公平、诚信原则，遵守法律、法规、规章和商业道德，公序良俗，公平参与市场竞争，认真履行法定义务，积极承担主体责任，接受社会各界监督。

《互联网信息服务算法推荐管理规定》

第四条　提供算法推荐服务，应当

遵守法律法规，尊重社会公德和伦理，遵守商业道德和职业道德，遵循公正公平、公开透明、科学合理和诚实信用的原则。

第六条　算法推荐服务提供者应当坚持主流价值导向，优化算法推荐服务机制，积极传播正能量，促进算法应用向上向善。

算法推荐服务提供者不得利用算法推荐服务从事危害国家安全和社会公共利益、扰乱经济秩序和社会秩序、侵犯他人合法权益等法律、行政法规禁止的活动，不得利用算法推荐服务传播法律、行政法规禁止的信息，应当采取措施防范和抵制传播不良信息。

《互联网用户账号信息管理规定》

第四条　互联网用户注册、使用和互联网信息服务提供者管理互联网用户账号信息，应当遵守法法律法规，遵循公序良俗，诚实信用，不得损害国家安全、社会公共利益或者他人合法权益。

《数据出境安全评估办法》

第五条　数据处理者在申报数据出境安全评估前，应当开展数据出境风险自评估，重点评估以下事项：

（一）数据出境和境外接收方处理数据的目的、范围、方式等的合法性、正当性、必要性；

（二）出境数据的规模、范围、种类、敏感程度，数据出境可能对国家安

全、公共利益、个人或者组织合法权益带来的风险；

（三）境外接收方承诺承担的责任义务，以及履行责任义务的管理和技术措施、能力等能否保障出境数据的安全；

（四）数据出境中和出境后遭到篡改、破坏、泄露、丢失、转移或者被非法获取、非法利用等的风险，个人信息权益维护的渠道是否通畅等；

（五）与境外接收方拟订立的数据出境相关合同或者其他具有法律效力的文件等（以下统称法律文件）是否充分约定了数据安全保护责任义务；

（六）其他可能影响数据出境安全的事项。

第八条　数据出境安全评估重点评估数据出境活动可能对国家安全、公共利益、个人或者组织合法权益带来的风险，主要包括以下事项：

（一）数据出境的目的、范围、方式等的合法性、正当性、必要性；

（二）境外接收方所在国家或者地区的数据安全保护政策法规和网络安全环境对出境数据安全的影响；境外接收方的数据保护水平是否达到中华人民共和国法律、行政法规的规定和强制性国家标准的要求；

（三）出境数据的规模、范围、种类、敏感程度，出境中和出境后遭到篡

改、破坏、泄露、丢失、转移或者被非法获取、非法利用等的风险；

（四）数据安全和个人信息权益是否能够得到充分有效保障；

（五）数据处理者与境外接收方拟订立的法律文件中是否充分约定了数据安全保护责任义务；

（六）遵守中国法律、行政法规、部门规章情况；

（七）国家网信部门认为需要评估的其他事项。

《互联网信息服务深度合成管理规定》

第四条　提供深度合成服务，应当遵守法律法规，尊重社会公德和伦理道德，坚持正确政治方向、舆论导向、价值取向，促进深度合成服务向上向善。

第六条　任何组织和个人不得利用深度合成服务制作、复制、发布、传播法律、行政法规禁止的信息，不得利用深度合成服务从事危害国家安全和利益、损害国家形象、侵害社会公共利益、扰乱经济和社会秩序、侵犯他人合法权益等法律、行政法规禁止的活动。

深度合成服务提供者和使用者不得利用深度合成服务制作、复制、发布、传播虚假新闻信息。转载基于深度合成服务制作发布的新闻信息的，应当依法转载互联网新闻信息稿源单位发布的新闻信息。

《生成式人工智能服务管理暂行办法》

第四条　提供和使用生成式人工智能服务，应当遵守法律、行政法规，尊重社会公德和伦理道德，遵守以下规定：

（一）坚持社会主义核心价值观，不得生成煽动颠覆国家政权、推翻社会主义制度，危害国家安全和利益、损害国家形象，煽动分裂国家、破坏国家统一和社会稳定，宣扬恐怖主义、极端主义，宣扬民族仇恨、民族歧视，暴力、淫秽色情，以及虚假有害信息等法律、行政法规禁止的内容；

（二）在算法设计、训练数据选择、模型生成和优化、提供服务等过程中，采取有效措施防止产生民族、信仰、国别、地域、性别、年龄、职业、健康等歧视；

（三）尊重知识产权、商业道德，保守商业秘密，不得利用算法、数据、平台等优势，实施垄断和不正当竞争行为；

（四）尊重他人合法权益，不得危害他人身心健康，不得侵害他人肖像权、名誉权、荣誉权、隐私权和个人信息权益；

（五）基于服务类型特点，采取有效措施，提升生成式人工智能服务的透明度，提高生成内容的准确性和可靠性。

第三条　国家坚持发展和安全并重、促进创新和依法治理相结合的原则，采取有效措施鼓励生成式人工智能创新发展，对生成式人工智能服务实行包容审慎和分类分级监管。

第七条　生成式人工智能服务提供者（以下称提供者）应当依法开展预训练、优化训练等训练数据处理活动，遵守以下规定：

（一）使用具有合法来源的数据和基础模型；

（二）涉及知识产权的，不得侵害他人依法享有的知识产权；

（三）涉及个人信息的，应当取得个人同意或者符合法律、行政法规规定的其他情形；

（四）采取有效措施提高训练数据质量，增强训练数据的真实性、准确性、客观性、多样性；

（五）《中华人民共和国网络安全法》、《中华人民共和国数据安全法》、《中华人民共和国个人信息保护法》等法律、行政法规的其他有关规定和有关主管部门的相关监管要求。

第八条　在生成式人工智能技术研发过程中进行数据标注的，提供者应当制定符合本办法要求的清晰、具体、可操作的标注规则；开展数据标注质量评估，抽样核验标注内容的准确性；对标注人员进行必要培训，提升尊法守法意识，监督指导标注人员规范开展标注工作。

◎ **部门规范性文件**

《国家健康医疗大数据标准、安全和服务管理办法（试行）》

第二十七条　责任单位实施健康医疗大数据管理和服务，应当按照法律法规和相关文件规定，遵循医学伦理原则，保护个人隐私。

第三十五条　责任单位向社会公开健康医疗大数据时，应当遵循国家有关规定，不得泄露国家秘密、商业秘密和个人隐私，不得侵害国家利益、社会公共利益和公民、法人及其他组织的合法权益。

《海关大数据使用管理办法》

第十二条　海关大数据使用应当维护国家安全、经济安全、公共安全和社会稳定，保守国家秘密、商业秘密和海关工作秘密，保护个人隐私，保护数据权益人的合法权益。任何单位和个人不得利用海关大数据从事违法犯罪活动。

《教育部机关及直属事业单位教育数据管理办法》

第二十五条　公开数据不得泄露国家秘密、商业秘密和个人隐私，切实维护数据资源主体的合法权益。经权利人同意公开或者不公开可能对公共利益造成重大影响的涉及商业秘密、个人隐私的数据资源，可予以公开。

《移动互联网应用程序信息服务管理规定》

第四条 应用程序提供者和应用程序分发平台应当遵守宪法、法律和行政法规，弘扬社会主义核心价值观，坚持正确政治方向、舆论导向和价值取向，遵循公序良俗，履行社会责任，维护清朗网络空间。

应用程序提供者和应用程序分发平台不得利用应用程序从事危害国家安全、扰乱社会秩序、侵犯他人合法权益等法律法规禁止的活动。

第十一条 应用程序提供者开展应用程序数据处理活动，应当履行数据安全保护义务，建立健全全流程数据安全管理制度，采取保障数据安全技术措施和其他安全措施，加强风险监测，不得危害国家安全、公共利益，不得损害他人合法权益。

《工业和信息化领域数据安全管理办法（试行）》

第五条 行业监管部门鼓励数据开发利用和数据安全技术研究，支持推广数据安全产品和服务，培育数据安全企业、研究和服务机构，发展数据安全产业，提升数据安全保障能力，促进数据的创新应用。

工业和信息化领域数据处理者研究、开发、使用数据新技术、新产品、新服务，应当有利于促进经济社会和行业发展，符合社会公德和伦理。

第十九条 工业和信息化领域数据处理者应当在数据公开前分析研判可能对国家安全、公共利益产生的影响，存在重大影响的不得公开。

《关于规范货币经纪公司数据服务有关事项的通知》

（二）货币经纪公司应当将数据治理纳入公司治理范畴，建立与业务发展目标相适应的数据安全治理体系，健全数据安全管理制度，加强经纪人员执业规范性管理，构建覆盖数据全生命周期和应用场景的安全保护机制，开展数据安全风险监测评估，保障数据服务安全稳健开展。

（三）货币经纪公司应严格落实信息科技监管要求，加强信息科技风险管理体系建设，提升信息科技外包风险管控能力，严格控制生产系统访问权限，加强数据安全保护，确保网络和数据安全。

> **权威案例**

◎ 指导性案例

卫某龙、龚某、薛某东非法获取计算机信息系统数据案【最高检指导案例第36号】

要旨： 超出授权范围使用账号、密码登录计算机信息系统，属于侵入计算机信息系统的行为；侵入计算机信息系统后下载其储存的数据,可以认定为非法获取计算机信息系统数据。

◎ **典型案例**

郭某某侵犯公民个人信息案【*侵犯公民个人信息犯罪典型案例之四(2017 年 5 月 16 日)*】

　　典型意义:当前,除行政管理机关和金融、电信、交通等单位接触大量的公民个人信息外,宾馆、快递等服务行业在提供服务的过程中,也会获取大量的公民个人信息。单位、公司的个别员工为了获取非法利益,违反职业道德和保密义务,将在工作中获得的公民个人信息资料出售或提供给他人,对公民的人身、财产安全及正常工作生活造成了严重威胁,应依法严惩。本案被告人郭某某原在某信息技术服务有限公司工作,该公司的业务主要是推广 400 电话服务。郭某某在工作中接触和获取大量包含公民姓名、所在公司、联系电话等信息,辞职后将工作中获取的公民个人信息上传至个人网络储存空间,利用 QQ 等社交软件与他人交换这些公民个人信息,并出售牟利。被告人郭某某出售、提供履职、服务过程中获得的公民个人信息,具有更大的社会危害性,应当从严惩处。本案的处理有力地打击了将在履行职责、提供服务过程中获得的公民个人信息出售、提供给他人的犯罪行为。

上海法某信息技术有限公司诉北京奇某科技有限公司名誉权纠纷案【*最高人民法院发布 10 起中国互联网司法典型案例之*九(*2019 年 12 月 4 日*)】

　　典型意义:随着互联网终端的应用普及,因个人信息泄露或商家过度推广导致垃圾短信、骚扰电话事件频发,公众对保护个人信息安全和生活安宁的要求日渐强烈。本案明确手机安全软件向用户客观展示不特定多数人对来电号码的评价、标注,不构成名誉权侵权或帮助侵权,对有效治理通讯骚扰、维护个人信息安全和生活安宁具有积极意义。

第九条　【数据安全保护的社会共治】

　　国家支持开展数据安全知识宣传普及,提高全社会的数据安全保护意识和水平,推动有关部门、行业组织、科研机构、企业、个人等共同参与数据安全保护工作,形成全社会共同维护数据安全和促进发展的良好环境。

关联法规

◎ **法律**

《网络安全法》

　　第六条　国家倡导诚实守信、健康文明的网络行为,推动传播社会主义核心价值观,采取措施提高全社会的网络安全意识和水平,形成全社会共同参与促进网络安全的良好环境。

第十九条 各级人民政府及其有关部门应当组织开展经常性的网络安全宣传教育，并指导、督促有关单位做好网络安全宣传教育工作。

大众传播媒介应当有针对性地面向社会进行网络安全宣传教育。

《反电信网络诈骗法》

第八条 各级人民政府和有关部门应当加强反电信网络诈骗宣传，普及相关法律和知识，提高公众对各类电信网络诈骗方式的防骗意识和识骗能力。

教育行政、市场监管、民政等有关部门和村民委员会、居民委员会，应当结合电信网络诈骗受害群体的分布等特征，加强对老年人、青少年等群体的宣传教育，增强反电信网络诈骗宣传教育的针对性、精准性，开展反电信网络诈骗宣传教育进学校、进企业、进社区、进农村、进家庭等活动。

各单位应当加强内部防范电信网络诈骗工作，对工作人员开展防范电信网络诈骗教育；个人应当加强电信网络诈骗防范意识。单位、个人应当协助、配合有关部门依照本法规定开展反电信网络诈骗工作。

第三十条 电信业务经营者、银行业金融机构、非银行支付机构、互联网服务提供者应当对从业人员和用户开展反电信网络诈骗宣传，在有关业务活动中对防范电信网络诈骗作出提示，对本领域新出现的电信网络诈骗手段及时向用户作出提醒，对非法买卖、出租、出借本人有关卡、账户、账号等被用于电信网络诈骗的法律责任作出警示。

新闻、广播、电视、文化、互联网信息服务等单位，应当面向社会有针对性地开展反电信网络诈骗宣传教育。

任何单位和个人有权举报电信网络诈骗活动，有关部门应当依法及时处理，对提供有效信息的举报人依照规定给予奖励和保护。

《个人信息保护法》

第十一条 国家建立健全个人信息保护制度，预防和惩治侵害个人信息权益的行为，加强个人信息保护宣传教育，推动形成政府、企业、相关社会组织、公众共同参与个人信息保护的良好环境。

《国家安全法》

第七十六条 国家加强国家安全新闻宣传和舆论引导，通过多种形式开展国家安全宣传教育活动，将国家安全教育纳入国民教育体系和公务员教育培训体系，增强全民国家安全意识。

《生物安全法》

第七条 各级人民政府及其有关部门应当加强生物安全法律法规和生物安全知识宣传普及工作，引导基层群众性自治组织、社会组织开展生物安全法律法规和生物安全知识宣传，促进全社会生物安全意识的提升。

相关科研院校、医疗机构以及其他企业事业单位应当将生物安全法律法规和生物安全知识纳入教育培训内容，加强学生、从业人员生物安全意识和伦理意识的培养。

新闻媒体应当开展生物安全法律法规和生物安全知识公益宣传，对生物安全违法行为进行舆论监督，增强公众维护生物安全的社会责任意识。

◎ **司法解释**

《关于加强区块链司法应用的意见》

一、总体要求

......

（三）基本原则

坚持依法统筹、注重协同联动。依法依规加强区块链基础设施统筹规划，面向经济社会发展和审判执行工作需要，开展区块链司法领域应用顶层设计，加强与各行各业跨链协同应用模式研究，促进多方数据共享和协同应用。

坚持开放共享、注重标准先行。建设与社会各行各业互通共享的区块链联盟，形成共性基础技术支持能力，建立统一、开放的区块链司法领域应用技术标准体系，为跨部门节点接入、跨行业数据共同维护和利用提供规范化服务。

坚持应用牵引、注重创新发展。以司法为民、公正司法和服务社会治理为

牵引，充分发挥区块链在优化业务流程、提升协同效率、建设可信体系等方面的作用，持续推进区块链在司法领域深度应用，不断提高跨领域自动执行能力。

坚持安全可靠、注重有序推进。以安全可信为前提，着力提升上链数据和智能合约的准确可控水平，确保数据安全，保护个人信息，推动形成区块链在司法领域稳中求进、有序发展、安全可靠的应用生态。

◎ **部门规章**

《互联网新闻信息服务管理规定》

第三条 提供互联网新闻信息服务，应当遵守宪法、法律和行政法规，坚持为人民服务、为社会主义服务的方向，坚持正确舆论导向，发挥舆论监督作用，促进形成积极健康、向上向善的网络文化，维护国家利益和公共利益。

《网络信息内容生态治理规定》

第五条 鼓励网络信息内容生产者制作、复制、发布含有下列内容的信息：

（一）宣传习近平新时代中国特色社会主义思想，全面准确生动解读中国特色社会主义道路、理论、制度、文化的；

（二）宣传党的理论路线方针政策和中央重大决策部署的；

（三）展示经济社会发展亮点，反

映人民群众伟大奋斗和火热生活的；

（四）弘扬社会主义核心价值观，宣传优秀道德文化和时代精神，充分展现中华民族昂扬向上精神风貌的；

（五）有效回应社会关切，解疑释惑，析事明理，有助于引导群众形成共识的；

（六）有助于提高中华文化国际影响力，向世界展现真实立体全面的中国的；

（七）其他讲品味讲格调讲责任、讴歌真善美、促进团结稳定等的内容。

《网络交易监督管理办法》

第六条 市场监督管理部门引导网络交易经营者、网络交易行业组织、消费者组织、消费者共同参与网络交易市场治理，推动完善多元参与、有效协同、规范有序的网络交易市场治理体系。

《互联网用户账号信息管理规定》

第五条 鼓励相关行业组织加强行业自律，建立健全行业标准、行业准则和自律管理制度，督促指导互联网信息服务提供者制定完善服务规范、加强互联网用户账号信息安全管理、依法提供服务并接受社会监督。

《互联网信息服务深度合成管理规定》

第五条 鼓励相关行业组织加强行业自律，建立健全行业标准、行业准则和自律管理制度，督促指导深度合成服务提供者和技术支持者制定完善业务规

范、依法开展业务和接受社会监督。

◎ **部门规范性文件**

《关于加强电信和互联网行业网络安全工作的指导意见》

三、保障措施

……

（二）充分发挥行业组织和专业机构的作用。充分发挥行业组织支撑政府、服务行业的桥梁纽带作用，大力开展电信和互联网行业网络安全自律工作。支持相关行业组织和专业机构开展面向行业的网络安全法规、政策、标准宣贯和知识技能培训、竞赛，促进网络安全管理和技术交流；开展网络安全服务能力评定，促进和规范网络安全服务市场健康发展；建立健全网络安全社会监督举报机制，发动全社会力量参与维护公共互联网网络安全环境；开展面向社会公众的网络安全宣传教育活动，提高用户的网络安全风险意识和自我保护能力。

……

《互联网直播服务管理规定》

第三条 提供互联网直播服务，应当遵守法律法规，坚持正确导向，大力弘扬社会主义核心价值观，培育积极健康、向上向善的网络文化，维护良好网络生态，维护国家利益和公共利益，为广大网民特别是青少年成长营造风清气正的网络空间。

《监管数据安全管理办法（试行）》

第六条　银保监会建立健全监管数据安全协同管理体系，推动银保监会有关业务部门、各级派出机构、受托机构等共同参与监管数据安全保护工作，加强培训教育，形成共同维护监管数据安全的良好环境。

《关于加强网络安全和数据保护工作的指导意见》

四、保障措施

……

（四）加强法律法规宣传

积极宣传网络安全法律法规，定期组织网络安全和数据保护培训交流，对产品和服务供应商加强网络安全和数据保护教育，提升全员网络安全和数据保护意识，为网络安全和数据保护治理营造良好氛围。

……

《关于加强车联网网络安全和数据安全工作的通知》

……

一、网络安全和数据安全基本要求

（一）落实安全主体责任。各相关企业要建立网络安全和数据安全管理制度，明确负责人和管理机构，落实网络安全和数据安全保护责任。强化企业内部监督管理，加大资源保障力度，及时发现并解决安全隐患。加强网络安全和数据安全宣传、教育和培训。

……

《"十四五"大数据产业发展规划》

五、保障措施

（一）提升数据思维

加强大数据知识普及，通过媒体宣传、论坛展会、赛事活动、体验中心等多种方式，宣传产业典型成果，提升全民大数据认知水平。加大对大数据理论知识的培训，提升全社会获取数据、分析数据、运用数据的能力，增强利用数据创新各项工作的本领。推广首席数据官制度，强化数据驱动的战略导向，建立基于大数据决策的新机制，运用数据加快组织变革和管理变革。

权威案例

◎ **典型案例**

广东省广宁县人民检察院诉谭某某等人侵犯公民个人信息刑事附带民事公益诉讼案

【检察机关个人信息保护公益诉讼典型案例之十一（2021 年 4 月 22 日）】

典型意义：在互联网时代，侵犯公民个人信息行为多发频发，严重侵害人民群众合法权益和社会公共利益。检察机关对侵犯公民个人信息违法犯罪采用"一案三查"模式，对刑事案件犯罪情节、民事公益诉讼案件侵权情形和行政机关及有关运营主体监管履职情况统筹把握，综合运用刑事检察、公益诉讼检察职能打击违法犯罪行为，弥补了公民个人维权相对困难的不足，有效维护了社会公共利益。同时，通过个案办理促进类案整改，结合庭审观摩等方式，以司法公开激活行政机关、相关运营主体的监管职责，取得良好的社会治理成效。

第十条　【行业组织的数据安全保护义务】

相关行业组织按照章程，依法制定数据安全行为规范和团体标准，加强行业自律，指导会员加强数据安全保护，提高数据安全保护水平，促进行业健康发展。

关联法规

◎ **法律**

《网络安全法》

第十一条　网络相关行业组织按照章程，加强行业自律，制定网络安全行为规范，指导会员加强网络安全保护，提高网络安全保护水平，促进行业健康发展。

《标准化法》

第十八条　国家鼓励学会、协会、商会、联合会、产业技术联盟等社会团体协调相关市场主体共同制定满足市场和创新需要的团体标准，由本团体成员约定采用或者按照本团体的规定供社会自愿采用。

制定团体标准，应当遵循开放、透明、公平的原则，保证各参与主体获取相关信息，反映各参与主体的共同需求，并应当组织对标准相关事项进行调查分析、实验、论证。

国务院标准化行政主管部门会同国务院有关行政主管部门对团体标准的制定进行规范、引导和监督。

《密码法》

第三十条　商用密码领域的行业协会等组织依照法律、行政法规及其章程的规定，为商用密码从业单位提供信息、技术、培训等服务，引导和督促商用密码从业单位依法开展商用密码活动，加强行业自律，推动行业诚信建设，促进行业健康发展。

◎ **党内法规**

《关于构建数据基础制度更好发挥数据要素作用的意见》

五、建立安全可控、弹性包容的数据要素治理制度

把安全贯穿数据治理全过程，构建政府、企业、社会多方协同的治理模式，创新政府治理方式，明确各方主体责任和义务，完善行业自律机制，规范市场发展秩序，形成有效市场和有为政府相结合的数据要素治理格局。

……

◎ 部门规章

《电信和互联网用户个人信息保护规定》

第二十一条　鼓励电信和互联网行业协会依法制定有关用户个人信息保护的自律性管理制度，引导会员加强自律管理，提高用户个人信息保护水平。

《区块链信息服务管理规定》

第四条　鼓励区块链行业组织加强行业自律，建立健全行业自律制度和行业准则，指导区块链信息服务提供者建立健全服务规范，推动行业信用评价体系建设，督促区块链信息服务提供者依法提供服务、接受社会监督，提高区块链信息服务从业人员的职业素养，促进行业健康有序发展。

《儿童个人信息网络保护规定》

第六条　鼓励互联网行业组织指导推动网络运营者制定儿童个人信息保护的行业规范、行为准则等，加强行业自律，履行社会责任。

《网络信息内容生态治理规定》

第二十七条　鼓励行业组织建立完善行业自律机制，制定网络信息内容生态治理行业规范和自律公约，建立内容审核标准细则，指导会员单位建立健全服务规范、依法提供网络信息内容服务、接受社会监督。

《小微型客车租赁经营服务管理办法》

第二十四条　汽车租赁行业协会应当加强行业自律，建立完善行业自律性管理约束机制，规范会员行为，维护公平竞争的市场环境。

《互联网信息服务算法推荐管理规定》

第五条　鼓励相关行业组织加强行业自律，建立健全行业标准、行业准则和自律管理制度，督促指导算法推荐服务提供者制定完善服务规范、依法提供服务并接受社会监督。

《互联网用户账号信息管理规定》

第五条　鼓励相关行业组织加强行业自律，建立健全行业标准、行业准则和自律管理制度，督促指导互联网信息服务提供者制定完善服务规范、加强互联网用户账号信息安全管理、依法提供服务并接受社会监督。

《互联网信息服务深度合成管理规定》

第五条　鼓励相关行业组织加强行业自律，建立健全行业标准、行业准则和自律管理制度，督促指导深度合成服务提供者和技术支持者制定完善业务规范、依法开展业务和接受社会监督。

◎ 部门规范性文件

《即时通信工具公众信息服务发展管理暂行规定》

第三条　国家互联网信息办公室负责统筹协调指导即时通信工具公众信息服务发展管理工作，省级互联网信息内容主管部门负责本行政区域的相关工作。

互联网行业组织应当积极发挥作

用，加强行业自律，推动行业信用评价体系建设，促进行业健康有序发展。

《互联网信息搜索服务管理规定》

第四条 互联网信息搜索服务行业组织应当建立健全行业自律制度和行业准则，指导互联网信息搜索服务提供者建立健全服务规范，督促互联网信息搜索服务提供者依法提供服务、接受社会监督，提高互联网信息搜索服务从业人员的职业素养。

《互联网论坛社区服务管理规定》

第十条 互联网论坛社区服务提供者开展经营和服务活动，必须遵守法律法规，尊重社会公德，遵守商业道德，诚实信用，承担社会责任。

《互联网新闻信息服务新技术新应用安全评估管理规定》

第五条 鼓励支持新技术新应用安全评估相关行业组织和专业机构加强自律，建立健全安全评估服务质量评议和信用、能力公示制度，促进行业规范发展。

《微博客信息服务管理规定》

第十五条 国家鼓励和指导互联网行业组织建立健全微博客行业自律制度和行业准则，推动微博客行业信用等级评价和信用体系建设，督促微博客服务提供者依法提供服务、接受社会监督。

《关于工业大数据发展的指导意见》

三、推动数据共享

......

（六）激发工业数据市场活力。支持开展数据流动关键技术攻关，建设可信的工业数据流通环境。构建工业大数据资产价值评估体系，研究制定公平、开放、透明的数据交易规则，加强市场监管和行业自律，开展数据资产交易试点，培育工业数据市场。

《移动互联网应用程序信息服务管理规定》

第二十三条 鼓励互联网行业组织建立健全行业自律机制，制定完善行业规范和自律公约，指导会员单位建立健全服务规范，依法依规提供信息服务，维护市场公平，促进行业健康发展。

《关于促进数据安全产业发展的指导意见》

九、保障措施

......

（十九）优化发展环境。加快数据安全制度体系建设，细化明确政策要求。加强知识产权运用和保护，建立健全行业自律及监督机制，建立以技术实力、服务能力为导向的良性市场竞争环境。科学高效开展数据安全产业统计，健全产业风险监测机制，及时研判发展态势，处置突出风险，回应社会关切。加强教育引导，提升各类群体数据安全保护意识。

权威案例

◎ 典型案例

浙江省诸暨市房地产、装修行业侵犯消费者个人信息公益诉讼案【检察公益诉讼全面实施两周年典型案例之五（2019年10月10日）**】**

典型意义：随着大数据时代的来临，房地产、教育、医疗等领域泄露消费者个人信息的事件频发多发，个人信息安全问题日益严峻。与信息泄露相伴的垃圾短信、骚扰电话、精准诈骗日益威胁着人们的隐私、财产甚至生命安全，严重侵害社会公共利益。保护消费者个人信息安全对于推动我国信息化进程，保护个人隐私，维护社会公共秩序，构建诚信社会具有重大意义。

检察机关积极回应人民群众关切，督促监管部门积极履职，加强警示宣传教育，强化了行业治理，回应了群众关切，在全社会形成保护消费者个人信息安全的共识，取得了良好的社会效果。

河南省濮阳市华龙区人民检察院督促整治装饰装修行业泄露公民个人信息行政公益诉讼案【检察机关个人信息保护公益诉讼典型案例之六（2021年4月22日）**】**

典型意义：近年来，因消费者个人信息泄露引发的骚扰电话、精准诈骗，给老百姓生活造成了极大困扰，威胁着人民群众的财产乃至生命安全。本案中，检察机关综合采取"刑事＋公益诉讼"办案模式，摸清现状，找准症结，通过个案办理和专项整治，督促行政机关健全、强化监管制度，指导相关行业优化自律自治，推动消费者个人信息安全保护，取得良好的社会效果和法律效果。

韦某、吴某甲、吴某乙侵犯公民个人信息案【检察机关依法惩治侵犯公民个人信息犯罪典型案例之五（2022年12月2日）**】**

典型意义：（一）依法打击行业"内鬼"内外勾连出售公民个人信息犯罪活动。产妇分娩信息等是医院在开展医疗活动过程中掌握的公民健康生理信息。对于医护人员将其在履行职责或者提供服务中获得的产妇健康生理信息出售或者提供给他人的行为，构成犯罪的，应依法予以打击。对下游非法获取公民个人信息的犯罪也应依法打击，实现全链条惩处。

（二）通过检察建议促进诉源治理。行业"内鬼"泄露公民个人信息，反映出部分重点领域公民个人信息管理存在漏洞，内部监管机制不到位，相关从业人员法律意识淡薄。检察机关办案中应通过制发检察建议，督促医疗单位履行监管职责，完善对患者健康生理信息的安全管理制度，预防和杜绝泄露公民个人信息问题的发生。

广东省深圳市宝安区人民检察院诉付某等人侵犯公民个人信息刑事附带民事公益诉讼案【个人信息保护检察公益诉讼典型案例之七（2023年3月30日）**】**

典型意义：物流行业掌握大量公民个人生活信息，通过大数据分析后可精准画出用户购物习惯、消费水平、生活轨迹的图谱，极易滋生诈骗、不正当竞争等违法行为。本案中，检察机关通过刑事附带民事公益诉讼加大侵权成本、震慑违法犯罪，同时通过制发社会治理检察建议，着力实现"后端惩治"到"全流程风控"转化，引导快递行业龙头企业良性运行，建立快递企业个人信息安全保护通用标准，实现"由点到线，由线到面"的辐射效应。

第十一条 【促进数据跨境流动】

国家积极开展数据安全治理、数据开发利用等领域的国际交流与合作，参与数据安全相关国际规则和标准的制定，促进数据跨境安全、自由流动。

关联法规

◎ **法律**

《网络安全法》

第七条 国家积极开展网络空间治理、网络技术研发和标准制定、打击网络违法犯罪等方面的国际交流与合作，推动构建和平、安全、开放、合作的网络空间，建立多边、民主、透明的网络治理体系。

《反电信网络诈骗法》

第三十七条 国务院公安部门等会同外交部门加强国际执法司法合作，与有关国家、地区、国际组织建立有效合作机制，通过开展国际警务合作等方式，提升在信息交流、调查取证、侦查抓捕、追赃挽损等方面的合作水平，有效打击遏制跨境电信网络诈骗活动。

《个人信息保护法》

第十二条 国家积极参与个人信息保护国际规则的制定，促进个人信息保护方面的国际交流与合作，推动与其他国家、地区、国际组织之间的个人信息保护规则、标准等互认。

《电子商务法》

第七十三条 国家推动建立与不同国家、地区之间跨境电子商务的交流合作，参与电子商务国际规则的制定，促进电子签名、电子身份等国际互认。

国家推动建立与不同国家、地区之间的跨境电子商务争议解决机制。

《国家安全法》

第十条 维护国家安全，应当坚持互信、互利、平等、协作，积极同外国政府和国际组织开展安全交流合作，履行国际安全义务，促进共同安全，维护世界和平。

《生物安全法》

第六条 国家加强生物安全领域的国际合作，履行中华人民共和国缔结或者参加的国际条约规定的义务，支持参与生物科技交流合作与生物安全事件国际救援，积极参与生物安全国际规则的研究与制定，推动完善全球生物安全治理。

《海南自由贸易港法》

第九条　国家支持海南自由贸易港主动适应国际经济贸易规则发展和全球经济治理体系改革新趋势，积极开展国际交流合作。

第四十二条　海南自由贸易港依法建立安全有序自由便利的数据流动管理制度，依法保护个人、组织与数据有关的权益，有序扩大通信资源和业务开放，扩大数据领域开放，促进以数据为关键要素的数字经济发展。

国家支持海南自由贸易港探索实施区域性国际数据跨境流动制度安排。

◎ **部门规章**
《生成式人工智能服务管理暂行办法》

第六条　鼓励生成式人工智能算法、框架、芯片及配套软件平台等基础技术的自主创新，平等互利开展国际交流与合作，参与生成式人工智能相关国际规则制定。

推动生成式人工智能基础设施和公共训练数据资源平台建设。促进算力资源协同共享，提升算力资源利用效能。推动公共数据分类分级有序开放，扩展高质量的公共训练数据资源。鼓励采用安全可信的芯片、软件、工具、算力和数据资源。

◎ **党内法规**
《关于构建数据基础制度更好发挥数据要素作用的意见》

三、建立合规高效、场内外结合的数据要素流通和交易制度

......

（十一）构建数据安全合规有序跨境流通机制。开展数据交互、业务互通、监管互认、服务共享等方面国际交流合作，推进跨境数字贸易基础设施建设，以《全球数据安全倡议》为基础，积极参与数据流动、数据安全、认证评估、数字货币等国际规则和数字技术标准制定。坚持开放发展，推动数据跨境双向有序流动，鼓励国内外企业及组织依法依规开展数据跨境流动业务合作，支持外资依法依规进入开放领域，推动形成公平竞争的国际化市场。针对跨境电商、跨境支付、供应链管理、服务外包等典型应用场景，探索安全规范的数据跨境流动方式。统筹数据开发利用和数据安全保护，探索建立跨境数据分类分级管理机制。对影响或者可能影响国家安全的数据处理、数据跨境传输、外资并购等活动依法依规进行国家安全审查。按照对等原则，对维护国家安全和利益、履行国际义务相关的属于管制物项的数据依法依规实施出口管制，保障数据用于合法用途，防范数据出境安全风险。探索构建多渠道、便利化的数据跨境流动监管机制，健全多部门协调配合的数据跨境流动监管体系。反对数据霸权和数据保护主义，有效应对数据领域"长臂管辖"。

......

五、建立安全可控、弹性包容的数据要素治理制度

......

（十六）推进国际产业交流合作。充分利用双多边机制，加强数据安全产业政策交流合作。加强与"一带一路"沿线国家数据安全产业合作，促进标准衔接和认证结果互认，推动产品、服务、技术、品牌"走出去"。鼓励国内外数据安全企业在技术创新、产品研发、应用推广等方面深化交流合作。探索打造数据安全产业国际创新合作基地。支持举办高层次数据安全国际论坛和展会。鼓励我国数据安全领域学者、企业家积极参与相关国际组织工作。

◎ **部门规范性文件**

《加强工业互联网安全工作的指导意见》

二、主要任务

......

（二）构建工业互联网安全管理体系

......

5. 建立工业互联网安全标准体系。推动工业互联网设备、控制、网络（含标识解析系统）、平台、数据等重点领域安全标准的研究制定，建设安全技术与标准试验验证环境，支持专业机构、企业积极参与相关国际标准制定，加快标准落地实施。

《关于工业大数据发展的指导意见》

八、加强组织保障

......

（二十一）促进国际交流合作。围绕政策、技术、标准、人才、企业等方面，推进工业大数据在更大范围、更宽领域、更深层次开展合作交流，不断提升国际化发展水平。

《关于加快构建全国一体化大数据中心协同创新体系的指导意见》

四、优化数据中心布局

......

（四）拓展基础设施国际合作。持续加强数据中心建设与使用的国际交流合作。围绕"一带一路"建设，加快推动数据中心联通共用，提升全球化信息服务能力。加速"一带一路"国际关口局、边境站、跨境陆海缆建设，沿途积极开展国际数据中心建设或合作运营。整合算力和数据资源，加快提升产业链端到端交付能力和运营能力，促进开展高质量国际合作。（中央网信办、工业和信息化部、发展改革委牵头，各地区负责）

《"十四五"大数据产业发展规划》

四、主要任务

......

（六）筑牢数据安全保障防线

......

专栏6　数据安全铸盾行动

加强数据跨境安全管理。开展数据跨境传输安全管理试点，支持有条件的地区创新数据跨境流动管理机制，建立数据跨境传输备案审查、风险评估和安全审计等工作机制。鼓励有关试点地区参与数字规则国际合作，加大对跨境数据的保护力度。

......

五、保障措施

......

（六）推进国际合作

充分发挥多双边国际合作机制的作用，支持国内外大数据企业在技术研发、标准制定、产品服务、知识产权等方面开展深入合作。推动大数据企业"走出去"，在"一带一路"沿线国家和地区积极开拓国际市场。鼓励跨国公司、科研机构在国内设立大数据研发中心、教育培训中心。积极参与数据安全、数字货币、数字税等国际规则和数字技术标准制定。

《关于促进数据安全产业发展的指导意见》

四、推进标准体系建设

（九）加强数据安全产业重点标准供给。充分发挥标准对产业发展的支撑引领作用，促进产业技术、产品、服务和应用标准化。鼓励科研院所、企事业单位、普通高等院校及职业院校等各类主体积极参与数据安全产业评价、数据安全产品技术要求、数据安全产品评测、数据安全服务等标准制定。高质高效推进贯标工作，加大标准应用推广力度。积极参与数据安全国际标准组织活动，推动国内国际协同发展。

第十二条　【投诉举报机制】

任何个人、组织都有权对违反本法规定的行为向有关主管部门投诉、举报。收到投诉、举报的部门应当及时依法处理。

有关主管部门应当对投诉、举报人的相关信息予以保密，保护投诉、举报人的合法权益。

关联法规

◎ 法律

《网络安全法》

第十四条　任何个人和组织有权对危害网络安全的行为向网信、电信、公安等部门举报。收到举报的部门应当及时依法作出处理；不属于本部门职责的，应当及时移送有权处理的部门。

有关部门应当对举报人的相关信息予以保密，保护举报人的合法权益。

《个人信息保护法》

第六十五条 任何组织、个人有权对违法个人信息处理活动向履行个人信息保护职责的部门进行投诉、举报。收到投诉、举报的部门应当依法及时处理，并将处理结果告知投诉、举报人。

履行个人信息保护职责的部门应当公布接受投诉、举报的联系方式。

《关于加强网络信息保护的决定》

九、任何组织和个人对窃取或者以其他非法方式获取、出售或者非法向他人提供公民个人电子信息的违法犯罪行为以及其他网络信息违法犯罪行为，有权向有关主管部门举报、控告；接到举报、控告的部门应当依法及时处理。被侵权人可以依法提起诉讼。

《国家安全法》

第八十条 公民和组织支持、协助国家安全工作的行为受法律保护。

因支持、协助国家安全工作，本人或者其近亲属的人身安全面临危险的，可以向公安机关、国家安全机关请求予以保护。公安机关、国家安全机关应当会同有关部门依法采取保护措施。

◎ **党内法规**

《关于做好个人信息保护利用大数据支撑联防联控工作的通知》

6. 任何组织和个人发现违规违法收集、使用、公开个人信息的行为，可以及时向网信、公安部门举报。网信部门要依据《中华人民共和国网络安全法》和相关规定，及时处置违规违法收集、使用、公开个人信息的行为，以及造成个人信息大量泄露的事件；涉及犯罪的公安机关要依法严厉打击。

◎ **行政法规**

《行政机关公务员处分条例》

第二十六条 泄露国家秘密、工作秘密，或者泄露因履行职责掌握的商业秘密、个人隐私，造成不良后果的，给予警告、记过或者记大过处分；情节较重的，给予降级或者撤职处分；情节严重的，给予开除处分。

◎ **部门规章**

《互联网新闻信息服务管理规定》

第二十条 任何组织和个人发现互联网新闻信息服务提供者有违反本规定行为的，可以向国家和地方互联网信息办公室举报。

国家和地方互联网信息办公室应当向社会公开举报受理方式，收到举报后，应当依法予以处置。互联网新闻信息服务提供者应当予以配合。

《区块链信息服务管理规定》

第十八条　区块链信息服务提供者应当配合网信部门依法实施的监督检查，并提供必要的技术支持和协助。

区块链信息服务提供者应当接受社会监督，设置便捷的投诉举报入口，及时处理公众投诉举报。

《儿童个人信息网络保护规定》

第七条　网络运营者收集、存储、使用、转移、披露儿童个人信息的，应当遵循正当必要、知情同意、目的明确、安全保障、依法利用的原则。

第二十四条　任何组织和个人发现有违反本规定行为的，可以向网信部门和其他有关部门举报。

网信部门和其他有关部门收到相关举报的，应当依据职责及时进行处理。

《网络招聘服务管理规定》

第二十三条　从事网络招聘服务的人力资源服务机构应当建立网络招聘服务有关投诉、举报制度，健全便捷有效的投诉、举报机制，公开有效的联系方式，及时受理并处理有关投诉、举报。

第三十一条　人力资源社会保障行政部门应当畅通对从事网络招聘服务的人力资源服务机构的举报投诉渠道，依法及时处理有关举报投诉。

《小微型客车租赁经营服务管理办法》

第十七条　小微型客车租赁经营者应当建立服务投诉制度，公布服务监督电话，指定部门或者人员受理投诉。接到投诉后，应当及时受理，于10日内处理完毕并告知投诉人处理结果。

第二十三条　小微型客车租赁行政主管部门应当建立投诉举报制度，公开投诉电话、通信地址或者电子邮箱，明确投诉办结时限，接受小微型客车租赁相关投诉和社会监督。

《汽车数据安全管理若干规定（试行）》

第十七条　汽车数据处理者开展汽车数据处理活动，应当建立投诉举报渠道，设置便捷的投诉举报入口，及时处理用户投诉举报。

开展汽车数据处理活动造成用户合法权益或者公共利益受到损害的，汽车数据处理者应当依法承担相应责任。

《互联网信息服务算法推荐管理规定》

第三十条　任何组织和个人发现违反本规定行为的，可以向网信部门和有关部门投诉、举报。收到投诉、举报的部门应当及时依法处理。

《公民举报危害国家安全行为奖励办法》

第六条　国家安全机关以及依法知情的其他组织和个人应当严格为举报人保密，未经举报人同意，不得以任何方式泄露举报人身份相关信息。

因举报危害国家安全行为，举报人本人或者其近亲属的人身安全面临危险的，可以向国家安全机关请求予以保护。国家安全机关应当会同有关部门依法采取有效保护措施。国家安全机关认为有必要的，应当依职权及时、主动采取保护措施。

《互联网用户账号信息管理规定》

第十九条 互联网信息服务提供者应当在显著位置设置便捷的投诉举报入口，公布投诉举报方式，健全受理、甄别、处置、反馈等机制，明确处理流程和反馈时限，及时处理用户和公众投诉举报。

《数据出境安全评估办法》

第十六条 任何组织和个人发现数据处理者违反本办法向境外提供数据的，可以向省级以上网信部门举报。

《个人信息出境标准合同办法》

第十条 任何组织和个人发现个人信息处理者违反本办法向境外提供个人信息的，可以向省级以上网信部门举报。

《生成式人工智能服务管理暂行办法》

第十八条 使用者发现生成式人工智能服务不符合法律、行政法规和本办法规定的，有权向有关主管部门投诉、举报。

◎ 部门规范性文件

《互联网论坛社区服务管理规定》

第十一条 互联网论坛社区服务提供者应当建立健全公众投诉、举报制度，在显著位置公布投诉、举报方式，主动接受公众监督，及时处理公众投诉、举报。国家和地方互联网信息办公室依据职责，对举报受理落实情况进行监督检查。

《工业和信息化领域数据安全管理办法（试行）》

第二十九条 工业和信息化部委托相关行业组织建立工业和信息化领域数据安全违法行为投诉举报渠道，地方行业监管部门分别建立本地区数据安全违法行为投诉举报机制或渠道，依法接收、处理投诉举报，根据工作需要开展执法调查。鼓励工业和信息化领域数据处理者建立用户投诉处理机制。

《网站平台受理处置涉企网络侵权信息举报工作规范》

第二十九条 各级网信举报部门应当建立健全日常检查和专项检查相结合的工作制度，依法依规对属地网站平台涉企网络侵权信息举报受理处置工作实施监督管理。

第二章　数据安全与发展

第十三条　【国家统筹发展和安全】

国家统筹发展和安全，坚持以数据开发利用和产业发展促进数据安全，以数据安全保障数据开发利用和产业发展。

关联法规

◎ 法律

《民法典》

第一百二十七条　法律对数据、网络虚拟财产的保护有规定的，依照其规定。

《刑法》

第二百八十五条　违反国家规定，侵入国家事务、国防建设、尖端科学技术领域的计算机信息系统的，处三年以下有期徒刑或者拘役。

违反国家规定，侵入前款规定以外的计算机信息系统或者采用其他技术手段，获取该计算机信息系统中存储、处理或者传输的数据，或者对该计算机信息系统实施非法控制，情节严重的，处三年以下有期徒刑或者拘役，并处或者单处罚金；情节特别严重的，处三年以上七年以下有期徒刑，并处罚金。

提供专门用于侵入、非法控制计算机信息系统的程序、工具，或者明知他人实施侵入、非法控制计算机信息系统的违法犯罪行为而为其提供程序、工具，情节严重的，依照前款的规定处罚。

单位犯前三款罪的，对单位判处罚金，并对其直接负责的主管人员和其他直接责任人员，依照各该款的规定处罚。

第二百八十六条　违反国家规定，对计算机信息系统功能进行删除、修改、增加、干扰，造成计算机信息系统不能正常运行，后果严重的，处五年以下有期徒刑或者拘役；后果特别严重的，处五年以上有期徒刑。

违反国家规定，对计算机信息系统中存储、处理或者传输的数据和应用程序进行删除、修改、增加的操作，后果严重的，依照前款的规定处罚。

故意制作、传播计算机病毒等破坏性程序，影响计算机系统正常运行，后果严重的，依照第一款的规定处罚。

单位犯前三款罪的，对单位判处罚金，并对其直接负责的主管人员和其他直接责任人员，依照第一款的规定处罚。

《网络安全法》

第二十一条 国家实行网络安全等级保护制度。网络运营者应当按照网络安全等级保护制度的要求，履行下列安全保护义务，保障网络免受干扰、破坏或者未经授权的访问，防止网络数据泄露或者被窃取、篡改：

（一）制定内部安全管理制度和操作规程，确定网络安全负责人，落实网络安全保护责任；

（二）采取防范计算机病毒和网络攻击、网络侵入等危害网络安全行为的技术措施；

（三）采取监测、记录网络运行状态、网络安全事件的技术措施，并按照规定留存相关的网络日志不少于六个月；

（四）采取数据分类、重要数据备份和加密等措施；

（五）法律、行政法规规定的其他义务。

第二十七条 任何个人和组织不得从事非法侵入他人网络、干扰他人网络正常功能、窃取网络数据等危害网络安全的活动；不得提供专门用于从事侵入网络、干扰网络正常功能及防护措施、窃取网络数据等危害网络安全活动的程序、工具；明知他人从事危害网络安全的活动的，不得为其提供技术支持、广告推广、支付结算等帮助。

第三十一条 国家对公共通信和信息服务、能源、交通、水利、金融、公共服务、电子政务等重要行业和领域，以及其他一旦遭到破坏、丧失功能或者数据泄露，可能严重危害国家安全、国计民生、公共利益的关键信息基础设施，在网络安全等级保护制度的基础上，实行重点保护。关键信息基础设施的具体范围和安全保护办法由国务院制定。

国家鼓励关键信息基础设施以外的网络运营者自愿参与关键信息基础设施保护体系。

第三十四条 除本法第二十一条的规定外，关键信息基础设施的运营者还应当履行下列安全保护义务：

（一）设置专门安全管理机构和安全管理负责人，并对该负责人和关键岗位的人员进行安全背景审查；

（二）定期对从业人员进行网络安全教育、技术培训和技能考核；

（三）对重要系统和数据库进行容灾备份；

（四）制定网络安全事件应急预案，并定期进行演练；

（五）法律、行政法规规定的其他义务。

第三十七条　关键信息基础设施的运营者在中华人民共和国境内运营中收集和产生的个人信息和重要数据应当在境内存储。因业务需要，确需向境外提供的，应当按照国家网信部门会同国务院有关部门制定的办法进行安全评估；法律、行政法规另有规定的，依照其规定。

第六十六条　关键信息基础设施的运营者违反本法第三十七条规定，在境外存储网络数据，或者向境外提供网络数据的，由有关主管部门责令改正，给予警告，没收违法所得，处五万元以上五十万元以下罚款，并可以责令暂停相关业务、停业整顿、关闭网站、吊销相关业务许可证或者吊销营业执照；对直接负责的主管人员和其他直接责任人员处一万元以上十万元以下罚款。

《电子商务法》

第六十九条　国家维护电子商务交易安全，保护电子商务用户信息，鼓励电子商务数据开发应用，保障电子商务数据依法有序自由流动。

国家采取措施推动建立公共数据共享机制，促进电子商务经营者依法利用公共数据。

《国家安全法》

第七十一条　国家加大对国家安全各项建设的投入，保障国家安全工作所需经费和装备。

第七十三条　鼓励国家安全领域科技创新，发挥科技在维护国家安全中的作用。

《密码法》

第二十九条　国家密码管理部门对采用商用密码技术从事电子政务电子认证服务的机构进行认定，会同有关部门负责政务活动中使用电子签名、数据电文的管理。

《生物安全法》

第三条　生物安全是国家安全的重要组成部分。维护生物安全应当贯彻总体国家安全观，统筹发展和安全，坚持以人为本、风险预防、分类管理、协同配合的原则。

第十五条　国家建立生物安全风险调查评估制度。国家生物安全工作协调机制应当根据风险监测的数据、资料等信息，定期组织开展生物安全风险调查评估。

有下列情形之一的，有关部门应当及时开展生物安全风险调查评估，依法采取必要的风险防控措施：

（一）通过风险监测或者接到举报发现可能存在生物安全风险；

（二）为确定监督管理的重点领域、重点项目，制定、调整生物安全相关名录或者清单；

（三）发生重大新发突发传染病、动植物疫情等危害生物安全的事件；

（四）需要调查评估的其他情形。

第十六条 国家建立生物安全信息共享制度。国家生物安全工作协调机制组织建立统一的国家生物安全信息平台，有关部门应当将生物安全数据、资料等信息汇交国家生物安全信息平台，实现信息共享。

第十八条 国家建立生物安全名录和清单制度。国务院及其有关部门根据生物安全工作需要，对涉及生物安全的材料、设备、技术、活动、重要生物资源数据、传染病、动植物疫病、外来入侵物种等制定、公布名录或者清单，并动态调整。

◎ **部门规章**

《汽车数据安全管理若干规定（试行）》

第一条 为了规范汽车数据处理活动，保护个人、组织的合法权益，维护国家安全和社会公共利益，促进汽车数据合理开发利用，根据《中华人民共和国网络安全法》、《中华人民共和国数据安全法》等法律、行政法规，制定本规定。

《生成式人工智能服务管理暂行办法》

第三条 国家坚持发展和安全并重、促进创新和依法治理相结合的原则，采取有效措施鼓励生成式人工智能创新发展，对生成式人工智能服务实行包容审慎和分类分级监管。

第十四条 【国家实施大数据战略】

国家实施大数据战略，推进数据基础设施建设，鼓励和支持数据在各行业、各领域的创新应用。

省级以上人民政府应当将数字经济发展纳入本级国民经济和社会发展规划，并根据需要制定数字经济发展规划。

关联法规

◎ **法律**

《民法典》

第一百二十七条 法律对数据、网络虚拟财产的保护有规定的，依照其规定。

《网络安全法》

第三条 国家坚持网络安全与信息化发展并重，遵循积极利用、科学发展、依法管理、确保安全的方针，推进网络基础设施建设和互联互通，鼓励网络技术创新和应用，支持培养网络安全人才，建立健全网络安全保障体系，提高网络安全保护能力。

第五条 国家采取措施，监测、防御、处置来源于中华人民共和国境内外的网络安全风险和威胁，保护关键信息基础设施免受攻击、侵入、干扰和破坏，依法惩治网络违法犯罪活动，维护网络空间安全和秩序。

《密码法》

第十一条　县级以上人民政府应当将密码工作纳入本级国民经济和社会发展规划，所需经费列入本级财政预算。

◎ **部门规范性文件**

《银行业金融机构数据治理指引》

第九条　银行业金融机构董事会应当制定数据战略，审批或授权审批与数据治理相关的重大事项，督促高级管理层提升数据治理有效性，对数据治理承担最终责任。

《关于加快构建全国一体化大数据中心协同创新体系的指导意见》

一、总体要求

……

（三）总体思路。

加强全国一体化大数据中心顶层设计。优化数据中心基础设施建设布局，加快实现数据中心集约化、规模化、绿色化发展，形成"数网"体系；加快建立完善云资源接入和一体化调度机制，降低算力使用成本和门槛，形成"数纽"体系；加强跨部门、跨区域、跨层级的数据流通与治理，打造数字供应链，形成"数链"体系；深化大数据在社会治理与公共服务、金融、能源、交通、商贸、工业制造、教育、医疗、文化旅游、农业、科研、空间、生物等领域协同创新，繁荣各行业数据智能应用，形成"数脑"体系；加快提升大数据安全水平，强化对算力和数据资源的安全防护，形成"数盾"体系。

二、发展目标

到 2025 年，全国范围内数据中心形成布局合理、绿色集约的基础设施一体化格局。东西部数据中心实现结构性平衡，大型、超大型数据中心运行电能利用效率降到 1.3 以下。数据中心集约化、规模化、绿色化水平显著提高，使用率明显提升。公共云服务体系初步形成，全社会算力获取成本显著降低。政府部门间、政企间数据壁垒进一步打破，数据资源流通活力明显增强。大数据协同应用效果凸显，全国范围内形成一批行业数据大脑、城市数据大脑，全社会算力资源、数据资源向智力资源高效转化的态势基本形成，数据安全保障能力稳步提升。

《关于促进数据安全产业发展的指导意见》

六、构建繁荣产业生态

……

（十四）强化基础设施建设。充分利用已有资源，建立健全数据安全风险库、行业分类分级规则库等资源库，支撑数据安全产品研发、技术手段建设，为数据安全场景应用测试等提供环境。建设数据安全产业公共服务平台，提供创新支持、供需对接、产融合作、能力评价、职业培训等服务，实现产业信息集中共享、供需两侧精准对接、公共服务敏捷响应。

第十五条 【鼓励智能化公共服务】

国家支持开发利用数据提升公共服务的智能化水平。提供智能化公共服务，应当充分考虑老年人、残疾人的需求，避免对老年人、残疾人的日常生活造成障碍。

关联法规

◎ **法律**

《残疾人保障法》

第二条 残疾人是指在心理、生理、人体结构上，某种组织、功能丧失或者不正常，全部或者部分丧失以正常方式从事某种活动能力的人。

残疾人包括视力残疾、听力残疾、言语残疾、肢体残疾、智力残疾、精神残疾、多重残疾和其他残疾的人。

残疾标准由国务院规定。

第三条 残疾人在政治、经济、文化、社会和家庭生活等方面享有同其他公民平等的权利。

残疾人的公民权利和人格尊严受法律保护。

禁止基于残疾的歧视。禁止侮辱、侵害残疾人。禁止通过大众传播媒介或者其他方式贬低损害残疾人人格。

第四条 国家采取辅助方法和扶持措施，对残疾人给予特别扶助，减轻或者消除残疾影响和外界障碍，保障残疾人权利的实现。

第五条 县级以上人民政府应当将残疾人事业纳入国民经济和社会发展规划，加强领导，综合协调，并将残疾人事业经费列入财政预算，建立稳定的经费保障机制。

国务院制定中国残疾人事业发展纲要，县级以上地方人民政府根据中国残疾人事业发展纲要，制定本行政区域的残疾人事业发展规划和年度计划，使残疾人事业与经济、社会协调发展。

县级以上人民政府负责残疾人工作的机构，负责组织、协调、指导、督促有关部门做好残疾人事业的工作。

各级人民政府和有关部门，应当密切联系残疾人，听取残疾人的意见，按照各自的职责，做好残疾人工作。

第七条 全社会应当发扬人道主义精神，理解、尊重、关心、帮助残疾人，支持残疾人事业。

国家鼓励社会组织和个人为残疾人提供捐助和服务。

国家机关、社会团体、企业事业单位和城乡基层群众性自治组织，应当做好所属范围内的残疾人工作。

从事残疾人工作的国家工作人员和其他人员，应当依法履行职责，努力为残疾人服务。

第十四条　每年5月的第三个星期日为全国助残日。

第四十一条　国家保障残疾人享有平等参与文化生活的权利。

各级人民政府和有关部门鼓励、帮助残疾人参加各种文化、体育、娱乐活动，积极创造条件，丰富残疾人精神文化生活。

第五十条　县级以上人民政府对残疾人搭乘公共交通工具，应当根据实际情况给予便利和优惠。残疾人可以免费携带随身必备的辅助器具。

盲人持有效证件免费乘坐市内公共汽车、电车、地铁、渡船等公共交通工具。盲人读物邮件免费寄递。

国家鼓励和支持提供电信、广播电视服务的单位对盲人、听力残疾人、言语残疾人给予优惠。

各级人民政府应当逐步增加对残疾人的其他照顾和扶助。

第五十二条　国家和社会应当采取措施，逐步完善无障碍设施，推进信息交流无障碍，为残疾人平等参与社会生活创造无障碍环境。

各级人民政府应当对无障碍环境建设进行统筹规划，综合协调，加强监督管理。

第五十三条　无障碍设施的建设和改造，应当符合残疾人的实际需要。

新建、改建和扩建建筑物、道路、交通设施等，应当符合国家有关无障碍设施工程建设标准。

各级人民政府和有关部门应当按照国家无障碍设施工程建设规定，逐步推进已建成设施的改造，优先推进与残疾人日常工作、生活密切相关的公共服务设施的改造。

对无障碍设施应当及时维修和保护。

第五十四条　国家采取措施，为残疾人信息交流无障碍创造条件。

各级人民政府和有关部门应当采取措施，为残疾人获取公共信息提供便利。

国家和社会研制、开发适合残疾人使用的信息交流技术和产品。

国家举办的各类升学考试、职业资格考试和任职考试，有盲人参加的，应当为盲人提供盲文试卷、电子试卷或者由专门的工作人员予以协助。

第五十七条　国家鼓励和扶持无障碍辅助设备、无障碍交通工具的研制和开发。

《老年人权益保障法》

第三条　国家保障老年人依法享有的权益。

老年人有从国家和社会获得物质帮助的权利，有享受社会服务和社会优待的权利，有参与社会发展和共享发展成果的权利。

禁止歧视、侮辱、虐待或者遗弃老年人。

第四条　积极应对人口老龄化是国家的一项长期战略任务。

国家和社会应当采取措施，健全保障老年人权益的各项制度，逐步改善保障老年人生活、健康、安全以及参与社会发展的条件，实现老有所养、老有所医、老有所为、老有所学、老有所乐。

第十二条　每年农历九月初九为老年节。

第五十三条　县级以上人民政府及其有关部门根据经济社会发展情况和老年人的特殊需要，制定优待老年人的办法，逐步提高优待水平。

对常住在本行政区域内的外埠老年人给予同等优待。

第五十八条　提倡与老年人日常生活密切相关的服务行业为老年人提供优先、优惠服务。

城市公共交通、公路、铁路、水路和航空客运，应当为老年人提供优待和照顾。

第六十五条　国家推动老年宜居社区建设，引导、支持老年宜居住宅的开发，推动和扶持老年人家庭无障碍设施的改造，为老年人创造无障碍居住环境。

第六十六条　国家和社会应当重视、珍惜老年人的知识、技能、经验和优良品德，发挥老年人的专长和作用，保障老年人参与经济、政治、文化和社会生活。

◎ **部门规章**

《互联网信息服务算法推荐管理规定》

第十九条　算法推荐服务提供者向老年人提供服务的，应当保障老年人依法享有的权益，充分考虑老年人出行、就医、消费、办事等需求，按照国家有关规定提供智能化适老服务，依法开展涉电信网络诈骗信息的监测、识别和处置，便利老年人安全使用算法推荐服务。

◎ **部门规范性文件**

《关于进一步优化人社公共服务切实解决老年人运用智能技术困难实施方案》

为贯彻落实《国务院办公厅印发关于切实解决老年人运用智能技术困难实施方案的通知》（国办发〔2020〕45号）有关要求，实现人力资源和社会保障（以下简称人社）领域传统服务方式与智能化服务创新并行、融合发展，结合人社信息化便民服务创新提升行动，为老年人提供更便捷、更周全、更贴心、有温度的人社服务，制定本实施方案。

一、指导思想和工作目标

解决老年人运用智能技术困难是应对我国人口老龄化、帮助老年人跨越"数字鸿沟"、维护信息化时代下老年人合法权益的重要任务。各级人社部门要以习近平新时代中国特色社会主义思想为指导，坚持以人民为中心的发展思想，进一步增强服务意识，坚持传统服务方式与智能化服务"两条腿"走路，着重解决老年人在人社公共服务中的痛点难点问题，将服务质量和群众满意度作为工作成效考量的重要指标，让老年人在信息化发展中有更多获得感、幸福感、安全感。

各级人社部门要梳理人社系统涉及老年人的高频服务事项，逐项完善服务政策，改进服务措施，优化服务方式，一方面通过传统服务方式为老年人提供兜底服务保障，另一方面促进智能技术在老年人中的普及应用，并于2021年底前完成各项人社服务优化和整改任务，于2022年底前建成相应的长效机制，持续提升人社公共服务均等化、普惠化、便捷化水平。

二、工作任务

（一）明确老年人高频服务事项，提供优质便民服务

1. 完善社保卡申领服务。各级人社部门要按照《人力资源社会保障部办公厅关于进一步提升社会保障卡服务质量的通知》（人社厅函〔2020〕171号）有关要求，联合合作银行，优化社保卡申领、社保功能启用、银行账户激活等服务，补全本人及监护人手机、地址等联系方式。针对老年人，要加强主动沟通、主动服务，加大宣传引导力度，做好应用培训。在为老年人发放社保卡过程中，同时引导帮助老年人领用电子社保卡。针对异地居住的老年人，还要做好社保卡的网上申领补换和邮寄服务，并优先联合全国性银行为该类人群发放社保卡。（各级人社信息化综合管理机构负责）

2. 完善社保待遇申领服务。对临近退休或待遇领取年龄的人员，各级人社部门要通过短信、消息、用人单位或基层工作人员联络等方式，主动提醒本人享有待遇申领权益，提前进行档案核查，通过全国社保比对查询系统，核对参保人是否存在多地参保经历，对需进行社保关系转移或制度衔接的，应做好业务提醒。在养老金待遇核定等业务办理过程中，同步做好社保关系转移或制度衔接、通过社保卡发放待遇、失业保险待遇终止、1-4级工伤职工伤残津贴停发等可以打包办理的工作，减少老年人跑腿。对丧葬补助金、抚恤金、个人

账户余额等死亡待遇申领和核定，要结合跨部门共享的人员死亡等数据，提高业务办理效率，并通过待遇进卡服务，提高待遇发放效率。（各级人社行政部门、社保经办机构按职责分工负责）

3. 完善补贴待遇发放服务。各级人社部门要组织好就业补贴、社保待遇、农民工工资等通过社保卡发放的有关工作，做好社保卡申领激活服务，加强宣传培训，稳步切换实施。在待遇进卡工作中，同步加强待遇到账短信或消息提醒、对账折、纸质对账单等服务，保障老年人及时知晓待遇情况。对经宣传培训仍主动提出使用银行存折领取养老金的部分老年人可保留存折，不做"一刀切"。（各级人社行政部门、公共就业和人才服务机构、社保经办机构按职责分工负责）

4. 完善工伤医疗待遇结算服务。各级人社部门要做好工伤职工的工伤医疗、工伤康复治疗、辅助器具配置等服务，通过社保卡开展直接结算，减少行动不便的工伤职工跑腿、垫资。对于采用事后报销方式的工伤医疗费，通过社保卡等方式发放，提高资金发放效率。对尚有工伤医疗服务需求的已经退休或者是异地居住的工伤职工，要做好工伤医疗待遇结算的服务保障。（各级社保经办机构负责）

5. 完善社保权益信息查询服务。各级人社部门要利用在办事大厅布设的自助服务一体机，为老年人等群体提供社保权益信息打印服务，方便老年人查询社保待遇。通过社银系统接口，将社保查询服务延伸到银行在网点的自助服务设施和在基层乡镇的便民服务终端。在办事大厅、基层服务平台预留查询打印服务柜台或配备自助服务一体机引导人员，为老年人运用自助服务一体机提供兜底服务。（各级社保经办机构负责）

6. 完善社保待遇资格认证。要统筹养老、工伤、失业保险的待遇资格认证工作，加强与公安、民政、司法、卫生健康、交通、医保、银行等部门的数据共享比对，充分利用部级下发的比对信息，寓认证于无形，提高社保待遇资格认证的免办服务比例。支持老年人利用国家社保公共服务平台、人社政务服务平台、电子社保卡、掌上12333以及地方自助认证平台等，实现刷脸方式的自助认证，让老年人不跑腿。支持老年人利用基层服务平台实现就近认证，让老年人少跑路。认证期结束前向尚未认证人员或其监护人打电话、发送短信、消息或上门提醒。（各级社保经办机构负责）

7. 拓展社保卡其他公共服务场景。继续支持通过社保卡（含电子社保卡）进行就医购药结算，方便老年人就医购药。在充分保障个人信息安全前提下，推进社保卡（含电子社保卡）与"健康码"等互相关联，支持刷卡（码）通行。推进第三代社保卡加载交通出行功能，在有条件的地区实现老年人凭社保卡乘坐城市公共交通。支持其他政府部门惠民惠农财政补贴资金通过社保卡"一卡通"发放，做好服务支撑。（各级人社信息化综合管理机构负责）

（二）完善服务政策，拓展服务方式

8. 提升人性化服务水平。各级人社部门要将便民服务意识贯穿于人社政策制定、业务规程设计、服务流程设置的全过程，完善各项规章制度。要结合年龄、教育背景、生活环境和习惯等的不同，分人群提供针对性、差异化的服务措施，避免"一刀切"。要制定针对老年人等特殊群体的关爱服务制度，在提供规范化、标准化服务的同时，兼顾人性化、个性化服务需求。（各级人社行政部门、公共就业和人才服务机构、社保经办机构按职责分工负责）

9. 发展代办服务。各级人社部门对待办事的老年人要像家人一样提供贴心服务，从老年人视角检视在服务流程、服务要件、服务方式、服务手册等方面的不足。应依法接受授权代理、亲友代办等服务申请，在服务中避免循环证明，以方便群众办理业务。（各级公共就业和人才服务机构、社保经办机构

按职责分工负责）

10. 开展上门服务。各级人社部门要加强主动沟通与服务，特别是要为老年人多想一点、多做一点。对大龄等特殊困难人员，提供政策咨询、职业介绍、职业指导、专项招聘活动等线下、现场的就业创业服务。依托基层服务平台，联合社保卡合作银行，对于社保待遇资格认证、社保卡办理等服务内容，向高龄等行动不便人员提供上门服务，特别是对80岁以上的老年人，要主动联络、优先提供上门服务，并建立服务台账实施动态管理。（各级公共就业和人才服务机构、社保经办机构按职责分工负责）

（三）完善传统服务，确保全面兜底

11. 延伸服务体系，发展就近服务。各级人社部门应保留老年人熟悉的传统服务方式。在提供办事大厅服务的基础上，向街道乡镇、社区行政村等基层服务平台延伸下沉服务，与银行共建社保卡联合服务网点或社保服务代办网点，提供就近服务，让老年人不出社区行政村即可实现养老金领取、社保待遇资格认证、社保信息查询等服务。（各级公共就业和人才服务机构、社保经办机构、其他人社服务窗口部门按职责分工负责）

12. 完善服务设施，发展优先服务。各级人社部门办事大厅应提供"一

窗式""一门式"服务，设立老年人业务办理绿色通道，实现优先办理，设置等候专区、爱心专座，印制适合老年人阅读的专用办事指南，张贴醒目的引导标识，提供老花镜等便民服务设施，配备医药应急箱。（各级公共就业和人才服务机构、社保经办机构、其他人社服务窗口部门按职责分工负责）

13. 加强服务引导，发展主动服务。各级人社部门要在办事大厅和基层服务平台配备服务引导人员，与群众面对面做好政策解读、服务引导、自助设备操作指导、线上服务操作引导等服务，提供从接待、答疑、受理、到办理、反馈的"一站式"服务，对前来服务网点的老年人主动询问所办业务，根据其情况，按需提供全程引导服务。（各级公共就业和人才服务机构、社保经办机构、其他人社服务窗口部门按职责分工负责）

14. 完善疫情管控，增加替代措施。各级人社部门在新冠肺炎疫情低风险地区，对进入人社办事大厅和基层服务平台的群众一般不查验"健康码"。根据疫情防控需要确需查验时，对因无智能手机、不会操作等原因无法提供"健康码"的群众，可以采取凭社保卡、身份证等身份证件登记、持纸质证明通行、出示"通信行程卡"作为辅助行程证明等替代措施。（各级公共就

业和人才服务机构、社保经办机构、其他人社服务窗口部门按职责分工负责）

（四）优化智能化服务，打造适老平台

15. 推广电子社保卡亲情服务等功能。在各级人社 App、小程序中全面嵌入电子社保卡，通过使用电子社保卡简化线上注册流程，实现扫码登录、授权登录。充分利用电子社保卡"亲情服务""工作人员服务"等功能，通过家人或是工作人员，帮助不使用或不会操作智能手机的老年人查询社保待遇、进行社保待遇资格认证。（各级人社信息化综合管理机构负责）

16. 开展网站和 App 的适老化改造。按照国家统一部署，进行各级人社部门政府网站、人社 App、小程序等的适老化改造，简化使用步骤，优化界面交互，增加操作提示。针对老年人常用功能，提供大字版、语音版、少数民族文字版的服务模块，挂在首页醒目位置，方便老年人获取信息和服务。（各级人社信息化综合管理机构负责）

17. 强化电话咨询服务。加强电话咨询服务建设，将代办服务、上门服务等关爱政策以及智能技术操作问答纳入知识库，提高咨询服务人员业务能力，畅通老年人咨询人社政策和办事服务问题的途径，畅通人社服务投诉举报的渠道，利用电话人工客服的服务优势，为

老年人提供人社相关智能技术操作的指导服务。发展短信服务，支持各类业务提醒和办理进度反馈。（各级电话咨询服务机构负责）

（五）加强宣传培训，营造良好氛围

18. 加强群众宣传。加强各项人社政策和服务方式的宣传，特别是要宣传针对特殊人群的关爱政策，让群众知晓从哪办、怎么办、找谁问。采取适合老年人了解信息的图文、视频、音频方式开展宣传，必要时提供面对面的指导服务措施，加强对智能化服务运用及防骗知识的科普宣传，让老年人敢用、能用、会用智能技术。（各级公共就业和人才服务机构、社保经办机构、其他人社服务窗口、各级人社宣传部门按职责分工负责）

19. 拓展技能培训内容。探索在养老护理员等康养职业技能培训中，适当增加智能技术运用培训内容，使养老服务人员在为老年人服务的过程中，能够为老年人操作智能终端提供协助。（各级人社职业能力建设部门负责）

20. 加强工作人员培训。将服务意识、服务流程、服务礼仪等作为人社部门工作人员日常业务培训的重要内容，在人社系统倡导尊老爱老敬老服务，提高各级工作人员特别是窗口工作人员的服务水平。完善应急处置机制，提高窗口工作人员的应急处理能力，快速有效解决老年人遇到的困难。（各级人社行政部门、公共就业和人才服务机构、社保经办机构、其他人社服务窗口部门按职责分工负责）

三、工作要求

1. 开展全面自查。各级人社部门应明确贯彻落实国办发〔2020〕45号文件的牵头单位，组织业务部门、经办机构、信息化部门、宣传部门等，分别负责政策文件、传统服务、智能化服务、宣传培训等相关工作，全面排查本地区老年人运用智能技术困难的有关问题及个案现象，如政策文件和服务事项中无法适用老年人需求等"一刀切"的问题，仅支持线上业务办理等"单条腿"的问题，对老年人服务措施针对性不够的问题，对老年人关爱政策宣传不到位的问题等。

2. 制定实施方案。各地要根据自查情况制定实施方案，明确时间表、路线图，建立工作台账，提出整改措施。对国办发〔2020〕45号文件作出的规定要立即做到；对已取消传统服务的"单条腿"问题要于2021年1月底前完成整改，恢复提供传统服务或建立专用通道；对需要改造完善的服务要于2021年底前完成，明确时限并引导群众预期。

3. 加强服务监督。我部将建立调度督导机制，健全问责工作机制，定期调度各地解决老年人运用智能技术困难工作的实施进展和成效，将面向老年人的服务措施纳入人社服务窗口明察暗访和人社系统行风建设，对人社公共服务的适老化程度进行评估，通过舆情监测主动接受群众监督，对群众投诉举报问题严重的，进行全系统通报，组织各地交流经验做法，督促各地不断提升人社便民服务水平。

4. 完善服务保障。各级人社部门应做好有关的服务保障工作，开展群众特别是老年人的满意度调查，确保各项服务措施做实做细、落实到位。要加强人社部门政府网站、人社 App、小程序等的安全防护，明确个人信息填报和使用范围，切实保护个人隐私，让老年人放心运用智能技术。

各地根据自查情况制定的实施方案（包括工作牵头单位及联系人，高频服务事项、存在的问题、整改措施、责任单位及时间安排），请于 2021 年 1 月 25 日前报我部。

第十六条 【数据开发利用和数据安全技术研究】

国家支持数据开发利用和数据安全技术研究，鼓励数据开发利用和数据安全等领域的技术推广和商业创新，培育、发展数据开发利用和数据安全产品、产业体系。

关联法规

◎ **法律**

《网络安全法》

第三条 国家坚持网络安全与信息化发展并重，遵循积极利用、科学发展、依法管理、确保安全的方针，推进网络基础设施建设和互联互通，鼓励网络技术创新和应用，支持培养网络安全人才，建立健全网络安全保障体系，提高网络安全保护能力。

第十六条 国务院和省、自治区、直辖市人民政府应当统筹规划，加大投入，扶持重点网络安全技术产业和项目，支持网络安全技术的研究开发和应用，推广安全可信的网络产品和服务，保护网络技术知识产权，支持企业、研究机构和高等学校等参与国家网络安全技术创新项目。

第十八条 国家鼓励开发网络数据安全保护和利用技术，促进公共数据资源开放，推动技术创新和经济社会发展。

国家支持创新网络安全管理方式，运用网络新技术，提升网络安全保护水平。

第二十一条　国家实行网络安全等级保护制度。网络运营者应当按照网络安全等级保护制度的要求，履行下列安全保护义务，保障网络免受干扰、破坏或者未经授权的访问，防止网络数据泄露或者被窃取、篡改：

（一）制定内部安全管理制度和操作规程，确定网络安全负责人，落实网络安全保护责任；

（二）采取防范计算机病毒和网络攻击、网络侵入等危害网络安全行为的技术措施；

（三）采取监测、记录网络运行状态、网络安全事件的技术措施，并按照规定留存相关的网络日志不少于六个月；

（四）采取数据分类、重要数据备份和加密等措施；

（五）法律、行政法规规定的其他义务。

第三十一条　国家对公共通信和信息服务、能源、交通、水利、金融、公共服务、电子政务等重要行业和领域，以及其他一旦遭到破坏、丧失功能或者数据泄露，可能严重危害国家安全、国计民生、公共利益的关键信息基础设施，在网络安全等级保护制度的基础上，实行重点保护。关键信息基础设施的具体范围和安全保护办法由国务院制定。

国家鼓励关键信息基础设施以外的网络运营者自愿参与关键信息基础设施保护体系。

《国家安全法》

第二十四条　国家加强自主创新能力建设，加快发展自主可控的战略高新技术和重要领域核心关键技术，加强知识产权的运用、保护和科技保密能力建设，保障重大技术和工程的安全。

第二十五条　国家建设网络与信息安全保障体系，提升网络与信息安全保护能力，加强网络和信息技术的创新研究和开发应用，实现网络和信息核心技术、关键基础设施和重要领域信息系统及数据的安全可控；加强网络管理，防范、制止和依法惩治网络攻击、网络入侵、网络窃密、散布违法有害信息等网络违法犯罪行为，维护国家网络空间主权、安全和发展利益。

《密码法》

第九条　国家鼓励和支持密码科学技术研究和应用，依法保护密码领域的知识产权，促进密码科学技术进步和创新。

国家加强密码人才培养和队伍建设，对在密码工作中作出突出贡献的组织和个人，按照国家有关规定给予表彰和奖励。

《生物安全法》

第五条　国家鼓励生物科技创新，

加强生物安全基础设施和生物科技人才队伍建设，支持生物产业发展，以创新驱动提升生物科技水平，增强生物安全保障能力。

《科学技术进步法》

第六条 国家鼓励科学技术研究开发与高等教育、产业发展相结合，鼓励自然科学与人文社会科学交叉融合和相互促进。

国家加强跨地区、跨行业和跨领域的科学技术合作，扶持民族地区、边远地区、贫困地区的科学技术进步。

国家加强军用与民用科学技术计划的衔接与协调，促进军用与民用科学技术资源、技术开发需求的互通交流和技术双向转移，发展军民两用技术。

◎ 部门规章
《生成式人工智能服务管理暂行办法》

第五条 鼓励生成式人工智能技术在各行业、各领域的创新应用，生成积极健康、向上向善的优质内容，探索优化应用场景，构建应用生态体系。

支持行业组织、企业、教育和科研机构、公共文化机构、有关专业机构等在生成式人工智能技术创新、数据资源建设、转化应用、风险防范等方面开展协作。

第十七条 【数据标准体系建设】

国家推进数据开发利用技术和数据安全标准体系建设。国务院标准化行政主管部门和国务院有关部门根据各自的职责，组织制定并适时修订有关数据开发利用技术、产品和数据安全相关标准。国家支持企业、社会团体和教育、科研机构等参与标准制定。

关联法规

◎ 法律
《网络安全法》

第十五条 国家建立和完善网络安全标准体系。国务院标准化行政主管部门和国务院其他有关部门根据各自的职责，组织制定并适时修订有关网络安全管理以及网络产品、服务和运行安全的国家标准、行业标准。

国家支持企业、研究机构、高等学校、网络相关行业组织参与网络安全国家标准、行业标准的制定。

《标准化法》

第十五条 制定强制性标准、推荐性标准，应当在立项时对有关行政主管部门、企业、社会团体、消费者和教育、科研机构等方面的实际需求进行调查，对制定标准的必要性、可行性进行论证评估；在制定过程中，应当按照便捷有效的原则采取多种方式征求意见，组织对标准相关事项进行调查分析、实验、论证，并做到有关标准之间的协调配套。

第十六条 制定推荐性标准，应当组织由相关方组成的标准化技术委员会，承担标准的起草、技术审查工作。制定强制性标准，可以委托相关标准化技术委员会承担标准的起草、技术审查工作。未组成标准化技术委员会的，应当成立专家组承担相关标准的起草、技术审查工作。标准化技术委员会和专家组的组成应当具有广泛代表性。

第十八条 国家鼓励学会、协会、商会、联合会、产业技术联盟等社会团体协调相关市场主体共同制定满足市场和创新需要的团体标准，由本团体成员约定采用或者按照本团体的规定供社会自愿采用。

制定团体标准，应当遵循开放、透明、公平的原则，保证各参与主体获取相关信息，反映各参与主体的共同需求，并应当组织对标准相关事项进行调查分析、实验、论证。

国务院标准化行政主管部门会同国务院有关行政主管部门对团体标准的制定进行规范、引导和监督。

《密码法》

第二十二条 国家建立和完善商用密码标准体系。

国务院标准化行政主管部门和国家密码管理部门依据各自职责，组织制定商用密码国家标准、行业标准。

国家支持社会团体、企业利用自主创新技术制定高于国家标准、行业标准相关技术要求的商用密码团体标准、企业标准。

◎ **党内法规**
《关于构建数据基础制度更好发挥数据要素作用的意见》

五、建立安全可控、弹性包容的数据要素治理制度

......

（十六）充分发挥社会力量多方参与的协同治理作用。鼓励行业协会等社会力量积极参与数据要素市场建设，支持开展数据流通相关安全技术研发和服务，促进不同场景下数据要素安全可信流通。建立数据要素市场信用体系，逐步完善数据交易失信行为认定、守信激励、失信惩戒、信用修复、异议处理等机制。畅通举报投诉和争议仲裁渠道，维护数据要素市场良好秩序。加快推进数据管理能力成熟度国家标准及数据要素管理规范贯彻执行工作，推动各部门各行业完善元数据管理、数据脱敏、数据质量、价值评估等标准体系。

◎ **司法解释**

《关于裁判文书引用法律、法规等规范性法律文件的规定》

第六条 对于本规定第三条、第四条、第五条规定之外的规范性文件，根据审理案件的需要，经审查认定为合法有效的，可以作为裁判说理的依据。

◎ **部门规章**

《互联网安全保护技术措施规定》

第六条 互联网安全保护技术措施应当符合国家标准。没有国家标准的，应当符合公共安全行业技术标准。

◎ **部门规范性文件**

《关于统筹推进民政信息化建设的指导意见》

二、构建民政业务纵横联动"一盘棋"

……

（六）推进民政信息化标准规范统一。充分利用和借鉴国家标准、行业标准和地方标准，围绕信息基础设施、信息资源、应用服务、信息安全等构建框架合理、层次清晰、权威科学、规范完整的民政信息化标准规范体系，充分发挥标准化在信息化工作中的基础性作用。优先制定数据资源、信息共享开放、系统整合共享、服务事项分类编码、业务操作规范、电子证照等标准规范，做好与国家基础数据库和重大信息化工程之间的标准衔接，推进办事材料

目录化、标准化、电子化，做到"同一事项、同一标准、同一编码"。建立标准体系执行状况检查机制，加大标准执行力度。

《国家健康医疗大数据标准、安全和服务管理办法（试行）》

第九条 国家卫生健康委员会鼓励医疗卫生机构、科研教育单位、相关企业或行业协会、社会团体等参与健康医疗大数据标准制定工作。公民、法人或者其他组织可提出制修订健康医疗大数据标准的立项建议，并提交相应标准项目建议书。

第十条 国家卫生健康委员会负责统一组织实施，择优确定健康医疗大数据标准起草单位和负责人，提倡多方参与协作机制，由各相关单位组成协作组参与标准起草工作。

第十四条 国家卫生健康委员会加强健康医疗大数据技术产品和服务模式的标准体系及制度建设，组织对健康医疗大数据标准应用效果评估工作，并根据评估情况，对相关标准进行组织修订或废止等。

《教育部机关及直属事业单位教育数据管理办法》

第二十八条 负责教育数据生产的部机关及直属事业单位，应按照《政务信息资源目录编制指南（试行）》要求和统一标准，编制、审核、发布本部

门《教育政务信息资源目录》，并确保其准确、完整、合规。

《关于规范快递与电子商务数据互联共享的指导意见》

六、加强电子商务与快递数据政府监管

（十）完善相关标准

商务主管部门和邮政管理部门推动制定电子商务和快递数据采集、传输、使用、共享、安全风险防范等相关标准，提高电子商务和快递数据互联共享效率，保障数据安全。

……

《加强工业互联网安全工作的指导意见》

二、主要任务

……

（二）构建工业互联网安全管理体系

……

5. 建立工业互联网安全标准体系。推动工业互联网设备、控制、网络（含标识解析系统）、平台、数据等重点领域安全标准的研究制定，建设安全技术与标准试验验证环境，支持专业机构、企业积极参与相关国际标准制定，加快标准落地实施。

《关于工业大数据发展的指导意见》

（十二）推动标准研制和应用。加强工业大数据标准体系建设，加快数据质量、数据治理和数据安全等关键标准研制，选择条件成熟的行业和地区开展试验验证和试点推广。

《关于加强车联网网络安全和数据安全工作的通知》

……

六、健全安全标准体系

（十七）加快车联网安全标准建设。加快编制车联网网络安全和数据安全标准体系建设指南。全国通信标准化技术委员会、全国汽车标准化技术委员会等要加快组织制定车联网防护定级、服务平台防护、汽车漏洞分类分级、通信交互认证、数据分类分级、事件应急响应等标准规范及相关检测评估、认证标准。鼓励各相关企业、社会团体制定高于国家标准或行业标准相关技术要求的企业标准、团体标准。

《"十四五"大数据产业发展规划》

四、主要任务

……

（三）夯实产业发展基础

……

强化标准引领。协同推进国家标准、行业标准和团体标准，加快技术研发、产品服务、数据治理、交易流通、行业应用等关键标准的制修订。建立大数据领域国家级标准验证检验检测点，选择重点行业、领域、地区开展标准试验验证和试点示范，健全

大数据标准符合性评测体系，加快标准应用推广。加强国内外大数据标准化组织间的交流合作，鼓励企业、高校、科研院所、行业组织等积极参与大数据国际标准制定。

......

《工业和信息化领域数据安全管理办法（试行）》

第六条　行业监管部门推进工业和信息化领域数据开发利用和数据安全标准体系建设，组织开展相关标准制修订及推广应用工作。

《关于促进数据安全产业发展的指导意见》

四、推进标准体系建设

（九）加强数据安全产业重点标准供给。充分发挥标准对产业发展的支撑引领作用，促进产业技术、产品、服务和应用标准化。鼓励科研院所、企事业单位、普通高等院校及职业院校等各类主体积极参与数据安全产业评价、数据安全产品技术要求、数据安全产品评测、数据安全服务等标准制定。高质高效推进贯标工作，加大标准应用推广力度。积极参与数据安全国际标准组织活动，推动国内国际协同发展。

第十八条　【数据安全检测认证与安全保障】

国家促进数据安全检测评估、认证等服务的发展，支持数据安全检测评估、认证等专业机构依法开展服务活动。

国家支持有关部门、行业组织、企业、教育和科研机构、有关专业机构等在数据安全风险评估、防范、处置等方面开展协作。

关联法规

◎ **法律**

《网络安全法》

第十七条　国家推进网络安全社会化服务体系建设，鼓励有关企业、机构开展网络安全认证、检测和风险评估等安全服务。

第二十三条　网络关键设备和网络安全专用产品应当按照相关国家标准的强制性要求，由具备资格的机构安全认证合格或者安全检测符合要求后，方可销售或者提供。国家网信部门会同国务院有关部门制定、公布网络关键设备和网络安全专用产品目录，并推动安全认证和安全检测结果互认，避免重复认证、检测。

第二十四条　网络运营者为用户办理网络接入、域名注册服务，办理固定电话、移动电话等入网手续，或者为用户提供信息发布、即时通讯等服务，在与用户签订协议或者确认提供服务时，应当要求用户提供真实身份信息。用户不提供真实身份信息的，网络运营者不得为其提供相关服务。

国家实施网络可信身份战略，支持研究开发安全、方便的电子身份认证技术，推动不同电子身份认证之间的互认。

第二十六条　开展网络安全认证、检测、风险评估等活动，向社会发布系统漏洞、计算机病毒、网络攻击、网络侵入等网络安全信息，应当遵守国家有关规定。

第六十二条　违反本法第二十六条规定，开展网络安全认证、检测、风险评估等活动，或者向社会发布系统漏洞、计算机病毒、网络攻击、网络侵入等网络安全信息的，由有关主管部门责令改正，给予警告；拒不改正或者情节严重的，处一万元以上十万元以下罚款，并可以由有关主管部门责令暂停相关业务、停业整顿、关闭网站、吊销相关业务许可证或者吊销营业执照，对直接负责的主管人员和其他直接责任人员处五千元以上五万元以下罚款。

◎ **行政法规**

《关键信息基础设施安全保护条例》

第十五条　专门安全管理机构具体负责本单位的关键信息基础设施安全保护工作，履行下列职责：

（一）建立健全网络安全管理、评价考核制度，拟订关键信息基础设施安全保护计划；

（二）组织推动网络安全防护能力建设，开展网络安全监测、检测和风险评估；

（三）按照国家及行业网络安全事件应急预案，制定本单位应急预案，定期开展应急演练，处置网络安全事件；

（四）认定网络安全关键岗位，组织开展网络安全工作考核，提出奖励和惩处建议；

（五）组织网络安全教育、培训；

（六）履行个人信息和数据安全保护责任，建立健全个人信息和数据安全保护制度；

（七）对关键信息基础设施设计、建设、运行、维护等服务实施安全管理；

（八）按照规定报告网络安全事件和重要事项。

◎ **部门规章**

《公安机关互联网安全监督检查规定》

第十二条　在国家重大网络安全保卫任务期间，对与国家重大网络安全保卫任务相关的互联网服务提供者和联网使用单位，公安机关可以对下列内容开展专项安全监督检查：

（一）是否制定重大网络安全保卫任务所要求的工作方案、明确网络安全责任分工并确定网络安全管理人员；

（二）是否组织开展网络安全风险评估，并采取相应风险管控措施堵塞网络安全漏洞隐患；

（三）是否制定网络安全应急处置预案并组织开展应急演练，应急处置相关设施是否完备有效；

（四）是否依法采取重大网络安全保卫任务所需要的其他网络安全防范措施；

（五）是否按照要求向公安机关报告网络安全防范措施及落实情况。

对防范恐怖袭击的重点目标的互联网安全监督检查，按照前款规定的内容执行。

《认证机构管理办法》

第二条 本办法所称认证机构，是指依法取得资质，对产品、服务和管理体系是否符合标准、相关技术规范要求，独立进行合格评定的具有法人资格的证明机构。

《互联网保险业务监管办法》

第三十七条 保险机构应严格按照网络安全相关法律法规，建立完善与互联网保险业务发展相适应的信息技术基础设施和安全保障体系，提升信息化和网络安全保障能力：

（一）按照国家相关标准要求，采取边界防护、入侵检测、数据保护以及灾难恢复等技术手段，加强信息系统和业务数据的安全管理。

（二）制定网络安全应急预案，定期开展应急演练，建立快速应急响应机制，开展网络安全实时监测，发现问题后立即采取防范和处置措施，并按照银行业保险业突发事件报告、应对相关规定及时向负责日常监管的银保监会或其派出机构、当地公安网安部门报告。

（三）对提供技术支持和客户服务的合作机构加强合规管理，督促其保障服务质量和网络安全，其相关信息系统至少应获得网络安全等级保护二级认证。

（四）防范假冒网站、假冒互联网应用程序等与互联网保险业务相关的违法犯罪活动，开辟专门渠道接受公众举报。

《网络安全审查办法》

第三条 网络安全审查坚持防范网络安全风险与促进先进技术应用相结合、过程公正透明与知识产权保护相结合、事前审查与持续监管相结合、企业承诺与社会监督相结合，从产品和服务以及数据处理活动安全性、可能带来的国家安全风险等方面进行审查。

《数据出境安全评估办法》

第三条　数据出境安全评估坚持事前评估和持续监督相结合、风险自评估与安全评估相结合，防范数据出境安全风险，保障数据依法有序自由流动。

◎ 部门规范性文件

《加强工业互联网安全工作的指导意见》

二、主要任务

……

（四）强化工业互联网数据安全保护能力

9. 强化企业数据安全防护能力。明确数据收集、存储、处理、转移、删除等环节安全保护要求，指导企业完善研发设计、工业生产、运维管理、平台知识机理和数字化模型等数据的防窃密、防篡改和数据备份等安全防护措施，鼓励商用密码在工业互联网数据保护工作中的应用。

……

（六）加强工业互联网安全公共服务能力

14. 开展工业互联网安全评估认证。构建工业互联网设备、网络、平台、工业 App 等的安全评估体系，依托产业联盟、行业协会等第三方机构为工业互联网企业持续开展安全能力评测评估服务，推动工业互联网安全测评机构的审核认定。

15. 提升工业互联网安全服务水平。鼓励和支持专业机构、网络安全企业等提供安全诊断评估、安全咨询、数据保护、代码检查、系统加固、云端防护等服务。鼓励基础电信企业、互联网企业、系统解决方案提供商等依托专业技术优势，加强与工业互联网企业的需求对接，输出安全保障服务。

《关于工业大数据发展的指导意见》

四、深化数据应用

……

（八）开展工业数据应用示范。组织开展工业大数据应用试点示范，总结推广工业大数据应用方法，制定工业大数据应用水平评估标准，加强对地方和企业应用现状的评估。

……

《监管数据安全管理办法（试行）》

第六条　银保监会建立健全监管数据安全协同管理体系，推动银保监会有关业务部门、各级派出机构、受托机构等共同参与监管数据安全保护工作，加强培训教育，形成共同维护监管数据安全的良好环境。

《关于加强车联网网络安全和数据安全工作的通知》

……

五、加强数据安全保护

（十三）加强数据分类分级管理。按照"谁主管、谁负责，谁运营、谁负责"的原则，智能网联汽车生产企业、车联网服务平台运营企业要建立数据管理台账，实施数据分类分级管理，加强个人信息与重要数据保护。定期开展数据安全风险评估，强化隐患排查整改，并向所在省（区、市）通信管理局、工业和信息化主管部门报备。所在省（区、市）通信管理局、工业和信息化主管部门要对企业履行数据安全保护义务进行监督检查。

（十四）提升数据安全技术保障能力。智能网联汽车生产企业、车联网服务平台运营企业要采取合法、正当方式收集数据，针对数据全生命周期采取有效技术保护措施，防范数据泄露、毁损、丢失、篡改、误用、滥用等风险。各相关企业要强化数据安全监测预警和应急处置能力建设，提升异常流动分析、违规跨境传输监测、安全事件追踪溯源等水平；及时处置数据安全事件，向所在省（区、市）通信管理局、工业和信息化主管部门报告较大及以上数据安全事件，并配合开展相关监督检查，提供必要技术支持。

（十五）规范数据开发利用和共享使用。智能网联汽车生产企业、车联网服务平台运营企业要合理开发利用数据资源，防范在使用自动化决策技术处理数据时，侵犯用户隐私权和知情权。明确数据共享和开发利用的安全管理和责任要求，对数据合作方数据安全保护能力进行审核评估，对数据共享使用情况进行监督管理。

……

《工业和信息化领域数据安全管理办法（试行）》

第三十条　工业和信息化部指导、鼓励具备相应资质的机构，依据相关标准开展行业数据安全检测、认证工作。

第三十一条　工业和信息化部制定行业数据安全评估管理制度，开展评估机构管理工作。制定行业数据安全评估规范，指导评估机构开展数据安全风险评估、出境安全评估等工作。

地方行业监管部门分别负责组织开展本地区数据安全评估工作。

工业和信息化领域重要数据和核心数据处理者应当自行或委托第三方评估机构，每年对其数据处理活动至少开展一次风险评估，及时整改风险问题，并向本地区行业监管部门报送风险评估报告。

《关于促进数据安全产业发展的指导意见》

三、壮大数据安全服务

……

（八）积极发展检测、评估、认证服务。建立数据安全检测评估体系，加强与网络安全等级保护评测等相关体系衔接，培育第三方检测、评估等服务机构，支持开展检测、评估人员的培训。支持开展数据安全技术、产品、服务和管理体系认证。鼓励检测、评估、认证机构跨行业跨领域发展，推动跨行业标准互通和结果互认。推动检测、评估等服务与数据安全相关标准体系的动态衔接。

第十九条　【数据交易管理制度】

国家建立健全数据交易管理制度，规范数据交易行为，培育数据交易市场。

关联法规

◎ **法律**

《民法典》

第一百二十七条　法律对数据、网络虚拟财产的保护有规定的，依照其规定。

◎ **党内法规**

《关于构建数据基础制度更好发挥数据要素作用的意见》

三、建立合规高效、场内外结合的数据要素流通和交易制度

完善和规范数据流通规则，构建促进使用和流通、场内场外相结合的交易制度体系，规范引导场外交易，培育壮大场内交易；有序发展数据跨境流通和交易，建立数据来源可确认、使用范围

可界定、流通过程可追溯、安全风险可防范的数据可信流通体系。

（九）统筹构建规范高效的数据交易场所。加强数据交易场所体系设计，统筹优化数据交易场所的规划布局，严控交易场所数量。出台数据交易场所管理办法，建立健全数据交易规则，制定全国统一的数据交易、安全等标准体系，降低交易成本。引导多种类型的数据交易场所共同发展，突出国家级数据交易场所合规监管和基础服务功能，强化其公共属性和公益定位，推进数据交易场所与数据商功能分离，鼓励各类数据商进场交易。规范各地区各部门设立的区域性数据交易场所和行业性数据交易平台，构建多层次市场交易体系，推动区域性、行业性数据流通使用。促进区域性数据交易场所和行业性数据交易平台与国家级数据交易场所互联互通。构建集约高效的数据流通基础设施，为场内集中交易和场外分散交易提供低成本、高效率、可信赖的流通环境。

……

◎ **部门规章**

《网络交易监督管理办法》

第六条　市场监督管理部门引导网络交易经营者、网络交易行业组织、消费者组织、消费者共同参与网络交易市场治理，推动完善多元参与、有效协同、规范有序的网络交易市场治理

体系。

◎ **部门规范性文件**

《关于加快构建全国一体化大数据中心协同创新体系的指导意见》

六、加速数据流通融合

（一）健全数据流通体制机制。加快完善数据资源采集、处理、确权、使用、流通、交易等环节的制度法规和机制化运营流程。建立完善数据资源质量评估与价格形成机制。完善覆盖原始数据、脱敏处理数据、模型化数据和人工智能化数据等不同数据开发层级的新型大数据综合交易机制。探索有利于超大规模数据要素市场形成的财税金融政策体系。开展数据管理能力评估贯标，引导各行业、各领域提升数据管理能力。（发展改革委、中央网信办、工业和信息化部牵头，各有关部门按职责分工负责）

……

《关于促进数据安全产业发展的指导意见》

三、壮大数据安全服务

……

（八）积极发展检测、评估、认证服务。建立数据安全检测评估体系，加强与网络安全等级保护评测等相关体系衔接，培育第三方检测、评估等服务机构，支持开展检测、评估人员的培训。支持开展数据安全技术、产品、服务和管理体系认证。鼓励检测、评估、认证机构跨行业跨领域发展，推动跨行业标准互通和结果互认。推动检测、评估等服务与数据安全相关标准体系的动态衔接。

第二十条　【数据人才培养】

国家支持教育、科研机构和企业等开展数据开发利用技术和数据安全相关教育和培训，采取多种方式培养数据开发利用技术和数据安全专业人才，促进人才交流。

关联法规

◎ **法律**

《网络安全法》

第三条　国家坚持网络安全与信息化发展并重，遵循积极利用、科学发展、依法管理、确保安全的方针，推进网络基础设施建设和互联互通，鼓励网络技术创新和应用，支持培养网络安全人才，建立健全网络安全保障体系，提高网络安全保护能力。

第十八条　国家鼓励开发网络数据安全保护和利用技术，促进公共数据资源开放，推动技术创新和经济社会发展。

国家支持创新网络安全管理方式，

运用网络新技术，提升网络安全保护水平。

第十九条　各级人民政府及其有关部门应当组织开展经常性的网络安全宣传教育，并指导、督促有关单位做好网络安全宣传教育工作。

大众传播媒介应当有针对性地面向社会进行网络安全宣传教育。

第二十条　国家支持企业和高等学校、职业学校等教育培训机构开展网络安全相关教育与培训，采取多种方式培养网络安全人才，促进网络安全人才交流。

第三十四条　除本法第二十一条的规定外，关键信息基础设施的运营者还应当履行下列安全保护义务：

（一）设置专门安全管理机构和安全管理负责人，并对该负责人和关键岗位的人员进行安全背景审查；

（二）定期对从业人员进行网络安全教育、技术培训和技能考核；

（三）对重要系统和数据库进行容灾备份；

（四）制定网络安全事件应急预案，并定期进行演练；

（五）法律、行政法规规定的其他义务。

《国家安全法》

第七十四条　国家采取必要措施，招录、培养和管理国家安全工作专门人才和特殊人才。

根据维护国家安全工作的需要，国家依法保护有关机关专门从事国家安全工作人员的身份和合法权益，加大人身保护和安置保障力度。

《教育法》

第二十条　国家实行职业教育制度和继续教育制度。

各级人民政府、有关行政部门和行业组织以及企业事业组织应当采取措施，发展并保障公民接受职业学校教育或者各种形式的职业培训。

国家鼓励发展多种形式的继续教育，使公民接受适当形式的政治、经济、文化、科学、技术、业务等方面的教育，促进不同类型学习成果的互认和衔接，推动全民终身学习。

◎ **党内法规**

《关于构建数据基础制度更好发挥数据要素作用的意见》

三、建立合规高效、场内外结合的数据要素流通和交易制度

……

（十）培育数据要素流通和交易服务生态。围绕促进数据要素合规高效、安全有序流通和交易需要，培育一批数据商和第三方专业服务机构。通过数据商，为数据交易双方提供数据产品开发、发布、承销和数据资产的合规化、标准化、增值化服务，促进提高数据交易效率。在智能制造、节能降碳、绿色建造、新能源、智慧城市等重点领域，大力培育贴近业务需求的行业性、产业化数据商，鼓励多种所有制数据商共同发展、平等竞争。有序培育数据集成、数据经纪、合规认证、安全审计、数据公证、数据保险、数据托管、资产评估、争议仲裁、风险评估、人才培训等第三方专业服务机构，提升数据流通和交易全流程服务能力。

……

◎ **行政法规**

《关键信息基础设施安全保护条例》

第三十五条　国家采取措施，鼓励网络安全专门人才从事关键信息基础设施安全保护工作；将运营者安全管理人员、安全技术人员培训纳入国家继续教育体系。

◎ **部门规章**

《专业技术人员继续教育规定》

第四条　用人单位应当保障专业技术人员参加继续教育的权利。

专业技术人员应当适应岗位需要和职业发展的要求，积极参加继续教育，完善知识结构、增强创新能力、提高专业水平。

第十条　专业技术人员根据岗位要求和职业发展需要，参加本单位组织的继续教育活动，也可以利用业余时间或者经用人单位同意利用工作时间，参加本单位组织之外的继续教育活动。

◎ **部门规范性文件**

《即时通信工具公众信息服务发展管理暂行规定》

第五条　即时通信工具服务提供者应当落实安全管理责任，建立健全各项制度，配备与服务规模相适应的专业人员，保护用户信息及公民个人隐私，自觉接受社会监督，及时处理公众举报的违法和不良信息。

《关于加强电信和互联网行业网络安全工作的指导意见》

三、保障措施

……

（五）加强人才队伍建设。基础电信企业要积极开展网络安全专业岗位职业技能鉴定工作，建立健全网络安全专业岗位持证上岗制度；加强网络安全培训，把相关培训纳入员工培训计划；积极组织和参与网络安全知识技能竞赛，形成培养、选拔、吸引和使用网络安全人才的良性机制。

《关于统筹推进民政信息化建设的指导意见》

五、优化信息化发展环境

……

（十四）加强人才队伍和智库建设。建立健全多层次、多类型的信息化人才培养体系，大力开展与高等院校和专业培训机构的合作，培养高端信息化技术管理人才。加强各级民政部门信息中心机构建设，促进各级民政部门信息化人员交流互动，培养既了解民政业务又熟悉信息化技术的复合型人才。加大人才引进力度，建立一支政治过硬、业务精湛、作风优良的信息化人才队伍。推进新型信息化智库建设，完善重大政策、重大项目专家咨询制度。

......

《微博客信息服务管理规定》

第十四条 微博客服务提供者应当自觉接受社会监督，设置便捷的投诉举报入口，及时处理公众投诉举报。

《国家健康医疗大数据标准、安全和服务管理办法（试行）》

第二十四条 建立健全健康医疗大数据安全管理人才培养机制，确保相关从业人员具备健康医疗大数据安全管理所要求的知识和技能。

《加强工业互联网安全工作的指导意见》

三、保障措施

......

（四）加强宣传教育，加快人才培养。深入推进产教融合、校企合作，建立安全人才联合培养机制，培养复合型、创新型高技能人才。开展工业互联网安全宣传教育，提升企业和相关从业人员网络安全意识。开展网络安全演练、安全竞赛等，培养选拔不同层次的工业互联网安全从业人员。依托国家专

业机构等，打造技术领先、业界知名的工业互联网安全高端智库。

《关于工业大数据发展的指导意见》

八、加强组织保障

......

（二十）强化资金人才支持。发挥财政资金的引导作用，推动政策性银行加大精准信贷扶持力度。鼓励金融机构创新产品和服务，扶持工业大数据创新创业。完善人才培养体系，培育既具备大数据技术能力又熟悉行业需求的复合型人才。

......

《贯彻落实网络安全等级保护制度和关键信息基础设施安全保护制度的指导意见》

五、加强网络安全工作各项保障

......

（五）加强人才培养。各单位、各部门要加强网络安全等级保护和关键信息基础设施安全保护业务交流，通过组织开展比武竞赛等形式，发现选拔高精尖技术人才，建设人才库，建立健全人才发现、培养、选拔和使用机制，为做好网络安全工作提供人才保障。

《监管数据安全管理办法（试行）》

第六条 银保监会建立健全监管数据安全协同管理体系，推动银保监会有关业务部门、各级派出机构、受托机构等共同参与监管数据安全保护工作，加

强培训教育，形成共同维护监管数据安全的良好环境。

《关于加强网络安全和数据保护工作的指导意见》

四、保障措施

......

（二）加强人才队伍建设

加大网络安全和数据保护人才培养投入，加强从业人员技能培训，形成培养、选拔、吸引和使用网络安全和数据保护人才的良性机制。建立各级医保部门网络和数据安全专家库。

......

《"十四五"大数据产业发展规划》

五、保障措施

......

（五）加快人才培养

鼓励高校优化大数据学科专业设置，深化新工科建设，加大相关专业建设力度，探索基于知识图谱的新形态数字教学资源建设。鼓励职业院校与大数据企业深化校企合作，建设实训基地，推进专业升级调整，对接产业需求，培养高素质技术技能人才。鼓励企业加强在岗培训，探索远程职业培训新模式，开展大数据工程技术人员职业培训、岗位技能提升培训、创业创新培训。创新人才引进，吸引大数据人才回国就业创业。

......

《移动互联网应用程序信息服务管理规定》

第二十二条　应用程序提供者和应用程序分发平台应当自觉接受社会监督，设置醒目、便捷的投诉举报入口，公布投诉举报方式，健全受理、处置、反馈等机制，及时处理公众投诉举报。

《关于促进数据安全产业发展的指导意见》

七、强化人才供给保障

（十五）加强人才队伍建设。推动普通高等院校和职业院校加强数据安全相关学科专业建设，强化课程体系、师资队伍和实习实训等。制定颁布数据安全工程技术人员国家职业标准、实施数字技术工程师培育项目，培养壮大高水平数据安全工程师队伍，鼓励科研机构、普通高等院校、职业院校、优质企业和培训机构深化产教融合、协同育人，通过联合培养、共建实验室、创建实习实训基地、线上线下结合等方式，培养实用型、复合型数据安全专业技术技能人才和优秀管理人才。推进通过职业资格评价、职业技能等级认定、专项职业能力考核等，建立健全数据安全人才选拔、培养和激励机制，遴选推广一批产业发展急需、行业特色鲜明的数据安全优质培训项目。充分利用现有人才引进政策，引进海外优质人才与创新团队。

第三章　数据安全制度

第二十一条　【数据分类分级保护制度】

国家建立数据分类分级保护制度，根据数据在经济社会发展中的重要程度，以及一旦遭到篡改、破坏、泄露或者非法获取、非法利用，对国家安全、公共利益或者个人、组织合法权益造成的危害程度，对数据实行分类分级保护。国家数据安全工作协调机制统筹协调有关部门制定重要数据目录，加强对重要数据的保护。

关系国家安全、国民经济命脉、重要民生、重大公共利益等数据属于国家核心数据，实行更加严格的管理制度。

各地区、各部门应当按照数据分类分级保护制度，确定本地区、本部门以及相关行业、领域的重要数据具体目录，对列入目录的数据进行重点保护。

关联法规

◎ 法律

《网络安全法》

第二十一条　国家实行网络安全等级保护制度。网络运营者应当按照网络安全等级保护制度的要求，履行下列安全保护义务，保障网络免受干扰、破坏或者未经授权的访问，防止网络数据泄露或者被窃取、篡改：

（一）制定内部安全管理制度和操作规程，确定网络安全负责人，落实网络安全保护责任；

（二）采取防范计算机病毒和网络攻击、网络侵入等危害网络安全行为的技术措施；

（三）采取监测、记录网络运行状态、网络安全事件的技术措施，并按照规定留存相关的网络日志不少于六个月；

（四）采取数据分类、重要数据备份和加密等措施；

（五）法律、行政法规及文件规定的其他义务。

第三十一条　国家对公共通信和信

息服务、能源、交通、水利、金融、公共服务、电子政务等重要行业和领域，以及其他一旦遭到破坏、丧失功能或者数据泄露，可能严重危害国家安全、国计民生、公共利益的关键信息基础设施，在网络安全等级保护制度的基础上，实行重点保护。关键信息基础设施的具体范围和安全保护办法由国务院制定。

国家鼓励关键信息基础设施以外的网络运营者自愿参与关键信息基础设施保护体系。

第三十七条 关键信息基础设施的运营者在中华人民共和国境内运营中收集和产生的个人信息和重要数据应当在境内存储。因业务需要，确需向境外提供的，应当按照国家网信部门会同国务院有关部门制定的办法进行安全评估；法律、行政法规及文件另有规定的，依照其规定。

《个人信息保护法》

第五十一条 个人信息处理者应当根据个人信息的处理目的、处理方式、个人信息的种类以及对个人权益的影响、可能存在的安全风险等，采取下列措施确保个人信息处理活动符合法律、行政法规的规定，并防止未经授权的访问以及个人信息泄露、篡改、丢失：

（一）制定内部管理制度和操作规程；

（二）对个人信息实行分类管理；

（三）采取相应的加密、去标识化等安全技术措施；

（四）合理确定个人信息处理的操作权限，并定期对从业人员进行安全教育和培训；

（五）制定并组织实施个人信息安全事件应急预案；

（六）法律、行政法规规定的其他措施。

◎ **党内法规**

《关于构建数据基础制度更好发挥数据要素作用的意见》

二、建立保障权益、合规使用的数据产权制度

探索建立数据产权制度，推动数据产权结构性分置和有序流通，结合数据要素特性强化高质量数据要素供给；在国家数据分类分级保护制度下，推进数据分类分级确权授权使用和市场化流通交易，健全数据要素权益保护制度，逐步形成具有中国特色的数据产权制度体系。

......

◎ **行政法规**

《计算机信息系统安全保护条例》

第九条 计算机信息系统实行安全等级保护。安全等级的划分标准和安全等级保护的具体办法，由公安部会同有关部门制定。

◎ **司法解释**

《关于规范和加强人工智能司法应用的意见》

六、综合保障

......

20. 加强安全保障，防范安全风险。加强司法数据分类分级管理，强化重要数据和敏感信息保护，完善司法数据安全共享和应用模式，通过司法人工智能伦理委员会等机制，综合采用伦理审核、合规审查、安全评估等方式，防范化解人工智能应用过程中的安全风险。

◎ **部门规章**

《区块链信息服务管理规定》

第五条　区块链信息服务提供者应当落实信息内容安全管理责任，建立健全用户注册、信息审核、应急处置、安全防护等管理制度。

第六条　区块链信息服务提供者应当具备与其服务相适应的技术条件，对于法律、行政法规禁止的信息内容，应当具备对其发布、记录、存储、传播的即时和应急处置能力，技术方案应当符合国家相关标准规范。

第十七条　区块链信息服务提供者应当记录区块链信息服务使用者发布内容和日志等信息，记录备份应当保存不少于六个月，并在相关执法部门依法查询时予以提供。

《网络招聘服务管理规定》

第二十条　从事网络招聘服务的人力资源服务机构应当按照国家网络安全法律、行政法规和网络安全等级保护制度要求，加强网络安全管理，履行网络安全保护义务，采取技术措施或者其他必要措施，确保招聘服务网络、信息系统和用户信息安全。

《汽车数据安全管理若干规定（试行）》

第三条　本规定所称汽车数据，包括汽车设计、生产、销售、使用、运维等过程中的涉及个人信息数据和重要数据。

汽车数据处理，包括汽车数据的收集、存储、使用、加工、传输、提供、公开等。

汽车数据处理者，是指开展汽车数据处理活动的组织，包括汽车制造商、零部件和软件供应商、经销商、维修机构以及出行服务企业等。

个人信息，是指以电子或者其他方式记录的与已识别或者可识别的车主、驾驶人、乘车人、车外人员等有关的各种信息，不包括匿名化处理后的信息。

敏感个人信息，是指一旦泄露或者非法使用，可能导致车主、驾驶人、乘车人、车外人员等受到歧视或者人身、财产安全受到严重危害的个人信息，包括车辆行踪轨迹、音频、视频、图像和生物识别特征等信息。

重要数据是指一旦遭到篡改、破坏、泄露或者非法获取、非法利用，可能危害国家安全、公共利益或者个人、组织合法权益的数据，包括：

（一）军事管理区、国防科工单位以及县级以上党政机关等重要敏感区域的地理信息、人员流量、车辆流量等数据；

（二）车辆流量、物流等反映经济运行情况的数据；

（三）汽车充电网的运行数据；

（四）包含人脸信息、车牌信息等的车外视频、图像数据；

（五）涉及个人信息主体超过 10 万人的个人信息；

（六）国家网信部门和国务院发展改革、工业和信息化、公安、交通运输等有关部门确定的其他可能危害国家安全、公共利益或者个人、组织合法权益的数据。

《网络安全审查办法》

第十条　网络安全审查重点评估相关对象或者情形的以下国家安全风险因素：

（一）产品和服务使用后带来的关键信息基础设施被非法控制、遭受干扰或者破坏的风险；

（二）产品和服务供应中断对关键信息基础设施业务连续性的危害；

（三）产品和服务的安全性、开放性、透明性、来源的多样性，供应渠道的可靠性以及因为政治、外交、贸易等因素导致供应中断的风险；

（四）产品和服务提供者遵守中国法律、行政法规、部门规章情况；

（五）核心数据、重要数据或者大量个人信息被窃取、泄露、毁损以及非法利用、非法出境的风险；

（六）上市存在关键信息基础设施、核心数据、重要数据或者大量个人信息被外国政府影响、控制、恶意利用的风险，以及网络信息安全风险；

（七）其他可能危害关键信息基础设施安全、网络安全和数据安全的因素。

《证券期货业网络和信息安全管理办法》

第十六条　核心机构和经营机构在重要信息系统上线、变更前应当制定全面的测试方案，持续完善测试用例和测试数据，并保障测试的有效执行。

除必须使用敏感数据的情形外，核心机构和经营机构应当对测试环境涉及的敏感数据进行脱敏，对未脱敏数据须采取与生产环境同等的安全控制措施。

核心机构交易、行情、开户、结算、通信等重要信息系统上线或者进行重大升级变更时，应当组织市场相关主体进行联网测试。

◎ 部门规范性文件

《教育部机关及直属事业单位教育数据管理办法》

第三十二条　教育部设立统一的教育数据资源共享交换平台，用于支撑教育数据的共享交换，管理《教育部教育政务信息资源目录》。共享平台应按照涉密信息系统分级保护要求，依托国家电子政务外网进行建设和管理。

《国家健康医疗大数据标准、安全和服务管理办法（试行）》

第十八条　责任单位应当采取数据分类、重要数据备份、加密认证等措施保障健康医疗大数据安全。责任单位应当建立可靠的数据容灾备份工作机制，定期进行备份和恢复检测，确保数据能够及时、完整、准确恢复，实现长期保存和历史数据的归档管理。

第二十二条　责任单位应当按照《中华人民共和国网络安全法》的要求，严格规范不同等级用户的数据接入和使用权限，并确保数据在授权范围内使用。任何单位和个人不得擅自利用和发布未经授权或超出授权范围的健康医疗大数据，不得使用非法手段获取数据。

《海关大数据使用管理办法》

第四条　海关大数据使用按照"谁使用、谁负责，谁保管、谁负责"的要求明确安全责任。海关大数据实施分类分级管理，按照海关数据安全分级管理的有关规定，提供各部门、各单位使用。

第六条　根据各部门、各单位履职需要，在数据分级、岗位授权基础上实现海关大数据共享。风险司统筹各职能部门意见，组织信息中心等相关部门编制无条件共享和有条件共享数据目录，报海关大数据工作领导小组。

《加强工业互联网安全工作的指导意见》

二、主要任务

……

（二）构建工业互联网安全管理体系

……

4. 建立分类分级管理机制。建立工业互联网行业分类指导目录、企业分级指标体系，制定工业互联网行业企业分类分级指南，形成重点企业清单，强化逐级负责的政府监管模式，实施差异化管理。

……

《工业数据分类分级指南（试行）》

第四条　工业数据分类分级以提升企业数据管理能力为目标，坚持问题导向、目标导向和结果导向相结合，企业主体、行业指导和属地监管相结合，分类标识、逐类定级和分级管理相结合。

第五条　工业企业结合生产制造模式、平台企业结合服务运营模式，分析梳理业务流程和系统设备，考虑行业要求、业务规模、数据复杂程度等实际情况，对工业数据进行分类梳理和标识，形成企业工业数据分类清单。

第六条 工业企业工业数据分类维度包括但不限于研发数据域（研发设计数据、开发测试数据等）、生产数据域（控制信息、工况状态、工艺参数、系统日志等）、运维数据域（物流数据、产品售后服务数据等）、管理数据域（系统设备资产信息、客户与产品信息、产品供应链数据、业务统计数据等）、外部数据域（与其他主体共享的数据等）。

第七条 平台企业工业数据分类维度包括但不限于平台运营数据域（物联采集数据、知识库模型库数据、研发数据等）和企业管理数据域（客户数据、业务合作数据、人事财务数据等）。

第八条 根据不同类别工业数据遭篡改、破坏、泄露或非法利用后，可能对工业生产、经济效益等带来的潜在影响，将工业数据分为一级、二级、三级等3个级别。

第九条 潜在影响符合下列条件之一的数据为三级数据：

（一）易引发特别重大生产安全事故或突发环境事件，或造成直接经济损失特别巨大；

（二）对国民经济、行业发展、公众利益、社会秩序乃至国家安全造成严重影响。

第十条 潜在影响符合下列条件之一的数据为二级数据：

（一）易引发较大或重大生产安全事故或突发环境事件，给企业造成较大负面影响，或直接经济损失较大；

（二）引发的级联效应明显，影响范围涉及多个行业、区域或者行业内多个企业，或影响持续时间长，或可导致大量供应商、客户资源被非法获取或大量个人信息泄露；

（三）恢复工业数据或消除负面影响所需付出的代价较大。

第十一条 潜在影响符合下列条件之一的数据为一级数据：

（一）对工业控制系统及设备、工业互联网平台等的正常生产运行影响较小；

（二）给企业造成负面影响较小，或直接经济损失较小；

（三）受影响的用户和企业数量较少、生产生活区域范围较小、持续时间较短；

（四）恢复工业数据或消除负面影响所需付出的代价较小。

第十二条 工业和信息化部负责制定工业数据分类分级制度规范，指导、协调开展工业数据分类分级工作。各地工业和信息化主管部门负责指导和推动辖区内工业数据分类分级工作。有关行业、领域主管部门可参考本指南，指导和推动本行业、本领域工业数据分类分级工作。

第十三条　工业企业、平台企业等企业承担工业数据管理的主体责任，要建立健全相关管理制度，实施工业数据分类分级管理并开展年度复查，并在企业系统、业务等发生重大变更时应及时更新分类分级结果。有条件的企业可结合实际设立数据管理机构，配备专职人员。

第十四条　企业应按照《工业控制系统信息安全防护指南》等要求，结合工业数据分级情况，做好防护工作。

企业针对三级数据采取的防护措施，应能抵御来自国家级敌对组织的大规模恶意攻击；针对二级数据采取的防护措施，应能抵御大规模、较强恶意攻击；针对一级数据采取的防护措施，应能抵御一般恶意攻击。

第十五条　鼓励企业在做好数据管理的前提下适当共享一、二级数据，充分释放工业数据的潜在价值。二级数据只对确需获取该级数据的授权机构及相关人员开放。三级数据原则上不共享，确需共享的应严格控制知悉范围。

第十六条　工业数据遭篡改、破坏、泄露或非法利用时，企业应根据事先制定的应急预案立即进行应急处置。

涉及三级数据时，还应将事件及时上报数据所在地的省级工业和信息化主管部门，并于应急工作结束后 30 日内补充上报事件处置情况。

《关于工业大数据发展的指导意见》

五、完善数据治理

……

（十三）加强工业数据分类分级管理。落实《工业数据分类分级指南（试行）》，实现数据科学管理，推动构建以企业为主体的工业数据分类分级管理体系。

《监管数据安全管理办法（试行）》

第十五条　监管数据采集、传输、存储、加工处理、转移交换、销毁，以及用于系统开发测试等活动，应根据监管数据类型和管理要求采取分级分类安全技术防护措施。

《文化和旅游部政务数据资源管理办法（试行）》

第三十七条　政务部门应当严格落实数据资源安全管理和网络安全等级保护要求，承担本部门数据资源的安全分级分类及数据使用安全工作，确保数据资源存储、管理、应用安全。根据职责和工作需要进行授权管理和保密审查，对使用共享数据的具体用途、使用人员、批准人员、数据内容、获取时间、获取方式和介质类型等数据进行记录和监管。

《关于加强网络安全和数据保护工作的指导意见》

三、加强数据安全保护

……

（二）实施分级分类管理

根据本单位本系统数据安全保护的实际需要，结合医疗保障数据特点，制定统一的分级分类管理制度，按照数据分级分类保护标准、规则，对数据划分安全等级，实行分级分类管理。地方医保部门要落实分级分类规则标准，参照《国家医疗保障局数据安全管理办法》制定本地的数据安全管理办法。

（三）加强重要数据和敏感字段保护

制定重要数据保护目录，对列入目录的数据进行重点保护，涉及国家秘密、工作秘密的数据应严格保密，不予共享及公开。建立敏感数据字段库，包含但不限于个人隐私数据、参保单位隐私数据、协议机构隐私数据、药品诊疗目录项目隐私数据等。

……

《交通运输政务数据共享管理办法》

第十九条 政务部门应遵循国家和行业网络安全管理法规、政策和制度，按照"谁管理、谁负责"和"谁使用、谁负责"的原则，建立健全政务数据安全保障机制，落实安全管理责任和数据分类分级要求，加强本部门政务数据提

供渠道和使用环境的安全防护，切实保障政务数据采集、存储、传输、共享和使用安全。

《关于加强车联网网络安全和数据安全工作的通知》

……

五、加强数据安全保护

（十三）加强数据分类分级管理。按照"谁主管、谁负责，谁运营、谁负责"的原则，智能网联汽车生产企业、车联网服务平台运营企业要建立数据管理台账，实施数据分类分级管理，加强个人信息与重要数据保护。定期开展数据安全风险评估，强化隐患排查整改，并向所在省（区、市）通信管理局、工业和信息化主管部门报备。所在省（区、市）通信管理局、工业和信息化主管部门要对企业履行数据安全保护义务进行监督检查。

……

《"十四五"大数据产业发展规划》

四、主要任务

……

（六）筑牢数据安全保障防线

完善数据安全保障体系。强化大数据安全顶层设计，落实网络安全和数据安全相关法律法规和政策标准。鼓励行业、地方和企业推进数据分类分级管理、数据安全共享使用，开展数据安全能力成熟度评估、数据安全管理认证

等。加强数据安全保障能力建设，引导建设数据安全态势感知平台，提升对敏感数据泄露、违法跨境数据流动等安全隐患的监测、分析与处置能力。

……

《移动互联网应用程序信息服务管理规定》

第十八条　应用程序分发平台应当建立分类管理制度，对上架的应用程序实施分类管理，并按类别向其所在地省、自治区、直辖市网信部门备案应用程序。

《互联网跟帖评论服务管理规定》

第八条　跟帖评论服务提供者应当建立用户分级管理制度，对用户的跟帖评论行为开展信用评估，根据信用等级确定服务范围及功能，对严重失信的用户列入黑名单，停止对列入黑名单的用户提供服务，并禁止其通过重新注册账号等方式使用跟帖评论服务。

《工业和信息化领域数据安全管理办法（试行）》

第七条　工业和信息化部组织制定工业和信息化领域数据分类分级、重要数据和核心数据识别认定、数据分级防护等标准规范，指导开展数据分类分级管理工作，制定行业重要数据和核心数据具体目录并实施动态管理。

地方行业监管部门分别组织开展本地区工业和信息化领域数据分类分级管理及重要数据和核心数据识别工作，确定本地区重要数据和核心数据具体目录并上报工业和信息化部，目录发生变化的，应当及时上报更新。

工业和信息化领域数据处理者应当定期梳理数据，按照相关标准规范识别重要数据和核心数据并形成本单位的具体目录。

第八条　根据行业要求、特点、业务需求、数据来源和用途等因素，工业和信息化领域数据分类别包括但不限于研发数据、生产运行数据、管理数据、运维数据、业务服务数据等。

根据数据遭到篡改、破坏、泄露或者非法获取、非法利用，对国家安全、公共利益或者个人、组织合法权益等造成的危害程度，工业和信息化领域数据分为一般数据、重要数据和核心数据三级。

工业和信息化领域数据处理者可在此基础上细分数据的类别和级别。

第九条　危害程度符合下列条件之一的数据为一般数据：

（一）对公共利益或者个人、组织合法权益造成较小影响，社会负面影响小；

（二）受影响的用户和企业数量较少、生产生活区域范围较小、持续时间较短，对企业经营、行业发展、技术进步和产业生态等影响较小；

（三）其他未纳入重要数据、核心数据目录的数据。

第十条 危害程度符合下列条件之一的数据为重要数据：

（一）对政治、国土、军事、经济、文化、社会、科技、电磁、网络、生态、资源、核安全等构成威胁，影响海外利益、生物、太空、极地、深海、人工智能等与国家安全相关的重点领域；

（二）对工业和信息化领域发展、生产、运行和经济利益等造成严重影响；

（三）造成重大数据安全事件或生产安全事故，对公共利益或者个人、组织合法权益造成严重影响，社会负面影响大；

（四）引发的级联效应明显，影响范围涉及多个行业、区域或者行业内多个企业，或者影响持续时间长，对行业发展、技术进步和产业生态等造成严重影响；

（五）经工业和信息化部评估确定的其他重要数据。

第十一条 危害程度符合下列条件之一的数据为核心数据：

（一）对政治、国土、军事、经济、文化、社会、科技、电磁、网络、生态、资源、核安全等构成严重威胁，严重影响海外利益、生物、太空、极地、深海、人工智能等与国家安全相关的重

点领域；

（二）对工业和信息化领域及其重要骨干企业、关键信息基础设施、重要资源等造成重大影响；

（三）对工业生产运营、电信网络和互联网运行服务、无线电业务开展等造成重大损害，导致大范围停工停产、大面积无线电业务中断、大规模网络与服务瘫痪、大量业务处理能力丧失等；

（四）经工业和信息化部评估确定的其他核心数据。

第十二条 工业和信息化领域数据处理者应当将本单位重要数据和核心数据目录向本地区行业监管部门备案。备案内容包括但不限于数据来源、类别、级别、规模、载体、处理目的和方式、使用范围、责任主体、对外共享、跨境传输、安全保护措施等基本情况，不包括数据内容本身。

第十三条 工业和信息化领域数据处理者应当对数据处理活动负安全主体责任，对各类数据实行分级防护，不同级别数据同时被处理且难以分别采取保护措施的，应当按照其中级别最高的要求实施保护，确保数据持续处于有效保护和合法利用的状态。

（一）建立数据全生命周期安全管理制度，针对不同级别数据，制定数据收集、存储、使用、加工、传输、提供、公开等环节的具体分级防护要求和

操作规程;

（二）根据需要配备数据安全管理人员,统筹负责数据处理活动的安全监督管理,协助行业监管部门开展工作;

（三）合理确定数据处理活动的操作权限,严格实施人员权限管理;

（四）根据应对数据安全事件的需要,制定应急预案,并开展应急演练;

（五）定期对从业人员开展数据安全教育和培训;

（六）法律、行政法规等规定的其他措施。

工业和信息化领域重要数据和核心数据处理者,还应当:

（一）建立覆盖本单位相关部门的数据安全工作体系,明确数据安全负责人和管理机构,建立常态化沟通与协作机制。本单位法定代表人或者主要负责人是数据安全第一责任人,领导团队中分管数据安全的成员是直接责任人;

（二）明确数据处理关键岗位和岗位职责,并要求关键岗位人员签署数据安全责任书,责任书内容包括但不限于数据安全岗位职责、义务、处罚措施、注意事项等内容;

（三）建立内部登记、审批等工作机制,对重要数据和核心数据的处理活动进行严格管理并留存记录。

《关于促进数据安全产业发展的指导意见》

二、提升产业创新能力

（四）加强核心技术攻关。推进新型计算模式和网络架构下数据安全基础理论和技术研究,支持后量子密码算法、密态计算等技术在数据安全产业的发展应用。优化升级数据识别、分类分级、数据脱敏、数据权限管理等共性基础技术,加强隐私计算、数据流转分析等关键技术攻关。研究大数据场景下轻量级安全传输存储、隐私合规检测、数据滥用分析等技术。建设和认定一批省部级及以上数据安全重点实验室,鼓励产学研用多方主体共建高水平研发机构、产业协同创新中心,开展技术攻关,推动成果转化。

......

第二十二条　【建立国家数据安全风险机制】

国家建立集中统一、高效权威的数据安全风险评估、报告、信息共享、监测预警机制。国家数据安全工作协调机制统筹协调有关部门加强数据安全风险信息的获取、分析、研判、预警工作。

关联法规

◎ 法律

《网络安全法》

第五十一条　国家建立网络安全监测预警和信息通报制度。国家网信部门应当统筹协调有关部门加强网络安全信息收集、分析和通报工作，按照规定统一发布网络安全监测预警信息。

第五十二条　负责关键信息基础设施安全保护工作的部门，应当建立健全本行业、本领域的网络安全监测预警和信息通报制度，并按照规定报送网络安全监测预警信息。

第五十四条　网络安全事件发生的风险增大时，省级以上人民政府有关部门应当按照规定的权限和程序，并根据网络安全风险的特点和可能造成的危害，采取下列措施：

（一）要求有关部门、机构和人员及时收集、报告有关信息，加强对网络安全风险的监测；

（二）组织有关部门、机构和专业人员，对网络安全风险信息进行分析评估，预测事件发生的可能性、影响范围和危害程度；

（三）向社会发布网络安全风险预警，发布避免、减轻危害的措施。

《反电信网络诈骗法》

第三十二条　国家支持电信业务经营者、银行业金融机构、非银行支付机构、互联网服务提供者研究开发有关电信网络诈骗反制技术，用于监测识别、动态封堵和处置涉诈异常信息、活动。

国务院公安部门、金融管理部门、电信主管部门和国家网信部门等应当统筹负责本行业领域反制技术措施建设，推进涉电信网络诈骗样本信息数据共享，加强涉诈用户信息交叉核验，建立有关涉诈异常信息、活动的监测识别、动态封堵和处置机制。

依据本法第十一条、第十二条、第十八条、第二十二条和前款规定，对涉诈异常情形采取限制、暂停服务等处置措施的，应当告知处置原因、救济渠道及需要提交的资料等事项，被处置对象可以向作出决定或者采取措施的部门、单位提出申诉。作出决定的部门、单位应当建立完善申诉渠道，及时受理申诉并核查，核查通过的，应当即时解除有关措施。

《国家安全法》

第五十一条　国家健全统一归口、反应灵敏、准确高效、运转顺畅的情报信息收集、研判和使用制度，建立情报信息工作协调机制，实现情报信息的及时收集、准确研判、有效使用和共享。

第五十二条　国家安全机关、公安机关、有关军事机关根据职责分工，依法搜集涉及国家安全的情报信息。

国家机关各部门在履行职责过程中，对于获取的涉及国家安全的有关信息应当及时上报。

第五十三条　开展情报信息工作，应当充分运用现代科学技术手段，加强对情报信息的鉴别、筛选、综合和研判分析。

第五十四条　情报信息的报送应当及时、准确、客观，不得迟报、漏报、瞒报和谎报。

第五十七条　国家健全国家安全风险监测预警制度，根据国家安全风险程度，及时发布相应风险预警。

《密码法》

第十七条　密码管理部门根据工作需要会同有关部门建立核心密码、普通密码的安全监测预警、安全风险评估、信息通报、重大事项会商和应急处置等协作机制，确保核心密码、普通密码安全管理的协同联动和有序高效。

密码工作机构发现核心密码、普通密码泄密或者影响核心密码、普通密码安全的重大问题、风险隐患的，应当立即采取应对措施，并及时向保密行政管理部门、密码管理部门报告，由保密行政管理部门、密码管理部门会同有关部门组织开展调查、处置，并指导有关密码工作机构及时消除安全隐患。

◎ 行政法规

《在线政务服务规定》

第二条　国家加快建设全国一体化在线政务服务平台（以下简称一体化在线平台），推进各地区、各部门政务服务平台规范化、标准化、集约化建设和互联互通，推动实现政务服务事项全国标准统一、全流程网上办理，促进政务服务跨地区、跨部门、跨层级数据共享和业务协同，并依托一体化在线平台推进政务服务线上线下深度融合。

一体化在线平台由国家政务服务平台、国务院有关部门政务服务平台和各地区政务服务平台组成。

《优化营商环境条例》

第三十七条　国家加快建设全国一体化在线政务服务平台（以下称一体化在线平台），推动政务服务事项在全国范围内实现"一网通办"。除法律、法规另有规定或者涉及国家秘密等情形外，政务服务事项应当按照国务院确定的步骤，纳入一体化在线平台办理。

国家依托一体化在线平台，推动政务信息系统整合，优化政务流程，促进政务服务跨地区、跨部门、跨层级数据共享和业务协同。政府及其有关部门应当按照国家有关规定，提供数据共享服务，及时将有关政务服务数据上传至一体化在线平台，加强共享数据使用全过程管理，确保共享数据安全。

国家建立电子证照共享服务系统，实现电子证照跨地区、跨部门共享和全国范围内互信互认。各地区、各部门应当加强电子证照的推广应用。

各地区、各部门应当推动政务服务大厅与政务服务平台全面对接融合。市场主体有权自主选择政务服务办理渠道，行政机关不得限定办理渠道。

《关键信息基础设施安全保护条例》

第二十三条 国家网信部门统筹协调有关部门建立网络安全信息共享机制，及时汇总、研判、共享、发布网络安全威胁、漏洞、事件等信息，促进有关部门、保护工作部门、运营者以及网络安全服务机构等之间的网络安全信息共享。

◎ 部门规章

《网络信息内容生态治理规定》

第三十条 各级网信部门会同有关主管部门，建立健全信息共享、会商通报、联合执法、案件督办、信息公开等工作机制，协同开展网络信息内容生态治理工作。

《汽车数据安全管理若干规定（试行）》

第五条 利用互联网等信息网络开展汽车数据处理活动，应当落实网络安全等级保护等制度，加强汽车数据保护，依法履行数据安全义务。

《数据出境安全评估办法》

第四条 数据处理者向境外提供数据，有下列情形之一的，应当通过所在地省级网信部门向国家网信部门申报数据出境安全评估：

（一）数据处理者向境外提供重要数据；

（二）关键信息基础设施运营者和处理100万人以上个人信息的数据处理者向境外提供个人信息；

（三）自上年1月1日起累计向境外提供10万人个人信息或者1万人敏感个人信息的数据处理者向境外提供个人信息；

（四）国家网信部门规定的其他需要申报数据出境安全评估的情形。

第五条 数据处理者在申报数据出境安全评估前，应当开展数据出境风险自评估，重点评估以下事项：

（一）数据出境和境外接收方处理数据的目的、范围、方式等的合法性、正当性、必要性；

（二）出境数据的规模、范围、种类、敏感程度，数据出境可能对国家安全、公共利益、个人或者组织合法权益带来的风险；

（三）境外接收方承诺承担的责任义务，以及履行责任义务的管理和技术措施、能力等能否保障出境数据的安全；

（四）数据出境中和出境后遭到篡改、破坏、泄露、丢失、转移或者被非法获取、非法利用等的风险，个人信息权益维护的渠道是否通畅等；

（五）与境外接收方拟订立的数据出境相关合同或者其他具有法律效力的文件等（以下统称法律文件）是否充分约定了数据安全保护责任义务；

（六）其他可能影响数据出境安全的事项。

第六条　申报数据出境安全评估，应当提交以下材料：

（一）申报书；

（二）数据出境风险自评估报告；

（三）数据处理者与境外接收方拟订立的法律文件；

（四）安全评估工作需要的其他材料。

第九条　数据处理者应当在与境外接收方订立的法律文件中明确约定数据安全保护责任义务，至少包括以下内容：

（一）数据出境的目的、方式和数据范围，境外接收方处理数据的用途、方式等；

（二）数据在境外保存地点、期限，以及达到保存期限、完成约定目的或者法律文件终止后出境数据的处理措施；

（三）对于境外接收方将出境数据再转移给其他组织、个人的约束性要求；

（四）境外接收方在实际控制权或者经营范围发生实质性变化，或者所在国家、地区数据安全保护政策法规和网络安全环境发生变化以及发生其他不可抗力情形导致难以保障数据安全时，应当采取的安全措施；

（五）违反法律文件约定的数据安全保护义务的补救措施、违约责任和争议解决方式；

（六）出境数据遭到篡改、破坏、泄露、丢失、转移或者被非法获取、非法利用等风险时，妥善开展应急处置的要求和保障个人维护其个人信息权益的途径和方式。

◎ **部门规范性文件**

《国家网络安全事件应急预案》

3 监测与预警

3.1 预警分级

网络安全事件预警等级分为四级：由高到低依次用红色、橙色、黄色和蓝色表示，分别对应发生或可能发生特别重大、重大、较大和一般网络安全事件。

3.2 预警监测

各单位按照"谁主管谁负责、谁运行谁负责"的要求，组织对本单位建设运行的网络和信息系统开展网络安全监测工作。重点行业主管或监管部门组织指导做好本行业网络安全监测工作。各省（区、市）网信部门结合本地区实际，统筹组织开展对本地区网络和信息系统的安全监测工作。各省（区、市）、各部门将重要监测信息报应急办，应急办组织开展跨省（区、市）、跨部门的网络安全信息共享。

3.3 预警研判和发布

各省（区、市）、各部门组织对监测信息进行研判，认为需要立即采取防范措施的，应当及时通知有关部门和单位，对可能发生重大及以上网络安全事件的信息及时向应急办报告。各省（区、市）、各部门可根据监测研判情况，发布本地区、本行业的橙色及以下预警。

应急办组织研判，确定和发布红色预警和涉及多省（区、市）、多部门、多行业的预警。

预警信息包括事件的类别、预警级别、起始时间、可能影响范围、警示事项、应采取的措施和时限要求、发布机关等。

《公共互联网网络安全威胁监测与处置办法》

第五条 相关专业机构、基础电信企业、网络安全企业、互联网企业、域名注册管理和服务机构等应当加强网络安全威胁监测与处置工作，明确责任部门、责任人和联系人，加强相关技术手段建设，不断提高网络安全威胁监测与处置的及时性、准确性和有效性。

第六条 相关专业机构、基础电信企业、网络安全企业、互联网企业、域名注册管理和服务机构等监测发现网络安全威胁后，属于本单位自身问题的，应当立即进行处置，涉及其他主体的，应当及时将有关信息按照规定的内容要素和格式提交至工业和信息化部和相关省、自治区、直辖市通信管理局。

工业和信息化部建立网络安全威胁信息共享平台，统一汇集、存储、分析、通报、发布网络安全威胁信息；制定相关接口规范，与相关单位网络安全监测平台实现对接。国家计算机网络应急技术处理协调中心负责平台建设和运行维护工作。

《国家健康医疗大数据标准、安全和服务管理办法（试行）》

第二十五条 责任单位应当建立健康医疗大数据安全监测和预警系统，建立网络安全通报和应急处置联动机制，开展数据安全规范和技术规范的研究工作，不断丰富网络安全相关的标准规范体系，重点防范数据资源的集聚性风险和新技术应用的潜在性风险。发生网络安全重大事件，应当按照相关法律法规和有关要求进行报告并处置。

第三十条 责任单位应当具备符合国家有关规定要求的数据存储、容灾备份和安全管理条件，加强对健康医疗大数据的存储管理。健康医疗大数据应当存储在境内安全可信的服务器上，因业务需要确需向境外提供的，应当按照相关法律法规及有关要求进行安全评估审核。

《关于规范快递与电子商务数据互联共享的指导意见》

四、建立电子商务与快递数据中断通知报告制度

（六）建立数据中断风险评估制度

鼓励电子商务经营者和经营快递业务的企业建立数据中断风险评估制度，实现数据互联自动检查、全程监控。电子商务经营者、经营快递业务的企业不得恶意中断数据传输。

（七）完善提前通知和事先报告制度

电子商务经营者和经营快递业务的企业因约定期满等正当理由中断数据传输的，应当提前通知对方。通知后，双方应当就数据传输进行充分协商，对后续事项做出妥善安排。双方不能协商一致且可能对用户和消费者造成重大影响的，应事先将有关情况及时报告商务主管部门和邮政管理部门。电子商务经营者和经营快递业务的企业应当及时将相关情况向用户、平台内经营者等主体公示。

《关于工业大数据发展的指导意见》

三、推动数据共享

（五）推动工业数据开放共享。支持优势产业上下游企业开放数据，加强合作，共建安全可信的工业数据空间，建立互利共赢的共享机制。引导和规范公共数据资源开放流动，鼓励相关单位通过共享、交换、交易等方式，提高数据资源价值创造的水平。

……

《贯彻落实网络安全等级保护制度和关键信息基础设施安全保护制度的指导意见》

四、加强网络安全保护工作协作配合

……

（二）加强网络安全信息共享和通报预警。行业主管部门、网络运营者要依托国家网络与信息安全信息通报机制，加强本行业、本领域网络安全信息通报预警力量建设，及时收集、汇总、分析各方网络安全信息，加强威胁情报工作，组织开展网络安全威胁分析和态势研判，及时通报预警和处置。第三级以上网络运营者和关键信息基础设施运营者要开展网络安全监测预警和信息通报工作，及时接收、处置来自国家、行业和地方网络安全预警通报信息，按规定向行业主管部门、备案公安机关报送网络安全监测预警信息和网络安全事件。公安机关要加强网络与信息安全信息通报预警机制建设和力量建设，不断提高网络安全通报预警能力。

......

《关于加快构建全国一体化大数据中心协同创新体系的指导意见》

八、强化大数据安全防护

......

（二）强化大数据安全保障。加快构建贯穿基础网络、数据中心、云平台、数据、应用等一体协同安全保障体系，提高大数据安全可靠水平。基础网络、数据中心、云服务平台等严格落实网络安全法律法规和政策标准要求，开展通信网络安全防护工作，同步规划、同步建设和同步运行网络安全设施，提升应对高级威胁攻击能力。加快研究完善海量数据汇聚融合的风险识别与防护技术、数据脱敏技术、数据安全合规性评估认证、数据加密保护机制及相关技术监测手段等。各行业加强上云应用的安全防护，保障业务在线安全运行。（中央网信办、发展改革委、工业和信息化部牵头，各地区、各部门负责）

《关于加强网络安全和数据保护工作的指导意见》

二、加强网络安全管理

......

（五）提高网络安全态势感知、预警和协同能力

加强网络安全和数据保护"实战化、体系化、常态化"和"动态防御、主动防御、纵深防御、精准防护、整体

防控、联防联控"的"三化六防"措施，推进全国医疗保障信息系统网络安全和数据保护态势感知、预警能力建设。加强网络安全和数据保护信息的汇集、研判，建立健全网络安全和数据保护信息共享和通报机制，健全完善上下协同的通报预警机制。

......

三、加强数据安全保护

......

（七）建立健全数据安全风险评估机制

定期评估安全系统软硬件运行状况、制度执行情况、数据复制情况、告警或故障设备的数据保护状况、权限的审批收回情况、密码强度、外包服务中的数据保护管理情况、研发测试环境数据保护情况，对发现的问题及时整改。

《关于加强车联网网络安全和数据安全工作的通知》

......

三、加强车联网网络安全防护

......

（七）开展车联网安全监测预警。国家加强车联网网络安全监测平台建设，开展网络安全威胁、事件的监测预警通报和安全保障服务。各相关企业要建立网络安全监测预警机制和技术手段，对智能网联汽车、车联网服务平台及联网系统开展网络安全相关监测，及时发现网络安全事件

或异常行为，并按照规定留存相关的网络日志不少于6个月。

……

《工业和信息化领域数据安全管理办法（试行）》

第二十六条　工业和信息化部建立数据安全风险监测机制，组织制定数据安全监测预警接口和标准，统筹建设数据安全监测预警技术手段，形成监测、预警、处置、溯源等能力，与相关部门加强信息共享。

地方行业监管部门分别建设本地区数据安全风险监测预警机制，组织开展数据安全风险监测，按照有关规定及时发布预警信息，通知本地区工业和信息化领域数据处理者及时采取应对措施。

工业和信息化领域数据处理者应当开展数据安全风险监测，及时排查安全隐患，采取必要的措施防范数据安全风险。

第二十七条　工业和信息化部建立数据安全风险信息上报和共享机制，统一汇集、分析、研判、通报数据安全风险信息，鼓励安全服务机构、行业组织、科研机构等开展数据安全风险信息上报和共享。

地方行业监管部门分别汇总分析本地区数据安全风险，及时将可能造成重大及以上安全事件的风险上报工业和信息化部。

工业和信息化领域数据处理者应当

及时将可能造成较大及以上安全事件的风险向本地区行业监管部门报告。

《关于促进数据安全产业发展的指导意见》

三、壮大数据安全服务

……

（八）积极发展检测、评估、认证服务。建立数据安全检测评估体系，加强与网络安全等级保护测评等相关体系衔接，培育第三方检测、评估等服务机构，支持开展检测、评估人员的培训。支持开展数据安全技术、产品、服务和管理体系认证。鼓励检测、评估、认证机构跨行业跨领域发展，推动跨行业标准互通和结果互认。推动检测、评估等服务与数据安全相关标准体系的动态衔接。

（十九）优化发展环境。加快数据安全制度体系建设，细化明确政策要求。加强知识产权运用和保护，建立健全行业自律及监督机制，建立以技术实力、服务能力为导向的良性市场竞争环境。科学高效开展数据安全产业统计，健全产业风险监测机制，及时研判发展态势，处置突出风险，回应社会关切。加强教育引导，提升各类群体数据安全保护意识。

第二十三条　【建立国家数据安全应急处置机制】

国家建立数据安全应急处置机制。发生数据安全事件，有关主管部门应当依法启动应急预案，采取相应的应急处置措施，防止危害扩大，消除安全隐患，并及时向社会发布与公众有关的警示信息。

关联法规

◎ **法律**

《网络安全法》

第二十五条 网络运营者应当制定网络安全事件应急预案，及时处置系统漏洞、计算机病毒、网络攻击、网络侵入等安全风险；在发生危害网络安全的事件时，立即启动应急预案，采取相应的补救措施，并按照规定向有关主管部门报告。

第五十三条 国家网信部门协调有关部门建立健全网络安全风险评估和应急工作机制，制定网络安全事件应急预案，并定期组织演练。

负责关键信息基础设施安全保护工作的部门应当制定本行业、本领域的网络安全事件应急预案，并定期组织演练。

网络安全事件应急预案应当按照事件发生后的危害程度、影响范围等因素对网络安全事件进行分级，并规定相应的应急处置措施。

第五十五条 发生网络安全事件，应当立即启动网络安全事件应急预案，对网络安全事件进行调查和评估，要求网络运营者采取技术措施和其他必要措施，消除安全隐患，防止危害扩大，并及时向社会发布与公众有关的警示信息。

《关于加强网络信息保护的决定》

六、网络服务提供者为用户办理网站接入服务，办理固定电话、移动电话等入网手续，或者为用户提供信息发布服务，应当在与用户签订协议或者确认提供服务时，要求用户提供真实身份信息。

《国家安全法》

第六十七条 国家健全国家安全危机的信息报告和发布机制。国家安全危机事件发生后，履行国家安全危机管控职责的有关机关，应当按照规定准确、及时报告，并依法将有关国家安全危机事件发生、发展、管控处置及善后情况统一向社会发布。

第六十八条 国家安全威胁和危害得到控制或者消除后，应当及时解除管控处置措施，做好善后工作。

◎ **部门规章**

《儿童个人信息网络保护规定》

第二十一条 网络运营者发现儿童个人信息发生或者可能发生泄露、毁损、丢失的，应当立即启动应急预案，采取补救措施；造成或者可能造成严重后果的，应当立即向有关主管部门报告，并将事件相关情况以邮件、信函、电话、推送通知等方式告知受影响的儿童及其监护人，难以逐一告知的，应当采取合理、有效的方式发布相关警示信息。

《互联网保险业务监管办法》

第七条　开展互联网保险业务的保险机构及其自营网络平台应具备以下条件：

……

（三）具有完善的网络安全监测、信息通报、应急处置工作机制，以及完善的边界防护、入侵检测、数据保护、灾难恢复等网络安全防护手段。

（四）贯彻落实国家网络安全等级保护制度，开展网络安全定级备案，定期开展等级保护测评，落实相应等级的安全保护措施。对于具有保险销售或投保功能的自营网络平台，以及支持该自营网络平台运营的信息管理系统和核心业务系统，相关自营网络平台和信息系统的安全保护等级应不低于三级；对于不具有保险销售和投保功能的自营网络平台，以及支持该自营网络平台运营的信息管理系统和核心业务系统，相关自营网络平台和信息系统的安全保护等级应不低于二级。

……

◎ 部门规范性文件

《国家网络安全事件应急预案》

2 组织机构与职责

2.1 领导机构与职责

在中央网络安全和信息化领导小组（以下简称"领导小组"）的领导下，中央网络安全和信息化领导小组办公室（以下简称"中央网信办"）统筹协调组织国家网络安全事件应对工作，建立健全跨部门联动处置机制，工业和信息化部、公安部、国家保密局等相关部门按照职责分工负责相关网络安全事件应对工作。必要时成立国家网络安全事件应急指挥部（以下简称"指挥部"），负责特别重大网络安全事件处置的组织指挥和协调。

……

《关于统筹推进民政信息化建设的指导意见》

三、编织政务服务为民爱民"一张网"

（七）建设完善民政统一信息基础设施。统筹建设标准统一、资源集约、利用高效、安全可控的民政统一信息基础设施，提供云平台服务，形成有利于基础设施互联互通的制度环境，推动已建、在建和拟建的民政业务应用逐步向民政政务云平台迁移。推动国家电子政务外网、互联网、民政卫星视频网等资源的互联互通，保障民政业务跨地区办理、跨层级联动和跨部门协同。加快部机关政务内外网建设，实现与国家政务内外网平台安全接入，将现有业务应用按涉密和非涉密分类，分别向国家电子政务内网和外网迁移。加强网络安全态势感知、监测预警和应急处置能力建设，建立健全网络安全责任制和信息通报机制，完善网络安全检查、风险评估等制度，制定网络安全事件监测预警与应急预案，定期开展演练。

……

《银行业金融机构数据治理指引》

第二十六条 银行业金融机构应当建立数据应急预案，根据业务影响分析，组织开展应急演练，完善处置流程，保证在系统服务异常以及危机等情景下数据的完整、准确和连续。

第二十七条 银行业金融机构应当建立数据治理自我评估机制，明确评估周期、流程、结果应用、组织保障等要素的相关要求。

评估内容应覆盖数据治理架构、数据管理、数据安全、数据质量和数据价值实现等方面，并按年度向银行业监督管理机构报送。

《关于规范快递与电子商务数据互联共享的指导意见》

五、提高电子商务与快递数据安全防护水平

（八）加强数据安全保障

电子商务经营者和经营快递业务的企业应当完善自身数据管理体系和安全保障体系，采取技术手段和其他必要措施保证数据安全，建立健全信息安全风险评估和应急工作机制，完善安全防护体系。双方要高度重视数据传输中的安全隐患和不规范问题，增强电子商务与快递数据传输的安全技术保障能力，严格系统安全管理，确保用户信息安全。

（九）加强数据安全应急管理

电子商务经营者和经营快递业务的企业要制定网络安全事件应急预案，有效应对网络安全事件，防范网络违法犯罪活动。发生危害网络安全事件时，电子商务经营者和经营快递业务的企业应当立即依法启动应急预案，采取相应的补救措施，并向有关主管部门报告。

《工业数据分类分级指南（试行）》

第十六条 工业数据遭篡改、破坏、泄露或非法利用时，企业应根据事先制定的应急预案立即进行应急处置。涉及三级数据时，还应将事件及时上报数据所在地的省级工业和信息化主管部门，并于应急工作结束后 30 日内补充上报事件处置情况。

《贯彻落实网络安全等级保护制度和关键信息基础设施安全保护制度的指导意见》

四、加强网络安全保护工作协作配合

……

（三）加强网络安全应急处置机制建设。行业主管部门、网络运营者要按照国家有关要求制定网络安全应急预案，加强网络安全应急力量建设和应急资源储备，与公安机关密切配合，建立网络安全事件报告制度和应急处置机制。关键信息基础设施运营者和第三级以上网络运营者应定期开展应急演练，有效处置网络安全事件，并针对应急演练中发现的突出问题和漏洞隐患，及时整改加固，完善保护措施。行业主管部门、网络运营者应配合公安机关每年组织开展的网络安全监督检查、比武演习等工作，不断提升安全保护能力和对抗能力。

......

《监管数据安全管理办法（试行）》

第三十条　各业务部门及受托机构发生以下监管数据重大安全风险事项时，应立即采取应急处置措施，及时消除安全隐患，防止危害扩大，并于48小时内向归口管理部门报告。

（一）监管数据发生泄露或非法使用；

（二）监管数据发生损毁或丢失；

（三）承载监管数据的信息系统或网络发生系统性故障造成服务中断4小时以上；

（四）承载监管数据的信息系统或网络遭受非法入侵、发生有害信息或计算机病毒的大规模传播等破坏；

（五）监管数据安全事件引发舆情；

（六）《网络安全重大事件判定指南》列明的其他影响监管数据安全的网络安全重大事件。

辖区发生以上监管数据重大安全风险事项时，各银保监局应立即采取补救措施，并于48小时内向银保监会归口管理部门报告。

《关于加强网络安全和数据保护工作的指导意见》

二、加强网络安全主体责任

......

（六）提升突发网络安全事件应急响应能力

严格落实突发网络安全事件报告制度。制定和完善本单位网络安全应急预案。健全大规模拒绝服务攻击、高级可持续性威胁攻击、大规模公民个人信息泄露等突发网络安全事件的应急协同配合机制，加强应急预案演练，定期评估和修订应急预案，提高科学性、实用性、可操作性。建立重大活动期间网络安全保障机制，强化对网络安全突发事件的统一指挥和协调，确保全国医疗保障信息系统的运行安全、数据安全和网络安全，最大程度地预防和减少网络安全事件造成的损害。

《关于加强车联网网络安全和数据安全工作的通知》

......

三、加强车联网网络安全防护

……

（七）开展车联网安全监测预警。国家加强车联网网络安全监测平台建设，开展网络安全威胁、事件的监测预警通报和安全保障服务。各相关企业要建立网络安全监测预警机制和技术手段，对智能网联汽车、车联网服务平台及联网系统开展网络安全相关监测，及时发现网络安全事件或异常行为，并按照规定留存相关的网络日志不少于6个月。

（八）做好车联网安全应急处置。智能网联汽车生产企业、车联网服务平台运营企业要建立网络安全应急响应机制，制定网络安全事件应急预案，定期开展应急演练，及时处置安全威胁、网络攻击、网络侵入等网络安全风险。在发生危害网络安全的事件时，立即启动应急预案，采取相应的补救措施，并按照《公共互联网网络安全突发事件应急预案》等规定向有关主管部门报告。

……

五、加强数据安全保护

……

（十四）提升数据安全技术保障能力。智能网联汽车生产企业、车联网服务平台运营企业要采取合法、正当方式收集数据，针对数据全生命周期采取有效技术保护措施，防范数据泄露、毁损、丢失、篡改、误用、滥用等风险。各相关企业要强化数据安全监测预警和应急处置能力建设，提升异常流动分析、违规跨境传输监测、安全事件追踪溯源等水平；及时处置数据安全事件，向所在省（区、市）通信管理局、工业和信息化主管部门报告较大及以上数据安全事件，并配合开展相关监督检查，提供必要技术支持。

……

《工业和信息化领域数据安全管理办法（试行）》

第二十八条 工业和信息化部制定工业和信息化领域数据安全事件应急预案，组织协调重要数据和核心数据安全事件应急处置工作。

地方行业监管部门分别组织开展本地区数据安全事件应急处置工作。涉及重要数据和核心数据的安全事件，应当立即上报工业和信息化部，并及时报告事件发展和处置情况。

工业和信息化领域数据处理者在数据安全事件发生后，应当按照应急预案，及时开展应急处置，涉及重要数据和核心数据的安全事件，第一时间向本地区行业监管部门报告，事件处置完成后在规定期限内形成总结报告，每年向本地区行业监管部门报告数据安全事件处置情况。

工业和信息化领域数据处理者对发

生的可能损害用户合法权益的数据安全事件，应当及时告知用户，并提供减轻危害措施。

第二十四条　【建立国家数据安全审查制度】

国家建立数据安全审查制度，对影响或者可能影响国家安全的数据处理活动进行国家安全审查。

依法作出的安全审查决定为最终决定。

关联法规

◎ **法律**

《网络安全法》

第三十五条　关键信息基础设施的运营者采购网络产品和服务，可能影响国家安全的，应当通过国家网信部门会同国务院有关部门组织的国家安全审查。

《国家安全法》

第五十九条　国家建立国家安全审查和监管的制度和机制，对影响或者可能影响国家安全的外商投资、特定物项和关键技术、网络信息技术产品和服务、涉及国家安全事项的建设项目，以及其他重大事项和活动，进行国家安全审查，有效预防和化解国家安全风险。

第六十条　中央国家机关各部门依照法律、行政法规行使国家安全审查职责，依法作出国家安全审查决定或者提出安全审查意见并监督执行。

第六十一条　省、自治区、直辖市依法负责本行政区域内有关国家安全审查和监管工作。

《密码法》

第二十七条　法律、行政法规和国家有关规定要求使用商用密码进行保护的关键信息基础设施，其运营者应当使用商用密码进行保护，自行或者委托商用密码检测机构开展商用密码应用安全性评估。商用密码应用安全性评估应当与关键信息基础设施安全检测评估、网络安全等级测评制度相衔接，避免重复评估、测评。

关键信息基础设施的运营者采购涉及商用密码的网络产品和服务，可能影响国家安全的，应当按照《中华人民共和国网络安全法》的规定，通过国家网信部门会同国家密码管理部门等有关部门组织的国家安全审查。

《生物安全法》

第二十条　国家建立生物安全审查制度。对影响或者可能影响国家安全的生物领域重大事项和活动，由国务院有关部门进行生物安全审查，有效防范和化解生物安全风险。

◎ **行政法规**

《关键信息基础设施安全保护条例》

第十九条 运营者应当优先采购安全可信的网络产品和服务；采购网络产品和服务可能影响国家安全的，应当按照国家网络安全规定通过安全审查。

第三十一条 未经国家网信部门、国务院公安部门批准或者保护工作部门、运营者授权，任何个人和组织不得对关键信息基础设施实施漏洞探测、渗透性测试等可能影响或者危害关键信息基础设施安全的活动。对基础电信网络实施漏洞探测、渗透性测试等活动，应当事先向国务院电信主管部门报告。

◎ **部门规章**

《网络安全审查办法》

第一条 为了确保关键信息基础设施供应链安全，保障网络安全和数据安全，维护国家安全，根据《中华人民共和国国家安全法》、《中华人民共和国网络安全法》、《中华人民共和国数据安全法》、《关键信息基础设施安全保护条例》，制定本办法。

第二条 关键信息基础设施运营者（以下简称运营者）采购网络产品和服务，影响或可能影响国家安全的，应当按照本办法进行网络安全审查。

第三条 网络安全审查坚持防范网络安全风险与促进先进技术应用相结合、过程公正透明与知识产权保护相结合、事前审查与持续监管相结合、企业承诺与社会监督相结合，从产品和服务以及数据处理活动安全性、可能带来的国家安全风险等方面进行审查。

第四条 在中央网络安全和信息化委员会领导下，国家互联网信息办公室会同中华人民共和国国家发展和改革委员会、中华人民共和国工业和信息化部、中华人民共和国公安部、中华人民共和国国家安全部、中华人民共和国财政部、中华人民共和国商务部、中国人民银行、国家市场监督管理总局、国家广播电视总局、中国证券监督管理委员会、国家保密局、国家密码管理局建立国家网络安全审查工作机制。

网络安全审查办公室设在国家互联网信息办公室，负责制定网络安全审查相关制度规范，组织网络安全审查。

第五条 关键信息基础设施运营者采购网络产品和服务的，应当预判该产品和服务投入使用后可能带来的国家安全风险。影响或者可能影响国家安全的，应当向网络安全审查办公室申报网络安全审查。

关键信息基础设施安全保护工作部门可以制定本行业、本领域预判指南。

第十条 网络安全审查重点评估相关对象或者情形的以下国家安全风险因素：

（一）产品和服务使用后带来的关

键信息基础设施被非法控制、遭受干扰或者破坏的风险；

（二）产品和服务供应中断对关键信息基础设施业务连续性的危害；

（三）产品和服务的安全性、开放性、透明性、来源的多样性，供应渠道的可靠性以及因为政治、外交、贸易等因素导致供应中断的风险；

（四）产品和服务提供者遵守中国法律、行政法规、部门规章情况；

（五）核心数据、重要数据或者大量个人信息被窃取、泄露、毁损以及非法利用、非法出境的风险；

（六）上市存在关键信息基础设施、核心数据、重要数据或者大量个人信息被外国政府影响、控制、恶意利用的风险，以及网络信息安全风险；

（七）其他可能危害关键信息基础设施安全、网络安全和数据安全的因素。

第十六条　网络安全审查工作机制成员单位认为影响或者可能影响国家安全的网络产品和服务以及数据处理活动，由网络安全审查办公室按程序报中央网络安全和信息化委员会批准后，依照本办法的规定进行审查。

为了防范风险，当事人应当在审查期间按照网络安全审查要求采取预防和消减风险的措施。

《数据出境安全评估办法》

第五条　数据处理者在申报数据出

境安全评估前，应当开展数据出境风险自评估，重点评估以下事项：

（一）数据出境和境外接收方处理数据的目的、范围、方式等的合法性、正当性、必要性；

（二）出境数据的规模、范围、种类、敏感程度，数据出境可能对国家安全、公共利益、个人或者组织合法权益带来的风险；

（三）境外接收方承诺承担的责任义务，以及履行责任义务的管理和技术措施、能力等能否保障出境数据的安全；

（四）数据出境中和出境后遭到篡改、破坏、泄露、丢失、转移或者被非法获取、非法利用等的风险，个人信息权益维护的渠道是否通畅等；

（五）与境外接收方拟订立的数据出境相关合同或者其他具有法律效力的文件等（以下统称法律文件）是否充分约定了数据安全保护责任义务；

（六）其他可能影响数据出境安全的事项。

第八条　数据出境安全评估重点评估数据出境活动可能对国家安全、公共利益、个人或者组织合法权益带来的风险，主要包括以下事项：

（一）数据出境的目的、范围、方式等的合法性、正当性、必要性；

（二）境外接收方所在国家或者地区的数据安全保护政策法规和网络安全

环境对出境数据安全的影响；境外接收方的数据保护水平是否达到中华人民共和国法律、行政法规的规定和强制性国家标准的要求；

（三）出境数据的规模、范围、种类、敏感程度，出境中和出境后遭到篡改、破坏、泄露、丢失、转移或者被非法获取、非法利用等的风险；

（四）数据安全和个人信息权益是否能够得到充分有效保障；

（五）数据处理者与境外接收方拟订立的法律文件中是否充分约定了数据安全保护责任义务；

（六）遵守中国法律、行政法规、部门规章情况；

（七）国家网信部门认为需要评估的其他事项。

第十四条　通过数据出境安全评估的结果有效期为 2 年，自评估结果出具之日起计算。在有效期内出现以下情形之一的，数据处理者应当重新申报评估：

（一）向境外提供数据的目的、方式、范围、种类和境外接收方处理数据的用途、方式发生变化影响出境数据安全的，或者延长个人信息和重要数据境外保存期限的；

（二）境外接收方所在国家或者地区数据安全保护政策法规和网络安全环境发生变化以及发生其他不可抗力情形、数据处理者或者境外接收方实际控制权发生变

化、数据处理者与境外接收方法律文件变更等影响出境数据安全的；

（三）出现影响出境数据安全的其他情形。

有效期届满，需要继续开展数据出境活动的，数据处理者应当在有效期届满 60 个工作日前重新申报评估。

第二十五条　【建立数据出口管制制度】

国家对与维护国家安全和利益、履行国际义务相关的属于管制物项的数据依法实施出口管制。

关联法规

◎ **法律**

《网络安全法》

第三十七条　关键信息基础设施的运营者在中华人民共和国境内运营中收集和产生的个人信息和重要数据应当在境内存储。因业务需要，确需向境外提供的，应当按照国家网信部门会同国务院有关部门制定的办法进行安全评估；法律、行政法规另有规定的，依照其规定。

《密码法》

第二十八条　国务院商务主管部门、国家密码管理部门依法对涉及国家

安全、社会公共利益且具有加密保护功能的商用密码实施进口许可，对涉及国家安全、社会公共利益或者中国承担国际义务的商用密码实施出口管制。商用密码进口许可清单和出口管制清单由国务院商务主管部门会同国家密码管理部门和海关总署制定并公布。

大众消费类产品所采用的商用密码不实行进口许可和出口管制制度。

《出口管制法》

第二条　国家对两用物项、军品、核以及其他与维护国家安全和利益、履行防扩散等国际义务相关的货物、技术、服务等物项（以下统称管制物项）的出口管制，适用本法。

前款所称管制物项，包括物项相关的技术资料等数据。

本法所称出口管制，是指国家对从中华人民共和国境内向境外转移管制物项，以及中华人民共和国公民、法人和非法人组织向外国组织和个人提供管制物项，采取禁止或者限制性措施。

本法所称两用物项，是指既有民事用途，又有军事用途或者有助于提升军事潜力，特别是可以用于设计、开发、生产或使用大规模杀伤性武器及其运载工具的货物、技术和服务。

本法所称军品，是指用于军事目的的装备、专用生产设备以及其他相关货物、技术和服务。

本法所称核，是指核材料、核设备、反应堆用非核材料以及相关技术和服务。

第十二条　国家对管制物项的出口实行许可制度。

出口管制清单所列管制物项或者临时管制物项，出口经营者应当向国家出口管制管理部门申请许可。

出口管制清单所列管制物项以及临时管制物项之外的货物、技术和服务，出口经营者知道或者应当知道，或者得到国家出口管制管理部门通知，相关货物、技术和服务可能存在以下风险的，应当向国家出口管制管理部门申请许可：

（一）危害国家安全和利益；

（二）被用于设计、开发、生产或者使用大规模杀伤性武器及其运载工具；

（三）被用于恐怖主义目的。

出口经营者无法确定拟出口的货物、技术和服务是否属于本法规定的管制物项，向国家出口管制管理部门提出咨询的，国家出口管制管理部门应当及时答复。

第二十九条　国家出口管制管理部门依法履行职责，国务院有关部门、地方人民政府及其有关部门应当予以协助。

国家出口管制管理部门单独或者会

同有关部门依法开展监督检查和调查工作，有关组织和个人应当予以配合，不得拒绝、阻碍。

有关国家机关及其工作人员对调查中知悉的国家秘密、商业秘密、个人隐私和个人信息依法负有保密义务。

第三十二条 国家出口管制管理部门根据缔结或者参加的国际条约，或者按照平等互惠原则，与其他国家或者地区、国际组织等开展出口管制合作与交流。

中华人民共和国境内的组织和个人向境外提供出口管制相关信息，应当依法进行；可能危害国家安全和利益的，不得提供。

◎ **部门规范性文件**

《国家健康医疗大数据标准、安全和服务管理办法（试行）》

第三十条 责任单位应当具备符合国家有关规定要求的数据存储、容灾备份和安全管理条件，加强对健康医疗大数据的存储管理。健康医疗大数据应当存储在境内安全可信的服务器上，因业务需要确需向境外提供的，应当按照相关法律法规及有关要求进行安全评估审核。

第二十六条 【数据领域对等原则】

任何国家或者地区在与数据和数据开发利用技术等有关的投资、贸易等方面对中华人民共和国采取歧视性的禁止、限制或者其他类似措施的，中华人民共和国可以根据实际情况对该国家或者地区对等采取措施。

关联法规

◎ **法律**

《个人信息保护法》

第四十二条 境外的组织、个人从事侵害中华人民共和国公民的个人信息权益，或者危害中华人民共和国国家安全、公共利益的个人信息处理活动的，国家网信部门可以将其列入限制或者禁止个人信息提供清单，予以公告，并采取限制或者禁止向其提供个人信息等措施。

第四十三条 任何国家或者地区在个人信息保护方面对中华人民共和国采取歧视性的禁止、限制或者其他类似措施的，中华人民共和国可以根据实际情况对该国家或者地区对等采取措施。

《出口管制法》

第四十八条 任何国家或者地区滥用出口管制措施危害中华人民共和国国家安全和利益的，中华人民共和国可以根据实际情况对该国家或者地区对等采取措施。

《反外国制裁法》

第三条　中华人民共和国反对霸权主义和强权政治，反对任何国家以任何借口、任何方式干涉中国内政。

外国国家违反国际法和国际关系基本准则，以各种借口或者依据其本国法律对我国进行遏制、打压，对我国公民、组织采取歧视性限制措施，干涉我国内政的，我国有权采取相应反制措施。

第十三条　对于危害我国主权、安全、发展利益的行为，除本法规定外，有关法律、行政法规、部门规章可以规定采取其他必要的反制措施。

《对外贸易法》

第七条　任何国家或者地区在贸易方面对中华人民共和国采取歧视性的禁止、限制或者其他类似措施的，中华人民共和国可以根据实际情况对该国家或者该地区采取相应的措施。

◎ 部门规章

《阻断外国法律与措施不当域外适用办法》

第五条　中国公民、法人或者其他组织遇到外国法律与措施禁止或者限制其与第三国（地区）及其公民、法人或者其他组织正常的经贸及相关活动情形的，应当在 30 日内向国务院商务主管部门如实报告有关情况。报告人要求保密的，国务院商务主管部门及其工作人员应当为其保密。

第六条　有关外国法律与措施是否存在不当域外适用情形，由工作机制综合考虑下列因素评估确认：

（一）是否违反国际法和国际关系基本准则；

（二）对中国国家主权、安全、发展利益可能产生的影响；

（三）对中国公民、法人或者其他组织合法权益可能产生的影响；

（四）其他应当考虑的因素。

第十二条　对外国法律与措施不当域外适用，中国政府可以根据实际情况和需要，采取必要的反制措施。

第四章　数据安全保护义务

第二十七条　【数据安全保护义务履行方式】

开展数据处理活动应当依照法律、法规的规定，建立健全全流程数据安全管理制度，组织开展数据安全教育培训，采取相应的技术措施和其他必要措施，保障数据安全。利用互联网等信息网络开展数据处理活动，应当在网络安全等级保护制度的基础上，履行上述数据安全保护义务。

重要数据的处理者应当明确数据安全负责人和管理机构，落实数据安全保护责任。

关联法规

◎ **法律**

《网络安全法》

第九条　网络运营者开展经营和服务活动，必须遵守法律、行政法规，尊重社会公德，遵守商业道德，诚实信用，履行网络安全保护义务，接受政府和社会的监督，承担社会责任。

第十条　建设、运营网络或者通过网络提供服务，应当依照法律、行政法规的规定和国家标准的强制性要求，采取技术措施和其他必要措施，保障网络安全、稳定运行，有效应对网络安全事件，防范网络违法犯罪活动，维护网络数据的完整性、保密性和可用性。

第二十一条　国家实行网络安全等级保护制度。网络运营者应当按照网络安全等级保护制度的要求，履行下列安全保护义务，保障网络免受干扰、破坏或者未经授权的访问，防止网络数据泄露或者被窃取、篡改：

（一）制定内部安全管理制度和操作规程，确定网络安全负责人，落实网络安全保护责任；

（二）采取防范计算机病毒和网络攻击、网络侵入等危害网络安全行为的技术措施；

（三）采取监测、记录网络运行状态、网络安全事件的技术措施，并按照规定留存相关的网络日志不少于六个月；

（四）采取数据分类、重要数据备

份和加密等措施；

（五）法律、行政法规规定的其他义务。

第三十四条 除本法第二十一条的规定外，关键信息基础设施的运营者还应当履行下列安全保护义务：

（一）设置专门安全管理机构和安全管理负责人，并对该负责人和关键岗位的人员进行安全背景审查；

（二）定期对从业人员进行网络安全教育、技术培训和技能考核；

（三）对重要系统和数据库进行容灾备份；

（四）制定网络安全事件应急预案，并定期进行演练；

（五）法律、行政法规规定的其他义务。

《个人信息保护法》

第九条 个人信息处理者应当对其个人信息处理活动负责，并采取必要措施保障所处理的个人信息的安全。

第十一条 国家建立健全个人信息保护制度，预防和惩治侵害个人信息权益的行为，加强个人信息保护宣传教育，推动形成政府、企业、相关社会组织、公众共同参与个人信息保护的良好环境。

《电子商务法》

第三十条 电子商务平台经营者应当采取技术措施和其他必要措施保证其网络安全、稳定运行，防范网络违法犯罪活动，有效应对网络安全事件，保障电子商务交易安全。

电子商务平台经营者应当制定网络安全事件应急预案，发生网络安全事件时，应当立即启动应急预案，采取相应的补救措施，并向有关主管部门报告。

◎ 行政法规
《关键信息基础设施安全保护条例》

第六条 运营者依照本条例和有关法律、行政法规的规定以及国家标准的强制性要求，在网络安全等级保护的基础上，采取技术保护措施和其他必要措施，应对网络安全事件，防范网络攻击和违法犯罪活动，保障关键信息基础设施安全稳定运行，维护数据的完整性、保密性和可用性。

第十五条 专门安全管理机构具体负责本单位的关键信息基础设施安全保护工作，履行下列职责：

（一）建立健全网络安全管理、评价考核制度，拟订关键信息基础设施安全保护计划；

（二）组织推动网络安全防护能力建设，开展网络安全监测、检测和风险评估；

（三）按照国家及行业网络安全事件应急预案，制定本单位应急预案，定期开展应急演练，处置网络安全事件；

（四）认定网络安全关键岗位，组织开展网络安全工作考核，提出奖励和惩处建议；

（五）组织网络安全教育、培训；

（六）履行个人信息和数据安全保护责任，建立健全个人信息和数据安全保护制度；

（七）对关键信息基础设施设计、建设、运行、维护等服务实施安全管理；

（八）按照规定报告网络安全事件和重要事项。

◎ **部门规章**

《电信和互联网用户个人信息保护规定》

第十三条　电信业务经营者、互联网信息服务提供者应当采取以下措施防止用户个人信息泄露、毁损、篡改或者丢失：

（一）确定各部门、岗位和分支机构的用户个人信息安全管理责任；

（二）建立用户个人信息收集、使用及其相关活动的工作流程和安全管理制度；

（三）对工作人员及代理人实行权限管理，对批量导出、复制、销毁信息实行审查，并采取防泄密措施；

（四）妥善保管记录用户个人信息的纸介质、光介质、电磁介质等载体，并采取相应的安全储存措施；

（五）对储存用户个人信息的信息系统实行接入审查，并采取防入侵、防

病毒等措施；

（六）记录对用户个人信息进行操作的人员、时间、地点、事项等信息；

（七）按照电信管理机构的规定开展通信网络安全防护工作；

（八）电信管理机构规定的其他必要措施。

《电信业务经营许可管理办法》

第二十六条　电信业务经营者应当按照国家和电信管理机构的规定，明确相应的网络与信息安全管理机构和专职网络与信息安全管理人员，建立网络与信息安全保障、网络安全防护、违法信息监测处置、新业务安全评估、网络安全监测预警、突发事件应急处置、用户信息安全保护等制度，并具备相应的技术保障措施。

《区块链信息服务管理规定》

第五条　区块链信息服务提供者应当落实信息内容安全管理责任，建立健全用户注册、信息审核、应急处置、安全防护等管理制度。

《网络招聘服务管理规定》

第二十条　从事网络招聘服务的人力资源服务机构应当按照国家网络安全法律、行政法规和网络安全等级保护制度要求，加强网络安全管理，履行网络安全保护义务，采取技术措施或者其他必要措施，确保招聘服务网络、信息系统和用户信息安全。

《汽车数据安全管理若干规定（试行）》

第五条　利用互联网等信息网络开展汽车数据处理活动，应当落实网络安全等级保护等制度，加强汽车数据保护，依法履行数据安全义务。

第十三条　汽车数据处理者开展重要数据处理活动，应当在每年十二月十五日前向省、自治区、直辖市网信部门和有关部门报送以下年度汽车数据安全管理情况：

（一）汽车数据安全管理负责人、用户权益事务联系人的姓名和联系方式；

（二）处理汽车数据的种类、规模、目的和必要性；

（三）汽车数据的安全防护和管理措施，包括保存地点、期限等；

（四）向境内第三方提供汽车数据情况；

（五）汽车数据安全事件和处置情况；

（六）汽车数据相关的用户投诉和处理情况；

（七）国家网信部门会同国务院工业和信息化、公安、交通运输等有关部门明确的其他汽车数据安全管理情况。

《网络安全审查办法》

第十六条　网络安全审查工作机制成员单位认为影响或者可能影响国家安全的网络产品和服务以及数据处理活动，由网络安全审查办公室按程序报中央网络安全和信息化委员会批准后，依照本办法的规定进行审查。

为了防范风险，当事人应当在审查期间按照网络安全审查要求采取预防和消减风险的措施。

《互联网信息服务算法推荐管理规定》

第七条　算法推荐服务提供者应当落实算法安全主体责任，建立健全算法机制机理审核、科技伦理审查、用户注册、信息发布审核、数据安全和个人信息保护、反电信网络诈骗、安全评估监测、安全事件应急处置等管理制度和技术措施，制定并公开算法推荐服务相关规则，配备与算法推荐服务规模相适应的专业人员和技术支撑。

《互联网用户账号信息管理规定》

第十四条　互联网信息服务提供者应当履行互联网用户账号信息管理主体责任，配备与服务规模相适应的专业人员和技术能力，建立健全并严格落实真实身份信息认证、账号信息核验、信息内容安全、生态治理、应急处置、个人信息保护等管理制度。

《互联网信息服务深度合成管理规定》

第七条　深度合成服务提供者应当落实信息安全主体责任，建立健全用户注册、算法机制机理审核、科技伦理审查、信息发布审核、数据安全、个人信息保护、反电信网络诈骗、应急处置等管理制度，具有安全可控的技术保障措施。

第十四条 深度合成服务提供者和技术支持者应当加强训练数据管理，采取必要措施保障训练数据安全；训练数据包含个人信息的，应当遵守个人信息保护的有关规定。

深度合成服务提供者和技术支持者提供人脸、人声等生物识别信息编辑功能的，应当提示深度合成服务使用者依法告知被编辑的个人，并取得其单独同意。

《生成式人工智能服务管理暂行办法》

第九条 提供者应当依法承担网络信息内容生产者责任，履行网络信息安全义务。涉及个人信息的，依法承担个人信息处理者责任，履行个人信息保护义务。

提供者应当与注册其服务的生成式人工智能服务使用者（以下称使用者）签订服务协议，明确双方权利义务。

◎ **部门规范性文件**

《互联网论坛社区服务管理规定》

第五条 互联网论坛社区服务提供者应当落实主体责任，建立健全信息审核、公共信息实时巡查、应急处置及个人信息保护等信息安全管理制度，具有安全可控的防范措施，配备与服务规模相适应的专业人员，为有关部门依法履

行职责提供必要的技术支持。

《关于统筹推进民政信息化建设的指导意见》

一、总体要求

......

（二）基本原则。

......

——安全可控。强化关键信息基础设施和重要信息系统安全保障，坚持底线思维，加强数据安全和个人信息保护，严格落实等级保护和分级保护制度。增强网络安全动态防御和态势感知能力，提高网络安全应急处置水平。

......

《教育部机关及直属事业单位教育数据管理办法》

第三十七条 教育部机关及直属事业单位设立的教育统计调查项目和行政业务管理信息系统，均应根据有关法律法规，制定涵盖数据采集、存储、共享、公开、使用等全过程的数据安全管理办法，开展数据风险评估，确定数据共享、公开类型，明确责任人，落实安全管理责任制。教育管理信息中心负责共享平台和公开平台的安全防护工作，确保教育数据安全。

《银行业金融机构数据治理指引》

第二十四条 银行业金融机构应当建立数据安全策略与标准，依法合规采集、应用数据，依法保护客户隐私，划

分数据安全等级，明确访问和拷贝等权限，监控访问和拷贝等行为，完善数据安全技术，定期审计数据安全。

《国家健康医疗大数据标准、安全和服务管理办法（试行）》

第十六条 健康医疗大数据安全管理是指在数据采集、存储、挖掘、应用、运营、传输等多个环节中的安全和管理，包括国家战略安全、群众生命安全、个人信息安全的权责管理工作。

第十七条 责任单位应当建立健全相关安全管理制度、操作规程和技术规范，落实"一把手"责任制，加强安全保障体系建设，强化统筹管理和协调监督，保障健康医疗大数据安全。

涉及国家秘密的健康医疗大数据的安全、管理和使用等，按照国家有关保密规定执行。责任单位应当建立健全涉及国家秘密的健康医疗大数据管理与使用制度，对制作、审核、登记、拷贝、传输、销毁等环节进行严格管理。

第十九条 责任单位应当按照国家网络安全等级保护制度要求，构建可信的网络安全环境，加强健康医疗大数据相关系统安全保障体系建设，提升关键信息基础设施和重要信息系统的安全防护能力，确保健康医疗大数据关键信息基础设施和核心系统安全可控。健康医疗大数据中心、相关信息系统等均应开展定级、备案、测评等工作。

《关于加强应急基础信息管理的通知》

六、组织与保障

……

（十五）确保网络运行与信息数据安全。应急管理部严格贯彻落实国家网络安全等级保护制度要求，分级、分域建立安全保障系统，保障全国应急管理大数据应用平台建设及运行过程的物理与环境安全、网络和设备安全、应用和数据安全以及管理安全。各地区、各有关部门、各行业企业要建立健全数据安全管理与使用制度，采取措施加强数据全生命周期安全保护，防止数据泄露和被恶意篡改。信息的收集、报送单位要做好应急基础信息定密工作，并在数据采集、加工整理、管理和使用过程中严格执行国家有关保密规定。

……

《工业数据分类分级指南（试行）》

第十三条 工业企业、平台企业等企业承担工业数据管理的主体责任，要建立健全相关管理制度，实施工业数据分类分级管理并开展年度复查，并在企业系统、业务等发生重大变更时应及时更新分类分级结果。有条件的企业可结合实际设立数据管理机构，配备专职人员。

《关于工业大数据发展的指导意见》

六、强化数据安全

（十四）构建工业数据安全管理体系。明确企业安全主体责任和各级政府监督管理责任，构建工业数据安全责任体系。加强态势感知、测试评估、预警处置等工业大数据安全能力建设，实现闭环管理，全面保障数据安全。

……

《文化和旅游部政务数据资源管理办法（试行）》

第三十五条 数据资源安全管理实行统一领导和分级管理，按照"谁主管谁负责、谁使用谁负责"的原则，牢固树立数据资源安全意识，严格落实数据资源管理责任，切实提高数据资源保护水平。

《关于加强网络安全和数据保护工作的指导意见》

二、加强网络安全管理

（一）落实网络安全主体责任

建立健全网络安全责任制。各级医保部门是本级网络安全的责任主体，各级医保部门主要负责人是第一责任人。各级医保部门要组建网络安全和信息化领导小组，落实网络安全主体责任，明确信息技术保障和意识形态工作责任边界，强化行政部门网络安全管理责任和担当，健全考核机制，严格责任追究，确保网络安全责任全覆盖。

……

《关于加强车联网网络安全和数据安全工作的通知》

……

一、网络安全和数据安全基本要求

（一）落实安全主体责任。各相关企业要建立网络安全和数据安全管理制度，明确负责人和管理机构，落实网络安全和数据安全保护责任。强化企业内部监督管理，加大资源保障力度，及时发现并解决安全隐患。加强网络安全和数据安全宣传、教育和培训。

……

三、加强车联网网络安全防护

……

（九）做好车联网网络安全防护定级备案。智能网联汽车生产企业、车联网服务平台运营企业要按照车联网网络安全防护相关标准，对所属网络设施和系统开展网络安全防护定级工作，并向所在省（区、市）通信管理局备案。对新建网络设施和系统，应当在规划设计阶段确定网络安全防护等级。各省（区、市）通信管理局会同工业和信息化主管部门做好定级备案审核工作。

（ 权威案例 ）

◎ 典型案例

宋某侵犯商业秘密案【2015年度检察机关保护知识产权十大典型案例之二（2016年5月5日）】

评析意见：本案系较为典型的披露型侵犯商业秘密案件。随着我国经济的发展，侵犯商业秘密案件呈现多发态势，特别是互联网时代的到来，客观上为不法分子披露和迅速传播商业秘密提供了便利条件。本案行为人的犯罪行为导致权利人投入巨额成本研发的成果进入公众领域，商业秘密的非公知性遭到破坏，商业价值完全丧失，给权利人造成了无可挽回的损失。检察机关在指控犯罪中，着重对行为人的保密义务和权利人的损失数额进行了分析论证，指出侵犯商业秘密所造成的"重大损失"应当根据研发成本、实施商业秘密的收益、可得利益、可保持竞争优势的时间等因素综合确定，并最终得到法院的判决支持。本案的查办解决了实践中类似案件的难点，有助于引导权利人进一步采取措施加强商业秘密保护，也有力震慑了侵犯商业秘密犯罪。

鹤壁市反某材料有限公司与宋某超、鹤壁睿某特科技有限公司、李某发侵害商业秘密纠纷案【2017 年中国法院 10 大知识产权案件之九（2018 年 4 月 19 日）】

典型意义： 本案是涉及商业秘密保护的典型案例。商业秘密案件因证据复杂、隐蔽，通常审理难度较大。特别是，因员工离职等带来的商业秘密保护问题一直是司法实践中的难点。本案判决对商业秘密案件中"不为公众所知悉""保密措施""商业价值"以及赔偿责任的确定等重要法律问题，结合案情进行了细致和全面的阐释，对类似案件的审理具有较强的规则指引意义。此外，本案还重强调了员工离职后的保密义务，倡导了诚实信用的价值取向。

淘某（中国）软件有限公司诉安徽美某信息科技有限公司不正当竞争纠纷案【依法平等保护民营企业家人身财产安全十大典型案例之八（2019 年 5 月 16 日）】

典型意义： 本案是首例涉及大数据产品权益保护的新类型不正当竞争案件。当前，大数据产业已成为新一轮科技革命和产业变革中一个蓬勃兴起的新产业，但涉及数据权益的立法付诸阙如，相关主体的权利义务处于不确定状态。本案判决确认平台运营者对其收集的原始数据有权依照其与网络用户的约定进行使用，对其研发的大数据产品享有独立的财产性权益，并妥善运用《反不正当竞争法》原则性条款对擅自利用他人大数据产品内容的行为予以规制，依法保护了研发者对大数据产品所享有的竞争优势和商业利益，也为大数据产业的发展营造了公平有序的竞争环境。

韩某涛等破坏计算机信息系统案【司法积极稳妥推进碳达峰碳中和典型案例之九（2023 年 2 月 17 日）】

典型意义： 近年来，重点排放单位、技术服务机构或其他主体破坏环境监测计算机信息系统，篡改、伪造环境监测数据的案件时有发生，扰乱环境保护监管秩序，严重影响温室气体排放与环境污染物协同治理成效。本案中，被告人通过篡改环境监测数据、更改参数等方式干扰环境质量监测系统采样，后果严重。人民法院依法判处被告人相应刑罚，严厉打击破坏环境监测计算机信息系统犯罪行为，是贯彻落实最严格制度最严密法治保护生态环境的生动体现，也为惩治碳排放数据造假等违法行为提供了借鉴。

第二十八条 【数据活动公益义务】

开展数据处理活动以及研究开发数据新技术，应当有利于促进经济社会发展，增进人民福祉，符合社会公德和伦理。

关联法规

◎ **法律**

《民法典》

第八条 民事主体从事民事活动，不得违反法律，不得违背公序良俗。

第十条 处理民事纠纷，应当依照法律；法律没有规定的，可以适用习惯，但是不得违背公序良俗。

《网络安全法》

第九条 网络运营者开展经营和服务活动，必须遵守法律、行政法规，尊重社会公德，遵守商业道德，诚实信用，履行网络安全保护义务，接受政府和社会的监督，承担社会责任。

第十三条 国家支持研究开发有利于未成年人健康成长的网络产品和服务，依法惩治利用网络从事危害未成年人身心健康的活动，为未成年人提供安全、健康的网络环境。

第十八条 国家鼓励开发网络数据安全保护和利用技术，促进公共数据资源开放，推动技术创新和经济社会发展。

国家支持创新网络安全管理方式，运用网络新技术，提升网络安全保护水平。

《个人信息保护法》

第十条 任何组织、个人不得非法收集、使用、加工、传输他人个人信息，不得非法买卖、提供或者公开他人个人信息；不得从事危害国家安全、公共利益的个人信息处理活动。

《生物安全法》

第三十四条 国家加强对生物技术研究、开发与应用活动的安全管理，禁止从事危及公众健康、损害生物资源、破坏生态系统和生物多样性等危害生物安全的生物技术研究、开发与应用活动。

从事生物技术研究、开发与应用活动，应当符合伦理原则。

◎ **部门规章**

《汽车数据安全管理若干规定（试行）》

第九条 汽车数据处理者处理敏感个人信息，应当符合以下要求或者符合法律、行政法规和强制性国家标准等其他要求：

（一）具有直接服务于个人的目的，包括增强行车安全、智能驾驶、导航等；

（二）通过用户手册、车载显示面板、语音以及汽车使用相关应用程序等显著方式告知必要性以及对个人的影响；

（三）应当取得个人单独同意，个人可以自主设定同意期限；

（四）在保证行车安全的前提下，以适当方式提示收集状态，为个人终止收集提供便利；

（五）个人要求删除的，汽车数据处理者应当在十个工作日内删除。

汽车数据处理者具有增强行车安全的目的和充分的必要性，方可收集指纹、声纹、人脸、心律等生物识别特征信息。

第十条　汽车数据处理者开展重要数据处理活动，应当按照规定开展风险评估，并向省、自治区、直辖市网信部门和有关部门报送风险评估报告。

风险评估报告应当包括处理的重要数据的种类、数量、范围、保存地点与期限、使用方式，开展数据处理活动情况以及是否向第三方提供，面临的数据安全风险及其应对措施等。

《网络安全审查办法》

第三条　网络安全审查坚持防范网络安全风险与促进先进技术应用相结合、过程公正透明与知识产权保护相结合、事前审查与持续监管相结合、企业承诺与社会监督相结合，从产品和服务以及数据处理活动安全性、可能带来的国家安全风险等方面进行审查。

◎ **部门规范性文件**

《移动互联网应用程序信息服务管理规定》

第十四条　应用程序提供者上线具有舆论属性或者社会动员能力的新技术、新应用、新功能，应当按照国家有关规定进行安全评估。

第二十九条　【风险监测及处置义务】

开展数据处理活动应当加强风险监测，发现数据安全缺陷、漏洞等风险时，应当立即采取补救措施；发生数据安全事件时，应当立即采取处置措施，按照规定及时告知用户并向有关主管部门报告。

关联法规

◎ **法律**

《民法典》

第一千零三十八条　信息处理者不

得泄露或者篡改其收集、存储的个人信息；未经自然人同意，不得向他人非法提供其个人信息，但是经过加工无法识别特定个人且不能复原的除外。

信息处理者应当采取技术措施和其他必要措施，确保其收集、存储的个人信息安全，防止信息泄露、篡改、丢失；发生或者可能发生个人信息泄露、篡改、丢失的，应当及时采取补救措施，按照规定告知自然人并向有关主管部门报告。

《网络安全法》

第二十二条　网络产品、服务应当符合相关国家标准的强制性要求。网络产品、服务的提供者不得设置恶意程序；发现其网络产品、服务存在安全缺陷、漏洞等风险时，应当立即采取补救措施，按照规定及时告知用户并向有关主管部门报告。

网络产品、服务的提供者应当为其产品、服务持续提供安全维护；在规定或者当事人约定的期限内，不得终止提供安全维护。

网络产品、服务具有收集用户信息功能的，其提供者应当向用户明示并取得同意；涉及用户个人信息的，还应当遵守本法和有关法律、行政法规关于个人信息保护的规定。

第二十五条　网络运营者应当制定网络安全事件应急预案，及时处置系统

漏洞、计算机病毒、网络攻击、网络侵入等安全风险；在发生危害网络安全的事件时，立即启动应急预案，采取相应的补救措施，并按照规定向有关主管部门报告。

第四十二条　网络运营者不得泄露、篡改、毁损其收集的个人信息；未经被收集者同意，不得向他人提供个人信息。但是，经过处理无法识别特定个人且不能复原的除外。

网络运营者应当采取技术措施和其他必要措施，确保其收集的个人信息安全，防止信息泄露、毁损、丢失。在发生或者可能发生个人信息泄露、毁损、丢失的情况时，应当立即采取补救措施，按照规定及时告知用户并向有关主管部门报告。

第六十条　违反本法第二十二条第一款、第二款和第四十八条第一款规定，有下列行为之一的，由有关主管部门责令改正，给予警告；拒不改正或者导致危害网络安全等后果的，处五万元以上五十万元以下罚款，对直接负责的主管人员处一万元以上十万元以下罚款：

（一）设置恶意程序的；

（二）对其产品、服务存在的安全缺陷、漏洞等风险未立即采取补救措施，或者未按照规定及时告知用户并向有关主管部门报告的；

（三）擅自终止为其产品、服务提供安全维护的。

《个人信息保护法》

第五十七条　发生或者可能发生个人信息泄露、篡改、丢失的，个人信息处理者应当立即采取补救措施，并通知履行个人信息保护职责的部门和个人。通知应当包括下列事项：

（一）发生或者可能发生个人信息泄露、篡改、丢失的信息种类、原因和可能造成的危害；

（二）个人信息处理者采取的补救措施和个人可以采取的减轻危害的措施；

（三）个人信息处理者的联系方式。

个人信息处理者采取措施能够有效避免信息泄露、篡改、丢失造成危害的，个人信息处理者可以不通知个人；履行个人信息保护职责的部门认为可能造成危害的，有权要求个人信息处理者通知个人。

《电子商务法》

第三十条　电子商务平台经营者应当采取技术措施和其他必要措施保证其网络安全、稳定运行，防范网络违法犯罪活动，有效应对网络安全事件，保障电子商务交易安全。

电子商务平台经营者应当制定网络安全事件应急预案，发生网络安全事件时，应当立即启动应急预案，采取相应

的补救措施，并向有关主管部门报告。

《关于加强网络信息保护的决定》

四、网络服务提供者和其他企业事业单位应当采取技术措施和其他必要措施，确保信息安全，防止在业务活动中收集的公民个人电子信息泄露、毁损、丢失。在发生或者可能发生信息泄露、毁损、丢失的情况时，应当立即采取补救措施。

五、网络服务提供者应当加强对其用户发布的信息的管理，发现法律、法规禁止发布或者传输的信息的，应当立即停止传输该信息，采取消除等处置措施，保存有关记录，并向有关主管部门报告。

◎ 行政法规

《关键信息基础设施安全保护条例》

第十八条　关键信息基础设施发生重大网络安全事件或者发现重大网络安全威胁时，运营者应当按照有关规定向保护工作部门、公安机关报告。

发生关键信息基础设施整体中断运行或者主要功能故障、国家基础信息以及其他重要数据泄露、较大规模个人信息泄露、造成较大经济损失、违法信息较大范围传播等特别重大网络安全事件或者发现特别重大网络安全威胁时，保护工作部门应当在收到报告后，及时向国家网信部门、国务院公安部门报告。

◎ **部门规章**

《规范互联网信息服务市场秩序若干规定》

第十二条 互联网信息服务提供者应当妥善保管用户个人信息；保管的用户个人信息泄露或者可能泄露时，应当立即采取补救措施；造成或者可能造成严重后果的，应当立即向准予其互联网信息服务许可或者备案的电信管理机构报告，并配合相关部门进行的调查处理。

《儿童个人信息网络保护规定》

第二十一条 网络运营者发现儿童个人信息发生或者可能发生泄露、毁损、丢失的，应当立即启动应急预案，采取补救措施；造成或者可能造成严重后果的，应当立即向有关主管部门报告，并将事件相关情况以邮件、信函、电话、推送通知等方式告知受影响的儿童及其监护人，难以逐一告知的，应当采取合理、有效的方式发布相关警示信息。

《汽车数据安全管理若干规定（试行）》

第十条 汽车数据处理者开展重要数据处理活动，应当按照规定开展风险评估，并向省、自治区、直辖市网信部门和有关部门报送风险评估报告。

风险评估报告应当包括处理的重要数据的种类、数量、范围、保存地点与期限、使用方式，开展数据处理活动情况以及是否向第三方提供，面临的数据安全风险及其应对措施等。

《数据出境安全评估办法》

第九条 数据处理者应当在与境外接收方订立的法律文件中明确约定数据安全保护责任义务，至少包括以下内容：

（一）数据出境的目的、方式和数据范围，境外接收方处理数据的用途、方式等；

（二）数据在境外保存地点、期限，以及达到保存期限、完成约定目的或者法律文件终止后出境数据的处理措施；

（三）对于境外接收方将出境数据再转移给其他组织、个人的约束性要求；

（四）境外接收方在实际控制权或者经营范围发生实质性变化，或者所在国家、地区数据安全保护政策法规和网络安全环境发生变化以及发生其他不可抗力情形导致难以保障数据安全时，应当采取的安全措施；

（五）违反法律文件约定的数据安全保护义务的补救措施、违约责任和争议解决方式；

（六）出境数据遭到篡改、破坏、泄露、丢失、转移或者被非法获取、非法利用等风险时，妥善开展应急处置的要求和保障个人维护其个人信息权益的途径和方式。

◎ **部门规范性文件**

《关于加强电信和互联网行业网络安全工作的指导意见》

二、工作重点

……

（五）强化网络数据和用户个人信息保护。认真落实《电信和互联网用户个人信息保护规定》（工业和信息化部令第 24 号），严格规范用户个人信息的收集、存储、使用和销毁等行为，落实各个环节的安全责任，完善相关管理制度和技术手段。落实数据安全和用户个人信息安全防护标准要求，完善网络数据和用户信息的防窃密、防篡改和数据备份等安全防护措施。强化对内部人员、合作伙伴的授权管理和审计，加大违规行为惩罚力度。发生大规模用户个人信息泄露事件后要立即向通信主管部门报告，并及时采取有效补救措施。

……

《文化和旅游部政务数据资源管理办法（试行）》

第三十六条　部网信办按照国家网络安全、数据安全有关法律法规规定，建立健全数据资源安全管理规范，开展风险评估和安全审查。

第三十八条　部信息中心严格履行部共享系统的安全防护和保密管理义务，指导督促政务部门强化业务数据、

网络数据和用户个人信息安全保护，协助开展安全监测和预警预报工作，不断加强大数据环境下防攻击、防泄露、防窃取的监测、预警、控制和应急技术保障。

《移动互联网应用程序信息服务管理规定》

第十条　应用程序应当符合相关国家标准的强制性要求。应用程序提供者发现应用程序存在安全缺陷、漏洞等风险时，应当立即采取补救措施，按照规定及时告知用户并向有关主管部门报告。

《工业和信息化领域数据安全管理办法（试行）》

第二十八条　工业和信息化部制定工业和信息化领域数据安全事件应急预案，组织协调重要数据和核心数据安全事件应急处置工作。

地方行业监管部门分别组织开展本地区数据安全事件应急处置工作。涉及重要数据和核心数据的安全事件，应当立即上报工业和信息化部，并及时报告事件发展和处置情况。

工业和信息化领域数据处理者在数据安全事件发生后，应当按照应急预案，及时开展应急处置，涉及重要数据和核心数据的安全事件，第一时间向本地区行业监管部门报告，事件处置完成后在规定期限内形成总结报告，每年向

本地区行业监管部门报告数据安全事件处置情况。

工业和信息化领域数据处理者对发生的可能损害用户合法权益的数据安全事件，应当及时告知用户，并提供减轻危害措施。

第二十九条 工业和信息化部委托相关行业组织建立工业和信息化领域数据安全违法行为投诉举报渠道，地方行业监管部门分别建立本地区数据安全违法行为投诉举报机制或渠道，依法接收、处理投诉举报，根据工作需要开展执法调查。鼓励工业和信息化领域数据处理者建立用户投诉处理机制。

第三十条 【重要数据处理者的风险评估义务】

重要数据的处理者应当按照规定对其数据处理活动定期开展风险评估，并向有关主管部门报送风险评估报告。

风险评估报告应当包括处理的重要数据的种类、数量，开展数据处理活动的情况，面临的数据安全风险及其应对措施等。

关联法规

◎ 法律

《网络安全法》

第十七条 国家推进网络安全社会化服务体系建设，鼓励有关企业、机构开展网络安全认证、检测和风险评估等安全服务。

第五十三条 国家网信部门协调有关部门建立健全网络安全风险评估和应急工作机制，制定网络安全事件应急预案，并定期组织演练。

负责关键信息基础设施安全保护工作的部门应当制定本行业、本领域的网络安全事件应急预案，并定期组织演练。

网络安全事件应急预案应当按照事件发生后的危害程度、影响范围等因素对网络安全事件进行分级，并规定相应的应急处置措施。

《个人信息保护法》

第三十六条 国家机关处理的个人信息应当在中华人民共和国境内存储；确需向境外提供的，应当进行安全评估。安全评估可以要求有关部门提供支持与协助。

第五十五条 有下列情形之一的，个人信息处理者应当事前进行个人信息保护影响评估，并对处理情况进行记录：

（一）处理敏感个人信息；

（二）利用个人信息进行自动化决策；

（三）委托处理个人信息、向其他个人信息处理者提供个人信息、公开个人信息；

（四）向境外提供个人信息；

（五）其他对个人权益有重大影响的个人信息处理活动。

第五十六条　个人信息保护影响评估应当包括下列内容：

（一）个人信息的处理目的、处理方式等是否合法、正当、必要；

（二）对个人权益的影响及安全风险；

（三）所采取的保护措施是否合法、有效并与风险程度相适应。

个人信息保护影响评估报告和处理情况记录应当至少保存三年。

《电子商务法》

第三十条　电子商务平台经营者应当采取技术措施和其他必要措施保证其网络安全、稳定运行，防范网络违法犯罪活动，有效应对网络安全事件，保障电子商务交易安全。

电子商务平台经营者应当制定网络安全事件应急预案，发生网络安全事件时，应当立即启动应急预案，采取相应的补救措施，并向有关主管部门报告。

◎ **部门规章**

《汽车数据安全管理若干规定（试行）》

第十条　汽车数据处理者开展重要数据处理活动，应当按照规定开展风险评估，并向省、自治区、直辖市网信部门和有关部门报送风险评估报告。

风险评估报告应当包括处理的重要数据的种类、数量、范围、保存地点与期限、使用方式，开展数据处理活动情况以及是否向第三方提供，面临的数据安全风险及其应对措施等。

第十三条　汽车数据处理者开展重要数据处理活动，应当在每年十二月十五日前向省、自治区、直辖市网信部门和有关部门报送以下年度汽车数据安全管理情况：

（一）汽车数据安全管理负责人、用户权益事务联系人的姓名和联系方式；

（二）处理汽车数据的种类、规模、目的和必要性；

（三）汽车数据的安全防护和管理措施，包括保存地点、期限等；

（四）向境内第三方提供汽车数据情况；

（五）汽车数据安全事件和处置情况；

（六）汽车数据相关的用户投诉和处理情况；

（七）国家网信部门会同国务院工

业和信息化、公安、交通运输等有关部门明确的其他汽车数据安全管理情况。

《数据出境安全评估办法》

第八条 数据出境安全评估重点评估数据出境活动可能对国家安全、公共利益、个人或者组织合法权益带来的风险，主要包括以下事项：

（一）数据出境的目的、范围、方式等的合法性、正当性、必要性；

（二）境外接收方所在国家或者地区的数据安全保护政策法规和网络安全环境对出境数据安全的影响；境外接收方的数据保护水平是否达到中华人民共和国法律、行政法规的规定和强制性国家标准的要求；

（三）出境数据的规模、范围、种类、敏感程度，出境中和出境后遭到篡改、破坏、泄露、丢失、转移或者被非法获取、非法利用等的风险；

（四）数据安全和个人信息权益是否能够得到充分有效保障；

（五）数据处理者与境外接收方拟订立的法律文件中是否充分约定了数据安全保护责任义务；

（六）遵守中国法律、行政法规、部门规章情况；

（七）国家网信部门认为需要评估的其他事项。

《个人信息出境标准合同办法》

第五条 个人信息处理者向境外提供个人信息前，应当开展个人信息保护影响评估，重点评估以下内容：

（一）个人信息处理者和境外接收方处理个人信息的目的、范围、方式的合法性、正当性、必要性；

（二）出境个人信息的规模、范围、种类、敏感程度，个人信息出境可能对个人信息权益带来的风险；

（三）境外接收方承诺承担的义务，以及履行义务的管理和技术措施、能力等能否保障出境个人信息的安全；

（四）个人信息出境后遭到篡改、破坏、泄露、丢失、非法利用等的风险，个人信息权益维护的渠道是否通畅等；

（五）境外接收方所在国家或者地区的个人信息保护政策和法规对标准合同履行的影响；

（六）其他可能影响个人信息出境安全的事项。

第八条 在标准合同有效期内出现下列情形之一的，个人信息处理者应当重新开展个人信息保护影响评估，补充或者重新订立标准合同，并履行相应备案手续：

（一）向境外提供个人信息的目的、范围、种类、敏感程度、方式、保存地点或者境外接收方处理个人信息的用途、方式发生变化，或者延长个人信息境外保存期限的；

（二）境外接收方所在国家或者地区的个人信息保护政策和法规发生变化等可能影响个人信息权益的；

（三）可能影响个人信息权益的其他情形。

◎ **部门规范性文件**

《商业银行数据中心监管指引》

第十一条　商业银行信息科技风险管理部门应制定数据中心风险管理策略、风险识别和评估流程，定期开展风险评估工作，对风险进行分级管理，持续监督风险管理状况，及时预警，将风险控制在可接受水平。

《国家健康医疗大数据标准、安全和服务管理办法（试行）》

第三十九条　卫生健康行政部门应当加强监测评估，定期开展健康医疗大数据平台和服务商的稳定和安全测评及健康医疗大数据应用的安全监测评估，建立网络安全防护、系统互联共享、公民隐私保护等软件评价和安全审查保密制度。

《加强工业互联网安全工作的指导意见》

二、主要任务

……

（二）构建工业互联网安全管理体系

3. 健全安全管理制度。围绕工业互联网安全监督检查、风险评估、数据保护、信息共享和通报、应急处置等方面建立健全安全管理制度和工作机制，强化对企业的安全监管。

……

《文化和旅游部政务数据资源管理办法（试行）》

第三十三条　政务部门应当按照有关法律法规规定开展数据资源应用，切实维护数据资源主体的合法权益，并定期向部网信领导小组报告有关开发应用情况。探索通过项目建设、合作研究、授权开发等方式，不断加强与社会资本、专业机构合作，有效拓展数据来源，深入挖掘数据价值，持续创新数据应用，全面提升分析决策能力和管理服务水平。

第三十一条　【重要数据出境安全管理规则】

关键信息基础设施的运营者在中华人民共和国境内运营中收集和产生的重要数据的出境安全管理，适用《中华人民共和国网络安全法》的规定；其他数据处理者在中华人民共和国境内运营中收集和产生的重要数据的出境安全管理办法，由国家网信部门会同国务院有关部门制定。

关联法规

◎ 法律

《网络安全法》

第三十一条 国家对公共通信和信息服务、能源、交通、水利、金融、公共服务、电子政务等重要行业和领域，以及其他一旦遭到破坏、丧失功能或者数据泄露，可能严重危害国家安全、国计民生、公共利益的关键信息基础设施，在网络安全等级保护制度的基础上，实行重点保护。关键信息基础设施的具体范围和安全保护办法由国务院制定。

国家鼓励关键信息基础设施以外的网络运营者自愿参与关键信息基础设施保护体系。

第三十五条 关键信息基础设施的运营者采购网络产品和服务，可能影响国家安全的，应当通过国家网信部门会同国务院有关部门组织的国家安全审查。

第三十七条 关键信息基础设施的运营者在中华人民共和国境内运营中收集和产生的个人信息和重要数据应当在境内存储。因业务需要，确需向境外提供的，应当按照国家网信部门会同国务院有关部门制定的办法进行安全评估；法律、行政法规另有规定的，依照其规定。

《个人信息保护法》

第三十八条 个人信息处理者因业务等需要，确需向中华人民共和国境外提供个人信息的，应当具备下列条件之一：

（一）依照本法第四十条的规定通过国家网信部门组织的安全评估；

（二）按照国家网信部门的规定经专业机构进行个人信息保护认证；

（三）按照国家网信部门制定的标准合同与境外接收方订立合同，约定双方的权利和义务；

（四）法律、行政法规或者国家网信部门规定的其他条件。

中华人民共和国缔结或者参加的国际条约、协定对向中华人民共和国境外提供个人信息的条件等有规定的，可以按照其规定执行。

个人信息处理者应当采取必要措施，保障境外接收方处理个人信息的活动达到本法规定的个人信息保护标准。

第三十九条 个人信息处理者向中华人民共和国境外提供个人信息的，应当向个人告知境外接收方的名称或者姓名、联系方式、处理目的、处理方式、个人信息的种类以及个人向境外接收方行使本法规定权利的方式和程序等事项，并取得个人的单独同意。

第四十条 关键信息基础设施运营者和处理个人信息达到国家网信部门规

定数量的个人信息处理者，应当将在中华人民共和国境内收集和产生的个人信息存储在境内。确需向境外提供的，应当通过国家网信部门组织的安全评估；法律、行政法规和国家网信部门规定可以不进行安全评估的，从其规定。

第四十一条　中华人民共和国主管机关根据有关法律和中华人民共和国缔结或者参加的国际条约、协定，或者按照平等互惠原则，处理外国司法或者执法机构关于提供存储于境内个人信息的请求。非经中华人民共和国主管机关批准，个人信息处理者不得向外国司法或者执法机构提供存储于中华人民共和国境内的个人信息。

《密码法》

第二十七条　法律、行政法规和国家有关规定要求使用商用密码进行保护的关键信息基础设施，其运营者应当使用商用密码进行保护，自行或者委托商用密码检测机构开展商用密码应用安全性评估。商用密码应用安全性评估应当与关键信息基础设施安全检测评估、网络安全等级测评制度相衔接，避免重复评估、测评。

关键信息基础设施的运营者采购涉及商用密码的网络产品和服务，可能影响国家安全的，应当按照《中华人民共和国网络安全法》的规定，通过国家网信部门会同国家密码管理部门等有关部门组织的国家安全审查。

◎ 部门规章

《网络招聘服务管理规定》

第二十二条　从事网络招聘服务的人力资源服务机构因业务需要，确需向境外提供在中华人民共和国境内运营中收集和产生的个人信息和重要数据的，应当遵守国家有关法律、行政法规规定。

《汽车数据安全管理若干规定（试行）》

第十一条　重要数据应当依法在境内存储，因业务需要确需向境外提供的，应当通过国家网信部门会同国务院有关部门组织的安全评估。未列入重要数据的涉及个人信息数据的出境安全管理，适用法律、行政法规的有关规定。

我国缔结或者参加的国际条约、协定有不同规定的，适用该国际条约、协定，但我国声明保留的条款除外。

《公路水路关键信息基础设施安全保护管理办法》

第十五条　运营者应当加强公路水路关键信息基础设施个人信息和数据安全保护，将在我国境内运营中收集和产生的个人信息和重要数据存储在境内。因业务需要，确需向境外提供数据的，应当按照国家相关规定进行安全评估；法律、行政法规另有规定的，依照其规定执行。

◎ 部门规范性文件

《关于规范快递与电子商务数据互联共享的指导意见》

二、加强电子商务与快递数据管控

......

（四）妥善存储使用用户数据

电子商务经营者和经营快递业务的企业应当妥善存储用户数据。开展数据挖掘时，应当采用加密、脱敏等方式保护用户数据安全。利用用户大数据进行增值应用的，应当经过用户同意，并不得将具有个人隐私特征的数据提供给其他单位和个人。涉及数据跨境流动的，依照相关法律法规规定。

《加强工业互联网安全工作的指导意见》

二、主要任务

......

（四）强化工业互联网数据安全保护能力

......

10. 建立工业互联网全产业链数据安全管理体系。依据工业门类领域、数据类型、数据价值等建立工业互联网数据分级分类管理制度，开展重要数据出境安全评估和监测，完善重大工业互联网数据泄露事件触发响应机制。

......

《贯彻落实网络安全等级保护制度和关键信息基础设施安全保护制度的指导意见》

三、建立并实施关键信息基础设施安全保护制度

......

（四）加强重要数据和个人信息保护。运营者应建立并落实重要数据和个人信息安全保护制度，对关键信息基础设施中的重要网络和数据库进行容灾备份，采取身份鉴别、访问控制、密码保护、安全审计、安全隔离、可信验证等关键技术措施，切实保护重要数据全生命周期安全。运营者在境内运营中收集和产生的个人信息和重要数据应当在境内存储，因业务需要，确需向境外提供的，应当遵守有关规定并进行安全评估。

《关于加强网络安全和数据保护工作的指导意见》

二、加强网络安全管理

......

（三）加强关键信息基础设施安全保护

全面推进网络安全等级保护工作。根据行业规范合理定级备案，在系统规划、设计阶段同步确定安全保护等级，按照国家和行业标准进行等级测评。切实落实关键信息基础设施重点保护要求，加强关键信息基础设施网络安全监测预警体系建设，提升关键信息基础设施应急响应和恢复能力。按照"安全分区、网络专用、横向隔离、纵向认证"的原则，进一步完善网络结构安全、本体安全和基础设施安全，逐步推广安全免疫。加强内外网安全隔离，严禁医保专网接入互联网。

......

《关于加强车联网网络安全和数据安全工作的通知》

......

四、加强车联网服务平台安全防护

（十）加强平台网络安全管理。车联网服务平台运营企业要采取必要的安全技术措施，加强智能网联汽车、路侧设备等平台接入安全，主机、数据存储系统等平台设施安全，以及资源管理、服务访问接口等平台应用安全防护能力，防范网络侵入、数据窃取、远程控制等安全风险。涉及在线数据处理与交易处理、信息服务业务等电信业务的，应依法取得电信业务经营许可。认定为关键信息基础设施的，要落实《关键信息基础设施安全保护条例》有关规定，并按照国家有关标准使用商用密码进行保护，自行或者委托商用密码检测机构开展商用密码应用安全性评估。

......

五、加强数据安全保护

......

（十六）强化数据出境安全管理。智能网联汽车生产企业、车联网服务平台运营企业需向境外提供在中华人民共和国境内收集和产生的重要数据的，应当依法依规进行数据出境安全评估并向所在省（区、市）通信管理局、工业和信息化主管部门报备。各省（区、市）通信管理局会同工业和信息化主管部门做好数据出境备案、安全评估等工作。

第三十二条　【数据处理活动应当具有合法性、正当性、必要性】

任何组织、个人收集数据，应当采取合法、正当的方式，不得窃取或者以其他非法方式获取数据。

法律、行政法规对收集、使用数据的目的、范围有规定的，应当在法律、行政法规规定的目的和范围内收集、使用数据。

关联法规

◎ **法律**

《民法典》

第一千零三十五条　处理个人信息的，应当遵循合法、正当、必要原则，不得过度处理，并符合下列条件：

（一）征得该自然人或者其监护人同意，但是法律、行政法规另有规定的除外；

（二）公开处理信息的规则；

（三）明示处理信息的目的、方式和范围；

（四）不违反法律、行政法规的规定和双方的约定。

个人信息的处理包括个人信息的收集、存储、使用、加工、传输、提供、公开等。

《网络安全法》

第四十一条 网络运营者收集、使用个人信息，应当遵循合法、正当、必要的原则，公开收集、使用规则，明示收集、使用信息的目的、方式和范围，并经被收集者同意。

网络运营者不得收集与其提供的服务无关的个人信息，不得违反法律、行政法规的规定和双方的约定收集、使用个人信息，并应当依照法律、行政法规的规定和与用户的约定，处理其保存的个人信息。

第四十二条 网络运营者不得泄露、篡改、毁损其收集的个人信息；未经被收集者同意，不得向他人提供个人信息。但是，经过处理无法识别特定个人且不能复原的除外。

网络运营者应当采取技术措施和其他必要措施，确保其收集的个人信息安全，防止信息泄露、毁损、丢失。在发生或者可能发生个人信息泄露、毁损、丢失的情况时，应当立即采取补救措施，按照规定及时告知用户并向有关主管部门报告。

第四十四条 任何个人和组织不得窃取或者以其他非法方式获取个人信息，不得非法出售或者非法向他人提供个人信息。

《反电信网络诈骗法》

第二十五条 任何单位和个人不得为他人实施电信网络诈骗活动提供下列支持或者帮助：

（一）出售、提供个人信息；

（二）帮助他人通过虚拟货币交易等方式洗钱；

（三）其他为电信网络诈骗活动提供支持或者帮助的行为。

电信业务经营者、互联网服务提供者应当依照国家有关规定，履行合理注意义务，对利用下列业务从事涉诈支持、帮助活动进行监测识别和处置：

（一）提供互联网接入、服务器托管、网络存储、通讯传输、线路出租、域名解析等网络资源服务；

（二）提供信息发布或者搜索、广告推广、引流推广等网络推广服务；

（三）提供应用程序、网站等网络技术、产品的制作、维护服务；

（四）提供支付结算服务。

《个人信息保护法》

第五条　处理个人信息应当遵循合法、正当、必要和诚信原则，不得通过误导、欺诈、胁迫等方式处理个人信息。

第六条　处理个人信息应当具有明确、合理的目的，并应当与处理目的直接相关，采取对个人权益影响最小的方式。

收集个人信息，应当限于实现处理目的的最小范围，不得过度收集个人信息。

第七条　处理个人信息应当遵循公开、透明原则，公开个人信息处理规则，明示处理的目的、方式和范围。

第十三条　符合下列情形之一的，个人信息处理者方可处理个人信息：

（一）取得个人的同意；

（二）为订立、履行个人作为一方当事人的合同所必需，或者按照依法制定的劳动规章制度和依法签订的集体合同实施人力资源管理所必需；

（三）为履行法定职责或者法定义务所必需；

（四）为应对突发公共卫生事件，或者紧急情况下为保护自然人的生命健康和财产安全所必需；

（五）为公共利益实施新闻报道、舆论监督等行为，在合理的范围内处理个人信息；

（六）依照本法规定在合理的范围内处理个人自行公开或者其他已经合法公开的个人信息；

（七）法律、行政法规规定的其他情形。

依照本法其他有关规定，处理个人信息应当取得个人同意，但是有前款第二项至第七项规定情形的，不需取得个人同意。

第十四条　基于个人同意处理个人信息的，该同意应当由个人在充分知情的前提下自愿、明确作出。法律、行政法规规定处理个人信息应当取得个人单独同意或者书面同意的，从其规定。

个人信息的处理目的、处理方式和处理的个人信息种类发生变更的，应当重新取得个人同意。

第十五条　基于个人同意处理个人信息的，个人有权撤回其同意。个人信息处理者应当提供便捷的撤回同意的方式。

个人撤回同意，不影响撤回前基于个人同意已进行的个人信息处理活动的效力。

《未成年人保护法》

第七十二条　信息处理者通过网络处理未成年人个人信息的，应当遵循合法、正当和必要的原则。处理不满十四周岁未成年人个人信息的，应当征得未成年人的父母或者其他监护人同意，但法律、行政法规另有规定的除外。

未成年人、父母或者其他监护人要求信息处理者更正、删除未成年人个人信息的，信息处理者应当及时采取措施予以更正、删除，但法律、行政法规另有规定的除外。

《关于加强网络信息保护的决定》

一、国家保护能够识别公民个人身份和涉及公民个人隐私的电子信息。

任何组织和个人不得窃取或者以其他非法方式获取公民个人电子信息，不得出售或者非法向他人提供公民个人电子信息。

二、网络服务提供者和其他企业事业单位在业务活动中收集、使用公民个人电子信息，应当遵循合法、正当、必要的原则，明示收集、使用信息的目的、方式和范围，并经被收集者同意，不得违反法律、法规的规定和双方的约定收集、使用信息。

网络服务提供者和其他企业事业单位收集、使用公民个人电子信息，应当公开其收集、使用规则。

《密码法》

第十二条 任何组织或者个人不得窃取他人加密保护的信息或者非法侵入他人的密码保障系统。

任何组织或者个人不得利用密码从事危害国家安全、社会公共利益、他人合法权益等违法犯罪活动。

◎ 行政法规
《电信条例》

第五十七条 任何组织或者个人不得有下列危害电信网络安全和信息安全的行为：

（一）对电信网的功能或者存储、处理、传输的数据和应用程序进行删除或者修改；

（二）利用电信网从事窃取或者破坏他人信息、损害他人合法权益的活动；

（三）故意制作、复制、传播计算机病毒或者以其他方式攻击他人电信网络等电信设施；

（四）危害电信网络安全和信息安全的其他行为。

◎ 司法解释
《关于审理使用人脸识别技术处理个人信息相关民事案件适用法律若干问题的规定》

第二条 信息处理者处理人脸信息有下列情形之一的，人民法院应当认定属于侵害自然人人格权益的行为：

（一）在宾馆、商场、银行、车站、机场、体育场馆、娱乐场所等经营场所、公共场所违反法律、行政法规的规定使用人脸识别技术进行人脸验证、辨识或者分析；

（二）未公开处理人脸信息的规则或者未明示处理的目的、方式、范围；

（三）基于个人同意处理人脸信息的，未征得自然人或者其监护人的单独同意，或者未按照法律、行政法规的规定征得自然人或者其监护人的书面同意；

（四）违反信息处理者明示或者双方约定的处理人脸信息的目的、方式、范围等；

（五）未采取应有的技术措施或者其他必要措施确保其收集、存储的人脸信息安全，致使人脸信息泄露、篡改、丢失；

（六）违反法律、行政法规的规定或者双方的约定，向他人提供人脸信息；

（七）违背公序良俗处理人脸信息；

（八）违反合法、正当、必要原则处理人脸信息的其他情形。

◎ 部门规章

《个人信用信息基础数据库管理暂行办法》

第三十三条　征信服务中心及其工作人员不得违反法律、法规及本办法的规定，篡改、毁损、泄露或非法使用个人信用信息，不得与自然人、法人、其它组织恶意串通，提供虚假信用报告。

《规范互联网信息服务市场秩序若干规定》

第十一条　未经用户同意，互联网信息服务提供者不得收集与用户相关、能够单独或者与其他信息结合识别用户的信息（以下简称"用户个人信息"），不得将用户个人信息提供给他人，但是法律、行政法规另有规定的除外。

互联网信息服务提供者经用户同意收集用户个人信息的，应当明确告知用户收集和处理用户个人信息的方式、内容和用途，不得收集其提供服务所必需以外的信息，不得将用户个人信息用于其提供服务之外的目的。

《电信和互联网用户个人信息保护规定》

第九条　未经用户同意，电信业务经营者、互联网信息服务提供者不得收集、使用用户个人信息。

电信业务经营者、互联网信息服务提供者收集、使用用户个人信息的，应当明确告知用户收集、使用信息的目的、方式和范围，查询、更正信息的渠道以及拒绝提供信息的后果等事项。

电信业务经营者、互联网信息服务提供者不得收集其提供服务所必需以外的用户个人信息或者将信息用于提供服务之外的目的，不得以欺骗、误导或者强迫等方式或者违反法律、行政法规以及双方的约定收集、使用信息。

电信业务经营者、互联网信息服务提供者在用户终止使用电信服务或者互联网信息服务后，应当停止对用户个人信息的收集和使用，并为用户提供注销号码或者账号的服务。

法律、行政法规对本条第一款至第四款规定的情形另有规定的，从其规定。

《儿童个人信息网络保护规定》

第七条 网络运营者收集、存储、使用、转移、披露儿童个人信息的，应当遵循正当必要、知情同意、目的明确、安全保障、依法利用的原则。

《中国人民银行金融消费者权益保护实施办法》

第六十条 银行、支付机构有下列情形之一，侵害消费者金融信息依法得到保护的权利的，中国人民银行或其分支机构应当在职责范围内依照《中华人民共和国消费者权益保护法》第五十六条的规定予以处罚：

（一）未经金融消费者明示同意，收集、使用其金融信息的。

（二）收集与业务无关的消费者金融信息，或者采取不正当方式收集消费者金融信息的。

（三）未公开收集、使用消费者金融信息的规则，未明示收集、使用消费者金融信息的目的、方式和范围的。

（四）超出法律法规规定和双方约定的用途使用消费者金融信息的。

（五）未建立以分级授权为核心的消费者金融信息使用管理制度，或者未严格落实信息使用授权审批程序的。

（六）未采取技术措施和其他必要措施，导致消费者金融信息遗失、毁损、泄露或者被篡改，或者非法向他人提供的。

《互联网保险业务监管办法》

第十八条 保险机构核保使用的数据信息应做到来源及使用方式合法。保险机构应丰富数据信息来源，深化技术应用，加强保险细分领域风险因素分析，不断完善核保模型，提高识别筛查能力，加强承保风险控制。

第三十八条 保险机构应承担客户信息保护的主体责任，收集、处理及使用个人信息应遵循合法、正当、必要的原则，保证信息收集、处理及使用的安全性和合法性：

（一）建立客户信息保护制度，明确数据安全责任人，构建覆盖全生命周期的客户信息保护体系，防范信息泄露。

（二）督促提供技术支持、客户服务等服务的合作机构建立有效的客户信息保护制度，在合作协议中明确约定客户信息保护责任，保障客户信息安全，明确约定合作机构不得限制保险机构获取客户投保信息，不得限制保险机构获取能够验证客户真实身份的相关信息。

（三）保险机构收集、处理及使用个人信息，应征得客户同意，获得客户授权。未经客户同意或授权，保险机构不得将客户信息用于所提供保险服务之外的用途，法律法规另有规定的除外。

《网络招聘服务管理规定》

第四条　从事网络招聘服务，应当遵循合法、公平、诚实信用的原则，履行网络安全和信息保护等义务，承担服务质量责任，接受政府和社会的监督。

第二十一条　人力资源服务机构从事网络招聘服务时收集、使用其用户个人信息，应当遵守法律、行政法规有关个人信息保护的规定。

人力资源服务机构应当建立健全网络招聘服务用户信息保护制度，不得泄露、篡改、毁损或者非法出售、非法向他人提供其收集的个人公民身份号码、年龄、性别、住址、联系方式和用人单位经营状况等信息。

人力资源服务机构应当对网络招聘服务用户信息保护情况每年至少进行一次自查，记录自查情况，及时消除自查中发现的安全隐患。

《网络交易监督管理办法》

第十三条　网络交易经营者收集、使用消费者个人信息，应当遵循合法、正当、必要的原则，明示收集、使用信息的目的、方式和范围，并经消费者同意。网络交易经营者收集、使用消费者个人信息，应当公开其收集、使用规则，不得违反法律、法规的规定和双方

的约定收集、使用信息。

网络交易经营者不得采用一次概括授权、默认授权、与其他授权捆绑、停止安装使用等方式，强迫或者变相强迫消费者同意收集、使用与经营活动无直接关系的信息。收集、使用个人生物特征、医疗健康、金融账户、个人行踪等敏感信息的，应当逐项取得消费者同意。

网络交易经营者及其工作人员应当对收集的个人信息严格保密，除依法配合监管执法活动外，未经被收集者授权同意，不得向包括关联方在内的任何第三方提供。

《汽车数据安全管理若干规定（试行）》

第四条　汽车数据处理者处理汽车数据应当合法、正当、具体、明确，与汽车的设计、生产、销售、使用、运维等直接相关。

◎ 部门规范性文件

《加强网络安全和数据保护工作的指导意见》

三、加强数据安全保护

（一）实施数据全生命周期安全管理

依法依规对数据的产生、传输、存储、使用、共享、销毁等实行全生命周期安全管理，提高数据安全防护能力和个人隐私保护力度。强化个人隐私保护，采用适当的安全控制措施，确保数据的产生、采集和汇集过程合规、安

全。个人信息的采集，坚持法定授权原则，法定授权外个人信息采集事项须先获得自然人或者其监护人同意。处理个人信息应当遵循合法、正当、必要原则，不得过度使用。采用适当的系统架构、技术手段对数据传输和数据存储进行安全加固，确保数据安全和高效可用。建立数据清除和销毁机制，防止因存储介质上数据内容的恶意恢复而导致的数据泄露风险。加强数据迁移销毁流程安全管理，全力确保平台迁移中的数据安全。

......

《关于加强车联网网络安全和数据安全工作的通知》

......

四、加强车联网服务平台安全防护

（十）加强平台网络安全管理。车联网服务平台运营企业要采取必要的安全技术措施，加强智能网联汽车、路侧设备等平台接入安全，主机、数据存储系统等平台设施安全，以及资源管理、服务访问接口等平台应用安全防护能力，防范网络侵入、数据窃取、远程控制等安全风险。涉及在线数据处理与交易处理、信息服务业务等电信业务的，应依法取得电信业务经营许可。认定为关键信息基础设施的，要落实《关键信息基础设施安全保护条例》有关规定，并按照国家有关标准使用商用密码进行

保护，自行或者委托商用密码检测机构开展商用密码应用安全性评估。

......

《移动互联网应用程序信息服务管理规定》

第十二条 应用程序提供者处理个人信息应当遵循合法、正当、必要和诚信原则，具有明确、合理的目的并公开处理规则，遵守必要个人信息范围的有关规定，规范个人信息处理活动，采取必要措施保障个人信息安全，不得以任何理由强制要求用户同意个人信息处理行为，不得因用户不同意提供非必要个人信息，而拒绝用户使用其基本功能服务。

《工业和信息化领域数据安全管理办法（试行）》

第十四条 工业和信息化领域数据处理者收集数据应当遵循合法、正当的原则，不得窃取或者以其他非法方式收集数据。

数据收集过程中，应当根据数据安全级别采取相应的安全措施，加强重要数据和核心数据收集人员、设备的管理，并对收集来源、时间、类型、数量、频度、流向等进行记录。

通过间接途径获取重要数据和核心数据的，工业和信息化领域数据处理者应当与数据提供方通过签署相关协议、承诺书等方式，明确双方法律责任。

第三十三条　【数据中介服务机构的义务】

从事数据交易中介服务的机构提供服务，应当要求数据提供方说明数据来源，审核交易双方的身份，并留存审核、交易记录。

关联法规

◎ **法律**

《民法典》

第九百六十一条　中介合同是中介人向委托人报告订立合同的机会或者提供订立合同的媒介服务，委托人支付报酬的合同。

第九百六十二条　中介人应当就有关订立合同的事项向委托人如实报告。中介人故意隐瞒与订立合同有关的重要事实或者提供虚假情况，损害委托人利益的，不得请求支付报酬并应当承担赔偿责任。

第九百六十三条　中介人促成合同成立的，委托人应当按照约定支付报酬。对中介人的报酬没有约定或者约定不明确，依据本法第五百一十条的规定仍不能确定的，根据中介人的劳务合理确定。因中介人提供订立合同的媒介服务而促成合同成立的，由该合同的当事人平均负担中介人的报酬。

中介人促成合同成立的，中介活动的费用，由中介人负担。

第九百六十四条　中介人未促成合同成立的，不得请求支付报酬；但是，可以按照约定请求委托人支付从事中介活动支出的必要费用。

第九百六十五条　委托人在接受中介人的服务后，利用中介人提供的交易机会或者媒介服务，绕开中介人直接订立合同的，应当向中介人支付报酬。

第九百六十六条　本章没有规定的，参照适用委托合同的有关规定。

《电子商务法》

第三十一条　电子商务平台经营者应当记录、保存平台上发布的商品和服务信息、交易信息，并确保信息的完整性、保密性、可用性。商品和服务信息、交易信息保存时间自交易完成之日起不少于三年；法律、行政法规另有规定的，依照其规定。

第五十三条　电子商务当事人可以约定采用电子支付方式支付价款。

电子支付服务提供者为电子商务提供电子支付服务，应当遵守国家规定，告知用户电子支付服务的功能、使用方法、注意事项、相关风险和收费标准等事项，不得附加不合理交易条件。电子支付服务提供者应当确保电子支付指令的完整性、一致性、可跟踪稽核和不可篡改。

电子支付服务提供者应当向用户免费提供对账服务以及最近三年的交易记录。

◎ **部门规章**

《儿童个人信息网络保护规定》

第七条　网络运营者收集、存储、使用、转移、披露儿童个人信息的，应当遵循正当必要、知情同意、目的明确、安全保障、依法利用的原则。

◎ **部门规范性文件**

《关于加强车联网网络安全和数据安全工作的通知》

……

五、加强数据安全保护

……

（十五）规范数据开发利用和共享使用。智能网联汽车生产企业、车联网服务平台运营企业要合理开发利用数据资源，防范在使用自动化决策技术处理数据时，侵犯用户隐私权和知情权。明确数据共享和开发利用的安全管理和责任要求，对数据合作方数据安全保护能力进行审核评估，对数据共享使用情况进行监督管理。

……

第三十四条　【依法取得行政许可的义务】

法律、行政法规规定提供数据处理相关服务应当取得行政许可的，服务提供者应当依法取得许可。

关联法规

◎ **法律**

《个人信息保护法》

第三十二条　法律、行政法规对处理敏感个人信息规定应当取得相关行政许可或者作出其他限制的，从其规定。

《电子商务法》

第十二条　电子商务经营者从事经营活动，依法需要取得相关行政许可的，应当依法取得行政许可。

《行政许可法》

第八十一条　公民、法人或者其他组织未经行政许可，擅自从事依法应当取得行政许可的活动的，行政机关应当依法采取措施予以制止，并依法给予行政处罚；构成犯罪的，依法追究刑事责任。

◎ **行政法规**

《电信条例》

第七条　国家对电信业务经营按照电信业务分类，实行许可制度。

经营电信业务，必须依照本条例的规定取得国务院信息产业主管部门或者省、自治区、直辖市电信管理机构颁发的电信业务经营许可证。

未取得电信业务经营许可证，任何组织或者个人不得从事电信业务经营活动。

◎ 部门规章

《海关行政许可管理办法》

第十四条　公民、法人或者其他组织从事与海关监督管理相关的特定活动，依法需要取得海关行政许可的，应当向海关提出书面申请。

海关应当向申请人提供海关行政许可申请书格式文本，并且将法律、行政法规、海关规章规定的有关行政许可的事项、依据、条件、数量、程序、期限以及需要提交的全部材料的目录、申请书示范文本和填制说明在海关网上办理平台和办公场所公示。申请书格式文本中不得包含与申请海关行政许可事项没有直接关系的内容。

申请人可以委托代理人提出海关行政许可申请。依据法律、行政法规的规定，应当由申请人到海关办公场所提出行政许可申请的除外。

《生成式人工智能服务管理暂行办法》

第二十三条　法律、行政法规规定提供生成式人工智能服务应当取得相关行政许可的，提供者应当依法取得许可。

外商投资生成式人工智能服务，应当符合外商投资相关法律、行政法规的规定。

第三十五条　【国家机关依法调取数据的义务】

公安机关、国家安全机关因依法维护国家安全或者侦查犯罪的需要调取数据，应当按照国家有关规定，经过严格的批准手续，依法进行，有关组织、个人应当予以配合。

关联法规

◎ 法律

《网络安全法》

第二十八条　网络运营者应当为公安机关、国家安全机关依法维护国家安全和侦查犯罪的活动提供技术支持和协助。

第三十条　网信部门和有关部门在履行网络安全保护职责中获取的信息，只能用于维护网络安全的需要，不得用于其他用途。

第四十一条　网络运营者收集、使用个人信息，应当遵循合法、正当、必要的原则，公开收集、使用规则，明示收集、使用信息的目的、方式和范围，并经被收集者同意。

网络运营者不得收集与其提供的服务无关的个人信息，不得违反法律、行政法规的规定和双方的约定收集、使用个人信息，并应当依照法律、行政法规的规定和与用户的约定，处理其保存的个人信息。

第四十五条 依法负有网络安全监督管理职责的部门及其工作人员，必须对在履行职责中知悉的个人信息、隐私和商业秘密严格保密，不得泄露、出售或者非法向他人提供。

第七十三条 网信部门和有关部门违反本法第三十条规定，将在履行网络安全保护职责中获取的信息用于其他用途的，对直接负责的主管人员和其他直接责任人员依法给予处分。

网信部门和有关部门的工作人员玩忽职守、滥用职权、徇私舞弊，尚不构成犯罪的，依法给予处分。

《反电信网络诈骗法》

第二十六条 公安机关办理电信网络诈骗案件依法调取证据的，互联网服务提供者应当及时提供技术支持和协助。

互联网服务提供者依照本法规定对有关涉诈信息、活动进行监测时，发现涉诈违法犯罪线索、风险信息的，应当依照国家有关规定，根据涉诈风险类型、程度情况移送公安、金融、电信、网信等部门。有关部门应当建立完善反馈机制，将相关情况及时告知移送单位。

《电子商务法》

第二十五条 有关主管部门依照法律、行政法规的规定要求电子商务经营者提供有关电子商务数据信息的，电子商务经营者应当提供。有关主管部门应当采取必要措施保护电子商务经营者提供的数据信息的安全，并对其中的个人信息、隐私和商业秘密严格保密，不得泄露、出售或者非法向他人提供。

《国家安全法》

第二十八条 国家反对一切形式的恐怖主义和极端主义，加强防范和处置恐怖主义的能力建设，依法开展情报、调查、防范、处置以及资金监管等工作，依法取缔恐怖活动组织和严厉惩治暴力恐怖活动。

第四十二条 国家安全机关、公安机关依法搜集涉及国家安全的情报信息，在国家安全工作中依法行使侦查、拘留、预审和执行逮捕以及法律规定的其他职权。

有关军事机关在国家安全工作中依法行使相关职权。

第四十三条 国家机关及其工作人员在履行职责时，应当贯彻维护国家安全的原则。

国家机关及其工作人员在国家安全工作和涉及国家安全活动中，应当严格依法履行职责，不得超越职权、滥用职权，不得侵犯个人和组织的合法权益。

第五十二条　国家安全机关、公安机关、有关军事机关根据职责分工，依法搜集涉及国家安全的情报信息。

国家机关各部门在履行职责过程中，对于获取的涉及国家安全的有关信息应当及时上报。

第七十七条　公民和组织应当履行下列维护国家安全的义务：

（一）遵守宪法、法律法规关于国家安全的有关规定；

（二）及时报告危害国家安全活动的线索；

（三）如实提供所知悉的涉及危害国家安全活动的证据；

（四）为国家安全工作提供便利条件或者其他协助；

（五）向国家安全机关、公安机关和有关军事机关提供必要的支持和协助；

（六）保守所知悉的国家秘密；

（七）法律、行政法规规定的其他义务。任何个人和组织不得有危害国家安全的行为，不得向危害国家安全的个人或者组织提供任何资助或者协助。

《监察法》

第二十五条　监察机关在调查过程中，可以调取、查封、扣押用以证明被调查人涉嫌违法犯罪的财物、文件和电子数据等信息。采取调取、查封、扣押措施，应当收集原物原件，会同持有人或者保管人、见证人，当面逐一拍照、登记、编号，开列清单，由在场人员当场核对、签名，并将清单副本交财物、文件的持有人或者保管人。对调取、查封、扣押的财物、文件，监察机关应当设立专用账户、专门场所，确定专门人员妥善保管，严格履行交接、调取手续，定期对账核实，不得毁损或者用于其他目的。对价值不明物品应当及时鉴定，专门封存保管。查封、扣押的财物、文件经查明与案件无关的，应当在查明后三日内解除查封、扣押，予以退还。

《反恐怖主义法》

第四十五条　公安机关、国家安全机关、军事机关在其职责范围内，因反恐怖主义情报信息工作的需要，根据国家有关规定，经过严格的批准手续，可以采取技术侦察措施。

依照前款规定获取的材料，只能用于反恐怖主义应对处置和对恐怖活动犯罪、极端主义犯罪的侦查、起诉和审判，不得用于其他用途。

《刑事诉讼法》

第五十四条　人民法院、人民检察

院和公安机关有权向有关单位和个人收集、调取证据。有关单位和个人应当如实提供证据。

行政机关在行政执法和查办案件过程中收集的物证、书证、视听资料、电子数据等证据材料，在刑事诉讼中可以作为证据使用。

对涉及国家秘密、商业秘密、个人隐私的证据，应当保密。

凡是伪造证据、隐匿证据或者毁灭证据的，无论属于何方，必须受法律追究。

第一百五十条 公安机关在立案后，对于危害国家安全犯罪、恐怖活动犯罪、黑社会性质的组织犯罪、重大毒品犯罪或者其他严重危害社会的犯罪案件，根据侦查犯罪的需要，经过严格的批准手续，可以采取技术侦查措施。

人民检察院在立案后，对于利用职权实施的严重侵犯公民人身权利的重大犯罪案件，根据侦查犯罪的需要，经过严格的批准手续，可以采取技术侦查措施，按照规定交有关机关执行。

追捕被通缉或者批准、决定逮捕的在逃的犯罪嫌疑人、被告人，经过批准，可以采取追捕所必需的技术侦查措施。

◎ **行政法规**

《计算机信息网络国际联网安全保护管理办法》

第八条 从事国际联网业务的单位和个人应当接受公安机关的安全监督、检查和指导，如实向公安机关提供有关安全保护的信息、资料及数据文件，协助公安机关查处通过国际联网的计算机信息网络的违法犯罪行为。

◎ **司法解释**

《关于办理刑事案件收集提取和审查判断电子数据的规定》

第二条 侦查机关应当遵守法定程序，遵循有关技术标准，全面、客观、及时地收集、提取电子数据；人民检察院、人民法院应当围绕真实性、合法性、关联性审查判断电子数据。

第三条 人民法院、人民检察院和公安机关有权依法向有关单位和个人收集、调取电子数据。有关单位和个人应当如实提供。

◎ **部门规章**

《汽车数据安全管理若干规定（试行）》

第十五条 国家网信部门和国务院发展改革、工业和信息化、公安、交通运输等有关部门依据职责，根据处理数据情况对汽车数据处理者进行数据安全评估，汽车数据处理者应当予以配合。

参与安全评估的机构和人员不得披露评估中获悉的汽车数据处理者商业秘密、未公开信息，不得将评估中获悉的信息用于评估以外目的。

第三十六条 【外国司法或执法机构关于提供数据请求的处理】

中华人民共和国主管机关根据有关法律和中华人民共和国缔结或者参加的国际条约、协定，或者按照平等互惠原则，处理外国司法或者执法机构关于提供数据的请求。非经中华人民共和国主管机关批准，境内的组织、个人不得向外国司法或者执法机构提供存储于中华人民共和国境内的数据。

关联法规

◎ **法律**

《刑法》

第二百一十九条 有下列侵犯商业秘密行为之一，情节严重的，处三年以下有期徒刑，并处或者单处罚金；情节特别严重的，处三年以上十年以下有期徒刑，并处罚金：

（一）以盗窃、贿赂、欺诈、胁迫、电子侵入或者其他不正当手段获取权利人的商业秘密的；

（二）披露、使用或者允许他人使用以前项手段获取的权利人的商业秘密的；

（三）违反保密义务或者违反权利人有关保守商业秘密的要求，披露、使用或者允许他人使用其所掌握的商业秘密的。

明知前款所列行为，获取、披露、使用或者允许他人使用该商业秘密的，以侵犯商业秘密论。

第二百五十三条 邮政工作人员私自开拆或者隐匿、毁弃邮件、电报的，处二年以下有期徒刑或者拘役。

犯前款罪而窃取财物的，依照本法第二百六十四条的规定定罪从重处罚。

第三百九十八条 国家机关工作人员违反保守国家秘密法的规定，故意或者过失泄露国家秘密，情节严重的，处三年以下有期徒刑或者拘役；情节特别严重的，处三年以上七年以下有期徒刑。

非国家机关工作人员犯前款罪的，依照前款的规定酌情处罚。

《网络安全法》

第三十七条 关键信息基础设施的运营者在中华人民共和国境内运营中收集和产生的个人信息和重要数据应当在境内存储。因业务需要，确需向境外提供的，应当按照国家网信部门会同国务院有关部门制定的办法进行安全评估；法律、行政法规另有规定的，依照其规定。

第五十条 国家网信部门和有关

部门依法履行网络信息安全监督管理职责，发现法律、行政法规禁止发布或者传输的信息的，应当要求网络运营者停止传输，采取消除等处置措施，保存有关记录；对来源于中华人民共和国境外的上述信息，应当通知有关机构采取技术措施和其他必要措施阻断传播。

第六十六条　关键信息基础设施的运营者违反本法第三十七条规定，在境外存储网络数据，或者向境外提供网络数据的，由有关主管部门责令改正，给予警告，没收违法所得，处五万元以上五十万元以下罚款，并可以责令暂停相关业务、停业整顿、关闭网站、吊销相关业务许可证或者吊销营业执照；对直接负责的主管人员和其他直接责任人员处一万元以上十万元以下罚款。

《个人信息保护法》

第四十一条　中华人民共和国主管机关根据有关法律和中华人民共和国缔结或者参加的国际条约、协定，或者按照平等互惠原则，处理外国司法或者执法机构关于提供存储于境内个人信息的请求。非经中华人民共和国主管机关批准，个人信息处理者不得向外国司法或者执法机构提供存储于中华人民共和国境内的个人信息。

《刑事诉讼法》

第十八条　根据中华人民共和国缔结或者参加的国际条约，或者按照互惠原则，我国司法机关和外国司法机关可以相互请求刑事司法协助。

《国际刑事司法协助法》

第四条　中华人民共和国和外国按照平等互惠原则开展国际刑事司法协助。

国际刑事司法协助不得损害中华人民共和国的主权、安全和社会公共利益，不得违反中华人民共和国法律的基本原则。

非经中华人民共和国主管机关同意，外国机构、组织和个人不得在中华人民共和国境内进行本法规定的刑事诉讼活动，中华人民共和国境内的机构、组织和个人不得向外国提供证据材料和本法规定的协助。

《出口管制法》

第三十二条　国家出口管制管理部门根据缔结或者参加的国际条约，或者按照平等互惠原则，与其他国家或者地区、国际组织等开展出口管制合作与交流。

中华人民共和国境内的组织和个人向境外提供出口管制相关信息，应当依法进行；可能危害国家安全和利益的，不得提供。

《民事诉讼法》

第二百八十七条　人民法院审理涉外民事案件的期间，不受本法第一百四十九条、第一百七十六条规定的限制。

《民事诉讼法》

第二百八十七条　人民法院审理涉外民事案件的期间，不受本法第一百五十二条、第一百八十三条规定的限制。

◎ **部门规范性文件**
《工业和信息化领域数据安全管理办法（试行）》

第二十一条　工业和信息化领域数据处理者在中华人民共和国境内收集和产生的重要数据和核心数据，法律、行政法规有境内存储要求的，应当在境内存储，确需向境外提供的，应当依法依规进行数据出境安全评估。

工业和信息化部根据有关法律和中华人民共和国缔结或者参加的国际条约、协定，或者按照平等互惠原则，处理外国工业、电信、无线电执法机构关于提供工业和信息化领域数据的请求。非经工业和信息化部批准，工业和信息化领域数据处理者不得向外国工业、电信、无线电执法机构提供存储于中华人民共和国境内的工业和信息化领域数据。

第五章　政务数据安全与开放

第三十七条　【政务数据运用的要求和目标】

国家大力推进电子政务建设，提高政务数据的科学性、准确性、时效性，提升运用数据服务经济社会发展的能力。

关联法规

◎ 法律

《网络安全法》

第十八条　国家鼓励开发网络数据安全保护和利用技术，促进公共数据资源开放，推动技术创新和经济社会发展。

国家支持创新网络安全管理方式，运用网络新技术，提升网络安全保护水平。

《行政许可法》

第三十三条　行政机关应当建立和完善有关制度，推行电子政务，在行政机关的网站上公布行政许可事项，方便申请人采取数据电文等方式提出行政许可申请；应当与其他行政机关共享有关行政许可信息，提高办事效率。

◎ 行政法规

《在线政务服务规定》

第十三条　电子签名、电子印章、电子证照以及政务服务数据安全涉及电子认证、密码应用的，按照法律、行政法规和国家有关规定执行。

《关键信息基础设施安全保护条例》

第四十八条　电子政务关键信息基础设施的运营者不履行本条例规定的网络安全保护义务的，依照《中华人民共和国网络安全法》有关规定予以处理。

◎ 部门规章

《互联网信息服务算法推荐管理规定》

第二十九条　参与算法推荐服务安全评估和监督检查的相关机构和人员在履行职责中知悉的个人隐私、个人信息和商业秘密应当依法予以保密，不得泄露或者非法向他人提供。

◎ 部门规范性文件

《关于加快构建全国一体化大数据中心协同创新体系的指导意见》

六、加速数据流通融合

……

（二）促进政企数据对接融合。通

过开放数据集、提供数据接口、数据沙箱等多种方式，鼓励开放对于民生服务、社会治理和产业发展具有重要价值的数据。探索形成政企数据融合的标准规范和对接机制，支持政企双方数据联合校验和模型对接，有效满足政府社会治理、公共服务和市场化增值服务需求。（中央网信办、发展改革委牵头，各地区、各部门按职能分工负责）

（三）深化政务数据共享共用。充分依托全国一体化政务服务平台，发挥国家数据共享交换平台数据交换通道的支撑作用，建立健全政务数据共享责任清单机制，拓展政务数据共享范围。加快建设完善数据共享标准体系，解决跨部门、跨地区、跨层级数据标准不一、数据理解难、机器可读性差、语义分歧等问题，进一步打破部门数据壁垒。（国务院办公厅、发展改革委牵头，各地区、各部门按职责分工负责）

《文化和旅游部政务数据资源管理办法（试行）》

第十五条　政务部门应当按照合法、必要、适度的要求，明确本部门政务数据采集、维护的规范和程序，按照法定职责在数据资源目录范围内采集数据。按照"一数一源、一源多用"的原则，实现数据资源一次采集、共享使用。除法律、法规另有规定外，可以通过共享方式获取的政务数据，不得重复

采集、多头采集。

第十六条　政务部门应当建立政府和社会共建共享、共同受益的大数据采集形成机制，并对采集的数据资源进行电子化、结构化、标准化处理，保障数据资源的完整性、准确性、时效性和可用性。

《交通运输政务数据共享管理办法》

第十五条　提供部门应保障所提供政务数据的完整性、准确性、时效性和可用性。对使用部门反馈的政务数据质量问题，提供部门应及时予以校核并反馈。

权威案例

◎ **典型案例**

《加强信息化建设交流协作，共同推进智慧法院建设》【人民法院服务和保障长三角一体化发展典型案例之十三（2021年11月2日）】

典型意义：为认真贯彻习近平总书记关于"实现长三角地区更高质量一体化发展"和"政法机关要提供普惠均等、便捷高效、智能精准的公共服务"的重要指示精神，长三角地区人民法院不断加强长三角地区法院信息化建设，以司法体制改革和智慧法院建设为"双轮"，促进数据互通互享，坚持"不破行政区划、打破行政壁垒"，为跨域诉讼服务、案件庭审、电子送达、执行协作、产权交易、社会信用体系建设等提供强大数据支撑，为人民

群众提供便捷、高效、低成本的司法公共服务，实现"让数据多跑路，让群众少跑腿"，是全面落实最高人民法院推进智慧法院建设、推进"一站式多元解纷机制"要求的主动探索和生动实践，将加速长三角司法协作一体化进程。

第三十八条 【国家机关收集、使用数据的基本原则】

国家机关为履行法定职责的需要收集、使用数据，应当在其履行法定职责的范围内依照法律、行政法规规定的条件和程序进行；对在履行职责中知悉的个人隐私、个人信息、商业秘密、保密商务信息等数据应当依法予以保密，不得泄露或者非法向他人提供。

关联法规

◎ **法律**

《民法典》

第一千零三十二条 自然人享有隐私权。任何组织或者个人不得以刺探、侵扰、泄露、公开等方式侵害他人的隐私权。

隐私是自然人的私人生活安宁和不愿为他人知晓的私密空间、私密活动、私密信息。

第一千零三十九条 国家机关、承担行政职能的法定机构及其工作人员对于履行职责过程中知悉的自然人的隐私和个人信息，应当予以保密，不得泄露或者向他人非法提供。

《刑法》

第二百一十九条 有下列侵犯商业秘密行为之一，情节严重的，处三年以下有期徒刑，并处或者单处罚金；情节特别严重的，处三年以上十年以下有期徒刑，并处罚金：

（一）以盗窃、贿赂、欺诈、胁迫、电子侵入或者其他不正当手段获取权利人的商业秘密的；

（二）披露、使用或者允许他人使用以前项手段获取的权利人的商业秘密的；

（三）违反保密义务或者违反权利人有关保守商业秘密的要求，披露、使用或者允许他人使用其所掌握的商业秘密的。

明知前款所列行为，获取、披露、使用或者允许他人使用该商业秘密的，以侵犯商业秘密论。

本条所称权利人，是指商业秘密的所有人和经商业秘密所有人许可的商业秘密使用人。

《网络安全法》

第三十条 网信部门和有关部门在

履行网络安全保护职责中获取的信息，只能用于维护网络安全的需要，不得用于其他用途。

第四十四条 任何个人和组织不得窃取或者以其他非法方式获取个人信息，不得非法出售或者非法向他人提供个人信息。

第四十五条 依法负有网络安全监督管理职责的部门及其工作人员，必须对在履行职责中知悉的个人信息、隐私和商业秘密严格保密，不得泄露、出售或者非法向他人提供。

第四十六条 任何个人和组织应当对其使用网络的行为负责，不得设立用于实施诈骗，传授犯罪方法，制作或者销售违禁物品、管制物品等违法犯罪活动的网站、通讯群组，不得利用网络发布涉及实施诈骗，制作或者销售违禁物品、管制物品以及其他违法犯罪活动的信息。

第四十八条 任何个人和组织发送的电子信息、提供的应用软件，不得设置恶意程序，不得含有法律、行政法规禁止发布或者传输的信息。

电子信息发送服务提供者和应用软件下载服务提供者，应当履行安全管理义务，知道其用户有前款规定行为的，应当停止提供服务，采取消除等处置措施，保存有关记录，并向有关主管部门报告。

《反电信网络诈骗法》

第五条 反电信网络诈骗工作应当依法进行，维护公民和组织的合法权益。

有关部门和单位、个人应当对在反电信网络诈骗工作过程中知悉的国家秘密、商业秘密和个人隐私、个人信息予以保密。

《电子商务法》

第二十五条 有关主管部门依照法律、行政法规的规定要求电子商务经营者提供有关电子商务数据信息的，电子商务经营者应当提供。有关主管部门应当采取必要措施保护电子商务经营者提供的数据信息的安全，并对其中的个人信息、隐私和商业秘密严格保密，不得泄露、出售或者非法向他人提供。

第八十七条 依法负有电子商务监督管理职责的部门的工作人员，玩忽职守、滥用职权、徇私舞弊，或者泄露、出售或者非法向他人提供在履行职责中所知悉的个人信息、隐私和商业秘密的，依法追究法律责任。

《关于加强网络信息保护的决定》

三、网络服务提供者和其他企业事业单位及其工作人员对在业务活动中收集的公民个人电子信息必须严格保密，不得泄露、篡改、毁损，不得出售或者非法向他人提供。

十、有关主管部门应当在各自职权

范围内依法履行职责，采取技术措施和其他必要措施，防范、制止和查处窃取或者以其他非法方式获取、出售或者非法向他人提供公民个人电子信息的违法犯罪行为以及其他网络信息违法犯罪行为。有关主管部门依法履行职责时，网络服务提供者应当予以配合，提供技术支持。

国家机关及其工作人员对在履行职责中知悉的公民个人电子信息应当予以保密，不得泄露、篡改、毁损，不得出售或者非法向他人提供。

《反不正当竞争法》

第九条　经营者不得实施下列侵犯商业秘密的行为：

（一）以盗窃、贿赂、欺诈、胁迫、电子侵入或者其他不正当手段获取权利人的商业秘密；

（二）披露、使用或者允许他人使用以前项手段获取的权利人的商业秘密；

（三）违反保密义务或者违反权利人有关保守商业秘密的要求，披露、使用或者允许他人使用其所掌握的商业秘密；

（四）教唆、引诱、帮助他人违反保密义务或者违反权利人有关保守商业秘密的要求，获取、披露、使用或者允许他人使用权利人的商业秘密。

经营者以外的其他自然人、法人和非法人组织实施前款所列违法行为的，视为侵犯商业秘密。

第三人明知或者应知商业秘密权利人的员工、前员工或者其他单位、个人实施本条第一款所列违法行为，仍获取、披露、使用或者允许他人使用该商业秘密的，视为侵犯商业秘密。

本法所称的商业秘密，是指不为公众所知悉、具有商业价值并经权利人采取相应保密措施的技术信息、经营信息等商业信息。

《密码法》

第三十一条　密码管理部门和有关部门建立日常监管和随机抽查相结合的商用密码事中事后监管制度，建立统一的商用密码监督管理信息平台，推进事中事后监管与社会信用体系相衔接，强化商用密码从业单位自律和社会监督。

密码管理部门和有关部门及其工作人员不得要求商用密码从业单位和商用密码检测、认证机构向其披露源代码等密码相关专有信息，并对其在履行职责中知悉的商业秘密和个人隐私严格保密，不得泄露或者非法向他人提供。

◎ 行政法规

《在线政务服务规定》

第十三条　电子签名、电子印章、电子证照以及政务服务数据安全涉及电子认证、密码应用的，按照法律、行政法规和国家有关规定执行。

第十四条　政务服务机构及其工作人员泄露、出售或者非法向他人提供履行职责过程中知悉的个人信息、隐私和商业秘密，或者不依法履行职责，玩忽职守、滥用职权、徇私舞弊的，依法追究法律责任。

《关键信息基础设施安全保护条例》

第三十条　网信部门、公安机关、保护工作部门等有关部门，网络安全服务机构及其工作人员对于在关键信息基础设施安全保护工作中获取的信息，只能用于维护网络安全，并严格按照有关法律、行政法规的要求确保信息安全，不得泄露、出售或者非法向他人提供。

◎ **司法解释**

《关于依法惩处侵害公民个人信息犯罪活动的通知》

一、切实提高认识，坚决打击侵害公民个人信息犯罪活动。当前，一些犯罪分子为追求不法利益，利用互联网大肆倒卖公民个人信息，已逐渐形成庞大"地下产业"和黑色利益链。买卖的公民个人信息包括户籍、银行、电信开户资料等，涉及公民个人生活的方方面面。部分国家机关和金融、电信、交通、教育、医疗以及物业公司、房产中介、保险、快递等企事业单位的一些工作人员，将在履行职责或者提供服务过程中获取的公民个人信息出售、非法提供给他人。获取信息的中间商在互联网

上建立数据平台，大肆出售信息谋取暴利。非法调查公司根据这些信息从事非法讨债、诈骗和敲诈勒索等违法犯罪活动。此类犯罪不仅危害公民的信息安全，而且极易引发多种犯罪，成为电信诈骗、网络诈骗以及滋扰型"软暴力"等信息犯罪的根源，甚至与绑架、敲诈勒索、暴力追债等犯罪活动相结合，影响人民群众的安全感，威胁社会和谐稳定。各级公安机关、人民检察院、人民法院务必清醒认识此类犯罪的严重危害，以对党和人民高度负责的精神，统一思想，提高认识，精心组织，周密部署，依法惩处侵害公民个人信息犯罪活动。

《关于办理刑事案件收集提取和审查判断电子数据的规定》

第四条　电子数据涉及国家秘密、商业秘密、个人隐私的，应当保密。

◎ **部门规章**

《个人信用信息基础数据库管理暂行办法》

第五条　中国人民银行、商业银行及其工作人员应当为在工作中知悉的个人信用信息保密。

《通信网络安全防护管理办法》

第二十一条　电信管理机构及其委托的专业机构的工作人员对于检查工作中获悉的国家秘密、商业秘密和个人隐私，有保密的义务。

《电信和互联网用户个人信息保护规定》

第十八条 电信管理机构及其工作人员对在履行职责中知悉的用户个人信息应当予以保密，不得泄露、篡改或者毁损，不得出售或者非法向他人提供。

《公安机关互联网安全监督检查规定》

第五条 公安机关及其工作人员对履行互联网安全监督检查职责中知悉的个人信息、隐私、商业秘密和国家秘密，应当严格保密，不得泄露、出售或者非法向他人提供。

公安机关及其工作人员在履行互联网安全监督检查职责中获取的信息，只能用于维护网络安全的需要，不得用于其他用途。

第十七条 公安机关开展现场监督检查或者远程检测，可以委托具有相应技术能力的网络安全服务机构提供技术支持。

网络安全服务机构及其工作人员对工作中知悉的个人信息、隐私、商业秘密和国家秘密，应当严格保密，不得泄露、出售或者非法向他人提供。公安机关应当严格监督网络安全服务机构落实网络安全管理与保密责任。

《网络交易监督管理办法》

第三十六条 市场监督管理部门应当采取必要措施保护网络交易经营者提供的数据信息的安全，并对其中的个人信息、隐私和商业秘密严格保密。

《汽车数据安全管理若干规定（试行）》

第十五条 国家网信部门和国务院发展改革、工业和信息化、公安、交通运输等有关部门依据职责，根据处理数据情况对汽车数据处理者进行数据安全评估，汽车数据处理者应当予以配合。

参与安全评估的机构和人员不得披露评估中获悉的汽车数据处理者商业秘密、未公开信息，不得将评估中获悉的信息用于评估以外目的。

《网络安全审查办法》

第十七条 参与网络安全审查的相关机构和人员应当严格保护知识产权，对在审查工作中知悉的商业秘密、个人信息，当事人、产品和服务提供者提交的未公开材料，以及其他未公开信息承担保密义务；未经信息提供方同意，不得向无关方披露或者用于审查以外的目的。

第十八条 当事人或者网络产品和服务提供者认为审查人员有失客观公正，或者未能对审查工作中知悉的信息承担保密义务的，可以向网络安全审查办公室或者有关部门举报。

《数据出境安全评估办法》

第十五条 参与安全评估工作的相关机构和人员对在履行职责中知悉的国家秘密、个人隐私、个人信息、商业秘密、保密商务信息等数据应当依法予以保密，不得泄露或者非法向他人提供、非法使用。

《个人信息出境标准合同办法》

第九条　网信部门及其工作人员对在履行职责中知悉的个人隐私、个人信息、商业秘密、保密商务信息等应当依法予以保密，不得泄露或者非法向他人提供、非法使用。

《网信部门行政执法程序规定》

第六条　网信部门及其执法人员对在执法过程中知悉的国家秘密、商业秘密或者个人隐私，应依法予以保密。

《生成式人工智能服务管理暂行办法》

第十九条　有关主管部门依据职责对生成式人工智能服务开展监督检查，提供者应当依法予以配合，按要求对训练数据来源、规模、类型、标注规则、算法机制机理等予以说明，并提供必要的技术、数据等支持和协助。

参与生成式人工智能服务安全评估和监督检查的相关机构和人员对在履行职责中知悉的国家秘密、商业秘密、个人隐私和个人信息应当依法予以保密，不得泄露或者非法向他人提供。

◎ 部门规范性文件

《互联网新闻信息服务新技术新应用安全评估管理规定》

第十四条　组织开展新技术新应用安全评估的相关单位和人员应当对在履

行职责中知悉的国家秘密、商业秘密和个人信息严格保密，不得泄露、出售或者非法向他人提供。

《监管数据安全管理办法（试行）》

第五条　开展监管数据活动，必须遵守相关法律和行政法规。任何单位和个人在监管数据活动中知悉的国家秘密、工作秘密、商业秘密和个人信息，应当依照相关规定予以保密。

《工业和信息化领域数据安全管理办法（试行）》

第三十四条　行业监管部门及其委托的数据安全评估机构工作人员对在履行职责中知悉的个人信息和商业秘密等，应当严格保密，不得泄露或者非法向他人提供。

◎ 党内法规

《关于做好个人信息保护利用大数据支撑联防联控工作的通知》

3. 为疫情防控、疾病防治收集的个人信息，不得用于其他用途。任何单位和个人未经被收集者同意，不得公开姓名、年龄、身份证号码、电话号码、家庭住址等个人信息，因联防联控工作需要，且经过脱敏处理的除外。

4. 收集或掌握个人信息的机构要对个人信息的安全保护负责，采取严格的管理和技术防护措施，防止被窃取、被泄露。

第三十九条 【数据安全管理制度】

国家机关应当依照法律、行政法规的规定，建立健全数据安全管理制度，落实数据安全保护责任，保障政务数据安全。

关联法规

◎ **法律**

《网络安全法》

第二十一条 国家实行网络安全等级保护制度。网络运营者应当按照网络安全等级保护制度的要求，履行下列安全保护义务，保障网络免受干扰、破坏或者未经授权的访问，防止网络数据泄露或者被窃取、篡改：

（一）制定内部安全管理制度和操作规程，确定网络安全负责人，落实网络安全保护责任；

（二）采取防范计算机病毒和网络攻击、网络侵入等危害网络安全行为的技术措施；

（三）采取监测、记录网络运行状态、网络安全事件的技术措施，并按照规定留存相关的网络日志不少于六个月；

（四）采取数据分类、重要数据备份和加密等措施；

（五）法律、行政法规规定的其他义务。

第七十六条 本法下列用语的含义：

（一）网络，是指由计算机或者其他信息终端及相关设备组成的按照一定的规则和程序对信息进行收集、存储、传输、交换、处理的系统。

（二）网络安全，是指通过采取必要措施，防范对网络的攻击、侵入、干扰、破坏和非法使用以及意外事故，使网络处于稳定可靠运行的状态，以及保障网络数据的完整性、保密性、可用性的能力。

（三）网络运营者，是指网络的所有者、管理者和网络服务提供者。

（四）网络数据，是指通过网络收集、存储、传输、处理和产生的各种电子数据。

（五）个人信息，是指以电子或者其他方式记录的能够单独或者与其他信息结合识别自然人个人身份的各种信息，包括但不限于自然人的姓名、出生日期、身份证件号码、个人生物识别信息、住址、电话号码等。

◎ **党内法规**

《关于构建数据基础制度更好发挥数据要素作用的意见》

三、建立合规高效、场内外结合的数据要素流通和交易制度

……

（八）完善数据全流程合规与监管规则体系。建立数据流通准入标准规则，强化市场主体数据全流程合规治理，确保流通数据来源合法、隐私保护到位、流通和交易规范。结合数据流通范围、影响程度、潜在风险，区分使用场景和用途用量，建立数据分类分级授权使用规范，探索开展数据质量标准化体系建设，加快推进数据采集和接口标准化，促进数据整合互通和互操作。支持数据处理者依法依规在场内和场外采取开放、共享、交换、交易等方式流通数据。鼓励探索数据流通安全保障技术、标准、方案。支持探索多样化、符合数据要素特性的定价模式和价格形成机制，推动用于数字化发展的公共数据按政府指导定价有偿使用，企业与个人信息数据市场自主定价。加强企业数据合规体系建设和监管，严厉打击黑市交易，取缔数据流通非法产业。建立实施数据安全管理认证制度，引导企业通过认证提升数据安全管理水平。

……

◎ **行政法规**

《铁路安全管理条例》

　　第五十六条　铁路运输企业应当依照法律、行政法规和国务院铁路行业监督管理部门的规定，制定铁路运输安全管理制度，完善相关作业程序，保障铁路旅客和货物运输安全。

◎ **司法解释**

《关于规范和加强人工智能司法应用的意见》

　　五、系统建设

　　……

　　17.加强基础设施建设和安全运维保障。根据司法人工智能对算力、通信和服务能力的需求，科学合理地规划和建设通信网络、计算存储、通用终端设备和专用信息化设施等信息基础设施，强化网络安全、数据安全和个人信息保护能力，完善人工智能运行维护机制，为人工智能司法应用提供必要的保障条件。

◎ **部门规章**

《中央企业境外国有产权管理暂行办法》

　　第三条　中央企业是其境外国有产权管理的责任主体，应当依照我国法律、行政法规建立健全境外国有产权管理制度，同时遵守境外注册地和上市地的相关法律规定，规范境外国有产权管理行为。

《铁路旅客运输安全检查管理办法》

　　第四条　铁路运输企业是铁路旅客运输安全检查的责任主体，应当按照法律、行政法规、规章和国家铁路局有关规定，组织实施铁路旅客运输安全检查工作，制定安全检查管理制度，完善作业程序，落实作业标准，保障旅客运输安全。

第四十条 【委托他人处理数据】

国家机关委托他人建设、维护电子政务系统，存储、加工政务数据，应当经过严格的批准程序，并应当监督受托方履行相应的数据安全保护义务。受托方应当依照法律、法规的规定和合同约定履行数据安全保护义务，不得擅自留存、使用、泄露或者向他人提供政务数据。

关联法规

◎ **法律**

《网络安全法》

第十八条 国家鼓励开发网络数据安全保护和利用技术，促进公共数据资源开放，推动技术创新和经济社会发展。

国家支持创新网络安全管理方式，运用网络新技术，提升网络安全保护水平。

《个人信息保护法》

第二十一条 个人信息处理者委托处理个人信息的，应当与受托人约定委托处理的目的、期限、处理方式、个人信息的种类、保护措施以及双方的权利和义务等，并对受托人的个人信息处理活动进行监督。

受托人应当按照约定处理个人信息，不得超出约定的处理目的、处理方式等处理个人信息；委托合同不生效、无效、被撤销或者终止的，受托人应当将个人信息返还个人信息处理者或者予以删除，不得保留。

未经个人信息处理者同意，受托人不得转委托他人处理个人信息。

《电子商务法》

第二十五条 有关主管部门依照法律、行政法规的规定要求电子商务经营者提供有关电子商务数据信息的，电子商务经营者应当提供。有关主管部门应当采取必要措施保护电子商务经营者提供的数据信息的安全，并对其中的个人信息、隐私和商业秘密严格保密，不得泄露、出售或者非法向他人提供。

◎ **部门规章**

《数据出境安全评估办法》

第十七条 国家网信部门发现已经通过评估的数据出境活动在实际处理过程中不再符合数据出境安全管理要求的，应当书面通知数据处理者终止数据出境活动。数据处理者需要继续开展数据出境活动的，应当按照要求整改，整改完成后重新申报评估。

◎ **部门规范性文件**

《教育部机关及直属事业单位教育数据管理办法》

第二十一条 涉及国家秘密、商业

秘密和个人隐私的教育数据资源，使用部门和提供部门应当签订教育数据资源共享安全保密协议，按照约定方式共享数据资源。

《国家健康医疗大数据标准、安全和服务管理办法（试行）》

第三十二条　责任单位委托有关机构存储、运营健康医疗大数据，委托单位与受托单位共同承担健康医疗大数据的管理和安全责任。受托单位应当严格按照相关法律法规和委托协议做好健康医疗大数据的存储、管理与运营工作。

《监管数据安全管理办法（试行）》

第五章　监管数据委托服务管理

第二十四条　各业务部门监管数据采集涉及受托机构提供服务时，应事先与归口管理部门沟通并会签同意。受托机构的技术服务方案，应通过归口管理部门的安全评估。技术服务方案发生变更的，应事先报归口管理部门进行安全评估。

安全评估不通过的，不得开展委托服务或建立委派关系。

第二十五条　为银保监会提供监管数据服务的受托机构，应满足以下基本条件：

（一）具备从事监管数据工作所需系统的自主研发及运维能力；

（二）具备相关信息安全管理资质认证；

（三）拥有自主产权或已签订长期租赁合同的机房；

（四）网络和信息系统具备有效的安全保护和稳定运行措施，三年内未发生网络安全重大事件；

（五）具备有效的监管数据安全管理措施，能够保障银保监会各部门对监管数据的访问和控制；

（六）具有监管数据备份体系、应急组织体系和业务连续性计划。

第二十六条　银保监会通过与受托机构签订协议，确立监管数据委托服务关系。协议应明确服务项目、期限、安全管理责任和终止事由等内容。

银保监会通过委派方式确立监管数据服务关系的，应下达委派任务书。

第二十七条　因有关政策调整导致原委托或委派事项无需继续履行，或发现受托机构监管数据服务出现重大安全问题的，银保监会有权终止委托或委派关系。

委托或委派关系终止时，受托机构应及时、完整地移交监管数据，并销毁因委托或委派事项而获取的监管数据，不得保留相关数据备份等内容。

第六章　监督管理

第二十八条　各业务部门及受托机构应按照监管数据安全工作规则定期开展自查，发现监管数据安全缺陷、漏洞等风险时，应立即采取补救措施。

第二十九条 归口管理部门应定期对各业务部门及受托机构开展监管数据安全管理评估检查工作。

各业务部门及受托机构对于评估和检查中发现的问题应制定整改措施，及时整改，并向归口管理部门报送整改报告。

……

《文化和旅游部政务数据资源管理办法（试行）》

第三十二条 使用部门应当按照明确的使用用途，将获取的共享数据资源用于本部门履职需要，不得直接或以改变数据形式等方式提供给第三方，也不得用于或变相用于其他目的。如需提供第三方或用于其他目的，应当与提供部门协商解决。因使用不当造成安全问题或不良影响的，根据有关法律法规追究使用部门及有关人员的责任。

《交通运输政务数据共享管理办法》

第十六条 使用部门应依法依规使用政务数据，按照申请的使用用途将政务数据用于本部门履职需要，不得滥用、非授权使用、未经许可扩散或泄露所获取的政务数据，不得直接或以改变数据形式等方式提供给第三方，也不得用于或变相用于其他目的。需改变使用用途的，应重新申请并获得授权。

《工业和信息化领域数据安全管理办法（试行）》

第二十三条 工业和信息化领域数据处理者委托他人开展数据处理活动的，应当通过签订合同协议等方式，明确委托方与受托方的数据安全责任和义务。委托处理重要数据和核心数据的，应当对受托方的数据安全保护能力、资质进行核验。

除法律、行政法规等另有规定外，未经委托方同意，受托方不得将数据提供给第三方。

第四十一条 【政务数据公开原则】

国家机关应当遵循公正、公平、便民的原则，按照规定及时、准确地公开政务数据。依法不予公开的除外。

关联法规

◎ **行政法规**

《政府信息公开条例》

第五条 行政机关公开政府信息，应当坚持以公开为常态、不公开为例外，遵循公正、公平、合法、便民的原则。

第六条 行政机关应当及时、准确地公开政府信息。

行政机关发现影响或者可能影响社会稳定、扰乱社会和经济管理秩序的虚假或者不完整信息的，应当发布准确的政府信息予以澄清。

◎ **部门规章**

《高等学校信息公开办法》

第四条　高等学校应当遵循公正、公平、便民的原则，建立信息公开工作机制和各项工作制度。

高等学校公开信息，不得危及国家安全、公共安全、经济安全、社会稳定和学校安全稳定。

《安全生产监管监察部门信息公开办法》

第九条　安全生产监管监察部门应当遵循依法、公正、公开、便民的原则，及时、准确地公开信息，但危及国家安全、公共安全、经济安全和社会稳定的信息除外。

安全生产监管监察部门发现影响或者可能影响社会稳定、扰乱安全生产秩序的虚假或者不完整信息的，应当按照实事求是和审慎处理的原则，在职责范围内发布准确的信息予以澄清，及时回应社会关切，正确引导社会舆论。

◎ **部门规范性文件**

《交通运输政务数据共享管理办法》

第六条　政务数据按共享类型分为无条件共享、有条件共享、不予共享三种类型。

可提供给所有政务部门共享使用的政务数据属于无条件共享类。

可提供给部分政务部门共享使用或仅部分内容能够提供给政务部门共享使用的政务数据属于有条件共享类。

不宜提供给其他政务部门共享使用的政务数据属于不予共享类。

第七条　政务数据共享类型划分应遵循以下要求：

（一）经脱密处理的交通运输基础设施空间和属性信息，以及运载工具基本信息、从业企业基本信息、从业人员基本信息、行政许可信息、执法案件结果信息、信用信息等基础数据是政务部门履行职责的共同需要，必须接入部共享平台实现集中汇聚、统筹管理、及时更新，供政务部门无条件共享使用。

（二）列入有条件共享类的政务数据，提供部门应明确共享条件。

（三）列入不予共享类的政务数据，提供部门应出具国家相关法律法规或政策制度依据。

⬛ **权威案例**

◎ **指导性案例**

李某雄诉广东省交通运输厅政府信息公开案【最高院指导案例第 26 号】

裁判要点：公民、法人或者其他组织通过政府公众网络系统向行政机关提交政府信息公开申请的，如该网络系统未作例外说明，则系统确认申请提交成功的日期应当视为行政机关收到政府信息公开申请之日。行政机关对于该申请的内部处理流程，不能成为行政机关延期处理的理由，逾期作出答复的，应当确认为违法。

罗某昌诉重庆市某自治县地方海事处政府信息公开案彭水苗族土家族【最高院指导案例第101号】

裁判要点：在政府信息公开案件中，被告以政府信息不存在为由答复原告的，人民法院应审查被告是否已经尽到充分合理的查找、检索义务。原告提交了该政府信息系由被告制作或者保存的相关线索等初步证据后，若被告不能提供相反证据，并举证证明已尽到充分合理的查找、检索义务的，人民法院不予支持被告有关政府信息不存在的主张。

◎ **典型案例**

余某珠诉海南省某市国土环境资源局案【最高人民法院2014年9月12日发布政府信息公开十大案例之一（2014年9月12日）】

典型意义：本案的典型意义表现在三个方面：第一，对外获取的信息也是政府信息。本案涉及两类信息，一是行政机关获取的企业环境信息；二是行政机关制作的具有内部特征的信息。关于前者，根据《政府信息公开条例》的规定，政府信息不仅包括行政机关制作的信息，同样包括行政机关从公民、法人或者其他组织获取的信息。因此，本案中行政机关在履行职责过程中获取的企业环境信息同样属于政府信息。关于后者，本案行政机关决定不

予公开的23号函和50号函，虽然文件形式表现为内部报告，但实质仍是行政管理职能的延伸，不属于内部管理信息。第二，例外法定。政府信息不公开是例外，例外情形应由法律法规明确规定。本案判决强调，凡属于政府信息，如不存在法定不予公开的事由，均应予以公开。被告未能证明申请公开的信息存在法定不予公开的情形，简单以政府内部信息和企业环境信息为由答复不予公开，属于适用法律错误。第三，行政机关先行判断。考虑到行政机关获取的企业环境信息可能存在涉及第三方商业秘密的情形，应当首先由行政机关在行政程序中作出判断，法院并未越俎代庖直接判决公开，而是责令行政机关重新作出是否公开的答复，体现了对行政机关首次判断权的尊重。

王某利诉天津市某区房地产管理局案【最高人民法院2014年9月12日发布政府信息公开十大案例之三（2014年9月12日）】

典型意义：本案的焦点集中在涉及商业秘密的政府信息的公开问题以及征求第三方意见程序的适用。在政府信息公开实践中，行政机关经常会以申请的政府信息涉及商业秘密为理由不予公开，但有时会出现滥用。商业秘密的概念具有严格内涵，依据反不正当竞争法的规定，商业秘密是指不为公众知悉、能为权利人带来经济利益、具有实用性并经权利人采取保密措施的技术信息和经营信息。行政机关应当依此标准进行

审查,而不应单纯以第三方是否同意公开作出决定。人民法院在合法性审查中,应当根据行政机关的举证作出是否构成商业秘密的判断。本案和平区房管局在行政程序中,未进行调查核实就直接主观认定申请公开的信息涉及商业秘密,在诉讼程序中,也没有向法院提供相关政府信息涉及商业秘密的证据和依据,导致法院无从对被诉告知书认定"涉及商业秘密"的事实证据进行审查,也就无法对该认定结论是否正确作出判断。基于此,最终判决行政机关败诉符合立法本意。该案例对于规范人民法院在政府信息公开行政案件中如何审查判断涉及商业秘密的政府信息具有典型示范意义。

杨某权诉山东省某市房产管理局案【最高人民法院 2014 年 9 月 12 日发布政府信息公开十大案例之四(2014 年 9 月 12 日)】

典型意义:本案的焦点问题是享受保障性住房人的申请材料信息是否属于个人隐私而依法免于公开。该问题实质上涉及了保障公众知情权与保护公民隐私权两者发生冲突时的处理规则。保障性住房制度是政府为解决低收入家庭的住房问题而运用公共资源实施的一项社会福利制度,直接涉及到公共资源和公共利益。在房屋供需存有较大缺口的现状下,某个申请人获得保障性住房,会直接减少可供应房屋的数量,对在其后欲获得保障性住房的轮候申请人而言,意味着机会利益的减损。为

发挥制度效用、依法保障公平,利害关系方的知情权与监督权应该受到充分尊重,其公开相关政府信息的请求应当得到支持。因此,在保障性住房的分配过程中,当享受保障性住房人的隐私权直接与竞争权人的知情权、监督权发生冲突时,应根据比例原则,以享受保障性住房人让渡部分个人信息的方式优先保护较大利益的知情权、监督权,相关政府信息的公开不应也不必以权利人的同意为前提。本案二审判决确立的个人隐私与涉及公共利益的知情权相冲突时的处理原则,符合法律规定,具有标杆意义。

姚某金、刘某水诉福建省某县国土资源局案【最高人民法院 2014 年 9 月 12 日发布政府信息公开十大案例之五(2014 年 9 月 12 日)】

典型意义:本案的焦点集中在过程性信息如何公开。《政府信息公开条例》确定的公开的例外仅限于国家秘密、商业秘密、个人隐私。《国务院办公厅关于做好政府信息依申请公开工作的意见》第二条第二款又规定:"……行政机关在日常工作中制作或者获取的内部管理信息以及处于讨论、研究或者审查中的过程性信息,一般不属于《条例》所指应公开的政府信息。"过程性信息一般是指行政决定作出前行政机关内部或行政机关之间形成的研究、讨论、请示、汇报等信息,此类信息一律公开或过早公开,可能会妨害决策过程的完整性,妨害行政事务的有效处

理。但过程性信息不应是绝对的例外，当决策、决定完成后，此前处于调查、讨论、处理中的信息即不再是过程性信息，如果公开的需要大于不公开的需要，就应当公开。本案福建省人民政府作出征地批复后，当事人申请的"一书四方案"即已处于确定的实施阶段，行政机关以该信息属于过程性信息、内部材料为由不予公开，对当事人行使知情权构成不当阻却。二审法院责令被告期限公开，为人民法院如何处理过程信息的公开问题确立了典范。

张某军诉江苏省某市物价局案【最高人民法院 2014 年 9 月 12 日发布政府信息公开十大案例之六（2014 年 9 月 12 日）】

典型意义：该案涉及内部信息的界定问题。所谓内部信息，就是对外部不产生直接约束力的普遍政策阐述或对个案的非终极性意见。之所以要免除公开内部信息，目的是保护机构内部或不同机构之间的交流，从而使官员能够畅所欲言，毫无顾忌地表达自己的真实想法。本案中，如东县人民法院通过三个方面的分析，确认涉诉政府信息是被告行使行政管理职责过程中所制作的信息，是对价格违法行为进行量化处罚的依据，会对行政相对人的权利义务产生影响，因而不应属于内部信息。同时，判决对行政机关公开政府信息的标准进行了严格审查，明确要求行政机关应当准确、完整、全面履行政府信息公开职责，不能随意地选择性公开。这些都

具有较大的参考价值。

彭某林诉湖南省某县国土资源局案【最高人民法院 2014 年 9 月 12 日发布政府信息公开十大案例之七（2014 年 9 月 12 日）】

典型意义：本案的焦点集中在档案信息的公开问题。政府信息与档案之间有一定的前后演变关系。对于已经移交各级国家档案馆或者存放在行政机关的档案机构的行政信息，是应当适用《政府信息公开条例》，还是适用档案管理的法规、行政法规和国家有关规定，存在一个法律适用的竞合问题。《最高人民法院关于审理政府信息公开行政案件若干问题的规定》第七条，将已经移交国家档案馆的信息与存放在行政机关档案机构的信息加以区分处理，有利于防止行政机关以适用档案管理法规为借口规避政府信息的公开。本案很好地适用了这一规则，认定被告在答复中适用《档案法实施办法》不予公开政府信息，属于适用法律、法规错误。同时，法院考虑到涉案政府信息是否应当提供，尚需被告调查和裁量，因此判决其重新答复，亦属对行政机关首次判断权的尊重。

钱某伟诉浙江省慈溪市某镇人民政府案【最高人民法院 2014 年 9 月 12 日发布政府信息公开十大案例之八（2014 年 9 月 12 日）】

典型意义：本案的焦点集中在历史信息的公开问题。所谓历史信息，是指《政府信息公开条例》施行前已经形成的政府

信息。虽然在立法过程中确有一些机关和官员希望能够将历史信息排除在适用范围之外，但《政府信息公开条例》对政府信息的定义并没有将信息的形成时间进行限定，亦未将历史信息排除在公开的范围之外。本案判决确认"被告认为该条例施行之前的政府信息不能公开，缺乏法律依据"，符合立法本意。至于"法不溯及既往"原则，指的是法律文件的规定仅适用于法律文件生效以后的事件和行为，对于法律文件生效以前的事件和行为不适用。就本案而言，所谓的事件和行为，也就是原告依照条例的规定申请公开政府信息，以及行政机关针对申请作出答复。本案判决指出，"原告申请公开政府信息时，该条例早已实施"，就是对"法不溯及既往"原则的正确理解。

张某诉某市规划和国土资源管理局案【最高人民法院 2014 年 9 月 12 日发布政府信息公开十大案例之九（2014 年 9 月 12 日）】

典型意义：本案涉及政府信息公开的两项重要制度，一是申请人在提交信息公开申请时应该尽可能详细地对政府信息的内容进行描述，以有利于行政机关进行检索。二是政府信息不存在的行政机关不予提供。本案在处理这两个问题时所采取的审查标准值得借鉴。也就是，行政机关以信息不存在为由拒绝提供政府信息的，应当证明其已经尽到了合理检索义务。申请人对于信息内容的描述，也不能苛刻其必

须说出政府信息的规范名称甚至具体文号。如果行政机关仅以原告的描述为关键词进行检索，进而简单答复政府信息不存在，亦属未能尽到检索义务。

如某爱婚姻服务有限公司诉中华人民共和国民政部案【最高人民法院 2014 年 9 月 12 日发布政府信息公开十大案例之十（2014 年 9 月 12 日）】

典型意义：本案涉及主动公开和依申请公开的关系以及行政机关应当充分履行告知义务问题。政府信息公开的方式包括主动公开和依申请公开，两者相辅相成，互为补充。对于已经主动公开的政府信息，行政机关可以不重复公开，但应当告知申请人获取该政府信息的方式和途径。本案中，被告虽然在复议期间告知申请人可以查询信息的网址，但登录该网址仅能查询到部分信息，二审判决认定其遗漏了申请中未主动公开的相关信息，构成未完全尽到公开义务，是对《政府信息公开条例》的正确理解，从而对行政机关是否充分履行告知义务进而完全尽到公开义务确立了比较明确的司法审查标准。此外，行政机关不予公开政府信息，应当援引具体的法律条款并说明理由。本案判决认定被告有可援引的法律依据而未援引，属于适用法律错误，能够敦促行政机关规范政府信息公开的法律适用，增强政府信息公开的说理性。判决还针对行政机关超期答复和答复主体不当等问题作出确认，也有利于促进政府信息公开答复形式与程序的规

范化

袁某明与江苏省人民政府政府信息公开案
【最高人民法院第三巡回法庭发布十个典型案例之六（2017年7月20日）】

典型意义： 确立了向行政机关申请政府信息公开的正确方式，明确了对明显不符合法定申请形式、未依法通过政府信息公开工作机构提出申请的行政处理原则和司法审查标准。

依法获取政府信息是公民、法人或者其他组织的权利，行政机关应当依法积极履行政府信息公开职责，保障公民、法人和其他组织的知情权；但公民、法人或者其他组织申请公开政府信息，应当以符合法律法规规定的申请形式，向行政机关专门的政府信息公开工作机构提出。而申请人不按照规定的形式提出申请、不向专门的政府信息公开工作机构提出申请，既不利于保护申请人申请权和知情权，也会给行政机关内部管理和公文流转造成不必要的负担，不利于及时发挥政府信息对人民群众生产、生活和经济社会活动的服务作用。

本案裁判一方面明确了对既不符合政府信息公开申请的形式要件，也非向指定的政府信息公开工作机构提出的政府信息公开申请，行政机关可以根据信件的内容作出相应处理。另一方面也明确了对于符合申请形式要件，且属于该行政机关公开的政府信息范围的申请，即使申请人未向政府信息公开工作机构提出申请，而是向

法定代表人或者其他内设机构提出，行政机关仍应以及时保障知情权和减轻申请人负担为原则，转交本机关政府信息公开工作机构处理。此种情形下，应当以该机关信息公开工作机构实际收到转送的申请书之日或者与申请人确认之日为收到申请之日，并以此计算相关答复期限。

同时，为了应对政府信息公开领域存在的滥用申请权和滥用诉权的问题，本案还明确，对于明显不符合政府信息公开申请形式要件，也明显不属于被申请机关公开范围且未依法向政府信息公开工作机构邮寄的信件，行政机关按照信访事项处理后，申请人又以行政机关不履行政府信息公开职责为由提起的诉讼，因其诉讼请求不具有权利保护的必要性，起诉也不具备诉的利益，人民法院应当释明告知其通过信访渠道反映。坚持起诉的，人民法院可以径行裁定不予立案或者裁定驳回起诉，而无须进入实体审理环节，以节约行政和司法资源，减少各方当事人的诉累。

宜宾县某水力发电有限责任公司诉某县人民政府政府信息公开案【长江流域环境资源审判十大典型案例之九（2017年12月4日）】

典型意义： 长江中上游地区水利资源丰富，水利发电是水资源开发利用的重要方式之一。长江流域水资源是一种流域资源，它具有整体流动的自然属性，以流域为单元，水量水质、地上水地下水相互存，上下游、左右岸、干支流的开发利用

互为影响。本案涉及如何认识与对待流域水资源开发利用权益保护问题，具有不同于一般信息公开案件的特殊性。人民法院在审理该案过程中，准确把握纠纷的流域性实质和特征，对于主体之间不存在"财产毗邻"或者"行为直接互动"，而是因为水的流动性而形成的"间接法律关系"予以确认，认定"某公司与某发改经信局的政府信息公开行为之间具有利害关系"，体现了运用司法手段保护长江流域生态环境、保障上下游之间不同主体合法权益的司法智慧，具有示范意义。

朱某琛诉某县环境保护局履行环境保护及信息公开法定职责案【2019 年度人民法院环境资源典型案例之二（2020 年 5 月 8 日）】

典型意义：本案系环境信息公开案件。生态环境保护公众参与原则的落实，需要健全生态环境保护信息强制性披露制度，保障人民群众的知情权、参与权和监督权。本案中，人民法院责令行政机关限期公开相关环境信息，符合上述原则，有助于提高行政机关生态环境保护工作的透明度，推进建设法治政府。2019 年 4 月修订的《政府信息公开条例》已经删除了"根据自身生产、生活、科研等特殊需要"的限制性规定。本案的典型意义还在于，相对人系通过生态环境部的网络平台举报涉事企业违法排放，本案判决将有助于完善公众监督、举报反馈机制和奖励机制，鼓励人民群众运用法律武器保护生态环境，形成崇尚生态文明、保护生态环境的社会氛围。

沈某某诉浙江省宁波市某区综合行政执法局政府信息公开案【最高人民法院发布行政机关负责人出庭应诉典型案例之七（2021 年 7 月 29 日）】

典型意义：行政机关负责人制度的合理运用以及功能发挥，不仅可以有效缓和行政机关与行政相对人之间的矛盾，也可以增加人民群众对人民法院与行政机关的信任，从而有利于实质性化解行政争议。本案中，人民法院主动通知行政机关负责人出庭，出庭负责人全面掌握案情，并与行政相对人进行真诚交流，在坚持依法行政、执法为民的前提下，勇于承认执法工作中存在的问题，同时诚恳、客观地向行政相对人提出建议，最终促成行政相对人依法、正当、理性地行使诉权，减少了当事人的诉累，节约了行政资源与司法资源。

> **第四十二条　【政务数据开放利用】**
>
> 　　国家制定政务数据开放目录，构建统一规范、互联互通、安全可控的政务数据开放平台，推动政务数据开放利用。

关联法规

◎ 党内法规

《成渝地区双城经济圈建设规划纲要》

第五章　协同建设现代产业体系

……

第二节　大力发展数字经济

积极拓展数字化应用。探索建立统一标准、开放互通的公共应用平台，推动双城经济圈政务数据资源共享共用，推动地级以上城市全面建立数字化管理平台。推进城市基础设施、建筑楼宇等的数字化管理，稳步推进"数字+"与城市运营管理各领域深度融合。完善大数据辅助科学决策机制，加快提高治理数字化水平。适应数字技术全面融入社会交往和日常生活新趋势，促进公共服务、社会运行和治理方式创新，构筑全民畅享的数字生活。

……

◎ 部门规范性文件

《关于统筹推进民政信息化建设的指导意见》

四、培育民生民政数据治理新能力

（十）构建民政大数据资源体系。加强民政大数据资源体系统一规划，全面梳理各级各类数据资源，形成"全国统一、动态更新、共享校核、权威发布"的民政政务信息资源目录。强化对各级民政部门履行职责过程中形成的文件、资料、图表、电子证照等数据信息资源的收集、存储和更新管理，加强数据校验力度，提高数据质量，逐步形成覆盖自然人、家庭、村委会（居委会）、社会组织法人、民政服务机构的全要素、全口径、全生命周期管理数据库，做到统一编码、一数一源、多元校核、动态更新。通过自主采集、部门共享、市场采购等方式，加强基础数据源头采集能力，推进信息"一门采集、一档管理"，避免重复填报。推动身份证读卡器、高拍仪等信息采集设备装备的应用推广，在有条件的地方试点"一表式"登记采集，确保基础数据的一致性、准确性和时效性。

（十一）深化数据资源共享开放。建立全国一体化的民政大数据中心，实现民政业务数据、统计分析数据、共享交换数据、基础规范数据、系统管理数据等集中存储、统一管理和共享服务，有效支撑跨部门、跨区域、跨层级业务办理。做好民政统一数据共享交换平台与政府统一数据共享交换平台对接，大力推进与公安、税务、扶贫、人社、住建、残联等部门（组织）和金融机构间数据共享，建立数据交换、共享开放、质量控制和监督评估机制。编制民政公共信息资源开放目录，建立健全公共信息资源开放保密审查机制，实现民政数据对社会有序开放，支持各类市场主体对数据资源的创新利用。

……

《文化和旅游部政务数据资源管理办法（试行）》

第十条　数据资源实行统一目录管理。数据资源目录是对政务部门数据资源的统一编目，其编制规范由部网信办牵头制定，明确数据资源的分类、名称、提供部门、来源、信息摘要、格式、共享属性、共享方式、开放属性、更新周期、使用要求等内容。

第十一条　政务部门应当按照数据资源目录编制规范，编制本部门数据资源目录。部网信办审核汇总政务部门提交的数据资源目录，形成统一的部级数据资源目录。

第十二条　政务部门应当于法律法规作出修改或者行政管理职能发生变更之日起15个工作日内，向部网信办申请更新政务数据资源目录，部网信办备案后通知部信息中心组织技术实现。

《交通运输政务数据共享管理办法》

第四条　科技主管部门负责管理、监督和评估政务数据共享工作，组织管理交通运输政务数据目录编制工作，组织推进部数据共享交换平台（以下简称部共享平台）政务数据接入，组织开展相关制度文件、标准规范的制修订和宣贯实施，监督部共享平台的运行。

综合交通运输大数据应用技术支持部门（以下简称技术支持部门）受部科技主管部门委托，负责部共享平台的建设运维、部共享平台政务数据目录和政务数据维护管理，并为政务数据共享和开发利用等工作提供技术支持。

提供部门负责组织开展本部门政务数据目录编制、政务数据提供和授权等相关工作，并对所提供政务数据质量负责。

使用部门依据政务数据目录申请使用政务数据、安全合规使用政务数据，并反馈使用情况。

第八条　政务数据目录是实现政务数据共享和业务协同的基础，是政务部门间政务数据共享的依据。

政务数据目录核心元数据包括分类、名称、提供部门、格式、信息项信息、更新周期、共享类型、共享条件、共享范围、共享方式、来源系统、安全分级等内容。政务数据目录应按照版本进行管理。

第四十三条　【法律、法规授权的组织】

法律、法规授权的具有管理公共事务职能的组织为履行法定职责开展数据处理活动，适用本章规定。

关联法规

◎ **法律**

《个人信息保护法》

第三十七条 法律、法规授权的具有管理公共事务职能的组织为履行法定职责处理个人信息，适用本法关于国家机关处理个人信息的规定。

《行政强制法》

第七十条 法律、行政法规授权的具有管理公共事务职能的组织在法定授权范围内，以自己的名义实施行政强制，适用本法有关行政机关的规定。

《行政许可法》

第二十三条 法律、法规授权的具有管理公共事务职能的组织，在法定授权范围内，以自己的名义实施行政许可。被授权的组织适用本法有关行政机关的规定。

《行政处罚法》

第十九条 法律、法规授权的具有管理公共事务职能的组织可以在法定授权范围内实施行政处罚。

◎ **行政法规**

《政府信息公开条例》

第五十四条 法律、法规授权的具有管理公共事务职能的组织公开政府信息的活动，适用本条例。

◎ **部门规范性文件**

《工业和信息化领域数据安全管理办法（试行）》

第四十条 工业和信息化领域政务数据处理活动的具体办法，由工业和信息化部另行规定。

第六章　法律责任

第四十四条　【主管部门对数据安全风险的监管】

有关主管部门在履行数据安全监管职责中，发现数据处理活动存在较大安全风险的，可以按照规定的权限和程序对有关组织、个人进行约谈，并要求有关组织、个人采取措施进行整改，消除隐患。

关联法规

◎ **法律**

《网络安全法》

第五条　国家采取措施，监测、防御、处置来源于中华人民共和国境内外的网络安全风险和威胁，保护关键信息基础设施免受攻击、侵入、干扰和破坏，依法惩治网络违法犯罪活动，维护网络空间安全和秩序。

第五十六条　省级以上人民政府有关部门在履行网络安全监督管理职责中，发现网络存在较大安全风险或者发生安全事件的，可以按照规定的权限和程序对该网络的运营者的法定代表人或者主要负责人进行约谈。网络运营者应当按照要求采取措施，进行整改，消除隐患。

《个人信息保护法》

第六十四条　履行个人信息保护职责的部门在履行职责中，发现个人信息处理活动存在较大风险或者发生个人信息安全事件的，可以按照规定的权限和程序对该个人信息处理者的法定代表人或者主要负责人进行约谈，或者要求个人信息处理者委托专业机构对其个人信息处理活动进行合规审计。个人信息处理者应当按照要求采取措施，进行整改，消除隐患。

履行个人信息保护职责的部门在履行职责中，发现违法处理个人信息涉嫌犯罪的，应当及时移送公安机关依法处理。

◎ **部门规章**

《儿童个人信息网络保护规定》

第二十五条　网络运营者落实儿童个人信息安全管理责任不到位，存在较大安全风险或者发生安全事件的，由网信部门依据职责进行约谈，网络运营者应当及时采取措施进行整改，消除隐患。

《网络信息内容生态治理规定》

第三十六条 网络信息内容服务平台违反本规定第十一条第二款规定的，由设区的市级以上网信部门依据职责进行约谈，给予警告，责令限期改正；拒不改正或者情节严重的，责令暂停信息更新，按照有关法律、行政法规的规定予以处理。

《个人信息出境标准合同办法》

第十一条 省级以上网信部门发现个人信息出境活动存在较大风险或者发生个人信息安全事件的，可以依法对个人信息处理者进行约谈。个人信息处理者应当按照要求整改，消除隐患。

◎ **部门规范性文件**

《互联网新闻信息服务单位约谈工作规定》

第二条 国家互联网信息办公室、地方互联网信息办公室建立互联网新闻信息服务单位约谈制度。

本规定所称约谈，是指国家互联网信息办公室、地方互联网信息办公室在互联网新闻信息服务单位发生严重违法违规情形时，约见其相关负责人，进行警示谈话、指出问题、责令整改纠正的行政行为。

第三条 地方互联网信息办公室负责对本行政区域内的互联网新闻信息服务单位实施约谈，约谈情况应当及时向国家互联网信息办公室报告。

对存在重大违法情形的互联网新闻信息服务单位，由国家互联网信息办公室单独或联合属地互联网信息办公室实施约谈。

第四条 互联网新闻信息服务单位有下列情形之一的，国家互联网信息办公室、地方互联网信息办公室可对其主要负责人、总编辑等进行约谈：

（一）未及时处理公民、法人和其他组织关于互联网新闻信息服务的投诉、举报情节严重的；

（二）通过采编、发布、转载、删除新闻信息等谋取不正当利益的；

（三）违反互联网用户账号名称注册、使用、管理相关规定情节严重的；

（四）未及时处置违法信息情节严重的；

（五）未及时落实监管措施情节严重的；

（六）内容管理和网络安全制度不健全、不落实的；

（七）网站日常考核中问题突出的；

（八）年检中问题突出的；

（九）其他违反相关法律法规规定需要约谈的情形。

第六条 国家互联网信息办公室、地方互联网信息办公室通过约谈，及时指出互联网新闻信息服务单位存在的问题，并提出整改要求。

互联网新闻信息服务单位应当及时落实整改要求，依法提供互联网新闻信息服务。

第七条　国家互联网信息办公室、地方互联网信息办公室应当加强对互联网新闻信息服务单位的监督检查，并对其整改情况进行综合评估，综合评估可以委托第三方开展。

互联网新闻信息服务单位未按要求整改，或经综合评估未达到整改要求的，将依照《互联网信息服务管理办法》《互联网新闻信息服务管理规定》的有关规定给予警告、罚款、责令停业整顿、吊销许可证等处罚；互联网新闻信息服务单位被多次约谈仍然存在违法行为的，依法从重处罚。

第八条　国家互联网信息办公室、地方互联网信息办公室可将与互联网新闻信息服务单位的约谈情况向社会公开。约谈情况记入互联网新闻信息服务单位日常考核和年检档案。

约谈情况记入互联网新闻信息服务单位日常考核和年检档案。

《关于加强网络安全和数据保护工作的指导意见》

四、保障措施

……

（五）加强督导检查

要将网络安全与数据保护工作推进情况纳入本单位工作考核范畴，建立督查情况通报制度，对工作不力的要及时督查整改，确保网络安全和数据保护工作万无一失。对工作中出现问题造成不良后果的单位及人员要通报批评，造成严重后果的要依纪依法问责处理。

《工业和信息化领域数据安全管理办法（试行）》

第三十五条　行业监管部门在履行数据安全监督管理职责中，发现数据处理活动存在较大安全风险的，可以按照规定权限和程序对工业和信息化领域数据处理者进行约谈，并要求采取措施进行整改，消除隐患。

《关于规范货币经纪公司数据服务有关事项的通知》

（十二）金融监管部门加强对货币经纪公司数据服务的监督管理，对存在违反法律法规和本通知规定的，依法采取监管措施或者实施行政处罚。

> 第四十五条　【不履行数据安全保护义务的法律责任】
>
> 开展数据处理活动的组织、个人不履行本法第二十七条、第二十九条、第三十条规定的数据安全保护义务的，由有关主管部门责令改正，给予警告，可以并处五万元以上五十万元以下罚款，对直接负责

的主管人员和其他直接责任人员可以处一万元以上十万元以下罚款；拒不改正或者造成大量数据泄露等严重后果的，处五十万元以上二百万元以下罚款，并可以责令暂停相关业务、停业整顿、吊销相关业务许可证或者吊销营业执照，对直接负责的主管人员和其他直接责任人员处五万元以上二十万元以下罚款。

违反国家核心数据管理制度，危害国家主权、安全和发展利益的，由有关主管部门处二百万元以上一千万元以下罚款，并根据情况责令暂停相关业务、停业整顿、吊销相关业务许可证或者吊销营业执照；构成犯罪的，依法追究刑事责任。

关联法规

◎ **法律**

《刑法》

第一百一十一条 为境外的机构、组织、人员窃取、刺探、收买、非法提供国家秘密或者情报的，处五年以上十年以下有期徒刑；情节特别严重的，处十年以上有期徒刑或者无期徒刑；情节较轻的，处五年以下有期徒刑、拘役、管制或者剥夺政治权利。

第二百一十九条 有下列侵犯商业秘密行为之一，情节严重的，处三年以下有期徒刑，并处或者单处罚金；情节特别严重的，处三年以上十年以下有期徒刑，并处罚金：

（一）以盗窃、贿赂、欺诈、胁迫、电子侵入或者其他不正当手段获取权利人的商业秘密的；

（二）披露、使用或者允许他人使用以前项手段获取的权利人的商业秘密的；

（三）违反保密义务或者违反权利人有关保守商业秘密的要求，披露、使用或者允许他人使用其所掌握的商业秘密的。

明知前款所列行为，获取、披露、使用或者允许他人使用该商业秘密的，以侵犯商业秘密论。

本条所称权利人，是指商业秘密的所有人和经商业秘密所有人许可的商业秘密使用人。

第二百五十三条 邮政工作人员私自开拆或者隐匿、毁弃邮件、电报的，处二年以下有期徒刑或者拘役。

犯前款罪而窃取财物的，依照本法第二百六十四条的规定定罪从重处罚。

第二百八十五条 违反国家规定，侵入国家事务、国防建设、尖端科学技术领域的计算机信息系统的，处三年以下有期徒刑或者拘役。

违反国家规定，侵入前款规定以外的计算机信息系统或者采用其他技术手段，获取该计算机信息系统中存储、处理或者传输的数据，或者对该计算机信息系统实施非法控制，情节严重的，处三年以下有期徒刑或者拘役，并处或者单处罚金；情节特别严重的，处三年以上七年以下有期徒刑，并处罚金。提供专门用于侵入、非法控制计算机信息系统的程序、工具，或者明知他人实施侵入、非法控制计算机信息系统的违法犯罪行为而为其提供程序、工具，情节严重的，依照前款的规定处罚。

单位犯前三款罪的，对单位判处罚金，并对其直接负责的主管人员和其他直接责任人员，依照各该款的规定处罚。

第二百八十六条　违反国家规定，对计算机信息系统功能进行删除、修改、增加、干扰，造成计算机信息系统不能正常运行，后果严重的，处五年以下有期徒刑或者拘役；后果特别严重的，处五年以上有期徒刑。

违反国家规定，对计算机信息系统中存储、处理或者传输的数据和应用程序进行删除、修改、增加的操作，后果严重的，依照前款的规定处罚。

故意制作、传播计算机病毒等破坏性程序，影响计算机系统正常运行，后果严重的，依照第一款的规定处罚。

单位犯前三款罪的，对单位判处罚金，并对其直接负责的主管人员和其他直接责任人员，依照第一款的规定处罚。

《网络安全法》

第六十二条　违反本法第二十六条规定，开展网络安全认证、检测、风险评估等活动，或者向社会发布系统漏洞、计算机病毒、网络攻击、网络侵入等网络安全信息的，由有关主管部门责令改正，给予警告；拒不改正或者情节严重的，处一万元以上十万元以下罚款，并可以由有关主管部门责令暂停相关业务、停业整顿、关闭网站、吊销相关业务许可证或者吊销营业执照，对直接负责的主管人员和其他直接责任人员处五千元以上五万元以下罚款。

第六十四条　网络运营者、网络产品或者服务的提供者违反本法第二十二条第三款、第四十一条至第四十三条规定，侵害个人信息依法得到保护的权利的，由有关主管部门责令改正，可以根据情节单处或者并处警告、没收违法所得、处违法所得一倍以上十倍以下罚款，没有违法所得的，处一百万元以下罚款，对直接负责的主管人员和其他直接责任人员处一万元以上十万元以下罚款；情节严重的，并可以责令暂停相关业务、停业整顿、关闭网站、吊销相关业务许可证或者吊销营业执照。

违反本法第四十四条规定，窃取或者以其他非法方式获取、非法出售或者非法向他人提供个人信息，尚不构成犯罪的，由公安机关没收违法所得，并处违法所得一倍以上十倍以下罚款，没有违法所得的，处一百万元以下罚款。

第六十八条 网络运营者违反本法第四十七条规定，对法律、行政法规禁止发布或者传输的信息未停止传输、采取消除等处置措施、保存有关记录的，由有关主管部门责令改正，给予警告，没收违法所得；拒不改正或者情节严重的，处十万元以上五十万元以下罚款，并可以责令暂停相关业务、停业整顿、关闭网站、吊销相关业务许可证或者吊销营业执照，对直接负责的主管人员和其他直接责任人员处一万元以上十万元以下罚款。

电子信息发送服务提供者、应用软件下载服务提供者，不履行本法第四十八条第二款规定的安全管理义务的，依照前款规定处罚。

《个人信息保护法》

第六十六条 违反本法规定处理个人信息，或者处理个人信息未履行本法规定的个人信息保护义务的，由履行个人信息保护职责的部门责令改正，给予警告，没收违法所得，对违法处理个人信息的应用程序，责令暂停或者终止提供服务；拒不改正的，并处一百万元以

下罚款；对直接负责的主管人员和其他直接责任人员处一万元以上十万元以下罚款。

有前款规定的违法行为，情节严重的，由省级以上履行个人信息保护职责的部门责令改正，没收违法所得，并处五千万元以下或者上一年度营业额百分之五以下罚款，并可以责令暂停相关业务或者停业整顿、通报有关主管部门吊销相关业务许可或者吊销营业执照；对直接负责的主管人员和其他直接责任人员处十万元以上一百万元以下罚款，并可以决定禁止其在一定期限内担任相关企业的董事、监事、高级管理人员和个人信息保护负责人。

《未成年人保护法》

第一百二十七条 信息处理者违反本法第七十二条规定，或者网络产品和服务提供者违反本法第七十三条、第七十四条、第七十五条、第七十六条、第七十七条、第八十条规定的，由公安、网信、电信、新闻出版、广播电视、文化和旅游等有关部门按照职责分工责令改正，给予警告，没收违法所得，违法所得一百万元以上的，并处违法所得一倍以上十倍以下罚款，没有违法所得或者违法所得不足一百万元的，并处十万元以上一百万元以下罚款，对直接负责的主管人员和其他责任人员处一万元以上十万元以下罚款；拒不改正或者情节

严重的，并可以责令暂停相关业务、停业整顿、关闭网站、吊销营业执照或者吊销相关许可证。

《电子商务法》

第七十九条　电子商务经营者违反法律、行政法规有关个人信息保护的规定，或者不履行本法第三十条和有关法律、行政法规规定的网络安全保障义务的，依照《中华人民共和国网络安全法》等法律、行政法规的规定处罚。

《治安管理处罚法》

第二十九条　有下列行为之一的，处五日以下拘留；情节较重的，处五日以上十日以下拘留：

（一）违反国家规定，侵入计算机信息系统，造成危害的；

（二）违反国家规定，对计算机信息系统功能进行删除、修改、增加、干扰，造成计算机信息系统不能正常运行的；

（三）违反国家规定，对计算机信息系统中存储、处理、传输的数据和应用程序进行删除、修改、增加的；

（四）故意制作、传播计算机病毒等破坏性程序，影响计算机信息系统正常运行的。

《关于加强网络信息保护的决定》

十一、对有违反本决定行为的，依法给予警告、罚款、没收违法所得、吊销许可证或者取消备案、关闭网站、禁止有关责任人员从事网络服务业务等处罚，记入社会信用档案并予以公布；构成违反治安管理行为的，依法给予治安管理处罚。构成犯罪的，依法追究刑事责任。侵害他人民事权益的，依法承担民事责任。

《行政处罚法》

第八条　公民、法人或者其他组织因违法行为受到行政处罚，其违法行为对他人造成损害的，应当依法承担民事责任。

违法行为构成犯罪，应当依法追究刑事责任的，不得以行政处罚代替刑事处罚。

第九条　行政处罚的种类：

（一）警告、通报批评；

（二）罚款、没收违法所得、没收非法财物；

（三）暂扣许可证件、降低资质等级、吊销许可证件；

（四）限制开展生产经营活动、责令停产停业、责令关闭、限制从业；

（五）行政拘留；

（六）法律、行政法规规定的其他行政处罚。

◎ 行政法规

《计算机信息网络国际联网安全保护管理办法》

第二十一条　有下列行为之一的，由公安机关责令限期改正，给予警告，有违法所得的，没收违法所得；在规定的限期内未改正的，对单位的主管负责人员和其他直接责任人员可以并处 5000 元以下的罚款，对单位可以并处 1.5 万元以下的罚款；情节严重的，并可以给予 6 个月以内的停止联网、停机整顿的处罚，必要时可以建议原发证、审批机构吊销经营许可证或者取消联网资格。

（一）未建立安全保护管理制度的；

（二）未采取安全技术保护措施的；

（三）未对网络用户进行安全教育和培训的；

（四）未提供安全保护管理所需信息、资料及数据文件，或者所提供内容不真实的；

（五）对委托其发布的信息内容未进行审核或者对委托单位和个人未进行登记的；

（六）未建立电子公告系统的用户登记和信息管理制度的；

（七）未按照国家有关规定，删除网络地址、目录或者关闭服务器的；

（八）未建立公用账号使用登记制度的；

（九）转借、转让用户账号。

《关键信息基础设施安全保护条例》

第三十九条 运营者有下列情形之一的，由有关主管部门依据职责责令改正，给予警告；拒不改正或者导致危害网络安全等后果的，处 10 万元以上 100

万元以下罚款，对直接负责的主管人员处 1 万元以上 10 万元以下罚款：

（一）在关键信息基础设施发生较大变化，可能影响其认定结果时未及时将相关情况报告保护工作部门的；

（二）安全保护措施未与关键信息基础设施同步规划、同步建设、同步使用的；

（三）未建立健全网络安全保护制度和责任制的；

（四）未设置专门安全管理机构的；

（五）未对专门安全管理机构负责人和关键岗位人员进行安全背景审查的；

（六）开展与网络安全和信息化有关的决策没有专门安全管理机构人员参与的；

（七）专门安全管理机构未履行本条例第十五条规定的职责的；

（八）未对关键信息基础设施每年至少进行一次网络安全检测和风险评估，未对发现的安全问题及时整改，或者未按照保护工作部门要求报送情况的；

（九）采购网络产品和服务，未按照国家有关规定与网络产品和服务提供者签订安全保密协议的；

（十）发生合并、分立、解散等情况，未及时报告保护工作部门，或者未按照保护工作部门的要求对关键信息基础设施进行处置的。

第四十条　运营者在关键信息基础设施发生重大网络安全事件或者发现重大网络安全威胁时，未按照有关规定向保护工作部门、公安机关报告的，由保护工作部门、公安机关依据职责责令改正，给予警告；拒不改正或者导致危害网络安全等后果的，处 10 万元以上 100 万元以下罚款，对直接负责的主管人员处 1 万元以上 10 万元以下罚款。

第四十八条　电子政务关键信息基础设施的运营者不履行本条例规定的网络安全保护义务的，依照《中华人民共和国网络安全法》有关规定予以处理。

◎ 司法解释

《关于审理使用人脸识别技术处理个人信息相关民事案件适用法律若干问题的规定》

第十二条　信息处理者违反约定处理自然人的人脸信息，该自然人请求其承担违约责任的，人民法院依法予以支持。该自然人请求信息处理者承担违约责任时，请求删除人脸信息的，人民法院依法予以支持；信息处理者以双方未对人脸信息的删除作出约定为由抗辩的，人民法院不予支持。

◎ 部门规章

《个人信用信息基础数据库管理暂行办法》

第四十条　商业银行有本办法第三十八条至第三十九条规定情形的，中国人民银行可以建议商业银行对直接负责的董事、高级管理人员和其他直接责任人员给予纪律处分；涉嫌犯罪的，依法移交司法机关处理。

第四十一条　征信服务中心工作人员有下列情形之一的，由中国人民银行依法给予行政处分；涉嫌犯罪的，依法移交司法机关处理：

（一）违反本办法规定，篡改、毁损、泄露或非法使用个人信用信息的；

（二）与自然人、法人、其它组织恶意串通，提供虚假信用报告的。

《区块链信息服务管理规定》

第二十一条　区块链信息服务提供者违反本规定第十条的规定，制作、复制、发布、传播法律、行政法规禁止的信息内容的，由国家和省、自治区、直辖市互联网信息办公室依据职责给予警告，责令限期改正，改正前应当暂停相关业务；拒不改正或者情节严重的，并处二万元以上三万元以下罚款；构成犯罪的，依法追究刑事责任。

区块链信息服务使用者违反本规定第十条的规定，制作、复制、发布、传播法律、行政法规禁止的信息内容的，由国家和省、自治区、直辖市互联网信息办公室依照有关法律、行政法规的规定予以处理。

《汽车数据安全管理若干规定（试行）》

第十八条　汽车数据处理者违反本

规定的，由省级以上网信、工业和信息化、公安、交通运输等有关部门依照《中华人民共和国网络安全法》、《中华人民共和国数据安全法》等法律、行政法规的规定进行处罚；构成犯罪的，依法追究刑事责任。

《网络预约出租汽车经营服务管理暂行办法》

第三十七条　网约车平台公司违反本规定第十、十八、二十六、二十七条有关规定的，由网信部门、公安机关和通信主管部门按各自职责依照相关法律法规规定给予处罚；给信息主体造成损失的，依法承担民事责任；涉嫌犯罪的，依法追究刑事责任。

网约车平台公司及网约车驾驶员违法使用或者泄露约车人、乘客个人信息的，由公安、网信等部门依照各自职责处以 2000 元以上 10000 元以下罚款；给信息主体造成损失的，依法承担民事责任；涉嫌犯罪的，依法追究刑事责任。

网约车平台公司拒不履行或者拒不按要求为公安机关依法开展国家安全工作，防范、调查违法犯罪活动提供技术支持与协助的，由公安机关依法予以处罚；构成犯罪的，依法追究刑事责任。

权威案例

◎ **典型案例**

蔡某明与百某公司侵害名誉权、肖像权、姓名权、隐私权纠纷案【最高人民法院公布 8 起利用信息网络侵害人身权益典型案例之二（2014 年 10 月 19 日）】

典型意义： 本案涉及到网络服务提供者的责任边界问题，在三个方面具有参考意义：一是通知人通知的方式及效果与网络服务提供者公示的方式存在关系，只要通知人满足了网络服务提供者公示的通知方式，网络服务提供者就应当采取必要措施。二审法院认定原告委托的代理人投诉至原告律师函送达之间这一段期间的责任由百某公司承担，即以此为前提。二是判断网络服务提供者是否知道网络用户网络服务侵害他人权益，不能仅以其提供的服务中出现了侵权事实就当然推定其应当"知道"。三是要注意把握对公众人物的监督、表达自由与侵权之间的界限，实现两者之间的平衡，一、二审法院对删除"蔡某明吧"的诉讼请求不予支持，利益衡量妥当。

周某伟内幕交易案【最高人民法院发布 7 件人民法院依法惩处证券、期货犯罪典型案例之四（2020 年 9 月 24 日）】

典型意义： 内幕交易违反证券市场公开、公平、公正的证券交易原则，严重扰乱证券市场秩序，损害广大投资者合法利益。根据证券法的规定，证券交易内幕信息的知情人员和非法获取内幕信息的人员，在内幕信息公开前，不得买卖该公司的证券，或者泄露该信息，或者建议他人买卖该证券。本案被告人周某伟作为证券交易内幕信息知情人员，利用证券交易内幕信息从事内幕交易，证券交易成交额特别巨大，应当认定为"情节特别严重"。本案的正确处理，体现了从严惩处的精神，对证券交易所等证券监管人员从事内幕交易违法犯罪具有重要的警示作用。

山东赵某侵犯商业秘密案【2020年度检察机关保护知识产权典型案例之二（2021年4月25日）】

典型意义：（一）严厉惩治侵犯商业秘密犯罪，维护公平有序的竞争秩序。现代社会鼓励在改进技术、降低成本和提高产品质量基础上的公平竞争，非法披露、使用或允许他人使用权利人技术秘密和经营信息，获取市场份额和竞争优势的犯罪行为应当受到法律的严厉制裁。本案权利人是国内食品馅料行业的龙头企业，在该公司担任高管职务的赵某违反保密协议和诚信原则，将知悉的经营信息商业秘密披露给其他同业经营者，导致权利人生产经营遭受重大损失，造成特别严重后果，应当承担相应的刑事责任。

（二）充分发挥检察监督职能，查微析疑，发现漏罪线索。企业在长期生产经营过程中形成的能够为权利人带来竞争优势的用于经营的各类信息，直接关系到企业的生存与发展。本案所涉的客户名单等经营信息的价值性体现在其所伴随的交易机会、销售渠道以及销售利润，这些经营信息能够在联系销售业务中获得优势，提高竞争力，创造经济价值，具有现实及潜在的市场价值。禹城检察机关在办理其他案件中敏锐捕捉到经营信息被侵犯的犯罪线索，并引导公安机关开展侦查，查实了侵犯商业秘密犯罪，有效维护了企业合法权益。

（三）恪守客观公正，保障被告人权利。检察人员对于鉴定意见所采用的鉴定方法、鉴定依据进行了细致审查，认为本案权利人损失的数额计算有误，遂自行补充侦查，确定合理的损失计算方法，查明犯罪数额，准确认定案件事实、适用法律，体现了办案检察机关秉持客观公正立场，从存疑有利于被告人的原则出发，切实做到了公平公正、不枉不纵。

上海万某公司、于某某等侵犯商业秘密案【2020年度检察机关保护知识产权典型案例之三（2021年4月25日）】

典型意义：（一）依法加强商业秘密司法保护力度，维护公平竞争的经济秩序。侵犯商业秘密犯罪严重破坏市场竞争秩序和营商环境，抑制市场主体创新创造活力，中央高度重视商业秘密保护，明确要求强化商业秘密刑事执法。检察机关着力加强对商业秘密的保护力度，重点打击涉及高新技术、关键核心技术、事关企业生存和发展的侵犯商业秘密犯罪，全面维护权利人合法权益。

（二）综合运用证据形成锁链，全面查明犯罪事实。商业秘密案件涉及专业性、技术性问题多，查明侵权人犯罪过程和手段是办案难点之一。特别是在犯罪嫌疑人拒不认罪的情况下，检察机关要注意引导公安机关追查涉案技术信息来源、保密措施、泄密过程、保密义务等，收集固定侵权人违约情况、侵权情况等证据。同时，应注重加强与权利人沟通，准确确定商业秘密检材范围、内容及鉴定方法，广泛收集证人证言等其他证据，进而形成证据锁链，排除其他造成商业秘密泄露的可能性，从而证明被告人实施侵犯商业秘密犯罪。

（三）慎用刑事强制措施，在依法办案与避免冲击企业经营之间寻求平衡。检察机关在严惩犯罪保护知识产权的同时，也要注意服务保障"六稳""六保"，尽量减少司法活动对企业正常经营的影响。可以通过实地走访调查，了解侵权公司的经营规模、员工结构等情况，综合评判企业维持经营的实际需要及被告人到案后的认罪悔罪态度，审慎适用强制措施，可捕可不捕的坚决不捕，对已捕的涉案企业经营者依法开展羁押必要性审查，确保取得打击犯罪与维护生产经营的平衡。

浙江周某侵犯商业秘密案【2020 年度检察机关保护知识产权典型案例之四（2021年 4 月 25 日）】

典型意义：（一）依法惩治侵犯商业秘密犯罪，为国家高新技术企业发展护航。本案权利人春某动力公司系国家高新技术企业，多年来一直走自主创新发展模式，属于国内全地形车领域龙头企业。检察机关坚持知识产权案件专业化办理，有力指控犯罪的同时积极促成双方达成赔偿谅解协议，飞某公司、同某公司与春某动力公司达成谅解协议，同意停止侵权并赔偿人民币 300 万元，召回全部侵权产品，有力保护了商业秘密权利人的合法权益。

（二）借力专家智库，准确认定侵权行为和犯罪数额。由于商业秘密的认定以及是否构成对商业秘密的侵犯，往往具有较强专业性，通常需要听取有专门知识的人的意见。办案检察机关经过咨询涉案技术领域专家，认为涉案技术秘密的部分被公开但其他秘密点部分仍不为公众所知悉的，整体上应当认定为构成商业秘密，侵权行为成立，得到法院判决认可。本案侵权产品尚未获利，市场上缺乏类似许可使用的情况，价值评估条件欠缺。检察机关经与多家审计评估公司研讨，并带领评估人员赴案发企业调查核实，最终确定以侵权产品销售数×春某动力每台车辆利润×发动机价值与整车价值占比计算权利人损失作为犯罪数额，对同类案件的办理提供了有益借鉴。

（三）延伸检察职能，积极参与知识产权综合治理。办案检察机关认真梳理涉案企业在商业秘密保护制度、商业秘密载体管理、涉密企业管理等方面存在的漏洞，参考国内外先进涉密管理经验，提出建章立制、堵漏除弊的检察建议，助力企业堵塞漏洞。多次赴涉案企业走访交流，开展法治宣传，帮助企业提升商业秘密保护意识和能力，切实防止类似侵权案件发生。

王某某侵犯商业秘密案【检察机关依法惩治破坏市场竞争秩序犯罪典型案例之二（2022年8月4日）】

典型意义：（一）严惩侵犯商业秘密犯罪，维护市场创新激励机制。侵犯商业秘密的行为不仅损害了权利人对自身商业秘密的可期待利益，而且破坏了市场创新激励机制，可能导致创新投入的减少、技术研发进度的减慢，长此以往会损害市场经济的良性发展。本案中，A公司自主研发、设计多项技术信息，是这些商业秘密的权利人，这些技术形成的业务收入占A公司收入的绝大部分。被告人将权利人的百余张某图纸拷贝并使用，给商业秘密的权利人造成重大损失，企业经营陷入困局。这种不正当竞争行为，严重扰乱了公平竞争的市场经济秩序，损害了权利人合法权益，影响了创新企业技术研发的积极性，应当依法从严惩处。

（二）积极延伸检察职能，护航企业创新发展。检察机关在办案中发现，A公司系多年从事干燥技术研发的科技企业，其研发的多项干燥技术在全国、全省获奖。但是在注重研发科技创新的同时，对商业秘密的全面保护仍有不足。对此，检察机关及时制发检察建议帮助企业建章立制，完善内部防控监管机制，预防侵犯商业秘密等不正当竞争行为再次发生。同时，向企业推荐使用济南检察护航App，为企业提供在线法律咨询服务和风险防范建议；开展以案释法警示教育，线上线下同步助力企业发展。目前A公司失去的客户和市场已逐步回归，企业恢复正常运行。

郭某军等人违规披露、不披露重要信息案【最高法、最高检、公安部、中国证监会联合发布依法从严打击证券犯罪典型案例之二（2022年9月8日）】

典型意义： 1. 刑法规定的"依法负有信息披露义务的公司、企业"不限于上市公司，也包括其他披露义务人，其他信息披露义务人提供虚假信息，构成犯罪的，应当依法承担刑事责任。根据中国证监会《上市公司重大资产重组管理办法》《上市公司信息披露管理办法》等相关规定，刑法第一百六十一条规定的"依法负有信息披露义务的公司、企业"，除上市公司外还包括进行收购、重大资产重组、再融资、重大交易的有关各方以及破产管理人等。其他信息披露义务人应当向上市公司提供真实、准确、完整的信息，由上市公司向社会公开披露，这些义务人向上市公司提供虚假信息或隐瞒应当披露的重要信息，构成犯罪的，依法以违规披露、不披露重要信息罪追究刑事责任。

2. 准确把握本罪的追责对象，区分

单位承担刑事责任的不同情形。由于上市公司等负有信息披露义务的公司、企业所涉利益群体多元，为避免中小股东利益遭受双重损害，刑法规定对依法负有信息披露义务的公司、企业，只追究其直接负责的主管人员和其他直接责任人员的刑事责任，不追究单位的刑事责任。但是，为加大对控股股东、实际控制人等"关键少数"的惩治力度，刑法修正案（十一）增加规定，依法负有信息披露义务的公司、企业的控股股东、实际控制人是单位的，既追究该单位的刑事责任，也追究该单位直接负责的主管人员和其他直接责任人员的刑事责任。实践中，彻底查清事实并准确区分单罚与双罚适用的不同情形需要一定过程，因此行政机关向公安机关移送涉嫌犯罪案件、公安机关向检察机关移送起诉时，追诉对象可能既有单位也有个人，检察机关在审查时则应将单罚与双罚两种情形区分清楚，准确提起公诉。本案根据刑法规定，依法起诉郭某军等自然人而未起诉作为单位的九某集团，是正确的。

3. 依法严惩证券犯罪，根据各被告人的地位作用、退缴违法所得、认罪认罚等情况，区别对待、罚当其罪。本案被告人郭某军虽当庭认罪，但其系犯罪的决策者和组织者，依法判处实刑；被告人宋某生、杜某芳、王某听从郭某军的指挥，地位作用相对较小且自愿认罪认罚，其中王某还成立自首，对该三人均适用缓刑，起

到了震慑犯罪与分化瓦解的双重作用。

第四十六条　【违反数据出境管理规定的法律责任】

违反本法第三十一条规定，向境外提供重要数据的，由有关主管部门责令改正，给予警告，可以并处十万元以上一百万元以下罚款，对直接负责的主管人员和其他直接责任人员可以处一万元以上十万元以下罚款；情节严重的，处一百万元以上一千万元以下罚款，并可以责令暂停相关业务、停业整顿、吊销相关业务许可证或者吊销营业执照，对直接负责的主管人员和其他直接责任人员处十万元以上一百万元以下罚款。

关联法规

◎ **法律**

《网络安全法》

第三十七条　关键信息基础设施的运营者在中华人民共和国境内运营中收集和产生的个人信息和重要数据应当在境内存储。因业务需要，确需向境外提供的，应当按照国家网信部门会同国务院有关部门制定的办法进行安全评估；法律、行政

法规另有规定的，依照其规定。

第六十六条　关键信息基础设施的运营者违反本法第三十七条规定，在境外存储网络数据，或者向境外提供网络数据的，由有关主管部门责令改正，给予警告，没收违法所得，处五万元以上五十万元以下罚款，并可以责令暂停相关业务、停业整顿、关闭网站、吊销相关业务许可证或者吊销营业执照；对直接负责的主管人员和其他直接责任人员处一万元以上十万元以下罚款。

《国家安全法》

第二十五条　国家建设网络与信息安全保障体系，提升网络与信息安全保护能力，加强网络和信息技术的创新研究和开发应用，实现网络和信息核心技术、关键基础设施和重要领域信息系统及数据的安全可控；加强网络管理，防范、制止和依法惩治网络攻击、网络入侵、网络窃密、散布违法有害信息等网络违法犯罪行为，维护国家网络空间主权、安全和发展利益。

《密码法》

第二十七条　法律、行政法规和国家有关规定要求使用商用密码进行保护的关键信息基础设施，其运营者应当使用商用密码进行保护，自行或者委托商用密码检测机构开展商用密码应用安全性评估。商用密码应用安全性评估应当与关键信息基础设施安全检测评估、网络安全等级测评制度相衔接，避免重复评估、测评。

关键信息基础设施的运营者采购涉及商用密码的网络产品和服务，可能影响国家安全的，应当按照《中华人民共和国网络安全法》的规定，通过国家网信部门会同国家密码管理部门等有关部门组织的国家安全审查。

第四十七条　【从事数据交易中介服务的机构未履行说明审核义务的法律责任】

从事数据交易中介服务的机构未履行本法第三十三条规定的义务的，由有关主管部门责令改正，没收违法所得，处违法所得一倍以上十倍以下罚款，没有违法所得或者违法所得不足十万元的，处十万元以上一百万元以下罚款，并可以责令暂停相关业务、停业整顿、吊销相关业务许可证或者吊销营业执照；对直接负责的主管人员和其他直接责任人员处一万元以上十万元以下罚款。

关联法规

◎ 法律

《网络安全法》

第六十四条 网络运营者、网络产品或者服务的提供者违反本法第二十二条第三款、第四十一条至第四十三条规定，侵害个人信息依法得到保护的权利的，由有关主管部门责令改正，可以根据情节单处或者并处警告、没收违法所得、处违法所得一倍以上十倍以下罚款，没有违法所得的，处一百万元以下罚款，对直接负责的主管人员和其他直接责任人员处一万元以上十万元以下罚款；情节严重的，并可以责令暂停相关业务、停业整顿、关闭网站、吊销相关业务许可证或者吊销营业执照。

违反本法第四十四条规定，窃取或者以其他非法方式获取、非法出售或者非法向他人提供个人信息，尚不构成犯罪的，由公安机关没收违法所得，并处违法所得一倍以上十倍以下罚款，没有违法所得的，处一百万元以下罚款。

《证券法》

第二百一十三条 证券投资咨询机构违反本法第一百六十条第二款的规定擅自从事证券服务业务，或者从事证券服务业务有本法第一百六十一条规定行为的，责令改正，没收违法所得，并处以违法所得一倍以上十倍以下的罚款；

没有违法所得或者违法所得不足五十万元的，处以五十万元以上五百万元以下的罚款。对直接负责的主管人员和其他直接责任人员，给予警告，并处以二十万元以上二百万元以下的罚款。

会计师事务所、律师事务所以及从事资产评估、资信评级、财务顾问、信息技术系统服务的机构违反本法第一百六十条第二款的规定，从事证券服务业务未报备案的，责令改正，可以处二十万元以下的罚款。

证券服务机构违反本法第一百六十三条的规定，未勤勉尽责，所制作、出具的文件有虚假记载、误导性陈述或者重大遗漏的，责令改正，没收业务收入，并处以业务收入一倍以上十倍以下的罚款，没有业务收入或者业务收入不足五十万元的，处以五十万元以上五百万元以下的罚款；情节严重的，并处暂停或者禁止从事证券服务业务。对直接负责的主管人员和其他直接责任人员给予警告，并处以二十万元以上二百万元以下的罚款。

《行政处罚法》

第九条 行政处罚的种类：

（一）警告、通报批评；

（二）罚款、没收违法所得、没收非法财物；

（三）暂扣许可证件、降低资质等级、吊销许可证件；

（四）限制开展生产经营活动、责令停产停业、责令关闭、限制从业；

（五）行政拘留；

（六）法律、行政法规规定的其他行政处罚。

权威案例

◎ 典型案例

张某雄侵犯著作权罪案【2014 中国法院 10 大创新性知识产权案件之十（2015 年 4 月 20 日）】

创新意义：本案中的被告人所实施的并非作品提供行为，而是网络服务提供行为。目前的刑事司法实践中，对于此类帮助型间接侵权行为能否或有必要上升为刑事犯罪行为，即司法解释中"通过信息网络向公众传播"的行为是否包括提供网络服务的行为；如入罪，网络服务提供者应认定为正犯还是帮助犯；如系正犯，如何掌握"未经著作权人许可"等犯罪构成要件的审查标准，如何处理民刑衔接的证据认定和证明标准等问题在司法实践中都尚存争议。本案围绕网络服务提供行为这种新的犯罪类型，从入罪路径、犯罪构成要件审查、证据审查标准等角度进行了较为深入的研究和探索，具有一定的创新意义。

第四十八条　【拒不配合数据调取的法律责任】

违反本法第三十五条规定，拒不配合数据调取的，由有关主管部门责令改正，给予警告，并处五万元以上五十万元以下罚款，对直接负责的主管人员和其他直接责任人员处一万元以上十万元以下罚款。

违反本法第三十六条规定，未经主管机关批准向外国司法或者执法机构提供数据的，由有关主管部门给予警告，可以并处十万元以上一百万元以下罚款，对直接负责的主管人员和其他直接责任人员可以处一万元以上十万元以下罚款；造成严重后果的，处一百万元以上五百万元以下罚款，并可以责令暂停相关业务、停业整顿、吊销相关业务许可证或者吊销营业执照，对直接负责的主管人员和其他直接责任人员处五万元以上五十万元以下罚款。

关联法规

◎ **法律**

《网络安全法》

第六十四条 网络运营者、网络产品或者服务的提供者违反本法第二十二条第三款、第四十一条至第四十三条规定，侵害个人信息依法得到保护的权利的，由有关主管部门责令改正，可以根据情节单处或者并处警告、没收违法所得、处违法所得一倍以上十倍以下罚款，没有违法所得的，处一百万元以下罚款，对直接负责的主管人员和其他直接责任人员处一万元以上十万元以下罚款；情节严重的，并可以责令暂停相关业务、停业整顿、关闭网站、吊销相关业务许可证或者吊销营业执照。

违反本法第四十四条规定，窃取或者以其他非法方式获取、非法出售或者非法向他人提供个人信息，尚不构成犯罪的，由公安机关没收违法所得，并处违法所得一倍以上十倍以下罚款，没有违法所得的，处一百万元以下罚款。

第六十六条 关键信息基础设施的运营者违反本法第三十七条规定，在境外存储网络数据，或者向境外提供网络数据的，由有关主管部门责令改正，给予警告，没收违法所得，处五万元以上五十万元以下罚款，并可以责令暂停相关业务、停业整顿、关闭网站、吊销相

关业务许可证或者吊销营业执照；对直接负责的主管人员和其他直接责任人员处一万元以上十万元以下罚款。

第六十九条 网络运营者违反本法规定，有下列行为之一的，由有关主管部门责令改正；拒不改正或者情节严重的，处五万元以上五十万元以下罚款，对直接负责的主管人员和其他直接责任人员，处一万元以上十万元以下罚款：

（一）不按照有关部门的要求对法律、行政法规禁止发布或者传输的信息，采取停止传输、消除等处置措施的；

（二）拒绝、阻碍有关部门依法实施的监督检查的；

（三）拒不向公安机关、国家安全机关提供技术支持和协助的。

《国际刑事司法协助法》

第四条 中华人民共和国和外国按照平等互惠原则开展国际刑事司法协助。

国际刑事司法协助不得损害中华人民共和国的主权、安全和社会公共利益，不得违反中华人民共和国法律的基本原则。

非经中华人民共和国主管机关同意，外国机构、组织和个人不得在中华人民共和国境内进行本法规定的刑事诉讼活动，中华人民共和国境内的机构、组织和个人不得向外国提供证据材料和

本法规定的协助。

◎ **行政法规**

《计算机信息网络国际联网安全保护管理办法》

第二十一条 有下列行为之一的，由公安机关责令限期改正，给予警告，有违法所得的，没收违法所得；在规定的限期内未改正的，对单位的主管负责人员和其他直接责任人员可以并处 5000 元以下的罚款，对单位可以并处 1.5 万元以下的罚款；情节严重的，并可以给予 6 个月以内的停止联网、停机整顿的处罚，必要时可以建议原发证、审批机构吊销经营许可证或者取消联网资格。

（一）未建立安全保护管理制度的；

（二）未采取安全技术保护措施的；

（三）未对网络用户进行安全教育和培训的；

（四）未提供安全保护管理所需信息、资料及数据文件，或者所提供内容不真实的；

（五）对委托其发布的信息内容未进行审核或者对委托单位和个人未进行登记的；

（六）未建立电子公告系统的用户登记和信息管理制度的；

（七）未按照国家有关规定，删除网络地址、目录或者关闭服务器的；

（八）未建立公用账号使用登记制度的；

（九）转借、转让用户账号的。

◎ **司法解释**

《关于办理刑事案件收集提取和审查判断电子数据的规定》

第九条 具有下列情形之一，无法扣押原始存储介质的，可以提取电子数据，但应当在笔录中注明不能扣押原始存储介质的原因、原始存储介质的存放地点或者电子数据的来源等情况，并计算电子数据的完整性校验值：

（一）原始存储介质不便封存的；

（二）提取计算机内存数据、网络传输数据等不是存储在存储介质上的电子数据的；

（三）原始存储介质位于境外的；

（四）其他无法扣押原始存储介质的情形。

对于原始存储介质位于境外或者远程计算机信息系统上的电子数据，可以通过网络在线提取。

为进一步查明有关情况，必要时，可以对远程计算机信息系统进行网络远程勘验。进行网络远程勘验，需要采取技术侦查措施的，应当依法经过严格的批准手续。

第四十九条 【国家机关不履行数据安全保护义务的法律责任】

国家机关不履行本法规定的数据安全保护义务的，对直接负责的主管人员和其他直接责任人员依法给予处分。

关联法规

◎ 法律

《网络安全法》

第七十二条　国家机关政务网络的运营者不履行本法规定的网络安全保护义务的，由其上级机关或者有关机关责令改正；对直接负责的主管人员和其他直接责任人员依法给予处分。

《个人信息保护法》

第六十八条　国家机关不履行本法规定的个人信息保护义务的，由其上级机关或者履行个人信息保护职责的部门责令改正；对直接负责的主管人员和其他直接责任人员依法给予处分。

履行个人信息保护职责的部门的工作人员玩忽职守、滥用职权、徇私舞弊，尚不构成犯罪的，依法给予处分。

《监察法》

第十一条　监察委员会依照本法和有关法律规定履行监督、调查、处置职责：

（一）对公职人员开展廉政教育，对其依法履职、秉公用权、廉洁从政从业以及道德操守情况进行监督检查；

（二）对涉嫌贪污贿赂、滥用职权、玩忽职守、权力寻租、利益输送、徇私舞弊以及浪费国家资财等职务违法和职务犯罪进行调查；

（三）对违法的公职人员依法作出政务处分决定；对履行职责不力、失职失责的领导人员进行问责；对涉嫌职务犯罪的，将调查结果移送人民检察院依法审查、提起公诉；向监察对象所在单位提出监察建议。

第四十五条　监察机关根据监督、调查结果，依法作出如下处置：

（一）对有职务违法行为但情节较轻的公职人员，按照管理权限，直接或者委托有关机关、人员，进行谈话提醒、批评教育、责令检查，或者予以诫勉；

（二）对违法的公职人员依照法定程序作出警告、记过、记大过、降级、撤职、开除等政务处分决定；

（三）对不履行或者不正确履行职责负有责任的领导人员，按照管理权限对其直接作出问责决定，或者向有权作出问责决定的机关提出问责建议；

（四）对涉嫌职务犯罪的，监察机关经调查认为犯罪事实清楚，证据确实、充分的，制作起诉意见书，连同案卷材料、证据一并移送人民检察院依法审查、提起公诉；

（五）对监察对象所在单位廉政建设和履行职责存在的问题等提出监察建议。

监察机关经调查，对没有证据证明被调查人存在违法犯罪行为的，应当撤销案件，并通知被调查人所在单位。

《公务员法》

第六十一条　公务员因违纪违法应当承担纪律责任的，依照本法给予处分或者由监察机关依法给予政务处分；违纪违法行为情节轻微，经批评教育后改正的，可以免予处分。对同一违纪违法行为，监察机关已经作出政务处分决定的，公务员所在机关不再给予处分。

《密码法》

第三十四条　违反本法规定，发生核心密码、普通密码泄密案件的，由保密行政管理部门、密码管理部门建议有关国家机关、单位对直接负责的主管人员和其他直接责任人员依法给予处分或者处理。

违反本法第十七条第二款规定，发现核心密码、普通密码泄密或者影响核心密码、普通密码安全的重大问题、风险隐患，未立即采取应对措施，或者未及时报告的，由保密行政管理部门、密码管理部门建议有关国家机关、单位对

直接负责的主管人员和其他直接责任人员依法给予处分或者处理。

◎ 党内法规
《党委（党组）网络安全工作责任制实施办法》

第八条　各级党委（党组）违反或者未能正确履行本办法所列职责，按照有关规定追究其相关责任。

有下列情形之一的，各级党委（党组）应当逐级倒查，追究当事人、网络安全负责人直至主要负责人责任。协调监管不力的，还应当追究综合协调或监管部门负责人责任。

（一）党政机关门户网站、重点新闻网站、大型网络平台被攻击篡改，导致反动言论或者谣言等违法有害信息大面积扩散，且没有及时报告和组织处置的；

（二）地市级以上党政机关门户网站或者重点新闻网站受到攻击后没有及时组织处置，且瘫痪 6 小时以上的；

（三）发生国家秘密泄露、大面积个人信息泄露或者大量地理、人口、资源等国家基础数据泄露的；

（四）关键信息基础设施遭受网络攻击，没有及时处置导致大面积影响人民群众工作、生活，或者造成重大经济损失，或者造成严重不良社会影响的；

（五）封锁、瞒报网络安全事件情况，拒不配合有关部门依法开展调查、

处置工作，或者对有关部门通报的问题和风险隐患不及时整改并造成严重后果的；

（六）阻碍公安机关、国家安全机关依法维护国家安全、侦查犯罪以及防范、调查恐怖活动，或者拒不提供支持和保障的；

（七）发生其它严重危害网络安全行为的。

◎ **部门规范性文件**

《国家健康医疗大数据标准、安全和服务管理办法（试行）》

第四十条　卫生健康行政部门会同相关部门建立健康医疗大数据安全管理工作责任追究制度。对于违反本办法规定的单位和个人，由主管部门视情节轻重予以约谈、督导整改、诫勉、通报批评、处分或提出给予处分的建议；构成违法的，移送司法部门依法追究法律责任。

第五十条　【国家工作人员渎职的法律责任】

履行数据安全监管职责的国家工作人员玩忽职守、滥用职权、徇私舞弊的，依法给予处分。

关联法规

◎ **法律**

《刑法》

第九十三条　本法所称国家工作人员，是指国家机关中从事公务的人员。

国有公司、企业、事业单位、人民团体中从事公务的人员和国家机关、国有公司、企业、事业单位委派到非国有公司、企业、事业单位、社会团体从事公务的人员，以及其他依照法律从事公务的人员，以国家工作人员论。

第三百九十七条　国家机关工作人员滥用职权或者玩忽职守，致使公共财产、国家和人民利益遭受重大损失的，处三年以下有期徒刑或者拘役；情节特别严重的，处三年以上七年以下有期徒刑。本法另有规定的，依照规定。

国家机关工作人员徇私舞弊，犯前款罪的，处五年以下有期徒刑或者拘役；情节特别严重的，处五年以上十年以下有期徒刑。本法另有规定的，依照规定。

第三百九十九条　司法工作人员徇私枉法、徇情枉法，对明知是无罪的人而使他受追诉、对明知是有罪的人而故意包庇不使他受追诉，或者在刑事审判活动中故意违背事实和法律作枉法裁判的，处五年以下有期徒刑或者拘役；情节严重的，处五年以上十年以下有期徒刑；情节特别严重的，处十年以上有期徒刑。

在民事、行政审判活动中故意违背事实和法律作枉法裁判，情节严重的，处五年以下有期徒刑或者拘役；情节特别严重的，处五年以上十年以下有期徒刑。

在执行判决、裁定活动中，严重不负责任或者滥用职权，不依法采取诉讼保全措施、不履行法定执行职责，或者违法采取诉讼保全措施、强制执行措施，致使当事人或者其他人的利益遭受重大损失的，处五年以下有期徒刑或者拘役；致使当事人或者其他人的利益遭受特别重大损失的，处五年以上十年以下有期徒刑。

司法工作人员收受贿赂，有前三款行为的，同时又构成本法第三百八十五条规定之罪的，依照处罚较重的规定定罪处罚。

《网络安全法》

第七十三条　网信部门和有关部门违反本法第三十条规定，将在履行网络安全保护职责中获取的信息用于其他用途的，对直接负责的主管人员和其他直接责任人员依法给予处分。

网信部门和有关部门的工作人员玩忽职守、滥用职权、徇私舞弊，尚不构成犯罪的，依法给予处分。

《反电信网络诈骗法》

第四十五条　反电信网络诈骗工作有关部门、单位的工作人员滥用职权、玩忽职守、徇私舞弊，或者有其他违反本法规定行为，构成犯罪的，依法追究刑事责任。

《个人信息保护法》

第六十八条　国家机关不履行本法规定的个人信息保护义务的，由其上级机关或者履行个人信息保护职责的部门责令改正；对直接负责的主管人员和其他直接责任人员依法给予处分。

履行个人信息保护职责的部门的工作人员玩忽职守、滥用职权、徇私舞弊，尚不构成犯罪的，依法给予处分。

《电子商务法》

第八十七条　依法负有电子商务监督管理职责的部门的工作人员，玩忽职守、滥用职权、徇私舞弊，或者泄露、出售或者非法向他人提供在履行职责中所知悉的个人信息、隐私和商业秘密的，依法追究法律责任。

《保守国家秘密法》

第五十一条　保密行政管理部门的工作人员在履行保密管理职责中滥用职权、玩忽职守、徇私舞弊的，依法给予处分；构成犯罪的，依法追究刑事责任。

《密码法》

第四十条　密码管理部门和有关部门、单位的工作人员在密码工作中滥用职权、玩忽职守、徇私舞弊，或者泄露、非法向他人提供在履行职责中知悉的商业秘密和个人隐私的，依法给予处分。

◎ **行政法规**

《互联网信息服务管理办法》

第二十五条 电信管理机构和其他有关主管部门及其工作人员，玩忽职守、滥用职权、徇私舞弊，疏于对互联网信息服务的监督管理，造成严重后果，构成犯罪的，依法追究刑事责任；尚不构成犯罪的，对直接负责的主管人员和其他直接责任人员依法给予降级、撤职直至开除的行政处分。

《电信条例》

第七十八条 国务院信息产业主管部门或者省、自治区、直辖市电信管理机构工作人员玩忽职守、滥用职权、徇私舞弊，构成犯罪的，依法追究刑事责任；尚不构成犯罪的，依法给予行政处分。

《关键信息基础设施安全保护条例》

第四十四条 网信部门、公安机关、保护工作部门和其他有关部门及其工作人员未履行关键信息基础设施安全保护和监督管理职责或者玩忽职守、滥用职权、徇私舞弊的，依法对直接负责的主管人员和其他直接责任人员给予处分。

第四十五条 公安机关、保护工作部门和其他有关部门在开展关键信息基础设施网络安全检查工作中收取费用，

或者要求被检查单位购买指定品牌或者指定生产、销售单位的产品和服务的，由其上级机关责令改正，退还收取的费用；情节严重的，依法对直接负责的主管人员和其他直接责任人员给予处分。

第四十六条 网信部门、公安机关、保护工作部门等有关部门、网络安全服务机构及其工作人员将在关键信息基础设施安全保护工作中获取的信息用于其他用途，或者泄露、出售、非法向他人提供的，依法对直接负责的主管人员和其他直接责任人员给予处分。

第四十七条 关键信息基础设施发生重大和特别重大网络安全事件，经调查确定为责任事故的，除应当查明运营者责任并依法予以追究外，还应查明相关网络安全服务机构及有关部门的责任，对有失职、渎职及其他违法行为的，依法追究责任。

◎ **部门规章**

《公安机关互联网安全监督检查规定》

第二十六条 安机关及其工作人员在互联网安全监督检查工作中，玩忽职守、滥用职权、徇私舞弊的，对直接负责的主管人员和其他直接责任人员依法予以处分；构成犯罪的，依法追究刑事责任。

《网络招聘服务管理规定》

第三十九条 人力资源社会保障行政部门及其工作人员玩忽职守、滥用职

权、徇私舞弊的，对直接负责的领导人员和其他直接责任人员依法给予处分。

《网络交易监督管理办法》

第五十四条 市场监督管理部门的工作人员，玩忽职守、滥用职权、徇私舞弊，或者泄露、出售或者非法向他人提供在履行职责中所知悉的个人信息、隐私和商业秘密的，依法追究法律责任。

第五十一条 【非法数据处理活动的法律责任】

窃取或者以其他非法方式获取数据，开展数据处理活动排除、限制竞争，或者损害个人、组织合法权益的，依照有关法律、行政法规的规定处罚。

关联法规

◎ 法律

《刑法》

第二百五十三条之一 违反国家有关规定，向他人出售或者提供公民个人信息，情节严重的，处三年以下有期徒刑或者拘役，并处或者单处罚金；情节特别严重的，处三年以上七年以下有期徒刑，并处罚金。

违反国家有关规定，将在履行职责或者提供服务过程中获得的公民个人信息，出售或者提供给他人的，依照前款的规定从重处罚。

窃取或者以其他方法非法获取公民个人信息的，依照第一款的规定处罚。

单位犯前三款罪的，对单位判处罚金，并对其直接负责的主管人员和其他直接责任人员，依照各该款的规定处罚。

《网络安全法》

第四十四条 任何个人和组织不得窃取或者以其他非法方式获取个人信息，不得非法出售或者非法向他人提供个人信息。

《反电信网络诈骗法》

第四十二条 违反本法第十四条、第二十五条第一款规定的，没收违法所得，由公安机关或者有关主管部门处违法所得一倍以上十倍以下罚款，没有违法所得或者违法所得不足五万元的，处五十万元以下罚款；情节严重的，由公安机关并处十五日以下拘留。

《密码法》

第三十二条 违反本法第十二条规定，窃取他人加密保护的信息，非法侵入他人的密码保障系统，或者利用密码从事危害国家安全、社会公共利益、他人合法权益等违法活动的，由有关部门依照《中华人民共和国网络安全法》和其他有关法律、行政法规的规定追究法律责任。

《反垄断法》

第三条 本法规定的垄断行为包括：

（一）经营者达成垄断协议；

（二）经营者滥用市场支配地位；

（三）具有或者可能具有排除、限制竞争效果的经营者集中。

第六条 经营者可以通过公平竞争、自愿联合，依法实施集中，扩大经营规模，提高市场竞争能力。

第五十一条 被调查的经营者、利害关系人有权陈述意见。反垄断执法机构应当对被调查的经营者、利害关系人提出的事实、理由和证据进行核实。

◎ **党内法规**

《关于构建数据基础制度更好发挥数据要素作用的意见》

五、建立安全可控、弹性包容的数据要素治理制度

......

（十五）压实企业的数据治理责任。坚持"宽进严管"原则，牢固树立企业的责任意识和自律意识。鼓励企业积极参与数据要素市场建设，围绕数据来源、数据产权、数据质量、数据使用等，推行面向数据商及第三方专业服务机构的数据流通交易声明和承诺制。严格落实相关法律规定，在数据采集汇聚、加工处理、流通交易、共享利用等各环节，推动企业依法依规承担相应责任。企业应严格遵守反垄断法等相关法律规定，不得利用数据、算法等优势和技术手段排除、限制竞争，实施不正当竞争。规范企业参与政府信息化建设中的政务数据安全管理，确保有规可循、有序发展、安全可控。建立健全数据要素登记及披露机制，增强企业社会责任，打破"数据垄断"，促进公平竞争。

......

◎ **司法解释**

《关于依法惩处侵害公民个人信息犯罪活动的通知》

二、正确适用法律，实现法律效果与社会效果的有机统一。侵害公民个人信息犯罪是新型犯罪，各级公安机关、人民检察院、人民法院要从切实保护公民个人信息安全和维护社会和谐稳定的高度，借鉴以往的成功判例，综合考虑出售、非法提供或非法获取个人信息的次数、数量、手段和牟利数额、造成的损害后果等因素，依法加大打击力度，确保取得良好的法律效果和社会效果。出售、非法提供公民个人信息罪的犯罪主体，除国家机关或金融、电信、交通、医疗单位的工作人员之外，还包括在履行职责或者提供服务过程中获得公民个人信息的商业、房地产业等服务业中其他企事业单位的工作人员。公民个人信息包括公民的姓名、年龄、有效证件号码、婚姻状况、工作单位、学历、履历、家庭住址、电话号码等能够识别公民个人身份或者涉及公民个人隐私的信息、数据资料。对于在履行职责或者提供服务过程中，将获得的公民个人信息出售或者非法提供给他人，被他人用以实施犯罪，造成受害人人身伤害或者死亡，或者造成重大经济损失、恶劣社会影响的，或者出售、非法提供公民个人信息数量较大，或者违法所得数额较大的，均应当依法以非法出售、非法提供公民个人信息罪追究刑事责任。对于窃取或者以购买等方法非法获取公民个人信息数量较大，或者违法所得数额较大，或者造成其他严重后果的，应当依法以非法获取公民个人信息罪追究刑事责任。对使用非法获取的个人信息，实施其他犯罪行为，构成数罪的，应当依法予以并罚。单位实施侵害公民个人信息罪的，应当追究直接负责的主管人员和其他直接责任人员的刑事责任。要依法加大对财产刑的适用力度，剥夺犯罪分子非法获利和再次犯罪的资本。

《检察机关办理侵犯公民个人信息案件指引》

二、需要特别注意的问题

……

（三）对"非法获取"的审查认定

在窃取或者以其他方法非法获取公民个人信息的行为中，需要着重把握"其他方法"的范围问题。"其他方法"，是指"窃取"以外，与窃取行为具有同等危害性的方法，其中，购买是最常见的非法获取手段。侵犯公民个人信息犯罪作为电信网络诈骗的上游犯罪，诈骗分子往往先通过网络向他人购买公民个人信息，然后自己直接用于诈骗或转发给其他同伙用于诈骗，诈骗分子购买公民个人信息的行为属于非法获取行为，其同伙接收公民个人信息的行为明显也属于非法获取行为。同时，一些房产中介、物业管理公司、保险公司、担保公司的业务员往往与同行通过QQ、微信群相互交换各自掌握的客户信息，这种交换行为也属于非法获取行为。此外，行为人在履行职责、提供服务过程中，违反国家有关规定，未经他人同意收集公民个人信息，或者收集与提供的服务无关的公民个人信息的，也属于非法获取公民个人信息的行为。

《关于办理电信网络诈骗等刑事案件适用法律的意见（二）》

五、非法获取、出售、提供具有信息发布、即时通讯、支付结算等功能的互联网账号密码、个人生物识别信息，符合刑法第二百五十三条之一规定的，以侵犯公民个人信息罪追究刑事责任。

对批量前述互联网账号密码、个人生物识别信息的条数，根据查获的数量直接认定，但有证据证明信息不真实或者重复的除外。

◎ 部门规章

《小微型客车租赁经营服务管理办法》

第二十六条 小微型客车租赁经营者和受委托的电子商务平台经营者，违反国家反恐怖、道路运输经营、网络安全、个人信息保护、数据安全、电子商务等方面的法律法规，按照相关规定进行处罚。

◎ 部门规范性文件

《工业和信息化领域数据安全管理办法（试行）》

第三十八条 开展涉及个人信息的数据处理活动，还应当遵守有关法律、行政法规的规定。

权威案例

◎ 典型案例

北京何某亮等人侵犯商业秘密案【2016年度检察机关保护知识产权十大典型案例之七（2017年4月25日）】

评析意见： 本案系北京市首例涉及企业数据库的侵犯商业秘密案，案件专业性强，被告人均具有专业背景和较高学历，反侦查能力强，被抓获后拒不认罪，取证难度大。为及时锁定案件关键证据，检察机关在侦查阶段提出的引导侦查意见被公安机关采纳，对大某公司的销售客户突袭调取证据，确保了案件质量。对于发现的原有非公知性鉴定意见部分涉及公知内容这一瑕疵证据，检察官通过多次走访

鉴定机构、咨询专家、讯问犯罪嫌疑人、询问证人后，主动申请其他机构重新鉴定，排除了有瑕疵的原鉴定意见，为准确认定犯罪发挥重要作用。同时，检察机关在审查公安机关首先移送的何某亮、刘刚案件中，发现臧某杰虽未直接参与产品研发，但其作为大某公司的负责人在犯罪中起着主要作用，及时固定了其参与共同犯罪的客观证据，依法对其追加起诉，确保案件公正审理。

"金某毒霸"不正当竞争纠纷案【2018年中国法院10大知识产权案件和50件典型知识产权案例之七（2019年4月17日）】

典型意义： 公平有序、充满活力的竞争机制是释放各类创新主体创新活力的重要保障。随着互联网技术的不断发展，网络环境下的市场竞争行为日趋激烈，流量成为经营主体在互联网空间中的重要争夺目标。本案涉及网络环境下竞争行为正当性的判断，法院认为，安全类软件在计算机系统中拥有优先权限，但经营者对该特权的运用应当审慎，对终端用户及其他服务提供者的干预行为应以"实现功能所必需"为前提。以保障计算机系统安全为名，通过虚假弹窗、恐吓弹窗等方式擅自变更或诱导用户变更其浏览器主页，不正当地抢夺流量利益的行为，不仅损害了其他经营者的合法权益，也侵害了终端用户的知情权与选择权，有违诚实信用原则和公认的商业道德。人民法院在本案既注意审查被诉侵权行为是否符合法律明文列举

的行为类型，也充分注意综合评估该行为对竞争的积极和消极效果，妥善地处理好了技术创新与竞争秩序维护之间的关系。

深圳市谷某科技有限公司与武汉元某科技有限公司、邵某霜等不正当竞争纠纷案【最高人民法院发布10起中国互联网司法典型案例之七（2019年12月4日）】

典型意义：大数据作为一种信息时代的重要资源，蕴含着巨大的经济和社会价值，在当前大数据行业蓬勃发展的同时，相关行业规范和行为准则亟待树立。本案明确他人未经许可利用网络爬虫技术盗用大数据资源，用于经营同类应用程序的，构成不正当竞争。本案判决有利于确立大数据行业行为规范，促进经营者遵循商业道德，开展公平、良性竞争。

深圳市腾某计算机系统有限公司、腾某科技（深圳）有限公司与浙江搜某网络技术有限公司、杭州聚某通科技有限公司不正当竞争纠纷案【2020年中国法院10大知识产权案件之八（2021年4月16日）】

典型意义：本案系涉及数据权益归属判断及数据抓取行为正当性认定的典型案件。本案判决兼顾平衡了各相关方的利益，合理划分了各类数据权益的权属及边界，为数据权益司法保护提供了理性分析基础，也为防止数据垄断、完善数字经济法律制度、促进数字经济健康发展提供了可借鉴的司法例证。

"微信群控"不正当竞争纠纷案【人民法院反垄断和反不正当竞争典型案例之六

（2021年9月27日）】

典型意义：本案系全国首例涉及微信数据权益认定的案件。数据作为数字经济的关键生产要素已成为市场激烈竞争的重要资源，数据权益的权属、权利边界以及数据抓取行为不正当性应如何判断，受到社会广泛关注。本案判决兼顾平衡了各方利益，为数据权益司法保护提供了理性分析基础，也为构建数据权属规则、完善数字经济法律制度提供了可借鉴的司法例证。对防止数据垄断，促进数字经济创新发展亦具有积极意义。

第五十二条　【其他法律责任】

违反本法规定，给他人造成损害的，依法承担民事责任。

违反本法规定，构成违反治安管理行为的，依法给予治安管理处罚；构成犯罪的，依法追究刑事责任。

关联法规

◎ **法律**

《民法典》

第一百七十九条　承担民事责任的方式主要有：

（一）停止侵害；

（二）排除妨碍；

（三）消除危险；

（四）返还财产；

（五）恢复原状；

（六）修理、重作、更换；

（七）继续履行；

（八）赔偿损失；

（九）支付违约金；

（十）消除影响、恢复名誉；

（十一）赔礼道歉。

法律规定惩罚性赔偿的，依照其规定。本条规定的承担民事责任的方式，可以单独适用，也可以合并适用。

《刑法》

第二百五十三条 邮政工作人员私自开拆或者隐匿、毁弃邮件、电报的，处二年以下有期徒刑或者拘役。

犯前款罪而窃取财物的，依照本法第二百六十四条的规定定罪从重处罚。

第二百八十六条 违反国家规定，对计算机信息系统功能进行删除、修改、增加、干扰，造成计算机信息系统不能正常运行，后果严重的，处五年以下有期徒刑或者拘役；后果特别严重的，处五年以上有期徒刑。

违反国家规定，对计算机信息系统中存储、处理或者传输的数据和应用程序进行删除、修改、增加的操作，后果严重的，依照前款的规定处罚。

故意制作、传播计算机病毒等破坏性程序，影响计算机系统正常运行，后果严重的，依照第一款的规定处罚。

单位犯前三款罪的，对单位判处罚金，并对其直接负责的主管人员和其他直接责任人员，依照第一款的规定处罚。

第二百八十七条 利用计算机实施金融诈骗、盗窃、贪污、挪用公款、窃取国家秘密或者其他犯罪的，依照本法有关规定定罪处罚。

《网络安全法》

第七十四条 违反本法规定，给他人造成损害的，依法承担民事责任。

违反本法规定，构成违反治安管理行为的，依法给予治安管理处罚；构成犯罪的，依法追究刑事责任。

《个人信息保护法》

第六十九条 处理个人信息侵害个人信息权益造成损害，个人信息处理者不能证明自己没有过错的，应当承担损害赔偿等侵权责任。

前款规定的损害赔偿责任按照个人因此受到的损失或者个人信息处理者因此获得的利益确定；个人因此受到的损失和个人信息处理者因此获得的利益难以确定的，根据实际情况确定赔偿数额。

第七十条 个人信息处理者违反本法规定处理个人信息，侵害众多个人的权益的，人民检察院、法律规定的消费者组织和由国家网信部门确定的组织可以依法向人民法院提起诉讼。

第七十一条　违反本法规定，构成违反治安管理行为的，依法给予治安管理处罚；构成犯罪的，依法追究刑事责任。

《未成年人保护法》

第一百二十九条　违反本法规定，侵犯未成年人合法权益，造成人身、财产或者其他损害的，依法承担民事责任。

违反本法规定，构成违反治安管理行为的，依法给予治安管理处罚；构成犯罪的，依法追究刑事责任。

《治安管理处罚法》

第二条　扰乱公共秩序，妨害公共安全，侵犯人身权利、财产权利，妨害社会管理，具有社会危害性，依照《中华人民共和国刑法》的规定构成犯罪的，依法追究刑事责任；尚不够刑事处罚的，由公安机关依照本法给予治安管理处罚。

◎ 行政法规

《关键信息基础设施安全保护条例》

第四十九条　违反本条例规定，给他人造成损害的，依法承担民事责任。

违反本条例规定，构成违反治安管理行为的，依法给予治安管理处罚；构成犯罪的，依法追究刑事责任。

◎ 部门规章

《个人信用信息基础数据库管理暂行办法》

第四十三条　本办法所称商业银行，是指在中华人民共和国境内设立的商业银行、城市信用合作社、农村信用合作社以及经国务院银行业监督管理机构批准的专门从事信贷业务的其他金融机构。

《通信网络安全防护管理办法》

第二十三条　电信管理机构的工作人员违反本办法第二十条、第二十一条规定的，依法给予行政处分；构成犯罪的，依法追究刑事责任。

《网络信息内容生态治理规定》

第四十条　违反本规定，给他人造成损害的，依法承担民事责任；构成犯罪的，依法追究刑事责任；尚不构成犯罪的，由有关主管部门依照有关法律、行政法规的规定予以处罚。

《网络招聘服务管理规定》

第四十条　违反本规定，给他人造成损害的，依法承担民事责任。违反其他法律、行政法规的，由有关主管部门依法给予处罚。

违反本规定，构成违反治安管理行为的，依法给予治安管理处罚；构成犯罪的，依法追究刑事责任

《网络交易监督管理办法》

第五十五条　违反本办法规定，构成犯罪的，依法追究刑事责任。

《网络安全审查办法》

第二十条 当事人违反本办法规定的，依照《中华人民共和国网络安全法》、《中华人民共和国数据安全法》的规定处理。

《数据出境安全评估办法》

第十八条 违反本办法规定的，依据《中华人民共和国网络安全法》、《中华人民共和国数据安全法》、《中华人民共和国个人信息保护法》等法律法规处理；构成犯罪的，依法追究刑事责任。

◎ **部门规范性文件**

《工业和信息化领域数据安全管理办法（试行）》

第三十六条 有违反本办法规定行为的，由行业监管部门按照相关法律法规，根据情节严重程度给予没收违法所得、罚款、暂停业务、停业整顿、吊销业务许可证等行政处罚；构成犯罪的，依法追究刑事责任。

权威案例

◎ **指导性案例**

张某毛盗窃案【最高检指导案例第 37 号】

要旨：网络域名具备法律意义上的财产属性，盗窃网络域名可以认定为盗窃行为。

◎ **典型案例**

周某全等 7 人经营思路网侵犯著作权罪案【2014 中国法院 10 大创新性知识产权案件之十（2015 年 4 月 20 日）】

创新意义：思某网号称"中国最大的数字高清门户网站"、国内最"顶尖"的蓝光高清网站。思某网管理层汇聚了多名 IT 精英，在案被告人均为大学文化程度。该网站刊载高清资讯和高清电影，表面上看是一个介绍蓝光技术的普通网站，但其链接到的"HDstar 论坛"却存有大量蓝光高清格式的盗版电影和电视剧资源可供付费下载，网络上的很多盗版高清影片片源均来自思某网。通过这种方式，思某网积累了大量的注册用户，成为国内最"著名"的盗版高清电影网站。该案判决对于打击互联网环境下著作权犯罪、保护知识产权具有重要作用。

王某某贪污案【人民法院依法惩处医骗保犯罪典型案例之五（2021 年 10 月 28 日）】

典型意义：本案是医保局工作人员利用职务便利，贪污医疗保障基金的典型案例。本案被告人王某某身为鄂州市医疗保险局工作人员，在医保局窗口工作期间，利用负责医保基金复核报销、付款确认等职务便利，将他人已经报销的住院医疗费重新报销或虚构他人医疗费用予以报销，套取国家医疗保障基金，并将赃款用于非法活动，情节特别严重，依法以贪污罪定罪处罚。本案的判处，警示从事医疗保障基金相关工作的国家工作人员依法履行职责，审慎行使权力，维护医疗保障基金安全。

第七章　附　　则

第五十三条　【法律适用】

开展涉及国家秘密的数据处理活动，适用《中华人民共和国保守国家秘密法》等法律、行政法规的规定。

在统计、档案工作中开展数据处理活动，开展涉及个人信息的数据处理活动，还应当遵守有关法律、行政法规的规定。

关联法规

◎ 法律

《刑法》

第一百一十一条　有下列间谍行为之一，危害国家安全的，处十年以上有期徒刑或者无期徒刑；情节较轻的，处三年以上十年以下有期徒刑：

（一）参加间谍组织或者接受间谍组织及其代理人的任务的；

（二）为敌人指示轰击目标的。

第三百九十八条　国家机关工作人员违反保守国家秘密法的规定，故意或者过失泄露国家秘密，情节严重的，处三年以下有期徒刑或者拘役；情节特别严重的，

处三年以上七年以下有期徒刑。

非国家机关工作人员犯前款罪的，依照前款的规定酌情处罚。

《网络安全法》

第七十七条　存储、处理涉及国家秘密信息的网络的运行安全保护，除应当遵守本法外，还应当遵守保密法律、行政法规的规定。

《统计法》

第二十五条　统计调查中获得的能够识别或者推断单个统计调查对象身份的资料，任何单位和个人不得对外提供、泄露，不得用于统计以外的目的。

《保守国家秘密法》

第二条　国家秘密是关系国家安全和利益，依照法定程序确定，在一定时间内只限一定范围的人员知悉的事项。

第四条　保守国家秘密的工作（以下简称保密工作），实行积极防范、突出重点、依法管理的方针，既确保国家秘密安全，又便利信息资源合理利用。

法律、行政法规规定公开的事项，应当依法公开。

第九条　下列涉及国家安全和利益的事项，泄露后可能损害国家在政治、经

济、国防、外交等领域的安全和利益的，应当确定为国家秘密：

（一）国家事务重大决策中的秘密事项；

（二）国防建设和武装力量活动中的秘密事项；

（三）外交和外事活动中的秘密事项以及对外承担保密义务的秘密事项；

（四）国民经济和社会发展中的秘密事

（五）科学技术中的秘密事项；

（六）维护国家安全活动和追查刑事犯罪中的秘密事项；

（七）经国家保密行政管理部门确定的其他秘密事项。

政党的秘密事项中符合前款规定的，属于国家秘密。

《档案法》

第二条 从事档案收集、整理、保护、利用及其监督管理活动，适用本法。

本法所称档案，是指过去和现在的机关、团体、企业事业单位和其他组织以及个人从事经济、政治、文化、社会、生态文明、军事、外事、科技等方面活动直接形成的对国家和社会具有保存价值的各种文字、图表、声像等不同形式的历史记录。

第二十八条 档案馆应当通过其网站或者其他方式定期公布开放档案的目录，不断完善利用规则，创新服务形式，强化服务功能，提高服务水平，积极为档案的利用创造条件，简化手续，提供便利。

单位和个人持有合法证明，可以利用已经开放的档案。档案馆不按规定开放利用的，单位和个人可以向档案主管部门投诉，接到投诉的档案主管部门应当及时调查处理并将处理结果告知投诉人。

利用档案涉及知识产权、个人信息的，应当遵守有关法律、行政法规的规定。

◎ 部门规章

《网络安全审查办法》

第二十二条 涉及国家秘密信息的，依照国家有关保密规定执行。

国家对数据安全审查、外商投资安全审查另有规定的，应当同时符合其规定。

◎ 部门规范性文件

《教育部机关及直属事业单位教育数据管理办法》

第三十九条 共享数据涉及国家秘密、商业秘密和个人隐私的，提供部门和使用部门应当遵守有关保密的法律法规，在数据共享工作中分别承担相应的安全保障责任。

《国家健康医疗大数据标准、安全和服务管理办法（试行）》

第十七条 责任单位应当建立健全相关安全管理制度、操作规程和技术规范，落实"一把手"责任制，加强安全保障体系建设，强化统筹管理和协调监督，保障健康医疗大数据安全。

涉及国家秘密的健康医疗大数据的安全、管理和使用等，按照国家有关保密规定执行。责任单位应当建立健全涉及国家秘密的健康医疗大数据管理与使用制度，对制作、审核、登记、拷贝、传输、销毁等环节进行严格管理。

《工业数据分类分级指南（试行）》

第三条　本指南适用于工业和信息化主管部门、工业企业、平台企业等开展工业数据分类分级工作。涉及国家秘密信息的工业数据，应遵守保密法律法规的规定，不适用本指南。

《监管数据安全管理办法（试行）》

第三十二条　涉密监管数据按照国家和银保监会保密管理有关规定进行管理。

《文化和旅游部政务数据资源管理办法（试行）》

第二条　本办法用于规范文化和旅游政务部门开展的数据资源规划、采集、汇聚、共享、应用、安全及其有关管理活动。涉及国家秘密的政务数据资源管理，按照有关法律法规规定执行。

《工业和信息化领域数据安全管理办法（试行）》

第三十八条　开展涉及个人信息的数据处理活动，还应当遵守有关法律、行政法规的规定。

第三十九条　涉及军事、国家秘密信息等数据处理活动，按照国家有关规定执行。

第五十四条　【军事数据安全的保护】

军事数据安全保护的办法，由中央军事委员会依据本法另行制定。

关联法规

◎ 法律

《网络安全法》

第七十八条　军事网络的安全保护，由中央军事委员会另行规定。

《密码法》

第四十三条　中国人民解放军和中国人民武装警察部队的密码工作管理办法，由中央军事委员会根据本法制定。

《档案法》

第五十二条　中国人民解放军和中国人民武装警察部队的档案工作，由中央军事委员会依照本法制定管理办法。

《立法法》

第一百一十七条　中央军事委员会根据宪法和法律，制定军事法规。

中国人民解放军各战区、军兵种和中国人民武装警察部队，可以根据法律和中央军事委员会的军事法规、决定、命令，在其权限范围内，制定军事规章。

军事法规、军事规章在武装力量内部实施。

军事法规、军事规章的制定、修改和废止办法，由中央军事委员会依照本法规定的原则规定。

◎ 部门规范性文件

《工业和信息化领域数据安全管理办法

（试行）》

第三十九条 涉及军事、国家秘密信息等数据处理活动，按照国家有关规定执行。

第五十五条 【施行日期】

本法自 2021 年 9 月 1 日起施行。

第五篇　网信工作个人信息保护规范与案例

编者按：第五篇《网信工作个人信息保护规范与案例》以《个人信息保护法》为主干，将网络安全与数字经济领域的相关法律法规分类纳入到每个对应条文中，形成关联法规体系。在此基础上，再将收集到的最高人民法院、最高人民检察院发布的网络安全与数字经济领域指导性案例、公报案例和典型案例等权威案例分类纳入到最为相关的条文中。

《个人信息保护法》

第一章 总 则

第一条 【立法目的】

为了保护个人信息权益，规范个人信息处理活动，促进个人信息合理利用，根据宪法，制定本法。

关联法规

◎ **法律**

《宪法》

第三十七条 中华人民共和国公民的人身自由不受侵犯。

任何公民，非经人民检察院批准或者决定或者人民法院决定，并由公安机关执行，不受逮捕。

禁止非法拘禁和以其他方法非法剥夺或者限制公民的人身自由，禁止非法搜查公民的身体。

第三十八条 中华人民共和国公民的人格尊严不受侵犯。禁止用任何方法对公民进行侮辱、诽谤和诬告陷害。

第五十八条 全国人民代表大会和全国人民代表大会常务委员会行使国家立法权。

《民法典》

第一百零九条 自然人的人身自由、人格尊严受法律保护。

第九百九十条 人格权是民事主体享有的生命权、身体权、健康权、姓名权、名称权、肖像权、名誉权、荣誉权、隐私权等权利。

除前款规定的人格权外，自然人享有基于人身自由、人格尊严产生的其他人格权益。

第一千零三十四条 自然人的个人信息受法律保护。

个人信息是以电子或者其他方式记录的能够单独或者与其他信息结合识别特定自然人的各种信息，包括自然人的姓名、出生日期、身份证件号码、生物识别信息、住址、电话号码、电子邮箱、健康信息、行踪信息等。

个人信息中的私密信息，适用有关隐私权的规定；没有规定的，适用有关个人信息保护的规定。

《网络安全法》

第一条　为了保障网络安全，维护网络空间主权和国家安全、社会公共利益，保护公民、法人和其他组织的合法权益，促进经济社会信息化健康发展，制定本法。

《反电信网络诈骗法》

第一条　为了预防、遏制和惩治电信网络诈骗活动，加强反电信网络诈骗工作，保护公民和组织的合法权益，维护社会稳定和国家安全，根据宪法，制定本法。

《数据安全法》

第一条　为了规范数据处理活动，保障数据安全，促进数据开发利用，保护个人、组织的合法权益，维护国家主权、安全和发展利益，制定本法。

《电子商务法》

第一条　为了保障电子商务各方主体的合法权益，规范电子商务行为，维护市场秩序，促进电子商务持续健康发展，制定本法。

《居民身份证法》

第一条　为了证明居住在中华人民共和国境内的公民的身份，保障公民的合法权益，便利公民进行社会活动，维护社会秩序，制定本法。

《消费者权益保护法》

第一条　为保护消费者的合法权益，维护社会经济秩序，促进社会主义市场经济健康发展，制定本法。

《国家安全法》

第一条　为了维护国家安全，保卫人民民主专政的政权和中国特色社会主义制度，保护人民的根本利益，保障改革开放和社会主义现代化建设的顺利进行，实现中华民族伟大复兴，根据宪法，制定本法。

《电子签名法》

第一条　为了规范电子签名行为，确立电子签名的法律效力，维护有关各方的合法权益，制定本法。

《密码法》

第一条　为了规范密码应用和管理，促进密码事业发展，保障网络与信息安全，维护国家安全和社会公共利益，保护公民、法人和其他组织的合法权益，制定本法。

《未成年人保护法》

第一条　为了保护未成年人身心健康，保障未成年人合法权益，促进未成年人德智体美劳全面发展，培养有理想、有道德、有文化、有纪律的社会主义建设者和接班人，培养担当民族复兴大任的时代新人，根据宪法，制定本法。

◎ **行政法规**

《计算机信息网络国际联网管理暂行规定》

第一条　为了加强对计算机信息网络国际联网的管理，保障国际计算机信息交流的健康发展，制定本规定。

《计算机信息系统安全保护条例》

第一条　为了保护计算机信息系统的安全，促进计算机的应用和发展，保障社会主义现代化建设的顺利进行，制定本条例。

《互联网信息服务管理办法》

第一条　为了规范互联网信息服务活动，促进互联网信息服务健康有序发展，制定本办法。

《计算机信息网络国际联网安全保护管理办法》

第一条　为了加强对计算机信息网络国际联网的安全保护，维护公共秩序和社会稳定，根据《中华人民共和国计算机信息系统安全保护条例》、《中华人民共和国计算机信息网络国际联网管理暂行规定》和其他法律、行政法规的规定，制定本办法。

《电信条例》

第一条　为了规范电信市场秩序，维护电信用户和电信业务经营者的合法权益，保障电信网络和信息的安全，促进电信业的健康发展，制定本条例。

《政府信息公开条例》

第一条　为了保障公民、法人和其他组织依法获取政府信息，提高政府工作的透明度，建设法治政府，充分发挥政府信息对人民群众生产、生活和经济社会活动的服务作用，制定本条例。

◎ 部门规章

《互联网安全保护技术措施规定》

第一条　为加强和规范互联网安全技术防范工作，保障互联网网络安全和信息安全，促进互联网健康、有序发展，维护国家安全、社会秩序和公共利益，根据《计算机信息网络国际联网安全保护管理办法》，制定本规定。

《电信和互联网用户个人信息保护规定》

第一条　为了保护电信和互联网用户的合法权益，维护网络信息安全，根据《全国人民代表大会常务委员会关于加强网络信息保护的决定》、《中华人民共和国电信条例》和《互联网信息服务管理办法》等法律、行政法规，制定本规定。

《儿童个人信息网络保护规定》

第一条　为了保护儿童个人信息安全，促进儿童健康成长，根据《中华人民共和国网络安全法》《中华人民共和国未成年人保护法》等法律法规，制定本规定。

《汽车数据安全管理若干规定（试行）》

第一条　为了规范汽车数据处理活动，保护个人、组织的合法权益，维护国家安全和社会公共利益，促进汽车数据合理开发利用，根据《中华人民共和国网络安全法》《中华人民共和国数据安全法》等法律、行政法规，制定本规定。

《互联网信息服务算法推荐管理规定》

第一条　为了规范互联网信息服务

算法推荐活动，弘扬社会主义核心价值观，维护国家安全和社会公共利益，保护公民、法人和其他组织的合法权益，促进互联网信息服务健康有序发展，根据《中华人民共和国网络安全法》、《中华人民共和国数据安全法》、《中华人民共和国个人信息保护法》、《互联网信息服务管理办法》等法律、行政法规，制定本规定。

《互联网用户账号信息管理规定》

第一条　为了加强对互联网用户账号信息的管理，弘扬社会主义核心价值观，维护国家安全和社会公共利益，保护公民、法人和其他组织的合法权益，根据《中华人民共和国网络安全法》、《中华人民共和国个人信息保护法》、《互联网信息服务管理办法》等法律、行政法规，制定本规定。

《数据出境安全评估办法》

第一条　为了规范数据出境活动，保护个人信息权益，维护国家安全和社会公共利益，促进数据跨境安全、自由流动，根据《中华人民共和国网络安全法》、《中华人民共和国数据安全法》、《中华人民共和国个人信息保护法》等法律法规，制定本办法。

《互联网信息服务深度合成管理规定》

第一条　为了加强互联网信息服务深度合成管理，弘扬社会主义核心价值观，维护国家安全和社会公共利益，保护公民、法人和其他组织的合法权益，根据《中华人民共和国网络安全法》、《中华人民共和国数据安全法》、《中华人民共和国个人信息保护法》、《互联网信息服务管理办法》等法律、行政法规，制定本规定。

《个人信息出境标准合同办法》

第一条　为了保护个人信息权益，规范个人信息出境活动，根据《中华人民共和国个人信息保护法》等法律法规，制定本办法。

《网信部门行政执法程序规定》

第一条　为了规范和保障网信部门依法履行职责，保护公民、法人和其他组织的合法权益，维护国家安全和公共利益，根据《中华人民共和国行政处罚法》、《中华人民共和国行政强制法》、《中华人民共和国网络安全法》、《中华人民共和国数据安全法》、《中华人民共和国个人信息保护法》等法律、行政法规，制定本规定。

《生成式人工智能服务管理暂行办法》

第一条　为了促进生成式人工智能健康发展和规范应用，维护国家安全和社会公共利益，保护公民、法人和其他组织的合法权益，根据《中华人民共和国网络安全法》、《中华人民共和国数据安全法》、《中华人民共和国个人信息保护法》、《中华人民共和国科学技术进步法》等法律、行政法规，制定本办法。

◎ 部门规范性文件

《互联网信息搜索服务管理规定》

第一条 为规范互联网信息搜索服务，促进互联网信息搜索行业健康有序发展，保护公民、法人和其他组织的合法权益，维护国家安全和公共利益，根据《全国人民代表大会常务委员会关于加强网络信息保护的决定》和《国务院关于授权国家互联网信息办公室负责互联网信息内容管理工作的通知》，制定本规定。

《互联网论坛社区服务管理规定》

第一条 为规范互联网论坛社区服务，促进互联网论坛社区行业健康有序发展，保护公民、法人和其他组织的合法权益，维护国家安全和公共利益，根据《中华人民共和国网络安全法》《国务院关于授权国家互联网信息办公室负责互联网信息内容管理工作的通知》，制定本规定。

《互联网群组信息服务管理规定》

第一条 为规范互联网群组信息服务，维护国家安全和公共利益，保护公民、法人和其他组织的合法权益，根据《中华人民共和国网络安全法》《国务院关于授权国家互联网信息办公室负责互联网信息内容管理工作的通知》，制定本规定。

《监管数据安全管理办法（试行）》

第一条 为规范银保监会监管数据安全管理工作，提高监管数据安全保护能力，防范监管数据安全风险，依据《中华人民共和国网络安全法》《中华人民共和国银行业监督管理法》《中华人民共和国保险法》《工作秘密管理暂行办法》等法律法规及有关规定，制定本办法。

《常见类型移动互联网应用程序必要个人信息范围规定》

第一条 为了规范移动互联网应用程序（App）收集个人信息行为，保障公民个人信息安全，根据《中华人民共和国网络安全法》，制定本规定。

《移动互联网应用程序信息服务管理规定》

第一条 为了规范移动互联网应用程序（以下简称应用程序）信息服务，保护公民、法人和其他组织的合法权益，维护国家安全和公共利益，根据《中华人民共和国网络安全法》、《中华人民共和国数据安全法》、《中华人民共和国个人信息保护法》、《中华人民共和国未成年人保护法》、《互联网信息服务管理办法》、《互联网新闻信息服务管理规定》、《网络信息内容生态治理规定》等法律、行政法规和国家有关规定，制定本规定。

《互联网跟帖评论服务管理规定》

第一条 为了规范互联网跟帖评论服务，维护国家安全和公共利益，保护公民、法人和其他组织的合法权益，根据《中华人民共和国网络安全法》《网络信息内容生态治理规定》《互联网用户账号信息管理规定》等法律法规和国家有关规定，制定本规定。

《寄递服务用户个人信息安全管理规定》

第一条　为加强寄递服务用户个人信息安全管理，保护用户合法权益，维护邮政通信与信息安全，促进邮政行业健康发展，根据《中华人民共和国邮政法》《中华人民共和国网络安全法》《中华人民共和国数据安全法》《中华人民共和国个人信息保护法》以及《快递暂行条例》《邮政业寄递安全监督管理办法》等法律、行政法规和有关规定，制定本规定。

第二条　【个人信息受法律保护】

自然人的个人信息受法律保护，任何组织、个人不得侵害自然人的个人信息权益。

关联法规

◎ 法律

《民法典》

第一百一十条　自然人享有生命权、身体权、健康权、姓名权、肖像权、名誉权、荣誉权、隐私权、婚姻自主权等权利。

法人、非法人组织享有名称权、名誉权和荣誉权。

第一百一十一条　自然人的个人信息受法律保护。任何组织或者个人需要获取他人个人信息的，应当依法取得并确保信息安全，不得非法收集、使用、加工、传输他人个人信息，不得非法买卖、提供或者公开他人个人信息。

第一千零三十四条　自然人的个人信息受法律保护。

个人信息是以电子或者其他方式记录的能够单独或者与其他信息结合识别特定自然人的各种信息，包括自然人的姓名、出生日期、身份证件号码、生物识别信息、住址、电话号码、电子邮箱、健康信息、行踪信息等。

个人信息中的私密信息，适用有关隐私权的规定；没有规定的，适用有关个人信息保护的规定。

《网络安全法》

第四十条　网络运营者应当对其收集的用户信息严格保密，并建立健全用户信息保护制度。

《反电信网络诈骗法》

第二十五条　任何单位和个人不得为他人实施电信网络诈骗活动提供下列支持或者帮助：

（一）出售、提供个人信息；

（二）帮助他人通过虚拟货币交易等方式洗钱；

（三）其他为电信网络诈骗活动提供支持或者帮助的行为。

电信业务经营者、互联网服务提供者应当依照国家有关规定，履行合理注意义务，对利用下列业务从事涉诈支持、帮助活动进行监测识别和处置：

（一）提供互联网接入、服务器托管、网络存储、通讯传输、线路出租、域名解析等网络资源服务；

（二）提供信息发布或者搜索、广告推广、引流推广等网络推广服务；

（三）提供应用程序、网站等网络技术、产品的制作、维护服务；

（四）提供支付结算服务。

《数据安全法》

第三十八条　国家机关为履行法定职责的需要收集、使用数据，应当在其履行法定职责的范围内依照法律、行政法规规定的条件和程序进行；对在履行职责中知悉的个人隐私、个人信息、商业秘密、保密商务信息等数据应当依法予以保密，不得泄露或者非法向他人提供。

《统计法》

第九条　统计机构和统计人员对在统计工作中知悉的国家秘密、商业秘密和个人信息，应当予以保密。

第二十五条　统计调查中获得的能够识别或者推断单个统计调查对象身份的资料，任何单位和个人不得对外提供、泄露，不得用于统计以外的目的。

《关于加强网络信息保护的决定》

一、国家保护能够识别公民个人身份和涉及公民个人隐私的电子信息。

任何组织和个人不得窃取或者以其他非法方式获取公民个人电子信息，不得出售或者非法向他人提供公民个人电子信息。

《消费者权益保护法》

第十四条　消费者在购买、使用商品和接受服务时，享有人格尊严、民族风俗习惯得到尊重的权利，享有个人信息依法得到保护的权利。

第五十条　经营者侵害消费者的人格尊严、侵犯消费者人身自由或者侵害消费者个人信息依法得到保护的权利的，应当停止侵害、恢复名誉、消除影响、赔礼道歉，并赔偿损失。

《档案法》

第四十七条　档案主管部门及其工作人员应当按照法定的职权和程序开展监督检查工作，做到科学、公正、严格、高效，不得利用职权牟取利益，不得泄露履职过程中知悉的国家秘密、商业秘密或者个人隐私。

◎ 党内法规

《关于做好个人信息保护利用大数据支撑联防联控工作的通知》

1. 各地方各部门要高度重视个人信息保护工作，除国务院卫生健康部门依据《中华人民共和国网络安全法》《中华人民共和国传染病防治法》《突发公共卫生事件应急条例》授权的机构外，其他任何单位和个人不得以疫情防控、疾病防治为由，未经被收集者同意收集使用个人信息。法律、行政法规另有规定的，按其规定执行。

◎ 行政法规

《全国人口普查条例》

第九条 经济普查对象有义务接受经济普查机构和经济普查人员依法进行的调查。

经济普查对象应当如实、按时填报经济普查表，不得虚报、瞒报、拒报和迟报经济普查数据。

经济普查对象应当按照经济普查机构和经济普查人员的要求，及时提供与经济普查有关的资料。

第三十三条 人口普查中获得的能够识别或者推断单个普查对象身份的资料，任何单位和个人不得对外提供、泄露，不得作为对人口普查对象作出具体行政行为的依据，不得用于人口普查以外的目的。

人口普查数据不得作为对地方人民政府进行政绩考核和责任追究的依据。

《征信业管理条例》

第三条 从事征信业务及相关活动，应当遵守法律法规，诚实守信，不得危害国家秘密，不得侵犯商业秘密和个人隐私。

《居住证暂行条例》

第十七条 国家机关及其工作人员对在工作过程中知悉的居住证持有人个人信息，应当予以保密。

《电信条例》

第六条 电信网络和信息的安全受法律保护。任何组织或者个人不得利用电信网络从事危害国家安全、社会公共利益或者他人合法权益的活动。

《统计法实施条例》

第三十条 统计调查中获得的能够识别或者推断单个统计调查对象身份的资料应当依法严格管理，除作为统计执法依据外，不得直接作为对统计调查对象实施行政许可、行政处罚等具体行政行为的依据，不得用于完成统计任务以外的目的。

《全国经济普查条例》

第三十二条 各级经济普查机构及其工作人员对在经济普查中所知悉的国家秘密和经济普查对象的商业秘密、个人信息，应当依法履行保密义务。

第三十三条 经济普查取得的单位和个人资料，严格限定用于经济普查的目的，不作为任何单位对经济普查对象实施处罚的依据。

《政府信息公开条例》

第十五条 涉及商业秘密、个人隐私等公开会对第三方合法权益造成损害的政府信息，行政机关不得公开。但是，第三方同意公开或者行政机关认为不公开会对公共利益造成重大影响的，予以公开。

◎ 司法解释

《关于依法惩处侵害公民个人信息犯罪活动的通知》

一、切实提高认识，坚决打击侵害公民个人信息犯罪活动。当前，一些犯罪分子为追求不法利益，利用互联网大肆倒卖公民个人信息，已逐渐形成庞大"地下产业"和黑色利益链。买卖的公民个人信息包括户籍、银行、电信开户资料等，涉及公民个人生活的方方面面。部分国家机关和金融、电信、交通、教育、医疗以及物业公司、房产中介、保险、快递等企事业单位的一些工作人员，将在履行职责或者提供服务过程中获取的公民个人信息出售、非法提供给他人。获取信息的中间商在互联网上建立数据平台，大肆出售信息谋取暴利。非法调查公司根据这些信息从事非法讨债、诈骗和敲诈勒索等违法犯罪活动。此类犯罪不仅危害公民的信息安全，而且极易引发多种犯罪，成为电信

诈骗、网络诈骗以及滋扰型"软暴力"等信息犯罪的根源，甚至与绑架、敲诈勒索、暴力追债等犯罪活动相结合，影响人们群众的安全感，威胁社会和谐稳定。各级公安机关、人民检察院、人民法院务必清醒认识此类犯罪的严重危害，以对党和人民高度负责的精神，统一思想，提高认识，精心组织，周密部署，依法惩处侵害公民个人信息犯罪活动。

◎ 部门规章

《互联网安全保护技术措施规定》

第四条 互联网服务提供者、联网使用单位应当建立相应的管理制度。未经用户同意不得公开、泄露用户注册信息，但法律、法规另有规定的除外。

互联网服务提供者、联网使用单位应当依法使用互联网安全保护技术措施，不得利用互联网安全保护技术措施侵犯用户的通信自由和通信秘密。

《规范互联网信息服务市场秩序若干规定》

第十一条 未经用户同意，互联网信息服务提供者不得收集与用户相关、能够单独或者与其他信息结合识别用户的信息（以下简称"用户个人信息"），不得将用户个人信息提供给他人，但是法律、行政法规另有规定的除外。

互联网信息服务提供者经用户同意

收集用户个人信息的，应当明确告知用户收集和处理用户个人信息的方式、内容和用途，不得收集其提供服务所必需以外的信息，不得将用户个人信息用于其提供服务之外的目的。

《电信和互联网用户个人信息保护规定》

第十条 电信业务经营者、互联网信息服务提供者及其工作人员对在提供服务过程中收集、使用的用户个人信息应当严格保密，不得泄露、篡改或者毁损，不得出售或者非法向他人提供。

《互联网新闻信息服务管理规定》

第十三条 互联网新闻信息服务提供者为用户提供互联网新闻信息传播平台服务，应当按照《中华人民共和国网络安全法》的规定，要求用户提供真实身份信息。用户不提供真实身份信息的，互联网新闻信息服务提供者不得为其提供相关服务。

互联网新闻信息服务提供者对用户身份信息和日志信息负有保密的义务，不得泄露、篡改、毁损，不得出售或非法向他人提供。

互联网新闻信息服务提供者及其从业人员不得通过采编、发布、转载、删除新闻信息，干预新闻信息呈现或搜索结果等手段谋取不正当利益。

《互联网域名管理办法》

第三条 工业和信息化部对全国的域名服务实施监督管理，主要职责是：

（一）制定互联网域名管理规章及政策；

（二）制定中国互联网域名体系、域名资源发展规划；

（三）管理境内的域名根服务器运行机构和域名注册管理机构；

（四）负责域名体系的网络与信息安全管理；

（五）依法保护用户个人信息和合法权益；

（六）负责与域名有关的国际协调；

（七）管理境内的域名解析服务；

（八）管理其他与域名服务相关的活动。

第四条 各省、自治区、直辖市通信管理局对本行政区域内的域名服务实施监督管理，主要职责是：

（一）贯彻执行域名管理法律、行政法规、规章和政策；

（二）管理本行政区域内的域名注册服务机构；

（三）协助工业和信息化部对本行政区域内的域名根服务器运行机构和域名注册管理机构进行管理；

（四）负责本行政区域内域名系统的网络与信息安全管理；

（五）依法保护用户个人信息和合法权益；

（六）管理本行政区域内的域名解

析服务；

（七）管理本行政区域内其他与域名服务相关的活动。

第三十二条　域名注册管理机构、域名注册服务机构应当依法存储、保护用户个人信息。未经用户同意不得将用户个人信息提供给他人，但法律、行政法规另有规定的除外。

《公安机关互联网安全监督检查规定》

第五条　公安机关及其工作人员对履行互联网安全监督检查职责中知悉的个人信息、隐私、商业秘密和国家秘密，应当严格保密，不得泄露、出售或者非法向他人提供。

公安机关及其工作人员在履行互联网安全监督检查职责中获取的信息，只能用于维护网络安全的需要，不得用于其他用途。

《儿童个人信息网络保护规定》

第四条　任何组织和个人不得制作、发布、传播侵害儿童个人信息安全的信息。

第十一条　网络运营者不得收集与其提供的服务无关的儿童个人信息，不得违反法律、行政法规的规定和双方的约定收集儿童个人信息。

《网络招聘服务管理规定》

第四条　从事网络招聘服务，应当遵循合法、公平、诚实信用的原则，履行网络安全和信息保护等义务，承

担服务质量责任，接受政府和社会的监督。

第二十一条　人力资源服务机构从事网络招聘服务时收集、使用其用户个人信息，应当遵守法律、行政法规有关个人信息保护的规定。

人力资源服务机构应当建立健全网络招聘服务用户信息保护制度，不得泄露、篡改、毁损或者非法出售、非法向他人提供其收集的个人公民身份号码、年龄、性别、住址、联系方式和用人单位经营状况等信息。

人力资源服务机构应当对网络招聘服务用户信息保护情况每年至少进行一次自查，记录自查情况，及时消除自查中发现的安全隐患。

《网络安全审查办法》

第十七条　参与网络安全审查的相关机构和人员应当严格保护知识产权，对在审查工作中知悉的商业秘密、个人信息，当事人、产品和服务提供者提交的未公开材料，以及其他未公开信息承担保密义务；未经信息提供方同意，不得向无关方披露或者用于审查以外的目的。

《互联网用户账号信息管理规定》

第十四条　互联网信息服务提供者应当履行互联网用户账号信息管理主体责任，配备与服务规模相适应的专业人员和技术能力，建立健全并严格落实真

实身份信息认证、账号信息核验、信息内容安全、生态治理、应急处置、个人信息保护等管理制度。

《数据出境安全评估办法》

第十五条 参与安全评估工作的相关机构和人员对在履行职责中知悉的国家秘密、个人隐私、个人信息、商业秘密、保密商务信息等数据应当依法予以保密，不得泄露或者非法向他人提供、非法使用。

《互联网信息服务深度合成管理规定》

第十四条 深度合成服务提供者和技术支持者应当加强训练数据管理，采取必要措施保障训练数据安全；训练数据包含个人信息的，应当遵守个人信息保护的有关规定。

深度合成服务提供者和技术支持者提供人脸、人声等生物识别信息编辑功能的，应当提示深度合成服务使用者依法告知被编辑的个人，并取得其单独同意。

◎ **部门规范性文件**

《即时通信工具公众信息服务发展管理暂行规定》

第五条 即时通信工具服务提供者应当落实安全管理责任，建立健全各项制度，配备与服务规模相适应的专业人员，保护用户信息及公民个人隐私，自觉接受社会监督，及时处理公众举报的违法和不良信息。

《互联网论坛社区服务管理规定》

第八条 互联网论坛社区服务提供者应当按照"后台实名、前台自愿"的原则，要求用户通过真实身份信息认证后注册账号，并对版块发起者和管理者实施真实身份信息备案、定期核验等。用户不提供真实身份信息的，互联网论坛社区服务提供者不得为其提供信息发布服务。

互联网论坛社区服务提供者应当加强对注册用户虚拟身份信息、版块名称简介等的审核管理，不得出现法律法规和国家有关规定禁止的内容。

互联网论坛社区服务提供者应当保护用户身份信息，不得泄露、篡改、毁损，不得非法出售或者非法向他人提供。

《互联网群组信息服务管理规定》

第六条 互联网群组信息服务提供者应当按照"后台实名、前台自愿"的原则，对互联网群组信息服务使用者进行真实身份信息认证，用户不提供真实身份信息的，不得为其提供信息发布服务。

互联网群组信息服务提供者应当采取必要措施保护使用者个人信息安全，不得泄露、篡改、毁损，不得非法出售或者非法向他人提供。

《互联网新闻信息服务新技术新应用安全评估管理规定》

第十四条 组织开展新技术新应用

安全评估的相关单位和人员应当对在履行职责中知悉的国家秘密、商业秘密和个人信息严格保密，不得泄露、出售或者非法向他人提供。

《微博客信息服务管理规定》

第七条　微博客服务提供者应当按照"后台实名、前台自愿"的原则，对微博客服务使用者进行基于组织机构代码、身份证件号码、移动电话号码等方式的真实身份信息认证、定期核验。微博客服务使用者不提供真实身份信息的，微博客服务提供者不得为其提供信息发布服务。

微博客服务提供者应当保障微博客服务使用者的信息安全，不得泄露、篡改、毁损，不得出售或者非法向他人提供

《监管数据安全管理办法（试行）》

第五条　开展监管数据活动，必须遵守相关法律和行政法规。任何单位和个人对在监管数据活动中知悉的国家秘密、工作秘密、商业秘密和个人信息，应当依照相关规定予以保密。

《关于加强车联网网络安全和数据安全工作的通知》

……

五、加强数据安全保护

（十三）加强数据分类分级管理。按照"谁主管、谁负责，谁运营、谁负责"的原则，智能网联汽车生产企业、车联网服务平台运营企业要建立数据管理台账，实施数据分类分级管理，加强个人信息与重要数据保护。定期开展数据安全风险评估，强化隐患排查整改，并向所在省（区、市）通信管理局、工业和信息化主管部门报备。所在省（区、市）通信管理局、工业和信息化主管部门要对企业履行数据安全保护义务进行监督检查。

（十四）提升数据安全技术保障能力。智能网联汽车生产企业、车联网服务平台运营企业要采取合法、正当方式收集数据，针对数据全生命周期采取有效技术保护措施，防范数据泄露、毁损、丢失、篡改、误用、滥用等风险。各相关企业要强化数据安全监测预警和应急处置能力建设，提升异常流动分析、违规跨境传输监测、安全事件追踪溯源等水平；及时处置数据安全事件，向所在省（区、市）通信管理局、工业和信息化主管部门报告较大及以上数据安全事件，并配合开展相关监督检查，提供必要技术支持。

（十五）规范数据开发利用和共享使用。智能网联汽车生产企业、车联网服务平台运营企业要合理开发利用数据资源，防范在使用自动化决策技术处理数据时，侵犯用户隐私权和知情权。明确数据共享和开发利用的安全管理和责任要求，对数据合作方数据安全保护能

力进行审核评估，对数据共享使用情况进行监督管理。

......

《互联网跟帖评论服务管理规定》

第四条 跟帖评论服务提供者应当严格落实跟帖评论服务管理主体责任，依法履行以下义务：

（一）按照"后台实名、前台自愿"原则，对注册用户进行基于移动电话号码、身份证件号码或者统一社会信用代码等方式的真实身份信息认证，不得向未认证真实身份信息或者冒用组织机构、他人身份信息的用户提供跟帖评论服务。

（二）建立健全用户个人信息保护制度，处理用户个人信息应当遵循合法、正当、必要和诚信原则，公开个人信息处理规则，告知个人信息的处理目的、处理方式、处理的个人信息种类、保存期限等事项，并依法取得个人的同意。法律、行政法规另有规定的除外。

（三）对新闻信息提供跟帖评论服务的，应当建立先审后发制度。

（四）提供弹幕方式跟帖评论服务的，应当在同一平台和页面同时提供与之对应的静态版信息内容。

（五）建立健全跟帖评论审核管理、实时巡查、应急处置、举报受理等信息安全管理制度，及时发现处置违法和不良信息，并向网信部门报告。

（六）创新跟帖评论管理方式，研发使用跟帖评论信息安全管理技术，提升违法和不良信息处置能力；及时发现跟帖评论服务存在的安全缺陷、漏洞等风险，采取补救措施，并向网信部门报告。

（七）配备与服务规模相适应的审核编辑队伍，加强跟帖评论审核培训，提高审核编辑人员专业素养。

（八）配合网信部门依法开展监督检查工作，提供必要的技术、数据支持和协助。

《互联网弹窗信息推送服务管理规定》

第四条 互联网弹窗信息推送服务提供者应当落实信息内容管理主体责任，建立健全信息内容审核、生态治理、数据安全和个人信息保护、未成年人保护等管理制度。

【权威案例】

◎ **典型案例**

庞某鹏诉中国东某航空股份有限公司、北京趣某信息技术有限公司隐私权纠纷案 **【最高人民法院发布10起中国互联网司法典型案例之八（2019年12月4日）】**

典型意义：互联网时代下，各类数据信息高速流通、海量传播、高度共享，在给人们带来便利的同时，也对个人信息安全带来前所未有的挑战。本案确立了可通过隐私权对个人信息安全予以保护的规则，明确了认定个人信息泄露应适用民事证据高度盖然性证明标准，在现行法律体系下对保护个人信息安全提供了有益探索和规则指导，对规范网络平台行为，维护个人信息安全具有重要意义。

第三条　【适用范围】

在中华人民共和国境内处理自然人个人信息的活动，适用本法。

在中华人民共和国境外处理中华人民共和国境内自然人个人信息的活动，有下列情形之一的，也适用本法：

（一）以向境内自然人提供产品或者服务为目的；

（二）分析、评估境内自然人的行为；

（三）法律、行政法规规定的其他情形。

关联法规

◎ 法律

《刑法》

第六条　凡在中华人民共和国领域内犯罪的，除法律有特别规定的以外，都适用本法。

凡在中华人民共和国船舶或者航空

器内犯罪的，也适用本法。

犯罪的行为或者结果有一项发生在中华人民共和国领域内的，就认为是在中华人民共和国领域内犯罪。

第七条　中华人民共和国公民在中华人民共和国领域外犯本法规定之罪的，适用本法，但是按本法规定的最高刑为三年以下有期徒刑的，可以不予追究。

中华人民共和国国家工作人员和军人在中华人民共和国领域外犯本法规定之罪的，适用本法。

第八条　外国人在中华人民共和国领域外对中华人民共和国国家或者公民犯罪，而按本法规定的最低刑为三年以上有期徒刑的，可以适用本法，但是按照犯罪地的法律不受处罚的除外。

第九条　对于中华人民共和国缔结或者参加的国际条约所规定的罪行，中华人民共和国在所承担条约义务的范围内行使刑事管辖权的，适用本法。

《网络安全法》

第二条　在中华人民共和国境内建设、运营、维护和使用网络，以及网络安全的监督管理，适用本法。

《数据安全法》

第二条　在中华人民共和国境内开展数据处理活动及其安全监管，适用本法。

在中华人民共和国境外开展数据处理活动，损害中华人民共和国国家安全、公共利益或者公民、组织合法权益的，依法追究法律责任。

《电子商务法》

第二条 中华人民共和国境内的电子商务活动，适用本法。

本法所称电子商务，是指通过互联网等信息网络销售商品或者提供服务的经营活动。

法律、行政法规对销售商品或者提供服务有规定的，适用其规定。金融类产品和服务，利用信息网络提供新闻信息、音视频节目、出版以及文化产品等内容方面的服务，不适用本法。

《消费者权益保护法》

第二条 消费者为生活消费需要购买、使用商品或者接受服务，其权益受本法保护；本法未作规定的，受其他有关法律、法规保护。

第三条 经营者为消费者提供其生产、销售的商品或者提供服务，应当遵守本法；本法未作规定的，应当遵守其他有关法律、法规。

◎ **行政法规**

《计算机信息网络国际联网管理暂行规定》

第二条 中华人民共和国境内的计算机信息网络进行国际联网，应当依照本规定办理。

《计算机信息系统安全保护条例》

第五条 中华人民共和国境内的计算机信息系统的安全保护，适用本条例。

未联网的微型计算机的安全保护办法，另行制定。

《互联网信息服务管理办法》

第二条 在中华人民共和国境内从事互联网信息服务活动，必须遵守本办法。

本办法所称互联网信息服务，是指通过互联网向上网用户提供信息的服务活动。

《计算机信息网络国际联网安全保护管理办法》

第二条 中华人民共和国境内的计算机信息网络国际联网安全保护管理，适用本办法。

《征信业管理条例》

第二条 在中国境内从事征信业务及相关活动，适用本条例。

本条例所称征信业务，是指对企业、事业单位等组织（以下统称企业）的信用信息和个人的信用信息进行采集、整理、保存、加工，并向信息使用者提供的活动。

国家设立的金融信用信息基础数据库进行信息的采集、整理、保存、加工和提供，适用本条例第五章规定。

国家机关以及法律、法规授权的具

有管理公共事务职能的组织依照法律、行政法规和国务院的规定，为履行职责进行的企业和个人信息的采集、整理、保存、加工和公布，不适用本条例。

《电信条例》

第二条 在中华人民共和国境内从事电信活动或者与电信有关的活动，必须遵守本条例。

本条例所称电信，是指利用有线、无线的电磁系统或者光电系统，传送、发射或者接收语音、文字、数据、图像以及其他任何形式信息的活动。

◎ **部门规章**

《电信和互联网用户个人信息保护规定》

第二条 在中华人民共和国境内提供电信服务和互联网信息服务过程中收集、使用用户个人信息的活动，适用本规定。

《儿童个人信息网络保护规定》

第三条 在中华人民共和国境内通过网络从事收集、存储、使用、转移、披露儿童个人信息等活动，适用本规定。

《网络交易监督管理办法》

第二条 中华人民共和国境内，通过互联网等信息网络（以下简称通过网络）销售商品或者提供服务的经营活动以及市场监督管理部门对其进行监督管理，适用本办法。

在网络社交、网络直播等信息网络活动中销售商品或者提供服务的经营活动，适用本办法。

《汽车数据安全管理若干规定（试行）》

第二条 在中华人民共和国境内开展汽车数据处理活动及其安全监管，应当遵守相关法律、行政法规和本规定的要求。

《互联网信息服务算法推荐管理规定》

第二条 在中华人民共和国境内应用算法推荐技术提供互联网信息服务（以下简称算法推荐服务），适用本规定。法律、行政法规另有规定的，依照其规定。

前款所称应用算法推荐技术，是指利用生成合成类、个性化推送类、排序精选类、检索过滤类、调度决策类等算法技术向用户提供信息。

《互联网用户账号信息管理规定》

第二条 互联网用户在中华人民共和国境内的互联网信息服务提供者注册、使用互联网用户账号信息及其管理工作，适用本规定。法律、行政法规另有规定的，依照其规定。

《数据出境安全评估办法》

第二条 数据处理者向境外提供在中华人民共和国境内运营中收集和产生的重要数据和个人信息的安全评估，适用本办法。法律、行政法规另有规定的，依照其规定。

《互联网信息服务深度合成管理规定》

第二条 在中华人民共和国境内应用深度合成技术提供互联网信息服务（以下简称深度合成服务），适用本规定。法律、行政法规另有规定的，依照其规定。

《个人信息出境标准合同办法》

第二条 个人信息处理者通过与境外接收方订立个人信息出境标准合同（以下简称标准合同）的方式向中华人民共和国境外提供个人信息，适用本办法。

《生成式人工智能服务管理暂行办法》

第二条 利用生成式人工智能技术向中华人民共和国境内公众提供生成文本、图片、音频、视频等内容的服务（以下称生成式人工智能服务），适用本办法。

国家对利用生成式人工智能服务从事新闻出版、影视制作、文艺创作等活动另有规定的，从其规定。

◎ 部门规范性文件

《互联网信息搜索服务管理规定》

第二条 在中华人民共和国境内从事互联网信息搜索服务，适用本规定。

本规定所称互联网信息搜索服务，是指运用计算机技术从互联网上搜集、处理各类信息供用户检索的服务。

《互联网论坛社区服务管理规定》

第二条 在中华人民共和国境内从事互联网论坛社区服务，适用本规定。

本规定所称互联网论坛社区服务，是指在互联网上以论坛、贴吧、社区等形式，为用户提供互动式信息发布社区平台的服务。

《互联网群组信息服务管理规定》

第二条 在中华人民共和国境内提供、使用互联网群组信息服务，应当遵守本规定。

本规定所称互联网群组，是指互联网用户通过互联网站、移动互联网应用程序等建立的，用于群体在线交流信息的网络空间。本规定所称互联网群组信息服务提供者，是指提供互联网群组信息服务的平台。本规定所称互联网群组信息服务使用者，包括群组建立者、管理者和成员。

《互联网个人信息安全保护指南》

1 范围

本文件制定了个人信息安全保护的管理机制、安全技术措施和业务流程。

适用于个人信息持有者在个人信息生命周期处理过程中开展安全保护工作参考使用。本文件适用于通过互联网提供服务的企业，也适用于使用专网或非联网环境控制和处理个人信息的组织或个人。

《监管数据安全管理办法（试行）》

第四条 银保监会及受托机构开展监管数据活动，适用本办法。

本办法所称受托机构是指受银保监会委托或委派，为银保监会提供监管数据采集、处理或存储服务的企事业单位。

《常见类型移动互联网应用程序必要个人信息范围规定》

第二条　移动智能终端上运行的App存在收集用户个人信息行为的，应当遵守本规定。法律、行政法规、部门规章和规范性文件另有规定的，依照其规定。

App包括移动智能终端预置、下载安装的应用软件，基于应用软件开放平台接口开发的、用户无需安装即可使用的小程序。

《个人信息保护认证实施规则》

1 适用范围

本规则依据《中华人民共和国认证认可条例》制定，规定了对个人信息处理者开展个人信息收集、存储、使用、加工、传输、提供、公开、删除以及跨境等处理活动进行认证的基本原则和要求。

《移动互联网应用程序信息服务管理规定》

第二条　在中华人民共和国境内提供应用程序信息服务，以及从事互联网应用商店等应用程序分发服务，应当遵守本规定。

本规定所称应用程序信息服务，是指通过应用程序向用户提供文字、图片、语音、视频等信息制作、复制、发布、传播等服务的活动，包括即时通讯、新闻资讯、知识问答、论坛社区、网络直播、电子商务、网络音视频、生活服务等类型。

本规定所称应用程序分发服务，是指通过互联网提供应用程序发布、下载、动态加载等服务的活动，包括应用商店、快应用中心、互联网小程序平台、浏览器插件平台等类型。

《寄递服务用户个人信息安全管理规定》

第二条　在中华人民共和国境内经营和使用寄递服务涉及用户个人信息安全的活动以及邮政管理部门监督管理工作，适用本规定。

第四条　【个人信息的概念】

个人信息是以电子或者其他方式记录的与已识别或者可识别的自然人有关的各种信息，不包括匿名化处理后的信息。

个人信息的处理包括个人信息的收集、存储、使用、加工、传输、提供、公开、删除等。

关联法规

◎ 法律

《民法典》

第一千零三十四条　自然人的个人

信息受法律保护。

个人信息是以电子或者其他方式记录的能够单独或者与其他信息结合识别特定自然人的各种信息，包括自然人的姓名、出生日期、身份证件号码、生物识别信息、住址、电话号码、电子邮箱、健康信息、行踪信息等。

个人信息中的私密信息，适用有关隐私权的规定；没有规定的，适用有关个人信息保护的规定。

《网络安全法》

第七十六条　本法下列用语的含义：

（一）网络，是指由计算机或者其他信息终端及相关设备组成的按照一定的规则和程序对信息进行收集、存储、传输、交换、处理的系统。

（二）网络安全，是指通过采取必要措施，防范对网络的攻击、侵入、干扰、破坏和非法使用以及意外事故，使网络处于稳定可靠运行的状态，以及保障网络数据的完整性、保密性、可用性的能力。

（三）网络运营者，是指网络的所有者、管理者和网络服务提供者。

（四）网络数据，是指通过网络收集、存储、传输、处理和产生的各种电子数据。

（五）个人信息，是指以电子或者其他方式记录的能够单独或者与其他信息结合识别自然人个人身份的各种信息，包括但不限于自然人的姓名、出生日期、身份证件号码、个人生物识别信息、住址、电话号码等。

《统计法》

第二十五条　统计调查中获得的能够识别或者推断单个统计调查对象身份的资料，任何单位和个人不得对外提供、泄露，不得用于统计以外的目的。

《档案法》

第二条　从事档案收集、整理、保护、利用及其监督管理活动，适用本法。

本法所称档案，是指过去和现在的机关、团体、企业事业单位和其他组织以及个人从事经济、政治、文化、社会、生态文明、军事、外事、科技等方面活动直接形成的对国家和社会具有保存价值的各种文字、图表、声像等不同形式的历史记录。

◎ **行政法规**

《统计法实施条例》

第二十九条　统计法第二十五条规定的能够识别或者推断单个统计调查对象身份的资料包括：

（一）直接标明单个统计调查对象身份的资料；

（二）虽未直接标明单个统计调查对象身份，但是通过已标明的地址、编码等相关信息可以识别或者推断单个统计调查对象身份的资料；

（三）可以推断单个统计调查对象身份的汇总资料。

《政府信息公开条例》

第二条　本条例所称政府信息，是指行政机关在履行行政管理职能过程中制作或者获取的，以一定形式记录、保存的信息。

◎ **司法解释**

《关于依法惩处侵害公民个人信息犯罪活动的通知》

二、正确适用法律，实现法律效果与社会效果的有机统一。侵害公民个人信息犯罪是新型犯罪，各级公安机关、人民检察院、人民法院要从切实保护公民个人信息安全和维护社会和谐稳定的高度，借鉴以往的成功判例，综合考虑出售、非法提供或非法获取个人信息的次数、数量、手段和牟利数额、造成的损害后果等因素，依法加大打击力度，确保取得良好的法律效果和社会效果。出售、非法提供公民个人信息罪的犯罪主体，除国家机关或金融、电信、交通、医疗单位的工作人员之外，还包括在履行职责或者提供服务过程中获得公民个人信息的商业、房地产业等服务业中其他企事业单位的工作人员。公民个人信息包括公民的姓名、年龄、有效证件号码、婚姻状况、工作单位、学历、履历、家庭住址、电话号码等能够识别

公民个人身份或者涉及公民个人隐私的信息、数据资料。对于在履行职责或者提供服务过程中，将获得的公民个人信息出售或者非法提供给他人，被他人用以实施犯罪，造成受害人人身伤害或者死亡，或者造成重大经济损失、恶劣社会影响的，或者出售、非法提供公民个人信息数量较大，或者违法所得数额较大的，均应当依法以非法出售、非法提供公民个人信息罪追究刑事责任。对于窃取或者以购买等方法非法获取公民个人信息数量较大，或者违法所得数额较大，或者造成其他严重后果的，应当依法以非法获取公民个人信息罪追究刑事责任。对使用非法获取的个人信息，实施其他犯罪行为，构成数罪的，应当依法予以并罚。单位实施侵害公民个人信息罪的，应当追究直接负责的主管人员和其他直接责任人员的刑事责任。要依法加大对财产刑的适用力度，剥夺犯罪分子非法获利和再次犯罪的资本。

《关于办理侵犯公民个人信息刑事案件适用法律若干问题的解释》

第一条　刑法第二百五十三条之一规定的"公民个人信息"，是指以电子或者其他方式记录的能够单独或者与其他信息结合识别特定自然人身份或者反映特定自然人活动情况的各种信息，包括姓名、身份证件号码、通信通讯联系方式、住址、账号密码、财产状况、行

踪轨迹等。

《检察机关办理侵犯公民个人信息案件指引》

二、需要特别注意的问题

……

（一）对"公民个人信息"的审查认定

根据《解释》的规定，公民个人信息是指以电子或者其他方式记录的能够单独或者与其他信息结合识别特定自然人身份或者反映特定自然人活动情况的各种信息，包括姓名、身份证件号码、通信通讯联系方式、住址、账号密码、财产状况、行踪轨迹等。经过处理无法识别特定自然人且不能复原的信息，虽然也可能反映自然人活动情况，但与特定自然人无直接关联，不属于公民个人信息的范畴。

对于企业工商登记等信息中所包含的手机、电话号码等信息，应当明确该号码的用途。对由公司购买、使用的手机、电话号码等信息，不属于个人信息的范畴，从而严格区分"手机、电话号码等由公司购买，归公司使用"与"公司经办人在工商登记等活动中登记个人电话、手机号码"两种不同情形。

《关于审理使用人脸识别技术处理个人信息相关民事案件适用法律若干问题的规定》

第一条　因信息处理者违反法律、行政法规的规定或者双方的约定使用人脸识别技术处理人脸信息、处理基于人脸识别技术生成的人脸信息所引起的民事案件，适用本规定。

人脸信息的处理包括人脸信息的收集、存储、使用、加工、传输、提供、公开等。

本规定所称人脸信息属于民法典第一千零三十四条规定的"生物识别信息"。

◎ 部门规章

《电信和互联网用户个人信息保护规定》

第四条　本规定所称用户个人信息，是指电信业务经营者和互联网信息服务提供者在提供服务的过程中收集的用户姓名、出生日期、身份证件号码、住址、电话号码、账号和密码等能够单独或者与其他信息结合识别用户的信息以及用户使用服务的时间、地点等信息。

《儿童个人信息网络保护规定》

第三条　在中华人民共和国境内通过网络从事收集、存储、使用、转移、披露儿童个人信息等活动，适用本规定。

《汽车数据安全管理若干规定（试行）》

第三条　本规定所称汽车数据，包括汽车设计、生产、销售、使用、运维等过程中的涉及个人信息数据和重要数据。

汽车数据处理，包括汽车数据的收集、存储、使用、加工、传输、提供、公开等。

汽车数据处理者，是指开展汽车数据处理活动的组织，包括汽车制造商、零部件和软件供应商、经销商、维修机构以及出行服务企业等。

个人信息，是指以电子或者其他方式记录的与已识别或者可识别的车主、驾驶人、乘车人、车外人员等有关的各种信息，不包括匿名化处理后的信息。

敏感个人信息，是指一旦泄露或者非法使用，可能导致车主、驾驶人、乘车人、车外人员等受到歧视或者人身、财产安全受到严重危害的个人信息，包括车辆行踪轨迹、音频、视频、图像和生物识别特征等信息。

重要数据是指一旦遭到篡改、破坏、泄露或者非法获取、非法利用，可能危害国家安全、公共利益或者个人、组织合法权益的数据，包括：

（一）军事管理区、国防科工单位以及县级以上党政机关等重要敏感区域的地理信息、人员流量、车辆流量等数据；

（二）车辆流量、物流等反映经济运行情况的数据；

（三）汽车充电网的运行数据；

（四）包含人脸信息、车牌信息等的车外视频、图像数据；

（五）涉及个人信息主体超过 10 万

人的个人信息；

（六）国家网信部门和国务院发展改革、工业和信息化、公安、交通运输等有关部门确定的其他可能危害国家安全、公共利益或者个人、组织合法权益的数据。

◎ 部门规范性文件

《互联网个人信息安全保护指南》

3.1 个人信息

以电子或者其他方式记录的能够单独或者与其他信息结合识别自然人个人身份的各种信息，包括但不限于自然人的姓名、出生日期、身份证件号码、个人生物识别信息、住址、电话号码等。

[中华人民共和国网络安全法，第七十六条（五）]

注：个人信息还包括通信通讯联系方式、通信记录和内容、账号密码、财产信息、征信信息、行踪轨迹、住宿信息、健康生理信息、交易信息等。

《监管数据安全管理办法（试行）》

第三条　本办法所称监管数据安全是指监管数据在采集、处理、存储、使用等活动（以下简称监管数据活动）中，处于可用、完整和可审计状态，未发生泄露、篡改、损毁、丢失或非法使用等情况。

《常见类型移动互联网应用程序必要个人信息范围规定》

第三条　本规定所称必要个人信

息，是指保障 App 基本功能服务正常运行所必需的个人信息，缺少该信息 App 即无法实现基本功能服务。具体是指消费侧用户个人信息，不包括服务供给侧用户个人信息。

《寄递服务用户个人信息安全管理规定》

第三条 本规定所称寄递服务用户个人信息，是指用户在使用寄递服务过程中记录的个人信息，包括《中华人民共和国民法典》第一千零三十四条所列的姓名、身份证件号码、生物识别信息、住址、电话号码等信息以及运单号、时间、物品明细等信息。

权威案例

◎ **指导性案例**

罗某君、瞿某珍侵犯公民个人信息刑事附带民事公益诉讼案【最高法指导案例第195号】

裁判要点： 服务提供者专门发给特定手机号码的数字、字母等单独或者其组合构成的验证码具有独特性、隐秘性，能够单独或者与其他信息结合识别特定自然人身份或者反映特定自然人活动情况的，属于刑法规定的公民个人信息。行为人将提供服务过程中获得的验证码及对应手机号码出售给他人，情节严重的，依照侵犯公民个人信息罪定罪处罚。

柯某侵犯公民个人信息案【最高检指导案例第 140 号】

要旨： 侵害英雄烈士名誉、荣誉罪中的"英雄烈士"，是指已经牺牲、逝世的英雄烈士。在同一案件中，行为人所侵害的群体中既有烈士，又有健在的英雄模范人物时，应当整体评价为侵害英雄烈士名誉、荣誉的行为，不宜区别适用侵害英雄烈士名誉、荣誉罪和侮辱罪、诽谤罪。《刑法修正案（十一）》实施后，以侮辱、诽谤或者其他方式侵害英雄烈士名誉、荣誉的行为，情节严重的，构成侵害英雄烈士名誉、荣誉罪。行为人利用信息网络侵害英雄烈士名誉、荣誉，引起广泛传播，造成恶劣社会影响的，应当认定为"情节严重"。英雄烈士没有近亲属或者近亲属不提起民事诉讼的，检察机关在提起公诉时，可以一并提起附带民事公益诉讼。

◎ **典型案例**

吴某等 19 人非法控制计算机信息系统、侵犯公民个人信息案【充分发挥检察职能推进网络空间治理典型案例之六（2021年 1 月 25 日）】

典型意义：（一）利用公民个人信息实施网络犯罪日益高发，获取信息方式日趋隐蔽。当前，非法获取公民个人信息的现象屡见不鲜，手段花样翻新，往往成为网络犯罪的必备前置程序。违法犯罪分子有的通过手机 App、电脑软件，有的通过搭建钓鱼网站、发送木马链接，有的则在手机、智能手表、路由器等硬件设备的生产环节植入病毒程序，非法获取公民个人信息。这些行为侵害了公民个人隐私和人身、财产权利，滋生大量网络违法犯罪，社会危害巨大。

（二）依法严厉打击侵犯公民个人信息犯罪。根据《最高人民法院、最高人民检察院关于办理侵犯公民个人信息刑事案件适用法律若干问题的解释》，公民个人信息是指以电子或者其他方式记录的能够单独或者与其他信息结合识别特定自然人身份或者反映特定自然人活动情况的各种信息，包括姓名、身份证件号码、通讯联系方式、住址、账号密码、财产状况、行踪轨迹等。随着网络技术发展，逐步扩展到人脸、虹膜等生物识别信息，以及网络支付账户信息等，而且其范围仍在逐步扩展。违反国家规定，非法获取、出售或提供上述公民个人信息，情节严重的，构成侵犯公民个人信息罪，应当依法严厉打击。

（三）提高个人防范意识，规范企业行业数据收集使用。社会公众要提高对个人信息的保护意识，不轻易点击、下载来源不明的链接和程序，务必在正规商店购买正规厂家生产的电子设备，不轻易向外透露个人信息。相关部门要加强监管，从网络硬件的生产、流通、使用各环节规范数据收集，规范网络平台、App 软件等收集、使用公民个人信息的行为，监督相关企业建立数据合规制度。

> **第五条 【合法、正当、必要和诚信原则】**
>
> 处理个人信息应当遵循合法、正当、必要和诚信原则，不得通过误导、欺诈、胁迫等方式处理个人信息。

关联法规

◎ **法律**

《民法典》

第一千零三十五条 处理个人信息的，应当遵循合法、正当、必要原则，不得过度处理，并符合下列条件：

（一）征得该自然人或者其监护人同意，但是法律、行政法规另有规定的除外；

（二）公开处理信息的规则；

（三）明示处理信息的目的、方式和范围；

（四）不违反法律、行政法规的规定和双方的约定。

个人信息的处理包括个人信息的收集、存储、使用、加工、传输、提供、公开等。

《网络安全法》

第九条 网络运营者开展经营和服务活动，必须遵守法律、行政法规，尊重社会公德，遵守商业道德，诚实信用，履行网络安全保护义务，接受政府和社会的监督，承担社会责任。

第四十一条　网络运营者收集、使用个人信息，应当遵循合法、正当、必要的原则，公开收集、使用规则，明示收集、使用信息的目的、方式和范围，并经被收集者同意。

网络运营者不得收集与其提供的服务无关的个人信息，不得违反法律、行政法规的规定和双方的约定收集、使用个人信息，并应当依照法律、行政法规的规定和与用户的约定，处理其保存的个人信息。

第四十四条　任何个人和组织不得窃取或者以其他非法方式获取个人信息，不得非法出售或者非法向他人提供个人信息。

《数据安全法》

第三十二条　任何组织、个人收集数据，应当采取合法、正当的方式，不得窃取或者以其他非法方式获取数据。

法律、行政法规对收集、使用数据的目的、范围有规定的，应当在法律、行政法规规定的目的和范围内收集、使用数据。

《网络安全法》

第四十一条　网络运营者收集、使用个人信息，应当遵循合法、正当、必要的原则，公开收集、使用规则，明示收集、使用信息的目的、方式和范围，

并经被收集者同意。

网络运营者不得收集与其提供的服务无关的个人信息，不得违反法律、行政法规的规定和双方的约定收集、使用个人信息，并应当依照法律、行政法规的规定和与用户的约定，处理其保存的个人信息。

《电子商务法》

第五条　电子商务经营者从事经营活动，应当遵循自愿、平等、公平、诚信的原则，遵守法律和商业道德，公平参与市场竞争，履行消费者权益保护、环境保护、知识产权保护、网络安全与个人信息保护等方面的义务，承担产品和服务质量责任，接受政府和社会的监督。

《未成年人保护法》

第七十二条　信息处理者通过网络处理未成年人个人信息的，应当遵循合法、正当和必要的原则。处理不满十四周岁未成年人个人信息的，应当征得未成年人的父母或者其他监护人同意，但法律、行政法规另有规定的除外。

未成年人、父母或者其他监护人要求信息处理者更正、删除未成年人个人信息的，信息处理者应当及时采取措施予以更正、删除，但法律、行政法规另有规定的除外。

《关于加强网络信息保护的决定》

二、网络服务提供者和其他企业事

业单位在业务活动中收集、使用公民个人电子信息，应当遵循合法、正当、必要的原则，明示收集、使用信息的目的、方式和范围，并经被收集者同意，不得违反法律、法规的规定和双方的约定收集、使用信息。

网络服务提供者和其他企业事业单位收集、使用公民个人电子信息，应当公开其收集、使用规则。

《消费者权益保护法》

第二十九条 经营者收集、使用消费者个人信息，应当遵循合法、正当、必要的原则，明示收集、使用信息的目的、方式和范围，并经消费者同意。经营者收集、使用消费者个人信息，应当公开其收集、使用规则，不得违反法律、法规的规定和双方的约定收集、使用信息。

经营者及其工作人员对收集的消费者个人信息必须严格保密，不得泄露、出售或者非法向他人提供。经营者应当采取技术措施和其他必要措施，确保信息安全，防止消费者个人信息泄露、丢失。在发生或者可能发生信息泄露、丢失的情况时，应当立即采取补救措施。

经营者未经消费者同意或者请求，或者消费者明确表示拒绝的，不得向其发送商业性信息。

◎ 司法解释

《关于审理使用人脸识别技术处理个人信息相关民事案件适用法律若干问题的规定》

第二条 信息处理者处理人脸信息有下列情形之一的，人民法院应当认定属于侵害自然人人格权益的行为：

（一）在宾馆、商场、银行、车站、机场、体育场馆、娱乐场所等经营场所、公共场所违反法律、行政法规的规定使用人脸识别技术进行人脸验证、辨识或者分析；

（二）未公开处理人脸信息的规则或者未明示处理的目的、方式、范围；

（三）基于个人同意处理人脸信息的，未征得自然人或者其监护人的单独同意，或者未按照法律、行政法规的规定征得自然人或者其监护人的书面同意；

（四）违反信息处理者明示或者双方约定的处理人脸信息的目的、方式、范围等；

（五）未采取应有的技术措施或者其他必要措施确保其收集、存储的人脸信息安全，致使人脸信息泄露、篡改、丢失；

（六）违反法律、行政法规的规定或者双方的约定，向他人提供人脸信息；

（七）违背公序良俗处理人脸信息；

（八）违反合法、正当、必要原则处理人脸信息的其他情形。

第三条 人民法院认定信息处理者承担侵害自然人人格权益的民事责任，应当适用民法典第九百九十八条的规定，并结合案件具体情况综合考量受害人是否为未成年人、告知同意情况以及信息处理的必要程度等因素。

◎ **部门规章**

《电信和互联网用户个人信息保护规定》

第五条 电信业务经营者、互联网信息服务提供者在提供服务的过程中收集、使用用户个人信息，应当遵循合法、正当、必要的原则。

《儿童个人信息网络保护规定》

第七条 网络运营者收集、存储、使用、转移、披露儿童个人信息的，应当遵循正当必要、知情同意、目的明确、安全保障、依法利用的原则。

《互联网保险业务监管办法》

第三十八条 保险机构应承担客户信息保护的主体责任，收集、处理及使用个人信息应遵循合法、正当、必要的原则，保证信息收集、处理及使用的安全性和合法性：

（一）建立客户信息保护制度，明确数据安全责任人，构建覆盖全生命周期的客户信息保护体系，防范信息泄露。

（二）督促提供技术支持、客户服务等服务的合作机构建立有效的客户信息保护制度，在合作协议中明确约定客户信息保护责任，保障客户信息安全，明确约定合作机构不得限制保险机构获取客户投保信息，不得限制保险机构获取能够验证客户真实身份的相关信息。

（三）保险机构收集、处理及使用个人信息，应征得客户同意，获得客户授权。未经客户同意或授权，保险机构不得将客户信息用于所提供保险服务之外的用途，法律法规另有规定的除外。

《汽车数据安全管理若干规定（试行）》

第四条 汽车数据处理者处理汽车数据应当合法、正当、具体、明确，与汽车的设计、生产、销售、使用、运维等直接相关。

◎ **部门规范性文件**

《互联网个人信息安全保护指南》

6.1 收集

个人信息的收集行为应满足以下要求：

a）个人信息收集前，应当遵循合法、正当、必要的原则向被收集的个人信息主体公开收集、使用规则，明示收集、使用信息的目的、方式和范围等信息；

b）个人信息收集应获得个人信息主体的同意和授权，不应收集与其提供的服务无关的个人信息，不应通过捆绑产品或服务各项业务功能等方式强迫收集个人信息；

c) 个人信息收集应执行收集前签署的约定和协议，不应超范围收集；

d) 不应大规模收集或处理我国公民的种族、民族、政治观点、宗教信仰等敏感数据；

e) 个人生物识别信息应仅收集和使用摘要信息，避免收集其原始信息；

f) 应确保收集个人信息过程的安全性：

1) 收集个人信息之前，应有对被收集人进行身份认证的机制，该身份认证机制应具有相应安全性；

2) 收集个人信息时，信息在传输过程中应进行加密等保护处理；

3) 收集个人信息的系统应落实网络安全等级保护要求；

4) 收集个人信息时应有对收集内容进行安全检测和过滤的机制，防止非法内容提交。

《App 违法违规收集使用个人信息行为认定方法》

四、以下行为可被认定为"违反必要原则，收集与其提供的服务无关的个人信息"

1. 收集的个人信息类型或打开的可收集个人信息权限与现有业务功能无关；

2. 因用户不同意收集非必要个人信息或打开非必要权限，拒绝提供业务功能；

3. App 新增业务功能申请收集的个人信息超出用户原有同意范围，若用户不同意，则拒绝提供原有业务功能，新增业务功能取代原有业务功能的除外；

4. 收集个人信息的频度等超出业务功能实际需要；

5. 仅以改善服务质量、提升用户体验、定向推送信息、研发新产品等为由，强制要求用户同意收集个人信息；

6. 要求用户一次性同意打开多个可收集个人信息的权限，用户不同意则无法使用。

《移动互联网应用程序信息服务管理规定》

第十二条 应用程序提供者处理个人信息应当遵循合法、正当、必要和诚信原则，具有明确、合理的目的并公开处理规则，遵守必要个人信息范围的有关规定，规范个人信息处理活动，采取必要措施保障个人信息安全，不得以任何理由强制要求用户同意个人信息处理行为，不得因用户不同意提供非必要个人信息，而拒绝用户使用其基本功能服务。

《互联网跟帖评论服务管理规定》

第四条 跟帖评论服务提供者应当严格落实跟帖评论服务管理主体责任，依法履行以下义务：

（一）按照"后台实名、前台自愿"

原则，对注册用户进行基于移动电话号码、身份证件号码或者统一社会信用代码等方式的真实身份信息认证，不得向未认证真实身份信息或者冒用组织机构、他人身份信息的用户提供跟帖评论服务。

（二）建立健全用户个人信息保护制度，处理用户个人信息应当遵循合法、正当、必要和诚信原则，公开个人信息处理规则，告知个人信息的处理目的、处理方式、处理的个人信息种类、保存期限等事项，并依法取得个人的同意。法律、行政法规另有规定的除外。

（三）对新闻信息提供跟帖评论服务的，应当建立先审后发制度。

（四）提供弹幕方式跟帖评论服务的，应当在同一平台和页面同时提供与之对应的静态版信息内容。

（五）建立健全跟帖评论审核管理、实时巡查、应急处置、举报受理等信息安全管理制度，及时发现处置违法和不良信息，并向网信部门报告。

（六）创新跟帖评论管理方式，研发使用跟帖评论信息安全管理技术，提升违法和不良信息处置能力；及时发现跟帖评论服务存在的安全缺陷、漏洞等风险，采取补救措施，并向网信部门报告。

（七）配备与服务规模相适应的审核编辑队伍，加强跟帖评论审核培训，提高审核编辑人员专业素养。

（八）配合网信部门依法开展监督检查工作，提供必要的技术、数据支持和协助。

第六条　【比例原则】

处理个人信息应当具有明确、合理的目的，并应当与处理目的直接相关，采取对个人权益影响最小的方式。

收集个人信息，应当限于实现处理目的的最小范围，不得过度收集个人信息。

关联法规

◎ 法律

《民法典》

第一千零三十五条　处理个人信息的，应当遵循合法、正当、必要原则，不得过度处理，并符合下列条件：

（一）征得该自然人或者其监护人同意，但是法律、行政法规另有规定的除外；

（二）公开处理信息的规则；

（三）明示处理信息的目的、方式和范围；

（四）不违反法律、行政法规的规定和双方的约定。

个人信息的处理包括个人信息的收

集、存储、使用、加工、传输、提供、公开等。

《网络安全法》

第四十一条　网络运营者收集、使用个人信息，应当遵循合法、正当、必要的原则，公开收集、使用规则，明示收集、使用信息的目的、方式和范围，并经被收集者同意。

网络运营者不得收集与其提供的服务无关的个人信息，不得违反法律、行政法规的规定和双方的约定收集、使用个人信息，并应当依照法律、行政法规的规定和与用户的约定，处理其保存的个人信息。

《数据安全法》

第三十二条　任何组织、个人收集数据，应当采取合法、正当的方式，不得窃取或者以其他非法方式获取数据。

法律、行政法规对收集、使用数据的目的、范围有规定的，应当在法律、行政法规规定的目的和范围内收集、使用数据。

《关于加强网络信息保护的决定》

二、网络服务提供者和其他企业事业单位在业务活动中收集、使用公民个人电子信息，应当遵循合法、正当、必要的原则，明示收集、使用信息的目的、方式和范围，并经被收集者同意，不得违反法律、法规的规定和双方的约定收集、使用信息。

网络服务提供者和其他企业事业单位收集、使用公民个人电子信息，应当公开其收集、使用规则。

◎ 党内法规

《关于做好个人信息保护利用大数据支撑联防联控工作的通知》

2. 收集联防联控所必需的个人信息应参照国家标准《个人信息安全规范》，坚持最小范围原则，收集对象原则上限于确诊者、疑似者、密切接触者等重点人群，一般不针对特定地区的所有人群，防止形成对特定地域人群的事实上歧视。

◎ 部门规章

《电信和互联网用户个人信息保护规定》

第九条　未经用户同意，电信业务经营者、互联网信息服务提供者不得收集、使用用户个人信息。

电信业务经营者、互联网信息服务提供者收集、使用用户个人信息的，应当明确告知用户收集、使用信息的目的、方式和范围，查询、更正信息的渠道以及拒绝提供信息的后果等事项。

电信业务经营者、互联网信息服务提供者不得收集其提供服务所必需以外的用户个人信息或者将信息用于提供服务之外的目的，不得以欺骗、误导或者强迫等方式或者违反法律、行政法规以及双方的约定收集、使用信息。

电信业务经营者、互联网信息服务提供者在用户终止使用电信服务或者互联网信息服务后，应当停止对用户个人信息的收集和使用，并为用户提供注销号码或者账号的服务。

法律、行政法规对本条第一款至第四款规定的情形另有规定的，从其规定。

《网络交易监督管理办法》

第十三条 网络交易经营者收集、使用消费者个人信息，应当遵循合法、正当、必要的原则，明示收集、使用信息的目的、方式和范围，并经消费者同意。网络交易经营者收集、使用消费者个人信息，应当公开其收集、使用规则，不得违反法律、法规的规定和双方的约定收集、使用信息。

网络交易经营者不得采用一次概括授权、默认授权、与其他授权捆绑、停止安装使用等方式，强迫或者变相强迫消费者同意收集、使用与经营活动无直接关系的信息。收集、使用个人生物特征、医疗健康、金融账户、个人行踪等敏感信息的，应当逐项取得消费者同意。

网络交易经营者及其工作人员应当对收集的个人信息严格保密，除依法配合监管执法活动外，未经被收集者授权同意，不得向包括关联方在内的任何第三方提供。

《汽车数据安全管理若干规定（试行）》

第六条 国家鼓励汽车数据依法合理有效利用，倡导汽车数据处理者在开展汽车数据处理活动中坚持：

（一）车内处理原则，除非确有必要不向车外提供；

（二）默认不收集原则，除非驾驶人自主设定，每次驾驶时默认设定为不收集状态；

（三）精度范围适用原则，根据所提供功能服务对数据精度的要求确定摄像头、雷达等的覆盖范围、分辨率；

（四）脱敏处理原则，尽可能进行匿名化、去标识化等处理。

◎ **部门规范性文件**

《互联网个人信息安全保护指南》

6.1 收集

个人信息的收集行为应满足以下要求：

a）个人信息收集前，应当遵循合法、正当、必要的原则向被收集的个人信息主体公开收集、使用规则，明示收集、使用信息的目的、方式和范围等信息；

b）个人信息收集应获得个人信息主体的同意和授权，不应收集与其提供的服务无关的个人信息，不应通过捆绑产品或服务各项业务功能等方式强迫收集个人信息；

c）个人信息收集应执行收集前签署的约定和协议，不应超范围收集；

d）不应大规模收集或处理我国公民的种族、民族、政治观点、宗教信仰等敏感数据；

e）个人生物识别信息应仅收集和使用摘要信息，避免收集其原始信息；

f）应确保收集个人信息过程的安全性：

1）收集个人信息之前，应有对被收集人进行身份认证的机制，该身份认证机制应具有相应安全性；

2）收集个人信息时，信息在传输过程中应进行加密等保护处理；

3）收集个人信息的系统应落实网络安全等级保护要求；

4）收集个人信息时应有对收集内容进行安全检测和过滤的机制，防止非法内容提交。

《寄递服务用户个人信息安全管理规定》

第七条 寄递企业收集寄递服务用户个人信息应仅限于完成寄递服务全流程操作目的的最小范围，不得过度收集用户个人信息。

寄递企业应当与其从业人员签订寄递服务用户个人信息保密协议，明确保密义务。

第七条 【公开透明原则】

处理个人信息应当遵循公开、透明原则，公开个人信息处理规则，明示处理的目的、方式和范围。

关联法规

◎ **法律**

《民法典》

第一千零三十五条 处理个人信息的，应当遵循合法、正当、必要原则，不得过度处理，并符合下列条件：

（一）征得该自然人或者其监护人同意，但是法律、行政法规另有规定的除外；

（二）公开处理信息的规则；

（三）明示处理信息的目的、方式和范围；

（四）不违反法律、行政法规的规定和双方的约定。

个人信息的处理包括个人信息的收集、存储、使用、加工、传输、提供、公开等。

《网络安全法》

第四十一条 网络运营者收集、使用个人信息，应当遵循合法、正当、必要的原则，公开收集、使用规则，明示收集、使用信息的目的、方式和范围，并经被收集者同意。

网络运营者不得收集与其提供的服务无关的个人信息，不得违反法律、行政法规的规定和双方的约定收集、使用个人信息，并应当依照法律、行政法规的规定和与用户的约定，处理其保存的个人信息。

◎ **司法解释**

《关于审理使用人脸识别技术处理个人信息相关民事案件适用法律若干问题的规定》

第二条 信息处理者处理人脸信息有下列情形之一的，人民法院应当认定属于侵害自然人人格权益的行为：

（一）在宾馆、商场、银行、车站、机场、体育场馆、娱乐场所等经营场所、公共场所违反法律、行政法规的规定使用人脸识别技术进行人脸验证、辨识或者分析；

（二）未公开处理人脸信息的规则或者未明示处理的目的、方式、范围；

（三）基于个人同意处理人脸信息的，未征得自然人或者其监护人的单独同意，或者未按照法律、行政法规的规定征得自然人或者其监护人的书面同意；

（四）违反信息处理者明示或者双方约定的处理人脸信息的目的、方式、范围等；

（五）未采取应有的技术措施或者其他必要措施确保其收集、存储的人脸信息安全，致使人脸信息泄露、篡改、丢失；

（六）违反法律、行政法规的规定或者双方的约定，向他人提供人脸信息；

（七）违背公序良俗处理人脸信息；

（八）违反合法、正当、必要原则处理人脸信息的其他情形。

◎ **部门规章**

《电信和互联网用户个人信息保护规定》

第八条 电信业务经营者、互联网信息服务提供者应当制定用户个人信息收集、使用规则，并在其经营或者服务场所、网站等予以公布。

第八条　【质量保证原则】

处理个人信息应当保证个人信息的质量，避免因个人信息不准确、不完整对个人权益造成不利影响。

关联法规

◎ **法律**

《民法典》

第一千零三十七条 自然人可以依法向信息处理者查阅或者复制其个人信息；发现信息有错误的，有权提出异议并请求及时采取更正等必要措施。

自然人发现信息处理者违反法律、行政法规的规定或者双方的约定处理其个人信息的，有权请求信息处理者及时删除。

《网络安全法》

第四十三条 个人发现网络运营者

违反法律、行政法规的规定或者双方的约定收集、使用其个人信息的，有权要求网络运营者删除其个人信息；发现网络运营者收集、存储的其个人信息有错误的，有权要求网络运营者予以更正。网络运营者应当采取措施予以删除或者更正。

《居民身份证法》

第十一条　国家决定换发新一代居民身份证、居民身份证有效期满、公民姓名变更或者证件严重损坏不能辨认的，公民应当换领新证；居民身份证登记项目出现错误的，公安机关应当及时更正，换发新证；领取新证时，必须交回原证。居民身份证丢失的，应当申请补领。

未满十六周岁公民的居民身份证有前款情形的，可以申请换领、换发或者补领新证。

公民办理常住户口迁移手续时，公安机关应当在居民身份证的机读项目中记载公民常住户口所在地住址变动的情况，并告知本人。

◎ 行政法规

《征信业管理条例》

第二十三条　征信机构应当采取合理措施，保障其提供信息的准确性。

征信机构提供的信息供信息使用者参考。

第二十五条　信息主体认为征信机构采集、保存、提供的信息存在错误、遗漏的，有权向征信机构或者信息提供者提出异议，要求更正。

征信机构或者信息提供者收到异议，应当按照国务院征信业监督管理部门的规定对相关信息作出存在异议的标注，自收到异议之日起 20 日内进行核查和处理，并将结果书面答复异议人。

经核查，确认相关信息确有错误、遗漏的，信息提供者、征信机构应当予以更正；确认不存在错误、遗漏的，应当取消异议标注；经核查仍不能确认的，对核查情况和异议内容应当予以记载。

◎ 部门规章

《个人信用信息基础数据库管理暂行办法》

第六条　商业银行应当遵守中国人民银行发布的个人信用数据库标准及其有关要求，准确、完整、及时地向个人信用数据库报送个人信用信息。

◎ 部门规范性文件

《银行业金融机构数据治理指引》

第二十九条　银行业金融机构应当确立数据质量管理目标，建立控制机制，确保数据的真实性、准确性、连续性、完整性和及时性。

第三十条　银行业金融机构各项业务制度应当充分考虑数据质量管理需要，涉及指标含义清晰明确，取数规则统一，并根据业务变化及时更新。

第三十一条　银行业金融机构应当加强数据源头管理，确保将业务信息全面准确及时录入信息系统。信息系统应当能自动提示异常变动及错误情况。

第三十二条　银行业金融机构应当建立数据质量监控体系，覆盖数据全生命周期，对数据质量持续监测、分析、反馈和纠正。

第三十三条　银行业金融机构应当建立数据质量现场检查制度，定期组织实施，原则上不低于每年一次，对重大问题要按照既定的报告路径提交，并按流程实施整改。

第三十四条　银行业金融机构应当建立数据质量考核评价体系，考核结果纳入本机构绩效考核体系，实现数据质量持续提升。

第三十五条　银行业金融机构应当建立数据质量整改机制，对日常监控、检查和考核评价过程中发现的问题，及时组织整改，并对整改情况跟踪评价，确保整改落实到位。

第三十六条　银行业金融机构应当按照监管要求报送法人和集团的相关数据，保证同一监管指标在监管报送与对外披露之间的一致性。如有重大差异，应当及时向银行业监督管理机构解释说明。

第九条　【责任原则】

个人信息处理者应当对其个人信息处理活动负责，并采取必要措施保障所处理的个人信息的安全。

关联法规

◎ **法律**

《**民法典**》

第一千零三十八条　信息处理者不得泄露或者篡改其收集、存储的个人信息；未经自然人同意，不得向他人非法提供其个人信息，但是经过加工无法识别特定个人且不能复原的除外。

信息处理者应当采取技术措施和其他必要措施，确保其收集、存储的个人信息安全，防止信息泄露、篡改、丢失；发生或者可能发生个人信息泄露、篡改、丢失的，应当及时采取补救措施，按照规定告知自然人并向有关主管部门报告。

《**网络安全法**》

第四十二条　网络运营者不得泄露、篡改、毁损其收集的个人信息；未经被收集者同意，不得向他人提供个人信息。但是，经过处理无法识别特定个人且不能复原的除外。

网络运营者应当采取技术措施和其

他必要措施，确保其收集的个人信息安全，防止信息泄露、毁损、丢失。在发生或者可能发生个人信息泄露、毁损、丢失的情况时，应当立即采取补救措施，按照规定及时告知用户并向有关主管部门报告。

《电子商务法》

第五条　电子商务经营者从事经营活动，应当遵循自愿、平等、公平、诚信的原则，遵守法律和商业道德，公平参与市场竞争，履行消费者权益保护、环境保护、知识产权保护、网络安全与个人信息保护等方面的义务，承担产品和服务质量责任，接受政府和社会的监督。

第二十三条　电子商务经营者收集、使用其用户的个人信息，应当遵守法律、行政法规有关个人信息保护的规定。

第三十二条　电子商务平台经营者应当遵循公开、公平、公正的原则，制定平台服务协议和交易规则，明确进入和退出平台、商品和服务质量保障、消费者权益保护、个人信息保护等方面的权利和义务。

《关于加强网络信息保护的决定》

四、网络服务提供者和其他企业事业单位应当采取技术措施和其他必要措施，确保信息安全，防止在业务活动中收集的公民个人电子信息泄露、毁损、丢失。在发生或者可能发生信息泄露、毁损、丢失的情况时，应当立即采取补救措施。

◎ **部门规章**

《汽车数据安全管理若干规定（试行）》

第五条　利用互联网等信息网络开展汽车数据处理活动，应当落实网络安全等级保护等制度，加强汽车数据保护，依法履行数据安全义务。

第十条　【禁止非法的个人信息处理活动】

任何组织、个人不得非法收集、使用、加工、传输他人个人信息，不得非法买卖、提供或者公开他人个人信息；不得从事危害国家安全、公共利益的个人信息处理活动。

关联法规

◎ **法律**

《宪法》

第五条　中华人民共和国实行依法治国，建设社会主义法治国家。

国家维护社会主义法制的统一和尊严。

一切法律、行政法规和地方性法规都不得同宪法相抵触。

一切国家机关和武装力量、各政党

和各社会团体、各企业事业组织都必须遵守宪法和法律。一切违反宪法和法律的行为，必须予以追究。

任何组织或者个人都不得有超越宪法和法律的特权。

《民法典》

第一百一十一条　自然人的个人信息受法律保护。任何组织或者个人需要获取他人个人信息的，应当依法取得并确保信息安全，不得非法收集、使用、加工、传输他人个人信息，不得非法买卖、提供或者公开他人个人信息。

《刑法》

第二百五十三条之一　违反国家有关规定，向他人出售或者提供公民个人信息，情节严重的，处三年以下有期徒刑或者拘役，并处或者单处罚金；情节特别严重的，处三年以上七年以下有期徒刑，并处罚金。

违反国家有关规定，将在履行职责或者提供服务过程中获得的公民个人信息，出售或者提供给他人的，依照前款的规定从重处罚。

窃取或者以其他方法非法获取公民个人信息的，依照第一款的规定处罚。

单位犯前三款罪的，对单位判处罚金，并对其直接负责的主管人员和其他直接责任人员，依照各该款的规定处罚。

《网络安全法》

第五条　国家采取措施，监测、防御、处置来源于中华人民共和国境内外的网络安全风险和威胁，保护关键信息基础设施免受攻击、侵入、干扰和破坏，依法惩治网络违法犯罪活动，维护网络空间安全和秩序。

第十二条　国家保护公民、法人和其他组织依法使用网络的权利，促进网络接入普及，提升网络服务水平，为社会提供安全、便利的网络服务，保障网络信息依法有序自由流动。

任何个人和组织使用网络应当遵守宪法法律，遵守公共秩序，尊重社会公德，不得危害网络安全，不得利用网络从事危害国家安全、荣誉和利益，煽动颠覆国家政权、推翻社会主义制度，煽动分裂国家、破坏国家统一，宣扬恐怖主义、极端主义，宣扬民族仇恨、民族歧视，传播暴力、淫秽色情信息，编造、传播虚假信息扰乱经济秩序和社会秩序，以及侵害他人名誉、隐私、知识产权和其他合法权益等活动。

第四十一条　网络运营者收集、使用个人信息，应当遵循合法、正当、必要的原则，公开收集、使用规则，明示收集、使用信息的目的、方式和范围，并经被收集者同意。

网络运营者不得收集与其提供的服务无关的个人信息，不得违反法律、行政法规的规定和双方的约定收集、使用个人信息，并应当依照法律、行政法规的规定和与用户的约定，处理其保存的个人信息。

第四十四条　任何个人和组织不得窃取或者以其他非法方式获取个人信息，不得非法出售或者非法向他人提供个人信息。

《数据安全法》

第八条　开展数据处理活动，应当遵守法律、法规，尊重社会公德和伦理，遵守商业道德和职业道德，诚实守信，履行数据安全保护义务，承担社会责任，不得危害国家安全、公共利益，不得损害个人、组织的合法权益。

第三十二条　任何组织、个人收集数据，应当采取合法、正当的方式，不得窃取或者以其他非法方式获取数据。

法律、行政法规对收集、使用数据的目的、范围有规定的，应当在法律、行政法规规定的目的和范围内收集、使用数据。

《反电信网络诈骗法》

第二十五条　任何单位和个人不得为他人实施电信网络诈骗活动提供下列支持或者帮助：

（一）出售、提供个人信息；

（二）帮助他人通过虚拟货币交易等方式洗钱；

（三）其他为电信网络诈骗活动提供支持或者帮助的行为。

电信业务经营者、互联网服务提供者应当依照国家有关规定，履行合理注意义务，对利用下列业务从事涉诈支持、帮助活动进行监测识别和处置：

（一）提供互联网接入、服务器托管、网络存储、通讯传输、线路出租、域名解析等网络资源服务；

（二）提供信息发布或者搜索、广告推广、引流推广等网络推广服务；

（三）提供应用程序、网站等网络技术、产品的制作、维护服务；

（四）提供支付结算服务。

《数据安全法》

第八条　开展数据处理活动，应当遵守法律、法规，尊重社会公德和伦理，遵守商业道德和职业道德，诚实守信，履行数据安全保护义务，承担社会责任，不得危害国家安全、公共利益，不得损害个人、组织的合法权益。

第三十二条　任何组织、个人收集数据，应当采取合法、正当的方式，不得窃取或者以其他非法方式获取数据。

法律、行政法规对收集、使用数据的目的、范围有规定的，应当在法律、行政法规规定的目的和范围内收集、使用数据。

《关于维护互联网安全的决定》

二、为了维护国家安全和社会稳定，对下列行为之一，构成犯罪的，依照刑法有关规定追究刑事责任：

（一）利用互联网造谣、诽谤或者

发表、传播其他有害信息，煽动颠覆国家政权、推翻社会主义制度，或者煽动分裂国家、破坏国家统一；

（二）通过互联网窃取、泄露国家秘密、情报或者军事秘密；

（三）利用互联网煽动民族仇恨、民族歧视，破坏民族团结；

（四）利用互联网组织邪教组织、联络邪教组织成员，破坏国家法律、行政法规实施。

四、为了保护个人、法人和其他组织的人身、财产等合法权利，对有下列行为之一，构成犯罪的，依照刑法有关规定追究刑事责任：

（一）利用互联网侮辱他人或者捏造事实诽谤他人；

（二）非法截获、篡改、删除他人电子邮件或者其他数据资料，侵犯公民通信自由和通信秘密；

（三）利用互联网进行盗窃、诈骗、敲诈勒索。

《关于加强网络信息保护的决定》

一、国家保护能够识别公民个人身份和涉及公民个人隐私的电子信息。

任何组织和个人不得窃取或者以其他非法方式获取公民个人电子信息，不得出售或者非法向他人提供公民个人电子信息。

二、网络服务提供者和其他企业事业单位在业务活动中收集、使用公民个人电子信息，应当遵循合法、正当、必要的原则，明示收集、使用信息的目的、方式和范围，并经被收集者同意，不得违反法律、法规的规定和双方的约定收集、使用信息。

网络服务提供者和其他企业事业单位收集、使用公民个人电子信息，应当公开其收集、使用规则。

三、网络服务提供者和其他企业事业单位及其工作人员对在业务活动中收集的公民个人电子信息必须严格保密，不得泄露、篡改、毁损，不得出售或者非法向他人提供。

《消费者权益保护法》

第二十九条 经营者收集、使用消费者个人信息，应当遵循合法、正当、必要的原则，明示收集、使用信息的目的、方式和范围，并经消费者同意。经营者收集、使用消费者个人信息，应当公开其收集、使用规则，不得违反法律、法规的规定和双方的约定收集、使用信息。

经营者及其工作人员对收集的消费者个人信息必须严格保密，不得泄露、出售或者非法向他人提供。经营者应当采取技术措施和其他必要措施，确保信息安全，防止消费者个人信息泄露、丢失。在发生或者可能发生信息泄露、丢失的情况时，应当立即采取补救措施。

经营者未经消费者同意或者请求，

或者消费者明确表示拒绝的，不得向其发送商业性信息。

《国家安全法》

第十三条　国家机关工作人员在国家安全工作和涉及国家安全活动中，滥用职权、玩忽职守、徇私舞弊的，依法追究法律责任。

任何个人和组织违反本法和有关法律，不履行维护国家安全义务或者从事危害国家安全活动的，依法追究法律责任。

《密码法》

第十二条　任何组织或者个人不得窃取他人加密保护的信息或者非法侵入他人的密码保障系统。

任何组织或者个人不得利用密码从事危害国家安全、社会公共利益、他人合法权益等违法犯罪活动。

◎ 行政法规

《计算机信息网络国际联网管理暂行规定》

第十三条　从事国际联网业务的单位和个人，应当遵守国家有关法律、行政法规，严格执行安全保密制度，不得利用国际联网从事危害国家安全、泄露国家秘密等违法犯罪活动，不得制作、查阅、复制和传播妨碍社会治安的信息和淫秽色情等信息。

《全国人口普查条例》

第三十三条　人口普查中获得的能够识别或者推断单个普查对象身份的资料，任何单位和个人不得对外提供、泄露，不得作为对人口普查对象作出具体行政行为的依据，不得用于人口普查以外的目的。

人口普查数据不得作为对地方人民政府进行政绩考核和责任追究的依据。

《计算机信息系统安全保护条例》

第七条　任何组织或者个人，不得利用计算机信息系统从事危害国家利益、集体利益和公民合法利益的活动，不得危害计算机信息系统的安全。

《互联网信息服务管理办法》

第十五条　互联网信息服务提供者不得制作、复制、发布、传播含有下列内容的信息：

（一）反对宪法所确定的基本原则的；

（二）危害国家安全，泄露国家秘密，颠覆国家政权，破坏国家统一的；

（三）损害国家荣誉和利益的；

（四）煽动民族仇恨、民族歧视，破坏民族团结的；

（五）破坏国家宗教政策，宣扬邪教和封建迷信的；

（六）散布谣言，扰乱社会秩序，破坏社会稳定的；

（七）散布淫秽、色情、赌博、暴力、凶杀、恐怖或者教唆犯罪的；

（八）侮辱或者诽谤他人，侵害他

人合法权益的；

（九）含有法律、行政法规禁止的其他内容的。

《计算机信息网络国际联网安全保护管理办法》

第四条 任何单位和个人不得利用国际联网危害国家安全、泄露国家秘密，不得侵犯国家的、社会的、集体的利益和公民的合法权益，不得从事违法犯罪活动。

第五条 任何单位和个人不得利用国际联网制作、复制、查阅和传播下列信息：

（一）煽动抗拒、破坏宪法和法律、行政法规实施的；

（二）煽动颠覆国家政权，推翻社会主义制度的；

（三）煽动分裂国家、破坏国家统一的；

（四）煽动民族仇恨、民族歧视，破坏民族团结的；

（五）捏造或者歪曲事实，散布谣言，扰乱社会秩序的；

（六）宣扬封建迷信、淫秽、色情、赌博、暴力、凶杀、恐怖，教唆犯罪的；

（七）公然侮辱他人或者捏造事实诽谤他人的；

（八）损害国家机关信誉的；

（九）其他违反宪法和法律、行政

法规的。

第七条 用户的通信自由和通信秘密受法律保护。任何单位和个人不得违反法律规定，利用国际联网侵犯用户的通信自由和通信秘密。

《电信条例》

第六条 电信网络和信息的安全受法律保护。任何组织或者个人不得利用电信网络从事危害国家安全、社会公共利益或者他人合法权益的活动。

第五十六条 任何组织或者个人不得利用电信网络制作、复制、发布、传播含有下列内容的信息：

（一）反对宪法所确定的基本原则的；

（二）危害国家安全，泄露国家秘密，颠覆国家政权，破坏国家统一的；

（三）损害国家荣誉和利益的；

（四）煽动民族仇恨、民族歧视，破坏民族团结的；

（五）破坏国家宗教政策，宣扬邪教和封建迷信的；

（六）散布谣言，扰乱社会秩序，破坏社会稳定的；

（七）散布淫秽、色情、赌博、暴力、凶杀、恐怖或者教唆犯罪的；

（八）侮辱或者诽谤他人，侵害他人合法权益的；

（九）含有法律、行政法规禁止的其他内容的。

第五十七条　任何组织或者个人不得有下列危害电信网络安全和信息安全的行为：

（一）对电信网的功能或者存储、处理、传输的数据和应用程序进行删除或者修改；

（二）利用电信网从事窃取或者破坏他人信息、损害他人合法权益的活动；

（三）故意制作、复制、传播计算机病毒或者以其他方式攻击他人电信网络等电信设施；

（四）危害电信网络安全和信息安全的其他行为。

《统计法实施条例》

第二十八条　公布统计资料应当按照国家有关规定进行。公布前，任何单位和个人不得违反国家有关规定对外提供，不得利用尚未公布的统计资料谋取不正当利益。

《关键信息基础设施安全保护条例》

第五条　国家对关键信息基础设施实行重点保护，采取措施，监测、防御、处置来源于中华人民共和国境内外的网络安全风险和威胁，保护关键信息基础设施免受攻击、侵入、干扰和破坏，依法惩治危害关键信息基础设施安全的违法犯罪活动。

任何个人和组织不得实施非法侵入、干扰、破坏关键信息基础设施的活动，不得危害关键信息基础设施安全。

◎ **部门规章**

《电话用户真实身份信息登记规定》

第十二条　电信业务经营者应当建立健全用户真实身份信息保密管理制度。

电信业务经营者及其工作人员对在提供服务过程中登记的用户真实身份信息应当严格保密，不得泄露、篡改或者毁损，不得出售或者非法向他人提供，不得用于提供服务之外的目的。

《电信和互联网用户个人信息保护规定》

第十条　电信业务经营者、互联网信息服务提供者及其工作人员对在提供服务过程中收集、使用的用户个人信息应当严格保密，不得泄露、篡改或者毁损，不得出售或者非法向他人提供。

《互联网新闻信息服务管理规定》

第十三条　互联网新闻信息服务提供者为用户提供互联网新闻信息传播平台服务，应当按照《中华人民共和国网络安全法》的规定，要求用户提供真实身份信息。用户不提供真实身份信息的，互联网新闻信息服务提供者不得为其提供相关服务。

互联网新闻信息服务提供者对用户身份信息和日志信息负有保密的义务，不得泄露、篡改、毁损，不得出售或非法向他人提供。

互联网新闻信息服务提供者及其从

业人员不得通过采编、发布、转载、删除新闻信息，干预新闻信息呈现或搜索结果等手段谋取不正当利益。

《儿童个人信息网络保护规定》

第四条 任何组织和个人不得制作、发布、传播侵害儿童个人信息安全的信息。

《网络招聘服务管理规定》

第二十一条 人力资源服务机构从事网络招聘服务时收集、使用其用户个人信息，应当遵守法律、行政法规有关个人信息保护的规定。

人力资源服务机构应当建立健全网络招聘服务用户信息保护制度，不得泄露、篡改、毁损或者非法出售、非法向他人提供其收集的个人公民身份号码、年龄、性别、住址、联系方式和用人单位经营状况等信息。

人力资源服务机构应当对网络招聘服务用户信息保护情况每年至少进行一次自查，记录自查情况，及时消除自查中发现的安全隐患。

《互联网用户账号信息管理规定》

第四条 互联网用户注册、使用和互联网信息服务提供者管理互联网用户账号信息，应当遵守法律法规，遵循公序良俗，诚实信用，不得损害国家安全、社会公共利益或者他人合法权益。

《互联网信息服务深度合成管理规定》

第六条 任何组织和个人不得利用深度合成服务制作、复制、发布、传播法律、行政法规禁止的信息，不得利用深度合成服务从事危害国家安全和利益、损害国家形象、侵害社会公共利益、扰乱经济和社会秩序、侵犯他人合法权益等法律、行政法规禁止的活动。

深度合成服务提供者和使用者不得利用深度合成服务制作、复制、发布、传播虚假新闻信息。转载基于深度合成服务制作发布的新闻信息的，应当依法转载互联网新闻信息稿源单位发布的新闻信息。

《生成式人工智能服务管理暂行办法》

第四条 提供和使用生成式人工智能服务，应当遵守法律、行政法规，尊重社会公德和伦理道德，遵守以下规定：

（一）坚持社会主义核心价值观，不得生成煽动颠覆国家政权、推翻社会主义制度，危害国家安全和利益、损害国家形象，煽动分裂国家、破坏国家统一和社会稳定，宣扬恐怖主义、极端主义，宣扬民族仇恨、民族歧视，暴力、淫秽色情，以及虚假有害信息等法律、行政法规禁止的内容；

（二）在算法设计、训练数据选择、模型生成和优化、提供服务等过程中，采取有效措施防止产生民族、信仰、国别、地域、性别、年龄、职业、健康等歧视；

（三）尊重知识产权、商业道德，保守商业秘密，不得利用算法、数据、平台等优势，实施垄断和不正当竞争行为；

（四）尊重他人合法权益，不得危害他人身心健康，不得侵害他人肖像权、名誉权、荣誉权、隐私权和个人信息权益；

（五）基于服务类型特点，采取有效措施，提升生成式人工智能服务的透明度，提高生成内容的准确性和可靠性。

第三条　国家坚持发展和安全并重、促进创新和依法治理相结合的原则，采取有效措施鼓励生成式人工智能创新发展，对生成式人工智能服务实行包容审慎和分类分级监管。

◎ **部门规范性文件**

《互联网直播服务管理规定》

第十二条　互联网直播服务提供者应当按照"后台实名、前台自愿"的原则，对互联网直播用户进行基于移动电话号码等方式的真实身份信息认证，对互联网直播发布者进行基于身份证件、营业执照、组织机构代码证等的认证登记。互联网直播服务提供者应当对互联网直播发布者的真实身份信息进行审核，向所在地省、自治区、直辖市互联网信息办公室分类备案，并在相关执法部门依法查询时予以提供。

互联网直播服务提供者应当保护互联网直播服务使用者身份信息和隐私，不得泄露、篡改、毁损，不得出售或者非法向他人提供。

《互联网论坛社区服务管理规定》

第八条　互联网论坛社区服务提供者应当按照"后台实名、前台自愿"的原则，要求用户通过真实身份信息认证后注册账号，并对版块发起者和管理者实施真实身份信息备案、定期核验等。用户不提供真实身份信息的，互联网论坛社区服务提供者不得为其提供信息发布服务。

互联网论坛社区服务提供者应当加强对注册用户虚拟身份信息、版块名称简介等的审核管理，不得出现法律法规和国家有关规定禁止的内容。

互联网论坛社区服务提供者应当保护用户身份信息，不得泄露、篡改、毁损，不得非法出售或者非法向他人提供。

《互联网群组信息服务管理规定》

第六条　互联网群组信息服务提供者应当按照"后台实名、前台自愿"的原则，对互联网群组信息服务使用者进行真实身份信息认证，用户不提供真实身份信息的，不得为其提供信息发布服务。

互联网群组信息服务提供者应当采

取必要措施保护使用者个人信息安全，不得泄露、篡改、毁损，不得非法出售或者非法向他人提供。

《微博客信息服务管理规定》

第七条　微博客服务提供者应当按照"后台实名、前台自愿"的原则，对微博客服务使用者进行基于组织机构代码、身份证件号码、移动电话号码等方式的真实身份信息认证、定期核验。微博客服务使用者不提供真实身份信息的，微博客服务提供者不得为其提供信息发布服务。

微博客服务提供者应当保障微博客服务使用者的信息安全，不得泄露、篡改、毁损，不得出售或者非法向他人提供

权威案例

◎ **典型案例**

杜某禹侵犯公民个人信息案【电信网络诈骗犯罪典型案例之二（2019 年 11 月 19 日）**】**

典型意义：侵犯公民个人信息犯罪被称为网络犯罪的"百罪之源"，由此滋生了电信网络诈骗、敲诈勒索、绑架等一系列犯罪，社会危害十分严重，确有打击必要。本案系被害人徐某玉被诈骗案的关联案件，被告人杜某禹窃取并出售公民个人信息的行为，给另案被告人陈某辉精准实施诈骗犯罪得以骗取他人钱财提供了便利

条件，杜某禹应当对其出售公民个人信息行为所造成的恶劣社会影响承担相应的责任。法院在审理过程中适用"两高"《关于办理侵犯公民个人信息刑事案件适用法律若干问题的解释》相关规定，案件宣判后，被告人认罪服判未上诉，取得了良好的法律效果和社会效果。

河北省保定市人民检察院诉李某侵害消费者个人信息和权益民事公益诉讼案【检察机关个人信息保护公益诉讼典型案例之八（2021 年 4 月 22 日）**】**

典型意义：个人信息泄露、电话营销欺诈严重侵害公民个人信息安全和消费者合法权益，是民生痛点。本案中，检察机关通过专家论证和问卷调查，对非法获取、出售公民个人信息，并利用个人信息进行消费欺诈的行为提起惩罚性赔偿公益诉讼，对充分运用公益诉讼职能惩治和预防个人信息保护领域的损害公益行为、真正实现"让违法者痛到不敢再犯"的目的，具有积极的引领、示范和指导作用。

贵州省安顺市西秀区人民检察院诉熊某某等人侵犯公民个人信息刑事附带民事公益诉讼案【检察机关个人信息保护公益诉讼典型案例之十（2021 年 4 月 22 日）**】**

典型意义：通过互联网非法获取、出售公民个人信息，导致众多不特定公民个人信息被泄露，侵害个人信息安全，损害社会公共利益。检察机关作为公共利益的代表，可以对侵犯公民个人信息的违法行为人依法提起刑事附带民事公益诉

讼，要求其承担赔偿损失等公益损害责任，加重侵犯公民个人信息违法犯罪成本，全面维护公民个人信息安全。

被告人陈某等五人侵犯公民个人信息案
【人民法院依法惩治电信网络诈骗犯罪及其关联犯罪典型案例之八（2022 年 9 月 6 日）】

　　典型意义：被告人陈某等人作为通信企业从业人员，利用职务便利，未经用户同意，擅自获取用户的实名制手机号码和验证码，非法出售给他人用于注册微信、抖音等账号，牟取非法利益，且其中一套手机号码和验证码注册的微信被诈骗分子利用，导致被害人廖某某被骗走巨款。为加大对公民个人信息的保护力度，最高人民法院、最高人民检察院制定出台的《关于办理侵犯公民个人信息刑事案件适用法律问题的解释》，将在履行职责或者提供服务过程中获得的公民个人信息出售或者提供给他人的，入罪的数量、数额标准减半计算。依法对被告人陈某等行业"内鬼"从重处罚，充分体现了人民法院坚决保护公民个人信息安全的态度，也是对相关行业从业人员的警示教育。

> **第十一条　【建立健全个人信息保护制度】**
> 　　国家建立健全个人信息保护制度，预防和惩治侵害个人信息

> 权益的行为，加强个人信息保护宣传教育，推动形成政府、企业、相关社会组织、公众共同参与个人信息保护的良好环境。

关联法规

◎ 法律

《民法典》

　　第一百一十一条　自然人的个人信息受法律保护。任何组织或者个人需要获取他人个人信息的，应当依法取得并确保信息安全，不得非法收集、使用、加工、传输他人个人信息，不得非法买卖、提供或者公开他人个人信息。

《网络安全法》

　　第三条　国家坚持网络安全与信息化发展并重，遵循积极利用、科学发展、依法管理、确保安全的方针，推进网络基础设施建设和互联互通，鼓励网络技术创新和应用，支持培养网络安全人才，建立健全网络安全保障体系，提高网络安全保护能力。

　　第四条　国家制定并不断完善网络安全战略，明确保障网络安全的基本要求和主要目标，提出重点领域的网络安全政策、工作任务和措施。

　　第六条　国家倡导诚实守信、健康文明的网络行为，推动传播社会主义核

心价值观，采取措施提高全社会的网络安全意识和水平，形成全社会共同参与促进网络安全的良好环境。

第十九条 各级人民政府及其有关部门应当组织开展经常性的网络安全宣传教育，并指导、督促有关单位做好网络安全宣传教育工作。

大众传播媒介应当有针对性地面向社会进行网络安全宣传教育。

第四十条 网络运营者应当对其收集的用户信息严格保密，并建立健全用户信息保护制度。

《反电信网络诈骗法》

第四条 反电信网络诈骗工作坚持以人民为中心，统筹发展和安全；坚持系统观念、法治思维，注重源头治理、综合治理；坚持齐抓共管、群防群治，全面落实打防管控各项措施，加强社会宣传教育防范；坚持精准防治，保障正常生产经营活动和群众生活便利。

第八条 各级人民政府和有关部门应当加强反电信网络诈骗宣传，普及相关法律和知识，提高公众对各类电信网络诈骗方式的防骗意识和识骗能力。

教育行政、市场监管、民政等有关部门和村民委员会、居民委员会，应当结合电信网络诈骗受害群体的分布等特征，加强对老年人、青少年等群体的宣传教育，增强反电信网络诈骗宣传教育的针对性、精准性，开展反电信网络诈骗宣传教育进学校、进企业、进社区、进农村、进家庭等活动。

各单位应当加强内部防范电信网络诈骗工作，对工作人员开展防范电信网络诈骗教育；个人应当加强电信网络诈骗防范意识。单位、个人应当协助、配合有关部门依照本法规定开展反电信网络诈骗工作。

《数据安全法》

第七条 国家保护个人、组织与数据有关的权益，鼓励数据依法合理有效利用，保障数据依法有序自由流动，促进以数据为关键要素的数字经济发展。

第九条 国家支持开展数据安全知识宣传普及，提高全社会的数据安全保护意识和水平，推动有关部门、行业组织、科研机构、企业、个人等共同参与数据安全保护工作，形成全社会共同维护数据安全和促进发展的良好环境。

《电子商务法》

第三条 国家鼓励发展电子商务新业态，创新商业模式，促进电子商务技术研发和推广应用，推进电子商务诚信体系建设，营造有利于电子商务创新发展的市场环境，充分发挥电子商务在推动高质量发展、满足人民日益增长的美好生活需要、构建开放型经济方面的重要作用。

《关于维护互联网安全的决定》

七、各级人民政府及有关部门要采

取积极措施，在促进互联网的应用和网络技术的普及过程中，重视和支持对网络安全技术的研究和开发，增强网络的安全防护能力。有关主管部门要加强对互联网的运行安全和信息安全的宣传教育，依法实施有效的监督管理，防范和制止利用互联网进行的各种违法活动，为互联网的健康发展创造良好的社会环境。从事互联网业务的单位要依法开展活动，发现互联网上出现违法犯罪行为和有害信息时，要采取措施，停止传输有害信息，并及时向有关机关报告。任何单位和个人在利用互联网时，都要遵纪守法，抵制各种违法犯罪行为和有害信息。人民法院、人民检察院、公安机关、国家安全机关要各司其职，密切配合，依法严厉打击利用互联网实施的各种犯罪活动。要动员全社会的力量，依靠全社会的共同努力，保障互联网的运行安全与信息安全，促进社会主义精神文明和物质文明建设。

《国家安全法》

第二十五条　国家建设网络与信息安全保障体系，提升网络与信息安全保护能力，加强网络和信息技术的创新研究和开发应用，实现网络和信息核心技术、关键基础设施和重要领域信息系统及数据的安全可控；加强网络管理，防范、制止和依法惩治网络攻击、网络入侵、网络窃密、散布违法有害信息等网络违法犯罪行为，维护国家网络空间主权、安全和发展利益。

《密码法》

第三条　密码工作坚持总体国家安全观，遵循统一领导、分级负责，创新发展、服务大局，依法管理、保障安全的原则。

第四条　坚持中国共产党对密码工作的领导。中央密码工作领导机构对全国密码工作实行统一领导，制定国家密码工作重大方针政策，统筹协调国家密码重大事项和重要工作，推进国家密码法治建设。

第十条　国家采取多种形式加强密码安全教育，将密码安全教育纳入国民教育体系和公务员教育培训体系，增强公民、法人和其他组织的密码安全意识。

◎ **党内法规**

《党委（党组）网络安全工作责任制实施办法》

第三条　各级党委（党组）主要承担的网络安全责任是：

（一）认真贯彻落实党中央和习近平总书记关于网络安全工作的重要指示精神和决策部署，贯彻落实网络安全法律法规，明确本地区本部门网络安全的主要目标、基本要求、工作任务、保护措施；

（二）建立和落实网络安全责任

制，把网络安全工作纳入重要议事日程，明确工作机构，加大人力、财力、物力的支持和保障力度；

（三）统一组织领导本地区本部门网络安全保护和重大事件处置工作，研究解决重要问题；

（四）采取有效措施，为公安机关、国家安全机关依法维护国家安全、侦查犯罪以及防范、调查恐怖活动提供支持和保障；

（五）组织开展经常性网络安全宣传教育，采取多种方式培养网络安全人才，支持网络安全技术产业发展。

◎ 行政法规

《电信条例》

第六十五条　电信用户依法使用电信的自由和通信秘密受法律保护。除因国家安全或者追查刑事犯罪的需要，由公安机关、国家安全机关或者人民检察院依照法律规定的程序对电信内容进行检查外，任何组织或者个人不得以任何理由对电信内容进行检查。

电信业务经营者及其工作人员不得擅自向他人提供电信用户使用电信网络所传输信息的内容。

《关键信息基础设施安全保护条例》

第四条　关键信息基础设施安全保护坚持综合协调、分工负责、依法保护，强化和落实关键信息基础设施运营者（以下简称运营者）主体责任，充分发挥政府及社会各方面的作用，共同保护关键信息基础设施安全。

◎ 司法解释

《关于依法惩处侵害公民个人信息犯罪活动的通知》

四、推进综合治理，建立防范、打击长效工作机制。预防和打击侵害公民个人信息犯罪是一项艰巨任务，必须标本兼治，积极探索和构建防范、打击的长效工作机制。各地公安机关、人民检察院、人民法院在依法惩处此类犯罪的同时，要积极参与综合治理，注意发现保护公民个人信息工作中的疏漏和隐患，及时通报相关部门，提醒和督促有关部门和单位加强监管、完善制度。要充分利用报纸、广播、电视、网络等多种媒体平台，大力宣传党和国家打击此类犯罪的决心和力度，宣传相关的政策和法律法规，提醒和教育广大群众运用法律保障和维护自身合法权益，提高自我防范的意识和能力。

◎ 部门规章

《电信和互联网用户个人信息保护规定》

第七条　国家鼓励电信和互联网行业开展用户个人信息保护自律工作。

第二十一条　鼓励电信和互联网行业协会依法制定有关用户个人信息保护的自律性管理制度，引导会员加强自律管理，提高用户个人信息保护水平。

《儿童个人信息网络保护规定》

第六条　鼓励互联网行业组织指导推动网络运营者制定儿童个人信息保护的行业规范、行为准则等，加强行业自律，履行社会责任。

《互联网用户账号信息管理规定》

第十四条　互联网信息服务提供者应当履行互联网用户账号信息管理主体责任，配备与服务规模相适应的专业人员和技术能力，建立健全并严格落实真实身份信息认证、账号信息核验、信息内容安全、生态治理、应急处置、个人信息保护等管理制度。

第十六条　互联网信息服务提供者应当依法保护和处理互联网用户账号信息中的个人信息，并采取措施防止未经授权的访问以及个人信息泄露、篡改、丢失。

《互联网信息服务深度合成管理规定》

第四条　提供深度合成服务，应当遵守法律法规，尊重社会公德和伦理道德，坚持正确政治方向、舆论导向、价值取向，促进深度合成服务向上向善。

第五条　鼓励相关行业组织加强行业自律，建立健全行业标准、行业准则和自律管理制度，督促指导深度合成服务提供者和技术支持者制定完善业务规范、依法开展业务和接受社会监督。

《生成式人工智能服务管理暂行办法》

第三条　国家坚持发展和安全并重、促进创新和依法治理相结合的原则，采取有效措施鼓励生成式人工智能创新发展，对生成式人工智能服务实行包容审慎和分类分级监管。

◎ **部门规范性文件**

《即时通信工具公众信息服务发展管理暂行规定》

第五条　即时通信工具服务提供者应当落实安全管理责任，建立健全各项制度，配备与服务规模相适应的专业人员，保护用户信息及公民个人隐私，自觉接受社会监督，及时处理公众举报的违法和不良信息。

《互联网信息搜索服务管理规定》

第四条　互联网信息搜索服务行业组织应当建立健全行业自律制度和行业准则，指导互联网信息搜索服务提供者建立健全服务规范，督促互联网信息搜索服务提供者依法提供服务、接受社会监督，提高互联网信息搜索服务从业人员的职业素养。

第六条　互联网信息搜索服务提供者应当落实主体责任，建立健全信息审核、公共信息实时巡查、应急处置及个人信息保护等信息安全管理制度，具有安全可控的防范措施，为有关部门依法履行职责提供必要的技术支持。

《互联网新闻信息服务新技术新应用安全评估管理规定》

第十四条　组织开展新技术新应用

安全评估的相关单位和人员应当对在履行职责中知悉的国家秘密、商业秘密和个人信息严格保密，不得泄露、出售或者非法向他人提供。

《监管数据安全管理办法（试行）》

第五条　开展监管数据活动，必须遵守相关法律和行政法规。任何单位和个人对在监管数据活动中知悉的国家秘密、工作秘密、商业秘密和个人信息，应当依照相关规定予以保密。

第六条　银保监会建立健全监管数据安全协同管理体系，推动银保监会有关业务部门、各级派出机构、受托机构等共同参与监管数据安全保护工作，加强培训教育，形成共同维护监管数据安全的良好环境。

《互联网用户公众账号信息服务管理规定》

第六条　公众账号信息服务平台应当履行信息内容和公众账号管理主体责任，配备与业务规模相适应的管理人员和技术能力，设置内容安全负责人岗位，建立健全并严格落实账号注册、信息内容安全、生态治理、应急处置、网络安全、数据安全、个人信息保护、知识产权保护、信用评价等管理制度。

公众账号信息服务平台应当依据法律法规和国家有关规定，制定并公开信息内容生产、公众账号运营等管理规则、平台公约，与公众账号生产运营者

签订服务协议，明确双方内容发布权限、账号管理责任等权利义务。

第五条　鼓励相关行业组织加强行业自律，建立健全行业标准、行业准则和自律管理制度，督促指导互联网信息服务提供者制定完善服务规范、加强互联网用户账号信息安全管理、依法提供服务并接受社会监督。

《移动互联网应用程序信息服务管理规定》

第四条　应用程序提供者和应用程序分发平台应当遵守宪法、法律和行政法规，弘扬社会主义核心价值观，坚持正确政治方向、舆论导向和价值取向，遵循公序良俗，履行社会责任，维护清朗网络空间。

应用程序提供者和应用程序分发平台不得利用应用程序从事危害国家安全、扰乱社会秩序、侵犯他人合法权益等法律法规禁止的活动。

第五条　应用程序提供者和应用程序分发平台应当履行信息内容管理主体责任，积极配合国家实施网络可信身份战略，建立健全信息内容安全管理、信息内容生态治理、数据安全和个人信息保护、未成年人保护等管理制度，确保网络安全，维护良好网络生态。

《寄递服务用户个人信息安全管理规定》

第四条　邮政管理部门应当与有关部门相互配合，健全寄递服务用户个人

信息安全保障机制，维护寄递服务用户个人信息安全。

第十二条 【个人信息保护的国际交流与合作】

国家积极参与个人信息保护国际规则的制定，促进个人信息保护方面的国际交流与合作，推动与其他国家、地区、国际组织之间的个人信息保护规则、标准等互认。

关联法规

◎ **法律**

《网络安全法》

第七条 国家积极开展网络空间治理、网络技术研发和标准制定、打击网络违法犯罪等方面的国际交流与合作，推动构建和平、安全、开放、合作的网络空间，建立多边、民主、透明的网络治理体系。

《反电信网络诈骗法》

第三十七条 国务院公安部门等会同外交部门加强国际执法司法合作，与有关国家、地区、国际组织建立有效合作机制，通过开展国际警务合作等方式，提升在信息交流、调查取证、侦查抓捕、追赃挽损等方面的合作水平，有效打击遏制跨境电信网络诈骗活动。

《数据安全法》

第十一条 国家积极开展数据安全治理、数据开发利用等领域的国际交流与合作，参与数据安全相关国际规则和标准的制定，促进数据跨境安全、自由流动。

第二章　个人信息处理规则

第一节　一般规定

第十三条　【个人信息处理的合法性基础】

符合下列情形之一的，个人信息处理者方可处理个人信息：

（一）取得个人的同意；

（二）为订立、履行个人作为一方当事人的合同所必需，或者按照依法制定的劳动规章制度和依法签订的集体合同实施人力资源管理所必需；

（三）为履行法定职责或者法定义务所必需；

（四）为应对突发公共卫生事件，或者紧急情况下为保护自然人的生命健康和财产安全所必需；

（五）为公共利益实施新闻报道、舆论监督等行为，在合理的范围内处理个人信息；

（六）依照本法规定在合理的范围内处理个人自行公开或者其他已经合法公开的个人信息；

（七）法律、行政法规规定的其他情形。

依照本法其他有关规定，处理个人信息应当取得个人同意，但是有前款第二项至第七项规定情形的，不需取得个人同意。

关联法规

◎ 法律

《民法典》

第九百九十八条　认定行为人承担侵害除生命权、身体权和健康权外的人格权的民事责任，应当考虑行为人和受害人的职业、影响范围、过错程度，以及行为的目的、方式、后果等因素。

第九百九十九条　为公共利益实施新闻报道、舆论监督等行为的，可以合理使用民事主体的姓名、名称、肖像、个人信息等；使用不合理侵害民事主体人格权的，应当依法承担民事责任。

第一千零二十条　合理实施下列行为的，可以不经肖像权人同意：

（一）为个人学习、艺术欣赏、课堂教学或者科学研究，在必要范围内使用肖像权人已经公开的肖像；

（二）为实施新闻报道，不可避免地制作、使用、公开肖像权人的肖像；

（三）为依法履行职责，国家机关在必要范围内制作、使用、公开肖像权人的肖像；

（四）为展示特定公共环境，不可避免地制作、使用、公开肖像权人的肖像；

（五）为维护公共利益或者肖像权人合法权益，制作、使用、公开肖像权人的肖像的其他行为。

第一千零二十五条　行为人为公共利益实施新闻报道、舆论监督等行为，影响他人名誉的，不承担民事责任，但是有下列情形之一的除外：

（一）捏造、歪曲事实；

（二）对他人提供的严重失实内容未尽到合理核实义务；

（三）使用侮辱性言辞等贬损他人名誉。

第一千零二十六条　认定行为人是否尽到前条第二项规定的合理核实义务，应当考虑下列因素：

（一）内容来源的可信度；

（二）对明显可能引发争议的内容是否进行了必要的调查；

（三）内容的时限性；

（四）内容与公序良俗的关联性；

（五）受害人名誉受贬损的可能性；

（六）核实能力和核实成本。

第一千零三十五条　处理个人信息的，应当遵循合法、正当、必要原则，不得过度处理，并符合下列条件：

（一）征得该自然人或者其监护人同意，但是法律、行政法规另有规定的除外；

（二）公开处理信息的规则；

（三）明示处理信息的目的、方式和范围；

（四）不违反法律、行政法规的规定和双方的约定。

个人信息的处理包括个人信息的收集、存储、使用、加工、传输、提供、公开等。

第一千零三十六条　处理个人信息，有下列情形之一的，行为人不承担民事责任：

（一）在该自然人或者其监护人同意的范围内合理实施的行为；

（二）合理处理该自然人自行公开的或者其他已经合法公开的信息，但是该自然人明确拒绝或者处理该信息侵害其重大利益的除外；

（三）为维护公共利益或者该自然人合法权益，合理实施的其他行为。

《网络安全法》

第二十一条　国家实行网络安全等

级保护制度。网络运营者应当按照网络安全等级保护制度的要求，履行下列安全保护义务，保障网络免受干扰、破坏或者未经授权的访问，防止网络数据泄露或者被窃取、篡改：

（一）制定内部安全管理制度和操作规程，确定网络安全负责人，落实网络安全保护责任；

（二）采取防范计算机病毒和网络攻击、网络侵入等危害网络安全行为的技术措施；

（三）采取监测、记录网络运行状态、网络安全事件的技术措施，并按照规定留存相关的网络日志不少于六个月；

（四）采取数据分类、重要数据备份和加密等措施；

（五）法律、行政法规规定的其他义务。

第二十二条 网络产品、服务应当符合相关国家标准的强制性要求。网络产品、服务的提供者不得设置恶意程序；发现其网络产品、服务存在安全缺陷、漏洞等风险时，应当立即采取补救措施，按照规定及时告知用户并向有关主管部门报告。

网络产品、服务的提供者应当为其产品、服务持续提供安全维护；在规定或者当事人约定的期限内，不得终止提供安全维护。

网络产品、服务具有收集用户信息功能的，其提供者应当向用户明示并取得同意；涉及用户个人信息的，还应当遵守本法和有关法律、行政法规关于个人信息保护的规定。

第四十一条 网络运营者收集、使用个人信息，应当遵循合法、正当、必要的原则，公开收集、使用规则，明示收集、使用信息的目的、方式和范围，并经被收集者同意。

网络运营者不得收集与其提供的服务无关的个人信息，不得违反法律、行政法规的规定和双方的约定收集、使用个人信息，并应当依照法律、行政法规的规定与用户的约定，处理其保存的个人信息。

《反洗钱法》

第十六条 金融机构应当按照规定建立客户身份识别制度。

金融机构在与客户建立业务关系或者为客户提供规定金额以上的现金汇款、现钞兑换、票据兑付等一次性金融服务时，应当要求客户出示真实有效的身份证件或者其他身份证明文件，进行核对并登记。

客户由他人代理办理业务的，金融机构应当同时对代理人和被代理人的身份证件或者其他身份证明文件进行核对并登记。

与客户建立人身保险、信托等业务

关系，合同的受益人不是客户本人的，金融机构还应当对受益人的身份证件或者其他身份证明文件进行核对并登记。

金融机构不得为身份不明的客户提供服务或者与其进行交易，不得为客户开立匿名账户或者假名账户。

金融机构对先前获得的客户身份资料的真实性、有效性或者完整性有疑问的，应当重新识别客户身份。

任何单位和个人在与金融机构建立业务关系或者要求金融机构为其提供一次性金融服务时，都应当提供真实有效的身份证件或者其他身份证明文件。

《突发事件应对法》

第三条　本法所称突发事件，是指突然发生，造成或者可能造成严重社会危害，需要采取应急处置措施予以应对的自然灾害、事故灾难、公共卫生事件和社会安全事件。

按照社会危害程度、影响范围等因素，自然灾害、事故灾难、公共卫生事件分为特别重大、重大、较大和一般四级。法律、行政法规或者国务院另有规定的，从其规定。

突发事件的分级标准由国务院或者国务院确定的部门制定。

《统计法》

第七条　国家机关、企业事业单位和其他组织以及个体工商户和个人等统计调查对象，必须依照本法和国家有关规定，真实、准确、完整、及时地提供统计调查所需的资料，不得提供不真实或者不完整的统计资料，不得迟报、拒报统计资料。

《关于加强网络信息保护的决定》

二、网络服务提供者和其他企业事业单位在业务活动中收集、使用公民个人电子信息，应当遵循合法、正当、必要的原则，明示收集、使用信息的目的、方式和范围，并经被收集者同意，不得违反法律、法规的规定和双方的约定收集、使用信息。

网络服务提供者和其他企业事业单位收集、使用公民个人电子信息，应当公开其收集、使用规则。

《劳动合同法》

第八条　用人单位招用劳动者时，应当如实告知劳动者工作内容、工作条件、工作地点、职业危害、安全生产状况、劳动报酬，以及劳动者要求了解的其他情况；用人单位有权了解劳动者与劳动合同直接相关的基本情况，劳动者应当如实说明。

《消费者权益保护法》

第二十九条　经营者收集、使用消费者个人信息，应当遵循合法、正当、必要的原则，明示收集、使用信息的目的、方式和范围，并经消费者同意。经营者收集、使用消费者个人信息，应当公开其收集、使用规则，不得违反法律、法规的规定和双方的约定收集、使用信息。

经营者及其工作人员对收集的消费者个人信息必须严格保密，不得泄露、出售或者非法向他人提供。经营者应当采取技术措施和其他必要措施，确保信息安全，防止消费者个人信息泄露、丢失。在发生或者可能发生信息泄露、丢失的情况时，应当立即采取补救措施。

经营者未经消费者同意或者请求，或者消费者明确表示拒绝的，不得向其发送商业性信息。

《刑事诉讼法》

第一百三十二条 为了确定被害人、犯罪嫌疑人的某些特征、伤害情况或者生理状态，可以对人身进行检查，可以提取指纹信息，采集血液、尿液等生物样本。

犯罪嫌疑人如果拒绝检查，侦查人员认为必要的时候，可以强制检查。

检查妇女的身体，应当由女工作人员或者医师进行。

《档案法》

第十三条 直接形成的对国家和社会具有保存价值的下列材料，应当纳入归档范围：

（一）反映机关、团体组织沿革和主要职能活动的；

（二）反映国有企业事业单位主要研发、建设、生产、经营和服务活动，以及维护国有企业事业单位权益和职工权益的；

（三）反映基层群众性自治组织城乡社区治理、服务活动的；

（四）反映历史上各时期国家治理活动、经济科技发展、社会历史面貌、文化习俗、生态环境的；

（五）法律、行政法规规定应当归档的。

非国有企业、社会服务机构等单位依照前款第二项所列范围保存本单位相关材料。

第十四条 应当归档的材料，按照国家有关规定定期向本单位档案机构或者档案工作人员移交，集中管理，任何个人不得拒绝归档或者据为己有。

国家规定不得归档的材料，禁止擅自归档。

第二十八条 档案馆应当通过其网站或者其他方式定期公布开放档案的目录，不断完善利用规则，创新服务形式，强化服务功能，提高服务水平，积极为档案的利用创造条件，简化手续，提供便利。

单位和个人持有合法证明，可以利用已经开放的档案。档案馆不按规定开放利用的，单位和个人可以向档案主管部门投诉，接到投诉的档案主管部门应当及时调查处理并将处理结果告知投诉人。

利用档案涉及知识产权、个人信息的，应当遵守有关法律、行政法规的规定。

◎ **党内法规**

《关于做好个人信息保护利用大数据支撑联防联控工作的通知》

1. 各地方各部门要高度重视个人信息保护工作，除国务院卫生健康部门依据《中华人民共和国网络安全法》《中华人民共和国传染病防治法》《突发公共卫生事件应急条例》授权的机构外，其他任何单位和个人不得以疫情防控、疾病防治为由，未经被收集者同意收集使用个人信息。法律、行政法规另有规定的，按其规定执行。

◎ **行政法规**

《全国人口普查条例》

第三十六条 人口普查对象拒绝提供人口普查所需的资料，或者提供不真实、不完整的人口普查资料的，由县级以上人民政府统计机构责令改正，予以批评教育。

人口普查对象阻碍普查机构和普查人员依法开展人口普查工作，构成违反治安管理行为的，由公安机关依法给予处罚。

《征信业管理条例》

第十三条 采集个人信息应当经信息主体本人同意，未经本人同意不得采集。但是，依照法律、行政法规规定公

开的信息除外。

企业的董事、监事、高级管理人员与其履行职务相关的信息，不作为个人信息。

第十八条 向征信机构查询个人信息的，应当取得信息主体本人的书面同意并约定用途。但是，法律规定可以不经同意查询的除外。

征信机构不得违反前款规定提供个人信息。

《统计法实施条例》

第四条 地方人民政府、县级以上人民政府统计机构和有关部门应当根据国家有关规定，明确本单位防范和惩治统计造假、弄虚作假的责任主体，严格执行统计法和本条例的规定。

地方人民政府、县级以上人民政府统计机构和有关部门及其负责人应当保障统计活动依法进行，不得侵犯统计机构、统计人员独立行使统计调查、统计报告、统计监督职权，不得非法干预统计调查对象提供统计资料，不得统计造假、弄虚作假。

统计调查对象应当依照统计法和国家有关规定，真实、准确、完整、及时地提供统计资料，拒绝、抵制弄虚作假等违法行为。

《全国经济普查条例》

第九条 经济普查对象有义务接受经济普查机构和经济普查人员依法进行

的调查。

经济普查对象应当如实、按时填报经济普查表，不得虚报、瞒报、拒报和迟报经济普查数据。

经济普查对象应当按照经济普查机构和经济普查人员的要求，及时提供与经济普查有关的资料。

◎ **司法解释**

《关于公布失信被执行人名单信息的若干规定》

第七条 各级人民法院应当将失信被执行人名单信息录入最高人民法院失信被执行人名单库，并通过该名单库统一向社会公布。

各级人民法院可以根据各地实际情况，将失信被执行人名单通过报纸、广播、电视、网络、法院公告栏等其他方式予以公布，并可以采取新闻发布会或者其他方式对本院及辖区法院实施失信被执行人名单制度的情况定期向社会公布。

《关于审理使用人脸识别技术处理个人信息相关民事案件适用法律若干问题的规定》

第二条 信息处理者处理人脸信息有下列情形之一的，人民法院应当认定属于侵害自然人人格权益的行为：

（一）在宾馆、商场、银行、车站、机场、体育场馆、娱乐场所等经营场所、公共场所违反法律、行政法规的规定使用人脸识别技术进行人脸验证、辨识或者分析；

（二）未公开处理人脸信息的规则或者未明示处理的目的、方式、范围；

（三）基于个人同意处理人脸信息的，未征得自然人或者其监护人的单独同意，或者未按照法律、行政法规的规定征得自然人或者其监护人的书面同意；

（四）违反信息处理者明示或者双方约定的处理人脸信息的目的、方式、范围等；

（五）未采取应有的技术措施或者其他必要措施确保其收集、存储的人脸信息安全，致使人脸信息泄露、篡改、丢失；

（六）违反法律、行政法规的规定或者双方的约定，向他人提供人脸信息；

（七）违背公序良俗处理人脸信息；

（八）违反合法、正当、必要原则处理人脸信息的其他情形。

第三条 人民法院认定信息处理者承担侵害自然人人格权益的民事责任，应当适用民法典第九百九十八条的规定，并结合案件具体情况综合考量受害人是否为未成年人、告知同意情况以及信息处理的必要程度等因素。

第五条 有下列情形之一，信息处理者主张其不承担民事责任的，人民法

院依法予以支持:

(一)为应对突发公共卫生事件,或者紧急情况下为保护自然人的生命健康和财产安全所必需而处理人脸信息的;

(二)为维护公共安全,依据国家有关规定在公共场所使用人脸识别技术的;

(三)为公共利益实施新闻报道、舆论监督等行为在合理的范围内处理人脸信息的;

(四)在自然人或者其监护人同意的范围内合理处理人脸信息的;

(五)符合法律、行政法规规定的其他情形。

◎ 部门规章

《规范互联网信息服务市场秩序若干规定》

第十一条 未经用户同意,互联网信息服务提供者不得收集与用户相关、能够单独或者与其他信息结合识别用户的信息(以下简称"用户个人信息"),不得将用户个人信息提供给他人,但是法律、行政法规另有规定的除外。

互联网信息服务提供者经用户同意收集用户个人信息的,应当明确告知用户收集和处理用户个人信息的方式、内容和用途,不得收集其提供服务所必需以外的信息,不得将用户个人信息用于

其提供服务之外的目的。

《电信和互联网用户个人信息保护规定》

第九条 未经用户同意,电信业务经营者、互联网信息服务提供者不得收集、使用用户个人信息。

电信业务经营者、互联网信息服务提供者收集、使用用户个人信息的,应当明确告知用户收集、使用信息的目的、方式和范围,查询、更正信息的渠道以及拒绝提供信息的后果等事项。

电信业务经营者、互联网信息服务提供者不得收集其提供服务所必需以外的用户个人信息或者将信息用于提供服务之外的目的,不得以欺骗、误导或者强迫等方式或者违反法律、行政法规以及双方的约定收集、使用信息。

电信业务经营者、互联网信息服务提供者在用户终止使用电信服务或者互联网信息服务后,应当停止对用户个人信息的收集和使用,并为用户提供注销号码或者账号的服务。

法律、行政法规对本条第一款至第四款规定的情形另有规定的,从其规定。

《互联网域名管理办法》

第三十条 域名注册服务机构提供域名注册服务,应当要求域名注册申请者提供域名持有者真实、准确、完整的身份信息等域名注册信息。

域名注册管理机构和域名注册服务

机构应当对域名注册信息的真实性、完整性进行核验。

域名注册申请者提供的域名注册信息不准确、不完整的，域名注册服务机构应当要求其予以补正。申请者不补正或者提供不真实的域名注册信息的，域名注册服务机构不得为其提供域名注册服务。

《区块链信息服务管理规定》

第八条 区块链信息服务提供者应当按照《中华人民共和国网络安全法》的规定，对区块链信息服务使用者进行基于组织机构代码、身份证件号码或者移动电话号码等方式的真实身份信息认证。用户不进行真实身份信息认证的，区块链信息服务提供者不得为其提供相关服务。

《儿童个人信息网络保护规定》

第九条 网络运营者收集、使用、转移、披露儿童个人信息的，应当以显著、清晰的方式告知儿童监护人，并应当征得儿童监护人的同意。

《互联网保险业务监管办法》

第三十八条 保险机构应承担客户信息保护的主体责任，收集、处理及使用个人信息应遵循合法、正当、必要的原则，保证信息收集、处理及使用的安全性和合法性：

（一）建立客户信息保护制度，明确数据安全责任人，构建覆盖全生命周期的客户信息保护体系，防范信息泄露。

（二）督促提供技术支持、客户服务等服务的合作机构建立有效的客户信息保护制度，在合作协议中明确约定客户信息保护责任，保障客户信息安全，明确约定合作机构不得限制保险机构获取客户投保信息，不得限制保险机构获取能够验证客户真实身份的相关信息。

（三）保险机构收集、处理及使用个人信息，应征得客户同意，获得客户授权。未经客户同意或授权，保险机构不得将客户信息用于所提供保险服务之外的用途，法律法规另有规定的除外。

《网络交易监督管理办法》

第十三条 网络交易经营者收集、使用消费者个人信息，应当遵循合法、正当、必要的原则，明示收集、使用信息的目的、方式和范围，并经消费者同意。网络交易经营者收集、使用消费者个人信息，应当公开其收集、使用规则，不得违反法律、法规的规定和双方的约定收集、使用信息。

网络交易经营者不得采用一次概括授权、默认授权、与其他授权捆绑、停止安装使用等方式，强迫或者变相强迫消费者同意收集、使用与经营活动无直接关系的信息。收集、使用个人生物特征、医疗健康、金融账户、个人行踪等敏感信息的，应当逐项取得消费者同意。

网络交易经营者及其工作人员应当对收集的个人信息严格保密，除依法配合监管执法活动外，未经被收集者授权同意，不得向包括关联方在内的任何第三方提供。

《汽车数据安全管理若干规定（试行）》

第六条　国家鼓励汽车数据依法合理有效利用，倡导汽车数据处理者在开展汽车数据处理活动中坚持：

（一）车内处理原则，除非确有必要不向车外提供；

（二）默认不收集原则，除非驾驶人自主设定，每次驾驶时默认设定为不收集状态；

（三）精度范围适用原则，根据所提供功能服务对数据精度的要求确定摄像头、雷达等的覆盖范围、分辨率；

（四）脱敏处理原则，尽可能进行匿名化、去标识化等处理。

第八条　汽车数据处理者处理个人信息应当取得个人同意或者符合法律、行政法规规定的其他情形。

因保证行车安全需要，无法征得个人同意采集到车外个人信息且向车外提供的，应当进行匿名化处理，包括删除含有能够识别自然人的画面，或者对画面中的人脸信息等进行局部轮廓化处理等。

《互联网用户账号信息管理规定》

第九条　互联网信息服务提供者为互联网用户提供信息发布、即时通讯等服务的，应当对申请注册相关账号信息的用户进行基于移动电话号码、身份证件号码或者统一社会信用代码等方式的真实身份信息认证。用户不提供真实身份信息，或者冒用组织机构、他人身份信息进行虚假注册的，不得为其提供相关服务。

《互联网信息服务深度合成管理规定》

第十四条　深度合成服务提供者和技术支持者应当加强训练数据管理，采取必要措施保障训练数据安全；训练数据包含个人信息的，应当遵守个人信息保护的有关规定。

深度合成服务提供者和技术支持者提供人脸、人声等生物识别信息编辑功能的，应当提示深度合成服务使用者依法告知被编辑的个人，并取得其单独同意。

《生成式人工智能服务管理暂行办法》

第七条　生成式人工智能服务提供者（以下称提供者）应当依法开展预训练、优化训练等训练数据处理活动，遵守以下规定：

（一）使用具有合法来源的数据和基础模型；

（二）涉及知识产权的，不得侵害他人依法享有的知识产权；

（三）涉及个人信息的，应当取得个人同意或者符合法律、行政法规规定的其他情形；

（四）采取有效措施提高训练数据质量，增强训练数据的真实性、准确性、客观性、多样性；

（五）《中华人民共和国网络安全法》、《中华人民共和国数据安全法》、《中华人民共和国个人信息保护法》等法律、行政法规的其他有关规定和有关主管部门的相关监管要求。

◎ 部门规范性文件

《即时通信工具公众信息服务发展管理暂行规定》

第六条　即时通信工具服务提供者应当按照"后台实名、前台自愿"的原则，要求即时通信工具服务使用者通过真实身份信息认证后注册账号。

即时通信工具服务使用者注册账号时，应当与即时通信工具服务提供者签订协议，承诺遵守法律法规、社会主义制度、国家利益、公民合法权益、公共秩序、社会道德风尚和信息真实性等"七条底线"。

《互联网直播服务管理规定》

第十二条　互联网直播服务提供者应当按照"后台实名、前台自愿"的原则，对互联网直播用户进行基于移动电话号码等方式的真实身份信息认证，对互联网直播发布者进行基于身份证件、营业执照、组织机构代码证等的认证登记。互联网直播服务提供者应当对互联网直播发布者的真实身份信息进行审核，向所在地省、自治区、直辖市互联网信息办公室分类备案，并在相关执法部门依法查询时予以提供。

互联网直播服务提供者应当保护互联网直播服务使用者身份信息和隐私，不得泄露、篡改、毁损，不得出售或者非法向他人提供。

《互联网论坛社区服务管理规定》

第八条　互联网论坛社区服务提供者应当按照"后台实名、前台自愿"的原则，要求用户通过真实身份信息认证后注册账号，并对版块发起者和管理者实施真实身份信息备案、定期核验等。用户不提供真实身份信息的，互联网论坛社区服务提供者不得为其提供信息发布服务。

互联网论坛社区服务提供者应当加强对注册用户虚拟身份信息、版块名称简介等的审核管理，不得出现法律法规和国家有关规定禁止的内容。

互联网论坛社区服务提供者应当保护用户身份信息，不得泄露、篡改、毁损，不得非法出售或者非法向他人提供。

《互联网群组信息服务管理规定》

第六条　互联网群组信息服务提供者应当按照"后台实名、前台自愿"的原则，对互联网群组信息服务使用者进行真实身份信息认证，用户不提供真实身份信息的，不得为其提供信息发布服务。

互联网群组信息服务提供者应当采取必要措施保护使用者个人信息安全，不得泄露、篡改、毁损，不得非法出售或者非法向他人提供。

《微博客信息服务管理规定》

第七条　微博客服务提供者应当按照"后台实名、前台自愿"的原则，对微博客服务使用者进行基于组织机构代码、身份证件号码、移动电话号码等方式的真实身份信息认证、定期核验。微博客服务使用者不提供真实身份信息的，微博客服务提供者不得为其提供信息发布服务。

微博客服务提供者应当保障微博客服务使用者的信息安全，不得泄露、篡改、毁损，不得出售或者非法向他人提供。

《互联网个人信息安全保护指南》

6.1 收集

个人信息的收集行为应满足以下要求：

a）个人信息收集前，应当遵循合法、正当、必要的原则向被收集的个人信息主体公开收集、使用规则，明示收集、使用信息的目的、方式和范围等信息；

b）个人信息收集应获得个人信息主体的同意和授权，不应收集与其提供的服务无关的个人信息，不应通过捆绑产品或服务各项业务功能等方式强迫收集个人信息；

c）个人信息收集应执行收集前签署的约定和协议，不应超范围收集；

d）不应大规模收集或处理我国公民的种族、民族、政治观点、宗教信仰等敏感数据；

e）个人生物识别信息应仅收集和使用摘要信息，避免收集其原始信息；

f）应确保收集个人信息过程的安全性：

1）收集个人信息之前，应有对被收集人进行身份认证的机制，该身份认证机制应具有相应安全性；

2）收集个人信息时，信息在传输过程中应进行加密等保护处理；

3）收集个人信息的系统应落实网络安全等级保护要求；

4）收集个人信息时应有对收集内容进行安全检测和过滤的机制，防止非法内容提交。

《网络音视频信息服务管理规定》

第八条　网络音视频信息服务提供者应当依照《中华人民共和国网络安全法》的规定，对用户进行基于组织机构代码、身份证件号码、移动电话号码等方式的真实身份信息认证。用户不提供真实身份信息的，网络音视频信息服务提供者不得为其提供信息发布服务。

《互联网用户公众账号信息服务管理规定》

第八条第一款 公众账号信息服务平台应当采取复合验证等措施，对申请注册公众账号的互联网用户进行基于移动电话号码、居民身份证号码或者统一社会信用代码等方式的真实身份信息认证，提高认证准确率。用户不提供真实身份信息的，或者冒用组织机构、他人真实身份信息进行虚假注册的，不得为其提供相关服务。

《移动互联网应用程序信息服务管理规定》

第六条 应用程序提供者为用户提供信息发布、即时通讯等服务的，应当对申请注册的用户进行基于移动电话号码、身份证件号码或者统一社会信用代码等方式的真实身份信息认证。用户不提供真实身份信息，或者冒用组织机构、他人身份信息进行虚假注册的，不得为其提供相关服务。

第十二条 应用程序提供者处理个人信息应当遵循合法、正当、必要和诚信原则，具有明确、合理的目的并公开处理规则，遵守必要个人信息范围的有关规定，规范个人信息处理活动，采取必要措施保障个人信息安全，不得以任何理由强制要求用户同意个人信息处理行为，不得因用户不同意提供非必要个人信息，而拒绝用户使用其基本功能服务。

《互联网跟帖评论服务管理规定》

第四条 跟帖评论服务提供者应当严格落实跟帖评论服务管理主体责任，依法履行以下义务：

（一）按照"后台实名、前台自愿"原则，对注册用户进行基于移动电话号码、身份证件号码或者统一社会信用代码等方式的真实身份信息认证，不得向未认证真实身份信息或者冒用组织机构、他人身份信息的用户提供跟帖评论服务。

（二）建立健全用户个人信息保护制度，处理用户个人信息应当遵循合法、正当、必要和诚信原则，公开个人信息处理规则，告知个人信息的处理目的、处理方式、处理的个人信息种类、保存期限等事项，并依法取得个人的同意。法律、行政法规另有规定的除外。

（三）对新闻信息提供跟帖评论服务的，应当建立先审后发制度。

（四）提供弹幕方式跟帖评论服务的，应当在同一平台和页面同时提供与之对应的静态版信息内容。

（五）建立健全跟帖评论审核管理、实时巡查、应急处置、举报受理等信息安全管理制度，及时发现处置违法和不良信息，并向网信部门报告。

（六）创新跟帖评论管理方式，研发使用跟帖评论信息安全管理技术，提升违法和不良信息处置能力；及时发现跟帖评论服务存在的安全缺陷、漏洞等风险，采取补救措施，并向网信部门报告。

（七）配备与服务规模相适应的审核编辑队伍，加强跟帖评论审核培训，提高审核编辑人员专业素养。

（八）配合网信部门依法开展监督检查工作，提供必要的技术、数据支持和协助。

《新就业形态劳动者劳动合同和书面协议订立指引（试行）》

第十条　劳动合同应当明确用人单位和劳动者的基本信息、劳动合同期限、工作内容和工作地点、工作时间和休息休假、劳动报酬、社会保险、劳动保护等事项，可以约定试用期、培训、福利待遇等其他事项。

第十三条　书面协议的内容一般包括平台企业和劳动者的基本信息、订单推送与确认、报酬、服务时间与休息、职业保障以及协议的变更、解除和违约责任、争议解决等事项。

权威案例

◎ 指导性案例

熊某恒等侵犯公民个人信息案【最高法指导案例第 194 号】

裁判要点：1. 违反国家有关规定，购买已注册但未使用的微信账号等社交媒体账号，通过具有智能群发、添加好友、建立讨论群组等功能的营销软件，非法制作带有公民个人信息可用于社交活动的微信账号等社交媒体账号出售、提供给他人，情节严重的，属于刑法第二百五十三条之一第一款规定的"违反国家有关规定，向他人出售或者提供公民个人信息"行为，构成侵犯公民个人信息罪。

2. 未经公民本人同意，或未具备具有法律授权等个人信息保护法规定的理由，通过购买、收受、交换等方式获取在一定范围内已公开的公民个人信息进行非法利用，改变了公民公开个人信息的范围、目的和用途，不属于法律规定的合理处理，属于刑法第二百五十三条之一第三款规定的"以其他方法非法获取公民个人信息"行为，情节严重的，构成侵犯公民个人信息罪。

◎ 典型案例

张某等人诉某商家网络侵权责任纠纷案【网络消费典型案例之二（2023 年 3 月 15 日）】

典型意义：评价机制在网络消费领域中的作用日益明显，消费者提出批评意见的权利应予保护。经营者对其因提供商品或服务而获取的消费者个人信息负有保护义务，经营者公开回应消费者"差评"时，应注意不得侵犯消费者隐私权和个人信息权益。本案裁判厘清了经营者澄清消费者"差评"时的行为边界，维护了消费者合法权益，为网络消费信用评价机制的有序运行提供了司法保障。

第十四条   【同意的要件与方式】

基于个人同意处理个人信息的，该同意应当由个人在充分知情的前提下自愿、明确作出。法律、行政法规规定处理个人信息应当取得个人单独同意或者书面同意的，从其规定。

个人信息的处理目的、处理方式和处理的个人信息种类发生变更的，应当重新取得个人同意。

关联法规

◎ **法律**

《民法典》

第一百四十条   行为人可以明示或者默示作出意思表示。

沉默只有在有法律规定、当事人约定或者符合当事人之间的交易习惯时，才可以视为意思表示。

第四百六十九条   当事人订立合同，可以采用书面形式、口头形式或者其他形式。

书面形式是合同书、信件、电报、电传、传真等可以有形地表现所载内容

的形式。

以电子数据交换、电子邮件等方式能够有形地表现所载内容，并可以随时调取查用的数据电文，视为书面形式。

第一千零三十三条   除法律另有规定或者权利人明确同意外，任何组织或者个人不得实施下列行为：

（一）以电话、短信、即时通讯工具、电子邮件、传单等方式侵扰他人的私人生活安宁；

（二）进入、拍摄、窥视他人的住宅、宾馆房间等私密空间；

（三）拍摄、窥视、窃听、公开他人的私密活动；

（四）拍摄、窥视他人身体的私密部位；

（五）处理他人的私密信息；

（六）以其他方式侵害他人的隐私权。

《电子商务法》

第三十四条   电子商务平台经营者修改平台服务协议和交易规则，应当在其首页显著位置公开征求意见，采取合理措施确保有关各方能够及时充分表达意见。修改内容应当至少在实施前七日予以公示。

平台内经营者不接受修改内容，要求退出平台的，电子商务平台经营者不得阻止，并按照修改前的服务协议和交易规则承担相关责任。

《消费者权益保护法》

第二十九条　经营者收集、使用消费者个人信息，应当遵循合法、正当、必要的原则，明示收集、使用信息的目的、方式和范围，并经消费者同意。经营者收集、使用消费者个人信息，应当公开其收集、使用规则，不得违反法律、法规的规定和双方的约定收集、使用信息。

经营者及其工作人员对收集的消费者个人信息必须严格保密，不得泄露、出售或者非法向他人提供。经营者应当采取技术措施和其他必要措施，确保信息安全，防止消费者个人信息泄露、丢失。在发生或者可能发生信息泄露、丢失的情况时，应当立即采取补救措施。

经营者未经消费者同意或者请求，或者消费者明确表示拒绝的，不得向其发送商业性信息。

◎ **行政法规**

《征信业管理条例》

第十八条　向征信机构查询个人信息的，应当取得信息主体本人的书面同意并约定用途。但是，法律规定可以不经同意查询的除外。

征信机构不得违反前款规定提供个人信息。

第十九条　征信机构或者信息提供者、信息使用者采用格式合同条款取得个人信息主体同意的，应当在合同中作

出足以引起信息主体注意的提示，并按照信息主体的要求作出明确说明。

第二十九条　从事信贷业务的机构应当按照规定向金融信用信息基础数据库提供信贷信息。

从事信贷业务的机构向金融信用信息基础数据库或者其他主体提供信贷信息，应当事先取得信息主体的书面同意，并适用本条例关于信息提供者的规定。

◎ **司法解释**

《关于审理使用人脸识别技术处理个人信息相关民事案件适用法律若干问题的规定》

第二条　信息处理者处理人脸信息有下列情形之一的，人民法院应当认定属于侵害自然人人格权益的行为：

（一）在宾馆、商场、银行、车站、机场、体育场馆、娱乐场所等经营场所、公共场所违反法律、行政法规的规定使用人脸识别技术进行人脸验证、辨识或者分析；

（二）未公开处理人脸信息的规则或者未明示处理的目的、方式、范围；

（三）基于个人同意处理人脸信息的，未征得自然人或者其监护人的单独同意，或者未按照法律、行政法规的规定征得自然人或者其监护人的书面同意；

（四）违反信息处理者明示或者双

方约定的处理人脸信息的目的、方式、范围等；

（五）未采取应有的技术措施或者其他必要措施确保其收集、存储的人脸信息安全，致使人脸信息泄露、篡改、丢失；

（六）违反法律、行政法规的规定或者双方的约定，向他人提供人脸信息；

（七）违背公序良俗处理人脸信息；

（八）违反合法、正当、必要原则处理人脸信息的其他情形。

第四条 有下列情形之一，信息处理者以已征得自然人或者其监护人同意为由抗辩的，人民法院不予支持：

（一）信息处理者要求自然人同意处理其人脸信息才提供产品或者服务的，但是处理人脸信息属于提供产品或者服务所必需的除外；

（二）信息处理者以与其他授权捆绑等方式要求自然人同意处理其人脸信息的；

（三）强迫或者变相强迫自然人同意处理其人脸信息的其他情形。

第十一条 信息处理者采用格式条款与自然人订立合同，要求自然人授予其无期限限制、不可撤销、可任意转授权等处理人脸信息的权利，该自然人依据民法典第四百九十七条请求确认格式条款无效的，人民法院依法予以支持。

◎ **部门规章**
《儿童个人信息网络保护规定》

第十条 网络运营者征得同意时，应当同时提供拒绝选项，并明确告知以下事项：

（一）收集、存储、使用、转移、披露儿童个人信息的目的、方式和范围；

（二）儿童个人信息存储的地点、期限和到期后的处理方式；

（三）儿童个人信息的安全保障措施；

（四）拒绝的后果；

（五）投诉、举报的渠道和方式；

（六）更正、删除儿童个人信息的途径和方法；

（七）其他应当告知的事项。

前款规定的告知事项发生实质性变化的，应当再次征得儿童监护人的同意。

◎ **部门规范性文件**
《互联网个人信息安全保护指南》

6.1 收集

个人信息的收集行为应满足以下要求：

a）个人信息收集前，应当遵循合法、正当、必要的原则向被收集的个人信息主体公开收集、使用规则，明示收集、使用信息的目的、方式和范围等信息；

b）个人信息收集应获得个人信息

主体的同意和授权，不应收集与其提供的服务无关的个人信息，不应通过捆绑产品或服务各项业务功能等方式强迫收集个人信息；

c）个人信息收集应执行收集前签署的约定和协议，不应超范围收集；

d）不应大规模收集或处理我国公民的种族、民族、政治观点、宗教信仰等敏感数据；

e）个人生物识别信息应仅收集和使用摘要信息，避免收集其原始信息；

f）应确保收集个人信息过程的安全性：

1）收集个人信息之前，应有对被收集人进行身份认证的机制，该身份认证机制应具有相应安全性；

2）收集个人信息时，信息在传输过程中应进行加密等保护处理；

3）收集个人信息的系统应落实网络安全等级保护要求；

4）收集个人信息时应有对收集内容进行安全检测和过滤的机制，防止非法内容提交。

《App 违法违规收集使用个人信息行为认定方法》

三、以下行为可被认定为"未经用户同意收集使用个人信息"

1. 征得用户同意前就开始收集个人信息或打开可收集个人信息的权限；

2. 用户明确表示不同意后，仍收集个人信息或打开可收集个人信息的权限，或频繁征求用户同意、干扰用户正常使用；

3. 实际收集的个人信息或打开的可收集个人信息权限超出用户授权范围；

4. 以默认选择同意隐私政策等非明示方式征求用户同意；

5. 未经用户同意更改其设置的可收集个人信息权限状态，如 App 更新时自动将用户设置的权限恢复到默认状态；

6. 利用用户个人信息和算法定向推送信息，未提供非定向推送信息的选项；

7. 以欺诈、诱骗等不正当方式误导用户同意收集个人信息或打开可收集个人信息的权限，如故意欺瞒、掩饰收集使用个人信息的真实目的；

8. 未向用户提供撤回同意收集个人信息的途径、方式；

9. 违反其所声明的收集使用规则，收集使用个人信息。

《移动互联网应用程序信息服务管理规定》

第十二条　应用程序提供者处理个人信息应当遵循合法、正当、必要和诚信原则，具有明确、合理的目的并公开处理规则，遵守必要个人信息范围的有关规定，规范个人信息处理活动，采取必要措施保障个人信息安全，不得以任何理由强制要求用户同意个人信息处理行为，不得因用户不同意提供非必要个人信息，而拒绝用户使用其基本功能服务。

《互联网跟帖评论服务管理规定》

第四条　跟帖评论服务提供者应当严格落实跟帖评论服务管理主体责任，依法履行以下义务：

（一）按照"后台实名、前台自愿"原则，对注册用户进行基于移动电话号码、身份证件号码或者统一社会信用代码等方式的真实身份信息认证，不得向未认证真实身份信息或者冒用组织机构、他人身份信息的用户提供跟帖评论服务。

（二）建立健全用户个人信息保护制度，处理用户个人信息应当遵循合法、正当、必要和诚信原则，公开个人信息处理规则，告知个人信息的处理目的、处理方式、处理的个人信息种类、保存期限等事项，并依法取得个人的同意。法律、行政法规另有规定的除外。

（三）对新闻信息提供跟帖评论服务的，应当建立先审后发制度。

（四）提供弹幕方式跟帖评论服务的，应当在同一平台和页面同时提供与之对应的静态版信息内容。

（五）建立健全跟帖评论审核管理、实时巡查、应急处置、举报受理等

信息安全管理制度，及时发现处置违法和不良信息，并向网信部门报告。

（六）创新跟帖评论管理方式，研发使用跟帖评论信息安全管理技术，提升违法和不良信息处置能力；及时发现跟帖评论服务存在的安全缺陷、漏洞等风险，采取补救措施，并向网信部门报告。

（七）配备与服务规模相适应的审核编辑队伍，加强跟帖评论审核培训，提高审核编辑人员专业素养。

（八）配合网信部门依法开展监督检查工作，提供必要的技术、数据支持和协助。

第十五条　**【同意的撤回】**

基于个人同意处理个人信息的，个人有权撤回其同意。个人信息处理者应当提供便捷的撤回同意的方式。

个人撤回同意，不影响撤回前基于个人同意已进行的个人信息处理活动的效力。

关联法规

◎ **司法解释**

《关于审理使用人脸识别技术处理个人信息相关民事案件适用法律若干问题的

规定》

第十一条　信息处理者采用格式条款与自然人订立合同，要求自然人授予其无期限限制、不可撤销、可任意转授权等处理人脸信息的权利，该自然人依据民法典第四百九十七条请求确认格式条款无效的，人民法院依法予以支持。

◎ 部门规章

《汽车数据安全管理若干规定（试行）》

第九条　汽车数据处理者处理敏感个人信息，应当符合以下要求或者符合法律、行政法规和强制性国家标准等其他要求：

（一）具有直接服务于个人的目的，包括增强行车安全、智能驾驶、导航等；

（二）通过用户手册、车载显示面板、语音以及汽车使用相关应用程序等显著方式告知必要性以及对个人的影响；

（三）应当取得个人单独同意，个人可以自主设定同意期限；

（四）在保证行车安全的前提下，以适当方式提示收集状态，为个人终止收集提供便利；

（五）个人要求删除的，汽车数据处理者应当在十个工作日内删除。

汽车数据处理者具有增强行车安全的目的和充分的必要性，方可收集指纹、声纹、人脸、心律等生物识别特征信息。

第十六条　【不得因撤回同意而拒绝提供产品或服务】

个人信息处理者不得以个人不同意处理其个人信息或者撤回同意为由，拒绝提供产品或者服务；处理个人信息属于提供产品或者服务所必需的除外。

关联法规

◎ 部门规章

《中国人民银行金融消费者权益保护实施办法》

第二十九条　银行、支付机构处理消费者金融信息，应当遵循合法、正当、必要原则，经金融消费者或者其监护人明示同意，但是法律、行政法规另有规定的除外。银行、支付机构不得收集与业务无关的消费者金融信息，不得采取不正当方式收集消费者金融信息，不得变相强制收集消费者金融信息。银行、支付机构不得以金融消费者不同意处理其金融信息为由拒绝提供金融产品或者服务，但处理其金融信息属于提供金融产品或者服务所必需的除外。

金融消费者不能或者拒绝提供必要信息，致使银行、支付机构无法履行反洗钱义务的，银行、支付机构可以根据

《中华人民共和国反洗钱法》的相关规定对其金融活动采取限制性措施；确有必要时，银行、支付机构可以依法拒绝提供金融产品或者服务。

第三十条 银行、支付机构收集消费者金融信息用于营销、用户体验改进或者市场调查的，应当以适当方式供金融消费者自主选择是否同意银行、支付机构将其金融信息用于上述目的；金融消费者不同意的，银行、支付机构不得因此拒绝提供金融产品或者服务。银行、支付机构向金融消费者发送金融营销信息的，应当向其提供拒绝继续接收金融营销信息的方式。

◎ **部门规范性文件**
《App 违法违规收集使用个人信息行为认定方法》

三、以下行为可被认定为"未经用户同意收集使用个人信息"

1. 征得用户同意前就开始收集个人信息或打开可收集个人信息的权限；

2. 用户明确表示不同意后，仍收集个人信息或打开可收集个人信息的权限，或频繁征求用户同意、干扰用户正常使用；

3. 实际收集的个人信息或打开的可收集个人信息权限超出用户授权范围；

4. 以默认选择同意隐私政策等非明示方式征求用户同意；

5. 未经用户同意更改其设置的可收集个人信息权限状态，如 App 更新时自动将用户设置的权限恢复到默认状态；

6. 利用用户个人信息和算法定向推送信息，未提供非定向推送信息的选项；

7. 以欺诈、诱骗等不正当方式误导用户同意收集个人信息或打开可收集个人信息的权限，如故意欺瞒、掩饰收集使用个人信息的真实目的；

8. 未向用户提供撤回同意收集个人信息的途径、方式；

9. 违反其所声明的收集使用规则，收集使用个人信息。

四、以下行为可被认定为"违反必要原则，收集与其提供的服务无关的个人信息"

1. 收集的个人信息类型或打开的可收集个人信息权限与现有业务功能无关；

2. 因用户不同意收集非必要个人信息或打开非必要权限，拒绝提供业务功能；

3. App 新增业务功能申请收集的个人信息超出用户原有同意范围，若用户不同意，则拒绝提供原有业务功能，新增业务功能取代原有业务功能的除外；

4. 收集个人信息的频度等超出业务功能实际需要；

5. 仅以改善服务质量、提升用户体验、定向推送信息、研发新产品等为由，强制要求用户同意收集个人信息；

6. 要求用户一次性同意打开多个可收集个人信息的权限，用户不同意则无法使用。

《常见类型移动互联网应用程序必要个人信息范围规定》

第三条　本规定所称必要个人信息，是指保障 App 基本功能服务正常运行所必需的个人信息，缺少该信息 App 即无法实现基本功能服务。具体是指消费侧用户个人信息，不包括服务供给侧用户个人信息。

第四条　App 不得因为用户不同意提供非必要个人信息，而拒绝用户使用其基本功能服务。

第五条　常见类型 App 的必要个人信息范围：

（一）地图导航类，基本功能服务为"定位和导航"，必要个人信息为：位置信息、出发地、到达地。

（二）网络约车类，基本功能服务为"网络预约出租汽车服务、巡游出租汽车电召服务"，必要个人信息包括：

1. 注册用户移动电话号码；

2. 乘车人出发地、到达地、位置信息、行踪轨迹；

3. 支付时间、支付金额、支付渠道等支付信息（网络预约出租汽车服务）。

（二）即时通信类，基本功能服务为"提供文字、图片、语音、视频等网络即时通信服务"，必要个人信息包括：

1. 注册用户移动电话号码；

2. 账号信息：账号、即时通信联系人账号列表。

（四）网络社区类，基本功能服务为"博客、论坛、社区等话题讨论、信息分享和关注互动"，必要个人信息为：注册用户移动电话号码。

（五）网络支付类，基本功能服务为"网络支付、提现、转账等功能"，必要个人信息包括：

1. 注册用户移动电话号码；

2. 注册用户姓名、证件类型和号码、证件有效期限、银行卡号码。

（六）网上购物类，基本功能服务为"购买商品"，必要个人信息包括：

1. 注册用户移动电话号码；

2. 收货人姓名（名称）、地址、联系电话；

3. 支付时间、支付金额、支付渠道等支付信息。

（七）餐饮外卖类，基本功能服务为"餐饮购买及外送"，必要个人信息包括：

1. 注册用户移动电话号码；

2. 收货人姓名（名称）、地址、联系电话；

3. 支付时间、支付金额、支付渠道等支付信息。

（八）邮件快件寄递类，基本功能服务为"信件、包裹、印刷品等物品寄递服务"，必要个人信息包括：

1. 寄件人姓名、证件类型和号码等身份信息；

2. 寄件人地址、联系电话；

3. 收件人姓名（名称）、地址、联系电话；

4. 寄递物品的名称、性质、数量。

（九）交通票务类，基本功能服务为"交通相关的票务服务及行程管理（如票务购买、改签、退票、行程管理等）"，必要个人信息包括：

1. 注册用户移动电话号码；

2. 旅客姓名、证件类型和号码、旅客类型。旅客类型通常包括儿童、成人、学生等；

3. 旅客出发地、目的地、出发时间、车次/船次/航班号、席别/舱位等级、座位号（如有）、车牌号及车牌颜色（ETC服务）；

4. 支付时间、支付金额、支付渠道等支付信息。

（十）婚恋相亲类，基本功能服务为"婚恋相亲"，必要个人信息包括：

1. 注册用户移动电话号码；

2. 婚恋相亲人的性别、年龄、婚姻状况。

（十一）求职招聘类，基本功能服务为"求职招聘信息交换"，必要个人信息包括：

1. 注册用户移动电话号码；

2. 求职者提供的简历。

（十二）网络借贷类，基本功能服务为"通过互联网平台实现的用于消费、日常生产经营周转等的个人申贷服务"，必要个人信息包括：

1. 注册用户移动电话号码；

2. 借款人姓名、证件类型和号码、证件有效期限、银行卡号码。

（十三）房屋租售类，基本功能服务为"个人房源信息发布、房屋出租或买卖"，必要个人信息包括：

1. 注册用户移动电话号码；

2. 房源基本信息：房屋地址、面积/户型、期望售价或租金。

（十四）二手车交易类，基本功能服务为"二手车买卖信息交换"，必要个人信息包括：

1. 注册用户移动电话号码；

2. 购买方姓名、证件类型和号码；

3. 出售方姓名、证件类型和号码、车辆行驶证号、车辆识别号码。

（十五）问诊挂号类，基本功能服务为"在线咨询问诊、预约挂号"，必要个人信息包括：

1. 注册用户移动电话号码；

2. 挂号时需提供患者姓名、证件

类型和号码、预约挂号的医院和科室；

3. 问诊时需提供病情描述。

（十六）旅游服务类，基本功能服务为"旅游服务产品信息的发布与订购"，必要个人信息包括：

1. 注册用户移动电话号码；

2. 出行人旅游目的地、旅游时间；

3. 出行人姓名、证件类型和号码、联系方式。

（十七）酒店服务类，基本功能服务为"酒店预订"，必要个人信息包括：

1. 注册用户移动电话号码；

2. 住宿人姓名和联系方式、入住和退房时间、入住酒店名称。

（十八）网络游戏类，基本功能服务为"提供网络游戏产品和服务"，必要个人信息为：注册用户移动电话号码。

（十九）学习教育类，基本功能服务为"在线辅导、网络课堂等"，必要个人信息为：注册用户移动电话号码。

（二十）本地生活类，基本功能服务为"家政维修、家居装修、二手闲置物品交易等日常生活服务"，必要个人信息为：注册用户移动电话号码。

（二十一）女性健康类，基本功能服务为"女性经期管理、备孕育儿、美容美体等健康管理服务"，无须个人信息，即可使用基本功能服务。

（二十二）用车服务类，基本功能服务为"共享单车、共享汽车、租赁汽车等服务"，必要个人信息包括：

1. 注册用户移动电话号码；

2. 使用共享汽车、租赁汽车服务用户的证件类型和号码，驾驶证件信息；

3. 支付时间、支付金额、支付渠道等支付信息；

4. 使用共享单车、分时租赁汽车服务用户的位置信息。

（二十三）投资理财类，基本功能服务为"股票、期货、基金、债券等相关投资理财服务"，必要个人信息包括：

1. 注册用户移动电话号码；

2. 投资理财用户姓名、证件类型和号码、证件有效期限、证件影印件；

3. 投资理财用户资金账户、银行卡号码或支付账号。

（二十四）手机银行类，基本功能服务为"通过手机等移动智能终端设备进行银行账户管理、信息查询、转账汇款等服务"，必要个人信息包括：

1. 注册用户移动电话号码；

2. 用户姓名、证件类型和号码、证件有效期限、证件影印件、银行卡号码、银行预留移动电话号码；

3. 转账时需提供收款人姓名、银行卡号码、开户银行信息。

（二十五）邮箱云盘类，基本功能服务为"邮箱、云盘等"，必要个人信息为：注册用户移动电话号码。

（二十六）远程会议类，基本功能服务为"通过网络提供音频或视频会议"，必要个人信息为：注册用户移动电话号码。

（二十七）网络直播类，基本功能服务为"向公众持续提供实时视频、音频、图文等形式信息浏览服务"，无须个人信息，即可使用基本功能服务。

（二十八）在线影音类，基本功能服务为"影视、音乐搜索和播放"，无须个人信息，即可使用基本功能服务。

（二十九）短视频类，基本功能服务为"不超过一定时长的视频搜索、播放"，无须个人信息，即可使用基本功能服务。

（三十）新闻资讯类，基本功能服务为"新闻资讯的浏览、搜索"，无须个人信息，即可使用基本功能服务。

（三十一）运动健身类，基本功能服务为"运动健身训练"，无须个人信息，即可使用基本功能服务。

（三十二）浏览器类，基本功能服务为"浏览互联网信息资源"，无须个人信息，即可使用基本功能服务。

（三十三）输入法类，基本功能服务为"文字、符号等输入"，无须个人信息，即可使用基本功能服务。

（三十四）安全管理类，基本功能服务为"查杀病毒、清理恶意插件、修复漏洞等"，无须个人信息，即可使用基本功能服务。

（三十五）电子图书类，基本功能服务为"电子图书搜索、阅读"，无须个人信息，即可使用基本功能服务。

（三十六）拍摄美化类，基本功能服务为"拍摄、美颜、滤镜等"，无须个人信息，即可使用基本功能服务。

（三十七）应用商店类，基本功能服务为"App搜索、下载"，无须个人信息，即可使用基本功能服务。

（三十八）实用工具类，基本功能服务为"日历、天气、词典翻译、计算器、遥控器、手电筒、指南针、时钟闹钟、文件传输、文件管理、壁纸铃声、截图录屏、录音、文档处理、智能家居助手、星座性格测试等"，无须个人信息，即可使用基本功能服务。

（三十九）演出票务类，基本功能服务为"演出购票"，必要个人信息包括：

1. 注册用户移动电话号码；

2. 观演场次、座位号（如有）；

3. 支付时间、支付金额、支付渠道等支付信息。

《移动互联网应用程序信息服务管理规定》

第十二条　应用程序提供者处理个人信息应当遵循合法、正当、必要和诚信原则，具有明确、合理的目的并公开处理规则，遵守必要个人信息范围的有关规定，规范个人信息处理活动，采取必要措施保障个人信息安全，不得以任何理由强制要求用户同意个人信息处理行为，不得因用户不同意提供非必要个人信息，而拒绝用户使用其基本功能服务。

第十九条　应用程序分发平台应当采取复合验证等措施，对申请上架的应用程序提供者进行基于移动电话号码、身份证件号码或者统一社会信用代码等多种方式相结合的真实身份信息认证。根据应用程序提供者的不同主体性质，公示提供者名称、统一社会信用代码等信息，方便社会监督查询。

第十七条　【告知的内容与方式】

个人信息处理者在处理个人信息前，应当以显著方式、清晰易懂的语言真实、准确、完整地向个人告知下列事项：

（一）个人信息处理者的名称或者姓名和联系方式；

（二）个人信息的处理目的、处理方式，处理的个人信息种类、保存期限；

（三）个人行使本法规定权利的方式和程序；

（四）法律、行政法规规定应当告知的其他事项。

前款规定事项发生变更的，应当将变更部分告知个人。

个人信息处理者通过制定个人信息处理规则的方式告知第一款规定事项的，处理规则应当公开，并且便于查阅和保存。

关联法规

◎ **法律**

《民法典》

第一千零三十五条　处理个人信息的，应当遵循合法、正当、必要原则，不得过度处理，并符合下列条件：

（一）征得该自然人或者其监护人同意，但是法律、行政法规另有规定的除外；

（二）公开处理信息的规则；

（三）明示处理信息的目的、方式和范围；

（四）不违反法律、行政法规的规定和双方的约定。

个人信息的处理包括个人信息的收集、存储、使用、加工、传输、提供、公开等。

《网络安全法》

第二十二条　网络产品、服务应当

符合相关国家标准的强制性要求。网络产品、服务的提供者不得设置恶意程序；发现其网络产品、服务存在安全缺陷、漏洞等风险时，应当立即采取补救措施，按照规定及时告知用户并向有关主管部门报告。

网络产品、服务的提供者应当为其产品、服务持续提供安全维护；在规定或者当事人约定的期限内，不得终止提供安全维护。

网络产品、服务具有收集用户信息功能的，其提供者应当向用户明示并取得同意；涉及用户个人信息的，还应当遵守本法和有关法律、行政法规关于个人信息保护的规定。

第四十一条 网络运营者收集、使用个人信息，应当遵循合法、正当、必要的原则，公开收集、使用规则，明示收集、使用信息的目的、方式和范围，并经被收集者同意。

网络运营者不得收集与其提供的服务无关的个人信息，不得违反法律、行政法规的规定和双方的约定收集、使用个人信息，并应当依照法律、行政法规的规定和与用户的约定，处理其保存的个人信息。

《电子商务法》

第三十二条 电子商务平台经营者应当遵循公开、公平、公正的原则，制定平台服务协议和交易规则，明确进入和退出平台、商品和服务质量保障、消费者权益保护、个人信息保护等方面的权利和义务。

第三十三条 电子商务平台经营者应当在其首页显著位置持续公示平台服务协议和交易规则信息或者上述信息的链接标识，并保证经营者和消费者能够便利、完整地阅览和下载。

《消费者权益保护法》

第二十九条 经营者收集、使用消费者个人信息，应当遵循合法、正当、必要的原则，明示收集、使用信息的目的、方式和范围，并经消费者同意。经营者收集、使用消费者个人信息，应当公开其收集、使用规则，不得违反法律、法规的规定和双方的约定收集、使用信息。

经营者及其工作人员对收集的消费者个人信息必须严格保密，不得泄露、出售或者非法向他人提供。经营者应当采取技术措施和其他必要措施，确保信息安全，防止消费者个人信息泄露、丢失。在发生或者可能发生信息泄露、丢失的情况时，应当立即采取补救措施。

经营者未经消费者同意或者请求，或者消费者明确表示拒绝的，不得向其发送商业性信息。

◎ **司法解释**

《关于审理使用人脸识别技术处理个人信息相关民事案件适用法律若干问题的规定》

第二条　信息处理者处理人脸信息有下列情形之一的，人民法院应当认定属于侵害自然人人格权益的行为：

（一）在宾馆、商场、银行、车站、机场、体育场馆、娱乐场所等经营场所、公共场所违反法律、行政法规的规定使用人脸识别技术进行人脸验证、辨识或者分析；

（二）未公开处理人脸信息的规则或者未明示处理的目的、方式、范围；

（三）基于个人同意处理人脸信息的，未征得自然人或者其监护人的单独同意，或者未按照法律、行政法规的规定征得自然人或者其监护人的书面同意；

（四）违反信息处理者明示或者双方约定的处理人脸信息的目的、方式、范围等；

（五）未采取应有的技术措施或者其他必要措施确保其收集、存储的人脸信息安全，致使人脸信息泄露、篡改、丢失；

（六）违反法律、行政法规的规定或者双方的约定，向他人提供人脸信息；

（七）违背公序良俗处理人脸信息；

（八）违反合法、正当、必要原则处理人脸信息的其他情形。

第三条　人民法院认定信息处理者承担侵害自然人人格权益的民事责任，应当适用民法典第九百九十八条的规定，并结合案件具体情况综合考量受害人是否为未成年人、告知同意情况以及信息处理的必要程度等因素。

◎ **部门规章**

《规范互联网信息服务市场秩序若干规定》

第十一条　未经用户同意，互联网信息服务提供者不得收集与用户相关、能够单独或者与其他信息结合识别用户的信息（以下简称"用户个人信息"），不得将用户个人信息提供给他人，但是法律、行政法规另有规定的除外。

互联网信息服务提供者经用户同意收集用户个人信息的，应当明确告知用户收集和处理用户个人信息的方式、内容和用途，不得收集其提供服务所必需以外的信息，不得将用户个人信息用于其提供服务之外的目的。

《电信和互联网用户个人信息保护规定》

第八条　电信业务经营者、互联网信息服务提供者应当制定用户个人信息收集、使用规则，并在其经营或者服务场所、网站等予以公布。

第九条　未经用户同意，电信业务

经营者、互联网信息服务提供者不得收集、使用用户个人信息。

电信业务经营者、互联网信息服务提供者收集、使用用户个人信息的，应当明确告知用户收集、使用信息的目的、方式和范围，查询、更正信息的渠道以及拒绝提供信息的后果等事项。

电信业务经营者、互联网信息服务提供者不得收集其提供服务所必需以外的用户个人信息或者将信息用于提供服务之外的目的，不得以欺骗、误导或者强迫等方式或者违反法律、行政法规以及双方的约定收集、使用信息。

电信业务经营者、互联网信息服务提供者在用户终止使用电信服务或者互联网信息服务后，应当停止对用户个人信息的收集和使用，并为用户提供注销号码或者账号的服务。

法律、行政法规对本条第一款至第四款规定的情形另有规定的，从其规定。

《儿童个人信息网络保护规定》

第十条 网络运营者征得同意时，应当同时提供拒绝选项，并明确告知以下事项：

（一）收集、存储、使用、转移、披露儿童个人信息的目的、方式和范围；

（二）儿童个人信息存储的地点、期限和到期后的处理方式；

（三）儿童个人信息的安全保障措施；

（四）拒绝的后果；

（五）投诉、举报的渠道和方式；

（六）更正、删除儿童个人信息的途径和方法；

（七）其他应当告知的事项。

前款规定的告知事项发生实质性变化的，应当再次征得儿童监护人的同意。

第十四条 网络运营者使用儿童个人信息，不得违反法律、行政法规的规定和双方约定的目的、范围。因业务需要，确需超出约定的目的、范围使用的，应当再次征得儿童监护人的同意。

《网络交易监督管理办法》

第十三条 网络交易经营者收集、使用消费者个人信息，应当遵循合法、正当、必要的原则，明示收集、使用信息的目的、方式和范围，并经消费者同意。网络交易经营者收集、使用消费者个人信息，应当公开其收集、使用规则，不得违反法律、法规的规定和双方的约定收集、使用信息。

网络交易经营者不得采用一次概括授权、默认授权、与其他授权捆绑、停止安装使用等方式，强迫或者变相强迫消费者同意收集、使用与经营活动无直接关系的信息。收集、使用个人生物特征、医疗健康、金融账户、个人行踪敏感信息的，应当逐项取得消费者同意。

网络交易经营者及其工作人员应当对收集的个人信息严格保密，除依法配合监管执法活动外，未经被收集者授权同意，不得向包括关联方在内的任何第三方提供。

《汽车数据安全管理若干规定（试行）》

第七条　汽车数据处理者处理个人信息应当通过用户手册、车载显示面板、语音、汽车使用相关应用程序等显著方式，告知个人以下事项：

（一）处理个人信息的种类，包括车辆行踪轨迹、驾驶习惯、音频、视频、图像和生物识别特征等；

（二）收集各类个人信息的具体情境以及停止收集的方式和途径；

（三）处理各类个人信息的目的、用途、方式；

（四）个人信息保存地点、保存期限，或者确定保存地点、保存期限的规则；

（五）查阅、复制其个人信息以及删除车内、请求删除已经提供给车外的个人信息的方式和途径；

（六）用户权益事务联系人的姓名和联系方式；

（七）法律、行政法规规定的应当告知的其他事项。

《互联网信息服务算法推荐管理规定》

第十六条　算法推荐服务提供者应当以显著方式告知用户其提供算法推荐服务的情况，并以适当方式公示算法推荐服务的基本原理、目的意图和主要运行机制等。

◎ 部门规范性文件

《App 违法违规收集使用个人信息行为认定方法》

一、以下行为可被认定为"未公开收集使用规则"

1. 在 App 中没有隐私政策，或者隐私政策中没有收集使用个人信息规则；

2. 在 App 首次运行时未通过弹窗等明显方式提示用户阅读隐私政策等收集使用规则；

3. 隐私政策等收集使用规则难以访问，如进入 App 主界面后，需多于 4 次点击等操作才能访问到；

4. 隐私政策等收集使用规则难以阅读，如文字过小过密、颜色过淡、模糊不清，或未提供简体中文版等。

二、以下行为可被认定为"未明示收集使用个人信息的目的、方式和范围"

1. 未逐一列出 App（包括委托的第三方或嵌入的第三方代码、插件）收集使用个人信息的目的、方式、范围等；

2. 收集使用个人信息的目的、方

式、范围发生变化时，未以适当方式通知用户，适当方式包括更新隐私政策等收集使用规则并提醒用户阅读等；

3. 在申请打开可收集个人信息的权限，或申请收集用户身份证号、银行账号、行踪轨迹等个人敏感信息时，未同步告知用户其目的，或者目的不明确、难以理解；

4. 有关收集使用规则的内容晦涩难懂、冗长繁琐，用户难以理解，如使用大量专业术语等。

《互联网跟帖评论服务管理规定》

第四条　跟帖评论服务提供者应当严格落实跟帖评论服务管理主体责任，依法履行以下义务：

（一）按照"后台实名、前台自愿"原则，对注册用户进行基于移动电话号码、身份证件号码或者统一社会信用代码等方式的真实身份信息认证，不得向未认证真实身份信息或者冒用组织机构、他人身份信息的用户提供跟帖评论服务。

（二）建立健全用户个人信息保护制度，处理用户个人信息应当遵循合法、正当、必要和诚信原则，公开个人信息处理规则，告知个人信息的处理目的、处理方式、处理的个人信息种类、保存期限等事项，并依法取得个人的同意。法律、行政法规另有规定的除外。

（三）对新闻信息提供跟帖评论服务的，应当建立先审后发制度。

（四）提供弹幕方式跟帖评论服务的，应当在同一平台和页面同时提供与之对应的静态版信息内容。

（五）建立健全跟帖评论审核管理、实时巡查、应急处置、举报受理等信息安全管理制度，及时发现处置违法和不良信息，并向网信部门报告。

（六）创新跟帖评论管理方式，研发使用跟帖评论信息安全管理技术，提升违法和不良信息处置能力；及时发现跟帖评论服务存在的安全缺陷、漏洞等风险，采取补救措施，并向网信部门报告。

（七）配备与服务规模相适应的审核编辑队伍，加强跟帖评论审核培训，提高审核编辑人员专业素养。

（八）配合网信部门依法开展监督检查工作，提供必要的技术、数据支持和协助。

《寄递服务用户个人信息安全管理规定》

第八条　寄递企业为完成寄递服务全流程操作委托第三方或者其他寄递企业等开展代收代投、清关等业务，需要对寄递服务用户个人信息数据进行委托处理时，应当事前进行寄递服务用户个人信息保护影响评估，并依法约定委托处理的目的、期限、处理方式、个人信息种类、保护措施及双方权利义务，并对受托人的个人信息处理活动进行监督。

受托方发生寄递服务用户个人信息安全事件导致信息泄露、篡改、丢失的，寄递企业应当依法承担相应责任。

第十八条　【告知的豁免与延迟】

个人信息处理者处理个人信息，有法律、行政法规规定应当保密或者不需要告知的情形的，可以不向个人告知前条第一款规定的事项。

紧急情况下为保护自然人的生命健康和财产安全无法及时向个人告知的，个人信息处理者应当在紧急情况消除后及时告知。

关联法规

◎ **法律**

《民法典》

第一千零三十六条　处理个人信息，有下列情形之一的，行为人不承担民事责任：

（一）在该自然人或者其监护人同意的范围内合理实施的行为；

（二）合理处理该自然人自行公开的或者其他已经合法公开的信息，但是该自然人明确拒绝或者处理该信息侵害其重大利益的除外；

（三）为维护公共利益或者该自然人合法权益，合理实施的其他行为。

《数据安全法》

第三十八条　国家机关为履行法定职责的需要收集、使用数据，应当在其履行法定职责的范围内依照法律、行政法规规定的条件和程序进行；对在履行职责中知悉的个人隐私、个人信息、商业秘密、保密商务信息等数据应当依法予以保密，不得泄露或者非法向他人提供。

《保守国家秘密法》

第九条　下列涉及国家安全和利益的事项，泄露后可能损害国家在政治、经济、国防、外交等领域的安全和利益的，应当确定为国家秘密：

（一）国家事务重大决策中的秘密事项；

（二）国防建设和武装力量活动中的秘密事项；

（三）外交和外事活动中的秘密事项以及对外承担保密义务的秘密事项；

（四）国民经济和社会发展中的秘密事项；

（五）科学技术中的秘密事项；

（六）维护国家安全活动和追查刑事犯罪中的秘密事项；

（七）经国家保密行政管理部门确定的其他秘密事项。

政党的秘密事项中符合前款规定

的，属于国家秘密。

《反恐怖主义法》

第四十五条 公安机关、国家安全机关、军事机关在其职责范围内，因反恐怖主义情报信息工作的需要，根据国家有关规定，经过严格的批准手续，可以采取技术侦察措施。

依照前款规定获取的材料，只能用于反恐怖主义应对处置和对恐怖活动犯罪、极端主义犯罪的侦查、起诉和审判，不得用于其他用途。

《刑事诉讼法》

第一百五十条 公安机关在立案后，对于危害国家安全犯罪、恐怖活动犯罪、黑社会性质的组织犯罪、重大毒品犯罪或者其他严重危害社会的犯罪案件，根据侦查犯罪的需要，经过严格的批准手续，可以采取技术侦查措施。

人民检察院在立案后，对于利用职权实施的严重侵犯公民人身权利的重大犯罪案件，根据侦查犯罪的需要，经过严格的批准手续，可以采取技术侦查措施，按照规定交有关机关执行。

追捕被通缉或者批准、决定逮捕的在逃的犯罪嫌疑人、被告人，经过批准，可以采取追捕所必需的技术侦查措施。

《反间谍法》

第三十七条 国家安全机关因侦察间谍行为的需要，根据国家有关规定，经过严格的批准手续，可以采取技术侦察措施。

◎ 行政法规

《计算机信息网络国际联网安全保护管理办法》

第八条 从事国际联网业务的单位和个人应当接受公安机关的安全监督、检查和指导，如实向公安机关提供有关安全保护的信息、资料及数据文件，协助公安机关查处通过国际联网的计算机信息网络的违法犯罪行为。

《征信业管理条例》

第十三条 采集个人信息应当经信息主体本人同意，未经本人同意不得采集。但是，依照法律、行政法规规定公开的信息除外。

企业的董事、监事、高级管理人员与其履行职务相关的信息，不作为个人信息。

第十八条 向征信机构查询个人信息的，应当取得信息主体本人的书面同意并约定用途。但是，法律规定可以不经同意查询的除外。

征信机构不得违反前款规定提供个人信息。

◎ 司法解释

《关于审理使用人脸识别技术处理个人信息相关民事案件适用法律若干问题的规定》

第五条 有下列情形之一，信息处理者主张其不承担民事责任的，人民法院依法予以支持：

（一）为应对突发公共卫生事件，或者紧急情况下为保护自然人的生命健康和财产安全所必需而处理人脸信息的；

（二）为维护公共安全，依据国家有关规定在公共场所使用人脸识别技术的；

（三）为公共利益实施新闻报道、舆论监督等行为在合理的范围内处理人脸信息的；

（四）在自然人或者其监护人同意的范围内合理处理人脸信息的；

（五）符合法律、行政法规规定的其他情形。

第十九条　【个人信息的保存期限】

除法律、行政法规另有规定外，个人信息的保存期限应当为实现处理目的所必要的最短时间。

关联法规

◎ **法律**

《网络安全法》

第二十一条　国家实行网络安全等级保护制度。网络运营者应当按照网络安全等级保护制度的要求，履行下列安全保护义务，保障网络免受干扰、破坏或者未经授权的访问，防止网络数据泄露或者被窃取、篡改：

（一）制定内部安全管理制度和操作规程，确定网络安全负责人，落实网络安全保护责任；

（二）采取防范计算机病毒和网络攻击、网络侵入等危害网络安全行为的技术措施；

（三）采取监测、记录网络运行状态、网络安全事件的技术措施，并按照规定留存相关的网络日志不少于六个月；

（四）采取数据分类、重要数据备份和加密等措施；

（五）法律、行政法规规定的其他义务。

《电子商务法》

第三十一条　电子商务平台经营者应当记录、保存平台上发布的商品和服务信息、交易信息，并确保信息的完整性、保密性、可用性。商品和服务信息、交易信息保存时间自交易完成之日起不少于三年；法律、行政法规另有规定的，依照其规定。

《保守国家秘密法》

第十五条　国家秘密的保密期限，应当根据事项的性质和特点，按照维护国家安全和利益的需要，限定在必要的期限内；不能确定期限的，应当确定解密的条件。

国家秘密的保密期限，除另有规定外，绝密级不超过三十年，机密级不超过二十年，秘密级不超过十年。

机关、单位应当根据工作需要，确定具体的保密期限、解密时间或者解密条件。

机关、单位对在决定和处理有关事项工作过程中确定需要保密的事项，根据工作需要决定公开的，正式公布时即视为解密。

第十八条 国家秘密的密级、保密期限和知悉范围，应当根据情况变化及时变更。国家秘密的密级、保密期限和知悉范围的变更，由原定密机关、单位决定，也可以由其上级机关决定。

国家秘密的密级、保密期限和知悉范围变更的，应当及时书面通知知悉范围内的机关、单位或者人员。

《反恐怖主义法》

第三十二条 重点目标的管理单位应当履行下列职责：

（一）制定防范和应对处置恐怖活动的预案、措施，定期进行培训和演练；

（二）建立反恐怖主义工作专项经费保障制度，配备、更新防范和处置设备、设施；

（三）指定相关机构或者落实责任人员，明确岗位职责；

（四）实行风险评估，实时监测安全威胁，完善内部安全管理；

（五）定期向公安机关和有关部门报告防范措施落实情况。

重点目标的管理单位应当根据城乡规划、相关标准和实际需要，对重点目标同步设计、同步建设、同步运行符合本法第二十七条规定的技防、物防设备、设施。

重点目标的管理单位应当建立公共安全视频图像信息系统值班监看、信息保存使用、运行维护等管理制度，保障相关系统正常运行。采集的视频图像信息保存期限不得少于九十日。

对重点目标以外的涉及公共安全的其他单位、场所、活动、设施，其主管部门和管理单位应当依照法律、行政法规规定，建立健全安全管理制度，落实安全责任。

《电子签名法》

第二十四条 电子认证服务提供者应当妥善保存与认证相关的信息，信息保存期限至少为电子签名认证证书失效后五年。

《证券法》

第一百三十七条 证券公司应当建立客户信息查询制度，确保客户能够查询其账户信息、委托记录、交易记录以及其他与接受服务或者购买产品有关的重要信息。

证券公司应当妥善保存客户开户资料、委托记录、交易记录和与内部管理、业务经营有关的各项信息，任何人不得隐匿、伪造、篡改或者毁损。上述信息的保存期限不得少于二十年。

第一百六十二条　证券服务机构应当妥善保存客户委托文件、核查和验证资料、工作底稿以及与质量控制、内部管理、业务经营有关的信息和资料，任何人不得泄露、隐匿、伪造、篡改或者毁损。上述信息和资料的保存期限不得少于十年，自业务委托结束之日起算。

《档案法》

第二十七条　县级以上各级档案馆的档案，应当自形成之日起满二十五年向社会开放。经济、教育、科技、文化等类档案，可以少于二十五年向社会开放；涉及国家安全或者重大利益以及其他到期不宜开放的档案，可以多于二十五年向社会开放。国家鼓励和支持其他档案馆向社会开放档案。档案开放的具体办法由国家档案主管部门制定，报国务院批准。

◎ 行政法规

《互联网信息服务管理办法》

第十四条　从事新闻、出版以及电子公告等服务项目的互联网信息服务提供者，应当记录提供的信息内容及其发布时间、互联网地址或者域名；互联网接入服务提供者应当记录上网用户的上网时间、用户账号、互联网地址或者域名、主叫电话号码等信息。

互联网信息服务提供者和互联网接入服务提供者的记录备份应当保存60日，并在国家有关机关依法查询时，予以提供。

《征信业管理条例》

第十六条　征信机构对个人不良信息的保存期限，自不良行为或者事件终止之日起为5年；超过5年的，应当予以删除。

在不良信息保存期限内，信息主体可以对不良信息作出说明，征信机构应当予以记载。

《统计法实施条例》

第二十二条　统计调查中取得的统计调查对象的原始资料，应当至少保存2年。

汇总性统计资料应当至少保存10年，重要的汇总性统计资料应当永久保存。法律法规另有规定的，从其规定。

第二十三条　统计调查对象按照国家有关规定设置的原始记录和统计台账，应当至少保存2年。

《不动产登记暂行条例》

第十三条　不动产登记簿由不动产登记机构永久保存。不动产登记簿损毁、灭失的，不动产登记机构应当依据原有登记资料予以重建。

行政区域变更或者不动产登记机构职能调整的，应当及时将不动产登记簿移交相应的不动产登记机构。

《互联网上网服务营业场所管理条例》

第二十三条 互联网上网服务营业场所经营单位应当对上网消费者的身份证等有效证件进行核对、登记，并记录有关上网信息。登记内容和记录备份保存时间不得少于60日，并在文化行政部门、公安机关依法查询时予以提供。登记内容和记录备份在保存期内不得修改或者删除。

◎ **部门规章**

《互联网安全保护技术措施规定》

第十三条 互联网服务提供者和联网使用单位依照本规定落实的记录留存技术措施，应当具有至少保存六十天记录备份的功能。

《医疗机构管理条例实施细则》

第五十三条 医疗机构的门诊病历的保存期不得少于十五年；住院病历的保存期不得少于三十年。

《区块链信息服务管理规定》

第十七条 区块链信息服务提供者应当记录区块链信息服务使用者发布内容和日志等信息，记录备份应当保存不少于六个月，并在相关执法部门依法查询时予以提供。

《儿童个人信息网络保护规定》

第十二条 网络运营者存储儿童个人信息，不得超过实现其收集、使用目的所必需的期限。

《网络招聘服务管理规定》

第二十六条 以网络招聘服务平台方式从事网络招聘服务的人力资源服务机构应当记录、保存平台上发布的招聘信息、服务信息，并确保信息的完整性、保密性、可用性。招聘信息、服务信息保存时间自服务完成之日起不少于3年。

《网络交易监督管理办法》

第二十条 通过网络社交、网络直播等网络服务开展网络交易活动的网络交易经营者，应当以显著方式展示商品或者服务及其实际经营主体、售后服务等信息，或者上述信息的链接标识。

网络直播服务提供者对网络交易活动的直播视频保存时间自直播结束之日起不少于三年。

第二十八条 网络交易平台经营者修改平台服务协议和交易规则的，应当完整保存修改后的版本生效之日前三年的全部历史版本，并保证经营者和消费者能够便利、完整地阅览和下载。

第三十一条 网络交易平台经营者对平台内经营者身份信息的保存时间自其退出平台之日起不少于三年；对商品或者服务信息，支付记录、物流快递、退换货以及售后等交易信息的保存时间自交易完成之日起不少于三年。法律、行政法规另有规定的，依照其规定。

《网络食品安全违法行为查处办法》

第十三条　网络食品交易第三方平台提供者和通过自建网站交易食品的生产经营者应当记录、保存食品交易信息，保存时间不得少于产品保质期满后6个月；没有明确保质期的，保存时间不得少于2年。

《道路旅客运输及客运站管理规定》

第六十七条　网络平台应当提前向旅客提供班车客运经营者、联系方式、车辆品牌、号牌等车辆信息以及乘车地点、时间，并确保发布的提供服务的经营者、车辆和驾驶员与实际提供服务的经营者、车辆和驾驶员一致。

实行实名制管理的客运班线开展定制客运的，班车客运经营者和网络平台应当落实实名制管理相关要求。网络平台应当采取安全保护措施，妥善保存采集的个人信息和生成的业务数据，保存期限应当不少于3年，并不得用于定制客运以外的业务。

网络平台应当按照交通运输主管部门的要求，如实提供其接入的经营者、车辆、驾驶员信息和相关业务数据。

◎ **部门规范性文件**

《互联网直播服务管理规定》

第十六条　互联网直播服务提供者应当记录互联网直播服务使用者发布内容和日志信息，保存六十日。

互联网直播服务提供者应当配合有关部门依法进行的监督检查，并提供必要的文件、资料和数据。

《互联网群组信息服务管理规定》

第十三条　互联网群组信息服务提供者应当配合有关主管部门依法进行的监督检查，并提供必要的技术支持和协助。

互联网群组信息服务提供者应当按规定留存网络日志不少于六个月。

《微博客信息服务管理规定》

第十六条　微博客服务提供者应当遵守国家相关法律法规规定，配合有关部门开展监督管理执法工作，并提供必要的技术支持和协助。

微博客服务提供者应当记录微博客服务使用者日志信息，保存时间不少于六个月。

第二十条　【共同处理个人信息】

两个以上的个人信息处理者共同决定个人信息的处理目的和处理方式的，应当约定各自的权利和义务。但是，该约定不影响个人向其中任何一个个人信息处理者要求行使本法规定的权利。

个人信息处理者共同处理个人信息，侵害个人信息权益造成损害的，应当依法承担连带责任。

关联法规

◎ **法律**

《民法典》

第一百七十八条 二人以上依法承担连带责任的，权利人有权请求部分或者全部连带责任人承担责任。

连带责任人的责任份额根据各自责任大小确定；难以确定责任大小的，平均承担责任。实际承担责任超过自己责任份额的连带责任人，有权向其他连带责任人追偿。

连带责任，由法律规定或者当事人约定。

第四百六十八条 非因合同产生的债权债务关系，适用有关该债权债务关系的法律规定；没有规定的，适用本编通则的有关规定，但是根据其性质不能适用的除外。

第五百一十九条 连带债务人之间的份额难以确定的，视为份额相同。

实际承担债务超过自己份额的连带债务人，有权就超出部分在其他连带债务人未履行的份额范围内向其追偿，并相应地享有债权人的权利，但是不得损害债权人的利益。其他连带债务人对债权人的抗辩，可以向该债务人主张。

被追偿的连带债务人不能履行其应分担份额的，其他连带债务人应当在相应范围内按比例分担。

第五百二十条 部分连带债务人履行、抵销债务或者提存标的物的，其他债务人对债权人的债务在相应范围内消灭；该债务人可以依据前条规定向其他债务人追偿。

部分连带债务人的债务被债权人免除的，在该连带债务人应当承担的份额范围内，其他债务人对债权人的债务消灭。

部分连带债务人的债务与债权人的债权同归于一人的，在扣除该债务人应当承担的份额后，债权人对其他债务人的债权继续存在。

债权人对部分连带债务人的给付受领迟延的，对其他连带债务人发生效力。

第一千一百六十八条 二人以上共同实施侵权行为，造成他人损害的，应当承担连带责任。

第一千一百六十九条 教唆、帮助他人实施侵权行为的，应当与行为人承担连带责任。

教唆、帮助无民事行为能力人、限制民事行为能力人实施侵权行为的，应当承担侵权责任；该无民事行为能力人、限制民事行为能力人的监护人未尽到监护职责的，应当承担相应的责任。

第一千一百七十条 二人以上实施危及他人人身、财产安全的行为，其中一人或者数人的行为造成他人损害，能够确定具体侵权人的，由侵权人承担责任；不能确定具体侵权人的，行为人承担连带责任。

第一千一百七十一条　二人以上分别实施侵权行为造成同一损害，每个人的侵权行为都足以造成全部损害的，行为人承担连带责任。

第一千一百七十二条　二人以上分别实施侵权行为造成同一损害，能够确定责任大小的，各自承担相应的责任；难以确定责任大小的，平均承担责任。

《数据安全法》

第三十三条　从事数据交易中介服务的机构提供服务，应当要求数据提供方说明数据来源，审核交易双方的身份，并留存审核、交易记录。

第四十七条　从事数据交易中介服务的机构未履行本法第三十三条规定的义务的，由有关主管部门责令改正，没收违法所得，处违法所得一倍以上十倍以下罚款，没有违法所得或者违法所得不足十万元的，处十万元以上一百万元以下罚款，并可以责令暂停相关业务、停业整顿、吊销相关业务许可证或者吊销营业执照；对直接负责的主管人员和其他直接责任人员处一万元以上十万元以下罚款。

《消费者权益保护法》

第四十四条　消费者通过网络交易平台购买商品或者接受服务，其合法权益受到损害的，可以向销售者或者服务者要求赔偿。网络交易平台提供者不能提供销售者或者服务者的真实名称、地址和有效联系方式的，消费者也可以向网络交易平台提供者要求赔偿；网络交易平台提供者作出更有利于消费者的承诺的，应当履行承诺。网络交易平台提供者赔偿后，有权向销售者或者服务者追偿。

网络交易平台提供者明知或者应知销售者或者服务者利用其平台侵害消费者合法权益，未采取必要措施的，依法与该销售者或者服务者承担连带责任。

◎ 行政法规

《计算机软件保护条例》

第十条　由两个以上的自然人、法人或者其他组织合作开发的软件，其著作权的归属由合作开发者签订书面合同约定。无书面合同或者合同未作明确约定，合作开发的软件可以分割使用的，开发者对各自开发的部分可以单独享有著作权；但是，行使著作权时，不得扩展到合作开发的软件整体的著作权。合作开发的软件不能分割使用的，其著作权由各合作开发者共同享有，通过协商一致行使；不能协商一致，又无正当理由的，任何一方不得阻止他方行使除转让权以外的其他权利，但是所得收益应当合理分配给所有合作开发者。

◎ 司法解释

《关于审理使用人脸识别技术处理个人信息相关民事案件适用法律若干问题的规定》

第七条　多个信息处理者处理人脸信息侵害自然人人格权益，该自然人主张多个信息处理者按照过错程度和造成损害结果的大小承担侵权责任的，人民法院依法予以支持；符合民法典第一千一百六十八条、第一千一百六十九条第一款、第一千一百七十条、第一千一百七十一条等规定的相应情形，该自然人主张多个信息处理者承担连带责任的，人民法院依法予以支持。

第二十一条　【委托处理个人信息】

个人信息处理者委托处理个人信息的，应当与受托人约定委托处理的目的、期限、处理方式、个人信息的种类、保护措施以及双方的权利和义务等，并对受托人的个人信息处理活动进行监督。

受托人应当按照约定处理个人信息，不得超出约定的处理目的、处理方式等处理个人信息；委托合同不生效、无效、被撤销或者终止的，受托人应当将个人

信息返还个人信息处理者或者予以删除，不得保留。

未经个人信息处理者同意，受托人不得转委托他人处理个人信息。

关联法规

◎ 法律

《民法典》

第四百七十条　合同的内容由当事人约定，一般包括下列条款：

（一）当事人的姓名或者名称和住所；

（二）标的；

（三）数量；

（四）质量；

（五）价款或者报酬；

（六）履行期限、地点和方式；

（七）违约责任；

（八）解决争议的方法。

当事人可以参照各类合同的示范文本订立合同。

第九百一十九条　委托合同是委托人和受托人约定，由受托人处理委托人事务的合同。

第九百二十条　委托人可以特别委托受托人处理一项或者数项事务，也可以概括委托受托人处理一切事务。

第九百二十一条　委托人应当预付处理委托事务的费用。受托人为处理委托事务垫付的必要费用，委托人应当偿还该费用并支付利息。

第九百二十二条　受托人应当按照委托人的指示处理委托事务。需要变更委托人指示的，应当经委托人同意；因情况紧急，难以和委托人取得联系的，受托人应当妥善处理委托事务，但是事后应当将该情况及时报告委托人。

第九百二十三条　受托人应当亲自处理委托事务。经委托人同意，受托人可以转委托。转委托经同意或者追认的，委托人可以就委托事务直接指示转委托的第三人，受托人仅就第三人的选任及其对第三人的指示承担责任。转委托未经同意或者追认的，受托人应当对转委托的第三人的行为承担责任；但是，在紧急情况下受托人为了维护委托人的利益需要转委托第三人的除外。

第九百二十四条　受托人应当按照委托人的要求，报告委托事务的处理情况。委托合同终止时，受托人应当报告委托事务的结果。

第九百二十五条　受托人以自己的名义，在委托人的授权范围内与第三人订立的合同，第三人在订立合同时知道受托人与委托人之间的代理关系的，该合同直接约束委托人和第三人；但是，有确切证据证明该合同只约束受托人和第三人的除外。

第九百二十六条　受托人以自己的名义与第三人订立合同时，第三人不知道受托人与委托人之间的代理关系的，受托人因第三人的原因对委托人不履行义务，受托人应当向委托人披露第三人，委托人因此可以行使受托人对第三人的权利。但是，第三人与受托人订立合同时如果知道该委托人就不会订立合同的除外。

受托人因委托人的原因对第三人不履行义务，受托人应当向第三人披露委托人，第三人因此可以选择受托人或者委托人作为相对人主张其权利，但是第三人不得变更选定的相对人。

委托人行使受托人对第三人的权利的，第三人可以向委托人主张其对受托人的抗辩。第三人选定委托人作为其相对人的，委托人可以向第三人主张其对受托人的抗辩以及受托人对第三人的抗辩。

第九百二十七条　受托人处理委托事务取得的财产，应当转交给委托人。

第九百二十八条　受托人完成委托事务的，委托人应当按照约定向其支付报酬。

因不可归责于受托人的事由，委托合同解除或者委托事务不能完成的，委托人应当向受托人支付相应的报酬。当事人另有约定的，按照其约定。

第九百二十九条 有偿的委托合同，因受托人的过错造成委托人损失的，委托人可以请求赔偿损失。无偿的委托合同，因受托人的故意或者重大过失造成委托人损失的，委托人可以请求赔偿损失。

受托人超越权限造成委托人损失的，应当赔偿损失。

第九百三十条 受托人处理委托事务时，因不可归责于自己的事由受到损失的，可以向委托人请求赔偿损失。

第九百三十一条 委托人经受托人同意，可以在受托人之外委托第三人处理委托事务。因此造成受托人损失的，受托人可以向委托人请求赔偿损失。

第九百三十二条 两个以上的受托人共同处理委托事务的，对委托人承担连带责任。

第九百三十三条 委托人或者受托人可以随时解除委托合同。因解除合同造成对方损失的，除不可归责于该当事人的事由外，无偿委托合同的解除方应当赔偿因解除时间不当造成的直接损失，有偿委托合同的解除方应当赔偿对方的直接损失和合同履行后可以获得的利益。

第九百三十四条 委托人死亡、终止或者受托人死亡、丧失民事行为能力、终止的，委托合同终止；但是，当事人另有约定或者根据委托事务的性质

不宜终止的除外。

第九百三十五条 因委托人死亡或者被宣告破产、解散，致使委托合同终止将损害委托人利益的，在委托人的继承人、遗产管理人或者清算人承受委托事务之前，受托人应当继续处理委托事务。

第九百三十六条 因受托人死亡、丧失民事行为能力或者被宣告破产、解散，致使委托合同终止的，受托人的继承人、遗产管理人、法定代理人或者清算人应当及时通知委托人。因委托合同终止将损害委托人利益的，在委托人作出善后处理之前，受托人的继承人、遗产管理人、法定代理人或者清算人应当采取必要措施。

《数据安全法》

第四十条 国家机关委托他人建设、维护电子政务系统，存储、加工政务数据，应当经过严格的批准程序，并应当监督受托方履行相应的数据安全保护义务。受托方应当依照法律、法规的规定和合同约定履行数据安全保护义务，不得擅自留存、使用、泄露或者向他人提供政务数据。

◎ 行政法规

《计算机软件保护条例》

第十一条 接受他人委托开发的软件，其著作权的归属由委托人与受托人签订书面合同约定；无书面合同或者合

同未作明确约定的，其著作权由受托人享有。

◎ **部门规章**

《电信和互联网用户个人信息保护规定》

第十一条　电信业务经营者、互联网信息服务提供者委托他人代理市场销售和技术服务等直接面向用户的服务性工作，涉及收集、使用用户个人信息的，应当对代理人的用户个人信息保护工作进行监督和管理，不得委托不符合本规定有关用户个人信息保护要求的代理人代办相关服务。

《儿童个人信息网络保护规定》

第十六条　网络运营者委托第三方处理儿童个人信息的，应当对受委托方及委托行为等进行安全评估，签署委托协议，明确双方责任、处理事项、处理期限、处理性质和目的等，委托行为不得超出授权范围。

前款规定的受委托方，应当履行以下义务：

（一）按照法律、行政法规的规定和网络运营者的要求处理儿童个人信息；

（二）协助网络运营者回应儿童监护人提出的申请；

（三）采取措施保障信息安全，并在发生儿童个人信息泄露安全事件时，及时向网络运营者反馈；

（四）委托关系解除时及时删除儿童个人信息；

（五）不得转委托；

（六）其他依法应当履行的儿童个人信息保护义务。

◎ **部门规范性文件**

《互联网个人信息安全保护指南》

6.5 第三方委托处理

a）在对个人信息委托处理时，不应超出该信息主体授权同意的范围；

b）在对个人信息的相关处理进行委托时，应对委托行为进行个人信息安全影响评估；

c）对个人信息进行委托处理时，应签订相关协议要求受托方符合本文件；

d）应向受托方进行对个人信息数据的使用和访问的授权；

e）受托方对个人信息的相关数据进行处理完成之后，应对存储的个人信息数据的内容进行删除。

第二十二条　【因合并、分立等原因转移个人信息】

个人信息处理者因合并、分立、解散、被宣告破产等原因需要转移个人信息的，应当向个人告知接收方的名称或者姓名和联系方式。接收方应当继续履行个人信息处理者的义务。接收方变更原先的处理目的、处理方式的，应当依照本法规定重新取得个人同意。

关联法规

◎ 法律

《民法典》

第六十七条 法人合并的，其权利和义务由合并后的法人享有和承担。

法人分立的，其权利和义务由分立后的法人享有连带债权，承担连带债务，但是债权人和债务人另有约定的除外。

第六十八条 有下列原因之一并依法完成清算、注销登记的，法人终止：

（一）法人解散；

（二）法人被宣告破产；

（三）法律规定的其他原因。

法人终止，法律、行政法规规定须经有关机关批准的，依照其规定。

第六十九条 有下列情形之一的，法人解散：

（一）法人章程规定的存续期间届满或者法人章程规定的其他解散事由出现；

（二）法人的权力机构决议解散；

（三）因法人合并或者分立需要解散；

（四）法人依法被吊销营业执照、登记证书，被责令关闭或者被撤销；

（五）法律规定的其他情形。

第一百零八条 非法人组织除适用本章规定外，参照适用本编第三章第一节的有关规定。

《公司法》

第一百七十二条 公司合并可以采取吸收合并或者新设合并。

一个公司吸收其他公司为吸收合并，被吸收的公司解散。两个以上公司合并设立一个新的公司为新设合并，合并各方解散。

◎ 行政法规

《征信业管理条例》

第十二条 征信机构解散或者被依法宣告破产的，应当向国务院征信业监督管理部门报告，并按照下列方式处理信息数据库：

（一）与其他征信机构约定并经国务院征信业监督管理部门同意，转让给其他征信机构；

（二）不能依照前项规定转让的，移交给国务院征信业监督管理部门指定的征信机构；

（三）不能依照前两项规定转让、移交的，在国务院征信业监督管理部门的监督下销毁。

经营个人征信业务的征信机构解散或者被依法宣告破产的，还应当在国务院征信业监督管理部门指定的媒体上公告，并将个人征信业务经营许可证交国务院征信业监督管理部门注销。

◎ 部门规章

《互联网域名管理办法》

第三十四条　域名持有者有权选择、变更域名注册服务机构。变更域名注册服务机构的，原域名注册服务机构应当配合域名持有者转移其域名注册相关信息。

无正当理由的，域名注册服务机构不得阻止域名持有者变更域名注册服务机构。

电信管理机构依法要求停止解析的域名，不得变更域名注册服务机构。

◎ 部门规范性文件

《互联网个人信息安全保护指南》

6.6 共享和转让

个人信息原则上不得共享、转让。如存在个人信息共享和转让行为时，应满足以下要求：

a) 共享和转让行为应经过合法性、必要性评估；

b) 在对个人信息进行共享和转让时应进行个人信息安全影响评估，应对受让方的数据安全能力进行评估确保受让方具备足够的数据安全能力，并按照评估结果采取有效的保护个人信息主体

的措施；

c) 在共享、转让前应向个人信息主体告知转让该信息的目的、规模、公开范围数据接收方的类型等信息；

d) 在共享、转让前应得到个人信息主体的授权同意，与国家安全、国防安全、公共安全、公共卫生、重大公共利益或与犯罪侦查、起诉、审判和判决执行等直接相关的情形除外；

e) 应记录共享、转让信息内容，将共享、转让情况中包括共享、转让的日期、数据量、目的和数据接收方的基本情况在内的信息进行登记；

f) 在共享、转让后应了解接收方对个人信息的保存、使用情况和个人信息主体的权利，例如访问、更正、删除、注销等；

g) 当个人信息持有者发生收购、兼并、重组、破产等变更时，个人信息持有者应向个人信息主体告知有关情况，并继续履行原个人信息持有者的责任和义务，如变更个人信息使用目的时，应重新取得个人信息主体的明示同意。

第二十三条　【向其他个人信息处理者提供个人信息】

个人信息处理者向其他个人信息处理者提供其处理的个人信

息的，应当向个人告知接收方的名称或者姓名、联系方式、处理目的、处理方式和个人信息的种类，并取得个人的单独同意。接收方应当在上述处理目的、处理方式和个人信息的种类等范围内处理个人信息。接收方变更原先的处理目的、处理方式的，应当依照本法规定重新取得个人同意。

关联法规

◎ 法律

《民法典》

第一百一十一条　自然人的个人信息受法律保护。任何组织或者个人需要获取他人个人信息的，应当依法取得并确保信息安全，不得非法收集、使用、加工、传输他人个人信息，不得非法买卖、提供或者公开他人个人信息。

第一千零三十八条　信息处理者不得泄露或者篡改其收集、存储的个人信息；未经自然人同意，不得向他人非法提供其个人信息，但是经过加工无法识别特定个人且不能复原的除外。

信息处理者应当采取技术措施和其他必要措施，确保其收集、存储的个人信息安全，防止信息泄露、篡改、丢失；发生或者可能发生个人信息泄露、篡改、丢失的，应当及时采取补救措施，按照规定告知自然人并向有关主管部门报告。

《网络安全法》

第四十二条　网络运营者不得泄露、篡改、毁损其收集的个人信息；未经被收集者同意，不得向他人提供个人信息。但是，经过处理无法识别特定个人且不能复原的除外。

网络运营者应当采取技术措施和其他必要措施，确保其收集的个人信息安全，防止信息泄露、毁损、丢失。在发生或者可能发生个人信息泄露、毁损、丢失的情况时，应当立即采取补救措施，按照规定及时告知用户并向有关主管部门报告。

◎ 行政法规

《征信业管理条例》

第十五条　信息提供者向征信机构提供个人不良信息，应当事先告知信息主体本人。但是，依照法律、行政法规规定公开的不良信息除外。

第二十条　信息使用者应当按照与个人信息主体约定的用途使用个人信息，不得用作约定以外的用途，不得未经个人信息主体同意向第三方提供。

◎ 司法解释

《关于公布失信被执行人名单信息的若干规定》

第八条　人民法院应当将失信被执

行人名单信息，向政府相关部门、金融监管机构、金融机构、承担行政职能的事业单位及行业协会等通报，供相关单位依照法律、法规和有关规定，在政府采购、招标投标、行政审批、政府扶持、融资信贷、市场准入、资质认定等方面，对失信被执行人予以信用惩戒。

人民法院应当将失信被执行人名单信息向征信机构通报，并由征信机构在其征信系统中记录。

国家工作人员、人大代表、政协委员等被纳入失信被执行人名单的，人民法院应当将失信情况通报其所在单位和相关部门。

国家机关、事业单位、国有企业等被纳入失信被执行人名单的，人民法院应当将失信情况通报其上级单位、主管部门或者履行出资人职责的机构。

《关于审理使用人脸识别技术处理个人信息相关民事案件适用法律若干问题的规定》

第二条　信息处理者处理人脸信息有下列情形之一的，人民法院应当认定属于侵害自然人人格权益的行为：

（一）在宾馆、商场、银行、车站、机场、体育场馆、娱乐场所等经营场所、公共场所违反法律、行政法规的规定使用人脸识别技术进行人脸验证、辨识或者分析；

（二）未公开处理人脸信息的规则或者未明示处理的目的、方式、范围；

（三）基于个人同意处理人脸信息的，未征得自然人或者其监护人的单独同意，或者未按照法律、行政法规的规定征得自然人或者其监护人的书面同意；

（四）违反信息处理者明示或者双方约定的处理人脸信息的目的、方式、范围等；

（五）未采取应有的技术措施或者其他必要措施确保其收集、存储的人脸信息安全，致使人脸信息泄露、篡改、丢失；

（六）违反法律、行政法规的规定或者双方的约定，向他人提供人脸信息；

（七）违背公序良俗处理人脸信息；

（八）违反合法、正当、必要原则处理人脸信息的其他情形。

◎ 部门规章

《互联网域名管理办法》

第三十二条　域名注册管理机构、域名注册服务机构应当依法存储、保护用户个人信息。未经用户同意不得将用户个人信息提供给他人，但法律、行政法规另有规定的除外。

《儿童个人信息网络保护规定》

第十七条　网络运营者向第三方转移儿童个人信息的，应当自行或者委托第三方机构进行安全评估。

《网络招聘服务管理规定》

第二十一条　人力资源服务机构从事网络招聘服务时收集、使用其用户个人信息，应当遵守法律、行政法规有关个人信息保护的规定。

人力资源服务机构应当建立健全网络招聘服务用户信息保护制度，不得泄露、篡改、毁损或者非法出售、非法向他人提供其收集的个人公民身份号码、年龄、性别、住址、联系方式和用人单位经营状况等信息。

人力资源服务机构应当对网络招聘服务用户信息保护情况每年至少进行一次自查，记录自查情况，及时消除自查中发现的安全隐患。

《网络交易监督管理办法》

第十三条　网络交易经营者收集、使用消费者个人信息，应当遵循合法、正当、必要的原则，明示收集、使用信息的目的、方式和范围，并经消费者同意。网络交易经营者收集、使用消费者个人信息，应当公开其收集、使用规则，不得违反法律、法规的规定和双方的约定收集、使用信息。

网络交易经营者不得采用一次概括授权、默认授权、与其他授权捆绑、停止安装使用等方式，强迫或者变相强迫消费者同意收集、使用与经营活动无直接关系的信息。收集、使用个人生物特征、医疗健康、金融账户、个人行踪等敏感信息的，应当逐项取得消费者同意。

网络交易经营者及其工作人员应当对收集的个人信息严格保密，除依法配合监管执法活动外，未经被收集者授权同意，不得向包括关联方在内的任何第三方提供。

◎ **部门规范性文件**

《互联网个人信息安全保护指南》

6.6 共享和转让

个人信息原则上不得共享、转让。如存在个人信息共享和转让行为时，应满足以下要求：

a）共享和转让行为应经过合法性、必要性评估；

b）在对个人信息进行共享和转让时应进行个人信息安全影响评估，应对受让方的数据安全能力进行评估确保受让方具备足够的数据安全能力，并按照评估结果采取有效的保护个人信息主体的措施；

c）在共享、转让前应向个人信息主体告知转让该信息的目的、规模、公开范围数据接收方的类型等信息；

d）在共享、转让前应得到个人信息主体的授权同意，与国家安全、国防安全、公共安全、公共卫生、重大公共利益或与犯罪侦查、起诉、审判和判决执行等直接相关的情形除外；

e）应记录共享、转让信息内容，将共享、转让情况中包括共享、转让的

日期、数据量、目的和数据接收方的基本情况在内的信息进行登记;

f) 在共享、转让后应了解接收方对个人信息的保存、使用情况和个人信息主体的权利,例如访问、更正、删除、注销等;

g) 当个人信息持有者发生收购、兼并、重组、破产等变更时,个人信息持有者应向个人信息主体告知有关情况,并继续履行原个人信息持有者的责任和义务,如变更个人信息使用目的时,应重新取得个人信息主体的明示同意。

《App 违法违规收集使用个人信息行为认定方法》

五、以下行为可被认定为"未经同意向他人提供个人信息"

1. 既未经用户同意,也未做匿名化处理,App 客户端直接向第三方提供个人信息,包括通过客户端嵌入的第三方代码、插件等方式向第三方提供个人信息;

2. 既未经用户同意,也未做匿名化处理,数据传输至 App 后台服务器后,向第三方提供其收集的个人信息;

3. App 接入第三方应用,未经用户同意,向第三方应用提供个人信息。

第二十四条 【利用个人信息进行自动化决策】

个人信息处理者利用个人信息进行自动化决策,应当保证决策的透明度和结果公平、公正,不得对个人在交易价格等交易条件上实行不合理的差别待遇。

通过自动化决策方式向个人进行信息推送、商业营销,应当同时提供不针对其个人特征的选项,或者向个人提供便捷的拒绝方式。

通过自动化决策方式作出对个人权益有重大影响的决定,个人有权要求个人信息处理者予以说明,并有权拒绝个人信息处理者仅通过自动化决策的方式作出决定。

关联法规

◎ **法律**

《电子商务法》

第十八条 电子商务经营者根据消费者的兴趣爱好、消费习惯等特征向其提供商品或者服务的搜索结果的,应当同时向该消费者提供不针对其个人特征的选项,尊重和平等保护消费者合法权益。

电子商务经营者向消费者发送广告

的，应当遵守《中华人民共和国广告法》的有关规定。

《关于加强网络信息保护的决定》

七、任何组织和个人未经电子信息接收者同意或者请求，或者电子信息接收者明确表示拒绝的，不得向其固定电话、移动电话或者个人电子邮箱发送商业性电子信息。

《消费者权益保护法》

第十条 消费者享有公平交易的权利。

消费者在购买商品或者接受服务时，有权获得质量保障、价格合理、计量正确等公平交易条件，有权拒绝经营者的强制交易行为。

◎ **部门规章**

《网络信息内容生态治理规定》

第十二条 网络信息内容服务平台采用个性化算法推荐技术推送信息的，应当设置符合本规定第十条、第十一条规定要求的推荐模型，建立健全人工干预和用户自主选择机制。

《在线旅游经营服务管理暂行规定》

第十五条 在线旅游经营者不得滥用大数据分析等技术手段，基于旅游者消费记录、旅游偏好等设置不公平的交易条件，侵犯旅游者合法权益。

《网络交易监督管理办法》

第十六条 网络交易经营者未经消费者同意或者请求，不得向其发送商业性信息。

网络交易经营者发送商业性信息时，应当明示其真实身份和联系方式，并向消费者提供显著、简便、免费的拒绝继续接收的方式。消费者明确表示拒绝的，应当立即停止发送，不得更换名义后再次发送。

《互联网信息服务算法推荐管理规定》

第十条 算法推荐服务提供者应当加强用户模型和用户标签管理，完善记入用户模型的兴趣点规则和用户标签管理规则，不得将违法和不良信息关键词记入用户兴趣点或者作为用户标签并据以推送信息。

第十二条 鼓励算法推荐服务提供者综合运用内容去重、打散干预等策略，并优化检索、排序、选择、推送、展示等规则的透明度和可解释性，避免对用户产生不良影响，预防和减少争议纠纷。

第十四条 算法推荐服务提供者不得利用算法虚假注册账号、非法交易账号、操纵用户账号或者虚假点赞、评论、转发，不得利用算法屏蔽信息、过度推荐、操纵榜单或者检索结果排序、控制热搜或者精选等干预信息呈现，实施影响网络舆论或者规避监督管理行为。

第十七条 算法推荐服务提供者应当向用户提供不针对其个人特征的选

项，或者向用户提供便捷的关闭算法推荐服务的选项。用户选择关闭算法推荐服务的，算法推荐服务提供者应当立即停止提供相关服务。

算法推荐服务提供者应当向用户提供选择或者删除用于算法推荐服务的针对其个人特征的用户标签的功能。

算法推荐服务提供者应用算法对用户权益造成重大影响的，应当依法予以说明并承担相应责任。

第二十一条 算法推荐服务提供者向消费者销售商品或者提供服务的，应当保护消费者公平交易的权利，不得根据消费者的偏好、交易习惯等特征，利用算法在交易价格等交易条件上实施不合理的差别待遇等违法行为。

◎ **部门规范性文件**

《互联网个人信息安全保护指南》

6.3 应用

个人信息的应用应满足以下要求：

a) 对个人信息的应用，应符合与个人信息主体签署的相关协议和规定，不应超范围应用个人信息；

注：经过处理无法识别特定个人且不能复原的个人信息数据，可以超出与信息主体签署的相关使用协议和约定，但应提供适当的保护措施进行保护。

b) 个人信息主体应拥有控制本人信息的权限，包括：

1) 允许对本人信息的访问；

2) 允许通过适当方法对本人信息的修改或删除，包括纠正不准确和不完整的数据，并保证修改后的本人信息具备真实性和有效性；

c) 完全依靠自动化处理的用户画像技术应用于精准营销、搜索结果排序、个性化推送新闻、定向投放广告等增值应用，可事先不经用户明确授权，但应确保用户有反对或者拒绝的权利；如应用于征信服务、行政司法决策等可能对用户带来法律后果的增值应用，或跨网络运营者使用，应经用户明确授权方可使用其数据；

d) 应对个人信息的接触者设置相应的访问控制措施，包括：

1) 对被授权访问个人信息数据的工作人员按照最小授权的原则，只能访问最少够用的信息，只具有完成职责所需的最少的数据操作权限；

2) 对个人信息的重要操作设置内部审批流程，如批量修改、拷贝、下载等；

3) 对特定人员超限制处理个人信息时配置相应的责任人或负责机构进行审批，并对这种行为进行记录。

e) 应对必须要通过界面（如显示屏幕、纸面）展示的个人信息进行去标识化的处理。

《关于平台经济领域的反垄断指南》

第十七条 差别待遇

具有市场支配地位的平台经济领域经营者，可能滥用市场支配地位，无正当理由对交易条件相同的交易相对人实施差别待遇，排除、限制市场竞争。分析是否构成差别待遇，可以考虑以下因素：

（一）基于大数据和算法，根据交易相对人的支付能力、消费偏好、使用习惯等，实行差异性交易价格或者其他交易条件；

（二）实行差异性标准、规则、算法；

（三）实行差异性付款条件和交易方式。

条件相同是指交易相对人之间在交易安全、交易成本、信用状况、所处交易环节、交易持续时间等方面不存在实质性影响交易的差别。平台在交易中获取的交易相对人的隐私信息、交易历史、个体偏好、消费习惯等方面存在的差异不影响认定交易相对人条件相同。

平台经济领域经营者实施差别待遇行为可能具有以下正当理由：

（一）根据交易相对人实际需求且符合正当的交易习惯和行业惯例，实行不同交易条件；

（二）针对新用户在合理期限内开展的优惠活动；

（三）基于平台公平、合理、无歧视的规则实施的随机性交易；

（四）能够证明行为具有正当性的其他理由。

第二十五条　【未经单独同意不得公开个人信息】

个人信息处理者不得公开其处理的个人信息，取得个人单独同意的除外。

关联法规

◎ 法律

《民法典》

第一千零三十三条　除法律另有规定或者权利人明确同意外，任何组织或者个人不得实施下列行为：

（一）以电话、短信、即时通讯工具、电子邮件、传单等方式侵扰他人的私人生活安宁；

（二）进入、拍摄、窥视他人的住宅、宾馆房间等私密空间；

（三）拍摄、窥视、窃听、公开他人的私密活动；

（四）拍摄、窥视他人身体的私密部位；

（五）处理他人的私密信息；

（六）以其他方式侵害他人的隐私权。

《统计法》

第二十六条　县级以上人民政府统计机构和有关部门统计调查取得的统计资料，除依法应当保密的外，应当及时公开，供社会公众查询。

《档案法》

第二十八条　档案馆应当通过其网站或者其他方式定期公布开放档案的目录，不断完善利用规则，创新服务形式，强化服务功能，提高服务水平，积极为档案的利用创造条件，简化手续，提供便利。

单位和个人持有合法证明，可以利用已经开放的档案。档案馆不按规定开放利用的，单位和个人可以向档案主管部门投诉，接到投诉的档案主管部门应当及时调查处理并将处理结果告知投诉人。

利用档案涉及知识产权、个人信息的，应当遵守有关法律、行政法规的规定。

第三十二条　属于国家所有的档案，由国家授权的档案馆或者有关机关公布；未经档案馆或者有关机关同意，任何单位和个人无权公布。非国有企业、社会服务机构等单位和个人形成的档案，档案所有者有权公布。

公布档案应当遵守有关法律、行政法规的规定，不得损害国家安全和利益，不得侵犯他人的合法权益。

◎ **党内法规**

《关于做好个人信息保护利用大数据支撑联防联控工作的通知》

3. 为疫情防控、疾病防治收集的个人信息，不得用于其他用途。任何单位和个人未经被收集者同意，不得公开姓名、年龄、身份证号码、电话号码、家庭住址等个人信息，因联防联控工作需要，且经过脱敏处理的除外。

◎ **行政法规**

《全国人口普查条例》

第三十条　人口普查汇总资料，除依法应当保密的外，应当予以公布。

全国和各省、自治区、直辖市主要人口普查数据，由国家统计局以公报形式公布。

地方人民政府统计机构公布本行政区域主要人口普查数据，应当报经上一级人民政府统计机构核准。

《征信业管理条例》

第十三条　采集个人信息应当经信息主体本人同意，未经本人同意不得采集。但是，依照法律、行政法规规定公开的信息除外。

企业的董事、监事、高级管理人员与其履行职务相关的信息，不作为个人信息。

第二十九条　从事信贷业务的机构应当按照规定向金融信用信息基础数据库提供信贷信息。

从事信贷业务的机构向金融信用信息基础数据库或者其他主体提供信贷信息，应当事先取得信息主体的书面同意，并适用本条例关于信息提供者的规定。

《统计法实施条例》

第二十五条 国务院有关部门统计调查取得的统计数据，由国务院有关部门按照国家有关规定和已批准或者备案的统计调查制度公布。

县级以上地方人民政府有关部门公布其统计调查取得的统计数据，比照前款规定执行。

第二十八条 公布统计资料应当按照国家有关规定进行。公布前，任何单位和个人不得违反国家有关规定对外提供，不得利用尚未公布的统计资料谋取不正当利益。

《政府信息公开条例》

第十四条 依法确定为国家秘密的政府信息，法律、行政法规禁止公开的政府信息，以及公开后可能危及国家安全、公共安全、经济安全、社会稳定的政府信息，不予公开。

第十五条 涉及商业秘密、个人隐私等公开会对第三方合法权益造成损害的政府信息，行政机关不得公开。但是，第三方同意公开或者行政机关认为不公开会对公共利益造成重大影响的，予以公开。

第十六条 行政机关的内部事务信息，包括人事管理、后勤管理、内部工作流程等方面的信息，可以不予公开。

行政机关在履行行政管理职能过程中形成的讨论记录、过程稿、磋商信函、请示报告等过程性信息以及行政执法案卷信息，可以不予公开。法律、法规、规章规定上述信息应当公开的，从其规定。

第三十二条 依申请公开的政府信息公开会损害第三方合法权益的，行政机关应当书面征求第三方的意见。第三方应当自收到征求意见书之日起 15 个工作日内提出意见。第三方逾期未提出意见的，由行政机关依照本条例的规定决定是否公开。第三方不同意公开且有合理理由的，行政机关不予公开。行政机关认为不公开可能对公共利益造成重大影响的，可以决定予以公开，并将决定公开的政府信息内容和理由书面告知第三方。

◎ 司法解释

《关于审理政府信息公开行政案件若干问题的规定》

第五条 被告拒绝向原告提供政府信息的，应当对拒绝的根据以及履行法定告知和说明理由义务的情况举证。

因公共利益决定公开涉及商业秘密、个人隐私政府信息的，被告应当对认定公共利益以及不公开可能对公共利益造成重大影响的理由进行举证和说明。

被告拒绝更正与原告相关的政府信息记录的，应当对拒绝的理由进行举证和说明。

被告能够证明政府信息涉及国家秘密，请求在诉讼中不予提交的，人民法院应当准许。

被告主张政府信息不存在，原告能够提供该政府信息系由被告制作或者保存的相关线索的，可以申请人民法院调取证据。

被告以政府信息与申请人自身生产、生活、科研等特殊需要无关为由不予提供的，人民法院可以要求原告对特殊需要事由作出说明。

原告起诉被告拒绝更正政府信息记录的，应当提供其向被告提出过更正申请以及政府信息与其自身相关且记录不准确的事实根据。

《关于公布失信被执行人名单信息的若干规定》

第七条　各级人民法院应当将失信被执行人名单信息录入最高人民法院失信被执行人名单库，并通过该名单库统一向社会公布。

各级人民法院可以根据各地实际情况，将失信被执行人名单通过报纸、广播、电视、网络、法院公告栏等其他方式予以公布，并可以采取新闻发布会或者其他方式对本院及辖区法院实施失信被执行人名单制度的情况定期向社会公布。

《关于审理利用信息网络侵害人身权益民事纠纷案件适用法律若干问题的规定》

第十二条　被侵权人为制止侵权行为所支付的合理开支，可以认定为民法典第一千一百八十二条规定的财产损失。合理开支包括被侵权人或者委托代理人对侵权行为进行调查、取证的合理费用。人民法院根据当事人的请求和具体案情，可以将符合国家有关部门规定的律师费用计算在赔偿范围内。

被侵权人因人身权益受侵害造成的财产损失以及侵权人因此获得的利益难以确定的，人民法院可以根据具体案情在 50 万元以下的范围内确定赔偿数额。

◎ 部门规章
《儿童个人信息网络保护规定》

第十八条　网络运营者不得披露儿童个人信息，但法律、行政法规规定应当披露或者根据与儿童监护人的约定可以披露的除外。

◎ 部门规范性文件
《互联网个人信息安全保护指南》

6.7 公开披露

个人信息原则上不得公开披露。如经法律授权或具备合理事由确需公开披露时，应充分重视风险，遵守以下要求：

a）事先开展个人信息安全影响评

估，并依评估结果采取有效的保护个人信息主体的措施；

b）向个人信息主体告知公开披露个人信息的目的、类型，并事先征得个人信息主体明示同意，与国家安全、国防安全、公共安全、公共卫生、重大公共利益或与犯罪侦查、起诉、审判和判决执行等直接相关的情形除外；

c）公开披露个人敏感信息前，除6.7 b）中告知的内容外，还应向个人信息主体告知涉及的个人敏感信息的内容；

d）准确记录和保存个人信息的公开披露的情况，包括公开披露的日期、规模、目的、公开范围等；

e）承担因公开披露个人信息对个人信息主体合法权益造成损害的相应责任；

f）不得公开披露个人生物识别信息和基因、疾病等个人生理信息；

g）不得公开披露我国公民的种族、民族、政治观点、宗教信仰等敏感数据分析结果。

《互联网用户公众账号信息服务管理规定》

第十二条 互联网信息服务提供者应当在互联网用户账号信息页面展示合理范围内的互联网用户账号的互联网协议（IP）地址归属地信息，便于公众为公共利益实施监督。

第十三条 互联网信息服务提供者应当在互联网用户公众账号信息页面，展示公众账号的运营主体、注册运营地址、内容生产类别、统一社会信用代码、有效联系方式、互联网协议（IP）地址归属地等信息。

权威案例

◎ **典型案例**

郑某诉某公司网络侵权责任纠纷案【最高法发布消费者权益保护典型案例之八（2022 年 3 月 15 日）】

典型意义：消费者在接受服务过程中留下的私人信息，如姓名、肖像、接受的服务内容等，涉及消费者的肖像权、隐私权等权利，受到法律的保护。对经营者而言，消费者信息具有经济价值，为经营者非法使用提供了利益驱动。经营者在业务活动中使用其收集到的消费者信息，应当遵循合法、正当、必要的原则，且不得违反法律法规的规定和双方的约定。本案明确经营者在未经消费者同意的情况下，不得使用其掌握的消费者个人信息进行宣传，有利于指引经营者规范自身经营行为，加强消费者个人信息保护。

辽宁省沈阳市大东区人民检察院督促规范政务公开个人信息保护行政公益诉讼案【个人信息保护检察公益诉讼典型案例之八（2023 年 3 月 30 日）】

典型意义：公民个人信息保护问题在诸多政府部门的政务公开过程中普遍存

在，基于保障房信息必须公开公示的要求，往往忽略了对个人敏感信息的保护。本案中，检察机关就政务公开活动和公民个人信息保护之间如何兼顾、平衡的问题进行了有益探索，并没有"就案办案"，而是与行政机关共商解决方案，通过检察建议督促其主动作为，既保证行政机关全面展示其工作程序的公平公正公开，又兼顾其中的公民个人信息安全，体现了双赢多赢共赢的办案司法理念，取得了良好的法律效果和社会效果。

第二十六条　【公共场所收集个人信息】

在公共场所安装图像采集、个人身份识别设备，应当为维护公共安全所必需，遵守国家有关规定，并设置显著的提示标识。所收集的个人图像、身份识别信息只能用于维护公共安全的目的，不得用于其他目的；取得个人单独同意的除外。

关联法规

◎ **法律**

《民法典》

第一千零二十条　合理实施下列行为的，可以不经肖像权人同意：

（一）为个人学习、艺术欣赏、课堂教学或者科学研究，在必要范围内使用肖像权人已经公开的肖像；

（二）为实施新闻报道，不可避免地制作、使用、公开肖像权人的肖像；

（三）为依法履行职责，国家机关在必要范围内制作、使用、公开肖像权人的肖像；

（四）为展示特定公共环境，不可避免地制作、使用、公开肖像权人的肖像；

（五）为维护公共利益或者肖像权人合法权益，制作、使用、公开肖像权人的肖像的其他行为。

第一千零三十五条　处理个人信息的，应当遵循合法、正当、必要原则，不得过度处理，并符合下列条件：

（一）征得该自然人或者其监护人同意，但是法律、行政法规另有规定的除外；

（二）公开处理信息的规则；

（三）明示处理信息的目的、方式和范围；

（四）不违反法律、行政法规的规定和双方的约定。

个人信息的处理包括个人信息的收集、存储、使用、加工、传输、提供、公开等。

第一千零三十六条　处理个人信息，有下列情形之一的，行为人不承担民事责任：

（一）在该自然人或者其监护人同意的范围内合理实施的行为；

（二）合理处理该自然人自行公开的或者其他已经合法公开的信息，但是该自然人明确拒绝或者处理该信息侵害其重大利益的除外；

（三）为维护公共利益或者该自然人合法权益，合理实施的其他行为。

《反恐怖主义法》

第二十七条 地方各级人民政府制定、组织实施城乡规划，应当符合反恐怖主义工作的需要。

地方各级人民政府应当根据需要，组织、督促有关建设单位在主要道路、交通枢纽、城市公共区域的重点部位，配备、安装公共安全视频图像信息系统等防范恐怖袭击的技防、物防设备、设施。

◎ **司法解释**

《关于审理使用人脸识别技术处理个人信息相关民事案件适用法律若干问题的规定》

第一条 因信息处理者违反法律、行政法规的规定或者双方的约定使用人脸识别技术处理人脸信息、处理基于人脸识别技术生成的人脸信息所引起的民事案件，适用本规定。

人脸信息的处理包括人脸信息的收集、存储、使用、加工、传输、提供、公开等。

本规定所称人脸信息属于民法典第一千零三十四条规定的"生物识别信息"。

第二条 信息处理者处理人脸信息有下列情形之一的，人民法院应当认定属于侵害自然人人格权益的行为：

（一）在宾馆、商场、银行、车站、机场、体育场馆、娱乐场所等经营场所、公共场所违反法律、行政法规的规定使用人脸识别技术进行人脸验证、辨识或者分析；

（二）未公开处理人脸信息的规则或者未明示处理的目的、方式、范围；

（三）基于个人同意处理人脸信息的，未征得自然人或者其监护人的单独同意，或者未按照法律、行政法规的规定征得自然人或者其监护人的书面同意；

（四）违反信息处理者明示或者双方约定的处理人脸信息的目的、方式、范围等；

（五）未采取应有的技术措施或者其他必要措施确保其收集、存储的人脸信息安全，致使人脸信息泄露、篡改、丢失；

（六）违反法律、行政法规的规定或者双方的约定，向他人提供人脸信息；

（七）违背公序良俗处理人脸信息；

（八）违反合法、正当、必要原则

处理人脸信息的其他情形。

第三条　人民法院认定信息处理者承担侵害自然人人格权益的民事责任，应当适用民法典第九百九十八条的规定，并结合案件具体情况综合考量受害人是否为未成年人、告知同意情况以及信息处理的必要程度等因素。

第四条　有下列情形之一，信息处理者以已征得自然人或者其监护人同意为由抗辩的，人民法院不予支持：

（一）信息处理者要求自然人同意处理其人脸信息才提供产品或者服务的，但是处理人脸信息属于提供产品或者服务所必需的除外；

（二）信息处理者以与其他授权捆绑等方式要求自然人同意处理其人脸信息的；

（三）强迫或者变相强迫自然人同意处理其人脸信息的其他情形。

第五条　有下列情形之一，信息处理者主张其不承担民事责任的，人民法院依法予以支持：

（一）为应对突发公共卫生事件，或者紧急情况下为保护自然人的生命健康和财产安全所必需而处理人脸信息的；

（二）为维护公共安全，依据国家有关规定在公共场所使用人脸识别技术的；

（三）为公共利益实施新闻报道、

舆论监督等行为在合理的范围内处理人脸信息的；

（四）在自然人或者其监护人同意的范围内合理处理人脸信息的；

（五）符合法律、行政法规规定的其他情形。

第六条　当事人请求信息处理者承担民事责任的，人民法院应当依据民事诉讼法第六十四条及《最高人民法院关于适用〈中华人民共和国民事诉讼法〉的解释》第九十条、第九十一条，《最高人民法院关于民事诉讼证据的若干规定》的相关规定确定双方当事人的举证责任。

信息处理者主张其行为符合民法典第一千零三十五条第一款规定情形的，应当就此所依据的事实承担举证责任。

信息处理者主张其不承担民事责任的，应当就其行为符合本规定第五条规定的情形承担举证责任。

第七条　多个信息处理者处理人脸信息侵害自然人人格权益，该自然人主张多个信息处理者按照过错程度和造成损害结果的大小承担侵权责任的，人民法院依法予以支持；符合民法典第一千一百六十八条、第一千一百六十九条第一款、第一千一百七十条、第一千一百七十一条等规定的相应情形，该自然人主张多个信息处理者承担连带责任的，人民法院依法予以支持。

信息处理者利用网络服务处理人脸

信息侵害自然人人格权益的，适用民法典第一千一百九十五条、第一千一百九十六条、第一千一百九十七条等规定。

第八条 信息处理者处理人脸信息侵害自然人人格权益造成财产损失，该自然人依据民法典第一千一百八十二条主张财产损害赔偿的，人民法院依法予以支持。

自然人为制止侵权行为所支付的合理开支，可以认定为民法典第一千一百八十二条规定的财产损失。合理开支包括该自然人或者委托代理人对侵权行为进行调查、取证的合理费用。人民法院根据当事人的请求和具体案情，可以将合理的律师费用计算在赔偿范围内。

第九条 自然人有证据证明信息处理者使用人脸识别技术正在实施或者即将实施侵害其隐私权或者其他人格权益的行为，不及时制止将使其合法权益受到难以弥补的损害，向人民法院申请采取责令信息处理者停止有关行为的措施的，人民法院可以根据案件具体情况依法作出人格权侵害禁令。

第十条 物业服务企业或者其他建筑物管理人以人脸识别作为业主或者物业使用人出入物业服务区域的唯一验证方式，不同意的业主或者物业使用人请求其提供其他合理验证方式的，人民法院依法予以支持。

物业服务企业或者其他建筑物管理人存在本规定第二条规定的情形，当事人请求物业服务企业或者其他建筑物管理人承担侵权责任的，人民法院依法予以支持。

第十一条 信息处理者采用格式条款与自然人订立合同，要求自然人授予其无期限限制、不可撤销、可任意转授权等处理人脸信息的权利，该自然人依据民法典第四百九十七条请求确认格式条款无效的，人民法院依法予以支持。

第十二条 信息处理者违反约定处理自然人的人脸信息，该自然人请求其承担违约责任的，人民法院依法予以支持。该自然人请求信息处理者承担违约责任时，请求删除人脸信息的，人民法院依法予以支持；信息处理者以双方未对人脸信息的删除作出约定为由抗辩的，人民法院不予支持。

第二十七条 【处理已公开的个人信息】

个人信息处理者可以在合理的范围内处理个人自行公开或者其他已经合法公开的个人信息；个人明确拒绝的除外。个人信息处理者处理已公开的个人信息，对个人权益有重大影响的，应当依照本法规定取得个人同意。

关联法规

◎ 法律

《民法典》

第一千零三十六条 处理个人信息，有下列情形之一的，行为人不承担民事责任：

（一）在该自然人或者其监护人同意的范围内合理实施的行为；

（二）合理处理该自然人自行公开的或者其他已经合法公开的信息，但是该自然人明确拒绝或者处理该信息侵害其重大利益的除外；

（三）为维护公共利益或者该自然人合法权益，合理实施的其他行为。

《证券法》

第七十八条 发行人及法律、行政法规和国务院证券监督管理机构规定的其他信息披露义务人，应当及时依法履行信息披露义务。

信息披露义务人披露的信息，应当真实、准确、完整，简明清晰，通俗易懂，不得有虚假记载、误导性陈述或者重大遗漏。

证券同时在境内境外公开发行、交易的，其信息披露义务人在境外披露的信息，应当在境内同时披露。

◎ 行政法规

《征信业管理条例》

第二十一条 征信机构可以通过信息主体、企业交易对方、行业协会提供信息，政府有关部门依法已公开的信息，人民法院依法公布的判决、裁定等渠道，采集企业信息。

征信机构不得采集法律、行政法规禁止采集的企业信息。

《政府信息公开条例》

第十五条 涉及商业秘密、个人隐私等公开会对第三方合法权益造成损害的政府信息，行政机关不得公开。但是，第三方同意公开或者行政机关认为不公开会对公共利益造成重大影响的，予以公开。

◎ 司法解释

《关于人民法院在互联网公布裁判文书的规定》

第十一条 人民法院在互联网公布裁判文书，应当保留当事人、法定代理人、委托代理人、辩护人的下列信息：

（一）除根据本规定第八条进行隐名处理的以外，当事人及其法定代理人是自然人的，保留姓名、出生日期、性别、住所地所属县、区；当事人及其法定代理人是法人或其他组织的，保留名称、住所地、组织机构代码，以及法定代表人或主要负责人的姓名、职务；

（二）委托代理人、辩护人是律师或者基层法律服务工作者的，保留姓名、执业证号和律师事务所、基层法律服务机构名称；委托代理人、辩护人是其他人员的，保留姓名、出生日期、性别、住所地所属县、区，以及与当事人的关系。

第二节 敏感个人信息的处理规则

> **第二十八条 【敏感个人信息的定义与处理原则】**
>
> 敏感个人信息是一旦泄露或者非法使用，容易导致自然人的人格尊严受到侵害或者人身、财产安全受到危害的个人信息，包括生物识别、宗教信仰、特定身份、医疗健康、金融账户、行踪轨迹等信息，以及不满十四周岁未成年人的个人信息。
>
> 只有在具有特定的目的和充分的必要性，并采取严格保护措施的情形下，个人信息处理者方可处理敏感个人信息。

关联法规

◎ **法律**

《宪法》

第三十六条 中华人民共和国公民有宗教信仰自由。

任何国家机关、社会团体和个人不得强制公民信仰宗教或者不信仰宗教，不得歧视信仰宗教的公民和不信仰宗教的公民。

国家保护正常的宗教活动。任何人不得利用宗教进行破坏社会秩序、损害公民身体健康、妨碍国家教育制度的活动。

宗教团体和宗教事务不受外国势力的支配。

第三十八条 中华人民共和国公民的人格尊严不受侵犯。禁止用任何方法对公民进行侮辱、诽谤和诬告陷害。

《民法典》

第一千零三十四条 自然人的个人信息受法律保护。

个人信息是以电子或者其他方式记录的能够单独或者与其他信息结合识别特定自然人的各种信息，包括自然人的姓名、出生日期、身份证件号码、生物识别信息、住址、电话号码、电子邮箱、健康信息、行踪信息等。

个人信息中的私密信息，适用有关隐私权的规定；没有规定的，适用有关个人信息保护的规定。

第一千零三十五条 处理个人信息的，应当遵循合法、正当、必要原则，不得过度处理，并符合下列条件：

（一）征得该自然人或者其监护人同意，但是法律、行政法规另有规定的除外；

（二）公开处理信息的规则；

（三）明示处理信息的目的、方式和范围；

（四）不违反法律、行政法规的规定和双方的约定。

个人信息的处理包括个人信息的收集、存储、使用、加工、传输、提供、公开等。

第一千二百二十六条 医疗机构及其医务人员应当对患者的隐私和个人信息保密。泄露患者的隐私和个人信息，或者未经患者同意公开其病历资料的，应当承担侵权责任。

《网络安全法》

第三十一条 国家对公共通信和信息服务、能源、交通、水利、金融、公共服务、电子政务等重要行业和领域，以及其他一旦遭到破坏、丧失功能或者数据泄露，可能严重危害国家安全、国计民生、公共利益的关键信息基础设施，在网络安全等级保护制度的基础上，实行重点保护。关键信息基础设施的具体范围和安全保护办法由国务院制定。

国家鼓励关键信息基础设施以外的网络运营者自愿参与关键信息基础设施保护体系。

第四十一条 网络运营者收集、使用个人信息，应当遵循合法、正当、必要的原则，公开收集、使用规则，明示收集、使用信息的目的、方式和范围，并经被收集者同意。

网络运营者不得收集与其提供的服务无关的个人信息，不得违反法律、行政法规的规定和双方的约定收集、使用个人信息，并应当依照法律、行政法规的规定和与用户的约定，处理其保存的个人信息。

第七十六条 本法下列用语的含义：

（一）网络，是指由计算机或者其他信息终端及相关设备组成的按照一定的规则和程序对信息进行收集、存储、传输、交换、处理的系统。

（二）网络安全，是指通过采取必要措施，防范对网络的攻击、侵入、干扰、破坏和非法使用以及意外事故，使网络处于稳定可靠运行的状态，以及保障网络数据的完整性、保密性、可用性的能力。

（三）网络运营者，是指网络的所有者、管理者和网络服务提供者。

（四）网络数据，是指通过网络收集、存储、传输、处理和产生的各种电子数据。

（五）个人信息，是指以电子或者其他方式记录的能够单独或者与其他信息结合识别自然人个人身份的各种信息，包括但不限于自然人的姓名、出生日期、身份证件号码、个人生物识别信息、住址、电话号码等。

《数据安全法》

第二十一条 国家建立数据分类分级保护制度，根据数据在经济社会发展中的重要程度，以及一旦遭到篡改、破坏、泄露或者非法获取、非法利用，对国家安全、公共利益或者个人、组织合法权益造成的危害程度，对数据实行分类分级保护。国家数据安全工作协调机制统筹协调有关部门制定重要数据目录，加强对重要数据的保护。

关系国家安全、国民经济命脉、重要民生、重大公共利益等数据属于国家核心数据，实行更加严格的管理制度。

各地区、各部门应当按照数据分类分级保护制度，确定本地区、本部门以及相关行业、领域的重要数据具体目录，对列入目录的数据进行重点保护。

第三十二条 任何组织、个人收集数据，应当采取合法、正当的方式，不得窃取或者以其他非法方式获取数据。

法律、行政法规对收集、使用数据的目的、范围有规定的，应当在法律、行政法规规定的目的和范围内收集、使用数据。

《未成年人保护法》

第七十二条 信息处理者通过网络处理未成年人个人信息的，应当遵循合法、正当和必要的原则。处理不满十四周岁未成年人个人信息的，应当征得未成年人的父母或者其他监护人同意，但法律、行政法规另有规定的除外。

未成年人、父母或者其他监护人要求信息处理者更正、删除未成年人个人信息的，信息处理者应当及时采取措施予以更正、删除，但法律、行政法规另有规定的除外。

《反恐怖主义法》

第五十条 公安机关调查恐怖活动嫌疑，可以依照有关法律规定对嫌疑人员进行盘问、检查、传唤，可以提取或者采集肖像、指纹、虹膜图像等人体生物识别信息和血液、尿液、脱落细胞等生物样本，并留存其签名。

公安机关调查恐怖活动嫌疑，可以通知了解有关情况的人员到公安机关或者其他地点接受询问。

《生物安全法》

第五十六条 从事下列活动，应当经国务院科学技术主管部门批准：

（一）采集我国重要遗传家系、特定地区人类遗传资源或者采集国务院科学技术主管部门规定的种类、数量的人类遗传资源；

（二）保藏我国人类遗传资源；

（三）利用我国人类遗传资源开展国际科学研究合作；

（四）将我国人类遗传资源材料运送、邮寄、携带出境。

前款规定不包括以临床诊疗、采供

血服务、查处违法犯罪、兴奋剂检测和殡葬等为目的采集、保藏人类遗传资源及开展的相关活动。

为了取得相关药品和医疗器械在我国上市许可，在临床试验机构利用我国人类遗传资源开展国际合作临床试验、不涉及人类遗传资源出境的，不需要批准；但是，在开展临床试验前应当将拟使用的人类遗传资源种类、数量及用途向国务院科学技术主管部门备案。

境外组织、个人及其设立或者实际控制的机构不得在我国境内采集、保藏我国人类遗传资源，不得向境外提供我国人类遗传资源。

◎ 行政法规

《征信业管理条例》

第十四条　禁止征信机构采集个人的宗教信仰、基因、指纹、血型、疾病和病史信息以及法律、行政法规规定禁止采集的其他个人信息。

征信机构不得采集个人的收入、存款、有价证券、商业保险、不动产的信息和纳税数额信息。但是，征信机构明确告知信息主体提供该信息可能产生的不利后果，并取得其书面同意的除外。

◎ 司法解释

《关于办理侵犯公民个人信息刑事案件适用法律若干问题的解释》

第一条　刑法第二百五十三条之一规定的"公民个人信息"，是指以电子或者其他方式记录的能够单独或者与其他信息结合识别特定自然人身份或者反映特定自然人活动情况的各种信息，包括姓名、身份证件号码、通信通讯联系方式、住址、账号密码、财产状况、行踪轨迹等。

《关于审理使用人脸识别技术处理个人信息相关民事案件适用法律若干问题的规定》

第一条　因信息处理者违反法律、行政法规的规定或者双方的约定使用人脸识别技术处理人脸信息、处理基于人脸识别技术生成的人脸信息所引起的民事案件，适用本规定。

人脸信息的处理包括人脸信息的收集、存储、使用、加工、传输、提供、公开等。

本规定所称人脸信息属于民法典第一千零三十四条规定的"生物识别信息"。

第五条　有下列情形之一，信息处理者主张其不承担民事责任的，人民法院依法予以支持：

（一）为应对突发公共卫生事件，或者紧急情况下为保护自然人的生命健康和财产安全所必需而处理人脸信息的；

（二）为维护公共安全，依据国家有关规定在公共场所使用人脸识别技术的；

（三）为公共利益实施新闻报道、舆论监督等行为在合理的范围内处理人脸信息的；

（四）在自然人或者其监护人同意的范围内合理处理人脸信息的；

（五）符合法律、行政法规规定的其他情形。

◎ 部门规章

《儿童个人信息网络保护规定》

第二条　本规定所称儿童，是指不满十四周岁的未成年人。

《中国人民银行金融消费者权益保护实施办法》

第二十八条　本办法所称消费者金融信息，是指银行、支付机构通过开展业务或者其他合法渠道处理的消费者信息，包括个人身份信息、财产信息、账户信息、信用信息、金融交易信息及其他与特定消费者购买、使用金融产品或者服务相关的信息。

消费者金融信息的处理包括消费者金融信息的收集、存储、使用、加工、传输、提供、公开等。

《网络交易监督管理办法》

第十三条　网络交易经营者收集、使用消费者个人信息，应当遵循合法、正当、必要的原则，明示收集、使用信息的目的、方式和范围，并经消费者同意。网络交易经营者收集、使用消费者个人信息，应当公开其收集、使用规

则，不得违反法律、法规的规定和双方的约定收集、使用信息。

网络交易经营者不得采用一次概括授权、默认授权、与其他授权捆绑、停止安装使用等方式，强迫或者变相强迫消费者同意收集、使用与经营活动无直接关系的信息。收集、使用个人生物特征、医疗健康、金融账户、个人行踪等敏感信息的，应当逐项取得消费者同意。

网络交易经营者及其工作人员应当对收集的个人信息严格保密，除依法配合监管执法活动外，未经被收集者授权同意，不得向包括关联方在内的任何第三方提供。

《汽车数据安全管理若干规定（试行）》

第三条　本规定所称汽车数据，包括汽车设计、生产、销售、使用、运维等过程中的涉及个人信息数据和重要数据。

汽车数据处理，包括汽车数据的收集、存储、使用、加工、传输、提供、公开等。

汽车数据处理者，是指开展汽车数据处理活动的组织，包括汽车制造商、零部件和软件供应商、经销商、维修机构以及出行服务企业等。

个人信息，是指以电子或者其他方式记录的与已识别或者可识别的车主、驾驶人、乘车人、车外人员等有关的各

种信息，不包括匿名化处理后的信息。

敏感个人信息，是指一旦泄露或者非法使用，可能导致车主、驾驶人、乘车人、车外人员等受到歧视或者人身、财产安全受到严重危害的个人信息，包括车辆行踪轨迹、音频、视频、图像和生物识别特征等信息。

重要数据是指一旦遭到篡改、破坏、泄露或者非法获取、非法利用，可能危害国家安全、公共利益或者个人、组织合法权益的数据，包括：

（一）军事管理区、国防科工单位以及县级以上党政机关等重要敏感区域的地理信息、人员流量、车辆流量等数据；

（二）车辆流量、物流等反映经济运行情况的数据；

（三）汽车充电网的运行数据；

（四）包含人脸信息、车牌信息等的车外视频、图像数据；

（五）涉及个人信息主体超过10万人的个人信息；

（六）国家网信部门和国务院发展改革、工业和信息化、公安、交通运输等有关部门确定的其他可能危害国家安全、公共利益或者个人、组织合法权益的数据。

第九条　汽车数据处理者处理敏感个人信息，应当符合以下要求或者符合法律、行政法规和强制性国家标准等其他要求：

（一）具有直接服务于个人的目的，包括增强行车安全、智能驾驶、导航等；

（二）通过用户手册、车载显示面板、语音以及汽车使用相关应用程序等显著方式告知必要性以及对个人的影响；

（三）应当取得个人单独同意，个人可以自主设定同意期限；

（四）在保证行车安全的前提下，以适当方式提示收集状态，为个人终止收集提供便利；

（五）个人要求删除的，汽车数据处理者应当在十个工作日内删除。

汽车数据处理者具有增强行车安全的目的和充分的必要性，方可收集指纹、声纹、人脸、心律等生物识别特征信息。

第十三条　汽车数据处理者开展重要数据处理活动，应当在每年十二月十五日前向省、自治区、直辖市网信部门和有关部门报送以下年度汽车数据安全管理情况：

（一）汽车数据安全管理负责人、用户权益事务联系人的姓名和联系方式；

（二）处理汽车数据的种类、规模、目的和必要性；

（三）汽车数据的安全防护和管理

措施，包括保存地点、期限等；

（四）向境内第三方提供汽车数据情况；

（五）汽车数据安全事件和处置情况；

（六）汽车数据相关的用户投诉和处理情况；

（七）国家网信部门会同国务院工业和信息化、公安、交通运输等有关部门明确的其他汽车数据安全管理情况。

《数据出境安全评估办法》

第十九条 本办法所称重要数据，是指一旦遭到篡改、破坏、泄露或者非法获取、非法利用等，可能危害国家安全、经济运行、社会稳定、公共健康和安全等的数据。

《互联网信息服务深度合成管理规定》

第十四条 深度合成服务提供者和技术支持者应当加强训练数据管理，采取必要措施保障训练数据安全；训练数据包含个人信息的，应当遵守个人信息保护的有关规定。

深度合成服务提供者和技术支持者提供人脸、人声等生物识别信息编辑功能的，应当提示深度合成服务使用者依法告知被编辑的个人，并取得其单独同意。

◎ 部门规范性文件
《国家网络安全事件应急预案》

附件2：名词术语

一、重要网络与信息系统

所承载的业务与国家安全、社会秩序、经济建设、公众利益密切相关的网络和信息系统。

（参考依据：《信息安全技术信息安全事件分类分级指南》（GB/Z20986-2007））

二、重要敏感信息

不涉及国家秘密，但与国家安全、经济发展、社会稳定以及企业和公众利益密切相关的信息，这些信息一旦未经授权披露、丢失、滥用、篡改或销毁，可能造成以下后果：

a）损害国防、国际关系；

b）损害国家财产、公共利益以及个人财产或人身安全；

c）影响国家预防和打击经济与军事间谍、政治渗透、有组织犯罪等；

d）影响行政机关依法调查处理违法、渎职行为，或涉嫌违法、渎职行为；

e）干扰政府部门依法公正地开展监督、管理、检查、审计等行政活动，妨碍政府部门履行职责；

f）危害国家关键基础设施、政府信息系统安全；

g）影响市场秩序，造成不公平竞

争，破坏市场规律；

h）可推论出国家秘密事项；

i）侵犯个人隐私、企业商业秘密和知识产权；

j）损害国家、企业、个人的其他利益和声誉。

（参考依据：《信息安全技术云计算服务安全指南》（GB/T31167－2014））

《互联网个人信息安全保护指南》

6.1 收集

个人信息的收集行为应满足以下要求：

a）个人信息收集前，应当遵循合法、正当、必要的原则向被收集的个人信息主体公开收集、使用规则，明示收集、使用信息的目的、方式和范围等信息；

b）个人信息收集应获得个人信息主体的同意和授权，不应收集与其提供的服务无关的个人信息，不应通过捆绑产品或服务各项业务功能等方式强迫收集个人信息；

c）个人信息收集应执行收集前签署的约定和协议，不应超范围收集；

d）不应大规模收集或处理我国公民的种族、民族、政治观点、宗教信仰等敏感数据；

e）个人生物识别信息应仅收集和使用摘要信息，避免收集其原始信息；

f）应确保收集个人信息过程的安全性；

1）收集个人信息之前，应有对被收集人进行身份认证的机制，该身份认证机制应具有相应安全性；

2）收集个人信息时，信息在传输过程中应进行加密等保护处理；

3）收集个人信息的系统应落实网络安全等级保护要求；

4）收集个人信息时应有对收集内容进行安全检测和过滤的机制，防止非法内容提交。

6.7 公开披露

个人信息原则上不得公开披露。如经法律授权或具备合理事由确需公开披露时，应充分重视风险，遵守以下要求：

a）事先开展个人信息安全影响评估，并依评估结果采取有效的保护个人信息主体的措施；

b）向个人信息主体告知公开披露个人信息的目的、类型，并事先征得个人信息主体明示同意，与国家安全、国防安全、公共安全、公共卫生、重大公共利益或与犯罪侦查、起诉、审判和判决执行等直接相关的情形除外；

c）公开披露个人敏感信息前，除6.7b）中告知的内容外，还应向个人信息主体告知涉及的个人敏感信息的内容；

d）准确记录和保存个人信息的公开披露的情况，包括公开披露的日期、规模、目的、公开范围等；

e）承担因公开披露个人信息对个人信息主体合法权益造成损害的相应责任；

f）不得公开披露个人生物识别信息和基因、疾病等个人生理信息；

g）不得公开披露我国公民的种族、民族、政治观点、宗教信仰等敏感数据分析结果。

《App违法违规收集使用个人信息行为认定方法》

二、以下行为可被认定为"未明示收集使用个人信息的目的、方式和范围"

1. 未逐一列出App（包括委托的第三方或嵌入的第三方代码、插件）收集使用个人信息的目的、方式、范围等；

2. 收集使用个人信息的目的、方式、范围发生变化时，未以适当方式通知用户，适当方式包括更新隐私政策等收集使用规则并提醒用户阅读等；

3. 在申请打开可收集个人信息的权限，或申请收集用户身份证号、银行账号、行踪轨迹等个人敏感信息时，未同步告知用户其目的，或者目的不明确、难以理解；

4. 有关收集使用规则的内容晦涩难懂、冗长烦琐，用户难以理解，如使

用大量专业术语等。

《关于加强车联网网络安全和数据安全工作的通知》

……

五、加强数据安全保护

（十三）加强数据分类分级管理。按照"谁主管、谁负责，谁运营、谁负责"的原则，智能网联汽车生产企业、车联网服务平台运营企业要建立数据管理台账，实施数据分类分级管理，加强个人信息与重要数据保护。定期开展数据安全风险评估，强化隐患排查整改，并向所在省（区、市）通信管理局、工业和信息化主管部门报备。所在省（区、市）通信管理局、工业和信息化主管部门要对企业履行数据安全保护义务进行监督检查。

（十四）提升数据安全技术保障能力。智能网联汽车生产企业、车联网服务平台运营企业要采取合法、正当方式收集数据，针对数据全生命周期采取有效技术保护措施，防范数据泄露、毁损、丢失、篡改、误用、滥用等风险。各相关企业要强化数据安全监测预警和应急处置能力建设，提升异常流动分析、违规跨境传输监测、安全事件追踪溯源等水平；及时处置数据安全事件，向所在省（区、市）通信管理局、工业和信息化主管部门报告较大及以上数据安全事件，并配合开展相关监督检查。

提供必要技术支持。

......

权威案例

◎ **典型案例**

浙江省温州市鹿城区人民检察院督促保护就诊者个人信息行政公益诉讼案【检察机关个人信息保护公益诉讼典型案例之二（2021年4月22日）】

　　典型意义：检察机关针对非法获取就诊者个人信息用于商业营销的市场乱象，通过公益诉讼诉前检察建议和社会治理类检察建议，督促行政机关全面履行监管职责，推动医疗机构加强源头管理，构建执法司法长效机制，全方位保护就诊者个人信息安全，营造让人民群众放心的医疗就诊环境。

李某侵犯公民个人信息案【检察机关依法惩治侵犯公民个人信息犯罪典型案例之二（2022年12月2日）】

　　典型意义：（一）对批量公民个人信息的条数，根据查获的数量直接认定，但是有证据证明信息不真实或者重复的除外。侵犯公民个人信息犯罪中，涉案信息动辄上万乃至数十万条，在海量信息状态下，对信息逐一核实在客观上较难实现。所以，实践中允许适用推定规则，即根据查获的数量直接认定，但这不意味着举证责任倒置，对通过技术手段可以去重的，应当作去重处理，排除重复的信息。对信息的真实性，可以采取抽样方式进行验证。

　　（二）人脸信息是具有不可更改性和唯一性的生物识别信息。人脸识别技术给生活带来便利的同时，也容易被犯罪分子窃取利用或者制作合成，破解人脸识别验证程序，侵害隐私、名誉和财产。生活中，要谨慎下载使用"颜值检测"等"趣味"软件，防范个人信息泄露，造成合法权益受损。

陈某甲、于某、陈某乙侵犯公民个人信息案【检察机关依法惩治侵犯公民个人信息犯罪典型案例之四（2022年12月2日）】

　　典型意义：（一）非法获取、出售或者提供行踪轨迹信息，构成犯罪的，应当依法从严惩处。行踪轨迹信息属于公民个人信息。行为人出售或者提供行踪轨迹信息，被他人用于犯罪的，应认定为"情节严重"，依法构成侵犯公民个人信息罪。实施前述行为，造成被害人死亡等严重后果的，属于侵犯公民个人信息罪"情节特别严重"，依法应判处三年以上七年以下有期徒刑。

　　（二）强化行踪轨迹信息保护意识，维护自身安全。行踪轨迹信息可以直接定位特定自然人的具体位置，与公民的生命、健康、财产、隐私等息息相关。犯罪分子通过窃取、非法提供行踪轨迹信息谋取不法利益，严重危害公民人身、财产安全和社会管理秩序。生活中，要注意提高对快递地址、手机号码、定位信息等个人信息的保护意识和安全防范意识，防止被不法分子窃取利用。

湖南省长沙市望城区人民检察院督促保护个人生物识别信息行政公益诉讼案【个人信息保护检察公益诉讼典型案例之二（2023 年 3 月 30 日）】

典型意义： 检察机关聚焦民生关切，依法能动履行公益诉讼检察职能，通过现场勘验和委托安全检测等智慧检察手段，发现公益事业单位个人信息保护安全风险，督促行政机关对过度收集的个人生物识别信息数据采取"备份封存+本地彻底删除+到期彻底删除"方式消除安全风险，并进行"电子签核系统升级改造+网络安全等级保护"技术整改，平衡好个人信息保护与公共事务管理中个人信息合理利用的关系，充分实现"互联网+"与公共卫生服务领域保障数据信息安全的良好结合，推动加强个人信息保护与公共卫生服务信息化建设的协同发展。通过办案将个人信息处理"合法、正当、必要、诚信原则"的内涵和外延予以具体化，落实网络安全等级保护制度，推动相关法律制度在司法办案中落地见效。

浙江省湖州市检察机关诉浙江 G 旅游发展有限公司侵害公民个人信息民事公益诉讼案【个人信息保护检察公益诉讼典型案例之三（2023 年 3 月 30 日）】

典型意义： 人脸信息属于敏感个人信息，一旦被泄露或者非法使用，容易导致人格尊严受到侵害或者人身、财产安全受到危害。本案中，景区违法采集游客人脸信息，严重侵害了游客个人信息安全，检察机关充分发挥一体化办案优势，坚持依法办案与服务营商环境、个人信息保护与景区智能化建设有机结合，融合社会公众力量共同参与监督，督促行政机关加强监管，促使信息处理者依法整改，建立合规体系，在提升景区管理智能化水平的同时，推动形成个人信息保护合力，实现办案效果最优化。

江西省宜春市人民检察院督促保护医疗健康个人信息行政公益诉讼案【个人信息保护检察公益诉讼典型案例之四（2023 年 3 月 30 日）】

典型意义： 医疗健康信息属于可能影响公民人身、财产安全的敏感个人信息。本案中，医疗机构违反法律规定的合法、正当、必要和诚信的原则，未经患者同意向保险代理机构提供相关个人信息，严重侵害公民个人信息安全和合法权益，扰乱了社会公共秩序。检察机关运用大数据比对等方式全面调查取证，依法发出检察建议，督促行政机关查处医疗机构违法违规行为，并通过开展专项整顿、安全培训等方式，堵塞医疗健康信息安全漏洞，推动医疗机构、医疗从业人员增强风险防范意识，强化行业自律，健全医疗健康信息保护长效机制。

第二十九条 【处理敏感个人信息应取得单独同意或书面同意】

处理敏感个人信息应当取得个人的单独同意；法律、行政法规规定处理敏感个人信息应当取得书面同意的，从其规定。

关联法规

◎ **行政法规**

《征信业管理条例》

第十四条 禁止征信机构采集个人的宗教信仰、基因、指纹、血型、疾病和病史信息以及法律、行政法规规定禁止采集的其他个人信息。

征信机构不得采集个人的收入、存款、有价证券、商业保险、不动产的信息和纳税数额信息。但是，征信机构明确告知信息主体提供该信息可能产生的不利后果，并取得其书面同意的除外。

第二十八条 金融信用信息基础数据库接收从事信贷业务的机构按照规定提供的信贷信息。

金融信用信息基础数据库为信息主体和取得信息主体本人书面同意的信息使用者提供查询服务。国家机关可以依法查询金融信用信息基础数据库的信息。

第二十九条 从事信贷业务的机构应当按照规定向金融信用信息基础数据库提供信贷信息。

从事信贷业务的机构向金融信用信息基础数据库或者其他主体提供信贷信息，应当事先取得信息主体的书面同意，并适用本条例关于信息提供者的规定。

◎ **司法解释**

《关于审理使用人脸识别技术处理个人信息相关民事案件适用法律若干问题的规定》

第二条 信息处理者处理人脸信息有下列情形之一的，人民法院应当认定属于侵害自然人人格权益的行为：

（一）在宾馆、商场、银行、车站、机场、体育场馆、娱乐场所等经营场所、公共场所违反法律、行政法规的规定使用人脸识别技术进行人脸验证、辨识或者分析；

（二）未公开处理人脸信息的规则或者未明示处理的目的、方式、范围；

（三）基于个人同意处理人脸信息的，未征得自然人或者其监护人的单独同意，或者未按照法律、行政法规的规定征得自然人或者其监护人的书面同意；

（四）违反信息处理者明示或者双方约定的处理人脸信息的目的、方式、范围等；

（五）未采取应有的技术措施或者其他必要措施确保其收集、存储的人脸信息安全，致使人脸信息泄露、篡改、丢失；

（六）违反法律、行政法规的规定或者双方的约定，向他人提供人脸信息；

（七）违背公序良俗处理人脸信息；

（八）违反合法、正当、必要原则处理人脸信息的其他情形。

◎ **部门规章**

《网络交易监督管理办法》

第十三条 网络交易经营者收集、使用消费者个人信息，应当遵循合法、正当、必要的原则，明示收集、使用信息的目的、方式和范围，并经消费者同意。网络交易经营者收集、使用消费者个人信息，应当公开其收集、使用规则，不得违反法律、法规的规定和双方的约定收集、使用信息。

网络交易经营者不得采用一次概括授权、默认授权、与其他授权捆绑、停止安装使用等方式，强迫或者变相强迫消费者同意收集、使用与经营活动无直接关系的信息。收集、使用个人生物特征、医疗健康、金融账户、个人行踪等敏感信息的，应当逐项取得消费者同意。

网络交易经营者及其工作人员应当对收集的个人信息严格保密，除依法配合监管执法活动外，未经被收集者授权同意，不得向包括关联方在内的任何第三方提供。

《汽车数据安全管理若干规定（试行）》

第九条 汽车数据处理者处理敏感个人信息，应当符合以下要求或者符合法律、行政法规和强制性国家标准等其他要求：

（一）具有直接服务于个人的目的，包括增强行车安全、智能驾驶、导航等；

（二）通过用户手册、车载显示面板、语音以及汽车使用相关应用程序等显著方式告知必要性以及对个人的影响；

（三）应当取得个人单独同意，个人可以自主设定同意期限；

（四）在保证行车安全的前提下，以适当方式提示收集状态，为个人终止收集提供便利；

（五）个人要求删除的，汽车数据处理者应当在十个工作日内删除。

汽车数据处理者具有增强行车安全的目的和充分的必要性，方可收集指纹、声纹、人脸、心律等生物识别特征信息。

《互联网信息服务深度合成管理规定》

第十四条 深度合成服务提供者和技术支持者应当加强训练数据管理，采取必要措施保障训练数据安全；训练数据包含个人信息的，应当遵守个人信息保护的有关规定。

深度合成服务提供者和技术支持者提供人脸、人声等生物识别信息编辑功能的，应当提示深度合成服务使用者依法告知被编辑的个人，并取得其单独同意。

◎ **部门规范性文件**

《App 违法违规收集使用个人信息行为认定方法》

二、以下行为可被认定为"未明示收集使用个人信息的目的、方式和范围"

1. 未逐一列出 App（包括委托的第三方或嵌入的第三方代码、插件）收集使用个人信息的目的、方式、范围等；

2. 收集使用个人信息的目的、方式、范围发生变化时，未以适当方式通知用户，适当方式包括更新隐私政策等收集使用规则并提醒用户阅读等；

3. 在申请打开可收集个人信息的权限，或申请收集用户身份证号、银行账号、行踪轨迹等个人敏感信息时，未同步告知用户其目的，或者目的不明确、难以理解；

4. 有关收集使用规则的内容晦涩难懂、冗长繁琐，用户难以理解，如使用大量专业术语等。

第三十条　【敏感个人信息的特别告知义务】

个人信息处理者处理敏感个人信息的，除本法第十七条第一款规定的事项外，还应当向个人告知处理敏感个人信息的必要性以及对个人权益的影响；依照本法规定可以不向个人告知的除外。

关联法规

◎ **法律**

《民法典》

第一百二十八条　法律对未成年人、老年人、残疾人、妇女、消费者等的民事权利保护有特别规定的，依照其规定。

《未成年人保护法》

第三条　国家保障未成年人的生存权、发展权、受保护权、参与权等权利。

未成年人依法平等地享有各项权利，不因本人及其父母或者其他监护人的民族、种族、性别、户籍、职业、宗教信仰、教育程度、家庭状况、身心健康状况等受到歧视。

《消费者权益保护法》

第五条　国家保护消费者的合法权

益不受侵害。

国家采取措施，保障消费者依法行使权利，维护消费者的合法权益。

国家倡导文明、健康、节约资源和保护环境的消费方式，反对浪费。

第六条　保护消费者的合法权益是全社会的共同责任。

国家鼓励、支持一切组织和个人对损害消费者合法权益的行为进行社会监督。

大众传播媒介应当做好维护消费者合法权益的宣传，对损害消费者合法权益的行为进行舆论监督。

第七条　消费者在购买、使用商品和接受服务时享有人身、财产安全不受损害的权利。

消费者有权要求经营者提供的商品和服务，符合保障人身、财产安全的要求。

第八条　消费者享有知悉其购买、使用的商品或者接受的服务的真实情况的权利。

消费者有权根据商品或者服务的不同情况，要求经营者提供商品的价格、产地、生产者、用途、性能、规格、等级、主要成份、生产日期、有效期限、检验合格证明、使用方法说明书、售后服务，或者服务的内容、规格、费用等有关情况。

第九条　消费者享有自主选择商品或者服务的权利。

消费者有权自主选择提供商品或者服务的经营者，自主选择商品品种或者服务方式，自主决定购买或者不购买任何一种商品、接受或者不接受任何一项服务。

消费者在自主选择商品或者服务时，有权进行比较、鉴别和挑选。

第十条　消费者享有公平交易的权利。

消费者在购买商品或者接受服务时，有权获得质量保障、价格合理、计量正确等公平交易条件，有权拒绝经营者的强制交易行为。

第十一条　消费者因购买、使用商品或者接受服务受到人身、财产损害的，享有依法获得赔偿的权利。

第十二条　消费者享有依法成立维护自身合法权益的社会组织的权利。

第十三条　消费者享有获得有关消费和消费者权益保护方面的知识的权利。

消费者应当努力掌握所需商品或者服务的知识和使用技能，正确使用商品，提高自我保护意识。

第十四条　消费者在购买、使用商品和接受服务时，享有人格尊严、民族风俗习惯得到尊重的权利，享有个人信息依法得到保护的权利。

《残疾人保障法》

第三条　残疾人在政治、经济、文化、社会和家庭生活等方面享有同其他公民平等的权利。

残疾人的公民权利和人格尊严受法律保护。

禁止基于残疾的歧视。禁止侮辱、侵害残疾人。禁止通过大众传播媒介或者其他方式贬低损害残疾人人格。

《老年人权益保障法》

第三条　国家保障老年人依法享有的权益。

老年人有从国家和社会获得物质帮助的权利，有享受社会服务和社会优待的权利，有参与社会发展和共享发展成果的权利。

禁止歧视、侮辱、虐待或者遗弃老年人。

第七条　保障老年人合法权益是全社会的共同责任。

国家机关、社会团体、企业事业单位和其他组织应当按照各自职责，做好老年人权益保障工作。

基层群众性自治组织和依法设立的老年人组织应当反映老年人的要求，维护老年人合法权益，为老年人服务。

提倡、鼓励义务为老年人服务。

《妇女权益保障法》

第二条　男女平等是国家的基本国策。妇女在政治的、经济的、文化的、社会的和家庭的生活等各方面享有同男子平等的权利。

国家采取必要措施，促进男女平等，消除对妇女一切形式的歧视，禁止排斥、限制妇女依法享有和行使各项权益。

国家保护妇女依法享有的特殊权益。

◎ **行政法规**

《征信业管理条例》

第十四条　禁止征信机构采集个人的宗教信仰、基因、指纹、血型、疾病和病史信息以及法律、行政法规规定禁止采集的其他个人信息。

征信机构不得采集个人的收入、存款、有价证券、商业保险、不动产的信息和纳税数额信息。但是，征信机构明确告知信息主体提供该信息可能产生的不利后果，并取得其书面同意的除外。

第十五条　信息提供者向征信机构提供个人不良信息，应当事先告知信息主体本人。但是，依照法律、行政法规规定公开的不良信息除外。

第四十一条　信息提供者违反本条例规定，向征信机构、金融信用信息基础数据库提供非依法公开的个人不良信息，未事先告知信息主体本人，情节严重或者造成严重后果的，由国务院征信业监督管理部门或者其派出机构对单位处 2 万元以上 20 万元以下的罚款；对个人处 1 万元以上 5 万元以下的罚款。

◎ 部门规章

《电信和互联网用户个人信息保护规定》

第九条 未经用户同意，电信业务经营者、互联网信息服务提供者不得收集、使用用户个人信息。

电信业务经营者、互联网信息服务提供者收集、使用用户个人信息的，应当明确告知用户收集、使用信息的目的、方式和范围，查询、更正信息的渠道以及拒绝提供信息的后果等事项。

电信业务经营者、互联网信息服务提供者不得收集其提供服务所必需以外的用户个人信息或者将信息用于提供服务之外的目的，不得以欺骗、误导或者强迫等方式或者违反法律、行政法规以及双方的约定收集、使用信息。

电信业务经营者、互联网信息服务提供者在用户终止使用电信服务或者互联网信息服务后，应当停止对用户个人信息的收集和使用，并为用户提供注销号码或者账号的服务。

法律、行政法规对本条第一款至第四款规定的情形另有规定的，从其规定。

《儿童个人信息网络保护规定》

第十条 网络运营者征得同意时，应当同时提供拒绝选项，并明确告知以下事项：

（一）收集、存储、使用、转移、披露儿童个人信息的目的、方式和范围；

（二）儿童个人信息存储的地点、期限和到期后的处理方式；

（三）儿童个人信息的安全保障措施；

（四）拒绝的后果；

（五）投诉、举报的渠道和方式；

（六）更正、删除儿童个人信息的途径和方法；

（七）其他应当告知的事项。

前款规定的告知事项发生实质性变化的，应当再次征得儿童监护人的同意。

《中国人民银行金融消费者权益保护实施办法》

第三十四条 银行、支付机构应当按照国家档案管理和电子数据管理等规定，采取技术措施和其他必要措施，妥善保管和存储所收集的消费者金融信息，防止信息遗失、毁损、泄露或者被篡改。

银行、支付机构及其工作人员应当对消费者金融信息严格保密，不得泄露或者非法向他人提供。在确认信息发生泄露、毁损、丢失时，银行、支付机构应当立即采取补救措施；信息泄露、毁损、丢失可能危及金融消费者人身、财产安全的，应当立即向银行、支付机构住所地的中国人民银行分支机构报告并告知金融消费者；信息泄露、毁损、丢失可能对金融消费者产生其他不利影响的，应当及时告知金融消费者，并在72小时以内报告银行、支付机构住所地的中国人民银行分支机构。中国人民银行分支机构接到报告后，视情况按照本办法第五十五条规定处理。

《互联网信息服务深度合成管理规定》

第十七条　深度合成服务提供者提供以下深度合成服务，可能导致公众混淆或者误认的，应当在生成或者编辑的信息内容的合理位置、区域进行显著标识，向公众提示深度合成情况：

（一）智能对话、智能写作等模拟自然人进行文本的生成或者编辑服务；

（二）合成人声、仿声等语音生成或者显著改变个人身份特征的编辑服务；

（三）人脸生成、人脸替换、人脸操控、姿态操控等人物图像、视频生成或者显著改变个人身份特征的编辑服务；

（四）沉浸式拟真场景等生成或者编辑服务；

（五）其他具有生成或者显著改变信息内容功能的服务。

深度合成服务提供者提供前款规定之外的深度合成服务的，应当提供显著

标识功能，并提示深度合成服务使用者可以进行显著标识。

> **第三十一条　【未成年人个人信息的处理规则】**
>
> 个人信息处理者处理不满十四周岁未成年人个人信息的，应当取得未成年人的父母或者其他监护人的同意。
>
> 个人信息处理者处理不满十四周岁未成年人个人信息的，应当制定专门的个人信息处理规则。

关联法规

◎ **法律**

《网络安全法》

第十三条　国家支持研究开发有利于未成年人健康成长的网络产品和服务，依法惩治利用网络从事危害未成年人身心健康的活动，为未成年人提供安全、健康的网络环境。

《未成年人保护法》

第七条　未成年人的父母或者其他监护人依法对未成年人承担监护职责。

国家采取措施指导、支持、帮助和监督未成年人的父母或者其他监护人履行监护职责。

第十九条　未成年人的父母或者其他监护人应当根据未成年人的年龄和智力发展状况，在作出与未成年人权益有关的决定前，听取未成年人的意见，充分考虑其真实意愿。

第七十二条　信息处理者通过网络处理未成年人个人信息的，应当遵循合法、正当和必要的原则。处理不满十四周岁未成年人个人信息的，应当征得未成年人的父母或者其他监护人同意，但法律、行政法规另有规定的除外。

未成年人、父母或者其他监护人要求信息处理者更正、删除未成年人个人信息的，信息处理者应当及时采取措施予以更正、删除，但法律、行政法规另有规定的除外。

第七十三条　网络服务提供者发现未成年人通过网络发布私密信息的，应当及时提示，并采取必要的保护措施。

第七十七条　任何组织或者个人不得通过网络以文字、图片、音视频等形式，对未成年人实施侮辱、诽谤、威胁或者恶意损害形象等网络欺凌行为。

遭受网络欺凌的未成年人及其父母或者其他监护人有权通知网络服务提供者采取删除、屏蔽、断开链接等措施。网络服务提供者接到通知后，应当及时采取必要的措施制止网络欺凌行为，防止信息扩散。

第七十八条　网络产品和服务提供者应当建立便捷、合理、有效的投诉和举报渠道，公开投诉、举报方式等信息，及时受理并处理涉及未成年人的投诉、举报。

第七十九条　任何组织或者个人发现网络产品、服务含有危害未成年人身心健康的信息，有权向网络产品和服务提供者或者网信、公安等部门投诉、举报。

第八十条　网络服务提供者发现用户发布、传播可能影响未成年人身心健康的信息且未作显著提示的，应当作出提示或者通知用户予以提示；未作出提示的，不得传输相关信息。

网络服务提供者发现用户发布、传播含有危害未成年人身心健康内容的信息的，应当立即停止传输相关信息，采取删除、屏蔽、断开链接等处置措施，保存有关记录，并向网信、公安等部门报告。

网络服务提供者发现用户利用其网络服务对未成年人实施违法犯罪行为的，应当立即停止向该用户提供网络服务，保存有关记录，并向公安机关报告。

第一百零三条　公安机关、人民检察院、人民法院、司法行政部门以及其他组织和个人不得披露有关案件中未成年人的姓名、影像、住所、就读学校以及其他可能识别出其身份的信息，但查找失踪、被拐卖未成年人等情形除外。

◎ **司法解释**

《关于审理使用人脸识别技术处理个人信息相关民事案件适用法律若干问题的规定》

第二条　信息处理者处理人脸信息有下列情形之一的，人民法院应当认定属于侵害自然人人格权益的行为：

（一）在宾馆、商场、银行、车站、机场、体育场馆、娱乐场所等经营场所、公共场所违反法律、行政法规的规定使用人脸识别技术进行人脸验证、辨识或者分析；

（二）未公开处理人脸信息的规则或者未明示处理的目的、方式、范围；

（三）基于个人同意处理人脸信息的，未征得自然人或者其监护人的单独同意，或者未按照法律、行政法规的规定征得自然人或者其监护人的书面同意；

（四）违反信息处理者明示或者双方约定的处理人脸信息的目的、方式、范围等；

（五）未采取应有的技术措施或者其他必要措施确保其收集、存储的人脸信息安全，致使人脸信息泄露、篡改、丢失；

（六）违反法律、行政法规的规定或者双方的约定，向他人提供人脸信息；

（七）违背公序良俗处理人脸信息；

（八）违反合法、正当、必要原则处理人脸信息的其他情形。

第三条　人民法院认定信息处理者承担侵害自然人人格权益的民事责任，应当适用民法典第九百九十八条的规定，并结合案件具体情况综合考量受害人是否为未成年人、告知同意情况以及信息处理的必要程度等因素。

第四条　有下列情形之一，信息处理者以已征得自然人或者其监护人同意为由抗辩的，人民法院不予支持：

（一）信息处理者要求自然人同意处理其人脸信息才提供产品或者服务的，但是处理人脸信息属于提供产品或者服务所必需的除外；

（二）信息处理者以与其他授权捆绑等方式要求自然人同意处理其人脸信息的；

（三）强迫或者变相强迫自然人同意处理其人脸信息的其他情形。

◎ **部门规章**

《儿童个人信息网络保护规定》

第二条　本规定所称儿童，是指不满十四周岁的未成年人。

第五条　儿童监护人应当正确履行监护职责，教育引导儿童增强个人信息保护意识和能力，保护儿童个人信息安全。

第八条　网络运营者应当设置专门

的儿童个人信息保护规则和用户协议，并指定专人负责儿童个人信息保护。

第九条 网络运营者收集、使用、转移、披露儿童个人信息的，应当以显著、清晰的方式告知儿童监护人，并应当征得儿童监护人的同意。

《网络信息内容生态治理规定》

第十三条 鼓励网络信息内容服务平台开发适合未成年人使用的模式，提供适合未成年人使用的网络产品和服务，便利未成年人获取有益身心健康的信息。

《互联网信息服务算法推荐管理规定》

第十八条 算法推荐服务提供者向未成年人提供服务的，应当依法履行未成年人网络保护义务，并通过开发适合未成年人使用的模式、提供适合未成年人特点的服务等方式，便利未成年人获取有益身心健康的信息。

算法推荐服务提供者不得向未成年人推送可能引发未成年人模仿不安全行为和违反社会公德行为、诱导未成年人不良嗜好等可能影响未成年人身心健康的信息，不得利用算法推荐服务诱导未成年人沉迷网络。

◎ **部门规范性文件**

《移动互联网应用程序信息服务管理规定》

第十三条 应用程序提供者应当坚持最有利于未成年人的原则，关注未成

年人健康成长，履行未成年人网络保护各项义务，依法严格落实未成年人用户账号真实身份信息注册和登录要求，不得以任何形式向未成年人用户提供诱导其沉迷的相关产品和服务，不得制作、复制、发布、传播含有危害未成年人身心健康内容的信息。

第三十二条　【敏感个人信息的行政许可或其他限制】

法律、行政法规对处理敏感个人信息规定应当取得相关行政许可或者作出其他限制的，从其规定。

关联法规

◎ **法律**

《生物安全法》

第五十六条 从事下列活动，应当经国务院科学技术主管部门批准：

（一）采集我国重要遗传家系、特定地区人类遗传资源或者采集国务院科学技术主管部门规定的种类、数量的人类遗传资源；

（二）保藏我国人类遗传资源；

（三）利用我国人类遗传资源开展国际科学研究合作；

（四）将我国人类遗传资源材料运

送、邮寄、携带出境。

前款规定不包括以临床诊疗、采供血服务、查处违法犯罪、兴奋剂检测和殡葬等为目的采集、保藏人类遗传资源及开展的相关活动。

为了取得相关药品和医疗器械在我国上市许可，在临床试验机构利用我国人类遗传资源开展国际合作临床试验、不涉及人类遗传资源出境的，不需要批准；但是，在开展临床试验前应当将拟使用的人类遗传资源种类、数量及用途向国务院科学技术主管部门备案。

境外组织、个人及其设立或者实际控制的机构不得在我国境内采集、保藏我国人类遗传资源，不得向境外提供我国人类遗传资源。

◎ **行政法规**

《征信业管理条例》

第十四条　禁止征信机构采集个人的宗教信仰、基因、指纹、血型、疾病和病史信息以及法律、行政法规规定禁止采集的其他个人信息。

征信机构不得采集个人的收入、存款、有价证券、商业保险、不动产的信息和纳税数额信息。但是，征信机构明确告知信息主体提供该信息可能产生的不利后果，并取得其书面同意的除外。

◎ **部门规章**

《生成式人工智能服务管理暂行办法》

第二十三条　法律、行政法规规定提供生成式人工智能服务应当取得相关行政许可的，提供者应当依法取得许可。

外商投资生成式人工智能服务，应当符合外商投资相关法律、行政法规的规定。

第三节　国家机关处理个人信息的特别规定

第三十三条　【国家机关处理个人信息的法律适用】
国家机关处理个人信息的活动，适用本法；本节有特别规定的，适用本节规定。

关联法规

◎ **法律**

《民法典》

第一百一十一条　自然人的个人信息受法律保护。任何组织或者个人需要获取他人个人信息的，应当依法取得并确保信息安全，不得非法收集、使用、加工、传输他人个人信息，不得非法买卖、提供或者公开他人个人信息。

第一千零三十九条　国家机关、承担行政职能的法定机构及其工作人员对于履行职责过程中知悉的自然人的隐私和个人信息，应当予以保密，不得泄露或者向他人非法提供。

第三十四条　【国家机关依法处理个人信息】

国家机关为履行法定职责处理个人信息，应当依照法律、行政法规规定的权限、程序进行，不得超出履行法定职责所必需的范围和限度。

关联法规

◎ **法律**

《民法典》

第一千零三十五条　处理个人信息的，应当遵循合法、正当、必要原则，不得过度处理，并符合下列条件：

（一）征得该自然人或者其监护人同意，但是法律、行政法规另有规定的除外；

（二）公开处理信息的规则；

（三）明示处理信息的目的、方式和范围；

（四）不违反法律、行政法规的规定和双方的约定。

个人信息的处理包括个人信息的收集、存储、使用、加工、传输、提供、公开等。

《网络安全法》

第三十条　网信部门和有关部门在履行网络安全保护职责中获取的信息，只能用于维护网络安全的需要，不得用于其他用途。

第四十五条　依法负有网络安全监督管理职责的部门及其工作人员，必须对在履行职责中知悉的个人信息、隐私和商业秘密严格保密，不得泄露、出售或者非法向他人提供。

《反电信网络诈骗法》

第五条　反电信网络诈骗工作应当依法进行，维护公民和组织的合法权益。

有关部门和单位、个人应当对在反电信网络诈骗工作过程中知悉的国家秘密、商业秘密和个人隐私、个人信息予以保密。

《数据安全法》

第三十二条　任何组织、个人收集数据，应当采取合法、正当的方式，不得窃取或者以其他非法方式获取数据。

法律、行政法规对收集、使用数据的目的、范围有规定的，应当在法律、行政法规规定的目的和范围内收集、使用数据。

第三十八条　国家机关为履行法定职责的需要收集、使用数据，应当在其履行法定职责的范围内依照法律、行政法规规定的条件和程序进行；对在履行职责中知悉的个人隐私、个人信息、商业秘密、保密商务信息等数据应当依法予以保密，不得泄露或者非法向他人提供。

《电子商务法》

第二十五条　有关主管部门依照法律、行政法规的规定要求电子商务经营者提供有关电子商务数据信息的，电子商务经营者应当提供。有关主管部门应当采取必要措施保护电子商务经营者提供的数据信息的安全，并对其中的个人信息、隐私和商业秘密严格保密，不得泄露、出售或者非法向他人提供。

《未成年人保护法》

第一百零三条　公安机关、人民检察院、人民法院、司法行政部门以及其他组织和个人不得披露有关案件中未成年人的姓名、影像、住所、就读学校以及其他可能识别出其身份的信息，但查找失踪、被拐卖未成年人等情形除外。

《护照法》

第十二条　护照具备视读与机读两种功能。

护照的防伪性能参照国际技术标准制定。

护照签发机关及其工作人员对因制作、签发护照而知悉的公民个人信息，应当予以保密。

《统计法》

第九条　统计机构和统计人员对在统计工作中知悉的国家秘密、商业秘密和个人信息，应当予以保密。

第二十五条　统计调查中获得的能够识别或者推断单个统计调查对象身份的资料，任何单位和个人不得对外提供、泄露，不得用于统计以外的目的。

《居民身份证法》

第六条　居民身份证式样由国务院公安部门制定。居民身份证由公安机关统一制作、发放。

居民身份证具备视读与机读两种功能，视读、机读的内容限于本法第三条第一款规定的项目。

公安机关及其人民警察对因制作、发放、查验、扣押居民身份证而知悉的公民的个人信息，应当予以保密。

第十三条　公民从事有关活动，需要证明身份的，有权使用居民身份证证明身份，有关单位及其工作人员不得拒绝。

有关单位及其工作人员对履行职责或者提供服务过程中获得的居民身份证记载的公民个人信息，应当予以保密。

《反恐怖主义法》

第四十五条　公安机关、国家安全机关、军事机关在其职责范围内，因反恐怖主义情报信息工作的需要，根据国家有关规定，经过严格的批准手续，可以采取技术侦察措施。

依照前款规定获取的材料，只能用于反恐怖主义应对处置和对恐怖活动犯罪、极端主义犯罪的侦查、起诉和审判，不得用于其他用途。

《社会保险法》

第八十一条　社会保险行政部门和其他有关行政部门、社会保险经办机构、社会保险费征收机构及其工作人员，应当依法为用人单位和个人的信息保密，不得以任何形式泄露。

《档案法》

第四十七条　档案主管部门及其工作人员应当按照法定的职权和程序开展监督检查工作，做到科学、公正、严格、高效，不得利用职权牟取利益，不得泄露履职过程中知悉的国家秘密、商业秘密或者个人隐私。

◎ 行政法规

《全国人口普查条例》

第三十三条　人口普查中获得的能够识别或者推断单个普查对象身份的资料，任何单位和个人不得对外提供、泄露，不得作为对人口普查对象作出具体行政行为的依据，不得用于人口普查以外的目的。

人口普查数据不得作为对地方人民政府进行政绩考核和责任追究的依据。

《征信业管理条例》

第三十五条　国务院征信业监督管理部门及其派出机构的工作人员对在工作中知悉的国家秘密和信息主体的信息，应当依法保密。

《电信条例》

第六十五条　电信用户依法使用电信的自由和通信秘密受法律保护。除因国家安全或者追查刑事犯罪的需要，由公安机关、国家安全机关或者人民检察院依照法律规定的程序对电信内容进行检查外，任何组织或者个人不得以任何理由对电信内容进行检查。

电信业务经营者及其工作人员不得擅自向他人提供电信用户使用电信网络所传输信息的内容。

《统计法实施条例》

第三十条　统计调查中获得的能够识别或者推断单个统计调查对象身份的资料应当依法严格管理，除作为统计执法依据外，不得直接作为对统计调查对象实施行政许可、行政处罚等具体行政行为的依据，不得用于完成统计任务以外的目的。

《全国经济普查条例》

第三十三条　经济普查取得的单位和个人资料，严格限定用于经济普查的目的，不作为任何单位对经济普查对象实施处罚的依据。

《关键信息基础设施安全保护条例》

第三十条　网信部门、公安机关、保护工作部门等有关部门，网络安全服务机构及其工作人员对于在关键信息基础设施安全保护工作中获取的信息，只能用于维护网络安全，并严格按照有关法律、行政法规的要求确保信息安全，不得泄露、出售或者非法向他人提供。

第四十六条　网信部门、公安机关、保护工作部门等有关部门、网络安全服务机构及其工作人员将在关键信息基础设施安全保护工作中获取的信息用于其他用途，或者泄露、出售、非法向他人提供的，依法对直接负责的主管人员和其他直接责任人员给予处分。

◎ **司法解释**

《关于办理刑事案件收集提取和审查判断电子数据若干问题的规定》

第四条　电子数据涉及国家秘密、商业秘密、个人隐私的，应当保密。

◎ **部门规章**

《通信网络安全防护管理办法》

第二十一条　电信管理机构及其委托的专业机构的工作人员对于检查工作中获悉的国家秘密、商业秘密和个人隐私，有保密的义务。

《电信和互联网用户个人信息保护规定》

第十八条　电信管理机构及其工作人员对在履行职责中知悉的用户个人信息应当予以保密，不得泄露、篡改或者毁损，不得出售或者非法向他人提供。

《互联网域名管理办法》

第四十八条　电信管理机构开展监督检查，不得妨碍域名根服务器运行机构、域名注册管理机构和域名注册服务机构正常的经营和服务活动，不得收取任何费用，不得泄露所知悉的域名注册信息。

《公安机关互联网安全监督检查规定》

第五条　公安机关及其工作人员对履行互联网安全监督检查职责中知悉的个人信息、隐私、商业秘密和国家秘密，应当严格保密，不得泄露、出售或者非法向他人提供。

公安机关及其工作人员在履行互联网安全监督检查职责中获取的信息，只能用于维护网络安全的需要，不得用于其他用途。

第十七条　公安机关开展现场监督检查或者远程检测，可以委托具有相应技术能力的网络安全服务机构提供技术支持。

网络安全服务机构及其工作人员对工作中知悉的个人信息、隐私、商业秘密和国家秘密，应当严格保密，不得泄露、出售或者非法向他人提供。公安机关应当严格监督网络安全服务机构落实网络安全管理与保密责任。

《网络交易监督管理办法》

第三十六条　市场监督管理部门应当采取必要措施保护网络交易经营者提供的数据信息的安全，并对其中的个人信息、隐私和商业秘密严格保密。

《汽车数据安全管理若干规定（试行）》

第十五条　国家网信部门和国务院发展改革、工业和信息化、公安、交通运输等有关部门依据职责，根据处理数据情况对汽车数据处理者进行数据安全评估，汽车数据处理者应当予以配合。

参与安全评估的机构和人员不得披露评估中获悉的汽车数据处理者商业秘密、未公开信息，不得将评估中获悉的信息用于评估以外目的。第十五条国家网信部门和国务院发展改革、工业和信息化、公安、交通运输等有关部门依据职责，根据处理数据情况对汽车数据处理者进行数据安全评估，汽车数据处理者应当予以配合。

参与安全评估的机构和人员不得披露评估中获悉的汽车数据处理者商业秘密、未公开信息，不得将评估中获悉的信息用于评估以外目的。

《网络安全审查办法》

第十七条　参与网络安全审查的相关机构和人员应当严格保护知识产权，对在审查工作中知悉的商业秘密、个人信息，当事人、产品和服务提供者提交的未公开材料，以及其他未公开信息承担保密义务；未经信息提供方同意，不得向无关方披露或者用于审查以外的目的。

《互联网信息服务算法推荐管理规定》

第二十九条　参与算法推荐服务安全评估和监督检查的相关机构和人员对在履行职责中知悉的个人隐私、个人信息和商业秘密应当依法予以保密，不得泄露或者非法向他人提供。

《公民举报危害国家安全行为奖励办法》

第六条　国家安全机关以及依法知情的其他组织和个人应当严格为举报人保密，未经举报人同意，不得以任何方式泄露举报人身份相关信息。

因举报危害国家安全行为，举报人本人或者其近亲属的人身安全面临危险的，可以向国家安全机关请求予以保护。国家安全机关应当会同有关部门依法采取有效保护措施。国家安全机关认为有必要的，应当依职权及时、主动采取保护措施。

《数据出境安全评估办法》

第十五条　参与安全评估工作的相关机构和人员对在履行职责中知悉的国家秘密、个人隐私、个人信息、商业秘密、保密商务信息等数据应当依法予以保密，不得泄露或者非法向他人提供、非法使用。

《个人信息出境标准合同办法》

第九条　网信部门及其工作人员对在履行职责中知悉的个人隐私、个人信息、商业秘密、保密商务信息等应当依法予以保密，不得泄露或者非法向他人提供、非法使用。

《网信部门行政执法程序规定》

第六条　网信部门及其执法人员对

在执法过程中知悉的国家秘密、商业秘密或者个人隐私，应当依法予以保密。

◎ **部门规范性文件**

《互联网新闻信息服务新技术新应用安全评估管理规定》

第十四条　组织开展新技术新应用安全评估的相关单位和人员应当对在履行职责中知悉的国家秘密、商业秘密和个人信息严格保密，不得泄露、出售或者非法向他人提供。

> **权威案例**

◎ **典型案例**

江西省乐安县人民检察院督促规范政府信息公开行政公益诉讼案【检察机关个人信息保护公益诉讼典型案例之五（2021年4月22日）】

典型意义：行政机关对在履行行政管理职能过程中制作或获取的信息，既要依法依规及时准确地予以公开，也要对拟公开的信息内容进行审查，确保不对公民合法权益造成侵害。检察机关在履职中发现行政机关公开政府信息工作中存在的公民个人信息泄露风险，可以通过履行公益诉讼检察职能督促行政机关进行整改，实现保护公民个人信息安全和依法公开政府信息职能的"双赢多赢共赢"。

第三十五条　【国家机关的告知义务】

国家机关为履行法定职责处理个人信息，应当依照本法规定履行告知义务；有本法第十八条第一款规定的情形，或者告知将妨碍国家机关履行法定职责的除外。

> **关联法规**

◎ **法律**

《国家情报法》

第十一条　国家情报工作机构应当依法搜集和处理境外机构、组织、个人实施或者指使、资助他人实施的，或者境内外机构、组织、个人相勾结实施的危害中华人民共和国国家安全和利益行为的相关情报，为防范、制止和惩治上述行为提供情报依据或者参考。

第三十六条　【国家机关的境内存储和安全评估义务】

国家机关处理的个人信息应当在中华人民共和国境内存储；确需向境外提供的，应当进行安全评估。安全评估可以要求有关部门提供支持与协助。

关联法规

◎ **法律**

《网络安全法》

第三十七条 关键信息基础设施的运营者在中华人民共和国境内运营中收集和产生的个人信息和重要数据应当在境内存储。因业务需要，确需向境外提供的，应当按照国家网信部门会同国务院有关部门制定的办法进行安全评估；法律、行政法规另有规定的，依照其规定。

《数据安全法》

第二十二条 国家建立集中统一、高效权威的数据安全风险评估、报告、信息共享、监测预警机制。国家数据安全工作协调机制统筹协调有关部门加强数据安全风险信息的获取、分析、研判、预警工作。

第三十一条 关键信息基础设施的运营者在中华人民共和国境内运营中收集和产生的重要数据的出境安全管理，适用《中华人民共和国网络安全法》的规定；其他数据处理者在中华人民共和国境内运营中收集和产生的重要数据的出境安全管理办法，由国家网信部门会同国务院有关部门制定。

第三十九条 国家机关应当依照法律、行政法规的规定，建立健全数据安全管理制度，落实数据安全保护责任，保障政务数据安全。

《国家安全法》

第五十六条 国家建立国家安全风险评估机制，定期开展各领域国家安全风险调查评估。

有关部门应当定期向中央国家安全领导机构提交国家安全风险评估报告。

第五十七条 国家健全国家安全风险监测预警制度，根据国家安全风险程度，及时发布相应风险预警。

◎ **党内法规**

《党委（党组）网络安全工作责任制实施办法》

第四条 行业主管监管部门对本行业本领域的网络安全负指导监管责任。没有主管监管部门的，由所在地区负指导监管责任。

主管监管部门应当依法开展网络安全检查、处置网络安全事件，并及时将情况通报网络和信息系统所在地区网络安全和信息化领导机构。各地区开展网络安全检查、处置网络安全事件时，涉及重要行业的，应当会同相关主管监管部门进行。

第五条 各级网络安全和信息化领导机构应当加强和规范本地区本部门网络安全信息汇集、分析和研判工作，要求有关单位和机构及时报告网络安全信息，组织指导网络安全通报机构开展网络安全信息通报，统筹协调开展网络安全检查。

第三十七条 【具有管理公共事务职能组织处理个人信息的参照适用】

法律、法规授权的具有管理公共事务职能的组织为履行法定职责处理个人信息，适用本法关于国家机关处理个人信息的规定。

关联法规

◎ 法律

《数据安全法》

第四十三条 法律、法规授权的具有管理公共事务职能的组织为履行法定职责开展数据处理活动，适用本章规定。

《行政强制法》

第七十条 法律、行政法规授权的具有管理公共事务职能的组织在法定授权范围内，以自己的名义实施行政强制，适用本法有关行政机关的规定。

《社会保险法》

第八条 社会保险经办机构提供社会保险服务，负责社会保险登记、个人权益记录、社会保险待遇支付等工作。

《城市居民委员会组织法》

第三条 居民委员会的任务：

（一）宣传宪法、法律、法规和国家的政策，维护居民的合法权益，教育居民履行依法应尽的义务，爱护公共财产，开展多种形式的社会主义精神文明建设活动；

（二）办理本居住地区居民的公共事务和公益事业；

（三）调解民间纠纷；

（四）协助维护社会治安；

（五）协助人民政府或者它的派出机关做好与居民利益有关的公共卫生、计划生育、优抚救济、青少年教育等项工作；

（六）向人民政府或者它的派出机关反映居民的意见、要求和提出建议。

《村民委员会组织法》

第二条 村民委员会是村民自我管理、自我教育、自我服务的基层群众性自治组织，实行民主选举、民主决策、民主管理、民主监督。

村民委员会办理本村的公共事务和公益事业，调解民间纠纷，协助维护社会治安，向人民政府反映村民的意见、要求和提出建议。

村民委员会向村民会议、村民代表会议负责并报告工作

《行政许可法》

第二十三条 法律、法规授权的具有管理公共事务职能的组织，在法定授权范围内，以自己的名义实施行政许可。被授权的组织适用本法有关行政机关的规定。

《行政处罚法》

第十九条 法律、法规授权的具有管理公共事务职能的组织可以在法定授权范围内实施行政处罚。

第三章 个人信息跨境提供的规则

第三十八条 【个人信息跨境转移的条件】

个人信息处理者因业务等需要，确需向中华人民共和国境外提供个人信息的，应当具备下列条件之一：

（一）依照本法第四十条的规定通过国家网信部门组织的安全评估；

（二）按照国家网信部门的规定经专业机构进行个人信息保护认证；

（三）按照国家网信部门制定的标准合同与境外接收方订立合同，约定双方的权利和义务；

（四）法律、行政法规或者国家网信部门规定的其他条件。

中华人民共和国缔结或者参加的国际条约、协定对向中华人民共和国境外提供个人信息的条件等有规定的，可以按照其规定执行。

个人信息处理者应当采取必要措施，保障境外接收方处理个人信息的活动达到本法规定的个人信息保护标准。

关联法规

◎ **法律**

《民法典》

第四百九十六条　格式条款是当事人为了重复使用而预先拟定，并在订立合同时未与对方协商的条款。

采用格式条款订立合同的，提供格式条款的一方应当遵循公平原则确定当事人之间的权利和义务，并采取合理的方式提示对方注意免除或者减轻其责任等与对方有重大利害关系的条款，按照对方的要求，对该条款予以说明。提供格式条款的一方未履行提示或者说明义务，致使对方没有注意或者理解与其有重大利害关系的条款的，对方可以主张该条款不成为合同的内容。

《网络安全法》

第十七条　国家推进网络安全社会

化服务体系建设，鼓励有关企业、机构开展网络安全认证、检测和风险评估等安全服务。

第三十七条　关键信息基础设施的运营者在中华人民共和国境内运营中收集和产生的个人信息和重要数据应当在境内存储。因业务需要，确需向境外提供的，应当按照国家网信部门会同国务院有关部门制定的办法进行安全评估；法律、行政法规另有规定的，依照其规定。

《数据安全法》

第二十五条　国家对与维护国家安全和利益、履行国际义务相关的属于管制物项的数据依法实施出口管制。

第三十一条　关键信息基础设施的运营者在中华人民共和国境内运营中收集和产生的重要数据的出境安全管理，适用《中华人民共和国网络安全法》的规定；其他数据处理者在中华人民共和国境内运营中收集和产生的重要数据的出境安全管理办法，由国家网信部门会同国务院有关部门制定。

第三十六条　中华人民共和国主管机关根据有关法律和中华人民共和国缔结或者参加的国际条约、协定，或者按照平等互惠原则，处理外国司法或者执法机构关于提供数据的请求。非经中华人民共和国主管机关批准，境内的组织、个人不得向外国司法或者执法机构

提供存储于中华人民共和国境内的数据。

《电子商务法》

第二十六条　电子商务经营者从事跨境电子商务，应当遵守进出口监督管理的法律、行政法规和国家有关规定。

◎ **行政法规**

《征信业管理条例》

第二十四条　征信机构在中国境内采集的信息的整理、保存和加工，应当在中国境内进行。

征信机构向境外组织或者个人提供信息，应当遵守法律、行政法规和国务院征信业监督管理部门的有关规定。

◎ **部门规章**

《网络招聘服务管理规定》

第二十二条　从事网络招聘服务的人力资源服务机构因业务需要，确需向境外提供在中华人民共和国境内运营中收集和产生的个人信息和重要数据的，应当遵守国家有关法律、行政法规规定。

《汽车数据安全管理若干规定（试行）》

第十一条　重要数据应当依法在境内存储，因业务需要确需向境外提供的，应当通过国家网信部门会同国务院有关部门组织的安全评估。未列入重要数据的涉及个人信息数据的出境安全管理，适用法律、行政法规的有关规定。

我国缔结或者参加的国际条约、协

定有不同规定的，适用该国际条约、协定，但我国声明保留的条款除外。

第十二条 汽车数据处理者向境外提供重要数据，不得超出出境安全评估时明确的目的、范围、方式和数据种类、规模等。

国家网信部门会同国务院有关部门以抽查等方式核验前款规定事项，汽车数据处理者应当予以配合，并以可读等便利方式予以展示。

第十四条 向境外提供重要数据的汽车数据处理者应当在本规定第十三条要求的基础上，补充报告以下情况：

（一）接收者的基本情况；

（二）出境汽车数据的种类、规模、目的和必要性；

（三）汽车数据在境外的保存地点、期限、范围和方式；

（四）涉及向境外提供汽车数据的用户投诉和处理情况；

（五）国家网信部门会同国务院工业和信息化、公安、交通运输等有关部门明确的向境外提供汽车数据需要报告的其他情况。

《数据出境安全评估办法》

第四条 数据处理者向境外提供数据，有下列情形之一的，应当通过所在地省级网信部门向国家网信部门申报数据出境安全评估：

（一）数据处理者向境外提供重要数据；

（二）关键信息基础设施运营者和处理100万人以上个人信息的数据处理者向境外提供个人信息；

（三）自上年1月1日起累计向境外提供10万人个人信息或者1万人敏感个人信息的数据处理者向境外提供个人信息；

（四）国家网信部门规定的其他需要申报数据出境安全评估的情形。

第九条 数据处理者应当在与境外接收方订立的法律文件中明确约定数据安全保护责任义务，至少包括以下内容：

（一）数据出境的目的、方式和数据范围，境外接收方处理数据的用途、方式等；

（二）数据在境外保存地点、期限，以及达到保存期限、完成约定目的或者法律文件终止后出境数据的处理措施；

（三）对于境外接收方将出境数据再转移给其他组织、个人的约束性要求；

（四）境外接收方在实际控制权或者经营范围发生实质性变化，或者所在国家、地区数据安全保护政策法规和网络安全环境发生变化以及发生其他不可抗力情形导致难以保障数据安全时，应当采取的安全措施；

（五）违反法律文件约定的数据安全保护义务的补救措施、违约责任和争议解决方式；

（六）出境数据遭到篡改、破坏、泄露、丢失、转移或者被非法获取、非法利用等风险时，妥善开展应急处置的要求和保障个人维护其个人信息权益的途径和方式。

第十条　国家网信部门受理申报后，根据申报情况组织国务院有关部门、省级网信部门、专门机构等进行安全评估。

第十四条　通过数据出境安全评估的结果有效期为 2 年，自评估结果出具之日起计算。在有效期内出现以下情形之一的，数据处理者应当重新申报评估：

（一）向境外提供数据的目的、方式、范围、种类和境外接收方处理数据的用途、方式发生变化影响出境数据安全的，或者延长个人信息和重要数据境外保存期限的；

（二）境外接收方所在国家或者地区数据安全保护政策法规和网络安全环境发生变化以及发生其他不可抗力情形、数据处理者或者境外接收方实际控制权发生变化、数据处理者与境外接收方法律文件变更等影响出境数据安全的；

（三）出现影响出境数据安全的其他情形。

有效期届满，需要继续开展数据出境活动的，数据处理者应当在有效期届满 60 个工作日前重新申报评估。

《个人信息出境标准合同办法》

第四条　个人信息处理者通过订立标准合同的方式向境外提供个人信息的，应当同时符合下列情形：

（一）非关键信息基础设施运营者；

（二）处理个人信息不满 100 万人的；

（三）自上年 1 月 1 日起累计向境外提供个人信息不满 10 万人的；

（四）自上年 1 月 1 日起累计向境外提供敏感个人信息不满 1 万人的。

法律、行政法规或者国家网信部门另有规定的，从其规定。

个人信息处理者不得采取数量拆分等手段，将依法应当通过出境安全评估的个人信息通过订立标准合同的方式向境外提供。

第五条　个人信息处理者向境外提供个人信息前，应当开展个人信息保护影响评估，重点评估以下内容：

（一）个人信息处理者和境外接收方处理个人信息的目的、范围、方式等的合法性、正当性、必要性；

（二）出境个人信息的规模、范围、种类、敏感程度，个人信息出境可能对个人信息权益带来的风险；

（三）境外接收方承诺承担的义

务，以及履行义务的管理和技术措施、能力等能否保障出境个人信息的安全；

（四）个人信息出境后遭到篡改、破坏、泄露、丢失、非法利用等的风险，个人信息权益维护的渠道是否通畅等；

（五）境外接收方所在国家或者地区的个人信息保护政策和法规对标准合同履行的影响；

（六）其他可能影响个人信息出境安全的事项。

第六条 标准合同应当严格按照本办法附件订立。国家网信部门可以根据实际情况对附件进行调整。

个人信息处理者可以与境外接收方约定其他条款，但不得与标准合同相冲突。

标准合同生效后方可开展个人信息出境活动。

第七条 个人信息处理者应当在标准合同生效之日起 10 个工作日内向所在地省级网信部门备案。备案应当提交以下材料：

（一）标准合同；

（二）个人信息保护影响评估报告。

个人信息处理者应当对所备案材料的真实性负责。

第八条 在标准合同有效期内出现下列情形之一的，个人信息处理者应当重新开展个人信息保护影响评估，补充或者重新订立标准合同，并履行相应备案手续：

（一）向境外提供个人信息的目的、范围、种类、敏感程度、方式、保存地点或者境外接收方处理个人信息的用途、方式发生变化，或者延长个人信息境外保存期限的；

（二）境外接收方所在国家或者地区的个人信息保护政策和法规发生变化等可能影响个人信息权益的；

（三）可能影响个人信息权益的其他情形。

◎ **部门规范性文件**

《个人信息保护认证实施规则》

3 认证模式

个人信息保护认证的认证模式为：

技术验证+现场审核+获证后监督

《寄递服务用户个人信息安全管理规定》

第十二条 寄递企业因业务等需要，确需向中华人民共和国境外提供寄递服务用户个人信息的，应当按照相关法律法规的规定执行。

寄递企业应当将在中华人民共和国境内收集和产生的个人信息存储在境内。

第三十九条　【个人信息跨境转移的告知同意】

个人信息处理者向中华人民共和国境外提供个人信息的，应当向个人告知境外接收方的名称或者姓名、联系方式、处理目的、处理方式、个人信息的种类以及个人向境外接收方行使本法规定权利的方式和程序等事项，并取得个人的单独同意。

第四十条　【关键信息基础设施运营者等的境内存储和境外提供安全评估义务】

关键信息基础设施运营者和处理个人信息达到国家网信部门规定数量的个人信息处理者，应当将在中华人民共和国境内收集和产生的个人信息存储在境内。

确需向境外提供的，应当通过国家网信部门组织的安全评估；法律、行政法规和国家网信部门规定可以不进行安全评估的，从其规定。

关联法规

◎ **法律**

《网络安全法》

第三十一条　国家对公共通信和信息服务、能源、交通、水利、金融、公共服务、电子政务等重要行业和领域，以及其他一旦遭到破坏、丧失功能或者数据泄露，可能严重危害国家安全、国计民生、公共利益的关键信息基础设施，在网络安全等级保护制度的基础上，实行重点保护。关键信息基础设施的具体范围和安全保护办法由国务院制定。

国家鼓励关键信息基础设施以外的网络运营者自愿参与关键信息基础设施保护体系。

第三十二条　按照国务院规定的职责分工，负责关键信息基础设施安全保护工作的部门分别编制并组织实施本行业、本领域的关键信息基础设施安全规划，指导和监督关键信息基础设施运行安全保护工作。

第三十三条　建设关键信息基础设施应当确保其具有支持业务稳定、持续运行的性能，并保证安全技术措施同步规划、同步建设、同步使用。

第三十四条　除本法第二十一条的规定外，关键信息基础设施的运营者还应当履行下列安全保护义务：

（一）设置专门安全管理机构和安全管理负责人，并对该负责人和关键岗位的人员进行安全背景审查；

（二）定期对从业人员进行网络安全教育、技术培训和技能考核；

（三）对重要系统和数据库进行容灾备份；

（四）制定网络安全事件应急预案，并定期进行演练；

（五）法律、行政法规规定的其他义务。

第三十五条　关键信息基础设施的运营者采购网络产品和服务，可能影响国家安全的，应当通过国家网信部门会同国务院有关部门组织的国家安全审查。

第三十七条　关键信息基础设施的运营者在中华人民共和国境内运营中收集和产生的个人信息和重要数据应当在境内存储。因业务需要，确需向境外提供的，应当按照国家网信部门会同国务院有关部门制定的办法进行安全评估；法律、行政法规另有规定的，依照其规定。

第三十八条　关键信息基础设施的运营者应当自行或者委托网络安全服务机构对其网络的安全性和可能存在的风险每年至少进行一次检测评估，并将检测评估情况和改进措施报送相关负责关键信息基础设施安全保护工作的部门。

第三十九条　国家网信部门应当统筹协调有关部门对关键信息基础设施的安全保护采取下列措施：

（一）对关键信息基础设施的安全风险进行抽查检测，提出改进措施，必要时可以委托网络安全服务机构对网络存在的安全风险进行检测评估；

（二）定期组织关键信息基础设施的运营者进行网络安全应急演练，提高应对网络安全事件的水平和协同配合能力；

（三）促进有关部门、关键信息基础设施的运营者以及有关研究机构、网络安全服务机构等之间的网络安全信息共享；

（四）对网络安全事件的应急处置与网络功能的恢复等，提供技术支持和协助。

《数据安全法》

第二十二条　国家建立集中统一、高效权威的数据安全风险评估、报告、信息共享、监测预警机制。国家数据安全工作协调机制统筹协调有关部门加强数据安全风险信息的获取、分析、研判、预警工作。

第二十四条　国家建立数据安全审查制度，对影响或者可能影响国家安全的数据处理活动进行国家安全审查。

依法作出的安全审查决定为最终决定。

第三十一条　关键信息基础设施的运营者在中华人民共和国境内运营中收集和产生的重要数据的出境安全管理，适用《中华人民共和国网络安全法》的规定；其他数据处理者在中华人民共和国境内运营中收集和产生的重要数据的出境安全管理办法，由国家网信部门会同国务院有关部门制定。

《国家安全法》

第五十六条　国家建立国家安全风险评估机制，定期开展各领域国家安全风险调查评估。

有关部门应当定期向中央国家安

领导机构提交国家安全风险评估报告。

第五十七条　国家健全国家安全风险监测预警制度，根据国家安全风险程度，及时发布相应风险预警。

◎ 党内法规

《党委（党组）网络安全工作责任制实施办法》

第四条　行业主管监管部门对本行业本领域的网络安全负指导监管责任。没有主管监管部门的，由所在地区负指导监管责任。

主管监管部门应当依法开展网络安全检查、处置网络安全事件，并及时将情况通报网络和信息系统所在地区网络安全和信息化领导机构。各地区开展网络安全检查、处置网络安全事件时，涉及重要行业的，应当会同相关主管监管部门进行。

第五条　各级网络安全和信息化领导机构应当加强和规范本地区本部门网络安全信息汇集、分析和研判工作，要求有关单位和机构及时报告网络安全信息，组织指导网络安全通报机构开展网络安全信息通报，统筹协调开展网络安全检查。

◎ 行政法规

《计算机信息网络国际联网安全保护管理办法》

第十四条　涉及国家事务、经济建设、国防建设、尖端科学技术等重要领域的单位办理备案手续时，应当出具其行政主管部门的审批证明。

前款所列单位的计算机信息网络与国际联网，应当采取相应的安全保护措施。

《征信业管理条例》

第二十四条　征信机构在中国境内采集的信息的整理、保存和加工，应当在中国境内进行。

征信机构向境外组织或者个人提供信息，应当遵守法律、行政法规和国务院征信业监督管理部门的有关规定。

《地图管理条例》

第三十四条　互联网地图服务单位应当将存放地图数据的服务器设在中华人民共和国境内，并制定互联网地图数据安全管理制度和保障措施。

县级以上人民政府测绘地理信息行政主管部门应当会同有关部门加强对互联网地图数据安全的监督管理。

《关键信息基础设施安全保护条例》

第二条　本条例所称关键信息基础设施，是指公共通信和信息服务、能源、交通、水利、金融、公共服务、电子政务、国防科技工业等重要行业和领域的，以及其他一旦遭到破坏、丧失功能或者数据泄露，可能严重危害国家安全、国计民生、公共利益的重要网络设施、信息系统等。

第八条　本条例第二条涉及的重要行业和领域的主管部门、监督管理部门是负责关键信息基础设施安全保护工作的部门（以下简称保护工作部门）。

第九条　保护工作部门结合本行业、本领域实际，制定关键信息基础设施认定规则，并报国务院公安部门备案。

制定认定规则应当主要考虑下列因素：

（一）网络设施、信息系统等对于本行业、本领域关键核心业务的重要程度；

（二）网络设施、信息系统等一旦遭到破坏、丧失功能或者数据泄露可能带来的危害程度；

（三）对其他行业和领域的关联性影响。

◎ **部门规章**

《汽车数据安全管理若干规定（试行）》

第十一条　重要数据应当依法在境内存储，因业务需要确需向境外提供的，应当通过国家网信部门会同国务院有关部门组织的安全评估。未列入重要数据的涉及个人信息数据的出境安全管理，适用法律、行政法规的有关规定。

我国缔结或者参加的国际条约、协定有不同规定的，适用该国际条约、协定，但我国声明保留的条款除外。

第十二条　汽车数据处理者向境外提供重要数据，不得超出出境安全评估时明确的目的、范围、方式和数据种类、规模等。

国家网信部门会同国务院有关部门以抽查等方式核验前款规定事项，汽车

数据处理者应当予以配合，并以可读等便利方式予以展示。

第十四条　向境外提供重要数据的汽车数据处理者应当在本规定第十三条要求的基础上，补充报告以下情况：

（一）接收者的基本情况；

（二）出境汽车数据的种类、规模、目的和必要性；

（三）汽车数据在境外的保存地点、期限、范围和方式；

（四）涉及向境外提供汽车数据的用户投诉和处理情况；

（五）国家网信部门会同国务院工业和信息化、公安、交通运输等有关部门明确的向境外提供汽车数据需要报告的其他情况。

《网络安全审查办法》

第二条　关键信息基础设施运营者采购网络产品和服务，网络平台运营者开展数据处理活动，影响或者可能影响国家安全的，应当按照本办法进行网络安全审查。

前款规定的关键信息基础设施运营者、网络平台运营者统称为当事人。

第四条　在中央网络安全和信息化委员会领导下，国家互联网信息办公室会同中华人民共和国国家发展和改革委员会、中华人民共和国工业和信息化部、中华人民共和国公安部、中华人民共和国国家安全部、中华人民共和国财

政部、中华人民共和国商务部、中国人民银行、国家市场监督管理总局、国家广播电视总局、中国证券监督管理委员会、国家保密局、国家密码管理局建立国家网络安全审查工作机制。

网络安全审查办公室设在国家互联网信息办公室，负责制定网络安全审查相关制度规范，组织网络安全审查。

第五条　关键信息基础设施运营者采购网络产品和服务的，应当预判该产品和服务投入使用后可能带来的国家安全风险。影响或者可能影响国家安全的，应当向网络安全审查办公室申报网络安全审查。

关键信息基础设施安全保护工作部门可以制定本行业、本领域预判指南。

第七条　掌握超过 100 万用户个人信息的网络平台运营者赴国外上市，必须向网络安全审查办公室申报网络安全审查。

第十条　网络安全审查重点评估相关对象或者情形的以下国家安全风险因素：

（一）产品和服务使用后带来的关键信息基础设施被非法控制、遭受干扰或者破坏的风险；

（二）产品和服务供应中断对关键信息基础设施业务连续性的危害；

（三）产品和服务的安全性、开放性、透明性、来源的多样性，供应渠道

的可靠性以及因为政治、外交、贸易等因素导致供应中断的风险；

（四）产品和服务提供者遵守中国法律、行政法规、部门规章情况；

（五）核心数据、重要数据或者大量个人信息被窃取、泄露、毁损以及非法利用、非法出境的风险；

（六）上市存在关键信息基础设施、核心数据、重要数据或者大量个人信息被外国政府影响、控制、恶意利用的风险，以及网络信息安全风险；

（七）其他可能危害关键信息基础设施安全、网络安全和数据安全的因素。

第二十一条　本办法所称网络产品和服务主要指核心网络设备、重要通信产品、高性能计算机和服务器、大容量存储设备、大型数据库和应用软件、网络安全设备、云计算服务，以及其他对关键信息基础设施安全、网络安全和数据安全有重要影响的网络产品和服务。

第二十二条　涉及国家秘密信息的，依照国家有关保密规定执行。

国家对数据安全审查、外商投资安全审查另有规定的，应当同时符合其规定。

《数据出境安全评估办法》

第四条　数据处理者向境外提供数据，有下列情形之一的，应当通过所在地省级网信部门向国家网信部门申报数据出境安全评估：

（一）数据处理者向境外提供重要数据；

（二）关键信息基础设施运营者和处理 100 万人以上个人信息的数据处理者向境外提供个人信息；

（三）自上年 1 月 1 日起累计向境外提供 10 万人个人信息或者 1 万人敏感个人信息的数据处理者向境外提供个人信息；

（四）国家网信部门规定的其他需要申报数据出境安全评估的情形。

第五条 数据处理者在申报数据出境安全评估前，应当开展数据出境风险自评估，重点评估以下事项：

（一）数据出境和境外接收方处理数据的目的、范围、方式等的合法性、正当性、必要性；

（二）出境数据的规模、范围、种类、敏感程度，数据出境可能对国家安全、公共利益、个人或者组织合法权益带来的风险；

（三）境外接收方承诺承担的责任义务，以及履行责任义务的管理和技术措施、能力等能否保障出境数据的安全；

（四）数据出境中和出境后遭到篡改、破坏、泄露、丢失、转移或者被非法获取、非法利用等的风险，个人信息权益维护的渠道是否通畅等；

（五）与境外接收方拟订立的数据出境相关合同或者其他具有法律效力的

文件等（以下统称法律文件）是否充分约定了数据安全保护责任义务；

（六）其他可能影响数据出境安全的事项。

第六条 申报数据出境安全评估，应当提交以下材料：

（一）申报书；

（二）数据出境风险自评估报告；

（三）数据处理者与境外接收方拟订立的法律文件；

（四）安全评估工作需要的其他材料。

第八条 数据出境安全评估重点评估数据出境活动可能对国家安全、公共利益、个人或者组织合法权益带来的风险，主要包括以下事项：

（一）数据出境的目的、范围、方式等的合法性、正当性、必要性；

（二）境外接收方所在国家或者地区的数据安全保护政策法规和网络安全环境对出境数据安全的影响；境外接收方的数据保护水平是否达到中华人民共和国法律、行政法规的规定和强制性国家标准的要求；

（三）出境数据的规模、范围、种类、敏感程度，出境中和出境后遭到篡改、破坏、泄露、丢失、转移或者被非法获取、非法利用等的风险；

（四）数据安全和个人信息权益是否能够得到充分有效保障；

（五）数据处理者与境外接收方拟

订立的法律文件中是否充分约定了数据安全保护责任义务；

（六）遵守中国法律、行政法规、部门规章情况；

（七）国家网信部门认为需要评估的其他事项。

第十条　国家网信部门受理申报后，根据申报情况组织国务院有关部门、省级网信部门、专门机构等进行安全评估。

第十四条　通过数据出境安全评估的结果有效期为 2 年，自评估结果出具之日起计算。在有效期内出现以下情形之一的，数据处理者应当重新申报评估：

（一）向境外提供数据的目的、方式、范围、种类和境外接收方处理数据的用途、方式发生变化影响出境数据安全的，或者延长个人信息和重要数据境外保存期限的；

（二）境外接收方所在国家或者地区数据安全保护政策法规和网络安全环境发生变化以及发生其他不可抗力情形、数据处理者或者境外接收方实际控制权发生变化、数据处理者与境外接收方法律文件变更等影响出境数据安全的；

（三）出现影响出境数据安全的其他情形。

有效期届满，需要继续开展数据出境活动的，数据处理者应当在有效期届满 60 个工作日前重新申报评估。

◎ **部门规范性文件**

《互联网个人信息安全保护指南》

6.2 保存

个人信息的保存行为应满足以下要求：

a）在境内运营中收集和产生的个人信息应在境内存储，如需出境应遵循国家相关规定；

b）收集到的个人信息应采取相应的安全加密存储等安全措施进行处理；

c）应对保存的个人信息根据收集、使用目的、被收集人授权设置相应的保存时限；

d）应对保存的个人信息在超出设置的时限后予以删除；

e）保存信息的主要设备，应对个人信息数据提供备份和恢复功能，确保数据备份的频率和时间间隔，并使用不少于以下一种备份手段：

1）具有本地数据备份功能；

2）将备份介质进行场外存放；

3）具有异地数据备份功能。

《关于加强车联网网络安全和数据安全工作的通知》

……

五、加强数据安全保护

……

（十六）强化数据出境安全管理。智能网联汽车生产企业、车联网服务平台运营企业需向境外提供在中华人民共和国境内收集和产生的重要数据的，应当依法依规进行数据出境安全评估并向所在省（区、市）通信管理局、工业和信息化主管部门报备。各省（区、市）通信管理局会同工业和信息化主管部门做好数据出境备案、安全评估等工作。

《寄递服务用户个人信息安全管理规定》

第十二条 寄递企业因业务等需要，确需向中华人民共和国境外提供寄递服务用户个人信息的，应当按照相关法律法规的规定执行。

寄递企业应当将在中华人民共和国境内收集和产生的个人信息存储在境内。

第四十一条 【国际司法协助与行政执法协助中个人信息的提供】

中华人民共和国主管机关根据有关法律和中华人民共和国缔结或者参加的国际条约、协定，或者按照平等互惠原则，处理外国司法或者执法机构关于提供存储于境内个人信息的请求。非经中华人民共和国主管机关批准，个人信息处理者不得向外国司法或者执法机构提供存储于中华人民共和国境内的个人信息。

关联法规

◎ 法律

《数据安全法》

第三十六条 中华人民共和国主管机关根据有关法律和中华人民共和国缔结或者参加的国际条约、协定，或者按照平等互惠原则，处理外国司法或者执法机构关于提供数据的请求。非经中华人民共和国主管机关批准，境内的组织、个人不得向外国司法或者执法机构提供存储于中华人民共和国境内的数据。

《国际刑事司法协助法》

第二条 本法所称国际刑事司法协助，是指中华人民共和国和外国在刑事案件调查、侦查、起诉、审判和执行等活动中相互提供协助，包括送达文书、调查取证，安排证人作证或者协助调查，查封、扣押、冻结涉案财物，没收、返还违法所得及其他涉案财物，移管被判刑人以及其他协助。

第六条 国家监察委员会、最高人民法院、最高人民检察院、公安部、国家安全部等部门是开展国际刑事司法协助的主管机关，按照职责分工，审核向外国提出的刑事司法协助请求，审查处理对外联系机关转递的外国提出的刑事司法协助请求，承担其他与国际刑事司法协助相关的工作。在移管被判刑人案件中，司法部按照职责分工，承担相应的主管机关职责。

办理刑事司法协助相关案件的机关是国际刑事司法协助的办案机关，负责向所属主管机关提交需要向外国提出的刑事司法协助请求、执行所属主管机关交办的外国提出的刑事司法协助请求。

第四十二条　【黑名单制度】

境外的组织、个人从事侵害中华人民共和国公民的个人信息权益，或者危害中华人民共和国国家安全、公共利益的个人信息处理活动的，国家网信部门可以将其列入限制或者禁止个人信息提供清单，予以公告，并采取限制或者禁止向其提供个人信息等措施。

关联法规

◎ **法律**

《网络安全法》

第七十五条　境外的机构、组织、个人从事攻击、侵入、干扰、破坏等危害中华人民共和国的关键信息基础设施的活动，造成严重后果的，依法追究法律责任；国务院公安部门和有关部门并可以决定对该机构、组织、个人采取冻结财产或者其他必要的制裁措施。

《国家安全法》

第三条　国家安全工作应当坚持总体国家安全观，以人民安全为宗旨，以政治安全为根本，以经济安全为基础，以军事、文化、社会安全为保障，以促进国际安全为依托，维护各领域国家安全，构建国家安全体系，走中国特色国家安全道路。

第二十五条　国家建设网络与信息安全保障体系，提升网络与信息安全保护能力，加强网络和信息技术的创新研究和开发应用，实现网络和信息核心技术、关键基础设施和重要领域信息系统及数据的安全可控；加强网络管理，防范、制止和依法惩治网络攻击、网络入侵、网络窃密、散布违法有害信息等网络违法犯罪行为，维护国家网络空间主权、安全和发展利益。

◎ **部门规章**

《生成式人工智能服务管理暂行办法》

第二十条　对来源于中华人民共和国境外向境内提供生成式人工智能服务不符合法律、行政法规和本办法规定的，国家网信部门应当通知有关机构采取技术措施和其他必要措施予以处置。

> **第四十三条　【对等原则】**
> 　　任何国家或者地区在个人信息保护方面对中华人民共和国采取歧视性的禁止、限制或者其他类似措施的，中华人民共和国可以根据实际情况对该国家或者地区对等采取措施。

关联法规

◎ **法律**

《数据安全法》

　　第二十六条　任何国家或者地区在与数据和数据开发利用技术等有关的投资、贸易等方面对中华人民共和国采取歧视性的禁止、限制或者其他类似措施的，中华人民共和国可以根据实际情况对该国家或者地区对等采取措施。

《出口管制法》

　　第四十八条　任何国家或者地区滥用出口管制措施危害中华人民共和国国家安全和利益的，中华人民共和国可以根据实际情况对该国家或者地区对等采取措施。

《反外国制裁法》

　　第三条　中华人民共和国反对霸权主义和强权政治，反对任何国家以任何借口、任何方式干涉中国内政。

　　外国国家违反国际法和国际关系基本准则，以各种借口或者依据其本国法律对我国进行遏制、打压，对我国公民、组织采取歧视性限制措施，干涉我国内政的，我国有权采取相应反制措施。

　　第四条　国务院有关部门可以决定将直接或者间接参与制定、决定、实施本法第三条规定的歧视性限制措施的个人、组织列入反制清单。

　　第十条　国家设立反外国制裁工作协调机制，负责统筹协调相关工作。

　　国务院有关部门应当加强协同配合和信息共享，按照各自职责和任务分工确定和实施有关反制措施。

　　第十一条　我国境内的组织和个人应当执行国务院有关部门采取的反制措施。

　　对违反前款规定的组织和个人，国务院有关部门依法予以处理，限制或者禁止其从事相关活动。

　　第十三条　对于危害我国主权、安全、发展利益的行为，除本法规定外，有关法律、行政法规、部门规章可以规定采取其他必要的反制措施。

　　第十五条　对于外国国家、组织或者个人实施、协助、支持危害我国主权、安全、发展利益的行为，需要采取必要反制措施的，参照本法有关规定执行。

第四章　个人在个人信息处理活动中的权利

第四十四条　【知情权与决定权】

个人对其个人信息的处理享有知情权、决定权，有权限制或者拒绝他人对其个人信息进行处理；法律、行政法规另有规定的除外。

关联法规

◎ 法律

《网络安全法》

第四十三条　个人发现网络运营者违反法律、行政法规的规定或者双方的约定收集、使用其个人信息的，有权要求网络运营者删除其个人信息；发现网络运营者收集、存储的其个人信息有错误的，有权要求网络运营者予以更正。网络运营者应当采取措施予以删除或者更正。

《电子商务法》

第十七条　电子商务经营者应当全面、真实、准确、及时地披露商品或者服务信息，保障消费者的知情权和选择权。电子商务经营者不得以虚构交易、编造用户评价等方式进行虚假或者引人误解的商业宣传，欺骗、误导消费者。

《消费者权益保护法》

第八条　消费者享有知悉其购买、使用的商品或者接受的服务的真实情况的权利。

消费者有权根据商品或者服务的不同情况，要求经营者提供商品的价格、产地、生产者、用途、性能、规格、等级、主要成份、生产日期、有效期限、检验合格证明、使用方法说明书、售后服务，或者服务的内容、规格、费用等有关情况。

第十四条　消费者在购买、使用商品和接受服务时，享有人格尊严、民族风俗习惯得到尊重的权利，享有个人信息依法得到保护的权利。

◎ 部门规章

《生成式人工智能服务管理暂行办法》

第十一条　提供者对使用者的输入信息和使用记录应当依法履行保护义务，不得收集非必要个人信息，不得非法留存能够识别使用者身份的输入信息和使用记录，不得非法向他人提供使用者的输入信息和使用记录。

提供者应当依法及时受理和处理个人关于查阅、复制、更正、补充、删除其个人信息等的请求。

第四十五条　【查阅权、复制权与可携带权】

个人有权向个人信息处理者查阅、复制其个人信息；有本法第十八条第一款、第三十五条规定情形的除外。

个人请求查阅、复制其个人信息的，个人信息处理者应当及时提供。

个人请求将个人信息转移至其指定的个人信息处理者，符合国家网信部门规定条件的，个人信息处理者应当提供转移的途径。

关联法规

◎ **法律**

《民法典》

第一千零三十七条　自然人可以依法向信息处理者查阅或者复制其个人信息；发现信息有错误的，有权提出异议并请求及时采取更正等必要措施。

自然人发现信息处理者违反法律、行政法规的规定或者双方的约定处理其个人信息的，有权请求信息处理者及时删除。

《电子商务法》

第二十四条　电子商务经营者应当明示用户信息查询、更正、删除以及用户注销的方式、程序，不得对用户信息查询、更正、删除以及用户注销设置不合理条件。

电子商务经营者收到用户信息查询或者更正、删除的申请的，应当在核实身份后及时提供查询或者更正、删除用户信息。用户注销的，电子商务经营者应当立即删除该用户的信息；依照法律、行政法规的规定或者双方约定保存的，依照其规定。

◎ **行政法规**

《征信业管理条例》

第十七条　信息主体可以向征信机构查询自身信息。个人信息主体有权每年两次免费获取本人的信用报告。

《政府信息公开条例》

第二条　本条例所称政府信息，是指行政机关在履行行政管理职能过程中制作或者获取的，以一定形式记录、保存的信息。

第四十六条　【更正权与补充权】

个人发现其个人信息不准确或者不完整的，有权请求个人信息处理者更正、补充。

个人请求更正、补充其个人信息的，个人信息处理者应当对其个人信息予以核实，并及时更正、补充。

关联法规

◎ 法律

《民法典》

第一千零三十七条　自然人可以依法向信息处理者查阅或者复制其个人信息；发现信息有错误的，有权提出异议并请求及时采取更正等必要措施。

自然人发现信息处理者违反法律、行政法规的规定或者双方的约定处理其个人信息的，有权请求信息处理者及时删除。

《网络安全法》

第四十三条　个人发现网络运营者违反法律、行政法规的规定或者双方的约定收集、使用其个人信息的，有权要求网络运营者删除其个人信息；发现网络运营者收集、存储的其个人信息有错误的，有权要求网络运营者予以更正。网络运营者应当采取措施予以删除或者更正。

《电子商务法》

第二十四条　电子商务经营者应当明示用户信息查询、更正、删除以及用户注销的方式、程序，不得对用户信息查询、更正、删除以及用户注销设置不合理条件。

电子商务经营者收到用户信息查询或者更正、删除的申请的，应当在核实身份后及时提供查询或者更正、删除用户信息。用户注销的，电子商务经营者应当立即删除该用户的信息；依照法律、行政法规的规定或者双方约定保存的，依照其规定。

《未成年人保护法》

第七十二条　信息处理者通过网络处理未成年人个人信息的，应当遵循合法、正当和必要的原则。处理不满十四周岁未成年人个人信息的，应当征得未成年人的父母或者其他监护人同意，但法律、行政法规另有规定的除外。

未成年人、父母或者其他监护人要求信息处理者更正、删除未成年人个人信息的，信息处理者应当及时采取措施予以更正、删除，但法律、行政法规另有规定的除外。

◎ 行政法规

《征信业管理条例》

第二十五条　信息主体认为征信机构采集、保存、提供的信息存在错误、遗漏的，有权向征信机构或者信息提供者提出异议，要求更正。

征信机构或者信息提供者收到异议，应当按照国务院征信业监督管理部门的规定对相关信息作出存在异议的标注，自收到异议之日起 20 日内进行核查和处理，并将结果书面答复异议人。

经核查，确认相关信息确有错误、遗漏的，信息提供者、征信机构应当予以更正；确认不存在错误、遗漏的，应当取消异议标注；经核查仍不能确认的，对核查情况和异议内容应当予以记载。

◎ 司法解释
《关于公布失信被执行人名单信息的若干规定》

第九条 不应纳入失信被执行人名单的公民、法人或其他组织被纳入失信被执行人名单的，人民法院应当在三个工作日内撤销失信信息。

记载和公布的失信信息不准确的，人民法院应当在三个工作日内更正失信信息。

第十一条 被纳入失信被执行人名单的公民、法人或其他组织认为有下列情形之一的，可以向执行法院申请纠正：

（一）不应将其纳入失信被执行人名单的；

（二）记载和公布的失信信息不准确的；

（三）失信信息应予删除的。

◎ 部门规章
《儿童个人信息网络保护规定》

第十九条 儿童或者其监护人发现网络运营者收集、存储、使用、披露的儿童个人信息有错误的，有权要求网络运营者予以更正。网络运营者应当及时采取措施予以更正。

◎ 部门规范性文件
《互联网个人信息安全保护指南》

6.3 应用

个人信息的应用应满足以下要求：

a）对个人信息的应用，应符合与个人信息主体签署的相关协议和规定，不应超范围应用个人信息；

注：经过处理无法识别特定个人且不能复原的个人信息数据，可以超出与信息主体签署的相关使用协议和约定，但应提供适当的保护措施进行保护。

b）个人信息主体应拥有控制本人信息的权限，包括：

1）允许对本人信息的访问；

2）允许通过适当方法对本人信息的修改或删除，包括纠正不准确和不完整的数据，并保证修改后的本人信息具备真实性和有效性；

c）完全依靠自动化处理的用户画像技术应用于精准营销、搜索结果排序、个性化推送新闻、定向投放广告等增值应用，可事先不经用户明确授权，但应确保用户有反对或者拒绝的权利；

如应用于征信服务、行政司法决策等可能对用户带来法律后果的增值应用，或跨网络运营者使用，应经用户明确授权方可使用其数据；

d）应对个人信息的接触者设置相应的访问控制措施，包括：

1）对被授权访问个人信息数据的工作人员按照最小授权的原则，只能访问最少够用的信息，只具有完成职责所需的最少的数据操作权限；

2）对个人信息的重要操作设置内部审批流程，如批量修改、拷贝、下载等；

3）对特定人员超限制处理个人信息时配置相应的责任人或负责机构进行审批，并对这种行为进行记录。

e）应对必须要通过界面（如显示屏幕、纸面）展示的个人信息进行去标识化的处理。

《App违法违规收集使用个人信息行为认定方法》

六、以下行为可被认定为"未按法律规定提供删除或更正个人信息功能"或"未公布投诉、举报方式等信息"

1. 未提供有效的更正、删除个人信息及注销用户账号功能；

2. 为更正、删除个人信息或注销用户账号设置不必要或不合理条件；

3. 虽提供了更正、删除个人信息及注销用户账号功能，但未及时响应用

户相应操作，需人工处理的，未在承诺时限内（承诺时限不得超过15个工作日，无承诺时限的，以15个工作日为限）完成核查和处理；

4. 更正、删除个人信息或注销用户账号等用户操作已执行完毕，但App后台并未完成的；

5. 未建立并公布个人信息安全投诉、举报渠道，或未在承诺时限内（承诺时限不得超过15个工作日，无承诺时限的，以15个工作日为限）受理并处理的。

> **权威案例**

◎ **典型案例**

债务人诉金融机构名誉侵权案【民法典颁布后人格权司法保护典型民事案例之六（2022年4月11日）】

典型意义：近年来，金融机构怠于核查、更正债务人信用记录引发的名誉权纠纷案件渐增。本案依法适用民法典关于"信用评价"的相关规定，明确金融机构具有如实记录、准确反映、及时更新用户信用记录的义务，对督促金融机构积极作为，加强日常征信管理，优化信用环境，引导公民增强个人信用意识，合法维护信用权益，具有积极意义。

> **第四十七条　【删除权】**
>
> 　　有下列情形之一的，个人信息处理者应当主动删除个人信息；

个人信息处理者未删除的，个人有权请求删除：

（一）处理目的已实现、无法实现或者为实现处理目的不再必要；

（二）个人信息处理者停止提供产品或者服务，或者保存期限已届满；

（三）个人撤回同意；

（四）个人信息处理者违反法律、行政法规或者违反约定处理个人信息；

（五）法律、行政法规规定的其他情形。

法律、行政法规规定的保存期限未届满，或者删除个人信息从技术上难以实现的，个人信息处理者应当停止除存储和采取必要的安全保护措施之外的处理。

关联法规

◎ **法律**

《民法典》

第一千零三十七条　自然人可以依法向信息处理者查阅或者复制其个人信息；发现信息有错误的，有权提出异议并请求及时采取更正等必要措施。

自然人发现信息处理者违反法律、行政法规的规定或者双方的约定处理其个人信息的，有权请求信息处理者及时删除。

《网络安全法》

第四十三条　个人发现网络运营者违反法律、行政法规的规定或者双方的约定收集、使用其个人信息的，有权要求网络运营者删除其个人信息；发现网络运营者收集、存储的其个人信息有错误的，有权要求网络运营者予以更正。网络运营者应当采取措施予以删除或者更正。

《电子商务法》

第二十四条　电子商务经营者应当明示用户信息查询、更正、删除以及用户注销的方式、程序，不得对用户信息查询、更正、删除以及用户注销设置不合理条件。

电子商务经营者收到用户信息查询或者更正、删除的申请的，应当在核实身份后及时提供查询或者更正、删除用户信息。用户注销的，电子商务经营者应当立即删除该用户的信息；依照法律、行政法规的规定或者双方约定保存的，依照其规定。

《未成年人保护法》

第七十二条　信息处理者通过网络处理未成年人个人信息的，应当遵循合法、正当和必要的原则。处理不满十四周岁未成年人个人信息的，应当征得未成年人的父母或者其他监护人同意，但法律、行政法规另有规定的除外。

未成年人、父母或者其他监护人要求信息处理者更正、删除未成年人个人信息的，信息处理者应当及时采取措施予以更正、删除，但法律、行政法规另有规定的除外。

第七十七条　任何组织或者个人不得通过网络以文字、图片、音视频等形式，对未成年人实施侮辱、诽谤、威胁或者恶意损害形象等网络欺凌行为。

遭受网络欺凌的未成年人及其父母或者其他监护人有权通知网络服务提供者采取删除、屏蔽、断开链接等措施。网络服务提供者接到通知后，应当及时采取必要的措施制止网络欺凌行为，防止信息扩散。

《关于加强网络信息保护的决定》

八、公民发现泄露个人身份、散布个人隐私等侵害其合法权益的网络信息，或者受到商业性电子信息侵扰的，有权要求网络服务提供者删除有关信息或者采取其他必要措施予以制止。

《电子签名法》

第二十四条　电子认证服务提供者应当妥善保存与认证相关的信息，信息保存期限至少为电子签名认证证书失效后五年。

《证券法》

第一百三十七条　证券公司应当建立客户信息查询制度，确保客户能够查询其账户信息、委托记录、交易记录以及其他与接受服务或者购买产品有关的重要信息。

证券公司应当妥善保存客户开户资料、委托记录、交易记录和与内部管理、业务经营有关的各项信息，任何人不得隐匿、伪造、篡改或者毁损。上述信息的保存期限不得少于二十年。

◎ 行政法规

《征信业管理条例》

第十六条　征信机构对个人不良信息的保存期限，自不良行为或者事件终止之日起为5年；超过5年的，应当予以删除。

在不良信息保存期限内，信息主体可以对不良信息作出说明，征信机构应当予以记载。

◎ 司法解释

《关于公布失信被执行人名单信息的若干规定》

第十条　具有下列情形之一的，人民法院应当在三个工作日内删除失信信息：

（一）被执行人已履行生效法律文书确定的义务或人民法院已执行完毕的；

（二）当事人达成执行和解协议且已履行完毕的；

（三）申请执行人书面申请删除失

信信息，人民法院审查同意的；

（四）终结本次执行程序后，通过网络执行查控系统查询被执行人财产两次以上，未发现有可供执行财产，且申请执行人或者其他人未提供有效财产线索的；

（五）因审判监督或破产程序，人民法院依法裁定对失信被执行人中止执行的；

（六）人民法院依法裁定不予执行的；

（七）人民法院依法裁定终结执行的。

有纳入期限的，不适用前款规定。纳入期限届满后三个工作日内，人民法院应当删除失信信息。

依照本条第一款规定删除失信信息后，被执行人具有本规定第一条规定情形之一的，人民法院可以重新将其纳入失信被执行人名单。

依照本条第一款第三项规定删除失信信息后六个月内，申请执行人申请将该被执行人纳入失信被执行人名单的，人民法院不予支持。

第十一条 被纳入失信被执行人名单的公民、法人或其他组织认为有下列情形之一的，可以向执行法院申请纠正：

（一）不应将其纳入失信被执行人名单的；

（二）记载和公布的失信信息不准

确的；

（三）失信信息应予删除的。

◎ **部门规章**

《儿童个人信息网络保护规定》

第二十条 儿童或者其监护人要求网络运营者删除其收集、存储、使用、披露的儿童个人信息的，网络运营者应当及时采取措施予以删除，包括但不限于以下情形：

（一）网络运营者违反法律、行政法规的规定或者双方的约定收集、存储、使用、转移、披露儿童个人信息的；

（二）超出目的范围或者必要期限收集、存储、使用、转移、披露儿童个人信息的；

（三）儿童监护人撤回同意的；

（四）儿童或者其监护人通过注销等方式终止使用产品或者服务的。

第二十三条 网络运营者停止运营产品或者服务的，应当立即停止收集儿童个人信息的活动，删除其持有的儿童个人信息，并将停止运营的通知及时告知儿童监护人。

《汽车数据安全管理若干规定（试行）》

第九条 汽车数据处理者处理敏感个人信息，应当符合以下要求或者符合法律、行政法规和强制性国家标准等其他要求：

（一）具有直接服务于个人的目

的，包括增强行车安全、智能驾驶、导航等；

（二）通过用户手册、车载显示面板、语音以及汽车使用相关应用程序等显著方式告知必要性以及对个人的影响；

（三）应当取得个人单独同意，个人可以自主设定同意期限；

（四）在保证行车安全的前提下，以适当方式提示收集状态，为个人终止收集提供便利；

（五）个人要求删除的，汽车数据处理者应当在十个工作日内删除。

汽车数据处理者具有增强行车安全的目的和充分的必要性，方可收集指纹、声纹、人脸、心律等生物识别特征信息。

◎ **部门规范性文件**
《互联网个人信息安全保护指南》

6.3 应用

个人信息的应用应满足以下要求：

a）对个人信息的应用，应符合与个人信息主体签署的相关协议和规定，不应超范围应用个人信息；

注：经过处理无法识别特定个人且不能复原的个人信息数据，可以超出与信息主体签署的相关使用协议和约定，但应提供适当的保护措施进行保护。

b）个人信息主体应拥有控制本人信息的权限，包括：

1）允许对本人信息的访问；

2）允许通过适当方法对本人信息的修改或删除，包括纠正不准确和不完整的数据，并保证修改后的本人信息具备真实性和有效性；

c）完全依靠自动化处理的用户画像技术应用于精准营销、搜索结果排序、个性化推送新闻、定向投放广告等增值应用，可事先不经用户明确授权，但应确保用户有反对或者拒绝的权利；如应用于征信服务、行政司法决策等可能对用户带来法律后果的增值应用，或跨网络运营者使用，应经用户明确授权方可使用其数据；

d）应对个人信息的接触者设置相应的访问控制措施，包括：

1）对被授权访问个人信息数据的工作人员按照最小授权的原则，只能访问最少够用的信息，只具有完成职责所需的最少的数据操作权限；

2）对个人信息的重要操作设置内部审批流程，如批量修改、拷贝、下载等；

3）对特定人员超限制处理个人信息时配置相应的责任人或负责机构进行审批，并对这种行为进行记录。

e）应对必须要通过界面（如显示屏幕、纸面）展示的个人信息进行去标识化的处理。

6.4 删除

a）个人信息在超过保存时限之后应进行删除，经过处理无法识别特定个人且不能复原的除外；

b）个人信息持有者如有违反法律、行政法规的规定或者双方的约定收集、使用其个人信息时，个人信息主体要求删除其个人信息的，应采取措施予以删除；

c）个人信息相关存储设备，将存储的个人信息数据进行删除之后应采取措施防止通过技术手段恢复；

d）对存储过个人信息的设备在进行新信息的存储时，应将之前的内容全部进行删除；

e）废弃存储设备，应在进行删除后再进行处理。

《App 违法违规收集使用个人信息行为认定方法》

六、以下行为可被认定为"未按法律规定提供删除或更正个人信息功能"或"未公布投诉、举报方式等信息"

1. 未提供有效的更正、删除个人信息及注销用户账号功能；

2. 为更正、删除个人信息或注销用户账号设置不必要或不合理条件；

3. 虽提供了更正、删除个人信息及注销用户账号功能，但未及时响应用户相应操作，需人工处理的，未在承诺时限内（承诺时限不得超过 15 个工作日，无承诺时限的，以 15 个工作日为

限）完成核查和处理；

4. 更正、删除个人信息或注销用户账号等用户操作已执行完毕，但 App 后台并未完成的；

5. 未建立并公布个人信息安全投诉、举报渠道，或未在承诺时限内（承诺时限不得超过 15 个工作日，无承诺时限的，以 15 个工作日为限）受理并处理的。

第四十八条　【要求解释与说明权】

个人有权要求个人信息处理者对其个人信息处理规则进行解释说明。

第四十九条　【死者个人信息保护】

自然人死亡的，其近亲属为了自身的合法、正当利益，可以对死者的相关个人信息行使本章规定的查阅、复制、更正、删除等权利；死者生前另有安排的除外。

关联法规

◎ **法律**

《民法典》

第九百九十四条　死者的姓名、肖像、名誉、荣誉、隐私、遗体等受到侵害的，其配偶、子女、父母有权依法请求行为人承担民事责任；死者没有配偶、子女且父母已经死亡的，其他近亲属有权依法请求行为人承担民事责任。

第一千零四十五条　亲属包括配偶、血亲和姻亲。

配偶、父母、子女、兄弟姐妹、祖父母、外祖父母、孙子女、外孙子女为近亲属。

配偶、父母、子女和其他共同生活的近亲属为家庭成员。

◎ **司法解释**

《关于审理使用人脸识别技术处理个人信息相关民事案件适用法律若干问题的规定》

第十五条　自然人死亡后，信息处理者违反法律、行政法规的规定或者双方的约定处理人脸信息，死者的近亲属依据民法典第九百九十四条请求信息处理者承担民事责任的，适用本规定。

第五十条　【个人信息处理者保障权利行使的义务】

个人信息处理者应当建立便捷的个人行使权利的申请受理和处理机制。拒绝个人行使权利的请求的，应当说明理由。

个人信息处理者拒绝个人行使权利的请求的，个人可以依法向人民法院提起诉讼。

关联法规

◎ **法律**

《网络安全法》

第四十九条　网络运营者应当建立网络信息安全投诉、举报制度，公布投诉、举报方式等信息，及时受理并处理有关网络信息安全的投诉和举报。

网络运营者对网信部门和有关部门依法实施的监督检查，应当予以配合。

《电子商务法》

第五十九条　电子商务经营者应当建立便捷、有效的投诉、举报机制，公开投诉、举报方式等信息，及时受理并处理投诉、举报。

《关于加强网络信息保护的决定》

九、任何组织和个人对窃取或者以其他非法方式获取、出售或者非法向他人提供公民个人电子信息的违法犯罪行为以及其他网络信息违法犯罪行为，有权向有关主管部门举报、控告；接到举报、控告的部门应当依法及时处理。被侵权人可以依法提起诉讼。

◎ 部门规章

《电信和互联网用户个人信息保护规定》

第十二条　电信业务经营者、互联网信息服务提供者应当建立用户投诉处理机制，公布有效的联系方式，接受与用户个人信息保护有关的投诉，并自接到投诉之日起十五日内答复投诉人。

◎ 部门规范性文件

《App违法违规收集使用个人信息行为认定方法》

六、以下行为可被认定为"未按法律规定提供删除或更正个人信息功能"或"未公布投诉、举报方式等信息"

1. 未提供有效的更正、删除个人信息及注销用户账号功能；

2. 为更正、删除个人信息或注销用户账号设置不必要或不合理条件；

3. 虽提供了更正、删除个人信息及注销用户账号功能，但未及时响应用户相应操作，需人工处理的，未在承诺时限内（承诺时限不得超过15个工作日，无承诺时限的，以15个工作日为限）完成核查和处理；

4. 更正、删除个人信息或注销用户账号等用户操作已执行完毕，但App后台并未完成的；

5. 未建立并公布个人信息安全投诉、举报渠道，或未在承诺时限内（承诺时限不得超过15个工作日，无承诺时限的，以15个工作日为限）受理并处理的。

第五章　个人信息处理者的义务

第五十一条　【个人信息安全管理要求】

个人信息处理者应当根据个人信息的处理目的、处理方式、个人信息的种类以及对个人权益的影响、可能存在的安全风险等，采取下列措施确保个人信息处理活动符合法律、行政法规的规定，并防止未经授权的访问以及个人信息泄露、篡改、丢失：

（一）制定内部管理制度和操作规程；

（二）对个人信息实行分类管理；

（三）采取相应的加密、去标识化等安全技术措施；

（四）合理确定个人信息处理的操作权限，并定期对从业人员进行安全教育和培训；

（五）制定并组织实施个人信息安全事件应急预案；

（六）法律、行政法规规定的其他措施。

关联法规

◎ 法律

《网络安全法》

第二十一条　国家实行网络安全等级保护制度。网络运营者应当按照网络安全等级保护制度的要求，履行下列安全保护义务，保障网络免受干扰、破坏或者未经授权的访问，防止网络数据泄露或者被窃取、篡改：

（一）制定内部安全管理制度和操作规程，确定网络安全负责人，落实网络安全保护责任；

（二）采取防范计算机病毒和网络攻击、网络侵入等危害网络安全行为的技术措施；

（三）采取监测、记录网络运行状态、网络安全事件的技术措施，并按照规定留存相关的网络日志不少于六个月；

（四）采取数据分类、重要数据备

份和加密等措施；

（五）法律、行政法规规定的其他义务。

第二十五条　网络运营者应当制定网络安全事件应急预案，及时处置系统漏洞、计算机病毒、网络攻击、网络侵入等安全风险；在发生危害网络安全的事件时，立即启动应急预案，采取相应的补救措施，并按照规定向有关主管部门报告。

第五十三条　国家网信部门协调有关部门建立健全网络安全风险评估和应急工作机制，制定网络安全事件应急预案，并定期组织演练。

负责关键信息基础设施安全保护工作的部门应当制定本行业、本领域的网络安全事件应急预案，并定期组织演练。

网络安全事件应急预案应当按照事件发生后的危害程度、影响范围等因素对网络安全事件进行分级，并规定相应的应急处置措施。

《反电信网络诈骗法》

第二十九条　个人信息处理者应当依照《中华人民共和国个人信息保护法》等法律规定，规范个人信息处理，加强个人信息保护，建立个人信息被用于电信网络诈骗的防范机制。

履行个人信息保护职责的部门、单位对可能被电信网络诈骗利用的物流信

息、交易信息、贷款信息、医疗信息、婚介信息等实施重点保护。公安机关办理电信网络诈骗案件，应当同时查证犯罪所利用的个人信息来源，依法追究相关人员和单位责任。

《数据安全法》

第二十一条　国家建立数据分类分级保护制度，根据数据在经济社会发展中的重要程度，以及一旦遭到篡改、破坏、泄露或者非法获取、非法利用，对国家安全、公共利益或者个人、组织合法权益造成的危害程度，对数据实行分类分级保护。国家数据安全工作协调机制统筹协调有关部门制定重要数据目录，加强对重要数据的保护。

关系国家安全、国民经济命脉、重要民生、重大公共利益等数据属于国家核心数据，实行更加严格的管理制度。

各地区、各部门应当按照数据分类分级保护制度，确定本地区、本部门以及相关行业、领域的重要数据具体目录，对列入目录的数据进行重点保护。

第二十二条　国家建立集中统一、高效权威的数据安全风险评估、报告、信息共享、监测预警机制。国家数据安全工作协调机制统筹协调有关部门加强数据安全风险信息的获取、分析、研判、预警工作。

第二十三条　国家建立数据安全应急处置机制。发生数据安全事件，有关

主管部门应当依法启动应急预案，采取相应的应急处置措施，防止危害扩大，消除安全隐患，并及时向社会发布与公众有关的警示信息。

第二十七条　开展数据处理活动应当依照法律、法规的规定，建立健全全流程数据安全管理制度，组织开展数据安全教育培训，采取相应的技术措施和其他必要措施，保障数据安全。利用互联网等信息网络开展数据处理活动，应当在网络安全等级保护制度的基础上，履行上述数据安全保护义务。

重要数据的处理者应当明确数据安全负责人和管理机构，落实数据安全保护责任。

《未成年人保护法》

第七十八条　网络产品和服务提供者应当建立便捷、合理、有效的投诉和举报渠道，公开投诉、举报方式等信息，及时受理并处理涉及未成年人的投诉、举报。

第七十九条　任何组织或者个人发现网络产品、服务含有危害未成年人身心健康的信息，有权向网络产品和服务提供者或者网信、公安等部门投诉、举报。

《消费者权益保护法》

第二十九条　经营者收集、使用消费者个人信息，应当遵循合法、正当、必要的原则，明示收集、使用信息的目的、方式和范围，并经消费者同意。经营者收集、使用消费者个人信息，应当公开其收集、使用规则，不得违反法律、法规的规定和双方的约定收集、使用信息。

经营者及其工作人员对收集的消费者个人信息必须严格保密，不得泄露、出售或者非法向他人提供。经营者应当采取技术措施和其他必要措施，确保信息安全，防止消费者个人信息泄露、丢失。在发生或者可能发生信息泄露、丢失的情况时，应当立即采取补救措施。

经营者未经消费者同意或者请求，或者消费者明确表示拒绝的，不得向其发送商业性信息。

◎ 党内法规

《关于做好个人信息保护利用大数据支撑联防联控工作的通知》

4. 收集或掌握个人信息的机构要对个人信息的安全保护负责，采取严格的管理和技术防护措施，防止被窃取、被泄露。

◎ 行政法规

《计算机信息网络国际联网管理暂行规定》

第十二条　互联单位与接入单位，应当负责本单位及其用户有关国际联网的技术培训和管理教育工作。

《计算机信息网络国际联网安全保护管理办法》

第十条 互联单位、接入单位及使用计算机信息网络国际联网的法人和其他组织应当履行下列安全保护职责：

（一）负责本网络的安全保护管理工作，建立健全安全保护管理制度；

（二）落实安全保护技术措施，保障本网络的运行安全和信息安全；

（三）负责对本网络用户的安全教育和培训；

（四）对委托发布信息的单位和个人进行登记，并对所提供的信息内容按照本办法第五条进行审核；

（五）建立计算机信息网络电子公告系统的用户登记和信息管理制度；

（六）发现有本办法第四条、第五条、第六条、第七条所列情形之一的，应当保留有关原始记录，并在24小时内向当地公安机关报告；

（七）按照国家有关规定，删除本网络中含有本办法第五条内容的地址、目录或者关闭服务器。

《征信业管理条例》

第十五条 信息提供者向征信机构提供个人不良信息，应当事先告知信息主体本人。但是，依照法律、行政法规规定公开的不良信息除外。

第二十二条 征信机构应当按照国务院征信业监督管理部门的规定，建立健全和严格执行保障信息安全的规章制度，并采取有效技术措施保障信息安全。

经营个人征信业务的征信机构应当对其工作人员查询个人信息的权限和程序作出明确规定，对工作人员查询个人信息的情况进行登记，如实记载查询工作人员的姓名，查询的时间、内容及用途。工作人员不得违反规定的权限和程序查询信息，不得泄露工作中获取的信息。

《电信条例》

第五十九条 电信业务经营者应当按照国家有关电信安全的规定，建立健全内部安全保障制度，实行安全保障责任制。

《关键信息基础设施安全保护条例》

第十五条 专门安全管理机构具体负责本单位的关键信息基础设施安全保护工作，履行下列职责：

（一）建立健全网络安全管理、评价考核制度，拟订关键信息基础设施安全保护计划；

（二）组织推动网络安全防护能力建设，开展网络安全监测、检测和风险评估；

（三）按照国家及行业网络安全事件应急预案，制定本单位应急预案，定期开展应急演练，处置网络安全事件；

（四）认定网络安全关键岗位，组织开展网络安全工作考核，提出奖励和惩处建议；

（五）组织网络安全教育、培训；

（六）履行个人信息和数据安全保护责任，建立健全个人信息和数据安全保护制度；

（七）对关键信息基础设施设计、建设、运行、维护等服务实施安全管理；

（八）按照规定报告网络安全事件和重要事项。

第十六条　运营者应当保障专门安全管理机构的运行经费、配备相应的人员，开展与网络安全和信息化有关的决策应当有专门安全管理机构人员参与。

第十七条　运营者应当自行或者委托网络安全服务机构对关键信息基础设施每年至少进行一次网络安全检测和风险评估，对发现的安全问题及时整改，并按照保护工作部门要求报送情况。

◎ **司法解释**

《关于审理侵犯商业秘密民事案件适用法律若干问题的规定》

第六条　具有下列情形之一，在正常情况下足以防止商业秘密泄露的，人民法院应当认定权利人采取了相应保密措施：

（一）签订保密协议或者在合同中约定保密义务的；

（二）通过章程、培训、规章制度、书面告知等方式，对能够接触、获取商业秘密的员工、前员工、供应商、客户、来访者等提出保密要求的；

（三）对涉密的厂房、车间等生产经营场所限制来访者或者进行区分管理的；

（四）以标记、分类、隔离、加密、封存、限制能够接触或者获取的人员范围等方式，对商业秘密及其载体进行区分和管理的；

（五）对能够接触、获取商业秘密的计算机设备、电子设备、网络设备、存储设备、软件等，采取禁止或者限制使用、访问、存储、复制等措施的；

（六）要求离职员工登记、返还、清除、销毁其接触或者获取的商业秘密及其载体，继续承担保密义务的；

（七）采取其他合理保密措施的。

《关于审理使用人脸识别技术处理个人信息相关民事案件适用法律若干问题的规定》

第二条　信息处理者处理人脸信息有下列情形之一的，人民法院应当认定属于侵害自然人人格权益的行为：

（一）在宾馆、商场、银行、车站、机场、体育场馆、娱乐场所等经营场所、公共场所违反法律、行政法规的规定使用人脸识别技术进行人脸验证、辨识或者分析；

（二）未公开处理人脸信息的规则或者未明示处理的目的、方式、范围；

（三）基于个人同意处理人脸信息

的，未征得自然人或者其监护人的单独同意，或者未按照法律、行政法规的规定征得自然人或者其监护人的书面同意；

（四）违反信息处理者明示或者双方约定的处理人脸信息的目的、方式、范围等；

（五）未采取应有的技术措施或者其他必要措施确保其收集、存储的人脸信息安全，致使人脸信息泄露、篡改、丢失；

（六）违反法律、行政法规的规定或者双方的约定，向他人提供人脸信息；

（七）违背公序良俗处理人脸信息；

（八）违反合法、正当、必要原则处理人脸信息的其他情形。

◎ 部门规章

《个人信用信息基础数据库管理暂行办法》

第八条 征信服务中心应当建立完善的规章制度和采取先进的技术手段确保个人信用信息安全。

第二十六条 商业银行应当根据中国人民银行的有关规定，制定相关信用信息报送、查询、使用、异议处理、安全管理等方面的内部管理制度和操作规程，并报中国人民银行备案。

第二十七条 商业银行应当建立用户管理制度，明确管理员用户、数据上报用户和信息查询用户的职责及操作规程。

商业银行管理员用户、数据上报用户和查询用户不得互相兼职。

《互联网安全保护技术措施规定》

第三条 互联网服务提供者、联网使用单位负责落实互联网安全保护技术措施，并保障互联网安全保护技术措施功能的正常发挥。

第四条 互联网服务提供者、联网使用单位应当建立相应的管理制度。未经用户同意不得公开、泄露用户注册信息，但法律、法规另有规定的除外。

互联网服务提供者、联网使用单位应当依法使用互联网安全保护技术措施，不得利用互联网安全保护技术措施侵犯用户的通信自由和通信秘密。

第七条 互联网服务提供者和联网使用单位应当落实以下互联网安全保护技术措施：

（一）防范计算机病毒、网络入侵和攻击破坏等危害网络安全事项或者行为的技术措施；

（二）重要数据库和系统主要设备的冗灾备份措施；

（三）记录并留存用户登录和退出时间、主叫号码、账号、互联网地址或域名、系统维护日志的技术措施；

（四）法律、法规和规章规定应当落实的其他安全保护技术措施。

第八条　提供互联网接入服务的单位除落实本规定第七条规定的互联网安全保护技术措施外，还应当落实具有以下功能的安全保护技术措施：

（一）记录并留存用户注册信息；

（二）使用内部网络地址与互联网网络地址转换方式为用户提供接入服务的，能够记录并留存用户使用的互联网网络地址和内部网络地址对应关系；

（三）记录、跟踪网络运行状态，监测、记录网络安全事件等安全审计功能。

第九条　提供互联网信息服务的单位除落实本规定第七条规定的互联网安全保护技术措施外，还应当落实具有以下功能的安全保护技术措施：

（一）在公共信息服务中发现、停止传输违法信息，并保留相关记录；

（二）提供新闻、出版以及电子公告等服务的，能够记录并留存发布的信息内容及发布时间；

（三）开办门户网站、新闻网站、电子商务网站的，能够防范网站、网页被篡改，被篡改后能够自动恢复；

（四）开办电子公告服务的，具有用户注册信息和发布信息审计功能；

（五）开办电子邮件和网上短信息服务的，能够防范、清除以群发方式发送伪造、隐匿信息发送者真实标记的电子邮件或者短信息。

第十条　提供互联网数据中心服务的单位和联网使用单位除落实本规定第七条规定的互联网安全保护技术措施外，还应当落实具有以下功能的安全保护技术措施：

（一）记录并留存用户注册信息；

（二）在公共信息服务中发现、停止传输违法信息，并保留相关记录；

（三）联网使用单位使用内部网络地址与互联网网络地址转换方式向用户提供接入服务的，能够记录并留存用户使用的互联网网络地址和内部网络地址对应关系。

《规范互联网信息服务市场秩序若干规定》

第十四条　互联网信息服务提供者应当以显著的方式公布有效联系方式，接受用户及其他互联网信息服务提供者的投诉，并自接到投诉之日起十五日内作出答复。

《电话用户真实身份信息登记规定》

第十二条　电信业务经营者应当建立健全用户真实身份信息保密管理制度。

电信业务经营者及其工作人员对在提供服务过程中登记的用户真实身份信息应当严格保密，不得泄露、篡改或者毁损，不得出售或者非法向他人提供，不得用于提供服务之外的目的。

第十五条　电信业务经营者应当对

其电话用户真实身份信息登记和保护情况每年至少进行一次自查，并对其工作人员进行电话用户真实身份信息登记和保护相关知识、技能和安全责任培训。

《电信和互联网用户个人信息保护规定》

第六条　电信业务经营者、互联网信息服务提供者对其在提供服务过程中收集、使用的用户个人信息的安全负责。

第十二条　电信业务经营者、互联网信息服务提供者应当建立用户投诉处理机制，公布有效的联系方式，接受与用户个人信息保护有关的投诉，并自接到投诉之日起十五日内答复投诉人。

第十三条　电信业务经营者、互联网信息服务提供者应采取以下措施防止用户个人信息泄露、毁损、篡改或者丢失：

（一）确定各部门、岗位和分支机构的用户个人信息安全管理责任；

（二）建立用户个人信息收集、使用及其相关活动的工作流程和安全管理制度；

（三）对工作人员及代理人实行权限管理，对批量导出、复制、销毁信息实行审查，并采取防泄密措施；

（四）妥善保管记录用户个人信息的纸介质、光介质、电磁介质等载体，并采取相应的安全储存措施；

（五）对储存用户个人信息的信息系统实行接入审查，并采取防入侵、防病毒等措施；

（六）记录对用户个人信息进行操作的人员、时间、地点、事项等信息；

（七）按照电信管理机构的规定开展通信网络安全防护工作；

（八）电信管理机构规定的其他必要措施。

第十五条　电信业务经营者、互联网信息服务提供者应当对其工作人员进行用户个人信息保护相关知识、技能和安全责任培训。

第十六条　电信业务经营者、互联网信息服务提供者应当对用户个人信息保护情况每年至少进行一次自查，记录自查情况，及时消除自查中发现的安全隐患。

《网络出版服务管理规定》

第三十一条　网络出版服务单位应当按照国家有关规定或技术标准，配备应用必要的设备和系统，建立健全各项管理制度，保障信息安全、内容合法，并为出版行政主管部门依法履行监督管理职责提供技术支持。

《互联网新闻信息服务管理规定》

第十三条　互联网新闻信息服务提供者为用户提供互联网新闻信息传播平台服务，应当按照《中华人民共和国网络安全法》的规定，要求用户提供真实身份信息。用户不提供真实身份信息的，互联网新闻信息服务提供者不得为其提供相关服务。

互联网新闻信息服务提供者对用户身份信息和日志信息负有保密的义务，不得泄露、篡改、毁损，不得出售或非法向他人提供。

互联网新闻信息服务提供者及其从业人员不得通过采编、发布、转载、删除新闻信息，干预新闻信息呈现或搜索结果等手段谋取不正当利益。

第十八条　互联网新闻信息服务提供者应当在明显位置明示互联网新闻信息服务许可证编号。

互联网新闻信息服务提供者应当自觉接受社会监督，建立社会投诉举报渠道，设置便捷的投诉举报入口，及时处理公众投诉举报。

《电信业务经营许可管理办法》

第二十六条　电信业务经营者应当按照国家和电信管理机构的规定，明确相应的网络与信息安全管理机构和专职网络与信息安全管理人员，建立网络与信息安全保障、网络安全防护、违法信息监测处置、新业务安全评估、网络安全监测预警、突发事件应急处置、用户信息安全保护等制度，并具备相应的技术保障措施。

《互联网域名管理办法》

第十条　申请设立域名根服务器及

域名根服务器运行机构的，应当具备以下条件：

（一）域名根服务器设置在境内，并且符合互联网发展相关规划及域名系统安全稳定运行要求；

（二）是依法设立的法人，该法人及其主要出资者、主要经营管理人员具有良好的信用记录；

（三）具有保障域名根服务器安全可靠运行的场地、资金、环境、专业人员和技术能力以及符合电信管理机构要求的信息管理系统；

（四）具有健全的网络与信息安全保障措施，包括管理人员、网络与信息安全管理制度、应急处置预案和相关技术、管理措施等；

（五）具有用户个人信息保护能力、提供长期服务的能力及健全的服务退出机制；

（六）法律、行政法规规定的其他条件。

第十一条　申请设立域名注册管理机构的，应当具备以下条件：

（一）域名管理系统设置在境内，并且持有的顶级域名符合相关法律法规及域名系统安全稳定运行要求；

（二）是依法设立的法人，该法人及其主要出资者、主要经营管理人员具有良好的信用记录；

（三）具有完善的业务发展计划和

技术方案以及与从事顶级域名运行管理相适应的场地、资金、专业人员以及符合电信管理机构要求的信息管理系统；

（四）具有健全的网络与信息安全保障措施，包括管理人员、网络与信息安全管理制度、应急处置预案和相关技术、管理措施等；

（五）具有进行真实身份信息核验和用户个人信息保护的能力、提供长期服务的能力及健全的服务退出机制；

（六）具有健全的域名注册服务管理制度和对域名注册服务机构的监督机制；

（七）法律、行政法规规定的其他条件。

第十二条 申请设立域名注册服务机构的，应当具备以下条件：

（一）在境内设置域名注册服务系统、注册数据库和相应的域名解析系统；

（二）是依法设立的法人，该法人及其主要出资者、主要经营管理人员具有良好的信用记录；

（三）具有与从事域名注册服务相适应的场地、资金和专业人员以及符合电信管理机构要求的信息管理系统；

（四）具有进行真实身份信息核验和用户个人信息保护的能力、提供长期服务的能力及健全的服务退出机制；

（五）具有健全的域名注册服务管

理制度和对域名注册代理机构的监督机制；

（六）具有健全的网络与信息安全保障措施，包括管理人员、网络与信息安全管理制度、应急处置预案和相关技术、管理措施等；

（七）法律、行政法规规定的其他条件。

第三十五条 域名注册管理机构和域名注册服务机构应当设立投诉受理机制，并在其网站首页和经营场所显著位置公布投诉受理方式。

域名注册管理机构和域名注册服务机构应当及时处理投诉；不能及时处理的，应当说明理由和处理时限。

第三十六条 提供域名解析服务，应当遵守有关法律、法规、标准，具备相应的技术、服务和网络与信息安全保障能力，落实网络与信息安全保障措施，依法记录并留存域名解析日志、维护日志和变更记录，保障解析服务质量和解析系统安全。涉及经营电信业务的，应当依法取得电信业务经营许可。

第三十七条 提供域名解析服务，不得擅自篡改解析信息。

任何组织或者个人不得恶意将域名解析指向他人的 IP 地址。

第四十一条 域名根服务器运行机构、域名注册管理机构和域名注册服务机构应当遵守国家相关法律、法规和标准，落实网络与信息安全保障措施，配置必要的网络通信应急设备，建立健全网络与信息安全监测技术手段和应急制度。域名系统出现网络与信息安全事件时，应当在 24 小时内向电信管理机构报告。

因国家安全和处置紧急事件的需要，域名根服务器运行机构、域名注册管理机构和域名注册服务机构应当服从电信管理机构的统一指挥与协调，遵守电信管理机构的管理要求。

《区块链信息服务管理规定》

第十八条 区块链信息服务提供者应当配合网信部门依法实施的监督检查，并提供必要的技术支持和协助。

区块链信息服务提供者应当接受社会监督，设置便捷的投诉举报入口，及时处理公众投诉举报。

《儿童个人信息网络保护规定》

第十三条 网络运营者应当采取加密等措施存储儿童个人信息，确保信息安全。

第十五条 网络运营者对其工作人员应当以最小授权为原则，严格设定信息访问权限，控制儿童个人信息知悉范围。工作人员访问儿童个人信息的，应当经过儿童个人信息保护负责人或者其授权的管理人员审批，记录访问情况，并采取技术措施，避免违法复制、下载儿童个人信息。

《中国人民银行金融消费者权益保护实施办法》

第三十三条 银行、支付机构应当建立以分级授权为核心的消费者金融信息使用管理制度，根据消费者金融信息的重要性、敏感度及业务开展需要，在不影响本机构履行反洗钱等法定义务的前提下，合理确定本机构工作人员调取信息的范围、权限，严格落实信息使用授权审批程序。

《互联网保险业务监管办法》

第三十八条 保险机构应承担客户信息保护的主体责任，收集、处理及使用个人信息应遵循合法、正当、必要的原则，保证信息收集、处理及使用的安全性和合法性：

（一）建立客户信息保护制度，明确数据安全责任人，构建覆盖全生命周期的客户信息保护体系，防范信息泄露。

（二）督促提供技术支持、客户服务等服务的合作机构建立有效的客户信息保护制度，在合作协议中明确约定客户信息保护责任，保障客户信息安全，明确约定合作机构不得限制保险机构获取客户投保信息，不得限制保险机构获取能够验证客户真实身份的相关信息。

（三）保险机构收集、处理及使用个人信息，应征得客户同意，获得客户授权。未经客户同意或授权，保险机构不得将客户信息用于所提供保险服务之外的用途，法律法规另有规定的除外。

《网络招聘服务管理规定》

第二十一条　人力资源服务机构从事网络招聘服务时收集、使用其用户个人信息，应当遵守法律、行政法规有关个人信息保护的规定。

人力资源服务机构应当建立健全网络招聘服务用户信息保护制度，不得泄露、篡改、毁损或者非法出售、非法向他人提供其收集的个人公民身份号码、年龄、性别、住址、联系方式和用人单位经营状况等信息。

人力资源服务机构应当对网络招聘服务用户信息保护情况每年至少进行一次自查，记录自查情况，及时消除自查中发现的安全隐患。

第二十三条　从事网络招聘服务的人力资源服务机构应当建立网络招聘服务有关投诉、举报制度，健全便捷有效的投诉、举报机制，公开有效的联系方式，及时受理并处理有关投诉、举报。

《汽车数据安全管理若干规定（试行）》

第十七条　汽车数据处理者开展汽车数据处理活动，应当建立投诉举报渠道，设置便捷的投诉举报入口，及时处理用户投诉举报。

开展汽车数据处理活动造成用户合法权益或者公共利益受到损害的，汽车数据处理者应当依法承担相应责任。

《互联网信息服务算法推荐管理规定》

第六条　算法推荐服务提供者应当坚持主流价值导向，优化算法推荐服务机制，积极传播正能量，促进算法应用向上向善。

算法推荐服务提供者不得利用算法推荐服务从事危害国家安全和社会公共利益、扰乱经济秩序和社会秩序、侵犯他人合法权益等法律、行政法规禁止的活动，不得利用算法推荐服务传播法律、行政法规禁止的信息，应当采取措施防范和抵制传播不良信息。

第七条　算法推荐服务提供者应当落实算法安全主体责任，建立健全算法机制机理审核、科技伦理审查、用户注册、信息发布审核、数据安全和个人信息保护、反电信网络诈骗、安全评估监测、安全事件应急处置等管理制度和技术措施，制定并公开算法推荐服务相关规则，配备与算法推荐服务规模相适应的专业人员和技术支撑。

第八条　算法推荐服务提供者应当定期审核、评估、验证算法机制机理、模型、数据和应用结果等，不得设置诱导用户沉迷、过度消费等违反法律法规或者违背伦理道德的算法模型。

第九条　算法推荐服务提供者应当加强信息安全管理，建立健全用于识别违法和不良信息的特征库，完善入库标准、规则和程序。发现未作显著标识的算法生成合成信息的，应当作出显著标识后，方可继续传输。

发现违法信息的，应当立即停止传输，采取消除等处置措施，防止信息扩散，保存有关记录，并向网信部门和有关部门报告。发现不良信息的，应当按照网络信息内容生态治理有关规定予以处置。

第十条　算法推荐服务提供者应当加强用户模型和用户标签管理，完善记入用户模型的兴趣点规则和用户标签管理规则，不得将违法和不良信息关键词记入用户兴趣点或者作为用户标签并据以推送信息。

第十一条　算法推荐服务提供者应当加强算法推荐服务版面页面生态管理，建立完善人工干预和用户自主选择机制，在首页首屏、热搜、精选、榜单类、弹窗等重点环节积极呈现符合主流价值导向的信息。

第十二条　鼓励算法推荐服务提供者综合运用内容去重、打散干预等策略，并优化检索、排序、选择、推送、展示等规则的透明度和可解释性，避免对用户产生不良影响，预防和减少争议纠纷。

第二十二条　算法推荐服务提供者应当设置便捷有效的用户申诉和公众投诉、举报入口，明确处理流程和反馈时限，及时受理、处理并反馈处理结果。

《互联网用户账号信息管理规定》

第十四条　互联网信息服务提供者应当履行互联网用户账号信息管理主体责任，配备与服务规模相适应的专业人员和技术能力，建立健全并严格落实真实身份信息认证、账号信息核验、信息内容安全、生态治理、应急处置、个人信息保护等管理制度。

第十六条　互联网信息服务提供者应当依法保护和处理互联网用户账号信息中的个人信息，并采取措施防止未经授权的访问以及个人信息泄露、篡改、丢失。

第十九条　互联网信息服务提供者应当在显著位置设置便捷的投诉举报入口，公布投诉举报方式，健全受理、甄别、处置、反馈等机制，明确处理流程和反馈时限，及时处理用户和公众投诉举报。

《互联网信息服务深度合成管理规定》

第七条　深度合成服务提供者应当落实信息安全主体责任，建立健全用户注册、算法机制机理审核、科技伦理审查、信息发布审核、数据安全、个人信息保护、反电信网络诈骗、应急处置等管理制度，具有安全可控的技术保障措施。

第八条　深度合成服务提供者应当制定和公开管理规则、平台公约，完善服务协议，依法依约履行管理责任，以显著方式提示深度合成服务技术支持者和使用者承担信息安全义务。

第九条 深度合成服务提供者应当基于移动电话号码、身份证件号码、统一社会信用代码或者国家网络身份认证公共服务等方式，依法对深度合成服务使用者进行真实身份信息认证，不得向未进行真实身份信息认证的深度合成服务使用者提供信息发布服务。

第十条 深度合成服务提供者应当加强深度合成内容管理，采取技术或者人工方式对深度合成服务使用者的输入数据和合成结果进行审核。

深度合成服务提供者应当建立健全用于识别违法和不良信息的特征库，完善入库标准、规则和程序，记录并留存相关网络日志。

深度合成服务提供者发现违法和不良信息的，应当依法采取处置措施，保存有关记录，及时向网信部门和有关主管部门报告；对相关深度合成服务使用者依法依约采取警示、限制功能、暂停服务、关闭账号等处置措施。

第十一条 深度合成服务提供者应当建立健全辟谣机制，发现利用深度合成服务制作、复制、发布、传播虚假信息的，应当及时采取辟谣措施，保存有关记录，并向网信部门和有关主管部门报告。

第十二条 深度合成服务提供者应当设置便捷的用户申诉和公众投诉、举报入口，公布处理流程和反馈时限，及时受理、处理和反馈处理结果。

第十三条 互联网应用商店等应用程序分发平台应当落实上架审核、日常管理、应急处置等安全管理责任，核验深度合成类应用程序的安全评估、备案等情况；对违反国家有关规定的，应当及时采取不予上架、警示、暂停服务或者下架等处置措施。

《生成式人工智能服务管理暂行办法》

第九条 提供者应当依法承担网络信息内容生产者责任，履行网络信息安全义务。涉及个人信息的，依法承担个人信息处理者责任，履行个人信息保护义务。

提供者应当与注册其服务的生成式人工智能服务使用者（以下称使用者）签订服务协议，明确双方权利义务。

◎ **部门规范性文件**

《即时通信工具公众信息服务发展管理暂行规定》

第五条 即时通信工具服务提供者应当落实安全管理责任，建立健全各项制度，配备与服务规模相适应的专业人员，保护用户信息及公民个人隐私，自觉接受社会监督，及时处理公众举报的违法和不良信息。

《互联网信息搜索服务管理规定》

第六条 互联网信息搜索服务提供者应当落实主体责任，建立健全信息审核、公共信息实时巡查、应急处置及个人信息保护等信息安全管理制度，具有安全可控的防范措施，为有关部门依法履行职责提供必要的技术支持。

第十二条　互联网信息搜索服务提供者应当建立健全公众投诉、举报和用户权益保护制度，在显著位置公布投诉、举报方式，主动接受公众监督，及时处理公众投诉、举报，依法承担对用户权益造成损害的赔偿责任。

《互联网论坛社区服务管理规定》

第八条　互联网论坛社区服务提供者应当按照"后台实名、前台自愿"的原则，要求用户通过真实身份信息认证后注册账号，并对版块发起者和管理者实施真实身份信息备案、定期核验等。用户不提供真实身份信息的，互联网论坛社区服务提供者不得为其提供信息发布服务。

互联网论坛社区服务提供者应当加强对注册用户虚拟身份信息、版块名称简介等的审核管理，不得出现法律法规和国家有关规定禁止的内容。

互联网论坛社区服务提供者应当保护用户身份信息，不得泄露、篡改、毁损，不得非法出售或者非法向他人提供。

《互联网群组信息服务管理规定》

第六条　互联网群组信息服务提供者应当按照"后台实名、前台自愿"

的原则，对互联网群组信息服务使用者进行真实身份信息认证，用户不提供真实身份信息的，不得为其提供信息发布服务。

互联网群组信息服务提供者应当采取必要措施保护使用者个人信息安全，不得泄露、篡改、毁损，不得非法出售或者非法向他人提供。

第十一条　互联网群组信息服务提供者应当对违反法律法规和国家有关规定的互联网群组，依法依约采取警示整改、暂停发布、关闭群组等处置措施，保存有关记录，并向有关主管部门报告。

互联网群组信息服务提供者应当对违反法律法规和国家有关规定的群组建立者、管理者等使用者，依法依约采取降低信用等级、暂停管理权限、取消建群资格等管理措施，保存有关记录，并向有关主管部门报告。

互联网群组信息服务提供者应当建立黑名单管理制度，对违法违约情节严重的群组及建立者、管理者和成员纳入黑名单，限制群组服务功能，保存有关记录，并向有关主管部门报告。

第十二条　互联网群组信息服务提供者和使用者应当接受社会公众和行业组织的监督，建立健全投诉举报渠道，设置便捷举报入口，及时处理投诉举报。国家和地方互联网信息办公室依据职责，对举报受理落实情况进行监督检查。

鼓励互联网行业组织指导推动互联网群组信息服务提供者制定行业公约，加强行业自律，履行社会责任。

《微博客信息服务管理规定》

第七条 微博客服务提供者应当按照"后台实名、前台自愿"的原则，对微博客服务使用者进行基于组织机构代码、身份证件号码、移动电话号码等方式的真实身份信息认证、定期核验。微博客服务使用者不提供真实身份信息的，微博客服务提供者不得为其提供信息发布服务。

微博客服务提供者应当保障微博客服务使用者的信息安全，不得泄露、篡改、毁损，不得出售或者非法向他人提供

《互联网个人信息安全保护指南》

4 管理机制

4.1 基本要求

个人信息处理系统的安全管理要求应满足 GB/T 22239 相应等级的要求。

4.2 管理制度

4.2.1 管理制度内容

a）应制定个人信息保护的总体方针和安全策略等相关规章制度和文件，其中包括本机构的个人信息保护工作的目标、范围、原则和安全框架等相关说明；

b）应制定工作人员对个人信息日常管理的操作规程；

c）应建立个人信息管理制度体系，其中包括安全策略、管理制度、操作规程和记录表单；

d）应制定个人信息安全事件应急预案。

4.2.2 管理制度制定发布

a）应指定专门的部门或人员负责安全管理制度的制定；

b）应明确安全管理制度的制定程序和发布方式，对制定的安全管理制度进行论证和审定，并形成论证和评审记录；

c）应明确管理制度的发布范围，并对发文及确认情况进行登记记录。

4.2.3 管理制度执行落实

a）应对相关制度执行情况进行审批登记；

b）应保存记录文件，确保实际工作流程与相关的管理制度内容相同；

c）应定期汇报总结管理制度执行情况。

4.2.4 管理制度评审改进

a）应定期对安全管理制度进行评审，存在不足或需要改进的予以修订；

b）安全管理制度评审应形成记录，如果对制度做过修订，应更新所有下发的相关安全管理制度。

4.3 管理机构

4.3.1 管理机构的岗位设置

a) 应设置指导和管理个人信息保护的工作机构，明确定义机构的职责；

b) 应由最高管理者或授权专人负责个人信息保护的工作；

c) 应明确设置安全主管、安全管理各个方面的负责人，设立审计管理员和安全管理员等岗位，清晰、明确定义其职责范围。

4.3.2 管理机构的人员配置

a) 应明确安全管理岗位人员的配备，包括数量、专职还是兼职情况等；配备负责数据保护的专门人员；

b) 应建立安全管理岗位人员信息表，登记机房管理员、系统管理员、数据库管理员、网络管理员、审计管理员、安全管理员等重要岗位人员的信息，审计管理员和安全管理员不应兼任网络管理员、系统管理员、数据库管理员、数据操作员等岗位。

4.4 管理人员

4.4.1 管理人员的录用

a) 应设立专门的部门或人员负责人员的录用工作；

b) 应明确人员录用时对人员的条件要求，对被录用人的身份、背景和专业资格进行审查，对技术人员的技术技能进行考核；

c) 录用后应签署相应的针对个人信息的保密协议；

d) 应建立管理文档，说明录用人员应具备的条件（如学历、学位要求，技术人员应具备的专业技术水平，管理人员应具备的安全管理知识等）；

e) 应记录录用人身份、背景和专业资格等，记录审查内容和审查结果等；

f) 应记录录用人录用时的技能考核文档或记录，记录考核内容和考核结果等；

g) 应签订保密协议，其中包括保密范围、保密责任、违约责任、协议的有效期限和责任人签字等内容。

4.4.2 管理人员的离岗

a) 人员离岗时应办理调离手续，签署调离后个人信息保密义务的承诺书，防范内部员工、管理员因工作原因非法持有、披露和使用个人信息；

b) 应对即将离岗人员具有控制方法，及时终止离岗人员的所有访问权限，取回其身份认证的配件，诸如身份证件、钥匙、徽章以及机构提供的软硬件设备；采用生理特征进行访问控制的，需要及时删除生理特征录入的相关信息；

c) 应形成对离岗人员的安全处理记录（如交还身份证件、设备等的登记记录）；

d) 应具有按照离职程序办理调离手续的记录。

4.4.3 管理人员的考核

a）应设立专人负责定期对接触个人信息数据工作的工作人员进行全面、严格的安全审查、意识考核和技能考核；

b）应按照考核周期形成考核文档，被考核人员应包括各个岗位的人员；

c）应对违反违背制定的安全策略和规定的人员进行惩戒；

d）应定期考查安全管理员、系统管理员和网络管理员其对工作相关的信息安全基础知识、安全责任和惩戒措施、相关法律法规等的理解程度，并对考核记录进行记录存档。

4.4.4 管理人员的教育培训

a）应制定培训计划并按计划对各岗位员工进行基本的安全意识教育培训和岗位技能培训；

b）应制定安全教育和培训计划文档，明确培训方式、培训对象、培训内容、培训时间和地点等，培训内容包含信息安全基础知识、岗位操作规程等；

c）应形成安全教育和培训记录，记录包含培训人员、培训内容、培训结果等。

4.4.5 外部人员访问

a）应建立关于物理环境的外部人员访问的安全措施：

1）制定外部人员允许访问的设备、区域和信息的规定；

2）外部人员访问前需要提出书面申请并获得批准；

3）外部人员访问被批准后应有专人全程陪同或监督，并进行全程监控录像；

4）外部人员访问情况应登记备案。

b）应建立关于网络通道的外部人员访问的安全措施：

1）制定外部人员允许接入受控网络访问系统的规定；

2）外部人员访问前需要提出书面申请并获得批准；

3）外部人员访问时应进行身份认证；

4）应根据外部访问人员的身份划分不同的访问权限和访问内容；

5）应对外部访问人员的访问时间进行限制；

6）对外部访问人员对个人信息的操作进行记录。

7 应急处置

7.1 应急机制和预案

a）应建立健全网络安全风险评估和应急工作机制，在个人信息处理过程中发生应急事件时具有上报有关主管部门的机制；

b）应制定个人信息安全事件应急预案，包括应急处理流程、事件上报流程等内容；

c）应定期（至少每半年一次）组

织内部相关人员进行应急响应培训和应急演练，使其掌握岗位职责和应急处置策略和规程，留存应急培训和应急演练记录；

d）应定期对原有的应急预案重新评估，修订完善。

7.2 处置和响应

a）发现网络存在较大安全风险，应采取措施，进行整改，消除隐患；发生安全事件时，应及时向公安机关报告，协助开展调查和取证工作，尽快消除隐患；

b）发生个人信息安全事件后，应记录事件内容，包括但不限于：发现事件的人员、时间、地点、涉及的个人信息及人数，发生事件的系统名称，对其他互联系统的影响，是否已联系执法机关或有关部门；

c）应对安全事件造成的影响进行调查和评估，采取技术措施和其他必要措施，消除安全隐患，防止危害扩大；

d）应按《国家网络安全事件应急预案》等相关规定及时上报安全事件，报告内容包括但不限于：涉及个人信息主体的类型、数量、内容、性质等总体情况，事件可能造成的影响，已采取或将要采取的处置措施，事件处置相关人员的联系方式；

e）应将事件的情况告知受影响的个人信息主体，并及时向社会发布与公众有关的警示信息。

《App 违法违规收集使用个人信息行为认定方法》

六、以下行为可被认定为"未按法律规定提供删除或更正个人信息功能"或"未公布投诉、举报方式等信息"

1. 未提供有效的更正、删除个人信息及注销用户账号功能；

2. 为更正、删除个人信息或注销用户账号设置不必要或不合理条件；

3. 虽提供了更正、删除个人信息及注销用户账号功能，但未及时响应用户相应操作，需人工处理的，未在承诺时限内（承诺时限不得超过 15 个工作日，无承诺时限的，以 15 个工作日为限）完成核查和处理；

4. 更正、删除个人信息或注销用户账号等用户操作已执行完毕，但 App 后台并未完成的；

5. 未建立并公布个人信息安全投诉、举报渠道，或未在承诺时限内（承诺时限不得超过 15 个工作日，无承诺时限的，以 15 个工作日为限）受理并处理的。

《监管数据安全管理办法（试行）》

第二十八条　各业务部门及受托机构应按照监管数据安全工作规则定期开展自查，发现监管数据安全缺陷、漏洞等风险时，应立即采取补救措施。

第二十九条　归口管理部门应定期

对各业务部门及受托机构开展监管数据安全管理评估检查工作。

各业务部门及受托机构对于评估和检查中发现的问题应制定整改措施，及时整改，并向归口管理部门报送整改报告。

第三十条 各业务部门及受托机构发生以下监管数据重大安全风险事项时，应立即采取应急处置措施，及时消除安全隐患，防止危害扩大，并于 48 小时内向归口管理部门报告。

（一）监管数据发生泄露或非法使用；

（二）监管数据发生损毁或丢失；

（三）承载监管数据的信息系统或网络发生系统性故障造成服务中断 4 小时以上；

（四）承载监管数据的信息系统或网络遭受非法入侵、发生有害信息或计算机病毒的大规模传播等破坏；

（五）监管数据安全事件引发舆情；

（六）《网络安全重大事件判定指南》列明的其他影响监管数据安全的网络安全重大事件。

辖区发生以上监管数据重大安全风险事项时，各银保监局应立即采取补救措施，并于 48 小时内向银保监会归口管理部门报告。

《互联网用户公众账号信息服务管理规定》

第六条 公众账号信息服务平台应

当履行信息内容和公众账号管理主体责任，配备与业务规模相适应的管理人员和技术能力，设置内容安全负责人岗位，建立健全并严格落实账号注册、信息内容安全、生态治理、应急处置、网络安全、数据安全、个人信息保护、知识产权保护、信用评价等管理制度。

公众账号信息服务平台应当依据法律法规和国家有关规定，制定并公开信息内容生产、公众账号运营等管理规则、平台公约，与公众账号生产运营者签订服务协议，明确双方内容发布权限、账号管理责任等权利义务。

《移动互联网应用程序信息服务管理规定》

第八条 应用程序提供者应当对信息内容呈现结果负责，不得生产传播违法信息，自觉防范和抵制不良信息。

应用程序提供者应当建立健全信息内容审核管理机制，建立完善用户注册、账号管理、信息审核、日常巡查、应急处置等管理措施，配备与服务规模相适应的专业人员和技术能力。

第十条 应用程序应当符合相关国家标准的强制性要求。应用程序提供者发现应用程序存在安全缺陷、漏洞等风险时，应当立即采取补救措施，按照规定及时告知用户并向有关主管部门报告。

第十一条 应用程序提供者开展应

用程序数据处理活动，应当履行数据安全保护义务，建立健全全流程数据安全管理制度，采取保障数据安全技术措施和其他安全措施，加强风险监测，不得危害国家安全、公共利益，不得损害他人合法权益。

第二十二条　应用程序提供者和应用程序分发平台应当自觉接受社会监督，设置醒目、便捷的投诉举报入口，公布投诉举报方式，健全受理、处置、反馈等机制，及时处理公众投诉举报。

《互联网跟帖评论服务管理规定》

第四条　跟帖评论服务提供者应当严格落实跟帖评论服务管理主体责任，依法履行以下义务：

（一）按照"后台实名、前台自愿"原则，对注册用户进行基于移动电话号码、身份证件号码或者统一社会信用代码等方式的真实身份信息认证，不得向未认证真实身份信息或者冒用组织机构、他人身份信息的用户提供跟帖评论服务。

（二）建立健全用户个人信息保护制度，处理用户个人信息应当遵循合法、正当、必要和诚信原则，公开个人信息处理规则，告知个人信息的处理目的、处理方式、处理的个人信息种类、保存期限等事项，并依法取得个人的同意。法律、行政法规另有规定的除外。

（三）对新闻信息提供跟帖评论服

务的，应当建立先审后发制度。

（四）提供弹幕方式跟帖评论服务的，应当在同一平台和页面同时提供与之对应的静态版信息内容。

（五）建立健全跟帖评论审核管理、实时巡查、应急处置、举报受理等信息安全管理制度，及时发现处置违法和不良信息，并向网信部门报告。

（六）创新跟帖评论管理方式，研发使用跟帖评论信息安全管理技术，提升违法和不良信息处置能力；及时发现跟帖评论服务存在的安全缺陷、漏洞等风险，采取补救措施，并向网信部门报告。

（七）配备与服务规模相适应的审核编辑队伍，加强跟帖评论审核培训，提高审核编辑人员专业素养。

（八）配合网信部门依法开展监督检查工作，提供必要的技术、数据支持和协助。

第十三条　跟帖评论服务提供者应当建立健全跟帖评论违法和不良信息公众投诉举报和跟帖评论服务使用者申诉制度，设置便捷投诉举报和申诉入口，及时受理和处置跟帖评论相关投诉举报和申诉。

跟帖评论服务使用者对被处置的跟帖评论信息存在异议的，有权向跟帖评论服务提供者提出申诉，跟帖评论服务提供者应当按照用户服务协议进行核查处理。

任何组织和个人发现违反本规定行为的，可以向网信部门投诉举报。网信部门收到投诉举报后，应当及时依法处理。

《寄递服务用户个人信息安全管理规定》

第五条 寄递企业应当建立健全寄递服务用户个人信息安全保障制度和措施，明确企业部门、岗位的安全保护责任，合理确定寄递服务用户个人信息处理的操作权限，定期对从业人员进行安全教育和培训。

第八条 寄递企业为完成寄递服务全流程操作委托第三方或者其他寄递企业等开展代收代投、清关等业务，需要对寄递服务用户个人信息数据进行委托处理时，应当事前进行寄递服务用户个人信息保护影响评估，并依法约定委托处理的目的、期限、处理方式、个人信息种类、保护措施及双方权利义务，并对受托人的个人信息处理活动进行监督。

受托方发生寄递服务用户个人信息安全事件导致信息泄露、篡改、丢失的，寄递企业应当依法承担相应责任。

第九条 寄递企业应当建立寄递服务用户个人信息安全投诉处理及请求响应机制，公布有效联系方式，接受并及时处理有关投诉及请求。

第十三条 寄递企业应当对快递电子运单单号资源实施全过程管理，并采用射频识别、虚拟安全号码、电子纸等有效技术手段对快递电子运单信息进行去标识化处理，防止运单信息在寄递过程中泄露。

寄递企业与电商平台或者快递电子运单集成系统运营企业等第三方对接寄递信息或者授权使用分配本企业单号资源时，应要求其对快递电子运单信息进行去标识化处理，并确保不影响正常寄递服务。存在寄递服务用户个人信息安全风险或可能影响正常寄递服务的，寄递企业不得对接寄递信息或授权使用分配本企业单号资源。

法律、行政法规另有规定，或者用户有要求的，可以不对快递电子运单信息进行去标识化处理。

第十四条 寄递企业应当保证建设与寄递服务用户个人信息相关的信息系统时，在网络传输、访问控制、终端防护、恶意代码防护、监控审计等方面采取有效措施，确保同步规划、同步建设和同步使用。

寄递企业应当建立存储介质使用管理制度，使用独立物理区域采用加密方式存储用户个人信息，加强存储安全管理。

第十五条 寄递企业应当加强寄递服务用户个人信息的应用安全管理，对所有批量导出、复制、销毁等操作进行事先审核，采取防泄密措施，并记录保存操作人员、时间、地点和事项等信息，作为信息安全审计依据。

寄递企业应当加强对离岗人员的信息安全审计，删除或者禁用离岗人员系统账户。

第十六条　寄递企业应当强化对寄递服务用户个人信息安全的实时监测能力，严格落实安全管理和技术防范措施，防范和遏制重大安全风险、事件发生。

第十七条　寄递企业应当制定本企业与市场相关主体的信息系统互联的安全技术规则，对存储寄递服务用户个人信息的信息系统实行接入审查，定期进行安全风险评估。

第十八条　寄递企业应当加强营业场所、处理场所管理，严禁无关人员进出相关场所，严禁无关人员接触、翻阅、留存、拍照、摄录、复制、传抄运单信息。

权威案例

◎ **典型案例**

甘肃省平凉市人民检察院督促整治快递单泄露公民个人信息行政公益诉讼案【检察机关个人信息保护公益诉讼典型案例之三（2021年4月22日）】

典型意义：快递管理系统和运单存储大量公民个人信息，容易被不法分子获取、利用，危及公民人身、财产安全，侵害社会公共利益。检察机关围绕快递收发前端和末端的个人信息泄露风险，通过随机问卷调查听取社情民意，通过诉前磋商和公开听证与行政机关和快递企业代表进行会商，共同提出切实可行的保护方案。监督行政机关依法全面履行监管职责，督促快递企业多方面完善公民个人信息保护措施，消除安全隐患，以最小的司法投入取得最佳的办案效果。

> **第五十二条　【个人信息保护负责人制度】**
>
> 处理个人信息达到国家网信部门规定数量的个人信息处理者应当指定个人信息保护负责人，负责对个人信息处理活动以及采取的保护措施等进行监督。
>
> 个人信息处理者应当公开个人信息保护负责人的联系方式，并将个人信息保护负责人的姓名、联系方式等报送履行个人信息保护职责的部门。

关联法规

◎ **法律**

《网络安全法》

第二十一条　国家实行网络安全等

级保护制度。网络运营者应当按照网络安全等级保护制度的要求，履行下列安全保护义务，保障网络免受干扰、破坏或者未经授权的访问，防止网络数据泄露或者被窃取、篡改：

（一）制定内部安全管理制度和操作规程，确定网络安全负责人，落实网络安全保护责任；

（二）采取防范计算机病毒和网络攻击、网络侵入等危害网络安全行为的技术措施；

（三）采取监测、记录网络运行状态、网络安全事件的技术措施，并按照规定留存相关的网络日志不少于六个月；

（四）采取数据分类、重要数据备份和加密等措施；

（五）法律、行政法规规定的其他义务。

《数据安全法》

第二十七条　开展数据处理活动应当依照法律、法规的规定，建立健全全流程数据安全管理制度，组织开展数据安全教育培训，采取相应的技术措施和其他必要措施，保障数据安全。利用互联网等信息网络开展数据处理活动，应当在网络安全等级保护制度的基础上，履行上述数据安全保护义务。

重要数据的处理者应当明确数据安全负责人和管理机构，落实数据安全保

护责任。

◎ **行政法规**

《关键信息基础设施安全保护条例》

第十三条　运营者应当建立健全网络安全保护制度和责任制，保障人力、财力、物力投入。运营者的主要负责人对关键信息基础设施安全保护负总责，领导关键信息基础设施安全保护和重大网络安全事件处置工作，组织研究解决重大网络安全问题。

◎ **部门规章**

《电信业务经营许可管理办法》

第二十六条　电信业务经营者应当按照国家和电信管理机构的规定，明确相应的网络与信息安全管理机构和专职网络与信息安全管理人员，建立网络与信息安全保障、网络安全防护、违法信息监测处置、新业务安全评估、网络安全监测预警、突发事件应急处置、用户信息安全保护等制度，并具备相应的技术保障措施。

◎ **部门规范性文件**

《互联网个人信息安全保护指南》

4.3.2 管理机构的人员配置

a）应明确安全管理岗位人员的配备，包括数量、专职还是兼职情况等；配备负责数据保护的专门人员；

b）应建立安全管理岗位人员信息表，登记机房管理员、系统管理员、数据库管理员、网络管理员、审计管理员、安全管理员等重要岗位人员的信

息，审计管理员和安全管理员不应兼任网络管理员、系统管理员、数据库管理员、数据操作员等岗位。

《寄递服务用户个人信息安全管理规定》

第十一条　处理寄递服务用户个人信息达到国家网信部门规定数量的寄递企业应当指定寄递服务用户个人信息保护负责人，负责对信息处理活动以及采取的保护措施等进行监督，并公开寄递服务用户个人信息保护负责人的联系方式，将负责人的姓名、联系方式等向所在地市级邮政管理部门报送。负责人发生变更的，应在7个工作日内重新报送并公告。

前款规定的寄递企业同时符合《中华人民共和国个人信息保护法》第五十八条规定条件的，还应当依法履行该条规定的建立健全寄递服务用户个人信息保护合规制度体系、成立主要由外部成员组成的独立机构对个人信息保护情况进行监督、定期发布寄递服务用户个人信息保护社会责任报告并接受社会监督等义务。

第五十三条　【境外个人信息处理者的义务】

本法第三条第二款规定的中华人民共和国境外的个人信息处理者，应当在中华人民共和国境

内设立专门机构或者指定代表，负责处理个人信息保护相关事务，并将有关机构的名称或者代表的姓名、联系方式等报送履行个人信息保护职责的部门。

第五十四条　【定期合规审计义务】

个人信息处理者应当定期对其处理个人信息遵守法律、行政法规的情况进行合规审计。

关联法规

◎ **法律**

《数据安全法》

第三十条　重要数据的处理者应当按照规定对其数据处理活动定期开展风险评估，并向有关主管部门报送风险评估报告。

风险评估报告应当包括处理的重要数据的种类、数量，开展数据处理活动的情况，面临的数据安全风险及其应对措施等。

◎ **部门规章**

《互联网信息服务算法推荐管理规定》

第八条　算法推荐服务提供者应当定期审核、评估、验证算法机制机理、模型、数据和应用结果等，不得设置诱

导用户沉迷、过度消费等违反法律法规或者违背伦理道德的算法模型。

第五十五条 【个人信息保护影响评估义务】

有下列情形之一的，个人信息处理者应当事前进行个人信息保护影响评估，并对处理情况进行记录：

（一）处理敏感个人信息；

（二）利用个人信息进行自动化决策；

（三）委托处理个人信息、向其他个人信息处理者提供个人信息、公开个人信息；

（四）向境外提供个人信息；

（五）其他对个人权益有重大影响的个人信息处理活动。

关联法规

◎ **法律**

《数据安全法》

第三十条 重要数据的处理者应当按照规定对其数据处理活动定期开展风险评估，并向有关主管部门报送风险评估报告。

风险评估报告应当包括处理的重要数据的种类、数量，开展数据处理活动

的情况，面临的数据安全风险及其应对措施等。

◎ **部门规章**

《网络招聘服务管理规定》

第二十一条 人力资源服务机构从事网络招聘服务时收集、使用其用户个人信息，应当遵守法律、行政法规有关个人信息保护的规定。

人力资源服务机构应当建立健全网络招聘服务用户信息保护制度，不得泄露、篡改、毁损或者非法出售、非法向他人提供其收集的个人公民身份号码、年龄、性别、住址、联系方式和用人单位经营状况等信息。

人力资源服务机构应当对网络招聘服务用户信息保护情况每年至少进行一次自查，记录自查情况，及时消除自查中发现的安全隐患。

《汽车数据安全管理若干规定（试行）》

第十条 汽车数据处理者开展重要数据处理活动，应当按照规定开展风险评估，并向省、自治区、直辖市网信部门和有关部门报送风险评估报告。

风险评估报告应当包括处理的重要数据的种类、数量、范围、保存地点与期限、使用方式，开展数据处理活动情况以及是否向第三方提供，面临的数据安全风险及其应对措施等。

《互联网信息服务深度合成管理规定》

第十四条 深度合成服务提供者和

技术支持者应当加强训练数据管理，采取必要措施保障训练数据安全；训练数据包含个人信息的，应当遵守个人信息保护的有关规定。

深度合成服务提供者和技术支持者提供人脸、人声等生物识别信息编辑功能的，应当提示深度合成服务使用者依法告知被编辑的个人，并取得其单独同意。

◎ 部门规范性文件

《寄递服务用户个人信息安全管理规定》

第八条　寄递企业为完成寄递服务全流程操作委托第三方或者其他寄递企业等开展代收代投、清关等业务，需要对寄递服务用户个人信息数据进行委托处理时，应当事前进行寄递服务用户个人信息保护影响评估，并依法约定委托处理的目的、期限、处理方式、个人信息种类、保护措施及双方权利义务，并对受托人的个人信息处理活动进行监督。

受托方发生寄递服务用户个人信息安全事件导致信息泄露、篡改、丢失的，寄递企业应当依法承担相应责任。

第五十六条　【个人信息保护影响评估的内容】

个人信息保护影响评估应当包括下列内容：

（一）个人信息的处理目的、处理方式等是否合法、正当、必要；

（二）对个人权益的影响及安全风险；

（三）所采取的保护措施是否合法、有效并与风险程度相适应。

个人信息保护影响评估报告和处理情况记录应当至少保存三年。

关联法规

◎ 部门规章

《汽车数据安全管理若干规定（试行）》

第十条　汽车数据处理者开展重要数据处理活动，应当按照规定开展风险评估，并向省、自治区、直辖市网信部门和有关部门报送风险评估报告。

风险评估报告应当包括处理的重要数据的种类、数量、范围、保存地点与期限、使用方式，开展数据处理活动情况以及是否向第三方提供，面临的数据安全风险及其应对措施等。

第五十七条　【个人信息泄露时的补救措施与通知义务】

发生或者可能发生个人信息泄露、篡改、丢失的，个人信息处理者应当立即采取补救措施，并通知履行个人信息保护职责的部门和个人。通知应当包括下列事项：

（一）发生或者可能发生个人信息泄露、篡改、丢失的信息种类、原因和可能造成的危害；

（二）个人信息处理者采取的补救措施和个人可以采取的减轻危害的措施；

（三）个人信息处理者的联系方式。

个人信息处理者采取措施能够有效避免信息泄露、篡改、丢失造成危害的，个人信息处理者可以不通知个人；履行个人信息保护职责的部门认为可能造成危害的，有权要求个人信息处理者通知个人。

关联法规

◎ 法律

《民法典》

第一千零三十八条　信息处理者不得泄露或者篡改其收集、存储的个人信息；未经自然人同意，不得向他人非法提供其个人信息，但是经过加工无法识别特定个人且不能复原的除外。

信息处理者应当采取技术措施和其他必要措施，确保其收集、存储的个人信息安全，防止信息泄露、篡改、丢失；发生或者可能发生个人信息泄露、篡改、丢失的，应当及时采取补救措施，按照规定告知自然人并向有关主管部门报告。

《网络安全法》

第四十二条　网络运营者不得泄露、篡改、毁损其收集的个人信息；未经被收集者同意，不得向他人提供个人信息。但是，经过处理无法识别特定个人且不能复原的除外。

网络运营者应当采取技术措施和其他必要措施，确保其收集的个人信息安全，防止信息泄露、毁损、丢失。在发生或者可能发生个人信息泄露、毁损、丢失的情况时，应当立即采取补救措施，按照规定及时告知用户并向有关主管部门报告。

《数据安全法》

第二十九条　开展数据处理活动应当加强风险监测，发现数据安全缺陷、漏洞等风险时，应当立即采取补救措施；发生数据安全事件时，应当立即采取处置措施，按照规定及时告知用户并向有关主管部门报告。

《保守国家秘密法》

第二十八条　互联网及其他公共信息网络运营商、服务商应当配合公安机关、国家安全机关、检察机关对泄密案件进行调查；发现利用互联网及其他公共信息网络发布的信息涉及泄露国家秘密的，应当立即停止传输，保存有关记录，向公安机关、国家安全机关或者保密行政管理部门报告；应当根据公安机关、国家安全机关或者保密行政管理部门的要求，删除涉及泄露国家秘密的信息。

第四十条　国家工作人员或者其他公民发现国家秘密已经泄露或者可能泄露时，应当立即采取补救措施并及时报告有关机关、单位。机关、单位接到报告后，应当立即作出处理，并及时向保密行政管理部门报告。

《关于加强网络信息保护的决定》

四、网络服务提供者和其他企业事业单位应当采取技术措施和其他必要措施，确保信息安全，防止在业务活动中收集的公民个人电子信息泄露、毁损、丢失。在发生或者可能发生信息泄露、毁损、丢失的情况时，应当立即采取补救措施。

◎ **党内法规**

《党委（党组）网络安全工作责任制实施办法》

第五条　各级网络安全和信息化领导机构应当加强和规范本地区本部门网络安全信息汇集、分析和研判工作，要求有关单位和机构及时报告网络安全信息，组织指导网络安全通报机构开展网络安全信息通报，统筹协调开展网络安全检查。

◎ **行政法规**

《互联网信息服务管理办法》

第十六条　互联网信息服务提供者发现其网站传输的信息明显属于本办法第十五条所列内容之一的，应当立即停止传输，保存有关记录，并向国家有关机关报告。

《征信业管理条例》

第三十四条　经营个人征信业务的征信机构、金融信用信息基础数据库、向金融信用信息基础数据库提供或者查询信息的机构发生重大信息泄露等事件的，国务院征信业监督管理部门可以采取临时接管相关信息系统等必要措施，避免损害扩大。

《电信条例》

第六十一条　在公共信息服务中，电信业务经营者发现电信网络中传输的信息明显属于本条例第五十六条所列内容的，应当立即停止传输，保存有关记录，并向国家有关机关报告。

《关键信息基础设施安全保护条例》

第十八条　关键信息基础设施发生重大网络安全事件或者发现重大网络安

全威胁时，运营者应当按照有关规定向保护工作部门、公安机关报告。

发生关键信息基础设施整体中断运行或者主要功能故障、国家基础信息以及其他重要数据泄露、较大规模个人信息泄露、造成较大经济损失、违法信息较大范围传播等特别重大网络安全事件或者发现特别重大网络安全威胁时，保护工作部门应当在收到报告后，及时向国家网信部门、国务院公安部门报告。

◎ 部门规章

《规范互联网信息服务市场秩序若干规定》

第十二条 互联网信息服务提供者应当妥善保管用户个人信息；保管的用户个人信息泄露或者可能泄露时，应当立即采取补救措施；造成或者可能造成严重后果的，应当立即向准予其互联网信息服务许可或者备案的电信管理机构报告，并配合相关部门进行的调查处理。

《电话用户真实身份信息登记规定》

第十三条 电话用户真实身份信息发生或者可能发生泄露、毁损、丢失的，电信业务经营者应当立即采取补救措施；造成或者可能造成严重后果的，应当立即向相关电信管理机构报告，配合相关部门进行的调查处理。

电信管理机构应当对报告或者发现的可能违反电话用户真实身份信息保护规定的行为的影响进行评估；影响特别重大的，相关省、自治区、直辖市通信管理局应当向工业和信息化部报告。电信管理机构在依据本规定作出处理决定前，可以要求电信业务经营者暂停有关行为，电信业务经营者应当执行。

《电信和互联网用户个人信息保护规定》

第十四条 电信业务经营者、互联网信息服务提供者保管的用户个人信息发生或者可能发生泄露、毁损、丢失的，应当立即采取补救措施；造成或者可能造成严重后果的，应当立即向准予其许可或者备案的电信管理机构报告，配合相关部门进行的调查处理。

电信管理机构应当对报告或者发现的可能违反本规定的行为的影响进行评估；影响特别重大的，相关省、自治区、直辖市通信管理局应当向工业和信息化部报告。电信管理机构在依据本规定作出处理决定前，可以要求电信业务经营者和互联网信息服务提供者暂停有关行为，电信业务经营者和互联网信息服务提供者应当执行。

《互联网域名管理办法》

第四十一条 域名根服务器运行机构、域名注册管理机构和域名注册服务机构应当遵守国家相关法律、法规和标准，落实网络与信息安全保障措施，配置必要的网络通信应急设备，建立健全网络与信息安全监测技术手段和应急制度。域名系统出现网络与信息安全事件时，应当在24小时内向电信管理机构报告。

因国家安全和处置紧急事件的需要，域名根服务器运行机构、域名注册管理机构和域名注册服务机构应当服从电信管理机构的统一指挥与协调，遵守电信管理机构的管理要求。

《儿童个人信息网络保护规定》

第二十一条　网络运营者发现儿童个人信息发生或者可能发生泄露、毁损、丢失的，应当立即启动应急预案，采取补救措施；造成或者可能造成严重后果的，应当立即向有关主管部门报告，并将事件相关情况以邮件、信函、电话、推送通知等方式告知受影响的儿童及其监护人，难以逐一告知的，应当采取合理、有效的方式发布相关警示信息。

《中国人民银行金融消费者权益保护实施办法》

第三十四条　银行、支付机构应当按照国家档案管理和电子数据管理等规定，采取技术措施和其他必要措施，妥善保管和存储所收集的消费者金融信息，防止信息遗失、毁损、泄露或者被篡改。

银行、支付机构及其工作人员应当对消费者金融信息严格保密，不得泄露或者非法向他人提供。在确认信息发生泄露、毁损、丢失时，银行、支付机构应当立即采取补救措施；信息泄露、毁损、丢失可能危及金融消费者人身、财产安全的，应当立即向银行、支付机构住所地的中国人民银行分支机构报告并告知金融消费者；信息泄露、毁损、丢失可能对金融消费者产生其他不利影响的，应当及时告知金融消费者，并在72小时以内报告银行、支付机构住所地的中国人民银行分支机构。中国人民银行分支机构接到报告后，视情况按照本办法第五十五条规定处理。

◎ 部门规范性文件
《互联网个人信息安全保护指南》

7 应急处置

7.1 应急机制和预案

a）应建立健全网络安全风险评估和应急工作机制，在个人信息处理过程中发生应急事件时具有上报有关主管部门的机制；

b）应制定个人信息安全事件应急预案，包括应急处理流程、事件上报流程等内容；

c）应定期（至少每半年一次）组织内部相关人员进行应急响应培训和应急演练，使其掌握岗位职责和应急处置策略和规程，留存应急培训和应急演练记录；

d）应定期对原有的应急预案重新评估，修订完善。

7.2 处置和响应

a）发现网络存在较大安全风险，应采取措施，进行整改，消除隐患；发生安全事件时，应及时向公安机关报告，协助开展调查和取证工作，尽快消除隐患；

b）发生个人信息安全事件后，应记录事件内容，包括但不限于：发现事件的人员、时间、地点、涉及的个人信息及人数，发生事件的系统名称，对其他互联系统的影响，是否已联系执法机关或有关部门；

c）应对安全事件造成的影响进行调查和评估，采取技术措施和其他必要措施，消除安全隐患，防止危害扩大；

d）应按《国家网络安全事件应急预案》等相关规定及时上报安全事件，报告内容包括但不限于：涉及个人信息主体的类型、数量、内容、性质等总体情况，事件可能造成的影响，已采取或将要采取的处置措施，事件处置相关人员的联系方式；

e）应将事件的情况告知受影响的个人信息主体，并及时向社会发布与公众有关的警示信息。

《监管数据安全管理办法（试行）》

第二十八条 各业务部门及受托机构应按照监管数据安全工作规则定期开展自查，发现监管数据安全缺陷、漏洞等风险时，应立即采取补救措施。

《寄递服务用户个人信息安全管理规定》

第十条 寄递企业应当建立寄递服务用户个人信息安全应急处置机制。发现信息安全隐患、漏洞等风险的，或发生信息安全突发事件的，应当立即采取处置措施，按照规定报告邮政管理部门，并配合邮政管理部门和相关部门的调查处理工作，不得迟报、漏报、谎报、瞒报。

《网站平台受理处置涉企网络侵权信息举报工作规范》

第四条 网站平台应当重点受理处置以下涉企网络侵权信息举报：

（一）混淆企业主体身份的仿冒性信息；

（二）影响公众公正评判的误导性信息；

（三）不符合企业客观实际的谣言性信息；

贬损丑化企业或企业家的侮辱性信息；

侵害企业家个人隐私的泄密性信息；

其他恶意干扰企业正常经营发展的信息。

第十四条 网站平台应当及时处理以下泄密性信息：

（一）违规披露企业家身份证、护

照、社保卡、户籍档案等个人身份信息的；

（二）违规披露企业家家庭住址、电话号码、电子邮箱等个人联系信息的；

（三）其他法律法规禁止披露的隐私信息。

第五十八条　【特殊类型个人信息处理者的义务】

提供重要互联网平台服务、用户数量巨大、业务类型复杂的个人信息处理者，应当履行下列义务：

（一）按照国家规定建立健全个人信息保护合规制度体系，成立主要由外部成员组成的独立机构对个人信息保护情况进行监督；

（二）遵循公开、公平、公正的原则，制定平台规则，明确平台内产品或者服务提供者处理个人信息的规范和保护个人信息的义务；

（三）对严重违反法律、行政法规处理个人信息的平台内的产品或者服务提供者，停止提供服务；

（四）定期发布个人信息保护社会责任报告，接受社会监督。

关联法规

◎ 法律

《网络安全法》

第四十七条　网络运营者应当加强对其用户发布的信息的管理，发现法律、行政法规禁止发布或者传输的信息的，应当立即停止传输该信息，采取消除等处置措施，防止信息扩散，保存有关记录，并向有关主管部门报告。

第四十八条　任何个人和组织发送的电子信息、提供的应用软件，不得设置恶意程序，不得含有法律、行政法规禁止发布或者传输的信息。

电子信息发送服务提供者和应用软件下载服务提供者，应当履行安全管理义务，知道其用户有前款规定行为的，应当停止提供服务，采取消除等处置措施，保存有关记录，并向有关主管部门报告。

《电子商务法》

第三十二条　电子商务平台经营者应当遵循公开、公平、公正的原则，制定平台服务协议和交易规则，明确进入和退出平台、商品和服务质量保障、消费者权益保护、个人信息保护等方面的权利和义务。

第三十六条 电子商务平台经营者依据平台服务协议和交易规则对平台内经营者违反法律、法规的行为实施警示、暂停或者终止服务等措施的，应当及时公示。

《关于加强网络信息保护的决定》

五、网络服务提供者应当加强对其用户发布的信息的管理，发现法律、法规禁止发布或者传输的信息的，应当立即停止传输该信息，采取消除等处置措施，保存有关记录，并向有关主管部门报告。

◎ 行政法规

《互联网信息服务管理办法》

第十六条 互联网信息服务提供者发现其网站传输的信息明显属于本办法第十五条所列内容之一的，应当立即停止传输，保存有关记录，并向国家有关机关报告。

◎ 部门规范性文件

《寄递服务用户个人信息安全管理规定》

第十一条 处理寄递服务用户个人信息达到国家网信部门规定数量的寄递企业应当指定寄递服务用户个人信息保护负责人，负责对信息处理活动以及采取的保护措施等进行监督，并公开寄递服务用户个人信息保护负责人的联系方式，将负责

人的姓名、联系方式等向所在地市级邮政管理部门报送。负责人发生变更的，应在7个工作日内重新报送并公告。

前款规定的寄递企业同时符合《中华人民共和国个人信息保护法》第五十八条规定条件的，还应当依法履行该条规定的建立健全寄递服务用户个人信息保护合规制度体系、成立主要由外部成员组成的独立机构对个人信息保护情况进行监督、定期发布寄递服务用户个人信息保护社会责任报告并接受社会监督等义务。

第五十九条 【委托个人信息处理中的受托人义务】

接受委托处理个人信息的受托人，应当依照本法和有关法律、行政法规的规定，采取必要措施保障所处理的个人信息的安全，并协助个人信息处理者履行本法规定的义务。

关联法规

◎ 法律

《网络安全法》

第二十一条 国家实行网络安全等级保护制度。网络运营者应当按照网络安全等级保护制度的要求，履行下列安全保护义务，保障网络免受干扰、破坏

或者未经授权的访问，防止网络数据泄露或者被窃取、篡改：

（一）制定内部安全管理制度和操作规程，确定网络安全负责人，落实网络安全保护责任；

（二）采取防范计算机病毒和网络攻击、网络侵入等危害网络安全行为的技术措施；

（三）采取监测、记录网络运行状态、网络安全事件的技术措施，并按照规定留存相关的网络日志不少于六个月；

（四）采取数据分类、重要数据备份和加密等措施；

（五）法律、行政法规规定的其他义务。

《数据安全法》

第二十七条　开展数据处理活动应当依照法律、法规的规定，建立健全全流程数据安全管理制度，组织开展数据安全教育培训，采取相应的技术措施和其他必要措施，保障数据安全。利用互联网等信息网络开展数据处理活动，应当在网络安全等级保护制度的基础上，履行上述数据安全保护义务。

重要数据的处理者应当明确数据安全负责人和管理机构，落实数据安全保护责任。

◎ 行政法规

《计算机信息系统安全保护条例》

第九条　计算机信息系统实行安全等级保护。安全等级的划分标准和安全等级保护的具体办法，由公安部会同有关部门制定。

◎ 部门规章

《儿童个人信息网络保护规定》

第十六条　网络运营者委托第三方处理儿童个人信息的，应当对受委托方及委托行为等进行安全评估，签署委托协议，明确双方责任、处理事项、处理期限、处理性质和目的等，委托行为不得超出授权范围。

前款规定的受委托方，应当履行以下义务：

（一）按照法律、行政法规的规定和网络运营者的要求处理儿童个人信息；

（二）协助网络运营者回应儿童监护人提出的申请；

（三）采取措施保障信息安全，并在发生儿童个人信息泄露安全事件时，及时向网络运营者反馈；

（四）委托关系解除时及时删除儿童个人信息；

（五）不得转委托；

（六）其他依法应当履行的儿童个人信息保护义务。

第六章　履行个人信息保护职责的部门

第六十条　【个人信息保护监管职责分工】

国家网信部门负责统筹协调个人信息保护工作和相关监督管理工作。国务院有关部门依照本法和有关法律、行政法规的规定，在各自职责范围内负责个人信息保护和监督管理工作。

县级以上地方人民政府有关部门的个人信息保护和监督管理职责，按照国家有关规定确定。

前两款规定的部门统称为履行个人信息保护职责的部门。

关联法规

◎ 法律

《网络安全法》

第八条　国家网信部门负责统筹协调网络安全工作和相关监督管理工作。国务院电信主管部门、公安部门和其他有关机关依照本法和有关法律、行政法规的规定，在各自职责范围内负责网络安全保护和监督管理工作。

县级以上地方人民政府有关部门的网络安全保护和监督管理职责，按照国家有关规定确定。

《反电信网络诈骗法》

第六条　国务院建立反电信网络诈骗工作机制，统筹协调打击治理工作。

地方各级人民政府组织领导本行政区域内反电信网络诈骗工作，确定反电信网络诈骗目标任务和工作机制，开展综合治理。

公安机关牵头负责反电信网络诈骗工作，金融、电信、网信、市场监管等有关部门依照职责履行监管主体责任，负责本行业领域反电信网络诈骗工作。

人民法院、人民检察院发挥审判、检察职能作用，依法防范、惩治电信网络诈骗活动。

电信业务经营者、银行业金融机构、非银行支付机构、互联网服务提供者承担风险防控责任，建立反电信网络诈骗内部控制机制和安全责任制度，加强新业务涉诈风险安全评估。

第二十九条　个人信息处理者应当依照《中华人民共和国个人信息保护法》等法律规定，规范个人信息处理，加强个人信息保护，建立个人信息被用于电信网络诈骗的防范机制。

履行个人信息保护职责的部门、单位对可能被电信网络诈骗利用的物流信息、交易信息、贷款信息、医疗信息、婚介信息等实施重点保护。公安机关办理电信网络诈骗案件，应当同时查证犯罪所利用的个人信息来源，依法追究相关人员和单位责任。

《数据安全法》

第五条　中央国家安全领导机构负责国家数据安全工作的决策和议事协调，研究制定、指导实施国家数据安全战略和有关重大方针政策，统筹协调国家数据安全的重大事项和重要工作，建立国家数据安全工作协调机制。

第六条　各地区、各部门对本地区、本部门工作中收集和产生的数据及数据安全负责。

工业、电信、交通、金融、自然资源、卫生健康、教育、科技等主管部门承担本行业、本领域数据安全监管职责。

公安机关、国家安全机关等依照本法和有关法律、行政法规的规定，在各自职责范围内承担数据安全监管职责。

国家网信部门依照本法和有关法律、行政法规的规定，负责统筹协调网络数据安全和相关监管工作。

《电子商务法》

第六条　国务院有关部门按照职责分工负责电子商务发展促进、监督管理等工作。县级以上地方各级人民政府可以根据本行政区域的实际情况，确定本行政区域内电子商务的部门职责划分。

◎ 党内法规

《党委（党组）网络安全工作责任制实施办法》

第四条　行业主管监管部门对本行业本领域的网络安全负指导监管责任。没有主管监管部门的，由所在地区负指导监管责任。

主管监管部门应当依法开展网络安全检查、处置网络安全事件，并及时将情况通报网络和信息系统所在地区网络安全和信息化领导机构。各地区开展网络安全检查、处置网络安全事件时，涉及重要行业的，应当会同相关主管监管部门进行。

◎ 行政法规

《计算机信息网络国际联网管理暂行规定》

第五条　国务院信息化工作领导小组（以下简称领导小组），负责协调、解决有关国际联网工作中的重大问题。

领导小组办公室按照本规定制定具体管理办法，明确国际出入口信道提供单位、互联单位、接入单位和用户的权利、义务和责任，并负责对国际联网工作的检查监督。

《计算机信息系统安全保护条例》

第六条　公安部主管全国计算机信息系统安全保护工作。

国家安全部、国家保密局和国务院其他有关部门，在国务院规定的职责范围内做好计算机信息系统安全保护的有关工作。

《互联网信息服务管理办法》

第十八条　国务院信息产业主管部门和省、自治区、直辖市电信管理机构，依法对互联网信息服务实施监督管理。

新闻、出版、教育、卫生、药品监督管理、工商行政管理和公安、国家安全等有关主管部门，在各自职责范围内依法对互联网信息内容实施监督管理。

《计算机信息网络国际联网安全保护管理办法》

第九条　国际出入口信道提供单位、互联单位的主管部门或者主管单位，应当依照法律和国家有关规定负责国际出入口信道、所属互联网络的安全保护管理工作。

《征信业管理条例》

第四条　中国人民银行（以下称国务院征信业监督管理部门）及其派出机构依法对征信业进行监督管理。

县级以上地方人民政府和国务院有关部门依法推进本地区、本行业的社会信用体系建设，培育征信市场，推动征信业发展。

第三十三条　国务院征信业监督管理部门及其派出机构依照法律、行政法规和国务院的规定，履行对征信业和金融信用信息基础数据库运行机构的监督管理职责，可以采取下列监督检查措施：

（一）进入征信机构、金融信用信息基础数据库运行机构进行现场检查，对向金融信用信息基础数据库提供或者查询信息的机构遵守本条例有关规定的情况进行检查；

（二）询问当事人和与被调查事件有关的单位和个人，要求其对与被调查事件有关的事项作出说明；

（三）查阅、复制与被调查事件有关的文件、资料，对可能被转移、销毁、隐匿或者篡改的文件、资料予以封存；

（四）检查相关信息系统。

进行现场检查或者调查的人员不得少于2人，并应当出示合法证件和检查、调查通知书。

被检查、调查的单位和个人应当配合，如实提供有关文件、资料，不得隐瞒、拒绝和阻碍。

《电信条例》

第三条　国务院信息产业主管部门依照本条例的规定对全国电信业实施监

督管理。

省、自治区、直辖市电信管理机构在国务院信息产业主管部门的领导下，依照本条例的规定对本行政区域内的电信业实施监督管理。

《关键信息基础设施安全保护条例》

第二条　本条例所称关键信息基础设施，是指公共通信和信息服务、能源、交通、水利、金融、公共服务、电子政务、国防科技工业等重要行业和领域的，以及其他一旦遭到破坏、丧失功能或者数据泄露，可能严重危害国家安全、国计民生、公共利益的重要网络设施、信息系统等。

第八条　本条例第二条涉及的重要行业和领域的主管部门、监督管理部门是负责关键信息基础设施安全保护工作的部门（以下简称保护工作部门）。

第二十三条　国家网信部门统筹协调有关部门建立网络安全信息共享机制，及时汇总、研判、共享、发布网络安全威胁、漏洞、事件等信息，促进有关部门、保护工作部门、运营者以及网络安全服务机构等之间的网络安全信息共享。

◎ 部门规章

《互联网安全保护技术措施规定》

第五条　公安机关公共信息网络安全监察部门负责对互联网安全保护技术措施的落实情况依法实施监督管理。

第十六条　公安机关应当依法对辖区内互联网服务提供者和联网使用单位安全保护技术措施的落实情况进行指导、监督和检查。

公安机关在依法监督检查时，互联网服务提供者、联网使用单位应当派人参加。公安机关对监督检查发现的问题，应当提出改进意见，通知互联网服务提供者、联网使用单位及时整改。

公安机关在监督检查时，监督检查人员不得少于二人，并应当出示执法身份证件。

《电信和互联网用户个人信息保护规定》

第三条　工业和信息化部和各省、自治区、直辖市通信管理局（以下统称电信管理机构）依法对电信和互联网用户个人信息保护工作实施监督管理。

《互联网域名管理办法》

第三条　工业和信息化部对全国的域名服务实施监督管理，主要职责是：

（一）制定互联网域名管理规章及政策；

（二）制定中国互联网域名体系、域名资源发展规划；

（三）管理境内的域名根服务器运行机构和域名注册管理机构；

（四）负责域名体系的网络与信息安全管理；

（五）依法保护用户个人信息和合法权益；

（六）负责与域名有关的国际协调；

（七）管理境内的域名解析服务；

（八）管理其他与域名服务相关的活动。

第四条 各省、自治区、直辖市通信管理局对本行政区域内的域名服务实施监督管理，主要职责是：

（一）贯彻执行域名管理法律、行政法规、规章和政策；

（二）管理本行政区域内的域名注册服务机构；

（三）协助工业和信息化部对本行政区域内的域名根服务器运行机构和域名注册管理机构进行管理；

（四）负责本行政区域内域名系统的网络与信息安全管理；

（五）依法保护用户个人信息和合法权益；

（六）管理本行政区域内的域名解析服务；

（七）管理本行政区域内其他与域名服务相关的活动。

《中国人民银行金融消费者权益保护实施办法》

第五条 中国人民银行及其分支机构坚持公平、公正原则，依法开展职责范围内的金融消费者权益保护工作，依法保护金融消费者合法权益。

中国人民银行及其分支机构会同有关部门推动建立和完善金融机构自治、行业自律、金融监管和社会监督相结合的金融消费者权益保护共同治理体系。

《网络交易监督管理办法》

第三十三条 县级以上地方市场监督管理部门应当在日常管理和执法活动中加强协同配合。

网络交易平台经营者住所地省级市场监督管理部门应当根据工作需要，及时将掌握的平台内经营者身份信息与其实际经营地的省级市场监督管理部门共享。

《汽车数据安全管理若干规定（试行）》

第十五条 国家网信部门和国务院发展改革、工业和信息化、公安、交通运输等有关部门依据职责，根据处理数据情况对汽车数据处理者进行数据安全评估，汽车数据处理者应当予以配合。

参与安全评估的机构和人员不得披露评估中获悉的汽车数据处理者商业秘密、未公开信息，不得将评估中获悉的信息用于评估以外目的。

《互联网信息服务算法推荐管理规定》

第三条 国家网信部门负责统筹协调全国算法推荐服务治理和相关监督管理工作。国务院电信、公安、市场监管等有关部门依据各自职责负责算法推荐服务监督管理工作。

地方网信部门负责统筹协调本行政区域内的算法推荐服务治理和相关监督管理工作。地方电信、公安、市场监管等有关部门依据各自职责负责本行政区域内的算法推荐服务监督管理工作。

《互联网用户账号信息管理规定》

第二十条　网信部门会同有关主管部门，建立健全信息共享、会商通报、联合执法、案件督办等工作机制，协同开展互联网用户账号信息监督管理工作。

《互联网信息服务深度合成管理规定》

第三条　国家网信部门负责统筹协调全国深度合成服务的治理和相关监督管理工作。国务院电信主管部门、公安部门依据各自职责负责深度合成服务的监督管理工作。

地方网信部门负责统筹协调本行政区域内的深度合成服务的治理和相关监督管理工作。地方电信主管部门、公安部门依据各自职责负责本行政区域内的深度合成服务的监督管理工作。

《网信部门行政执法程序规定》

第二条　网信部门实施行政处罚等行政执法，适用本规定。

本规定所称网信部门，是指国家互联网信息办公室和地方互联网信息办公室。

第四条　国家网信部门依法建立本系统的行政执法监督制度。

上级网信部门对下级网信部门实施的行政执法进行监督。

《生成式人工智能服务管理暂行办法》

第十六条　网信、发展改革、教育、科技、工业和信息化、公安、广播电视、新闻出版等部门，依据各自职责依法加强对生成式人工智能服务的管理。

国家有关主管部门针对生成式人工智能技术特点及其在有关行业和领域的服务应用，完善与创新发展相适应的科学监管方式，制定相应的分类分级监管规则或者指引。

◎ 部门规范性文件

《互联网论坛社区服务管理规定》

第三条　国家互联网信息办公室负责全国互联网论坛社区服务的监督管理执法工作。地方互联网信息办公室依据职责负责本行政区域内互联网论坛社区服务的监督管理执法工作。

《互联网群组信息服务管理规定》

第三条　国家互联网信息办公室负责全国互联网群组信息服务的监督管理执法工作。地方互联网信息办公室依据职责负责本行政区域内的互联网群组信息服务的监督管理执法工作。

《监管数据安全管理办法（试行）》

第七条　监管数据安全管理实行归口管理，建立统筹协调、分工负责的管理机制。

银保监会统计信息部门是归口管理部门，负责统筹监管数据安全管理工作。银保监会各业务部门负责本部门监管数据安全管理工作。

《关于加强车联网网络安全和数据安全工作的通知》

......

五、加强数据安全保护

（十三）加强数据分类分级管理。按照"谁主管、谁负责，谁运营、谁负责"的原则，智能网联汽车生产企业、车联网服务平台运营企业要建立数据管理台账，实施数据分类分级管理，加强个人信息与重要数据保护。定期开展数据安全风险评估，强化隐患排查整改，并向所在省（区、市）通信管理局、工业和信息化主管部门报备。所在省（区、市）通信管理局、工业和信息化主管部门要对企业履行数据安全保护义务进行监督检查。

......

《移动互联网应用程序信息服务管理规定》

第三条　国家网信部门负责全国应用程序信息内容的监督管理工作。地方网信部门依据职责负责本行政区域内应用程序信息内容的监督管理工作。

第二十五条　应用程序提供者和应用程序分发平台违反本规定的，由网信部门和有关主管部门在职责范围内依照相关法律法规处理。

《寄递服务用户个人信息安全管理规定》

第十九条　邮政管理部门应当依法监督寄递企业落实寄递服务用户个人信息安全责任制，加强个人信息安全管理，防范重大个人信息安全事件，及时处理有关举报。

第二十二条　邮政管理部门发现寄递企业存在违反本规定行为，妨害或者可能妨害个人信息安全保护的，应当依法调查处理。违法行为涉及其他部门管理职权的，应当依法向相关部门移送线索。

第六十一条　【履行个人信息保护职责部门的基本职责】

履行个人信息保护职责的部门履行下列个人信息保护职责：

（一）开展个人信息保护宣传教育，指导、监督个人信息处理者开展个人信息保护工作；

（二）接受、处理与个人信息保护有关的投诉、举报；

（三）组织对应用程序等个人信息保护情况进行测评，并公布测评结果；

（四）调查、处理违法个人信息处理活动；

（五）法律、行政法规规定的其他职责。

关联法规

◎ **法律**

《网络安全法》

第十四条　任何个人和组织有权对危害网络安全的行为向网信、电信、公安等部门举报。收到举报的部门应当及时依法作出处理；不属于本部门职责的，应当及时移送有权处理的部门。

有关部门应当对举报人的相关信息予以保密，保护举报人的合法权益。

第十五条　国家建立和完善网络安全标准体系。国务院标准化行政主管部门和国务院其他有关部门根据各自的职责，组织制定并适时修订有关网络安全管理以及网络产品、服务和运行安全的国家标准、行业标准。

国家支持企业、研究机构、高等学校、网络相关行业组织参与网络安全国家标准、行业标准的制定。

第十七条　国家推进网络安全社会化服务体系建设，鼓励有关企业、机构开展网络安全认证、检测和风险评估等安全服务。

第十九条　各级人民政府及其有关部门应当组织开展经常性的网络安全宣传教育，并指导、督促有关单位做好网络安全宣传教育工作。

大众传播媒介应当有针对性地面向社会进行网络安全宣传教育。

第二十三条　网络关键设备和网络安全专用产品应当按照相关国家标准的强制性要求，由具备资格的机构安全认证合格或者安全检测符合要求后，方可销售或者提供。国家网信部门会同国务院有关部门制定、公布网络关键设备和网络安全专用产品目录，并推动安全认证和安全检测结果互认，避免重复认证、检测。

第四十九条　网络运营者应当建立网络信息安全投诉、举报制度，公布投诉、举报方式等信息，及时受理并处理有关网络信息安全的投诉和举报。

网络运营者对网信部门和有关部门依法实施的监督检查，应当予以配合。

《反电信网络诈骗法》

第二十九条　个人信息处理者应当依照《中华人民共和国个人信息保护法》等法律规定，规范个人信息处理，加强个人信息保护，建立个人信息被用于电信网络诈骗的防范机制。

履行个人信息保护职责的部门、单位对可能被电信网络诈骗利用的物流信息、交易信息、贷款信息、医疗信息、婚介信息等实施重点保护。公安机关办理电信网络诈骗案件，应当同时查证犯罪所利用的个人信息来源，依法追究相关人员和单位责任。

《数据安全法》

第十二条　任何个人、组织都有权

对违反本法规定的行为向有关主管部门投诉、举报。收到投诉、举报的部门应当及时依法处理。

有关主管部门应当对投诉、举报人的相关信息予以保密，保护投诉、举报人的合法权益。

《电子商务法》

第二十五条 有关主管部门依照法律、行政法规的规定要求电子商务经营者提供有关电子商务数据信息的，电子商务经营者应当提供。有关主管部门应当采取必要措施保护电子商务经营者提供的数据信息的安全，并对其中的个人信息、隐私和商业秘密严格保密，不得泄露、出售或者非法向他人提供。

第七十条 国家支持依法设立的信用评价机构开展电子商务信用评价，向社会提供电子商务信用评价服务。

第七十九条 电子商务经营者违反法律、行政法规有关个人信息保护的规定，或者不履行本法第三十条和有关法律、行政法规规定的网络安全保障义务的，依照《中华人民共和国网络安全法》等法律、行政法规的规定处罚。

《关于加强网络信息保护的决定》

九、任何组织和个人对窃取或者以其他非法方式获取、出售或者非法向他人提供公民个人电子信息的违法犯罪行为以及其他网络信息违法犯罪行为，有权向有关主管部门举报、控告；接到举报、控告的部门应当依法及时处理。被侵权人可以依法提起诉讼。

十、有关主管部门应当在各自职权范围内依法履行职责，采取技术措施和其他必要措施，防范、制止和查处窃取或者以其他非法方式获取、出售或者非法向他人提供公民个人电子信息的违法犯罪行为以及其他网络信息违法犯罪行为。有关主管部门依法履行职责时，网络服务提供者应当予以配合，提供技术支持。

国家机关及其工作人员对在履行职责中知悉的公民个人电子信息应当予以保密，不得泄露、篡改、毁损，不得出售或者非法向他人提供。

◎ 党内法规
《党委（党组）网络安全工作责任制实施办法》

第三条 各级党委（党组）主要承担的网络安全责任是：

（一）认真贯彻落实党中央和习近平总书记关于网络安全工作的重要指示精神和决策部署，贯彻落实网络安全法律法规，明确本地区本部门网络安全的主要目标、基本要求、工作任务、保护措施；

（二）建立和落实网络安全责任制，把网络安全工作纳入重要议事日程，明确工作机构，加大人力、财力、物力的支持和保障力度；

（三）统一组织领导本地区本部门网络安全保护和重大事件处置工作，研究解决重要问题；

（四）采取有效措施，为公安机关、国家安全机关依法维护国家安全、侦查犯罪以及防范、调查恐怖活动提供支持和保障；

（五）组织开展经常性网络安全宣传教育，采取多种方式培养网络安全人才，支持网络安全技术产业发展。

第五条　各级网络安全和信息化领导机构应当加强和规范本地区本部门网络安全信息汇集、分析和研判工作，要求有关单位和机构及时报告网络安全信息，组织指导网络安全通报机构开展网络安全信息通报，统筹协调开展网络安全检查。

第六条　各地区各部门网络安全和信息化领导机构应当向中央网络安全和信息化委员会及时报告网络安全重大事项，包括出台涉及网络安全的重要政策和制度措施等。

各地区各部门网络安全和信息化领导机构每年向中央网络安全和信息化委员会报告网络安全工作情况。

◎ **行政法规**
《计算机信息系统安全保护条例》

第十七条　公安机关对计算机信息系统安全保护工作行使下列监督职权：

（一）监督、检查、指导计算机信息系统安全保护工作；

（二）查处危害计算机信息系统安全的违法犯罪案件；

（三）履行计算机信息系统安全保护工作的其他监督职责。

《征信业管理条例》

第二十六条　信息主体认为征信机构或者信息提供者、信息使用者侵害其合法权益的，可以向所在地的国务院征信业监督管理部门派出机构投诉。

受理投诉的机构应当及时进行核查和处理，自受理之日起 30 日内书面答复投诉人。

信息主体认为征信机构或者信息提供者、信息使用者侵害其合法权益的，可以直接向人民法院起诉。

《关键信息基础设施安全保护条例》

第二十二条　保护工作部门应当制定本行业、本领域关键信息基础设施安全规划，明确保护目标、基本要求、工作任务、具体措施。

第二十三条　国家网信部门统筹协调有关部门建立网络安全信息共享机制，及时汇总、研判、共享、发布网络安全威胁、漏洞、事件等信息，促进有关部门、保护工作部门、运营者以及网络安全服务机构等之间的网络安全信息共享。

第二十四条　保护工作部门应当建立健全本行业、本领域的关键信息基础设施网络安全监测预警制度，及时掌握本行业、本领域关键信息基础设施运行状况、安全态势，预警通报网络安全威胁和隐患，指导做好安全防范工作。

第二十五条 保护工作部门应当按照国家网络安全事件应急预案的要求，建立健全本行业、本领域的网络安全事件应急预案，定期组织应急演练；指导运营者做好网络安全事件应对处置，并根据需要组织提供技术支持与协助。

第二十六条 保护工作部门应当定期组织开展本行业、本领域关键信息基础设施网络安全检查检测，指导监督运营者及时整改安全隐患、完善安全措施。

第二十七条 国家网信部门统筹协调国务院公安部门、保护工作部门对关键信息基础设施进行网络安全检查检测，提出改进措施。

有关部门在开展关键信息基础设施网络安全检查时，应当加强协同配合、信息沟通，避免不必要的检查和交叉重复检查。检查工作不得收取费用，不得要求被检查单位购买指定品牌或者指定生产、销售单位的产品和服务。

第三十四条 国家制定和完善关键信息基础设施安全标准，指导、规范关键信息基础设施安全保护工作。

第三十五条 国家采取措施，鼓励网络安全专门人才从事关键信息基础设施保护工作；将运营者安全管理人

员、安全技术人员培训纳入国家继续教育体系。

◎ **部门规章**

《互联网安全保护技术措施规定》

第十六条 公安机关应当依法对辖区内互联网服务提供者和联网使用单位安全保护技术措施的落实情况进行指导、监督和检查。

公安机关在依法监督检查时，互联网服务提供者、联网使用单位应当派人参加。公安机关对监督检查发现的问题，应当提出改进意见，通知互联网服务提供者、联网使用单位及时整改。

公安机关在监督检查时，监督检查人员不得少于二人，并应当出示执法身份证件。

《电信和互联网用户个人信息保护规定》

第十七条 电信管理机构应当对电信业务经营者、互联网信息服务提供者保护用户个人信息的情况实施监督检查。

电信管理机构实施监督检查时，可以要求电信业务经营者、互联网信息服务提供者提供相关材料，进入其生产经营场所调查情况，电信业务经营者、互联网信息服务提供者应当予以配合。

电信管理机构实施监督检查，应当记录监督检查的情况，不得妨碍电信业务经营者、互联网信息服务提供者正常的经营或者服务活动，不得收取任何

费用。

《网络招聘服务管理规定》

第三十一条　人力资源社会保障行政部门应当畅通对从事网络招聘服务的人力资源服务机构的举报投诉渠道，依法及时处理有关举报投诉。

《汽车数据安全管理若干规定（试行）》

第十五条　国家网信部门和国务院发展改革、工业和信息化、公安、交通运输等有关部门依据职责，根据处理数据情况对汽车数据处理者进行数据安全评估，汽车数据处理者应当予以配合。

参与安全评估的机构和人员不得披露评估中获悉的汽车数据处理者商业秘密、未公开信息，不得将评估中获悉的信息用于评估以外目的。

《互联网信息服务算法推荐管理规定》

第二十八条　网信部门会同电信、公安、市场监管等有关部门对算法推荐服务依法开展安全评估和监督检查工作，对发现的问题及时提出整改意见并限期整改。

算法推荐服务提供者应当依法留存网络日志，配合网信部门和电信、公安、市场监管等有关部门开展安全评估和监督检查工作，并提供必要的技术、数据等支持和协助。

《互联网用户账号信息管理规定》

第二十一条　网信部门依法对互联网信息服务提供者管理互联网用户注册、使用账号信息情况实施监督检查。互联网信息服务提供者应当予以配合，并提供必要的技术、数据等支持和协助。

发现互联网信息服务提供者存在较大网络信息安全风险的，省级以上网信部门可以要求其采取暂停信息更新、用户账号注册或者其他相关服务等措施。互联网信息服务提供者应当按照要求采取措施，进行整改，消除隐患。

◎ 部门规范性文件

《监管数据安全管理办法（试行）》

第八条　归口管理部门具体职责包括：

（一）制定监管数据安全工作规则和管理流程；

（二）制定监管数据安全技术防护措施；

（三）组织实施监管数据安全评估和监督检查。

第九条　各业务部门具体职责包括：

（一）规范本部门监管数据安全使用，明确具体工作要求，落实相关责任；

（二）组织开展本部门监管数据安全管理工作；

（三）协助归口管理部门实施监管数据安全监督检查。

《常见类型移动互联网应用程序必要个人信息范围规定》

第六条 任何组织和个人发现违反本规定行为的，可以向相关部门举报。

相关部门收到举报后，应当依法予以处理。

《关于加强车联网网络安全和数据安全工作的通知》

......

五、加强数据安全保护

（十三）加强数据分类分级管理。按照"谁主管、谁负责，谁运营、谁负责"的原则，智能网联汽车生产企业、车联网服务平台运营企业要建立数据管理台账，实施数据分类分级管理，加强个人信息与重要数据保护。定期开展数据安全风险评估，强化隐患排查整改，并向所在省（区、市）通信管理局、工业和信息化主管部门报备。所在省（区、市）通信管理局、工业和信息化主管部门要对企业履行数据安全保护义务进行监督检查。

（十四）提升数据安全技术保障能力。智能网联汽车生产企业、车联网服务平台运营企业要采取合法、正当方式收集数据，针对数据全生命周期采取有效技术保护措施，防范数据泄露、毁损、丢失、篡改、误用、滥用等风险。各相关企业要强化数据安全监测预警和应急处置能力建设，提升异常流动分析、违规跨境传输监测、安全事件追踪溯源等水平；及时处置数据安全事件，向所在省（区、市）通信管理局、工业和信息化主管部门报告较大及以上数据安全事件，并配合开展相关监督检查，提供必要技术支持。

（十五）规范数据开发利用和共享使用。智能网联汽车生产企业、车联网服务平台运营企业要合理开发利用数据资源，防范在使用自动化决策技术处理数据时，侵犯用户隐私权和知情权。明确数据共享和开发利用的安全管理和责任要求，对数据合作方数据安全保护能力进行审核评估，对数据共享使用情况进行监督管理。

......

《互联网跟帖评论服务管理规定》

第十三条 跟帖评论服务提供者应当建立健全跟帖评论违法和不良信息公众投诉举报和跟帖评论服务使用者申诉制度，设置便捷投诉举报和申诉入口，及时受理和处置跟帖评论相关投诉举报和申诉。

跟帖评论服务使用者对被处置的跟帖评论信息存在异议的，有权向跟帖评论服务提供者提出申诉，跟帖评论服务提供者应当按照用户服务协议进行核查处理。

任何组织和个人发现违反本规定行为的，可以向网信部门投诉举报。网信部门收到投诉举报后，应当及时依法处理。

第十四条　各级网信部门应当建立健全日常检查和定期检查相结合的监督管理制度，依法对互联网跟帖评论服务实施监督检查。

《寄递服务用户个人信息安全管理规定》

第十九条　邮政管理部门应当依法监督寄递企业落实寄递服务用户个人信息安全责任制，加强个人信息安全管理，防范重大个人信息安全事件，及时处理有关举报。

第六十二条　【国家网信部门统筹协调的个人信息保护工作】

国家网信部门统筹协调有关部门依据本法推进下列个人信息保护工作：

（一）制定个人信息保护具体规则、标准；

（二）针对小型个人信息处理者、处理敏感个人信息以及人脸识别、人工智能等新技术、新应用，制定专门的个人信息保护规则、标准；

（三）支持研究开发和推广应用安全、方便的电子身份认证技术，推进网络身份认证公共服务建设；

（四）推进个人信息保护社会化服务体系建设，支持有关机构开展个人信息保护评估、认证服务；

（五）完善个人信息保护投诉、举报工作机制。

关联法规

◎ **法律**

《网络安全法》

第八条　国家网信部门负责统筹协调网络安全工作和相关监督管理工作。国务院电信主管部门、公安部门和其他有关机关依照本法和有关法律、行政法规的规定，在各自职责范围内负责网络安全保护和监督管理工作。

县级以上地方人民政府有关部门的网络安全保护和监督管理职责，按照国家有关规定确定。

第十五条　国家建立和完善网络安全标准体系。国务院标准化行政主管部门和国务院其他有关部门根据各自的职责，组织制定并适时修订有关网络安全管理以及网络产品、服务和运行安全的国家标准、行业标准。

国家支持企业、研究机构、高等学

校、网络相关行业组织参与网络安全国家标准、行业标准的制定。

第十七条 国家推进网络安全社会化服务体系建设，鼓励有关企业、机构开展网络安全认证、检测和风险评估等安全服务。

第二十四条 网络运营者为用户办理网络接入、域名注册服务，办理固定电话、移动电话等入网手续，或者为用户提供信息发布、即时通讯等服务，在与用户签订协议或者确认提供服务时，应当要求用户提供真实身份信息。用户不提供真实身份信息的，网络运营者不得为其提供相关服务。

国家实施网络可信身份战略，支持研究开发安全、方便的电子身份认证技术，推动不同电子身份认证之间的互认。

《反电信网络诈骗法》

第三十三条 国家推进网络身份认证公共服务建设，支持个人、企业自愿使用，电信业务经营者、银行业金融机构、非银行支付机构、互联网服务提供者对存在涉诈异常的电话卡、银行账户、支付账户、互联网账号，可以通过国家网络身份认证公共服务对用户身份重新进行核验。

《数据安全法》

第十条 相关行业组织按照章程，依法制定数据安全行为规范和团体标准，加强行业自律，指导会员加强数据安全保护，提高数据安全保护水平，促进行业健康发展。

第十七条 国家推进数据开发利用技术和数据安全标准体系建设。国务院标准化行政主管部门和国务院有关部门根据各自的职责，组织制定并适时修订有关数据开发利用技术、产品和数据安全相关标准。国家支持企业、社会团体和教育、科研机构等参与标准制定。

第十八条 国家促进数据安全检测评估、认证等服务的发展，支持数据安全检测评估、认证等专业机构依法开展服务活动。

国家支持有关部门、行业组织、企业、教育和科研机构、有关专业机构等在数据安全风险评估、防范、处置等方面开展协作。

《反洗钱法》

第十六条 金融机构应当按照规定建立客户身份识别制度。

金融机构在与客户建立业务关系或者为客户提供规定金额以上的现金汇款、现钞兑换、票据兑付等一次性金融服务时，应当要求客户出示真实有效的身份证件或者其他身份证明文件，进行核对并登记。

客户由他人代理办理业务的，金融机构应当同时对代理人和被代理人的身份证件或者其他身份证明文件进行核对并登记。

与客户建立人身保险、信托等业务关系，合同的受益人不是客户本人的，金融机构还应当对受益人的身份证件或者其他身份证明文件进行核对并登记。

金融机构不得为身份不明的客户提供服务或者与其进行交易，不得为客户开立匿名账户或者假名账户。

金融机构对先前获得的客户身份资料的真实性、有效性或者完整性有疑问的，应当重新识别客户身份。

任何单位和个人在与金融机构建立业务关系或者要求金融机构为其提供一次性金融服务时，都应当提供真实有效的身份证件或者其他身份证明文件。

《关于加强网络信息保护的决定》

六、网络服务提供者为用户办理网站接入服务，办理固定电话、移动电话等入网手续，或者为用户提供信息发布服务，应当在与用户签订协议或者确认提供服务时，要求用户提供真实身份信息。

《反恐怖主义法》

第二十一条　电信、互联网、金融、住宿、长途客运、机动车租赁等业务经营者、服务提供者，应当对客户身份进行查验。对身份不明或者拒绝身份查验的，不得提供服务。

◎ 部门规章

《网络招聘服务管理规定》

第三十一条　人力资源社会保障行政部门应当畅通对从事网络招聘服务的人力资源服务机构的举报投诉渠道，依法及时处理有关举报投诉。

《互联网信息服务算法推荐管理规定》

第五条　鼓励相关行业组织加强行业自律，建立健全行业标准、行业准则和自律管理制度，督促指导算法推荐服务提供者制定完善服务规范、依法提供服务并接受社会监督。

第二十七条　具有舆论属性或者社会动员能力的算法推荐服务提供者应当按照国家有关规定开展安全评估。

《互联网信息服务深度合成管理规定》

第五条　鼓励相关行业组织加强行业自律，建立健全行业标准、行业准则和自律管理制度，督促指导深度合成服务提供者和技术支持者制定完善业务规范、依法开展业务和接受社会监督。

第六十三条　【履行个人信息保护职责部门的执法措施】

履行个人信息保护职责的部门履行个人信息保护职责，可以采取下列措施：

（一）询问有关当事人，调查与个人信息处理活动有关的情况；

（二）查阅、复制当事人与

个人信息处理活动有关的合同、记录、账簿以及其他有关资料；

（三）实施现场检查，对涉嫌违法的个人信息处理活动进行调查；

（四）检查与个人信息处理活动有关的设备、物品；对有证据证明是用于违法个人信息处理活动的设备、物品，向本部门主要负责人书面报告并经批准，可以查封或者扣押。

履行个人信息保护职责的部门依法履行职责，当事人应当予以协助、配合，不得拒绝、阻挠。

关联法规

◎ **法律**

《宪法》

第三十九条 中华人民共和国公民的住宅不受侵犯。禁止非法搜查或者非法侵入公民的住宅。

《网络安全法》

第四十九条 网络运营者应当建立网络信息安全投诉、举报制度，公布投诉、举报方式等信息，及时受理并处理有关网络信息安全的投诉和举报。

网络运营者对网信部门和有关部门依法实施的监督检查，应当予以配合。

《反电信网络诈骗法》

第二十九条 个人信息处理者应当依照《中华人民共和国个人信息保护法》等法律规定，规范个人信息处理，加强个人信息保护，建立个人信息被用于电信网络诈骗的防范机制。

履行个人信息保护职责的部门、单位对可能被电信网络诈骗利用的物流信息、交易信息、贷款信息、医疗信息、婚介信息等实施重点保护。公安机关办理电信网络诈骗案件，应当同时查证犯罪所利用的个人信息来源，依法追究相关人员和单位责任。

《数据安全法》

第三十五条 公安机关、国家安全机关因依法维护国家安全或者侦查犯罪的需要调取数据，应当按照国家有关规定，经过严格的批准手续，依法进行，有关组织、个人应当予以配合。

《保守国家秘密法》

第二十八条 互联网及其他公共信息网络运营商、服务商应当配合公安机关、国家安全机关、检察机关对泄密案件进行调查；发现利用互联网及其他公共信息网络发布的信息涉及泄露国家秘密的，应当立即停止传输，保存有关记录，向公安机关、国家安全机关或者保密行政管理部门报告；应当根据公安机关、国家安全机关或者保密行政管理部门的要求，删除涉及泄露国家秘密的信息。

《行政强制法》

第九条　行政强制措施的种类：

（一）限制公民人身自由；

（二）查封场所、设施或者财物；

（三）扣押财物；

（四）冻结存款、汇款；

（五）其他行政强制措施。

《治安管理处罚法》

第八十七条　公安机关对与违反治安管理行为有关的场所、物品、人身可以进行检查。检查时，人民警察不得少于二人，并应当出示工作证件和县级以上人民政府公安机关开具的检查证明文件。对确有必要立即进行检查的，人民警察经出示工作证件，可以当场检查，但检查公民住所应当出示县级以上人民政府公安机关开具的检查证明文件。

检查妇女的身体，应当由女性工作人员进行。

《刑事诉讼法》

第一百三十六条　为了收集犯罪证据、查获犯罪人，侦查人员可以对犯罪嫌疑人以及可能隐藏罪犯或者犯罪证据的人的身体、物品、住处和其他有关的地方进行搜查。

◎ **行政法规**

《计算机信息系统安全保护条例》

第十八条　公安机关发现影响计算机信息系统安全的隐患时，应当及时通知使用单位采取安全保护措施。

第十九条　公安部在紧急情况下，可以就涉及计算机信息系统安全的特定事项发布专项通令。

《征信业管理条例》

第三十三条　国务院征信业监督管理部门及其派出机构依照法律、行政法规和国务院的规定，履行对征信业和金融信用信息基础数据库运行机构的监督管理职责，可以采取下列监督检查措施：

（一）进入征信机构、金融信用信息基础数据库运行机构进行现场检查，对向金融信用信息基础数据库提供或者查询信息的机构遵守本条例有关规定的情况进行检查；

（二）询问当事人和与被调查事件有关的单位和个人，要求其对与被调查事件有关的事项作出说明；

（三）查阅、复制与被调查事件有关的文件、资料，对可能被转移、销毁、隐匿或者篡改的文件、资料予以封存；

（四）检查相关信息系统。

进行现场检查或者调查的人员不得少于2人，并应当出示合法证件和检查、调查通知书。

被检查、调查的单位和个人应当配合，如实提供有关文件、资料，不得隐瞒、拒绝和阻碍。

第三十四条　经营个人征信业务的征信机构、金融信用信息基础数据库、向金融信用信息基础数据库提供或者查询信息的机构发生重大信息泄露等事件的，国务院征信业监督管理部门可以采取临时接管相关信息系统等必要措施，避免损害扩大。

《电信条例》

第六十五条 电信用户依法使用电信的自由和通信秘密受法律保护。除因国家安全或者追查刑事犯罪的需要，由公安机关、国家安全机关或者人民检察院依照法律规定的程序对电信内容进行检查外，任何组织或者个人不得以任何理由对电信内容进行检查。

电信业务经营者及其工作人员不得擅自向他人提供电信用户使用电信网络所传输信息的内容。

◎ **司法解释**

《关于办理刑事案件收集提取和审查判断电子数据若干问题的规定》

第三条 人民法院、人民检察院和公安机关有权依法向有关单位和个人收集、调取电子数据。有关单位和个人应当如实提供。

第十三条 调取电子数据，应当制作调取证据通知书，注明需要调取电子数据的相关信息，通知电子数据持有人、网络服务提供者或者有关部门执行。

◎ **部门规章**

《互联网安全保护技术措施规定》

第十六条 公安机关应当依法对辖区内互联网服务提供者和联网使用单位安全保护技术措施的落实情况进行指导、监督和检查。

公安机关在依法监督检查时，互联网服务提供者、联网使用单位应当派人参加。公安机关对监督检查发现的问题，应当提出改进意见，通知互联网服务提供者、联网使用单位及时整改。

公安机关在监督检查时，监督检查人员不得少于二人，并应当出示执法身份证件。

《规范互联网信息服务市场秩序若干规定》

第十五条 互联网信息服务提供者认为其他互联网信息服务提供者实施违反本规定的行为，侵犯其合法权益并对用户权益造成或者可能造成重大影响的，应当立即向准予该其他互联网信息服务提供者互联网信息服务许可或者备案的电信管理机构报告。

电信管理机构应当对报告或者发现的可能违反本规定的行为的影响进行评估；影响特别重大的，相关省、自治区、直辖市通信管理局应当向工业和信息化部报告。电信管理机构在依据本规定作出处理决定前，可以要求互联网信息服务提供者暂停有关行为，互联网信息服务提供者应当执行。

《互联网域名管理办法》

第四十四条 电信管理机构应当加

强对域名服务的监督检查。域名根服务器运行机构、域名注册管理机构、域名注册服务机构应当接受、配合电信管理机构的监督检查。

鼓励域名服务行业自律管理，鼓励公众监督域名服务。

第四十六条 电信管理机构实施监督检查时，应当对域名根服务器运行机构、域名注册管理机构和域名注册服务机构报送的材料进行审核，并对其执行法律法规和电信管理机构有关规定的情况进行检查。

电信管理机构可以委托第三方专业机构开展有关监督检查活动。

《公安机关互联网安全监督检查规定》

第二条 本规定适用于公安机关依法对互联网服务提供者和联网使用单位履行法律、行政法规规定的网络安全义务情况进行的安全监督检查。

第三条 互联网安全监督检查工作由县级以上地方人民政府公安机关网络安全保卫部门组织实施。

上级公安机关应当对下级公安机关开展互联网安全监督检查工作情况进行指导和监督。

第九条 公安机关应当根据网络安全防范需要和网络安全风险隐患的具体情况，对下列互联网服务提供者和联网使用单位开展监督检查：

（一）提供互联网接入、互联网数据中心、内容分发、域名服务的；

（二）提供互联网信息服务的；

（三）提供公共上网服务的；

（四）提供其他互联网服务的；

对开展前款规定的服务未满一年的，两年内曾发生过网络安全事件、违法犯罪案件的，或者因未履行法定网络安全义务被公安机关予以行政处罚的，应当开展重点监督检查。

第十条 公安机关应当根据互联网服务提供者和联网使用单位履行法定网络安全义务的实际情况，依照国家有关规定和标准，对下列内容进行监督检查：

（一）是否办理联网单位备案手续，并报送接入单位和用户基本信息及其变更情况；

（二）是否制定并落实网络安全管理制度和操作规程，确定网络安全负责人；

（三）是否依法采取记录并留存用户注册信息和上网日志信息的技术措施；

（四）是否采取防范计算机病毒和网络攻击、网络侵入等技术措施；

（五）是否在公共信息服务中对法律、行政法规禁止发布或者传输的信息依法采取相关防范措施；

（六）是否按照法律规定的要求为公安机关依法维护国家安全、防范调查恐怖活动、侦查犯罪提供技术支持和协助；

（七）是否履行法律、行政法规规定的网络安全等级保护等义务。

第十一条 除本规定第十条所列内容外，公安机关还应当根据提供互联网服务的类型，对下列内容进行监督检查：

（一）对提供互联网接入服务的，监督检查是否记录并留存网络地址及分配使用情况；

（二）对提供互联网数据中心服务的，监督检查是否记录所提供的主机托管、主机租用和虚拟空间租用的用户信息；

（三）对提供互联网域名服务的，监督检查是否记录网络域名申请、变动信息，是否对违法域名依法采取处置措施；

（四）对提供互联网信息服务的，监督检查是否依法采取用户发布信息管理措施，是否对已发布或者传输的法律、行政法规禁止发布或者传输的信息依法采取处置措施，并保存相关记录；

（五）对提供互联网内容分发服务的，监督检查是否记录内容分发网络与内容源网络链接对应情况；

（六）对提供互联网公共上网服务的，监督检查是否采取符合国家标准的网络与信息安全保护技术措施。

第十五条 公安机关开展互联网安全现场监督检查可以根据需要采取以下措施：

（一）进入营业场所、机房、工作场所；

（二）要求监督检查对象的负责人或者网络安全管理人员对监督检查事项作出说明；

（三）查阅、复制与互联网安全监督检查事项相关的信息；

（四）查看网络与信息安全保护技术措施运行情况。

《儿童个人信息网络保护规定》

第二十二条 网络运营者应当对网信部门和其他有关部门依法开展的监督检查予以配合。

《网络交易监督管理办法》

第三十五条 市场监督管理部门对涉嫌违法的网络交易行为进行查处时，可以依法采取下列措施：

（一）对与涉嫌违法的网络交易行为有关的场所进行现场检查；

（二）查阅、复制与涉嫌违法的网络交易行为有关的合同、票据、账簿等有关资料；

（三）收集、调取、复制与涉嫌违法的网络交易行为有关的电子数据；

（四）询问涉嫌从事违法的网络交易行为的当事人；

（五）向与涉嫌违法的网络交易行为有关的自然人、法人和非法人组织调查了解有关情况；

（六）法律、法规规定可以采取的其他措施。

采取前款规定的措施，依法需要报经批准的，应当办理批准手续。

市场监督管理部门对网络交易违法行为的技术监测记录资料，可以作为实施行政处罚或者采取行政措施的电子数据证据。

《互联网信息服务深度合成管理规定》

第二十一条　网信部门和电信主管部门、公安部门依据职责对深度合成服务开展监督检查。深度合成服务提供者和技术支持者应当依法予以配合，并提供必要的技术、数据等支持和协助。

网信部门和有关主管部门发现深度合成服务存在较大信息安全风险的，可以按照职责依法要求深度合成服务提供者和技术支持者采取暂停信息更新、用户账号注册或者其他相关服务等措施。深度合成服务提供者和技术支持者应当按照要求采取措施，进行整改，消除隐患。

《网信部门行政执法程序规定》

第十九条　网信部门进行案件调查取证，应当由具有行政执法资格的执法人员实施。执法人员不得少于两人，并应当主动向当事人或者有关人员出示执法证件。必要时，可以聘请专业人员进行协助。

首次向案件当事人收集、调取证据的，应当告知其有申请执法人员回避的权利。

向有关单位、个人收集、调取证据时，应当告知其有如实提供证据的义务。被调查对象和有关人员应当如实回答询问，协助和配合调查，及时提供依法应予保存的网络运营者发布的信息、用户发布的信息、日志信息等相关材料，不得阻挠、干扰案件的调查。

第二十条　网信部门在执法过程中确需有关机关或者其他行政区域网信部门协助调查取证的，应当出具协助调查函，协助调查函应当载明需要协助的具体事项、期限等内容。

收到协助调查函的网信部门对属于本部门职权范围的协助事项应当予以协助，在接到协助调查函之日起十五个工作日内完成相关工作；需要延期完成或者无法协助的，应当及时函告提出协助请求的网信部门。

第二十一条　执法人员应当依法收集与案件有关的证据，包括书证、物证、视听资料、电子数据、证人证言、当事人的陈述、鉴定意见、勘验笔录、现场笔录等。

电子数据是指案件发生过程中形成的，存在于计算机设备、移动通信设备、互联网服务器、移动存储设备、云存储系统等电子设备或者存储介质中，以数字化形式存储、处理、传输的，能够证明案件事实的数据。视听资料包括录音资料和影像资料。存储在电子介质中的录音资料和影像资料，适用电子数据的规定。

证据应当经查证属实，方可作为认定案件事实的根据。

以非法手段取得的证据，不得作为认定案件事实的根据。

第二十二条 立案前调查和监督检查过程中依法取得的证据材料，可以作为案件的证据使用。

对于移送的案件，移送机关依职权调查收集的证据材料，可以作为案件的证据使用。

第二十三条 网信部门在立案前，可以采取询问、勘验、检查、检测、检验、鉴定、调取相关材料等措施，不得限制调查对象的人身、财产权利。

网信部门立案后，可以对涉案物品、设施、场所采取先行登记保存等措施。

第二十四条 网信部门在执法过程中询问当事人或者其他有关人员，应当制作询问笔录，载明时间、地点、事实、经过等内容。询问笔录应当交询问对象或者其他有关人员核对确认，并由执法人员和询问对象或者其他有关人员签名。询问对象和其他有关人员拒绝签名或者无法签名的，应当注明原因。

第二十五条 网信部门对于涉及违法行为的场所、物品、网络应当进行勘

验、检查，及时收集、固定书证、物证、视听资料和电子数据。

第二十六条 网信部门可以委托司法鉴定机构就案件中的专门性问题出具鉴定意见；不属于司法鉴定范围的，可以委托有能力或者有条件的机构出具检测报告或者检验报告。

第二十七条 网信部门可以向有关单位、个人调取能够证明案件事实的证据材料，并可以根据需要拍照、录像、复印和复制。

调取的书证、物证应当是原件、原物。调取原件、原物确有困难的，可以由提交证据的有关单位、个人在复制品上签字或者盖章，注明"此件由×××提供，经核对与原件（物）无异"的字样或者文字说明，注明出证日期、证据出处，并签名或者盖章。

调取的视听资料、电子数据应当是原始载体或者备份介质。调取原始载体或者备份介质确有困难的，可以收集复制件，并注明制作方法、制作时间、制作人等情况。调取声音资料的，应当附有该声音内容的文字记录。

第二十八条 在证据可能灭失或者以后难以取得的情况下，经网信部门负责人批准，执法人员可以依法对涉案计算机、服务器、硬盘、移动存储设备、存储卡等涉嫌实施违法行为的物品先行登记保存，制作登记保存物品清单，向

当事人出具登记保存物品通知书。先行登记保存期间，当事人和其他有关人员不得损毁、销毁或者转移证据。

网信部门实施先行登记保存的，应当通知当事人或者持有人到场，并在现场笔录中对采取的相关措施情况予以记载。

第二十九条　网信部门对先行登记保存的证据，应当在七个工作日内作出以下处理决定：

（一）需要采取证据保全措施的，采取记录、复制、拍照、录像等证据保全措施后予以返还；

（二）需要检验、检测、鉴定的，送交具有相应资质的机构检验、检测、鉴定；

（三）违法事实不成立，或者先行登记保存的证据与违法事实不具有关联性的，解除先行登记保存。

逾期未作出处理决定的，应当解除先行登记保存。

违法事实成立，依法应当予以没收的，依照法定程序实施行政处罚。

第三十条　网信部门收集、保全电子数据，可以采取现场取证、远程取证和责令有关单位、个人固定和提交等措施。

现场取证、远程取证结束后，应当制作电子取证工作记录。

第三十一条　执法人员在调查取证过程中，应当要求当事人在笔录和其他相关材料上签字、捺指印、盖章或者以

其他方式确认。

当事人拒绝到场，拒绝签字、捺指印、盖章或者以其他方式确认，或者无法找到当事人的，应当由两名执法人员在笔录或者其他材料上注明原因，并邀请其他有关人员作为见证人签字或者盖章，也可以采取录音、录像等方式记录。

第三十二条　对有证据证明是用于违法个人信息处理活动的设备、物品，可以采取查封或者扣押措施。

采取或者解除查封、扣押措施，应当向网信部门主要负责人书面报告并经批准。情况紧急，需要当场采取查封、扣押措施的，执法人员应当在二十四小时内向网信部门主要负责人报告，并补办批准手续。网信部门主要负责人认为不应当采取查封、扣押措施的，应当立即解除。

◎ **部门规范性文件**

《寄递服务用户个人信息安全管理规定》

第二十条　邮政管理部门可以在行业内通报寄递企业违反本规定的行为、个人信息安全事件，以及对有关责任人员进行处理的情况。必要时，可以向社会公布上述信息，但涉及国家秘密、商业秘密和个人隐私的除外。

第六十四条 【行政约谈与合规审计】

履行个人信息保护职责的部门在履行职责中，发现个人信息处理活动存在较大风险或者发生个人信息安全事件的，可以按照规定的权限和程序对该个人信息处理者的法定代表人或者主要负责人进行约谈，或者要求个人信息处理者委托专业机构对其个人信息处理活动进行合规审计。个人信息处理者应当按照要求采取措施，进行整改，消除隐患。

履行个人信息保护职责的部门在履行职责中，发现违法处理个人信息涉嫌犯罪的，应当及时移送公安机关依法处理。

关联法规

◎ **法律**

《刑法》

第二百五十三条之一 违反国家有关规定，向他人出售或者提供公民个人信息，情节严重的，处三年以下有期徒刑或者拘役，并处或者单处罚金；情节特别严重的，处三年以上七年以下有期徒刑，并处罚金。

违反国家有关规定，将在履行职责或者提供服务过程中获得的公民个人信息，出售或者提供给他人的，依照前款的规定从重处罚。

窃取或者以其他方法非法获取公民个人信息的，依照第一款的规定处罚。

单位犯前三款罪的，对单位判处罚金，并对其直接负责的主管人员和其他直接责任人员，依照各该款的规定处罚。

《网络安全法》

第五十六条 省级以上人民政府有关部门在履行网络安全监督管理职责中，发现网络存在较大安全风险或者发生安全事件的，可以按照规定的权限和程序对该网络的运营者的法定代表人或者主要负责人进行约谈。网络运营者应当按照要求采取措施，进行整改，消除隐患。

《数据安全法》

第四十四条 有关主管部门在履行数据安全监管职责中，发现数据处理活动存在较大安全风险的，可以按照规定的权限和程序对有关组织、个人进行约谈，并要求有关组织、个人采取措施进行整改，消除隐患。

◎ **行政法规**

《行政执法机关移送涉嫌犯罪案件的规定》

第六条 行政执法机关向公安机关移送涉嫌犯罪案件，应当附有下列材料：

（一）涉嫌犯罪案件移送书；

（二）涉嫌犯罪案件情况的调查报告；

（三）涉案物品清单；

（四）有关检验报告或者鉴定结论；

（五）其他有关涉嫌犯罪的材料。

第七条　公安机关对行政执法机关移送的涉嫌犯罪案件，应当在涉嫌犯罪案件移送书的回执上签字；其中，不属于本机关管辖的，应当在 24 小时内转送有管辖权的机关，并书面告知移送案件的行政执法机关。

第八条　公安机关应当自接受行政执法机关移送的涉嫌犯罪案件之日起 3 日内，依照刑法、刑事诉讼法以及最高人民法院、最高人民检察院关于立案标准和公安部关于公安机关办理刑事案件程序的规定，对所移送的案件进行审查。认为有犯罪事实，需要追究刑事责任，依法决定立案的，应当书面通知移送案件的行政执法机关；认为没有犯罪事实，或者犯罪事实显著轻微，不需要追究刑事责任，依法不予立案的，应当说明理由，并书面通知移送案件的行政执法机关，相应退回案卷材料。

第九条　行政执法机关接到公安机关不予立案的通知书后，认为依法应当由公安机关决定立案的，可以自接到不予立案通知书之日起 3 日内，提请作出不予立案决定的公安机关复议，也可以建议人民检察院依法进行立案监督。

作出不予立案决定的公安机关应当自收到行政执法机关提请复议的文件之日起 3 日内作出立案或者不予立案的决定，并书面通知移送案件的行政执法机关。移送案件的行政执法机关对公安机关不予立案的复议决定仍有异议的，应当自收到复议决定通知书之日起 3 日内建议人民检察院依法进行立案监督。

公安机关应当接受人民检察院依法进行的立案监督。

第十条　行政执法机关对公安机关决定不予立案的案件，应当依法作出处理；其中，依照有关法律、法规或者规章的规定应当给予行政处罚的，应当依法实施行政处罚。

第十一条　行政执法机关对应当向公安机关移送的涉嫌犯罪案件，不得以行政处罚代替移送。

行政执法机关向公安机关移送涉嫌犯罪案件前已经作出的警告，责令停产停业，暂扣或者吊销许可证、暂扣或者吊销执照的行政处罚决定，不停止执行。

依照行政处罚法的规定，行政执法机关向公安机关移送涉嫌犯罪案件前，已经依法给予当事人罚款的，人民法院判处罚金时，依法折抵相应罚金。

第十二条　行政执法机关对公安机关决定立案的案件，应当自接到立案通知书之日起 3 日内将涉案物品以及与案件有关的其他材料移交公安机关，并办结交接手续；法律、行政法规另有规定的，依照其规定。

◎ **部门规章**

《互联网新闻信息服务管理规定》

第二十一条 国家和地方互联网信息办公室应当建立互联网新闻信息服务网络信用档案，建立失信黑名单制度和约谈制度。

国家互联网信息办公室会同国务院电信、公安、新闻出版广电等部门建立信息共享机制，加强工作沟通和协作配合，依法开展联合执法等专项监督检查活动。

《儿童个人信息网络保护规定》

第二十五条 网络运营者落实儿童个人信息安全管理责任不到位，存在较大安全风险或者发生安全事件的，由网信部门依据职责进行约谈，网络运营者应当及时采取措施进行整改，消除隐患。

《网络交易监督管理办法》

第三十八条 网络交易经营者未依法履行法定责任和义务，扰乱或者可能扰乱网络交易秩序，影响消费者合法权益的，市场监督管理部门可以依职责对其法定代表人或者主要负责人进行约谈，要求其采取措施进行整改。

《个人信息出境标准合同办法》

第十一条 省级以上网信部门发现个人信息出境活动存在较大风险或者发生个人信息安全事件的，可以依法对个人信息处理者进行约谈。个人信息处理者应当按照要求整改，消除隐患。

《网信部门行政执法程序规定》

第三十八条 网信部门对当事人作出行政处罚决定前，可以根据有关规定对其实施约谈，谈话结束后制作执法约谈笔录。

第六十五条 【投诉与举报机制】

任何组织、个人有权对违法个人信息处理活动向履行个人信息保护职责的部门进行投诉、举报。收到投诉、举报的部门应当依法及时处理，并将处理结果告知投诉、举报人。

履行个人信息保护职责的部门应当公布接受投诉、举报的联系方式。

关联法规

◎ **法律**

《网络安全法》

第十四条 任何个人和组织有权对危害网络安全的行为向网信、电信、公安等部门举报。收到举报的部门应当及时依法作出处理；不属于本部门职责的，应当及时移送有权处理的部门。

有关部门应当对举报人的相关信息予以保密，保护举报人的合法权益。

第四十九条 网络运营者应当建立

网络信息安全投诉、举报制度，公布投诉、举报方式等信息，及时受理并处理有关网络信息安全的投诉和举报。

网络运营者对网信部门和有关部门依法实施的监督检查，应当予以配合。

《数据安全法》

第十二条　任何个人、组织都有权对违反本法规定的行为向有关主管部门投诉、举报。收到投诉、举报的部门应当及时依法处理。

有关主管部门应当对投诉、举报人的相关信息予以保密，保护投诉、举报人的合法权益。

《电子商务法》

第五十九条　电子商务经营者应当建立便捷、有效的投诉、举报机制，公开投诉、举报方式等信息，及时受理并处理投诉、举报。

《未成年人保护法》

第七十八条　网络产品和服务提供者应当建立便捷、合理、有效的投诉和举报渠道，公开投诉、举报方式等信息，及时受理并处理涉及未成年人的投诉、举报。

第七十九条　任何组织或者个人发现网络产品、服务含有危害未成年人身心健康的信息，有权向网络产品和服务提供者或者网信、公安等部门投诉、举报。

《关于加强网络信息保护的决定》

九、任何组织和个人对窃取或者以其他非法方式获取、出售或者非法向他人提供公民个人电子信息的违法犯罪行为以及其他网络信息违法犯罪行为，有权向有关主管部门举报、控告；接到举报、控告的部门应当依法及时处理。被侵权人可以依法提起诉讼。

十、有关主管部门应当在各自职权范围内依法履行职责，采取技术措施和其他必要措施，防范、制止和查处窃取或者以其他非法方式获取、出售或者非法向他人提供公民个人电子信息的违法犯罪行为以及其他网络信息违法犯罪行为。有关主管部门依法履行职责时，网络服务提供者应当予以配合，提供技术支持。

国家机关及其工作人员对在履行职责中知悉的公民个人电子信息应当予以保密，不得泄露、篡改、毁损，不得出售或者非法向他人提供。

◎ 党内法规

《关于做好个人信息保护利用大数据支撑联防联控工作的通知》

6. 任何组织和个人发现违规违法收集、使用、公开个人信息的行为，可以及时向网信、公安部门举报。网信部门要依据《中华人民共和国网络安全法》和相关规定，及时处置违规违法收集、使用、公开个人信息的行为，以及造成个人信息大量泄露的事件；涉及犯罪的公安机关要依法严厉打击。

◎ **行政法规**

《全国人口普查条例》

第三十七条 县级以上人民政府统计机构应当设立举报电话和信箱，接受社会各界对人口普查违法行为的检举和监督。

《征信业管理条例》

第二十六条 信息主体认为征信机构或者信息提供者、信息使用者侵害其合法权益的，可以向所在地的国务院征信业监督管理部门派出机构投诉。

受理投诉的机构应当及时进行核查和处理，自受理之日起 30 日内书面答复投诉人。

信息主体认为征信机构或者信息提供者、信息使用者侵害其合法权益的，可以直接向人民法院起诉。

◎ **部门规章**

《电信和互联网用户个人信息保护规定》

第十二条 电信业务经营者、互联网信息服务提供者应当建立用户投诉处理机制，公布有效的联系方式，接受与用户个人信息保护有关的投诉，并自接到投诉之日起十五日内答复投诉人。

《互联网新闻信息服务管理规定》

第二十条 任何组织和个人发现互联网新闻信息服务提供者有违反本规定行为的，可以向国家和地方互联网信息办公室举报。

国家和地方互联网信息办公室应当

向社会公开举报受理方式，收到举报后，应当依法予以处置。互联网新闻信息服务提供者应当予以配合。

《儿童个人信息网络保护规定》

第二十四条 任何组织和个人发现有违反本规定行为的，可以向网信部门和其他有关部门举报。

网信部门和其他有关部门收到相关举报的，应当依据职责及时进行处理。

《网络招聘服务管理规定》

第三十一条 人力资源社会保障行政部门应当畅通对从事网络招聘服务的人力资源服务机构的举报投诉渠道，依法及时处理有关举报投诉。

《网络安全审查办法》

第十八条 当事人或者网络产品和服务提供者认为审查人员有失客观公正，或者未能对审查工作中知悉的信息承担保密义务的，可以向网络安全审查办公室或者有关部门举报。

《互联网信息服务算法推荐管理规定》

第三十条 任何组织和个人发现违反本规定行为的，可以向网信部门和有关部门投诉、举报。收到投诉、举报的部门应当及时依法处理。

《网信部门行政执法程序规定》

第十七条 网信部门对下列事项应当及时调查处理，并填写案件来源登记表：

（一）在监督检查中发现案件线

索的；

（二）自然人、法人或者其他组织投诉、申诉、举报的；

（三）上级网信部门交办或者下级网信部门报请查处的；

（四）有关机关移送的；

（五）经由其他方式、途径发现的。

《生成式人工智能服务管理暂行办法》

第十八条　使用者发现生成式人工智能服务不符合法律、行政法规和本办法规定的，有权向有关主管部门投诉、举报。

◎ **部门规范性文件**

《寄递服务用户个人信息安全管理规定》

第十九条　邮政管理部门应当依法监督寄递企业落实寄递服务用户个人信息安全责任制，加强个人信息安全管理，防范重大个人信息安全事件，及时处理有关举报。

《网站平台受理处置涉企网络侵权信息举报工作规范》

第二十九条　各级网信举报部门应当建立健全日常检查和专项检查相结合的工作制度，依法依规对属地网站平台涉企网络侵权信息举报受理处置工作实施监督管理。

第七章　法律责任

第六十六条　【违法处理个人信息的行政责任】

违反本法规定处理个人信息，或者处理个人信息未履行本法规定的个人信息保护义务的，由履行个人信息保护职责的部门责令改正，给予警告，没收违法所得，对违法处理个人信息的应用程序，责令暂停或者终止提供服务；拒不改正的，并处一百万元以下罚款；对直接负责的主管人员和其他直接责任人员处一万元以上十万元以下罚款。

有前款规定的违法行为，情节严重的，由省级以上履行个人信息保护职责的部门责令改正，没收违法所得，并处五千万元以下或者上一年度营业额百分之五以下罚款，并可以责令暂停相关业务或者停业整顿、通报有关主管部门吊销相关业务许可或者吊销营业执照；对直接负责的主管

人员和其他直接责任人员处十万元以上一百万元以下罚款，并可以决定禁止其在一定期限内担任相关企业的董事、监事、高级管理人员和个人信息保护负责人。

关联法规

◎ **法律**
《网络安全法》

第六十四条　网络运营者、网络产品或者服务的提供者违反本法第二十二条第三款、第四十一条至第四十三条规定，侵害个人信息依法得到保护的权利的，由有关主管部门责令改正，可以根据情节单处或者并处警告、没收违法所得、处违法所得一倍以上十倍以下罚款，没有违法所得的，处一百万元以下罚款，对直接负责的主管人员和其他直接责任人员处一万元以上十万元以下罚款；情节严重的，并可以责令暂停相关业务、停业整顿、关闭网站、吊销相关业务许可证或者吊销营业执照。

违反本法第四十四条规定，窃取或

者以其他非法方式获取、非法出售或者非法向他人提供个人信息，尚不构成犯罪的，由公安机关没收违法所得，并处违法所得一倍以上十倍以下罚款，没有违法所得的，处一百万元以下罚款。

《数据安全法》

第四十五条　开展数据处理活动的组织、个人不履行本法第二十七条、第二十九条、第三十条规定的数据安全保护义务的，由有关主管部门责令改正，给予警告，可以并处五万元以上五十万元以下罚款，对直接负责的主管人员和其他直接责任人员可以处一万元以上十万元以下罚款；拒不改正或者造成大量数据泄露等严重后果的，处五十万元以上二百万元以下罚款，并可以责令暂停相关业务、停业整顿、吊销相关业务许可证或者吊销营业执照，对直接负责的主管人员和其他直接责任人员处五万元以上二十万元以下罚款。

违反国家核心数据管理制度，危害国家主权、安全和发展利益的，由有关主管部门处二百万元以上一千万元以下罚款，并根据情况责令暂停相关业务、停业整顿、吊销相关业务许可证或者吊销营业执照；构成犯罪的，依法追究刑事责任。

《电子商务法》

第七十六条　电子商务经营者违反本法规定，有下列行为之一的，由市场监督管理部门责令限期改正，可以处一万元以下的罚款，对其中的电子商务平台经营者，依照本法第八十一条第一款的规定处罚：

（一）未在首页显著位置公示营业执照信息、行政许可信息、属于不需要办理市场主体登记情形等信息，或者上述信息的链接标识的；

（二）未在首页显著位置持续公示终止电子商务的有关信息的；

（三）未明示用户信息查询、更正、删除以及用户注销的方式、程序，或者对用户信息查询、更正、删除以及用户注销设置不合理条件的。

电子商务平台经营者对违反前款规定的平台内经营者未采取必要措施的，由市场监督管理部门责令限期改正，可以处二万元以上十万元以下的罚款。

第七十七条　电子商务经营者违反本法第十八条第一款规定提供搜索结果，或者违反本法第十九条规定搭售商品、服务的，由市场监督管理部门责令限期改正，没收违法所得，可以并处五万元以上二十万元以下的罚款；情节严重的，并处二十万元以上五十万元以下的罚款。

第七十九条　电子商务经营者违反法律、行政法规有关个人信息保护的规定，或者不履行本法第三十条和有关法律、行政法规规定的网络安全保障义务的，依照《中华人民共和国网络安全法》等法律、行政法规的规定处罚。

《未成年人保护法》

第一百二十七条 信息处理者违反本法第七十二条规定，或者网络产品和服务提供者违反本法第七十三条、第七十四条、第七十五条、第七十六条、第七十七条、第八十条规定的，由公安、网信、电信、新闻出版、广播电视、文化和旅游等有关部门按照职责分工责令改正，给予警告，没收违法所得，违法所得一百万元以上的，并处违法所得一倍以上十倍以下罚款，没有违法所得或者违法所得不足一百万元的，并处十万元以上一百万元以下罚款，对直接负责的主管人员和其他责任人员处一万元以上十万元以下罚款；拒不改正或者情节严重的，并可以责令暂停相关业务、停业整顿、关闭网站、吊销营业执照或者吊销相关许可证。

《居民身份证法》

第十九条 国家机关或者金融、电信、交通、教育、医疗等单位的工作人员泄露在履行职责或者提供服务过程中获得的居民身份证记载的公民个人信息，构成犯罪的，依法追究刑事责任；尚不构成犯罪的，由公安机关处十日以上十五日以下拘留，并处五千元罚款，有违法所得的，没收违法所得。

单位有前款行为，构成犯罪的，依法追究刑事责任；尚不构成犯罪的，由公安机关对其直接负责的主管人员和其他直接责任人员，处十日以上十五日以下拘留，并处十万元以上五十万元以下罚款，有违法所得的，没收违法所得。

有前两款行为，对他人造成损害的，依法承担民事责任。

《关于加强网络信息保护的决定》

十一、对有违反本决定行为的，依法给予警告、罚款、没收违法所得、吊销许可证或者取消备案、关闭网站、禁止有关责任人员从事网络服务业务等处罚，记入社会信用档案并予以公布；构成违反治安管理行为的，依法给予治安管理处罚。构成犯罪的，依法追究刑事责任。侵害他人民事权益的，依法承担民事责任。

《消费者权益保护法》

第五十六条 经营者有下列情形之一，除承担相应的民事责任外，其他有关法律、法规对处罚机关和处罚方式有规定的，依照法律、法规的规定执行；法律、法规未作规定的，由工商行政管理部门或者其他有关行政部门责令改正，可以根据情节单处或者并处警告、没收违法所得、处以违法所得一倍以上十倍以下的罚款，没有违法所得的，处以五十万元以下的罚款；情节严重的，责令停业整顿、吊销营业执照：

（一）提供的商品或者服务不符合

保障人身、财产安全要求的；

（二）在商品中掺杂、掺假，以假充真，以次充好，或者以不合格商品冒充合格商品的；

（三）生产国家明令淘汰的商品或者销售失效、变质的商品的；

（四）伪造商品的产地，伪造或者冒用他人的厂名、厂址，篡改生产日期，伪造或者冒用认证标志等质量标志的；

（五）销售的商品应当检验、检疫而未检验、检疫或者伪造检验、检疫结果的；

（六）对商品或者服务作虚假或者引人误解的宣传的；

（七）拒绝或者拖延有关行政部门责令对缺陷商品或者服务采取停止销售、警示、召回、无害化处理、销毁、停止生产或者服务等措施的；

（八）对消费者提出的修理、重作、更换、退货、补足商品数量、退还货款和服务费用或者赔偿损失的要求，故意拖延或者无理拒绝的；

（九）侵害消费者人格尊严、侵犯消费者人身自由或者侵害消费者个人信息依法得到保护的权利的；

（十）法律、法规规定的对损害消费者权益应当予以处罚的其他情形。

经营者有前款规定情形的，除依照法律、法规规定予以处罚外，处罚机关应当记入信用档案，向社会公布。

《密码法》

第三十四条　违反本法规定，发生核心密码、普通密码泄密案件的，由保密行政管理部门、密码管理部门建议有关国家机关、单位对直接负责的主管人员和其他直接责任人员依法给予处分或者处理。

违反本法第十七条第二款规定，发现核心密码、普通密码泄密或者影响核心密码、普通密码安全的重大问题、风险隐患，未立即采取应对措施，或者未及时报告的，由保密行政管理部门、密码管理部门建议有关国家机关、单位对直接负责的主管人员和其他直接责任人员依法给予处分或者处理。

《生物安全法》

第七十九条　违反本法规定，未经批准，采集、保藏我国人类遗传资源或者利用我国人类遗传资源开展国际科学研究合作的，由国务院科学技术主管部门责令停止违法行为，没收违法所得和违法采集、保藏的人类遗传资源，并处五十万元以上五百万元以下的罚款，违法所得在一百万元以上的，并处违法所得五倍以上十倍以下的罚款；情节严重的，对法定代表人、主要负责人、直接负责的主管人员和其他直接责任人员，依法给予处分，五年内禁止从事相应活动。

第八十条 违反本法规定，境外组织、个人及其设立或者实际控制的机构在我国境内采集、保藏我国人类遗传资源，或者向境外提供我国人类遗传资源的，由国务院科学技术主管部门责令停止违法行为，没收违法所得和违法采集、保藏的人类遗传资源，并处一百万元以上一千万元以下的罚款；违法所得在一百万元以上的，并处违法所得十倍以上二十倍以下的罚款。

◎ **行政法规**

《计算机信息网络国际联网管理暂行规定》

第十四条 违反本规定第六条、第八条和第十条的规定的，由公安机关责令停止联网，给予警告，可以并处15000元以下的罚款；有违法所得的，没收违法所得。

《全国人口普查条例》

第三十四条 地方人民政府、政府统计机构或者有关部门、单位的负责人有下列行为之一的，由任免机关或者监察机关依法给予处分，并由县级以上人民政府统计机构予以通报；构成犯罪的，依法追究刑事责任：

（一）自行修改人口普查资料、编造虚假人口普查数据的；

（二）要求有关单位和个人伪造、篡改人口普查资料的；

（三）不按照国家有关规定保存、销毁人口普查资料的；

（四）违法公布人口普查资料的；

（五）对依法履行职责或者拒绝、抵制人口普查违法行为的普查人员打击报复的；

（六）对本地方、本部门、本单位发生的严重人口普查违法行为失察的。

第三十五条 普查机构在组织实施人口普查活动中有下列违法行为之一的，由本级人民政府或者上级人民政府统计机构责令改正，予以通报；对直接负责的主管人员和其他直接责任人员，由任免机关或者监察机关依法给予处分：

（一）不执行普查方案的；

（二）伪造、篡改人口普查资料的；

（三）要求人口普查对象提供不真实的人口普查资料的；

（四）未按照普查方案的规定报送人口普查资料的；

（五）违反国家有关规定，造成人口普查资料毁损、灭失的；

（六）泄露或者向他人提供能够识别或者推断单个普查对象身份的资料的。

普查人员有前款所列行为之一的，责令其停止执行人口普查任务，予以通报，依法给予处分。

《计算机信息系统安全保护条例》

第二十条 违反本条例的规定，有

下列行为之一的，由公安机关处以警告或者停机整顿：

（一）违反计算机信息系统安全等级保护制度，危害计算机信息系统安全的；

（二）违反计算机信息系统国际联网备案制度的；

（三）不按照规定时间报告计算机信息系统中发生的案件的；

（四）接到公安机关要求改进安全状况的通知后，在限期内拒不改进的；

（五）有危害计算机信息系统安全的其他行为的。

第二十三条　故意输入计算机病毒以及其他有害数据危害计算机信息系统安全的，或者未经许可出售计算机信息系统安全专用产品的，由公安机关处以警告或者对个人处以 5000 元以下的罚款、对单位处以 1.5 万元以下的罚款；有违法所得的，除予以没收外，可以处以违法所得 1 至 3 倍的罚款。

《互联网信息服务管理办法》

第十九条　违反本办法的规定，未取得经营许可证，擅自从事经营性互联网信息服务，或者超出许可的项目提供服务的，由省、自治区、直辖市电信管理机构责令限期改正，有违法所得的，没收违法所得，处违法所得 3 倍以上 5 倍以下的罚款；没有违法所得或者违法所得不足 5 万元的，处 10 万元以上 100

万元以下的罚款；情节严重的，责令关闭网站。

违反本办法的规定，未履行备案手续，擅自从事非经营性互联网信息服务，或者超出备案的项目提供服务的，由省、自治区、直辖市电信管理机构责令限期改正；拒不改正的，责令关闭网站。

第二十一条　未履行本办法第十四条规定的义务的，由省、自治区、直辖市电信管理机构责令改正；情节严重的，责令停业整顿或者暂时关闭网站。

第二十三条　违反本办法第十六条规定的义务的，由省、自治区、直辖市电信管理机构责令改正；情节严重的，对经营性互联网信息服务提供者，并由发证机关吊销经营许可证，对非经营性互联网信息服务提供者，并由备案机关责令关闭网站。

《计算机信息网络国际联网安全保护管理办法》

第二十条　违反法律、行政法规，有本办法第五条、第六条所列行为之一的，由公安机关给予警告，有违法所得的，没收违法所得，对个人可以并处 5000 元以下的罚款，对单位可以并处 1.5 万元以下的罚款；情节严重的，并可以给予 6 个月以内停止联网、停机整顿的处罚，必要时可以建议原发证、审批机构吊销经营许可证或者取消联网资格；构成违反治安管理行为的，依照治安管理处罚法的规定处罚；构成犯罪的，依法追究刑事责任。

第二十一条 有下列行为之一的，由公安机关责令限期改正，给予警告，有违法所得的，没收违法所得；在规定的限期内未改正的，对单位的主管负责人员和其他直接责任人员可以并处5000元以下的罚款，对单位可以并处1.5万元以下的罚款；情节严重的，并可以给予6个月以内的停止联网、停机整顿的处罚，必要时可以建议原发证、审批机构吊销经营许可证或者取消联网资格。

（一）未建立安全保护管理制度的；

（二）未采取安全技术保护措施的；

（三）未对网络用户进行安全教育和培训的；

（四）未提供安全保护管理所需信息、资料及数据文件，或者所提供内容不真实的；

（五）对委托其发布的信息内容未进行审核或者对委托单位和个人未进行登记的；

（六）未建立电子公告系统的用户登记和信息管理制度的；

（七）未按照国家有关规定，删除网络地址、目录或者关闭服务器的；

（八）未建立公用账号使用登记制度的；

（九）转借、转让用户账号。

第二十二条 违反本办法第四条、第七条规定的，依照有关法律、法规予以处罚。

第二十三条 违反本办法第十一条、第十二条规定，不履行备案职责的，由公安机关给予警告或者停机整顿不超过6个月的处罚。

《征信业管理条例》

第三十八条 征信机构、金融信用信息基础数据库运行机构违反本条例规定，有下列行为之一的，由国务院征信业监督管理部门或者其派出机构责令限期改正，对单位处5万元以上50万元以下的罚款；对直接负责的主管人员和其他直接责任人员处1万元以上10万元以下的罚款；有违法所得的，没收违法所得。给信息主体造成损失的，依法承担民事责任；构成犯罪的，依法追究刑事责任：

（一）窃取或者以其他方式非法获取信息；

（二）采集禁止采集的个人信息或者未经同意采集个人信息；

（三）违法提供或者出售信息；

（四）因过失泄露信息；

（五）逾期不删除个人不良信息；

（六）未按照规定对异议信息进行核查和处理；

（七）拒绝、阻碍国务院征信业监督管理部门或者其派出机构检查、调查或者不如实提供有关文件、资料；

（八）违反征信业务规则，侵害信息主体合法权益的其他行为。

经营个人征信业务的征信机构有前款所列行为之一，情节严重或者造成严重后果的，由国务院征信业监督管理部门吊销其个人征信业务经营许可证。

第四十条　向金融信用信息基础数据库提供或者查询信息的机构违反本条例规定，有下列行为之一的，由国务院征信业监督管理部门或者其派出机构责令限期改正，对单位处 5 万元以上 50 万元以下的罚款；对直接负责的主管人员和其他直接责任人员处 1 万元以上 10 万元以下的罚款；有违法所得的，没收违法所得。给信息主体造成损失的，依法承担民事责任；构成犯罪的，依法追究刑事责任：

（一）违法提供或者出售信息；

（二）因过失泄露信息；

（三）未经同意查询个人信息或者企业的信贷信息；

（四）未按照规定处理异议或者对确有错误、遗漏的信息不予更正；

（五）拒绝、阻碍国务院征信业监督管理部门或者其派出机构检查、调查或者不如实提供有关文件、资料。

第四十一条　信息提供者违反本条例规定，向征信机构、金融信用信息基础数据库提供非依法公开的个人不良信息，未事先告知信息主体本人，情节严重或者造成严重后果的，由国务院征信业监督管理部门或者其派出机构对单位处 2 万元以上 20 万元以下的罚款；对个人处 1 万元以上 5 万元以下的罚款。

第四十二条　信息使用者违反本条例规定，未按照与个人信息主体约定的用途使用个人信息或者未经个人信息主体同意向第三方提供个人信息，情节严重或者造成严重后果的，由国务院征信业监督管理部门或者其派出机构对单位处 2 万元以上 20 万元以下的罚款；对个人处 1 万元以上 5 万元以下的罚款；有违法所得的，没收违法所得。给信息主体造成损失的，依法承担民事责任；构成犯罪的，依法追究刑事责任。

《电信条例》

第六十六条　违反本条例第五十六条、第五十七条的规定，构成犯罪的，依法追究刑事责任；尚不构成犯罪的，由公安机关、国家安全机关依照有关法律、行政法规的规定予以处罚。

第七十条　违反本条例的规定，有下列行为之一的，由国务院信息产业主管部门或者省、自治区、直辖市电信管理机构依据职权责令改正，没收违法所得，处违法所得 1 倍以上 3 倍以下罚款；没有违法所得或者违法所得不足 1 万元的，处 1 万元以上 10 万元以下罚款；情节严重的，责令停业整顿：

（一）在电信网间互联中违反规定加收费用的；

（二）遇有网间通信技术障碍，不采取有效措施予以消除的；

（三）擅自向他人提供电信用户使用电信网络所传输信息的内容的；

（四）拒不按照规定缴纳电信资源使用费的。

《统计法实施条例》

第四十四条 县级以上人民政府统计机构或者有关部门违反本条例第二十四条、第二十五条规定公布统计数据的，由本级人民政府、上级人民政府统计机构或者本级人民政府统计机构责令改正，予以通报。

第四十五条 违反国家有关规定对外提供尚未公布的统计资料或者利用尚未公布的统计资料谋取不正当利益的，由任免机关或者监察机关依法给予处分，并由县级以上人民政府统计机构予以通报。

◎ 部门规章

《规范互联网信息服务市场秩序若干规定》

第十八条 互联网信息服务提供者违反本规定第八条、第九条、第十条、第十一条、第十二条或者第十四条的规定的，由电信管理机构依据职权处以警告，可以并处一万元以上三万元以下的罚款，向社会公告。

《电信和互联网用户个人信息保护规定》

第二十二条 电信业务经营者、互联网信息服务提供者违反本规定第八条、第十二条规定的，由电信管理机构依据职权责令限期改正，予以警告，可以并处一万元以下的罚款。

第二十三条 电信业务经营者、互联网信息服务提供者违反本规定第九条至第十一条、第十三条至第十六条、第十七条第二款规定的，由电信管理机构依据职权责令限期改正，予以警告，可以并处一万元以上三万元以下的罚款，向社会公告；构成犯罪的，依法追究刑事责任。

《互联网域名管理办法》

第五十二条 违反本办法第十七条、第十八条第一款、第二十一条、第二十二条、第二十八条第二款、第二十九条、第三十一条、第三十二条、第三十五条第一款、第四十条第二款、第四十一条规定的，由电信管理机构依据职权责令改正，可以并处一万元以上三万元以下罚款，向社会公告。

第五十三条 法律、行政法规对有关违法行为的处罚另有规定的，依照有关法律、行政法规的规定执行。

《网络招聘服务管理规定》

第三十六条 违反本规定第二十一条、第二十二条规定，未依法进行信息收集、使用、存储、发布的，由有关主管部门依照《中华人民共和国网络安全法》等法律、行政法规的规定予以处罚。

《网络交易监督管理办法》

第四十一条　网络交易经营者违反本办法第十一条、第十三条、第十六条、第十八条，法律、行政法规有规定的，依照其规定；法律、行政法规没有规定的，由市场监督管理部门依职责责令限期改正，可以处五千元以上三万元以下罚款。

《汽车数据安全管理若干规定（试行）》

第十八条　汽车数据处理者违反本规定的，由省级以上网信、工业和信息化、公安、交通运输等有关部门依照《中华人民共和国网络安全法》、《中华人民共和国数据安全法》等法律、行政法规的规定进行处罚；构成犯罪的，依法追究刑事责任。

《互联网信息服务算法推荐管理规定》

第三十一条　算法推荐服务提供者违反本规定第七条、第八条、第九条第一款、第十条、第十四条、第十六条、第十七条、第二十二条、第二十四条、第二十六条规定，法律、行政法规有规定的，依照其规定；法律、行政法规没有规定的，由网信部门和电信、公安、市场监管等有关部门依据职责给予警告、通报批评，责令限期改正；拒不改正或者情节严重的，责令暂停信息更新，并处一万元以上十万元以下罚款。构成违反治安管理行为的，依法给予治安管理处罚；构成犯罪的，依法追究刑事责任。

第三十二条　算法推荐服务提供者违反本规定第六条、第九条第二款、第十一条、第十三条、第十五条、第十八条、第十九条、第二十条、第二十一条、第二十七条、第二十八条第二款规定的，由网信部门和电信、公安、市场监管等有关部门依据职责，按照有关法律、行政法规和部门规章的规定予以处理。

《互联网用户账号信息管理规定》

第二十二条　互联网信息服务提供者违反本规定的，依照有关法律、行政法规的规定处罚。法律、行政法规没有规定的，由省级以上网信部门依据职责给予警告、通报批评，责令限期改正，并可以处一万元以上十万元以下罚款。构成违反治安管理行为的，移交公安机关处理；构成犯罪的，移交司法机关处理。

《数据出境安全评估办法》

第十八条　违反本办法规定的，依据《中华人民共和国网络安全法》、《中华人民共和国数据安全法》、《中华人民共和国个人信息保护法》等法律法规处理；构成犯罪的，依法追究刑事责任。

《网信部门行政执法程序规定》

第十五条　网信部门对依法应当由

原许可、批准的部门作出降低资质等级、吊销许可证件等行政处罚决定的，应当将取得的证据及相关材料送原许可、批准的部门，由其依法作出是否降低资质等级、吊销许可证件等决定。

第十六条 对当事人的同一个违法行为，不得给予两次以上罚款的行政处罚。同一个违法行为违反多个法律规范应当给予罚款处罚的，按照罚款数额高的规定处罚。

第三十三条 案件调查终结后，承办人认为违法事实成立，应当予以行政处罚的，撰写案件处理意见报告，草拟行政处罚建议书。

有下列情形之一的，承办人撰写案件处理意见报告，说明拟作处理的理由，报网信部门负责人批准后根据不同情况分别处理：

（一）认为违法事实不能成立，不予行政处罚的；

（二）违法行为情节轻微并及时改正，没有造成危害后果，不予行政处罚的；

（三）初次违法且危害后果轻微并及时改正，可以不予行政处罚的；

（四）当事人有证据足以证明没有主观过错，不予行政处罚的，法律、行政法规另有规定的，从其规定；

（五）案件不属于本部门管辖，应当移送其他行政机关管辖的；

（六）涉嫌犯罪，应当移送司法机关的。

第三十四条 网信部门在进行监督检查或者案件调查时，对已有证据证明违法事实成立的，应当责令当事人立即改正或者限期改正违法行为。

第三十九条 网信部门作出行政处罚决定前，应当填写行政处罚意见告知书，告知当事人拟作出的行政处罚内容及事实、理由、依据，并告知当事人依法享有的陈述、申辩等权利。

第四十条 当事人有权进行陈述和申辩。网信部门应当充分听取当事人的意见，对当事人提出的事实、理由和证据，应当进行复核；当事人提出的事实、理由或者证据成立的，网信部门应当采纳。

网信部门不得因当事人陈述、申辩而给予更重的处罚。

网信部门及其执法人员在作出行政处罚决定前，未依照本规定向当事人告知拟作出的行政处罚内容及事实、理由、依据，或者拒绝听取当事人的陈述、申辩，不得作出行政处罚决定，但当事人明确放弃陈述或者申辩权利的除外。

第四十一条 有下列情形之一，在网信部门负责人作出行政处罚的决定之前，应当由从事行政处罚决定法制审核的人员进行法制审核；未经法制审核或者审核未通过的，不得作出决定：

（一）涉及重大公共利益的；

（二）直接关系当事人或者第三人重大权益，经过听证程序的；

（三）案件情况疑难复杂、涉及多个法律关系的；

（四）法律、行政法规规定应当进行法制审核的其他情形。

法制审核由网信部门确定的负责法制审核的机构实施。网信部门中初次从事行政处罚决定法制审核的人员，应当通过国家统一法律职业资格考试取得法律职业资格。

第四十二条　拟作出的行政处罚决定应当报网信部门负责人审查。网信部门负责人根据不同情况，分别作出如下决定：

（一）确有应受行政处罚的违法行为的，根据情节轻重及具体情况，作出行政处罚决定；

（二）违法行为轻微，依法可以不予行政处罚的，不予行政处罚；

（三）违法事实不能成立的，不予行政处罚；

（四）违法行为涉嫌犯罪的，移送司法机关。

第四十三条　对情节复杂或者重大违法行为给予行政处罚，网信部门负责人应当集体讨论决定。集体讨论决定的过程应当书面记录。

第四十四条　网信部门作出行政处罚决定，应当制作统一编号的行政处罚决定书。

行政处罚决定书应当载明下列事项：

（一）当事人的姓名或者名称、地址等基本情况；

（二）违反法律、行政法规、部门规章的事实和证据；

（三）行政处罚的种类和依据；

（四）行政处罚的履行方式和期限；

（五）申请行政复议、提起行政诉讼的途径和期限；

（六）作出行政处罚决定的网信部门名称和作出决定的日期。

行政处罚决定中涉及没收有关物品的，还应当附没收物品凭证。

行政处罚决定书必须盖有作出行政处罚决定的网信部门的印章。

◎ **部门规范性文件**

《移动互联网应用程序信息服务管理规定》

第八条　应用程序提供者应当对信息内容呈现结果负责，不得生产传播违法信息，自觉防范和抵制不良信息。

应用程序提供者应当建立健全信息内容审核管理机制，建立完善用户注册、账号管理、信息审核、日常巡查、应急处置等管理措施，配备与服务规模相适应的专业人员和技术能力。

> ### 第六十七条 【信用档案制度】
>
> 有本法规定的违法行为的，依照有关法律、行政法规的规定记入信用档案，并予以公示。

关联法规

◎ 法律

《网络安全法》

第七十一条 有本法规定的违法行为的，依照有关法律、行政法规的规定记入信用档案，并予以公示。

《电子商务法》

第八十六条 电子商务经营者有本法规定的违法行为的，依照有关法律、行政法规的规定记入信用档案，并予以公示。

《关于加强网络信息保护的决定》

十一、对有违反本决定行为的，依法给予警告、罚款、没收违法所得、吊销许可证或者取消备案、关闭网站、禁止有关责任人员从事网络服务业务等处罚，记入社会信用档案并予以公布；构成违反治安管理行为的，依法给予治安管理处罚。构成犯罪的，依法追究刑事责任。侵害他人民事权益的，依法承担民事责任。

《消费者权益保护法》

第五十六条 经营者有下列情形之一，除承担相应的民事责任外，其他有关法律、法规对处罚机关和处罚方式有规定的，依照法律、法规的规定执行；法律、法规未作规定的，由工商行政管理部门或者其他有关行政部门责令改正，可以根据情节单处或者并处警告、没收违法所得、处以违法所得一倍以上十倍以下的罚款，没有违法所得的，处以五十万元以下的罚款；情节严重的，责令停业整顿、吊销营业执照：

（一）提供的商品或者服务不符合保障人身、财产安全要求的；

（二）在商品中掺杂、掺假，以假充真，以次充好，或者以不合格商品冒充合格商品的；

（三）生产国家明令淘汰的商品或者销售失效、变质的商品的；

（四）伪造商品的产地，伪造或者冒用他人的厂名、厂址，篡改生产日期，伪造或者冒用认证标志等质量标志的；

（五）销售的商品应当检验、检疫而未检验、检疫或者伪造检验、检疫结果的；

（六）对商品或者服务作虚假或者引人误解的宣传的；

（七）拒绝或者拖延有关行政部门责令对缺陷商品或者服务采取停止销

售、警示、召回、无害化处理、销毁、停止生产或者服务等措施的；

（八）对消费者提出的修理、重作、更换、退货、补足商品数量、退还货款和服务费用或者赔偿损失的要求，故意拖延或者无理拒绝的；

（九）侵害消费者人格尊严、侵犯消费者人身自由或者侵害消费者个人信息依法得到保护的权利的；

（十）法律、法规规定的对损害消费者权益应当予以处罚的其他情形。

经营者有前款规定情形的，除依照法律、法规规定予以处罚外，处罚机关应当记入信用档案，向社会公布。

《电影产业促进法》

第四十六条　县级以上人民政府电影主管部门应当加强对电影活动的日常监督管理，受理对违反本法规定的行为的投诉、举报，并及时核实、处理、答复；将从事电影活动的单位和个人因违反本法规定受到行政处罚的情形记入信用档案，并向社会公布。

《反不正当竞争法》

第二十六条　经营者违反本法规定从事不正当竞争，受到行政处罚的，由监督检查部门记入信用记录，并依照有关法律、行政法规的规定予以公示。

《食品安全法》

第一百一十三条　县级以上人民政府食品安全监督管理部门应当建立食品生产经营者食品安全信用档案，记录许可颁发、日常监督检查结果、违法行为查处等情况，依法向社会公布并实时更新；对有不良信用记录的食品生产经营者增加监督检查频次，对违法行为情节严重的食品生产经营者，可以通报投资主管部门、证券监督管理机构和有关的金融机构。

◎ **部门规章**

《计算机信息网络国际联网安全保护管理办法》

第十七条　公安机关计算机管理监察机构应当督促互联单位、接入单位及有关用户建立健全安全保护管理制度。监督、检查网络安全保护管理以及技术措施的落实情况。

公安机关计算机管理监察机构在组织安全检查时，有关单位应当派人参加。公安机关计算机管理监察机构对安全检查发现的问题，应当提出改进意见，作出详细记录，存档备查。

《电信和互联网用户个人信息保护规定》

第二十条　电信管理机构应当将电信业务经营者、互联网信息服务提供者违反本规定的行为记入其社会信用档案并予以公布。

《互联网新闻信息服务管理规定》

第二十一条　国家和地方互联网信息办公室应当建立互联网新闻信息服务网络信用档案，建立失信黑名单制度和约谈制度。

国家互联网信息办公室会同国务院电信、公安、新闻出版广电等部门建立信息共享机制，加强工作沟通和协作配合，依法开展联合执法等专项监督检查活动。

《互联网域名管理办法》

第四十七条 电信管理机构应当建立域名根服务器运行机构、域名注册管理机构和域名注册服务机构的信用记录制度，将其违反本办法并受到行政处罚的行为记入信用档案。

《网络交易监督管理办法》

第三十七条 市场监督管理部门依法对网络交易经营者实施信用监管，将网络交易经营者的注册登记、备案、行政许可、抽查检查结果、行政处罚、列入经营异常名录和严重违法失信企业名单等信息，通过国家企业信用信息公示系统统一归集并公示。对存在严重违法失信行为的，依法实施联合惩戒。

前款规定的信息还可以通过市场监督管理部门官方网站、网络搜索引擎、经营者从事经营活动的主页面显著位置等途径公示。

《市场监督管理严重违法失信名单管理办法》

第八条 实施下列侵害消费者权益的违法行为，且属于本办法第二条规定情形的，列入严重违法失信名单：

（一）侵害消费者人格尊严、个人信息依法得到保护等权利；

（二）预收费用后为逃避或者拒绝履行义务，关门停业或者迁移服务场所，未按照约定提供商品或者服务，且被市场监督管理部门确认为无法取得联系；

（三）制造、销售、使用以欺骗消费者为目的的计量器具；抄袭、串通、篡改计量比对数据，伪造数据、出具虚假计量校准证书或者报告，侵害消费者权益；

（四）经责令召回仍拒绝或者拖延实施缺陷产品召回；

（五）其他违反法律、行政法规规定，严重侵害消费者权益的违法行为。

第六十八条　【国家机关不履行个人信息保护义务的责任】

国家机关不履行本法规定的个人信息保护义务的，由其上级机关或者履行个人信息保护职责的部门责令改正；对直接负责的主管人员和其他直接责任人员依法给予处分。

履行个人信息保护职责的部门的工作人员玩忽职守、滥用职权、徇私舞弊，尚不构成犯罪的，依法给予处分。

关联法规

◎ 法律

《网络安全法》

第四十五条　依法负有网络安全监督管理职责的部门及其工作人员，必须对在履行职责中知悉的个人信息、隐私和商业秘密严格保密，不得泄露、出售或者非法向他人提供。

第七十二条　国家机关政务网络的运营者不履行本法规定的网络安全保护义务的，由其上级机关或者有关机关责令改正；对直接负责的主管人员和其他直接责任人员依法给予处分。

第七十三条　网信部门和有关部门违反本法第三十条规定，将在履行网络安全保护职责中获取的信息用于其他用途的，对直接负责的主管人员和其他直接责任人员依法给予处分。

网信部门和有关部门的工作人员玩忽职守、滥用职权、徇私舞弊，尚不构成犯罪的，依法给予处分。

《反电信网络诈骗法》

第四十五条　反电信网络诈骗工作有关部门、单位的工作人员滥用职权、玩忽职守、徇私舞弊，或者有其他违反本法规定行为，构成犯罪的，依法追究刑事责任。

《数据安全法》

第四十九条　国家机关不履行本法规定的数据安全保护义务的，对直接负责的主管人员和其他直接责任人员依法给予处分。

第五十条　履行数据安全监管职责的国家工作人员玩忽职守、滥用职权、徇私舞弊的，依法给予处分。

《电子商务法》

第二十五条　有关主管部门依照法律、行政法规的规定要求电子商务经营者提供有关电子商务数据信息的，电子商务经营者应当提供。有关主管部门应当采取必要措施保护电子商务经营者提供的数据信息的安全，并对其中的个人信息、隐私和商业秘密严格保密，不得泄露、出售或者非法向他人提供。

第八十七条　依法负有电子商务监督管理职责的部门的工作人员，玩忽职守、滥用职权、徇私舞弊，或者泄露、出售或者非法向他人提供在履行职责中所知悉的个人信息、隐私和商业秘密的，依法追究法律责任。

《统计法》

第九条　统计机构和统计人员对在统计工作中知悉的国家秘密、商业秘密和个人信息，应当予以保密。

第三十九条　县级以上人民政府统计机构或者有关部门有下列行为之一的，对直接负责的主管人员和其他直接责任人员由任免机关或者监察机关依法给予处分：

（一）违法公布统计资料的；

（二）泄露统计调查对象的商业秘密、个人信息或者提供、泄露在统计调查中获得的能够识别或者推断单个统计调查对象身份的资料的；

（三）违反国家有关规定，造成统计资料毁损、灭失的。

统计人员有前款所列行为之一的，依法给予处分。

《居民身份证法》

第六条 居民身份证式样由国务院公安部门制定。居民身份证由公安机关统一制作、发放。

居民身份证具备视读与机读两种功能，视读、机读的内容限于本法第三条第一款规定的项目。

公安机关及其人民警察对因制作、发放、查验、扣押居民身份证而知悉的公民的个人信息，应当予以保密。

《关于加强网络信息保护的决定》

十、有关主管部门应当在各自职权范围内依法履行职责，采取技术措施和其他必要措施，防范、制止和查处窃取或者以其他非法方式获取、出售或者非法向他人提供公民个人电子信息的违法犯罪行为以及其他网络信息违法犯罪行为。有关主管部门依法履行职责时，网络服务提供者应当予以配合，提供技术支持。

国家机关及其工作人员对在履行职责中知悉的公民个人电子信息应当予以保密，不得泄露、篡改、毁损，不得出售或者非法向他人提供。

《消费者权益保护法》

第六十一条 国家机关工作人员玩忽职守或者包庇经营者侵害消费者合法权益的行为的，由其所在单位或者上级机关给予行政处分；情节严重，构成犯罪的，依法追究刑事责任。

《监察法》

第四十五条 监察机关根据监督、调查结果，依法作出如下处置：

（一）对有职务违法行为但情节较轻的公职人员，按照管理权限，直接或者委托有关机关、人员，进行谈话提醒、批评教育、责令检查，或者予以诫勉；

（二）对违法的公职人员依照法定程序作出警告、记过、记大过、降级、撤职、开除等政务处分决定；

（三）对不履行或者不正确履行职责负有责任的领导人员，按照管理权限对其直接作出问责决定，或者向有权作出问责决定的机关提出问责建议；

（四）对涉嫌职务犯罪的，监察机关经调查认为犯罪事实清楚，证据确实、充分的，制作起诉意见书，连同案卷材料、证据一并移送人民检察院依法审查、提起公诉；

（五）对监察对象所在单位廉政建设和履行职责存在的问题等提出监察

建议。

监察机关经调查，对没有证据证明被调查人存在违法犯罪行为的，应当撤销案件，并通知被调查人所在单位。

《社会保险法》

第九十二条 社会保险行政部门和其他有关行政部门、社会保险经办机构、社会保险费征收机构及其工作人员泄露用人单位和个人信息的，对直接负责的主管人员和其他直接责任人员依法给予处分；给用人单位或者个人造成损失的，应当承担赔偿责任。

《国家情报法》

第十九条 国家情报工作机构及其工作人员应当严格依法办事，不得超越职权、滥用职权，不得侵犯公民和组织的合法权益，不得利用职务便利为自己或者他人谋取私利，不得泄露国家秘密、商业秘密和个人信息。

《公务员法》

第六十一条 公务员因违纪违法应当承担纪律责任的，依照本法给予处分或者由监察机关依法给予政务处分；违纪违法行为情节轻微，经批评教育后改正的，可以免予处分。

对同一违纪违法行为，监察机关已经作出政务处分决定的，公务员所在机关不再给予处分。

《社会保险法》

第九十二条 社会保险行政部门和其他有关行政部门、社会保险经办机构、社会保险费征收机构及其工作人员泄露用人单位和个人信息的，对直接负责的主管人员和其他直接责任人员依法给予处分；给用人单位或者个人造成损失的，应当承担赔偿责任。

《密码法》

第四十条 密码管理部门和有关部门、单位的工作人员在密码工作中滥用职权、玩忽职守、徇私舞弊，或者泄露、非法向他人提供在履行职责中知悉的商业秘密和个人隐私的，依法给予处分。

◎ **党内法规**

《党委（党组）网络安全工作责任制实施办法》

第二条 网络安全工作事关国家安全、政权安全和经济社会发展。按照谁主管谁负责、属地管理的原则，各级党委（党组）对本地区本部门网络安全工作负主体责任，领导班子主要负责人是第一责任人，主管网络安全的领导班子成员是直接责任人。

第八条 各级党委（党组）违反或者未能正确履行本办法所列职责，按照有关规定追究其相关责任。

有下列情形之一的，各级党委（党组）应当逐级倒查，追究当事人、网络安全负责人直至主要负责人责任。协调监管不力的，还应当追究综合协调或监管部门负责人责任。

（一）党政机关门户网站、重点新闻网站、大型网络平台被攻击篡改，导致反动言论或者谣言等违法有害信息大面积扩散，且没有及时报告和组织处置的；

（二）地市级以上党政机关门户网站或者重点新闻网站受到攻击后没有及时组织处置，且瘫痪6小时以上的；

（三）发生国家秘密泄露、大面积个人信息泄露或者大量地理、人口、资源等国家基础数据泄露的；

（四）关键信息基础设施遭受网络攻击，没有及时处置导致大面积影响人民群众工作、生活，或者造成重大经济损失，或者造成严重不良社会影响的；

（五）封锁、瞒报网络安全事件情况，拒不配合有关部门依法开展调查、处置工作，或者对有关部门通报的问题和风险隐患不及时整改并造成严重后果的；

（六）阻碍公安机关、国家安全机关依法维护国家安全、侦查犯罪以及防范、调查恐怖活动，或者拒不提供支持和保障的；

（七）发生其他严重危害网络安全行为的。

第九条 实施责任追究应当实事求是，分清集体责任和个人责任。追究集体责任时，领导班子主要负责人和主管

网络安全的领导班子成员承担主要领导责任，参与相关工作决策的领导班子其他成员承担重要领导责任。

对领导班子、领导干部进行问责，应当由有管理权限的党组织依据有关规定实施。各级网络安全和信息化领导机构办公室可以向实施问责的党委（党组）、纪委（纪检组）提出问责建议。

◎ **行政法规**

《全国人口普查条例》

第三十五条 普查机构在组织实施人口普查活动中有下列违法行为之一的，由本级人民政府或者上级人民政府统计机构责令改正，予以通报；对直接负责的主管人员和其他直接责任人员，由任免机关或者监察机关依法给予处分：

（一）不执行普查方案的；

（二）伪造、篡改人口普查资料的；

（三）要求人口普查对象提供不真实的人口普查资料的；

（四）未按照普查方案的规定报送人口普查资料的；

（五）违反国家有关规定，造成人口普查资料毁损、灭失的；

（六）泄露或者向他人提供能够识别或者推断单个普查对象身份的资料的。

普查人员有前款所列行为之一的，责令其停止执行人口普查任务，予以通

报，依法给予处分。

《计算机信息系统安全保护条例》

第二十七条　执行本条例的国家公务员利用职权，索取、收受贿赂或者有其他违法、失职行为，构成犯罪的，依法追究刑事责任；尚不构成犯罪的，给予行政处分。

《互联网信息服务管理办法》

第二十五条　电信管理机构和其他有关主管部门及其工作人员，玩忽职守、滥用职权、徇私舞弊，疏于对互联网信息服务的监督管理，造成严重后果，构成犯罪的，依法追究刑事责任；尚不构成犯罪的，对直接负责的主管人员和其他直接责任人员依法给予降级、撤职直至开除的行政处分。

《征信业管理条例》

第四十三条　国务院征信业监督管理部门及其派出机构的工作人员滥用职权、玩忽职守、徇私舞弊，不依法履行监督管理职责，或者泄露国家秘密、信息主体信息的，依法给予处分。给信息主体造成损失的，依法承担民事责任；构成犯罪的，依法追究刑事责任。

《居住证暂行条例》

第二十条　国家机关及其工作人员有下列行为之一的，依法给予处分；构成犯罪的，依法追究刑事责任：

（一）符合居住证申领条件但拒绝受理、发放；

（二）违反有关规定收取费用；

（三）利用制作、发放居住证的便利，收受他人财物或者谋取其他利益；

（四）将在工作中知悉的居住证持有人个人信息出售或者非法提供给他人；

（五）篡改居住证信息。

《电信条例》

第七十八条　国务院信息产业主管部门或者省、自治区、直辖市电信管理机构工作人员玩忽职守、滥用职权、徇私舞弊，构成犯罪的，依法追究刑事责任；尚不构成犯罪的，依法给予行政处分。

《统计法实施条例》

第四十四条　县级以上人民政府统计机构或者有关部门违反本条例第二十四条、第二十五条规定公布统计数据的，由本级人民政府、上级人民政府统计机构或者本级人民政府统计机构责令改正，予以通报。

第四十五条　违反国家有关规定对外提供尚未公布的统计资料或者利用尚未公布的统计资料谋取不正当利益的，由任免机关或者监察机关依法给予处分，并由县级以上人民政府统计机构予以通报。

《关键信息基础设施安全保护条例》

第四十四条　网信部门、公安机关、保护工作部门和其他有关部门及其工作人员未履行关键信息基础设施安全保护和监督管理职责或者玩忽职守、滥用职权、徇私舞弊的，依法对直接负责的主管人员和其他直接责任人员给予处分。

第四十七条　关键信息基础设施发生重大和特别重大网络安全事件，经调查确定为责任事故的，除应当查明运营者责任并依法予以追究外，还应查明相关网络安全服务机构及有关部门的责任，对有失职、渎职及其他违法行为的，依法追究责任。

第四十八条　电子政务关键信息基础设施的运营者不履行本条例规定的网络安全保护义务的，依照《中华人民共和国网络安全法》有关规定予以处理。

◎ **司法解释**

《关于公布失信被执行人名单信息的若干规定》

第十三条　人民法院工作人员违反本规定公布、撤销、更正、删除失信信息的，参照有关规定追究责任。

◎ **部门规章**

《互联网安全保护技术措施规定》

第十七条　公安机关及其工作人员违反本规定，有滥用职权，徇私舞弊行为的，对直接负责的主管人员和其他直接责任人员依法给予行政处分；构成犯罪的，依法追究刑事责任。

《电话用户真实身份信息登记规定》

第十九条　电信管理机构工作人员在对电话用户真实身份信息登记工作实施监督管理的过程中玩忽职守、滥用职权、徇私舞弊的，依法给予处理；构成犯罪的，依法追究刑事责任。

《电信和互联网用户个人信息保护规定》

第二十四条　电信管理机构工作人员在对用户个人信息保护工作实施监督管理的过程中玩忽职守、滥用职权、徇私舞弊的，依法给予处理；构成犯罪的，依法追究刑事责任。

《网络交易监督管理办法》

第五十四条　市场监督管理部门的工作人员，玩忽职守、滥用职权、徇私舞弊，或者泄露、出售或者非法向他人提供在履行职责中所知悉的个人信息、隐私和商业秘密的，依法追究法律责任。

◎ **部门规范性文件**

《寄递服务用户个人信息安全管理规定》

第二十一条　邮政管理部门及其工作人员应当对在履行职责过程中知悉的寄递服务用户个人信息保密。在监督管理工作中滥用职权、玩忽职守、徇私舞弊，构成犯罪的，依法追究刑事责任；尚不构成犯罪的，依法给予处分。

【 **权威案例** 】

◎ **典型案例**

韩某等侵犯公民个人信息案【侵犯公民个人信息犯罪典型案例之一（2017 年 5 月

16 日）】

典型意义：随着信息化社会的到来，个人信息的重要性日益凸显，侵犯公民个人信息获取经济利益的现象逐渐增多，相关灰色产业链已初现雏形，其中国家工作人员利用职务便利非法获取公民个人信息社会影响尤其恶劣。本案涉及国家工作人员与销售商勾结，买卖婴儿信息数量达几十万条，给家庭生活造成困扰，案件引发社会关注。

检察机关认真办理该案，取得了较好的法律效果和社会效果。一是有力监督，有效追诉。浦东新区检察院在办理案件过程中，派员提前介入，会同公安机关从获取公民个人信息的数量、方式、来源、动机及后果等方面进行全面考量。在审查逮捕过程中，发现孙某某、夏某某等人的行为已涉嫌侵犯公民个人信息罪，遂向公安机关发出直接移送审查起诉建议书。二是制发检察建议，延伸办案效果。针对国家工作人员利用职务便利窃取公民个人信息的情况，浦东新区检察院向上海市疾病预防控制中心发出检察建议，要求其从系统账号密码专人专用、使用留痕，签订岗位保密协议，建立事后备查制度等方面进行整改完善，上海市疾病预防控制中心收函后立即采取相应措施进行整改，并将相关整改落实情况由专人至区检察院进行通报，以防止类似事件再次发生。

> **第六十九条　【侵害个人信息的民事责任】**
>
> 处理个人信息侵害个人信息权益造成损害，个人信息处理者不能证明自己没有过错的，应当承担损害赔偿等侵权责任。
>
> 前款规定的损害赔偿责任按照个人因此受到的损失或者个人信息处理者因此获得的利益确定；个人因此受到的损失和个人信息处理者因此获得的利益难以确定的，根据实际情况确定赔偿数额。

关联法规

◎ **法律**

《民法典》

第一百七十九条　承担民事责任的方式主要有：

（一）停止侵害；

（二）排除妨碍；

（三）消除危险；

（四）返还财产；

（五）恢复原状；

（六）修理、重作、更换；

（七）继续履行；

（八）赔偿损失；

（九）支付违约金；

（十）消除影响、恢复名誉；

（十一）赔礼道歉。

法律规定惩罚性赔偿的，依照其规定。

本条规定的承担民事责任的方式，可以单独适用，也可以合并适用。

第一千一百六十五条 行为人因过错侵害他人民事权益造成损害的，应当承担侵权责任。

依照法律规定推定行为人有过错，其不能证明自己没有过错的，应当承担侵权责任。

第一千一百六十六条 行为人造成他人民事权益损害，不论行为人有无过错，法律规定应当承担侵权责任的，依照其规定。

第一千一百八十二条 侵害他人人身权益造成财产损失的，按照被侵权人因此受到的损失或者侵权人因此获得的利益赔偿；被侵权人因此受到的损失以及侵权人因此获得的利益难以确定，被侵权人和侵权人就赔偿数额协商不一致，向人民法院提起诉讼的，由人民法院根据实际情况确定赔偿数额。

《网络安全法》

第七十四条 违反本法规定，给他人造成损害的，依法承担民事责任。

违反本法规定，构成违反治安管理行为的，依法给予治安管理处罚；构成犯罪的，依法追究刑事责任。

《反电信网络诈骗法》

第四十六条 组织、策划、实施、参与电信网络诈骗活动或者为电信网络诈骗活动提供相关帮助的违法犯罪人员，除依法承担刑事责任、行政责任以外，造成他人损害的，依照《中华人民共和国民法典》等法律的规定承担民事责任。

电信业务经营者、银行业金融机构、非银行支付机构、互联网服务提供者等违反本法规定，造成他人损害的，依照《中华人民共和国民法典》等法律的规定承担民事责任。

《数据安全法》

第五十二条 违反本法规定，给他人造成损害的，依法承担民事责任。

违反本法规定，构成违反治安管理行为的，依法给予治安管理处罚；构成犯罪的，依法追究刑事责任。

《关于维护互联网安全的决定》

六、利用互联网实施违法行为，违反社会治安管理，尚不构成犯罪的，由公安机关依照《治安管理处罚法》予以处罚；违反其他法律、行政法规，尚不构成犯罪的，由有关行政管理部门依法给予行政处罚；对直接负责的主管人员和其他直接责任人员，依法给予行政处分或者纪律处分。

《居民身份证法》

第十九条 国家机关或者金融、电

信、交通、教育、医疗等单位的工作人员泄露在履行职责或者提供服务过程中获得的居民身份证记载的公民个人信息，构成犯罪的，依法追究刑事责任；尚不构成犯罪的，由公安机关处十日以上十五日以下拘留，并处五千元罚款，有违法所得的，没收违法所得。

单位有前款行为，构成犯罪的，依法追究刑事责任；尚不构成犯罪的，由公安机关对其直接负责的主管人员和其他直接责任人员，处十日以上十五日以下拘留，并处十万元以上五十万元以下罚款，有违法所得的，没收违法所得。

有前两款行为，对他人造成损害的，依法承担民事责任。

《消费者权益保护法》

第五十条　经营者侵害消费者的人格尊严、侵犯消费者人身自由或者侵害消费者个人信息依法得到保护的权利的，应当停止侵害、恢复名誉、消除影响、赔礼道歉，并赔偿损失。

第五十一条　经营者有侮辱诽谤、搜查身体、侵犯人身自由等侵害消费者或者其他受害人人身权益的行为，造成严重精神损害的，受害人可以要求精神损害赔偿。

《密码法》

第四十一条　违反本法规定，构成犯罪的，依法追究刑事责任；给他人造成损害的，依法承担民事责任。

《档案法》

第五十一条　违反本法规定，构成犯罪的，依法追究刑事责任；造成财产损失或者其他损害的，依法承担民事责任。

《生物安全法》

第八十二条　违反本法规定，构成犯罪的，依法追究刑事责任；造成人身、财产或者其他损害的，依法承担民事责任。

◎ 行政法规

《计算机信息系统安全保护条例》

第二十五条　任何组织或者个人违反本条例的规定，给国家、集体或者他人财产造成损失的，应当依法承担民事责任。

《征信业管理条例》

第三十八条　征信机构、金融信用信息基础数据库运行机构违反本条例规定，有下列行为之一的，由国务院征信业监督管理部门或者其派出机构责令限期改正，对单位处 5 万元以上 50 万元以下的罚款；对直接负责的主管人员和其他直接责任人员处 1 万元以上 10 万元以下的罚款；有违法所得的，没收违法所得。给信息主体造成损失的，依法承担民事责任；构成犯罪的，依法追究刑事责任：

（一）窃取或者以其他方式非法获取信息；

（二）采集禁止采集的个人信息或者未经同意采集个人信息；

（三）违法提供或者出售信息；

（四）因过失泄露信息；

（五）逾期不删除个人不良信息；

（六）未按照规定对异议信息进行核查和处理；

（七）拒绝、阻碍国务院征信业监督管理部门或者其派出机构检查、调查或者不如实提供有关文件、资料；

（八）违反征信业务规则，侵害信息主体合法权益的其他行为。

经营个人征信业务的征信机构有前款所列行为之一，情节严重或者造成严重后果的，由国务院征信业监督管理部门吊销其个人征信业务经营许可证。

第四十条 向金融信用信息基础数据库提供或者查询信息的机构违反本条例规定，有下列行为之一的，由国务院征信业监督管理部门或者其派出机构责令限期改正，对单位处 5 万元以上 50 万元以下的罚款；对直接负责的主管人员和其他直接责任人员处 1 万元以上 10 万元以下的罚款；有违法所得的，没收违法所得。给信息主体造成损失的，依法承担民事责任；构成犯罪的，依法追究刑事责任：

（一）违法提供或者出售信息；

（二）因过失泄露信息；

（三）未经同意查询个人信息或者

企业的信贷信息；

（四）未按照规定处理异议或者对确有错误、遗漏的信息不予更正；

（五）拒绝、阻碍国务院征信业监督管理部门或者其派出机构检查、调查或者不如实提供有关文件、资料。

第四十一条 信息提供者违反本条例规定，向征信机构、金融信用信息基础数据库提供非依法公开的个人不良信息，未事先告知信息主体本人，情节严重或者造成严重后果的，由国务院征信业监督管理部门或者其派出机构对单位处 2 万元以上 20 万元以下的罚款；对个人处 1 万元以上 5 万元以下的罚款。

第四十二条 信息使用者违反本条例规定，未按照与个人信息主体约定的用途使用个人信息或者未经个人信息主体同意向第三方提供个人信息，情节严重或者造成严重后果的，由国务院征信业监督管理部门或者其派出机构对单位处 2 万元以上 20 万元以下的罚款；对个人处 1 万元以上 5 万元以下的罚款；有违法所得的，没收违法所得。给信息主体造成损失的，依法承担民事责任；构成犯罪的，依法追究刑事责任。

◎ **司法解释**

《关于审理利用信息网络侵害人身权益民事纠纷案件适用法律若干问题的规定》

第十二条 被侵权人为制止侵权行

为所支付的合理开支，可以认定为民法典第一千一百八十二条规定的财产损失。合理开支包括被侵权人或者委托代理人对侵权行为进行调查、取证的合理费用。人民法院根据当事人的请求和具体案情，可以将符合国家有关部门规定的律师费用计算在赔偿范围内。

被侵权人因人身权益受侵害造成的财产损失以及侵权人因此获得的利益难以确定的，人民法院可以根据具体案情在 50 万元以下的范围内确定赔偿数额。

《关于审理使用人脸识别技术处理个人信息相关民事案件适用法律若干问题的规定》

第八条　信息处理者处理人脸信息侵害自然人人格权益造成财产损失，该自然人依据民法典第一千一百八十二条主张财产损害赔偿的，人民法院依法予以支持。

自然人为制止侵权行为所支付的合理开支，可以认定为民法典第一千一百八十二条规定的财产损失。合理开支包括该自然人或者委托代理人对侵权行为进行调查、取证的合理费用。人民法院根据当事人的请求和具体案情，可以将合理的律师费用计算在赔偿范围内。

第九条　自然人有证据证明信息处理者使用人脸识别技术正在实施或者即将实施侵害其隐私权或者其他人格权益

的行为，不及时制止将使其合法权益受到难以弥补的损害，向人民法院申请采取责令信息处理者停止有关行为的措施的，人民法院可以根据案件具体情况依法作出人格权侵害禁令。

第十二条　信息处理者违反约定处理自然人的人脸信息，该自然人请求其承担违约责任的，人民法院依法予以支持。该自然人请求信息处理者承担违约责任时，请求删除人脸信息的，人民法院依法予以支持；信息处理者以双方未对人脸信息的删除作出约定为由抗辩的，人民法院不予支持。

◎ 部门规章

《网络招聘服务管理规定》

第四十条　违反本规定，给他人造成损害的，依法承担民事责任。违反其他法律、行政法规的，由有关主管部门依法给予处罚。

违反本规定，构成违反治安管理行为的，依法给予治安管理处罚；构成犯罪的，依法追究刑事责任。

《网络交易监督管理办法》

第五十一条　网络交易经营者销售商品或者提供服务，不履行合同义务或者履行合同义务不符合约定，或者造成他人损害的，依法承担民事责任。

第五十二条　网络交易平台经营者知道或者应当知道平台内经营者销售的商品或者提供的服务不符合保障人身、

财产安全的要求，或者有其他侵害消费者合法权益行为，未采取必要措施的，依法与该平台内经营者承担连带责任。

对关系消费者生命健康的商品或者服务，网络交易平台经营者对平台内经营者的资质资格未尽到审核义务，或者对消费者未尽到安全保障义务，造成消费者损害的，依法承担相应的责任。

《汽车数据安全管理若干规定（试行）》

第十七条　汽车数据处理者开展汽车数据处理活动，应当建立投诉举报渠道，设置便捷的投诉举报入口，及时处理用户投诉举报。

开展汽车数据处理活动造成用户合法权益或者公共利益受到损害的，汽车数据处理者应当依法承担相应责任。

◎ 部门规范性文件

《互联网信息搜索服务管理规定》

第十二条　互联网信息搜索服务提供者应当建立健全公众投诉、举报和用户权益保护制度，在显著位置公布投诉、举报方式，主动接受公众监督，及时处理公众投诉、举报，依法承担对用户权益造成损害的赔偿责任。

第七十条　【侵害个人信息的公益诉讼】

个人信息处理者违反本法规定处理个人信息，侵害众多个人

的权益的，人民检察院、法律规定的消费者组织和由国家网信部门确定的组织可以依法向人民法院提起诉讼。

关联法规

◎ **法律**

《网络安全法》

第七十四条　违反本法规定，给他人造成损害的，依法承担民事责任。

违反本法规定，构成违反治安管理行为的，依法给予治安管理处罚；构成犯罪的，依法追究刑事责任。

《反电信网络诈骗法》

第四十七条　人民检察院在履行反电信网络诈骗职责中，对于侵害国家利益和社会公共利益的行为，可以依法向人民法院提起公益诉讼。

《消费者权益保护法》

第四十七条　对侵害众多消费者合法权益的行为，中国消费者协会以及在省、自治区、直辖市设立的消费者协会，可以向人民法院提起诉讼。

《英雄烈士保护法》

第二十五条　对侵害英雄烈士的姓名、肖像、名誉、荣誉的行为，英雄烈士的近亲属可以依法向人民法院提起诉讼。

英雄烈士没有近亲属或者近亲属不提起诉讼的，检察机关依法对侵害英雄烈士的姓名、肖像、名誉、荣誉，损害社会公共利益的行为向人民法院提起诉讼。

负责英雄烈士保护工作的部门和其他有关部门在履行职责过程中发现第一款规定的行为，需要检察机关提起诉讼的，应当向检察机关报告。

英雄烈士近亲属依照第一款规定提起诉讼的，法律援助机构应当依法提供法律援助服务。

《军人地位和权益保障法》

第六十二条　侵害军人荣誉、名誉和其他相关合法权益，严重影响军人有效履行职责使命，致使社会公共利益受到损害的，人民检察院可以根据民事诉讼法、行政诉讼法的相关规定提起公益诉讼。

《行政诉讼法》

第二十五条　行政行为的相对人以及其他与行政行为有利害关系的公民、法人或者其他组织，有权提起诉讼。

有权提起诉讼的公民死亡，其近亲属可以提起诉讼。

有权提起诉讼的法人或者其他组织终止，承受其权利的法人或者其他组织可以提起诉讼。

人民检察院在履行职责中发现生态环境和资源保护、食品药品安全、国有财产保护、国有土地使用权出让等领域负有监督管理职责的行政机关违法行使职权或者不作为，致使国家利益或者社会公共利益受到侵害的，应当向行政机关提出检察建议，督促其依法履行职责。行政机关不依法履行职责的，人民检察院依法向人民法院提起诉讼。

第五十八条　对污染环境、侵害众多消费者合法权益等损害社会公共利益的行为，法律规定的机关和有关组织可以向人民法院提起诉讼。

人民检察院在履行职责中发现破坏生态环境和资源保护、食品药品安全领域侵害众多消费者合法权益等损害社会公共利益的行为，在没有前款规定的机关和组织或者前款规定的机关和组织不提起诉讼的情况下，可以向人民法院提起诉讼。前款规定的机关或者组织提起诉讼的，人民检察院可以支持起诉。

◎ 司法解释

《关于审理使用人脸识别技术处理个人信息相关民事案件适用法律若干问题的规定》

第十四条　信息处理者处理人脸信息的行为符合民事诉讼法第五十五条、消费者权益保护法第四十七条或者其他法律关于民事公益诉讼的相关规定，法律规定的机关和有关组织提起民事公益诉讼的，人民法院应予受理。

权威案例

◎ **典型案例**

江西省南昌市人民检察院督促整治手机App侵害公民个人信息行政公益诉讼案【检察机关个人信息保护公益诉讼典型案例之一（2021年4月22日）】

典型意义： App违规收集个人信息具有较强的隐蔽性和危害性。办理手机App侵害公民个人信息案件，检察机关可以借助第三方检测机构的专业力量，调查收集App违法违规收集使用个人信息的相关证据，确定侵害社会公共利益的违法事实。对手机App侵害个人信息进行监管涉及多个职能部门，检察机关运用"磋商＋听证"的监督模式，加强与职能部门的沟通协调，协同职能部门在各自职责范围内加强网络个人信息安全保护和监督管理，形成个人信息保护合力。

江苏省无锡市人民检察院督促保护学生个人信息行政公益诉讼案【检察机关个人信息保护公益诉讼典型案例之四（2021年4月22日）】

典型意义： 校外培训机构非法获取学生个人信息用于营销招生，不仅侵害公民个人信息安全，而且易引发电信诈骗等多种关联犯罪，对学生及家长的人身和财产安全构成重大威胁，损害社会公共利益。检察机关运用行政公益诉讼职能，督促教育行政部门依法全面履职，一方面，及时堵漏补缺、完善人防技防管理措施，加强自身及校园对学生个人信息的保护；另一方面，强化对校外培训机构的监管，保护学生个人信息不受非法侵害，切实维护社会公共利益。

浙江省杭州市余杭区人民检察院诉某网络科技有限公司侵害公民个人信息民事公益诉讼案【检察机关个人信息保护公益诉讼典型案例之七（2021年4月22日）】

典型意义： 公民面对App侵权行为存在取证难、维权成本高等问题，难以通过私益诉讼获得有效救济。检察机关回应民生诉求，在通过行政公益诉讼督促行政机关依法监管、保护公民个人信息安全的同时，针对App过度采集并存储大量个人信息的公益侵害问题，通过民事公益诉讼追究App服务提供者的侵权责任，保护公民个人信息不受继续侵害。同时，检察机关立足企业发展利益，在征询网信部门意见引入第三方合规检测的前提下，以调解方式实现全部诉讼目的，以最小成本获得最大效益的办案效果。

宁夏回族自治区青铜峡市人民检察院诉张某某等人侵犯公民个人信息刑事附带民事公益诉讼案【个人信息保护检察公益诉讼典型案例之五（2023年3月30日）】

典型意义： 侵犯公民个人信息犯罪严重危害公民个人信息安全，易引发电信网络诈骗等衍生犯罪，社会危害性较大。本案中，检察机关充分发挥刑事、公益诉讼检察职能联动优势，依法对非法利用信息网络犯罪提起刑事附带民事公益诉讼，追究违法行为人的刑事与民事双重责任，追缴违法所得并承担民事公益损害赔偿金，对非法获取、使用公民个人信息的行为形成惩治震慑，实现了"三个效果"的有机统一。

上海市浦东新区人民检察院诉张某侵犯公民个人信息刑事附带民事公益诉讼案

【个人信息保护检察公益诉讼典型案例之六（2023年3月30日）】

典型意义：通过非法入侵计算机系统的方式获取大量公民个人信息并通过网络出售牟利，是侵害众多公民个人信息权益的一种表现形式。本案中，检察机关在依法追究其刑事责任的同时，通过公益诉讼追究侵权人应承担的民事责任，体现保护公益、全面追责的独特价值。检察机关在提起附带民事公益诉讼时，可提出停止侵害、删除数据、赔偿损失等诉请。公益诉讼损害赔偿是建立在维护个人信息安全秩序基础上对受损公益提出的补偿。针对网络侵害的特点，相关公益损失难以直接计算的，可以按照侵权人通过网络交易获得的利益确定公益损害赔偿金额，对于办理同类案件具有一定的借鉴意义。

第七十一条　【治安管理处罚与刑事责任】

违反本法规定，构成违反治安管理行为的，依法给予治安管理处罚；构成犯罪的，依法追究刑事责任。

关联法规

◎ **法律**

《刑法》

第二百五十三条之一　违反国家有关规定，向他人出售或者提供公民个人信息，情节严重的，处三年以下有期徒刑或者拘役，并处或者单处罚金；情节特别严重的，处三年以上七年以下有期徒刑，并处罚金。

违反国家有关规定，将在履行职责或者提供服务过程中获得的公民个人信息，出售或者提供给他人的，依照前款的规定从重处罚。

窃取或者以其他方法非法获取公民个人信息的，依照第一款的规定处罚。

单位犯前三款罪的，对单位判处罚金，并对其直接负责的主管人员和其他直接责任人员，依照各该款的规定处罚。

第二百八十六条之一　网络服务提供者不履行法律、行政法规规定的信息网络安全管理义务，经监管部门责令采取改正措施而拒不改正，有下列情形之一的，处三年以下有期徒刑、拘役或者管制，并处或者单处罚金：

（一）致使违法信息大量传播的；

（二）致使用户信息泄露，造成严重后果的；

（三）致使刑事案件证据灭失，情

节严重的；

（四）有其他严重情节的。

单位犯前款罪的，对单位判处罚金，并对其直接负责的主管人员和其他直接责任人员，依照前款的规定处罚。

有前两款行为，同时构成其他犯罪的，依照处罚较重的规定定罪处罚。

《网络安全法》

第七十四条 违反本法规定，给他人造成损害的，依法承担民事责任。

违反本法规定，构成违反治安管理行为的，依法给予治安管理处罚；构成犯罪的，依法追究刑事责任。

《反电信网络诈骗法》

第三十八条 组织、策划、实施、参与电信网络诈骗活动或者为电信网络诈骗活动提供帮助，构成犯罪的，依法追究刑事责任。

前款行为尚不构成犯罪的，由公安机关处十日以上十五日以下拘留；没收违法所得，处违法所得一倍以上十倍以下罚款，没有违法所得或者违法所得不足一万元的，处十万元以下罚款。

《数据安全法》

第五十二条 违反本法规定，给他人造成损害的，依法承担民事责任。

违反本法规定，构成违反治安管理行为的，依法给予治安管理处罚；构成犯罪的，依法追究刑事责任。

《电子商务法》

第八十八条 违反本法规定，构成违反治安管理行为的，依法给予治安管理处罚；构成犯罪的，依法追究刑事责任。

《统计法》

第四十七条 违反本法规定，构成犯罪的，依法追究刑事责任。

《关于维护互联网安全的决定》

四、为了保护个人、法人和其他组织的人身、财产等合法权利，对有下列行为之一，构成犯罪的，依照刑法有关规定追究刑事责任：

（一）利用互联网侮辱他人或者捏造事实诽谤他人；

（二）非法截获、篡改、删除他人电子邮件或者其他数据资料，侵犯公民通信自由和通信秘密；

（三）利用互联网进行盗窃、诈骗、敲诈勒索。

六、利用互联网实施违法行为，违反社会治安管理，尚不构成犯罪的，由公安机关依照《治安管理处罚法》予以处罚；违反其他法律、行政法规，尚不构成犯罪的，由有关行政管理部门依法给予行政处罚；对直接负责的主管人员和其他直接责任人员，依法给予行政处分或者纪律处分。

利用互联网侵犯他人合法权益，构成民事侵权的，依法承担民事责任。

《保守国家秘密法》

第四十八条　违反本法规定,有下列行为之一的,依法给予处分;构成犯罪的,依法追究刑事责任:

(一)非法获取、持有国家秘密载体的;

(二)买卖、转送或者私自销毁国家秘密载体的;

(三)通过普通邮政、快递等无保密措施的渠道传递国家秘密载体的;

(四)邮寄、托运国家秘密载体出境,或者未经有关主管部门批准,携带、传递国家秘密载体出境的;

(五)非法复制、记录、存储国家秘密的;

(六)在私人交往和通信中涉及国家秘密的;

(七)在互联网及其他公共信息网络或者未采取保密措施的有线和无线通信中传递国家秘密的;

(八)将涉密计算机、涉密存储设备接入互联网及其他公共信息网络的;

(九)在未采取防护措施的情况下,在涉密信息系统与互联网及其他公共信息网络之间进行信息交换的;

(十)使用非涉密计算机、非涉密存储设备存储、处理国家秘密信息的;

(十一)擅自卸载、修改涉密信息系统的安全技术程序、管理程序的;

(十二)将未经安全技术处理的退出使用的涉密计算机、涉密存储设备赠送、出售、丢弃或者改作其他用途的。

有前款行为尚不构成犯罪,且不适用处分的人员,由保密行政管理部门督促其所在机关、单位予以处理。

《居民身份证法》

第十九条　国家机关或者金融、电信、交通、教育、医疗等单位的工作人员泄露在履行职责或者提供服务过程中获得的居民身份证记载的公民个人信息,构成犯罪的,依法追究刑事责任;尚不构成犯罪的,由公安机关处十日以上十五日以下拘留,并处五千元罚款,有违法所得的,没收违法所得。

单位有前款行为,构成犯罪的,依法追究刑事责任;尚不构成犯罪的,由公安机关对其直接负责的主管人员和其他直接责任人员,处十日以上十五日以下拘留,并处十万元以上五十万元以下罚款,有违法所得的,没收违法所得。

有前两款行为,对他人造成损害的,依法承担民事责任。

《治安管理处罚法》

第二十九条　有下列行为之一的,处五日以下拘留;情节较重的,处五日以上十日以下拘留:

(一)违反国家规定,侵入计算机信息系统,造成危害的;

(二)违反国家规定,对计算机信息系统功能进行删除、修改、增加、干扰，造成计算机信息系统不能正常运行的；

（三）违反国家规定，对计算机信息系统中存储、处理、传输的数据和应用程序进行删除、修改、增加的；

（四）故意制作、传播计算机病毒等破坏性程序，影响计算机信息系统正常运行的。

第四十二条　有下列行为之一的，处五日以下拘留或者五百元以下罚款；情节较重的，处五日以上十日以下拘留，可以并处五百元以下罚款：

（一）写恐吓信或者以其他方法威胁他人人身安全的；

（二）公然侮辱他人或者捏造事实诽谤他人的；

（三）捏造事实诬告陷害他人，企图使他人受到刑事追究或者受到治安管理处罚的；

（四）对证人及其近亲属进行威胁、侮辱、殴打或者打击报复的；

（五）多次发送淫秽、侮辱、恐吓或者其他信息，干扰他人正常生活的；

（六）偷窥、偷拍、窃听、散布他人隐私的。

《关于加强网络信息保护的决定》

十一、对有违反本决定行为的，依法给予警告、罚款、没收违法所得、吊销许可证或者取消备案、关闭网站、禁止有关责任人员从事网络服务业务等处

罚，记入社会信用档案并予以公布；构成违反治安管理行为的，依法给予治安管理处罚。构成犯罪的，依法追究刑事责任。侵害他人民事权益的，依法承担民事责任。

《消费者权益保护法》

第五十七条　经营者违反本法规定提供商品或者服务，侵害消费者合法权益，构成犯罪的，依法追究刑事责任。

《密码法》

第三十二条　违反本法第十二条规定，窃取他人加密保护的信息，非法侵入他人的密码保障系统，或者利用密码从事危害国家安全、社会公共利益、他人合法权益等违法活动的，由有关部门依照《中华人民共和国网络安全法》和其他有关法律、行政法规的规定追究法律责任。

第四十一条　违反本法规定，构成犯罪的，依法追究刑事责任；给他人造成损害的，依法承担民事责任。

《档案法》

第五十一条　违反本法规定，构成犯罪的，依法追究刑事责任；造成财产损失或者其他损害的，依法承担民事责任。

《生物安全法》

第八十二条　违反本法规定，构成犯罪的，依法追究刑事责任；造成人身、财产或者其他损害的，依法承担民

事责任。

◎ **党内法规**

《关于做好个人信息保护利用大数据支撑联防联控工作的通知》

6. 任何组织和个人发现违规违法收集、使用、公开个人信息的行为，可以及时向网信、公安部门举报。网信部门要依据《中华人民共和国网络安全法》和相关规定，及时处置违规违法收集、使用、公开个人信息的行为，以及造成个人信息大量泄露的事件；涉及犯罪的公安机关要依法严厉打击。

◎ **行政法规**

《计算机信息网络国际联网管理暂行规定》

第十五条　违反本规定，同时触犯其他有关法律、行政法规的，依照有关法律、行政法规的规定予以处罚；构成犯罪的，依法追究刑事责任。

《全国人口普查条例》

第三十四条　地方人民政府、政府统计机构或者有关部门、单位的负责人有下列行为之一的，由任免机关或者监察机关依法给予处分，并由县级以上人民政府统计机构予以通报；构成犯罪的，依法追究刑事责任：

（一）自行修改人口普查资料、编造虚假人口普查数据的；

（二）要求有关单位和个人伪造、篡改人口普查资料的；

（三）不按照国家有关规定保存、销毁人口普查资料的；

（四）违法公布人口普查资料的；

（五）对依法履行职责或者拒绝、抵制人口普查违法行为的普查人员打击报复的；

（六）对本地方、本部门、本单位发生的严重人口普查违法行为失察的。

《计算机信息系统安全保护条例》

第二十四条　违反本条例的规定，构成违反治安管理行为的，依照《中华人民共和国治安管理处罚法》的有关规定处罚；构成犯罪的，依法追究刑事责任。

《互联网信息服务管理办法》

第二十条　制作、复制、发布、传播本办法第十五条所列内容之一的信息，构成犯罪的，依法追究刑事责任；尚不构成犯罪的，由公安机关、国家安全机关依照《中华人民共和国治安管理处罚法》、《计算机信息网络国际联网安全保护管理办法》等有关法律、行政法规的规定予以处罚；对经营性互联网信息服务提供者，并由发证机关责令停业整顿直至吊销经营许可证，通知企业登记机关；对非经营性互联网信息服务提供者，并由备案机关责令暂时关闭网站直至关闭网站。

《计算机信息网络国际联网安全保护管理办法》

第二十条　违反法律、行政法规，有本办法第五条、第六条所列行为之一的，由公安机关给予警告，有违法所得的，没收违法所得，对个人可以并处5000元以下的罚款，对单位可以并处1.5万元以下的罚款；情节严重的，并可以给予6个月以内停止联网、停机整顿的处罚，必要时可以建议原发证、审批机构吊销经营许可证或者取消联网资格；构成违反治安管理行为的，依照治安管理处罚法的规定处罚；构成犯罪的，依法追究刑事责任。

《征信业管理条例》

第三十八条　征信机构、金融信用信息基础数据库运行机构违反本条例规定，有下列行为之一的，由国务院征信业监督管理部门或者其派出机构责令限期改正，对单位处5万元以上50万元以下的罚款；对直接负责的主管人员和其他直接责任人员处1万元以上10万元以下的罚款；有违法所得的，没收违法所得。给信息主体造成损失的，依法承担民事责任；构成犯罪的，依法追究刑事责任：

（一）窃取或者以其他方式非法获取信息；

（二）采集禁止采集的个人信息或者未经同意采集个人信息；

（三）违法提供或者出售信息；

（四）因过失泄露信息；

（五）逾期不删除个人不良信息；

（六）未按照规定对异议信息进行核查和处理；

（七）拒绝、阻碍国务院征信业监督管理部门或者其派出机构检查、调查或者不如实提供有关文件、资料；

（八）违反征信业务规则，侵害信息主体合法权益的其他行为。

经营个人征信业务的征信机构有前款所列行为之一，情节严重或者造成严重后果的，由国务院征信业监督管理部门吊销其个人征信业务经营许可证。

第四十条　向金融信用信息基础数据库提供或者查询信息的机构违反本条例规定，有下列行为之一的，由国务院征信业监督管理部门或者其派出机构责令限期改正，对单位处5万元以上50万元以下的罚款；对直接负责的主管人员和其他直接责任人员处1万元以上10万元以下的罚款；有违法所得的，没收违法所得。给信息主体造成损失的，依法承担民事责任；构成犯罪的，依法追究刑事责任：

（一）违法提供或者出售信息；

（二）因过失泄露信息；

（三）未经同意查询个人信息或者企业的信贷信息；

（四）未按照规定处理异议或者对确有错误、遗漏的信息不予更正；

（五）拒绝、阻碍国务院征信业监

督管理部门或者其派出机构检查、调查或者不如实提供有关文件、资料。

第四十一条　信息提供者违反本条例规定，向征信机构、金融信用信息基础数据库提供非依法公开的个人不良信息，未事先告知信息主体本人，情节严重或者造成严重后果的，由国务院征信业监督管理部门或者其派出机构对单位处 2 万元以上 20 万元以下的罚款；对个人处 1 万元以上 5 万元以下的罚款。

第四十二条　信息使用者违反本条例规定，未按照与个人信息主体约定的用途使用个人信息或者未经个人信息主体同意向第三方提供个人信息，情节严重或者造成严重后果的，由国务院征信业监督管理部门或者其派出机构对单位处 2 万元以上 20 万元以下的罚款；对个人处 1 万元以上 5 万元以下的罚款；有违法所得的，没收违法所得。给信息主体造成损失的，依法承担民事责任；构成犯罪的，依法追究刑事责任。

《电信条例》

第六十六条　违反本条例第五十六条、第五十七条的规定，构成犯罪的，依法追究刑事责任；尚不构成犯罪的，由公安机关、国家安全机关依照有关法律、行政法规的规定予以处罚。

《统计法实施条例》

第五十一条　统计违法行为涉嫌犯罪的，县级以上人民政府统计机构应当

将案件移送司法机关处理。

《关键信息基础设施安全保护条例》

第四十九条　违反本条例规定，给他人造成损害的，依法承担民事责任。

违反本条例规定，构成违反治安管理行为的，依法给予治安管理处罚；构成犯罪的，依法追究刑事责任。

◎ 司法解释

《关于依法惩处侵害公民个人信息犯罪活动的通知》

一、切实提高认识，坚决打击侵害公民个人信息犯罪活动。当前，一些犯罪分子为追求不法利益，利用互联网大肆倒卖公民个人信息，已逐渐形成庞大"地下产业"和黑色利益链。买卖的公民个人信息包括户籍、银行、电信开户资料等，涉及公民个人生活的方方面面。部分国家机关和金融、电信、交通、教育、医疗以及物业公司、房产中介、保险、快递等企事业单位的一些工作人员，将在履行职责或者提供服务过程中获取的公民个人信息出售、非法提供给他人。获取信息的中间商在互联网上建立数据平台，大肆出售信息谋取暴利。非法调查公司根据这些信息从事非法讨债、诈骗和敲诈勒索等违法犯罪活动。此类犯罪不仅危害公民的信息安全，而且极易引发多种犯罪，成为电信诈骗、网络诈骗以及滋扰型"软暴力"等信息犯罪的根源，甚至与绑架、敲诈

勒索、暴力追债等犯罪活动相结合，影响人们群众的安全感，威胁社会和谐稳定。各级公安机关、人民检察院、人民法院务必清醒认识此类犯罪的严重危害，以对党和人民高度负责的精神，统一思想，提高认识，精心组织，周密部署，依法惩处侵害公民个人信息犯罪活动。

二、正确适用法律，实现法律效果与社会效果的有机统一。侵害公民个人信息犯罪是新型犯罪，各级公安机关、人民检察院、人民法院要从切实保护公民个人信息安全和维护社会和谐稳定的高度，借鉴以往的成功判例，综合考虑出售、非法提供或非法获取个人信息的次数、数量、手段和牟利数额、造成的损害后果等因素，依法加大打击力度，确保取得良好的法律效果和社会效果。出售、非法提供公民个人信息罪的犯罪主体，除国家机关或金融、电信、交通、医疗单位的工作人员之外，还包括在履行职责或者提供服务过程中获得公民个人信息的商业、房地产业等服务业中其他企事业单位的工作人员。公民个人信息包括公民的姓名、年龄、有效证件号码、婚姻状况、工作单位、学历、履历、家庭住址、电话号码等能够识别公民个人身份或者涉及公民个人隐私的信息、数据资料。对于在履行职责或者提供服务过程中，将获得的公民个人信

息出售或者非法提供给他人，被他人用以实施犯罪，造成受害人人身伤害或者死亡，或者造成重大经济损失、恶劣社会影响的，或者出售、非法提供公民个人信息数量较大，或者违法所得数额较大的，均应当依法以非法出售、非法提供公民个人信息罪追究刑事责任。对于窃取或者以购买等方法非法获取公民个人信息数量较大，或者违法所得数额较大，或者造成其他严重后果的，应当依法以非法获取公民个人信息罪追究刑事责任。对使用非法获取的个人信息，实施其他犯罪行为，构成数罪的，应当依法予以并罚。单位实施侵害公民个人信息罪的，应当追究直接负责的主管人员和其他直接责任人员的刑事责任。要依法加大对财产刑的适用力度，剥夺犯罪分子非法获利和再次犯罪的资本。

三、加强协作配合，确保执法司法及时高效。侵害公民个人信息犯罪网络覆盖面大，关系错综复杂。犯罪行为发生地、犯罪结果发生地、犯罪分子所在地等往往不在一地。同时，由于犯罪行为大多依托互联网、移动电子设备，通过即时通讯工具、电子邮件等多种方式实施，调查取证难度很大、各级公安机关、人民检察院、人民法院要在分工负责、依法高效履行职责的基础上，进一步加强沟通协调，通力配合，密切协作，保证立案、侦查、批捕、审查起

诉、审判等各个环节顺利进行。对查获的及时立案侦查，及时移送审查起诉。对于几个公安机关都有权管辖的案件，由最初受理的公安机关管辖。必要时，可以由主要犯罪地的公安机关管辖。对管辖不明确或者有争议的刑事案件，可以由公安机关协商。协商不成的，由共同上级公安机关指定管辖。对于指定管辖的案件，需要逮捕犯罪嫌疑人的，由被指定管辖的公安机关提请同级人民检察院审查批准；需要提起公诉的，由该公安机关移送同级人民检察院审查决定；认为应当由上级人民检察院或者同级其他人民检察院起诉的，应当将案件移交有管辖权的人民检察院；人民检察院认为需要依照刑事诉讼法的规定指定审判管辖的，应当协商同级人民法院办理指定管辖有关事宜。在办理侵害公民个人信息犯罪案件的过程中，对于疑难、复杂案件，人民检察院可以适时派员会同公安机关共同就证据收集等方面进行研究和沟通协调。人民检察院对于公安机关提请批准逮捕、移送审查起诉的相关案件，符合批捕、起诉条件的，要依法尽快予以批捕、起诉；对于确需补充侦查的，要制作具体、详细的补充侦查纲。人民法院要加强审判力量，准确定性，依法快审快结。

四、推进综合治理，建立防范、打击长效工作机制。预防和打击侵害公民个人信息犯罪是一项艰巨任务，必须标本兼治，积极探索和构建防范、打击的长效工作机制。各地公安机关、人民检察院、人民法院在依法惩处此类犯罪的同时，要积极参与综合治理，注意发现保护公民个人信息工作中的疏漏和隐患，及时通报相关部门，提醒和督促有关部门和单位加强监管、完善制度。要充分利用报纸、广播、电视、网络等多种媒体平台，大力宣传党和国家打击此类犯罪的决心和力度，宣传相关的政策和法律法规，提醒和教育广大群众运用法律保障和维护自身合法权益，提高自我防范的意识和能力。

《关于办理侵犯公民个人信息刑事案件适用法律若干问题的解释》

第二条　违反法律、行政法规、部门规章有关公民个人信息保护的规定的，应当认定为刑法第二百五十三条之一规定的"违反国家有关规定"。

第三条　向特定人提供公民个人信息，以及通过信息网络或者其他途径发布公民个人信息的，应当认定为刑法第二百五十三条之一规定的"提供公民个人信息"。

未经被收集者同意，将合法收集的公民个人信息向他人提供的，属于刑法第二百五十三条之一规定的"提供公民个人信息"，但是经过处理无法识别特定个人且不能复原的除外。

第四条 违反国家有关规定，通过购买、收受、交换等方式获取公民个人信息，或者在履行职责、提供服务过程中收集公民个人信息的，属于刑法第二百五十三条之一第三款规定的"以其他方法非法获取公民个人信息"。

第五条 非法获取、出售或者提供公民个人信息，具有下列情形之一的，应当认定为刑法第二百五十三条之一规定的"情节严重"：

（一）出售或者提供行踪轨迹信息，被他人用于犯罪的；

（二）知道或者应当知道他人利用公民个人信息实施犯罪，向其出售或者提供的；

（三）非法获取、出售或者提供行踪轨迹信息、通信内容、征信信息、财产信息五十条以上的；

（四）非法获取、出售或者提供住宿信息、通信记录、健康生理信息、交易信息等其他可能影响人身、财产安全的公民个人信息五百条以上的；

（五）非法获取、出售或者提供第三项、第四项规定以外的公民个人信息五千条以上的；

（六）数量未达到第三项至第五项规定标准，但是按相应比例合计达到有关数量标准的；

（七）违法所得五千元以上的；

（八）将在履行职责或者提供服务过程中获得的公民个人信息出售或者提供给他人，数量或者数额达到第三项至第七项规定标准一半以上的；

（九）曾因侵犯公民个人信息受过刑事处罚或者二年内受过行政处罚，又非法获取、出售或者提供公民个人信息的；

（十）其他情节严重的情形。

实施前款规定的行为，具有下列情形之一的，应当认定为刑法第二百五十三条之一第一款规定的"情节特别严重"：

（一）造成被害人死亡、重伤、精神失常或者被绑架等严重后果的；

（二）造成重大经济损失或者恶劣社会影响的；

（三）数量或者数额达到前款第三项至第八项规定标准十倍以上的；

（四）其他情节特别严重的情形。

第六条 为合法经营活动而非法购买、收受本解释第五条第一款第三项、第四项规定以外的公民个人信息，具有下列情形之一的，应当认定为刑法第二百五十三条之一规定的"情节严重"：

（一）利用非法购买、收受的公民个人信息获利五万元以上的；

（二）曾因侵犯公民个人信息受过刑事处罚或者二年内受过行政处罚，又非法购买、收受公民个人信息的；

（三）其他情节严重的情形。

实施前款规定的行为，将购买、收受的公民个人信息非法出售或者提供的，定罪量刑标准适用本解释第五条的规定。

第七条　单位犯刑法第二百五十三条之一规定之罪的，依照本解释规定的相应自然人犯罪的定罪量刑标准，对直接负责的主管人员和其他直接责任人员定罪处罚，并对单位判处罚金。

第八条　设立用于实施非法获取、出售或者提供公民个人信息违法犯罪活动的网站、通讯群组，情节严重的，应当依照刑法第二百八十七条之一的规定，以非法利用信息网络罪定罪处罚；同时构成侵犯公民个人信息罪的，依照侵犯公民个人信息罪定罪处罚。

第九条　网络服务提供者拒不履行法律、行政法规规定的信息网络安全管理义务，经监管部门责令采取改正措施而拒不改正，致使用户的公民个人信息泄露，造成严重后果的，应当依照刑法第二百八十六条之一的规定，以拒不履行信息网络安全管理义务罪定罪处罚。

第十条　实施侵犯公民个人信息犯罪，不属于"情节特别严重"，行为人系初犯，全部退赃，并确有悔罪表现的，可以认定为情节轻微，不起诉或者免予刑事处罚；确有必要判处刑罚的，应当从宽处罚。

第十一条　非法获取公民个人信息后又出售或者提供的，公民个人信息的条数不重复计算。

向不同单位或者个人分别出售、提供同一公民个人信息的，公民个人信息的条数累计计算。

对批量公民个人信息的条数，根据查获的数量直接认定，但是有证据证明信息不真实或者重复的除外。

第十二条　对于侵犯公民个人信息犯罪，应当综合考虑犯罪的危害程度、犯罪的违法所得数额以及被告人的前科情况、认罪悔罪态度等，依法判处罚金。罚金数额一般在违法所得的一倍以上五倍以下。

《检察机关办理侵犯公民个人信息案件指引》

二、需要特别注意的问题

在侵犯公民个人信息案件审查逮捕、审查起诉中，要根据相关法律、司法解释等规定，结合在案证据，重点注意以下问题：

（一）对"公民个人信息"的审查认定

根据《解释》的规定，公民个人信息是指以电子或者其他方式记录的能够单独或者与其他信息结合识别特定自然人身份或者反映特定自然人活动情况的各种信息，包括姓名、身份证件号码、通信通讯联系方式、住址、账号密码、财产状况、行踪轨迹等。经过处理无法识别特定自然人且不能复原的信息，虽然也可能反映自然人活动情况，但与特定自然人无直接关联，不属于公民个人信息的范畴。

对于企业工商登记等信息中所包含的手机、电话号码等信息，应当明确该号码的用途。对由公司购买、使用的手机、电话号码等信息，不属于个人信息的范畴，从而严格区分"手机、电话号码等由公司购买，归公司使用"与"公司经办人在工商登记等活动中登记个人电话、手机号码"两种不同情形。

（二）对"违反国家有关规定"的审查认定

《中华人民共和国刑法修正案（九）》将原第二百五十三条之一的"违反国家规定"修改为"违反国家有关规定"，后者的范围明显更广。根据刑法第九十六条的规定，"国家规定"仅限于全国人大及其常委会制定的法律和决定，国务院制定的行政法规、规定的行政措施、发布的决定和命令。而"国家有关规定"还包括部门规章，这些规定散见于金融、电信、交通、教育、医疗、统计、邮政等领域的法律、行政法规或部门规章中。

（三）对"非法获取"的审查认定

在窃取或者以其他方法非法获取公民个人信息的行为中，需要着重把握"其他方法"的范围问题。"其他方法"，是指"窃取"以外，与窃取行为具有同等危害性的方法，其中，购买是最常见的非法获取手段。侵犯公民个人信息犯罪作为电信网络诈骗的上游犯罪，诈骗分子往往先通过网络向他人购买公民个人信息，然后自己直接用于诈骗或转发给其他同伙用于诈骗，诈骗分子购买公民个人信息的行为属于非法获取行为，其同伙接收公民个人信息的行为明显也属于非法获取行为。同时，一些房产中介、物业管理公司、保险公司、担保公司的业务员往往与同行通过QQ、微信群互相交换各自掌握的客户信息，这种交换行为也属于非法获取行为。此外，行为人在履行职责、提供服务过程中，违反国家有关规定，未经他人同意收集公民个人信息，或者收集与提供的服务无关的公民个人信息的，也属于非法获取公民个人信息的行为。

（四）对"情节严重"和"情节特别严重"的审查认定

1. 关于"情节严重"的具体认定标准，根据《解释》第五条第一款的规定，主要涉及五个方面：

（1）信息类型和数量。①行踪轨迹信息、通信内容、征信信息、财产信息，此类信息与公民人身、财产安全直接相关，数量标准为五十条以上，且仅限于上述四类信息，不允许扩大范围。对于财产信息，既包括银行、第三方支付平台、证券期货等金融服务账户的身份认证信息（一组确认用户操作权限的数据，包括账号、口令、密码、数字证书等），也包括存款、房产、车辆等财产状况信息。②住宿信息、通信记录、健康生理信息、交易信息等可能影响公民人身、财产安全的信息，数量标准为五百条以上，此类信息也与人身、财产安全直接相关，但重要程度要弱于行踪轨迹信息、通信内容、征信信息、财产信息。对"其他可能影响人身、财产安全的公民个人信息"的把握，应当确保所适用的公民个人信息涉及人身、财产安全，且与"住宿信息、通信记录、健康生理信息、交易信息"在重要程度上具有相当性。③除上述两类信息以外的其他公民个人信息，数量标准为五千条以上。

（2）违法所得数额。对于违法所得，可直接以犯罪嫌疑人出售公民个人信息的收入予以认定，不必扣减其购买信息的犯罪成本。同时，在审查认定违法所得数额过程中，应当以查获的银行交易记录、第三方支付平台交易记录、聊天记录、犯罪嫌疑人供述、证人证言综合予以认定，对于犯罪嫌疑人无法说明合法来源的用于专门实施侵犯公民个人信息犯罪的银行账户或第三方支付平台账户内资金收入，可综合全案证据认定为违法所得。

（3）信息用途。公民个人信息被他人用于违法犯罪活动的，不要求他人的行为必须构成犯罪，只要行为人明知他人非法获取公民个人信息用于违法犯罪活动即可。

（4）主体身份。如果行为人系将在履行职责或者提供服务过程中获得的公民个人信息出售或者提供给他人的，涉案信息数量、违法所得数额只要达到一般主体的一半，即可认为"情节严重"。

（5）主观恶性。曾因侵犯公民个人信息受过刑事处罚或者二年内受过行政处罚，又非法获取、出售或者提供公民个人信息的，即可认为"情节严重"。

2. 关于"情节特别严重"的认定标准，根据《解释》，主要分为两类：一是信息数量、违法所得数额标准。二是信息用途引发的严重后果，其中造成人身伤亡、经济损失、恶劣社会影响等后果，需要审查认定侵犯公民个人信息的行为与严重后果间存在因果关系。

对于涉案公民个人信息数量的认定，根据《解释》第十一条，非法获取公民个人信息后又出售或者提供的，公民个人信息的条数不重复计算；向不同单位或者个人分别出售、提供同一公民个人信息的，公民个人信息的条数累计计算；对批量出售、提供公民个人信息的条数，根据查获的数量直接认定，但是有证据证明信息不真实或者重复的除外。在实践中，如犯罪嫌疑人多次获取同一条公民个人信息，一般认定为一条，不重复累计；但获取的该公民个人信息内容发生了变化的除外。

对于涉案公民个人信息的数量、社会危害性等因素的审查，应当结合刑法第二百五十三条和《解释》的规定进行综合审查。涉案公民个人信息数量极少，但造成被害人死亡等严重后果的，应审查犯罪嫌疑人行为与该后果之间的因果关系，符合条件的，可以认定为实施《解释》第五条第一款第十项"其他情节严重的情形"的行为，造成被害人死亡等严重后果，从而认定为"情节特别严重"。如涉案公民个人信息数量较多，但犯罪嫌疑人仅仅获取而未向他人出售或提供，则可以在认定相关犯罪事实的基础上，审查该行为是否符合《解释》第五条第一款第三、四、五、六、九项及第二款第三项的情形，符合条件的，可以分别认定为"情节严重""情节特别严重"。

此外，针对为合法经营活动而购买、收受公民个人信息的行为，在适用《解释》第六条的定罪量刑标准时须满足三个条件：一是为了合法经营活动，对此可以综合全案证据认定，但主要应当由犯罪嫌疑人一方提供相关证据；二是限于普通公民个人信息，即不包括可能影响人身、财产安全的敏感信息；三是信息没有再流出扩散，即行为方式限于购买、收受。如果将购买、收受的公民个人信息非法出售或者提供的，定罪量刑标准应当适用《解释》第五条的规定。

《关于办理非法利用信息网络、帮助信息网络犯罪活动等刑事案件适用法律若干问题的解释》

第三条 拒不履行信息网络安全管理义务，具有下列情形之一的，应当认定为刑法第二百八十六条之一第一款第一项规定的"致使违法信息大量传播"：

（一）致使传播违法视频文件二百个以上的；

（二）致使传播违法视频文件以外的其他违法信息二千个以上的；

（三）致使传播违法信息，数量虽未达到第一项、第二项规定标准，但是按相应比例折算合计达到有关数量标准的；

（四）致使向二千个以上用户账号传播违法信息的；

（五）致使利用群组成员账号累计三千以上的通讯群组或者关注人员账号数累计三万以上的社交网络传播违法信息的；

（六）致使违法信息实际被点击数达到五万以上的；

（七）其他致使违法信息大量传播的情形。

第四条 拒不履行信息网络安全管理义务，致使用户信息泄露，具有下列情形之一的，应当认定为刑法第二百八十六条之一第一款第二项规定的"造成严重后果"：

（一）致使泄露行踪轨迹信息、通

信内容、征信信息、财产信息五百条以上的；

（二）致使泄露住宿信息、通信记录、健康生理信息、交易信息等其他可能影响人身、财产安全的用户信息五千条以上的；

（三）致使泄露第一项、第二项规定以外的用户信息五万条以上的；

（四）数量虽未达到第一项至第三项规定标准，但是按相应比例折算合计达到有关数量标准的；

（五）造成他人死亡、重伤、精神失常或者被绑架等严重后果的；

（六）造成重大经济损失的；

（七）严重扰乱社会秩序的；

（八）造成其他严重后果的。

第十六条　多次拒不履行信息网络安全管理义务、非法利用信息网络、帮助信息网络犯罪活动构成犯罪，依法应当追诉的，或者二年内多次实施前述行为未经处理的，数量或者数额累计计算。

◎ **部门规章**

《电信和互联网用户个人信息保护规定》

第二十三条　电信业务经营者、互联网信息服务提供者违反本规定第九条至第十一条、第十三条至第十六条、第十七条第二款规定的，由电信管理机构依据职权责令限期改正，予以警告，可以并处一万元以上三万元以下的罚款，向社会公告；构成犯罪，依法追究刑

事责任。

《公安机关互联网安全监督检查规定》

第二十二条　公安机关在互联网安全监督检查中，发现互联网服务提供者和联网使用单位，窃取或者以其他非法方式获取、非法出售或者非法向他人提供个人信息，尚不构成犯罪的，依照《中华人民共和国网络安全法》第六十四条第二款的规定予以处罚。

第二十五条　受公安机关委托提供技术支持的网络安全服务机构及其工作人员，从事非法侵入监督检查对象网络、干扰监督检查对象网络正常功能、窃取网络数据等危害网络安全的活动的，依照《中华人民共和国网络安全法》第六十三条的规定予以处罚；窃取或者以其他非法方式获取、非法出售或者非法向他人提供在工作中获悉的个人信息的，依照《中华人民共和国网络安全法》第六十四条第二款的规定予以处罚，构成犯罪的，依法追究刑事责任。

前款规定的机构及人员侵犯监督检查对象的商业秘密，构成犯罪的，依法追究刑事责任。

《儿童个人信息网络保护规定》

第二十七条　违反本规定被追究法律责任的，依照有关法律、行政法规的规定记入信用档案，并予以公示。

《网络招聘服务管理规定》

第四十条　违反本规定，给他人造

成损害的，依法承担民事责任。违反其他法律、行政法规的，由有关主管部门依法给予处罚。

违反本规定，构成违反治安管理行为的，依法给予治安管理处罚；构成犯罪的，依法追究刑事责任。

《网络交易监督管理办法》

第五十五条 违反本办法规定，构成犯罪的，依法追究刑事责任。

《汽车数据安全管理若干规定（试行）》

第十八条 汽车数据处理者违反本规定的，由省级以上网信、工业和信息化、公安、交通运输等有关部门依照《中华人民共和国网络安全法》、《中华人民共和国数据安全法》等法律、行政法规的规定进行处罚；构成犯罪的，依法追究刑事责任。

《互联网信息服务算法推荐管理规定》

第三十一条 算法推荐服务提供者违反本规定第七条、第八条、第九条第一款、第十条、第十四条、第十六条、第十七条、第二十二条、第二十四条、第二十六条规定，法律、行政法规有规定的，依照其规定；法律、行政法规没有规定的，由网信部门和电信、公安、市场监管等有关部门依据职责给予警告、通报批评，责令限期改正；拒不改正或者情节严重的，责令暂停信息更新，并处一万元以上十万元以下罚款。构成违反治安管理行为的，依法给予治安管理处罚；构成犯罪的，依

法追究刑事责任。

《互联网用户账号信息管理规定》

第二十二条 互联网信息服务提供者违反本规定的，依照有关法律、行政法规的规定处罚。法律、行政法规没有规定的，由省级以上网信部门依据职责给予警告、通报批评，责令限期改正，并可以处一万元以上十万元以下罚款。构成违反治安管理行为的，移交公安机关处理；构成犯罪的，移交司法机关处理。

《数据出境安全评估办法》

第十八条 违反本办法规定的，依据《中华人民共和国网络安全法》、《中华人民共和国数据安全法》、《中华人民共和国个人信息保护法》等法律法规处理；构成犯罪的，依法追究刑事责任。

《互联网信息服务深度合成管理规定》

第二十二条 深度合成服务提供者和技术支持者违反本规定的，依照有关法律、行政法规的规定处罚；造成严重后果的，依法从重处罚。

构成违反治安管理行为的，由公安机关依法给予治安管理处罚；构成犯罪的，依法追究刑事责任。

《个人信息出境标准合同办法》

第十二条 违反本办法规定的，依据《中华人民共和国个人信息保护法》等法律法规处理；构成犯罪的，依法追究刑事责任。

《网信部门行政执法程序规定》

第十四条　网信部门发现案件属于其他行政机关管辖的，应当依法移送有关行政机关。

网信部门发现违法行为涉嫌犯罪的，应当及时将案件移送司法机关。司法机关决定立案的，网信部门应当及时办结移交手续。

网信部门应当与司法机关加强协调配合，建立健全案件移送制度，加强证据材料移交、接收衔接，完善案件处理信息通报机制。

第四十二条　拟作出的行政处罚决定应当报网信部门负责人审查。网信部门负责人根据不同情况，分别作出如下决定：

（一）确有应受行政处罚的违法行为的，根据情节轻重及具体情况，作出行政处罚决定；

（二）违法行为轻微，依法可以不予行政处罚的，不予行政处罚；

（三）违法事实不能成立的，不予行政处罚；

（四）违法行为涉嫌犯罪的，移送司法机关。

权威案例

◎ 典型案例
解某某、辛某某等人侵犯公民个人信息案
【检察机关依法惩治侵犯公民个人信息犯罪典型案例之一（2022年12月2日）】

典型意义：（一）非法获取、出售征信信息，情节严重的，应以侵犯公民个人信息罪依法惩处。个人征信信息属于公民个人信息，包括个人基本信息、个人信贷交易信息，以及反映个人信用状况的其他信息。具有非法获取、出售征信信息50条以上，或者违法所得5000元以上情形之一的，属于"情节严重"，依法应以侵犯公民个人信息罪定罪处罚。数量或者数额达到上述规定标准十倍以上的，属于"情节特别严重"，依法应处三年以上七年以下有期徒刑，并处罚金。

（二）对客观上无法排重计算信息数量的，可以通过确定违法所得数额作为定罪量刑的事实依据。信息数量、违法所得数额是侵犯公民个人信息罪定罪量刑的重要依据。其中之一达到司法解释规定的标准，即可认定为"情节严重"或者"情节特别严重"，按照侵犯公民个人信息罪定罪量刑。如果二者分别属于不同的量刑幅度的，可以按照处罚较重的量刑幅度处理。

（三）提高自我保护意识，防止个人信息泄露。征信信息全面反映个人信贷状况，与公民人身、财产安全直接相关，被泄露后容易成为电信网络诈骗、套路贷等违法犯罪活动的被害人。生活中，要注意选择正规的金融机构贷款，不随意点击不明贷款链接，不轻易透露个人财产状况，谨防信息泄露。

第八章 附 则

第七十二条 【适用除外】

自然人因个人或者家庭事务处理个人信息的，不适用本法。

法律对各级人民政府及其有关部门组织实施的统计、档案管理活动中的个人信息处理有规定的，适用其规定。

关联法规

◎ **法律**

《民法典》

第一千零三十五条 处理个人信息的，应当遵循合法、正当、必要原则，不得过度处理，并符合下列条件：

（一）征得该自然人或者其监护人同意，但是法律、行政法规另有规定的除外；

（二）公开处理信息的规则；

（三）明示处理信息的目的、方式和范围；

（四）不违反法律、行政法规的规定和双方的约定。

个人信息的处理包括个人信息的收集、存储、使用、加工、传输、提供、公开等。

第一千零三十六条 处理个人信息，有下列情形之一的，行为人不承担民事责任：

（一）在该自然人或者其监护人同意的范围内合理实施的行为；

（二）合理处理该自然人自行公开的或者其他已经合法公开的信息，但是该自然人明确拒绝或者处理该信息侵害其重大利益的除外；

（三）为维护公共利益或者该自然人合法权益，合理实施的其他行为。

《统计法》

第二十五条 统计调查中获得的能够识别或者推断单个统计调查对象身份的资料，任何单位和个人不得对外提供、泄露，不得用于统计以外的目的。

第二十六条 县级以上人民政府统计机构和有关部门统计调查取得的统计资料，除依法应当保密的外，应当及时公开，供社会公众查询。

《档案法》

第二十七条 县级以上各级档案馆的档案，应当自形成之日起满二十五年向社会开放。经济、教育、科技、文化等类档案，可以少于二十五年向社会开放；涉及国家安全或者重大利益以及其他到期不宜开放的档案，可以多于二十五年向社会开放。国家鼓励和支持其他档案馆向社会开放档案。档案开放的具体办法由国家档案主管部门制定，报国务院批准。

第三十二条　属于国家所有的档案，由国家授权的档案馆或者有关机关公布；未经档案馆或者有关机关同意，任何单位和个人无权公布。非国有企业、社会服务机构等单位和个人形成的档案，档案所有者有权公布。

公布档案应当遵守有关法律、行政法规的规定，不得损害国家安全和利益，不得侵犯他人的合法权益。

◎ **行政法规**

《全国人口普查条例》

第三十三条　人口普查中获得的能够识别或者推断单个普查对象身份的资料，任何单位和个人不得对外提供、泄露，不得作为对人口普查对象作出具体行政行为的依据，不得用于人口普查以外的目的。

人口普查数据不得作为对地方人民政府进行政绩考核和责任追究的依据。

《征信业管理条例》

第二条　在中国境内从事征信业务及相关活动，适用本条例。

本条例所称征信业务，是指对企业、事业单位等组织（以下统称企业）的信用信息和个人的信用信息进行采集、整理、保存、加工，并向信息使用者提供的活动。

国家设立的金融信用信息基础数据库进行信息的采集、整理、保存、加工和提供，适用本条例第五章规定。

国家机关以及法律、法规授权的具有管理公共事务职能的组织依照法律、行政法规和国务院的规定，为履行职责进行的企业和个人信息的采集、整理、保存、加工和公布，不适用本条例。

《全国经济普查条例》

第三十三条　经济普查取得的单位和个人资料，严格限定用于经济普查的目的，不作为任何单位对经济普查对象实施处罚的依据。

第七十三条　【相关用语的含义】

本法下列用语的含义：

（一）个人信息处理者，是指在个人信息处理活动中自主决定处理目的、处理方式的组织、个人。

（二）自动化决策，是指通过计算机程序自动分析、评估个人的行为习惯、兴趣爱好或者经济、健康、信用状况等，并进行决策的活动。

（三）去标识化，是指个人信息经过处理，使其在不借助额外信息的情况下无法识别特定自然人的过程。

（四）匿名化，是指个人信息经过处理无法识别特定自然人且不能复原的过程。

关联法规

◎ 法律

《网络安全法》

第七十六条 本法下列用语的含义：

（一）网络，是指由计算机或者其他信息终端及相关设备组成的按照一定的规则和程序对信息进行收集、存储、传输、交换、处理的系统。

（二）网络安全，是指通过采取必要措施，防范对网络的攻击、侵入、干扰、破坏和非法使用以及意外事故，使网络处于稳定可靠运行的状态，以及保障网络数据的完整性、保密性、可用性的能力。

（三）网络运营者，是指网络的所有者、管理者和网络服务提供者。

（四）网络数据，是指通过网络收集、存储、传输、处理和产生的各种电子数据。

（五）个人信息，是指以电子或者其他方式记录的能够单独或者与其他信息结合识别自然人个人身份的各种信息，包括但不限于自然人的姓名、出生日期、身份证件号码、个人生物识别信息、住址、电话号码等。

《数据安全法》

第三条 本法所称数据，是指任何以电子或者其他方式对信息的记录。

数据处理，包括数据的收集、存储、使用、加工、传输、提供、公开等。

数据安全，是指通过采取必要措施，确保数据处于有效保护和合法利用的状态，以及具备保障持续安全状态的能力。

《关于加强网络信息保护的决定》

一、国家保护能够识别公民个人身份和涉及公民个人隐私的电子信息。

任何组织和个人不得窃取或者以其他非法方式获取公民个人电子信息，不得出售或者非法向他人提供公民个人电子信息。

《电子签名法》

第二条 本法所称电子签名，是指数据电文中以电子形式所含、所附用于识别签名人身份并表明签名人认可其中内容的数据。

本法所称数据电文，是指以电子、光学、磁或者类似手段生成、发送、接收或者储存的信息。

第三十四条 本法中下列用语的含义：

（一）电子签名人，是指持有电子

签名制作数据并以本人身份或者以其所代表的人的名义实施电子签名的人;

(二)电子签名依赖方,是指基于对电子签名认证证书或者电子签名的信赖从事有关活动的人;

(三)电子签名认证证书,是指可证实电子签名人与电子签名制作数据有联系的数据电文或者其他电子记录;

(四)电子签名制作数据,是指在电子签名过程中使用的,将电子签名与电子签名人可靠地联系起来的字符、编码等数据;

(五)电子签名验证数据,是指用于验证电子签名的数据,包括代码、口令、算法或者公钥等。

◎ **行政法规**

《计算机信息网络国际联网管理暂行规定》

第三条 本规定下列用语的含义是:

(一)计算机信息网络国际联网(以下简称国际联网),是指中华人民共和国境内的计算机信息网络为实现信息的国际交流,同外国的计算机信息网络相联接。

(二)互联网络,是指直接进行国际联网的计算机信息网络;互联单位,是指负责互联网络运行的单位。

(三)接入网络,是指通过接入互联网络进行国际联网的计算机信息网络;接入单位,是指负责接入网络运行的单位。

《计算机信息系统安全保护条例》

第二条 本条例所称的计算机信息系统,是指由计算机及其相关的和配套的设备、设施(含网络)构成的,按照一定的应用目标和规则对信息进行采集、加工、存储、传输、检索等处理的人机系统。

《计算机信息系统安全保护条例》

第二十八条 本条例下列用语的含义:

计算机病毒,是指编制或者在计算机程序中插入的破坏计算机功能或者毁坏数据,影响计算机使用,并能自我复制的一组计算机指令或者程序代码。

计算机信息系统安全专用产品,是指用于保护计算机信息系统安全的专用硬件和软件产品。

《征信业管理条例》

第四十四条 本条例下列用语的含义:

(一)信息提供者,是指向征信机构提供信息的单位和个人,以及向金融信用信息基础数据库提供信息的单位。

(二)信息使用者,是指从征信机构和金融信用信息基础数据库获取信息的单位和个人。

(三)不良信息,是指对信息主体信用状况构成负面影响的下列信息:信息主体在借贷、赊购、担保、租赁、保险、使用信用卡等活动中未按照合同履行义务的信息，对信息主体的行政处罚信息，人民法院判决或者裁定信息主体履行义务以及强制执行的信息，以及国务院征信业监督管理部门规定的其他不良信息。

《电信条例》

第二条 在中华人民共和国境内从事电信活动或者与电信有关的活动，必须遵守本条例。

本条例所称电信，是指利用有线、无线的电磁系统或者光电系统，传送、发射或者接收语音、文字、数据、图像以及其他任何形式信息的活动。

◎ **司法解释**

《关于办理危害计算机信息系统安全刑事案件应用法律若干问题的解释》

第十一条 本解释所称"计算机信息系统"和"计算机系统"，是指具备自动处理数据功能的系统，包括计算机、网络设备、通信设备、自动化控制设备等。

本解释所称"身份认证信息"，是指用于确认用户在计算机信息系统上操作权限的数据，包括账号、口令、密码、数字证书等。

本解释所称"经济损失"，包括危害计算机信息系统犯罪行为给用户直接造成的经济损失，以及用户为恢复数据、功能而支出的必要费用。

《关于办理刑事案件收集提取和审查判断电子数据若干问题的规定》

第二十九条 本规定中下列用语的含义：

（一）存储介质，是指具备数据信息存储功能的电子设备、硬盘、光盘、优盘、记忆棒、存储卡、存储芯片等载体。

（二）完整性校验值，是指为防止电子数据被篡改或者破坏，使用散列算法等特定算法对电子数据进行计算，得出的用于校验数据完整性的数据值。

（三）网络远程勘验，是指通过网络对远程计算机信息系统实施勘验，发现、提取与犯罪有关的电子数据，记录计算机信息系统状态，判断案件性质，分析犯罪过程，确定侦查方向和范围，为侦查破案、刑事诉讼提供线索和证据的侦查活动。

（四）数字签名，是指利用特定算法对电子数据进行计算，得出的用于验证电子数据来源和完整性的数据值。

（五）数字证书，是指包含数字签名并对电子数据来源、完整性进行认证的电子文件。

（六）访问操作日志，是指为审查电子数据是否被增加、删除或者修改，由计算机信息系统自动生成的对电子数据访问、操作情况的详细记录。

《关于审理侵害信息网络传播权民事纠纷案件适用法律若干问题的规定》

第二条　本规定所称信息网络，包括以计算机、电视机、固定电话机、移动电话机等电子设备为终端的计算机互联网、广播电视网、固定通信网、移动通信网等信息网络，以及向公众开放的局域网络。

◎ 部门规章

《互联网安全保护技术措施规定》

第十八条　本规定所称互联网服务提供者，是指向用户提供互联网接入服务、互联网数据中心服务、互联网信息服务和互联网上网服务的单位。

本规定所称联网使用单位，是指为本单位应用需要连接并使用互联网的单位。

本规定所称提供互联网数据中心服务的单位，是指提供主机托管、租赁和虚拟空间租用等服务的单位。

《互联网域名管理办法》

第五十五条　本办法下列用语的含义是：

（一）域名：指互联网上识别和定位计算机的层次结构式的字符标识，与该计算机的 IP 地址相对应。

（二）中文域名：指含有中文文字的域名。

（三）顶级域名：指域名体系中根节点下的第一级域的名称。

（四）域名根服务器：指承担域名体系中根节点功能的服务器（含镜像服务器）。

（五）域名根服务器运行机构：指依法获得许可并承担域名根服务器运行、维护和管理工作的机构。

（六）域名注册管理机构：指依法获得许可并承担顶级域名运行和管理工作的机构。

（七）域名注册服务机构：指依法获得许可、受理域名注册申请并完成域名在顶级域名数据库中注册的机构。

（八）域名注册代理机构：指受域名注册服务机构的委托，受理域名注册申请，间接完成域名在顶级域名数据库中注册的机构。

（九）域名管理系统：指域名注册管理机构在境内开展顶级域名运行和管理所需的主要信息系统，包括注册管理系统、注册数据库、域名解析系统、域名信息查询系统、身份信息核验系统等。

（十）域名跳转：指对某一域名的访问跳转至该域名绑定或者指向的其他域名、IP 地址或者网络信息服务等。

《汽车数据安全管理若干规定（试行）》

第三条　本规定所称汽车数据，包括汽车设计、生产、销售、使用、运维等过程中的涉及个人信息数据和重要数据。

汽车数据处理，包括汽车数据的收

集、存储、使用、加工、传输、提供、公开等。

汽车数据处理者，是指开展汽车数据处理活动的组织，包括汽车制造商、零部件和软件供应商、经销商、维修机构以及出行服务企业等。

个人信息，是指以电子或者其他方式记录的与已识别或者可识别的车主、驾驶人、乘车人、车外人员等有关的各种信息，不包括匿名化处理后的信息。

敏感个人信息，是指一旦泄露或者非法使用，可能导致车主、驾驶人、乘车人、车外人员等受到歧视或者人身、财产安全受到严重危害的个人信息，包括车辆行踪轨迹、音频、视频、图像和生物识别特征等信息。

重要数据是指一旦遭到篡改、破坏、泄露或者非法获取、非法利用，可能危害国家安全、公共利益或者个人、组织合法权益的数据，包括：

（一）军事管理区、国防科工单位以及县级以上党政机关等重要敏感区域的地理信息、人员流量、车辆流量等数据；

（二）车辆流量、物流等反映经济运行情况的数据；

（三）汽车充电网的运行数据；

（四）包含人脸信息、车牌信息等的车外视频、图像数据；

（五）涉及个人信息主体超过10万人的个人信息；

（六）国家网信部门和国务院发展改革、工业和信息化、公安、交通运输等有关部门确定的其他可能危害国家安全、公共利益或者个人、组织合法权益的数据。

《互联网信息服务算法推荐管理规定》

第二条　在中华人民共和国境内应用算法推荐技术提供互联网信息服务（以下简称算法推荐服务），适用本规定。法律、行政法规另有规定的，依照其规定。

前款所称应用算法推荐技术，是指利用生成合成类、个性化推送类、排序精选类、检索过滤类、调度决策类等算法技术向用户提供信息。

《互联网用户账号信息管理规定》

第二十三条　本规定下列用语的含义是：

（一）互联网用户账号信息，是指互联网用户在互联网信息服务中注册、使用的名称、头像、封面、简介、签名、认证信息等用于标识用户账号的信息。

（二）互联网信息服务提供者，是指向用户提供互联网信息发布和应用平台服务，包括但不限于互联网新闻信息服务、网络出版服务、搜索引擎、即时通讯、交互式信息服务、网络直播、应用软件下载等互联网服务的主体。

《数据出境安全评估办法》

第十九条　本办法所称重要数据，是指一旦遭到篡改、破坏、泄露或者非法获取、非法利用等，可能危害国家安全、经济运行、社会稳定、公共健康和安全等的数据。

《互联网信息服务深度合成管理规定》

第二十三条　本规定中下列用语的含义：

深度合成技术，是指利用深度学习、虚拟现实等生成合成类算法制作文本、图像、音频、视频、虚拟场景等网络信息的技术，包括但不限于：

（一）篇章生成、文本风格转换、问答对话等生成或者编辑文本内容的技术；

（二）文本转语音、语音转换、语音属性编辑等生成或者编辑语音内容的技术；

（三）音乐生成、场景声编辑等生成或者编辑非语音内容的技术；

（四）人脸生成、人脸替换、人物属性编辑、人脸操控、姿态操控等生成或者编辑图像、视频内容中生物特征的技术；

（五）图像生成、图像增强、图像修复等生成或者编辑图像、视频内容中非生物特征的技术；

（六）三维重建、数字仿真等生成或者编辑数字人物、虚拟场景的技术。

深度合成服务提供者，是指提供深度合成服务的组织、个人。

深度合成服务技术支持者，是指为深度合成服务提供技术支持的组织、个人。

深度合成服务使用者，是指使用深度合成服务制作、复制、发布、传播信息的组织、个人。

训练数据，是指被用于训练机器学习模型的标注或者基准数据集。

沉浸式拟真场景，是指应用深度合成技术生成或者编辑的、可供参与者体验或者互动的、具有高度真实感的虚拟场景。

《生成式人工智能服务管理暂行办法》

第二十二条　本办法下列用语的含义是：

（一）生成式人工智能技术，是指具有文本、图片、音频、视频等内容生成能力的模型及相关技术。

（二）生成式人工智能服务提供者，是指利用生成式人工智能技术提供生成式人工智能服务（包括通过提供可编程接口等方式提供生成式人工智能服务）的组织、个人。

（三）生成式人工智能服务使用者，是指使用生成式人工智能服务生成内容的组织、个人。

◎ **部门规范性文件**

《国家网络安全事件应急预案》

附件2：名词术语

一、重要网络与信息系统

所承载的业务与国家安全、社会秩序、经济建设、公众利益密切相关的网络和信息系统。

（参考依据：《信息安全技术信息安全事件分类分级指南》《GB/Z20986-2007》）

二、重要敏感信息

不涉及国家秘密，但与国家安全、经济发展、社会稳定以及企业和公众利益密切相关的信息，这些信息一旦未经授权披露、丢失、滥用、篡改或销毁，可能造成以下后果：

a）损害国防、国际关系；

b）损害国家财产、公共利益以及个人财产或人身安全；

c）影响国家预防和打击经济与军事间谍、政治渗透、有组织犯罪等；

d）影响行政机关依法调查处理违法、渎职行为，或涉嫌违法、渎职行为；

e）干扰政府部门依法公正地开展监督、管理、检查、审计等行政活动，妨碍政府部门履行职责；

f）危害国家关键基础设施、政府信息系统安全；

g）影响市场秩序，造成不公平竞争，破坏市场规律；

h）可推论出国家秘密事项；

i）侵犯个人隐私、企业商业秘密和知识产权；

j）损害国家、企业、个人的其他利益和声誉。

（参考依据：《信息安全技术云计算服务安全指南》（GB/T31167-2014））

《互联网论坛社区服务管理规定》

第二条 在中华人民共和国境内从事互联网论坛社区服务，适用本规定。

本规定所称互联网论坛社区服务，是指在互联网上以论坛、贴吧、社区等形式，为用户提供互动式信息发布社区平台的服务。

《互联网群组信息服务管理规定》

第二条 在中华人民共和国境内提供、使用互联网群组信息服务，应当遵守本规定。

本规定所称互联网群组，是指互联网用户通过互联网站、移动互联网应用程序等建立的，用于群体在线交流信息的网络空间。本规定所称互联网群组信息服务提供者，是指提供互联网群组信息服务的平台。本规定所称互联网群组信息服务使用者，包括群组建立者、管理者和成员。

《互联网个人信息安全保护指南》

3.2个人信息主体

个人信息所标识的自然人。

［GB/T35273-2017，定义3.3］

3.3 个人信息持有

对个人信息及相关资源、环境、管理体系等进行计划、组织、协调、控制的相关活动或行为。

3.4 个人信息持有者

对个人信息进行控制和处理的组织或个人。

3.5 个人信息收集

获得对个人信息的控制权的行为，包括由个人信息主体主动提供、通过与个人信息主体交互或记录个人信息主体行为等自动采集，以及通过共享、转让、搜集公开信息间接获取等方式。

［GB/T35273-2017，定义3.5］

3.6 个人信息使用

通过自动或非自动方式对个人信息进行操作，例如记录、组织、排列、存储、改编或变更、检索、咨询、披露、传播或以其他方式提供、调整或组合、限制、删除等。

3.7 个人信息删除

在实现日常业务功能所涉及的系统中去除个人信息的行为，使其保持不可被检索、访问的状态。

［GB/T35273-2017，定义3.9］

3.8 个人信息生命周期

包括个人信息持有者收集、保存、应用、委托处理、共享、转让和公开披露、删除个人信息在内的全部生命历程。

3.9 个人信息处理系统

处理个人信息的计算机信息系统，涉及个人信息生命周期一个或多个阶段（收集、保存、应用、委托处理、共享、转让和公开披露、删除）。

《移动互联网应用程序信息服务管理规定》

第二条　在中华人民共和国境内提供应用程序信息服务，以及从事互联网应用商店等应用程序分发服务，应当遵守本规定。

本规定所称应用程序信息服务，是指通过应用程序向用户提供文字、图片、语音、视频等信息制作、复制、发布、传播等服务的活动，包括即时通讯、新闻资讯、知识问答、论坛社区、网络直播、电子商务、网络音视频、生活服务等类型。

本规定所称应用程序分发服务，是指通过互联网提供应用程序发布、下载、动态加载等服务的活动，包括应用商店、快应用中心、互联网小程序平台、浏览器插件平台等类型。

第二十六条　本规定所称移动互联网应用程序，是指运行在移动智能终端上向用户提供信息服务的应用软件。

本规定所称移动互联网应用程序提供者，是指提供信息服务的移动互联网应用程序所有者或者运营者。

本规定所称移动互联网应用程序分

发平台，是指提供移动互联网应用程序发布、下载、动态加载等分发服务的互联网信息服务提供者。

第七十四条　【施行日期】

本法自 2021 年 11 月 1 日起施行。

第六篇　网信工作未成年人保护规范与案例

编者按：第六篇《网信工作未成年人保护规范与案例》以《未成年人保护法》2020年修订新增的第五章"网络保护"为主干，将网络安全与数字经济领域的相关法律法规分类纳入到每个对应条文中，形成关联法规体系。在此基础上，再将收集到的最高人民法院、最高人民检察院发布的网络安全与数字经济领域指导性案例、公报案例和典型案例等权威案例分类纳入到最为相关的条文中。

《未成年人保护法》(节选)

第二章 家庭保护

第十七条 【监护人禁止实施的行为】

未成年人的父母或者其他监护人不得实施下列行为:

(一)虐待、遗弃、非法送养未成年人或者对未成年人实施家庭暴力;

(二)放任、教唆或者利用未成年人实施违法犯罪行为;

(三)放任、唆使未成年人参与邪教、迷信活动或者接受恐怖主义、分裂主义、极端主义等侵害;

(四)放任、唆使未成年人吸烟(含电子烟,下同)、饮酒、赌博、流浪乞讨或者欺凌他人;

(五)放任或者迫使应当接受义务教育的未成年人失学、辍学;

(六)放任未成年人沉迷网络,接触危害或者可能影响其身心健康的图书、报刊、电影、广播电视节目、音像制品、电子出版物和网络信息等;

(七)放任未成年人进入营业性娱乐场所、酒吧、互联网上网服务营业场所等不适宜未成年人活动的场所;

(八)允许或者迫使未成年人从事国家规定以外的劳动;

(九)允许、迫使未成年人结婚或者为未成年人订立婚约;

(十)违法处分、侵吞未成年人的财产或者利用未成年人牟取不正当利益;

(十一)其他侵犯未成年人身心健康、财产权益或者不依法履行未成年人保护义务的行为。

关联法规

◎ **法律**

《民法典》

第三十五条 监护人应当按照最有利于被监护人的原则履行监护职责。监护人除为维护被监护人利益外，不得处分被监护人的财产。

未成年人的监护人履行监护职责，在作出与被监护人利益有关的决定时，应当根据被监护人的年龄和智力状况，尊重被监护人的真实意愿。

成年人的监护人履行监护职责，应当最大程度地尊重被监护人的真实意愿，保障并协助被监护人实施与其智力、精神健康状况相适应的民事法律行为。对被监护人有能力独立处理的事务，监护人不得干涉。

《刑法》

第十七条 已满十六周岁的人犯罪，应当负刑事责任。

已满十四周岁不满十六周岁的人，犯故意杀人、故意伤害致人重伤或者死亡、强奸、抢劫、贩卖毒品、放火、爆炸、投放危险物质罪的，应当负刑事责任。

已满十二周岁不满十四周岁的人，犯故意杀人、故意伤害罪，致人死亡或者以特别残忍手段致人重伤造成严重残疾，情节恶劣，经最高人民检察院核准

追诉的，应当负刑事责任。

对依照前三款规定追究刑事责任的不满十八周岁的人，应当从轻或者减轻处罚。

因不满十六周岁不予刑事处罚的，责令其父母或者其他监护人加以管教；在必要的时候，依法进行专门矫治教育。

第二十九条 教唆他人犯罪的，应当按照他在共同犯罪中所起的作用处罚。教唆不满十八周岁的人犯罪，应当从重处罚。

如果被教唆的人没有犯被教唆的罪，对于教唆犯，可以从轻或者减轻处罚。

第二百六十条之一 对未成年人、老年人、患病的人、残疾人等负有监护、看护职责的人虐待被监护、看护的人，情节恶劣的，处三年以下有期徒刑或者拘役。

单位犯前款罪的，对单位判处罚金，并对其直接负责的主管人员和其他直接责任人员，依照前款的规定处罚。

有第一款行为，同时构成其他犯罪的，依照处罚较重的规定定罪处罚。

第二百六十一条 对于年老、年幼、患病或者其他没有独立生活能力的人，负有扶养义务而拒绝扶养，情节恶劣的，处五年以下有期徒刑、拘役或者管制。

《预防未成年人犯罪法》

第二十八条　本法所称不良行为，是指未成年人实施的不利于其健康成长的下列行为：

（一）吸烟、饮酒；

（二）多次旷课、逃学；

（三）无故夜不归宿、离家出走；

（四）沉迷网络；

（五）与社会上具有不良习性的人交往，组织或者参加实施不良行为的团伙；

（六）进入法律法规规定未成年人不宜进入的场所；

（七）参与赌博、变相赌博，或者参加封建迷信、邪教等活动；

（八）阅览、观看或者收听宣扬淫秽、色情、暴力、恐怖、极端等内容的读物、音像制品或者网络信息等；

（九）其他不利于未成年人身心健康成长的不良行为。

第二十九条　未成年人的父母或者其他监护人发现未成年人有不良行为的，应当及时制止并加强管教。

第四章　社会保护

> **第四十八条　【国家鼓励有利于未成年人健康成长的文艺作品】**
>
> 　　国家鼓励创作、出版、制作和传播有利于未成年人健康成长的图书、报刊、电影、广播电视节目、舞台艺术作品、音像制品、电子出版物和网络信息等。

关联法规

◎ **法律**

《网络安全法》

　　第十三条　国家支持研究开发有利于未成年人健康成长的网络产品和服务，依法惩治利用网络从事危害未成年人身心健康的活动，为未成年人提供安全、健康的网络环境。

◎ **部门规章**

《未成年人节目管理规定》

　　第三条　从事未成年人节目制作、传播活动，应当以培养能够担当民族复兴大任的时代新人为着眼点，以培育和弘扬社会主义核心价值观为根本任务，弘扬中华优秀传统文化、革命文化和社会主义先进文化，坚持创新发展，增强原创能力，自觉保护未成年人合法权益，尊重未成年人发展和成长规律，促进未成年人健康成长。

　　第八条　国家支持、鼓励含有下列内容的未成年人节目的制作、传播：

　　（一）培育和弘扬社会主义核心价值观；

　　（二）弘扬中华优秀传统文化、革命文化和社会主义先进文化；

　　（三）引导树立正确的世界观、人生观、价值观；

　　（四）发扬中华民族传统家庭美德，树立优良家风；

　　（五）符合未成年人身心发展规律和特点；

　　（六）保护未成年人合法权益和情感，体现人文关怀；

　　（七）反映未成年人健康生活和积极向上的精神面貌；

　　（八）普及自然和社会科学知识；

　　（九）其他符合国家支持、鼓励政策的内容。

《网络信息内容生态治理规定》

第十三条　鼓励网络信息内容服务平台开发适合未成年人使用的模式，提供适合未成年人使用的网络产品和服务，便利未成年人获取有益身心健康的信息。

第五十条　【禁止危害未成年人身心健康的内容】

禁止制作、复制、出版、发布、传播含有宣扬淫秽、色情、暴力、邪教、迷信、赌博、引诱自杀、恐怖主义、分裂主义、极端主义等危害未成年人身心健康内容的图书、报刊、电影、广播电视节目、舞台艺术作品、音像制品、电子出版物和网络信息等。

关联法规

◎ **法律**

《刑法》

第三百六十四条　传播淫秽的书刊、影片、音像、图片或者其他淫秽物品，情节严重的，处二年以下有期徒刑、拘役或者管制。

组织播放淫秽的电影、录像等音像制品的，处三年以下有期徒刑、拘役或者管制，并处罚金；情节严重的，处三年以上十年以下有期徒刑，并处罚金。

制作、复制淫秽的电影、录像等音像制品组织播放的，依照第二款的规定从重处罚。

向不满十八周岁的未成年人传播淫秽物品的，从重处罚。

《网络安全法》

第十二条　国家保护公民、法人和其他组织依法使用网络的权利，促进网络接入普及，提升网络服务水平，为社会提供安全、便利的网络服务，保障网络信息依法有序自由流动。

任何个人和组织使用网络应当遵守宪法法律，遵守公共秩序，尊重社会公德，不得危害网络安全，不得利用网络从事危害国家安全、荣誉和利益，煽动颠覆国家政权、推翻社会主义制度，煽动分裂国家、破坏国家统一，宣扬恐怖主义、极端主义，宣扬民族仇恨、民族歧视，传播暴力、淫秽色情信息，编造、传播虚假信息扰乱经济秩序和社会秩序，以及侵害他人名誉、隐私、知识产权和其他合法权益等活动。

《关于惩治走私、制作、贩卖、传播淫秽物品的犯罪分子的决定》

三、在社会上传播淫秽的书刊、影片、录像带、录音带、图片或者其他淫秽物品，情节严重的，处二年以下有期徒刑或者拘役。情节较轻的，由公安机关依照治安管理处罚法的有关规定处罚。

组织播放淫秽的电影、录像等音像

制品的，处三年以下有期徒刑或者拘役，可以并处罚金；情节严重的，处三年以上十年以下有期徒刑，并处罚金。情节较轻的，由公安机关依照治安管理处罚法的有关规定处罚。

制作、复制淫秽的电影、录像等音像制品组织播放的，依照第二款的规定从重处罚。

向不满十八岁的未成年人传播淫秽物品的，从重处罚。

不满十六岁的未成年人传抄、传看淫秽的图片、书刊或者其他淫秽物品的，家长、学校应当加强管教。

《关于维护互联网安全的决定》

三、为了维护社会主义市场经济秩序和社会管理秩序，对有下列行为之一，构成犯罪的，依照刑法有关规定追究刑事责任：

（一）利用互联网销售伪劣产品或者对商品、服务作虚假宣传；

（二）利用互联网损坏他人商业信誉和商品声誉；

（三）利用互联网侵犯他人知识产权；

（四）利用互联网编造并传播影响证券、期货交易或者其他扰乱金融秩序的虚假信息；

（五）在互联网上建立淫秽网站、网页，提供淫秽站点链接服务，或者传播淫秽书刊、影片、音像、图片。

《电影产业促进法》

第十六条 电影不得含有下列内容：

（一）违反宪法确定的基本原则，煽动抗拒或者破坏宪法、法律、行政法规实施；

（二）危害国家统一、主权和领土完整，泄露国家秘密，危害国家安全，损害国家尊严、荣誉和利益，宣扬恐怖主义、极端主义；

（三）诋毁民族优秀文化传统，煽动民族仇恨、民族歧视，侵害民族风俗习惯，歪曲民族历史或者民族历史人物，伤害民族感情，破坏民族团结；

（四）煽动破坏国家宗教政策，宣扬邪教、迷信；

（五）危害社会公德，扰乱社会秩序，破坏社会稳定，宣扬淫秽、赌博、吸毒，渲染暴力、恐怖，教唆犯罪或者传授犯罪方法；

（六）侵害未成年人合法权益或者损害未成年人身心健康；

（七）侮辱、诽谤他人或者散布他人隐私，侵害他人合法权益；

（八）法律、行政法规禁止的其他内容。

《预防未成年人犯罪法》

第二十八条 本法所称不良行为，是指未成年人实施的不利于其健康成长的下列行为：

（一）吸烟、饮酒；

（二）多次旷课、逃学；

（三）无故夜不归宿、离家出走；

（四）沉迷网络；

（五）与社会上具有不良习性的人交往，组织或者参加实施不良行为的团伙；

（六）进入法律法规规定未成年人不宜进入的场所；

（七）参与赌博、变相赌博，或者参加封建迷信、邪教等活动；

（八）阅览、观看或者收听宣扬淫秽、色情、暴力、恐怖、极端等内容的读物、音像制品或者网络信息等；

（九）其他不利于未成年人身心健康成长的不良行为。

◎ **党内法规**

《关于进一步加强和改进未成年人思想道德建设的若干意见》

（二十四）坚持不懈地开展"扫黄""打非"斗争，加强文化市场监管，坚决查处传播淫秽、色情、凶杀、暴力、封建迷信和伪科学的出版物。严格审查面向未成年人的游戏软件内容，查处含有诱发未成年人违法 犯罪行为和恐怖、残忍等有害内容的游戏软件产品。制定相关法规，加强对玩具、饰品制作销售的监管，坚决查处宣扬色情和暴力的玩具、饰品。严格未成年人精神 文化产品的进口标准，严把进口关，既要有选择地把世界各国的优秀文化产品介绍进来，又要防止境外有害文化的侵入。

《关于进一步加强和改进未成年人出版物出版工作的意见》

三、加强"扫黄""打非"斗争，进一步净化未成年人成长的文化环境

10. 把"取缔淫秽色情出版物和宣扬凶杀、暴力、封建迷信的出版物，为青少年健康成长和净化社会风气服务"列为"扫黄""打非"斗争的主要目标之一。围绕这一目标，在清查市场、打击走私、查办大案和加强对印刷复制单位监管等方面作出相应安排。

11. 加强市场监管，净化未成年人出版物市场。在对出版物市场重点地区、重点部位、重点环节的集中整顿治理中，进一步加强对中小学周边的出版物市场进行重点集中整治。深入开展针对淫秽色情出版物，特别是淫秽光盘和以青少年为读者对象的有害卡通画册、淫秽"口袋书"等非法出版物的专项治理。

12. 在全国开展查处盗版教材、教辅读物的专项治理，坚决堵住盗版教材、教辅读物流入校园的渠道。严厉查处印刷、销售盗版教材、教辅读物的单位和责任人，维护教材教辅市场秩序。

13. 结合盗版教材教辅的专项治理，开展"千万师生拒绝盗版，远离淫秽色情出版物"大型签名活动，引导广大中小学生自觉抵制非法出版物，造成强大的舆论声势，伸张社会正气。

14. 切实加强对互联网站和上网服务营业场所的监管。对载有政治性非法出版物、淫秽色情等内容的网站，依法坚决予以处置。从今年第三季度开始，对上述工作开展情况进行专项检查，并根据检查中所暴露出来的问题进一步采取治理措施。

◎ **行政法规**

《互联网信息服务管理办法》

第十五条　互联网信息服务提供者不得制作、复制、发布、传播含有下列内容的信息：

（一）反对宪法所确定的基本原则的；

（二）危害国家安全，泄露国家秘密，颠覆国家政权，破坏国家统一的；

（三）损害国家荣誉和利益的；

（四）煽动民族仇恨、民族歧视，破坏民族团结的；

（五）破坏国家宗教政策，宣扬邪教和封建迷信的；

（六）散布谣言，扰乱社会秩序，破坏社会稳定的；

（七）散布淫秽、色情、赌博、暴力、凶杀、恐怖或者教唆犯罪的；

（八）侮辱或者诽谤他人，侵害他人合法权益的；

（九）含有法律、行政法规禁止的其他内容的。

《电信条例》

第五十六条　任何组织或者个人不得利用电信网络制作、复制、发布、传播含有下列内容的信息：

（一）反对宪法所确定的基本原则的；

（二）危害国家安全，泄露国家秘密，颠覆国家政权，破坏国家统一的；

（三）损害国家荣誉和利益的；

（四）煽动民族仇恨、民族歧视，破坏民族团结的；

（五）破坏国家宗教政策，宣扬邪教和封建迷信的；

（六）散布谣言，扰乱社会秩序，破坏社会稳定的；

（七）散布淫秽、色情、赌博、暴力、凶杀、恐怖或者教唆犯罪的；

（八）侮辱或者诽谤他人，侵害他人合法权益的；

（九）含有法律、行政法规禁止的其他内容的。

《出版管理条例》

第二十六条　以未成年人为对象的出版物不得含有诱发未成年人模仿违反社会公德的行为和违法犯罪的行为的内容，不得含有恐怖、残酷等妨害未成年人身心健康的内容。

《音像制品管理条例》

第三条　出版、制作、复制、进口、批发、零售、出租音像制品，应当遵守宪法和有关法律、法规，坚持为人民服务和为社会主义服务的方向，传播有益于经济发展和社会进步的思想、道德、科学技术和文化知识。

音像制品禁止载有下列内容：

（一）反对宪法确定的基本原则的；

（二）危害国家统一、主权和领土完整的；

（三）泄露国家秘密、危害国家安全或者损害国家荣誉和利益的；

（四）煽动民族仇恨、民族歧视，破坏民族团结，或者侵害民族风俗、习惯的；

（五）宣扬邪教、迷信的；

（六）扰乱社会秩序，破坏社会稳定的；

（七）宣扬淫秽、赌博、暴力或者教唆犯罪的；

（八）侮辱或者诽谤他人，侵害他人合法权益的；

（九）危害社会公德或者民族优秀文化传统的；

（十）有法律、行政法规和国家规定禁止的其他内容的。

◎ **部门规章**

《互联网视听节目服务管理规定》

第十六条　互联网视听节目服务单位提供的、网络运营单位接入的视听节目应当符合法律、行政法规、部门规章的规定。已播出的视听节目应至少完整保留60日。视听节目不得含有以下内容：

（一）反对宪法确定的基本原则的；

（二）危害国家统一、主权和领土

完整的；

（三）泄露国家秘密、危害国家安全或者损害国家荣誉和利益的；

（四）煽动民族仇恨、民族歧视，破坏民族团结，或者侵害民族风俗、习惯的；

（五）宣扬邪教、迷信的；

（六）扰乱社会秩序，破坏社会稳定的；

（七）诱导未成年人违法犯罪和渲染暴力、色情、赌博、恐怖活动的；

（八）侮辱或者诽谤他人，侵害公民个人隐私等他人合法权益的；

（九）危害社会公德，损害民族优秀文化传统的；

（十）有关法律、行政法规和国家规定禁止的其他内容。

《网络出版服务管理规定》

第二十五条　为保护未成年人合法权益，网络出版物不得含有诱发未成年人模仿违反社会公德和违法犯罪行为的内容，不得含有恐怖、残酷等妨害未成年人身心健康的内容，不得含有披露未成年人个人隐私的内容。

《网络信息内容生态治理规定》

第六条　网络信息内容生产者不得制作、复制、发布含有下列内容的违法信息：

（一）反对宪法所确定的基本原则的；

（二）危害国家安全，泄露国家秘密，颠覆国家政权，破坏国家统一的；

（三）损害国家荣誉和利益的；

（四）歪曲、丑化、亵渎、否定英雄烈士事迹和精神，以侮辱、诽谤或者其他方式侵害英雄烈士的姓名、肖像、名誉、荣誉的；

（五）宣扬恐怖主义、极端主义或者煽动实施恐怖活动、极端主义活动的；

（六）煽动民族仇恨、民族歧视，破坏民族团结的；

（七）破坏国家宗教政策，宣扬邪教和封建迷信的；

（八）散布谣言，扰乱经济秩序和社会秩序的；

（九）散布淫秽、色情、赌博、暴力、凶杀、恐怖或者教唆犯罪的；

（十）侮辱或者诽谤他人，侵害他人名誉、隐私和其他合法权益的；

（十一）法律、行政法规禁止的其他内容。

第七条　网络信息内容生产者应当采取措施，防范和抵制制作、复制、发布含有下列内容的不良信息：

（一）使用夸张标题，内容与标题严重不符的；

（二）炒作绯闻、丑闻、劣迹等的；

（三）不当评述自然灾害、重大事故等灾难的；

（四）带有性暗示、性挑逗等易使人产生性联想的；

（五）展现血腥、惊悚、残忍等致人身心不适的；

（六）煽动人群歧视、地域歧视等的；

（七）宣扬低俗、庸俗、媚俗内容的；

（八）可能引发未成年人模仿不安全行为和违反社会公德行为、诱导未成年人不良嗜好等的；

（九）其他对网络生态造成不良影响的内容。

第十三条　鼓励网络信息内容服务平台开发适合未成年人使用的模式，提供适合未成年人使用的网络产品和服务，便利未成年人获取有益身心健康的信息。

《专网及定向传播视听节目服务管理规定》

第十七条　专网及定向传播视听节目服务单位传播的节目应当符合法律、行政法规、部门规章的规定，不得含有以下内容：

（一）违反宪法确定的基本原则，煽动抗拒或者破坏宪法、法律、行政法规实施的；

（二）危害国家统一、主权和领土完整，泄露国家秘密，危害国家安全，损害国家荣誉和利益的；

（三）诋毁民族优秀文化传统，煽动民族仇恨、民族歧视，侵害民族风俗习惯，歪曲民族历史和民族历史人物，伤害民族感情，破坏民族团结的；

（四）宣扬宗教狂热，危害宗教和睦，伤害信教公民宗教感情，破坏信教公民和不信教公民团结，宣扬邪教、迷信的；

（五）危害社会公德，扰乱社会秩序，破坏社会稳定，宣扬淫秽、赌博、吸毒，渲染暴力、恐怖，教唆犯罪或者传授犯罪方法的；

（六）侵害未成年人合法权益或者损害未成年人身心健康的；

（七）侮辱、诽谤他人或者散布他人隐私，侵害他人合法权益的；

（八）法律、行政法规禁止的其他内容。

《未成年人学校保护规定》

第二十八条　学校应当按照规定设置图书馆、班级图书角，配备适合学生认知特点、内容积极向上的课外读物，营造良好阅读环境，培养学生阅读习惯，提升阅读质量。

学校应当加强读物和校园文化环境管理，禁止含有淫秽、色情、暴力、邪教、迷信、赌博、恐怖主义、分裂主义、极端主义等危害未成年人身心健康内容的读物、图片、视听作品等，以及商业广告、有悖于社会主义核心价值观的文化现象进入校园。

《互联网信息服务算法推荐管理规定》

第十八条　算法推荐服务提供者向未成年人提供服务的，应当依法履行未成年人网络保护义务，并通过开发适合未成年人使用的模式、提供适合未成年人特点的服务等方式，便利未成年人获取有益身心健康的信息。

算法推荐服务提供者不得向未成年人推送可能引发未成年人模仿不安全行为和违反社会公德行为、诱导未成年人不良嗜好等可能影响未成年人身心健康的信息，不得利用算法推荐服务诱导未成年人沉迷网络。

《互联网广告管理办法》

第十二条　在针对未成年人的网站、网页、互联网应用程序、公众号等互联网媒介上不得发布医疗、药品、保健食品、特殊医学用途配方食品、医疗器械、化妆品、酒类、美容广告，以及不利于未成年人身心健康的网络游戏广告。

第五十一条　【以显著方式提示影响未成年人身心健康的内容】

任何组织或者个人出版、发布、传播的图书、报刊、电影、广播电视节目、舞台艺术作品、音像制品、电子出版物或者网络信息，包含可能影响未成年人身心健康内容的，应当以显著方式作出提示。

关联法规

◎ **部门规章**

《未成年人节目管理规定》

第九条　未成年人节目不得含有下列内容：

（一）渲染暴力、血腥、恐怖，教唆犯罪或者传授犯罪方法；

（二）除健康、科学的性教育之外的涉性话题、画面；

（三）肯定、赞许未成年人早恋；

（四）诋毁、歪曲或者以不当方式表现中华优秀传统文化、革命文化、社会主义先进文化；

（五）歪曲民族历史或者民族历史人物，歪曲、丑化、亵渎、否定英雄烈士事迹和精神；

（六）宣扬、美化、崇拜曾经对我国发动侵略战争和实施殖民统治的国家、事件、人物；

（七）宣扬邪教、迷信或者消极颓废的思想观念；

（八）宣扬或者肯定不良的家庭观、婚恋观、利益观；

（九）过分强调或者过度表现财富、家庭背景、社会地位；

（十）介绍或者展示自杀、自残和其他易被未成年人模仿的危险行为及游戏项目等；

（十一）表现吸毒、滥用麻醉药品、精神药品和其他违禁药物；

（十二）表现吸烟、售烟和酗酒；

（十三）表现违反社会公共道德、扰乱社会秩序等不良举止行为；

（十四）渲染帮会、黑社会组织的各类仪式；

（十五）宣传、介绍不利于未成年人身心健康的网络游戏；

（十六）法律、行政法规禁止的其他内容。

以科普、教育、警示为目的，制作、传播的节目中确有必要出现上述内容的，应当根据节目内容采取明显图像或者声音等方式予以提示，在显著位置设置明确提醒，并对相应画面、声音进行技术处理，避免过分展示。

第五十二条　【禁止儿童色情作品】

禁止制作、复制、发布、传播或者持有有关未成年人的淫秽色情物品和网络信息。

关联法规

◎ **司法解释**

《关于办理利用互联网、移动通讯终端、声讯台制作、复制、出版、贩卖、传播淫秽电子信息刑事案件具体应用法律的

解释（一）》

第一条　以牟利为目的，利用互联网、移动通讯终端制作、复制、出版、贩卖、传播淫秽电子信息，具有下列情形之一的，依照刑法第三百六十三条第一款的规定，以制作、复制、出版、贩卖、传播淫秽物品牟利罪定罪处罚：

（一）制作、复制、出版、贩卖、传播淫秽电影、表演、动画等视频文件二十个以上的；

（二）制作、复制、出版、贩卖、传播淫秽音频文件一百个以上的；

（三）制作、复制、出版、贩卖、传播淫秽电子刊物、图片、文章、短信息等二百件以上的；

（四）制作、复制、出版、贩卖、传播的淫秽电子信息，实际被点击数达到一万次以上的；

（五）以会员制方式出版、贩卖、传播淫秽电子信息，注册会员达二百人以上的；

（六）利用淫秽电子信息收取广告费、会员注册费或者其他费用，违法所得一万元以上的；

（七）数量或者数额虽未达到第（一）项至第（六）项规定标准，但分别达到其中两项以上标准一半以上的；

（八）造成严重后果的。

利用聊天室、论坛、即时通信软件、电子邮件等方式，实施第一款规定

行为的，依照刑法第三百六十三条第一款的规定，以制作、复制、出版、贩卖、传播淫秽物品牟利罪定罪处罚。

第六条　实施本解释前五条规定的犯罪，具有下列情形之一的，依照刑法第三百六十三条第一款、第三百六十四条第一款的规定从重处罚：

（一）制作、复制、出版、贩卖、传播具体描绘不满十八周岁未成年人性行为的淫秽电子信息的；

（二）明知是具体描绘不满十八岁的未成年人性行为的淫秽电子信息而在自己所有、管理或者使用的网站或者网页上提供直接链接的；

（三）向不满十八周岁的未成年人贩卖、传播淫秽电子信息和语音信息的；

（四）通过使用破坏性程序、恶意代码修改用户计算机设置等方法，强制用户访问、下载淫秽电子信息的。

《关于办理利用互联网、移动通讯终端、声讯台制作、复制、出版、贩卖、传播淫秽电子信息刑事案件具体应用法律的解释（二）》

第一条　以牟利为目的，利用互联网、移动通讯终端制作、复制、出版、贩卖、传播淫秽电子信息的，依照《最高人民法院、最高人民检察院关于办理利用互联网、移动通讯终端、声讯台制作、复制、出版、贩卖、传播淫秽电子信息刑事案件具体应用法律若干问题的解释》第一

条、第二条的规定定罪处罚。

以牟利为目的，利用互联网、移动通讯终端制作、复制、出版、贩卖、传播内容含有不满十四周岁未成年人的淫秽电子信息，具有下列情形之一的，依照刑法第三百六十三条第一款的规定，以制作、复制、出版、贩卖、传播淫秽物品牟利罪定罪处罚：

（一）制作、复制、出版、贩卖、传播淫秽电影、表演、动画等视频文件十个以上的；

（二）制作、复制、出版、贩卖、传播淫秽音频文件五十个以上的；

（三）制作、复制、出版、贩卖、传播淫秽电子刊物、图片、文章等一百件以上的；

（四）制作、复制、出版、贩卖、传播的淫秽电子信息，实际被点击数达到五千次以上的；

（五）以会员制方式出版、贩卖、传播淫秽电子信息，注册会员达一百人以上的；

（六）利用淫秽电子信息收取广告费、会员注册费或者其他费用，违法所得五千元以上的；

（七）数量或者数额虽未达到第（一）项至第（六）项规定标准，但分别达到其中两项以上标准一半以上的；

（八）造成严重后果的。

实施第二款规定的行为，数量或者数额达到第二款第（一）项至第（七）项规定标准五倍以上的，应当认定为刑法第三百六十三条第一款规定的"情节严重"；达到规定标准二十五倍以上的，应当认定为"情节特别严重"。

第二条 利用互联网、移动通讯终端传播淫秽电子信息的，依照《最高人民法院、最高人民检察院关于办理利用互联网、移动通讯终端、声讯台制作、复制、出版、贩卖、传播淫秽电子信息刑事案件具体应用法律若干问题的解释》第三条的规定定罪处罚。

利用互联网、移动通讯终端传播内容含有不满十四周岁未成年人的淫秽电子信息，具有下列情形之一的，依照刑法第三百六十四条第一款的规定，以传播淫秽物品罪定罪处罚：

（一）数量达到第一条第二款第（一）项至第（五）项规定标准二倍以上的；

（二）数量分别达到第一条第二款第（一）项至第（五）项两项以上标准的；

（三）造成严重后果的。

《关于利用网络云盘制作、复制、贩卖、传播淫秽电子信息牟利行为定罪量刑问题的批复》

二、对于以牟利为目的，利用网络云盘制作、复制、贩卖、传播淫秽电子信息的行为，在追究刑事责任时，鉴于网络云盘的特点，不应单纯考虑制作、复制、贩卖、传播淫秽电子信息的数量，还应充分考虑传播范围、违法所得、行为人一贯表现以及淫秽电子信息、传播对象是否涉及未成年人等情节，综合评估社会危害性，恰当裁量刑罚，确保罪责刑相适应。

◎ 部门规章

《网络出版服务管理规定》

第二十五条　为保护未成年人合法权益，网络出版物不得含有诱发未成年人模仿违反社会公德和违法犯罪行为的内容，不得含有恐怖、残酷等妨害未成年人身心健康的内容，不得含有披露未成年人个人隐私的内容。

《儿童个人信息网络保护规定》

第四条　任何组织和个人不得制作、发布、传播侵害儿童个人信息安全的信息。

《未成年人学校保护规定》

第二十四条　学校应当建立健全教职工与学生交往行为准则、学生宿舍安全管理规定、视频监控管理规定等制度，建立预防、报告、处置性侵害、性骚扰工作机制。

学校应当采取必要措施预防并制止教职工以及其他进入校园的人员实施以下行为：

（一）与学生发生恋爱关系、性关系；

（二）抚摸、故意触碰学生身体特定部位等猥亵行为；

（三）对学生作出调戏、挑逗或者具有性暗示的言行；

（四）向学生展示传播包含色情、淫秽内容的信息、书刊、影片、音像、图片或者其他淫秽物品；

（五）持有包含淫秽、色情内容的视听、图文资料；

（六）其他构成性骚扰、性侵害的违法犯罪行为。

权威案例

◎ 典型案例

隋某某猥亵、强奸、敲诈勒索、制作、贩卖、传播淫秽物品牟利案【检察机关加强未成年人网络保护综合履职典型案例之四（2023 年 5 月 31 日）】

典型意义：检察机关立足个案保护，坚持"办理一个案子、保护一批孩子"，及时阻断不雅视频传播，帮助未成年被害人及时恢复正常学习和生活。重视检察机关在推进社会治理方面的责任，以"保护一个孩子、预防一片领域"为目标，促推其他保护力量共同开展网络空间专项治理，为未成年人营造更为健康安全的网络环境，提升未成年人综合保护效果。

第六十三条　【对未成年人隐私权的特殊保护】

任何组织或者个人不得隐匿、毁弃、非法删除未成年人的信件、日记、电子邮件或者其他网络通讯内容。

除下列情形外，任何组织或者个人不得开拆、查阅未成年人的信件、日记、电子邮件或者其他网络通讯内容：

（一）无民事行为能力未成年人的父母或者其他监护人代未成年人开拆、查阅；

（二）因国家安全或者追查刑事犯罪依法进行检查；

（三）紧急情况下为了保护未成年人本人的人身安全。

关联法规

◎ **法律**

《宪法》

第四十条 中华人民共和国公民的通信自由和通信秘密受法律的保护。除因国家安全或者追查刑事犯罪的需要，由公安机关或者检察机关依照法律规定的程序对通信进行检查外，任何组织或者个人不得以任何理由侵犯公民的通信自由和通信秘密。

《民法典》

第一百一十条 自然人享有生命权、身体权、健康权、姓名权、肖像权、名誉权、荣誉权、隐私权、婚姻自主权等权利。

法人、非法人组织享有名称权、名誉权和荣誉权。

第一百一十一条 自然人的个人信息受法律保护。任何组织或者个人需要获取他人个人信息的，应当依法取得并确保信息安全，不得非法收集、使用、加工、传输他人个人信息，不得非法买卖、提供或者公开他人个人信息。

第一千零三十二条 自然人享有隐私权。任何组织或者个人不得以刺探、侵扰、泄露、公开等方式侵害他人的隐私权。

隐私是自然人的私人生活安宁和不愿为他人知晓的私密空间、私密活动、私密信息。

《刑法》

第二百五十二条 隐匿、毁弃或者非法开拆他人信件，侵犯公民通信自由权利，情节严重的，处一年以下有期徒刑或者拘役。

第二百五十三条 邮政工作人员私自开拆或者隐匿、毁弃邮件、电报的，处二年以下有期徒刑或者拘役。

犯前款罪而窃取财物的，依照本法第二百六十四条的规定定罪从重处罚。

第五章　网络保护

第六十四条　【网络素养宣传教育】

国家、社会、学校和家庭应当加强未成年人网络素养宣传教育，培养和提高未成年人的网络素养，增强未成年人科学、文明、安全、合理使用网络的意识和能力，保障未成年人在网络空间的合法权益。

关联法规

◎ **法律**

《预防未成年人犯罪法》

第十五条　国家、社会、学校和家庭应当对未成年人加强社会主义核心价值观教育，开展预防犯罪教育，增强未成年人的法治观念，使未成年人树立遵纪守法和防范违法犯罪的意识，提高自我管控能力。

《家庭教育促进法》

第十六条　未成年人的父母或者其他监护人应当针对不同年龄段未成年人的身心发展特点，以下列内容为指引，开展家庭教育：

（一）教育未成年人爱党、爱国、爱人民、爱集体、爱社会主义，树立维护国家统一的观念，铸牢中华民族共同体意识，培养家国情怀；

（二）教育未成年人崇德向善、尊老爱幼、热爱家庭、勤俭节约、团结互助、诚信友爱、遵纪守法，培养其良好社会公德、家庭美德、个人品德意识和法治意识；

（三）帮助未成年人树立正确的成才观，引导其培养广泛兴趣爱好、健康审美追求和良好学习习惯，增强科学探索精神、创新意识和能力；

（四）保证未成年人营养均衡、科学运动、睡眠充足、身心愉悦，引导其养成良好生活习惯和行为习惯，促进其身心健康发展；

（五）关注未成年人心理健康，教导其珍爱生命，对其进行交通出行、健康上网和防欺凌、防溺水、防诈骗、防拐卖、防性侵等方面的安全知识教育，帮助其掌握安全知识和技能，增强其自我保护的意识和能力；

（六）帮助未成年人树立正确的劳

动观念，参加力所能及的劳动，提高生活自理能力和独立生活能力，养成吃苦耐劳的优秀品格和热爱劳动的良好习惯。

◎ **党内法规**

《关于加强网络文明建设的意见》

《意见》指出，要加强网络空间行为规范。培育符合社会主义核心价值观的网络伦理和行为规则，鼓励各地区各部门结合文明创建工作制定出台符合自身特点的网络文明准则，规范网上用语，把网络文明建设要求融入行业管理规范。着力提升青少年网络素养，进一步完善政府、学校、家庭、社会相结合的网络素养教育机制，提高青少年正确用网和安全防范意识能力，精心打造青少年愿听愿看的优秀网络文化产品。健全防范青少年沉迷网络工作机制，依法坚决打击和制止青少年网络欺凌，保护青少年在网络空间的合法权益。强化网络平台责任，加强网站平台社区规则、用户协议建设，引导网络平台增强国家安全意识。加强互联网行业自律，坚持经济效益和社会效益并重的价值导向，督促互联网企业积极履行社会责任。发挥行业组织引导督促作用，促进行业健康规范发展，鼓励支持各类网络社会组织参与网络文明建设。

《关于规范网络直播打赏 加强未成年人保护的意见》

二、工作举措

......

7. 加强网络素养教育。鼓励学校开展未成年人网络素养教育，围绕网络道德意识和行为准则、网络法治观念和行为规范、网络使用能力建设、人身财产安全保护等培育未成年人网络安全意识、文明素养、行为习惯和防护技能。引导未成年人监护人主动学习网络知识，加强对未成年人使用网络行为的教育、示范、引导和监督。支持社会各界共同开展宣传教育，促进未成年人开阔眼界、提高素质、陶冶情操、愉悦身心。

◎ **部门规章**

《未成年人学校保护规定》

第三十四条　学校应当将科学、文明、安全、合理使用网络纳入课程内容，对学生进行网络安全、网络文明和防止沉迷网络的教育，预防和干预学生过度使用网络。

学校为学生提供的上网设施，应当安装未成年人上网保护软件或者采取其他安全保护技术措施，避免学生接触不适宜未成年人接触的信息；发现网络产品、服务、信息有危害学生身心健康内容的，或者学生利用网络实施违法活动的，应当立即采取措施并向有关主管门报告。

权威案例

◎ **典型案例**

被告人王某利用网络强奸被判死刑案

【最高人民法院发布依法严惩侵害未成年人权益典型案例之三（2020 年 5 月 18 日）】

　　典型意义：本案系一起典型的利用网络平台，以威逼利诱等方式，利用未成年少女和幼女自我保护意识弱，对之实施性侵害的刑事案件。在本案中，王某预谋犯罪时即选择在校学生作为奸淫对象，被害人案发时均系小学或初中在校学生，其行为挑战社会伦理道德底线，主观动机极其卑劣。王某的行为虽未造成被害人重伤或死亡，但对被害人生理心理造成严重摧残，社会危害性极大，影响极其恶劣。对王某判处并执行死刑，是严格公正司法的必然要求，是彰显公平正义的必然要求。

第六十五条　【鼓励支持健康网络内容】

　　国家鼓励和支持有利于未成年人健康成长的网络内容的创作与传播，鼓励和支持专门以未成年人为服务对象、适合未成年人身心健康特点的网络技术、产品、服务的研发、生产和使用。

关联法规

◎ **法律**

《网络安全法》

　　第六条　国家倡导诚实守信、健康文明的网络行为，推动传播社会主义核心价值观，采取措施提高全社会的网络安全意识和水平，形成全社会共同参与促进网络安全的良好环境。

　　第十三条　国家支持研究开发有利于未成年人健康成长的网络产品和服务，依法惩治利用网络从事危害未成年人身心健康的活动，为未成年人提供安全、健康的网络环境。

《广告法》

　　第四十条　在针对未成年人的大众传播媒介上不得发布医疗、药品、保健食品、医疗器械、化妆品、酒类、美容广告，以及不利于未成年人身心健康的网络游戏广告。

　　针对不满十四周岁的未成年人的商品或者服务的广告不得含有下列内容：

　　（一）劝诱其要求家长购买广告商品或者服务；

　　（二）可能引发其模仿不安全行为。

◎ **部门规章**

《互联网视听节目服务管理规定》

　　第六条　发展互联网视听节目服务要有益于传播社会主义先进文化，推动社会全面进步和人的全面发展、促进社会和谐。从事互联网视听节目服务，应当坚持为人民服务、为社会主义服务，坚持正确导向，把社会效益放在首位，建设社会主义核心价值体系，遵守社会主义道德规范，大力弘扬体现时代发展和社会进步的思想文化，大力弘扬民族优秀文化传统，提供更多更好的互联网视听节目服务，满足人民群众日益增长的需求，不断丰富人民群众的精神文化生活，充分发挥文化滋润心灵、陶冶情操、愉悦身心的作用，为青少年成长创造良好的网上空间，形成共建共享的精神家园。

《网络出版服务管理规定》

第四十六条 国家支持、鼓励下列优秀的、重点的网络出版物的出版：

（一）对阐述、传播宪法确定的基本原则有重大作用的；

（二）对弘扬社会主义核心价值观，进行爱国主义、集体主义、社会主义和民族团结教育以及弘扬社会公德、职业道德、家庭美德、个人品德有重要意义的；

（三）对弘扬民族优秀文化，促进国际文化交流有重大作用的；

（四）具有自主知识产权和优秀文化内涵的；

（五）对推进文化创新，及时反映国内外新的科学文化成果有重大贡献的；

（六）对促进公共文化服务有重大

作用的；

（七）专门以未成年人为对象、内容健康的或者其他有利于未成年人健康成长的；

（八）其他具有重要思想价值、科学价值或者文化艺术价值的。

《网络信息内容生态治理规定》

第十一条 鼓励网络信息内容服务平台坚持主流价值导向，优化信息推荐机制，加强版面页面生态管理，在下列重点环节（包括服务类型、位置版块等）积极呈现本规定第五条规定的信息：

（一）互联网新闻信息服务首页首屏、弹窗和重要新闻信息内容页面等；

（二）互联网用户公众账号信息服务精选、热搜等；

（三）博客、微博客信息服务热门推荐、榜单类、弹窗及基于地理位置的信息服务版块等；

（四）互联网信息搜索服务热搜词、热搜图及默认搜索等；

（五）互联网论坛社区服务首页首屏、榜单类、弹窗等；

（六）互联网音视频服务首页首屏、发现、精选、榜单类、弹窗等；

（七）互联网网址导航服务、浏览器服务、输入法服务首页首屏、榜单类、皮肤、联想词、弹窗等；

（八）数字阅读、网络游戏、网络

动漫服务首页首屏、精选、榜单类、弹窗等；

（九）生活服务、知识服务平台首页首屏、热门推荐、弹窗等；

（十）电子商务平台首页首屏、推荐区等；

（十一）移动应用商店、移动智能终端预置应用软件和内置信息内容服务首屏、推荐区等；

（十二）专门以未成年人为服务对象的网络信息内容专栏、专区和产品等；

（十三）其他处于产品或者服务醒目位置、易引起网络信息内容服务使用者关注的重点环节。

网络信息内容服务平台不得在以上重点环节呈现本规定第七条规定的信息。

第十三条　鼓励网络信息内容服务平台开发适合未成年人使用的模式，提供适合未成年人使用的网络产品和服务，便利未成年人获取有益身心健康的信息。

《未成年人节目管理规定》

第八条　国家支持、鼓励含有下列内容的未成年人节目的制作、传播：

（一）培育和弘扬社会主义核心价值观；

（二）弘扬中华优秀传统文化、革命文化和社会主义先进文化；

（三）引导树立正确的世界观、人生观、价值观；

（四）发扬中华民族传统家庭美德，树立优良家风；

（五）符合未成年人身心发展规律和特点；

（六）保护未成年人合法权益和情感，体现人文关怀；

（七）反映未成年人健康生活和积极向上的精神面貌；

（八）普及自然和社会科学知识；

（九）其他符合国家支持、鼓励政策的内容。

《互联网信息服务算法推荐管理规定》

第十八条　算法推荐服务提供者向未成年人提供服务的，应当依法履行未成年人网络保护义务，并通过开发适合未成年人使用的模式、提供适合未成年人特点的服务等方式，便利未成年人获取有益身心健康的信息。

算法推荐服务提供者不得向未成年人推送可能引发未成年人模仿不安全行为和违反社会公德行为、诱导未成年人不良嗜好等可能影响未成年人身心健康的信息，不得利用算法推荐服务诱导未成年人沉迷网络。

权威案例

◎ **典型案例**

施某某、张某某、桂某某诉徐某某肖像权、名誉权、隐私权纠纷案【《最高人民

法院公报》2016 年第 4 期】

裁判摘要： 为保护未成年人利益和揭露可能存在的犯罪行为，发帖人在其微博中发表未成年人受伤害信息，所发微博的内容与客观事实基本一致的，符合社会公共利益原则和儿童利益最大化原则，该网络举报行为不构成侵权。

第六十六条 【加强监督检查和执法】

网信部门及其他有关部门应当加强对未成年人网络保护工作的监督检查，依法惩处利用网络从事危害未成年人身心健康的活动，为未成年人提供安全、健康的网络环境。

关联法规

◎ **法律**

《网络安全法》

第八条 国家网信部门负责统筹协调网络安全工作和相关监督管理工作。国务院电信主管部门、公安部门和其他有关机关依照本法和有关法律、行政法规的规定，在各自职责范围内负责网络安全保护和监督管理工作。

县级以上地方人民政府有关部门的网络安全保护和监督管理职责，按照国家有关规定确定。

《预防未成年人犯罪法》

第五条 各级人民政府在预防未成年人犯罪方面的工作职责是：

（一）制定预防未成年人犯罪工作规划；

（二）组织公安、教育、民政、文化和旅游、市场监督管理、网信、卫生健康、新闻出版、电影、广播电视、司法行政等有关部门开展预防未成年人犯罪工作；

（三）为预防未成年人犯罪工作提供政策支持和经费保障；

（四）对本法的实施情况和工作规划的执行情况进行检查；

（五）组织开展预防未成年人犯罪宣传教育；

（六）其他预防未成年人犯罪工作职责。

◎ **行政法规**

《互联网信息服务管理办法》

第七条 从事经营性互联网信息服务，应当向省、自治区、直辖市电信管理机构或者国务院信息产业主管部门申请办理互联网信息服务增值电信业务经营许可证（以下简称经营许可证）。

省、自治区、直辖市电信管理机构或者国务院信息产业主管部门应当自收到申请之日起 60 日内审查完毕，作出批准或者不予批准的决定。予以批准的，颁发经营许可证；不予批准的，应当书面通知申请人并说明理由。

申请人取得经营许可证后，应当持经营许可证向企业登记机关办理登记手续。

◎ **部门规章**

《互联网视听节目服务管理规定》

第三条　国务院广播电影电视主管部门作为互联网视听节目服务的行业主管部门，负责对互联网视听节目服务实施监督管理，统筹互联网视听节目服务的产业发展、行业管理、内容建设和安全监管。国务院信息产业主管部门作为互联网行业主管部门，依据电信行业管理职责对互联网视听节目服务实施相应的监督管理。

地方人民政府广播电影电视主管部门和地方电信管理机构依据各自职责对本行政区域内的互联网视听节目服务单位及接入服务实施相应的监督管理。

《网络出版服务管理规定》

第四条　国家新闻出版广电总局作为网络出版服务的行业主管部门，负责全国网络出版服务的前置审批和监督管理工作。工业和信息化部作为互联网行业主管部门，依据职责对全国网络出版服务实施相应的监督管理。

地方人民政府各级出版行政主管部门和各省级电信主管部门依据各自职责对本行政区域内网络出版服务及接入服

务实施相应的监督管理工作并做好配合工作。

《互联网文化管理暂行规定》

第六条　文化部负责制定互联网文化发展与管理的方针、政策和规划，监督管理全国互联网文化活动。

省、自治区、直辖市人民政府文化行政部门对申请从事经营性互联网文化活动的单位进行审批，对从事非经营性互联网文化活动的单位进行备案。

县级以上人民政府文化行政部门负责本行政区域内互联网文化活动的监督管理工作。县级以上人民政府文化行政部门或者文化市场综合执法机构对从事互联网文化活动违反国家有关法规的行为实施处罚。

《儿童个人信息网络保护规定》

第二十二条　网络运营者应当对网信部门和其他有关部门依法开展的监督检查予以配合。

第二十六条　违反本规定的，由网信部门和其他有关部门依据职责，根据《中华人民共和国网络安全法》《互联网信息服务管理办法》等相关法律法规规定处理；构成犯罪的，依法追究刑事责任。

《网络信息内容生态治理规定》

第三条　国家网信部门负责统筹协调全国网络信息内容生态治理和相关监督管理工作，各有关主管部门依据各自职责做好网络信息内容生态治理工作。

地方网信部门负责统筹协调本行政区域内网络信息内容生态治理和相关监督管理工作，地方各有关主管部门依据各自职责做好本行政区域内网络信息内容生态治理工作。

《互联网信息服务算法推荐管理规定》

第二十八条 网信部门会同电信、公安、市场监管等有关部门对算法推荐服务依法开展安全评估和监督检查工作，对发现的问题及时提出整改意见并限期整改。

算法推荐服务提供者应当依法留存网络日志，配合网信部门和电信、公安、市场监管等有关部门开展安全评估和监督检查工作，并提供必要的技术、数据等支持和协助。

◎ **部门规范性文件**

《互联网直播服务管理规定》

第四条 国家互联网信息办公室负责全国互联网直播服务信息内容的监督管理执法工作。地方互联网信息办公室依据职责负责本行政区域内的互联网直播服务信息内容的监督管理执法工作。国务院相关管理部门依据职责对互联网直播服务实施相应监督管理。

各级互联网信息办公室应当建立日常监督检查和定期检查相结合的监督管理制度，指导督促互联网直播服务提供者依据法律法规和服务协议规范互联网直播服务行为。

◖ **权威案例** ◗

◎ **指导性案例**

骆某猥亵儿童案【最高检指导案例第43号】

要旨： 行为人以满足性刺激为目的，以诱骗、强迫或者其他方法要求儿童拍摄裸体、敏感部位照片、视频等供其观看，严重侵害儿童人格尊严和心理健康的，构成猥亵儿童罪。

◎ **典型案例**

被告人肖某臣绑架、强奸案【最高人民法院公布七起通过网络实施的侵犯妇女未成年人等犯罪典型案例之四（2014年10月21日）】

典型意义： 本案是一起利用网络交友实施绑架、强奸犯罪的案件。随着网络应用的发展和日渐普及，网络社交平台，特别是网络聊天工具，为人际交往带来了极大便利。与此同时，因其公共性、匿名性、便捷性等特点，网络交友也成为不法分子实施犯罪的新平台，由此引发的刑事案件呈上升趋势。一些年轻女性和青少年缺乏防范意识和能力，往往容易成为不法侵害的对象。本案中，被告人肖某臣伙同他人预谋绑架，事先租赁作案场所，通过微信搜索功能，选定尚未成年的女网友为作案对象，借外出游玩之名骗出后绑架、强奸，犯罪性质恶劣，情节后果严重，社会危害性大，又系累犯，人民法院依法对其所犯之罪从重处罚，一方面显示了人民法院严厉打击利用网络实施犯罪的坚定立场，另一方面通过真实案例警示公众，网络交友要保持警惕，不要轻信陌生人，特别是广大青少年和年轻女性，要不断提高防范意识和能力，保护自己及家人的人身和财产不受侵犯。

刘某强奸案【最高人民法院发布 98 例未成年人审判工作典型案例之十八（2014年11月24日）】

案例评析：作为一种新型社交工具，微信在方便人们交往的同时，也潜藏危机。未成年人大多缺少防范和自我保护意识，容易受骗。犯罪人往往利用这一点，通过微信骗取信任后，伺机实施犯罪行为。为防范利用微信实施的犯罪，未成年人应增强自我保护意识，不随意公开自己的信息，不轻易接受陌生人的见面邀请。

战某登强奸案【最高人民法院发布 98 例未成年人审判工作典型案例之五十七（2014 年 11 月 24 日）】

典型意义：被告人战某登采取语言威胁手段逼迫 3 名未满 18 周岁的少女出来与其见面，见面后使用暴力行为强行与其发生性关系，情节恶劣，后果严重，社会影响极坏，依法应予严惩。

霍某祯强奸案【最高法院公布八起侵害未成年人合法权益典型案例之四（2015年 8 月 31 日）】

典型意义：随着网络技术的迅速发展，各种利用网络实施犯罪的行为也随之而生。本案就是一起利用网络强奸多名妇女、奸淫多名幼女的恶性案件，社会危害性极大，应当引起我们足够的重视。

本案被告人霍某祯利用网络虚拟的世界，以及未成年女学生、女青年往往涉世不深的弱点，引诱其陷入早已设下的圈套；又利用被害女学生、女青年害怕聊天记录、裸体照片被公开的心理，胁迫提出各种要求，令被害人言听计从，不敢反抗、不能反抗。本案中，霍某祯对 25 名被害人实施强奸犯罪，仅有 2 名被害人报警，这也给公安机关及时、有效地打击此类犯罪带来了困难，客观上也使得更多的被害人遭受性侵害。

虽然霍某祯被绳之以法，但其行为给 25 名被害人，特别是给多名未成年少女和幼女造成了无法弥补的心理和身体双重伤害，给她们的家庭也带来了无尽的痛苦。她们的遭遇令人同情，也发人深思。通过本案警示公众，特别是身心尚未成熟的未成年女学生：网络交友定谨慎，虚拟世界伪或真。屏幕背后淫贼狂，看似甜蜜实险恶。遇到胁迫莫要慌，家人朋友来帮忙。擦亮双眼来辨分，豺狼虎豹立遁形。

靳某勇故意杀人案【最高法院公布八起侵害未成年人合法权益典型案例之五（2015年 8 月 31 日）】

典型意义：本案是一起通过网络聊天诱骗未成年少女并将其杀害的案件。被害人吴某某一家从宁夏南部山区移民到宁夏银川市，因为父母忙于生计，又没有文化，平时与吴某某沟通较少。吴某某因年纪小，自控能力差，迷恋上了 QQ 聊天，并通过 QQ 聊天认识了自称是"王钢"叔叔的被告人靳某勇，在 QQ 聊天中倾诉自己不想上学，想找工作，被靳某勇诱骗到大武口区找工作，最终被被告人残忍杀害。被告人犯罪性质恶劣，手段残忍，情节、后果严重。判处被告人靳某勇死刑，剥夺政治权利终身，量刑适当。

当今 QQ 聊天已成为大部分年轻人生活的一部分，它拉近了人与人之间的时空距离，丰富了人们的业余文化生活。但是，在给人们生产生活带来便利的同时，也给不法之徒实施犯罪带来了可乘之机。一些人专门在网上利用 QQ 寻找侵害对象实施不法行为，其中，既有利用网络进行诈骗犯罪的，也有利用网络进行暴力犯罪的。涉世未深的未成年人，尤其容易被犯罪分子通过 QQ 等通讯方式编造的谎言所欺骗、蒙蔽。本案被告人靳某勇通过 QQ 结识年仅 12 岁的吴某某，取得吴某某轻信后，即与吴某某相约见面，最后以给吴某某找工作为由，将吴某某诱骗至其居住的小区并将吴某某杀害。该案的发生提醒广大的青少年，不能轻信通过网络结识陌生人，不能在网络上透漏个人信息，更不能孤身和网友见面，以免造成人身危险。同时，也提醒未成年人的父母，要引导和教育未成年子女正确利用网络，净化网络朋友圈，关注未成年人子女的社交圈，时刻注意防患于未然，确保未成年人的人身安全。

邵某非法拘禁、强奸案【最高法院公布八起侵害未成年人合法权益典型案例之六（2015 年 8 月 31 日）】

典型意义：本案是一起利用网络聊天，欺骗被害人与其见面、胁迫并拘禁被害人，并在拘禁期间，对未成年被害人多次强奸的恶性案件。我国刑法第二百三十六条第三款第（一）项规定，强奸妇女、奸淫幼女情节恶劣的，处十年以上有期徒刑、无期徒刑或者死刑。但对"情节恶劣"的认定标准，刑法和司法解释无明文规定，在司法实践中，对长时间对同一妇女非法拘禁并多次实施强奸的，一般认定为"情节恶劣"。本案中虽未按十年以上掌握对被告人的处刑，但考虑本案中被告人长时间在对未成年被害人多次实施强奸行为的性质比较恶劣的具体情况，可以依法从严惩处，故在三年以上十年以下有期徒刑的法定幅度内，"从高"判处被告人邵某有期徒刑九年，量刑适当，充分体现了对未成年被害人等特殊群体的保护。

施某通过裸贷敲诈勒索案【利用互联网侵害未成年人权益的典型案例之二（2018 年 6 月 1 日）】

典型意义："裸贷"是非法分子借用互联网金融和社交工具为平台和幌子，以让贷款人拍摄"裸照"作"担保"，非法发放高息贷款的行为。因"裸贷"被诈骗、被敲诈勒索的，时有发生。"裸贷"就像一个大坑，一旦陷入，后果不堪设想，有人失去尊严，有人被迫出卖肉体，有人甚至失去生命。本案警示：未成年人或者在校学生应当理性消费，如有债务危机，应当及时和家长沟通或者通过合法途径解决，不能自作主张进行网络贷款。以"裸"换"贷"，既有违公序良俗，也容易让自己沦为严重违法犯罪的受害者。对于已经"裸贷"的，如果遇到以公开自己裸照进行要挟的行为，一定要及时报警，寻求法律保护。

杨某某假借迷信强奸案【利用互联网侵害未成年人权益的典型案例之四（2018年6月1日）】

　　典型意义： 本案是一起通过互联网交友诱骗、威胁少女实施性侵害的严重犯罪案件。三名被害人均是未成年人，其中一名为幼女。被告人通过一人分饰不同角色，利用未成年人年少、幼稚、胆小的弱势，采用迷信、威胁等手段发生性关系，严重损害未成年人身心健康。本案警示：互联网具有虚拟性，使用者可以不具有真实身份，用不同姓名、性别、年龄、职业与人交往，具有较强欺骗性，未成年人不宜使用互联网社交平台与陌生人交友，以免上当受骗。家长和学校要对未成年人加强性知识、性侵害防卫教育，及时了解子女网上交友情况。

叶某甲通过网络向未成年人贩卖毒品案【利用互联网侵害未成年人权益的典型案例之六（2018年6月1日）】

　　典型意义： 本案是一起未成年人在校学生之间通过互联网联系后贩卖毒品案件。随着信息网络的普及，网络毒品犯罪呈快速蔓延之势，利用网络向未成年人贩卖毒品更具社会危害性。吸毒贩毒易滋生如卖淫、盗窃、抢劫等其他犯罪行为，涉毒人员也是艾滋病的高危人群。当前，毒品犯罪已由社会进入校园、进入未成年人生活领域，要引起各界高度重视。本案警示：未成年人要正确交友，避免与不良社会闲散人员交往；要深刻认识毒品的危害性，避免被他人引诱沾染恶习。家长要认真履行监护责任，帮助子女禁绝接触毒品的可能性；要经常与子女沟通，及时了解子女生活、学习、交友情况，避免未成年人走上犯罪道路。

江某某网上虚假销售诈骗案【利用互联网侵害未成年人权益的典型案例之八（2018年6月1日）】

　　典型意义： 本案是利用互联网通过诈骗方式侵害学生合法权益案件。当下，互联网蓬勃发展，学生们广泛运用，但学生的甄别能力不强，自我保护意识薄弱，上当受骗几率较高。本案警示：未成年人在互联网上购物要提高警惕，事先要经父母同意，不得擅自而为。家长要教育子女网上交易的风险，并及时了解子女需求，帮助子女完成网上交易活动。网络电商管理平台应加强对商户资质和日常资信审查，减少、避免网络诈骗等违法犯罪行为的发生。

王某以招收童星欺骗猥亵儿童案【利用互

联网侵害未成年人权益的典型案例之九（2018年6月1日）】

典型意义： 网络色情信息的高强度刺激可能使青少年沉溺其中，甚至走上犯罪道路。本案被告人审判时年仅20岁，在玩游戏时被当成女性，收到私聊和广告要求其裸聊和做动作，了解了这种方法之后，由于正值青春期，也想尝试一下，于是编造传媒公司名字，以招收童星考核身材为名，要求幼女与其裸聊，寻求刺激。本案被害人都是幼女，对于不良信息的辨别力差，缺乏基本性知识，对自己行为的性质没有清晰认识，希望成为童星因此被利用。在这个过程中，父母的监管是缺失的，孩子的网络行为没有受到干预和引导，对他们接受的网络信息缺乏甄选。本案警示：家长对孩子使用电子产品和互联网行为不能不管不问，要帮助子女识别色情、暴力、毒品信息，否则极有可能使孩子受到网络色情、暴力、毒品的侵害；要加强对未成年子女的自我保护和风险防范教育。互联网监管部门，应该加强净化网络环境治理，设置浏览级别限制，引导未成年人正确使用网络，促进其健康成长。

蒋某猥亵儿童案【保护未成年人权益十大优秀案例之四（2019年5月31日）】

典型意义： 本案是一起典型的利用互联网猥亵未成年人的案件。在互联网时代，不法分子运用网络技术实施犯罪的手段更为隐蔽，危害范围更为广泛。被告人以选拔童星、网友聊天、冒充老师等方式

诱骗或强迫被害人进行视频裸聊或拍摄裸照，虽然没有与被害人进行身体接触，跟传统意义上的猥亵行为有所不同，但其目的是为了满足自身性欲，客观上侵犯了被害人的人身权利，同样构成猥亵儿童罪。类似的网络犯罪行为严重损害了未成年人身心健康，社会危害性极大。本案对被告人蒋某依法从重判刑，彰显了人民法院本着"儿童利益最大化"的原则，依法严厉惩治侵害未成年人犯罪行为的坚定决心。

本案同时也警示家庭和学校要加强对未成年人的教育，引导未成年人正确使用网络，培养、提高识别风险、自我保护的意识和能力；提醒广大青少年增强自我保护意识，最大限度避免网络违法犯罪的侵害，如果正在面临或者已经遭受不法侵害，要及时告知家长、老师或者报警，第一时间寻求法律的保护。

《净化网络空间 严惩"童星招募"背后的性侵害犯罪》【检察机关依法严惩侵害未成年人犯罪 加强未成年人司法保护典型案例之十（2019年12月20日）】

典型意义： 随着互联网的普及，利用网络社交平台猥亵儿童的新型性侵害案件频发，严重侵害未成年人的人格尊严和身心健康。本案利用"童星招募"实施性侵害犯罪，一方面暴露出被害儿童涉世未深，缺乏辨识能力和自我保护意识，另一方面也凸显了未成年人使用网络社交平台带来的安全隐患，对该类

犯罪行为依法予以严厉打击，有效净化了网络空间。

被告人王某利用网络强奸被判死刑案【最高人民法院发布依法严惩侵害未成年人权益典型案例之三（2020年5月18日）】

典型意义：本案系一起典型的利用网络平台，以威逼利诱等方式，利用未成年少女和幼女自我保护意识弱，对之实施性侵害的刑事案件。

在本案中，王某预谋犯罪时即选择在校学生作为奸淫对象，被害人案发时均系小学或初中在校学生，其行为挑战社会伦理道德底线，主观动机极其卑劣。王某的行为虽未造成被害人重伤或死亡，但对被害人生理心理造成严重摧残，社会危害性极大，影响极其恶劣。对王某判处并执行死刑，是严格公正司法的必然要求，是彰显公平正义的必然要求。

孙某汝强奸案【最高检发布侵害未成年人案件强制报告追责典型案例之三（2022年5月27日）】

典型意义：根据未成年人保护法关于强制报告制度的规定，医护人员负有发现未成年人疑似遭受侵害及时报告的义务。医护人员履行强制报告义务对及时发现、阻断侵害未成年人犯罪，保护未成年人免受持续侵害具有重要意义。关于哪些属于疑似未成年人遭受侵害情形，国家监委、最高检、教育部、公安部等9部门《关于建立侵害未成年人案件强制报告制度的意见（试行）》（高检发〔2020〕9号）进

行了细化规定。其中，不满十四周岁女性未成年人怀孕、流产属于必须报告情形，相关单位和人员发现此情况的，应当立即向公安机关报案或举报。医护人员强制报告不仅是帮助未成年人及时脱离危险的重要途径，也是发现犯罪、取证固证的重要手段。民营、公立医疗机构均为我国未成年人保护法规定的强制报告义务主体，均应严格落实强制报告法律规定。对于落实不力、瞒报、不报的，应对直接责任人员和所属医疗机构依法追责。

被告人吴某成等五人诈骗案【人民法院依法惩治电信网络诈骗犯罪及其关联犯罪典型案例之四（2022年9月6日）】

典型意义：本案被告人吴某成等人利用未成年人涉世未深、社会经验欠缺、容易轻信对方、易受威胁等特点实施诈骗，严重侵害未成年人合法权益，犯罪情节恶劣。"两高一部"《关于办理电信网络诈骗等刑事案件适用法律若干问题的意见》规定，诈骗残疾人、老年人、未成年人、在校学生、丧失劳动能力人的财物，或者诈骗重病患者及其亲属财物的，酌情从重处罚。人民法院对吴某成依法从重处罚，充分体现了人民法院坚决保护未成年人合法权益，严厉惩处针对未成年人犯罪的鲜明立场。

朱某某强奸、猥亵儿童、强制猥亵案【检察机关加强未成年人网络保护综合履职典型案例之三（2023年5月31日）】

典型意义：随着互联网的快速发展，

未成年人"触网"低龄化趋势愈发明显，性侵未成年人犯罪已经出现线上线下相互交织的新形态。检察机关在办理网络性侵未成年人案件时，应准确把握网络性侵特点，依法深挖、追诉犯罪，以"零容忍"态度严厉打击。同时，加强未成年被害人保护，开展心理救助，帮助未成年人尽快回归正常生活。注重综合履职，统筹治罪与治理，推动学校、社会、政府等未成年人保护主体协同发力，线上线下一体治理，护航网络时代未成年人健康成长。

第六十七条 【可能影响未成年人身心健康的网络信息】

网信部门会同公安、文化和旅游、新闻出版、电影、广播电视等部门根据保护不同年龄阶段未成年人的需要，确定可能影响未成年人身心健康网络信息的种类、范围和判断标准。

关联法规

◎ **法律**

《网络安全法》

第八条 国家网信部门负责统筹协调网络安全工作和相关监督管理工作。国务院电信主管部门、公安部门和其他有关机关依照本法和有关法律、行政法规的规定，在各自职责范围内负责网络

安全保护和监督管理工作。

县级以上地方人民政府有关部门的网络安全保护和监督管理职责，按照国家有关规定确定。

第五十三条 国家网信部门协调有关部门建立健全网络安全风险评估和应急工作机制，制定网络安全事件应急预案，并定期组织演练。

负责关键信息基础设施安全保护工作的部门应当制定本行业、本领域的网络安全事件应急预案，并定期组织演练。

网络安全事件应急预案应当按照事件发生后的危害程度、影响范围等因素对网络安全事件进行分级，并规定相应的应急处置措施。

《预防未成年人犯罪法》

第五条 各级人民政府在预防未成年人犯罪方面的工作职责是：

（一）制定预防未成年人犯罪工作规划；

（二）组织公安、教育、民政、文化和旅游、市场监督管理、网信、卫生健康、新闻出版、电影、广播电视、司法行政等有关部门开展预防未成年人犯罪工作；

（三）为预防未成年人犯罪工作提供政策支持和经费保障；

（四）对本法的实施情况和工作规划的执行情况进行检查；

（五）组织开展预防未成年人犯罪宣传教育；

（六）其他预防未成年人犯罪工作职责。

《广告法》

第十条　广告不得损害未成年人和残疾人的身心健康。

《家庭教育促进法》

第六条　各级人民政府指导家庭教育工作，建立健全家庭学校社会协同育人机制。县级以上人民政府负责妇女儿童工作的机构，组织、协调、指导、督促有关部门做好家庭教育工作。

教育行政部门、妇女联合会统筹协调社会资源，协同推进覆盖城乡的家庭教育指导服务体系建设，并按照职责分工承担家庭教育工作的日常事务。

县级以上精神文明建设部门和县级以上人民政府公安、民政、司法行政、人力资源和社会保障、文化和旅游、卫生健康、市场监督管理、广播电视、体育、新闻出版、网信等有关部门在各自的职责范围内做好家庭教育工作。

◎ 行政法规

《互联网信息服务管理办法》

第十五条　互联网信息服务提供者不得制作、复制、发布、传播含有下列内容的信息：

（一）反对宪法所确定的基本原则的；

（二）危害国家安全，泄露国家秘密，颠覆国家政权，破坏国家统一的；

（三）损害国家荣誉和利益的；

（四）煽动民族仇恨、民族歧视，破坏民族团结的；

（五）破坏国家宗教政策，宣扬邪教和封建迷信的；

（六）散布谣言，扰乱社会秩序，破坏社会稳定的；

（七）散布淫秽、色情、赌博、暴力、凶杀、恐怖或者教唆犯罪的；

（八）侮辱或者诽谤他人，侵害他人合法权益的；

（九）含有法律、行政法规禁止的其他内容的。

◎ 部门规章

《互联网视听节目服务管理规定》

第十六条　互联网视听节目服务单位提供的、网络运营单位接入的视听节目应当符合法律、行政法规、部门规章的规定。已播出的视听节目应至少完整保留 60 日。视听节目不得含有以下内容：

（一）反对宪法确定的基本原则的；

（二）危害国家统一、主权和领土完整的；

（三）泄露国家秘密、危害国家安全或者损害国家荣誉和利益的；

（四）煽动民族仇恨、民族歧视，破坏民族团结，或者侵害民族风俗、习惯的；

（五）宣扬邪教、迷信的；

（六）扰乱社会秩序，破坏社会稳定的；

（七）诱导未成年人违法犯罪和渲染暴力、色情、赌博、恐怖活动的；

（八）侮辱或者诽谤他人，侵害公民个人隐私等他人合法权益的；

（九）危害社会公德，损害民族优秀文化传统的；

（十）有关法律、行政法规和国家规定禁止的其他内容。

《互联网文化管理暂行规定》

第十六条　互联网文化单位不得提供载有以下内容的文化产品：

（一）反对宪法确定的基本原则的；

（二）危害国家统一、主权和领土完整的；

（三）泄露国家秘密、危害国家安全或者损害国家荣誉和利益的；

（四）煽动民族仇恨、民族歧视，破坏民族团结，或者侵害民族风俗、习惯的；

（五）宣扬邪教、迷信的；

（六）散布谣言，扰乱社会秩序，破坏社会稳定的；

（七）宣扬淫秽、赌博、暴力或者教唆犯罪的；

（八）侮辱或者诽谤他人，侵害他人合法权益的；

（九）危害社会公德或者民族优秀文化传统的；

（十）有法律、行政法规和国家规定禁止的其他内容。

《网络信息内容生态治理规定》

第六条　网络信息内容生产者不得制作、复制、发布含有下列内容的违法信息：

（一）反对宪法所确定的基本原则的；

（二）危害国家安全，泄露国家秘密，颠覆国家政权，破坏国家统一的；

（三）损害国家荣誉和利益的；

（四）歪曲、丑化、亵渎、否定英雄烈士事迹和精神，以侮辱、诽谤或者其他方式侵害英雄烈士的姓名、肖像、名誉、荣誉的；

（五）宣扬恐怖主义、极端主义或者煽动实施恐怖活动、极端主义活动的；

（六）煽动民族仇恨、民族歧视，破坏民族团结的；

（七）破坏国家宗教政策，宣扬邪教和封建迷信的；

（八）散布谣言，扰乱经济秩序和社会秩序的；

（九）散布淫秽、色情、赌博、暴力、凶杀、恐怖或者教唆犯罪的；

（十）侮辱或者诽谤他人，侵害他人名誉、隐私和其他合法权益的；

（十一）法律、行政法规禁止的其他内容。

第七条　网络信息内容生产者应当采取措施，防范和抵制制作、复制、发布含有下列内容的不良信息：

（一）使用夸张标题，内容与标题严重不符的；

（二）炒作绯闻、丑闻、劣迹等的；

（三）不当评述自然灾害、重大事故等灾难的；

（四）带有性暗示、性挑逗等易使人产生性联想的；

（五）展现血腥、惊悚、残忍等致人身心不适的；

（六）煽动人群歧视、地域歧视等的；

（七）宣扬低俗、庸俗、媚俗内容的；

（八）可能引发未成年人模仿不安全行为和违反社会公德行为、诱导未成年人不良嗜好等的；

（九）其他对网络生态造成不良影响的内容。

《未成年人节目管理规定》

第九条　未成年人节目不得含有下列内容：

（一）渲染暴力、血腥、恐怖，教唆犯罪或者传授犯罪方法；

（二）除健康、科学的性教育之外的涉性话题、画面；

（三）肯定、赞许未成年人早恋；

（四）诋毁、歪曲或者以不当方式表现中华优秀传统文化、革命文化、社会主义先进文化；

（五）歪曲民族历史或者民族历史人物，歪曲、丑化、亵渎、否定英雄烈士事迹和精神；

（六）宣扬、美化、崇拜曾经对我国发动侵略战争和实施殖民统治的国家、事件、人物；

（七）宣扬邪教、迷信或者消极颓废的思想观念；

（八）宣扬或者肯定不良的家庭观、婚恋观、利益观；

（九）过分强调或者过度表现财富、家庭背景、社会地位；

（十）介绍或者展示自杀、自残和其他易被未成年人模仿的危险行为及游戏项目等；

（十一）表现吸毒、滥用麻醉药品、精神药品和其他违禁药物；

（十二）表现吸烟、售烟和酗酒；

（十三）表现违反社会公共道德、扰乱社会秩序等不良举止行为；

（十四）渲染帮会、黑社会组织的各类仪式；

（十五）宣传、介绍不利于未成年人身心健康的网络游戏；

（十六）法律、行政法规禁止的其他内容。

以科普、教育、警示为目的，制作、传播的节目中确有必要出现上述内容的，应当根据节目内容采取明显图像或者声音等方式予以提示，在显著位置设置明确提醒，并对相应画面、声音进行技术处理，避免过分展示。

《互联网信息服务算法推荐管理规定》

第十八条 算法推荐服务提供者向未成年人提供服务的，应当依法履行未成年人网络保护义务，并通过开发适合未成年人使用的模式、提供适合未成年人特点的服务等方式，便利未成年人获取有益身心健康的信息。

算法推荐服务提供者不得向未成年人推送可能引发未成年人模仿不安全行为和违反社会公德行为、诱导未成年人不良嗜好等可能影响未成年人身心健康的信息，不得利用算法推荐服务诱导未成年人沉迷网络。

◎ **部门规范性文件**

《互联网直播服务管理规定》

第七条 互联网直播服务提供者应当落实主体责任，配备与服务规模相适应的专业人员，健全信息审核、信息安全管理、值班巡查、应急处置、技术保障等制度。提供互联网新闻信息直播服务的，应当设立总编辑。

互联网直播服务提供者应当建立直播内容审核平台，根据互联网直播的内容类别、用户规模等实施分级分类管理，对图文、视频、音频等直播内容加注或播报平台标识信息，对互联网新闻信息直播及其互动内容实施先审后发管理。

《网络表演经营活动管理办法》

第六条 网络表演不得含有以下内容：

（一）含有《互联网文化管理暂行规定》第十六条规定的禁止内容的；

（二）表演方式恐怖、残忍、暴力、低俗，摧残表演者身心健康的；

（三）利用人体缺陷或者以展示人体变异等方式招徕用户的；

（四）以偷拍偷录等方式，侵害他人合法权益的；

（五）以虐待动物等方式进行表演的；

（六）使用未取得文化行政部门内容审查批准文号或备案编号的网络游戏产品，进行网络游戏技法展示或解说的。

第七条 网络表演经营单位应当加强对未成年人的保护，不得损害未成年人身心健康。有未成年人参与的网络表演，不得侵犯未成年人权益。

第六十八条 【沉迷网络预防干预机制】

新闻出版、教育、卫生健康、文化和旅游、网信等部门应当定期开展预防未成年人沉迷网络的宣传教育，监督网络产品和服务提供者履行预防未成年人沉迷网络的义务，指导家庭、学校、社会组织互相配合，采取科学、合理的方式对未成年人沉迷网络进行预防和干预。

任何组织或者个人不得以侵害未成年人身心健康的方式对未成年人沉迷网络进行干预。

关联法规

◎ 法律

《预防未成年人犯罪法》

第五条　各级人民政府在预防未成年人犯罪方面的工作职责是：

（一）制定预防未成年人犯罪工作规划；

（二）组织公安、教育、民政、文化和旅游、市场监督管理、网信、卫生健康、新闻出版、电影、广播电视、司法行政等有关部门开展预防未成年人犯罪工作；

（三）为预防未成年人犯罪工作提供政策支持和经费保障；

（四）对本法的实施情况和工作规划的执行情况进行检查；

（五）组织开展预防未成年人犯罪

宣传教育；

（六）其他预防未成年人犯罪工作职责。

《家庭教育促进法》

第六条　各级人民政府指导家庭教育工作，建立健全家庭学校社会协同育人机制。县级以上人民政府负责妇女儿童工作的机构，组织、协调、指导、督促有关部门做好家庭教育工作。

教育行政部门、妇女联合会统筹协调社会资源，协同推进覆盖城乡的家庭教育指导服务体系建设，并按照职责分工承担家庭教育工作的日常事务。

县级以上精神文明建设部门和县级以上人民政府公安、民政、司法行政、人力资源和社会保障、文化和旅游、卫生健康、市场监督管理、广播电视、体育、新闻出版、网信等有关部门在各自的职责范围内做好家庭教育工作。

◎ 党内法规

《关于保护未成年人身心健康实施网络游戏防沉迷系统的通知》

为贯彻落实《中共中央国务院关于进一步加强和改进未成年人思想道德建设的若干意见》，净化网络环境，推广文明上网，保护未成年人身心健康，有效解决未成年人沉迷网络游戏的社会问题，2005年6月，新闻出版总署组织有关部门、行业组织、专家、教育工作者、家长等共同研究，并广泛征求意见，制定出《网络游戏防沉迷系统开发标准》，该系统针对未成年人沉迷网络游戏的诱因，利用技术手段对未成年人在线游戏时间予以限制，作为实施"文明办网、文明上网"的实际举措之一。2005 年 8 月，向全国七家主要的网络游戏运营企业发出《关于开发网络游戏〈防沉迷系统〉的通知》，通知发出后，各参与企业高度重视，向社会庄严承诺"保护未成年人健康、创建绿色网游环境"，并签署了《网络游戏防沉迷系统开发使用责任书》，启动了相关工作。这些举措得到社会各界的充分肯定。

2006 年 3 月系统的开发工作基本完成，开始进行试运行。经过半年多的试运行，多项指标均已达到标准要求。为更有效地在未成年人中实行网络游戏防沉迷系统，新闻出版总署又组织有关方面制定配套的《网络游戏防沉迷系统实名认证方案》。

为了尽快在全国范围内开展此项工作，根据中央领导同志的重要指示和中央精神文明建设指导委员会的部署，新闻出版总署、中央文明办、教育部、团中央、信息产业部、公安部、全国妇联、中国关心下一代工作委员会研究决定，在全国网络游戏中推行网络游戏防沉迷系统。现将有关要求通知如下：

一、本通知所称网络游戏是指利用互联网进行在线运营的各类互联网游戏出版物，包括自主开发和从境外引进的。

二、各网络游戏运营企业必须严格按照《网络游戏防沉迷系统开发标准》（附件 1）在所有网络游戏中开发设置网络游戏防沉迷系统，并严格按照配套的《网络游戏防沉迷系统实名认证方案》（见附件 2）加以实施。

三、网络游戏防沉迷系统及配套的《网络游戏防沉迷系统实名认证方案》定于 2007 年 4 月 15 日起实施，2007 年 4 月 15 日至 2007 年 6 月 15 日为系统开发时间，2007 年 6 月 15 日至 7 月 15 日为系统测试时间。2007 年 7 月 16 日起正式投入使用。本通知发布之日前已经公开测试运营的网络游戏按上述时间执行；2007 年 7 月 16 日后公开测试运营的网络游戏，必须按照《网络游戏防沉迷系统开发标准》和《网络游戏防沉迷系统实名认证方案》先行开发完成，并同步实施，否则不予审批或备案，也不准公开测试运营。

四、所有网络游戏运营企业必须严格按照《网络游戏防沉迷系统开发标准》和《网络游戏防沉迷系统实名认证方案》进行开发部署，不得随意更改实施方式，扩大或缩小系统功能权限等，违者，将按照有关法律法规予以查处，并停止其网络游戏出版运营和相关互联网接入服务，直至取消其相关许可。

五、各地新闻出版行政部门要加强对网络游戏出版运营企业的监督管理，督促各企业严格按照本通知要求做好开发推广工作，并对实施情况进行监督；教育、共青团、妇联等部门要采取各种方式，引导未成年人合理安排学习、生活、娱乐，养成文明健康的上网习惯，切实推进"健康上网，拒绝沉迷——帮助未成年人戒除网瘾行动"，并做好有关宣传咨询、心理引导和效果评估等工作；通信管理部门要按照《互联网站管理协调工作方案》（信部联电〔2006〕121号）协助有关部门依法做好相关网站管理工作；公安部门要配合有关部门做好网络游戏实名身份信息验证工作，保障网络游戏防沉迷系统针对未成年人发挥应有的作用。

◎ 行政法规

《互联网上网服务营业场所管理条例》

第九条　中学、小学校园周围200米范围内和居民住宅楼（院）内不得设立互联网上网服务营业场所。

第二十一条　互联网上网服务营业场所经营单位不得接纳未成年人进入营业场所。

互联网上网服务营业场所经营单位应当在营业场所入口处的显著位置悬挂未成年人禁入标志。

◎ 部门规范性文件

《网络音视频信息服务管理规定》

第七条　网络音视频信息服务提供者应当落实信息内容安全管理主体责任，配备与服务规模相适应的专业人员，建立健全用户注册、信息发布审核、信息安全管理、应急处置、从业人员教育培训、未成年人保护、知识产权保护等制度，具有与新技术新应用发展相适应的安全可控的技术保障和防范措施，有效应对网络安全事件，防范网络违法犯罪活动，维护网络数据的完整性、安全性和可用性。

《关于进一步加强预防中小学生沉迷网络游戏管理工作的通知》

为深入贯彻《中华人民共和国未成年人保护法》等法律法规要求，认真落实中央有关未成年人网络环境治理的决策部署，有效预防中小学生沉迷网络游戏，切实促进中小学生健康成长，现就加强预防中小学生沉迷网络游戏管理工作通知如下：

一、确保内容健康干净。各地出版管理部门要引导网络游戏企业开发导向正确、内涵丰厚、种类多样、寓教于乐的网络游戏产品，确保内容优质健康干净。督促网络游戏企业加大内容审核力度，严格落实相关法律法规要求，坚决杜绝网络游戏中含有可能引发中小学生模仿不安全行为、违反社会公德行为和违法犯罪行为的内容，以及恐怖暴力、色情低俗、封建迷信等妨害中小学生身心健康的内容。指导网络游戏企业按照有关规定和标准，对产品进行分类，作出适龄提示，并采取技术措施，避免中小学生接触不适宜的游戏或者游戏功能。要严格执行网络游戏前置审批制度，未经批准的游戏，不得上线运营。

二、落实好防沉迷要求。网络游戏企业要按照《中华人民共和国未成年人保护法》和《国家新闻出版署关于进一步严格管理 切实防止未成年人沉迷网络游戏的通知》（国新出发〔2021〕14号）规定，严格落实网络游戏用户账号实名注册和登录要求。所有网络游戏用户提交的实名注册信息，必须通过国家新闻出版署网络游戏防沉迷实名验证系统验证。验证为未成年人的用户，必须纳入统一的网络游戏防沉迷管理。网络游戏企业可在周五、周六、周日和法定节假日每日20时至21时，向中小学生提供1小时网络游戏服务，其他时间不得以任何形式向中小学生提供网络游戏服务。

三、严格校内教育管理。地方教育行政部门要指导学校对经申请带入校园的手机等终端产品进行统一管理，严禁带入课堂。学校提供的互联网上网服务设施，应安装未成年人网络保护软件或者采取其他安全保护技术措施。学校教职员工发现学生进入互联网上网服务营业场所时，应当及时予以制止、教育。学校要广泛开展各类文体活动，引导学生培养兴趣爱好，自觉远离不良网络诱惑。要采取多种形式加强网络素养宣传教育，采取科学合理的方式对中小学生沉迷网络行为进行预防和干预，引导中小学生正确认识、科学对待、合理使用网络。

四、推动家校协同发力。地方教育行政部门和学校要加强家校沟通，做好家庭教育指导工作，引导家长充分认识沉迷网络游戏的危害性和加强管理的必要性，形成家校协同育人合力。要督促家长履行好监护责任，发挥好榜样作用，安排好孩子日常学习生活，有意识地让孩子多从事一些家务劳动、户外活动、体育锻炼，帮助孩子养成健康生活方式。学校和家长发现学生有沉迷网络游戏、过度消费等苗头迹象，要相互告知，共同进行教育和引导，及时矫正不良行为，帮助其恢复正常的学习和生活。

五、切实加强监管问责。各地出版管理、网信、通信管理、公安、市场监管等部门要加强对网络游戏企业的事中事后监管，对违反有关规定，上线运营后落实防沉迷措施不到位或擅自添加违法、不良信息内容以及未经审批违法违规运营的网络游戏，要按有关规定予以惩处。网信、市场监管部门对发布不良网络游戏信息、插入网络游戏链接、推送网络游戏广告的中小学在线教育网络平台和产品，要按有关规定及时进行处罚或关停。各地出版管理部门要鼓励相关组织或个人，对未按要求落实实名注册、时段时长限制、充值限制或者涉及不良内容的网络游戏企业和平台进行举报。教育督导部门要将预防中小学生网络沉迷工作纳入对地方政府履行教育职责评价和责任督学日常监督范围，并将督导结果作为评价地方教育工作和学校管理工作成效的重要内容。

权威案例

◎ **典型案例**

高某某盗窃案【检察机关加强未成年人网络保护综合履职典型案例之二（2023年5月31日）】

　　典型意义： 随着互联网的广泛运用，未成年人沉迷网络现象日益突出，成为未成年人违法犯罪的重要诱因。检察机关办理未成年人涉网络犯罪案件，应当高度关注对涉罪未成年人沉迷网络行为的矫治，通过数字赋能、家庭教育指导等手段对其进行精准帮教。同时，对相关网络产品、服务提供者履行预防未成年人沉迷网络义务的情况进行全面调查，针对网络资源下载平台未履行内容审查义务，对破坏未成年人防沉迷系统的软件进行推广问题，以

检察建议督促企业强化落实未成年人网络保护责任。检察机关还可以通过召开座谈会、走访行业协会、加强法治宣传等举措助推政府、企业、社会综合发力、齐抓共管，深入推进未成年人网络防沉迷"系统工程"。

> ### 第六十九条　【网络保护软件】
>
> 　　学校、社区、图书馆、文化馆、青少年宫等场所为未成年人提供的互联网上网服务设施，应当安装未成年人网络保护软件或者采取其他安全保护技术措施。
>
> 　　智能终端产品的制造者、销售者应当在产品上安装未成年人网络保护软件，或者以显著方式告知用户未成年人网络保护软件的安装渠道和方法。

关联法规

◎ **法律**

《网络安全法》

　　第二十二条　网络产品、服务应当符合相关国家标准的强制性要求。网络产品、服务的提供者不得设置恶意程序；发现其网络产品、服务存在安全缺陷、漏洞等风险时，应当立即采取补救

措施，按照规定及时告知用户并向有关主管部门报告。

网络产品、服务的提供者应当为其产品、服务持续提供安全维护；在规定或者当事人约定的期限内，不得终止提供安全维护。

网络产品、服务具有收集用户信息功能的，其提供者应当向用户明示并取得同意；涉及用户个人信息的，还应当遵守本法和有关法律、行政法规关于个人信息保护的规定。

《妇女权益保障法》

第二十四条 学校应当根据女学生的年龄阶段，进行生理卫生、心理健康和自我保护教育，在教育、管理、设施等方面采取措施，提高其防范性侵害、性骚扰的自我保护意识和能力，保障女学生的人身安全和身心健康发展。

学校应当建立有效预防和科学处置性侵害、性骚扰的工作制度。对性侵害、性骚扰女学生的违法犯罪行为，学校不得隐瞒，应当及时通知受害未成年女学生的父母或者其他监护人，向公安机关、教育行政部门报告，并配合相关部门依法处理。

对遭受性侵害、性骚扰的女学生，学校、公安机关、教育行政部门等相关单位和人员应当保护其隐私和个人信息，并提供必要的保护措施。

◎ **部门规章**

《互联网安全保护技术措施规定》

第十一条 提供互联网上网服务的单位，除落实本规定第七条规定的互联网安全保护技术措施外，还应当安装并运行互联网公共上网服务场所安全管理系统。

《未成年人学校保护规定》

第三十四条 学校应当将科学、文明、安全、合理使用网络纳入课程内容，对学生进行网络安全、网络文明和防止沉迷网络的教育，预防和干预学生过度使用网络。

学校为学生提供的上网设施，应当安装未成年人上网保护软件或者采取其他安全保护技术措施，避免学生接触不适宜未成年人接触的信息；发现网络产品、服务、信息有危害学生身心健康内容的，或者学生利用网络实施违法活动的，应当立即采取措施并向有关主管部门报告。

◎ **部门规范性文件**

《关于进一步净化社会文化环境 促进未成年人健康成长的若干意见》

10. 完善网络管理防控技术手段。健全互联网搜索引擎安全管理系统，切实落实违法有害信息过滤措施，有效遏制通过搜索引擎传播淫秽色情等违法有害信息。文化、广电、新闻出版部门要加大工作力度，加快全国网络文化市场计算机监管平台建设、互联网视听节目监管体系建设和互联网出版监管系统建设。随着第三代移动通信（3G）牌照的发放，要及时加强对手机视频的管理，严防有害信息通过手机传播。开发推广绿色上网过滤软件，通过国家统一招标、采购，在新出场计算机终端预装过滤软件，并向网吧、学校、家庭等网络用户提供免费下载服务。继续实施网络游戏防沉迷系统，有关部门要对网络游戏加强审查，严格把关，凡未设置防沉迷系统的网络游戏，一律不准运行。在中国文明网和各级文明网建立网络过滤技术宣传介绍网页并设立网上心理咨询站，辅导家长安装过滤软件，拦截淫秽色情等违法有害信息。

第七十条　【学校对未成年学生沉迷网络的干预】

学校应当合理使用网络开展教学活动。未经学校允许，未成年学生不得将手机等智能终端产品带入课堂，带入学校的应当统一管理。

学校发现未成年学生沉迷网络的，应当及时告知其父母或者其他监护人，共同对未成年学生进行教育和引导，帮助其恢复正常的学习生活。

关联法规

◎ **法律**

《预防未成年人犯罪法》

第三十二条　学校和家庭应当加强沟通，建立家校合作机制。学校决定对未成年学生采取管理教育措施的，应当及时告知其父母或者其他监护人；未成年学生的父母或者其他监护人应当支持、配合学校进行管理教育。

《家庭教育促进法》

第二十二条　未成年人的父母或者其他监护人应当合理安排未成年人学习、休息、娱乐和体育锻炼的时间，避免加重未成年人学习负担，预防未成年人沉迷网络。

◎ **党内法规**

《关于加强网络文明建设的意见》

《意见》指出，要加强网络空间行为规范。培育符合社会主义核心价值观的网络伦理和行为规则，鼓励各地区各部门结合文明创建工作制定出台符合自身特点的网络文明准则，规范网上用语，把网络文明建设要求融入行业管理规范。着力提升青少年网络素养，进一步完善政府、学校、家庭、社会相结合的网络素养教育机制，提高青少年正确用网和安全防范意识能力，精心打造青少年愿听愿看的优秀网络文化产品。健全防范青少年沉迷网络工作机制，依法坚决打击和制止青少年网络欺凌，保护青少年在网络空间的合法权益。强化网络平台责任，加强网站平台社区规则、用户协议建设，引导网络平台增强国家安全意识。加强互联网行业自律，坚持经济效益和社会效益并重的价值导向，督促互联网企业积极履行社会责任。发挥行业组织引导督促作用，促进行业健康规范发展，鼓励支持各类网络社会组织参与网络文明建设。

◎ 部门规章

《未成年人学校保护规定》

第三十三条　学校可以禁止学生携带手机等智能终端产品进入学校或者在校园内使用；对经允许带入的，应当统一管理，除教学需要外，禁止带入课堂。

第七十一条　【监护人的网络保护义务】

未成年人的父母或者其他监护人应当提高网络素养，规范自身使用网络的行为，加强对未成年人使用网络行为的引导和监督。

未成年人的父母或者其他监护人应当通过在智能终端产品上安装未成年人网络保护软件、选择适合未成年人的服务模式和管

理功能等方式，避免未成年人接触危害或者可能影响其身心健康的网络信息，合理安排未成年人使用网络的时间，有效预防未成年人沉迷网络。

关联法规

◎ 部门规范性文件

《关于进一步加强网吧及网络游戏管理工作的通知》

二、采取治本之策，扎实推进长效管理机制建设

……

（六）实施预防、干预、控制网络成瘾的系统工程

要认真贯彻《国务院办公厅转发卫生部等部门关于进一步加强精神卫生工作指导意见的通知》（国办发〔2004〕71号）的要求，将预防、干预、控制网络成瘾纳入精神卫生工作范围。卫生、教育部门要组织精神卫生机构面向学生、家长和教师开展心理健康教育工作，提高早期识别和干预能力，从预防入手控制网络成瘾。动员社会力量，对网络成瘾的青少年积极采取措施矫治。

要强化家庭、学校的教育监护责任，特别是要强化家长作为未成年人监护"第一责任人"的责任意识。对违

反《未成年人保护法》、《预防未成年人犯罪法》，不履行监护职责的监护人，由公安机关依法予以训诫，责令其严加管教。各级各类学校要向学生宣传国家关于网吧管理的有关规定，对在国家规定的营业时间以外在网吧上网的成年学生，不得享受评优、评奖、困难补助。

权威案例

◎ 典型案例

庞某某等人约网友见面强奸案【利用互联网侵害未成年人权益的典型案例之三（2018 年 6 月 1 日）】

典型意义：本案是一起利用网络聊天邀约未成年女学生见面后发生的严重强奸犯罪案件。随着网络科技应用普及，网络交友的便捷、新鲜感使得许多青少年频繁在网络上通过聊天软件交友，又从网上聊天走到现实见面交往。但是未成年人涉世未深，自我保护意识不强，对陌生人防范意识不高，尤其是未成年女性只身与网友见面存在诸多人身安全风险。本案被告人就是在网上邀约一名幼女见面后，与同案被告人对该幼女实施了多人轮奸犯罪行为。虽然被告人已被绳之以法，但已对被害人造成了无法弥补的身心伤害。本案警示：未成年人不宜使用互联网社交网络平台与陌生人交友，切莫单独与网友见面；在遭受侵害后，应立即告知家人并报警，不能因害怕而隐瞒，更不能因恐惧或欺骗

再次与网友见面。家庭和学校应加强对未成年人法治教育和德育教育，尤其要提高未成年女学生的人身安全保护意识；及时了解子女网上交友情况。旅店应履行安全管理义务，加强对入住人员审查，尤其要对未与家长同行的未成年人或数名青少年集体开房情况予以警惕，防止违法犯罪情况发生。

乔某某以视频裸聊方式猥亵儿童案【利用互联网侵害未成年人权益的典型案例之五（2018 年 6 月 1 日）】

典型意义：被告人乔某某为了满足自身性欲，采用欺骗手段通过网络视频引诱女童脱光衣服进行裸聊，对儿童身心健康和人格利益造成侵害。这种非直接接触的裸聊行为属于猥亵行为。在互联网时代，不法分子运用网络技术实施传统意义上的犯罪，手段更为隐蔽，危害范围更为广泛。本案警示：未成年人，特别是儿童，不宜单独使用互联网，不宜使用互联网社交平台与陌生人交流，更不能与陌生人视频聊天。未成年人心智发育不完整，识别判断能力差，家长应该控制未成年人使用电子产品和互联网，尤其要关注未成年人使用网络社交平台与陌生人交流；要告知未成年人，无论何种理由，都不能在他人面前或视频下脱去衣服，遇到这种情况应该立即告知父母，中断联系。

被告人刘某某提供虚假网络技术诈骗案【利用互联网侵害未成年人权益的典型案例之七（2018 年 6 月 1 日）】

典型意义：随着我国互联网的迅猛发展，网民规模越来越大，网络用户呈低龄化的特点。青少年由于缺乏独立经济能力，又有一定消费需求，加上身心发展尚未成熟，对虚拟网络交易风险缺乏防范意识，很容易成为网络诈骗分子的"囊中之物"。本案被告人利用被害人未成年、社会经验不足，加之被害人家长对孩子日常生活交易常识缺乏教育、引导和监督，轻易利用互联网骗取张某某 13 万余元。本案警示：家长要依法履行监护责任，对未成年人使用电子产品和互联网的时间和内容等要进行引导、监督；要配合电子产品有关功能，及时了解子女用网安全；对孩子可能接触到的大额财物要严加管理，避免陷入网络诈骗。

第七十二条　【个人信息处理规则】

信息处理者通过网络处理未成年人个人信息的，应当遵循合法、正当和必要的原则。处理不满十四周岁未成年人个人信息的，应当征得未成年人的父母或者其他监护人同意，但法律、行政法规另有规定的除外。

未成年人、父母或者其他监护人要求信息处理者更正、删除未成年人个人信息的，信息处理者应当及时采取措施予以更正、删除，但法律、行政法规另有规定的除外。

关联法规

◎ **法律**

《民法典》

第一千零三十四条　自然人的个人信息受法律保护。

个人信息是以电子或者其他方式记录的能够单独或者与其他信息结合识别特定自然人的各种信息，包括自然人的姓名、出生日期、身份证件号码、生物识别信息、住址、电话号码、电子邮箱、健康信息、行踪信息等。

个人信息中的私密信息，适用有关隐私权的规定；没有规定的，适用有关个人信息保护的规定。

第一千零三十五条　处理个人信息的，应当遵循合法、正当、必要原则，不得过度处理，并符合下列条件：

（一）征得该自然人或者其监护人同意，但是法律、行政法规另有规定的除外；

（二）公开处理信息的规则；

（三）明示处理信息的目的、方式和范围；

（四）不违反法律、行政法规的规

定和双方的约定。

个人信息的处理包括个人信息的收集、存储、使用、加工、传输、提供、公开等。

第一千零三十七条　自然人可以依法向信息处理者查阅或者复制其个人信息；发现信息有错误的，有权提出异议并请求及时采取更正等必要措施。

自然人发现信息处理者违反法律、行政法规的规定或者双方的约定处理其个人信息的，有权请求信息处理者及时删除。

《网络安全法》

第四十一条　网络运营者收集、使用个人信息，应当遵循合法、正当、必要的原则，公开收集、使用规则，明示收集、使用信息的目的、方式和范围，并经被收集者同意。

网络运营者不得收集与其提供的服务无关的个人信息，不得违反法律、行政法规的规定和双方的约定收集、使用个人信息，并应当依照法律、行政法规的规定和与用户的约定，处理其保存的个人信息。

第四十三条　个人发现网络运营者违反法律、行政法规的规定或者双方的约定收集、使用其个人信息的，有权要求网络运营者删除其个人信息；发现网络运营者收集、存储的其个人信息有错误的，有权要求网络运营者予以更正。

网络运营者应当采取措施予以删除或者更正。

《个人信息保护法》

第三十一条　个人信息处理者处理不满十四周岁未成年人个人信息的，应当取得未成年人的父母或者其他监护人的同意。

个人信息处理者处理不满十四周岁未成年人个人信息的，应当制定专门的个人信息处理规则。

《关于加强网络信息保护的决定》

八、公民发现泄露个人身份、散布个人隐私等侵害其合法权益的网络信息，或者受到商业性电子信息侵扰的，有权要求网络服务提供者删除有关信息或者采取其他必要措施予以制止。

◎ **司法解释**

《关于办理侵犯公民个人信息刑事案件适用法律若干问题的解释》

第一条　刑法第二百五十三条之一规定的"公民个人信息"，是指以电子或者其他方式记录的能够单独或者与其他信息结合识别特定自然人身份或者反映特定自然人活动情况的各种信息，包括姓名、身份证件号码、通信通讯联系方式、住址、账号密码、财产状况、行踪轨迹等。

◎ **部门规章**

《儿童个人信息网络保护规定》

第九条　网络运营者收集、使用、

转移、披露儿童个人信息的，应当以显著、清晰的方式告知儿童监护人，并应当征得儿童监护人的同意。

第十条 网络运营者征得同意时，应当同时提供拒绝选项，并明确告知以下事项：

（一）收集、存储、使用、转移、披露儿童个人信息的目的、方式和范围；

（二）儿童个人信息存储的地点、期限和到期后的处理方式；

（三）儿童个人信息的安全保障措施；

（四）拒绝的后果；

（五）投诉、举报的渠道和方式；

（六）更正、删除儿童个人信息的途径和方法；

（七）其他应当告知的事项。

前款规定的告知事项发生实质性变化的，应当再次征得儿童监护人的同意。

第十一条 网络运营者不得收集与其提供的服务无关的儿童个人信息，不得违反法律、行政法规的规定和双方的约定收集儿童个人信息。

第十二条 网络运营者存储儿童个人信息，不得超过实现其收集、使用目的所必需的期限。

第十三条 网络运营者应当采取加密等措施存储儿童个人信息，确保信息安全。

第十四条 网络运营者使用儿童个人信息，不得违反法律、行政法规的规定和双方约定的目的、范围。因业务需要，确需超出约定的目的、范围使用的，应当再次征得儿童监护人的同意。

第十五条 网络运营者对其工作人员应当以最小授权为原则，严格设定信息访问权限，控制儿童个人信息知悉范围。工作人员访问儿童个人信息的，应当经过儿童个人信息保护负责人或者其授权的管理人员审批，记录访问情况，并采取技术措施，避免违法复制、下载儿童个人信息。

第十六条 网络运营者委托第三方处理儿童个人信息的，应当对受委托方及委托行为等进行安全评估，签署委托协议，明确双方责任、处理事项、处理期限、处理性质和目的等，委托行为不得超出授权范围。

前款规定的受委托方，应当履行以下义务：

（一）按照法律、行政法规的规定和网络运营者的要求处理儿童个人信息；

（二）协助网络运营者回应儿童监护人提出的申请；

（三）采取措施保障信息安全，并在发生儿童个人信息泄露安全事件时，及时向网络运营者反馈；

（四）委托关系解除时及时删除儿童个人信息；

（五）不得转委托；

（六）其他依法应当履行的儿童个人信息保护义务。

第十七条　网络运营者向第三方转移儿童个人信息的，应当自行或者委托第三方机构进行安全评估。

第十八条　网络运营者不得披露儿童个人信息，但法律、行政法规规定应当披露或者根据与儿童监护人的约定可以披露的除外。

第十九条　儿童或者其监护人发现网络运营者收集、存储、使用、披露的儿童个人信息有错误的，有权要求网络运营者予以更正。网络运营者应当及时采取措施予以更正。

第二十条　儿童或者其监护人要求网络运营者删除其收集、存储、使用、披露的儿童个人信息的，网络运营者应当及时采取措施予以删除，包括但不限于以下情形：

（一）网络运营者违反法律、行政法规的规定或者双方的约定收集、存储、使用、转移、披露儿童个人信息的；

（二）超出目的范围或者必要期限收集、存储、使用、转移、披露儿童个人信息的；

（三）儿童监护人撤回同意的；

（四）儿童或者其监护人通过注销等方式终止使用产品或者服务的。

第二十一条　网络运营者发现儿童个人信息发生或者可能发生泄露、毁损、丢失的，应当立即启动应急预案，采取补救措施；造成或者可能造成严重后果的，应当立即向有关主管部门报告，并将事件相关情况以邮件、信函、电话、推送通知等方式告知受影响的儿童及其监护人，难以逐一告知的，应当采取合理、有效的方式发布相关警示信息。

第二十三条　网络运营者停止运营产品或者服务的，应当立即停止收集儿童个人信息的活动，删除其持有的儿童个人信息，并将停止运营的通知及时告知儿童监护人。

权威案例

◎ 公报案例

浙江省杭州市余杭区人民检察院对北京某公司侵犯儿童个人信息权益提起民事公益诉讼北京市人民检察院督促保护儿童个人信息权益行政公益诉讼案【最高检指导案例第 141 号】

要旨：检察机关在办理涉未成年人刑事案件时，应当注意发现公益诉讼案件线索，通过综合发挥未成年人检察职能，促推未成年人保护社会治理。网络运营者未依法履行网络保护义务，相关行政机关监管不到位，侵犯儿童个人信息权益的，检察机关可以依法综合开展民事公益诉讼和行政公益诉讼。网络保护公益诉讼案件，在多个检察机关均具有管辖权时，民事公益诉讼应当层报共同的上级检察机关指定管辖，行政公益诉讼一般由互联网企业注册地检察机关管辖。

◎ **典型案例**

付某某诉某网络公司、某教育中心名誉权、隐私权纠纷案【利用互联网侵害未成年人权益的典型案例之十（2018年6月1日）】

典型意义：本案中，某网络公司转载的是其他新闻从业机构的新闻成果，并非亲自采访所得，此时新闻转载者也要对新闻内容进行合理审查，确保真实性。某网络公司虽与路某社签订有转载新闻的协议，具有合法转载路某社新闻的权利，但这不能免除其对新闻内容进行合理审查的义务。某网络公司没有尽到善良管理人必要的注意审查义务，所转载的新闻存在基本事实错误，同时还将未成年人个人隐私予以公开，不仅侵害了未成年人的名誉权，也侵害了其隐私权，给未成年人成长带来不利影响。本案警示：新闻自由并非毫无边界，网络服务提供者在转载新闻时，应承担法律规定的审慎义务，特别是在关涉未成年人或重大敏感事件时要更加慎重，不能侵害他人的合法权益。

肖某某、邓某某侵犯公民个人信息案【检察机关加强未成年人网络保护综合履职典型案例之六（2023年5月31日）】

典型意义：未成年人个人信息受法律保护。侵犯公民个人信息犯罪具有成本低、获益高的特点，检察机关应当依法严惩通过互联网售卖未成年人个人信息的犯罪行为。在办理涉未成年人刑事案件过程中，应当强化未检"四大检察"融合履职，注重通过公益诉讼等职能手段，更加有力保护公共信息安全领域未成年人合法权益。检察机关应当依法履行法律监督职责，以案件办理推动社会治理，加强与网信、公安机关的协作，建立未成年人个人信息网络保护长效机制，形成未成年人网络保护合力。

第七十三条　【私密信息提示和保护】

网络服务提供者发现未成年人通过网络发布私密信息的，应当及时提示，并采取必要的保护措施。

关联法规

◎ **法律**

《民法典》

第一千零三十二条　自然人享有隐私权。任何组织或者个人不得以刺探、侵扰、泄露、公开等方式侵害他人的隐私权。

隐私是自然人的私人生活安宁和不

愿为他人知晓的私密空间、私密活动、私密信息。

第一千零三十三条 除法律另有规定或者权利人明确同意外，任何组织或者个人不得实施下列行为：

（一）以电话、短信、即时通讯工具、电子邮件、传单等方式侵扰他人的私人生活安宁；

（二）进入、拍摄、窥视他人的住宅、宾馆房间等私密空间；

（三）拍摄、窥视、窃听、公开他人的私密活动；

（四）拍摄、窥视他人身体的私密部位；

（五）处理他人的私密信息；

（六）以其他方式侵害他人的隐私权。

第一千零三十四条 自然人的个人信息受法律保护。

个人信息是以电子或者其他方式记录的能够单独或者与其他信息结合识别特定自然人的各种信息，包括自然人的姓名、出生日期、身份证件号码、生物识别信息、住址、电话号码、电子邮箱、健康信息、行踪信息等。

个人信息中的私密信息，适用有关隐私权的规定；没有规定的，适用有关个人信息保护的规定。

《网络安全法》

第四十二条 网络运营者不得泄露、篡改、毁损其收集的个人信息；未经被收集者同意，不得向他人提供个人信息。但是，经过处理无法识别特定个人且不能复原的除外。

网络运营者应当采取技术措施和其他必要措施，确保其收集的个人信息安全，防止信息泄露、毁损、丢失。在发生或者可能发生个人信息泄露、毁损、丢失的情况时，应当立即采取补救措施，按照规定及时告知用户并向有关主管部门报告。

《个人信息保护法》

第二十八条 敏感个人信息是一旦泄露或者非法使用，容易导致自然人的人格尊严受到侵害或者人身、财产安全受到危害的个人信息，包括生物识别、宗教信仰、特定身份、医疗健康、金融账户、行踪轨迹等信息，以及不满十四周岁未成年人的个人信息。

只有在具有特定的目的和充分的必要性，并采取严格保护措施的情形下，个人信息处理者方可处理敏感个人信息。

◎ **部门规章**

《儿童个人信息网络保护规定》

第二十一条 网络运营者发现儿童个人信息发生或者可能发生泄露、毁损、丢失的，应当立即启动应急预案，采取补救措施；造成或者可能造成严重后果的，应当立即向有关主管部门报告，并将事件相关情况以邮件、信函、电话、推送通知等方式告知受影响的儿童及其监护人，难以逐一告知的，应当采取合理、有效的方式发布相关警示信息。

第七十四条 【预防网络沉迷的一般性规定】

网络产品和服务提供者不得向未成年人提供诱导其沉迷的产品和服务。

网络游戏、网络直播、网络音视频、网络社交等网络服务提供者应当针对未成年人使用其服务设置相应的时间管理、权限管理、消费管理等功能。

以未成年人为服务对象的在线教育网络产品和服务，不得插入网络游戏链接，不得推送广告等与教学无关的信息。

关联法规

◎ **部门规章**

《未成年人学校保护规定》

第三十四条 学校应当将科学、文明、安全、合理使用网络纳入课程内容，对学生进行网络安全、网络文明和防止沉迷网络的教育，预防和干预学生过度使用网络。

学校为学生提供的上网设施，应当安装未成年人上网保护软件或者采取其他安全保护技术措施，避免学生接触不适宜未成年人接触的信息；发现网络产品、服务、信息有危害学生身心健康内容的，或者学生利用网络实施违法活动的，应当立即采取措施并向有关主管部门报告。

《互联网信息服务算法推荐管理规定》

第十八条 算法推荐服务提供者向未成年人提供服务的，应当依法履行未成年人网络保护义务，并通过开发适合未成年人使用的模式、提供适合未成年人特点的服务等方式，便利未成年人获取有益身心健康的信息。

算法推荐服务提供者不得向未成年人推送可能引发未成年人模仿不安全行为和违反社会公德行为、诱导未成年人不良嗜好等可能影响未成年人身心健康的信息，不得利用算法推荐服务诱导未成年人沉迷网络。

《生成式人工智能服务管理暂行办法》

第十条 提供者应当明确并公开其服务的适用人群、场合、用途，指导使用者科学理性认识和依法使用生成式人工智能技术，采取有效措施防范未成年人用户过度依赖或者沉迷生成式人工智能服务。

◎ **部门规范性文件**

《关于规范校外线上培训的实施意见》

三、开展排查整改

......

（八）排查及日常监管重点

1. 内容健康。培训内容要传播正确价值观，应当在思想性、科学性和适宜性等方面符合党的教育方针和立德树人要求，体现素质教育导向，不得包含淫秽、暴力、恐怖、赌博以及与学习无关的网络游戏等内容及链接等，不得出版、印刷、复制、发行非法出版物，不得从事侵权盗版活动。课程设置符合中小学生身心发展规律和认知能力，学科类课程培训内容不得超出相应的国家课程标准，须与招生对象所处年级相匹配、与学生个体能力相适应。培训内容和培训数据信息须留存 1 年以上，其中直播教学的影像须留存至少 6 个月。

2. 时长适宜。线上培训应当根据学生年龄、年级合理设置课程培训时长，每节课持续时间不得超过 40 分钟，课程间隔不少于 10 分钟。直播培训时间不得与中小学校教学时间相冲突，面向小学 1-2 年级的培训不得留作业。面向境内义务教育阶段学生的直播类培训活动结束时间不得晚于 21：00。校外线上培训平台应当具备护眼功能和家长监管功能。

......

《关于引导规范教育移动互联网应用有序健康发展的意见》

二、提高供给质量

......

（五）加强内容建设。教育移动应用提供者呈现的内容应当严格遵守国家法律法规，符合党的教育方针，体现素质教育导向，呈现的广告应当与提供的服务相契合。以未成年人为主要用户的教育移动应用应当限制使用时长、明确适龄范围，对内容进行严格把关。鼓励以高校师生为主要用户的教育移动应用增强优质网络教育资源供给能力，成为加强网络思想政治工作的有效载体。具备论坛、社区、留言等功能的教育移动应用应当建立信息审核制度。面向各教育阶段实施培训的教育移动应用应当对提供服务的主体进行审核、登记，其中：在校外线上培训机构实施学科类培训的人员应当取得教师资格证；聘用外籍人员实施培训的应当审查教学资质、学历和能力，并严格落实国家相关要求。

......

权威案例

◎ 指导性案例

未成年人网络民事权益综合司法保护案

【最高检指导案例第 174 号】

要旨：未成年人未经父母或者其他监护人同意，因网络高额消费行为引发纠纷提起民事诉讼并向检察机关申请支持起诉的，检察机关应当坚持未成年人特殊、优先保护要求，对确有必要的，可以依法支持起诉。检察机关应当结合办案，综合运用社会治理检察建议、行政公益诉讼诉前检察建议等监督方式，督促、推动网络服务提供者、相关行政主管部门细化落实未成年人网络保护责任。

◎ **典型案例**

浙江省诸暨市人民检察院督促履行电竞酒店监管职责行政公益诉讼案【最高检发布新兴业态治理未成年人保护检察公益诉讼典型案例之二（2023年2月25日）】

典型意义：作为近年来迅速发展的新兴业态，电竞酒店受到众多未成年人青睐。检察机关积极探索符合数字文明的未成年人司法保护工作路径，通过数字化监督系统发现问题，通过数字化应用靶向施治，一体推进电竞酒店涉未成年人保护线索发现、调查核实、检察监督、综合治理。同时积极凝聚未成年人保护工作合力，将个案办理经验上升为类案治理规则，有效堵塞新兴业态监管漏洞，推动未成年人综合司法保护。

第七十五条　【网络游戏服务提供者的义务】

网络游戏经依法审批后方可运营。

国家建立统一的未成年人网络游戏电子身份认证系统。网络游戏服务提供者应当要求未成年人以真实身份信息注册并登录网络游戏。

网络游戏服务提供者应当按照国家有关规定和标准，对游戏产品进行分类，作出适龄提示，并采取技术措施，不得让未成年人接触不适宜的游戏或者游戏功能。

网络游戏服务提供者不得在每日二十二时至次日八时向未成年人提供网络游戏服务。

关联法规

◎ **法律**

《网络安全法》

第二十四条　网络运营者为用户办理网络接入、域名注册服务，办理固定电话、移动电话等入网手续，或者为用户提供信息发布、即时通讯等服务，在与用户签订协议或者确认提供服务时，应当要求用户提供真实身份信息。用户不提供真实身份信息的，网络运营者不得为其提供相关服务。

国家实施网络可信身份战略，支持研究开发安全、方便的电子身份认证技术，推动不同电子身份认证之间的互认。

◎ 党内法规

《关于保护未成年人身心健康实施网络游戏防沉迷系统的通知》

二、各网络游戏运营企业必须严格按照《网络游戏防沉迷系统开发标准》（附件1）在所有网络游戏中开发设置网络游戏防沉迷系统，并严格按照配套的《网络游戏防沉迷系统实名认证方案》（见附件2）加以实施。

三、网络游戏防沉迷系统及配套的《网络游戏防沉迷系统实名认证方案》定于2007年4月15日起实施，2007年4月15日至2007年6月15日为系统开发时间，2007年6月15日至7月15日为系统测试时间。2007年7月16日起正式投入使用。本通知发布之日前已经公开测试运营的网络游戏按上述时间执行；2007年7月16日后公开测试运营的网络游戏，必须按照《网络游戏防沉迷系统开发标准》和《网络游戏防沉迷系统实名认证方案》先行开发完成，并同步实施，否则不予审批或备案，也不准公开测试运营。

四、所有网络游戏运营企业必须严格按照《网络游戏防沉迷系统开发标准》和《网络游戏防沉迷系统实名认证方案》进行开发部署，不得随意更改实施方式，扩大或缩小系统功能权限等，违者，将按照有关法律法规予以查处，并停止其网络游戏出版运营和相关互联网接入服务，直

至取消其相关许可。

《"网络游戏未成年人家长监护工程"实施方案》

一、"家长监护工程"的主要内容

（一）网络游戏经营单位建立专门的服务页面，公布专线咨询电话，开通专门受理渠道，介绍受理方式。

（二）家长需要了解、引导、控制孩子游戏活动的，由家长向网络游戏经营单位提供合法的监护人资质证明、游戏名称账号以及限制措施等信息。限制措施包括：限制每天或每周玩游戏的时间长度，限制玩游戏的时间段，或者完全禁止。

（三）网络游戏经营单位按照家长要求对未成年人的账号采取限制措施，并持续跟踪观察，及时反馈该账号的活动，为家长提供必要协助，制止或限制未成年人的不当游戏行为。

《关于启动网络游戏防沉迷实名验证工作的通知》

一、高度重视网络游戏防沉迷实名验证工作。全国各有关部门、相关机构、网络游戏运营企业，应将实施网络游戏防沉迷实名验证工作作为切实履行保护未成年人身心健康的社会责任的一项重要任务，抓紧抓好所有在线使用的网络游戏（不含手机网络游戏）的防沉迷实名验证工作。

二、"身份查询中心"承担全国网

络游戏防沉迷实名验证工作。为保障验证工作合规有序进行，"身份查询中心"应向网络游戏运营企业说明实名验证具体工作要求，按《网络游戏防沉迷实名验证流程》及时有效地验证网络游戏运营企业报送的身份信息，并反馈验证结果。

三、网络游戏运营企业要按规定要求，全力做好网络游戏防沉迷实名验证的各项相关工作。首先，要认真做好本企业应承担的网络游戏用户注册信息识别等工作；其次，按流程及时报送需验证的用户身份信息；再次，严格将经实名验证证明是提供了虚假身份信息的用户纳入网络游戏防沉迷系统。

四、进一步加强对运营企业网络游戏防沉迷系统实施情况的监测。除对运营企业按网络游戏防沉迷系统标准开发和实施网络游戏防沉迷系统进行监督检测外，还要密切跟踪实名验证等实施工作情况，提高检测频率和质量。所有网络游戏运营企业必须严格按照《网络游戏防沉迷系统开发标准》和《网络游戏防沉迷系统实名认证方案》进行开发部署，不得随意更改实施方式，扩大或缩小系统功能权限等，违者，将按照有关法律法规予以查处，并停止其网络游戏出版运营和相关互联网接入服务，直至取消其相关许可。

第七十六条 【网络直播服务提供者的义务】

网络直播服务提供者不得为未满十六周岁的未成年人提供网络直播发布者账号注册服务；为年满十六周岁的未成年人提供网络直播发布者账号注册服务时，应当对其身份信息进行认证，并征得其父母或者其他监护人同意。

关联法规

◎ **法律**
《民法典》

第十八条 成年人为完全民事行为能力人，可以独立实施民事法律行为。

十六周岁以上的未成年人，以自己的劳动收入为主要生活来源的，视为完全民事行为能力人。

◎ **部门规范性文件**
《互联网直播服务管理规定》

第十二条 互联网直播服务提供者应当按照"后台实名、前台自愿"的原则，对互联网直播用户进行基于移动电话号码等方式的真实身份信息认证，对互联网直播发布者进行基于身份证件、营业执照、组织机构代码证等的认证登记。互联网直播服务提供者应当对互联网直播发布者的真实身份信息进行审核，向所在地省、自治区、直辖市互联网信息办公室分类备案，并在相关执法部门依法查询时予以提供。

互联网直播服务提供者应当保护互联网直播服务使用者身份信息和隐私，不得泄露、篡改、毁损，不得出售或者非法向他人提供。

◎ **党内法规**

《关于规范网络直播打赏 加强未成年人保护的意见》

二、工作举措

1. 禁止未成年人参与直播打赏。网站平台应当坚持最有利于未成年人的原则，健全完善未成年人保护机制，严格落实实名制要求，禁止为未成年人提供现金充值、"礼物"购买、在线支付等各类打赏服务。网站平台不得研发上线吸引未成年人打赏的功能应用，不得开发诱导未成年人参与的各类"礼物"。发现网站平台违反上述要求，从严从重采取暂停打赏功能、关停直播业务等措施。

2. 严控未成年人从事主播。网站平台应加强主播账号注册审核管理，不得为未满16周岁的未成年人提供网络主播服务，为16至18周岁的未成年人提供网络主播服务的，应当征得监护人同意。对利用所谓"网红儿童"直播谋利的行为加强日常监管，发现违规账号从严采取处置措施，并追究相关网站平台责任。

3. 优化升级"青少年模式"。"青少年模式"是经过严格内容遴选、适合未成年人观看使用的有益方式。网站平台应在现有"青少年模式"基础上，进一步优化产品模式和内容呈现方式，持续增加适合未成年人的直播内容供给。严格内容审核把关流程，配备与业务规模相适应的专门审核团队，既选优选精又杜绝"三俗"，让家长放心、孩子满意、社会叫好。要优化模式功能配置，在首页显著位置呈现，便于青少年查找和家长监督，严禁提供或变相提供各类"追星"服务及充值打赏功能。

4. 建立专门服务团队。网站平台应建立未成年人专属客服团队，优先受理、及时处置未成年人相关投诉和纠纷。对未成年人冒用成年人账号打赏的，网站平台应当在保护隐私的前提下及时查核，属实的须按规定办理退款。对于违规为未成年用户提供打赏服务的网站平台，以及明知用户为未成年人仍诱导打赏的经纪机构和网络主播，从严采取处置措施。

5. 规范重点功能应用。榜单、"礼物"是吸引青少年"围观"互动的重要功能应用。网站平台应在本意见发布1个月内全部取消打赏榜单，禁止以打赏额度为唯一依据对网络主播排名、引流、推荐，禁止以打赏额度为标准对用户进行排名。加强对"礼物"名称、外观的规范设计，不得通过夸大展示、渲染特效等诱导用户。加强新技术新应用上线的安全评估，不得上线运行以打赏金额作为唯一评判标准的各类功能应用。

6. 加强高峰时段管理。每日 20 时至 22 时是青少年上网的高峰时段，也是规范网络直播的重要时点。网站平台在每日高峰时段，单个账号直播间"连麦 PK"次数不得超过 2 次，不得设置"PK 惩罚"环节，不得为"PK 惩罚"提供技术实现方式，避免诱导误导未成年人。网站平台应在每日 22 时后，对"青少年模式"下的各项服务强制下线，并不得提供或变相提供常规模式开启方式，保障青少年充足休息时间。

……

《关于联合开展未成年人网络环境专项治理行动的通知》

二、工作任务

（一）集中整治未成年人沉迷网络问题。重点对未落实网络游戏用户账号实名注册制度、控制未成年人使用网络游戏时段时长、规范向未成年人提供付费和打赏服务等方面要求的网络游戏企业或平台进行全面整治，对未经审批违法违规运营的网络游戏予以查处，对未采取防止未成年人沉迷网络游戏措施的

予以限期整改。进一步推动网络直播和视频平台开发使用青少年网络防沉迷模式，完善实名实人验证、功能限制、时长限定、内容审核、算法推荐等运行机制。推行公益性未成年人上网监护软件。部署各地中小学依托中小学网络云平台及地方在线教育学习平台，在暑期集中开展预防网络沉迷等专题教育活动，引导家长加强对孩子网络行为监管，及时发现、制止和矫正孩子网络沉迷和不当消费行为。（新闻出版、网信、教育、电信、公安等部门根据职能各负其责）

……

权威案例

◎ **典型案例**

刘某诉某科技公司合同纠纷案【未成年人司法保护典型案例之七（2021 年 3 月 2 日）】

典型意义：本案是一起典型的未成年人参与直播打赏案例。司法实践中涉及到的网络打赏、网络游戏纠纷，多数是限制行为能力人，也就是 8 周岁以上的未成年人。这些人在进行网络游戏或者打赏时，有的几千、几万，这显然与其年龄和智力水平不相适应，在未得到法定代理人追认的情况下，其行为依法应当是无效的。《最高人民法院关于依法妥善审理涉新冠肺炎疫情民事案件若干问题的指导意见

（二）》对未成年人参与网络付费游戏和网络打赏纠纷提供了更为明确的规则指引。意见明确，限制民事行为能力人未经其监护人同意，参与网络付费游戏或者网络直播平台"打赏"等方式支出与其年龄、智力不相适应的款项，监护人请求网络服务提供者返还该款项的，人民法院应予支持。该规定更多地考量了对未成年人合法权益的保护，同时引导网络公司进一步强化社会责任，为未成年人健康成长创造良好网络环境。

第七十七条　【禁止网络欺凌】

任何组织或者个人不得通过网络以文字、图片、音视频等形式，对未成年人实施侮辱、诽谤、威胁或者恶意损害形象等网络欺凌行为。

遭受网络欺凌的未成年人及其父母或者其他监护人有权通知网络服务提供者采取删除、屏蔽、断开链接等措施。网络服务提供者接到通知后，应当及时采取必要的措施制止网络欺凌行为，防止信息扩散。

关联法规

◎ 部门规范性文件

《关于进一步加强对网上未成年人犯罪和欺凌事件报道管理的通知》

九、网站要落实主体责任，健全有关管理制度，加强对未成年人网上报道的管理，同时要严格管理网民自发上传、分享涉及网上未成年人犯罪和欺凌事件的内容，及时删除违法违规信息。

《关于防治中小学生欺凌和暴力的指导意见》

三、切实形成防治学生欺凌和暴力的工作合力

……

11. 全社会共同保护未成年学生健康成长。要建立学校、家庭、社区（村）、公安、司法、媒体等各方面沟通协作机制，畅通信息共享渠道，进一步加强对学生保护工作的正面宣传引导，防止媒体过度渲染报道事件细节，避免学生欺凌和暴力通过网络新媒体扩散演变为网络欺凌，消除暴力文化通过不良出版物、影视节目、网络游戏侵蚀、影响学生的心理和行为，引发连锁性事件。要依托各地12355青少年服务台，开设自护教育热线，组织专业社会工作者、公益律师、志愿者开展有针对性的自护教育、心理辅导和法律咨询。坚持标本兼治、常态长效，净化社会环境，

强化学校周边综合治理，切实为保护未成年人平安健康成长提供良好社会环境。

第七十八条 【投诉与举报渠道】

网络产品和服务提供者应当建立便捷、合理、有效的投诉和举报渠道，公开投诉、举报方式等信息，及时受理并处理涉及未成年人的投诉、举报。

关联法规

◎ **法律**

《民法典》

第一千一百九十五条 网络用户利用网络服务实施侵权行为的，权利人有权通知网络服务提供者采取删除、屏蔽、断开链接等必要措施。通知应当包括构成侵权的初步证据及权利人的真实身份信息。

网络服务提供者接到通知后，应当及时将该通知转送相关网络用户，并根据构成侵权的初步证据和服务类型采取必要措施；未及时采取必要措施的，对损害的扩大部分与该网络用户承担连带责任。

权利人因错误通知造成网络用户或者网络服务提供者损害的，应当承担侵权责任。法律另有规定的，依照其规定。

《网络安全法》

第四十七条 网络运营者应当加强对其用户发布的信息的管理，发现法律、行政法规禁止发布或者传输的信息的，应当立即停止传输该信息，采取消除等处置措施，防止信息扩散，保存有关记录，并向有关主管部门报告。

第四十九条 网络运营者应当建立网络信息安全投诉、举报制度，公布投诉、举报方式等信息，及时受理并处理有关网络信息安全的投诉和举报。

网络运营者对网信部门和有关部门依法实施的监督检查，应当予以配合。

◎ **党内法规**

《"网络游戏未成年人家长监护工程"实施方案》

二、实施"家长监护工程"的具体要求

各网络游戏经营单位要做到"四有"，即有专人负责、有专线电话、有专区设置、有季度报告。

（一）专人负责

1. 要指定专门的负责人，并将指定负责人及联络方式向所在地省级文化行政部门备案；

2. 培训专门服务人员对"家长监护工程"提供专业咨询解答和服务支

持；帮助家长了解被监护人游戏行为，提供家长与被监护人进行沟通的建议；

3. 服务人员要持续跟踪每个申请，及时与家长沟通情况，反馈该账号的活动，了解未成年人参与游戏的状况，为家长提供必要协助。

（二）专线电话

1. 开通单独的专线服务电话（区别于普通服务热线），提供咨询解答和受理服务；

2. 在原有的客服电话中提供转接到专线服务电话的链接；

3. 要提供多种服务渠道，确保家长可选择最便利的方式提出服务申请（传真、网络申请、电子邮件、信函邮寄、上门申请等）。

（三）专区设置

1. 在网站设置"家长监护工程"专区，在主要运营产品网站的显著位置设置进入该工程页面的链接方式；

2. 专区要有对工程情况、申请条件、处理流程、可采取的监护结果等事项的说明；

3. 要在专区显著位置设置监护服务申请入口、受理方式（家长监护专线）；

4. 专区要预设好问题和答案，或展示虚拟案例操作流程及结果，供家长阅览和参考；

5. 专区要设置服务申请进度查询；

6. 专区要登载《未成年人健康参

与网络游戏提示》（附件2），引导未成年人健康地玩游戏、玩健康的游戏。

……

《关于切实加强网络暴力治理的通知》

二、强化网暴当事人保护

……

3. 建立快速举报通道。在网站平台评论、私信等位置设置网暴信息快捷投诉举报入口，简化投诉举报程序，网站平台对于明确为网暴信息的应在第一时间予以处置。向用户提供针对网暴信息的一键取证等功能，方便当事人快速收集证据。坚持最有利于未成年人的原则，优先处理涉未成年人网暴举报。

◎ 部门规章

《互联网视听节目服务管理规定》

第二十一条　广播电影电视和电信主管部门应建立公众监督举报制度。公众有权举报视听节目服务单位的违法违规行为，有关主管部门应当及时处理，不得推诿。广播电影电视、电信等监督管理部门发现违反本规定的行为，不属于本部门职责的，应当移交有权处理的部门处理。

电信主管部门应当依照国家有关规定向广播电影电视主管部门提供必要的技术系统接口和网站数据查询资料。

《网络信息内容生态治理规定》

第十六条　网络信息内容服务平台应当在显著位置设置便捷的投诉举报入

口，公布投诉举报方式，及时受理处置公众投诉举报并反馈处理结果。

《未成年人节目管理规定》

第二十四条　网络用户上传含有未成年人形象、信息的节目且未经未成年人法定监护人同意的，未成年人的法定监护人有权通知网络视听节目服务机构采取删除、屏蔽、断开链接等必要措施。网络视听节目服务机构接到通知并确认其身份后应当及时采取相关措施。

第二十五条　网络视听节目服务机构应当对网络用户上传的未成年人节目建立公众监督举报制度。在接到公众书面举报后经审查发现节目含有本规定第九条第一款禁止内容或者属于第十条第一款禁止节目类型的，网络视听节目服务机构应当及时采取删除、屏蔽、断开链接等必要措施。

◎ 部门规范性文件

《互联网直播服务管理规定》

第十九条　互联网直播服务提供者应当自觉接受社会监督，健全社会投诉举报渠道，设置便捷的投诉举报入口，及时处理公众投诉举报。

第七十九条　【投诉、举报权】

任何组织或者个人发现网络产品、服务含有危害未成年人身心健康的信息，有权向网络产品和服务提供者或者网信、公安等部门投诉、举报。

关联法规

◎ 法律

《网络安全法》

第四十九条　网络运营者应当建立网络信息安全投诉、举报制度，公布投诉、举报方式等信息，及时受理并处理有关网络信息安全的投诉和举报。

网络运营者对网信部门和有关部门依法实施的监督检查，应当予以配合。

《个人信息保护法》

第六十五条　任何组织、个人有权对违法个人信息处理活动向履行个人信息保护职责的部门进行投诉、举报。收到投诉、举报的部门应当依法及时处理，并将处理结果告知投诉、举报人。

履行个人信息保护职责的部门应当公布接受投诉、举报的联系方式。

◎ 部门规章

《互联网视听节目服务管理规定》

第二十一条　广播电影电视和电信主管部门应建立公众监督举报制度。公众有权举报视听节目服务单位的违法违规行为，有关主管部门应当及时处理，不得推诱。广播电影电视、电信等监督管理部门发现违反本规定的行为，不属于本部门职责的，应当移交有权处理的部门处理。

电信主管部门应当依照国家有关规定向广播电影电视主管部门提供必要的技术系统接口和网站数据查询资料。

《网络信息内容生态治理规定》

第十六条　网络信息内容服务平台应当在显著位置设置便捷的投诉举报入口，公布投诉举报方式，及时受理处置公众投诉举报并反馈处理结果。

《未成年人节目管理规定》

第二十五条　网络视听节目服务机构应当对网络用户上传的未成年人节目建立公众监督举报制度。在接到公众书面举报后经审查发现节目含有本规定第九条第一款禁止内容或者属于第十条第一款禁止节目类型的，网络视听节目服务机构应当及时采取删除、屏蔽、断开链接等必要措施。

◎ 部门规范性文件

《互联网直播服务管理规定》

第十九条　互联网直播服务提供者应当自觉接受社会监督，健全社会投诉举报渠道，设置便捷的投诉举报入口，及时处理公众投诉举报。

第八十条　【网络服务提供者的安全管理义务】

网络服务提供者发现用户发布、传播可能影响未成年人身心健康的信息且未作显著提示的，应当作出提示或者通知用户予以提示；未作出提示的，不得传输相关信息。

网络服务提供者发现用户发布、传播含有危害未成年人身心健康内容的信息的，应当立即停止传输相关信息，采取删除、屏蔽、断开链接等处置措施，保存有关记录，并向网信、公安等部门报告。

网络服务提供者发现用户利用其网络服务对未成年人实施违法犯罪行为的，应当立即停止向该用户提供网络服务，保存有关记录，并向公安机关报告。

关联法规

◎ 法律

《网络安全法》

第四十七条　网络运营者应当加强对其用户发布的信息的管理，发现法律、行政法规禁止发布或者传输的信息的，应当立即停止传输该信息，采取消除等处置措施，防止信息扩散，保存有关记录，并向有关主管部门报告。

第四十八条 任何个人和组织发送的电子信息、提供的应用软件，不得设置恶意程序，不得含有法律、行政法规禁止发布或者传输的信息。

电子信息发送服务提供者和应用软件下载服务提供者，应当履行安全管理义务，知道其用户有前款规定行为的，应当停止提供服务，采取消除等处置措施，保存有关记录，并向有关主管部门报告。

◎ **行政法规**

《互联网信息服务管理办法》

第十五条 互联网信息服务提供者不得制作、复制、发布、传播含有下列内容的信息：

（一）反对宪法所确定的基本原则的；

（二）危害国家安全，泄露国家秘密，颠覆国家政权，破坏国家统一的；

（三）损害国家荣誉和利益的；

（四）煽动民族仇恨、民族歧视，破坏民族团结的；

（五）破坏国家宗教政策，宣扬邪教和封建迷信的；

（六）散布谣言，扰乱社会秩序，破坏社会稳定的；

（七）散布淫秽、色情、赌博、暴力、凶杀、恐怖或者教唆犯罪的；

（八）侮辱或者诽谤他人，侵害他人合法权益的；

（九）含有法律、行政法规禁止的其他内容的。

第十六条 互联网信息服务提供者发现其网站传输的信息明显属于本办法第十五条所列内容之一的，应当立即停止传输，保存有关记录，并向国家有关机关报告。

◎ **司法解释**

《关于建立侵害未成年人案件强制报告制度的意见（试行）》

第二条 侵害未成年人案件强制报告，是指国家机关、法律法规授权行使公权力的各类组织及法律规定的公职人员，密切接触未成年人行业的各类组织及其从业人员，在工作中发现未成年人遭受或者疑似遭受不法侵害以及面临不法侵害危险的，应当立即向公安机关报案或举报。

第三条 本意见所称密切接触未成年人行业的各类组织，是指依法对未成年人负有教育、看护、医疗、救助、监护等特殊职责，或者虽不负有特殊职责但具有密切接触未成年人条件的企事业单位、基层群众自治组织、社会组织。主要包括：居（村）民委员会；中小学校、幼儿园、校外培训机构、未成年人校外活动场所等教育机构及校车服务提供者；托儿所等托育服务机构；医院、妇幼保健院、急救中心、诊所等医疗机构；儿童福利机构、救助管理机构、未成年人救助保护机构、社会工作服务机构；旅店、宾馆等。

◎ **部门规章**

《互联网视听节目服务管理规定》

第十八条 广播电影电视主管部门发现互联网视听节目服务单位传播违反本规定的视听节目，应当采取必要措施予以制止。互联网视听节目服务单位对含有违反本规定内容的视听节目，应当立即删除，并保存有关记录，履行报告义务，落实有关主管部门的管理要求。

互联网视听节目服务单位主要出资者和经营者应对播出和上载的视听节目内容负责。

《网络信息内容生态治理规定》

第十条 网络信息内容服务平台不得传播本规定第六条规定的信息，应当防范和抵制传播本规定第七条规定的信息。

网络信息内容服务平台应当加强信息内容的管理，发现本规定第六条、第七条规定的信息的，应当依法立即采取处置措施，保存有关记录，并向有关主管部门报告。

《未成年人节目管理规定》

第九条 未成年人节目不得含有下列内容：

（一）渲染暴力、血腥、恐怖，教唆犯罪或者传授犯罪方法；

（二）除健康、科学的性教育之外的涉性话题、画面；

（三）肯定、赞许未成年人早恋；

（四）诋毁、歪曲或者以不当方式表现中华优秀传统文化、革命文化、社会主义先进文化；

（五）歪曲民族历史或者民族历史人物，歪曲、丑化、亵渎、否定英雄烈士事迹和精神；

（六）宣扬、美化、崇拜曾经对我国发动侵略战争和实施殖民统治的国家、事件、人物；

（七）宣扬邪教、迷信或者消极颓废的思想观念；

（八）宣扬或者肯定不良的家庭观、婚恋观、利益观；

（九）过分强调或者过度表现财富、家庭背景、社会地位；

（十）介绍或者展示自杀、自残和其他易被未成年人模仿的危险行为及游戏项目等；

（十一）表现吸毒、滥用麻醉药品、精神药品和其他违禁药物；

（十二）表现吸烟、售烟和酗酒；

（十三）表现违反社会公共道德、扰乱社会秩序等不良举止行为；

（十四）渲染帮会、黑社会组织的各类仪式；

（十五）宣传、介绍不利于未成年人身心健康的网络游戏；

（十六）法律、行政法规禁止的其他内容。

以科普、教育、警示为目的，制作、传播的节目中确有必要出现上述内容的，应当根据节目内容采取明显图像或者声音等方式予以提示，在显著位置设置明确提醒，并对相应画面、声音进行技术处理，避免过分展示。

第二十四条 网络用户上传含有未成年人形象、信息的节目且未经未成年人法定监护人同意的，未成年人的法定监护人有权通知网络视听节目服务机构采取删除、屏蔽、断开链接等必要措施。网络视听节目服务机构接到通知并确认其身份后应当及时采取相关措施。

第二十五条 网络视听节目服务机构应当对网络用户上传的未成年人节目建立公众监督举报制度。在接到公众书面举报后经审查发现节目含有本规定第九条第一款禁止内容或者属于第十条第一款禁止节目类型的，网络视听节目服务机构应当及时采取删除、屏蔽、断开链接等必要措施。

《互联网广告管理办法》

第十六条 互联网平台经营者在提供互联网信息服务过程中应当采取措施防范、制止违法广告，并遵守下列规定：

（一）记录、保存利用其信息服务发布广告的用户真实身份信息，信息记录保存时间自信息服务提供行为终了之日起不少于三年；

（二）对利用其信息服务发布的广告内容进行监测、排查，发现违法广告的，应当采取通知改正、删除、屏蔽、断开发布链接等必要措施予以制止，并保留相关记录；

（三）建立有效的投诉、举报受理和处置机制，设置便捷的投诉举报入口或者公布投诉举报方式，及时受理和处理投诉举报；

（四）不得以技术手段或者其他手段阻挠、妨碍市场监督管理部门开展广告监测；

（五）配合市场监督管理部门调查互联网广告违法行为，并根据市场监督管理部门的要求，及时采取技术手段保存涉嫌违法广告的证据材料，如实提供相关广告发布者的真实身份信息、广告修改记录以及相关商品或者服务的交易信息等；

（六）依据服务协议和平台规则对利用其信息服务发布违法广告的用户采取警示、暂停或者终止服务等措施。

◎ **部门规范性文件**

《互联网直播服务管理规定》

第十四条 互联网直播服务提供者应当对违反法律法规和服务协议的互联网直播服务使用者，视情采取警示、暂停发布、关闭账号等处置措施，及时消除违法违规直播信息内容，保存记录并向有关主管部门报告。

第八章　法律责任

第一百二十七条　【违反未成年人网络保护规定的法律责任】

信息处理者违反本法第七十二条规定，或者网络产品和服务提供者违反本法第七十三条、第七十四条、第七十五条、第七十六条、第七十七条、第八十条规定的，由公安、网信、电信、新闻出版、广播电视、文化和旅游等有关部门按照职责分工责令改正，给予警告，没收违法所得，违法所得一百万元以上的，并处违法所得一倍以上十倍以下罚款，没有违法所得或者违法所得不足一百万元的，并处十万元以上一百万元以下罚款，对直接负责的主管人员和其他责任人员处一万元以上十万元以下罚款；拒不改正或者情节严重的，并可以责令暂停相关业务、停业整顿、关闭网站、吊销营业执照或者吊销相关许可证。

关联法规

◎ **法律**

《民法典》

第一百一十一条　自然人的个人信息受法律保护。任何组织或者个人需要获取他人个人信息的，应当依法取得并确保信息安全，不得非法收集、使用、加工、传输他人个人信息，不得非法买卖、提供或者公开他人个人信息。

◎ **部门规章**

《儿童个人信息网络保护规定》

第七条　网络运营者收集、存储、使用、转移、披露儿童个人信息的，应当遵循正当必要、知情同意、目的明确、安全保障、依法利用的原则。

第九条　网络运营者收集、使用、转移、披露儿童个人信息的，应当以显著、清晰的方式告知儿童监护人，并应当征得儿童监护人的同意。

第十一条　网络运营者不得收集与其提供的服务无关的儿童个人信息，不得违反法律、行政法规的规定和双方的约定收集儿童个人信息。

第十二条　网络运营者存储儿童个

人信息，不得超过实现其收集、使用目的所必需的期限。

第十五条 网络运营者对其工作人员应当以最小授权为原则，严格设定信息访问权限，控制儿童个人信息知悉范围。工作人员访问儿童个人信息的，应当经过儿童个人信息保护负责人或者其授权的管理人员审批，记录访问情况，并采取技术措施，避免违法复制、下载儿童个人信息。

第十六条 网络运营者委托第三方处理儿童个人信息的，应当对受委托方及委托行为等进行安全评估，签署委托协议，明确双方责任、处理事项、处理期限、处理性质和目的等，委托行为不得超出授权范围。

前款规定的受委托方，应当履行以下义务：

（一）按照法律、行政法规的规定和网络运营者的要求处理儿童个人信息；

（二）协助网络运营者回应儿童监护人提出的申请；

（三）采取措施保障信息安全，并在发生儿童个人信息泄露安全事件时，及时向网络运营者反馈；

（四）委托关系解除时及时删除儿童个人信息；

（五）不得转委托；

（六）其他依法应当履行的儿童个人信息保护义务。

第十九条 儿童或者其监护人发现网络运营者收集、存储、使用、披露的儿童个人信息有错误的，有权要求网络运营者予以更正。网络运营者应当及时采取措施予以更正。

第二十条 儿童或者其监护人要求网络运营者删除其收集、存储、使用、披露的儿童个人信息的，网络运营者应当及时采取措施予以删除，包括但不限于以下情形：

（一）网络运营者违反法律、行政法规的规定或者双方的约定收集、存储、使用、转移、披露儿童个人信息的；

（二）超出目的范围或者必要期限收集、存储、使用、转移、披露儿童个人信息的；

（三）儿童监护人撤回同意的；

（四）儿童或者其监护人通过注销等方式终止使用产品或者服务的。

第七篇　网信工作民事规范与案例

编者按：第七篇《网信工作民事规范与案例》以《民法典》相关条文节选为主干，将网络安全与数字经济领域的相关法律法规分类纳入到每个对应条文中，形成关联法规体系。在此基础上，再将收集到的最高人民法院、最高人民检察院发布的网络安全与数字经济领域指导性案例、公报案例和典型案例等权威案例分类纳入到最为相关的条文中。

《民法典》（节选）

第一编　总　　则

第五章　民事权利

第一百一十一条　【个人信息权】

自然人的个人信息受法律保护。任何组织或者个人需要获取他人个人信息的，应当依法取得并确保信息安全，不得非法收集、使用、加工、传输他人个人信息，不得非法买卖、提供或者公开他人个人信息。

关联法规

◎ **法律**

《宪法》

第四十条　中华人民共和国公民的通信自由和通信秘密受法律的保护。除因国家安全或者追查刑事犯罪的需要，由公安机关或者检察机关依照法律规定的程序对通信进行检查外，任何组织或者个人不得以任何理由侵犯公民的通信自由和通信秘密。

《刑法》

第二百五十三条之一　违反国家有关规定，向他人出售或者提供公民个人信息，情节严重的，处三年以下有期徒刑或者拘役，并处或者单处罚金；情节特别严重的，处三年以上七年以下有期徒刑，并处罚金。

违反国家有关规定，将在履行职责或者提供服务过程中获得的公民个人信息，出售或者提供给他人的，依照前款的规定从重处罚。

窃取或者以其他方法非法获取公民个人信息的，依照第一款的规定处罚。

单位犯前三款罪的，对单位判处罚金，并对其直接负责的主管人员和其他直接责任人员，依照各该款的规定处罚。

《网络安全法》

第二十二条　网络产品、服务应当符合相关国家标准的强制性要求。网络产品、服务的提供者不得设置恶意程序；发现其网络产品、服务存在安全缺陷、漏洞等风险时，应当立即采取补救措施，按照规定及时告知用户并向有关主管部门报告。

网络产品、服务的提供者应当为其产品、服务持续提供安全维护；在规定或者当事人约定的期限内，不得终止提供安全维护。

网络产品、服务具有收集的用户信息功能的，其提供者应当向用户明示并取得同意；涉及用户个人信息的，还应当遵守本法和有关法律、行政法规关于个人信息保护的规定。

第四十条 网络运营者应当对其收集的用户信息严格保密，并建立健全用户信息保护制度。

第四十一条 网络运营者收集、使用个人信息，应当遵循合法、正当、必要的原则，公开收集、使用规则，明示收集、使用信息的目的、方式和范围，并经被收集者同意。

网络运营者不得收集与其提供的服务无关的个人信息，不得违反法律、行政法规的规定和双方的约定收集、使用个人信息，并应当依照法律、行政法规的规定和与用户的约定，处理其保存的个人信息。

第四十二条 网络运营者不得泄露、篡改、毁损其收集的个人信息；未经被收集者同意，不得向他人提供个人

信息。但是，经过处理无法识别特定个人且不能复原的除外。

网络运营者应当采取技术措施和其他必要措施，确保其收集的个人信息安全，防止信息泄露、毁损、丢失。在发生或者可能发生个人信息泄露、毁损、丢失的情况时，应当立即采取补救措施，按照规定及时告知用户并向有关主管部门报告。

第四十三条 个人发现网络运营者违反法律、行政法规的规定或者双方的约定收集、使用其个人信息的，有权要求网络运营者删除其个人信息；发现网络运营者收集、存储的其个人信息有错误的，有权要求网络运营者予以更正。网络运营者应当采取措施予以删除或者更正。

第四十五条 依法负有网络安全监督管理职责的部门及其工作人员，必须对在履行职责中知悉的个人信息、隐私和商业秘密严格保密，不得泄露、出售或者非法向他人提供。

第七十六条 本法下列用语的含义：

（一）网络，是指由计算机或者其他信息终端及相关设备组成的按照一定的规则和程序对信息进行收集、存储、传输、交换、处理的系统。

（二）网络安全，是指通过采取必要措施，防范对网络的攻击、侵入、干扰、破坏和非法使用以及意外事故，使

网络处于稳定可靠运行的状态，以及保障网络数据的完整性、保密性、可用性的能力。

（三）网络运营者，是指网络的所有者、管理者和网络服务提供者。

（四）网络数据，是指通过网络收集、存储、传输、处理和产生的各种电子数据。

（五）个人信息，是指以电子或者其他方式记录的能够单独或者与其他信息结合识别自然人个人身份的各种信息，包括但不限于自然人的姓名、出生日期、身份证件号码、个人生物识别信息、住址、电话号码等。

《个人信息保护法》

第二条　自然人的个人信息受法律保护，任何组织、个人不得侵害自然人的个人信息权益。

第三条　在中华人民共和国境内处理自然人个人信息的活动，适用本法。

在中华人民共和国境外处理中华人民共和国境内自然人个人信息的活动，有下列情形之一的，也适用本法：

（一）以向境内自然人提供产品或者服务为目的；

（二）分析、评估境内自然人的行为；

（三）法律、行政法规规定的其他情形。

第四条　个人信息是以电子或者其他方式记录的与已识别或者可识别的自然人有关的各种信息，不包括匿名化处理后的信息。

个人信息的处理包括个人信息的收集、存储、使用、加工、传输、提供、公开、删除等。

第五条　处理个人信息应当遵循合法、正当、必要和诚信原则，不得通过误导、欺诈、胁迫等方式处理个人信息。

第六条　处理个人信息应当具有明确、合理的目的，并应当与处理目的直接相关，采取对个人权益影响最小的方式。

收集个人信息，应当限于实现处理目的的最小范围，不得过度收集个人信息。

第七条　处理个人信息应当遵循公开、透明原则，公开个人信息处理规则，明示处理的目的、方式和范围。

第十条　任何组织、个人不得非法收集、使用、加工、传输他人个人信息，不得非法买卖、提供或者公开他人个人信息；不得从事危害国家安全、公共利益的个人信息处理活动。

第二十八条　敏感个人信息是一旦泄露或者非法使用，容易导致自然人的人格尊严受到侵害或者人身、财产安全受到危害的个人信息，包括生物识别、宗教信仰、特定身份、医疗健康、金融账户、行踪轨迹等信息，以及不满十四周岁未成年人的个人信息。

只有在具有特定的目的和充分的必要性，并采取严格保护措施的情形下，个人信息处理者方可处理敏感个人信息。

第四十四条 个人对其个人信息的处理享有知情权、决定权，有权限制或者拒绝他人对其个人信息进行处理；法律、行政法规另有规定的除外。

《反电信网络诈骗法》

第二十九条 个人信息处理者应当依照《中华人民共和国个人信息保护法》等法律规定，规范个人信息处理，加强个人信息保护，建立个人信息被用于电信网络诈骗的防范机制。

履行个人信息保护职责的部门、单位对可能被电信网络诈骗利用的物流信息、交易信息、贷款信息、医疗信息、婚介信息等实施重点保护。公安机关办理电信网络诈骗案件，应当同时查证犯罪所利用的个人信息来源，依法追究相关人员和单位责任。

《护照法》

第十二条 护照具备视读与机读两种功能。

护照的防伪性能参照国际技术标准制定。

护照签发机关及其工作人员对因制作、签发护照而知悉的公民个人信息，应当予以保密。

《统计法》

第九条 统计机构和统计人员对在统计工作中知悉的国家秘密、商业秘密和个人信息，应当予以保密。

第三十九条 县级以上人民政府统计机构或者有关部门有下列行为之一的，对直接负责的主管人员和其他直接责任人员由任免机关或者监察机关依法给予处分：

（一）违法公布统计资料的；

（二）泄露统计调查对象的商业秘密、个人信息或者提供、泄露在统计调查中获得的能够识别或者推断单个统计调查对象身份的资料的；

（三）违反国家有关规定，造成统计资料毁损、灭失的。

统计人员有前款所列行为之一的，依法给予处分。

《居民身份证法》

第十九条 国家机关或者金融、电信、交通、教育、医疗等单位的工作人员泄露在履行职责或者提供服务过程中获得的居民身份证记载的公民个人信息，构成犯罪的，依法追究刑事责任；尚不构成犯罪的，由公安机关处十日以上十五日以下拘留，并处五千元罚款，有违法所得的，没收违法所得。

单位有前款行为，构成犯罪的，依法追究刑事责任；尚不构成犯罪的，由公安机关对其直接负责的主管人员和其他直接责任人员，处十日以上十五日以下拘留，并处十万元以上五十万元以下罚款，有违法所得的，没收违法所得。

有前两款行为，对他人造成损害的，依法承担民事责任。

《关于加强网络信息保护的决定》

一、国家保护能够识别公民个人身份和涉及公民个人隐私的电子信息。

任何组织和个人不得窃取或者以其他非法方式获取公民个人电子信息，不得出售或者非法向他人提供公民个人电子信息。

二、网络服务提供者和其他企业事业单位在业务活动中收集、使用公民个人电子信息，应当遵循合法、正当、必要的原则，明示收集、使用信息的目的、方式和范围，并经被收集者同意，不得违反法律、法规的规定和双方的约定收集、使用信息。

网络服务提供者和其他企业事业单位收集、使用公民个人电子信息，应当公开其收集、使用规则。

三、网络服务提供者和其他企业事业单位及其工作人员对在业务活动中收集的公民个人电子信息必须严格保密，不得泄露、篡改、毁损，不得出售或者非法向他人提供。

四、网络服务提供者和其他企业事业单位应当采取技术措施和其他必要措施，确保信息安全，防止在业务活动中收集的公民个人电子信息泄露、毁损、丢失。在发生或者可能发生信息泄露、毁损、丢失的情况时，应当立即采取补救措施。

五、网络服务提供者应当加强对其用户发布的信息的管理，发现法律、法规禁止发布或者传输的信息的，应当立即停止传输该信息，采取消除等处置措施，保存有关记录，并向有关主管部门报告。

六、网络服务提供者为用户办理网站接入服务，办理固定电话、移动电话等入网手续，或者为用户提供信息发布服务，应当在与用户签订协议或者确认提供服务时，要求用户提供真实身份信息。

七、任何组织和个人未经电子信息接收者同意或者请求，或者电子信息接收者明确表示拒绝的，不得向其固定电话、移动电话或者个人电子邮箱发送商业性电子信息。

八、公民发现泄露个人身份、散布个人隐私等侵害其合法权益的网络信息，或者受到商业性电子信息侵扰的，有权要求网络服务提供者删除有关信息或者采取其他必要措施予以制止。

九、任何组织和个人对窃取或者以其他非法方式获取、出售或者非法向他人提供公民个人电子信息的违法犯罪行为以及其他网络信息违法犯罪行为，有权向有关主管部门举报、控告；接到举报、控告的部门应当依法及时处理。被侵权人可以依法提起诉讼。

十、有关主管部门应当在各自职权范围内依法履行职责，采取技术措施和其他必要措施，防范、制止和查处窃取或者以其他非法方式获取、出售或者非法向他人提供公民个人电子信息的违法犯罪行为以及其他网络信息违法犯罪行为。有关主管部门依法履行职责时，网络服务提供者应当予以配合，提供技术支持。

国家机关及其工作人员对在履行职责中知悉的公民个人电子信息应当予以保密，不得泄露、篡改、毁损，不得出售或者非法向他人提供。

十一、对有违反本决定行为的，依法给予警告、罚款、没收违法所得、吊销许可证或者取消备案、关闭网站、禁止有关责任人员从事网络服务业务等处罚，记入社会信用档案并予以公布；构成违反治安管理行为的，依法给予治安管理处罚。构成犯罪的，依法追究刑事责任。侵害他人民事权益的，依法承担民事责任。

《消费者权益保护法》

第十四条 消费者在购买、使用商品和接受服务时，享有人格尊严、民族风俗习惯得到尊重的权利，享有个人信息依法得到保护的权利。

第二十九条 经营者收集、使用消费者个人信息，应当遵循合法、正当、必要的原则，明示收集、使用信息的目的、方式和范围，并经消费者同意。经营者收集、使用消费者个人信息，应当公开其收集、使用规则，不得违反法律、法规的规定和双方的约定收集、使用信息。

经营者及其工作人员对收集的消费者个人信息必须严格保密，不得泄露、出售或者非法向他人提供。经营者应当采取技术措施和其他必要措施，确保信息安全，防止消费者个人信息泄露、丢失。在发生或者可能发生信息泄露、丢失的情况时，应当立即采取补救措施。

经营者未经消费者同意或者请求，或者消费者明确表示拒绝的，不得向其发送商业性信息。

第五十条 经营者侵害消费者的人格尊严、侵犯消费者人身自由或者侵害消费者个人信息依法得到保护的权利的，应当停止侵害、恢复名誉、消除影响、赔礼道歉，并赔偿损失。

《商业银行法》

第二十九条 商业银行办理个人储蓄存款业务，应当遵循存款自愿、取款自由、存款有息、为存款人保密的原则。

对个人储蓄存款，商业银行有权拒绝任何单位或者个人查询、冻结、扣划，但法律另有规定的除外。

《测绘法》

第三十四条　县级以上人民政府测绘地理信息主管部门应当积极推进公众版测绘成果的加工和编制工作，通过提供公众版测绘成果、保密技术处理等方式，促进测绘成果的社会化应用。

测绘成果保管单位应当采取措施保障测绘成果的完整和安全，并按照国家有关规定向社会公开和提供利用。

测绘成果属于国家秘密的，适用保密法律、行政法规的规定；需要对外提供的，按照国务院和中央军事委员会规定的审批程序执行。

测绘成果的秘密范围和秘密等级，应当依照保密法律、行政法规的规定，按照保障国家秘密安全、促进地理信息共享和应用的原则确定并及时调整、公布。

第四十七条　地理信息生产、保管、利用单位应当对属于国家秘密的地理信息的获取、持有、提供、利用情况进行登记并长期保存，实行可追溯管理。

从事测绘活动涉及获取、持有、提供、利用属于国家秘密的地理信息，应当遵守保密法律、行政法规和国家有关规定。

地理信息生产、利用单位和互联网地图服务提供者收集、使用用户个人信息的，应当遵守法律、行政法规关于个人信息保护的规定。

《公共图书馆法》

第四十三条　公共图书馆应当妥善保护读者的个人信息、借阅信息以及其他可能涉及读者隐私的信息，不得出售或者以其他方式非法向他人提供。

第五十条　公共图书馆及其工作人员有下列行为之一的，由文化主管部门责令改正，没收违法所得：

（一）违规处置文献信息；

（二）出售或者以其他方式非法向他人提供读者的个人信息、借阅信息以及其他可能涉及读者隐私的信息；

（三）向社会公众提供文献信息违反有关法律、行政法规的规定，或者向未成年人提供内容不适宜的文献信息；

（四）将设施设备场地用于与公共图书馆服务无关的商业经营活动；

（五）其他不履行本法规定的公共图书馆服务要求的行为。

公共图书馆及其工作人员对应当免费提供的服务收费或者变相收费的，由价格主管部门依照前款规定给予处罚。

公共图书馆及其工作人员有前两款规定行为的，对直接负责的主管人员和其他直接责任人员依法追究法律责任。

《旅游法》

第五十二条　旅游经营者对其在经营活动中知悉的旅游者个人信息，应当予以保密。

第八十六条 旅游主管部门和有关部门依法实施监督检查，其监督检查人员不得少于二人，并应当出示合法证件。监督检查人员少于二人或者未出示合法证件的，被检查单位和个人有权拒绝。

监督检查人员对在监督检查中知悉的被检查单位的商业秘密和个人信息应当依法保密。

《档案法》

第二条 从事档案收集、整理、保护、利用及其监督管理活动，适用本法。

本法所称档案，是指过去和现在的机关、团体、企业事业单位和其他组织以及个人从事经济、政治、文化、社会、生态文明、军事、外事、科技等方面活动直接形成的对国家和社会具有保存价值的各种文字、图表、声像等不同形式的历史记录。

第四条 档案工作实行统一领导、分级管理的原则，维护档案完整与安全，便于社会各方面的利用。

第五条 一切国家机关、武装力量、政党、团体、企业事业单位和公民都有保护档案的义务，享有依法利用档案的权利。

第二十八条 档案馆应当通过其网站或者其他方式定期公布开放档案的目录，不断完善利用规则，创新服务形式，强化服务功能，提高服务水平，积极为档案的利用创造条件，简化手续，提供便利。

单位和个人持有合法证明，可以利用已经开放的档案。档案馆不按规定开放利用的，单位和个人可以向档案主管部门投诉，接到投诉的档案主管部门应当及时调查处理并将处理结果告知投诉人。

利用档案涉及知识产权、个人信息的，应当遵守有关法律、行政法规的规定。

第三十二条 属于国家所有的档案，由国家授权的档案馆或者有关机关公布；未经档案馆或者有关机关同意，任何单位和个人无权公布。非国有企业、社会服务机构等单位和个人形成的档案，档案所有者有权公布。

公布档案应当遵守有关法律、行政法规的规定，不得损害国家安全和利益，不得侵犯他人的合法权益。

《生物安全法》

第二十五条 县级以上人民政府有关部门应当依法开展生物安全监督检查工作，被检查单位和个人应当配合，如实说明情况，提供资料，不得拒绝、阻挠。

涉及专业技术要求较高、执法业务难度较大的监督检查工作，应当有生物安全专业技术人员参加。

第二十六条　县级以上人民政府有关部门实施生物安全监督检查，可以依法采取下列措施：

（一）进入被检查单位、地点或者涉嫌实施生物安全违法行为的场所进行现场监测、勘查、检查或者核查；

（二）向有关单位和个人了解情况；

（三）查阅、复制有关文件、资料、档案、记录、凭证等；

（四）查封涉嫌实施生物安全违法行为的场所、设施；

（五）扣押涉嫌实施生物安全违法行为的工具、设备以及相关物品；

（六）法律法规规定的其他措施。

有关单位和个人的生物安全违法信息应当依法纳入全国信用信息共享平台。

《兵役法》

第十一条　国家加强兵役工作信息化建设，采取有效措施实现有关部门之间信息共享，推进兵役信息收集、处理、传输、存储等技术的现代化，为提高兵役工作质量效益提供支持。

兵役工作有关部门及其工作人员应当对收集的个人信息严格保密，不得泄露或者向他人非法提供。

《家庭教育促进法》

第五条　家庭教育应当符合以下要求：

（一）尊重未成年人身心发展规律和个体差异；

（二）尊重未成年人人格尊严，保护未成年人隐私权和个人信息，保障未成年人合法权益；

（三）遵循家庭教育特点，贯彻科学的家庭教育理念和方法；

（四）家庭教育、学校教育、社会教育紧密结合、协调一致；

（五）结合实际情况采取灵活多样的措施。

◎ 行政法规

《彩票管理条例》

第二十七条　彩票发行机构、彩票销售机构、彩票代销者以及其他因职务或者业务便利知悉彩票中奖者个人信息的人员，应当对彩票中奖者个人信息予以保密。

《征信业管理条例》

第十三条　采集个人信息应当经信息主体本人同意，未经本人同意不得采集。但是，依照法律、行政法规规定公开的信息除外。

企业的董事、监事、高级管理人员与其履行职务相关的信息，不作为个人信息。

第十四条　禁止征信机构采集个人的宗教信仰、基因、指纹、血型、疾病和病史信息以及法律、行政法规规定禁止采集的其他个人信息。

征信机构不得采集个人的收入、

存款、有价证券、商业保险、不动产的信息和纳税数额信息。但是，征信机构明确告知信息主体提供该信息可能产生的不利后果，并取得其书面同意的除外。

第十五条　信息提供者向征信机构提供个人不良信息，应当事先告知信息主体本人。但是，依照法律、行政法规规定公开的不良信息除外。

《戒毒条例》

第七条　戒毒人员在入学、就业、享受社会保障等方面不受歧视。

对戒毒人员戒毒的个人信息应当依法予以保密。对戒断3年未复吸的人员，不再实行动态管控。

《缺陷汽车产品召回管理条例》

第七条　产品质量监督部门和有关部门、机构及其工作人员对履行本条例规定职责所知悉的商业秘密和个人信息，不得泄露。

《国务院关于在线政务服务的若干规定》

第十四条　政务服务机构及其工作人员泄露、出售或者非法向他人提供履行职责过程中知悉的个人信息、隐私和商业秘密，或者不依法履行职责，玩忽职守、滥用职权、徇私舞弊的，依法追究法律责任。

◎ 司法解释

《关于人民法院在互联网公布裁判文书的规定》

第十条　人民法院在互联网公布裁判文书时，应当删除下列信息：

（一）自然人的家庭住址、通讯方式、身份证号码、银行账号、健康状况、车牌号码、动产或不动产权属证书编号等个人信息；

（二）法人以及其他组织的银行账号、车牌号码、动产或不动产权属证书编号等信息；

（三）涉及商业秘密的信息；

（四）家事、人格权益等纠纷中涉及个人隐私的信息；

（五）涉及技术侦查措施的信息；

（六）人民法院认为不宜公开的其他信息。

按照本条第一款删除信息影响对裁判文书正确理解的，用符号"×"作部分替代。

《关于办理侵犯公民个人信息刑事案件适用法律若干问题的解释》

第一条　刑法第二百五十三条之一规定的"公民个人信息"，是指以电子或者其他方式记录的能够单独或者与其他信息结合识别特定自然人身份或者反映特定自然人活动情况的各种信息，包括姓名、身份证件号码、通信通讯联系方式、住址、账号密码、财产状况、行踪轨迹等。

第二条　违反法律、行政法规、部门规章有关公民个人信息保护的规定的，应当认定为刑法第二百五十三条之一规定的"违反国家有关规定"。

《关于审理旅游纠纷案件适用法律的规定》

第九条　旅游经营者、旅游辅助服务者以非法收集、存储、使用、加工、传输、买卖、提供、公开等方式处理旅游者个人信息，旅游者请求其承担相应责任的，人民法院应予支持。

《人民法院在线诉讼规则》

第二条　人民法院开展在线诉讼应当遵循以下原则：

（一）公正高效原则。严格依法开展在线诉讼活动，完善审判流程，健全工作机制，加强技术保障，提高司法效率，保障司法公正。

（二）合法自愿原则。尊重和保障当事人及其他诉讼参与人对诉讼方式的选择权，未经当事人及其他诉讼参与人同意，人民法院不得强制或者变相强制适用在线诉讼。

（三）权利保障原则。充分保障当事人各项诉讼权利，强化提示、说明、告知义务，不得随意减少诉讼环节和减损当事人诉讼权益。

（四）便民利民原则。优化在线诉讼服务，完善诉讼平台功能，加强信息

技术应用，降低当事人诉讼成本，提升纠纷解决效率。统筹兼顾不同群体司法需求，对未成年人、老年人、残障人士等特殊群体加强诉讼引导，提供相应司法便利。

（五）安全可靠原则。依法维护国家安全，保护国家秘密、商业秘密、个人隐私和个人信息，有效保障在线诉讼数据信息安全。规范技术应用，确保技术中立和平台中立。

第八条　人民法院、特邀调解组织、特邀调解员可以通过诉讼平台、人民法院调解平台等开展在线调解活动。在线调解应当按照法律和司法解释相关规定进行，依法保护国家秘密、商业秘密、个人隐私和其他不宜公开的信息。

第三十八条　参与在线诉讼的相关主体应当遵守数据安全和个人信息保护的相关法律法规，履行数据安全和个人信息保护义务。除人民法院依法公开的以外，任何人不得违法违规披露、传播和使用在线诉讼数据信息。出现上述情形的，人民法院可以根据具体情况，依照法律和司法解释关于数据安全、个人信息保护以及妨害诉讼的规定追究相关单位和人员法律责任，构成犯罪的，依法追究刑事责任。

◎ 部门规章

《电信和互联网用户个人信息保护规定》

第一条　为了保护电信和互联网用

户的合法权益，维护网络信息安全，根据《全国人民代表大会常务委员会关于加强网络信息保护的决定》、《中华人民共和国电信条例》和《互联网信息服务管理办法》等法律、行政法规，制定本规定。

第二条 在中华人民共和国境内提供电信服务和互联网信息服务过程中收集、使用用户个人信息的活动，适用本规定。

第三条 工业和信息化部和各省、自治区、直辖市通信管理局（以下统称电信管理机构）依法对电信和互联网用户个人信息保护工作实施监督管理。

第四条 本规定所称用户个人信息，是指电信业务经营者和互联网信息服务提供者在提供服务的过程中收集的用户姓名、出生日期、身份证件号码、住址、电话号码、账号和密码等能够单独或者与其他信息结合识别用户的信息以及用户使用服务的时间、地点等信息。

《通信短信息服务管理规定》

第十四条 短信息服务提供者在业务活动中收集、使用用户个人信息，应当严格遵守有关法律法规的规定。

《区块链信息服务管理规定》

第五条 区块链信息服务提供者应当落实信息内容安全管理责任，建立健全用户注册、信息审核、应急处置、安全防护等管理制度。

第六条 区块链信息服务提供者应当具备与其服务相适应的技术条件，对于法律、行政法规禁止的信息内容，应当具备对其发布、记录、存储、传播的即时和应急处置能力，技术方案应当符合国家相关标准规范。

第七条 区块链信息服务提供者应当制定并公开管理规则和平台公约，与区块链信息服务使用者签订服务协议，明确双方权利义务，要求其承诺遵守法律规定和平台公约。

《儿童个人信息网络保护规定》

第一条 为了保护儿童个人信息安全，促进儿童健康成长，根据《中华人民共和国网络安全法》《中华人民共和国未成年人保护法》等法律法规，制定本规定。

第二条 本规定所称儿童，是指不满十四周岁的未成年人。

第三条 在中华人民共和国境内通过网络从事收集、存储、使用、转移、披露儿童个人信息等活动，适用本规定。

第四条 任何组织和个人不得制作、发布、传播侵害儿童个人信息安全的信息。

《互联网保险业务监管办法》

第三十八条 保险机构应承担客户信息保护的主体责任，收集、处理及使用个人信息应遵循合法、正当、必要的原则，保证信息收集、处理及使用的安全性和合法性：

（一）建立客户信息保护制度，明确数据安全责任人，构建覆盖全生命周期的客户信息保护体系，防范信息泄露。

（二）督促提供技术支持、客户服务等服务的合作机构建立有效的客户信息保护制度，在合作协议中明确约定客户信息保护责任，保障客户信息安全，明确约定合作机构不得限制保险机构获取客户投保信息，不得限制保险机构获取能够验证客户真实身份的相关信息。

（三）保险机构收集、处理及使用个人信息，应征得客户同意，获得客户授权。未经客户同意或授权，保险机构不得将客户信息用于所提供保险服务之外的用途，法律法规另有规定的除外。

《网络交易管理办法》

第十三条　网络交易经营者收集、使用消费者个人信息，应当遵循合法、正当、必要的原则，明示收集、使用信息的目的、方式和范围，并经消费者同意。网络交易经营者收集、使用消费者个人信息，应当公开其收集、使用规则，不得违反法律、法规的规定和双方的约定收集、使用信息。

网络交易经营者不得采用一次概括授权、默认授权、与其他授权捆绑、停止安装使用等方式，强迫或者变相强迫消费者同意收集、使用与经营活动无直接关系的信息。收集、使用个人生物特征、医疗健康、金融账户、个人行踪等敏感信息的，应当逐项取得消费者同意。

网络交易经营者及其工作人员应当对收集的个人信息严格保密，除依法配合监管执法活动外，未经被收集者授权同意，不得向包括关联方在内的任何第三方提供。

《汽车数据安全管理若干规定（试行）》

第七条　汽车数据处理者处理个人信息应当通过用户手册、车载显示面板、语音、汽车使用相关应用程序等显著方式，告知个人以下事项：

（一）处理个人信息的种类，包括车辆行踪轨迹、驾驶习惯、音频、视频、图像和生物识别特征等；

（二）收集各类个人信息的具体情境以及停止收集的方式和途径；

（三）处理各类个人信息的目的、用途、方式；

（四）个人信息保存地点、保存期限，或者确定保存地点、保存期限的规则；

（五）查阅、复制其个人信息以及删除车内、请求删除已经提供给车外的个人信息的方式和途径；

（六）用户权益事务联系人的姓名

和联系方式；

（七）法律、行政法规规定的应当告知的其他事项。

第八条 汽车数据处理者处理个人信息应当取得个人同意或者符合法律、行政法规规定的其他情形。

因保证行车安全需要，无法征得个人同意采集到车外个人信息且向车外提供的，应当进行匿名化处理，包括删除含有能够识别自然人的画面，或者对画面中的人脸信息等进行局部轮廓化处理等。

《生成式人工智能服务管理暂行办法》

第四条 提供和使用生成式人工智能服务，应当遵守法律、行政法规，尊重社会公德和伦理道德，遵守以下规定：

（一）坚持社会主义核心价值观，不得生成煽动颠覆国家政权、推翻社会主义制度，危害国家安全和利益、损害国家形象，煽动分裂国家、破坏国家统一和社会稳定，宣扬恐怖主义、极端主义，宣扬民族仇恨、民族歧视，暴力、淫秽色情，以及虚假有害信息等法律、行政法规禁止的内容；

（二）在算法设计、训练数据选择、模型生成和优化、提供服务等过程中，采取有效措施防止产生民族、信仰、国别、地域、性别、年龄、职业、健康等歧视；

（三）尊重知识产权、商业道德，保守商业秘密，不得利用算法、数据、平台等优势，实施垄断和不正当竞争行为；

（四）尊重他人合法权益，不得危害他人身心健康，不得侵害他人肖像权、名誉权、荣誉权、隐私权和个人信息权益；

（五）基于服务类型特点，采取有效措施，提升生成式人工智能服务的透明度，提高生成内容的准确性和可靠性。

第三条 国家坚持发展和安全并重、促进创新和依法治理相结合的原则，采取有效措施鼓励生成式人工智能创新发展，对生成式人工智能服务实行包容审慎和分类分级监管。

第九条 提供者应当依法承担网络信息内容生产者责任，履行网络信息安全义务。涉及个人信息的，依法承担个人信息处理者责任，履行个人信息保护义务。

提供者应当与注册其服务的生成式人工智能服务使用者（以下称使用者）签订服务协议，明确双方权利义务。

◎ **部门规范性文件**

《互联网论坛社区服务管理规定》

第八条 互联网论坛社区服务提供者应当按照"后台实名、前台自愿"的原则，要求用户通过真实身份信息认证后注册账号，并对版块发起者和管理者实施真实身份信息备案、定期核验等。用户不提供真实身份信息的，互联网论坛社区服务提供者不得为其提供信息发布服务。

互联网论坛社区服务提供者应当加强对注册用户虚拟身份信息、版块名称简介等的审核管理，不得出现法律法规和国家有关规定禁止的内容。

互联网论坛社区服务提供者应当保护用户身份信息，不得泄露、篡改、毁损，不得非法出售或者非法向他人提供。

《互联网群组信息服务管理规定》

第六条　互联网群组信息服务提供者应当按照"后台实名、前台自愿"的原则，对互联网群组信息服务使用者进行真实身份信息认证，用户不提供真实身份信息的，不得为其提供信息发布服务。

互联网群组信息服务提供者应当采取必要措施保护使用者个人信息安全，不得泄露、篡改、毁损，不得非法出售或者非法向他人提供。

《常见类型移动互联网应用程序必要个人信息范围规定》

第一条　为了规范移动互联网应用程序（App）收集个人信息行为，保障公民个人信息安全，根据《中华人民共和国网络安全法》，制定本规定。

第二条　移动智能终端上运行的App存在收集用户个人信息行为的，应当遵守本规定。法律、行政法规、部门规章和规范性文件另有规定的，依照其规定。

App包括移动智能终端预置、下载安装的应用软件，基于应用软件开放平台接口开发的、用户无需安装即可使用的小程序。

第三条　本规定所称必要个人信息，是指保障App基本功能服务正常运行所必需的个人信息，缺少该信息App即无法实现基本功能服务。具体是指消费侧用户个人信息，不包括服务供给侧用户个人信息。

第四条　App不得因为用户不同意提供非必要个人信息，而拒绝用户使用其基本功能服务。

《互联网跟帖评论服务管理规定》

第四条　跟帖评论服务提供者应当严格落实跟帖评论服务管理主体责任，依法履行以下义务：

（一）按照"后台实名、前台自愿"原则，对注册用户进行基于移动电话号码、身份证件号码或者统一社会信用代码等方式的真实身份信息认证，不得向未认证真实身份信息或者冒用组织机构、他人身份信息的用户提供跟帖评论服务。

（二）建立健全用户个人信息保护

制度，处理用户个人信息应当遵循合法、正当、必要和诚信原则，公开个人信息处理规则，告知个人信息的处理目的、处理方式、处理的个人信息种类、保存期限等事项，并依法取得个人的同意。法律、行政法规另有规定的除外。

（三）对新闻信息提供跟帖评论服务的，应当建立先审后发制度。

（四）提供弹幕方式跟帖评论服务的，应当在同一平台和页面同时提供与之对应的静态版信息内容。

（五）建立健全跟帖评论审核管理、实时巡查、应急处置、举报受理等信息安全管理制度，及时发现处置违法和不良信息，并向网信部门报告。

（六）创新跟帖评论管理方式，研发使用跟帖评论信息安全管理技术，提升违法和不良信息处置能力；及时发现跟帖评论服务存在的安全缺陷、漏洞等风险，采取补救措施，并向网信部门报告。

（七）配备与服务规模相适应的审核编辑队伍，加强跟帖评论审核培训，提高审核编辑人员专业素养。

（八）配合网信部门依法开展监督检查工作，提供必要的技术、数据支持和协助。

《网站平台受理处置涉企网络侵权信息举报工作规范》

第十四条　网站平台应当及时处理

以下泄密性信息：

（一）违规披露企业家身份证、护照、社保卡、户籍档案等个人身份信息的；

（二）违规披露企业家家庭住址、电话号码、电子邮箱等个人联系信息的；

（三）其他法律法规禁止披露的隐私信息。

权威案例

◎ 典型案例

大规模非法买卖个人信息侵害人格权和社会公共利益——非法买卖个人信息民事公益诉讼案【民法典颁布后人格权司法保护典型民事案例之九（2022年4月11日）】

典型意义： 本案是民法典实施后首例个人信息保护民事公益诉讼案件。本案准确把握民法典维护个人信息权益的立法精神，聚焦维护不特定社会主体的个人信息安全，明确大规模侵害个人信息行为构成对公共信息安全领域社会公共利益的侵害，彰显司法保障个人信息权益、社会公共利益的决心和力度。

浙江省桐庐县人民检察院督促保护残疾人个人信息权益行政公益诉讼案【残疾人益保障检察公益诉讼典型案例之十（2022年5月13日）】

典型意义： 残疾人个人信息安全是残

疾人合法权益的一项重要内容。残疾人个人信息特别是敏感个人信息的泄露，容易导致违法行为人以"残疾补助"等为诱饵对残疾人实施电信诈骗，侵害其人身、财产权益。本案中，检察机关聚焦残疾人个人信息安全，督促行政机关依法履行政府信息公开职责，及时消除残疾人个人信息安全隐患。结合个案办理，推动行政机关开展专项排查，在助力政府信息公开规范化、推动完善法治政府建设的同时，不断织密残疾人个人信息安全保护网，保障残疾人的人格尊严和财产安全。

江苏省无锡市新吴区人民检察院督促保护服务场所消费者个人信息行政公益诉讼案
【个人信息保护检察公益诉讼典型案例之一（2023年3月30日）】

　　典型意义：健身房、超市等公共服务场所采集的信息量大、面广、敏感度高，监管不到位，将严重危害众多消费者人身、财产安全。本案中，检察机关积极发挥公益诉讼检察职能，运用数字技术，通过"专业取证＋专门论证＋专家意见"等方式，破解公民个人信息保护领域线索发现、调查取证、损害认定等难题，制发诉前检察建议，开展专项监督，督促行政机关依法履职，推动服务场所规范收集、传输、存储、删除个人信息，加强数据安全管控，促进个人信息全链条保护。

第一百二十三条　【知识产权及其客体】

　　民事主体依法享有知识产权。

　　知识产权是权利人依法就下列客体享有的专有的权利：

　　（一）作品；

　　（二）发明、实用新型、外观设计；

　　（三）商标；

　　（四）地理标志；

　　（五）商业秘密；

　　（六）集成电路布图设计；

　　（七）植物新品种；

　　（八）法律规定的其他客体。

关联法规

◎ **法律**
《民法典》

　　第五百零一条　当事人在订立合同过程中知悉的商业秘密或者其他应当保密的信息，无论合同是否成立，不得泄露或者不正当地使用；泄露、不正当地使用该商业秘密或者信息，造成对方损失的，应当承担赔偿责任。

　　第一千一百六十四条　本编调整因侵害民事权益产生的民事关系。

《网络安全法》

第十二条　国家保护公民、法人和其他组织依法使用网络的权利，促进网络接入普及，提升网络服务水平，为社会提供安全、便利的网络服务，保障网络信息依法有序自由流动。

任何个人和组织使用网络应当遵守宪法法律，遵守公共秩序，尊重社会公德，不得危害网络安全，不得利用网络从事危害国家安全、荣誉和利益，煽动颠覆国家政权、推翻社会主义制度，煽动分裂国家、破坏国家统一，宣扬恐怖主义、极端主义，宣扬民族仇恨、民族歧视，传播暴力、淫秽色情信息，编造、传播虚假信息扰乱经济秩序和社会秩序，以及侵害他人名誉、隐私、知识产权和其他合法权益等活动。

第十六条　国务院和省、自治区、直辖市人民政府应当统筹规划，加大投入，扶持重点网络安全技术产业和项目，支持网络安全技术的研究开发和应用，推广安全可信的网络产品和服务，保护网络技术知识产权，支持企业、研究机构和高等学校等参与国家网络安全技术创新项目。

《反不正当竞争法》

第九条　经营者不得实施下列侵犯商业秘密的行为：

（一）以盗窃、贿赂、欺诈、胁迫、电子侵入或者其他不正当手段获取权利人的商业秘密；

（二）披露、使用或者允许他人使用以前项手段获取的权利人的商业秘密；

（三）违反保密义务或者违反权利人有关保守商业秘密的要求，披露、使用或者允许他人使用其所掌握的商业秘密；

（四）教唆、引诱、帮助他人违反保密义务或者违反权利人有关保守商业秘密的要求，获取、披露、使用或者允许他人使用权利人的商业秘密。

经营者以外的其他自然人、法人和非法人组织实施前款所列违法行为的，视为侵犯商业秘密。

第三人明知或者应知商业秘密权利人的员工、前员工或者其他单位、个人实施本条第一款所列违法行为，仍获取、披露、使用或者允许他人使用该商业秘密的，视为侵犯商业秘密。

本法所称的商业秘密，是指不为公众所知悉、具有商业价值并经权利人采取相应保密措施的技术信息、经营信息等商业信息。

《商标法》

第三条　经商标局核准注册的商标为注册商标，包括商品商标、服务商标和集体商标、证明商标；商标注册人享有商标专用权，受法律保护。

本法所称集体商标，是指以团体、

协会或者其他组织名义注册，供该组织成员在商事活动中使用，以表明使用者在该组织中的成员资格的标志。

本法所称证明商标，是指由对某种商品或者服务具有监督能力的组织所控制，而由该组织以外的单位或者个人使用于其商品或者服务，用以证明该商品或者服务的原产地、原料、制造方法、质量或者其他特定品质的标志。

集体商标、证明商标注册和管理的特殊事项，由国务院工商行政管理部门规定。

第八条　任何能够将自然人、法人或者其他组织的商品与他人的商品区别开的标志，包括文字、图形、字母、数字、三维标志、颜色组合和声音等，以及上述要素的组合，均可以作为商标申请注册。

第九条　申请注册的商标，应当有显著特征，便于识别，并不得与他人在先取得的合法权利相冲突。

商标注册人有权标明"注册商标"或者注册标记。

第十条　下列标志不得作为商标使用：

（一）同中华人民共和国的国家名称、国旗、国徽、国歌、军旗、军徽、军歌、勋章等相同或者近似的，以及同中央国家机关的名称、标志、所在地特定地点的名称或者标志性建筑物的名

称、图形相同的；

（二）同外国的国家名称、国旗、国徽、军旗等相同或者近似的，但经该国政府同意的除外；

（三）同政府间国际组织的名称、旗帜、徽记等相同或者近似的，但经该组织同意或者不易误导公众的除外；

（四）与表明实施控制、予以保证的官方标志、检验印记相同或者近似的，但经授权的除外；

（五）同"红十字"、"红新月"的名称、标志相同或者近似的；

（六）带有民族歧视性的；

（七）带有欺骗性，容易使公众对商品的质量等特点或者产地产生误认的；

（八）有害于社会主义道德风尚或者有其他不良影响的。

县级以上行政区划的地名或者公众知晓的外国地名，不得作为商标。但是，地名具有其他含义或者作为集体商标、证明商标组成部分的除外；已经注册的使用地名的商标继续有效。

第十一条　下列标志不得作为商标注册：

（一）仅有本商品的通用名称、图形、型号的；

（二）仅直接表示商品的质量、主要原料、功能、用途、重量、数量及其他特点的；

（三）其他缺乏显著特征的。

前款所列标志经过使用取得显著特征，并便于识别的，可以作为商标注册。

第十二条　以三维标志申请注册商标的，仅由商品自身的性质产生的形状、为获得技术效果而需有的商品形状或者使商品具有实质性价值的形状，不得注册。

第十六条　商标中有商品的地理标志，而该商品并非来源于该标志所标示的地区，误导公众的，不予注册并禁止使用；但是，已经善意取得注册的继续有效。

前款所称地理标志，是指标示某商品来源于某地区，该商品的特定质量、信誉或者其他特征，主要由该地区的自然因素或者人文因素所决定的标志。

第三十六条　法定期限届满，当事人对商标局做出的驳回申请决定、不予注册决定不申请复审或者对商标评审委员会做出的复审决定不向人民法院起诉的，驳回申请决定、不予注册决定或者复审决定生效。

经审查异议不成立而准予注册的商标，商标注册申请人取得商标专用权的时间自初步审定公告三个月期满之日起计算。自该商标公告期满之日起至准予注册决定做出前，对他人在同一种或者类似商品上使用与该商标相同或者近似

的标志的行为不具有追溯力；但是，因该使用人的恶意给商标注册人造成的损失，应当给予赔偿。

第四十七条　依照本法第四十四条、第四十五条的规定宣告无效的注册商标，由商标局予以公告，该注册商标专用权视为自始即不存在。

宣告注册商标无效的决定或者裁定，对宣告无效前人民法院做出并已执行的商标侵权案件的判决、裁定、调解书和工商行政管理部门做出并已执行的商标侵权案件的处理决定以及已经履行的商标转让或者使用许可合同不具有追溯力。但是，因商标注册人的恶意给他人造成的损失，应当给予赔偿。

依照前款规定不返还商标侵权赔偿金、商标转让费、商标使用费，明显违反公平原则的，应当全部或者部分返还。

第五十六条　注册商标的专用权，以核准注册的商标和核定使用的商品为限。

第五十七条　有下列行为之一的，均属侵犯注册商标专用权：

（一）未经商标注册人的许可，在同一种商品上使用与其注册商标相同的商标的；

（二）未经商标注册人的许可，在同一种商品上使用与其注册商标近似的商标，或者在类似商品上使用与其注册

商标相同或者近似的商标，容易导致混淆的；

（三）销售侵犯注册商标专用权的商品的；

（四）伪造、擅自制造他人注册商标标识或者销售伪造、擅自制造的注册商标标识的；

（五）未经商标注册人同意，更换其注册商标并将该更换商标的商品又投入市场的；

（六）故意为侵犯他人商标专用权行为提供便利条件，帮助他人实施侵犯商标专用权行为的；

（七）给他人的注册商标专用权造成其他损害的。

第五十八条　将他人注册商标、未注册的驰名商标作为企业名称中的字号使用，误导公众，构成不正当竞争行为的，依照《中华人民共和国反不正当竞争法》处理。

第五十九条　注册商标中含有的本商品的通用名称、图形、型号，或者直接表示商品的质量、主要原料、功能、用途、重量、数量及其他特点，或者含有的地名，注册商标专用权人无权禁止他人正当使用。

三维标志注册商标中含有的商品自身的性质产生的形状、为获得技术效果而需有的商品形状或者使商品具有实质性价值的形状，注册商标专用权人无权禁止他人正当使用。

商标注册人申请商标注册前，他人已经在同一种商品或者类似商品上先于商标注册人使用与注册商标相同或者近似并有一定影响的商标的，注册商标专用权人无权禁止该使用人在原使用范围内继续使用该商标，但可以要求其附加适当区别标识。

第六十条　有本法第五十七条所列侵犯注册商标专用权行为之一，引起纠纷的，由当事人协商解决；不愿协商或者协商不成的，商标注册人或者利害关系人可以向人民法院起诉，也可以请求工商行政管理部门处理。

工商行政管理部门处理时，认定侵权行为成立的，责令立即停止侵权行为，没收、销毁侵权商品和主要用于制造侵权商品、伪造注册商标标识的工具，违法经营额五万元以上的，可以处违法经营额五倍以下的罚款，没有违法经营额或者违法经营额不足五万元的，可以处二十五万元以下的罚款。对五年内实施两次以上商标侵权行为或者有其他严重情节的，应当从重处罚。销售不知道是侵犯注册商标专用权的商品，能证明该商品是自己合法取得并说明提供者的，由工商行政管理部门责令停止销售。

对侵犯商标专用权的赔偿数额的争议，当事人可以请求进行处理的工商行政管理部门调解，也可以依照《中华人民共和国民事诉讼法》向人民法院起诉。经工商行政管理部门调解，当事人未达成协议或者调解书生效后不履行的，当事人可以依照《中华人民共和国民事诉讼法》向人民法院起诉。

第六十一条 对侵犯注册商标专用权的行为，工商行政管理部门有权依法查处；涉嫌犯罪的，应当及时移送司法机关依法处理。

第六十二条 县级以上工商行政管理部门根据已经取得的违法嫌疑证据或者举报，对涉嫌侵犯他人注册商标专用权的行为进行查处时，可以行使下列职权：

（一）询问有关当事人，调查与侵犯他人注册商标专用权有关的情况；

（二）查阅、复制当事人与侵权活动有关的合同、发票、账簿以及其他有关资料；

（三）对当事人涉嫌从事侵犯他人注册商标专用权活动的场所实施现场检查；

（四）检查与侵权活动有关的物品；对有证据证明是侵犯他人注册商标专用权的物品，可以查封或者扣押。

工商行政管理部门依法行使前款规定的职权时，当事人应当予以协助、配合，不得拒绝、阻挠。

在查处商标侵权案件过程中，对商

标权属存在争议或者权利人同时向人民法院提起商标侵权诉讼的，工商行政管理部门可以中止案件的查处。中止原因消除后，应当恢复或者终结案件查处程序。

第六十三条 侵犯商标专用权的赔偿数额，按照权利人因被侵权所受到的实际损失确定；实际损失难以确定的，可以按照侵权人因侵权所获得的利益确定；权利人的损失或者侵权人获得的利益难以确定的，参照该商标许可使用费的倍数合理确定。对恶意侵犯商标专用权，情节严重的，可以在按照上述方法确定数额的一倍以上五倍以下确定赔偿数额。赔偿数额应当包括权利人为制止侵权行为所支付的合理开支。

人民法院为确定赔偿数额，在权利人已经尽力举证，而与侵权行为相关的账簿、资料主要由侵权人掌握的情况下，可以责令侵权人提供与侵权行为相关的账簿、资料；侵权人不提供或者提供虚假的账簿、资料的，人民法院可以参考权利人的主张和提供的证据判定赔偿数额。

权利人因被侵权所受到的实际损失、侵权人因侵权所获得的利益、注册商标许可使用费难以确定的，由人民法院根据侵权行为的情节判决给予五百万元以下的赔偿。

人民法院审理商标纠纷案件，应权

利人请求，对属于假冒注册商标的商品，除特殊情况外，责令销毁；对主要用于制造假冒注册商标的商品的材料、工具，责令销毁，且不予补偿；或者在特殊情况下，责令禁止前述材料、工具进入商业渠道，且不予补偿。

假冒注册商标的商品不得在仅去除假冒注册商标后进入商业渠道。

第六十四条　注册商标专用权人请求赔偿，被控侵权人以注册商标专用权人未使用注册商标提出抗辩的，人民法院可以要求注册商标专用权人提供此前三年内实际使用该注册商标的证据。注册商标专用权人不能证明此前三年内实际使用过该注册商标，也不能证明因侵权行为受到其他损失的，被控侵权人不承担赔偿责任。

销售不知道是侵犯注册商标专用权的商品，能证明该商品是自己合法取得并说明提供者的，不承担赔偿责任。

第六十五条　商标注册人或者利害关系人有证据证明他人正在实施或者即将实施侵犯其注册商标专用权的行为，如不及时制止将会使其合法权益受到难以弥补的损害的，可以依法在起诉前向人民法院申请采取责令停止有关行为和财产保全的措施。

第六十六条　为制止侵权行为，在证据可能灭失或者以后难以取得的情况下，商标注册人或者利害关系人可以依

法在起诉前向人民法院申请保全证据。

第六十七条　未经商标注册人许可，在同一种商品上使用与其注册商标相同的商标，构成犯罪的，除赔偿被侵权人的损失外，依法追究刑事责任。

伪造、擅自制造他人注册商标标识或者销售伪造、擅自制造的注册商标标识，构成犯罪的，除赔偿被侵权人的损失外，依法追究刑事责任。

销售明知是假冒注册商标的商品，构成犯罪的，除赔偿被侵权人的损失外，依法追究刑事责任。

第六十八条　商标代理机构有下列行为之一的，由工商行政管理部门责令限期改正，给予警告，处一万元以上十万元以下的罚款；对直接负责的主管人员和其他直接责任人员给予警告，处五千元以上五万元以下的罚款；构成犯罪的，依法追究刑事责任：

（一）办理商标事宜过程中，伪造、变造或者使用伪造、变造的法律文件、印章、签名的；

（二）以诋毁其他商标代理机构等手段招徕商标代理业务或者以其他不正当手段扰乱商标代理市场秩序的；

（三）违反本法第四条、第十九条第三款和第四款规定的。

商标代理机构有前款规定行为的，由工商行政管理部门记入信用档案；情节严重的，商标局、商标评审委员会并

可以决定停止受理其办理商标代理业务，予以公告。

商标代理机构违反诚实信用原则，侵害委托人合法利益的，应当依法承担民事责任，并由商标代理行业组织按照章程规定予以惩戒。

对恶意申请商标注册的，根据情节给予警告、罚款等行政处罚；对恶意提起商标诉讼的，由人民法院依法给予处罚。

《专利法》

第二条 本法所称的发明创造是指发明、实用新型和外观设计。

发明，是指对产品、方法或者其改进所提出的新的技术方案。

实用新型，是指对产品的形状、构造或者其结合所提出的适于实用的新的技术方案。

外观设计，是指对产品的整体或者局部的形状、图案或者其结合以及色彩与形状、图案的结合所作出的富有美感并适于工业应用的新设计。

第十一条 发明和实用新型专利权被授予后，除本法另有规定的以外，任何单位或者个人未经专利权人许可，都不得实施其专利，即不得为生产经营目的制造、使用、许诺销售、销售、进口其专利产品，或者使用其专利方法以及使用、许诺销售、销售、进口依照该专利方法直接获得的产品。

外观设计专利权被授予后，任何单位或者个人未经专利权人许可，都不得实施其专利，即不得为生产经营目的制造、许诺销售、销售、进口其外观设计专利产品。

第十三条 发明专利申请公布后，申请人可以要求实施其发明的单位或者个人支付适当的费用。

第六十四条 发明或者实用新型专利权的保护范围以其权利要求的内容为准，说明书及附图可以用于解释权利要求的内容。

外观设计专利权的保护范围以表示在图片或者照片中的该产品的外观设计为准，简要说明可以用于解释图片或者照片所表示的该产品的外观设计。

第六十七条 在专利侵权纠纷中，被控侵权人有证据证明其实施的技术或者设计属于现有技术或者现有设计的，不构成侵犯专利权。

第七十一条 侵犯专利权的赔偿数额按照权利人因被侵权所受到的实际损失或者侵权人因侵权所获得的利益确定；权利人的损失或者侵权人获得的利益难以确定的，参照该专利许可使用费的倍数合理确定。对故意侵犯专利权，情节严重的，可以在按照上述方法确定数额的一倍以上五倍以下确定赔偿数额。

权利人的损失、侵权人获得的利益

和专利许可使用费均难以确定的，人民法院可以根据专利权的类型、侵权行为的性质和情节等因素，确定给予三万元以上五百万元以下的赔偿。

赔偿数额还应当包括权利人为制止侵权行为所支付的合理开支。

人民法院为确定赔偿数额，在权利人已经尽力举证，而与侵权行为相关的账簿、资料主要由侵权人掌握的情况下，可以责令侵权人提供与侵权行为相关的账簿、资料；侵权人不提供或者提供虚假的账簿、资料的，人民法院可以参考权利人的主张和提供的证据判定赔偿数额。

《著作权法》

第三条　本法所称的作品，是指文学、艺术和科学领域内具有独创性并能以一定形式表现的智力成果，包括：

（一）文字作品；

（二）口述作品；

（三）音乐、戏剧、曲艺、舞蹈、杂技艺术作品；

（四）美术、建筑作品；

（五）摄影作品；

（六）视听作品；

（七）工程设计图、产品设计图、地图、示意图等图形作品和模型作品；

（八）计算机软件；

（九）符合作品特征的其他智力成果。

第十条　著作权包括下列人身权和财产权：

（一）发表权，即决定作品是否公之于众的权利；

（二）署名权，即表明作者身份，在作品上署名的权利；

（三）修改权，即修改或者授权他人修改作品的权利；

（四）保护作品完整权，即保护作品不受歪曲、篡改的权利；

（五）复制权，即以印刷、复印、拓印、录音、录像、翻录、翻拍、数字化等方式将作品制作一份或者多份的权利；

（六）发行权，即以出售或者赠与方式向公众提供作品的原件或者复制件的权利；

（七）出租权，即有偿许可他人临时使用视听作品、计算机软件的原件或者复制件的权利，计算机软件不是出租的主要标的的除外；

（八）展览权，即公开陈列美术作品、摄影作品的原件或者复制件的权利；

（九）表演权，即公开表演作品，以及用各种手段公开播送作品的表演的权利；

（十）放映权，即通过放映机、幻灯机等技术设备公开再现美术、摄影、视听作品等的权利；

（十一）广播权，即以有线或者无线方式公开传播或者转播作品，以及通过扩音器或者其他传送符号、声音、图像的类似工具向公众传播广播的作品的权利，但不包括本款第十二项规定的权利；

（十二）信息网络传播权，即以有线或者无线方式向公众提供，使公众可以在其选定的时间和地点获得作品的权利；

（十三）摄制权，即以摄制视听作品的方法将作品固定在载体上的权利；

（十四）改编权，即改变作品，创作出具有独创性的新作品的权利；

（十五）翻译权，即将作品从一种语言文字转换成另一种语言文字的权利；

（十六）汇编权，即将作品或者作品的片段通过选择或者编排，汇集成新作品的权利；

（十七）应当由著作权人享有的其他权利。

著作权人可以许可他人行使前款第五项至第十七项规定的权利，并依照约定或者本法有关规定获得报酬。

著作权人可以全部或者部分转让本条第一款第五项至第十七项规定的权利，并依照约定或者本法有关规定获得报酬。

第三十三条 图书出版者对著作权人交付出版的作品，按照合同约定享有的专有出版权受法律保护，他人不得出版该作品。

第三十九条 表演者对其表演享有下列权利：

（一）表明表演者身份；

（二）保护表演形象不受歪曲；

（三）许可他人从现场直播和公开传送其现场表演，并获得报酬；

（四）许可他人录音录像，并获得报酬；

（五）许可他人复制、发行、出租录有其表演的录音录像制品，并获得报酬；

（六）许可他人通过信息网络向公众传播其表演，并获得报酬。

被许可人以前款第三项至第六项规定的方式使用作品，还应当取得著作权人许可，并支付报酬。

第五十二条 有下列侵权行为的，应当根据情况，承担停止侵害、消除影响、赔礼道歉、赔偿损失等民事责任：

（一）未经著作权人许可，发表其作品的；

（二）未经合作作者许可，将与他人合作创作的作品当作自己单独创作的作品发表的；

（三）没有参加创作，为谋取个人名利，在他人作品上署名的；

（四）歪曲、篡改他人作品的；

（五）剽窃他人作品的；

（六）未经著作权人许可，以展览、摄制视听作品的方法使用作品，或者以改编、翻译、注释等方式使用作品的，本法另有规定的除外；

（七）使用他人作品，应当支付报酬而未支付的；

（八）未经视听作品、计算机软件、录音录像制品的著作权人、表演者或者录音录像制作者许可，出租其作品或者录音录像制品的原件或者复制件的，本法另有规定的除外；

（九）未经出版者许可，使用其出版的图书、期刊的版式设计的；

（十）未经表演者许可，从现场直播或者公开传送其现场表演，或者录制其表演的；

（十一）其他侵犯著作权以及与著作权有关的权利的行为。

第五十三条　有下列侵权行为的，应当根据情况，承担本法第五十二条规定的民事责任；侵权行为同时损害公共利益的，由主管著作权的部门责令停止侵权行为，予以警告，没收违法所得，没收、无害化销毁处理侵权复制品以及主要用于制作侵权复制品的材料、工具、设备等，违法经营额五万元以上的，可以并处违法经营额一倍以上五倍以下的罚款；没有违法经营额、违法经营额难以计算或者不足五万元的，可以

并处二十五万元以下的罚款；构成犯罪的，依法追究刑事责任：

（一）未经著作权人许可，复制、发行、表演、放映、广播、汇编、通过信息网络向公众传播其作品的，本法另有规定的除外；

（二）出版他人享有专有出版权的图书的；

（三）未经表演者许可，复制、发行录有其表演的录音录像制品，或者通过信息网络向公众传播其表演的，本法另有规定的除外；

（四）未经录音录像制作者许可，复制、发行、通过信息网络向公众传播其制作的录音录像制品的，本法另有规定的除外；

（五）未经许可，播放、复制或者通过信息网络向公众传播广播、电视的，本法另有规定的除外；

（六）未经著作权人或者与著作权有关的权利人许可，故意避开或者破坏技术措施的，故意制造、进口或者向他人提供主要用于避开、破坏技术措施的装置或者部件的，或者故意为他人避开或者破坏技术措施提供技术服务的，法律、行政法规另有规定的除外；

（七）未经著作权人或者与著作权有关的权利人许可，故意删除或者改变作品、版式设计、表演、录音录像制品或者广播、电视上的权利管理信息的，

知道或者应当知道作品、版式设计、表演、录音录像制品或者广播、电视上的权利管理信息未经许可被删除或者改变，仍然向公众提供的，法律、行政法规另有规定的除外；

（八）制作、出售假冒他人署名的作品的。

第五十四条　侵犯著作权或者与著作权有关的权利的，侵权人应当按照权利人因此受到的实际损失或者侵权人的违法所得给予赔偿；权利人的实际损失或者侵权人的违法所得难以计算的，可以参照该权利使用费给予赔偿。对故意侵犯著作权或者与著作权有关的权利，情节严重的，可以在按照上述方法确定数额的一倍以上五倍以下给予赔偿。

权利人的实际损失、侵权人的违法所得、权利使用费难以计算的，由人民法院根据侵权行为的情节，判决给予五百元以上五百万元以下的赔偿。

赔偿数额还应当包括权利人为制止侵权行为所支付的合理开支。

人民法院为确定赔偿数额，在权利人已经尽了必要举证责任，而与侵权行为相关的账簿、资料等主要由侵权人掌握的，可以责令侵权人提供与侵权行为相关的账簿、资料等；侵权人不提供，或者提供虚假的账簿、资料等的，人民法院可以参考权利人的主张和提供的证据确定赔偿数额。

人民法院审理著作权纠纷案件，应权利人请求，对侵权复制品，除特殊情况外，责令销毁；对主要用于制造侵权复制品的材料、工具、设备等，责令销毁，且不予补偿；或者在特殊情况下，责令禁止前述材料、工具、设备等进入商业渠道，且不予补偿。

《海南自由贸易港法》

第二十三条　国家依法保护海南自由贸易港内自然人、法人和非法人组织的知识产权，促进知识产权创造、运用和管理服务能力提升，建立健全知识产权领域信用分类监管、失信惩戒等机制，对知识产权侵权行为，严格依法追究法律责任。

《科学技术进步法》

第十三条　国家制定和实施知识产权战略，建立和完善知识产权制度，营造尊重知识产权的社会环境，保护知识产权，激励自主创新。

企业事业单位、社会组织和科学技术人员应当增强知识产权意识，增强自主创新能力，提高创造、运用、保护、管理和服务知识产权的能力，提高知识产权质量。

《体育法》

第五十二条　在中国境内举办的体育赛事，其名称、徽记、旗帜及吉祥物等标志按照国家有关规定予以保护。

未经体育赛事活动组织者等相关权

利人许可，不得以营利为目的采集或者传播体育赛事活动现场图片、音视频等信息。

◎ **党内法规**

《关于促进移动互联网健康有序发展的意见》

二、推动移动互联网创新发展

……

8. 加强知识产权运用和保护。开展移动互联网领域专利导航工作，制定专利布局方向建议清单，鼓励企业面向战略前沿、交叉融合领域开展知识产权战略布局，充实核心技术专利储备。推进知识产权运营交易和服务平台建设，加快推进专利信息资源开放共享，鼓励大型移动互联网企业共同组建专利池，建立资源共享和利益分配机制。建立知识产权风险管理体系，加强知识产权预警和跨境纠纷法律援助。加大对移动互联网技术、商业模式等创新成果的知识产权保护，研究完善法律法规，规范网络服务秩序，提高侵权代价和违法成本，有效威慑侵权行为。

四、防范移动互联网安全风险

14. 提升网络安全保障水平。牢固树立正确的网络安全观和动态、综合防护理念，坚持以安全保发展、以发展促安全，全方位、全天候感知移动互联网安全态势，不断强化移动互联网基础信息网络安全保障能力，大力推广具有自主知识产权的网络空间安全技术和标准应用。增强网络安全防御能力，落实网络安全责任制，制定完善关键信息基础设施安全、大数据安全等网络安全标准，明确保护对象、保护层级、保护措施。全面加强网络安全检查，摸清家底、认清风险、找出漏洞、督促整改，建立统一高效的网络安全风险报告机制、情报共享机制、研判处置机制。

……

◎ **行政法规**

《集成电路布图设计保护条例》

第一条　为了保护集成电路布图设计专有权，鼓励集成电路技术的创新，促进科学技术的发展，制定本条例。

第二条　本条例下列用语的含义：

（一）集成电路，是指半导体集成电路，即以半导体材料为基片，将至少有一个是有源元件的两个以上元件和部分或者全部互连线路集成在基片之中或者基片之上，以执行某种电子功能的中间产品或者最终产品；

（二）集成电路布图设计（以下简称布图设计），是指集成电路中至少一个是有源元件的两个以上元件和部分或者全部互连线路的三维配置，或者为制造集成电路而准备的上述三维配置；

（三）布图设计权利人，是指依照本条例的规定，对布图设计享有专有权的自然人、法人或者其他组织；

（四）复制，是指重复制作布图设计或者含有该布图设计的集成电路的行为；

（五）商业利用，是指为商业目的进口、销售或者以其他方式提供受保护的布图设计、含有该布图设计的集成电路或者含有该集成电路的物品的行为。

《专利法实施细则》

第八十四条 下列行为属于专利法第六十三条规定的假冒专利的行为：

（一）在未被授予专利权的产品或者其包装上标注专利标识，专利权被宣告无效后或者终止后继续在产品或者其包装上标注专利标识，或者未经许可在产品或者产品包装上标注他人的专利号；

（二）销售第（一）项所述产品；

（三）在产品说明书等材料中将未被授予专利权的技术或者设计称为专利技术或者专利设计，将专利申请称为专利，或者未经许可使用他人的专利号，使公众将所涉及的技术或者设计误认为是专利技术或者专利设计；

（四）伪造或者变造专利证书、专利文件或者专利申请文件；

（五）其他使公众混淆，将未被授予专利权的技术或者设计误认为是专利技术或者专利设计的行为。

专利权终止前依法在专利产品、依照专利方法直接获得的产品或者其包装上标注专利标识，在专利权终止后许诺销售、销售该产品的，不属于假冒专利行为。

销售不知道是假冒专利的产品，并且能够证明该产品合法来源的，由管理专利工作的部门责令停止销售，但免除罚款的处罚。

《信息网络传播权保护条例》

第一条 为保护著作权人、表演者、录音录像制作者（以下统称权利人）的信息网络传播权，鼓励有益于社会主义精神文明、物质文明建设的作品的创作和传播，根据《中华人民共和国著作权法》（以下简称著作权法），制定本条例。

第二条 权利人享有的信息网络传播权受著作权法和本条例保护。除法律、行政法规另有规定的外，任何组织或者个人将他人的作品、表演、录音录像制品通过信息网络向公众提供，应当取得权利人许可，并支付报酬。

第三条 依法禁止提供的作品、表演、录音录像制品，不受本条例保护。

权利人行使信息网络传播权，不得违反宪法和法律、行政法规，不得损害公共利益。

第四条 为了保护信息网络传播权，权利人可以采取技术措施。

任何组织或者个人不得故意避开或者破坏技术措施，不得故意制造、进口或者向公众提供主要用于避开或者破坏技术措施的装置或者部件，不得故意为他人避开或者破坏技术措施提供技术服务。但是，法律、行政法规规定可以避开的除外。

第五条　未经权利人许可，任何组织或者个人不得进行下列行为：

（一）故意删除或者改变通过信息网络向公众提供的作品、表演、录音录像制品的权利管理电子信息，但由于技术上的原因无法避免删除或者改变的除外；

（二）通过信息网络向公众提供明知或者应知未经权利人许可被删除或者改变权利管理电子信息的作品、表演、录音录像制品。

第六条　通过信息网络提供他人作品，属于下列情形的，可以不经著作权人许可，不向其支付报酬：

（一）为介绍、评论某一作品或者说明某一问题，在向公众提供的作品中适当引用已经发表的作品；

（二）为报道时事新闻，在向公众提供的作品中不可避免地再现或者引用已经发表的作品；

（三）为学校课堂教学或者科学研究，向少数教学、科研人员提供少量已经发表的作品；

（四）国家机关为执行公务，在合理范围内向公众提供已经发表的作品；

（五）将中国公民、法人或者其他组织已经发表的、以汉语言文字创作的作品翻译成的少数民族语言文字作品，向中国境内少数民族提供；

（六）不以营利为目的，以盲人能够感知的独特方式向盲人提供已经发表的文字作品；

（七）向公众提供在信息网络上已经发表的关于政治、经济问题的时事性文章；

（八）向公众提供在公众集会上发表的讲话。

第七条　图书馆、档案馆、纪念馆、博物馆、美术馆等可以不经著作权人许可，通过信息网络向本馆馆舍内服务对象提供本馆收藏的合法出版的数字作品和依法为陈列或者保存版本的需要以数字化形式复制的作品，不向其支付报酬，但不得直接或者间接获得经济利益。当事人另有约定的除外。

前款规定的为陈列或者保存版本需要以数字化形式复制的作品，应当是已经损毁或者濒临损毁、丢失或者失窃，或者其存储格式已经过时，并且在市场上无法购买或者只能以明显高于标定的价格购买的作品。

第八条　为通过信息网络实施九年制义务教育或者国家教育规划，可以不经著作权人许可，使用其已经发表作品的片断或者短小的文字作品、音乐作品或者单幅的美术作品、摄影作品制作课件，由制作课件或者依法取得课件的远程教育机构通过信息网络向注册学生提供，但应当向著作权人支付报酬。

第九条 为扶助贫困，通过信息网络向农村地区的公众免费提供中国公民、法人或者其他组织已经发表的种植养殖、防病治病、防灾减灾等与扶助贫困有关的作品和适应基本文化需求的作品，网络服务提供者应当在提供前公告拟提供的作品及其作者、拟支付报酬的标准。自公告之日起 30 日内，著作权人不同意提供的，网络服务提供者不得提供其作品；自公告之日起满 30 日，著作权人没有异议的，网络服务提供者可以提供其作品，并按照公告的标准向著作权人支付报酬。网络服务提供者提供著作权人的作品后，著作权人不同意提供的，网络服务提供者应当立即删除著作权人的作品，并按照公告的标准向著作权人支付提供作品期间的报酬。

依照前款规定提供作品的，不得直接或者间接获得经济利益。

第十条 依照本条例规定不经著作权人许可、通过信息网络向公众提供其作品的，还应当遵守下列规定：

（一）除本条例第六条第一项至第六项、第七条规定的情形外，不得提供作者事先声明不许提供的作品；

（二）指明作品的名称和作者的姓名（名称）；

（三）依照本条例规定支付报酬；

（四）采取技术措施，防止本条例第七条、第八条、第九条规定的服务对象以外的其他人获得著作权人的作品，并防止本条例第七条规定的服务对象的复制行为对著作权人利益造成实质性损害；

（五）不得侵犯著作权人依法享有的其他权利。

第十一条 通过信息网络提供他人表演、录音录像制品的，应当遵守本条例第六条至第十条的规定。

第十二条 属于下列情形的，可以避开技术措施，但不得向他人提供避开技术措施的技术、装置或者部件，不得侵犯权利人依法享有的其他权利：

（一）为学校课堂教学或者科学研究，通过信息网络向少数教学、科研人员提供已经发表的作品、表演、录音录像制品，而该作品、表演、录音录像制品只能通过信息网络获取；

（二）不以营利为目的，通过信息网络以盲人能够感知的独特方式向盲人提供已经发表的文字作品，而该作品只能通过信息网络获取；

（三）国家机关依照行政、司法程序执行公务；

（四）在信息网络上对计算机及其系统或者网络的安全性能进行测试。

第十三条 著作权行政管理部门为了查处侵犯信息网络传播权的行为，可以要求网络服务提供者提供涉嫌侵权的服务对象的姓名（名称）、联系方式、网络地址等资料。

第十四条 对提供信息存储空间或者提供搜索、链接服务的网络服务提供者，权利人认为其服务所涉及的作品、表演、录音录像制品，侵犯自己的信息网络传播权或者被删除、改变了自己的权利管理电子信息的，可以向该网络服务提供者提交书面通知，要求网络服务提供者删除该作品、表演、录音录像制品，或者断开与该作品、表演、录音录像制品的链接。通知书应当包含下列内容：

（一）权利人的姓名（名称）、联系方式和地址；

（二）要求删除或者断开链接的侵权作品、表演、录音录像制品的名称和网络地址；

（三）构成侵权的初步证明材料。

权利人应当对通知书的真实性负责。

第十五条 网络服务提供者接到权利人的通知书后，应当立即删除涉嫌侵权的作品、表演、录音录像制品，或者断开与涉嫌侵权的作品、表演、录音录像制品的链接，并同时将通知书转送提供作品、表演、录音录像制品的服务对象；服务对象网络地址不明、无法转送的，应当将通知书的内容同时在信息网络上公告。

第十六条 服务对象接到网络服务提供者转送的通知书后，认为其提供的作品、表演、录音录像制品未侵犯他人权利的，可以向网络服务提供者提交书面说明，要求恢复被删除的作品、表演、录音录像制品，或者恢复与被断开的作品、表演、录音录像制品的链接。书面说明应当包含下列内容：

（一）服务对象的姓名（名称）、联系方式和地址；

（二）要求恢复的作品、表演、录音录像制品的名称和网络地址；

（三）不构成侵权的初步证明材料。

服务对象应当对书面说明的真实性负责。

第十七条 网络服务提供者接到服务对象的书面说明后，应当立即恢复被删除的作品、表演、录音录像制品，或者可以恢复与被断开的作品、表演、录音录像制品的链接，同时将服务对象的书面说明转送权利人。权利人不得再通知网络服务提供者删除该作品、表演、录音录像制品，或者断开与该作品、表演、录音录像制品的链接。

第十八条 违反本条例规定，有下列侵权行为之一的，根据情况承担停止侵害、消除影响、赔礼道歉、赔偿损失等民事责任；同时损害公共利益的，可以由著作权行政管理部门责令停止侵权行为，没收违法所得，非法经营额5万元以上的，可处非法经营额1倍以上5倍以下的罚款；没有非法经营额或者非法经营额5万元以下的，根据情节轻重，可处25万元以下的罚款；情节严重的，著作权行政管理部门可以没收主要用于提供网络服务的计算机等设备；构成犯罪的，依法追究刑事责任：

（一）通过信息网络擅自向公众提供他人的作品、表演、录音录像制品的；

（二）故意避开或者破坏技术措施的；

（三）故意删除或者改变通过信息网络向公众提供的作品、表演、录音录像制品的权利管理电子信息，或者通过信息网络向公众提供明知或者应知未经权利人许可而被删除或者改变权利管理电子信息的作品、表演、录音录像制品的；

（四）为扶助贫困通过信息网络向农村地区提供作品、表演、录音录像制品超过规定范围，或者未按照公告的标准支付报酬，或者在权利人不同意提供其作品、表演、录音录像制品后未立即删除的；

（五）通过信息网络提供他人的作品、表演、录音录像制品，未指明作品、表演、录音录像制品的名称或者作者、表演者、录音录像制作者的姓名（名称），或者未支付报酬，或者未依照本条例规定采取技术措施防止服务对象以外的其他人获得他人的作品、表演、录音录像制品，或者未防止服务对象的复制行为对权利人利益造成实质性损害的。

第十九条 违反本条例规定，有下列行为之一的，由著作权行政管理部门予以警告，没收违法所得，没收主要用于避开、破坏技术措施的装置或者部件；情节严重的，可以没收主要用于提供网络服务的计算机等设备；非法经营额5万元以上的，可处非法经营额1倍以上5倍以下的罚款；没有非法经营额或者非法经营额5万元以下的，根据情节轻重，可处25万元以下的罚款；构成犯罪的，依法追究刑事责任：

（一）故意制造、进口或者向他人提供主要用于避开、破坏技术措施的装置或者部件，或者故意为他人避开或者破坏技术措施提供技术服务的；

（二）通过信息网络提供他人的作品、表演、录音录像制品，获得经济利益的；

（三）为扶助贫困通过信息网络向农村地区提供作品、表演、录音录像制品，未在提供前公告作品、表演、录音录像制品的名称和作者、表演者、录音录像制作者的姓名（名称）以及报酬标准的。

第二十条　网络服务提供者根据服务对象的指令提供网络自动接入服务，或者对服务对象提供的作品、表演、录音录像制品提供自动传输服务，并具备下列条件的，不承担赔偿责任：

（一）未选择并且未改变所传输的作品、表演、录音录像制品；

（二）向指定的服务对象提供该作品、表演、录音录像制品，并防止指定的服务对象以外的其他人获得。

第二十一条　网络服务提供者为提高网络传输效率，自动存储从其他网络服务提供者获得的作品、表演、录音录像制品，根据技术安排自动向服务对象提供，并具备下列条件的，不承担赔偿责任：

（一）未改变自动存储的作品、表演、录音录像制品；

（二）不影响提供作品、表演、录音录像制品的原网络服务提供者掌握服务对象获取该作品、表演、录音录像制品的情况；

（三）在原网络服务提供者修改、删除或者屏蔽该作品、表演、录音录像制品时，根据技术安排自动予以修改、删除或者屏蔽。

第二十二条　网络服务提供者为服务对象提供信息存储空间，供服务对象通过信息网络向公众提供作品、表演、录音录像制品，并具备下列条件的，不承担赔偿责任：

（一）明确标示该信息存储空间是为服务对象所提供，并公开网络服务提供者的名称、联系人、网络地址；

（二）未改变服务对象所提供的作品、表演、录音录像制品；

（三）不知道也没有合理的理由应当知道服务对象提供的作品、表演、录音录像制品侵权；

（四）未从服务对象提供作品、表演、录音录像制品中直接获得经济利益；

（五）在接到权利人的通知书后，根据本条例规定删除权利人认为侵权的作品、表演、录音录像制品。

第二十三条　网络服务提供者为服务对象提供搜索或者链接服务，在接到权利人的通知书后，根据本条例规定断开与侵权的作品、表演、录音录像制品的链接的，不承担赔偿责任；但是，明知或者应知所链接的作品、表演、录音录像制品侵权的，应当承担共同侵权责任。

第二十四条　因权利人的通知导致网络服务提供者错误删除作品、表演、录音录像制品，或者错误断开与作品、表演、录音录像制品的链接，给服务对象造成损失的，权利人应当承担赔偿责任。

第二十五条 网络服务提供者无正当理由拒绝提供或者拖延提供涉嫌侵权的服务对象的姓名（名称）、联系方式、网络地址等资料的，由著作权行政管理部门予以警告；情节严重的，没收主要用于提供网络服务的计算机等设备。

第二十六条 本条例下列用语的含义：

信息网络传播权，是指以有线或者无线方式向公众提供作品、表演或者录音录像制品，使公众可以在其个人选定的时间和地点获得作品、表演或者录音录像制品的权利。

技术措施，是指用于防止、限制未经权利人许可浏览、欣赏作品、表演、录音录像制品的或者通过信息网络向公众提供作品、表演、录音录像制品的有效技术、装置或者部件。

权利管理电子信息，是指说明作品及其作者、表演及其表演者、录音录像制品及其制作者的信息，作品、表演、录音录像制品权利人的信息和使用条件的信息，以及表示上述信息的数字或者代码。

第二十七条 本条例自 2006 年 7 月 1 日起施行。

《计算机软件保护条例》

第一章 总 则

第一条 为了保护计算机软件著作权人的权益，调整计算机软件在开发、传播和使用中发生的利益关系，鼓励计算机软件的开发与应用，促进软件产业和国民经济信息化的发展，根据《中华人民共和国著作权法》，制定本条例。

第二条 本条例所称计算机软件（以下简称软件），是指计算机程序及其有关文档。

第三条 本条例下列用语的含义：

（一）计算机程序，是指为了得到某种结果而可以由计算机等具有信息处理能力的装置执行的代码化指令序列，或者可以被自动转换成代码化指令序列的符号化指令序列或者符号化语句序列。同一计算机程序的源程序和目标程序为同一作品。

（二）文档，是指用来描述程序的内容、组成、设计、功能规格、开发情况、测试结果及使用方法的文字资料和图表等，如程序设计说明书、流程图、用户手册等。

（三）软件开发者，是指实际组织开发、直接进行开发，并对开发完成的软件承担责任的法人或者其他组织；或者依靠自己具有的条件独立完成软件开发，并对软件承担责任的自然人。

（四）软件著作权人，是指依照本条例的规定，对软件享有著作权的自然人、法人或者其他组织。

第四条 受本条例保护的软件必须

由开发者独立开发，并已固定在某种有形物体上。

第五条　中国公民、法人或者其他组织对其所开发的软件，不论是否发表，依照本条例享有著作权。

外国人、无国籍人的软件首先在中国境内发行的，依照本条例享有著作权。

外国人、无国籍人的软件，依照其开发者所属国或者经常居住地国同中国签订的协议或者依照中国参加的国际条约享有的著作权，受本条例保护。

第六条　本条例对软件著作权的保护不延及开发软件所用的思想、处理过程、操作方法或者数学概念等。

第七条　软件著作权人可以向国务院著作权行政管理部门认定的软件登记机构办理登记。软件登记机构发放的登记证明文件是登记事项的初步证明。

办理软件登记应当缴纳费用。软件登记的收费标准由国务院著作权行政管理部门会同国务院价格主管部门规定。

第二章　软件著作权

第八条　软件著作权人享有下列各项权利：

（一）发表权，即决定软件是否公之于众的权利；

（二）署名权，即表明开发者身份，在软件上署名的权利；

（三）修改权，即对软件进行增补、删节，或者改变指令、语句顺序的权利；

（四）复制权，即将软件制作一份或者多份的权利；

（五）发行权，即以出售或者赠与方式向公众提供软件的原件或者复制件的权利；

（六）出租权，即有偿许可他人临时使用软件的权利，但是软件不是出租的主要标的的除外；

（七）信息网络传播权，即以有线或者无线方式向公众提供软件，使公众可以在其个人选定的时间和地点获得软件的权利；

（八）翻译权，即将原软件从一种自然语言文字转换成另一种自然语言文字的权利；

（九）应当由软件著作权人享有的其他权利。

软件著作权人可以许可他人行使其软件著作权，并有权获得报酬。

软件著作权人可以全部或者部分转让其软件著作权，并有权获得报酬。

第九条　软件著作权属于软件开发者，本条例另有规定的除外。

如无相反证明，在软件上署名的自然人、法人或者其他组织为开发者。

第十条　由两个以上的自然人、法人或者其他组织合作开发的软件，其著作权的归属由合作开发者签订书面合同约定。无书面合同或者合同未作明确约定，合作开发的软件可以分割使用的，开发者对各自开发的部分可以单独享有著作权；但是，行使著作权时，不得扩展到合作开发的软件整体的著作权。合作开发的软件不能分割使用的，其著作权由各合作开发者共同享有，通过协商一致行使；不能协商一致，又无正当理由的，任何一方不得阻止他方行使除转让权以外的其他权利，但是所得收益应当合理分配给所有合作开发者。

第十一条 接受他人委托开发的软件，其著作权的归属由委托人与受托人签订书面合同约定；无书面合同或者合同未作明确约定的，其著作权由受托人享有。

第十二条 由国家机关下达任务开发的软件，著作权的归属与行使由项目任务书或者合同规定；项目任务书或者合同中未作明确规定的，软件著作权由接受任务的法人或者其他组织享有。

第十三条 自然人在法人或者其他组织中任职期间所开发的软件有下列情形之一的，该软件著作权由该法人或者其他组织享有，该法人或者其他组织可以对开发软件的自然人进行奖励：

（一）针对本职工作中明确指定的开发目标所开发的软件；

（二）开发的软件是从事本职工作活动所预见的结果或者自然的结果；

（三）主要使用了法人或者其他组织的资金、专用设备、未公开的专门信息等物质技术条件所开发并由法人或者其他组织承担责任的软件。

第十四条 软件著作权自软件开发完成之日起产生。

自然人的软件著作权，保护期为自然人终生及其死亡后50年，截止于自然人死亡后第50年的12月31日；软件是合作开发的，截止于最后死亡的自然人死亡后第50年的12月31日。

法人或者其他组织的软件著作权，保护期为50年，截止于软件首次发表后第50年的12月31日，但软件自开发完成之日起50年内未发表的，本条例不再保护。

第十五条 软件著作权属于自然人的，该自然人死亡后，在软件著作权的保护期内，软件著作权的继承人可以依照《中华人民共和国继承法》的有关规定，继承本条例第八条规定的除署名权以外的其他权利。

软件著作权属于法人或者其他组织的，法人或者其他组织变更、终止后，其著作权在本条例规定的保护期内由承受其权利义务的法人或者其他组织享有；没有承受其权利义务的法人或者其他组织的，由国家享有。

第十六条 软件的合法复制品所有人享有下列权利：

（一）根据使用的需要把该软件装入计算机等具有信息处理能力的装置内；

（二）为了防止复制品损坏而制作备份复制品。这些备份复制品不得通过任何方式提供给他人使用，并在所有人丧失该合法复制品的所有权时，负责将备份复制品销毁；

（三）为了把该软件用于实际的计算机应用环境或者改进其功能、性能而进行必要的修改；但是，除合同另有约定外，未经该软件著作权人许可，不得向任何第三方提供修改后的软件。

第十七条　为了学习和研究软件内含的设计思想和原理，通过安装、显示、传输或者存储软件等方式使用软件的，可以不经软件著作权人许可，不向其支付报酬。

第三章　软件著作权的许可使用和转让

第十八条　许可他人行使软件著作权的，应当订立许可使用合同。

许可使用合同中软件著作权人未明确许可的权利，被许可人不得行使。

第十九条　许可他人专有行使软件著作权的，当事人应当订立书面合同。

没有订立书面合同或者合同中未明确约定为专有许可的，被许可行使的权利应当视为非专有权利。

第二十条　转让软件著作权的，当事人应当订立书面合同。

第二十一条　订立许可他人专有行使软件著作权的许可合同，或者订立转让软件著作权合同，可以向国务院著作权行政管理部门认定的软件登记机构登记。

第二十二条　中国公民、法人或者其他组织向外国人许可或者转让软件著作权的，应当遵守《中华人民共和国技术进出口管理条例》的有关规定。

第四章　法律责任

第二十三条　除《中华人民共和国著作权法》或者本条例另有规定外，有下列侵权行为的，应当根据情况，承担停止侵害、消除影响、赔礼道歉、赔偿损失等民事责任：

（一）未经软件著作权人许可，发表或者登记其软件的；

（二）将他人软件作为自己的软件发表或者登记的；

（三）未经合作者许可，将与他人合作开发的软件作为自己单独完成的软件发表或者登记的；

（四）在他人软件上署名或者更改他人软件上的署名的；

（五）未经软件著作权人许可，修改、翻译其软件的；

（六）其他侵犯软件著作权的行为。

第二十四条　除《中华人民共和国著作权法》、本条例或者其他法律、行政法规另有规定外，未经软件著作权人许可，有下列侵权行为的，应当根据情况，承担停止侵害、消除影响、赔礼道歉、赔偿损失等民事责任；同时损害社会公共利益的，由著作权行政管理部门责令停止侵权行为，没收违法所得，没收、销毁侵权复制品，可以并处罚款；情节严重的，著作权行政管理部门并可以没收主要用于制作侵权复制品的材料、工具、设备等；触犯刑律的，依照刑法关于侵犯著作权罪、销售侵权复制品罪的规定，依法追究刑事责任：

（一）复制或者部分复制著作权人的软件的；

（二）向公众发行、出租、通过信息网络传播著作权人的软件的；

（三）故意避开或者破坏著作权人为保护其软件著作权而采取的技术措施的；

（四）故意删除或者改变软件权利管理电子信息的；

（五）转让或者许可他人行使著作权人的软件著作权的。

有前款第一项或者第二项行为的，可以并处每件100元或者货值金额1倍以上5倍以下的罚款；有前款第三项、第四项或者第五项行为的，可以并处20万元以下的罚款。

第二十五条 侵犯软件著作权的赔偿数额，依照《中华人民共和国著作权法》第四十九条的规定确定。

第二十六条 软件著作权人有证据证明他人正在实施或者即将实施侵犯其权利的行为，如不及时制止，将会使其合法权益受到难以弥补的损害的，可以依照《中华人民共和国著作权法》第五十条的规定，在提起诉讼前向人民法院申请采取责令停止有关行为和财产保全的措施。

第二十七条 为了制止侵权行为，在证据可能灭失或者以后难以取得的情况下，软件著作权人可以依照《中华人民共和国著作权法》第五十一条的规定，在提起诉讼前向人民法院申请保全证据。

第二十八条 软件复制品的出版者、制作者不能证明其出版、制作有合法授权的，或者软件复制品的发行者、出租者不能证明其发行、出租的复制品有合法来源的，应当承担法律责任。

第二十九条 软件开发者开发的软件，由于可供选用的表达方式有限而与已经存在的软件相似的，不构成对已经存在的软件的著作权的侵犯。

第三十条 软件的复制品持有人不知道也没有合理理由应当知道该软件是侵权复制品的，不承担赔偿责任；但是，应当停止使用、销毁该侵权复制品。如果停止使用并销毁该侵权复制品将给复制品使用人造成重大损失的，复制品使用人可以在向软件著作权人支付合理费用后继续使用。

第三十一条 软件著作权侵权纠纷可以调解。

软件著作权合同纠纷可以依据合同中的仲裁条款或者事后达成的书面仲裁协议，向仲裁机构申请仲裁。

当事人没有在合同中订立仲裁条款，事后又没有书面仲裁协议的，可以直接向人民法院提起诉讼。

第五章 附 则

第三十二条 本条例施行前发生的侵权行为，依照侵权行为发生时的国家有关规定处理。

第三十三条 本条例自 2002 年 1 月 1 日起施行。1991 年 6 月 4 日国务院发布的《计算机软件保护条例》同时废止。

《著作权法实施条例》

第二条 著作权法所称作品，是指文学、艺术和科学领域内具有独创性并能以某种有形形式复制的智力成果。

第二十六条 著作权法和本条例所称与著作权有关的权益，是指出版者对其出版的图书和期刊的版式设计享有的权利，表演者对其表演享有的权利，录音录像制作者对其制作的录音录像制品享有的权利，广播电台、电视台对其播放的广播、电视节目享有的权利。

第二十七条 出版者、表演者、录音录像制作者、广播电台、电视台行使权利，不得损害被使用作品和原作品著作权人的权利。

第二十八条 图书出版合同中约定图书出版者享有专有出版权但没有明确其具体内容的，视为图书出版者享有在合同有效期限内和在合同约定的地域范围内以同种文字的原版、修订版出版图书的专有权利。

第三十三条 外国人、无国籍人在中国境内的表演，受著作权法保护。

外国人、无国籍人根据中国参加的国际条约对其表演享有的权利，受著作权法保护。

第三十四条 外国人、无国籍人在中国境内制作、发行的录音制品，受著作权法保护。

外国人、无国籍人根据中国参加的国际条约对其制作、发行的录音制品享有的权利，受著作权法保护。

第三十五条 外国的广播电台、电视台根据中国参加的国际条约对其播放的广播、电视节目享有的权利，受著作权法保护。

《商标法实施条例》

第四条 商标法第十六条规定的地理标志，可以依照商标法和本条例的规定，作为证明商标或者集体商标申请注册。

以地理标志作为证明商标注册的，其商品符合使用该地理标志条件的自然人、法人或者其他组织可以要求使用该证明商标，控制该证明商标的组织应当允许。以地理标志作为集体商标注册的，其商品符合使用该地理标志条件的自然人、法人或者其他组织，可以要求参加以该地理标志作为集体商标注册的团体、协会或者其他组织，该团体、协会或者其他组织应当依据其章程接纳为会员；不要求参加以该地理标志作为集体商标注册的团体、协会或者其他组织的，也可以正当使用该地理标志，该团体、协会或者其他组织无权禁止。

第七十五条 为侵犯他人商标专用权提供仓储、运输、邮寄、印制、隐匿、经营场所、网络商品交易平台等，属于商标法第五十七条第六项规定的提供便利条件。

第七十六条 在同一种商品或者类似商品上将与他人注册商标相同或者近似的标志作为商品名称或者商品装潢使用，误导公众的，属于商标法第五十七条第二项规定的侵犯注册商标专用权的行为。

◎ 司法解释

《关于胡由之、郑乃章诉刘桢、卢碧亮著作权纠纷案的复函》

江西省高级人民法院：

你院赣法（民）发［1991］1号"关于胡由之、郑乃章诉刘桢、卢碧亮著作权纠纷案的请示"收悉。根据你院报告及案卷材料，我们研究认为：由刘桢、胡由之、郑乃章三人署名，并请卢碧亮翻译成英文，向国际古陶瓷学术讨论会投稿的《镇窑结构及其特征的剖析》一文，是在原刘、胡、郑三人合作作品的基础上缩写而成的。此后，刘桢将该文中"技术秘密"的内容去掉，文字上稍加修改润色，以《景德镇窑及其构造特征》（以下简称"特征"）为题，请卢碧亮译成英文后发表在国外某杂志上，署名刘桢、卢碧亮。由于该文未署胡由之、郑乃章之名，侵犯了胡、郑二人的著作权，刘桢应承担民事责任。该文本应署名译者的卢碧亮却署名为作者，但由于该文署名方式主要系刘桢所为，卢碧亮对侵权无过错，可不承担民事责任。鉴于在诉讼中，刘桢已将"特征"的中文稿在国内有关杂志上以刘桢、胡由之、郑乃章三人的名义发表，并已向胡、郑二人赔礼道歉等情节，请审理时予以考虑。

以上意见，供参考。

《关于审理侵犯专利权纠纷案件应用法律若干问题的解释》

为正确审理侵犯专利权纠纷案件，根据《中华人民共和国专利法》、《中华人民共和国民事诉讼法》等有关法律规定，结合审判实际，制定本解释。

第一条 人民法院应当根据权利人主张的权利要求，依据专利法第五十九条第一款的规定确定专利权的保护范围。权利人在一审法庭辩论终结前变更其主张的权利要求的，人民法院应当准许。

权利人主张以从属权利要求确定专利权保护范围的，人民法院应当以该从属权利要求记载的附加技术特征及其引用的权利要求记载的技术特征，确定专利权的保护范围。

第二条 人民法院应当根据权利要求的记载，结合本领域普通技术人员阅读说明书及附图后对权利要求的理解，确定专利法第五十九条第一款规定的权利要求的内容。

第三条 人民法院对于权利要求，可以运用说明书及附图、权利要求书中的相关权利要求、专利审查档案进行解释。说明书对权利要求用语有特别界定的，从其特别界定。

以上述方法仍不能明确权利要求含义的，可以结合工具书、教科书等公知文献以及本领域普通技术人员的通常理解进行解释。

第四条 对于权利要求中以功能或者效果表述的技术特征，人民法院应当结合说明书和附图描述的该功能或者效果的具体实施方式及其等同的实施方式，确定该技术特征的内容。

第五条 对于仅在说明书或者附图中描述而在权利要求中未记载的技术方案，权利人在侵犯专利权纠纷案件中将其纳入专利权保护范围的，人民法院不予支持。

第六条 专利申请人、专利权人在专利授权或者无效宣告程序中，通过对权利要求、说明书的修改或者意见陈述而放弃的技术方案，权利人在侵犯专利权纠纷案件中又将其纳入专利权保护范围的，人民法院不予支持。

第七条 人民法院判定被诉侵权技术方案是否落入专利权的保护范围，应当审查权利人主张的权利要求所记载的全部技术特征。

被诉侵权技术方案包含与权利要求记载的全部技术特征相同或者等同的技术特征的，人民法院应当认定其落入专利权的保护范围；被诉侵权技术方案的技术特征与权利要求记载的全部技术特征相比，缺少权利要求记载的一个以上的技术特征，或者有一个以上技术特征不相同也不等同的，人民法院应当认定其没有落入专利权的保护范围。

第八条 在与外观设计专利产品相同或者相近种类产品上，采用与授权外观设计相同或者近似的外观设计的，人民法院应当认定被诉侵权设计落入专利法第五十九条第二款规定的外观设计专利权的保护范围。

第九条 人民法院应当根据外观设计产品的用途，认定产品种类是否相同或者相近。确定产品的用途，可以参考外观设计的简要说明、国际外观设计分类表、产品的功能以及产品销售、实际使用的情况等因素。

第十条 人民法院应当以外观设计专利产品的一般消费者的知识水平和认知能力，判断外观设计是否相同或者近似。

第十一条 人民法院认定外观设计是否相同或者近似时，应当根据授权外观设计、被诉侵权设计的设计特征，以外观设计的整体视觉效果进行综合判断；对于主要由技术功能决定的设计特征以及对整体视觉效果不产生影响的产品的材料、内部结构等特征，应当不予考虑。

下列情形，通常对外观设计的整体视觉效果更具有影响：

（一）产品正常使用时容易被直接观察到的部位相对于其他部位；

（二）授权外观设计区别于现有设计的设计特征相对于授权外观设计的其他设计特征。

被诉侵权设计与授权外观设计在整体视觉效果上无差异的，人民法院应当认定两者相同；在整体视觉效果上无实质性差异的，应当认定两者近似。

第十二条 将侵犯发明或者实用新型专利权的产品作为零部件，制造另一产品的，人民法院应当认定属于专利法第十一条规定的使用行为；销售该另一产品的，人民法院应当认定属于专利法第十一条规定的销售行为。

将侵犯外观设计专利权的产品作为零部件，制造另一产品并销售的，人民法院应当认定属于专利法第十一条规定的销售行为，但侵犯外观设计专利权的产品在该另一产品中仅具有技术功能的除外。

对于前两款规定的情形，被诉侵权人之间存在分工合作的，人民法院应当认定为共同侵权。

第十三条 对于使用专利方法获得的原始产品，人民法院应当认定为专利法第十一条规定的依照专利方法直接获得的产品。

对于将上述原始产品进一步加工、处理而获得后续产品的行为，人民法院应当认定属于专利法第十一条规定的使用依照该专利方法直接获得的产品。

第十四条 被诉落入专利权保护范围的全部技术特征，与一项现有技术方案中的相应技术特征相同或者无实质性差异的，人民法院应当认定被诉侵权人实施的技术属于专利法第六十二条规定的现有技术。

被诉侵权设计与一个现有设计相同或者无实质性差异的，人民法院应当认定被诉侵权人实施的设计属于专利法第六十二条规定的现有设计。

第十五条　被诉侵权人以非法获得的技术或者设计主张先用权抗辩的，人民法院不予支持。

有下列情形之一的，人民法院应当认定属于专利法第六十九条第（二）项规定的已经作好制造、使用的必要准备：

（一）已经完成实施发明创造所必需的主要技术图纸或者工艺文件；

（二）已经制造或者购买实施发明创造所必需的主要设备或者原材料。

专利法第六十九条第（二）项规定的原有范围，包括专利申请日前已有的生产规模以及利用已有的生产设备或者根据已有的生产准备可以达到的生产规模。

先用权人在专利申请日后将其已经实施或作好实施必要准备的技术或设计转让或者许可他人实施，被诉侵权人主张该实施行为属于在原有范围内继续实施的，人民法院不予支持，但该技术或设计与原有企业一并转让或者承继的除外。

第十六条　人民法院依据专利法第六十五条第一款的规定确定侵权人因侵权所获得的利益，应当限于侵权人因侵犯专利权行为所获得的利益；因其他权利所产生的利益，应当合理扣除。

侵犯发明、实用新型专利权的产品系另一产品的零部件的，人民法院应当根据该零部件本身的价值及其在实现成品利润中的作用等因素合理确定赔偿数额。

侵犯外观设计专利权的产品为包装物的，人民法院应当按照包装物本身的价值及其在实现被包装产品利润中的作用等因素合理确定赔偿数额。

第十七条　产品或者制造产品的技术方案在专利申请日以前为国内外公众所知的，人民法院应当认定该产品不属于专利法第六十一条第一款规定的新产品。

第十八条　权利人向他人发出侵犯专利权的警告，被警告人或者利害关系人经书面催告权利人行使诉权，自权利人收到该书面催告之日起一个月内或者自书面催告发出之日起二个月内，权利人不撤回警告也不提起诉讼，被警告人或者利害关系人向人民法院提起请求确认其行为不侵犯专利权的诉讼的，人民法院应当受理。

第十九条　被诉侵犯专利权行为发生在2009年10月1日以前的，人民法院适用修改前的专利法；发生在2009年10月1日以后的，人民法院适用修改后的专利法。

被诉侵犯专利权行为发生在2009年10月1日以前且持续到2009年10月1日以后，依据修改前和修改后的专利法的规定侵权人均应承担赔偿责任的，人民法院适用修改后的专利法确定赔偿数额。

第二十条 本院以前发布的有关司法解释与本解释不一致的，以本解释为准。

《关于全面加强知识产权司法保护的意见》

二、立足各类案件特点，切实维护权利人合法权益

2. 加强科技创新成果保护。制定专利授权确权行政案件司法解释，规范专利审查行为，促进专利授权质量提升；加强专利、植物新品种、集成电路布图设计、计算机软件等知识产权案件审判工作，实现知识产权保护范围、强度与其技术贡献程度相适应，推动科技进步和创新，充分发挥科技在引领经济社会发展过程中的支撑和驱动作用。加强药品专利司法保护研究，激发药品研发创新动力，促进医药产业健康发展。

3. 加强商业标志权益保护。综合考虑商标标志的近似程度、商品的类似程度、请求保护商标的显著性和知名度等因素，依法裁判侵害商标权案件和商标授权确权案件，增强商标标志的识别度和区分度。充分运用法律规则，在法律赋予的裁量空间内作出有效规制恶意申请注册商标行为的解释，促进商标申请注册秩序正常化和规范化。加强驰名商标保护，结合众所周知的驰名事实，

依法减轻商标权人对于商标驰名的举证负担。加强地理标志保护，依法妥善处理地理标志与普通商标的权利冲突。

4. 加强著作权和相关权利保护。根据不同作品的特点，妥善把握作品独创性判断标准。妥善处理信息网络技术发展与著作权、相关权利保护的关系，统筹兼顾创作者、传播者、商业经营者和社会公众的利益，协调好激励创作、促进产业发展、保障基本文化权益之间的关系，促进文化创新和业态发展。依法妥善审理体育赛事、电子竞技传播纠纷等新类型案件，促进新兴业态规范发展。加强著作权诉讼维权模式问题研究，依法平衡各方利益，防止不正当牟利行为。

5. 加强商业秘密保护。正确把握侵害商业秘密民事纠纷和刑事犯罪的界限。合理适用民事诉讼举证责任规则，依法减轻权利人的维权负担。完善侵犯商业秘密犯罪行为认定标准，规范重大损失计算范围和方法，为减轻商业损害或者重新保障安全所产生的合理补救成本，可以作为认定刑事案件中"造成重大损失"或者"造成特别严重后果"的依据。加强保密商务信息等商业秘密保护，保障企业公平竞争、人才合理流动，促进科技创新。

6. 完善电商平台侵权认定规则。加强打击和整治网络侵犯知识产权行

为，有效回应权利人在电子商务平台上的维权诉求。完善"通知－删除"等在内的电商平台治理规则，畅通权利人网络维权渠道。妥善审理网络侵犯知识产权纠纷和恶意投诉不正当竞争纠纷，既要依法免除错误下架通知善意提交者的责任，督促和引导电子商务平台积极履行法定义务，促进电子商务的健康发展，又要追究滥用权利、恶意投诉等行为人的法律责任，合理平衡各方利益。

7. 积极促进智力成果流转应用。依法妥善审理知识产权智力成果流转、转化、应用过程中的纠纷，秉持尊重当事人意思自治、降低交易成本的精神，合理界定智力成果从创造到应用各环节的法律关系、利益分配和责任承担，依法准确界定职务发明与非职务发明，有效保护职务发明人的产权权利，保障研发人员获得奖金和专利实施报酬的合法权益。

8. 依法惩治知识产权犯罪行为。严厉打击侵害知识产权的犯罪行为，进一步推进以审判为中心的刑事诉讼制度改革，切实落实庭审实质化要求，完善鉴定程序，规范鉴定人出庭作证制度和认罪认罚从宽制度。准确把握知识产权刑事法律关系与民事法律关系的界限，强化罚金刑的适用，对以盗窃、威胁、利诱等非法手段获取商业秘密以及其他社会危害性大的犯罪行为，依法从严从

重处罚，有效发挥刑罚惩治和震慑知识产权犯罪的功能。

9. 平等保护中外主体合法权利。依法妥善审理因国际贸易、外商投资等引发的涉外知识产权纠纷，坚持依法平等保护，依法简化公证认证程序，进一步健全公正高效权威的纠纷解决机制，增强知识产权司法的国际影响力和公信力。

《关于充分发挥检察职能服务保障"六稳""六保"的意见》

4. 加大知识产权司法保护力度。充分认识知识产权保护在疫情防控常态化条件下对企业生存发展、创新创业的重要意义，坚决惩治侵犯知识产权犯罪。一是依法着力保护与疫情防控相关的诊断检测技术、抗病毒药物、医用呼吸防护产品、环境消毒与废物处理、疫苗研制等领域的知识产权。二是对涉及高新技术、关键核心技术，以及网络侵权、链条式产业化有组织侵权等严重侵权假冒犯罪开展重点打击，对以侵犯知识产权为业或者侵犯知识产权犯罪链条中的生产制造者，以及具有多次、恶意侵权等情形的行为人，依法从严追诉并提出限制缓刑适用或者适用禁止令、职业禁止的量刑建议。推进侵犯知识产权刑事案件权利人诉讼权利告知试点，提升案件办理透明度。三是强化对商业秘密的保护。加大对采用盗窃、利诱、欺

诈、胁迫、电子侵入或者其他不正当手段侵犯商业秘密犯罪的打击力度，综合权利人因被侵权遭受的销售利润损失、商业秘密的合理许可使用费等因素，正确认定权利人损失数额和侵权人违法所得。四是依法妥善办理科研人员涉嫌职务犯罪案件，为激发科技创新活力营造宽松有序的环境。对科研经费管理使用中的问题，坚持以科研经费政策为遵循，严格区分罪与非罪界限，不以形式违规简单依数额作犯罪评价。

《关于审理涉电子商务平台知识产权民事案件的指导意见》

一、人民法院审理涉电子商务平台知识产权纠纷案件，应当坚持严格保护知识产权的原则，依法惩治通过电子商务平台提供假冒、盗版等侵权商品或者服务的行为，积极引导当事人遵循诚实信用原则，依法正当行使权利，并妥善处理好知识产权权利人、电子商务平台经营者、平台内经营者等各方主体之间的关系。

二、人民法院审理涉电子商务平台知识产权纠纷案件，应当依照《中华人民共和国电子商务法》（以下简称电子商务法）第九条的规定，认定有关当事人是否属于电子商务平台经营者或者平台内经营者。

人民法院认定电子商务平台经营者的行为是否属于开展自营业务，可以考量下列因素：商品销售页面上标注的"自营"信息；商品实物上标注的销售主体信息；发票等交易单据上标注的销售主体信息等。

《关于审理侵犯商业秘密民事案件适用法律的规定》

第一条 与技术有关的结构、原料、组分、配方、材料、样品、样式、植物新品种繁殖材料、工艺、方法或其步骤、算法、数据、计算机程序及其有关文档等信息，人民法院可以认定构成反不正当竞争法第九条第四款所称的技术信息。

与经营活动有关的创意、管理、销售、财务、计划、样本、招投标材料、客户信息、数据等信息，人民法院可以认定构成反不正当竞争法第九条第四款所称的经营信息。

前款所称的客户信息，包括客户的名称、地址、联系方式以及交易习惯、意向、内容等信息。

第二条 当事人仅以与特定客户保持长期稳定交易关系为由，主张该特定客户属于商业秘密的，人民法院不予支持。

客户基于对员工个人的信赖而与该员工所在单位进行交易，该员工离职后，能够证明客户自愿选择与该员工或者该员工所在的新单位进行交易的，人民法院应当认定该员工没有采用不正当手段获取权利人的商业秘密。

第三条　权利人请求保护的信息在被诉侵权行为发生时不为所属领域的相关人员普遍知悉和容易获得的，人民法院应当认定为反不正当竞争法第九条第四款所称的不为公众所知悉。

第四条　具有下列情形之一的，人民法院可以认定有关信息为公众所知悉：

（一）该信息在所属领域属于一般常识或者行业惯例的；

（二）该信息仅涉及产品的尺寸、结构、材料、部件的简单组合等内容，所属领域的相关人员通过观察上市产品即可直接获得的；

（三）该信息已经在公开出版物或者其他媒体上公开披露的；

（四）该信息已通过公开的报告会、展览等方式公开的；

（五）所属领域的相关人员从其他公开渠道可以获得该信息的。

将为公众所知悉的信息进行整理、改进、加工后形成的新信息，符合本规定第三条规定的，应当认定该新信息不为公众所知悉。

第五条　权利人为防止商业秘密泄露，在被诉侵权行为发生以前所采取的合理保密措施，人民法院应当认定为反不正当竞争法第九条第四款所称的相应保密措施。

人民法院应当根据商业秘密及其载体的性质、商业秘密的商业价值、保密措施的可识别程度、保密措施与商业秘密的对应程度以及权利人的保密意愿等因素，认定权利人是否采取了相应保密措施。

第六条　具有下列情形之一，在正常情况下足以防止商业秘密泄露的，人民法院应当认定权利人采取了相应保密措施：

（一）签订保密协议或者在合同中约定保密义务的；

（二）通过章程、培训、规章制度、书面告知等方式，对能够接触、获取商业秘密的员工、前员工、供应商、客户、来访者等提出保密要求的；

（三）对涉密的厂房、车间等生产经营场所限制来访者或者进行区分管理的；

（四）以标记、分类、隔离、加密、封存、限制能够接触或者获取的人员范围等方式，对商业秘密及其载体进行区分和管理的；

（五）对能够接触、获取商业秘密的计算机设备、电子设备、网络设备、存储设备、软件等，采取禁止或者限制使用、访问、存储、复制等措施的；

（六）要求离职员工登记、返还、清除、销毁其接触或者获取的商业秘密及其载体，继续承担保密义务的；

（七）采取其他合理保密措施的。

第七条 权利人请求保护的信息因不为公众所知悉而具有现实的或者潜在的商业价值的，人民法院经审查可以认定为反不正当竞争法第九条第四款所称的具有商业价值。

生产经营活动中形成的阶段性成果符合前款规定的，人民法院经审查可以认定该成果具有商业价值。

第八条 被诉侵权人以违反法律规定或者公认的商业道德的方式获取权利人的商业秘密的，人民法院应当认定属于反不正当竞争法第九条第一款所称的以其他不正当手段获取权利人的商业秘密。

第九条 被诉侵权人在生产经营活动中直接使用商业秘密，或者对商业秘密进行修改、改进后使用，或者根据商业秘密调整、优化、改进有关生产经营活动的，人民法院应当认定属于反不正当竞争法第九条所称的使用商业秘密。

第十条 当事人根据法律规定或者合同约定所承担的保密义务，人民法院应当认定属于反不正当竞争法第九条第一款所称的保密义务。

当事人未在合同中约定保密义务，但根据诚信原则以及合同的性质、目的、缔约过程、交易习惯等，被诉侵权人知道或者应当知道其获取的信息属于权利人的商业秘密的，人民法院应当认定被诉侵权人对其获取的商业秘密承担保密义务。

第十一条 法人、非法人组织的经营、管理人员以及具有劳动关系的其他人员，人民法院可以认定为反不正当竞争法第九条第三款所称的员工、前员工。

第十二条 人民法院认定员工、前员工是否有渠道或者机会获取权利人的商业秘密，可以考虑与其有关的下列因素：

（一）职务、职责、权限；

（二）承担的本职工作或者单位分配的任务；

（三）参与和商业秘密有关的生产经营活动的具体情形；

（四）是否保管、使用、存储、复制、控制或者以其他方式接触、获取商业秘密及其载体；

（五）需要考虑的其他因素。

第十三条 被诉侵权信息与商业秘密不存在实质性区别的，人民法院可以认定被诉侵权信息与商业秘密构成反不正当竞争法第三十二条第二款所称的实质上相同。

人民法院认定是否构成前款所称的实质上相同，可以考虑下列因素：

（一）被诉侵权信息与商业秘密的异同程度；

（二）所属领域的相关人员在被诉

侵权行为发生时是否容易想到被诉侵权信息与商业秘密的区别；

（三）被诉侵权信息与商业秘密的用途、使用方式、目的、效果等是否具有实质性差异；

（四）公有领域中与商业秘密相关信息的情况；

（五）需要考虑的其他因素。

第十四条　通过自行开发研制或者反向工程获得被诉侵权信息的，人民法院应当认定不属于反不正当竞争法第九条规定的侵犯商业秘密行为。

前款所称的反向工程，是指通过技术手段对从公开渠道取得的产品进行拆卸、测绘、分析等而获得该产品的有关技术信息。

被诉侵权人以不正当手段获取权利人的商业秘密后，又以反向工程为由主张未侵犯商业秘密的，人民法院不予支持。

第二十六条　对于侵犯商业秘密行为，商业秘密独占使用许可合同的被许可人提起诉讼的，人民法院应当依法受理。

排他使用许可合同的被许可人和权利人共同提起诉讼，或者在权利人不起诉的情况下自行提起诉讼的，人民法院应当依法受理。

普通使用许可合同的被许可人和权利人共同提起诉讼，或者经权利人书面授权单独提起诉讼的，人民法院应当依法受理。

《关于涉网络知识产权侵权纠纷几个法律适用问题的批复》

一、知识产权权利人主张其权利受到侵害并提出保全申请，要求网络服务提供者、电子商务平台经营者迅速采取删除、屏蔽、断开链接等下架措施的，人民法院应当依法审查并作出裁定。

二、网络服务提供者、电子商务平台经营者收到知识产权权利人依法发出的通知后，应当及时将权利人的通知转送相关网络用户、平台内经营者，并根据构成侵权的初步证据和服务类型采取必要措施；未依法采取必要措施，权利人主张网络服务提供者、电子商务平台经营者对损害的扩大部分与网络用户、平台内经营者承担连带责任的，人民法院可以依法予以支持。

三、在依法转送的不存在侵权行为的声明到达知识产权权利人后的合理期限内，网络服务提供者、电子商务平台经营者未收到权利人已经投诉或者提起诉讼通知的，应当及时终止所采取的删除、屏蔽、断开链接等下架措施。因办理公证、认证手续等权利人无法控制的特殊情况导致的延迟，不计入上述期限，但该期限最长不超过20个工作日。

四、因恶意提交声明导致电子商务平台经营者终止必要措施并造成知识产权权利人损害，权利人依照有关法律规定请求相应惩罚性赔偿的，人民法院可以依法予以支持。

五、知识产权权利人发出的通知内容与客观事实不符，但其在诉讼中主张该通知系善意提交并请求免责，且能够举证证明的，人民法院依法审查属实后应当予以支持。

《关于审理涉及计算机网络域名民事纠纷案件适用法律的解释》

第四条 人民法院审理域名纠纷案件，对符合以下各项条件的，应当认定被告注册、使用域名等行为构成侵权或者不正当竞争：

（一）原告请求保护的民事权益合法有效；

（二）被告域名或其主要部分构成对原告驰名商标的复制、模仿、翻译或音译；或者与原告的注册商标、域名等相同或近似，足以造成相关公众的误认；

（三）被告对该域名或其主要部分不享有权益，也无注册、使用该域名的正当理由；

（四）被告对该域名的注册、使用具有恶意。

第五条 被告的行为被证明具有下列情形之一的，人民法院应当认定其具有恶意：

（一）为商业目的将他人驰名商标

注册为域名的；

（二）为商业目的注册、使用与原告的注册商标、域名等相同或近似的域名，故意造成与原告提供的产品、服务或者原告网站的混淆，误导网络用户访问其网站或其他在线站点的；

（三）曾要约高价出售、出租或者以其他方式转让该域名获取不正当利益的；

（四）注册域名后自己并不使用也未准备使用，而有意阻止权利人注册该域名的；

（五）具有其他恶意情形的。

被告举证证明在纠纷发生前其所持有的域名已经获得一定的知名度，且能与原告的注册商标、域名等相区别，或者具有其他情形足以证明其不具有恶意的，人民法院可以不认定被告具有恶意。

第六条 人民法院审理域名纠纷案件，根据当事人的请求以及案件的具体情况，可以对涉及的注册商标是否驰名依法作出认定。

《关于审理侵犯专利权纠纷案件应用法律若干问题的解释（二）》

为正确审理侵犯专利权纠纷案件，根据《中华人民共和国民法典》《中华人民共和国专利法》《中华人民共和国民事诉讼法》等有关法律规定，结合审判实践，制定本解释。

第一条　权利要求书有两项以上权利要求的，权利人应当在起诉状中载明据以起诉被诉侵权人侵犯其专利权的权利要求。起诉状对此未记载或者记载不明的，人民法院应当要求权利人明确。经释明，权利人仍不予明确的，人民法院可以裁定驳回起诉。

第二条　权利人在专利侵权诉讼中主张的权利要求被国务院专利行政部门宣告无效的，审理侵犯专利权纠纷案件的人民法院可以裁定驳回权利人基于该无效权利要求的起诉。

有证据证明宣告上述权利要求无效的决定被生效的行政判决撤销的，权利人可以另行起诉。

专利权人另行起诉的，诉讼时效期间从本条第二款所称行政判决书送达之日起计算。

第三条　因明显违反专利法第二十六条第三款、第四款导致说明书无法用于解释权利要求，且不属于本解释第四条规定的情形，专利权因此被请求宣告无效的，审理侵犯专利权纠纷案件的人民法院一般应当裁定中止诉讼；在合理期限内专利权未被请求宣告无效的，人民法院可以根据权利要求的记载确定专利权的保护范围。

第四条　权利要求书、说明书及附图中的语法、文字、标点、图形、符号等存有歧义，但本领域普通技术人员通过阅读权利要求书、说明书及附图可以得出唯一理解的，人民法院应当根据该唯一理解予以认定。

第五条　在人民法院确定专利权的保护范围时，独立权利要求的前序部分、特征部分以及从属权利要求的引用部分、限定部分记载的技术特征均有限定作用。

第六条　人民法院可以运用与涉案专利存在分案申请关系的其他专利及其专利审查档案、生效的专利授权确权裁判文书解释涉案专利的权利要求。

专利审查档案，包括专利审查、复审、无效程序中专利申请人或者专利权人提交的书面材料，国务院专利行政部门制作的审查意见通知书、会晤记录、口头审理记录、生效的专利复审请求审查决定书和专利权无效宣告请求审查决定书等。

第七条　被诉侵权技术方案在包含封闭式组合物权利要求全部技术特征的基础上增加其他技术特征的，人民法院应当认定被诉侵权技术方案未落入专利权的保护范围，但该增加的技术特征属于不可避免的常规数量杂质的除外。

前款所称封闭式组合物权利要求，一般不包括中药组合物权利要求。

第八条　功能性特征，是指对于结构、组分、步骤、条件或其之间的关系等，通过其在发明创造中所起的功能或者效果进行限定的技术特征，但本领域普通技术人员仅通过阅读权利要求即可直接、明确地确定实现上述功能或者效果的具体实施方式的除外。

与说明书及附图记载的实现前款所称功能或者效果不可缺少的技术特征相比，被诉侵权技术方案的相应技术特征是以基本相同的手段，实现相同的功能，达到相同的效果，且本领域普通技术人员在被诉侵权行为发生时无需经过创造性劳动就能够联想到的，人民法院应当认定该相应技术特征与功能性特征相同或者等同。

第九条　被诉侵权技术方案不能适用于权利要求中使用环境特征所限定的使用环境的，人民法院应当认定被诉侵权技术方案未落入专利权的保护范围。

第十条　对于权利要求中以制备方法界定产品的技术特征，被诉侵权产品的制备方法与其不相同也不等同的，人民法院应当认定被诉侵权技术方案未落入专利权的保护范围。

第十一条　方法权利要求未明确记载技术步骤的先后顺序，但本领域普通技术人员阅读权利要求书、说明书及附图后直接、明确地认为该技术步骤应当按照特定顺序实施的，人民法院应当认定该步骤顺序对于专利权的保护范围具有限定作用。

第十二条　权利要求采用"至少""不超过"等用语对数值特征进行界定，且本领域普通技术人员阅读权利要求书、说明书及附图后认为专利技术方案特别强调该用语对技术特征的限定作用，权利人主张与其不相同的数值特征属于等同特征的，人民法院不予支持。

第十三条　权利人证明专利申请人、专利权人在专利授权确权程序中对权利要求书、说明书及附图的限缩性修改或者陈述被明确否定的，人民法院应当认定该修改或者陈述未导致技术方案的放弃。

第十四条　人民法院在认定一般消费者对于外观设计所具有的知识水平和认知能力时，一般应当考虑被诉侵权行为发生时授权外观设计所属相同或者相近种类产品的设计空间。设计空间较大的，人民法院可以认定一般消费者通常不容易注意到不同设计之间的较小区别；设计空间较小的，人民法院可以认定一般消费者通常更容易注意到不同设计之间的较小区别。

第十五条　对于成套产品的外观设计专利，被诉侵权设计与其一项外观设计相同或者近似的，人民法院应当认定被诉侵权设计落入专利权的保护范围。

第十六条　对于组装关系唯一的组件产品的外观设计专利，被诉侵权设计与其组合状态下的外观设计相同或者近似的，人民法院应当认定被诉侵权设计落入专利权的保护范围。

对于各构件之间无组装关系或者组装关系不唯一的组件产品的外观设计专利，被诉侵权设计与其全部单个构件的外观设计均相同或者近似的，人民法院应当认定被诉侵权设计落入专利权的保护范围；被诉侵权设计缺少其单个构件的外观设计或者与之不相同也不近似的，人民法院应当认定被诉侵权设计未落入专利权的保护范围。

第十七条　对于变化状态产品的外观设计专利，被诉侵权设计与变化状态图所示各种使用状态下的外观设计均相同或者近似的，人民法院应当认定被诉侵权设计落入专利权的保护范围；被诉侵权设计缺少其一种使用状态下的外观设计或者与之不相同也不近似的，人民法院应当认定被诉侵权设计未落入专利权的保护范围。

第十八条　权利人依据专利法第十三条诉请在发明专利申请公布日至授权公告日期间实施该发明的单位或者个人支付适当费用的，人民法院可以参照有关专利许可使用费合理确定。

发明专利申请公布时申请人请求保护的范围与发明专利公告授权时的专利权保护范围不一致，被诉技术方案均落入上述两种范围的，人民法院应当认定被告在前款所称期间内实施了该发明；被诉技术方案仅落入其中一种范围的，

人民法院应当认定被告在前款所称期间内未实施该发明。

发明专利公告授权后，未经专利权人许可，为生产经营目的使用、许诺销售、销售在本条第一款所称期间内已由他人制造、销售、进口的产品，且该他人已支付或者书面承诺支付专利法第十三条规定的适当费用的，对于权利人关于上述使用、许诺销售、销售行为侵犯专利权的主张，人民法院不予支持。

第十九条　产品买卖合同依法成立的，人民法院应当认定属于专利法第十一条规定的销售。

第二十条　对于将依照专利方法直接获得的产品进一步加工、处理而获得的后续产品，进行再加工、处理的，人民法院应当认定不属于专利法第十一条规定的"使用依照该专利方法直接获得的产品"。

第二十一条　明知有关产品系专门用于实施专利的材料、设备、零部件、中间物等，未经专利权人许可，为生产经营目的将该产品提供给他人实施了侵犯专利权的行为，权利人主张该提供者的行为属于民法典第一千一百六十九条规定的帮助他人实施侵权行为的，人民法院应予支持。

明知有关产品、方法被授予专利权，未经专利权人许可，为生产经营目的积极诱导他人实施了侵犯专利权的行

为，权利人主张该诱导者的行为属于民法典第一千一百六十九条规定的教唆他人实施侵权行为的，人民法院应予支持。

第二十二条 对于被诉侵权人主张的现有技术抗辩或者现有设计抗辩，人民法院应当依照专利申请日时施行的专利法界定现有技术或者现有设计。

第二十三条 被诉侵权技术方案或者外观设计落入在先的涉案专利权的保护范围，被诉侵权人以其技术方案或者外观设计被授予专利权为由抗辩不侵犯涉案专利权的，人民法院不予支持。

第二十四条 推荐性国家、行业或者地方标准明示所涉必要专利的信息，被诉侵权人以实施该标准无需专利权人许可为由抗辩不侵犯该专利权的，人民法院一般不予支持。

推荐性国家、行业或者地方标准明示所涉必要专利的信息，专利权人、被诉侵权人协商该专利的实施许可条件时，专利权人故意违反其在标准制定中承诺的公平、合理、无歧视的许可义务，导致无法达成专利实施许可合同，且被诉侵权人在协商中无明显过错的，对于权利人请求停止标准实施行为的主张，人民法院一般不予支持。

本条第二款所称实施许可条件，应当由专利权人、被诉侵权人协商确定。经充分协商，仍无法达成一致的，可以请求人民法院确定。人民法院在确定上述实施许可条件时，应当根据公平、合理、无歧视的原则，综合考虑专利的创新程度及其在标准中的作用、标准所属的技术领域、标准的性质、标准实施的范围和相关的许可条件等因素。

法律、行政法规对实施标准中的专利另有规定的，从其规定。

第二十五条 为生产经营目的使用、许诺销售或者销售不知道是未经专利权人许可而制造并售出的专利侵权产品，且举证证明该产品合法来源的，对于权利人请求停止上述使用、许诺销售、销售行为的主张，人民法院应予支持，但被诉侵权产品的使用者举证证明其已支付该产品的合理对价的除外。

本条第一款所称不知道，是指实际不知道且不应当知道。

本条第一款所称合法来源，是指通过合法的销售渠道、通常的买卖合同等正常商业方式取得产品。对于合法来源，使用者、许诺销售者或者销售者应当提供符合交易习惯的相关证据。

第二十六条 被告构成对专利权的侵犯，权利人请求判令其停止侵权行为的，人民法院应予支持，但基于国家利益、公共利益的考量，人民法院可以不判令被告停止被诉行为，而判令其支付相应的合理费用。

第二十七条 权利人因被侵权所受

到的实际损失难以确定的，人民法院应当依照专利法第六十五条第一款的规定，要求权利人对侵权人因侵权所获得的利益进行举证；在权利人已经提供侵权人所获利益的初步证据，而与专利侵权行为相关的账簿、资料主要由侵权人掌握的情况下，人民法院可以责令侵权人提供该账簿、资料；侵权人无正当理由拒不提供或者提供虚假的账簿、资料的，人民法院可以根据权利人的主张和提供的证据认定侵权人因侵权所获得的利益。

第二十八条　权利人、侵权人依法约定专利侵权的赔偿数额或者赔偿计算方法，并在专利侵权诉讼中主张依据该约定确定赔偿数额的，人民法院应予支持。

第二十九条　宣告专利权无效的决定作出后，当事人根据该决定依法申请再审，请求撤销专利权无效宣告前人民法院作出但未执行的专利侵权的判决、调解书的，人民法院可以裁定中止再审审查，并中止原判决、调解书的执行。

专利权人向人民法院提供充分、有效的担保，请求继续执行前款所称判决、调解书的，人民法院应当继续执行；侵权人向人民法院提供充分、有效的反担保，请求中止执行的，人民法院应当准许。人民法院生效裁判未撤销宣告专利权无效的决定的，专利权人应当赔偿因继续执行给对方造成的损失；宣告专利权无效的决定被人民法院生效裁判撤销，专利权仍有效的，人民法院可以依据前款所称判决、调解书直接执行上述反担保财产。

第三十条　在法定期限内对宣告专利权无效的决定不向人民法院起诉或者起诉后生效裁判未撤销该决定，当事人根据该决定依法申请再审，请求撤销宣告专利权无效前人民法院作出但未执行的专利侵权的判决、调解书的，人民法院应当再审。当事人根据该决定，依法申请终结执行宣告专利权无效前人民法院作出但未执行的专利侵权的判决、调解书的，人民法院应当裁定终结执行。

第三十一条　本解释自 2016 年 4 月 1 日起施行。最高人民法院以前发布的相关司法解释与本解释不一致的，以本解释为准。

《关于审理商标民事纠纷案件适用法律的解释》

为了正确审理商标纠纷案件，根据《中华人民共和国民法典》《中华人民共和国商标法》《中华人民共和国民事诉讼法》等法律的规定，就适用法律若干问题解释如下：

第一条　下列行为属于商标法第五十七条第（七）项规定的给他人注册商标专用权造成其他损害的行为：

（一）将与他人注册商标相同或者

相近似的文字作为企业的字号在相同或者类似商品上突出使用，容易使相关公众产生误认的；

（二）复制、摹仿、翻译他人注册的驰名商标或其主要部分在不相同或者不相类似商品上作为商标使用，误导公众，致使该驰名商标注册人的利益可能受到损害的；

（三）将与他人注册商标相同或者相近似的文字注册为域名，并且通过该域名进行相关商品交易的电子商务，容易使相关公众产生误认的。

第二条 依据商标法第十三条第二款的规定，复制、摹仿、翻译他人未在中国注册的驰名商标或其主要部分，在相同或者类似商品上作为商标使用，容易导致混淆的，应当承担停止侵害的民事法律责任。

第三条 商标法第四十三条规定的商标使用许可包括以下三类：

（一）独占使用许可，是指商标注册人在约定的期间、地域和以约定的方式，将该注册商标仅许可一个被许可人使用，商标注册人依约定不得使用该注册商标；

（二）排他使用许可，是指商标注册人在约定的期间、地域和以约定的方式，将该注册商标仅许可一个被许可人使用，商标注册人依约定可以使用该注册商标但不得另行许可他人使用该注册

商标；

（三）普通使用许可，是指商标注册人在约定的期间、地域和以约定的方式，许可他人使用其注册商标，并可自行使用该注册商标和许可他人使用其注册商标。

第四条 商标法第六十条第一款规定的利害关系人，包括注册商标使用许可合同的被许可人、注册商标财产权利的合法继承人等。

在发生注册商标专用权被侵害时，独占使用许可合同的被许可人可以向人民法院提起诉讼；排他使用许可合同的被许可人可以和商标注册人共同起诉，也可以在商标注册人不起诉的情况下，自行提起诉讼；普通使用许可合同的被许可人经商标注册人明确授权，可以提起诉讼。

第五条 商标注册人或者利害关系人在注册商标续展宽展期内提出续展申请，未获核准前，以他人侵犯其注册商标专用权提起诉讼的，人民法院应当受理。

第六条 因侵犯注册商标专用权行为提起的民事诉讼，由商标法第十三条、第五十七条所规定侵权行为的实施地、侵权商品的储藏地或者查封扣押地、被告住所地人民法院管辖。

前款规定的侵权商品的储藏地，是指大量或者经常性储存、隐匿侵权商品

所在地；查封扣押地，是指海关等行政机关依法查封、扣押侵权商品所在地。

第七条　对涉及不同侵权行为实施地的多个被告提起的共同诉讼，原告可以选择其中一个被告的侵权行为实施地人民法院管辖；仅对其中某一被告提起的诉讼，该被告侵权行为实施地的人民法院有管辖权。

第八条　商标法所称相关公众，是指与商标所标识的某类商品或者服务有关的消费者和与前述商品或者服务的营销有密切关系的其他经营者。

第九条　商标法第五十七条第（一）（二）项规定的商标相同，是指被控侵权的商标与原告的注册商标相比较，二者在视觉上基本无差别。

商标法第五十七条第（二）项规定的商标近似，是指被控侵权的商标与原告的注册商标相比较，其文字的字形、读音、含义或者图形的构图及颜色，或者其各要素组合后的整体结构相似，或者其立体形状、颜色组合近似，易使相关公众对商品的来源产生误认或者认为其来源与原告注册商标的商品有特定的联系。

第十条　人民法院依据商标法第五十七条第（一）（二）项的规定，认定商标相同或者近似按照以下原则进行：

（一）以相关公众的一般注意力为标准；

（二）既要进行对商标的整体比对，又要进行对商标主要部分的比对，比对应当在比对对象隔离的状态下分别进行；

（三）判断商标是否近似，应当考虑请求保护注册商标的显著性和知名度。

第十一条　商标法第五十七条第（二）项规定的类似商品，是指在功能、用途、生产部门、销售渠道、消费对象等方面相同，或者相关公众一般认为其存在特定联系、容易造成混淆的商品。

类似服务，是指在服务的目的、内容、方式、对象等方面相同，或者相关公众一般认为存在特定联系、容易造成混淆的服务。

商品与服务类似，是指商品和服务之间存在特定联系，容易使相关公众混淆。

第十二条　人民法院依据商标法第五十七条第（二）项的规定，认定商品或者服务是否类似，应当以相关公众对商品或者服务的一般认识综合判断；《商标注册用商品和服务国际分类表》《类似商品和服务区分表》可以作为判断类似商品或者服务的参考。

第十三条　人民法院依据商标法第六十三条第一款的规定确定侵权人的赔偿责任时，可以根据权利人选择的计算方法计算赔偿数额。

第十四条 商标法第六十三条第一款规定的侵权所获得的利益，可以根据侵权商品销售量与该商品单位利润乘积计算；该商品单位利润无法查明的，按照注册商标商品的单位利润计算。

第十五条 商标法第六十三条第一款规定的因被侵权所受到的损失，可以根据权利人因侵权所造成商品销售减少量或者侵权商品销售量与该注册商标商品的单位利润乘积计算。

第十六条 权利人因被侵权所受到的实际损失、侵权人因侵权所获得的利益、注册商标使用许可费均难以确定的，人民法院可以根据当事人的请求或者依职权适用商标法第六十三条第三款的规定确定赔偿数额。

人民法院在适用商标法第六十三条第三款规定确定赔偿数额时，应当考虑侵权行为的性质、期间、后果，侵权人的主观过错程度，商标的声誉及制止侵权行为的合理开支等因素综合确定。

当事人按照本条第一款的规定就赔偿数额达成协议的，应当准许。

第十七条 商标法第六十三条第一款规定的制止侵权行为所支付的合理开支，包括权利人或者委托代理人对侵权行为进行调查、取证的合理费用。

人民法院根据当事人的诉讼请求和案件具体情况，可以将符合国家有关部门规定的律师费用计算在赔偿范围内。

第十八条 侵犯注册商标专用权的诉讼时效为三年，自商标注册人或者利害权利人知道或者应当知道权利受到损害以及义务人之日起计算。商标注册人或者利害关系人超过三年起诉的，如果侵权行为在起诉时仍在持续，在该注册商标专用权有效期限内，人民法院应当判决被告停止侵权行为，侵权损害赔偿数额应当自权利人向人民法院起诉之日起向前推算三年计算。

第十九条 商标使用许可合同未经备案的，不影响该许可合同的效力，但当事人另有约定的除外。

第二十条 注册商标的转让不影响转让前已经生效的商标使用许可合同的效力，但商标使用许可合同另有约定的除外。

第二十一条 人民法院在审理侵犯注册商标专用权纠纷案件中，依据民法典第一百七十九条、商标法第六十条的规定和案件具体情况，可以判决侵权人承担停止侵害、排除妨碍、消除危险、赔偿损失、消除影响等民事责任，还可以作出罚款，收缴侵权商品、伪造的商标标识和主要用于生产侵权商品的材料、工具、设备等财物的民事制裁决定。罚款数额可以参照商标法第六十条第二款的有关规定确定。

行政管理部门对同一侵犯注册商标

专用权行为已经给予行政处罚的，人民法院不再予以民事制裁。

第二十二条　人民法院在审理商标纠纷案件中，根据当事人的请求和案件的具体情况，可以对涉及的注册商标是否驰名依法作出认定。

认定驰名商标，应当依照商标法第十四条的规定进行。

当事人对曾经被行政主管机关或者人民法院认定的驰名商标请求保护的，对方当事人对涉及的商标驰名不持异议，人民法院不再审查。提出异议的，人民法院依照商标法第十四条的规定审查。

第二十三条　本解释有关商品商标的规定，适用于服务商标。

第二十四条　以前的有关规定与本解释不一致的，以本解释为准。

《关于审理著作权民事纠纷案件适用法律的解释》

为了正确审理著作权民事纠纷案件，根据《中华人民共和国民法典》《中华人民共和国著作权法》《中华人民共和国民事诉讼法》等法律的规定，就适用法律若干问题解释如下：

第一条　人民法院受理以下著作权民事纠纷案件：

（一）著作权及与著作权有关权益权属、侵权、合同纠纷案件；

（二）申请诉前停止侵害著作权、与著作权有关权益行为，申请诉前财产保全、诉前证据保全案件；

（三）其他著作权、与著作权有关权益纠纷案件。

第二条　著作权民事纠纷案件，由中级以上人民法院管辖。

各高级人民法院根据本辖区的实际情况，可以报请最高人民法院批准，由若干基层人民法院管辖第一审著作权民事纠纷案件。

第三条　对著作权行政管理部门查处的侵害著作权行为，当事人向人民法院提起诉讼追究该行为人民事责任的，人民法院应当受理。

人民法院审理已经过著作权行政管理部门处理的侵害著作权行为的民事纠纷案件，应当对案件事实进行全面审查。

第四条　因侵害著作权行为提起的民事诉讼，由著作权法第四十七条、第四十八条所规定侵权行为的实施地、侵权复制品储藏地或者查封扣押地、被告住所地人民法院管辖。

前款规定的侵权复制品储藏地，是指大量或者经常性储存、隐匿侵权复制品所在地；查封扣押地，是指海关、版权等行政机关依法查封、扣押侵权复制品所在地。

第五条　对涉及不同侵权行为实施地的多个被告提起的共同诉讼，原告可以选择向其中一个被告的侵权行为实施地人民法院提起诉讼；仅对其中某一被告提起的诉讼，该被告侵权行为实施地的人民法院有管辖权。

第六条 依法成立的著作权集体管理组织，根据著作权人的书面授权，以自己的名义提起诉讼，人民法院应当受理。

第七条 当事人提供的涉及著作权的底稿、原件、合法出版物、著作权登记证书、认证机构出具的证明、取得权利的合同等，可以作为证据。

在作品或者制品上署名的自然人、法人或者非法人组织视为著作权、与著作权有关权益的权利人，但有相反证明的除外。

第八条 当事人自行或者委托他人以定购、现场交易等方式购买侵权复制品而取得的实物、发票等，可以作为证据。

公证人员在未向涉嫌侵权的一方当事人表明身份的情况下，如实对另一方当事人按照前款规定的方式取得的证据和取证过程出具的公证书，应当作为证据使用，但有相反证据的除外。

第九条 著作权法第十条第（一）项规定的"公之于众"，是指著作权人自行或者经著作权人许可将作品向不特定的人公开，但不以公众知晓为构成条件。

第十条 著作权法第十五条第二款所指的作品，著作权人是自然人的，其保护期适用著作权法第二十一条第一款的规定；著作权人是法人或非法人组织的，其保护期适用著作权法第二十一条第二款的规定。

第十一条 因作品署名顺序发生的纠纷，人民法院按照下列原则处理：有约定的按约定确定署名顺序；没有约定的，可以按照创作作品付出的劳动、作品排列、作者姓氏笔画等确定署名顺序。

第十二条 按照著作权法第十七条规定委托作品著作权属于受托人的情形，委托人在约定的使用范围内享有使用作品的权利；双方没有约定使用作品范围的，委托人可以在委托创作的特定目的范围内免费使用该作品。

第十三条 除著作权法第十一条第三款规定的情形外，由他人执笔，本人审阅定稿并以本人名义发表的报告、讲话等作品，著作权归报告人或者讲话人享有。著作权人可以支付执笔人适当的报酬。

第十四条 当事人合意以特定人物经历为题材完成的自传体作品，当事人对著作权权属有约定的，依其约定；没有约定的，著作权归该特定人物享有，执笔人或整理人对作品完成付出劳动的，著作权人可以向其支付适当的报酬。

第十五条　由不同作者就同一题材创作的作品，作品的表达系独立完成并且有创作性的，应当认定作者各自享有独立著作权。

第十六条　通过大众传播媒介传播的单纯事实消息属于著作权法第五条第（二）项规定的时事新闻。传播报道他人采编的时事新闻，应当注明出处。

第十七条　著作权法第三十三条第二款规定的转载，是指报纸、期刊登载其他报刊已发表作品的行为。转载未注明被转载作品的作者和最初登载的报刊出处的，应当承担消除影响、赔礼道歉等民事责任。

第十八条　著作权法第二十二条第（十）项规定的室外公共场所的艺术作品，是指设置或者陈列在室外社会公众活动处所的雕塑、绘画、书法等艺术作品。

对前款规定艺术作品的临摹、绘画、摄影、录像人，可以对其成果以合理的方式和范围再行使用，不构成侵权。

第十九条　出版者、制作者应当对其出版、制作有合法授权承担举证责任，发行者、出租者应当对其发行或者出租的复制品有合法来源承担举证责任。举证不能的，依据著作权法第四十七条、第四十八条的相应规定承担法律责任。

第二十条　出版物侵害他人著作权的，出版者应当根据其过错、侵权程度及损害后果等承担赔偿损失的责任。

出版者对其出版行为的授权、稿件来源和署名、所编辑出版物的内容等未尽到合理注意义务的，依据著作权法第四十九条的规定，承担赔偿损失的责任。

出版者应对其已尽合理注意义务承担举证责任。

第二十一条　计算机软件用户未经许可或者超过许可范围商业使用计算机软件的，依据著作权法第四十八条第（一）项、《计算机软件保护条例》第二十四条第（一）项的规定承担民事责任。

第二十二条　著作权转让合同未采取书面形式的，人民法院依据民法典第四百九十条的规定审查合同是否成立。

第二十三条　出版者将著作权人交付出版的作品丢失、毁损致使出版合同不能履行的，著作权人有权依据民法典第一百八十六条、第二百三十八条、第一千一百八十四条等规定要求出版者承担相应的民事责任。

第二十四条　权利人的实际损失，可以根据权利人因侵权所造成复制品发行减少量或者侵权复制品销售量与权利人发行该复制品单位利润乘积计算。发行减少量难以确定的，按照侵权复制品市场销售量确定。

第二十五条 权利人的实际损失或者侵权人的违法所得无法确定的，人民法院根据当事人的请求或者依职权适用著作权法第四十九条第二款的规定确定赔偿数额。

人民法院在确定赔偿数额时，应当考虑作品类型、合理使用费、侵权行为性质、后果等情节综合确定。

当事人按照本条第一款的规定就赔偿数额达成协议的，应当准许。

第二十六条 著作权法第四十九条第一款规定的制止侵权行为所支付的合理开支，包括权利人或者委托代理人对侵权行为进行调查、取证的合理费用。

人民法院根据当事人的诉讼请求和具体案情，可以将符合国家有关部门规定的律师费用计算在赔偿范围内。

第二十七条 侵害著作权的诉讼时效为三年，自著作权人知道或者应当知道权利受到损害以及义务人之日起计算。权利人超过三年起诉的，如果侵权行为在起诉时仍在持续，在该著作权保护期内，人民法院应当判决被告停止侵权行为；侵权损害赔偿数额应当自权利人向人民法院起诉之日起向前推算三年计算。

第二十八条 人民法院采取保全措施的，依据民事诉讼法及《最高人民法院关于审查知识产权纠纷行为保全案件适用法律若干问题的规定》的有关规定办理。

第二十九条 除本解释另行规定外，人民法院受理的著作权民事纠纷案件，涉及著作权法修改前发生的民事行为的，适用修改前著作权法的规定；涉及著作权法修改以后发生的民事行为的，适用修改后著作权法的规定；涉及著作权法修改前发生，持续到著作权法修改后的民事行为的，适用修改后著作权法的规定。

第三十条 以前的有关规定与本解释不一致的，以本解释为准。

《关于审理专利纠纷案件适用法律问题的若干规定》

为了正确审理专利纠纷案件，根据《中华人民共和国民法典》《中华人民共和国专利法》《中华人民共和国民事诉讼法》和《中华人民共和国行政诉讼法》等法律的规定，作如下规定。

第一条 人民法院受理下列专利纠纷案件：

1. 专利申请权权属纠纷案件；

2. 专利权权属纠纷案件；

3. 专利合同纠纷案件；

4. 侵害专利权纠纷案件；

5. 假冒他人专利纠纷案件；

6. 发明专利临时保护期使用费纠纷案件；

7. 职务发明创造发明人、设计人奖励、报酬纠纷案件；

8. 诉前申请行为保全纠纷案件；

9. 诉前申请财产保全纠纷案件；

10. 因申请行为保全损害责任纠纷案件；

11. 因申请财产保全损害责任纠纷案件；

12. 发明创造发明人、设计人署名权纠纷案件；

13. 确认不侵害专利权纠纷案件；

14. 专利权宣告无效后返还费用纠纷案件；

15. 因恶意提起专利权诉讼损害责任纠纷案件；

16. 标准必要专利使用费纠纷案件；

17. 不服国务院专利行政部门维持驳回申请复审决定案件；

18. 不服国务院专利行政部门专利权无效宣告请求决定案件；

19. 不服国务院专利行政部门实施强制许可决定案件；

20. 不服国务院专利行政部门实施强制许可使用费裁决案件；

21. 不服国务院专利行政部门行政复议决定案件；

22. 不服国务院专利行政部门作出的其他行政决定案件；

23. 不服管理专利工作的部门行政决定案件；

24. 确认是否落入专利权保护范围纠纷案件；

25. 其他专利纠纷案件。

第二条　因侵犯专利权行为提起的诉讼，由侵权行为地或者被告住所地人民法院管辖。

侵权行为地包括：被诉侵犯发明、实用新型专利权的产品的制造、使用、许诺销售、销售、进口等行为的实施地；专利方法使用行为的实施地，依照该专利方法直接获得的产品的使用、许诺销售、销售、进口等行为的实施地；外观设计专利产品的制造、许诺销售、销售、进口等行为的实施地；假冒他人专利的行为实施地。上述侵权行为的侵权结果发生地。

第三条　原告仅对侵权产品制造者提起诉讼，未起诉销售者，侵权产品制造地与销售地不一致的，制造地人民法院有管辖权；以制造者与销售者为共同被告起诉的，销售地人民法院有管辖权。

销售者是制造者分支机构，原告在销售地起诉侵权产品制造者制造、销售行为的，销售地人民法院有管辖权。

第四条　对申请日在 2009 年 10 月 1 日前（不含该日）的实用新型专利提起侵犯专利权诉讼，原告可以出具由国务院专利行政部门作出的检索报告；对申请日在 2009 年 10 月 1 日以后的实用新型或者外观设计专利提起侵犯专利权诉讼，原告可以出具由国务院专利行政部门作出的专利权评价报告。根据案件审理需要，人民法院可以要求原告提交检索报告或者专利权评价报告。原告无正当理由不提交的，人民法院可以裁定中止诉讼或者判令原告承担可能的不利后果。

侵犯实用新型、外观设计专利权纠纷案件的被告请求中止诉讼的，应当在答辩期内对原告的专利权提出宣告无效的请求。

第五条　人民法院受理的侵犯实用新型、外观设计专利权纠纷案件，被告在答辩期间内请求宣告该项专利权无效的，人民法院应当中止诉讼，但具备下列情形之一的，可以不中止诉讼：

（一）原告出具的检索报告或者专利权评价报告未发现导致实用新型或者外观设计专利权无效的事由；

（二）被告提供的证据足以证明其使用的技术已经公知的；

（三）被告请求宣告该项专利权无效所提供的证据或者依据的理由明显不充分的；

（四）人民法院认为不应当中止诉讼的其他情形。

第六条　人民法院受理的侵犯实用新型、外观设计专利权纠纷案件，被告

在答辩期间届满后请求宣告该项专利权无效的，人民法院不应当中止诉讼，但经审查认为有必要中止诉讼的除外。

第七条　人民法院受理的侵犯发明专利权纠纷案件或者经国务院专利行政部门审查维持专利权的侵犯实用新型、外观设计专利权纠纷案件，被告在答辩期间内请求宣告该项专利权无效的，人民法院可以不中止诉讼。

第八条　人民法院决定中止诉讼，专利权人或者利害关系人请求责令被告停止有关行为或者采取其他制止侵权损害继续扩大的措施，并提供了担保，人民法院经审查符合有关法律规定的，可以在裁定中止诉讼的同时一并作出有关裁定。

第九条　人民法院对专利权进行财产保全，应当向国务院专利行政部门发出协助执行通知书，载明要求协助执行的事项，以及对专利权保全的期限，并附人民法院作出的裁定书。

对专利权保全的期限一次不得超过六个月，自国务院专利行政部门收到协助执行通知书之日起计算。如果仍然需要对该专利权继续采取保全措施的，人民法院应当在保全期限届满前向国务院专利行政部门另行送达继续保全的协助执行通知书。保全期限届满前未送达的，视为自动解除对该专利权的财产保全。

人民法院对出质的专利权可以采取

财产保全措施，质权人的优先受偿权不受保全措施的影响；专利权人与被许可人已经签订的独占实施许可合同，不影响人民法院对该专利权进行财产保全。

人民法院对已经进行保全的专利权，不得重复进行保全。

第十条　2001 年 7 月 1 日以前利用本单位的物质技术条件所完成的发明创造，单位与发明人或者设计人订有合同，对申请专利的权利和专利权的归属作出约定的，从其约定。

第十一条　人民法院受理的侵犯专利权纠纷案件，涉及权利冲突的，应当保护在先依法享有权利的当事人的合法权益。

第十二条　专利法第二十三条第三款所称的合法权利，包括就作品、商标、地理标志、姓名、企业名称、肖像，以及有一定影响的商品名称、包装、装潢等享有的合法权利或者权益。

第十三条　专利法第五十九条第一款所称的"发明或者实用新型专利权的保护范围以其权利要求的内容为准，说明书及附图可以用于解释权利要求的内容"，是指专利权的保护范围应当以权利要求记载的全部技术特征所确定的范围为准，也包括与该技术特征相等同的特征所确定的范围。

等同特征，是指与所记载的技术特征以基本相同的手段，实现基本相同的功能，达到基本相同的效果，并且本领域普通技术人员在被诉侵权行为发生时无需经过创造性劳动就能够联想到的特征。

第十四条　专利法第六十五条规定的权利人因被侵权所受到的实际损失可以根据专利权人的专利产品因侵权所造成销售量减少的总数乘以每件专利产品的合理利润所得之积计算。权利人销售量减少的总数难以确定的，侵权产品在市场上销售的总数乘以每件专利产品的合理利润所得之积可以视为权利人因被侵权所受到的实际损失。

专利法第六十五条规定的侵权人因侵权所获得的利益可以根据该侵权产品在市场上销售的总数乘以每件侵权产品的合理利润所得之积计算。侵权人因侵权所获得的利益一般按照侵权人的营业利润计算，对于完全以侵权为业的侵权人，可以按照销售利润计算。

第十五条　权利人的损失或者侵权人获得的利益难以确定，有专利许可使用费可以参照的，人民法院可以根据专利权的类型、侵权行为的性质和情节、专利许可的性质、范围、时间等因素，参照该专利许可使用费的倍数合理确定赔偿数额；没有专利许可使用费可以参照或者专利许可使用费明显不合理的，人民法院可以根据专利权的类型、侵权行为的性质和情节等因素，依照专利法第六十五条第二款的规定确定赔偿数额。

第十六条 权利人主张其为制止侵权行为所支付合理开支的，人民法院可以在专利法第六十五条确定的赔偿数额之外另行计算。

第十七条 侵犯专利权的诉讼时效为三年，自专利权人或者利害关系人知道或者应当知道权利受到损害以及义务人之日起计算。权利人超过三年起诉的，如果侵权行为在起诉时仍在继续，在该项专利权有效期内，人民法院应当判决被告停止侵权行为，侵权损害赔偿数额应当自权利人向人民法院起诉之日起向前推算三年计算。

第十八条 专利法第十一条、第六十九条所称的许诺销售，是指以做广告、在商店橱窗中陈列或者在展销会上展出等方式作出销售商品的意思表示。

第十九条 人民法院受理的侵犯专利权纠纷案件，已经过管理专利工作的部门作出侵权或者不侵权认定的，人民法院仍应当就当事人的诉讼请求进行全面审查。

第二十条 以前的有关司法解释与本规定不一致的，以本规定为准。

《关于审理申请注册的药品相关的专利权纠纷民事案件适用法律若干问题的规定》

第二条 专利法第七十六条所称相关的专利，是指适用国务院有关行政部门关于药品上市许可审批与药品上市许可申请阶段专利权纠纷解决的具体衔接办法（以下简称衔接办法）的专利。

专利法第七十六条所称利害关系人，是指前款所称专利的被许可人、相关药品上市许可持有人。

第八条 当事人对其在诉讼中获取的商业秘密或者其他需要保密的商业信息负有保密义务，擅自披露或者在该诉讼活动之外使用、允许他人使用的，应当依法承担民事责任。构成民事诉讼法第一百一十一条规定情形的，人民法院应当依法处理。

◎ 部门规章

《互联网著作权行政保护办法》

第一条 为了加强互联网信息服务活动中信息网络传播权的行政保护，规范行政执法行为，根据《中华人民共和国著作权法》及有关法律、行政法规，制定本办法。

第二条 本办法适用于互联网信息服务活动中根据互联网内容提供者的指令，通过互联网自动提供作品、录音录像制品等内容的上载、存储、链接或搜索等功能，且对存储或传输的内容不进行任何编辑、修改或选择的行为。

互联网信息服务活动中直接提供互联网内容的行为，适用著作权法。

本办法所称"互联网内容提供者"是指在互联网上发布相关内容的上网用户。

《网络安全审查办法》

第三条　网络安全审查坚持防范网络安全风险与促进先进技术应用相结合、过程公正透明与知识产权保护相结合、事前审查与持续监管相结合、企业承诺与社会监督相结合，从产品和服务以及数据处理活动安全性、可能带来的国家安全风险等方面进行审查。

第十七条　参与网络安全审查的相关机构和人员应当严格保护知识产权，对在审查工作中知悉的商业秘密、个人信息，当事人、产品和服务提供者提交的未公开材料，以及其他未公开信息承担保密义务；未经信息提供方同意，不得向无关方披露或者用于审查以外的目的。

《生成式人工智能服务管理暂行办法》

第七条　生成式人工智能服务提供者（以下称提供者）应当依法开展预训练、优化训练等训练数据处理活动，遵守以下规定：

（一）使用具有合法来源的数据和基础模型；

（二）涉及知识产权的，不得侵害他人依法享有的知识产权；

（三）涉及个人信息的，应当取得个人同意或者符合法律、行政法规规定的其他情形；

（四）采取有效措施提高训练数据质量，增强训练数据的真实性、准确

性、客观性、多样性；

（五）《中华人民共和国网络安全法》、《中华人民共和国数据安全法》、《中华人民共和国个人信息保护法》等法律、行政法规的其他有关规定和有关主管部门的相关监管要求。

◎ **部门规范性文件**

《关于平台经济领域的反垄断指南》

第十五条　限定交易

具有市场支配地位的平台经济领域经营者，可能滥用市场支配地位，无正当理由对交易相对人进行限定交易，排除、限制市场竞争。分析是否构成限定交易行为，可以考虑以下因素：

（一）要求平台内经营者在竞争性平台间进行"二选一"，或者限定交易相对人与其进行独家交易的其他行为；

（二）限定交易相对人只能与其指定的经营者进行交易，或者通过其指定渠道等限定方式进行交易；

（三）限定交易相对人不得与特定经营者进行交易。

上述限定可能通过书面协议的方式实现，也可能通过电话、口头方式与交易相对人商定的方式实现，还可能通过平台规则、数据、算法、技术等方面的实际设置限制或者障碍的方式实现。

分析是否构成限定交易，可以重点考虑以下两种情形：一是平台经营者通过屏蔽店铺、搜索降权、流量限制、技

术障碍、扣取保证金等惩罚性措施实施的限制，因对市场竞争和消费者利益产生直接损害，一般可以认定构成限定交易行为。二是平台经营者通过补贴、折扣、优惠、流量资源支持等激励性方式实施的限制，可能对平台内经营者、消费者利益和社会整体福利具有一定积极效果，但如果有证据证明对市场竞争产生明显的排除、限制影响，也可能被认定构成限定交易行为。

平台经济领域经营者限定交易可能具有以下正当理由：

（一）为保护交易相对人和消费者利益所必须；

（二）为保护知识产权、商业机密或者数据安全所必须；

（三）为保护针对交易进行的特定资源投入所必须；

（四）为维护合理的经营模式所必须；

（五）能够证明行为具有正当性的其他理由。

第二十条　考量因素

国务院反垄断执法机构将依据《反垄断法》第二十七条和《经营者集中审查暂行规定》第三章有关规定，评估平台经济领域经营者集中的竞争影响。结合平台经济的特点，可以具体考虑以下因素：

（一）经营者在相关市场的市场份额。计算市场份额，除以营业额为指标外，还可以考虑采用交易金额、交易数量、活跃用户数、点击量、使用时长或者其他指标在相关市场所占比重，并可以视情况对较长时间段内的市场份额进行综合评估，判断其动态变化趋势。

（二）经营者对市场的控制力。可以考虑经营者是否对关键性、稀缺性资源拥有独占权利以及该独占权持续时间，平台用户黏性、多栖性，经营者掌握和处理数据的能力，对数据接口的控制能力，向其他市场渗透或者扩展的能力，经营者的盈利能力及利润率水平，技术创新的频率和速度、商品的生命周期、是否存在或者可能出现颠覆性创新等。

（三）相关市场的集中度。可以考虑相关平台市场的发展状况、现有竞争者数量和市场份额等。

（四）经营者集中对市场进入的影响。可以考虑市场准入情况，经营者获得技术、知识产权、数据、渠道、用户等必要资源和必需设施的难度，进入相关市场需要的资金投入规模，用户在费用、数据迁移、谈判、学习、搜索等各方面的转换成本，并考虑进入的可能性、及时性和充分性。

（五）经营者集中对技术进步的影响。可以考虑现有市场竞争者在技术和商业模式等创新方面的竞争，对经营者创新动机和能力的影响，对初创企业、

（六）经营者集中对消费者的影响。可以考虑集中后经营者是否有能力和动机以提高商品价格、降低商品质量、减少商品多样性、损害消费者选择能力和范围、区别对待不同消费者群体、不恰当使用消费者数据等方式损害消费者利益。

（七）国务院反垄断执法机构认为应当考虑的影响市场竞争的其他因素。包括对其他经营者的影响、对国民经济发展的影响等。

对涉及双边或者多边平台的经营者集中，可能需要综合考虑平台的双边或者多边业务，以及经营者从事的其他业务，并对直接和间接网络外部性进行评估。

权威案例

◎ 指导性案例

左某明舍家居用品（上海）有限公司诉北京中某恒盛木业有限公司、南京梦某家具销售中心侵害著作权纠纷案【最高法指导案例第157号】

裁判要点： 对于具有独创性、艺术性、实用性、可复制性，且艺术性与实用性能够分离的实用艺术品，可以认定为实用艺术作品，并作为美术作品受著作权法的保护。受著作权法保护的实用艺术作品必须具有艺术性，著作权法保护的是实用

艺术作品的艺术性而非实用性。

深圳市卫某科技有限公司诉李某毅、深圳市远某智能设备有限公司专利权权属纠纷案【最高法指导案例第158号】

裁判要点： 判断是否属于专利法实施细则第十二条第一款第三项规定的与在原单位承担的本职工作或者原单位分配的任务"有关的发明创造"时，应注重维护原单位、离职员工以及离职员工新任职单位之间的利益平衡，综合考虑以下因素作出认定：一是离职员工在原单位承担的本职工作或原单位分配的任务的具体内容；二是涉案专利的具体情况及其与本职工作或原单位分配的任务的相互关系；三是原单位是否开展了与涉案专利有关的技术研发活动，或者有关的技术是否具有其他合法来源；四是涉案专利（申请）的权利人、发明人能否对专利技术的研发过程或者来源作出合理解释。

蔡某光诉广州市润某商业有限公司侵害植物新品种权纠纷案【最高法指导案例第160号】

裁判要点： 1. 授权品种的繁殖材料是植物新品种权的保护范围，是品种权人行使排他独占权的基础。授权品种的保护范围不限于申请品种权时所采取的特定方式获得的繁殖材料，即使不同于植物新品种权授权阶段育种者所普遍使用的繁殖材料，其他植物材料可用于授权品种繁殖材料的，亦应当纳入植物新品种权的保护范围。

2. 植物材料被认定为某一授权品种的繁殖材料，必须同时满足以下要件：属于活体，具有繁殖能力，并且繁殖出的新个体与该授权品种的特征特性相同。植物材料仅可以用作收获材料而不能用作繁殖材料的，不属于植物新品种权保护的范围。

◎ **公报案例**

古某春公司诉怡某源公司等不正当竞争纠纷案【《最高人民法院公报》2006 年第 9 期】

裁判摘要： 民法通则第九十七条规定："公民对自己的发现享有发现权。发现人有权申请领取发现证书、奖金或者其他奖励。"根据该规定，发现权只是对发现者个人或集体给予的一种荣誉权和被奖励权，不能转让也不能继受取得。

植物新品种保护条例第三条规定："国务院农业、林业行政部门（以下统称审批机关）按照职责分工共同负责植物新品种权申请的受理和审查并对符合本条例规定的植物新品种授予植物新品种权（以下称品种权）。"该条例第三十一条规定："对经实质审查符合本条例规定的品种权申请，审批机关应当作出授予品种权的决定，颁发品种权证书，并予以登记和公告。"根据上述规定，植物新品种权的取得，必须依法定程序进行，非经法定程序，任何个人或单位不能以任何其他方式原始取得品种权。

江苏省高某种业科技有限公司诉南通市粮某原种场植物新品种追偿权纠纷案【《最高人民法院公报》2020 年第 7 期】

裁判摘要： 植物新品种实行"早期公开、延迟审查"制度。品种权被授予后，品种权人依据《植物新品种保护条例》第三十三条规定，主张在植物新品种申请公布日至授权公告日期间未经申请人许可，为商业目的生产、销售授权品种繁殖材料的单位或个人支付使用费的，人民法院可以综合考虑有关植物新品种实施许可费、品种类型和价值、实施者的经营规模等因素合理确定。

清某大学、同某威视技术股份有限公司诉许昌瑞某电子科技有限公司侵害发明专利权纠纷案【《最高人民法院公报》2021 年第 11 期】

裁判摘要： 在侵害专利权纠纷案件中，为正确理解权利要求、准确确定专利权利要求的保护范围，应当结合专利说明书、附图以及专利审查文件，对权利要求书中的技术特征进行合理解释。本领域普通技术人员对无须经过创造性劳动即可合理获知的权利要求技术特征中的可替代部分，采取改变部分结构达到同样功能和效果的，应认定具有相同特征。被控侵权产品的技术构成与专利权利要求书记载的技术特征在实现手段、功能、效果、目的、方式等方面相同或等同的，应认定构成侵权。

江苏中某数码电子有限公司与山东比某智能科技股份有限公司因恶意提起知识产权诉讼损害责任纠纷案【《最高人民法院公报》2022 年第 5 期】

裁判摘要：行为人在明知系争商标为他人在先使用并具有一定影响力的情况下，抢先注册系争商标并获得的商标权不具有实质上的正当性。行为人据此向在先使用人许可的关联方提起商标侵权诉讼的，该诉讼行为应认定为恶意提起知识产权诉讼，由此造成他人损害的，应当承担损害赔偿责任。

◎ **典型案例**

"新华"商标纠纷案【"用公开促公正建设核心价值"主题教育活动合同纠纷典型案例之四（2015年12月4日）】

典型意义：本案系涉民生案件，属典型的药品行业的"傍名牌"行为，与人民群众的生命健康安全息息相关，危害更甚；加大对知名药品企业的知识产权的保护，有利于规范药品生产、销售市场秩序，促进良心竞争，打击不正当竞争，促进药品行业的健康发展，从而保障人民群众的身心健康。本案属于典型的知识产权纠纷，涉及商标侵权及不正当竞争。判决认定河南新华侵犯了山东新华的权利，并依法判决河南新华改换自己的名称、字号、停止侵权。

彭某侵犯商业秘密罪案【人民法院充分发挥审判职能作用保护产权和企业家合法权益典型案例之六（2018年1月30日）】

典型意义：商业秘密是企业的重要财产权利，关乎企业的竞争力，对企业的发展致关重要，甚至直接影响企业的生存发展。依法制裁侵犯商业秘密行为，是保护

企业产权的重要方面，也是维护公平竞争，保障企业投资、创新、创业的重要措施。本案被告人恶意串通，违反保密义务，获取、使用企业的技术信息和经营信息等商业秘密，造成了权利人的重大损失，不仅构成民事侵权应当承担民事责任，而且因造成了严重后果，已经构成刑法规定的侵害商业秘密罪。人民法院依法判处被告人彭某有期徒刑四年，并处罚金，对侵害商业秘密的行为进行严厉惩处，通过刑事手段对商业秘密进行有力保护，有利于促进诚信经营，公平竞争，为企业经营发展营造良好的法治环境。

"优选锯"侵害技术秘密纠纷案——技术秘密侵权行为认定及责任承担【人民法院反垄断和反不正当竞争典型案例之一（2021年9月27日）】

典型意义：本案涉及复杂的技术事实查明与法律适用问题，通过多次庭审逐步明确技术秘密的实质内涵，借助现场勘验手段查明侵权事实，合理分配举证责任减轻权利人的举证负担，充分彰显了严惩不诚信行为、维护公平竞争秩序的司法导向。同时，针对当事人毁损重要证据的行为作出的罚款决定也表明了人民法院倡导诚实守信、惩戒失信，构建知识产权诉讼诚信体系的司法态度。

人民陪审员参加七人合议庭审理发明专利权无效宣告行政纠纷案【人民陪审员参审十大典型案例之三（2022年10月11日）】

典型意义：习近平总书记强调，"保

护知识产权就是保护创新"。专利等技术类知识产权案件往往涉及复杂的技术事实查明和认定，北京知识产权法院随机抽取具有相应专业知识的人民陪审员共同组成合议庭，参与案件审理，有利于充分发挥其积极作用。人民陪审员在法官的指引下积极履职，形成优势互补，充分体现了司法民主。法官与人民陪审员共同对该案的复杂技术问题和证据材料进行深入分析，依法作出裁判，反映了中国法院加强知识产权保护的坚定决心。

涉"万糯2000"育种材料商业秘密纠纷案【人民法院依法保护民营企业产权和企业家权益典型案例》（2023年7月31日）】

典型意义："万糯2000"育种材料商业秘密纠纷案明确了玉米自交系亲本作为商业秘密的保护条件和意义，是人民法院综合运用植物新品种权、商业秘密等多种知识产权保护手段保护育种成果的积极探索，有利于有效激励育种原始创新、持续创新，促进构建多元化、立体式的农作物育种成果综合法律保护体系。随着我国农业专业化和商业化的发展进程，育种创新主体需要为育种创新链条中的不同环节构建立体化、多元化的保护机制，有效的知识产权保护机制不但能够为育种创新成果提供直接有效的法律保护，而且能够有效增加特定产品的商业附加值，提升特定产品的市场价值和市场竞争能力，从而为种业创新发展提供源源不断的动力。人民法

院通过知识产权审判为创新型民营企业助力赋能，保证确有创新性的育种创新成果获得知识产权保护，鼓励民营企业通过商业秘密、植物新品种、专利等多种知识产权手段保护育种创新成果，构建符合企业发展和需求的全链条立体化知识产权保护机制。

第一百二十七条 【对数据和网络虚拟财产的保护】

法律对数据、网络虚拟财产的保护有规定的，依照其规定。

关联法规

◎ 法律

《刑法》

第二百八十五条 违反国家规定，侵入国家事务、国防建设、尖端科学技术领域的计算机信息系统的，处三年以下有期徒刑或者拘役。

违反国家规定，侵入前款规定以外的计算机信息系统或者采用其他技术手段，获取该计算机信息系统中存储、处理或者传输的数据，或者对该计算机信息系统实施非法控制，情节严重的，处三年以下有期徒刑或者拘役，并处或者单处罚金；情节特别严重的，处三年以上七年以下有期徒刑，并处罚金。

提供专门用于侵入、非法控制计算机

信息系统的程序、工具，或者明知他人实施侵入、非法控制计算机信息系统的违法犯罪行为而为其提供程序、工具，情节严重的，依照前款的规定处罚。

单位犯前三款罪的，对单位判处罚金，并对其直接负责的主管人员和其他直接责任人员，依照各该款的规定处罚。

第二百八十六条　违反国家规定，对计算机信息系统功能进行删除、修改、增加、干扰，造成计算机信息系统不能正常运行，后果严重的，处五年以下有期徒刑或者拘役；后果特别严重的，处五年以上有期徒刑。

违反国家规定，对计算机信息系统中存储、处理或者传输的数据和应用程序进行删除、修改、增加的操作，后果严重的，依照前款的规定处罚。

故意制作、传播计算机病毒等破坏性程序，影响计算机系统正常运行，后果严重的，依照第一款的规定处罚。

单位犯前三款罪的，对单位判处罚金，并对其直接负责的主管人员和其他直接责任人员，依照第一款的规定处罚。

《网络安全法》

第十条　建设、运营网络或者通过网络提供服务，应当依照法律、行政法规的规定和国家标准的强制性要求，采取技术措施和其他必要措施，保障网络

安全、稳定运行，有效应对网络安全事件，防范网络违法犯罪活动，维护网络数据的完整性、保密性和可用性。

第二十一条　国家实行网络安全等级保护制度。网络运营者应当按照网络安全等级保护制度的要求，履行下列安全保护义务，保障网络免受干扰、破坏或者未经授权的访问，防止网络数据泄露或者被窃取、篡改：

（一）制定内部安全管理制度和操作规程，确定网络安全负责人，落实网络安全保护责任；

（二）采取防范计算机病毒和网络攻击、网络侵入等危害网络安全行为的技术措施；

（三）采取监测、记录网络运行状态、网络安全事件的技术措施，并按照规定留存相关的网络日志不少于六个月；

（四）采取数据分类、重要数据备份和加密等措施；

（五）法律、行政法规规定的其他义务。

第二十七条　任何个人和组织不得从事非法侵入他人网络、干扰他人网络正常功能、窃取网络数据等危害网络安全的活动；不得提供专门用于从事侵入网络、干扰网络正常功能及防护措施、窃取网络数据等危害网络安全活动的程序、工具；明知他人从事危害网络安全

的活动的，不得为其提供技术支持、广告推广、支付结算等帮助。

第七十六条 本法下列用语的含义：

（一）网络，是指由计算机或者其他信息终端及相关设备组成的按照一定的规则和程序对信息进行收集、存储、传输、交换、处理的系统。

（二）网络安全，是指通过采取必要措施，防范对网络的攻击、侵入、干扰、破坏和非法使用以及意外事故，使网络处于稳定可靠运行的状态，以及保障网络数据的完整性、保密性、可用性的能力。

（三）网络运营者，是指网络的所有者、管理者和网络服务提供者。

（四）网络数据，是指通过网络收集、存储、传输、处理和产生的各种电子数据。

（五）个人信息，是指以电子或者其他方式记录的能够单独或者与其他信息结合识别自然人个人身份的各种信息，包括但不限于自然人的姓名、出生日期、身份证件号码、个人生物识别信息、住址、电话号码等。

《数据安全法》

第一条 为了规范数据处理活动，保障数据安全，促进数据开发利用，保护个人、组织的合法权益，维护国家主权、安全和发展利益，制定本法。

第二条 在中华人民共和国境内开展数据处理活动及其安全监管，适用本法。

在中华人民共和国境外开展数据处理活动，损害中华人民共和国国家安全、公共利益或者公民、组织合法权益的，依法追究法律责任。

第七条 国家保护个人、组织与数据有关的权益，鼓励数据依法合理有效利用，保障数据依法有序自由流动，促进以数据为关键要素的数字经济发展。

第三十二条 任何组织、个人收集数据，应当采取合法、正当的方式，不得窃取或者以其他非法方式获取数据。

法律、行政法规对收集、使用数据的目的、范围有规定的，应当在法律、行政法规规定的目的和范围内收集、使用数据。

第五十一条 窃取或者以其他非法方式获取数据，开展数据处理活动排除、限制竞争，或者损害个人、组织合法权益的，依照有关法律、行政法规的规定处罚。

第五十二条 违反本法规定，给他人造成损害的，依法承担民事责任。

违反本法规定，构成违反治安管理行为的，依法给予治安管理处罚；构成犯罪的，依法追究刑事责任。

《反不正当竞争法》

第九条 经营者不得实施下列侵犯商业秘密的行为：

（一）以盗窃、贿赂、欺诈、胁迫、电子侵入或者其他不正当手段获取权利人的商业秘密；

（二）披露、使用或者允许他人使用以前项手段获取的权利人的商业秘密；

（三）违反保密义务或者违反权利人有关保守商业秘密的要求，披露、使用或者允许他人使用其所掌握的商业秘密；

（四）教唆、引诱、帮助他人违反保密义务或者违反权利人有关保守商业秘密的要求，获取、披露、使用或者允许他人使用权利人的商业秘密。

经营者以外的其他自然人、法人和非法人组织实施前款所列违法行为的，视为侵犯商业秘密。

第三人明知或者应知商业秘密权利人的员工、前员工或者其他单位、个人实施本条第一款所列违法行为，仍获取、披露、使用或者允许他人使用该商业秘密的，视为侵犯商业秘密。

本法所称的商业秘密，是指不为公众所知悉、具有商业价值并经权利人采取相应保密措施的技术信息、经营信息等商业信息。

《著作权法》

第十五条　汇编若干作品、作品的片段或者不构成作品的数据或者其他材料，对其内容的选择或者编排体现独创性的作品，为汇编作品，其著作权由汇编人享有，但行使著作权时，不得侵犯原作品的著作权。

第六章　民事法律行为

第二节　意思表示

第一百三十七条　【有特定相对人的意思表示的生效时间】

以对话方式作出的意思表示，相对人知道其内容时生效。

以非对话方式作出的意思表示，到达相对人时生效。以非对话方式作出的采用数据电文形式的意思表示，相对人指定特定系统接收数据电文的，该数据电文进入该特定系统时生效；未指定特定系统的，相对人知道或者应当知道该数据电文进入其系统时生效。当事人对采用数据电文形式的意思表示的生效时间另有约定的，按照其约定。

关联法规

◎ **法律**

《民法典》

第四百七十四条　要约生效的时间适用本法第一百三十七条的规定。

第四百八十一条　承诺应当在要约确定的期限内到达要约人。

要约没有确定承诺期限的，承诺应当依照下列规定到达：

（一）要约以对话方式作出的，应当即时作出承诺；

（二）要约以非对话方式作出的，承诺应当在合理期限内到达。

第四百八十四条　以通知方式作出的承诺，生效的时间适用本法第一百三十七条的规定。

承诺不需要通知的，根据交易习惯或者要约的要求作出承诺的行为时生效。

《电子签名法》

第十一条　数据电文进入发件人控制之外的某个信息系统的时间，视为该数据电文的发送时间。

收件人指定特定系统接收数据电文的，数据电文进入该特定系统的时间，视为该数据电文的接收时间；未指定特定系统的，数据电文进入收件人的任何系统的首次时间，视为该数据电文的接收时间。

当事人对数据电文的发送时间、接

收时间另有约定的，从其约定。

◎ **司法解释**

《关于适用〈中华人民共和国民法典〉总则编若干问题的解释》

　　第二十九条　法定代理人、被代理人依据民法典第一百四十五条、第一百

七十一条的规定向相对人作出追认的意思表示的，人民法院应当依据民法典第一百三十七条的规定确认其追认意思表示的生效时间。

第八章　民事责任

> **第一百八十五条　【英雄烈士人格利益的保护】**
>
> 侵害英雄烈士等的姓名、肖像、名誉、荣誉，损害社会公共利益的，应当承担民事责任。

关联法规

◎ 法律

《关于设立烈士纪念日的决定》

近代以来，为了争取民族独立和人民自由幸福，为了国家繁荣富强，无数的英雄献出了生命，烈士的功勋彪炳史册，烈士的精神永垂不朽。为了弘扬烈士精神，缅怀烈士功绩，培养公民的爱国主义、集体主义精神和社会主义道德风尚，培育和践行社会主义核心价值观，增强中华民族的凝聚力，激发实现中华民族伟大复兴中国梦的强大精神力量，第十二届全国人民代表大会常务委员会第十次会议决定：

将9月30日设立为烈士纪念日。每年9月30日国家举行纪念烈士活动。

《英雄烈士保护法》

第二十二条　禁止歪曲、丑化、亵渎、否定英雄烈士事迹和精神。

英雄烈士的姓名、肖像、名誉、荣誉受法律保护。任何组织和个人不得在公共场所、互联网或者利用广播电视、电影、出版物等，以侮辱、诽谤或者其他方式侵害英雄烈士的姓名、肖像、名誉、荣誉。任何组织和个人不得将英雄烈士的姓名、肖像用于或者变相用于商标、商业广告，损害英雄烈士的名誉、荣誉。

公安、文化、新闻出版、广播电视、电影、网信、市场监督管理、负责英雄烈士保护工作的部门发现前款规定行为的，应当依法及时处理。

第二十三条　网信和电信、公安等有关部门在对网络信息进行依法监督管理工作中，发现发布或者传输以侮辱、诽谤或者其他方式侵害英雄烈士的姓名、肖像、名誉、荣誉的信息的，应当要求网络运营者停止传输，采取消除等处置措施和其他必要措施；对来源于中华人民共和国境外的上述信息，应当通知有关机构采取技术措施和其他必要措施阻断传播。

网络运营者发现其用户发布前款规定的信息的，应当立即停止传输该信息，采取消除等处置措施，防止信息扩散，保存有关记录，并向有关主管部门报告。网络运营者未采取停止传输、消除等处置措施的，依照《中华人民共和国网络安全法》的规定处罚。

第二十五条 对侵害英雄烈士的姓名、肖像、名誉、荣誉的行为，英雄烈士的近亲属可以依法向人民法院提起诉讼。

英雄烈士没有近亲属或者近亲属不提起诉讼的，检察机关依法对侵害英雄烈士的姓名、肖像、名誉、荣誉，损害社会公共利益的行为向人民法院提起诉讼。

负责英雄烈士保护工作的部门和其他有关部门在履行职责过程中发现第一款规定的行为，需要检察机关提起诉讼的，应当向检察机关报告。

英雄烈士近亲属依照第一款规定提起诉讼的，法律援助机构应当依法提供法律援助服务。

第二十六条 以侮辱、诽谤或者其他方式侵害英雄烈士的姓名、肖像、名誉、荣誉，损害社会公共利益的，依法承担民事责任；构成违反治安管理行为的，由公安机关依法给予治安管理处罚；构成犯罪的，依法追究刑事责任。

《法律援助法》

第三十二条 有下列情形之一，当事人申请法律援助的，不受经济困难条件的限制：

（一）英雄烈士近亲属为维护英雄烈士的人格权益；

（二）因见义勇为行为主张相关民事权益；

（三）再审改判无罪请求国家赔偿；

（四）遭受虐待、遗弃或者家庭暴力的受害人主张相关权益；

（五）法律、法规、规章规定的其他情形。

◎ **党内法规**

《关于规范党员干部网络行为的意见》

二、党员干部不准参与以下网络传播行为：发表违背党的基本路线，否定四项基本原则，歪曲党的政策，或者其他有严重政治问题的文章、演说、宣言、声明等；妄议中央大政方针，破坏党的集中统一；丑化党和国家形象，诋毁、污蔑党和国家领导人，歪曲党史、国史、军史，抹黑革命先烈和英雄模范；制造、传播各类谣言特别是政治类谣言，散布所谓"内部"消息和小道消息；出版、购买、传播非法出版物；宣扬封建迷信、淫秽色情；制作、传播其他有严重问题的文章、言论、音视频等信息内容。

◎ **行政法规**

《军人抚恤优待条例》

第八条 现役军人死亡，符合下列情形之一的，批准为烈士：

（一）对敌作战死亡，或者对敌作战负伤在医疗终结前因伤死亡的；

（二）因执行任务遭敌人或者犯罪分子杀害，或者被俘、被捕后不屈遭敌人杀害或者被折磨致死的；

（三）为抢救和保护国家财产、人民生命财产或者执行反恐怖任务和处置突发事件死亡的；

（四）因执行军事演习、战备航行飞行、空降和导弹发射训练、试航试飞任务以及参加武器装备科研试验死亡的；

（五）在执行外交任务或者国家派遣的对外援助、维持国际和平任务中牺牲的；

（六）其他死难情节特别突出，堪为楷模的。

现役军人在执行对敌作战、边海防执勤或者抢险救灾任务中失踪，经法定程序宣告死亡的，按照烈士对待。

批准烈士，属于因战死亡的，由军队团级以上单位政治机关批准；属于非因战死亡的，由军队军级以上单位政治机关批准；属于本条第一款第六项规定情形的，由中国人民解放军总政治部批准。

第十一条 对烈士遗属、因公牺牲军人遗属、病故军人遗属，由县级人民政府退役军人事务部门分别发给《中华人民共和国烈士证明书》、《中华人民共和国军人因公牺牲证明书》、《中华人民共和国军人病故证明书》。

《烈士褒扬条例》

第二条 公民在保卫祖国和社会主义建设事业中牺牲被评定为烈士的，依照本条例的规定予以褒扬。烈士的遗属，依照本条例的规定享受抚恤优待。

第八条 公民牺牲符合下列情形之一的，评定为烈士：

（一）在依法查处违法犯罪行为、执行国家安全工作任务、执行反恐怖任务和处置突发事件中牺牲的；

（二）抢险救灾或者其他为了抢救、保护国家财产、集体财产、公民生命财产牺牲的；

（三）在执行外交任务或者国家派遣的对外援助、维持国际和平任务中牺牲的；

（四）在执行武器装备科研试验任务中牺牲的；

（五）其他牺牲情节特别突出，堪为楷模的。

现役军人牺牲，预备役人员、民兵、民工以及其他人员因参战、参加军事演习和军事训练、执行军事勤务牺牲应当评定烈士的，依照《军人抚恤优待条例》的有关规定评定。

第九条 申报烈士的，由死者生前所在工作单位、死者遗属或者事件发生地的组织、公民向死者生前工作单位所在地、死者遗属户口所在地或者事件发生地的县级人民政府退役军人事务部门提供有关死者牺牲情节的材料，由收到材料的县级人民政府退役军人事务部门调查核实后提出评定烈士的报告，报本级人民政府审核。

属于本条例第八条第一款第一项、第二项规定情形的，由县级人民政府提出评定烈士的报告并逐级上报至省、自治区、直辖市人民政府审查评定。评定为烈士的，由省、自治区、直辖市人民政府送国务院退役军人事务部门备案。

属于本条例第八条第一款第三项、第四项规定情形的，由国务院有关部门提出评定烈士的报告，送国务院退役军人事务部门审查评定。

属于本条例第八条第一款第五项规定情形的，由县级人民政府提出评定烈士的报告并逐级上报至省、自治区、直辖市人民政府，由省、自治区、直辖市人民政府审查后送国务院退役军人事务部门审查评定。

第十三条　县级以上人民政府每年在烈士纪念日举行颁授仪式，向烈士遗属颁授烈士证书。

第二十六条　按照国家有关规定修建的烈士陵园、纪念堂馆、纪念碑亭、纪念塔祠、纪念塑像、烈士骨灰堂、烈士墓等烈士纪念设施，受法律保护。

第二十九条　各级人民政府应当组织收集、整理烈士史料，编纂烈士英名录。

烈士纪念设施保护单位应当搜集、整理、保管、陈列烈士遗物和事迹史料。属于文物的，依照有关法律、法规的规定予以保护。

第三十二条　在烈士纪念设施保护范围内不得从事与纪念烈士无关的活动。禁止以任何方式破坏、污损烈士纪念设施。

第三十七条　未经批准迁移烈士纪念设施，非法侵占烈士纪念设施保护范围内的土地、设施，破坏、污损烈士纪念设施，或者在烈士纪念设施保护范围内为烈士以外的其他人修建纪念设施、安放骨灰、埋葬遗体的，由烈士纪念设施保护单位的上级主管部门责令改正，恢复原状、原貌；造成损失的，依法承担赔偿责任；构成犯罪的，依法追究刑事责任。

第四十一条　烈士证书、烈士通知书由国务院退役军人事务部门印制。

◎ **司法解释**

《关于适用〈中华人民共和国民法典〉时间效力的若干规定》

第六条　《中华人民共和国民法总则》施行前，侵害英雄烈士等的姓名、肖像、名誉、荣誉，损害社会公共利益引起的民事纠纷案件，适用民法典第一百八十五条的规定。

《人民检察院公益诉讼办案规则》

第八十五条 人民检察院经过对民事公益诉讼线索进行评估，认为同时存在以下情形的，应当立案：

（一）社会公共利益受到损害；

（二）可能存在破坏生态环境和资源保护，食品药品安全领域侵害众多消费者合法权益，侵犯未成年人合法权益，侵害英雄烈士等的姓名、肖像、名誉、荣誉等损害社会公共利益的违法行为。

第九十二条 人民检察院办理侵害英雄烈士等的姓名、肖像、名誉、荣誉的民事公益诉讼案件，可以直接征询英雄烈士等的近亲属的意见。被侵害的英雄烈士等人数众多、难以确定近亲属，或者直接征询近亲属意见确有困难的，也可以通过公告的方式征询英雄烈士等的近亲属的意见。

第九十三条 发布公告后，人民检察院应当对赔偿权利人启动生态环境损害赔偿程序情况、适格主体起诉情况、英雄烈士等的近亲属提起民事诉讼情况，以及社会公共利益受到损害的情况跟进调查，收集相关证据材料。

第九十七条 人民检察院在刑事案件提起公诉时，对破坏生态环境和资源保护，食品药品安全领域侵害众多消费者合法权益，侵犯未成年人合法权益，侵害英雄烈士等的姓名、肖像、名誉、荣誉等损害社会公共利益的违法行为，可以向人民法院提起刑事附带民事公益诉讼。

第九十八条 人民检察院可以向人民法院提出要求被告停止侵害、排除妨碍、消除危险、恢复原状、赔偿损失等诉讼请求。

针对不同领域案件，还可以提出以下诉讼请求：

（一）破坏生态环境和资源保护领域案件，可以提出要求被告以补植复绿、增殖放流、土地复垦等方式修复生态环境的诉讼请求，或者支付生态环境修复费用，赔偿生态环境受到损害至修复完成期间服务功能丧失造成的损失、生态环境功能永久性损害造成的损失等诉讼请求，被告违反法律规定故意污染环境、破坏生态造成严重后果的，可以提出惩罚性赔偿等诉讼请求；

（二）食品药品安全领域案件，可以提出要求被告召回并依法处置相关食品药品以及承担相关费用和惩罚性赔偿等诉讼请求；

（三）英雄烈士等的姓名、肖像、名誉、荣誉保护案件，可以提出要求被告消除影响、恢复名誉、赔礼道歉等诉讼请求。

人民检察院为诉讼支出的鉴定评估、专家咨询等费用，可以在起诉时一并提出由被告承担的诉讼请求。

第一百条 下列案件，人民检察院

可以支持起诉：

（一）生态环境损害赔偿权利人提起的生态环境损害赔偿诉讼案件；

（二）适格主体提起的民事公益诉讼案件；

（三）英雄烈士等的近亲属提起的维护英雄烈士等的姓名、肖像、名誉、荣誉的民事诉讼案件；

（四）军人和因公牺牲军人、病故军人遗属提起的侵害军人荣誉、名誉和其他相关合法权益的民事诉讼案件；

（五）其他依法可以支持起诉的公益诉讼案件。

◎ **部门规章**
《关于依法惩治侵害英雄烈士名誉、荣誉违法犯罪的意见》

二、关于侵害英雄烈士名誉、荣誉罪入罪标准

根据刑法第二百九十九条之一的规定，侮辱、诽谤或者以其他方式侵害英雄烈士的名誉、荣誉，损害社会公共利益，情节严重的，构成侵害英雄烈士名誉、荣誉罪。

司法实践中，对侵害英雄烈士名誉、荣誉的行为是否达到"情节严重"，应当结合行为方式、涉及英雄烈士的人数、相关信息的数量、传播方式、传播范围、传播持续时间、相关信息实际被点击、浏览、转发次数，引发的社会影响、危害后果以及行为人前科

情况等综合判断。根据案件具体情况，必要时，可以参照适用《最高人民法院、最高人民检察院关于办理利用信息网络实施诽谤等刑事案件适用法律若干问题的解释》（法释〔2013〕21号）的规定。

侵害英雄烈士名誉、荣誉，达到入罪标准，但行为人认罪悔罪，综合考虑案件具体情节，认为犯罪情节轻微的，可以不起诉或者免予刑事处罚；情节显著轻微危害不大的，不以犯罪论处；构成违反治安管理行为的，由公安机关依法给予治安管理处罚。

◎ **部门规章**
《互联网视听节目服务管理规定》

第十六条 互联网视听节目服务单位提供的、网络运营单位接入的视听节目应当符合法律、行政法规、部门规章的规定。已播出的视听节目应至少完整保留60日。视听节目不得含有以下内容：

（一）反对宪法确定的基本原则的；

（二）危害国家统一、主权和领土完整的；

（三）泄露国家秘密、危害国家安全或者损害国家荣誉和利益的；

（四）煽动民族仇恨、民族歧视，破坏民族团结，或者侵害民族风俗、习惯的；

（五）宣扬邪教、迷信的；

（六）扰乱社会秩序，破坏社会稳定的；

（七）诱导未成年人违法犯罪和渲染暴力、色情、赌博、恐怖活动的；

（八）侮辱或者诽谤他人，侵害公民个人隐私等他人合法权益的；

（九）危害社会公德，损害民族优秀文化传统的；

（十）有关法律、行政法规和国家规定禁止的其他内容。

《互联网文化管理暂行规定》

第十六条 互联网文化单位不得提供载有以下内容的文化产品：

（一）反对宪法确定的基本原则的；

（二）危害国家统一、主权和领土完整的；

（三）泄露国家秘密、危害国家安全或者损害国家荣誉和利益的；

（四）煽动民族仇恨、民族歧视，破坏民族团结，或者侵害民族风俗、习惯的；

（五）宣扬邪教、迷信的；

（六）散布谣言，扰乱社会秩序，破坏社会稳定的；

（七）宣扬淫秽、赌博、暴力或者教唆犯罪的；

（八）侮辱或者诽谤他人，侵害他人合法权益的；

（九）危害社会公德或者民族优秀文化传统的；

（十）有法律、行政法规和国家规定禁止的其他内容的。

权威案例

◎ **指导性案例**

葛某生诉洪某快名誉权、荣誉权纠纷案

【最高法指导案例第 99 号】

裁判要点：1. 对侵害英雄烈士名誉、荣誉等行为，英雄烈士的近亲属依法向人民法院提起诉讼的，人民法院应予受理。

2. 英雄烈士事迹和精神是中华民族的共同历史记忆和社会主义核心价值观的重要体现，英雄烈士的名誉、荣誉等受法律保护。人民法院审理侵害英雄烈士名誉、荣誉等案件，不仅要依法保护相关个人权益，还应发挥司法彰显公共价值功能，维护社会公共利益。

3. 任何组织和个人以细节考据、观点争鸣等名义对英雄烈士的事迹和精神进行污蔑和贬损，属于歪曲、丑化、亵渎、否定英雄烈士事迹和精神的行为，应当依法承担法律责任。

◎ **典型案例**

黄某、洪某快诉梅某育名誉权侵权纠纷案

【人民法院依法保护"狼牙山五壮士"等英雄人物人格权益典型案例之一（2016 年 10 月 19 日）】

典型意义：本案是微博言论评价他人文章所引发的名誉权侵权的典型案例。本案的典型之处在于，被告的言论，系对原告所发表的关于"狼牙山五壮士"这一历史英雄人物及其历史事件的文章作出的评价和批评。被告的言论是否超出必要的限度、其妥当性以及是否侵害他人人格，涉及原告所发表文章涉及的事项、原告对于所发表文章所引发他人批评或评价的预见程度和应当负有的相应的容忍义务，以及被告所发表言论的主观状态、其言论是否导致原告社会评价降低等因素，均为被告是否构成侵权的重要考量因素，也是名誉权侵权案件中的重点和难点问题。本案中，人民法院从原告所发表文章的内容以及其涉及的历史人物及其历史事件的重大历史意义分析，认为原告对于该文所引发的言论具有较高的容忍义务，较为准确地界定了原告对于自己言论的注意义务；从被告发表言论的主观动机以及其言论所批评的对象、受众从其言论中获得信息的方式以及受众由此对原告所作出的社会评价等方面，认定被告并未构成侵权的同时，指出其言论亦有不当之处，在准确、全面适用现行法的同时，更是贯彻了侵权法平衡行为人的行为自由与保护他人合法权益的原则。

黄某、洪某快诉郭某民名誉权侵权纠纷案【人民法院依法保护"狼牙山五壮士"等英雄人物人格权益典型案例之二（2016年10月19日）】

典型意义：本案与黄某、洪某快诉梅某育名誉权侵权案系由同一文章所引发的关联案件。在本案中，人民法院在分析被告是否构成侵权时，强调以"狼牙山五壮士"为代表的民族英雄、英雄事迹以及其精神，已经成为中华民族共同历史记忆和中华民族感情及精神世界的重要内容。原告所发表文章对前述社会共识及主流价值观提出质疑，就应当预见到其可能引发的评价，亦应负有较高的注意义务。同时，结合网络媒体及互联网时代的社交媒体工具对言论容忍度带来的新变化，以及被告的言论在主观、因果关系以及损害后果方面等因素作出综合评价。应该说，这一判决准确把握了侵权法在互联网时代的新发展，妥当界分了对立言论之间的相互关系。

葛某生、宋某宝分别诉洪某快名誉权侵权纠纷系列案【人民法院依法保护"狼牙山五壮士"等英雄人物人格权益典型案例之三（2016年10月19日）】

典型意义：近年来社会上通过各种形式诋毁、侮辱、诽谤英雄人物，丑化英雄人物形象，贬损英雄人物名誉，削弱其精神价值的现象时有发生，葛某生、宋某宝分别诉洪某快名誉权侵权纠纷两个案件是这种现象的集中反映。人民法院在审理此类案件中的难点有：一是通过诉讼维护英雄人物包括已经不在世的英雄人物的名誉、荣誉，需要确定原告的范围，这应以现行法及司法解释为依归；二是此类侵权行为所侵害法益的复杂性，英雄人物的个人名誉、荣誉，往往与一定的英雄事件、历史背景、社会共识以及主流价值观相关，并由此与公共利益发生关联。人民法院审理此类案件，应从更为广阔的视野出发，更为全面、准确把握社会公共利益及其表现形态；三是此类侵权行为的表现形态更为多样化，经常表现为学术文章、观点争论等，人民法院应依据现行法更为实质性地把握名誉权侵权行为的表现方式；四是此类案件涉及的利益类型更为复杂，涉及到言论自由、学术自由和个人权益的关系，人民法院应在个案中审慎把握，既要保护个人权益，也要防止司法对学术问题、言论自由作出不当干预，要在多个利益之间合理界分。

葛某生、宋某宝分别诉洪某快两个案件的审判，妥当处理了上述四个问题。在确定权利人及原告资格问题上，以现行法及司法解释为依据，认定英雄人物的近亲属享有程序法上的原告主体资格和实体法上的请求权；在侵权行为侵害的法益识别上，分析了"狼牙山五壮士"获得个人名誉及荣誉的历史事实，并以这一英雄群体在我国当代史上发挥的作用为依据，将其精神归纳为民族的共同记忆、民族精神和社会主义价值观的一部分，因而构成了社会公共利益的一部分，法益识别准确；在侵权责任的构成上，分析了文章的写作方法、资料运用、主观目的以及所形成的损害后果，准确运用了侵权责任的构成要件；在利益衡量上，结合个案分析了学术自由、言论自由与权益保护的关系，利益平衡得当。

两案的判决保护了英雄人物的名誉和荣誉，维护了社会公共利益。

邱某华诉孙某、加某宝（中国）饮料有限公司一般人格权纠纷案【人民法院依法保护"狼牙山五壮士"等英雄人物人格权益典型案例之四（2016 年 10 月 19 日）】

典型意义：本案是恶意诋毁、侮辱民族英雄和革命先烈，侵害其人格利益的典型案件。本案的特点是，先有网络名人恶意侮辱、诋毁民族英雄，再有商业公司借助不法言论恶意炒作获得商业推广效果，两者行为的结合造成了同一损害后果。本案判决在如下方面值得赞同：一是对侵权言论的分析上，结合其语境及侵权言论的传播和舆论反应，认定侵权人的主观恶意和损害后果；二是对多个行为人共同侵权的把握上，注意分析多个言论的关联性及互动性，准确把握多个行为人的主观关联性及损害后果的同一性；三是在责任形态上，认定多个侵权人之间的连带责任；四是在责任方式上，根据侵权人事后删除侵权言论的事实，判决其承担赔礼道歉、消除影响和精神损害抚慰金的责任，责任形式妥当。这一判决，维护了民族英雄和革命先烈的合法权益，对于以侮辱、诋毁民族英雄和革命先烈的人格为手段，恶意商业炒作获得不法利益的侵权行为，具有鲜明的警示意义。

董存瑞、黄继光英雄烈士名誉权纠纷公益诉讼案——杭州市西湖区人民检察院诉瞿某某侵害烈士名誉权公益诉讼案【人民法

院大力弘扬社会主义核心价值观十大典型民事案例之一（2020年5月13日）】

典型意义：董存瑞、黄继光等英雄烈士的事迹和精神是中华民族共同的历史记忆和宝贵的精神财富。对英烈事迹的亵渎，不仅侵害了英烈本人的名誉权，给英烈亲属造成精神痛苦，也伤害了社会公众的民族和历史感情，损害了社会公共利益。互联网名誉侵权案件具有传播速度快、社会影响大等特点，该两案系全国首次通过互联网审理涉英烈保护民事公益诉讼案件，明确侵权结果发生地法院对互联网民事公益诉讼案件具有管辖权，有利于高效、精准打击利用互联网侵害英雄烈士权益不法行为，为网络空间注入尊崇英雄、热爱英雄、景仰英雄的法治能量。

淮安谢勇烈士名誉权纠纷公益诉讼案——淮安市人民检察院诉曾某侵害烈士名誉权公益诉讼案【人民法院大力弘扬社会主义核心价值观十大典型民事案例之二（2020年5月13日）】

典型意义：本案是《中华人民共和国英雄烈士保护法》实施后全国首例适用该法进行审判的案件，是以检察机关提起公益诉讼方式保护当代消防英烈名誉、维护社会公共利益的典型案例。本案中，谢勇烈士的英雄事迹和精神为国家所褒扬，成为全社会、全民族宝贵的精神遗产，其名誉、荣誉等人格权益已经上升为社会公共利益，不容亵渎。曾某利用成员众多、易于传播的微信群，故意发表带有侮辱性质的不实言论，歪曲烈士谢勇英勇牺牲的事实，诋毁烈士形象，已经超出了言论自由的范畴，侵害了谢勇烈士人格权益和社会公共利益，应承担相应的法律责任。本案裁判顺应时代要求，回应民众呼声，通过释法说理匡扶正义，传播社会正能量，弘扬时代主旋律，对营造崇尚英烈、敬重英烈、捍卫英烈精神的社会环境以及引导公众树立正确的历史观、民族观、文化观，起到积极作用。

杭州市上城区人民检察院诉某网络科技有限公司英雄烈士保护民事公益诉讼案【人民法院贯彻实施民法典典型案例（第一批）之三（2022年2月25日）】

典型意义：英雄烈士是一个国家和民族精神的体现，是引领社会风尚的标杆，加强对英烈姓名、名誉、荣誉等的法律保护，对于促进社会尊崇英烈、扬善抑恶、弘扬社会主义核心价值观意义重大。为更好地弘扬英雄烈士精神，增强民族凝聚力，维护社会公共利益，民法典第一百八十五条对英雄烈士等的人格利益保护作出了特别规定。本案适用民法典的规定，认定将雷锋姓名用于商业广告和营利宣传，曲解了雷锋精神，构成对雷锋同志人格利益的侵害，损害了社会公共利益，依法应当承担相应法律责任，为网络空间注入缅怀英烈、热爱英烈、敬仰英烈的法治正能量。

人民陪审员参加七人合议庭审理曾某侵害烈士名誉公益诉讼案【人民陪审员参审十

大典型案例之一（2022 年 10 月 11 日）】

典型意义：本案是《中华人民共和国英雄烈士保护法》实施后全国首例英烈保护民事公益诉讼案件，受到社会各界广泛关注。本案人民陪审员以严肃认真的工作态度，忠实履行审判职责，认真梳理案情，深入开展调查，广泛征集民意，在庭审时就当地群众关心关注的主要问题积极主动发问，充分结合朴素的公平正义理念，以社会公众的视角对事实认定问题进行分析判断，提高了裁判的公信力和认可度，有力促进以司法公正引领社会公平正义目标的实现。该案入选"人民法院大力弘扬社会主义核心价值观十大典型民事案例"。

李某侵害英雄烈士名誉、荣誉权纠纷案——踩踏烈士墓碑底座、在墓碑前不敬摆拍应依法承担刑事和民事责任【第三批人民法院大力弘扬社会主义核心价值观典型民事案例之一（2023 年 3 月 1 日）】

典型意义：习近平总书记指出，实现我们的目标，需要英雄，需要英雄精神。我们要铭记一切为中华民族和中国人民作出贡献的英雄们，崇尚英雄，捍卫英雄，学习英雄，关爱英雄。无数英雄先烈是我们民族的脊梁，是我们不断开拓前进的勇气和力量所在。英雄烈士的事迹和精神是中华民族的历史记忆和宝贵的精神财富，

是实现中华民族伟大复兴的强大动力，任何歪曲、丑化、亵渎、诋毁英雄烈士的行为均应受到社会的谴责。本案充分体现了人民法院弘扬英烈精神、捍卫英烈尊严的坚定立场，对于弘扬爱国、法治、文明的社会主义核心价值观具有积极意义。

杭州市上城区人民检察院诉杭州某网络科技有限公司英雄烈士保护民事公益诉讼案【最高人民法院发布人民法院抓实公正与效率践行社会主义核心价值观典型案例》（2023 年 8 月 2 日）】

典型意义：英雄的事迹和精神是中华民族共同的历史记忆和精神财富，雷锋同志的姓名作为一种重要的人格利益，应当受到保护。英雄烈士保护法第二十二条规定："任何组织和个人不得将英雄烈士的姓名、肖像用于或者变相用于商标、商业广告，损害英雄烈士的名誉、荣誉。"杭州某网络科技有限公司使用的"雷锋"文字具有特定意义，确系社会公众所广泛认知的英雄姓名。为了商业目的，在"雷锋哥"微信公众号中使用"雷锋社群"和"雷锋会员"，宣传"资源共享，互帮互助的雷锋精神"口号，明知英雄的姓名具有特定的意义，仍擅自将其用于商业组织和商业活动行为，侵犯了英雄的人格利益，实际曲解了社会公众所广泛认知的雷锋精神。

第二编　物　　权

第二分编　所有权

第五章　国家所有权和集体所有权、私人所有权

第二百五十四条　【国防资产的国家所有权；基础设施的国家所有权】

国防资产属于国家所有。

铁路、公路、电力设施、电信设施和油气管道等基础设施，依照法律规定为国家所有的，属于国家所有。

关联法规

◎ **法律**

《电力法》

第四条　电力设施受国家保护。

禁止任何单位和个人危害电力设施安全或者非法侵占、使用电能。

第五十二条　任何单位和个人不得危害发电设施、变电设施和电力线路设施及其有关辅助设施。

在电力设施周围进行爆破及其他可能危及电力设施安全的作业的，应当按照国务院有关电力设施保护的规定，经批准并采取确保电力设施安全的措施后，方可进行作业。

《国防法》

第四十条　国家为武装力量建设、国防科研生产和其他国防建设直接投入的资金、划拨使用的土地等资源，以及由此形成的用于国防目的的武器装备和设备设施、物资器材、技术成果等属于国防资产。

国防资产属于国家所有。

第四十一条　国家根据国防建设和经济建设的需要，确定国防资产的规模、结构和布局，调整和处分国防资产。

国防资产的管理机构和占有、使用单位，应当依法管理国防资产，充分发挥国防资产的效能。

第四十二条 国家保护国防资产不受侵害，保障国防资产的安全、完整和有效。

禁止任何组织或者个人破坏、损害和侵占国防资产。未经国务院、中央军事委员会或者国务院、中央军事委员会授权的机构批准，国防资产的占有、使用单位不得改变国防资产用于国防的目的。国防资产中的技术成果，在坚持国防优先、确保安全的前提下，可以根据国家有关规定用于其他用途。

国防资产的管理机构或者占有、使用单位对不再用于国防目的的国防资产，应当按照规定报批，依法改作其他用途或者进行处置。

第三编　合　　同

第一分编　通　　则

第二章　合同的订立

第四百六十九条　【合同订立形式；合同的书面形式】

当事人订立合同，可以采用书面形式、口头形式或者其他形式。

书面形式是合同书、信件、电报、电传、传真等可以有形地表现所载内容的形式。

以电子数据交换、电子邮件等方式能够有形地表现所载内容，并可以随时调取查用的数据电文，视为书面形式。

关联法规

◎ **法律**

《民法典》

第一百三十五条　民事法律行为可以采用书面形式、口头形式或者其他形式；法律、行政法规规定或者当事人约定采用特定形式的，应当采用特定形式。

第三百四十八条　通过招标、拍卖、协议等出让方式设立建设用地使用权的，当事人应当采用书面形式订立建设用地使用权出让合同。

建设用地使用权出让合同一般包括下列条款：

（一）当事人的名称和住所；

（二）土地界址、面积等；

（三）建筑物、构筑物及其附属设施占用的空间；

（四）土地用途、规划条件；

（五）建设用地使用权期限；

（六）出让金等费用及其支付方式；

（七）解决争议的方法。

第三百五十四条　建设用地使用权转让、互换、出资、赠与或者抵押的，当事人应当采用书面形式订立相应的合同。使用期限由当事人约定，但是不得超过建设用地使用权的剩余期限。

第三百六十七条 设立居住权，当事人应当采用书面形式订立居住权合同。

居住权合同一般包括下列条款：

（一）当事人的姓名或者名称和住所；

（二）住宅的位置；

（三）居住的条件和要求；

（四）居住权期限；

（五）解决争议的方法。

第三百七十三条 设立地役权，当事人应当采用书面形式订立地役权合同。

地役权合同一般包括下列条款：

（一）当事人的姓名或者名称和住所；

（二）供役地和需役地的位置；

（三）利用目的和方法；

（四）地役权期限；

（五）费用及其支付方式；

（六）解决争议的方法。

第四百条 设立抵押权，当事人应当采用书面形式订立抵押合同。

抵押合同一般包括下列条款：

（一）被担保债权的种类和数额；

（二）债务人履行债务的期限；

（三）抵押财产的名称、数量等情况；

（四）担保的范围。

第四百二十七条 设立质权，当事人应当采用书面形式订立质押合同。

质押合同一般包括下列条款：

（一）被担保债权的种类和数额；

（二）债务人履行债务的期限；

（三）质押财产的名称、数量等情况；

（四）担保的范围；

（五）质押财产交付的时间、方式。

《合伙企业法》

第四条 合伙协议依法由全体合伙人协商一致、以书面形式订立。

《保险法》

第十三条 投保人提出保险要求，经保险人同意承保，保险合同成立。保险人应当及时向投保人签发保险单或者其他保险凭证。

保险单或者其他保险凭证应当载明当事人双方约定的合同内容。当事人也可以约定采用其他书面形式载明合同内容。

依法成立的保险合同，自成立时生效。投保人和保险人可以对合同的效力约定附条件或者附期限。

《商业银行法》

第三十七条 商业银行贷款，应当与借款人订立书面合同。合同应当约定贷款种类、借款用途、金额、利率、还款期限、还款方式、违约责任和双方认为需要约定的其他事项。

《旅游法》

第五十八条　包价旅游合同应当采用书面形式，包括下列内容：

（一）旅行社、旅游者的基本信息；

（二）旅游行程安排；

（三）旅游团成团的最低人数；

（四）交通、住宿、餐饮等旅游服务安排和标准；

（五）游览、娱乐等项目的具体内容和时间；

（六）自由活动时间安排；

（七）旅游费用及其交纳的期限和方式；

（八）违约责任和解决纠纷的方式；

（九）法律、法规规定和双方约定的其他事项。

订立包价旅游合同时，旅行社应当向旅游者详细说明前款第二项至第八项所载内容。

《电子签名法》

第三条　民事活动中的合同或者其他文件、单证等文书，当事人可以约定使用或者不使用电子签名、数据电文。

当事人约定使用电子签名、数据电文的文书，不得仅因为其采用电子签名、数据电文的形式而否定其法律效力。

前款规定不适用下列文书：

（一）涉及婚姻、收养、继承等人身关系的；

（二）涉及停止供水、供热、供气等公用事业服务的；

（三）法律、行政法规规定的不适用电子文书的其他情形。

第四条　能够有形地表现所载内容，并可以随时调取查用的数据电文，视为符合法律、法规要求的书面形式。

第五条　符合下列条件的数据电文，视为满足法律、法规规定的原件形式要求：

（一）能够有效地表现所载内容并可供随时调取查用；

（二）能够可靠地保证自最终形成时起，内容保持完整、未被更改。但是，在数据电文上增加背书以及数据交换、储存和显示过程中发生的形式变化不影响数据电文的完整性。

第六条　符合下列条件的数据电文，视为满足法律、法规规定的文件保存要求：

（一）能够有效地表现所载内容并可供随时调取查用；

（二）数据电文的格式与其生成、发送或者接收时的格式相同，或者格式不相同但是能够准确表现原来生成、发送或者接收的内容；

（三）能够识别数据电文的发件人、收件人以及发送、接收的时间。

第七条　数据电文不得仅因为其是以电子、光学、磁或者类似手段生成、发送、接收或者储存的而被拒绝作为证据使用。

第八条　审查数据电文作为证据的真实性，应当考虑以下因素：

（一）生成、储存或者传递数据电文方法的可靠性；

（二）保持内容完整性方法的可靠性；

（三）用以鉴别发件人方法的可靠性；

（四）其他相关因素。

《专利法》

第十条　专利申请权和专利权可以转让。

中国单位或者个人向外国人、外国企业或者外国其他组织转让专利申请权或者专利权的，应当依照有关法律、行政法规的规定办理手续。

转让专利申请权或者专利权的，当事人应当订立书面合同，并向国务院专利行政部门登记，由国务院专利行政部门予以公告。专利申请权或者专利权的转让自登记之日起生效。

《广告法》

第三十条　广告主、广告经营者、广告发布者之间在广告活动中应当依法订立书面合同。

◎ 行政法规

《广告管理条例》

第十七条　广告经营者承办或者代理广告业务。应当与客户或者被代理人签订书面合同，明确各方的责任。

《集成电路布图设计保护条例》

第二十二条　布图设计权利人可以将其专有权转让或者许可他人使用其布图设计。转让布图设计专有权的，当事人应当订立书面合同，并向国务院知识产权行政部门登记，由国务院知识产权行政部门予以公告。布图设计专有权的转让自登记之日起生效。

许可他人使用其布图设计的，当事人应当订立书面合同。

《计算机软件保护条例》

第十条　由两个以上的自然人、法人或者其他组织合作开发的软件，其著作权的归属由合作开发者签订书面合同约定。无书面合同或者合同未作明确约定，合作开发的软件可以分割使用的，开发者对各自开发的部分可以单独享有著作权；但是，行使著作权时，不得扩展到合作开发的软件整体的著作权。合作开发的软件不能分割使用的，其著作权由各合作开发者共同享有，通过协商一致行使；不能协商一致，又无正当理由的，任何一方不得阻止他方行使除转让权以外的其他权利，但是所得收益应当合理分配给所有合作开发者。

第十一条　接受他人委托开发的软件，其著作权的归属由委托人与受托人签订书面合同约定；无书面合同或者合同未作明确约定的，其著作权由受托人享有。

第十九条　许可他人专有行使软件著作权的，当事人应当订立书面合同。没有订立书面合同或者合同中未明确约定为专有许可的，被许可行使的权利应当视为非专有权利。

第二十条　转让软件著作权的，当事人应当订立书面合同。

◎ **司法解释**

《**关于适用〈中华人民共和国仲裁法〉若干问题的解释**》

第一条　仲裁法第十六条规定的"其他书面形式"的仲裁协议，包括以合同书、信件和数据电文（包括电报、电传、传真、电子数据交换和电子邮件）等形式达成的请求仲裁的协议。

《**关于审理买卖合同纠纷案件适用法律问题的解释**》

第一条　当事人之间没有书面合同，一方以送货单、收货单、结算单、发票等主张存在买卖合同关系的，人民法院应当结合当事人之间的交易方式、交易习惯以及其他相关证据，对买卖合同是否成立作出认定。

对账确认函、债权确认书等函件、凭证没有记载债权人名称，买卖合同当事人一方以此证明存在买卖合同关系的，人民法院应予支持，但有相反证据足以推翻的除外。

> **第四百九十一条　【确认书与合同成立时间；网络提交订单与合同成立时间】**
>
> 当事人采用信件、数据电文等形式订立合同要求签订确认书的，签订确认书时合同成立。
>
> 当事人一方通过互联网等信息网络发布的商品或者服务信息符合要约条件的，对方选择该商品或者服务并提交订单成功时合同成立，但是当事人另有约定的除外。

关联法规

◎ **法律**

《**电子商务法**》

第四十九条　电子商务经营者发布的商品或者服务信息符合要约条件的，用户选择该商品或者服务并提交订单成功，合同成立。当事人另有约定的，从其约定。

电子商务经营者不得以格式条款等方式约定消费者支付价款后合同不成立；格式条款等含有该内容的，其内容无效。

◎ **司法解释**

《**关于审理买卖合同纠纷案件适用法律问题的解释**》

第一条　当事人之间没有书面合

同，一方以送货单、收货单、结算单、发票等主张存在买卖合同关系的，人民法院应当结合当事人之间的交易方式、交易习惯以及其他相关证据，对买卖合同是否成立作出认定。

对账确认函、债权确认书等函件、凭证没有记载债权人名称，买卖合同当事人一方以此证明存在买卖合同关系的，人民法院应予支持，但有相反证据足以推翻的除外。

权威案例

◎ 典型案例

对于网络店铺客服的行为店铺应当负责——李某诉某书店信息网络买卖合同纠纷案【最高法发布消费者权益保护典型案例之七（2022 年 3 月 15 日）】

典型意义： 便捷、快速进行交易是互联网消费的优势之一，而交易的安全和稳定同样是消费者保护的应有之意，两者不可偏废。现实中，考虑到消费者对购物、沟通软件使用习惯、偏好的不同以及其他具体特殊情况，不宜仅仅因为消费者未完全通过电商平台进行支付轻易否认消费者与商家相关交易行为的效力。该案判决认定店铺客服能够代表店铺进行交易，是对交易中消费者对店铺信任的保护，也是对于交易秩序和安全的维护，压实了商家主体责任，提示、督促商家加强内部管理监督，从而进一步规范线上交易中商家的销售行为，促进互联网数字经济行业有序发展。

第四百九十二条 【合同成立的地点】

承诺生效的地点为合同成立的地点。

采用数据电文形式订立合同的，收件人的主营业地为合同成立的地点；没有主营业地的，其住所地为合同成立的地点。当事人另有约定的，按照其约定。

关联法规

◎ 法律

《民法典》

第二十五条　自然人以户籍登记或者其他有效身份登记记载的居所为住所；经常居所与住所不一致的，经常居所视为住所。

第六十三条　法人以其主要办事机构所在地为住所。依法需要办理法人登记的，应当将主要办事机构所在地登记为住所。

◎ 司法解释

《关于适用〈中华人民共和国民事诉讼法〉的解释》

第三条　公民的住所地是指公民的户籍所在地，法人或者其他组织的住所地是指法人或者其他组织的主要办事机构所在地。

法人或者其他组织的主要办事机构所在地不能确定的，法人或者其他组织的注册地或者登记地为住所地。

第五百零一条　【合同缔结人的保密义务】

当事人在订立合同过程中知悉的商业秘密或者其他应当保密的信息，无论合同是否成立，不得泄露或者不正当地使用；泄露、不正当地使用该商业秘密或者信息，造成对方损失的，应当承担赔偿责任。

关联法规

◎ 法律

《反不正当竞争法》

第九条　经营者不得实施下列侵犯商业秘密的行为：

（一）以盗窃、贿赂、欺诈、胁迫、电子侵入或者其他不正当手段获取权利人的商业秘密；

（二）披露、使用或者允许他人使用以前项手段获取的权利人的商业秘密；

（三）违反保密义务或者违反权利人有关保守商业秘密的要求，披露、使用或者允许他人使用其所掌握的商业秘密；

（四）教唆、引诱、帮助他人违反保密义务或者违反权利人有关保守商业秘密的要求，获取、披露、使用或者允许他人使用权利人的商业秘密。

经营者以外的其他自然人、法人和非法人组织实施前款所列违法行为的，视为侵犯商业秘密。

第三人明知或者应知商业秘密权利人的员工、前员工或者其他单位、个人实施本条第一款所列违法行为，仍获取、披露、使用或者允许他人使用该商业秘密的，视为侵犯商业秘密。

本法所称的商业秘密，是指不为公众所知悉、具有商业价值并经权利人采取相应保密措施的技术信息、经营信息等商业信息。

第二十一条　经营者以及其他自然人、法人和非法人组织违反本法第九条规定侵犯商业秘密的，由监督检查部门责令停止违法行为，没收违法所得，处十万元以上一百万元以下的罚款；情节严重的，处五十万元以上五百万元以下的罚款。

◎ 司法解释

《关于审理侵犯商业秘密民事案件适用法律若干问题的规定》

第三条　权利人请求保护的信息在被诉侵权行为发生时不为所属领域的相

关人员普遍知悉和容易获得的，人民法院应当认定为反不正当竞争法第九条第四款所称的不为公众所知悉。

第四条　具有下列情形之一的，人民法院可以认定有关信息为公众所知悉：

（一）该信息在所属领域属于一般常识或者行业惯例的；

（二）该信息仅涉及产品的尺寸、结构、材料、部件的简单组合等内容，所属领域的相关人员通过观察上市产品即可直接获得的；

（三）该信息已经在公开出版物或者其他媒体上公开披露的；

（四）该信息已通过公开的报告会、展览等方式公开的；

（五）所属领域的相关人员从其他公开渠道可以获得该信息的。

将为公众所知悉的信息进行整理、改进、加工后形成的新信息，符合本规定第三条规定的，应当认定该新信息不为公众所知悉。

第五条　权利人为防止商业秘密泄露，在被诉侵权行为发生以前所采取的合理保密措施，人民法院应当认定为反不正当竞争法第九条第四款所称的相应保密措施。

人民法院应当根据商业秘密及其载体的性质、商业秘密的商业价值、保密措施的可识别程度、保密措施与商业秘密的对应程度以及权利人的保密意愿等因素，认定权利人是否采取了相应保密措施。

第六条　具有下列情形之一，在正常情况下足以防止商业秘密泄露的，人民法院应当认定权利人采取了相应保密措施：

（一）签订保密协议或者在合同中约定保密义务的；

（二）通过章程、培训、规章制度、书面告知等方式，对能够接触、获取商业秘密的员工、前员工、供应商、客户、来访者等提出保密要求的；

（三）对涉密的厂房、车间等生产经营场所限制来访者或者进行区分管理的；

（四）以标记、分类、隔离、加密、封存、限制能够接触或者获取的人员范围等方式，对商业秘密及其载体进行区分和管理的；

（五）对能够接触、获取商业秘密的计算机设备、电子设备、网络设备、存储设备、软件等，采取禁止或者限制使用、访问、存储、复制等措施的；

（六）要求离职员工登记、返还、清除、销毁其接触或者获取的商业秘密及其载体，继续承担保密义务的；

（七）采取其他合理保密措施的。

第七条　权利人请求保护的信息因不为公众所知悉而具有现实的或者潜在的商业价值的，人民法院经审查可以认定为反不正当竞争法第九条第四款所称的具有商业价值。

生产经营活动中形成的阶段性成果符合前款规定的，人民法院经审查可以认定该成果具有商业价值。

第八条　被诉侵权人以违反法律规定或者公认的商业道德的方式获取权利人的商业秘密的，人民法院应当认定属于反不正当竞争法第九条第一款所称的以其他不正当手段获取权利人的商业秘密。

第九条　被诉侵权人在生产经营活动中直接使用商业秘密，或者对商业秘密进行修改、改进后使用，或者根据商业秘密调整、优化、改进有关生产经营活动的，人民法院应当认定属于反不正当竞争法第九条所称的使用商业秘密。

第十条　当事人根据法律规定或者合同约定所承担的保密义务，人民法院应当认定属于反不正当竞争法第九条第一款所称的保密义务。

当事人未在合同中约定保密义务，但根据诚信原则以及合同的性质、目的、缔约过程、交易习惯等，被诉侵权人知道或者应当知道其获取的信息属于权利人的商业秘密的，人民法院应当认定被诉侵权人对其获取的商业秘密承担保密义务。

第十三条　被诉侵权信息与商业秘密不存在实质性区别的，人民法院可以认定被诉侵权信息与商业秘密构成反不正当竞争法第三十二条第二款所称的实质上相同。

人民法院认定是否构成前款所称的实质上相同，可以考虑下列因素：

（一）被诉侵权信息与商业秘密的异同程度；

（二）所属领域的相关人员在被诉侵权行为发生时是否容易想到被诉侵权信息与商业秘密的区别；

（三）被诉侵权信息与商业秘密的用途、使用方式、目的、效果等是否具有实质性差异；

（四）公有领域中与商业秘密相关信息的情况；

（五）需要考虑的其他因素。

第十四条　通过自行开发研制或者反向工程获得被诉侵权信息的，人民法院应当认定不属于反不正当竞争法第九条规定的侵犯商业秘密行为。

前款所称的反向工程，是指通过技术手段对从公开渠道取得的产品进行拆卸、测绘、分析等而获得该产品的有关技术信息。

被诉侵权人以不正当手段获取权利人的商业秘密后，又以反向工程为由主张未侵犯商业秘密的，人民法院不予支持。

第十六条　经营者以外的其他自然人、法人和非法人组织侵犯商业秘密，权利人依据反不正当竞争法第十七条的规定主张侵权人应当承担的民事责任的，人民法院应予支持。

第四章　合同的履行

第五百一十二条　【电子合同交付时间的认定规则】

通过互联网等信息网络订立的电子合同的标的为交付商品并采用快递物流方式交付的，收货人的签收时间为交付时间。电子合同的标的为提供服务的，生成的电子凭证或者实物凭证中载明的时间为提供服务时间；前述凭证没有载明时间或者载明时间与实际提供服务时间不一致的，以实际提供服务的时间为准。

电子合同的标的物为采用在线传输方式交付的，合同标的物进入对方当事人指定的特定系统且能够检索识别的时间为交付时间。

电子合同当事人对交付商品或者提供服务的方式、时间另有约定的，按照其约定。

关联法规

◎ 法律
《电子商务法》

第五十二条　电子商务当事人可以约定采用快递物流方式交付商品。

快递物流服务提供者为电子商务提供快递物流服务，应当遵守法律、行政法规，并应当符合承诺的服务规范和时限。快递物流服务提供者在交付商品时，应当提示收货人当面查验；交由他人代收的，应当经收货人同意。

快递物流服务提供者应当按照规定使用环保包装材料，实现包装材料的减量化和再利用。

快递物流服务提供者在提供快递物流服务的同时，可以接受电子商务经营者的委托提供代收货款服务。

第五十三条　电子商务当事人可以约定采用电子支付方式支付价款。

电子支付服务提供者为电子商务提供电子支付服务，应当遵守国家规定，告知用户电子支付服务的功能、使用方法、注意事项、相关风险和收费标准等事项，不得附加不合理交易条件。电子支付服务提供者应当确保电子支付指令的完整性、一致性、可跟踪稽核和不可篡改。

电子支付服务提供者应当向用户免费提供对账服务以及最近三年的交易记录。

第五十四条　电子支付服务提供者提供电子支付服务不符合国家有关支付安全管理要求，造成用户损失的，应当承担赔偿责任。

第五十五条　用户在发出支付指令前，应当核对支付指令所包含的金额、收款人等完整信息。

支付指令发生错误的，电子支付服务提供者应当及时查找原因，并采取相关措施予以纠正。造成用户损失的，电子支付服务提供者应当承担赔偿责任，但能够证明支付错误非自身原因造成的除外。

第五十六条　电子支付服务提供者完成电子支付后，应当及时准确地向用户提供符合约定方式的确认支付的信息。

第五十七条　用户应当妥善保管交易密码、电子签名数据等安全工具。用户发现安全工具遗失、被盗用或者未经授权的支付的，应当及时通知电子支付服务提供者。

未经授权的支付造成的损失，由电子支付服务提供者承担；电子支付服务提供者能够证明未经授权的支付是因用户的过错造成的，不承担责任。

电子支付服务提供者发现支付指令未经授权，或者收到用户支付指令未经授权的通知时，应当立即采取措施防止损失扩大。电子支付服务提供者未及时采取措施导致损失扩大的，对损失扩大部分承担责任。

《电子签名法》

第三条　民事活动中的合同或者其他文件、单证等文书，当事人可以约定使用或者不使用电子签名、数据电文。

当事人约定使用电子签名、数据电文的文书，不得仅因为其采用电子签名、数据电文的形式而否定其法律效力。

前款规定不适用下列文书：

（一）涉及婚姻、收养、继承等人身关系的；

（二）涉及停止供水、供热、供气等公用事业服务的；

（三）法律、行政法规规定的不适用电子文书的其他情形。

◎ 部门规范性文件

《电子劳动合同订立指引》

第三条　用人单位与劳动者订立电子劳动合同的，要通过电子劳动合同订立平台订立。

第四条　电子劳动合同订立平台要通过有效的现代信息技术手段提供劳动

合同订立、调取、储存、应用等服务，具备身份认证、电子签名、意愿确认、数据安全防护等能力，确保电子劳动合同信息的订立、生成、传递、储存等符合法律法规规定，满足真实、完整、准确、不可篡改和可追溯等要求。

第五条 鼓励用人单位和劳动者使用政府发布的劳动合同示范文本订立电子劳动合同。劳动合同未载明《中华人民共和国劳动合同法》规定的劳动合同必备条款或内容违反法律法规规定的，用人单位依法承担相应的法律责任。

第六条 双方同意订立电子劳动合同的，用人单位要在订立电子劳动合同前，明确告知劳动者订立电子劳动合同的流程、操作方法、注意事项和查看、下载完整的劳动合同文本的途径，并不得向劳动者收取费用。

第七条 用人单位和劳动者要确保向电子劳动合同订立平台提交的身份信息真实、完整、准确。电子劳动合同订立平台要通过数字证书、联网信息核验、生物特征识别验证、手机短信息验证码等技术手段，真实反映订立人身份

和签署意愿，并记录和保存验证确认过程。具备条件的，可使用电子社保卡开展实人实名认证。

第八条 用人单位和劳动者要使用符合《中华人民共和国电子签名法》要求、依法设立的电子认证服务机构颁发的数字证书和密钥，进行电子签名。

第九条 电子劳动合同经用人单位和劳动者签署可靠的电子签名后生效，并应附带可信时间戳。

第十条 电子劳动合同订立后，用人单位要以手机短信、微信、电子邮件或者 App 信息提示等方式通知劳动者电子劳动合同已订立完成。

《新就业形态劳动者劳动合同和书面协议订立指引（试行）》

第七条 劳动合同、书面协议由企业与新就业形态劳动者协商一致，并经双方签字或者盖章后生效。采用纸质形式订立的，由企业和劳动者各执一份。采用电子形式订立的，应当符合法定要件，企业要确保劳动者可以使用常用设备随时查看、下载、打印完整内容。

第四编　人　格　权

第一章　一般规定

第九百九十五条　【侵害人格权的民事责任】

人格权受到侵害的，受害人有权依照本法和其他法律的规定请求行为人承担民事责任。受害人的停止侵害、排除妨碍、消除危险、消除影响、恢复名誉、赔礼道歉请求权，不适用诉讼时效的规定。

关联法规

◎ **法律**

《民法典》

第一百九十六条　下列请求权不适用诉讼时效的规定：

（一）请求停止侵害、排除妨碍、消除危险；

（二）不动产物权和登记的动产物权的权利人请求返还财产；

（三）请求支付抚养费、赡养费或者扶养费；

（四）依法不适用诉讼时效的其他请求权。

第一千一百七十九条　侵害他人造成人身损害的，应当赔偿医疗费、护理费、交通费、营养费、住院伙食补助费等为治疗和康复支出的合理费用，以及因误工减少的收入。造成残疾的，还应当赔偿辅助器具费和残疾赔偿金；造成死亡的，还应当赔偿丧葬费和死亡赔偿金。

第一千一百八十二条　侵害他人人身权益造成财产损失的，按照被侵权人因此受到的损失或者侵权人因此获得的利益赔偿；被侵权人因此受到的损失以及侵权人因此获得的利益难以确定，被侵权人和侵权人就赔偿数额协商不一致，向人民法院提起诉讼的，由人民法院根据实际情况确定赔偿数额。

第一千一百八十三条　侵害自然人人身权益造成严重精神损害的，被侵权人有权请求精神损害赔偿。

因故意或者重大过失侵害自然人具有人身意义的特定物造成严重精神损害

的，被侵权人有权请求精神损害赔偿。

第一千二百零七条 明知产品存在缺陷仍然生产、销售，或者没有依据前条规定采取有效补救措施，造成他人死亡或者健康严重损害的，被侵权人有权请求相应的惩罚性赔偿。

《网络安全法》

第十二条 国家保护公民、法人和其他组织依法使用网络的权利，促进网络接入普及，提升网络服务水平，为社会提供安全、便利的网络服务，保障网络信息依法有序自由流动。

任何个人和组织使用网络应当遵守宪法法律，遵守公共秩序，尊重社会公德，不得危害网络安全，不得利用网络从事危害国家安全、荣誉和利益，煽动颠覆国家政权、推翻社会主义制度，煽动分裂国家、破坏国家统一，宣扬恐怖主义、极端主义，宣扬民族仇恨、民族歧视，传播暴力、淫秽色情信息，编造、传播虚假信息扰乱经济秩序和社会秩序，以及侵害他人名誉、隐私、知识产权和其他合法权益等活动。

第七十条 发布或者传输本法第十二条第二款和其他法律、行政法规禁止发布或者传输的信息的，依照有关法律、行政法规的规定处罚。

《消费者权益保护法》

第五十条 经营者侵害消费者的人格尊严、侵犯消费者人身自由或者侵害消费者个人信息依法得到保护的权利的，应当停止侵害、恢复名誉、消除影响、赔礼道歉，并赔偿损失。

第五十五条 经营者提供商品或者服务有欺诈行为的，应当按照消费者的要求增加赔偿其受到的损失，增加赔偿的金额为消费者购买商品的价款或者接受服务的费用的三倍；增加赔偿的金额不足五百元的，为五百元。法律另有规定的，依照其规定。

经营者明知商品或者服务存在缺陷，仍然向消费者提供，造成消费者或者其他受害人死亡或者健康严重损害的，受害人有权要求经营者依照本法第四十九条、第五十一条等法律规定赔偿损失，并有权要求所受损失二倍以下的惩罚性赔偿。

第五十六条 经营者有下列情形之一，除承担相应的民事责任外，其他有关法律、法规对处罚机关和处罚方式有规定的，依照法律、法规的规定执行；法律、法规未作规定的，由工商行政管理部门或者其他有关行政部门责令改正，可以根据情节单处或者并处警告、没收违法所得、处以违法所得一倍以上十倍以下的罚款，没有违法所得的，处以五十万元以下的罚款；情节严重的，责令停业整顿、吊销营业执照：

（一）提供的商品或者服务不符合保障人身、财产安全要求的；

（二）在商品中掺杂、掺假，以假充真，以次充好，或者以不合格商品冒充合格商品的；

（三）生产国家明令淘汰的商品或者销售失效、变质的商品的；

（四）伪造商品的产地，伪造或者冒用他人的厂名、厂址，篡改生产日期，伪造或者冒用认证标志等质量标志的；

（五）销售的商品应当检验、检疫而未检验、检疫或者伪造检验、检疫结果的；

（六）对商品或者服务作虚假或者引人误解的宣传的；

（七）拒绝或者拖延有关行政部门责令对缺陷商品或者服务采取停止销售、警示、召回、无害化处理、销毁、停止生产或者服务等措施的；

（八）对消费者提出的修理、重作、更换、退货、补足商品数量、退还货款和服务费用或者赔偿损失的要求，故意拖延或者无理拒绝的；

（九）侵害消费者人格尊严、侵犯消费者人身自由或者侵害消费者个人信息依法得到保护的权利的；

（十）法律、法规规定的对损害消费者权益应当予以处罚的其他情形。

经营者有前款规定情形的，除依照法律、法规规定予以处罚外，处罚机关应当记入信用档案，向社会公布。

《劳动法》

第九十六条　用人单位有下列行为之一，由公安机关对责任人员处以十五日以下拘留、罚款或者警告；构成犯罪的，对责任人员依法追究刑事责任：

（一）以暴力、威胁或者非法限制人身自由的手段强迫劳动的；

（二）侮辱、体罚、殴打、非法搜查和拘禁劳动者的。

《公职人员政务处分法》

第三十二条　有下列行为之一的，予以警告、记过或者记大过；情节较重的，予以降级或者撤职；情节严重的，予以开除：

（一）在选拔任用、录用、聘用、考核、晋升、评选等干部人事工作中违反有关规定的；

（二）弄虚作假，骗取职务、职级、衔级、级别、岗位和职员等级、职称、待遇、资格、学历、学位、荣誉、奖励或者其他利益的；

（三）对依法行使批评、申诉、控告、检举等权利的行为进行压制或者打击报复的；

（四）诬告陷害，意图使他人受到名誉损害或者责任追究等不良影响的；

（五）以暴力、威胁、贿赂、欺骗等手段破坏选举的。

第五十三条　监察机关在调查中发现公职人员受到不实检举、控告或者诬告陷害，造成不良影响的，应当按照规定及时澄清事实，恢复名誉，消除不良影响。

第六十条 公职人员的政务处分决定被变更，需要调整该公职人员的职务、职级、衔级、级别、岗位和职员等级或者薪酬待遇等的，应当按照规定予以调整。政务处分决定被撤销的，应当恢复该公职人员的级别、薪酬待遇，按照原职务、职级、衔级、岗位和职员等级安排相应的职务、职级、衔级、岗位和职员级别，并在原政务处分决定公布范围内为其恢复名誉。没收、追缴财物错误的，应当依法予以返还、赔偿。

公职人员因有本法第五十七条、第五十八条规定的情形被撤销政务处分或者减轻政

务处分的，应当对其薪酬待遇受到的损失予以补偿。

《食品安全法》

第一百四十一条 违反本法规定，编造、散布虚假食品安全信息，构成违反治安管理行为的，由公安机关依法给予治安管理处罚。

媒体编造、散布虚假食品安全信息的，由有关主管部门依法给予处罚，并对直接负责的主管人员和其他直接责任人员给予处分；使公民、法人或者其他组织的合法权益受到损害的，依法承担消除影响、恢复名誉、赔偿损失、赔礼

道歉等民事责任。

第一百四十八条 消费者因不符合食品安全标准的食品受到损害的，可以向经营者要求赔偿损失，也可以向生产者要求赔偿损失。接到消费者赔偿要求的生产经营者，应当实行首负责任制，先行赔付，不得推诿；属于生产者责任的，经营者赔偿后有权向生产者追偿；属于经营者责任的，生产者赔偿后有权向经营者追偿。

生产不符合食品安全标准的食品或者经营明知是不符合食品安全标准的食品，消费者除要求赔偿损失外，还可以向生产者或者经营者要求支付价款十倍或者损失三倍的赔偿金；增加赔偿的金额不足一千元的，为一千元。但是，食品的标签、说明书存在不影响食品安全且不会对消费者造成误导的瑕疵的除外。

◎ 行政法规

《行政机关公务员处分条例》

第五十一条 行政机关公务员的处分决定被变更，需要调整该公务员的职务、级别或者工资档次的，应当按照规定予以调整；行政机关公务员的处分决定被撤销的，应当恢复该公务员的级别、工资档次，按照原职务安排相应的职务，并在适当范围内为其恢复名誉。

被撤销处分或者被减轻处分的行政

机关公务员工资福利受到损失的，应当予以补偿。

《互联网信息服务管理办法》

第十五条　互联网信息服务提供者不得制作、复制、发布、传播含有下列内容的信息：

（一）反对宪法所确定的基本原则的；

（二）危害国家安全，泄露国家秘密，颠覆国家政权，破坏国家统一的；

（三）损害国家荣誉和利益的；

（四）煽动民族仇恨、民族歧视，破坏民族团结的；

（五）破坏国家宗教政策，宣扬邪教和封建迷信的；

（六）散布谣言，扰乱社会秩序，破坏社会稳定的；

（七）散布淫秽、色情、赌博、暴力、凶杀、恐怖或者教唆犯罪的；

（八）侮辱或者诽谤他人，侵害他人合法权益的；

（九）含有法律、行政法规禁止的其他内容的。

《公安机关督察条例》

第十四条　公安机关人民警察对停止执行职务和禁闭决定不服的，可以在被停止执行职务或者被禁闭期间向作出决定的公安机关的上一级公安机关提出申诉。由公安部督察机构作出的停止执行职务、禁闭的决定，受理申诉的机关是公安部督察委员会。

受理申诉的公安机关对不服停止执行职务的申诉，应当自收到申诉之日起5日内作出是否撤销停止执行职务的决定；对不服禁闭的申诉，应当在收到申诉之时起24小时内作出是否撤销禁闭的决定。

申诉期间，停止执行职务、禁闭决定不停止执行。

受理申诉的公安机关认为停止执行职务、禁闭决定确有错误的，应当予以撤销，并在适当范围内为当事人消除影响，恢复名誉。

《事业单位人事管理条例》

第四十二条　对事业单位工作人员的人事处理违反本条例规定给当事人造成名誉损害的，应当赔礼道歉、恢复名誉、消除影响；造成经济损失的，依法给予赔偿。

《电信条例》

第五十六条　任何组织或者个人不得利用电信网络制作、复制、发布、传播含有下列内容的信息：

（一）反对宪法所确定的基本原则的；

（二）危害国家安全，泄露国家秘密，颠覆国家政权，破坏国家统一的；

（三）损害国家荣誉和利益的；

（四）煽动民族仇恨、民族歧视，破坏民族团结的；

（五）破坏国家宗教政策，宣扬邪教和封建迷信的；

（六）散布谣言，扰乱社会秩序，破坏社会稳定的；

（七）散布淫秽、色情、赌博、暴力、凶杀、恐怖或者教唆犯罪的；

（八）侮辱或者诽谤他人，侵害他人合法权益的；

（九）含有法律、行政法规禁止的其他内容的。

第六十六条 违反本条例第五十六条、第五十七条的规定，构成犯罪的，依法追究刑事责任；尚不构成犯罪的，由公安机关、国家安全机关依照有关法律、行政法规的规定予以处罚。

《医疗纠纷预防和处理条例》

第五十一条 新闻媒体编造、散布虚假医疗纠纷信息的，由有关主管部门依法给予处罚；给公民、法人或者其他组织的合法权益造成损害的，依法承担消除影响、恢复名誉、赔偿损失、赔礼道歉等民事责任。

◎ 司法解释

《关于审理利用信息网络侵害人身权益民事纠纷案件适用法律若干问题的规定》

第八条 网络用户或者网络服务提供者采取诽谤、诋毁等手段，损害公众对经营主体的信赖，降低其产品或者服务的社会评价，经营主体请求网络用户或者网络服务提供者承担侵权责任的，人民法院应依法予以支持。

第十一条 网络用户或者网络服务提供者侵害他人人身权益，造成财产损失或者严重精神损害，被侵权人依据民法典第一千一百八十二条和第一千一百八十三条的规定，请求其承担赔偿责任的，人民法院应予支持。

第十二条 被侵权人为制止侵权行为所支付的合理开支，可以认定为民法典第一千一百八十二条规定的财产损失。合理开支包括被侵权人或者委托代理人对侵权行为进行调查、取证的合理费用。人民法院根据当事人的请求和具体案情，可以将符合国家有关部门规定的律师费用计算在赔偿范围内。

被侵权人因人身权益受侵害造成的财产损失以及侵权人因此获得的利益难以确定的，人民法院可以根据具体案情在50万元以下的范围内确定赔偿数额。

《关于审理国家赔偿案件确定精神损害赔偿责任适用法律若干问题的解释》

第二条 公民以人身权受到侵犯为由提出国家赔偿申请，未请求精神损害赔偿，或者未同时请求消除影响、恢复名誉、赔礼道歉以及精神损害抚慰金的，人民法院应当向其释明。经释明后不变更请求，案件审结后又基于同一侵权事实另行提出申请的，人民法院不予受理。

第三条　赔偿义务机关有国家赔偿法第三条、第十七条规定情形之一，依法应当承担国家赔偿责任的，可以同时认定该侵权行为致人精神损害。但是赔偿义务机关有证据证明该公民不存在精神损害，或者认定精神损害违背公序良俗的除外。

第四条　侵权行为致人精神损害，应当为受害人消除影响、恢复名誉或者赔礼道歉；侵权行为致人精神损害并造成严重后果，应当在支付精神损害抚慰金的同时，视案件具体情形，为受害人消除影响、恢复名誉或者赔礼道歉。

消除影响、恢复名誉与赔礼道歉，可以单独适用，也可以合并适用，并应当与侵权行为的具体方式和造成的影响范围相当。

第五条　人民法院可以根据案件具体情况，组织赔偿请求人与赔偿义务机关就消除影响、恢复名誉或者赔礼道歉的具体方式进行协商。

协商不成作出决定的，应当采用下列方式：

（一）在受害人住所地或者所在单位发布相关信息；

（二）在侵权行为直接影响范围内的媒体上予以报道；

（三）赔偿义务机关有关负责人向赔偿请求人赔礼道歉。

第六条　决定为受害人消除影响、

恢复名誉或者赔礼道歉的，应当载入决定主文。

赔偿义务机关在决定作出前已为受害人消除影响、恢复名誉或者赔礼道歉，或者原侵权案件的纠正被媒体广泛报道，客观上已经起到消除影响、恢复名誉作用，且符合本解释规定的，可以在决定书中予以说明。

第九条　精神损害抚慰金的具体数额，应当在兼顾社会发展整体水平的同时，参考下列因素合理确定：

（一）精神受到损害以及造成严重后果的情况；

（二）侵权行为的目的、手段、方式等具体情节；

（三）侵权机关及其工作人员的违法、过错程度、原因力比例；

（四）原错判罪名、刑罚轻重、羁押时间；

（五）受害人的职业、影响范围；

（六）纠错的事由以及过程；

（七）其他应当考虑的因素。

第十条　精神损害抚慰金的数额一般不少于一千元；数额在一千元以上的，以千为计数单位。

赔偿请求人请求的精神损害抚慰金少于一千元，且其请求事由符合本解释规定的造成严重后果情形，经释明不予变更的，按照其请求数额支付。

第十一条　受害人对损害事实和后

果的发生或者扩大有过错的，可以根据其过错程度减少或者不予支付精神损害抚慰金。

第十二条　决定中载明的支付精神损害抚慰金及其他责任承担方式，赔偿义务机关应当履行。

《关于审理人身损害赔偿案件适用法律若干问题的解释》

第二十三条　精神损害抚慰金适用《最高人民法院关于确定民事侵权精神损害赔偿责任若干问题的解释》予以确定。

◎ 部门规章

《互联网视听节目服务管理规定》

第十六条　互联网视听节目服务单位提供的、网络运营单位接入的视听节目应当符合法律、行政法规、部门规章的规定。已播出的视听节目应至少完整保留 60 日。视听节目不得含有以下内容：

（一）反对宪法确定的基本原则的；

（二）危害国家统一、主权和领土完整的；

（三）泄露国家秘密、危害国家安全或者损害国家荣誉和利益的；

（四）煽动民族仇恨、民族歧视，破坏民族团结，或者侵害民族风俗、习惯的；

（五）宣扬邪教、迷信的；

（六）扰乱社会秩序，破坏社会稳定的；

（七）诱导未成年人违法犯罪和渲染暴力、色情、赌博、恐怖活动的；

（八）侮辱或者诽谤他人，侵害公民个人隐私等他人合法权益的；

（九）危害社会公德，损害民族优秀文化传统的；

（十）有关法律、行政法规和国家规定禁止的其他内容。

第二十四条　擅自从事互联网视听节目服务的，由县级以上广播电影电视主管部门予以警告、责令改正，可并处 3 万元以下罚款；情节严重的，根据《广播电视管理条例》第四十七条的规定予以处罚。

传播的视听节目内容违反本规定的，由县级以上广播电影电视主管部门予以警告、责令改正，可并处 3 万元以下罚款；情节严重的，根据《广播电视管理条例》第四十九条的规定予以处罚。

未按照许可证载明或备案的事项从事互联网视听节目服务的或违规播出时政类视听新闻节目的，由县级以上广播电影电视主管部门予以警告、责令改正，可并处 3 万元以下罚款；情节严重的，根据《广播电视管理条例》第五十条之规定予以处罚。

转播、链接、聚合、集成非法的广播电视频道和视听节目网站内容的，擅自插播、截留视听节目信号的，由县级以上广播电影电视主管部门予以警告、责令改正，可并处 3 万元以下罚款；情节严重的，根据《广播电视管理条例》第五十一条之规定予以处罚。

第二十五条　对违反本规定的互联网视听节目服务单位，电信主管部门应根据广播电影电视主管部门的书面意见，按照电信管理和互联网管理的法律、行政法规的规定，关闭其网站，吊销其相应许可证或撤销备案，责令为其提供信号接入服务的网络运营单位停止接入；拒不执行停止接入服务决定，违反《电信条例》第五十七条规定的，由电信主管部门依据《电信条例》第七十八条的规定吊销其许可证。

违反治安管理规定的，由公安机关依法予以处罚；构成犯罪的，由司法机关依法追究刑事责任。

第二十六条　广播电影电视、电信等主管部门不履行规定的职责，或滥用职权的，要依法给予有关责任人处分，构成犯罪的，由司法机关依法追究刑事责任。

《互联网文化管理暂行规定》

第十六条　互联网文化单位不得提供载有以下内容的文化产品：

（一）反对宪法确定的基本原则的；

（二）危害国家统一、主权和领土完整的；

（三）泄露国家秘密、危害国家安全或者损害国家荣誉和利益的；

（四）煽动民族仇恨、民族歧视，破坏民族团结，或者侵害民族风俗、习惯的；

（五）宣扬邪教、迷信的；

（六）散布谣言，扰乱社会秩序，破坏社会稳定的；

（七）宣扬淫秽、赌博、暴力或者教唆犯罪的；

（八）侮辱或者诽谤他人，侵害他人合法权益的；

（九）危害社会公德或者民族优秀文化传统的；

（十）有法律、行政法规和国家规定禁止的其他内容的。

第二十八条　经营性互联网文化单位提供含有本规定第十六条禁止内容的互联网文化产品，或者提供未经文化部批准进口的互联网文化产品的，由县级以上人民政府文化行政部门或者文化市场综合执法机构责令停止提供，没收违法所得，并处 10000 元以上 30000 元以下罚款；情节严重的，责令停业整顿直至吊销《网络文化经营许可证》；构成犯罪的，依法追究刑事责任。

非经营性互联网文化单位，提供含有本规定第十六条禁止内容的互联网文化产品，或者提供未经文化部批准进口的互联网文化产品的，由县级以上人民政府文化行政部门或者文化市场综合执法机构责令停止提供，处1000元以下罚款；构成犯罪的，依法追究刑事责任。

《互联网宗教信息服务管理办法》

第十四条 互联网宗教信息不得含有下列内容：

（一）利用宗教煽动颠覆国家政权、反对中国共产党的领导，破坏社会主义制度、国家统一、民族团结和社会稳定，宣扬极端主义、恐怖主义、民族分裂主义和宗教狂热的；

（二）利用宗教妨碍国家司法、教育、婚姻、社会管理等制度实施的；

（三）利用宗教宣扬邪教和封建迷信，或者利用宗教损害公民身体健康，欺骗、胁迫取得财物的；

（四）违背我国宗教独立自主自办原则的；

（五）破坏不同宗教之间、同一宗教内部以及信教公民与不信教公民之间和睦相处的；

（六）歧视、侮辱信教公民或者不信教公民，损害信教公民或者不信教公民合法权益的；

（七）从事违法宗教活动或者为违法宗教活动提供便利的；

（八）诱导未成年人信教，或者组织、强迫未成年人参加宗教活动的；

（九）以宗教名义进行商业宣传，经销、发送宗教用品、宗教内部资料性出版物和非法出版物的；

（十）假冒宗教教职人员开展活动的；

（十一）有关法律、行政法规和国家规定禁止的其他内容的。

第二十九条 违反本办法第十条、第十一条、第十四条、第十五条、第十六条、第十七条、第十八条、第十九条规定的，由宗教事务部门责令限期改正；拒不改正的，会同网信部门、电信主管部门、公安机关、国家安全机关等依照有关法律、行政法规的规定给予处罚。

权威案例

◎ 指导性案例

北京兰某达光电科技有限公司、黄某兰诉赵某名誉权纠纷案【最高法指导案例第143号】

裁判要点：1. 认定微信群中的言论构成侵犯他人名誉权，应当符合名誉侵权的全部构成要件，还应当考虑信息网络传播的特点并结合侵权主体、传播范围、损害程度等具体因素进行综合判断。

2. 不特定关系人组成的微信群具有公共空间属性，公民在此类微信群中发布侮辱、诽谤、污蔑或者贬损他人的言论构成名誉权侵权，应当依法承担法律责任。

◎ 公报案例

林某某、陈某某诉蔡某某一般人格权纠

纷案【《最高人民法院公报》2020 年第 11 期】

裁判摘要：一、民事主体行使各自的民主权利，均应在法律赋予的限度之内，不得以行使自己的权利为由侵害其他民事主体的合法权益。

二、人民法院审理民事主体各自行使民事权利导致冲突的案件，应当依据事实，判断各方当事人行使其民事权利的合法性与适度性，据此平衡上述权利冲突。

◎ **典型案例**

网络竞价排名侵害名称权案——利用竞争对手名称设置搜索关键词进行商业推广构成侵害名称权【民法典颁布后人格权司法保护典型民事案例之三（2022 年 4 月 11 日）】

典型意义：名称权是企业从事商事活动的重要标识性权利，已逐渐成为企业的核心资产。本案立足于数字经济发展新赛道，通过揭示竞价排名广告的商业逻辑，明确他人合法注册的企业名称受到保护，任何人不得通过"蹭热点""傍名牌"等方式侵害他人企业名称权。同时，本案还对网络服务提供者的审查义务进行了厘定，敦促其利用技术优势实质性审查"竞价排名"关键词的权属情况等，对制约商标侵权、不正当竞争行为，规范行业竞争秩序，构筑健康的品牌经济具有积极作用。

"AI 陪伴"软件侵害人格权案——人工智能软件擅自使用自然人形象创设虚拟

人物构成侵权【民法典颁布后人格权司法保护典型民事案例之四（2022 年 4 月 11 日）】

典型意义：随着后疫情时代互联网产业模式的进一步创新，虚拟现实等新技术的不断发展，自然人格要素被虚拟化呈现的应用日益增多。本案明确自然人的人格权及于其虚拟形象，同时对算法应用的评价标准进行了有益探索，对人工智能时代加强人格权保护具有重要意义。

知名艺人甲某肖像权、姓名权纠纷案——具备明显可识别性的肖像剪影属于肖像权的保护范畴【民法典颁布后人格权司法保护典型民事案例之五（2022 年 4 月 11 日）】

典型意义：本案系民法典实施后的新类型侵犯肖像权案件，被告试图利用规则的模糊地带非法获取知名艺人的肖像利益，引发了社会关注。本案适用了民法典人格权编的最新规定进行审理，体现了对公民肖像权进行实质、完整保护的立法精神，有利于社会公众知悉、了解肖像权保护的积极变化，也促使社会形成严格尊重他人肖像的知法守法氛围。

第九百九十九条　【新闻报道、舆论监督等行为的合理使用与不合理使用的民事责任】

为公共利益实施新闻报道、舆论监督等行为的，可以合理使用民事主体的姓名、名称、肖像、个人信息等；使用不合理侵害民事主体人格权的，应当依法承担民事责任。

关联法规

◎ **法律**

《个人信息保护法》

第十三条　符合下列情形之一的，个人信息处理者方可处理个人信息：

（一）取得个人的同意；

（二）为订立、履行个人作为一方当事人的合同所必需，或者按照依法制定的劳动规章制度和依法签订的集体合同实施人力资源管理所必需；

（三）为履行法定职责或者法定义务所必需；

（四）为应对突发公共卫生事件，或者紧急情况下为保护自然人的生命健康和财产安全所必需；

（五）为公共利益实施新闻报道、舆论监督等行为，在合理的范围内处理个人信息；

（六）依照本法规定在合理的范围内处理个人自行公开或者其他已经合法公开的个人信息；

（七）法律、行政法规规定的其他情形。

依照本法其他有关规定，处理个人信息应当取得个人同意，但是有前款第二项至第七项规定情形的，不需取得个人同意。

《未成年人保护法》

第一百零三条　公安机关、人民检察院、人民法院、司法行政部门以及其他组织和个人不得披露有关案件中未成年人的姓名、影像、住所、就读学校以及其他可能识别出其身份的信息，但查找失踪、被拐卖未成年人等情形除外。

《预防未成年人犯罪法》

第五十条　公安机关、人民检察院、人民法院办理未成年人刑事案件，应当根据未成年人的生理、心理特点和犯罪的情况，有针对性地进行法治教育。

对涉及刑事案件的未成年人进行教育，其法定代理人以外的成年亲属或者教师、辅导员等参与有利于感化、挽救未成年人的，公安机关、人民检察院、人民法院应当邀请其参加有关活动。

第五十一条　公安机关、人民检察院、人民法院办理未成年人刑事案件，可以自行或者委托有关社会组织、机构对未成年犯罪嫌疑人或者被告人的成长经历、犯罪原因、监护、教育等情况进行社会调查；根据实际需要并经未成年犯罪嫌疑人、被告人及其法定代理人同意，可以对未成年犯罪嫌疑人、被告人进行心理测评。

社会调查和心理测评的报告可以作为办理案件和教育未成年人的参考。

《妇女权益保障法》

第二十八条　妇女的姓名权、肖像权、名誉权、荣誉权、隐私权和个人信息等人格权益受法律保护。

媒体报道涉及妇女事件应当客观、适度，不得通过夸大事实、过度渲染等方式侵害妇女的人格权益。

禁止通过大众传播媒介或者其他方式贬低损害妇女人格。未经本人同意，不得通过广告、商标、展览橱窗、报纸、期刊、图书、音像制品、电子出版物、网络等形式使用妇女肖像，但法律另有规定的除外。

第八十二条　违反本法规定，通过大众传播媒介或者其他方式贬低损害妇女人格的，由公安、网信、文化旅游、广播电视、新闻出版或者其他有关部门依据各自的职权责令改正，并依法给予行政处罚。

◎ 司法解释

《关于审理使用人脸识别技术处理个人信息相关民事案件适用法律若干问题的规定》

第五条　有下列情形之一，信息处理者主张其不承担民事责任的，人民法院依法予以支持：

（一）为应对突发公共卫生事件，或者紧急情况下为保护自然人的生命健康和财产安全所必需而处理人脸信息的；

（二）为维护公共安全，依据国家有关规定在公共场所使用人脸识别技术的；

（三）为公共利益实施新闻报道、舆论监督等行为在合理的范围内处理人脸信息的；

（四）在自然人或者其监护人同意的范围内合理处理人脸信息的；

（五）符合法律、行政法规规定的其他情形。

第一千条　【侵害人格权民事责任的相当性与替代性公布执行方式】

行为人因侵害人格权承担消除影响、恢复名誉、赔礼道歉等民事责任的，应当与行为的具体方式和造成的影响范围相当。

行为人拒不承担前款规定的民事责任的，人民法院可以采取在报刊、网络等媒体上发布公告或者公布生效裁判文书等方式执行，产生的费用由行为人负担。

关联法规

◎ **法律**

《国家赔偿法》

第三十五条 有本法第三条或者第十七条规定情形之一，致人精神损害的，应当在侵权行为影响的范围内，为受害人消除影响，恢复名誉，赔礼道歉；造成严重后果的，应当支付相应的精神损害抚慰金。

◎ **行政法规**

《公安机关督察条例》

第十四条 公安机关人民警察对停止执行职务和禁闭决定不服的，可以在被停止执行职务或者被禁闭期间向作出决定的公安机关的上一级公安机关提出申诉。由公安部督察机构作出的停止执行职务、禁闭的决定，受理申诉的机关是公安部督察委员会。

受理申诉的公安机关对不服停止执行职务的申诉，应当自收到申诉之日起5日内作出是否撤销停止执行职务的决定；对不服禁闭的申诉，应当在收到申诉之时起24小时内作出是否撤销禁闭的决定。

申诉期间，停止执行职务、禁闭决定不停止执行。

受理申诉的公安机关认为停止执行职务、禁闭决定确有错误的，应当予以撤销，并在适当范围内为当事人消除影响，恢复名誉。

◎ **司法解释**

《关于审理民事、行政诉讼中司法赔偿案件适用法律若干问题的解释》

第十一条 人民法院及其工作人员在民事、行政诉讼过程中，具有本解释第二条、第六条规定情形，侵犯公民人身权的，应当依照国家赔偿法第三十三条、第三十四条的规定计算赔偿金。致人精神损害的，应当依照国家赔偿法第三十五条的规定，在侵权行为影响的范围内，为受害人消除影响、恢复名誉、赔礼道歉；造成严重后果的，还应当支付相应的精神损害抚慰金。

《关于审理国家赔偿案件确定精神损害赔偿责任适用法律若干问题的解释》

第二条 公民以人身权受到侵犯为由提出国家赔偿申请，未请求精神损害赔偿，或者未同时请求消除影响、恢复名誉、赔礼道歉以及精神损害抚慰金的，人民法院应当向其释明。经释明后不变更请求，案件审结后又基于同一侵权事实另行提出申请的，人民法院不予受理。

第三条 赔偿义务机关有国家赔偿法第三条、第十七条规定情形之一，依法应当承担国家赔偿责任的，可以同时认定该侵权行为为致人精神损害。但是赔偿义务机关有证据证明该公民不存在精神损害，或者认定精神损害违背公序良俗的除外。

第四条　侵权行为致人精神损害，应当为受害人消除影响、恢复名誉或者赔礼道歉；侵权行为致人精神损害并造成严重后果，应当在支付精神损害抚慰金的同时，视案件具体情形，为受害人消除影响、恢复名誉或者赔礼道歉。

消除影响、恢复名誉与赔礼道歉，可以单独适用，也可合并适用，并应当与侵权行为的具体方式和造成的影响范围相当。

第五条　人民法院可以根据案件具体情况，组织赔偿请求人与赔偿义务机关就消除影响、恢复名誉或者赔礼道歉的具体方式进行协商。

协商不成作出决定的，应当采用下列方式：

（一）在受害人住所地或者所在单位发布相关信息；

（二）在侵权行为直接影响范围内的媒体上予以报道；

（三）赔偿义务机关有关负责人向赔偿请求人赔礼道歉。

第六条　决定为受害人消除影响、恢复名誉或者赔礼道歉的，应当载入决定主文。

赔偿义务机关在决定作出前已为受害人消除影响、恢复名誉或者赔礼道歉，或者原侵权案件的纠正被媒体广泛报道，客观上已经起到消除影响、恢复名誉作用，且符合本解释规定的，可以

在决定书中予以说明。

第九条　精神损害抚慰金的具体数额，应当在兼顾社会发展整体水平的同时，参考下列因素合理确定：

（一）精神受到损害以及造成严重后果的情况；

（二）侵权行为的目的、手段、方式等具体情节；

（三）侵权机关及其工作人员的违法、过错程度、原因力比例；

（四）原错判罪名、刑罚轻重、羁押时间；

（五）受害人的职业、影响范围；

（六）纠错的事由以及过程；

（七）其他应当考虑的因素。

第十条　精神损害抚慰金的数额一般不少于一千元；数额在一千元以上的，以千为计数单位。

赔偿请求人请求的精神损害抚慰金少于一千元，且其请求事由符合本解释规定的造成严重后果情形，经释明不予变更的，按照其请求数额支付。

第十一条　受害人对损害事实和后果的发生或者扩大有过错的，可以根据其过错程度减少或者不予支付精神损害抚慰金。

第十二条　决定中载明的支付精神损害抚慰金及其他责任承担方式，赔偿义务机关应当履行。

第四章　肖　像　权

第一千零一十九条　【肖像权的保护；未经肖像权人同意不得使用或者公开肖像】

任何组织或者个人不得以丑化、污损，或者利用信息技术手段伪造等方式侵害他人的肖像权。未经肖像权人同意，不得制作、使用、公开肖像权人的肖像，但是法律另有规定的除外。

未经肖像权人同意，肖像作品权利人不得以发表、复制、发行、出租、展览等方式使用或者公开肖像权人的肖像。

关联法规

◎ **法律**

《精神卫生法》

第四条　精神障碍患者的人格尊严、人身和财产安全不受侵犯。

精神障碍患者的教育、劳动、医疗以及从国家和社会获得物质帮助等方面的合法权益受法律保护。

有关单位和个人应当对精神障碍患者的姓名、肖像、住址、工作单位、病历资料以及其他可能推断出其身份的信息予以保密；但是，依法履行职责需要公开的除外。

《英雄烈士保护法》

第二十二条　禁止歪曲、丑化、亵渎、否定英雄烈士事迹和精神。

英雄烈士的姓名、肖像、名誉、荣誉受法律保护。任何组织和个人不得在公共场所、互联网或者利用广播电视、电影、出版物等，以侮辱、诽谤或者其他方式侵害英雄烈士的姓名、肖像、名誉、荣誉。任何组织和个人不得将英雄烈士的姓名、肖像用于或者变相用于商标、商业广告，损害英雄烈士的名誉、荣誉。

公安、文化、新闻出版、广播电视、电影、网信、市场监督管理、负责英雄烈士保护工作的部门发现前款规定行为的，应当依法及时处理。

《妇女权益保障法》

第四十二条　妇女的名誉权、荣誉权、隐私权、肖像权等人格权受法律保护。

禁止用侮辱、诽谤等方式损害妇女

的人格尊严。禁止通过大众传播媒介或者其他方式贬低损害妇女人格。未经本人同意，不得以营利为目的，通过广告、商标、展览橱窗、报纸、期刊、图书、音像制品、电子出版物、网络等形式使用妇女肖像。

◎ **行政法规**

《艾滋病防治条例》

第三十九条 疾病预防控制机构和出入境检验检疫机构进行艾滋病流行病学调查时，被调查单位和个人应当如实提供有关情况。

未经本人或者其监护人同意，任何单位或者个人不得公开艾滋病病毒感染者、艾滋病病人及其家属的姓名、住址、工作单位、肖像、病史资料以及其他可能推断出其具体身份的信息。

◎ **司法解释**

《关于上海科技报社和陈贯一与朱虹侵害肖像权上诉案的复函》

上海市高级人民法院：

你院（90）沪高民他字第4号关于"上海科技报社和陈贯一与朱虹侵害肖像权上诉案的请示"收悉。

经研究认为：上海科技报社、陈贯一未经朱虹同意，在上海科技报载文介绍陈贯一对"重症肌无力症"的治疗经验时，使用了朱虹患病时和治愈后的两幅照片，其目的是为了宣传医疗经验，对社会是有益的，且该行为并未造

成严重不良后果，尚构不成侵害肖像权。因此，同意你院审判委员会的意见，即该案由二审人民法院撤销一审人民法院原审判决，驳回朱虹的诉讼请求。在处理时，应向上海科技报社和陈贯一指出，今后未经肖像权人同意，不得再使用其肖像。以上意见，供参考。

权威案例

◎ **典型案例**

楼某熙诉杜某峰、某网络技术有限公司肖像权纠纷案【人民法院贯彻实施民法典典型案例（第一批）之七（2022年2月25日）】

典型意义： 本案是人民法院依法打击网络侵权行为，保护自然人人格权益的典型案件。本案中，行为人于"七七事变"纪念日在微博上发表不当言论，并附有他人清晰脸部和身体特征的图片，意图达到贬低、丑化祖国和中国人的效果。该行为不仅侵犯了他人的肖像权，而且冲击了社会公共利益和良好的道德风尚。审理法院在本案判决中依法适用民法典的规定保护他人的肖像权，同时结合案情，将"爱国"这一社会主义核心价值观要求融入裁判说理，既依法维护了当事人的合法权益，也充分发挥了司法裁判的引领示范作用，突出弘扬了爱国主义精神的鲜明价值导向，有利于净化网络环境，维护网络秩序。

经营者未经许可不得将其掌握的消费者信息用于商业宣传——郑某诉某公司网络侵权责任纠纷案【最高法发布消费者权益保护典型案例之八（2022年3月15日）】

典型意义：消费者在接受服务过程中留下的私人信息，如姓名、肖像、接受的服务内容等，涉及消费者的肖像权、隐私权等权利，受到法律的保护。对经营者而言，消费者信息具有经济价值，为经营者非法使用提供了利益驱动。经营者在业务活动中使用其收集到的消费者信息，应当遵循合法、正当、必要的原则，且不得违反法律法规的规定和双方的约定。本案明确经营者在未经消费者同意的情况下，不得使用其掌握的消费者个人信息进行宣传，有利于指引经营者规范自身经营行为，加强消费者个人信息保护。

第五章 名誉权和荣誉权

第一千零二十五条 【新闻报道、舆论监督影响他人名誉不承担民事责任及其例外】

行为人为公共利益实施新闻报道、舆论监督等行为，影响他人名誉的，不承担民事责任，但是有下列情形之一的除外：

（一）捏造、歪曲事实；

（二）对他人提供的严重失实内容未尽到合理核实义务；

（三）使用侮辱性言辞等贬损他人名誉。

关联法规

◎ **司法解释**

《关于徐良诉上海文化艺术报社等侵害名誉权案件的函》

上海市高级人民法院：

你院（89）沪高民他字第7号关于处理徐良诉上海文化艺术报社、赵伟昌侵害名誉权案件的请示报告收悉。经研究，答复如下：

一、被告赵伟昌根据传闻，撰写严重失实的文章"索价三千元带来的震荡"

和被告《上海文化艺术报》社未经核实而刊登该文，造成了不良后果，两被告的行为均已构成侵害徐良的名誉权。

二、陈保平不是必要的共同诉讼人，原告徐良亦表示不告，法院可不追加陈保平为被告。

三、根据本案的具体情况，两被告对原告徐良因进行诉讼而支付的合理的、必要的费用，应酌予赔偿。

《关于刘兰祖诉山西日报社、山西省委支部建设杂志社侵害名誉权一案的复函》

山西省高级人民法院：

你院〔1999〕晋民他字第1号《关于刘兰祖诉山西日报社、山西省委支部建设杂志社侵害名誉权一案的请示报告》收悉。经研究，我们认为，贾卯清和刘兰祖合谋侵吞公款的行为已经有关纪检部门予以认定，并给予贾卯清相应的党纪处分，山西日报社和山西省委支部建设杂志社（以下简称支部建设杂志社）将相关事实通过新闻媒体予以报道，没有违反新闻真实性的基本原则，该报道的内容未有失实之处，属于正常的舆论监督。根据最高人民法院有关司法解释的规定精神和本案的具体情况，山西日报社和支部建设杂志社的行为，不构成对刘兰祖名誉权的侵害。

《关于审理利用信息网络侵害人身权益民事纠纷案件适用法律若干问题的规定》

第八条 网络用户或者网络服务提供者采取诽谤、诋毁等手段，损害公众对经营主体的信赖，降低其产品或者服务的社会评价，经营主体请求网络用户或者网络服务提供者承担侵权责任的，人民法院应依法予以支持。

◎ 部门规范性文件

《关于互联网站从事登载新闻业务管理暂行规定》

第十三条 互联网站登载的新闻不得含有下列内容：

（一）违反宪法所确定的基本原则；

（二）危害国家安全，泄露国家秘密，煽动颠覆国家政权，破坏国家统一；

（三）损害国家的荣誉和利益；

（四）煽动民族仇恨、民族歧视，破坏民族团结；

（五）破坏国家宗教政策，宣扬邪教，宣扬封建迷信；

（六）散布谣言，编造和传播假新闻，扰乱社会秩序，破坏社会稳定；

（七）散布淫秽、色情、赌博、暴力、恐怖或者教唆犯罪；

（八）侮辱或者诽谤他人，侵害他人合法权益；

（九）法律、法规禁止的其他内容。

第十六条 互联网站登载的新闻含有本规定第十三条所列内容之一，构成犯罪的，依法追究刑事责任；尚不构成犯罪

的，由公安机关或者国家安全机关依照有关法律、行政法规的规定给予行政处罚。

第十七条 互联网站登载新闻含有本规定第十三条所列内容之一或者有本规定第十五条所列情形之一的，国务院信息产业主管部门或者省、自治区、直辖市电信管理机构依照有关法律、行政法规的规定，可以责令关闭网站。并吊销其电信业务经营许可证。

权威案例

◎ 公报案例

李某峰等诉叶某公安分局、某电视台等侵犯名誉权、肖像权纠纷案【《最高人民法院公报》2007年第2期】

裁判摘要：公安机关在向新闻媒体提供侦破案件的相关资料，供新闻媒体用于新闻报道时，应尽谨慎注意义务以保护他人合法权益。未尽此义务导致他人名誉权受到侵犯的，应承担相应的民事责任。公安机关侦查行为的合法性、配合新闻媒体进行法制宣传的正当性以及新闻媒体自身在新闻报道中的过失，均不构成免除公安机关上述民事责任的法定事由。

上海法某信息技术有限公司诉北京奇某科技有限公司名誉权纠纷案【《最高人民法院公报》2020年第10期】

裁判摘要：手机用户使用安全软件对呼入号码进行评价性标注，即使评价带有负面性特征，也属于公众正当社会评价的范畴。安全软件平台根据公众用户的标

注，将被标注号码的负面性评价在手机用户接听界面中予以自动展示的，其行为个具有违法性。除号码权利人能够证明平台故意捏造虚假评价外，即使展示内容对号码权利人声誉产生一定影响，平台也不构成名誉权侵权或帮助侵权。

◎ **典型案例**

范某冰与毕某功、贵州易某德文化传媒有限公司侵犯名誉权纠纷案——"影射"者的责任：从信息接受者的视角判断【最高人民法院公布利用信息网络侵害人身权益典型案例之五（2014年10月9日）】

典型意义：在利用信息网络侵害他人名誉权等人身权益的案件中，侵权信息往往具有"含沙射影""指桑骂槐"的特征，并不明确指明被侵权人，尤其是在针对公众人物的情况下。如何判断网络信息针对的对象就是原告？如何判断原告因这些信息受到损害？本案的结论是，要从信息接受者的角度判断，即"并不要求毁损性陈述指名道姓，只要原告证明在特定情况下，具有特定知识背景的人有理由相信该陈述针对的对象是原告即可"。这种判断标准实质性地把握了损害后果、损害后果与侵权信息之间的因果关系，对于利用网络信息侵害名誉权案件的审理，具有启示意义。

徐某敖与北京新某互联信息服务有限公司侵犯名誉权纠纷案——转载者的责任：专业媒体应承担更大的注意义务【最高人民法院公布利用信息网络侵害人身权益典型案例之八（2014年10月9日）】

典型意义：自媒体的发展及成熟是互联网时代的一大特征，但是这并不意味着专业媒体与自媒体之间就应当同等对待。本案的判决说明，在认定互联网时代最普遍的转载行为的法律责任时，应当区分专业媒体和非专业媒体，专业媒体的注意义务应当高于一般自媒体。所以，转载他人信息未更正仍需承担侵权责任。

媒体如实曝光食品安全问题不属于侵权行为——某卤菜厂诉某省广播电视总台名誉权纠纷案【第二批人民法院大力弘扬社会主义核心价值观典型民事案例（2022年2月23日）】

典型意义：依法报道新闻事件是新闻媒体的权利。加强对问题食品的新闻舆论监督有利于保护人民群众"舌尖上的安全"。本案系媒体实施新闻报道引发的名誉权纠纷，在法律层面，涉及新闻自由与名誉权保护之间的平衡问题；在社会层面，涉及与千家万户息息相关的食品安全问题；在道德层面，涉及企业商家诚实守信的经营准则问题。食品卫生问题关乎国计民生，"舌尖上的安全"不容侵犯。本案通过对朱某云一再违规生产的行为作出否定性评价，明确了新闻舆论监督权与经营者名誉权的边界，鼓励新闻媒体通过合法合规方式揭露社会问题，维护公共利益。本案对于引导商户诚信经营、推进信用体系建设、形成良好社会风气具有积极作用，不仅弘扬了敬业、诚信的社会主义核心价值观，更彰显了人民法院保护人民群众"舌尖上的安全"、依法支持新闻舆论监督的态度和决心。

第一千零二十八条 【媒体报道内容失实侵害名誉权】

民事主体有证据证明报刊、网络等媒体报道的内容失实，侵害其名誉权的，有权请求该媒体及时采取更正或者删除等必要措施。

关联法规

◎ **法律**

《英雄烈士保护法》

第二十三条 网信和电信、公安等有关部门在对网络信息进行依法监督管理工作中，发现发布或者传输以侮辱、诽谤或者其他方式侵害英雄烈士的姓名、肖像、名誉、荣誉的信息的，应当要求网络运营者停止传输，采取消除等处置措施和其他必要措施；对来源于中华人民共和国境外的上述信息，应当通知有关机构采取技术措施和其他必要措施阻断传播。

网络运营者发现其用户发布前款规定的信息的，应当立即停止传输该信息，采取消除等处置措施，防止信息扩散，保存有关记录，并向有关主管部门报告。网络运营者未采取停止传输、消除等处置措施的，依照《中华人民共和国网络安全法》的规定处罚。

◎ **司法解释**

《关于广西高院请示黄仕冠、黄德信与广西法制报社、范宝忠名誉侵权一案请示的复函》

广西壮族自治区高级人民法院：

你院关于黄仕冠、黄德信与广西法制报社、范宝忠名誉侵权一案的请示收悉。经研究认为，范宝忠供稿、《广西法制报》发表的《法官黄仕冠、黄德信徇私舞弊被逮捕》一文，内容严重失实，且在人民法院判决黄仕冠、黄德信无罪后，范宝忠、广西法制报社拒绝进行更正报道和后续报道，根据我院《关于审理名誉权案件若干问题的解释》的有关规定，其行为侵害了黄仕冠、黄德信的名誉权，范宝忠、广西法制报社依法应承担相应的民事责任。但考虑到本案的具体情况，该案以案外和解的方式处理为宜。故请告知范宝忠和广西法制报社，依照法律规定，其应当承担侵权的民事责任。希望范宝忠和广西法制报社通过赔礼道歉、消除影响以及给黄仕冠、黄德信一定经济补偿等方式争取达成和解，使黄仕冠、黄德信主动撤诉。如果不能达成和解，则依法作出处理。

第一千零三十条　【信用权准用个人信息保护的规定】

民事主体与征信机构等信用信息处理者之间的关系，适用本编有关个人信息保护的规定和其他法律、行政法规的有关规定。

关联法规

◎ 法律

《个人信息保护法》

第九条　个人信息处理者应当对其个人信息处理活动负责，并采取必要措施保障所处理的个人信息的安全。

第十三条　符合下列情形之一的，个人信息处理者方可处理个人信息：

（一）取得个人的同意；

（二）为订立、履行个人作为一方当事人的合同所必需，或者按照依法制定的劳动规章制度和依法签订的集体合同实施人力资源管理所必需；

（三）为履行法定职责或者法定义务所必需；

（四）为应对突发公共卫生事件，或者紧急情况下为保护自然人的生命健康和财产安全所必需；

（五）为公共利益实施新闻报道、舆论监督等行为，在合理的范围内处理个人信息；

（六）依照本法规定在合理的范围内处理个人自行公开或者其他已经合法公开的个人信息；

（七）法律、行政法规规定的其他情形。

依照本法其他有关规定，处理个人信息应当取得个人同意，但是有前款第二项至第七项规定情形的，不需取得个人同意。

◎ 行政法规

《征信业管理条例》

第一章　总　则

第一条　为了规范征信活动，保护当事人合法权益，引导、促进征信业健康发展，推进社会信用体系建设，制定本条例。

第二条　在中国境内从事征信业务及相关活动，适用本条例。

本条例所称征信业务，是指对企业、事业单位等组织（以下统称企业）的信用信息和个人的信用信息进行采集、整理、保存、加工，并向信息使用者提供的活动。

国家设立的金融信用信息基础数据库进行信息的采集、整理、保存、加工和提供，适用本条例第五章规定。

国家机关以及法律、法规授权的具有管理公共事务职能的组织依照法律、行政法规和国务院的规定，为履行职责进行的企业和个人信息的采集、整理、保存、加工和公布，不适用本条例。

第三条 从事征信业务及相关活动，应当遵守法律法规，诚实守信，不得危害国家秘密，不得侵犯商业秘密和个人隐私。

第四条 中国人民银行（以下称国务院征信业监督管理部门）及其派出机构依法对征信业进行监督管理。

县级以上地方人民政府和国务院有关部门依法推进本地区、本行业的社会信用体系建设，培育征信市场，推动征信业发展。

第二章 征信机构

第五条 本条例所称征信机构，是指依法设立，主要经营征信业务的机构。

第六条 设立经营个人征信业务的征信机构，应当符合《中华人民共和国公司法》规定的公司设立条件和下列条件，并经国务院征信业监督管理部门批准：

（一）主要股东信誉良好，最近3年无重大违法违规记录；

（二）注册资本不少于人民币5000万元；

（三）有符合国务院征信业监督管理部门规定的保障信息安全的设施、设备和制度、措施；

（四）拟任董事、监事和高级管理人员符合本条例第八条规定的任职条件；

（五）国务院征信业监督管理部门规定的其他审慎性条件。

第七条 申请设立经营个人征信业务的征信机构，应当向国务院征信业监督管理部门提交申请书和证明其符合本条例第六条规定条件的材料。

国务院征信业监督管理部门应当依法进行审查，自受理申请之日起60日内作出批准或者不予批准的决定。决定批准的，颁发个人征信业务经营许可证；不予批准的，应当书面说明理由。

经批准设立的经营个人征信业务的征信机构，凭个人征信业务经营许可证向公司登记机关办理登记。

未经国务院征信业监督管理部门批准，任何单位和个人不得经营个人征信业务。

第八条 经营个人征信业务的征信机构的董事、监事和高级管理人员，应当熟悉与征信业务相关的法律法规，具有履行职责所需的征信业从业经验和管理能力，最近3年无重大违法违规记录，并取得国务院征信业监督管理部门核准的任职资格。

第九条 经营个人征信业务的征信机构设立分支机构、合并或者分立、变更注册资本、变更出资额占公司资本总额5%以上或者持股占公司股份5%以上的股东的，应当经国务院征信业监督管理部门批准。

经营个人征信业务的征信机构变更名称的，应当向国务院征信业监督管理部门办理备案。

第十条　设立经营企业征信业务的征信机构，应当符合《中华人民共和国公司法》规定的设立条件，并自公司登记机关准予登记之日起30日内向所在地的国务院征信业监督管理部门派出机构办理备案，并提供下列材料：

（一）营业执照；

（二）股权结构、组织机构说明；

（三）业务范围、业务规则、业务系统的基本情况；

（四）信息安全和风险防范措施。

备案事项发生变更的，应当自变更之日起30日内向原备案机构办理变更备案。

第十一条　征信机构应当按照国务院征信业监督管理部门的规定，报告上一年度开展征信业务的情况。

国务院征信业监督管理部门应当向社会公告经营个人征信业务和企业征信业务的征信机构名单，并及时更新。

第十二条　征信机构解散或者被依法宣告破产的，应当向国务院征信业监督管理部门报告，并按照下列方式处理信息数据库：

（一）与其他征信机构约定并经国务院征信业监督管理部门同意，转让给其他征信机构；

（二）不能依照前项规定转让的，移交给国务院征信业监督管理部门指定的征信机构；

（三）不能依照前两项规定转让、移交的，在国务院征信业监督管理部门的监督下销毁。

经营个人征信业务的征信机构解散或者被依法宣告破产的，还应当在国务院征信业监督管理部门指定的媒体上公告，并将个人征信业务经营许可证交国务院征信业监督管理部门注销。

第三章　征信业务规则

第十三条　采集个人信息应当经信息主体本人同意，未经本人同意不得采集。但是，依照法律、行政法规规定公开的信息除外。

企业的董事、监事、高级管理人员与其履行职务相关的信息，不作为个人信息。

第十四条　禁止征信机构采集个人的宗教信仰、基因、指纹、血型、疾病和病史信息以及法律、行政法规规定禁止采集的其他个人信息。

征信机构不得采集个人的收入、存款、有价证券、商业保险、不动产的信息和纳税数额信息。但是，征信机构明确告知信息主体提供该信息可能产生的不利后果，并取得其书面同意的除外。

第十五条　信息提供者向征信机构

提供个人不良信息，应当事先告知信息主体本人。但是，依照法律、行政法规规定公开的不良信息除外。

第十六条 征信机构对个人不良信息的保存期限，自不良行为或者事件终止之日起为5年；超过5年的，应当予以删除。

在不良信息保存期限内，信息主体可以对不良信息作出说明，征信机构应当予以记载。

第十七条 信息主体可以向征信机构查询自身信息。个人信息主体有权每年两次免费获取本人的信用报告。

第十八条 向征信机构查询个人信息的，应当取得信息主体本人的书面同意并约定用途。但是，法律规定可以不经同意查询的除外。

征信机构不得违反前款规定提供个人信息。

第十九条 征信机构或者信息提供者、信息使用者采用格式合同条款取得个人信息主体同意的，应当在合同中作出足以引起信息主体注意的提示，并按照信息主体的要求作出明确说明。

第二十条 信息使用者应当按照与个人信息主体约定的用途使用个人信息，不得用作约定以外的用途，不得未经个人信息主体同意向第三方提供。

第二十一条 征信机构可以通过信息主体、企业交易对方、行业协会提供信息，政府有关部门依法已公开的信息，人民法院依法公布的判决、裁定等渠道，采集企业信息。

征信机构不得采集法律、行政法规禁止采集的企业信息。

第二十二条 征信机构应当按照国务院征信业监督管理部门的规定，建立健全和严格执行保障信息安全的规章制度，并采取有效技术措施保障信息安全。

经营个人征信业务的征信机构应当对其工作人员查询个人信息的权限和程序作出明确规定，对工作人员查询个人信息的情况进行登记，如实记载查询工作人员的姓名、查询的时间、内容及用途。工作人员不得违反规定的权限和程序查询信息，不得泄露工作中获取的信息。

第二十三条 征信机构应当采取合理措施，保障其提供信息的准确性。

征信机构提供的信息供信息使用者参考。

第二十四条 征信机构在中国境内采集的信息的整理、保存和加工，应当在中国境内进行。

征信机构向境外组织或者个人提供信息，应当遵守法律、行政法规和国务院征信业监督管理部门的有关规定。

第四章　异议和投诉

第二十五条 信息主体认为征信机

构采集、保存、提供的信息存在错误、遗漏的，有权向征信机构或者信息提供者提出异议，要求更正。

征信机构或者信息提供者收到异议，应当按照国务院征信业监督管理部门的规定对相关信息作出存在异议的标注，自收到异议之日起 20 日内进行核查和处理，并将结果书面答复异议人。

经核查，确认相关信息确有错误、遗漏的，信息提供者、征信机构应当予以更正；确认不存在错误、遗漏的，应当取消异议标注；经核查仍不能确认的，对核查情况和异议内容应当予以记载。

第二十六条　信息主体认为征信机构或者信息提供者、信息使用者侵害其合法权益的，可以向所在地的国务院征信业监督管理部门派出机构投诉。

受理投诉的机构应当及时进行核查和处理，自受理之日起 30 日内书面答复投诉人。

信息主体认为征信机构或者信息提供者、信息使用者侵害其合法权益的，可以直接向人民法院起诉。

第五章　金融信用信息基础数据库

第二十七条　国家设立金融信用信息基础数据库，为防范金融风险、促进金融业发展提供相关信息服务。

金融信用信息基础数据库由专业运行机构建设、运行和维护。该运行机构

不以营利为目的，由国务院征信业监督管理部门监督管理。

第二十八条　金融信用信息基础数据库接收从事信贷业务的机构按照规定提供的信贷信息。

金融信用信息基础数据库为信息主体和取得信息主体本人书面同意的信息使用者提供查询服务。国家机关可以依法查询金融信用信息基础数据库的信息。

第二十九条　从事信贷业务的机构应当按照规定向金融信用信息基础数据库提供信贷信息。

从事信贷业务的机构向金融信用信息基础数据库或者其他主体提供信贷信息，应当事先取得信息主体的书面同意，并适用本条例关于信息提供者的规定。

第三十条　不从事信贷业务的金融机构向金融信用信息基础数据库提供、查询信用信息以及金融信用信息基础数据库接收其提供的信用信息的具体办法，由国务院征信业监督管理部门会同国务院有关金融监督管理机构依法制定。

第三十一条　金融信用信息基础数据库运行机构可以按照补偿成本原则收取查询服务费用，收费标准由国务院价格主管部门规定。

第三十二条　本条例第十四条、第

十六条、第十七条、第十八条、第二十二条、第二十三条、第二十四条、第二十五条、第二十六条适用于金融信用信息基础数据库运行机构。

第六章　监督管理

第三十三条　国务院征信业监督管理部门及其派出机构依照法律、行政法规和国务院的规定，履行对征信业和金融信用信息基础数据库运行机构的监督管理职责，可以采取下列监督检查措施：

（一）进入征信机构、金融信用信息基础数据库运行机构进行现场检查，对向金融信用信息基础数据库提供或者查询信息的机构遵守本条例有关规定的情况进行检查；

（二）询问当事人和与被调查事件有关的单位和个人，要求其对与被调查事件有关的事项作出说明；

（三）查阅、复制与被调查事件有关的文件、资料，对可能被转移、销毁、隐匿或者篡改的文件、资料予以封存；

（四）检查相关信息系统。

进行现场检查或者调查的人员不得少于2人，并应当出示合法证件和检查、调查通知书。

被检查、调查的单位和个人应当配合，如实提供有关文件、资料，不得隐瞒、拒绝和阻碍。

第三十四条　经营个人征信业务的征信机构、金融信用信息基础数据库、向金融信用信息基础数据库提供或者查询信息的机构发生重大信息泄露等事件的，国务院征信业监督管理部门可以采取临时接管相关信息系统等必要措施，避免损害扩大。

第三十五条　国务院征信业监督管理部门及其派出机构的工作人员对在工作中知悉的国家秘密和信息主体的信息，应当依法保密。

第七章　法律责任

第三十六条　未经国务院征信业监督管理部门批准，擅自设立经营个人征信业务的征信机构或者从事个人征信业务活动的，由国务院征信业监督管理部门予以取缔，没收违法所得，并处5万元以上50万元以下的罚款；构成犯罪的，依法追究刑事责任。

第三十七条　经营个人征信业务的征信机构违反本条例第九条规定的，由国务院征信业监督管理部门责令限期改正，对单位处2万元以上20万元以下的罚款；对直接负责的主管人员和其他直接责任人员给予警告，处1万元以下的罚款。

经营企业征信业务的征信机构未按照本条例第十条规定办理备案的，由其所在地的国务院征信业监督管理部门派出机构责令限期改正；逾期不改正的，依照前款规定处罚。

第三十八条　征信机构、金融信用信息基础数据库运行机构违反本条例规定，有下列行为之一的，由国务院征信业监督管理部门或者其派出机构责令限期改正，对单位处 5 万元以上 50 万元以下的罚款；对直接负责的主管人员和其他直接责任人员处 1 万元以上 10 万元以下的罚款；有违法所得的，没收违法所得。给信息主体造成损失的，依法承担民事责任；构成犯罪的，依法追究刑事责任：

（一）窃取或者以其他方式非法获取信息；

（二）采集禁止采集的个人信息或者未经同意采集个人信息；

（三）违法提供或者出售信息；

（四）因过失泄露信息；

（五）逾期不删除个人不良信息；

（六）未按照规定对异议信息进行核查和处理；

（七）拒绝、阻碍国务院征信业监督管理部门或者其派出机构检查、调查或者不如实提供有关文件、资料；

（八）违反征信业务规则，侵害信息主体合法权益的其他行为。

经营个人征信业务的征信机构有前款所列行为之一，情节严重或者造成严重后果的，由国务院征信业监督管理部门吊销其个人征信业务经营许可证。

第三十九条　征信机构违反本条例规定，未按照规定报告其上一年度开展征信业务情况的，由国务院征信业监督管理部门或者其派出机构责令限期改正；逾期不改正的，对单位处 2 万元以上 10 万元以下的罚款；对直接负责的主管人员和其他直接责任人员给予警告，处 1 万元以下的罚款。

第四十条　向金融信用信息基础数据库提供或者查询信息的机构违反本条例规定，有下列行为之一的，由国务院征信业监督管理部门或者其派出机构责令限期改正，对单位处 5 万元以上 50 万元以下的罚款；对直接负责的主管人员和其他直接责任人员处 1 万元以上 10 万元以下的罚款；有违法所得的，没收违法所得。给信息主体造成损失的，依法承担民事责任；构成犯罪的，依法追究刑事责任：

（一）违法提供或者出售信息；

（二）因过失泄露信息；

（三）未经同意查询个人信息或者企业的信贷信息；

（四）未按照规定处理异议或者对确有错误、遗漏的信息不予更正；

（五）拒绝、阻碍国务院征信业监督管理部门或者其派出机构检查、调查或者不如实提供有关文件、资料。

第四十一条　信息提供者违反本条例规定，向征信机构、金融信用信息基础数据库提供非依法公开的个人不良信息，未事先告知信息主体本人，情节严重或者造成严重后果的，由国务院征信业监督管理部门或者其派出机构对单位处 2 万元以上 20 万元以下的罚款；对个人处 1 万元以上 5 万元以下的罚款。

第四十二条 信息使用者违反本条例规定，未按照与个人信息主体约定的用途使用个人信息或者未经个人信息主体同意向第三方提供个人信息，情节严重或者造成严重后果的，由国务院征信业监督管理部门或者其派出机构对单位处 2 万元以上 20 万元以下的罚款；对个人处 1 万元以上 5 万元以下的罚款；有违法所得的，没收违法所得。给信息主体造成损失的，依法承担民事责任；构成犯罪的，依法追究刑事责任。

第四十三条 国务院征信业监督管理部门及其派出机构的工作人员滥用职权、玩忽职守、徇私舞弊，不依法履行监督管理职责，或者泄露国家秘密、信息主体信息的，依法给予处分。给信息主体造成损失的，依法承担民事责任；构成犯罪的，依法追究刑事责任。

第八章 附 则

第四十四条 本条例下列用语的含义：

（一）信息提供者，是指向征信机构提供信息的单位和个人，以及向金融信用信息基础数据库提供信息的单位。

（二）信息使用者，是指从征信机构和金融信用信息基础数据库获取信息的单位和个人。

（三）不良信息，是指对信息主体信用状况构成负面影响的下列信息：信息主体在借贷、赊购、担保、租赁、保险、使用信用卡等活动中未按照合同履行义务的信息，对信息主体的行政处罚信息，人民法院判决或者裁定信息主体履行义务以及强制执行的信息，以及国务院征信业监督管理部门规定的其他不良信息。

第四十五条 外商投资征信机构的设立条件，由国务院征信业监督管理部门会同国务院有关部门制定，报国务院批准。

境外征信机构在境内经营征信业务，应当经国务院征信业监督管理部门批准。

第四十六条 本条例施行前已经经营个人征信业务的机构，应当自本条例施行之日起 6 个月内，依照本条例的规定申请个人征信业务经营许可证。

本条例施行前已经经营企业征信业务的机构，应当自本条例施行之日起 3 个月内，依照本条例的规定办理备案。

第四十七条 本条例自 2013 年 3 月 15 日起施行。

◎ 部门规章
《征信业务管理办法》
第一章　总　　则

第一条　为了规范征信业务及其相关活动，保护信息主体合法权益，促进征信业健康发展，推进社会信用体系建设，根据《中华人民共和国中国人民银行法》、《中华人民共和国个人信息保护法》、《征信业管理条例》等法律法规，制定本办法。

第二条　在中华人民共和国境内，对法人和非法人组织（以下统称企业）、个人开展征信业务及其相关活动的，适用本办法。

第三条　本办法所称征信业务，是指对企业和个人的信用信息进行采集、整理、保存、加工，并向信息使用者提供的活动。

本办法所称信用信息，是指依法采集，为金融等活动提供服务，用于识别判断企业和个人信用状况的基本信息、借贷信息、其他相关信息，以及基于前述信息形成的分析评价信息。

第四条　从事个人征信业务的，应当依法取得中国人民银行个人征信机构许可；从事企业征信业务的，应当依法办理企业征信机构备案；从事信用评级业务的，应当依法办理信用评级机构备案。

第五条　金融机构不得与未取得合法征信业务资质的市场机构开展商业合作获取征信服务。

本办法所称金融机构，是指国务院金融管理部门监督管理的从事金融业务的机构。

地方金融监管部门负责监督管理的地方金融组织适用本办法关于金融机构的规定。

第六条　从事征信业务及其相关活动，应当保护信息主体合法权益，保障信息安全，防范信用信息泄露、丢失、毁损或者被滥用，不得危害国家秘密，不得侵犯个人隐私和商业秘密。

从事征信业务及其相关活动，应当遵循独立、客观、公正的原则，不得违反法律法规的规定，不得违反社会公序良俗。

第二章　信用信息采集

第七条　采集个人信用信息，应当采取合法、正当的方式，遵循最小、必要的原则，不得过度采集。

第八条　征信机构不得以下列方式采集信用信息：

（一）欺骗、胁迫、诱导；

（二）向信息主体收费；

（三）从非法渠道采集；

（四）以其他侵害信息主体合法权益的方式。

第九条　信息提供者向征信机构提供信用信息的，征信机构应当制定相关制度，对信息提供者的信息来源、信息质量、信息安全、信息主体授权等进行必要的审查。

第十条　征信机构与信息提供者在开办业务及合作中应当遵守《中华人民共和国个人信息保护法》等法律法规，通过协议等形式明确信息采集的原则以及各自在获得客户同意、信息采集、加工处理、信息更正、异议处理、信息安全等方面的权利义务和责任。

第十一条　征信机构经营个人征信业务，应当制定采集个人信用信息的方案，并就采集的数据项、信息来源、采集方式、信息主体合法权益保护制度等事项及其变化向中国人民银行报告。

第十二条　征信机构采集个人信用信息应当经信息主体本人同意，并且明确告知信息主体采集信用信息的目的。依照法律法规公开的信息除外。

第十三条　征信机构通过信息提供者取得个人同意的，信息提供者应当向信息主体履行告知义务。

第十四条　个人征信机构应当将与其合作，进行个人信用信息采集、整理、加工和分析的信息提供者，向中国人民银行报告。

个人征信机构应当规范与信息提供者的合作协议内容。信息提供者应当就个人信用信息处理事项接受个人征信机构的风险评估和中国人民银行的情况

核实。

第十五条　采集企业信用信息，应当基于合法的目的，不得侵犯商业秘密。

第三章　信用信息整理、保存、加工

第十六条　征信机构整理、保存、加工信用信息，应当遵循客观性原则，不得篡改原始信息。

第十七条　征信机构应当采取措施，提高征信系统信息的准确性，保障信息质量。

第十八条　征信机构在整理、保存、加工信用信息过程中发现信息错误的，如属于信息提供者报送错误的，应当及时通知信息提供者更正；如属于内部处理错误的，应当及时更正，并优化信用信息内部处理流程。

第十九条　征信机构应当对来自不同信息提供者的信息进行比对，发现信息不一致的，及时进行核查和处理。

第二十条　征信机构采集的个人不良信息的保存期限，自不良行为或者事件终止之日起为5年。

个人不良信息保存期限届满，征信机构应当将个人不良信息在对外服务和应用中删除；作为样本数据的，应当进行匿名化处理。

第四章　信用信息提供、使用

第二十一条　征信机构对外提供征信产品和服务，应当遵循公平性原则，

不得设置不合理的商业条件限制不同的信息使用者使用，不得利用优势地位提供歧视性或者排他性的产品和服务。

第二十二条　征信机构应当采取适当的措施，对信息使用者的身份、业务资质、使用目的等进行必要的审查。

征信机构应当对信息使用者接入征信系统的网络和系统安全、合规性管理措施进行评估，对查询行为进行监测。发现安全隐患或者异常行为的，及时核查；发现违法违规行为的，停止提供服务。

第二十三条　信息使用者应当采取必要的措施，保障查询个人信用信息时取得信息主体的同意，并且按照约定用途使用个人信用信息。

第二十四条　信息使用者使用征信机构提供的信用信息，应当基于合法、正当的目的，不得滥用信用信息。

第二十五条　个人信息主体有权每年两次免费获取本人的信用报告，征信机构可以通过互联网查询、营业场所查询等多种方式为个人信息主体提供信用报告查询服务。

第二十六条　信息主体认为信息存在错误、遗漏的，有权向征信机构或者信息提供者提出异议；认为侵害自身合法权益的，可以向所在地中国人民银行分支机构投诉。对异议和投诉按照《征信业管理条例》及相关规定办理。

第二十七条　征信机构不得以删除不良信息或者不采集不良信息为由，向信息主体收取费用。

第二十八条　征信机构提供信用报告等信用信息查询产品和服务的，应当客观展示查询的信用信息内容，并对查询的信用信息内容及专业名词进行解释说明。

信息主体有权要求征信机构在信用报告中添加异议标注和声明。

第二十九条　征信机构提供画像、评分、评级等信用评价类产品和服务的，应当建立评价标准，不得将与信息主体信用无关的要素作为评价标准。

征信机构正式对外提供信用评价类产品和服务前，应当履行必要的内部测试和评估验证程序，使评价规则可解释、信息来源可追溯。

征信机构提供经济主体或者债务融资工具信用评级产品和服务的，应当按照《信用评级业管理暂行办法》（中国人民银行 发展改革委 财政部 证监会令〔2019〕第5号发布）等相关规定开展业务。

第三十条　征信机构提供信用反欺诈产品和服务的，应当建立欺诈信用信息的认定标准。

第三十一条　征信机构提供信用信息查询、信用评价类、信用反欺诈产品和服务，应当向中国人民银行或其省会

（首府）城市中心支行以上分支机构报告下列事项：

（一）信用报告的模板及内容；

（二）信用评价类产品和服务的评价方法、模型、主要维度要素；

（三）信用反欺诈产品和服务的数据来源、欺诈信用信息认定标准。

第三十二条 征信机构不得从事下列活动：

（一）对信用评价结果进行承诺；

（二）使用对信用评价结果有暗示性的内容宣传产品和服务；

（三）未经政府部门或者行业协会同意，假借其名义进行市场推广；

（四）以胁迫、欺骗、诱导的方式向信息主体或者信息使用者提供征信产品和服务；

（五）对征信产品和服务进行虚假宣传；

（六）提供其他影响征信业务客观公正性的征信产品和服务。

第五章　信用信息安全

第三十三条 征信机构应当落实网络安全等级保护制度，制定涉及业务活动和设备设施的安全管理制度，采取有效保护措施，保障征信系统的安全。

第三十四条 个人征信机构、保存或者处理100万户以上企业信用信息的企业征信机构，应当符合下列要求：

（一）核心业务信息系统网络安全保护等级具备三级或者三级以上安全保护能力；

（二）设立信息安全负责人和个人信息保护负责人，由公司章程规定的高级管理人员担任；

（三）设立专职部门，负责信息安全和个人信息保护工作，定期检查征信业务、系统安全、个人信息保护制度措施执行情况。

第三十五条 征信机构应当保障征信系统运行设施设备、安全控制设施设备以及互联网应用程序的安全，做好征信系统日常运维管理，保障系统物理安全、通信网络安全、区域边界安全、计算环境安全、管理中心安全等，防范征信系统受到非法入侵和破坏。

第三十六条 征信机构应当在人员录用、离岗、考核、安全教育、培训和外部人员访问管理等方面做好人员安全管理工作。

第三十七条 征信机构应当严格限定公司内部查询和获取信用信息的工作人员的权限和范围。

征信机构应当留存工作人员查询、获取信用信息的操作记录，明确记载工作人员查询和获取信用信息的时间、方式、内容及用途。

第三十八条 征信机构应当建立应急处置制度，在发生或者有可能发生信用信息泄露等事件时，立即采取必要措施降低危害，并及时向中国人民银行及其省会（首府）城市中心支行以上分支机构报告。

第三十九条 征信机构在中华人民共和国境内开展征信业务及其相关活动，采集的企业信用信息和个人信用信息应当存储在中华人民共和国境内。

第四十条 征信机构向境外提供个人信用信息，应当符合法律法规的规定。

征信机构向境外信息使用者提供企业信用信息查询产品和服务，应当对信息使用者的身份、信用信息用途进行必要的审查，确保信用信息用于跨境贸易、投融资等合理用途，不得危害国家安全。

第四十一条 征信机构与境外征信机构合作的，应当在合作协议签署后、业务开展前将合作协议报告中国人民银行。

第六章 监督管理

第四十二条 征信机构应当将下列事项向社会公开，接受社会监督：

（一）采集的信用信息类别；

（二）信用报告的基本格式内容；

（三）异议处理流程；

（四）中国人民银行认为需要公开的其他事项。

第四十三条 个人征信机构应当每年对自身个人征信业务遵守《中华人民共和国个人信息保护法》、《征信业管理条例》的情况进行合规审计，并将合规审计报告及时报告中国人民银行。

第四十四条 中国人民银行及其省会（首府）城市中心支行以上分支机构对征信机构的下列事项进行监督检查：

（一）征信内控制度建设，包括各项制度和相关规程的齐备性、合规性和可操作性等；

（二）征信业务合规经营情况，包括采集信用信息、对外提供和使用信用信息、异议与投诉处理、用户管理、其他事项合规性等；

（三）征信系统安全情况，包括信息技术制度、安全管理、系统开发等；

（四）与征信业务活动相关的其他事项。

第四十五条 信息提供者和信息使用者违反《征信业管理条例》规定，侵犯信息主体合法权益的，由中国人民银行及其省会（首府）城市中心支行以上分支机构依法对其检查和处理。

第七章 法律责任

第四十六条 违反本办法第四条规定，擅自从事个人征信业务的，由中国人民银行按照《征信业管理条例》第三十六条进行处罚；擅自从事企业征信业务的，由中国人民银行省会（首府）城市中心支行以上分支机构按照《征信业管理条例》第三十七条进行处罚。

金融机构违反本办法第五条规定，与未取得合法征信业务资质的市场机构开展商业合作获取征信服务的，由中国人民银行及其分支机构责令改正，对单位处 3 万元以下罚款，对直接负责的主管人员处 1000 元以下罚款。

第四十七条 征信机构违反本办法第八条、第十六条、第二十条、第二十七条、第三十二条规定的，由中国人民银行及其省会（首府）城市中心支行以上分支机构按照《征信业管理条例》第三十八条进行处罚。

第四十八条 征信机构违反本办法第十四条、第二十一条、第三十一条、第三十四条、第三十九条、第四十二条规定的，由中国人民银行及其省会（首府）城市中心支行以上分支机构责令改正，没收违法所得，对单位处 3 万元以下罚款，对直接负责的主管人员处 1000 元以下罚款。法律、行政法规另有规定

的，依照其规定。

第八章 附 则

第四十九条 金融信用信息基础数据库从事征信业务、从事信贷业务的机构向金融信用信息基础数据库报送或者查询信用信息参照本办法执行。

第五十条 以"信用信息服务"、"信用服务"、"信用评分"、"信用评级"、"信用修复"等名义对外实质提供征信服务的，适用本办法。

第五十一条 本办法施行前未取得个人征信业务经营许可或者未进行企业征信机构备案但实质从事征信业务的机构，应当自本办法施行之日起 18 个月内完成合规整改。

第五十二条 本办法由中国人民银行负责解释。

第五十三条 本办法自 2022 年 1 月 1 日起施行。

第六章 隐私权和个人信息保护

第一千零三十二条 【隐私权;隐私】

自然人享有隐私权。任何组织或者个人不得以刺探、侵扰、泄露、公开等方式侵害他人的隐私权。

隐私是自然人的私人生活安宁和不愿为他人知晓的私密空间、私密活动、私密信息。

关联法规

◎ **法律**

《民法典》

第一百一十条 自然人享有生命权、身体权、健康权、姓名权、肖像权、名誉权、荣誉权、隐私权、婚姻自主权等权利。

法人、非法人组织享有名称权、名誉权和荣誉权。

《网络安全法》

第十二条 国家保护公民、法人和其他组织依法使用网络的权利,促进网络接入普及,提升网络服务水平,为社会提供安全、便利的网络服务,保障网络信息依法有序自由流动。

任何个人和组织使用网络应当遵守宪法法律,遵守公共秩序,尊重社会公德,不得危害网络安全,不得利用网络从事危害国家安全、荣誉和利益,煽动颠覆国家政权、推翻社会主义制度,煽动分裂国家、破坏国家统一,宣扬恐怖主义、极端主义,宣扬民族仇恨、民族歧视,传播暴力、淫秽色情信息,编造、传播虚假信息扰乱经济秩序和社会秩序,以及侵害他人名誉、隐私、知识产权和其他合法权益等活动。

第四十五条 依法负有网络安全监督管理职责的部门及其工作人员,必须对在履行职责中知悉的个人信息、隐私和商业秘密严格保密,不得泄露、出售或者非法向他人提供。

《未成年人保护法》

第六十三条 任何组织或者个人不得隐匿、毁弃、非法删除未成年人的信件、日记、电子邮件或者其他网络通讯内容。

除下列情形外,任何组织或者个人不得开拆、查阅未成年人的信件、日记、电子邮件或者其他网络通讯内容:

(一)无民事行为能力未成年人的

父母或者其他监护人代未成年人开拆、查阅；

（二）因国家安全或者追查刑事犯罪依法进行检查；

（三）紧急情况下为了保护未成年人本人的人身安全。

《电子商务法》

第二十五条 有关主管部门依照法律、行政法规的规定要求电子商务经营者提供有关电子商务数据信息的，电子商务经营者应当提供。有关主管部门应当采取必要措施保护电子商务经营者提供的数据信息的安全，并对其中的个人信息、隐私和商业秘密严格保密，不得泄露、出售或者非法向他人提供。

《反洗钱法》

第三十条 反洗钱行政主管部门和其他依法负有反洗钱监督管理职责的部门、机构从事反洗钱工作的人员有下列行为之一的，依法给予行政处分：

（一）违反规定进行检查、调查或者采取临时冻结措施的；

（二）泄露因反洗钱知悉的国家秘密、商业秘密或者个人隐私的；

（三）违反规定对有关机构和人员实施行政处罚的；

（四）其他不依法履行职责的行为。

《银行业监督管理法》

第四十三条 银行业监督管理机构从事监督管理工作的人员有下列情形之一的，依法给予行政处分；构成犯罪的，依法追究刑事责任：

（一）违反规定审查批准银行业金融机构的设立、变更、终止，以及业务范围和业务范围内的业务品种的；

（二）违反规定对银行业金融机构进行现场检查的；

（三）未依照本法第二十八条规定报告突发事件的；

（四）违反规定查询账户或者申请冻结资金的；

（五）违反规定对银行业金融机构采取措施或者处罚的；

（六）违反本法第四十二条规定对有关单位或者个人进行调查的；

（七）滥用职权、玩忽职守的其他行为。

银行业监督管理机构从事监督管理工作的人员贪污受贿，泄露国家秘密、商业秘密和个人隐私，构成犯罪的，依法追究刑事责任；尚不构成犯罪的，依法给予行政处分。

《人民调解法》

第十五条 人民调解员在调解工作中有下列行为之一的，由其所在的人民调解委员会给予批评教育、责令改正，情节严重的，由推选或者聘任单位予以罢免或者解聘：

（一）偏袒一方当事人的；

（二）侮辱当事人的；

（三）索取、收受财物或者牟取其他不正当利益的；

（四）泄露当事人的个人隐私、商业秘密的。

《治安管理处罚法》

第八十条　公安机关及其人民警察在办理治安案件时，对涉及的国家秘密、商业秘密或者个人隐私，应当予以保密。

《传染病防治法》

第十二条　在中华人民共和国领域内的一切单位和个人，必须接受疾病预防控制机构、医疗机构有关传染病的调查、检验、采集样本、隔离治疗等预防、控制措施，如实提供有关情况。疾病预防控制机构、医疗机构不得泄露涉及个人隐私的有关信息、资料。

卫生行政部门以及其他有关部门、疾病预防控制机构和医疗机构因违法实施行政管理或者预防、控制措施，侵犯单位和个人合法权益的，有关单位和个人可以依法申请行政复议或者提起诉讼。

《邮政法》

第三条　公民的通信自由和通信秘密受法律保护。除因国家安全或者追查刑事犯罪的需要，由公安机关、国家安全机关或者检察机关依照法律规定的程序对通信进行检查外，任何组织或个人不得以任何理由侵犯公民的通信自由和通信秘密。

除法律另有规定外，任何组织或者个人不得检查、扣留邮件、汇款。

《反家庭暴力法》

第五条　反家庭暴力工作遵循预防为主，教育、矫治与惩处相结合原则。

反家庭暴力工作应当尊重受害人真实意愿，保护当事人隐私。

未成年人、老年人、残疾人、孕期和哺乳期的妇女、重病患者遭受家庭暴力的，应当给予特殊保护。

《慈善法》

第六十二条　开展慈善服务，应当尊重受益人、志愿者的人格尊严，不得侵害受益人、志愿者的隐私。

第七十六条　涉及国家秘密、商业秘密、个人隐私的信息以及捐赠人、慈善信托的委托人不同意公开的姓名、名称、住所、通讯方式等信息，不得公开。

《资产评估法》

第十三条　评估专业人员应当履行下列义务：

（一）诚实守信，依法独立、客观、公正从事业务

（二）遵守评估准则，履行调查职责，独立分析估算，勤勉谨慎从事业务；

（三）完成规定的继续教育，保持和提高专业能力；

（四）对评估活动中使用的有关文件、证明和资料的真实性、准确性、完

整性进行核查和验证；

（五）对评估活动中知悉的国家秘密、商业秘密和个人隐私予以保密；

（六）与委托人或者其他相关当事人及评估对象有利害关系的，应当回避；

（七）接受行业协会的自律管理，履行行业协会章程规定的义务；

（八）法律、行政法规规定的其他义务。

《电影产业促进法》

第十六条 电影不得含有下列内容：

（一）违反宪法确定的基本原则，煽动抗拒或者破坏宪法、法律、行政法规实施；

（二）危害国家统一、主权和领土完整，泄露国家秘密，危害国家安全，损害国家尊严、荣誉和利益，宣扬恐怖主义、极端主义；

（三）诋毁民族优秀文化传统，煽动民族仇恨、民族歧视，侵害民族风俗习惯，歪曲民族历史或者民族历史人物，伤害民族感情，破坏民族团结；

（四）煽动破坏国家宗教政策，宣扬邪教、迷信；

（五）危害社会公德，扰乱社会秩序，破坏社会稳定，宣扬淫秽、赌博、吸毒，渲染暴力、恐怖，教唆犯罪或者传授犯罪方法；

（六）侵害未成年人合法权益或者损害未成年人身心健康；

（七）侮辱、诽谤他人或者散布他人隐私，侵害他人合法权益；

（八）法律、行政法规禁止的其他内容。

《公证法》

第十三条 公证机构不得有下列行为：

（一）为不真实、不合法的事项出具公证书；

（二）毁损、篡改公证文书或者公证档案；

（三）以诋毁其他公证机构、公证员或者支付回扣、佣金等不正当手段争揽公证业务；

（四）泄露在执业活动中知悉的国家秘密、商业秘密或者个人隐私；

（五）违反规定的收费标准收取公证费；

（六）法律、法规、国务院司法行政部门规定禁止的其他行为。

第二十三条 公证员不得有下列行为：

（一）同时在二个以上公证机构执业；

（二）从事有报酬的其他职业；

（三）为本人及近亲属办理公证或者办理与本人及近亲属有利害关系的公证；

（四）私自出具公证书；

（五）为不真实、不合法的事项出具公证书；

（六）侵占、挪用公证费或者侵占、盗窃公证专用物品；

（七）毁损、篡改公证文书或者公证档案；

（八）泄露在执业活动中知悉的国家秘密、商业秘密或者个人隐私；

（九）法律、法规、国务院司法行政部门规定禁止的其他行为。

《律师法》

第三十八条　律师应当保守在执业活动中知悉的国家秘密、商业秘密，不得泄露当事人的隐私。

律师对在执业活动中知悉的委托人和其他人不愿泄露的有关情况和信息，应当予以保密。但是，委托人或者其他人准备或者正在实施危害国家安全、公共安全以及严重危害他人人身安全的犯罪事实和信息除外。

《监察法》

第十八条　监察机关行使监督、调查职权，有权依法向有关单位和个人了解情况，收集、调取证据。有关单位和个人应当如实提供。

监察机关及其工作人员对监督、调查过程中知悉的国家秘密、商业秘密、个人隐私，应当保密。

任何单位和个人不得伪造、隐匿或者毁灭证据。

《反恐怖主义法》

第四十八条　反恐怖主义工作领导机构、有关部门和单位、个人应当对履行反恐怖主义工作职责、义务过程中知悉的国家秘密、商业秘密和个人隐私予以保密。

违反规定泄露国家秘密、商业秘密和个人隐私的，依法追究法律责任。

《精神卫生法》

第二十三条　心理咨询人员应当提高业务素质，遵守执业规范，为社会公众提供专业化的心理咨询服务。

心理咨询人员不得从事心理治疗或者精神障碍的诊断、治疗。

心理咨询人员发现接受咨询的人员可能患有精神障碍的，应当建议其到符合本法规定的医疗机构就诊。

心理咨询人员应当尊重接受咨询人员的隐私，并为其保守秘密。

《刑事诉讼法》

第五十四条　人民法院、人民检察院和公安机关有权向有关单位和个人收集、调取证据。有关单位和个人应当如实提供证据。

行政机关在行政执法和查办案件过程中收集的物证、书证、视听资料、电子数据等证据材料，在刑事诉讼中可以作为证据使用。

对涉及国家秘密、商业秘密、个人

隐私的证据，应当保密。

凡是伪造证据、隐匿证据或者毁灭证据的，无论属于何方，必须受法律追究。

第一百五十二条 采取技术侦查措施，必须严格按照批准的措施种类、适用对象和期限执行。

侦查人员对采取技术侦查措施过程中知悉的国家秘密、商业秘密和个人隐私，应当保密；对采取技术侦查措施获取的与案件无关的材料，必须及时销毁。

采取技术侦查措施获取的材料，只能用于对犯罪的侦查、起诉和审判，不得用于其他用途。

公安机关依法采取技术侦查措施，有关单位和个人应当配合，并对有关情况予以保密。

第一百八十八条 人民法院审判第一审案件应当公开进行。但是有关国家秘密或者个人隐私的案件，不公开审理；涉及商业秘密的案件，当事人申请不公开审理的，可以不公开审理。

不公开审理的案件，应当当庭宣布不公开审理的理由。

《公共图书馆法》

第四十三条 公共图书馆应当妥善保护读者的个人信息、借阅信息以及其他可能涉及读者隐私的信息，不得出售或者以其他方式非法向他人提供。

第五十条 公共图书馆及其工作人员有下列行为之一的，由文化主管部门责令改正，没收违法所得：

（一）违规处置文献信息；

（二）出售或者以其他方式非法向他人提供读者的个人信息、借阅信息以及其他可能涉及读者隐私的信息；

（三）向社会公众提供文献信息违反有关法律、行政法规的规定，或者向未成年人提供内容不适宜的文献信息；

（四）将设施设备场地用于与公共图书馆服务无关的商业经营活动；

（五）其他不履行本法规定的公共图书馆服务要求的行为。

公共图书馆及其工作人员对应当免费提供的服务收费或者变相收费的，由价格主管部门依照前款规定给予处罚。

公共图书馆及其工作人员有前两款规定行为的，对直接负责的主管人员和其他直接责任人员依法追究法律责任。

《法官法》

第四十六条 法官有下列行为之一的，应当给予处分；构成犯罪的，依法追究刑事责任：

（一）贪污受贿、徇私舞弊、枉法裁判的；

（二）隐瞒、伪造、变造、故意损毁证据、案件材料的；

（三）泄露国家秘密、审判工作秘密、商业秘密或者个人隐私的；

（四）故意违反法律法规办理案件的；

（五）因重大过失导致裁判结果错误并造成严重后果的；

（六）拖延办案，贻误工作的；

（七）利用职权为自己或者他人谋取私利的；

（八）接受当事人及其代理人利益输送，或者违反有关规定会见当事人及其代理人的；

（九）违反有关规定从事或者参与营利性活动，在企业或者其他营利性组织中兼任职务的；

（十）有其他违纪违法行为的。

法官的处分按照有关规定办理。

《监察法》

第十八条 监察机关行使监督、调查职权，有权依法向有关单位和个人了解情况，收集、调取证据。有关单位和个人应当如实提供。

监察机关及其工作人员对监督、调查过程中知悉的国家秘密、商业秘密、个人隐私，应当保密。

任何单位和个人不得伪造、隐匿或者毁灭证据。

《律师法》

第三十八条 律师应当保守在执业活动中知悉的国家秘密、商业秘密，不得泄露当事人的隐私。

律师对在执业活动中知悉的委托人和其他人不愿泄露的有关情况和信息，应当予以保密。但是，委托人或者其他人准备或者正在实施危害国家安全、公共安全以及严重危害他人人身安全的犯罪事实和信息除外。

《检察官法》

第四十七条 检察官有下列行为之一的，应当给予处分；构成犯罪的，依法追究刑事责任：

（一）贪污受贿、徇私枉法、刑讯逼供的；

（二）隐瞒、伪造、变造、故意损毁证据、案件材料的；

（三）泄露国家秘密、检察工作秘密、商业秘密或者个人隐私的；

（四）故意违反法律法规办理案件的；

（五）因重大过失导致案件错误并造成严重后果的；

（六）拖延办案，贻误工作的；

（七）利用职权为自己或者他人谋取私利的；

（八）接受当事人及其代理人利益输送，或者违反有关规定会见当事人及其代理人的；

（九）违反有关规定从事或者参与营利性活动，在企业或者其他营利性组织中兼任职务的；

（十）有其他违纪违法行为的。

检察官的处分按照有关规定办理。

《行政处罚法》

第五十条 行政机关及其工作人员对实施行政处罚过程中知悉的国家秘密、商业秘密或者个人隐私，应当依法予以保密。

第六十四条 听证应当依照以下程序组织：

（一）当事人要求听证的，应当在行政机关告知后五日内提出；

（二）行政机关应当在举行听证的七日前，通知当事人及有关人员听证的时间、地点；

（三）除涉及国家秘密、商业秘密或者个人隐私依法予以保密外，听证公开举行；

（四）听证由行政机关指定的非本案调查人员主持；当事人认为主持人与本案有直接利害关系的，有权申请回避；

（五）当事人可以亲自参加听证，也可以委托一至二人代理；

（六）当事人及其代理人无正当理由拒不出席听证或者未经许可中途退出听证的，视为放弃听证权利，行政机关终止听证；

（七）举行听证时，调查人员提出当事人违法的事实、证据和行政处罚建议，当事人进行申辩和质证；

（八）听证应当制作笔录。笔录应当交当事人或者其代理人核对无误后签字或者盖章。当事人或者其代理人拒绝签字或者盖章的，由听证主持人在笔录中注明。

《广告法》

第九条 广告不得有下列情形：

（一）使用或者变相使用中华人民共和国的国旗、国歌、国徽，军旗、军歌、军徽；

（二）使用或者变相使用国家机关、国家机关工作人员的名义或者形象；

（三）使用"国家级"、"最高级"、"最佳"等用语；

（四）损害国家的尊严或者利益，泄露国家秘密；

（五）妨碍社会安定，损害社会公共利益；

（六）危害人身、财产安全，泄露个人隐私；

（七）妨碍社会公共秩序或者违背社会良好风尚；

（八）含有淫秽、色情、赌博、迷信、恐怖、暴力的内容；

（九）含有民族、种族、宗教、性别歧视的内容；

（十）妨碍环境、自然资源或者文化遗产保护；

（十一）法律、行政法规规定禁止的其他情形。

第四十三条 任何单位或者个人未

经当事人同意或者请求，不得向其住宅、交通工具等发送广告，也不得以电子信息方式向其发送广告。

以电子信息方式发送广告的，应当明示发送者的真实身份和联系方式，并向接收者提供拒绝继续接收的方式。

第四十四条　利用互联网从事广告活动，适用本法的各项规定。

利用互联网发布、发送广告，不得影响用户正常使用网络。在互联网页面以弹出等形式发布的广告，应当显著标明关闭标志，确保一键关闭。

《医师法》

第二十三条　医师在执业活动中履行下列义务：

（一）树立敬业精神，恪守职业道德，履行医师职责，尽职尽责救治患者，执行疫情防控等公共卫生措施；

（二）遵循临床诊疗指南，遵守临床技术操作规范和医学伦理规范等；

（三）尊重、关心、爱护患者，依法保护患者隐私和个人信息；

（四）努力钻研业务，更新知识，提高医学专业技术能力和水平，提升医疗卫生服务质量；

（五）宣传推广与岗位相适应的健康科普知识，对患者及公众进行健康教育和健康指导；

（六）法律、法规规定的其他义务。

第五十五条　违反本法规定，医师在执业活动中有下列行为之一的，由县级以上人民政府卫生健康主管部门责令改正，给予警告；情节严重的，责令暂停六个月以上一年以下执业活动直至吊销医师执业证书：

（一）在提供医疗卫生服务或者开展医学临床研究中，未按照规定履行告知义务或者取得知情同意；

（二）对需要紧急救治的患者，拒绝急救处置，或者由于不负责任延误诊治；

（三）遇有自然灾害、事故灾难、公共卫生事件和社会安全事件等严重威胁人民生命健康的突发事件时，不服从卫生健康主管部门调遣；

（四）未按照规定报告有关情形；

（五）违反法律、法规、规章或者执业规范，造成医疗事故或者其他严重后果。

第五十六条　违反本法规定，医师在执业活动中有下列行为之一的，由县级以上人民政府卫生健康主管部门责令改正，给予警告，没收违法所得，并处一万元以上三万元以下的罚款；情节严重的，责令暂停六个月以上一年以下执业活动直至吊销医师执业证书：

（一）泄露患者隐私或者个人信息；

（二）出具虚假医学证明文件，或者未经亲自诊查、调查，签署诊断、治疗、流行病学等证明文件或者有关出生、死亡等证明文件；

（三）隐匿、伪造、篡改或者擅自销毁病历等医学文书及有关资料；

（四）未按照规定使用麻醉药品、医疗用毒性药品、精神药品、放射性药品等；

（五）利用职务之便，索要、非法收受财物或者牟取其他不正当利益，或者违反诊疗规范，对患者实施不必要的检查、治疗造成不良后果；

（六）开展禁止类医疗技术临床应用。

《审计法》

第十六条　审计机关和审计人员对在执行职务中知悉的国家秘密、工作秘密、商业秘密、个人隐私和个人信息，应当予以保密，不得泄露或者向他人非法提供。

第五十七条　审计人员滥用职权、徇私舞弊、玩忽职守或者泄露、向他人非法提供所知悉的国家秘密、工作秘密、商业秘密、个人隐私和个人信息的，依法给予处分；构成犯罪的，依法追究刑事责任。

《民事诉讼法》

第七十一条　证据应当在法庭上出示，并由当事人互相质证。对涉及国家秘密、商业秘密和个人隐私的证据应当保密，需要在法庭出示的，不得在公开开庭时出示。

第一百三十七条　人民法院审理民事案件，除涉及国家秘密、个人隐私或者法律另有规定的以外，应当公开进行。

离婚案件，涉及商业秘密的案件，当事人申请不公开审理的，可以不公开审理。

第一百五十九条　公众可以查阅发生法律效力的判决书、裁定书，但涉及国家秘密、商业秘密和个人隐私的内容除外。

《妇女权益保障法》

第四十二条　妇女的名誉权、荣誉权、隐私权、肖像权等人格权受法律保护。

禁止用侮辱、诽谤等方式损害妇女的人格尊严。禁止通过大众传播媒介或者其他方式贬低损害妇女人格。未经本人同意，不得以营利为目的，通过广告、商标、展览橱窗、报纸、期刊、图书、音像制品、电子出版物、网络等形式使用妇女肖像。

《反间谍法》

第十一条　国家安全机关及其工作人员在工作中，应当严格依法办事，不得超越职权、滥用职权，不得侵犯个人和组织的合法权益。

国家安全机关及其工作人员依法履行反间谍工作职责获取的个人和组织的信息，只能用于反间谍工作。对属于国家秘密、工作秘密、商业秘密和个人隐私、个人信息的，应当保密。

◎ **行政法规**

《外国律师事务所驻华代表机构管理条例》

第十七条　代表机构及其代表在执业活动中，不得有下列行为：

（一）提供虚假证据、隐瞒事实或者威胁、利诱他人提供虚假证据、隐瞒事实以及妨碍对方当事人合法取得证据；

（二）利用法律服务的便利，收受当事人的财物或者其他好处；

（三）泄露当事人的商业秘密或者个人隐私。

第二十七条　代表机构或者代表有下列情形之一的，由省、自治区、直辖市人民政府司法行政部门给予警告，没收违法所得；情节严重的，责令限期停业，并处 2 万元以上 10 万元以下的罚款：

（一）同时在两个以上代表机构担任或者兼任代表的；

（二）泄露当事人的商业秘密或者个人隐私的；

（三）利用法律服务的便利，收受当事人财物或者其他好处的。

《乡村医生从业管理条例》

第二十四条　乡村医生在执业活动中应当履行下列义务：

（一）遵守法律、法规、规章和诊疗护理技术规范、常规；

（二）树立敬业精神，遵守职业道德，履行乡村医生职责，为村民健康服务；

（三）关心、爱护、尊重患者，保护患者的隐私；

（四）努力钻研业务，更新知识，提高专业技术水平；

（五）向村民宣传卫生保健知识，对患者进行健康教育。

《地方志工作条例》

第十一条　县级以上地方人民政府负责地方志工作的机构可以向机关、社会团体、企业事业单位、其他组织以及个人征集有关地方志资料，有关单位和个人应当提供支持。负责地方志工作的机构可以对有关资料进行查阅、摘抄、复制，但涉及国家秘密、商业秘密和个人隐私以及不符合档案开放条件的除外。

地方志资料所有人或者持有人提供有关资料，可以获得适当报酬。地方志资料所有人或者持有人不得故意提供虚假资料。

《征信业管理条例》

第三条　从事征信业务及相关活动，应当遵守法律法规，诚实守信，不得危害国家秘密，不得侵犯商业秘密和个人隐私。

《税收征收管理法实施细则》

第五条 税收征管法第八条所称为纳税人、扣缴义务人保密的情况，是指纳税人、扣缴义务人的商业秘密及个人隐私。纳税人、扣缴义务人的税收违法行为不属于保密范围。

《残疾人教育条例》

第二十条 县级人民政府教育行政部门应当会同卫生行政部门、民政部门、残疾人联合会，建立由教育、心理、康复、社会工作等方面专家组成的残疾人教育专家委员会。

残疾人教育专家委员会可以接受教育行政部门的委托，对适龄残疾儿童、少年的身体状况、接受教育的能力和适应学校学习生活的能力进行评估，提出入学、转学建议；对残疾人义务教育问题提供咨询，提出建议。

依照前款规定作出的评估结果属于残疾儿童、少年的隐私，仅可被用于对残疾儿童、少年实施教育、康复。教育行政部门、残疾人教育专家委员会、学校及其工作人员对在工作中了解的残疾儿童、少年评估结果及其他个人信息负有保密义务。

《志愿服务条例》

第二十一条 志愿服务组织、志愿者应当尊重志愿服务对象人格尊严，不得侵害志愿服务对象个人隐私，不得向志愿服务对象收取或者变相收取报酬。

《医疗纠纷预防和处理条例》

第四十二条 医疗纠纷人民调解委员会及其人民调解员、卫生主管部门及其工作人员应当对医患双方的个人隐私等事项予以保密。

未经医患双方同意，医疗纠纷人民调解委员会、卫生主管部门不得公开进行调解，也不得公开调解协议的内容。

第五十条 医疗纠纷人民调解员有下列行为之一的，由医疗纠纷人民调解委员会给予批评教育、责令改正；情节严重的，依法予以解聘：

（一）偏袒一方当事人；

（二）侮辱当事人；

（三）索取、收受财物或者牟取其他不正当利益；

（四）泄露医患双方个人隐私等事项。

《残疾预防和残疾人康复条例》

第二十一条 提供残疾人康复服务，应当针对残疾人的健康、日常活动、社会参与等需求进行评估，依据评估结果制定个性化康复方案，并根据实施情况对康复方案进行调整优化。制定、实施康复方案，应当充分听取、尊重残疾人及其家属的意见，告知康复措施的详细信息。

提供残疾人康复服务，应当保护残疾人隐私，不得歧视、侮辱残疾人。

《机动车交通事故责任强制保险条例》

第三十四条　保险公司、救助基金管理机构的工作人员对当事人的个人隐私应当保密。

《政府信息公开条例》

第十五条　涉及商业秘密、个人隐私等公开会对第三方合法权益造成损害的政府信息，行政机关不得公开。但是，第三方同意公开或者行政机关认为不公开会对公共利益造成重大影响的，予以公开。

《重大行政决策程序暂行条例》

第十九条　对专业性、技术性较强的决策事项，决策承办单位应当组织专家、专业机构论证其必要性、可行性、科学性等，并提供必要保障。

专家、专业机构应当独立开展论证工作，客观、公正、科学地提出论证意见，并对所知悉的国家秘密、商业秘密、个人隐私依法履行保密义务；提供书面论证意见的，应当署名、盖章。

《在线政务服务的若干规定》

第十四条　政务服务机构及其工作人员泄露、出售或者非法向他人提供履行职责过程中知悉的个人信息、隐私和商业秘密，或者不依法履行职责，玩忽职守、滥用职权、徇私舞弊的，依法追究法律责任。

《护士条例》

第十八条　护士应当尊重、关心、爱护患者，保护患者的隐私。

第三十一条　护士在执业活动中有下列情形之一的，由县级以上地方人民政府卫生主管部门依据职责分工责令改正，给予警告；情节严重的，暂停其6个月以上1年以下执业活动，直至由原发证部门吊销其护士执业证书：

（一）发现患者病情危急未立即通知医师的；

（二）发现医嘱违反法律、法规、规章或者诊疗技术规范的规定，未依照本条例第十七条的规定提出或者报告的；

（三）泄露患者隐私的；

（四）发生自然灾害、公共卫生事件等严重威胁公众生命健康的突发事件，不服从安排参加医疗救护的。

护士在执业活动中造成医疗事故的，依照医疗事故处理的有关规定承担法律责任。

《保安服务管理条例》

第二十五条　保安服务中使用的技术防范产品，应当符合有关的产品质量要求。保安服务中安装监控设备应当遵守国家有关技术规范，使用监控设备不得侵犯他人合法权益或者个人隐私。

保安服务中形成的监控影像资料、报警记录，应当至少留存30日备查，保安从业单位和客户单位不得删改或者扩散。

第三十条　保安员不得有下列行为：

（一）限制他人人身自由、搜查他人身体或者侮辱、殴打他人；

（二）扣押、没收他人证件、财物；

（三）阻碍依法执行公务；

（四）参与追索债务、采用暴力或者以暴力相威胁的手段处置纠纷；

（五）删改或者扩散保安服务中形成的监控影像资料、报警记录；

（六）侵犯个人隐私或者泄露在保安服务中获知的国家秘密、商业秘密以及客户单位明确要求保密的信息；

（七）违反法律、行政法规的其他行为。

第四十三条　保安从业单位有下列情形之一的，责令限期改正，处2万元以上10万元以下的罚款；违反治安管理的，依法给予治安管理处罚；构成犯罪的，依法追究直接负责的主管人员和其他直接责任人员的刑事责任：

（一）泄露在保安服务中获知的国家秘密、商业秘密以及客户单位明确要求保密的信息的；

（二）使用监控设备侵犯他人合法权益或者个人隐私的；

（三）删改或者扩散保安服务中形成的监控影像资料、报警记录的；

（四）指使、纵容保安员阻碍依法执行公务、参与追索债务、采用暴力或者以暴力相威胁的手段处置纠纷的；

（五）对保安员疏于管理、教育和培训，发生保安员违法犯罪案件，造成严重后果的。

客户单位删改或者扩散保安服务中形成的监控影像资料、报警记录的，依照前款规定处罚。

第四十五条　保安员有下列行为之一的，由公安机关予以训诫；情节严重的，吊销其保安员证；违反治安管理的，依法给予治安管理处罚；构成犯罪的，依法追究刑事责任：

（一）限制他人人身自由、搜查他人身体或者侮辱、殴打他人的；

（二）扣押、没收他人证件、财物的；

（三）阻碍依法执行公务的；

（四）参与追索债务、采用暴力或者以暴力相威胁的手段处置纠纷的；

（五）删改或者扩散保安服务中形成的监控影像资料、报警记录的；

（六）侵犯个人隐私或者泄露在保安服务中获知的国家秘密、商业秘密以及客户单位明确要求保密的信息的；

（七）有违反法律、行政法规的其他行为的。

从事武装守护押运的保安员违反规定使用枪支，依照《专职守护押运人员枪支使用管理条例》的规定处罚。

《海关行政处罚实施条例》

第三十四条　海关立案后，应当全面、客观、公正、及时地进行调查、收集证据。

海关调查、收集证据，应当按照法律、行政法规及其他有关规定的要求办理。

海关调查、收集证据时，海关工作人员不得少于2人，并应当向被调查人出示证件。

调查、收集的证据涉及国家秘密、商业秘密或者个人隐私的，海关应当保守秘密。

◎ **司法解释**

《关于审理政府信息公开行政案件若干问题的规定》

第六条　人民法院审理政府信息公开行政案件，应当视情采取适当的审理方式，以避免泄露涉及国家秘密、商业秘密、个人隐私或者法律规定的其他应当保密的政府信息。

第八条　政府信息涉及国家秘密、商业秘密、个人隐私的，人民法院应当认定属于不予公开范围。

政府信息涉及商业秘密、个人隐私，但权利人同意公开，或者不公开可能对公共利益造成重大影响的，不受前款规定的限制。

《关于人民法院赔偿委员会适用质证程序审理国家赔偿案件的规定》

第三条　除涉及国家秘密、个人隐私或者法律另有规定的以外，质证应当公开进行。

赔偿请求人或者赔偿义务机关申请不公开质证，对方同意的，赔偿委员会可以不公开质证。

《关于人民法院在互联网公布裁判文书的规定》

第十条　人民法院在互联网公布裁判文书时，应当删除下列信息：

（一）自然人的家庭住址、通讯方式、身份证号码、银行账号、健康状况、车牌号码、动产或不动产权属证书编号等个人信息；

（二）法人以及其他组织的银行账号、车牌号码、动产或不动产权属证书编号等信息；

（三）涉及商业秘密的信息；

（四）家事、人格权益等纠纷中涉及个人隐私的信息；

（五）涉及技术侦查措施的信息；

（六）人民法院认为不宜公开的其他信息。

按照本条第一款删除信息影响对裁判文书正确理解的，用符号"×"作部分替代。

《关于公布失信被执行人名单信息的若干规定》

第六条　记载和公布的失信被执行人名单信息应当包括：

（一）作为被执行人的法人或者其他组织的名称、统一社会信用代码（或组织机构代码）、法定代表人或者负责人姓名；

（二）作为被执行人的自然人的姓名、性别、年龄、身份证号码；

（三）生效法律文书确定的义务和被执行人的履行情况；

（四）被执行人失信行为的具体情形；

（五）执行依据的制作单位和文号、执行案号、立案时间、执行法院；

（六）人民法院认为应当记载和公布的不涉及国家秘密、商业秘密、个人隐私的其他事项。

《关于民事执行中财产调查若干问题的规定》

第二十五条 执行人员不得调查与执行案件无关的信息，对调查过程中知悉的国家秘密、商业秘密和个人隐私应当保密。

《关于确定民事侵权精神损害赔偿责任的解释》

第一条 因人身权益或者具有人身意义的特定物受到侵害，自然人或者其近亲属向人民法院提起诉讼请求精神损害赔偿的，人民法院应当依法予以受理。

《关于审理因垄断行为引发的民事纠纷案件应用法律若干问题的规定》

第十一条 证据涉及国家秘密、商业秘密、个人隐私或者其他依法应当保密的内容的，人民法院可以依职权或者当事人的申请采取不公开开庭、限制或者禁止复制、仅对代理律师展示、责令签署保密承诺书等保护措施。

《关于诉讼代理人查阅民事案件材料的规定》

第八条 查阅案件材料中涉及国家秘密、商业秘密和个人隐私的，诉讼代理人应当保密。

《关于适用〈中华人民共和国刑事诉讼法〉的解释》

第五十五条 查阅、摘抄、复制案卷材料，涉及国家秘密、商业秘密、个人隐私的，应当保密；对不公开审理案件的信息、材料，或者在办案过程中获悉的案件重要信息、证据材料，不得违反规定泄露、披露，不得用于办案以外的用途。人民法院可以要求相关人员出具承诺书。

违反前款规定的，人民法院可以通报司法行政机关或者有关部门，建议给予相应处分；构成犯罪的，依法追究刑事责任。

第八十一条 公开审理案件时，公诉人、诉讼参与人提出涉及国家秘密、商业秘密或者个人隐私的证据的，法庭应当制止；确与本案有关的，可以根据具体情况，决定将案件转为不公开审理，或者对相关证据的法庭调查不公开进行。

第一百三十五条 法庭决定对证据收集的合法性进行调查的，由公诉人通过宣读调查、侦查讯问笔录、出示提讯登记、体检记录、对讯问合法性的核查材料等证据材料，有针对性地播放讯问录音录像，提请法庭通知有关调查人员、侦查人员或者其他人员出庭说明情况等方式，证明证据收集的合法性。

讯问录音录像涉及国家秘密、商业秘密、个人隐私或者其他不宜公开内容的，法庭可以决定对讯问录音录像不公开播放、质证。

公诉人提交的取证过程合法的说明材料，应当经有关调查人员、侦查人员签名，并加盖单位印章。未经签名或者盖章的，不得作为证据使用。上述说明材料不能单独作为证明取证过程合法的根据。

第二百二十二条 审判案件应当公开进行。

案件涉及国家秘密或者个人隐私的，不公开审理；涉及商业秘密，当事人提出申请，法庭可以决定不公开审理。

不公开审理的案件，任何人不得旁听，但具有刑事诉讼法第二百八十五条规定情形的除外。

第二百八十七条 审判长宣布法庭

辩论终结后，合议庭应当保证被告人充分行使最后陈述的权利。

被告人在最后陈述中多次重复自己的意见的，法庭可以制止；陈述内容蔑视法庭、公诉人，损害他人及社会公共利益，或者与本案无关的，应当制止。

在公开审理的案件中，被告人最后陈述的内容涉及国家秘密、个人隐私或者商业秘密的，应当制止。

《关于审理国家赔偿案件确定精神损害赔偿责任适用法律若干问题的解释》

第一条 公民以人身权受到侵犯为由提出国家赔偿申请，依照国家赔偿法第三十五条的规定请求精神损害赔偿的，适用本解释。

法人或者非法人组织请求精神损害赔偿的，人民法院不予受理。

第二条 公民以人身权受到侵犯为由提出国家赔偿申请，未请求精神损害赔偿，或者未同时请求消除影响、恢复名誉、赔礼道歉以及精神损害抚慰金的，人民法院应当向其释明。经释明后不变更请求，案件审结后又基于同一侵权事实另行提出申请的，人民法院不予受理。

《关于未成年人犯罪记录封存的实施办法》

第二十条 承担犯罪记录封存以及保护未成年人隐私、信息工作的公职人员，不当泄漏未成年人犯罪记录或者隐私、信息的，应当予以处分；造成严重后果，给国家、个人造成重大损失或者恶劣影响的，依法追究刑事责任。

部门规章《生成式人工智能服务管理暂行办法》第十九条 有关主管部门依据职责对生成式人工智能服务开展监督检查，提供者应当依法予以配合，按要求对训练数据来源、规模、类型、标注规则、算法机制机理等予以说明，并提供必要的技术、数据等支持和协助。参与生成式人工智能服务安全评估和监督检查的相关机构和人员对在履行职责中知悉的国家秘密、商业秘密、个人隐私和个人信息应当依法予以保密，不得泄露或者非法向他人提供。

◎ 部门规范性文件

《网站平台受理处置涉企网络侵权信息举报工作规范》

第四条 网站平台应当重点受理处置以下涉企网络侵权信息举报：

（一）混淆企业主体身份的仿冒性信息；

（二）影响公众公正评判的误导性信息；

（三）不符合企业客观实际的谣言性信息；

（四）贬损丑化企业或企业家的侮辱性信息；

（五）侵害企业家个人隐私的泄密性信息；

（六）其他恶意干扰企业正常经营发展的信息。

第十条 网站平台应当及时处理以下谣言类信息：

（一）虚构企业家隐私生活的；

（二）编造企业违法犯罪或违规生产经营的；

（三）杜撰企业家或企业员工违法犯罪或道德失范的；

（四）夸大企业或企业家生产经营困难的；

（五）歪曲企业或企业家正常生产经营和投资活动的；

（六）诋毁企业产品服务质量的；

（七）抹黑企业科技创新能力的；

（八）其他与企业客观实际情况不符的信息。

第十四条 网站平台应当及时处理以下泄密性信息：

（一）违规披露企业家身份证、护照、社保卡、户籍档案等个人身份信息的；

（二）违规披露企业家家庭住址、电话号码、电子邮箱等个人联系信息的；

（三）其他法律法规禁止披露的隐私信息。

权威案例

◎ **典型案例**

王某与张某、北京凌某互动信息技术有限公司、海南天某在线网络科技有限公司侵犯名誉权纠纷系列案——媒体报道应当尊重个人隐私【最高人民法院公布利用信息网络侵害人身权益典型案例之六（2014年10月9日）】

典型意义：哪些个人信息是个人隐私？那些有违公序良俗的个人信息是否应当受到保护？这些问题的答案都随着互联网时代的到来发生着深刻的变化。本案是曾引起舆论广泛关注的所谓博客自杀第一案。本案中，虽然原告王某的婚外情在道德上值得批评，但这并非公众干预其个人生活的合法理由。公民的个人感情生活包括婚外男女关系均属个人隐私，无论是个人通过互联网披露、还是媒体的公开报道，都应当注意个人隐私的保护。

庞某鹏诉中国东某航空股份有限公司、北京趣某信息技术有限公司隐私权纠纷案【最高人民法院发布第一批涉互联网典型案例之五（2018年8月16日）】

典型意义：随着科技的飞速发展和信息的快速传播，现实生活中出现大量关于个人信息保护的问题，个人信息的不当扩散与不当利用已经逐渐发展成为危害公民民事权利的一个社会性问题。本案是由网络购票引发的涉及航空公司、网络购票平台侵犯公民隐私权的纠纷，各方当事人立场鲜明，涉及的焦点问题具有代表性和典型性。公民的姓名、电话号码及行程安排等事项属于个人信息。在大数据时代，信息的收集和匹配成本越来越低，原来单个的、孤立的、可以公示的个人信息一旦被收集、提取和综合，就完全可以与特定的个人相匹配，从而形成某一特定个人详细准确的整体信息。此时，这些全方位、系统性的整体信息，就不再是单个的可以任意公示的个人信息，这些整体信息一旦被泄露扩散，任何人都将没有自己的私人空间，个人的隐私将遭受威胁。因此，基于合理事由掌握上述整体信息的组织或个人应积极地、谨慎地采取有效措施防止信息泄露。任何人未经权利人的允许，都不得扩散和不当利用能够指向特定个人的整体信息，而整体信息也因包含了隐私而整体上成为隐私信息，可以通过隐私权纠纷而寻求救济。

本案中，庞某鹏被泄露的信息包括姓名、尾号××49手机号、行程安排等，其行程安排无疑属于私人活动信息，应该属于隐私信息，可以通过本案的隐私权纠纷主张救济。从收集证据的资金、技术等成本上看，作为普通人的庞某鹏根本不具备对东某、趣某公司内部数据信息管理是否存在漏洞等情况进行举证证明的能力。因此，客观上，法律不能也不应要求庞某鹏证明必定是东某或趣某公司泄露了其隐私信息。东某和趣某公司均未证明涉案信息泄露归因于他人，或黑客攻击，抑或是庞某鹏本人。法院在排除其他泄露隐私信息可能性的前提下，结合本案证据认定上述两公司存在过错。东某和趣某公司作为各自行业的知名企业，一方面因其经营性质掌握了大量的个人信息，另一方面亦有相应的能力保护好消费者的个人信息免受泄露，这既是其社会责任，也是其应尽的法律义务。本案泄露事件的发生，是由于航空公司、网络购票平台疏于防范导致的结果，因而可以认定其具有过错，应承担侵权责任。综上所述，本案的审理对个人信息保护以及隐私权侵权的认定进行了充分论证，兼顾了隐私权保护及信息传播的平衡。

第一千零三十三条 【侵害隐私权的方式】

除法律另有规定或者权利人明确同意外，任何组织或者个人不得实施下列行为：

（一）以电话、短信、即时通讯工具、电子邮件、传单等方式侵扰他人的私人生活安宁；

（二）进入、拍摄、窥视他人的住宅、宾馆房间等私密空间；

（三）拍摄、窥视、窃听、公开他人的私密活动；

（四）拍摄、窥视他人身体的私密部位；

（五）处理他人的私密信息；

（六）以其他方式侵害他人的隐私权。

关联法规

◎ **法律**

《宪法》

第三十九条 中华人民共和国公民的住宅不受侵犯。禁止非法搜查或者非法侵入公民的住宅。

《刑法》

第二百四十五条 非法搜查他人身体、住宅，或者非法侵入他人住宅的，处三年以下有期徒刑或者拘役。

司法工作人员滥用职权，犯前款罪的，从重处罚。

《外交特权与豁免条例》

第四条 使馆馆舍不受侵犯。中国国家工作人员进入使馆馆舍，须经使馆馆长或者其授权人员的同意。中国有关机关应当采取适当措施，保护使馆馆舍免受侵犯或者损害。

使馆的馆舍、设备及馆舍内其他财产和使馆交通工具免受搜查、征用、扣押或者强制执行。

《治安管理处罚法》

第四十二条　有下列行为之一的，处五日以下拘留或者五百元以下罚款；情节较重的，处五日以上十日以下拘留，可以并处五百元以下罚款：

（一）写恐吓信或者以其他方法威胁他人人身安全的；

（二）公然侮辱他人或者捏造事实诽谤他人的；

（三）捏造事实诬告陷害他人，企图使他人受到刑事追究或者受到治安管理处罚的；

（四）对证人及其近亲属进行威胁、侮辱、殴打或者打击报复的；

（五）多次发送淫秽、侮辱、恐吓或者其他信息，干扰他人正常生活的；

（六）偷窥、偷拍、窃听、散布他人隐私的。

《警察法》

第十二条　为侦查犯罪活动的需要，公安机关的人民警察可以依法执行拘留、搜查、逮捕或者其他强制措施。

第二十二条　人民警察不得有下列行为：

（一）散布有损国家声誉的言论，参加非法组织，参加旨在反对国家的集会、游行、示威等活动，参加罢工；

（二）泄露国家秘密、警务工作秘密；

（三）弄虚作假，隐瞒案情，包庇、纵容违法犯罪活动；

（四）刑讯逼供或者体罚、虐待人犯；

（五）非法剥夺、限制他人人身自由，非法搜查他人的身体、物品、住所或者场所；

（六）敲诈勒索或者索取、收受贿赂；

（七）殴打他人或者唆使他人打人；

（八）违法实施处罚或者收取费用；

（九）接受当事人及其代理人的请客送礼；

（十）从事营利性的经营活动或者受雇于任何个人或者组织；

（十一）玩忽职守，不履行法定义务；

（十二）其他违法乱纪的行为。

《监察法》

第二十四条　监察机关可以对涉嫌职务犯罪的被调查人以及可能隐藏被调查人或者犯罪证据的人的身体、物品、住处和其他有关地方进行搜查。在搜查时，应当出示搜查证，并有被搜查人或者其家属等见证人在场。

搜查女性身体，应当由女性工作人员进行。

监察机关进行搜查时，可以根据工作需要提请公安机关配合。公安机关应当依法予以协助。

《刑事诉讼法》

第一百三十六条 为了收集犯罪证据、查获犯罪人，侦查人员可以对犯罪嫌疑人以及可能隐藏罪犯或者犯罪证据的人的身体、物品、住处和其他有关的地方进行搜查。

《武装警察法》

第二十九条 人民武装警察不得有下列行为：

（一）违抗上级决定和命令、行动消极或者临阵脱逃；

（二）违反规定使用警械、武器；

（三）非法剥夺、限制他人人身自由，非法检查、搜查人身、物品、交通工具、住所、场所；

（四）体罚、虐待、殴打监管羁押、控制的对象；

（五）滥用职权、徇私舞弊，擅离职守或者玩忽职守；

（六）包庇、纵容违法犯罪活动；

（七）泄露国家秘密、军事秘密；

（八）其他违法违纪行为。

《反间谍法》

第六十一条 非法获取、持有属于国家秘密的文件、数据、资料、物品，以及非法生产、销售、持有、使用专用间谍器材，尚不构成犯罪的，由国家安全机关予以警告或者处十日以下行政拘留。

◎ 行政法规

《保安服务管理条例》

第二十五条 保安服务中使用的技术防范产品，应当符合有关的产品质量要求。保安服务中安装监控设备应当遵守国家有关技术规范，使用监控设备不得侵犯他人合法权益或者个人隐私。

保安服务中形成的监控影像资料、报警记录，应当至少留存30日备查，保安从业单位和客户单位不得删改或者扩散。

《国务院关于在线政务服务的若干规定》

第十四条 政务服务机构及其工作人员泄露、出售或者非法向他人提供履行职责过程中知悉的个人信息、隐私和商业秘密，或者不依法履行职责，玩忽职守、滥用职权、徇私舞弊的，依法追究法律责任。

◎ 部门规范性文件

《网站平台受理处置涉企网络侵权信息举报工作规范》

第四条 网站平台应当重点受理处置以下涉企网络侵权信息举报：

（一）混淆企业主体身份的仿冒性信息；

（二）影响公众公正评判的误导性信息；

（三）不符合企业客观实际的谣言性信息；

（四）贬损丑化企业或企业家的侮

辱性信息；

（五）侵害企业家个人隐私的泄密性信息；

（六）其他恶意干扰企业正常经营发展的信息。

第十条　网站平台应当及时处理以下谣言类信息：

（一）虚构企业家隐私生活的；

（二）编造企业违法犯罪或违规生产经营的；

（三）杜撰企业家或企业员工违法犯罪或道德失范的；

（四）夸大企业或企业家生产经营困难的；

（五）歪曲企业或企业家正常生产经营和投资活动的；

（六）诋毁企业产品服务质量的；

（七）抹黑企业科技创新能力的；

（八）其他与企业客观实际情况不符的信息。

第十四条　网站平台应当及时处理以下泄密性信息：

（一）违规披露企业家身份证、护照、社保卡、户籍档案等个人身份信息的；

（二）违规披露企业家家庭住址、电话号码、电子邮箱等个人联系信息的；

（三）其他法律法规禁止披露的隐私信息。

◎ **司法解释**

《关于民事执行中财产调查若干问题的规定》

第十四条　被执行人隐匿财产、会计账簿等资料拒不交出的，人民法院可以依法采取搜查措施。

人民法院依法搜查时，对被执行人可能隐匿财产或者资料的处所、箱柜等，经责令被执行人开启而拒不配合的，可以强制开启。

《关于适用〈中华人民共和国民事诉讼法〉的解释》

第四百九十四条　在执行中，被执行人隐匿财产、会计账簿等资料的，人民法院除可依照民事诉讼法第一百一十四条第一款第六项规定对其处理外，还应责令被执行人交出隐匿的财产、会计账簿等资料。被执行人拒不交出的，人民法院可以采取搜查措施。

权威案例

◎ **典型案例**

近距离安装可视门铃可构成侵害邻里隐私权——人脸识别装置侵害邻居隐私权案

【民法典颁布后人格权司法保护典型民事案例之八（2022 年 4 月 11 日）】

典型意义： 本案就人工智能装置的使用与隐私权的享有发生冲突时的权利保护序位进行探索，强调了隐私权的优先保护，彰显了人文立场，对于正当、规范使用智能家居产品，避免侵害人格权益具有一定的借鉴和指导意义。

孙某燕与某通信公司某市分公司等隐私权、个人信息保护纠纷案【人民法院贯彻实施民法典典型案例（第二批）之九（2023 年 1 月 12 日）】

典型意义：民法典在总则编和人格权编对隐私权和个人信息保护作出专门规定，丰富和完善了隐私权和个人信息保护的规则。特别是第一千零三十三条第一项对群众反映强烈的以电话、短信、即时通信工具、电子邮件等方式侵扰他人私人生活安宁的行为进行了严格规制，回应了社会关切。本案中，原告孙某燕使用被告某通信公司某市分公司提供的移动通信号码，并向其支付费用，故原告、被告之间存在电信服务合同关系。某通信公司某市分公司在孙某燕多次明确表示不接受电话推销业务后，仍继续向孙某燕进行电话推销，其行为构成对孙某燕隐私权的侵犯。本案虽系依据《民法总则》作出裁判，但也充分体现了民法典第一千零三十二条、第一千零三十三条第一项的规定精神，其裁判结果不仅维护了当事人的隐私权，更对当前群众反映强烈的问题作出了回应，亮明了司法态度。

> **第一千零三十四条　【个人信息；个人信息中的私密信息】**
>
> 自然人的个人信息受法律保护。
>
> 个人信息是以电子或者其他方式记录的能够单独或者与其他信息结合识别特定自然人的各种信息，包括自然人的姓名、出生日期、身份证件号码、生物识别信息、住址、电话号码、电子邮箱、健康信息、行踪信息等。
>
> 个人信息中的私密信息，适用有关隐私权的规定；没有规定的，适用有关个人信息保护的规定。

关联法规

◎ **法律**

《民法典》

第一百一十一条　自然人的个人信息受法律保护。任何组织或者个人需要获取他人个人信息的，应当依法取得并确保信息安全，不得非法收集、使用、加工、传输他人个人信息，不得非法买卖、提供或者公开他人个人信息。

《网络安全法》

第四十四条　任何个人和组织不得窃取或者以其他非法方式获取个人信息，不得非法出售或者非法向他人提供个人信息。

《个人信息保护法》

第二条　自然人的个人信息受法律保护，任何组织、个人不得侵害自然人的个人信息权益。

第四条　个人信息是以电子或者其他方式记录的与已识别或者可识别的自然人有关的各种信息，不包括匿名化处理后的信息。

个人信息的处理包括个人信息的收集、存储、使用、加工、传输、提供、公开、删除等。

第二十八条　敏感个人信息是一旦泄露或者非法使用，容易导致自然人的人格尊严受到侵害或者人身、财产安全受到危害的个人信息，包括生物识别、宗教信仰、特定身份、医疗健康、金融账户、行踪轨迹等信息，以及不满十四周岁未成年人的个人信息。

只有在具有特定的目的和充分的必要性，并采取严格保护措施的情形下，个人信息处理者方可处理敏感个人信息。

第四十四条　个人对其个人信息的处理享有知情权、决定权，有权限制或者拒绝他人对其个人信息进行处理；法律、行政法规另有规定的除外。

《电子商务法》

第三十二条　电子商务平台经营者应当遵循公开、公平、公正的原则，制定平台服务协议和交易规则，明确进入

和退出平台、商品和服务质量保障、消费者权益保护、个人信息保护等方面的权利和义务。

《反电信网络诈骗法》

第二十五条　任何单位和个人不得为他人实施电信网络诈骗活动提供下列支持或者帮助：

（一）出售、提供个人信息；

（二）帮助他人通过虚拟货币交易等方式洗钱；

（三）其他为电信网络诈骗活动提供支持或者帮助的行为。

电信业务经营者、互联网服务提供者应当依照国家有关规定，履行合理注意义务，对利用下列业务从事涉诈支持、帮助活动进行监测识别和处置：

（一）提供互联网接入、服务器托管、网络存储、通讯传输、线路出租、域名解析等网络资源服务；

（二）提供信息发布或者搜索、广告推广、引流推广等网络推广服务；

（三）提供应用程序、网站等网络技术、产品的制作、维护服务；

（四）提供支付结算服务。

《消费者权益保护法》

第十四条　消费者在购买、使用商品和接受服务时，享有人格尊严、民族风俗习惯得到尊重的权利，享有个人信息依法得到保护的权利。

《国际刑事司法协助法》

第十七条 办案机关收到主管机关交办的外国刑事司法协助请求后，应当依法执行，并将执行结果或者妨碍执行的情形及时报告主管机关。

办案机关在执行请求过程中，应当维护当事人和其他相关人员的合法权益，保护个人信息。

《旅游法》

第五十二条 旅游经营者对其在经营活动中知悉的旅游者个人信息，应当予以保密。

《社会保险法》

第九十二条 社会保险行政部门和其他有关行政部门、社会保险经办机构、社会保险费征收机构及其工作人员泄露用人单位和个人信息的，对直接负责的主管人员和其他直接责任人员依法给予处分；给用人单位或者个人造成损失的，应当承担赔偿责任。

《兵役法》

第十一条 国家加强兵役工作信息化建设，采取有效措施实现有关部门之间信息共享，推进兵役信息收集、处理、传输、存储等技术的现代化，为提高兵役工作质量效益提供支持。

兵役工作有关部门及其工作人员应当对收集的个人信息严格保密，不得泄露或者向他人非法提供。

《妇女权益保障法》

第二十九条 禁止以恋爱、交友为由或者在终止恋爱关系、离婚之后，纠缠、骚扰妇女，泄露、传播妇女隐私和个人信息。

妇女遭受上述侵害或者面临上述侵害现实危险的，可以向人民法院申请人身安全保护令。

◎ **行政法规**

《彩票管理条例》

第二十七条 彩票发行机构、彩票销售机构、彩票代销者以及其他因职务或者业务便利知悉彩票中奖者个人信息的人员，应当对彩票中奖者个人信息予以保密。

第四十条 彩票发行机构、彩票销售机构有下列行为之一的，由财政部门责令改正；有违法所得的，没收违法所得；对直接负责的主管人员和其他直接责任人员，依法给予处分：

（一）采购不符合标准的彩票设备或者技术服务的；

（二）进行虚假性、误导性宣传的；

（三）以诋毁同业者等手段进行不正当竞争的；

（四）向未成年人销售彩票的；

（五）泄露彩票中奖者个人信息的；

（六）未将逾期未兑奖的奖金纳入彩票公益金的；

（七）未按规定上缴彩票公益金、

彩票发行费中的业务费的。

《人力资源市场暂行条例》

第二十九条　人力资源服务机构发布人力资源供求信息，应当建立健全信息发布审查和投诉处理机制，确保发布的信息真实、合法、有效。

人力资源服务机构在业务活动中收集用人单位和个人信息的，不得泄露或者违法使用所知悉的商业秘密和个人信息。

◎ 司法解释

《关于人民法院在互联网公布裁判文书的规定》

第十条　人民法院在互联网公布裁判文书时，应当删除下列信息：

（一）自然人的家庭住址、通讯方式、身份证号码、银行账号、健康状况、车牌号码、动产或不动产权属证书编号等个人信息；

（二）法人以及其他组织的银行账号、车牌号码、动产或不动产权属证书编号等信息

（三）涉及商业秘密的信息；

（四）家事、人格权益等纠纷中涉及个人隐私的信息；

（五）涉及技术侦查措施的信息；

（六）人民法院认为不宜公开的其他信息。

按照本条第一款删除信息影响对裁判文书正确理解的，用符号"×"作部分替代。

《关于办理侵犯公民个人信息刑事案件适用法律若干问题的解释》

第一条　刑法第二百五十三条之一规定的"公民个人信息"，是指以电子或者其他方式记录的能够单独或者与其他信息结合识别特定自然人身份或者反映特定自然人活动情况的各种信息，包括姓名、身份证件号码、通信通讯联系方式、住址、账号密码、财产状况、行踪轨迹等。

《关于审理旅游纠纷案件适用法律的规定》

第九条　旅游经营者、旅游辅助服务者以非法收集、存储、使用、加工、传输、买卖、提供、公开等方式处理旅游者个人信息，旅游者请求其承担相应责任的，人民法院应予支持。

《关于审理国家赔偿案件确定精神损害赔偿责任适用法律若干问题的解释》

第一条　公民以人身权受到侵犯为由提出国家赔偿申请，依照国家赔偿法第三十五条的规定请求精神损害赔偿的，适用本解释。

法人或者非法人组织请求精神损害赔偿的，人民法院不予受理。

第二条　公民以人身权受到侵犯为由提出国家赔偿申请，未请求精神损害赔偿，或者未同时请求消除影响、恢复名誉、赔礼道歉以及精神损害抚慰金的，人民法院应当向其释明。经释明后不变更请

求，案件审结后又基于同一侵权事实另行提出申请的，人民法院不予受理。

《关于审理使用人脸识别技术处理个人信息相关民事案件适用法律若干问题的规定》

第一条 因信息处理者违反法律、行政法规的规定或者双方的约定使用人脸识别技术处理人脸信息、处理基于人脸识别技术生成的人脸信息所引起的民事案件，适用本规定。

人脸信息的处理包括人脸信息的收集、存储、使用、加工、传输、提供、公开等。

本规定所称人脸信息属于民法典第一千零三十四条规定的"生物识别信息"。

《关于未成年人犯罪记录封存的实施办法》

第二条 本办法所称未成年人犯罪记录，是指国家专门机关对未成年犯罪人员情况的客观记载。应当封存的未成年人犯罪记录，包括侦查、起诉、审判及刑事执行过程中形成的有关未成年人犯罪或者涉嫌犯罪的全部案卷材料与电子档案信息。

第十条 对于需要封存的未成年人犯罪记录，应当遵循《中华人民共和国个人信息保护法》不予公开，并建立专门的未成年人犯罪档案库，执行严格的保管制度。

对于电子信息系统中需要封存的未成年人犯罪记录数据，应当加设封存标记，未经法定查询程序，不得进行信息查询、共享及复用。

封存的未成年人犯罪记录数据不得向外部平台提供或对接。

权威案例

◎ 指导性案例

北京市人民检察院督促保护儿童个人信息权益行政公益诉讼案【最高检指导案例第141号】

要旨： 检察机关在办理涉未成年人刑事案件时，应当注意发现公益诉讼案件线索，通过综合发挥未成年人检察职能，促推未成年人保护社会治理。网络运营者未依法履行网络保护义务，相关行政机关监管不到位，侵犯儿童个人信息权益的，检察机关可以依法综合开展民事公益诉讼和行政公益诉讼。网络保护公益诉讼案件，在多个检察机关均具有管辖权时，民事公益诉讼应当层报共同的上级检察机关指定管辖，行政公益诉讼一般由互联网企业注册地检察机关管辖。

◎ 典型案例

刘某某诉某景观工程公司、李某某姓名权纠纷案【最高人民法院、中国残疾人联合会发布残疾人权益保护十大典型案例之二（2021年12月2日）】

典型意义： 如《残疾人权利公约》序言第十三款所指出的，残疾人对其社区的全面福祉和多样性作出了宝贵贡献。残疾人作为特殊困难的群体，更需要给了特别的保护。保护残疾人合法权益是整个社会的义务和责任，也是社会文明进步的重要标志。随着个人信息领域的立法完善，社会普遍提高了对个人信息的保护力度。残疾人作为社会公众中的一员，其姓名作为个人信息的重要组成部分，是个体区分的主要标志，承载着经济意义和社会意义。侵犯残疾人个人信息的行为应当承担相应的法律责任。本案判决较好地保护了残疾人的人格权益，向社会彰显残疾人权益应当得到全方位保障的价值理念。

第一千零三十五条　【个人信息处理的原则和条件】

处理个人信息的，应当遵循合法、正当、必要原则，不得过度处理，并符合下列条件：

（一）征得该自然人或者其监护人同意，但是法律、行政法规另有规定的除外；

（二）公开处理信息的规则；

（三）明示处理信息的目的、方式和范围；

（四）不违反法律、行政法规的规定和双方的约定。

个人信息的处理包括个人信息的收集、存储、使用、加工、传输、提供、公开等。

关联法规

◎ 法律

《网络安全法》

第二十二条　网络产品、服务应当符合相关国家标准的强制性要求。网络产品、服务的提供者不得设置恶意程序；发现其网络产品、服务存在安全缺陷、漏洞等风险时，应当立即采取补救措施，按照规定及时告知用户并向有关主管部门报告。

网络产品、服务的提供者应当为其产品、服务持续提供安全维护；在规定或者当事人约定的期限内，不得终止提供安全维护。

网络产品、服务具有收集用户信息功能的，其提供者应当向用户明示并取得同意；涉及用户个人信息的，还应当遵守本法和有关法律、行政法规关于个人信息保护的规定。

第三十七条　关键信息基础设施的运营者在中华人民共和国境内运营中收集和产生的个人信息和重要数据应当在境内存储。因业务需要，确需向境外提供的，应当按照国家网信部门会同国务院有关部门制定的办法进行安全评估；法律、行政法规另有规定的，依照其规定。

第四十条　网络运营者应当对其收集的用户信息严格保密，并建立健全用户信息保护制度。

第四十二条　网络运营者不得泄露、篡改、毁损其收集的个人信息；未经被收集者同意，不得向他人提供个人信息。但是，经过处理无法识别特定个人且不能复原的除外。

网络运营者应当采取技术措施和其他必要措施，确保其收集的个人信息安全，防止信息泄露、毁损、丢失。在发生或者可能发生个人信息泄露、毁损、丢失的情况时，应当立即采取补救措施，按照规定及时告知用户并向有关主管部门报告。

《个人信息保护法》

第五条　处理个人信息应当遵循合法、正当、必要和诚信原则，不得通过误导、欺诈、胁迫等方式处理个人信息。

第六条　处理个人信息应当具有明确、合理的目的，并应当与处理目的直接相关，采取对个人权益影响最小的方式。

收集个人信息，应当限于实现处理目的的最小范围，不得过度收集个人信息。

第七条　处理个人信息应当遵循公开、透明原则，公开个人信息处理规则，明示处理的目的、方式和范围。

第八条　处理个人信息应当保证个人信息的质量，避免因个人信息不准确、不完整对个人权益造成不利影响。

第十四条　基于个人同意处理个人信息的，该同意应当由个人在充分知情的前提下自愿、明确作出。法律、行政法规规定处理个人信息应当取得个人单独同意或者书面同意的，从其规定。

个人信息的处理目的、处理方式和处理的个人信息种类发生变更的，应当重新取得个人同意。

第十五条　基于个人同意处理个人信息的，个人有权撤回其同意。个人信息处理者应当提供便捷的撤回同意的方式。

个人撤回同意，不影响撤回前基于个人同意已进行的个人信息处理活动的效力。

第二十九条　处理敏感个人信息应当取得个人的单独同意；法律、行政法规规定处理敏感个人信息应当取得书面同意的，从其规定。

第三十条　个人信息处理者处理敏感个人信息的，除本法第十七条第一款规定的事项外，还应当向个人告知处理敏感个人信息的必要性以及对个人权益的影响；依照本法规定可以不向个人告知的除外。

《电子商务法》

第二十三条　电子商务经营者收集、使用其用户的个人信息，应当遵守法律、行政法规有关个人信息保护的规定。

《消费者权益保护法》

第二十九条　经营者收集、使用消费者个人信息，应当遵循合法、正当、必要的原则，明示收集、使用信息的目的、方式和范围，并经消费者同意。经营者收集、使用消费者个人信息，应当公开其收集、使用规则，不得违反法律、法规的规定和双方的约定收集、使用信息。

经营者及其工作人员对收集的消费者个人信息必须严格保密，不得泄露、出售或者非法向他人提供。经营者应当采取技术措施和其他必要措施，确保信息安全，防止消费者个人信息泄露、丢失。在发生或者可能发生信息泄露、丢失的情况时，应当立即采取补救措施。

经营者未经消费者同意或者请求，或者消费者明确表示拒绝的，不得向其发送商业性信息。

《测绘法》

第四十七条　地理信息生产、保管、利用单位应当对属于国家秘密的地理信息的获取、持有、提供、利用情况进行登记并长期保存，实行可追溯管理。

从事测绘活动涉及获取、持有、提供、利用属于国家秘密的地理信息，应当遵守保密法律、行政法规和国家有关规定。

地理信息生产、利用单位和互联网地图服务提供者收集、使用用户个人信息的，应当遵守法律、行政法规关于个人信息保护的规定。

《核安全法》

第六十九条　涉及国家秘密、商业秘密和个人信息的政府信息公开，按照国家有关规定执行。

《电子商务法》

第二十三条　电子商务经营者收集、使用其用户的个人信息，应当遵守法律、行政法规有关个人信息保护的规定。

◎ 行政法规

《征信业管理条例》

第十三条　采集个人信息应当经信息主体本人同意，未经本人同意不得采集。但是，依照法律、行政法规规定公开的信息除外。

企业的董事、监事、高级管理人员与其履行职务相关的信息，不作为个人信息。

第十九条　征信机构或者信息提供者、信息使用者采用格式合同条款取得个人信息主体同意的，应当在合同中作出足以引起信息主体注意的提示，并按照信息主体的要求作出明确说明。

第二十条 信息使用者应当按照与个人信息主体约定的用途使用个人信息，不得用作约定以外的用途，不得未经个人信息主体同意向第三方提供。

《地图管理条例》

第三十五条 互联网地图服务单位收集、使用用户个人信息的，应当明示收集、使用信息的目的、方式和范围，并经用户同意。

互联网地图服务单位需要收集、使用用户个人信息的，应当公开收集、使用规则，不得泄露、篡改、出售或者非法向他人提供用户的个人信息。

互联网地图服务单位应当采取技术措施和其他必要措施，防止用户的个人信息泄露、丢失。

◎ **司法解释**

《关于审理使用人脸识别技术处理个人信息相关民事案件适用法律若干问题的规定》

第六条 当事人请求信息处理者承担民事责任的，人民法院应当依据民事诉讼法第六十四条及《最高人民法院关于适用〈中华人民共和国民事诉讼法〉的解释》第九十条、第九十一条，《最高人民法院关于民事诉讼证据的若干规定》的相关规定确定双方当事人的举证责任。

信息处理者主张其行为符合民法典第一千零三十五条第一款规定情形的，应当就此所依据的事实承担举证责任。

信息处理者主张其不承担民事责任的，应当就其行为符合本规定第五条规定的情形承担举证责任。

《关于未成年人犯罪记录封存的实施办法》

第五条 对于分案办理的未成年人与成年人共同犯罪案件，在封存未成年人案卷材料和信息的同时，应当在未封存的成年人卷宗封面标注"含犯罪记录封存信息"等明显标识，并对相关信息采取必要保密措施。对于未分案办理的未成年人与成年人共同犯罪案件，应当在全案卷宗封面标注"含犯罪记录封存信息"等明显标识，并对相关信息采取必要保密措施。

第六条 其他刑事、民事、行政及公益诉讼案件，因办案需要使用了被封存的未成年人犯罪记录信息的，应当在相关卷宗封面标明"含犯罪记录封存信息"，并对相关信息采取必要保密措施。

第七条 未成年人因事实不清、证据不足被宣告无罪的案件，应当对涉罪记录予以封存；但未成年被告人及其法定代理人申请不予封存或者解除封存的，经人民法院同意，可以不予封存或者解除封存。

第八条 犯罪记录封存决定机关在

作出案件处理决定时，应当同时向案件被告人或犯罪嫌疑人及其法定代理人或近亲属释明未成年人犯罪记录封存制度，并告知其相关权利义务。

第十条　对于需要封存的未成年人犯罪记录，应当遵循《中华人民共和国个人信息保护法》不予公开，并建立专门的未成年人犯罪档案库，执行严格的保管制度。

对于电子信息系统中需要封存的未成年人犯罪记录数据，应当加设封存标记，未经法定查询程序，不得进行信息查询、共享及复用。

封存的未成年人犯罪记录数据不得向外部平台提供或对接。

第十六条　司法机关为办案需要或者有关单位根据国家规定查询犯罪记录的，应当向封存犯罪记录的司法机关提出书面申请，列明查询理由、依据和使用范围等，查询人员应当出示单位公函和身份证明等材料。

经审核符合查询条件的，受理单位应当在三个工作日内开具有/无犯罪记录证明。许可查询的，查询后，档案管理部门应当登记相关查询情况，并按照档案管理规定将有关申请、审批材料、保密承诺书等一同存入卷宗归档保存。依法不许可查询的，应当在三个工作日内向查询单位出具不许可查询决定书，并说明理由。

对司法机关为办理案件、开展重新犯罪预防工作需要申请查询的，封存机关可以依法允许其查阅、摘抄、复制相关案卷材料和电子信息。对司法机关以外的单位根据国家规定申请查询的，可以根据查询的用途、目的与实际需要告知被查询对象是否受过刑事处罚、被判处的罪名、刑期等信息，必要时，可以提供相关法律文书复印件。

第十七条　对于许可查询被封存的未成年人犯罪记录的，应当告知查询犯罪记录的单位及相关人员严格按照查询目的和使用范围使用有关信息，严格遵守保密义务，并要求其签署保密承诺书。不按规定使用所查询的犯罪记录或者违反规定泄露相关信息，情节严重或者造成严重后果的，应当依法追究相关人员的责任。

因工作原因获知未成年人封存信息的司法机关、教育行政部门、未成年人所在学校、社区等单位组织及其工作人员、诉讼参与人、社会调查员、合适成年人等，应当做好保密工作，不得泄露被封存的犯罪记录，不得向外界披露该未成年人的姓名、住所、照片，以及可能推断出该未成年人身份的其他资料。违反法律规定披露被封存信息的单位或个人，应当依法追究其法律责任。

◎ **部门规章**

《电信和互联网用户个人信息保护规定》

第八条 电信业务经营者、互联网信息服务提供者应当制定用户个人信息收集、使用规则，并在其经营或者服务场所、网站等予以公布。

第九条 未经用户同意，电信业务经营者、互联网信息服务提供者不得收集、使用用户个人信息。

电信业务经营者、互联网信息服务提供者收集、使用用户个人信息的，应当明确告知用户收集、使用信息的目的、方式和范围，查询、更正信息的渠道以及拒绝提供信息的后果等事项。

电信业务经营者、互联网信息服务提供者不得收集其提供服务所必需以外的用户个人信息或者将信息用于提供服务之外的目的，不得以欺骗、误导或者强迫等方式或者违反法律、行政法规以及双方的约定收集、使用信息。

电信业务经营者、互联网信息服务提供者在用户终止使用电信服务或者互联网信息服务后，应当停止对用户个人信息的收集和使用，并为用户提供注销号码或者账号的服务。

法律、行政法规对本条第一款至第四款规定的情形另有规定的，从其规定。

第十条 电信业务经营者、互联网信息服务提供者及其工作人员对在提供服务过程中收集、使用的用户个人信息应当严格保密，不得泄露、篡改或者毁损，不得出售或者非法向他人提供。

第十一条 电信业务经营者、互联网信息服务提供者委托他人代理市场销售和技术服务等直接面向用户的服务性工作，涉及收集、使用用户个人信息的，应当对代理人的用户个人信息保护工作进行监督和管理，不得委托不符合本规定有关用户个人信息保护要求的代理人代办相关服务。

第十二条 电信业务经营者、互联网信息服务提供者应当建立用户投诉处理机制，公布有效的联系方式，接受与用户个人信息保护有关的投诉，并自接到投诉之日起十五日内答复投诉人。

> **权威案例**

◎ **典型案例**

郭某诉杭州野某动物世界有限公司服务合同纠纷案【人民法院服务和保障长三角一体化发展典型案例之八（2021 年 11 月 2 日）】

典型意义： 数字经济时代，各类信息的互联互通是推进长三角地区经济社会联系和协同发展，促进长三角一体化全面提升的重要因素。信息已成为与物质、能量同样重要的资源，个人信息的利用在增进社会福祉的同时，也可能引起信息主体的权益受到威胁和侵害。人民法院在审理相关案件过程中，面对多元化和冲突化的各种利益，法律应当在无限需求与有限资源之间寻求平衡的最佳机制。

本案系数字经济背景下人脸识别纠纷第一案，依法保护了消费者对人脸等身份识别信息享有的合法权益，对生物识别信息收集加以规范。裁判结果兼顾鼓励数字产业发展与个人信息保护两大需求，有助于加强长三角地区个人信息保护和数据安全，为长三角地区打造全国数字经济创新高地提供有力保障。

第一千零三十六条　【处理个人信息不承担责任的特定情形】

处理个人信息，有下列情形之一的，行为人不承担民事责任：

（一）在该自然人或者其监护人同意的范围内合理实施的行为；

（二）合理处理该自然人自行公开的或者其他已经合法公开的信息，但是该自然人明确拒绝或者处理该信息侵害其重大利益的除外；

（三）为维护公共利益或者该自然人合法权益，合理实施的其他行为。

关联法规

◎ **法律**
《个人信息保护法》

第十三条　符合下列情形之一的，个人信息处理者方可处理个人信息：

（一）取得个人的同意；

（二）为订立、履行个人作为一方当事人的合同所必需，或者按照依法制定的劳动规章制度和依法签订的集体合同实施人力资源管理所必需；

（三）为履行法定职责或者法定义务所必需；

（四）为应对突发公共卫生事件，或者紧急情况下为保护自然人的生命健康和财产安全所必需；

（五）为公共利益实施新闻报道、舆论监督等行为，在合理的范围内处理个人信息；

（六）依照本法规定在合理的范围内处理个人自行公开或者其他已经合法公开的个人信息；

（七）法律、行政法规规定的其他情形。

依照本法其他有关规定，处理个人

信息应当取得个人同意，但是有前款第二项至第七项规定情形的，不需取得个人同意。

第十八条　个人信息处理者处理个人信息，有法律、行政法规规定应当保密或者不需要告知的情形的，可以不向个人告知前条第一款规定的事项。

紧急情况下为保护自然人的生命健康和财产安全无法及时向个人告知的，个人信息处理者应当在紧急情况消除后及时告知。

第二十六条　在公共场所安装图像采集、个人身份识别设备，应当为维护公共安全所必需，遵守国家有关规定，并设置显著的提示标识。所收集的个人图像、身份识别信息只能用于维护公共安全的目的，不得用于其他目的；取得个人单独同意的除外。

◎ **行政法规**

《征信业管理条例》

第十七条　信息主体可以向征信机构查询自身信息。个人信息主体有权每年两次免费获取本人的信用报告。

《个人所得税法实施条例》

第三十条　扣缴义务人应当按照纳税人提供的信息计算办理扣缴申报，不得擅自更改纳税人提供的信息。

纳税人发现扣缴义务人提供或者扣缴申报的个人信息、所得、扣缴税款等与实际情况不符的，有权要求扣缴义务人修改。扣缴义务人拒绝修改的，纳税人应当报告税务机关，税务机关应当及时处理。

纳税人、扣缴义务人应当按照规定保存与专项附加扣除相关的资料。税务机关可以对纳税人提供的专项附加扣除信息进行抽查，具体办法由国务院税务主管部门另行规定。税务机关发现纳税人提供虚假信息的，应当责令改正并通知扣缴义务人；情节严重的，有关部门应当依法予以处理，纳入信用信息系统并实施联合惩戒。

第一千零三十七条　**【个人信息决定权】**

自然人可以依法向信息处理者查阅或者复制其个人信息；发现信息有错误的，有权提出异议并请求及时采取更正等必要措施。

自然人发现信息处理者违反法律、行政法规的规定或者双方的约定处理其个人信息的，有权请求信息处理者及时删除。

关联法规

◎ **法律**

《网络安全法》

第四十三条　个人发现网络运营者

违反法律、行政法规的规定或者双方的约定收集、使用其个人信息的，有权要求网络运营者删除其个人信息；发现网络运营者收集、存储的其个人信息有错误的，有权要求网络运营者予以更正。网络运营者应当采取措施予以删除或者更正。

《个人信息保护法》

第十五条 基于个人同意处理个人信息的，个人有权撤回其同意。个人信息处理者应当提供便捷的撤回同意的方式。

个人撤回同意，不影响撤回前基于个人同意已进行的个人信息处理活动的效力。

第十六条 个人信息处理者不得以个人不同意处理其个人信息或者撤回同意为由，拒绝提供产品或者服务；处理个人信息属于提供产品或者服务所必需的除外。

第二十一条 个人信息处理者委托处理个人信息的，应当与受托人约定委托处理的目的、期限、处理方式、个人信息的种类、保护措施以及双方的权利和义务等，并对受托人的个人信息处理活动进行监督。

受托人应当按照约定处理个人信息，不得超出约定的处理目的、处理方式等处理个人信息；委托合同不生效、无效、被撤销或者终止的，受托人应当将个人信息返还个人信息处理者或者予以删除，不得保留。

未经个人信息处理者同意，受托人不得转委托他人处理个人信息。

第四十五条 个人有权向个人信息处理者查阅、复制其个人信息；有本法第十八条第一款、第三十五条规定情形的除外。

个人请求查阅、复制其个人信息的，个人信息处理者应当及时提供。

个人请求将个人信息转移至其指定的个人信息处理者，符合国家网信部门规定条件的，个人信息处理者应当提供转移的途径。

第四十六条 个人发现其个人信息不准确或者不完整的，有权请求个人信息处理者更正、补充。

个人请求更正、补充其个人信息的，个人信息处理者应当对其个人信息予以核实，并及时更正、补充。

第四十七条 有下列情形之一的，个人信息处理者应当主动删除个人信息；个人信息处理者未删除的，个人有权请求删除：

（一）处理目的已实现、无法实现或者为实现处理目的不再必要；

（二）个人信息处理者停止提供产品或者服务，或者保存期限已届满；

（三）个人撤回同意；

（四）个人信息处理者违反法律、

行政法规或者违反约定处理个人信息；

（五）法律、行政法规规定的其他情形。

法律、行政法规规定的保存期限未届满，或者删除个人信息从技术上难以实现的，个人信息处理者应当停止除存储和采取必要的安全保护措施之外的处理。

第四十八条　个人有权要求个人信息处理者对其个人信息处理规则进行解释说明。

第四十九条　自然人死亡的，其近亲属为了自身的合法、正当利益，可以对死者的相关个人信息行使本章规定的查阅、复制、更正、删除等权利；死者生前另有安排的除外。

第五十条　个人信息处理者应当建立便捷的个人行使权利的申请受理和处理机制。拒绝个人行使权利的请求的，应当说明理由。

个人信息处理者拒绝个人行使权利的请求的，个人可以依法向人民法院提起诉讼。

◎ **部门规章**

《生成式人工智能服务管理暂行办法》

第十一条　提供者对使用者的输入信息和使用记录应当依法履行保护义务，不得收集非必要个人信息，不得非法留存能够识别使用者身份的输入信息和使用记录，不得非法向他人提供使用者的输入信息和使用记录。

提供者应当依法及时受理和处理个人关于查阅、复制、更正、补充、删除其个人信息等的请求。

第一千零三十八条　【个人信息安全】

信息处理者不得泄露或者篡改其收集、存储的个人信息；未经自然人同意，不得向他人非法提供其个人信息，但是经过加工无法识别特定个人且不能复原的除外。

信息处理者应当采取技术措施和其他必要措施，确保其收集、存储的个人信息安全，防止信息泄露、篡改、丢失；发生或者可能发生个人信息泄露、篡改、丢失的，应当及时采取补救措施，按照规定告知自然人并向有关主管部门报告。

关联法规

◎ **法律**

《网络安全法》

第四十三条　个人发现网络运营者违反法律、行政法规的规定或者双方的约定收集、使用其个人信息的，有权要求网络运营者删除其个人信息；发现网络运营者收集、存储的其个人信息有错误的，有权要求网络运营者予以更正。网络运营者应当采取措施予以删除或者更正。

《个人信息保护法》

第九条　个人信息处理者应当对其个人信息处理活动负责，并采取必要措施保障所处理的个人信息的安全。

第二十五条　个人信息处理者不得公开其处理的个人信息，取得个人单独同意的除外。

第五十一条　个人信息处理者应当根据个人信息的处理目的、处理方式、个人信息的种类以及对个人权益的影响、可能存在的安全风险等，采取下列措施确保个人信息处理活动符合法律、行政法规的规定，并防止未经授权的访问以及个人信息泄露、篡改、丢失：

（一）制定内部管理制度和操作规程；

（二）对个人信息实行分类管理；

（三）采取相应的加密、去标识化等安全技术措施；

（四）合理确定个人信息处理的操作权限，并定期对从业人员进行安全教育和培训；

（五）制定并组织实施个人信息安全事件应急预案；

（六）法律、行政法规规定的其他措施。

第五十二条　处理个人信息达到国家网信部门规定数量的个人信息处理者应当指定个人信息保护负责人，负责对个人信息处理活动以及采取的保护措施等进行监督。

个人信息处理者应当公开个人信息保护负责人的联系方式，并将个人信息保护负责人的姓名、联系方式等报送履行个人信息保护职责的部门。

第五十三条　本法第三条第二款规定的中华人民共和国境外的个人信息处理者，应当在中华人民共和国境内设立专门机构或者指定代表，负责处理个人信息保护相关事务，并将有关机构的名称或者代表的姓名、联系方式等报送履行个人信息保护职责的部门。

第五十四条　个人信息处理者应当定期对其处理个人信息遵守法律、行政法规的情况进行合规审计。

第五十五条　有下列情形之一的，个人信息处理者应当事前进行个人信息保护影响评估，并对处理情况进行记录：

（一）处理敏感个人信息；

（二）利用个人信息进行自动化决策；

（三）委托处理个人信息、向其他个人信息处理者提供个人信息、公开个人信息；

（四）向境外提供个人信息；

（五）其他对个人权益有重大影响的个人信息处理活动。

第五十六条 个人信息保护影响评估应当包括下列内容：

（一）个人信息的处理目的、处理方式等是否合法、正当、必要；

（二）对个人权益的影响及安全风险；

（三）所采取的保护措施是否合法、有效并与风险程度相适应。

个人信息保护影响评估报告和处理情况记录应当至少保存三年。

第五十七条 发生或者可能发生个人信息泄露、篡改、丢失的，个人信息处理者应当立即采取补救措施，并通知履行个人信息保护职责的部门和个人。通知应当包括下列事项：

（一）发生或者可能发生个人信息泄露、篡改、丢失的信息种类、原因和可能造成的危害；

（二）个人信息处理者采取的补救措施和个人可以采取的减轻危害的措施；

（三）个人信息处理者的联系方式。

个人信息处理者采取措施能够有效避免信息泄露、篡改、丢失造成危害的，个人信息处理者可以不通知个人；履行个人信息保护职责的部门认为可能造成危害的，有权要求个人信息处理者通知个人。

第五十八条 提供重要互联网平台服务、用户数量巨大、业务类型复杂的个人信息处理者，应当履行下列义务：

（一）按照国家规定建立健全个人信息保护合规制度体系，成立主要由外部成员组成的独立机构对个人信息保护情况进行监督；

（二）遵循公开、公平、公正的原则，制定平台规则，明确平台内产品或者服务提供者处理个人信息的规范和保护个人信息的义务；

（三）对严重违反法律、行政法规处理个人信息的平台内的产品或者服务提供者，停止提供服务；

（四）定期发布个人信息保护社会责任报告，接受社会监督。

《消费者权益保护法》

第二十九条 经营者收集、使用消费者个人信息，应当遵循合法、正当、必要的原则，明示收集、使用信息的目的、方式和范围，并经消费者同意。经营者收集、使用消费者个人信息，应当公开其收集、使用规则，不得违反法律、法规的规定和双方的约定收集、使用信息。

经营者及其工作人员对收集的消费者个人信息必须严格保密，不得泄露、出售或者非法向他人提供。经营者应当采取技术措施和其他必要措施，确保信息安全，防止消费者个人信息泄露、丢失。在发生或者可能发生信息泄露、丢失的情况时，应当立即采取补救措施。

经营者未经消费者同意或者请求，或者消费者明确表示拒绝的，不得向其发送商业性信息。

◎ **行政法规**

《地图管理条例》

第三十五条　互联网地图服务单位收集、使用用户个人信息的，应当明示收集、使用信息的目的、方式和范围，并经用户同意。

互联网地图服务单位需要收集、使用用户个人信息的，应当公开收集、使用规则，不得泄露、篡改、出售或者非法向他人提供用户的个人信息。

互联网地图服务单位应当采取技术措施和其他必要措施，防止用户的个人信息泄露、丢失。

◎ **部门规章**

《互联网电子邮件服务管理办法》

第九条　互联网电子邮件服务提供者对用户的个人注册信息和互联网电子邮件地址，负有保密的义务。

互联网电子邮件服务提供者及其工作人员不得非法使用用户的个人注册信息资料和互联网电子邮件地址；未经用户同意，不得泄露用户的个人注册信息和互联网电子邮件地址，但法律、行政法规另有规定的除外。

第二十二条　违反本办法第九条规定的，由信息产业部或者通信管理局依

据职权责令改正，并处一万元以下的罚款；有违法所得的，并处三万元以下的罚款。

《电信和互联网用户个人信息保护规定》

第十三条　电信业务经营者、互联网信息服务提供者应当采取以下措施防止用户个人信息泄露、毁损、篡改或者丢失：

（一）确定各部门、岗位和分支机构的用户个人信息安全管理责任；

（二）建立用户个人信息收集、使用及其相关活动的工作流程和安全管理制度；

（三）对工作人员及代理人实行权限管理，对批量导出、复制、销毁信息实行审查，并采取防泄密措施；

（四）妥善保管记录用户个人信息的纸介质、光介质、电磁介质等载体，并采取相应的安全储存措施；

（五）对储存用户个人信息的信息系统实行接入审查，并采取防入侵、防病毒等措施；

（六）记录对用户个人信息进行操作的人员、时间、地点、事项等信息；

（七）按照电信管理机构的规定开展通信网络安全防护工作；

（八）电信管理机构规定的其他必要措施。

第十四条　电信业务经营者、互联网信息服务提供者保管的用户个人信息

发生或者可能发生泄露、毁损、丢失的，应当立即采取补救措施；造成或者可能造成严重后果的，应当立即向准予其许可或者备案的电信管理机构报告，配合相关部门进行的调查处理。

电信管理机构应当对报告或者发现的可能违反本规定的行为的影响进行评估；影响特别重大的，相关省、自治区、直辖市通信管理局应当向工业和信息化部报告。电信管理机构在依据本规定作出处理决定前，可以要求电信业务经营者和互联网信息服务提供者暂停有关行为，电信业务经营者和互联网信息服务提供者应当执行。

第十五条 电信业务经营者、互联网信息服务提供者应当对其工作人员进行用户个人信息保护相关知识、技能和安全责任培训。

第十六条 电信业务经营者、互联网信息服务提供者应当对用户个人信息保护情况每年至少进行一次自查，记录自查情况，及时消除自查中发现的安全隐患。

《互联网用户账号信息管理规定》

第十六条 互联网信息服务提供者应当依法保护和处理互联网用户账号信息中的个人信息，并采取措施防止未经授权的访问以及个人信息泄露、篡改、丢失。

《生成式人工智能服务管理暂行办法》

第九条 提供者应当依法承担网络信息内容生产者责任，履行网络信息安全义务。涉及个人信息的，依法承担个人信息处理者责任，履行个人信息保护义务。

提供者应当与注册其服务的生成式人工智能服务使用者（以下称使用者）签订服务协议，明确双方权利义务。

第十四条 提供者发现违法内容的，应当及时采取停止生成、停止传输、消除等处置措施，采取模型优化训练等措施进行整改，并向有关主管部门报告。

提供者发现使用者利用生成式人工智能服务从事违法活动的，应当依法依约采取警示、限制功能、暂停或者终止向其提供服务等处置措施，保存有关记录，并向有关主管部门报告。

第一千零三十九条 【国家机关、法定机构及其工作人员对隐私和个人信息的保密义务】

国家机关、承担行政职能的法定机构及其工作人员对于履行职责过程中知悉的自然人的隐私和个人信息，应当予以保密，不得泄露或者向他人非法提供。

关联法规

◎ 法律

《刑法》

第二百五十三条之一　违反国家有关规定，向他人出售或者提供公民个人信息，情节严重的，处三年以下有期徒刑或者拘役，并处或者单处罚金；情节特别严重的，处三年以上七年以下有期徒刑，并处罚金。

违反国家有关规定，将在履行职责或者提供服务过程中获得的公民个人信息，出售或者提供给他人的，依照前款的规定从重处罚。

窃取或者以其他方法非法获取公民个人信息的，依照第一款的规定处罚。

单位犯前三款罪的，对单位判处罚金，并对其直接负责的主管人员和其他直接责任人员，依照各该款的规定处罚。

《网络安全法》

第四十四条　任何个人和组织不得窃取或者以其他非法方式获取个人信息，不得非法出售或者非法向他人提供个人信息。

第四十五条　依法负有网络安全监督管理职责的部门及其工作人员，必须对在履行职责中知悉的个人信息、隐私和商业秘密严格保密，不得泄露、出售或者非法向他人提供。

第六十四条　网络运营者、网络产品或者服务的提供者违反本法第二十二条第三款、第四十一条至第四十三条规定，侵害个人信息依法得到保护的权利的，由有关主管部门责令改正，可以根据情节单处或者并处警告、没收违法所得、处违法所得一倍以上十倍以下罚款，没有违法所得的，处一百万元以下罚款，对直接负责的主管人员和其他直接责任人员处一万元以上十万元以下罚款；情节严重的，并可以责令暂停相关业务、停业整顿、关闭网站、吊销相关业务许可证或者吊销营业执照。

违反本法第四十四条规定，窃取或者以其他非法方式获取、非法出售或者非法向他人提供个人信息，尚不构成犯罪的，由公安机关没收违法所得，并处违法所得一倍以上十倍以下罚款，没有违法所得的，处一百万元以下罚款。

《反电信网络诈骗法》

第五条　反电信网络诈骗工作应当依法进行，维护公民和组织的合法权益。

有关部门和单位、个人应当对在反电信网络诈骗工作过程中知悉的国家秘密、商业秘密和个人隐私、个人信息予以保密。

《个人信息保护法》

第九条　个人信息处理者应当对其

个人信息处理活动负责，并采取必要措施保障所处理的个人信息的安全。

《电子商务法》

第二十五条 有关主管部门依照法律、行政法规的规定要求电子商务经营者提供有关电子商务数据信息的，电子商务经营者应当提供。有关主管部门应当采取必要措施保护电子商务经营者提供的数据信息的安全，并对其中的个人信息、隐私和商业秘密严格保密，不得泄露、出售或者非法向他人提供。

第七十九条 电子商务经营者违反法律、行政法规有关个人信息保护的规定，或者不履行本法第三十条和有关法律、行政法规规定的网络安全保障义务的，依照《中华人民共和国网络安全法》等法律、行政法规的规定处罚。

第八十七条 依法负有电子商务监督管理职责的部门的工作人员，玩忽职守、滥用职权、徇私舞弊，或者泄露、出售或者非法向他人提供在履行职责中所知悉的个人信息、隐私和商业秘密的，依法追究法律责任。

《护照法》

第十二条 护照具备视读与机读两种功能。

护照的防伪性能参照国际技术标准制定。

护照签发机关及其工作人员对因制作、签发护照而知悉的公民个人信息，应当予以保密。

第二十条 护照签发机关工作人员在办理护照过程中有下列行为之一的，依法给予行政处分；构成犯罪的，依法追究刑事责任：

（一）应当受理而不予受理的；

（二）无正当理由不在法定期限内签发的；

（三）超出国家规定标准收取费用的；

（四）向申请人索取或者收受贿赂的；

（五）泄露因制作、签发护照而知悉的公民个人信息，侵害公民合法权益的；

（六）滥用职权、玩忽职守、徇私舞弊的其他行为。

《统计法》

第九条 统计机构和统计人员对在统计工作中知悉的国家秘密、商业秘密和个人信息，应当予以保密。

第三十九条 县级以上人民政府统计机构或者有关部门有下列行为之一的，对直接负责的主管人员和其他直接责任人员由任免机关或者监察机关依法给予处分：

（一）违法公布统计资料的；

（二）泄露统计调查对象的商业秘密、个人信息或者提供、泄露在统计调查中获得的能够识别或者推断单个统计调查对象身份的资料的；

（二）违反国家有关规定，造成统计资料毁损、灭失的。

统计人员有前款所列行为之一的，依法给予处分。

《居民身份证法》

第六条　居民身份证式样由国务院公安部门制定。居民身份证由公安机关统一制作、发放。

居民身份证具备视读与机读两种功能，视读、机读的内容限于本法第三条第一款规定的项目。

公安机关及其人民警察对因制作、发放、查验、扣押居民身份证而知悉的公民的个人信息，应当予以保密。

第十三条　公民从事有关活动，需要证明身份的，有权使用居民身份证证明身份，有关单位及其工作人员不得拒绝。

有关单位及其工作人员对履行职责或者提供服务过程中获得的居民身份证记载的公民个人信息，应当予以保密。

第十九条　国家机关或者金融、电信、交通、教育、医疗等单位的工作人员泄露在履行职责或者提供服务过程中获得的居民身份证记载的公民个人信息，构成犯罪的，依法追究刑事责任；尚不构成犯罪的，由公安机关处十日以上十五日以下拘留，并处五千元罚款，有违法所得的，没收违法所得。

单位有前款行为，构成犯罪的，依法追究刑事责任；尚不构成犯罪的，由公安机关对其直接负责的主管人员和其他直接责任人员，处十日以上十五日以下拘留，并处十万元以上五十万元以下罚款，有违法所得的，没收违法所得。

有前两款行为，对他人造成损害的，依法承担民事责任。

第二十条　人民警察有下列行为之一的，根据情节轻重，依法给予行政处分；构成犯罪的，依法追究刑事责任：

（一）利用制作、发放、查验居民身份证的便利，收受他人财物或者谋取其他利益的；

（二）非法变更公民身份号码，或者在居民身份证上登载本法第三条第一款规定项目以外的信息或者故意登载虚假信息的；

（三）无正当理由不在法定期限内发放居民身份证的；

（四）违反规定查验、扣押居民身份证，侵害公民合法权益的；

（五）泄露因制作、发放、查验、扣押居民身份证而知悉的公民个人信息，侵害公民合法权益的。

《出境入境管理法》

第八十五条　履行出境入境管理职责的工作人员，有下列行为之一的，依法给予处分：

（一）违反法律、行政法规，为不

符合规定条件的外国人签发签证、外国人停留居留证件等出境入境证件的；

（二）违反法律、行政法规，审核验放不符合规定条件的人员或者交通运输工具出境入境的；

（三）泄露在出境入境管理工作中知悉的个人信息，侵害当事人合法权益的；

（四）不按照规定将依法收取的费用、收缴的罚款及没收的违法所得、非法财物上缴国库的；

（五）私分、侵占、挪用罚没、扣押的款物或者收取的费用的；

（六）滥用职权、玩忽职守、徇私舞弊，不依法履行法定职责的其他行为。

《核安全法》

第七十四条 核安全监督检查人员应当忠于职守，勤勉尽责，秉公执法。

核安全监督检查人员应当具备与监督检查活动相应的专业知识和业务能力，并定期接受培训。

核安全监督检查人员执行监督检查任务，应当出示有效证件，对获知的国家秘密、商业秘密和个人信息，应当依法予以保密。

第七十五条 违反本法规定，有下列情形之一的，对直接负责的主管人员和其他直接责任人员依法给予处分：

（一）国务院核安全监督管理部门或者其他有关部门未依法对许可申请进行审批的；

（二）国务院有关部门或者核设施所在地省、自治区、直辖市人民政府指定的部门未依法公开核安全相关信息的；

（三）核设施所在地省、自治区、直辖市人民政府未就影响公众利益的重大核安全事项征求利益相关方意见的；

（四）国务院核安全监督管理部门或者其他有关部门未将监督检查情况形成报告，或者未建立档案的；

（五）核安全监督检查人员执行监督检查任务，未出示有效证件，或者对获知的国家秘密、商业秘密、个人信息未依法予以保密的；

（六）国务院核安全监督管理部门或者其他有关部门，省、自治区、直辖市人民政府有关部门有其他滥用职权、玩忽职守、徇私舞弊行为的。

《国家情报法》

第十九条 国家情报工作机构及其工作人员应当严格依法办事，不得超越职权、滥用职权，不得侵犯公民和组织的合法权益，不得利用职务便利为自己或者他人谋取私利，不得泄露国家秘密、商业秘密和个人信息。

第三十一条 国家情报工作机构及其工作人员有超越职权、滥用职权，侵犯公民和组织的合法权益，利用职务便利为自己或者他人谋取私利，泄露国家秘密、商业秘密和个人信息等违法违纪行为的，依法给予处分；构成犯罪的，依法追究刑事责任。

《反恐怖主义法》

第七十六条　因报告和制止恐怖活动，在恐怖活动犯罪案件中作证，或者从事反恐怖主义工作，本人或者其近亲属的人身安全面临危险的，经本人或者其近亲属提出申请，公安机关、有关部门应当采取下列一项或者多项保护措施：

（一）不公开真实姓名、住址和工作单位等个人信息；

（二）禁止特定的人接触被保护人员；

（三）对人身和住宅采取专门性保护措施；

（四）变更被保护人员的姓名，重新安排住所和工作单位；

（五）其他必要的保护措施。

公安机关、有关部门应当依照前款规定，采取不公开被保护单位的真实名称、地址，禁止特定的人接近被保护单位，对被保护单位办公、经营场所采取专门性保护措施，以及其他必要的保护措施。

《公共图书馆法》

第四十三条　公共图书馆应当妥善保护读者的个人信息、借阅信息以及其

他可能涉及读者隐私的信息，不得出售或者以其他方式非法向他人提供。

第五十条　公共图书馆及其工作人员有下列行为之一的，由文化主管部门责令改正，没收违法所得：

（一）违规处置文献信息；

（二）出售或者以其他方式非法向他人提供读者的个人信息、借阅信息以及其他可能涉及读者隐私的信息；

（三）向社会公众提供文献信息违反有关法律、行政法规的规定，或者向未成年人提供内容不适宜的文献信息；

（四）将设施设备场地用于与公共图书馆服务无关的商业经营活动；

（五）其他不履行本法规定的公共图书馆服务要求的行为。

公共图书馆及其工作人员对应当免费提供的服务收费或者变相收费的，由价格主管部门依照前款规定给予处罚。

公共图书馆及其工作人员有前两款规定行为的，对直接负责的主管人员和其他直接责任人员依法追究法律责任。

《旅游法》

第八十六条　旅游主管部门和有关部门依法实施监督检查，其监督检查人员不得少于二人，并应当出示合法证件。监督检查人员少于二人或者未出示合法证件的，被检查单位和个人有权拒绝。

监督检查人员对在监督检查中知悉

的被检查单位的商业秘密和个人信息应当依法保密。

《社会保险法》

第八十一条　社会保险行政部门和其他有关行政部门、社会保险经办机构、社会保险费征收机构及其工作人员，应当依法为用人单位和个人的信息保密，不得以任何形式泄露。**第九十二条**　社会保险行政部门和其他有关行政部门、社会保险经办机构、社会保险费征收机构及其工作人员泄露用人单位和个人信息的，对直接负责的主管人员和其他直接责任人员依法给予处分；给用人单位或者个人造成损失的，应当承担赔偿责任。

《反垄断法》

第四十九条　反垄断执法机构及其工作人员对执法过程中知悉的商业秘密、个人隐私和个人信息依法负有保密义务。

第六十六条　反垄断执法机构工作人员滥用职权、玩忽职守、徇私舞弊或者泄露执法过程中知悉的商业秘密、个人隐私和个人信息的，依法给予处分。

◎ 行政法规

《居住证暂行条例》

第十七条　国家机关及其工作人员对在工作过程中知悉的居住证持有人个人信息，应当予以保密。

第二十条　国家机关及其工作人员有下列行为之一的，依法给予处分；构成犯罪的，依法追究刑事责任：

（一）符合居住证申领条件但拒绝受理、发放；

（二）违反有关规定收取费用；

（三）利用制作、发放居住证的便利，收受他人财物或者谋取其他利益；

（四）将在工作中知悉的居住证持有人个人信息出售或者非法提供给他人；

（五）篡改居住证信息。

《残疾人教育条例》

第二十条　县级人民政府教育行政部门应当会同卫生行政部门、民政部门、残疾人联合会，建立由教育、心理、康复、社会工作等方面专家组成的残疾人教育专家委员会。

残疾人教育专家委员会可以接受教育行政部门的委托，对适龄残疾儿童、少年的身体状况、接受教育的能力和适应学校学习生活的能力进行评估，提出入学、转学建议；对残疾人义务教育问题提供咨询，提出建议。

依照前款规定作出的评估结果属于残疾儿童、少年的隐私，仅可被用于对残疾儿童、少年实施教育、康复。教育行政部门、残疾人教育专家委员会、学校及其工作人员对在工作中了解的残疾儿童、少年评估结果及其他个人信息负有保密义务。

《全国经济普查条例》

第三十二条　各级经济普查机构及其工作人员对在经济普查中所知悉的国家秘密和经济普查对象的商业秘密、个人信息，应当依法履行保密义务。

《戒毒条例》

第七条　戒毒人员在入学、就业、享受社会保障等方面不受歧视。

对戒毒人员戒毒的个人信息应当依法予以保密。对戒断 3 年未复吸的人员，不再实行动态管控。

第十条　戒毒医疗机构应当与自愿戒毒人员或者其监护人签订自愿戒毒协议，就戒毒方法、戒毒期限、戒毒的个人信息保密、戒毒人员应当遵守的规章制度、终止戒毒治疗的情形等作出约定，并应当载明戒毒疗效、戒毒治疗风险。

第四十三条　公安、司法行政、卫生行政等有关部门工作人员泄露戒毒人员个人信息的，依法给予处分；构成犯罪的，依法追究刑事责任。

《缺陷汽车产品召回管理条例》

第七条　产品质量监督部门和有关部门、机构及其工作人员对履行本条例规定职责所知悉的商业秘密和个人信息，不得泄露。

第二十五条　违反本条例规定，从事缺陷汽车产品召回监督管理工作的人员有下列行为之一的，依法给予处分：

（一）将生产者、经营者提供的资料、产品和专用设备用于缺陷调查所需的技术检测和鉴定以外的用途；

（二）泄露当事人商业秘密或者个人信息；

（三）其他玩忽职守、徇私舞弊、滥用职权行为。

《社会救助暂行办法》

第六十一条　履行社会救助职责的工作人员对在社会救助工作中知悉的公民个人信息，除按照规定应当公示的信息外，应当予以保密。

第六十六条　违反本办法规定，有下列情形之一的，由上级行政机关或者监察机关责令改正；对直接负责的主管人员和其他直接责任人员依法给予处分：

（一）对符合申请条件的救助申请不予受理的；

（二）对符合救助条件的救助申请不予批准的；

（三）对不符合救助条件的救助申请予以批准的；

（四）泄露在工作中知悉的公民个人信息，造成后果的；

（五）丢失、篡改接受社会救助款物、服务记录等数据的；

（六）不按照规定发放社会救助资金、物资或者提供相关服务的；

（七）在履行社会救助职责过程中

有其他滥用职权、玩忽职守、徇私舞弊行为的。

《在线政务服务规定》

第十四条 政务服务机构及其工作人员泄露、出售或者非法向他人提供履行职责过程中知悉的个人信息、隐私和商业秘密，或者不依法履行职责，玩忽职守、滥用职权、徇私舞弊的，依法追究法律责任。

◎ 司法解释

《关于审理国家赔偿案件确定精神损害赔偿责任适用法律若干问题的解释》

第一条 公民以人身权受到侵犯为由提出国家赔偿申请，依照国家赔偿法第三十五条的规定请求精神损害赔偿的，适用本解释。

法人或者非法人组织请求精神损害赔偿的，人民法院不予受理。

第二条 公民以人身权受到侵犯为由提出国家赔偿申请，未请求精神损害赔偿，或者未同时请求消除影响、恢复名誉、赔礼道歉以及精神损害抚慰金的，人民法院应当向其释明。经释明后不变更请求，案件审结后又基于同一侵权事实另行提出申请的，人民法院不予受理。

《关于未成年人犯罪记录封存的实施办法》

第十七条 对于许可查询被封存的未成年人犯罪记录的，应当告知查询犯罪记录的单位及相关人员严格按照查询目的和使用范围使用有关信息，严格遵守保密义务，并要求其签署保密承诺书。不按规定使用所查询的犯罪记录或者违反规定泄露相关信息，情节严重或者造成严重后果的，应当依法追究相关人员的责任。

因工作原因获知未成年人封存信息的司法机关、教育行政部门、未成年人所在学校、社区等单位组织及其工作人员、诉讼参与人、社会调查员、合适成年人等，应当做好保密工作，不得泄露被封存的犯罪记录，不得向外界披露该未成年人的姓名、住所、照片，以及可能推断出该未成年人身份的其他资料。违反法律规定披露被封存信息的单位或个人，应当依法追究其法律责任。

第二十条 承担犯罪记录封存以及保护未成年人隐私、信息工作的公职人员，不当泄漏未成年人犯罪记录或者隐私、信息的，应当予以处分；造成严重后果，给国家、个人造成重大损失或者恶劣影响的，依法追究刑事责任。

第七编　侵权责任

第三章　责任主体的特殊规定

第一千一百九十四条　【网络用户、网络服务提供者的侵权责任】

网络用户、网络服务提供者利用网络侵害他人民事权益的，应当承担侵权责任。法律另有规定的，依照其规定。

关联法规

◎ **法律**

《网络安全法》

第二十七条　任何个人和组织不得从事非法侵入他人网络、干扰他人网络正常功能、窃取网络数据等危害网络安全的活动；不得提供专门用于从事侵入网络、干扰网络正常功能及防护措施、窃取网络数据等危害网络安全活动的程序、工具；明知他人从事危害网络安全的活动的，不得为其提供技术支持、广告推广、支付结算等帮助。

第四十六条　任何个人和组织应当对其使用网络的行为负责，不得设立用于实施诈骗，传授犯罪方法、制作或者销售违禁物品、管制物品等违法犯罪活动的网站、通讯群组，不得利用网络发布涉及实施诈骗，制作或者销售违禁物品、管制物品以及其他违法犯罪活动的信息。

第六十四条　网络运营者、网络产品或者服务的提供者违反本法第二十二条第三款、第四十一条至第四十三条规定，侵害个人信息依法得到保护的权利的，由有关主管部门责令改正，可以根据情节单处或者并处警告、没收违法所得、处违法所得一倍以上十倍以下罚款，没有违法所得的，处一百万元以下罚款，对直接负责的主管人员和其他直接责任人员处一万元以上十万元以下罚款；情节严重的，并可以责令暂停相关业务、停业整顿、关闭网站、吊销相关业务许可证或者吊销营业执照。

违反本法第四十四条规定，窃取或者以其他非法方式获取、非法出售或者非法向他人提供个人信息，尚不构成犯罪的，由公安机关没收违法所得，并处违法所得一倍以上十倍以下罚款，没有违法所得的，处一百万元以下罚款。

第七十四条 违反本法规定，给他人造成损害的，依法承担民事责任。

违反本法规定，构成违反治安管理行为的，依法给予治安管理处罚；构成犯罪的，依法追究刑事责任。

《关于维护互联网安全的决定》

六、利用互联网实施违法行为，违反社会治安管理，尚不构成犯罪的，由公安机关依照《治安管理处罚法》予以处罚；违反其他法律、行政法规，尚不构成犯罪的，由有关行政管理部门依法给予行政处罚；对直接负责的主管人员和其他直接责任人员，依法给予行政处分或者纪律处分。

利用互联网侵犯他人合法权益，构成民事侵权的，依法承担民事责任。

◎ 司法解释

《关于涉网络知识产权侵权纠纷几个法律适用问题的批复》

一、知识产权权利人主张其权利受到侵害并提出保全申请，要求网络服务提供者、电子商务平台经营者迅速采取删除、屏蔽、断开链接等下架措施的，人民法院应当依法审查并作出裁定。

二、网络服务提供者、电子商务平台经营者收到知识产权权利人依法发出的通知后，应当及时将权利人的通知转送相关网络用户、平台内经营者，并根据构成侵权的初步证据和服务类型采取必要措施；未依法采取必要措施，权利人主张网络服务提供者、电子商务平台经营者对损害的扩大部分与网络用户、平台内经营者承担连带责任的，人民法院可以依法予以支持。

三、在依法转送的不存在侵权行为的声明到达知识产权权利人后的合理期限内，网络服务提供者、电子商务平台经营者未收到权利人已经投诉或者提起诉讼通知的，应当及时终止所采取的删除、屏蔽、断开链接等下架措施。因办理公证、认证手续等权利人无法控制的特殊情况导致的延迟，不计入上述期限，但该期限最长不超过20个工作日。

四、因恶意提交声明导致电子商务平台经营者终止必要措施并造成知识产权权利人损害，权利人依照有关法律规定请求相应惩罚性赔偿的，人民法院可以依法予以支持。

五、知识产权权利人发出的通知内容与客观事实不符，但其在诉讼中主张该通知系善意提交并请求免责，且能够举证证明的，人民法院依法审查属实后应当予以支持。

六、本批复作出时尚未终审的案件，适用本批复；本批复作出时已经终审，当事人申请再审或者按照审判监督程序决定再审的案件，不适用本批复。

《关于审理利用信息网络侵害人身权益民事纠纷案件适用法律若干问题的规定》

为正确审理利用信息网络侵害人身权益民事纠纷案件，根据《中华人民共和国民法典》《全国人民代表大会常务委员会关于加强网络信息保护的决定》《中华人民共和国民事诉讼法》等法律的规定，结合审判实践，制定本规定。

第一条　本规定所称的利用信息网络侵害人身权益民事纠纷案件，是指利用信息网络侵害他人姓名权、名称权、名誉权、荣誉权、肖像权、隐私权等人身权益引起的纠纷案件。

第二条　原告依据民法典第一千一百九十五条、第一千一百九十七条的规定起诉网络用户或者网络服务提供者的，人民法院应予受理。

原告仅起诉网络用户，网络用户请求追加涉嫌侵权的网络服务提供者为共同被告或者第三人的，人民法院应予准许。

原告仅起诉网络服务提供者，网络服务提供者请求追加可以确定的网络用户为共同被告或者第三人的，人民法院应予准许。

第三条　原告起诉网络服务提供者，网络服务提供者以涉嫌侵权的信息系网络用户发布为由抗辩的，人民法院可以根据原告的请求及案件的具体情况，责令网络服务提供者向人民法院提供能够确定涉嫌侵权的网络用户的姓名（名称）、联系方式、网络地址等信息。

网络服务提供者无正当理由拒不提供的，人民法院可以依据民事诉讼法第一百一十四条的规定对网络服务提供者采取处罚等措施。

原告根据网络服务提供者提供的信息请求追加网络用户为被告的，人民法院应予准许。

第四条　人民法院适用民法典第一千一百九十五条第二款的规定，认定网络服务提供者采取的删除、屏蔽、断开链接等必要措施是否及时，应当根据网络服务的类型和性质、有效通知的形式和准确程度、网络信息侵害权益的类型和程度等因素综合判断。

第五条　其发布的信息被采取删除、屏蔽、断开链接等措施的网络用户，主张网络服务提供者承担违约责任或者侵权责任，网络服务提供者以收到民法典第一千一百九十五条第一款规定的有效通知为由抗辩的，人民法院应予支持。

第六条　人民法院依据民法典第一千一百九十七条认定网络服务提供者是否"知道或者应当知道"，应当综合考虑下列因素：

（一）网络服务提供者是否以人工或者自动方式对侵权网络信息以推荐、排名、选择、编辑、整理、修改等方式作出处理；

（二）网络服务提供者应当具备的管理信息的能力，以及所提供服务的性质、方式及其引发侵权的可能性大小；

（三）该网络信息侵害人身权益的类型及明显程度；

（四）该网络信息的社会影响程度或者一定时间内的浏览量；

（五）网络服务提供者采取预防侵权措施的技术可能性及其是否采取了相应的合理措施；

（六）网络服务提供者是否针对同一网络用户的重复侵权行为或者同一侵权信息采取了相应的合理措施；

（七）与本案相关的其他因素。

第七条 人民法院认定网络用户或者网络服务提供者转载网络信息行为的过错及其程度，应当综合以下因素：

（一）转载主体所承担的与其性质、影响范围相适应的注意义务；

（二）所转载信息侵害他人人身权益的明显程度；

（三）对所转载信息是否作出实质性修改，是否添加或者修改文章标题，导致其与内容严重不符以及误导公众的可能性。

第八条 网络用户或者网络服务提供者采取诽谤、诋毁等手段，损害公众对经营主体的信赖，降低其产品或者服务的社会评价，经营主体请求网络用户或者网络服务提供者承担侵权责任的，人民法院应依法予以支持。

第九条 网络用户或者网络服务提供者，根据国家机关依职权制作的文书和公开实施的职权行为等信息来源所发布的信息，有下列情形之一，侵害他人人身权益，被侵权人请求侵权人承担侵权责任的，人民法院应予支持：

（一）网络用户或者网络服务提供者发布的信息与前述信息来源内容不符；

（二）网络用户或者网络服务提供者以添加侮辱性内容、诽谤性信息、不当标题或者通过增删信息、调整结构、改变顺序等方式致人误解；

（三）前述信息来源已被公开更正，但网络用户拒绝更正或者网络服务提供者不予更正；

（四）前述信息来源已被公开更正，网络用户或者网络服务提供者仍然发布更正之前的信息。

第十条 被侵权人与构成侵权的网络用户或者网络服务提供者达成一方支付报酬，另一方提供删除、屏蔽、断开链接等服务的协议，人民法院应认定为无效。

擅自篡改、删除、屏蔽特定网络信

息或者以断开链接的方式阻止他人获取网络信息，发布该信息的网络用户或者网络服务提供者请求侵权人承担侵权责任的，人民法院应予支持。接受他人委托实施该行为的，委托人与受托人承担连带责任。

第十一条　网络用户或者网络服务提供者侵害他人人身权益，造成财产损失或者严重精神损害，被侵权人依据民法典第一千一百八十二条和第一千一百八十三条的规定，请求其承担赔偿责任的，人民法院应予支持。

第十二条　被侵权人为制止侵权行为所支付的合理开支，可以认定为民法典第一千一百八十二条规定的财产损失。合理开支包括被侵权人或者委托代理人对侵权行为进行调查、取证的合理费用。人民法院根据当事人的请求和具体案情，可以将符合国家有关部门规定的律师费用计算在赔偿范围内。

被侵权人因人身权益受侵害造成的财产损失以及侵权人因此获得的利益难以确定的，人民法院可以根据具体案情在50万元以下的范围内确定赔偿数额。

第十三条　本规定施行后人民法院正在审理的一审、二审案件适用本规定。

本规定施行前已经终审，本规定施行后当事人申请再审或者按照审判监督程序决定再审的案件，不适用本规定。

《关于审理侵害信息网络传播权民事纠纷案件适用法律若干问题的规定》

为正确审理侵害信息网络传播权民事纠纷案件，依法保护信息网络传播权，促进信息网络产业健康发展，维护公共利益，根据《中华人民共和国民法典》《中华人民共和国著作权法》《中华人民共和国民事诉讼法》等有关法律规定，结合审判实际，制定本规定。

第一条　人民法院审理侵害信息网络传播权民事纠纷案件，在依法行使裁量权时，应当兼顾权利人、网络服务提供者和社会公众的利益。

第二条　本规定所称信息网络，包括以计算机、电视机、固定电话机、移动电话机等电子设备为终端的计算机互联网、广播电视网、固定通信网、移动通信网等信息网络，以及向公众开放的局域网络。

第三条　网络用户、网络服务提供者未经许可，通过信息网络提供权利人享有信息网络传播权的作品、表演、录音录像制品，除法律、行政法规另有规定外，人民法院应当认定其构成侵害信息网络传播权行为。

通过上传到网络服务器、设置共享文件或者利用文件分享软件等方式，将作品、表演、录音录像制品置于信息网络中，使公众能够在个人选定的时间和地点以下载、浏览或者其他方式获得的，人民法院应当认定其实施了前款规定的提供行为。

第四条 有证据证明网络服务提供者与他人以分工合作等方式共同提供作品、表演、录音录像制品，构成共同侵权行为的，人民法院应当判令其承担连带责任。网络服务提供者能够证明其仅提供自动接入、自动传输、信息存储空间、搜索、链接、文件分享技术等网络服务，主张其不构成共同侵权行为的，人民法院应予支持。

第五条 网络服务提供者以提供网页快照、缩略图等方式实质替代其他网络服务提供者向公众提供相关作品的，人民法院应当认定其构成提供行为。

前款规定的提供行为不影响相关作品的正常使用，且未不合理损害权利人对该作品的合法权益，网络服务提供者主张其未侵害信息网络传播权的，人民法院应予支持。

第六条 原告有初步证据证明网络服务提供者提供了相关作品、表演、录音录像制品，但网络服务提供者能够证明其仅提供网络服务，且无过错的，人民法院不应认定为构成侵权。

第七条 网络服务提供者在提供网络服务时教唆或者帮助网络用户实施侵害信息网络传播权行为的，人民法院应当判令其承担侵权责任。

网络服务提供者以言语、推介技术支持、奖励积分等方式诱导、鼓励网络用户实施侵害信息网络传播权行为的，人民法院应当认定其构成教唆侵权行为。

网络服务提供者明知或者应知网络用户利用网络服务侵害信息网络传播权，未采取删除、屏蔽、断开链接等必要措施，或者提供技术支持等帮助行为的，人民法院应当认定其构成帮助侵权行为。

第八条 人民法院应当根据网络服务提供者的过错，确定其是否承担教唆、帮助侵权责任。网络服务提供者的过错包括对于网络用户侵害信息网络传播权行为的明知或者应知。

网络服务提供者未对网络用户侵害信息网络传播权的行为主动进行审查的，人民法院不应据此认定其具有过错。

网络服务提供者能够证明已采取合理、有效的技术措施，仍难以发现网络用户侵害信息网络传播权行为的，人民法院应当认定其不具有过错。

第九条 人民法院应当根据网络用户侵害信息网络传播权的具体事实是否明显，综合考虑以下因素，认定网络服务提供者是否构成应知：

（一）基于网络服务提供者提供服务的性质、方式及其引发侵权的可能性大小，应当具备的管理信息的能力；

（二）传播的作品、表演、录音录像制品的类型、知名度及侵权信息的明显程度；

（三）网络服务提供者是否主动对作品、表演、录音录像制品进行了选择、编辑、修改、推荐等；

（四）网络服务提供者是否积极采取了预防侵权的合理措施；

（五）网络服务提供者是否设置便捷程序接收侵权通知并及时对侵权通知作出合理的反应；

（六）网络服务提供者是否针对同一网络用户的重复侵权行为采取了相应的合理措施；

（七）其他相关因素。

第十条　网络服务提供者在提供网络服务时，对热播影视作品等以设置榜单、目录、索引、描述性段落、内容简介等方式进行推荐，且公众可以在其网页上直接以下载、浏览或者其他方式获得的，人民法院可以认定其应知网络用户侵害信息网络传播权。

第十一条　网络服务提供者从网络用户提供的作品、表演、录音录像制品中直接获得经济利益的，人民法院应当认定其对该网络用户侵害信息网络传播权的行为负有较高的注意义务。

网络服务提供者针对特定作品、表演、录音录像制品投放广告获取收益，或者获取与其传播的作品、表演、录音录像制品存在其他特定联系的经济利益，应当认定为前款规定的直接获得经济利益。网络服务提供者因提供网络服务而收取一般性广告费、服务费等，不属于本款规定的情形。

第十二条　有下列情形之一的，人民法院可以根据案件具体情况，认定提供信息存储空间服务的网络服务提供者应知网络用户侵害信息网络传播权：

（一）将热播影视作品等置于首页或者其他主要页面等能够为网络服务提供者明显感知的位置的；

（二）对热播影视作品等的主题、内容主动进行选择、编辑、整理、推荐，或者为其设立专门的排行榜的；

（三）其他可以明显感知相关作品、表演、录音录像制品为未经许可提供，仍未采取合理措施的情形。

第十三条　网络服务提供者接到权利人以书信、传真、电子邮件等方式提交的通知及构成侵权的初步证据，未及时根据初步证据和服务类型采取必要措施的，人民法院应当认定其明知相关侵害信息网络传播权行为。

第十四条　人民法院认定网络服务提供者转送通知、采取必要措施是否及时，应当根据权利人提交通知的形式，通知的准确程度，采取措施的难易程度，网络服务的性质，所涉作品、表演、录音录像制品的类型、知名度、数量等因素综合判断。

第十五条 侵害信息网络传播权民事纠纷案件由侵权行为地或者被告住所地人民法院管辖。侵权行为地包括实施被诉侵权行为的网络服务器、计算机终端等设备所在地。侵权行为地和被告住所地均难以确定或者在境外的，原告发现侵权内容的计算机终端等设备所在地可以视为侵权行为地。

第十六条 本规定施行之日起，《最高人民法院关于审理涉及计算机网络著作权纠纷案件适用法律若干问题的解释》（法释〔2006〕11号）同时废止。

本规定施行之后尚未终审的侵害信息网络传播权民事纠纷案件，适用本规定。本规定施行前已经终审，当事人申请再审或者按照审判监督程序决定再审的，不适用本规定。

《关于审理涉及计算机网络域名民事纠纷案件适用法律若干问题的解释》

为了正确审理涉及计算机网络域名注册、使用等行为的民事纠纷案件（以下简称域名纠纷案件），根据《中华人民共和国民法典》《中华人民共和国反不正当竞争法》和《中华人民共和国民事诉讼法》（以下简称民事诉讼法）等法律的规定，作如下解释：

第一条 对于涉及计算机网络域名注册、使用等行为的民事纠纷，当事人向人民法院提起诉讼，经审查符合民事诉讼法第一百一十九条规定的，人民法院应当受理。

第二条 涉及域名的侵权纠纷案件，由侵权行为地或者被告住所地的中级人民法院管辖。对难以确定侵权行为地和被告住所地的，原告发现该域名的计算机终端等设备所在地可以视为侵权行为地。

涉外域名纠纷案件包括当事人一方或者双方是外国人、无国籍人、外国企业或组织、国际组织，或者域名注册地在外国的域名纠纷案件。在中华人民共和国领域内发生的涉外域名纠纷案件，依照民事诉讼法第四编的规定确定管辖。

第三条 域名纠纷案件的案由，根据双方当事人争议的法律关系的性质确定，并在其前冠以计算机网络域名；争议的法律关系的性质难以确定的，可以通称为计算机网络域名纠纷案件。

第四条 人民法院审理域名纠纷案件，对符合以下各项条件的，应当认定被告注册、使用域名等行为构成侵权或者不正当竞争：

（一）原告请求保护的民事权益合法有效；

（二）被告域名或其主要部分构成对原告驰名商标的复制、模仿、翻译或音译；或者与原告的注册商标、域名等相同或近似，足以造成相关公众的误认；

（三）被告对该域名或其主要部分

不享有权益，也无注册、使用该域名的正当埋由；

（四）被告对该域名的注册、使用具有恶意。

第五条　被告的行为被证明具有下列情形之一的，人民法院应当认定其具有恶意：

（一）为商业目的将他人驰名商标注册为域名的；

（二）为商业目的注册、使用与原告的注册商标、域名等相同或近似的域名，故意造成与原告提供的产品、服务或者原告网站的混淆，误导网络用户访问其网站或其他在线站点的；

（三）曾要约高价出售、出租或者以其他方式转让该域名获取不正当利益的；

（四）注册域名后自己并不使用也未准备使用，而有意阻止权利人注册该域名的；

（五）具有其他恶意情形的。

被告举证证明在纠纷发生前其所持有的域名已经获得一定的知名度，且能与原告的注册商标、域名等相区别，或者具有其他情形足以证明其不具有恶意的，人民法院可以不认定被告具有恶意。

第六条　人民法院审理域名纠纷案件，根据当事人的请求以及案件的具体情况，可以对涉及的注册商标是否驰名依法作出认定。

第七条　人民法院认定域名注册、使用等行为构成侵权或者不正当竞争的，可以判令被告停止侵权、注销域名，或者依原告的请求判令由原告注册使用该域名；给权利人造成实际损害的，可以判令被告赔偿损失。

侵权人故意侵权且情节严重，原告有权向人民法院请求惩罚性赔偿。

权威案例

◎ 典型案例

小米科技有限责任公司诉网络侵权责任纠纷案行为保全裁定【人民法院依法保护民营企业产权和企业家权益典型案例（2023年7月31日）】

典型意义：民营经济是推进中国式现代化的生力军，具有科技创新能力的民营企业是转变发展方式、调整产业结构、转换增长动力的重要力量，民营企业家特别是具有示范作用的民营企业家对于企业的发展至关重要。本案中，小米公司是高科技领域知名民营企业，对小米公司和其创始人、法定代表人雷军的贬损性言论不仅影响小米公司正常生产经营活动，还影响民营经济科技创新的舆论环境。相较于传统媒体，网络自媒体传播速度更快、受众人群更广，其针对企业及企业创始人发布的言论对于企业经营发展影响更大，可能使得民营企业迅速因负面评价而处于劣势地位，从而丧失投资、交易等方面公平竞争的机会，甚至影响民营经济健康发展、创新创业的舆论环境。法院认定针对企业及其创始人所发布的言论构成较高侵权可能性时，依法及时适用诉讼保全制度，强调网络自媒体在对企业经营进行舆论监督时应诚信客观发声，限制贬损性言论的发酵和损害后果的扩大，严格禁止故意误导公众认知、刻意吸引眼球的极端言论，减轻和消除影响，切实对民营企业和民营企业家名誉权提供司法保护。

第一千一百九十五条

【"通知与取下"制度：被侵权人对网络服务提供者的必要措施请求权；网络服务提供者未采取必要措施的侵权责任；错误通知造成损害的侵权责任】

网络用户利用网络服务实施侵权行为的，权利人有权通知网络服务提供者采取删除、屏蔽、断开链接等必要措施。通知应当包括构成侵权的初步证据及权利人的真实身份信息。

网络服务提供者接到通知后，应当及时将该通知转送相关网络用户，并根据构成侵权的初步证据和服务类型采取必要措施；未及时采取必要措施的，对损害

的扩大部分与该网络用户承担连带责任。

权利人因错误通知造成网络用户或者网络服务提供者损害的，应当承担侵权责任。法律另有规定的，依照其规定。

关联法规

◎ **法律**

《网络安全法》

第四十七条　网络运营者应当加强对其用户发布的信息的管理，发现法律、行政法规禁止发布或者传输的信息的，应当立即停止传输该信息，采取消除等处置措施，防止信息扩散，保存有关记录，并向有关主管部门报告。

第四十八条　任何个人和组织发送的电子信息、提供的应用软件，不得设置恶意程序，不得含有法律、行政法规禁止发布或者传输的信息。

电子信息发送服务提供者和应用软件下载服务提供者，应当履行安全管理义务，知道其用户有前款规定行为的，应当停止提供服务，采取消除等处置措施，保存有关记录，并向有关主管部门报告。

第六十四条　网络运营者、网络产品或者服务的提供者违反本法第二十二

条第三款、第四十一条至第四十三条规定，侵害个人信息依法得到保护的权利的，由有关主管部门责令改正，可以根据情节单处或者并处警告、没收违法所得、处违法所得一倍以上十倍以下罚款，没有违法所得的，处一百万元以下罚款，对直接负责的主管人员和其他直接责任人员处一万元以上十万元以下罚款；情节严重的，并可以责令暂停相关业务、停业整顿、关闭网站、吊销相关业务许可证或者吊销营业执照。

违反本法第四十四条规定，窃取或者以其他非法方式获取、非法出售或者非法向他人提供个人信息，尚不构成犯罪的，由公安机关没收违法所得，并处违法所得一倍以上十倍以下罚款，没有违法所得的，处一百万元以下罚款。

第六十八条　网络运营者违反本法第四十七条规定，对法律、行政法规禁止发布或者传输的信息未停止传输、采取消除等处置措施、保存有关记录的，由有关主管部门责令改正，给予警告，没收违法所得；拒不改正或者情节严重的，处十万元以上五十万元以下罚款，并可以责令暂停相关业务、停业整顿、关闭网站、吊销相关业务许可证或者吊销营业执照，对直接负责的主管人员和其他直接责任人员处一万元以上十万元以下罚款。

电子信息发送服务提供者、应用软件下载服务提供者，不履行本法第四十

八条第二款规定的安全管理义务的，依照前款规定处罚。

第六十九条　网络运营者违反本法规定，有下列行为之一的，由有关主管部门责令改正；拒不改正或者情节严重的，处五万元以上五十万元以下罚款，对直接负责的主管人员和其他直接责任人员，处一万元以上十万元以下罚款：

（一）不按照有关部门的要求对法律、行政法规禁止发布或者传输的信息，采取停止传输、消除等处置措施的；

（二）拒绝、阻碍有关部门依法实施的监督检查的；

（三）拒不向公安机关、国家安全机关提供技术支持和协助的。

第七十四条　违反本法规定，给他人造成损害的，依法承担民事责任。

违反本法规定，构成违反治安管理行为的，依法给予治安管理处罚；构成犯罪的，依法追究刑事责任。

《电子商务法》

第四十二条　知识产权权利人认为其知识产权受到侵害的，有权通知电子商务平台经营者采取删除、屏蔽、断开链接、终止交易和服务等必要措施。通知应当包括构成侵权的初步证据。

电子商务平台经营者接到通知后，应当及时采取必要措施，并将该通知转送平台内经营者；未及时采取必要措施

的，对损害的扩大部分与平台内经营者承担连带责任。

因通知错误造成平台内经营者损害的，依法承担民事责任。恶意发出错误通知，造成平台内经营者损失的，加倍承担赔偿责任。

◎ **行政法规**

《互联网信息服务管理办法》

第十五条　互联网信息服务提供者不得制作、复制、发布、传播含有下列内容的信息：

（一）反对宪法所确定的基本原则的；

（二）危害国家安全，泄露国家秘密，颠覆国家政权，破坏国家统一的；

（三）损害国家荣誉和利益的；

（四）煽动民族仇恨、民族歧视，破坏民族团结的；

（五）破坏国家宗教政策，宣扬邪教和封建迷信的；

（六）散布谣言，扰乱社会秩序，破坏社会稳定的；

（七）散布淫秽、色情、赌博、暴力、凶杀、恐怖或者教唆犯罪的；

（八）侮辱或者诽谤他人，侵害他人合法权益的；

（九）含有法律、行政法规禁止的其他内容的。

第十六条　互联网信息服务提供者发现其网站传输的信息明显属于本办法第十五条所列内容之一的，应当立即停止传输，保存有关记录，并向国家有关机关报告。

第二十三条　违反本办法第十六条规定的义务的，由省、自治区、直辖市电信管理机构责令改正；情节严重的，对经营性互联网信息服务提供者，并由发证机关吊销经营许可证，对非经营性互联网信息服务提供者，并由备案机关责令关闭网站。

◎ **司法解释**

《关于涉网络知识产权侵权纠纷几个法律适用问题的批复》

一、知识产权权利人主张其权利受到侵害并提出保全申请，要求网络服务提供者、电子商务平台经营者迅速采取删除、屏蔽、断开链接等下架措施的，人民法院应当依法审查并作出裁定。

二、网络服务提供者、电子商务平台经营者收到知识产权权利人依法发出的通知后，应当及时将权利人的通知转送相关网络用户、平台内经营者，并根据构成侵权的初步证据和服务类型采取必要措施；未依法采取必要措施，权利人主张网络服务提供者、电子商务平台经营者对损害的扩大部分与网络用户、平台内经营者承担连带责任的，人民法院可以依法予以支持。

三、在依法转送的不存在侵权行为的声明到达知识产权权利人后的合理期限内，网络服务提供者、电子商务平台经营者未收到权利人已经投诉或者提起诉讼通知的，应当及时终止所采取的删除、屏蔽、断开链接等下架措施。因办理公证、认证手续等权利人无法控制的特殊情况导致的延迟，不计入上述期限，但该期限最长不超过20个工作日。

四、因恶意提交声明导致电子商务平台经营者终止必要措施并造成知识产权权利人损害，权利人依照有关法律规定请求相应惩罚性赔偿的，人民法院可以依法予以支持。

五、知识产权权利人发出的通知内容与客观事实不符，但其在诉讼中主张该通知系善意提交并请求免责，且能够举证证明的，人民法院依法审查属实后应当予以支持。

六、本批复作出时尚未终审的案件，适用本批复；本批复作出时已经终审，当事人申请再审或者按照审判监督程序决定再审的案件，不适用本批复。

《关于审理使用人脸识别技术处理个人信息相关民事案件适用法律的规定》

第七条　多个信息处理者处理人脸信息侵害自然人人格权益，该自然人主张多个信息处理者按照过错程度和造成损害结果的大小承担侵权责任的，人民法院依法予以支持；符合民法典第一千一百六十八条、第一千一百六十九条第一款、第一千一百七十条、第一千一百

七十一条等规定的相应情形，该自然人主张多个信息处理者承担连带责任的，人民法院依法予以支持。

信息处理者利用网络服务处理人脸信息侵害自然人人格权益的，适用民法典第一千一百九十五条、第一千一百九十六条、第一千一百九十七条等规定。

◎ **部门规章**

《互联网宗教信息服务管理办法》

第二十二条　从事互联网宗教信息服务，发现违反本办法规定的信息的，应当立即停止传输该信息，采取消除等处置措施，防止信息扩散，保存有关记录，并向有关主管部门报告。

第三十条　互联网宗教信息传播平台注册用户违反本办法规定的，由宗教事务部门会同网信部门、公安机关责令互联网宗教信息传播平台提供者依法依约采取警示整改、限制功能直至关闭账号等处置措施。

《互联网信息服务深度合成管理规定》

第十条　深度合成服务提供者应当加强深度合成内容管理，采取技术或者人工方式对深度合成服务使用者的输入数据和合成结果进行审核。

深度合成服务提供者应当建立健全用于识别违法和不良信息的特征库，完善入库标准、规则和程序，记录并留存相关网络日志。

深度合成服务提供者发现违法和不

良信息的，应当依法采取处置措施，保存有关记录，及时向网信部门和有关主管部门报告；对相关深度合成服务使用者依法依约采取警示、限制功能、暂停服务、关闭账号等处置措施。

第二十二条　深度合成服务提供者和技术支持者违反本规定的，依照有关法律、行政法规的规定处罚；造成严重后果的，依法从重处罚。

构成违反治安管理行为的，由公安机关依法给予治安管理处罚；构成犯罪的，依法追究刑事责任。

◎ **部门规范性文件**

《即时通信工具公众信息服务发展管理暂行规定》

第八条　即时通信工具服务使用者从事公众信息服务活动，应当遵守相关法律法规。

对违反协议约定的即时通信工具服务使用者，即时通信工具服务提供者应当视情节采取警示、限制发布、暂停更新直至关闭账号等措施，并保存有关记录，履行向有关主管部门报告义务。

第九条　对违反本规定的行为，由有关部门依照相关法律法规处理。

《微博客信息服务管理规定》

第十一条　微博客服务提供者应当建立健全辟谣机制，发现微博客服务使用者发布、传播谣言或不实信息，应当主动采取辟谣措施。

第十二条　微博客服务提供者和微博客服务使用者不得利用微博客发布、传播法律法规禁止的信息内容。

微博客服务提供者发现微博客服务使用者发布、传播法律法规禁止的信息内容，应当依法立即停止传输该信息，采取消除等处置措施，保存有关记录，并向有关主管部门报告。

第十七条　微博客服务提供者违反本规定的，由有关部门依照相关法律法规处理。

> **权威案例**

◎ **典型案例**

蔡某明与百某公司侵害名誉权、肖像权、姓名权、隐私权纠纷案——不宜仅以侵权信息的出现即认定网络服务提供者知道侵权事实的存在【最高人民法院公布利用信息网络侵害人身权益典型案例之二（2014年10月9日）】

典型意义：本案涉及网络服务提供者的责任边界问题，在三个方面具有参考意义：一是通知人通知的方式及效果与网络服务提供者公示的方式存在关系，只要通知人满足了网络服务提供者公示的通知方式，网络服务提供者就应当采取必要措施。二审法院认定原告委托的代理人投诉至原告律师函送达之间这一段期间的责任由百度公司承担，即以此为前提。二是判断网络服务提供者是否知道网络用户网络服务侵害他人权益，不能仅以其提供的服务中出现了侵权事实就当然推定其应当"知道"。三是要注意把握对公众人物的监督、表达自由与侵权之间的界限，实现两者之间的平衡，一、二审法院对删除"蔡某明吧"的诉讼请求不予支持，利益衡量妥当。

闫某与北京新某互联信息服务有限公司、北京百某网讯科技有限公司侵犯名誉权、隐私权纠纷案——原告有权通过诉讼方式要求网络服务提供者提供侵权人的相关个人信息【最高人民法院公布利用信息网络侵害人身权益典型案例之七（2014年10月9日）】

典型意义： 网络侵权案件的一大特点就是网络的匿名性，如何确定侵权人的个人身份，常常成为阻碍原告维护自身权利的障碍。但是，互联网公司又负有法定的对网络用户的保密义务，如何处理两者之间的关系？通过诉讼的方式，由人民法院对原告请求网络服务提供者提供网络用户个人信息的要求进行审查后并作出判断，能够较好地实现两者的平衡。

第一千一百九十六条

【"反通知"制度：网络用户提交不存在侵权行为的声明；网络服务提供者终止已采取措施的条件】

网络用户接到转送的通知后，可以向网络服务提供者提交不存在侵权行为的声明。声明应当包括不存在侵权行为的初步证据及网络用户的真实身份信息。

网络服务提供者接到声明后，应当将该声明转送发出通知的权利人，并告知其可以向有关部门投诉或者向人民法院提起诉讼。网络服务提供者在转送声明到达权利人后的合理期限内，未收到权利人已经投诉或者提起诉讼通知的，应当及时终止所采取的措施。

关联法规

◎ **法律**

《网络安全法》

第二十四条 网络运营者为用户办理网络接入、域名注册服务，办理固定电话、移动电话等入网手续，或者为用户提供信息发布、即时通讯等服务，在与用户签订协议或者确认提供服务时，应当要求用户提供真实身份信息。用户不提供真实身份信息的，网络运营者不得为其提供相关服务。

国家实施网络可信身份战略，支持研究开发安全、方便的电子身份认证技术，推动不同电子身份认证之间的互认。

第六十一条　网络运营者违反本法第二十四条第一款规定，未要求用户提供真实身份信息，或者对不提供真实身份信息的用户提供相关服务的，由有关主管部门责令改正；拒不改正或者情节严重的，处五万元以上五十万元以下罚款，并可以由有关主管部门责令暂停相关业务、停业整顿、关闭网站、吊销相关业务许可证或者吊销营业执照，对直接负责的主管人员和其他直接责任人员处一万元以上十万元以下罚款。

《反电信网络诈骗法》

第三十二条　国家支持电信业务经营者、银行业金融机构、非银行支付机构、互联网服务提供者研究开发有关电信网络诈骗反制技术，用于监测识别、动态封堵和处置涉诈异常信息、活动。

国务院公安部门、金融管理部门、电信主管部门和国家网信部门等应当统筹负责本行业领域反制技术措施建设，推进涉电信网络诈骗样本信息数据共享，加强涉诈用户信息交叉核验，建立有关涉诈异常信息、活动的监测识别、动态封堵和处置机制。

依据本法第十一条、第十二条、第十八条、第二十二条和前款规定，对涉诈异常情形采取限制、暂停服务等处置措施的，应当告知处置原因、救济渠道及需要提交的资料等事项，被处置对象

可以向作出决定或者采取措施的部门、单位提出申诉。作出决定的部门、单位应当建立完善申诉渠道，及时受理申诉并核查，核查通过的，应当即时解除有关措施。

《电子商务法》

第四十三条　平台内经营者接到转送的通知后，可以向电子商务平台经营者提交不存在侵权行为的声明。声明应当包括不存在侵权行为的初步证据。

电子商务平台经营者接到声明后，应当将该声明转送发出通知的知识产权权利人，并告知其可以向有关主管部门投诉或者向人民法院起诉。电子商务平台经营者在转送声明到达知识产权权利人后十五日内，未收到权利人已经投诉或者起诉通知的，应当及时终止所采取的措施。

第四十四条　电子商务平台经营者应当及时公示收到的本法第四十二条、第四十三条规定的通知、声明及处理结果。

《关于加强网络信息保护的决定》

六、网络服务提供者为用户办理网站接入服务，办理固定电话、移动电话等入网手续，或者为用户提供信息发布服务，应当在与用户签订协议或者确认提供服务时，要求用户提供真实身份信息。

◎ 司法解释

《关于涉网络知识产权侵权纠纷几个法律适用问题的批复》

一、知识产权权利人主张其权利受到侵害并提出保全申请，要求网络服务提供者、电子商务平台经营者迅速采取删除、屏蔽、断开链接等下架措施的，人民法院应当依法审查并作出裁定。

二、网络服务提供者、电子商务平台经营者收到知识产权权利人依法发出的通知后，应当及时将权利人的通知转送相关网络用户、平台内经营者，并根据构成侵权的初步证据和服务类型采取必要措施；未依法采取必要措施，权利人主张网络服务提供者、电子商务平台经营者对损害的扩大部分与网络用户、平台内经营者承担连带责任的，人民法院可以依法予以支持。

三、在依法转送的不存在侵权行为的声明到达知识产权权利人后的合理期限内，网络服务提供者、电子商务平台经营者未收到权利人已经投诉或者提起诉讼通知的，应当及时终止所采取的删除、屏蔽、断开链接等下架措施。因办理公证、认证手续等权利人无法控制的特殊情况导致的延迟，不计入上述期限，但该期限最长不超过20个工作日。

四、因恶意提交声明导致电子商务平台经营者终止必要措施并造成知识产权权利人损害，权利人依照有关法律规定请求相应惩罚性赔偿的，人民法院可以依法予以支持。

五、知识产权权利人发出的通知内容与客观事实不符，但其在诉讼中主张该通知系善意提交并请求免责，且能够举证证明的，人民法院依法审查属实后应当予以支持。

六、本批复作出时尚未终审的案件，适用本批复；本批复作出时已经终审，当事人申请再审或者按照审判监督程序决定再审的案件，不适用本批复。

《关于审理涉及计算机网络域名民事纠纷案件适用法律若干问题的解释》

为了正确审理涉及计算机网络域名注册、使用等行为的民事纠纷案件（以下简称域名纠纷案件），根据《中华人民共和国民法典》《中华人民共和国反不正当竞争法》和《中华人民共和国民事诉讼法》（以下简称民事诉讼法）等法律的规定，作如下解释：

第一条　对于涉及计算机网络域名注册、使用等行为的民事纠纷，当事人向人民法院提起诉讼，经审查符合民事诉讼法第一百一十九条规定的，人民法院应当受理。

第二条　涉及域名的侵权纠纷案件，由侵权行为地或者被告住所地的中级人民法院管辖。对难以确定侵权行为地和被告住所地的，原告发现该域名的计算机终端等设备所在地可以视为侵权行为地。

涉外域名纠纷案件包括当事人一方或者双方是外国人、无国籍人、外国企业或组织、国际组织，或者域名注册地在外国的域名纠纷案件。在中华人民共和国领域内发生的涉外域名纠纷案件，依照民事诉讼法第四编的规定确定管辖。

第三条　域名纠纷案件的案由，根据双方当事人争议的法律关系的性质确定，并在其前冠以计算机网络域名；争议的法律关系的性质难以确定的，可以通称为计算机网络域名纠纷案件。

第四条　人民法院审理域名纠纷案件，对符合以下各项条件的，应当认定被告注册、使用域名等行为构成侵权或者不正当竞争：

（一）原告请求保护的民事权益合法有效；

（二）被告域名或其主要部分构成对原告驰名商标的复制、模仿、翻译或音译；或者与原告的注册商标、域名等相同或近似，足以造成相关公众的误认；

（三）被告对该域名或其主要部分不享有权益，也无注册、使用该域名的正当理由；

（四）被告对该域名的注册、使用具有恶意。

第五条　被告的行为被证明具有下列情形之一的，人民法院应当认定其具有恶意：

（一）为商业目的将他人驰名商标注册为域名的；

（二）为商业目的注册、使用与原告的注册商标、域名等相同或近似的域名，故意造成与原告提供的产品、服务或者原告网站的混淆，误导网络用户访问其网站或其他在线站点的；

（三）曾要约高价出售、出租或者以其他方式转让该域名获取不正当利益的；

（四）注册域名后自己并不使用也未准备使用，而有意阻止权利人注册该域名的；

（五）具有其他恶意情形的。

被告举证证明在纠纷发生前其所持有的域名已经获得一定的知名度，且能与原告的注册商标、域名等相区别，或者具有其他情形足以证明其不具有恶意的，人民法院可以不认定被告具有恶意。

第六条　人民法院审理域名纠纷案件，根据当事人的请求以及案件的具体情况，可以对涉及的注册商标是否驰名依法作出认定。

第七条　人民法院认定域名注册、使用等行为构成侵权或者不正当竞争的，可以判令被告停止侵权、注销域名，或者依原告的请求判令由原告注册使用该域名；给权利人造成实际损害的，可以判令被告赔偿损失。

侵权人故意侵权且情节严重，原告有权向人民法院请求惩罚性赔偿。

《关于审理使用人脸识别技术处理个人信息相关民事案件适用法律若干问题的规定》

第七条　多个信息处理者处理人脸信息侵害自然人人格权益，该自然人主张多个信息处理者按照过错程度和造成损害结果的大小承担侵权责任的，人民法院依法予以支持；符合民法典第一千一百六十八条、第一千一百六十九条第一款、第一千一百七十条、第一千一百七十一条等规定的相应情形，该自然人主张多个信息处理者承担连带责任的，人民法院依法予以支持。

信息处理者利用网络服务处理人脸信息侵害自然人人格权益的，适用民法典第一千一百九十五条、第一千一百九十六条、第一千一百九十七条等规定。

◎ 部门规范性文件

《网络音视频信息服务管理规定》

第八条　网络音视频信息服务提供者应当依照《中华人民共和国网络安全法》的规定，对用户进行基于组织机构代码、身份证件号码、移动电话号码等方式的真实身份信息认证。用户不提供真实身份信息的，网络音视频信息服务提供者不得为其提供信息发布服务。

> **第一千一百九十七条**　【网络服务提供者与网络用户的连带责任】
>
> 网络服务提供者知道或者应当知道网络用户利用其网络服务侵害他人民事权益，未采取必要措施的，与该网络用户承担连带责任。

关联法规

◎ 法律

《反电信网络诈骗法》

第二十六条　公安机关办理电信网络诈骗案件依法调取证据的，互联网服务提供者应当及时提供技术支持和协助。

互联网服务提供者依照本法规定对有关涉诈信息、活动进行监测时，发现涉诈违法犯罪线索、风险信息的，应当依照国家有关规定，根据涉诈风险类型、程度情况移送公安、金融、电信、网信等部门。有关部门应当建立完善反馈机制，将相关情况及时告知移送单位。

《电子商务法》

第四十五条　电子商务平台经营者知道或者应当知道平台内经营者侵犯知识产权的，应当采取删除、屏蔽、断开链接、终止交易和服务等必要措施；未采取必要措施的，与侵权人承担连带责任。

《关于维护互联网安全的决定》

六、利用互联网实施违法行为，违反社会治安管理，尚不构成犯罪的，由公安机关依照《治安管理处罚法》予以处罚；违反其他法律、行政法规，尚不构成犯罪的，由有关行政管理部门依法给予行政处罚；对直接负责的主管人员和其他直接责任人员，依法给予行政处分或者纪律处分。

利用互联网侵犯他人合法权益，构成民事侵权的，依法承担民事责任。

◎ 司法解释

《关于涉网络知识产权侵权纠纷几个法律适用问题的批复》

一、知识产权权利人主张其权利受到侵害并提出保全申请，要求网络服务提供者、电子商务平台经营者迅速采取删除、屏蔽、断开链接等下架措施的，人民法院应当依法审查并作出裁定。

二、网络服务提供者、电子商务平台经营者收到知识产权权利人依法发出的通知后，应当及时将权利人的通知转送相关网络用户、平台内经营者，并根据构成侵权的初步证据和服务类型采取必要措施；未依法采取必要措施，权利人主张网络服务提供者、电子商务平台经营者对损害的扩大部分与网络用户、

平台内经营者承担连带责任的，人民法院可以依法予以支持。

三、在依法转送的不存在侵权行为的声明到达知识产权权利人后的合理期限内，网络服务提供者、电子商务平台经营者未收到权利人已经投诉或者提起诉讼通知的，应当及时终止所采取的删除、屏蔽、断开链接等下架措施。因办理公证、认证手续等权利人无法控制的特殊情况导致的延迟，不计入上述期限，但该期限最长不超过20个工作日。

四、因恶意提交声明导致电子商务平台经营者终止必要措施并造成知识产权权利人损害，权利人依照有关法律规定请求相应惩罚性赔偿的，人民法院可以依法予以支持。

五、知识产权权利人发出的通知内容与客观事实不符，但其在诉讼中主张该通知系善意提交并请求免责，且能够举证证明的，人民法院依法审查属实后应当予以支持。

六、本批复作出时尚未终审的案件，适用本批复；本批复作出时已经终审，当事人申请再审或者按照审判监督程序决定再审的案件，不适用本批复。

《关于审理利用信息网络侵害人身权益民事纠纷案件适用法律若干问题的规定》

为正确审理利用信息网络侵害人身权益民事纠纷案件，根据《中华人民共

和国民法典》《全国人民代表大会常务委员会关于加强网络信息保护的决定》《中华人民共和国民事诉讼法》等法律的规定，结合审判实践，制定本规定。

第一条　本规定所称的利用信息网络侵害人身权益民事纠纷案件，是指利用信息网络侵害他人姓名权、名称权、名誉权、荣誉权、肖像权、隐私权等人身权益引起的纠纷案件。

第二条　原告依据民法典第一千一百九十五条、第一千一百九十七条的规定起诉网络用户或者网络服务提供者的，人民法院应予受理。

原告仅起诉网络用户，网络用户请求追加涉嫌侵权的网络服务提供者为共同被告或者第三人的，人民法院应予准许。

原告仅起诉网络服务提供者，网络服务提供者请求追加可以确定的网络用户为共同被告或者第三人的，人民法院应予准许。

第三条　原告起诉网络服务提供者，网络服务提供者以涉嫌侵权的信息系网络用户发布为由抗辩的，人民法院可以根据原告的请求及案件的具体情况，责令网络服务提供者向人民法院提供能够确定涉嫌侵权的网络用户的姓名（名称）、联系方式、网络地址等信息。

网络服务提供者无正当理由拒不提供的，人民法院可以依据民事诉讼法第

一百一十四条的规定对网络服务提供者采取处罚等措施。

原告根据网络服务提供者提供的信息请求追加网络用户为被告的，人民法院应予准许。

第四条　人民法院适用民法典第一千一百九十五条第二款的规定，认定网络服务提供者采取的删除、屏蔽、断开链接等必要措施是否及时，应当根据网络服务的类型和性质、有效通知的形式和准确程度、网络信息侵害权益的类型和程度等因素综合判断。

第五条　其发布的信息被采取删除、屏蔽、断开链接等措施的网络用户，主张网络服务提供者承担违约责任或者侵权责任，网络服务提供者以收到民法典第一千一百九十五条第一款规定的有效通知为由抗辩的，人民法院应予支持。

第六条　人民法院依据民法典第一千一百九十七条认定网络服务提供者是否"知道或者应当知道"，应当综合考虑下列因素：

（一）网络服务提供者是否以人工或者自动方式对侵权网络信息以推荐、排名、选择、编辑、整理、修改等方式作出处理；

（二）网络服务提供者应当具备的管理信息的能力，以及所提供服务的性质、方式及其引发侵权的可能性大小；

（三）该网络信息侵害人身权益的

类型及明显程度；

（四）该网络信息的社会影响程度或者一定时间内的浏览量；

（五）网络服务提供者采取预防侵权措施的技术可能性及其是否采取了相应的合理措施；

（六）网络服务提供者是否针对同一网络用户的重复侵权行为或者同一侵权信息采取了相应的合理措施；

（七）与本案相关的其他因素。

第七条 人民法院认定网络用户或者网络服务提供者转载网络信息行为的过错及其程度，应当综合以下因素：

（一）转载主体所承担的与其性质、影响范围相适应的注意义务；

（二）所转载信息侵害他人人身权益的明显程度；

（三）对所转载信息是否作出实质性修改，是否添加或者修改文章标题，导致其与内容严重不符以及误导公众的可能性。

第八条 网络用户或者网络服务提供者采取诽谤、诋毁等手段，损害公众对经营主体的信赖，降低其产品或者服务的社会评价，经营主体请求网络用户或者网络服务提供者承担侵权责任的，人民法院应依法予以支持。

第九条 网络用户或者网络服务提供者，根据国家机关依职权制作的文书和公开实施的职权行为等信息来源所发布的信息，有下列情形之一，侵害他人人身权益，被侵权人请求侵权人承担侵权责任的，人民法院应予支持：

（一）网络用户或者网络服务提供者发布的信息与前述信息来源内容不符；

（二）网络用户或者网络服务提供者以添加侮辱性内容、诽谤性信息、不当标题或者通过增删信息、调整结构、改变顺序等方式致人误解；

（三）前述信息来源已被公开更正，但网络用户拒绝更正或者网络服务提供者不予更正；

（四）前述信息来源已被公开更正，网络用户或者网络服务提供者仍然发布更正之前的信息。

第十条 被侵权人与构成侵权的网络用户或者网络服务提供者达成一方支付报酬，另一方提供删除、屏蔽、断开链接等服务的协议，人民法院应认定为无效。

擅自篡改、删除、屏蔽特定网络信息或者以断开链接的方式阻止他人获取网络信息，发布该信息的网络用户或者网络服务提供者请求侵权人承担侵权责任的，人民法院应予支持。接受他人委托实施该行为的，委托人与受托人承担连带责任。

第十一条 网络用户或者网络服务提供者侵害他人人身权益，造成财产损失或者严重精神损害，被侵权人依据民法典第一千一百八十二条和第一千一百八十三条的规定，请求其承担赔偿责任的，人民法院应予支持。

第十二条　被侵权人为制止侵权行为所支付的合理开支，可以认定为民法典第一千一百八十二条规定的财产损失。合理开支包括被侵权人或者委托代理人对侵权行为进行调查、取证的合理费用。人民法院根据当事人的请求和具体案情，可以将符合国家有关部门规定的律师费用计算在赔偿范围内。

被侵权人因人身权益受侵害造成的财产损失以及侵权人因此获得的利益难以确定的，人民法院可以根据具体案情在 50 万元以下的范围内确定赔偿数额。

第十三条　本规定施行后人民法院正在审理的一审、二审案件适用本规定。

本规定施行前已经终审，本规定施行后当事人申请再审或者按照审判监督程序决定再审的案件，不适用本规定。

《关于审理侵害信息网络传播权民事纠纷案件适用法律若干问题的规定》

为正确审理侵害信息网络传播权民事纠纷案件，依法保护信息网络传播权，促进信息网络产业健康发展，维护公共利益，根据《中华人民共和国民法典》《中华人民共和国著作权法》《中华人民共和国民事诉讼法》等有关法律规定，结合审判实际，制定本规定。

第一条　人民法院审理侵害信息网络传播权民事纠纷案件，在依法行使裁量权时，应当兼顾权利人、网络服务提供者和社会公众的利益。

第二条　本规定所称信息网络，包括以计算机、电视机、固定电话机、移动电话机等电子设备为终端的计算机互联网、广播电视网、固定通信网、移动通信网等信息网络，以及向公众开放的局域网络。

第三条　网络用户、网络服务提供者未经许可，通过信息网络提供权利人享有信息网络传播权的作品、表演、录音录像制品，除法律、行政法规另有规定外，人民法院应当认定其构成侵害信息网络传播权行为。

通过上传到网络服务器、设置共享文件或者利用文件分享软件等方式，将作品、表演、录音录像制品置于信息网络中，使公众能够在个人选定的时间和地点以下载、浏览或者其他方式获得的，人民法院应当认定其实施了前款规定的提供行为。

第四条　有证据证明网络服务提供者与他人以分工合作等方式共同提供作品、表演、录音录像制品，构成共同侵权行为的，人民法院应当判令其承担连带责任。网络服务提供者能够证明其仅提供自动接入、自动传输、信息存储空间、搜索、链接、文件分享技术等网络服务，主张其不构成共同侵权行为的，人民法院应予支持。

第五条　网络服务提供者以提供网页快照、缩略图等方式实质替代其他网络服务提供者向公众提供相关作品的，人民法院应当认定其构成提供行为。

前款规定的提供行为不影响相关作品的正常使用，且未不合理损害权利人对该作品的合法权益，网络服务提供者主张其未侵害信息网络传播权的，人民法院应予支持。

第六条　原告有初步证据证明网络服务提供者提供了相关作品、表演、录音录像制品，但网络服务提供者能够证明其仅提供网络服务，且无过错的，人民法院不应认定为构成侵权。

第七条　网络服务提供者在提供网络服务时教唆或者帮助网络用户实施侵害信息网络传播权行为的，人民法院应当判令其承担侵权责任。

网络服务提供者以言语、推介技术支持、奖励积分等方式诱导、鼓励网络用户实施侵害信息网络传播权行为的，人民法院应当认定其构成教唆侵权行为。

网络服务提供者明知或者应知网络用户利用网络服务侵害信息网络传播权，未采取删除、屏蔽、断开链接等必要措施，或者提供技术支持等帮助行为的，人民法院应当认定其构成帮助侵权行为。

第八条　人民法院应当根据网络服务提供者的过错，确定其是否承担教唆、帮助侵权责任。网络服务提供者的过错包括对于网络用户侵害信息网络传播权行为的明知或者应知。

网络服务提供者未对网络用户侵害信息网络传播权的行为主动进行审查的，人民法院不应据此认定其具有过错。

网络服务提供者能够证明已采取合理、有效的技术措施，仍难以发现网络用户侵害信息网络传播权行为的，人民法院应当认定其不具有过错。

第九条　人民法院应当根据网络用户侵害信息网络传播权的具体事实是否明显，综合考虑以下因素，认定网络服务提供者是否构成应知：

（一）基于网络服务提供者提供服务的性质、方式及其引发侵权的可能性大小，应当具备的管理信息的能力；

（二）传播的作品、表演、录音录像制品的类型、知名度及侵权信息的明显程度；

（三）网络服务提供者是否主动对作品、表演、录音录像制品进行了选择、编辑、修改、推荐等；

（四）网络服务提供者是否积极采取了预防侵权的合理措施；

（五）网络服务提供者是否设置便捷程序接收侵权通知并及时对侵权通知作出合理的反应；

（六）网络服务提供者是否针对同一网络用户的重复侵权行为采取了相应的合理措施；

（七）其他相关因素。

第十条　网络服务提供者在提供网络服务时，对热播影视作品等以设置榜单、目录、索引、描述性段落、内容简介等方式进行推荐，且公众可以在其网页上直接以下载、浏览或者其他方式获得的，人民法院可以认定其应知网络用户侵害信息网络传播权。

第十一条　网络服务提供者从网络用户提供的作品、表演、录音录像制品中直接获得经济利益的，人民法院应当认定其对该网络用户侵害信息网络传播权的行为负有较高的注意义务。

网络服务提供者针对特定作品、表演、录音录像制品投放广告获取收益，或者获取与其传播的作品、表演、录音录像制品存在其他特定联系的经济利益，应当认定为前款规定的直接获得经济利益。网络服务提供者因提供网络服务而收取一般性广告费、服务费等，不属于本款规定的情形。

第十二条　有下列情形之一的，人民法院可以根据案件具体情况，认定提供信息存储空间服务的网络服务提供者应知网络用户侵害信息网络传播权：

（一）将热播影视作品等置于首页或者其他主要页面等能够为网络服务提供者明显感知的位置的；

（二）对热播影视作品等的主题、内容主动进行选择、编辑、整理、推荐，或者为其设立专门的排行榜的；

（三）其他可以明显感知相关作品、表演、录音录像制品为未经许可提供，仍未采取合理措施的情形。

第十三条　网络服务提供者接到权利人以书信、传真、电子邮件等方式提交的通知及构成侵权的初步证据，未及时根据初步证据和服务类型采取必要措施的，人民法院应当认定其明知相关侵害信息网络传播权行为。

第十四条　人民法院认定网络服务提供者转送通知、采取必要措施是否及时，应当根据权利人提交通知的形式，通知的准确程度，采取措施的难易程度，网络服务的性质，所涉作品、表演、录音录像制品的类型、知名度、数量等因素综合判断。

第十五条　侵害信息网络传播权民事纠纷案件由侵权行为地或者被告住所地人民法院管辖。侵权行为地包括实施被诉侵权行为的网络服务器、计算机终端等设备所在地。侵权行为地和被告住所地均难以确定或者在境外的，原告发现侵权内容的计算机终端等设备所在地可以视为侵权行为地。

第十六条　本规定施行之日起，《最高人民法院关于审理涉及计算机网络著作权纠纷案件适用法律若干问题的解释》（法释〔2006〕11号）同时废止。

本规定施行之后尚未终审的侵害信

息网络传播权民事纠纷案件，适用本规定。本规定施行前已经终审，当事人申请再审或者按照审判监督程序决定再审的，不适用本规定。

《关于审理涉及计算机网络域名民事纠纷案件适用法律若干问题的解释》

为了正确审理涉及计算机网络域名注册、使用等行为的民事纠纷案件（以下简称域名纠纷案件），根据《中华人民共和国民法典》《中华人民共和国反不正当竞争法》和《中华人民共和国民事诉讼法》（以下简称民事诉讼法）等法律的规定，作如下解释：

第一条 对于涉及计算机网络域名注册、使用等行为的民事纠纷，当事人向人民法院提起诉讼，经审查符合民事诉讼法第一百一十九条规定的，人民法院应当受理。

第二条 涉及域名的侵权纠纷案件，由侵权行为地或者被告住所地的中级人民法院管辖。对难以确定侵权行为地和被告住所地的，原告发现该域名的计算机终端等设备所在地可以视为侵权行为地。

涉外域名纠纷案件包括当事人一方或者双方是外国人、无国籍人、外国企业或组织、国际组织，或者域名注册地在外国的域名纠纷案件。在中华人民共和国领域内发生的涉外域名纠纷案件，依照民事诉讼法第四编的规定确定管辖。

第三条 域名纠纷案件的案由，根据双方当事人争议的法律关系的性质确定，并在其前冠以计算机网络域名；争议的法律关系的性质难以确定的，可以通称为计算机网络域名纠纷案件。

第四条 人民法院审理域名纠纷案件，对符合以下各项条件的，应当认定被告注册、使用域名等行为构成侵权或者不正当竞争：

（一）原告请求保护的民事权益合法有效；

（二）被告域名或其主要部分构成对原告驰名商标的复制、模仿、翻译或音译；或者与原告的注册商标、域名等相同或近似，足以造成相关公众的误认；

（三）被告对该域名或其主要部分不享有权益，也无注册、使用该域名的正当理由；

（四）被告对该域名的注册、使用具有恶意。

第五条 被告的行为被证明具有下列情形之一的，人民法院应当认定其具有恶意：

（一）为商业目的将他人驰名商标注册为域名的；

（二）为商业目的注册、使用与原告的注册商标、域名等相同或近似的域名，故意造成与原告提供的产品、服务或者原告网站的混淆，误导网络用户访问其网站或其他在线站点的；

（三）曾要约高价出售、出租或者以其他方式转让该域名获取不正当利益的；

（四）注册域名后自己并不使用也未准备使用，而有意阻止权利人注册该域名的；

（五）具有其他恶意情形的。

被告举证证明在纠纷发生前其所持有的域名已经获得一定的知名度，且能与原告的注册商标、域名等相区别，或者具有其他情形足以证明其不具有恶意的，人民法院可以不认定被告具有恶意。

第六条　人民法院审理域名纠纷案件，根据当事人的请求以及案件的具体情况，可以对涉及的注册商标是否驰名依法作出认定。

第七条　人民法院认定域名注册、使用等行为构成侵权或者不正当竞争的，可以判令被告停止侵权、注销域名，或者依原告的请求判令由原告注册使用该域名；给权利人造成实际损害的，可以判令被告赔偿损失。

侵权人故意侵权且情节严重，原告有权向人民法院请求惩罚性赔偿。

《关于审理使用人脸识别技术处理个人信息相关民事案件适用法律的规定》

第七条　多个信息处理者处理人脸信息侵害自然人人格权益，该自然人主张多个信息处理者按照过错程度和造成损害结果的大小承担侵权责任的，人民法院依法予以支持；符合民法典第一千一百六十八条、第一千一百六十九条第一款、第一千一百七十条、第一千一百七十一条等规定的相应情形，该自然人主张多个信息处理者承担连带责任的，人民法院依法予以支持。

信息处理者利用网络服务处理人脸信息侵害自然人人格权益的，适用民法典第一千一百九十五条、第一千一百九十六条、第一千一百九十七条等规定。

《关于适用〈中华人民共和国民事诉讼法〉的解释》

第二十五条　信息网络侵权行为实施地包括实施被诉侵权行为的计算机等信息设备所在地，侵权结果发生地包括被侵权人住所地。

◎ **部门规章**

《互联网用户账号信息管理规定》

第十七条　互联网信息服务提供者发现互联网用户注册、使用账号信息违反法律、行政法规和本规定的，应当依法依约采取警示提醒、限期改正、限制账号功能、暂停使用、关闭账号、禁止重新注册等处置措施，保存有关记录，并及时向网信等有关主管部门报告。

第十九条　互联网信息服务提供者应当在显著位置设置便捷的投诉举报入口，公布投诉举报方式，健全受理、甄别、处置、反馈等机制，明确处理流程和反馈时限，及时处理用户和公众投诉举报。

第六章　医疗损害责任

第一千二百二十六条　【违反患者隐私权和个人信息保密义务的医疗机构责任】

医疗机构及其医务人员应当对患者的隐私和个人信息保密。泄露患者的隐私和个人信息，或者未经患者同意公开其病历资料的，应当承担侵权责任。

关联法规

◎ 法律

《个人信息保护法》

第五条　处理个人信息应当遵循合法、正当、必要和诚信原则，不得通过误导、欺诈、胁迫等方式处理个人信息。

第七条　处理个人信息应当遵循公开、透明原则，公开个人信息处理规则，明示处理的目的、方式和范围。

第八条　处理个人信息应当保证个人信息的质量，避免因个人信息不准确、不完整对个人权益造成不利影响。

第九条　个人信息处理者应当对其个人信息处理活动负责，并采取必要措施保障所处理的个人信息的安全。

◎ 司法解释

《关于确定民事侵权精神损害赔偿责任若干问题的解释》

第一条　因人身权益或者具有人身意义的特定物受到侵害，自然人或者其近亲属向人民法院提起诉讼请求精神损害赔偿的，人民法院应当依法予以受理。

权威案例

◎ 典型案例

江苏省滨海县人民检察院诉王某红侵犯孕产妇生育信息刑事附带民事公益诉讼案【妇女权益保障检察公益诉讼典型案例之五（2022年11月23日）】

孕产妇生育信息属于个人健康生理信息，是《中华人民共和国民法典》保护的有重要价值的公民个人信息。生育信息数据庞大，一旦泄露易引发针对妇女的电信诈骗、定向促销、人身骚扰等多种关联违法犯罪活动，给相关家庭人身和财产安全构成重大威胁。本案中，检察机关在通过刑事检察从严惩治侵害公民个人信息犯罪行为的同时，通过提起刑事附带民事公益诉讼、制发检察建议等方式推动相关行业领域整治，设立公益损害赔偿金专用账户，构建多部门协作配合机制，共同维护孕产妇生育信息安全。

第八篇　网信工作电子商务规范与案例

　　编者按：第八篇《网信工作电子商务规范与案例》以《电子商务法》为主干，将网络安全与数字经济领域的相关法律法规分类纳入到每个对应条文中，形成关联法规体系。在此基础上，再将收集到的最高人民法院、最高人民检察院发布的网络安全与数字经济领域指导性案例、公报案例和典型案例等权威案例分类纳入到最为相关的条文中。

《电子商务法》

第一章　总　　则

第一条　【立法目的】

为了保障电子商务各方主体的合法权益，规范电子商务行为，维护市场秩序，促进电子商务持续健康发展，制定本法。

关联法规

◎ 法律

《民法典》

第一条　为了保护民事主体的合法权益，调整民事关系，维护社会和经济秩序，适应中国特色社会主义发展要求，弘扬社会主义核心价值观，根据宪法，制定本法。

《网络安全法》

第一条　为了保障网络安全，维护网络空间主权和国家安全、社会公共利益，保护公民、法人和其他组织的合法权益，促进经济社会信息化健康发展，制定本法。

《反电信网络诈骗法》

第一条　为了预防、遏制和惩治电信网络诈骗活动，加强反电信网络诈骗工作，保护公民和组织的合法权益，维护社会稳定和国家安全，根据宪法，制定本法。

《数据安全法》

第一条　为了规范数据处理活动，保障数据安全，促进数据开发利用，保护个人、组织的合法权益，维护国家主权、安全和发展利益，制定本法。

《个人信息保护法》

第一条　为了保护个人信息权益，规范个人信息处理活动，促进个人信息合理利用，根据宪法，制定本法。

《银行业监督管理法》

第一条　为了加强对银行业的监督管理，规范监督管理行为，防范和化解银行业风险，保护存款人和其他客户的合法权益，促进银行业健康发展，制定本法。

《关于维护互联网安全的决定》

我国的互联网，在国家大力倡导和积极推动下，在经济建设和各项事业中得到日益广泛的应用，使人们的生产、工作、学习和生活方式已经开始并将继续发生深刻的变化，对于加快我国国民经济、科学技术的发展和社会服务信息化进程具有重要作用。同时，如何保障互联网的运行安全和信息安全问题已经引起全社会的普遍关注。为了兴利除弊，促进我国互联网的健康发展，维护国家安全和社会公共利益，保护个人、法人和其他组织的合法权益，特作如下决定：

……

《居民身份证法》

第一条　为了证明居住在中华人民共和国境内的公民的身份，保障公民的合法权益，便利公民进行社会活动，维护社会秩序，制定本法。

《消费者权益保护法》

第一条　为保护消费者的合法权益，维护社会经济秩序，促进社会主义市场经济健康发展，制定本法。

《邮政法》

第一条　为了保障邮政普遍服务，加强对邮政市场的监督管理，维护邮政通信与信息安全，保护通信自由和通信秘密，保护用户合法权益，促进邮政业健康发展，适应经济社会发展和人民生活需要，制定本法。

《电子签名法》

第一条　为了规范电子签名行为，确立电子签名的法律效力，维护有关各方的合法权益，制定本法。

《密码法》

第一条　为了规范密码应用和管理，促进密码事业发展，保障网络与信息安全，维护国家安全和社会公共利益，保护公民、法人和其他组织的合法权益，制定本法。

◎ 行政法规

《化妆品监督管理条例》

第一条　为了规范化妆品生产经营活动，加强化妆品监督管理，保证化妆品质量安全，保障消费者健康，促进化妆品产业健康发展，制定本条例。

《互联网上网服务营业场所管理条例》

第一条　为了加强对互联网上网服务营业场所的管理，规范经营者的经营行为，维护公众和经营者的合法权益，保障互联网上网服务经营活动健康发展，促进社会主义精神文明建设，制定本条例。

◎ 司法解释

《关于审理涉电子商务平台知识产权民事案件的指导意见》

为公正审理涉电子商务平台知识产权民事案件，依法保护电子商务领域各方主体的合法权益，促进电子商务平台经营活动规范、有序、健康发展，结合知识产权审判实际，制定本指导意见。

《关于审理网络消费纠纷案件适用法律的规定（一）》

为正确审理网络消费纠纷案件，依法保护消费者合法权益，促进网络经济健康持续发展，根据《中华人民共和国民法典》《中华人民共和国消费者权益保护法》《中华人民共和国电子商务法》《中华人民共和国民事诉讼法》等法律规定，结合审判实践，制定本规定。

◎ 部门规章

《互联网著作权行政保护办法》

　　第一条　为了加强互联网信息服务活动中信息网络传播权的行政保护，规范行政执法行为，根据《中华人民共和国著作权法》及有关法律、行政法规，制定本办法。

《互联网安全保护技术措施规定》

　　第一条　为加强和规范互联网安全技术防范工作，保障互联网网络安全和信息安全，促进互联网健康、有序发展，维护国家安全、社会秩序和公共利益，根据《计算机信息网络国际联网安全保护管理办法》，制定本规定。

《电子银行业务管理办法》

　　第一条　为加强电子银行业务的风险管理，保障客户及银行的合法权益，促进电子银行业务的健康有序发展，根据《中华人民共和国银行业监督管理法》、《中华人民共和国商业银行法》和《中华人民共和国外资金融机构管理条例》等法律法规，制定本办法。

《电信和互联网用户个人信息保护规定》

　　第一条　为了保护电信和互联网用户的合法权益，维护网络信息安全，根据《全国人民代表大会常务委员会关于加强网络信息保护的决定》、《中华人民共和国电信条例》和《互联网信息服务管理办法》等法律、行政法规，制定本规定。

《网络零售第三方平台交易规则制定程序规定（试行）》

　　第一条　为了促进网络零售的健康发展，保护依托第三方平台网络零售活动中各主体的合法权益，维护公共利益，加强公共信息服务，根据有关法律法规，制定本规定。

《儿童个人信息网络保护规定》

　　第一条　为了保护儿童个人信息安全，促进儿童健康成长，根据《中华人民共和国网络安全法》《中华人民共和国未成年人保护法》等法律法规，制定本规定。

《非金融机构支付服务管理办法》

　　第一条　为促进支付服务市场健康发展，规范非金融机构支付服务行为，防范支付风险，保护当事人的合法权益，根据《中华人民共和国中国人民银行法》等法律法规，制定本办法。

《网络交易监督管理办法》

　　第一条　为了规范网络交易活动，维护网络交易秩序，保障网络交易各方主体合法权益，促进数字经济持续健康发展，根据有关法律、行政法规，制定本办法。

《互联网信息服务算法推荐管理规定》

第一条 为了规范互联网信息服务算法推荐活动，弘扬社会主义核心价值观，维护国家安全和社会公共利益，保护公民、法人和其他组织的合法权益，促进互联网信息服务健康有序发展，根据《中华人民共和国网络安全法》、《中华人民共和国数据安全法》、《中华人民共和国个人信息保护法》、《互联网信息服务管理办法》等法律、行政法规，制定本规定。

《互联网用户账号信息管理规定》

第一条 为了加强对互联网用户账号信息的管理，弘扬社会主义核心价值观，维护国家安全和社会公共利益，保护公民、法人和其他组织的合法权益，根据《中华人民共和国网络安全法》、《中华人民共和国个人信息保护法》、《互联网信息服务管理办法》等法律、行政法规，制定本规定。

《互联网广告管理办法》

为了规范互联网广告活动，保护消费者的合法权益，促进互联网广告业健康发展，维护公平竞争的市场经济秩序，根据《中华人民共和国广告法》（以下简称广告法）《中华人民共和国电子商务法》（以下简称电子商务法）等法律、行政法规，制定本办法。

《网信部门行政执法程序规定》

第一条 为了规范和保障网信部门依法履行职责，保护公民、法人和其他组织的合法权益，维护国家安全和公共利益，根据《中华人民共和国行政处罚法》、《中华人民共和国行政强制法》、《中华人民共和国网络安全法》、《中华人民共和国数据安全法》、《中华人民共和国个人信息保护法》等法律、行政法规，制定本规定。

◎ 部门规范性文件

《电子支付指引（第一号）》

第一条 为规范和引导电子支付的健康发展，保障当事人的合法权益，防范支付风险，确保银行和客户资金的安全，制定本指引。

《网络交易平台经营者履行社会责任指引》

第一条 为规范网络商品交易及有关服务行为，引导网络交易平台经营者积极履行社会责任，保护消费者和经营者的合法权益，促进网络经济持续健康发展，依据《消费者权益保护法》、《产品质量法》、《反不正当竞争法》、《合同法》、《商标法》、《广告法》、《侵权责任法》、《网络交易管理办法》等法律法规和规章，制定本指引。

《互联网信息搜索服务管理规定》

第一条 为规范互联网信息搜索服务，促进互联网信息搜索行业健康有序发展，保护公民、法人和其他组织的合法权益，维护国家安全和公共利益，根据《全国人民代表大会常务委员会关于加强网络信息保护的决定》和《国务院关于授权国家互联网信息办公室负责互联网信息内容管理工作的通知》，制定本规定。

《中国银保监会关于印发监管数据安全管理办法（试行）》

第一条　为规范银保监会监管数据安全管理工作，提高监管数据安全保护能力，防范监管数据安全风险，依据《中华人民共和国网络安全法》《中华人民共和国银行业监督管理法》《中华人民共和国保险法》《工作秘密管理暂行办法》等法律法规及有关规定，制定本办法。

《常见类型移动互联网应用程序必要个人信息范围规定》

第一条　为了规范移动互联网应用程序（App）收集个人信息行为，保障公民个人信息安全，根据《中华人民共和国网络安全法》，制定本规定。

《网络产品安全漏洞管理规定》

第一条　为了规范网络产品安全漏洞发现、报告、修补和发布等行为，防范网络安全风险，根据《中华人民共和国网络安全法》，制定本规定。

《移动互联网应用程序信息服务管理规定》

第一条　为了规范移动互联网应用程序（以下简称应用程序）信息服务，保护公民、法人和其他组织的合法权益，维护国家安全和公共利益，根据《中华人民共和国网络安全法》、《中华人民共和国数据安全法》、《中华人民共和国个人信息保护法》、《中华人民共和国未成年人保护法》、《互联网信息服务管理办法》、《互联网新闻信息服务管理规定》、《网络信息内容生态治理规定》等法律、行政法规和国家有关规定，制定本规定。

《互联网弹窗信息推送服务管理规定》

第一条　为了规范互联网弹窗信息推送服务，维护国家安全和公共利益，保护公民、法人和其他组织的合法权益，促进行业健康有序发展，根据《中华人民共和国网络安全法》、《中华人民共和国未成年人保护法》、《中华人民共和国广告法》、《互联网信息服务管理办法》、《互联网新闻信息服务管理规定》、《网络信息内容生态治理规定》等法律法规，制定本规定。

第二条　【适用范围】

中华人民共和国境内的电子商务活动，适用本法。

本法所称电子商务，是指通过互联网等信息网络销售商品或者提供服务的经营活动。

法律、行政法规对销售商品或者提供服务有规定的，适用其规定。金融类产品和服务，利用信息网络提供新闻信息、音视频节目、出版以及文化产品等内容方面的服务，不适用本法。

关联法规

◎ **法律**

《民法典》

第二条　民法调整平等主体的自然人、法人和非法人组织之间的人身关系和财产关系。

《刑法》

第六条　凡在中华人民共和国领域内犯罪的，除法律有特别规定的以外，都适用本法。

凡在中华人民共和国船舶或者航空器内犯罪的，也适用本法。

犯罪的行为或者结果有一项发生在中华人民共和国领域内的，就认为是在中华人民共和国领域内犯罪。

第七条　中华人民共和国公民在中华人民共和国领域外犯本法规定之罪的，适用本法，但是按本法规定的最高刑为三年以下有期徒刑的，可以不予追究。

中华人民共和国国家工作人员和军人在中华人民共和国领域外犯本法规定之罪的，适用本法。

第八条　外国人在中华人民共和国领域外对中华人民共和国国家或者公民犯罪，而按本法规定的最低刑为三年以上有期徒刑的，可以适用本法，但是按照犯罪地的法律不受处罚的除外。

第九条　对于中华人民共和国缔结或者参加的国际条约所规定的罪行，中华人民共和国在所承担条约义务的范围内行使刑事管辖权的，适用本法。

《网络安全法》

第二条　在中华人民共和国境内建设、运营、维护和使用网络，以及网络安全的监督管理，适用本法。

《反电信网络诈骗法》

第三条　打击治理在中华人民共和国境内实施的电信网络诈骗活动或者中华人民共和国公民在境外实施的电信网络诈骗活动，适用本法。

境外的组织、个人针对中华人民共和国境内实施电信网络诈骗活动的，或者为他人针对境内实施电信网络诈骗活动提供产品、服务等帮助的，依照本法有关规定处理和追究责任。

《数据安全法》

第二条　在中华人民共和国境内开

展数据处理活动及其安全监管，适用本法。

在中华人民共和国境外开展数据处理活动，损害中华人民共和国国家安全、公共利益或者公民、组织合法权益的，依法追究法律责任。

《个人信息保护法》

第三条　在中华人民共和国境内处理自然人个人信息的活动，适用本法。

在中华人民共和国境外处理中华人民共和国境内自然人个人信息的活动，有下列情形之一的，也适用本法：

（一）以向境内自然人提供产品或者服务为目的；

（二）分析、评估境内自然人的行为；

（三）法律、行政法规规定的其他情形。

《涉外民事关系法律适用法》

第八条　涉外民事关系的定性，适用法院地法律。

第四十一条　当事人可以协议选择合同适用的法律。当事人没有选择的，适用履行义务最能体现该合同特征的一方当事人经常居所地法律或者其他与该合同有最密切联系的法律。

第四十四条　侵权责任，适用侵权行为地法律，但当事人有共同经常居所地的，适用共同经常居所地法律。侵权行为发生后，当事人协议选择适用法律

的，按照其协议。

《消费者权益保护法》

第二条　消费者为生活消费需要购买、使用商品或者接受服务，其权益受本法保护；本法未作规定的，受其他有关法律、法规保护。

第三条　经营者为消费者提供其生产、销售的商品或者提供服务，应当遵守本法；本法未作规定的，应当遵守其他有关法律、法规。

《邮政法》

第二条　国家保障中华人民共和国境内的邮政普遍服务。

邮政企业按照国家规定承担提供邮政普遍服务的义务。

国务院和地方各级人民政府及其有关部门应当采取措施，支持邮政企业提供邮政普遍服务。

本法所称邮政普遍服务，是指按照国家规定的业务范围、服务标准，以合理的资费标准，为中华人民共和国境内所有用户持续提供的邮政服务。

《电子签名法》

第二条　本法所称电子签名，是指数据电文中以电子形式所含、所附用于识别签名人身份并表明签名人认可其中内容的数据。

本法所称数据电文，是指以电子、光学、磁或者类似手段生成、发送、接收或者储存的信息。

《密码法》

第二条 本法所称密码，是指采用特定变换的方法对信息等进行加密保护、安全认证的技术、产品和服务。

◎ **行政法规**

《计算机信息网络国际联网管理暂行规定》

第二条 中华人民共和国境内的计算机信息网络进行国际联网，应当依照本规定办理。

《互联网信息服务管理办法》

第二条 在中华人民共和国境内从事互联网信息服务活动，必须遵守本办法。

本办法所称互联网信息服务，是指通过互联网向上网用户提供信息的服务活动。

第三条 互联网信息服务分为经营性和非经营性两类。

经营性互联网信息服务，是指通过互联网向上网用户有偿提供信息或者网页制作等服务活动。

非经营性互联网信息服务，是指通过互联网向上网用户无偿提供具有公开性、共享性信息的服务活动。

《计算机信息网络国际联网安全保护管理办法》

第二条 中华人民共和国境内的计算机信息网络国际联网安全保护管理，适用本办法。

《征信业管理条例》

第二条 在中国境内从事征信业务及相关活动，适用本条例。

本条例所称征信业务，是指对企业、事业单位等组织（以下统称企业）的信用信息和个人的信用信息进行采集、整理、保存、加工，并向信息使用者提供的活动。

国家设立的金融信用信息基础数据库进行信息的采集、整理、保存、加工和提供，适用本条例第五章规定。

国家机关以及法律、法规授权的具有管理公共事务职能的组织依照法律、行政法规和国务院的规定，为履行职责进行的企业和个人信息的采集、整理、保存、加工和公布，不适用本条例。

《电信条例》

第二条 在中华人民共和国境内从事电信活动或者与电信有关的活动，必须遵守本条例。

本条例所称电信，是指利用有线、无线的电磁系统或者光电系统，传送、发射或者接收语音、文字、数据、图像以及其他任何形式信息的活动。

◎ **部门规章**

《互联网著作权行政保护办法》

第二条 本办法适用于互联网信息服务活动中根据互联网内容提供者的指令，通过互联网自动提供作品、录音录像制品等内容的上载、存储、链接或搜索等功能，且对存储或传输的内容不进行任何编辑、修改或选择的行为。

互联网信息服务活动中直接提供互联网内容的行为，适用著作权法。

本办法所称"互联网内容提供者"是指在互联网上发布相关内容的上网用户。

第十七条 表演者、录音录像制作者等与著作权有关的权利人通过互联网向公众传播其表演或者录音录像制品的权利的行政保护适用本办法。

《电子银行业务管理办法》

第二条 本办法所称电子银行业务，是指商业银行等银行业金融机构利用面向社会公众开放的通讯通道或开放型公众网络，以及银行为特定自助服务设施或客户建立的专用网络，向客户提供的银行服务。

电子银行业务包括利用计算机和互联网开展的银行业务（以下简称网上银行业务），利用电话等声讯设备和电信网络开展的银行业务（以下简称电话银行业务），利用移动电话和无线网络开展的银行业务（以下简称手机银行业务），以及其他利用电子服务设备和网络，由客户通过自助服务方式完成金融交易的银行业务。

第三条 银行业金融机构和依据《中华人民共和国外资金融机构管理条例》设立的外资金融机构（以下通称为金融机构），应当按照本办法的规定开展电子银行业务。

在中华人民共和国境内设立的金融资产管理公司、信托投资公司、财务公司、金融租赁公司以及经中国银行业监督管理委员会（以下简称中国银监会）批准设立的其他金融机构，开办具有电子银行性质的电子金融业务，适用本办法对金融机构开展电子银行业务的有关规定。

《电信和互联网用户个人信息保护规定》

第二条 在中华人民共和国境内提供电信服务和互联网信息服务过程中收集、使用用户个人信息的活动，适用本规定。

《网络零售第三方平台交易规则制定程序规定（试行）》

第二条 网络零售第三方平台经营者制定、修改、实施交易规则应当遵守本规定。

第三条 本规定所称交易规则，是指网络零售第三方平台经营者制定、修改、实施的适用于使用平台服务的不特定主体、涉及社会公共利益的公开规则。

本规定所称网络零售第三方平台经营者，是指为其他经营者进行网络零售提供虚拟经营场所及相关服务，且在中华人民共和国境内经营的法人及其他组织。

本规定所称网络零售，是指以互联网为媒介向消费者销售商品或提供经营性服务的行为。

《互联网视听节目服务管理规定》

第二条 在中华人民共和国境内向公众提供互联网（含移动互联网，以下简称互联网）视听节目服务活动，适用本规定。

本规定所称互联网视听节目服务，是指制作、编辑、集成并通过互联网向公众提供视音频节目，以及为他人提供上载传播视听节目服务的活动。

《网络出版服务管理规定》

第二条 在中华人民共和国境内从事网络出版服务，适用本规定。

本规定所称网络出版服务，是指通过信息网络向公众提供网络出版物。

本规定所称网络出版物，是指通过信息网络向公众提供的，具有编辑、制作、加工等出版特征的数字化作品，范围主要包括：

（一）文学、艺术、科学等领域内具有知识性、思想性的文字、图片、地图、游戏、动漫、音视频读物等原创数字化作品；

（二）与已出版的图书、报纸、期刊、音像制品、电子出版物等内容相一致的数字化作品；

（三）将上述作品通过选择、编排、汇集等方式形成的网络文献数据库等数字化作品；

（四）国家新闻出版广电总局认定的其他类型的数字化作品。

网络出版服务的具体业务分类另行制定。

《网络借贷信息中介机构业务活动管理暂行办法》

第二条 在中国境内从事网络借贷信息中介业务活动，适用本办法，法律法规另有规定的除外。

本办法所称网络借贷是指个体和个体之间通过互联网平台实现的直接借贷。个体包含自然人、法人及其他组织。网络借贷信息中介机构是指依法设立，专门从事网络借贷信息中介业务活动的金融信息中介公司。该类机构以互联网为主要渠道，为借款人与出借人（即贷款人）实现直接借贷提供信息搜集、信息公布、资信评估、信息交互、借贷撮合等服务。

本办法所称地方金融监管部门是指各省级人民政府承担地方金融监管职责的部门。

《网络发票管理办法》

第二条 在中华人民共和国境内使用网络发票管理系统开具发票的单位和个人办理网络发票管理系统的开户登记、网上领取发票手续、在线开具、传输、查验和缴销等事项，适用本办法。

第三条　本办法所称网络发票是指符合国家税务总局统一标准并通过国家税务总局及省、自治区、直辖市税务局公布的网络发票管理系统开具的发票。

国家积极推广使用网络发票管理系统开具发票。

《儿童个人信息网络保护规定》

第三条　在中华人民共和国境内通过网络从事收集、存储、使用、转移、披露儿童个人信息等活动，适用本规定。

《非金融机构支付服务管理办法》

第二条　本办法所称非金融机构支付服务，是指非金融机构在收付款人之间作为中介机构提供下列部分或全部货币资金转移服务：

（一）网络支付；

（二）预付卡的发行与受理；

（三）银行卡收单；

（四）中国人民银行确定的其他支付服务。

本办法所称网络支付，是指依托公共网络或专用网络在收付款人之间转移货币资金的行为，包括货币汇兑、互联网支付、移动电话支付、固定电话支付、数字电视支付等。

本办法所称预付卡，是指以营利为目的发行的、在发行机构之外购买商品或服务的预付价值，包括采取磁条、芯片等技术以卡片、密码等形式发行的预付卡。

本办法所称银行卡收单，是指通过销售点（POS）终端等为银行卡特约商户代收货币资金的行为。

第三条　非金融机构提供支付服务，应当依据本办法规定取得《支付业务许可证》，成为支付机构。

支付机构依法接受中国人民银行的监督管理。

未经中国人民银行批准，任何非金融机构和个人不得从事或变相从事支付业务。

《互联网保险业务监管办法》

第四条第一款　保险机构开展互联网保险业务，应符合新发展理念，依法合规，防范风险，以人为本，满足人民群众多层次风险保障需求，不得损害消费者合法权益和社会公共利益。

《网络交易监督管理办法》

第二条　中华人民共和国境内，通过互联网等信息网络（以下简称通过网络）销售商品或者提供服务的经营活动以及市场监督管理部门对其进行监督管理，适用本办法。

在网络社交、网络直播等信息网络活动中销售商品或者提供服务的经营活动，适用本办法。

《互联网信息服务算法推荐管理规定》

第二条　在中华人民共和国境内应用算法推荐技术提供互联网信息服务

（以下简称算法推荐服务），适用本规定。法律、行政法规另有规定的，依照其规定。

前款所称应用算法推荐技术，是指利用生成合成类、个性化推送类、排序精选类、检索过滤类、调度决策类等算法技术向用户提供信息。

《互联网用户账号信息管理规定》

第二条 互联网用户在中华人民共和国境内的互联网信息服务提供者注册、使用互联网用户账号信息及其管理工作，适用本规定。法律、行政法规另有规定的，依照其规定。

《互联网广告管理办法》

第二条 在中华人民共和国境内，利用网站、网页、互联网应用程序等互联网媒介，以文字、图片、音频、视频或者其他形式，直接或者间接地推销商品或者服务的商业广告活动，适用广告法和本办法的规定。

法律、行政法规、部门规章、强制性国家标准以及国家其他有关规定要求应当展示、标示、告知的信息，依照其规定。

第四条 利用互联网为广告主或者广告主委托的广告经营者发布广告的自然人、法人或者其他组织，适用广告法和本办法关于广告发布者的规定。

利用互联网提供信息服务的自然人、法人或者其他组织，适用广告法和本办法关于互联网信息服务提供者的规定；从事互联网广告设计、制作、代理、发布等活动的，应当适用广告法和本办法关于广告经营者、广告发布者等主体的规定。

◎ **部门规范性文件**

《电子支付指引（第一号）》

第二条 电子支付是指单位、个人（以下简称客户）直接或授权他人通过电子终端发出支付指令，实现货币支付与资金转移的行为。

电子支付的类型按电子支付指令发起方式分为网上支付、电话支付、移动支付、销售点终端交易、自动柜员机交易和其他电子支付。

境内银行业金融机构（以下简称银行）开展电子支付业务，适用本指引。

《网络交易平台经营者履行社会责任指引》

第二条 网络交易平台（即第三方交易平台），是指在网络商品交易活动中为交易双方或多方提供网页空间、虚拟经营场所、交易规则、交易撮合、信息发布等服务，供交易双方或者多方独立开展交易活动的信息网络系统。

网络交易平台经营者（即第三方交易平台经营者），是指从事网络交易平台运营并为交易双方或多方提供服务的企业法人。

网络交易平台内经营者（简称平台

内经营者），是指在网络交易平台内从事网络商品交易及有关服务的法人、其他经济组织、个体工商户或自然人。

第三条　本指引所称社会责任是指网络交易平台经营者在经济活动中，对平台内经营者、消费者、企业员工、政府、社会等利益相关者所承担的责任和义务，包括法律社会责任、经济社会责任和道德社会责任。

《非银行支付机构网络支付业务管理办法》

第二条　支付机构从事网络支付业务，适用本办法。

本办法所称支付机构是指依法取得《支付业务许可证》，获准办理互联网支付、移动电话支付、固定电话支付、数字电视支付等网络支付业务的非银行机构。

本办法所称网络支付业务，是指收款人或付款人通过计算机、移动终端等电子设备，依托公共网络信息系统远程发起支付指令，且付款人电子设备不与收款人特定专属设备交互，由支付机构为收付款人提供货币资金转移服务的活动。

本办法所称收款人特定专属设备，是指专门用于交易收款，在交易过程中与支付机构业务系统交互并参与生成、传输、处理支付指令的电子设备。

《互联网信息搜索服务管理规定》

第二条　在中华人民共和国境内从事互联网信息搜索服务，适用本规定。

本规定所称互联网信息搜索服务，是指运用计算机技术从互联网上搜集、处理各类信息供用户检索的服务。

《支付机构外汇业务管理办法》

第二条　支付机构开展外汇业务适用本办法。

本办法所称支付机构外汇业务，是指支付机构通过合作银行为市场交易主体跨境交易提供的小额、快捷、便民的经常项下电子支付服务，包括代理结售汇及相关资金收付服务。

本办法所称市场交易主体，是指电子商务经营者、购买商品或服务的消费者（以下简称消费者）。

《网络产品安全漏洞管理规定》

第二条　中华人民共和国境内的网络产品（含硬件、软件）提供者和网络运营者，以及从事网络产品安全漏洞发现、收集、发布等活动的组织或者个人，应当遵守本规定。

《移动互联网应用程序信息服务管理规定》

第二条　在中华人民共和国境内提供应用程序信息服务，以及从事互联网应用商店等应用程序分发服务，应当遵守本规定。

本规定所称应用程序信息服务，是指通过应用程序向用户提供文字、图片、语音、视频等信息制作、复制、发布、传播等服务的活动，包括即时通讯、新闻资讯、知识问答、论坛社区、网络直播、电子商务、网络音视频、生活服务等类型。

本规定所称应用程序分发服务，是指通过互联网提供应用程序发布、下载、动态加载等服务的活动，包括应用商店、快应用中心、互联网小程序平台、浏览器插件平台等类型。

《互联网弹窗信息推送服务管理规定》

第二条 在中华人民共和国境内提供互联网弹窗信息推送服务，适用本规定。

本规定所称互联网弹窗信息推送服务，是指通过操作系统、应用软件、网站等，以弹出消息窗口形式向互联网用户提供的信息推送服务。

本规定所称互联网弹窗信息推送服务提供者，是指提供互联网弹窗信息推送服务的组织或者个人。

第三条 【电子商务创新发展】

国家鼓励发展电子商务新业态，创新商业模式，促进电子商务技术研发和推广应用，推进电子商务诚信体系建设，营造有利于电子商务创新发展的市场环境，

充分发挥电子商务在推动高质量发展、满足人民日益增长的美好生活需要、构建开放型经济方面的重要作用。

关联法规

◎ **法律**

《民法典》

第五条 民事主体从事民事活动，应当遵循自愿原则，按照自己的意思设立、变更、终止民事法律关系。

第六条 民事主体从事民事活动，应当遵循公平原则，合理确定各方的权利和义务。

第七条 民事主体从事民事活动，应当遵循诚信原则，秉持诚实，恪守承诺。

第八条 民事主体从事民事活动，不得违反法律，不得违背公序良俗。

《网络安全法》

第三条 国家坚持网络安全与信息化发展并重，遵循积极利用、科学发展、依法管理、确保安全的方针，推进网络基础设施建设和互联互通，鼓励网络技术创新和应用，支持培养网络安全人才，建立健全网络安全保障体系，提高网络安全保护能力。

第七条 国家积极开展网络空间治

理、网络技术研发和标准制定、打击网络违法犯罪等方面的国际交流与合作，推动构建和平、安全、开放、合作的网络空间，建立多边、民主、透明的网络治理体系。

《反电信网络诈骗法》

第一条　为了预防、遏制和惩治电信网络诈骗活动，加强反电信网络诈骗工作，保护公民和组织的合法权益，维护社会稳定和国家安全，根据宪法，制定本法。

第四条　反电信网络诈骗工作坚持以人民为中心，统筹发展和安全；坚持系统观念、法治思维，注重源头治理、综合治理；坚持齐抓共管、群防群治，全面落实打防管控各项措施，加强社会宣传教育防范；坚持精准防治，保障正常生产经营活动和群众生活便利。

第五条　反电信网络诈骗工作应当依法进行，维护公民和组织的合法权益。

有关部门和单位、个人应当对在反电信网络诈骗工作过程中知悉的国家秘密、商业秘密和个人隐私、个人信息予以保密。

《数据安全法》

第七条　国家保护个人、组织与数据有关的权益，鼓励数据依法合理有效利用，保障数据依法有序自由流动，促进以数据为关键要素的数字经济发展。

第八条　开展数据处理活动，应当遵守法律、法规，尊重社会公德和伦理，遵守商业道德和职业道德，诚实守信，履行数据安全保护义务，承担社会责任，不得危害国家安全、公共利益，不得损害个人、组织的合法权益。

第二十一条　国家建立数据分类分级保护制度，根据数据在经济社会发展中的重要程度，以及一旦遭到篡改、破坏、泄露或者非法获取、非法利用，对国家安全、公共利益或者个人、组织合法权益造成的危害程度，对数据实行分类分级保护。国家数据安全工作协调机制统筹协调有关部门制定重要数据目录，加强对重要数据的保护。

关系国家安全、国民经济命脉、重要民生、重大公共利益等数据属于国家核心数据，实行更加严格的管理制度。

各地区、各部门应当按照数据分类分级保护制度，确定本地区、本部门以及相关行业、领域的重要数据具体目录，对列入目录的数据进行重点保护。

《个人信息保护法》

第二条　自然人的个人信息受法律保护，任何组织、个人不得侵害自然人的个人信息权益。

第六条　处理个人信息应当具有明确、合理的目的，并应当与处理目的直接相关，采取对个人权益影响最小的方式。

收集个人信息，应当限于实现处理目的的最小范围，不得过度收集个人信息。

第十条 任何组织、个人不得非法收集、使用、加工、传输他人个人信息，不得非法买卖、提供或者公开他人个人信息；不得从事危害国家安全、公共利益的个人信息处理活动。

第十一条 国家建立健全个人信息保护制度，预防和惩治侵害个人信息权益的行为，加强个人信息保护宣传教育，推动形成政府、企业、相关社会组织、公众共同参与个人信息保护的良好环境。

《关于维护互联网安全的决定》

三、为了维护社会主义市场经济秩序和社会管理秩序，对有下列行为之一，构成犯罪的，依照刑法有关规定追究刑事责任：

（一）利用互联网销售伪劣产品或者对商品、服务作虚假宣传；

（二）利用互联网损坏他人商业信誉和商品声誉；

（三）利用互联网侵犯他人知识产权；

（四）利用互联网编造并传播影响证券、期货交易或者其他扰乱金融秩序的虚假信息；

（五）在互联网上建立淫秽网站、网页，提供淫秽站点链接服务，或者传播淫秽书刊、影片、音像、图片。

七、各级人民政府及有关部门要采取积极措施，在促进互联网的应用和网络技术的普及过程中，重视和支持对网络安全技术的研究和开发，增强网络的安全防护能力。有关主管部门要加强对互联网的运行安全和信息安全的宣传教育，依法实施有效的监督管理，防范和制止利用互联网进行的各种违法活动，为互联网的健康发展创造良好的社会环境。从事互联网业务的单位要依法开展活动，发现互联网上出现违法犯罪行为和有害信息时，要采取措施，停止传输有害信息，并及时向有关机关报告。任何单位和个人在利用互联网时，都要遵纪守法，抵制各种违法犯罪行为和有害信息。人民法院、人民检察院、公安机关、国家安全机关要各司其职，密切配合，依法严厉打击利用互联网实施的各种犯罪活动。要动员全社会的力量，依靠全社会的共同努力，保障互联网的运行安全与信息安全，促进社会主义精神文明和物质文明建设。

《消费者权益保护法》

第一条 为保护消费者的合法权益，维护社会经济秩序，促进社会主义市场经济健康发展，制定本法。

第五条 国家保护消费者的合法权益不受侵害。

国家采取措施，保障消费者依法行使权利，维护消费者的合法权益。

国家倡导文明、健康、节约资源和保护环境的消费方式，反对浪费。

《邮政法》

第三条　公民的通信自由和通信秘密受法律保护。除因国家安全或者追查刑事犯罪的需要，由公安机关、国家安全机关或者检察机关依照法律规定的程序对通信进行检查外，任何组织或者个人不得以任何理由侵犯公民的通信自由和通信秘密。

除法律另有规定外，任何组织或者个人不得检查、扣留邮件、汇款。

◎ 党内法规

《中共中央关于全面深化改革若干重大问题的决定》

三、加快完善现代市场体系

建设统一开放、竞争有序的市场体系，是使市场在资源配置中起决定性作用的基础。必须加快形成企业自主经营、公平竞争，消费者自由选择、自主消费，商品和要素自由流动、平等交换的现代市场体系，着力清除市场壁垒，提高资源配置效率和公平性。

……

◎ 行政法规

《优化营商环境条例》

第十九条　国家持续深化商事制度改革，统一企业登记业务规范，统一数据标准和平台服务接口，采用统一社会信用代码进行登记管理。

国家推进"证照分离"改革，持续精简涉企经营许可事项，依法采取直接取消审批、审批改为备案、实行告知承诺、优化审批服务等方式，对所有涉企经营许可事项进行分类管理，为企业取得营业执照后开展相关经营活动提供便利。除法律、行政法规规定的特定领域外，涉企经营许可事项不得作为企业登记的前置条件。

政府有关部门应当按照国家有关规定，简化企业从申请设立到具备一般性经营条件所需办理的手续。在国家规定的企业开办时限内，各地区应当确定并公开具体办理时间。

企业申请办理住所等相关变更登记的，有关部门应当依法及时办理，不得限制。除法律、法规、规章另有规定外，企业迁移后其持有的有效许可证件不再重复办理。

第二十条　国家持续放宽市场准入，并实行全国统一的市场准入负面清单制度。市场准入负面清单以外的领域，各类市场主体均可以依法平等进入。

各地区、各部门不得另行制定市场准入性质的负面清单。

第二十一条　政府有关部门应当加大反垄断和反不正当竞争执法力度，有效预防和制止市场经济活动中的垄断行为、不正当竞争行为以及滥用行政权力排除、限制竞争的行为，营造公平竞争的市场环境。

第二十二条 国家建立健全统一开放、竞争有序的人力资源市场体系，打破城乡、地区、行业分割和身份、性别等歧视，促进人力资源有序社会性流动和合理配置。

第二十三条 政府及其有关部门应当完善政策措施、强化创新服务，鼓励和支持市场主体拓展创新空间，持续推进产品、技术、商业模式、管理等创新，充分发挥市场主体在推动科技成果转化中的作用。

第二十四条 政府及其有关部门应当严格落实国家各项减税降费政策，及时研究解决政策落实中的具体问题，确保减税降费政策全面、及时惠及市场主体。

◎ 部门规范性文件

《商务部关于贯彻落实〈国务院办公厅关于加快电子商务发展的若干意见〉的通知》

第一，加强学习，进一步提高电子商务对国民经济和社会发展重要作用的认识。各地商务主管部门和有关单位都要认真领会党的十六大提出的信息化发展战略、十六届三中全会关于加快发展电子商务的要求和国办发

〔2005〕2号文件精神，从完善社会主义市场经济体制、加速国民经济和社会信息化进程、提高国民经济运行质量和效率的高度充分认识发展电子商务的重要性和紧迫性。地方商务主管部门应有机构或有专人负责此项工作，建立健全相互协调、紧密配合的组织保障和工作机制。

第二，深入调研，分类指导，大力推动电子商务的应用。要深入基层，摸清不同类型的行业和企业开展电子商务的情况，及时收集、整理和分析典型案例，做好重点地区、行业和企业的电子商务示范。要发挥企业的主体作用，不断推进企业信息化建设。重点推动骨干企业的电子商务应用，发挥骨干企业在采购、销售等方面的带动作用。提高中小企业对电子商务重要性的认识，推进中小企业信息化建设，支持服务中小企业的第三方电子商务服务平台建设。发展面向消费者的电子商务应用，引导传统批发零售企业开展网上购销，扩大企业与消费者、消费者与消费者之间电子商务的应用规模，鼓励连锁企业利用电子商务开展社区便民服务，促进社区商业服务网络化。各地商务部门要结合实际情况，加快研究制定推动本地区电子商务发展的规划。

第三，做好宣传和培训，提高企业和公民的电子商务应用意识。要充分利

用各种媒体，采用多种形式，加大电子商务的宣传和知识普及力度，强化守法、诚信、自律观念，提高企业和公民对电子商务的应用意识、信息安全意识。要做好大型展会的电子商务宣传工作，积极利用广交会等展会的电子商务平台，拓宽企业经贸合作的渠道。要多层次、多渠道开展有针对性的培训，建立示范培训基地，提高政府、企业等各行业人员应用电子政务和电子商务的能力。

第四，加强电子商务理论研究和人才培养。要加强与高校和研究机构合作，跟踪国际电子商务发展的动态和趋势，开展电子商务的理论探索和研究。推动高等院校进一步完善电子商务相关学科建设，加快培养各类专业技术人才和复合型人才，适应电子商务快速发展需要。

第五，统筹协调，营造促进电子商务发展的良好环境。各地商务部门和有关单位要按照"服务基层、服务企业"的要求，不断扩大商务领域公共信息服务的惠及面。要继续加快地方商务部门的电子政务平台建设，充分发挥其宣传、示范和监督作用，完善服务质量、提高服务效率，促进电子商务与电子政务的协调发展。各地商务部门要结合地方实际，加强与财税、信贷等部门的协调与配合，本着积极稳妥推进的原则，

研究制定支持本地区电子商务发展的具体政策措施，大力推动电子商务的研发活动和应用推广，共同促进我国电子商务的健康发展。

《网络空间国际合作战略》

第三章　战略目标

......

五、促进数字经济合作

中国大力实施网络强国战略、国家信息化战略、国家大数据战略、"互联网+"行动计划，大力发展电子商务，着力推动互联网和实体经济深度融合发展，促进资源配置优化，促进全要素生产率提升，为推动创新发展、转变经济增长方式、调整经济结构发挥积极作用。

中国秉持公平、开放、竞争的市场理念，在自身发展的同时，坚持合作和普惠原则，促进世界范围内投资和贸易发展，推动全球数字经济发展。中国主张推动国际社会公平、自由贸易，反对贸易壁垒和贸易保护主义，促进建立开放、安全的数字经济环境，确保互联网为经济发展和创新服务。中国主张进一步推动实现公平合理普遍的互联网接入、互联网技术的普及化、互联网语言的多样性，加强中国同其他国家和地区在网络安全和信息技术方面的交流与合作，共同推进互联网技术的发展和创新，确保所有人

都能平等分享数字红利，实现网络空间的可持续发展。

中国坚持以安全保发展，以发展促安全。要保持数字经济健康、强劲发展，既不能追求绝对安全阻碍发展的活力、限制开放互通、禁锢技术创新，也不能以市场自由化、贸易自由化为由，回避必要的安全监管措施。各国、各地区互联网发展水平和网络安全防护能力不同，应为广大发展中国家提升网络安全能力提供力所能及的援助，弥合发展中国家和发达国家间的"数字鸿沟"，实现数字经济互利共赢，补齐全球网络安全短板。

……

第四条　【平等对待原则】

国家平等对待线上线下商务活动，促进线上线下融合发展，各级人民政府和有关部门不得采取歧视性的政策措施，不得滥用行政权力排除、限制市场竞争。

关联法规

◎ **法律**

《行政诉讼法》

第十二条　人民法院受理公民、法人或者其他组织提起的下列诉讼：

（一）对行政拘留、暂扣或者吊销许可证和执照、责令停产停业、没收违法所得、没收非法财物、罚款、警告等行政处罚不服的；

（二）对限制人身自由或者对财产的查封、扣押、冻结等行政强制措施和行政强制执行不服的；

（三）申请行政许可，行政机关拒绝或者在法定期限内不予答复，或者对行政机关作出的有关行政许可的其他决定不服的；

（四）对行政机关作出的关于确认土地、矿藏、水流、森林、山岭、草原、荒地、滩涂、海域等自然资源的所有权或者使用权的决定不服的；

（五）对征收、征用决定及其补偿决定不服的；

（六）申请行政机关履行保护人身权、财产权等合法权益的法定职责，行政机关拒绝履行或者不予答复的；

（七）认为行政机关侵犯其经营自主权或者农村土地承包经营权、农村土地经营权的；

（八）认为行政机关滥用行政权力排除或者限制竞争的；

（九）认为行政机关违法集资、摊派费用或者违法要求履行其他义务的；

（十）认为行政机关没有依法支付抚恤金、最低生活保障待遇或者社会保险待遇的；

（十一）认为行政机关不依法履行、未按照约定履行或者违法变更、解除政府特许经营协议、土地房屋征收补偿协议等协议的；

（十二）认为行政机关侵犯其他人身权、财产权等合法权益的。

除前款规定外，人民法院受理法律、法规规定可以提起诉讼的其他行政案件。

《反不正当竞争法》

第三条　各级人民政府应当采取措施，制止不正当竞争行为，为公平竞争创造良好的环境和条件。

国务院建立反不正当竞争工作协调机制，研究决定反不正当竞争重大政策，协调处理维护市场竞争秩序的重大问题。

《反垄断法》

第三十二条　有下列情形之一的，国务院反垄断执法机构可以决定中止计算经营者集中的审查期限，并书面通知经营者：

（一）经营者未按照规定提交文件、资料，导致审查工作无法进行；

（二）出现对经营者集中审查具有重大影响的新情况、新事实，不经核实将导致审查工作无法进行；

（三）需要对经营者集中附加的限制性条件进一步评估，且经营者提出中止请求。

自中止计算审查期限的情形消除之日起，审查期限继续计算，国务院反垄断执法机构应当书面通知经营者。

第三十三条　审查经营者集中，应当考虑下列因素：

（一）参与集中的经营者在相关市场的市场份额及其对市场的控制力；

（二）相关市场的市场集中度；

（三）经营者集中对市场进入、技术进步的影响；

（四）经营者集中对消费者和其他有关经营者的影响；

（五）经营者集中对国民经济发展的影响；

（六）国务院反垄断执法机构认为应当考虑的影响市场竞争的其他因素。

第三十四条　经营者集中具有或者可能具有排除、限制竞争效果的，国务院反垄断执法机构应当作出禁止经营者集中的决定。但是，经营者能够证明该集中对竞争产生的有利影响明显大于不利影响，或者符合社会公共利益的，国务院反垄断执法机构可以作出对经营者集中不予禁止的决定。

第三十五条　对不予禁止的经营者集中，国务院反垄断执法机构可以决定附加减少集中对竞争产生不利影响的限制性条件。

第三十六条　国务院反垄断执法机构应当将禁止经营者集中的决定或者对

经营者集中附加限制性条件的决定，及时向社会公布。

第三十七条 国务院反垄断执法机构应当健全经营者集中分类分级审查制度，依法加强对涉及国计民生等重要领域的经营者集中的审查，提高审查质量和效率。

第六十一条 行政机关和法律、法规授权的具有管理公共事务职能的组织滥用行政权力，实施排除、限制竞争行为的，由上级机关责令改正；对直接负责的主管人员和其他直接责任人员依法给予处分。反垄断执法机构可以向有关上级机关提出依法处理的建议。行政机关和法律、法规授权的具有管理公共事务职能的组织应当将有关改正情况书面报告上级机关和反垄断执法机构。

法律、行政法规对行政机关和法律、法规授权的具有管理公共事务职能的组织滥用行政权力实施排除、限制竞争行为的处理另有规定的，依照其规定。

◎ **党内法规**

《关于鼓励和规范互联网租赁自行车发展的指导意见》

三、规范运营服务行为

......

（八）规范企业运营服务。互联网租赁自行车运营企业要加强线上线下服务能力建设。充分利用车辆卫星定位、大数据等信息技术加强对所属车辆的经营管理，创新经营服务方式，不断提升用户体验，提高服务水平。合理配备线下服务团队，加强车辆调度、停放和维护管理，确保车辆安全、方便使用、停放有序。互联网租赁自行车实行用户实名制注册和使用。运营企业应当与用户签订服务协议，明确双方权利义务，明确用户骑行、停放等方面的要求。禁止向未满12岁的儿童提供服务。明示计费方式和标准，公开服务质量承诺，建立投诉处理机制，接受社会监督。创新保险机制，为用户购买人身意外伤害险。加强信息报送与共享，及时将车辆投放数量、分布区域等运营信息报送当地主管部门并实现相关部门信息共享。

......

◎ **行政法规**

《促进个体工商户发展条例》

第二十五条 国家引导和支持个体工商户加快数字化发展、实现线上线下一体化经营。

平台经营者应当在入驻条件、服务规则、收费标准等方面，为个体工商户线上经营提供支持，不得利用服务协议、平台规则、数据算法、技术等手段，对平台内个体工商户进行不合理限制、附加不合理条件或者收取不合理费用。

◎ **部门规章**

《网络出版服务管理规定》

第六条 国家鼓励图书、音像、电

子、报纸、期刊出版单位从事网络出版服务，加快与新媒体的融合发展。

国家鼓励组建网络出版服务行业协会，按照章程，在出版行政主管部门的指导下制定行业自律规范，倡导网络文明，传播健康有益内容，抵制不良有害内容。

《互联网保险业务监管办法》

第二十五条　保险公司应在自营网络平台设立统一集中的客户服务业务办理入口，提升线上服务能力，与线下服务有机融合，并提供必要的人工辅助，保障客户获得及时有效的服务。

◎ 部门规范性文件

《促进电子商务发展部际综合协调工作组工作制度及三年行动实施方案（2016-2018年）》

二、主要任务

......

（二）电子商务创新发展专项行动

......

7. 促进线上线下融合发展

支持百货店、连锁店、实体书店、专业市场等传统流通企业在供应链、支付、客户服务、商品营销等方面积极利用电子商务实现线上线下协同发展。鼓励家政、房屋租赁、招聘求职、餐饮娱乐、在线旅游等线下生活服务企业和大型电子商务生活服务平台对接，促进线上线下跨界创新。

推动部门：商务部、发展改革委、工业和信息化部、新闻出版广电总局、工商总局、中央网信办等

......

《电子商务"十三五"发展规划》

四、专项行动

......

（二）新模式与新业态培育工作。

4. 线上线下融合发展行动。

支持制造业与电子商务融合发展。推动商业数据在产供销全流程的打通、共享使用，支持制造企业发展数据化、柔性化的生产方式，探索建立生产自动化、管理信息化、流程数据化和电子商务四层联动、线上线下融合的制造模式。引导传统制造企业发挥源头产品数据的优势，建立电子商务经销渠道，促进产品服务创新，积极探索网络化定制等生产经营方式，鼓励发展品质电商、品牌电商，进一步发挥电子商务引导生产、引领消费的积极作用。

支持商贸流通业与电子商务互动创新。鼓励B2B电子商务平台依法合规提供供应链综合服务，开辟流通服务增量空间。支持传统商贸流通企业发展分享经济、协同经济等新模式，建立由线上线下全渠道、体验式消费场景、供应链服务平台等构成的创新经营模式，促进专业市场和商贸零售企业转型升级发展。探索培育区域电子商务平台，通过

独立发展或合作发展等多种方式，多层次差异化推动一线城市、制造业基地及农产品主产区电子商务发展，提升区域内生产与流通衔接效率，提高消费服务水平，促进区域电子商务的均衡发展。

支持电子商务服务民生。支持面向城乡居民提供社区消费、家政服务、远程缴费、健康医疗、教育培训等电子商务服务。支持文体、休闲类企业依托电子商务平台提升服务水平，创新数字内容产品，扩大服务覆盖范围。支持旅游景点、酒店等开展线上营销，规范发展在线旅游预订市场，推动旅游在线服务模式创新。

......

第五条　【电子商务经营者的基本义务】

电子商务经营者从事经营活动，应当遵循自愿、平等、公平、诚信的原则，遵守法律和商业道德，公平参与市场竞争，履行消费者权益保护、环境保护、知识产权保护、网络安全与个人信息保护等方面的义务，承担产品和服务质量责任，接受政府和社会的监督。

关联法规

◎ 法律

《民法典》

第四条　民事主体在民事活动中的法律地位一律平等。

第五条　民事主体从事民事活动，应当遵循自愿原则，按照自己的意思设立、变更、终止民事法律关系。

第六条　民事主体从事民事活动，应当遵循公平原则，合理确定各方的权利和义务。

第七条　民事主体从事民事活动，应当遵循诚信原则，秉持诚实，恪守承诺。

第八条　民事主体从事民事活动，不得违反法律，不得违背公序良俗。

《网络安全法》

第二十二条　网络产品、服务应当符合相关国家标准的强制性要求。网络产品、服务的提供者不得设置恶意程序；发现其网络产品、服务存在安全缺陷、漏洞等风险时，应当立即采取补救措施，按照规定及时告知用户并向有关主管部门报告。

网络产品、服务的提供者应当为其产品、服务持续提供安全维护；在规定或者当事人约定的期限内，不得终止提供安全维护。

网络产品、服务具有收集用户信息

功能的，其提供者应当向用户明示并取得同意；涉及用户个人信息的，还应当遵守本法和有关法律、行政法规关于个人信息保护的规定。

第四十一条　网络运营者收集、使用个人信息，应当遵循合法、正当、必要的原则，公开收集、使用规则，明示收集、使用信息的目的、方式和范围，并经被收集者同意。

网络运营者不得收集与其提供的服务无关的个人信息，不得违反法律、行政法规的规定和双方的约定收集、使用个人信息，并应当依照法律、行政法规的规定和与用户的约定，处理其保存的个人信息。

第四十二条　网络运营者不得泄露、篡改、毁损其收集的个人信息；未经被收集者同意，不得向他人提供个人信息。但是，经过处理无法识别特定个人且不能复原的除外。

网络运营者应当采取技术措施和其他必要措施，确保其收集的个人信息安全，防止信息泄露、毁损、丢失。在发生或者可能发生个人信息泄露、毁损、丢失的情况时，应当立即采取补救措施，按照规定及时告知用户并向有关主管部门报告。

第四十四条　任何个人和组织不得窃取或者以其他非法方式获取个人信息，不得非法出售或者非法向他人提供

个人信息。

《消费者权益保护法》

第四条　经营者与消费者进行交易，应当遵循自愿、平等、公平、诚实信用的原则。

第五条　国家保护消费者的合法权益不受侵害。

国家采取措施，保障消费者依法行使权利，维护消费者的合法权益。

国家倡导文明、健康、节约资源和保护环境的消费方式，反对浪费。

第六条　保护消费者的合法权益是全社会的共同责任。

国家鼓励、支持一切组织和个人对损害消费者合法权益的行为进行社会监督。

大众传播媒介应当做好维护消费者合法权益的宣传，对损害消费者合法权益的行为进行舆论监督。

第十四条　消费者在购买、使用商品和接受服务时，享有人格尊严、民族风俗习惯得到尊重的权利，享有个人信息依法得到保护的权利。

第二十四条　经营者提供的商品或者服务不符合质量要求的，消费者可以依照国家规定、当事人约定退货，或者要求经营者履行更换、修理等义务。没有国家规定和当事人约定的，消费者可以自收到商品之日起七日内退货；七日后符合法定解除合同条件的，消费者可

以及时退货，不符合法定解除合同条件的，可以要求经营者履行更换、修理等义务。

依照前款规定进行退货、更换、修理的，经营者应当承担运输等必要费用。

第二十九条　经营者收集、使用消费者个人信息，应当遵循合法、正当、必要的原则，明示收集、使用信息的目的、方式和范围，并经消费者同意。经营者收集、使用消费者个人信息，应当公开其收集、使用规则，不得违反法律、法规的规定和双方的约定收集、使用信息。

经营者及其工作人员对收集的消费者个人信息必须严格保密，不得泄露、出售或者非法向他人提供。经营者应当采取技术措施和其他必要措施，确保信息安全，防止消费者个人信息泄露、丢失。在发生或者可能发生信息泄露、丢失的情况时，应当立即采取补救措施。

经营者未经消费者同意或者请求，或者消费者明确表示拒绝的，不得向其发送商业性信息。

《环境保护法》

第六条　一切单位和个人都有保护环境的义务。

地方各级人民政府应当对本行政区域的环境质量负责。

企业事业单位和其他生产经营者应

当防止、减少环境污染和生态破坏，对所造成的损害依法承担责任。

公民应当增强环境保护意识，采取低碳、节俭的生活方式，自觉履行环境保护义务。

《产品质量法》

第二十六条　生产者应当对其生产的产品质量负责。

产品质量应当符合下列要求：

（一）不存在危及人身、财产安全的不合理的危险，有保障人体健康和人身、财产安全的国家标准、行业标准的，应当符合该标准；

（二）具备产品应当具备的使用性能，但是，对产品存在使用性能的瑕疵作出说明的除外；

（三）符合在产品或者其包装上注明采用的产品标准，符合以产品说明、实物样品等方式表明的质量状况。

第二十七条　产品或者其包装上的标识必须真实，并符合下列要求：

（一）有产品质量检验合格证明；

（二）有中文标明的产品名称、生产厂厂名和厂址；

（三）根据产品的特点和使用要求，需要标明产品规格、等级、所含主要成份的名称和含量的，用中文相应予以标明；需要事先让消费者知晓的，应当在外包装上标明，或者预先向消费者提供有关资料；

（四）限期使用的产品，应当在显著位置清晰地标明生产日期和安全使用期或者失效日期；

（五）使用不当，容易造成产品本身损坏或者可能危及人身、财产安全的产品，应当有警示标志或者中文警示说明。

裸装的食品和其他根据产品的特点难以附加标识的裸装产品，可以不附加产品标识。

第二十八条　易碎、易燃、易爆、有毒、有腐蚀性、有放射性等危险物品以及储运中不能倒置和其他有特殊要求的产品，其包装质量必须符合相应要求，依照国家有关规定作出警示标志或者中文警示说明，标明储运注意事项。

第二十九条　生产者不得生产国家明令淘汰的产品。

第三十条　生产者不得伪造产地，不得伪造或者冒用他人的厂名、厂址。

第三十一条　生产者不得伪造或者冒用认证标志等质量标志。

第三十二条　生产者生产产品，不得掺杂、掺假，不得以假充真、以次充好，不得以不合格产品冒充合格产品。

第三十三条　销售者应当建立并执行进货检查验收制度，验明产品合格证明和其他标识。

第三十四条　销售者应当采取措施，保持销售产品的质量。

第三十五条　销售者不得销售国家明令淘汰并停止销售的产品和失效、变质的产品。

第三十六条　销售者销售的产品的标识应当符合本法第二十七条的规定。

第三十七条　销售者不得伪造产地，不得伪造或者冒用他人的厂名、厂址。

第三十八条　销售者不得伪造或者冒用认证标志等质量标志。

第三十九条　销售者销售产品，不得掺杂、掺假，不得以假充真、以次充好，不得以不合格产品冒充合格产品。

第四十条　售出的产品有下列情形之一的，销售者应当负责修理、更换、退货；给购买产品的消费者造成损失的，销售者应当赔偿损失：

（一）不具备产品应当具备的使用性能而事先未作说明的；

（二）不符合在产品或者其包装上注明采用的产品标准的；

（三）不符合以产品说明、实物样品等方式表明的质量状况的。

销售者依照前款规定负责修理、更换、退货、赔偿损失后，属于生产者的责任或者属于向销售者提供产品的其他销售者（以下简称供货者）的责任的，销售者有权向生产者、供货者追偿。

销售者未按照第一款规定给予修

理、更换、退货或者赔偿损失的，由市场监督管理部门责令改正。

生产者之间，销售者之间，生产者与销售者之间订立的买卖合同、承揽合同有不同约定的，合同当事人按照合同约定执行。

《反不正当竞争法》

第二条 经营者在生产经营活动中，应当遵循自愿、平等、公平、诚信的原则，遵守法律和商业道德。

本法所称的不正当竞争行为，是指经营者在生产经营活动中，违反本法规定，扰乱市场竞争秩序，损害其他经营者或者消费者的合法权益的行为。

本法所称的经营者，是指从事商品生产、经营或者提供服务（以下所称商品包括服务）的自然人、法人和非法人组织。

《商标法》

第三条 经商标局核准注册的商标为注册商标，包括商品商标、服务商标和集体商标、证明商标；商标注册人享有商标专用权，受法律保护。

本法所称集体商标，是指以团体、协会或者其他组织名义注册，供该组织成员在商事活动中使用，以表明使用者在该组织中的成员资格的标志。

本法所称证明商标，是指由对某种商品或者服务具有监督能力的组织所控制，而由该组织以外的单位或者个人使用于其商品或者服务，用以证明该商品或者服务的原产地、原料、制造方法、质量或者其他特定品质的标志。

集体商标、证明商标注册和管理的特殊事项，由国务院工商行政管理部门规定。

第五十七条 有下列行为之一的，均属侵犯注册商标专用权：

（一）未经商标注册人的许可，在同一种商品上使用与其注册商标相同的商标的；

（二）未经商标注册人的许可，在同一种商品上使用与其注册商标近似的商标，或者在类似商品上使用与其注册商标相同或者近似的商标，容易导致混淆的；

（三）销售侵犯注册商标专用权的商品的；

（四）伪造、擅自制造他人注册商标标识或者销售伪造、擅自制造的注册商标标识的；

（五）未经商标注册人同意，更换其注册商标并将该更换商标的商品又投入市场的；

（六）故意为侵犯他人商标专用权行为提供便利条件，帮助他人实施侵犯商标专用权行为的；

（七）给他人的注册商标专用权造成其他损害的。

第五十八条 将他人注册商标、未

注册的驰名商标作为企业名称中的字号使用，误导公众，构成不正当竞争行为的，依照《中华人民共和国反不正当竞争法》处理。

《专利法》

第十一条 发明和实用新型专利权被授予后，除本法另有规定的以外，任何单位或者个人未经专利权人许可，都不得实施其专利，即不得为生产经营目的制造、使用、许诺销售、销售、进口其专利产品，或者使用其专利方法以及使用、许诺销售、销售、进口依照该专利方法直接获得的产品。

外观设计专利权被授予后，任何单位或者个人未经专利权人许可，都不得实施其专利，即不得为生产经营目的制造、许诺销售、销售、进口其外观设计专利产品。

第十二条 任何单位或者个人实施他人专利的，应当与专利权人订立实施许可合同，向专利权人支付专利使用费。被许可人无权允许合同规定以外的任何单位或者个人实施该专利。

《著作权法》

第二条 中国公民、法人或者非法人组织的作品，不论是否发表，依照本法享有著作权。

外国人、无国籍人的作品根据其作者所属国或者经常居住地国同中国签订的协议或者共同参加的国际条约享有的著作权，受本法保护。

外国人、无国籍人的作品首先在中国境内出版的，依照本法享有著作权。

未与中国签订协议或者共同参加国际条约的国家的作者以及无国籍人的作品首次在中国参加的国际条约的成员国出版的，或者在成员国和非成员国同时出版的，受本法保护。

第五十一条 未经权利人许可，不得进行下列行为：

（一）故意删除或者改变作品、版式设计、表演、录音录像制品或者广播、电视上的权利管理信息，但由于技术上的原因无法避免的除外；

（二）知道或者应当知道作品、版式设计、表演、录音录像制品或者广播、电视上的权利管理信息未经许可被删除或者改变，仍然向公众提供。

第五十二条 有下列侵权行为的，应当根据情况，承担停止侵害、消除影响、赔礼道歉、赔偿损失等民事责任：

（一）未经著作权人许可，发表其作品的；

（二）未经合作作者许可，将与他人合作创作的作品当作自己单独创作的作品发表的；

（三）没有参加创作，为谋取个人名利，在他人作品上署名的；

（四）歪曲、篡改他人作品的；

（五）剽窃他人作品的；

（六）未经著作权人许可，以展览、摄制视听作品的方法使用作品，或者以改编、翻译、注释等方式使用作品的，本法另有规定的除外；

（七）使用他人作品，应当支付报酬而未支付的；

（八）未经视听作品、计算机软件、录音录像制品的著作权人、表演者或者录音录像制作者许可，出租其作品或者录音录像制品的原件或者复制件的，本法另有规定的除外；

（九）未经出版者许可，使用其出版的图书、期刊的版式设计的；

（十）未经表演者许可，从现场直播或者公开传送其现场表演，或者录制其表演的；

（十一）其他侵犯著作权以及与著作权有关的权利的行为。

第五十三条 有下列侵权行为的，应当根据情况，承担本法第五十二条规定的民事责任；侵权行为同时损害公共利益的，由主管著作权的部门责令停止侵权行为，予以警告，没收违法所得，没收、无害化销毁处理侵权复制品以及主要用于制作侵权复制品的材料、工具、设备等，违法经营额五万元以上的，可以并处违法经营额一倍以上五倍以下的罚款；没有违法经营额、违法经营额难以计算或者不足五万元的，可以并处二十五万元以下的罚款；构成犯罪

的，依法追究刑事责任：

（一）未经著作权人许可，复制、发行、表演、放映、广播、汇编、通过信息网络向公众传播其作品的，本法另有规定的除外；

（二）出版他人享有专有出版权的图书的；

（三）未经表演者许可，复制、发行录有其表演的录音录像制品，或者通过信息网络向公众传播其表演的，本法另有规定的除外；

（四）未经录音录像制作者许可，复制、发行、通过信息网络向公众传播其制作的录音录像制品的，本法另有规定的除外；

（五）未经许可，播放、复制或者通过信息网络向公众传播广播、电视的，本法另有规定的除外；

（六）未经著作权人或者与著作权有关的权利人许可，故意避开或者破坏技术措施的，故意制造、进口或者向他人提供主要用于避开、破坏技术措施的装置或者部件的，或者故意为他人避开或者破坏技术措施提供技术服务的，法律、行政法规另有规定的除外；

（七）未经著作权人或者与著作权有关的权利人许可，故意删除或者改变作品、版式设计、表演、录音录像制品或者广播、电视上的权利管理信息的，知道或者应当知道作品、版式设计、表

演、录音录像制品或者广播、电视上的权利管理信息未经许可被删除或者改变，仍然向公众提供的，法律、行政法规另有规定的除外；

（八）制作、出售假冒他人署名的作品的。

《反垄断法》

第五条 国家建立健全公平竞争审查制度。

行政机关和法律、法规授权的具有管理公共事务职能的组织在制定涉及市场主体经济活动的规定时，应当进行公平竞争审查。

第六条 经营者可以通过公平竞争、自愿联合，依法实施集中，扩大经营规模，提高市场竞争能力。

第七条 具有市场支配地位的经营者，不得滥用市场支配地位，排除、限制竞争。

◎ 行政法规

《互联网信息服务管理办法》

第二条 在中华人民共和国境内从事互联网信息服务活动，必须遵守本办法。

本办法所称互联网信息服务，是指通过互联网向上网用户提供信息的服务活动。

第六条 从事经营性互联网信息服务，除应当符合《中华人民共和国电信条例》规定的要求外，还应当具备下列条件：

（一）有业务发展计划及相关技术方案；

（二）有健全的网络与信息安全保障措施，包括网站安全保障措施、信息安全保密管理制度、用户信息安全管理制度；

（三）服务项目属于本办法第五条规定范围的，已取得有关主管部门同意的文件。

◎ 司法解释

《关于审理涉电子商务平台知识产权民事案件的指导意见》

三、电子商务平台经营者知道或者应当知道平台内经营者侵害知识产权的，应当根据权利的性质、侵权的具体情形和技术条件，以及构成侵权的初步证据、服务类型，及时采取必要措施。采取的必要措施应当遵循合理审慎的原则，包括但不限于删除、屏蔽、断开链接等下架措施。平台内经营者多次、故意侵害知识产权的，电子商务平台经营者有权采取终止交易和服务的措施。

四、依据电子商务法第四十一条、第四十二条、第四十三条的规定，电子商务平台经营者可以根据知识产权权利类型、商品或者服务的特点等，制定平台内通知与声明机制的具体执行措施。但是，有关措施不能对当事人依法维护权利的行为设置不合理的条件或者障碍。

《关于审理网络消费纠纷案件适用法律的规定（一）》

第一条 电子商务经营者提供的格式条款有以下内容的，人民法院应当依法认定无效：

（一）收货人签收商品即视为认可商品质量符合约定；

（二）电子商务平台经营者依法应承担的责任一概由平台内经营者承担；

（三）电子商务经营者享有单方解释权或者最终解释权；

（四）排除或者限制消费者依法投诉、举报、请求调解、申请仲裁、提起诉讼的权利；

（五）其他排除或者限制消费者权利、减轻或者免除电子商务经营者责任、加重消费者责任等对消费者不公平、不合理的内容。

第二条 电子商务经营者就消费者权益保护法第二十五条第一款规定的四项除外商品做出七日内无理由退货承诺，消费者主张电子商务经营者应当遵守其承诺的，人民法院应予支持。

第三条 消费者因检查商品的必要对商品进行拆封查验且不影响商品完好，电子商务经营者以商品已拆封为由主张不适用消费者权益保护法第二十五条规定的无理由退货制度的，人民法院不予支持，但法律另有规定的除外。

第五条 平台内经营者出售商品或者提供服务过程中，其工作人员引导消费者通过交易平台提供的支付方式以外的方式进行支付，消费者主张平台内经营者承担商品销售者或者服务提供者责任，平台内经营者以未经过交易平台支付为由抗辩的，人民法院不予支持。

第六条 注册网络经营账号开设网络店铺的平台内经营者，通过协议等方式将网络账号及店铺转让给其他经营者，但未依法进行相关经营主体信息变更公示，实际经营者的经营活动给消费者造成损害，消费者主张注册经营者、实际经营者承担赔偿责任的，人民法院应予支持。

第八条 电子商务经营者在促销活动中提供的奖品、赠品或者消费者换购的商品给消费者造成损害，消费者主张电子商务经营者承担赔偿责任，电子商务经营者以奖品、赠品属于免费提供或者商品属于换购为由主张免责的，人民法院不予支持。

第十条 平台内经营者销售商品或者提供服务损害消费者合法权益，其向消费者承诺的赔偿标准高于相关法定赔偿标准，消费者主张平台内经营者按照承诺赔偿的，人民法院应依法予以支持。

第十一条 平台内经营者开设网络直播间销售商品，其工作人员在网络直播中因虚假宣传等给消费者造成损害，消费者主张平台内经营者承担赔偿责任的，人民法院应予支持。

第十二条　消费者因在网络直播间点击购买商品合法权益受到损害，直播间运营者不能证明已经以足以使消费者辨别的方式标明其并非销售者并标明实际销售者的，消费者主张直播间运营者承担商品销售者责任的，人民法院应予支持。

直播间运营者能够证明已经尽到前款所列标明义务的，人民法院应当综合交易外观、直播间运营者与经营者的约定、与经营者的合作模式、交易过程以及消费者认知等因素予以认定。

第十三条　网络直播营销平台经营者通过网络直播方式开展自营业务销售商品，消费者主张其承担商品销售者责任的，人民法院应予支持。

第十四条　网络直播间销售商品损害消费者合法权益，网络直播营销平台经营者不能提供直播间运营者的真实姓名、名称、地址和有效联系方式的，消费者依据消费者权益保护法第四十四条规定向网络直播营销平台经营者请求赔偿的，人民法院应予支持。网络直播营销平台经营者承担责任后，向直播间运营者追偿的，人民法院应予支持。

第十五条　网络直播营销平台经营者对依法需取得食品经营许可的网络直播间的食品经营资质未尽到法定审核义务，使消费者的合法权益受到损害，消费者依据食品安全法第一百三十一条等规定主张网络直播营销平台经营者与直播间运营者承担连带责任的，人民法院应予支持。

第十六条　网络直播营销平台经营者知道或者应当知道网络直播间销售的商品不符合保障人身、财产安全的要求，或者有其他侵害消费者合法权益行为，未采取必要措施，消费者依据电子商务法第三十八条等规定主张网络直播营销平台经营者与直播间运营者承担连带责任的，人民法院应予支持。

第十七条　直播间运营者知道或者应当知道经营者提供的商品不符合保障人身、财产安全的要求，或者有其他侵害消费者合法权益行为，仍为其推广，给消费者造成损害，消费者依据民法典第一千一百六十八条等规定主张直播间运营者与提供该商品的经营者承担连带责任的，人民法院应予支持。

第十八条　网络餐饮服务平台经营者违反食品安全法第六十二条和第一百三十一条规定，未对入网餐饮服务提供者进行实名登记、审查许可证，或者未履行报告、停止提供网络交易平台服务等义务，使消费者的合法权益受到损害，消费者主张网络餐饮服务平台经营者与入网餐饮服务提供者承担连带责任的，人民法院应予支持。

第十九条 入网餐饮服务提供者所经营食品损害消费者合法权益，消费者主张入网餐饮服务提供者承担经营者责任，入网餐饮服务提供者以订单系委托他人加工制作为由抗辩的，人民法院不予支持。

◎ **部门规章**

《电信和互联网用户个人信息保护规定》

第五条 电信业务经营者、互联网信息服务提供者在提供服务的过程中收集、使用用户个人信息，应当遵循合法、正当、必要的原则。

第六条 电信业务经营者、互联网信息服务提供者对其在提供服务过程中收集、使用的用户个人信息的安全负责。

第八条 电信业务经营者、互联网信息服务提供者应当制定用户个人信息收集、使用规则，并在其经营或者服务场所、网站等予以公布。

第九条 未经用户同意，电信业务经营者、互联网信息服务提供者不得收集、使用用户个人信息。

电信业务经营者、互联网信息服务提供者收集、使用用户个人信息的，应当明确告知用户收集、使用信息的目的、方式和范围，查询、更正信息的渠道以及拒绝提供信息的后果等事项。

电信业务经营者、互联网信息服务提供者不得收集其提供服务所必需以外的用户个人信息或者将信息用于提供服务之外的目的，不得以欺骗、误导或者强迫等方式或者违反法律、行政法规以及双方的约定收集、使用信息。

电信业务经营者、互联网信息服务提供者在用户终止使用电信服务或者互联网信息服务后，应当停止对用户个人信息的收集和使用，并为用户提供注销号码或者账号的服务。

法律、行政法规对本条第一款至第四款规定的情形另有规定的，从其规定。

第十条 电信业务经营者、互联网信息服务提供者及其工作人员对在提供服务过程中收集、使用的用户个人信息应当严格保密，不得泄露、篡改或者毁损，不得出售或者非法向他人提供。

第十一条 电信业务经营者、互联网信息服务提供者委托他人代理市场销售和技术服务等直接面向用户的服务性工作，涉及收集、使用用户个人信息的，应当对代理人的用户个人信息保护工作进行监督和管理，不得委托不符合本规定有关用户个人信息保护要求的代理人代办相关服务。

第十三条 电信业务经营者、互联网信息服务提供者应当采取以下措施防止用户个人信息泄露、毁损、篡改或者丢失：

（一）确定各部门、岗位和分支机构的用户个人信息安全管理责任；

（二）建立用户个人信息收集、使用及其相关活动的工作流程和安全管理制度；

（三）对工作人员及代理人实行权限管理，对批量导出、复制、销毁信息实行审查，并采取防泄密措施；

（四）妥善保管记录用户个人信息的纸介质、光介质、电磁介质等载体，并采取相应的安全储存措施；

（五）对储存用户个人信息的信息系统实行接入审查，并采取防入侵、防病毒等措施；

（六）记录对用户个人信息进行操作的人员、时间、地点、事项等信息；

（七）按照电信管理机构的规定开展通信网络安全防护工作；

（八）电信管理机构规定的其他必要措施。

第十四条　电信业务经营者、互联网信息服务提供者保管的用户个人信息发生或者可能发生泄露、毁损、丢失的，应当立即采取补救措施；造成或者可能造成严重后果的，应当立即向准予其许可或者备案的电信管理机构报告，配合相关部门进行的调查处理。

《侵害消费者权益行为处罚办法》

第八条　经营者提供商品或者服务，应当依照法律规定或者当事人约定承担修理、重作、更换、退货、补足商品数量、退还货款和服务费用或者赔偿损失等民事责任，不得故意拖延或者无理拒绝消费者的合法要求。经营者有下列情形之一并超过十五日的，视为故意拖延或者无理拒绝：

（一）经有关行政部门依法认定为不合格商品，自消费者提出退货要求之日起未退货的；

（二）自国家规定、当事人约定期满之日起或者不符合质量要求的自消费者提出要求之日起，无正当理由拒不履行修理、重作、更换、退货、补足商品数量、退还货款和服务费用或者赔偿损失等义务的。

第九条　经营者采用网络、电视、电话、邮购等方式销售商品，应当依照法律规定承担无理由退货义务，不得故意拖延或者无理拒绝。经营者有下列情形之一的，视为故意拖延或者无理拒绝：

（一）对于适用无理由退货的商品，自收到消费者退货要求之日起超过十五日未办理退货手续，或者未向消费者提供真实、准确的退货地址、退货联系人等有效联系信息，致使消费者无法办理退货手续；

（二）未经消费者确认，以自行规定该商品不适用无理由退货为由拒绝退货；

（三）以消费者已拆封、查验影响

商品完好为由拒绝退货；

（四）自收到退回商品之日起无正当理由超过十五日未向消费者返还已支付的商品价款。

《网络交易监督管理办法》

第三条 网络交易经营者从事经营活动，应当遵循自愿、平等、公平、诚信原则，遵守法律、法规、规章和商业道德、公序良俗，公平参与市场竞争，认真履行法定义务，积极承担主体责任，接受社会各界监督。

◎ **部门规范性文件**

《电子商务模式规范》

3. 基本要求

3.1 遵守国家法律、行政法规及规章

必须遵守中华人民共和国相关法律、行政法规及规章等相关规定，在政府有关部门监管下合法从事电子商务交易活动。

3.2 遵守互联网技术规范和安全规范

必须遵守国家制定的互联网技术规范和安全规范。

3.3 严格禁止法律法规和政策规定禁止的销售形式

严格禁止法律法规和政策规定禁止的销售形式，如：传销等。严格禁止采用各种手段规避资质开展法律法规和政策规定必须具备相应资质的经营形式，

如证券交易、期货交易等。

3.4 不得为非法经营者和非法交易提供服务

不得为非法经营者和非法交易提供服务。不得为无资质的商户开展有害有毒物品、药品、危险化学品等特殊商品的销售提供服务，未经审批不得经营药品、医疗器械等特殊商品。

3.5 应建立可疑商品销售监控机制

电子商务经营者应建立可疑商品销售监控机制。成立专门监控机构开展商品销售信息监控工作，重点监控销售违禁品、超低价商品等内容。发现可疑情况，及时报告有关部门调查处理。

3.6 必须对交易建立记录和储存系统

必须对交易建立安全可靠的记录和储存系统，必须保留用户注册信息及登录日志，对有关涉税资料应当保存10年；但是，法律、行政法规另有规定的除外。必须保护交易双方的隐私权，必须建立安全制度，采取安全防范措施。

3.7 知识产权保护

电子商务经营者必须遵守知识产权保护的有关法律法规和政策。

3.8 真实交易

交易完成后必须发生标的和全额标的款的转移，在此之前不得将标的作为买卖标的合约再次转让。

3.9 应建立网络欺诈举报机制

应当对商户进行法律风险提示，向公众事先提示交易风险。应建立网络欺诈举报机制。建立网络欺诈举报平台，收集网民对电子商务违法犯罪的举报线索，及时向有关部门反映情况。

3.10　电子商务经营者应承担的责任

3.10.1　电子商务经营者应当保护个人注册用户的个人隐私和通讯信息，不能故意或过失泄露公民个人隐私和通讯信息等。

3.10.2　电子商务经营者应当保证其提供的商品或者服务符合保障人身、财产安全的要求。对可能危及人身、财产安全的商品和服务，应当向消费者作出真实的说明和明确的警示，并说明和标明正确使用商品或者接受服务的方法以及防止危害发生的方法。经营者发现其提供的商品或者服务存在严重缺陷，即使正确使用商品或者接受服务仍然可能对人身、财产安全造成危害的，应当立即向有关行政部门报告和告知消费者，并采取防止危害发生的措施。电子商务经营者不得提供有质量瑕疵的商品或者服务、不得进行虚假宣传、不能违约和不可有侵权行为等。

3.10.3　消费者、买方和个人与电子商务经营者因商品和服务发生争议时，电子商务经营者应当承担经营行为合法的举证责任。消费者、买方和个人需证实损害事实的存在。争议的解决按相关法律法规处理。

《网络交易平台经营者履行社会责任指引》

第四条　网络交易平台经营者履行社会责任应坚持以人为本，统筹兼顾，积极实践，成为依法经营、诚实守信的表率，服务至上、消费者至上的表率，节约资源、保护环境的表率，维护职工权益、热心公益事业的表率。

第五条　网络交易平台经营者要坚持履行社会责任与诚信守法经营相结合，认真遵守法律法规和规章，遵守社会公德和商业道德，严格自律，自觉接受政府相关部门和社会公众的监督。

第六条　网络交易平台经营者要坚持履行社会责任与促进网络经济发展相结合，把履行社会责任作为建立现代企业制度和促进网络经济发展的重要内容，加快改革创新，转变发展方式，为促进网络经济持续健康发展作出积极贡献。

第七条　网络交易平台经营者要坚持履行社会责任与构建和谐社会相结合，把妥善解决消费纠纷、有效保护平台内经营者和消费者合法权益作为工作重点，以实际行动赢得消费者和全社会的信赖和支持，实现企业与消费者、企业与社会的和谐发展。

第八条　经营者设立网络交易平台应遵守《中华人民共和国电子签名

法》、《中华人民共和国电信条例》、《互联网信息服务管理办法》、《网络交易管理办法》等法律法规和规章。

《移动互联网应用程序信息服务管理规定》

第四条 应用程序提供者和应用程序分发平台应当遵守宪法、法律和行政法规，弘扬社会主义核心价值观，坚持正确政治方向、舆论导向和价值取向，遵循公序良俗，履行社会责任，维护清朗网络空间。

应用程序提供者和应用程序分发平台不得利用应用程序从事危害国家安全、扰乱社会秩序、侵犯他人合法权益等法律法规禁止的活动。

第五条 应用程序提供者和应用程序分发平台应当履行信息内容管理主体责任，积极配合国家实施网络可信身份战略，建立健全信息内容安全管理、信息内容生态治理、数据安全和个人信息保护、未成年人保护等管理制度，确保网络安全，维护良好网络生态。

权威案例

◎ 典型案例

广东廉江谭某某涉嫌非法经营案【全国检察机关依法办理妨害新冠肺炎疫情防控犯罪典型案例（第一批）之六（2020年2月11日）】

法律要旨： 在疫情防控期间，违反国家有关市场经营、价格管理等规定，囤积居奇，哄抬疫情防控急需的口罩、护目镜、防护服、消毒液等防护用品、药品或者其他涉及民生的物品价格，牟取暴利，违法所得数额较大或者有其他严重情节，严重扰乱市场秩序的，依照刑法第二百二十五条第四项的规定，以非法经营罪定罪处罚。

上海某工贸有限公司及谢某某非法经营案【人民法院依法惩处妨害疫情防控犯罪典型案例（第二批）之一（2020年4月2日）】

裁判要旨： 在疫情防控期间，违反国家有关市场经营、价格管理等规定，囤积居奇，哄抬疫情防控急需的口罩等防护用品价格的行为具有明显的社会危害性，不仅严重扰乱市场秩序，还制造或加剧了恐慌性需求，破坏社会秩序，严重影响疫情防控和复工复产。此类行为情节严重的，应当以非法经营罪定罪处罚。需要注意的是，对于虽然超出有关价格管理规定，但幅度不大，违法所得不多，对疫情防控没有重大影响，不应当纳入刑事处罚范围，可以由有关部门予以行政处罚。具体到本案，被告单位及被告人在疫情防控期间利用口罩紧俏的"商机"，坐地起价，最高涨价幅度达28倍，违法所得数额大，严重扰乱市场秩序，应以非法经营罪定罪处罚。

北京铁路运输检察院督促整治网络平台药店违法销售处方药行政公益诉讼案【药品

安全公益诉讼典型案例之五（2022 年 11 月 28 日）】

典型意义：网上销售处方药，在为人民群众提供了生活便利的同时，也带来一系列用药安全、监管困难等问题，检察机关充分发挥公益诉讼检察职能，督促行政机关加强对网络平台药店进行监管、推动网络平台加强自身监管为抓手，着力解决人民群众急难愁盼的购药用药安全问题。与行政机关、网络平台凝聚共识，形成合力，共促网络销售处方药规范化，实现了双赢多赢共赢的良好效果。

湖北省人民检察院督促整治互联网小微型客车租赁行业安全隐患行政公益诉讼案【安全生产领域检察公益诉讼典型案例之二（2022 年 12 月 16 日）】

典型意义：网络小微型客车租赁作为社会经济发展新业态，因身份查验不严、协同监管不够等问题给社会经济发展带来严重安全隐患。为维护社会公共利益，促进新形势下网络小微型客车租赁的健康发展，湖北省院秉持双赢多赢共赢理念，坚持把诉前实现维护公益目的作为最佳司法状态，创新省院牵头，各市州分院同步监督"1+N"办案模式，督促行政机关依法履职，为全省范围内新业态的健康有序发展提供检察力量。在初步解决湖北省类似问题的基础上，通过跨区域协作，向行业龙头企业提出社会治理检察建议，推动源头治理、系统治理。

浙江省海宁市人民检察院督促整治社区团

购食品安全隐患行政公益诉讼案【"3·15"检察机关食品药品安全公益诉讼典型案例之一（2023 年 3 月 13 日）】

典型意义：社区团购作为当前的消费热点发展迅速，但其不规范经营带来的食品安全隐患等问题，不仅侵犯消费者的合法权益，还影响公平有序的市场环境。检察机关立足公益诉讼检察职能，充分发挥"益心为公"志愿者提供线索、协助调查等方面的作用，开展社会调查获取消费者真实体验，为监督办案提供参考；以检察建议等方式督促行政机关依法履职，开展食品安全专项整治，制定科学合理的行业监管政策，构建起新业态行业自律机制，在激发保护市场活力的同时全面规范市场秩序，切实维护消费者合法权益。

北京市延庆区人民检察院督促整治外卖餐饮包装不规范封签行政公益诉讼案【"3·15"检察机关食品药品安全公益诉讼典型案例之四（2023 年 3 月 13 日）】

典型意义：随着外卖成为满足百姓日常生活需求的便捷方式，外卖食品安全也日益成为人民群众最为关心的食品安全问题。堵住外卖食品安全漏洞，既要靠平台与餐饮服务者行业自律，更要靠制度规范引领。检察机关及时关注到地方标准的出台，通过公益诉讼检察办案督促行政机关监督检查地方标准在本地的实施，协同引导企业合规经营，促使外卖封签这类具有实用性和可操作性的规范落地执行，有利于进一步完善网络餐饮服务食品安全机制，切实保障消费者"舌尖上的安全"。

第六条　【电子商务监管体制】

国务院有关部门按照职责分工负责电子商务发展促进、监督管理等工作。县级以上地方各级人民政府可以根据本行政区域的实际情况，确定本行政区域内电子商务的部门职责划分。

关联法规

◎ **法律**

《银行业监督管理法》

第二条　国务院银行业监督管理机构负责对全国银行业金融机构及其业务活动监督管理的工作。

本法所称银行业金融机构，是指在中华人民共和国境内设立的商业银行、城市信用合作社、农村信用合作社等吸收公众存款的金融机构以及政策性银行。

对在中华人民共和国境内设立的金融资产管理公司、信托投资公司、财务公司、金融租赁公司以及经国务院银行业监督管理机构批准设立的其他金融机构的监督管理，适用本法对银行业金融机构监督管理的规定。

国务院银行业监督管理机构依照本法有关规定，对经其批准在境外设立的金融机构以及前二款金融机构在境外的业务活动实施监督管理。

《消费者权益保护法》

第三十一条　各级人民政府应当加强领导，组织、协调、督促有关行政部门做好保护消费者合法权益的工作，落实保护消费者合法权益的职责。

各级人民政府应当加强监督，预防危害消费者人身、财产安全行为的发生，及时制止危害消费者人身、财产安全的行为。

第三十二条　各级人民政府工商行政管理部门和其他有关行政部门应当依照法律、法规的规定，在各自的职责范围内，采取措施，保护消费者的合法权益。

有关行政部门应当听取消费者和消费者协会等组织对经营者交易行为、商品和服务质量问题的意见，及时调查处理。

第三十三条　有关行政部门在各自的职责范围内，应当定期或者不定期对经营者提供的商品和服务进行抽查检验，并及时向社会公布抽查检验结果。

有关行政部门发现并认定经营者提供的商品或者服务存在缺陷，有危及人身、财产安全危险的，应当立即责令经营者采取停止销售、警示、召回、无害化处理、销毁、停止生产或者服务等措施。

第三十四条　有关国家机关应当依照法律、法规的规定，惩处经营者在提供商品和服务中侵害消费者合法权益的违法犯罪行为。

《邮政法》

第四条　国务院邮政管理部门负责对全国的邮政普遍服务和邮政市场实施监督管理。

省、自治区、直辖市邮政管理机构负责对本行政区域的邮政普遍服务和邮政市场实施监督管理。

按照国务院规定设立的省级以下邮政管理机构负责对本辖区的邮政普遍服务和邮政市场实施监督管理。

国务院邮政管理部门和省、自治区、直辖市邮政管理机构以及省级以下邮政管理机构（以下统称邮政管理部门）对邮政市场实施监督管理，应当遵循公开、公平、公正以及鼓励竞争、促进发展的原则。

第五条　国务院规定范围内的信件寄递业务，由邮政企业专营。

第六条　邮政企业应当加强服务质量管理，完善安全保障措施，为用户提供迅速、准确、安全、方便的服务。

第七条　邮政管理部门、公安机关、国家安全机关和海关应当相互配合，建立健全安全保障机制，加强对邮政通信与信息安全的监督管理，确保邮政通信与信息安全。

《产品质量法》

第七条　各级人民政府应当把提高产品质量纳入国民经济和社会发展规划，加强对产品质量工作的统筹规划和组织领导，引导、督促生产者、销售者加强产品质量管理，提高产品质量，组织各有关部门依法采取措施，制止产品生产、销售中违反本法规定的行为，保障本法的施行。

第八条　国务院市场监督管理部门主管全国产品质量监督工作。国务院有关部门在各自的职责范围内负责产品质量监督工作。

县级以上地方市场监督管理部门主管本行政区域内的产品质量监督工作。县级以上地方人民政府有关部门在各自的职责范围内负责产品质量监督工作。

法律对产品质量的监督部门另有规定的，依照有关法律的规定执行。

◎ 党内法规

《关于鼓励和规范互联网租赁自行车发展的指导意见》

五、营造良好发展环境

（十四）明确责任分工。各地区、各有关部门要充分认识鼓励和规范互联网租赁自行车的重要意义，加强组织领导、加快制度建设、强化监管服务。城市人民政府要结合本地实际，明确各部门工作责任，建立联合工作机制，加强统筹协调，加快信息共享，促进互联网租赁自行车健康有序发展。交通运输部门负责互联网租赁自行车与城市公共交通融合发展的政策制定和统筹协调；公安机关负责查处盗窃、损毁互联网租赁自行车等违法行为，查处互联网租赁自行车交通违法行为，维护交通秩序；住房城乡建设部门负责城市自行车交通网络、互联网租赁自行车停车设施规划并指导建设；公安机关交通管理部门和城市管理部门共同指导互联网租赁自行车停放管理；网信部门、电信主管部门、公安机关等根据各自职责，负责加强互联网租赁自行车服务的网络安全监管，保障用户信息安全。发展改革、价格、人民银行、工商、质检等部门按照各自职责，对互联网租赁自行车经营行为实施相关监督检查，并对违法行为依法处理。

......

◎ **部门规章**

《互联网 IP 地址备案管理办法》

第五条 中华人民共和国信息产业部（以下简称"信息产业部"）对基础电信业务经营者、公益性互联网网络单位和中国互联网络信息中心的 IP 地址备案实施监督管理。

各省、自治区、直辖市通信管理局（以下简称"省通信管理局"）对本行政区域内其他各级 IP 地址分配机构的 IP 地址备案活动实施监督管理。

《互联网著作权行政保护办法》

第三条 各级著作权行政管理部门依照法律、行政法规和本办法对互联网信息服务活动中的信息网络传播权实施行政保护。国务院信息产业主管部门和各省、自治区、直辖市电信管理机构依法配合相关工作。

《电子银行业务管理办法》

第七条 中国银监会负责对电子银行业务实施监督管理。

《规范互联网信息服务市场秩序若干规定》

第三条 工业和信息化部和各省、自治区、直辖市通信管理局（以下统称"电信管理机构"）依法对互联网信息服务活动实施监督管理。

《网络零售第三方平台交易规则制定程序规定（试行）》

第五条 商务部负责建设网络零售第三方平台交易规则备案系统，省、自治区、直辖市商务主管部门（以下称省级商务主管部门）负责网络零售第三方平台交易规则备案等日常管理。

《互联网视听节目服务管理规定》

第三条 国务院广播电影电视主管部门作为互联网视听节目服务的行业主管部门，负责对互联网视听节目服务实施监督管理，统筹互联网视听节目服务的产业发展、行业管理、内容建设和安全监管。国务院信息产业主管部门作为互联网行业主管部门，依据电信行业管理职责对互联网视听节目服务实施相应的监督管理。

地方人民政府广播电影电视主管部门和地方电信管理机构依据各自职责对本行政区域内的互联网视听节目服务单位及接入服务实施相应的监督管理。

《网络出版服务管理规定》

第四条　国家新闻出版广电总局作为网络出版服务的行业主管部门，负责全国网络出版服务的前置审批和监督管理工作。工业和信息化部作为互联网行业主管部门，依据职责对全国网络出版服务实施相应的监督管理。

地方人民政府各级出版行政主管部门和各省级电信主管部门依据各自职责对本行政区域内网络出版服务及接入服务实施相应的监督管理工作并做好配合工作。

《网络借贷信息中介机构业务活动管理暂行办法》

第四条　按照《关于促进互联网金融健康发展的指导意见》中"鼓励创新、防范风险、趋利避害、健康发展"的总体要求和"依法监管、适度监管、分类监管、协同监管、创新监管"的监管原则，落实各方管理责任。国务院银行业监督管理机构及其派出机构负责制定网络借贷信息中介机构业务活动监督管理制度，并实施行为监管。各省级人民政府负责本辖区网络借贷信息中介机构的机构监管。工业和信息化部负责对网络借贷信息中介机构业务活动涉及的电信业务进行监管。公安部牵头负责对网络借贷信息中介机构的互联网服务进行安全监管，依法查处违反网络安全监管的违法违规活动，打击网络借贷涉及的金融犯罪及相关犯罪。国家互联网信息办公室负责对金融信息服务、互联网信息内容等业务进行监管。

《网络发票管理办法》

第四条　税务机关应加强网络发票的管理，确保网络发票的安全、唯一、便利，并提供便捷的网络发票信息查询渠道；应通过应用网络发票数据分析，提高信息管税水平。

《非金融机构支付服务管理办法》

第三条　非金融机构提供支付服务，应当依据本办法规定取得《支付业务许可证》，成为支付机构。

支付机构依法接受中国人民银行的监督管理。

未经中国人民银行批准，任何非金融机构和个人不得从事或变相从事支付业务。

《互联网保险业务监管办法》

第六条　中国银行保险监督管理委员会（以下简称银保监会）及其派出机构依法对互联网保险业务实施监督

管理。

第二十六条 对于部分无法在线完成核保、保全、理赔等保险业务活动的，保险公司应通过本公司分支机构或线下合作机构做好落地服务，销售时应明确告知投保人相关情况。线下合作机构应是其他保险机构及其分支机构，包括区域性保险专业中介机构。对于完全无法在线完成批改、保全、退保、理赔等保险业务活动的，保险公司不得经营相关互联网保险产品。

保险公司委托其他合作机构提供技术支持和客户服务的，应建立委托合作全流程管理制度，审慎选择合作机构，进行有效的监测监督。

《网络交易监督管理办法》

第五条 国家市场监督管理总局负责组织指导全国网络交易监督管理工作。

县级以上地方市场监督管理部门负责本行政区域内的网络交易监督管理工作。

第六条 市场监督管理部门引导网络交易经营者、网络交易行业组织、消费者组织、消费者共同参与网络交易市场治理，推动完善多元参与、有效协同、规范有序的网络交易市场治理体系。

第三十三条 县级以上地方市场监督管理部门应当在日常管理和执法活动中加强协同配合。

网络交易平台经营者住所地省级市场监督管理部门应当根据工作需要，及时将掌握的平台内经营者身份信息与其实际经营地的省级市场监督管理部门共享。

◎ **部门规范性文件**

《互联网药品交易服务审批暂行规定》

第三十五条 （食品）药品监督管理部门应当对提供互联网药品交易服务的网站进行监督检查，并将检查情况向社会公告。

第三十六条 省、自治区、直辖市（食品）药品监督管理部门可根据本规定制定具体的审核要求和程序规定，并报国家食品药品监督管理局备案。

《关于进一步促进电子商务健康快速发展有关工作的通知》

一、统筹推进电子商务发展环境建设。国家发展改革委会同相关部门进一步完善促进电子商务健康快速发展的跨部门工作协调机制，继续推进国家电子商务示范城市创建工作，支持相关部门和地方围绕完善电子商务法规政策环境开展试点工作，并对有关部门和地方推进电子商务示范城市建设，开展电子商务试点工作等进行咨询指导、监督与评价。

二、推动电子商务企业会计档案电子化试点工作。财政部会同有关部门，组织开展会计档案电子化管理试点工作，修订完善《会计档案管理办法》，研究完善电子会计档案管理制度，推进电子会计档案在电子商务领域中的应用，充分发挥电子会计档案在电子商务领域会计信息数据管理、利用等方面的作用，推动电子商务领域会计信息化，提高会计信息质量。

三、推进商贸流通领域电子商务创新发展。商务部会同相关部门进一步完善电子商务交易、物流配送、网络拍卖等领域电子商务应用的相关政策、管理制度及标准规范；研究制定电子商务统计指标相关标准，加快建立健全统一高效的商贸流通业统计体系和电子商务统计体系，推进信用监测体系建设；促进商品现货市场电子商务规范发展，鼓励综合性批发市场、旧货流通市场、专业化市场发展线上、线下协同的电子商务应用体系，支持外贸电子商务、农产品电子商务、社区电子商务发展，密切产销衔接，推进电子商务示范基地建设，加强电子商务人才培训。

四、完善跨境贸易电子商务通关服务。海关总署会同商务部、税务总局、工商总局、质检总局、邮政局、国家标准委等部门在已有工作基础上，进一步完善跨境贸易电子商务通关服务环境，共同研究制定相配套的管理制度及标准规范，推进外贸电子商务企业备案信息共享，探索多部门联合推动跨境贸易电子商务通关服务的综合试点工作。

五、加快网络（电子）发票推广与应用。财政部、税务总局负责研究跨境贸易电子商务适用的税收政策及相关管理制度和标准规范。税务总局会同财政部继续加强电子商务企业的税收管理制度研究，完善网络（电子）发票的管理制度和信息标准规范，建立与电子商务交易信息、在线支付信息、物流配送信息相符的网络（电子）发票开具等相关管理制度，促进电子商务税务管理与网络（电子）发票的衔接，继续推进网络（电子）发票应用试点工作，推广网络（电子）发票在各领域的应用。

六、深入推进电子商务可信交易环境建设工作。工商总局负责加强网络商品交易及有关服务行为的规制建设，会同有关部门研究建立网络经营者信用指标体系，推动网络经营者交易信用信息采集与管理服务，鼓励社会中介机构开展网络经营者信用评价活动，研究制定跨境贸易电子商务企业主体身份标识管理制度，推动电子商务市场主体、客体及交易过程基础信息的规范管理与服务，组织电子商务服务企业开展电子商务可信交易保障服务试点工作。

七、建立完善电子商务产品质量安全监督机制。质检总局会同工商总局等有关部门，研究推进电子商务产品质量诚信体系建设，研究建立电子商务交易产品基础信息规范化管理和基于统一产品编码体系的质量信息公开制度，推动以组织机构代码实名制为基础的企业质量信用档案在电子商务领域的应用；会同邮政局探索建立跨境贸易电子商务邮件快件的检验检疫监管模式；会同有关部门研究建立跨境贸易电子商务产品质量安全监督和溯源机制，支持跨境贸易电子商务发展。

八、推动移动电子商务支付创新发展。人民银行负责研究制定金融移动支付发展政策，推进金融移动支付安全可信服务管理体系建设，建立移动支付信息安全保障体系；引导商业银行、支付机构实施移动支付金融行业标准，推动移动支付联网通用、业务规范发展；以金融 IC 卡应用为基础开展移动支付技术创新应用试点工作，探索符合市场要求的移动支付技术方案、商业模式和产品形态，为产业发展提供示范效应，促进移动电子商务支付创新发展。

九、完善电子商务快递服务制度。邮政局负责探索建立重点地区快递准时率通报机制，健全旺季电子商务配送的保障措施，创新城市电子商务快递服务机制；配合海关总署、质检总局等部门推进完善跨境贸易电子商务邮件快件管理。

十、推进电子商务标准化工作。国家标准委会同相关部门改组电子商务标准化总体组，建立完善电子商务国家标准体系，协调电子商务标准制定，会同有关部门和地方依托国家电子商务示范城市建设和电子商务试点工作，开展电子商务主客体的信息描述、电子商务交易过程监管、电子商务支付等关键环节的标准研制、验证、完善和推广工作。

十一、促进农业电子商务发展。农业部负责研究制定农产品分类定级等标准规范，与相关部门共同研究探索推进以农业产业化龙头企业、农民专业合作社、家庭农场等新型农业经营主体为纽带的农产品质量安全追溯体系、诚信体系建设，加强农业电子商务模式研究，规范农业生产经营信息采集，推动供需双方网络化协作，完善农业电子商务体系，推进农业领域电子商务应用并开展相关试点工作。

十二、促进林业电子商务发展。林业局负责研究推进林业电子商务发展的相关政策，研究制定基于电子商务的森林资产评估、地区性的森林资源转让、林权交易等管理办法，依托电子商务拓展林产品销售，支撑林区、林场发展转型，促进农民增收；会同工商总局研究建立林产品交易诚信体系；制定林产品的分类定级、网络交易等标准规范，推进林产品、林权交易的规范化与网络化，开展林产品、林权交易电子商务试点工作。

十三、促进旅游电子商务发展。旅游局负责研究制定旅游电子商务管理办法及相关推进政策；建立旅游电子商务公共服务和监管机制，推动旅游在线服务模式创新；研究建立重点旅游景区游客流量等相关信息的在线发布机制；会同工商总局推动旅游电子商务可信交易体系建设及旅游服务电子合同应用，开展集游客流量预警发布、即时投诉服务、电子合同签订、游客在途在线即时服务等功能的旅游综合电子商务服务试点工作。

《网络交易平台合同格式条款规范指引》

第二十一条　国家工商行政管理总局将根据网络经济发展情况，适时发布相关领域合同格式条款规范指引。

《关于加强境内网络交易网站监管工作协作积极促进电子商务发展的意见》

二、加强工作协作的原则与目标

工商行政管理部门应充分利用自身在市场管理、机构设置方面的优势，积极配合电信主管部门强化对互联网行业的监管，在涉网市场主体工商登记注册信息、网站主办者主体信息真实性核验等方面配合电信主管部门开展工作。电信主管部门应发挥在互联网行业管理方面的职能和技术优势，在网站备案信息

核查、网络接入服务信息核查等方面积极配合工商行政管理部门开展工作。

要建立健全简便高效的网络交易管理工作协作机制，及时准确定位载有违法信息的网站及服务器相关信息，实现对网络交易违法行为及时、有效、务实、强力打击的工作目标。

三、加强工作协作主要措施

（一）建立部门协调配合工作机制。

工商总局与工业和信息化部建立部际工作协作机制，设立常规工作沟通渠道和流程。支持各地工商行政管理部门与电信主管部门积极探索工作协作方法和机制，紧密结合注册资本登记制度改革相关要求，进一步转变职能，选择部分省市研究开展工作协作试点工作。各级工商行政管理部门、电信主管部门要进一步加强网络交易管理工作协调配合，省、自治区、直辖市等省级建制单位中要确定互相协调配合的机构，共同签署协作备忘录，定期召开协调工作会议，研究部署联合管理工作，建立常规的交流沟通和查处违法行为的工作机制。

（二）加强信息共享与工作协作。

各级工商行政管理部门、电信主管部门应通过有效方式实现市场主体的工商登记注册信息和网站备案信息等数据共享，对相互提出的涉网经营主体信

息、网站主办者主体信息的查询、比对、核实等予以配合，从多方面保障网络经营主体、物理经营地址、网络接入信息真实有效。

各级工商行政管理部门、电信主管部门要充分发挥职能作用，加强对网络交易及电信业务经营行为的日常监督管理，对检查发现的违法线索或收到的投诉举报，属本部门管辖的依据有关法律法规予以处理；超越本部门职责管辖范围、属对方部门管辖范围的，应依法及时办理抄告、移交手续，并做好协查协办工作。

……

四、加强工作协作要求

（一）坚持依法行政。

各级工商行政管理部门、电信主管部门在网络交易违法行为查处工作的各个环节中，要各司其职，坚持依法行政，严格依照法定程序开展工作，做到不错位、不缺位、不越位。

（二）加强调查研究。

各级工商行政管理部门、电信主管部门要注意在实际工作中总结经验，充分研究目前网络交易违法行为查处工作在法律适用、职责分工、监管技术、监管机制等方面存在的主要问题，共同推动网络交易监管法律体系与监管技术的建设进程，实现监管信息互通、监管资源共享和监管行动协同。

（三）增强监管合力。

各级工商行政管理部门、电信主管部门要进一步加强配合，适应信息技术、信息网络快速发展的趋势，不断提高网络管理、信息处理等技术能力，增强有效监管电子商务活动的能力。

《关于加强网络市场监管的意见》

一、加强网络市场监管规范化建设，推进"依法管网"。积极参与电子商务立法及相关法律法规制修订工作。推动工商法律法规向网络市场延伸应用。适应业态发展和监管需要，以问题为导向，完善规章制度，为监管工作提供充分的法律支撑。鼓励支持各地工商、市场监管部门结合各自实际，进一步健全完善网络市场规制体系。依法履行职责，强化执法监督，不断规范执法行为。面向全系统和全社会开展法律法规宣传教育，推动网络市场监管法治化建设。

二、强化技术手段与监管业务的融合，推进"以网管网"。充分利用信息网络技术手段，提高监管执法效能。以深化商事制度改革和电子营业执照推广应用为契机，进一步完善网络经营主体数据库，提高数据质量。加强网络市场监管事前、事中和事后的大数据应用，提高监测监管的前瞻性、实效性。优化网络监管平台功能。建设第三方网络交易平台监管系统。根据各地软硬件水平和监管压力，探索跨区域监测、监管协作机制，逐步实现总局与各地监管平台之间、工商内部各业务条线之间的互联互通和资源共享。完善网络市场监管工作基础设施，提升运用技术手段发现违法线索和电子数据取证能力。

四、加强监管统筹和推动一体化监管，推进"协同管网"。网络市场监管是工商行政管理职责整体延伸至网络领域的全局性工作。总局成立网络市场监管工作领导小组，各级工商、市场监管部门参照建立相应的统筹协调机制。推进网上网下一体化监管，各业务条线部署工作要同时涵盖网上和网下。明晰跨地区网络交易案件查办、消费维权、质量抽检、定向监测等工作的协同规则，建立衔接顺畅的跨地域监管协作机制。推动建立各级政府层面的网络市场监管工作协调机制，畅通与公安等部门的刑事司法衔接，建立与通信管理部门的经营性网站监管协作机制，加强与物流快递、金融支付等行业监管部门的沟通协调，实现信息共享、联合惩戒。落实网络交易平台等市场主体责任，指导网络经营企业和行业组织加强自律。充分运用各类新媒介，加大违法行为曝光力度，发挥公众和舆论监督作用，引导消费者理性消费，促进市场自我净化，构建社会共治格局。

九、加强网络市场新业态研究，把握监管规律。探索建立相关部门、研究机构等多方参与的网络规范制度研究机制。推进网络市场监管研究基地和专家库建设。积极开展网络市场监管机制建设前瞻性研究。研究社交电商、跨境电子商务、团购、O2O 等商业模式、新型业态的发展变化，针对性提出依法监管的措施办法。

十、强化基层基础建设，提高网络市场监管能力和水平。完善网络市场监管机构，充实专业工作力量，加强专项经费保障，优化装备配备。积极开展网络市场监管全员业务培训，增强培训的实效性、针对性，不断加强监管能力建设。

《非银行支付机构网络支付业务管理办法》

第三十九条　中国人民银行及其分支机构对照上述分类管理措施相应条件，动态确定支付机构适用的监管规定并持续监管。支付机构分类评定结果和支付账户实名比例不符合上述分类管理措施相应条件的，应严格按照第十条、第十一条、第十二条及第二十四条等相关规定执行。

中国人民银行及其分支机构可以根据社会经济发展情况和支付机构分类管理需要，对支付机构网络支付业务范围、模式、功能、限额及业务创新等相关管理措施进行适时调整。

《互联网信息搜索服务管理规定》

第三条 国家互联网信息办公室负责全国互联网信息搜索服务的监督管理执法工作。地方互联网信息办公室依据职责负责本行政区域内互联网信息搜索服务的监督管理执法工作。

《第三方电子商务交易平台服务规范》

9.3 政府监管

各级商务主管部门应当建立网上交易服务规范的监管责任制度和责任追究制度，依法对平台经营者及站内经营者的交易行为进行监督。

《关于加强互联网领域消费者权益保护工作的意见》

一、坚持一体化监管，依法保护互联网领域消费者的合法权益。坚持线上线下融合发展，加强一体化监管，保护互联网领域消费者合法权益，既是工商和市场监管部门必须履行的法定职责，也是工商和市场监管部门在经济发展新常态下促进互联网经济健康持续发展的重要抓手。各级工商和市场监管部门要认真贯彻落实国务院的部署和总局的统一要求，把加强互联网领域消费者权益保护工作作为服务供给侧结构性改革、实现供给与需求两端发力的重要举措，加大《消费者权益保护法》《产品质量法》等法律法规及其配套规章的执法力度，针对互联网领域存在的侵害消费者合法权益的突出问题，严厉打击消费侵权违法行为，依法规范网络经营者的经营行为，及时解决消费纠纷，增强网络市场消费信心，切实营造安全放心的网络消费环境。

二、坚持突出重点，切实强化网络交易商品质量监管。充分利用消费者投诉举报以及网上日常监测、检查执法中发现的情况，深入排查网络商品交易中存在的质量问题，按照"双随机一公开"的要求，强化线上线下一体化监管，将网络商品质量抽检纳入各地的年度抽检计划，统筹安排。突出数码电子、家用电器、服装鞋帽、儿童用品、汽车配件等网购热销、消费者反映问题集中的重点商品，参考网络商品销量和综合排名等因素，科学确定网络抽检的经营主体范围和商品品种，有针对性地开展网络商品抽检。强化线上线下结合，同步推进商品质量抽检，抽检结果线上线下共同适用，运用大数据等现代化信息手段，实现高效抽查监管。对具有先验质量信息的情形，要大力推动《商品质量监督抽样检验程序 具有先验质量信息的情形》（GB/T 28863—2012）在流通领域商品质量抽检中的运用，扩大抽检结果的适用范围，提升商品抽检的影响力。针对抽检发现的重点问题商品，集中时间、集中执法力量，有效开展专项整治，依法严查重处典型违法企业、违法行为。要发挥网络商质量监测（杭州）中心的作用，加强对网络交易平台的重点监管，集中整治纵容假冒伪劣、不配合执法部门监管执法的网络交易平台提供者，切实净化网络市场环境。

三、坚持问题导向，严厉打击网络交易中侵害消费者权益的违法行为。强化网络消费侵权案件的查办工作，积极推进和规范"诉转案"，努力扩大案源并提升案件查办精准度，强化事后监管的有效性。依法查处网络商品质量违法案件，加大对网络商品经营者销售不合格商品违法行为的处罚力度，责令其立即停止销售，删除违法商品信息。涉及有危及人身、财产安全危险且不符合强制性标准的商品，同时要求有关的网络交易平台提供者立即屏蔽违法店铺或商品信息、停止提供对相关商品的交易平台服务。综合运用工商职能作用，严厉查处网络虚假违法广告、虚假宣传、商标侵权、传销和非法直销等网络交易违法行为以及网络虚假认证、刷单炒信等典型涉网消费欺诈行为，依法打击网购七日无理由退货、消费者个人信息保护、售后修理更换服务等方面存在的侵害消费者权益的违法行为。加强部门间、区域间的案件协办和联动执法，加大对跨区域纵容假冒伪劣、拒绝配合执法部门监管执法的网络交易平台经营者的查办力度，对重大典型案件挂牌督

办、限时办结，对涉嫌犯罪的案件及时移送司法机关处理。针对信息服务、智能家居、个性时尚养老、健康等新兴消费领域，既要鼓励和支持消费结构升级和创新，又要及时发现和依法查处新兴消费领域的消费侵权行为，切实发挥新消费的引领和带动作用。

《关于加强对电子商务领域失信问题专项治理工作的通知》

二、加快建立健全专项治理长效工作机制

专项治理工作既是一项系统性工作，也是一项长期性工作，各地区相关部门要着重加强以下三项工作，并长效开展下去。

（一）整合部门资源，建立健全跨部门跨地区工作机制。

各地社会信用体系建设牵头部门要牵头建立跨部门跨地区工作机制，根据国家电子商务领域失信问题专项治理工作视频会要求，由省社会信用体系建设牵头部门会同省网信办、工业和信息化主管部门、通信管理局、公安厅、交通厅、邮政局、商务厅、海关（原检验检疫局）、工商局、质监局（市场监督管理部门）和食品药品监管局（或由地方根据工作需要决定）等，建立省级电子商务领域失信问题专项治理工作组（以下简称"省级工作组"），明确牵头单位以及各相关部门负责人和联络

员，就本辖区内电子商务领域失信问题进行专项研究，并提出有针对性的措施和工作方案。鼓励省级工作组指导市、县级有关部门建立市、县级电子商务领域失信问题专项治理工作组；鼓励各省级工作组交叉开展跨地区合作交流和检查互评。

……

（三）提高失信成本，加大专项治理对象联合惩戒力度。

各地区要根据《关于全面加强电子商务领域诚信建设的指导意见》（发改财金〔2016〕2794号）文件要求，广泛开展电子商务领域失信联合惩戒，一是加大信用信息公示力度，充分发挥"信用中国"网站和国家企业信用信息公示系统作用，推动电子商务平台基本信息、信用信息及重大事件信息披露。二是加大对失信主体的惩戒力度，各地方可以根据工作需要和地方实际，制定地方电子商务失信主体认定标准，并将认定后的电子商务领域"黑名单"纳入联合惩戒。相关部门已有失信企业认定标准的，按其规定执行。三是严厉打击整治电子商务领域违法失信行为，鼓励在已有的限制新设立账户等13项联合惩戒措施基础上，结合地方实际，创新制定联合惩戒措施。

《移动互联网应用程序信息服务管理规定》

第三条 国家网信部门负责全国应用程序信息内容的监督管理工作。地方网信部门依据职责负责本行政区域内应用程序信息内容的监督管理工作。

第二十四条 网信部门会同有关主管部门建立健全工作机制，监督指导应用程序提供者和应用程序分发平台依法依规从事信息服务活动。

应用程序提供者和应用程序分发平台应当对网信部门和有关主管部门依法实施的监督检查予以配合，并提供必要的支持和协助。

> **第七条** **【电子商务协同管理】**
> 国家建立符合电子商务特点的协同管理体系，推动形成有关部门、电子商务行业组织、电子商务经营者、消费者等共同参与的电子商务市场治理体系。

关联法规

◎ **法律**

《网络安全法》

第八条 国家网信部门负责统筹协调网络安全工作和相关监督管理工作。

国务院电信主管部门、公安部门和其他有关机关依照本法和有关法律、行政法规的规定，在各自职责范围内负责网络安全保护和监督管理工作。

县级以上地方人民政府有关部门的网络安全保护和监督管理职责，按照国家有关规定确定。

第十五条　国家建立和完善网络安全标准体系。国务院标准化行政主管部门和国务院其他有关部门根据各自的职责，组织制定并适时修订有关网络安全管理以及网络产品、服务和运行安全的国家标准、行业标准。

国家支持企业、研究机构、高等学校、网络相关行业组织参与网络安全国家标准、行业标准的制定。

第十七条　国家推进网络安全社会化服务体系建设，鼓励有关企业、机构开展网络安全认证、检测和风险评估等安全服务。

《数据安全法》

第九条　国家支持开展数据安全知识宣传普及，提高全社会的数据安全保护意识和水平，推动有关部门、行业组织、科研机构、企业、个人等共同参与数据安全保护工作，形成全社会共同维护数据安全和促进发展的良好环境。

《消费者权益保护法》

第三十一条　各级人民政府应当加强领导，组织、协调、督促有关行政部门做好保护消费者合法权益的工作，落实保护消费者合法权益的职责。

各级人民政府应当加强监督，预防危害消费者人身、财产安全行为的发生，及时制止危害消费者人身、财产安全的行为。

第三十二条　各级人民政府工商行政管理部门和其他有关行政部门应当依照法律、法规的规定，在各自的职责范围内，采取措施，保护消费者的合法权益。

有关行政部门应当听取消费者和消费者协会等组织对经营者交易行为、商品和服务质量问题的意见，及时调查处理。

第三十三条　有关行政部门在各自的职责范围内，应当定期或者不定期对经营者提供的商品和服务进行抽查检验，并及时向社会公布抽查检验结果。

有关行政部门发现并认定经营者提供的商品或者服务存在缺陷，有危及人身、财产安全危险的，应当立即责令经营者采取停止销售、警示、召回、无害化处理、销毁、停止生产或者服务等措施。

第三十四条　有关国家机关应当依照法律、法规的规定，惩处经营者在提供商品和服务中侵害消费者合法权益的违法犯罪行为。

第三十五条 人民法院应当采取措施，方便消费者提起诉讼。对符合《中华人民共和国民事诉讼法》起诉条件的消费者权益争议，必须受理，及时审理。

《广告法》

第六条 国务院市场监督管理部门主管全国的广告监督管理工作，国务院有关部门在各自的职责范围内负责广告管理相关工作。

县级以上地方市场监督管理部门主管本行政区域的广告监督管理工作，县级以上地方人民政府有关部门在各自的职责范围内负责广告管理相关工作。

◎ **党内法规**

《关于鼓励和规范互联网租赁自行车发展的指导意见》

五、营造良好发展环境

……

（十五）加强社会公众治理。充分发挥行业协会、产业联盟等各方作用，支持制定发布行业公约等自律规则，贯彻实施相关标准，加强行业服务和自律管理，强化服务质量监管、第三方评价等。鼓励公众共同参与治理，形成企业主体、政府监管、多方参与的社会治理体系。加大消费者权益保护力度，防范向消费者转嫁经营风险等行为。

……

《国家市场监督管理总局职能配置、内设机构和人员编制规定》

第三条 国家市场监督管理总局贯彻落实党中央关于市场监督管理工作的方针政策和决策部署，在履行职责过程中坚持和加强党对市场监督管理工作的集中统一领导。主要职责是：

……

（十九）有关职责分工。

1. 与公安部的有关职责分工。国家市场监督管理总局与公安部建立行政执法和刑事司法工作衔接机制。市场监督管理部门发现违法行为涉嫌犯罪的，应当按照有关规定及时移送公安机关，公安机关应当迅速进行审查，并依法作出立案或者不予立案的决定。公安机关依法提请市场监督管理部门作出检验、鉴定、认定等协助的，市场监督管理部门应当予以协助。

2. 与农业农村部的有关职责分工。（1）农业农村部负责食用农产品从种植养殖环节到进入批发、零售市场或者生产加工企业前的质量安全监督管理。食用农产品进入批发、零售市场或者生产加工企业后，由国家市场监督管理总局监督管理。（2）农业农村部负责动植物疫病防控、畜禽屠宰环节、生鲜乳收购环节质量安全的监督管理。（3）两部门要建立食品安全产地准出、市场准入和追溯机制，加强协调配合和工作衔接，形成监管合力。

3. 与国家卫生健康委员会的有关职责分工。国家卫生健康委员会负责食品安全风险评估工作，会同国家市场监督管理总局等部门制定、实施食品安全风险监测计划。国家卫生健康委员会对通过食品安全风险监测或者接到举报发现食品可能存在安全隐患的，应当立即组织进行检验和食品安全风险评估，并及时向国家市场监督管理总局通报食品安全风险评估结果，对于得出不安全结论的食品，国家市场监督管理总局应当立即采取措施。国家市场监督管理总局在监督管理工作中发现需要进行食品安全风险评估的，应当及时向国家卫生健康委员会提出建议。

4. 与海关总署的有关职责分工。（1）两部门要建立机制，避免对各类进出口商品和进出口食品、化妆品进行重复检验、重复收费、重复处罚，减轻企业负担。（2）海关总署负责进口食品安全监督管理。进口的食品以及食品相关产品应当符合我国食品安全国家标准。境外发生的食品安全事件可能对我国境内造成影响，或者在进口食品中发现严重食品安全问题的，海关总署应当及时采取风险预警或者控制措施，并向国家市场监督管理总局通报，国家市场监督管理总局应当及时采取相应措施。（3）两部门要建立进口产品缺陷信息

通报和协作机制。海关总署在口岸检验监管中发现不合格或存在安全隐患的进口产品，依法实施技术处理、退运、销毁，并向国家市场监督管理总局通报。国家市场监督管理总局统一管理缺陷产品召回工作，通过消费者报告、事故调查、伤害监测等获知进口产品存在缺陷的，依法实施召回措施；对拒不履行召回义务的，国家市场监督管理总局向海关总署通报，由海关总署依法采取相应措施。

5. 与国家药品监督管理局的有关职责分工。国家药品监督管理局负责制定药品、医疗器械和化妆品监管制度，负责药品、医疗器械和化妆品研制环节的许可、检查和处罚。省级药品监督管理部门负责药品、医疗器械、化妆品生产环节的许可、检查和处罚，以及药品批发许可、零售连锁总部许可、互联网销售第三方平台备案及检查和处罚。市县两级市场监督管理部门负责药品零售、医疗器械经营的许可、检查和处罚，以及化妆品经营和药品、医疗器械使用环节质量的检查和处罚。

6. 与国家知识产权局的有关职责分工。国家知识产权局负责对商标专利执法工作的业务指导，制定并指导实施商标权、专利权确权和侵权判断标准，制定商标专利执法的检验、鉴定和其他

相关标准，建立机制，做好政策标准衔接和信息通报等工作。国家市场监督管理总局负责组织指导商标专利执法工作。

◎ **行政法规**

《化妆品监督管理条例》

第八条 消费者协会和其他消费者组织对违反本条例规定损害消费者合法权益的行为，依法进行社会监督。

◎ **部门规章**

《中国人民银行金融消费者权益保护实施办法》

第六条 鼓励金融消费者和银行、支付机构充分运用调解、仲裁等方式解决金融消费纠纷。

《网络交易监督管理办法》

第六条 市场监督管理部门引导网络交易经营者、网络交易行业组织、消费者组织、消费者共同参与网络交易市场治理，推动完善多元参与、有效协同、规范有序的网络交易市场治理体系。

◎ **部门规范性文件**

《关于加强互联网领域消费者权益保护工作的意见》

四、坚持改革创新，健全完善网络交易在线投诉及售后维权机制。通过理顺体制、创新机制、优化布局等措施，进一步创新和完善以12315行政监管体系为主导、经营者自律和社会监督体系

为依托、信息化网络为支撑的多功能的12315体系。加强基层维权网络建设，支持和推动建立健全区域消费维权协作机制和电子商务消费者权益争议解决调处机制，着力提升消费维权工作效能。加快建设全国12315互联网平台，完善在线投诉和处置功能，形成电话与互联网并举的受理机制，引导消费者网上咨询、投诉、举报，实行网上接诉、网上分流、网上调解、网上回复、网上跟踪督办，实现消费者诉求处理流程透明化。深入推进12315"五进"工程，依托12315消费维权服务站推动网络市场的放心消费创建工作，引导有条件的网络交易平台提供者设立消费维权服务站，扩大"五进"覆盖面。积极推进总局电子商务12315投诉维权（杭州）中心建设，进一步畅通消费者诉求渠道，快速有效地处理跨区域网络消费纠纷。

六、坚持社会共治，构建互联网领域消费者权益保护的长效机制。充分发挥国务院消费者权益保护联席会议制度的作用，推动各有关单位在联席会议制度的框架下加强协作配合，协调解决消费者权益保护工作中的重要问题和重大消费事件。各地要积极推动本地区消费者权益保护工作的机制建设，整合消费维权社会资源，切实形成消费者权益保护的工作合力。探索建立跨境消费争议在线解决机制，协调解决跨境电子商

务、"海淘"、社交电商等带来的消费纠纷。歧励行业协会建立健全行业经营自律规范，引导行业企业遵守国家法律法规。督促网络经营者落实消费环节经营者首问和赔偿先付制度，主动和解消费纠纷。要求网络交易平台提供者建立和完善赔偿先付制度，提供快速解决消费纠纷的"绿色通道"。支持消协组织加强对网络交易商品和服务开展社会监督，持续开展消费体察、服务评议、调查点评活动，督促网络经营行业和经营者开展整改，针对网络市场中侵害众多消费者权益行为提起公益诉讼。

七、坚持教育引导，提高网络消费者自我保护的能力。加强大数据深度利用，进一步提升数据质量，推进与消协组织、有关部门及大型企业、主要网络交易平台的数据共享和整合，深入研究区域性的消费维权数据，形成有深度有指导作用的消费维权分析报告，及时向社会公布，引导改善消费环境。加强与主流新闻媒体、新兴网络媒体的合作与联系，利用"3.15"、"双十一"等重要时间节点，积极运用微博、微信等网络传播方式，加强对新《消法》及配套法规制度的宣传和解读，有针对性地向消费者普及有关网络消费的商品和服务知识，积极回应广大消费者网络消费中关切的热点问题，增强消费者维权意识，提高消费者自我保护的能力。

《促进电子商务发展部际综合协调工作组工作制度及三年行动实施方案（2016-2018年）》

一、总体思路

按照"软硬结合、内外并举、纵横协同、政企合作"的方针，建设有利于电子商务发展的法规政策环境，完善电子商务基础信息设施，深化国家电子商务示范城市建设，促进重点区域电子商务发展。加强与"一带一路"沿线国家的电子商务合作，切实发挥电子商务对促进经济增长、产业升级和脱贫攻坚的作用，带动大众创业和万众创新，加快培育新动能。

"软硬结合"即统筹建设适应电子商务发展需求的软硬环境。软环境要强化电子商务相关的法规政策、标准规范、科技支撑及人才培养培训，硬环境要重点推进电子商务基础信息设施、电子商务安全及电子商务经济监测体系建设。

"内外并举"即协调推进国内电子商务产业发展及其国际化进程。对内要加快发展电子商务产业，积极扶持重点企业，积极扶持新兴业态，保持国际领先优势；对外要重点推进"一带一路"电子商务国际合作，支持电子商务企业全球化布局，力争电子商务国际规则的话语权和主导权。

"纵横协同"即在促进电子商务发

展部际综合协调工作组的统筹下，加强国家各部门与各地方政府、电子商务示范城市的协调，在统筹顶层设计的基础上，根据各有关部门和地方职责分工，共同推进电子商务健康发展。

"政企合作"即加强各级政府部门、行业协会与各类电子商务企业、研究院所等社会团体的合作，共同开展电子商务理论研究、技术攻关、模式创新；加强政府引导、充分发挥行业协会的作用，按照国家有关规定，推进电子商务信用体系、追溯体系及统计监测体系建设；规范电子商务市场秩序，遵循市场化机制，共同推动电子商务与传统产业融合发展。

《关于加强对电子商务领域失信问题专项治理工作的通知》

二、加快建立健全专项治理长效工作机制

专项治理工作既是一项系统性工作，也是一项长期性工作，各地区相关部门要着重加强以下三项工作，并长效开展下去。

......

（二）加强政企合作，切实发挥好省级"反炒信"联盟作用。

自2016年10月国家"反炒信"联盟建立以来，成员单位已发展到包括阿里巴巴、百度、腾讯、京东等17家主要电商企业在内的联盟体，成为有关部门加强电子商务领域诚信建设和开展专项治理工作的有力抓手。各地区要组织、指导本辖区内的电商平台、互联网公司、物流企业等相关电子商务类企业成立区域性"反炒信"联盟，鼓励各地方探索成立跨地区"反炒信"联盟，依法依规推动联盟成员企业间信用信息共享，加强协同监测力度，拓宽监测渠道，对电子商务领域失信问题进行更有针对性的管控，切实发挥好各地"反炒信"联盟在专项治理工作中的积极作用。

......

第八条　【电子商务行业自律】

电子商务行业组织按照本组织章程开展行业自律，建立健全行业规范，推动行业诚信建设，监督、引导本行业经营者公平参与市场竞争。

关联法规

◎ 法律

《网络安全法》

第十一条　网络相关行业组织按照章程，加强行业自律，制定网络安全行为规范，指导会员加强网络安全保护，提高网络安全保护水平，促进行业健康发展。

《数据安全法》

第十条　相关行业组织按照章程，依法制定数据安全行为规范和团体标准，加强行业自律，指导会员加强数据安全保护，提高数据安全保护水平，促进行业健康发展。

《邮政法》

第六十条　经营快递业务的企业依法成立的行业协会，依照法律、行政法规及其章程规定，制定快递行业规范，加强行业自律，为企业提供信息、培训等方面的服务，促进快递业的健康发展。

经营快递业务的企业应当对其从业人员加强法制教育、职业道德教育和业务技能培训。

《广告法》

第七条　广告行业组织依照法律、法规和章程的规定，制定行业规范，加强行业自律，促进行业发展，引导会员依法从事广告活动，推动广告行业诚信建设。

◎ **党内法规**

《关于鼓励和规范互联网租赁自行车发展的指导意见》

五、营造良好发展环境

......

（十五）加强社会公众治理。充分发挥行业协会、产业联盟等各方作用，支持制定发布行业公约等自律规则，贯彻实施相关标准，加强行业服务和自律管理，强化服务质量监管、第三方评价等。鼓励公众共同参与治理，形成企业主体、政府监管、多方参与的社会治理体系。加大消费者权益保护力度，防范向消费者转嫁经营风险等行为。

......

◎ **部门规章**

《电信和互联网用户个人信息保护规定》

第七条　国家鼓励电信和互联网行业开展用户个人信息保护自律工作。

第二十一条　鼓励电信和互联网行业协会依法制定有关用户个人信息保护的自律性管理制度，引导会员加强自律管理，提高用户个人信息保护水平。

《网络零售第三方平台交易规则制定程序规定（试行）》

第十六条　国家鼓励行业组织开展行业规范自律，对已备案的交易规则提出意见，建立与网络零售第三方平台经营者的互动机制，推进第三方平台交易规则的标准化与规范化。

《互联网视听节目服务管理规定》

第五条　互联网视听节目服务单位组成的全国性社会团体，负责制定行业自律规范，倡导文明上网、文明办网，营造文明健康的网络环境，传播健康有益视听节目，抵制腐朽落后思想文化传播，并在国务院广播电影电视主管部门指导下开展活动。

《网络出版服务管理规定》

第六条 国家鼓励图书、音像、电子、报纸、期刊出版单位从事网络出版服务，加快与新媒体的融合发展。

国家鼓励组建网络出版服务行业协会，按照章程，在出版行政主管部门的指导下制定行业自律规范，倡导网络文明，传播健康有益内容，抵制不良有害内容。

《网络借贷信息中介机构业务活动管理暂行办法》

第三十四条 中国互联网金融协会从事网络借贷行业自律管理，并履行下列职责：

（一）制定自律规则、经营细则和行业标准并组织实施，教育会员遵守法律法规和网络借贷有关监管规定；

（二）依法维护会员的合法权益，协调会员关系，组织相关培训，向会员提供行业信息、法律咨询等服务，调解纠纷；

（三）受理有关投诉和举报，开展自律检查；

（四）成立网络借贷专业委员会；

（五）法律法规和网络借贷有关监管规定赋予的其他职责。

《儿童个人信息网络保护规定》

第六条 鼓励互联网行业组织指导推动网络运营者制定儿童个人信息保护的行业规范、行为准则等，加强行业自律，履行社会责任。

《中国人民银行金融消费者权益保护实施办法》

第五条 中国人民银行及其分支机构坚持公平、公正原则，依法开展职责范围内的金融消费者权益保护工作，依法保护金融消费者合法权益。

中国人民银行及其分支机构会同有关部门推动建立和完善金融机构自治、行业自律、金融监管和社会监督相结合的金融消费者权益保护共同治理体系。

《互联网保险业务监管办法》

第七十五条 中国保险行业协会对互联网保险业务进行自律管理，开展保险机构互联网保险业务信息披露相关管理工作。

保险机构应通过中国保险行业协会官方网站的互联网保险信息披露专栏，对自营网络平台、互联网保险产品、合作销售渠道等信息及时进行披露，便于社会公众查询和监督。

《互联网广告管理办法》

第五条 广告行业组织依照法律、法规、部门规章和章程的规定，制定行业规范、自律公约和团体标准，加强行业自律，引导会员主动践行社会主义核心价值观、依法从事互联网广告活动，推动诚信建设，促进行业健康发展。

◎ **部门规范性文件**

《网络购物服务规范》

4.3 遵守诚信自律原则

网络购物的各参与方必须遵守诚信自律的原则。

《网络交易平台经营者履行社会责任指引》

第十九条　网络交易平台经营者应建立消费纠纷和解和消费维权自律制度。消费者在平台内购买商品或者接受服务，发生消费纠纷或者其合法权益受到损害时，消费者要求网络交易平台经营者调解的，网络交易平台经营者应调解。消费者通过投诉、诉讼、仲裁或其他方式解决争议的，网络交易平台经营者应予以协助。

发生侵害消费者合法权益的情形时，网络交易平台经营者应向消费者提供平台内经营者的真实名称、地址和有效联系方式；不能提供的，消费者可以向网络交易平台经营者要求赔偿。网络交易平台经营者赔偿后，有权向平台内经营者追偿。

第二十三条　鼓励网络交易平台经营者建立健全先行赔付制度，一旦发生消费纠纷，消费者与平台内经营者协商无果的，由网络交易平台经营者先行赔偿，确保消费者安全放心消费。

鼓励网络交易平台经营者建立健全对平台内经营者的信用评价实施办法，公平、公正、透明地开展信用信息的征集、评价、公示，完善行业自律机制，促进诚信经营。

鼓励网络交易平台经营者建立健全消费者权益保护公示制度，定期公示消费者纠纷处理情况、保护消费者权益相关措施、加强对平台内经营者管理的相关措施等。

《网络交易平台合同格式条款规范指引》

第五条　鼓励支持网络交易行业组织对本行业内合同格式条款的制定和使用进行规范，加强行业自律，促进行业规范发展。

《非银行支付机构网络支付业务管理办法》

第四十条　支付机构应当加入中国支付清算协会，接受行业自律组织管理。

中国支付清算协会应当根据本办法制定网络支付业务行业自律规范，建立自律审查机制，向中国人民银行备案后组织实施。自律规范应包括支付机构与客户签订协议的范本，明确协议应记载和不得记载事项，还应包括支付机构披露有关信息的具体内容和标准格式。

中国支付清算协会应当建立信用承诺制度，要求支付机构以标准格式向社会公开承诺依法合规开展网络支付业务、保障客户信息安全和资金安全、维护客户合法权益、如违法违规自愿接受约束和处罚。

《互联网信息搜索服务管理规定》

第四条 互联网信息搜索服务行业组织应当建立健全行业自律制度和行业准则，指导互联网信息搜索服务提供者建立健全服务规范，督促互联网信息搜索服务提供者依法提供服务、接受社会监督，提高互联网信息搜索服务从业人员的职业素养。

《第三方电子商务交易平台服务规范》

9.1 行业自律

鼓励第三方平台经营者依照本规范进行行业自律，支持有关行业组织对平台经营者的服务进行监督和协调。

鼓励行业协会设立消费警示制度，监督和约束有不良行为的平台经营者。

鼓励平台经营者成立行业自律组织，制定行规和行约，建立网上交易诚信体系，加强自律，推动网上交易的发展。

《关于加强互联网领域消费者权益保护工作的意见》

五、坚持信息公开，推进网络经营者诚信自律体系建设。要健全和完善抽检结果信息公布制度，规范公布抽检结果的渠道和形式，利用各级工商、市场监管部门官网、各种媒体平台，依法及时向社会发布包含网络抽检在内的商品质量抽检结果信息，加强网络商品质量安全风险警示。推动消费侵权案件公示

工作，依法通过国家企业信用信息公示系统公示行政处罚信息，对于网络经营企业因提供商品或者服务不符合保障人身、财产安全要求，造成人身伤害等严重侵害消费者权益的违法行为，两年内受到三次以上行政处罚的，要严格按照严重违法失信企业名单进行管理。推动部门间信用信息互联共享，实施失信联合惩戒，让违法企业及有关人员"一处违法、处处受限"。要积极推动企业投诉情况公开工作，扩大企业投诉情况公开试点。抓住节假日、集中促销等关键节点，依法查办并公布一批大案要案，特别要曝光一批销售不合格商品的网络商品经营者、质量管理责任缺失的第三方交易平台经营者。通过信息公开，倒逼网络商品经营者和网络交易平台健全和完善内部质量管控制度和措施，从根源上提升网络交易商品的质量水平。

《网络空间国际合作战略》

第四章 行动计划

......

六、倡导对隐私权等公民权益的保护

支持联合国大会及人权理事会有关隐私权保护问题的讨论，推动网络空间确立个人隐私保护原则。推动各国采取措施制止利用网络侵害个人隐私的行为，并就尊重和保护网络空间个人隐私的实践和做法进行交流。

促进企业提高数据安全保护意识，支持企业加强行业自律，就网络空间个人信息保护最佳实践展开讨论。推动政府和企业加强合作，共同保护网络空间个人隐私。

……

《移动互联网应用程序信息服务管理规定》

第二十三条　鼓励互联网行业组织建立健全行业自律机制，制定完善行业规范和自律公约，指导会员单位建立健全服务规范，依法依规提供信息服务，维护市场公平，促进行业健康发展。

第二章　电子商务经营者

第一节　一般规定

第九条　【电子商务经营主体】

本法所称电子商务经营者，是指通过互联网等信息网络从事销售商品或者提供服务的经营活动的自然人、法人和非法人组织，包括电子商务平台经营者、平台内经营者以及通过自建网站、其他网络服务销售商品或者提供服务的电子商务经营者。

本法所称电子商务平台经营者，是指在电子商务中为交易双方或者多方提供网络经营场所、交易撮合、信息发布等服务，供交易双方或者多方独立开展交易活动的法人或者非法人组织。

本法所称平台内经营者，是指通过电子商务平台销售商品或者提供服务的电子商务经营者。

关联法规

◎ **法律**

《民法典》

第二条　民法调整平等主体的自然人、法人和非法人组织之间的人身关系和财产关系。

第五十七条　法人是具有民事权利能力和民事行为能力，依法独立享有民事权利和承担民事义务的组织。

第一百零二条　非法人组织是不具有法人资格，但是能够依法以自己的名义从事民事活动的组织。

非法人组织包括个人独资企业、合伙企业、不具有法人资格的专业服务机构等。

《消费者权益保护法》

第三条　经营者为消费者提供其生产、销售的商品或者提供服务，应当遵守本法；本法未作规定的，应当遵守其他有关法律、法规。

《对外贸易法》

第八条　本法所称对外贸易经营者，是指依法办理工商登记或者其他执业手续，依照本法和其他有关法律、行政法规的规定从事对外贸易经营活动的法人、其他组织或者个人。

◎ **司法解释**

《关于审理涉电子商务平台知识产权民事案件的指导意见》

二、人民法院审理涉电子商务平台知识产权纠纷案件，应当依照《中华人民共和国电子商务法》（以下简称电子商务法）第九条的规定，认定有关当事人是否属于电子商务平台经营者或者平台内经营者。

人民法院认定电子商务平台经营者的行为是否属于开展自营业务，可以考量下列因素：商品销售页面上标注的"自营"信息；商品实物上标注的销售主体信息；发票等交易单据上标注的销售主体信息等。

◎ **部门规章**

《网络交易监督管理办法》

第七条　本办法所称网络交易经营者，是指组织、开展网络交易活动的自然人、法人和非法人组织，包括网络交易平台经营者、平台内经营者、自建网站经营者以及通过其他网络服务开展网络交易活动的网络交易经营者。

本办法所称网络交易平台经营者，是指在网络交易活动中为交易双方或者多方提供网络经营场所、交易撮合、信息发布等服务，供交易双方或者多方独立开展网络交易活动的法人或者非法人组织。

本办法所称平台内经营者，是指通过网络交易平台开展网络交易活动的网络交易经营者。

网络社交、网络直播等网络服务提供者为经营者提供网络经营场所、商品浏览、订单生成、在线支付等网络交易平台服务的，应当依法履行网络交易平台经营者的义务。通过上述网络交易平台服务开展网络交易活动的经营者，应当依法履行平台内经营者的义务。

◎ **部门规范性文件**

《关于网上交易的指导意见（暂行）》

一、网上交易及其参与方

（一）网上交易

网上交易是买卖双方利用互联网进行的商品或服务交易。常见的网上交易主要有：企业间交易、企业和消费者间交易、个人间交易、企业和政府间交易等。

（二）网上交易参与方

网上交易参与方包括网上交易的交易方和网上交易服务提供者。

1. 网上交易的交易方，具体指：

（1）卖方，利用互联网出售商品或服务。

（2）买方，利用互联网购买或获得商品或服务。

现行法律制度规定从事商品和服务交易须具备相应资格的，交易方应当符合其规定。

2. 网上交易服务提供者，根据其

服务内容可以分为：

（1）网上交易平台服务提供者，从事网上交易平台运营并为买卖双方提供交易服务。网上交易平台是平台服务提供者为开展网上交易提供的计算机信息系统，该系统包括互联网、计算机、相关硬件和软件等。

（2）网上交易辅助服务提供者，为优化网上交易环境和促进网上交易，为买卖双方提供身份认证、信用评估、网络广告发布、网络营销、网上支付、物流配送、交易保险等辅助服务。

生产企业自主开发网上交易平台，开展采购和销售活动，也可视为网上交易服务提供者。

网上交易平台服务提供者可以同时提供网上交易辅助服务。

《网络购物服务规范》

3.2　网络购物服务

指网络购物平台提供商、网络支付平台提供商及网络购物辅助服务提供商为网络购物交易方提供缔结和履行网络交易所必需的各种服务。

3.3　网络购物交易方

指通过互联网进行购物交易的双方，分为：

（1）卖方：利用互联网出售商品或提供服务。

（2）买方：利用互联网购买商品或获得服务。

3.4　网络购物平台

指为各种网络购物（包括B2B、B2C、C2C和G2B）提供网络购物交易空间服务的计算机网络系统。

3.5　网络购物平台

提供商指为网络购物交易方提供网络购物平台系统，并进行运营和服务的法人。

3.6　网络支付平台

指为各种网络购物（包括B2B、B2C、C2C和G2B）提供网络购物安全支付服务的计算机网络系统。

3.7　网络支付平台

提供商指为网络购物交易方提供网络支付平台系统，并进行运营和服务的法人。

3.8　网络购物辅助服务

指为各种网络购物（包括B2B、B2C、C2C和G2B）提供网络购物中所需要的服务活动，如：包裹和快件的运输或寄递、交易保险等。

3.9　网络购物辅助服务提供商

指为网络购物交易方提供网络购物辅助服务的法人或自然人。

《网络交易平台经营者履行社会责任指引》

第二条　网络交易平台（即第三方交易平台），是指在网络商品交易活动中为交易双方或多方提供网页空间、虚拟经营场所、交易规则、交易撮合、信息发布等服务，供交易双方或者多方独立开展交易活动的信息网络系统。

网络交易平台经营者（即第三方交易平台经营者），是指从事网络交易平台运营并为交易双方或多方提供服务的企业法人。

网络交易平台内经营者（简称平台内经营者），是指在网络交易平台内从事网络商品交易及有关服务的法人、其他经济组织、个体工商户或自然人。

《第三方电子商务交易平台服务规范》

3.1 电子商务

本规范所指的电子商务，系指交易当事人或参与人利用现代信息技术和计算机网络（包括互联网、移动网络和其他信息网络）所进行的各类商业活动，包括货物交易、服务交易和知识产权交易。

3.2 第三方电子商务交易平台

第三方电子商务交易平台（以下简称第三方交易平台）是指在电子商务活动中为交易双方或多方提供交易撮合及相关服务的信息网络系统总和。

3.3 平台经营者

第三方交易平台经营者（以下简称平台经营者）是指在工商行政管理部门登记注册并领取营业执照，从事第三方交易平台运营并为交易双方提供服务的自然人、法人和其他组织。

3.4 站内经营者

第三方交易平台站内经营者（以下简称站内经营者）是指在电子商务交易平台上从事交易及有关服务活动的自然人、法人和其他组织。

第十条 【电子商务经营者的登记义务】

电子商务经营者应当依法办理市场主体登记。但是，个人销售自产农副产品、家庭手工业产品，个人利用自己的技能从事依法无须取得许可的便民劳务活动和零星小额交易活动，以及依照法律、行政法规不需要进行登记的除外。

关联法规

◎ **法律**

《民法典》

第五十四条 自然人从事工商业经营，经依法登记，为个体工商户。个体工商户可以起字号。

第六十三条 法人以其主要办事机构所在地为住所。依法需要办理法人登记的，应当将主要办事机构所在地登记为住所。

第六十四条 法人存续期间登记事项发生变化的，应当依法向登记机关申请变更登记。

第六十五条 法人的实际情况与登记的事项不一致的，不得对抗善意相对人。

第六十六条 登记机关应当依法及时公示法人登记的有关信息。

第六十八条 有下列原因之一并依法完成清算、注销登记的，法人终止：

（一）法人解散；

（二）法人被宣告破产；

（三）法律规定的其他原因。

法人终止，法律、行政法规规定须经有关机关批准的，依照其规定。

第七十三条 法人被宣告破产的，依法进行破产清算并完成法人注销登记时，法人终止。

第七十四条 法人可以依法设立分支机构。法律、行政法规规定分支机构应当登记的，依照其规定。

分支机构以自己的名义从事民事活动，产生的民事责任由法人承担；也可以先以该分支机构管理的财产承担，不足以承担的，由法人承担。

第一百零三条 非法人组织应当依照法律的规定登记。

设立非法人组织，法律、行政法规规定须经有关机关批准的，依照其规定。

《个人独资企业法》

第九条 申请设立个人独资企业，应当由投资人或者其委托的代理人向个人独资企业所在地的登记机关提交设立申请书、投资人身份证明、生产经营场所使用证明等文件。委托代理人申请设立登记时，应当出具投资人的委托书和代理人的合法证明。

个人独资企业不得从事法律、行政法规禁止经营的业务；从事法律、行政法规规定须报经有关部门审批的业务，应当在申请设立登记时提交有关部门的批准文件。

第十四条 个人独资企业设立分支机构，应当由投资人或者其委托的代理人向分支机构所在地的登记机关申请登记，领取营业执照。

分支机构经核准登记后，应将登记情况报该分支机构隶属的个人独资企业的登记机关备案。

分支机构的民事责任由设立该分支机构的个人独资企业承担。

第十五条 个人独资企业存续期间登记事项发生变更的，应当在作出变更决定之日起的十五日内依法向登记机关申请办理变更登记。

第三十二条 个人独资企业清算结束后，投资人或者人民法院指定的清算人应当编制清算报告，并于十五日内到登记机关办理注销登记。

《合伙企业法》

第九条 申请设立合伙企业，应当向企业登记机关提交登记申请书、合伙协议书、合伙人身份证明等文件。

合伙企业的经营范围中有属于法律、行政法规规定在登记前须经批准的项目的，该项经营业务应当依法经过批准，并在登记时提交批准文件。

第十二条　合伙企业设立分支机构，应当向分支机构所在地的企业登记机关申请登记，领取营业执照。

第十三条　合伙企业登记事项发生变更的，执行合伙事务的合伙人应当自作出变更决定或者发生变更事由之日起十五日内，向企业登记机关申请办理变更登记。

第六十六条　有限合伙企业登记事项中应当载明有限合伙人的姓名或者名称及认缴的出资数额。

第九十条　清算结束，清算人应当编制清算报告，经全体合伙人签名、盖章后，在十五日内向企业登记机关报送清算报告，申请办理合伙企业注销登记。

《公司法》

第六条　设立公司，应当依法向公司登记机关申请设立登记。符合本法规定的设立条件的，由公司登记机关分别登记为有限责任公司或者股份有限公司；不符合本法规定的设立条件的，不得登记为有限责任公司或者股份有限公司。

法律、行政法规规定设立公司必须

报经批准的，应当在公司登记前依法办理批准手续。

公众可以向公司登记机关申请查询公司登记事项，公司登记机关应当提供查询服务。

第十二条　公司的经营范围由公司章程规定，并依法登记。公司可以修改公司章程，改变经营范围，但是应当办理变更登记。

公司的经营范围中属于法律、行政法规规定须经批准的项目，应当依法经过批准。

第十三条　公司法定代表人依照公司章程的规定，由董事长、执行董事或者经理担任，并依法登记。公司法定代表人变更，应当办理变更登记。

第十四条　公司可以设立分公司。设立分公司，应当向公司登记机关申请登记，领取营业执照。分公司不具有法人资格，其民事责任由公司承担。

公司可以设立子公司，子公司具有法人资格，依法独立承担民事责任。

第五十九条　一人有限责任公司应当在公司登记中注明自然人独资或者法人独资，并在公司营业执照中载明。

第一百七十九条　公司合并或者分立，登记事项发生变更的，应当依法向公司登记机关办理变更登记；公司解散的，应当依法办理公司注销登记；设立新公司的，应当依法办理公司设立登记。

公司增加或者减少注册资本，应当依法向公司登记机关办理变更登记。

第一百九十二条 外国公司在中国境内设立分支机构，必须向中国主管机关提出申请，并提交其公司章程、所属国的公司登记证书等有关文件，经批准后，向公司登记机关依法办理登记，领取营业执照。

外国公司分支机构的审批办法由国务院另行规定。

◎ **司法解释**

《关于审理网络消费纠纷案件适用法律的规定（一）》

第六条 注册网络经营账号开设网络店铺的平台内经营者，通过协议等方式将网络账号及店铺转让给其他经营者，但未依法进行相关经营主体信息变更公示，实际经营者的经营活动给消费者造成损害，消费者主张注册经营者、实际经营者承担赔偿责任的，人民法院应予支持。

◎ **部门规章**

《互联网视听节目服务管理规定》

第十一条 取得《许可证》的单位，应当依据《互联网信息服务管理办法》，向省（自治区、直辖市）电信管理机构或国务院信息产业主管部门（以下简称电信主管部门）申请办理电信业务经营许可或者履行相关备案手续，并

依法到工商行政管理部门办理注册登记或变更登记手续。电信主管部门应根据广播电影电视主管部门许可，严格互联网视听节目服务单位的域名和 IP 地址管理。

《网络交易监督管理办法》

第八条 网络交易经营者不得违反法律、法规、国务院决定的规定，从事无证无照经营。除《中华人民共和国电子商务法》第十条规定的不需要进行登记的情形外，网络交易经营者应当依法办理市场主体登记。

个人通过网络从事保洁、洗涤、缝纫、理发、搬家、配制钥匙、管道疏通、家电家具修理修配等依法无须取得许可的便民劳务活动，依照《中华人民共和国电子商务法》第十条的规定不需要进行登记。

个人从事网络交易活动，年交易额累计不超过 10 万元的，依照《中华人民共和国电子商务法》第十条的规定不需要进行登记。同一经营者在同一平台或者不同平台开设多家网店的，各网店交易额合并计算。个人从事的零星小额交易须依法取得行政许可的，应当依法办理市场主体登记。

第九条 仅通过网络开展经营活动的平台内经营者申请登记为个体工商户的，可以将网络经营场所登记为经营场所，将经常居住地登记为住所，其住所

所在地的县、自治县、不设区的市、市辖区市场监督管理部门为其登记机关。同一经营者有两个以上网络经营场所的，应当一并登记。

第十条　平台内经营者申请将网络经营场所登记为经营场所的，由其入驻的网络交易平台为其出具符合登记机关要求的网络经营场所相关材料。

第三十七条　市场监督管理部门依法对网络交易经营者实施信用监管，将网络交易经营者的注册登记、备案、行政许可、抽查检查结果、行政处罚、列入经营异常名录和严重违法失信企业名单等信息，通过国家企业信用信息公示系统统一归集并公示。对存在严重违法失信行为的，依法实施联合惩戒。

前款规定的信息还可以通过市场监督管理部门官方网站、网络搜索引擎、经营者从事经营活动的主页面显著位置等途径公示。

◎ **部门规范性文件**

《电子商务模式规范》

4.2　经营者与商户具备法人或法人委派的行为主体资格

经营者必须是经过工商行政管理部门（或政府其它主管部门）登记注册的法人或法人委派的行为主体，必须进行税务登记。商户必须是经过工商行政管理部门（或政府其它主管部门）和税务机关登记注册的法人或法人委派的

行为主体。

5.1　经营者具备法人或法人委派的行为主体资格

经营者必须是经过工商行政管理部门（或政府其它主管部门）和税务机关登记注册的法人或法人委派的行为主体。

6.2　经营者具备法人或法人委派的行为主体资格

经营者必须是经过工商行政管理部门（或政府其它主管部门）登记注册的法人或法人委派的行为主体，必须进行税务登记。服务对象必须是经过工商行政管理部门（或政府其它主管部门）和税务机关登记注册的法人或法人委派的行为主体。

7.2　交易对象具有法人或法人委派的行为主体资格

交易对象必须是经过工商行政管理部门（或政府其它主管部门）和税务机关登记注册的具备独立法人或法人委派的行为主体资格的单位。

8.1　由中立的第三方负责经营管理

C2C——网上个人交易市场是提供给自然人间进行实物和服务交易的由第三方经营的电子商务平台。此第三方必须具有经工商行政管理部门（或政府其它主管部门）和税务机关登记注册的法人或法人委派的行为主体资格，负责对

网上交易市场的交易进行服务和管理，并不得参与交易。买卖双方只能是自然人。

《网络交易平台经营者履行社会责任指引》

第十四条 网络交易平台经营者应对进驻平台的经营者进行审查和登记，建立登记档案并定期核实更新，记载的信息应真实、全面。平台内经营者信息从经营者在平台注销之日起保存不少于两年。

网络交易平台经营者对于法人、其他经济组织或者个体工商户，应在其从事经营活动的主页面醒目位置公开营业执照登载的信息或者其营业执照的电子链接标识；对于自然人，应在其从事经营活动的主页面醒目位置加载证明个人身份信息真实合法的标识，同时标明经营地址、电话邮箱等有效联系方式。

《互联网危险物品信息发布管理规定》

第五条 危险物品从业单位从事互联网信息服务的，应当按照《互联网信息服务管理办法》规定，向电信主管部门申请办理互联网信息服务增值电信业务经营许可或者办理非经营性互联网信息服务备案手续，并按照《计算机信息网络国际联网安全保护管理办法》规定，持从事危险物品活动的合法资质材料到所在地县级以上人民政府公安机关接受网站安全检查。

第六条 危险物品从业单位依法取得互联网信息服务增值电信业务经营许可或者办理非经营性互联网信息服务备案手续后，可以在本单位网站发布危险物品信息。

禁止个人在互联网上发布危险物品信息。

《第三方电子商务交易平台服务规范》

5.2 市场准入和行政许可

平台经营者应当依法办理工商登记注册；涉及行政许可的，应当取得主管部门的行政许可。

《企业所得税税前扣除凭证管理办法》

第九条 企业在境内发生的支出项目属于增值税应税项目（以下简称"应税项目"）的，对方为已办理税务登记的增值税纳税人，其支出以发票（包括按照规定由税务机关代开的发票）作为税前扣除凭证；对方为依法无需办理税务登记的单位或者从事小额零星经营业务的个人，其支出以税务机关代开的发票或者收款凭证及内部凭证作为税前扣除凭证，收款凭证应载明收款单位名称、个人姓名及身份证号、支出项目、收款金额等相关信息。

小额零星经营业务的判断标准是个人从事应税项目经营业务的销售额不超过增值税相关政策规定的起征点。

税务总局对应税项目开具发票另有规定的，以规定的发票或者票据作为税前扣除凭证。

第十一条　【电子商务经营者的纳税义务】

电子商务经营者应当依法履行纳税义务，并依法享受税收优惠。

依照前条规定不需要办理市场主体登记的电子商务经营者在首次纳税义务发生后，应当依照税收征收管理法律、行政法规的规定申请办理税务登记，并如实申报纳税。

关联法规

◎ **法律**

《税收征收管理法》

第十五条　企业，企业在外地设立的分支机构和从事生产、经营的场所，个体工商户和从事生产、经营的事业单位（以下统称从事生产、经营的纳税人）自领取营业执照之日起三十日内，持有关证件，向税务机关申报办理税务登记。税务机关应当于收到申报的当日办理登记并发给税务登记证件。

工商行政管理机关应当将办理登记注册、核发营业执照的情况，定期向税务机关通报。

本条第一款规定以外的纳税人办理税务登记和扣缴义务人办理扣缴税款登记的范围和办法，由国务院规定。

第十六条　从事生产、经营的纳税人，税务登记内容发生变化的，自工商行政管理机关办理变更登记之日起三十日内或者在向工商行政管理机关申请办理注销登记之前，持有关证件向税务机关申报办理变更或者注销税务登记。

第十七条　从事生产、经营的纳税人应当按照国家有关规定，持税务登记证件，在银行或者其他金融机构开立基本存款帐户和其他存款帐户，并将其全部帐号向税务机关报告。

银行和其他金融机构应当在从事生产、经营的纳税人的帐户中登录税务登记证件号码，并在税务登记证件中登录从事生产、经营的纳税人的帐户帐号。

税务机关依法查询从事生产、经营的纳税人开立帐户的情况时，有关银行和其他金融机构应当予以协助。

第十八条　纳税人按照国务院税务主管部门的规定使用税务登记证件。税务登记证件不得转借、涂改、损毁、买卖或者伪造。

第二十五条　纳税人必须依照法律、行政法规规定或者税务机关依照法律、行政法规的规定确定的申报期限、申报内容如实办理纳税申报，报送纳税申报表、财务会计报表以及税务机关根据实际需要要求纳税人报送的其他纳税资料。

扣缴义务人必须依照法律、行政法规规定或者税务机关依照法律、行政法规的规定确定的申报期限、申报内容如实报送代扣代缴、代收代缴税款报告表以及税务机关根据实际需要要求扣缴义务人报送的其他有关资料。

第三十一条 纳税人、扣缴义务人按照法律、行政法规规定或者税务机关依照法律、行政法规的规定确定的期限，缴纳或者解缴税款。

纳税人因有特殊困难，不能按期缴纳税款的，经省、自治区、直辖市国家税务局、地方税务局批准，可以延期缴纳税款，但是最长不得超过三个月。

第三十二条 纳税人未按照规定期限缴纳税款的，扣缴义务人未按照规定期限解缴税款的，税务机关除责令限期缴纳外，从滞纳税款之日起，按日加收滞纳税款万分之五的滞纳金。

第三十三条 纳税人依照法律、行政法规的规定办理减税、免税。

地方各级人民政府、各级人民政府主管部门、单位和个人违反法律、行政法规规定，擅自作出的减税、免税决定无效，税务机关不得执行，并向上级税务机关报告。

《个人所得税法》

第三条 个人所得税的税率：

（一）综合所得，适用百分之三至百分之四十五的超额累进税率（税率表附后）；

（二）经营所得，适用百分之五至百分之三十五的超额累进税率（税率表附后）；

（三）利息、股息、红利所得，财产租赁所得，财产转让所得和偶然所得，适用比例税率，税率为百分之二十。

《企业所得税法》

第二十七条 企业的下列所得，可以免征、减征企业所得税：

（一）从事农、林、牧、渔业项目的所得；

（二）从事国家重点扶持的公共基础设施项目投资经营的所得；

（三）从事符合条件的环境保护、节能节水项目的所得；

（四）符合条件的技术转让所得；

（五）本法第三条第三款规定的所得。

第二十八条 符合条件的小型微利企业，减按 20% 的税率征收企业所得税。

国家需要重点扶持的高新技术企业，减按 15% 的税率征收企业所得税。

◎ **部门规范性文件**

《关于企业委托境外研究开发费用税前加计扣除有关政策问题的通知》

一、委托境外进行研发活动所发生

的费用，按照费用实际发生额的80%计入委托方的委托境外研发费用。委托境外研发费用不超过境内符合条件的研发费用三分之二的部分，可以按规定在企业所得税前加计扣除。

上述费用实际发生额应按照独立交易原则确定。委托方与受托方存在关联关系的，受托方应向委托方提供研发项目费用支出明细情况。

五、委托境外研发费用加计扣除其他政策口径和管理要求按照《财政部 国家税务总局 科技部关于完善研究开发费用税前加计扣除政策的通知》（财税〔2015〕119号）、《财政部 税务总局 科技部关于提高科技型中小企业研究开发费用税前加计扣除比例的通知》（财税〔2017〕34号）、《国家税务总局关于企业研究开发费用税前加计扣除政策有关问题的公告》（国家税务总局公告2015年第97号）等文件规定执行。

《关于实施小微企业普惠性税收减免政策的通知》

二、对小型微利企业年应纳税所得额不超过100万元的部分，减按25%计入应纳税所得额，按20%的税率缴纳企业所得税；对年应纳税所得额超过100万元但不超过300万元的部分，减按50%计入应纳税所得额，按20%的税率缴纳企业所得税。

上述小型微利企业是指从事国家非限制和禁止行业，且同时符合年度应纳税所得额不超过300万元、从业人数不超过300人、资产总额不超过5000万元等三个条件的企业。

从业人数，包括与企业建立劳动关系的职工人数和企业接受的劳务派遣用工人数。所称从业人数和资产总额指标，应按企业全年的季度平均值确定。具体计算公式如下：

季度平均值＝（季初值+季末值）÷2

全年季度平均值＝全年各季度平均值之和÷4

年度中间开业或者终止经营活动的，以其实际经营期作为一个纳税年度确定上述相关指标。

第十二条 【电子商务经营者的行政许可】

电子商务经营者从事经营活动，依法需要取得相关行政许可的，应当依法取得行政许可。

关联法规

◎ **法律**

《行政许可法》

第二条 本法所称行政许可，是指行政机关根据公民、法人或者其他组织的申请，经依法审查，准予其从事特定活动的行为。

第三条 行政许可的设定和实施，适用本法。

有关行政机关对其他机关或者对其直接管理的事业单位的人事、财务、外事等事项的审批，不适用本法。

第十二条 下列事项可以设定行政许可：

（一）直接涉及国家安全、公共安全、经济宏观调控、生态环境保护以及直接关系人身健康、生命财产安全等特定活动，需要按照法定条件予以批准的事项；

（二）有限自然资源开发利用、公共资源配置以及直接关系公共利益的特定行业的市场准入等，需要赋予特定权利的事项；

（三）提供公众服务并且直接关系公共利益的职业、行业，需要确定具备特殊信誉、特殊条件或者特殊技能等资格、资质的事项；

（四）直接关系公共安全、人身健康、生命财产安全的重要设备、设施、产品、物品，需要按照技术标准、技术规范，通过检验、检测、检疫等方式进行审定的事项；

（五）企业或者其他组织的设立等，需要确定主体资格的事项；

（六）法律、行政法规规定可以设定行政许可的其他事项。

第十三条 本法第十二条所列事项，通过下列方式能够予以规范的，可以不设行政许可：

（一）公民、法人或者其他组织能够自主决定的；

（二）市场竞争机制能够有效调节的；

（三）行业组织或者中介机构能够自律管理的；

（四）行政机关采用事后监督等其他行政管理方式能够解决的。

第十四条 本法第十二条所列事项，法律可以设定行政许可。尚未制定法律的，行政法规可以设定行政许可。

必要时，国务院可以采用发布决定的方式设定行政许可。实施后，除临时性行政许可事项外，国务院应当及时提请全国人民代表大会及其常务委员会制定法律，或者自行制定行政法规。

第十五条 本法第十二条所列事项，尚未制定法律、行政法规的，地方性法规可以设定行政许可；尚未制定法律、行政法规和地方性法规的，因行政管理的需要，确需立即实施行政许可的，省、自治区、直辖市人民政府规章可以设定临时性的行政许可。临时性的行政许可实施满一年需要继续实施的，应当提请本级人民代表大会及其常务委员会制定地方性法规。

地方性法规和省、自治区、直辖市

人民政府规章，不得设定应当由国家统一确定的公民、法人或者其他组织的资格、资质的行政许可；不得设定企业或者其他组织的设立登记及其前置性行政许可。其设定的行政许可，不得限制其他地区的个人或者企业到本地区从事生产经营和提供服务，不得限制其他地区的商品进入本地区市场。

◎ 行政法规

《互联网信息服务管理办法》

第七条　从事经营性互联网信息服务，应当向省、自治区、直辖市电信管理机构或者国务院信息产业主管部门申请办理互联网信息服务增值电信业务经营许可证（以下简称经营许可证）。

省、自治区、直辖市电信管理机构或者国务院信息产业主管部门应当自收到申请之日起60日内审查完毕，作出批准或者不予批准的决定。予以批准的，颁发经营许可证；不予批准的，应当书面通知申请人并说明理由。

申请人取得经营许可证后，应当持经营许可证向企业登记机关办理登记手续。

《对确需保留的行政审批项目设定行政许可的决定》

依照《中华人民共和国行政许可法》和行政审批制度改革的有关规定，国务院对所属各部门的行政审批项目进行了全面清理。由法律、行政法规设定

的行政许可项目，依法继续实施；对法律、行政法规以外的规范性文件设定，但确需保留且符合《中华人民共和国行政许可法》第十二条规定事项的行政审批项目，根据《中华人民共和国行政许可法》第十四条第二款的规定，现决定予以保留并设定行政许可，共500项。

为保证本决定设定的行政许可依法、公开、公平、公正实施，国务院有关部门应当对实施本决定所列各项行政许可的条件等作出具体规定，并予以公布。有关实施行政许可的程序和期限依照《中华人民共和国行政许可法》的有关规定执行。

附件：《国务院决定对确需保留的行政审批项目设定行政许可的目录》（略）

《优化营商环境条例》

第十九条　国家持续深化商事制度改革，统一企业登记业务规范，统一数据标准和平台服务接口，采用统一社会信用代码进行登记管理。

国家推进"证照分离"改革，持续精简涉企经营许可事项，依法采取直接取消审批、审批改为备案、实行告知承诺、优化审批服务等方式，对所有涉企经营许可事项进行分类管理，为企业取得营业执照后开展相关经营活动提供便利。除法律、行政法规规定的特定领域外，涉企经营许可事项不得作为企业

登记的前置条件。

政府有关部门应当按照国家有关规定，简化企业从申请设立到具备一般性经营条件所需办理的手续。在国家规定的企业开办时限内，各地区应当确定并公开具体办理时间。

企业申请办理住所等相关变更登记的，有关部门应当依法及时办理，不得限制。除法律、法规、规章另有规定外，企业迁移后其持有的有效许可证件不再重复办理。

第三十九条 国家严格控制新设行政许可。新设行政许可应当按照行政许可法和国务院的规定严格设定标准，并进行合法性、必要性和合理性审查论证。对通过事中事后监管或者市场机制能够解决以及行政许可法和国务院规定不得设立行政许可的事项，一律不得设立行政许可，严禁以备案、登记、注册、目录、规划、年检、年报、监制、认定、认证、审定以及其他任何形式变相设定或者实施行政许可。

法律、行政法规和国务院决定对相关管理事项已作出规定，但未采取行政许可管理方式的，地方不得就该事项设定行政许可。对相关管理事项尚未制定法律、行政法规的，地方可以依法就该事项设定行政许可。

第四十条 国家实行行政许可清单管理制度，适时调整行政许可清单并向社会公布，清单之外不得违法实施行政许可。

国家大力精简已有行政许可。对已取消的行政许可，行政机关不得继续实施或者变相实施，不得转由行业协会商会或者其他组织实施。

对实行行政许可管理的事项，行政机关应当通过整合实施、下放审批层级等多种方式，优化审批服务，提高审批效率，减轻市场主体负担。符合相关条件和要求的，可以按照有关规定采取告知承诺的方式办理。

《化妆品监督管理条例》

第二十七条 从事化妆品生产活动，应当向所在地省、自治区、直辖市人民政府药品监督管理部门提出申请，提交其符合本条例第二十六条规定条件的证明资料，并对资料的真实性负责。

省、自治区、直辖市人民政府药品监督管理部门应当对申请资料进行审核，对申请人的生产场所进行现场核查，并自受理化妆品生产许可申请之日起30个工作日内作出决定。对符合规定条件的，准予许可并发给化妆品生产许可证；对不符合规定条件的，不予许可并书面说明理由。

化妆品生产许可证有效期为5年。有效期届满需要延续的，依照《中华人民共和国行政许可法》的规定办理。

◎ **部门规章**

《互联网视听节目服务管理规定》

第七条　从事互联网视听节目服务，应当依照本规定取得广播电影电视主管部门颁发的《信息网络传播视听节目许可证》（以下简称《许可证》）或履行备案手续。

未按照本规定取得广播电影电视主管部门颁发的《许可证》或履行备案手续，任何单位和个人不得从事互联网视听节目服务。

互联网视听节目服务业务指导目录由国务院广播电影电视主管部门商国务院信息产业主管部门制定。

《网络出版服务管理规定》

第七条　从事网络出版服务，必须依法经过出版行政主管部门批准，取得《网络出版服务许可证》。

《电信业务经营许可管理办法》

第四条　经营电信业务，应当依法取得电信管理机构颁发的经营许可证。

电信业务经营者在电信业务经营活动中，应当遵守经营许可证的规定，接受、配合电信管理机构的监督管理。

电信业务经营者按照经营许可证的规定经营电信业务受法律保护。

第九条　经营许可证分为《基础电信业务经营许可证》和《增值电信业务经营许可证》两类。其中，《增值电信业务经营许可证》分为《跨地区增值电信业务经营许可证》和省、自治区、直辖市范围内的《增值电信业务经营许可证》。

《基础电信业务经营许可证》和《跨地区增值电信业务经营许可证》由工业和信息化部审批。省、自治区、直辖市范围内的《增值电信业务经营许可证》由省、自治区、直辖市通信管理局审批。

外商投资电信企业的经营许可证，由工业和信息化部根据《外商投资电信企业管理规定》审批。

《网络交易监督管理办法》

第八条　网络交易经营者不得违反法律、法规、国务院决定的规定，从事无证无照经营。除《中华人民共和国电子商务法》第十条规定的不需要进行登记的情形外，网络交易经营者应当依法办理市场主体登记。

个人通过网络从事保洁、洗涤、缝纫、理发、搬家、配制钥匙、管道疏通、家电家具修理修配等依法无须取得许可的便民劳务活动，依照《中华人民共和国电子商务法》第十条的规定不需要进行登记。

个人从事网络交易活动，年交易额累计不超过 10 万元的，依照《中华人民共和国电子商务法》第十条的规定不需要进行登记。同一经营者在同一平台或者不同平台开设多家网店的，各网店交易额合并计算。个人从事的零星小额交易须依法取得行政许可的，应当依法办理市场主体登记。

第十二条 网络交易经营者应当在其网站首页或者从事经营活动的主页面显著位置，持续公示经营者主体信息或者该信息的链接标识。鼓励网络交易经营者链接到国家市场监督管理总局电子营业执照亮照系统，公示其营业执照信息。

已经办理市场主体登记的网络交易经营者应当如实公示下列营业执照信息以及与其经营业务有关的行政许可等信息，或者该信息的链接标识：

（一）企业应当公示其营业执照登载的统一社会信用代码、名称、企业类型、法定代表人（负责人）、住所、注册资本（出资额）等信息；

（二）个体工商户应当公示其营业执照登载的统一社会信用代码、名称、经营者姓名、经营场所、组成形式等信息；

（三）农民专业合作社、农民专业合作社联合社应当公示其营业执照登载的统一社会信用代码、名称、法定代表人、住所、成员出资总额等信息。

第三十七条 市场监督管理部门依法对网络交易经营者实施信用监管，将网络交易经营者的注册登记、备案、行政许可、抽查检查结果、行政处罚、列

入经营异常名录和严重违法失信企业名单等信息，通过国家企业信用信息公示系统统一归集并公示。对存在严重违法失信行为的，依法实施联合惩戒。

前款规定的信息还可以通过市场监督管理部门官方网站、网络搜索引擎、经营者从事经营活动的主页面显著位置等途径公示。

◎ **部门规范性文件**

《国家食品药品监督管理局关于贯彻落实〈国务院对确需保留的行政审批项目设定行政许可的决定〉的通知》

2004年6月29日，国务院发布《国务院对确需保留的行政审批项目设定行政许可的决定》（中华人民共和国国务院令第412号），对法律法规以外的规范性文件规定的，但确需保留且符合《行政许可法》第十二条规定事项的行政审批事项，依据《行政许可法》第十四条第二款的规定，予以保留并设定为行政许可，共500项。此次公布保留并设定为行政许可的项目涉及食品药品监督管理的许可项目12项（见附件）。这是在前一阶段国务院改革行政审批制度，大幅度取消和调整行政审批项目的基础上，经严格审核和反复论证确定的。这些项目涉及公共利益，关系人身健康、生命财产安全，是维护公共利益和社会秩序、保障对食品药品实施有效监管的需要，也是确保《行政许可

法》顺利实施、推进依法行政的实际举措。

为保证国务院决定设定的行政许可依法、公开、公平、公正实施，现就有关贯彻落实问题通知如下：

一、尽快对国务院决定保留的行政许可项目的条件等内容作出具体规定。我局有关司室要尽快拟订部门规章对实施国务院决定所列涉及食品药品监管的12项行政许可的实施机关、条件、程序、期限等内容作出具体规定，并予以公布。对于国务院决定中实施主体为国家食品药品监管局和省级人民政府食品药品监管部门的三项许可，要特别注意明确国家局和省级局的权限划分。有关实施行政许可的程序和期限要严格按照《行政许可法》的有关规定执行。

……

《互联网药品交易服务审批暂行规定》

第四条　从事互联网药品交易服务的企业必须经过审查验收并取得互联网药品交易服务机构资格证书。

互联网药品交易服务机构的验收标准由国家食品药品监督管理局统一制定（见附件1）。互联网药品交易服务机构资格证书由国家食品药品监督管理局统一印制，有效期五年。

第五条　国家食品药品监督管理局对为药品生产企业、药品经营企业和医疗机构之间的互联网药品交易提供服务

的企业进行审批。

省、自治区、直辖市（食品）药品监督管理部门对本行政区域内通过自身网站与本企业成员之外的其他企业进行互联网药品交易的药品生产企业、药品批发企业和向个人消费者提供互联网药品交易服务的企业进行审批。

第十七条　在依法获得（食品）药品监督管理部门颁发的互联网药品交易服务机构资格证书后，申请人应当按照《互联网信息服务管理办法》的规定，依法取得相应的电信业务经营许可证，或者履行相应的备案手续。

《网络购物服务规范》

4.5　严格禁止法律法规和政策条例规定禁止的交易行为

在网络购物中，严格禁止从事法律和政策条例禁止的任何非法交易行为，如赌博、洗钱、传销以及贩卖枪支、毒品、禁药、盗版软件、淫秽商品和服务等。

网络购物各关联方不得提供和买卖未经审批的需要相应资质的商品或服务，禁止采用各种手段规避法律法规和政策条例规定必须具备相应资质才能开展的经营活动，如期货、烟草、药品和医疗器械等。

交易完成后必须发生货品所有权和全额货款的转移，在此之前不得将货物所有权作为买卖标的的合约再次转让。

《第三方电子商务交易平台服务规范》

5.2 市场准入和行政许可

平台经营者应当依法办理工商登记注册；涉及行政许可的，应当取得主管部门的行政许可。

> 权威案例

◎ **典型案例**

北京王某、谷某伟生产、销售假药抗诉案

【检察机关打击侵犯消费者权益犯罪典型案例之一（2019年3月22日）】

评析： 检察官对本案的成功办理发挥了重要作用，主要包括：

（一）强化检察官指控、证明犯罪主体作用

1. 以综合认定方法，应对网络犯罪取证难的问题。本案系利用网络手段针对不特定多数人实施犯罪案件，取证难度大。对此，检察官转变思路，在尊重日常经验法则的前提下，按照有利于被告人的原则，慎重审查全案物证、书证、证人证言、电子证据、司法鉴定意见等多种类证据，综合认定犯罪数额为300余万元。

2. 以充分庭前准备，实现指控犯罪良好庭审效果。一是积极召开庭前会议，充分与法官、律师交换意见，准确把握庭审辩论核心要点，做到心中有数。二是做好了庭审应急预案，分别对被告人认罪或不认罪拟好了两套详细方案。三是按照举证顺序制作了多媒体展示的文件，举证直

观性强、具有冲击力。

（二）牢记职责使命，落实全面监督

1. 与公益诉讼衔接，有效保障民生。由于该案涉及食药民生领域，且危害影响范围广、人数多，具有典型的公益诉讼价值，因此在案件审查过程中，检察官及时与公益诉讼检察部门沟通联系，就刑事公诉与公益诉讼有效衔接、案件联合办理等问题进行交流并最终促成公益诉讼案件立案。

2. 认真履行监督职责，及时提出抗诉。在案件一审判决后，检察官对案件证据进行了再次挖掘、重新梳理，并在十天的判决审查期限内自行调取了对提出抗诉非常关键的证据。最终，北京市检察院第二分院作出审查结论，决定支持抗诉。

李某祥诉福建十某忆生物科技有限公司网络购物合同纠纷案【人民法院服务和保障长三角一体化发展典型案例之十一（2021年11月2日）】

典型意义： 长三角地区作为中国经济发展最活跃、开放程度最高的区域之一，目前已成为各路电商资源输入、品牌孵化、产业升级的必选之地。与此同时，一些网络购物买家尝试通过虚构案件管辖连接点，在长三角区域发起诉讼，造成该区域相关案件大幅增加。

本案中，原告虚构收货地址的行为，违背了诚实信用原则中"禁止以欺骗方式形成不正当诉讼状态"的要求，意图由没有管辖权的法院审理案件，损害诉讼相对

方的诉讼权利，违反了诉讼平等保护原则，也造成司法资源的浪费和占用，影响其他案件的正常审理。本案裁定对防止当事人滥用诉权，平等保护各方当事人利益，合理配置司法资源具有示范意义，有利于人民法院更好地服务和保障长三角一体化经济发展。

某种业科技有限公司诉某农业产业发展有限公司侵害植物新品种权纠纷案【人民法院贯彻实施民法典典型案例（第一批）之十二（2022 年 2 月 25 日）】

　　典型意义：种子是农业的"芯片"，种业知识产权保护事关国家粮食安全，事关农业科技自立自强。习近平总书记强调，要把种源安全提升到关系国家安全的战略高度，实现种业科技自立自强、种源自主可控。本案是适用民法典规定的惩罚性赔偿制度，打击种子套牌侵权、净化种业市场秩序的典型案件。民法典侵权责任编新增规定了知识产权侵权惩罚性赔偿制度，为各类知识产权纠纷适用惩罚性赔偿提供了一般规则，对于建设知识产权强国，保障经济社会高质量发展具有重要作用。本案中，审理法院秉持强化植物新品种权保护的司法理念，在侵权人拒不提供交易记录、相关账簿的情况下，依法适用举证妨碍制度，参考其宣传的交易额合理推定侵权获利达到 100 万元以上，并依法适用民法典及《种子法》规定的惩罚性赔偿制度，按照计算基数的二倍确定惩罚性赔偿金额为 200 万元，实际赔偿总额为

基数的三倍。本案判决对于切实解决知识产权侵权维权难度大、赔偿数额低的问题，形成对恶意侵权行为的强有力威慑，彰显种业知识产权司法保护力度，具有积极示范作用。

辽宁省大连市甘井子区人民检察院诉邹某等人生产销售假药刑事附带民事公益诉讼案【"3·15"检察机关食品药品安全公益诉讼典型案例之八（2022 年 3 月 15 日）】

　　典型意义：利用网络制售假药，数量大，销售范围广，严重损害众多消费者的合法权益。检察机关充分发挥刑事公诉和公益诉讼多元职能，在打击刑事犯罪的同时，提起刑事附带民事公益诉讼，提出惩罚性赔偿诉讼请求，最大限度追究严重违法者的法律责任，有力震慑了犯罪，切实维护了消费者合法权益。

张某某等人生产、销售伪劣农药案【检察机关依法惩治危害农资安全犯罪典型案例之一（2022 年 3 月 21 日）】

　　典型意义：（一）严惩制售伪劣农药犯罪，切实保障粮食安全和农民权益。制售伪劣农药违法犯罪危及粮食安全，损害农民权益，必须从严惩处。本案伪劣农药销往全国多个省市，销售量大，涉及范围广。涉案犯罪行为包括了从原材料购进、假农资生产到全国性销售全过程，三被告人均被判十五年有期徒刑，有效打击了制售伪劣农药犯罪，震慑了潜在不法分子，维护了粮食安全。

（二）加强引导侦查，准确认定伪劣农药。《农药管理条例》第四十四条规定，未依法取得农药登记证而生产的农药，按照假农药处理。本案中，检察机关并未单纯以无生产资质作为认定标准，而是要求公安机关重点围绕查获农药的实际效果以及是否符合农药标准进行取证。经引导侦查，公安机关查找到多名购买农药的实际用户，证实从被告处购买的农药使用效果不好；委托检验机构对现场查扣的农药进行检验，确定均为不合格农药。最终检察机关依据检验报告和农药实际用户的证言综合认定涉案农药为伪劣农药。

（三）精准认定被告人犯罪数额，有效指控犯罪。本案伪劣农药通过互联网销售，涉及全国各地买家近千人，由公安机关逐一寻访购买人取证并不现实。检察机关根据公安机关查获张某某的19本手写记账笔记本，以及调取的7个银行账户的交易明细，将逐条整理出的近2000条销售信息与涉案银行账户5年的交易流水进行对比，确认张某某、霍某某的犯罪金额；又根据张某某对自己记账习惯、常用符号的解释，通过比对账簿记录与王某某银行账户的交易流水情况，甄别出王某某的犯罪金额，最终精准认定犯罪数额，有效指控犯罪。

杨某阁销售有毒、有害食品刑事附带民事公益诉讼案【检察机关惩治养老诈骗违法犯罪典型案例（第二批）之六（2022年11月9日）】

典型意义：健康是老年人安享晚年的"本钱"，但也往往成为不法分子实施违法犯罪所依托的对象，市场上治疗老年疾病的产品层出不穷，其中不乏圈钱的骗局。不法分子蓄意编造"玄妙"的理论，将根本不具有任何功效的产品宣传成可以包治百病的良方或者将含有药品成分的产品包装成日常保健食品，通过各种方式向老年人推销盈利，所谓的产品不仅治不了病，还损失了养老钱，甚至耽误正规治疗，危害老年人的身心健康。老年人在追求健康生活的过程中，不能轻信能包治各种老年疾病的产品宣传，购买前看清楚产品的成分、生产批号等，对于"三无"产品不要购买。检察机关在办理此类案件时，要注意同步审查是否存在损害社会公共利益事实或行政处罚执法线索，融合刑事检察、公益诉讼检察等职能，在惩治刑事犯罪的同时，及时、敏锐发现公益诉讼线索，将查证属实的事实区分不同性质予以准确认定，坚持落实食品药品安全"四个最严"要求，依法要求违法行为人承担十倍惩罚性赔偿责任，确保应查尽查、应罚尽罚。

孙某炎危害珍贵、濒危野生动物案【最高人民法院发布生物多样性司法保护典型案例之三（2022年12月5日）】

典型意义：噬人鲨别名"大白鲨"，属于《濒危野生动植物种国际贸易公约》附录二濒危野生动物及我国《国家重点保护野生动物名录》中二级保护野生动物。

噬人鲨是海洋中的"伞护种"，其生境需求能够涵盖其他物种的生境需求，通过保护噬人鲨可以同时为海洋里的其他物种提供保护，有利于维护海洋生物多样性平衡。本案中，人民法院依法适用破坏野生动物资源刑事案件新司法解释，既以价值作为基本定罪量刑标准，又全面考虑案件有关情节，综合评估社会危害性，阐释了依法惩治犯罪与宽严相济的刑事司法理念。通过严厉打击危害珍贵、濒危野生动物及其制品犯罪，充分展现了我国履行国际环境条约义务、保护濒危野生动物的大国担当。本案宣判得到多家媒体报道，推动社会公众了解大白鲨这一凶猛而又脆弱的大型水生野生物种，对于引导人民群众树立正确的生态文明观，推动生物多样性保护全民行动具有积极意义。

湖北省鄂州市鄂城区人民检察院诉李某强等人销售假药刑事附带民事公益诉讼案

【"3·15"检察机关食品药品安全公益诉讼典型案例之九（2023 年 3 月 13 日）】

典型意义：违法行为人制造假药，并利用网络进行销售，数量多、范围广、获利大，严重损害众多消费者的合法权益。检察机关坚持系统观念，依法能动履职，综合运用公益诉讼检察、刑事检察等多种职能手段，探索行政公益诉讼与行政执法衔接配合、刑事检察与公益诉讼检察双向互动的办案模式，提升了食品药品安全领域执法、司法保护合力，充分发挥民事公益诉讼惩罚性赔偿威慑效果和司法指引功能，为守护人民群众美好生活贡献检察力量。

第十三条　【电子商务经营者提供合法标的义务】

电子商务经营者销售的商品或者提供的服务应当符合保障人身、财产安全的要求和环境保护要求，不得销售或者提供法律、行政法规禁止交易的商品或者服务。

关联法规

◎ **法律**

《民法典》

第七条　民事主体从事民事活动，应当遵循诚信原则，秉持诚实，恪守承诺。

第八条　民事主体从事民事活动，不得违反法律，不得违背公序良俗。

第九条　民事主体从事民事活动，应当有利于节约资源、保护生态环境。

第一百五十三条　违反法律、行政法规的强制性规定的民事法律行为无效。但是，该强制性规定不导致该民事法律行为无效的除外。

违背公序良俗的民事法律行为无效。

第二百四十七条 矿藏、水流、海域属于国家所有。

第二百四十八条 无居民海岛属于国家所有，国务院代表国家行使无居民海岛所有权。

第二百四十九条 城市的土地，属于国家所有。法律规定属于国家所有的农村和城市郊区的土地，属于国家所有。

第二百五十条 森林、山岭、草原、荒地、滩涂等自然资源，属于国家所有，但是法律规定属于集体所有的除外。

第二百五十一条 法律规定属于国家所有的野生动植物资源，属于国家所有。

第二百五十二条 无线电频谱资源属于国家所有。

第二百五十三条 法律规定属于国家所有的文物，属于国家所有。

第二百五十四条 国防资产属于国家所有。

铁路、公路、电力设施、电信设施和油气管道等基础设施，依照法律规定为国家所有的，属于国家所有。

第二百六十条 集体所有的不动产和动产包括：

（一）法律规定属于集体所有的土地和森林、山岭、草原、荒地、滩涂；

（二）集体所有的建筑物、生产设施、农田水利设施；

（三）集体所有的教育、科学、文化、卫生、体育等设施；

（四）集体所有的其他不动产和动产。

《刑法》

第一百二十五条 非法制造、买卖、运输、邮寄、储存枪支、弹药、爆炸物的，处三年以上十年以下有期徒刑；情节严重的，处十年以上有期徒刑、无期徒刑或者死刑。

非法制造、买卖、运输、储存毒害性、放射性、传染病病原体等物质，危害公共安全的，依照前款的规定处罚。

单位犯前两款罪的，对单位判处罚金，并对其直接负责的主管人员和其他直接责任人员，依照第一款的规定处罚。

第一百二十六条 依法被指定、确定的枪支制造企业、销售企业，违反枪支管理规定，有下列行为之一的，对单位判处罚金，并对其直接负责的主管人员和其他直接责任人员，处五年以下有期徒刑；情节严重的，处五年以上十年以下有期徒刑；情节特别严重的，处十年以上有期徒刑或者无期徒刑：

（一）以非法销售为目的，超过限额或者不按照规定的品种制造、配售枪支的；

（二）以非法销售为目的，制造无

号、重号、假号的枪支的；

（二）非法销售枪支或者在境内销售为出口制造的枪支的。

第一百五十一条　走私武器、弹药、核材料或者伪造的货币的，处七年以上有期徒刑，并处罚金或者没收财产；情节特别严重的，处无期徒刑，并处没收财产；情节较轻的，处三年以上七年以下有期徒刑，并处罚金。

走私国家禁止出口的文物、黄金、白银和其他贵重金属或者国家禁止进出口的珍贵动物及其制品的，处五年以上十年以下有期徒刑，并处罚金；情节特别严重的，处十年以上有期徒刑或者无期徒刑，并处没收财产；情节较轻的，处五年以下有期徒刑，并处罚金。

走私珍稀植物及其制品等国家禁止进出口的其他货物、物品的，处五年以下有期徒刑或者拘役，并处或者单处罚金；情节严重的，处五年以上有期徒刑，并处罚金。

单位犯本条规定之罪的，对单位判处罚金，并对其直接负责的主管人员和其他直接责任人员，依照本条各款的规定处罚。

第三百二十五条　违反文物保护法规，将收藏的国家禁止出口的珍贵文物私自出售或者私自赠送给外国人的，处五年以下有期徒刑或者拘役，可以并处罚金。

单位犯前款罪的，对单位判处罚金，并对其直接负责的主管人员和其他直接责任人员，依照前款的规定处罚。

第三百二十六条　以牟利为目的，倒卖国家禁止经营的文物，情节严重的，处五年以下有期徒刑或者拘役，并处罚金；情节特别严重的，处五年以上十年以下有期徒刑，并处罚金。

单位犯前款罪的，对单位判处罚金，并对其直接负责的主管人员和其他直接责任人员，依照前款的规定处罚。

第三百二十七条　违反文物保护法规，国有博物馆、图书馆等单位将国家保护的文物藏品出售或者私自送给非国有单位或者个人的，对单位判处罚金，并对其直接负责的主管人员和其他直接责任人员，处三年以下有期徒刑或者拘役。

第三百四十一条第三款　违反野生动物保护管理法规，以食用为目的非法猎捕、收购、运输、出售第一款规定以外的在野外环境自然生长繁殖的陆生野生动物，情节严重的，依照前款的规定处罚。

第三百四十七条第一款　走私、贩卖、运输、制造毒品，无论数量多少，都应当追究刑事责任，予以刑事处罚。

第三百五十条第一款　违反国家规定，非法生产、买卖、运输醋酸酐、乙醚、三氯甲烷或者其他用于制造毒品的原料、配剂，或者携带上述物品进出境，情节较重的，处三年以下有期徒刑、拘役或者管制，并处罚金；情节严重的，处三年以上七年以下有期徒刑，并处罚金；情节特别严重的，处七年以上有期徒刑，并处罚金或者没收财产。

第三百五十二条 非法买卖、运输、携带、持有未经灭活的罂粟等毒品原植物种子或者幼苗，数量较大的，处三年以下有期徒刑、拘役或者管制，并处或者单处罚金。

第三百六十三条 以牟利为目的，制作、复制、出版、贩卖、传播淫秽物品的，处三年以下有期徒刑、拘役或者管制，并处罚金；情节严重的，处三年以上十年以下有期徒刑，并处罚金；情节特别严重的，处十年以上有期徒刑或者无期徒刑，并处罚金或者没收财产。

第四百三十九条 非法出卖、转让军队武器装备的，处三年以上十年以下有期徒刑；出卖、转让大量武器装备或者有其他特别严重情节的，处十年以上有期徒刑、无期徒刑或者死刑。

《消费者权益保护法》

第四条 经营者与消费者进行交易，应当遵循自愿、平等、公平、诚实信用的原则。

第七条 消费者在购买、使用商品和接受服务时享有人身、财产安全不受损害的权利。

消费者有权要求经营者提供的商品和服务，符合保障人身、财产安全的要求。

第十条 消费者享有公平交易的权利。

消费者在购买商品或者接受服务时，有权获得质量保障、价格合理、计量正确等公平交易条件，有权拒绝经营者的强制交易行为。

第十一条 消费者因购买、使用商品或者接受服务受到人身、财产损害的，享有依法获得赔偿的权利。

第十八条 经营者应当保证其提供的商品或者服务符合保障人身、财产安全的要求。对可能危及人身、财产安全的商品和服务，应当向消费者作出真实的说明和明确的警示，并说明和标明正确使用商品或者接受服务的方法以及防止危害发生的方法。

第十九条 经营者发现其提供的商品或者服务存在缺陷，有危及人身、财产安全危险的，应当立即向有关行政部门报告和告知消费者，并采取停止销售、警示、召回、无害化处理、销毁、停止生产或者服务等措施。采取召回措施的，经营者应当承担消费者因商品被召回支出的必要费用。

第二十条 经营者向消费者提供有关商品或者服务的质量、性能、用途、有效期限等信息，应当真实、全面，不得作虚假或者引人误解的宣传。

经营者对消费者就其提供的商品或者服务的质量和使用方法等问题提出的询问，应当作出真实、明确的答复。

经营者提供商品或者服务应当明码标价。

《产品质量法》

第四条　生产者、销售者依照本法规定承担产品质量责任。

第十三条　可能危及人体健康和人身、财产安全的工业产品，必须符合保障人体健康和人身、财产安全的国家标准、行业标准；未制定国家标准、行业标准的，必须符合保障人体健康和人身、财产安全的要求。

禁止生产、销售不符合保障人体健康和人身、财产安全的标准和要求的工业产品。具体管理办法由国务院规定。

第二十六条　生产者应当对其生产的产品质量负责。

产品质量应当符合下列要求：

（一）不存在危及人身、财产安全的不合理的危险，有保障人体健康和人身、财产安全的国家标准、行业标准的，应当符合该标准；

（二）具备产品应当具备的使用性能，但是，对产品存在使用性能的瑕疵作出说明的除外；

（三）符合在产品或者其包装上注明采用的产品标准，符合以产品说明、实物样品等方式表明的质量状况。

第二十七条　产品或者其包装上的标识必须真实，并符合下列要求：

（一）有产品质量检验合格证明；

（二）有中文标明的产品名称、生产厂厂名和厂址；

（三）根据产品的特点和使用要求，需要标明产品规格、等级、所含主要成份的名称和含量的，用中文相应予以标明；需要事先让消费者知晓的，应当在外包装上标明，或者预先向消费者提供有关资料；

（四）限期使用的产品，应当在显著位置清晰地标明生产日期和安全使用期或者失效日期；

（五）使用不当，容易造成产品本身损坏或者可能危及人身、财产安全的产品，应当有警示标志或者中文警示说明。

裸装的食品和其他根据产品的特点难以附加标识的裸装产品，可以不附加产品标识。

第二十八条　易碎、易燃、易爆、有毒、有腐蚀性、有放射性等危险物品以及储运中不能倒置和其他有特殊要求的产品，其包装质量必须符合相应要求，依照国家有关规定作出警示标志或者中文警示说明，标明储运注意事项。

第二十九条　生产者不得生产国家明令淘汰的产品。

第三十条　生产者不得伪造产地，

不得伪造或者冒用他人的厂名、厂址。

第三十一条 生产者不得伪造或者冒用认证标志等质量标志。

第三十二条 生产者生产产品，不得掺杂、掺假，不得以假充真、以次充好，不得以不合格产品冒充合格产品。

第三十三条 销售者应当建立并执行进货检查验收制度，验明产品合格证明和其他标识。

第三十四条 销售者应当采取措施，保持销售产品的质量。

第三十五条 销售者不得销售国家明令淘汰并停止销售的产品和失效、变质的产品。

第三十六条 销售者销售的产品的标识应当符合本法第二十七条的规定。

第三十七条 销售者不得伪造产地，不得伪造或者冒用他人的厂名、厂址。

第三十八条 销售者不得伪造或者冒用认证标志等质量标志。

第三十九条 销售者销售产品，不得掺杂、掺假，不得以假充真、以次充好，不得以不合格产品冒充合格产品。

第四十二条 由于销售者的过错使产品存在缺陷，造成人身、他人财产损害的，销售者应当承担赔偿责任。

销售者不能指明缺陷产品的生产者也不能指明缺陷产品的供货者的，销售者应当承担赔偿责任。

《对外贸易法》

第十条 国家可以对部分货物的进出口实行国营贸易管理。实行国营贸易管理货物的进出口业务只能由经授权的企业经营；但是，国家允许部分数量的国营贸易管理货物的进出口业务由非授权企业经营的除外。

实行国营贸易管理的货物和经授权经营企业的目录，由国务院对外贸易主管部门会同国务院其他有关部门确定、调整并公布。

违反本条第一款规定，擅自进出口实行国营贸易管理的货物的，海关不予放行。

第十五条 国家基于下列原因，可以限制或者禁止有关货物、技术的进口或者出口：

（一）为维护国家安全、社会公共利益或者公共道德，需要限制或者禁止进口或者出口的；

（二）为保护人的健康或者安全，保护动物、植物的生命或者健康，保护环境，需要限制或者禁止进口或者出口的；

（三）为实施与黄金或者白银进出口有关的措施，需要限制或者禁止进口或者出口的；

（四）国内供应短缺或者为有效保护可能用竭的自然资源，需要限制或者禁止出口的；

（五）输往国家或者地区的市场容量有限，需要限制出口的；

（六）出口经营秩序出现严重混乱，需要限制出口的；

（七）为建立或者加快建立国内特定产业，需要限制进口的；

（八）对任何形式的农业、牧业、渔业产品有必要限制进口的；

（九）为保障国家国际金融地位和国际收支平衡，需要限制进口的；

（十）依照法律、行政法规的规定，其他需要限制或者禁止进口或者出口的；

（十一）根据我国缔结或者参加的国际条约、协定的规定，其他需要限制或者禁止进口或者出口的。

第十六条　国家对与裂变、聚变物质或者衍生此类物质的物质有关的货物、技术进出口，以及与武器、弹药或者其他军用物资有关的进出口，可以采取任何必要的措施，维护国家安全。

在战时或者为维护国际和平与安全，国家在货物、技术进出口方面可以采取任何必要的措施。

第十七条　国务院对外贸易主管部门会同国务院其他有关部门，依照本法第十五条和第十六条的规定，制定、调整并公布限制或者禁止进出口的货物、技术目录。

国务院对外贸易主管部门或者由其

会同国务院其他有关部门，经国务院批准，可以在本法第十五条和第十六条规定的范围内，临时决定限制或者禁止前款规定目录以外的特定货物、技术的进口或者出口。

《野生动物保护法》

第三十二条　禁止为出售、购买、利用野生动物或者禁止使用的猎捕工具发布广告。禁止为违法出售、购买、利用野生动物制品发布广告。

第三十三条　禁止网络平台、商品交易市场、餐饮场所等，为违法出售、购买、食用及利用野生动物及其制品或者禁止使用的猎捕工具提供展示、交易、消费服务。

◎ 行政法规
《化妆品监督管理条例》

第六条　化妆品注册人、备案人对化妆品的质量安全和功效宣称负责。

化妆品生产经营者应当依照法律、法规、强制性国家标准、技术规范从事生产经营活动，加强管理，诚信自律，保证化妆品质量安全。

◎ 部门规章
《互联网视听节目服务管理规定》

第十六条　互联网视听节目服务单位提供的、网络运营单位接入的视听节目应当符合法律、行政法规、部门规章的规定。已播出的视听节目应至少完整保留60日。视听节目不得含有以下内容：

（一）反对宪法确定的基本原则的；

（二）危害国家统一、主权和领土完整的；

（三）泄露国家秘密、危害国家安全或者损害国家荣誉和利益的；

（四）煽动民族仇恨、民族歧视，破坏民族团结，或者侵害民族风俗、习惯的；

（五）宣扬邪教、迷信的；

（六）扰乱社会秩序，破坏社会稳定的；

（七）诱导未成年人违法犯罪和渲染暴力、色情、赌博、恐怖活动的；

（八）侮辱或者诽谤他人，侵害公民个人隐私等他人合法权益的；

（九）危害社会公德，损害民族优秀文化传统的；

（十）有关法律、行政法规和国家规定禁止的其他内容。

第十七条 用于互联网视听节目服务的电影电视剧类节目和其它节目，应当符合国家有关广播电影电视节目的管理规定。互联网视听节目服务单位播出时政类视听新闻节目，应当是地（市）级以上广播电台、电视台制作、播出的节目和中央新闻单位网站登载的时政类视听新闻节目。

未持有《许可证》的单位不得为个人提供上载传播视听节目服务。互联网视听节目服务单位不得允许个人上载

时政类视听新闻节目，在提供播客、视频分享等上载传播视听节目服务时，应当提示上载者不得上载违反本规定的视听节目。任何单位和个人不得转播、链接、聚合、集成非法的广播电视频道、视听节目网站的节目。

《网络出版服务管理规定》

第二十三条 网络出版服务单位实行编辑责任制度，保障网络出版物内容合法。

网络出版服务单位实行出版物内容审核责任制度、责任编辑制度、责任校对制度等管理制度，保障网络出版物出版质量。

在网络上出版其他出版单位已在境内合法出版的作品且不改变原出版物内容的，须在网络出版物的相应页面显著标明原出版单位名称以及书号、刊号、网络出版物号或者网址信息。

第二十四条 网络出版物不得含有以下内容：

（一）反对宪法确定的基本原则的；

（二）危害国家统一、主权和领土完整的；

（三）泄露国家秘密、危害国家安全或者损害国家荣誉和利益的；

（四）煽动民族仇恨、民族歧视，破坏民族团结，或者侵害民族风俗、习惯的；

（五）宣扬邪教、迷信的；

（六）散布谣言，扰乱社会秩序，破坏社会稳定的；

（七）宣扬淫秽、色情、赌博、暴力或者教唆犯罪的；

（八）侮辱或者诽谤他人，侵害他人合法权益的；

（九）危害社会公德或者民族优秀文化传统的；

（十）有法律、行政法规和国家规定禁止的其他内容的。

第二十五条　为保护未成年人合法权益，网络出版物不得含有诱发未成年人模仿违反社会公德和违法犯罪行为的内容，不得含有恐怖、残酷等妨害未成年人身心健康的内容，不得含有披露未成年人个人隐私的内容。

第二十六条　网络出版服务单位出版涉及国家安全、社会安定等方面重大选题的内容，应当按照国家新闻出版广电总局有关重大选题备案管理的规定办理备案手续。未经备案的重大选题内容，不得出版。

《侵害消费者权益行为处罚办法》

第五条　经营者提供商品或者服务不得有下列行为：

（一）销售的商品或者提供的服务不符合保障人身、财产安全要求的；

（二）销售失效、变质的商品；

（三）销售伪造产地、伪造或者冒用他人的厂名、厂址、篡改生产日期的

商品；

（四）销售伪造或者冒用认证标志等质量标志的商品；

（五）销售的商品或者提供的服务侵犯他人注册商标专用权；

（六）销售伪造或者冒用知名商品特有的名称、包装、装潢的商品；

（七）在销售的商品中掺杂、掺假，以假充真，以次充好，以不合格商品冒充合格商品；

（八）销售国家明令淘汰并停止销售的商品；

（九）提供商品或者服务中故意使用不合格的计量器具或者破坏计量器具准确度；

（十）骗取消费者价款或者费用而不提供或者不按照约定提供商品或者服务。

《网络交易监督管理办法》

第十一条　网络交易经营者销售的商品或者提供的服务应当符合保障人身、财产安全的要求和环境保护要求，不得销售或者提供法律、行政法规禁止交易，损害国家利益和社会公共利益，违背公序良俗的商品或者服务。

◎ **部门规范性文件**

《网络购物服务规范》

4.5 严格禁止法律法规和政策条例规定禁止的交易行为

在网络购物中，严格禁止从事法律和

政策条例禁止的任何非法交易行为，如赌博、洗钱、传销以及贩卖枪支、毒品、禁药、盗版软件、淫秽商品和服务等。

网络购物各关联方不得提供和买卖未经审批的需要相应资质的商品或服务，禁止采用各种手段规避法律法规和政策条例规定必须具备相应资质才能开展的经营活动，如期货、烟草、药品和医疗器械等。

交易完成后必须发生货品所有权和全额货款的转移，在此之前不得将货物所有权作为买卖标的的合约再次转让。

《电子商务模式规范》

3. 基本要求

......

3.10.2 电子商务经营者应当保证其提供的商品或者服务符合保障人身、财产安全的要求。对可能危及人身、财产安全的商品和服务，应当向消费者作出真实的说明和明确的警示，并说明和标明正确使用商品或者接受服务的方法以及防止危害发生的方法。经营者发现其提供的商品或者服务存在严重缺陷，即使正确使用商品或者接受服务仍然可能对人身、财产安全造成危害的，应当立即向有关行政部门报告和告知消费者，并采取防止危害发生的措施。电子商务经营者不得提供有质量瑕疵的商品或者服务、不得进行虚假宣传、不能违约和不可有侵权行为等。

......

权威案例

◎ 指导性案例

陈某等八人侵犯著作权案【最高检指导案例第 100 号】

要旨：办理网络侵犯视听作品著作权犯罪案件，应注意及时提取、固定和保全相关电子数据，并围绕客观性、合法性、关联性要求对电子数据进行全面审查。对涉及众多作品的案件，在认定"未经著作权人许可"时，应围绕涉案复制品是否系非法出版、复制发行且被告人能否提供获得著作权人许可的相关证明材料进行审查。

◎ 公报案例

江苏省南京市江宁区人民检察院诉董某、陈某非法经营案【《最高人民法院公报》2012 年第 2 期】

裁判摘要：利用"外挂"软件"代练升级"从事非法经营活动，情节严重的，属于《中华人民共和国刑法》第二百二十五条中规定的"其他严重扰乱市场秩序的非法经营行为"，应以非法经营罪定罪处罚。

◎ 典型案例

孙某贩卖毒品案【毒品犯罪及吸毒诱发次生犯罪十大典型案例之五（2016 年 6 月 24 日）】

典型意义：随着信息网络的普及，网络涉毒犯罪呈快速蔓延之势，主要表现为利用网络贩卖毒品、买卖制毒物品、传播制毒技术和组织他人吸毒等。本案就是一起利用互联网贩卖毒品的典型案例。被告人孙某创建百度贴吧、QQ群用于联系毒品买家，涉毒网络群组人数众多；在短短数月内，其发送涉毒快递200余件，贩卖对象覆盖20余个省份的吸毒人员，反映出网络毒品犯罪影响范围广、不受地域限制、社会危害大的现实特点。同时，孙某虽有吸毒行为，但其短期内大量购入毒品，主要是为了贩卖，人民法院按照其购买的毒品数量认定其贩卖毒品数量，仅在量刑时对其吸食毒品的情节予以酌情考虑，体现了对此类犯罪的依法从严惩处。当前，互联网是广大群众尤其是青少年获取外界信息的重要渠道，利用互联网实施的毒品犯罪较传统犯罪具有更大的危害性和影响力，对于网络涉毒犯罪应保持高压态势，坚决遏制毒品通过网络渠道蔓延。

臧某喆贩卖毒品案【毒品犯罪及涉毒次生犯罪十大典型案例之五（2017年6月20日）】

典型意义：随着电子商务的快速发展，互联网支付、物流配送等配套服务越来越便捷，为生产生活提供了巨大便利。但是，一些不法分子利用信息网络覆盖面广、易隐瞒真实身份等特点，在网络交流平台上散布涉毒信息，借助电子商务平台进行毒品交易，形成毒品犯罪的一个新特点。本案就是一起通过互联网获取涉毒信息，再借助电子商务平台跨地域购买毒品转卖牟利的典型案例。被告人臧某喆根据QQ群中发布的售毒信息，与上家通过淘宝购物或互联网支付的方式完成毒品交易，5次购买甲基苯丙胺共计250克，贩卖毒品数量大。臧某喆曾因犯贩卖毒品罪被判刑，仍不知悔改，又贩卖毒品，主观恶性较大。人民法院根据臧某喆犯罪的事实及其系毒品再犯等情节，对其判处无期徒刑，体现了对此类犯罪的从严惩处。

江西省赣州市人民检察院诉郭某某等人生产、销售硫磺熏制辣椒民事公益诉讼案【最高人民检察院发布检察公益诉讼十大典型案例之九（2018年12月25日）】

指导意义：侵权责任法、食品安全法和消费者权益保护法都对消费者个人的惩罚性赔偿诉讼请求作出明确规定，但对公益诉讼中，起诉主体是否可以提出惩罚性赔偿诉讼请求没有明确。惩罚性赔偿有利于提高违法者的违法成本，减少其再违法犯罪的机会，也能对其他的违法者起到警示作用。赣州市检察院深入研究公益诉讼职能，在引导办案、固定证据、多方协调方面做出大量努力和尝试，注重做好前期工作，克服多重阻力困难，最终使各方争议达成一致，取得案件的胜诉结果，为当地公益诉讼工作打开了局面。

付某某等生产、销售有毒、有害食品案【最高人民法院发布3起食药监管执法司法典型案例之一（2020年1月9日）】

典型意义：近年来，危害食药安全犯罪出现向互联网蔓延的新趋势，犯罪分子利用淘宝等网店、微信朋友圈及快递服务等便利条件实施犯罪，参与人员多，牵涉地域广，犯罪手段隐蔽。相关部门不断提高打击力度，应对危害食药安全网络犯罪的新趋势，取得良好效果。本案中，被告人付某某从他人处购进非正规减肥胶囊产品，通过张某等人在网上销售，张某通过网络向其客户加价转售，将订单信息通过微信发给付某某，由付某某直接发货，一、二审法院认为付某某、张某构成共同犯罪，综合发货明细和微信、支付宝转账记录等证据，并结合被告人供述和证人证言认定销售数量和犯罪金额，认定和处理依据确实、充分，为有力打击危害食药安全网络犯罪提供了经验和参考。

刘某等贩卖、制造毒品案【最高人民法院发布 2020 年十大毒品（涉毒）犯罪典型案例之三（2020 年 6 月 23 日）】

典型意义：芬太尼类物质滥用当前正成为国际社会面临的新毒品问题，此类犯罪在我国也有所发生。为防范芬太尼类物质犯罪发展蔓延，国家相关部门在以往明确管控 25 种芬太尼类物质的基础上，又于 2019 年 5 月 1 日将芬太尼类物质列入《非药用类麻醉药品和精神药品管制品种增补目录》进行整类列管。本案系国内第一起有影响的芬太尼类物质犯罪案件，涉及芬太尼、呋喃芬太尼、阿普唑仑、去甲西泮、4-氯甲卡西酮、3,4-亚甲二氧基乙卡西酮等多种新型毒品，部分属于新

精神活性物质。人民法院根据涉案毒品的种类、数量、危害和被告人刘某、蒋某华、王某玺、夏某玺犯罪的具体情节，依法对四人从严惩处，特别是对刘某判处死刑缓期执行，充分体现了对此类犯罪的有力惩处。

魏某诉某科技有限公司网络购物合同纠纷案【食品安全民事纠纷典型案例之四（2020 年 12 月 9 日）】

裁判要点：预包装食品的包装标签未标明生产者的名称、地址等基本信息，消费者依据食品安全法第一百四十八条规定，请求食品销售者承担惩罚性赔偿责任的，人民法院应予支持。

董某澜贩卖毒品案【充分发挥检察职能推进网络空间治理典型案例之十（2021 年 1 月 26 日）】

典型意义：（一）"暗网"滋生大量违法犯罪，加强严格管控。"暗网"通过专门浏览器和特定配置才能访问，其中存在着大量毒品、枪支、人体器官、淫秽物品等信息，是违法交易的集中平台，危害性极大。"暗网"交易大量使用虚拟货币支付以避开监管，数据流转层层加密，匿名程度很高，容易成为违法犯罪的"避风港"。打击治理"暗网"违法犯罪活动，需要强化源头管控，尤其加强对 VPN 软件和非法浏览器交易、使用的监管，防止被用于非法活动，切断网络犯罪的信息流和接触通道。

（二）依法严厉打击网络毒品犯罪。

近年来，利用网络实施的毒品犯罪数量逐年增加，且日益呈现出线上与线下、境内与境外相结合等特征。检察机关要主动适应网络毒品犯罪变化，转变办案思路，建立以客观证据为中心的证据体系，注重挖掘电子数据，运用间接证据形成证据锁链，梳理贩毒方式、资金流和物品流，加大打击力度，坚决遏制网络毒品犯罪的多发态势。

上海韩某某、洪某某生产、销售有毒、有害食品、余某某非法经营案【落实食品药品安全"四个最严"要求专项行动典型案例之七（2021年2月19日）】

典型意义：（一）严查犯罪线索，实现对有毒、有害减肥咖啡的"全链条"打击。检察机关在审查起诉过程中，发现韩某某在制售涉案减肥咖啡时，多次通过同一途径购进大量西布曲明原料，遂将线索移送公安机关，引导侦查原料提供者的情况。后公安机关侦破余某某非法经营西布曲明犯罪，检察机关以余某某涉嫌非法经营罪提起公诉。同时，针对韩某某、洪某某制售涉案咖啡的产销模式已成规模化、组织化、链条化的特点，检察机关认真梳理电子数据，细致摸排漏犯线索，引导公安机关查证下线销售代理情况，3名销售代理人员以销售有毒、有害食品罪被提起公诉，均获法院有罪判决。由此，对本案的原料提供者、制售窝点主要人员、下线销售代理，形成"全覆盖式"打击，有力震慑了制售有毒、有害减肥产品类

犯罪。

（二）自行补充侦查，落实"最严厉的处罚"。公安机关移送审查起诉时，认定韩某某、洪某某销售有毒、有害减肥咖啡的销售金额及待售货值共400余万元。检察机关通过细致审查证据材料，发现其销售有毒、有害减肥咖啡的实际数额远超该数，遂通过自行补充侦查工作，逐一梳理数据，并结合物流记录、价目表、下线代理的供述等，确认有证据可证实的销售数量、各批次产品交易的单价，自行补侦遗漏犯罪数额超过400万元，最终核算出韩某某、洪某某的销售金额为833余万元。韩某某等人生产、销售有毒有害食品，生产、销售金额在50万元以上，属于刑法第144条规定的"有其他特别严重情节"，依法对韩某某等人在人身刑和财产刑上予以从严惩处，体现了对危害食品安全犯罪最严厉的处罚。

（三）提醒消费者增强防范意识，有效遏制危害范围扩张。涉案减肥咖啡网络销售数量大、范围广，其毒害成分可能危及众多网络消费人群的身心健康。检察机关及时启动公益诉讼审查程序，为防止损害后果扩大，首次探索"诉前消费风险警示"。在案件诉前调查阶段，通过召开专家论证会等形式，明确了食品安全领域公益救济的紧迫性和时效性，督促韩某某在全国性媒体上发布《"馈某瘦身咖啡"风险警示》，向广大消费者声明涉案咖啡的危害并公开赔礼道歉，及时遏制危害结果

继续扩散。另外，检察机关通过新闻媒体、网络自媒体等多种方式，结合办案宣传含有"西布曲明"咖啡的危害及辨识方式，提醒消费者提高防范意识，提倡科学瘦身。

浙江省松阳县人民检察院诉刘某某、纪某某生产、销售有毒、有害食品刑事附带民事公益诉讼案【"3·15"食品药品安全消费者权益保护检察公益诉讼典型案例之六（2021年3月15日）】

典型意义：生产、销售非法添加盐酸西布曲明等禁用成分的食品，严重危害众多消费者的身体健康，损害社会公共利益。检察机关综合发挥刑事公诉和民事公益诉讼多元职能作用，通过刑事附带民事公益诉讼，让违法生产、销售者承担销售价款十倍的惩罚性赔偿责任，以办案回应广大消费者的关切，给广大食品生产者、销售者依法生产经营敲响了警钟。办案中，检察机关推动构建食品安全领域"刑事司法+公益诉讼+行政执法"联动配合协作机制，对规范食品市场经营秩序具有示范意义。

广西吕某某等人贩卖毒品案【最高人民检察院发布4起检察机关依法惩治新型毒品犯罪典型案例之三（2021年6月25日）】

典型意义：办理新型毒品犯罪案件，检察机关要充分依托派驻公安机关执法办案管理中心检察室等机制，主动提前介入，引导公安机关依法收集、固定证据，

特别是客观性证据。对于发现遗漏的同案犯，要依法及时追捕到案，实现对毒品犯罪的全链条打击。要认真开展释法说理工作，依法适用认罪认罚从宽制度，确保毒品犯罪案件办案效果。对于新型毒品犯罪案件，要广泛开展预防宣传教育工作，切实增强群众防范新型毒品的意识和能力。

谢某等贩卖毒品案【2021年十大毒品（涉毒）犯罪典型案例之四（2021年6月25日）】

典型意义：随着互联网技术和物流业的发展，犯罪分子利用网络、物流实施毒品犯罪的情况日渐增多，毒品交易手法更趋隐蔽、多样化。本案就是一起犯罪分子使用"互联网+虚拟货币+物流寄递"手段贩卖毒品的典型案例。比特币是一种认可度较高的虚拟货币，具有匿名性等特点，在本案中被用于毒品交易支付。谢某、叶某骏利用网络联系毒品订单，以比特币形式收取毒资，使用虚假姓名寄递毒品，隐蔽性强。人民法院依法对二被告人判处了相应刑罚。

浙江省杭州市富阳区人民检察院督促保护冷鲜禽食品安全行政公益诉讼案【"公益诉讼守护美好生活"专项监督活动典型案例之九（2021年9月9日）】

典型意义：随着"冷鲜禽"产品网络销售的日益普及，食用农产品网络经营者未按规定屠宰检疫、产品"一证两标"缺失以及冷链运输环节不规范所导致的食品安全问题时有发生。检察机关充分发挥公益诉讼

检察职能作用，针对食用农产品网络销售的监管盲点、难点，坚持全流程监督，开展线上线下同步调查，督促相关职能部门履职尽责、协同治理，防范疫病传播风险，切实维护人民群众"舌尖上的安全"。

浙江省松阳县人民检察院诉刘某某等生产、销售有毒、有害食品刑事附带民事公益诉讼案【检察公益诉讼起诉典型案例之九（2021年9月15日）】

典型意义：生产、销售非法添加盐酸西布曲明等禁用成分的食品，严重危害众多消费者的身体健康，损害社会公共利益。检察机关综合发挥刑事公诉和民事公益诉讼多元职能作用，通过刑事附带民事公益诉讼，让违法生产、销售者承担销售价款十倍的惩罚性赔偿责任，以办案回应广大消费者的关切，破解不特定消费者难以保护自身合法权益的难题。同时，本案以司法判决形式明确了检察机关诉讼主体资格、违法链条各环节违法者责任承担、销售价款认定及十倍惩罚性赔偿具体适用等法律实践问题。检察机关推动构建食品安全领域"刑事司法+公益诉讼+行政执法"联动配合协作机制，织密了安全防护网。

杨某帆等人非法买卖、运输枪支案【检察机关依法惩治寄递违禁品犯罪典型案例之五（2021年11月25日）】

典型意义：本案系通过网络联络交易，并利用寄递渠道实施的跨省跨区域非法买卖枪支案件，社会危害严重。检察机关积极引导侦查取证，依法开展诉讼监督，切实在办案中发挥主导作用。认真落实普法责任，依托庭审以案释法，开展法治教育，起到良好的警示作用和动员效果。针对办案中发现社会管理问题，及时制发检察建议，推动寄递行业综合治理，切实维护社会稳定和人民群众的生命财产安全。

陈某帅等人非法收购、出售珍贵、濒危野生动物制品案【检察机关依法惩治寄递违禁品犯罪典型案例之六（2021年11月25日）】

典型意义：针对利用寄递渠道非法买卖野生动物制品犯罪证据固定难、全链条打击难的特点，检察机关积极引导侦查机关有针对性地收集、固定证据，构建了严密证据锁链，监督侦查机关通过关键案件线索逐层深挖犯罪，扩大了打击效果，为类案办理积累了宝贵经验。积极发挥社会管理职能，引导快递企业堵塞制度和人员管理漏洞，依法依规经营。同时，积极开展法治宣传和教育，引导群众全面自觉抵制野生动物及其制品消费，增强环境资源保护意识。

陈某某等人生产、销售有毒、有害食品案【检察机关依法惩治制售假冒伪劣商品犯罪典型案例之六（2022年3月14日）】

典型意义：（一）依法严惩危害食品安全犯罪，保障消费者生命健康安全。西地那非、他达拉非等系治疗男性勃起功能障碍等病症的处方药，必须在医生指导下使用，不当服用可能会伤害消化系统、血液和淋巴系统、神经系统等，对服用者的健康和生命安全造成威胁。2012年3月，西地那非、他达拉非被列入《保健食品中可能非法添加的物质名单（第一批）》，禁止在保健食品中添加使用。根据《最高人民法院 最高人民检察院关于办理危害食品安全刑事案件适用法律若干问题的解释》的规定，应当认定为刑法第一百四十四条规定的"有毒、有害的非食品原料"。陈某某等人在生产保健食品过程中罔顾消费者生命健康非法添加此类物质，并销售至全国多个省市地区，对消费者造成潜在的危害，且已有多名消费者出现不良反应，其行为已经构成生产、销售有毒、有害食品罪，应当予以严惩。

（二）准确判断嫌疑人主观明知，全链条摧毁犯罪网络。考虑到部分犯罪嫌疑人不具有专业的药学或法律知识，在判断其主观明知时，并不要求其明知生产或销售的食品内添加了西地那非等禁止物质，而是结合生活常识，明知生产或销售的产品内添加了国家禁止添加的物质，可能会对人体健康造成损害即可。本案根据刘某某长期从事保健品销售、多次与他人交流产品添加剂量及安全问题、收到产品含西地那非的检测报告后仍继续销售、销售过程中不断收到不良反应反馈等情况，综合认定其具有主观明知。在办案中，检察机关加强与执法司法机关配合，通过提前介入，引导侦查机关追根溯源，深挖犯罪，

注重全链条打击犯罪，彻底铲除犯罪源头，摧毁犯罪网络。

（三）充分发挥以案释法优势，积极参与药安全综合治理。检察机关在依法从严惩治危害食品安全犯罪的同时，积极落实"谁执法、谁普法"的普法责任制，强化以案释法，做好犯罪预防工作。庭审阶段，积极配合法院通过抖音直播庭审过程，检察机关在庭审中充分释法说理，引发社会对食品安全问题的广泛关注与讨论。判决后，及时向社会公众通报案件办理情况，宣传食品安全法律，提示犯罪风险，多维度、多举措展现检察机关依法有力保障人民群众"舌尖上的安全"的坚定决心和积极作为。

周某伟贩卖、运输毒品案【最高人民法院发布2022年十大毒品（涉毒）犯罪典型案例之八（2022年6月25日）】

典型意义： 近年来，随着我国对海洛因、甲基苯丙胺等毒品犯罪的打击力度不断加强，部分常见毒品逐渐较难获得，一些吸毒人员转而通过非法手段获取处方麻精药品作为替代物滥用，以满足吸毒瘾癖，具有医疗用途的麻精药品流入非法渠道的情况时有发生。为加大监管力度，有关职能部门联合印发《关于将含羟考酮复方制剂等品种列入精神药品管理的公告》，规定自2019年9月1日起将含羟考酮的复方制剂（含泰勒宁）列入精神药品管理。《全国法院毒品犯罪审判工作座谈会纪要》明确规定，向吸食、注射毒品的人

员贩卖国家规定管制的能够使人形成瘾癖的麻醉药品或者精神药品的，以贩卖毒品罪定罪处罚。同时，随着互联网技术、物流业的快速发展，犯罪分子依托互联网联络毒品交易并收取毒资、通过快递物流渠道交付毒品的现象日益突出。信息网络的跨地域性、匿名性特点，使得毒品犯罪手段愈趋隐蔽化、多样化，监管、打击难度不断加大。本案就是犯罪分子利用"互联网+物流寄递"手段向吸毒人员贩卖国家规定管制的处方麻精药品的典型案例。被告人周某伟在微信、抖音、百度贴吧等网络社交平台寻找联系买家，明知买家购买麻精药品作为成瘾替代物，仍通过闲鱼交易平台下单结算，再通过物流方式向各地买家寄送，犯罪手段隐蔽，社会危害性大。周某伟多次向吸毒人员贩卖毒品，情节严重。除已售出的麻精药品外，公安人员还从周某伟租住处查获大量国家管制的精神药品。人民法院对周某伟依法适用刑罚，体现了对利用信息网络实施非法贩卖麻精药品犯罪的严厉打击。

霍某程等 11 人倒卖文物案【依法保护文物和文化遗产典型案例之四（2023 年 2 月 7 日）】

　　典型意义：本案系倒卖文物引发的刑事案件。涉案文物主要来源于新疆罗布泊保护区，该保护区内有小河墓地、楼兰故城遗址等多个重点文物保护区域，分布了大量珍贵文物和文化遗址，具有重大历史、艺术、科学价值。依某等人违反国家文物保护法规，多次进入罗布泊保护区非法获取国家禁止经营的文物，在当地自发形成的文物经营市场内出售，霍某程以出售牟利为目的大量收购、运输、储存文物，并利用互联网拍卖变现，均应依法承担刑事责任。本案倒卖文物行为呈现出规模化、产业化、网络化特点，涉案文物数量巨大，包括数十件二级文物、三级文物，严重破坏罗布泊保护区的地理、文化原貌和文物安全。人民法院坚持"全链条、全要素"打击，依法严惩倒卖文物行为，同时贯彻落实宽严相济刑事政策，正确适用认罪认罚从宽制度，发挥了刑事制裁的惩罚与教育功能，为从源头遏制倒卖文物犯罪、加强文物市场监管、堵塞文物保护工作漏洞，提供了法治指引。

> **第十四条　【电子发票】**
> 　　电子商务经营者销售商品或者提供服务应当依法出具纸质发票或者电子发票等购货凭证或者服务单据。电子发票与纸质发票具有同等法律效力。

关联法规

◎ **法律**

《民法典》

　　第五百零九条　当事人应当按照约定全面履行自己的义务。

当事人应当遵循诚信原则，根据合同的性质、目的和交易习惯履行通知、协助、保密等义务。

当事人在履行合同过程中，应当避免浪费资源、污染环境和破坏生态。

《消费者权益保护法》

第二十二条 经营者提供商品或者服务，应当按照国家有关规定或者商业惯例向消费者出具发票等购货凭证或者服务单据；消费者索要发票等购货凭证或者服务单据的，经营者必须出具。

《税收征收管理法》

第二十一条 税务机关是发票的主管机关，负责发票印制、领购、开具、取得、保管、缴销的管理和监督。

单位、个人在购销商品、提供或者接受经营服务以及从事其他经营活动中，应当按照规定开具、使用、取得发票。

发票的管理办法由国务院规定。

第二十二条 增值税专用发票由国务院税务主管部门指定的企业印制；其他发票，按照国务院税务主管部门的规定，分别由省、自治区、直辖市国家税务局、地方税务局指定企业印制。

未经前款规定的税务机关指定，不得印制发票。

◎ 司法解释

《关于适用〈中华人民共和国民事诉讼法〉的解释》

第一百一十六条 视听资料包括录音资料和影像资料。

电子数据是指通过电子邮件、电子数据交换、网上聊天记录、博客、微博客、手机短信、电子签名、域名等形成或者存储在电子介质中的信息。

存储在电子介质中的录音资料和影像资料，适用电子数据的规定。

◎ 部门规章

《网络发票管理办法》

第二条 在中华人民共和国境内使用网络发票管理系统开具发票的单位和个人办理网络发票管理系统的开户登记、网上领取发票手续、在线开具、传输、查验和缴销等事项，适用本办法。

第六条 开具发票的单位和个人开具网络发票应登录网络发票管理系统，如实完整填写发票的相关内容及数据，确认保存后打印发票。

开具发票的单位和个人在线开具的网络发票，经系统自动保存数据后即完成开票信息的确认、查验。

第七条 单位和个人取得网络发票时，应及时查询验证网络发票信息的真实性、完整性，对不符合规定的发票，不得作为财务报销凭证，任何单位和个人有权拒收。

《互联网保险业务监管办法》

第二十二条 保险机构开展互联网保险业务，应向客户提供保单和发票，可优先提供电子保单和电子发票。采用纸质保单的，保险公司或合作的保险中介机构应以适当方式将保单送达客户。采用电子保单的，保险公司或合作的保险中介机构应向客户说明，并向客户提供可查询、下载电子保单的自营网络平台或行业统一查验平台的访问方式。

◎ **部门规范性文件**

《促进电子商务发展部际综合协调工作组工作制度及三年行动实施方案（2016-2018年）》

二、主要任务

（一）电子商务基础设施建设专项行动

......

5. 电子发票推广工程

完善电子发票、电子会计档案等管理制度，建设国家及地方电子发票信息管理平台，形成电子发票信息库，在符合国家法律法规前提下，实现各级平台互联共享，依托电子商务示范城市，面向各类电子商务交易与服务平台，推广电子发票应用，研究制定电子发票相关标准规范，鼓励、引导电子商务交易与服务平台全面使用电子发票，发挥电子发票对电子商务的促进、引领和保障作用。推进电子会计档案管理。

推动部门：税务总局、公安部、财政部、人民银行、工业和信息化部、商务部、工商总局、档案局、发展改革委、国家标准委

......

第十五条　【电子商务经营者的信息公示义务】

电子商务经营者应当在其首页显著位置，持续公示营业执照信息、与其经营业务有关的行政许可信息、属于依照本法第十条规定的不需要办理市场主体登记情形等信息，或者上述信息的链接标识。

前款规定的信息发生变更的，电子商务经营者应当及时更新公示信息。

关联法规

◎ **法律**

《消费者权益保护法》

第二十一条　经营者应当标明其真实名称和标记。

租赁他人柜台或者场地的经营者，应当标明其真实名称和标记。

第二十八条　采用网络、电视、电话、邮购等方式提供商品或者服务的经营者，以及提供证券、保险、银行等金融服务的经营者，应当向消费者提供经营地址、联系方式、商品或者服务的数量和质量、价款或者费用、履行期限和

方式、安全注意事项和风险警示、售后服务、民事责任等信息。

◎ **行政法规**

《互联网信息服务管理办法》

第十二条 互联网信息服务提供者应当在其网站主页的显著位置标明其经营许可证编号或者备案编号。

《企业信息公示暂行条例》

第二条 本条例所称企业信息，是指在工商行政管理部门登记的企业从事生产经营活动过程中形成的信息，以及政府部门在履行职责过程中产生的能够反映企业状况的信息。

第三条 企业信息公示应当真实、及时。公示的企业信息涉及国家秘密、国家安全或者社会公共利益的，应当报请主管的保密行政管理部门或者国家安全机关批准。县级以上地方人民政府有关部门公示的企业信息涉及企业商业秘密或者个人隐私的，应当报请上级主管部门批准。

第六条 工商行政管理部门应当通过企业信用信息公示系统，公示其在履行职责过程中产生的下列企业信息：

（一）注册登记、备案信息；

（二）动产抵押登记信息；

（三）股权出质登记信息；

（四）行政处罚信息；

（五）其他依法应当公示的信息。

前款规定的企业信息应当自产生之日起20个工作日内予以公示。

第七条 工商行政管理部门以外的其他政府部门（以下简称其他政府部门）应当公示其在履行职责过程中产生的下列企业信息：

（一）行政许可准予、变更、延续信息；

（二）行政处罚信息；

（三）其他依法应当公示的信息。

其他政府部门可以通过企业信用信息公示系统，也可以通过其他系统公示前款规定的企业信息。工商行政管理部门和其他政府部门应当按照国家社会信用信息平台建设的总体要求，实现企业信息的互联共享。

第九条 企业年度报告内容包括：

（一）企业通信地址、邮政编码、联系电话、电子邮箱等信息；

（二）企业开业、歇业、清算等存续状态信息；

（三）企业投资设立企业、购买股权信息；

（四）企业为有限责任公司或者股份有限公司的，其股东或者发起人认缴和实缴的出资额、出资时间、出资方式等信息；

（五）有限责任公司股东股权转让等股权变更信息；

（六）企业网站以及从事网络经营的网店的名称、网址等信息；

（七）企业从业人数、资产总额、负债总额、对外提供保证担保、所有者权益合计、营业总收入、主营业务收入、利润总额、净利润、纳税总额信息。

前款第一项至第六项规定的信息应当向社会公示，第七项规定的信息由企业选择是否向社会公示。

经企业同意，公民、法人或者其他组织可以查询企业选择不公示的信息。

第十条　企业应当自下列信息形成之日起20个工作日内通过企业信用信息公示系统向社会公示：

（一）有限责任公司股东或者股份有限公司发起人认缴和实缴的出资额、出资时间、出资方式等信息；

（二）有限责任公司股东股权转让等股权变更信息；

（三）行政许可取得、变更、延续信息；

（四）知识产权出质登记信息；

（五）受到行政处罚的信息；

（六）其他依法应当公示的信息。

工商行政管理部门发现企业未依照前款规定履行公示义务的，应当责令其限期履行。

第十二条　政府部门发现其公示的信息不准确的，应当及时更正。公民、法人或者其他组织有证据证明政府部门公示的信息不准确的，有权要求该政府部门予以更正。

企业发现其公示的信息不准确的，应当及时更正；但是，企业年度报告公示信息的更正应当在每年6月30日之前完成。更正前后的信息应当同时公示。

第十三条　公民、法人或者其他组织发现企业公示的信息虚假的，可以向工商行政管理部门举报，接到举报的工商行政管理部门应当自接到举报材料之日起20个工作日内进行核查，予以处理，并将处理情况书面告知举报人。

公民、法人或者其他组织对依照本条例规定公示的企业信息有疑问的，可以向政府部门申请查询，收到查询申请的政府部门应当自收到申请之日起20个工作日内书面答复申请人。

《市场主体登记管理条例》

第三十六条　市场主体应当将营业执照置于住所或者主要经营场所的醒目位置。从事电子商务经营的市场主体应当在其首页显著位置持续公示营业执照信息或者相关链接标识。

◎ 部门规章

《网络出版服务管理规定》

第十九条　网络出版服务单位应当在其网站首页上标明出版行政主管部门核发的《网络出版服务许可证》编号。

互联网相关服务提供者在为网络出版服务单位提供人工干预搜索排名、广告、推广等服务时，应当查验服务对象的《网络出版服务许可证》及业务范围。

《网络借贷信息中介机构业务活动管理暂行办法》

第三十一条 网络借贷信息中介机构应当及时在其官方网站显著位置披露本机构所撮合借贷项目等经营管理信息。

网络借贷信息中介机构应当在其官方网站上建立业务活动经营管理信息披露专栏，定期以公告形式向公众披露年度报告、法律法规、网络借贷有关监管规定。

网络借贷信息中介机构应当聘请会计师事务所定期对本机构出借人与借款人资金存管、信息披露情况、信息科技基础设施安全、经营合规性等重点环节实施审计，并且应当聘请有资质的信息安全测评认证机构定期对信息安全实施测评认证，向出借人与借款人等披露审计和测评认证结果。

网络借贷信息中介机构应当引入律师事务所、信息系统安全评价等第三方机构，对网络信息中介机构合规和信息系统稳健情况进行评估。

网络借贷信息中介机构应当将定期信息披露公告文稿和相关备查文件报送工商登记注册地地方金融监管部门，并置备于机构住所供社会公众查阅。

《电信业务经营许可管理办法》

第十六条 电信业务经营者应当按照经营许可证所载明的电信业务种类，在规定的业务覆盖范围内，按照经营许可证的规定经营电信业务。

电信业务经营者应当在公司主要经营场所、网站主页、业务宣传材料等显著位置标明其经营许可证编号。

《互联网保险业务监管办法》

第十二条 开展互联网保险业务的保险机构应建立官方网站，参照《保险公司信息披露管理办法》相关规定，设置互联网保险栏目进行信息披露，披露内容包括但不限于：

（一）营业执照、经营保险业务相关许可证（备案表）。

（二）自营网络平台的名称、网址，以及在中国保险行业协会官方网站上的信息披露访问链接。

（三）一年来综合偿付能力充足率、风险综合评级、消费者权益保护监管评价等相关监管评价信息，银保监会另有规定的从其规定。

（四）保险机构之间开展合作的，各保险机构应分别披露合作机构名称、业务合作范围及合作起止时间。

（五）互联网保险产品名称、产品信息（或链接），产品信息包括条款、审批类产品的批复文号、备案类产品的备案编号或产品注册号、报备文件编号或条款编码。

（六）互联网保险产品及保单的查询和验真途径。

（七）省级分支机构和落地服务机构的名称、办公地址、电话号码等。

（八）理赔、保全等客户服务及投诉渠道，相关联系方式。

（九）本办法第八条规定的经营变化情况。

（十）银保监会规定的其他内容。

第十三条　保险机构应在开展互联网保险业务的自营网络平台显著位置，列明以下信息：

（一）保险产品承保公司设有省级分支机构和落地服务机构的省（自治区、直辖市、计划单列市）清单。

（二）保险产品承保公司全国统一的客户服务及投诉方式，包括客服电话、在线服务访问方式、理赔争议处理机制和工作流程等。

（三）投保咨询方式、保单查询方式。

（四）针对消费者个人信息、投保交易信息和交易安全的保障措施。

（五）自营网络平台在中国保险行业协会官方网站上的信息披露访问链接。

（六）本办法第八条规定的经营变化情况。

（七）银保监会规定的其他内容。

《网络交易监督管理办法》

第十二条　网络交易经营者应当在其网站首页或者从事经营活动的主页面显著位置，持续公示经营者主体信息或者该信息的链接标识。鼓励网络交易经营者链接到国家市场监督管理总局电子营业执照亮照系统，公示其营业执照信息。

已经办理市场主体登记的网络交易经营者应当如实公示下列营业执照信息以及与其经营业务有关的行政许可等信息，或者该信息的链接标识：

（一）企业应当公示其营业执照登载的统一社会信用代码、名称、企业类型、法定代表人（负责人）、住所、注册资本（出资额）等信息；

（二）个体工商户应当公示其营业执照登载的统一社会信用代码、名称、经营者姓名、经营场所、组成形式等信息；

（三）农民专业合作社、农民专业合作社联合社应当公示其营业执照登载的统一社会信用代码、名称、法定代表人、住所、成员出资总额等信息。

依照《中华人民共和国电子商务法》第十条规定不需要进行登记的经营者应当根据自身实际经营活动类型，如实公示以下自我声明以及实际经营地址、联系方式等信息，或者该信息的链接标识：

（一）"个人销售自产农副产品，依法不需要办理市场主体登记"；

（二）"个人销售家庭手工业产品，依法不需要办理市场主体登记"；

（三）"个人利用自己的技能从事依法无须取得许可的便民劳务活动，依法不需要办理市场主体登记"；

（四）"个人从事零星小额交易活动，依法不需要办理市场主体登记"。

网络交易经营者公示的信息发生变更的，应当在十个工作日内完成更新公示。

《小微型客车租赁经营服务管理办法》

第十二条 小微型客车租赁经营者还应当遵守下列规定：

（一）在经营场所或者服务平台以显著方式明示服务项目、租赁流程、租赁车辆类型、收费标准、押金收取与退还、客服与监督电话等事项；

（二）按照合同约定将租赁小微型客车交付承租人，交付的租赁小微型客车在租赁期间应当符合《中华人民共和国道路交通安全法》规定的上路行驶条件，车内设施设备功能齐全正常，外观内饰完好整洁；

（三）随车配备租赁小微型客车机动车行驶证；

（四）按照国家有关规定对租赁小微型客车进行检测、维护，确保技术性能良好；

（五）建立救援服务体系，租赁小微型客车在租赁期间出现故障或者发生事故时，按照合同约定提供救援、换车服务；

（六）建立租赁经营管理档案，保存租赁经营信息，并按照要求报送相关数据信息；

（七）从事分时租赁经营的，应当按照国家有关规定计程计时，收取承租人押金和预付资金的，还应当按照国家有关规定管理押金和预付资金。

《市场主体登记管理条例实施细则》

第二十三条 市场主体营业执照应当载明名称、法定代表人（执行事务合伙人、个人独资企业投资人、经营者或者负责人）姓名、类型（组成形式）、注册资本（出资额）、住所（主要经营场所、经营场所）、经营范围、登记机关、成立日期、统一社会信用代码。

电子营业执照与纸质营业执照具有同等法律效力，市场主体可以凭电子营业执照开展经营活动。

市场主体在办理涉及营业执照记载事项变更登记或者申请注销登记时，需要在提交申请时一并缴回纸质营业执照正、副本。对于市场主体营业执照拒不缴回或者无法缴回的，登记机关在完成变更登记或者注销登记后，通过国家企业信用信息公示系统公告营业执照作废。

第三十六条　公司减少注册资本，可以通过国家企业信用信息公示系统公告，公告期 45 日，应当于公告期届满后申请变更登记。法律、行政法规或者国务院决定对公司注册资本有最低限额规定的，减少后的注册资本应当不少于最低限额。

第四十一条　市场主体决定歇业，应当在歇业前向登记机关办理备案。登记机关通过国家企业信用信息公示系统向社会公示歇业期限、法律文书送达地址等信息。

第四十二条　市场主体办理歇业备案后，自主决定开展或者已实际开展经营活动的，应当于 30 日内在国家企业信用信息公示系统上公示终止歇业。

第四十九条　申请办理简易注销登记，市场主体应当将承诺书及注销登记申请通过国家企业信用信息公示系统公示，公示期为 20 日。

在公示期内无相关部门、债权人及其他利害关系人提出异议的，市场主体可以于公示期届满之日起 20 日内向登记机关申请注销登记。

第五十三条　登记机关受理申请后，应当于 3 个月内完成调查，并及时作出撤销或者不予撤销市场主体登记的决定。情形复杂的，经登记机关负责人批准，可以延长 3 个月。

在调查期间，相关市场主体和人员无法联系或者拒不配合的，登记机关可以将涉嫌虚假登记市场主体的登记时间、登记事项，以及登记机关联系方式等信息通过国家企业信用信息公示系统向社会公示，公示期 45 日。相关市场主体及其利害关系人在公示期内没有提出异议的，登记机关可以撤销市场主体登记。

第五十六条　登记机关作出撤销登记决定后，应当通过国家企业信用信息公示系统向社会公示。

第六十三条　市场主体应当于每年 1 月 1 日至 6 月 30 日，通过国家企业信用信息公示系统报送上一年度年度报告，并向社会公示。

个体工商户可以通过纸质方式报送年度报告，并自主选择年度报告内容是否向社会公示。

歇业的市场主体应当按时公示年度报告。

第六十四条　市场主体应当将营业执照（含电子营业执照）置于住所（主要经营场所、经营场所）的醒目位置。

从事电子商务经营的市场主体应当在其首页显著位置持续公示营业执照信息或者其链接标识。

营业执照记载的信息发生变更时，市场主体应当于 15 日内完成对应信息的更新公示。市场主体被吊销营业执照的，登记机关应当将吊销情况标注于电子营业执照中。

第七十条 市场主体未按照法律、行政法规规定的期限公示或者报送年度报告的，由登记机关列入经营异常名录，可以处 1 万元以下的罚款。

◎ **部门规范性文件**

《互联网药品交易服务审批暂行规定》

第十八条 提供互联网药品交易服务的企业必须在其网站首页显著位置标明互联网药品交易服务机构资格证书号码。

《电子商务模式规范》

5.5 有工商报备的独立的固定网址

网上商厦（B2C）的经营者必须通过合法的途径取得独立的固定网址，网站必须按照 IP 地址备案的要求以电子形式报备 IP 地址信息，并将备案信息刊登在网站首页下方。

《网络交易平台经营者履行社会责任指引》

第九条 网络交易平台经营者应在其网站主页面显著位置公开营业执照登载的信息或其营业执照的电子链接标识。

第十四条 网络交易平台经营者应对进驻平台的经营者进行审查和登记，建立登记档案并定期核实更新，记载的信息应真实、全面。平台内经营者信息从经营者在平台注销之日起保存不少于两年。

网络交易平台经营者对于法人、其他经济组织或者个体工商户，应在其从事经营活动的主页面醒目位置公开营业执照登载的信息或其营业执照的电子链接标识；对于自然人，应在其从事经营活动的主页面醒目位置加载证明个人身份信息真实合法的标识，同时标明经营地址、电话邮箱等有效联系方式。

《网络交易平台合同格式条款规范指引》

第八条 网络交易平台经营者应当在其网站主页面适当位置公示以下信息或者其电子链接：

（一）营业执照以及相关许可证；

（二）互联网信息服务许可或者备案信息；

（三）经营地址、邮政编码、电话号码、电子信箱等联系信息；

（四）法律、法规规定其他应披露的信息。

网络交易平台经营者应确保所披露的内容清晰、真实、全面、可被识别和易于获取。

《第三方电子商务交易平台服务规范》

5.3 平台经营者信息公示

平台经营者应当在其网站主页面或者从事经营活动的网页显著位置公示以下信息：

（1）营业执照以及各类经营许可证；

（2）互联网信息服务许可登记或经备案的电子验证标识；

（3）经营地址、邮政编码、电话号码、电子信箱等联系信息及法律文书送达地址；

（4）监管部门或消费者投诉机构的联系方式。

（5）法律、法规规定其他应披露的信息。

权威案例

◎ 典型案例

北京铁路运输检察院督促保护消费者知情权行政公益诉讼案【公益诉讼检察听证典型案例之十（2021年7月22日）】

典型意义：本案针对互联网领域的新业态、新问题进行公开听证，重在解决由于现行法律法规不明晰产生的认识分歧，以及网络安全与消费者知情权发生冲突时如何保护公益的问题，具有较强的探索和示范意义。特别是参加听证的专家是检察机关与行政机关共同邀请并经涉案企业认可，既有法律领域专家，也有技术领域专家，保证了听证的客观公正性和论证角度的多元性；技术领域专家的意见为保障消费者知情权与网络安全提供技术路径建议，提升了公益诉讼听证的专业性。另外，邀请人大代表、人民监督员等社会人士参与听证，既扩大听证覆盖面，又对检察建议及其整改效果予以监督，对于凝聚各方共识、促进行业治理、构建良好市场秩序有重要意义，亦是推进网络空间共商共建共治的具体体现。

湖北省宣恩县人民检察院督促履行网络餐饮服务食品安全监督管理职责行政公益诉讼案【人民监督员参与和监督检察公益诉讼办案活动典型案例之四（2022年12月20日）】

典型意义：检察机关在对网络餐饮食品安全开展公益诉讼监督过程中，邀请具有相关领域专业知识的人民监督员参与和监督调查取证、旁听庭审、"回头看"等办案活动，人民监督员在每个环节发表相关专业意见，助力检察机关在调取证据、发表举证质证意见、作出整改研判中突破专业壁垒，督促行政机关从"心口不服"到"心服口服"，从消极不全面履职到积极全面履职，及时修复受损公益，守住了人民群众"舌尖上的安全"。

第十六条　【电子商务经营者业务终止的公示义务】

电子商务经营者自行终止从事电子商务的，应当提前三十日在首页显著位置持续公示有关信息。

关联法规

◎ **行政法规**

《企业信息公示暂行条例》

第十二条 政府部门发现其公示的信息不准确的，应当及时更正。公民、法人或者其他组织有证据证明政府部门公示的信息不准确的，有权要求该政府部门予以更正。

企业发现其公示的信息不准确的，应当及时更正；但是，企业年度报告公示信息的更正应当在每年 6 月 30 日之前完成。更正前后的信息应当同时公示。

第十三条 公民、法人或者其他组织发现企业公示的信息虚假的，可以向工商行政管理部门举报，接到举报的工商行政管理部门应当自接到举报材料之日起 20 个工作日内进行核查，予以处理，并将处理情况书面告知举报人。

公民、法人或者其他组织对依照本条例规定公示的企业信息有疑问的，可以向政府部门申请查询，收到查询申请的政府部门应当自收到申请之日起 20 个工作日内书面答复申请人。

◎ **部门规章**

《网络借贷信息中介机构业务活动管理暂行办法》

第八条 经备案的网络借贷信息中介机构拟终止网络借贷信息中介服务的，应当在终止业务前提前至少 10 个工作日，书面告知工商登记注册地地方金融监管部门，并办理备案注销。

经备案登记的网络借贷信息中介机构依法解散或者依法宣告破产的，除依法进行清算外，由工商登记注册地地方金融监管部门注销其备案。

第二十四条 网络借贷信息中介机构暂停、终止业务时应当至少提前 10 个工作日通过官方网站等有效渠道向出借人与借款人公告，并通过移动电话、固定电话等渠道通知出借人与借款人。网络借贷信息中介机构业务暂停或者终止，不影响已经签订的借贷合同当事人有关权利义务。

网络借贷信息中介机构因解散或宣告破产而终止的，应当在解散或破产前，妥善处理已撮合存续的借贷业务，清算事宜按照有关法律法规的规定办理。

网络借贷信息中介机构清算时，出借人与借款人的资金分别属于出借人与借款人，不属于网络借贷信息中介机构的财产，不列入清算财产。

《网络交易监督管理办法》

第二十三条 网络交易经营者自行终止从事网络交易活动的，应当提前三十日在其网站首页或者从事经营活动的主页面显著位置，持续公示终止网络交易活动公告等有关信息，并采取合理、必要、及时的措施保障消费者和相关经营者的合法权益。

《市场主体登记管理条例实施细则》

第二十三条　市场主体营业执照应当载明名称、法定代表人（执行事务合伙人、个人独资企业投资人、经营者或者负责人）姓名、类型（组成形式）、注册资本（出资额）、住所（主要经营场所、经营场所）、经营范围、登记机关、成立日期、统一社会信用代码。

电子营业执照与纸质营业执照具有同等法律效力，市场主体可以凭电子营业执照开展经营活动。

市场主体在办理涉及营业执照记载事项变更登记或者申请注销登记时，需要在提交申请时一并缴回纸质营业执照正、副本。对于市场主体营业执照拒不缴回或者无法缴回的，登记机关在完成变更登记或者注销登记后，通过国家企业信用信息公示系统公告营业执照作废。

第四十一条　市场主体决定歇业，应当在歇业前向登记机关办理备案。登记机关通过国家企业信用信息公示系统向社会公示歇业期限、法律文书送达地址等信息。

第四十二条　市场主体办理歇业备案后，自主决定开展或者已实际开展经营活动的，应当于30日内在国家企业信用信息公示系统上公示终止歇业。

第四十五条　市场主体注销登记前依法应当清算的，清算组应当自成立之日起10日内将清算组成员、清算组负责人名单通过国家企业信用信息公示系统公告。清算组可以通过国家企业信用信息公示系统发布债权人公告。

第四十九条　申请办理简易注销登记，市场主体应当将承诺书及注销登记申请通过国家企业信用信息公示系统公示，公示期为20日。

在公示期内无相关部门、债权人及其他利害关系人提出异议的，市场主体可以于公示期届满之日起20日内向登记机关申请注销登记。

第五十三条　登记机关受理申请后，应当于3个月内完成调查，并及时作出撤销或者不予撤销市场主体登记的决定。情形复杂的，经登记机关负责人批准，可以延长3个月。

在调查期间，相关市场主体和人员无法联系或者拒不配合的，登记机关可以将涉嫌虚假登记市场主体的登记时间、登记事项，以及登记机关联系方式等信息通过国家企业信用信息公示系统向社会公示，公示期45日。相关市场主体及其利害关系人在公示期内没有提出异议的，登记机关可以撤销市场主体登记。

第五十六条　登记机关作出撤销登记决定后，应当通过国家企业信用信息公示系统向社会公示。

◎ 部门规范性文件

《网络交易平台经营者履行社会责任指引》

第二十四条　网络交易平台经营者拟终止提供网络交易平台服务的，应至少提前三个月在其网站主页面醒目位置予以公示并通知相关经营者和消费者，采取必要措施保障相关经营者和消费者的合法权益。

《第三方电子商务交易平台服务规范》

5.9 终止经营

第三方交易平台歇业或者其他自身原因终止经营的，应当提前一个月通知站内经营者，并与站内经营者结清财务及相关手续。

涉及行政许可的第三方交易平台终止营业的，平台经营者应当提前一个月向行政主管部门报告；并通过合同或其他方式，确保在合理期限内继续提供对消费者的售后服务。

第十七条　【电子商务经营者的信息披露义务】

电子商务经营者应当全面、真实、准确、及时地披露商品或者服务信息，保障消费者的知情权和选择权。电子商务经营者不得以虚构交易、编造用户评价等

方式进行虚假或者引人误解的商业宣传，欺骗、误导消费者。

关联法规

◎ 法律

《民法典》

第七条　民事主体从事民事活动，应当遵循诚信原则，秉持诚实，恪守承诺。

第一百四十七条　基于重大误解实施的民事法律行为，行为人有权请求人民法院或者仲裁机构予以撤销。

第一百四十八条　一方以欺诈手段，使对方在违背真实意思的情况下实施的民事法律行为，受欺诈方有权请求人民法院或者仲裁机构予以撤销。

《网络安全法》

第四十三条　个人发现网络运营者违反法律、行政法规的规定或者双方约定收集、使用其个人信息的，有权要求网络运营者删除其个人信息；发现网络运营者收集、存储的其个人信息有错误的，有权要求网络运营者予以更正。网络运营者应当采取措施予以删除或者更正。

《个人信息保护法》

第四十四条　个人对其个人信息的处理享有知情权、决定权，有权限制或

者拒绝他人对其个人信息进行处理；法律、行政法规另有规定的除外。

《关于维护互联网安全的决定》

三、为了维护社会主义市场经济秩序和社会管理秩序，对有下列行为之一，构成犯罪的，依照刑法有关规定追究刑事责任：

（一）利用互联网销售伪劣产品或者对商品、服务作虚假宣传；

（二）利用互联网损害他人商业信誉和商品声誉；

（三）利用互联网侵犯他人知识产权；

（四）利用互联网编造并传播影响证券、期货交易或者其他扰乱金融秩序的虚假信息；

（五）在互联网上建立淫秽网站、网页，提供淫秽站点链接服务，或者传播淫秽书刊、影片、音像、图片。

《消费者权益保护法》

第八条　消费者享有知悉其购买、使用的商品或者接受的服务的真实情况的权利。

消费者有权根据商品或者服务的不同情况，要求经营者提供商品的价格、产地、生产者、用途、性能、规格、等级、主要成份、生产日期、有效期限、检验合格证明、使用方法说明书、售后服务，或者服务的内容、规格、费用等有关情况。

第九条　消费者享有自主选择商品或者服务的权利。

消费者有权自主选择提供商品或者服务的经营者，自主选择商品品种或者服务方式，自主决定购买或者不购买任何一种商品、接受或者不接受任何一项服务。

消费者在自主选择商品或者服务时，有权进行比较、鉴别和挑选。

第十六条　经营者向消费者提供商品或者服务，应当依照本法和其他有关法律、法规的规定履行义务。

经营者和消费者有约定的，应当按照约定履行义务，但双方的约定不得违背法律、法规的规定。

经营者向消费者提供商品或者服务，应当恪守社会公德，诚信经营，保障消费者的合法权益；不得设定不公平、不合理的交易条件，不得强制交易。

第二十条　经营者向消费者提供有关商品或者服务的质量、性能、用途、有效期限等信息，应当真实、全面，不得作虚假或者引人误解的宣传。

经营者对消费者就其提供的商品或者服务的质量和使用方法等问题提出的询问，应当作出真实、明确的答复。

经营者提供商品或者服务应当明码标价。

第二十八条　采用网络、电视、电

话、邮购等方式提供商品或者服务的经营者，以及提供证券、保险、银行等金融服务的经营者，应当向消费者提供经营地址、联系方式、商品或者服务的数量和质量、价款或者费用、履行期限和方式、安全注意事项和风险警示、售后服务、民事责任等信息。

《反不正当竞争法》

第八条 经营者不得对其商品的性能、功能、质量、销售状况、用户评价、曾获荣誉等作虚假或者引人误解的商业宣传，欺骗、误导消费者。

经营者不得通过组织虚假交易等方式，帮助其他经营者进行虚假或者引人误解的商业宣传。

第十一条 经营者不得编造、传播虚假信息或者误导性信息，损害竞争对手的商业信誉、商品声誉。

《广告法》

第四条 广告不得含有虚假或者引人误解的内容，不得欺骗、误导消费者。

广告主应当对广告内容的真实性负责。

◎ **司法解释**

《关于审理网络消费纠纷案件适用法律若干问题的规定（一）》

第九条 电子商务经营者与他人签订的以虚构交易、虚构点击量、编造用户评价等方式进行虚假宣传的合同，人

民法院应当依法认定无效。

◎ **部门规章**

《互联网视听节目服务管理规定》

第十九条 互联网视听节目服务单位应当选择依法取得互联网接入服务电信业务经营许可证或广播电视节目传送业务经营许可证的网络运营单位提供服务；应当依法维护用户权利，履行对用户的承诺，对用户信息保密，不得进行虚假宣传或误导用户、做出对用户不公平不合理的规定、损害用户的合法权益；提供有偿服务时，应当以显著方式公布所提供服务的视听节目种类、范围、资费标准和时限，并告知用户中止或者取消互联网视听节目服务的条件和方式。

《网络借贷信息中介机构业务活动管理暂行办法》

第三十条 网络借贷信息中介机构应当在其官方网站上向出借人充分披露借款人基本信息、融资项目基本信息、风险评估及可能产生的风险结果、已撮合未到期融资项目资金运用情况等有关信息。

披露内容应符合法律法规关于国家秘密、商业秘密、个人隐私的有关规定。

《侵害消费者权益行为处罚办法》

第六条 经营者向消费者提供有关商品或者服务的信息应当真实、全面、

准确，不得有下列虚假或者引人误解的宣传行为：

（一）不以真实名称和标记提供商品或者服务；

（二）以虚假或者引人误解的商品说明、商品标准、实物样品等方式销售商品或者服务；

（三）作虚假或者引人误解的现场说明和演示；

（四）采用虚构交易、虚标成交量、虚假评论或者雇佣他人等方式进行欺骗性销售诱导；

（五）以虚假的"清仓价"、"甩卖价"、"最低价"、"优惠价"或者其他欺骗性价格表示销售商品或者服务；

（六）以虚假的"有奖销售"、"还本销售"、"体验销售"等方式销售商品或者服务；

（七）谎称正品销售"处理品"、"残次品"、"等外品"等商品；

（八）夸大或隐瞒所提供的商品或者服务的数量、质量、性能等与消费者有重大利害关系的信息误导消费者；

（九）以其他虚假或者引人误解的宣传方式误导消费者。

《互联网保险业务监管办法》

第十一条　保险机构开展互联网保险业务，应加强销售管理，充分进行信息披露，规范营销宣传行为，优化销售流程，保护消费者合法权益。

第十四条　互联网保险产品的销售或详情展示页面上应包括以下内容：

（一）保险产品名称（条款名称和宣传名称），审批类产品的批复文号，备案类产品的备案编号或产品注册号，以及报备文件编号或条款编码。

（二）保险条款和保费（或链接），应突出提示和说明免除保险公司责任的条款，并以适当的方式突出提示理赔条件和流程，以及保险合同中的犹豫期、等待期、费用扣除、退保损失、保单现金价值等重点内容。

（三）保险产品为投连险、万能险等人身保险新型产品的，应按照银保监会关于新型产品信息披露的相关规定，清晰标明相关信息，用不小于产品名称字号的黑体字标注保单利益具有不确定性。

（四）投保人的如实告知义务，以及违反义务的后果。

（五）能否实现全流程线上服务的情况说明，以及因保险机构在消费者或保险标的所在地无分支机构而可能存在的服务不到位等问题的提示。

（六）保费的支付方式，以及保险单证、保费发票等凭证的送达方式。

（七）其他直接影响消费者权益和购买决策的事项。

《网络交易监督管理办法》

第十四条　网络交易经营者不得违

反《中华人民共和国反不正当竞争法》等规定，实施扰乱市场竞争秩序，损害其他经营者或者消费者合法权益的不正当竞争行为。

网络交易经营者不得以下列方式，作虚假或者引人误解的商业宣传，欺骗、误导消费者：

（一）虚构交易、编造用户评价；

（二）采用误导性展示等方式，将好评前置、差评后置，或者不显著区分不同商品或者服务的评价等；

（三）采用谎称现货、虚构预订、虚假抢购等方式进行虚假营销；

（四）虚构点击量、关注度等流量数据，以及虚构点赞、打赏等交易互动数据。

网络交易经营者不得实施混淆行为，引人误认为是他人商品、服务或者与他人存在特定联系。

网络交易经营者不得编造、传播虚假信息或者误导性信息，损害竞争对手的商业信誉、商品声誉。

第十五条　消费者评价中包含法律、行政法规、规章禁止发布或者传输的信息的，网络交易经营者可以依法予以技术处理。

第十八条　网络交易经营者采取自动展期、自动续费等方式提供服务的，应当在消费者接受服务前和自动展期、自动续费等日期前五日，以显著方式提请消费者注意，由消费者自主选择；在服务期间内，应当为消费者提供显著、简便的随时取消或者变更的选项，并不得收取不合理费用。

第十九条　网络交易经营者应当全面、真实、准确、及时地披露商品或者服务信息，保障消费者的知情权和选择权。

第二十条　通过网络社交、网络直播等网络服务开展网络交易活动的网络交易经营者，应当以显著方式展示商品或者服务及其实际经营主体、售后服务等信息，或者上述信息的链接标识。

网络直播服务提供者对网络交易活动的直播视频保存时间自直播结束之日起不少于三年。

第二十一条　网络交易经营者向消费者提供商品或者服务使用格式条款、通知、声明等的，应当以显著方式提请消费者注意与消费者有重大利害关系的内容，并按照消费者的要求予以说明，不得作出含有下列内容的规定：

（一）免除或者部分免除网络交易经营者对其所提供的商品或者服务应当承担的修理、重作、更换、退货、补足商品数量、退还货款和服务费用、赔偿损失等责任；

（二）排除或者限制消费者提出修理、更换、退货、赔偿损失以及获得违约金和其他合理赔偿的权利；

（三）排除或者限制消费者依法投诉、举报、请求调解、申请仲裁、提起诉讼的权利；

（四）排除或者限制消费者依法变更或者解除合同的权利；

（五）规定网络交易经营者单方享有解释权或者最终解释权；

（六）其他对消费者不公平、不合理的规定。

《互联网广告管理办法》

第三条　互联网广告应当真实、合法，坚持正确导向，以健康的表现形式表达广告内容，符合社会主义精神文明建设和弘扬中华优秀传统文化的要求。

利用互联网从事广告活动，应当遵守法律、法规，诚实信用，公平竞争。

国家鼓励、支持开展互联网公益广告宣传活动，传播社会主义核心价值观和中华优秀传统文化，倡导文明风尚。

第十三条　广告主应当对互联网广告内容的真实性负责。

广告主发布互联网广告的，主体资格、行政许可、引证内容等应当符合法律法规的要求，相关证明文件应当真实、合法、有效。

广告主可以通过自建网站，以及自有的客户端、互联网应用程序、公众号、网络店铺页面等互联网媒介自行发布广告，也可以委托广告经营者、广告发布者发布广告。

广告主自行发布互联网广告的，广告发布行为应当符合法律法规的要求，建立广告档案并及时更新。相关档案保存时间自广告发布行为终了之日起不少于三年。

广告主委托发布互联网广告，修改广告内容时应当以书面形式或者其他可以被确认的方式，及时通知为其提供服务的广告经营者、广告发布者。

◎ **部门规范性文件**

《关于促进电子商务规范发展的意见》

二、规范电子商务信息传播行为，优化网络交易环境

规范网络交易各方的信息发布和传递行为，提高各类商务信息的合法性、安全性、真实性、完整性、时效性和便捷性。

……

（五）打击电子商务领域的欺诈行为。协同有关部门打击电子商务活动中存在的虚假宣传、质量欺诈等行为。借助各类渠道、资源和力量，防范和制止利用网络发布虚假或不完整信息、欺骗或误导消费者的行为，保障商品（服务）的质量、性能、规格、价格等交易信息的真实准确。

《网络购物服务规范》

5.1.2　保证商品和服务信息发布准确

交易方应如实发布商品和服务信

息，并对商品和服务的主要情况进行必要和明确的说明。

6.1.2 保证商品和服务信息发布准确

交易方应如实发布商品和服务信息，并对商品和服务的主要情况进行必要和明确的说明。

7.1.2 保证商品和服务信息发布准确

交易方应如实发布商品和服务信息，并对商品和服务的主要情况进行必要和明确的说明。

8.1.2 保证商品和服务信息发布准确

交易方应如实发布所需商品和服务的信息，并对商品和服务的主要情况进行必要和明确说明。

《电子商务模式规范》

3.10.2 电子商务经营者应当保证其提供的商品或者服务符合保障人身、财产安全的要求。对可能危及人身、财产安全的商品和服务，应当向消费者作出真实的说明和明确的警示，并说明和标明正确使用商品或者接受服务的方法以及防止危害发生的方法。经营者发现其提供的商品或者服务存在严重缺陷，即使正确使用商品或者接受服务仍然可能对人身、财产安全造成危害的，应当立即向有关行政部门报告和告知消费者，并采取防止危害发生的措施。电子

商务经营者不得提供有质量瑕疵的商品或者服务、不得进行虚假宣传、不能违约和不可有侵权行为等。

5.7 商品（服务）描述真实详细

B2C（Ⅱ）——网上商店的经营者必须具备商品合法来源（服务资质）的证明文件，必须在网站上提供合法真实详细的商品（服务）描述，所提供的商品（服务）与描述的内容必须一致。网上商店的经营者必须在网站上明码标价。

6.7 商品（服务）描述真实详细

B2B（Ⅰ）——网上交易市场的经营者必须核实市场参与方的真实身份，应该监管市场参与方所提供的商品（服务）信息的合法性、真实性，必须告知市场参与方应该在网站上提供合法真实详细的商品（服务）描述，所提供的商品（服务）与描述的内容必须一致。

7.6 商品（服务）描述真实详细

B2B（Ⅱ）——网上交易的经营者必须具备商品合法来源（服务资质）的证明文件，必须确保所提供商品（服务）信息的合法性、真实性，必须在网站上提供合法真实详细的商品（服务）描述，所提供的商品（服务）与描述的内容必须一致。

8.6 商品（服务）描述真实详细

C2C——网上个人交易市场的经营者必须核实市场参与方的真实身份，应该监管商户所提供的商品（服务）信

息的合法性、真实性，必须告知市场参与方应该在网站上提供合法真实详细的商品（服务）描述，所提供的商品（服务）与描述的内容必须一致。

《关于规范网络购物促销行为的通知》

三、保护消费者合法权益。杜绝各种价格欺诈和虚假促销行为，严禁虚构原价打折、使用误导性标价形式或价格手段，欺骗、诱导消费者，不得降低促销商品（包括有奖销售的奖品、赠品）的售后服务水平，不得以促销为由拒绝退换货或者为消费者退换货设置障碍，不得以保留最终解释权为由，损害消费者的合法权益。

《网络交易平台经营者履行社会责任指引》

第二十一条　网络交易平台经营者在经营活动中，应遵守《反不正当竞争法》、《网络交易管理办法》等法律法规和规章，不得虚假宣传、侵犯商业秘密、损害竞争对手的商业信誉，不得利用网络技术手段或者载体等方式，擅自使用、仿冒知名网站的域名、名称、标识，造成与他人知名网站相混淆；不得擅自使用、伪造政府部门或者社会团体电子标识。

《网络空间国际合作战略》

……

四、保护公民合法权益

中国支持互联网的自由与开放，充分尊重公民在网络空间的权利和基本自由，保障公众在网络空间的知情权、参与权、表达权、监督权，保护网络空间个人隐私。同时，网络空间不是"法外之地"，网络空间与现实社会一样，既要提倡自由，也要保持秩序。中国致力于推动网络空间有效治理，实现信息自由流动与国家安全、公共利益有机统一。

……

权威案例

◎ 公报案例

江苏省南京市雨花台区人民检察院诉董某超、谢某浩破坏生产经营案【《最高人民法院公报》2018年第8期】

裁判摘要： 一、被告人主观上具有报复和从中获利的目的，客观上通过在网络交易平台恶意大量购买他人商品或服务，导致相关单位被网络交易平台认定为虚假交易进而被采取商品搜索降权的管控措施，造成相关单位遭受损失10万元以上，其行为应以破坏生产经营罪定罪处罚。

二、网络交易平台的搜索排序属于互联网经济的运营方式，应认定为生产要素。在刑法解释上，可以比照实体经济的信誉、商誉予以解释。反向炒信既损害了对方的商业信誉，同时也破坏了生产经营，二者竞合的，应择一重处。

三、被害单位因被告人犯罪行为遭受

的损失，可以综合案发时行业发展趋势、被害单位日常收入情况、案发时收入情况，依照有利于被告人的原则，综合予以认定和评估。

◎ **典型案例**

南京尚某装饰工程有限公司诉南京飞某强装饰工程有限公司著作权侵权、虚假宣传纠纷案【《最高人民法院发布第一批涉互联网典型案例之八（2018 年 8 月 16 日）》】

典型意义：随着"互联网+"模式的普及发展，越来越多的企业意识到依托电子平台或互联网宣传吸引优质资源和消费群体的重要性，而网站如同企业的电子名片，是企业向消费者传递服务信息及品质的高效途径，消费者可以足不出户地通过浏览网站来了解企业的业务特色、服务理念及信誉信息等。随之而来的是，企业网站被竞争对手"抄袭"现象也层出不穷。网站抄袭行为会使权利人通过网站布局、文案所呈现的独特视觉感受淡化，误导消费者，损害网站运营企业的经济利益。但如何对网站进行法律保护，网站是否构成著作权法意义上的作品，法律并无明确规定，这给司法实践造成了一定困扰。本案裁判认为，网站通过撰写源代码将文字、图片、声音等组合成多媒体并通过计算机输出设备进行展示，当网站版面的素材选取、表现形式及内容编排等达到一定独创性要求，网站整体可作为汇编作品进行保护。网站设计者通过创作构思将多种元素信息进行整合与排列，以营造丰富的视觉体验，网站版面设计过程本身亦是一种劳动创造，其特异性体现在对多媒体信息的选择与编排。精心挑选的内容、素材经过编排整合形成的网站版面表现形式符合汇编作品的概念与特征。著作权是为了保护在文学、艺术、科学领域做出了创造性劳动的人的利益，当网站设计达到一定独创性要求，应当依著作权法对权利人的合法权益进行保护。被告公司网站与原告网站高度近似的部分属于原告独创性的对内容的选择、整理与编排部分，故被告网站侵犯了原告著作权。

另外，经营者在市场交易中，应遵循自愿、平等、公平、诚实信用的原则，遵守公认的商业道德。经营者不得利用广告或者其他方法，对商品与服务质量、制作成分、性能、提供者等作引人误解的虚假宣传。网站页面能够起到一定区分和识别市场主体的作用，被告在其网站上擅自使用与原告相同的宣传用语、专属荣誉等，显然与实际情况不符。本案原、被告均属装饰企业，业务范围高度近似、注册地均在江苏省南京市，潜在顾客群存在交叉，两者存在竞争关系。被告上述行为实质破坏了正常的市场经营秩序，使得消费者对被告企业真实经营规模、信誉产生误解，本质上构成虚假宣传、不正当竞争，侵害了原告正常的商业利益。

常某某诉许某网络服务合同纠纷案【人民法院大力弘扬社会主义核心价值观十大典

型民事案例之六（2020年5月13日）】

典型意义： 此案是全国首例涉及"暗刷流量"虚增网站点击量的案件。网络产品的真实流量能够反映出网络产品的受欢迎度及质量优劣程度，流量成为网络用户选择网络产品的重要因素。"暗刷流量"的行为违反商业道德，违背诚实信用原则，对行业正常经营秩序以及消费者的合法权益均构成侵害，有损社会公共利益。本案对"暗刷流量"交易行为的效力予以否定性评价，并给予妥当的制裁和惩戒，对治理互联网领域内的乱象有积极推动作用。

江苏苏州皙某雅化妆品有限公司经营冒用他人厂名厂址的化妆品、发布虚假广告案【落实食品药品安全"四个最严"要求专项行动典型案例之五（2021年2月19日）】

典型意义： 本案是一起典型的网络销售化妆品的违法案件，包含了该类违法行为的一些典型特点：如不在营业执照注册地实际经营、发布虚假广告等。本案调查持续一年之久，其间涉及产品多次送检、产品双方认定、案件异地协查、外调核查取证、远程在线询问、咨询上级监管单位意见等诸多环节，也经历了当事人不予配合行政调查的情形，最终办案人员收集了充分的证据并确认了其违法事实。

（一）强化案件查办交流，行刑衔接提前介入。案件调查之初，围绕当事人涉嫌经营不符合卫生标准化妆品的行为，办案人员及时与苏州市公安局园区分局开展"行刑衔接"提前介入工作，并同时向苏州工业园区人民检察院通报相关案情。经商定，市场监管局与公安局开展联合办案，共同派办案人员赴涉案化妆品生产单位（山东朱某药业）所在地山东省单县开展调查取证，在山东省药监局区域检查第六分局的配合下，对该款化妆品生产信息进行了全面核查，判定当事人经营不符合卫生标准化妆品的依据不足。但在调查中，发现当事人所销售的批号为20190112和20190122的两批次美颜霜并非为山东朱某药业生产，最终确认当事人经营冒用他人厂名、厂址的化妆品的违法事实。

（二）多方拓展取证，固定违法事实。为了查实当事人经营冒用他人厂名厂址的化妆品的具体数量和金额，办案人员联系了分散在全国10余个省市的共计14名该款化妆品的经销商。因恰逢疫情期间，无法实地对这些经销商进行取证调查，办案人员最终通过远程实物取证、在线视频询问等方式完成了对该14名经销商的询问调查，并逐一获取其购买记录、支付记录、物流信息等证据材料，最终查实当事人经营冒用他人厂名厂址的化妆品的数量共计2506盒，货值金额为348334元。

（三）针对当事人"零口供"，说理充分、程序完备。本案在行政调查的中后期，当事人不配合行政调查，法定代表人无法联系、委托代理人借故不接受询问调查，对此，办案人员一方面严格遵守并执行法律规定的行政程序，如向当事人确认的地址送达法律文书、下达《限期提供材料通知书》等，充分保障当事人权利同时告知其应尽的法律义务；另一方面，及时转变办案思路，围绕下游经销商开展证据收集工作、梳理比对证人证言，形成完整证据锁链，最终在"零口供"情况下依法认定当事人的违法事实，并作出行政处罚。

浙江省绍兴市柯桥区人民检察院诉吕某某等销售非法添加药品成分的保健品刑事附带民事公益诉讼案【"3·15"检察机关食品药品安全公益诉讼典型案例之十一（2022年3月15日）】

典型意义：将非法添加药品成分的"三无"保健品向患者群体推销并进行虚假宣传，侵害了消费者的合法权益，损害了社会公共利益。检察机关在办案中注重全面调查，依法补充调查查明违法销售数额和食药安全领域违法犯罪背后病患个人信息遭受侵害的事实，对此类违法行为依法追究刑事责任的同时，通过提起附带民事公益诉讼，提出惩罚性赔偿诉讼请求，有效加大违法者违法成本，对其他潜在违法者形成震慑。

上海汉某信息咨询有限公司与青岛简某付网络技术有限公司等不正当竞争纠纷案【2021年中国法院10大知识产权案件之九（2022年4月21日）】

典型意义：本案涉及互联网平台"刷单炒信"不正当竞争行为的认定。本案判决积极回应实践需求，通过制止"刷单炒信"等行为，维护市场竞争秩序，保护经营者和消费者的合法权益，有助于形成崇尚、保护和促进公平竞争的市场环境。

浙江省某市人民检察院督促市场监督管理局依法履职检察监督案【"检察为民办实事"——行政检察与民同行系列典型案例（第六批）之二（2022年6月16日）】

典型意义：诚实信用是我国社会主义核心价值观的重要内容，也是一项基本的法律原则。企业经过诚实守法经营积累信用和口碑，是消费者在电商平台上作出理性选择的前提。"刷单炒信"不仅欺骗消费者，而且动摇了网络市场的信用基础。网络空间不是"法外之地"。《中华人民共和国电子商务法》第十七条规定："电子商务经营者应当全面、真实、准确、及时地披露商品或者服务信息，保障消费者的知情权和选择权。电子商务经营者不得以虚构交易、编造用户评价等方式进行虚假或者引人误解的商业宣传，欺骗、误导消费者。"《中华人民共和国反不正当竞争法》第八条规定："经营者不得对其商品的性能、功能、质量、销售状况、用户评价、曾获荣誉等作虚假或者引人误解的商业宣传，欺骗、误导消费者。""经营者不得通过组织虚假交易等方式，帮助其他经营者进行虚假或者引人误解的商业宣传。"据此，"刷单炒信"属于违法行为。

检察机关在履行职责中发现"刷单炒信"违法行为线索，以召开座谈会、同市场监管职能部门签署备忘录等方式，实现了行政检察与行政市场监管职能有效衔接，推动治理刷单炒信行为，助力网络经济有序发展，保护消费者公平交易权、知情权、选择权，优化公平竞争的营商环境。

"刷单炒信"不正当竞争纠纷案【人民法院反不正当竞争典型案例之六（2022年11月17日）】

典型意义： 本案是打击互联网环境下虚假宣传行为的典型案例。判决积极回应实践需求，通过制止利用"刷单炒信"行为帮助其他经营者进行虚假宣传等不正当竞争行为，保护经营者和消费者的合法权益，有力维护和促进网络生态健康发展，有助于形成崇尚、保护和促进公平竞争的市场环境。

某文化传播公司诉某信息技术公司网络服务合同纠纷案【网络消费典型案例之一（2023年3月15日）】

典型意义： 互联网时代，搜索引擎是重要流量来源以及流量分发渠道，搜索结果排序是搜索引擎最核心的部分。"负面内容压制"服务以营利为目的，通过算法技术等手段人为干预搜索结果排名，以实现正面前置，负面后置，严重影响消费者正常、客观、全面地获取信息，侵害消费者知情权，破坏公平有序市场竞争秩序，依法应认定为无效。本案裁判对于维护网络消费者知情权及互联网空间公共秩序具有积极意义。

> **第十八条　【电子商务经营者提供搜索结果与广告时的义务】**
>
> 电子商务经营者根据消费者的兴趣爱好、消费习惯等特征向其提供商品或者服务的搜索结果的，应当同时向该消费者提供不针对其个人特征的选项，尊重和平等保护消费者合法权益。
>
> 电子商务经营者向消费者发送广告的，应当遵守《中华人民共和国广告法》的有关规定。

关联法规

◎ **法律**

《网络安全法》

第二十二条　网络产品、服务具有收集用户信息功能的，其提供者应当向用户明示并取得同意；涉及用户个人信息的，还应当遵守本法和有关法律、行政法规关于个人信息保护的规定。

第四十一条　网络运营者收集、使用个人信息，应当遵循合法、正当、必要的原则，公开收集、使用规则，明示收集、使用信息的目的、方式和范围，并经被收集者同意。

网络运营者不得收集与其提供的服务无关的个人信息，不得违反法律、行政法规的规定和双方的约定收集、使用个人信息，并应当依照法律、行政法规的规定和与用户的约定，处理其保存的个人信息。

第四十二条 网络运营者不得泄露、篡改、毁损其收集的个人信息；未经被收集者同意，不得向他人提供个人信息。但是，经过处理无法识别特定个人且不能复原的除外。

网络运营者应当采取技术措施和其他必要措施，确保其收集的个人信息安全，防止信息泄露、毁损、丢失。在发生或者可能发生个人信息泄露、毁损、丢失的情况时，应当立即采取补救措施，按照规定及时告知用户并向有关主管部门报告。

《个人信息保护法》

第四条 个人信息是以电子或者其他方式记录的与已识别或者可识别的自然人有关的各种信息，不包括匿名化处理后的信息。

个人信息的处理包括个人信息的收集、存储、使用、加工、传输、提供、公开、删除等。

第五条 处理个人信息应当遵循合法、正当、必要和诚信原则，不得通过误导、欺诈、胁迫等方式处理个人信息。

第十条 任何组织、个人不得非法收集、使用、加工、传输他人个人信息，不得非法买卖、提供或者公开他人个人信息；不得从事危害国家安全、公共利益的个人信息处理活动。

第二十四条 个人信息处理者利用个人信息进行自动化决策，应当保证决策的透明度和结果公平、公正，不得对个人在交易价格等交易条件上实行不合理的差别待遇。

通过自动化决策方式向个人进行信息推送、商业营销，应当同时提供不针对其个人特征的选项，或者向个人提供便捷的拒绝方式。

通过自动化决策方式作出对个人权益有重大影响的决定，个人有权要求个人信息处理者予以说明，并有权拒绝个人信息处理者仅通过自动化决策的方式作出决定。

第五十一条 个人信息处理者应当根据个人信息的处理目的、处理方式、个人信息的种类以及对个人权益的影响、可能存在的安全风险等，采取下列措施确保个人信息处理活动符合法律、行政法规的规定，并防止未经授权的访问以及个人信息泄露、篡改、丢失：

（一）制定内部管理制度和操作规程；

（二）对个人信息实行分类管理；

（三）采取相应的加密、去标识化

等安全技术措施；

（四）合埋确定个人信息处理的操作权限，并定期对从业人员进行安全教育和培训；

（五）制定并组织实施个人信息安全事件应急预案；

（六）法律、行政法规规定的其他措施。

《消费者权益保护法》

第九条　消费者享有自主选择商品或者服务的权利。

消费者有权自主选择提供商品或者服务的经营者，自主选择商品品种或者服务方式，自主决定购买或者不购买任何一种商品、接受或者不接受任何一项服务。

消费者在自主选择商品或者服务时，有权进行比较、鉴别和挑选。

第十四条　消费者在购买、使用商品和接受服务时，享有人格尊严、民族风俗习惯得到尊重的权利，享有个人信息依法得到保护的权利。

《广告法》

第五条　广告主、广告经营者、广告发布者从事广告活动，应当遵守法律、法规，诚实信用，公平竞争。

第九条　广告不得有下列情形：

（一）使用或者变相使用中华人民共和国的国旗、国歌、国徽，军旗、军歌、军徽；

（二）使用或者变相使用国家机关、国家机关工作人员的名义或者形象；

（三）使用"国家级"、"最高级"、"最佳"等用语；

（四）损害国家的尊严或者利益，泄露国家秘密；

（五）妨碍社会安定，损害社会公共利益；

（六）危害人身、财产安全，泄露个人隐私；

（七）妨碍社会公共秩序或者违背社会良好风尚；

（八）含有淫秽、色情、赌博、迷信、恐怖、暴力的内容；

（九）含有民族、种族、宗教、性别歧视的内容；

（十）妨碍环境、自然资源或者文化遗产保护；

（十一）法律、行政法规规定禁止的其他情形。

第二十九条　广播电台、电视台、报刊出版单位从事广告发布业务的，应当设有专门从事广告业务的机构，配备必要的人员，具有与发布广告相适应的场所、设备。

第四十四条　利用互联网从事广告活动，适用本法的各项规定。

利用互联网发布、发送广告，不得影响用户正常使用网络。在互联网页面以弹出等形式发布的广告，应当显著标明关闭标志，确保一键关闭。

◎ **行政法规**

《化妆品监督管理条例》

第四十三条　化妆品广告的内容应当真实、合法。

化妆品广告不得明示或者暗示产品具有医疗作用，不得含有虚假或者引人误解的内容，不得欺骗、误导消费者。

◎ **司法解释**

《关于审理网络消费纠纷案件适用法律若干问题的规定（一）》

第九条　电子商务经营者与他人签订的以虚构交易、虚构点击量、编造用户评价等方式进行虚假宣传的合同，人民法院应当依法认定无效。

◎ **部门规章**

《网络信息内容生态治理规定》

第十二条　网络信息内容服务平台采用个性化算法推荐技术推送信息的，应当设置符合本规定第十条、第十一条规定要求的推荐模型，建立健全人工干预和用户自主选择机制。

《在线旅游经营服务管理暂行规定》

第十五条　在线旅游经营者不得滥用大数据分析等技术手段，基于旅游者消费记录、旅游偏好等设置不公平的交易条件，侵犯旅游者合法权益。

《网络交易监督管理办法》

第十六条　网络交易经营者未经消费者同意或者请求，不得向其发送商业性信息。

网络交易经营者发送商业性信息时，应当明示其真实身份和联系方式，并向消费者提供显著、简便、免费的拒绝继续接收的方式。消费者明确表示拒绝的，应当立即停止发送，不得更换名义后再次发送。

《互联网信息服务算法推荐管理规定》

第十条　算法推荐服务提供者应当加强用户模型和用户标签管理，完善记入用户模型的兴趣点规则和用户标签管理规则，不得将违法和不良信息关键词记入用户兴趣点或者作为用户标签并据以推送信息。

第十二条　鼓励算法推荐服务提供者综合运用内容去重、打散干预等策略，并优化检索、排序、选择、推送、展示等规则的透明度和可解释性，避免对用户产生不良影响，预防和减少争议纠纷。

第十四条　算法推荐服务提供者不得利用算法虚假注册账号、非法交易账号、操纵用户账号或者虚假点赞、评论、转发，不得利用算法屏蔽信息、过度推荐、操纵榜单或者检索结果排序、控制热搜或者精选等干预信息呈现，实施影响网络舆论或者规避监督管理行为。

第十七条　算法推荐服务提供者应

当向用户提供不针对其个人特征的选项，或者向用户提供便捷的关闭算法推荐服务的选项。用户选择关闭算法推荐服务的，算法推荐服务提供者应当立即停止提供相关服务。

算法推荐服务提供者应当向用户提供选择或者删除用于算法推荐服务的针对其个人特征的用户标签的功能。

算法推荐服务提供者应用算法对用户权益造成重大影响的，应当依法予以说明并承担相应责任。

第二十一条　算法推荐服务提供者向消费者销售商品或者提供服务的，应当保护消费者公平交易的权利，不得根据消费者的偏好、交易习惯等特征，利用算法在交易价格等交易条件上实施不合理的差别待遇等违法行为。

《互联网广告管理办法》

第三条　互联网广告应当真实、合法，坚持正确导向，以健康的表现形式表达广告内容，符合社会主义精神文明建设和弘扬中华优秀传统文化的要求。

利用互联网从事广告活动，应当遵守法律、法规，诚实信用，公平竞争。

国家鼓励、支持开展互联网公益广告宣传活动，传播社会主义核心价值观和中华优秀传统文化，倡导文明风尚。

第六条　法律、行政法规规定禁止生产、销售的产品或者提供的服务，以及禁止发布广告的商品或者服务，任何单位或者个人不得利用互联网设计、制作、代理、发布广告。

禁止利用互联网发布烟草（含电子烟）广告。

禁止利用互联网发布处方药广告，法律、行政法规另有规定的，依照其规定。

第七条　发布医疗、药品、医疗器械、农药、兽药、保健食品、特殊医学用途配方食品广告等法律、行政法规规定应当进行审查的广告，应当在发布前由广告审查机关对广告内容进行审查；未经审查，不得发布。

对须经审查的互联网广告，应当严格按照审查通过的内容发布，不得剪辑、拼接、修改。已经审查通过的广告内容需要改动的，应当重新申请广告审查。

第八条　禁止以介绍健康、养生知识等形式，变相发布医疗、药品、医疗器械、保健食品、特殊医学用途配方食品广告。

介绍健康、养生知识的，不得在同一页面或者同时出现相关医疗、药品、医疗器械、保健食品、特殊医学用途配方食品的商品经营者或者服务提供者地址、联系方式、购物链接等内容。

第十条　以弹出等形式发布互联网广告，广告主、广告发布者应当显著标明关闭标志，确保一键关闭，不得有下列情形：

（一）没有关闭标志或者计时结束才能关闭广告；

（二）关闭标志虚假、不可清晰辨识或者难以定位等，为关闭广告设置障碍；

（三）关闭广告须经两次以上点击；

（四）在浏览同一页面、同一文档过程中，关闭后继续弹出广告，影响用户正常使用网络；

（五）其他影响一键关闭的行为。

启动互联网应用程序时展示、发布的开屏广告适用前款规定。

第十一条　不得以下列方式欺骗、误导用户点击、浏览广告：

（一）虚假的系统或者软件更新、报错、清理、通知等提示；

（二）虚假的播放、开始、暂停、停止、返回等标志；

（三）虚假的奖励承诺；

（四）其他欺骗、误导用户点击、浏览广告的方式。

第十五条　利用算法推荐等方式发布互联网广告的，应当将其算法推荐服务相关规则、广告投放记录等记入广告档案。

第十七条　利用互联网发布、发送广告，不得影响用户正常使用网络，不得在搜索政务服务网站、网页、互联网应用程序、公众号等的结果中插入竞价排名广告。

未经用户同意、请求或者用户明确表示拒绝的，不得向其交通工具、导航设备、智能家电等发送互联网广告，不得在用户发送的电子邮件或者互联网即时通讯信息中附加广告或者广告链接。

第十八条　发布含有链接的互联网广告，广告主、广告经营者和广告发布者应当核对下一级链接中与前端广告相关的广告内容。

◎ **部门规范性文件**

《关于促进电子商务规范发展的意见》

二、规范电子商务信息传播行为，优化网络交易环境

规范网络交易各方的信息发布和传递行为，提高各类商务信息的合法性、安全性、真实性、完整性、时效性和便捷性。

……

（二）规范电子商务信息传播方式。引导企业合法地运用网络服务器平台、电子邮件、网络广告、搜索引擎推广等方式发布和传递商务信息。防范和制止恶意链接、干扰性邮件、隐性网络广告等不当宣传方式。

……

《关于规范网络购物促销行为的通知》

三、保护消费者合法权益。杜绝各种价格欺诈和虚假促销行为，严禁虚构原价打折、使用误导性标价形式或价格手段，欺骗、诱导消费者，不得降低促

销商品（包括有奖销售的奖品、赠品）的售后服务水平，不得以促销为由拒绝退换货或者为消费者退换货设置障碍，不得以保留最终解释权为由，损害消费者的合法权益。

《互联网信息搜索服务管理规定》

第十一条　互联网信息搜索服务提供者提供付费搜索信息服务，应当依法查验客户有关资质，明确付费搜索信息页面比例上限，醒目区分自然搜索结果与付费搜索信息，对付费搜索信息逐条加注显著标识。

互联网信息搜索服务提供者提供商业广告信息服务，应当遵守相关法律法规。

《第三方电子商务交易平台服务规范》

8.3　广告发布

平台经营者对平台内被投诉的广告信息，应当依据广告法律规定进行删除或转交广告行政主管机构处理。

第三方交易平台应约束站内经营者不得发布虚假的广告信息，不得发送垃圾邮件。

对于国家明令禁止交易的商品或服务，提供搜索服务的第三方交易平台在搜索结果展示页面应对其名称予以屏蔽或限制访问。

《互联网个人信息安全保护指南》

6.3　应用

个人信息的应用应满足以下要求：

a）对个人信息的应用，应符合与个人信息主体签署的相关协议和规定，不应超范围应用个人信息；

注：经过处理无法识别特定个人且不能复原的个人信息数据，可以超出与信息主体签署的相关使用协议和约定，但应提供适当的保护措施进行保护。

b）个人信息主体应拥有控制本人信息的权限，包括：

1）允许对本人信息的访问；

2）允许通过适当方法对本人信息的修改或删除，包括纠正不准确和不完整的数据，并保证修改后的本人信息具备真实性和有效性；

c）完全依靠自动化处理的用户画像技术应用于精准营销、搜索结果排序、个性化推送新闻、定向投放广告等增值应用，可事先不经用户明确授权，但应确保用户有反对或者拒绝的权利；如应用于征信服务、行政司法决策等可能对用户带来法律后果的增值应用，或跨网络运营者使用，应经用户明确授权方可使用其数据；

d）应对个人信息的接触者设置相应的访问控制措施，包括：

1）对被授权访问个人信息数据的工作人员按照最小授权的原则，只能访问最少够用的信息，只具有完成职责所需的最少的数据操作权限；

2）对个人信息的重要操作设置内

部审批流程，如批量修改、拷贝、下载等；

3）对特定人员超限制处理个人信息时配置相应的责任人或负责机构进行审批，并对这种行为进行记录。

e）应对必须要通过界面（如显示屏幕、纸面）展示的个人信息进行去标识化的处理。

《关于平台经济领域的反垄断指南》

第十七条　差别待遇

具有市场支配地位的平台经济领域经营者，可能滥用市场支配地位，无正当理由对交易条件相同的交易相对人实施差别待遇，排除、限制市场竞争。分析是否构成差别待遇，可以考虑以下因素：

（一）基于大数据和算法，根据交易相对人的支付能力、消费偏好、使用习惯等，实行差异性交易价格或者其他交易条件；

（二）实行差异性标准、规则、算法；

（三）实行差异性付款条件和交易方式。

条件相同是指交易相对人之间在交易安全、交易成本、信用状况、所处交易环节、交易持续时间等方面不存在实质性影响交易的差别。平台在交易中获取的交易相对人的隐私信息、交易历史、个体偏好、消费习惯等方面存在的

差异不影响认定交易相对人条件相同。

平台经济领域经营者实施差别待遇行为可能具有以下正当理由：

（一）根据交易相对人实际需求且符合正当的交易习惯和行业惯例，实行不同交易条件；

（二）针对新用户在合理期限内开展的优惠活动；

（三）基于平台公平、合理、无歧视的规则实施的随机性交易；

（四）能够证明行为具有正当性的其他理由。

权威案例

◎ 指导性案例

北京百某网讯科技有限公司诉青岛奥某网络技术有限公司等不正当竞争纠纷案【最高法指导案例第45号】

裁判要点：从事互联网服务的经营者，在其他经营者网站的搜索结果页面强行弹出广告的行为，违反诚实信用原则和公认商业道德，妨碍其他经营者正当经营并损害其合法权益，可以依照《中华人民共和国反不正当竞争法》第二条的原则性规定认定为不正当竞争。

◎ 公报案例

北京百某网讯科技有限公司诉青岛奥某网络技术有限公司、中国联某网络通信有限公司青岛市分公司、中国联某网络通信有限公司山东省分公司、青岛鹏某国际航空

旅游服务有限公司不正当竞争纠纷案
【《最高人民法院公报》2010 年第 8 期】

裁判摘要：一、确定市场主体之间竞争关系的存在，不以二者属同一行业或服务类别为限，如果二者在市场竞争中存在一定联系或者一方的行为不正当地妨碍了另一方的正当经营活动并损害其合法权益，则应肯定二者之间存在竞争关系。提供互联网接入服务与提供搜索服务，两者属于不同的网络服务，但是网络接入服务提供者利用其提供互联网接入服务的条件，单独或者与其他网络服务提供者共同对服务对象的搜索请求进行了人为干预，在搜索结果出现之前强行弹出其投放的与搜索的关键词及内容有紧密关系的广告页面，该干预行为系利用搜索服务提供者的服务行为为自己牟利，易使网络用户误认为该强制弹出的广告页面为搜索服务提供者发布，并影响了搜索服务提供者的服务质量，损害了其合法权益，违反了诚信原则和公认的商业道德，根据反不正当竞争法第二条的原则性规定，应当认定其构成不正当竞争。

二、在确定网络侵权案件的侵权主体时，查明网络技术事实是进行法律判断的前提。在此过程中，应特别注意充分发挥网络技术专家证人的作用和合理运用证明责任规则来确定侵权主体。

◎ **典型案例**

广东省广州市黄埔区人民检察院督促消除残疾人就业歧视行政公益诉讼案【残疾

人权益保障检察公益诉讼典型案例之二（2022 年 5 月 13 日）】

典型意义：残疾人就业相对困难，就业歧视使得残疾人就业难上加难，影响和制约残疾人融入社会、全面发展、共同富裕。检察机关立足公益保护能动履职，为贯彻落实《"十四五"就业促进规划》《促进残疾人就业三年行动方案（2022—2024 年）》保驾护航，督促协同相关职能部门增强残疾人就业法律保障的刚性，努力消除就业歧视，有利于促进残疾人实现较为充分较高质量的就业，共建共享经济社会发展成果。

第十九条　【电子商务经营者搭售商品或服务时的义务】

电子商务经营者搭售商品或者服务，应当以显著方式提请消费者注意，不得将搭售商品或者服务作为默认同意的选项。

关联法规

◎ **法律**

《消费者权益保护法》

第九条　消费者享有自主选择商品或者服务的权利。

消费者有权自主选择提供商品或者服务的经营者，自主选择商品品种或者服务方式，自主决定购买或者不购买任何一种商品、接受或者不接受任何一项服务。

消费者在自主选择商品或者服务时，有权进行比较、鉴别和挑选。

《反垄断法》

第二十二条 禁止具有市场支配地位的经营者从事下列滥用市场支配地位的行为：

（一）以不公平的高价销售商品或者以不公平的低价购买商品；

（二）没有正当理由，以低于成本的价格销售商品；

（三）没有正当理由，拒绝与交易相对人进行交易；

（四）没有正当理由，限定交易相对人只能与其进行交易或者只能与其指定的经营者进行交易；

（五）没有正当理由搭售商品，或者在交易时附加其他不合理的交易条件；

（六）没有正当理由，对条件相同的交易相对人在交易价格等交易条件上实行差别待遇；

（七）国务院反垄断执法机构认定的其他滥用市场支配地位的行为。

具有市场支配地位的经营者不得利用数据和算法、技术以及平台规则等从事前款规定的滥用市场支配地位的行为。

本法所称市场支配地位，是指经营者在相关市场内具有能够控制商品价格、数量或者其他交易条件，或者能够阻碍、影响其他经营者进入相关市场能力的市场地位。

◎ **部门规章**

《网络交易监督管理办法》

第十七条 网络交易经营者以直接捆绑或者提供多种可选项方式向消费者搭售商品或者服务的，应当以显著方式提醒消费者注意。提供多种可选项方式的，不得将搭售商品或者服务的任何选项设定为消费者默认同意，不得将消费者以往交易中选择的选项在后续独立交易中设定为消费者默认选择。

第十八条 网络交易经营者采取自动展期、自动续费等方式提供服务的，应当在消费者接受服务前和自动展期、自动续费等日期前五日，以显著方式提请消费者注意，由消费者自主选择；在服务期间内，应当为消费者提供显著、简便的随时取消或者变更的选项，并不得收取不合理费用。

《禁止滥用市场支配地位行为规定》

第十八条 禁止具有市场支配地位的经营者没有正当理由搭售商品，或者在交易时附加其他不合理的交易条件：

（一）违背交易惯例、消费习惯或者无视商品的功能，利用合同条款或者弹窗、操作必经步骤等交易相对人难以选择、更改、拒绝的方式，将不同商品捆绑销售或者组合销售；

（二）对合同期限、支付方式、商品的运输及交付方式或者服务的提供方式等附加不合理的限制；

（三）对商品的销售地域、销售对象、售后服务等附加不合理的限制；

（四）交易时在价格之外附加不合理费用；

（五）附加与交易标的无关的交易条件。

本条所称"正当理由"包括：

（一）符合正当的行业惯例和交易习惯；

（二）为满足产品安全要求所必需；

（三）为实现特定技术所必需；

（四）为保护交易相对人和消费者利益所必需；

（五）能够证明行为具有正当性的其他理由。

第二十条　【交付义务与风险承担规则】

电子商务经营者应当按照承诺或者与消费者约定的方式、时限向消费者交付商品或者服务，并承担商品运输中的风险和责任。但是，消费者另行选择快递物流服务提供者的除外。

关联法规

◎ **法律**

《民法典》

第五百零九条　当事人应当按照约定全面履行自己的义务。

第五百一十条　合同生效后，当事人就质量、价款或者报酬、履行地点等内容没有约定或者约定不明确的，可以协议补充；不能达成补充协议的，按照合同相关条款或者交易习惯确定。

第五百一十一条　当事人就有关合同内容约定不明确，依据前条规定仍不能确定的，适用下列规定：

（三）履行地点不明确，给付货币的，在接受货币一方所在地履行；交付不动产的，在不动产所在地履行；其他标的，在履行义务一方所在地履行。

第五百一十二条　通过互联网等信息网络订立的电子合同的标的为交付商品并采用快递物流方式交付的，收货人的签收时间为交付时间。电子合同的标的为提供服务的，生成的电子凭证或者实物凭证中载明的时间为提供服务时间；前述凭证没有载明时间或者载明时间与实际提供服务时间不一致的，以实际提供服务的时间为准。

电子合同的标的物为采用在线传输方式交付的，合同标的物进入对方当事人指定的特定系统且能够检索识别的时间为交付时间。

电子合同当事人对交付商品或者提供服务的方式、时间另有约定的，按照其约定。

第五百九十八条 出卖人应当履行向买受人交付标的物或者交付提取标的物的单证，并转移标的物所有权的义务。

第五百九十九条 出卖人应当按照约定或者交易习惯向买受人交付提取标的物单证以外的有关单证和资料。

第六百零一条 出卖人应当按照约定的时间交付标的物。约定交付期限的，出卖人可以在该交付期限内的任何时间交付。

第六百零二条 当事人没有约定标的物的交付期限或者约定不明确的，适用本法第五百一十条、第五百一十一条第四项的规定。

第六百零三条 出卖人应当按照约定的地点交付标的物。

当事人没有约定交付地点或者约定不明确，依据本法第五百一十条的规定仍不能确定的，适用下列规定：

（一）标的物需要运输的，出卖人应当将标的物交付给第一承运人以运送给买受人；

（二）标的物不需要运输，出卖人和买受人订立合同时知道标的物在某一地点的，出卖人应当在该地点交付标的的物；不知道标的物在某一地点的，应当在出卖人订立合同时的营业地交付标的物。

第六百零四条 标的物毁损、灭失的风险，在标的物交付之前由出卖人承担，交付之后由买受人承担，但是法律另有规定或者当事人另有约定的除外。

第六百零五条 因买受人的原因致使标的物未按照约定的期限交付的，买受人应当自违反约定时起承担标的物毁损、灭失的风险。

第六百零六条 出卖人出卖交由承运人运输的在途标的物，除当事人另有约定外，毁损、灭失的风险自合同成立时起由买受人承担。

第六百零七条 出卖人按照约定将标的物运送至买受人指定地点并交付给承运人后，标的物毁损、灭失的风险由买受人承担。

当事人没有约定交付地点或者约定不明确，依据本法第六百零三条第二款第一项的规定标的物需要运输的，出卖人将标的物交付给第一承运人后，标的物毁损、灭失的风险由买受人承担。

第六百零八条 出卖人按照约定或者依据本法第六百零三条第二款第二项的规定将标的物置于交付地点，买受人违反约定没有收取的，标的物毁损、灭失的风险自违反约定时起由买受人承担。

第六百零九条　出卖人按照约定未交付有关标的物的单证和资料的，不影响标的物毁损、灭失风险的转移。

第六百一十条　因标的物不符合质量要求，致使不能实现合同目的的，买受人可以拒绝接受标的物或者解除合同。买受人拒绝接受标的物或者解除合同的，标的物毁损、灭失的风险由出卖人承担。

《消费者权益保护法》

第十六条　经营者向消费者提供商品或者服务，应当依照本法和其他有关法律、法规的规定履行义务。

经营者和消费者有约定的，应当按照约定履行义务，但双方的约定不得违背法律、法规的规定。

经营者向消费者提供商品或者服务，应当恪守社会公德，诚信经营，保障消费者的合法权益；不得设定不公平、不合理的交易条件，不得强制交易。

◎ **司法解释**

《关于审理买卖合同纠纷案件适用法律问题的解释》

第二条　标的物为无需以有形载体交付的电子信息产品，当事人对交付方式约定不明确，且依照民法典第五百一十条的规定仍不能确定的，买受人收到约定的电子信息产品或者权利凭证即为交付。

第三条　根据民法典第六百二十九条的规定，买受人拒绝接收多交部分标的物的，可以代为保管多交部分标的物。买受人主张出卖人负担代为保管期间的合理费用的，人民法院应予支持。

买受人主张出卖人承担代为保管期间非因买受人故意或者重大过失造成的损失的，人民法院应予支持。

第八条　民法典第六百零三条第二款第一项规定的"标的物需要运输的"，是指标的物由出卖人负责办理托运，承运人系独立于买卖合同当事人之外的运输业者的情形。标的物毁损、灭失的风险负担，按照民法典第六百零七条第二款的规定处理。

第九条　出卖人根据合同约定将标的物运送至买受人指定地点并交付给承运人后，标的物毁损、灭失的风险由买受人负担，但当事人另有约定的除外。

第十条　出卖人出卖交由承运人运输的在途标的物，在合同成立时知道或者应当知道标的物已经毁损、灭失却未告知买受人，买受人主张出卖人负担标的物毁损、灭失的风险的，人民法院应予支持。

第十一条　当事人对风险负担没有约定，标的物为种类物，出卖人未以装运单据、加盖标记、通知买受人等可识别的方式清楚地将标的物特定于买卖合同，买受人主张不负担标的物毁损、灭失的风险的，人民法院应予支持。

《关于适用〈中华人民共和国民事诉讼法〉的解释》

第二十条　以信息网络方式订立的买卖合同，通过信息网络交付标的的，以买受人住所地为合同履行地；通过其他方式交付标的的，收货地为合同履行地。合同对履行地有约定的，从其约定。

◎ 部门规范性文件

《关于规范快递与电子商务数据互联共享的指导意见》

一、保障电子商务与快递数据正常传输

（一）电子商务经营者提供寄递数据

电子商务当事人约定采用快递方式交付商品的，支持电子商务经营者通过约定的信息传输方式及时将必要的寄递数据（包括但不限于寄件人和收件人姓名、地址、联系电话、内件等数据）提供给经营快递业务的企业。电子商务平台经营者不得通过限制数据互联共享，阻碍电子商务当事人自由选择快递服务。鼓励为电子商务经营者提供快递信息服务的平台企业履行与电子商务平台经营者同等的数据互联共享义务。

（二）经营快递业务的企业提供快件数据

支持经营快递业务的企业提供电子商务寄递服务时，通过约定的信息传输方式及时将必要的快件数据（包括但不限于快件收寄、分拣、运输、投递等节点和轨迹数据）提供给电子商务经营者。经营快递业务的企业不得通过限制数据互联共享，阻碍电子商务经营者获取为消费者提供服务所必需的快件数据。

权威案例

◎ 典型案例

徐州天某金属资源有限公司与圣某莱蒙特航运股份公司、东某产业株式会社海上货物运输合同纠纷再审审查案【第二批涉“一带一路”建设典型案例之九（2017年5月15日）】

典型意义：本案是发生在“一带一路”沿线国的海上货物运输合同纠纷案件。最高人民法院进行再审审查并作出裁定，具有以下典型意义：第一，填补国际海事规则空白，提出合理裁判标准。《散货规则》对单一细小颗粒的含水量与其适运水分极限（TML）对比有明确规定，但对于类似该案中细小颗粒与较大块货物混合的散装固体货物如何对比（是以整体含水量与细小颗粒的TML对比，还是以同类细小颗粒的含水量与同类细小颗粒的TML对比），没有专门规定。尽管托运人和承运人提供的检验报告没有载明规格大于7毫米或者6.7毫米货物的TML和整批货物的TML，主要原因很可能是受到流盘测试方法的限制，但最高人民法院合理解读《散货规则》的体系和相关条款的文意，从维护海运安全的价值取向出发，认定《散货规则》规定的 TML 系指整批货物的 TML（而不仅仅是其中细小颗粒的 TML），认定货物是否适运应当对比整批货物的含水量与整批货物的 TML；在托运人没有提供检验报告载明整批货物的含水量与整批货物的 TML 情况下，承运人有合理依据判断货物不适合安全运输。第二，为维护"一带一路"海上运输安全，发挥规范指导作用。印度尼西亚和菲律宾等东南亚地区是世界上镍矿石的主产区，近十年国际需求不断增长。而镍矿石是易流态化散装固态货物，一旦其实际水分含量超过 TML 则很可能出现液态化，使船舶失去稳性导致船舶倾覆。就在涉案货物装运的同期，自 2010 年 10 月 27 日至 12 月 3 日，三艘装载镍矿的船舶［"建富星（JianFuStar）"轮、"南远钻石（Nasco-Diamond）"轮、"宏伟（HongWei）"轮］在自印度尼西亚驶往中国途中沉没，44 名中国船员死亡或失踪；自 2011 年 12 月 25 日至 2013 年 8 月 14 日，又有三艘装运印尼红土镍矿的船舶［越南籍"皇后（VinalinesQueen）"轮、巴拿马籍"HaritaBauxite"轮、香港籍"夏长（TransSummer）"轮］沉没，导致 37 名船员遇难。运输此类货物存在一系列潜在的危险性和复杂性，包括托运人申报水分含量不实、检测取样不具代表性、检测后

露天堆放和装运时下雨等因素，承运人有必要适当加强观察、检测和把关，一旦有合理依据怀疑货物运输安全性，应及时向托运人提出质疑并可拒绝装运。本案是近年来运载易流态化散装固体货物船舶及时预防倾覆事故的一个成功范例，最高人民法院在认定承运人有合理依据怀疑货物水分含量过高的基础上，支持其采取停航晒货等合理措施，体现了保障航运安全的价值取向。

第二十一条　【电子商务经营者的押金退还义务】

电子商务经营者按照约定向消费者收取押金的，应当明示押金退还的方式、程序，不得对押金退还设置不合理条件。消费者申请退还押金，符合押金退还条件的，电子商务经营者应当及时退还。

关联法规

◎ **法律**

《民法典》

第六条　民事主体从事民事活动，应当遵循公平原则，合理确定各方的权利和义务。

第一百四十七条　基于重大误解实

施的民事法律行为，行为人有权请求人民法院或者仲裁机构予以撤销。

第一百五十一条 一方利用对方处于危困状态、缺乏判断能力等情形，致使民事法律行为成立时显失公平的，受损害方有权请求人民法院或者仲裁机构予以撤销。

第四百二十五条 为担保债务的履行，债务人或者第三人将其动产出质给债权人占有的，债务人不履行到期债务或者发生当事人约定的实现质权的情形，债权人有权就该动产优先受偿。

前款规定的债务人或者第三人为出质人，债权人为质权人，交付的动产为质押财产。

第四百九十七条 有下列情形之一的，该格式条款无效：

（一）具有本法第一编第六章第三节和本法第五百零六条规定的无效情形；

（二）提供格式条款一方不合理地免除或者减轻其责任、加重对方责任、限制对方主要权利；

（三）提供格式条款一方排除对方主要权利。

第五百八十六条 当事人可以约定一方向对方给付定金作为债权的担保。定金合同自实际交付定金时成立。

定金的数额由当事人约定；但是，不得超过主合同标的额的百分之二十，超过部分不产生定金的效力。实际交付的定金数额多于或者少于约定数额的，视为变更约定的定金数额。

第五百八十七条 债务人履行债务的，定金应当抵作价款或者收回。给付定金的一方不履行债务或者履行债务不符合约定，致使不能实现合同目的的，无权请求返还定金；收受定金的一方不履行债务或者履行债务不符合约定，致使不能实现合同目的的，应当双倍返还定金。

第五百八十八条 当事人既约定违约金，又约定定金的，一方违约时，对方可以选择适用违约金或者定金条款。

定金不足以弥补一方违约造成的损失的，对方可以请求赔偿超过定金数额的损失。

《消费者权益保护法》

第二十六条 经营者在经营活动中使用格式条款的，应当以显著方式提请消费者注意商品或者服务的数量和质量、价款或者费用、履行期限和方式、安全注意事项和风险警示、售后服务、民事责任等与消费者有重大利害关系的内容，并按照消费者的要求予以说明。

经营者不得以格式条款、通知、声明、店堂告示等方式，作出排除或者限制消费者权利、减轻或者免除经营者责任、加重消费者责任等对消费者不公平、不合理的规定，不得利用格式条款并借助技术手段强制交易。

格式条款、通知、声明、店堂告示等含有前款所列内容的，其内容无效。

◎ **党内法规**

《关于鼓励和规范互联网租赁自行车发展的指导意见》

四、保障用户资金和网络信息安全

（十二）加强用户资金安全监管。鼓励互联网租赁自行车运营企业采用免押金方式提供租赁服务。企业对用户收取押金、预付资金的，应严格区分企业自有资金和用户押金、预付资金，在企业注册地开立用户押金、预付资金专用账户，实施专款专用，接受交通、金融等主管部门监管，防控用户资金风险。企业应建立完善用户押金退还制度，加快实现"即租即押、即还即退"。互联网租赁自行车业务中涉及的支付结算服务，应通过银行、非银行支付机构提供，并与其签订协议。互联网租赁自行车运营企业实施收购、兼并、重组或者退出市场经营的，必须制定合理方案，确保用户合法权益和资金安全。

……

◎ **司法解释**

《全国法院民商事审判工作会议纪要》

49.【合同解除的法律后果】合同解除时，一方依据合同中有关违约金、约定损害赔偿的计算方法、定金责任等违约责任条款的约定，请求另一方承担违约责任的，人民法院依法予以支持。

双务合同解除时人民法院的释明问题，参照本纪要第 36 条的相关规定处理。

《关于审理商品房买卖合同纠纷案件适用法律的解释》

第四条　出卖人通过认购、订购、预订等方式向买受人收受定金作为订立商品房买卖合同担保的，如果因当事人一方原因未能订立商品房买卖合同，应当按照法律关于定金的规定处理；因不可归责于当事人双方的事由，导致商品房买卖合同未能订立的，出卖人应当将定金返还买受人。

第十九条　商品房买卖合同约定，买受人以担保贷款方式付款、因当事人一方原因未能订立商品房担保贷款合同并导致商品房买卖合同不能继续履行的，对方当事人可以请求解除合同和赔偿损失。因不可归责于当事人双方的事由未能订立商品房担保贷款合同并导致商品房买卖合同不能继续履行的，当事人可以请求解除合同，出卖人应当将收受的购房款本金及其利息或者定金返还买受人。

◎ **部门规章**

《小微型客车租赁经营服务管理办法》

第十二条　小微型客车租赁经营者还应当遵守下列规定：

（一）在经营场所或者服务平台以显著方式明示服务项目、租赁流程、租赁车辆类型、收费标准、押金收取与退还、客服与监督电话等事项；

（二）按照合同约定将租赁小微型客车交付承租人，交付的租赁小微型客车在租赁期间应当符合《中华人民共和国道路交通安全法》规定的上路行驶条件，车内设施设备功能齐全正常，外观内饰完好整洁；

（三）随车配备租赁小微型客车机动车行驶证；

（四）按照国家有关规定对租赁小微型客车进行检测、维护，确保技术性能良好；

（五）建立救援服务体系，租赁小微型客车在租赁期间出现故障或者发生事故时，按照合同约定提供救援、换车服务；

（六）建立租赁经营管理档案，保存租赁经营信息，并按照要求报送相关数据信息；

（七）从事分时租赁经营的，应当按照国家有关规定计程计时，收取承租人押金和预付资金的，还应当按照国家有关规定管理押金和预付资金。

第二十五条 小微型客车租赁经营者违反本办法，有下列行为之一的，由小微型客车租赁行政主管部门责令改正，并处 3000 元以上 1 万元以下罚款：

（一）未按照规定办理备案或者变更备案的；

（二）提供的租赁小微型客车不符合《中华人民共和国道路交通安全法》规定的上路行驶条件的；

（三）未建立小微型客车租赁经营管理档案或者未按照规定报送相关数据信息的；

（四）未在经营场所或者服务平台以显著方式明示服务项目、租赁流程、租赁车辆类型、收费标准、押金收取与退还、客服与监督电话等事项的。

◎ **部门规范性文件**

《网络购物服务规范》

5.2.5 保证金收取和管理

网络购物平台提供商可以根据商品或交易的具体情况对网络购物交易方收取一定的保证金，保证金的额度或比例可以根据具体情况约定。

保证金的所有权属于保证金缴纳方所有，网络购物平台提供商应以合法、合理的方式对保证金进行管理，不得对保证金进行非法挪用、转移等。

6.2.5 保证金收取和管理

网络购物平台提供商可以根据商品或交易的具体情况对网络购物交易方收取一定的保证金，保证金的额度或比例可以根据具体情况约定。

保证金的所有权属于保证金缴纳方所有，网络购物平台提供商应以合法、合理的方式对保证金进行管理，不得对保证金进行非法挪用、转移等。

7.2.5 保证金收取和管理

网络购物平台提供商可以根据商品或交易的具体情况对网络购物交易方收取一定的保证金，保证金的额度或比例可以根据具体情况约定。

保证金的所有权属于保证金缴纳方所有，网络购物平台提供商应以合法、合理的方式对保证金进行管理，不得对保证金进行非法挪用、转移等。

8.2.5 保证金收取和管理

网络购物平台提供商可以根据商品或交易的具体情况对网络购物交易方收取一定的保证金，保证金的额度或比例可以根据具体情况约定，主要用于保证交易的正常合法进行。

保证金的所有权属于保证金缴纳方所有，网络购物平台提供商应以合法、合理的方式对保证金进行管理，不得对保证金进行非法挪用、转移等。

第二十二条　【电子商务经营者不得滥用市场支配地位】

电子商务经营者因其技术优势、用户数量、对相关行业的控制能力以及其他经营者对该电子商务经营者在交易上的依赖程度等因素而具有市场支配地位的，不得滥用市场支配地位，排除、限制竞争。

关联法规

◎ 法律

《反垄断法》

第三条　本法规定的垄断行为包括：

（一）经营者达成垄断协议；

（二）经营者滥用市场支配地位；

（三）具有或者可能具有排除、限制竞争效果的经营者集中。

第七条　具有市场支配地位的经营者，不得滥用市场支配地位，排除、限制竞争。

第九条　经营者不得利用数据和算法、技术、资本优势以及平台规则等从事本法禁止的垄断行为。

第二十二条　禁止具有市场支配地位的经营者从事下列滥用市场支配地位的行为：

（一）以不公平的高价销售商品或者以不公平的低价购买商品；

（二）没有正当理由，以低于成本的价格销售商品；

（三）没有正当理由，拒绝与交易相对人进行交易；

（四）没有正当理由，限定交易相对人只能与其进行交易或者只能与其指定的经营者进行交易；

（五）没有正当理由搭售商品，或者在交易时附加其他不合理的交易条件；

（六）没有正当理由，对条件相同的交易相对人在交易价格等交易条件上实行差别待遇；

（七）国务院反垄断执法机构认定的其他滥用市场支配地位的行为。

具有市场支配地位的经营者不得利用数据和算法、技术以及平台规则等从事前款规定的滥用市场支配地位的行为。

本法所称市场支配地位，是指经营者在相关市场内具有能够控制商品价格、数量或者其他交易条件，或者能够阻碍、影响其他经营者进入相关市场能力的市场地位。

第二十三条 认定经营者具有市场支配地位，应当依据下列因素：

（一）该经营者在相关市场的市场份额，以及相关市场的竞争状况；

（二）该经营者控制销售市场或者原材料采购市场的能力；

（三）该经营者的财力和技术条件；

（四）其他经营者对该经营者在交易上的依赖程度；

（五）其他经营者进入相关市场的难易程度；

（六）与认定该经营者市场支配地位有关的其他因素。

第二十四条 有下列情形之一的，可以推定经营者具有市场支配地位：

（一）一个经营者在相关市场的市场份额达到二分之一的；

（二）两个经营者在相关市场的市场份额合计达到三分之二的；

（三）三个经营者在相关市场的市场份额合计达到四分之三的。

有前款第二项、第三项规定的情形，其中有的经营者市场份额不足十分之一的，不应当推定该经营者具有市场支配地位。

被推定具有市场支配地位的经营者，有证据证明不具有市场支配地位的，不应当认定其具有市场支配地位。

◎ **部门规章**

《禁止滥用市场支配地位行为规定》

第五条 相关市场是指经营者在一定时期内就特定商品或者服务（以下统称商品）进行竞争的商品范围和地域范围，包括相关商品市场和相关地域市场。

界定相关市场应当从需求者角度进行需求替代分析。当供给替代对经营者行为产生的竞争约束类似于需求替代时，也应当考虑供给替代。

界定相关商品市场，从需求替代角度，可以考虑需求者对商品价格等因素变化的反应、商品的特征与用途、销售渠道等因素。从供给替代角度，可以考虑其他经营者转产的难易程度、转产后所提供商品的市场竞争力等因素。

界定平台经济领域相关商品市场，可以根据平台一边的商品界定相关商品市场，也可以根据平台所涉及的多边商品，将平台整体界定为一个相关商品市场，或者分别界定多个相关商品市场，并考虑各相关商品市场之间的相互关系和影响。

界定相关地域市场，从需求替代角度，可以考虑商品的运输特征与成本、多数需求者选择商品的实际区域、地域间的贸易壁垒等因素。从供给替代角度，可以考虑其他地域经营者供应商品的及时性与可行性等因素。

第六条 市场支配地位是指经营者在相关市场内具有能够控制商品价格、数量或者其他交易条件，或者能够阻碍、影响其他经营者进入相关市场能力的市场地位。

本条所称其他交易条件是指除商品价格、数量之外能够对市场交易产生实质影响的其他因素，包括商品品种、商品品质、付款条件、交付方式、售后服务、交易选择、技术约束等。

本条所称能够阻碍、影响其他经营者进入相关市场，包括排除其他经营者进入相关市场，或者延缓其他经营者在合理时间内进入相关市场，或者导致其他经营者虽能够进入该相关市场但进入成本大幅提高，无法与现有经营者开展有效竞争等情形。

第七条 根据反垄断法第二十三条第一项，确定经营者在相关市场的市场份额，可以考虑一定时期内经营者的特定商品销售金额、销售数量或者其他指标在相关市场所占的比重。

分析相关市场竞争状况，可以考虑相关市场的发展状况、现有竞争者的数量和市场份额、市场集中度、商品差异程度、创新和技术变化、销售和采购模式、潜在竞争者情况等因素。

第八条 根据反垄断法第二十三条第二项，确定经营者控制销售市场或者原材料采购市场的能力，可以考虑该经营者控制产业链上下游市场的能力，控制销售渠道或者采购渠道的能力，影响或者决定价格、数量、合同期限或者其他交易条件的能力，以及优先获得企业生产经营所必需的原料、半成品、零部件、相关设备以及需要投入的其他资源的能力等因素。

第九条 根据反垄断法第二十三条第三项，确定经营者的财力和技术条件，可以考虑该经营者的资产规模、盈利能力、融资能力、研发能力、技术装备、技术创新和应用能力、拥有的知识产权等，以及该财力和技术条件能够以何种方式和程度促进该经营者业务扩张或者巩固、维持市场地位等因素。

第十条 根据反垄断法第二十三条第四项，确定其他经营者对该经营者在交易上的依赖程度，可以考虑其他经营者与该经营者之间的交易关系、交易量、交易持续时间、在合理时间内转向其他交易相对人的难易程度等因素。

第十一条 根据反垄断法第二十三条第五项，确定其他经营者进入相关市场的难易程度，可以考虑市场准入、获取必要资源的难度、采购和销售渠道的控制情况、资金投入规模、技术壁垒、品牌依赖、用户转换成本、消费习惯等因素。

第十二条 根据反垄断法第二十三条和本规定第七条至第十一条规定认定平台经济领域经营者具有市场支配地位，还可以考虑相关行业竞争特点、经营模式、交易金额、交易数量、用户数量、网络效应、锁定效应、技术特性、市场创新、控制流量的能力、掌握和处理相关数据的能力及经营者在关联市场的市场力量等因素。

第十三条 认定两个以上的经营者具有市场支配地位，除考虑本规定第七条至第十二条规定的因素外，还应当考虑经营者行为一致性、市场结构、相关市场透明度、相关商品同质化程度等因素。

第十四条 禁止具有市场支配地位的经营者以不公平的高价销售商品或者以不公平的低价购买商品。

认定"不公平的高价"或者"不公平的低价"，可以考虑下列因素：

（一）销售价格或者购买价格是否明显高于或者明显低于其他经营者在相同或者相似市场条件下销售或者购买同种商品或者可比较商品的价格；

（二）销售价格或者购买价格是否明显高于或者明显低于同一经营者在其他相同或者相似市场条件区域销售或者购买同种商品或者可比较商品的价格；

（三）在成本基本稳定的情况下，是否超过正常幅度提高销售价格或者降低购买价格；

（四）销售商品的提价幅度是否明显高于成本增长幅度，或者购买商品的降价幅度是否明显高于交易相对人成本降低幅度；

（五）需要考虑的其他相关因素。

涉及平台经济领域，还可以考虑平台涉及多边市场中各相关市场之间的成本关联情况及其合理性。

认定市场条件相同或者相似，应当考虑经营模式、销售渠道、供求状况、监管环境、交易环节、成本结构、交易情况、平台类型等因素。

第十五条 禁止具有市场支配地位的经营者没有正当理由，以低于成本的价格销售商品。

认定以低于成本的价格销售商品，应当重点考虑价格是否低于平均可变成本。平均可变成本是指随着生产的商品数量变化而变动的每单位成本。涉及平台经济领域，还可以考虑平台涉及多边市场中各相关市场之间的成本关联情况及其合理性。

本条所称"正当理由"包括：

（一）降价处理鲜活商品、季节性商品、有效期限即将到期的商品或者积压商品的；

（二）因清偿债务、转产、歇业降价销售商品的；

（三）在合理期限内为推广新商品进行促销的；

（四）能够证明行为具有正当性的其他理由。

第十六条　禁止具有市场支配地位的经营者没有正当理由，通过下列方式拒绝与交易相对人进行交易：

（一）实质性削减与交易相对人的现有交易数量；

（二）拖延、中断与交易相对人的现有交易；

（三）拒绝与交易相对人进行新的交易；

（四）通过设置交易相对人难以接受的价格、向交易相对人回购商品、与交易相对人进行其他交易等限制性条件，使交易相对人难以与其进行交易；

（五）拒绝交易相对人在生产经营活动中，以合理条件使用其必需设施。

在依据前款第五项认定经营者滥用市场支配地位时，应当综合考虑以合理的投入另行投资建设或者另行开发建造该设施的可行性、交易相对人有效开展生产经营活动对该设施的依赖程度、该经营者提供该设施的可能性以及对自身生产经营活动造成的影响等因素。

本条所称"正当理由"包括：

（一）因不可抗力等客观原因无法进行交易；

（二）交易相对人有不良信用记录或者出现经营状况恶化等情况，影响交易安全；

（三）与交易相对人进行交易将使经营者利益发生不当减损；

（四）交易相对人明确表示或者实际不遵守公平、合理、无歧视的平台规则；

（五）能够证明行为具有正当性的其他理由。

第十七条　禁止具有市场支配地位的经营者没有正当理由，从事下列限定交易行为：

（一）限定交易相对人只能与其进行交易；

（二）限定交易相对人只能与其指定的经营者进行交易；

（三）限定交易相对人不得与特定经营者进行交易。

从事上述限定交易行为可以是直接限定，也可以是采取惩罚性或者激励性措施等方式变相限定。

本条所称"正当理由"包括：

（一）为满足产品安全要求所必需；

（二）为保护知识产权、商业秘密或者数据安全所必需；

（三）为保护针对交易进行的特定投资所必需；

（四）为维护平台合理的经营模式所必需；

（五）能够证明行为具有正当性的其他理由。

第十八条 禁止具有市场支配地位的经营者没有正当理由搭售商品，或者在交易时附加其他不合理的交易条件：

（一）违背交易惯例、消费习惯或者无视商品的功能，利用合同条款或者弹窗、操作必经步骤等交易相对人难以选择、更改、拒绝的方式，将不同商品捆绑销售或者组合销售；

（二）对合同期限、支付方式、商品的运输及交付方式或者服务的提供方式等附加不合理的限制；

（三）对商品的销售地域、销售对象、售后服务等附加不合理的限制；

（四）交易时在价格之外附加不合理费用；

（五）附加与交易标的无关的交易条件。

本条所称"正当理由"包括：

（一）符合正当的行业惯例和交易习惯；

（二）为满足产品安全要求所必需；

（三）为实现特定技术所必需；

（四）为保护交易相对人和消费者利益所必需；

（五）能够证明行为具有正当性的其他理由。

第十九条 禁止具有市场支配地位的经营者没有正当理由，对条件相同的交易相对人在交易条件上实行下列差别待遇：

（一）实行不同的交易价格、数量、品种、品质等级；

（二）实行不同的数量折扣等优惠条件；

（三）实行不同的付款条件、交付方式；

（四）实行不同的保修内容和期限、维修内容和时间、零配件供应、技术指导等售后服务条件。

条件相同是指交易相对人之间在交易安全、交易成本、规模和能力、信用状况、所处交易环节、交易持续时间等方面不存在实质性影响交易的差别。交易中依法获取的交易相对人的交易数据、个体偏好、消费习惯等方面存在的差异不影响认定交易相对人条件相同。

本条所称"正当理由"包括：

（一）根据交易相对人实际需求且符合正当的交易习惯和行业惯例，实行不同交易条件；

（二）针对新用户的首次交易在合理期限内开展的优惠活动；

（三）基于公平、合理、无歧视的平台规则实施的随机性交易；

（四）能够证明行为具有正当性的其他理由。

第二十条　市场监管总局认定其他滥用市场支配地位行为，应当同时符合下列条件：

（一）经营者具有市场支配地位；

（二）经营者实施了排除、限制竞争行为；

（三）经营者实施相关行为不具有正当理由；

（四）经营者相关行为对市场竞争具有排除、限制影响。

第二十一条　具有市场支配地位的经营者不得利用数据和算法、技术以及平台规则等从事本规定第十四条至第二十条规定的滥用市场支配地位行为。

第二十二条　反垄断执法机构认定本规定第十四条所称的"不公平"和第十五条至第二十条所称的"正当理由"，还应当考虑下列因素：

（一）有关行为是否为法律、法规所规定；

（二）有关行为对国家安全、网络安全等方面的影响；

（三）有关行为对经济运行效率、经济发展的影响；

（四）有关行为是否为经营者正常经营及实现正常效益所必需；

（五）有关行为对经营者业务发展、未来投资、创新方面的影响；

（六）有关行为是否能够使交易相对人或者消费者获益；

（七）有关行为对社会公共利益的影响。

权威案例

◎ 典型案例

贵州省黔西县人民检察院督促整治网络餐饮平台不正当竞争行为行政公益诉讼案

【充分发挥检察职能推进网络空间治理典型案例之十一（2021年1月26日）】

典型意义：（一）依法监督纠正网络平台不正当竞争行为，维护社会公共利益。"互联网＋餐饮服务"新业态的诞生，既促进了餐饮业的新发展，也为消费者提供了更多便利。特别在疫情期间，网络餐饮平台无接触式服务的优势更加凸显。但部分平台利用服务协议、交易规则、技术等手段强制经营者"二选一"，损害经营者和消费者等多方主体合法权益。检察机关坚持"以人民为中心"的司法理念，充分发挥法律监督职能，针对网络餐饮平台"二选一"不正当竞争行为，通过行政公益诉讼督促行政机关依法加强监管，促进公平公正市场秩序的维护，切实增强人民群众的获得感。

（二）积极稳妥拓展公益诉讼案件范围，规范互联网空间经济秩序。检察机关对互联网平台的不正当竞争行为开展公益诉讼监督，是切实落实党的十九届四中全会关于"拓展公益诉讼案件范围"要求，以法治思维推动互联网治理体系和治理能力现代化的重要举措。目前，已有18个省级人大常委会授权检察机关在互联网领域探索公益诉讼实践。检察机关作为公共利益代表，要充分履行公益诉讼检察职能，通过诉前检察建议、支持起诉、提起公益诉讼等方式，推动行政机关加强行政监管、严格执法，督促平台履行治理责任、崇法守法、合规经营，保障互联网经济规范健康发展。

（三）落实互联网平台社会责任，推动公平竞争。互联网平台企业在经营活动中，应遵循公平竞争的市场法则，强化内部合规管理，不能凭借市场规模、技术、数据、资本等优势，限制和排斥竞争，损害经营者和消费者的利益。市场经营者和消费者发现存在不正当竞争或者垄断行为时，要积极向相关行政执法机关举报、投诉，向检察机关反映情况，依法维护自身合法权益，维护正常市场秩序。

第二十三条 【电子商务经营者的个人信息保护义务】

电子商务经营者收集、使用其用户的个人信息，应当遵守法律、行政法规有关个人信息保护的规定。

关联法规

◎ **法律**

《宪法》

第三十八条 中华人民共和国公民的人格尊严不受侵犯。禁止用任何方法对公民进行侮辱、诽谤和诬告陷害。

《民法典》

第一百零九条 自然人的人身自由、人格尊严受法律保护。

第一百一十条 自然人享有生命权、身体权、健康权、姓名权、肖像权、名誉权、荣誉权、隐私权、婚姻自主权等权利。

法人、非法人组织享有名称权、名誉权和荣誉权。

第一百一十一条 自然人的个人信息受法律保护。任何组织或者个人需要获取他人个人信息的，应当依法取得并确保信息安全，不得非法收集、使用、加工、传输他人个人信息，不得非法买卖、提供或者公开他人个人信息。

第九百九十条　人格权是民事主体享有的生命权、身体权、健康权、姓名权、名称权、肖像权、名誉权、荣誉权、隐私权等权利。

除前款规定的人格权外，自然人享有基于人身自由、人格尊严产生的其他人格权益。

第九百九十八条　认定行为人承担侵害除生命权、身体权和健康权外的人格权的民事责任，应当考虑行为人和受害人的职业、影响范围、过错程度，以及行为的目的、方式、后果等因素。

第九百九十九条　为公共利益实施新闻报道、舆论监督等行为的，可以合理使用民事主体的姓名、名称、肖像、个人信息等；使用不合理侵害民事主体人格权的，应当依法承担民事责任。

第一千零二十条　合理实施下列行为的，可以不经肖像权人同意：

（一）为个人学习、艺术欣赏、课堂教学或者科学研究，在必要范围内使用肖像权人已经公开的肖像；

（二）为实施新闻报道，不可避免地制作、使用、公开肖像权人的肖像；

（三）为依法履行职责，国家机关在必要范围内制作、使用、公开肖像权人的肖像；

（四）为展示特定公共环境，不可避免地制作、使用、公开肖像权人的肖像；

（五）为维护公共利益或者肖像权人合法权益，制作、使用、公开肖像权人的肖像的其他行为。

第一千零二十五条　行为人为公共利益实施新闻报道、舆论监督等行为，影响他人名誉的，不承担民事责任，但是有下列情形之一的除外：

（一）捏造、歪曲事实；

（二）对他人提供的严重失实内容未尽到合理核实义务；

（三）使用侮辱性言辞等贬损他人名誉。

第一千零二十六条　认定行为人是否尽到前条第二项规定的合理核实义务，应当考虑下列因素：

（一）内容来源的可信度；

（二）对明显可能引发争议的内容是否进行了必要的调查；

（三）内容的时限性；

（四）内容与公序良俗的关联性；

（五）受害人名誉受贬损的可能性；

（六）核实能力和核实成本。

第一千零三十三条　除法律另有规定或者权利人明确同意外，任何组织或者个人不得实施下列行为：

（一）以电话、短信、即时通讯工具、电子邮件、传单等方式侵扰他人的私人生活安宁；

（二）进入、拍摄、窥视他人的住宅、宾馆房间等私密空间；

（三）拍摄、窥视、窃听、公开他人的私密活动；

（四）拍摄、窥视他人身体的私密部位；

（五）处理他人的私密信息；

（六）以其他方式侵害他人的隐私权。

第一千零三十四条 自然人的个人信息受法律保护。

个人信息是以电子或者其他方式记录的能够单独或者与其他信息结合识别特定自然人的各种信息，包括自然人的姓名、出生日期、身份证件号码、生物识别信息、住址、电话号码、电子邮箱、健康信息、行踪信息等。

个人信息中的私密信息，适用有关隐私权的规定；没有规定的，适用有关个人信息保护的规定。

第一千零三十五条 处理个人信息的，应当遵循合法、正当、必要原则，不得过度处理，并符合下列条件：

（一）征得该自然人或者其监护人同意，但是法律、行政法规另有规定的除外；

（二）公开处理信息的规则；

（三）明示处理信息的目的、方式和范围；

（四）不违反法律、行政法规的规定和双方的约定。

个人信息的处理包括个人信息的收集、存储、使用、加工、传输、提供、公开等。

第一千零三十六条 处理个人信息，有下列情形之一的，行为人不承担民事责任：

（一）在该自然人或者其监护人同意的范围内合理实施的行为；

（二）合理处理该自然人自行公开的或者其他已经合法公开的信息，但是该自然人明确拒绝或者处理该信息侵害其重大利益的除外；

（三）为维护公共利益或者该自然人合法权益，合理实施的其他行为。

第一千零三十七条 自然人可以依法向信息处理者查阅或者复制其个人信息；发现信息有错误的，有权提出异议并请求及时采取更正等必要措施。

自然人发现信息处理者违反法律、行政法规的规定或者双方的约定处理其个人信息的，有权请求信息处理者及时删除。

第一千零三十八条 信息处理者不得泄露或者篡改其收集、存储的个人信息；未经自然人同意，不得向他人非法提供其个人信息，但是经过加工无法识别特定个人且不能复原的除外。

信息处理者应当采取技术措施和其他必要措施，确保其收集、存储的个人信息安全，防止信息泄露、篡改、丢失；发生或者可能发生个人信息泄露、篡改、丢失的，应当及时采取补救措施，按照规定告知自然人并向有关主管部门报告。

《刑法》

第二百五十三条之一　违反国家有关规定，向他人出售或者提供公民个人信息，情节严重的，处三年以下有期徒刑或者拘役，并处或者单处罚金；情节特别严重的，处三年以上七年以下有期徒刑，并处罚金。

违反国家有关规定，将在履行职责或者提供服务过程中获得的公民个人信息，出售或者提供给他人的，依照前款的规定从重处罚。

窃取或者以其他方法非法获取公民个人信息的，依照第一款的规定处罚。

单位犯前三款罪的，对单位判处罚金，并对其直接负责的主管人员和其他直接责任人员，依照各该款的规定处罚。

《网络安全法》

第二十二条　网络产品、服务应当符合相关国家标准的强制性要求。网络产品、服务的提供者不得设置恶意程序；发现其网络产品、服务存在安全缺陷、漏洞等风险时，应当立即采取补救措施，按照规定及时告知用户并向有关主管部门报告。

网络产品、服务的提供者应当为其产品、服务持续提供安全维护；在规定或者当事人约定的期限内，不得终止提供安全维护。

网络产品、服务具有收集用户信息功能的，其提供者应当向用户明示并取得同意；涉及用户个人信息的，还应当遵守本法和有关法律、行政法规关于个人信息保护的规定。

第四十条　网络运营者应当对其收集的用户信息严格保密，并建立健全用户信息保护制度。

第四十一条　网络运营者收集、使用个人信息，应当遵循合法、正当、必要的原则，公开收集、使用规则，明示收集、使用信息的目的、方式和范围，并经被收集者同意。

网络运营者不得收集与其提供的服务无关的个人信息，不得违反法律、行政法规的规定和双方的约定收集、使用个人信息，并应当依照法律、行政法规的规定和与用户的约定，处理其保存的个人信息。

第四十二条　网络运营者不得泄露、篡改、毁损其收集的个人信息；未经被收集者同意，不得向他人提供个人信息。但是，经过处理无法识别特定个人且不能复原的除外。

网络运营者应当采取技术措施和其他必要措施，确保其收集的个人信息安全，防止信息泄露、毁损、丢失。在发生或者可能发生个人信息泄露、毁损、丢失的情况时，应当立即采取补救措施，按照规定及时告知用户并向有关主管部门报告。

第四十三条 个人发现网络运营者违反法律、行政法规的规定或者双方的约定收集、使用其个人信息的，有权要求网络运营者删除其个人信息；发现网络运营者收集、存储的其个人信息有错误的，有权要求网络运营者予以更正。网络运营者应当采取措施予以删除或者更正。

第四十四条 任何个人和组织不得窃取或者以其他非法方式获取个人信息，不得非法出售或者非法向他人提供个人信息。

《数据安全法》

第二条 在中华人民共和国境内开展数据处理活动及其安全监管，适用本法。

在中华人民共和国境外开展数据处理活动，损害中华人民共和国国家安全、公共利益或者公民、组织合法权益的，依法追究法律责任。

第八条 开展数据处理活动，应当遵守法律、法规，尊重社会公德和伦理，遵守商业道德和职业道德，诚实守信，履行数据安全保护义务，承担社会责任，不得危害国家安全、公共利益，不得损害个人、组织的合法权益。

第二十七条 开展数据处理活动应

当依照法律、法规的规定，建立健全全流程数据安全管理制度，组织开展数据安全教育培训，采取相应的技术措施和其他必要措施，保障数据安全。利用互联网等信息网络开展数据处理活动，应当在网络安全等级保护制度的基础上，履行上述数据安全保护义务。

重要数据的处理者应当明确数据安全负责人和管理机构，落实数据安全保护责任。

第三十条 重要数据的处理者应当按照规定对其数据处理活动定期开展风险评估，并向有关主管部门报送风险评估报告。

风险评估报告应当包括处理的重要数据的种类、数量，开展数据处理活动的情况，面临的数据安全风险及其应对措施等。

第三十二条 任何组织、个人收集数据，应当采取合法、正当的方式，不得窃取或者以其他非法方式获取数据。

法律、行政法规对收集、使用数据的目的、范围有规定的，应当在法律、行政法规规定的目的和范围内收集、使用数据。

第三十六条 中华人民共和国主管机关根据有关法律和中华人民共和国缔结或者参加的国际条约、协定，或者按照平等互惠原则，处理外国司法或者执法机构关于提供数据的请求。非经中华人民共和国主管机关批准，境内的组织、个人不得向外国司法或者执法机构提供存储于中华人民共和国境内的数据。

第三十八条　国家机关为履行法定职责的需要收集、使用数据，应当在其履行法定职责的范围内依照法律、行政法规规定的条件和程序进行；对在履行职责中知悉的个人隐私、个人信息、商业秘密、保密商务信息等数据应当依法予以保密，不得泄露或者非法向他人提供。

第五十三条　开展涉及国家秘密的数据处理活动，适用《中华人民共和国保守国家秘密法》等法律、行政法规的规定。

在统计、档案工作中开展数据处理活动，开展涉及个人信息的数据处理活动，还应当遵守有关法律、行政法规的规定。

《个人信息保护法》

第二条　自然人的个人信息受法律保护，任何组织、个人不得侵害自然人的个人信息权益。

第五条　处理个人信息应当遵循合法、正当、必要和诚信原则，不得通过误导、欺诈、胁迫等方式处理个人信息。

第六条　处理个人信息应当具有明确、合理的目的，并应当与处理目的直接相关，采取对个人权益影响最小的方式。

收集个人信息，应当限于实现处理目的的最小范围，不得过度收集个人信息。

第七条　处理个人信息应当遵循公开、透明原则，公开个人信息处理规则，明示处理的目的、方式和范围。

第八条　处理个人信息应当保证个人信息的质量，避免因个人信息不准确、不完整对个人权益造成不利影响。

第九条　个人信息处理者应当对其个人信息处理活动负责，并采取必要措施保障所处理的个人信息的安全。

第十条　任何组织、个人不得非法收集、使用、加工、传输他人个人信息，不得非法买卖、提供或者公开他人个人信息；不得从事危害国家安全、公共利益的个人信息处理活动。

第十三条　符合下列情形之一的，个人信息处理者方可处理个人信息：

（一）取得个人的同意；

（二）为订立、履行个人作为一方当事人的合同所必需，或者按照依法制定的劳动规章制度和依法签订的集体合同实施人力资源管理所必需；

（三）为履行法定职责或者法定义务所必需；

（四）为应对突发公共卫生事件，或者紧急情况下为保护自然人的生命健康和财产安全所必需；

（五）为公共利益实施新闻报道、舆论监督等行为，在合理的范围内处理个人信息；

（六）依照本法规定在合理的范围内处理个人自行公开或者其他已经合法公开的个人信息；

（七）法律、行政法规规定的其他情形。

依照本法其他有关规定，处理个人信息应当取得个人同意，但是有前款第二项至第七项规定情形的，不需取得个人同意。

第二十五条 个人信息处理者不得公开其处理的个人信息，取得个人单独同意的除外。

第五十一条 个人信息处理者应当根据个人信息的处理目的、处理方式、个人信息的种类以及对个人权益的影响、可能存在的安全风险等，采取下列措施确保个人信息处理活动符合法律、行政法规的规定，并防止未经授权的访问以及个人信息泄露、篡改、丢失：

（一）制定内部管理制度和操作规程；

（二）对个人信息实行分类管理；

（三）采取相应的加密、去标识化等安全技术措施；

（四）合理确定个人信息处理的操作权限，并定期对从业人员进行安全教

育和培训；

（五）制定并组织实施个人信息安全事件应急预案；

（六）法律、行政法规规定的其他措施。

第五十八条 提供重要互联网平台服务、用户数量巨大、业务类型复杂的个人信息处理者，应当履行下列义务：

（一）按照国家规定建立健全个人信息保护合规制度体系，成立主要由外部成员组成的独立机构对个人信息保护情况进行监督；

（二）遵循公开、公平、公正的原则，制定平台规则，明确平台内产品或者服务提供者处理个人信息的规范和保护个人信息的义务；

（三）对严重违反法律、行政法规处理个人信息的平台内的产品或者服务提供者，停止提供服务；

（四）定期发布个人信息保护社会责任报告，接受社会监督。

《未成年人保护法》

第四条 保护未成年人，应当坚持最有利于未成年人的原则。处理涉及未成年人事项，应当符合下列要求：

（一）给予未成年人特殊、优先保护；

（二）尊重未成年人人格尊严；

（三）保护未成年人隐私权和个人信息；

（四）适应未成年人身心健康发展的规律和特点；

（五）听取未成年人的意见；

（六）保护与教育相结合。

第七十二条　信息处理者通过网络处理未成年人个人信息的，应当遵循合法、正当和必要的原则。处理不满十四周岁未成年人个人信息的，应当征得未成年人的父母或者其他监护人同意，但法律、行政法规另有规定的除外。

未成年人、父母或者其他监护人要求信息处理者更正、删除未成年人个人信息的，信息处理者应当及时采取措施予以更正、删除，但法律、行政法规另有规定的除外。

《居民身份证法》

第十三条　公民从事有关活动，需要证明身份的，有权使用居民身份证证明身份，有关单位及其工作人员不得拒绝。

有关单位及其工作人员对履行职责或者提供服务过程中获得的居民身份证记载的公民个人信息，应当予以保密。

第十九条　国家机关或者金融、电信、交通、教育、医疗等单位的工作人员泄露在履行职责或者提供服务过程中获得的居民身份证记载的公民个人信息，构成犯罪的，依法追究刑事责任；尚不构成犯罪的，由公安机关处十日以上十五日以下拘留，并处五千元罚款，

有违法所得的，没收违法所得。

单位有前款行为，构成犯罪的，依法追究刑事责任；尚不构成犯罪的，由公安机关对其直接负责的主管人员和其他直接责任人员，处十日以上十五日以下拘留，并处十万元以上五十万元以下罚款，有违法所得的，没收违法所得。

有前两款行为，对他人造成损害的，依法承担民事责任。

《关于加强网络信息保护的决定》

一、国家保护能够识别公民个人身份和涉及公民个人隐私的电子信息。

任何组织和个人不得窃取或者以其他非法方式获取公民个人电子信息，不得出售或者非法向他人提供公民个人电子信息。

二、网络服务提供者和其他企业事业单位在业务活动中收集、使用公民个人电子信息，应当遵循合法、正当、必要的原则，明示收集、使用信息的目的、方式和范围，并经被收集者同意，不得违反法律、法规的规定和双方的约定收集、使用信息。

网络服务提供者和其他企业事业单位收集、使用公民个人电子信息，应当公开其收集、使用规则。

三、网络服务提供者和其他企业事业单位及其工作人员对在业务活动中收集的公民个人电子信息必须严格保密，不得泄露、篡改、毁损，不得出售或者

非法向他人提供。

四、网络服务提供者和其他企业事业单位应当采取技术措施和其他必要措施，确保信息安全，防止在业务活动中收集的公民个人电子信息泄露、毁损、丢失。在发生或者可能发生信息泄露、毁损、丢失的情况时，应当立即采取补救措施。

五、网络服务提供者应当加强对其用户发布的信息的管理，发现法律、法规禁止发布或者传输的信息的，应当立即停止传输该信息，采取消除等处置措施，保存有关记录，并向有关主管部门报告。

六、网络服务提供者为用户办理网站接入服务，办理固定电话、移动电话等入网手续，或者为用户提供信息发布服务，应当在与用户签订协议或者确认提供服务时，要求用户提供真实身份信息。

九、任何组织和个人对窃取或者以其他非法方式获取、出售或者非法向他人提供公民个人电子信息的违法犯罪行为以及其他网络信息违法犯罪行为，有权向有关主管部门举报、控告；接到举报、控告的部门应当依法及时处理。被侵权人可以依法提起诉讼。

十、有关主管部门应当在各自职权范围内依法履行职责，采取技术措施和其他必要措施，防范、制止和查处窃取或者以其他非法方式获取、出售或者非法向他人提供公民个人电子信息的违法犯罪行为以及其他网络信息违法犯罪行为。有关主管部门依法履行职责时，网络服务提供者应当予以配合，提供技术支持。

国家机关及其工作人员对在履行职责中知悉的公民个人电子信息应当予以保密，不得泄露、篡改、毁损，不得出售或者非法向他人提供。

《消费者权益保护法》

第十四条　消费者在购买、使用商品和接受服务时，享有人格尊严、民族风俗习惯得到尊重的权利，享有个人信息依法得到保护的权利。

第二十九条　经营者收集、使用消费者个人信息，应当遵循合法、正当、必要的原则，明示收集、使用信息的目的、方式和范围，并经消费者同意。经营者收集、使用消费者个人信息，应当公开其收集、使用规则，不得违反法律、法规的规定和双方的约定收集、使用信息。

经营者及其工作人员对收集的消费者个人信息必须严格保密，不得泄露、出售或者非法向他人提供。经营者应当采取技术措施和其他必要措施，确保信息安全，防止消费者个人信息泄露、丢失。在发生或者可能发生信息泄露、丢失的情况时，应当立即采取补救措施。

经营者未经消费者同意或者请求，或者消费者明确表示拒绝的，不得向其发送商业性信息。

第五十条　经营者侵害消费者的人格尊严、侵犯消费者人身自由或者侵害消费者个人信息依法得到保护的权利的，应当停止侵害、恢复名誉、消除影响、赔礼道歉，并赔偿损失。

第五十六条　经营者有下列情形之一，除承担相应的民事责任外，其他有关法律、法规对处罚机关和处罚方式有规定的，依照法律、法规的规定执行；法律、法规未作规定的，由工商行政管理部门或者其他有关行政部门责令改正，可以根据情节单处或者并处警告、没收违法所得、处以违法所得一倍以上十倍以下的罚款，没有违法所得的，处以五十万元以下的罚款；情节严重的，责令停业整顿、吊销营业执照：

……

（九）侵害消费者人格尊严、侵犯消费者人身自由或者侵害消费者个人信息依法得到保护的权利的；

……

《残疾人保障法》

第三条　残疾人在政治、经济、文化、社会和家庭生活等方面享有同其他公民平等的权利。

残疾人的公民权利和人格尊严受法律保护。

禁止基于残疾的歧视。禁止侮辱、侵害残疾人。禁止通过大众传播媒介或者其他方式贬低损害残疾人人格。

◎ **党内法规**

《关于鼓励和规范互联网租赁自行车发展的指导意见》

四、保障用户资金和网络信息安全

……

（十三）加强网络和信息安全保护。互联网租赁自行车运营企业应当遵守《中华人民共和国网络安全法》等法律法规要求，将服务器设在中国大陆境内，并落实网络安全等级保护、数据安全管理、个人信息保护等制度，建立网络和信息安全管理制度及技术保障手段，完善网络安全防范措施，依法合规采集、使用和保护个人信息，强化系统数据安全保护，防范违法信息传播扩散。运营企业采集信息不得侵害用户合法权益和社会公共利益，不得超越提供互联网租赁自行车服务所必需的范围；在境内运营中采集的信息和生成的相关数据应当在中国大陆境内存储。发生重大网络和信息安全事件，应及时向相关主管部门报告。主管部门不得将运营企业报送的数据超越管理所必需的范围。

◎ **行政法规**

《互联网信息服务管理办法》

第十五条　互联网信息服务提供者不得制作、复制、发布、传播含有下列内容的信息：

（一）反对宪法所确定的基本原则的；

（二）危害国家安全，泄露国家秘密，颠覆国家政权，破坏国家统一的；

（三）损害国家荣誉和利益的；

（四）煽动民族仇恨、民族歧视，破坏民族团结的；

（五）破坏国家宗教政策，宣扬邪教和封建迷信的；

（六）散布谣言，扰乱社会秩序，破坏社会稳定的；

（七）散布淫秽、色情、赌博、暴力、凶杀、恐怖或者教唆犯罪的；

（八）侮辱或者诽谤他人，侵害他人合法权益的；

（九）含有法律、行政法规禁止的其他内容的。

第十六条 互联网信息服务提供者发现其网站传输的信息明显属于本办法第十五条所列内容之一的，应当立即停止传输，保存有关记录，并向国家有关机关报告。

《征信业管理条例》

第二条 在中国境内从事征信业务及相关活动，适用本条例。

本条例所称征信业务，是指对企业、事业单位等组织（以下统称企业）的信用信息和个人的信用信息进行采集、整理、保存、加工，并向信息使用者提供的活动。

国家设立的金融信用信息基础数据库进行信息的采集、整理、保存、加工和提供，适用本条例第五章规定。

国家机关以及法律、法规授权的具有管理公共事务职能的组织依照法律、行政法规和国务院的规定，为履行职责进行的企业和个人信息的采集、整理、保存、加工和公布，不适用本条例。

第十三条 采集个人信息应当经信息主体本人同意，未经本人同意不得采集。但是，依照法律、行政法规规定公开的信息除外。

企业的董事、监事、高级管理人员与其履行职务相关的信息，不作为个人信息。

第十四条 禁止征信机构采集个人的宗教信仰、基因、指纹、血型、疾病和病史信息以及法律、行政法规规定禁止采集的其他个人信息。

征信机构不得采集个人的收入、存款、有价证券、商业保险、不动产的信息和纳税数额信息。但是，征信机构明确告知信息主体提供该信息可能产生的不利后果，并取得其书面同意的除外。

第十七条 信息主体可以向征信机构查询自身信息。个人信息主体有权每年两次免费获取本人的信用报告。

第十八条 向征信机构查询个人信息的，应当取得信息主体本人的书面同意并约定用途。但是，法律规定可以不经同意查询的除外。

征信机构不得违反前款规定提供个人信息。

第十九条 征信机构或者信息提供者、信息使用者采用格式合同条款取得个人信息主体同意的，应当在合同中作出足以引起信息主体注意的提示，并按照信息主体的要求作出明确说明。

第二十条 信息使用者应当按照与个人信息主体约定的用途使用个人信息，不得用作约定以外的用途，不得未经个人信息主体同意向第三方提供。

第二十二条 征信机构应当按照国务院征信业监督管理部门的规定，建立健全和严格执行保障信息安全的规章制度，并采取有效技术措施保障信息安全。

经营个人征信业务的征信机构应当对其工作人员查询个人信息的权限和程序作出明确规定，对工作人员查询个人信息的情况进行登记，如实记载查询工作人员的姓名，查询的时间、内容及用途。工作人员不得违反规定的权限和程序查询信息，不得泄露工作中获取的信息。

《电信条例》

第五十六条 任何组织或者个人不得利用电信网络制作、复制、发布、传播含有下列内容的信息：

（一）反对宪法所确定的基本原则的；

（二）危害国家安全，泄露国家秘密，颠覆国家政权，破坏国家统一的；

（三）损害国家荣誉和利益的；

（四）煽动民族仇恨、民族歧视，破坏民族团结的；

（五）破坏国家宗教政策，宣扬邪教和封建迷信的；

（六）散布谣言，扰乱社会秩序，破坏社会稳定的；

（七）散布淫秽、色情、赌博、暴力、凶杀、恐怖或者教唆犯罪的；

（八）侮辱或者诽谤他人，侵害他人合法权益的；

（九）含有法律、行政法规禁止的其他内容的。

第五十七条 任何组织或者个人不得有下列危害电信网络安全和信息安全的行为：

（一）对电信网的功能或者存储、处理、传输的数据和应用程序进行删除或者修改；

（二）利用电信网从事窃取或者破坏他人信息、损害他人合法权益的活动；

（三）故意制作、复制、传播计算机病毒或者以其他方式攻击他人电信网络等电信设施；

（四）危害电信网络安全和信息安

全的其他行为。

第六十一条　在公共信息服务中，电信业务经营者发现电信网络中传输的信息明显属于本条例第五十六条所列内容的，应当立即停止传输，保存有关记录，并向国家有关机关报告。

第六十五条　电信用户依法使用电信的自由和通信秘密受法律保护。除因国家安全或者追查刑事犯罪的需要，由公安机关、国家安全机关或者人民检察院依照法律规定的程序对电信内容进行检查外，任何组织或者个人不得以任何理由对电信内容进行检查。

电信业务经营者及其工作人员不得擅自向他人提供电信用户使用电信网络所传输信息的内容。

《快递暂行条例》

第三十四条　经营快递业务的企业应当建立快递运单及电子数据管理制度，妥善保管用户信息等电子数据，定期销毁快递运单，采取有效技术手段保证用户信息安全。具体办法由国务院邮政管理部门会同国务院有关部门制定。

经营快递业务的企业及其从业人员不得出售、泄露或者非法提供快递服务过程中知悉的用户信息。发生或者可能发生用户信息泄露的，经营快递业务的企业应当立即采取补救措施，并向所在地邮政管理部门报告。

◎ **司法解释**
《关于办理侵犯公民个人信息刑事案件适用法律若干问题的解释》

第一条　刑法第二百五十三条之一规定的"公民个人信息"，是指以电子或者其他方式记录的能够单独或者与其他信息结合识别特定自然人身份或者反映特定自然人活动情况的各种信息，包括姓名、身份证件号码、通信通讯联系方式、住址、账号密码、财产状况、行踪轨迹等。

第二条　违反法律、行政法规、部门规章有关公民个人信息保护的规定的，应当认定为刑法第二百五十三条之一规定的"违反国家有关规定"。

第三条　向特定人提供公民个人信息，以及通过信息网络或者其他途径发布公民个人信息的，应当认定为刑法第二百五十三条之一规定的"提供公民个人信息"。

未经被收集者同意，将合法收集的公民个人信息向他人提供的，属于刑法第二百五十三条之一规定的"提供公民个人信息"，但是经过处理无法识别特定个人且不能复原的除外。

第四条　违反国家有关规定，通过购买、收受、交换等方式获取公民个人信息，或者在履行职责、提供服务过程中收集公民个人信息的，属于刑法第二百五十三条之一第三款规定的"以其他方法非法获取公民个人信息"。

第五条　非法获取、出售或者提供公民个人信息，具有下列情形之一的，应当认定为刑法第二百五十三条之一规定的"情节严重"：

（一）出售或者提供行踪轨迹信息，被他人用于犯罪的；

（二）知道或者应当知道他人利用公民个人信息实施犯罪，向其出售或者提供的；

（三）非法获取、出售或者提供行踪轨迹信息、通信内容、征信信息、财产信息五十条以上的；

（四）非法获取、出售或者提供住宿信息、通信记录、健康生理信息、交易信息等其他可能影响人身、财产安全的公民个人信息五百条以上的；

（五）非法获取、出售或者提供第三项、第四项规定以外的公民个人信息五千条以上的；

（六）数量未达到第三项至第五项规定标准，但是按相应比例合计达到有关数量标准的；

（七）违法所得五千元以上的；

（八）将在履行职责或者提供服务过程中获得的公民个人信息出售或者提供给他人，数量或者数额达到第三项至第七项规定标准一半以上的；

（九）曾因侵犯公民个人信息受过刑事处罚或者二年内受过行政处罚，又

非法获取、出售或者提供公民个人信息的；

（十）其他情节严重的情形。

实施前款规定的行为，具有下列情形之一的，应当认定为刑法第二百五十三条之一第一款规定的"情节特别严重"：

（一）造成被害人死亡、重伤、精神失常或者被绑架等严重后果的；

（二）造成重大经济损失或者恶劣社会影响的；

（三）数量或者数额达到前款第三项至第八项规定标准十倍以上的；

（四）其他情节特别严重的情形。

第六条　为合法经营活动而非法购买、收受本解释第五条第一款第三项、第四项规定以外的公民个人信息，具有下列情形之一的，应当认定为刑法第二百五十三条之一规定的"情节严重"：

（一）利用非法购买、收受的公民个人信息获利五万元以上的；

（二）曾因侵犯公民个人信息受过刑事处罚或者二年内受过行政处罚，又非法购买、收受公民个人信息的；

（三）其他情节严重的情形。

实施前款规定的行为，将购买、收受的公民个人信息非法出售或者提供的，定罪量刑标准适用本解释第五条的规定。

第八条　设立用于实施非法获取、

出售或者提供公民个人信息违法犯罪活动的网站、通讯群组，情节严重的，应当依照刑法第二百八十七条之一的规定，以非法利用信息网络罪定罪处罚；同时构成侵犯公民个人信息罪的，依照侵犯公民个人信息罪定罪处罚。

第九条 网络服务提供者拒不履行法律、行政法规规定的信息网络安全管理义务，经监管部门责令采取改正措施而拒不改正，致使用户的公民个人信息泄露，造成严重后果的，应当依照刑法第二百八十六条之一的规定，以拒不履行信息网络安全管理义务罪定罪处罚。

《关于审理利用信息网络侵害人身权益民事纠纷案件适用法律若干问题的规定》

第一条 本规定所称的利用信息网络侵害人身权益民事纠纷案件，是指利用信息网络侵害他人姓名权、名称权、名誉权、荣誉权、肖像权、隐私权等人身权益引起的纠纷案件。

第二条 原告依据民法典第一千一百九十五条、第一千一百九十七条的规定起诉网络用户或者网络服务提供者的，人民法院应予受理。

原告仅起诉网络用户，网络用户请求追加涉嫌侵权的网络服务提供者为共同被告或者第三人的，人民法院应予准许。

原告仅起诉网络服务提供者，网络服务提供者请求追加可以确定的网络用户为共同被告或者第三人的，人民法院应予准许。

第三条 原告起诉网络服务提供者，网络服务提供者以涉嫌侵权的信息系网络用户发布为由抗辩的，人民法院可以根据原告的请求及案件的具体情况，责令网络服务提供者向人民法院提供能够确定涉嫌侵权的网络用户的姓名（名称）、联系方式、网络地址等信息。

网络服务提供者无正当理由拒不提供的，人民法院可以依据民事诉讼法第一百一十四条的规定对网络服务提供者采取处罚等措施。

原告根据网络服务提供者提供的信息请求追加网络用户为被告的，人民法院应予准许。

第九条 网络用户或者网络服务提供者，根据国家机关依职权制作的文书和公开实施的职权行为等信息来源所发布的信息，有下列情形之一，侵害他人人身权益，被侵权人请求侵权人承担侵权责任的，人民法院应予支持：

（一）网络用户或者网络服务提供者发布的信息与前述信息来源内容不符；

（二）网络用户或者网络服务提供者以添加侮辱性内容、诽谤性信息、不当标题或者通过增删信息、调整结构、改变顺序等方式致人误解；

（三）前述信息来源已被公开更正，但网络用户拒绝更正或者网络服务提供者不予更正；

（四）前述信息来源已被公开更正，网络用户或者网络服务提供者仍然发布更正之前的信息。

《关于审理使用人脸识别技术处理个人信息相关民事案件适用法律若干问题的规定》

第一条　因信息处理者违反法律、行政法规的规定或者双方的约定使用人脸识别技术处理人脸信息、处理基于人脸识别技术生成的人脸信息所引起的民事案件，适用本规定。

人脸信息的处理包括人脸信息的收集、存储、使用、加工、传输、提供、公开等。

本规定所称人脸信息属于民法典第一千零三十四条规定的"生物识别信息"。

第二条　信息处理者处理人脸信息有下列情形之一的，人民法院应当认定属于侵害自然人人格权益的行为：

（一）在宾馆、商场、银行、车站、机场、体育场馆、娱乐场所等经营场所、公共场所违反法律、行政法规的规定使用人脸识别技术进行人脸验证、辨识或者分析；

（二）未公开处理人脸信息的规则或者未明示处理的目的、方式、范围；

（三）基于个人同意处理人脸信息的，未征得自然人或者其监护人的单独同意，或者未按照法律、行政法规的规定征得自然人或者其监护人的书面同意；

（四）违反信息处理者明示或者双方约定的处理人脸信息的目的、方式、范围等；

（五）未采取应有的技术措施或者其他必要措施确保其收集、存储的人脸信息安全，致使人脸信息泄露、篡改、丢失；

（六）违反法律、行政法规的规定或者双方的约定，向他人提供人脸信息；

（七）违背公序良俗处理人脸信息；

（八）违反合法、正当、必要原则处理人脸信息的其他情形。

第四条　有下列情形之一，信息处理者以已征得自然人或者其监护人同意为由抗辩的，人民法院不予支持：

（一）信息处理者要求自然人同意处理其人脸信息才提供产品或者服务的，但是处理人脸信息属于提供产品或者服务所必需的除外；

（二）信息处理者以与其他授权捆绑等方式要求自然人同意处理其人脸信息的；

（三）强迫或者变相强迫自然人同意处理其人脸信息的其他情形。

第五条 有下列情形之一，信息处理者主张其不承担民事责任的，人民法院依法予以支持：

（一）为应对突发公共卫生事件，或者紧急情况下为保护自然人的生命健康和财产安全所必需而处理人脸信息的；

（二）为维护公共安全，依据国家有关规定在公共场所使用人脸识别技术的；

（三）为公共利益实施新闻报道、舆论监督等行为在合理的范围内处理人脸信息的；

（四）在自然人或者其监护人同意的范围内合理处理人脸信息的；

（五）符合法律、行政法规规定的其他情形。

第十一条 信息处理者采用格式条款与自然人订立合同，要求自然人授予其无期限限制、不可撤销、可任意转授权等处理人脸信息的权利，该自然人依据民法典第四百九十七条请求确认格式条款无效的，人民法院依法予以支持。

第十二条 信息处理者违反约定处理自然人的人脸信息，该自然人请求其承担违约责任的，人民法院依法予以支持。该自然人请求信息处理者承担违约责任时，请求删除人脸信息的，人民法院依法予以支持；信息处理者以双方未对人脸信息的删除作出约定为由抗辩的，人民法院不予支持。

◎ 部门规章

《个人信用信息基础数据库管理暂行办法》

第三条 个人信用数据库采集、整理、保存个人信用信息，为商业银行和个人提供信用报告查询服务，为货币政策制定、金融监管和法律、法规规定的其他用途提供有关信息服务。

第四条 本办法所称个人信用信息包括个人基本信息、个人信贷交易信息以及反映个人信用状况的其他信息。

前款所称个人基本信息是指自然人身份识别信息、职业和居住地址等信息；个人信贷交易信息是指商业银行提供的自然人在个人贷款、贷记卡、准贷记卡、担保等信用活动中形成的交易记录；反映个人信用状况的其他信息是指除信贷交易信息之外的反映个人信用状况的相关信息。

第五条 中国人民银行、商业银行及其工作人员应当为在工作中知悉的个人信用信息保密。

第七条 商业银行不得向未经信贷征信主管部门批准建立或变相建立的个人信用数据库提供个人信用信息。

第八条 征信服务中心应当建立完善的规章制度和采取先进的技术手段确保个人信用信息安全。

第九条 征信服务中心根据生成信

用报告的需要，对商业银行报送的个人信用信息进行客观整理、保存，不得擅自更改原始数据。

第二十六条　商业银行应当根据中国人民银行的有关规定，制定相关信用信息报送、查询、使用、异议处理、安全管理等方面的内部管理制度和操作规程，并报中国人民银行备案。

第三十一条　商业银行应当建立保证个人信用信息安全的管理制度，确保只有得到内部授权的人员才能接触个人信用报告，不得将个人信用报告用于本办法第十二条规定以外的其它用途。

第三十二条　征信服务中心应当制定信用信息采集、整理、保存、查询、异议处理、用户管理、安全管理等方面的管理制度和操作规程，明确岗位职责，完善内控制度，保障个人信用数据库的正常运行和个人信用信息的安全。

第三十三条　征信服务中心及其工作人员不得违反法律、法规及本办法的规定，篡改、毁损、泄露或非法使用个人信用信息，不得与自然人、法人、其它组织恶意串通，提供虚假信用报告。

第三十四条　征信服务中心应当建立个人信用数据库内部运行和外部访问的监控制度，监督个人信用数据库用户和商业银行用户的操作，防范对个人信用数据库的非法入侵。

《规范互联网信息服务市场秩序若干规定》

第十一条　未经用户同意，互联网信息服务提供者不得收集与用户相关、能够单独或者与其他信息结合识别用户的信息（以下简称"用户个人信息"），不得将用户个人信息提供给他人，但是法律、行政法规另有规定的除外。

互联网信息服务提供者经用户同意收集用户个人信息的，应当明确告知用户收集和处理用户个人信息的方式、内容和用途，不得收集其提供服务所必需以外的信息，不得将用户个人信息用于其提供服务之外的目的。

第十二条　互联网信息服务提供者应当妥善保管用户个人信息；保管的用户个人信息泄露或者可能泄露时，应当立即采取补救措施；造成或者可能造成严重后果的，应当立即向准予其互联网信息服务许可或者备案的电信管理机构报告，并配合相关部门进行的调查处理。

《电信和互联网用户个人信息保护规定》

第五条　电信业务经营者、互联网信息服务提供者在提供服务的过程中收集、使用用户个人信息，应当遵循合法、正当、必要的原则。

第六条　电信业务经营者、互联网信息服务提供者对其在提供服务过程中收集、使用的用户个人信息的安全负责。

第七条 国家鼓励电信和互联网行业开展用户个人信息保护自律工作。

第八条 电信业务经营者、互联网信息服务提供者应当制定用户个人信息收集、使用规则，并在其经营或者服务场所、网站等予以公布。

第九条 未经用户同意，电信业务经营者、互联网信息服务提供者不得收集、使用用户个人信息。

电信业务经营者、互联网信息服务提供者收集、使用用户个人信息的，应当明确告知用户收集、使用信息的目的、方式和范围、查询、更正信息的渠道以及拒绝提供信息的后果等事项。

电信业务经营者、互联网信息服务提供者不得收集其提供服务所必需以外的用户个人信息或者将信息用于提供服务之外的目的，不得以欺骗、误导或者强迫等方式或者违反法律、行政法规以及双方的约定收集、使用信息。

电信业务经营者、互联网信息服务提供者在用户终止使用电信服务或者互联网信息服务后，应当停止对用户个人信息的收集和使用，并为用户提供注销号码或者账号的服务。

法律、行政法规对本条第一款至第四款规定的情形另有规定的，从其规定。

第十条 电信业务经营者、互联网信息服务提供者及其工作人员对在提供服务过程中收集、使用的用户个人信息应当严格保密，不得泄露、篡改或者毁损，不得出售或者非法向他人提供。

第十一条 电信业务经营者、互联网信息服务提供者委托他人代理市场销售和技术服务等直接面向用户的服务性工作，涉及收集、使用用户个人信息的，应当对代理人的用户个人信息保护工作进行监督和管理，不得委托不符合本规定有关用户个人信息保护要求的代理人代办相关服务。

第十三条 电信业务经营者、互联网信息服务提供者应当采取以下措施防止用户个人信息泄露、毁损、篡改或者丢失：

（一）确定各部门、岗位和分支机构的用户个人信息安全管理责任；

（二）建立用户个人信息收集、使用及其相关活动的工作流程和安全管理制度；

（三）对工作人员及代理人实行权限管理，对批量导出、复制、销毁信息实行审查，并采取防泄密措施；

（四）妥善保管记录用户个人信息的纸介质、光介质、电磁介质等载体，并采取相应的安全储存措施；

（五）对储存用户个人信息的信息系统实行接入审查，并采取防入侵、防病毒等措施；

（六）记录对用户个人信息进行操作的人员、时间、地点、事项等信息；

（七）按照电信管理机构的规定开展通信网络安全防护工作；

（八）电信管理机构规定的其他必要措施。

第十四条　电信业务经营者、互联网信息服务提供者保管的用户个人信息发生或者可能发生泄露、毁损、丢失的，应当立即采取补救措施；造成或者可能造成严重后果的，应当立即向准予其许可或者备案的电信管理机构报告，配合相关部门进行的调查处理。

电信管理机构应当对报告或者发现的可能违反本规定的行为的影响进行评估；影响特别重大的，相关省、自治区、直辖市通信管理局应当向工业和信息化部报告。电信管理机构在依据本规定作出处理决定前，可以要求电信业务经营者和互联网信息服务提供者暂停有关行为，电信业务经营者和互联网信息服务提供者应当执行。

第十五条　电信业务经营者、互联网信息服务提供者应当对其工作人员进行用户个人信息保护相关知识、技能和安全责任培训。

第十六条　电信业务经营者、互联网信息服务提供者应当对用户个人信息保护情况每年至少进行一次自查，记录

自查情况，及时消除自查中发现的安全隐患。

《互联网视听节目服务管理规定》

第十九条　互联网视听节目服务单位应当选择依法取得互联网接入服务电信业务经营许可证或广播电视节目传送业务经营许可证的网络运营单位提供服务；应当依法维护用户权利，履行对用户的承诺，对用户信息保密，不得进行虚假宣传或误导用户、做出对用户不公平不合理的规定、损害用户的合法权益；提供有偿服务时，应当以显著方式公布所提供服务的视听节目种类、范围、资费标准和时限，并告知用户中止或者取消互联网视听节目服务的条件和方式。

《网络借贷信息中介机构业务活动管理暂行办法》

第九条　网络借贷信息中介机构应当履行下列义务：

（一）依据法律法规及合同约定为出借人与借款人提供直接借贷信息的采集整理、甄别筛选、网上发布，以及资信评估、借贷撮合、融资咨询、在线争议解决等相关服务；

（二）对出借人与借款人的资格条件、信息的真实性、融资项目的真实性、合法性进行必要审核；

（三）采取措施防范欺诈行为，发现欺诈行为或其他损害出借人利益的情

形，及时公告并终止相关网络借贷活动；

（四）持续开展网络借贷知识普及和风险教育活动，加强信息披露工作，引导出借人以小额分散的方式参与网络借贷，确保出借人充分知悉借贷风险；

（五）按照法律法规和网络借贷有关监管规定要求报送相关信息，其中网络借贷有关债权债务信息要及时向有关数据统计部门报送并登记；

（六）妥善保管出借人与借款人的资料和交易信息，不得删除、篡改，不得非法买卖、泄露出借人与借款人的基本信息和交易信息；

（七）依法履行客户身份识别、可疑交易报告、客户身份资料和交易记录保存等反洗钱和反恐怖融资义务；

（八）配合相关部门做好防范查处金融违法犯罪相关工作；

（九）按照相关要求做好互联网信息内容管理、网络与信息安全相关工作；

（十）国务院银行业监督管理机构、工商登记注册地省级人民政府规定的其他义务。

《儿童个人信息网络保护规定》

第三条 在中华人民共和国境内通过网络从事收集、存储、使用、转移、披露儿童个人信息等活动，适用本规定。

第四条 任何组织和个人不得制作、发布、传播侵害儿童个人信息安全的信息。

第六条 鼓励互联网行业组织指导推动网络运营者制定儿童个人信息保护的行业规范、行为准则等，加强行业自律，履行社会责任。

第七条 网络运营者收集、存储、使用、转移、披露儿童个人信息的，应当遵循正当必要、知情同意、目的明确、安全保障、依法利用的原则。

第八条 网络运营者应当设置专门的儿童个人信息保护规则和用户协议，并指定专人负责儿童个人信息保护。

第九条 网络运营者收集、使用、转移、披露儿童个人信息的，应当以显著、清晰的方式告知儿童监护人，并应当征得儿童监护人的同意。

第十条 网络运营者征得同意时，应当同时提供拒绝选项，并明确告知以下事项：

（一）收集、存储、使用、转移、披露儿童个人信息的目的、方式和范围；

（二）儿童个人信息存储的地点、期限和到期后的处理方式；

（三）儿童个人信息的安全保障措施；

（四）拒绝的后果；

（五）投诉、举报的渠道和方式；

（六）更正、删除儿童个人信息的途径和方法；

（七）其他应当告知的事项。

前款规定的告知事项发生实质性变化的，应当再次征得儿童监护人的同意。

第十一条　网络运营者不得收集与其提供的服务无关的儿童个人信息，不得违反法律、行政法规的规定和双方的约定收集儿童个人信息。

第十二条　网络运营者存储儿童个人信息，不得超过实现其收集、使用目的所必需的期限。

第十三条　网络运营者应当采取加密等措施存储儿童个人信息，确保信息安全。

第十四条　网络运营者使用儿童个人信息，不得违反法律、行政法规的规定和双方约定的目的、范围。因业务需要，确需超出约定的目的、范围使用的，应当再次征得儿童监护人的同意。

第十五条　网络运营者对其工作人员应当以最小授权为原则，严格设定信息访问权限，控制儿童个人信息知悉范围。工作人员访问儿童个人信息的，应当经过儿童个人信息保护负责人或者其授权的管理人员审批，记录访问情况，并采取技术措施，避免违法复制、下载儿童个人信息。

第十六条　网络运营者委托第三方

处理儿童个人信息的，应当对受委托方及委托行为等进行安全评估，签署委托协议，明确双方责任、处理事项、处理期限、处理性质和目的等，委托行为不得超出授权范围。

前款规定的受委托方，应当履行以下义务：

（一）按照法律、行政法规的规定和网络运营者的要求处理儿童个人信息；

（二）协助网络运营者回应儿童监护人提出的申请；

（三）采取措施保障信息安全，并在发生儿童个人信息泄露安全事件时，及时向网络运营者反馈；

（四）委托关系解除时及时删除儿童个人信息；

（五）不得转委托；

（六）其他依法应当履行的儿童个人信息保护义务。

第十七条　网络运营者向第三方转移儿童个人信息的，应当自行或者委托第三方机构进行安全评估。

第十八条　网络运营者不得披露儿童个人信息，但法律、行政法规规定应当披露或者根据与儿童监护人的约定可以披露的除外。

第二十条　儿童或者其监护人要求网络运营者删除其收集、存储、使用、披露的儿童个人信息的，网络运营者应当及时采取措施予以删除，包括但不限于以下情形：

（一）网络运营者违反法律、行政法规的规定或者双方的约定收集、存储、使用、转移、披露儿童个人信息的；

（二）超出目的范围或者必要期限收集、存储、使用、转移、披露儿童个人信息的；

（三）儿童监护人撤回同意的；

（四）儿童或者其监护人通过注销等方式终止使用产品或者服务的。

第二十一条 网络运营者发现儿童个人信息发生或者可能发生泄露、毁损、丢失的，应当立即启动应急预案，采取补救措施；造成或者可能造成严重后果的，应当立即向有关主管部门报告，并将事件相关情况以邮件、信函、电话、推送通知等方式告知受影响的儿童及其监护人，难以逐一告知的，应当采取合理、有效的方式发布相关警示信息。

第二十二条 网络运营者应当对网信部门和其他有关部门依法开展的监督检查予以配合。

第二十三条 网络运营者停止运营产品或者服务的，应当立即停止收集儿童个人信息的活动，删除其持有的儿童个人信息，并将停止运营的通知及时告知儿童监护人。

《中国人民银行金融消费者权益保护实施办法》

第二十八条 本办法所称消费者金融信息，是指银行、支付机构通过开展业务或者其他合法渠道处理的消费者信息，包括个人身份信息、财产信息、账户信息、信用信息、金融交易信息及其他与特定消费者购买、使用金融产品或者服务相关的信息。

消费者金融信息的处理包括消费者金融信息的收集、存储、使用、加工、传输、提供、公开等。

第二十九条 银行、支付机构处理消费者金融信息，应当遵循合法、正当、必要原则，经金融消费者或者其监护人明示同意，但是法律、行政法规另有规定的除外。银行、支付机构不得收集与业务无关的消费者金融信息，不得采取不正当方式收集消费者金融信息，不得变相强制收集消费者金融信息。银行、支付机构不得以金融消费者不同意处理其金融信息为由拒绝提供金融产品或者服务，但处理其金融信息属于提供金融产品或者服务所必需的除外。

金融消费者不能或者拒绝提供必要信息，致使银行、支付机构无法履行反洗钱义务的，银行、支付机构可以根据《中华人民共和国反洗钱法》的相关规定对其金融活动采取限制性措施；确有必要时，银行、支付机构可以依法拒绝提供金融产品或者服务。

第三十条　银行、支付机构收集消费者金融信息用于营销、用户体验改进或者市场调查的，应当以适当方式供金融消费者自主选择是否同意银行、支付机构将其金融信息用于上述目的；金融消费者不同意的，银行、支付机构不得因此拒绝提供金融产品或者服务。银行、支付机构向金融消费者发送金融营销信息的，应当向其提供拒绝继续接收金融营销信息的方式。

第三十一条　银行、支付机构应当履行《中华人民共和国消费者权益保护法》第二十九条规定的明示义务，公开收集、使用消费者金融信息的规则，明示收集、使用消费者金融信息的目的、方式和范围，并留存有关证明资料。

银行、支付机构通过格式条款取得消费者金融信息收集、使用同意的，应当在格式条款中明确收集消费者金融信息的目的、方式、内容和使用范围，并在协议中以显著方式尽可能通俗易懂地向金融消费者提示该同意的可能后果。

第三十二条　银行、支付机构应当按照法律法规的规定和双方约定的用途使用消费者金融信息，不得超出范围使用。

第三十三条　银行、支付机构应当建立以分级授权为核心的消费者金融信息使用管理制度，根据消费者金融信息的重要性、敏感度及业务开展需要，在不影响本机构履行反洗钱等法定义务的前提下，合理确定本机构工作人员调取信息的范围、权限，严格落实信息使用授权审批程序。

第三十四条　银行、支付机构应当按照国家档案管理和电子数据管理等规定，采取技术措施和其他必要措施，妥善保管和存储所收集的消费者金融信息，防止信息遗失、毁损、泄露或者被篡改。

银行、支付机构及其工作人员应当对消费者金融信息严格保密，不得泄露或者非法向他人提供。在确认信息发生泄露、毁损、丢失时，银行、支付机构应当立即采取补救措施；信息泄露、毁损、丢失可能危及金融消费者人身、财产安全的，应当立即向银行、支付机构住所地的中国人民银行分支机构报告并告知金融消费者；信息泄露、毁损、丢失可能对金融消费者产生其他不利影响的，应当及时告知金融消费者，并在72小时以内报告银行、支付机构住所地的中国人民银行分支机构。中国人民银行分支机构接到报告后，视情况按照本办法第五十五条规定处理。

《侵害消费者权益行为处罚办法》

第十一条　经营者收集、使用消费者个人信息，应当遵循合法、正当、必要的原则，明示收集、使用信息的目的、方式和范围，并经消费者同意。经营者不得有下列行为：

（一）未经消费者同意，收集、使用消费者个人信息；

（二）泄露、出售或者非法向他人提供所收集的消费者个人信息；

（三）未经消费者同意或者请求，或者消费者明确表示拒绝，向其发送商业性信息。

前款中的消费者个人信息是指经营者在提供商品或者服务活动中收集的消费者姓名、性别、职业、出生日期、身份证件号码、住址、联系方式、收入和财产状况、健康状况、消费情况等能够单独或者与其他信息结合识别消费者的信息。

《互联网保险业务监管办法》

第三十八条 保险机构应承担客户信息保护的主体责任，收集、处理及使用个人信息应遵循合法、正当、必要的原则，保证信息收集、处理及使用的安全性和合法性：

（一）建立客户信息保护制度，明确数据安全责任人，构建覆盖全生命周期的客户信息保护体系，防范信息泄露。

（二）督促提供技术支持、客户服务等服务的合作机构建立有效的客户信息保护制度，在合作协议中明确约定客户信息保护责任，保障客户信息安全，明确约定合作机构不得限制保险机构获取客户投保信息，不得限制保险机构获取能够验证客户真实身份的相关信息。

（三）保险机构收集、处理及使用个人信息，应征得客户同意，获得客户授权。未经客户同意或授权，保险机构不得将客户信息用于所提供保险服务之外的用途，法律法规另有规定的除外。

《网络交易监督管理办法》

第十三条 网络交易经营者收集、使用消费者个人信息，应当遵循合法、正当、必要的原则，明示收集、使用信息的目的、方式和范围，并经消费者同意。网络交易经营者收集、使用消费者个人信息，应当公开其收集、使用规则，不得违反法律、法规的规定和双方的约定收集、使用信息。

网络交易经营者不得采用一次概括授权、默认授权、与其他授权捆绑、停止安装使用等方式，强迫或者变相强迫消费者同意收集、使用与经营活动无直接关系的信息。收集、使用个人生物特征、医疗健康、金融账户、个人行踪等敏感信息的，应当逐项取得消费者同意。

网络交易经营者及其工作人员应当对收集的个人信息严格保密，除依法配合监管执法活动外，未经被收集者授权同意，不得向包括关联方在内的任何第三方提供。

《小微型客车租赁经营服务管理办法》

第十条　小微型客车租赁经营者和接受委托提供小微型客车租赁交易撮合、信息发布等服务的电子商务平台经营者，应当遵守国家网络安全、个人信息保护、数据安全、电子商务等方面的法律法规，依法收集相关信息和数据，严格保护个人信息和重要数据，维护网络数据安全，支持配合有关部门开展相关监管工作。

◎ **部门规范性文件**

《电子支付指引（第一号）》

第二十七条　银行使用客户资料、交易记录等，不得超出法律法规许可和客户授权的范围。

银行应依法对客户的资料信息、交易记录等保密。除国家法律、行政法规另有规定外，银行应当拒绝除客户本人以外的任何单位或个人的查询。

《关于网上交易的指导意见（暂行）》

三、网上交易参与方规范行为

……

（二）网上交易服务提供者

……

5. 维护用户利益，保护消费者权益

服务提供者应采取合理措施保护用户的注册信息、隐私和商业秘密。交易各方发生争议时，应依照法律和约定协商解决或协助有关部门处理。

服务提供者应尊重和保护消费者的合法权益，尽可能为消费者提供必要的卖方信用信息查询服务，方便消费者选择可靠的卖方。

网上支付服务的提供者应根据网上交易的特点，采取合理措施保障交易资金的安全，保障使用人的身份信息和账号信息的安全。

……

《电子商务模式规范》

3. 基本要求

……

3.10 电子商务经营者应承担的责任

3.10.1 电子商务经营者应当保护个人注册用户的个人隐私和通讯信息，不能故意或过失泄露公民个人隐私和通讯信息等。

……

《网络交易平台经营者履行社会责任指引》

第十五条　网络交易平台经营者收集、使用平台内经营者和消费者相关信息，应遵循合法、正当、必要的原则，明示收集、使用信息的目的、方式和范围，并经被收集者同意。经营者收集、使用相关信息，应公开其收集、使用规则，不得违反法律、法规的规定和双方的约定收集、使用信息。

网络交易平台经营者及其工作人员对其收集的相关信息必须严格保密，不得泄露、出售或者非法向他人提供。经营者应采取技术措施和其他必要措施，确保信息安全，防止信息泄露、丢失。在发生或者可能发生信息泄露、丢失的情况时，应立即采取补救措施。

未经平台外经营者主动申请或同意，网络交易平台经营者不得擅自将其作为平台内经营者或以其名义发布相关信息。网络交易平台经营者未经消费者同意或者请求，或者消费者明确表示拒绝的，不得向其发送商业性消息。

《互联网信息搜索服务管理规定》

第六条 互联网信息搜索服务提供者应当落实主体责任，建立健全信息审核、公共信息实时巡查、应急处置及个人信息保护等信息安全管理制度，具有安全可控的防范措施，为有关部门依法履行职责提供必要的技术支持。

《第三方电子商务交易平台服务规范》

5.5 数据存储与查询

平台经营者应当妥善保存在平台上发布的交易及服务的全部信息，采取相应的技术手段保证上述资料的完整性、准确性和安全性。站内经营者和交易相对人的身份信息的保存时间自其最后一次登录之日起不少于两年；交易信息保存时间自发生之日起不少于两年。

站内经营者有权在保存期限内自助查询、下载或打印自己的交易信息。

鼓励第三方交易平台通过独立的数据服务机构对其信息进行异地备份及提供对外查询、下载或打印服务。

《网络空间国际合作战略》

......

四、保护公民合法权益

中国支持互联网的自由与开放，充分尊重公民在网络空间的权利和基本自由，保障公众在网络空间的知情权、参与权、表达权、监督权，保护网络空间个人隐私。同时，网络空间不是"法外之地"，网络空间与现实社会一样，既要提倡自由，也要保持秩序。中国致力于推动网络空间有效治理，实现信息自由流动与国家安全、公共利益有机统一。

......

六、倡导对隐私权等公民权益的保护

支持联合国大会及人权理事会有关隐私权保护问题的讨论，推动网络空间确立个人隐私保护原则。推动各国采取措施制止利用网络侵害个人隐私的行为，并就尊重和保护网络空间个人隐私的实践和做法进行交流。

促进企业提高数据安全保护意识，支持企业加强行业自律，就网络空间个人信息保护最佳实践展开讨论。推动政府和企业加强合作，共同保护网络空间个人隐私。

......

《互联网个人信息安全保护指南》

6.7 公开披露

个人信息原则上不得公开披露。如经法律授权或具备合理事由确需公开披露时，应充分重视风险，遵守以下要求：

a）事先开展个人信息安全影响评估，并依评估结果采取有效的保护个人信息主体的措施；

b）向个人信息主体告知公开披露个人信息的目的、类型，并事先征得个人信息主体明示同意，与国家安全、国防安全、公共安全、公共卫生、重大公共利益或与犯罪侦查、起诉、审判和判决执行等直接相关的情形除外；

c）公开披露个人敏感信息前，除6.7 b）中告知的内容外，还应向个人信息主体告知涉及的个人敏感信息的内容；

d）准确记录和保存个人信息的公开披露的情况，包括公开披露的日期、规模、目的、公开范围等；

e）承担因公开披露个人信息对个人信息主体合法权益造成损害的相应责任；

f）不得公开披露个人生物识别信息和基因、疾病等个人生理信息；

g）不得公开披露我国公民的种族、民族、政治观点、宗教信仰等敏感数据分析结果。

《App 违法违规收集使用个人信息行为认定方法》

一、以下行为可被认定为"未公开收集使用规则"

1. 在 App 中没有隐私政策，或者隐私政策中没有收集使用个人信息规则；

2. 在 App 首次运行时未通过弹窗等明显方式提示用户阅读隐私政策等收集使用规则；

3. 隐私政策等收集使用规则难以访问，如进入 App 主界面后，需多于 4 次点击等操作才能访问到；

4. 隐私政策等收集使用规则难以阅读，如文字过小过密、颜色过淡、模糊不清，或未提供简体中文版等。

二、以下行为可被认定为"未明示收集使用个人信息的目的、方式和范围"

1. 未逐一列出 App（包括委托的第三方或嵌入的第三方代码、插件）收集使用个人信息的目的、方式、范围等；

2. 收集使用个人信息的目的、方式、范围发生变化时，未以适当方式通知用户，适当方式包括更新隐私政策等收集使用规则并提醒用户阅读等；

3. 在申请打开可收集个人信息的权限，或申请收集用户身份证号、银行账号、行踪轨迹等个人敏感信息时，未同步告知用户其目的，或者目的不明确、难以理解；

4. 有关收集使用规则的内容晦涩难懂、冗长繁琐，用户难以理解，如使用大量专业术语等。

《常见类型移动互联网应用程序必要个人信息范围规定》

第三条 本规定所称必要个人信息，是指保障 App 基本功能服务正常运行所必需的个人信息，缺少该信息 App 即无法实现基本功能服务。具体是指消费侧用户个人信息，不包括服务供给侧用户个人信息。

第四条 App 不得因为用户不同意提供非必要个人信息，而拒绝用户使用其基本功能服务。

第五条 常见类型 App 的必要个人信息范围：

（一）地图导航类，基本功能服务为"定位和导航"，必要个人信息为：位置信息、出发地、到达地。

（二）网络约车类，基本功能服务为"网络预约出租汽车服务、巡游出租汽车电召服务"，必要个人信息包括：

1. 注册用户移动电话号码；

2. 乘车人出发地、到达地、位置信息、行踪轨迹；

3. 支付时间、支付金额、支付渠道等支付信息（网络预约出租汽车服务）。

（三）即时通信类，基本功能服务为"提供文字、图片、语音、视频等网络即时通信服务"，必要个人信息包括：

1. 注册用户移动电话号码；

2. 账号信息：账号、即时通信联系人账号列表。

（四）网络社区类，基本功能服务为"博客、论坛、社区等话题讨论、信息分享和关注互动"，必要个人信息为：注册用户移动电话号码。

（五）网络支付类，基本功能服务为"网络支付、提现、转账等功能"，必要个人信息包括：

1. 注册用户移动电话号码；

2. 注册用户姓名、证件类型和号码、证件有效期限、银行卡号码。

（六）网上购物类，基本功能服务为"购买商品"，必要个人信息包括：

1. 注册用户移动电话号码；

2. 收货人姓名（名称）、地址、联系电话；

3. 支付时间、支付金额、支付渠道等支付信息。

（七）餐饮外卖类，基本功能服务为"餐饮购买及外送"，必要个人信息包括：

1. 注册用户移动电话号码；

2. 收货人姓名（名称）、地址、联系电话；

3. 支付时间、支付金额、支付渠道等支付信息。

（八）邮件快件寄递类，基本功能服务为"信件、包裹、印刷品等物品寄递服务"，必要个人信息包括：

1. 寄件人姓名、证件类型和号码等身份信息；

2. 寄件人地址、联系电话；

3. 收件人姓名（名称）、地址、联系电话；

4. 寄递物品的名称、性质、数量。

（九）交通票务类，基本功能服务为"交通相关的票务服务及行程管理（如票务购买、改签、退票、行程管理等）"，必要个人信息包括：

1. 注册用户移动电话号码；

2. 旅客姓名、证件类型和号码、旅客类型。旅客类型通常包括儿童、成人、学生等；

3. 旅客出发地、目的地、出发时间、车次/船次/航班号、席别/舱位等级、座位号（如有）、车牌号及车牌颜色（ETC服务）；

4. 支付时间、支付金额、支付渠道等支付信息。

（十）婚恋相亲类，基本功能服务为"婚恋相亲"，必要个人信息包括：

1. 注册用户移动电话号码；

2. 婚恋相亲人的性别、年龄、婚姻状况。

（十一）求职招聘类，基本功能服务为"求职招聘信息交换"，必要个人信息包括：

1. 注册用户移动电话号码；

2. 求职者提供的简历。

（十二）网络借贷类，基本功能服务为"通过互联网平台实现的用于消费、日常生产经营周转等的个人申贷服务"，必要个人信息包括：

1. 注册用户移动电话号码；

2. 借款人姓名、证件类型和号码、证件有效期限、银行卡号码。

（十三）房屋租售类，基本功能服务为"个人房源信息发布、房屋出租或买卖"，必要个人信息包括：

1. 注册用户移动电话号码；

2. 房源基本信息：房屋地址、面积/户型、期望售价或租金。

（十四）二手车交易类，基本功能服务为"二手车买卖信息交换"，必要个人信息包括：

1. 注册用户移动电话号码；

2. 购买方姓名、证件类型和号码；

3. 出售方姓名、证件类型和号码、车辆行驶证号、车辆识别号码。

（十五）问诊挂号类，基本功能服务为"在线咨询问诊、预约挂号"，必要个人信息包括：

1. 注册用户移动电话号码；

2. 挂号时需提供患者姓名、证件类型和号码、预约挂号的医院和科室；

3. 问诊时需提供病情描述。

（十六）旅游服务类，基本功能服务为"旅游服务产品信息的发布与订购"，必要个人信息包括：

1. 注册用户移动电话号码；

2. 出行人旅游目的地、旅游时间；

3. 出行人姓名、证件类型和号码、联系方式。

（十七）酒店服务类，基本功能服务为"酒店预订"，必要个人信息包括：

1. 注册用户移动电话号码；

2. 住宿人姓名和联系方式、入住和退房时间、入住酒店名称。

（十八）网络游戏类，基本功能服务为"提供网络游戏产品和服务"，必要个人信息为：注册用户移动电话号码。

（十九）学习教育类，基本功能服务为"在线辅导、网络课堂等"，必要个人信息为：注册用户移动电话号码。

（二十）本地生活类，基本功能服务为"家政维修、家居装修、二手闲置物品交易等日常生活服务"，必要个人信息为：注册用户移动电话号码。

（二十一）女性健康类，基本功能服务为"女性经期管理、备孕育儿、美容美体等健康管理服务"，无须个人信息，即可使用基本功能服务。

（二十二）用车服务类，基本功能服务为"共享单车、共享汽车、租赁汽车等服务"，必要个人信息包括：

1. 注册用户移动电话号码；

2. 使用共享汽车、租赁汽车服务用户的证件类型和号码，驾驶证件信息；

3. 支付时间、支付金额、支付渠道等支付信息；

4. 使用共享单车、分时租赁汽车服务用户的位置信息。

（二十三）投资理财类，基本功能服务为"股票、期货、基金、债券等相关投资理财服务"，必要个人信息包括：

1. 注册用户移动电话号码；

2. 投资理财用户姓名、证件类型和号码、证件有效期限、证件影印件；

3. 投资理财用户资金账户、银行卡号码或支付账号。

（二十四）手机银行类，基本功能服务为"通过手机等移动智能终端设备进行银行账户管理、信息查询、转账汇款等服务"，必要个人信息包括：

1. 注册用户移动电话号码；

2. 用户姓名、证件类型和号码、证件有效期限、证件影印件、银行卡号码、银行预留移动电话号码；

3. 转账时需提供收款人姓名、银行卡号码、开户银行信息。

（二十五）邮箱云盘类，基本功能服务为"邮箱、云盘等"，必要个人信息：注册用户移动电话号码。

（二十六）远程会议类，基本功能

服务为"通过网络提供音频或视频会议"，必要个人信息为：注册用户移动电话号码。

（二十七）网络直播类，基本功能服务为"向公众持续提供实时视频、音频、图文等形式信息浏览服务"，无须个人信息，即可使用基本功能服务。

（二十八）在线影音类，基本功能服务为"影视、音乐搜索和播放"，无须个人信息，即可使用基本功能服务。

（二十九）短视频类，基本功能服务为"不超过一定时长的视频搜索、播放"，无须个人信息，即可使用基本功能服务。

（三十）新闻资讯类，基本功能服务为"新闻资讯的浏览、搜索"，无须个人信息，即可使用基本功能服务。

（三十一）运动健身类，基本功能服务为"运动健身训练"，无须个人信息，即可使用基本功能服务。

（三十二）浏览器类，基本功能服务为"浏览互联网信息资源"，无须个人信息，即可使用基本功能服务。

（三十三）输入法类，基本功能服务为"文字、符号等输入"，无须个人信息，即可使用基本功能服务。

（三十四）安全管理类，基本功能服务为"查杀病毒、清理恶意插件、修复漏洞等"，无须个人信息，即可使用基本功能服务。

（三十五）电子图书类，基本功能服务为"电子图书搜索、阅读"，无须个人信息，即可使用基本功能服务。

（三十六）拍摄美化类，基本功能服务为"拍摄、美颜、滤镜等"，无须个人信息，即可使用基本功能服务。

（三十七）应用商店类，基本功能服务为"App 搜索、下载"，无须个人信息，即可使用基本功能服务。

（三十八）实用工具类，基本功能服务为"日历、天气、词典翻译、计算器、遥控器、手电筒、指南针、时钟闹钟、文件传输、文件管理、壁纸铃声、截图录屏、录音、文档处理、智能家居助手、星座性格测试等"，无须个人信息，即可使用基本功能服务。

（三十九）演出票务类，基本功能服务为"演出购票"，必要个人信息包括：

1. 注册用户移动电话号码；

2. 观演场次、座位号（如有）；

3. 支付时间、支付金额、支付渠道等支付信息。

《移动互联网应用程序信息服务管理规定》

第十二条　应用程序提供者处理个人信息应当遵循合法、正当、必要和诚信原则，具有明确、合理的目的并公开处理规则，遵守必要个人信息范围的有关规定，规范个人信息处理活动，采取必要措施保障个人信息安全，不得以任何理由强制要求用户同意个人信息处理行为，不得因用户不同意提供非必要个人信息，而拒绝用户使用其基本功能服务。

第二十四条　【用户信息处置义务】

电子商务经营者应当明示用户信息查询、更正、删除以及用户注销的方式、程序，不得对用户信息查询、更正、删除以及用户注销设置不合理条件。

电子商务经营者收到用户信息查询或者更正、删除的申请的，应当在核实身份后及时提供查询或者更正、删除用户信息。用户注销的，电子商务经营者应当立即删除该用户的信息；依照法律、行政法规的规定或者双方约定保存的，依照其规定。

关联法规

◎ **法律**

《民法典》

第一百一十一条　自然人的个人信息受法律保护。任何组织或者个人需要获取他人个人信息的，应当依法取得并

确保信息安全，不得非法收集、使用、加工、传输他人个人信息，不得非法买卖、提供或者公开他人个人信息。

第一千零三十四条　自然人的个人信息受法律保护。

个人信息是以电子或者其他方式记录的能够单独或者与其他信息结合识别特定自然人的各种信息，包括自然人的姓名、出生日期、身份证件号码、生物识别信息、住址、电话号码、电子邮箱、健康信息、行踪信息等。

个人信息中的私密信息，适用有关隐私权的规定；没有规定的，适用有关个人信息保护的规定。

第一千零三十七条　自然人可以依法向信息处理者查阅或者复制其个人信息；发现信息有错误的，有权提出异议并请求及时采取更正等必要措施。

自然人发现信息处理者违反法律、行政法规的规定或者双方的约定处理其个人信息的，有权请求信息处理者及时删除。

《刑法》

第二百五十三条之一　违反国家有关规定，向他人出售或者提供公民个人信息，情节严重的，处三年以下有期徒刑或者拘役，并处或者单处罚金；情节特别严重的，处三年以上七年以下有期徒刑，并处罚金。

违反国家有关规定，将在履行职责

或者提供服务过程中获得的公民个人信息，出售或者提供给他人的，依照前款的规定从重处罚。

窃取或者以其他方法非法获取公民个人信息的，依照第一款的规定处罚。

单位犯前三款罪的，对单位判处罚金，并对其直接负责的主管人员和其他直接责任人员，依照各该款的规定处罚。

《网络安全法》

第四十三条　个人发现网络运营者违反法律、行政法规的规定或者双方的约定收集、使用其个人信息的，有权要求网络运营者删除其个人信息；发现网络运营者收集、存储的其个人信息有错误的，有权要求网络运营者予以更正。网络运营者应当采取措施予以删除或者更正。

《个人信息保护法》

第四十四条　个人对其个人信息的处理享有知情权、决定权，有权限制或者拒绝他人对其个人信息进行处理；法律、行政法规另有规定的除外。

第四十五条　个人有权向个人信息处理者查阅、复制其个人信息；有本法第十八条第一款、第三十五条规定情形的除外。

个人请求查阅、复制其个人信息的，个人信息处理者应当及时提供。

个人请求将个人信息转移至其指定的个人信息处理者，符合国家网信部门规定条件的，个人信息处理者应当提供转移的途径。

第四十六条　个人发现其个人信息不准确或者不完整的，有权请求个人信息处理者更正、补充。

个人请求更正、补充其个人信息的，个人信息处理者应当对其个人信息予以核实，并及时更正、补充。

第四十七条　有下列情形之一的，个人信息处理者应当主动删除个人信息；个人信息处理者未删除的，个人有权请求删除：

（一）处理目的已实现、无法实现或者为实现处理目的不再必要；

（二）个人信息处理者停止提供产品或者服务，或者保存期限已届满；

（三）个人撤回同意；

（四）个人信息处理者违反法律、行政法规或者违反约定处理个人信息；

（五）法律、行政法规规定的其他情形。

法律、行政法规规定的保存期限未届满，或者删除个人信息从技术上难以实现的，个人信息处理者应当停止除存储和采取必要的安全保护措施之外的处理。

第四十八条　个人有权要求个人信息处理者对其个人信息处理规则进行解释说明。

第四十九条 自然人死亡的，其近亲属为了自身的合法、正当利益，可以对死者的相关个人信息行使本章规定的查阅、复制、更正、删除等权利；死者生前另有安排的除外。

第五十条 个人信息处理者应当建立便捷的个人行使权利的申请受理和处理机制。拒绝个人行使权利的请求的，应当说明理由。

个人信息处理者拒绝个人行使权利的请求的，个人可以依法向人民法院提起诉讼。

《未成年人保护法》

第七十二条 信息处理者通过网络处理未成年人个人信息的，应当遵循合法、正当和必要的原则。处理不满十四周岁未成年人个人信息的，应当征得未成年人的父母或者其他监护人同意，但法律、行政法规另有规定的除外。

未成年人、父母或者其他监护人要求信息处理者更正、删除未成年人个人信息的，信息处理者应当及时采取措施予以更正、删除，但法律、行政法规另有规定的除外。

《关于加强网络信息保护的决定》

八、公民发现泄露个人身份、散布个人隐私等侵害其合法权益的网络信息，或者受到商业性电子信息侵扰的，有权要求网络服务提供者删除有关信息或者采取其他必要措施予以制止。

《消费者权益保护法》

第十四条 消费者在购买、使用商品和接受服务时，享有人格尊严、民族风俗习惯得到尊重的权利，享有个人信息依法得到保护的权利。

第二十九条 经营者收集、使用消费者个人信息，应当遵循合法、正当、必要的原则，明示收集、使用信息的目的、方式和范围，并经消费者同意。经营者收集、使用消费者个人信息，应当公开其收集、使用规则，不得违反法律、法规的规定和双方的约定收集、使用信息。

经营者及其工作人员对收集的消费者个人信息必须严格保密，不得泄露、出售或者非法向他人提供。经营者应当采取技术措施和其他必要措施，确保信息安全，防止消费者个人信息泄露、丢失。在发生或者可能发生信息泄露、丢失的情况时，应当立即采取补救措施。

经营者未经消费者同意或者请求，或者消费者明确表示拒绝的，不得向其发送商业性信息。

《精神卫生法》

第四十七条 医疗机构及其医务人员应当在病历资料中如实记录精神障碍患者的病情、治疗措施、用药情况、实施约束、隔离措施等内容，并如实告知患者或者其监护人。患者及其监护人可以查阅、复制病历资料；但是，患者查阅、复制病历资料可能对其治疗产生不利影响的除外。病历资料保存期限不得少于三十年。

《电子签名法》

第二十四条　电子认证服务提供者应当妥善保存与认证相关的信息，信息保存期限至少为电子签名认证证书失效后五年。

《证券法》

第一百三十七条　证券公司应当建立客户信息查询制度，确保客户能够查询其账户信息、委托记录、交易记录以及其他与接受服务或者购买产品有关的重要信息。

证券公司应当妥善保存客户开户资料、委托记录、交易记录和与内部管理、业务经营有关的各项信息，任何人不得隐匿、伪造、篡改或者毁损。上述信息的保存期限不得少于二十年。

◎ 行政法规

《征信业管理条例》

第十七条　信息主体可以向征信机构查询自身信息。个人信息主体有权每年两次免费获取本人的信用报告。

第十八条　向征信机构查询个人信息的，应当取得信息主体本人的书面同意并约定用途。但是，法律规定可以不经同意查询的除外。

征信机构不得违反前款规定提供个人信息。

第二十条　信息使用者应当按照与个人信息主体约定的用途使用个人信息，不得用作约定以外的用途，不得未经个人信息主体同意向第三方提供。

第二十五条　信息主体认为征信机构采集、保存、提供的信息存在错误、遗漏的，有权向征信机构或者信息提供者提出异议，要求更正。

征信机构或者信息提供者收到异议，应当按照国务院征信业监督管理部门的规定对相关信息作出存在异议的标注，自收到异议之日起 20 日内进行核查和处理，并将结果书面答复异议人。

经核查，确认相关信息确有错误、遗漏的，信息提供者、征信机构应当予以更正；确认不存在错误、遗漏的，应当取消异议标注；经核查仍不能确认的，对核查情况和异议内容应当予以记载。

第二十六条　信息主体认为征信机构或者信息提供者、信息使用者侵害其合法权益的，可以向所在地的国务院征信业监督管理部门派出机构投诉。

受理投诉的机构应当及时进行核查和处理，自受理之日起 30 日内书面答复投诉人。

信息主体认为征信机构或者信息提供者、信息使用者侵害其合法权益的，可以直接向人民法院起诉。

《电信条例》

第五十七条　任何组织或者个人不

得有下列危害电信网络安全和信息安全的行为：

（一）对电信网的功能或者存储、处理、传输的数据和应用程序进行删除或者修改；

（二）利用电信网从事窃取或者破坏他人信息、损害他人合法权益的活动；

（三）故意制作、复制、传播计算机病毒或者以其他方式攻击他人电信网络等电信设施；

（四）危害电信网络安全和信息安全的其他行为。

《政府信息公开条例》

第二条　本条例所称政府信息，是指行政机关在履行行政管理职能过程中制作或者获取的，以一定形式记录、保存的信息。

◎ **司法解释**

《关于审理使用人脸识别技术处理个人信息相关民事案件适用法律若干问题的规定》

第九条　自然人有证据证明信息处理者使用人脸识别技术正在实施或者即将实施侵害其隐私权或者其他人格权益的行为，不及时制止将使其合法权益受到难以弥补的损害，向人民法院申请采取责令信息处理者停止有关行为的措施的，人民法院可以根据案件具体情况依法作出人格权侵害禁令。

第十二条　信息处理者违反约定处理自然人的人脸信息，该自然人请求其承担违约责任的，人民法院依法予以支持。该自然人请求信息处理者承担违约责任时，请求删除人脸信息的，人民法院依法予以支持；信息处理者以双方未对人脸信息的删除作出约定为由抗辩的，人民法院不予支持。

第十五条　自然人死亡后，信息处理者违反法律、行政法规的规定或者双方的约定处理人脸信息，死者的近亲属依据民法典第九百九十四条请求信息处理者承担民事责任的，适用本规定。

◎ **部门规章**

《个人信用信息基础数据库管理暂行办法》

第十六条　个人认为本人信用报告中的信用信息存在错误（以下简称异议信息）时，可以通过所在地中国人民银行征信管理部门或直接向征信服务中心提出书面异议申请。

中国人民银行征信管理部门应当在收到异议申请的2个工作日内将异议申请转交征信服务中心。

第十七条　征信服务中心应当在接到异议申请的2个工作日内进行内部核查。

征信服务中心发现异议信息是由于个人信用数据库信息处理过程造成的，应当立即进行更正，并检查个人信用数据库处理程序和操作规程存在的问题。

第十九条 商业银行应当在接到核查通知的10个工作日内向征信服务中心作出核查情况的书面答复。异议信息确实有误的，商业银行应当采取以下措施：

（一）应当向征信服务中心报送更正信息；

（二）检查个人信用信息报送的程序；

（三）对后续报送的其他个人信用信息进行检查，发现错误的，应当重新报送。

第二十条 征信服务中心收到商业银行重新报送的更正信息后，应当在2个工作日内对异议信息进行更正。

异议信息确实有误，但因技术原因暂时无法更正的，征信服务中心应当对该异议信息作特殊标注，以有别于其他异议信息。

第二十一条 经过核查，无法确认异议信息存在错误的，征信服务中心不得按照异议申请人要求更改相关个人信用信息。

第二十二条 征信服务中心应当在接受异议申请后15个工作日内，向异议申请人或转交异议申请的中国人民银行征信管理部门提供书面答复；异议信息得到更正的，征信服务中心同时提供更正后的信用报告。

异议信息确实有误，但因技术原因暂时无法更正异议信息的，征信服务中心应当在书面答复中予以说明，待异议信息更正后，提供更正后的信用报告。

第二十三条 转交异议申请的中国人民银行征信管理部门应当自接到征信服务中心书面答复和更正后的信用报告之日起2个工作日内，向异议申请人转交。

第二十四条 对于无法核实的异议信息，征信服务中心应当允许异议申请人对有关异议信息附注100字以内的个人声明。个人声明不得包含与异议信息无关的内容，异议申请人应当对个人声明的真实性负责。

征信服务中心应当妥善保存个人声明原始档案，并将个人声明载入异议人信用报告。

第二十五条 征信服务中心应当对处于异议处理期的信息予以标注。

第二十六条 商业银行应当根据中国人民银行的有关规定，制定相关信用信息报送、查询、使用、异议处理、安全管理等方面的内部管理制度和操作规程，并报中国人民银行备案。

《规范互联网信息服务市场秩序若干规定》

第十二条 互联网信息服务提供者应当妥善保管用户个人信息；保管的用户个人信息泄露或者可能泄露时，应当立即采取补救措施；造成或者可能造成严重后果的，应当立即向准予其互联网信息服务许可或者备案的电信管理机构报告，并配合相关部门进行的调查处理。

第十三条 互联网信息服务提供者应当加强系统安全防护，依法维护用户上载信息的安全，保障用户对上载信息的使用、修改和删除。

互联网信息服务提供者不得有下列行为：

（一）无正当理由擅自修改或者删除用户上载信息；

（二）未经用户同意，向他人提供用户上载信息，但是法律、行政法规另有规定的除外；

（三）擅自或者假借用户名义转移用户上载信息，或者欺骗、误导、强迫用户转移其上载信息；

（四）其他危害用户上载信息安全的行为。

第十四条 互联网信息服务提供者应当以显著的方式公布有效联系方式，接受用户及其他互联网信息服务提供者的投诉，并自接到投诉之日起十五日内作出答复。

《电信和互联网用户个人信息保护规定》

第九条 未经用户同意，电信业务经营者、互联网信息服务提供者不得收集、使用用户个人信息。

电信业务经营者、互联网信息服务提供者收集、使用用户个人信息的，应当明确告知用户收集、使用信息的目的、方式和范围，查询、更正信息的渠道以及拒绝提供信息的后果等事项。

电信业务经营者、互联网信息服务提供者不得收集其提供服务所必需以外的用户个人信息或者将信息用于提供服务之外的目的，不得以欺骗、误导或者强迫等方式或者违反法律、行政法规以及双方的约定收集、使用信息。

电信业务经营者、互联网信息服务提供者在用户终止使用电信服务或者互联网信息服务后，应当停止对用户个人信息的收集和使用，并为用户提供注销号码或者账号的服务。

法律、行政法规对本条第一款至第四款规定的情形另有规定的，从其规定。

第十一条 电信业务经营者、互联网信息服务提供者委托他人代理市场销售和技术服务等直接面向用户的服务性工作，涉及收集、使用用户个人信息的，应当对代理人的用户个人信息保护工作进行监督和管理，不得委托不符合本规定有关用户个人信息保护要求的代理人代办相关服务。

第十二条 电信业务经营者、互联网信息服务提供者应当建立用户投诉处理机制，公布有效的联系方式，接受与用户个人信息保护有关的投诉，并自接到投诉之日起十五日内答复投诉人。

《儿童个人信息网络保护规定》

第八条　网络运营者应当设置专门的儿童个人信息保护规则和用户协议，并指定专人负责儿童个人信息保护。

第九条　网络运营者收集、使用、转移、披露儿童个人信息的，应当以显著、清晰的方式告知儿童监护人，并应当征得儿童监护人的同意。

第十条　网络运营者征得同意时，应当同时提供拒绝选项，并明确告知以下事项：

（一）收集、存储、使用、转移、披露儿童个人信息的目的、方式和范围；

（二）儿童个人信息存储的地点、期限和到期后的处理方式；

（三）儿童个人信息的安全保障措施；

（四）拒绝的后果；

（五）投诉、举报的渠道和方式；

（六）更正、删除儿童个人信息的途径和方法；

（七）其他应当告知的事项。

前款规定的告知事项发生实质性变化的，应当再次征得儿童监护人的同意。

第十二条　网络运营者存储儿童个人信息，不得超过实现其收集、使用目的所必需的期限。

第十三条　网络运营者应当采取加密等措施存储儿童个人信息，确保信息安全。

第十六条　网络运营者委托第三方处理儿童个人信息的，应当对受委托方及委托行为等进行安全评估，签署委托协议，明确双方责任、处理事项、处理期限、处理性质和目的等，委托行为不得超出授权范围。

前款规定的受委托方，应当履行以下义务：

（一）按照法律、行政法规的规定和网络运营者的要求处理儿童个人信息；

（二）协助网络运营者回应儿童监护人提出的申请；

（三）采取措施保障信息安全，并在发生儿童个人信息泄露安全事件时，及时向网络运营者反馈；

（四）委托关系解除时及时删除儿童个人信息；

（五）不得转委托；

（六）其他依法应当履行的儿童个人信息保护义务。

第十九条　儿童或者其监护人发现网络运营者收集、存储、使用、披露的儿童个人信息有错误的，有权要求网络运营者予以更正。网络运营者应当及时采取措施予以更正。

第二十条 儿童或者其监护人要求网络运营者删除其收集、存储、使用、披露的儿童个人信息的，网络运营者应当及时采取措施予以删除，包括但不限于以下情形：

（一）网络运营者违反法律、行政法规的规定或者双方的约定收集、存储、使用、转移、披露儿童个人信息的；

（二）超出目的范围或者必要期限收集、存储、使用、转移、披露儿童个人信息的；

（三）儿童监护人撤回同意的；

（四）儿童或者其监护人通过注销等方式终止使用产品或者服务的。

第二十三条 网络运营者停止运营产品或者服务的，应当立即停止收集儿童个人信息的活动，删除其持有的儿童个人信息，并将停止运营的通知及时告知儿童监护人。

《中国人民银行金融消费者权益保护实施办法》

第二十一条 银行、支付机构向金融消费者提供金融产品或者服务时使用格式条款的，应当以足以引起金融消费者注意的字体、字号、颜色、符号、标识等显著方式，提请金融消费者注意金融产品或者服务的数量、利率、费用、履行期限和方式、注意事项、风险提

示、纠纷解决等与金融消费者有重大利害关系的内容，并按照金融消费者的要求予以说明。格式条款采用电子形式的，应当可被识别且易于获取。

银行、支付机构不得以通知、声明、告示等格式条款的方式作出含有下列内容的规定：

（一）减轻或者免除银行、支付机构造成金融消费者财产损失的赔偿责任。

（二）规定金融消费者承担超过法定限额的违约金或者损害赔偿金。

（三）排除或者限制金融消费者依法对其金融信息进行查询、删除、修改的权利；

（四）排除或者限制金融消费者选择同业机构提供的金融产品或者服务的权利。

（五）其他对金融消费者不公平、不合理的规定。

银行、支付机构应当对存在侵害金融消费者合法权益问题或者隐患的格式条款和服务协议文本及时进行修订或者清理。

《网络交易监督管理办法》

第十三条 网络交易经营者收集、使用消费者个人信息，应当遵循合法、正当、必要的原则，明示收集、使用信息的目的、方式和范围，并经消费者同意。网络交易经营者收集、使用消费者

个人信息，应当公开其收集、使用规则，不得违反法律、法规的规定和双方的约定收集、使用信息。

网络交易经营者不得采用一次概括授权、默认授权、与其他授权捆绑、停止安装使用等方式，强迫或者变相强迫消费者同意收集、使用与经营活动无直接关系的信息。收集、使用个人生物特征、医疗健康、金融账户、个人行踪等敏感信息的，应当逐项取得消费者同意。

网络交易经营者及其工作人员应当对收集的个人信息严格保密，除依法配合监管执法活动外，未经被收集者授权同意，不得向包括关联方在内的任何第三方提供。

◎ 部门规范性文件

《电子支付指引（第一号）》

第二十八条　银行应与客户约定，及时或定期向客户提供交易记录、资金余额和账户状态等信息。

《第三方电子商务交易平台服务规范》

5.5 数据存储与查询

平台经营者应当妥善保存在平台上发布的交易及服务的全部信息，采取相应的技术手段保证上述资料的完整性、准确性和安全性。站内经营者和交易相对人的身份信息的保存时间自其最后一次登录之日起不少于两年；交易信息保存时间自发生之日起不少于两年。

站内经营者有权在保存期限内自助查询、下载或打印自己的交易信息。

鼓励第三方交易平台通过独立的数据服务机构对其信息进行异地备份及提供对外查询、下载或打印服务。

《互联网个人信息安全保护指南》

6.3 应用

个人信息的应用应满足以下要求：

a）对个人信息的应用，应符合与个人信息主体签署的相关协议和规定，不应超范围应用个人信息；

注：经过处理无法识别特定个人且不能复原的个人信息数据，可以超出与信息主体签署的相关使用协议和约定，但应提供适当的保护措施进行保护。

b）个人信息主体应拥有控制本人信息的权限，包括：

1）允许对本人信息的访问；

2）允许通过适当方法对本人信息的修改或删除，包括纠正不准确和不完整的数据，并保证修改后的本人信息具备真实性和有效性；

c）完全依靠自动化处理的用户画像技术应用于精准营销、搜索结果排序、个性化推送新闻、定向投放广告等增值应用，可事先不经用户明确授权，但应确保用户有反对或者拒绝的权利；如应用于征信服务、行政司法决策等可能对用户带来法律后果的增值应用，或跨网络运营者使用，应经用户明确授权方可使用其数据；

d）应对个人信息的接触者设置相应的访问控制措施，包括：

1）对被授权访问个人信息数据的工作人员按照最小授权的原则，只能访问最少够用的信息，只具有完成职责所需的最少的数据操作权限；

2）对个人信息的重要操作设置内部审批流程，如批量修改、拷贝、下载等；

3）对特定人员超限制处理个人信息时配置相应的责任人或负责机构进行审批，并对这种行为进行记录。

e）应对必须要通过界面（如显示屏幕、纸面）展示的个人信息进行去标识化的处理。

《App 违法违规收集使用个人信息行为认定方法》

六、以下行为可被认定为"**未按法律规定提供删除或更正个人信息功能**"或"**未公布投诉、举报方式等信息**"

1. 未提供有效的更正、删除个人信息及注销用户账号功能；

2. 为更正、删除个人信息或注销用户账号设置不必要或不合理条件；

3. 虽提供了更正、删除个人信息及注销用户账号功能，但未及时响应用户相应操作，需人工处理的，未在承诺时限内（承诺时限不得超过 15 个工作日，无承诺时限的，以 15 个工作日为限）完成核查和处理；

4. 更正、删除个人信息或注销用户账号等用户操作已执行完毕，但 App 后台并未完成的；

5. 未建立并公布个人信息安全投诉、举报渠道，或未在承诺时限内（承诺时限不得超过 15 个工作日，无承诺时限的，以 15 个工作日为限）受理并处理的。

第二十五条　【电子商务经营者的信息提供义务】

有关主管部门依照法律、行政法规的规定要求电子商务经营者提供有关电子商务数据信息的，电子商务经营者应当提供。有关主管部门应当采取必要措施保护电子商务经营者提供的数据信息的安全，并对其中的个人信息、隐私和商业秘密严格保密，不得泄露、出售或者非法向他人提供。

关联法规

◎ 法律
《民法典》

第一百一十条　自然人享有生命权、身体权、健康权、姓名权、肖像权、名誉权、荣誉权、隐私权、婚姻自主权等权利。

法人、非法人组织享有名称权、名誉权和荣誉权。

第一百一十一条　自然人的个人信息受法律保护。任何组织或者个人需要获取他人个人信息的，应当依法取得并确保信息安全，不得非法收集、使用、加工、传输他人个人信息，不得非法买卖、提供或者公开他人个人信息。

第九百九十条　人格权是民事主体享有的生命权、身体权、健康权、姓名权、名称权、肖像权、名誉权、荣誉权、隐私权等权利。

除前款规定的人格权外，自然人享有基于人身自由、人格尊严产生的其他人格权益。

第一千零三十三条　除法律另有规定或者权利人明确同意外，任何组织或者个人不得实施下列行为：

（一）以电话、短信、即时通讯工具、电子邮件、传单等方式侵扰他人的私人生活安宁；

（二）进入、拍摄、窥视他人的住宅、宾馆房间等私密空间；

（三）拍摄、窥视、窃听、公开他人的私密活动；

（四）拍摄、窥视他人身体的私密部位；

（五）处理他人的私密信息；

（六）以其他方式侵害他人的隐

私权。

第一千零三十四条　自然人的个人信息受法律保护。

个人信息是以电子或者其他方式记录的能够单独或者与其他信息结合识别特定自然人的各种信息，包括自然人的姓名、出生日期、身份证件号码、生物识别信息、住址、电话号码、电子邮箱、健康信息、行踪信息等。

个人信息中的私密信息，适用有关隐私权的规定；没有规定的，适用有关个人信息保护的规定。

第一千零三十五条　处理个人信息的，应当遵循合法、正当、必要原则，不得过度处理，并符合下列条件：

（一）征得该自然人或者其监护人同意，但是法律、行政法规另有规定的除外；

（二）公开处理信息的规则；

（三）明示处理信息的目的、方式和范围；

（四）不违反法律、行政法规的规定和双方的约定。

个人信息的处理包括个人信息的收集、存储、使用、加工、传输、提供、公开等。

第一千零三十六条　处理个人信息，有下列情形之一的，行为人不承担民事责任：

（一）在该自然人或者其监护人同

意的范围内合理实施的行为；

（二）合理处理该自然人自行公开的或者其他已经合法公开的信息，但是该自然人明确拒绝或者处理该信息侵害其重大利益的除外；

（三）为维护公共利益或者该自然人合法权益，合理实施的其他行为。

第一千零三十八条　信息处理者不得泄露或者篡改其收集、存储的个人信息；未经自然人同意，不得向他人非法提供其个人信息，但是经过加工无法识别特定个人且不能复原的除外。

信息处理者应当采取技术措施和其他必要措施，确保其收集、存储的个人信息安全，防止信息泄露、篡改、丢失；发生或者可能发生个人信息泄露、篡改、丢失的，应当及时采取补救措施，按照规定告知自然人并向有关主管部门报告。

《刑法》

第二百五十三条之一　违反国家有关规定，向他人出售或者提供公民个人信息，情节严重的，处三年以下有期徒刑或者拘役，并处或者单处罚金；情节特别严重的，处三年以上七年以下有期徒刑，并处罚金。

违反国家有关规定，将在履行职责或者提供服务过程中获得的公民个人信息，出售或者提供给他人的，依照前款的规定从重处罚。

窃取或者以其他方法非法获取公民

个人信息的，依照第一款的规定处罚。

单位犯前三款罪的，对单位判处罚金，并对其直接负责的主管人员和其他直接责任人员，依照各该款的规定处罚。

《网络安全法》

第十四条　任何个人和组织有权对危害网络安全的行为向网信、电信、公安等部门举报。收到举报的部门应当及时依法作出处理；不属于本部门职责的，应当及时移送有权处理的部门。

有关部门应当对举报人的相关信息予以保密，保护举报人的合法权益。

第十五条　国家建立和完善网络安全标准体系。国务院标准化行政主管部门和国务院其他有关部门根据各自的职责，组织制定并适时修订有关网络安全管理以及网络产品、服务和运行安全的国家标准、行业标准。

国家支持企业、研究机构、高等学校、网络相关行业组织参与网络安全国家标准、行业标准的制定。

第十七条　国家推进网络安全社会化服务体系建设，鼓励有关企业、机构开展网络安全认证、检测和风险评估等安全服务。

第十九条　各级人民政府及其有关部门应当组织开展经常性的网络安全宣传教育，并指导、督促有关单位做好网络安全宣传教育工作。

大众传播媒介应当有针对性地面向社会进行网络安全宣传教育。

第二十三条　网络关键设备和网络安全专用产品应当按照相关国家标准的强制性要求，由具备资格的机构安全认证合格或者安全检测符合要求后，方可销售或者提供。国家网信部门会同国务院有关部门制定、公布网络关键设备和网络安全专用产品目录，并推动安全认证和安全检测结果互认，避免重复认证、检测。

第二十八条　网络运营者应当为公安机关、国家安全机关依法维护国家安全和侦查犯罪的活动提供技术支持和协助。

第三十条　网信部门和有关部门在履行网络安全保护职责中获取的信息，只能用于维护网络安全的需要，不得用于其他用途。

第四十五条　依法负有网络安全监督管理职责的部门及其工作人员，必须对在履行职责中知悉的个人信息、隐私和商业秘密严格保密，不得泄露、出售或者非法向他人提供。

第四十九条　络运营者应当建立网络信息安全投诉、举报制度，公布投诉、举报方式等信息，及时受理并处理有关网络信息安全的投诉和举报。

网络运营者对网信部门和有关部门依法实施的监督检查，应当予以配合。

《反电信网络诈骗法》

第五条　反电信网络诈骗工作应当依法进行，维护公民和组织的合法权益。

有关部门和单位、个人应当对在反电信网络诈骗工作过程中知悉的国家秘密、商业秘密和个人隐私、个人信息予以保密。

第二十九条　人信息处理者应当依照《中华人民共和国个人信息保护法》等法律规定，规范个人信息处理，加强个人信息保护，建立个人信息被用于电信网络诈骗的防范机制。

履行个人信息保护职责的部门、单位对可能被电信网络诈骗利用的物流信息、交易信息、贷款信息、医疗信息、婚介信息等实施重点保护。公安机关办理电信网络诈骗案件，应当同时查证犯罪所利用的个人信息来源，依法追究相关人员和单位责任。

《数据安全法》

第八条　开展数据处理活动，应当遵守法律、法规，尊重社会公德和伦理，遵守商业道德和职业道德，诚实守信，履行数据安全保护义务，承担社会责任，不得危害国家安全、公共利益，不得损害个人、组织的合法权益。

第十二条　任何个人、组织都有权对违反本法规定的行为向有关主管部门投诉、举报。收到投诉、举报的部门应当及时依法处理。

有关主管部门应当对投诉、举报人的相关信息予以保密，保护投诉、举报人的合法权益。

第二十七条 开展数据处理活动应当依照法律、法规的规定，建立健全全流程数据安全管理制度，组织开展数据安全教育培训，采取相应的技术措施和其他必要措施，保障数据安全。利用互联网等信息网络开展数据处理活动，应当在网络安全等级保护制度的基础上，履行上述数据安全保护义务。

重要数据的处理者应当明确数据安全负责人和管理机构，落实数据安全保护责任。

第二十九条 开展数据处理活动应当加强风险监测，发现数据安全缺陷、漏洞等风险时，应当立即采取补救措施；发生数据安全事件时，应当立即采取处置措施，按照规定及时告知用户并向有关主管部门报告。

第三十五条 公安机关、国家安全机关因依法维护国家安全或者侦查犯罪的需要调取数据，应当按照国家有关规定，经过严格的批准手续，依法进行，有关组织、个人应当予以配合。

第三十八条 国家机关为履行法定职责的需要收集、使用数据，应当在其履行法定职责的范围内依照法律、行政法规规定的条件和程序进行；对在履行职责中

知悉的个人隐私、个人信息、商业秘密、保密商务信息等数据应当依法予以保密，不得泄露或者非法向他人提供。

第四十八条 违反本法第三十五条规定，拒不配合数据调取的，由有关主管部门责令改正，给予警告，并处五万元以上五十万元以下罚款，对直接负责的主管人员和其他直接责任人员处一万元以上十万元以下罚款。

第四十九条 国家机关不履行本法规定的数据安全保护义务的，对直接负责的主管人员和其他直接责任人员依法给予处分。

《个人信息保护法》

第十三条 符合下列情形之一的，个人信息处理者方可处理个人信息：

（一）取得个人的同意；

（二）为订立、履行个人作为一方当事人的合同所必需，或者按照依法制定的劳动规章制度和依法签订的集体合同实施人力资源管理所必需；

（三）为履行法定职责或者法定义务所必需；

（四）为应对突发公共卫生事件，或者紧急情况下为保护自然人的生命健康和财产安全所必需；

（五）为公共利益实施新闻报道、舆论监督等行为，在合理的范围内处理个人信息；

（六）依照本法规定在合理的范围

内处理个人自行公开或者其他已经合法公开的个人信息；

（七）法律、行政法规规定的其他情形。

依照本法其他有关规定，处理个人信息应当取得个人同意，但是有前款第二项至第七项规定情形的，不需取得个人同意。

第三十四条　国家机关为履行法定职责处理个人信息，应当依照法律、行政法规规定的权限、程序进行，不得超出履行法定职责所必需的范围和限度。

第三十五条　国家机关为履行法定职责处理个人信息，应当依照本法规定履行告知义务；有本法第十八条第一款规定的情形，或者告知将妨碍国家机关履行法定职责的除外。

第三十六条　国家机关处理的个人信息应当在中华人民共和国境内存储；确需向境外提供的，应当进行安全评估。安全评估可以要求有关部门提供支持与协助。

第三十七条　法律、法规授权的具有管理公共事务职能的组织为履行法定职责处理个人信息，适用本法关于国家机关处理个人信息的规定。

第六十一条　履行个人信息保护职责的部门履行下列个人信息保护职责：

（一）开展个人信息保护宣传教育，指导、监督个人信息处理者开展个

人信息保护工作；

（二）接受、处理与个人信息保护有关的投诉、举报；

（三）组织对应用程序等个人信息保护情况进行测评，并公布测评结果；

（四）调查、处理违法个人信息处理活动；

（五）法律、行政法规规定的其他职责。

《未成年人保护法》

第四条　保护未成年人，应当坚持最有利于未成年人的原则。处理涉及未成年人事项，应当符合下列要求：

（一）给予未成年人特殊、优先保护；

（二）尊重未成年人人格尊严；

（三）保护未成年人隐私权和个人信息；

（四）适应未成年人身心健康发展的规律和特点；

（五）听取未成年人的意见；

（六）保护与教育相结合。

第七十二条　信息处理者通过网络处理未成年人个人信息的，应当遵循合法、正当和必要的原则。处理不满十四周岁未成年人个人信息的，应当征得未成年人的父母或者其他监护人同意，但法律、行政法规另有规定的除外。

未成年人、父母或者其他监护人要求信息处理者更正、删除未成年人个人

信息的，信息处理者应当及时采取措施予以更正、删除，但法律、行政法规另有规定的除外。

《居民身份证法》

第十三条 公民从事有关活动，需要证明身份的，有权使用居民身份证证明身份，有关单位及其工作人员不得拒绝。

有关单位及其工作人员对履行职责或者提供服务过程中获得的居民身份证记载的公民个人信息，应当予以保密。

第十九条 国家机关或者金融、电信、交通、教育、医疗等单位的工作人员泄露在履行职责或者提供服务过程中获得的居民身份证记载的公民个人信息，构成犯罪的，依法追究刑事责任；尚不构成犯罪的，由公安机关处十日以上十五日以下拘留，并处五千元罚款，有违法所得的，没收违法所得。

单位有前款行为，构成犯罪的，依法追究刑事责任；尚不构成犯罪的，由公安机关对其直接负责的主管人员和其他直接责任人员，处十日以上十五日以下拘留，并处十万元以上五十万元以下罚款，有违法所得的，没收违法所得。

有前两款行为，对他人造成损害的，依法承担民事责任。

《关于加强网络信息保护的决定》

九、任何组织和个人对窃取或者以其他非法方式获取、出售或者非法向他人提供公民个人电子信息的违法犯罪行为以及其他网络信息违法犯罪行为，有权向有关主管部门举报、控告；接到举报、控告的部门应当依法及时处理。被侵权人可以依法提起诉讼。

十、有关主管部门应当在各自职权范围内依法履行职责，采取技术措施和其他必要措施，防范、制止和查处窃取或者以其他非法方式获取、出售或者非法向他人提供公民个人电子信息的违法犯罪行为以及其他网络信息违法犯罪行为。有关主管部门依法履行职责时，网络服务提供者应当予以配合，提供技术支持。

国家机关及其工作人员对在履行职责中知悉的公民个人电子信息应当予以保密，不得泄露、篡改、毁损，不得出售或者非法向他人提供。

《反恐怖主义法》

第四十五条 公安机关、国家安全机关、军事机关在其职责范围内，因反恐怖主义情报信息工作的需要，根据国家有关规定，经过严格的批准手续，可以采取技术侦察措施。

依照前款规定获取的材料，只能用于反恐怖主义应对处置和对恐怖活动犯罪、极端主义犯罪的侦查、起诉和审判，不得用于其他用途。

◎ **党内法规**

《党委（党组）网络安全工作责任制实施办法》

第三条　各级党委（党组）主要承担的网络安全责任是：

（一）认真贯彻落实党中央和习近平总书记关于网络安全工作的重要指示精神和决策部署，贯彻落实网络安全法律法规，明确本地区本部门网络安全的主要目标、基本要求、工作任务、保护措施；

（二）建立和落实网络安全责任制，把网络安全工作纳入重要议事日程，明确工作机构，加大人力、财力、物力的支持和保障力度；

（三）统一组织领导本地区本部门网络安全保护和重大事件处置工作，研究解决重要问题；

（四）采取有效措施，为公安机关、国家安全机关依法维护国家安全、侦查犯罪以及防范、调查恐怖活动提供支持和保障；

（五）组织开展经常性网络安全宣传教育，采取多种方式培养网络安全人才，支持网络安全技术产业发展。

第五条　各级网络安全和信息化领导机构应当加强和规范本地区本部门网络安全信息汇集、分析和研判工作，要求有关单位和机构及时报告网络安全信息，组织指导网络安全通报机构开展网络安全信息通报，统筹协调开展网络安全检查。

第六条　各地区各部门网络安全和信息化领导机构应当向中央网络安全和信息化委员会及时报告网络安全重大事项，包括出台涉及网络安全的重要政策和制度措施等。

各地区各部门网络安全和信息化领导机构每年向中央网络安全和信息化委员会报告网络安全工作情况。

◎ **行政法规**

《计算机信息系统安全保护条例》

第十七条　公安机关对计算机信息系统安全保护工作行使下列监督职权：

（一）监督、检查、指导计算机信息系统安全保护工作；

（二）查处危害计算机信息系统安全的违法犯罪案件；

（三）履行计算机信息系统安全保护工作的其他监督职责。

《计算机信息网络国际联网安全保护管理办法》

第七条　用户的通信自由和通信秘密受法律保护。任何单位和个人不得违反法律规定，利用国际联网侵犯用户的通信自由和通信秘密。

《征信业管理条例》

第十五条　信息提供者向征信机构提供个人不良信息，应当事先告知信息主体本人。但是，依照法律、行政法规规定公开的不良信息除外。

第二十一条 征信机构可以通过信息主体、企业交易对方、行业协会提供信息，政府有关部门依法已公开的信息，人民法院依法公布的判决、裁定等渠道，采集企业信息。

征信机构不得采集法律、行政法规禁止采集的企业信息。

第二十二条 征信机构应当按照国务院征信业监督管理部门的规定，建立健全和严格执行保障信息安全的规章制度，并采取有效技术措施保障信息安全。

经营个人征信业务的征信机构应当对其工作人员查询个人信息的权限和程序作出明确规定，对工作人员查询个人信息的情况进行登记，如实记载查询工作人员的姓名，查询的时间、内容及用途。工作人员不得违反规定的权限和程序查询信息，不得泄露工作中获取的信息。

第二十六条 信息主体认为征信机构或者信息提供者、信息使用者侵害其合法权益的，可以向所在地的国务院征信业监督管理部门派出机构投诉。

受理投诉的机构应当及时进行核查和处理，自受理之日起 30 日内书面答复投诉人。

信息主体认为征信机构或者信息提供者、信息使用者侵害其合法权益的，可以直接向人民法院起诉。

《电信条例》

第六十五条 电信用户依法使用电信的自由和通信秘密受法律保护。除因国家安全或者追查刑事犯罪的需要，由公安机关、国家安全机关或者人民检察院依照法律规定的程序对电信内容进行检查外，任何组织或者个人不得以任何理由对电信内容进行检查。

电信业务经营者及其工作人员不得擅自向他人提供电信用户使用电信网络所传输信息的内容。

《关键信息基础设施安全保护条例》

第二十二条 保护工作部门应当制定本行业、本领域关键信息基础设施安全规划，明确保护目标、基本要求、工作任务、具体措施。

第二十三条 国家网信部门统筹协调有关部门建立网络安全信息共享机制，及时汇总、研判、共享、发布网络安全威胁、漏洞、事件等信息，促进有关部门、保护工作部门、运营者以及网络安全服务机构等之间的网络安全信息共享。

第二十四条 保护工作部门应当建立健全本行业、本领域的关键信息基础设施网络安全监测预警制度，及时掌握本行业、本领域关键信息基础设施运行状况、安全态势，预警通报网络安全威胁和隐患，指导做好安全防范工作。

第二十五条　保护工作部门应当按照国家网络安全事件应急预案的要求，建立健全本行业、本领域的网络安全事件应急预案，定期组织应急演练；指导运营者做好网络安全事件应对处置，并根据需要组织提供技术支持与协助。

第二十六条　保护工作部门应当定期组织开展本行业、本领域关键信息基础设施网络安全检查检测，指导监督运营者及时整改安全隐患、完善安全措施。

第二十七条　国家网信部门统筹协调国务院公安部门、保护工作部门对关键信息基础设施进行网络安全检查检测，提出改进措施。

有关部门在开展关键信息基础设施网络安全检查时，应当加强协同配合、信息沟通，避免不必要的检查和交叉重复检查。检查工作不得收取费用，不得要求被检查单位购买指定品牌或者指定生产、销售单位的产品和服务。

第三十条　网信部门、公安机关、保护工作部门等有关部门、网络安全服务机构及其工作人员对于在关键信息基础设施安全保护工作中获取的信息，只能用于维护网络安全，并严格按照有关法律、行政法规的要求确保信息安全，不得泄露、出售或者非法向他人提供。

第三十四条　国家制定和完善关键信息基础设施安全标准，指导、规范关键信息基础设施安全保护工作。

第三十五条　国家采取措施，鼓励网络安全专门人才从事关键信息基础设施安全保护工作；将运营者安全管理人员、安全技术人员培训纳入国家继续教育体系。

第四十六条　网信部门、公安机关、保护工作部门等有关部门、网络安全服务机构及其工作人员将在关键信息基础设施安全保护工作中获取的信息用于其他用途，或者泄露、出售、非法向他人提供的，依法对直接负责的主管人员和其他直接责任人员给予处分。

◎ **司法解释**

《关于办理刑事案件收集提取和审查判断电子数据若干问题的规定》

第四条　电子数据涉及国家秘密、商业秘密、个人隐私的，应当保密。

◎ **部门规章**

《个人信用信息基础数据库管理暂行办法》

第五条　中国人民银行、商业银行及其工作人员应当为在工作中知悉的个人信用信息保密。

第六条　商业银行应当遵守中国人民银行发布的个人信用数据库标准及其有关要求，准确、完整、及时地向个人信用数据库报送个人信用信息。

第七条　商业银行不得向未经信贷征信主管部门批准建立或变相建立的个

人信用数据库提供个人信用信息。

第八条 征信服务中心应当建立完善的规章制度和采取先进的技术手段确保个人信用信息安全。

第三十一条 商业银行应当建立保证个人信用信息安全的管理制度，确保只有得到内部授权的人员才能接触个人信用报告，不得将个人信用报告用于本办法第十二条规定以外的其它用途。

第三十二条 征信服务中心应当制定信用信息采集、整理、保存、查询、异议处理、用户管理、安全管理等方面的管理制度和操作规程，明确岗位职责，完善内控制度，保障个人信用数据库的正常运行和个人信用信息的安全。

第三十三条 征信服务中心及其工作人员不得违反法律、法规及本办法的规定，篡改、毁损、泄露或非法使用个人信用信息，不得与自然人、法人、其它组织恶意串通，提供虚假信用报告。

第三十四条 征信服务中心应当建立个人信用数据库内部运行和外部访问的监控制度，监督个人信用数据库用户和商业银行用户的操作，防范对个人信用数据库的非法入侵。

第三十五条 征信服务中心应当建立灾难备份系统，采取必要的安全保障措施，防止系统数据丢失。

《互联网安全保护技术措施规定》

第十六条 安机关应当依法对辖区内互联网服务提供者和联网使用单位安全保护技术措施的落实情况进行指导、监督和检查。

公安机关在依法监督检查时，互联网服务提供者、联网使用单位应当派人参加。公安机关对监督检查发现的问题，应当提出改进意见，通知互联网服务提供者、联网使用单位及时整改。

公安机关在监督检查时，监督检查人员不得少于二人，并应当出示执法身份证件。

《通信网络安全防护管理办法》

第二十一条 电信管理机构及其委托的专业机构的工作人员对于检查工作中获悉的国家秘密、商业秘密和个人隐私，有保密的义务。

《电信和互联网用户个人信息保护规定》

第十八条 电信管理机构及其工作人员对在履行职责中知悉的用户个人信息应当予以保密，不得泄露、篡改或者毁损，不得出售或者非法向他人提供。

《网络借贷信息中介机构业务活动管理暂行办法》

第九条 网络借贷信息中介机构应当履行下列义务：

（一）依据法律法规及合同约定为出借人与借款人提供直接借贷信息的采集整理、甄别筛选、网上发布，以及资信评估、借贷撮合、融资咨询、在线争议解决等相关服务；

（二）对出借人与借款人的资格条件、信息的真实性、融资项目的真实性、合法性进行必要审核；

（三）采取措施防范欺诈行为，发现欺诈行为或其他损害出借人利益的情形，及时公告并终止相关网络借贷活动；

（四）持续开展网络借贷知识普及和风险教育活动，加强信息披露工作，引导出借人以小额分散的方式参与网络借贷，确保出借人充分知悉借贷风险；

（五）按照法律法规和网络借贷有关监管规定要求报送相关信息，其中网络借贷有关债权债务信息要及时向有关数据统计部门报送并登记；

（六）妥善保管出借人与借款人的资料和交易信息，不得删除、篡改，不得非法买卖、泄露出借人与借款人的基本信息和交易信息；

（七）依法履行客户身份识别、可疑交易报告、客户身份资料和交易记录保存等反洗钱和反恐怖融资义务；

（八）配合相关部门做好防范查处金融违法犯罪相关工作；

（九）按照相关要求做好互联网信息内容管理、网络与信息安全相关工作；

（十）国务院银行业监督管理机构、工商登记注册地省级人民政府规定的其他义务。

第二十一条 网络借贷信息中介机构应当加强与金融信用信息基础数据库运行机构、征信机构等的业务合作，依法提供、查询和使用有关金融信用信息。

《互联网域名管理办法》

第四十八条 电信管理机构开展监督检查，不得妨碍域名根服务器运行机构、域名注册管理机构和域名注册服务机构正常的经营和服务活动，不得收取任何费用，不得泄露所知悉的域名注册信息。

《公安机关互联网安全监督检查规定》

第五条 公安机关及其工作人员对履行互联网安全监督检查职责中知悉的个人信息、隐私、商业秘密和国家秘密，应当严格保密，不得泄露、出售或者非法向他人提供。

公安机关及其工作人员在履行互联网安全监督检查职责中获取的信息，只能用于维护网络安全的需要，不得用于其他用途。

第十七条 公安机关开展现场监督检查或者远程检测，可以委托具有相应技术能力的网络安全服务机构提供技术支持。

网络安全服务机构及其工作人员对工作中知悉的个人信息、隐私、商业秘密和国家秘密，应当严格保密，不得泄露、出售或者非法向他人提供。公安机关应当严格监督网络安全服务机构落实网络安全管理与保密责任。

《网络招聘服务管理规定》

第三十一条 人力资源社会保障行政部门应当畅通对从事网络招聘服务的人力资源服务机构的举报投诉渠道，依法及时处理有关举报投诉。

《网络交易监督管理办法》

第二十二条 网络交易经营者应当按照国家市场监督管理总局及其授权的省级市场监督管理部门的要求，提供特定时段、特定品类、特定区域的商品或者服务的价格、销量、销售额等数据信息。

《小微型客车租赁经营服务管理办法》

第十二条 小微型客车租赁经营者还应当遵守下列规定：

（一）在经营场所或者服务平台以显著方式明示服务项目、租赁流程、租赁车辆类型、收费标准、押金收取与退还、客服与监督电话等事项；

（二）按照合同约定将租赁小微型客车交付承租人，交付的租赁小微型客车在租赁期间应当符合《中华人民共和国道路交通安全法》规定的上路行驶条件，车内设施设备功能齐全正常，外观内饰完好整洁；

（三）随车配备租赁小微型客车机动车行驶证；

（四）按照国家有关规定对租赁小微型客车进行检测、维护，确保技术性能良好；

（五）建立救援服务体系，租赁小微型客车在租赁期间出现故障或者发生事故时，按照合同约定提供救援、换车服务；

（六）建立租赁经营管理档案，保存租赁经营信息，并按照要求报送相关数据信息；

（七）从事分时租赁经营的，应当按照国家有关规定计程计时，收取承租人押金和预付资金的，还应当按照国家有关规定管理押金和预付资金。

《汽车数据安全管理若干规定（试行）》

第十五条 国家网信部门和国务院发展改革、工业和信息化、公安、交通运输等有关部门依据职责，根据处理数据情况对汽车数据处理者进行数据安全评估，汽车数据处理者应当予以配合。

参与安全评估的机构和人员不得披露评估中获悉的汽车数据处理者商业秘密、未公开信息，不得将评估中获悉的信息用于评估以外目的。

《网络安全审查办法》

第十七条 参与网络安全审查的相关机构和人员应当严格保护知识产权，对在审查工作中知悉的商业秘密、个人信息，当事人、产品和服务提供者提交的未公开材料，以及其他未公开信息承担保密义务；未经信息提供方同意，不得向无关方披露或者用于审查以外的目的。

《互联网信息服务算法推荐管理规定》

第二十八条　网信部门会同电信、公安、市场监管等有关部门对算法推荐服务依法开展安全评估和监督检查工作，对发现的问题及时提出整改意见并限期整改。

算法推荐服务提供者应当依法留存网络日志，配合网信部门和电信、公安、市场监管等有关部门开展安全评估和监督检查工作，并提供必要的技术、数据等支持和协助。

第二十九条　参与算法推荐服务安全评估和监督检查的相关机构和人员对在履行职责中知悉的个人隐私、个人信息和商业秘密应当依法予以保密，不得泄露或者非法向他人提供。

《公民举报危害国家安全行为奖励办法》

第六条　国家安全机关以及依法知情的其他组织和个人应当严格为举报人保密，未经举报人同意，不得以任何方式泄露举报人身份相关信息。

因举报危害国家安全行为，举报人本人或者其近亲属的人身安全面临危险的，可以向国家安全机关请求予以保护。国家安全机关应当会同有关部门依法采取有效保护措施。国家安全机关认为有必要的，应当依职权及时、主动采取保护措施。

《数据出境安全评估办法》

第十五条　参与安全评估工作的相关机构和人员对在履行职责中知悉的国家秘密、个人隐私、个人信息、商业秘密、保密商务信息等数据应当依法予以保密，不得泄露或者非法向他人提供、非法使用。

《个人信息出境标准合同办法》

第九条　网信部门及其工作人员对在履行职责中知悉的个人隐私、个人信息、商业秘密、保密商务信息等应当依法予以保密，不得泄露或者非法向他人提供、非法使用。

《网信部门行政执法程序规定》

第六条　网信部门及其执法人员对在执法过程中知悉的国家秘密、商业秘密或者个人隐私，应当依法予以保密。

◎ 部门规范性文件

《互联网新闻信息服务新技术新应用安全评估管理规定》

第十四条　组织开展新技术新应用安全评估的相关单位和人员应当对在履行职责中知悉的国家秘密、商业秘密和个人信息严格保密，不得泄露、出售或者非法向他人提供。

《中国银保监会关于印发监管数据安全管理办法（试行）》

第八条　归口管理部门具体职责包括：

（一）制定监管数据安全工作规则

和管理流程；

（二）制定监管数据安全技术防护措施；

（三）组织实施监管数据安全评估和监督检查。

第九条 各业务部门具体职责包括：

（一）规范本部门监管数据安全使用，明确具体工作要求，落实相关责任；

（二）组织开展本部门监管数据安全管理工作；

（三）协助归口管理部门实施监管数据安全监督检查。

《常见类型移动互联网应用程序必要个人信息范围规定》

第六条 任何组织和个人发现违反本规定行为的，可以向相关部门举报。

相关部门收到举报后，应当依法予以处理。

《互联网跟帖评论服务管理规定》

第十三条 跟帖评论服务提供者应当建立健全跟帖评论违法和不良信息公众投诉举报和跟帖评论服务使用者申诉制度，设置便捷投诉举报和申诉入口，及时受理和处置跟帖评论相关投诉举报和申诉。

跟帖评论服务使用者对被处置的跟帖评论信息存在异议的，有权向跟帖评论服务提供者提出申诉，跟帖评论服务提供

者应当按照用户服务协议进行核查处理。

任何组织和个人发现违反本规定行为的，可以向网信部门投诉举报。网信部门收到投诉举报后，应当及时依法处理。

第十四条 各级网信部门应当建立健全日常检查和定期检查相结合的监督管理制度，依法对互联网跟帖评论服务实施监督检查。

《寄递服务用户个人信息安全管理规定》

第二十条 邮政管理部门可以在行业内通报寄递企业违反本规定的行为、个人信息安全事件，以及对有关责任人员进行处理的情况。必要时，可以向社会公布上述信息，但涉及国家秘密、商业秘密和个人隐私的除外。

第二十一条 邮政管理部门及其工作人员应当对在履行职责过程中知悉的寄递服务用户个人信息保密。在监督管理工作中滥用职权、玩忽职守、徇私舞弊，构成犯罪的，依法追究刑事责任；尚不构成犯罪的，依法给予处分。

第二十六条 【跨境电子商务的法律适用】

电子商务经营者从事跨境电子商务，应当遵守进出口监督管理的法律、行政法规和国家有关规定。

关联法规

◎ 法律

《网络安全法》

第十七条　国家推进网络安全社会化服务体系建设，鼓励有关企业、机构开展网络安全认证、检测和风险评估等安全服务。

第三十七条　关键信息基础设施的运营者在中华人民共和国境内运营中收集和产生的个人信息和重要数据应当在境内存储。因业务需要，确需向境外提供的，应当按照国家网信部门会同国务院有关部门制定的办法进行安全评估；法律、行政法规另有规定的，依照其规定。

《数据安全法》

第二十五条　国家对与维护国家安全和利益、履行国际义务相关的属于管制物项的数据依法实施出口管制。

第三十一条　关键信息基础设施的运营者在中华人民共和国境内运营中收集和产生的重要数据的出境安全管理，适用《中华人民共和国网络安全法》的规定；其他数据处理者在中华人民共和国境内运营中收集和产生的重要数据的出境安全管理办法，由国家网信部门会同国务院有关部门制定。

第三十六条　中华人民共和国主管机关根据有关法律和中华人民共和国缔结或者参加的国际条约、协定，或者按照平等互惠原则，处理外国司法或者执法机构关于提供数据的请求。非经中华人民共和国主管机关批准，境内的组织、个人不得向外国司法或者执法机构提供存储于中华人民共和国境内的数据。

《个人信息保护法》

第三十八条　个人信息处理者因业务等需要，确需向中华人民共和国境外提供个人信息的，应当具备下列条件之一：

（一）依照本法第四十条的规定通过国家网信部门组织的安全评估；

（二）按照国家网信部门的规定经专业机构进行个人信息保护认证；

（三）按照国家网信部门制定的标准合同与境外接收方订立合同，约定双方的权利和义务；

（四）法律、行政法规或者国家网信部门规定的其他条件。

中华人民共和国缔结或者参加的国际条约、协定对向中华人民共和国境外提供个人信息的条件等有规定的，可以按照其规定执行。

个人信息处理者应当采取必要措施，保障境外接收方处理个人信息的活动达到本法规定的个人信息保护标准。

《海关法》

第八条　进出境运输工具、货物、

物品，必须通过设立海关的地点进境或者出境。在特殊情况下，需要经过未设立海关的地点临时进境或者出境的，必须经国务院或者国务院授权的机关批准，并依照本法规定办理海关手续。

第九条　进出口货物，除另有规定的外，可以由进出口货物收发货人自行办理报关纳税手续，也可以由进出口货物收发货人委托报关企业办理报关纳税手续。

进出境物品的所有人可以自行办理报关纳税手续，也可以委托他人办理报关纳税手续。

第十条　报关企业接受进出口货物收发货人的委托，以委托人的名义办理报关手续的，应当向海关提交由委托人签署的授权委托书，遵守本法对委托人的各项规定。

报关企业接受进出口货物收发货人的委托，以自己的名义办理报关手续的，应当承担与收发货人相同的法律责任。

委托人委托报关企业办理报关手续的，应当向报关企业提供所委托报关事项的真实情况；报关企业接受委托人的委托办理报关手续的，应当对委托人所提供情况的真实性进行合理审查。

第十一条　进出口货物收发货人、报关企业办理报关手续，应当依法向海关备案。

报关企业和报关人员不得非法代理他人报关。

第二十四条　进口货物的收货人、出口货物的发货人应当向海关如实申报，交验进出口许可证件和有关单证。国家限制进出口的货物，没有进出口许可证件的，不予放行，具体处理办法由国务院规定。

进口货物的收货人应当自运输工具申报进境之日起十四日内，出口货物的发货人除海关特准的外应当在货物运抵海关监管区后、装货的二十四小时以前，向海关申报。

进口货物的收货人超过前款规定期限向海关申报的，由海关征收滞报金。

第三十五条　进口货物应当由收货人在货物的进境地海关办理海关手续，出口货物应当由发货人在货物的出境地海关办理海关手续。

经收发货人申请，海关同意，进口货物的收货人可以在设有海关的指运地、出口货物的发货人可以在设有海关的启运地办理海关手续。上述货物的转关运输，应当符合海关监管要求；必要时，海关可以派员押运。

经电缆、管道或者其他特殊方式输送进出境的货物，经营单位应当定期向指定的海关申报和办理海关手续。

第三十六条　过境、转运和通运货物，运输工具负责人应当向进境地海关如实申报，并应当在规定期限内运输出境。

海关认为必要时，可以查验过境、转运和通运货物。

第三十七条　海关监管货物，未经海关许可，不得开拆、提取、交付、发运、调换、改装、抵押、质押、留置、转让、更换标记、移作他用或者进行其他处置。

海关加施的封志，任何人不得擅自开启或者损毁。

人民法院判决、裁定或者有关行政执法部门决定处理海关监管货物的，应当责令当事人办结海关手续。

第八十五条　个人携带、邮寄超过合理数量的自用物品进出境，未依法向海关申报的，责令补缴关税，可以处以罚款。

第八十六条　违反本法规定有下列行为之一的，可以处以罚款，有违法所得的，没收违法所得：

（一）运输工具不经设立海关的地点进出境的；

（二）不将进出境运输工具到达的时间、停留的地点或者更换的地点通知海关的；

（三）进出口货物、物品或者过境、转运、通运货物向海关申报不实的；

（四）不按照规定接受海关对进出境运输工具、货物、物品进行检查、查验的；

（五）进出境运输工具未经海关同意，擅自装卸进出境货物、物品或者上下进出境旅客的；

（六）在设立海关的地点停留的进出境运输工具未经海关同意，擅自驶离的；

（七）进出境运输工具从一个设立海关的地点驶往另一个设立海关的地点，尚未办结海关手续又未经海关批准，中途擅自改驶境外或者境内未设立海关的地点的；

（八）进出境运输工具，不符合海关监管要求或者未向海关办理手续，擅自兼营或者改营境内运输的；

（九）由于不可抗力的原因，进出境船舶和航空器被迫在未设立海关的地点停泊、降落或者在境内抛掷、起卸货物、物品，无正当理由，不向附近海关报告的；

（十）未经海关许可，擅自将海关监管货物开拆、提取、交付、发运、调换、改装、抵押、质押、留置、转让、更换标记、移作他用或者进行其他处置的；

（十一）擅自开启或者损毁海关封志的；

（十二）经营海关监管货物的运输、储存、加工等业务，有关货物灭失或者有关记录不真实，不能提供正当理由的；

（十三）有违反海关监管规定的其他行为的。

《对外贸易法》

第二条　本法适用于对外贸易以及与对外贸易有关的知识产权保护。

本法所称对外贸易，是指货物进出口、技术进出口和国际服务贸易。

第十一条　对外贸易经营者可以接受他人的委托，在经营范围内代为办理对外贸易业务。

◎ 行政法规

《征信业管理条例》

第二十四条　征信机构在中国境内采集的信息的整理、保存和加工，应当在中国境内进行。

征信机构向境外组织或者个人提供信息，应当遵守法律、行政法规和国务院征信业监督管理部门的有关规定。

◎ 部门规章

《网络招聘服务管理规定》

第二十二条　从事网络招聘服务的人力资源服务机构因业务需要，确需向境外提供在中华人民共和国境内运营中收集和产生的个人信息和重要数据的，应当遵守国家有关法律、行政法规规定。

《汽车数据安全管理若干规定（试行）》

第十一条　重要数据应当依法在境内存储，因业务需要确需向境外提供的，应当通过国家网信部门会同国务院有关部门组织的安全评估。未列入重要数据的涉及个人信息数据的出境安全管理，适用法律、行政法规的有关规定。

我国缔结或者参加的国际条约、协定有不同规定的，适用该国际条约、协定，但我国声明保留的条款除外。

第十二条　汽车数据处理者向境外提供重要数据，不得超出出境安全评估时明确的目的、范围、方式和数据种类、规模等。

国家网信部门会同国务院有关部门以抽查等方式核验前款规定事项，汽车数据处理者应当予以配合，并以可读等便利方式予以展示。

第十四条　向境外提供重要数据的汽车数据处理者应当在本规定第十三条要求的基础上，补充报告以下情况：

（一）接收者的基本情况；

（二）出境汽车数据的种类、规模、目的和必要性；

（三）汽车数据在境外的保存地点、期限、范围和方式；

（四）涉及向境外提供汽车数据的用户投诉和处理情况；

（五）国家网信部门会同国务院工业和信息化、公安、交通运输等有关部门明确的向境外提供汽车数据需要报告的其他情况。

《数据出境安全评估办法》

第四条　数据处理者向境外提供数据，有下列情形之一的，应当通过所在地省级网信部门向国家网信部门申报数据出境安全评估：

（一）数据处理者向境外提供重要数据；

（二）关键信息基础设施运营者和处理100万人以上个人信息的数据处理者向境外提供个人信息；

（三）自上年1月1日起累计向境外提供10万人个人信息或者1万人敏感个人信息的数据处理者向境外提供个人信息；

（四）国家网信部门规定的其他需要申报数据出境安全评估的情形。

第九条　数据处理者应当在与境外接收方订立的法律文件中明确约定数据安全保护责任义务，至少包括以下内容：

（一）数据出境的目的、方式和数据范围，境外接收方处理数据的用途、方式等；

（二）数据在境外保存地点、期限，以及达到保存期限、完成约定目的或者法律文件终止后出境数据的处理措施；

（三）对于境外接收方将出境数据再转移给其他组织、个人的约束性要求；

（四）境外接收方在实际控制权或者经营范围发生实质性变化，或者所在国家、地区数据安全保护政策法规和网络安全环境发生变化以及发生其他不可抗力情形导致难以保障数据安全时，应当采取的安全措施；

（五）违反法律文件约定的数据安全保护义务的补救措施、违约责任和争议解决方式；

（六）出境数据遭到篡改、破坏、泄露、丢失、转移或者被非法获取、非法利用等风险时，妥善开展应急处置的要求和保障个人维护其个人信息权益的途径和方式。

第十条　国家网信部门受理申报后，根据申报情况组织国务院有关部门、省级网信部门、专门机构等进行安全评估。

第十四条　通过数据出境安全评估的结果有效期为2年，自评估结果出具之日起计算。在有效期内出现以下情形之一的，数据处理者应当重新申报评估：

（一）向境外提供数据的目的、方式、范围、种类和境外接收方处理数据的用途、方式发生变化影响出境数据安全的，或者延长个人信息和重要数据境外保存期限的；

（二）境外接收方所在国家或者地区数据安全保护政策法规和网络安全环境发

生变化以及发生其他不可抗力情形、数据处理者或者境外接收方实际控制权发生变化、数据处理者与境外接收方法律文件变更等影响出境数据安全的；

（三）出现影响出境数据安全的其他情形。

有效期届满，需要继续开展数据出境活动的，数据处理者应当在有效期届满60个工作日前重新申报评估。

《个人信息出境标准合同办法》

第四条　个人信息处理者通过订立标准合同的方式向境外提供个人信息的，应当同时符合下列情形：

（一）非关键信息基础设施运营者；

（二）处理个人信息不满100万人的；

（三）自上年1月1日起累计向境外提供个人信息不满10万人的；

（四）自上年1月1日起累计向境外提供敏感个人信息不满1万人的。

法律、行政法规或者国家网信部门另有规定的，从其规定。

个人信息处理者不得采取数量拆分等手段，将依法应当通过出境安全评估的个人信息通过订立标准合同的方式向境外提供。

第五条　个人信息处理者向境外提供个人信息前，应当开展个人信息保护影响评估，重点评估以下内容：

（一）个人信息处理者和境外接收方处理个人信息的目的、范围、方式等的合法性、正当性、必要性；

（二）出境个人信息的规模、范围、种类、敏感程度，个人信息出境可能对个人信息权益带来的风险；

（三）境外接收方承诺承担的义务，以及履行义务的管理和技术措施、能力等能否保障出境个人信息的安全；

（四）个人信息出境后遭到篡改、破坏、泄露、丢失、非法利用等的风险，个人信息权益维护的渠道是否通畅等；

（五）境外接收方所在国家或者地区的个人信息保护政策和法规对标准合同履行的影响；

（六）其他可能影响个人信息出境安全的事项。

第六条　标准合同应当严格按照本办法附件订立。国家网信部门可以根据实际情况对附件进行调整。

个人信息处理者可以与境外接收方约定其他条款，但不得与标准合同相冲突。

标准合同生效后方可开展个人信息出境活动。

第七条　个人信息处理者应当在标准合同生效之日起10个工作日内向所在地省级网信部门备案。备案应当提交以下材料：

（一）标准合同；

（二）个人信息保护影响评估报告。

个人信息处理者应当对所备案材料的真实性负责。

第八条　在标准合同有效期内出现下列情形之一的，个人信息处理者应当重新开展个人信息保护影响评估，补充或者重新订立标准合同，并履行相应备案手续：

（一）向境外提供个人信息的目的、范围、种类、敏感程度、方式、保存地点或者境外接收方处理个人信息的用途、方式发生变化，或者延长个人信息境外保存期限的；

（二）境外接收方所在国家或者地区的个人信息保护政策和法规发生变化等可能影响个人信息权益的；

（三）可能影响个人信息权益的其他情形。

◎ **部门规章**

《禁止进出境物品表》

一、禁止进境物品

1. 各种武器、仿真武器、弹药及爆炸物品；

2. 伪造的货币及伪造的有价证券；

3. 对中国政治、经济、文化、道德有害的印刷品、胶卷、照片、唱片、影片、录音带、录像带、激光视盘、计算机存储介质及其它物品；

4. 各种烈性毒药；

5. 鸦片、吗啡、海洛因、大麻以及其它能使人成瘾的麻醉品、精神药物；

6. 带有危险性病菌、害虫及其它有害生物的动物、植物及其产品；

7. 有碍人畜健康的、来自疫区的以及其它能传播疾病的食品、药品或其它物品。

二、禁止出境物品

1. 列入禁止进境范围的所有物品；

2. 内容涉及国家秘密的手稿、印刷品、胶卷、照片、唱片、影片、录音带、录像带、激光视盘、计算机存储介质及其它物品；

3. 珍贵文物及其它禁止出境的文物；

4. 濒危的和珍贵的动物、植物（均含标本）及其种子和繁殖材料。

《限制进出境物品表》

一、限制进境物品

1. 无线电收发信机、通信保密机；

2. 烟、酒；

3. 濒危的和珍贵的动物、植物（均含标本）及其种子和繁殖材料；

4. 国家货币；

5. 海关限制进境的其它物品。

二、限制出境物品

1. 金银等贵重金属及其制品；

2. 国家货币；

3. 外币及其有价证券；

4. 无线电收发信机、通信保密机；

5. 贵重中药材；

6. 一般文物；

7. 海关限制出境的其它物品。

《关于跨境电子商务零售进口商品退货有关监管事宜的公告》

一、在跨境电子商务零售进口模式下，跨境电子商务企业境内代理人或其委托的报关企业（以下简称"退货企业"）可向海关申请开展退货业务。跨境电子商务企业及其境内代理人应保证退货商品为原跨境电商零售进口商品，并承担相关法律责任。

二、退货企业可以对原《中华人民共和国海关跨境电子商务零售进口申报清单》（以下简称《申报清单》）内全部或部分商品申请退货。

三、退货企业在《申报清单》放行之日起 30 日内申请退货，并且在《申报清单》放行之日起 45 日内将退货商品运抵原海关监管作业场所、原海关特殊监管区域或保税物流中心（B 型）的，相应税款不予征收，并调整消费者个人年度交易累计金额。

四、退货企业应当向海关如实申报，接受海关监管，并承担相应的法律责任。

第二节　电子商务平台经营者

第二十七条　【平台经营者的形式审查义务】

电子商务平台经营者应当要求申请进入平台销售商品或者提供服务的经营者提交其身份、地址、联系方式、行政许可等真实信息，进行核验、登记，建立登记档案，并定期核验更新。

电子商务平台经营者为进入平台销售商品或者提供服务的非经营用户提供服务，应当遵守本节有关规定。

关联法规

◎ **法律**

《民法典》

第一千零三十五条　处理个人信息的，应当遵循合法、正当、必要原则，不得过度处理，并符合下列条件：

（一）征得该自然人或者其监护人同意，但是法律、行政法规另有规定的除外；

（二）公开处理信息的规则；

（三）明示处理信息的目的、方式和范围；

（四）不违反法律、行政法规的规定和双方的约定。

个人信息的处理包括个人信息的收集、存储、使用、加工、传输、提供、公开等。

第一千零三十八条　信息处理者不得泄露或者篡改其收集、存储的个人信息；未经自然人同意，不得向他人非法提供其个人信息，但是经过加工无法识别特定个人且不能复原的除外。

信息处理者应当采取技术措施和其他必要措施，确保其收集、存储的个人信息安全，防止信息泄露、篡改、丢失；发生或者可能发生个人信息泄露、篡改、丢失的，应当及时采取补救措施，按照规定告知自然人并向有关主管部门报告。

《网络安全法》

第二十四条　网络运营者为用户办理网络接入、域名注册服务，办理固定电话、移动电话等入网手续，或者为用户提供信息发布、即时通讯等服务，在与用户签订协议或者确认提供服务时，应当要求用户提供真实身份信息。用户不提供真实身份信息的，网络运营者不得为其提供相关服务。

国家实施网络可信身份战略，支持研究开发安全、方便的电子身份认证技术，推动不同电子身份认证之间的互认。

《居民身份证法》

第十三条　公民从事有关活动，需要证明身份的，有权使用居民身份证证明身份，有关单位及其工作人员不得拒绝。

有关单位及其工作人员对履行职责或者提供服务过程中获得的居民身份证记载的公民个人信息，应当予以保密。

第十九条　国家机关或者金融、电信、交通、教育、医疗等单位的工作人员泄露在履行职责或者提供服务过程中获得的居民身份证记载的公民个人信息，构成犯罪的，依法追究刑事责任；尚不构成犯罪的，由公安机关处十日以上十五日以下拘留，并处五千元罚款，有违法所得的，没收违法所得。

单位有前款行为，构成犯罪的，依法追究刑事责任；尚不构成犯罪的，由公安机关对其直接负责的主管人员和其他直接责任人员，处十日以上十五日以下拘留，并处十万元以上五十万元以下罚款，有违法所得的，没收违法所得。

有前两款行为，对他人造成损害的，依法承担民事责任。

《关于加强网络信息保护的决定》

二、网络服务提供者和其他企业事业单位在业务活动中收集、使用公民个人电子信息，应当遵循合法、正当、必要的原则，明示收集、使用信息的目的、方式和范围，并经被收集者同意，不得违反法律、法规的规定和双方的约定收集、使用信息。

网络服务提供者和其他企业事业单位收集、使用公民个人电子信息，应当公开其收集、使用规则。

三、网络服务提供者和其他企业事业单位及其工作人员对在业务活动中收集的公民个人电子信息必须严格保密，不得泄露、篡改、毁损，不得出售或者非法向他人提供。

四、网络服务提供者和其他企业事业单位应当采取技术措施和其他必要措施，确保信息安全，防止在业务活动中收集的公民个人电子信息泄露、毁损、丢失。在发生或者可能发生信息泄露、毁损、丢失的情况时，应当立即采取补救措施。

《消费者权益保护法》

第二十一条 经营者应当标明其真实名称和标记。

租赁他人柜台或者场地的经营者，应当标明其真实名称和标记。

第二十八条 采用网络、电视、电话、邮购等方式提供商品或者服务的经营者，以及提供证券、保险、银行等金融服务的经营者，应当向消费者提供经营地址、联系方式、商品或者服务的数量和质量、价款或者费用、履行期限和方式、安全注意事项和风险警示、售后服务、民事责任等信息。

第四十四条 消费者通过网络交易平台购买商品或者接受服务，其合法权益受到损害的，可以向销售者或者服务者要求赔偿。网络交易平台提供者不能提供销售者或者服务者的真实名称、地址和有效联系方式的，消费者也可以向网络交易平台提供者要求赔偿；网络交易平台提供者作出更有利于消费者的承诺的，应当履行承诺。网络交易平台提供者赔偿后，有权向销售者或者服务者追偿。

网络交易平台提供者明知或者应知销售者或者服务者利用其平台侵害消费者合法权益，未采取必要措施的，依法与该销售者或者服务者承担连带责任。

◎ **行政法规**

《化妆品监督管理条例》

第四十一条 电子商务平台经营者应当对平台内化妆品经营者进行实名登记，承担平台内化妆品经营者管理责任，发现平台内化妆品经营者有违反本条例规定行为的，应当及时制止并报告电子商务平台经营者所在地省、自治区、直辖市人民政府药品监督管理部门；发现严重违法行为的，应当立即停止向违法的化妆品经营者提供电子商务平台服务。

平台内化妆品经营者应当全面、真实、准确、及时披露所经营化妆品的信息。

◎ **司法解释**

《关于审理网络消费纠纷案件适用法律若干问题的规定（一）》

第十五条　网络直播营销平台经营者对依法需取得食品经营许可的网络直播间的食品经营资质未尽到法定审核义务，使消费者的合法权益受到损害，消费者依据食品安全法第一百三十一条等规定主张网络直播营销平台经营者与直播间运营者承担连带责任的，人民法院应予支持。

第十八条　网络餐饮服务平台经营者违反食品安全法第六十二条和第一百三十一条规定，未对入网餐饮服务提供者进行实名登记、审查许可证，或者未履行报告、停止提供网络交易平台服务等义务，使消费者的合法权益受到损害，消费者主张网络餐饮服务平台经营者与入网餐饮服务提供者承担连带责任的，人民法院应予支持。

◎ **部门规章**

《网络借贷信息中介机构业务活动管理暂行办法》

第九条　网络借贷信息中介机构应当履行下列义务：

（一）依据法律法规及合同约定为出借人与借款人提供直接借贷信息的采集整理、甄别筛选、网上发布，以及资信评估、借贷撮合、融资咨询、在线争议解决

等相关服务；

（二）对出借人与借款人的资格条件、信息的真实性、融资项目的真实性、合法性进行必要审核；

（三）采取措施防范欺诈行为，发现欺诈行为或其他损害出借人利益的情形，及时公告并终止相关网络借贷活动；

（四）持续开展网络借贷知识普及和风险教育活动，加强信息披露工作，引导出借人以小额分散的方式参与网络借贷，确保出借人充分知悉借贷风险；

（五）按照法律法规和网络借贷有关监管规定要求报送相关信息，其中网络借贷有关债权债务信息要及时向有关数据统计部门报送并登记；

（六）妥善保管出借人与借款人的资料和交易信息，不得删除、篡改，不得非法买卖、泄露出借人与借款人的基本信息和交易信息；

（七）依法履行客户身份识别、可疑交易报告、客户身份资料和交易记录保存等反洗钱和反恐怖融资义务；

（八）配合相关部门做好防范查处金融违法犯罪相关工作；

（九）按照相关要求做好互联网信息内容管理、网络与信息安全相关工作；

（十）国务院银行业监督管理机构、工商登记注册地省级人民政府规定

的其他义务。

《网络交易监督管理办法》

第二十四条 网络交易平台经营者应当要求申请进入平台销售商品或者提供服务的经营者提交其身份、地址、联系方式、行政许可等真实信息，进行核验、登记，建立登记档案，并至少每六个月核验更新一次。

网络交易平台经营者应当对未办理市场主体登记的平台内经营者进行动态监测，对超过本办法第八条第三款规定额度的，及时提醒其依法办理市场主体登记。

◎ 部门规范性文件

《网络交易平台经营者履行社会责任指引》

第十四条 网络交易平台经营者应对进驻平台的经营者进行审查和登记，建立登记档案并定期核实更新，记载的信息应真实、全面。平台内经营者信息从经营者在平台注销之日起保存不少于两年。

网络交易平台经营者对于法人、其他经济组织或者个体工商户，应在其从事经营活动的主页面醒目位置公开营业执照登载的信息或者其营业执照的电子链接标识；对于自然人，应在其从事经营活动的主页面醒目位置加载证明个人身份信息真实合法的标识，同时标明经营地址、电话邮箱等有效联系方式。

《第三方电子商务交易平台服务规范》

6.1 站内经营者注册

（1）通过第三方交易平台从事商品交易及有关服务行为的自然人，需要向平台经营者提出申请，提交身份证明文件或营业执照、经营地址及联系方式等必要信息。

（2）通过第三方交易平台从事商品交易及有关服务行为的法人和其他组织，需要向平台经营者提出申请，提交营业执照或其他获准经营的证明文件、经营地址及联系方式等必要信息。

（3）第三方电子商务交易平台应当核验站内经营者的营业执照和各类经营许可证。第三方电子商务交易平台对外是否显示站内经营者真实名称和姓名由平台经营者和站内经营者协商确定。

（4）平台经营者应当每年定期对实名注册的站内经营者的注册信息进行验证，对无法验证的站内经营者应予以注明。

（5）平台经营者应当加强提示，督促站内经营者履行有关法律规定和市场管理制度，增强诚信服务、文明经商的服务意识，倡导良好的经营作风和商业道德。

权威案例

◎ **典型案例**

山东查处上海拉某斯信息科技有限公司济南分公司未履行平台责任案【落实食品药品安全"四个最严"要求专项行动典型案例之二（2021年2月19日）】

典型意义：该案是查处网络交易第三方平台未履行平台责任的典型案例。

（一）解决难题，拓宽办案思路。本案在办理过程中涉及的焦点问题是处罚主体的确定。本案当事人为网络订餐第三方平台提供者分公司，而非《中华人民共和国食品安全法》第六十二条中"网络食品交易第三方平台提供者"本身，因此，该分公司是否有审查入网食品经营者资质的义务，是查处案件的核心问题，直接关系到案件违法事实是否成立。为调查核实上述问题，执法人员对当事人及入网餐饮业户进行双向调查，掌握了重要证据，确定该分公司未履行为入网食品经营者审查许可证义务的违法事实。

（二）落实"四个最严"要求，实施顶格处罚。食品安全大如天，执法人员秉承贯彻落实食品安全"四个最严"要求的办案理念，严字当头，在查处本案的同时，认真梳理了当地市场监管部门近两年来对该单位的执法卷宗，发现对该单位同样违法行为已进行过行政处罚，根据《山东省市场监督管理局行使行政处罚裁量权适用规则（试行）》的相关规定，给予该单位23万元最高档的顶格处罚，用最严厉的处罚，有力打击订餐平台的违法行为。下达行政处罚决定书后，监管部门及时依法向社会进行了行政处罚信息公示，警示、督促第三方平台、入网餐饮业户合法经营，对网络餐饮市场违法行为起到有效震慑作用。

（三）探索"以网管网"，创新执法模式。在"网络订餐"普及化的今天，传统的食品安全监管模式在面对"网络订餐"这类新业态时面临监管盲点、难点和痛点，单靠执法人员人工查询，很难在纷繁浩杂的互联网信息中查找到不法分子的蛛丝马迹，探索监管新模式势在必行。本案借助"以网管网"的监管手段，利用大数据监测技术对网络订餐平台实施全面实时监测，从中抓取相关线索，锁定违法证据，进而及时高效、从严从重地查处了网络餐饮服务领域存在的食品安全违法行为。"以网管网"有效解决了以往传统人工监测面对海量的、动态的数据难以做到准确监测的瓶颈，使得执法人员可以迅速掌握线索，实现精准执法。

王某与甲公司产品责任纠纷案【网络消费典型案例之八（2023年3月15日）】

典型意义：在数字经济背景下，互联网平台应当依法履行主体责任，尤其是涉及消费者身体健康的外卖餐饮平台，更应加强对平台内餐饮服务提供者身份及经营许可资质的审核。本案裁判明确外卖餐饮平台经营者未依法尽到资质审核义务，导致消费者合法权益受损的，应承担连带赔偿责任，确保人民群众的身体健康和生命安全不受非法侵害。

第二十八条　【平台经营者的报送义务】

电子商务平台经营者应当按照规定向市场监督管理部门报送平台内经营者的身份信息，提示未办理市场主体登记的经营者依法办理登记，并配合市场监督管理部门，针对电子商务的特点，为应当办理市场主体登记的经营者办理登记提供便利。

电子商务平台经营者应当依照税收征收管理法律、行政法规的规定，向税务部门报送平台内经营者的身份信息和与纳税有关的信息，并应当提示依照本法第十条规定不需要办理市场主体登记的电子商务经营者依照本法第十一条第二款的规定办理税务登记。

关联法规

◎ **法律**

《居民身份证法》

第十三条　公民从事有关活动，需要证明身份的，有权使用居民身份证证明身份，有关单位及其工作人员不得拒绝。

有关单位及其工作人员对履行职责或者提供服务过程中获得的居民身份证记载的公民个人信息，应当予以保密。

第十九条　国家机关或者金融、电信、交通、教育、医疗等单位的工作人员泄露在履行职责或者提供服务过程中获得的居民身份证记载的公民个人信息，构成犯罪的，依法追究刑事责任；尚不构成犯罪的，由公安机关处十日以上十五日以下拘留，并处五千元罚款，有违法所得的，没收违法所得。

单位有前款行为，构成犯罪的，依法追究刑事责任；尚不构成犯罪的，由公安机关对其直接负责的主管人员和其他直接责任人员，处十日以上十五日以下拘留，并处十万元以上五十万元以下罚款，有违法所得的，没收违法所得。

有前两款行为，对他人造成损害的，依法承担民事责任。

《关于加强网络信息保护的决定》

十、有关主管部门应当在各自职权范围内依法履行职责，采取技术措施和其他必要措施，防范、制止和查处窃取或者以其他非法方式获取、出售或者非法向他人提供公民个人电子信息的违法犯罪行为以及其他网络信息违法犯罪行为。有关主管部门依法履行职责时，网络服务提供者应当予以配合，提供技术支持。

国家机关及其工作人员对在履行职责中知悉的公民个人电子信息应当予以保密，不得泄露、篡改、毁损，不得出售或者非法向他人提供。

《税收征收管理法》

第二十五条　纳税人必须依照法律、行政法规规定或者税务机关依照法律、行政法规的规定确定的申报期限、申报内容如实办理纳税申报，报送纳税申报表、财务会计报表以及税务机关根据实际需要要求纳税人报送的其他纳税资料。

扣缴义务人必须依照法律、行政法规规定或者税务机关依照法律、行政法规的规定确定的申报期限、申报内容如实报送代扣代缴、代收代缴税款报告表以及税务机关根据实际需要要求扣缴义务人报送的其他有关资料。

第二十六条　纳税人、扣缴义务人可以直接到税务机关办理纳税申报或者报送代扣代缴、代收代缴税款报告表，也可以按照规定采取邮寄、数据电文或者其他方式办理上述申报、报送事项。

第二十七条　纳税人、扣缴义务人不能按期办理纳税申报或者报送代扣代缴、代收代缴税款报告表的，经税务机关核准，可以延期申报。

经核准延期办理前款规定的申报、报送事项的，应当在纳税期内按照上期实际缴纳的税额或者税务机关核定的税额预缴税款，并在核准的延期内办理税款结算。

第四十八条　纳税人有合并、分立情形的，应当向税务机关报告，并依法缴清税款。纳税人合并时未缴清税款的，应当由合并后的纳税人继续履行未履行的纳税义务；纳税人分立时未缴清税款的，分立后的纳税人对未履行的纳税义务应当承担连带责任。

◎ 司法解释

《关于审理网络消费纠纷案件适用法律若干问题的规定（一）》

第十八条　网络餐饮服务平台经营者违反食品安全法第六十二条和第一百三十一条规定，未对入网餐饮服务提供者进行实名登记、审查许可证，或者未履行报告、停止提供网络交易平台服务等义务，使消费者的合法权益受到损害，消费者主张网络餐饮服务平台经营者与入网餐饮服务提供者承担连带责任的，人民法院应予支持。

◎ 部门规章

《网络交易监督管理办法》

第二十五条　网络交易平台经营者应当依照法律、行政法规的规定，向市场监督管理部门报送有关信息。

网络交易平台经营者应当分别于每年1月和7月向住所地省级市场监督管理部门报送平台内经营者的下列身份信息：

（一）已办理市场主体登记的平台内经营者的名称（姓名）、统一社会信用代码、实际经营地址、联系方式、网店名称以及网址链接等信息；

（二）未办理市场主体登记的平台内经营者的姓名、身份证件号码、实际经营地址、联系方式、网店名称以及网址链接、属于依法不需要办理市场主体登记的具体情形的自我声明等信息；其中，对超过本办法第八条第三款规定额度的平台内经营者进行特别标示。

鼓励网络交易平台经营者与市场监督管理部门建立开放数据接口等形式的自动化信息报送机制。

第二十六条　网络交易平台经营者应当为平台内经营者依法履行信息公示义务提供技术支持。平台内经营者公示的信息发生变更的，应当在三个工作日内将变更情况报送平台，平台应当在七个工作日内进行核验，完成更新公示。

第二十七条　网络交易平台经营者应当以显著方式区分标记已办理市场主体登记的经营者和未办理市场主体登记的经营者，确保消费者能够清晰辨认。

第二十九条　【平台经营者对违法经营的处置和报告义务】

电子商务平台经营者发现平台内的商品或者服务信息存在违反本法第十二条、第十三条规定情形的，应当依法采取必要的处置措施，并向有关主管部门报告。

关联法规

◎ **法律**

《网络安全法》

第二十二条　网络产品、服务应当符合相关国家标准的强制性要求。网络产品、服务的提供者不得设置恶意程序；发现其网络产品、服务存在安全缺陷、漏洞等风险时，应当立即采取补救措施，按照规定及时告知用户并向有关主管部门报告。

网络产品、服务的提供者应当为其产品、服务持续提供安全维护；在规定或者当事人约定的期限内，不得终止提供安全维护。

网络产品、服务具有收集用户信息功能的，其提供者应当向用户明示并取得同意；涉及用户个人信息的，还应当遵守本法和有关法律、行政法规关于个人信息保护的规定。

《消费者权益保护法》

第七条　消费者在购买、使用商品和接受服务时享有人身、财产安全不受损害的权利。

消费者有权要求经营者提供的商品和服务，符合保障人身、财产安全的要求。

第十八条　经营者应当保证其提供的商品或者服务符合保障人身、财产安全的要求。对可能危及人身、财产安全的商品和服务，应当向消费者作出真实的说明和明确的警示，并说明和标明正确使用商品或者接受服务的方法以及防止危害发生的方法。

第十九条　经营者发现其提供的商品或者服务存在缺陷，有危及人身、财产安全危险的，应当立即向有关行政部门报告和告知消费者，并采取停止销售、警示、召回、无害化处理、销毁、停止生产或者服务等措施。采取召回措施的，经营者应当承担消费者因商品被召回支出的必要费用。

第二十条　经营者向消费者提供有关商品或者服务的质量、性能、用途、有效期限等信息，应当真实、全面，不得作虚假或者引人误解的宣传。

经营者对消费者就其提供的商品或者服务的质量和使用方法等问题提出的询问，应当作出真实、明确的答复。

经营者提供商品或者服务应当明码标价。

第四十四条　消费者通过网络交易平台购买商品或者接受服务，其合法权益受到损害的，可以向销售者或者服务者要求赔偿。网络交易平台提供者不能提供销售者或者服务者的真实名称、地址和有效联系方式的，消费者也可以向网络交易平台提供者要求赔偿；网络交易平台提供者作出更有利于消费者的承诺的，应当履行承诺。网络交易平台提供者赔偿后，有权向销售者或者服务者追偿。

网络交易平台提供者明知或者应知销售者或者服务者利用其平台侵害消费者合法权益，未采取必要措施的，依法与该销售者或者服务者承担连带责任。

《产品质量法》

第三十三条　销售者应当建立并执行进货检查验收制度，验明产品合格证明和其他标识。

第三十四条　销售者应当采取措施，保持销售产品的质量。

《行政许可法》

第二条　本法所称行政许可，是指行政机关根据公民、法人或者其他组织的申请，经依法审查，准予其从事特定活动的行为。

第十二条　下列事项可以设定行政许可：

（一）直接涉及国家安全、公共安全、经济宏观调控、生态环境保护以及直接关系人身健康、生命财产安全等特定活动，需要按照法定条件予以批准的事项；

（二）有限自然资源开发利用、公共资源配置以及直接关系公共利益的特定行业的市场准入等，需要赋予特定权利的事项；

（三）提供公众服务并且直接关系公共利益的职业、行业，需要确定具备特殊信誉、特殊条件或者特殊技能等资格、资质的事项；

（四）直接关系公共安全、人身健康、生命财产安全的重要设备、设施、产品、物品，需要按照技术标准、技术规范，通过检验、检测、检疫等方式进行审定的事项；

（五）企业或者其他组织的设立等，需要确定主体资格的事项；

（六）法律、行政法规规定可以设定行政许可的其他事项。

第十三条　本法第十二条所列事项，通过下列方式能够予以规范的，可以不设行政许可：

（一）公民、法人或者其他组织能够自主决定的；

（二）市场竞争机制能够有效调节的；

（三）行业组织或者中介机构能够自律管理的；

（四）行政机关采用事后监督等其他行政管理方式能够解决的。

◎ **行政法规**

《化妆品监督管理条例》

第四十一条　电子商务平台经营者应当对平台内化妆品经营者进行实名登记，承担平台内化妆品经营者管理责任，发现平台内化妆品经营者有违反本条例规定行为的，应当及时制止并报告电子商务平台经营者所在地省、自治区、直辖市人民政府药品监督管理部门；发现严重违法行为的，应当立即停止向违法的化妆品经营者提供电子商务平台服务。

平台内化妆品经营者应当全面、真实、准确、及时披露所经营化妆品的信息。

◎ **司法解释**

《关于审理网络消费纠纷案件适用法律若干问题的规定（一）》

第十六条　网络直播营销平台经营者知道或者应当知道网络直播间销售的商品不符合保障人身、财产安全的要求，或者有其他侵害消费者合法权益行为，未采取必要措施，消费者依据电子商务法第三十八条等规定主张网络直播营销平台经营者与直播间运营者承担连带责任的，人民法院应予支持。

第十七条　直播间运营者知道或者应当知道经营者提供的商品不符合保障人身、财产安全的要求，或者有其他侵害消费者合法权益行为，仍为其推广，给消费者造成损害，消费者依据民法典第一千一百六十八条等规定主张直播间运营者与提供该商品的经营者承担连带责任的，人民法院应予支持。

第十八条　网络餐饮服务平台经营者违反食品安全法第六十二条和第一百三十一条规定，未对入网餐饮服务提供者进行实名登记、审查许可证，或者未履行报告、停止提供网络交易平台服务等义务，使消费者的合法权益受到损害，消费者主张网络餐饮服务平台经营者与入网餐饮服务提供者承担连带责任的，人民法院应予支持。

◎ 部门规章

《网络交易监督管理办法》

第二十九条　网络交易平台经营者应当对平台内经营者及其发布的商品或者服务信息建立检查监控制度。网络交易平台经营者发现平台内的商品或者服务信息有违反市场监督管理法律、法规、规章，损害国家利益和社会公共利益，违背公序良俗的，应当依法采取必要的处置措施，保存有关记录，并向平台住所地县级以上市场监督管理部门报告。

◎ 部门规范性文件

《网络交易平台经营者履行社会责任指引》

第十七条　网络交易平台经营者应建立信息检查和不良信息处理制度，对于发现有违反法律法规和规章的行为，

应向有关部门报告，并及时采取措施制止，必要时可以停止对其提供网络交易平台服务。同时，网络交易平台经营者还应积极配合监管部门依法查处相关违法违规行为。

网络交易平台经营者应采取技术手段屏蔽侵犯知识产权和制售假冒伪劣等违法商品信息，及时排查隐患，处理违法违规行为，发现苗头性、倾向性、危害性严重的问题及时上报。

> **权威案例**

◎ **典型案例**

徐某云诉敬某桥、浙江淘某网络有限公司网络购物合同纠纷案【最高人民法院发布第一批涉互联网典型案例之二（2018 年 8 月 16 日）】

典型意义：食品安全关涉人民群众的生命与健康，对于社会稳定、经济发展具有重大影响。近些年，食品安全领域由于重大食品安全事故频发，严重危害到公众健康，对构建和谐社会造成威胁，使我国面临着极为严峻的食品安全问题。随着贸易全球化和我国经济社会的发展，进口食品已经成为我国消费者重要的食品来源，尤其是通过网络销售，大量种类繁多的进口食品送到了消费者手中。进口食品安全问题，同样不能忽视，必须符合我国食品安全国家标准，经营者违反国家食品安全规定销售进口食品的，应当承担相应的法

律责任。本案例即明确，进口食品应当符合我国食品安全国家标准，经国家出入境检验检疫机构依照进出口商品检验相关法律、行政法规的规定检验合格，按照国家出入境检验检疫部门的要求随附合格证明材料。被告敬某桥作为经营者必须要保证食品来源的安全。本案中，被告敬某桥通过网络销售的俄罗斯进口奶粉不是我国目前准入的食品，且被告敬某桥也无法提供进口货物的相关报关单据、入境货物检验检疫证明、产品检验检疫卫生证书、海关发放的通关证明等进口食品所应具备的资料，故认定涉案奶粉属于不符合食品安全标准的食品。因被告敬某桥销售明知是不符合食品安全标准的食品，原告要求退还货款并支付价款十倍的赔偿金，于法有据，法院予以支持。被告浙江淘某网络有限公司对被告敬某桥的主体信息、经营资质进行了审核，并在原告徐某云维权时提供了销售者的真实名称、地址和有效联系方式，涉案商品也已及时下架处理，其已经履行了注意义务，不应承担连带赔偿责任。

北京市海淀区网络餐饮服务第三方平台食品安全公益诉讼案【最高人民检察院发布检察公益诉讼十大典型案例之三（2018年12月25日）】

典型意义："民以食为天，食以安为先"。随着我国互联网经济的迅猛发展，"互联网＋餐饮服务"等新兴业态快速增长。网络餐饮服务促进了餐饮业的发展，方便了人们的生活，但其中存在的违法行为和管理漏洞不容忽视。在公益诉讼工作中，检察机关与行政机关目标一致，通过行政公益诉讼诉前检察建议，两者能够形成合力，共同解决群众反映强烈的社会问题。作为"百某外卖""美某""百某糯米"等网络餐饮服务第三方平台的经营地之一，海淀区食品药品监督管理局责任重大，在收到检察机关检察建议后，其积极采取措施，下线问题商户3000余家，成效显著。海淀区检察院与区食品药品监督管理局共同建设的"阳光餐饮"第三方平台，对于切实维护全区乃至全国网络餐饮服务健康发展均具有重要意义。

第三十条　【平台经营者的安全保障义务】

电子商务平台经营者应当采取技术措施和其他必要措施保证其网络安全、稳定运行，防范网络违法犯罪活动，有效应对网络安全事件，保障电子商务交易安全。

电子商务平台经营者应当制定网络安全事件应急预案，发生网络安全事件时，应当立即启动应急预案，采取相应的补救措施，并向有关主管部门报告。

关联法规

◎ **法律**

《民法典》

第一百一十一条　自然人的个人信息受法律保护。任何组织或者个人需要获取他人个人信息的，应当依法取得并确保信息安全，不得非法收集、使用、加工、传输他人个人信息，不得非法买卖、提供或者公开他人个人信息。

第一千零三十三条　除法律另有规定或者权利人明确同意外，任何组织或者个人不得实施下列行为：

（一）以电话、短信、即时通讯工具、电子邮件、传单等方式侵扰他人的私人生活安宁；

（二）进入、拍摄、窥视他人的住宅、宾馆房间等私密空间；

（三）拍摄、窥视、窃听、公开他人的私密活动；

（四）拍摄、窥视他人身体的私密部位；

（五）处理他人的私密信息；

（六）以其他方式侵害他人的隐私权。

第一千零三十四条　自然人的个人信息受法律保护。

个人信息是以电子或者其他方式记录的能够单独或者与其他信息结合识别特定自然人的各种信息，包括自然人的姓名、出生日期、身份证件号码、生物识别信息、住址、电话号码、电子邮箱、健康信息、行踪信息等。

个人信息中的私密信息，适用有关隐私权的规定；没有规定的，适用有关个人信息保护的规定。

第一千零三十五条　处理个人信息的，应当遵循合法、正当、必要原则，不得过度处理，并符合下列条件：

（一）征得该自然人或者其监护人同意，但是法律、行政法规另有规定的除外；

（二）公开处理信息的规则；

（三）明示处理信息的目的、方式和范围；

（四）不违反法律、行政法规的规定和双方的约定。

个人信息的处理包括个人信息的收集、存储、使用、加工、传输、提供、公开等。

第一千零三十八条　信息处理者不得泄露或者篡改其收集、存储的个人信息；未经自然人同意，不得向他人非法提供其个人信息，但是经过加工无法识别特定个人且不能复原的除外。

信息处理者应当采取技术措施和其他必要措施，确保其收集、存储的个人信息安全，防止信息泄露、篡改、丢失；发生或者可能发生个人信息泄露、篡改、丢失的，应当及时采取补救措施，按照规定告知自然人并向有关主管部门报告。

《刑法》

第二百五十三条之一 违反国家有关规定，向他人出售或者提供公民个人信息，情节严重的，处三年以下有期徒刑或者拘役，并处或者单处罚金；情节特别严重的，处三年以上七年以下有期徒刑，并处罚金。

违反国家有关规定，将在履行职责或者提供服务过程中获得的公民个人信息，出售或者提供给他人的，依照前款的规定从重处罚。

窃取或者以其他方法非法获取公民个人信息的，依照第一款的规定处罚。

单位犯前三款罪的，对单位判处罚金，并对其直接负责的主管人员和其他直接责任人员，依照各该款的规定处罚。

《网络安全法》

第九条 网络运营者开展经营和服务活动，必须遵守法律、行政法规，尊重社会公德，遵守商业道德，诚实信用，履行网络安全保护义务，接受政府和社会的监督，承担社会责任。

第十条 建设、运营网络或者通过网络提供服务，应当依照法律、行政法规的规定和国家标准的强制性要求，采取技术措施和其他必要措施，保障网络安全、稳定运行，有效应对网络安全事件，防范网络违法犯罪活动，维护网络数据的完整性、保密性和可用性。

第二十一条 国家实行网络安全等级保护制度。网络运营者应当按照网络安全等级保护制度的要求，履行下列安全保护义务，保障网络免受干扰、破坏或者未经授权的访问，防止网络数据泄露或者被窃取、篡改：

（一）制定内部安全管理制度和操作规程，确定网络安全负责人，落实网络安全保护责任；

（二）采取防范计算机病毒和网络攻击、网络侵入等危害网络安全行为的技术措施；

（三）采取监测、记录网络运行状态、网络安全事件的技术措施，并按照规定留存相关的网络日志不少于六个月；

（四）采取数据分类、重要数据备份和加密等措施；

（五）法律、行政法规规定的其他义务。

第二十二条 网络产品、服务应当符合相关国家标准的强制性要求。网络产品、服务的提供者不得设置恶意程序；发现其网络产品、服务存在安全缺陷、漏洞等风险时，应当立即采取补救措施，按照规定及时告知用户并向有关主管部门报告。

网络产品、服务的提供者应当为其

产品、服务持续提供安全维护；在规定或者当事人约定的期限内，不得终止提供安全维护。

网络产品、服务具有收集用户信息功能的，其提供者应当向用户明示并取得同意；涉及用户个人信息的，还应当遵守本法和有关法律、行政法规关于个人信息保护的规定。

第二十五条 网络运营者应当制定网络安全事件应急预案，及时处置系统漏洞、计算机病毒、网络攻击、网络侵入等安全风险；在发生危害网络安全的事件时，立即启动应急预案，采取相应的补救措施，并按照规定向有关主管部门报告。

第二十九条 国家支持网络运营者之间在网络安全信息收集、分析、通报和应急处置等方面进行合作，提高网络运营者的安全保障能力。

有关行业组织建立健全本行业的网络安全保护规范和协作机制，加强对网络安全风险的分析评估，定期向会员进行风险警示，支持、协助会员应对网络安全风险。

第四十条 网络运营者应当对其收集的用户信息严格保密，并建立健全用户信息保护制度。

第四十一条 网络运营者收集、使用个人信息，应当遵循合法、正当、必要的原则，公开收集、使用规则，明示收集、使用信息的目的、方式和范围，并经被收集者同意。

网络运营者不得收集与其提供的服务无关的个人信息，不得违反法律、行政法规的规定和双方的约定收集、使用个人信息，并应当依照法律、行政法规的规定和与用户的约定，处理其保存的个人信息。

第四十二条 网络运营者不得泄露、篡改、毁损其收集的个人信息；未经被收集者同意，不得向他人提供个人信息。但是，经过处理无法识别特定个人且不能复原的除外。

网络运营者应当采取技术措施和其他必要措施，确保其收集的个人信息安全，防止信息泄露、毁损、丢失。在发生或者可能发生个人信息泄露、毁损、丢失的情况时，应当立即采取补救措施，按照规定及时告知用户并向有关主管部门报告。

第四十九条 网络运营者应当建立网络信息安全投诉、举报制度，公布投诉、举报方式等信息，及时受理并处理有关网络信息安全的投诉和举报。

网络运营者对网信部门和有关部门依法实施的监督检查，应当予以配合。

《数据安全法》

第八条 开展数据处理活动，应当遵守法律、法规，尊重社会公德和伦理，遵守商业道德和职业道德，诚实守信，履行数据安全保护义务，承担社会责任，不得危害国家安全、公共利益，不得损害个人、组织的合法权益。

第二十七条 开展数据处理活动应当依照法律、法规的规定，建立健全全流程数据安全管理制度，组织开展数据安全教育培训，采取相应的技术措施和其他必要措施，保障数据安全。利用互联网等信息网络开展数据处理活动，应当在网络安全等级保护制度的基础上，履行上述数据安全保护义务。

重要数据的处理者应当明确数据安全负责人和管理机构，落实数据安全保护责任。

第二十九条 开展数据处理活动应当加强风险监测，发现数据安全缺陷、漏洞等风险时，应当立即采取补救措施；发生数据安全事件时，应当立即采取处置措施，按照规定及时告知用户并向有关主管部门报告。

第三十条 重要数据的处理者应当按照规定对其数据处理活动定期开展风险评估，并向有关主管部门报送风险评估报告。

风险评估报告应当包括处理的重要数据的种类、数量，开展数据处理活动的情况，面临的数据安全风险及其应对措施等。

《个人信息保护法》

第五十一条 个人信息处理者应当根据个人信息的处理目的、处理方式、个人信息的种类以及对个人权益的影响、可能存在的安全风险等，采取下列措施确保个人信息处理活动符合法律、行政法规的规定，并防止未经授权的访问以及个人信息泄露、篡改、丢失：

（一）制定内部管理制度和操作规程；

（二）对个人信息实行分类管理；

（三）采取相应的加密、去标识化等安全技术措施；

（四）合理确定个人信息处理的操作权限，并定期对从业人员进行安全教育和培训；

（五）制定并组织实施个人信息安全事件应急预案；

（六）法律、行政法规规定的其他措施。

第五十二条 处理个人信息达到国家网信部门规定数量的个人信息处理者应当指定个人信息保护负责人，负责对个人信息处理活动以及采取的保护措施等进行监督。

个人信息处理者应当公开个人信息保护负责人的联系方式，并将个人信息保护负责人的姓名、联系方式等报送履行个人信息保护职责的部门。

第五十五条 有下列情形之一的，个人信息处理者应当事前进行个人信息保护影响评估，并对处理情况进行记录：

（一）处理敏感个人信息；

（二）利用个人信息进行自动化决策；

（三）委托处理个人信息、向其他个人信息处理者提供个人信息、公开个人信息；

（四）向境外提供个人信息；

（五）其他对个人权益有重大影响的个人信息处理活动。

第五十六条 个人信息保护影响评估应当包括下列内容：

（一）个人信息的处理目的、处理方式等是否合法、正当、必要；

（二）对个人权益的影响及安全风险；

（三）所采取的保护措施是否合法、有效并与风险程度相适应。

个人信息保护影响评估报告和处理情况记录应当至少保存三年。

第五十七条 发生或者可能发生个人信息泄露、篡改、丢失的，个人信息处理者应当立即采取补救措施，并通知履行个人信息保护职责的部门和个人。通知应当包括下列事项：

（一）发生或者可能发生个人信息泄露、篡改、丢失的信息种类、原因和可能造成的危害；

（二）个人信息处理者采取的补救措施和个人可以采取的减轻危害的

措施；

（三）个人信息处理者的联系方式。

个人信息处理者采取措施能够有效避免信息泄露、篡改、丢失造成危害的，个人信息处理者可以不通知个人；履行个人信息保护职责的部门认为可能造成危害的，有权要求个人信息处理者通知个人。

第五十八条 提供重要互联网平台服务、用户数量巨大、业务类型复杂的个人信息处理者，应当履行下列义务：

（一）按照国家规定建立健全个人信息保护合规制度体系，成立主要由外部成员组成的独立机构对个人信息保护情况进行监督；

（二）遵循公开、公平、公正的原则，制定平台规则，明确平台内产品或者服务提供者处理个人信息的规范和保护个人信息的义务；

（三）对严重违反法律、行政法规处理个人信息的平台内的产品或者服务提供者，停止提供服务；

（四）定期发布个人信息保护社会责任报告，接受社会监督。

《关于加强网络信息保护的决定》

二、网络服务提供者和其他企业事业单位在业务活动中收集、使用公民个人电子信息，应当遵循合法、正当、必要的原则，明示收集、使用信息的目的、方式和范围，并经被收集者同意，不得违反法律、法规的规定和双方的约定收集、使用信息。

网络服务提供者和其他企业事业单位收集、使用公民个人电子信息，应当公开其收集、使用规则。

三、网络服务提供者和其他企业事业单位及其工作人员对在业务活动中收集的公民个人电子信息必须严格保密，不得泄露、篡改、毁损，不得出售或者非法向他人提供。

四、网络服务提供者和其他企业事业单位应当采取技术措施和其他必要措施，确保信息安全，防止在业务活动中收集的公民个人电子信息泄露、毁损、丢失。在发生或者可能发生信息泄露、毁损、丢失的情况时，应当立即采取补救措施。

《消费者权益保护法》

第十四条 消费者在购买、使用商品和接受服务时，享有人格尊严、民族风俗习惯得到尊重的权利，享有个人信息依法得到保护的权利。

第二十九条 经营者收集、使用消费者个人信息，应遵循合法、正当、必要的原则，明示收集、使用信息的目的、方式和范围，并经消费者同意。经营者收集、使用消费者个人信息，应当公开其收集、使用规则，不得违反法律、法规的规定和双方的约定收集、使用信息。

经营者及其工作人员对收集的消费者个人信息必须严格保密，不得泄露、出售或者非法向他人提供。经营者应当采取技术措施和其他必要措施，确保信息安全，防止消费者个人信息泄露、丢失。在发生或者可能发生信息泄露、丢失的情况时，应当立即采取补救措施。

经营者未经消费者同意或者请求，或者消费者明确表示拒绝的，不得向其发送商业性信息。

◎ **党内法规**

《关于鼓励和规范互联网租赁自行车发展的指导意见》

四、保障用户资金和网络信息安全

……

（十三）加强网络和信息安全保护。互联网租赁自行车运营企业应当遵守《中华人民共和国网络安全法》等法律法规要求，将服务器设在中国大陆境内，并落实网络安全等级保护、数据安全管理、个人信息保护等制度，建立网络和信息安全管理制度及技术保障手段，完善网络安全防范措施，依法合规采集、使用和保护个人信息，强化系统数据安全保护，防范违法信息传播扩散。运营企业采集信息不得侵害用户合法权益和社会公共利益，不得超越提供互联网租赁自行车服务所必需的范围；在境内运营中采集的信息和生成的相关数据应当在中国大陆境内存储。发生重大网络和信息安全事件，应及时向相关主管部门报告。主管部门不得将运营企业报送的数据超越管理所必需的范围。

◎ **行政法规**

《电信条例》

第五十六条 任何组织或者个人不得利用电信网络制作、复制、发布、传播含有下列内容的信息：

（一）反对宪法所确定的基本原则的；

（二）危害国家安全，泄露国家秘密，颠覆国家政权，破坏国家统一的；

（三）损害国家荣誉和利益的；

（四）煽动民族仇恨、民族歧视，破坏民族团结的；

（五）破坏国家宗教政策，宣扬邪教和封建迷信的；

（六）散布谣言，扰乱社会秩序，破坏社会稳定的；

（七）散布淫秽、色情、赌博、暴力、凶杀、恐怖或者教唆犯罪的；

（八）侮辱或者诽谤他人，侵害他人合法权益的；

（九）含有法律、行政法规禁止的其他内容的。

第五十七条 任何组织或者个人不得有下列危害电信网络安全和信息安全的行为：

（一）对电信网的功能或者存储、处理、传输的数据和应用程序进行删除或者修改；

（二）利用电信网从事窃取或者破坏他人信息、损害他人合法权益的活动；

（三）故意制作、复制、传播计算机病毒或者以其他方式攻击他人电信网络等电信设施；

（四）危害电信网络安全和信息安全的其他行为。

第五十九条 电信业务经营者应当按照国家有关电信安全的规定，建立健全内部安全保障制度，实行安全保障责任制。

第六十条 电信业务经营者在电信网络的设计、建设和运行中，应当做到与国家安全和电信网络安全的需求同步规划，同步建设，同步运行。

第六十一条 在公共信息服务中，电信业务经营者发现电信网络中传输的信息明显属于本条例第五十六条所列内容的，应当立即停止传输，保存有关记录，并向国家有关机关报告。

◎ **司法解释**

《关于办理侵犯公民个人信息刑事案件适用法律若干问题的解释》

第三条 向特定人提供公民个人信息，以及通过信息网络或者其他途径发布公民个人信息的，应当认定为刑法第二百五十三条之一规定的"提供公民个人信息"。

未经被收集者同意，将合法收集的公民个人信息向他人提供的，属于刑法第二百五十三条之一规定的"提供公民个人信息"，但是经过处理无法识别特定个人且不能复原的除外。

第五条 非法获取、出售或者提供公民个人信息，具有下列情形之一的，应当认定为刑法第二百五十三条之一规定的"情节严重"：

（一）出售或者提供行踪轨迹信息，被他人用于犯罪的；

（二）知道或者应当知道他人利用公民个人信息实施犯罪，向其出售或者提供的；

（三）非法获取、出售或者提供行踪轨迹信息、通信内容、征信信息、财产信息五十条以上的；

（四）非法获取、出售或者提供住宿信息、通信记录、健康生理信息、交易信息等其他可能影响人身、财产安全的公民个人信息五百条以上的；

（五）非法获取、出售或者提供第三项、第四项规定以外的公民个人信息五千条以上的；

（六）数量未达到第三项至第五项规定标准，但是按相应比例合计达到有关数量标准的；

（七）违法所得五千元以上的；

（八）将在履行职责或者提供服务过程中获得的公民个人信息出售或提供给他人，数量或者数额达到第三项至第七项规定标准一半以上的；

（九）曾因侵犯公民个人信息受过刑事处罚或者二年内受过行政处罚，又非法获取、出售或者提供公民个人信息的；

（十）其他情节严重的情形。

实施前款规定的行为，具有下列情形之一的，应当认定为刑法第二百五十三条之一第一款规定的"情节特别严重"：

（一）造成被害人死亡、重伤、精神失常或者被绑架等严重后果的；

（二）造成重大经济损失或者恶劣社会影响的；

（三）数量或者数额达到前款第三项至第八项规定标准十倍以上的；

（四）其他情节特别严重的情形。

第八条 设立用于实施非法获取、出售或者提供公民个人信息违法犯罪活动的网站、通讯群组，情节严重的，应当依照刑法第二百八十七条之一的规定，以非法利用信息网络罪定罪处罚；同时构成侵犯公民个人信息罪的，依照侵犯公民个人信息罪定罪处罚。

第九条 网络服务提供者拒不履行法律、行政法规规定的信息网络安全管理义务，经监管部门责令采取改正措施而拒不改正，致使用户的公民个人信息泄露，造成严重后果的，应当依照刑法

第二百八十六条之一的规定，以拒不履行信息网络安全管理义务罪定罪处罚。

《关于审理使用人脸识别技术处理个人信息相关民事案件适用法律若干问题的规定》

第二条　信息处理者处理人脸信息有下列情形之一的，人民法院应当认定属于侵害自然人人格权益的行为：

（一）在宾馆、商场、银行、车站、机场、体育场馆、娱乐场所等经营场所、公共场所违反法律、行政法规的规定使用人脸识别技术进行人脸验证、辨识或者分析；

（二）未公开处理人脸信息的规则或者未明示处理的目的、方式、范围；

（三）基于个人同意处理人脸信息的，未征得自然人或者其监护人的单独同意，或者未按照法律、行政法规的规定征得自然人或者其监护人的书面同意；

（四）违反信息处理者明示或者双方约定的处理人脸信息的目的、方式、范围等；

（五）未采取应有的技术措施或者其他必要措施确保其收集、存储的人脸信息安全，致使人脸信息泄露、篡改、丢失；

（六）违反法律、行政法规的规定或者双方的约定，向他人提供人脸信息；

（七）违背公序良俗处理人脸信息；

（八）违反合法、正当、必要原则处理人脸信息的其他情形。

◎ **部门规章**

《个人信用信息基础数据库管理暂行办法》

第二十六条　商业银行应当根据中国人民银行的有关规定，制定相关信用信息报送、查询、使用、异议处理、安全管理等方面的内部管理制度和操作规程，并报中国人民银行备案。

第三十一条　商业银行应当建立保证个人信用信息安全的管理制度，确保只有得到内部授权的人员才能接触个人信用报告，不得将个人信用报告用于本办法第十二条规定以外的其它用途。

《规范互联网信息服务市场秩序若干规定》

第十二条　互联网信息服务提供者应当妥善保管用户个人信息；保管的用户个人信息泄露或者可能泄露时，应当立即采取补救措施；造成或者可能造成严重后果的，应当立即向准予其互联网信息服务许可或者备案的电信管理机构报告，并配合相关部门进行的调查处理。

第十三条　互联网信息服务提供者应当加强系统安全防护，依法维护用户上载信息的安全，保障用户对上载信息的使用、修改和删除。

互联网信息服务提供者不得有下列行为：

（一）无正当理由擅自修改或者删除用户上载信息；

（二）未经用户同意，向他人提供用户上载信息，但是法律、行政法规另有规定的除外；

（三）擅自或者假借用户名义转移用户上载信息，或者欺骗、误导、强迫用户转移其上载信息；

（四）其他危害用户上载信息安全的行为。

《电信和互联网用户个人信息保护规定》

第十三条 电信业务经营者、互联网信息服务提供者应当采取以下措施防止用户个人信息泄露、毁损、篡改或者丢失：

（一）确定各部门、岗位和分支机构的用户个人信息安全管理责任；

（二）建立用户个人信息收集、使用及其相关活动的工作流程和安全管理制度；

（三）对工作人员及代理人实行权限管理，对批量导出、复制、销毁信息实行审查，并采取防泄密措施；

（四）妥善保管记录用户个人信息的纸介质、光介质、电磁介质等载体，并采取相应的安全储存措施；

（五）对储存用户个人信息的信息系统实行接入审查，并采取防入侵、防病毒等措施；

（六）记录对用户个人信息进行操作的人员、时间、地点、事项等信息；

（七）按照电信管理机构的规定开展通信网络安全防护工作；

（八）电信管理机构规定的其他必要措施。

第十四条 电信业务经营者、互联网信息服务提供者保管的用户个人信息发生或者可能发生泄露、毁损、丢失的，应当立即采取补救措施；造成或者可能造成严重后果的，应当立即向准予其许可或者备案的电信管理机构报告，配合相关部门进行的调查处理。

电信管理机构应当对报告或者发现的可能违反本规定的行为的影响进行评估；影响特别重大的，相关省、自治区、直辖市通信管理局应当向工业和信息化部报告。电信管理机构在依据本规定作出处理决定前，可以要求电信业务经营者和互联网信息服务提供者暂停有关行为，电信业务经营者和互联网信息服务提供者应当执行。

第十五条 电信业务经营者、互联网信息服务提供者应当对其工作人员进行用户个人信息保护相关知识、技能和安全责任培训。

第十六条 电信业务经营者、互联网信息服务提供者应当对用户个人信息保护情况每年至少进行一次自查，记录自查情况，及时消除自查中发现的安全隐患。

《网络出版服务管理规定》

第三十一条 网络出版服务单位应当按照国家有关规定或技术标准，配备应用必要的设备和系统，建立健全各项管理制度，保障信息安全、内容合法，并为出版行政主管部门依法履行监督管理职责提供技术支持。

《网络借贷信息中介机构业务活动管理暂行办法》

第九条 网络借贷信息中介机构应当履行下列义务：

（一）依据法律法规及合同约定为出借人与借款人提供直接借贷信息的采集整理、甄别筛选、网上发布，以及资信评估、借贷撮合、融资咨询、在线争议解决等相关服务；

（二）对出借人与借款人的资格条件、信息的真实性、融资项目的真实性、合法性进行必要审核；

（三）采取措施防范欺诈行为，发现欺诈行为或其他损害出借人利益的情形，及时公告并终止相关网络借贷活动；

（四）持续开展网络借贷知识普及和风险教育活动，加强信息披露工作，引导出借人以小额分散的方式参与网络借贷，确保出借人充分知悉借贷风险；

（五）按照法律法规和网络借贷有关监管规定要求报送相关信息，其中网络借贷有关债权债务信息要及时向有关数据统计部门报送并登记；

（六）妥善保管出借人与借款人的资料和交易信息，不得删除、篡改，不得非法买卖、泄露出借人与借款人的基本信息和交易信息；

（七）依法履行客户身份识别、可疑交易报告、客户身份资料和交易记录保存等反洗钱和反恐怖融资义务；

（八）配合相关部门做好防范查处金融违法犯罪相关工作；

（九）按照相关要求做好互联网信息内容管理、网络与信息安全相关工作；

（十）国务院银行业监督管理机构、工商登记注册地省级人民政府规定的其他义务。

《儿童个人信息网络保护规定》

第八条 网络运营者应当设置专门的儿童个人信息保护规则和用户协议，并指定专人负责儿童个人信息保护。

第十三条 网络运营者应当采取加密等措施存储儿童个人信息，确保信息安全。

第二十一条 网络运营者发现儿童个人信息发生或者可能发生泄露、毁损、丢失的，应当立即启动应急预案，采取补救措施；造成或者可能造成严重后果的，应当立即向有关主管部门报告，并将事件相关情况以邮件、信函、电话、推送通知等方式告知受影响的儿童及其监护人，难以逐一告知的，应当采取合理、有效的方式发布相关警示信息。

《中国人民银行金融消费者权益保护实施办法》

第三十四条 银行、支付机构应当按照国家档案管理和电子数据管理等规定，采取技术措施和其他必要措施，妥善保管和存储所收集的消费者金融信息，防止信息遗失、毁损、泄露或者被篡改。

银行、支付机构及其工作人员应当对消费者金融信息严格保密，不得泄露或者非法向他人提供。在确认信息发生泄露、毁损、丢失时，银行、支付机构应当立即采取补救措施；信息泄露、毁损、丢失可能危及金融消费者人身、财产安全的，应当立即向银行、支付机构住所地的中国人民银行分支机构报告并告知金融消费者；信息泄露、毁损、丢失可能对金融消费者产生其他不利影响的，应当及时告知金融消费者，并在72小时以内报告银行、支付机构住所地的中国人民银行分支机构。中国人民银行分支机构接到报告后，视情况按照本办法第五十五条规定处理。

《互联网保险业务监管办法》

第三十七条 保险机构应严格按照网络安全相关法律法规，建立完善与互联网保险业务发展相适应的信息技术基础设施和安全保障体系，提升信息化和网络安全保障能力：

（一）按照国家相关标准要求，采取边界防护、入侵检测、数据保护以及灾难恢复等技术手段，加强信息系统和业务数据的安全管理。

（二）制定网络安全应急预案，定期开展应急演练，建立快速应急响应机制，开展网络安全实时监测，发现问题后立即采取防范和处置措施，并按照银行业保险业突发事件报告、应对相关规定及时向负责日常监管的银保监会或其派出机构、当地公安网安部门报告。

（三）对提供技术支持和客户服务的合作机构加强合规管理，督促其保障服务质量和网络安全，其相关信息系统至少应获得网络安全等级保护二级认证。

（四）防范假冒网站、假冒互联网应用程序等与互联网保险业务相关的违法犯罪活动，开辟专门渠道接受公众举报。

《小微型客车租赁经营服务管理办法》

第十条 小微型客车租赁经营者和接受委托提供小微型客车租赁交易撮合、信息发布等服务的电子商务平台经营者，应当遵守国家网络安全、个人信息保护、数据安全、电子商务等方面的法律法规，依法收集相关信息和数据，严格保护个人信息和重要数据，维护网络数据安全，支持配合有关部门开展相关监管工作。

◎ **部门规范性文件**

《关于网上交易的指导意见（暂行）》

三、网上交易参与方规范行为

……

（二）网上交易服务提供者

……

4. 维护交易秩序

服务提供者应采取合理措施，保证网上交易平台的正常运行，提供安全可靠的交易环境和公平、公正、公开的交易服务，维护交易秩序，建立并完善网上交易的信用评价体系和交易风险警示机制。

5. 维护用户利益，保护消费者权益

服务提供者应采取合理措施保护用户的注册信息、隐私和商业秘密。交易各方发生争议时，应依照法律和约定协商解决或协助有关部门处理。

服务提供者应尊重和保护消费者的合法权益，尽可能为消费者提供必要的卖方信用信息查询服务，方便消费者选择可靠的卖方。

网上支付服务的提供者应根据网上交易的特点，采取合理措施保障交易资金的安全，保障使用人的身份信息和账号信息的安全。

……

8. 维护系统安全

服务提供者应按照国家信息安全等级保护制度的有关规定和要求建设、运行、维护网上交易平台系统和辅助服务系统，落实互联网安全保护技术措施，提高网上交易的安全性。

《关于促进电子商务规范发展的意见》

二、规范电子商务信息传播行为，优化网络交易环境

规范网络交易各方的信息发布和传递行为，提高各类商务信息的合法性、安全性、真实性、完整性、时效性和便捷性。

……

（三）维护交易信息安全。引导电子商务企业建立健全网络与信息安全保障制度，采取有效的网站安全保障措施、企业信息保密措施和用户信息安全措施，防范和制止利用互联网盗取商业秘密和提供用户信息给第三方以牟取利益的行为。

……

《网络购物服务规范》

4.2 遵守互联网技术规范和安全规范

网络购物服务以互联网技术为基础。因此，网络购物的交易方、网络购物平台提供商和网络支付平台提供商等必须遵守国家制定的互联网技术规范和

安全规范。

5.2.3 保证交易系统的稳定和安全

网络购物平台提供商应按照国家信息安全登记保护制度的有关规定和要求建设、运行、维护网络购物平台系统，落实互联网安全保护技术措施。

网络购物平台提供商应高度重视网络交易过程的稳定和安全，采取各种合理有力的措施保证交易系统稳定和安全地运行。

6.2.3 保证交易系统的稳定和安全

网络购物平台提供商应按照国家信息安全登记保护制度的有关规定和要求建设、运行、维护网络购物平台系统，落实互联网安全保护技术措施。

网络购物平台提供商应高度重视网络交易过程的稳定和安全，采取各种合理有力的措施保证交易系统稳定和安全地运行。

7.2.3 保证交易系统的稳定和安全

网络购物平台提供商应按照国家信息安全登记保护制度的有关规定和要求建设、运行、维护网络购物平台系统，落实互联网安全保护技术措施。

网络购物平台提供商应高度重视网络交易过程的稳定和安全，采取各种合理有力的措施保证交易系统稳定和安全地运行。

8.2.3 保证交易系统的稳定和安全

网络购物平台提供商应按照国家信

息安全登记保护制度的有关规定和要求建设、运行、维护网络购物平台系统，落实互联网安全保护技术措施。

网络购物平台提供商应高度重视网络交易过程的稳定和安全，采取各种合理有力的措施保证交易系统稳定和安全地运行。

《电子商务模式规范》

3. 基本要求

3.1 遵守国家法律、行政法规及规章

必须遵守中华人民共和国相关法律、行政法规及规章等相关规定，在政府有关部门监管下合法从事电子商务交易活动。

3.2 遵守互联网技术规范和安全规范

必须遵守国家制定的互联网技术规范和安全规范。

《关于规范网络购物促销行为的通知》

二、保证促销商品质量。推动网络购物企业在促销活动中，事先向消费者说明促销商品或者服务的名称、种类、数量、质量、价格、运费、配送方式、支付形式、退换货方式等主要信息，采取安全保障措施，确保促销行为安全可靠，并按照承诺提供商品或者服务。

《网络交易平台经营者履行社会责任指引》

第十条　网络交易平台经营者应采

取必要的技术手段和管理措施以保障交易平台的正常运行，提供安全可靠的交易环境和交易服务，维护良好的交易秩序。

第十一条　网络交易平台经营者应建立健全平台内交易规则、交易安全保障、消费者权益保护、不良信息处理等管理制度，各项管理制度应以显著的方式提请平台内经营者和消费者注意，方便用户阅览和保存。

《第三方电子商务交易平台服务规范》

5.4 交易平台设施及运行环境维护

平台经营者应当保障交易平台内各类软硬件设施的正常运行，维护消防、卫生和安保等设施处于正常状态。

平台经营者应按照国家信息安全等级保护制度的有关规定和要求建设、运行、维护网上交易平台系统和辅助服务系统，落实互联网安全保护技术措施，依法实时监控交易系统运行状况，维护平台交易系统正常运行，及时处理网络安全事故。

日交易额 1 亿元人民币以上（含 1 亿元）的第三方电子商务交易平台应当设置异地灾难备份系统，建立灾难恢复体系和应急预案。

6.5 交易秩序维护

平台经营者应当采取合理措施，保证网上交易平台的正常运行，提供安全可靠的交易环境和公平、公正、公开的

交易服务，维护交易秩序，建立并完善网上交易的信用评价体系和交易风险警示机制。

平台经营者应当合理提示用户关注交易风险，在执行用户的交易支付指令前，应当要求用户对交易明细进行确认；从事网上支付服务的经营者，在执行支付指令前，也应当要求付款人进行确认。

鼓励平台经营者设立冷静期制度，允许消费者在冷静期内无理由取消订单。

鼓励网络第三方交易平台和平台经营者向消费者提供"卖家保证金"服务。保证金用于消费者的交易损失赔付。保证金的金额、使用方式应事先向当地工商行政主管部门备案并公示。

《移动互联网应用程序信息服务管理规定》

第十条　应用程序应当符合相关国家标准的强制性要求。应用程序提供者发现应用程序存在安全缺陷、漏洞等风险时，应当立即采取补救措施，按照规定及时告知用户并向有关主管部门报告。

第十一条　应用程序提供者开展应用程序数据处理活动，应当履行数据安全保护义务，建立健全全流程数据安全管理制度，采取保障数据安全技术措施和其他安全措施，加强风险监测，不得

危害国家安全、公共利益，不得损害他人合法权益。

权威案例

◎ **典型案例**

俞某华诉广州华某网络科技有限公司网络服务合同纠纷案【互联网十大典型案例之五（2021 年 5 月 31 日）】

典型意义：本案对网络环境下，如何合理分配用户与网络服务提供者对争议事实的举证责任进行详细论述，并结合网络服务合同中双方的权利义务内容，确立了用户和网络服务提供者均应负有网络虚拟财产安全保护义务的规则，提出双方应当根据在履约过程中的过错程度，衡量双方过错对损害后果的原因力大小，合理分配责任比例的处理原则。本案判决为妥善调处网络虚拟财产相关纠纷、确立网络平台责任规则、完善网络侵权责任制度提供了范例，有利于提高对网络虚拟财产的保护水平，亦有助于加强用户和网络服务提供者的安全意识和责任意识，促进互联网经济的健康发展。

第三十一条 【平台经营者的信息保存义务】

电子商务平台经营者应当记录、保存平台上发布的商品和服务信息、交易信息，并确保信息的完整性、保密性、可用性。商品和服务信息、交易信息保存时间自交易完成之日起不少于三年；法律、行政法规另有规定的，依照其规定。

关联法规

◎ **法律**

《网络安全法》

第二十一条 国家实行网络安全等级保护制度。网络运营者应当按照网络安全等级保护制度的要求，履行下列安全保护义务，保障网络免受干扰、破坏或者未经授权的访问，防止网络数据泄露或者被窃取、篡改：

（一）制定内部安全管理制度和操作规程，确定网络安全负责人，落实网络安全保护责任；

（二）采取防范计算机病毒和网络攻击、网络侵入等危害网络安全行为的技术措施；

（三）采取监测、记录网络运行状态、网络安全事件的技术措施，并按照规定留存相关的网络日志不少于六个月；

（四）采取数据分类、重要数据备份和加密等措施；

（五）法律、行政法规规定的其他

义务。

第四十条　网络运营者应当对其收集的用户信息严格保密，并建立健全用户信息保护制度。

第四十一条　网络运营者收集、使用个人信息，应当遵循合法、正当、必要的原则，公开收集、使用规则，明示收集、使用信息的目的、方式和范围，并经被收集者同意。

网络运营者不得收集与其提供的服务无关的个人信息，不得违反法律、行政法规的规定和双方的约定收集、使用个人信息，并应当依照法律、行政法规的规定和与用户的约定，处理其保存的个人信息。

第四十二条　网络运营者不得泄露、篡改、毁损其收集的个人信息；未经被收集者同意，不得向他人提供个人信息。但是，经过处理无法识别特定个人且不能复原的除外。

网络运营者应当采取技术措施和其他必要措施，确保其收集的个人信息安全，防止信息泄露、毁损、丢失。在发生或者可能发生个人信息泄露、毁损、丢失的情况时，应当立即采取补救措施，按照规定及时告知用户并向有关主管部门报告。

《个人信息保护法》

第十九条　除法律、行政法规另有规定外，个人信息的保存期限应当为实现处理目的所必要的最短时间。

《保守国家秘密法》

第十五条　国家秘密的保密期限，应当根据事项的性质和特点，按照维护国家安全和利益的需要，限定在必要的期限内；不能确定期限的，应当确定解密的条件。

国家秘密的保密期限，除另有规定外，绝密级不超过三十年，机密级不超过二十年，秘密级不超过十年。

机关、单位应当根据工作需要，确定具体的保密期限、解密时间或者解密条件。

机关、单位对在决定和处理有关事项工作过程中确定需要保密的事项，根据工作需要决定公开的，正式公布时即视为解密。

第十八条　国家秘密的密级、保密期限和知悉范围，应当根据情况变化及时变更。国家秘密的密级、保密期限和知悉范围的变更，由原定密机关、单位决定，也可以由其上级机关决定。

国家秘密的密级、保密期限和知悉范围变更的，应当及时书面通知知悉范围内的机关、单位或者人员。

《消费者权益保护法》

第二十九条　经营者收集、使用消费者个人信息，应当遵循合法、正当、必要的原则，明示收集、使用信息的目的、方式和范围，并经消费者同意。经营者收集、使用消费者个人信息，应当公开其收集、使用规则，不得违反法律、法规的规定和双方的约定收集、使用信息。

经营者及其工作人员对收集的消费者个人信息必须严格保密，不得泄露、出售或者非法向他人提供。经营者应当采取技术措施和其他必要措施，确保信息安全，防止消费者个人信息泄露、丢失。在发生或者可能发生信息泄露、丢失的情况时，应当立即采取补救措施。

经营者未经消费者同意或者请求，或者消费者明确表示拒绝的，不得向其发送商业性信息。

《反恐怖主义法》

第三十二条 重点目标的管理单位应当履行下列职责：

（一）制定防范和应对处置恐怖活动的预案、措施，定期进行培训和演练；

（二）建立反恐怖主义工作专项经费保障制度，配备、更新防范和处置设备、设施；

（三）指定相关机构或者落实责任人员，明确岗位职责；

（四）实行风险评估，实时监测安全威胁，完善内部安全管理；

（五）定期向公安机关和有关部门报告防范措施落实情况。

重点目标的管理单位应当根据城乡规划、相关标准和实际需要，对重点目标同步设计、同步建设、同步运行符合本法第二十七条规定的技防、物防设备、设施。

重点目标的管理单位应当建立公共安全视频图像信息系统值班监看、信息保存使用、运行维护等管理制度，保障相关系统正常运行。采集的视频图像信息保存期限不得少于九十日。

对重点目标以外的涉及公共安全的其他单位、场所、活动、设施，其主管部门和管理单位应当依照法律、行政法规规定，建立健全安全管理制度，落实安全责任。

《精神卫生法》

第四十七条 医疗机构及其医务人员应当在病历资料中如实记录精神障碍患者的病情、治疗措施、用药情况、实施约束、隔离措施等内容，并如实告知患者或者其监护人。患者及其监护人可以查阅、复制病历资料；但是，患者查阅、复制病历资料可能对其治疗产生不利影响的除外。病历资料保存期限不得少于三十年。

《电子签名法》

第二十四条 电子认证服务提供者应当妥善保存与认证相关的信息，信息保存期限至少为电子签名认证证书失效后五年。

《证券法》

第一百三十七条　证券公司应当建立客户信息查询制度，确保客户能够查询其账户信息、委托记录、交易记录以及其他与接受服务或者购买产品有关的重要信息。

证券公司应当妥善保存客户开户资料、委托记录、交易记录和与内部管理、业务经营有关的各项信息，任何人不得隐匿、伪造、篡改或者毁损。上述信息的保存期限不得少于二十年。

第一百六十二条　证券服务机构应当妥善保存客户委托文件、核查和验证资料、工作底稿以及与质量控制、内部管理、业务经营有关的信息和资料，任何人不得泄露、隐匿、伪造、篡改或者毁损。上述信息和资料的保存期限不得少于十年，自业务委托结束之日起算。

◎ 行政法规

《互联网信息服务管理办法》

第十四条　从事新闻、出版以及电子公告等服务项目的互联网信息服务提供者，应当记录提供的信息内容及其发布时间、互联网地址或者域名；互联网接入服务提供者应当记录上网用户的上网时间、用户账号、互联网地址或者域名、主叫电话号码等信息。

互联网信息服务提供者和互联网接入服务提供者的记录备份应当保存60日，并在国家有关机关依法查询时，予以提供。

《征信业管理条例》

第十六条　征信机构对个人不良信息的保存期限，自不良行为或者事件终止之日起为5年；超过5年的，应当予以删除。

在不良信息保存期限内，信息主体可以对不良信息作出说明，征信机构应当予以记载。

《统计法实施条例》

第二十二条　统计调查中取得的统计调查对象的原始资料，应当至少保存2年。

汇总性统计资料应当至少保存10年，重要的汇总性统计资料应当永久保存。法律法规另有规定的，从其规定。

《不动产登记暂行条例》

第十三条　不动产登记簿由不动产登记机构永久保存。不动产登记簿损毁、灭失的，不动产登记机构应当依据原有登记资料予以重建。

行政区域变更或者不动产登记机构职能调整的，应当及时将不动产登记簿移交相应的不动产登记机构。

《互联网上网服务营业场所管理条例》

第二十三条　互联网上网服务营业场所经营单位应当对上网消费者的身份证等有效证件进行核对、登记，并记录有关上网信息。登记内容和记录备份保存时间不得少于 60 日，并在文化行政部门、公安机关依法查询时予以提供。登记内容和记录备份在保存期内不得修改或者删除。

◎ **部门规章**

《互联网安全保护技术措施规定》

第十三条　互联网服务提供者和联网使用单位依照本规定落实的记录留存技术措施，应当具有至少保存六十天记录备份的功能。

《互联网视听节目服务管理规定》

第十六条　互联网视听节目服务单位提供的、网络运营单位接入的视听节目应当符合法律、行政法规、部门规章的规定。

《网络出版服务管理规定》

第三十四条　网络出版服务单位应记录所出版作品的内容及其时间、网址或者域名，记录应当保存 60 日，并在国家有关部门依法查询时，予以提供。

《网络借贷信息中介机构业务活动管理暂行办法》

第二十三条　网络借贷信息中介机构应当采取适当的方法和技术，记录并妥善保存网络借贷业务活动数据和资料，做好数据备份。保存期限应当符合法律法规及网络借贷有关监管规定的要求。借贷合同到期后应当至少保存 5 年。

《医疗机构管理条例实施细则》

第五十三条　医疗机构的门诊病历

的保存期不得少于十五年；住院病历的保存期不得少于三十年。

《区块链信息服务管理规定》

第十七条　区块链信息服务提供者应当记录区块链信息服务使用者发布内容和日志等信息，记录备份应当保存不少于六个月，并在相关执法部门依法查询时予以提供。

《儿童个人信息网络保护规定》

第十二条　网络运营者存储儿童个人信息，不得超过实现其收集、使用目的所必需的期限。

《网络招聘服务管理规定》

第二十六条　以网络招聘服务平台方式从事网络招聘服务的人力资源服务机构应当记录、保存平台上发布的招聘信息、服务信息，并确保信息的完整性、保密性、可用性。招聘信息、服务信息保存时间自服务完成之日起不少于 3 年。

《网络交易监督管理办法》

第二十条　通过网络社交、网络直播等网络服务开展网络交易活动的网络交易经营者，应当以显著方式展示商品或者服务及其实际经营主体、售后服务等信息，或者上述信息的链接标识。

网络直播服务提供者对网络交易活动的直播视频保存时间自直播结束之日起不少于三年。

第二十八条　网络交易平台经营者

修改平台服务协议和交易规则的，应当完整保存修改后的版本生效之日前三年的全部历史版本，并保证经营者和消费者能够便利、完整地阅览和下载。

第三十一条　网络交易平台经营者对平台内经营者身份信息的保存时间自其退出平台之日起不少于三年；对商品或者服务信息，支付记录、物流快递、退换货以及售后等交易信息的保存时间自交易完成之日起不少于三年。法律、行政法规另有规定的，依照其规定。

《网络食品安全违法行为查处办法》

第十三条　网络食品交易第三方平台提供者和通过自建网站交易食品的生产经营者应当记录、保存食品交易信息，保存时间不得少于产品保质期满后6个月；没有明确保质期的，保存时间不得少于2年。

《道路旅客运输及客运站管理规定》

第六十七条　网络平台应当提前向旅客提供班车客运经营者、联系方式、车辆品牌、号牌等车辆信息以及乘车地点、时间，并确保发布的提供服务的经营者、车辆和驾驶员与实际提供服务的经营者、车辆和驾驶员一致。

实行实名制管理的客运班线开展定制客运的，班车客运经营者和网络平台应当落实实名制管理相关要求。网络平台应当采取安全保护措施，妥善保存采集的个人信息和生成的业务数据，保存期限应当不少于3年，并不得用于定制客运以外的业务。

网络平台应当按照交通运输主管部门的要求，如实提供其接入的经营者、车辆、驾驶员信息和相关业务数据。

◎ **部门规范性文件**

《关于网上交易的指导意见（暂行）》

三、网上交易参与方规范行为

（一）网上交易的交易方

……

8. 保存网上交易记录

交易各方可以自行保存各类交易记录，以作为纠纷处理时的证据。大宗商品、贵重商品与重要服务的交易，可以生成必要的书面文件或采取其它合理措施留存交易记录。

（二）网上交易服务提供者

……

6. 保存交易记录，保证数据安全

服务提供者应特别注意保存网上交易的各类记录和资料，采取相应的技术手段保证上述资料的完整性、准确性和安全性。

……

《关于促进电子商务规范发展的意见》

二、规范电子商务信息传播行为，优化网络交易环境

规范网络交易各方的信息发布和传递行为，提高各类商务信息的合法性、安全性、真实性、完整性、时效性和便

捷性。

（一）规范电子商务信息发布内容。提倡在线交易的真实身份，引导交易各方如实发布商品及服务信息，保存交易记录信息，并对难以确认和不可预测的风险信息予以声明。防范和制止交易各方在线发布危险化学品、枪支、毒品等违禁品以及色情等非法服务的交易信息。

……

《网络购物服务规范》

5.1.7　交易纠纷处理

网络购物交易双方都应保存好与交易相关的原始记录，以备发生纠纷时核对。

网络购物交易方发生纠纷时，网络购物平台提供商和网络支付平台提供商等应积极协助权益被侵害者与有关交易方进行纠纷协调解决。

5.2.7　交易信息存储和备份

网络购物平台提供商应保存在其平台上发生的网络购物交易的相关信息、记录或资料，采取相应的技术手段保证上述资料的完整性、准确性和安全性并使其日后可以调取查用，且保存时间不得少于2年，自交易完成之日起计算。

网络购物平台提供商应采取数据备份、故障恢复等技术手段确保网络交易数据和资料的完整性和安全性。

网络购物平台提供商应采取有力措施来保证原始数据的真实可靠，不得对原始数据进行非法更改。

6.1.7　交易纠纷处理

网络购物交易双方都应保存好与交易相关的原始记录，以备发生纠纷时核对。

网络购物交易方发生纠纷时，网络购物平台提供商和网络支付平台提供商等应积极协助权益被侵害者与有关交易方进行纠纷协调解决。

6.2.7　交易信息存储和备份

网络购物平台提供商应保存在其平台上发生的网络购物交易的相关信息、记录或资料，采取相应的技术手段保证上述资料的完整性、准确性和安全性并使其日后可以调取查用，且保存时间不得少于2年，自交易完成之日起计算。

网络购物平台提供商应采取数据备份、故障恢复等技术手段确保网络交易数据和资料的完整性和安全性。

网络购物平台提供商应采取有力措施来保证原始数据的真实可靠，不得对原始数据进行非法更改。

7.1.7　交易纠纷处理

网络购物交易双方都应保存好与交易相关的原始记录，以备发生纠纷时核对。

网络购物交易方发生纠纷时，网络购物平台提供商和网络支付平台提供商等应积极协助权益被侵害者与有关交易方进行纠纷协调解决。

7.2.7 交易信息存储和备份

网络购物平台提供商应保存在其平台上发生的网络购物交易的相关信息、记录或资料，采取相应的技术手段保证上述资料的完整性、准确性和安全性并使其日后可以调取查用，且保存时间不得少于2年，自交易完成之日起计算。

网络购物平台提供商应采取数据备份、故障恢复等技术手段确保网络交易数据和资料的完整性和安全性。

网络购物平台提供商应采取有力措施来保证原始数据的真实可靠，不得对原始数据进行非法更改。

8.1.7 交易纠纷处理

网络购物交易双方都应保存好与交易相关的原始记录，以备发生纠纷时核对。

网络购物交易方发生纠纷时，网络购物平台提供商和网络支付平台提供商等应积极协助权益被侵害者与有关交易方进行纠纷协调解决。

8.2.7 交易信息存储和备份

网络购物平台提供商应保存在其平台上发生的网络购物交易的相关信息、记录或资料，采取相应的技术手段保证上述资料的完整性、准确性和安全性并使其日后可以调取查用，且保存时间不得少于2年，自交易完成之日起计算。

网络购物平台提供商应采取数据备份、故障恢复等技术手段确保网络交易数据和资料的完整性和安全性。

网络购物平台提供商应采取有力措施来保证原始数据的真实可靠，不得对原始数据进行非法更改。

《电子商务模式规范》

3. 基本要求

……

3.6 必须对交易建立记录和储存系统

必须对交易建立安全可靠的记录和储存系统，必须保留用户注册信息及登录日志，对有关涉税资料应当保存10年；但是，法律、行政法规另有规定的除外。必须保护交易双方的隐私权，必须建立安全制度，采取安全防范措施。

《网络交易平台经营者履行社会责任指引》

第二十条　网络交易平台经营者应采取相关措施确保网络交易数据和资料的完整性和安全性，并应保证原始数据的真实性。网络交易数据和资料从交易完成之日起保存不少于两年。

《第三方电子商务交易平台服务规范》

6.4 对交易信息的管理

平台经营者应对其平台上的交易信息进行合理谨慎的管理：

（1）在平台上从事经营活动的，应当公布所经营产品的名称、生产者等信息；涉及第三方许可的，还应公布许可证书、认证证书等信息。

（2）网页上显示的商品信息必须真实。对实物（有形）商品，应当从多角度多方位予以展现，不可对商品的颜色、大小、比例等做歪曲或错误的显示；对于存在瑕疵的商品应当给予充分的说明并通过图片显示。发现站内经营者发布违反法律、法规广告的，应及时采取措施制止，必要时可以停止对其提供网上交易平台服务。

（3）投诉人提供的证据能够证明站内经营者有侵权行为或发布违法信息的，平台经营者应对有关责任人予以警告，停止侵权行为，删除有害信息，并可依照投诉人的请求提供被投诉人注册的身份信息及联系方式。

（4）平台经营者应承担合理谨慎信息审查义务，对明显的侵权或违法信息，依法及时予以删除，并对站内经营者予以警告。

《互联网直播服务管理规定》

第十六条　互联网直播服务提供者应当记录互联网直播服务使用者发布内容和日志信息，保存六十日。

互联网直播服务提供者应当配合有关部门依法进行的监督检查，并提供必要的文件、资料和数据。

《互联网群组信息服务管理规定》

第十三条　互联网群组信息服务提供者应当配合有关主管部门依法进行的监督检查，并提供必要的技术支持和协助。

互联网群组信息服务提供者应当按规定留存网络日志不少于六个月。

《微博客信息服务管理规定》

第十六条　微博客服务提供者应当遵守国家相关法律法规规定，配合有关部门开展监督管理执法工作，并提供必要的技术支持和协助。

微博客服务提供者应当记录微博客服务使用者日志信息，保存时间不少于六个月。

第三十二条　**【平台经营者制定服务协议和交易规则的要求】**
　　电子商务平台经营者应当遵循公开、公平、公正的原则，制定平台服务协议和交易规则，明确进入和退出平台、商品和服务质量保障、消费者权益保护、个人信息保护等方面的权利和义务。

关联法规

◎ **法律**
《民法典》

　　第四百九十六条　格式条款是当事

人为了重复使用而预先拟定，并在订立合同时未与对方协商的条款。

采用格式条款订立合同的，提供格式条款的一方应当遵循公平原则确定当事人之间的权利和义务，并采取合理的方式提示对方注意免除或者减轻其责任等与对方有重大利害关系的条款，按照对方的要求，对该条款予以说明。提供格式条款的一方未履行提示或者说明义务，致使对方没有注意或者理解与其有重大利害关系的条款的，对方可以主张该条款不成为合同的内容。

第四百九十七条　有下列情形之一的，该格式条款无效：

（一）具有本法第一编第六章第三节和本法第五百零六条规定的无效情形；

（二）提供格式条款一方不合理地免除或者减轻其责任、加重对方责任、限制对方主要权利；

（三）提供格式条款一方排除对方主要权利。

第四百九十八条　对格式条款的理解发生争议的，应当按照通常理解予以解释。对格式条款有两种以上解释的，应当作出不利于提供格式条款一方的解释。格式条款和非格式条款不一致的，应当采用非格式条款。

《个人信息保护法》

第十四条　基于个人同意处理个人信息的，该同意应当由个人在充分知情的前提下自愿、明确作出。法律、行政法规规定处理个人信息应当取得个人单独同意或者书面同意的，从其规定。

个人信息的处理目的、处理方式和处理的个人信息种类发生变更的，应当重新取得个人同意。

《消费者权益保护法》

第四条　经营者与消费者进行交易，应当遵循自愿、平等、公平、诚实信用的原则。

第十条　消费者享有公平交易的权利。

消费者在购买商品或者接受服务时，有权获得质量保障、价格合理、计量正确等公平交易条件，有权拒绝经营者的强制交易行为。

第十六条　经营者向消费者提供商品或者服务，应当依照本法和其他有关法律、法规的规定履行义务。

经营者和消费者有约定的，应当按照约定履行义务，但双方的约定不得违背法律、法规的规定。

经营者向消费者提供商品或者服务，应当恪守社会公德，诚信经营，保障消费者的合法权益；不得设定不公平、不合理的交易条件，不得强制交易。

第二十六条　经营者在经营活动中使用格式条款的，应当以显著方式提请消费者注意商品或者服务的数量和质量、价款或者费用、履行期限和方式、安全注意事项和风险警示、售后服务、民事责任等与消费者有重大利害关系的内容，并按照消费者的要求予以说明。

经营者不得以格式条款、通知、声明、店堂告示等方式，作出排除或者限制消费者权利、减轻或者免除经营者责任、加重消费者责任等对消费者不公平、不合理的规定，不得利用格式条款并借助技术手段强制交易。

格式条款、通知、声明、店堂告示等含有前款所列内容的，其内容无效。

《反垄断法》

第二十二条 禁止具有市场支配地位的经营者从事下列滥用市场支配地位的行为：

（一）以不公平的高价销售商品或者以不公平的低价购买商品；

（二）没有正当理由，以低于成本的价格销售商品；

（三）没有正当理由，拒绝与交易相对人进行交易；

（四）没有正当理由，限定交易相对人只能与其进行交易或者只能与其指定的经营者进行交易；

（五）没有正当理由搭售商品，或者在交易时附加其他不合理的交易条件；

（六）没有正当理由，对条件相同的交易相对人在交易价格等交易条件上

实行差别待遇；

（七）国务院反垄断执法机构认定的其他滥用市场支配地位的行为。

具有市场支配地位的经营者不得利用数据和算法、技术以及平台规则等从事前款规定的滥用市场支配地位的行为。

本法所称市场支配地位，是指经营者在相关市场内具有能够控制商品价格、数量或者其他交易条件，或者能够阻碍、影响其他经营者进入相关市场能力的市场地位。

◎ 行政法规
《征信业管理条例》

第十九条 征信机构或者信息提供者、信息使用者采用格式合同条款取得个人信息主体同意的，应当在合同中作出足以引起信息主体注意的提示，并按照信息主体的要求作出明确说明。

◎ 司法解释
《关于审理使用人脸识别技术处理个人信息相关民事案件适用法律若干问题的规定》

第二条 信息处理者处理人脸信息有下列情形之一的，人民法院应当认定属于侵害自然人人格权益的行为：

（一）在宾馆、商场、银行、车站、机场、体育场馆、娱乐场所等经营场所、公共场所违反法律、行政法规的规定使用人脸识别技术进行人脸验证、辨

识或者分析；

（二）未公开处理人脸信息的规则或者未明示处理的目的、方式、范围；

（三）基于个人同意处理人脸信息的，未征得自然人或者其监护人的单独同意，或者未按照法律、行政法规的规定征得自然人或者其监护人的书面同意；

（四）违反信息处理者明示或者双方约定的处理人脸信息的目的、方式、范围等；

（五）未采取应有的技术措施或者其他必要措施确保其收集、存储的人脸信息安全，致使人脸信息泄露、篡改、丢失；

（六）违反法律、行政法规的规定或者双方的约定，向他人提供人脸信息；

（七）违背公序良俗处理人脸信息；

（八）违反合法、正当、必要原则处理人脸信息的其他情形。

第四条　有下列情形之一，信息处理者以已征得自然人或者其监护人同意为由抗辩的，人民法院不予支持：

（一）信息处理者要求自然人同意处理其人脸信息才提供产品或者服务的，但是处理人脸信息属于提供产品或者服务所必需的除外；

（二）信息处理者以与其他授权捆绑等方式要求自然人同意处理其人脸信息的；

息的；

（三）强迫或者变相强迫自然人同意处理其人脸信息的其他情形。

第十一条　信息处理者采用格式条款与自然人订立合同，要求自然人授予其无期限限制、不可撤销、可任意转授权等处理人脸信息的权利，该自然人依据民法典第四百九十七条请求确认格式条款无效的，人民法院依法予以支持。

《关于审理网络消费纠纷案件适用法律若干问题的规定（一）》

第一条　电子商务经营者提供的格式条款有以下内容的，人民法院应当依法认定无效：

（一）收货人签收商品即视为认可商品质量符合约定；

（二）电子商务平台经营者依法应承担的责任一概由平台内经营者承担；

（三）电子商务经营者享有单方解释权或者最终解释权；

（四）排除或者限制消费者依法投诉、举报、请求调解、申请仲裁、提起诉讼的权利；

（五）其他排除或者限制消费者权利、减轻或者免除电子商务经营者责任、加重消费者责任等对消费者不公平、不合理的内容。

第二条　电子商务经营者就消费者权益保护法第二十五条第一款规定的四项除外商品做出七日内无理由退货承

诺，消费者主张电子商务经营者应当遵守其承诺的，人民法院应予支持。

第三条 消费者因检查商品的必要对商品进行拆封查验且不影响商品完好，电子商务经营者以商品已拆封为由主张不适用消费者权益保护法第二十五条规定的无理由退货制度的，人民法院不予支持，但法律另有规定的除外。

《关于适用〈中华人民共和国民事诉讼法〉的解释》

第三十一条 经营者使用格式条款与消费者订立管辖协议，未采取合理方式提请消费者注意，消费者主张管辖协议无效的，人民法院应予支持。

◎ **部门规章**

《规范互联网信息服务市场秩序若干规定》

第十一条 未经用户同意，互联网信息服务提供者不得收集与用户相关、能够单独或者与其他信息结合识别用户的信息（以下简称"用户个人信息"），不得将用户个人信息提供给他人，但是法律、行政法规另有规定的除外。

互联网信息服务提供者经用户同意收集用户个人信息的，应当明确告知用户收集和处理用户个人信息的方式、内容和用途，不得收集其提供服务所必需以外的信息，不得将用户个人信息用于其提供服务之外的目的。

《电信和互联网用户个人信息保护规定》

第九条 未经用户同意，电信业务经营者、互联网信息服务提供者不得收集、使用用户个人信息。

电信业务经营者、互联网信息服务提供者收集、使用用户个人信息的，应当明确告知用户收集、使用信息的目的、方式和范围，查询、更正信息的渠道以及拒绝提供信息的后果等事项。

电信业务经营者、互联网信息服务提供者不得收集其提供服务所必需以外的用户个人信息或者将信息用于提供服务之外的目的，不得以欺骗、误导或者强迫等方式或者违反法律、行政法规以及双方的约定收集、使用信息。

电信业务经营者、互联网信息服务提供者在用户终止使用电信服务或者互联网信息服务后，应当停止对用户个人信息的收集和使用，并为用户提供注销号码或者账号的服务。

法律、行政法规对本条第一款至第四款规定的情形另有规定的，从其规定。

《网络零售第三方平台交易规则制定程序规定（试行）》

第四条 网络零售第三方平台交易规则的制定、修改、实施应当遵循公开、公平、公正的原则，遵守法律、行政法规，尊重社会公德，不得扰乱社会经济秩序，损害社会公共利益。

第六条　网络零售第三方平台经营者制定、修改、实施的下列交易规则应按照本规定公示并备案：

（一）基本规则，指网络零售经营者和消费者在第三方平台注册的规则及关于交易成立、有效性和履行的基础性规则。

（二）责任及风险分担规则，指网络零售第三方平台经营者对网络零售经营者和消费者承担民事责任或者免除责任的规则及风险分担的规则。

（三）知识产权保护规则，指保护知识产权以及防止假冒伪劣商品的规则。

（四）信用评价规则，指网络零售第三方平台经营者为交易双方提供信用评价服务，以及收集、记录、披露交易双方信用情况的规则。

（五）消费者权益保护规则，指保护消费者知情权、合理退货权、获得赔偿权等合法权益，保护消费者个人信息及交易记录的规则。

（六）信息披露规则，指网络零售第三方平台经营者对网络零售经营者进行实名登记、审核其法定营业资格的规则。

（七）防范和制止违法信息规则，指网络零售第三方平台经营者防范和制止在其平台上发布违反国家法律法规规

定的商品和服务信息、网络广告等规则。

（八）交易纠纷解决规则，指网络零售第三方平台经营者解决与网络零售经营者、消费者之间争议的机制及规则。

（九）交易规则适用的规定，指交易规则适用对象、范围和期限的规定。

（十）交易规则的修改规定，指交易规则变更、修改的程序和方式的规定。

（十一）其他必要的交易规则或与规则相关的措施。

第七条　网络零售第三方平台经营者制定或修改的交易规则，应当在网站主页面醒目位置公开征求意见，并应采取合理措施确保交易规则的利益相关方及时、充分知晓并表达意见，通过合理方式公开收到的意见及答复处理意见，征求意见的时间不得少于七日。

第十条　网络零售第三方平台经营者制定、修改、实施的交易规则对网络零售经营者和消费者有重大影响的，应制定合理过渡措施。

第十二条　网络零售第三方平台经营者应在交易规则实施七日内自行登录网络零售第三方平台交易规则备案系统，提交本规定所列交易规则、征求的公众意见及意见答复处理情况。

《互联网视听节目服务管理规定》

第十九条 互联网视听节目服务单位应当选择依法取得互联网接入服务电信业务经营许可证或广播电视节目传送业务经营许可证的网络运营单位提供服务；应当依法维护用户权利，履行对用户的承诺，对用户信息保密，不得进行虚假宣传或误导用户、做出对用户不公平不合理的规定、损害用户的合法权益；提供有偿服务时，应当以显著方式公布所提供服务的视听节目种类、范围、资费标准和时限，并告知用户中止或者取消互联网视听节目服务的条件和方式。

《儿童个人信息网络保护规定》

第八条 网络运营者应当设置专门的儿童个人信息保护规则和用户协议，并指定专人负责儿童个人信息保护。

第九条 网络运营者收集、使用、转移、披露儿童个人信息的，应当以显著、清晰的方式告知儿童监护人，并应当征得儿童监护人的同意。

第十条 网络运营者征得同意时，应当同时提供拒绝选项，并明确告知以下事项：

（一）收集、存储、使用、转移、披露儿童个人信息的目的、方式和范围；

（二）儿童个人信息存储的地点、期限和到期后的处理方式；

（三）儿童个人信息的安全保障措施；

（四）拒绝的后果；

（五）投诉、举报的渠道和方式；

（六）更正、删除儿童个人信息的途径和方法；

（七）其他应当告知的事项。

前款规定的告知事项发生实质性变化的，应当再次征得儿童监护人的同意。

《中国人民银行金融消费者权益保护实施办法》

第三十一条 银行、支付机构应当履行《中华人民共和国消费者权益保护法》第二十九条规定的明示义务，公开收集、使用消费者金融信息的规则，明示收集、使用消费者金融信息的目的、方式和范围，并留存有关证明资料。

银行、支付机构通过格式条款取得消费者金融信息收集、使用同意的，应当在格式条款中明确收集消费者金融信息的目的、方式、内容和使用范围，并在协议中以显著方式尽可能通俗易懂地向金融消费者提示该同意的可能后果。

《侵害消费者权益行为处罚办法》

第十二条 经营者向消费者提供商品或者服务使用格式条款、通知、声明、店堂告示等的，应当以显著方式提请消费者注意与消费者有重大利害关系的内容，并按照消费者的要求予以说明，不得作出含有下列内容的规定：

（一）免除或者部分免除经营者对其所提供的商品或者服务应当承担的修理、重作、更换、退货、补足商品数量、退还货款和服务费用、赔偿损失等责任；

（二）排除或者限制消费者提出修理、更换、退货、赔偿损失以及获得违约金和其他合理赔偿的权利；

（三）排除或者限制消费者依法投诉、举报、提起诉讼的权利；

（四）强制或者变相强制消费者购买和使用其提供的或者其指定的经营者提供的商品或者服务，对不接受其不合理条件的消费者拒绝提供相应商品或者服务，或者提高收费标准；

（五）规定经营者有权任意变更或者解除合同，限制消费者依法变更或者解除合同权利；

（六）规定经营者单方享有解释权或者最终解释权；

（七）其他对消费者不公平、不合理的规定。

《网络交易监督管理办法》

第二十八条　网络交易平台经营者修改平台服务协议和交易规则的，应当完整保存修改后的版本生效之日前三年的全部历史版本，并保证经营者和消费者能够便利、完整地阅览和下载。

◎ 部门规范性文件
《关于网上交易的指导意见（暂行）》

三、网上交易参与方规范行为

……

（二）网上交易服务提供者

……

2. 规范服务，完善制度

服务提供者应提供规范化的网上交易服务，建立和完善各项规章制度，如：

（1）用户注册制度，

（2）平台交易规则，

（3）信息披露与审核制度，

（4）隐私权与商业秘密保护制度，

（5）消费者权益保护制度，

（6）广告发布审核制度，

（7）交易安全保障与数据备份制度，

（8）争议解决机制

（9）不良信息及垃圾邮件举报处理机制，

（10）法律、法规规定的其他制度。

……

《关于促进电子商务规范发展的意见》

三、规范电子商务交易行为，促进网络市场和谐有序

……

（三）规范电子签约行为。引导电子商务企业制定合法公正的用户协议，确定与用户之间的权利与义务，并保证

用户在接受协议前能够便利完整地阅知其内容。防范和制止以欺诈、恶意串通等不法手段促成协议签订的行为。提倡企业在修改用户协议时，提前以有效方式通知用户，并注明修改原因和变动内容。

……

《网络购物服务规范》

5.2.2 拥有完善的规章制度

网络购物平台提供商应提供规范化的网上交易服务，建立健全其规章制度，如：

（1）用户注册制度；

（2）平台交易规则；

（3）信息披露与审核制度；

（4）隐私权与商业秘密保护制度；

（5）消费者权益保护制度；

（6）广告发布审核制度；

（7）交易安全保障与数据备份制度；

（8）争议解决机制；

（9）不良信息及垃圾邮件举报处理机制；

（10）法律、法规规定的其他制度。

6.2.2 拥有完善的规章制度

网络购物平台提供商应提供规范化的网上交易服务，建立健全其规章制度，如：

（1）用户注册制度；

（2）平台交易规则；

（3）信息披露与审核制度；

（4）隐私权与商业秘密保护制度；

（5）消费者权益保护制度；

（6）广告发布审核制度；

（7）交易安全保障与数据备份制度；

（8）争议解决机制；

（9）不良信息及垃圾邮件举报处理机制；

（10）法律、法规规定的其他制度。

7.2.2 拥有完善的规章制度

网络购物平台提供商应提供规范化的网上交易服务，建立健全其规章制度，如：

（1）用户注册制度；

（2）平台交易规则；

（3）信息披露与审核制度；

（4）隐私权与商业秘密保护制度；

（5）消费者权益保护制度；

（6）广告发布审核制度；

（7）交易安全保障与数据备份制度；

（8）争议解决机制；

（9）不良信息及垃圾邮件举报处理机制；

（10）法律、法规规定的其他制度。

8.2.2 拥有完善的规章制度

网络购物平台提供商应提供规范化的网上交易服务，建立健全其规章制度，如：

（1）用户注册制度；

（2）平台交易规则；

（3）信息披露与审核制度；

（4）隐私权与商业秘密保护制度；

（5）消费者权益保护制度；

（6）广告发布审核制度；

（7）交易安全保障与数据备份制度；

（8）争议解决机制；

（9）不良信息及垃圾邮件举报处理机制；

（10）法律、法规规定的其他制度。

《网络交易平台经营者履行社会责任指引》

第十一条　网络交易平台经营者应建立健全平台内交易规则、交易安全保障、消费者权益保护、不良信息处理等管理制度，各项管理制度应以显著的方式提请平台内经营者和消费者注意，方便用户阅览和保存。

《网络交易平台合同格式条款规范指引》

第三条　本指引所称网络交易平台合同格式条款是网络交易平台经营者为了重复使用而预先拟定，并在订立合同时未与合同相对人协商的以下相关协议、规则或者条款：

（一）用户注册协议；

（二）商家入驻协议；

（三）平台交易规则；

（四）信息披露与审核制度；

（五）个人信息与商业秘密收集、保护制度；

（六）消费者权益保护制度；

（七）广告发布审核制度；

（八）交易安全保障与数据备份制度；

（九）争议解决机制；

（十）其他合同格式条款。

网络交易平台经营者以告示、通知、声明、须知、说明、凭证、单据等形式明确规定平台内经营者和消费者具体权利义务，符合前款规定的，依法视为合同格式条款。

第四条　工商行政管理机关在职权范围内，依法对利用合同格式条款侵害消费者合法权益的行为进行监督处理。

第六条　网络交易平台经营者在经营活动中使用合同格式条款的，应当符合法律、法规和规章的规定，按照公平、公开和诚实信用的原则确定双方的权利与义务。

网络交易平台经营者修改合同格式条款的，应当遵循公开、连续、合理的原则，修改内容应当至少提前七日予以公示并通知合同相对人。

第七条　网络交易平台经营者应当在其网站主页面显著位置展示合同格式条款或者其电子链接，并从技术上保证平台内经营者或者消费者能够便利、完整地阅览和保存。

第九条 网络交易平台经营者使用合同格式条款的，应当采用显著方式提请合同相对人注意与其有重大利害关系、对其权利可能造成影响的价款或者费用、履行期限和方式、安全注意事项和风险警示、售后服务、民事责任等内容。网络交易平台经营者应当按照合同相对人的要求对格式条款作出说明。鼓励网络交易平台经营者采取必要的技术手段和管理措施确保平台内经营者履行提示和说明义务。

前款所述显著方式是指，采用足以引起合同相对人注意的方式，包括：合理运用足以引起注意的文字、符号、字体等特别标识。不得以技术手段对合同格式条款设置不方便链接或者隐藏格式条款内容，不得仅以提示进一步阅读的方式履行提示义务。

网络交易平台经营者违反合同法第三十九条第一款关于提示和说明义务的规定，导致对方没有注意免除或者限制责任的条款，合同相对人依法可以向人民法院提出撤销该合同格式条款的申请。

网络交易平台经营者使用的合同格式条款，属于《消费者权益保护法》第二十六条第二款和《最高人民法院关于适用〈中华人民共和国合同法〉若干问题的解释（二）》第十条规定情形的，其内容无效。

第十条 网络交易平台经营者不得在合同格式条款中免除或者减轻自己的下列责任：

（一）造成消费者人身损害的责任；

（二）因故意或者重大过失造成消费者财产损失的责任；

（三）对平台内经营者提供商品或者服务依法应当承担的连带责任；

（四）对收集的消费者个人信息和经营者商业秘密的信息安全责任；

（五）依法应当承担的违约责任和其他责任。

第十一条 网络交易平台经营者不得有下列利用合同格式条款加重平台内经营者或者消费者责任的行为：

（一）使消费者承担违约金或者损害赔偿明显超过法定数额或者合理数额；

（二）使平台内经营者或者消费者承担依法应由网络交易平台经营者承担的责任；

（三）合同附终止期限的，擅自延长平台内经营者或者消费者履行合同的期限；

（四）使平台内经营者或者消费者承担在不确定期限内履行合同的责任；

（五）违法加重平台内经营者或消费者其他责任的行为。

第十二条 网络交易平台经营者不

得在合同格式条款中排除或者限制平台内经营者或者消费者的下列权利：

（一）依法变更、撤销或者解除合同的权利；

（二）依法中止履行或者终止履行合同的权利；

（三）依法请求继续履行、采取补救措施、支付违约金或者损害赔偿的权利；

（四）就合同争议提起诉讼、仲裁或者其他救济途径的权利；

（五）请求解释格式条款的权利；

（六）平台内经营者或消费者依法享有的其他权利。

第十三条　对网络交易平台经营者提供的合同格式条款内容理解发生争议的，应当按照通常理解予以解释；对相应内容有两种以上解释的，应当作出不利于网络交易平台经营者的解释。格式条款与非格式条款不一致的，应当采用非格式条款。

《第三方电子商务交易平台服务规范》

5.5 数据存储与查询

平台经营者应当妥善保存在平台上发布的交易及服务的全部信息，采取相应的技术手段保证上述资料的完整性、准确性和安全性。站内经营者和交易相对人的身份信息的保存时间自其最后一次登录之日起不少于两年；交易信息保存时间自发生之日起不少于两年。

站内经营者有权在保存期限内自助查询、下载或打印自己的交易信息。

鼓励第三方交易平台通过独立的数据服务机构对其信息进行异地备份及提供对外查询、下载或打印服务。

5.6 制订和实施平台交易管理制度

平台经营者应提供规范化的网上交易服务，建立和完善各项规章制度，包括但不限于下列制度：

（1）用户注册制度；

（2）平台交易规则；

（3）信息披露与审核制度；

（4）隐私权与商业秘密保护制度；

（5）消费者权益保护制度；

（6）广告发布审核制度；

（7）交易安全保障与数据备份制度；

（8）争议解决机制；

（9）不良信息及垃圾邮件举报处理机制；

（10）法律、法规规定的其他制度。

平台经营者应定期在本平台内组织检查网上交易管理制度的实施情况，并根据检查结果及时采取改善措施。

5.7 用户协议

平台经营者的用户协议及其修改应至少提前30日公示，涉及消费者权益的，应当抄送当地消费者权益保护机构。

用户协议应当包括但不限于以下

内容：

（1）用户注册条件；

（2）交易规则；

（3）隐私及商业秘密的保护；

（4）用户协议的修改程序；

（5）争议解决方式；

（6）受我国法律管辖的约定及具体管辖地；

（7）有关责任条款。

平台经营者应采用技术等手段引导用户完整阅读用户协议，合理提示交易风险、责任限制和责任免除条款，但不得免除自身责任，加重用户义务，排除用户的法定权利。

5.8 交易规则

平台经营者应制定并公布交易规则。交易规则的修改应当至少提前 30 日予以公示。用户不接受修改的，可以在修改公告之日起 60 日内书面通知退出。平台经营者应当按照原交易规则妥善处理用户退出事宜。

权威案例

◎ 典型案例

浙江淘某网络有限公司诉许某强等网络服务合同纠纷案【最高人民法院发布第一批涉互联网典型案例之三（2018 年 8 月 16 日）】

典型意义： 随着"互联网+"的兴起，电商产业飞速发展，但同时也出现了诸多亟待解决的问题，尤以普遍存在的造假售假问题最为严重。囿于网络行为的隐蔽性、举证的艰难性、技术的复杂性，电商平台自身采取的净化措施就十分重要。

本案认定淘某公司与许某强之间存在有效的协议，许某强的售假行为违反了协议约定。本案所涉服务协议均约定，用户不得在淘某平台上销售或发布侵犯他人知识产权或其他合法权益的商品或服务信息。许某强作为淘某用户，应恪守约定，履行自身义务。已有生效判决认定，许某强通过开设的"强升名酒坊"店铺，销售假冒的五粮液，侵害五粮液公司对"五粮液"注册商标享有的使用权。由此可见，许某强的售假行为已经违反了与淘某公司之间的约定。许某强在淘某网上出售假冒五粮液的行为不仅损害了与商品相关权利人的合法权益，而且降低了消费者对淘某网的信赖和社会公众对淘某网的良好评价。许某强在使用淘某平台服务时，应当预见售假行为对商品权利人、消费者以及淘某公司可能产生的损害。商誉是经营者本身以及经营者提供商品或服务过程中形成的一种积极社会评价。商誉可以体现在商品、商标、企业名称上，能够在生产经营中变现为实际的商业利润，具有显著的财产属性。因此，淘某公司要求赔偿商誉等损失的主张具有相应的依据。电商平台经营者和平台内签约经营者均有依法规范经营的义务，许某强在淘某网上销售假冒的五粮液，不仅应当承担对消费者的赔偿义务，也应当依约承担对电商平台的违约责任，电商平台经营者也有权依法追究平台售假商家的违约责任。从另外一个角度看，打假和净化网络购物环境也是第三方交易平台经营者的责任，符合其长远经营利益，有利于维护消费者合法权益，维护公平竞争的市场秩序。

福州九某贸易有限公司诉上海寻某信息技术有限公司网络服务合同纠纷案【最高人民法院发布 10 起中国互联网司法典型案例之一（2019 年 12 月 4 日）】

典型意义：基于网络平台发生的购物活动，具有买卖迅速、交易量大、跨地域广、主体分散等特点，行政部门监督难度不断加大，网络平台自治规则的作用不断增强。本案明确平台与商家在入驻协议中约定"消费者赔付金"，属于平台自治行为，且协议内容不违反法律、行政法规的强制性规定。当商家在平台上发生售假行为构成违约时，平台有权按照约定的"消费者赔付金"规则，直接扣付相关钱款给消费者，肯定了互联网平台自治规则的效力。

张某与吴某网络购物合同纠纷案【网络消费典型案例之十（2023 年 3 月 15 日）】

典型意义：实践中，存在电子商务经营者利用其优势地位，制定不公平不合理的格式条款侵害消费者合法权益的情况。本案裁判通过对网络消费格式条款进行合法性审查，对于不合理地免除经营者责任、排除消费者权利的格式条款作出否定性评价，有力地维护消费者合法权益和健康、清朗消费环境。

> **第三十三条　【平台经营者公示服务协议和交易规则的义务】**
>
> 电子商务平台经营者应当在其首页显著位置持续公示平台服务协议和交易规则信息或者上述信息的链接标识，并保证经营者和消费者能够便利、完整地阅览和下载。

关联法规

◎ **法律**

《民法典》

第四百九十六条　格式条款是当事人为了重复使用而预先拟定，并在订立合同时未与对方协商的条款。

采用格式条款订立合同的，提供格式条款的一方应当遵循公平原则确定当事人之间的权利和义务，并采取合理的方式提示对方注意免除或者减轻其责任等与对方有重大利害关系的条款，按照对方的要求，对该条款予以说明。提供格式条款的一方未履行提示或者说明义务，致使对方没有注意或者理解与其有重大利害关系的条款的，对方可以主张该条款不成为合同的内容。

《消费者权益保护法》

第八条　消费者享有知悉其购买、使用的商品或者接受的服务的真实情况的权利。

消费者有权根据商品或者服务的不同情况，要求经营者提供商品的价格、产地、生产者、用途、性能、规格、等级、主要成份、生产日期、有效期限、检验合格证明、使用方法说明书、售后服务，或者服务的内容、规格、费用等有关情况。

第十三条　消费者享有获得有关消费和消费者权益保护方面的知识的权利。

消费者应当努力掌握所需商品或者服务的知识和使用技能，正确使用商品，提高自我保护意识。

第二十六条　经营者在经营活动中使用格式条款的，应当以显著方式提请消费者注意商品或者服务的数量和质量、价款或者费用、履行期限和方式、安全注意事项和风险警示、售后服务、民事责任等与消费者有重大利害关系的内容，并按照消费者的要求予以说明。

经营者不得以格式条款、通知、声明、店堂告示等方式，作出排除或者限制消费者权利、减轻或者免除经营者责任、加重消费者责任等对消费者不公平、不合理的规定，不得利用格式条款并借助技术手段强制交易。

格式条款、通知、声明、店堂告示等含有前款所列内容的，其内容无效。

◎ **部门规章**

《网络零售第三方平台交易规则制定程序规定（试行）》

第六条　网络零售第三方平台经营者制定、修改、实施的下列交易规则应按照本规定公示并备案：

（一）基本规则，指网络零售经营者和消费者在第三方平台注册的规则及关于交易成立、有效性和履行的基础性规则。

（二）责任及风险分担规则，指网络零售第三方平台经营者对网络零售经营者和消费者承担民事责任或者免除责任的规则及风险分担的规则。

（三）知识产权保护规则，指保护知识产权以及防止假冒伪劣商品的规则。

（四）信用评价规则，指网络零售第三方平台经营者为交易双方提供信用评价服务，以及收集、记录、披露交易双方信用情况的规则。

（五）消费者权益保护规则，指保护消费者知情权、合理退货权、获得赔偿权等合法权益，保护消费者个人信息及交易记录的规则。

（六）信息披露规则，指网络零售第三方平台经营者对网络零售经营者进行实名登记、审核其法定营业资格的规则。

（七）防范和制止违法信息规则，指网络零售第三方平台经营者防范和制止在其平台上发布违反国家法律法规规定的商品和服务信息、网络广告等规则。

（八）交易纠纷解决规则，指网络零售第三方平台经营者解决与网络零售经营者、消费者之间争议的机制及规则。

（九）交易规则适用的规定，指交易规则适用对象、范围和期限的规定。

（十）交易规则的修改规定，指交易规则变更、修改的程序和方式的规定。

（十一）其他必要的交易规则或与规则相关的措施。

第七条　网络零售第三方平台经营者制定或修改的交易规则，应当在网站主页面醒目位置公开征求意见，并应采取合理措施确保交易规则的利益相关方及时、充分知晓并表达意见，通过合理方式公开收到的意见及答复处理意见，征求意见的时间不得少于七日。

第八条　符合下列情形之一的交易规则，可以不公开征求意见：

（一）为符合法律法规要求修改的交易规则；

（二）根据省级人民政府有关部门

要求，为保护消费者权益，需紧急采取措施的交易规则。

第九条　网络零售第三方平台经营者应在交易规则实施前七日在网站醒目位置予以公开，涉及商业秘密的除外。

第十一条　网络零售第三方平台经营者应当主动采取合理的方式保障利益相关方全面、方便地了解所实施的交易规则的内容，并提请其注意有关免除或限制网络零售第三方平台经营者或者利益相关方责任的内容。

网络零售第三方平台经营者应当按照利益相关方的要求，在收到申请之日起七日内以合理方式对交易规则作出说明。

《侵害消费者权益行为处罚办法》

第十二条　经营者向消费者提供商品或者服务使用格式条款、通知、声明、店堂告示等的，应当以显著方式提请消费者注意与消费者有重大利害关系的内容，并按照消费者的要求予以说明，不得作出含有下列内容的规定：

（一）免除或者部分免除经营者对其所提供的商品或者服务应当承担的修理、重作、更换、退货、补足商品数量、退还货款和服务费用、赔偿损失等责任；

（二）排除或者限制消费者提出修理、更换、退货、赔偿损失以及获得违约金和其他合理赔偿的权利；

（三）排除或者限制消费者依法投诉、举报、提起诉讼的权利；

（四）强制或者变相强制消费者购买和使用其提供的或者其指定的经营者提供的商品或者服务，对不接受其不合理条件的消费者拒绝提供相应商品或者服务，或者提高收费标准；

（五）规定经营者有权任意变更或者解除合同，限制消费者依法变更或者解除合同权利；

（六）规定经营者单方享有解释权或者最终解释权；

（七）其他对消费者不公平、不合理的规定。

《网络交易监督管理办法》

第二十八条　网络交易平台经营者修改平台服务协议和交易规则的，应当完整保存修改后的版本生效之日前三年的全部历史版本，并保证经营者和消费者能够便利、完整地阅览和下载。

◎ **部门规范性文件**

《关于网上交易的指导意见（暂行）》

三、网上交易参与方规范行为

……

（二）网上交易服务提供者

……

3. 信息披露

服务提供者应以合理方式向用户公示各项协议、规章制度和其他重要信息，提醒用户注意与其自身合法权益有

密切关系的内容，从技术上保证用户能够便利、完整的阅读和保存。

……

《网络交易平台合同格式条款规范指引》

第六条　网络交易平台经营者在经营活动中使用合同格式条款的，应当符合法律、法规和规章的规定，按照公平、公开和诚实信用的原则确定双方的权利与义务。

网络交易平台经营者修改合同格式条款的，应当遵循公开、连续、合理的原则，修改内容应当至少提前七日予以公示并通知合同相对人。

第七条　网络交易平台经营者应当在其网站主页面显著位置展示合同格式条款或者其电子链接，并从技术上保证平台内经营者或者消费者能够便利、完整地阅览和保存。

第九条　网络交易平台经营者使用合同格式条款的，应当采用显著方式提请合同相对人注意与其有重大利害关系、对其权利可能造成影响的价款或者费用、履行期限和方式、安全注意事项和风险警示、售后服务、民事责任等内容。网络交易平台经营者应当按照合同相对人的要求对格式条款作出说明。鼓励网络交易平台经营者采取必要的技术手段和管理措施确保平台内经营者履行提示和说明义务。

前款所述显著方式是指，采用足以

引起合同相对人注意的方式，包括：合理运用足以引起注意的文字、符号、字体等特别标识。不得以技术手段对合同格式条款设置不方便链接或者隐藏格式条款内容，不得仅以提示进一步阅读的方式履行提示义务。

网络交易平台经营者违反合同法第三十九条第一款关于提示和说明义务的规定，导致对方没有注意免除或者限制责任的条款，合同相对人依法可以向人民法院提出撤销该合同格式条款的申请。

网络交易平台经营者使用的合同格式条款，属于《消费者权益保护法》第二十六条第二款和《最高人民法院关于适用〈中华人民共和国合同法〉若干问题的解释（二）》第十条规定情形的，其内容无效。

《第三方电子商务交易平台服务规范》

5.7 用户协议

平台经营者的用户协议及其修改应至少提前 30 日公示，涉及消费者权益的，应当抄送当地消费者权益保护机构。

用户协议应当包括但不限于以下内容：

（1）用户注册条件；

（2）交易规则；

（3）隐私及商业秘密的保护；

（4）用户协议的修改程序；

（5）争议解决方式；

（6）受我国法律管辖的约定及具体管辖地；

（7）有关责任条款。

平台经营者应采用技术等手段引导用户完整阅读用户协议，合理提示交易风险、责任限制和责任免除条款，但不得免除自身责任，加重用户义务，排除用户的法定权利。

权威案例

◎ **典型案例**

邬某诉某旅游 App 经营公司网络服务合同纠纷案【最高法发布消费者权益保护典型案例之六（2022 年 3 月 15 日）】

典型意义：在数字经济、互联网产业飞速发展的大背景下，线上交易中企业基本都采用格式条款的方式与消费者建立契约关系。但是，在格式条款发挥其便捷、高效、积极作用的同时，因其本身具有的单方提供、内容固定的特质所带来的问题和风险，也不容忽视。法律明确赋予了格式条款提供者进行提示说明的义务，民法典第四百九十六条规定："提供格式条款的一方未履行提示或者说明义务，致使对方没有注意或者理解与其有重大利害关系的条款的，对方可以主张该条款不成为合同的内容。"提供格式条款的企业应当基于公平、诚信原则，依法、合理制定格式条款的内容，并对于履行方式等与消费者有重大利害关系的条款，向消费者进行特别的提醒和说明，从而维护交易秩序，平衡双方利益，促进行业发展。本案的裁判进一步厘清了网络服务提供者作为提供格式条款一方的责任，引导互联网交易模式更加符合契约自由和契约正义的精神。

> **第三十四条 【平台经营者修改服务协议和交易规则的要求】**
>
> 电子商务平台经营者修改平台服务协议和交易规则，应当在其首页显著位置公开征求意见，采取合理措施确保有关各方能够及时充分表达意见。修改内容应当至少在实施前七日予以公示。
>
> 平台内经营者不接受修改内容，要求退出平台的，电子商务平台经营者不得阻止，并按照修改前的服务协议和交易规则承担相关责任。

关联法规

◎ 法律

《民法典》

第四百九十六条 格式条款是当事人为了重复使用而预先拟定，并在订立合同时未与对方协商的条款。

采用格式条款订立合同的，提供格式条款的一方应当遵循公平原则确定当事人之间的权利和义务，并采取合理的方式提示对方注意免除或者减轻其责任等与对方有重大利害关系的条款，按照对方的要求，对该条款予以说明。提供格式条款的一方未履行提示或者说明义务，致使对方没有注意或者理解与其有重大利害关系的条款的，对方可以主张该条款不成为合同的内容。

《个人信息保护法》

第十四条 基于个人同意处理个人信息的，该同意应当由个人在充分知情的前提下自愿、明确作出。法律、行政法规规定处理个人信息应当取得个人单独同意或者书面同意的，从其规定。

个人信息的处理目的、处理方式和处理的个人信息种类发生变更的，应当重新取得个人同意。

《消费者权益保护法》

第八条 消费者享有知悉其购买、使用的商品或者接受的服务的真实情况的权利。

消费者有权根据商品或者服务的不同情况，要求经营者提供商品的价格、产地、生产者、用途、性能、规格、等级、主要成份、生产日期、有效期限、检验合格证明、使用方法说明书、售后服务，或者服务的内容、规格、费用等有关情况。

第十三条　消费者享有获得有关消费和消费者权益保护方面的知识的权利。

消费者应当努力掌握所需商品或者服务的知识和使用技能，正确使用商品，提高自我保护意识。

第二十六条　经营者在经营活动中使用格式条款的，应当以显著方式提请消费者注意商品或者服务的数量和质量、价款或者费用、履行期限和方式、安全注意事项和风险警示、售后服务、民事责任等与消费者有重大利害关系的内容，并按照消费者的要求予以说明。

经营者不得以格式条款、通知、声明、店堂告示等方式，作出排除或者限制消费者权利、减轻或者免除经营者责任、加重消费者责任等对消费者不公平、不合理的规定，不得利用格式条款并借助技术手段强制交易。

格式条款、通知、声明、店堂告示等含有前款所列内容的，其内容无效。

◎ **部门规章**

《网络零售第三方平台交易规则制定程序规定（试行）》

第四条　网络零售第三方平台交易规则的制定、修改、实施应当遵循公开、公平、公正的原则，遵守法律、行政法规，尊重社会公德，不得扰乱社会经济秩序，损害社会公共利益。

第六条　网络零售第三方平台经营者制定、修改、实施的下列交易规则应按照本规定公示并备案：

（一）基本规则，指网络零售经营者和消费者在第三方平台注册的规则及关于交易成立、有效性和履行的基础性规则。

（二）责任及风险分担规则，指网络零售第三方平台经营者对网络零售经营者和消费者承担民事责任或者免除责任的规则及风险分担的规则。

（三）知识产权保护规则，指保护知识产权以及防止假冒伪劣商品的规则。

（四）信用评价规则，指网络零售第三方平台经营者为交易双方提供信用评价服务，以及收集、记录、披露交易双方信用情况的规则。

（五）消费者权益保护规则，指保护消费者知情权、合理退货权、获得赔偿权等合法权益，保护消费者个人信息及交易记录的规则。

（六）信息披露规则，指网络零售第三方平台经营者对网络零售经营者进行实名登记、审核其法定营业资格的规则。

（七）防范和制止违法信息规则，指网络零售第三方平台经营者防范和制止在其平台上发布违反国家法律法规规定的商品和服务信息、网络广告等规则。

（八）交易纠纷解决规则，指网络零售第三方平台经营者解决与网络零售经营者、消费者之间争议的机制及规则。

（九）交易规则适用的规定，指交易规则适用对象、范围和期限的规定。

（十）交易规则的修改规定，指交易规则变更、修改的程序和方式的规定。

（十一）其他必要的交易规则或与规则相关的措施。

第七条 网络零售第三方平台经营者制定或修改的交易规则，应当在网站主页面醒目位置公开征求意见，并应采取合理措施确保交易规则的利益相关方及时、充分知晓并表达意见，通过合理方式公开收到的意见及答复处理意见，征求意见的时间不得少于七日。

第八条 符合下列情形之一的交易规则，可以不公开征求意见：

（一）为符合法律法规要求修改的交易规则；

（二）根据省级人民政府有关部门要求，为保护消费者权益，需紧急采取措施的交易规则。

第十条 网络零售第三方平台经营者制定、修改、实施的交易规则对网络零售经营者和消费者有重大影响的，应制定合理过渡措施。

第十三条 网络零售第三方平台经营者对其交易规则进行修改时，应按本规定第十二条的要求将修改部分重新备案。

《网络交易监督管理办法》

第二十八条 网络交易平台经营者修改平台服务协议和交易规则的，应当完整保存修改后的版本生效之日前三年的全部历史版本，并保证经营者和消费者能够便利、完整地阅览和下载。

◎ **部门规范性文件**

《网络交易平台合同格式条款规范指引》

第六条 网络交易平台经营者在经营活动中使用合同格式条款的，应当符合法律、法规和规章的规定，按照公平、公开和诚实信用的原则确定双方的权利与义务。

网络交易平台经营者修改合同格式条款的，应当遵循公开、连续、合理的原则，修改内容应当至少提前七日予以公示并通知合同相对人。

第七条 网络交易平台经营者应当在其网站主页面显著位置展示合同格式条款或者其电子链接，并从技术上保证平台内经营者或者消费者能够便利、完整地阅览和保存。

《第三方电子商务交易平台服务规范》

5.8 交易规则

平台经营者应制定并公布交易规则。交易规则的修改应当至少提前30日予以公示。用户不接受修改的，可以在修改公告之日起 60 日内书面通知退出。平台经营者应当按照原交易规则妥善处理用户退出事宜。

第三十五条　【平台经营者禁止滥用优势地位】

电子商务平台经营者不得利用服务协议、交易规则以及技术等手段，对平台内经营者在平台内的交易、交易价格以及与其他经营者的交易等进行不合理限制或者附加不合理条件，或者向平台内经营者收取不合理费用。

关联法规

◎ **法律**

《民法典》

第一百五十一条　一方利用对方处于危困状态、缺乏判断能力等情形，致使民事法律行为成立时显失公平的，受损害方有权请求人民法院或者仲裁机构予以撤销。

第四百九十六条　格式条款是当事人为了重复使用而预先拟定，并在订立合同时未与对方协商的条款。

采用格式条款订立合同的，提供格式条款的一方应当遵循公平原则确定当事人之间的权利和义务，并采取合理的方式提示对方注意免除或者减轻其责任等与对方有重大利害关系的条款，按照对方的要求，对该条款予以说明。提供格式条款的一方未履行提示或者说明义务，致使对方没有注意或者理解与其有重大利害关系的条款的，对方可以主张该条款不成为合同的内容。

第四百九十七条　有下列情形之一的，该格式条款无效：

（一）具有本法第一编第六章第三节和本法第五百零六条规定的无效情形；

（二）提供格式条款一方不合理地免除或者减轻其责任、加重对方责任、限制对方主要权利；

（三）提供格式条款一方排除对方主要权利。

第五百零六条　合同中的下列免责条款无效：

（一）造成对方人身损害的；

（二）因故意或者重大过失造成对方财产损失的。

《反不正当竞争法》

第十二条　经营者利用网络从事生产经营活动，应当遵守本法的各项规定。

经营者不得利用技术手段，通过影响用户选择或者其他方式，实施下列妨碍、破坏其他经营者合法提供的网络产品或者服务正常运行的行为：

（一）未经其他经营者同意，在其合法提供的网络产品或者服务中，插入链接、强制进行目标跳转；

（二）误导、欺骗、强迫用户修改、关闭、卸载其他经营者合法提供的网络产品或者服务；

（三）恶意对其他经营者合法提供的网络产品或者服务实施不兼容；

（四）其他妨碍、破坏其他经营者合法提供的网络产品或者服务正常运行的行为。

《反垄断法》

第十八条 禁止经营者与交易相对人达成下列垄断协议：

（一）固定向第三人转售商品的价格；

（二）限定向第三人转售商品的最低价格；

（三）国务院反垄断执法机构认定的其他垄断协议。

对前款第一项和第二项规定的协议，经营者能够证明其不具有排除、限制竞争效果的，不予禁止。

经营者能够证明其在相关市场的市场份额低于国务院反垄断执法机构规定的标准，并符合国务院反垄断执法机构规定的其他条件的，不予禁止。

第二十二条 禁止具有市场支配地位的经营者从事下列滥用市场支配地位的行为：

（一）以不公平的高价销售商品或者以不公平的低价购买商品；

（二）没有正当理由，以低于成本的价格销售商品；

（三）没有正当理由，拒绝与交易相对人进行交易；

（四）没有正当理由，限定交易相对人只能与其进行交易或者只能与其指定的经营者进行交易；

（五）没有正当理由搭售商品，或者在交易时附加其他不合理的交易条件；

（六）没有正当理由，对条件相同的交易相对人在交易价格等交易条件上实行差别待遇；

（七）国务院反垄断执法机构认定的其他滥用市场支配地位的行为。

具有市场支配地位的经营者不得利用数据和算法、技术以及平台规则等从事前款规定的滥用市场支配地位的行为。

本法所称市场支配地位，是指经营者在相关市场内具有能够控制商品价格、数量或者其他交易条件，或者能够阻碍、影响其他经营者进入相关市场能力的市场地位。

◎ **行政法规**

《促进个体工商户发展条例》

第二十五条 国家引导和支持个体工商户加快数字化发展、实现线上线下一体化经营。

平台经营者应当在入驻条件、服务规则、收费标准等方面，为个体工商户线上经营提供支持，不得利用服务协议、平台规则、数据算法、技术等手段，对平台内个体工商户进行不合理限制、附加不合理条件或者收取不合理费用。

◎ **司法解释**

《关于审理网络消费纠纷案件适用法律若干问题的规定（一）》

第一条　电子商务经营者提供的格式条款有以下内容的，人民法院应当依法认定无效：

（一）收货人签收商品即视为认可商品质量符合约定；

（二）电子商务平台经营者依法应承担的责任一概由平台内经营者承担；

（三）电子商务经营者享有单方解释权或者最终解释权；

（四）排除或者限制消费者依法投诉、举报、请求调解、申请仲裁、提起诉讼的权利；

（五）其他排除或者限制消费者权利、减轻或者免除电子商务经营者责任、加重消费者责任等对消费者不公平、不合理的内容。

第二条　电子商务经营者就消费者权益保护法第二十五条第一款规定的四项除外商品做出七日内无理由退货承

诺，消费者主张电子商务经营者应当遵守其承诺的，人民法院应予支持。

◎ **部门规章**

《网络零售第三方平台交易规则制定程序规定（试行）》

第四条　网络零售第三方平台交易规则的制定、修改、实施应当遵循公开、公平、公正的原则，遵守法律、行政法规，尊重社会公德，不得扰乱社会经济秩序，损害社会公共利益。

第六条　网络零售第三方平台经营者制定、修改、实施的下列交易规则应按照本规定公示并备案：

（一）基本规则，指网络零售经营者和消费者在第三方平台注册的规则及关于交易成立、有效性和履行的基础性规则。

（二）责任及风险分担规则，指网络零售第三方平台经营者对网络零售经营者和消费者承担民事责任或者免除责任的规则及风险分担的规则。

（三）知识产权保护规则，指保护知识产权以及防止假冒伪劣商品的规则。

（四）信用评价规则，指网络零售第三方平台经营者为交易双方提供信用评价服务，以及收集、记录、披露交易双方信用情况的规则。

（五）消费者权益保护规则，指保护消费者知情权、合理退货权、获得赔偿权等合法权益，保护消费者个人信息及交易记录的规则。

（六）信息披露规则，指网络零售第三方平台经营者对网络零售经营者进行实名登记、审核其法定营业资格的规则。

（七）防范和制止违法信息规则，指网络零售第三方平台经营者防范和制止在其平台上发布违反国家法律法规规定的商品和服务信息、网络广告等规则。

（八）交易纠纷解决规则，指网络零售第三方平台经营者解决与网络零售经营者、消费者之间争议的机制及规则。

（九）交易规则适用的规定，指交易规则适用对象、范围和期限的规定。

（十）交易规则的修改规定，指交易规则变更、修改的程序和方式的规定。

（十一）其他必要的交易规则或与规则相关的措施。

第十条 网络零售第三方平台经营者制定、修改、实施的交易规则对网络零售经营者和消费者有重大影响的，应制定合理过渡措施。

《网络交易监督管理办法》

第三十二条 网络交易平台经营者不得违反《中华人民共和国电子商务法》第三十五条的规定，对平台内经营者在平台内的交易、交易价格以及与其他经营者的交易等进行不合理限制或者附加不合理条件，干涉平台内经营者的自主经营。具体包括：

（一）通过搜索降权、下架商品、限制经营、屏蔽店铺、提高服务收费等方式，禁止或者限制平台内经营者自主选择在多个平台开展经营活动，或者利用不正当手段限制其仅在特定平台开展经营活动；

（二）禁止或者限制平台内经营者自主选择快递物流等交易辅助服务提供者；

（三）其他干涉平台内经营者自主经营的行为。

◎ **部门规范性文件**

《网络购物服务规范》

6.2.2 拥有完善的规章制度

网络购物平台提供商应提供规范化的网上交易服务，建立健全其规章制度，如：

（1）用户注册制度；

（2）平台交易规则；

（3）信息披露与审核制度；

（4）隐私权与商业秘密保护制度；

（5）消费者权益保护制度；

（6）广告发布审核制度；

（7）交易安全保障与数据备份制度；

（8）争议解决机制；

（9）不良信息及垃圾邮件举报处理机制；

（10）法律、法规规定的其他制度。

《网络交易平台经营者履行社会责任指引》

第十三条　网络交易平台经营者应与平台内经营者签订服务合同，合同应明确双方的权利义务、违约责任、争议解决、平台准入和退出、商品质量安全保障、消费者权益保护、不良信息处理等内容。

网络交易平台经营者应与消费者签订服务合同，合同应明确双方的权利义务、违约责任、争议解决、个人信息保护、交易安全保障等内容。

网络交易平台经营者不得以格式条款、通知、声明、公告等方式，作出排除或者限制相对人权利、减轻或者免除自身责任、加重相对人责任等不公平、不合理的规定，不得利用格式条款并借助技术手段强制交易。

《网络交易平台合同格式条款规范指引》

第六条　网络交易平台经营者在经营活动中使用合同格式条款的，应当符合法律、法规和规章的规定，按照公平、公开和诚实信用的原则确定双方的权利与义务。

网络交易平台经营者修改合同格式条款的，应当遵循公开、连续、合理的原则，修改内容应当至少提前七日予以公示并通知合同相对人。

第十条　网络交易平台经营者不得在合同格式条款中免除或者减轻自己的下列责任：

（一）造成消费者人身损害的责任；

（二）因故意或者重大过失造成消费者财产损失的责任；

（三）对平台内经营者提供商品或者服务依法应当承担的连带责任；

（四）对收集的消费者个人信息和经营者商业秘密的信息安全责任；

（五）依法应当承担的违约责任和其他责任。

第十一条　网络交易平台经营者不得有下列利用合同格式条款加重平台内经营者或者消费者责任的行为：

（一）使消费者承担违约金或者损害赔偿明显超过法定数额或者合理数额；

（二）使平台内经营者或者消费者承担依法应当由网络交易平台经营者承担的责任；

（三）合同附终止期限的，擅自延长平台内经营者或者消费者履行合同的期限；

（四）使平台内经营者或者消费者承担在不确定期限内履行合同的责任；

（五）违法加重平台内经营者或消费者其他责任的行为。

第十二条 网络交易平台经营者不得在合同格式条款中排除或者限制平台内经营者或者消费者的下列权利：

（一）依法变更、撤销或者解除合同的权利；

（二）依法中止履行或者终止履行合同的权利；

（三）依法请求继续履行、采取补救措施、支付违约金或者损害赔偿的权利；

（四）就合同争议提起诉讼、仲裁或者其他救济途径的权利；

（五）请求解释格式条款的权利；

（六）平台内经营者或消费者依法享有的其他权利。

《第三方电子商务交易平台服务规范》

5.6 制订和实施平台交易管理制度

平台经营者应提供规范化的网上交易服务，建立和完善各项规章制度，包括但不限于下列制度：

（1）用户注册制度；

（2）平台交易规则；

（3）信息披露与审核制度；

（4）隐私权与商业秘密保护制度；

（5）消费者权益保护制度；

（6）广告发布审核制度；

（7）交易安全保障与数据备份制度；

（8）争议解决机制；

（9）不良信息及垃圾邮件举报处理机制；

（10）法律、法规规定的其他制度。

平台经营者应定期在本平台内组织检查网上交易管理制度的实施情况，并根据检查结果及时采取改善措施。

5.7 用户协议

平台经营者的用户协议及其修改应至少提前30日公示，涉及消费者权益的，应当抄送当地消费者权益保护机构。

用户协议应当包括但不限于以下内容：

（1）用户注册条件；

（2）交易规则；

（3）隐私及商业秘密的保护；

（4）用户协议的修改程序；

（5）争议解决方式；

（6）受我国法律管辖的约定及具体管辖地；

（7）有关责任条款。

平台经营者应采用技术等手段引导用户完整阅读用户协议，合理提示交易风险、责任限制和责任免除条款，但不得免除自身责任，加重用户义务，排除用户的法定权利。

5.8 交易规则

平台经营者应制定并公布交易规则。交易规则的修改应当至少提前30日予以公示。用户不接受修改的，可以在修改公告之日起60日内书面通知退出。平台经营者应当按照原交易规则妥善处理用户退出事宜。

权威案例

◎ 典型案例

深圳微某码软件开发有限公司与腾某科技（深圳）有限公司、深圳市腾某计算机系统有限公司滥用市场支配地位纠纷案【最高人民法院发布10起中国互联网司法典型案例之五（2019年12月4日）】

典型意义： 当前大型互联网平台成为网络经济活动重要的市场主体，对互联网平台提起的反垄断诉讼日渐增多，涉及滥用市场支配地位行为的相关市场认定规则亟待明确。本案明确了综合性互联网平台"相关商品市场"的界定标准。对于提供多种类型服务综合性互联网平台，"相关商品市场"的认定需充分考虑涉案行为具体指向的产品或服务，区分互联网平台基础性服务的"相关商品市场"与增值服务的"相关商品市场"，根据产品或服务的性质、特点，运用需求替代分析方法合理界定。

第三十六条 【平台经营者对平台内经营者违规处罚的公示】

电子商务平台经营者依据平台服务协议和交易规则对平台内经营者违反法律、法规的行为实施警示、暂停或者终止服务等措施的，应当及时公示。

关联法规

◎ 法律

《消费者权益保护法》

第八条 消费者享有知悉其购买、使用的商品或者接受的服务的真实情况的权利。

消费者有权根据商品或者服务的不同情况，要求经营者提供商品的价格、产地、生产者、用途、性能、规格、等级、主要成份、生产日期、有效期限、检验合格证明、使用方法说明书、售后服务，或者服务的内容、规格、费用等有关情况。

第十五条 消费者享有对商品和服务以及保护消费者权益工作进行监督的权利。

消费者有权检举、控告侵害消费者权益的行为和国家机关及其工作人员在保护消费者权益工作中的违法失职行为，有权对保护消费者权益工作提出批评、建议。

◎ 部门规章

《网络交易监督管理办法》

第三十条 网络交易平台经营者依据法律、法规、规章的规定或者平台服务协议和交易规则对平台内经营者违法行为采取警示、暂停或者终止服务等处理措施的，应当自决定作出处理措施之日起一个工作日内予以公示，载明平台内经营者的网店名称、违法行为、处理措施等信息。警示、暂停服务等短期处理措施的相关信息应当持续公示至处理措施实施期满之日止。

◎ **部门规范性文件**

《第三方电子商务交易平台服务规范》

6.3 站内经营者行为规范

平台经营者应当通过合同或其他方式要求站内经营者遵守以下规范，督促站内经营者建立和实行各类商品信誉制度，方便消费者监督和投诉：

（1）站内经营者应合法经营，不得销售不符合国家标准或有毒有害的商品。对涉及违法经营的可以暂停或终止其交易。

（2）对涉及违法经营或侵犯消费者权益的站内经营者可以按照事先公布的程序在平台上进行公示。

（3）站内经营者应就在停止经营或撤柜前3个月告知平台经营者，并配合平台经营者处理好涉及消费者或第三方的事务。

（4）站内经营者应主动配合平台经营者就消费者投诉所进行的调查和协调。

第三十七条 【平台经营者自营业务区分】

电子商务平台经营者在其平台上开展自营业务的，应当以显著方式区分标记自营业务和平台内经营者开展的业务，不得误导消费者。

电子商务平台经营者对其标记为自营的业务依法承担商品销售者或者服务提供者的民事责任。

关联法规

◎ **法律**

《消费者权益保护法》

第八条 消费者享有知悉其购买、使用的商品或者接受的服务的真实情况的权利。

消费者有权根据商品或者服务的不同情况，要求经营者提供商品的价格、产地、生产者、用途、性能、规格、等级、主要成份、生产日期、有效期限、检验合格证明、使用方法说明书、售后服务，或者服务的内容、规格、费用等有关情况。

第十五条 消费者享有对商品和服务以及保护消费者权益工作进行监督的权利。

消费者有权检举、控告侵害消费者权益的行为和国家机关及其工作人员在保护消费者权益工作中的违法失职行为，有权对保护消费者权益工作提出批评、建议。

《反不正当竞争法》

第六条　经营者不得实施下列混淆行为，引人误认为是他人商品或者与他人存在特定联系：

（一）擅自使用与他人有一定影响的商品名称、包装、装潢等相同或者近似的标识；

（二）擅自使用他人有一定影响的企业名称（包括简称、字号等）、社会组织名称（包括简称等）、姓名（包括笔名、艺名、译名等）；

（三）擅自使用他人有一定影响的域名主体部分、网站名称、网页等；

（四）其他足以引人误认为是他人商品或者与他人存在特定联系的混淆行为。

◎ **司法解释**

《关于审理网络消费纠纷案件适用法律若干问题的规定（一）》

第四条　电子商务平台经营者以标记自营业务方式或者虽未标记自营但实际开展自营业务所销售的商品或者提供的服务损害消费者合法权益，消费者主张电子商务平台经营者承担商品销售者或者服务提供者责任的，人民法院应予支持。

电子商务平台经营者虽非实际开展自营业务，但其所作标识等足以误导消费者使消费者相信系电子商务平台经营者自营，消费者主张电子商务平台经营者承担商品销售者或者服务提供者责任的，人民法院应予支持。

第十三条　网络直播营销平台经营者通过网络直播方式开展自营业务销售商品，消费者主张其承担商品销售者责任的，人民法院应予支持。

◎ **部门规章**

《互联网保险业务监管办法》

第十六条　保险机构应通过其自营网络平台或其他保险机构的自营网络平台销售互联网保险产品或提供保险经纪、保险公估服务，投保页面须属于保险机构自营网络平台。政府部门为了公共利益需要，要求投保人在政府规定的网络平台完成投保信息录入的除外。

◎ **部门规范性文件**

《第三方电子商务交易平台服务规范》

4.2 业务隔离原则

平台经营者若同时在平台上从事站内经营业务的，应当将平台服务与站内经营业务分开，并在自己的第三方交易平台上予以公示。

第三十八条　【平台经营者的民事责任】

电子商务平台经营者知道或者应当知道平台内经营者销售的商品或者提供的服务不符合保障

人身、财产安全的要求，或者有其他侵害消费者合法权益行为，未采取必要措施的，依法与该平台内经营者承担连带责任。

对关系消费者生命健康的商品或者服务，电子商务平台经营者对平台内经营者的资质资格未尽到审核义务，或者对消费者未尽到安全保障义务，造成消费者损害的，依法承担相应的责任。

关联法规

◎ 法律

《民法典》

第一百七十八条　二人以上依法承担连带责任的，权利人有权请求部分或者全部连带责任人承担责任。

连带责任人的责任份额根据各自责任大小确定；难以确定责任大小的，平均承担责任。实际承担责任超过自己责任份额的连带责任人，有权向其他连带责任人追偿。

连带责任，由法律规定或者当事人约定。

第一千一百九十四条　网络用户、网络服务提供者利用网络侵害他人民事权益的，应当承担侵权责任。法律另有规定的，依照其规定。

第一千一百九十五条　网络用户利用网络服务实施侵权行为的，权利人有权通知网络服务提供者采取删除、屏蔽、断开链接等必要措施。通知应当包括构成侵权的初步证据及权利人的真实身份信息。

网络服务提供者接到通知后，应当及时将该通知转送相关网络用户，并根据构成侵权的初步证据和服务类型采取必要措施；未及时采取必要措施的，对损害的扩大部分与该网络用户承担连带责任。

权利人因错误通知造成网络用户或者网络服务提供者损害的，应当承担侵权责任。法律另有规定的，依照其规定。

第一千一百九十七条　网络服务提供者知道或者应当知道网络用户利用其网络服务侵害他人民事权益，未采取必要措施的，与该网络用户承担连带责任。

第一千一百九十八条　宾馆、商场、银行、车站、机场、体育场馆、娱乐场所等经营场所、公共场所的经营者、管理者或者群众性活动的组织者，未尽到安全保障义务，造成他人损害的，应当承担侵权责任。

因第三人的行为造成他人损害的，由第三人承担侵权责任；经营者、管理者或者组织者未尽到安全保障义务的，承担相应的补充责任。经营者、管理者或者组织者承担补充责任后，可以向第三人追偿。

《消费者权益保护法》

第四十四条　消费者通过网络交易平台购买商品或者接受服务，其合法权益受到损害的，可以向销售者或者服务者要求赔偿。网络交易平台提供者不能提供销售者或者服务者的真实名称、地址和有效联系方式的，消费者也可以向网络交易平台提供者要求赔偿；网络交易平台提供者作出更有利于消费者的承诺的，应当履行承诺。网络交易平台提供者赔偿后，有权向销售者或者服务者追偿。

网络交易平台提供者明知或者应知销售者或者服务者利用其平台侵害消费者合法权益，未采取必要措施的，依法与该销售者或者服务者承担连带责任。

第四十五条　消费者因经营者利用虚假广告或者其他虚假宣传方式提供商品或者服务，其合法权益受到损害的，可以向经营者要求赔偿。广告经营者、发布者发布虚假广告的，消费者可以请求行政主管部门予以惩处。广告经营者、发布者不能提供经营者的真实名称、地址和有效联系方式的，应当承担赔偿责任。

广告经营者、发布者设计、制作、发布关系消费者生命健康商品或者服务的虚假广告，造成消费者损害的，应当与提供该商品或者服务的经营者承担连带责任。

社会团体或者其他组织、个人在关系消费者生命健康商品或者服务的虚假广告或者其他虚假宣传中向消费者推荐商品或者服务，造成消费者损害的，应当与提供该商品或者服务的经营者承担连带责任。

《产品质量法》

第四十三条　因产品存在缺陷造成人身、他人财产损害的，受害人可以向产品的生产者要求赔偿，也可以向产品的销售者要求赔偿。属于产品的生产者的责任，产品的销售者赔偿的，产品的销售者有权向产品的生产者追偿。属于产品的销售者的责任，产品的生产者赔偿的，产品的生产者有权向产品的销售者追偿。

《食品安全法》

第一百三十一条　违反本法规定，网络食品交易第三方平台提供者未对入网食品经营者进行实名登记、审查许可证，或者未履行报告、停止提供网络交易平台服务等义务的，由县级以上人民政府食品安全监督管理部门责令改正，没收违法所得，并处五万元以上二十万元以下罚款；造成严重后果的，责令停业，直至由原发证部门吊销许可证；使消费者的合法权益受到损害的，应当与食品经营者承担连带责任。

消费者通过网络食品交易第三方平台购买食品，其合法权益受到损害的，可以向入网食品经营者或者食品生产者要求赔偿。网络食品交易第三方平台提供者不能提供入网食品经营者的真实名称、地址和有效联系方式的，由网络食品交易第三方平台提供者赔偿。网络食品交易第三方平台提供者赔偿后，有权向入网食品经营者或者食品生产者追偿。网络食品交易第三方平台提供者作出更有利于消费者承诺的，应当履行其承诺。

◎ **司法解释**

《关于审理利用信息网络侵害人身权益民事纠纷案件适用法律若干问题的规定》

第二条　原告依据民法典第一千一百九十五条、第一千一百九十七条的规定起诉网络用户或者网络服务提供者的，人民法院应予受理。

原告仅起诉网络用户，网络用户请求追加涉嫌侵权的网络服务提供者为共同被告或者第三人的，人民法院应予准许。

原告仅起诉网络服务提供者，网络服务提供者请求追加可以确定的网络用户为共同被告或者第三人的，人民法院应予准许。

第三条　原告起诉网络服务提供者，网络服务提供者以涉嫌侵权的信息系网络用户发布为由抗辩的，人民法院可以根据原告的请求及案件的具体情况，责令网络服务提供者向人民法院提供能够确定涉嫌侵权的网络用户的姓名（名称）、联系方式、网络地址等信息。

网络服务提供者无正当理由拒不提供的，人民法院可以依据民事诉讼法第一百一十四条的规定对网络服务提供者采取处罚等措施。

原告根据网络服务提供者提供的信息请求追加网络用户为被告的，人民法院应予准许。

第四条　人民法院适用民法典第一千一百九十五条第二款的规定，认定网络服务提供者采取的删除、屏蔽、断开链接等必要措施是否及时，应当根据网络服务的类型和性质、有效通知的形式和准确程度、网络信息侵害权益的类型和程度等因素综合判断。

第五条　其发布的信息被采取删除、屏蔽、断开链接等措施的网络用户，主张网络服务提供者承担违约责任或者侵权责任，网络服务提供者以收到民法典第一千一百九十五条第一款规定的有效通知为由抗辩的，人民法院应予支持。

第六条　人民法院依据民法典第一千一百九十七条认定网络服务提供者是否"知道或者应当知道"，应当综合考虑下列因素：

（一）网络服务提供者是否以人工或者自动方式对侵权网络信息以推荐、排名、选择、编辑、整理、修改等方式作出处理；

（二）网络服务提供者应当具备的管理信息的能力，以及所提供服务的性质、方式及其引发侵权的可能性大小；

（三）该网络信息侵害人身权益的类型及明显程度；

（四）该网络信息的社会影响程度或者一定时间内的浏览量；

（五）网络服务提供者采取预防侵权措施的技术可能性及其是否采取了相应的合理措施；

（六）网络服务提供者是否针对同一网络用户的重复侵权行为或者同一侵权信息采取了相应的合理措施；

（七）与本案相关的其他因素。

第七条　人民法院认定网络用户或者网络服务提供者转载网络信息行为的过错及其程度，应当综合以下因素：

（一）转载主体所承担的与其性质、影响范围相适应的注意义务；

（二）所转载信息侵害他人人身权益的明显程度；

（三）对所转载信息是否作出实质性修改，是否添加或者修改文章标题，导致其与内容严重不符以及误导公众的可能性。

第八条　网络用户或者网络服务提供者采取诽谤、诋毁等手段，损害公众对经营主体的信赖，降低其产品或者服务的社会评价，经营主体请求网络用户或者网络服务提供者承担侵权责任的，人民法院应依法予以支持。

第九条　网络用户或者网络服务提供者，根据国家机关依职权制作的文书和公开实施的职权行为等信息来源所发布的信息，有下列情形之一，侵害他人人身权益，被侵权人请求侵权人承担侵权责任的，人民法院应予支持：

（一）网络用户或者网络服务提供者发布的信息与前述信息来源内容不符；

（二）网络用户或者网络服务提供者以添加侮辱性内容、诽谤性信息、不当标题或者通过增删信息、调整结构、改变顺序等方式致人误解；

（三）前述信息来源已被公开更正，但网络用户拒绝更正或者网络服务提供者不予更正；

（四）前述信息来源已被公开更

正，网络用户或者网络服务提供者仍然发布更正之前的信息。

第十条 被侵权人与构成侵权的网络用户或者网络服务提供者达成一方支付报酬，另一方提供删除、屏蔽、断开链接等服务的协议，人民法院应认定为无效。

擅自篡改、删除、屏蔽特定网络信息或者以断开链接的方式阻止他人获取网络信息，发布该信息的网络用户或者网络服务提供者请求侵权人承担侵权责任的，人民法院应予支持。接受他人委托实施该行为的，委托人与受托人承担连带责任。

第十一条 网络用户或者网络服务提供者侵害他人人身权益，造成财产损失或者严重精神损害，被侵权人依据民法典第一千一百八十二条和第一千一百八十三条的规定，请求其承担赔偿责任的，人民法院应予支持。

《关于审理网络消费纠纷案件适用法律若干问题的规定（一）》

第十四条 网络直播间销售商品损害消费者合法权益，网络直播营销平台经营者不能提供直播间运营者的真实姓名、名称、地址和有效联系方式的，消费者依据消费者权益保护法第四十四条规定向网络直播营销平台经营者请求赔偿的，人民法院应予支持。网络直播营

销平台经营者承担责任后，向直播间运营者追偿的，人民法院应予支持。

第十五条 网络直播营销平台经营者对依法需取得食品经营许可的网络直播间的食品经营资质未尽到法定审核义务，使消费者的合法权益受到损害，消费者依据食品安全法第一百三十一条等规定主张网络直播营销平台经营者与直播间运营者承担连带责任的，人民法院应予支持。

第十六条 网络直播营销平台经营者知道或者应当知道网络直播间销售的商品不符合保障人身、财产安全的要求，或者有其他侵害消费者合法权益行为，未采取必要措施，消费者依据电子商务法第三十八条等规定主张网络直播营销平台经营者与直播间运营者承担连带责任的，人民法院应予支持。

第十七条 直播间运营者知道或者应当知道经营者提供的商品不符合保障人身、财产安全的要求，或者有其他侵害消费者合法权益行为，仍为其推广，给消费者造成损害，消费者依据民法典第一千一百六十八条等规定主张直播间运营者与提供该商品的经营者承担连带责任的，人民法院应予支持。

第十八条 网络餐饮服务平台经营者违反食品安全法第六十二条和第一百三十一条规定，未对入网餐饮服务提

者进行实名登记、审查许可证，或者未履行报告、停止提供网络交易平台服务等义务，使消费者的合法权益受到损害，消费者主张网络餐饮服务平台经营者与入网餐饮服务提供者承担连带责任的，人民法院应予支持。

◎ 部门规章

《网络交易监督管理办法》

第五十二条　网络交易平台经营者知道或者应当知道平台内经营者销售的商品或者提供的服务不符合保障人身、财产安全的要求，或者有其他侵害消费者合法权益行为，未采取必要措施的，依法与该平台内经营者承担连带责任。

对关系消费者生命健康的商品或者服务，网络交易平台经营者对平台内经营者的资质资格未尽到审核义务，或者对消费者未尽到安全保障义务，造成消费者损害的，依法承担相应的责任。

◎ 部门规范性文件

《网络交易平台经营者履行社会责任指引》

第十八条　平台内经营者实施商标侵权等侵权行为的，被侵权人要求网络交易平台经营者采取删除、屏蔽、断开链接等必要措施，网络交易平台经营者接到通知后未及时采取必要措施的，对损害的扩大部分与平台内经营者承担连带责任。

网络交易平台经营者明知或者应知平台内经营者利用其平台侵害消费者和其他经营者合法权益，未采取必要措施的，依法与平台内经营者承担连带责任。

第三十九条　【平台经营者建立信用评价制度的义务】

电子商务平台经营者应当建立健全信用评价制度，公示信用评价规则，为消费者提供对平台内销售的商品或者提供的服务进行评价的途径。

电子商务平台经营者不得删除消费者对其平台内销售的商品或者提供的服务的评价。

关联法规

◎ 法律

《消费者权益保护法》

第十七条　经营者应当听取消费者对其提供的商品或者服务的意见，接受消费者的监督。

◎ 部门规章

《网络交易监督管理办法》

第十四条　网络交易经营者不得违反《中华人民共和国反不正当竞争法》等规定，实施扰乱市场竞争秩序，损害其他经营者或者消费者合法权益的不正当竞争行为。

网络交易经营者不得以下列方式，作虚假或者引人误解的商业宣传，欺骗、误导消费者：

（一）虚构交易、编造用户评价；

（二）采用误导性展示等方式，将好评前置、差评后置，或者不显著区分不同商品或者服务的评价等；

（三）采用谎称现货、虚构预订、虚假抢购等方式进行虚假营销；

（四）虚构点击量、关注度等流量数据，以及虚构点赞、打赏等交易互动数据。

网络交易经营者不得实施混淆行为，引人误认为是他人商品、服务或者与他人存在特定联系。

网络交易经营者不得编造、传播虚假信息或者误导性信息，损害竞争对手的商业信誉、商品声誉。

◎ **部门规范性文件**

《第三方电子商务交易平台服务规范》

4.3 鼓励与促进原则

鼓励依法设立和经营第三方交易平台，鼓励构建有利于平台发展的技术支撑体系。

鼓励平台经营者、行业协会和相关组织探索电子商务信用评价体系、交易安全制度，以及便捷的小额争议解决机制，保障交易的公平与安全。

6.5 交易秩序维护

平台经营者应当采取合理措施，保证网上交易平台的正常运行，提供安全可靠的交易环境和公平、公正、公开的交易服务，维护交易秩序，建立并完善网上交易的信用评价体系和交易风险警示机制。

第四十条　【平台经营者的广告标注义务】

电子商务平台经营者应当根据商品或者服务的价格、销量、信用等以多种方式向消费者显示商品或者服务的搜索结果；对于竞价排名的商品或者服务，应当显著标明"广告"。

关联法规

◎ **法律**

《消费者权益保护法》

第四十五条　消费者因经营者利用虚假广告或者其他虚假宣传方式提供商品或者服务，其合法权益受到损害的，可以向经营者要求赔偿。广告经营者、发布者发布虚假广告的，消费者可以请求行政主管部门予以惩处。广告经营者、发布者不能提供经营者的真实名称、地址和有效联系方式的，应当承担赔偿责任。

广告经营者、发布者设计、制作、发布关系消费者生命健康商品或者服务的虚假广告，造成消费者损害的，应当与提供该商品或者服务的经营者承担连带责任。

社会团体或者其他组织、个人在关系消费者生命健康商品或者服务的虚假广告或者其他虚假宣传中向消费者推荐商品或者服务，造成消费者损害的，应当与提供该商品或者服务的经营者承担连带责任。

《反不正当竞争法》

第七条　经营者不得采用财物或者其他手段贿赂下列单位或者个人，以谋取交易机会或者竞争优势：

（一）交易相对方的工作人员；

（二）受交易相对方委托办理相关事务的单位或者个人；

（三）利用职权或者影响力影响交易的单位或者个人。

经营者在交易活动中，可以以明示方式向交易相对方支付折扣，或者向中间人支付佣金。经营者向交易相对方支付折扣、向中间人支付佣金的，应当如实入账。接受折扣、佣金的经营者也应当如实入账。

经营者的工作人员进行贿赂的，应当认定为经营者的行为；但是，经营者有证据证明该工作人员的行为与为经营者谋

取交易机会或者竞争优势无关的除外。

第八条　经营者不得对其商品的性能、功能、质量、销售状况、用户评价、曾获荣誉等作虚假或者引人误解的商业宣传，欺骗、误导消费者。

经营者不得通过组织虚假交易等方式，帮助其他经营者进行虚假或者引人误解的商业宣传。

第十二条　经营者利用网络从事生产经营活动，应当遵守本法的各项规定。

经营者不得利用技术手段，通过影响用户选择或者其他方式，实施下列妨碍、破坏其他经营者合法提供的网络产品或者服务正常运行的行为：

（一）未经其他经营者同意，在其合法提供的网络产品或者服务中，插入链接、强制进行目标跳转；

（二）误导、欺骗、强迫用户修改、关闭、卸载其他经营者合法提供的网络产品或者服务；

（三）恶意对其他经营者合法提供的网络产品或者服务实施不兼容；

（四）其他妨碍、破坏其他经营者合法提供的网络产品或者服务正常运行的行为。

《广告法》

第四十四条　利用互联网从事广告活动，适用本法的各项规定。

利用互联网发布、发送广告，不得影响用户正常使用网络。在互联网页面以弹出等形式发布的广告，应当显著标明关闭标志，确保一键关闭。

◎ **部门规章**

《互联网广告管理办法》

第九条　互联网广告应当具有可识别性，能够使消费者辨明其为广告。

对于竞价排名的商品或者服务，广告发布者应当显著标明"广告"，与自然搜索结果明显区分。

除法律、行政法规禁止发布或者变相发布广告的情形外，通过知识介绍、体验分享、消费测评等形式推销商品或者服务，并附加购物链接等购买方式的，广告发布者应当显著标明"广告"。

◎ **部门规范性文件**

《网络购物服务规范》

7.2.2 拥有完善的规章制度

网络购物平台提供商应提供规范化的网上交易服务，建立健全其规章制度，如：

（1）用户注册制度；

（2）平台交易规则；

（3）信息披露与审核制度；

（4）隐私权与商业秘密保护制度；

（5）消费者权益保护制度；

（6）广告发布审核制度；

（7）交易安全保障与数据备份制度；

（8）争议解决机制；

（9）不良信息及垃圾邮件举报处理机制；

（10）法律、法规规定的其他制度。

《第三方电子商务交易平台服务规范》

5.6 制订和实施平台交易管理制度

平台经营者应提供规范化的网上交易服务，建立和完善各项规章制度，包括但不限于下列制度：

（1）用户注册制度；

（2）平台交易规则；

（3）信息披露与审核制度；

（4）隐私权与商业秘密保护制度；

（5）消费者权益保护制度；

（6）广告发布审核制度；

（7）交易安全保障与数据备份制度；

（8）争议解决机制；

（9）不良信息及垃圾邮件举报处理机制；

（10）法律、法规规定的其他制度。

平台经营者应定期在本平台内组织检查网上交易管理制度的实施情况，并根据检查结果及时采取改善措施。

8.3 广告发布

平台经营者对平台内被投诉的广告信息，应当依据广告法律规定进行删除或转交广告行政主管机构处理。

第三方交易平台应约束站内经营者不得发布虚假的广告信息，不得发送垃圾邮件。

对于国家明令禁止交易的商品或服务，提供搜索服务的第三方交易平台在搜索结果展示页面应对其名称予以屏蔽或限制访问。

第四十一条　【平台经营者的知识产权保护义务】

电子商务平台经营者应当建立知识产权保护规则，与知识产权权利人加强合作，依法保护知识产权。

关联法规

◎ 法律
《关于维护互联网安全的决定》

三、为了维护社会主义市场经济秩序和社会管理秩序，对有下列行为之一，构成犯罪的，依照刑法有关规定追究刑事责任：

（一）利用互联网销售伪劣产品或者对商品、服务作虚假宣传；

（二）利用互联网损害他人商业信誉和商品声誉；

（三）利用互联网侵犯他人知识产权；

（四）利用互联网编造并传播影响证券、期货交易或者其他扰乱金融秩序的虚假信息；

（五）在互联网上建立淫秽网站、网页，提供淫秽站点链接服务，或者传播淫秽书刊、影片、音像、图片。

◎ 司法解释
《关于审理涉电子商务平台知识产权民事案件的指导意见》

三、电子商务平台经营者知道或者应当知道平台内经营者侵害知识产权的，应当根据权利的性质、侵权的具体情形和技术条件，以及构成侵权的初步证据、服务类型，及时采取必要措施。采取的必要措施应当遵循合理审慎的原则，包括但不限于删除、屏蔽、断开链接等下架措施。平台内经营者多次、故意侵害知识产权的，电子商务平台经营者有权采取终止交易和服务的措施。

四、依据电子商务法第四十一条、第四十二条、第四十三条的规定，电子商务平台经营者可以根据知识产权权利类型、商品或者服务的特点等，制定平台内通知与声明机制的具体执行措施。但是，有关措施不能对当事人依法维护权利的行为设置不合理的条件或者障碍。

◎ 部门规范性文件
《网络购物服务规范》

4.4 保护知识产权

网络购物交易方应遵守《中华人民共和国商标法》和《中华人民共和国著作权法》等相关法律，不得侵害他人商标权、著作权、专利权等权利。

网络购物平台提供商等有权利采取相关手段来保护网上的商标权、著作权、专利权等。

《电子商务模式规范》

3. 基本要求

……

3.7 知识产权保护

电子商务经营者必须遵守知识产权保护的有关法律法规和政策。

……

《关于规范网络购物促销行为的通知》

五、加强知识产权保护。结合打击侵犯知识产权和制售假冒伪劣商品专项行动，与工商、质检等部门开展联合督查，加强对网络购物平台及经营者监督力度，打击促销活动中侵犯知识产权和制售假冒伪劣商品行为。加强宣传教育，引导网络购物平台和企业履行社会责任，开展诚信促销、规范经营，自觉抵制侵犯知识产权和制售假冒伪劣商品违法犯罪行为。

《网络交易平台经营者履行社会责任指引》

第十一条 网络交易平台经营者应建立健全平台内交易规则、交易安全保障、消费者权益保护、不良信息处理等管理制度，各项管理制度应以显著的方式提请平台内经营者和消费者注意，方便用户阅览和保存。

第二十六条 网络交易平台经营者应强化知识产权意识，实施知识产权战略，实现技术创新与知识产权的良性互动。

《第三方电子商务交易平台服务规范》

6.8 知识产权保护

平台经营者应当建立适当的工作机制，依法保护知识产权。对于权利人附有证据并通知具体地址的侵权页面、文件或链接，平台经营者应通知被投诉人，同时采取必要措施保护权利人合法权益。法律法规另有规定的除外。

平台经营者应通过合同或其他方式要求站内经营者遵守《商标法》、《反不正当竞争法》、《企业名称登记管理规定》等法律、法规、规章的规定，不得侵犯他人的注册商标专用权、企业名称权等权利。

> **权威案例**

◎ 公报案例

中国音某著作权协会诉网某公司、移某通信公司侵犯信息网络传播权纠纷案【《最高人民法院公报》2003 年第 5 期】

裁判摘要：《中华人民共和国著作权法》（以下简称著作权法）第十条第一款

第（十二）项的规定，著作权人享有作品的信息网络传播权，即通过互联网或其他有线或者无线的信息传输网络向公众提供作品的权利，未经许可，将他人的作品上网传播、供人使用的行为构成对著作权人的信息网络传播权的侵害。网某公司未经许可，将音乐作品直接收录进×××网站的栏目中公开展示，并有偿向移某电话用户提供下载使用服务的行为，构成了对著作权人信息网络传播权的侵犯，应承担停止侵害、赔偿损失的民事责任。

第四十二条　【通知删除规则】

知识产权权利人认为其知识产权受到侵害的，有权通知电子商务平台经营者采取删除、屏蔽、断开链接、终止交易和服务等必要措施。通知应当包括构成侵权的初步证据。

电子商务平台经营者接到通知后，应当及时采取必要措施，并将该通知转送平台内经营者；未及时采取必要措施的，对损害的扩大部分与平台内经营者承担连带责任。

因通知错误造成平台内经营者损害的，依法承担民事责任。恶意发出错误通知，造成平台内经营者损失的，加倍承担赔偿责任。

关联法规

◎ **法律**

《民法典》

第一千一百九十五条　网络用户利用网络服务实施侵权行为的，权利人有权通知网络服务提供者采取删除、屏蔽、断开链接等必要措施。通知应当包括构成侵权的初步证据及权利人的真实身份信息。

网络服务提供者接到通知后，应当及时将该通知转送相关网络用户，并根据构成侵权的初步证据和服务类型采取必要措施；未及时采取必要措施的，对损害的扩大部分与该网络用户承担连带责任。

权利人因错误通知造成网络用户或者网络服务提供者损害的，应当承担侵权责任。法律另有规定的，依照其规定。

◎ **行政法规**

《信息网络传播权保护条例》

第十四条　对提供信息存储空间或者提供搜索、链接服务的网络服务提供者，权利人认为其服务所涉及的作品、表演、录音录像制品，侵犯自己的信息网络传播权或者被删除、改变了自己的权利管理电子信息的，可以向该网络服务提供者提交书面通知，要求网络服务提供者删除该作品、表演、录音录像制品，或者断开与该作品、表演、录音录像制品的链接。通知书应当包含下列内容：

（一）权利人的姓名（名称）、联系方式和地址；

（二）要求删除或者断开链接的侵权作品、表演、录音录像制品的名称和网络地址；

（三）构成侵权的初步证明材料。

权利人应当对通知书的真实性负责。

第十五条 网络服务提供者接到权利人的通知书后，应当立即删除涉嫌侵权的作品、表演、录音录像制品，或者断开与涉嫌侵权的作品、表演、录音录像制品的链接，并同时将通知书转送提供作品、表演、录音录像制品的服务对象；服务对象网络地址不明、无法转送的，应当将通知书的内容同时在信息网络上公告。

第二十四条 因权利人的通知导致网络服务提供者错误删除作品、表演、录音录像制品，或者错误断开与作品、

表演、录音录像制品的链接，给服务对象造成损失的，权利人应当承担赔偿责任。

◎ **司法解释**

《关于审理涉电子商务平台知识产权民事案件的指导意见》

三、电子商务平台经营者知道或者应当知道平台内经营者侵害知识产权的，应当根据权利的性质、侵权的具体情形和技术条件，以及构成侵权的初步证据、服务类型，及时采取必要措施。采取的必要措施应当遵循合理审慎的原则，包括但不限于删除、屏蔽、断开链接等下架措施。平台内经营者多次、故意侵害知识产权的，电子商务平台经营者有权采取终止交易和服务的措施。

四、依据电子商务法第四十一条、第四十二条、第四十三条的规定，电子商务平台经营者可以根据知识产权权利类型、商品或者服务的特点等，制定平台内通知与声明机制的具体执行措施。但是，有关措施不能对当事人依法维护权利的行为设置不合理的条件或者障碍。

五、知识产权权利人依据电子商务法第四十二条的规定，向电子商务平台经营者发出的通知一般包括：知识产权权利证明及权利人的真实身份信息；能够实现准确定位的被诉侵权商品或者服

务信息；构成侵权的初步证据；通知真实性的书面保证等。通知应当采取书面形式。

通知涉及专利权的，电子商务平台经营者可以要求知识产权权利人提交技术特征或者设计特征对比的说明、实用新型或者外观设计专利权评价报告等材料。

六、人民法院认定通知人是否具有电子商务法第四十二条第三款所称的"恶意"，可以考量下列因素：提交伪造、变造的权利证明；提交虚假侵权对比的鉴定意见、专家意见；明知权利状态不稳定仍发出通知；明知通知错误仍不及时撤回或者更正；反复提交错误通知等。

电子商务平台经营者、平台内经营者以错误通知、恶意发出错误通知造成其损害为由，向人民法院提起诉讼的，可以与涉电子商务平台知识产权纠纷案件一并审理。

九、因情况紧急，电子商务平台经营者不立即采取商品下架等措施将会使其合法利益受到难以弥补的损害的，知识产权权利人可以依据《中华人民共和国民事诉讼法》第一百条、第一百零一条的规定，向人民法院申请采取保全措施。

因情况紧急，电子商务平台经营者

不立即恢复商品链接、通知人不立即撤回通知或者停止发送通知等行为将会使其合法利益受到难以弥补的损害的，平台内经营者可以依据前款所述法律规定，向人民法院申请采取保全措施。

知识产权权利人、平台内经营者的申请符合法律规定的，人民法院应当依法予以支持。

十、人民法院判断电子商务平台经营者是否采取了合理的措施，可以考量下列因素：构成侵权的初步证据；侵权成立的可能性；侵权行为的影响范围；侵权行为的具体情节，包括是否存在恶意侵权、重复侵权情形；防止损害扩大的有效性；对平台内经营者利益可能的影响；电子商务平台的服务类型和技术条件等。

平台内经营者有证据证明通知所涉专利权已经被国家知识产权局宣告无效，电子商务平台经营者据此暂缓采取必要措施，知识产权权利人请求认定电子商务平台经营者未及时采取必要措施的，人民法院不予支持。

◎ **部门规章**

《互联网著作权行政保护办法》

第五条　著作权人发现互联网传播的内容侵犯其著作权，向互联网信息服务提供者或者其委托的其他机构（以下统称"互联网信息服务提供者"）发出通知后，互联网信息服务提供者应当立即采取措施移除相关内容，并保留著作权人的通知 6 个月。

第六条 互联网信息服务提供者收到著作权人的通知后，应当记录提供的信息内容及其发布的时间、互联网地址或者域名。互联网接入服务提供者应当记录互联网内容提供者的接入时间、用户帐号、互联网地址或者域名、主叫电话号码等信息。

前款所称记录应当保存 60 日，并在著作权行政管理部门查询时予以提供。

第八条 著作权人的通知应当包含以下内容：

（一）涉嫌侵权内容所侵犯的著作权权属证明；

（二）明确的身份证明、住址、联系方式；

（三）涉嫌侵权内容在信息网络上的位置；

（四）侵犯著作权的相关证据；

（五）通知内容的真实性声明。

◎ **部门规范性文件**

《网络交易平台经营者履行社会责任指引》

第十八条 平台内经营者实施商标侵权等侵权行为的，被侵权人要求网络交易平台经营者采取删除、屏蔽、断开链接等必要措施，网络交易平台经营者接到通知后未及时采取必要措施的，对损害的扩大部分与平台内经营者承担连带责任。

网络交易平台经营者明知或者应知平台内经营者利用其平台侵害消费者和其他经营者合法权益，未采取必要措施的，依法与平台内经营者承担连带责任。

权威案例

◎ **公报案例**

郑州曳头网络科技有限公司与浙江天猫网络有限公司、丁晓梅等侵害外观设计专利权先予执行案【最高人民法院公报》2023 年第 7 期】

要旨： 权利人向电子商务平台投诉平台内销售商侵害其知识产权，电子商务平台根据电子商务法相关规定删除相关商品的销售链接后，销售商可以申请法院裁定要求电子商务平台先予恢复被删除的销售链接。人民法院应综合考虑销售商品侵权的可能性、删除销售链接是否可能会给销售商造成难以弥补的损害、销售商提供担保情况、删除或恢复链接是否有损社会公共利益等因素，裁定是否先予恢复被删除的销售链接。

◎ **典型案例**

韩某与北京百某网讯科技有限公司侵害著作权纠纷案【2012 年中国法院知识产权司法保护 10 大案例之五（2013 年 4 月 22 日）】

典型意义：本案是作家维权联盟与百某公司就文库模式发生冲突寻求司法解决的典型案件，广受各界关注。本案判决在论证信息存储空间网络服务商的过错时以"注意义务"为切入点，结合百某文库的客观现状、作者及作品的知名度、作者与百某公司就百某文库引发纠纷的协商情况等情节，审查百某公司是否采取了符合其身份、满足其预见水平和控制能力范围内的措施，并对百某公司所采取技术措施的妥当性进行了判断。判决肯定了百某公司为文库这一商业模式预防侵权所做的积极努力，但也指出其制止侵权应注重规范化管理，而不能依赖于应急措施和尚不完善的技术措施。本案判决意在平衡文化产品创作者、传播者以及公众的利益，促成权利人与网络企业的合作，实现互联网文化的繁荣。

"伙某小视频"侵害作品信息网络传播权纠纷案【2018 年中国法院 10 大知识产权案件和 50 件典型知识产权案例之五（2019 年 4 月 17 日）】

典型意义：本案为 2018 年度"中国十大传媒法事例"之一，引发了各界的广泛关注。本案涉及短视频节目能否得到著作权法保护、给予何种程度保护等一系列新类型法律问题的解决，对人民法院如何在著作权司法实践中平衡好创作与传播、权利人与网络服务提供者以及社会公众的利益关系，提出了新的挑战。与传统类型的电影作品相比，短视频时间较短，是否具备著作权法对保护客体提出的"独创性"要求，是本案双方当事人争议的焦点。人民法院在本案中充分贯彻合理确定不同领域知识产权的保护范围和保护强度的司法政策，根据著作权关于文学艺术类作品在作品特性、创作空间等方面的特点，充分考虑"互联网+"背景下创新的需求和特点，合理确定了本案短视频节目独创性的尺度，正确划分了著作权范围与公共领域的界限，充分实现了保护知识产权与促进创新、推动产业发展和谐统一。

天津市嘉某宝金属制品有限公司诉徐某珍、邓某辉、赵某全、天津多某斯地毯有限公司、天津欧某雅地毯有限公司、第三人浙江天某网络有限公司不正当竞争纠纷案【互联网十大典型案例之八（2021 年 5 月 31 日）】

典型意义：通知删除规则是解决权利人、网络服务提供者、网络用户间侵权争议的重要法律规则。本案系电子商务经营者虚构事实骗取作品登记，向网络服务平台发出恶意通知，致使同业竞争者利益被损害而构成不正当竞争的典型案例。本案对引导权利人正确行使通知删除权利，遏制恶意投诉行为，维护诚实信用、公平规范的网络秩序具有重要的示范意义。

第四十三条 【反通知规则】

平台内经营者接到转送的通知后，可以向电子商务平台经营者提交不存在侵权行为的声明。声明应当包括不存在侵权行为的初步证据。

电子商务平台经营者接到声明后，应当将该声明转送发出通知的知识产权权利人，并告知其可以向有关主管部门投诉或者向人民法院起诉。电子商务平台经营者在转送声明到达知识产权权利人后十五日内，未收到权利人已经投诉或者起诉通知的，应当及时终止所采取的措施。

关联法规

◎ **法律**

《民法典》

第一千一百九十六条 网络用户接到转送的通知后，可以向网络服务提供者提交不存在侵权行为的声明。声明应当包括不存在侵权行为的初步证据及网络用户的真实身份信息。

网络服务提供者接到声明后，应当将该声明转送发出通知的权利人，并告知其可以向有关部门投诉或者向人民法

院提起诉讼。网络服务提供者在转送声明到达权利人后的合理期限内，未收到权利人已经投诉或者提起诉讼通知的，应当及时终止所采取的措施。

◎ **行政法规**

《信息网络传播权保护条例》

第十六条 服务对象接到网络服务提供者转送的通知书后，认为其提供的作品、表演、录音录像制品未侵犯他人权利的，可以向网络服务提供者提交书面说明，要求恢复被删除的作品、表演、录音录像制品，或者恢复与被断开的作品、表演、录音录像制品的链接。书面说明应当包含下列内容：

（一）服务对象的姓名（名称）、联系方式和地址；

（二）要求恢复的作品、表演、录音录像制品的名称和网络地址；

（三）不构成侵权的初步证明材料。

服务对象应当对书面说明的真实性负责。

第十七条 网络服务提供者接到服务对象的书面说明后，应当立即恢复被删除的作品、表演、录音录像制品，或者可以恢复与被断开的作品、表演、录音录像制品的链接，同时将服务对象的书面说明转送权利人。权利人不得再通知网络服务提供者删除该作品、表演、录音录像制品，或者断开与该作品、表

演、录音录像制品的链接。

◎ **司法解释**

《关于审理涉电子商务平台知识产权民事案件的指导意见》

三、电子商务平台经营者知道或者应当知道平台内经营者侵害知识产权的，应当根据权利的性质、侵权的具体情形和技术条件，以及构成侵权的初步证据、服务类型，及时采取必要措施。采取的必要措施应当遵循合理审慎的原则，包括但不限于删除、屏蔽、断开链接等下架措施。平台内经营者多次、故意侵害知识产权的，电子商务平台经营者有权采取终止交易和服务的措施。

四、依据电子商务法第四十一条、第四十二条、第四十三条的规定，电子商务平台经营者可以根据知识产权权利类型、商品或者服务的特点等，制定平台内通知与声明机制的具体执行措施。但是，有关措施不能对当事人依法维护权利的行为设置不合理的条件或者障碍。

六、人民法院认定通知人是否具有电子商务法第四十二条第三款所称的"恶意"，可以考量下列因素：提交伪造、变造的权利证明；提交虚假侵权对比的鉴定意见、专家意见；明知权利状态不稳定仍发出通知；明知通知错误仍不及时撤回或者更正；反复提交错误通知等。

电子商务平台经营者、平台内经营者以错误通知、恶意发出错误通知造成其损害为由，向人民法院提起诉讼的，可以与涉电子商务平台知识产权纠纷案件一并审理。

七、平台内经营者依据电子商务法第四十三条的规定，向电子商务平台经营者提交的不存在侵权行为的声明一般包括：平台内经营者的真实身份信息；能够实现准确定位、要求终止必要措施的商品或者服务信息；权属证明、授权证明等不存在侵权行为的初步证据；声明真实性的书面保证等。声明应当采取书面形式。

声明涉及专利权的，电子商务平台经营者可以要求平台内经营者提交技术特征或者设计特征对比的说明等材料。

八、人民法院认定平台内经营者发出声明是否具有恶意，可以考量下列因素：提供伪造或者无效的权利证明、授权证明；声明包含虚假信息或者具有明显误导性；通知已经附有认定侵权的生效裁判或者行政处理决定，仍发出声明；明知声明内容错误，仍不及时撤回或者更正等。

九、因情况紧急，电子商务平台经营者不立即采取商品下架等措施将会使其合法利益受到难以弥补的损害的，知识产权权利人可以依据《中华人民共和国民事诉讼法》第一百条、第一百零一条的规定，向人民法院申请采取保全措施。

因情况紧急，电子商务平台经营者不立即恢复商品链接、通知人不立即撤回通知或者停止发送通知等行为将会使其合法利益受到难以弥补的损害的，平台内经营者可以依据前款所述法律规定，向人民法院申请采取保全措施。

知识产权权利人、平台内经营者的申请符合法律规定的，人民法院应当依法予以支持。

十、人民法院判断电子商务平台经营者是否采取了合理的措施，可以考量下列因素：构成侵权的初步证据；侵权成立的可能性；侵权行为的影响范围；侵权行为的具体情节，包括是否存在恶意侵权、重复侵权情形；防止损害扩大的有效性；对平台内经营者利益可能的影响；电子商务平台的服务类型和技术条件等。

平台内经营者有证据证明通知所涉专利权已经被国家知识产权局宣告无效，电子商务平台经营者据此暂缓采取必要措施，知识产权权利人请求认定电子商务平台经营者未及时采取必要措施的，人民法院不予支持。

◎ 部门规章

《互联网著作权行政保护办法》

第七条 互联网信息服务提供者根据著作权人的通知移除相关内容的，互联网内容提供者可以向互联网信息服务提供者和著作权人一并发出说明被移除内容不侵犯著作权的反通知。反通知发出后，互联网信息服务提供者即可恢复被移除的内容，且对该恢复行为不承担行政法律责任。

第九条 互联网内容提供者的反通知应当包含以下内容：

（一）明确的身份证明、住址、联系方式；

（二）被移除内容的合法性证明；

（三）被移除内容在互联网上的位置；

（四）反通知内容的真实性声明。

第十条 著作权人的通知和互联网内容提供者的反通知应当采取书面形式。

著作权人的通知和互联网内容提供者的反通知不具备本办法第八条、第九条所规定内容的，视为未发出。

第四十四条 【处理结果公示】

电子商务平台经营者应当及

时公示收到的本法第四十二条、第四十三条规定的通知、声明及处理结果。

关联法规

◎ 部门规范性文件

《第三方电子商务交易平台服务规范》

5.3 平台经营者信息公示

平台经营者应当在其网站主页面或者从事经营活动的网页显著位置公示以下信息：

（1）营业执照以及各类经营许可证；

（2）互联网信息服务许可登记或经备案的电子验证标识；

（3）经营地址、邮政编码、电话号码、电子信箱等联系信息及法律文书送达地址；

（4）监管部门或消费者投诉机构的联系方式。

（5）法律、法规规定其他应披露的信息。

6.3 站内经营者行为规范

平台经营者应当通过合同或其他方式要求站内经营者遵守以下规范，督促站内经营者建立和实行各类商品信誉制度，方便消费者监督和投诉：

（1）站内经营者应合法经营，不得销售不符合国家标准或有毒有害的商品。对涉及违法经营的可以暂停或终止其交易。

（2）对涉及违法经营或侵犯消费者权益的站内经营者可以按照事先公布的程序在平台上进行公示。

（3）站内经营者应就在停止经营或撤柜前 3 个月告知平台经营者，并配合平台经营者处理好涉及消费者或第三方的事务。

（4）站内经营者应主动配合平台经营者就消费者投诉所进行的调查和协调。

第四十五条　【平台经营者知识产权侵权责任】

电子商务平台经营者知道或者应当知道平台内经营者侵犯知识产权的，应当采取删除、屏蔽、断开链接、终止交易和服务等必要措施；未采取必要措施的，与侵权人承担连带责任。

关联法规

◎ 法律

《民法典》

第一千一百六十九条　教唆、帮助他人实施侵权行为的，应当与行为人承担连带责任。

教唆、帮助无民事行为能力人、限制民事行为能力人实施侵权行为的，应当承担侵权责任；该无民事行为能力人、限制民事行为能力人的监护人未尽到监护职责的，应当承担相应的责任。

第一千一百九十七条 网络服务提供者知道或者应当知道网络用户利用其网络服务侵害他人民事权益，未采取必要措施的，与该网络用户承担连带责任。

◎ **行政法规**
《信息网络传播权保护条例》

第二十三条 网络服务提供者为服务对象提供搜索或者链接服务，在接到权利人的通知书后，根据本条例规定断开与侵权的作品、表演、录音录像制品的链接的，不承担赔偿责任；但是，明知或者应知所链接的作品、表演、录音录像制品侵权，应当承担共同侵权责任。

◎ **司法解释**
《关于审理涉电子商务平台知识产权民事案件的指导意见》

三、电子商务平台经营者知道或者应当知道平台内经营者侵害知识产权的，应当根据权利的性质、侵权的具体情形和技术条件，以及构成侵权的初步证据、服务类型，及时采取必要措施。采取的必要措施应当遵循合理审慎的原则，包括但不限于删除、屏蔽、断开链接等下架措施。平台内经营者多次、故意侵害知识产权的，电子商务平台经营者有权采取终止交易和服务的措施。

十、人民法院判断电子商务平台经营者是否采取了合理的措施，可以考量下列因素：构成侵权的初步证据；侵权成立的可能性；侵权行为的影响范围；侵权行为的具体情节，包括是否存在恶意侵权、重复侵权情形；防止损害扩大的有效性；对平台内经营者利益可能的影响；电子商务平台的服务类型和技术条件等。

平台内经营者有证据证明通知所涉专利权已经被国家知识产权局宣告无效，电子商务平台经营者据此暂缓采取必要措施，知识产权权利人请求认定电子商务平台经营者未及时采取必要措施的，人民法院不予支持。

十一、电子商务平台经营者存在下列情形之一的，人民法院可以认定其"应当知道"侵权行为的存在：

（一）未履行制定知识产权保护规则、审核平台内经营者经营资质等法定义务；

（二）未审核平台内店铺类型标注为"旗舰店""品牌店"等字样的经营者的权利证明；

（三）未采取有效技术手段，过滤

和拦截包含"高仿""假货"等字样的侵权商品链接、被投诉成立后再次上架的侵权商品链接；

（四）其他未履行合理审查和注意义务的情形。

◎ **部门规章**

《互联网著作权行政保护办法》

第十一条　互联网信息服务提供者明知互联网内容提供者通过互联网实施侵犯他人著作权的行为，或者虽不明知，但接到著作权人通知后未采取措施移除相关内容，同时损害社会公共利益的，著作权行政管理部门可以根据《中华人民共和国著作权法》第四十七条的规定责令停止侵权行为，并给予下列行政处罚：

（一）没收违法所得；

（二）处以非法经营额 3 倍以下的罚款；非法经营额难以计算的，可以处 10 万元以下的罚款。

第十二条　没有证据表明互联网信息服务提供者明知侵权事实存在的，或者互联网信息服务提供者接到著作权人通知后，采取措施移除相关内容的，不承担行政法律责任。

◎ **部门规范性文件**

《网络交易平台经营者履行社会责任指引》

第十八条　平台内经营者实施商标侵权等侵权行为的，被侵权人要求网络交易平台经营者采取删除、屏蔽、断开链接等必要措施，网络交易平台经营者接到通知后未及时采取必要措施的，对损害的扩大部分与平台内经营者承担连带责任。

网络交易平台经营者明知或者应知平台内经营者利用其平台侵害消费者和其他经营者合法权益，未采取必要措施的，依法与平台内经营者承担连带责任。

权威案例

◎ **指导性案例**

威海嘉某烤生活家电有限公司诉永康市金某德工贸有限公司、浙江天某网络有限公司侵害发明专利权纠纷案【最高法指导案例第 83 号】

裁判要点：1. 网络用户利用网络服务实施侵权行为，被侵权人依据侵权责任法向网络服务提供者所发出的要求其采取必要措施的通知，包含被侵权人身份情况、权属凭证、侵权人网络地址、侵权事实初步证据等内容的，即属有效通知。网络服务提供者自行设定的投诉规则，不得影响权利人依法维护其自身合法权利。

2. 侵权责任法第三十六条第二款所规定的网络服务提供者接到通知后所应采取的必要措施包括但并不限于删除、屏蔽、断开链接。"必要措施"应遵循审慎、合理的原则，根据所侵害权利的性质、侵权的具体情形和技术条件等来加以综合确定。

◎ **公报案例**

衣某（上海）时装贸易有限公司诉浙江淘某网络有限公司、杜某发侵害商标权纠纷案【《最高人民法院公报》2012 年第 1 期】

裁判摘要： 网络交易平台经营者对于网络商户的侵权行为一般不具有预见和避免的能力，故不当然为此承担侵权赔偿责任，但如果网络交易平台经营者知道网络商户利用其所提供的网络服务实施侵权行为，而仍然为侵权行为人提供网络服务或者没有采取必要的措施，则应当与网络商户承担共同侵权责任。网络交易平台经营者是否知道侵权行为的存在，可以结合权利人是否发出侵权警告、侵权现象的明显程度等因素综合判定。网络交易平台经营者是否采取了必要的避免侵权行为发生的措施，应当根据网络交易平台经营者对侵权警告的反应、避免侵权行为发生的能力、侵权行为发生的几率大小等因素综合判定。

◎ **典型案例**

环某唱片公司、华某唱片公司和索某音乐娱乐公司与百某公司侵犯著作权纠纷上诉案【关于充分发挥知识产权审判职能作用推动社会主义文化大发展大繁荣和促进经济自主协调发展的典型案例之一（2010

年 12 月 21 日）】

典型意义： 随着网络技术和网络产业的飞速发展，在线试听和下载音乐作品已经成为人们欣赏音乐作品的主要途径。但互联网上还存在不少未经权利人许可传播作品的现象。本案的成功调解，不仅使纠纷得以妥善处理，而且使权利人和作品的使用者达成长期合作，有效遏制了"网络盗版"，从根本上维护了权利人的合法权益，极大激发了他们进行创作的积极性，同时又使亿万网民得以欣赏到正版音乐作品，切实实现了权利人与社会公众利益的平衡。该案的成功调解是人民法院推动新型文化产业在互联网时代健康有序发展的具体体现。

第四十六条 【平台经营者提供的其他服务及合规经营】

除本法第九条第二款规定的服务外，电子商务平台经营者可以按照平台服务协议和交易规则，为经营者之间的电子商务提供仓储、物流、支付结算、交收等服务。电子商务平台经营者为经营者之间的电子商务提供服务，应当遵守法律、行政法规和国家有关规定，不得采取集中竞价、做市商等集中交易方式进行

> 交易，不得进行标准化合约交易。

关联法规

◎ 法律

《证券法》

第三十八条 证券在证券交易所上市交易，应当采用公开的集中交易方式或者国务院证券监督管理机构批准的其他方式。

《期货和衍生品法》

第三条 本法所称期货交易，是指以期货合约或者标准化期权合约为交易标的的交易活动。

本法所称衍生品交易，是指期货交易以外的，以互换合约、远期合约和非标准化期权合约及其组合为交易标的的交易活动。

本法所称期货合约，是指期货交易场所统一制定的、约定在将来某一特定的时间和地点交割一定数量标的物的标准化合约。

本法所称期权合约，是指约定买方有权在将来某一时间以特定价格买入或者卖出约定标的物（包括期货合约）的标准化或非标准化合约。

本法所称互换合约，是指约定在将来某一特定时间内相互交换特定标的物的金融合约。

本法所称远期合约，是指期货合约以外的，约定在将来某一特定的时间和地点交割一定数量标的物的金融合约。

◎ 党内法规

《关于贯彻落实国务院决定加强文化产权交易和艺术品交易管理的意见》

六、加强各类文化产权交易所的整顿规范。各省（区、市）文化、广电、新闻出版部门要在同级文化体制改革工作领导小组、清理整顿交易场所工作领导小组领导下，切实履行监管职责，组织力量开展对各类文化产权交易所的整顿规范工作。对未按审批设立程序批准、已注册使用"交易所"名称的文化产权交易所，应限期予以规范。文化产权交易所不得将任何权益拆分为均等份额公开发行，不得采取集中竞价、做市商等集中交易方式进行交易；不得将权益按照标准化交易单位持续挂牌交易，任何投资者买入后卖出或卖出后买入同一交易品种的时间间隔不得少于5个交易日。对从事违法证券期货交易活动的文化产权交易所，严禁以任何方式扩大业务范围，严禁新增交易品种，严禁新增投资者，并限期取消或结束交易活动。对逾期不取消、继续或变相违法从事证券期货交易的各类文化产权交易所，文化、广电、新闻出版部门要积极协助证监会作出认定，依照有关规定从严惩处。其他类型的产权交易所参照本规定对已开展的文化产权交易活动进行清理。

◎ 部门规章

《商品现货市场交易特别规定（试行）》

第十条 市场经营者不得开展法律法规以及《国务院关于清理整顿各类交易场所切实防范金融风险的决定》禁止的交易活动，不得以集中交易方式进行标准化合约交易。

现货合同的转让、变更，应当按照法律法规的相关规定办理。

◎ 部门规范性文件

《关于禁止以电子商务名义开展标准化合约交易活动的通知》

……但是，目前部分公司以电子商务名义，采取集合竞价、连续竞价、电子撮合、匿名交易、做市商等集中交易方式进行标准化合约交易，存在较大风险隐患。各地区、各部门要高度重视，认真开展清理整顿工作，切实防范化解金融风险，维护经济社会稳定。……

第三章　电子商务合同的订立与履行

> **第四十七条　【电子商务合同的法律适用】**
>
> 电子商务当事人订立和履行合同，适用本章和《中华人民共和国民法总则》《中华人民共和国合同法》《中华人民共和国电子签名法》等法律的规定。

关联法规

◎ **法律**

《民法典》

第一百一十九条　依法成立的合同，对当事人具有法律约束力。

第四百六十三条　本编调整因合同产生的民事关系。

第四百六十五条　依法成立的合同，受法律保护。

依法成立的合同，仅对当事人具有法律约束力，但是法律另有规定的除外。

第四百六十七条　本法或者其他法律没有明文规定的合同，适用本编通则的规定，并可以参照适用本编或者其他法律最相类似合同的规定。

在中华人民共和国境内履行的中外合资经营企业合同、中外合作经营企业合同、中外合作勘探开发自然资源合同，适用中华人民共和国法律。

第五百九十五条　买卖合同是出卖人转移标的物的所有权于买受人，买受人支付价款的合同。

第六百四十六条　法律对其他有偿合同有规定的，依照其规定；没有规定的，参照适用买卖合同的有关规定。

第六百四十七条　当事人约定易货交易，转移标的物的所有权的，参照适用买卖合同的有关规定。

《立法法》

第九十九条　法律的效力高于行政法规、地方性法规、规章。

行政法规的效力高于地方性法规、规章。

第一百零三条　同一机关制定的法律、行政法规、地方性法规、自治条例和单行条例、规章，特别规定与一般规定不一致的，适用特别规定；新的规定与旧的规定不一致的，适用新的规定。

◎ **行政法规**

《快递暂行条例》

第二十一条 经营快递业务的企业在寄件人填写快递运单前，应当提醒其阅读快递服务合同条款、遵守禁止寄递和限制寄递物品的有关规定，告知相关保价规则和保险服务项目。

寄件人交寄贵重物品的，应当事先声明；经营快递业务的企业可以要求寄件人对贵重物品予以保价。

◎ **司法解释**

《关于审理买卖合同纠纷案件适用法律问题的解释》

第一条 当事人之间没有书面合同，一方以送货单、收货单、结算单、发票等主张存在买卖合同关系的，人民法院应当结合当事人之间的交易方式、交易习惯以及其他相关证据，对买卖合同是否成立作出认定。

对账确认函、债权确认书等函件、凭证没有记载债权人名称，买卖合同当事人一方以此证明存在买卖合同关系的，人民法院应予支持，但有相反证据足以推翻的除外。

《关于适用〈中华人民共和国民事诉讼法〉的解释》

第十八条 合同约定履行地点的，以约定的履行地点为合同履行地。

合同对履行地点没有约定或者约定不明确，争议标的为给付货币的，接收货币一方所在地为合同履行地；交付不动产的，不动产所在地为合同履行地；其他标的，履行义务一方所在地为合同履行地。即时结清的合同，交易行为地为合同履行地。

合同没有实际履行，当事人双方住所地都不在合同约定的履行地的，由被告住所地人民法院管辖。

第十九条 财产租赁合同、融资租赁合同以租赁物使用地为合同履行地。合同对履行地有约定的，从其约定。

第二十条 以信息网络方式订立的买卖合同，通过信息网络交付标的的，以买受人住所地为合同履行地；通过其他方式交付标的的，收货地为合同履行地。合同对履行地有约定的，从其约定。

第二十一条 因财产保险合同纠纷提起的诉讼，如果保险标的物是运输工具或者运输中的货物，可以由运输工具登记注册地、运输目的地、保险事故发生地人民法院管辖。

因人身保险合同纠纷提起的诉讼，可以由被保险人住所地人民法院管辖。

◎ **部门规章**

第七条 国家推行代理合同示范文本制度。鼓励制造商行业协会、流通商行业协会，依据国家现行法律、行政法规规定，协商制定行业规范性的代理合同示范文本，并协助政府部门进行监督管理。

代理合同示范文本应通过行业协商程序产生。经国家工商行政管理和国家商品流通主管部门有关法定程序批准后，具有法律效力。

第十一条　建立商品流通代理关系应订立代理合同。

第十二条　销售代理合同文本应形式规范、内容明确、用词准确。

国家鼓励委托代理双方当事人按照行业行为规范，参照销售代理合同示范文本，订立商品销售代理合同。

第十三条　在代理合同条款中，应当明确：

（一）委托方与代理方企业的名称和通讯地址；

（二）商品名称、商标、型号、规格，以及质量标准；

（三）商品流通的地区范围；

（四）合同的期限；

（五）年度最低营销限额，以及佣金的计算方法和支付方式；

（六）订货程序及交货方式；

（七）结算方式；

如果涉及到与银行或财务公司的第三方协议，应当一并予以指明；

（八）因制造商调整商品牌价形成

损益时的处理规定；

（九）营销代理商品的售前、售中、售后技术和信息服务；

（十）权益、职责和义务；

（十一）违约责任；

（十二）合同变更和终止的条件；

（十三）调解、仲裁程序。

第十四条　国家鼓励供货商与接受配送的生产企业、用户、零售商经营网点、项目建设单位，订立配送合同。

配送计划经用户提出并与供货商协商确认后，应以合同形式予以确定。双方职责，结算方式，违约责任等权利义务要在合同中予以明确，并严格执行。

第十五条　在配送合同条款中，应当明确：

（一）供货企业与用户企业的名称和通讯地址；

（二）商品名称、商标、型号、规格，以及质量标准；

（三）加工标准、包装要求、有关配货的数量和批次、送货时间和地点等的配送计划；

（四）结算方式；

（五）售后技术服务；

（六）权益、职责和义务；

（七）违约责任；

（八）合同变更和终止的条件；

（九）调解、仲裁程序。

《小微型客车租赁经营服务管理办法》

第十四条 小微型客车租赁经营者应当与承租人订立租赁合同。在订立租赁合同前，小微型客车租赁经营者应当对承租人身份进行查验，并留存有关信息。承租人为自然人的，应当查验其身份证件。承租人为企业法人或者其他组织的，应当查验企业法人营业执照或者其他有效登记证件、授权委托书、经办人身份证件。

租赁小微型客车应当交付给经过身份查验的承租人，对身份不明、拒绝身份查验的，不得提供租赁服务。

◎ **部门规范性文件**

《关于网上交易的指导意见（暂行）》

三、网上交易参与方规范行为

（一）网上交易的交易方

......

3. 遵守合同订立的各项要求

交易各方采用电子邮件、网上交流等方式订立合同，应当遵守合同法、电子签名法的有关规定，注意下列事项：

（1）与数据电文确认收讫有关的事项；

（2）以数据电文形式发送的要约的撤回、撤销和失效以及承诺的撤回；

（3）自动交易系统形成的文件的法律效力；

（4）价款的支付，标的物和有关

单据、凭证的交付；

（5）管辖法院或仲裁机构的选择，准据法的确定；

（6）法律、法规规定的其他事项。

交易方采用格式合同的，制定合同的一方应遵守法律、法规关于格式合同的规定，并注意适应网络特点，相对方要仔细阅读合同条款，谨慎操作。

......

《网络购物服务规范》

4. 基本原则

4.1 遵守国家法律法规及相关部门规章

网络购物平台提供商、辅助服务提供商和网络购物交易方，可以利用互联网和信息技术订立合同并履行合同，但各参与方必须遵守《中华人民共和国宪法》、《中华人民共和国民法通则》、《中华人民共和国公司法》、《中华人民共和国合同法》、《中华人民共和国税收征收管理法》、《中华人民共和国广告法》、《中华人民共和国拍卖法》、《中华人民共和国反垄断法》、《中华人民共和国电子签名法》、《中华人民共和国邮政法》、《快递服务标准》、《互联网信息服务管理办法》、《消费者权益保护法》、《中华人民共和国反不正当竞争法》、《信息网络传播权保护条例》、《互联网安全保护技术措施规定》

等法律法规及相关部门规章。

……

《网络交易平台经营者履行社会责任指引》

第十二条　网络交易平台经营者订立、履行合同，应遵守法律法规和规章的有关规定，尊重社会公德，不得扰乱社会经济秩序，损害社会公共利益。

网络交易平台经营者与他人订立合同，不仅应考虑自身的商业利益和发展战略，更应兼顾社会责任，建立规则应遵循公平透明、平等协商的原则，合理引入多元化社会主体的参与，充分考虑各方利益主体的诉求。

第十三条　网络交易平台经营者应与平台内经营者签订服务合同，合同应明确双方的权利义务、违约责任、争议解决、平台准入和退出、商品质量安全保障、消费者权益保护、不良信息处理等内容。

网络交易平台经营者应与消费者签订服务合同，合同应明确双方的权利义务、违约责任、争议解决、个人信息保护、交易安全保障等内容。

网络交易平台经营者不得以格式条款、通知、声明、公告等方式，作出排除或者限制相对人权利、减轻或者免除自身责任、加重相对人责任等不公平、不合理的规定，不得利用格式条款并借

助技术手段强制交易。

《网络交易平台合同格式条款规范指引》

第九条　网络交易平台经营者使用合同格式条款的，应当采用显著方式提请合同相对人注意与其有重大利害关系、对其权利可能造成影响的价款或者费用、履行期限和方式、安全注意事项和风险警示、售后服务、民事责任等内容。网络交易平台经营者应当按照合同相对人的要求对格式条款作出说明。鼓励网络交易平台经营者采取必要的技术手段和管理措施确保平台内经营者履行提示和说明义务。

前款所述显著方式是指，采用足以引起合同相对人注意的方式，包括：合理运用足以引起注意的文字、符号、字体等特别标识。不得以技术手段对合同格式条款设置不方便链接或者隐藏格式条款内容，不得仅以提示进一步阅读的方式履行提示义务。

网络交易平台经营者违反合同法第三十九条第一款关于提示和说明义务的规定，导致对方没有注意免除或者限制责任的条款，合同相对人依法可以向人民法院提出撤销该合同格式条款的申请。

网络交易平台经营者使用的合同格式条款，属于《消费者权益保护法》第二十六条第二款和《最高人民法院关

于适用〈中华人民共和国合同法〉若干问题的解释（二）》第十条规定情形的，其内容无效。

第十条 网络交易平台经营者不得在合同格式条款中免除或者减轻自己的下列责任：

（一）造成消费者人身损害的责任；

（二）因故意或者重大过失造成消费者财产损失的责任；

（三）对平台内经营者提供商品或者服务依法应当承担的连带责任；

（四）对收集的消费者个人信息和经营者商业秘密的信息安全责任；

（五）依法应当承担的违约责任和其他责任。

第十一条 网络交易平台经营者不得有下列利用合同格式条款加重平台内经营者或者消费者责任的行为：

（一）使消费者承担违约金或者损害赔偿明显超过法定数额或者合理数额；

（二）使平台内经营者或者消费者承担依法应由网络交易平台经营者承担的责任；

（三）合同附终止期限的，擅自延长平台内经营者或者消费者履行合同的期限；

（四）使平台内经营者或者消费者承担在不确定期限内履行合同的责任；

（五）违法加重平台内经营者或消费者其他责任的行为。

第十二条 网络交易平台经营者不得在合同格式条款中排除或者限制平台内经营者或者消费者的下列权利：

（一）依法变更、撤销或者解除合同的权利；

（二）依法中止履行或者终止履行合同的权利；

（三）依法请求继续履行、采取补救措施、支付违约金或者损害赔偿的权利；

（四）就合同争议提起诉讼、仲裁或者其他救济途径的权利；

（五）请求解释格式条款的权利；

（六）平台内经营者或消费者依法享有的其他权利。

第十三条 对网络交易平台经营者提供的合同格式条款内容理解发生争议的，应当按照通常理解予以解释；对相应内容有两种以上解释的，应当作出不利于网络交易平台经营者的解释。格式条款与非格式条款不一致的，应当采用非格式条款。

权威案例

◎ **典型案例**

李某诉某书店信息网络买卖合同纠纷案

【最高法发布消费者权益保护典型案例之七（2022年3月15日）】

典型意义：便捷、快速进行交易是互联网消费的优势之一，而交易的安全和稳定同样是消费者保护的应有之义，两者不可偏废。现实中，考虑到消费者对购物、沟通软件使用习惯、偏好的不同以及其他具体特殊情况，不宜仅仅因为消费者未完全通过电商平台进行支付轻易否认消费者与商家相关交易行为的效力。该案判决认定店铺客服能够代表店铺进行交易，是对交易中消费者对店铺信任的保护，也是对于交易秩序和安全的维护，压实了商家主体责任，提示、督促商家加强内部管理监督，从而进一步规范线上交易中商家的销售行为，促进互联网数字经济行业有序发展。

齐某某诉罗某某网络信息购物合同纠纷案

【最高法发布消费者权益保护典型案例之十（2022年3月15日）】

典型意义：电子商务经营者在销售商品时对消费者做出有利承诺的，应当遵守其承诺。现实中存在不少电子商务经营者为吸引流量、促进销售，在销售商品或提供服务时以宣传或告示等形式向消费者做出高于国家、行业标准的有利承诺，当消费者接受承诺与经营者形成交易关系后，经营者却以各种理由拒不兑现其承诺，有损消费者的合理预期，也侵害了消费者的合法权益。电子商务经营者兑现对消费者做出的有利承诺，既是对交易双方协议约定重要义务的履行，更是经营者诚信经营的重要体现。电子商务经营者的承诺是向消费者做出的，一般应以社会普通消费者能够理解的方式进行表达，当消费者对其中某些用语的理解，与经营者的理解不同时，应以交易时社会普通消费者的通常理解为标准进行解释，以强化对消费者权益的保障。

> **第四十八条　【自动信息系统的法律效力与行为能力推定】**
>
> 　　电子商务当事人使用自动信息系统订立或者履行合同的行为对使用该系统的当事人具有法律效力。
>
> 　　在电子商务中推定当事人具有相应的民事行为能力。但是，有相反证据足以推翻的除外。

关联法规

◎ **法律**

《民法典》

　　第十七条　十八周岁以上的自然人为成年人。不满十八周岁的自然人为未成年人。

　　第十八条　成年人为完全民事行为能力人，可以独立实施民事法律行为。

　　十六周岁以上的未成年人，以自己的劳动收入为主要生活来源的，视为完全民事行为能力人。

第十九条 八周岁以上的未成年人为限制民事行为能力人，实施民事法律行为由其法定代理人代理或者经其法定代理人同意、追认；但是，可以独立实施纯获利益的民事法律行为或者与其年龄、智力相适应的民事法律行为。

第二十条 不满八周岁的未成年人为无民事行为能力人，由其法定代理人代理实施民事法律行为。

第二十一条 不能辨认自己行为的成年人为无民事行为能力人，由其法定代理人代理实施民事法律行为。

八周岁以上的未成年人不能辨认自己行为的，适用前款规定。

第二十二条 不能完全辨认自己行为的成年人为限制民事行为能力人，实施民事法律行为由其法定代理人代理或者经其法定代理人同意、追认；但是，可以独立实施纯获利益的民事法律行为或者与其智力、精神健康状况相适应的民事法律行为。

第一百一十九条 依法成立的合同，对当事人具有法律约束力。

第一百四十四条 无民事行为能力人实施的民事法律行为无效。

第一百四十五条 限制民事行为能力人实施的纯获利益的民事法律行为或者与其年龄、智力、精神健康状况相适应的民事法律行为有效；实施的其他民事法律行为经法定代理人同意或者追认后有效。

相对人可以催告法定代理人自收到通知之日起三十日内予以追认。法定代理人未作表示的，视为拒绝追认。民事法律行为被追认前，善意相对人有撤销的权利。撤销应当以通知的方式作出。

第一百四十六条 行为人与相对人以虚假的意思表示实施的民事法律行为无效。

以虚假的意思表示隐藏的民事法律行为的效力，依照有关法律规定处理。

第一百四十七条 基于重大误解实施的民事法律行为，行为人有权请求人民法院或者仲裁机构予以撤销。

第一百四十八条 一方以欺诈手段，使对方在违背真实意思的情况下实施的民事法律行为，受欺诈方有权请求人民法院或者仲裁机构予以撤销。

第一百四十九条 第三人实施欺诈行为，使一方在违背真实意思的情况下实施的民事法律行为，对方知道或者应当知道该欺诈行为的，受欺诈方有权请求人民法院或者仲裁机构予以撤销。

第一百五十条 一方或者第三人以胁迫手段，使对方在违背真实意思的情况下实施的民事法律行为，受胁迫方有权请求人民法院或者仲裁机构予以撤销。

第一百五十一条　一方利用对方处于危困状态、缺乏判断能力等情形，致使民事法律行为成立时显失公平的，受损害方有权请求人民法院或者仲裁机构予以撤销。

第四百六十九条　当事人订立合同，可以采用书面形式、口头形式或者其他形式。

书面形式是合同书、信件、电报、电传、传真等可以有形地表现所载内容的形式。

以电子数据交换、电子邮件等方式能够有形地表现所载内容，并可以随时调取查用的数据电文，视为书面形式。

第四百九十条　当事人采用合同书形式订立合同的，自当事人均签名、盖章或者按指印时合同成立。在签名、盖章或者按指印之前，当事人一方已经履行主要义务，对方接受时，该合同成立。

法律、行政法规规定或者当事人约定合同应当采用书面形式订立，当事人未采用书面形式但是一方已经履行主要义务，对方接受时，该合同成立。

第四百九十一条　当事人采用信件、数据电文等形式订立合同要求签订确认书的，签订确认书时合同成立。

当事人一方通过互联网等信息网络发布的商品或者服务信息符合要约条件的，对方选择该商品或者服务并提交订单成功时合同成立，但是当事人另有约定的除外。

第五百零八条　本编对合同的效力没有规定的，适用本法第一编第六章的有关规定。

第五百零九条　当事人应当按照约定全面履行自己的义务。

当事人应当遵循诚信原则，根据合同的性质、目的和交易习惯履行通知、协助、保密等义务。

当事人在履行合同过程中，应当避免浪费资源、污染环境和破坏生态。

《电子签名法》

第三条　民事活动中的合同或者其他文件、单证等文书，当事人可以约定使用或者不使用电子签名、数据电文。

当事人约定使用电子签名、数据电文的文书，不得仅因为其采用电子签名、数据电文的形式而否定其法律效力。

前款规定不适用下列文书：

（一）涉及婚姻、收养、继承等人身关系的；

（二）涉及停止供水、供热、供气等公用事业服务的；

（三）法律、行政法规规定的不适

用电子文书的其他情形。

第九条 数据电文有下列情形之一的，视为发件人发送：

（一）经发件人授权发送的；

（二）发件人的信息系统自动发送的；

（三）收件人按照发件人认可的方法对数据电文进行验证后结果相符的。

当事人对前款规定的事项另有约定的，从其约定。

权威案例

◎ **典型案例**

李某某诉某电子商务有限公司网络服务合同纠纷案【未成年人权益司法保护典型案例之五（2022年3月1日）】

典型意义：本案主要涉及未成年人实施与其年龄、智力不相适应的支付行为的效力问题。根据《民法典》的规定，8周岁以上未成年人实施与其年龄、智力不相适应的购买支付行为，在未得到其家长或者其他法定代理人追认的情况下，其购买支付行为无效，经营者应当依法返还价款。本案提醒广大家长，作为未成年人的监护人，应当加强对孩子的引导、监督，并应保管好自己的手机、银行卡密码，防止孩子用来绑定进行大额支付。网络公司应当进一步强化法律意识和社会责任，依法处理因未成年人实施与其年龄、智力不相符的支付行为所引发的纠纷。

张某某诉某数码科技有限公司网络买卖合同纠纷案【网络消费典型案例之三（2023年3月15日）】

典型意义：当前，随着互联网的普及，未成年人上网行为日常化，未成年人网络打赏、网络充值行为时有发生。本案裁判结合原告女儿在相近时间内其他充值打赏行为等情况，认定案涉充值行为明显超出与其年龄、智力相适宜的程度，被告应当返还充值款，依法维护未成年人合法权益，有利于为未成年人健康成长营造良好的网络空间和法治环境。

> **第四十九条　【电子商务合同成立】**
>
> 电子商务经营者发布的商品或者服务信息符合要约条件的，用户选择该商品或者服务并提交订单成功，合同成立。当事人另有约定的，从其约定。
>
> 电子商务经营者不得以格式条款等方式约定消费者支付价款后合同不成立；格式条款等含有该内容的，其内容无效。

关联法规

◎ **法律**

《民法典》

第四百七十一条 当事人订立合

同，可以采取要约、承诺方式或者其他方式。

第四百七十二条　要约是希望与他人订立合同的意思表示，该意思表示应当符合下列条件：

（一）内容具体确定；

（二）表明经受要约人承诺，要约人即受该意思表示约束。

第四百七十三条　要约邀请是希望他人向自己发出要约的表示。拍卖公告、招标公告、招股说明书、债券募集办法、基金招募说明书、商业广告和宣传、寄送的价目表等为要约邀请。

商业广告和宣传的内容符合要约条件的，构成要约。

第四百七十四条　要约生效的时间适用本法第一百三十七条的规定。

第四百七十五条　要约可以撤回。要约的撤回适用本法第一百四十一条的规定。

第四百七十六条　要约可以撤销，但是有下列情形之一的除外：

（一）要约人以确定承诺期限或者其他形式明示要约不可撤销；

（二）受要约人有理由认为要约是不可撤销的，并已经为履行合同做了合理准备工作。

第四百七十七条　撤销要约的意思表示以对话方式作出的，该意思表示的内容应当在受要约人作出承诺之前为受要约人所知道；撤销要约的意思表示以非对话方式作出的，应当在受要约人作出承诺之前到达受要约人。

第四百七十八条　有下列情形之一的，要约失效：

（一）要约被拒绝；

（二）要约被依法撤销；

（三）承诺期限届满，受要约人未作出承诺；

（四）受要约人对要约的内容作出实质性变更。

第四百七十九条　承诺是受要约人同意要约的意思表示。

第四百八十条　承诺应当以通知的方式作出；但是，根据交易习惯或者要约表明可以通过行为作出承诺的除外。

第四百八十一条　承诺应当在要约确定的期限内到达要约人。

要约没有确定承诺期限的，承诺应当依照下列规定到达：

（一）要约以对话方式作出的，应当即时作出承诺；

（二）要约以非对话方式作出的，承诺应当在合理期限内到达。

第四百八十二条　要约以信件或者电报作出的，承诺期限自信件载明的日期或者电报交发之日开始计算。信件未载明日期的，自投寄该信件的邮戳日期开始计算。要约以电话、传真、电子邮件等快速通讯方式作出的，承诺期限自要约到达受要约人时开始计算。

第四百八十三条　承诺生效时合同成立，但是法律另有规定或者当事人另有约定的除外。

第四百八十四条　以通知方式作出的承诺，生效的时间适用本法第一百三十七条的规定。

承诺不需要通知的，根据交易习惯或者要约的要求作出承诺的行为时生效。

第四百八十五条　承诺可以撤回。承诺的撤回适用本法第一百四十一条的规定。

第四百八十六条　受要约人超过承诺期限发出承诺，或者在承诺期限内发出承诺，按照通常情形不能及时到达要约人的，为新要约；但是，要约人及时通知受要约人该承诺有效的除外。

第四百八十七条　受要约人在承诺期限内发出承诺，按照通常情形能够及时到达要约人，但是因其他原因致使承诺到达要约人时超过承诺期限的，除要约人及时通知受要约人因承诺超过期限不接受该承诺外，该承诺有效。

第四百八十八条　承诺的内容应当与要约的内容一致。受要约人对要约的内容作出实质性变更的，为新要约。有

关合同标的、数量、质量、价款或者报酬、履行期限、履行地点和方式、违约责任和解决争议方法等的变更，是对要约内容的实质性变更。

第四百八十九条　承诺对要约的内容作出非实质性变更的，除要约人及时表示反对或者要约表明承诺不得对要约的内容作出任何变更外，该承诺有效，合同的内容以承诺的内容为准。

第四百九十一条　当事人采用信件、数据电文等形式订立合同要求签订确认书的，签订确认书时合同成立。

当事人一方通过互联网等信息网络发布的商品或者服务信息符合要约条件的，对方选择该商品或者服务并提交订单成功时合同成立，但是当事人另有约定的除外。

第四百九十六条　格式条款是当事人为了重复使用而预先拟定，并在订立合同时未与对方协商的条款。

采用格式条款订立合同的，提供格式条款的一方应当遵循公平原则确定当事人之间的权利和义务，并采取合理的方式提示对方注意免除或者减轻其责任等与对方有重大利害关系的条款，按照对方的要求，对该条款予以说明。提供格式条款的一方未履行提示或者说明义务，致使对方没有注意或者理解与其有重大利害关系的条款的，对方可以主张

该条款不成为合同的内容。

第四百九十七条　有下列情形之一的，该格式条款无效：

（一）具有本法第一编第六章第三节和本法第五百零六条规定的无效情形；

（二）提供格式条款一方不合理地免除或者减轻其责任、加重对方责任、限制对方主要权利；

（三）提供格式条款一方排除对方主要权利。

第四百九十八条　对格式条款的理解发生争议的，应当按照通常理解予以解释。对格式条款有两种以上解释的，应当作出不利于提供格式条款一方的解释。格式条款和非格式条款不一致的，应当采用非格式条款。

《消费者权益保护法》

第二十六条　经营者在经营活动中使用格式条款的，应当以显著方式提请消费者注意商品或者服务的数量和质量、价款或者费用、履行期限和方式、安全注意事项和风险警示、售后服务、民事责任等与消费者有重大利害关系的内容，并按照消费者的要求予以说明。

经营者不得以格式条款、通知、声明、店堂告示等方式，作出排除或者限制消费者权利、减轻或者免除经营者责任、加重消费者责任等对消费者不公平、不合理的规定，不得利用格式条款并借助技术手段强制交易。

格式条款、通知、声明、店堂告示等含有前款所列内容的，其内容无效。

《电子签名法》

第三条　民事活动中的合同或者其他文件、单证等文书，当事人可以约定使用或者不使用电子签名、数据电文。

当事人约定使用电子签名、数据电文的文书，不得仅因为其采用电子签名、数据电文的形式而否定其法律效力。

前款规定不适用下列文书：

（一）涉及婚姻、收养、继承等人身关系的；

（二）涉及停止供水、供热、供气等公用事业服务的；

（三）法律、行政法规规定的不适用电子文书的其他情形。

◎ 司法解释

《关于审理网络消费纠纷案件适用法律若干问题的规定（一）》

第一条　电子商务经营者提供的格式条款有以下内容的，人民法院应当依法认定无效：

（一）收货人签收商品即视为认可商品质量符合约定；

（二）电子商务平台经营者依法应承担的责任一概由平台内经营者承担；

（三）电子商务经营者享有单方解释权或者最终解释权；

（四）排除或者限制消费者依法投诉、举报、请求调解、申请仲裁、提起诉讼的权利；

（五）其他排除或者限制消费者权利、减轻或者免除电子商务经营者责任、加重消费者责任等对消费者不公平、不合理的内容。

◎ **部门规章**

《侵害消费者权益行为处罚办法》

第十二条　经营者向消费者提供商品或者服务使用格式条款、通知、声明、店堂告示等的，应当以显著方式提请消费者注意与消费者有重大利害关系的内容，并按照消费者的要求予以说明，不得作出含有下列内容的规定：

（一）免除或者部分免除经营者对其所提供的商品或者服务应当承担的修理、重作、更换、退货、补足商品数量、退还货款和服务费用、赔偿损失等责任；

（二）排除或者限制消费者提出修理、更换、退货、赔偿损失以及获得违约金和其他合理赔偿的权利；

（三）排除或者限制消费者依法投诉、举报、提起诉讼的权利；

（四）强制或者变相强制消费者购买和使用其提供的或者其指定的经营者

提供的商品或者服务，对不接受其不合理条件的消费者拒绝提供相应商品或者服务，或者提高收费标准；

（五）规定经营者有权任意变更或者解除合同，限制消费者依法变更或者解除合同权利；

（六）规定经营者单方享有解释权或者最终解释权；

（七）其他对消费者不公平、不合理的规定。

◎ **部门规范性文件**

《网络交易平台经营者履行社会责任指引》

第十三条　网络交易平台经营者应与平台内经营者签订服务合同，合同应明确双方的权利义务、违约责任、争议解决、平台准入和退出、商品质量安全保障、消费者权益保护、不良信息处理等内容。

网络交易平台经营者应与消费者签订服务合同，合同应明确双方的权利义务、违约责任、争议解决、个人信息保护、交易安全保障等内容。

网络交易平台经营者不得以格式条款、通知、声明、公告等方式，作出排除或者限制相对人权利、减轻或者免除自身责任、加重相对人责任等不公平、不合理的规定，不得利用格式条款并借助技术手段强制交易。

《网络交易平台合同格式条款规范指引》

第三条　本指引所称网络交易平台合同格式条款是网络交易平台经营者为了重复使用而预先拟定，并在订立合同时未与合同相对人协商的以下相关协议、规则或者条款：

（一）用户注册协议；

（二）商家入驻协议；

（三）平台交易规则；

（四）信息披露与审核制度；

（五）个人信息与商业秘密收集、保护制度；

（六）消费者权益保护制度；

（七）广告发布审核制度；

（八）交易安全保障与数据备份制度；

（九）争议解决机制；

（十）其他合同格式条款。

网络交易平台经营者以告示、通知、声明、须知、说明、凭证、单据等形式明确规定平台内经营者和消费者具体权利义务，符合前款规定的，依法视为合同格式条款。

第四条　工商行政管理机关在职权范围内，依法对利用合同格式条款侵害消费者合法权益的行为进行监督处理。

第六条　网络交易平台经营者在经营活动中使用合同格式条款的，应当符合法律、法规和规章的规定，按照公平、公开和诚实信用的原则确定双方的权利与义务。

网络交易平台经营者修改合同格式条款的，应当遵循公开、连续、合理的原则，修改内容应当至少提前七日予以公示并通知合同相对人。

第七条　网络交易平台经营者应当在其网站主页面显著位置展示合同格式条款或者其电子链接，并从技术上保证平台内经营者或者消费者能够便利、完整地阅览和保存。

第十一条　网络交易平台经营者不得有下列利用合同格式条款加重平台内经营者或者消费者责任的行为：

（一）使消费者承担违约金或者损害赔偿明显超过法定数额或者合理数额；

（二）使平台内经营者或者消费者承担依法应由网络交易平台经营者承担的责任；

（三）合同附终止期限的，擅自延长平台内经营者或者消费者履行合同的期限；

（四）使平台内经营者或者消费者承担在不确定期限内履行合同的责任；

（五）违法加重平台内经营者或消费者其他责任的行为。

第十二条　网络交易平台经营者不

得在合同格式条款中排除或者限制平台内经营者或者消费者的下列权利：

（一）依法变更、撤销或者解除合同的权利；

（二）依法中止履行或者终止履行合同的权利；

（三）依法请求继续履行、采取补救措施、支付违约金或者损害赔偿的权利；

（四）就合同争议提起诉讼、仲裁或者其他救济途径的权利；

（五）请求解释格式条款的权利；

（六）平台内经营者或消费者依法享有的其他权利。

第十三条 对网络交易平台经营者提供的合同格式条款内容理解发生争议的，应当按照通常理解予以解释；对相应内容有两种以上解释的，应当作出不利于网络交易平台经营者的解释。格式条款与非格式条款不一致的，应当采用非格式条款。

《第三方电子商务交易平台服务规范》

5.6 制订和实施平台交易管理制度

平台经营者应提供规范化的网上交易服务，建立和完善各项规章制度，包括但不限于下列制度：

（1）用户注册制度；

（2）平台交易规则；

（3）信息披露与审核制度；

（4）隐私权与商业秘密保护制度；

（5）消费者权益保护制度；

（6）广告发布审核制度；

（7）交易安全保障与数据备份制度；

（8）争议解决机制；

（9）不良信息及垃圾邮件举报处理机制；

（10）法律、法规规定的其他制度。

平台经营者应定期在本平台内组织检查网上交易管理制度的实施情况，并根据检查结果及时采取改善措施。

权威案例

◎ 典型案例

张某与周某、某购物平台信息网络买卖合同纠纷案【网络消费典型案例之五（2023年3月15日）】

典型意义： 随着电子商务的蓬勃发展，各种形式的促销手段层出不穷。这些促销活动活跃了市场，刺激了消费，同时也伴生了一些损害消费者权益的问题。本案裁判进一步厘清了电子商务经营者进行免单、打折等各类促销活动制定的活动规则的法律性质，引导经营者依法依约诚信经营，切实保护消费者合法权益。

第五十条　【电子商务合同订立规范】

电子商务经营者应当清晰、全面、明确地告知用户订立合同的步骤、注意事项、下载方法等事项，并保证用户能够便利、完整地阅览和下载。

电子商务经营者应当保证用户在提交订单前可以更正输入错误。

关联法规

◎ 法律

《民法典》

第四百九十六条　格式条款是当事人为了重复使用而预先拟定，并在订立合同时未与对方协商的条款。

采用格式条款订立合同的，提供格式条款的一方应当遵循公平原则确定当事人之间的权利和义务，并采取合理的方式提示对方注意免除或者减轻其责任等与对方有重大利害关系的条款，按照对方的要求，对该条款予以说明。提供格式条款的一方未履行提示或者说明义务，致使对方没有注意或者理解与其有重大利害关系的条款的，对方可以主张该条款不成为合同的内容。

《消费者权益保护法》

第二十六条　经营者在经营活动中使用格式条款的，应当以显著方式提请消费者注意商品或者服务的数量和质量、价款或者费用、履行期限和方式、安全注意事项和风险警示、售后服务、民事责任等与消费者有重大利害关系的内容，并按照消费者的要求予以说明。

经营者不得以格式条款、通知、声明、店堂告示等方式，作出排除或者限制消费者权利、减轻或者免除经营者责任、加重消费者责任等对消费者不公平、不合理的规定，不得利用格式条款并借助技术手段强制交易。

格式条款、通知、声明、店堂告示等含有前款所列内容的，其内容无效。

《电子签名法》

第十条　法律、行政法规规定或者当事人约定数据电文需要确认收讫的，应当确认收讫。发件人收到收件人的收讫确认时，数据电文视为已经收到。

第十一条　数据电文进入发件人控制之外的某个信息系统的时间，视为该数据电文的发送时间。

收件人指定特定系统接收数据电文的，数据电文进入该特定系统的时间，视为该数据电文的接收时间；未指定特定系统的，数据电文进入收件人的任何系统的首次时间，视为该数据电文的接收时间。

当事人对数据电文的发送时间、接收时间另有约定的，从其约定。

第十二条 发件人的主营业地为数据电文的发送地点，收件人的主营业地为数据电文的接收地点。没有主营业地的，其经常居住地为发送或者接收地点。

当事人对数据电文的发送地点、接收地点另有约定的，从其约定。

◎ **行政法规**

《快递暂行条例》

第二十一条 经营快递业务的企业在寄件人填写快递运单前，应当提醒其阅读快递服务合同条款、遵守禁止寄递和限制寄递物品的有关规定，告知相关保价规则和保险服务项目。

寄件人交寄贵重物品的，应当事先声明；经营快递业务的企业可以要求寄件人对贵重物品予以保价。

◎ **司法解释**

《关于适用〈中华人民共和国民事诉讼法〉的解释》

第三十一条 经营者使用格式条款与消费者订立管辖协议，未采取合理方式提请消费者注意，消费者主张管辖协议无效的，人民法院应予支持。

◎ **部门规章**

《网络零售第三方平台交易规则制定程序规定（试行）》

第七条 网络零售第三方平台经营者制定或修改的交易规则，应当在网站主页面醒目位置公开征求意见，并应采取合理措施确保交易规则的利益相关方及时、充分知晓并表达意见，通过合理方式公开收到的意见及答复处理意见，征求意见的时间不得少于七日。

《中国人民银行金融消费者权益保护实施办法》

第三十一条 银行、支付机构应当履行《中华人民共和国消费者权益保护法》第二十九条规定的明示义务，公开收集、使用消费者金融信息的规则，明示收集、使用消费者金融信息的目的、方式和范围，并留存有关证明资料。

银行、支付机构通过格式条款取得消费者金融信息收集、使用同意的，应当在格式条款中明确收集消费者金融信息的目的、方式、内容和使用范围，并在协议中以显著方式尽可能通俗易懂地向金融消费者提示该同意的可能后果。

◎ **部门规范性文件**

《网络交易平台合同格式条款规范指引》

第六条 网络交易平台经营者在经营活动中使用合同格式条款的，应当符合法律、法规和规章的规定，按照公平、公开和诚实信用的原则确定双方的权利与义务。

网络交易平台经营者修改合同格式条款的，应当遵循公开、连续、合理的原则，修改内容应当至少提前七日予以公示并通知合同相对人。

第七条　网络交易平台经营者应当在其网站主页面显著位置展示合同格式条款或者其电子链接，并从技术上保证平台内经营者或者消费者能够便利、完整地阅览和保存。

《第三方电子商务交易平台服务规范》

5.7 用户协议

平台经营者的用户协议及其修改应至少提前 30 日公示，涉及消费者权益的，应当抄送当地消费者权益保护机构。

用户协议应当包括但不限于以下内容：

（1）用户注册条件；

（2）交易规则；

（3）隐私及商业秘密的保护；

（4）用户协议的修改程序；

（5）争议解决方式；

（6）受我国法律管辖的约定及具体管辖地；

（7）有关责任条款。

平台经营者应采用技术等手段引导用户完整阅读用户协议，合理提示交易风险、责任限制和责任免除条款，但不得免除自身责任，加重用户义务，排除用户的法定权利。

第五十一条　【电子商务合同标的的交付时间】

合同标的为交付商品并采用快递物流方式交付的，收货人签收时间为交付时间。合同标的为提供服务的，生成的电子凭证或者实物凭证中载明的时间为交付时间；前述凭证没有载明时间或者载明时间与实际提供服务时间不一致的，实际提供服务的时间为交付时间。

合同标的为采用在线传输方式交付的，合同标的进入对方当事人指定的特定系统并且能够检索识别的时间为交付时间。

合同当事人对交付方式、交付时间另有约定的，从其约定。

关联法规

◎ **法律**

《民法典》

第二百二十六条　动产物权设立和转让前，权利人已经占有该动产的，物权自民事法律行为生效时发生效力。

第二百二十八条　动产物权转让

时，当事人又约定由出让人继续占有该动产的，物权自该约定生效时发生效力。

第五百一十二条 通过互联网等信息网络订立的电子合同的标的为交付商品并采用快递物流方式交付的，收货人的签收时间为交付时间。电子合同的标的为提供服务的，生成的电子凭证或者实物凭证中载明的时间为提供服务时间；前述凭证没有载明时间或者载明时间与实际提供服务时间不一致的，以实际提供服务的时间为准。

电子合同的标的物为采用在线传输方式交付的，合同标的物进入对方当事人指定的特定系统且能够检索识别的时间为交付时间。

电子合同当事人对交付商品或者提供服务的方式、时间另有约定的，按照其约定。

《电子签名法》

第十条 法律、行政法规规定或者当事人约定数据电文需要确认收讫的，应当确认收讫。发件人收到收件人的收讫确认时，数据电文视为已经收到。

第十一条 数据电文进入发件人控制之外的某个信息系统的时间，视为该数据电文的发送时间。

收件人指定特定系统接收数据电文的，数据电文进入该特定系统的时间，视为该数据电文的接收时间；未指定特定系统的，数据电文进入收件人的任何系统的首次时间，视为该数据电文的接收时间。

当事人对数据电文的发送时间、接收时间另有约定的，从其约定。

第十二条 发件人的主营业地为数据电文的发送地点，收件人的主营业地为数据电文的接收地点。没有主营业地的，其经常居住地为发送或者接收地点。

当事人对数据电文的发送地点、接收地点另有约定的，从其约定。

第五十二条 **【快递物流服务提供者的义务】**

电子商务当事人可以约定采用快递物流方式交付商品。

快递物流服务提供者为电子商务提供快递物流服务，应当遵守法律、行政法规，并应当符合承诺的服务规范和时限。快递物流服务提供者在交付商品时，应当提示收货人当面查验；交由他人代收的，应当经收货人同意。

快递物流服务提供者应当按照规定使用环保包装材料，实现包装材料的减量化和再利用。

快递物流服务提供者在提供快递物流服务的同时，可以接受电子商务经营者的委托提供代收货款服务。

关联法规

◎ 法律

《民法典》

第九条　民事主体从事民事活动，应当有利于节约资源、保护生态环境。

第六百零四条　标的物毁损、灭失的风险，在标的物交付之前由出卖人承担，交付之后由买受人承担，但是法律另有规定或者当事人另有约定的除外。

第六百零五条　因买受人的原因致使标的物未按照约定的期限交付的，买受人应当自违反约定时起承担标的物毁损、灭失的风险。

第六百零六条　出卖人出卖交由承运人运输的在途标的物，除当事人另有约定外，毁损、灭失的风险自合同成立时起由买受人承担。

第六百零七条　出卖人按照约定将标的物运送至买受人指定地点并交付给承运人后，标的物毁损、灭失的风险由买受人承担。

当事人没有约定交付地点或者约定不明确，依据本法第六百零三条第二款第一项的规定标的物需要运输的，出卖人将标的物交付给第一承运人后，标的物毁损、灭失的风险由买受人承担。

第六百零八条　出卖人按照约定或者依据本法第六百零三条第二款第二项的规定将标的物置于交付地点，买受人违反约定没有收取的，标的物毁损、灭失的风险自违反约定时起由买受人承担。

第六百一十条　因标的物不符合质量要求，致使不能实现合同目的的，买受人可以拒绝接受标的物或者解除合同。买受人拒绝接受标的物或者解除合同的，标的物毁损、灭失的风险由出卖人承担。

第六百二十条　买受人收到标的物时应当在约定的检验期限内检验。没有约定检验期限的，应当及时检验。

第六百二十一条　当事人约定检验期限的，买受人应当在检验期限内将标的物的数量或者质量不符合约定的情形通知出卖人。买受人怠于通知的，视为标的物的数量或者质量符合约定。

当事人没有约定检验期限的，买受人应当在发现或者应当发现标的物的数量或者质量不符合约定的合理期限内通知出卖人。买受人在合理期限内未通知或者自收到标的物之日起二年内未通知出卖人的，视为标的物的数量或者质量符合约定；但是，对标的物有质量保证期的，适用质量保证期，不适用该二年的规定。

出卖人知道或者应当知道提供的标的物不符合约定的，买受人不受前两款规定的通知时间的限制。

第六百二十二条 当事人约定的检验期限过短，根据标的物的性质和交易习惯，买受人在检验期限内难以完成全面检验的，该期限仅视为买受人对标的物的外观瑕疵提出异议的期限。

约定的检验期限或者质量保证期短于法律、行政法规规定期限的，应当以法律、行政法规规定的期限为准。

第六百二十三条 当事人对检验期限未作约定，买受人签收的送货单、确认单等载明标的物数量、型号、规格的，推定买受人已经对数量和外观瑕疵进行检验，但有相关证据足以推翻的除外。

第六百二十九条 出卖人多交标的物的，买受人可以接收或者拒绝接收多交的部分。买受人接收多交部分的，按照约定的价格支付价款；买受人拒绝接收多交部分的，应当及时通知出卖人。

《海商法》

第四十六条 承运人对集装箱装运的货物的责任期间，是指从装货港接收货物时起至卸货港交付货物时止，货物处于承运人掌管之下的全部期间。承运人对非集装箱装运的货物的责任期间，是指从货物装上船时起至卸下船时止，货物处于承运人掌管之下的全部期间。在承运人的责任期间，货物发生灭失或者损坏，除本节另有规定外，承运人应当负赔偿责任。

前款规定，不影响承运人就非集装箱装运的货物，在装船前和卸船后所承担的责任，达成任何协议。

第五十条 货物未能在明确约定的时间内，在约定的卸货港交付的，为迟延交付。

除依照本章规定承运人不负赔偿责任的情形外，由于承运人的过失，致使货物因迟延交付而灭失或者损坏的，承运人应当负赔偿责任。

除依照本章规定承运人不负赔偿责任的情形外，由于承运人的过失，致使货物因迟延交付而遭受经济损失的，即使货物没有灭失或者损坏，承运人仍然应当负赔偿责任。

承运人未能在本条第一款规定的时间届满六十日内交付货物，有权对货物灭失提出赔偿请求的人可以认为货物已经灭失。

第五十四条 货物的灭失、损坏或者迟延交付是由于承运人或者承运人的受雇人、代理人的不能免除赔偿责任的原因和其他原因共同造成的，承运人仅在其不能免除赔偿责任的范围内负赔偿责任；但是，承运人对其他原因造成的灭失、损坏或者迟延交付应当负举证责任。

第五十七条　承运人对货物因迟延交付造成经济损失的赔偿限额，为所迟延交付的货物的运费数额。货物的灭失或者损坏和迟延交付同时发生的，承运人的赔偿责任限额适用本法第五十六条第一款规定的限额。

第六十条　承运人将货物运输或者部分运输委托给实际承运人履行的，承运人仍然应当依照本章规定对全部运输负责。对实际承运人承担的运输，承运人应当对实际承运人的行为或者实际承运人的受雇人、代理人在受雇或者受委托的范围内的行为负责。

虽有前款规定，在海上运输合同中明确约定合同所包括的特定的部分运输由承运人以外的指定的实际承运人履行的，合同可以同时约定，货物在指定的实际承运人掌管期间发生的灭失、损坏或者迟延交付，承运人不负赔偿责任。

第八十一条　承运人向收货人交付货物时，收货人未将货物灭失或者损坏的情况书面通知承运人的，此项交付视为承运人已经按照运输单证的记载交付以及货物状况良好的初步证据。

货物灭失或者损坏的情况非显而易见的，在货物交付的次日起连续七日内，集装箱货物交付的次日起连续十五日内，收货人未提交书面通知的，适用前款规定。

货物交付时，收货人已经会同承运人对货物进行联合检查或者检验的，无需就所查明的灭失或者损坏的情况提交书面通知。

第八十三条　收货人在目的港提取货物前或者承运人在目的港交付货物前，可以要求检验机构对货物状况进行检验；要求检验的一方应当支付检验费用，但是有权向造成货物损失的责任方追偿。

第八十五条　货物由实际承运人交付的，收货人依照本法第八十一条的规定向实际承运人提交的书面通知，与向承运人提交书面通知具有同等效力；向承运人提交的书面通知，与向实际承运人提交书面通知具有同等效力。

《环境保护法》

第六条　一切单位和个人都有保护环境的义务。

地方各级人民政府应当对本行政区域的环境质量负责。

企业事业单位和其他生产经营者应当防止、减少环境污染和生态破坏，对所造成的损害依法承担责任。

公民应当增强环境保护意识，采取低碳、节俭的生活方式，自觉履行环境保护义务。

《邮政法》

第二十条 邮政企业寄递邮件，应当符合国务院邮政管理部门规定的寄递时限和服务规范。

第二十一条 邮政企业应当在其营业场所公示或者以其他方式公布其服务种类、营业时间、资费标准、邮件和汇款的查询及损失赔偿办法以及用户对其服务质量的投诉办法。

第二十二条 邮政企业采用其提供的格式条款确定与用户的权利义务的，该格式条款适用《中华人民共和国合同法》关于合同格式条款的规定。

第二十三条 用户交寄邮件，应当清楚、准确地填写收件人姓名、地址和邮政编码。邮政企业应当在邮政营业场所免费为用户提供邮政编码查询服务。

邮政编码由邮政企业根据国务院邮政管理部门制定的编制规则编制。邮政管理部门依法对邮政编码的编制和使用实施监督。

第二十四条 邮政企业收寄邮件和用户交寄邮件，应当遵守法律、行政法规以及国务院和国务院有关部门关于禁止寄递或者限制寄递物品的规定。

第二十五条 邮政企业应当依法建立并执行邮件收寄验视制度。

对用户交寄的信件，必要时邮政企业可以要求用户开拆，进行验视，但不得检查信件内容。用户拒绝开拆的，邮政企业不予收寄。

对信件以外的邮件，邮政企业收寄时应当当场验视内件。用户拒绝验视的，邮政企业不予收寄。

第二十六条 邮政企业发现邮件内夹带禁止寄递或者限制寄递的物品的，应当按照国家有关规定处理。

进出境邮件中夹带国家禁止进出境或者限制进出境的物品的，由海关依法处理。

第三十二条 邮政企业采取按址投递、用户领取或者与用户协商的其他方式投递邮件。

机关、企业事业单位、住宅小区管理单位等应当为邮政企业投递邮件提供便利。单位用户地址变更的，应当及时通知邮政企业。

第四十五条 邮政普遍服务业务范围内的邮件和汇款的损失赔偿，适用本章规定。

邮政普遍服务业务范围以外的邮件的损失赔偿，适用有关民事法律的规定。

邮件的损失，是指邮件丢失、损毁或者内件短少。

第四十六条　邮政企业对平常邮件的损失不承担赔偿责任。但是，邮政企业因故意或者重大过失造成平常邮件损失的除外。

第四十七条　邮政企业对给据邮件的损失依照下列规定赔偿：

（一）保价的给据邮件丢失或者全部损毁的，按照保价额赔偿；部分损毁或者内件短少的，按照保价额与邮件全部价值的比例对邮件的实际损失予以赔偿。

（二）未保价的给据邮件丢失、损毁或者内件短少的，按照实际损失赔偿，但最高赔偿额不超过所收取资费的三倍；挂号信件丢失、损毁的，按照所收取资费的三倍予以赔偿。

邮政企业应当在营业场所的告示中和提供给用户的给据邮件单据上，以足以引起用户注意的方式载明前款规定。

邮政企业因故意或者重大过失造成给据邮件损失，或者未履行前款规定义务的，无权援用本条第一款的规定限制赔偿责任。

第五十一条　经营快递业务，应当依照本法规定取得快递业务经营许可；未经许可，任何单位和个人不得经营快递业务。

外商不得投资经营信件的国内快递业务。

国内快递业务，是指从收寄到投递的全过程均发生在中华人民共和国境内的快递业务。

第五十二条　申请快递业务经营许可，应当具备下列条件：

（一）符合企业法人条件；

（二）在省、自治区、直辖市范围内经营的，注册资本不低于人民币五十万元，跨省、自治区、直辖市经营的，注册资本不低于人民币一百万元，经营国际快递业务的，注册资本不低于人民币二百万元；

（三）有与申请经营的地域范围相适应的服务能力；

（四）有严格的服务质量管理制度和完备的业务操作规范；

（五）有健全的安全保障制度和措施；

（六）法律、行政法规规定的其他条件。

第五十五条　快递企业不得经营由邮政企业专营的信件寄递业务，不得寄递国家机关公文。

第五十六条　快递企业经营邮政企业专营业务范围以外的信件快递业务，应当在信件封套的显著位置标注信件字样。

快递企业不得将信件打包后作为包裹寄递。

《民用航空法》

第九十一条　公共航空运输企业，是指以营利为目的，使用民用航空器运送旅客、行李、邮件或者货物的企业法人。

第九十二条　企业从事公共航空运输，应当向国务院民用航空主管部门申请领取经营许可证。

第九十三条　取得公共航空运输经营许可，应当具备下列条件：

（一）有符合国家规定的适应保证飞行安全要求的民用航空器；

（二）有必需的依法取得执照的航空人员；

（三）有不少于国务院规定的最低限额的注册资本；

（四）法律、行政法规规定的其他条件。

第九十九条　公共航空运输企业应当依照国务院制定的公共航空运输安全保卫规定，制定安全保卫方案，并报国务院民用航空主管部门备案。

第一百条　公共航空运输企业不得运输法律、行政法规规定的禁运物品。

公共航空运输企业未经国务院民用航空主管部门批准，不得运输作战军火、作战物资。

禁止旅客随身携带法律、行政法规规定的禁运物品乘坐民用航空器。

第一百零一条　公共航空运输企业运输危险品，应当遵守国家有关规定。

禁止以非危险品品名托运危险品。

禁止旅客随身携带危险品乘坐民用航空器。除因执行公务并按照国家规定经过批准外，禁止旅客携带枪支、管制刀具乘坐民用航空器。禁止违反国务院民用航空主管部门的规定将危险品作为行李托运。

危险品品名由国务院民用航空主管部门规定并公布。

第一百零四条　公共航空运输企业应当依照有关法律、行政法规的规定优先运输邮件。

第一百一十六条　在国内航空运输中，承运人同意未经填具航空货运单而载运货物的，承运人无权援用本法第一百二十八条有关赔偿责任限制的规定。

在国际航空运输中，承运人同意未经填具航空货运单而载运货物的，或者航空货运单上未依照本法第一百一十五条第（三）项的规定声明的，承运人无权援用本法第一百二十九条有关赔偿责任限制的规定。

第一百一十七条　托运人应当对航空货运单上所填关于货物的说明和声明的正确性负责。

因航空货运单上所填的说明和声明不符合规定、不正确或者不完全，给承运人或者承运人对之负责的其他人造成损失的，托运人应当承担赔偿责任。

第一百一十八条　航空货运单是航空货物运输合同订立和运输条件以及承运人接受货物的初步证据。

航空货运单上关于货物的重量、尺寸、包装和包装件数的说明具有初步证据的效力。除经过承运人和托运人当面查对并在航空货运单上注明经过查对或者书写关于货物的外表情况的说明外，航空货运单上关于货物的数量、体积和情况的说明不能构成不利于承运人的证据。

第一百一十九条　托运人在履行航空货物运输合同规定的义务的条件下，有权在出发地机场或者目的地机场将货物提回，或者在途中经停时中止运输，或者在目的地点或者途中要求将货物交给非航空货运单上指定的收货人，或者要求将货物运回出发地机场；但是，托运人不得因行使此种权利而使承运人或者其他托运人遭受损失，并应当偿付由此产生的费用。

托运人的指示不能执行的，承运人应当立即通知托运人。

承运人按照托运人的指示处理货物，没有要求托运人出示其所收执的航空货运单，给该航空货运单的合法持有人造成损失的，承运人应当承担责任，但是不妨碍承运人向托运人追偿。

收货人的权利依照本法第一百二十条规定开始时，托运人的权利即告终止；但是，收货人拒绝接受航空货运单或者货物，或者承运人无法同收货人联系的，托运人恢复其对货物的处置权。

第一百二十条　除本法第一百一十九条所列情形外，收货人于货物到达目的地点，并在缴付应付款项和履行航空货运单上所列运输条件后，有权要求承运人移交航空货运单并交付货物。

除另有约定外，承运人应当在货物到达后立即通知收货人。

承运人承认货物已经遗失，或者货物在应当到达之日起七日后仍未到达的，收货人有权向承运人行使航空货物运输合同所赋予的权利。

第一百三十九条　实际承运人的作为和不作为，实际承运人的受雇人、代理人在受雇、代理范围内的作为和不作为，关系到实际承运人履行的运输的，应当视为缔约承运人的作为和不作为。

缔约承运人的作为和不作为，缔约承运人的受雇人、代理人在受雇、代理范围内的作为和不作为，关系到实际承运人履行的运输的，应当视为实际承运人的作为和不作为；但是，实际承运人承担的责任不因此种作为或者不作为而超过法定的赔偿责任限额。

任何有关缔约承运人承担本章未规定的义务或者放弃本章赋予的权利的特别协议，或者任何有关依照本法第一百二十八条、第一百二十九条规定所作的在目的地点交付时利益的特别声明，除经实际承运人同意外，均不得影响实际承运人。

第一百四十条　依照本章规定提出的索赔或者发出的指示，无论是向缔约承运人还是向实际承运人提出或者发出的，具有同等效力；但是，本法第一百一十九条规定的指示，只在向缔约承运人发出时，方有效。

◎ **部门规章**

《快递市场管理办法》

第十六条　经营快递业务的企业应当按照快递服务标准，规范快递业务经营活动，保障服务质量，维护用户合法权益，并应当符合下列要求：

（一）填写快递运单前，企业应当提醒寄件人阅读快递运单的服务合同条款，并建议寄件人对贵重物品购买保价或者保险服务；

（二）企业分拣作业时，应当按照快件（邮件）的种类、时限分别处理、分区作业、规范操作，并及时录入处理信息，上传网络，不得野蛮分拣，严禁抛扔、踩踏或者以其他方式造成快件（邮件）损毁；

（三）企业应当在承诺的时限内完成快件（邮件）的投递；

（四）企业应当将快件（邮件）投递到约定的收件地址和收件人或者收件人指定的代收人。

第十七条　经营快递业务的企业投递快件（邮件），应当告知收件人当面验收。快件（邮件）外包装完好的，由收件人签字确认。投递的快件（邮件）注明为易碎品及外包装出现明显破损的，企业应当告知收件人先验收内件再签收。企业与寄件人另有约定的除外。

对于网络购物、代收货款以及与用户有特殊约定的其他快件（邮件），企业应当与寄件人在合同中明确投递验收的权利义务，并提供符合约定的验收服务，验收无异议后，由收件人签字确认。

第二十九条　任何组织和个人不得利用快递服务网络从事危害国家安全、社会公共利益或者他人合法权益的活动。下列物品禁止寄递：

（一）法律、行政法规禁止流通的物品；

（二）危害国家安全和社会政治稳定以及淫秽的出版物、宣传品、印刷品等；

（三）武器、弹药、麻醉药物、生化制品、传染性物品和爆炸性、易燃性、腐蚀性、放射性、毒性等危险物品；

（四）妨害公共卫生的物品；

（五）流通的各种货币；

（六）法律、行政法规和国家规定禁止寄递的其他物品。

《道路货物运输及站场管理规定》

第三条　道路货物运输和货运站经营者应当依法经营，诚实信用，公平竞争。

道路货物运输管理应当公平、公正、公开和便民。

第四条　鼓励道路货物运输实行集约化、网络化经营。鼓励采用集装箱、封闭厢式车和多轴重型车运输。

第二十条　道路货物运输经营者应当按照《道路运输经营许可证》核定的经营范围从事货物运输经营，不得转让、出租道路运输经营许可证件。

第二十九条　道路货物运输经营者不得运输法律、行政法规禁止运输的货物。

道路货物运输经营者在受理法律、行政法规规定限运、凭证运输的货物时，应当查验并确认有关手续齐全有效后方可运输。

货物托运人应当按照有关法律、行政法规的规定办理限运、凭证运输手续。

第三十一条　道路货物运输经营者和货物托运人应当按照《中华人民共和国民法典》的要求，订立道路货物运输合同。

鼓励道路货物运输经营者采用电子合同、电子运单等信息化技术，提升运输管理水平。

第三十八条　货运站经营者应当按照货物的性质、保管要求进行分类存放，保证货物完好无损，不得违规存放危险货物。

第四十三条　货运站经营者不得垄断货源、抢装货物、扣押货物。

◎ **部门规范性文件**

《铁路货物运输规程》

第二条　承运人和托运人、收货人在货物运输过程中，都应遵守本规程的规定，要紧密配合，搞好协作，爱护运输物资和铁路运输设备，严格履行运输合同，安全、迅速、经济、便利地运送货物。

第八条　托运人或收货人的代表人或委托的代理人办理货物的托运、领取、变更或履行其他权利、义务时，应向车站提出委托书（格式四）或证明委托的介绍信。

第十五条　托运人托运货物，应根据货物的性质、重量、运输种类、运输距离、气候以及货车装载等条件，使用符合运输要求、便于装卸和保证货物安全的运输包装。有国家包装标准或部包装标准（行业包装标准）的，按国家标准或部标准（行业标准）进行包装。

货物的运输包装不符合前款要求时，应由托运人改善后承运。

对没有统一规定包装标准的，车站应会同托运人研究制定货物运输包装暂行标准，共同执行。对于需要试运的货物运输包装，除另定者外，车站可与托运人商定条件组织试运。

承运人同托运人应积极开展集装化运输，保证货物安全。

货物状态有缺陷，但不致影响货物安全，可以由托运人在货物运单内具体注明后承运。

第三十一条 承运人组织卸车的货物，到站应不迟于卸车完了的次日内，用电话或书信，向收货人发出催领通知并在货票内记明通知的方法和时间。有条件的车站可采用电报、挂号信、长途电话、登广告等通知方法，收货人也可与到站商定其他通知方法。采用电报等方法或商定的方法通知的，车站应按实际支出向收货人核收催领通知费用。

收货人在到站查询所领取的货物未到时，到站应在领货凭证背面加盖车站日期戳证明货物未到。

第三十四条 货物在到站应向货物运单内所记载的收货人交付。

收货人在到站领取货物时，须提出领货凭证，并在货票丁联上盖章或签字。如领货凭证未到或丢失时，机关、企业、团体应提出本单位的证明文件；个人应提出本人居民身份证、工作证（或户口簿）或服务所在单位（或居住所在单位）出具的证明文件。用本人的居民身份证、工作证或户口簿作证件时，车站应将姓名、工作单位名称、住址及证件号码详细记载在货票丁联上；用证明文件时，应将领取货物的证明文件粘贴在货票丁联上。

第五十一条 货物的运到期限届满后经过 15 天，或鲜活货物超过运到期限仍不能在到站交付货物时，车站应于当日编制货运记录交给收货人。

运到期限届满后，经过 30 天，仍不能在到站交付货物时，托运人，收货人可按货物灭失向到站要求赔偿。在赔偿前，如货物运到时，车站应及时向收货人办理交付并收回货运记录。

第五十二条 因承运人责任，将货物误运到站或误交付，承运人应编制货运记录将货物运到正当到站交给收货人。

第五十九条 承运人从承运货物时起（办理承运前保管的车站，从接收货物时起），至将货物交付收货人或依照规定移交给其他机关企业时止，对货物发生灭失、损坏负赔偿责任。但由于下列原因之一所造成的灭失、损坏除外：

1. 不可抗力；

2. 货物本身性质引起的碎裂、生锈、减量、变质或自燃等；

3. 货物的合理损耗；

4. 货物包装的缺陷，承运时无法从外部发现或未按国家规定在货物上标明包装储运图示标志；

5. 托运人自装的货物，加固材料不符合承运人规定条件或违反装载规定，交接时无法发现的；

6. 押运人未采取保证货物安全的措施；

7. 托运人或收货人的其他责任。

《关于促进电子商务规范发展的意见》

五、规范电子商务商品配送行为，健全物流支撑体系

规范和改善电子商务企业的商品配送行为，提高物流服务的准确性和及时性。

（一）规范商品配送行为。提倡电子商务企业通过网站信息查询、邮件提醒、电话通知等有效方式，实时通告配送信息，明确交货方式和时间。引导电子商务企业严格遵守商品订单和交易协议，防范和制止配送延误、实物不符、额外收取运费等行为。提倡电子商务企业在因不可预知和控制的情况影响商品

送达时，及时主动与购买方协商补救方式，保障消费者的知情权和选择权。

（二）提高商品配送能力。建立和完善适应电子商务需要的物流配送体系，促进物流配送信息系统与电子商务的结合，充分发挥信息技术优势，挖掘社会储运资源潜力，提高物流信息采集、分析、整合、调度的效率和物流运输的实载率。引导与鼓励企业开展第三方物流服务平台建设，逐步建立面向网上商户的社会化、专业化的物流配送机构，形成覆盖各行业的物流配送网络体系，提高响应能力和配送效率。

《禁止寄递物品管理规定》

第三条 本规定所称禁止寄递物品（以下简称禁寄物品），主要包括：

（一）危害国家安全、扰乱社会秩序、破坏社会稳定的各类物品；

（二）危及寄递安全的爆炸性、易燃性、腐蚀性、毒害性、感染性、放射性等各类物品；

（三）法律、行政法规以及国务院和国务院有关部门规定禁止寄递的其他物品。

具体禁寄物品详见附录《禁止寄递物品指导目录》。

第五条 用户交寄邮件、快件应当遵守法律、行政法规以及国务院和国务院有关部门关于禁寄物品的规定，不得

交寄禁寄物品，不得在邮件、快件内夹带禁寄物品，不得将禁寄物品匿报或者谎报为其他物品交寄。

《关于规范快递与电子商务数据互联共享的指导意见》

一、保障电子商务与快递数据正常传输

（一）电子商务经营者提供寄递数据

电子商务当事人约定采用快递方式交付商品的，支持电子商务经营者通过约定的信息传输方式及时将必要的寄递数据（包括但不限于寄件人和收件人姓名、地址、联系电话、内件等数据）提供给经营快递业务的企业。电子商务平台经营者不得通过限制数据互联共享，阻碍电子商务当事人自由选择快递服务。鼓励为电子商务经营者提供快递信息服务的平台企业履行与电子商务平台经营者同等的数据互联共享义务。

（二）经营快递业务的企业提供快件数据

支持经营快递业务的企业提供电子商务寄递服务时，通过约定的信息传输方式及时将必要的快件数据（包括但不限于快件收寄、分拣、运输、投递等节点和轨迹数据）提供给电子商务经营者。经营快递业务的企业不得通过限制数据互联共享，阻碍电子商务经营者获取为消费者提供服务所必需的快件数据。

二、加强电子商务与快递数据管控

（三）依法采集共享用户数据

通过电子商务平台使用快递服务的用户应当严格遵守邮件快件实名收寄相关规定，按照规范要求如实填写必要的用户信息。电子商务经营者和经营快递业务的企业采集、共享用户信息时，应当遵守法律、行政法规有关信息保护的规定，不得用于与其提供寄递服务无关的用途。

（四）妥善存储使用用户数据

电子商务经营者和经营快递业务的企业应当妥善存储用户数据。开展数据挖掘时，应当采用加密、脱敏等方式保护用户数据安全。利用用户大数据进行增值应用的，应当经过用户同意，并不得将具有个人隐私特征的数据提供给其他单位和个人。涉及数据跨境流动的，依照相关法律法规规定。

五、提高电子商务与快递数据安全防护水平

（八）加强数据安全保障

电子商务经营者和经营快递业务的企业应当完善自身数据管理体系和安全保障体系，采取技术手段和其他必要措施保证数据安全，建立健全信息安全风险评估和应急工作机制，完善安全防护体系。双方要高度重视数据传输中的安全隐患和不规范问题，增强电子商务与快递数据传输的安全技术保障能力，严格系统安全管理，确保用户信息安全。

（九）加强数据安全应急管理

电子商务经营者和经营快递业务的企业要制定网络安全事件应急预案，有效应对网络安全事件，防范网络违法犯罪活动。发生危害网络安全事件时，电子商务经营者和经营快递业务的企业应当立即依法启动应急预案，采取相应的补救措施，并向有关主管部门报告。

《寄递服务用户个人信息安全管理规定》

第五条　寄递企业应当建立健全寄递服务用户个人信息安全保障制度和措施，明确企业部门、岗位的安全保护责任，合理确定寄递服务用户个人信息处理的操作权限，定期对从业人员进行安全教育和培训。

第六条　使用统一的商标、字号或者快递运单经营快递业务的，商标、字号或者快递运单所属企业应当对使用其商标、字号或者快递运单的企业的信息安全保障实行统一管理，发生寄递服务用户个人信息安全事件时，应当依法承担相应责任。

第七条　寄递企业收集寄递服务用户个人信息应仅限于完成寄递服务全流程操作目的的最小范围，不得过度收集用户个人信息。

寄递企业应当与其从业人员签订寄递服务用户个人信息保密协议，明确保密义务。

第八条　寄递企业为完成寄递服务全流程操作委托第三方或者其他寄递企业等开展代收代投、清关等业务，需要对寄递服务用户个人信息数据进行委托处理时，应当事前进行寄递服务用户个人信息保护影响评估，并依法约定委托处理的目的、期限、处理方式、个人信息种类、保护措施及双方权利义务，并对受托人的个人信息处理活动进行监督。

受托方发生寄递服务用户个人信息安全事件导致信息泄露、篡改、丢失的，寄递企业应当依法承担相应责任。

第九条　寄递企业应当建立寄递服务用户个人信息安全投诉处理及请求响应机制，公布有效联系方式，接受并及时处理有关投诉及请求。

第十条　寄递企业应当建立寄递服务用户个人信息安全应急处置机制。发现信息安全隐患、漏洞等风险的，或者发生信息安全突发事件的，应当立即采取处置措施，按照规定报告邮政管理部门，并配合邮政管理部门和相关部门的调查处理工作，不得迟报、漏报、谎报、瞒报。

第十一条 处理寄递服务用户个人信息达到国家网信部门规定数量的寄递企业应当指定寄递服务用户个人信息保护负责人，负责对信息处理活动以及采取的保护措施等进行监督，并公开寄递服务用户个人信息保护负责人的联系方式，将负责人的姓名、联系方式等向所在地市级邮政管理部门报送。负责人发生变更的，应在7个工作日内重新报送并公告。

前款规定的寄递企业同时符合《中华人民共和国个人信息保护法》第五十八条规定条件的，还应当依法履行该条规定的建立健全寄递服务用户个人信息保护合规制度体系、成立主要由外部成员组成的独立机构对个人信息保护情况进行监督、定期发布寄递服务用户个人信息保护社会责任报告并接受社会监督等义务。

第十六条 寄递企业应当强化对寄递服务用户个人信息安全的实时监测能力，严格落实安全管理和技术防范措施，防范和遏制重大安全风险、事件发生。

第十七条 寄递企业应当制定本企业与市场相关主体的信息系统互联的安全技术规则，对存储寄递服务用户个人信息的信息系统实行接入审查，定期进

行安全风险评估。

第五十三条 【电子支付服务提供者的义务】

电子商务当事人可以约定采用电子支付方式支付价款。

电子支付服务提供者为电子商务提供电子支付服务，应当遵守国家规定，告知用户电子支付服务的功能、使用方法、注意事项、相关风险和收费标准等事项，不得附加不合理交易条件。电子支付服务提供者应当确保电子支付指令的完整性、一致性、可跟踪稽核和不可篡改。

电子支付服务提供者应当向用户免费提供对账服务以及最近三年的交易记录。

关联法规

◎ **法律**

《银行业监督管理法》

第十八条 银行业金融机构业务范围内的业务品种，应当按照规定经国务院银行业监督管理机构审查批准或者备案。需要审查批准或者备案的业务品种，由国务院银行业监督管理机构依照法律、行政法规作出规定并公布。

第十九条 未经国务院银行业监督管理机构批准，任何单位或者个人不得设立银行业金融机构或者从事银行业金融机构的业务活动。

第二十一条 银行业金融机构的审慎经营规则，由法律、行政法规规定，也可以由国务院银行业监督管理机构依照法律、行政法规制定。

前款规定的审慎经营规则，包括风险管理、内部控制、资本充足率、资产质量、损失准备金、风险集中、关联交易、资产流动性等内容。

银行业金融机构应当严格遵守审慎经营规则。

《商业银行法》

第四十四条 商业银行办理票据承兑、汇兑、委托收款等结算业务，应当按照规定的期限兑现，收付入账，不得压单、压票或者违反规定退票。有关兑现、收付入账期限的规定应当公布。

第四十八条 企业事业单位可以自主选择一家商业银行的营业场所开立一个办理日常转账结算和现金收付的基本账户，不得开立两个以上基本账户。

任何单位和个人不得将单位的资金以个人名义开立账户存储。

第六十条 商业银行应当建立、健全本行对存款、贷款、结算、呆账等各项情况的稽核、检查制度。

商业银行对分支机构应当进行经常性的稽核和检查监督。

《电子签名法》

第十三条 电子签名同时符合下列条件的，视为可靠的电子签名：

（一）电子签名制作数据用于电子签名时，属于电子签名人专有；

（二）签署时电子签名制作数据仅由电子签名人控制；

（三）签署后对电子签名的任何改动能够被发现；

（四）签署后对数据电文内容和形式的任何改动能够被发现。

当事人也可以选择使用符合其约定的可靠条件的电子签名。

第十四条 可靠的电子签名与手写签名或者盖章具有同等的法律效力。

第十五条 电子签名人应当妥善保管电子签名制作数据。电子签名人知悉电子签名制作数据已经失密或者可能已经失密时，应当及时告知有关各方，并终止使用该电子签名制作数据。

◎ 党内法规

《关于鼓励和规范互联网租赁自行车发展的指导意见》

四、保障用户资金和网络信息安全

（十二）加强用户资金安全监管。鼓励互联网租赁自行车运营企业采用免押金方式提供租赁服务。企业对用户收取押金、预付资金的，应严格区分企业自有资金和用户押金、预付资金，在企业注册地开立用户押金、预付资金专用账户，实施专款专用，接受交通、金融等主管部门监管，防控用户资金风险。企业应建立完善用户押金退还制度，加快实现"即租即押、即还即退"。互联网租赁自行车业务中涉及的支付结算服务，应通过银行、非银行支付机构提供，并与其签订协议。互联网租赁自行车运营企业实施收购、兼并、重组或者退出市场经营的，必须制定合理方案，确保用户合法权益和资金安全。

......

◎ 部门规章

《电子银行业务管理办法》

第四条 经中国银监会批准，金融机构可以在中华人民共和国境内开办电子银行业务，向中华人民共和国境内企业、居民等客户提供电子银行服务，也可按照本办法的有关规定开展跨境电子银行服务。

第五条 金融机构应当按照合理规划、统一管理、保障系统安全运行的原则，开展电子银行业务，保证电子银行业务的健康、有序发展。

第八条 金融机构在中华人民共和国境内开办电子银行业务，应当依照本办法的有关规定，向中国银监会申请或报告。

第九条 金融机构开办电子银行业务，应当具备下列条件：

（一）金融机构的经营活动正常，建立了较为完善的风险管理体系和内部控制制度，在申请开办电子银行业务的前一年内，金融机构的主要信息管理系统和业务处理系统没有发生过重大事故；

（二）制定了电子银行业务的总体发展战略、发展规划和电子银行安全策略，建立了电子银行业务风险管理的组织体系和制度体系；

（三）按照电子银行业务发展规划和安全策略，建立了电子银行业务运营的基础设施和系统，并对相关设施和系统进行了必要的安全检测和业务测试；

（四）对电子银行业务风险管理情况和业务运营设施与系统等，进行了符合监管要求的安全评估；

（五）建立了明确的电子银行业务管理部门，配备了合格的管理人员和技术人员；

（六）中国银监会要求的其他条件。

第十条 金融机构开办以互联网为媒介的网上银行业务、手机银行业务等电子银行业务，除应具备第九条所列条件外，还应具备以下条件：

（一）电子银行基础设施设备能够保障电子银行的正常运行；

（二）电子银行系统具备必要的业务处理能力，能够满足客户适时业务处理的需要；

（三）建立了有效的外部攻击侦测机制；

（四）中资银行业金融机构的电子银行业务运营系统和业务处理服务器设置在中华人民共和国境内；

（五）外资金融机构的电子银行业务运营系统和业务处理服务器可以设置在中华人民共和国境内或境外。设置在境外时，应在中华人民共和国境内设置可以记录和保存业务交易数据的设施设备，能够满足金融监管部门现场检查的要求，在出现法律纠纷时，能够满足中国司法机构调查取证的要求。

第十二条 金融机构申请开办电子银行业务，根据电子银行业务的不同类型，分别适用审批制和报告制。

（一）利用互联网等开放性网络或无线网络开办的电子银行业务，包括网上银行、手机银行和利用掌上电脑等个人数据辅助设备开办的电子银行业务，适用审批制；

（二）利用境内或地区性电信网络、有线网络等开办的电子银行业务，适用报告制；

（三）利用银行为特定自助服务设施或与客户建立的专用网络开办的电子银行业务，法律法规和行政规章另有规定的遵照其规定，没有规定的适用报告制。

金融机构开办电子银行业务后，与其特定客户建立直接网络连接提供相关服务，属于电子银行日常服务，不属于开办电子银行业务申请的类型。

第十三条 金融机构申请开办需要审批的电子银行业务之前，应先就拟申请的业务与中国银监会进行沟通，说明拟申请的电子银行业务系统和基础设施设计、建设方案，以及基本业务运营模式等，并根据沟通情况，对有关方案进行调整。

进行监管沟通后，金融机构应根据调整完善后的方案开展电子银行系统建设，并应在申请前完成对相关系统的内部测试工作。

内部测试对象仅限于金融机构内部人员、外包机构相关工作人员和相关机构的工作人员，不得扩展到一般客户。

第二十条 金融机构开办电子银行业务后，可以利用电子银行平台进行传统银行产品和服务的宣传、销售，也可以根据电子银行业务的特点开发新的业务类型。

金融机构利用电子银行平台宣传有

关银行产品或服务时，应当遵守相关法律法规和业务管理规章的有关规定。利用电子银行平台销售有关银行产品或服务时，应认真分析选择适应电子银行销售的产品，不得利用电子银行销售需要对客户进行当面评估后才能销售的，或者需要客户当面确认才能销售的银行产品，法律法规和行政规章另有规定的除外。

第三十九条 金融机构应当与客户签订电子银行服务协议或合同，明确双方的权利与义务。

在电子银行服务协议中，金融机构应向客户充分揭示利用电子银行进行交易可能面临的风险，金融机构已经采取的风险控制措施和客户应采取的风险控制措施，以及相关风险的责任承担。

第五十一条 金融机构应采取适当的方法和技术，记录并妥善保存电子银行业务数据，电子银行业务数据的保存期限应符合法律法规的有关要求。

第五十二条 金融机构应采取适当措施，保证电子银行业务符合相关法律法规对客户信息和隐私保护的规定。

《非金融机构支付服务管理办法》

第二条 本办法所称非金融机构支付服务，是指非金融机构在收付款人之间作为中介机构提供下列部分或全部货币资金转移服务：

（一）网络支付；

（二）预付卡的发行与受理；

（三）银行卡收单；

（四）中国人民银行确定的其他支付服务。

本办法所称网络支付，是指依托公共网络或专用网络在收付款人之间转移货币资金的行为，包括货币汇兑、互联网支付、移动电话支付、固定电话支付、数字电视支付等。

本办法所称预付卡，是指以营利为目的发行的、在发行机构之外购买商品或服务的预付价值，包括采取磁条、芯片等技术以卡片、密码等形式发行的预付卡。

本办法所称银行卡收单，是指通过销售点（POS）终端等为银行卡特约商户代收货币资金的行为。

第三条 非金融机构提供支付服务，应当依据本办法规定取得《支付业务许可证》，成为支付机构。

支付机构依法接受中国人民银行的监督管理。

未经中国人民银行批准，任何非金融机构和个人不得从事或变相从事支付业务。

第五条 支付机构应当遵循安全、效率、诚信和公平竞争的原则，不得损害国家利益、社会公共利益和客户合法权益。

第六条　支付机构应当遵守反洗钱的有关规定，履行反洗钱义务。

第七条　中国人民银行负责《支付业务许可证》的颁发和管理。

申请《支付业务许可证》的，需经所在地中国人民银行分支机构审查后，报中国人民银行批准。

本办法所称中国人民银行分支机构，是指中国人民银行副省级城市中心支行以上的分支机构。

第九条　申请人拟在全国范围内从事支付业务的，其注册资本最低限额为1亿元人民币；拟在省（自治区、直辖市）范围内从事支付业务的，其注册资本最低限额为3千万元人民币。注册资本最低限额为实缴货币资本。

本办法所称在全国范围内从事支付业务，包括申请人跨省（自治区、直辖市）设立分支机构从事支付业务，或客户可跨省（自治区、直辖市）办理支付业务的情形。

中国人民银行根据国家有关法律法规和政策规定，调整申请人的注册资本最低限额。

外商投资支付机构的业务范围、境外出资人的资格条件和出资比例等，由中国人民银行另行规定，报国务院批准。

第十二条　申请人应当在收到受理通知后按规定公告下列事项：

（一）申请人的注册资本及股权结构；

（二）主要出资人的名单、持股比例及其财务状况；

（三）拟申请的支付业务；

（四）申请人的营业场所；

（五）支付业务设施的技术安全检测认证证明。

第十七条　支付机构应当按照《支付业务许可证》核准的业务范围从事经营活动，不得从事核准范围之外的业务，不得将业务外包。

支付机构不得转让、出租、出借《支付业务许可证》。

第十九条　支付机构应当确定支付业务的收费项目和收费标准，并报所在地中国人民银行分支机构备案。

支付机构应当公开披露其支付业务的收费项目和收费标准。

第二十条　支付机构应当按规定向所在地中国人民银行分支机构报送支付业务统计报表和财务会计报告等资料。

第二十一条　支付机构应当制定支付服务协议，明确其与客户的权利和义务、纠纷处理原则、违约责任等事项。

支付机构应当公开披露支付服务协议的格式条款，并报所在地中国人民银行分支机构备案。

第二十二条 支付机构的分公司从事支付业务的，支付机构及其分公司应当分别到所在地中国人民银行分支机构备案。

支付机构的分公司终止支付业务的，比照前款办理。

第二十五条 支付机构应当在客户发起的支付指令中记载下列事项：

（一）付款人名称；

（二）确定的金额；

（三）收款人名称；

（四）付款人的开户银行名称或支付机构名称；

（五）收款人的开户银行名称或支付机构名称；

（六）支付指令的发起日期。

客户通过银行结算账户进行支付的，支付机构还应当记载相应的银行结算账号。客户通过非银行结算账户进行支付的，支付机构还应当记载客户有效身份证件上的名称和号码。

第三十二条 支付机构应当具备必要的技术手段，确保支付指令的完整性、一致性和不可抵赖性，支付业务处理的及时性、准确性和支付业务的安全性；具备灾难恢复处理能力和应急处理能力，确保支付业务的连续性。

第三十三条 支付机构应当依法保

守客户的商业秘密，不得对外泄露。法律法规另有规定的除外。

第三十四条 支付机构应当按规定妥善保管客户身份基本信息、支付业务信息、会计档案等资料。

第三十五条 支付机构应当接受中国人民银行及其分支机构定期或不定期的现场检查和非现场检查，如实提供有关资料，不得拒绝、阻挠、逃避检查，不得谎报、隐匿、销毁相关证据材料。

◎ **部门规范性文件**

《电子支付指引（第一号）》

第二条 电子支付是指单位、个人（以下简称客户）直接或授权他人通过电子终端发出支付指令，实现货币支付与资金转移的行为。

电子支付的类型按电子支付指令发起方式分为网上支付、电话支付、移动支付、销售点终端交易、自动柜员机交易和其他电子支付。

境内银行业金融机构（以下简称银行）开展电子支付业务，适用本指引。

第三条 银行开展电子支付业务应当遵守国家有关法律、行政法规的规定，不得损害客户和社会公共利益。

银行与其他机构合作开展电子支付业务的，其合作机构的资质要求应符合有关法规制度的规定，银行要根据公平交易的原则，签订书面协议并建立相应的监督机制。

第四条　客户办理电子支付业务应在银行开立银行结算账户（以下简称账户），账户的开立和使用应符合《人民币银行结算账户管理办法》、《境内外汇账户管理规定》等规定。

第五条　电子支付指令与纸质支付凭证可以相互转换，二者具有同等效力。

第八条　办理电子支付业务的银行应公开披露以下信息：

（一）银行名称、营业地址及联系方式；

（二）客户办理电子支付业务的条件；

（三）所提供的电子支付业务品种、操作程序和收费标准等；

（四）电子支付交易品种可能存在的全部风险，包括该品种的操作风险、未采取的安全措施、无法采取安全措施的安全漏洞等；

（五）客户使用电子支付交易品种可能产生的风险；

（六）提醒客户妥善保管、使用或授权他人使用电子支付交易存取工具（如卡、密码、密钥、电子签名制作数据等）的警示性信息；

（七）争议及差错处理方式。

第九条　银行应认真审核客户申请办理电子支付业务的基本资料，并以书面或电子方式与客户签订协议。

银行应按会计档案的管理要求妥善保存客户的申请资料，保存期限至该客户撤销电子支付业务后5年。

第十条　银行为客户办理电子支付业务，应根据客户性质、电子支付类型、支付金额等，与客户约定适当的认证方式，如密码、密钥、数字证书、电子签名等。

认证方式的约定和使用应遵循《中华人民共和国电子签名法》等法律法规的规定。

第十一条　银行要求客户提供有关资料信息时，应告知客户所提供信息的使用目的和范围、安全保护措施、以及客户未提供或未真实提供相关资料信息的后果。

第十二条　客户可以在其已开立的银行结算账户中指定办理电子支付业务的账户。该账户也可用于办理其他支付结算业务。

客户未指定的银行结算账户不得办理电子支付业务。

第十三条　客户与银行签订的电子支付协议应包括以下内容：

（一）客户指定办理电子支付业务的账户名称和账号；

（二）客户应保证办理电子支付业

务账户的支付能力；

（三）双方约定的电子支付类型、交易规则、认证方式等；

（四）银行对客户提供的申请资料和其他信息的保密义务；

（五）银行根据客户要求提供交易记录的时间和方式；

（六）争议、差错处理和损害赔偿责任。

第二十条 发起行、接收行应确保电子支付指令传递的可跟踪稽核和不可篡改。

第二十一条 发起行、接收行之间应按照协议规定及时发送、接收和执行电子支付指令，并回复确认。

第二十九条 银行应采取必要措施保护电子支付交易数据的完整性和可靠性：

（一）制定相应的风险控制策略，防止电子支付业务处理系统发生有意或无意的危害数据完整性和可靠性的变化，并具备有效的业务容量、业务连续性计划和应急计划；

（二）保证电子支付交易与数据记录程序的设计发生擅自变更时能被有效侦测；

（三）有效防止电子支付交易数据在传送、处理、存储、使用和修改过程中被篡改，任何对电子支付交易数据的

篡改能通过交易处理、监测和数据记录功能被侦测；

（四）按照会计档案管理的要求，对电子支付交易数据，以纸介质或磁性介质的方式进行妥善保存，保存期限为5年，并方便调阅。

《关于网上交易的指导意见（暂行）》

三、网上交易参与方规范行为

（一）网上交易的交易方

……

5. 注意支付安全

交易各方选择网上支付方式的，要通过安全可靠的支付平台进行，及时保存支付信息，增强网上支付的安全意识。交易各方进行网下支付的，要充分考虑货到付款、预付货款等方式的特点，注意资金的使用安全。

……

《网络购物服务规范》

5.1.4 选择安全的支付手段

网络购物交易方在交易支付时，应选择安全的支付手段。选择网上支付的，应提高安全支付意识，采用安全可靠的网络支付平台，注意账户、密码、资金的安全；选择网下支付的，要充分考虑货到付款、款到发货的区别，选择合适、安全的支付手段，注意资金的安全。

5.3 网络支付平台提供商

5.3.1 具备合法的主体资格

网络支付平台提供商应具备法人资格，在网络支付平台上应提供相应的法人资质证明，如：营业执照、税务登记证、特殊业务许可证等。

网络支付平台提供商应有工商部门备案的独立的 IP 固定地址。

5.3.2 拥有完善的规章制度

网络支付平台提供商应提供规范化的网络支付服务，建立健全其规章制度，如：

（1）用户注册制度；

（2）平台交易规则；

（3）信息披露与审核制度；

（4）隐私权与商业秘密保护制度；

（5）消费者权益保护制度；

（6）广告发布审核制度；

（7）支付安全保障与数据备份制度；

（8）争议解决机制；

（9）不良信息及垃圾邮件举报处理机制；

（10）法律、法规规定的其他制度。

5.3.3 保证支付系统的稳定和安全

网络支付平台提供商应按照国家信息安全登记保护制度的有关规定和要求建设、运行、维护网络支付平台系统，落实互联网安全保护技术措施。

网络支付平台提供商应高度重视网络支付过程的稳定和安全，采取各种合理有力的措施保证支付系统稳定和安全地运行。

5.3.4 用户注册身份审核

网络支付平台提供商应要求网络购物交易方进行用户注册，并提供真实身份信息。网络支付平台提供商应在可行的范围内最大限度地采取合理措施对用户注册信息的真实性进行审查和注册资料的备份。如果发现和证实用户使用虚假信息进行注册和交易，网络支付平台提供商有权利及时对该用户进行注销。

网络支付平台提供商应定期核验其平台上交易方的经营凭证，并有权利要求相关方及时更新相应的经营凭证。

5.3.5 保证账户和资金安全

网络支付平台提供商应根据网上交易的特点，采取合理有力的措施保证用户身份信息、账户以及密码的安全，保证交易资金的安全。

网络支付平台提供商不得以任何方式恶意占压资金、非法套现、挪用或转移资金以及非法融资等。

5.3.6 支付信息存储和备份

网络支付平台提供商应保存在其平台上发生的网络购物支付的相关信息、记录或资料，采取相应的技术手段保证上述资料的完整性、准确性和安全性并使其日后可以调取查用，且保存时间不得少于 2 年，自交易完成之日起计算。

网络支付平台提供商应采取数据备份、故障恢复等技术手段确保网络支付数据和资料的完整性和安全性。

网络支付平台提供商应采取有力措施来保证原始数据的真实可靠，不得对原始数据进行非法更改。

5.3.7 权益保护

网络支付平台提供商的各项合法权利和权益受法律保护，任何组织或个人不得以任何手段对其合法的权利和权益进行侵害。

5.3.8 交易纠纷处理

网络支付平台提供商应提供必要的网上纠纷处理机制和申诉渠道，当交易关联方合法权益受到侵害时，网络支付平台提供商应积极协助进行信息取证和协调解决。

6.1.4 选择安全的支付手段

网络购物交易方在交易支付时，应选择安全的支付手段。选择网上支付的，应提高安全支付意识，采用安全可靠的网络支付平台，注意账户、密码、资金的安全；选择网下支付的，要充分考虑货到付款、款到发货的区别，选择合适、安全的支付手段，注意资金的安全。

7.1.4 选择安全的支付手段

网络购物交易方在交易支付时，应选择安全的支付手段。选择网上支付的，应提高安全支付意识，采用安全可靠的网络支付平台，注意账户、密码、资金的安全；选择网下支付的，要充分考虑货到付款、款到发货的区别，选择合适、安全的支付手段，注意资金的安全。

8.1.4 选择安全的支付手段

网络购物交易方在交易支付时，应选择安全的支付手段。选择网上支付的，应提高安全支付意识，采用安全可靠的网络支付平台，注意账户、密码、资金的安全；选择网下支付的，要充分考虑货到付款、款到发货的区别，选择合适、安全的支付手段，注意资金的安全。

《电子商务模式规范》

4.4 实现在线支付

网站应该具备通过银行业金融机构或经国家有关部门批准的非金融企业法人提供电子商务交易支付清算服务的功能，并应确保在线支付的安全有效。

5.4 实现在线支付

网站宜具备通过银行业金融机构或经国家有关部门批准的非金融企业法人提供电子商务交易支付清算服务的功能，并应确保在线支付的安全有效。

6.4 实现在线支付

网站宜具备通过银行业金融机构或经国家有关部门批准的非金融企业法人

提供电子商务交易支付清算服务的功能，并应确保在线支付的安全有效。

7.4 实现在线支付

网站宜具备通过银行业金融机构或经国家有关部门批准的非金融企业法人提供电子商务交易支付清算服务的功能，并应确保在线支付的安全有效。

8.3 实现在线支付

网站宜具备通过银行业金融机构或经国家有关部门批准的非金融企业法人提供电子商务交易支付清算服务的功能，并应确保在线支付的安全有效。

《非银行支付机构网络支付业务管理办法》

第六条 支付机构应当遵循"了解你的客户"原则，建立健全客户身份识别机制。支付机构为客户开立支付账户的，应当对客户实行实名制管理，登记并采取有效措施验证客户身份基本信息，按规定核对有效身份证件并留存有效身份证件复印件或者影印件，建立客户唯一识别编码，并在与客户业务关系存续期间采取持续的身份识别措施，确保有效核实客户身份及其真实意愿，不得开立匿名、假名支付账户。

第七条 支付机构应当与客户签订服务协议，约定双方责任、权利和义务，至少明确业务规则（包括但不限于业务功能和流程、身份识别和交易验证方式、资金结算方式等），收费项目和标准，查询、差错争议及投诉等服务流程和规则，业务风险和非法活动防范及处置措施，客户损失责任划分和赔付规则等内容。

支付机构为客户开立支付账户的，还应在服务协议中以显著方式告知客户，并采取有效方式确认客户充分知晓并清晰理解下列内容："支付账户所记录的资金余额不同于客户本人的银行存款，不受《存款保险条例》保护，其实质为客户委托支付机构保管的、所有权归属于客户的预付价值。该预付价值对应的货币资金虽然属于客户，但不以客户本人名义存放在银行，而是以支付机构名义存放在银行，并且由支付机构向银行发起资金调拨指令。"

支付机构应当确保协议内容清晰、易懂，并以显著方式提示客户注意与其有重大利害关系的事项。

第八条 获得互联网支付业务许可的支付机构，经客户主动提出申请，可为其开立支付账户；仅获得移动电话支付、固定电话支付、数字电视支付业务许可的支付机构，不得为客户开立支付账户。

支付机构不得为金融机构，以及从事信贷、融资、理财、担保、信托、货币兑换等金融业务的其他机构开立支付账户。

第九条 支付机构不得经营或者变相经营证券、保险、信贷、融资、理财、担保、信托、货币兑换、现金存取等业务。

第十条 支付机构向客户开户银行发送支付指令，扣划客户银行账户资金的，支付机构和银行应当执行下列要求：

（一）支付机构应当事先或在首笔交易时自主识别客户身份并分别取得客户和银行的协议授权，同意其向客户的银行账户发起支付指令扣划资金；

（二）银行应当事先或在首笔交易时自主识别客户身份并与客户直接签订授权协议，明确约定扣款适用范围和交易验证方式，设立与客户风险承受能力相匹配的单笔和单日累计交易限额，承诺无条件全额承担此类交易的风险损失先行赔付责任；

（三）除单笔金额不超过 200 元的小额支付业务，公共事业缴费、税费缴纳、信用卡还款等收款人固定并且定期发生的支付业务，以及符合第三十七条规定的情形以外，支付机构不得代替银行进行交易验证。

第十四条 支付机构应当确保交易信息的真实性、完整性、可追溯性以及在支付全流程中的一致性，不得篡改或者隐匿交易信息。交易信息包括但不限于下列内容：

（一）交易渠道、交易终端或接口类型、交易类型、交易金额、交易时间，以及直接向客户提供商品或者服务的特约商户名称、编码和按照国家与金融行业标准设置的商户类别码；

（二）收付款客户名称，收付款支付账户账号或者银行账户的开户银行名称及账号；

（三）付款客户的身份验证和交易授权信息；

（四）有效追溯交易的标识；

（五）单位客户单笔超过 5 万元的转账业务的付款用途和事由。

第十五条 因交易取消（撤销）、退货、交易不成功或者投资理财等金融类产品赎回等原因需划回资金的，相应款项应当划回原扣款账户。

第十六条 对于客户的网络支付业务操作行为，支付机构应当在确认客户身份及真实意愿后及时办理，并在操作生效之日起至少五年内，真实、完整保存操作记录。

客户操作行为包括但不限于登录和注销登录、身份识别和交易验证、变更身份信息和联系方式、调整业务功能、调整交易限额、变更资金收付方式，以及变更或挂失密码、数字证书、电子签名等。

第二十八条　支付机构应当通过具有合法独立域名的网站和统一的服务电话等渠道，为客户免费提供至少最近一年以内交易信息查询服务，并建立健全差错争议和纠纷投诉处理制度，配备专业部门和人员据实、准确、及时处理交易差错和客户投诉。支付机构应当告知客户相关服务的正确获取途径，指导客户有效辨识服务渠道的真实性。

支付机构应当于每年 1 月 31 日前，将前一年度发生的客户投诉数量和类型、处理完毕的投诉占比、投诉处理速度等情况在网站对外公告。

《第三方电子商务交易平台服务规范》

8.2 电子支付

第三方电子商务交易平台采用的电子支付应当由银行或具备合法资质的非金融支付机构提供。

《条码支付业务规范（试行）》

第十八条　银行、支付机构应指定专人操作与维护条码生成相关系统。条码信息仅限包含当次支付相关信息，不应包含任何与客户及其账户相关的支付敏感信息。

特约商户展示的条码，仅限包含与当次支付有关的特约商户、商品（服务）或商品（服务）订单等信息。

移动终端展示的条码，不得包含未经加密处理的客户本人账户信息。

第十九条　银行、支付机构应确保条码支付交易经客户确认或授权后发起，支付指令应真实、完整、有效。

移动终端完成条码扫描后，应正确、完整显示扫码内容，供客户确认。

特约商户受理终端完成条码扫描后，应仅显示扫码结果并提示下一步操作，不得显示付款人的支付敏感信息。

第二十条　银行、支付机构应根据条码支付的真实场景，按规定正确选用交易类型，准确标识交易信息并完整发送，确保交易信息的完整性、真实性和可追溯性。

交易信息至少应包括：直接提供商品或服务的特约商户名称、类别和代码，受理终端（网络支付接口）类型和代码，交易时间和地点（网络特约商户的网络地址），交易金额，交易类型和渠道，交易发起方式等。网络特约商户的交易信息还应当包括订单号和网络交易平台名称。

银行、支付机构应在支付交易报文中通过特定域标识该交易为条码支付交易，以供报文接收方正确识别并进行授权处理。

第五十四条 【电子支付安全管理要求】

电子支付服务提供者提供电子支付服务不符合国家有关支付安全管理要求，造成用户损失的，应当承担赔偿责任。

关联法规

◎ 部门规章

《电子银行业务管理办法》

第三十条 金融机构因电子银行系统升级、调试等原因，需要按计划暂时停止电子银行服务的，应选择适当的时间，尽可能减少对客户的影响，并至少提前3天在其网站上予以公告。

受突发事件或偶然因素影响非计划暂停电子银行服务，在正常工作时间内超过4个小时或者在正常工作时间外超过8个小时的，金融机构应在暂停服务后24小时内将有关情况报告中国银监会，并应在事故处理基本结束后3日内，将事故原因、影响、补救措施及处理情况等，报告中国银监会。

第三十六条 金融机构应当针对电子银行不同系统、风险设施、信息和其他资源的重要性及其对电子银行安全的影响进行评估分类，制定适当的安全策略，建立健全风险控制程序和安全操作规程，采取相应的安全管理措施。

对各类安全控制措施应定期检查、测试，并根据实际情况适时调整，保证安全措施的持续有效及及时更新。

第三十七条 金融机构应当保障电子银行运营设施设备，以及安全控制设施设备的安全，对电子银行的重要设施设备和数据，采取适当的保护措施。

（一）有形场所的物理安全控制，必须符合国家有关法律法规和安全标准的要求，对尚没有统一安全标准的有形场所的安全控制，金融机构应确保其制定的安全制度有效地覆盖可能面临的主要风险；

（二）以开放型网络为媒介的电子银行系统，应合理设置和使用防火墙、防病毒软件等安全产品与技术，确保电子银行有足够的反攻击能力、防病毒能力和入侵防护能力；

（三）对重要设施设备的接触、检查、维修和应急处理，应有明确的权限界定、责任划分和操作流程，并建立日志文件管理制度，如实记录并妥善保管相关记录；

（四）对重要技术参数，应严格控制接触权限，并建立相应的技术参数调整与变更机制，并保证在更换关键人员后，能够有效防止有关技术参数的泄漏；

（五）对电子银行管理的关键岗位和关键人员，应实行轮岗和强制性休假制度，建立严格的内部监督管理制度。

第三十八条　金融机构应采用适当的加密技术和措施，保证电子交易数据传输的安全性与保密性，以及所传输交易数据的完整性、真实性和不可否认性。

金融机构采用的数据加密技术应符合国家有关规定，并根据电子银行业务的安全性需要和科技信息技术的发展，定期检查和评估所使用的加密技术和算法的强度，对加密方式进行适时调整。

第四十条　金融机构应采取适当的措施和采用适当的技术，识别与验证使用电子银行服务客户的真实、有效身份，并应依照与客户签订的有关协议对客户作业权限、资金转移或交易限额等实施有效管理。

第四十三条　金融机构应建立电子银行入侵侦测与入侵保护系统，实时监控电子银行的运行情况，定期对电子银行系统进行漏洞扫描，并建立对非法入侵的甄别、处理和报告机制。

第四十七条　金融机构应制定电子银行应急计划和事故处理预案，并定期对这些计划和预案进行测试，以管理、控制和减少意外事件造成的危害。

第四十八条　金融机构应定期对电子银行关键设备和系统进行检测，并详细记录检测情况。

第六十六条　金融机构应充分认识外包服务供应商对电子银行业务风险控制的影响，并将其纳入总体安全策略之中。

第六十七条　金融机构应建立完整的业务外包风险评估与监测程序，审慎管理业务外包产生的风险。

第八十九条　金融机构在提供电子银行服务时，因电子银行系统存在安全隐患、金融机构内部违规操作和其他非客户原因等造成损失的，金融机构应当承担相应责任。

因客户有意泄漏交易密码，或者未按照服务协议尽到应尽的安全防范与保密义务造成损失的，金融机构可以根据服务协议的约定免于承担相应责任，但法律法规另有规定的除外。

第九十条　金融机构未经批准擅自开办电子银行业务，或者未经批准增加或变更需要审批的电子银行业务类型，造成客户损失的，金融机构应承担全部责任。法律法规明确规定应由客户承担的责任除外。

第九十一条　金融机构已经按照有关法律法规和行政规章的要求，尽到了电子银行风险管理和安全管理的相应职责，但因其他金融机构或者其他金融机构的外包服务商失职等原因，造成客户损失的，由其他金融机构承担相应责任，但提供电子银行服务的金融机构有义务协助其客户处理有关事宜。

第九十二条 金融机构开展电子银行业务违反审慎经营规则但尚不构成违法违规，并导致电子银行系统存在较大安全隐患的，中国银监会将责令限期改正；逾期未改正，或者其安全隐患在短时间难以解决的，中国银监会可以区别情形，采取下列措施：

（一）暂停批准增加新的电子银行业务类型；

（二）责令金融机构限制发展新的电子银行客户；

（三）责令调整电子银行管理部门负责人。

《非金融机构支付服务管理办法》

第五条 支付机构应当遵循安全、效率、诚信和公平竞争的原则，不得损害国家利益、社会公共利益和客户合法权益。

第十八条 支付机构应当按照审慎经营的要求，制订支付业务办法及客户权益保障措施，建立健全风险管理和内部控制制度，并报所在地中国人民银行分支机构备案。

第二十九条 备付金存管银行应当对存放在本机构的客户备付金的使用情况进行监督，并按规定向备付金存管银行所在地中国人民银行分支机构及备付金存管银行的法人机构报送客户备付金的存管或使用情况等信息资料。

对支付机构违反第二十五条至第二十八条相关规定使用客户备付金的申请或指令，备付金存管银行应当予以拒绝；发现客户备付金被违法使用或有其他异常情况的，应当立即向备付金存管银行所在地中国人民银行分支机构及备付金存管银行的法人机构报告。

第三十一条 支付机构应当按规定核对客户的有效身份证件或其他有效身份证明文件，并登记客户身份基本信息。

支付机构明知或应知客户利用其支付业务实施违法犯罪活动的，应当停止为其办理支付业务。

第三十二条 支付机构应当具备必要的技术手段，确保支付指令的完整性、一致性和不可抵赖性，支付业务处理的及时性、准确性和支付业务的安全性；具备灾难恢复处理能力和应急处理能力，确保支付业务的连续性。

第三十四条 支付机构应当按规定妥善保管客户身份基本信息、支付业务信息、会计档案等资料。

◎ 部门规范性文件

《电子支付指引（第一号）》

第十七条 电子支付指令的发起行

应建立必要的安全程序，对客户身份和电子支付指令进行确认，并形成日志文件等记录，保存至交易后 5 年。

第二十三条　银行开展电子支付业务采用的信息安全标准、技术标准、业务标准等应当符合有关规定。

第二十四条　银行应针对与电子支付业务活动相关的风险，建立有效的管理制度。

第二十五条　银行应根据审慎性原则并针对不同客户，在电子支付类型、单笔支付金额和每日累计支付金额等方面做出合理限制。

银行通过互联网为个人客户办理电子支付业务，除采用数字证书、电子签名等安全认证方式外，单笔金额不应超过 1000 元人民币，每日累计金额不应超过 5000 元人民币。

银行为客户办理电子支付业务，单位客户从其银行结算账户支付给个人银行结算账户的款项，其单笔金额不得超过 5 万元人民币，但银行与客户通过协议约定，能够事先提供有效付款依据的除外。

银行应在客户的信用卡授信额度内，设定用于网上支付交易的额度供客户选择，但该额度不得超过信用卡的预借现金额度。

第二十六条　银行应确保电子支付业务处理系统的安全性，保证重要交易数据的不可抵赖性、数据存储的完整性、客户身份的真实性，并妥善管理在电子支付业务处理系统中使用的密码、密钥等认证数据。

第二十七条　银行使用客户资料、交易记录等，不得超出法律法规许可和客户授权的范围。

银行应依法对客户的资料信息、交易记录等保密。除国家法律、行政法规另有规定外，银行应当拒绝除客户本人以外的任何单位或个人的查询。

第二十八条　银行应与客户约定，及时或定期向客户提供交易记录、资金余额和账户状态等信息。

第二十九条　银行应采取必要措施保护电子支付交易数据的完整性和可靠性：

（一）制定相应的风险控制策略，防止电子支付业务处理系统发生有意或无意的危害数据完整性和可靠性的变化，并具备有效的业务容量、业务连续性计划和应急计划；

（二）保证电子支付交易与数据记录程序的设计发生擅自变更时能被有效侦测；

（三）有效防止电子支付交易数据在传送、处理、存储、使用和修改过程中被篡改，任何对电子支付交易数据的篡改能通过交易处理、监测和数据记录功能被侦测；

（四）按照会计档案管理的要求，对电子支付交易数据，以纸介质或磁性介质的方式进行妥善保存，保存期限为5年，并方便调阅。

第三十条 银行应采取必要措施为电子支付交易数据保密：

（一）对电子支付交易数据的访问须经合理授权和确认；

（二）电子支付交易数据须以安全方式保存，并防止其在公共、私人或内部网络上传输时被擅自查看或非法截取；

（三）第三方获取电子支付交易数据必须符合有关法律法规的规定以及银行关于数据使用和保护的标准与控制制度；

（四）对电子支付交易数据的访问均须登记，并确保该登记不被篡改。

第三十一条 银行应确保对电子支付业务处理系统的操作人员、管理人员以及系统服务商有合理的授权控制：

（一）确保进入电子支付业务账户或敏感系统所需的认证数据免遭篡改和破坏。对此类篡改都是可侦测的，而且审计监督应能恰当地反映出这些篡改的企图。

（二）对认证数据进行的任何查询、添加、删除或更改都应得到必要授权，并具有不可篡改的日志记录。

第三十二条 银行应采取有效措施保证电子支付业务处理系统中的职责分离：

（一）对电子支付业务处理系统进行测试，确保职责分离；

（二）开发和管理经营电子支付业务处理系统的人员维持分离状态；

（三）交易程序和内控制度的设计确保任何单个的雇员和外部服务供应商都无法独立完成一项交易。

第三十三条 银行可以根据有关规定将其部分电子支付业务外包给合法的专业化服务机构，但银行对客户的义务及相应责任不因外包关系的确立而转移。

银行应与开展电子支付业务相关的专业化服务机构签订协议，并确立一套综合性、持续性的程序，以管理其外包关系。

第三十四条 银行采用数字证书或电子签名方式进行客户身份认证和交易授权的，提倡由合法的第三方认证机构提供认证服务。如客户因依据该认证服务进行交易遭受损失，认证服务机构不能证明自己无过错，应依法承担相应责任。

第三十五条 境内发生的人民币电

子支付交易信息处理及资金清算应在境内完成。

第三十六条　银行的电子支付业务处理系统应保证对电子支付交易信息进行完整的记录和按有关法律法规进行披露。

第三十七条　银行应建立电子支付业务运作重大事项报告制度，及时向监管部门报告电子支付业务经营过程中发生的危及安全的事项。

《关于促进电子商务规范发展的意见》

四、规范电子支付行为，保障资金流动安全

提倡合法规范、稳妥安全的电子支付，防范电子商务的资金结算和流转风险。

（一）规范交易方之间的电子支付行为。增强交易参与方的支付安全意识，规范网上支付、电话支付、移动支付等电子支付行为。引导企业采取有效的技术和管理措施，保障支付密码和财务数据安全，形成可靠、便捷的在线资金结算体系，降低结算成本和支付费用，提高资金周转效率。

（二）规范第三方电子支付服务行为。加强行业自律，倡导合法运营，防范电子支付交易服务风险。引导电子支付行业规范运营管理，建立商家信用记录、交易数据保存、内部信息加密和业

务流程监管制度，采取有效的争议和差错处理方式，形成支付安全的技术和体制保障。引导第三方电子支付服务机构提高行业信誉，谨慎稳健运营，防止盲目扩张和无序竞争，确保用户资金安全。

（三）防范电子支付金融风险。规范电子支付非银行金融服务，防范网上非法金融交易活动。加强对沉淀资金的流动性管理，防范和制止以电子支付为手段的恶意占压资金、非法套现和转移资金以及非法融资行为。协同金融、公安、工商等有关部门研究电子支付中虚拟货币的合法性、安全性和统一市场问题，规范虚拟货币的流通秩序。

《网络购物服务规范》

5.3.3 保证支付系统的稳定和安全

网络支付平台提供商应按照国家信息安全登记保护制度的有关规定和要求建设、运行、维护网络支付平台系统，落实互联网安全保护技术措施。

网络支付平台提供商应高度重视网络支付过程的稳定和安全，采取各种合理有力的措施保证支付系统稳定和安全地运行。

5.3.5 保证账户和资金安全

网络支付平台提供商应根据网上交易的特点，采取合理有力的措施保证用户身份信息、账户以及密码的安全，保

证交易资金的安全。

网络支付平台提供商不得以任何方式恶意占压资金、非法套现、挪用或转移资金以及非法融资等。

6.3.3 保证支付系统的稳定和安全

网络支付平台提供商应按照国家信息安全登记保护制度的有关规定和要求建设、运行、维护网络支付平台系统，落实互联网安全保护技术措施。

网络支付平台提供商应高度重视网络支付过程的稳定和安全，采取各种合理有力的措施保证支付系统稳定和安全地运行。

6.3.5 保证账户和资金安全

网络支付平台提供商应根据网上交易的特点，采取合理有力的措施保证用户身份信息、账户以及密码的安全，保证交易资金的安全。

网络支付平台提供商不得以任何方式恶意占压资金、非法套现、挪用或转移资金以及非法融资等。

7.3.3 保证支付系统的稳定和安全

网络支付平台提供商应按照国家信息安全登记保护制度的有关规定和要求建设、运行、维护网络支付平台系统，落实互联网安全保护技术措施。

网络支付平台提供商应高度重视网络支付过程的稳定和安全，采取各种合理有力的措施保证支付系统稳定和安全地运行。

7.3.5 保证账户和资金安全

网络支付平台提供商应根据网上交易的特点，采取合理有力的措施保证用户身份信息、账户以及密码的安全，保证交易资金的安全。

网络支付平台提供商不得以任何方式恶意占压资金、非法套现、挪用或转移资金以及非法融资等。

8.3.3 保证支付系统的稳定和安全

网络支付平台提供商应按照国家信息安全登记保护制度的有关规定和要求建设、运行、维护网络支付平台系统，落实互联网安全保护技术措施。

网络支付平台提供商应高度重视网络支付过程的稳定和安全，采取各种合理有力的措施保证支付系统稳定和安全地运行。

8.3.5 保证账户和资金安全

网络支付平台提供商应根据网上交易的特点，采取合理有力的措施保证用户身份信息、账户以及密码的安全，保证交易资金的安全。

网络支付平台提供商不得以任何方式恶意占压资金、非法套现、挪用或转移资金以及非法融资等。

《非银行支付机构网络支付业务管理办法》

第十七条 支付机构应当综合客户

类型、身份核实方式、交易行为特征、资信状况等因素，建立客户风险评级管理制度和机制，并动态调整客户风险评级及相关风险控制措施。

支付机构应当根据客户风险评级、交易验证方式、交易渠道、交易终端或接口类型、交易类型、交易金额、交易时间、商户类别等因素，建立交易风险管理制度和交易监测系统，对疑似欺诈、套现、洗钱、非法融资、恐怖融资等交易，及时采取调查核实、延迟结算、终止服务等措施。

第十八条　支付机构应当向客户充分提示网络支付业务的潜在风险，及时揭示不法分子新型作案手段，对客户进行必要的安全教育，并对高风险业务在操作前、操作中进行风险警示。

支付机构为客户购买合作机构的金融类产品提供网络支付服务的，应当确保合作机构为取得相应经营资质并依法开展业务的机构，并在首次购买时向客户展示合作机构信息和产品信息，充分提示相关责任、权利、义务及潜在风险，协助客户与合作机构完成协议签订。

第十九条　支付机构应当建立健全风险准备金制度和交易赔付制度，并对不能有效证明因客户原因导致的资金损失及时先行全额赔付，保障客户合法权益。

支付机构应于每年 1 月 31 日前，将前一年度发生的风险事件、客户风险损失发生和赔付等情况在网站对外公告。支付机构应在年度监管报告中如实反映上述内容和风险准备金计提、使用及结余等情况。

第二十条　支付机构应当依照中国人民银行有关客户信息保护的规定，制定有效的客户信息保护措施和风险控制机制，履行客户信息保护责任。

支付机构不得存储客户银行卡的磁道信息或芯片信息、验证码、密码等敏感信息，原则上不得存储银行卡有效期。因特殊业务需要，支付机构确需存储客户银行卡有效期的，应当取得客户和开户银行的授权，以加密形式存储。

支付机构应当以"最小化"原则采集、使用、存储和传输客户信息，并告知客户相关信息的使用目的和范围。支付机构不得向其他机构或个人提供客户信息，法律法规另有规定，以及经客户本人逐项确认并授权的除外。

第二十五条　支付机构网络支付业务相关系统设施和技术，应当持续符合国家、金融行业标准和相关信息安全管理要求。如未符合相关标准和要求，或者尚未形成国家、金融行业标准，支付机构应当无条件全额承担客户直接风险损失的先行赔付责任。

第二十六条 支付机构应当在境内拥有安全、规范的网络支付业务处理系统及其备份系统，制定突发事件应急预案，保障系统安全性和业务连续性。

支付机构为境内交易提供服务的，应当通过境内业务处理系统完成交易处理，并在境内完成资金结算。

《促进电子商务发展部际综合协调工作组工作制度及三年行动实施方案（2016-2018年）》

二、主要任务

（一）电子商务基础设施建设专项行动

......

8. 电子商务支付安全服务工程

鼓励和规范支付业务创新，维护支付服务市场公平竞争环境，为电子商务提供安全、便捷、高效的支付服务。建设支付标记创新服务平台（TSP），依托移动金融基础设施和城市移动金融安全可信服务管理系统，推进移动金融在电子商务领域的应用。实施互联网金融创新服务工程，建设互联网金融业务信息共享和服务平台，推动互联网金融创新，规范互联网金融服务，促进互联网金融健康发展。

推动部门：人民银行、外汇局、发展改革委、公安部

......

《条码支付业务规范（试行）》

第八条 银行、支付机构应遵守中国人民银行发布的相关技术标准与规范要求，保证条码支付业务的交易安全和信息安全。

第十四条 银行、支付机构提供付款扫码服务的，应具备差异化的风控措施和完善的客户权益受损解决机制，在条码生成、识读、支付等核心业务流程中明确提示客户支付风险，切实防范不法分子通过在条码中植入木马、病毒等方式造成客户信息泄露和资金损失。

第十六条 银行、支付机构开展条码支付业务所涉及的业务系统、客户端软件、受理终端（网络支付接口）等，应当持续符合监管部门及行业标准要求，确保条码生成和识读过程的安全性、真实性和完整性。

第十七条 银行、支付机构应按照中国人民银行相关规定强化支付敏感信息内控管理和安全防护，强化交易密码保护机制；通过支付标记化技术应用等手段，从源头控制信息泄露和欺诈交易风险。

第五十五条 【错误支付的法律责任】

用户在发出支付指令前，应

当核对支付指令所包含的金额、收款人等完整信息。

支付指令发生错误的，电子支付服务提供者应当及时查找原因，并采取相关措施予以纠正。造成用户损失的，电子支付服务提供者应当承担赔偿责任，但能够证明支付错误非自身原因造成的除外。

关联法规

◎ **部门规章**

《非金融机构支付服务管理办法》

第二十五条　支付机构应当在客户发起的支付指令中记载下列事项：

（一）付款人名称；

（二）确定的金额；

（三）收款人名称；

（四）付款人的开户银行名称或支付机构名称；

（五）收款人的开户银行名称或支付机构名称；

（六）支付指令的发起日期。

客户通过银行结算账户进行支付的，支付机构还应当记载相应的银行结算账号。客户通过非银行结算账户进行支付的，支付机构还应当记载客户有效身份证件上的名称和号码。

◎ **部门规范性文件**

《电子支付指引（第一号）》

第十六条　客户应按照其与发起行的协议规定，发起电子支付指令。

第十八条　发起行应采取有效措施，在客户发出电子支付指令前，提示客户对指令的准确性和完整性进行确认。

第十九条　发起行应确保正确执行客户的电子支付指令，对电子支付指令进行确认后，应能够向客户提供纸质或电子交易回单。

发起行执行通过安全程序的电子支付指令后，客户不得要求变更或撤销电子支付指令。

第二十一条　发起行、接收行之间应按照协议规定及时发送、接收和执行电子支付指令，并回复确认。

第三十八条　电子支付业务的差错处理应遵守据实、准确和及时的原则。

第三十九条　银行应指定相应部门和业务人员负责电子支付业务的差错处理工作，并明确权限和职责。

第四十条　银行应妥善保管电子支付业务的交易记录，对电子支付业务的差错应详细备案登记，记录内容应包括差错时间、差错内容与处理部门及人员姓名、客户资料、差错影响或损失、差错原因、处理结果等。

第四十二条　因银行自身系统、内控制度或为其提供服务的第三方服务机构的原因，造成电子支付指令无法按约定时间传递、传递不完整或被篡改，并造成客户损失的，银行应按约定予以赔偿。

因第三方服务机构的原因造成客户损失的，银行应予赔偿，再根据与第三方服务机构的协议进行追偿。

第四十三条　接收行由于自身系统或内控制度等原因对电子支付指令未执行、未适当执行或迟延执行致使客户款项未准确入账的，应及时纠正。

第四十六条　客户发现自身未按规定操作，或由于自身其他原因造成电子支付指令未执行、未适当执行、延迟执行的，应在协议约定的时间内，按照约定程序和方式通知银行。银行应积极调查并告知客户调查结果。

银行发现因客户原因造成电子支付指令未执行、未适当执行、延迟执行的，应主动通知客户改正或配合客户采取补救措施。

第四十七条　因不可抗力造成电子支付指令未执行、未适当执行、延迟执行的，银行应采取积极措施防止损失扩大。

《非银行支付机构网络支付业务管理办法》

第十条　支付机构向客户开户银行发送支付指令，扣划客户银行账户资金的，支付机构和银行应当执行下列要求：

（一）支付机构应当事先或在首笔交易时自主识别客户身份并分别取得客户和银行的协议授权，同意其向客户的银行账户发起支付指令扣划资金；

（二）银行应当事先或在首笔交易时自主识别客户身份并与客户直接签订授权协议，明确约定扣款适用范围和交易验证方式，设立与客户风险承受能力相匹配的单笔和单日累计交易限额，承诺无条件全额承担此类交易的风险损失先行赔付责任；

（三）除单笔金额不超过200元的小额支付业务，公共事业缴费、税费缴纳、信用卡还款等收款人固定并且定期发生的支付业务，以及符合第三十七条规定的情形以外，支付机构不得代替银行进行交易验证。

《第三方电子商务交易平台服务规范》

6.6　交易错误

平台经营者应当调查核实个人用户小额交易中出现操作错误投诉，并帮助用户取消交易，但因具体情况无法撤销的除外。

《条码支付业务规范（试行）》

第十九条　银行、支付机构应确保条码支付交易经客户确认或授权后发起，支付指令应真实、完整、有效。

移动终端完成条码扫描后，应正确、完整显示扫码内容，供客户确认。

特约商户受理终端完成条码扫描后，应仅显示扫码结果并提示下一步操作，不得显示付款人的支付敏感信息。

第五十六条　【向用户提供支付确认信息的义务】

电子支付服务提供者完成电子支付后，应当及时准确地向用户提供符合约定方式的确认支付的信息。

关联法规

◎ 部门规范性文件

《电子支付指引（第一号）》

第二十一条　发起行、接收行之间应按照协议规定及时发送、接收和执行电子支付指令，并回复确认。

《非银行支付机构网络支付业务管理办法》

第二十七条　支付机构应当采取有效措施，确保客户在执行支付指令前可对收付款客户名称和账号、交易金额等交易信息进行确认，并在支付指令完成后及时将结果通知客户。

因交易超时、无响应或者系统故障导致支付指令无法正常处理的，支付机构应当及时提示客户；因客户原因造成支付指令未执行、未适当执行、延迟执行的，支付机构应当主动通知客户更改或者协助客户采取补救措施。

《条码支付业务规范（试行）》

第十九条　银行、支付机构应确保条码支付交易经客户确认或授权后发起，支付指令应真实、完整、有效。

移动终端完成条码扫描后，应正确、完整显示扫码内容，供客户确认。

特约商户受理终端完成条码扫描后，应仅显示扫码结果并提示下一步操作，不得显示付款人的支付敏感信息。

第五十七条　【用户注意义务及未授权支付法律责任】

用户应当妥善保管交易密码、电子签名数据等安全工具。用户发现安全工具遗失、被盗用或者未经授权的支付的，应当及时通知电子支付服务提供者。

未经授权的支付造成的损失，由电子支付服务提供者承担；电子支付服务提供者能够证明未经授权的支付是因用户的过错造成的，不承担责任。

电子支付服务提供者发现支付指令未经授权，或者收到用户支付指令未经授权的通知时，应当立即采取措施防止损失扩大。电子支付服务提供者未及时采取措施导致损失扩大的，对损失扩大部分承担责任。

关联法规

◎ 法律

《电子签名法》

第九条　数据电文有下列情形之一的，视为发件人发送：

（一）经发件人授权发送的；

（二）发件人的信息系统自动发送的；

（三）收件人按照发件人认可的方法对数据电文进行验证后结果相符的。

当事人对前款规定的事项另有约定的，从其约定。

第十五条　电子签名人应当妥善保管电子签名制作数据。电子签名人知悉电子签名制作数据已经失密或者可能已经失密时，应当及时告知有关各方，并终止使用该电子签名制作数据。

第二十七条　电子签名人知悉电子签名制作数据已经失密或者可能已经失密未及时告知有关各方、并终止使用电子签名制作数据，未向电子认证服务提供者提供真实、完整和准确的信息，或

者有其他过错，给电子签名依赖方、电子认证服务提供者造成损失的，承担赔偿责任。

第二十八条　电子签名人或者电子签名依赖方因依据电子认证服务提供者提供的电子签名认证服务从事民事活动遭受损失，电子认证服务提供者不能证明自己无过错的，承担赔偿责任。

◎ 部门规范性文件

《电子支付指引（第一号）》

第四十四条　客户应妥善保管、使用电子支付交易存取工具。有关电子支付业务资料、存取工具被盗或遗失，应按约定方式和程序及时通知银行。

第四十五条　非资金所有人盗取他人存取工具发出电子支付指令，并且其身份认证和交易授权通过发起行的安全程序的，发起行应积极配合客户查找原因，尽量减少客户损失。

第四十六条　客户发现自身未按规定操作，或由于自身其他原因造成电子支付指令未执行、未适当执行、延迟执行的，应在协议约定的时间内，按照约定程序和方式通知银行。银行应积极调查并告知客户调查结果。

银行发现因客户原因造成电子支付指令未执行、未适当执行、延迟执行的，应主动通知客户改正或配合客户采取补救措施。

第四十七条　因不可抗力造成电子支付指令未执行、未适当执行、延迟执行的，银行应当采取积极措施防止损失扩大。

《条码支付业务规范（试行）》

第四十二条　银行、支付机构应建立条码支付交易风险监测体系，及时发现可疑交易，并采取阻断交易、联系客户核实交易等方式防范交易风险。

第四章　电子商务争议解决

第五十八条　【商品、服务质量担保机制、消费者权益保证金和先行赔偿责任】

国家鼓励电子商务平台经营者建立有利于电子商务发展和消费者权益保护的商品、服务质量担保机制。

电子商务平台经营者与平台内经营者协议设立消费者权益保证金的，双方应当就消费者权益保证金的提取数额、管理、使用和退还办法等作出明确约定。

消费者要求电子商务平台经营者承担先行赔偿责任以及电子商务平台经营者赔偿后向平台内经营者的追偿，适用《中华人民共和国消费者权益保护法》的有关规定。

关联法规

◎ **法律**

《消费者权益保护法》

第二十三条　经营者应当保证在正常使用商品或者接受服务的情况下其提供的商品或者服务应当具有的质量、性能、用途和有效期限；但消费者在购买该商品或者接受该服务前已经知道其存在瑕疵，且存在该瑕疵不违反法律强制性规定的除外。

经营者以广告、产品说明、实物样品或者其他方式表明商品或者服务的质量状况的，应当保证其提供的商品或者服务的实际质量与表明的质量状况相符。

经营者提供的机动车、计算机、电视机、电冰箱、空调器、洗衣机等耐用商品或者装饰装修等服务，消费者自接受商品或者服务之日起六个月内发现瑕疵，发生争议的，由经营者承担有关瑕疵的举证责任。

第二十四条　经营者提供的商品或者服务不符合质量要求的，消费者可以依照国家规定、当事人约定退货，或者要求经营者履行更换、修理等义务。没有国家规定和当事人约定的，消费者可以自收到商品之日起七日内退货；七日后符合法定解除合同条件的，消费者可以及时退货，不符合法定解除合同条件的，可以要求经营者履行更换、修理等义务。

依照前款规定进行退货、更换、修理的，经营者应当承担运输等必要费用。

第四十四条　消费者通过网络交易平台购买商品或者接受服务，其合法权益受到损害的，可以向销售者或者服务者要求赔偿。网络交易平台提供者不能提供销售者或者服务者的真实名称、地址和有效联系方式的，消费者也可以向网络交易平台提供者要求赔偿；网络交易平台提供者作出更有利于消费者的承诺的，应当履行承诺。网络交易平台提供者赔偿后，有权向销售者或者服务者追偿。

网络交易平台提供者明知或者应知销售者或者服务者利用其平台侵害消费者合法权益，未采取必要措施的，依法与该销售者或者服务者承担连带责任。

《产品质量法》

第二十六条　生产者应当对其生产的产品质量负责。

产品质量应当符合下列要求：

（一）不存在危及人身、财产安全的不合理的危险，有保障人体健康和人身、财产安全的国家标准、行业标准的，应当符合该标准；

（二）具备产品应当具备的使用性能，但是，对产品存在使用性能的瑕疵作出说明的除外；

（三）符合在产品或者其包装上注明采用的产品标准，符合以产品说明、实物样品等方式表明的质量状况。

第三十四条　销售者应当采取措施，保持销售产品的质量。

◎ **部门规章**

《网络交易监督管理办法》

第十二条　网络交易经营者应当在其网站首页或者从事经营活动的主页面显著位置，持续公示经营者主体信息或者该信息的链接标识。鼓励网络交易经营者链接到国家市场监督管理总局电子营业执照亮照系统，公示其营业执照信息。

已经办理市场主体登记的网络交易经营者应当如实公示下列营业执照信息以及与其经营业务有关的行政许可等信息，或者该信息的链接标识：

（一）企业应当公示其营业执照登载的统一社会信用代码、名称、企业类型、法定代表人（负责人）、住所、注册资本（出资额）等信息；

（二）个体工商户应当公示其营业执照登载的统一社会信用代码、名称、经营者姓名、经营场所、组成形式等信息；

（三）农民专业合作社、农民专业合作社联合社应当公示其营业执照登载的统一社会信用代码、名称、法定代表人、住所、成员出资总额等信息。

依照《中华人民共和国电子商务法》第十条规定不需要进行登记的经营者应当根据自身实际经营活动类型，如实公示以下自我声明以及实际经营地址、联系方式等信息，或者该信息的链接标识：

（一）"个人销售自产农副产品，依法不需要办理市场主体登记"；

（二）"个人销售家庭手工业产品，依法不需要办理市场主体登记"；

（三）"个人利用自己的技能从事依法无须取得许可的便民劳务活动，依法不需要办理市场主体登记"；

（四）"个人从事零星小额交易活动，依法不需要办理市场主体登记"。

网络交易经营者公示的信息发生变更的，应当在十个工作日内完成更新公示。

第二十九条 网络交易平台经营者应当对平台内经营者及其发布的商品或者服务信息建立检查监控制度。网络交易平台经营者发现平台内的商品或者服务信息有违反市场监督管理法律、法规、规章，损害国家利益和社会公共利益，违背公序良俗的，应当依法采取必要的处置措施，保存有关记录，并向平台住所地县级以上市场监督管理部门报告。

第三十一条 网络交易平台经营者对平台内经营者身份信息的保存时间自其退出平台之日起不少于三年；对商品或者服务信息，支付记录、物流快递、退换货以及售后等交易信息的保存时间自交易完成之日起不少于三年。法律、行政法规另有规定的，依照其规定。

◎ **部门规范性文件**

《网络交易平台经营者履行社会责任指引》

第十九条 网络交易平台经营者应建立消费纠纷和解和消费维权自律制度。消费者在平台内购买商品或者接受服务，发生消费纠纷或者其合法权益受到损害时，消费者要求网络交易平台经营者调解的，网络交易平台经营者应调解。消费者通过投诉、诉讼、仲裁或其他方式解决争议的，网络交易平台经营者应予以协助。

发生侵害消费者合法权益的情形时，网络交易平台经营者应向消费者提供平台内经营者的真实名称、地址和有效联系方式；不能提供的，消费者可以向网络交易平台经营者要求赔偿。网络交易平台经营者赔偿后，有权向平台内经营者追偿。

第二十三条　鼓励网络交易平台经营者建立健全先行赔付制度，一旦发生消费纠纷，消费者与平台内经营者协商无果的，由网络交易平台经营者先行赔偿，确保消费者安全放心消费。

鼓励网络交易平台经营者建立健全对平台内经营者的信用评价实施办法，公平、公正、透明地开展信用信息的征集、评价、公示，完善行业自律机制，促进诚信经营。

鼓励网络交易平台经营者建立健全消费者权益保护公示制度，定期公示消费者纠纷处理情况、保护消费者权益相关措施、加强对平台内经营者管理的相关措施等。

《第三方电子商务交易平台服务规范》

6.5　交易秩序维护

平台经营者应当采取合理措施，保证网上交易平台的正常运行，提供安全可靠的交易环境和公平、公正、公开的交易服务，维护交易秩序，建立并完善网上交易的信用评价体系和交易风险警示机制。

平台经营者应当合理提示用户关注交易风险，在执行用户的交易支付指令前，应当要求用户对交易明细进行确认；从事网上支付服务的经营者，在执行支付指令前，也应当要求付款人进行确认。

鼓励平台经营者设立冷静期制度，允许消费者在冷静期内无理由取消订单。

鼓励网络第三方交易平台和平台经营者向消费者提供"卖家保证金"服务。保证金用于消费者的交易损失赔付。保证金的金额、使用方式应事先向当地工商行政主管部门备案并公示。

第五十九条　【电子商务经营者的投诉举报机制】

电子商务经营者应当建立便捷、有效的投诉、举报机制，公开投诉、举报方式等信息，及时受理并处理投诉、举报。

关联法规

◎ **法律**

《网络安全法》

第十四条　任何个人和组织有权对危害网络安全的行为向网信、电信、公安等部门举报。收到举报的部门应当及时依法作出处理；不属于本部门职责的，应当及时移送有权处理的部门。

有关部门应当对举报人的相关信息予以保密，保护举报人的合法权益。

第四十九条　网络运营者应当建立网络信息安全投诉、举报制度，公布投诉、举报方式等信息，及时受理并处理有关网络信息安全的投诉和举报。

网络运营者对网信部门和有关部门依法实施的监督检查，应当予以配合。

《数据安全法》

第十二条　任何个人、组织都有权对违反本法规定的行为向有关主管部门投诉、举报。收到投诉、举报的部门应当及时依法处理。

有关主管部门应当对投诉、举报人的相关信息予以保密，保护投诉、举报人的合法权益。

《个人信息保护法》

第五十条　个人信息处理者应当建立便捷的个人行使权利的申请受理和处理机制。拒绝个人行使权利的请求的，应当说明理由。

个人信息处理者拒绝个人行使权利的请求的，个人可以依法向人民法院提起诉讼。

《未成年人保护法》

第七十八条　网络产品和服务提供者应当建立便捷、合理、有效的投诉和举报渠道，公开投诉、举报方式等信息，及时受理并处理涉及未成年人的投诉、举报。

第七十九条　任何组织或者个人发现网络产品、服务含有危害未成年人身心健康的信息，有权向网络产品和服务

提供者或者网信、公安等部门投诉、举报。

《关于加强网络信息保护的决定》

九、任何组织和个人对窃取或者以其他非法方式获取、出售或者非法向他人提供公民个人电子信息的违法犯罪行为以及其他网络信息违法犯罪行为，有权向有关主管部门举报、控告；接到举报、控告的部门应当依法及时处理。被侵权人可以依法提起诉讼。

《消费者权益保护法》

第十五条　消费者享有对商品和服务以及保护消费者权益工作进行监督的权利。

消费者有权检举、控告侵害消费者权益的行为和国家机关及其工作人员在保护消费者权益工作中的违法失职行为，有权对保护消费者权益工作提出批评、建议。

第三十七条　消费者协会履行下列公益性职责：

（一）向消费者提供消费信息和咨询服务，提高消费者维护自身合法权益的能力，引导文明、健康、节约资源和保护环境的消费方式；

（二）参与制定有关消费者权益的法律、法规、规章和强制性标准；

（三）参与有关行政部门对商品和服务的监督、检查；

（四）就有关消费者合法权益的问题，向有关部门反映、查询，提出建议；

（五）受理消费者的投诉，并对投诉事项进行调查、调解；

（六）投诉事项涉及商品和服务质量问题的，可以委托具备资格的鉴定人鉴定，鉴定人应当告知鉴定意见；

（七）就损害消费者合法权益的行为，支持受损害的消费者提起诉讼或者依照本法提起诉讼；

（八）对损害消费者合法权益的行为，通过大众传播媒介予以揭露、批评。

各级人民政府对消费者协会履行职责应当予以必要的经费等支持。

消费者协会应当认真履行保护消费者合法权益的职责，听取消费者的意见和建议，接受社会监督。

依法成立的其他消费者组织依照法律、法规及其章程的规定，开展保护消费者合法权益的活动。

◎ **行政法规**

《快递暂行条例》

第二十八条　经营快递业务的企业应当实行快件寄递全程信息化管理，公布联系方式，保证与用户的联络畅通，向用户提供业务咨询、快件查询等服务。用户对快递服务质量不满意的，可以向经营快递业务的企业投诉，经营快递业务的企业应当自接到投诉之日起7日内予以处理并告知用户。

◎ **司法解释**

《关于审理网络消费纠纷案件适用法律若干问题的规定（一）》

第一条　电子商务经营者提供的格式条款有以下内容的，人民法院应当依法认定无效：

（一）收货人签收商品即视为认可商品质量符合约定；

（二）电子商务平台经营者依法应承担的责任一概由平台内经营者承担；

（三）电子商务经营者享有单方解释权或者最终解释权；

（四）排除或者限制消费者依法投诉、举报、请求调解、申请仲裁、提起诉讼的权利；

（五）其他排除或者限制消费者权利、减轻或者免除电子商务经营者责任、加重消费者责任等对消费者不公平、不合理的内容。

◎ **部门规章**

《电信和互联网用户个人信息保护规定》

第十二条　电信业务经营者、互联网信息服务提供者应当建立用户投诉处理机制，公布有效的联系方式，接受与用户个人信息保护有关的投诉，并自接到投诉之日起十五日内答复投诉人。

《互联网新闻信息服务管理规定》

第二十条 任何组织和个人发现互联网新闻信息服务提供者有违反本规定行为的，可以向国家和地方互联网信息办公室举报。

国家和地方互联网信息办公室应当向社会公开举报受理方式，收到举报后，应当依法予以处置。互联网新闻信息服务提供者应当予以配合。

《儿童个人信息网络保护规定》

第二十四条 任何组织和个人发现有违反本规定行为的，可以向网信部门和其他有关部门举报。

网信部门和其他有关部门收到相关举报的，应当依据职责及时进行处理。

《侵害消费者权益行为处罚办法》

第十二条 经营者向消费者提供商品或者服务使用格式条款、通知、声明、店堂告示等的，应当以显著方式提请消费者注意与消费者有重大利害关系的内容，并按照消费者的要求予以说明，不得作出含有下列内容的规定：

（一）免除或者部分免除经营者对其所提供的商品或者服务应当承担的修理、重作、更换、退货、补足商品数量、退还货款和服务费用、赔偿损失等责任；

（二）排除或者限制消费者提出修理、更换、退货、赔偿损失以及获得违

约金和其他合理赔偿的权利；

（三）排除或者限制消费者依法投诉、举报、提起诉讼的权利；

（四）强制或者变相强制消费者购买和使用其提供的或者其指定的经营者提供的商品或者服务，对不接受其不合理条件的消费者拒绝提供相应商品或者服务，或者提高收费标准；

（五）规定经营者有权任意变更或者解除合同，限制消费者依法变更或者解除合同权利；

（六）规定经营者单方享有解释权或者最终解释权；

（七）其他对消费者不公平、不合理的规定。

《小微型客车租赁经营服务管理办法》

第十七条 小微型客车租赁经营者应当建立服务投诉制度，公布服务监督电话，指定部门或者人员受理投诉。接到投诉后，应当及时受理，于10日内处理完毕并告知投诉人处理结果。

《网络安全审查办法》

第十八条 当事人或者网络产品和服务提供者认为审查人员有失客观公正，或者未能对审查工作中知悉的信息承担保密义务的，可以向网络安全审查办公室或者有关部门举报。

《互联网信息服务算法推荐管理规定》

第三十条 任何组织和个人发现违

反本规定行为的，可以向网信部门和有关部门投诉、举报。收到投诉、举报的部门应当及时依法处理。

《网信部门行政执法程序规定》

第十七条　网信部门对下列事项应当及时调查处理，并填写案件来源登记表：

（一）在监督检查中发现案件线索的；

（二）自然人、法人或者其他组织投诉、申诉、举报的；

（三）上级网信部门交办或者下级网信部门报请查处的；

（四）有关机关移送的；

（五）经由其他方式、途径发现的。

◎ 部门规范性文件

《网络购物服务规范》

5.2.9　交易纠纷处理

网络购物平台提供商应提供必要的网上纠纷处理机制和申诉渠道，当交易关联方合法权益受到侵害时，网络购物平台提供商应积极协助权益被侵害方进行信息取证。

网络购物交易方发生纠纷时，网络购物平台提供商等应积极协助权益被侵害方与有关交易方进行纠纷协调解决，有效保证各参与交易方的利益不被侵害。

6.2.9　交易纠纷处理

网络购物平台提供商应提供必要的网上纠纷处理机制和申诉渠道，当交易关联方合法权益受到侵害时，网络购物平台提供商应积极协助权益被侵害方进行信息取证。

网络购物交易方发生纠纷时，网络购物平台提供商等应积极协助权益被侵害方与有关交易方进行纠纷协调解决，有效保证各参与交易方的利益不被侵害。

7.2.9　交易纠纷处理

网络购物平台提供商应提供必要的网上纠纷处理机制和申诉渠道，当交易关联方合法权益受到侵害时，网络购物平台提供商应积极协助权益被侵害方进行信息取证。

网络购物交易方发生纠纷时，网络购物平台提供商等应积极协助权益被侵害方与有关交易方进行纠纷协调解决，有效保证各参与交易方的利益不被侵害。

8.2.9　交易纠纷处理

网络购物平台提供商应提供必要的网上纠纷处理机制和申诉渠道，当交易关联方合法权益受到侵害时，网络购物平台提供商应积极协助权益被侵害方进行信息取证。

网络购物交易方发生纠纷时，网络购物平台提供商等应积极协助权益被侵害方与有关交易方进行纠纷协调解决，有效保证各参与交易方的利益不被侵害。

《电子商务模式规范》

3. 基本要求

……

3.9 应建立网络欺诈举报机制

应当对商户进行法律风险提示，向公众事先提示交易风险。应建立网络欺诈举报机制。建立网络欺诈举报平台，收集网民对电子商务违法犯罪的举报线索，及时向有关部门反映情况。

《网络交易平台经营者履行社会责任指引》

第十九条 网络交易平台经营者应建立消费纠纷和解和消费维权自律制度。消费者在平台内购买商品或者接受服务，发生消费纠纷或者其合法权益受到损害时，消费者要求网络交易平台经营者调解的，网络交易平台经营者应调解。消费者通过投诉、诉讼、仲裁或其他方式解决争议的，网络交易平台经营者应予以协助。

发生侵害消费者合法权益的情形时，网络交易平台经营者应向消费者提供平台内经营者的真实名称、地址和有效联系方式；不能提供的，消费者可以向网络交易平台经营者要求赔偿。网络交易平台经营者赔偿后，有权向平台内经营者追偿。

《第三方电子商务交易平台服务规范》

9.2 投诉管理

消费者协会和相关组织通过在线投诉机制受理的网上交易争议投诉，平台经营者应及时配合处理与反馈。

《App 违法违规收集使用个人信息行为认定方法》

六、以下行为可被认定为"未按法律规定提供删除或更正个人信息功能"或"未公布投诉、举报方式等信息"

1. 未提供有效的更正、删除个人信息及注销用户账号功能；

2. 为更正、删除个人信息或注销用户账号设置不必要或不合理条件；

3. 虽提供了更正、删除个人信息及注销用户账号功能，但未及时响应用户相应操作，需人工处理的，未在承诺时限内（承诺时限不得超过 15 个工作日，无承诺时限的，以 15 个工作日为限）完成核查和处理；

4. 更正、删除个人信息或注销用户账号等用户操作已执行完毕，但 App 后台并未完成的；

5. 未建立并公布个人信息安全投诉、举报渠道，或未在承诺时限内（承诺时限不得超过 15 个工作日，无承诺时限的，以 15 个工作日为限）受理并处理的。

《网站平台受理处置涉企网络侵权信息

举报工作规范》

第三条　网站平台应当按照依法依约、分级分类、限时办结的原则，快速准确受理处置涉企网络侵权信息举报。

第六条　网站平台应当及时处理以下仿冒性信息：

（一）在名称、头像、简介等网络账号名称信息中，违规使用与企业相同或相似的名称标识或企业家姓名肖像的；

（二）假借企业或企业家名义发布信息的；

（三）非法镜像企业官方网站、APP，或冒用盗用企业官方网站、APP备案注册信息或其他显著要素特征的；

（四）其他引发公众混淆企业主体身份的信息。

第十六条　网站平台应当及时处理以下恶意干扰企业正常生产经营的信息，包括但不限于：

（一）以舆论监督名义进行敲诈勒索的；

（二）恶意集纳企业负面信息的；

（三）以谋取非法利益为目的，发布企业负面报道评论的；

（四）蹭炒涉企热点事件进行恶意营销的；

（五）操纵跨平台账号、关联账号或矩阵账号密集发帖恶意攻击企业或企业家的；

（六）利用自身信息发布便利，以及技术、流量、影响力优势，攻击抹黑竞争对手的；

（七）提供涉企业、企业家虚假不实信息推荐词的。

第二十七条　网站平台应当建立健全规章制度，严格工作流程，规范层级把关，强化内部监督，确保依法依规受理处置涉企网络侵权信息举报。

第二十八条　网站平台应当建立工作台账，如实记录涉企网络侵权信息举报受理处置全过程，留存全量数据不少于六个月，并在网信部门依法查询时，予以提供。

相关账号处置情况，定期报送中央网信办相关司局。

第六十条　【电子商务争议解决方式】

电子商务争议可以通过协商和解，请求消费者组织、行业协会或者其他依法成立的调解组织调解，向有关部门投诉，提请仲裁，或者提起诉讼等方式解决。

关联法规

◎ **法律**

《消费者权益保护法》

第三十七条 消费者协会履行下列公益性职责：

（一）向消费者提供消费信息和咨询服务，提高消费者维护自身合法权益的能力，引导文明、健康、节约资源和保护环境的消费方式；

（二）参与制定有关消费者权益的法律、法规、规章和强制性标准；

（三）参与有关行政部门对商品和服务的监督、检查；

（四）就有关消费者合法权益的问题，向有关部门反映、查询，提出建议；

（五）受理消费者的投诉，并对投诉事项进行调查、调解；

（六）投诉事项涉及商品和服务质量问题的，可以委托具备资格的鉴定人鉴定，鉴定人应当告知鉴定意见；

（七）就损害消费者合法权益的行为，支持受损害的消费者提起诉讼或者依照本法提起诉讼；

（八）对损害消费者合法权益的行为，通过大众传播媒介予以揭露、批评。

各级人民政府对消费者协会履行职责应当予以必要的经费等支持。

消费者协会应当认真履行保护消费者合法权益的职责，听取消费者的意见和建议，接受社会监督。

依法成立的其他消费者组织依照法律、法规及其章程的规定，开展保护消费者合法权益的活动。

第三十九条 消费者和经营者发生消费者权益争议的，可以通过下列途径解决：

（一）与经营者协商和解；

（二）请求消费者协会或者依法成立的其他调解组织调解；

（三）向有关行政部门投诉；

（四）根据与经营者达成的仲裁协议提请仲裁机构仲裁；

（五）向人民法院提起诉讼。

《产品质量法》

第四十七条 因产品质量发生民事纠纷时，当事人可以通过协商或者调解解决。当事人不愿通过协商、调解解决或者协商、调解不成的，可以根据当事人各方的协议向仲裁机构申请仲裁；当事人各方没有达成仲裁协议或者仲裁协议无效的，可以直接向人民法院起诉。

《民事诉讼法》

第二十四条 因合同纠纷提起的诉讼，由被告住所地或者合同履行地人民法院管辖。

第二十九条　因侵权行为提起的诉讼，由侵权行为地或者被告住所地人民法院管辖。

第三十五条　合同或者其他财产权益纠纷的当事人可以书面协议选择被告住所地、合同履行地、合同签订地、原告住所地、标的物所在地等与争议有实际联系的地点的人民法院管辖，但不得违反本法对级别管辖和专属管辖的规定。

◎ **行政法规**

《优化营商环境条例》

第六十六条　国家完善调解、仲裁、行政裁决、行政复议、诉讼等有机衔接、相互协调的多元化纠纷解决机制，为市场主体提供高效、便捷的纠纷解决途径。

《化妆品监督管理条例》

第八条　消费者协会和其他消费者组织对违反本条例规定损害消费者合法权益的行为，依法进行社会监督。

◎ **司法解释**

《关于审理侵害信息网络传播权民事纠纷案件适用法律若干问题的规定》

第十五条　侵害信息网络传播权民事纠纷案件由侵权行为地或者被告住所地人民法院管辖。侵权行为地包括实施被诉侵权行为的网络服务器、计算机终端等设备所在地。侵权行为地和被告住所地均难以确定或者在境外的，原告发现侵权内容的计算机终端等设备所在地可以视为侵权行为地。

《关于审理涉及计算机网络域名民事纠纷案件适用法律的解释》

第二条　涉及域名的侵权纠纷案件，由侵权行为地或者被告住所地的中级人民法院管辖。对难以确定侵权行为地和被告住所地的，原告发现该域名的计算机终端等设备所在地可以视为侵权行为地。

涉外域名纠纷案件包括当事人一方或者双方是外国人、无国籍人、外国企业或组织、国际组织，或者域名注册地在外国的域名纠纷案件。在中华人民共和国领域内发生的涉外域名纠纷案件，依照民事诉讼法第四编的规定确定管辖。

《关于审理网络消费纠纷案件适用法律若干问题的规定（一）》

第一条　电子商务经营者提供的格式条款有以下内容的，人民法院应当依法认定无效：

（一）收货人签收商品即视为认可商品质量符合约定；

（二）电子商务平台经营者依法应承担的责任一概由平台内经营者承担；

（三）电子商务经营者享有单方解释权或者最终解释权；

（四）排除或者限制消费者依法投

诉、举报、请求调解、申请仲裁、提起诉讼的权利；

（五）其他排除或者限制消费者权利、减轻或者免除电子商务经营者责任、加重消费者责任等对消费者不公平、不合理的内容。

《关于适用〈中华人民共和国民事诉讼法〉的解释》

第二十四条 民事诉讼法第二十九条规定的侵权行为地，包括侵权行为实施地、侵权结果发生地。

第二十五条 信息网络侵权行为实施地包括实施被诉侵权行为的计算机等信息设备所在地，侵权结果发生地包括被侵权人住所地。

◎ **部门规范性文件**

《网络交易平台经营者履行社会责任指引》

第十九条 网络交易平台经营者应建立消费纠纷和解和消费维权自律制度。消费者在平台内购买商品或者接受服务，发生消费纠纷或者其合法权益受到损害时，消费者要求网络交易平台经营者调解的，网络交易平台经营者应调解。消费者通过投诉、诉讼、仲裁或其他方式解决争议的，网络交易平台经营者应予以协助。

发生侵害消费者合法权益的情形时，网络交易平台经营者应向消费者提供平台内经营者的真实名称、地址和有效联系方式；不能提供的，消费者可以向网络交易平台经营者要求赔偿。网络交易平台经营者赔偿后，有权向平台内经营者追偿。

《网络交易平台合同格式条款规范指引》

第十四条 网络交易平台合同格式条款可以包含当事各方约定的争议处理解决方式。对于小额和简单的消费争议，鼓励当事各方采用网络消费争议解决机制快速处理。

第十五条 支持消费者协会、网络交易行业协会或者其他消费者组织通过座谈会、问卷调查、点评等方式收集消费者对网络交易平台合同格式条款的意见，发现合同格式条款违反法律、法规和规章规定的，可以向相关主管部门提出。

认为网络交易平台合同格式条款损害消费者权益或者存在违法情形的，可以向相关主管部门投诉和举报。

第十六条 消费者因网络交易平台合同格式条款与网络交易平台经营者发生纠纷，向人民法院提起诉讼的，消费者协会或者其他消费者组织可以依法支持消费者提起诉讼。

第六十一条 【平台经营者协助维权的义务】

消费者在电子商务平台购买

商品或者接受服务，与平台内经营者发生争议时，电子商务平台经营者应当积极协助消费者维护合法权益。

关联法规

◎ 部门规范性文件

《网络购物服务规范》

5.1.7　交易纠纷处理

网络购物交易双方都应保存好与交易相关的原始记录，以备发生纠纷时核对。

网络购物交易方发生纠纷时，网络购物平台提供商和网络支付平台提供商等应积极协助权益被侵害者与有关交易方进行纠纷协调解决。

5.2.7　交易信息存储和备份

网络购物平台提供商应保存在其平台上发生的网络购物交易的相关信息、记录或资料，采取相应的技术手段保证上述资料的完整性、准确性和安全性并使其日后可以调取查用，且保存时间不得少于2年，自交易完成之日起计算。

网络购物平台提供商应采取数据备份、故障恢复等技术手段确保网络交易数据和资料的完整性和安全性。

网络购物平台提供商应采取有力措施来保证原始数据的真实可靠，不得对

原始数据进行非法更改。

5.2.9　交易纠纷处理

网络购物平台提供商应提供必要的网上纠纷处理机制和申诉渠道，当交易关联方合法权益受到侵害时，网络购物平台提供商应积极协助权益被侵害方进行信息取证。

网络购物交易方发生纠纷时，网络购物平台提供商等应积极协助权益被侵害方与有关交易方进行纠纷协调解决，有效保证各参与交易方的利益不被侵害。

6.1.7　交易纠纷处理

网络购物交易双方都应保存好与交易相关的原始记录，以备发生纠纷时核对。

网络购物交易方发生纠纷时，网络购物平台提供商和网络支付平台提供商等应积极协助权益被侵害者与有关交易方进行纠纷协调解决。

6.2.7　交易信息存储和备份

网络购物平台提供商应保存在其平台上发生的网络购物交易的相关信息、记录或资料，采取相应的技术手段保证上述资料的完整性、准确性和安全性并使其日后可以调取查用，且保存时间不得少于2年，自交易完成之日起计算。

网络购物平台提供商应采取数据备份、故障恢复等技术手段确保网络交易

数据和资料的完整性和安全性。

网络购物平台提供商应采取有力措施来保证原始数据的真实可靠，不得对原始数据进行非法更改。

6.2.9 交易纠纷处理

网络购物平台提供商应提供必要的网上纠纷处理机制和申诉渠道，当交易关联方合法权益受到侵害时，网络购物平台提供商应积极协助权益被侵害方进行信息取证。

网络购物交易方发生纠纷时，网络购物平台提供商等应积极协助权益被侵害方与有关交易方进行纠纷协调解决，有效保证各参与交易方的利益不被侵害。

7.1.7 交易纠纷处理

网络购物交易双方都应保存好与交易相关的原始记录，以备发生纠纷时核对。

网络购物交易方发生纠纷时，网络购物平台提供商和网络支付平台提供商等应积极协助权益被侵害者与有关交易方进行纠纷协调解决。

7.2.7 交易信息存储和备份

网络购物平台提供商应保存在其平台上发生的网络购物交易的相关信息、记录或资料，采取相应的技术手段保证上述资料的完整性、准确性和安全性并使其日后可以调取查用，且保存时间不

得少于2年，自交易完成之日起计算。

网络购物平台提供商应采取数据备份、故障恢复等技术手段确保网络交易数据和资料的完整性和安全性。

网络购物平台提供商应采取有力措施来保证原始数据的真实可靠，不得对原始数据进行非法更改。

7.2.9 交易纠纷处理

网络购物平台提供商应提供必要的网上纠纷处理机制和申诉渠道，当交易关联方合法权益受到侵害时，网络购物平台提供商应积极协助权益被侵害方进行信息取证。

网络购物交易方发生纠纷时，网络购物平台提供商等应积极协助权益被侵害方与有关交易方进行纠纷协调解决，有效保证各参与交易方的利益不被侵害。

8.1.7 交易纠纷处理

网络购物交易双方都应保存好与交易相关的原始记录，以备发生纠纷时核对。

网络购物交易方发生纠纷时，网络购物平台提供商和网络支付平台提供商等应积极协助权益被侵害者与有关交易方进行纠纷协调解决。

8.2.7 交易信息存储和备份

网络购物平台提供商应保存在其平台上发生的网络购物交易的相关信息、

记录或资料，采取相应的技术手段保证上述资料的完整性、准确性和安全性并使其日后可以调取查用，且保存时间不得少于2年，自交易完成之日起计算。

网络购物平台提供商应采取数据备份、故障恢复等技术手段确保网络交易数据和资料的完整性和安全性。

网络购物平台提供商应采取有力措施来保证原始数据的真实可靠，不得对原始数据进行非法更改。

8.2.9 交易纠纷处理

网络购物平台提供商应提供必要的网上纠纷处理机制和申诉渠道，当交易关联方合法权益受到侵害时，网络购物平台提供商应积极协助权益被侵害方进行信息取证。

网络购物交易方发生纠纷时，网络购物平台提供商等应积极协助权益被侵害方与有关交易方进行纠纷协调解决，有效保证各参与交易方的利益不被侵害。

《网络交易平台经营者履行社会责任指引》

第十九条 网络交易平台经营者应建立消费纠纷和解和消费维权自律制度。消费者在平台内购买商品或者接受服务，发生消费纠纷或者其合法权益受到损害时，消费者要求网络交易平台经营者调解的，网络交易平台经营者应调解。消费者通过投诉、诉讼、仲裁或其他方式解决争议的，网络交易平台经营者应予以协助。

发生侵害消费者合法权益的情形时，网络交易平台经营者应向消费者提供平台内经营者的真实名称、地址和有效联系方式；不能提供的，消费者可以向网络交易平台经营者要求赔偿。网络交易平台经营者赔偿后，有权向平台内经营者追偿。

《第三方电子商务交易平台服务规范》

7. 平台经营者对消费者的合理保护

未经用户同意，平台经营者不得向任何第三方披露或转让用户名单、交易记录等数据，但法律法规另有规定的除外。

平台经营者应督促站内交易经营者出具购货凭证、服务单据及相关凭证。

消费者在网络交易平台购买商品或者接受服务，发生消费纠纷或者其合法权益受到损害的，平台经营者应当向消费者提供站内经营者的真实的网站登记信息，积极协助消费者维护自身合法权益。

权威案例

◎ **典型案例**

熊某等诉某旅行社网络服务合同纠纷案【网络消费典型案例之四（2023年3月15日）】

典型意义： 现实生活中，人们通过在线旅游平台预订酒店等服务的情况十分常见。线上预订服务提供者上游对接各类服务商或供应商，下游对接广大消费者，中间往往涉及多个环节，容易滋生侵害消费者权益的道德风险。本案裁判认定提供酒店在线预订服务方应当履行协助退订等合同附随义务，防止消费者权益被不当减损，有利于促进在线旅游平台经营模式健康发展。

第六十二条 【电子商务经营者提供原始合同和交易记录的义务】

在电子商务争议处理中，电子商务经营者应当提供原始合同和交易记录。因电子商务经营者丢失、伪造、篡改、销毁、隐匿或者拒绝提供前述资料，致使人民法院、仲裁机构或者有关机关无法查明事实的，电子商务经营者应当承担相应的法律责任。

关联法规

◎ **部门规范性文件**

《关于网上交易的指导意见（暂行）》

三、网上交易参与方规范行为

（一）网上交易的交易方

……

8. 保存网上交易记录

交易各方可以自行保存各类交易记录，以作为纠纷处理时的证据。大宗商品、贵重商品与重要服务的交易，可以生成必要的书面文件或采取其它合理措施留存交易记录。

……

《网络购物服务规范》

5.1.7 交易纠纷处理

网络购物交易双方都应保存好与交易相关的原始记录，以备发生纠纷时核对。

网络购物交易方发生纠纷时，网络购物平台提供商和网络支付平台提供商等应积极协助权益被侵害者与有关交易方进行纠纷协调解决。

5.2.7 交易信息存储和备份

网络购物平台提供商应保存在其平台上发生的网络购物交易的相关信息、记录或资料，采取相应的技术手段保证上述资料的完整性、准确性和安全性并使其日后可以调取查用，且保存时间不得少于2年，自交易完成之日起计算。

网络购物平台提供商应采取数据备份、故障恢复等技术手段确保网络交易数据和资料的完整性和安全性。

网络购物平台提供商应采取有力措施来保证原始数据的真实可靠，不得对原始数据进行非法更改。

6.1.7 交易纠纷处理

网络购物交易双方都应保存好与交易相关的原始记录，以备发生纠纷时核对。

网络购物交易方发生纠纷时，网络购物平台提供商和网络支付平台提供商等应积极协助权益被侵害者与有关交易方进行纠纷协调解决。

6.2.7　交易信息存储和备份

网络购物平台提供商应保存在其平台上发生的网络购物交易的相关信息、记录或资料，采取相应的技术手段保证上述资料的完整性、准确性和安全性并使其日后可以调取查用，且保存时间不得少于2年，自交易完成之日起计算。

网络购物平台提供商应采取数据备份、故障恢复等技术手段确保网络交易数据和资料的完整性和安全性。

网络购物平台提供商应采取有力措施来保证原始数据的真实可靠，不得对原始数据进行非法更改。

7.1.7　交易纠纷处理

网络购物交易双方都应保存好与交易相关的原始记录，以备发生纠纷时核对。

网络购物交易方发生纠纷时，网络购物平台提供商和网络支付平台提供商等应积极协助权益被侵害者与有关交易方进行纠纷协调解决。

7.2.7　交易信息存储和备份

网络购物平台提供商应保存在其平

台上发生的网络购物交易的相关信息、记录或资料，采取相应的技术手段保证上述资料的完整性、准确性和安全性并使其日后可以调取查用，且保存时间不得少于2年，自交易完成之日起计算。

网络购物平台提供商应采取数据备份、故障恢复等技术手段确保网络交易数据和资料的完整性和安全性。

网络购物平台提供商应采取有力措施来保证原始数据的真实可靠，不得对原始数据进行非法更改。

8.1.7　交易纠纷处理

网络购物交易双方都应保存好与交易相关的原始记录，以备发生纠纷时核对。

网络购物交易方发生纠纷时，网络购物平台提供商和网络支付平台提供商等应积极协助权益被侵害者与有关交易方进行纠纷协调解决。

8.2.7　交易信息存储和备份

网络购物平台提供商应保存在其平台上发生的网络购物交易的相关信息、记录或资料，采取相应的技术手段保证上述资料的完整性、准确性和安全性并使其日后可以调取查用，且保存时间不得少于2年，自交易完成之日起计算。

网络购物平台提供商应采取数据备份、故障恢复等技术手段确保网络交易数据和资料的完整性和安全性。

网络购物平台提供商应采取有力措

施来保证原始数据的真实可靠，不得对原始数据进行非法更改。

《网络交易平台经营者履行社会责任指引》

第二十条 网络交易平台经营者应采取相关措施确保网络交易数据和资料的完整性和安全性，并应保证原始数据的真实性。网络交易数据和资料从交易完成之日起保存不少于两年。

第六十三条 【争议在线解决机制】

电子商务平台经营者可以建立争议在线解决机制，制定并公示争议解决规则，根据自愿原则，公平、公正地解决当事人的争议。

关联法规

◎ **部门规章**

《网络零售第三方平台交易规则制定程序规定（试行）》

第七条 网络零售第三方平台经营者制定或修改的交易规则，应当在网站主页面醒目位置公开征求意见，并应采取合理措施确保交易规则的利益相关方及时、充分知晓并表达意见，通过合理方式公开收到的意见及答复处理意见，征求意见的时间不得少于七日。

◎ **部门规范性文件**

《第三方电子商务交易平台服务规范》

4.3 鼓励与促进原则

鼓励依法设立和经营第三方交易平台，鼓励构建有利于平台发展的技术支撑体系。

鼓励平台经营者、行业协会和相关组织探索电子商务信用评价体系、交易安全制度，以及便捷的小额争议解决机制，保障交易的公平与安全。

5.6 制订和实施平台交易管理制度

平台经营者应提供规范化的网上交易服务，建立和完善各项规章制度，包括但不限于下列制度：

（1）用户注册制度；

（2）平台交易规则；

（3）信息披露与审核制度；

（4）隐私权与商业秘密保护制度；

（5）消费者权益保护制度；

（6）广告发布审核制度；

（7）交易安全保障与数据备份制度；

（8）争议解决机制；

（9）不良信息及垃圾邮件举报处理机制；

（10）法律、法规规定的其他制度。

平台经营者应定期在本平台内组织检查网上交易管理制度的实施情况，并根据检查结果及时采取改善措施。

第五章　电子商务促进

第六十四条　【电子商务发展规划和产业政策】

国务院和省、自治区、直辖市人民政府应当将电子商务发展纳入国民经济和社会发展规划，制定科学合理的产业政策，促进电子商务创新发展。

关联法规

◎ **法律**

《对外贸易法》

第五十条　国家制定对外贸易发展战略，建立和完善对外贸易促进机制。

◎ **行政法规**

《快递暂行条例》

第十条　国务院邮政管理部门应当制定快递业发展规划，促进快递业健康发展。

县级以上地方人民政府应当将快递业发展纳入本级国民经济和社会发展规划，在城乡规划和土地利用总体规划中统筹考虑快件大型集散、分拣等基础设施用地的需要。

县级以上地方人民政府建立健全促进快递业健康发展的政策措施，完善相关配套规定，依法保障经营快递业务的企业及其从业人员的合法权益。

◎ **部门规范性文件**

《商务部关于贯彻落实〈国务院办公厅关于加快电子商务发展的若干意见〉的通知》

第二，深入调研，分类指导，大力推动电子商务的应用。要深入基层，摸清不同类型的行业和企业开展电子商务的情况，及时收集、整理和分析典型案例，做好重点地区、行业和企业的电子商务示范。要发挥企业的主体作用，不断推进企业信息化建设。重点推动骨干企业的电子商务应用，发挥骨干企业在采购、销售等方面的带动作用。提高中小企业对电子商务重要性的认识，推进中小企业信息化建设，支持服务中小企业的第三方电子商务服务平台建设。发展面向消费者的电子商务应用，引导传统批发零售企业开展网上购销，扩大企业与消费者、消费者与消费者之间电子商务的应用规模，鼓励连锁企业利用电子商务开展社区便民服务，促进社区商业服务网络化。各地商务部门要结合实际情况，加快研究制定推动本地区电子商务发展的规划。

《关于网上交易的指导意见（暂行）》

四、网上交易促进

（一）加强网上交易的环境建设

各级商务主管部门要建立范围广、层次高的电子商务工作体系，完善电子商务发展的政策环境、法制环境和促进机制。

鼓励企业通过技术引进和自主创新，不断发展网上交易技术，构建有利于网上交易发展的技术支撑体系。

鼓励行业协会、交易社区建设有利于网上交易的各类机制，包括预警、欺诈投诉、争议处理、信用评估、行业与交易社区联动机制等。

鼓励企业、行业协会等参与、协助相关主管部门研究、规范网上银行和第三方支付平台的行为，规范物流配送行为，促进电子签名应用，提高网上支付的安全性和物流配送的准确性。

鼓励企业、行业协会等参与制定网上交易的标准和规范，参与建设网上交易的安全认证体系、信用体系、网络仲裁和网络公证体系等。

（二）促进全国网上交易的协调发展

各级商务主管部门要引导网上交易发达地区与不发达地区的合作，特别注意促进中西部地区网上交易的发展。

各级商务主管部门要引导城市网上交易向农村扩展，提高农产品网上交易的比例。

各级商务主管部门要扶持第三方网上交易平台建设，引导中小企业通过网上交易走出国门，参与国际竞争。

第六十五条　【电子商务绿色发展】

国务院和县级以上地方人民政府及其有关部门应当采取措施，支持、推动绿色包装、仓储、运输，促进电子商务绿色发展。

关联法规

◎ **法律**

《民法典》

第九条　民事主体从事民事活动，应当有利于节约资源、保护生态环境。

《环境保护法》

第四条　保护环境是国家的基本国策。

国家采取有利于节约和循环利用资源、保护和改善环境、促进人与自然和谐的经济、技术政策和措施，使经济社会发展与环境保护相协调。

◎ **部门规章**

《道路货物运输及站场管理规定》

第四条 鼓励道路货物运输实行集约化、网络化经营。鼓励采用集装箱、封闭厢式车和多轴重型车运输。

◎ **部门规范性文件**

《关于规范网络购物促销行为的通知》

六、引导科学合理消费。加强与新闻媒体沟通合作，引导网络购物企业在促销活动中倡导文明、绿色、低碳、安全、健康消费理念，推动建立可持续的消费模式。

《网络交易平台经营者履行社会责任指引》

第四条 网络交易平台经营者履行社会责任应坚持以人为本，统筹兼顾，积极实践，成为依法经营、诚实守信的表率，服务至上、消费者至上的表率，节约资源、保护环境的表率，维护职工权益、热心公益事业的表率。

《电子商务"十三五"发展规划》

三、主要任务

……

（五）优化电子商务治理环境。

……

推动绿色电子商务发展。探索建立有利于环境保护和可持续发展的电子商务法规、标准、制度和模式。促进电子商务

物流绿色发展，降低车辆排放与能源消耗，全面提升节能环保示范的深度和广度，宣传倡导绿色包装、运输、仓储、快递理念。改善城市网购交付环境，鼓励发展绿色网购模式，化解网络消费新增的环保问题。依托电子商务促进再生资源的回收利用，发挥电子商务对"循环经济、低碳经济"的促进作用。

第六十六条 【电子商务标准体系建设】

国家推动电子商务基础设施和物流网络建设，完善电子商务统计制度，加强电子商务标准体系建设。

关联法规

◎ **法律**

《邮政法》

第八条 邮政设施的布局和建设应当满足保障邮政普遍服务的需要。

地方各级人民政府应当将邮政设施的布局和建设纳入城乡规划，对提供邮政普遍服务的邮政设施的建设给予支持，重点扶持农村边远地区邮政设施的建设。

建设城市新区、独立工矿区、开发区、住宅区或者对旧城区进行改建，应当同时建设配套的提供邮政普遍服务的

邮政设施。

提供邮政普遍服务的邮政设施等组成的邮政网络是国家重要的通信基础设施。

第九条 邮政设施应当按照国家规定的标准设置。

较大的车站、机场、港口、高等院校和宾馆应当设置提供邮政普遍服务的邮政营业场所。

邮政企业设置、撤销邮政营业场所，应当事先书面告知邮政管理部门；撤销提供邮政普遍服务的邮政营业场所，应当经邮政管理部门批准并予以公告。

第十条 机关、企业事业单位应当设置接收邮件的场所。农村地区应当逐步设置村邮站或者其他接收邮件的场所。

建设城镇居民楼应当设置接收邮件的信报箱，并按照国家规定的标准验收。建设单位未按照国家规定的标准设置信报箱的，由邮政管理部门责令限期改正；逾期未改正的，由邮政管理部门指定其他单位设置信报箱，所需费用由该居民楼的建设单位承担。

第十一条 邮件处理场所的设计和建设，应当符合国家安全机关和海关依法履行职责的要求。

第十二条 征收邮政营业场所或者邮件处理场所的，城乡规划主管部门应当根据保障邮政普遍服务的要求，对邮政营业场所或者邮件处理场所的重新设置作出妥善安排；未作出妥善安排前，不得征收。

邮政营业场所或者邮件处理场所重新设置前，邮政企业应当采取措施，保证邮政普遍服务的正常进行。

第十三条 邮政企业应当对其设置的邮政设施进行经常性维护，保证邮政设施的正常使用。

任何单位和个人不得损毁邮政设施或者影响邮政设施的正常使用。

《公路法》

第十二条 公路规划应当根据国民经济和社会发展以及国防建设的需要编制，与城市建设发展规划和其他方式的交通运输发展规划相协调。

第十九条 国家鼓励专用公路用于社会公共运输。专用公路主要用于社会公共运输时，由专用公路的主管单位申请，或者由有关方面申请，专用公路的主管单位同意，并经省、自治区、直辖市人民政府交通主管部门批准，可以改划为省道、县道或者乡道。

《民用航空法》

第四条 国家扶持民用航空事业的发展，鼓励和支持发展民用航空的科学研究和教育事业，提高民用航空科学技术水平。

国家扶持民用航空器制造业的发

展，为民用航空活动提供安全、先进、经济、适用的民用航空器。

第五十四条 民用机场的建设和使用应当统筹安排、合理布局，提高机场的使用效率。

全国民用机场的布局和建设规划，由国务院民用航空主管部门会同国务院其他有关部门制定，并按照国家规定的程序，经批准后组织实施。

省、自治区、直辖市人民政府应当根据全国民用机场的布局和建设规划，制定本行政区域内的民用机场建设规划，并按照国家规定的程序报经批准后，将其纳入本级国民经济和社会发展规划。

第六十六条 供运输旅客或者货物的民用航空器使用的民用机场，应当按照国务院民用航空主管部门规定的标准，设置必要设施，为旅客和货物托运人、收货人提供良好服务。

第九十五条 公共航空运输企业应当以保证飞行安全和航班正常，提供良好服务为准则，采取有效措施，提高运输服务质量。

公共航空运输企业应当教育和要求本企业职工严格履行职责，以文明礼貌、热情周到的服务态度，认真做好旅客和货物运输的各项服务工作。

旅客运输航班延误的，应当在机场内及时通告有关情况。

◎ **党内法规**

《关于鼓励和规范互联网租赁自行车发展的指导意见》

三、规范运营服务行为

（七）加强互联网租赁自行车标准化建设。鼓励有关社会组织、产业联盟制定团体标准；支持各地结合发展规模、城市管理、地形条件、用户骑行习惯等差异化需求，制定运营、维护、车辆淘汰等地方标准；鼓励企业制定更高水平的产品质量、运营管理、售后服务等企业标准，探索实施全生命周期管理，推进企业产品和服务标准自我声明公开；加快制定基础通用类国家标准。运用认证认可、监督抽查等手段，建立标准实施分类监督机制，促进标准落地，确保产品质量和安全。投放车辆应当符合有关技术标准规定。

……

◎ **行政法规**

《快递暂行条例》

第十二条 国家鼓励和引导经营快递业务的企业采用先进技术，促进自动化分拣设备、机械化装卸设备、智能末端服务设施、快递电子运单以及快件信息化管理系统等的推广应用。

◎ **部门规章**

《道路货物运输及站场管理规定》

第四条 鼓励道路货物运输实行集

约化、网络化经营。鼓励采用集装箱、封闭厢式车和多轴重型车运输。

第三十二条 国家鼓励实行封闭式运输。道路货物运输经营者应当采取有效的措施，防止货物脱落、扬撒等情况发生。

第四十九条 交通运输主管部门应当加强对道路货物运输经营和货运站经营活动的监督检查。

交通运输主管部门工作人员应当严格按照职责权限和法定程序进行监督检查。

第五十条 交通运输主管部门应当定期对配发《道路运输证》的货运车辆进行审验，每年审验一次。审验内容包括车辆技术等级评定情况、车辆结构及尺寸变动情况和违章记录等。

审验符合要求的，交通运输主管部门在《道路运输证》上做好审验记录；不符合要求的，应当责令限期改正或者办理变更手续。

第五十一条 交通运输主管部门及其工作人员应当重点在货运站、货物集散地对道路货物运输、货运站经营活动实施监督检查。此外，根据管理需要，可以在公路路口实施监督检查，但不得随意拦截正常行驶的道路运输车辆，不得双向拦截车辆进行检查。

第六十条 交通运输主管部门应当将道路货物运输及货运站经营者和从业人员的违法行为记入信用记录，并依照有关法律、行政法规的规定予以公示。

◎ **部门规范性文件**
《铁路货物运输规程》

第四十二条 铁路在保证完成国家运输任务的前提下，可向企业出租铁路货车。企业需要租用货车时，应向所在地车站或铁路局提出书面要求，经铁路局报铁道部批准后，由车站同企业签订租车合同，并核收货车租用费。租车合同不得跨年度。

货车出租期间需要入厂检修，而租车单位要求不解除租车合同，经铁路局同意，可保留原车租用权，退还在厂检修期间的货车租用费。对送检和检修完了的货车，应由租车单位提出货物运单办理托运手续，按规定支付运费。

企业退租货车，应将货车上由租车单位涂刷的标记抹消，并向原拨车站交还，经出租铁路局同意也可在指定的车站交还。

《关于进一步促进电子商务健康快速发展有关工作的通知》

九、完善电子商务快递服务制度。邮政局负责探索建立重点地区快递准时率通报机制，健全旺季电子商务配送的保障措施，创新城市电子商务快递服务机制；配合海关总署、质检总局等部门推进完善跨境贸易电子商务邮件快件管理。

十、推进电子商务标准化工作。国家标准委会同相关部门改组电子商务标准化总体组，建立完善电子商务国家标准体系，协调电子商务标准制定，会同有关部门和地方依托国家电子商务示范城市建设和电子商务试点工作，开展电子商务主客体的信息描述、电子商务交易过程监管、电子商务支付等关键环节的标准研制、验证、完善和推广工作。

《促进电子商务发展部际综合协调工作组工作制度及三年行动实施方案（2016 -2018 年）》

二、主要任务

（一）电子商务基础设施建设专项行动

......

7. 电子商务物流效能优化工程

推动跨地区跨行业的智慧物流信息平台建设，鼓励在法律规定范围内发展共同配送等物流配送组织新模式。支持物流（快递）配送站、智能快件箱等物流设施建设。推动城市配送车辆的标准化、专业化发展；制定并实施城市配送用汽车、电动三轮车等车辆管理办法，强化城市配送运力需求管理，保障配送车辆的便利通行。完善仓储建设标准体系，鼓励现代化仓储、冷链物流设施建设，加强偏远地区仓储设施建设。积极推动被监管人员生活物资电子商务

和智能配送。

推动部门：发展改革委、交通运输部、商务部、质检总局、邮政局、中央网信办、公安部、国家标准委、工业和信息化部、住房城乡建设部、司法部

......

第六十七条　【电子商务与各产业融合发展】

国家推动电子商务在国民经济各个领域的应用，支持电子商务与各产业融合发展。

关联法规

◎ **行政法规**

《快递暂行条例》

第十五条　国家鼓励快递业与制造业、农业、商贸业等行业建立协同发展机制，推动快递业与电子商务融合发展，加强信息沟通，共享设施和网络资源。

国家引导和推动快递业与铁路、公路、水路、民航等行业的标准对接，支持在大型车站、码头、机场等交通枢纽配套建设快件运输通道和接驳场所。

◎ **部门规范性文件**

《商务部关于贯彻落实〈国务院办公厅关于加快电子商务发展的若干意见〉的通知》

第二，深入调研，分类指导，大力推

动电子商务的应用。要深入基层，摸清不同类型的行业和企业开展电子商务的情况，及时收集、整理和分析典型案例，做好重点地区、行业和企业的电子商务示范。要发挥企业的主体作用，不断推进企业信息化建设。重点推动骨干企业的电子商务应用，发挥骨干企业在采购、销售等方面的带动作用。提高中小企业对电子商务重要性的认识，推进中小企业信息化建设，支持服务中小企业的第三方电子商务服务平台建设。发展面向消费者的电子商务应用，引导传统批发零售企业开展网上购销，扩大企业与消费者、消费者与消费者之间电子商务的应用规模，鼓励连锁企业利用电子商务开展社区便民服务，促进社区商业服务网络化。各地商务部门要结合实际情况，加快研究制定推动本地区电子商务发展的规划。

《促进电子商务发展部际综合协调工作组工作制度及三年行动实施方案（2016-2018 年）》

二、主要任务

（二）电子商务创新发展专项行动

……

4. 深化工业企业电子商务应用

在重点工业领域引导大型工业企业建立具有行业知名度和影响力的采购、销售和售后服务等平台，鼓励有条件的大型工业企业电子商务平台向行业电子

商务平台转型。鼓励面向产业集群和区域特色产业的第三方工业电子商务平台发展，帮助中小企业提高竞争力。规范大宗商品电子交易平台发展，形成与实体交易互动发展的新模式。大力推进工业移动电子商务发展，加快制定工业移动电子商务相关技术标准和业务规范。开展工业电子商务区域和企业试点，推动工业电子商务平台、第三方物流、互联网金融等业务协同创新和互动发展。鼓励有条件的大型工业企业"走出去"，积极开展跨境工业电子商务，推进国际产能和装备制造合作。

推动部门：工业和信息化部、发展改革委……

6. 拓展健康医疗电子商务发展新领域

鼓励医疗机构、医药生产经营企业、医药信息及交易服务提供商等，建设医药健康电子商务服务平台，提供在线预约、互联网健康医疗咨询服务。探索研究开展处方药电子商务工作。

推动部门：发展改革委、食品药品监管总局、卫生计生委、人力资源社会保障部、商务部

……

《电子商务"十三五"发展规划》

三、主要任务

……

（二）推进电子商务与传统产业深度融合。

以"协调和创新"引领发展，促进电子商务经营模式融入传统经济领域，开创线上线下互动融合的协调发展局面，加快形成网络化产业，全面带动传统产业转型升级。

电子商务促进农业转型升级。完善基础设施，打通双向流通渠道，促进农林产品、农林地区加工品进城，方便农资和消费品下乡，形成服务于现代农业发展的新型农村电子商务体系。加快农林产品商品化、品牌化进程，探索订单农业，加速发展精准农业，形成基于互联网的新型农业生产方式。依托电子商务发展休闲农业、乡村旅游，积极开发农林生态、乡土文化资源价值，促进一二三产业融合发展。

电子商务拉动制造业提档升级。支持制造企业与电子商务企业全面合作，整合线上线下交易资源，拓展销售渠道，打造制造、营销、物流等高效协同的生产流通一体化新生态。支持鼓励物流企业建立行业在线采购、销售、服务平台，探索生产及服务资源的平台化，积极培育工业电子商务新业态。发挥网络消费及采购需求的拉动作用，促进产品质量与设计水平提升，发展基于柔性制造的网络化定制服务。

电子商务加快商贸流通业创新发展。创新流通企业经营模式，拓展供应链综合服务增值空间，开创以交易为核心、多种交付服务为支撑的B2B电子商务创新发展局面。利用新技术加快形成多种消费场景，促进线上线下深度融合发展，推动商贸流通业进入数字化、智慧型发展阶段。

……

《网络空间国际合作战略》

……

七、推动数字经济发展和数字红利普惠共享

推动落实联合国信息社会世界峰会确定的建设以人为本、面向发展、包容性的信息社会目标，以此推进落实2030年可持续发展议程。

支持基于互联网的创新创业，促进工业、农业、服务业数字化转型。促进中小微企业信息化发展。促进信息通信技术领域投资。扩大宽带接入，提高宽带质量。提高公众的数字技能，提高数字包容性。增强在线交易的可用性、完整性、保密性和可靠性，发展可信、稳定和可靠的互联网应用。

支持向广大发展中国家提供网络安全能力建设援助，包括技术转让、关键信息基础设施建设和人员培训等，将"数字鸿沟"转化为数字机遇，让更多发展中国

家和人民共享互联网带来的发展机遇。

推动制定完善的网络空间贸易规则，促进各国相关政策的有效协调。开展电子商务国际合作，提高通关、物流等便利化水平。保护知识产权，反对贸易保护主义，形成世界网络大市场，促进全球网络经济的繁荣发展。

加强互联网技术合作共享，推动各国在网络通信、移动互联网、云计算、物联网、大数据等领域的技术合作，共同解决互联网技术发展难题，共促新产业、新业态的发展。加强人才交流，联合培养创新型网络人才。

紧密结合"一带一路"建设，推动并支持中国的互联网企业联合制造、金融、信息通信等领域企业率先走出去，按照公平原则参与国际竞争，共同开拓国际市场，构建跨境产业链体系。鼓励中国企业积极参与他国能力建设，帮助发展中国家发展远程教育、远程医疗、电子商务等行业，促进这些国家的社会发展。

……

第六十八条　【农村电子商务与精准扶贫】

国家促进农业生产、加工、流通等环节的互联网技术应用，鼓励各类社会资源加强合作，促进农村电子商务发展，发挥电子商务在精准扶贫中的作用。

关联法规

◎ **行政法规**

《快递暂行条例》

第十一条　国家支持和鼓励经营快递业务的企业在农村、偏远地区发展快递服务网络，完善快递末端网点布局。

◎ **部门规范性文件**

《关于进一步促进电子商务健康快速发展有关工作的通知》

十一、促进农业电子商务发展。农业部负责研究制定农产品分类定级等标准规范，与相关部门共同研究探索推进以农业产业化龙头企业、农民专业合作社、家庭农场等新型农业经营主体为纽带的农产品质量安全追溯体系、诚信体系建设，加强农业电子商务模式研究，规范农业生产经营信息采集，推动供需双方网络化协作，完善农业电子商务体系，推进农业领域电子商务应用并开展相关试点工作。

十二、促进林业电子商务发展。林业局负责研究推进林业电子商务发展的相关政策，研究制定基于电子商务的森林资产评估、地区性的森林资源转让、林权交易等管理办法，依托电子商务拓展林产品销售，支撑林区、林场发展转型，促进农民增收；会同工商总局研究建立林产品交易诚信体系；制定林产品的分类定级、网络交易等标准规范，推进林产品、林权交易的规范化与网络化，开展林产品、林权交易电子商务试点工作。

《促进电子商务发展部际综合协调工作组工作制度及三年行动实施方案（2016-2018年）》

二、主要任务

（二）电子商务创新发展专项行动

……

3、扶持特色农林业和农资电子商务新业态

支持电子商务企业面向农村及老少边穷地区、革命老区、偏远林区，建立特色农产品、林产品网上销售平台，与农（林）业产业化龙头企业、农民合作社（林业专业合作社）、家庭农（林）场、种养殖大户等新型农（林）业经营主体建立直采、直供关系，服务"一村一品"，有效对接专业村、专业乡镇，加强农（林）产品、农业投入品质量安全信息采集和追溯，促进品牌农产品、林产品销售。加快推进信息进村入户，依托村级服务站，探索开展鲜活农（林）产品和农（林）业生产资料网上销售，带动农民（林农）致富。鼓励发展农资电商，推动农化精准服务。推动邮政、快递服务产地直销、订

单生产等农业生产新模式。

推动部门：农业部、林业局、发展改革委、商务部、邮政局、国务院扶贫办等

……

《电子商务"十三五"发展规划》

三、主要任务

……

（四）完善电子商务民生服务体系。

……

积极开展电子商务精准扶贫。建立电子商务助力精准扶贫的带动机制，探索通过电子商务平台调动全社会扶贫力量，实现产品或项目资源的精准对接，带动产品增值和农民增收，助力脱贫攻坚。通过政府与电子商务平台企业联合开展电商扶贫就业行动，重点面向建档立卡贫困户收购产品或提供就业机会，精准解决贫困人群就业问题。充分发挥互联网在助推脱贫攻坚中的作用，深入实施网络扶贫行动。

……

四、专项行动

……

（二）新模式与新业态培育工作。

……

7. 电子商务促进县域经济行动。

建立完善城乡电子商务服务体系。

加大政府推动力度，引导电子商务龙头企业与本地企业合作，充分利用县乡村三级资源，积极培育多种类型、多种功能的县域电子商务经营合作主体，提供商品交易、人才培养、创业孵化等各类电子商务服务，形成县域电子商务服务带动城乡协调发展的局面。

提高城乡电子商务品牌及企业化经营意识。加大流通标准、安全追溯体系在电子商务领域的推广应用力度，依托电子商务助推"三品一标"建设、加速农林产品的商品化、品牌化和电商化进程，形成一批质量好、信誉佳的品牌商品，培育一批县域电子商务企业家。

支持连接城乡的电子商务基础设施建设。加大城乡之间仓储配送、冷链物流等和农林地区物流服务站基础设施投入力度，创新发展双向畅通的电子商务物流模式。推动城市金融机构下乡，为村民提供便捷的网银服务。推进"宽带乡村"工程建设，探索费率优惠政策，加强县域地区4G无线网络覆盖。

推动农资、休闲农业电商服务体系建设。充分利用信息进村入户平台、大型农业、农资电商平台、邮政、供销社等渠道，开展农资网上销售，建立农资电商配送和售后服务体系。加大城市郊区休闲农业资源开发利用，以接待服务规范、信用评价体系、地理信息系统和移动定位技术为支撑，建立统一的休闲农业线上推介、销售、服务平台和质量监管体系。

8."电商扶贫"专项行动。

支持贫困地区依托电子商务对接大市场。加强贫困地区电子商务基础设施建设，组织企业与贫困户利用电子商务联动经营，开拓国内外市场，发展特色产业、特色旅游，助力精准扶贫。

支持扶贫项目依托电子商务对接扶贫力量。通过电子商务扶贫公益平台、社交网络及大型电子商务平台，推广贫困地区产品或项目，积极组织消费扶贫活动，充分发挥各类社会扶贫力量的积极作用。

支持依托电子商务平台就业创业实现就地脱贫。为符合条件的建档立卡贫困户开设网店提供小额信贷和创业担保贷款支持。加大各级政府部门对贫困者的帮扶力度，发挥电子商务平台积极性，组织开展电子商务培训，提供就业创业条件。

······

第六十九条　【电子商务数据交流共享】

国家维护电子商务交易安全，保护电子商务用户信息，鼓励电子商务数据开发应用，保障电子商务数据依法有序自由流动。

国家采取措施推动建立公共数据共享机制，促进电子商务经营者依法利用公共数据。

关联法规

◎ 法律

《网络安全法》

第十八条　国家鼓励开发网络数据安全保护和利用技术，促进公共数据资源开放，推动技术创新和经济社会发展。

国家支持创新网络安全管理方式，运用网络新技术，提升网络安全保护水平。

第四十一条　网络运营者收集、使用个人信息，应当遵循合法、正当、必要的原则，公开收集、使用规则，明示收集、使用信息的目的、方式和范围，并经被收集者同意。

网络运营者不得收集与其提供的服务无关的个人信息，不得违反法律、行政法规的规定和双方的约定收集、使用个人信息，并应当依照法律、行政法规的规定和与用户的约定，处理其保存的个人信息。

第四十二条　网络运营者不得泄露、篡改、毁损其收集的个人信息；未经被收集者同意，不得向他人提供个人信息。但是，经过处理无法识别特定个人且不能复原的除外。

网络运营者应当采取技术措施和其他必要措施，确保其收集的个人信息安全，防止信息泄露、毁损、丢失。在发生或者可能发生个人信息泄露、毁损、丢失的情况时，应当立即采取补救措施，按照规定及时告知用户并向有关主管部门报告。

第四十三条　个人发现网络运营者违反法律、行政法规的规定或者双方的约定收集、使用其个人信息的，有权要求网络运营者删除其个人信息；发现网络运营者收集、存储的其个人信息有错误的，有权要求网络运营者予以更正。网络运营者应当采取措施予以删除或者更正。

第四十四条　任何个人和组织不得窃取或者以其他非法方式获取个人信息，不得非法出售或者非法向他人提供个人信息。

第四十五条　依法负有网络安全监督管理职责的部门及其工作人员，必须对在履行职责中知悉的个人信息、隐私和商业秘密严格保密，不得泄露、出售或者非法向他人提供。

第七十六条　本法下列用语的含义：

（一）网络，是指由计算机或者其他信息终端及相关设备组成的按照一定的规则和程序对信息进行收集、存储、传输、交换、处理的系统。

（二）网络安全，是指通过采取必要措施，防范对网络的攻击、侵入、干扰、破坏和非法使用以及意外事故，使网络处于稳定可靠运行的状态，以及保障网络数据的完整性、保密性、可用性的能力。

（三）网络运营者，是指网络的所有者、管理者和网络服务提供者。

（四）网络数据，是指通过网络收集、存储、传输、处理和产生的各种电子数据。

（五）个人信息，是指以电子或者其他方式记录的能够单独或者与其他信息结合识别自然人个人身份的各种信息，包括但不限于自然人的姓名、出生日期、身份证件号码、个人生物识别信息、住址、电话号码等。

《电子签名法》

第二十五条 国务院信息产业主管部门依照本法制定电子认证服务业的具体管理办法，对电子认证服务提供者依法实施监督管理。

◎ **部门规章**

《电子银行业务管理办法》

第七条 中国银监会负责对电子银行业务实施监督管理。

第七十五条 中国银监会依法对电子银行业务实施非现场监管、现场检查和安全监测，对电子银行安全评估实施管理，并对电子银行的行业自律组织进行指导和监督。

第七十六条 开展电子银行业务的金融机构应当建立电子银行业务统计体系，并按照相关规定向中国银监会报送统计数据。

商业银行向中国银监会报送的电子银行业务统计数据、报送办法等，由中国银监会另行制定。

第八十五条 电子银行安全评估是金融机构开办或持续经营电子银行业务的必要条件，也是金融机构电子银行业务风险管理与监管的重要手段。

金融机构应按照中国银监会的有关规定，定期对电子银行系统进行安全评估，并将其作为电子银行风险管理的重要组成部分。

《规范互联网信息服务市场秩序若干规定》

第十一条 未经用户同意，互联网信息服务提供者不得收集与用户相关、能够单独或者与其他信息结合识别用户的信息（以下简称"用户个人信息"），不得将用户个人信息提供给他人，但是法律、行政法规另有规定的除外。

互联网信息服务提供者经用户同意收集用户个人信息的，应当明确告知用户收集和处理用户个人信息的方式、内容和用途，不得收集其提供服务所必需以外的信息，不得将用户个人信息用于其提供服务之外的目的。

《电信和互联网用户个人信息保护规定》

第五条　电信业务经营者、互联网信息服务提供者在提供服务的过程中收集、使用用户个人信息，应当遵循合法、正当、必要的原则。

第六条　电信业务经营者、互联网信息服务提供者对其在提供服务过程中收集、使用的用户个人信息的安全负责。

第七条　国家鼓励电信和互联网行业开展用户个人信息保护自律工作。

《非金融机构支付服务管理办法》

第三十六条　中国人民银行及其分支机构依据法律、行政法规、中国人民银行的有关规定对支付机构的公司治理、业务活动、内部控制、风险状况、反洗钱工作等进行定期或不定期现场检查和非现场检查。

中国人民银行及其分支机构依法对支付机构进行现场检查，适用《中国人民银行执法检查程序规定》（中国人民银行令〔2010〕第1号发布）。

第三十八条　支付机构有下列情形之一的，中国人民银行及其分支机构有权责令其停止办理部分或全部支付业务：

（一）累计亏损超过其实缴货币资本的50%；

（二）有重大经营风险；

（三）有重大违法违规行为。

◎ 部门规范性文件
《非银行支付机构网络支付业务管理办法》

第三十二条　中国人民银行可以结合支付机构的企业资质、风险管控特别是客户备付金管理等因素，确立支付机构分类监管指标体系，建立持续分类评价工作机制，并对支付机构实施动态分类管理。具体办法由中国人民银行另行制定。

第三十九条　中国人民银行及其分支机构对照上述分类管理措施相应条件，动态确定支付机构适用的监管规定并持续监管。支付机构分类评定结果和支付账户实名比例不符合上述分类管理措施相应条件的，应严格按照第十条、第十一条、第十二条及第二十四条等相关规定执行。

中国人民银行及其分支机构可以根据社会经济发展情况和支付机构分类管理需要，对支付机构网络支付业务范围、模式、功能、限额及业务创新等相关管理措施进行适时调整。

第七十条 【电子商务信用评价】

国家支持依法设立的信用评价机构开展电子商务信用评价，向社会提供电子商务信用评价服务。

关联法规

◎ **党内法规**

《关于鼓励和规范互联网租赁自行车发展的指导意见》

三、规范运营服务行为

……

（十一）加强信用管理。加快互联网租赁自行车服务领域信用记录建设，建立企业和用户信用基础数据库，定期推送给全国信用信息共享平台。对企业和用户不文明行为和违法违规行为记入信用记录。加强企业服务质量和用户信用评价。鼓励企业组成信用信息共享联盟，对用户建立守信激励和失信惩戒机制。支持发展跨企业、跨品牌的租赁平台服务。

◎ **行政法规**

《企业信息公示暂行条例》

第四条 省、自治区、直辖市人民政府领导本行政区域的企业信息公示工作，按照国家社会信用信息平台建设的总体要求，推动本行政区域企业信用信息公示系统的建设。

第五条 国务院工商行政管理部门推进、监督企业信息公示工作，组织企业信用信息公示系统的建设。国务院其他有关部门依照本条例规定做好企业信息公示相关工作。

县级以上地方人民政府有关部门依照本条例规定做好企业信息公示工作。

第八条 企业应当于每年1月1日至6月30日，通过企业信用信息公示系统向工商行政管理部门报送上一年度年度报告，并向社会公示。

当年设立登记的企业，自下一年起报送并公示年度报告。

第十四条 国务院工商行政管理部门和省、自治区、直辖市人民政府工商行政管理部门应当按照公平规范的要求，根据企业注册号等随机摇号，确定抽查的企业，组织对企业公示信息的情况进行检查。

工商行政管理部门抽查企业公示的信息，可以采取书面检查、实地核查、网络监测等方式。工商行政管理部门抽查企业公示的信息，可以委托会计师事务所、税务师事务所、律师事务所等专业机构开展相关工作，并依法利用其他政府部门作出的检查、核查结果或者专业机构作出的专业结论。

抽查结果由工商行政管理部门通过

企业信用信息公示系统向社会公布。

第十五条 工商行政管理部门对企业公示的信息依法开展抽查或者根据举报进行核查，企业应当配合，接受询问调查，如实反映情况，提供相关材料。

对不予配合情节严重的企业，工商行政管理部门应当通过企业信用信息公示系统公示。

《快递暂行条例》

第八条 国家加强快递业诚信体系建设，建立健全快递业信用记录、信息公开、信用评价制度，依法实施联合惩戒措施，提高快递业信用水平。

◎ 部门规章

《电信和互联网用户个人信息保护规定》

第二十条 电信管理机构应当将电信业务经营者、互联网信息服务提供者违反本规定的行为记入其社会信用档案并予以公布。

《小微型客车租赁经营服务管理办法》

第二十一条 小微型客车租赁行政主管部门应当依法加强市场监管和企业信用管理，定期组织开展小微型客车租赁服务质量信誉考核并及时公布考核情况。

◎ 部门规范性文件

《关于加强网络市场监管的意见》

三、充分发挥信用激励约束机制的作用，推进"信用管网"。结合企业信用信息公示系统建设，强化网络经营企业信息公示责任，加强部门间信息共享，落实网络经营企业信用信息公示、经营异常名录、严重违法企业名单等制度，及时向社会公示违法处罚信息，实现"一处违法，处处受限"，有效发挥失信惩戒机制在网络市场监管中的作用。发挥"守合同、重信用"等激励机制作用，促进网络经营者守信经营。继续深入推进电子商务可信交易环境建设试点工作，推动形成公正可信的网络交易信用信息评价体系。注重发挥第三方信用服务机构作用，支持第三方信用服务和产品应用于网络交易。

《促进电子商务发展部际综合协调工作组工作制度及三年行动实施方案（2016-2018年）》

二、主要任务

（一）电子商务基础设施建设专项行动

……

2. 电子商务市场主体可信服务工程

整合电子商务平台、网站、相关业务主管和监管部门及企事业单位获取和掌握的电子商务市场主体基础信息资源。建设电子商务市场主体信息库，推动电子商务信用信息公示，规范电子商务主体经营行为，提高电子商务主体交易安全性和可信度。

推动部门：工商总局、质检总局、商务部、工业和信息化部、新闻出版广电总局、公安部

......

《电子商务"十三五"发展规划》

三、主要任务

......

（五）优化电子商务治理环境。

建立新型监管体系。加快建立电子商务市场的网络化治理机制与技术保障体系，健全网络交易失信惩戒制度，依托全国信用信息共享平台，推动信用信息互联共享，完善政府与社会联动的电子商务平台治理机制。进一步完善"风险监测、网上抽查、源头追溯、属地查处、信用管理"电子商务产品质量监管机制。充分借助互联网、大数据等信息技术，掌控电子商务市场发展状况，及时发现和查处违法违规行为，建立适应电子商务市场规律的治理机制与监管体系。

......

《关于全面加强电子商务领域诚信建设的指导意见》

五、大力实施电子商务信用监管

（十二）加强第三方大数据监测评价。鼓励社会信用评价机构对电子商务

平台定期进行信用状况评估，监测失信行为信息。制定相关程序规范，加强对商务"12312"、消费者"12315"、文化"12318"、价格"12358"、质量监督"12365"等举报投诉服务平台电子商务失信信息的整合、共享、推送。在"信用中国"网站和企业信用信息公示系统开通网络失信举报中心，畅通群众举报途径。全国信用信息共享平台要及时采集部门监管、大数据监测、群众举报等渠道形成的电子商务领域失信信息。

......

权威案例

◎ 典型案例

李某与上海松某百味佳餐饮经营管理有限公司买卖合同纠纷执行案【最高法院公布五起涉失信被执行人典型案例之四（2013年7月19日）】

典型意义：执行法院抓住商家重视商业信誉的特点，通过互联网、报刊、公告等途径对其未履行法院判决的行为予以曝光，促使被执行人通过与申请执行人达成执行和解协议的途径履行生效判决所确定的义务，使得案件得以顺利执结。

第七十一条　【电子商务的跨境发展】

国家促进跨境电子商务发展，建立健全适应跨境电子商务特点的海关、税收、进出境检验检疫、支付结算等管理制度，提高跨境电子商务各环节便利化水平，支持跨境电子商务平台经营者等为跨境电子商务提供仓储物流、报关、报检等服务。

国家支持小型微型企业从事跨境电子商务。

关联法规

◎ **法律**

《对外贸易法》

第五十条　国家制定对外贸易发展战略，建立和完善对外贸易促进机制。

第五十一条　国家根据对外贸易发展的需要，建立和完善为对外贸易服务的金融机构，设立对外贸易发展基金、风险基金。

第五十二条　国家通过进出口信贷、出口信用保险、出口退税及其他促进对外贸易的方式，发展对外贸易。

第五十三条　国家建立对外贸易公共信息服务体系，向对外贸易经营者和其他社会公众提供信息服务。

第五十四条　国家采取措施鼓励对外贸易经营者开拓国际市场，采取对外投资、对外工程承包和对外劳务合作等多种形式，发展对外贸易。

第五十五条　对外贸易经营者可以依法成立和参加有关协会、商会。

有关协会、商会应当遵守法律、行政法规，按照章程对其成员提供与对外贸易有关的生产、营销、信息、培训等方面的服务，发挥协调和自律作用，依法提出有关对外贸易救济措施的申请，维护成员和行业的利益，向政府有关部门反映成员有关对外贸易的建议，开展对外贸易促进活动。

第五十六条　中国国际贸易促进组织按照章程开展对外联系，举办展览，提供信息、咨询服务和其他对外贸易促进活动。

第五十七条　国家扶持和促进中小企业开展对外贸易。

第五十八条　国家扶持和促进民族自治地方和经济不发达地区发展对外贸易。

◎ **行政法规**

《快递暂行条例》

第十六条　国家鼓励经营快递业务的企业依法开展进出境快递业务，支持在重点口岸建设进出境快件处理中心、在境外依法开办快递服务机构并设置快件处理场所。

海关、邮政管理等部门应当建立协作机制，完善进出境快件管理，推动实现快件便捷通关。

◎ 部门规章

《电子银行业务管理办法》

第七十二条 金融机构提供跨境电子银行服务，除应遵守中国法律法规和外汇管理政策等规定外，还应遵守境外居民所在国家（地区）的法律规定。

境外电子银行监管部门对跨境电子银行业务要求审批的，金融机构在提供跨境业务活动之前，应获得境外电子银行监管部门的批准。

第七十三条 金融机构开展跨境电子银行业务，除应按照第二章的有关规定向中国银监会申请外，还应当向中国银监会提供以下文件资料：

（一）跨境电子银行服务的国家（地区），以及该国（地区）对电子银行业务管理的法律规定；

（二）跨境电子银行服务的主要对象及服务内容；

（三）未来三年跨境电子银行业务发展规模、客户规模的分析预测；

（四）跨境电子银行业务法律与合规性分析。

第七十四条 金融机构向客户提供跨境电子银行服务，必须签订相关服务协议。

金融机构与客户的服务协议文本，应当使用中文和客户所在国家或地区（或客户同意的其他国语言）两种文字，两种文字的文本应具有同等法律效力。

◎ 部门规范性文件

《关于网上交易的指导意见（暂行）》

四、网上交易促进

……

（二）促进全国网上交易的协调发展

各级商务主管部门要引导网上交易发达地区与不发达地区的合作，特别注意促进中西部地区网上交易的发展。

各级商务主管部门要引导城市网上交易向农村扩展，提高农产品网上交易的比例。

各级商务主管部门要扶持第三方网上交易平台建设，引导中小企业通过网上交易走出国门，参与国际竞争。

……

《跨境电子商务经营主体和商品备案管理工作规范》

第三条 跨境电子商务经营主体开展跨境电子商务业务的，应当向检验检疫机构提供经营主体备案信息。

跨境电子商务商品经营企业在商品首次上架销售前，应当向检验检疫机构提供商品备案信息。

第四条　跨境电子商务经营主体应通过信息平台向检验检疫机构备案信息。质检总局建设统一的跨境电子商务检验检疫监管系统管理备案信息。

地方政府建有跨境电子商务公共信息平台的，跨境电子商务经营主体应通过公共信息平台向检验检疫机构备案信息。

地方政府未建有跨境电子商务公共信息平台的，跨境电子商务经营主体应通过检验检疫机构认可的信息平台备案信息。

第五条　跨境电子商务经营主体和商品备案信息实施一地备案、全国共享管理。同一经营主体在备案地以外检验检疫机构辖区从事跨境电子商务业务的，无需再次备案。同一经营主体在备案地以外检验检疫机构辖区销售同一种跨境电子商务商品的，无需再次备案。

备案信息发生变化的，跨境电子商务经营主体应及时向检验检疫机构更新备案信息。

第六条　跨境电子商务经营主体应通过信息平台提供"跨境电子商务经营主体备案信息"（附件1）。

第七条　跨境电子商务商品经营企业应通过信息平台提供"跨境电子商务商品备案信息"（附件2）。

第八条　发现以下情形的，备案信息无效：

（一）提供虚假信息的；

（二）备案信息与跨境电子商务交易平台展示信息明显不符或存在严重缺陷的；

（三）提供禁止以跨境电子商务形式进境商品信息的。

第九条　以下商品禁止以跨境电子商务形式进境：

（一）《中华人民共和国进出境动植物检疫法》规定的禁止进境物；

（二）未获得检验检疫准入的动植物产品及动植物源性食品；

（三）列入《危险化学品目录》、《危险货物品名表》、《〈联合国关于危险货物运输建议书规章范本〉附录三〈危险货物一览表〉》、《易制毒化学品的分类和品种名录》和《中国严格限制进出口的有毒化学品目录》的物品；

（四）特殊物品（取得进口药品注册证书的生物制品除外）；

（五）含可能危及公共安全的核生化有害因子的产品；

（六）废旧物品；

（七）法律法规禁止进境的其他产品和国家质检总局公告禁止进境的产品。

以国际快递或邮寄方式进境的，还应符合《中华人民共和国禁止携带、邮寄进境的动植物及其产品名录》的要求。

《关于跨境电子商务零售进口税收政策的通知》

一、跨境电子商务零售进口商品按照货物征收关税和进口环节增值税、消费税，购买跨境电子商务零售进口商品的个人作为纳税义务人，实际交易价格（包括货物零售价格、运费和保险费）作为完税价格，电子商务企业、电子商务交易平台企业或物流企业可作为代收代缴义务人。

二、跨境电子商务零售进口税收政策适用于从其他国家或地区进口的、《跨境电子商务零售进口商品清单》范围内的以下商品：

（一）所有通过与海关联网的电子商务交易平台交易，能够实现交易、支付、物流电子信息"三单"比对的跨境电子商务零售进口商品；

（二）未通过与海关联网的电子商务交易平台交易，但快递、邮政企业能够统一提供交易、支付、物流等电子信息，并承诺承担相应法律责任进境的跨境电子商务零售进口商品。

不属于跨境电子商务零售进口的个人物品以及无法提供交易、支付、物流等电子信息的跨境电子商务零售进口商品，按现行规定执行。

三、跨境电子商务零售进口商品的单次交易限值为人民币 2000 元，个人年度交易限值为人民币 20000 元。在限值以内进口的跨境电子商务零售进口商品，关税税率暂设为 0%；进口环节增值税、消费税取消免征税额，暂按法定应纳税额的 70%征收。超过单次限值、累加后超过个人年度限值的单次交易，以及完税价格超过 2000 元限值的单个不可分割商品，均按照一般贸易方式全额征税。

四、跨境电子商务零售进口商品自海关放行之日起 30 日内退货的，可申请退税，并相应调整个人年度交易总额。

五、跨境电子商务零售进口商品购买人（订购人）的身份信息应进行认证；未进行认证的，购买人（订购人）身份信息应与付款人一致。

六、《跨境电子商务零售进口商品清单》将由财政部商有关部门另行公布。

《促进电子商务发展部际综合协调工作组工作制度及三年行动实施方案（2016-2018 年）》

二、主要任务

（一）电子商务基础设施建设专项行动

……

6. 跨境电子商务综合通关提速工程

建立和完善跨境电子商务海关、检验检疫、支付、追溯、税收等管理制度，推进跨境电子商务海关、检验检疫、支付、追溯、税收等关键环节"单一窗口"综合服务体系建设，提高跨境电子商务通关综合服务效率。

推动部门：海关总署、财政部、税务总局、质检总局、发展改革委、商务部、外汇管理局

……

《网络空间国际合作战略》

……

七、推动数字经济发展和数字红利普惠共享

推动落实联合国信息社会世界峰会确定的建设以人为本、面向发展、包容性的信息社会目标，以此推进落实2030年可持续发展议程。

支持基于互联网的创新创业，促进工业、农业、服务业数字化转型。促进中小微企业信息化发展。促进信息通信技术领域投资。扩大宽带接入，提高宽带质量。提高公众的数字技能，提高数字包容性。增强在线交易的可用性、完整性、保密性和可靠性，发展可信、稳定和可靠的互联网应用。

支持向广大发展中国家提供网络安全能力建设援助，包括技术转让、关键信息基础设施建设和人员培训等，将"数字鸿沟"转化为数字机遇，让更多发展中国家和人民共享互联网带来的发展机遇。

推动制定完善的网络空间贸易规则，促进各国相关政策的有效协调。开展电子商务国际合作，提高通关、物流等便利化水平。保护知识产权，反对贸易保护主义，形成世界网络大市场，促进全球网络经济的繁荣发展。

加强互联网技术合作共享，推动各国在网络通信、移动互联网、云计算、物联网、大数据等领域的技术合作，共同解决互联网技术发展难题，共促新产业、新业态的发展。加强人才交流，联合培养创新型网络人才。

紧密结合"一带一路"建设，推动并支持中国的互联网企业联合制造、金融、信息通信等领域企业率先走出去，按照公平原则参与国际竞争，共同开拓国际市场，构建跨境产业链体系。鼓励中国企业积极参与他国能力建设，帮助发展中国家发展远程教育、远程医疗、电子商务等行业，促进这些国家的社会发展。

……

第七十二条　【电子商务的跨境服务和监管】

国家进出口管理部门应当推进跨境电子商务海关申报、纳税、

检验检疫等环节的综合服务和监管体系建设，优化监管流程，推动实现信息共享、监管互认、执法互助，提高跨境电子商务服务和监管效率。跨境电子商务经营者可以凭电子单证向国家进出口管理部门办理有关手续。

关联法规

◎ **部门规范性文件**

《关于推进"单一窗口"建设的意见》

二、积极推进"单一窗口"建设

各检验检疫机构要积极采取措施，主动参与"单一窗口"建设，促进信息资源共享共用。

（一）进出口货物申报。

进出口企业或其代理人通过"单一窗口"一次性提交与贸易有关的所有信息和文件，满足所有与进口、出口和过境有关的监管规定；"单一窗口"对申报数据进行校验，按照检验检疫机构的要求生成申报表单，发送到检验检疫机构的信息平台；检验检疫机构的处理状态（结果）通过"单一窗口"反馈申报人。

通过"单一窗口"实现进出口货物（包括包装）申报和监管信息共享。在依法实施进口货物全申报的基础上，

实现出口货物基本信息全掌握。建立对申报信息修改的反馈机制，确保监管部门间申报数据一致性。推动监管部门间共享监管信息，口岸经营单位根据监管部门的指令配合监管放行，申报人可根据授权查询监管部门的监管状态和执法结果信息。

......

《关于进一步发挥检验检疫职能作用促进跨境电子商务发展的意见》

一、构建符合跨境电子商务发展的检验检疫工作体制机制

电子商务是国民经济和社会信息化的重要组成部分。加快电子商务发展，特别是跨境电子商务发展，对于促进外贸转型升级、提高国际竞争力，催生新兴产业、激发经济发展活力，推动大众创业、万众创新，均具有重要意义。要顺应跨境电子商务健康快速发展的新态势新要求，按照加快发展与完善管理相结合、有效监管与便利进出相结合的原则，改革创新，主动作为，着力解决现行检验检疫监管制度与跨境电子商务发展不适应、不协调问题，加快建立符合跨境电子商务发展要求的检验检疫工作体制机制。要大力支持中国（杭州）跨境电子商务综合实验区发展，对试验区所在地的检验检疫机构进一步下放审批权和评审权限，鼓励先行先试，加

大制度创新、管理创新和服务创新力度，尽快创造可复制可推广经验。

二、建立跨境电子商务清单管理制度

除以下禁止以跨境电子商务形式入境外，全面支持跨境电子商务发展：

（一）《中华人民共和国进出境动植物检疫法》规定的禁止进境物；

（二）未获得检验检疫准入的动植物源性食品；

（三）列入《危险化学品名录》、《剧毒化学品目录》、《易制毒化学品的分类和品种名录》和《中国严格限制进出口的有毒化学品目录》的；

（四）除生物制品以外的微生物、人体组织、生物制品、血液及其制品等特殊物品；

（五）可能危及公共安全的核生化等涉恐及放射性等产品；

（六）废旧物品；

（七）以国际快递或邮寄方式进境的电商商品，还应符合《中华人民共和国禁止携带、邮寄进境的动植物及其产品名录》的要求。

（八）法律法规禁止进境的其他产品和国家质检总局公告禁止进境的产品。

三、构建跨境电子商务风险监控和质量追溯体系

（一）构建跨境电子商务风险监控体系。加强对跨境电子商务商品的风险评估，制定重点商品和重点项目监管清单，不断建立完善质量风险信息采集机制、风险评估分析机制和风险预警处置机制。特别是涉及人身安全、健康和环保项目，通过现场查验、抽样检测和监督抽查等，加强风险监控和预警。对达不到质量安全要求的，采取风险通报、停止销售、强制召回、退运销毁等措施，保障质量安全。

（二）构建跨境电子商务质量追溯体系。充分运用信息化手段，建立以组织机构代码和商品条码为基础的电子商务产品质量追溯制度，通过加贴防伪溯源标识、二维码、条形码等手段，实现跨境电子商务商品"源头可溯、去向可查"。加强与质监部门的合作，探索建立"风险监测、网上抽查、源头追溯、属地查处"的质量监测机制，对发生的质量安全事故或投诉，及时组织开展调查，实现质量安全可追溯、责任可追究。

四、创新跨境电子商务检验检疫监管模式

（一）对跨境电子商务商品实行全申报管理。收发货人或其代理人通过地方政府建立的跨境电商公共信息平台向检验检疫机构申报商品信息、订单信

息、支付信息、物流信息、收发货人信息等，对低风险商品审核放行，高风险商品可逐步采信第三方检测结果合格放行。

（二）对出境跨境电子商品实行集中申报、集中办理放行手续。不断完善以检疫监管为主，基于风险分析的质量安全监督抽查机制。加大第三方检验鉴定结果采信力度，监督具有资质的第三方检测机构实施检验检测，进行产品质量安全的合格评定。对一般工业制成品，以问题为导向，加强事后监管。

（三）对入境跨境电子商务商品实行集中申报、核查放行。对通过国际快递或邮寄方式进境、收货人为个人、以自用为目的的，按照快件和邮寄物相关检验检疫监管办法管理。对整批入境、集中存放、电商经营企业按订单向国内个人消费者销售的，实施以风险分析为基础的质量安全监管，依据相应产品国家标准的安全卫生项目进行监测。

五、实施跨境电子商务备案管理

检验检疫机构对跨境电子商务经营主体及跨境电子商务商品实施备案管理，落实跨境电子商务经营主体商品质量安全责任，推动规范跨境电子商务经营秩序，实现质量安全责任可追溯。跨境电子商务经营主体包括：跨境电子商务经营企业（电商经营企业）、跨境电子商务平台企业（电商平台企业）和跨境电子商务商品物流仓储企业。备案内容包括：企业基本制度和经营商品名称、品牌、HS编码、规格型号、原产国别、供应商名称等。跨境电子商务经营企业应仔细核对商品信息，确保信息准确、真实。

六、加强跨境电子商务信息化建设

（一）推进跨境电子商务申报"单一窗口"综合服务体系建设。参与地方政府牵头的跨境电子商务平台建设，实现关检"一次申报、一次查验、一次放行"。加强与商务、海关、工商、港务、民航、税务、外汇管理、邮政等部门的协作，实现与跨境电子商务平台、物流企业和相关部门的数据对接和信息共享。

（二）推进跨境电子商务信用体系建设。加强企业信用管理，利用好总局电子商务产品质量信息公共服务平台，发挥好全国电子商务产品质量信息共享联盟作用，建立跨境电子商务企业信用数据库，推进诚信分类管理，促进信用等级互认。将企业信用等级与分类监管相结合，给予诚信企业更多便利措施，提升跨境电子商务商品的通关便利化水平。

各检验检疫机构要主动在地方政府的统一领导下，加强与相关部门的沟通与合作，及时通报检验检疫部门促进跨境电子商务发展的政策措施。要加大宣传力度，引导相关企业规范开展跨境电子商务进出口业务，促进跨境电子商务健康快速发展。

《关于加强跨境电子商务进出口消费品检验监管工作的指导意见》

二、落实措施

（一）建立跨境电商进出口消费品监管新模式。

1. 出口方面。

以跨境电商企业备案信息和全申报信息为基础，以问题为导向，加强事后监管。日常工作中实施基于风险分析的质量安全监督抽查，加大对第三方检验鉴定结果的采信力度。

2. 进口方面。

对整批入境、集中存放、电商经营企业按订单向国内个人消费者销售的消费品，按产品特性实施分类管理。

第一类：禁止入境类。列入《危险化学品目录》《剧毒化学品目录》《易制毒化学品的分类和品种名录》《中国严格限制进出口的有毒化学品目录》和《危险货物品名表》的物品；可能危及公共安全的核生化等涉恐及放射性等产品；废旧物品；法律法规禁止进境的其他产品和国家质检总局公告禁止进境的产品。

禁止上述产品以跨境电子商务形式入境。

第二类：重点监管类。国家实施质量安全许可管理或列入法检目录的产品。

此类产品需进行现场核查，实施以风险分析为基础的质量安全监管，依据相关规定实施质量安全监测，可采信第三方检验结果，必要时可对第三方检验结果实施验证。

第三类：一般监管类。除第一、二类以外的其他产品。

对此类产品采取基于风险分析的质量安全监督抽查机制，实施事后监管。

对以直邮模式入境的进口消费品，按照快件和邮寄物相关检验检疫监管办法管理。

（二）建立跨境电商消费品质量安全风险监测机制。

以进出口商品质量安全（杭州跨境电商）国家风险监测中心为龙头，建立各直属检验检疫机构之间的信息交换机制，构建全国范围内的风险监测网络。以监督抽查、消费者投诉、跨境电商企业报告、境外通报等多种途径和形式，获取质量安全风险信息。逐步完善跨境电商消费品线上线下监督抽查工作机制（线上即通过电商平台以消费者身份购买商品的方式抽样，线下即从各地"跨境电商监管仓库"等备货区域抽样），推进监督抽查工作常态化。

（三）建立跨境电商消费品质量安全追溯机制。

对跨境电商平台企业实施属地管理，努力构建跨境电商追溯调查工作体系，切实将工作重心转向质量安全追溯调查和责任追究。

检验检疫机构之间要加强质量安全信息互联互通，对于发现的跨境电商消费品质量安全风险，可及时通报跨境电商平台企业所在地直属检验检疫机构。跨境电商平台所在地检验检疫机构负责对相关质量安全信息开展追溯调查。

对于发现的一般质量安全问题，可采取包括责任约谈、责令企业整改等措施；对于多次出现安全质量问题、造成严重不良影响的跨境电商企业，应实施严格的检验监管措施；对发现的违法违规行为追究相关责任。根据风险监测和调查结果，检验检疫机构对于问题产品可采取产品风险预警、下架、退运、销毁以及强制召回等措施。

（四）明确跨境电商企业的质量安全主体责任。

对跨境电商经营主体（包括电商经营企业、电商平台企业和电商物流仓储企业）及跨境电商进出口消费品实施备案管理，明确企业的质量安全主体责任，推动

其建立完整的质量安全追溯链条。

引导跨境电商经营主体建立完善的质量安全管理制度、产品风险主动报告和召回制度。推动电商平台企业加强对电商经营企业的监督管理和责任追溯。大力推进电商平台企业和电商经营企业建立有关进口消费品质量安全的消费风险提示。

（五）建立跨境电商领域打击假冒伪劣工作机制。

加大对跨境电商领域假冒伪劣消费品的打击力度，多渠道获取线索，做好证据材料收集，规范执法过程，确保执法结果的客观性。对查实的假冒伪劣商品行为，按照相关规定依法查处，以保障我国跨境电商进出口消费品质量安全，维护正常贸易秩序和消费者权益。

《电子商务"十三五"发展规划》

四、专项行动

......

（一）电子商务信息基础设施建设工作。

1. 电子商务综合管理平台建设行动。

......

建设单一窗口平台。建立和完善电子商务海关、检验检疫、结算、税收等管理制度，加快推进形成跨部门共建、共管、共享机制，建设布局合理、互联

互通的国际贸易"单一窗口"平台，带动综合服务体系建设，进一步优化跨境电子商务综合管理与服务。

……

第七十三条 【电子商务国际合作】

国家推动建立与不同国家、地区之间跨境电子商务的交流合作，参与电子商务国际规则的制定，促进电子签名、电子身份等国际互认。

国家推动建立与不同国家、地区之间的跨境电子商务争议解决机制。

关联法规

◎ **部门规范性文件**

《关于网上交易的指导意见（暂行）》

四、网上交易促进

……

（三）参与电子商务的国际交流与合作

鼓励企业、行业协会参加电子商务国际组织，参与电子商务国际交流与合作。

鼓励大专院校、研究机构参与电子商务相关国际规则、条约和示范法的研究和制定。

……

《电子商务"十三五"发展规划》

四、专项行动

……

（二）新模式与新业态培育工作。

……

5. 跨境电子商务发展行动。

推进跨境电子商务综合试验区建设。加快建立适应跨境电子商务特点的政策、监管和数据标准等体系，提高贸易各环节便利化水平。鼓励设立海外仓储和展示中心，推进B2B业务创新发展。总结评估并复制推广各综合试验区经验，推动全国跨境电子商务持续健康发展。推动与"一带一路"沿线国家和地区开展电子商务合作。

积极参与电子商务国际规则制定。深入参与或发起跨境电子商务规则交流和谈判，积极发挥建设性推动作用。鼓励行业组织及企业参与电子商务国际标准、规范和规则体系建设。通过多双边对话，与各经济体建立互利共赢的合作机制，积极推进多双边及区域电子商务交流与合作，及时化解跨境电子商务进出口引发的贸易摩擦和纠纷。

完善跨境电子商务产业链。支持各地引导本地跨境电子商务产业向规模化、标准化、集群化、规范化方向发展。培育一批影响力较大的公共服务平台、竞争力较强的外贸综合服务平台和知名度较高的交易平台。支持跨境电子商务企业围绕技术、物流、服务创新商业模式，加强与境外企业合作，通过规范的海外仓、体验店等模式融入国外零售体系，逐步实现经营规范化、管理专业化、物流标准化和监管科学化。

……

《网络空间国际合作战略》

……

七、推动数字经济发展和数字红利普惠共享

推动落实联合国信息社会世界峰会确定的建设以人为本、面向发展、包容性的信息社会目标，以此推进落实2030年可持续发展议程。

支持基于互联网的创新创业，促进工业、农业、服务业数字化转型。促进中小微企业信息化发展。促进信息通信技术领域投资。扩大宽带接入，提高宽带质量。提高公众的数字技能，提高数字包容性。增强在线交易的可用性、完整性、保密性和可靠性，发展可信、稳定和可靠的互联网应用。

支持向广大发展中国家提供网络安全能力建设援助，包括技术转让、关键信息基础设施建设和人员培训等，将"数字鸿沟"转化为数字机遇，让更多发展中国家和人民共享互联网带来的发展机遇。

推动制定完善的网络空间贸易规则，促进各国相关政策的有效协调。开展电子商务国际合作，提高通关、物流等便利化水平。保护知识产权，反对贸易保护主义，形成世界网络大市场，促进全球网络经济的繁荣发展。

加强互联网技术合作共享，推动各国在网络通信、移动互联网、云计算、物联网、大数据等领域的技术合作，共同解决互联网技术发展难题，共促新产业、新业态的发展。加强人才交流，联合培养创新型网络人才。

紧密结合"一带一路"建设，推动并支持中国的互联网企业联合制造、金融、信息通信等领域企业率先走出去，按照公平原则参与国际竞争，共同开拓国际市场，构建跨境产业链体系。鼓励中国企业积极参与他国能力建设，帮助发展中国家发展远程教育、远程医疗、电子商务等行业，促进这些国家的社会发展。

……

第六章　法律责任

第七十四条　【电子商务经营者的民事责任】

电子商务经营者销售商品或者提供服务，不履行合同义务或者履行合同义务不符合约定，或者造成他人损害的，依法承担民事责任。

关联法规

◎ **法律**

《消费者权益保护法》

第四十一条　消费者在购买、使用商品或者接受服务时，其合法权益受到损害，因原企业分立、合并的，可以向变更后承受其权利义务的企业要求赔偿。

第四十二条　使用他人营业执照的违法经营者提供商品或者服务，损害消费者合法权益的，消费者可以向其要求赔偿，也可以向营业执照的持有人要求赔偿。

第四十四条　消费者通过网络交易平台购买商品或者接受服务，其合法权益受到损害的，可以向销售者或者服务者要求赔偿。网络交易平台提供者不能提供销售者或者服务者的真实名称、地址和有效联系方式的，消费者也可以向网络交易平台提供者要求赔偿；网络交易平台提供者作出更有利于消费者的承诺的，应当履行承诺。网络交易平台提供者赔偿后，有权向销售者或者服务者追偿。

网络交易平台提供者明知或者应知销售者或者服务者利用其平台侵害消费者合法权益，未采取必要措施的，依法与该销售者或者服务者承担连带责任。

第四十八条　经营者提供商品或者服务有下列情形之一的，除本法另有规定外，应当依照其他有关法律、法规的规定，承担民事责任：

（一）商品或者服务存在缺陷的；

（二）不具备商品应当具备的使用性能而出售时未作说明的；

（三）不符合在商品或者其包装上注明采用的商品标准的；

（四）不符合商品说明、实物样品等方式表明的质量状况的；

（五）生产国家明令淘汰的商品或者销售失效、变质的商品的；

（六）销售的商品数量不足的；

（七）服务的内容和费用违反约定的；

（八）对消费者提出的修理、重作、更换、退货、补足商品数量、退还货款和服务费用或者赔偿损失的要求，故意拖延或者无理拒绝的；

（九）法律、法规规定的其他损害消费者权益的情形。

经营者对消费者未尽到安全保障义务，造成消费者损害的，应当承担侵权责任。

第四十九条 经营者提供商品或者服务，造成消费者或者其他受害人人身伤害的，应当赔偿医疗费、护理费、交通费等为治疗和康复支出的合理费用，以及因误工减少的收入。造成残疾的，还应当赔偿残疾生活辅助具费和残疾赔偿金。造成死亡的，还应当赔偿丧葬费和死亡赔偿金。

第五十条 经营者侵害消费者的人格尊严、侵犯消费者人身自由或者侵害消费者个人信息依法得到保护的权利的，应当停止侵害、恢复名誉、消除影响、赔礼道歉，并赔偿损失。

第五十二条 经营者提供商品或者服务，造成消费者财产损害的，应当依照

法律规定或者当事人约定承担修理、重作、更换、退货、补足商品数量、退还货款和服务费用或者赔偿损失等民事责任。

《产品质量法》

第四十一条 因产品存在缺陷造成人身、缺陷产品以外的其他财产（以下简称他人财产）损害的，生产者应当承担赔偿责任。

生产者能够证明有下列情形之一的，不承担赔偿责任：

（一）未将产品投入流通的；

（二）产品投入流通时，引起损害的缺陷尚不存在的；

（三）将产品投入流通时的科学技术水平尚不能发现缺陷的存在的。

第四十二条 由于销售者的过错使产品存在缺陷，造成人身、他人财产损害的，销售者应当承担赔偿责任。

销售者不能指明缺陷产品的生产者也不能指明缺陷产品的供货者的，销售者应当承担赔偿责任。

《反不正当竞争法》

第十七条 经营者违反本法规定，给他人造成损害的，应当依法承担民事责任。

经营者的合法权益受到不正当竞争行为损害的，可以向人民法院提起诉讼。

因不正当竞争行为受到损害的经营者的赔偿数额，按照其因被侵权所受到

的实际损失确定；实际损失难以计算的，按照侵权人因侵权所获得的利益确定。经营者恶意实施侵犯商业秘密行为，情节严重的，可以在按照上述方法确定数额的一倍以上五倍以下确定赔偿数额。赔偿数额还应当包括经营者为制止侵权行为所支付的合理开支。

经营者违反本法第六条、第九条规定，权利人因被侵权所受到的实际损失、侵权人因侵权所获得的利益难以确定的，由人民法院根据侵权行为的情节判决给予权利人五百万元以下的赔偿。

《反垄断法》

第六十条　经营者实施垄断行为，给他人造成损失的，依法承担民事责任。

经营者实施垄断行为，损害社会公共利益的，设区的市级以上人民检察院可以依法向人民法院提起民事公益诉讼。

◎ 行政法规

《化妆品监督管理条例》

第七十六条　违反本条例规定，造成人身、财产或者其他损害的，依法承担赔偿责任。

◎ 司法解释

《关于审理网络消费纠纷案件适用法律若干问题的规定（一）》

第一条　电子商务经营者提供的格式条款有以下内容的，人民法院应当依法认定无效：

（一）收货人签收商品即视为认可商品质量符合约定；

（二）电子商务平台经营者依法应承担的责任一概由平台内经营者承担；

（三）电子商务经营者享有单方解释权或者最终解释权；

（四）排除或者限制消费者依法投诉、举报、请求调解、申请仲裁、提起诉讼的权利；

（五）其他排除或者限制消费者权利、减轻或者免除电子商务经营者责任、加重消费者责任等对消费者不公平、不合理的内容。

第二条　电子商务经营者就消费者权益保护法第二十五条第一款规定的四项除外商品做出七日内无理由退货承诺，消费者主张电子商务经营者应当遵守其承诺的，人民法院应予支持。

第三条　消费者因检查商品的必要对商品进行拆封查验且不影响商品完好，电子商务经营者以商品已拆封为由主张不适用消费者权益保护法第二十五条规定的无理由退货制度的，人民法院不予支持，但法律另有规定的除外。

第五条　平台内经营者出售商品或者提供服务过程中，其工作人员引导消费者通过交易平台提供的支付方式以外的方式进行支付，消费者主张平台内经营承担商品销售者或者服务提供者责任，平台内经营者以未经过交易平台支付为由抗辩的，人民法院不予支持。

第六条 注册网络经营账号开设网络店铺的平台内经营者，通过协议等方式将网络账号及店铺转让给其他经营者，但未依法进行相关经营主体信息变更公示，实际经营者的经营活动给消费者造成损害，消费者主张注册经营者、实际经营者承担赔偿责任的，人民法院应予支持。

第八条 电子商务经营者在促销活动中提供的奖品、赠品或者消费者换购的商品给消费者造成损害，消费者主张电子商务经营者承担赔偿责任，电子商务经营者以奖品、赠品属于免费提供或者商品属于换购为由主张免责的，人民法院不予支持。

第十条 平台内经营者销售商品或者提供服务损害消费者合法权益，其向消费者承诺的赔偿标准高于相关法定赔偿标准，消费者主张平台内经营者按照承诺赔偿的，人民法院应依法予以支持。

第十一条 平台内经营者开设网络直播间销售商品，其工作人员在网络直播中因虚假宣传等给消费者造成损害，消费者主张平台内经营者承担赔偿责任

的，人民法院应予支持。

第十二条 消费者因在网络直播间点击购买商品合法权益受到损害，直播间运营者不能证明已经以足以使消费者辨别的方式标明其并非销售者并标明实际销售者的，消费者主张直播间运营者承担商品销售者责任的，人民法院应予支持。

直播间运营者能够证明已经尽到前款所列标明义务的，人民法院应当综合交易外观、直播间运营者与经营者的约定、与经营者的合作模式、交易过程以及消费者认知等因素予以认定。

第十三条 网络直播营销平台经营者通过网络直播方式开展自营业务销售商品，消费者主张其承担商品销售者责任的，人民法院应予支持。

第十四条 网络直播间销售商品损害消费者合法权益，网络直播营销平台经营者不能提供直播间运营者的真实姓名、名称、地址和有效联系方式的，消费者依据消费者权益保护法第四十四条规定向网络直播营销平台经营者请求赔偿的，人民法院应予支持。网络直播营销平台经营者承担责任后，向直播间运营者追偿的，人民法院应予支持。

第十五条 网络直播营销平台经营者对依法需取得食品经营许可的网络直播间的食品经营资质未尽到法定审核义

务,使消费者的合法权益受到损害,消费者依据食品安全法第一百三十一条等规定主张网络直播营销平台经营者与直播间运营者承担连带责任的,人民法院应予支持。

第十六条　网络直播营销平台经营者知道或者应当知道网络直播间销售的商品不符合保障人身、财产安全的要求,或者有其他侵害消费者合法权益行为,未采取必要措施,消费者依据电子商务法第三十八条等规定主张网络直播营销平台经营者与直播间运营者承担连带责任的,人民法院应予支持。

第十七条　直播间运营者知道或者应当知道经营者提供的商品不符合保障人身、财产安全的要求,或者有其他侵害消费者合法权益行为,仍为其推广,给消费者造成损害,消费者依据民法典第一千一百六十八条等规定主张直播间运营者与提供该商品的经营者承担连带责任的,人民法院应予支持。

第十八条　网络餐饮服务平台经营者违反食品安全法第六十二条和第一百三十一条规定,未对入网餐饮服务提供者进行实名登记、审查许可证,或者未履行报告、停止提供网络交易平台服务等义务,使消费者的合法权益受到损害,消费者主张网络餐饮服务平台经营者与入网餐饮服务提供者承担连带责任

的,人民法院应予支持。

第十九条　入网餐饮服务提供者所经营食品损害消费者合法权益,消费者主张入网餐饮服务提供者承担经营者责任,入网餐饮服务提供者以订单系委托他人加工制作为由抗辩的,人民法院不予支持。

◎ **部门规章**

《网络出版服务管理规定》

第二十八条　网络出版物的内容不真实或不公正,致使公民、法人或者其他组织合法权益受到侵害的,相关网络出版服务单位应当停止侵权,公开更正,消除影响,并依法承担其他民事责任。

《侵害消费者权益行为处罚办法》

第八条　经营者提供商品或者服务,应当依照法律规定或者当事人约定承担修理、重作、更换、退货、补足商品数量、退还货款和服务费用或者赔偿损失等民事责任,不得故意拖延或者无理拒绝消费者的合法要求。经营者有下列情形之一并超过十五日的,视为故意拖延或者无理拒绝:

(一)经有关行政部门依法认定为不合格商品,自消费者提出退货要求之日起未退货的;

(二)自国家规定、当事人约定期满之日起或者不符合质量要求的自消费者提出要求之日起,无正当理由拒不履

行修理、重作、更换、退货、补足商品数量、退还货款和服务费用或者赔偿损失等义务的。

《网络交易监督管理办法》

第五十一条 网络交易经营者销售商品或者提供服务，不履行合同义务或者履行合同义务不符合约定，或者造成他人损害的，依法承担民事责任。

◎ **部门规范性文件**

《电子商务模式规范》

3. 基本要求

……

3.10 电子商务经营者应承担的责任

3.10.1 电子商务经营者应当保护个人注册用户的个人隐私和通讯信息，不能故意或过失泄露公民个人隐私和通讯信息等。

3.10.2 电子商务经营者应当保证其提供的商品或者服务符合保障人身、财产安全的要求。对可能危及人身、财产安全的商品和服务，应当向消费者作出真实的说明和明确的警示，并说明和标明正确使用商品或者接受服务的方法以及防止危害发生的方法。经营者发现其提供的商品或者服务存在严重缺陷，即使正确使用商品或者接受服务仍然可能对人身、财产安全造成危害的，应当立即向有关行政部门报告和告知消费

者，并采取防止危害发生的措施。电子商务经营者不得提供有质量瑕疵的商品或者服务、不得进行虚假宣传、不能违约和不可有侵权行为等。

3.10.3 消费者、买方和个人与电子商务经营者因商品和服务发生争议时，电子商务经营者应当承担经营行为合法的举证责任。消费者、买方和个人需证实损害事实的存在。争议的解决按相关法律法规处理。

……

权威案例

◎ **典型案例**

郑某与某儿童食品公司网络购物合同纠纷案【食品安全民事纠纷典型案例之三（2020 年 12 月 9 日）】

裁判要点：食品不符合食品安全标准，消费者主张生产者或者经营者依据食品安全法第一百四十八条第二款规定承担惩罚性赔偿责任，生产者或者经营者以未造成消费者人身损害为由抗辩的，人民法院不予支持。

高某诉杨某网络信息购物合同纠纷案【最高法发布消费者权益保护典型案例之九（2022 年 3 月 15 日）】

典型意义：近年来，个人闲置物品的网络交易，方兴未艾，交易人数、交易量发展迅速。各大二手商品网络交易平台的出现，更促进了社会个人闲置二

手商品交易的繁荣，但不可忽视的是二手商品网络交易平台中销售者发布的商品鱼目混珠，侵害合法权益的事件多有发生。对于二手商品网络交易平台发生的交易，买家权益受到损害，能否适用消费者权益保护法要求销售者承担经营者责任，相关法律规定并不明确。从促进全社会个人闲置二手物品线上交易健康、规范、有序发展，以及平等保护市场交易主体合法权益的角度考虑，有必要对网络二手市场的交易主体进行区分，应在综合考虑出售商品的性质、来源、数量、价格、频率、是否有其他销售渠道、收入等情况下，合理将长期从事二手交易营利活动的销售者界定为经营者，适用消费者权益保护法的相关规定，以切实维护消费者的合法权益。

王某诉陈某网络购物合同纠纷案【网络消费典型案例之六（2023 年 3 月 15 日）】

典型意义：闲置物品交易模式是数字经济中的一种典型模式。二手物品交易平台的出现有利于闲置物品的盘活、再利用。但在现实中，有些人在二手交易平台以交易闲置物品的名义进行经营行为，商品出现问题后又以是自用闲置物品交易为由拒绝承担经营者责任。本案裁判综合销售者出售商品的性质、来源、数量、价格、频率、收入等情况，认定以盈利为目的持续性销售二手商品的销售者应承担经营者责任，有利于更好地维护消费者合法权益，对于类似案件的处理具有借鉴意义。

杨某与某租车公司车辆租赁合同纠纷案【网络消费典型案例之九（2023 年 3 月 15 日）】

典型意义：网络租车平台是数字化赋能的典型商业模式。实际经营中，存在经营者为规避风险、提高利润，违背向租车人作出的承诺，为出租的汽车投保保险金额较低的商业保险的情况。本案裁判通过认定在线租赁公司承担投保不足导致的赔偿责任，树立正确的价值导向，引导在线租赁公司诚信经营，保障租车消费者的合法权益。

> **第七十五条　【电子商务经营者违法违规的法律责任衔接】**
>
> 电子商务经营者违反本法第十二条、第十三条规定，未取得相关行政许可从事经营活动，或者销售、提供法律、行政法规禁止交易的商品、服务，或者不履行本法第二十五条规定的信息提供义务，电子商务平台经营者违反本法第四十六条规定，采取集中交易方式进行交易，或者进行标准化合约交易的，依照有关法律、行政法规的规定处罚。

关联法规

◎ **法律**

《电子商务法》

第十二条 电子商务经营者从事经营活动，依法需要取得相关行政许可的，应当依法取得行政许可。

第十三条 电子商务经营者销售的商品或者提供的服务应当符合保障人身、财产安全的要求和环境保护要求，不得销售或者提供法律、行政法规禁止交易的商品或者服务。

第二十五条 有关主管部门依照法律、行政法规的规定要求电子商务经营者提供有关电子商务数据信息的，电子商务经营者应当提供。有关主管部门应当采取必要措施保护电子商务经营者提供的数据信息的安全，并对其中的个人信息、隐私和商业秘密严格保密，不得泄露、出售或者非法向他人提供。

第四十六条 除本法第九条第二款规定的服务外，电子商务平台经营者可以按照平台服务协议和交易规则，为经营者之间的电子商务提供仓储、物流、支付结算、交收等服务。电子商务平台经营者为经营者之间的电子商务提供服务，应当遵守法律、行政法规和国家有关规定，不得采取集中竞价、做市商等集中交易方式进行交易，不得进行标准化合约交易。

《消费者权益保护法》

第五十六条 经营者有下列情形之一，除承担相应的民事责任外，其他有关法律、法规对处罚机关和处罚方式有规定的，依照法律、法规的规定执行；法律、法规未作规定的，由工商行政管理部门或者其他有关行政部门责令改正，可以根据情节单处或者并处警告、没收违法所得、处以违法所得一倍以上十倍以下的罚款，没有违法所得的，处以五十万元以下的罚款；情节严重的，责令停业整顿、吊销营业执照：

（一）提供的商品或者服务不符合保障人身、财产安全要求的；

（二）在商品中掺杂、掺假，以假充真，以次充好，或者以不合格商品冒充合格商品的；

（三）生产国家明令淘汰的商品或者销售失效、变质的商品的；

（四）伪造商品的产地，伪造或者冒用他人的厂名、厂址，篡改生产日期，伪造或者冒用认证标志等质量标志的；

（五）销售的商品应当检验、检疫而未检验、检疫或者伪造检验、检疫结果的；

（六）对商品或者服务作虚假或者引人误解的宣传的；

（七）拒绝或者拖延有关行政部门责令对缺陷商品或者服务采取停止销售、警示、召回、无害化处理、销毁、停止生产或者服务等措施的；

（八）对消费者提出的修理、重作、更换、退货、补足商品数量、退还货款和服务费用或者赔偿损失的要求，故意拖延或者无理拒绝的；

（九）侵害消费者人格尊严、侵犯消费者人身自由或者侵害消费者个人信息依法得到保护的权利的；

（十）法律、法规规定的对损害消费者权益应当予以处罚的其他情形。

经营者有前款规定情形的，除依照法律、法规规定予以处罚外，处罚机关应当记入信用档案，向社会公布。

《产品质量法》

第四十九条　生产、销售不符合保障人体健康和人身、财产安全的国家标准、行业标准的产品的，责令停止生产、销售，没收违法生产、销售的产品，并处违法生产、销售产品（包括已售出和未售出的产品，下同）货值金额等值以上三倍以下的罚款；有违法所得的，并处没收违法所得；情节严重的，吊销营业执照；构成犯罪的，依法追究刑事责任。

第五十条　在产品中掺杂、掺假，以假充真，以次充好，或者以不合格产品冒充合格产品的，责令停止生产、销售，没收违法生产、销售的产品，并处违法生产、销售产品货值金额百分之五十以上三倍以下的罚款；有违法所得的，并处没收违法所得；情节严重的，吊销营业执照；构成犯罪的，依法追究刑事责任。

《行政许可法》

第八十一条　公民、法人或者其他组织未经行政许可，擅自从事依法应当取得行政许可的活动的，行政机关应当依法采取措施予以制止，并依法给予行政处罚；构成犯罪的，依法追究刑事责任。

《海关法》

第八十二条　违反本法及有关法律、行政法规，逃避海关监管，偷逃应纳税款、逃避国家有关进出境的禁止性或者限制性管理，有下列情形之一的，是走私行为：

（一）运输、携带、邮寄国家禁止或者限制进出境货物、物品或者依法应当缴纳税款的货物、物品进出境的；

（二）未经海关许可并且未缴纳应纳税款、交验有关许可证件，擅自将保税货物、特定减免税货物以及其他海关监管货物、物品、进境的境外运输工具，在境内销售的；

（三）有逃避海关监管，构成走私的其他行为的。

有前款所列行为之一，尚不构成犯罪的，由海关没收走私货物、物品及违法所得，可以并处罚款；专门或者多次用于掩护走私的货物、物品，专门或者多次用于走私的运输工具，予以没收，藏匿走私货物、物品的特制设备，责令拆毁或者没收。

有第一款所列行为之一，构成犯罪的，依法追究刑事责任。

《对外贸易法》

第五十九条 违反本法第十条规定，未经授权擅自进出口实行国营贸易管理的货物的，国务院对外贸易主管部门或者国务院其他有关部门可以处五万元以下罚款；情节严重的，可以自行政处罚决定生效之日起三年内，不受理违法行为人从事国营贸易管理货物进出口业务的申请，或者撤销已给予其从事其他国营贸易管理货物进出口的授权。

第六十条 进出口属于禁止进出口的货物的，或者未经许可擅自进出口属于限制进出口的货物的，由海关依照有关法律、行政法规的规定处理、处罚；构成犯罪的，依法追究刑事责任。

进出口属于禁止进出口的技术的，或者未经许可擅自进出口属于限制进出口的技术的，依照有关法律、行政法规的规定处理、处罚；法律、行政法规没有规定的，由国务院对外贸易主管部门责令改正，没收违法所得，并处违法所得一倍以上五倍以下罚款，没有违法所得或者违法所得不足一万元的，处一万元以上五万元以下罚款；构成犯罪的，依法追究刑事责任。

自前两款规定的行政处罚决定生效之日或者刑事处罚判决生效之日起，国务院对外贸易主管部门或者国务院其他有关部门可以在三年内不受理违法行为人提出的进出口配额或者许可证的申请，或者禁止违法行为人在一年以上三年以下的期限内从事有关货物或者技术的进出口经营活动。

第六十一条 从事属于禁止的国际服务贸易的，或者未经许可擅自从事属于限制的国际服务贸易的，依照有关法律、行政法规的规定处罚；法律、行政法规没有规定的，由国务院对外贸易主管部门责令改正，没收违法所得，并处违法所得一倍以上五倍以下罚款，没有违法所得或者违法所得不足一万元的，处一万元以上五万元以下罚款；构成犯罪的，依法追究刑事责任。

国务院对外贸易主管部门可以禁止违法行为人自前款规定的行政处罚决定生效之日或者刑事处罚判决生效之日起一年以上三年以下的期限内从事有关的国际服务贸易经营活动。

《野生动物保护法》

第四十七条　违反本法第十五条第四款规定，以收容救护为名买卖野生动物及其制品的，由县级以上人民政府野生动物保护主管部门没收野生动物及其制品、违法所得，并处野生动物及其制品价值二倍以上二十倍以下罚款，将有关违法信息记入社会信用记录，并向社会公布；构成犯罪的，依法追究刑事责任。

◎ 行政法规

《互联网信息服务管理办法》

第十九条　违反本办法的规定，未取得经营许可证，擅自从事经营性互联网信息服务，或者超出许可的项目提供服务的，由省、自治区、直辖市电信管理机构责令限期改正，有违法所得的，没收违法所得，处违法所得3倍以上5倍以下的罚款；没有违法所得或者违法所得不足5万元的，处10万元以上100万元以下的罚款；情节严重的，责令关闭网站。

违反本办法的规定，未履行备案手续，擅自从事非经营性互联网信息服务，或者超出备案的项目提供服务的，由省、自治区、直辖市电信管理机构责令限期改正；拒不改正的，责令关闭网站。

《快递暂行条例》

第四十条　未取得快递业务经营许可从事快递活动的，由邮政管理部门依照《中华人民共和国邮政法》的规定予以处罚。

经营快递业务的企业或者其分支机构有下列行为之一的，由邮政管理部门责令改正，可以处1万元以下的罚款；情节严重的，处1万元以上5万元以下的罚款，并可以责令停业整顿：

（一）开办快递末端网点未向所在地邮政管理部门备案；

（二）停止经营快递业务，未提前10日向社会公告，未书面告知邮政管理部门并交回快递业务经营许可证，或者未依法妥善处理尚未投递的快件；

（三）因不可抗力或者其他特殊原因暂停快递服务，未及时向邮政管理部门报告并向社会公告暂停服务的原因和期限，或者未依法妥善处理尚未投递的快件。

《化妆品监督管理条例》

第五十九条　有下列情形之一的，由负责药品监督管理的部门没收违法所得、违法生产经营的化妆品和专门用于违法生产经营的原料、包装材料、工具、设备等物品；违法生产经营的化妆品货值金额不足1万元的，并处5万元以上15万元以下罚款；货值金额1万元以上的，并处货值金额15倍以上30倍以下罚款；情节严重的，责令停产停业、由备案部门取消备案或者由原发证部门吊销化妆品许可证件，10年内不予办理其提出的化妆品备案或者受理其提出的化妆品行政许可申请，对违法单位的法定代表人或者主要负责人、直接负责的主管人员和其他直接责任人员处以其上一年度从本单位取得收入的3倍以上5倍以下罚款，终身禁止其从事化妆品生产经营活动；构成犯罪的，依法追究刑事责任：

（一）未经许可从事化妆品生产活动，或者化妆品注册人、备案人委托未取得相应化妆品生产许可的企业生产化妆品；

（二）生产经营或者进口未经注册的特殊化妆品；

（三）使用禁止用于化妆品生产的原料、应当注册但未经注册的新原料生产化妆品，在化妆品中非法添加可能危害人体健康的物质，或者使用超过使用期限、废弃、回收的化妆品或者原料生产化妆品。

第六十条　有下列情形之一的，由负责药品监督管理的部门没收违法所得、违法生产经营的化妆品和专门用于违法生产经营的原料、包装材料、工具、设备等物品；违法生产经营的化妆品货值金额不足1万元的，并处1万元以上5万元以下罚款；货值金额1万元

以上的，并处货值金额5倍以上20倍以下罚款；情节严重的，责令停产停业、由备案部门取消备案或者由原发证部门吊销化妆品许可证件，对违法单位的法定代表人或者主要负责人、直接负责的主管人员和其他直接责任人员处以其上一年度从本单位取得收入的1倍以上3倍以下罚款，10年内禁止其从事化妆品生产经营活动；构成犯罪的，依法追究刑事责任：

（一）使用不符合强制性国家标准、技术规范的原料、直接接触化妆品的包装材料，应当备案但未备案的新原料生产化妆品，或者不按照强制性国家标准或者技术规范使用原料；

（二）生产经营不符合强制性国家标准、技术规范或者不符合化妆品注册、备案资料载明的技术要求的化妆品；

（三）未按照化妆品生产质量管理规范的要求组织生产；

（四）更改化妆品使用期限；

（五）化妆品经营者擅自配制化妆品，或者经营变质、超过使用期限的化妆品；

（六）在负责药品监督管理的部门责令其实施召回后拒不召回，或者在负责药品监督管理的部门责令停止或者暂停生产、经营后拒不停止或者暂停生

产、经营。

第六十一条　有下列情形之一的，由负责药品监督管理的部门没收违法所得、违法生产经营的化妆品，并可以没收专门用于违法生产经营的原料、包装材料、工具、设备等物品；违法生产经营的化妆品货值金额不足 1 万元的，并处 1 万元以上 3 万元以下罚款；货值金额 1 万元以上的，并处货值金额 3 倍以上 10 倍以下罚款；情节严重的，责令停产停业、由备案部门取消备案或者由原发证部门吊销化妆品许可证件，对违法单位的法定代表人或者主要负责人、直接负责的主管人员和其他直接责任人员处以其上一年度从本单位取得收入的 1 倍以上 2 倍以下罚款，5 年内禁止其从事化妆品生产经营活动：

（一）上市销售、经营或者进口未备案的普通化妆品；

（二）未依照本条例规定设质量安全负责人；

（三）化妆品注册人、备案人未对受托生产企业的生产活动进行监督；

（四）未依照本条例规定建立并执行从业人员健康管理制度；

（五）生产经营标签不符合本条例规定的化妆品。

生产经营的化妆品的标签存在瑕疵但不影响质量安全且不会对消费者造成

误导的，由负责药品监督管理的部门责令改正；拒不改正的，处 2000 元以下罚款。

◎ **司法解释**

《关于办理生产、销售伪劣商品刑事案件具体应用法律的解释》

第三条　经省级以上药品监督管理部门设置或者确定的药品检验机构鉴定，生产、销售的假药具有下列情形之一的，应认定为刑法第一百四十一条规定的"足以严重危害人体健康"：

（一）含有超标准的有毒有害物质的；

（二）不含所标明的有效成份，可能贻误诊治的；

（三）所标明的适应症或者功能主治超出规定范围，可能造成贻误诊治的；

（四）缺乏所标明的急救必需的有效成份的。

生产、销售的假药被使用后，造成轻伤、重伤或者其他严重后果的，应认定为"对人体健康造成严重危害"。

生产、销售的假药被使用后，致人严重残疾、三人以上重伤、十人以上轻伤或者造成其他特别严重后果的，应认定为"对人体健康造成特别严重危害"。

第四条　经省级以上卫生行政部门确定的机构鉴定，食品中含有可能导致严重食物中毒事故或者其他严重食源性疾患的超标准的有害细菌或者其他污染物的，应认定为刑法第一百四十三条规定的"足以造成严重食物中毒事故或者其他严重食源性疾患"。

生产、销售不符合卫生标准的食品被食用后，造成轻伤、重伤或者其他严重后果的，应认定为"对人体健康造成严重危害"。

生产、销售不符合卫生标准的食品被食用后，致人死亡、严重残疾、三人以上重伤，十人以上轻伤或者造成其他特别严重后果的。应认定为"后果特别严重"。

第五条 生产、销售的有毒、有害食品被食用后，造成轻伤、重伤或者其他严重后果的，应认定为刑法第一百四十四条规定的"对人体健康造成严重危害"。

生产、销售的有毒、有害食品被食用后，致人严重残疾、三人以上重伤、十人以上轻伤或者造成其他特别严重后果的，应认定为"对人体健康造成特别严重危害"。

第六条 生产、销售不符合标准的医疗器械、医用卫生材料，致人轻伤或者其他严重后果的，应认定为刑法第一百四十五条规定的"对人体健康造成严重危害"。

生产、销售不符合标准的医疗器械、医用卫生材料，造成感染病毒性肝炎等难以治愈的疾病、一人以上重伤、三人以上轻伤或者其他严重后果的，应认定为"后果特别严重"。

生产、销售不符合标准的医疗器械、医用卫生材料，致人死亡、严重残疾、感染艾滋病、三人以上重伤、十人以上轻伤或者造成其他特别严重后果的，应认定为"情节特别恶劣"。

医疗机构或者个人，知道或者应当知道是不符合保障人体健康的国家标准、行业标准的医疗器械、医用卫生材料而购买、使用，对人体健康造成严重危害的，以销售不符合标准的医用器材罪定罪处罚。

没有国家标准、行业标准的医疗器械，注册产品标准可视为"保障人体健康的行业标准"。

第七条 刑法第一百四十七条规定的生产、销售伪劣农药、兽药、化肥、种子罪中"使生产遭受较大损失"，一般以二万元为起点；"重大损失"，一般以十万元为起点；"特别重大损失"，一般以五十万元为起点。

◎ **部门规章**

《电子银行业务管理办法》

第九十条 金融机构未经批准擅自开办电子银行业务，或者未经批准增加或变更需要审批的电子银行业务类型，造成客户损失的，金融机构应承担全部责任。法律法规明确规定应由客户承担的责任除外。

《互联网视听节目服务管理规定》

第二十三条　违反本规定有下列行为之一的，由县级以上广播电影电视主管部门予以警告、责令改正，可并处3万元以下罚款；同时，可对其主要出资者和经营者予以警告，可并处2万元以下罚款：

（一）擅自在互联网上使用广播电视专有名称开展业务的；

（二）变更注册资本、股东、股权结构，或上市融资，或重大资产变动时，未办理审批手续的；

（三）未建立健全节目运营规范，未采取版权保护措施，或对传播有害内容未履行提示、删除、报告义务的；

（四）未在播出界面显著位置标注播出标识、名称、《许可证》和备案编号的；

（五）未履行保留节目记录、向主管部门如实提供查询义务的；

（六）向未持有《许可证》或备案的单位提供代收费及信号传输、服务器托管等与互联网视听节目服务有关的服务的；

（七）未履行查验义务，或向互联网视听节目服务单位提供其《许可证》或备案载明事项范围以外的接入服务的；

（八）进行虚假宣传或者误导用户的；

（九）未经用户同意，擅自泄露用户信息秘密的；

（十）互联网视听服务单位在同一年度内三次出现违规行为的；

（十一）拒绝、阻挠、拖延广播电影电视主管部门依法进行监督检查或者在监督检查过程中弄虚作假的；

（十二）以虚假证明、文件等手段骗取《许可证》的。

有本条第十二项行为的，发证机关应撤销其许可证。

第二十四条　擅自从事互联网视听节目服务的，由县级以上广播电影电视主管部门予以警告、责令改正，可并处3万元以下罚款；情节严重的，根据《广播电视管理条例》第四十七条的规定予以处罚。

《网络出版服务管理规定》

第五十一条　未经批准，擅自从事网络出版服务，或者擅自上网出版网络游戏（含境外著作权人授权的网络游戏），根据《出版管理条例》第六十一条、《互联网信息服务管理办法》第十九条的规定，由出版行政主管部门、工商行政管理部门依照法定职权予以取缔，并由所在地省级电信主管部门依据有关部门的通知，按照《互联网信息服务管理办法》第十九条的规定给予责令关闭网站等处罚；已经触犯刑法的，依法追究刑事责任；尚不够刑事处罚的，删除全部相关网络出版物，没收违法所得和从事违法出版活动的主要设备、专用工具，违法经营额1万元以上的，并处违法经营额5倍以上10倍以下的罚款；违法经营额不足1万元的，可以处5万元以下的罚款；侵犯他人合法权益的，依法承担民事责任。

第五十二条 出版、传播含有本规定第二十四条、第二十五条禁止内容的网络出版物的，根据《出版管理条例》第六十二条、《互联网信息服务管理办法》第二十条的规定，由出版行政主管部门责令删除相关内容并限期改正，没收违法所得，违法经营额1万元以上的，并处违法经营额5倍以上10倍以下罚款；违法经营额不足1万元的，可以处5万元以下罚款；情节严重的，责令限期停业整顿或者由国家新闻出版广电总局吊销《网络出版服务许可证》，由电信主管部门依据出版行政主管部门的通知吊销其电信业务经营许可或者责令关闭网站；构成犯罪的，依法追究刑事责任。

为从事本条第一款行为的网络出版服务单位提供人工干预搜索排名、广告、推广等相关服务的，由出版行政主管部门责令其停止提供相关服务。

第五十五条 违反本规定第三十四条的，根据《互联网信息服务管理办法》第二十一条的规定，由省级电信主管部门责令改正；情节严重的，责令停业整顿或者暂时关闭网站。

《非金融机构支付服务管理办法》

第四十五条 支付机构超出《支付业务许可证》有效期限继续从事支付业务的，中国人民银行及其分支机构责令其终止支付业务；涉嫌犯罪的，依法移送公安机关立案侦查；构成犯罪的，依法追究刑事责任。

第四十六条 以欺骗等不正当手段申请《支付业务许可证》但未获批准的，申请人及持有其5%以上股权的出资人3年内不得再次申请或参与申请《支付业务许可证》。

以欺骗等不正当手段申请《支付业务许可证》且已获批准的，由中国人民银行及其分支机构责令其终止支付业务，注销其《支付业务许可证》；涉嫌犯罪的，依法移送公安机关立案侦查；构成犯罪的，依法追究刑事责任；申请人及持有其5%以上股权的出资人不得再次申请或参与申请《支付业务许可证》。

第四十七条　任何非金融机构和个人未经中国人民银行批准擅自从事或变相从事支付业务的，中国人民银行及其分支机构责令其终止支付业务；涉嫌犯罪的，依法移送公安机关立案侦查；构成犯罪的，依法追究刑事责任。

《侵害消费者权益行为处罚办法》

第十四条　经营者有本办法第五条至第十一条规定的情形之一，其他法律、法规有规定的，依照法律、法规的规定执行；法律、法规未作规定的，由市场监督管理部门依照《消费者权益保护法》第五十六条予以处罚。

《小微型客车租赁经营服务管理办法》

第二十五条　小微型客车租赁经营者违反本办法，有下列行为之一的，由小微型客车租赁行政主管部门责令改正，并处3000元以上1万元以下罚款：

（一）未按照规定办理备案或者变更备案的；

（二）提供的租赁小微型客车不符合《中华人民共和国道路交通安全法》规定的上路行驶条件的；

（三）未建立小微型客车租赁经营管理档案或者未按照规定报送相关数据信息的；

（四）未在经营场所或者服务平台以显著方式明示服务项目、租赁流程、租赁车辆类型、收费标准、押金收取与退还、客服与监督电话等事项的。

小微型客车租赁经营者未取得道路运输经营许可或者出租汽车经营许可，随车提供驾驶劳务的，按照《中华人民共和国道路运输条例》《巡游出租汽车经营服务管理规定》《网络预约出租汽车经营服务管理暂行办法》中关于从事非法营运的规定进行处罚。

◎ **部门规范性文件**

《互联网药品交易服务审批暂行规定》

第二十八条　未取得互联网药品交易服务机构资格证书，擅自从事互联网药品交易服务或者互联网药品交易服务机构资格证书超出有效期的，（食品）药品监督管理部门责令限期改正，给予警告；情节严重的，移交信息产业主管部门等有关部门依照有关法律、法规规定予以处罚。

第三十条　提供互联网药品交易服务的企业为未经许可的企业或者机构交易未经审批的药品提供服务的，（食品）药品监督管理部门依照有关法律法规给予处罚，撤销其互联网药品交易服务机构资格，并注销其互联网药品交易服务机构资格证书，同时移交信息产业主管部门等有关部门依照有关法律、法规规定予以处罚。

权威案例

◎ 典型案例

刘某贩卖、运输毒品案【最高法发布 8 起毒品犯罪及涉毒次生犯罪典型案例之二 (2018 年 6 月 26 日)】

典型意义：利用信息网络和电子商务平台实施毒品犯罪，是当前毒品犯罪的新动向，物流配送的便捷性又加速了毒品从毒源地向其他省份扩散。一些不法分子利用信息网络和物流配送覆盖面广、易隐瞒真实身份等特点，通过 QQ、微信等方式联系商定毒品交易，以快递方式寄送毒品，此类案件在实践中时有发生。本案被告人刘某通过 QQ、微信等方式与他人联系商定毒品交易，再将毒品快递给对方，共计贩卖、运输 5000 余克甲基苯丙胺及片剂，社会危害大，且其属于毒品再犯，主观恶性深。人民法院根据刘某犯罪的事实、性质及其系毒品再犯等情节，对其判处死刑，体现了对此类犯罪的从严惩处。

李某贩卖毒品案【最高人民法院 2019 年十大毒品（涉毒）犯罪典型案例之四 (2019 年 6 月 25 日)】

典型意义：大麻属于传统毒品，我国对大麻类毒品犯罪的打击和惩处从未放松。但目前，一些国家推行所谓大麻"合法化"，这一定程度对现有国际禁毒政策产生冲击，也容易让部分外籍人员对我国的全面禁毒政策产生某种误解。本案就是一起通过网络向国内的外籍务工人员贩卖大麻的典型案件。被告人李某在社交网络上发布大麻照片吸引买家，而购毒人员系外籍教员。在案证据显示，此人称在其本国吸食大麻并不违法。但李某明知大麻在中国系禁止贩卖、吸食的毒品，仍通过网络出售给他人，已构成贩卖毒品罪，且属情节严重，人民法院对其依法判处了刑罚。此类案件对在中国境内的留学生、外籍务工人员以及赴外留学的中国青年学生都有警示作用。

四川省绵阳市涪城区人民检察院督促规范快递收寄验视行政公益诉讼案【检察机关野生动物保护公益诉讼典型案例之四 (2020 年 2 月 28 日)】

典型意义：该案系野生动物资源保护领域的典型案件。一是买卖主体特殊。涉案买受人中有未成年人，违法买卖行为对青少年的侵害影响大；二是交易方式特殊。买卖的交流、交易均是通过网络平台进行，并通过现代快递物流的方式运输，隐蔽、快捷；三是交易对象特殊。买卖对象系公众容易误认为宠物的国家重点保护野生动物球蟒。

随着快递行业快速发展，邮政部门监管滞后给快递运输贩卖野生动物可乘之机。检察机关通过办理刑事附带民事公益诉讼案件，深挖背后根源，堵塞社会管理漏洞。同时，调动两级院公益诉讼、公诉、未检部门等各方力量，最大限度推进案件办理进度，提升案件办理效果和宣传效果。

江苏省扬州市纪某某涉嫌销售不符合标准的医用器材案【全国检察机关依法办理妨害新冠肺炎疫情防控犯罪典型案例（第四批）之四（2020年3月4日）】

法律要旨：在疫情防控期间，生产不符合保障人体健康的国家标准、行业标准的医用口罩、护目镜、防护服等医用器材，或者销售明知是不符合标准的医用器材，足以严重危害人体健康的，依照刑法第一百四十五条的规定，以生产、销售不符合标准的医用器材罪定罪处罚。本罪中的医用器材包括医疗器械和医用卫生材料。

医用口罩、护目镜、防护服等医用器材事关医护人员和人民群众人身安全，生产、销售伪劣医用器材危害极其严重，必须依法严惩。司法实践中反映出的突出问题还应准确把握：一是一次性使用医用口罩问题。对一次性使用医用口罩具体认定时，可以依据国家行政主管部门发布的《医疗器械分类目录》进行认定。实践中常见的医用防护口罩、医用外科口罩、一次性使用医用口罩、防护服、防护眼镜等均被列入目录，属于医疗器械。国家药监局和各省级药监局也都对一次性使用医用口罩进行注册管理。办理相关刑事案件可适用刑法第一百四十五条的规定。对于没有列入医疗器械目录的其他各类口罩、酒精等物品，则不宜认定为医疗器械。二是"国家标准""行业标准"问题。刑法第

一百四十五条中的"国家标准""行业标准"，应当以有利于保障人体健康为出发点，刑法和相关司法解释并未将其限定为强制性国家标准、行业标准。根据刑法和2001年"两高"《关于办理生产、销售伪劣商品刑事案件具体应用法律若干问题的解释》《医疗器械监督管理条例》《医疗器械注册管理办法》等规定精神，对于没有国家标准、行业标准的，注册产品标准或者产品技术要求，可以视为行业标准。三是"足以严重危害人体健康"的认定问题。"足以严重危害人体健康"是生产、销售不符合标准的医用器材罪的重要入罪条件。根据2003年"两高"《关于办理妨害预防、控制突发传染病疫情等灾害的刑事案件具体应用法律若干问题的解释》等规定，在办案中审查认定是否"足以严重危害人体健康"应当从是否具有防护、救治功能，是否可能造成贻误诊治，是否可能造成人体严重损伤，是否可能对人体健康造成严重危害等方面，结合医疗器械的功能、使用方式和适用范围等，综合判断。

江某诉某信息技术有限公司网络购物合同纠纷案【食品安全民事纠纷典型案例之五（2020年12月9日）】

裁判要点：进口食品必须符合我国食品安全国家标准。如果进口食品不符合我国食品安全国家标准，进口食品经营者仅以进口食品已经过出入境检验检疫为由提出免责

抗辩的，对其抗辩人民法院不应当支持。

王某、陈某某生产、销售伪劣产品案【检察机关依法惩治制售伪劣商品犯罪典型案例之一（2023年3月14日）】

典型意义：（一）从严惩治，守牢消防安全底线。灭火器是一种应用广泛的轻便消防器材，也是火灾发生后用于初期灭火的重要工具，对于减少火灾损失、控制火势发展起到重要作用。王某等人在所生产的伪劣灭火器中填充滑石粉，不但不具有灭火功能，反而存在粉尘爆炸的隐患。检察机关对制售假劣灭火器的犯罪行为从严惩治，追捕追诉上下游涉案人员，实现犯罪全链条打击，守牢消防安全的底线，维护人民群众生命财产安全和公共安全。

（二）一体履职，推动行业规范治理。临沂经济技术开发区检察院审查该案中发现，相关生产、销售活动涉及多个县区，遂将线索报送临沂市检察院。临沂市检察院调查核实后，向市市场监督管理局、市消防救援支队发出行政公益诉讼诉前检察建议2份，推动从市级层面推动解决灭火器行业管理中存在的问题隐患。相关单位采纳检察建议，部署开展灭火器专项督查检查和执法行动。针对销售行为通过电商平台进行等问题，检察机关建议市场监管部门依托第三方平台组织对消防器材网络抽查，将监测结果和处罚情况录入信用公示系统，将不合格企业信息推送电商平台，推动了灭火器行业的规范治理、

系统治理。当地市场监管部门对149家市场流通主体、120家电商销售户进行拉网摸排，召回问题灭火器1200具。

（三）联合宣传，维护消费者合法权益。灭火器是一次性产品，一般只有遇到火灾、火情才会使用。普通消费者难以辨别灭火器真伪。检察机关联合市场监管、消防、公安等部门开展消防安全教育，充分利用安全生产月、国际消防日、科技活动周等时间节点开展宣传活动15次，通过设立宣传服务站、咨询台，开展消防产品实物展示、真假消防产品鉴别及消防产品功能演示等活动，提高消费者对消防产品的识别判断能力。

彭某某诉某电子商务有限公司网络购物合同纠纷案【网络消费典型案例之七（2023年3月15日）】

典型意义：目前，大众通过网络购买食品十分普遍，同时，于消费者而言，网络食品因交易环境的虚拟化潜藏着一定的风险。预包装食品包装标签上缺少生产日期信息，消费者无法对食品安全作出判断，存在损害消费者身体健康和生命安全的重大隐患。本案裁判认定电商经营者销售未标明生产日期的预包装食品，应承担惩罚性赔偿责任，压实食品经营者主体责任，进一步规范网络食品交易秩序。

第七十六条　【电子商务经营者违反信息公示以及用户信息管理义务的行政处罚】

电子商务经营者违反本法规定，有下列行为之一的，由市场监督管理部门责令限期改正，可以处一万元以下的罚款，对其中的电子商务平台经营者，依照本法第八十一条第一款的规定处罚：

（一）未在首页显著位置公示营业执照信息、行政许可信息、属于不需要办理市场主体登记情形等信息，或者上述信息的链接标识的；

（二）未在首页显著位置持续公示终止电子商务的有关信息的；

（三）未明示用户信息查询、更正、删除以及用户注销的方式、程序，或者对用户信息查询、更正、删除以及用户注销设置不合理条件的。

电子商务平台经营者对违反前款规定的平台内经营者未采取必要措施的，由市场监督管理部门责令限期改正，可以处二万元以上十万元以下的罚款。

关联法规

◎ **法律**

《网络安全法》

第五十九条　网络运营者不履行本法第二十一条、第二十五条规定的网络安全保护义务的，由有关主管部门责令改正，给予警告；拒不改正或者导致危害网络安全等后果的，处一万元以上十万元以下罚款，对直接负责的主管人员处五千元以上五万元以下罚款。

关键信息基础设施的运营者不履行本法第三十三条、第三十四条、第三十六条、第三十八条规定的网络安全保护义务的，由有关主管部门责令改正，给予警告；拒不改正或者导致危害网络安全等后果的，处十万元以上一百万元以下罚款，对直接负责的主管人员处一万元以上十万元以下罚款。

第六十条　违反本法第二十二条第一款、第二款和第四十八条第一款规定，有下列行为之一的，由有关主管部门责令改正，给予警告；拒不改正或者导致危害网络安全等后果的，处五万元以上五十万元以下罚款，对直接负责的主管人员处一万元以上十万元以下罚款：

（一）设置恶意程序的；

（二）对其产品、服务存在的安全缺陷、漏洞等风险未立即采取补救措施，或者未按照规定及时告知用户并向有关主管部门报告的；

（三）擅自终止为其产品、服务提供安全维护的。

《数据安全法》

第四十五条　开展数据处理活动的组织、个人不履行本法第二十七条、第二十九条、第三十条规定的数据安全保护义务的，由有关主管部门责令改正，给予警告，可以并处五万元以上五十万元以下罚款，对直接负责的主管人员和其他直接责任人员可以处一万元以上十万元以下罚款；拒不改正或者造成大量数据泄露等严重后果的，处五十万元以上二百万元以下罚款，并可以责令暂停相关业务、停业整顿、吊销相关业务许可证或者吊销营业执照，对直接负责的主管人员和其他直接责任人员处五万元以上二十万元以下罚款。

违反国家核心数据管理制度，危害国家主权、安全和发展利益的，由有关主管部门处二百万元以上一千万元以下罚款，并根据情况责令暂停相关业务、停业整顿、吊销相关业务许可证或者吊销营业执照；构成犯罪的，依法追究刑事责任。

《个人信息保护法》

第六十六条　违反本法规定处理个人信息，或者处理个人信息未履行本法

规定的个人信息保护义务的，由履行个人信息保护职责的部门责令改正，给予警告，没收违法所得，对违法处理个人信息的应用程序，责令暂停或者终止提供服务；拒不改正的，并处一百万元以下罚款；对直接负责的主管人员和其他直接责任人员处一万元以上十万元以下罚款。

有前款规定的违法行为，情节严重的，由省级以上履行个人信息保护职责的部门责令改正，没收违法所得，并处五千万元以下或者上一年度营业额百分之五以下罚款，并可以责令暂停相关业务或者停业整顿、通报有关主管部门吊销相关业务许可或者吊销营业执照；对直接负责的主管人员和其他直接责任人员处十万元以上一百万元以下罚款，并可以决定禁止其在一定期限内担任相关企业的董事、监事、高级管理人员和个人信息保护负责人。

《未成年人保护法》

第一百二十七条　信息处理者违反本法第七十二条规定，或者网络产品和服务提供者违反本法第七十三条、第七十四条、第七十五条、第七十六条、第七十七条、第八十条规定的，由公安、网信、电信、新闻出版、广播电视、文化和旅游等有关部门按照职责分工责令改正，给予警告，没收违法所得，违法

所得一百万元以上的，并处违法所得一倍以上十倍以下罚款，没有违法所得或者违法所得不足一百万元的，并处十万元以上一百万元以下罚款，对直接负责的主管人员和其他责任人员处一万元以上十万元以下罚款；拒不改正或者情节严重的，并可以责令暂停相关业务、停业整顿、关闭网站、吊销营业执照或者吊销相关许可证。

《电子商务法》

第十五条　电子商务经营者应当在其首页显著位置，持续公示营业执照信息、与其经营业务有关的行政许可信息、属于依照本法第十条规定的不需要办理市场主体登记情形等信息，或者上述信息的链接标识。

前款规定的信息发生变更的，电子商务经营者应当及时更新公示信息。

第十六条　电子商务经营者自行终止从事电子商务的，应当提前三十日在首页显著位置持续公示有关信息。

第二十四条　电子商务经营者应当明示用户信息查询、更正、删除以及用户注销的方式、程序，不得对用户信息查询、更正、删除以及用户注销设置不合理条件。

电子商务经营者收到用户信息查询或者更正、删除的申请，应当在核实身份后及时提供查询或者更正、删除用户信息。用户注销的，电子商务经营者应当立即删除该用户的信息；依照法律、行政法规的规定或者双方约定保存的，依照其规定。

《居民身份证法》

第十九条　家机关或者金融、电信、交通、教育、医疗等单位的工作人员泄露在履行职责或者提供服务过程中获得的居民身份证记载的公民个人信息，构成犯罪的，依法追究刑事责任；尚不构成犯罪的，由公安机关处十日以上十五日以下拘留，并处五千元罚款，有违法所得的，没收违法所得。

单位有前款行为，构成犯罪的，依法追究刑事责任；尚不构成犯罪的，由公安机关对其直接负责的主管人员和其他直接责任人员，处十日以上十五日以下拘留，并处十万元以上五十万元以下罚款，有违法所得的，没收违法所得。

有前两款行为，对他人造成损害的，依法承担民事责任。

《关于加强网络信息保护的决定》

十一、对有违反本决定行为的，依法给予警告、罚款、没收违法所得、吊销许可证或者取消备案、关闭网站、禁止有关责任人员从事网络服务业务等处罚，记入社会信用档案并予以公布；构成违反治安管理行为的，依法给予治安管理处罚。构成犯罪的，依法追究刑事责任。侵害他人民事权益的，依法承担民事责任。

《消费者权益保护法》

第五十六条 经营者有下列情形之一，除承担相应的民事责任外，其他有关法律、法规对处罚机关和处罚方式有规定的，依照法律、法规的规定执行；法律、法规未作规定的，由工商行政管理部门或者其他有关行政部门责令改正，可以根据情节单处或者并处警告、没收违法所得、处以违法所得一倍以上十倍以下的罚款，没有违法所得的，处以五十万元以下的罚款；情节严重的，责令停业整顿、吊销营业执照：

（一）提供的商品或者服务不符合保障人身、财产安全要求的；

（二）在商品中掺杂、掺假，以假充真，以次充好，或者以不合格商品冒充合格商品的；

（三）生产国家明令淘汰的商品或者销售失效、变质的商品的；

（四）伪造商品的产地，伪造或者冒用他人的厂名、厂址，篡改生产日期，伪造或者冒用认证标志等质量标志的；

（五）销售的商品应当检验、检疫而未检验、检疫或者伪造检验、检疫结果的；

（六）对商品或者服务作虚假或者引人误解的宣传的；

（七）拒绝或者拖延有关行政部门责令对缺陷商品或者服务采取停止销售、警示、召回、无害化处理、销毁、停止生产或者服务等措施的；

（八）对消费者提出的修理、重作、更换、退货、补足商品数量、退还货款和服务费用或者赔偿损失的要求，故意拖延或者无理拒绝的；

（九）侵害消费者人格尊严、侵犯消费者人身自由或者侵害消费者个人信息依法得到保护的权利的；

（十）法律、法规规定的对损害消费者权益应当予以处罚的其他情形。

经营者有前款规定情形的，除依照法律、法规规定予以处罚外，处罚机关应当记入信用档案，向社会公布。

《密码法》

第三十四条 违反本法规定，发生核心密码、普通密码泄密案件的，由保密行政管理部门、密码管理部门建议有关国家机关、单位对直接负责的主管人员和其他直接责任人员依法给予处分或者处理。

违反本法第十七条第二款规定，发现核心密码、普通密码泄密或者影响核心密码、普通密码安全的重大问题、风险隐患，未立即采取应对措施，或者未及时报告的，由保密行政管理部门、密码管理部门建议有关国家机关、单位对直接负责的主管人员和其他直接责任人员依法给予处分或者处理。

◎ **行政法规**

《计算机信息网络国际联网管理暂行规定》

第十四条　违反本规定第六条、第八条和第十条的规定的，由公安机关责令停止联网，给予警告，可以并处15000元以下的罚款；有违法所得的，没收违法所得。

《互联网信息服务管理办法》

第二十二条　违反本办法的规定，未在其网站主页上标明其经营许可证编号或者备案编号的，由省、自治区、直辖市电信管理机构责令改正，处5000元以上5万元以下的罚款。

《计算机信息系统安全保护条例》

第二十条　反本条例的规定，有下列行为之一的，由公安机关处以警告或者停机整顿：

（一）违反计算机信息系统安全等级保护制度，危害计算机信息系统安全的；

（二）违反计算机信息系统国际联网备案制度的；

（三）不按照规定时间报告计算机信息系统中发生的案件的；

（四）接到公安机关要求改进安全状况的通知后，在限期内拒不改进的；

（五）有危害计算机信息系统安全的其他行为的。

《计算机信息网络国际联网安全保护管理办法》

第二十条　违反法律、行政法规，有本办法第五条、第六条所列行为之一的，由公安机关给予警告，有违法所得的，没收违法所得，对个人可以并处5000元以下的罚款，对单位可以并处1.5万元以下的罚款；情节严重的，并可以给予6个月以内停止联网、停机整顿的处罚，必要时可以建议原发证、审批机构吊销经营许可证或者取消联网资格；构成违反治安管理行为的，依照治安管理处罚法的规定处罚；构成犯罪的，依法追究刑事责任。

第二十一条　有下列行为之一的，由公安机关责令限期改正，给予警告，有违法所得的，没收违法所得；在规定的限期内未改正的，对单位的主管负责人员和其他直接责任人员可以并处5000元以下的罚款，对单位可以并处1.5万元以下的罚款；情节严重的，并可以给予6个月以内的停止联网、停机整顿的处罚，必要时可以建议原发证、审批机构吊销经营许可证或者取消联网资格。

（一）未建立安全保护管理制度的；

（二）未采取安全技术保护措施的；

（三）未对网络用户进行安全教育和培训的；

（四）未提供安全保护管理所需信息、资料及数据文件，或者所提供内容不真实的；

（五）对委托其发布的信息内容未进行审核或者对委托单位和个人未进行登记的；

（六）未建立电子公告系统的用户登记和信息管理制度的；

（七）未按照国家有关规定，删除网络地址、目录或者关闭服务器的；

（八）未建立公用账号使用登记制度的；

（九）转借、转让用户账号的。

第二十二条　违反本办法第四条、第七条规定的，依照有关法律、法规予以处罚。

第二十三条　违反本办法第十一条、第十二条规定，不履行备案职责的，由公安机关给予警告或者停机整顿不超过 6 个月的处罚。

《征信业管理条例》

第三十八条　征信机构、金融信用信息基础数据库运行机构违反本条例规定，有下列行为之一的，由国务院征信业监督管理部门或者其派出机构责令限期改正，对单位处 5 万元以上 50 万元

以下的罚款；对直接负责的主管人员和其他直接责任人员处 1 万元以上 10 万元以下的罚款；有违法所得的，没收违法所得。给信息主体造成损失的，依法承担民事责任；构成犯罪的，依法追究刑事责任：

（一）窃取或者以其他方式非法获取信息；

（二）采集禁止采集的个人信息或者未经同意采集个人信息；

（三）违法提供或者出售信息；

（四）因过失泄露信息；

（五）逾期不删除个人不良信息；

（六）未按照规定对异议信息进行核查和处理；

（七）拒绝、阻碍国务院征信业监督管理部门或者其派出机构检查、调查或者不如实提供有关文件、资料；

（八）违反征信业务规则，侵害信息主体合法权益的其他行为。

经营个人征信业务的征信机构有前款所列行为之一，情节严重或者造成严重后果的，由国务院征信业监督管理部门吊销其个人征信业务经营许可证。

第四十条　向金融信用信息基础数据库提供或者查询信息的机构违反本条例规定，有下列行为之一的，由国务院征信业监督管理部门或者其派出机构责令限期改正，对单位处 5 万元以上 50

万元以下的罚款；对直接负责的主管人员和其他直接责任人员处 1 万元以上 10 万元以下的罚款；有违法所得的，没收违法所得。给信息主体造成损失的，依法承担民事责任；构成犯罪的，依法追究刑事责任：

（一）违法提供或者出售信息；

（二）因过失泄露信息；

（三）未经同意查询个人信息或者企业的信贷信息；

（四）未按照规定处理异议或者对确有错误、遗漏的信息不予更正；

（五）拒绝、阻碍国务院征信业监督管理部门或者其派出机构检查、调查或者不如实提供有关文件、资料。

第四十一条 信息提供者违反本条例规定，向征信机构、金融信用信息基础数据库提供非依法公开的个人不良信息，未事先告知信息主体本人，情节严重或者造成严重后果的，由国务院征信业监督管理部门或者其派出机构对单位处 2 万元以上 20 万元以下的罚款；对个人处 1 万元以上 5 万元以下的罚款。

第四十二条 信息使用者违反本条例规定，未按照与个人信息主体约定的用途使用个人信息或者未经个人信息主体同意向第三方提供个人信息，情节严重或者造成严重后果的，由国务院征信业监督管理部门或者其派出机构对单位处 2 万元以上 20 万元以下的罚款；对个人处 1 万元以上 5 万元以下的罚款；有违法所得的，没收违法所得。给信息主体造成损失的，依法承担民事责任；构成犯罪的，依法追究刑事责任。

《企业信息公示暂行条例》

第十七条 有下列情形之一的，由县级以上工商行政管理部门列入经营异常名录，通过企业信用信息公示系统向社会公示，提醒其履行公示义务；情节严重的，由有关主管部门依照有关法律、行政法规规定给予行政处罚；造成他人损失的，依法承担赔偿责任；构成犯罪的，依法追究刑事责任：

（一）企业未按照本条例规定的期限公示年度报告或者未按照工商行政管理部门责令的期限公示有关企业信息的；

（二）企业公示信息隐瞒真实情况、弄虚作假的。

被列入经营异常名录的企业依照本条例规定履行公示义务的，由县级以上工商行政管理部门移出经营异常名录；满 3 年未依照本条例规定履行公示义务的，由国务院工商行政管理部门或者省、自治区、直辖市人民政府工商行政管理部门列入严重违法企业名单，并通过企业信用信息公示系统向社会公示。被列入严重违法企业名单的企业的法定代表人、负责人，3年内不得担任其他企业的法定代表人、负责人。

企业自被列入严重违法企业名单之日起满5年未再发生第一款规定情形的，由国务院工商行政管理部门或者省、自治区、直辖市人民政府工商行政管理部门移出严重违法企业名单。

第十八条 县级以上地方人民政府及其有关部门应当建立健全信用约束机制，在政府采购、工程招投标、国有土地出让、授予荣誉称号等工作中，将企业信息作为重要考量因素，对被列入经营异常名录或者严重违法企业名单的企业依法予以限制或者禁入。

《电信条例》

第六十六条 违反本条例第五十六条、第五十七条的规定，构成犯罪的，依法追究刑事责任；尚不构成犯罪的，由公安机关、国家安全机关依照有关法律、行政法规的规定予以处罚。

第七十条 违反本条例的规定，有下列行为之一的，由国务院信息产业主管部门或者省、自治区、直辖市电信管理机构依据职权责令改正，没收违法所得，处违法所得1倍以上3倍以下罚款；没有违法所得或者违法所得不足1万元的，处1万元以上10万元以下罚款；情节严重的，责令停业整顿：

（一）在电信网间互联中违反规定加收费用的；

（二）遇有网间通信技术障碍，不采取有效措施予以消除的；

（三）擅自向他人提供电信用户使用电信网络所传输信息的内容的；

（四）拒不按照规定缴纳电信资源使用费的。

《市场主体登记管理条例》

第四十八条 市场主体未依照本条例将营业执照置于住所或者主要经营场所醒目位置的，由登记机关责令改正；拒不改正的，处3万元以下的罚款。

从事电子商务经营的市场主体未在其首页显著位置持续公示营业执照信息或者相关链接标识的，由登记机关依照《中华人民共和国电子商务法》处罚。

市场主体伪造、涂改、出租、出借、转让营业执照的，由登记机关没收违法所得，处10万元以下的罚款；情节严重的，处10万元以上50万元以下的罚款，吊销营业执照。

◎ **部门规章**

《规范互联网信息服务市场秩序若干规定》

第十八条 互联网信息服务提供者违反本规定第八条、第九条、第十条、第十一条、第十二条或者第十四条的规定的，由电信管理机构依据职权处以警告，可以并处一万元以上三万元以下的罚款，向社会公告。

《电信和互联网用户个人信息保护规定》

第二十二条　电信业务经营者、互联网信息服务提供者违反本规定第八条、第十二条规定的，由电信管理机构依据职权责令限期改正，予以警告，可以并处一万元以下的罚款。

第二十三条　电信业务经营者、互联网信息服务提供者违反本规定第九条至第十一条、第十三条至第十六条、第十七条第二款规定的，由电信管理机构依据职权责令限期改正，予以警告，可以并处一万元以上三万元以下的罚款，向社会公告；构成犯罪的，依法追究刑事责任。

《互联网视听节目服务管理规定》

第二十三条　违反本规定有下列行为之一的，由县级以上广播电影电视主管部门予以警告、责令改正，可并处3万元以下罚款；同时，可对其主要出资者和经营者予以警告，可并处2万元以下罚款：

（一）擅自在互联网上使用广播电视专有名称开展业务的；

（二）变更股东、股权结构，或上市融资，或重大资产变动时，未办理审批手续的；

（三）未建立健全节目运营规范，未采取版权保护措施，或对传播有害内容未履行提示、删除、报告义务的；

（四）未在播出界面显著位置标注播出标识、名称、《许可证》和备案编号的；

（五）未履行保留节目记录、向主管部门如实提供查询义务的；

（六）向未持有《许可证》或备案的单位提供代收费及信号传输、服务器托管等与互联网视听节目服务有关的服务的；

（七）未履行查验义务，或向互联网视听节目服务单位提供其《许可证》或备案载明事项范围以外的接入服务的；

（八）进行虚假宣传或者误导用户的；

（九）未经用户同意，擅自泄露用户信息秘密的；

（十）互联网视听服务单位在同一年度内三次出现违规行为的；

（十一）拒绝、阻挠、拖延广播电影电视主管部门依法进行监督检查或者在监督检查过程中弄虚作假的；

（十二）以虚假证明、文件等手段骗取《许可证》的。

有本条第十二项行为的，发证机关应撤销其许可证。

《互联网域名管理办法》

第五十二条　违反本办法第十七

条、第十八条第一款、第二十一条、第二十二条、第二十八条第二款、第二十九条、第三十一条、第三十二条、第三十五条第一款、第四十条第二款、第四十一条规定的，由电信管理机构依据职权责令限期改正，可以并处一万元以上三万元以下罚款，向社会公告。

第五十三条 法律、行政法规对有关违法行为的处罚另有规定的，依照有关法律、行政法规的规定执行。

《网络招聘服务管理规定》

第三十六条 违反本规定第二十一条、第二十二条规定，未依法进行信息收集、使用、存储、发布的，由有关主管部门依照《中华人民共和国网络安全法》等法律、行政法规的规定予以处罚。

《网络交易监督管理办法》

第四十二条 网络交易经营者违反本办法第十二条、第二十三条，未履行法定信息公示义务的，依照《中华人民共和国电子商务法》第七十六条的规定进行处罚。对其中的网络交易平台经营者，依照《中华人民共和国电子商务法》第八十一条第一款的规定进行处罚。

《小微型客车租赁经营服务管理办法》

第二十五条 小微型客车租赁经营者违反本办法，有下列行为之一的，由

小微型客车租赁行政主管部门责令改正，并处 3000 元以上 1 万元以下罚款：

（一）未按照规定办理备案或者变更备案的；

（二）提供的租赁小微型客车不符合《中华人民共和国道路交通安全法》规定的上路行驶条件的；

（三）未建立小微型客车租赁经营管理档案或者未按照规定报送相关数据信息的；

（四）未在经营场所或者服务平台以显著方式明示服务项目、租赁流程、租赁车辆类型、收费标准、押金收取与退还、客服与监督电话等事项的。

小微型客车租赁经营者未取得道路运输经营许可或者出租汽车经营许可，随车提供驾驶劳务的，按照《中华人民共和国道路运输条例》《巡游出租汽车经营服务管理规定》《网络预约出租汽车经营服务管理暂行办法》中关于从事非法营运的规定进行处罚。

《互联网信息服务算法推荐管理规定》

第三十一条 算法推荐服务提供者违反本规定第七条、第八条、第九条第一款、第十条、第十四条、第十六条、第十七条、第二十二条、第二十四条、第二十六条规定，法律、行政法规有规定的，依照其规定；法律、行政法规没有规定的，由网信部门和电信、公安、

市场监管等有关部门依据职责给予警告、通报批评，责令限期改正；拒不改正或者情节严重的，责令暂停信息更新，并处一万元以上十万元以下罚款。构成违反治安管理行为的，依法给予治安管理处罚；构成犯罪的，依法追究刑事责任。

第三十二条　算法推荐服务提供者违反本规定第六条、第九条第二款、第十一条、第十三条、第十五条、第十八条、第十九条、第二十条、第二十一条、第二十七条、第二十八条第二款规定的，由网信部门和电信、公安、市场监管等有关部门依据职责，按照有关法律、行政法规和部门规章的规定予以处理。

《市场主体登记管理条例实施细则》

第七十五条　市场主体未按规定将营业执照置于住所（主要经营场所、经营场所）醒目位置的，由登记机关责令改正；拒不改正的，处 3 万元以下的罚款。

电子商务经营者未在首页显著位置持续公示营业执照信息或者相关链接标识的，由登记机关依照《中华人民共和国电子商务法》处罚。

市场主体伪造、涂改、出租、出借、转让营业执照的，由登记机关没收违法所得，处 10 万元以下的罚款；情节严重的，处 10 万元以上 50 万元以下的罚款，吊销营业执照。

《互联网用户账号信息管理规定》

第二十二条　互联网信息服务提供者违反本规定的，依照有关法律、行政法规的规定处罚。法律、行政法规没有规定的，由省级以上网信部门依据职责给予警告、通报批评，责令限期改正，并可以处一万元以上十万元以下罚款。构成违反治安管理行为的，移交公安机关处理；构成犯罪的，移交司法机关处理。

《数据出境安全评估办法》

第十八条　反本办法规定的，依据《中华人民共和国网络安全法》、《中华人民共和国数据安全法》、《中华人民共和国个人信息保护法》等法律法规处理；构成犯罪的，依法追究刑事责任。

《网信部门行政执法程序规定》

第十五条　网信部门对依法应当由原许可、批准的部门作出降低资质等级、吊销许可证件等行政处罚决定的，应当将取得的证据及相关材料送原许可、批准的部门，由其依法作出是否降低资质等级、吊销许可证件等决定。

第十六条　对当事人的同一个违法行为，不得给予两次以上罚款的行政处罚。同一个违法行为违反多个法律规范应当给予罚款处罚的，按照罚款数额高的规定处罚。

第三十三条 案件调查终结后，承办人认为违法事实成立，应当予以行政处罚的，撰写案件处理意见报告，草拟行政处罚建议书。

有下列情形之一的，承办人撰写案件处理意见报告，说明拟作处理的理由，报网信部门负责人批准后根据不同情况分别处理：

（一）认为违法事实不能成立，不予行政处罚的；

（二）违法行为情节轻微并及时改正，没有造成危害后果，不予行政处罚的；

（三）初次违法且危害后果轻微并及时改正，可以不予行政处罚的；

（四）当事人有证据足以证明没有主观过错，不予行政处罚的，法律、行政法规另有规定的，从其规定；

（五）案件不属于本部门管辖，应当移送其他行政机关管辖的；

（六）涉嫌犯罪，应当移送司法机关的。

第三十四条 网信部门在进行监督检查或者案件调查时，对已有证据证明违法事实成立的，应当责令当事人立即改正或者限期改正违法行为。

第三十九条 网信部门作出行政处罚决定前，应当填写行政处罚意见告知书，告知当事人拟作出的行政处罚内容及事实、理由、依据，并告知当事人依法享有的陈述、申辩等权利。

第四十条 当事人有权进行陈述和申辩。网信部门应当充分听取当事人的意见，对当事人提出的事实、理由和证据，应当进行复核；当事人提出的事实、理由或者证据成立的，网信部门应当采纳。

网信部门不得因当事人陈述、申辩而给予更重的处罚。

网信部门及其执法人员在作出行政处罚决定前，未依照本规定向当事人告知拟作出的行政处罚内容及事实、理由、依据，或者拒绝听取当事人的陈述、申辩，不得作出行政处罚决定，但当事人明确放弃陈述或者申辩权利的除外。

第四十一条 有下列情形之一，在网信部门负责人作出行政处罚的决定之前，应当由从事行政处罚决定法制审核的人员进行法制审核；未经法制审核或者审核未通过的，不得作出决定：

（一）涉及重大公共利益的；

（二）直接关系当事人或者第三人重大权益，经过听证程序的；

（三）案件情况疑难复杂、涉及多个法律关系的；

（四）法律、行政法规规定应当进行法制审核的其他情形。

法制审核由网信部门确定的负责法制审核的机构实施。网信部门中初次从事行政处罚决定法制审核的人员，应当通过国家统一法律职业资格考试取得法律职业资格。

第四十二条　拟作出的行政处罚决定应当报网信部门负责人审查。网信部门负责人根据不同情况，分别作出如下决定：

（一）确有应受行政处罚的违法行为的，根据情节轻重及具体情况，作出行政处罚决定；

（二）违法行为轻微，依法可以不予行政处罚的，不予行政处罚；

（三）违法事实不能成立的，不予行政处罚；

（四）违法行为涉嫌犯罪的，移送司法机关。

第四十三条　对情节复杂或者重大违法行为给予行政处罚，网信部门负责人应当集体讨论决定。集体讨论决定的过程应当书面记录。

第四十四条　网信部门作出行政处罚决定，应当制作统一编号的行政处罚决定书。

行政处罚决定书应当载明下列事项：

（一）当事人的姓名或者名称、地址等基本情况；

（二）违反法律、行政法规、部门规章的事实和证据；

（三）行政处罚的种类和依据；

（四）行政处罚的履行方式和期限；

（五）申请行政复议、提起行政诉讼的途径和期限；

（六）作出行政处罚决定的网信部门名称和作出决定的日期。

行政处罚决定中涉及没收有关物品的，还应当附没收物品凭证。

行政处罚决定书必须盖有作出行政处罚决定的网信部门的印章。

◎ **部门规范性文件**

《互联网药品交易服务审批暂行规定》

第二十九条　提供互联网药品交易服务的企业有下列情形之一的，（食品）药品监督管理部门责令限期改正，给予警告；情节严重的，撤销其互联网药品交易服务机构资格，并注销其互联网药品交易服务机构资格证书：

（一）未在其网站主页显著位置标明互联网药品交易服务机构资格证书号码的；

（二）超出审核同意范围提供互联网药品交易服务的；

（三）为药品生产企业、药品经营企业和医疗机构之间的互联网药品交易提供服务的企业与行政机关、医疗机构和药品生产经营企业存在隶属关系、产权关系或者其他经济利益关系的；

（四）有关变更事项未经审批的。

《移动互联网应用程序信息服务管理规定》

第八条 应用程序提供者应当对信息内容呈现结果负责，不得生产传播违法信息，自觉防范和抵制不良信息。

应用程序提供者应当建立健全信息内容审核管理机制，建立完善用户注册、账号管理、信息审核、日常巡查、应急处置等管理措施，配备与服务规模相适应的专业人员和技术能力。

第七十七条 【电子商务经营者违法推销与搭售的法律责任】

电子商务经营者违反本法第十八条第一款规定提供搜索结果，或者违反本法第十九条规定搭售商品、服务的，由市场监督管理部门责令限期改正，没收违法所得，可以并处五万元以上二十万元以下的罚款；情节严重的，并处二十万元以上五十万元以下的罚款。

关联法规

◎ **法律**

《电子商务法》

第十八条 电子商务经营者根据消费者的兴趣爱好、消费习惯等特征向其提供商品或者服务的搜索结果的，应当同时向该消费者提供不针对其个人特征的选项，尊重和平等保护消费者合法权益。

电子商务经营者向消费者发送广告的，应当遵守《中华人民共和国广告法》的有关规定。

《消费者权益保护法》

第九条 消费者享有自主选择商品或者服务的权利。

消费者有权自主选择提供商品或者服务的经营者，自主选择商品品种或者服务方式，自主决定购买或者不购买任何一种商品、接受或者不接受任何一项服务。

消费者在自主选择商品或者服务时，有权进行比较、鉴别和挑选。

第十条 消费者享有公平交易的权利。

消费者在购买商品或者接受服务时，有权获得质量保障、价格合理、计量正确等公平交易条件，有权拒绝经营者的强制交易行为。

付的合理费用。

◎ 部门规章

《网络交易监督管理办法》

第四十四条　网络交易经营者违反本办法第十七条的，依照《中华人民共和国电子商务法》第七十七条的规定进行处罚。

第七十八条　【电子商务经营者违反押金退还义务的法律责任】

电子商务经营者违反本法第二十一条规定，未向消费者明示押金退还的方式、程序，对押金退还设置不合理条件，或者不及时退还押金的，由有关主管部门责令限期改正，可以处五万元以上二十万元以下的罚款；情节严重的，处二十万元以上五十万元以下的罚款。

关联法规

◎ 法律

《消费者权益保护法》

第五十三条　经营者以预收款方式提供商品或者服务的，应当按照约定提供。未按照约定提供的，应当按照消费者的要求履行约定或者退回预付款；并应当承担预付款的利息、消费者必须支

第七十九条　【电子商务经营者违反个人信息保护义务的法律责任】

电子商务经营者违反法律、行政法规有关个人信息保护的规定，或者不履行本法第三十条和有关法律、行政法规规定的网络安全保障义务的，依照《中华人民共和国网络安全法》等法律、行政法规的规定处罚。

关联法规

◎ 法律

《网络安全法》

第五十九条　网络运营者不履行本法第二十一条、第二十五条规定的网络安全保护义务的，由有关主管部门责令改正，给予警告；拒不改正或者导致危害网络安全等后果的，处一万元以上十万元以下罚款，对直接负责的主管人员处五千元以上五万元以下罚款。

关键信息基础设施的运营者不履行本法第三十三条、第三十四条、第三十六条、第三十八条规定的网络安全保护义务的，由有关主管部门责令改正，给予警告；拒不改正或者导致危害网络安全等后果的，处十万元以上一百万元以

下罚款，对直接负责的主管人员处一万元以上十万元以下罚款。

第六十三条 违反本法第二十七条规定，从事危害网络安全的活动，或者提供专门用于从事危害网络安全活动的程序、工具，或者为他人从事危害网络安全的活动提供技术支持、广告推广、支付结算等帮助，尚不构成犯罪的，由公安机关没收违法所得，处五日以下拘留，可以并处五万元以上五十万元以下罚款；情节较重的，处五日以上十五日以下拘留，可以并处十万元以上一百万元以下罚款。

单位有前款行为的，由公安机关没收违法所得，处十万元以上一百万元以下罚款，并对直接负责的主管人员和其他直接责任人员依照前款规定处罚。

违反本法第二十七条规定，受到治安管理处罚的人员，五年内不得从事网络安全管理和网络运营关键岗位的工作；受到刑事处罚的人员，终身不得从事网络安全管理和网络运营关键岗位的工作。

第六十四条 网络运营者、网络产品或者服务的提供者违反本法第二十二条第三款、第四十一条至第四十三条规定，侵害个人信息依法得到保护的权利的，由有关主管部门责令改正，可以根据情节单处或者并处警告、没收违法所

得、处违法所得一倍以上十倍以下罚款，没有违法所得的，处一百万元以下罚款，对直接负责的主管人员和其他直接责任人员处一万元以上十万元以下罚款；情节严重的，并可以责令暂停相关业务、停业整顿、关闭网站、吊销相关业务许可证或者吊销营业执照。

违反本法第四十四条规定，窃取或者以其他非法方式获取、非法出售或者非法向他人提供个人信息，尚不构成犯罪的，由公安机关没收违法所得，并处违法所得一倍以上十倍以下罚款，没有违法所得的，处一百万元以下罚款。

《电子商务法》

第二十三条 电子商务经营者收集、使用其用户的个人信息，应当遵守法律、行政法规有关个人信息保护的规定。

《关于加强网络信息保护的决定》

十一、对有违反本决定行为的，依法给予警告、罚款、没收违法所得、吊销许可证或者取消备案、关闭网站、禁止有关责任人员从事网络服务业务等处罚，记入社会信用档案并予以公布；构成违反治安管理行为的，依法给予治安管理处罚。构成犯罪的，依法追究刑事责任。侵害他人民事权益的，依法承担民事责任。

◎ 行政法规

《快递暂行条例》

第四十四条　经营快递业务的企业有下列行为之一的，由邮政管理部门责令改正，没收违法所得，并处 1 万元以上 5 万元以下的罚款；情节严重的，并处 5 万元以上 10 万元以下的罚款，并可以责令停业整顿直至吊销其快递业务经营许可证：

（一）未按照规定建立快递运单及电子数据管理制度；

（二）未定期销毁快递运单；

（三）出售、泄露或者非法提供快递服务过程中知悉的用户信息；

（四）发生或者可能发生用户信息泄露的情况，未立即采取补救措施，或者未向所在地邮政管理部门报告。

◎ 部门规章

《电子银行业务管理办法》

第八十九条　金融机构在提供电子银行服务时，因电子银行系统存在安全隐患、金融机构内部违规操作和其他非客户原因等造成损失的，金融机构应当承担相应责任。

因客户有意泄漏交易密码，或者未按照服务协议尽到应尽的安全防范与保密义务造成损失的，金融机构可以根据服务协议的约定免于承担相应责任，但法律法规另有规定的除外。

《电信和互联网用户个人信息保护规定》

第二十二条　电信业务经营者、互联网信息服务提供者违反本规定第八条、第十二条规定的，由电信管理机构依据职权责令限期改正，予以警告，可以并处一万元以下的罚款。

第二十三条　电信业务经营者、互联网信息服务提供者违反本规定第九条至第十一条、第十三条至第十六条、第十七条第二款规定的，由电信管理机构依据职权责令限期改正，予以警告，可以并处一万元以上三万元以下的罚款，向社会公告；构成犯罪的，依法追究刑事责任。

《互联网视听节目服务管理规定》

第二十三条　违反本规定有下列行为之一的，由县级以上广播电影电视主管部门予以警告、责令改正，可并处 3 万元以下罚款；同时，可对其主要出资者和经营者予以警告，可并处 2 万元以下罚款：

（一）擅自在互联网上使用广播电视专有名称开展业务的；

（二）变更股东、股权结构，或上市融资，或重大资产变动时，未办理审批手续的；

（三）未建立健全节目运营规范，未采取版权保护措施，或对传播有害内容未履行提示、删除、报告义务的；

（四）未在播出界面显著位置标注播出标识、名称、《许可证》和备案编号的；

（五）未履行保留节目记录、向主管部门如实提供查询义务的；

（六）向未持有《许可证》或备案的单位提供代收费及信号传输、服务器托管等与互联网视听节目服务有关的服务的；

（七）未履行查验义务，或向互联网视听节目服务单位提供其《许可证》或备案载明事项范围以外的接入服务的；

（八）进行虚假宣传或者误导用户的；

（九）未经用户同意，擅自泄露用户信息秘密的；

（十）互联网视听服务单位在同一年度内三次出现违规行为的；

（十一）拒绝、阻挠、拖延广播电影电视主管部门依法进行监督检查或者在监督检查过程中弄虚作假的；

（十二）以虚假证明、文件等手段骗取《许可证》的。

有本条第十二项行为的，发证机关应撤销其许可证。

《侵害消费者权益行为处罚办法》

第十四条 经营者有本办法第五条至第十一条规定的情形之一，其他法律、法规有规定的，依照法律、法规的规定执行；法律、法规未作规定的，由市场监督管理部门依照《消费者权益保护法》第五十六条予以处罚。

《网络交易监督管理办法》

第四十一条 网络交易经营者违反本办法第十一条、第十三条、第十六条、第十八条，法律、行政法规有规定的，依照其规定；法律、行政法规没有规定的，由市场监督管理部门依职责责令限期改正，可以处五千元以上三万元以下罚款。

◎ **部门规范性文件**

《非银行支付机构网络支付业务管理办法》

第四十一条 支付机构从事网络支付业务有下列情形之一的，中国人民银行及其分支机构依据《非金融机构支付服务管理办法》第四十二条的规定进行处理：

（一）未按规定建立客户实名制管理、支付账户开立与使用、差错争议和纠纷投诉处理、风险准备金和交易赔付、应急预案等管理制度的；

（二）未按规定建立客户风险评级管理、支付账户功能与限额管理、客户支付指令验证管理、交易和信息安全管理、交易监测系统等风险控制机制的，未按规定对支付业务采取有效风险控制措施的；

（三）未按规定进行风险提示、公开披露相关信息的；

（四）未按规定履行报告义务的。

第四十二条　支付机构从事网络支付业务有下列情形之一的，中国人民银行及其分支机构依据《非金融机构支付服务管理办法》第四十三条的规定进行处理；情节严重的，中国人民银行及其分支机构依据《中华人民共和国中国人民银行法》第四十六条的规定进行处理：

（一）不符合支付机构支付业务系统设施有关要求的；

（二）不符合国家、金融行业标准和相关信息安全管理要求的，采用数字证书、电子签名不符合《中华人民共和国电子签名法》、《金融电子认证规范》等规定的；

（三）为非法交易、虚假交易提供支付服务，发现客户疑似或者涉嫌违法违规行为未按规定采取有效措施的；

（四）未按规定采取客户支付指令验证措施的；

（五）未真实、完整、准确反映网络支付交易信息，篡改或者隐匿交易信息的；

（六）未按规定处理客户信息，或者未履行客户信息保密义务，造成信息泄露隐患或者导致信息泄露的；

（七）妨碍客户自主选择支付服务提供主体或资金收付方式的；

（八）公开披露虚假信息的；

（九）违规开立支付账户，或擅自经营金融业务活动的。

第八十条　【平台经营者违反协助监管和信息保存义务的行政责任】

电子商务平台经营者有下列行为之一的，由有关主管部门责令限期改正；逾期不改正的，处二万元以上十万元以下的罚款；情节严重的，责令停业整顿，并处十万元以上五十万元以下的罚款：

（一）不履行本法第二十七条规定的核验、登记义务的；

（二）不按照本法第二十八条规定向市场监督管理部门、税务部门报送有关信息的；

（三）不按照本法第二十九条规定对违法情形采取必要的处置措施，或者未向有关主管部门报告的；

（四）不履行本法第三十一条规定的商品和服务信息、交易信息保存义务的。

法律、行政法规对前款规定的违法行为的处罚另有规定的，依照其规定。

关联法规

◎ **法律**

《税收征收管理法》

第六十条 纳税人有下列行为之一的，由税务机关责令限期改正，可以处二千元以下的罚款；情节严重的，处二千元以上一万元以下的罚款：

（一）未按照规定的期限申报办理税务登记、变更或者注销登记的；

（二）未按照规定设置、保管帐簿或者保管记帐凭证和有关资料的；

（三）未按照规定将财务、会计制度或者财务、会计处理办法和会计核算软件报送税务机关备查的；

（四）未按照规定将其全部银行帐号向税务机关报告的；

（五）未按照规定安装、使用税控装置，或者损毁或者擅自改动税控装置的。

纳税人不办理税务登记的，由税务机关责令限期改正；逾期不改正的，经税务机关提请，由工商行政管理机关吊销其营业执照。

纳税人未按照规定使用税务登记证件，或者转借、涂改、损毁、买卖、伪造税务登记证件的，处二千元以上一万元以下的罚款；情节严重的，处一万元以上五万元以下的罚款。

第六十二条 纳税人未按照规定的期限办理纳税申报和报送纳税资料的，或者扣缴义务人未按照规定的期限向税务机关报送代扣代缴、代收代缴税款报告表和有关资料的，由税务机关责令限期改正，可以处二千元以下的罚款；情节严重的，可以处二千元以上一万元以下的罚款。

◎ **行政法规**

《化妆品监督管理条例》

第六十七条 电子商务平台经营者未依照本条例规定履行实名登记、制止、报告、停止提供电子商务平台服务等管理义务的，由省、自治区、直辖市人民政府药品监督管理部门依照《中华人民共和国电子商务法》的规定给予处罚。

◎ **部门规章**

《网络交易监督管理办法》

第四十六条 网络交易经营者违反本办法第二十二条的，由市场监督管理部门责令限期改正；逾期不改正的，处五千元以上三万元以下罚款。

第四十七条 网络交易平台经营者违反本办法第二十四条第一款、第二十五条第二款、第三十一条，不履行法定核验、登记义务，有关信息报送义务，商品和服务信息、交易信息保存义务的，依照《中华人民共和国电子商务法》第八十的规定进行处罚。

第八十一条　【平台经营者违反公示义务、自营业务标注、信用评价管理、广告标注义务的行政责任】

电子商务平台经营者违反本法规定，有下列行为之一的，由市场监督管理部门责令限期改正，可以处二万元以上十万元以下的罚款；情节严重的，处十万元以上五十万元以下的罚款：

（一）未在首页显著位置持续公示平台服务协议、交易规则信息或者上述信息的链接标识的；

（二）修改交易规则未在首页显著位置公开征求意见，未按照规定的时间提前公示修改内容，或者阻止平台内经营者退出的；

（三）未以显著方式区分标记自营业务和平台内经营者开展的业务的；

（四）未为消费者提供对平台内销售的商品或者提供的服务进行评价的途径，或者擅自删除消费者的评价的。

电子商务平台经营者违反本法第四十条规定，对竞价排名的商品或者服务未显著标明"广告"的，依照《中华人民共和国广告法》的规定处罚。

关联法规

◎ **法律**

《消费者权益保护法》

第十五条　消费者享有对商品和服务以及保护消费者权益工作进行监督的权利。

消费者有权检举、控告侵害消费者权益的行为和国家机关及其工作人员在保护消费者权益工作中的违法失职行为，有权对保护消费者权益工作提出批评、建议。

《反不正当竞争法》

第十八条　经营者违反本法第六条规定实施混淆行为的，由监督检查部门责令停止违法行为，没收违法商品。违法经营额五万元以上的，可以并处违法经营额五倍以下的罚款；没有违法经营额或者违法经营不足五万元的，可以并处二十五万元以下的罚款。情节严重的，吊销营业执照。

经营者登记的企业名称违反本法第六条规定的，应当及时办理名称变更登记；名称变更前，由原企业登记机关以统一社会信用代码代替其名称。

第十九条 经营者违反本法第七条规定贿赂他人的，由监督检查部门没收违法所得，处十万元以上三百万元以下的罚款。情节严重的，吊销营业执照。

第二十条 经营者违反本法第八条规定对其商品作虚假或者引人误解的商业宣传，或者通过组织虚假交易等方式帮助其他经营者进行虚假或者引人误解的商业宣传的，由监督检查部门责令停止违法行为，处二十万元以上一百万元以下的罚款；情节严重的，处一百万元以上二百万元以下的罚款，可以吊销营业执照。

经营者违反本法第八条规定，属于发布虚假广告的，依照《中华人民共和国广告法》的规定处罚。

第二十四条 经营者违反本法第十二条规定妨碍、破坏其他经营者合法提供的网络产品或者服务正常运行的，由监督检查部门责令停止违法行为，处十万元以上五十万元以下的罚款；情节严重的，处五十万元以上三百万元以下的罚款。

◎ **行政法规**

《化妆品监督管理条例》

第六十九条 化妆品广告违反本条例规定的，依照《中华人民共和国广告法》的规定给予处罚；采用其他方式对化妆品作虚假或者引人误解的宣传的，依照有关法律的规定给予处罚；构成犯罪的，依法追究刑事责任。

◎ **司法解释**

《关于审理网络消费纠纷案件适用法律若干问题的规定（一）》

第四条 电子商务平台经营者以标记自营业务方式或者虽未标记自营但实际开展自营业务所销售的商品或者提供的服务损害消费者合法权益，消费者主张电子商务平台经营者承担商品销售者或者服务提供者责任的，人民法院应予支持。

电子商务平台经营者虽非实际开展自营业务，但其所作标识等足以误导消费者使消费者相信系电子商务平台经营者自营，消费者主张电子商务平台经营者承担商品销售者或者服务提供者责任的，人民法院应予支持。

◎ **部门规章**

《网络零售第三方平台交易规则制定程序规定（试行）》

第十八条 网络零售第三方平台经营者未按本规定制定、修改、实施交易规则的，由所在地省级商务主管部门依据职权责令限期改正，拒不改正的，处以警告，并向社会公布。

《侵害消费者权益行为处罚办法》

第十五条　经营者违反本办法第十二条、第十三条规定，其他法律、法规有规定的，依照法律、法规的规定执行；法律、法规未作规定的，由市场监督管理部门责令改正，可以单处或者并处警告，违法所得三倍以下、但最高不超过三万元的罚款，没有违法所得的，处以一万元以下的罚款。

《网络交易监督管理办法》

第四十二条　网络交易经营者违反本办法第十二条、第二十三条，未履行法定信息公示义务的，依照《中华人民共和国电子商务法》第七十六条的规定进行处罚。对其中的网络交易平台经营者，依照《中华人民共和国电子商务法》第八十一条第一款的规定进行处罚。

第四十八条　网络交易平台经营者违反本办法第二十七条、第二十八条、第三十条的，由市场监督管理部门责令限期改正；逾期不改正的，处一万元以上三万元以下罚款。

《互联网广告管理办法》

第二十五条　违反本办法第八条、第九条规定，变相发布医疗、药品、医疗器械、保健食品、特殊医学用途配方食品广告，或者互联网广告不具有可识别性的，依照广告法第五十九条第三款规定予以处罚。

> **第八十二条　【平台经营者侵害平台内经营者合法权益的行政责任】**
>
> 电子商务平台经营者违反本法第三十五条规定，对平台内经营者在平台内的交易、交易价格或者与其他经营者的交易等进行不合理限制或者附加不合理条件，或者向平台内经营者收取不合理费用的，由市场监督管理部门责令限期改正，可以处五万元以上五十万元以下的罚款；情节严重的，处五十万元以上二百万元以下的罚款。

关联法规

◎ 部门规章

《网络交易监督管理办法》

第五十条　网络交易平台经营者违反本办法第三十二条的，依照《中华人民共和国电子商务法》第八十二条的规定进行处罚。

第八十三条 【平台经营者违反采取合理措施、主体审核义务、安全保障义务的行政责任】

电子商务平台经营者违反本法第三十八条规定，对平台内经营者侵害消费者合法权益行为未采取必要措施，或者对平台内经营者未尽到资质资格审核义务，或者对消费者未尽到安全保障义务的，由市场监督管理部门责令限期改正，可以处五万元以上五十万元以下的罚款；情节严重的，责令停业整顿，并处五十万元以上二百万元以下的罚款。

关联法规

◎ **行政法规**

《化妆品监督管理条例》

第六十七条 电子商务平台经营者未依照本条例规定履行实名登记、制止、报告、停止提供电子商务平台服务等管理义务的，由省、自治区、直辖市人民政府药品监督管理部门依照《中华人民共和国电子商务法》的规定给予处罚。

◎ **部门规章**

《网络交易监督管理办法》

第四十九条 网络交易平台经营者违反本办法第二十九条，法律、行政法规有规定的，依照其规定；法律、行政法规没有规定的，由市场监督管理部门依职责责令限期改正，可以处一万元以上三万元以下罚款。

《互联网广告管理办法》

第二十九条 互联网平台经营者违反本办法第十六条第一项、第三项至第五项规定，法律、行政法规有规定的，依照其规定；法律、行政法规没有规定的，由县级以上市场监督管理部门责令改正，处一万元以上五万元以下的罚款。

互联网平台经营者违反本办法第十六条第二项规定，明知或者应知互联网广告活动违法不予制止的，依照广告法第六十三条规定予以处罚。

第八十四条 【平台经营者侵害知识产权的行政责任】

电子商务平台经营者违反本法第四十二条、第四十五条规定，对平台内经营者实施侵犯知识产权行为未依法采取必要措施的，由有关知识产权行政部门责令限期改正；逾期不改正的，处五万元以上五十万元以下的罚款；情节严重的，处五十万元以上二百万元以下的罚款。

关联法规

◎ **部门规章**

《互联网著作权行政保护办法》

第四条　著作权行政管理部门对侵犯互联网信息服务活动中的信息网络传播权的行为实施行政处罚，适用《著作权行政处罚实施办法》。

侵犯互联网信息服务活动中的信息网络传播权的行为由侵权行为实施地的著作权行政管理部门管辖。侵权行为实施地包括提供本办法第二条所列的互联网信息服务活动的服务器等设备所在地。

第十一条　互联网信息服务提供者明知互联网内容提供者通过互联网实施侵犯他人著作权的行为，或者虽不明知，但接到著作权人通知后未采取措施移除相关内容，同时损害社会公共利益的，著作权行政管理部门可以根据《中华人民共和国著作权法》第四十七条的规定责令停止侵权行为，并给予下列行政处罚：

（一）没收违法所得；

（二）处以非法经营额3倍以下的罚款；非法经营额难以计算的，可以处10万元以下的罚款。

第十二条　没有证据表明互联网信息服务提供者明知侵权事实存在的，或者互联网信息服务提供者接到著作权人通知后，采取措施移除相关内容的，不承担行政法律责任。

第十四条　互联网信息服务提供者有本办法第十一条规定的情形，且经著作权行政管理部门依法认定专门从事盗版活动，或有其他严重情节的，国务院信息产业主管部门或者省、自治区、直辖市电信管理机构依据相关法律、行政法规的规定处理；互联网接入服务提供者应当依据国务院信息产业主管部门或者省、自治区、直辖市电信管理机构的通知，配合实施相应的处理措施。

第八十五条　【法律责任的衔接】

电子商务经营者违反本法规定，销售的商品或者提供的服务不符合保障人身、财产安全的要求，实施虚假或者引人误解的商业宣传等不正当竞争行为，滥用市场支配地位，或者实施侵犯知识产权、侵害消费者权益等行为的，依照有关法律的规定处罚。

关联法规

◎ **法律**

《消费者权益保护法》

第五十六条　经营者有下列情形之

一，除承担相应的民事责任外，其他有关法律、法规对处罚机关和处罚方式有规定的，依照法律、法规的规定执行；法律、法规未作规定的，由工商行政管理部门或者其他有关行政部门责令改正，可以根据情节单处或者并处警告、没收违法所得、处以违法所得一倍以上十倍以下的罚款，没有违法所得的，处以五十万元以下的罚款；情节严重的，责令停业整顿、吊销营业执照：

（一）提供的商品或者服务不符合保障人身、财产安全要求的；

（二）在商品中掺杂、掺假，以假充真，以次充好，或者以不合格商品冒充合格商品的；

（三）生产国家明令淘汰的商品或者销售失效、变质的商品的；

（四）伪造商品的产地，伪造或者冒用他人的厂名、厂址，篡改生产日期，伪造或者冒用认证标志等质量标志的；

（五）销售的商品应当检验、检疫而未检验、检疫或者伪造检验、检疫结果的；

（六）对商品或者服务作虚假或者引人误解的宣传的；

（七）拒绝或者拖延有关行政部门责令对缺陷商品或者服务采取停止销售、警示、召回、无害化处理、销毁、停止生产或者服务等措施的；

（八）对消费者提出的修理、重作、更换、退货、补足商品数量、退还货款和服务费用或者赔偿损失的要求，故意拖延或者无理拒绝的；

（九）侵害消费者人格尊严、侵犯消费者人身自由或者侵害消费者个人信息依法得到保护的权利的；

（十）法律、法规规定的对损害消费者权益应当予以处罚的其他情形。

经营者有前款规定情形的，除依照法律、法规规定予以处罚外，处罚机关应当记入信用档案，向社会公布。

《产品质量法》

第四十九条 生产、销售不符合保障人体健康和人身、财产安全的国家标准、行业标准的产品的，责令停止生产、销售，没收违法生产、销售的产品，并处违法生产、销售产品（包括已售出和未售出的产品，下同）货值金额等值以上三倍以下的罚款；有违法所得的，并处没收违法所得；情节严重的，吊销营业执照；构成犯罪的，依法追究刑事责任。

第五十条 在产品中掺杂、掺假，以假充真，以次充好，或者以不合格产品冒充合格产品的，责令停止生产、销售，没收违法生产、销售的产品，并处违法生产、销售产品货值金额百分之五十以上三倍以下的罚款；有违法所得的，并处没收违法所得；情节严重的，吊销营业执照；构成犯罪的，依法追究刑事责任。

第五十一条　生产国家明令淘汰的产品的，销售国家明令淘汰并停止销售的产品的，责令停止生产、销售，没收违法生产、销售的产品，并处违法生产、销售产品货值金额等值以下的罚款；有违法所得的，并处没收违法所得；情节严重的，吊销营业执照。

第五十二条　销售失效、变质的产品的，责令停止销售，没收违法销售的产品，并处违法销售产品货值金额二倍以下的罚款；有违法所得的，并处没收违法所得；情节严重的，吊销营业执照；构成犯罪的，依法追究刑事责任。

第五十三条　伪造产品产地的，伪造或者冒用他人厂名、厂址的，伪造或者冒用认证标志等质量标志的，责令改正，没收违法生产、销售的产品，并处违法生产、销售产品货值金额等值以下的罚款；有违法所得的，并处没收违法所得；情节严重的，吊销营业执照。

第五十四条　产品标识不符合本法第二十七条规定的，责令改正；有包装的产品标识不符合本法第二十七条第（四）项、第（五）项规定，情节严重的，责令停止生产、销售，并处违法生

产、销售产品货值金额百分之三十以下的罚款；有违法所得的，并处没收违法所得。

第五十五条　销售者销售本法第四十九条至第五十三条规定禁止销售的产品，有充分证据证明其不知道该产品为禁止销售的产品并如实说明其进货来源的，可以从轻或者减轻处罚。

《反不正当竞争法》

第十八条　经营者违反本法第六条规定实施混淆行为的，由监督检查部门责令停止违法行为，没收违法商品。违法经营额五万元以上的，可以并处违法经营额五倍以下的罚款；没有违法经营额或者违法经营额不足五万元的，可以并处二十五万元以下的罚款。情节严重的，吊销营业执照。

经营者登记的企业名称违反本法第六条规定的，应当及时办理名称变更登记；名称变更前，由原企业登记机关以统一社会信用代码代替其名称。

第十九条　经营者违反本法第七条规定贿赂他人的，由监督检查部门没收违法所得，处十万元以上三百万元以下的罚款。情节严重的，吊销营业执照。

第二十条　经营者违反本法第八条规定对其商品作虚假或者引人误解的商业宣传，或者通过组织虚假交易等方式帮助其他经营者进行虚假或者引人误解

的商业宣传的，由监督检查部门责令停止违法行为，处二十万元以上一百万元以下的罚款；情节严重的，处一百万元以上二百万元以下的罚款，可以吊销营业执照。

经营者违反本法第八条规定，属于发布虚假广告的，依照《中华人民共和国广告法》的规定处罚。

第二十一条　经营者以及其他自然人、法人和非法人组织违反本法第九条规定侵犯商业秘密的，由监督检查部门责令停止违法行为，没收违法所得，处十万元以上一百万元以下的罚款；情节严重的，处五十万元以上五百万元以下的罚款。

第二十二条　经营者违反本法第十条规定进行有奖销售的，由监督检查部门责令停止违法行为，处五万元以上五十万元以下的罚款。

第二十三条　经营者违反本法第十一条规定损害竞争对手商业信誉、商品声誉的，由监督检查部门责令停止违法行为、消除影响，处十万元以上五十万元以下的罚款；情节严重的，处五十万元以上三百万元以下的罚款。

第二十四条　经营者违反本法第十二条规定妨碍、破坏其他经营者合法提供的网络产品或者服务正常运行的，由监督检查部门责令停止违法行为，处十

万元以上五十万元以下的罚款；情节严重的，处五十万元以上三百万元以下的罚款。

《商标法》

第六十条　有本法第五十七条所列侵犯注册商标专用权行为之一，引起纠纷的，由当事人协商解决；不愿协商或者协商不成的，商标注册人或者利害关系人可以向人民法院起诉，也可以请求工商行政管理部门处理。

工商行政管理部门处理时，认定侵权行为成立的，责令立即停止侵权行为，没收、销毁侵权商品和主要用于制造侵权商品、伪造注册商标标识的工具，违法经营额五万元以上的，可以处违法经营额五倍以下的罚款，没有违法经营额或者违法经营额不足五万元的，可以处二十五万元以下的罚款。对五年内实施两次以上商标侵权行为或者有其他严重情节的，应当从重处罚。销售不知道是侵犯注册商标专用权的商品，能证明该商品是自己合法取得并说明提供者的，由工商行政管理部门责令停止销售。

对侵犯商标专用权的赔偿数额的争议，当事人可以请求进行处理的工商行政管理部门调解，也可以依照《中华人民共和国民事诉讼法》向人民法院起诉。经工商行政管理部门调解，当事人

未达成协议或者调解书生效后不履行的，当事人可以依照《中华人民共和国民事诉讼法》向人民法院起诉。

《专利法》

第六十八条　假冒专利的，除依法承担民事责任外，由负责专利执法的部门责令改正并予公告，没收违法所得，可以处违法所得五倍以下的罚款；没有违法所得或者违法所得在五万元以下的，可以处二十五万元以下的罚款；构成犯罪的，依法追究刑事责任。

《著作权法》

第五十三条　有下列侵权行为的，应当根据情况，承担本法第五十二条规定的民事责任；侵权行为同时损害公共利益的，由主管著作权的部门责令停止侵权行为，予以警告，没收违法所得，没收、无害化销毁处理侵权复制品以及主要用于制作侵权复制品的材料、工具、设备等，违法经营额五万元以上的，可以并处违法经营额一倍以上五倍以下的罚款；没有违法经营额、违法经营额难以计算或者不足五万元的，可以并处二十五万元以下的罚款；构成犯罪的，依法追究刑事责任：

（一）未经著作权人许可，复制、发行、表演、放映、广播、汇编、通过信息网络向公众传播其作品的，本法另有规定的除外；

（二）出版他人享有专有出版权的图书的；

（三）未经表演者许可，复制、发行录有其表演的录音录像制品，或者通过信息网络向公众传播其表演的，本法另有规定的除外；

（四）未经录音录像制作者许可，复制、发行、通过信息网络向公众传播其制作的录音录像制品的，本法另有规定的除外；

（五）未经许可，播放、复制或者通过信息网络向公众传播广播、电视的，本法另有规定的除外；

（六）未经著作权人或者与著作权有关的权利人许可，故意避开或者破坏技术措施的，故意制造、进口或者向他人提供主要用于避开、破坏技术措施的装置或者部件的，或者故意为他人避开或者破坏技术措施提供技术服务的，法律、行政法规另有规定的除外；

（七）未经著作权人或者与著作权有关的权利人许可，故意删除或者改变作品、版式设计、表演、录音录像制品或者广播、电视上的权利管理信息的，知道或者应当知道作品、版式设计、表演、录音录像制品或者广播、电视上的权利管理信息未经许可被删除或者改变，仍然向公众提供的，法律、行政法规另有规定的除外；

（八）制作、出售假冒他人署名的作品的。

《反垄断法》

第五十七条　经营者违反本法规定，滥用市场支配地位的，由反垄断执法机构责令停止违法行为，没收违法所得，并处上一年度销售额百分之一以上百分之十以下的罚款。

第五十八条　经营者违反本法规定实施集中，且具有或者可能具有排除、限制竞争效果的，由国务院反垄断执法机构责令停止实施集中、限期处分股份或者资产、限期转让营业以及采取其他必要措施恢复到集中前的状态，处上一年度销售额百分之十以下的罚款；不具有排除、限制竞争效果的，处五百万元以下的罚款。

◎ 司法解释

《关于办理生产、销售伪劣商品刑事案件具体应用法律的解释》

第十条　实施生产、销售伪劣商品犯罪，同时构成侵犯知识产权、非法经营等其他犯罪的，依照处罚较重的规定定罪处罚。

◎ 部门规章

《互联网视听节目服务管理规定》

第二十三条　违反本规定有下列行为之一的，由县级以上广播电影电视主管部门予以警告、责令改正，可并处 3 万元以下罚款；同时，可对其主要出资者和经营者予以警告，可并处 2 万元以下罚款：

（一）擅自在互联网上使用广播电视专有名称开展业务的；

（二）变更股东、股权结构，或上市融资，或重大资产变动时，未办理审批手续的；

（三）未建立健全节目运营规范，未采取版权保护措施，或对传播有害内容未履行提示、删除、报告义务的；

（四）未在播出界面显著位置标注播出标识、名称、《许可证》和备案编号的；

（五）未履行保留节目记录、向主管部门如实提供查询义务的；

（六）向未持有《许可证》或备案的单位提供代收费及信号传输、服务器托管等与互联网视听节目服务有关的服务的；

（七）未履行查验义务，或向互联网视听节目服务单位提供其《许可证》或备案载明事项范围以外的接入服务的；

（八）进行虚假宣传或者误导用户的；

（九）未经用户同意，擅自泄露用户信息秘密的；

（十）互联网视听服务单位在同一

年度内三次出现违规行为的；

（十一）拒绝、阻挠、拖延广播电影电视主管部门依法进行监督检查或者在监督检查过程中弄虚作假的；

（十二）以虚假证明、文件等手段骗取《许可证》的。

有本条第十二项行为的，发证机关应撤销其许可证。

《网络出版服务管理规定》

第五十二条　出版、传播含有本规定第二十四条、第二十五条禁止内容的网络出版物的，根据《出版管理条例》第六十二条、《互联网信息服务管理办法》第二十条的规定，由出版行政主管部门责令删除相关内容并限期改正，没收违法所得，违法经营额 1 万元以上的，并处违法经营额 5 倍以上 10 倍以下罚款；违法经营额不足 1 万元的，可以处 5 万元以下罚款；情节严重的，责令限期停业整顿或者由国家新闻出版广电总局吊销《网络出版服务许可证》，由电信主管部门依据出版行政主管部门的通知吊销其电信业务经营许可或者责令关闭网站；构成犯罪的，依法追究刑事责任。

为从事本条第一款行为的网络出版服务单位提供人工干预搜索排名、广告、推广等相关服务的，由出版行政主管部门责令其停止提供相关服务。

《侵害消费者权益行为处罚办法》

第十四条　经营者有本办法第五条至第十一条规定的情形之一，其他法律、法规有规定的，依照法律、法规的规定执行；法律、法规未作规定的，由市场监督管理部门依照《消费者权益保护法》第五十六条予以处罚。

《网络交易监督管理办法》

第四十三条　网络交易经营者违反本办法第十四条的，依照《中华人民共和国反不正当竞争法》的相关规定进行处罚。

《禁止滥用市场支配地位行为规定》

第四十一条　经营者滥用市场支配地位的，由反垄断执法机构责令停止违法行为，没收违法所得，并处上一年度销售额百分之一以上百分之十以下的罚款。

反垄断执法机构确定具体罚款数额时，应当考虑违法行为的性质、程度、持续时间和消除违法行为后果的情况等因素。

违反本规定，情节特别严重、影响特别恶劣、造成特别严重后果的，市场监管总局可以在第一款规定的罚款数额的二倍以上五倍以下确定具体罚款数额。

经营者因行政机关和法律、法规授权的具有管理公共事务职能的组织滥用行政权力而滥用市场支配地位的，按照第一款规定处理。经营者能够证明其受行政机关和法律、法规授权的具有管理公共事务职能的组织滥用行政权力强制或者变相强制滥用市场支配地位的，可以依法从轻或者减轻处罚。

权威案例

◎ 典型案例

林某荣等销售假冒注册商标的商品案【高检院发布 2012 年度打击侵犯知识产权犯罪十大典型案例之三（2013 年 9 月 11 日）】

评析意见：本案涉案金额高达 1600 余万元，被媒体称为福建省淘某网售假"第一案"。本案涉及区域广、涉案人员众多、案情错综复杂、取证难度高、打击难度极大。案件办理过程中，检察机关全面梳理事实和证据，逐个查实各涉案人员在本案中的地位、作用和涉案金额；有针对性地提出补侦意见，引导公安机关收集、调取、固定证据，为案件的成功起诉奠定了基础。本案为打击此类网络侵权行为树立了标杆，社会意义重大。

陈某志销售假冒注册商标的商品案【高检院发布 2012 年度打击侵犯知识产权犯罪十大典型案例之六（2013 年 9 月 11 日）】

评析意见：美国安利公司被侵权的商标"纽崔莱"为国际知名商标，在国内营养品市场占有相当的市场份额。陈某志开设网店销售假冒"纽崔莱"商标的营养品，销售金额达人民币 600 余万元，其行为不仅对人民群众的生命健康造成了严重威胁，还严重侵害了商标权利人的合法权益。本案涉及对网络售假者主观"明知"的认定、如何评价权利人出具的鉴定报告等问题。庭审中，检察机关针对辩护人提出的质疑，一一予以阐明澄清。法院最终完全采纳了公诉意见，不仅对售假者判处了实刑，同时判处了高额罚金，彰显出打击此类犯罪的坚强决心，凸显了良好社会效果。案件宣判后，引起凤凰网、东方网等网络媒体，《解放日报》、《新民晚报》等平面媒体高度关注。上海知识产权联席会议办公室曾将本案评为 2012 年度上海知识产权十大典型案例。

"网某云音乐"侵犯信息网络传播权诉前禁令纠纷案【最高人民法院公布 2014 年十大知识产权案件之六（2015 年 4 月 20 日）】

典型意义：近年来网络产业与音乐产业结合形成新生网络文化传播媒介，可以使音乐作品被无限传递、下载，不受限制地被反复欣赏，在方便社会公众欣赏音乐的同时，盗版网络音乐也对著作权人造成了难以弥补的损害。本案中，法院及时发布诉前禁令，并对违反禁令的行为予以处罚，为打击网络音乐盗版、规范网络音乐市场、整治网络环境提供了一种可行的保护模式，充分体现了知识产权司法保护的主导作用。

同某图文公司、何某伟等 3 人侵犯著作权案【2014 年度中国检察机关保护知识产权十大典型案例之三（2015 年 4 月 22 日）】

评析意见：该案系最高人民检察院与国家版权局、公安部联合督办案件。在侦查阶段，检察机关即指派业务骨干提前介入，引导取证，要求公安机关不依赖口供而应注重收集激光打印机作业日志等客观证据，对准确认定印制盗版图书封面数量等案件事实起到了关键作用；在审查逮捕过程中，检察机关在厘清案件事实、准确界定共犯地位的基础上，以从重打击团伙犯罪、有效遏制侵犯著作权犯罪滋长为出发点，从严适用强制措施，对三名犯罪嫌疑人均批准逮捕，在相关从业人员中引起强烈反响，有效震慑了犯罪；在审查起诉过程中，检察机关发现同伟图文公司依法应认定为单位犯罪，但公安机关并未移送，遂引导公安机关追诉漏犯，保证了法律的正确适用。

徐某林等 6 人侵犯著作权案【2014 年度中国检察机关保护知识产权十大典型案例之四（2015 年 4 月 22 日）】

评析意见：本案系全国"扫黄打非"工作办公室、最高人民检察院、公安部、国家版权局联合督办的重大网络侵犯著作权案例。侵权时间跨度长达 6 年，网站注册会员达 2 万余人，非法获利达 300 余万

元，社会关注度较高。检察机关在办案中提前介入侦查，引导公安机关明确侦查方向，及时收集固定定案的关键证据，依法及时批捕、起诉，省、市两级检察机关还多次赴办案单位现场指导，促进了案件实现快侦、快诉、快审、快结。本案的成功办理，不仅及时打击了犯罪，也彰显了我国检察机关保护知识产权的能力和决心，得到了权利人的高度赞赏。

陈某华销售假冒注册商标的商品案【2014 年度中国检察机关保护知识产权十大典型案例之八（2015 年 4 月 22 日）】

评析意见：近年来，利用网络售假犯罪多发，呈现出犯罪成本低、危害范围广、涉案金额大、交易记录易篡改、证据易灭失等特点。案发后，办案检察机关高度重视，抽调精干力量成立了以分管侦监工作的检察长为组长的专案工作领导小组，专题研究、制定提前介入引导侦查取证工作方案，并严密分工，稳步推进。面对该案涉及注册品牌多、涉案金额大、销售平台多、取证难度大等情况，检察人员到办案一线和侦查人员共同研讨侦查取证方向，列出详细的取证清单和补充侦查提纲；注重严把证据关，确保证据合法、真实，指导公安机关向品牌服饰代理商逐一取证，到工商行政商标管理部门调取相关品牌的注册情况、品牌服饰销售代理情况，收集固定售假记录及资金流通情况等方面的证据。同时注重延伸检察服务职

能，根据在办案中发现的知识产权保护方面存在的漏洞和薄弱环节，及时向工商行政主管部门提出堵漏建制的检察建议，并积极推进定期联席会议制度和案件通报制度，切实将与行政执法机关的信息通报、案件研讨、线索备案等工作联系常态化。

北京爱某艺科技有限公司诉北京极某极客科技有限公司不正当竞争纠纷案【北京、上海、广州知识产权法院审结的典型案例之六（2015 年 9 月 9 日）】

典型意义：近年来，网络环境下竞争纠纷日趋激烈，新型不正当竞争行为层出不穷，法律定性较为困难。审理法院通过分析网络经营者的主观恶意、被诉行为对他人合法经营模式的侵害、消费者最终利益的影响等，认定被诉行为构成不正当竞争。本案判决对于网络环境下竞争关系的认定和竞争行为正当性的判断等均具有一定指导意义。

北京乐某卓越科技有限公司诉北京昆某乐享网络技术有限公司等侵犯著作权及不正当竞争纠纷案【北京、上海、广州知识产权法院审结的典型案例之七（2015 年 9 月 9 日）】

典型意义：作为新兴文化产业，移动终端游戏是文化与科技融合的产物，享有巨大的发展空间和良好的市场前景。本案是一起涉及移动终端游戏的著作权侵权及不正当竞争纠纷。本案事实复杂，涉及的法律问题繁多且疑难。审理法院对游戏名称及人物名称等简短词组能否构成文字作品、改编作品的著作权保护、移动终端游戏名称是否能够构成知名商品特有名称、虚假宣传行为的认定等诸多法律问题，均作了细致的分析阐述。在民事责任承担方面，审理法院充分考虑了原告游戏的市场份额、被诉侵权人的主观状态等因素，最大限度地保护游戏权利人的利益，依法打击了不正当攫取他人利益的行为。本案明确了对移动终端游戏知识产权法律保护的思路和方向，对推动移动终端游戏产业的健康发展具有示范作用。

骆某新、白某元、丁某及厦门丸某斯商贸有限公司销售假冒注册商标的商品案【2015 年度检察机关保护知识产权十大典型案例之六（2016 年 5 月 5 日）】

评析意见：本案涉案金额高达人民币 4000 多万元，涉案物品通过知名网络销售平台销往全国各地，受害者众多，取证难度大。在案件办理过程中，检察机关从海量证据中认真梳理比对，着重分析各个犯罪嫌疑人主观犯意，厘清各自罪责。针对网络犯罪取证难的特点，列出详细的取证清单和补充侦查提纲，引导侦查机关全面收集、固定证据，并要求侦查机关进行专项司法审计，准确认定涉案金额，为后期对涉案公司及相关人员的定罪处罚打下了扎实的证据基础。检察机关重拳打击此类利用互联网侵犯知识产权的犯罪行为，净化了网络消费环境，为保护消费者合法权益提供了有力的法律保障。

何某凯等侵犯著作权案【检察机关保障和促进科技创新典型案例之二（2016 年 7 月 14 日）】

典型意义：本案系全国"扫黄打非"办公室、北京市人民检察院督办案件。北京市海淀区人民检察院知识产权检察处充分发挥职能，高质引导侦查，高效提起公诉，有力打击了犯罪。在第一次审查逮捕阶段，检察机关针对关键性定罪证据"游戏程序同一性鉴定"缺失的情况，积极引导公安机关确定侦查方向，明确工作重点。后经鉴定机构将从被告人厉标处勘验所得的游戏程序与完美世界官方游戏程序进行比对，文件夹名称和路径相同比例为 96. 67%，95. 31%文件名一致且文件所在路径一致，其中 94. 47%文件内容完全一致，认为两个游戏服务端程序存在实质性相似，从而夯实了定罪的证据基础。在第二次审查逮捕阶段，检察机关充分发挥法律监督职能，及时批捕并对一名同案犯予以追捕，同时对围绕"非法经营数额""服务器及游戏运营情况""涉案人员出资及收入情况"等关键性工作列明继续侦查提纲，引导公安机关及时收集固定电子证据等定罪量刑关键证据。审查起诉期间，检察机关针对被告人的多个辩解——核实，多次开展法律政策教育工作，三名被告人均认罪并赔偿被害单位损失，得到被害单位谅解，办案取得良好的法律效果

和社会效果。

牛某强等销售假冒注册商标的商品案【检察机关保障和促进科技创新典型案例之十（2016 年 7 月 14 日）】

典型意义：本案系浙江省烟草专卖局挂牌督办案件，是利用信息网络销售假冒商品、侵犯知识产权的典型案例。涉案人员涉及五省，假烟销售范围则涉及全国大多数省份。本案在取证、定性、管辖权等方面为今后办理跨省市网络侵犯知识产权犯罪案件提供了借鉴。

办案过程中，浙江省东阳市人民检察院侦查监督部门既严守法律底线，对不符合逮捕条件的犯罪嫌疑人依法不予批捕，又不放纵犯罪，积极引导侦查取证，最终成功办理该案，使网络售假的犯罪分子得到法律的严惩。2014 年 9 月，东阳市人民检察院侦查监督部门对犯罪嫌疑人牛某强第一次审查逮捕过程中，认真分析案件事实，纠正公安机关对该案以涉嫌销售伪劣产品罪立案侦查的错误定性，将本案准确定性为销售假冒注册商标的商品罪，引导侦查机关调整取证方向，并针对网络犯罪的新特点、新问题提出了详细的补侦意见，要求侦查机关以电脑勘验检查、支付宝交易数据梳理、QQ 聊天记录、银行交易明细等客观性证据为主要取证方向，深挖牛某强支付宝交易数据、QQ 聊天记录等电子数据中存在的其他同案犯犯罪线索，最终引导侦查机关查实牛某强所有犯

罪事实，并查获钟某呈等其他四名同案犯。本案检察机关坚守法律底线，实现了法律效果、社会效果的统一。

微信朋友圈销售假冒注册商标的商品案【最高人民法院关于弘扬社会主义核心价值观典型案例之四（2016 年 8 月 22 日）】

　　典型意义：本案是一起通过微信朋友圈销售假冒注册商标的商品的典型案例。微信朋友圈原是相对私人的个人空间，然而越来越多的人加入微商，利用微信朋友圈等新平台售假者也越来越多。与传统侵犯知识产权犯罪案件相比，这类犯罪作案手段相对隐蔽，但传播面广及推广速度快，销售假冒注册商标的商品涉及面广，社会影响恶劣。目前，消费者权益保护法和《网络交易管理办法》在微信购物方面还没有明文规定，而且微商没有经过工商注册登记，相关法律法规还需要进一步完善。

山东刘某等人销售假冒注册商标的商品案【2016 年度检察机关保护知识产权十大典型案例之四（2017 年 4 月 25 日）】

　　评析意见：当前，以"互联网+"为主要内容的电子商务发展迅猛，这一新兴商务模式在为人们的生活带来便捷的同时，也因侵权假冒行为大量发生而备受社会诟病，加大打击网络售假力度势在必行。刘某等人销售假冒注册商标的商品系列案，给"金号""洁丽雅"等知名毛巾生产企业造成恶劣社会影响，品牌价值

损失严重。茌平县检察院在介入侦查时提出"上线下线同步查"的办案思路，引导公安机关侦查取证，一举端掉 5 个相关生产作坊，有力地打击了制假售假犯罪活动，净化了网络市场，取得了较好的法律效果和社会效果。

　　一是引导侦查取证，明确侦查方向。涉案犯罪团伙体系严密，上下游分工明确，假冒毛巾生产者、销售者、包装生产者均有涉及，制假、售假形成完整的产业链条。茌平县检察院适时介入，立足"上线下线同步查"的办案思路，针对网络售假犯罪手段隐蔽、查处取证难度大的问题，建议公安机关对生产假冒毛巾作坊及时勘查、拍照，并调取相关证据，巩固了犯罪嫌疑人制假、售假的证据链条；针对网店经营中"刷单"（用虚假的销售记录表示该商品的畅销）现象比较普遍、销售金额难以认定的问题，建议公安机关调取发货单、网络交易记录等相关书证多方印证。该案最终成功侦办、顺利诉讼。

　　二是注重证据审查，严把案件质量。案件提请批捕后，多名犯罪嫌疑人辩解不知道其所销售的毛巾为假冒毛巾，茌平县检察院对该辩解充分重视，通过细致审查相关犯罪嫌疑人的进货渠道、进货价格、销售价格、供货商证言等证据，层层分析，环环相扣，综合认定犯罪嫌疑人的主观故意。在难以回避的一系列客观事实面前，犯罪嫌疑人对销售假冒毛巾的事实供

认不讳。

三是提出检察建议，服务企业发展。荏平县检察院办案中发现，相关生产者之所以大肆制假，除了利益驱动外，也存在"毛巾真假难辨、不易被发觉"等侥幸心理。针对此情况，荏平县检察院向有关企业提出升级防伪标识、畅通正品验证通道、建立网络销售授权制度等检察建议，被相关企业采纳，有效防范了制假售假的发生，促进了企业的健康发展。

天津河北区魏某、张某鹏等七人假冒注册商标案【2017 年度全国检察机关保护知识产权十大典型案例之四（2018 年 4 月 25 日）】

典型意义：天津海鸥牌手表系我国知名的民族品牌。主犯魏某系天津海鸥表业集团有限公司在职员工，由于能够第一手接触各类正品海鸥表，其通过定制仿造配件私自组装、仿真度高，其售卖假冒海鸥表具有较强迷惑性，消费者不易辨认。

本案涉案金额特别巨大，取证难度特别大。本案的涉案销售金额高达 2000 余万元，且通过网上平台销售至全国各地，交易时间长、次数多、涉及地域广。检察官积极认真履职，提前介入案件侦查，并在审查逮捕过程中，认真梳理证据，针对商标延展期不明、淘宝销售记录缺乏来源说明等问题详细列出补充侦查提纲，督促公安机关前往阿里巴巴公司调取涉案淘宝网店的销售记录。在审查起诉过程中，检察官通过认真梳理补充侦查的数万条交易记录，确定两万余条涉案交易信息，击破主犯所谓的存在"刷单"的辩解，成功追加犯罪销售数额 2000 余万元，并得到法院的认可。案件办理后，天津市河北区人民检察院结合办案分析，针对被侵权企业在管理中的漏洞以及对自身品牌保护问题，及时提出检察建议，同时针对网络监管的力度问题，向市场监管部门提出检察建议。检察机关成功办理本案凸显了检察机关打击网络侵犯知识产权犯罪的力度和水平不断提升，彰显了检察机关对民族品牌、对具有自主知识产权的权利人的保护力度。

上海陈某堂等十三人销售非法制造的注册商标标识系列案【最高人民检察院发布 2018 年度检察机关保护知识产权典型案例之七（2019 年 4 月 25 日）】

评析意见：本案是上海检察机关在知识产权保护领域探索行政执法与刑事司法协同保护机制的重要成果，形成了知识产权严保护、大保护的刑事司法新模式。

（一）有效的案件线索发现机制。浦东新区检察院在该区知识产权局派驻检察官办案组，将对知识产权权利人的检察保护延伸至行政执法前端。派驻检察官在日常值班中得知"Zespri"权利人前来反映上海农副产品批发市场等农贸市场上出现大量冒牌"Zespri"品牌的猕猴桃，对权利人造成了很大损失。此类案件往往因为取证难、案值小难以追究刑事责任，而行政处罚对侵权人的打击力度和震慑作用有限，检察官遂立即与行政执法人员一同听取权利人诉求，发现冒牌猕猴桃的数量和金额难以达到假冒注册商标罪的追诉标准，但是大量的商标标识可能构成注册商标标识类犯罪，于是检察官迅速会同浦东公安分局侦查人员确定侦查方向。

（二）准确的案件引导取证。为更好地指控犯罪，检察官第一时间介入侦查，引导侦查人员围绕定罪的关键环节进行侦查取证。一是该案涉及多种商标，需收集固定每种商标的权利人证明、商标真伪鉴定证明、鉴定人授权委托书等证据。通过反复与权利人沟通，确定商标真假的甄别标准，完善商标权属证明。二是妥善解决管辖问题。检察官发现部分涉案店铺的地址不在辖区内，但上述店铺有通过网络销售的行为，遂引导侦查人员通过网络销售记录查找辖区内的买家，解决案件管辖权问题。三是查明网络销售数量。检察官在批捕过程中发现根据网络销售记录可以查明涉案人已销售数额，故要求侦查人员在继续侦查过程中进一步固定网络销售记录，查明全部销售金额。四是追诉上游犯罪，瓦解非法产业链条。检察官通过细致审查，在案件中发现非法产业链条上家的线索，立即向公安机关制发《补充移送起诉通知书》，要求追诉相关人员，增强

了打击力度。

（三）高效的案件诉讼进程。检察机关的前期工作夯实了全案证据，提升了诉讼效率。审查起诉阶段，检察官在细致审查案件事实和证据、充分听取辩护人意见后，在一个月内将六起案件十三名被告人全部审查终结，并向法院提起集中公诉。庭审前，公诉人制作详细的出庭预案；庭审中，公诉人紧紧围绕犯罪事实，对案件量刑情节、数额认定以及文字商标"相同性"的判断等庭审焦点进行了深入分析、有力指控。所有被告人均当庭自愿认罪，并均被判有罪。

（四）全面的案件办理效果。浦东新区检察院着力推动创新社会治理。针对办案中发现的某些网络平台在结案后仍销售假冒注册商标标识、网络平台运营商未及时处理售假商户等问题，及时与有关部门及电商平台沟通，督促遏制售假行为，以进一步扩大工作成效。该系列案件的办理，对相关农贸市场商户起到了教育、警示作用，增强了商户对知识产权的保护意识，有效遏制了此类犯罪。同时，也获得了权利人的高度认可，新西兰驻上海总领事馆总领事，权利人公司事务总监等一行专程至浦东新区检察院致谢。

重庆市磁器口陈某花食品有限公司与重庆喜某哥饮食文化有限公司九龙坡分公司等侵害商标权及不正当竞争纠纷案【依法平等保护民营企业家人身财产安全十大典型

案例之九（2019 年 5 月 16 日）】

典型意义：企业商标是生产经营者生产产品或提供服务的质量象征，亦与企业商业信誉、文化品位以及市场核心竞争力等息息相关。我国作为传统文明古国，承载个人技艺、蕴含地方特色、弘扬历史文化的食品小吃、手工工艺品等传统手工产业发达，产生了许多以创始人姓氏或名字注册的知名商标和民族品牌。基于自然人的姓名极易重合或相似的重要特征，对此类商标的依法全面保护尤为重要。本案严格区分商业活动中正当使用自然人姓名与侵害姓名商标权之间的界限，细化了姓名商标侵权的裁判规则，有效制止了攀附他人商誉的不正当竞争行为，对依法保护姓名商标权企业合法权利、引导市场主体守法经营以及营造公平有序的市场竞争环境等具有积极示范意义。

四川徐某、李某等销售假冒注册商标的商品、假冒注册商标抗诉案【2019 年度检察机关保护知识产权典型案例之八（2020 年 4 月 25 日）】

评析意见：本案涉案山寨作坊具备完整产业链条，假冒注册商标数量大、种类多，需要收集的证据复杂，取证难度大。检察官及时提前介入，引导公安机关收集固定证据，为全案顺利进行打牢基础，也有力保护了商标权人的合法权益，有效维护了市场经济秩序。该案的办理，不仅向社会传导出检察机关严惩侵犯知识产权犯罪的司法态度，还为国际著名商品、商标提供了良好的司法保障，用案例诠释了"法治是最好的营商环境"的理念。

（一）发挥侦查监督职能，确保全面精准打击。崇州市人民检察院立足检察职能，通过提前介入引导侦查，及时锁定案件重要证据，完善证据体系；通过纠正漏捕，成功挖掘上游犯罪人员，实行全链条打击。

（二）注重庭前会议，确保庭审质效。鉴于本案涉案人较多，检察官通过参加庭前会议，将关键性证据、争议焦点等向法官、律师全面介绍，为审判提供参考，提高了庭审质量和效率。

（三）积极开展审判监督，确保罚当其罪。本案在精准惩治犯罪的同时，以司法办案提升侵犯知识产权的犯罪成本，形成有力法律震慑。2019 年以来，成都市两级检察院持续推进知识产权刑事案件审判监督专项活动，针对相关刑事案件罚金刑抗诉 14 件，改判 12 件，罚金数额由之前的 168.9 万元，改判增加至 366.1 万元，切实加大了惩罚性赔偿力度，增强监督实效，进一步推动知识产权案件量刑标准规范化建设。

安徽赵某某等侵犯著作权案【2019 年度检察机关保护知识产权典型案例之十四（2020 年 4 月 25 日）】

评析意见：该案是全国"扫黄打非"办公室、最高人民法院、最高人民检察院、公安部、国家版权局等五部门联合挂牌督办的一起重大侵权盗版案件。盗版图书数量特别多，涉案金额特别大，涉案人员众多，并且部分图书印刷中使用的低劣油墨含有毒有害成分，给购书者特别是少年儿童的身体健康带来隐患，社会影响十分恶劣。合肥市高新区人民检察院充分履行检察职能，成功摧毁一个跨省印刷、销售盗版图书网络，净化了图书市场和阅读环境。

（一）做实提前介入，筑牢指控犯罪根基。提前介入期间，检察官对案件的法律适用定性提出意见，对众多涉案人员责任划分，对部分犯罪嫌疑人主观是否明知的判断、非法经营数额如何认定等问题提出引导取证意见，推动公安机关全面、准确收集固定证据，为该案顺利办理打下坚实基础。

（二）做足出庭准备，及时化解影响指控犯罪隐患。针对讯问中部分被告人提出销售盗版书籍中存在"刷单"情况的辩解，检察官及时要求侦查人员补充侦查，准确认定了犯罪数额。开庭审理时，检察官面向100多名旁听庭审的企业代表、机关代表等各界人士，当庭有力指控犯罪，有理有据反驳众多被告人及其辩护人不合理辩解及辩护意见，展示了检察官专业素养和精神风貌。

（三）做好延伸工作，提升知识产权保护实效。该案办结后，高新区人民检察院及时总结办案经验，采取有效措施予以固化，如积极探索建立重点企业联席备案制度，定期召开公、检、法联席会议加强工作沟通，邀请辖区企业座谈，及时掌握企业知识产权司法保护需求等。针对企业需求，高新区人民检察院积极"送法进企业"，结合典型案例以案释法，提升了企业知识产权维权意识，解决了企业干事创业后顾之忧，激发了企业开拓创新积极性，增强了企业综合竞争力。

四川刘某某等侵犯著作权案【2020年度检察机关保护知识产权典型案例之七（2021年4月25日）】

典型意义：（一）创新"双报"协作机制，找准最佳保护节点。为强化知识产权保护，成都检察机关创立案件"双报"机制，鼓励权利人在向公安机关报案时同步向检察机关报案。检察机关第一时间掌握侵权线索，对涉嫌犯罪的线索开展立案监督、引导侦查等工作，强化诉前主导职能，显著提高了办案质量和效率；对其他线索，引导权利人通过民事行政途径救济，有效帮助企业维权，降低了权利人维权成本。

（二）有效引导侦查取证，破解证据收集难点。办案检察机关根据网络游戏客户端、服务器端对应匹配的特性，结合侵权游戏与正版游戏运行界面和功能一致的特点，提出以客户端程序比对鉴定代替全部程序比对鉴定的侵权认定思路，切实降低了取证成本和难度；针对侵权人选用非正规支付平台交易导致记录缺失、数据不完整的情况，结合侵权人在支付平台的结算总金额及银行账户明细综合认定非法经营数额，客观全面评价侵权后果和社会危害，使三名被告人罚当其罪。

（三）彰显司法保护决心，助推行业健康发展。知识产权是网游行业和数字经济的生存根基和发展命脉。本案的成功办理彰显了检察机关打击侵犯知识产权犯罪的决心，较重自由刑和高额罚金刑的判处有效震慑了犯罪分子，规范了互联网游戏经营行为，促进了行业健康有序发展。

咪某数字传媒有限公司与济南众某知识产权代理有限公司侵害作品信息网络传播权纠纷案【互联网十大典型案例之三（2021 年 5 月 31 日）】

典型意义：本案详细论证了电子数据取证系统按照统一规范固定的证据，具有事后可追溯性等应予以采信的理由，是丰富权利人取证手段、降低权利人取证难度、减少维权成本的典型案件。

"爱某艺账号"不正当竞争纠纷案【人民法院反垄断和反不正当竞争典型案例之三（2021 年 9 月 27 日）】

典型意义：本案是对网络环境下新型不正当竞争行为进行有效规制的典型案例。该案体现了人民法院对互联网经营者与消费者合法利益的有效保护，同时也体现了人民法院对创新因素的考量。本案明确了网络视频行业中新商业模式的合理边界，彰显了人民法院促进网络平台有序发展、激发社会创新活力，打造公平竞争市场环境的司法导向。

数某公司、谭某不正当竞争纠纷案【人民法院反垄断和反不正当竞争典型案例之七（2021 年 9 月 27 日）】

典型意义：本案是打击网络黑灰产业的典型案例，明确了互联网经营者有偿提供虚假刷量服务的行为违反诚实信用原则和商业道德，损害合法经营者、用户和消费者的权益，扰乱正常竞争秩序，应纳入反不正当竞争法予以规制。本案对反不正当竞争法第十二条规定的"其他"不正当竞争行为进行了有益探索，为审理涉及互联网黑灰产业的类似案件提供了裁判指引。

鹰某公司、游某、游某棋侵犯商业秘密案【检察机关保护知识产权服务保障创新驱动发展典型案例之一（2022 年 4 月 20 日）】

典型意义：（一）加强企业商业秘密综合司法保护，护航企业创新发展。当前，条码扫描设备广泛应用于众多行业，新某陆公司运用其自主研发的 UIMG 解某生产的条码扫描设备具有识别准、反应快的竞争优势，成为条码扫描设备行业的领军企业。若该商业秘密被侵害将严重威胁新某陆公司的生存与发展。本案中，检察机关加大对涉新业态新领域、关键核心技术侵犯知识产权犯罪的打击力度，依法追究相关人员刑事责任，积极引导公安机关侦查取证，追加被告单位，深挖上下游犯罪。积极适用认罪认罚从宽制度，促使被告人进行赔偿，尽量挽回权利人损失。

（二）依法建议适用禁止令，防止企业合法权益再次受损。根据刑法第七十二条之规定，宣告缓刑，可以根据犯罪情况，同时禁止犯罪分子在缓刑考验期限内从事特定活动。对于涉知识产权犯罪，通过依法有效运用从业禁止令，防止企业合法权益再次受损，修复受损的社会秩序，营造法治化营商环境。本案被告人游某棋系投案自首，年龄较大，且自愿认罪认罚，检察机关在提出缓刑量刑建议的同时，一并建议适用禁止令，具有借鉴意义。

（三）建立服务企业联系清单，为权利人提供定制式知识产权服务。检察机关受理案件后，落实侵犯知识产权刑事案件权利人诉讼权利义务告知工作，及时向新某陆公司告知诉讼权利义务，确保权利人深度参与诉讼活动，提升维权质效。检察机关不局限于就案办案，将权利人纳入服务企业联系清单，建立常态化沟通联络机制，为企业提供定制式法律服务，帮助建立健全知识产权保护内控机制，定期组织法律培训、讲座宣传等，提升企业知识产权保护水平。

韦某升等三人销售假冒注册商标的商品案

【检察机关保护知识产权服务保障创新驱动发展典型案例之四（2022 年 4 月 20 日）】

典型意义：（一）加强涉冬奥知识产权司法保护，服务保障北京冬奥。办好北京冬奥会是我国对世界的庄严承诺，检察机关应当心怀"国之大者"，围绕国家工作大局，以检察履职护航北京冬奥盛会。北京市检察机关作为主场单位，高度重视冬奥会服务保障工作，出台《北京市检察机关服务保障北京 2022 年冬奥会和冬残奥会工作方案》，为冬奥活动提供坚实法治保障。组建全市检察机关涉奥知识产权保障团队，凝聚全市检察智慧，主动对接北京冬奥组委相关部门，建立涉奥商品真伪鉴别、移送侵权行为线索等工作机制，共同惩治侵犯涉冬奥知识产权违法犯罪，形成有力震慑。

（二）依法能动履职，努力提升司法办案质效。该案系北京市检察机关涉奥知识产权保障团队在专项工作中主动发现网络平台存在销售涉冬奥侵权产品的情况，并向公安机关移送线索。检察机关及时介入引导侦查，加强与相关职能部门沟通协调，建立涉奥知识产权案件"绿色通道"，共同快速推进侦查取证和证据审查工作，保障案件依法及时高效办理。

（三）深挖上游犯罪，实现全链条打击和源头治理。该案侦查初期到案的韦某升等三人均系侵权商品的销售者，处于侵权链条的末端。检察机关为落实对侵犯知识产权犯罪全链条打击的工作要求，注重引导公安机关继续深挖线索，成功将生产环节的两名上游人员追诉到案，实现了对生产、销售环节上下游犯罪的全链条打击。延伸办案效果，结合案件督促涉案网络平台和相关市场进行整改，实现"办理一案、治理一片"的综合效果。加强释法说理，为冬奥顺利举办营造良好的社会氛围和市场环境。

江苏省金某种业科技有限公司与江苏亲某田农业产业发展有限公司侵害植物新品种权纠纷案【2021 年中国法院 10 大知识产权案件之四（2022 年 4 月 21 日）】

典型意义：本案是打击种子套牌侵权的典型案件。裁判对于借助互联网信息平台组织销售白皮袋种子，以"农民""种粮大户"等经营主体名义掩护实施的侵权行为进行了准确认定，依法适用惩罚性赔偿，让侵权人付出沉重代价，体现了人民法院严格保护植物新品种权、促进农业科技创新的司法导向。

济宁市罗某网络科技有限公司与广州市玩某网络科技有限公司等侵害计算机软件著作权纠纷案【2021 年中国法院 10 大知识产权案件之八（2022 年 4 月 21 日）】

典型意义：本案是涉及开源代码软件著作权保护的新类型案件。人民法院对开源软件的诉讼主体资格、开源协议许可的撤销、限制商业使用条款等问题进行了积极探索。

"陪伴式"直播不正当竞争纠纷案【人民法院反不正当竞争典型案例之一（2022 年 11 月 17 日）】

典型意义：本案是规范网络直播平台不正当竞争行为的典型案例。人民法院坚持保护合法权益与激励创新并重的原则，为经营者划定行为界限，为直播行业等网络新业态、新模式的发展提供行为指引，彰显了人民法院加大奥运知识产权司法保护力度、营造法治化营商环境的鲜明态度。

"App 唤醒策略"不正当竞争纠纷案【人民法院反不正当竞争典型案例之四（2022 年 11 月 17 日）】

典型意义：本案是规范互联网不正当竞争行为的典型案例。秉持对经营者利益、消费者利益及社会公共利益应当予以一体保护的精神，依法认定涉案被诉行为构成不正当竞争，有力制止了非法干扰他人软件运行的互联网不正当竞争行为，促进了科技金融服务市场电子收付领域的效率与安全。

安徽某医疗科技公司诉安徽某健康科技公司名誉权纠纷案【人民法院贯彻实施民法典典型案例（第二批）之十八（2023 年 1 月 12 日）】

典型意义：党的二十大报告强调要优化民营企业发展环境，依法保护民营企业产权和企业家权益，促进民营经济发展壮大。企业名誉是企业赖以生存和发展的重要基础，依法保护企业名誉权是构建法治化营商环境的应有之义。民法典第一百一十条确认了法人、非法人组织享有名誉权，第一千零二十四条规定任何组织和个人不得以侮辱、诽谤等方式侵害他人名誉权。本案中，安徽某健康科技公司未经核实，采取投诉、公开发布指责声明的方式，侵犯同行业安徽某医疗科技公司名誉，致使其商业信誉降低，构成侵犯企业名誉权。人民法院依法判决安徽某健康科技公司停止侵害、删除发布在网站上的不实信息并登报赔礼道歉，既保护了被侵权企业的合法权益，也有利于维护市场竞争秩序，促进行业在良性竞争中发展。

稳某股份公司诉苏州稳某公司、某包装公司、滑某侵害商标权及不正当竞争纠纷案【人民法院贯彻实施民法典典型案例（第二批）之十五（2023年1月12日）】

典型意义：《知识产权强国建设纲要（2021-2035）》提出，要建设支撑国际一流营商环境的知识产权保护体系。知识产权司法保护作为知识产权保护体系的重要力量，发挥着不可或缺的重要作用。本案是人民法院依法保护企业字号和商标权益，服务保障疫情防控和经济社会发展的典型案例。本案中，稳某股份公司是知名医用卫生材料生产企业，商标及企业字号在业内知名度较高。侵权人故意以该字号为名称注册企业，生产销售口罩产品，有

组织、有分工地实施严重的商标侵权及不正当竞争行为。对此，审理法院判决通过适用惩罚性赔偿、加大赔偿力度、认定共同侵权、责令停止使用字号等方式予以严厉惩治，有力保护了权利人的知识产权和相关权利，诠释了人民法院全面加强知识产权司法保护、维护公平竞争秩序的基本理念，实现了政治效果、法律效果和社会效果有机统一。

新疆维吾尔自治区昌吉回族自治州吉木萨尔县人民检察院督促保护地理标志农产品行政公益诉讼案【2022年度"公益诉讼守护美好生活"典型案例之八（2023年2月27日）】

典型意义：地理标志是重要的知识产权类型，是促进区域特色经济发展的有效载体，是推进乡村振兴的有力支撑，是保护和传承优秀传统文化的鲜活载体。地理标志农产品所具有的独特品质、独特历史文化特征，蕴含着潜在的资源优势和文化内涵，有助于提高产品的市场竞争力，提升品牌的知名度和辐射力，引领农业品牌化发展，促进农业增效和农民增收。本案中，检察机关立足公益诉讼职能，督促行政机关依法履职，建立完善地理标志农产品监管机制，维护地理标志农产品生产经营者的合法权益，助推当地农民增收和农村发展，为传承农耕文化、推进乡村振兴、推动农业高质量发展贡献检察力量。

第八十六条　【违法行为的信用档案记录与公示】

电子商务经营者有本法规定的违法行为的，依照有关法律、行政法规的规定记入信用档案，并予以公示。

关联法规

◎ **法律**

《网络安全法》

第七十一条　有本法规定的违法行为的，依照有关法律、行政法规的规定记入信用档案，并予以公示。

《个人信息保护法》

第六十七条　有本法规定的违法行为的，依照有关法律、行政法规的规定记入信用档案，并予以公示。

《关于加强网络信息保护的决定》

十一、对有违反本决定行为的，依法给予警告、罚款、没收违法所得、吊销许可证或者取消备案、关闭网站、禁止有关责任人员从事网络服务业务等处罚，记入社会信用档案并予以公布；构成违反治安管理行为的，依法给予治安管理处罚。构成犯罪的，依法追究刑事责任。侵害他人民事权益的，依法承担民事责任。

《消费者权益保护法》

第五十六条　经营者有下列情形之一，除承担相应的民事责任外，其他有关法律、法规对处罚机关和处罚方式有规定的，依照法律、法规的规定执行；法律、法规未作规定的，由工商行政管理部门或者其他有关行政部门责令改正，可以根据情节单处或者并处警告、没收违法所得、处以违法所得一倍以上十倍以下的罚款，没有违法所得的，处以五十万元以下的罚款；情节严重的，责令停业整顿、吊销营业执照：

（一）提供的商品或者服务不符合保障人身、财产安全要求的；

（二）在商品中掺杂、掺假，以假充真，以次充好，或者以不合格商品冒充合格商品的；

（三）生产国家明令淘汰的商品或者销售失效、变质的商品的；

（四）伪造商品的产地，伪造或者冒用他人的厂名、厂址，篡改生产日期，伪造或者冒用认证标志等质量标志的；

（五）销售的商品应当检验、检疫而未检验、检疫或者伪造检验、检疫结果的；（六）对商品或者服务作虚假或者引人误解的宣传的；

（七）拒绝或者拖延有关行政部门责令对缺陷商品或者服务采取停止销

售、警示、召回、无害化处理、销毁、停止生产或者服务等措施的；

（八）对消费者提出的修理、重作、更换、退货、补足商品数量、退还货款和服务费用或者赔偿损失的要求，故意拖延或者无理拒绝的；

（九）侵害消费者人格尊严、侵犯消费者人身自由或者侵害消费者个人信息依法得到保护的权利的；

（十）法律、法规规定的对损害消费者权益应当予以处罚的其他情形。

经营者有前款规定情形的，除依照法律、法规规定予以处罚外，处罚机关应当记入信用档案，向社会公布。

《电影产业促进法》

第四十六条 县级以上人民政府电影主管部门应当加强对电影活动的日常监督管理，受理对违反本法规定的行为的投诉、举报，并及时核实、处理、答复；将从事电影活动的单位和个人因违反本法规定受到行政处罚的情形记入信用档案，并向社会公布。

《反不正当竞争法》

第二十六条 经营者违反本法规定从事不正当竞争，受到行政处罚的，由监督检查部门记入信用记录，并依照有关法律、行政法规的规定予以公示。

《食品安全法》

第一百一十三条 县级以上人民政府食品安全监督管理部门应当建立食品生产经营者食品安全信用档案，记录许可颁发、日常监督检查结果、违法行为查处等情况，依法向社会公布并实时更新；对有不良信用记录的食品生产经营者增加监督检查频次，对违法行为情节严重的食品生产经营者，可以通报投资主管部门、证券监督管理机构和有关的金融机构。

《反垄断法》

第六十四条 经营者因违反本法规定受到行政处罚的，按照国家有关规定记入信用记录，并向社会公示。

◎ 行政法规

《计算机信息网络国际联网安全保护管理办法》

第十七条 公安机关计算机管理监察机构应当督促互联单位、接入单位及有关用户建立健全安全保护管理制度。监督、检查网络安全保护管理以及技术措施的落实情况。

公安机关计算机管理监察机构在组织安全检查时，有关单位应当派人参加。公安机关计算机管理监察机构对安全检查发现的问题，应当提出改进意见，作出详细记录，存档备查。

《企业信息公示暂行条例》

第一条 为了保障公平竞争，促进企业诚信自律，规范企业信息公示，强化企业信用约束，维护交易安全，提高政府监管效能，扩大社会监督，制定本条例。

◎ **部门规章**

《电信和互联网用户个人信息保护规定》

第二十条　电信管理机构应当将电信业务经营者、互联网信息服务提供者违反本规定的行为记入其社会信用档案并予以公布。

《互联网新闻信息服务管理规定》

第二十一条　国家和地方互联网信息办公室应当建立互联网新闻信息服务网络信用档案，建立失信黑名单制度和约谈制度。

国家互联网信息办公室会同国务院电信、公安、新闻出版广电等部门建立信息共享机制，加强工作沟通和协作配合，依法开展联合执法等专项监督检查活动。

《互联网域名管理办法》

第四十七条　电信管理机构应当建立域名根服务器运行机构、域名注册管理机构和域名注册服务机构的信用记录制度，将其违反本办法并受到行政处罚的行为记入信用档案。

《侵害消费者权益行为处罚办法》

第十九条　市场监督管理部门依照法律法规及本办法规定对经营者予以行政处罚的，应当记入经营者的信用档

案，并通过企业信用信息公示系统等及时向社会公布。

企业应当依据《企业信息公示暂行条例》的规定，通过企业信用信息公示系统及时向社会公布相关行政处罚信息。

《网络交易监督管理办法》

第三十七条　市场监督管理部门依法对网络交易经营者实施信用监管，将网络交易经营者的注册登记、备案、行政许可、抽查检查结果、行政处罚、列入经营异常名录和严重违法失信企业名单等信息，通过国家企业信用信息公示系统统一归集并公示。对存在严重违法失信行为的，依法实施联合惩戒。

前款规定的信息还可以通过市场监督管理部门官方网站、网络搜索引擎、经营者从事经营活动的主页面显著位置等途径公示。

《市场监督管理严重违法失信名单管理办法》

第八条　实施下列侵害消费者权益的违法行为，且属于本办法第二条规定情形的，列入严重违法失信名单：

（一）侵害消费者人格尊严、个人信息依法得到保护等权利；

（二）预收费用后为逃避或者拒绝履行义务，关门停业或者迁移服务场所，未按照约定提供商品或者服务，且

被市场监督管理部门确认为无法取得联系；

（三）制造、销售、使用以欺骗消费者为目的的计量器具；抄袭、串通、篡改计量比对数据，伪造数据、出具虚假计量校准证书或者报告，侵害消费者权益；

（四）经责令召回仍拒绝或者拖延实施缺陷产品召回；

（五）其他违反法律、行政法规规定，严重侵害消费者权益的违法行为。

第八十七条 【电子商务监管人员的法律责任】

依法负有电子商务监督管理职责的部门的工作人员，玩忽职守、滥用职权、徇私舞弊，或者泄露、出售或者非法向他人提供在履行职责中所知悉的个人信息、隐私和商业秘密的，依法追究法律责任。

关联法规

◎ **法律**
《刑法》

第二百一十九条 有下列侵犯商业秘密行为之一，给商业秘密的权利人造成重大损失的，处三年以下有期徒刑或

者拘役，并处或者单处罚金；造成特别严重后果的，处三年以上七年以下有期徒刑，并处罚金：

（一）以盗窃、利诱、胁迫或者其他不正当手段获取权利人的商业秘密的；

（二）披露、使用或者允许他人使用以前项手段获取的权利人的商业秘密的；

（三）违反约定或者违反权利人有关保守商业秘密的要求，披露、使用或者允许他人使用其所掌握的商业秘密的。

明知或者应知前款所列行为，获取、使用或者披露他人的商业秘密的，以侵犯商业秘密论。

本条所称商业秘密，是指不为公众所知悉，能为权利人带来经济利益，具有实用性并经权利人采取保密措施的技术信息和经营信息。

本条所称权利人，是指商业秘密的所有人和经商业秘密所有人许可的商业秘密使用人。

第三百九十七条 国家机关工作人员滥用职权或者玩忽职守，致使公共财产、国家和人民利益遭受重大损失的，处三年以下有期徒刑或者拘役；情节特别严重的，处三年以上七年以下有期徒刑。本法另有规定的，依照规定。

国家机关工作人员徇私舞弊，犯前款罪的，处五年以下有期徒刑或者拘役；情节特别严重的，处五年以上十年以下有期徒刑。本法另有规定的，依照规定。

《网络安全法》

第七十三条　网信部门和有关部门违反本法第三十条规定，将在履行网络安全保护职责中获取的信息用于其他用途的，对直接负责的主管人员和其他直接责任人员依法给予处分。

网信部门和有关部门的工作人员玩忽职守、滥用职权、徇私舞弊，尚不构成犯罪的，依法给予处分。

《个人独资企业法》

第四十四条　登记机关对不符合本法规定条件的个人独资企业予以登记，或者对符合本法规定条件的企业不予登记的，对直接责任人员依法给予行政处分；构成犯罪的，依法追究刑事责任。

第四十五条　登记机关的上级部门的有关主管人员强令登记机关对不符合本法规定条件的企业予以登记，或者对符合本法规定条件的企业不予登记的，或者对登记机关的违法登记行为进行包庇的，对直接责任人员依法给予行政处分；构成犯罪的，依法追究刑事责任。

《合伙企业法》

第一百零四条　有关行政管理机关

的工作人员违反本法规定，滥用职权、徇私舞弊、收受贿赂、侵害合伙企业合法权益的，依法给予行政处分。

《消费者权益保护法》

第六十一条　国家机关工作人员玩忽职守或者包庇经营者侵害消费者合法权益的行为的，由其所在单位或者上级机关给予行政处分；情节严重，构成犯罪的，依法追究刑事责任。

《税收征收管理法》

第九条　税务机关应当加强队伍建设，提高税务人员的政治业务素质。

税务机关、税务人员必须秉公执法，忠于职守，清正廉洁，礼貌待人，文明服务，尊重和保护纳税人、扣缴义务人的权利，依法接受监督。

税务人员不得索贿受贿、徇私舞弊、玩忽职守、不征或者少征应征税款；不得滥用职权多征税款或者故意刁难纳税人和扣缴义务人。

第十条　各级税务机关应当建立、健全内部制约和监督管理制度。

上级税务机关应当对下级税务机关的执法活动依法进行监督。

各级税务机关应当对其工作人员执行法律、行政法规和廉洁自律准则的情况进行监督检查。

第十一条　税务机关负责征收、管理、稽查、行政复议的人员的职责应当明确，并相互分离、相互制约。

第四十三条 税务机关滥用职权违法采取税收保全措施、强制执行措施，或者采取税收保全措施、强制执行措施不当，使纳税人、扣缴义务人或者纳税担保人的合法权益遭受损失的，应当依法承担赔偿责任。

第七十九条 税务机关、税务人员查封、扣押纳税人个人及其所扶养家属维持生活必需的住房和用品的，责令退还，依法给予行政处分；构成犯罪的，依法追究刑事责任。

第八十条 税务人员与纳税人、扣缴义务人勾结，唆使或者协助纳税人、扣缴义务人有本法第六十三条、第六十五条、第六十六条规定的行为，构成犯罪的，依法追究刑事责任；尚不构成犯罪的，依法给予行政处分。

第八十一条 税务人员利用职务上的便利，收受或者索取纳税人、扣缴义务人财物或者谋取其他不正当利益，构成犯罪的，依法追究刑事责任；尚不构成犯罪的，依法给予行政处分。

第八十二条 税务人员徇私舞弊或者玩忽职守，不征或者少征应征税款，致使国家税收遭受重大损失，构成犯罪的，依法追究刑事责任；尚不构成犯罪的，依法给予行政处分。

税务人员滥用职权，故意刁难纳税

人、扣缴义务人的，调离税收工作岗位，并依法给予行政处分。

税务人员对控告、检举税收违法违纪行为的纳税人、扣缴义务人以及其他检举人进行打击报复的，依法给予行政处分；构成犯罪的，依法追究刑事责任。

税务人员违反法律、行政法规的规定，故意高估或者低估农业税计税产量，致使多征或者少征税款，侵犯农民合法权益或者损害国家利益，构成犯罪的，依法追究刑事责任；尚不构成犯罪的，依法给予行政处分。

第八十三条 违反法律、行政法规的规定提前征收、延缓征收或者摊派税款的，由其上级机关或者行政监察机关责令改正，对直接负责的主管人员和其他直接责任人员依法给予行政处分。

第八十四条 违反法律、行政法规的规定，擅自作出税收的开征、停征或者减税、免税、退税、补税以及其他同税收法律、行政法规相抵触的决定的，除依照本法规定撤销其擅自作出的决定外，补征应征未征税款，退还不应征收而征收的税款，并由上级机关追究直接负责的主管人员和其他直接责任人员的行政责任；构成犯罪的，依法追究刑事责任。

第八十五条 税务人员在征收税款

或者查处税收违法案件时，未按照本法规定进行回避的，对直接负责的主管人员和其他直接责任人员，依法给予行政处分。

第八十六条　违反税收法律、行政法规应当给予行政处罚的行为，在五年内未被发现的，不再给予行政处罚。

第八十七条　未按照本法规定为纳税人、扣缴义务人、检举人保密的，对直接负责的主管人员和其他直接责任人员，由所在单位或者有关单位依法给予行政处分。

《公司法》

第二百零八条　公司登记机关对不符合本法规定条件的登记申请予以登记，或者对符合本法规定条件的登记申请不予登记的，对直接负责的主管人员和其他直接责任人员，依法给予行政处分。

第二百零九条　公司登记机关的上级部门强令公司登记机关对不符合本法规定条件的登记申请予以登记，或者对符合本法规定条件的登记申请不予登记的，或者对违法登记进行包庇的，对直接负责的主管人员和其他直接责任人员依法给予行政处分。

《反不正当竞争法》

第三十条　监督检查部门的工作人员滥用职权、玩忽职守、徇私舞弊或者泄露调查过程中知悉的商业秘密的，依法给予处分。

《行政许可法》

第七十二条　行政机关及其工作人员违反本法的规定，有下列情形之一的，由其上级行政机关或者监察机关责令改正；情节严重的，对直接负责的主管人员和其他直接责任人员依法给予行政处分：

（一）对符合法定条件的行政许可申请不予受理的；

（二）不在办公场所公示依法应当公示的材料的；

（三）在受理、审查、决定行政许可过程中，未向申请人、利害关系人履行法定告知义务的；

（四）申请人提交的申请材料不齐全、不符合法定形式，不一次告知申请人必须补正的全部内容的；

（五）违法披露申请人提交的商业秘密、未披露信息或者保密商务信息的；

（六）以转让技术作为取得行政许可的条件，或者在实施行政许可的过程中直接或者间接地要求转让技术的；

（七）未依法说明不受理行政许可申请或者不予行政许可的理由的；

（八）依法应当举行听证而不举行听证的。

第七十三条 行政机关工作人员办理行政许可、实施监督检查，索取或者收受他人财物或者谋取其他利益，构成犯罪的，依法追究刑事责任；尚不构成犯罪的，依法给予行政处分。

第七十四条 行政机关实施行政许可，有下列情形之一的，由其上级行政机关或者监察机关责令改正，对直接负责的主管人员和其他直接责任人员依法给予行政处分；构成犯罪的，依法追究刑事责任：

（一）对不符合法定条件的申请人准予行政许可或者超越法定职权作出准予行政许可决定的；

（二）对符合法定条件的申请人不予行政许可或者不在法定期限内作出准予行政许可决定的；

（三）依法应当根据招标、拍卖结果或者考试成绩择优作出准予行政许可决定，未经招标、拍卖或者考试，或者不根据招标、拍卖结果或者考试成绩优作出准予行政许可决定的。

第七十五条 行政机关实施行政许可，擅自收费或者不按照法定项目和标准收费的，由其上级行政机关或者监察机关责令退还非法收取的费用；对直接负责的主管人员和其他直接责任人员依法给予行政处分。

截留、挪用、私分或者变相私分实施行政许可依法收取的费用的，予以追缴；对直接负责的主管人员和其他直接责任人员依法给予行政处分；构成犯罪的，依法追究刑事责任。

第七十六条 行政机关违法实施行政许可，给当事人的合法权益造成损害的，应当依照国家赔偿法的规定给予赔偿。

第七十七条 行政机关不依法履行监督职责或者监督不力，造成严重后果的，由其上级行政机关或者监察机关责令改正，对直接负责的主管人员和其他直接责任人员依法给予行政处分；构成犯罪的，依法追究刑事责任。

《商标法》

第七十一条 从事商标注册、管理和复审工作的国家机关工作人员玩忽职守、滥用职权、徇私舞弊，违法办理商标注册、管理和复审事项，收受当事人财物，牟取不正当利益，构成犯罪的，依法追究刑事责任；尚不构成犯罪的，依法给予处分。

《专利法》

第八十条 从事专利管理工作的国家机关工作人员以及其他有关国家机关工作人员玩忽职守、滥用职权、徇私舞弊，构成犯罪的，依法追究刑事责任；尚不构成犯罪的，依法给予处分。

《反垄断法》

第六十一条　行政机关和法律、法规授权的具有管理公共事务职能的组织滥用行政权力，实施排除、限制竞争行为的，由上级机关责令改正；对直接负责的主管人员和其他直接责任人员依法给予处分。反垄断执法机构可以向有关上级机关提出依法处理的建议。行政机关和法律、法规授权的具有管理公共事务职能的组织应当将有关改正情况书面报告上级机关和反垄断执法机构。

法律、行政法规对行政机关和法律、法规授权的具有管理公共事务职能的组织滥用行政权力实施排除、限制竞争行为的处理另有规定的，依照其规定。

第六十六条　反垄断执法机构工作人员滥用职权、玩忽职守、徇私舞弊或者泄露执法过程中知悉的商业秘密、个人隐私和个人信息的，依法给予处分。

《对外贸易法》

第六十四条　依照本法负责对外贸易管理工作的部门的工作人员玩忽职守、徇私舞弊或者滥用职权，构成犯罪的，依法追究刑事责任；尚不构成犯罪的，依法给予行政处分。

依照本法负责对外贸易管理工作的部门的工作人员利用职务上的便利，索取他人财物，或者非法收受他人财物为他人谋取利益，构成犯罪的，依法追究刑事责任；尚不构成犯罪的，依法给予行政处分。

◎ 行政法规

《互联网信息服务管理办法》

第二十五条　电信管理机构和其他有关主管部门及其工作人员，玩忽职守、滥用职权、徇私舞弊，疏于对互联网信息服务的监督管理，造成严重后果，构成犯罪的，依法追究刑事责任；尚不构成犯罪的，对直接负责的主管人员和其他直接责任人员依法给予降级、撤职直至开除的行政处分。

《企业信息公示暂行条例》

第十九条　政府部门未依照本条例规定履行职责的，由监察机关、上一级政府部门责令改正；情节严重的，对负有责任的主管人员和其他直接责任人员依法给予处分；构成犯罪的，依法追究刑事责任。

《快递暂行条例》

第四十六条　邮政管理部门和其他有关部门的工作人员在监督管理工作中滥用职权、玩忽职守、徇私舞弊的，依法给予处分。

《优化营商环境条例》

第六十九条　政府和有关部门及其工作人员有下列情形之一的，依法依规追究责任：

（一）违法干预应当由市场主体自主决策的事项；

（二）制定或者实施政策措施不依法平等对待各类市场主体；

（三）违反法定权限、条件、程序对市场主体的财产和企业经营者个人财产实施查封、冻结和扣押等行政强制措施；

（四）在法律、法规规定之外要求市场主体提供财力、物力或者人力；

（五）没有法律、法规依据，强制或者变相强制市场主体参加评比、达标、表彰、培训、考核、考试以及类似活动，或者借前述活动向市场主体收费或者变相收费；

（六）违法设立或者在目录清单之外执行政府性基金、涉企行政事业性收费、涉企保证金；

（七）不履行向市场主体依法作出的政策承诺以及依法订立的各类合同，或者违约拖欠市场主体的货物、工程、服务等账款；

（八）变相设定或者实施行政许可，继续实施或者变相实施已取消的行政许可，或者转由行业协会商会或者其他组织实施已取消的行政许可；

（九）为市场主体指定或者变相指定中介服务机构，或者违法强制市场主体接受中介服务；

（十）制定与市场主体生产经营活动密切相关的行政法规、规章、行政规范性文件时，不按照规定听取市场主体、行业协会商会的意见；

（十一）其他不履行优化营商环境职责或者损害营商环境的情形。

《化妆品监督管理条例》

第七十五条 负责药品监督管理的部门工作人员违反本条例规定，滥用职权、玩忽职守、徇私舞弊的，依法给予警告、记过或者记大过的处分；造成严重后果的，依法给予降级、撤职或者开除的处分；构成犯罪的，依法追究刑事责任。

《市场主体登记管理条例》

第五十条 登记机关及其工作人员违反本条例规定未履行职责或者履行职责不当的，对直接负责的主管人员和其他直接责任人员依法给予处分。

◎ **司法解释**

《关于办理生产、销售伪劣商品刑事案件具体应用法律的解释》

第八条 国家机关工作人员徇私舞弊，对生产、销售伪劣商品犯罪不履行法律规定的查处职责，具有下列情形之一的，属于刑法第四百一十四条规定的"情节严重"：

（一）放纵生产、销售假药或者有毒、有害食品犯罪行为的；

（二）放纵依法可能判处二年有期

徒刑以上刑罚的生产、销售、伪劣商品犯罪行为的;

(三)对三个以上有生产、销售伪劣商品犯罪行为的单位或者个人不履行追究职责的;

(四)致使国家和人民利益遭受重大损失或者造成恶劣影响的。

◎ 部门规章

《电信和互联网用户个人信息保护规定》

第二十四条 电信管理机构工作人员在对用户个人信息保护工作实施监督管理的过程中玩忽职守、滥用职权、徇私舞弊的,依法给予处理;构成犯罪的,依法追究刑事责任。

《网络零售第三方平台交易规则制定程序规定(试行)》

第二十一条 商务主管部门及其工作人员违反本规定,拒不履行职责,依法给予处分;构成犯罪的,依法追究刑事责任。

《互联网视听节目服务管理规定》

第二十六条 广播电影电视、电信等主管部门不履行规定的职责,或滥用职权的,要依法给予有关责任人处分,构成犯罪的,由司法机关依法追究刑事责任。

《网络借贷信息中介机构业务活动管理暂行办法》

第三十九条 地方金融监管部门存在未依照本办法规定报告重大风险和处置情况、未依照本办法规定向国务院银行业监督管理机构提供行业统计或行业报告等违反法律法规及本办法规定情形的,应当对有关责任人依法给予行政处分;构成犯罪的,依法追究刑事责任。

《电信业务经营许可管理办法》

第五十条 电信管理机构的工作人员在经营许可证管理工作中,玩忽职守、滥用职权、徇私舞弊,构成犯罪的,移交司法机关依法追究刑事责任;尚不构成犯罪的,由所在单位或者上级主管部门依法给予处分。

《非金融机构支付服务管理办法》

第四十条 中国人民银行及其分支机构的工作人员有下列情形之一的,依法给予行政处分;构成犯罪的,依法追究刑事责任:

(一)违反规定审查批准《支付业务许可证》的申请、变更、终止等事项的;

(二)违反规定对支付机构进行检查的;

(三)泄露知悉的国家秘密或商业秘密的;

(四)滥用职权、玩忽职守的其他行为。

《侵害消费者权益行为处罚办法》

第二十条 市场监督管理执法人员

玩忽职守或者包庇经营者侵害消费者合法权益的行为的，应当依法给予行政处分；涉嫌犯罪的，依法移送司法机关。

《网络交易监督管理办法》

第五十四条 市场监督管理部门的工作人员，玩忽职守、滥用职权、徇私舞弊，或者泄露、出售或者非法向他人提供在履行职责中所知悉的个人信息、隐私和商业秘密的，依法追究法律责任。

《禁止滥用市场支配地位行为规定》

第四十二条 反垄断执法机构工作人员滥用职权、玩忽职守、徇私舞弊或者泄露执法过程中知悉的商业秘密、个人隐私和个人信息的，依照有关规定处理。

第四十三条 反垄断执法机构在调查期间发现的公职人员涉嫌职务违法、职务犯罪问题线索，应当及时移交纪检监察机关。

◎ 部门规范性文件

《寄递服务用户个人信息安全管理规定》

第二十一条 邮政管理部门及其工作人员应当对在履行职责过程中知悉的寄递服务用户个人信息保密。在监督管理工作中滥用职权、玩忽职守、徇私舞弊，构成犯罪的，依法追究刑事责任；尚不构成犯罪的，依法给予处分。

第二十二条 邮政管理部门发现寄递企业存在违反本规定行为，妨害或者可能妨害个人信息安全保护的，应当依法调查处理。违法行为涉及其他部门管理职权的，应当依法向相关部门移送线索。

第八十八条 【其他法律责任】

违反本法规定，构成违反治安管理行为的，依法给予治安管理处罚；构成犯罪的，依法追究刑事责任。

关联法规

◎ 法律

《刑法》

第二百五十三条之一 违反国家有关规定，向他人出售或者提供公民个人信息，情节严重的，处三年以下有期徒刑或者拘役，并处或者单处罚金；情节特别严重的，处三年以上七年以下有期徒刑，并处罚金。

违反国家有关规定，将在履行职责或者提供服务过程中获得的公民个人信息，出售或者提供给他人的，依照前款的规定从重处罚。

窃取或者以其他方法非法获取公民

个人信息的，依照第一款的规定处罚。

单位犯前三款罪的，对单位判处罚金，并对其直接负责的主管人员和其他直接责任人员，依照各该款的规定处罚。

第二百八十六条之一　网络服务提供者不履行法律、行政法规规定的信息网络安全管理义务，经监管部门责令采取改正措施而拒不改正，有下列情形之一的，处三年以下有期徒刑、拘役或者管制，并处或者单处罚金：

（一）致使违法信息大量传播的；

（二）致使用户信息泄露，造成严重后果的；

（三）致使刑事案件证据灭失，情节严重的；

（四）有其他严重情节的。

单位犯前款罪的，对单位判处罚金，并对其直接负责的主管人员和其他直接责任人员，依照前款的规定处罚。

有前两款行为，同时构成其他犯罪的，依照处罚较重的规定定罪处罚。

《网络安全法》

第七十四条　违反本法规定，给他人造成损害的，依法承担民事责任。

违反本法规定，构成违反治安管理行为的，依法给予治安管理处罚；构成犯罪的，依法追究刑事责任。

《数据安全法》

第五十二条　违反本法规定，给他人造成损害的，依法承担民事责任。

违反本法规定，构成违反治安管理行为的，依法给予治安管理处罚；构成犯罪的，依法追究刑事责任。

《个人信息保护法》

第七十一条　违反本法规定，构成违反治安管理行为的，依法给予治安管理处罚；构成犯罪的，依法追究刑事责任。

《合伙企业法》

第一百零五条　违反本法规定，构成犯罪的，依法追究刑事责任。

《保守国家秘密法》

第四十八条　违反本法规定，有下列行为之一的，依法给予处分；构成犯罪的，依法追究刑事责任：

（一）非法获取、持有国家秘密载体的；

（二）买卖、转送或者私自销毁国家秘密载体的；

（三）通过普通邮政、快递等无保密措施的渠道传递国家秘密载体的；

（四）邮寄、托运国家秘密载体出境，或者未经有关主管部门批准，携带、传递国家秘密载体出境的；

（五）非法复制、记录、存储国家秘密的；

（六）在私人交往和通信中涉及国家秘密的；

（七）在互联网及其他公共信息网络或者未采取保密措施的有线和无线通信中传递国家秘密的；

（八）将涉密计算机、涉密存储设备接入互联网及其他公共信息网络的；

（九）在未采取防护措施的情况下，在涉密信息系统与互联网及其他公共信息网络之间进行信息交换的；

（十）使用非涉密计算机、非涉密存储设备存储、处理国家秘密信息的；

（十一）擅自卸载、修改涉密信息系统的安全技术程序、管理程序的；

（十二）将未经安全技术处理的退出使用的涉密计算机、涉密存储设备赠送、出售、丢弃或者改作其他用途的。

有前款行为尚不构成犯罪，且不适用处分的人员，由保密行政管理部门督促其所在机关、单位予以处理。

《居民身份证法》

第十九条 家机关或者金融、电信、交通、教育、医疗等单位的工作人员泄露在履行职责或者提供服务过程中获得的居民身份证记载的公民个人信息，构成犯罪的，依法追究刑事责任；尚不构成犯罪的，由公安机关处十日以上十五日以下拘留，并处五千元罚款，有违法所得的，没收违法所得。

单位有前款行为，构成犯罪的，依法追究刑事责任；尚不构成犯罪的，由公安机关对其直接负责的主管人员和其他直接责任人员，处十日以上十五日以下拘留，并处十万元以上五十万元以下罚款，有违法所得的，没收违法所得。

有前两款行为，对他人造成损害的，依法承担民事责任。

《治安管理处罚法》

第二十九条 有下列行为之一的，处五日以下拘留；情节较重的，处五日以上十日以下拘留：

（一）违反国家规定，侵入计算机信息系统，造成危害的；

（二）违反国家规定，对计算机信息系统功能进行删除、修改、增加、干扰，造成计算机信息系统不能正常运行的；

（三）违反国家规定，对计算机信息系统中存储、处理、传输的数据和应用程序进行删除、修改、增加的；

（四）故意制作、传播计算机病毒等破坏性程序，影响计算机信息系统正常运行的。

第三十条 违反国家规定，制造、买卖、储存、运输、邮寄、携带、使用、提供、处置爆炸性、毒害性、放射性、腐蚀性物质或者传染病病原体等危险物质的，处十日以上十五日以下拘留；情节较轻的，处五日以上十日以下拘留。

第四十二条　下列行为之一的，处五日以下拘留或者五百元以下罚款；情节较重的，处五日以上十日以下拘留，可以并处五百元以下罚款：

（一）写恐吓信或者以其他方法威胁他人人身安全的；

（二）公然侮辱他人或者捏造事实诽谤他人的；

（三）捏造事实诬告陷害他人，企图使他人受到刑事追究或者受到治安管理处罚的；

（四）对证人及其近亲属进行威胁、侮辱、殴打或者打击报复的；

（五）多次发送淫秽、侮辱、恐吓或者其他信息，干扰他人正常生活的；

（六）偷窥、偷拍、窃听、散布他人隐私的。

第四十六条　强买强卖商品，强迫他人提供服务或者强迫他人接受服务的，处五日以上十日以下拘留，并处二百元以上五百元以下罚款；情节较轻的，处五日以下拘留或者五百元以下罚款。

第四十七条　煽动民族仇恨、民族歧视，或者在出版物、计算机信息网络中刊载民族歧视、侮辱内容的，处十日以上十五日以下拘留，可以并处一千元以下罚款。

第五十条　有下列行为之一的，处警告或者二百元以下罚款；情节严重的，处五日以上十日以下拘留，可以并处五百元以下罚款：

（一）拒不执行人民政府在紧急状态情况下依法发布的决定、命令的；

（二）阻碍国家机关工作人员依法执行职务的；

（三）阻碍执行紧急任务的消防车、救护车、工程抢险车、警车等车辆通行的；

（四）强行冲闯公安机关设置的警戒带、警戒区的。

阻碍人民警察依法执行职务的，从重处罚。

第五十二条　有下列行为之一的，处十日以上十五日以下拘留，可以并处一千元以下罚款；情节较轻的，处五日以上十日以下拘留，可以并处五百元以下罚款：

（一）伪造、变造或者买卖国家机关、人民团体、企业、事业单位或者其他组织的公文、证件、证明文件、印章的；

（二）买卖或者使用伪造、变造的国家机关、人民团体、企业、事业单位或者其他组织的公文、证件、证明文件的；

（三）伪造、变造、倒卖车票、船票、航空客票、文艺演出票、体育比赛入场券或者其他有价票证、凭证的；

（四）伪造、变造船舶户牌，买卖或者使用伪造、变造的船舶户牌，或者涂改船舶发动机号码的。

第六十八条　制作、运输、复制、出售、出租淫秽的书刊、图片、影片、音像制品等淫秽物品或者利用计算机信息网络、电话以及其他通讯工具传播淫秽信息的，处十日以上十五日以下拘留，可以并处三千元以下罚款；情节较轻的，处五日以下拘留或者五百元以下罚款。

第七十条　以营利为目的，为赌博提供条件的，或者参与赌博赌资较大的，处五日以下拘留或者五百元以下罚款；情节严重的，处十日以上十五日以下拘留，并处五百元以上三千元以下罚款。

《关于加强网络信息保护的决定》

十一、对有违反本决定行为的，依法给予警告、罚款、没收违法所得、吊销许可证或者取消备案、关闭网站、禁止有关责任人员从事网络服务业务等处罚，记入社会信用档案并予以公布；构成违反治安管理行为的，依法给予治安管理处罚。构成犯罪的，依法追究刑事责任。侵害他人民事权益的，依法承担

民事责任。

《消费者权益保护法》

第五十七条　经营者违反本法规定提供商品或者服务，侵害消费者合法权益，构成犯罪的，依法追究刑事责任。

第六十条　以暴力、威胁等方法阻碍有关行政部门工作人员依法执行职务的，依法追究刑事责任；拒绝、阻碍有关行政部门工作人员依法执行职务，未使用暴力、威胁方法的，由公安机关依照《中华人民共和国治安管理处罚法》的规定处罚。

《税收征收管理法》

第七十七条　纳税人、扣缴义务人有本法第六十三条、第六十五条、第六十六条、第六十七条、第七十一条规定的行为涉嫌犯罪的，税务机关应当依法移交司法机关追究刑事责任。

税务人员徇私舞弊，对依法应当移交司法机关追究刑事责任的不移交，情节严重的，依法追究刑事责任。

《公司法》

第二百一十五条　违反本法规定，构成犯罪的，依法追究刑事责任。

《反不正当竞争法》

第三十一条　违反本法规定，构成犯罪的，依法追究刑事责任。

《行政许可法》

第七十九条　被许可人以欺骗、贿

赂等不正当手段取得行政许可的，行政机关应当依法给予行政处罚；取得的行政许可属于直接关系公共安全、人身健康、生命财产安全事项的，申请人在三年内不得再次申请该行政许可；构成犯罪的，依法追究刑事责任。

第八十条　被许可人有下列行为之一的，行政机关应当依法给予行政处罚；构成犯罪的，依法追究刑事责任：

（一）涂改、倒卖、出租、出借行政许可证件，或者以其他形式非法转让行政许可的；

（二）超越行政许可范围进行活动的；

（三）向负责监督检查的行政机关隐瞒有关情况、提供虚假材料或者拒绝提供反映其活动情况的真实材料的；

（四）法律、法规、规章规定的其他违法行为。

《商标法》

第六十一条　对侵犯注册商标专用权的行为，工商行政管理部门有权依法查处；涉嫌犯罪的，应当及时移送司法机关依法处理。

《密码法》

第三十二条　违反本法第十二条规定，窃取他人加密保护的信息，非法侵入他人的密码保障系统，或者利用密码从事危害国家安全、社会公共利益、他

人合法权益等违法活动的，由有关部门依照《中华人民共和国网络安全法》和其他有关法律、行政法规的规定追究法律责任。

第四十一条　违反本法规定，构成犯罪的，依法追究刑事责任；给他人造成损害的，依法承担民事责任。

《反垄断法》

第六十七条　违反本法规定，构成犯罪的，依法追究刑事责任。

◎ **行政法规**

《计算机信息网络国际联网管理暂行规定》

第十五条　违反本规定，同时触犯其他有关法律、行政法规的，依照有关法律、行政法规的规定予以处罚；构成犯罪的，依法追究刑事责任。

《互联网信息服务管理办法》

第二十条　制作、复制、发布、传播本办法第十五条所列内容之一的信息，构成犯罪的，依法追究刑事责任；尚不构成犯罪的，由公安机关、国家安全机关依照《中华人民共和国治安管理处罚法》、《计算机信息网络国际联网安全保护管理办法》等有关法律、行政法规的规定予以处罚；对经营性互联网信息服务提供者，并由发证机关责令停业整顿直至吊销经营许可证，通知企业登记机关；对非经营性互联网信息服务

提供者，并由备案机关责令暂时关闭网站直至关闭网站。

《计算机信息系统安全保护条例》

第二十四条　违反本条例的规定，构成违反治安管理行为的，依照《中华人民共和国治安管理处罚法》的有关规定处罚；构成犯罪的，依法追究刑事责任。

《计算机信息网络国际联网安全保护管理办法》

第二十条　违反法律、行政法规，有本办法第五条、第六条所列行为之一的，由公安机关给予警告，有违法所得的，没收违法所得，对个人可以并处5000元以下的罚款，对单位可以并处1.5万元以下的罚款；情节严重的，并可以给予6个月以内停止联网、停机整顿的处罚，必要时可以建议原发证、审批机构吊销经营许可证或者取消联网资格；构成违反治安管理行为的，依照治安管理处罚法的规定处罚；构成犯罪的，依法追究刑事责任。

《征信业管理条例》

第三十八条　征信机构、金融信用信息基础数据库运行机构违反本条例规定，有下列行为之一的，由国务院征信业监督管理部门或者其派出机构责令限期改正，对单位处5万元以上50万元以下的罚款；对直接负责的主管人员和

其他直接责任人员处1万元以上10万元以下的罚款；有违法所得的，没收违法所得。给信息主体造成损失的，依法承担民事责任；构成犯罪的，依法追究刑事责任：

（一）窃取或者以其他方式非法获取信息；

（二）采集禁止采集的个人信息或者未经同意采集个人信息；

（三）违法提供或者出售信息；

（四）因过失泄露信息；

（五）逾期不删除个人不良信息；

（六）未按照规定对异议信息进行核查和处理；

（七）拒绝、阻碍国务院征信业监督管理部门或者其派出机构检查、调查或者不如实提供有关文件、资料；

（八）违反征信业务规则，侵害信息主体合法权益的其他行为。

经营个人征信业务的征信机构有前款所列行为之一，情节严重或者造成严重后果的，由国务院征信业监督管理部门吊销其个人征信业务经营许可证。

第四十条　向金融信用信息基础数据库提供或者查询信息的机构违反本条例规定，有下列行为之一的，由国务院征信业监督管理部门或者其派出机构责令限期改正，对单位处5万元以上50万元以下的罚款；对直接负责的主管人

员和其他直接责任人员处1万元以上10万元以下的罚款；有违法所得的，没收违法所得。给信息主体造成损失的，依法承担民事责任；构成犯罪的，依法追究刑事责任：

（一）违法提供或者出售信息；

（二）因过失泄露信息；

（三）未经同意查询个人信息或者企业的信贷信息；

（四）未按照规定处理异议或者对确有错误、遗漏的信息不予更正；

（五）拒绝、阻碍国务院征信业监督管理部门或者其派出机构检查、调查或者不如实提供有关文件、资料。

第四十一条　信息提供者违反本条例规定，向征信机构、金融信用信息基础数据库提供非依法公开的个人不良信息，未事先告知信息主体本人，情节严重或者造成严重后果的，由国务院征信业监督管理部门或者其派出机构对单位处2万元以上20万元以下的罚款；对个人处1万元以上5万元以下的罚款。

第四十二条　信息使用者违反本条例规定，未按照与个人信息主体约定的用途使用个人信息或者未经个人信息主体同意向第三方提供个人信息，情节严重或者造成严重后果的，由国务院征信业监督管理部门或者其派出机构对单位处2万元以上20万元以下的罚款；对

个人处1万元以上5万元以下的罚款；有违法所得的，没收违法所得。给信息主体造成损失的，依法承担民事责任；构成犯罪的，依法追究刑事责任。

《电信条例》

第六十六条　违反本条例第五十六条、第五十七条的规定，构成犯罪的，依法追究刑事责任；尚不构成犯罪的，由公安机关、国家安全机关依照有关法律、行政法规的规定予以处罚。

《快递暂行条例》

第四十七条　违反本条例规定，构成犯罪的，依法追究刑事责任；造成人身、财产或者其他损害的，依法承担赔偿责任。

《化妆品监督管理条例》

第六十九条　化妆品广告违反本条例规定的，依照《中华人民共和国广告法》的规定给予处罚；采用其他方式对化妆品作虚假或者引人误解的宣传的，依照有关法律的规定给予处罚；构成犯罪，依法追究刑事责任。

第七十四条　有下列情形之一，构成违反治安管理行为的，由公安机关依法给予治安管理处罚；构成犯罪的，依法追究刑事责任：

（一）阻碍负责药品监督管理的部门工作人员依法执行职务；

（二）伪造、销毁、隐匿证据或者

隐藏、转移、变卖、损毁依法查封、扣押的物品。

《市场主体登记管理条例》

第五十一条　违反本条例规定，构成犯罪的，依法追究刑事责任。

◎ **司法解释**

《关于办理侵犯公民个人信息刑事案件适用法律若干问题的解释》

第二条　违反法律、行政法规、部门规章有关公民个人信息保护的规定的，应当认定为刑法第二百五十三条之一规定的"违反国家有关规定"。

第三条　向特定人提供公民个人信息，以及通过信息网络或者其他途径发布公民个人信息的，应当认定为刑法第二百五十三条之一规定的"提供公民个人信息"。

未经被收集者同意，将合法收集的公民个人信息向他人提供的，属于刑法第二百五十三条之一规定的"提供公民个人信息"，但是经过处理无法识别特定个人且不能复原的除外。

第四条　违反国家有关规定，通过购买、收受、交换等方式获取公民个人信息，或者在履行职责、提供服务过程中收集公民个人信息的，属于刑法第二百五十三条之一第三款规定的"以其他方法非法获取公民个人信息"。

第五条　非法获取、出售或者提供公民个人信息，具有下列情形之一的，应当认定为刑法第二百五十三条之一规定的"情节严重"：

（一）出售或者提供行踪轨迹信息，被他人用于犯罪的；

（二）知道或者应当知道他人利用公民个人信息实施犯罪，向其出售或者提供的；

（三）非法获取、出售或者提供行踪轨迹信息、通信内容、征信信息、财产信息五十条以上的；

（四）非法获取、出售或者提供住宿信息、通信记录、健康生理信息、交易信息等其他可能影响人身、财产安全的公民个人信息五百条以上的；

（五）非法获取、出售或者提供第三项、第四项规定以外的公民个人信息五千条以上的；

（六）数量未达到第三项至第五项规定标准，但是按相应比例合计达到有关数量标准的；

（七）违法所得五千元以上的；

（八）将在履行职责或者提供服务过程中获得的公民个人信息出售或者提供给他人，数量或者数额达到第三项至第七项规定标准一半以上的；

（九）曾因侵犯公民个人信息受过刑事处罚或者二年内受过行政处罚，又非法获取、出售或者提供公民个人信息的；

（十）其他情节严重的情形。

实施前款规定的行为，具有下列情形之一的，应当认定为刑法第二百五十三条之一第一款规定的"情节特别严重"：

（一）造成被害人死亡、重伤、精神失常或者被绑架等严重后果的；

（二）造成重大经济损失或者恶劣社会影响的；

（三）数量或者数额达到前款第三项至第八项规定标准十倍以上的；

（四）其他情节特别严重的情形。

第六条　为合法经营活动而非法购买、收受本解释第五条第一款第三项、第四项规定以外的公民个人信息，具有下列情形之一的，应当认定为刑法第二百五十三条之一规定的"情节严重"：

（一）利用非法购买、收受的公民个人信息获利五万元以上的；

（二）曾因侵犯公民个人信息受过刑事处罚或者二年内受过行政处罚，又非法购买、收受公民个人信息的；

（三）其他情节严重的情形。

实施前款规定的行为，将购买、收受的公民个人信息非法出售或者提供的，定罪量刑标准适用本解释第五条的规定。

第七条　单位犯刑法第二百五十三

条之一规定之罪的，依照本解释规定的相应自然人犯罪的定罪量刑标准，对直接负责的主管人员和其他直接责任人员定罪处罚，并对单位判处罚金。

第八条　设立用于实施非法获取、出售或者提供公民个人信息违法犯罪活动的网站、通讯群组，情节严重的，应当依照刑法第二百八十七条之一的规定，以非法利用信息网络罪定罪处罚；同时构成侵犯公民个人信息罪的，依照侵犯公民个人信息罪定罪处罚。

第九条　网络服务提供者拒不履行法律、行政法规规定的信息网络安全管理义务，经监管部门责令采取改正措施而拒不改正，致使用户的公民个人信息泄露，造成严重后果的，应当依照刑法第二百八十六条之一的规定，以拒不履行信息网络安全管理义务罪定罪处罚。

第十条　实施侵犯公民个人信息犯罪，不属于"情节特别严重"，行为人系初犯，全部退赃，并确有悔罪表现的，可以认定为情节轻微，不起诉或者免予刑事处罚；确有必要判处刑罚的，应当从宽处罚。

第十一条　非法获取公民个人信息后又出售或者提供的，公民个人信息的条数不重复计算。

向不同单位或者个人分别出售、提供同一公民个人信息的，公民个人信息的条数累计计算。

对批量公民个人信息的条数，根据查获的数量直接认定，但是有证据证明信息不真实或者重复的除外。

第十二条 对于侵犯公民个人信息犯罪，应当综合考虑犯罪的危害程度、犯罪的违法所得数额以及被告人的前科情况、认罪悔罪态度等，依法判处罚金。罚金数额一般在违法所得的一倍以上五倍以下。

◎ **部门规章**

《互联网著作权行政保护办法》

第十六条 著作权行政管理部门在查处侵犯互联网信息服务活动中的信息网络传播权案件过程中，发现互联网信息服务提供者的行为涉嫌构成犯罪的，应当依照国务院《行政执法机关移送涉嫌犯罪案件的规定》将案件移送司法部门，依法追究刑事责任。

《网络零售第三方平台交易规则制定程序规定（试行）》

第十九条 网络零售第三方平台经营者制定、修改、实施交易规则损害社会公共利益，构成犯罪的，依法追究刑事责任。

《网络借贷信息中介机构业务活动管理暂行办法》

第四十一条 网络借贷信息中介机构的出借人及借款人违反法律法规和网络借贷有关监管规定，依照有关规定给予处罚；构成犯罪的，依法追究刑事责任。

《非金融机构支付服务管理办法》

第四十三条 支付机构有下列情形之一的，中国人民银行分支机构责令其限期改正，并处3万元罚款；情节严重的，中国人民银行注销其《支付业务许可证》；涉嫌犯罪的，依法移送公安机关立案侦查；构成犯罪的，依法追究刑事责任：

（一）转让、出租、出借《支付业务许可证》的；

（二）超出核准业务范围或将业务外包的；

（三）未按规定存放或使用客户备付金的；

（四）未遵守实缴货币资本与客户备付金比例管理规定的；

（五）无正当理由中断或终止支付业务的；

（六）拒绝或阻碍相关检查监督的；

（七）其他危及支付机构稳健运行、损害客户合法权益或危害支付服务市场的违法违规行为。

第四十四条 支付机构未按规定履行反洗钱义务的，中国人民银行及其分支机构依据国家有关反洗钱法律法规等进行处罚；情节严重的，中国人民银行注销其《支付业务许可证》。

第四十五条　支付机构超出《支付业务许可证》有效期限继续从事支付业务的，中国人民银行及其分支机构责令其终止支付业务；涉嫌犯罪的，依法移送公安机关立案侦查；构成犯罪的，依法追究刑事责任。

第四十六条　以欺骗等不正当手段申请《支付业务许可证》但未获批准的，申请人及持有其5%以上股权的出资人3年内不得再次申请或参与申请《支付业务许可证》。

以欺骗等不正当手段申请《支付业务许可证》且已获批准的，由中国人民银行及其分支机构责令其终止支付业务，注销其《支付业务许可证》；涉嫌犯罪的，依法移送公安机关立案侦查；构成犯罪的，依法追究刑事责任；申请人及持有其5%以上股权的出资人不得再次申请或参与申请《支付业务许可证》。

第四十七条　任何非金融机构和个人未经中国人民银行批准擅自从事或变相从事支付业务的，中国人民银行及其分支机构责令其终止支付业务；涉嫌犯罪的，依法移送公安机关立案侦查；构成犯罪的，依法追究刑事责任。

《侵害消费者权益行为处罚办法》

第十八条　侵害消费者权益违法行为涉嫌犯罪的，市场监督管理部门应当按照有关规定，移送司法机关追究其刑事责任。

《网络交易监督管理办法》

第五十五条　违反本办法规定，构成犯罪的，依法追究刑事责任。

《互联网用户账号信息管理规定》

第二十二条　互联网信息服务提供者违反本规定的，依照有关法律、行政法规的规定处罚。法律、行政法规没有规定的，由省级以上网信部门依据职责给予警告、通报批评，责令限期改正，并可以处一万元以上十万元以下罚款。构成违反治安管理行为的，移交公安机关处理；构成犯罪的，移交司法机关处理。

《数据出境安全评估办法》

第十八条　违反本办法规定的，依据《中华人民共和国网络安全法》、《中华人民共和国数据安全法》、《中华人民共和国个人信息保护法》等法律法规处理；构成犯罪的，依法追究刑事责任。

《互联网信息服务深度合成管理规定》

第二十二条　深度合成服务提供者和技术支持者违反本规定的，依照有关法律、行政法规的规定处罚；造成严重后果的，依法从重处罚。

构成违反治安管理行为的，由公安

机关依法给予治安管理处罚；构成犯罪的，依法追究刑事责任。

《个人信息出境标准合同办法》

第十二条 反本办法规定的，依据《中华人民共和国个人信息保护法》等法律法规处理；构成犯罪的，依法追究刑事责任。

《互联网广告管理办法》

第三十一条 市场监督管理部门依照广告法和本办法规定所作出的行政处罚决定，应当依法通过国家企业信用信息公示系统向社会公示；性质恶劣、情节严重、社会危害较大的，按照《市场监督管理严重违法失信名单管理办法》的有关规定列入严重违法失信名单。

《网信部门行政执法程序规定》

第十四条 网信部门发现案件属于其他行政机关管辖的，应当依法移送有关行政机关。

网信部门发现违法行为涉嫌犯罪的，应当及时将案件移送司法机关。司法机关决定立案的，网信部门应当及时办结移交手续。

网信部门应当与司法机关加强协调配合，建立健全案件移送制度，加强证据材料移交、接收衔接，完善案件处理信息通报机制。

第四十二条 拟作出的行政处罚决定应当报网信部门负责人审查。网信部门负责人根据不同情况，分别作出如下决定：

（一）确有应受行政处罚的违法行为的，根据情节轻重及具体情况，作出行政处罚决定；

（二）违法行为轻微，依法可以不予行政处罚的，不予行政处罚；

（三）违法事实不能成立的，不予行政处罚；

（四）违法行为涉嫌犯罪的，移送司法机关。

权威案例

◎ **典型案例**

张某、朱某销售假冒注册商标的商品案【高检院发布 2012 年度打击侵犯知识产权犯罪十大典型案例之五（2013 年 9 月 11 日）】

评析意见：网络售假已成为知识产权违法犯罪的新动向，且呈多发态势。此类犯罪一般具有成本低、危害范围广、涉案金额大、交易记录易被篡改、证据易灭失等特点。检察机关积极履行监督职责，成功监督公安机关立案，有力打击了网络售假行为，社会效果良好。

北京易某无限信息技术有限公司、于某侵犯著作权罪案【2017 年中国法院 10 大知识产权案件之十（2018 年 4 月 19 日）】

典型意义：转码技术是随着移动阅读逐渐普及产生的一项技术，本案是移动阅读网站不当使用转码技术构成侵犯著作权罪的案件。判决对"转码"技术实施的特点以及必要限度进行了详细阐释，从信息网络传播行为的本质出发，厘清了"转码"行为罪与非罪的界限。本案较好地展现了在技术飞速发展的时代背景下，知识产权司法保护在坚持技术中立的同时，如何结合技术事实认真厘清有关技术是否超越法律范围、侵犯他人合法权利的标准。对于以技术为挡箭牌，侵权情节严重，符合知识产权犯罪构成要件的行为，应依法给予刑事处罚。本案的裁判结果充分体现了人民法院处理科技进步带来的新型犯罪行为的司法智慧和司法能力，彰显了依法打击侵犯知识产权犯罪行为的力度和决心。

上海孟某保等销售伪劣产品案【检察机关打击侵犯消费者权益犯罪典型案例之三（2019 年 3 月 22 日）】

评析：本案系刘某刚等 18 人生产、销售伪劣产品系列案之一，是上海市食品监管领域打击危害食品安全犯罪中市级督办案件。检察官深挖线索，有力追捕追诉关键涉案人。检察官在该系列案的审查批捕、审查起诉过程中，发现多名涉案业务员在逃，认为业务员的归案不仅有利于案件全部事实的查清，且业务员是将过期奶粉直接推向市场的责任人之一，故对涉案在逃的王某琦、杨某等多名业务员进行追捕追诉，对拒不认罪的被告人孟某保进行

有力指控，最终孟某保被判有期徒刑七年，杨某、土某琦分别被判有期徒刑二年、五年，充分体现出检察机关严厉打击危害食品安全犯罪活动的决心。

该案以终端淘宝销售零售商为突破口，顺藤摸瓜，通过层层分销渠道最终查获销售过期奶粉的源头企业，查获过期奶粉百余吨，查处主要涉案犯罪嫌疑人数十名，累计涉案金额数百万元。案件的成功办理从根本上摧毁了一个在乳制品行业具有一定规模的制售过期伪劣产品的营销网络，净化了乳品行业，保障食品安全。

申某某等人生产、销售伪劣桶装水案【检察机关依法惩治制售假冒伪劣商品犯罪典型案例之五（2022 年 3 月 14 日）】

典型意义：一是准确认定食品中致病菌严重超标的危害性，依法严厉打击犯罪。桶装饮用水已经成为人民群众的日常消费品，其质量安全问题备受关注。本案扣押的桶装饮用水经检测，铜绿假单胞菌超标 500 余倍，明显不符合 GB 19298—2014 的国家标准。为进一步确定铜绿假单胞菌超标对人体的危害性，检察机关与卫生健康部门进行会商，并要求有关人员出具专家意见，证明铜绿假单胞菌严重超标可能引起中耳炎、胸膜炎、菌血症、败血症等，还有可能引起婴儿严重的流行性腹泻，能够认定涉案桶装水"足以造成严重食源性疾病"。结合被告人申某某、魏

某某的主客观行为，认定其构成生产、销售不符合安全标准的食品罪。

二是依法引导侦查取证，全链条打击犯罪行为。危害食品安全犯罪和知识产权犯罪关联紧密，检察机关注重引导公安机关对生产窝点、上游假冒商标标识来源、下游销售网络全面取证，查明涉案人员是否构成假冒注册商标罪、销售非法制造的注册商标标识罪等相关罪名，确保全链条打击犯罪。本案中，申某某等人的行为同时涉嫌假冒注册商标罪、销售假冒注册商标的商品罪、生产、销售不符合安全标准的食品罪，根据《最高人民法院、最高人民检察院关于办理生产、销售伪劣商品刑事案件具体应用法律若干问题的解释》第十条规定，实施生产、销售伪劣商品犯罪，同时构成侵犯知识产权等其他犯罪的，依照处罚较重的规定定罪处罚。

三是依法能动履职，强化知识产权权利人合法权益保护。检察机关受理审查起诉案件后，第一时间书面告知知识产权权利人，送达《侵犯知识产权刑事案件权利人诉讼权利义务告知书》，与涉案商标权利人公司进行沟通，听取意见。主动引导权利人向公安机关提供权利证明等书面证据材料，及时补充完善涉案商标的鉴定，推动权利人实质性参与刑事诉讼。案件查办后，涉案品牌的桶装水在天津地区销售量已经恢复至正常水平，有效遏制了假冒桶装水的蔓延势头，避免"劣币驱逐良币"，切实维护了正常市场秩序。

廖某等人销售假冒注册商标的商品案【检察机关依法惩治破坏市场竞争秩序犯罪典型案例之一（2022 年 8 月 4 日）】

典型意义：（一）严惩直播领域侵权假冒犯罪，维护网络营销秩序。"直播带货"作为新型电商营销模式，通过流量"变现"带来巨大经济效益，带动了网络经济的蓬勃发展。但与此同时，利益诱惑之下的刷单炒信、虚假宣传、侵权售假等不正当竞争行为也逐渐显现，给直播电商行业带来冲击。通过直播的方式销售侵权商品，不仅损害了注册商标权利人及消费者的合法权益，还扰乱了正常的市场竞争秩序。为维护网络营销的安全和秩序，检察机关深挖售假主播背后的产业链条，对售假商家等上游犯罪进行全链条打击。关联售假商家人员共计 39 人以销售假冒注册商标的商品罪分别被判处有期徒刑三年八个月至拘役五个月不等。

（二）能动履职延伸检察职能，护航直播新经济发展。直播电商企业合规经营是直播营销新业态健康发展的基石。检察机关在惩治犯罪的同时，还应关注到案件中直播电商企业的刑事合规风险，充分发挥检察能动性，通过检察建议等方式延伸检察职能，督促、引导企业健全相关机制，跟踪企业落实整改，从而防范企业法律风险，助力企业持续健康发展。同时，依托典型案例通过各种方式开展法治宣传，引导网络直播营销主体遵守法律和商业道德，公平参与市场竞争，营造良好的网络营销环境。

马某某等人销售伪劣产品案【检察机关依法惩治制售伪劣商品犯罪典型案例之四（2023年3月14日）】

典型意义：（一）严惩销售过期食品犯罪，守护百姓"舌尖安全"。民以食为天，食以安为先。过期食品特别是过期肉类食品容易产生致病菌或其他有害物质，消费者食用过期食品，可能会引起胃肠道疾病或者肝肾功能衰竭等危害。本案中马某某等人销售的猪副产品已过期半年之久，不仅缺乏营养价值，还严重危害消费者的身体健康和生命安全。检察机关认真贯彻落实食品药品"四个最严"要求，依法惩治销售过期食品犯罪，切实维护百姓健康和权益。

（二）加强检警协作配合，摧毁跨区"利益链条"。危害食品安全犯罪中，购销环节关联紧密。本案中，检察机关提出明确补充侦查提纲，就案件定性、作用地位等向公安机关提出意见。公安机关在检察机关建议下补充调取了微信交易记录、银行账户交易记录，以及现场检查、扣押等视频资料，强化固定证据，精准认定销售金额。同时对过期食品的上游供货渠道、中间冷链运输环节、下游销售网络全面取证，追根溯源、深挖

犯罪，最终摧毁销售"链条"，关联犯罪得到有效打击。

（三）有力促进行刑衔接，筑牢食品"安全屏障"。食品安全关系千家万户，保障食品安全就是保障民生。检察机关以此案为契机，充分发挥行政执法与刑事司法衔接作用，在办案中促进食品安全社会治理，以"我管"促"都管"。联合当地市场监督管理部门、公安机关召开座谈会，充分研讨食品类犯罪案件预防和打击举措，建议市场监督管理部门定期开展食品安全检查专项治理活动，特别要加大对冷冻食品市场的检查力度，对发现的涉嫌犯罪案件及时移送。2022年下半年，市场监督管理部门联合公安机关开展食品安全专项检查8次，排查涉嫌危害食品安全犯罪案件49件，经侦查，公安机关已向检察机关移送审查起诉43件49人，行刑衔接质效大幅提升。

（四）积极拓宽普法宣传渠道，借力做好"以案释法"。检察机关在依法从严惩治危害食品安全犯罪的同时，积极落实"谁执法、谁普法"的普法责任制，全力做好犯罪预防工作。庭审中，公诉人充分释法说理，促使被告人当庭真诚悔罪；庭审外，检察机关以该案为题材制作"守护舌尖上的安全"短视频，并通过检察公众号、政府公众号等平台发布，宣传食品安全法律法规，提示消费风险，多维度、多举措展现检察机关依

法有力保障人民群众"舌尖安全"的坚定决心和能动作为。

刘某、夏某某等人生产、销售有毒、有害食品案【检察机关依法惩治制售伪劣商品犯罪典型案例之五（2023 年 3 月 14 日）】

典型意义：（一）依法严惩网络销售有毒、有害食品犯罪，守护百姓生命健康安全。在网络销售食品逐渐深入百姓生活后，大量无正规生产厂家、无许可证编码、无产品标志的食品也进入到市场中，给人民群众生命健康带来极大的危害。2010 年国家食品药品监督管理局要求停止西布曲明制剂和原料药在我国生产、销售和使用，已上市销售的药品由生产企业负责召回销毁。2012 年西布曲明被列入《保健食品中可能非法添加的物质名单（第一批）》。刘某、夏某某等人在生产食品过程中罔顾百姓生命健康安全非法添加此类物质，并销售至全国多个省市地区，已有多名购买者出现不良反应，甚至造成一人死亡。检察机关坚决贯彻"四个最严"要求，从严打击危害食品安全犯罪，切实维护了消费者在食品安全领域的合法权益。

（二）准确认定罪名及数额，全链条摧毁犯罪网络。检察机关建议公安机关对西布曲明原料提供者、含西布曲明减肥食品生产者、代加工者、各级销售者进行全链条取证，有效打击网络销售有毒、有害食品犯罪。检察机关根据微信聊天记录、交易记录、支付明细以及物流信息等，准确认定各被告人的犯罪行为与犯罪数额。对禁用原料的提供者和有毒、有害食品的生产者、销售者，实施全链条打击，有力维护网络营销秩序。

（三）能动履职强化行政监管，增强检察监督实效。检察机关结合办案中发现的问题和本地实际，向市场监督管理部门制发检察建议。市场监督管理部门采纳检察机关意见，对于因食品、药品安全犯罪被判处有期徒刑以上刑罚的人员和被宣告禁止令的人员，设立禁入人员"黑名单"，并在市场准入许可中进行筛查，加强准入监管。同时检察机关还通过各类媒体广泛宣传食品药品安全法律法规及危害后果，提升社会公众食品药品安全意识。

第七章　附　则

第八十九条　【施行日期】

本法自 2019 年 1 月 1 日起施行。

网络安全法与数据信息法关联法规
简全称对照排序表

法　律

法律名称	法律简称	法律版本	版本内容
中华人民共和国宪法	《宪法》	2018.03.11 公布 2018.03.11 施行	1982 年 12 月 4 日第五届全国人民代表大会第五次会议通过 1982 年 12 月 4 日全国人民代表大会公告公布施行。根据 1988 年 4 月 12 日第七届全国人民代表大会第一次会议通过的《中华人民共和国宪法修正案》、1993 年 3 月 29 日第八届全国人民代表大会第一次会议通过的《中华人民共和国宪法修正案》、1999 年 3 月 15 日第九届全国人民代表大会第二次会议通过的《中华人民共和国宪法修正案》、2004 年 3 月 14 日第十届全国人民代表大会第二次会议通过的《中华人民共和国宪法修正案》和 2018 年 3 月 11 日第十三届全国人民代表大会第一次会议通过的《中华人民共和国宪法修正案》修正
中华人民共和国民法典	《民法典》	2020.05.28 公布 2021.01.01 施行	2020 年 5 月 28 日第十三届全国人民代表大会第三次会议通过
中华人民共和国刑法	《刑法》	2020.12.26 公布 2021.03.01 施行	1979 年 7 月 1 日第五届全国人民代表大会第二次会议通过 1997 年 3 月 14 日第八届全国人民代表大会第五次会议修订根据 1998 年 12 月 29 日第九届全国人民代表大会常务委员会第六次会议通过的《全国人民代表大会常务委员会关于惩治骗购外汇、逃汇和非法买卖外汇犯罪的决定》、1999 年 12 月 25 日第九届全国人民代表大会常务委员会第十三次会议通过的《中华人民共和国刑法修正案》、2001 年 8 月 31 日第九届全国人民代表大会常务委员会第二十三次会议通过的《中华人民共和国刑法修正案二》、2001 年 12 月 29 日第九届全国人民代表大会常务委员会第二十五次会议通过的《中华人民共和国刑法修正案三》、2002 年 12 月 28 日第九届全国人民代表大会常务委员会

法律名称	法律简称	法律版本	版本内容
			第三十一次会议通过的《中华人民共和国刑法修正案四》、2005 年 2 月 28 日第十届全国人民代表大会常务委员会第十四次会议通过的《中华人民共和国刑法修正案五》、2006 年 6 月 29 日第十届全国人民代表大会常务委员会第二十二次会议通过的《中华人民共和国刑法修正案六》、2009 年 2 月 28 日第十一届全国人民代表大会常务委员会第七次会议通过的《中华人民共和国刑法修正案七》、2009 年 8 月 27 日第十一届全国人民代表大会常务委员会第十次会议通过的《全国人民代表大会常务委员会关于修改部分法律的决定》、2011 年 2 月 25 日第十一届全国人民代表大会常务委员会第十九次会议通过的《中华人民共和国刑法修正案八》、2015 年 8 月 29 日第十二届全国人民代表大会常务委员会第十六次会议通过的《中华人民共和国刑法修正案九》、2017 年 11 月 4 日第十二届全国人民代表大会常务委员会第三十次会议通过的《中华人民共和国刑法修正案十》和 2020 年 12 月 26 日第十三届全国人民代表大会常务委员会第二十四次会议通过的《中华人民共和国刑法修正案十一》修正
中华人民共和国网络安全法	《网络安全法》	2016.11.07 发布 2017.06.01 实施	2016 年 11 月 7 日第十二届全国人民代表大会常务委员会第二十四次会议通过
中华人民共和国反电信网络诈骗法	《反电信网络诈骗法》	2022.09.02 公布 2022.12.01 施行	2022 年 9 月 2 日第十三届全国人民代表大会常务委员会第三十六次会议通过
中华人民共和国数据安全法	《数据安全法》	2021.06.10 公布 2021.09.01 施行	2021 年 6 月 10 日第十三届全国人民代表大会常务委员会第二十九次会议通过
中华人民共和国个人信息保护法	《个人信息保护法》	2021.08.20 公布 2021.11.01 施行	2021 年 8 月 20 日第十三届全国人民代表大会常务委员会第三十次会议通过
中华人民共和国电子商务法	《电子商务法》	2018.08.31 发布 2019.01.01 实施	2018 年 8 月 31 日第十三届全国人民代表大会常务委员会第五次会议通过

法律名称	法律简称	法律版本	版本内容
中华人民共和国未成年人保护法	《未成年人保护法》	2020.10.17 公布 2021.06.01 施行	1991 年 9 月 4 日第七届全国人民代表大会常务委员会第二十一次会议通过 2006 年 12 月 29 日第十届全国人民代表大会常务委员会第二十五次会议第一次修订根据 2012 年 10 月 26 日第十一届全国人民代表大会常务委员会第二十九次会议《关于修改〈中华人民共和国未成年人保护法〉的决定》修正 2020 年 10 月 17 日第十三届全国人民代表大会常务委员会第二十二次会议第二次修订
中华人民共和国外交特权与豁免条例	《外交特权与豁免条例》	1986.09.05 公布 1986.09.05 施行	中华人民共和国第六届全国人民代表大会常务委员会第十七次会议于一九八六年九月五日通过
中华人民共和国海商法	《海商法》	1992.11.07 公布 1993.07.01 施行	中华人民共和国第七届全国人民代表大会常务委员会第二十八次会议于 1992 年 11 月 7 日通过
中华人民共和国个人独资企业法	《个人独资企业法》	1999.08.30 公布 2000.01.01 施行	中华人民共和国第九届全国人民代表大会常务委员会第十一次会议于 1999 年 8 月 30 日通过
中华人民共和国护照法	《护照法》	2006.04.29 公布 2007.01.01 施行	中华人民共和国第十届全国人民代表大会常务委员会第二十一次会议于 2006 年 4 月 29 日通过
中华人民共和国合伙企业法	《合伙企业法》	2006.08.27 公布 2007.06.01 施行	中华人民共和国第十届全国人民代表大会常务委员会第二十三次会议于 2006 年 8 月 27 日修订通过
中华人民共和国反洗钱法	《反洗钱法》	2006.10.31 公布 2007.01.01 施行	中华人民共和国第十届全国人民代表大会常务委员会第二十四次会议于 2006 年 10 月 31 日通过
中华人民共和国银行业监督管理法	《银行业监督管理法》	2006.10.31 公布 2007.01.01 施行	2003 年 12 月 27 日第十届全国人民代表大会常务委员会第六次会议通过　根据 2006 年 10 月 31 日第十届全国人民代表大会常务委员会第二十四次会议《关于修改〈中华人民共和国银行业监督管理法〉的决定》修正
中华人民共和国突发事件应对法	《突发事件应对法》	2007.08.30 公布 2007.11.01 施行	中华人民共和国第十届全国人民代表大会常务委员会第二十九次会议于 2007 年 8 月 30 日通过

法律名称	法律简称	法律版本	版本内容
中华人民共和国统计法	《统计法》	2009.06.27 公布 2010.01.01 施行	1983 年 12 月 8 日第六届全国人民代表大会常务委员会第三次会议通过根据 1996 年 5 月 15 日　第八届全国人民代表大会常务委员会第十九次会议《关于修改〈中华人民共和国统计法〉的决定》修正　2009 年 6 月 27 日第十一届全国人民代表大会常务委员会第九次会议修订
全国人民代表大会常务委员会关于维护互联网安全的决定	《关于维护互联网安全的决定》	2009.08.27 公布 2009.08.27 施行	2000 年 12 月 28 日第九届全国人民代表大会常务委员会第十九次会议通过根据 2009 年 8 月 27 日第十一届全国人民代表大会常务委员会第十次会议《关于修改部分法律的决定》修正
全国人民代表大会常务委员会关于惩治走私、制作、贩卖、传播淫秽物品的犯罪分子的决定	《关于惩治走私、制作、贩卖、传播淫秽物品的犯罪分子的决定》	2009.08.27 公布 2009.08.27 施行	1990 年 12 月 28 日第七届全国人民代表大会常务委员会第十七次会议通过 1990 年 12 月 28 日中华人民共和国主席令第三十九号公布根据 2009 年 8 月 27 日中华人民共和国主席令第十八号第十一届全国人民代表大会常务委员会第十次会议《关于修改部分法律的决定》修正
中华人民共和国保守国家秘密法	《保守国家秘密法》	2010.04.29 公布 2010.10.01 施行	中华人民共和国第十一届全国人民代表大会常务委员会第十四次会议于 2010 年 4 月 29 日修订通过
中华人民共和国石油天然气管道保护法	《石油天然气管道保护法》	2010.06.25 公布 2010.10.01 施行	中华人民共和国第十一届全国人民代表大会常务委员会第十五次会议于 2010 年 6 月 25 日通过
中华人民共和国人民调解法	《人民调解法》	2010.08.28 公布 2011.01.01 施行	中华人民共和国第十一届全国人民代表大会常务委员会第十六次会议于 2010 年 8 月 28 日通过
中华人民共和国涉外民事关系法律适用法	《涉外民事关系法律适用法》	2010.10.28 公布 2011.04.01 施行	中华人民共和国第十一届全国人民代表大会常务委员会第十七次会议于 2010 年 10 月 28 日通过
中华人民共和国行政强制法	《行政强制法》	2011.06.30 公布 2012.01.01 施行	2011 年 6 月 30 日第十一届全国人民代表大会常务委员会第二十一次会议通过

续表

法律名称	法律简称	法律版本	版本内容
中华人民共和国居民身份证法	《居民身份证法》	2011.10.29 公布 2012.01.01 施行	2003 年 6 月 28 日第十届全国人民代表大会常务委员会第三次会议通过　2003 年 6 月 28 日中华人民共和国主席令第四号公布　根据 2011 年 10 月 29 日第十一届全国人民代表大会常务委员会第二十三次会议《关于修改〈中华人民共和国居民身份证法〉的决定》修正
中华人民共和国出境入境管理法	《出境入境管理法》	2012.06.30 公布 2013.07.01 施行	2012 年 6 月 30 日第十一届全国人民代表大会常务委员会第二十七次会议通过
中华人民共和国治安管理处罚法	《治安管理处罚法》	2012.10.26 公布 2013.01.01 施行	2005 年 8 月 28 日第十届全国人民代表大会常务委员会第十七次会议通过根据 2012 年 10 月 26 日第十一届全国人民代表大会常务委员会第二十九次会议《关于修改〈中华人民共和国治安管理处罚法〉的决定》修正
中华人民共和国人民警察法	《警察法》	2012.10.26 公布 2013.01.01 施行	1995 年 2 月 28 日第八届全国人民代表大会常务委员会第十二次会议通过 根据 2012 年 10 月 26 日第十一届全国人民代表大会常务委员会第二十九次会议《关于修改〈中华人民共和国人民警察法〉的决定》修正 主席令第 69 号
中华人民共和国国家赔偿法	《国家赔偿法》	2012.10.26 公布 2013.01.01 施行	1994 年 5 月 12 日第八届全国人民代表大会常务委员会第七次会议通过　根据 2010 年 4 月 29 日第十一届全国人民代表大会常务委员会第十四次会议《关于修改〈中华人民共和国国家赔偿法〉的决定》第一次修正 根据 2012 年 10 月 26 日第十一届全国人民代表大会常务委员会第二十九次会议《关于修改〈中华人民共和国国家赔偿法〉的决定》第二次修正 主席令
全国人民代表大会常务委员会关于加强网络信息保护的决定	《关于加强网络信息保护的决定》	2012.12.28 公布 2012.12.28 施行	2012 年 12 月 28 日第十一届全国人民代表大会常务委员会第三十次会议通过

法律名称	法律简称	法律版本	版本内容
中华人民共和国劳动合同法	《劳动合同法》	2012.12.28 公布 2013.07.01 施行	2007 年 6 月 29 日第十届全国人民代表大会常务委员会第二十八次会议通过 根据 2012 年 12 月 28 日第十一届全国人民代表大会常务委员会第三十次会议《关于修改〈中华人民共和国劳动合同法〉的决定》修正 主席令第 73 号
中华人民共和国传染病防治法	《传染病防治法》	2013.06.29 公布 2013.06.29 施行	1989 年 2 月 21 日第七届全国人民代表大会常务委员会第六次会议通过 2004 年 8 月 28 日第十届全国人民代表大会常务委员会第十一次会议修订 根据 2013 年 6 月 29 日第十二届全国人民代表大会常务委员会第三次会议《关于修改〈中华人民共和国文物保护法〉等十二部法律的决定》修正
中华人民共和国消费者权益保护法	《消费者权益保护法》	2013.10.25 公布 2014.03.15 施行	1993 年 10 月 31 日第八届全国人民代表大会常务委员会第四次会议通过 根据 2009 年 8 月 27 日第十一届全国人民代表大会常务委员会第十次会议《关于修改部分法律的决定》第一次修正 根据 2013 年 10 月 25 日第十二届全国人民代表大会常务委员会第五次会议《关于修改〈中华人民共和国消费者权益保护法〉的决定》第二次修正
中华人民共和国环境保护法	《环境保护法》	2014.04.24 公布 2015.01.01 施行	中华人民共和国第十二届全国人民代表大会常务委员会第八次会议于 2014 年 4 月 24 日修订通过
全国人民代表大会常务委员会关于设立烈士纪念日的决定	《关于设立烈士纪念日的决定》	2014.08.31 公布 2014.08.31 施行	全国人民代表大会常务委员会关于设立烈士纪念日的决定 2014 年 8 月 31 日第十二届全国人民代表大会常务委员会第十次会议通过
中华人民共和国邮政法	《邮政法》	2015.04.24 公布 2015.04.24 施行	1986 年 12 月 2 日第六届全国人民代表大会常务委员会第十八次会议通过 2009 年 4 月 24 日第十一届全国人民代表大会常务委员会第八次会议修订 根据 2012 年 10 月 26 日第十一届全国人民代表大会常务委员会第二十九次会议《关于修改〈中华人民共和国邮政法〉的决定》第一次修正 根据 2015 年 4 月 24 日第十二届全国人民代表大会常务委员会第十四次会议《关于修改〈中华人民共和国义务教育法〉等五部法律的决定》第二次修正

法律名称	法律简称	法律版本	版本内容
中华人民共和国税收征收管理法	《税收征收管理法》	2015.04.24 公布 2015.04.24 施行	1992 年 9 月 4 日第七届全国人民代表大会常务委员会第二十七次会议通过　根据 1995 年 2 月 28 日第八届全国人民代表大会常务委员会第十二次会议《关于修改〈中华人民共和国税收征收管理法〉的决定》第一次修正　2001 年 4 月 28 日第九届全国人民代表大会常务委员会第二十一次会议修订　根据 2013 年 6 月 29 日第十二届全国人民代表大会常务委员会第三次会议《关于修改〈中华人民共和国文物保护法〉等十二部法律的决定》第二次修正　根据 2015 年 4 月 24 日第十二届全国人民代表大会常务委员会第十四次会议《关于修改〈中华人民共和国港口法〉等七部法律的决定》第三次修正
中华人民共和国国家安全法	《国家安全法》	2015.07.01 公布 2015.07.01 施行	2015 年 7 月 1 日第十二届全国人民代表大会常务委员会第十五次会议通过
中华人民共和国促进科技成果转化法	《促进科技成果转化法》	2015.08.29 公布 2015.10.01 施行	1996 年 5 月 15 日第八届全国人民代表大会常务委员会第十九次会议通过根据 2015 年 8 月 29 日第十二届全国人民代表大会常务委员会第十六次会议《关于修改〈中华人民共和国促进科技成果转化法〉的决定》修正
中华人民共和国商业银行法	《商业银行法》	2015.08.29 公布 2015.10.01 施行	1995 年 5 月 10 日第八届全国人民代表大会常务委员会第十三次会议通过　根据 2003 年 12 月 27 日第十届全国人民代表大会常务委员会第六次会议《关于修改〈中华人民共和国商业银行法〉的决定》第一次修正 根据 2015 年 8 月 29 日第十二届全国人民代表大会常务委员会第十六次会议《关于修改〈中华人民共和国商业银行法〉的决定》第二次修正
中华人民共和国反家庭暴力法	《反家庭暴力法》	2015.12.27 公布 2016.03.01 施行	中华人民共和国第十二届全国人民代表大会常务委员会第十八次会议于 2015 年 12 月 27 日通过
中华人民共和国慈善法	《慈善法》	2016.03.16 公布 2016.09.01 施行	中华人民共和国第十二届全国人民代表大会第四次会议于 2016 年 3 月 16 日通过
中华人民共和国资产评估法	《资产评估法》	2016.07.02 公布 2016.12.01 施行	中华人民共和国第十二届全国人民代表大会常务委员会第二十一次会议于 2016 年 7 月 2 日通过

法律名称	法律简称	法律版本	版本内容
中华人民共和国电影产业促进法	《电影产业促进法》	2016.11.07 公布 2017.03.01 施行	中华人民共和国第十二届全国人民代表大会常务委员会第二十四次会议于 2016 年 11 月 7 日通过
中华人民共和国测绘法	《测绘法》	2017.04.27 公布 2017.07.01 施行	中华人民共和国第十二届全国人民代表大会常务委员会第二十七次会议于 2017 年 4 月 27 日修订通过
中华人民共和国行政诉讼法	《行政诉讼法》	2017.06.27 公布 2017.07.01 施行	1989 年 4 月 4 日第七届全国人民代表大会第二次会议通过　根据 2014 年 11 月 1 日第十二届全国人民代表大会常务委员会第十一次会议《关于修改〈中华人民共和国行政诉讼法〉的决定》第一次修正　根据 2017 年 6 月 27 日第十二届全国人民代表大会常务委员会第二十八次会议《关于修改〈中华人民共和国民事诉讼法〉和〈中华人民共和国行政诉讼法〉的决定
中华人民共和国公证法	《公证法》	2017.09.01 公布 2018.01.01 施行	2005 年 8 月 28 日第十届全国人民代表大会常务委员会第十七次会议通过　根据 2015 年 4 月 24 日第十二届全国人民代表大会常务委员会第十四次会议《关于修改〈中华人民共和国义务教育法〉等五部法律的决定》第一次修正　根据 2017 年 9 月 1 日第十二届全国人民代表大会常务委员会第二十九次会议《关于修改〈中华人民共和国法官法〉等八部法律的决定》第二次修正
中华人民共和国核安全法	《核安全法》	2017.09.01 公布 2018.01.01 施行	中华人民共和国第十二届全国人民代表大会常务委员会第二十九次会议于 2017 年 9 月 1 日通过
中华人民共和国行政复议法	《行政复议法》	2017.09.01 公布 2018.01.01 施行	1999 年 4 月 29 日第九届全国人民代表大会常务委员会第九次会议通过　根据 2009 年 8 月 27 日第十一届全国人民代表大会常务委员会第十次会议《关于修改部分法律的决定》第一次修正　根据 2017 年 9 月 1 日第十二届全国人民代表大会常务委员会第二十九次会议《关于修改〈中华人民共和国法官法〉等八部法律的决定》第二次修正　2023 年 9 月 1 日第十四届全国人民代表大会常务委员会第五次会议修订

法律名称	法律简称	法律版本	版本内容
中华人民共和国律师法	《律师法》	2017.09.01 公布 2018.01.01 施行	1996 年 5 月 15 日第八届全国人民代表大会常务委员会第十九次会议通过 根据 2001 年 12 月 29 日第九届全国人民代表大会常务委员会第二十五次会议《关于修改〈中华人民共和国律师法〉的决定》第一次修正 2007 年 10 月 28 日第十届全国人民代表大会常务委员会第三十次会议修订 根据 2012 年 10 月 26 日第十一届全国人民代表大会常务委员会第二十九次会议《关于修改〈中华人民共和国律师法〉的决定》第二次修正 根据 2017 年 9 月 1 日第十二届全国人民代表大会常务委员会第二十九次会议《关于修改〈中华人民共和国法官法〉等八部法律的决定》第三次修正
中华人民共和国公路法	《公路法》	2017.11.04 公布 2017.11.05 施行	1997 年 7 月 3 日第八届全国人民代表大会常务委员会第二十六次会议通过 根据 1999 年 10 月 31 日第九届全国人民代表大会常务委员会第十二次会议《关于修改〈中华人民共和国公路法〉的决定》第一次修正 根据 2004 年 8 月 28 日第十届全国人民代表大会常务委员会第十一次会议《关于修改〈中华人民共和国公路法〉的决定》第二次修正 根据 2009 年 8 月 27 日第十一届全国人民代表大会常务委员会第十次会议《关于修改部分法律的决定》第三次修正 根据 2016 年 11 月 7 日第十二届全国人民代表大会常务委员会第二十四次会议《关于修改〈中华人民共和国对外贸易法〉等十二部法律的决定》第四次修正 根据 2017 年 11 月 4 日第十二届全国人民代表大会常务委员会第三十次会议《关于修改〈中华人民共和国会计法〉等十一部法律的决定》第五次修正
中华人民共和国标准化法	《标准化法》	2017.11.04 公布 2018.01.01 施行	1988 年 12 月 29 日第七届全国人民代表大会常务委员会第五次会议通过 2017 年 11 月 4 日第十二届全国人民代表大会常务委员会第三十次会议修订
中华人民共和国监察法	《监察法》	2018.03.20 公布 2018.03.20 施行	2018 年 3 月 20 日第十三届全国人民代表大会第一次会议通过

法律名称	法律简称	法律版本	版本内容
中华人民共和国国家情报法	《国家情报法》	2018.04.27 公布 2018.04.27 施行	2017 年 6 月 27 日第十二届全国人民代表大会常务委员会第二十八次会议通过 根据 2018 年 4 月 27 日第十三届全国人民代表大会常务委员会第二次会议《关于修改〈中华人民共和国国境卫生检疫法〉等六部法律的决定》修正
中华人民共和国反恐怖主义法	《反恐怖主义法》	2018.04.27 公布 2018.04.27 施行	2015 年 12 月 27 日第十二届全国人民代表大会常务委员会第十八次会议通过 根据 2018 年 4 月 27 日第十三届全国人民代表大会常务委员会第二次会议《关于修改〈中华人民共和国国境卫生检疫法〉等六部法律的决定》修正
中华人民共和国精神卫生法	《精神卫生法》	2018.04.27 公布 2018.04.27 施行	2012 年 10 月 26 日第十一届全国人民代表大会常务委员会第二十九次会议通过 根据 2018 年 4 月 27 日第十三届全国人民代表大会常务委员会第二次会议《关于修改〈中华人民共和国国境卫生检疫法〉等六部法律的决定》修正
中华人民共和国英雄烈士保护法	《英雄烈士保护法》	2018.04.27 公布 2018.05.01 施行	中华人民共和国第十三届全国人民代表大会常务委员会第二次会议于 2018 年 4 月 27 日通过
中华人民共和国个人所得税法	《个人所得税法》	2018.08.31 公布 2019.01.01 施行	1980 年 9 月 10 日第五届全国人民代表大会第三次会议通过 根据 1993 年 10 月 31 日第八届全国人民代表大会常务委员会第四次会议《关于修改〈中华人民共和国个人所得税法〉的决定》第一次修正 根据 1999 年 8 月 30 日第九届全国人民代表大会常务委员会第十一次会议《关于修改〈中华人民共和国个人所得税法〉的决定》第二次修正 根据 2005 年 10 月 27 日第十届全国人民代表大会常务委员会第十八次会议《关于修改〈中华人民共和国个人所得税法〉的决定》第三次修正 根据 2007 年 6 月 29 日第十届全国人民代表大会常务委员会第二十八次会议《关于修改〈中华人民共和国个人所得税法〉的决定》第四次修正 根据 2007 年 12 月 29 日第十届全国人民代表大会常务委员会第三十一次会议《关于修改〈中华人民共和国个人所得税法〉的决定》第五次修正 根据 2011 年 6 月 30 日第

法律名称	法律简称	法律版本	版本内容
			十一届全国人民代表大会常务委员会第二十一次会议《关于修改〈中华人民共和国个人所得税法〉的决定》第六次修正　根据 2018 年 8 月 31 日第十三届全国人民代表大会常务委员会第五次会议《关于修改〈中华人民共和国个人所得税法〉的决定》第七次修正
中华人民共和国残疾人保障法	《残疾人保障法》	2018. 10. 26 公布 2018. 10. 26 施行	1990 年 12 月 28 日第七届全国人民代表大会常务委员会第十七次会议通过 2008 年 4 月 24 日第十一届全国人民代表大会常务委员会第二次会议修订根据 2018 年 10 月 26 日第十三届全国人民代表大会常务委员会第六次会议《关于修改〈中华人民共和国野生动物保护法〉等十五部法律的决定》修正
中华人民共和国刑事诉讼法	《刑事诉讼法》	2018. 10. 26 公布 2018. 10. 26 施行	1979 年 7 月 1 日第五届全国人民代表大会第二次会议通过根据 1996 年 3 月 17 日第八届全国人民代表大会第四次会议《关于修改〈中华人民共和国刑事诉讼法〉的决定》第一次修正根据 2012 年 3 月 14 日第十一届全国人民代表大会第五次会议《关于修改〈中华人民共和国刑事诉讼法〉的决定》第二次修正根据 2018 年 10 月 26 日第十三届全国人民代表大会常务委员会第六次会议《关于修改〈中华人民共和国刑事诉讼法〉的决定》第三次修正
中华人民共和国国际刑事司法协助法	《国际刑事司法协助法》	2018. 10. 26 公布 2018. 10. 26 施行	2018 年 10 月 26 日第十三届全国人民代表大会常务委员会第六次会议通过
中华人民共和国公司法	《公司法》	2018. 10. 26 公布 2018. 10. 26 施行	1993 年 12 月 29 日第八届全国人民代表大会常务委员会第五次会议通过　根据 1999 年 12 月 25 日第九届全国人民代表大会常务委员会第十三次会议《关于修改〈中华人民共和国公司法〉的决定》第一次修正　根据 2004 年 8 月 28 日第十届全国人民代表大会常务委员会第十一次会议《关于修改〈中华人民共和国公司法〉的决定》第二次修正　2005 年 10 月 27 日第十届全国人民代表大会常务委员会第十八次会议修订　根据 2013 年 12 月 28 日第十二届全国人民代表大会常务委员会第六次会议《关于修改〈中华人民共和国海洋环境保护法〉等七

法律名称	法律简称	法律版本	版本内容
			部法律的决定》第三次修正　根据 2018 年 10 月 26 日第十三届全国人民代表大会常务委员会第六次会议《关于修改〈中华人民共和国公司法〉的决定》第四次修正
中华人民共和国公共图书馆法	《公共图书馆法》	2018.10.26 公布 2018.10.26 施行	2017 年 11 月 4 日第十二届全国人民代表大会常务委员会第三十次会议通过　根据 2018 年 10 月 26 日第十三届全国人民代表大会常务委员会第六次会议《关于修改〈中华人民共和国野生动物保护法〉等十五部法律的决定》修正
中华人民共和国旅游法	《旅游法》	2018.10.26 公布 2018.10.26 施行	2013 年 4 月 25 日第十二届全国人民代表大会常务委员会第二次会议通过　根据 2016 年 11 月 7 日第十二届全国人民代表大会常务委员会第二十四次会议《关于修改〈中华人民共和国对外贸易法〉等十二部法律的决定》第一次修正　根据 2018 年 10 月 26 日第十三届全国人民代表大会常务委员会第六次会议《关于修改〈中华人民共和国野生动物保护法〉等十五部法律的决定》第二次修正
中华人民共和国产品质量法	《产品质量法》	2018.12.09 公布 2018.12.09 施行	1993 年 2 月 22 日第七届全国人民代表大会常务委员会第三十次会议通过　根据 2000 年 7 月 8 日第九届全国人民代表大会常务委员会第十六次会议《关于修改〈中华人民共和国产品质量法〉的决定》第一次修正　根据 2009 年 8 月 27 日第十一届全国人民代表大会常务委员会第十次会议《关于修改部分法律的决定》第二次修正　根据 2018 年 12 月 29 日第十三届全国人民代表大会常务委员会第七次会议《关于修改〈中华人民共和国产品质量法〉等五部法律的决定》第三次修正
中华人民共和国老年人权益保障法	《老年人权益保障法》	2018.12.29 公布 2018.12.29 施行	2021 年 8 月 20 日第十三届全国人民代表大会常务委员会第三十次会议通过
中华人民共和国社会保险法	《社会保险法》	2018.12.29 公布 2018.12.29 施行	2010 年 10 月 28 日第十一届全国人民代表大会常务委员会第十七次会议通过根据 2018 年 12 月 29 日第十三届全国人民代表大会常务委员会第七次会议《关于修改〈中华人民共和国社会保险法〉的决定》修正

续表

法律名称	法律简称	法律版本	版本内容
中华人民共和国劳动法	《劳动法》	2018.12.29 公布 2018.12.29 施行	1994 年 7 月 5 日第八届全国人民代表大会常务委员会第八次会议通过　根据 2009 年 8 月 27 日第十一届全国人民代表大会常务委员会第十次会议《关于修改部分法律的决定》第一次修正　根据 2018 年 12 月 29 日第十三届全国人民代表大会常务委员会第七次会议《关于修改〈中华人民共和国劳动法〉等七部法律的决定》第二次修正
中华人民共和国城市居民委员会组织法	《城市居民委员会组织法》	2018.12.29 公布 2018.12.29 施行	1989 年 12 月 26 日第七届全国人民代表大会常务委员会第十一次会议通过　根据 2018 年 12 月 29 日第十三届全国人民代表大会常务委员会第七次会议《关于修改〈中华人民共和国村民委员会组织法〉〈中华人民共和国城市居民委员会组织法〉的决定》修正
中华人民共和国村民委员会组织法	《村民委员会组织法》	2018.12.29 公布 2018.12.29 施行	1998 年 11 月 4 日第九届全国人民代表大会常务委员会第五次会议通过 2010 年 10 月 28 日第十一届全国人民代表大会常务委员会第十七次会议修订 根据 2018 年 12 月 29 日第十三届全国人民代表大会常务委员会第七次会议《关于修改〈中华人民共和国村民委员会组织法〉〈中华人民共和国城市居民委员会组织法〉的决定》修正
中华人民共和国企业所得税法	《企业所得税法》	2018.12.29 公布 2018.12.29 施行	2007 年 3 月 16 日第十届全国人民代表大会第五次会议通过　根据 2017 年 2 月 24 日第十二届全国人民代表大会常务委员会第二十六次会议《关于修改〈中华人民共和国企业所得税法〉的决定》第一次修正　根据 2018 年 12 月 29 日第十三届全国人民代表大会常务委员会第七次会议《关于修改〈中华人民共和国电力法〉等四部法律的决定》第二次修正
中华人民共和国电力法	《电力法》	2018.12.29 公布 2018.12.29 施行	1995 年 12 月 28 日第八届全国人民代表大会常务委员会第十七次会议通过　根据 2009 年 8 月 27 日第十一届全国人民代表大会常务委员会第十次会议《关于修改部分法律的决定》第一次修正　根据 2015 年 4 月 24 日第十二届全国人民代表大会常务委员会第十四次会议《关于修改〈中华人民共和国电力法〉等六部法律的决定》第二次修正　根据 2018 年 12 月 29 日第十

法律名称	法律简称	法律版本	版本内容
			三届全国人民代表大会常务委员会第七次会议《关于修改〈中华人民共和国电力法〉等四部法律的决定》第三次修正
中华人民共和国公务员法	《公务员法》	2018. 12. 29 公布 2019. 06. 01 施行	2005 年 4 月 27 日第十届全国人民代表大会常务委员会第十五次会议通过　根据 2017 年 9 月 1 日第十二届全国人民代表大会常务委员会第二十九次会议《关于修改〈中华人民共和国法官法〉等八部法律的决定》修正　2018 年 12 月 29 日第十三届全国人民代表大会常务委员会第七次会议修订
中华人民共和国电子签名法	《电子签名法》	2019. 04. 23 公布 2019. 04. 23 施行	2004 年 8 月 28 日第十届全国人民代表大会常务委员会第十一次会议通过　根据 2015 年 4 月 24 日第十二届全国人民代表大会常务委员会第十四次会议《关于修改〈中华人民共和国电力法〉等六部法律的决定》第一次修正　根据 2019 年 4 月 23 日第十三届全国人民代表大会常务委员会第十次会议《关于修改〈中华人民共和国建筑法〉等八部法律的决定》第二次修正
中华人民共和国反不正当竞争法	《反不正当竞争法》	2019. 04. 23 公布 2019. 04. 23 施行	1993 年 9 月 2 日第八届全国人民代表大会常务委员会第三次会议通过 2017 年 11 月 4 日第十二届全国人民代表大会常务委员会第三十次会议修订根据 2019 年 4 月 23 日第十三届全国人民代表大会常务委员会第十次会议《关于修改〈中华人民共和国建筑法〉等八部法律的决定》修正
中华人民共和国行政许可法	《行政许可法》	2019. 04. 23 公布 2019. 04. 23 施行	2003 年 8 月 27 日第十届全国人民代表大会常务委员会第四次会议通过根据 2019 年 4 月 23 日第十三届全国人民代表大会常务委员会第十次会议《关于修改〈中华人民共和国建筑法〉等八部法律的决定》修正
中华人民共和国法官法	《法官法》	2019. 04. 23 公布 2019. 10. 01 施行	中华人民共和国第十三届全国人民代表大会常务委员会第十次会议于 2019 年 4 月 23 日修订通过
中华人民共和国检察官法	《检察官法》	2019. 04. 23 公布 2019. 10. 01 施行	中华人民共和国第十三届全国人民代表大会常务委员会第十次会议于 2019 年 4 月 23 日修订通过

法律名称	法律简称	法律版本	版本内容
中华人民共和国商标法	《商标法》	2019.04.23 公布 2019.11.01 施行	1982 年 8 月 23 日第五届全国人民代表大会常务委员会第二十四次会议通过 根据 1993 年 2 月 22 日第七届全国人民代表大会常务委员会第三十次会议《关于修改〈中华人民共和国商标法〉的决定》第一次修正 根据 2001 年 10 月 27 日第九届全国人民代表大会常务委员会第二十四次会议《关于修改〈中华人民共和国商标法〉的决定》第二次修正 根据 2013 年 8 月 30 日第十二届全国人民代表大会常务委员会第四次会议《关于修改〈中华人民共和国商标法〉的决定》第三次修正 根据 2019 年 4 月 23 日第十三届全国人民代表大会常务委员会第十次会议《关于修改〈中华人民共和国建筑法〉等八部法律的决定》第四次修正
中华人民共和国密码法	《密码法》	2019.10.26 发布 2020.01.01 实施	2019 年 10 月 26 日第十三届全国人民代表大会常务委员会第十四次会议通过
中华人民共和国证券法	《证券法》	2019.12.28 公布 2020.03.01 施行	1998 年 12 月 29 日第九届全国人民代表大会常务委员会第六次会议通过根据 2004 年 8 月 28 日第十届全国人民代表大会常务委员会第十一次会议《关于修改〈中华人民共和国证券法〉的决定》第一次修正 2005 年 10 月 27 日第十届全国人民代表大会常务委员会第十八次会议第一次修订 根据 2013 年 6 月 29 日第十二届全国人民代表大会常务委员会第三次会议《关于修改〈中华人民共和国文物保护法〉等十二部法律的决定》第二次修正 根据 2014 年 8 月 31 日第十二届全国人民代表大会常务委员会第十次会议《关于修改〈中华人民共和国保险法〉等五部法律的决定》第三次修正 2019 年 12 月 28 日第十三届全国人民代表大会常务委员会第十五次会议第二次修订
中华人民共和国人民武装警察法	《武装警察法》	2020.06.20 公布 2020.06.21 施行	中华人民共和国第十三届全国人民代表大会常务委员会第十九次会议于 2020 年 6 月 20 日修订通过

法律名称	法律简称	法律版本	版本内容
中华人民共和国公职人员政务处分法	《公职人员政务处分法》	2020.06.20 公布 2020.07.01 施行	中华人民共和国第十三届全国人民代表大会常务委员会第十九次会议于 2020 年 6 月 20 日通过
中华人民共和国档案法	《档案法》	2020.06.20 公布 2021.01.01 施行	中华人民共和国第十三届全国人民代表大会常务委员会第十九次会议于 2020 年 6 月 20 日修订通过
中华人民共和国出口管制法	《出口管制法》	2020.10.17 公布 2020.12.01 施行	中华人民共和国第十三届全国人民代表大会常务委员会第二十二次会议于 2020 年 10 月 17 日通过
中华人民共和国生物安全法	《生物安全法》	2020.10.17 公布 2021.04.15 施行	中华人民共和国第十三届全国人民代表大会常务委员会第二十二次会议于 2020 年 10 月 17 日通过
中华人民共和国专利法	《专利法》	2020.10.17 公布 2021.06.01 施行	1984 年 3 月 12 日第六届全国人民代表大会常务委员会第四次会议通过　根据 1992 年 9 月 4 日第七届全国人民代表大会常务委员会第二十七次会议《关于修改〈中华人民共和国专利法〉的决定》第一次修正　根据 2000 年 8 月 25 日第九届全国人民代表大会常务委员会第十七次会议《关于修改〈中华人民共和国专利法〉的决定》第二次修正　根据 2008 年 12 月 27 日第十一届全国人民代表大会常务委员会第六次会议《关于修改〈中华人民共和国专利法〉的决定》第三次修正
中华人民共和国专利法	《专利法》	2020.10.17 公布 2021.06.01 施行	根据 2020 年 10 月 17 日第十三届全国人民代表大会常务委员会第二十二次会议《关于修改〈中华人民共和国专利法〉的决定》第四次修正
中华人民共和国著作权法	《著作权法》	2020.11.11 公布 2021.06.01 施行	1990 年 9 月 7 日第七届全国人民代表大会常务委员会第十五次会议通过　根据 2001 年 10 月 27 日第九届全国人民代表大会常务委员会第二十四次会议《关于修改〈中华人民共和国著作权法〉的决定》第一次修正　根据 2010 年 2 月 26 日第十一届全国人民代表大会常务委员会第十三次会议《关于修改〈中华人民共和国著作权法〉的决定》第二次修正　根据 2020 年 11 月 11 日第十三届全国人民代表大会常务委员会第二十三次会

法律名称	法律简称	法律版本	版本内容
			议《关于修改〈中华人民共和国著作权法〉的决定》第三次修正
中华人民共和国国防法	《国防法》	2020.12.26 公布 2021.01.01 施行	1997 年 3 月 14 日第八届全国人民代表大会第五次会议通过根据 2009 年 8 月 27 日第十一届全国人民代表大会常务委员会第十次会议《关于修改部分法律的决定》修正 2020 年 12 月 26 日第十三届全国人民代表大会常务委员会第二十四次会议修订
中华人民共和国预防未成年人犯罪法	《预防未成年人犯罪法》	2020.12.26 公布 2021.06.01 施行	中华人民共和国第十三届全国人民代表大会常务委员会第二十四次会议于 2020 年 12 月 26 日修订通过
中华人民共和国行政处罚法	《行政处罚法》	2021.01.22 公布 2021.07.15 施行	中华人民共和国第十三届全国人民代表大会常务委员会第二十五次会议于 2021 年 1 月 22 日修订通过
中华人民共和国食品安全法	《食品安全法》	2021.04.29 公布 2021.04.29 施行	2009 年 2 月 28 日第十一届全国人民代表大会常务委员会第七次会议通过 2015 年 4 月 24 日第十二届全国人民代表大会常务委员会第十四次会议修订 根据 2018 年 12 月 29 日第十三届全国人民代表大会常务委员会第七次会议《关于修改〈中华人民共和国产品质量法〉等五部法律的决定》第一次修正 根据 2021 年 4 月 29 日第十三届全国人民代表大会常务委员会第二十八次会议《关于修改〈中华人民共和国道路交通安全法〉等八部法律的决定》第二次修正
中华人民共和国广告法	《广告法》	2021.04.29 公布 2021.04.29 施行	1994 年 10 月 27 日第八届全国人民代表大会常务委员会第十次会议通过 2015 年 4 月 24 日第十二届全国人民代表大会常务委员会第十四次会议修订 根据 2018 年 10 月 26 日第十三届全国人民代表大会常务委员会第六次会议《关于修改〈中华人民共和国野生动物保护法〉等十五部法律的决定》第一次修正 根据 2021 年 4 月 29 日第十三届全国人民代表大会常务委员会第二十八次会议《关于修改〈中华人民共和国道路交通安全法〉等八部法律的决定》第二次修正

法律名称	法律简称	法律版本	版本内容
中华人民共和国海关法	《海关法》	2021.04.29 公布 2021.04.29 施行	1987 年 1 月 22 日第六届全国人民代表大会常务委员会第十九次会议通过　根据 2000 年 7 月 8 日第九届全国人民代表大会常务委员会第十六次会议《关于修改〈中华人民共和国海关法〉的决定》第一次修正　根据 2013 年 6 月 29 日第十二届全国人民代表大会常务委员会第三次会议《关于修改〈中华人民共和国文物保护法〉等十二部法律的决定》第二次修正　根据 2013 年 12 月 28 日第十二届全国人民代表大会常务委员会第六次会议《关于修改〈中华人民共和国海洋环境保护法〉等七部法律的决定》第三次修正　根据 2016 年 11 月 7 日第十二届全国人民代表大会常务委员会第二十四次会议《关于修改〈中华人民共和国对外贸易法〉等十二部法律的决定》第四次修正　根据 2017 年 11 月 4 日第十二届全国人民代表大会常务委员会第三十次会议《关于修改〈中华人民共和国会计法〉等十一部法律的决定》第五次修正　根据 2021 年 4 月 29 日第十三届全国人民代表大会常务委员会第二十八次会议《关于修改〈中华人民共和国道路交通安全法〉等八部法律的决定》第六次修正
中华人民共和国民用航空法	《民用航空法》	2021.04.29 公布 2021.04.29 施行	1995 年 10 月 30 日第八届全国人民代表大会常务委员会第十六次会议通过　根据 2009 年 8 月 27 日第十一届全国人民代表大会常务委员会第十次会议《关于修改部分法律的决定》第一次修正　根据 2015 年 4 月 24 日第十二届全国人民代表大会常务委员会第十四次会议《关于修改〈中华人民共和国计量法〉等五部法律的决定》第二次修正　根据 2016 年 11 月 7 日第十二届全国人民代表大会常务委员会第二十四次会议《关于修改〈中华人民共和国对外贸易法〉等十二部法律的决定》第三次修正　根据 2017 年 11 月 4 日第十二届全国人民代表大会常务委员会第三十次会议《关于修改〈中华人民共和国会计法〉等十一部法律的决定》第四次修正　根据 2018 年 12 月 29 日第十三届全国人民代表大会常务委员会第七

续表

法律名称	法律简称	法律版本	版本内容
中华人民共和国民用航空法	《民用航空法》	2021.04.29 公布 2021.04.29 施行	次会议《关于修改〈中华人民共和国劳动法〉等七部法律的决定》第五次修正 根据 2021 年 4 月 29 日第十三届全国人民代表大会常务委员会第二十八次会议《关于修改〈中华人民共和国道路交通安全法〉等八部法律的决定》第六次修正
中华人民共和国教育法	《教育法》	2021.04.29 公布 2021.04.30 施行	1995 年 3 月 18 日第八届全国人民代表大会第三次会议通过 根据 2009 年 8 月 27 日第十一届全国人民代表大会常务委员会第十次会议《关于修改部分法律的决定》第一次修正 根据 2015 年 12 月 27 日第十二届全国人民代表大会常务委员会第十八次会议《关于修改〈中华人民共和国教育法〉的决定》第二次修正 根据 2021 年 4 月 29 日第十三届全国人民代表大会常务委员会第二十八次会议《关于修改〈中华人民共和国教育法〉的决定》第三次修正
中华人民共和国海南自由贸易港法	《海南自由贸易港法》	2021.06.10 公布 2021.06.10 施行	2021 年 6 月 10 日第十三届全国人民代表大会常务委员会第二十九次会议通过
中华人民共和国反外国制裁法	《反外国制裁法》	2021.06.10 公布 2021.06.10 施行	2021 年 6 月 10 日第十三届全国人民代表大会常务委员会第二十九次会议通过
中华人民共和国军人地位和权益保障法	《军人地位和权益保障法》	2021.06.10 公布 2021.08.01 施行	中华人民共和国第十三届全国人民代表大会常务委员会第二十九次会议于 2021 年 6 月 10 日通过
中华人民共和国兵役法	《兵役法》	2021.08.20 公布 2021.10.01 施行	中华人民共和国第十三届全国人民代表大会常务委员会第三十次会议于 2021 年 8 月 20 日修订通过
中华人民共和国法律援助法	《法律援助法》	2021.08.20 公布 2022.01.01 施行	中华人民共和国第十三届全国人民代表大会常务委员会第三十次会议于 2021 年 8 月 20 日通过
中华人民共和国医师法	《医师法》	2021.08.20 公布 2022.03.01 施行	中华人民共和国第十三届全国人民代表大会常务委员会第三十次会议于 2021 年 8 月 20 日通过

法律名称	法律简称	法律版本	版本内容
中华人民共和国审计法	《审计法》	2021.10.23 公布 2022.01.01 施行	1994 年 8 月 31 日第八届全国人民代表大会常务委员会第九次会议通过　根据 2006 年 2 月 28 日第十届全国人民代表大会常务委员会第二十次会议《关于修改〈中华人民共和国审计法〉的决定》第一次修正　根据 2021 年 10 月 23 日第十三届全国人民代表大会常务委员会第三十一次会议《关于修改〈中华人民共和国审计法〉的决定》第二次修正
中华人民共和国家庭教育促进法	《家庭教育促进法》	2021.10.23 公布 2022.01.01 施行	中华人民共和国第十三届全国人民代表大会常务委员会第三十一次会议于 2021 年 10 月 23 日通过
中华人民共和国民事诉讼法	《民事诉讼法》	2023.09.01 公布 2024.01.01 施行	1991 年 4 月 9 日第七届全国人民代表大会第四次会议通过　根据 2007 年 10 月 28 日第十届全国人民代表大会常务委员会第三十次会议《关于修改〈中华人民共和国民事诉讼法〉的决定》第一次修正　根据 2012 年 8 月 31 日第十一届全国人民代表大会常务委员会第二十八次会议《关于修改〈中华人民共和国民事诉讼法〉的决定》第二次修正　根据 2017 年 6 月 27 日第十二届全国人民代表大会常务委员会第二十八次会议《关于修改〈中华人民共和国民事诉讼法〉和〈中华人民共和国行政诉讼法〉的决定》第三次修正 根据 2021 年 12 月 24 日第十三届全国人民代表大会常务委员会第三十二次会议《关于修改〈中华人民共和国民事诉讼法〉的决定》第四次修正 根据 2023 年 9 月 1 日第十四届全国人民代表大会常务委员会第五次会议《关于修改〈中华人民共和国民事诉讼法〉的决定》第五次修正
中华人民共和国科学技术进步法	《科学技术进步法》	2021.12.24 公布 2022.01.01 施行	中华人民共和国第十三届全国人民代表大会常务委员会第三十二次会议于 2021 年 12 月 24 日修订通过
中华人民共和国反有组织犯罪法	《反有组织犯罪法》	2021.12.24 公布 2022.05.01 施行	中华人民共和国第十三届全国人民代表大会常务委员会第三十二次会议于 2021 年 12 月 24 日通过
中华人民共和国噪声污染防治法	《噪声污染防治法》	2021.12.24 公布 2022.06.05 施行	中华人民共和国第十三届全国人民代表大会常务委员会第三十二次会议于 2021 年 12 月 24 日通过

法律名称	法律简称	法律版本	版本内容
中华人民共和国地方各级人民代表大会和地方各级人民政府组织法	《地方各级人民代表大会和地方各级人民政府组织法》	2022.03.11 公布 2022.03.12 施行	1979 年 7 月 1 日第五届全国人民代表大会第二次会议通过 1979 年 7 月 4 日公布自 1980 年 1 月 1 日起施行。根据 1982 年 12 月 10 日第五届全国人民代表大会第五次会议《关于修改〈中华人民共和国地方各级人民代表大会和地方各级人民政府组织法〉的若干规定的决议》第一次修正根据 1986 年 12 月 2 日第六届全国人民代表大会常务委员会第十八次会议《关于修改〈中华人民共和国地方各级人民代表大会和地方各级人民政府组织法〉的决定》第二次修正根据 1995 年 2 月 28 日第八届全国人民代表大会常务委员会第十二次会议《关于修改〈中华人民共和国地方各级人民代表大会和地方各级人民政府组织法〉的决定》第三次修正根据 2004 年 10 月 27 日第十届全
中华人民共和国地方各级人民代表大会和地方各级人民政府组织法	《地方各级人民代表大会和地方各级人民政府组织法》	2022.03.11 公布 2022.03.12 施行	中国人民代表大会常务委员会第十二次会议《关于修改〈中华人民共和国地方各级人民代表大会和地方各级人民政府组织法〉的决定》第四次修正根据 2015 年 8 月 29 日第十二届全国人民代表大会常务委员会第十六次会议《关于修改〈中华人民共和国地方各级人民代表大会和地方各级人民政府组织法〉、〈中华人民共和国全国人民代表大会选举法〉、〈中华人民共和国全国人民代表大会和地方各级人民代表大会代表法〉的决定》第五次修正根据 2022 年 3 月 11 日第十三届全国人民代表大会第五次会议《关于修改〈中华人民共和国地方各级人民代表大会和地方各级人民政府组织法〉的决定》第六次修正
中华人民共和国期货和衍生品法	《期货和衍生品法》	2022.04.20 公布 2022.08.01 施行	中华人民共和国第十三届全国人民代表大会常务委员会第三十四次会议于 2022 年 4 月 20 日通过
中华人民共和国反垄断法	《反垄断法》	2022.06.24 公布 2022.08.01 施行	2007 年 8 月 30 日第十届全国人民代表大会常务委员会第二十九次会议通过根据 2022 年 6 月 24 日第十三届全国人民代表大会常务委员会第三十五次会议《关于修改〈中华人民共和国反垄断法〉的决定》修正

法律名称	法律简称	法律版本	版本内容
中华人民共和国体育法	《体育法》	2022.06.24 公布 2023.01.01 施行	中华人民共和国第十三届全国人民代表大会常务委员会第三十五次会议于 2022 年 6 月 24 日修订通过
中华人民共和国妇女权益保障法	《妇女权益保障法》	2022.10.30 公布 2023.01.01 施行	中华人民共和国第十三届全国人民代表大会常务委员会第三十七次会议于 2022 年 10 月 30 日修订通过
中华人民共和国对外贸易法	《对外贸易法》	2022.12.30 公布 2022.12.30 施行	1994 年 5 月 12 日第八届全国人民代表大会常务委员会第七次会议通过 2004 年 4 月 6 日第十届全国人民代表大会常务委员会第八次会议修订根据 2016 年 11 月 7 日第十二届全国人民代表大会常务委员会第二十四次会议《关于修改〈中华人民共和国对外贸易法〉等十二部法律的决定》第一次修正根据 2022 年 12 月 30 日第十三届全国人民代表大会常务委员会第三十八次会议《关于修改〈中华人民共和国对外贸易法〉的决定》第二次修正
中华人民共和国野生动物保护法	《野生动物保护法》	2022.12.30 公布 2023.05.01 施行	中华人民共和国第十三届全国人民代表大会常务委员会第三十八次会议于 2022 年 12 月 30 日修订通过
中华人民共和国立法法	《立法法》	2023.03.13 公布 2023.03.15 施行	2000 年 3 月 15 日第九届全国人民代表大会第三次会议通过　根据 2015 年 3 月 15 日第十二届全国人民代表大会第三次会议《关于修改〈中华人民共和国立法法〉的决定》第一次修正　根据 2023 年 3 月 13 日第十四届全国人民代表大会第一次会议《关于修改〈中华人民共和国立法法〉的决定》第二次修正
中华人民共和国反间谍法	《反间谍法》	2023.04.26 公布 2023.07.01 施行	2014 年 11 月 1 日第十二届全国人民代表大会常务委员会第十一次会议通过 2023 年 4 月 26 日第十四届全国人民代表大会常务委员会第二次会议修订

党内法规

法规名称	法规简称	法规版本	版本内容
中共中央、国务院关于进一步加强和改进未成年人思想道德建设的若干意见	《关于进一步加强和改进未成年人思想道德建设的若干意见》	2004.02.26 公布 2004.02.26 施行	中发〔2004〕8 号
中央宣传部、新闻出版总署关于进一步加强和改进未成年人出版物出版工作的意见	《关于进一步加强和改进未成年人出版物出版工作的意见》	2004.05.31 公布 2004.05.31 施行	新出联〔2004〕13 号
新闻出版总署、中央文明办、教育部等关于保护未成年人身心健康实施网络游戏防沉迷系统的通知	《关于保护未成年人身心健康实施网络游戏防沉迷系统的通知》	2007.04.15 公布 2007.04.15 施行	新出联〔2007〕5 号
文化部、中央文明办、教育部等关于印发《"网络游戏未成年人家长监护工程"实施方案》的通知	《"网络游戏未成年人家长监护工程"实施方案》	2011.01.15 公布 2011.01.15 施行	文市发〔2011〕6 号
新闻出版总署、中央文明办、教育部等关于启动网络游戏防沉迷实名验证工作的通知	《关于启动网络游戏防沉迷实名验证工作的通知》	2011.07.01 公布 2011.07.01 实施	新出联〔2011〕10 号
中宣部、商务部、文化部等关于贯彻落实国务院决定加强文化产权交易和艺术品交易管理的意见	《关于贯彻落实国务院决定加强文化产权交易和艺术品交易管理的意见》	2011.12.30 公布	中宣发〔2011〕49 号
中共中央关于全面深化改革若干重大问题的决定		2013.11.12 公布 2013.11.12 施行	2013 年 11 月 12 日中国共产党第十八届中央委员会第三次全体会议通过
中共中央办公厅、国务院办公厅印发《关于促进移动互联网健康有序发展的意见》	《关于促进移动互联网健康有序发展的意见》	2017.01.15 公布 2017.01.15 实施	中共中央办公厅、国务院办公厅 2017 年 1 月
中共中央宣传部、中共中央组织部、中央网信办印发《关于规范党员干部网络行为的意见》的通知	《关于规范党员干部网络行为的意见》	2017.05.27 公布 2017.05.27 施行	中宣发〔2017〕20 号
交通运输部、中央宣传部、中央网信办等关于鼓励和规范互联网租赁自行车发展的指导意见	《关于鼓励和规范互联网租赁自行车发展的指导意见》	2017.08.01 公布 2017.08.01 施行	交运发〔2017〕109 号

法规名称	法规简称	法规版本	版本内容
党委（党组）网络安全工作责任制实施办法		2017.08.15 公布 2017.08.15 施行	2017 年 8 月 15 日中共中央批准　2017 年 8 月 15 日中共中央办公厅发布
国家市场监督管理总局职能配置、内设机构和人员编制规定		2018.07.30 公布 2018.07.30 施行	中共中央办公厅、国务院办公厅 2018 年 7 月 30 日
中央网络安全和信息化委员会办公室关于做好个人信息保护利用大数据支撑联防联控工作的通知	《关于做好个人信息保护利用大数据支撑联防联控工作的通知》	2020.02.04 公布 2020.02.04 施行	中央网络安全和信息化委员会办公室 2020 年 2 月 4 日
教育部等六部门关于联合开展未成年人网络环境专项治理行动的通知	《关于联合开展未成年人网络环境专项治理行动的通知》	2020.08.19 公布 2020.08.19 施行	教基〔2020〕6 号
中共中央办公厅、国务院办公厅印发《关于加强网络文明建设的意见》	《关于加强网络文明建设的意见》	2021.09.14 公布 2021.09.14 施行	中共中央办公厅、国务院办公厅 2021 年 9 月 14 日
中共中央、国务院印发《成渝地区双城经济圈建设规划纲要》	《成渝地区双城经济圈建设规划纲要》	2021.10.20 公布 2021.10.20 施行	中共中央委员会、国务院 2021 年 10 月 20 日
中共中央办公厅、国务院办公厅印发《关于加强打击治理电信网络诈骗违法犯罪工作的意见》	《关于加强打击治理电信网络诈骗违法犯罪工作的意见》	2022.04.18 公布 2022.04.18 施行	中共中央办公厅、国务院办公厅　2022 年 4 月 18 日
中央文明办、文化和旅游部、国家广播电视总局、国家互联网信息办公室关于规范网络直播打赏加强未成年人保护的意见	《关于规范网络直播打赏 加强未成年人保护的意见》	2022.05.07 公布 2022.05.07 实施	中央精神文明建设指导委员会办公室、文化和旅游部、国家广播电视总局、国家互联网信息办公室 2022 年
中央网信办秘书局关于切实加强网络暴力治理的通知	《关于切实加强网络暴力治理的通知》	2022.11.02 公布 2022.11.02 施行	中央网络安全和信息化委员会办公室 2022 年 11 月 2 日
中共中央、国务院关于构建数据基础制度更好发挥数据要素作用的意见	《关于构建数据基础制度更好发挥数据要素作用的意见》	2022.12.02 公布 2022.12.02 施行	中共中央委员会、国务院 2022 年 12 月 2 日

行政法规

法规名称	法规简称	法规版本	版本内容
广告管理条例		1987.10.26 公布 1987.12.01 施行	国发〔1987〕94 号
中华人民共和国计算机信息网络国际联网管理暂行规定	《计算机信息网络国际联网管理暂行规定》	1997.05.20 公布 1997.05.20 施行	1996 年 2 月 1 日中华人民共和国国务院令第 195 号发布 根据 1997 年 5 月 20 日《国务院关于修改〈中华人民共和国计算机信息网络国际联网管理暂行规定〉的决定》修正
集成电路布图设计保护条例		2001.04.02 公布 2001.10.01 施行	2001 年 3 月 28 日国务院第 36 次常务会议通过
外国律师事务所驻华代表机构管理条例		2001.12.22 公布 2002.01.01 施行	2001 年 12 月 19 日国务院第 51 次常务会议通过
乡村医生从业管理条例		2003.08.05 公布 2004.01.01 施行	2003 年 7 月 30 日国务院第 16 次常务会议通过
地方志工作条例		2006.05.18 公布 2006.05.18 施行	中华人民共和国国务院令第 467 号
行政机关公务员处分条例		2007.04.22 公布 2007.06.01 施行	2007 年 4 月 4 日国务院第 173 次常务会议通过
彩票管理条例		2009.05.04 公布 2009.07.01 施行	2009 年 4 月 22 日国务院第 58 次常务会议通过
中华人民共和国专利法实施细则	《专利法实施细则》	2010.01.09 公布 2010.02.01 施行	2001 年 6 月 15 日中华人民共和国国务院令第 306 号公布 根据 2002 年 12 月 28 日《国务院关于修改〈中华人民共和国专利法实施细则〉的决定》第一次修订 根据 2010 年 1 月 9 日《国务院关于修改〈中华人民共和国专利法实施细则〉的决定》第二次修订
全国人口普查条例		2010.05.24 公布 2010.06.01 施行	2010 年 5 月 12 日国务院第 111 次常务会议通过
中华人民共和国计算机信息系统安全保护条例	《计算机信息系统安全保护条例》	2011.01.08 公布 2011.01.08 施行	1994 年 2 月 18 日中华人民共和国国务院令第 147 号发布 根据 2011 年 1 月 8 日国务院令第 588 号《国务院关于废止和修改部分行政法规的决定》修订
互联网信息服务管理办法		2011.01.08 公布 2011.01.08 施行	2000 年 9 月 25 日中华人民共和国国务院令第 292 号公布 根据 2011 年 1 月 8 日国务院令第 588 号《国务院关于废止和修改部分行政法规的决定》修订

法规名称	法规简称	法规版本	版本内容
计算机信息网络国际联网安全保护管理办法		2011.01.08 公布 2011.01.08 施行	1997 年 12 月 11 日国务院批准　1997 年 12 月 16 日公安部令第 33 号发布　根据 2011 年 1 月 8 日国务院令第 588 号《国务院关于废止和修改部分行政法规的决定》修订
公安机关督察条例		2011.08.31 公布 2011.10.01 施行	2011 年 8 月 24 日国务院第 169 次常务会议修订通过
征信业管理条例		2013.01.21 公布 2013.03.15 施行	2012 年 12 月 26 日国务院第 228 次常务会议通过
信息网络传播权保护条例		2013.01.30 公布 2013.03.01 施行	2006 年 5 月 18 日中华人民共和国国务院令第 468 号公布　根据 2013 年 1 月 30 日《国务院关于修改〈信息网络传播权保护条例〉的决定》修订
计算机软件保护条例		2013.01.30 公布 2013.03.01 施行	2001 年 12 月 20 日中华人民共和国国务院令第 339 号公布　根据 2011 年 1 月 8 日《国务院关于废止和修改部分行政法规的决定》第一次修订　根据 2013 年 1 月 30 日《国务院关于修改〈计算机软件保护条例〉的决定》第二次修订
中华人民共和国著作权法实施条例	《著作权法实施条例》	2013.01.30 公布 2013.03.01 施行	2002 年 8 月 2 日中华人民共和国国务院令第 359 号公布　根据 2011 年 1 月 8 日《国务院关于废止和修改部分行政法规的决定》第一次修订　根据 2013 年 1 月 30 日《国务院关于修改〈中华人民共和国著作权法实施条例〉的决定》第二次修订
铁路安全管理条例		2013.08.17 公布 2014.01.01 施行	2013 年 7 月 24 日国务院第 18 次常务会议通过
事业单位人事管理条例		2014.04.25 公布 2014.07.01 施行	2014 年 2 月 26 日国务院第 40 次常务会议通过
中华人民共和国商标法实施条例	《商标法实施条例》	2014.04.29 公布 2014.05.01 施行	2002 年 8 月 3 日中华人民共和国国务院令第 358 号公布　2014 年 4 月 29 日中华人民共和国国务院令第 651 号修订
企业信息公示暂行条例		2014.08.07 公布 2014.10.01 施行	2014 年 7 月 23 日国务院第 57 次常务会议通过

法规名称	法规简称	法规版本	版本内容
国务院关于授权国家互联网信息办公室负责互联网信息内容管理工作的通知	《关于授权国家互联网信息办公室负责互联网信息内容管理工作的通知》	2014.08.26 公布 2014.08.26 施行	国发〔2014〕33 号
地图管理条例		2015.11.26 公布 2016.01.01 施行	2015 年 11 月 11 日国务院第 111 次常务会议通过
居住证暂行条例		2015.11.26 公布 2016.01.01 施行	2015 年 10 月 21 日国务院第 109 次常务会议通过
中华人民共和国电信条例	《电信条例》	2016.02.06 发布 2016.02.06 实施	2000 年 9 月 25 日中华人民共和国国务院令第 291 号公布　根据 2014 年 7 月 29 日《国务院关于修改部分行政法规的决定》（国务院令第 653 号）第一次修订　根据 2016 年 2 月 6 日《国务院关于修改部分行政法规的决定》（国务院令第 666 号）第二次修订
中华人民共和国税收征收管理法实施细则	《税收征收管理法实施细则》	2016.02.06 公布 2016.02.06 施行	2002 年 9 月 7 日中华人民共和国国务院令第 362 号公布　根据 2012 年 11 月 9 日《国务院关于修改和废止部分行政法规的决定》第一次修订　根据 2013 年 7 月 18 日《国务院关于废止和修改部分行政法规的决定》第二次修订　根据 2016 年 2 月 6 日《国务院关于修改部分行政法规的决定》第三次修订
国务院对确需保留的行政审批项目设定行政许可的决定	《对确需保留的行政审批项目设定行政许可的决定》	2016.08.25 公布 2016.08.25 施行	2004 年 6 月 29 日中华人民共和国国务院令第 412 号公布　根据 2009 年 1 月 29 日《国务院关于修改〈国务院对确需保留的行政审批项目设定行政许可的决定〉的决定》第一次修订　根据 2016 年 8 月 25 日《国务院关于修改〈国务院对确需保留的行政审批项目设定行政许可的决定〉的决定》第二次修订
残疾人教育条例		2017.02.01 公布 2017.05.01 施行	2017 年 1 月 11 日国务院第 161 次常务会议修订通过
中华人民共和国统计法实施条例	《统计法实施条例》	2017.05.28 公布 2017.08.01 施行	2017 年 4 月 12 日国务院第 168 次常务会议通过
志愿服务条例		2017.08.22 公布 2017.12.01 施行	2017 年 6 月 7 日国务院第 175 次常务会议通过

法规名称	法规简称	法规版本	版本内容
人力资源市场暂行条例		2018.06.29 公布 2018.10.01 施行	2018 年 5 月 2 日国务院第 7 次常务会议通过
医疗纠纷预防和处理条例		2018.07.31 公布 2018.10.01 施行	2018 年 6 月 20 日国务院第 13 次常务会议通过
全国经济普查条例		2018.08.11 公布 2018.08.11 施行	2004 年 9 月 5 日中华人民共和国国务院令第 415 号公布 根据 2018 年 8 月 11 日《国务院关于修改〈全国经济普查条例〉的决定》修订
残疾预防和残疾人康复条例		2018.09.18 公布 2018.09.18 施行	2017 年 2 月 7 日国务院令第 675 号公布 根据 2018 年 9 月 18 日《国务院关于修改部分行政法规的决定》修正
戒毒条例		2018.09.18 公布 2018.09.18 施行	2011 年 6 月 26 日中华人民共和国国务院令第 597 号公布 根据 2018 年 9 月 18 日《国务院关于修改部分行政法规的决定》修订
中华人民共和国个人所得税法实施条例	《个人所得税法实施条例》	2018.12.18 公布 2019.01.01 施行	1994 年 1 月 28 日中华人民共和国国务院令第 142 号发布 根据 2005 年 12 月 19 日《国务院关于修改〈中华人民共和国个人所得税法实施条例〉的决定》第一次修订 根据 2008 年 2 月 18 日《国务院关于修改〈中华人民共和国个人所得税法实施条例〉的决定》第二次修订 根据 2011 年 7 月 19 日《国务院关于修改〈中华人民共和国个人所得税法实施条例〉的决定》第三次修订 2018 年 12 月 18 日中华人民共和国国务院令第 707 号第四次修订
艾滋病防治条例		2019.03.02 公布 2019.03.02 施行	2006 年 1 月 29 日中华人民共和国国务院令第 457 号公布 根据 2019 年 3 月 2 日《国务院关于修改部分行政法规的决定》修订
机动车交通事故责任强制保险条例		2019.03.02 公布 2019.03.02 施行	2006 年 3 月 21 日中华人民共和国国务院令第 462 号公布 根据 2012 年 3 月 30 日《国务院关于修改〈机动车交通事故责任强制保险条例〉的决定》第一次修订 根据 2012 年 12 月 17 日《国务院关于修改〈机动车交通事故责任强制保险条例〉的决定》第二次修订 根据 2016 年 2 月 6 日《国务院关于修改部分行政法规的决定》第三次修订 根据 2019 年 3 月 2 日《国务院关于修改部分行政法规的决定》第四次修订

法规名称	法规简称	法规版本	版本内容
军人抚恤优待条例		2019.03.02 公布 2019.03.02 施行	2004 年 8 月 1 日中华人民共和国国务院、中华人民共和国中央军事委员会令第 413 号公布　根据 2011 年 7 月 29 日《国务院、中央军事委员会关于修改〈军人抚恤优待条例〉的决定》第一次修订　根据 2019 年 3 月 2 日《国务院关于修改部分行政法规的决定》第二次修订
缺陷汽车产品召回管理条例		2019.03.02 公布 2019.03.02 施行	2012 年 10 月 22 日中华人民共和国国务院令第 626 号公布　根据 2019 年 3 月 2 日《国务院关于修改部分行政法规的决定》修订
社会救助暂行办法		2019.03.02 公布 2019.03.02 施行	2014 年 2 月 21 日国务院令第 649 号公布　根据 2019 年 3 月 2 日国务院令第 709 号《国务院关于修改部分行政法规的决定》修订
快递暂行条例		2019.03.02 公布 2019.03.02 施行	2018 年 3 月 2 日中华人民共和国国务院令第 697 号公布　根据 2019 年 3 月 2 日《国务院关于修改部分行政法规的决定》修订
不动产登记暂行条例		2019.03.24 公布 2019.03.24 施行	2014 年 11 月 24 日中华人民共和国国务院令第 656 号公布　根据 2019 年 3 月 24 日《国务院关于修改部分行政法规的决定》修订
中华人民共和国政府信息公开条例	《政府信息公开条例》	2019.04.03 公布 2019.05.15 施行	2007 年 4 月 5 日中华人民共和国国务院令第 492 号公布　2019 年 4 月 3 日中华人民共和国国务院令第 711 号修订
重大行政决策程序暂行条例		2019.04.20 公布 2019.09.01 施行	2019 年 4 月 20 日中华人民共和国国务院令第 713 号公布
国务院关于在线政务服务的若干规定		2019.04.26 公布 2019.04.26 施行	2019 年 4 月 26 日中华人民共和国国务院令第 716 号公布
烈士褒扬条例		2019.08.01 公布 2019.08.01 施行	2011 年 7 月 26 日中华人民共和国国务院令第 601 号公布　根据 2019 年 3 月 2 日《国务院关于修改部分行政法规的决定》第一次修订　根据 2019 年 8 月 1 日《国务院关于修改〈烈士褒扬条例〉的决定》第二次修订
中华人民共和国食品安全法实施条例	《食品安全法实施条例》	2019.10.11 公布 2019.12.01 施行	2019 年 3 月 26 日国务院第 42 次常务会议修订通过
优化营商环境条例		2019.10.22 公布 2020.01.01 施行	2019 年 10 月 8 日国务院第 66 次常务会议通过

法规名称	法规简称	法规版本	版本内容
护士条例		2020.03.27 公布 2020.03.27 施行	2008 年 1 月 31 日中华人民共和国国务院令第 517 号公布　根据 2020 年 3 月 27 日《国务院关于修改和废止部分行政法规的决定》修订
化妆品监督管理条例		2020.06.16 公布 2021.01.01 施行	2020 年 1 月 3 日国务院第 77 次常务会议通过
行政执法机关移送涉嫌犯罪案件的规定		2020.08.07 公布 2020.08.07 施行	2001 年 7 月 9 日中华人民共和国国务院令第 310 号公布　根据 2020 年 8 月 7 日《国务院关于修改〈行政执法机关移送涉嫌犯罪案件的规定〉的决定》修订
出版管理条例		2020.11.29 公布 2020.11.29 施行	2001 年 12 月 25 日中华人民共和国国务院令第 343 号公布　根据 2011 年 3 月 19 日《国务院关于修改〈出版管理条例〉的决定》第一次修订　根据 2013 年 7 月 18 日《国务院关于废止和修改部分行政法规的决定》第二次修订　根据 2014 年 7 月 29 日《国务院关于修改部分行政法规的决定》第三次修订　根据 2016 年 2 月 6 日《国务院关于修改部分行政法规的决定》第四次修订　根据 2020 年 11 月 29 日《国务院关于修改和废止部分行政法规的决定》第五次修订
音像制品管理条例		2020.11.29 公布 2020.11.29 施行	2001 年 12 月 25 日中华人民共和国国务院令第 341 号公布　根据 2011 年 3 月 19 日《国务院关于修改〈音像制品管理条例〉的决定》第一次修订　根据 2013 年 12 月 7 日《国务院关于修改部分行政法规的决定》第二次修订　根据 2016 年 2 月 6 日《国务院关于修改部分行政法规的决定》第三次修订　根据 2020 年 11 月 29 日《国务院关于修改和废止部分行政法规的决定》第四次修订
防范和处置非法集资条例		2021.01.26 公布 2021.05.01 施行	2020 年 12 月 21 日国务院第 119 次常务会议通过
中华人民共和国市场主体登记管理条例	《市场主体登记管理条例》	2021.07.27 公布 2022.03.01 施行	2021 年 4 月 14 日国务院第 131 次常务会议通过
关键信息基础设施安全保护条例		2021.07.30 发布 2021.09.01 实施	2021 年 4 月 27 日国务院第 133 次常务会议通过

法规名称	法规简称	法规版本	版本内容
互联网上网服务营业场所管理条例		2022.03.29 公布 2022.05.01 施行	2002 年 9 月 29 日中华人民共和国国务院令第 363 号公布　根据 2011 年 1 月 8 日《国务院关于废止和修改部分行政法规的决定》第一次修订　根据 2016 年 2 月 6 日《国务院关于修改部分行政法规的决定》第二次修订　根据 2019 年 3 月 24 日《国务院关于修改部分行政法规的决定》第三次修订　根据 2022 年 3 月 29 日《国务院关于修改和废止部分行政法规的决定》第四次修订
保安服务管理条例		2022.03.29 公布 2022.05.01 施行	2009 年 10 月 13 日中华人民共和国国务院令第 564 号公布　根据 2020 年 11 月 29 日《国务院关于修改和废止部分行政法规的决定》第一次修订　根据 2022 年 3 月 29 日《国务院关于修改和废止部分行政法规的决定》第二次修订
中华人民共和国海关行政处罚实施条例	《海关行政处罚实施条例》	2022.03.29 公布 2022.05.01 施行	2004 年 9 月 19 日中华人民共和国国务院令第 420 号公布　根据 2022 年 3 月 29 日《国务院关于修改和废止部分行政法规的决定》修订
促进个体工商户发展条例		2022.10.01 公布 2022.11.01 施行	2022 年 9 月 26 日国务院第 190 次常务会议通过
商用密码管理条例		2023.04.27 公布 2023.07.01 施行	2023 年 4 月 14 日国务院第 4 次常务会议修订通过

司法解释

文件名称	文件简称	文件版本	版本内容
最高人民法院关于徐良诉上海文化艺术报社等侵害名誉权案件的函	《关于徐良诉上海文化艺术报社等侵害名誉权案件的函》	1989.12.12 公布 1989.12.12 施行	[1989] 民他字第 28 号
最高人民法院关于上海科技报社和陈贯一与朱虹侵害肖像权上诉案的复函	《关于上海科技报社和陈贯一与朱虹侵害肖像权上诉案的复函》	1991.01.26 公布 1991.01.26 施行	[1990] 民他字第 28 号
最高人民法院关于胡由之、郑乃章诉刘桢、卢碧亮著作权纠纷案的复函	《关于胡由之、郑乃章诉刘桢、卢碧亮著作权纠纷案的复函》	1992.04.13 公布 1992.04.13 施行	[1991] 民他字第 47 号

文件名称	文件简称	文件版本	版本内容
最高人民法院关于刘兰祖诉山西日报社、山西省委支部建设杂志社侵害名誉权一案的复函	《关于刘兰祖诉山西日报社、山西省委支部建设杂志社侵害名誉权一案的复函》	1999.11.27 公布 1999.11.27 施行	〔1999〕民他字第 32 号
最高人民法院关于审理扰乱电信市场管理秩序案件具体应用法律若干问题的解释	《关于审理扰乱电信市场管理秩序案件具体应用法律的解释》	2000.05.12 公布 2000.05.24 施行	法释〔2000〕12 号　2000 年 4 月 28 日由最高人民法院审判委员会第 1113 次会议通过
最高人民法院关于广西高院请示黄仕冠、黄德信与广西法制报社、范宝忠名誉侵权一案请示的复函	《关于广西高院请示黄仕冠、黄德信与广西法制报社、范宝忠名誉侵权一案请示的复函》	2000.07.31 公布 2000.07.31 施行	〔2000〕民他字第 8 号
最高人民法院关于审理为境外窃取、刺探、收买、非法提供国家秘密、情报案件具体应用法律若干问题的解释	《关于审理为境外窃取、刺探、收买、非法提供国家秘密、情报案件具体应用法律的解释》	2001.01.17 公布 2001.01.22 施行	法释〔2001〕4 号　2000 年 11 月 20 日由最高人民法院审判委员会第 1142 次会议通过
最高人民法院、最高人民检察院关于办理生产、销售伪劣商品刑事案件具体应用法律若干问题的解释	《关于办理生产、销售伪劣商品刑事案件具体应用法律的解释》	2001.04.09 公布 2001.04.10 施行	法释〔2001〕10 号　2001 年 4 月 5 日由最高人民法院审判委员会第 1168 次会议、2001 年 3 月 30 日由最高人民检察院第九届检察委员会第 84 次会议通过
最高人民法院、最高人民检察院关于办理妨害预防、控制突发传染病疫情等灾害的刑事案件具体应用法律若干问题的解释	《关于办理妨害预防、控制突发传染病疫情等灾害的刑事案件具体应用法律的解释》	2003.05.14 公布 2003.05.15 施行	法释〔2003〕8 号　2003 年 5 月 13 日最高人民法院审判委员会第 1269 次会议、2003 年 5 月 13 日最高人民检察院第十届检察委员会第 3 次会议通过
最高人民法院、最高人民检察院关于办理利用互联网、移动通讯终端、声讯台制作、复制、出版、贩卖、传播淫秽电子信息刑事案件具体应用法律若干问题的解释（一）	《关于办理利用互联网、移动通讯终端、声讯台制作、复制、出版、贩卖、传播淫秽电子信息刑事案件具体应用法律的解释（一）》	2004.09.03 公布 2004.09.06 施行	法释〔2004〕11 号　2004 年 9 月 1 日由最高人民法院审判委员会第 1323 次会议、2004 年 9 月 2 日由最高人民检察院第十届检察委员会第 26 次会议通过

文件名称	文件简称	文件版本	版本内容
最高人民法院关于审理破坏公用电信设施刑事案件具体应用法律若干问题的解释	《关于审理破坏公用电信设施刑事案件具体应用法律的解释》	2004.12.30 公布 2005.01.11 施行	法释〔2004〕21 号　2004 年 8 月 26 日由最高人民法院审判委员会第 1322 次会议通过
最高人民法院、最高人民检察院关于办理赌博刑事案件具体应用法律若干问题的解释	《关于办理赌博刑事案件具体应用法律的解释》	2005.05.11 公布 2005.05.13 施行	法释〔2005〕3 号　2005 年 4 月 26 日由最高人民法院审判委员会第 1349 次会议通过、2005 年 5 月 8 日由最高人民检察院第十届检察委员会第 34 次会议通过
最高人民法院、最高人民检察院关于办理侵犯著作权刑事案件中涉及录音录像制品有关问题的批复	《关于办理侵犯著作权刑事案件中涉及录音录像制品有关问题的批复》	2005.10.13 公布 2005.10.18 施行	法释〔2005〕12 号　2005 年 9 月 26 日由最高人民法院审判委员会第 1365 次会议、2005 年 9 月 23 日由最高人民检察院第十届检察委员会第 39 次会议通过，自 2005 年 10 月 18 日起施行
最高人民法院、最高人民检察院关于办理侵犯知识产权刑事案件具体应用法律若干问题的解释（二）	《关于办理侵犯知识产权刑事案件具体应用法律的解释（二）》	2007.04.05 公布 2007.04.05 施行	法释〔2007〕6 号　2007 年 4 月 4 日由最高人民法院审判委员会第 1422 次会议、最高人民检察院第十届检察委员会第 75 次会议通过，自 2007 年 4 月 5 日起施行
最高人民法院关于审理危害军事通信刑事案件具体应用法律若干问题的解释	《关于审理危害军事通信刑事案件具体应用法律的解释》	2007.06.26 公布 2007.06.29 施行	法释〔2007〕13 号　2007 年 6 月 18 日由最高人民法院审判委员会第 1430 次会议通过，自 2007 年 6 月 29 日起施行
最高人民检察院、公安部关于公安机关管辖的刑事案件立案追诉标准的规定（一）	《关于公安机关管辖的刑事案件立案追诉标准的规定（一）》	2008.06.25 公布 2008.06.25 施行	公通字〔2008〕36 号
最高人民法院关于适用《中华人民共和国仲裁法》若干问题的解释	《关于适用〈中华人民共和国仲裁法〉若干问题的解释》	2008.12.16 公布 2008.12.31 施行	法释〔2006〕7 号　2005 年 12 月 26 日由最高人民法院审判委员会第 1375 次会议通过 2006 年 8 月 23 日以法释〔2006〕7 号公布 自 2006 年 9 月 8 日起施行 根据 2008 年 12 月 16 日发布的《最高人民法院关于调整司法解释等文件中引用〈中华人民共和国民事诉讼法〉条文序号的决定》调整

文件名称	文件简称	文件版本	版本内容
最高人民法院关于裁判文书引用法律、法规等规范性法律文件的规定	《关于裁判文书引用法律、法规等规范性法律文件的规定》	2009.10.26 公布 2009.11.04 施行	法释〔2009〕14 号　2009 年 7 月 13 日由最高人民法院审判委员会第 1470 次会议通过
最高人民法院关于审理侵犯专利权纠纷案件应用法律若干问题的解释	《关于审理侵犯专利权纠纷案件应用法律若干问题的解释》	2009.12.28 公布 2010.01.01 施行	法释〔2009〕21 号　2009 年 12 月 21 日由最高人民法院审判委员会第 1480 次会议通
最高人民法院、最高人民检察院关于办理利用互联网、移动通讯终端、声讯台制作、复制、出版、贩卖、传播淫秽电子信息刑事案件具体应用法律若干问题的解释（二）	《关于办理利用互联网、移动通讯终端、声讯台制作、复制、出版、贩卖、传播淫秽电子信息刑事案件具体应用法律的解释（二）》	2010.02.02 公布 2010.02.04 施行	法释〔2004〕11 号　2010 年 1 月 18 日由最高人民法院审判委员会第 1483 次会议、2010 年 1 月 14 日由最高人民检察院第十一届检察委员会第 28 次会议通过
最高人民法院、最高人民检察院、公安部关于办理网络赌博犯罪案件适用法律若干问题的意见	《关于办理网络赌博犯罪案件适用法律的意见》	2010.08.31 公布 2010.08.31 施行	公通字〔2010〕40 号
最高人民法院、最高人民检察院、公安部印发《关于办理侵犯知识产权刑事案件适用法律若干问题的意见》的通知	《关于办理侵犯知识产权刑事案件适用法律的意见》	2011.01.10 公布 2011.01.10 施行	法发〔2011〕3 号
最高人民法院、最高人民检察院关于办理诈骗刑事案件具体应用法律若干问题的解释	《关于办理诈骗刑事案件具体应用法律的解释》	2011.03.01 公布 2011.04.08 施行	法释〔2011〕7 号　2011 年 2 月 21 日由最高人民法院审判委员会第 1512 次会议、2010 年 11 月 24 日由最高人民检察院第十一届检察委员会第 49 次会议通过
最高人民法院关于审理政府信息公开行政案件若干问题的规定	《关于审理政府信息公开行政案件的规定》	2011.07.29 公布 2011.08.13 施行	法释〔2011〕17 号　2010 年 12 月 13 日由最高人民法院审判委员会第 1505 次会议通过
最高人民法院、最高人民检察院关于办理危害计算机信息系统安全刑事案件应用法律若干问题的解释	《关于办理危害计算机信息系统安全刑事案件应用法律的解释》	2011.08.01 公布 2011.09.01 施行	法释〔2011〕19 号　2011 年 6 月 20 日由最高人民法院审判委员会第 1524 次会议、2011 年 7 月 11 日由最高人民检察院第十一届检察委员会第 63 次会议通过

文件名称	文件简称	文件版本	版本内容
最高人民法院、最高人民检察院关于办理盗窃刑事案件适用法律若干问题的解释	《关于办理盗窃刑事案件适用法律的解释》	2013.04.02 公布 2013.04.04 施行	法释〔2013〕8 号　2013 年 3 月 8 日由最高人民法院审判委员会第 1571 次会议、2013 年 3 月 18 日由最高人民检察院第十二届检察委员会第 1 次会议通过
最高人民法院、最高人民检察院、公安部关于依法惩处侵害公民个人信息犯罪活动的通知	《关于依法惩处侵害公民个人信息犯罪活动的通知》	2013.04.23 公布 2013.04.23 施行	公通字〔2013〕12 号
最高人民法院、最高人民检察院关于办理敲诈勒索刑事案件适用法律若干问题的解释	《关于办理敲诈勒索刑事案件适用法律的解释》	2013.04.23 公布 2013.04.27 施行	法释〔2013〕10 号　2013 年 4 月 15 日由最高人民法院审判委员会第 1575 次会议、2013 年 4 月 1 日由最高人民检察院第十二届检察委员会第 2 次会议通过
最高人民法院、最高人民检察院关于办理利用信息网络实施诽谤等刑事案件适用法律若干问题的解释	《关于办理利用信息网络实施诽谤等刑事案件适用法律的解释》	2013.09.06 公布 2013.09.10 施行	法释〔2013〕21 号　2013 年 9 月 5 日由最高人民法院审判委员会第 1589 次会议、2013 年 9 月 2 日由最高人民检察院第十二届检察委员会第 9 次会议通过
最高人民法院关于审理编造、故意传播虚假恐怖信息刑事案件适用法律若干问题的解释	《关于审理编造、故意传播虚假恐怖信息刑事案件适用法律的解释》	2013.09.18 公布 2013.09.30 施行	法释〔2013〕24 号　2013 年 9 月 16 日由最高人民法院审判委员会第 1591 次会议通过
最高人民法院关于人民法院赔偿委员会适用质证程序审理国家赔偿案件的规定	《关于人民法院赔偿委员会适用质证程序审理国家赔偿案件的规定》	2013.12.19 公布 2014.03.01 施行	法释〔2013〕27 号　2013 年 12 月 16 日由最高人民法院审判委员会第 1600 次会议通过
最高人民法院、最高人民检察院、公安部、国家安全部关于依法办理非法生产销售使用"伪基站"设备案件的意见	《关于依法办理非法生产销售使用"伪基站"设备案件的意见》	2014.03.14 公布 2014.03.14 施行	公通字〔2014〕13 号
最高人民法院关于充分发挥审判职能作用切实维护公共安全的若干意见	《关于充分发挥审判职能作用切实维护公共安全的若干意见》	2015.09.16 公布 2015.09.16 施行	法发〔2015〕12 号

文件名称	文件简称	文件版本	版本内容
最高人民法院关于审理毒品犯罪案件适用法律若干问题的解释	《关于审理毒品犯罪案件适用法律的解释》	2016.04.06 公布 2016.04.11 施行	法释〔2016〕8 号 2016 年 1 月 25 日由最高人民法院审判委员会第 1676 次会议通过
最高人民法院关于人民法院网络司法拍卖若干问题的规定	《关于人民法院网络司法拍卖的规定》	2016.08.02 公布 2017.01.01 施行	法释〔2016〕18 号 2016 年 5 月 30 日由最高人民法院审判委员会第 1685 次会议通过
最高人民法院关于人民法院在互联网公布裁判文书的规定	《关于人民法院在互联网公布裁判文书的规定》	2016.08.29 公布 2016.10.01 施行	法释〔2016〕19 号 2016 年 7 月 25 日由最高人民法院审判委员会第 1689 次会议通过
最高人民法院关于审理民事、行政诉讼中司法赔偿案件适用法律若干问题的解释	《关于审理民事、行政诉讼中司法赔偿案件适用法律若干问题的解释》	2016.09.07 公布 2016.10.01 施行	法释〔2016〕20 号 2016 年 2 月 15 日由最高人民法院审判委员会第 1678 次会议通过
最高人民法院、最高人民检察院、公安部关于办理刑事案件收集提取和审查判断电子数据若干问题的规定	《关于办理刑事案件收集提取和审查判断电子数据的规定》	2016.09.09 公布 2016.10.01 施行	法发〔2016〕22 号
最高人民法院、最高人民检察院、公安部等关于防范和打击电信网络诈骗犯罪的通告	《关于防范和打击电信网络诈骗犯罪的通告》	2016.09.23 公布 2016.09.23 施行	
最高人民法院、最高人民检察院、公安部关于办理电信网络诈骗等刑事案件适用法律若干问题的意见	《关于办理电信网络诈骗等刑事案件适用法律的意见》	2016.12.19 公布 2016.12.20 施行	法发〔2016〕32 号
最高人民法院、最高人民检察院关于办理环境污染刑事案件适用法律若干问题的解释	《关于办理环境污染刑事案件适用法律的解释》	2016.12.23 公布 2017.01.01 施行	法释〔2016〕29 号 2016 年 11 月 7 日由最高人民法院审判委员会第 1698 次会议、2016 年 12 月 8 日由最高人民检察院第十二届检察委员会第 58 次会议通过
最高人民法院、最高人民检察院关于适用犯罪嫌疑人、被告人逃匿、死亡案件违法所得没收程序若干问题的规定	《关于适用犯罪嫌疑人、被告人逃匿、死亡案件违法所得没收程序若干问题的规定》	2017.01.04 公布 2017.01.05 施行	法释〔2017〕1 号 2016 年 12 月 26 日由最高人民法院审判委员会第 1705 次会议、最高人民检察院第十二届检察委员会第 59 次会议通过

文件名称	文件简称	文件版本	版本内容
最高人民法院关于公布失信被执行人名单信息的若干规定	《关于公布失信被执行人名单信息的规定》	2017.02.28 公布 2017.05.01 施行	法释〔2017〕7 号 2013 年 7 月 1 日最高人民法院审判委员会第 1582 次会议通过，根据 2017 年 1 月 16 日最高人民法院审判委员会第 1707 次会议通过的《最高人民法院关于修改〈最高人民法院关于公布失信被执行人名单信息的若干规定〉的决定》修正
最高人民法院、最高人民检察院关于办理侵犯公民个人信息刑事案件适用法律若干问题的解释	《关于办理侵犯公民个人信息刑事案件适用法律的解释》	2017.05.08 公布 2017.06.01 施行	法释〔2017〕10 号 2017 年 3 月 20 日由最高人民法院审判委员会第 1712 次会议、2017 年 4 月 26 日由最高人民检察院第十二届检察委员会第 63 次会议通过
最高人民法院、最高人民检察院关于办理扰乱无线电通讯管理秩序等刑事案件适用法律若干问题的解释	《关于办理扰乱无线电通讯管理秩序等刑事案件适用法律的解释》	2017.06.27 公布 2017.07.01 施行	法释〔2017〕11 号 2017 年 4 月 17 日由最高人民法院审判委员会第 1715 次会议、2017 年 5 月 25 日由最高人民检察院第十二届检察委员会第 64 次会议通过
最高人民法院、最高人民检察院关于办理组织、强迫、引诱、容留、介绍卖淫刑事案件适用法律若干问题的解释	《关于办理组织、强迫、引诱、容留、介绍卖淫刑事案件适用法律的解释》	2017.07.21 公布 2017.07.25 施行	法释〔2017〕13 号 2017 年 5 月 8 日由最高人民法院审判委员会第 1716 次会议、2017 年 7 月 4 日由最高人民检察院第十二届检察委员会第 66 次会议通过
最高人民法院、最高人民检察院关于利用网络云盘制作、复制、贩卖、传播淫秽电子信息牟利行为定罪量刑问题的批复	《关于利用网络云盘制作、复制、贩卖、传播淫秽电子信息牟利行为定罪量刑问题的批复》	2017.11.22 公布 2017.12.01 施行	法释〔2017〕19 号 2017 年 8 月 28 日由最高人民法院审判委员会第 1724 次会议、2017 年 10 月 10 日由最高人民检察院第十二届检察委员会第 70 次会议通过
最高人民法院关于人民法院通过互联网公开审判流程信息的规定	《关于人民法院通过互联网公开审判流程信息的规定》	2018.03.04 公布 2018.09.01 施行	法释〔2018〕7 号 2018 年 2 月 12 日由最高人民法院审判委员会第 1733 次会议通过
最高人民法院、最高人民检察院、公安部、司法部关于办理恐怖活动和极端主义犯罪案件适用法律若干问题的意见	《关于办理恐怖活动和极端主义犯罪案件适用法律的意见》	2018.03.16 公布 2018.03.16 施行	高检会〔2018〕1 号

文件名称	文件简称	文件版本	版本内容
最高人民检察院关于印发《检察机关办理电信网络诈骗案件指引》的通知	《检察机关办理电信网络诈骗案件指引》	2018.11.09 公布 2018.11.09 施行	高检发侦监字〔2018〕12 号
最高人民检察院关于印发《检察机关办理侵犯公民个人信息案件指引》的通知	《检察机关办理侵犯公民个人信息案件指引》	2018.11.09 公布 2018.11.09 施行	高检发侦监字〔2018〕13 号
关于办理利用信息网络实施黑恶势力犯罪刑事案件若干问题的意见	《关于办理利用信息网络实施黑恶势力犯罪刑事案件的意见》	2019.07.23 公布 2019.10.21 施行	最高人民法院、最高人民检察院、公安部、司法部
最高人民法院 最高人民检察院关于办理组织考试作弊等刑事案件适用法律若干问题的解释	《关于办理组织考试作弊等刑事案件适用法律的解释》	2019.09.02 公布 2019.09.04 施行	2019 年 4 月 8 日最高人民法院审判委员会第 1765 次会议、2019 年 6 月 28 日由最高人民检察院第十三届检察委员会第二十次会议通过
最高人民法院 最高人民检察院关于办理非法利用信息网络、帮助信息网络犯罪活动等刑事案件适用法律若干问题的解释	《关于办理非法利用信息网络、帮助信息网络犯罪活动等刑事案件适用法律的解释》	2019.10.21 公布 2019.11.01 施行	法释〔2019〕15 号 2019 年 6 月 3 日最高人民法院审判委员会第 1771 次会议、2019 年 9 月 4 日最高人民检察院第十三届检察委员会第二十三次会议通过
最高人民法院关于印发《全国法院民商事审判工作会议纪要》的通知	《全国法院民商事审判工作会议纪要》	2019.11.08 公布 2019.11.08 施行	法〔2019〕254 号
最高人民法院、最高人民检察院、公安部、司法部关于办理实施"软暴力"的刑事案件若干问题的意见	《关于办理实施"软暴力"的刑事案件的意见》	2019 公布 2019.04.09 施行	
最高人民法院关于全面加强知识产权司法保护的意见	《关于全面加强知识产权司法保护的意见》	2020.04.15 公布 2020.04.15 施行	法发〔2020〕11 号

文件名称	文件简称	文件版本	版本内容
最高人民检察院、国家监察委员会、教育部等关于印发《关于建立侵害未成年人案件强制报告制度的意见（试行）》的通知	《关于建立侵害未成年人案件强制报告制度的意见（试行）》	2020.05.07 公布 2020.05.07 施行	高检发〔2020〕9 号
最高人民检察院关于印发《最高人民检察院关于充分发挥检察职能服务保障"六稳""六保"的意见》的通知	《关于充分发挥检察职能服务保障"六稳""六保"的意见》	2020.07.22 公布 2020.07.22 施行	高检发〔2020〕10 号
最高人民法院印发《关于审理涉电子商务平台知识产权民事案件的指导意见》的通知	《关于审理涉电子商务平台知识产权民事案件的指导意见》	2020.09.10 公布 2020.09.10 施行	法发〔2020〕32 号
最高人民法院关于审理侵犯商业秘密民事案件适用法律若干问题的规定	《关于审理侵犯商业秘密民事案件适用法律的规定》	2020.09.10 公布 2020.09.12 施行	法释〔2020〕7 号　2020 年 8 月 24 日由最高人民法院审判委员会第 1810 次会议通过
最高人民法院关于涉网络知识产权侵权纠纷几个法律适用问题的批复	《关于涉网络知识产权侵权纠纷几个法律适用问题的批复》	2020.09.12 公布 2020.09.14 施行	法释〔2020〕9 号　2020 年 8 月 24 日由最高人民法院审判委员会第 1810 次会议通过
最高人民法院、最高人民检察院关于办理侵犯知识产权刑事案件具体应用法律若干问题的解释（三）	《关于办理侵犯知识产权刑事案件具体应用法律的解释（三）》	2020.09.12 公布 2020.09.14 施行	法释〔2020〕10 号　2020 年 8 月 31 日最高人民法院审判委员会第 1811 次会议、2020 年 8 月 21 日最高人民检察院第十三届检察委员会第四十八次会议通过
最高人民法院、最高人民检察院、公安部关于印发《办理跨境赌博犯罪案件若干问题的意见》的通知	《办理跨境赌博犯罪案件若干问题的意见》	2020.10.16 公布 2020.10.16 施行	公通字〔2020〕14 号

文件名称	文件简称	文件版本	版本内容
最高人民法院关于审理利用信息网络侵害人身权益民事纠纷案件适用法律若干问题的规定	《关于审理利用信息网络侵害人身权益民事纠纷案件适用法律的规定》	2020.12.29 公布 2021.01.01 施行	法释〔2014〕11 号　2014 年 6 月 23 日最高人民法院审判委员会第 1621 次会议通过，根据 2020 年 12 月 23 日最高人民法院审判委员会第 1823 次会议通过的《最高人民法院关于修改〈最高人民法院关于在民事审判工作中适用《中华人民共和国工会法》若干问题的解释〉等二十七件民事类司法解释的决定》修正
最高人民法院关于审理侵害信息网络传播权民事纠纷案件适用法律若干问题的规定	《关于审理侵害信息网络传播权民事纠纷案件适用法律的规定》	2020.12.29 公布 2021.01.01 施行	法释〔2012〕20 号　2012 年 11 月 26 日最高人民法院审判委员会第 1561 次会议通过，根据 2020 年 12 月 23 日最高人民法院审判委员会第 1823 次会议通过的《最高人民法院关于修改〈最高人民法院关于审理侵犯专利权纠纷案件应用法律若干问题的解释（二）〉等十八件知识产权类司法解释的决定》修正
最高人民法院关于审理涉及计算机网络域名民事纠纷案件适用法律若干问题的解释	《关于审理涉及计算机网络域名民事纠纷案件适用法律的解释》	2020.12.29 公布 2021.01.01 施行	法释〔2001〕24 号　2001 年 6 月 26 日最高人民法院审判委员会第 1182 次会议通过，根据 2020 年 12 月 23 日最高人民法院审判委员会第 1823 次会议通过的《最高人民法院关于修改〈最高人民法院关于审理侵犯专利权纠纷案件应用法律若干问题的解释（二）〉等十八件知识产权类司法解释的决定》修正
最高人民法院关于民事执行中财产调查若干问题的规定	《关于民事执行中财产调查的规定》	2020.12.29 公布 2021.01.01 施行	法释〔2017〕8 号　2017 年 1 月 25 日最高人民法院审判委员会第 1708 次会议通过，根据 2020 年 12 月 23 日最高人民法院审判委员会第 1823 次会议通过的《最高人民法院关于修改〈最高人民法院关于人民法院扣押铁路运输货物若干问题的规定〉等十八件执行类司法解释的决定》修正

文件名称	文件简称	文件版本	版本内容
最高人民法院关于确定民事侵权精神损害赔偿责任若干问题的解释	《关于确定民事侵权精神损害赔偿责任的解释》	2020.12.29 公布 2021.01.01 施行	法释〔2001〕7 号　2001 年 2 月 26 日最高人民法院审判委员会第 1161 次会议通过，根据 2020 年 12 月 23 日最高人民法院审判委员会第 1823 次会议通过的《最高人民法院关于修改〈最高人民法院关于在民事审判工作中适用《中华人民共和国工会法》若干问题的解释〉等二十七件民事类司法解释的决定》修正
最高人民法院关于审理旅游纠纷案件适用法律若干问题的规定	《关于审理旅游纠纷案件适用法律的规定》	2020.12.29 公布 2021.01.01 施行	法释〔2010〕13 号　2010 年 9 月 13 日最高人民法院审判委员会第 1496 次会议通过，根据 2020 年 12 月 23 日最高人民法院审判委员会第 1823 次会议通过的《最高人民法院关于修改〈最高人民法院关于在民事审判工作中适用《中华人民共和国工会法》若干问题的解释〉等二十七件民事类司法解释的决定》修正
最高人民法院关于审理因垄断行为引发的民事纠纷案件应用法律若干问题的规定	《关于审理因垄断行为引发的民事纠纷案件应用法律的规定》	2020.12.29 公布 2021.01.01 施行	法释〔2012〕5 号　2012 年 1 月 30 日最高人民法院审判委员会第 1539 次会议通过，根据 2020 年 12 月 23 日最高人民法院审判委员会第 1823 次会议通过的《最高人民法院关于修改〈最高人民法院关于审理侵犯专利权纠纷案件应用法律若干问题的解释（二）〉等十八件知识产权类司法解释的决定》修正
最高人民法院关于诉讼代理人查阅民事案件材料的规定	《关于诉讼代理人查阅民事案件材料的规定》	2020.12.29 公布 2021.01.01 施行	法释〔2002〕39 号　2002 年 11 月 4 日最高人民法院审判委员会第 1254 次会议通过，根据 2020 年 12 月 23 日最高人民法院审判委员会第 1823 次会议通过的《最高人民法院关于修改〈最高人民法院关于人民法院民事调解工作若干问题的规定〉等十九件民事诉讼类司法解释的决定》修正

文件名称	文件简称	文件版本	版本内容
最高人民法院关于审理买卖合同纠纷案件适用法律问题的解释	《关于审理买卖合同纠纷案件适用法律问题的解释》	2020.12.29 公布 2021.01.01 施行	法释〔2012〕8 号　2012 年 3 月 31 日最高人民法院审判委员会第 1545 次会议通过，根据 2020 年 12 月 23 日最高人民法院审判委员会第 1823 次会议通过的《最高人民法院关于修改〈最高人民法院关于在民事审判工作中适用《中华人民共和国工会法》若干问题的解释〉等二十七件民事类司法解释的决定》修正
最高人民法院关于审理商品房买卖合同纠纷案件适用法律若干问题的解释	《关于审理商品房买卖合同纠纷案件适用法律的解释》	2020.12.29 公布 2021.01.01 施行	法释〔2003〕7 号 2003 年 3 月 24 日最高人民法院审判委员会第 1267 次会议通过，根据 2020 年 12 月 23 日最高人民法院审判委员会第 1823 次会议通过的《最高人民法院关于修改〈最高人民法院关于在民事审判工作中适用《中华人民共和国工会法》若干问题的解释〉等二十七件民事类司法解释的决定》修正
最高人民法院关于审理侵犯专利权纠纷案件应用法律若干问题的解释（二）	《关于审理侵犯专利权纠纷案件应用法律若干问题的解释（二）》	2020.12.29 公布 2021.01.01 施行	法释〔2016〕1 号 2016 年 1 月 25 日最高人民法院审判委员会第 1676 次会议通过，根据 2020 年 12 月 23 日最高人民法院审判委员会第 1823 次会议通过的《最高人民法院关于修改〈最高人民法院关于审理侵犯专利权纠纷案件应用法律若干问题的解释（二）〉等十八件知识产权类司法解释的决定》修正
最高人民法院关于审理商标民事纠纷案件适用法律若干问题的解释	《关于审理商标民事纠纷案件适用法律的解释》	2020.12.29 公布 2021.01.01 施行	法释〔2002〕32 号　2002 年 10 月 12 日最高人民法院审判委员会第 1246 次会议通过，根据 2020 年 12 月 23 日最高人民法院审判委员会第 1823 次会议通过的《最高人民法院关于修改〈最高人民法院关于审理侵犯专利权纠纷案件应用法律若干问题的解释（二）〉等十八件知识产权类司法解释的决定》修正

文件名称	文件简称	文件版本	版本内容
最高人民法院关于审理著作权民事纠纷案件适用法律若干问题的解释	《关于审理著作权民事纠纷案件适用法律的解释》	2020.12.29 公布 2021.01.01 施行	法释〔2002〕31 号　2002 年 10 月 12 日最高人民法院审判委员会第 1246 次会议通过，根据 2020 年 12 月 23 日最高人民法院审判委员会第 1823 次会议通过的《最高人民法院关于修改〈最高人民法院关于审理侵犯专利权纠纷案件应用法律若干问题的解释（二）〉等十八件知识产权类司法解释的决定》修正
最高人民法院关于审理专利纠纷案件适用法律问题的若干规定	《关于审理专利纠纷案件适用法律问题的若干规定》	2020.12.29 公布 2021.01.01 施行	法释〔2001〕21 号　2001 年 6 月 19 日最高人民法院审判委员会第 1180 次会议通过，根据 2013 年 2 月 25 日最高人民法院审判委员会第 1570 次会议通过的《最高人民法院关于修改〈最高人民法院关于审理专利纠纷案件适用法律问题的若干规定〉的决定》第一次修正，根据 2015 年 1 月 19 日最高人民法院审判委员会第 1641 次会议通过的《最高人民法院关于修改〈最高人民法院关于审理专利纠纷案件适用法律问题的若干规定〉的决定》第二次修正，根据 2020 年 12 月 23 日最高人民法院审判委员会第 1823 次会议通过的《最高人民法院关于修改〈最高人民法院关于审理侵犯专利权纠纷案件应用法律若干问题的解释（二）〉等十八件知识产权类司法解释的决定》第三次修正
最高人民法院关于适用《中华人民共和国民法典》时间效力的若干规定	《关于适用〈中华人民共和国民法典〉时间效力的若干规定》	2020.12.29 公布 2021.01.01 施行	法释〔2020〕15 号　2020 年 12 月 14 日由最高人民法院审判委员会第 1821 次会议通过
最高人民检察院关于印发《人民检察院办理网络犯罪案件规定》的通知	《人民检察院办理网络犯罪案件规定》	2021.01.22 公布 2021.01.22 施行	2020 年 12 月 14 日最高人民检察院第十三届检察委员会第五十七次会议通过

文件名称	文件简称	文件版本	版本内容
最高人民法院关于适用《中华人民共和国刑事诉讼法》的解释	《关于适用〈中华人民共和国刑事诉讼法〉的解释》	2021.01.26 公布 2021.03.01 施行	法释〔2012〕21 号　2020 年 12 月 7 日由最高人民法院审判委员会第 1820 次会议通过
最高人民法院关于审理国家赔偿案件确定精神损害赔偿责任适用法律若干问题的解释	《关于审理国家赔偿案件确定精神损害赔偿责任适用法律的解释》	2021.03.24 公布 2021.04.01 施行	法释〔2021〕3 号　2021 年 2 月 7 日由最高人民法院审判委员会第 1831 次会议通过
人民法院在线诉讼规则		2021.06.16 公布 2021.08.01 施行	法释〔2021〕12 号　2021 年 5 月 18 日由最高人民法院审判委员会第 1838 次会议通过
最高人民法院、最高人民检察院、公安部关于办理电信网络诈骗等刑事案件适用法律若干问题的意见（二）	《关于办理电信网络诈骗等刑事案件适用法律的意见（二）》	2021.06.17 公布 2021.06.17 施行	法发〔2021〕22 号
人民检察院公益诉讼办案规则		2021.06.29 公布 2021.07.01 施行	高检发释字〔2021〕2 号　2020 年 9 月 28 日最高人民检察院第十三届检察委员会第五十二次会议通过
最高人民法院关于审理申请注册的药品相关的专利权纠纷民事案件适用法律若干问题的规定	《关于审理申请注册的药品相关的专利权纠纷民事案件适用法律若干问题的规定》	2021.07.04 公布 2021.07.05 施行	法释〔2021〕13 号　2021 年 5 月 24 日由最高人民法院审判委员会第 1839 次会议通过
最高人民法院关于审理使用人脸识别技术处理个人信息相关民事案件适用法律若干问题的规定	《关于审理使用人脸识别技术处理个人信息相关民事案件适用法律的规定》	2021.07.27 公布 2021.08.01 施行	法释〔2021〕15 号　2021 年 6 月 8 日由最高人民法院审判委员会第 1841 次会议通过
最高人民法院、最高人民检察院、公安部关于依法惩治侵害英雄烈士名誉、荣誉违法犯罪的意见	《关于依法惩治侵害英雄烈士名誉、荣誉违法犯罪的意见》	2022.01.11 公布 2022.01.11 施行	公通字〔2022〕5 号

续表

文件名称	文件简称	文件版本	版本内容
最高人民法院关于审理非法集资刑事案件具体应用法律若干问题的解释	《关于审理非法集资刑事案件具体应用法律的解释》	2022.02.23 公布 2022.03.01 施行	法释〔2010〕18 号　2010 年 11 月 22 日最高人民法院审判委员会第 1502 次会议通过，根据 2021 年 12 月 30 日最高人民法院审判委员会第 1860 次会议通过的《最高人民法院关于修改〈最高人民法院关于审理非法集资刑事案件具体应用法律若干问题的解释〉的决定》修正
最高人民法院关于适用《中华人民共和国民法典》总则编若干问题的解释	《关于适用〈中华人民共和国民法典〉总则编若干问题的解释》	2022.02.24 公布 2022.03.01 施行	法释〔2022〕6 号　2021 年 12 月 30 日由最高人民法院审判委员会第 1861 次会议通过，现予公布，自 2022 年 3 月 1 日起施行
最高人民法院关于审理网络消费纠纷案件适用法律若干问题的规定（一）	《关于审理网络消费纠纷案件适用法律的规定（一）》	2022.03.01 公布 2022.03.15 施行	法释〔2022〕8 号　2022 年 2 月 15 日由最高人民法院审判委员会第 1864 次会议通过，现予公布，自 2022 年 3 月 15 日起施行
最高人民法院、最高人民检察院关于办理危害药品安全刑事案件适用法律若干问题的解释	《关于办理危害药品安全刑事案件适用法律的解释》	2022.03.03 公布 2022.03.06 施行	高检发释字〔2022〕1 号　2022 年 2 月 28 日由最高人民法院审判委员会第 1865 次会议、2022 年 2 月 25 日由最高人民检察院第十三届检察委员会第九十二次会议通过
最高人民法院刑事审判第三庭、最高人民检察院第四检察厅、公安部刑事侦查局关于"断卡"行动中有关法律适用问题的会议纪要	《关于"断卡"行动中有关法律适用问题的会议纪要》	2022.03.22 公布 2022.03.22 施行	

文件名称	文件简称	文件版本	版本内容
最高人民法院关于适用《中华人民共和国民事诉讼法》的解释	《关于适用〈中华人民共和国民事诉讼法〉的解释》	2022.04.01 公布 2022.04.10 施行	法释〔2015〕5 号　2014 年 12 月 18 日最高人民法院审判委员会第 1636 次会议通过；根据 2020 年 12 月 23 日最高人民法院审判委员会第 1823 次会议通过的《最高人民法院关于修改〈最高人民法院关于人民法院民事调解工作若干问题的规定〉等十九件民事诉讼类司法解释的决定》第一次修正；根据 2022 年 3 月 22 日最高人民法院审判委员会第 1866 次会议通过的《最高人民法院关于修改〈最高人民法院关于适用《中华人民共和国民事诉讼法》的解释〉的决定》第二次修正
最高人民法院关于审理人身损害赔偿案件适用法律若干问题的解释	《关于审理人身损害赔偿案件适用法律的解释》	2022.04.24 公布 2022.05.01 施行	法释〔2003〕20 号　2003 年 12 月 4 日最高人民法院审判委员会第 1299 次会议通过；根据 2020 年 12 月 23 日最高人民法院审判委员会第 1823 次会议通过的《最高人民法院关于修改〈最高人民法院关于在民事审判工作中适用《中华人民共和国工会法》若干问题的解释〉等二十七件民事类司法解释的决定》修正；根据 2022 年 2 月 15 日最高人民法院审判委员会第 1864 次会议通过的《最高人民法院关于修改〈最高人民法院关于审理人身损害赔偿案件适用法律若干问题的解释〉的决定》修正
最高人民法院关于加强区块链司法应用的意见	《关于加强区块链司法应用的意见》	2022.05.23 发布 2022.05.23 实施	法发〔2022〕16 号
最高人民法院、最高人民检察院、公安部、司法部关于印发《关于未成年人犯罪记录封存的实施办法》的通知	《关于未成年人犯罪记录封存的实施办法》	2022.05.24 公布 2022.05.30 施行	

文件名称	文件简称	文件版本	版本内容
最高人民法院、最高人民检察院、公安部关于敦促电信网络诈骗犯罪集团头目和骨干自首的通告	《关于敦促电信网络诈骗犯罪集团头目和骨干自首的通告》	2022.08.01 公布 2022.08.01 施行	
最高人民法院、最高人民检察院、公安部关于办理信息网络犯罪案件适用刑事诉讼程序若干问题的意见	《关于办理信息网络犯罪案件适用刑事诉讼程序的意见》	2022.08.26 公布 2022.09.01 施行	法发〔2022〕23 号
最高人民法院关于规范和加强人工智能司法应用的意见	《关于规范和加强人工智能司法应用的意见》	2022.12.08 发布 2022.12.08 实施	法发〔2022〕33 号
最高人民法院、最高人民检察院关于办理强奸、猥亵未成年人刑事案件适用法律若干问题的解释	《关于办理强奸、猥亵未成年人刑事案件适用法律若干问题的解释》	2023.05.24 公布 2023.06.01 施行	法释〔2023〕3 号　2023 年 1 月 3 日由最高人民法院审判委员会第 1878 次会议、2023 年 3 月 2 日由最高人民检察院第十三届检察委员会第一百一十四次会议通过

部门规章

规章名称	规章简称	规章版本	版本内容
中国公用计算机互联网国际联网管理办法		1996.04.09 公布 1996.04.09 施行	1996 年 4 月 8 日第 84 次部长办公会议审议通过
计算机信息系统保密管理暂行规定		1998.02.26 公布 1998.02.26 施行	国保发〔1998〕1 号
非经营性互联网信息服务备案管理办法		2005.02.08 公布 2005.03.20 施行	2005 年 1 月 28 日中华人民共和国信息产业部第十二次部务会议审议通过
互联网 IP 地址备案管理办法		2005.02.08 公布 2005.03.20 施行	2005 年 1 月 28 日中华人民共和国信息产业部第十二次部务会议审议通过
电信服务规范		2005.03.13 公布 2005.04.20 施行	中华人民共和国信息产业部第八次部务会议审议通过
互联网著作权行政保护办法		2005.04.29 公布 2005.05.30 施行	中华人民共和国国家版权局、中华人民共和国信息产业部令 2005 年第 5 号
个人信用信息基础数据库管理暂行办法		2005.08.18 公布 2005.10.01 施行	2005 年 6 月 16 日第 11 次行长办公会议通过

规章名称	规章简称	规章版本	版本内容
互联网安全保护技术措施规定		2005.12.13 公布 2006.03.01 施行	2005 年 11 月 23 日公安部部长办公会议通过
电子银行业务管理办法		2006.01.26 公布 2006.03.01 施行	2005 年 11 月 10 日中国银行业监督管理委员会第 40 次主席会议通过
互联网电子邮件服务管理办法		2006.02.20 公布 2006.03.30 施行	2005 年 11 月 7 日中华人民共和国信息产业部第十五次部务会议审议通过
通信网络安全防护管理办法		2010.01.21 公布 2010.03.01 施行	2009 年 12 月 29 日中华人民共和国工业和信息化部第 8 次部务会议审议通过
高等学校信息公开办法		2010.04.06 公布 2010.09.01 施行	2010 年 3 月 30 日第 5 次部长办公会议审议通过
中央企业境外国有产权管理暂行办法		2011.06.14 公布 2011.07.01 施行	国务院国有资产监督管理委员会第 102 次主任办公会议审议通过
规范互联网信息服务市场秩序若干规定		2011.12.29 公布 2012.03.15 施行	2011 年 12 月 7 日中华人民共和国工业和信息化部第 22 次部务会议审议通过
安全生产监管监察部门信息公开办法		2012.09.21 公布 2012.11.01 施行	2012 年 9 月 3 日国家安全生产监督管理总局局长办公会议审议通过
快递市场管理办法		2013.01.11 公布 2013.03.01 施行	2012 年 12 月 31 日经第 10 次部务会议通过
电话用户真实身份信息登记规定		2013.07.16 公布 2013.09.01 施行	2013 年 6 月 28 日中华人民共和国工业和信息化部第 2 次部务会议审议通过
电信和互联网用户个人信息保护规定		2013.07.16 公布 2013.09.01 施行	2013 年 6 月 28 日中华人民共和国工业和信息化部第 2 次部务会议审议通过
商品现货市场交易特别规定（试行）		2013.11.08 公布 2014.01.01 施行	2013 年 8 月 15 日商务部第 7 次部务会议审议通过并经中国人民银行、证监会同意
电信服务质量监督管理暂行办法		2014.09.23 公布 2014.09.23 施行	2001 年 1 月 11 日中华人民共和国信息产业部令第 6 号公布　根据 2014 年 9 月 23 日中华人民共和国工业和信息化部令第 28 号公布的《工业和信息化部关于废止和修改部分规章的决定》修正
公用电信网间互联管理规定		2014.09.23 公布 2014.09.23 施行	2001 年 5 月 10 日中华人民共和国信息产业部令第 9 号公布　根据 2014 年 9 月 23 日中华人民共和国工业和信息化部令第 28 号公布的《工业和信息化部关于废止和修改部分规章的决定》修正

规章名称	规章简称	规章版本	版本内容
铁路旅客运输安全检查管理办法		2014.12.08 公布 2015.01.01 施行	2014 年 11 月 15 日经第 12 次部务会议通过
网络零售第三方平台交易规则制定程序规定（试行）		2014.12.24 公布 2015.04.01 施行	2014 年 12 月 1 日商务部第 32 次部务会议审议通过
电子认证服务管理办法		2015.04.29 公布 2015.04.29 施行	2009 年 2 月 18 日中华人民共和国工业和信息化部令第 1 号公布　根据 2015 年 4 月 29 日中华人民共和国工业和信息化部令第 29 号公布的《工业和信息化部关于修改部分规章的决定》修订
通信短信息服务管理规定		2015.05.19 公布 2015.06.30 施行	2015 年 5 月 6 日工业和信息化第 14 次部务会议审议通过
专业技术人员继续教育规定		2015.08.13 公布 2015.10.01 施行	2015 年 8 月 3 日人力资源社会保障部第 70 次部务会讨论通过
互联网视听节目服务管理规定		2015.08.28 公布 2015.08.28 施行	2007 年 12 月 20 日广电总局、信息产业部令第 56 号公布　根据 2015 年 8 月 28 日国家新闻出版广电总局令第 3 号公布的《关于修订部分规章和规范性文件的决定》修订
网络出版服务管理规定		2016.02.04 公布 2016.03.10 施行	2015 年 8 月 20 日国家新闻出版广电总局局务会议通过　并经工业和信息化部同意
电信用户申诉处理办法		2016.05.26 公布 2016.07.30 施行	2016 年 5 月 17 日工业和信息化部第 23 次部务会议审议通过
网络借贷信息中介机构业务活动管理暂行办法		2016.08.17 公布 2016.08.17 施行	中国银行业监督管理委员会、中华人民共和国工业和信息化部、中华人民共和国公安部、国家互联网信息办公室令 2016 年第 1 号
医疗机构管理条例实施细则		2017.02.21 公布 2017.04.01 施行	1994 年 8 月 29 日卫生部令第 35 号发布 2006 年 11 月 1 日根据《卫生部关于修订〈医疗机构管理条例实施细则〉第三条有关内容的通知》第一次修正 2008 年 6 月 24 日根据《卫生部办公厅关于修订〈医疗机构管理条例实施细则〉部分附表的通知》第二次修正 2017 年 2 月 21 日根据国家卫生和计划生育委员会令第 12 号《国家卫生计生委关于修改〈医疗机构管理条例实施细则〉的决定》第三次修正 自 2017 年 4 月 1 日起施行.

规章名称	规章简称	规章版本	版本内容
互联网新闻信息服务管理规定		2017. 05. 02 公布 2017. 06. 01 施行	国家互联网信息办公室室务会议审议通过
电信业务经营许可管理办法		2017. 07. 03 施行 2017. 09. 01 施行	2017 年 6 月 21 日工业和信息化部第 31 次部务会议审议通过
互联网域名管理办法		2017. 08. 24 公布 2017. 11. 01 施行	2017 年 8 月 16 日工业和信息化部第 32 次部务会议审议通过
互联网药品信息服务管理办法		2017. 11. 17 公布 2017. 11. 17 施行	2004 年 7 月 8 日国家食品药品监督管理局令第 9 号公布 根据 2017 年 11 月 7 日国家食品药品监督管理总局局务会议《关于修改部分规章的决定》修正
互联网文化管理暂行规定		2017. 12. 15 公布 2017. 12. 15 施行	2011 年 2 月 11 日文化部部务会议审议通过，自 2011 年 4 月 1 日起施行 根据 2017 年 12 月 15 日发布的《文化部关于废止和修改部分部门规章的决定》（文化部令第 57 号）修订
医疗器械网络销售监督管理办法		2017. 12. 20 公布 2018. 03. 01 施行	2017 年 11 月 7 日经国家食品药品监督管理总局局务会议审议通过
网络发票管理办法		2018. 06. 15 公布 2018. 06. 15 施行	2013 年 2 月 25 日国家税务总局令第 30 号公布，根据 2018 年 6 月 15 日《国家税务总局关于修改部分税务部门规章的决定》修正
公安机关互联网安全监督检查规定		2018. 09. 15 发布 2018. 11. 01 实施	2018 年 9 月 5 日公安部部长办公会议通过
区块链信息服务管理规定		2019. 01. 10 发布 2019. 02. 15 实施	国家互联网信息办公室室务会议审议通过的管理
智能快件箱寄递服务管理办法		2019. 06. 20 公布 2019. 10. 01 施行	2019 年 6 月 12 日经第 12 次部务会议通过
儿童个人信息网络保护规定		2019. 08. 22 发布 2019. 10. 01 实施	国家互联网信息办公室室务会议审议通过
网络信息内容生态治理规定		2019. 12. 15 发布 2020. 03. 01 实施	国家互联网信息办公室室务会议审议通过
非金融机构支付服务管理办法		2020. 04. 29 公布 2020. 04. 29 施行	2010 年 6 月 14 日中国人民银行令〔2010〕第 2 号公布根据 2020 年 4 月 29 日中国人民银行令〔2020〕第 2 号《中国人民银行令〔2020〕第 2 号——中国人民银行关于修改〈教育储蓄管理办法〉等规章的决定》修正

续表

规章名称	规章简称	规章版本	版本内容
在线旅游经营服务管理暂行规定		2020.08.20 公布 2020.10.01 施行	2020 年 7 月 20 日文化和旅游部部务会议审议通过
中国人民银行金融消费者权益保护实施办法		2020.09.15 公布 2020.11.01 施行	2020 年 9 月 1 日中国人民银行 2020 年第 6 次行务会议审议通过
认证机构管理办法		2020.10.23 公布 2020.10.23 施行	2017 年 11 月 14 日国家质量监督检验检疫总局令第 193 号公布　根据 2020 年 10 月 23 日国家市场监督管理总局令第 31 号修订
侵害消费者权益行为处罚办法		2020.10.23 公布 2020.10.23 施行	2015 年 1 月 5 日国家工商行政管理总局令第 73 号公布　根据国家市场监督管理总局令第 31 号修订
互联网保险业务监管办法		2020.12.07 公布 2021.02.01 施行	2020 年 9 月 1 日经中国银保监会 2020 年第 11 次委务会议通过
网络招聘服务管理规定		2020.12.18 发布 2021.03.01 实施	2020 年 12 月 7 日人力资源社会保障部第 54 次部务会审议通过
中华人民共和国海关行政许可管理办法	《海关行政许可管理办法》	2020.12.22 公布 2021.02.01 施行	2020 年 12 月 11 日经海关总署署务会议审议通过
阻断外国法律与措施不当域外适用办法		2021.01.09 公布 2021.01.09 施行	中华人民共和国商务部令 2021 年第 1 号
网络交易监督管理办法		2021.03.15 公布 2021.05.01 施行	2021 年 3 月 3 日国家市场监督管理总局第 3 次局务会议审议通过
专网及定向传播视听节目服务管理规定		2021.03.23 公布 2021.03.23 施行	2016 年 4 月 25 日国家新闻出版广电总局令第 6 号公布　根据 2021 年 3 月 23 日《国家广播电视总局关于第二批修改的部门规章的决定》修订
网络食品安全违法行为查处办法		2021.04.02 公布 2021.06.01 施行	2016 年 7 月 13 日国家食品药品监督管理总局令第 27 号公布　根据 2021 年 4 月 2 日《国家市场监督管理总局关于废止和修改部分规章的决定》修改
未成年人学校保护规定		2021.06.01 公布 2021.09.01 施行	2021 年 5 月 25 日教育部第 1 次部务会议审议通过
市场监督管理严重违法失信名单管理办法		2021.07.30 公布 2021.09.01 施行	2021 年 7 月 22 日市场监管总局第 11 次局务会议审议通过

续表

规章名称	规章简称	规章版本	版本内容
小微型客车租赁经营服务管理办法		2021.08.11 公布 2021.08.11 施行	2020 年 12 月 20 日交通运输部发布 根据 2021 年 8 月 11 日《交通运输部关于修改〈小微型客车租赁经营服务管理办法〉的决定》修正
汽车数据安全管理若干规定（试行）		2021.08.16 发布 2021.10.01 实施	2021 年 7 月 5 日国家互联网信息办公室 2021 年第 10 次室务会议审议通过并经国家发展和改革委员会、工业和信息化部、公安部、交通运输部同意
征信业务管理办法		2021.09.27 公布 2022.01.01 施行	2021 年 9 月 17 日中国人民银行 2021 年第 9 次行务会议审议通过
未成年人节目管理规定		2021.10.08 公布 2021.10.08 施行	2019 年 3 月 29 日国家广播电视总局令第 3 号公布 根据 2021 年 10 月 8 日《国家广播电视总局关于第三批修改的部门规章的决定》修订
互联网宗教信息服务管理办法		2021.12.03 公布 2022.03.01 施行	国家宗教事务局按规定程序审议通过，并经国家互联网信息办公室、工业和信息化部、公安部、国家安全部同意
网络安全审查办法		2021.12.28 公布 2022.02.15 施行	2021 年 11 月 16 日国家互联网信息办公室 2021 年第 20 次室务会议审议通过并经国家发展和改革委员会、工业和信息化部、公安部、国家安全部、财政部、商务部、中国人民银行、国家市场监督管理总局、国家广播电视总局、中国证券监督管理委员会、国家保密局、国家密码管理局同意
互联网信息服务算法推荐管理规定		2021.12.31 公布 2022.03.01 施行	2021 年 11 月 16 日国家互联网信息办公室 2021 年第 20 次室务会议审议通过并经工业和信息化部、公安部、国家市场监督管理总局同意
金融机构客户尽职调查和客户身份资料及交易记录保存管理办法		2022.01.19 公布 2022.03.01 施行	2021 年 10 月 29 日中国人民银行 2021 年第 10 次行务会议审议通过和银保监会、证监会审签
中华人民共和国市场主体登记管理条例实施细则	《市场主体登记管理条例实施细则》	2022.03.01 公布 2022.03.01 施行	2022 年 2 月 9 日市场监管总局第 3 次局务会议通过
公民举报危害国家安全行为奖励办法		2022.06.06 公布 2022.06.06 施行	2022 年 4 月 29 日国家安全部部务会议审议通过

规章名称	规章简称	规章版本	版本内容
互联网用户账号信息管理规定		2022.06.27 公布 2022.08.01 施行	2022 年 6 月 9 日国家互联网信息办公室 2022 年第 11 次室务会议审议通过
数据出境安全评估办法		2022.07.07 发布 2022.09.01 实施	2022 年 5 月 19 日国家互联网信息办公室 2022 年第 10 次室务会议审议通过
药品网络销售监督管理办法		2022.08.03 公布 2022.12.01 施行	2022 年 7 月 15 日市场监管总局第 9 次局务会议通过　经与卫生健康委协商一致
道路旅客运输及客运站管理规定		2022.09.26 公布 2022.09.26 施行	2020 年 7 月 6 日交通运输部公布　根据 2022 年 9 月 26 日《交通运输部关于修改〈道路旅客运输及客运站管理规定〉的决定》修正
道路货物运输及站场管理规定		2022.09.26 公布 2022.09.26 施行	2022 年 9 月 21 日经第 22 次部务会议通过
互联网信息服务深度合成管理规定		2022.11.25 发布 2023.01.10 实施	2022 年 11 月 3 日国家互联网信息办公室 2022 年第 21 次室务会议审议通过，并经工业和信息化部、公安部同意
网络预约出租汽车经营服务管理暂行办法		2022.11.30 公布 2022.11.30 施行	2016 年 7 月 27 日交通运输部、工业和信息化部、公安部、商务部、工商总局、质检总局、国家网信办发布，根据 2019 年 12 月 28 日《交通运输部 工业和信息化部 公安部 商务部 市场监管总局 国家网信办关于修改〈网络预约出租汽车经营服务管理暂行办法〉的决定》第一次修正　根据 2022 年 11 月 30 日《交通运输部 工业和信息化部 公安部 商务部 市场监管总局 国家网信办关于修改〈网络预约出租汽车经营服务管理暂行办法〉的决定》第二次修正
个人信息出境标准合同办法		2023.02.22 公布 2023.06.01 施行	2023 年 2 月 3 日国家互联网信息办公室 2023 年第 2 次室务会议审议通过
互联网广告管理办法		2023.02.25 公布 2023.05.01 施行	2023 年 2 月 24 日市场监管总局第 3 次局务会议通过
证券期货业网络和信息安全管理办法		2023.02.27 公布 2023.05.01 施行	2023 年 1 月 17 日中国证券监督管理委员会 2023 年第 1 次委会会议审议通过
禁止滥用市场支配地位行为规定		2023.03.10 公布 2023.04.15 施行	2023 年 2 月 20 日市场监管总局第 2 次局务会议通过
网信部门行政执法程序规定		2023.03.18 公布 2023.06.01 施行	2023 年 2 月 3 日国家互联网信息办公室 2023 年第 2 次室务会议审议通过

规章名称	规章简称	规章版本	版本内容
公路水路关键信息基础设施安全保护管理办法		2023.04.24 公布 2023.06.01 施行	2023 年 4 月 14 日经第 8 次部务会议通过
生成式人工智能服务管理暂行办法		2023.07.10 公布 2023.08.15 施行	2023 年 5 月 23 日国家互联网信息办公室 2023 年第 12 次室务会会议审议通过并经国家发展和改革委员会、教育部、科学技术部、工业和信息化部、公安部、国家广播电视总局同意

部门规范性文件

文件名称	文件简称	文件版本	版本内容
铁路货物运输规程		1991 公布 1991 施行	铁运〔1991〕40 号
中华人民共和国禁止进出境物品表	《禁止进出境物品表》	1993.02.26 公布 1993.03.01 施行	署法〔1993〕304 号
中华人民共和国限制进出境物品表	《限制进出境物品表》	1993.02.26 公布 1993.03.01 施行	署法〔1993〕304 号
互联网站从事登载新闻业务管理暂行规定		2000.11.17 公布 2000.11.17 施行	国务院新闻办公室、信息产业部
国家食品药品监督管理局关于贯彻落实《国务院对确需保留的行政审批项目设定行政许可的决定》的通知		2004.07.06 公布 2004.07.06 施行	国食药监法〔2004〕328 号
商务部关于贯彻落实《国务院办公厅关于加快电子商务发展的若干意见》的通知		2005.03.19 公布 2005.03.19 施行	商信字〔2005〕8 号
互联网药品交易服务审批暂行规定		2005.09.20 公布 2005.12.01 施行	国食药监市〔2005〕480 号
电子支付指引（第一号）		2005.10.26 公布 2005.10.26 施行	中国人民银行公告〔2005〕23 号
文化部、国家工商行政管理总局、公安部等关于进一步加强网吧及网络游戏管理工作的通知	《关于进一步加强网吧及网络游戏管理工作的通知》	2007.02.15 公布 2007.02.15 施行	文市发〔2007〕10 号
关于网上交易的指导意见（暂行）		2007.03.06 公布 2007.03.06 施行	商务部公告 2007 年第 19 号

文件名称	文件简称	文件版本	版本内容
信息安全等级保护管理办法		2007.06.22 公布 2007.06.22 施行	公通字〔2007〕43 号
商务部关于促进电子商务规范发展的意见	《关于促进电子商务规范发展的意见》	2007.12.13 公布 2007.12.13 施行	商改发〔2007〕490 号
中共中央办公厅、国务院办公厅关于进一步净化社会文化环境促进未成年人健康成长的若干意见	《关于进一步净化社会文化环境 促进未成年人健康成长的若干意见》	2009.03.19 公布 2009.03.19 施行	文市发〔2009〕8 号
网络购物服务规范		2009.04.02 公布 2009.04.02 施行	商务部公告 2009 年第 21 号
电子商务模式规范		2009.04.02 公布 2009.12.01 施行	商务部公告 2009 年第 21 号
公安部关于严格依法办理侮辱诽谤案件的通知	《关于严格依法办理侮辱诽谤案件的通知》	2009.04.03 公布 2009.04.03 施行	公通字〔2009〕16 号
商业银行数据中心监管指引		2010.04.20 公布 2010.04.20 施行	银监办发〔2010〕114 号
互联网销售彩票管理暂行办法		2010.09.26 公布 2010.09.26 施行	财综〔2010〕83 号
商务部关于规范网络购物促销行为的通知	《关于规范网络购物促销行为的通知》	2011.01.05 公布 2011.01.05 施行	商商贸发〔2011〕3 号
工业和信息化部关于加强移动智能终端进网管理的通知	《关于加强移动智能终端进网管理的通知》	2013.04.11 公布 2013.11.01 施行	工信部电管〔2013〕120 号
国家发展和改革委员会办公厅、财政部办公厅、农业部办公厅等关于进一步促进电子商务健康快速发展有关工作的通知	《关于进一步促进电子商务健康快速发展有关工作的通知》	2013.04.15 公布 2013.04.15 施行	发改办高技〔2013〕894 号
证监会、发展改革委、工业和信息化部等关于禁止以电子商务名义开展标准化合约交易活动的通知关于禁止以电子商务名义开展标准化合约交易活动的通知	《关于禁止以电子商务名义开展标准化合约交易活动的通知关于禁止以电子商务名义开展标准化合约交易活动的通知》	2013.12.23 公布 2013.12.23 施行	证监发〔2013〕74 号

文件名称	文件简称	文件版本	版本内容
网络交易平台经营者履行社会责任指引		2014.05.28 公布 2014.05.28 施行	工商市字〔2014〕106 号
网络交易平台合同格式条款规范指引		2014.07.30 公布 2014.07.30 施	工商市字〔2014〕144 号
即时通信工具公众信息服务发展管理暂行规定		2014.08.07 公布 2014.08.07 施行	国家互联网信息办公室 2014 年 8 月 7 日
工业和信息化部关于加强电信和互联网行业网络安全工作的指导意见	《关于加强电信和互联网行业网络安全工作的指导意见》	2014.08.28 公布 2014.08.28 施行	工信部保〔2014〕368 号
国家工商总局、工业和信息化部关于加强境内网络交易网站监管工作协作积极促进电子商务发展的意见	《关于加强境内网络交易网站监管工作协作积极促进电子商务发展的意见》	2014.09.29 公布 2014.09.29 施行	工商市字〔2014〕180 号
互联网用户账号名称管理规定		2015.02.04 公布 2015.03.01 施行	国家互联网信息办公室 2015 年 2 月 4 日
互联网危险物品信息发布管理规定		2015.02.05 公布 2015.03.01 施行	公通字〔2015〕5 号
国家质量监督检验检疫总局关于推进"单一窗口"建设的意见	《关于推进"单一窗口"建设的意见》	2015.03.25 公布 2015.03.25 施行	国质检通〔2015〕115 号
国家质检总局关于进一步发挥检验检疫职能作用促进跨境电子商务发展的意见	《关于进一步发挥检验检疫职能作用促进跨境电子商务发展的意见》	2015.05.13 公布 2015.05.13 施行	
质检总局关于加强跨境电子商务进出口消费品检验监管工作的指导意见	《关于加强跨境电子商务进出口消费品检验监管工作的指导意见》	2015.06.10 公布 2015.06.10 施行	国质检检〔2015〕250 号
国家互联网信息办公室关于进一步加强对网上未成年人犯罪和欺凌事件报道管理的通知	《关于进一步加强对网上未成年人犯罪和欺凌事件报道管理的通知》	2015.06.30 公布 2015.06.30 施行	
国家工商行政管理总局关于加强网络市场监管的意见	《关于加强网络市场监管的意见》	2015.11.06 公布 2015.11.06 施行	工商办字〔2015〕183 号

续表

文件名称	文件简称	文件版本	版本内容
中国银监会关于银行业打击治理电信网络新型违法犯罪有关工作事项的通知	《关于银行业打击治理电信网络新型违法犯罪有关工作事项的通知》	2015.11.13 公布 2015.11.13 施行	银监发〔2015〕48 号
跨境电子商务经营主体和商品备案管理工作规范		2015.11.24 公布 2016.01.01 施行	国家质量监督检验检疫总局公告（2015 年第 137 号）
非银行支付机构网络支付业务管理办法		2015.12.28 公布 2016.07.01 施行	中国人民银行公告〔2015〕第 43 号
财政部、海关总署、国家税务总局关于跨境电子商务零售进口税收政策的通知	《关于跨境电子商务零售进口税收政策的通知》	2016.03.24 公布 2016.04.08 施行	财关税〔2016〕18 号
互联网信息搜索服务管理规定		2016.06.25 公布 2016.08.01 施行	国家互联网信息办公室2016 年 6 月 25 日
第三方电子商务交易平台服务规范		2016.08.18 公布 2016.08.18 施行	二〇一一年四月十二日商务部公告 2011 年第 18 号发布 根据 2016 年 8 月 18 日商务部令 2016 年第 2 号《商务部关于废止和修改部分规章和规范性文件的决定》修正
工商总局关于加强互联网领域消费者权益保护工作的意见	《关于加强互联网领域消费者权益保护工作的意见》	2016.10.19 公布 2016.10.19 施行	工商消字〔2016〕204 号
教育部等九部门关于防治中小学生欺凌和暴力的指导意见	《关于防治中小学生欺凌和暴力的指导意见》	2016.11.01 公布 2016.11.01 施行	教基一〔2016〕6 号
工业和信息化部关于进一步防范和打击通讯信息诈骗工作的实施意见	《关于进一步防范和打击通讯信息诈骗工作的实施意见》	2016.11.04 公布 2016.11.04 施行	工信部网安函〔2016〕452 号
互联网直播服务管理规定		2016.11.04 公布 2016.12.01 施行	国家互联网信息办公室
国家邮政局、公安部、国家安全部关于发布《禁止寄递物品管理规定》的通告	《禁止寄递物品管理规定》	2016.11.07 公布 2016.11.07 施行	国邮发〔2016〕107 号

文件名称	文件简称	文件版本	版本内容
中国银监会办公厅　公安部办公厅关于印发电信网络新型违法犯罪案件冻结资金返还若干规定实施细则的通知	《关于印发电信网络新型违法犯罪案件冻结资金返还若干规定实施细则的通知》	2016.12.02 公布 2016.12.02 施行	银监办发〔2016〕170 号
网络表演经营活动管理办法		2016.12.02 公布 2017.01.01 施行	文市发〔2016〕33 号
国家发展改革委办公厅、中央网信办秘书局、商务部办公厅关于印发促进电子商务发展部际综合协调工作组工作制度及三年行动实施方案（2016－2018 年）的通知	《促进电子商务发展部际综合协调工作组工作制度及三年行动实施方案（2016-2018 年）》	2016.12.06 公布 2016.12.06 施行	发改办高技〔2016〕2632 号
商务部、中央网信办、发展改革委关于印发《电子商务"十三五"发展规划》的通知	《电子商务"十三五"发展规划》	2016.12.24 公布 2016.12.24 施行	商务部、中央网信办、发展改革委
国家网络空间安全战略		2016.12.27 公布 2016.12.27 施行	国家互联网信息办公室
关于全面加强电子商务领域诚信建设的指导意见		2016.12.30 公布 2016.12.30 施行	发改财金〔2016〕2794 号
中央网信办关于印发《国家网络安全事件应急预案》的通知	《国家网络安全事件应急预案》	2017.01.10 公布 2017.01.10 施行	中网办发文〔2017〕4 号
网络空间国际合作战略		2017.03.01 公布 2017.03.01 施行	外交部、国家互联网信息办公室
公共互联网网络安全威胁监测与处置办法		2017.08.09 公布 2018.01.01 施行	工信部网安〔2017〕202 号
国务院关于进一步扩大和升级信息消费持续释放内需潜力的指导意见	《关于进一步扩大和升级信息消费持续释放内需潜力的指导意见》	2017.08.13 公布 2017.08.13 施行	国发〔2017〕40 号
互联网论坛社区服务管理规定		2017.08.25 公布 2017.10.01 施行	国家互联网信息办公室
互联网群组信息服务管理规定		2017.09.07 公布 2017.10.08 施行	国家互联网信息办公室

续表

文件名称	文件简称	文件版本	版本内容
民政部关于统筹推进民政信息化建设的指导意见	《关于统筹推进民政信息化建设的指导意见》	2017.10.01 公布 2017.10.01 施行	民发〔2017〕161 号
中国人民银行关于加强反洗钱客户身份识别有关工作的通知	《关于加强反洗钱客户身份识别有关工作的通知》	2017.10.20 公布 2017.10.20 施行	银发〔2017〕235 号
互联网新闻信息服务单位内容管理从业人员管理办法		2017.10.30 公布 2017.12.01 施行	国家互联网信息办公室
互联网新闻信息服务新技术新应用安全评估管理规定		2017.10.30 公布 2017.12.01 施行	国家互联网信息办公室
公共互联网网络安全突发事件应急预案		2017.11.14 公布 2017.11.14 施行	工信部网安〔2017〕281 号
中国人民银行关于印发《条码支付业务规范（试行）》的通知	《条码支付业务规范（试行）》	2017.12.25 公布 2018.04.01 施行	银发〔2017〕296 号
教育部机关及直属事业单位教育数据管理办法		2018.01.22 公布 2018.01.22 施行	教发厅〔2018〕1 号
微博客信息服务管理规定		2018.02.02 公布 2018.03.20 施行	国家互联网信息办公室
网络安全等级保护测评机构管理办法		2018.03.23 公布 2018.03.23 施行	公信安〔2018〕765 号
国家发展改革委、中央网信办、工业和信息化部、公安部、交通运输部、商务部、海关总署、市场监督管理总局关于加强对电子商务领域失信问题专项治理工作的通知	《关于加强对电子商务领域失信问题专项治理工作的通知》	2018.05.14 公布 2018.05.14 施行	发改财金〔2018〕716 号
中国银行保险监督管理委员会关于印发银行业金融机构数据治理指引的通知	《银行业金融机构数据治理指引》	2018.05.21 公布 2018.05.21 施行	银保监发〔2018〕22 号
企业所得税税前扣除凭证管理办法		2018.06.06 公布 2018.07.01 施行	国家税务总局公告 2018 年第 28 号
财政部、税务总局、科技部关于企业委托境外研究开发费用税前加计扣除有关政策问题的通知	《关于企业委托境外研究开发费用税前加计扣除有关政策问题的通知》	2018.06.25 公布 2018.01.01 施行	财税〔2018〕64 号

文件名称	文件简称	文件版本	版本内容
中国人民银行关于进一步做好受益所有人身份识别工作有关问题的通知	《关于进一步做好受益所有人身份识别工作有关问题的通知》	2018.06.27 公布 2018.06.27 施行	银发〔2018〕164 号
国家健康医疗大数据标准、安全和服务管理办法（试行）		2018.07.12 公布 2018.07.12 施行	国卫规划发〔2018〕23 号
具有舆论属性或社会动员能力的互联网信息服务安全评估规定		2018.11.15 公布 2018.11.30 施行	国家互联网信息办公室、公安部
海关大数据使用管理办法		2018.12.14 公布 2018.12.14 施行	海关总署
财政部、税务总局关于实施小微企业普惠性税收减免政策的通知	《关于实施小微企业普惠性税收减免政策的通知》	2019.01.17 公布 2019.01.01 施行	财税〔2019〕13 号
公安机关办理刑事案件电子数据取证规则		2019 公布 2019.02.01 施行	公安部 2019 年
中国人民银行关于取消企业银行账户许可的通知	《关于取消企业银行账户许可的通知》	2019.02.02 公布 2019.02.02 施行	银发〔2019〕41 号
中国人民银行关于进一步加强支付结算管理防范电信网络新型违法犯罪有关事项的通知	《关于进一步加强支付结算管理防范电信网络新型违法犯罪有关事项的通知》	2019.03.25 公布 2019.03.25 施行	银发〔2019〕85 号
互联网个人信息安全保护指南		2019.04.10 公布 2019.04.10 施行	公安部网络安全保卫局、北京网络行业协会、公安部第三研究所
国务院安委会办公室、国家减灾委办公室、应急管理部关于加强应急基础信息管理的通知	《关于加强应急基础信息管理的通知》	2019.04.18 公布 2019.04.18 施行	安委办〔2019〕8 号
支付机构外汇业务管理办法		2019.04.29 公布 2019.04.29 施行	汇发〔2019〕13 号
国家邮政局、商务部关于规范快递与电子商务数据互联共享的指导意见	《关于规范快递与电子商务数据互联共享的指导意见》	2019.06.12 公布 2019.06.12 施行	国邮发〔2019〕54 号
教育部等六部门关于规范校外线上培训的实施意见	《关于规范校外线上培训的实施意见》	2019.07.12 公布 2019.07.12 施行	教基函〔2019〕8 号

文件名称	文件简称	文件版本	版本内容
工业和信息化部、教育部、人力资源和社会保障部等关于印发加强工业互联网安全工作的指导意见的通知	《加强工业互联网安全工作的指导意见的通知》	2019.07.26 公布 2019.07.26 施行	工信部联网安〔2019〕168 号
教育部等八部门关于引导规范教育移动互联网应用有序健康发展的意见	《关于引导规范教育移动互联网应用有序健康发展的意见》	2019.08.10 公布 2019.08.10 施行	教技函〔2019〕55 号
国家互联网信息办公室、文化和旅游部、国家广播电视总局关于印发《网络音视频信息服务管理规定》的通知	《网络音视频信息服务管理规定》	2019.11.18 公布 2020.01.01 施行	国信办通字〔2019〕3 号
App 违法违规收集使用个人信息行为认定方法		2019.11.28 公布 2019.11.28 施行	国信办秘字〔2019〕191 号
中国人民银行关于发布金融行业标准做好个人金融信息保护技术管理工作的通知	《个人金融信息保护技术规范》	2020.02.13 公布 2020.02.13 施行	银发〔2020〕45 号
工业数据分类分级指南（试行）		2020.02.27 公布 2020.02.27 施行	工信厅信发〔2020〕6 号
关于跨境电子商务零售进口商品退货有关监管事宜的公告		2020.03.28 公布 2020.03.28 施行	中华人民共和国海关总署公告（2020 年第 45 号）
工业和信息化部关于工业大数据发展的指导意见	《关于工业大数据发展的指导意见》	2020.04.28 公布 2020.04.28 施行	工信部信发〔2020〕67 号
贯彻落实网络安全等级保护制度和关键信息基础设施安全保护制度的指导意见		2020.07.22 公布 2020.07.22 施行	公网安〔2020〕1960 号
中国银保监会关于印发监管数据安全管理办法（试行）的通知	《监管数据安全管理办法（试行）》	2020.09.23 公布 2020.09.23 施行	银保监发〔2020〕43 号
文化和旅游部政务数据资源管理办法（试行）		2020.11.18 公布 2020.11.18 施行	办信息发〔2020〕148 号
国家发展改革委、中央网信办、工业和信息化部、国家能源局关于加快构建全国一体化大数据中心协同创新体系的指导意见	《关于加快构建全国一体化大数据中心协同创新体系的指导意见》	2020.12.23 公布 2020.12.23 施行	发改高技〔2020〕1922 号

文件名称	文件简称	文件版本	版本内容
关于进一步优化人社公共服务切实解决老年人运用智能技术困难实施方案		2020.12.25 公布 2020.12.25 施行	人社部发〔2020〕94 号
互联网用户公众账号信息服务管理规定		2021.01.22 公布 2021.02.22 施行	国家互联网信息办公室
国务院反垄断委员会关于平台经济领域的反垄断指南	《关于平台经济领域的反垄断指南》	2021.02.07 公布 2021.02.07 施行	国反垄发〔2021〕1 号
常见类型移动互联网应用程序必要个人信息范围规定		2021.03.12 公布 2021.05.01 施行	国信办秘字〔2021〕14 号
国家医疗保障局关于印发加强网络安全和数据保护工作指导意见的通知	《关于加强网络安全和数据保护工作的指导意见》	2021.04.06 公布 2021.04.06 施行	医保发〔2021〕23 号
交通运输政务数据共享管理办法		2021.04.06 公布 2021.04.15 施行	交科技发〔2021〕33 号
人力资源社会保障部办公厅关于发布《电子劳动合同订立指引》的通知	《电子劳动合同订立指引》	2021.07.01 公布 2021.07.01 施行	人社厅发〔2021〕54 号
网络产品安全漏洞管理规定		2021.07.12 公布 2021.09.01 施行	工信部联网安〔2021〕66 号
关于进一步压实网站平台信息内容管理主体责任的意见		2021.09.15 公布 2021.09.15 施行	国信办发文〔2021〕7 号
工业和信息化部关于加强车联网网络安全和数据安全工作的通知	《关于加强车联网网络安全和数据安全工作的通知》	2021.09.15 公布 2021.09.15 施行	工信部网安〔2021〕134 号
中国教育和科研计算机网暂行管理办法		2021.09.17 公布 2021.09.17 施行	国信办发文〔2021〕7 号
教育部办公厅等六部门关于进一步加强预防中小学生沉迷网络游戏管理工作的通知	《关于进一步加强预防中小学生沉迷网络游戏管理工作的通知》	2021.10.20 公布 2021.10.20 施行	教基厅函〔2021〕41 号
工业和信息化部关于印发"十四五"大数据产业发展规划的通知	《"十四五"大数据产业发展规划》	2021.11.15 公布 2021.11.15 施行	工信部规〔2021〕179 号
网络预约出租汽车监管信息交互平台运行管理办法		2022.05.24 公布 2022.07.01 施行	交运规〔2022〕1 号

文件名称	文件简称	文件版本	版本内容
移动互联网应用程序信息服务管理规定		2022.06.14 公布 2022.08.01 施行	国家互联网信息办公室
互联网跟帖评论服务管理规定		2022.06.17 公布 2022.12.15 施行	国家互联网信息办公室
关于加快场景创新以人工智能高水平应用促进经济高质量发展的指导意见		2022.07.29 公布 2022.07.29 施行	国科发规〔2022〕199 号
互联网弹窗信息推送服务管理规定		2022.09 公布 2022.09.30 施行	国家互联网信息办公室、工业和信息化部、国家市场监督管理总局
互联网新闻信息服务单位约谈工作规定		2022.09 公布 2022.09.30 施行	国家互联网信息办公室、工业和信息化部、国家市场监督管理总局
国家市场监督管理总局、国家互联网信息办公室关于实施个人信息保护认证的公告	《个人信息保护认证实施规则》	2022.11.04 公布 2022.11.04 施行	国家市场监督管理总局、国家互联网信息办公室公告 2022 年第 37 号
工业和信息化领域数据安全管理办法（试行）		2022.12.08 公布 2023.01.01 施行	工信部网安〔2022〕166 号
工业和信息化部等十六部门关于促进数据安全产业发展的指导意见	《关于促进数据安全产业发展的指导意见》	2023.01.03 公布 2023.01.03 施行	工信部联网安〔2022〕182 号
寄递服务用户个人信息安全管理规定		2023.02.13 公布 2023.02.13 施行	国邮发〔2023〕7 号
新就业形态劳动者劳动合同和书面协议订立指引（试行）		2023.02.21 公布 2023.02.21 施行	人力资源和社会保障部
网站平台受理处置涉企网络侵权信息举报工作规范		2023.08.10 发布 2023.08.10 实施	中央网信办
国家金融监督管理总局、中国人民银行、中国证券监督管理委员会、国家互联网信息办公室、国家外汇管理局关于规范货币经纪公司数据服务有关事项的通知	《关于规范货币经纪公司数据服务有关事项的通知》	2023.08.25 公布 2023.08.25 施行	金发〔2023〕6 号

总结《民法典》编纂经验
推动《网络信息法典》编纂

——《网络法治实用全书》代后记

2020年11月，习近平总书记在中央全面依法治国工作会议上指出："民法典为其他领域立法法典化提供了很好的范例，要总结编纂民法典的经验，适时推动条件成熟的立法领域法典编纂工作。"党的十八大以来，我国已经初步建立起了以《网络安全法》、《数据安全法》、《个人信息保护法》和《关键信息基础设施安全保护条例》为骨干的网络法治体系。党的十九大报告提出"建立网络综合治理体系"，党的十九届四中全会提出"建立健全网络综合治理体系"，党的二十大报告进一步提出"健全网络综合治理体系"。网络法治是网络综合治理的重要组成部分，应当总结《民法典》编纂经验，坚持安全与发展并重，全面完善网络法治体系，推动《网络信息法典》编纂。

一、以"实用主义思路"指导《网络信息法典》编纂

党的二十大报告指出，加强重点领域、新兴领域、涉外领域立法，推进科学立法、民主立法、依法立法，统筹立改废释纂，增强立法系统性、整体性、协同性、时效性。2023年《全国人民代表大会关于修改〈中华人民共和国立法法〉的决定》在第二章"法律"第五节"其他规定"新增第五十五条："全国人民代表大会及其常务委员会坚持科学立法、民主立法、依法立法，通过制定、修改、废止、解释法律和编纂法典等多种形式，增强立法的系统性、整体性、协同性、时效性。"

在中央和网信部门统筹下，我国已经初步建立起符合网络综合治理需求的新时代网络法治体系，在响应重大立法需求的时效性方面表现尤其突出。但网络法治体系总体上存在层级较低、体系较散、内容较软的问题，在一定程度上表现为

系统性、整体性、协同性不足，欠缺总体性立法规划。在《民法典》编纂过程中，我曾经提出了编纂民法典的"实用主义思路"。考虑到保持时效性和强化系统性、整体性、协同性的立法需求，《网络信息法典》编纂也应当采用"实用主义思路"的立法策略，具体来说：

第一，"实用主义思路"强调延续立法传统以方便法律适用，注重解决实际问题。《网络信息法典》的编纂应尽量保持现行网络法治体系的单行法设置和核心法律条文，最大限度减轻因法典编纂带来的法律变迁影响；同时，新制定的单行法和新增条文应该注重解决实际问题。质言之，立法的美观性在一定程度上应该让位于实用性，但网络法治领域的单行法也应该尽量以《网络信息法典》编纂为目标进行规划。

第二，"实用主义思路"强调立法程序对《网络信息法典》编纂模式的影响，注重立法程序的可能性。《民法典》编纂完成之后，学界相继提出了刑法典、民事诉讼法典、刑事诉讼法典和国际私法法典等再法典化议题，也有行政基本法典、经济法典、社会法典、商法典、知识产权法典、环境法典、教育法典、税法典、劳动法典、公共卫生法典等法典化建议。可以预见，未来立法机关的法典编纂任务将十分繁重，可供《网络信息法典》编纂的立法资源相对有限。

第三，"实用主义思路"强调降低立法成本，注重编纂《网络信息法典》与现行网络法治体系的协调性。编纂《网络信息法典》应该定位为对以宪法为核心的中国特色社会主义法律体系的完善，学界应当主动配合立法机关降低《网络信息法典》的立法成本，最大限度地使《网络信息法典》的编纂与现行网络法治体系相协调。

二、《网络信息法典》编纂对象应当兼顾安全与发展

在《国家安全法》的统领下，我国依托《刑法》《反电信网络诈骗法》《网络安全法》《数据安全法》《个人信息保护法》等构建起了打击涉网犯罪和违法行为的"安全"面向网络法治体系，取得了显著的成绩。尽管立法机关也制定了《电子商务法》，并在《民法典》中对数据、虚拟财产、电子合同等进行了规定，但仍然缺乏对数字经济发展的自觉规范。未来应当坚持"安全与发展并重"，加强"发展"面向的数字经济领域立法。

考虑到《关键信息基础设施安全保护条例》特有的针对性适用领域，不宜作为未来《网络信息法典》的"编"级编纂对象。按照"安全与发展并重"的编纂指引,本书分为八篇,分别是第一篇《网络安全法》、第二篇《刑法(节选)》、第三篇《反电信网络诈骗法》、第四篇《数据安全法》、第五篇《个人信息保护法》、第六篇《未成年人保护法(节选)》、第七篇《民法典(节选)》和第八篇《电子商务法》,体现出了"网络安全—数据信息—数字经济"的展开思路。其中《刑法》和《民法典》分别节选了相关条文24条和32条,《未成年人保护法》节选了该法2020年修订新增的第五章"网络保护"和其他相关条文,合计24个条文。

三、通过地方性立法完善《网络信息法典》编纂对象

四川智能社会治理重点实验室自2022年底成立以来,积极参与四川网络法治领域地方性立法工作,尝试通过地方性立法"自下而上"的方式,实现对《网络信息法典》编纂对象的完善和补充。实验室负责起草的《四川省网络安全条例》面向正在修改的《网络安全法》,结合四川网络安全领域的立法需求,提出了多项完善性立法尝试,已经完成草案建议稿起草并召开专家论证会。《四川省网络虚假信息治理条例》也同步完成立法调研,正在着手开展草案建议稿条文起草工作。在《四川省未成年人网络保护条例》立法调研过程中,结合实验室向中央网信办提交的《对〈生成式人工智能服务管理办法(征求意见稿)〉的完善建议》涉及的相关内容,提出将网络特殊保护人群从未成年人扩展到老年人、精神障碍患者的立法思路,并对《老年人权益保障法》和《精神卫生法》提出了相关修改建议。

下一步,除了着手《四川省个人信息保护条例》立法调研工作,实验室还将开展"网络暴力乱象治理"和"促进网络游戏产业健康发展"两项立法可行性研究,逐步形成立法建议。实验室超前预判智能社会治理中长期风险,形成前瞻性治理思路,探索未来智能空间治理规则,建构"法律+技术"二元规则体系,打造具备示范效应的智能空间规制中国方案。

四、面向《网络信息法典》整理关联法规和权威案例

从2006年开始,我先后编写出版了《民法通则一本通》《婚姻家庭法一本通》《侵权责任法一本通》《物权法配套规定》《继承法配套规定》《婚姻法配套规定》《侵权责任法配套规定》等关联法规整理类作品。2017年《民法总则》和2020年《民法典》颁布后,我又先后出版了《〈中华人民共和国民法总则〉编纂对照表与条文释义》和《〈中华人民共和国民法典〉总则编条文要义》。

　　随着案例指导制度的推进和最高人民法院"中国裁判文书网"的裁判文书公开，在《民法典》编纂过程中，我逐渐认识到除了基于学理标记关联法规之外，还需要对民事基本法具体条文对应的权威案例，即指导性案例、公报案例和典型案例，进行整理。《民法典》颁布之后，我组织编写了《民法典关联法规与权威案例提要丛书》，包含《总则编、人格权编、附则编》《物权编》《合同编》《婚姻家庭编、继承编》和《侵权责任编》5册；2020年底最高人民法院为配合《民法典》实施清理和颁布系列司法解释之后，我又组织编写了《民法典司法解释与权威案例指引全书：含司法解释新旧对照（上下册）》，都是采用了这种"关联法规与权威案例"的新体例。

　　《网络法治实用全书：网络安全与数字经济关联法规及权威案例指引》一书，实际上是参考《民法典》的编纂体例，为《网络信息法典》编纂预先整理关联法规和权威案例。本书编写整理对象截至2023年8月31日，共涉及法律118部，行政法规64部，司法解释102部，部门规章82部，部门规范性文件121部，党内法规20部。自2011年12月20日以来，最高人民法院发布37批合计211个指导性案例，本书收录18个。自2010年12月31日以来，最高人民检察院发布了47批合计187个指导性案例，本书收录24个。《最高人民法院公报》自1985年以来，合计发布公报案例1327个，本书收录22个。从2009年9月11日《最高人民法院关于印发醉酒驾车犯罪法律适用问题指导意见及相关典型案例的通知》（法发〔2009〕47号）起，最高人民法院和最高人民检察院单独、联合或者与其他部委联合发布典型案例文件484份，共计发布典型案例4405个，本书收录402个，涉及149份典型案例文件。可见，网络法治体系不但是中国特色社会主义法治体系中的重要组成部分，而且还在网络强国、数字中国建设中快速发展壮大。总结《民法典》编纂经验，推动《网络信息法典》编纂，正当其时！

王竹　法学博士

四川智能社会治理重点实验室主任

四川大学市场经济法治研究所所长、法学院教授

中国人民大学民商事法律科学研究中心法治大数据研究所所长

癸卯年·白露　于　白鹿镇

图书在版编目（CIP）数据

网络法治实用全书：网络安全与数字经济关联法规及权威案例指引／王竹主编 . — 北京：中国法制出版社，2023.10

ISBN 978-7-5216-3934-6

Ⅰ.①网… Ⅱ.①王… Ⅲ.①计算机网络-科学技术管理法规-案例-中国 Ⅳ.①D922.175

中国国家版本馆 CIP 数据核字（2023）第 199719 号

策划编辑：王彧

责任编辑：王悦

封面设计：杨鑫宇

网络法治实用全书：网络安全与数字经济关联法规及权威案例指引

WANGLUO FAZHI SHIYONG QUANSHU：WANGLUO ANQUAN YU SHUZI JINGJI GUANLIAN
FAGUI JI QUANWEI ANLI ZHIYIN

主编／王竹

经销／新华书店

印刷／三河市紫恒印装有限公司

开本／880 毫米×1230 毫米　32 开

版次／2023 年 10 月第 1 版

印张／66.25　字数/1968 千

2023 年 10 月第 1 次印刷

中国法制出版社出版

ISBN 978-7-5216-3934-6

定价：248.00 元

北京市西城区西便门西里甲 16 号西便门办公区

邮政编码：100053

网址：**http：//www.zgfzs.com**

市场营销部电话：**010-63141612**

传真：010-63141600

编辑部电话：**010-63141830**

印务部电话：**010-63141606**

（如有印装质量问题，请与本社印务部联系。）

ISBN 978-7-5216-3934-6